I0084209

ENCYCLOPÉDIE MÉTHODIQUE,

OU

PAR ORDRE DE MATIÈRES;

PAR UNE SOCIÉTÉ DE GENS DE LETTRES, DE SAVANS ET D'ARTISTES;

Précédée d'un Vocabulaire universel, *servant de Table pour tout l'Ouvrage, ornée des Portraits de MM.* DIDEROT *&* D'ALEMBERT, *premiers Éditeurs de l'*Encyclopédie.

ENCYCLOPÉDIE
MÉTHODIQUE.

GÉOGRAPHIE ANCIENNE,

Par M. Mentelle, *Historiographe de Monseigneur* COMTE D'ARTOIS, *Censeur Royal, de l'Académie d'Histoire de Madrid, de celle de Rouen, &c.*

TOME PREMIER.

A PARIS,

Chez PANCKOUCKE, Libraire, hôtel de Thou, rue des Poitevins.

A Liège,

Chez Plomteux, Imprimeur des Etats.

M. DCC. LXXXVII.

Avec Approbation, et Privilège du Roi.

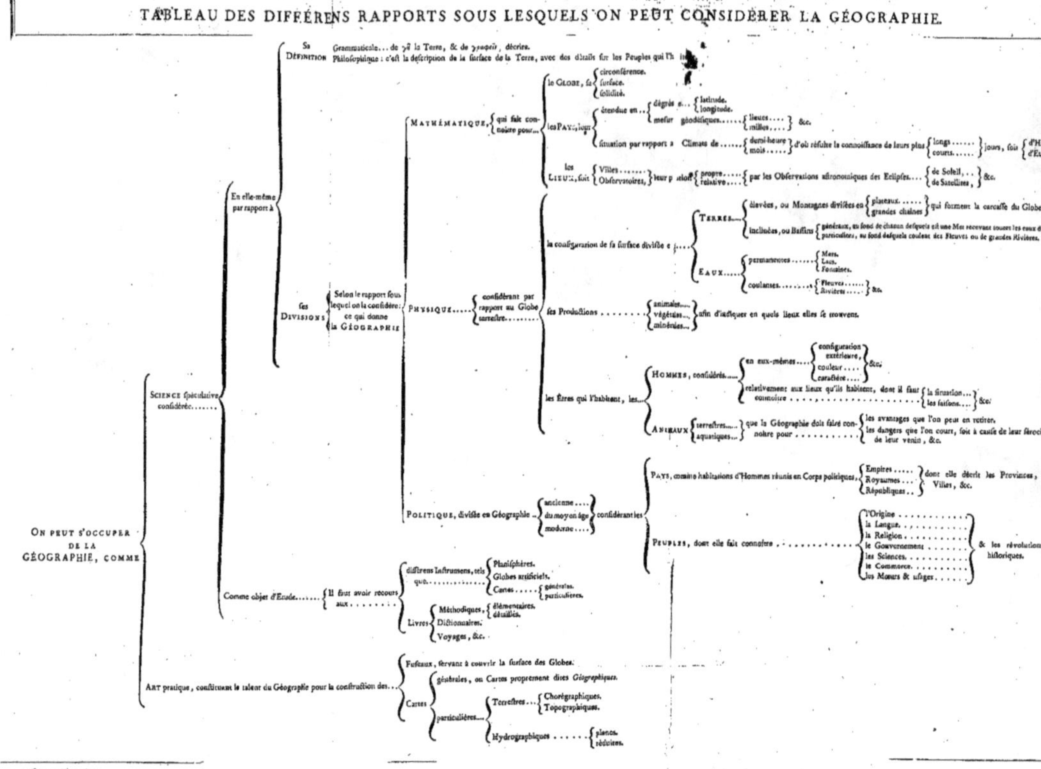

TABLEAU DES DIFFÉRENS RAPPORTS SOUS LESQUELS ON PEUT CONSIDERER LA GÉOGRAPHIE.

ON PEUT S'OCCUPER DE LA GÉOGRAPHIE, COMME

- SCIENCE spéculative considérée.......
  - En elle-même par rapport à
    - Sa DÉFINITION
      - Grammaticale... de γῆ la Terre, & de γράφειν, décrire.
      - Philosophique : c'est la description de la surface de la Terre, avec des détails sur les Peuples qui l'h it…
    - ses DIVISIONS — Selon le rapport sous lequel on la considère : ce qui donne la GÉOGRAPHIE
      - MATHÉMATIQUE, qui fait connoître pour...
        - le GLOBE, sa
          - circonférence.
          - surface.
          - solidité.
        - les PAYS, leur
          - étendue en ..
            - dégrés e... — latitude. / longitude.
            - mesur géodésiques...... — lieues.... / milles.... — &c.
          - situation par rapport a Climats de...... — demi-heure / mois..... — d'où résulte la connoissance de leurs plus — longs...... / courts..... — jours, soit — d'Hi… / d'Eté
        - les LIEUX, soit — Villes....... / Observatoires, — leur p sition — propre..... / relative.... — par les Observations astronomiques des Eclipses... — de Soleil, .. / de Satellites, — &c.
      - PHYSIQUE..... considérant par rapport au Globe terrestre.........
        - la configuration de sa surface divisée e ....
          - TERRES....
            - élevées, ou Montagnes divisées en — plateaux...... / grandes chaînes — qui forment la carcasse du Globe.
            - inclinées, ou Bassins
              - généraux, au fond de chacun desquels est une Mer recevant toutes les eaux du…
              - particuliers, au fond desquels coulent des Fleuves ou de grandes Rivières.
          - EAUX.....
            - permanentes...... — Mers. / Lacs. / Fontaines.
            - coulantes......... — Fleuves...... / Rivières.... — &c.
        - ses Productions .... — animales.... / végétales... / minérales... — afin d'indiquer en quels lieux elles se trouvent.
        - les Êtres qui l'habitent, les...
          - HOMMES, considérés.....
            - en eux-mêmes.... — configuration extérieure, / couleur.... / caractère.... — &c.
            - relativement aux lieux qu'ils habitent, dont il faut connoître .... — la situation... / les saisons... — &c.
          - ANIMAUX — terrestres.... / aquatiques... — que la Géographie doit faire connoître pour ....
            - les avantages que l'on peut en retirer.
            - les dangers que l'on court, soit à cause de leur férocit… de leur venin, &c.
      - POLITIQUE, divisée en Géographie .. — ancienne.... / du moyen âge / moderne.... — considérant les
        - PAYS, comme habitations d'Hommes réunis en Corps politiques, — Empires..... / Royaumes... / Républiques.. — dont elle décrit les Provinces, le… Villes, &c.
        - PEUPLES, dont elle fait connoître ....
          - l'Origine ....
          - la Langue. ....
          - la Religion...........
          - le Gouvernement ....
          - les Sciences. ....
          - le Commerce. ....
          - les Mœurs & usages......
          - — & les révolutions historiques.
  - Comme objet d'Etude....... Il faut avoir recours aux.........
    - différens Instrumens, tels que..............
      - Planisphères.
      - Globes artificiels.
      - Cartes..... — générales. / particulières.
    - Livres
      - Méthodiques, — élémentaires. / détaillés.
      - Dictionnaires.
      - Voyages, &c.
- ART pratique, constituant le talent du Géographe pour la construction des...
  - Fuseaux, servant à couvrir la surface des Globes.
  - Cartes
    - générales, ou Cartes proprement dites *Géographiques*.
    - particulières....
      - Terrestres... — Chorégraphiques. / Topographiques.
      - Hydrographiques ...... — planes. / réduites.

AVERTISSEMENT.

Je ne me proposois pas de présenter à la tête de ce volume un tableau analytique des différens rapports sous lesquels on peut considérer la Géographie : ces rapports se trouvent, en grande partie, indiqués dans le discours préliminaire placé à la tête de la Géographie moderne. Mais, d'une part, convaincu qu'un tableau pourroit donner plus de facilité pour saisir l'ensemble des divisions de cette science, telles que je les conçois ; d'une autre, craignant que les lecteurs ne regrettassent le tableau imprimé dans la première édition, sous le titre de *système figuré des parties de la Géographie*, je me suis déterminé à en donner un nouveau, sans laisser ignorer pourquoi je n'adoptois pas celui que l'on connoissoit déjà.

J'ai cru trouver dans ce système figuré, 1°. une métaphysique trop recherchée dans cette division en Géographie *absolue* & Géographie *relative ;* 2°. on y a placé des divisions qui appartiennent à la Cosmographie & non point à la Géographie, telles que l'*obliquité du mouvement diurne des étoiles*, les *étoiles qui passent par le zénith*, &c. Il est vrai que cela se trouve compris sous les subdivisions des parties de la Géographie & de *leurs propriétés*, &c. Mais même qu'entend-on par propriété des parties de la Géographie ? J'en dis autant de la manière de *conduire & de gouverner un vaisseau*, que l'on trouve sous la division de Géographie comparative, aussi-bien que la *charge d'un vaisseau*, *sa structure*, &c. Tout cela, & beaucoup d'autres choses, m'ont paru fort inexactes dans ce tableau. Je le dis afin que l'on ne croie pas que le public en a été privé par oubli ou par quelque autre motif moins excusable encore : & j'en substitue un que je crois infiniment plus propre à faire connoître les rapports sous lesquels nous devons considérer les différentes parties de la Géographie. Je n'y ai rien indiqué, ce me semble, qui n'appartienne réellement à cette science.

Je n'entreprendrai pas de développer ici les divisions que j'ai adoptées en composant mon tableau ; je ne m'arrêterai pas non plus à les détailler : cette espèce de développement se trouve en partie dans le discours imprimé à la tête de la Géographie moderne. Je me bornerai donc à quelques considérations qui ne sont point entrées dans ce discours.

De la Géographie ancienne.

Je n'ai point admis sur mon tableau la division adoptée par quelques auteurs, & dans les éditions précédentes de l'Encyclopédie, de Géographie *sacrée* & de Géographie *profane*. Elle ne m'a point paru tenir assez essentiellement à la nature de la Géographie en elle-même. Ce que j'appellerois ici *sacré*, un Chinois le nommeroit *profane ;* chaque peuple pourroit se faire ainsi des divisions. Et même, par rapport à nous, on voit que Jérusalem & Rome seroient comprises dans la Géographie profane ou dans la Géographie sacrée, selon que l'on voudroit les faire connoître, comme ayant été comprises dans une division de l'empire romain, ou comme le centre d'un culte adressé au vrai Dieu. Cette division peut être admissible en histoire ; mais elle me paroît déplacée en Géographie.

Il n'y auroit qu'une circonstance peut-être où elle seroit raisonnable, ce seroit celle où un auteur ne se proposeroit de considérer un pays, tel, par exemple, que la Terre sainte, que sous son rapport avec notre religion. Mais ce point de vue étant particulier à tel ou tel auteur, je n'ai pas cru devoir le faire entrer dans un systême général. Je comprends donc indistinctement sous la dénomination de *Géographie ancienne*, toute celle qui nous offre la connoissance de la terre avant l'ère vulgaire, & même jusqu'à la chûte de l'empire romain en occident. La Géographie du moyen âge offre encore beaucoup de confusion & de grandes difficultés, soit parce que les auteurs qui ont décrit les commencemens de nos Etats modernes, dans les temps si justement appelés de *barbarie*, ont défiguré une foule de noms que l'on ne reconnoît plus; soit parce qu'ils ont parlé de lieux inconnus aux auteurs de la saine antiquité, & que ces lieux ont cessé d'exister, ou du moins ont totalement changé de noms. Je n'ai pu me livrer particuliérement à cette sorte de recherche. Cependant, autant que je l'ai pu, à l'égard de certains peuples & de plusieurs lieux que l'ordre des temps ne peut faire regarder comme appartenans à la Géographie ancienne; remarquant qu'il n'en étoit aucunement question dans le dictionnaire de Géographie moderne, je leur ai donné place dans le dictionnaire de Géographie ancienne.

Je viens de dire que j'avois parlé de quelques peuples. J'ai, à cet égard, une autre observation à faire. Le dictionnaire de politique & de diplomatique (1) renferme à-peu-près tout ce qu'il convient de savoir concernant les peuples modernes. Ainsi, les notions élémentaires que l'on eût pu insérer dans le dictionnaire de Géographie moderne, eussent été insuffisantes à quelques égards, & superflues à d'autres. On a donc dû s'abstenir de les y placer. Mais ce dictionnaire de matières politiques, économiques, *&c.* ne remonte pas à l'antiquité. D'un autre côté, le dictionnaire historique ne parle que des hommes & non pas des peuples. Cependant, il me sembloit qu'il eût été hors de toute convenance & de l'attente raisonnable du public, qu'ayant un corps d'ouvrage tel que la nouvelle Encyclopédie méthodique, il ne fût pas possible avec cet ouvrage de prendre une idée du peuple Egyptien, Athénien, *&c.* des Grecs, des Perses. Les noms même de leurs provinces & de leurs villes perdent la plus grande partie de leur intérêt, si l'on ne peut en même temps trouver un mot sur leurs personnes. Aussi ai-je exposé dans mon tableau, que la géographie s'occupoit des *pays* & des *peuples*. Si l'on m'objectoit que je prétends faire usurper à la Géographie les droits de l'Histoire, je répondrois que la Géographie ne présente, dans ce genre, que de courts résumés fournis par l'Histoire, & qu'elle ne s'en sert que pour préparer les esprits à tirer un parti plus grand & plus utile des leçons de cette science. Je me suis donc déterminé à m'étendre un peu sur les peuples anciens qui méritent le plus d'être connus. Mais en même temps que j'ai cru devoir parler de leur origine, de leurs gouvernemens, *&c.* je me suis abstenu d'entrer dans les détails de leur histoire. C'est tout au plus si j'ai cru devoir

(1) J'entends toujours parler des dictionnaires particuliers qui entrent dans le plan général de la nouvelle Encyclopédie méthodique.

placer les grandes époques de leur chronologie. J'évitois ainsi de sortir de mon sujet, de tomber dans une prolixité déplacée; & cependant j'en disois assez pour que ce dictionnaire pût être regardé comme renfermant une introduction suffisante à la connoissance des peuples de l'antiquité. Si donc on trouve cette partie un peu abondante, si l'on est surpris que la Géographie ancienne ait pu fournir à plus d'un volume, on pourra s'assurer par l'examen même du livre, que ce n'est pas parce que je me suis étendu sur des détails que j'aurois dû supprimer. Je puis certifier que j'ai trop à cœur & le bien de cet ouvrage, & la conservation de l'estime que l'on a paru accorder à mes autres travaux, pour me rendre de plein gré coupable de négligence dans la manière dont j'ai dû saisir le plan de mon travail, ou de relâchement dans son exécution.

En général, les articles de cette Géographie ancienne sont fort courts, mais ils sont en très-grand nombre. Autant il me paroissoit important de les resserrer & de ne mettre dans chacun que ce qui pouvoit rendre chaque lieu recommandable, autant je croyois devoir rendre ce dictionnaire le plus complet possible. On n'a pas encore fait (excepté quelques abrégés), de dictionnaire de Géographie ancienne; & quoiqu'il s'en trouve beaucoup dans le grand dictionnaire de la Martinière, il laisse cependant beaucoup à desirer, soit pour l'exactitude, soit pour la collection des noms. J'ai donc dû me proposer de faire ce qui n'existoit pas & ce que le public étoit en droit d'attendre, c'est-à-dire, un dictionnaire assez complet pour que tous les noms de lieux, de rivières, *&c.* connus par les auteurs de l'antiquité & par ceux des savans qui ont travaillé d'après eux, se trouvassent dans mon ouvrage. Je me suis abstenu, autant qu'il a été possible, de toute discussion critique, de tout ce qui, ayant l'air de dissertation, eût pu alonger les articles; mais j'ai tâché de compléter la nomenclature, afin de rendre l'usage de ce livre intéressant pour la lecture des auteurs anciens. Aussi je crois pouvoir assurer que j'ai peu omis de noms géographiques, de ceux au moins qui se trouvent dans les auteurs grecs & latins regardés comme classiques; &, s'il m'en est échappé, c'est absolument contre mon gré. J'ai préparé même pour la fin de tout l'alphabet, un supplément pour les articles que j'aurois pu oublier ou qui auroient été égarés pendant le cours de l'impression.

Cependant, je suis bien éloigné de croire cette nomenclature complette, & mes articles, quoique faits avec soin, exempts de fautes. Mais, comme il me seroit bien doux, après un si long travail, de voir cet ouvrage porté à un degré raisonnable de perfection, je prends la liberté d'inviter ici les savans françois & étrangers, qui ne trouveront pas mon ouvrage indigne de leurs remarques; je les invite, dis je, à me les faire passer soit par la voie de MM. les ambassadeurs & celle du ministre des affaires étrangères, qui a daigné m'en accorder la permission, soit par telle autre voie qu'il leur plaira, pourvu qu'elle ne me soit pas trop onéreuse. Je puis assurer que j'en profiterai avec une très-vive reconnoissance; que je me ferai un devoir de nommer ceux qui ne m'auront pas imposé la loi contraire; & qu'enfin, je m'en servirai pour la perfection de ce dictionnaire, s'il a quelque jour l'avantage d'une seconde édition.

AVERTISSEMENT.

Précis de l'histoire de la Géographie (1).

Quoique la Géographie ait été cultivée dans l'antiquité, on ne peut disconvenir que les anciens manquoient des connoissances qu'ont employées les modernes pour la porter au degré de perfection où elle est arrivée de nos jours. Il falloit que, d'un côté, l'astronomie fît les progrès qu'elle doit aux belles découvertes qui nous ont fait connoître les satellites de Jupiter, & que, de l'autre, des hommes habiles correspondissent ensemble, pour déterminer les longitudes avec précision ; ainsi, quand on regrette la perte des cartes anciennes, c'est seulement, je crois, pour juger des situations relatives des différens lieux nommés dans les auteurs, & non pour connoître leur juste position sur tel ou tel point du globe. Il faut rendre cependant justice au travail de Ptolemée, quoiqu'il n'eût pas une juste idée de la configuration des pays, ni des distances en longitude, ses latitudes sont en général assez approchantes de celles que l'on a connues depuis lui. Mais il faut reprendre de plus haut l'histoire de la Géographie.

La première carte dont parlent les auteurs anciens, est celle que Sésostris, le premier & le plus grand conquérant de l'Égypte, fit exposer à la vue de son peuple, pour lui faire connoître les nations qu'il avoit soumises & l'étendue de son empire, dont les embouchures du Danube & de l'Indus faisoient les bornes.

On reconnoît encore l'antiquité de la Géographie dans les descriptions des livres de Moïse, le plus ancien des historiens, né en Egypte, & élevé à la cour par la propre fille du roi. Ce chef du peuple de Dieu & son successeur Josué ne s'en tinrent pas à des descriptions historiques, lorsqu'ils firent le partage de la Terre promise aux douze tribus d'Israël. Joseph & les plus habiles interprètes de l'écriture sainte, assurent qu'ils firent dresser une carte géographique de ce pays.

La navigation contribua beaucoup aux progrès de la Géographie. Les Phéniciens, les plus habiles navigateurs de l'antiquité, fondèrent un grand nombre de colonies en Europe & en Afrique, depuis le fond de l'Archipel ou de la mer Egée, jusqu'à Gadès. Ils avoient soin d'entretenir ces colonies pour conserver & même augmenter leur commerce. Le besoin que nous avons de connoître les pays où nous faisons des établissemens, doit faire croire que cette connoissance leur étoit indispensable.

Il faut convenir que quelque antiquité que l'on puisse donner à la Géographie, elle fut long temps à devenir une science fondée sur certains principes. C'est dans la suite que les Grecs asiatiques réunissant les lumières des astronomes chaldéens & des géomètres d'Egypte, commencèrent à former différens systêmes sur la nature & la figure de la terre. Les uns la croyoient nager dans la mer, comme une balle dans un bassin d'eau ; d'autres lui donnoient la figure d'une surface plate, entre-coupée d'eau : mais en Grèce, des philosophes plus conséquens jugèrent qu'elle formoit avec les eaux un corps sphérique.

Thalès de Milet fut le premier qui entreprit de travailler d'après ce systême. Il

(1) Une partie de ce morceau est prise de la première édition.

construisit un globe, & représenta sur une table d'airain la terre & la mer. Selon plusieurs auteurs, Anaximandre, disciple de Thalès, est le premier qui ait figuré la terre sur un globe. Hécatée, Démocrite, Eudoxe & d'autres adoptèrent les plans ou cartes géographiques, & en rendirent l'usage assez commun dans la Grèce.

Aristagoras de Milet présenta à Cléomènes, roi de Sparte, une table d'airain, sur laquelle il avoit décrit le tour de la terre avec les fleuves & les mers, pour lui expliquer la situation des peuples qu'il avoit à soumettre successivement.

Socrate réprima l'orgueil d'Alcibiade par l'inspection d'une carte du monde, en lui démontrant que les domaines dont il étoit si fier ne tenoient pas plus d'espace sur cette carte que le plus petit point n'en pouvoit occuper.

Scylax de Cariandre publia, sous le règne de Darius, fils d'Hystaspes, roi de Perse, un Traité de Géographie & un périple, ou voyage fait par mer le long des côtes.

On voit dans la comédie des *Nuées* d'Aristophane, un disciple de Socrate montrant à Strépisiade une description de la terre.

Ce fut sous les Grecs que la Géographie commença à profiter des secours que l'astronomie pouvoit lui procurer : la protection qu'elle trouvoit à la cour des princes contribua à ses progrès.

Alexandre, disent les historiens, étoit accompagné dans le cours de ses conquêtes, des deux ingénieurs Diognètes & Béton, pour lever la carte des pays que leur prince traversoit. Ils prenoient exactement les distances des villes & des rivières d'Asie, depuis les portes Caspiennes jusqu'à la mer des Indes. Ils employoient les observations que Néarque & Onésicrite avoient faites à bord des vaisseaux qu'Alexandre leur avoit donnés pour reconnoître la mer des Indes & le golfe Persique. Ils observoient les distances des lieux, non-seulement par l'estime du chemin, mais encore par la mesure des stades, lorsque cela leur étoit possible ; & les observations astronomiques, à la vérité moins exactes & moins nombreuses que les nôtres, remplissoient, à quelques égards, quoique très-imparfaitement, le vuide que causoit quelquefois l'impossibilité où l'on se trouvoit de prendre des mesures.

Pithéas, mathématicien de Marseille, florissoit au temps d'Alexandre (1). Sa passion pour la Géographie ne lui permit pas de s'en tenir aux observations faites dans son pays. Il parcourut l'Europe depuis les colonnes d'Hercule jusqu'à l'embouchure du Tanaïs ; & dans un autre voyage il s'avança par l'Océan occidental jusques sous le cercle polaire arctique. Ayant remarqué que plus il tiroit vers le nord, & plus les jours devenoient grands, il fut le premier à désigner ces différences de jour par climats. Strabon croyoit ces pays inhabitables ; &, malgré l'opinion qu'Eratostène & Hipparque avoient du contraire, il ne put s'empêcher d'accuser Pythéas de mensonge. On sait actuellement à quoi s'en tenir sur cette assertion de Strabon ; & les savans ont rendu à Pythéas toute la justice qu'il mérite.

---

(1) M. de Bougainville croit qu'il florissoit au plus tard vers le milieu du quatrième siècle avant J. C. *Mém. de litt. t. IX, p. 148.*

Ariſtote, diſciple de Platon, étoit auſſi verſé dans la connoiſſance de la Géographie que dans la philoſophie. Les obſervations aſtronomiques lui ſervirent à déterminer la figure & la grandeur de la terre. On attribue à cet ancien un livre *de mundo*, dédié à Alexandre, dans lequel on trouve une deſcription aſſez exacte des parties de la terre, connues de ſon temps; ſavoir, l'Europe, l'Aſie & l'Afrique.

Thimoſthènes donna un *traité des ports de mers*, dont Pline nous a conſervé des fragmens, de même que les obſervations de Séleucus Nicanor, qui ſuccéda à la puiſſance d'Alexandre dans la Haute-Aſie, juſques dans une partie de l'Inde.

Théophrate, diſciple d'Ariſtote, ne ſe contenta pas de poſſéder des cartes de Géographie; il ordonna, par ſon teſtament, que ces ouvrages, qui avoient fait ſes délices pendant ſa vie, & dont il avoit reconnu l'importance & l'utilité, fuſſent attachés au portique qu'il avoit donné ordre de conſtruire.

A cet Athénien ſuccéda Erathoſtène, dont la réputation répondoit à l'étendue de ſon génie. D'après les obſervations qu'il avoit recueillies de pluſieurs auteurs, il corrigea le premier la carte d'Anaximandre, & en publia une nouvelle qui contenoit la ſurface du monde entier, à laquelle il donnoit cinq cens mille ſtades de circuit. Le fruit de ſes recherches furent trois livres de commentaires géographiques. Il combattoit dans le premier, les erreurs reçues de ſon temps; le ſecond contenoit les corrections qu'il avoit faites à l'ancienne Géographie; le troiſième renfermoit ſes nouvelles obſervations.

Mais l'aſtronomie n'étoit pas portée aſſez loin pour qu'Erathoſtène, malgré l'étendue de ſon mérite, pût donner à la Géographie un degré de perfection qui laiſſât peu à deſirer. Auſſi ne tarda-t-on pas à relever des fautes dans ſon travail, & l'on ajouta de nouvelles corrections à celles qu'il avoit faites. Son ouvrage eſſuya de grandes conteſtations de la part de Sérapion & d'Hipparque. Ce dernier étoit un homme d'un grand mérite : il avoit fait de grandes choſes en aſtronomie. Cependant, ſe laiſſant trop aller à la prévention, il préféra la carte d'Anaximandre à celle qu'Eratoſthène avoit corrigée. Ces diſputes, en exerçant l'eſprit des Grecs ſur cette matière, leur donnoient une vive émulation, qui ſervit à perfectionner les principes de la Géographie.

Agatharchide de Cnide, qui floriſſoit ſous Ptolemée Philométor, compoſa un ouvrage ſur le golfe arabique : Phocius nous a conſervé quelques extraits de cet auteur dans ſa bibliothèque.

Environ cinquante ans après, Mnéſias publia une deſcription du monde entier.

Artémidore d'Ephèſe donna une deſcription de la terre en onze livres; elle eſt ſouvent citée par Strabon, Pline & Etienne de Byſance. Marcien d'Héraclée en avoit fait un abrégé que l'on a perdu; il ne reſte de cet ouvrage que le périple de Bithynie & de la Paphlagonie.

Cet amour de la Géographie ne tarda pas à paſſer à Rome avec les arts de la Grèce. Les Romains commençoient à étendre leurs conquêtes hors de l'Italie; leurs armes triomphoient en Afrique. Scipion Emilien, jaloux des progrès de cette ſcience dans ſa patrie autant que de l'empire qu'elle diſputoit à Carthage, donna des vaiſſeaux à Polybe, pour qu'il allât reconnoître les côtes d'Afrique, d'Eſpagne & des Gaules.

Polybe s'avança jusqu'au promontoire des Hespérides (le cap Verd), & fit de plus un voyage par terre pour mesurer les distances de tous les lieux qu'Annibal avoit fait parcourir à son armée en traversant les Pyrénées & les Alpes.

On doit conclure encore que l'usage des cartes géographiques étoit bien connu à Rome, de ce que Varron rapporte dans son livre de *re rusticâ*, au sujet de la rencontre qu'il fit de son beau-père & de deux autres Romains qui considéroient l'Italie représentée sur une muraille.

Sous le consulat de Jules-César & de Marc-Antoine, le sénat conçut le dessein de faire dresser des cartes de l'empire romain, plus exactes que celles qui avoient paru jusqu'alors. Zénodoxe, Théodore & Polyclète furent les trois ingénieurs employés à cette grande entreprise.

La conquête de la Gaule par Jules-César procura des connoissances sur l'intérieur & les parties les plus reculées de ce pays : le passage du Rhin & d'un détroit de mer (le pas de Calais) donnèrent quelques notions particulières de la Germanie & des îles Britanniques. Ce sont, en général, les conquêtes & le commerce qui ont agrandi la Géographie; &, en suivant ces deux objets, on voit successivement les connoissances géographiques se développer & s'étendre.

Pompée entretenoit correspondance avec Possidonius, savant astronome & excellent géographe, qui mesura (assez imparfaitement, à la vérité) la circonférence de la terre, par des observations célestes, faites en divers lieux sous un même méridien.

Entre les auteurs qui écrivirent sur la Géographie sous Auguste & Tibère, deux sur-tout se distinguèrent; savoir, Strabon & Denys le Périégète. L'ouvrage de ce dernier, publié dans le recueil des petits géographes, est fort sec & ne contient presque qu'une simple nomenclature. Mais l'ouvrage de Strabon est un ouvrage immortel par la profondeur des recherches & l'étendue des détails. On ne peut penser qu'avec surprise que ce savant ouvrage n'ait pas encore été mis à la portée des lecteurs françois (1). Auguste, voulant joindre à son titre de maître de l'univers, celui de protecteur des sciences, ainsi que des muses, sachant que les plus hauts gnomons dont on se servoit pour connoître la hauteur du soleil par la longueur de l'ombre, se trouvoient principalement en Egypte, ordonna d'en transporter plusieurs à Rome : un entre autres avoit cent pieds de haut, sans comprendre le piédestal. Il fit travailler aussi à des descriptions particulières de différens pays, & sur-tout de l'Italie, où l'on marqua les distances par milles le long des côtes & sur les grands chemins. Ce fut enfin sous son règne que la description générale du monde, à laquelle les Romains avoient travaillé pendant deux siècles, fut achevée sur les mémoires d'Agrippa, & placée au milieu de Rome sous un grand portique bâti exprès.

Les règnes de Tibère, de Claude, de Vespasien, de Domitien & d'Adrien, furent remarquables par le goût qui y régna pour la Géographie.

---

(1) Les gens de lettres en connoissent une traduction françoise, mais son savant auteur n'a pas jugé à propos de la faire imprimer. Cet ouvrage, avec des cartes qui représenteroient les pays tels que l'on conçoit que Strabon les supposoit, seroit infiniment intéressant.

Iſidore de Charax, qui vivoit au commencement du premier ſiècle de l'ère chrétienne, avoit compoſé un ouvrage intitulé σταθμὶ Παρτικοὶ, *ſtations des Parthes*, intéreſſant pour les diſtances locales de dix-huit petits gouvernemens qui faiſoient partie du royaume des Perſes.

Pomponius Méla parut après; il publia un petit corps de géographie intitulé, *de ſitu orbis.*

Suétone rapporte que ſous Domitien, Metius Pompotianus, qui montroit au peuple la terre ſur un parchemin, fut la victime de l'amour qu'il avoit pour la Géographie; le prince s'étant imaginé que ce Romain aſpiroit à l'empire, le ſacrifia à ſes ſoupçons & le fit mourir.

Pline le naturaliſte vivoit ſous ce même empereur. La Géographie, qui faiſoit partie de l'hiſtoire naturelle qu'il avoit entrepriſe, l'engagea à faire une deſcription des pays connus de ſon temps: elle eſt compriſe dans les troiſième, quatrième, cinquième & ſixième livres de ſon ouvrage. Les noms des auteurs, tant romains qu'étrangers qu'il avoit conſultés, & dont il fait mention dans la table des chapitres, doivent faire juger par leur nombre conſidérable, non-ſeulement de ſon exactitude, mais encore du goût que l'on avoit eu avant lui pour la Géographie, puiſqu'un ſi grand nombre de perſonnages s'en étoit occupé.

On voit dans Florus, que du temps de Trajan, la ſcience de compoſer des cartes géographiques étoit en vigueur à Rome.

Marin de Tyr parut enſuite. Il enviſagea, il corrigea & augmenta de ſes connoiſſances, celles des ſavans qui l'avoient précédé.

Arrien, ou Arrian de Nicomédie, ſous l'empereur Adrien, compoſa deux périples qui nous ſont parvenus; l'un eſt du Pont-Euxin; l'autre de la mer Erythrée, ou mer Rouge, en y comprenant une partie de celle des Indes.

La Géographie continuoit ainſi à faire quelques progrès, lorſque Ptolemée vint contribuer à ſa perfection par une deſcription du globe terreſtre, beaucoup plus exacte que toutes celles qui avoient paru juſqu'alors. Cet auteur étoit né à Péluſe, ville de la Baſſe-Egypte, & vivoit, au temps de Marc-Aurèle, vers l'an 150 de l'ère chrétienne. Les Grecs le ſurnommèrent *très-divin* & *très-ſage*, à cauſe de la connoiſſance profonde qu'il poſſédoit des mathématiques & de la phyſique. Il corrigea beaucoup de choſes dans l'ouvrage de Martin de Tyr; &, ce qui eſt digne d'être remarqué, il entreprit de réduire toutes les diſtances des lieux en degrés & en minutes, ſelon la méthode déjà pratiquée par Poſſidonius. Il fit uſage des degrés de latitude & de longitude, & aſſujettit la poſition des lieux à des obſervations aſtronomiques. J'ai dit plus haut que les erreurs en longitude ne peuvent pas être imputées à ce grand homme, mais au peu de ſecours que l'aſtronomie prêtoit à la géographie; ſes latitudes ſont beaucoup plus approchées de la vérité.

Les ouvrages des anciens juſqu'à Ptolemée, ſont admirables par la ſagacité & la force de génie de leurs auteurs; cependant, il faut convenir que la Géographie n'étoit encore qu'ébauchée. Hipparque avoit été réformé par Poſſidonius; les cartes de celui-ci

le

le furent par Marin de Tyr; & celles de Marin de Tyr furent trouvées susceptibles de corrections par Ptolemée.

Dans la suite, on reconnut que le travail de ce savant pouvoit aussi supporter quelque réforme. Il s'en falloit de beaucoup que toutes les observations dont il avoit fait usage fussent exactes : il avoit été obligé de s'en rapporter aux voyageurs & à l'estime qu'ils faisoient des distances. Des connoissances si incertaines ne pouvoient pas donner une grande exactitude pour les longitudes & les latitudes. De-là les fautes considérables que l'on rencontre dans Ptolemée, tant pour la situation des îles Fortunées (les Canaries) & la partie septentrionale des îles Britanniques, que pour la position de la capitale des *Sines*, qui devoient être très-près des Chinois actuels, *&c. &c.* Mais ces fautes ne doivent pas empêcher que l'on ne regarde Ptolemée comme celui qui a le plus mérité de la Géographie.

Depuis cet auteur jusqu'à la fin de l'Empire, il parut peu d'ouvrages estimables en Géographie. On trouve cependant encore les cartes en usage dans les troisième & quatrième siècles sous Dioclétien, Constantin & Maximien.

On croit que c'est au temps de l'empereur Théodose que l'on peut fixer la rédaction de la carte provinciale & itinéraire, connue depuis sous le nom de carte de Peutinger.

Le dernier ouvrage que l'on peut mettre au rang de ceux des anciens sur la Géographie, est la notice de l'empire, attribuée à Ethicus, qui vivoit entre 400 & 450 de l'ère chrétienne. Ce livre est précieux pour les lumières qu'il procure, tant pour la géographie que pour l'histoire.

Les siècles de barbarie qui suivirent la décadence de l'empire romain, enveloppèrent presque tous les peuples dans une ignorance profonde. Il ne se trouva, pour ainsi dire, en 535, qu'un nommé Cosme, Egyptien, qui composa une cosmographie chrétienne; & Héroclès, dans le même siècle, qui publia une notice de l'empire de Constantinople. Ces deux ouvrages ont toujours depuis été fort recherchés.

L'amour des sciences & des arts, chassés d'Europe par la barbarie, trouva en Asie, chez les Arabes, un asyle plus sûr & un ami plus favorable. Ce peuple avoit déjà publié plusieurs ouvrages sur plusieurs sciences, lorsque Almamoun, calife, ou vicaire de Mahomet, résidant à Babylone, fit traduire du grec en arabe le livre de Ptolemée, que l'on nomma *de la grande composition* (1). On vit sous ce prince deux astronomes géomètres, parcourir par ses ordres les plaines de Senaar pour mesurer un degré du méridien; entreprise honorable à la gloire de ce prince, mais qui ne pouvoit servir à déterminer la figure de la terre qu'autant que l'on pourroit comparer la grandeur de ce degré avec celle d'un degré mesuré plus près du pôle. C'est ce qui a été exécuté si heureusement sous le dernier règne (2).

On compte parmi les géographes arabes, Abou Isaac, Mohamed ben Assan, Hossen

(1) C'est le sens du mot *Almageste*, qui est moitié grec & moitié arabe.

(2) *Voyez* ce que j'en ai dit dans ma cosmographie, *deuxième édition*, *pag. 30.*

Ahmed Alkahlé, Schaffeddin al Codſi, Abou Rilſan, Abou Abdallah Mahomed Edriſſi, plus connu ſous le nom de *géographe de Nubie;* enfin, Iſmaël Abulféda, prince de Hama, en Syrie : il compoſa une Géographie univerſelle.

La Perſe eut auſſi ſes géographes, entre leſquels on doit diſtinguer Nadir Edden, natif de Thus en Chorasan. Il avoit parcouru une partie de l'Aſie. Les ouvrages arabes & indiens lui ſervirent à conſtruire des tables géographiques.

Pendant que la Géographie étoit cultivée par les Orientaux, elle commençoit à ſe ranimer chez les Européens. Mais il n'y avoit guère que les aſtronomes qui puſſent dire quelque choſe de ſenſé ſur cette ſcience. L'état des ſciences en France, depuis Charlemagne juſqu'au roi Robert, a été le ſujet des recherches de M. l'abbé le Beuf, de l'académie des Belles-Lettres. On y voit très-bien que les connoiſſances étoient groſſières, non-ſeulement en France, mais même chez les peuples voiſins.

Les voyages de Marc-Pol, de Rubruquis & de Plan Carpin en Tartarie, au treizieme ſiècle, furent utiles à la Géographie.

Dans le quatorzième ſiècle, on vit paroître en France une traduction des livres d'Ariſtote, *du ciel & du monde*, que Nicolas Oreſme avoit entrepriſe par ordre de Charles V.

En Italie, François Berlingheri, Florentin, publia, en 1470, un poëme italien en dix livres, dans leſquels il expliquoit la Géographie de Ptolemée. Cet ouvrage fut dédié à Frédéric, duc d'Urbin, & orné de pluſieurs cartes gravées ſur cuivre.

Un Vénitien, nommé Dominico Mario Negro, compoſa en 1490, une Géographie en vingt-ſix livres, dont l'Europe & l'Aſie occupoient chacune onze livres : l'Afrique étoit compriſe dans les quatre autres.

Dans le ſeizième ſiècle, Guillaume Poſtel publia un traité de coſmographie. Un voyage que ce ſavant avoit fait dans l'Orient, enrichit l'Europe de la Géographie d'Abulféda. De retour à Veniſe, il en laiſſa un abrégé à Ramuſius, qui, le premier, cita cet ouvrage, & indiqua l'uſage que l'on en pouvoit faire. Caſtaldo s'en ſervit enſuite pour corriger les longitudes & les latitudes des différens lieux; & c'eſt ſur la foi de ce dernier qu'Ortélius parle d'Abulféda dans ſon tréſor géographique.

Ce fut dans ce ſiècle que la Géographie commença à prendre vigueur en Europe. L'art de la gravure en bois multiplia les ouvrages; mais à cet art ſuccéda celui de la gravure en cuivre, qui, par la promptitude & la netteté de l'exécution, produiſit encore une plus grande abondance de morceaux.

L'Allemagne, l'Angleterre, l'Italie, l'Eſpagne, la Suède, la Ruſſie, & ſur-tout la France, virent ſucceſſivement éclorre de grands ouvrages de Géographie. Les plus célèbres auteurs en Allemagne furent Cluvier, Jean Mayer, Mathieu Mérian, les Homanns, Haſius, Wieland, Micorini, *&c.* Il y faut ajouter Cellarius, qui a traité de la Géographie ancienne avec tant de ſavoir. A la vérité, il n'a égard dans ſon ouvrage qu'à l'exiſtence des lieux dont il eſt parlé dans les auteurs grecs & latins, ſans avoir égard à leur poſition ſur le globe.

En Angleterre, on a vu Humfield, Saxon, Speed, Timothée Pont Robert Gordon,

Petty, Ogilby, Elphinston, Douvet, &c. & sur-tout Cambden. Quoique la plupart de ces savans aient porté leur vue sur le monde entier, on est cependant redevable à plusieurs d'entre eux, de la connoissance exacte des états Britanniques.

La Hollande & la Flandre ont eu de la réputation par les travaux considérables de Mercator & d'Ortélius; on ne doit pas oublier Gondius, Wischer & les célèbres Janson & Blaeu, dont on a publié les atlas en quatre langues. Ceux qui ont suivi la même carrière sont connus. Je n'en parlerai pas ici.

Je passerai aussi l'état de la Géographie en Espagne avant le moment où don J. Lopez publia son atlas d'Espagne en plusieurs cartes, auquel il a joint depuis une carte ancienne de ce royaume. Son ouvrage, estimable à bien des égards, seroit infiniment plus recommandable s'il eut trouvé, pour le rédiger, des secours comme nous en trouvons en France dans la belle carte publiée sous le nom de *carte de l'observatoire*, & levée géométriquement par toute l'étendue du royaume.

L'Italie, toujours recommandable par les grands hommes qu'elle a produits en différens genres, eut aussi des ingénieurs : leurs travaux servirent à faire connoître cette belle partie de l'Europe. Mais il n'y en a pas qui se soit plus distingué que Jean-Antoine Magin, de Padoue. Il composa, à la fin du seizième siècle, une *Géographie ancienne & moderne* d'après la Géographie de Ptolemée, comparée à l'état actuel de son temps. C'est à son fils que l'on est redevable d'un grand ouvrage sur l'Italie, commencé par le père, & dédié au duc Vincent de Gonzague, duc de Mantoue, en 1600. Cet ouvrage, composé de soixante-une cartes, a toujours été très-estimé des savans.

Riccioli, savant jésuite de Ferrare, publia, en 1662, un livre estimable, concernant toutes les parties de mathématiques qui ont rapport à la géographie & à l'hydrographie. Il a été un des premiers qui ait eu le dessein de réformer la Géographie par les observations astronomiques.

Personne n'ignore le grand ouvrage de la méridienne de Rome, entrepris par les PP. le Maire & Boscowich, jésuites : il en est résulté, outre la mesure d'un degré du méridien, une fort bonne carte de l'état de l'église.

La Suède ne compte pas beaucoup de géographes. Les connoissances que l'on avoit de ce pays du temps de Charlemagne, n'étoient guère plus certaines que dans les siècles les plus reculés.

La première carte que l'on ait publiée en Suède est celle d'Olaüs Magnus, archevêque d'Upsal, qui vivoit dans le seizième siècle.

A cette carte en succéda une autre par Adrien Veno, & gravée à Amsterdam par Hondius, en 1613. Elle est supérieure à la première, & l'on y reconnoît bien mieux la configuration du pays. Cependant il s'y trouve, comme on doit bien le penser, une infinité de fautes.

Charles IX conçut le dessein de connoître plus parfaitement son royaume; mais il manquoit de géomètres. Il employa les talens d'André Bureus, que l'on peut appeler avec raison *le père de la Géographie suédoise*. Il étoit né en 1571 : élevé dans l'étude des mathématiques, il y fit des progrès si rapides, qu'il eut la charge de premier architecte du royaume & de chef des mathématiques. Le roi le mit à la tête des arpenteurs de son royaume, pour lever géométriquement leur district. Bureus recevant les morceaux levés par ces arpenteurs, en composa une carte générale du royaume qui parut à Stockholm en 1625, en six grandes feuilles, gravées par Trantman.

Après la mort de Gustave Adolphe, la Géographie languissoit en Suède jusqu'à ce que Charles XI monta sur le trône. Ce monarque, non-seulement remit en vigueur les anciens établissemens, mais même il les augmenta & les perfectionna, en nommant une commission d'arpenteurs pour la Livonie, l'Estonie, l'Ingermanie, la Poméranie & le duché des Deux-Ponts. Le baron Charles de Gripenheim fut mis à la tête de cet établissement. Il mourut en 1684, & eut pour successeur le colonel comte de Dalliberg, qui poussa si vivement les travaux, qu'en 1689 on pouvoit donner des cartes exactes de toute la Suède, lorsque, par ordre du roi, la publication en fut défendue. On reconnut bientôt l'abus de ces défenses. Les cartes parurent successivement, & elles contribuent encore à étendre la réputation du bureau géographique de Stockholm.

La Russie n'a commencé à cultiver la Géographie avec succès que vers la fin du dernier siècle. On avoit cependant déjà dressé une carte sous le Czar Michel Fédérowitz; mais il falloit un Pierre-le-Grand pour appeler les sciences dans ses états. Ce monarque desiroit connoître l'étendue de son empire. Il fit lever des plans & des cartes : en 1715, le sénat fut chargé de recevoir les rapports des arpenteurs employés pour cette entreprise. Sous ce règne, la mer Caspienne changea de forme. Et quoique l'on ait voulu, dans ces derniers temps, apporter des changemens à sa configuration méridionale, les autorités sur lesquelles on appuyoit cette assertion ont paru si foibles à l'académie de Pétersbourg, qu'elle n'a pas daigné y donner la moindre attention.

Lorsque cette académie commença à s'occuper de la Géographie de tout l'empire, on appela de Paris Joseph de Lille, qui passa en effet à Pétersbourg en qualité d'astronome & de géographe, en 1726. Le grand atlas de Russie fut achevé en 1745. Mais on doit le regarder comme un ouvrage bien imparfait en comparaison des travaux que l'académie a publiés depuis, & de ceux que fait faire l'auguste impératrice aujourd'hui régnante. On doit présumer même qu'à son retour de la Bessarabie & de la Crimée, elle en fera publier des cartes plus exactes que celles que l'on avoit eues jusqu'à présent. Il est raisonnable que cette princesse prenne un grand intérêt aux progrès de la Géographie; aucun souverain ne possède un empire aussi étendu.

Mais ce fut particuliérement en France que la Géographie fit des progrès plus marqués. Il y avoit déjà quelques cartes imparfaites de province, lorsque François de la Guillotière, natif de Bordeaux, fut, pour ainsi dire, le premier qui, profitant des lumières des savans antérieurs & contemporains, ainsi que des siennes propres, publia, en 1584, une carte générale du royaume. On dit qu'il avoit aussi dressé les cartes particulières de toutes les provinces.

Celui qui s'est le plus distingué dans le siècle suivant, fut Nicolas Sanson, d'Abbeville, né en 1600, d'une famille très-honnête de la Picardie. Ses fils Nicolas, Guillaume &

Adrien coururent la même carrière & soutinrent avec honneur la réputation de leur père. Pierre-Moulard Sanson, petit-fils de Nicolas Sanson, entra aussi dans les vues de son aïeul. Le reproche que l'on a fait à ces savans, a été de n'avoir pas mis en usage les observations astronomiques. Mais elles étoient trop récentes; on en avoit encore trop peu du genre qui appartient à la Géographie, pour que le premier des Sanson pût s'en servir, & même pour que ses fils entreprissent de refondre les ouvrages de leur père.

Dès le temps des Sanson, Pierre Duval, d'Abbeville, leur parent, fit aussi son unique occupation de la Géographie; mais ses ouvrages étoient négligés, &, pour la plupart, des copies des cartes des Sanson.

Le P. Briet, jésuite, contemporain & compatriote de Nicolas Sanson, s'occupa beaucoup de la Géographie. On connoît son ouvrage latin, dont le titre signifie en françois, *parallèle de la Géographie ancienne & moderne* (1).

Le commencement de notre siècle doit être regardé comme l'époque d'un renouvellement général de la Géographie en France, &, pour ainsi dire, dans toutes les parties de l'Europe. L'académie des Sciences, par les travaux de plusieurs de ses membres, influa considérablement sur le progrès de la Géographie. On n'avoit guère connu l'application que l'on pouvoit faire à cette science des connoissances astronomiques. Le P. Riccioli, jésuite italien, l'avoit entrevue; mais c'est aux Picards, aux La Hire, aux Cassini, *&c.* que l'on est redevable de la grande entreprise de la mesure de la terre (2). Les opérations faites depuis Dunkerque jusqu'à Colioure, pour tracer une méridienne à-travers toute la France, firent naître l'idée de lever tout ce royaume géométriquement. Ce travail, entrepris depuis long-temps, touche en ce moment à sa fin.

Guillaume de Lille, élève de Dominique Cassini, & agrégé sous ce titre à l'académie des Sciences, fut le premier qui fit usage des observations astronomiques. Il publia un très-grand nombre de cartes; &, s'il ne fit pas mieux, ce fut sur-tout par défaut de meilleurs matériaux. Il s'occupa aussi de la Géographie ancienne. Mais, je ne crains pas de le dire ici, c'est la partie qu'il a traitée le moins heureusement; & deux choses, selon moi, y ont contribué: 1°. défaut de connoissance dans beaucoup de détails concernant la Géographie ancienne: 2°. défaut de critique dans l'étude qu'il fit des auteurs anciens. La révolution, dans cette partie de la Géographie, ainsi que la perfection dans la Géographie moderne, semblent avoir été réservées à M. d'Anville.

---

(1) Je l'ai dit dans le temps; ce fut la lecture de cet ouvrage qui me fit naître le dessein de publier une GÉOGRAPHIE COMPARÉE. Non-seulement l'ouvrage du P. Briet est en latin & n'est pas achevé, mais de plus on y trouve beaucoup d'inexactitudes, une nomenclature trop sèche, & une méthode qui laisse beaucoup à desirer. Cela n'empêche pas que cet ouvrage ne soit fort utile à ceux qui travaillent sur la Géographie ancienne, & que son auteur sur-tout, n'ait été un très-habile homme.

(2) On sait que pour avoir une comparaison juste de deux degrés de méridien, prise à des distances considérables en latitude, le feu roi envoya des académiciens sous l'équateur, & d'autres sous le cercle polaire. Les résultats de leurs calculs démontrèrent l'applatissement de la terre aux deux pôles, ainsi que l'avoit annoncée la théorie. M. de la Place, aussi de l'académie des Sciences, ayant repris cette matière, a trouvé que cet applatissement devoit être d'un trois cent vingtième du diamètre de l'équateur.

Cet habile homme, né avec un goût si décidé pour la Géographie, que dès l'âge de treize ans il avoit déjà dressé, pour son usage, une petite carte qu'il m'a dit être à la bibliothèque du roi, reprit & discuta toutes les parties de la Géographie. Il y donna tous ses soins, en fit l'objet de l'étude de tous ses momens, acquit une réputation brillante, & mérita d'être en correspondance avec tous les savans & tous les grands & les princes protecteurs de la Géographie. On ne peut, ce me semble, lui faire qu'un reproche; c'est d'avoir adopté l'opinion de l'alongement de la terre par les pôles, & d'avoir fait toutes ses projections d'après cette fausse hypothèse.

Mais d'ailleurs, que d'éloges ne mérite-t-il pas pour être parvenu à donner une forme plus exacte à la configuration de différentes parties de l'Europe, telles entre autres que l'Italie & la Grèce! Je ne prétends pas entrer ici dans le détail de ses travaux : on les trouve dans ses éloges, lus dans deux séances publiques (1) par les secrétaires des académies des Sciences & Belles-Lettres.

Je ne puis cependant omettre ici quelques réflexions sur la perfection qu'il a portée dans l'étude de la Géographie ancienne. Il y fut déterminé, ainsi qu'il me l'a répété plusieurs fois, par le peu d'accord qu'il trouvoit entre l'état actuel de la Géographie, le témoignage des auteurs, & les travaux de ceux qui l'avoient précédé. Je développe cette idée.

L'étude de la Géographie ancienne me semble inséparable de la lecture des historiens & même des poëtes anciens. Je ne m'arrêterai donc pas à combattre les opinions d'un astronome moderne, qui croit cette connoissance fort inutile. Elle l'est en effet, si l'on n'a égard qu'à l'astronomie & aux mathématiques. Mais si l'on veut lire Homère avec tout l'intérêt dont ses deux poëmes sont susceptibles (2); si l'on veut s'instruire avec Hérodote & Diodore, de l'étendue & de la puissance des principaux peuples qui ont figuré dans la haute antiquité; si l'on veut connoître les intérêts de la Grèce au temps de Thucycide; s'instruire des conquêtes des Romains dans Polybe, Tite Live, Saluste, *&c.* le peut-on sans la Géographie? Et qu'est-ce que la Géographie dont on a besoin, si ce n'est celle qui nous fait connoître celle des pays dont il est parlé dans ces auteurs? Cette assertion, pour les hommes non prévenus, n'a pas besoin de grandes preuves; je ne m'y arrêterai donc pas.

M. d'Anville, en se livrant à l'étude de la Géographie ancienne, étudia d'abord les auteurs anciens, rapprocha leurs passages avec critique, & discuta leurs mesures itinéraires. Des auteurs de l'antiquité qui marquent le plus en Géographie, Strabon, Pausanias & Ptolemée, paroissent être ceux que l'on ne peut trop consulter, & auxquels on doit le plus se conformer. M. de Lille s'en étoit servi; mais il n'avoit assez examiné, ce me semble, que si Ptolemée doit être plus cru lorsqu'il donne la position des villes

---

(1) Dans le même temps & sans avoir eu communication de ces deux morceaux, j'eus la satisfaction, douloureuse par son objet, d'en faire insérer un dans la feuille *de la correspondance* de M. de la Blancherie.

(2) Peut-être suffiroit-il de lire les notes géographiques, aussi-bien que la carte que j'ai faite pour la belle édition de la traduction d'Homère par M. Gin, pour sentir combien la Géographie ancienne est nécessaire à la lecture de ce poëte.

d'Egypte & d'Arabie ; Strabon, lorſqu'il parle de l'Aſie mineure, de l'Italie, *&c.* Pauſanias eſt un guide plus ſûr à l'égard de certains détails de l'intérieur de la Grèce. De-là vient que l'ayant peu conſulté, ſes cartes diffèrent, en beaucoup de points, de ce qui eſt dit dans cet auteur : de-là vint auſſi qu'en donnant une traduction de cet ancien, l'abbé Gedoyn offrit des cartes qui étoient en contradiction avec le livre même auquel elles étoient adaptées, parce qu'elles n'étoient qu'une copie de celles de M. de Lille. Auſſi, ce qu'a donné M. d'Anville eſt-il infiniment plus exact, tant ſur la Grèce que ſur toutes les autres parties ; non pas qu'il n'y ait encore certains points où ſa critique ſoit en défaut ; mais, en totalité, ſes cartes ſont des chefs-d'œuvre d'érudition & de critique.

A la connoiſſance des auteurs de l'antiquité, celui qui s'occupe de la Géographie ancienne, doit joindre une connoiſſance très-préciſe de la Géographie moderne. Car c'eſt ſouvent par les comparaiſons des lieux modernes que l'on fait répondre très-préciſément à tel ou tel lieu ancien, que l'on parvient à connoître la juſte poſition de ces derniers. Ç'a été la méthode de M. d'Anville. Pour ſe convaincre de ſon utilité, on n'a qu'à comparer ſes cartes de la Gaule avec celles de Sanſon & celle de dom Martin, on verra qu'en ſuivant trop aveuglément les itinéraires, la carte de Peutinger, *&c.* ces auteurs ont adopté pour les meſures itinéraires les erreurs que des fautes de copiſtes ont introduites dans les textes actuellement imprimés. Ainſi XX mille ont ſouvent été ſubſtitués pour XV, & XV pour XX, quelquefois même X pour XX, parce que les copiſtes liſoient mal & écrivoient ſans attention. La direction des routes une fois connue, il n'y avoit qu'une connoiſſance exacte de la correſpondance des lieux qui pût faire retrouver ces fautes & s'en garantir. C'eſt ce qu'a fait M. d'Anville, c'eſt ce que j'ai tâché de faire moi-même, en ſuivant les traces de cet habile homme. Mais malgré ſes travaux & ceux de beaucoup d'autres ſavans qui ſe ſont auſſi occupés de la Géographie, il reſtera long-temps encore une infinité de lieux dont on ne connoîtra pas la juſte poſition. L'Eſpagne ſeule en préſente une foule, nommés par Tite-Live, Ptolemée, *&c.* qui nous ſont entiérement inconnus aujourd'hui. Ce ne ſera qu'avec le temps, & en recherchant avec ſoin les monumens découverts ſucceſſivement en différentes provinces, que l'on parviendra à donner une carte ancienne de ce royaume, plus détaillée que celles que l'on a publiées juſqu'à préſent.

On en diroit preſque autant des cartes anciennes de la Gaule & de l'Italie, ſur leſquelles il y a encore bien des additions & des corrections à faire. Ce ſera l'ouvrage du temps & de l'application au travail. On s'y livrera d'autant plus, que l'on ne ſe perſuadera pas qu'il ne reſte plus rien à découvrir, & qu'il ſuffit de copier ce qui a été déjà publié ſur ces matières.

Je n'ajoute plus qu'un mot. Peut-être les amateurs de la ſaine littérature, ceux qui font de l'étude de l'antiquité le cas qu'elle mérite, trouvent-ils que pour mettre le lecteur en état de recourir aiſément aux ſources, j'aurois dû citer par-tout mes autorités. J'ai trop ſenti, dans mes études, l'importance de cette manière de travailler, pour ne pas m'en être d'abord impoſé la loi. Mais, effrayé par l'abondance de la matière que j'allois livrer à l'impreſſion, & croyant, par cette économie de citations, réduire le tout en un volume, j'ai commencé par en retrancher la plus grande partie. Je ne les ai laiſſées qu'autant que j'en avois beſoin pour appuyer une opinion nouvelle, ou juſtifier l'adoption du ſentiment d'un auteur préférablement à celui de quelque autre. Je me borne donc à dire que j'ai mis à contribution tous les auteurs claſſiques de l'antiquité, les petits géographes, les différens itinéraires anciens, & enfin ceux des modernes qui ſe ſont occupés de recherches ſur la Géographie ancienne.

N. B. On ne ſera pas ſurpris, ſans doute, de trouver dans ce dictionnaire toute la nomenclature en langue latine; il n'y a que les perſonnes auxquelles cette langue eſt abſolument étrangère, qui euſſent pu deſirer avoir la nomenclature en françois. Mais on ſent bien que cet ouvrage étant particuliérement deſtiné à la lecture des auteurs grecs ou latins, il étoit indiſpenſable d'y écrire les noms tels qu'on les trouve dans ces auteurs. Au lieu qu'ils perdent toujours conſidérablement à être franciſés. Cependant, en faveur de ceux qui préféreroient trouver *Gaule* au lieu de *Gallia*, & *Grèce* au lieu de *Græcia*, *&c.* je ſuis déterminé à donner à la fin de l'ouvrage, une table alphabétique des noms françois avec le nom latin à côté, le nom moderne quand je le pourrai, & le numéro de la page où ils ſe trouvent; mais c'eſt toujours en ſuppoſant que je ne ſerai pas contrarié par l'abondance de la matière du corps de l'ouvrage.

AAR, (*l'Aar.*) rivière considérable chez les Helvétiens. Dom Martin la cite comme appartenante à la Gaule. M. d'Anville n'en fait aucune mention. On ne peut douter que cette rivière ne fût connue; mais peu d'auteurs l'ont nommée.

AARASSUS, ancienne ville de l'Asie mineure, dans la Pisidie; Strabon, *liv. 12*, en en parlant, cite Artémidore. M. d'Anville ne lui a pas assigné de place sur sa carte.

ABA, que l'on trouve aussi écrit *Abæ*, ville de la Grèce, dans la Phocide. Cellarius, en la plaçant près de l'Hélicon, la met en Béotie; ce qui n'est pas conforme à l'antiquité. M. d'Anville la place à l'est du Parnasse, & même à l'est du *Cephissus*, qui, sur sa carte, coule entre cette montagne & la ville.

Les habitans d'*Aba* prétendoient que leur ville avoit été fondée par un certain Abas, originaire d'Argos, & fils de Lyncée & d'Hypermnestre, fille de Danaüs.

Cette ville avoit été anciennement dédiée à Apollon, & ce dieu y avoit un riche temple, qu'Etienne de Bysance croyoit plus ancien que celui de Delphes. Et comme chacun de ces anciens temples avoit presque toujours son oracle, celui d'*Aba* étoit devenu célèbre de bonne heure. Hérodote le met au nombre de ceux qui furent consultés par Crésus, témoignage non équivoque de sa célébrité, qui ne pouvoit que s'accroître par cet hommage d'un roi puissant. *Abæ* ou Abes fut prise dans la deuxième guerre sacrée par les Phocéens; mais elle ne resta pas long-temps en leur pouvoir. Ce temple fut d'abord brûlé par les Perses à leur arrivée dans la Grèce; il le fut une seconde fois par les Thébains. Les Romains se conduisirent avec bien plus d'égard pour le dieu protecteur de cette ville, puisque en son honneur ils rendirent la liberté à ses habitans.

L'empereur Adrien dédia un nouveau temple à Apollon assez près de l'ancien, mais moins vaste. Les habitans l'ornèrent de statues anciennes. Apollon, Diane & Latone y étoient représentés en bronze & debout. Le théatre & la place publique d'*Aba* étoient, selon Pausanias, d'un goût très-ancien. *In Phoc. l. 10, c. 35.*

ABA: selon Hérodien, cité par Etienne de Bysance, il y avoit une ville de ce nom dans la Carie.

ABACÆNA ou ABACÆNUM, ville de la Sicile, au sud de *Tyndaris*, dans la partie du nord-est. Il paroît que c'est la même ville que l'Anonyme de Ravenne nomme *Abacagna*. Il n'en reste aucuns vestiges.

ABACÆNA, ville de l'Asie, dans la Médie, selon Ptolemée, qui la place au 36ᵉ degré de latitude, & au 93ᵉ 30 minutes de longitude.

ABACÆNA, ville de l'Asie mineure, dans la Carie, selon Pline.

ABÆ ou EBA. Ce dernier est plus conforme au grec de Ptolemée. *Voyez ce nom.* Cluvier dit qu'il soupçonne que c'est peut-être la même qu'Etienne de Bysance nomme *Abas*. Je ne trouve pas, dans cet auteur, de ville de ce nom appartenante à l'Italie.

ABÆRA, ville de l'Arabie déserte, selon Ptolemée, qui la place au 71ᵉ degré de longitude, & au 30ᵉ 45 minutes de latitude. Cette orthographe est conforme à l'édition de Montanus, de 1605. Le texte, inséré dans les petits géographes, porte *Obæra*, & cette leçon a été préférée par d'habiles auteurs.

ABALA, ancienne ville de l'Ethiopie: Pline en parle, *l. 6, c. 29.*

ABALA, ancien port de l'Italie, entre la Sicile & le promontoire *Coccinum*. Selon Appien, *Bel. civil. l. 5*, ce promontoire doit être le même que celui qui portoit le nom de *Cocintum*, au sud du golfe *Scylaceum*. M. d'Anville n'assigne pas l'emplacement d'*Abela* sur sa carte.

ABALLO, (*Avalon.*) il est parlé de cette ville dans l'itinéraire d'Antonin. Elle étoit, chez les Eduens, au nord dans la Première Lyonnoise, sur la voie qui conduisoit de *Bibracte* à *Antissiodurum*.

ABALUS, île de la mer germanique dont parle Pline, *l. 37, c. 2.* Elle étoit à une journée au-delà du bras de mer, nommé *Mentonomon*, le long duquel habitoient les *Guttones*. Selon Pline, la mer jettoit de l'ambre gris sur le rivage de cette île. Or, comme il s'en trouve encore sur les côtes que baigne la mer Baltique, vers l'embouchure de la Vistule, on ne peut guère douter que ce ne fût dans ces parages que se trouvoit l'île *Abalus*.

ABANA, rivière d'Asie, dans la Syrie de Damas. L'Anonyme de Ravenne la nomme *Bana*; & les Septante, *Amana*. Saint Jérôme, qui la nomme *Abana*, dit qu'elle coule à Damas: elle est nommée, par Eusèbe, *Abena*. On ne retrouve point à présent ce nom; & Damas, qui est au bas des montagnes, voit couler au pied de ses murs quelque torrent, dont un peut avoir porté ce nom. On en connoît un autre qui portoit le nom de *Chrysorroas*. D'ailleurs, ce mot d'*Abana* n'étoit, en quelque sorte, qu'une épithète, & signifioit *pierreux*. Les Rabbins lisent *Amana*. Il est nommé dans le quatrième *Livre des rois*, *p. 12*, par Nahaman, officier du roi de Syrie. C'étoit un des torrens qui, tombant de l'Anti-Liban, arrosoit les environs de Damas, se jettoit dans un petit lac près de cette ville.

ABANHUS, ABANA, ASTAPUS, ces différens noms paroissent avoir été donnés à une même rivière que les anciens disoient contribuer, par l'écoulement de ses eaux, à grossir le Nil. *Voyez* ASTAPUS.

ABANNÆ, anciens peuples de la Mauritanie, selon Ammien Marcellin.

ABANTA, ville de la Grèce, près du mont Parnasse : selon Favorin, il y avoit en ce lieu un temple d'Apollon. (*La Martinière.*)

ABANTES, en grec Ἄβαντες, les Abantes. Ce nom est donné, par les anciens, aux premiers habitans de l'Eubée, ou du moins à une partie des peuples que renfermoit cette île. Je ne suis pas de l'avis d'Aristocrate, cité par Etienne de Bysance, lequel fait descendre ce peuple d'un certain Abante, fils de Neptune. Je croirois plutôt avec Bochard, que ce nom, oriental d'origine, vient d'*Abas* (engraissé), parce que les pâturages abondans de cette île y nourrissoient de nombreux troupeaux. Strabon cite Aristote, selon lequel, dit-il, les *Abantes* descendoient de Thraces établis dans la ville d'Abas en Phocide, lesquels ayant quitté leur ville, vinrent se fixer en Eubée, & donnèrent aux habitans le nom d'*Abantes*.

Selon Plutarque, les *Abantes* se coupoient les cheveux du devant de la tête. Cette mode, étrangère aux Grecs, est une preuve de la vérité du sentiment de Strabon, qui fait venir les *Abantes* de Thrace. Ils étoient belliqueux, & dédaignant l'usage des flèches comme un moyen honteux de frapper l'ennemi sans oser l'approcher, ils ne combattoient que de près, & corps à corps. On voit qu'Homère, en parlant des anciens Eubéens, les nomme toujours *Abantes*. Il en fait la peinture suivante. « Les magnanimes *Abantes* le suivent (Ajax » fils d'Oïlée) d'un pas léger ; la longue cheve- » lure qu'ils laissent croître derrière leur tête, » flotte au gré des vents. Guerriers intrépides, » ils manient le javelot avec légéreté, impatiens » de briser, d'un bras nerveux, les cuirasses pe- » santes qui couvrent la poitrine de leurs enne- » mis ». Ces peuples avoient conduit quarante vaisseaux au siège de Troye. Pausanias, *Elia*, l. c. 22, dit qu'à leur retour, ils échouèrent à la côte des monts Cérauniens, & y bâtirent une ville qu'ils appellèrent *Thronium*. Ils donnèrent le nom d'*Abantis* à cette contrée.

Selon Pausanias, *Ach. c. 4*, les *Abantes* s'étoient établis dans l'île de Chio, & dans la suite Hector, descendant d'Amphictus, leur fit la guerre. La plus grande partie ayant été taillée en pièces, les autres furent obligés de quitter l'île.

Eusthate, commentateur d'Homère, aussi-bien qu'Archemage, cité par Strabon, pensent que les *Abantes* & les Curètes sont un même peuple, sous deux noms différens.

ABANTIAS : ce nom n'est connu que par Denys le Périégète, vers 520. Il paroît qu'il désigne l'île d'Eubœe.

ABANTIS, l'un des noms par lequel on a désigné l'île d'Eubœe, selon Hésiode, cité par Etienne de Bysance. Selon ce poëte, les dieux l'avoient d'abord nommée *Abantis ;* mais Jupiter depuis la nomma *Eubœe*, à cause de ses bœufs.

ABANTIS, contrée de l'ancienne Epire. Elle avoit pris, dit-on, son nom des Abantes, qui, après la prise de Troye, y furent jettés par la tempête au pied des monts Cérauniens. Je ne sais pourquoi la Martinière la nomme *Abantias :* le texte porte ἡ δὲ Ἀβαντὶς καλουμένη ; elle étoit nommée *Abantis*. Elle devoit être près de la Thesprotide.

ABANUS, rivière d'Albanie en Asie, selon Ptolémée.

ABARA, ville d'Afrique dont je ne garantis pas la haute antiquité. Elle étoit assez près de Carthage. Pline parle des roseaux qui venoient dans ce pays, & qui servoient à pêcher à la ligne.

ABARA, paroît avoir été une ville d'Arménie. Curopalatus la nomme *Avara*.

ABARADIRA, ville d'Afrique qui ne remonte peut-être pas à une haute antiquité. Victor d'Utique en fait mention ; elle n'est connue que comme ville épiscopale.

ABARATHA. Ptolemée place cette ville dans l'île de Taprobane, sur la côte orientale, à l'opposite de l'île de Zibala.

ABARBAREA, fontaine de la Phénicie, qui étoit dans le voisinage de la ville de Tyr lorsque celle-ci étoit sur le continent ; elle fournit l'eau depuis à la ville bâtie de même dans une île, lorsqu'Alexandre eut fait la chaussée qui joignoit l'île à la terre-ferme. Plutarque, dans la vie d'Alexandre, dit que l'on montroit encore de son temps, la fontaine où Alexandre eut un songe, où il vit un satyre venir se livrer à lui. Guillaume de Tyr, qui avoit vu ces fontaines, en a laissé la description, ainsi que des aqueducs qui conduisoient l'eau à la ville.

ABARBINA, ville de l'Hircanie, selon Ptolémée qui la place dans les terres, à 97° de longitude ; à 40° 10 minutes de latitude.

ABARES. *Voyez* AWARES.

ABARICUM, ville de la Gaule dont il est parlé dans Marcian d'Héraclée, paroît être la même qu'*Avaricum*, nommée par Ptolemée, Αὐαρικον. *Voyez* AVARICUM.

ABARIM *ou* ABARAÏM. Il me semble que l'on a fait, à l'égard de ce nom, la même méprise que pour celui de *Gattes* dans les Indes. Tous deux, dans chacune des langues auxquelles ils appartiennent, signifient *passages*, & tous deux ont été pris pour des noms propres de montagnes. Mais, ainsi que les géographes donnoient le nom de *Gattes* à plusieurs montagnes, de même on donnoit le nom d'*Abarim* à toute la chaîne qui s'étendoit à l'est du Jourdain, du sud au nord en remontant du lac Asphaltide. Il paroît que la partie de ces montagnes qui se trouvoit, à quelque distance, en face de Jéricho, portoit spécialement ce nom ; &

Il est probable que c'est parce que l'on passoit par ce lieu pour arriver au Jourdain. M. d'Anville l'a placée sur sa carte seulement en cet endroit.

Ce fut sur la partie de cette montagne, appellée *Nébo*, que Dieu fit monter Moïse pour qu'il découvrît la terre dont les Israélites alloient être en possession, & que peu après il mourut & fut enterré. *Voyez* NEBO & PHASGA.

Dans le partage que les Israélites firent de la terre promise, les monts Abarims furent compris dans la tribu de Ruben.

ABARIMON, contrée de la Scythie en Asie; elle occupoit, selon Pline, une grande vallée entre les monts Imaüs. Les Scythes qui l'habitoient, étoient, comme sont encore quelques sauvages de l'Amérique septentrionale, toujours prêts à passer d'un lieu à un autre selon le besoin, & très-légers à la course. Je crois qu'ils avoient, avec ces peuples, une autre conformité que ne leur donnent pas les anciens; c'est que leurs pieds étoient placés en avant comme les nôtres, au lieu que Pline dit qu'ils les avoient retournés en arrière. Les meilleurs esprits de l'antiquité ont adopté quelquefois des fables que ne croiroient pas nos plus petits enfans.

ABARINUS, (*Navarin.*) c'est ainsi que, selon la Martinière, il faut lire dans Ptolemée, & non *Abarmus*. Ce nom qui ne se trouve pas dans le texte, a été ajouté par les traducteurs, comme étant le même lieu que *Pylus Messaniacus*, que Ptolemée nomme seulement en cet endroit.

ABARITANUS, ville épiscopale de l'Afrique proprement dite, selon Victor d'Utique.

ABARNUS, ville, contrée & promontoire de l'Asie, dans la Pariène, faisant partie de la province que l'on appelloit *Hellespont*.

Sophocle, l'un des trois scholiastes d'Apollonius de Rhodes, donne de ce nom une étymologie fabuleuse & ridicule. *Voyez* Etienne de Bysance, *au mot* ἌΒΑΡΝΟΣ.

ABARRAGA, ville de Syrie, entre Cirrhas & Edesse. M. d'Anville la place plus près de la première, au nord, à l'ouest du Jourdain.

ABARUM, bourg d'Asie, en Syrie, entre les montagnes de l'Anti-Liban.

ABAS, ville d'Egypte, selon les anecdotes géographiques.

ABASCI, les Abasques, peuple de l'Asie sur le bord du Pont-Euxin, au bas du Caucase, entre les Sagides au nord, & les Apsiles au sud. Au temps d'Arrian, ils avoient pour roi Rhesmagas.

Dans quelques éditions de Cellarius, on lit *Abasgi*: c'est le même mot.

ABASCUS, fleuve de la Sarmatie asiatique. Ptolemée place sa source dans le mont Caucase, & son embouchure dans la mer Noire.

ABASENI, peuples de l'Arabie heureuse, qui, selon Etienne de Bysance, habitoient le pays proche de Saba. Leur pays produisoit quatre sortes d'aromates; la myrrhe, le cerpathon, que l'on croit être le cinnamomum; le thymiama, que l'on croit être l'encens; & l'Osson qui est inconnu.

ABATE, nommée par l'Anonyme de Ravenne seul, est ailleurs appellée par lui, *Buget*: il la place dans la Septimanie, & ne varie pas sur sa position. Don Martin nomme cette ville; mais M. d'Anville n'en fait aucune mention dans sa *Gaule*. Selon l'Anonyme de Ravenne, elle étoit entre *Burrea* & *Bussinum*.

ABATHUBA, ville de la Marmarique, sur les confins de la Cyrénaïque, à l'est du marais Paliure. Ptolemée la place à 51° 30 min. de longitude, & 30° de latitude.

ABATOS, île située dans le lac Méris en Egypte. Elle est connue par la beauté de son lin, & célèbre pour avoir renfermé le tombeau d'Osyris. Il y croissoit aussi du *papyrus*, plante dont les anciens enlevoient l'écorce pour écrire dessus, & d'où s'est formé notre mot *papier*.

ABBA, ancienne ville de l'Afrique propre. Polybe, *l. 14*, & Tite-Live, *l. 30*, font mention de cette ville, & tous en parlent à l'occasion du siége de Carthage par Scipion, & de la résolution de Syphax à rester dans le parti de la ville. On voit, par ce que disent ces auteurs, qu'*Abba* devoit être assez proche d'Utique & de Carthage. M. d'Anville ne lui a pas donné de position sur sa carte.

ABBASSUM, ville de l'Asie mineure dans la Phrygie. Tite-Live, *l. 38*, *c. 15*, en parle à propos de la marche des Romains. M. d'Anville n'a pas placé cette ville sur sa carte; mais on y trouve dans la *Phrygia salutaris*, *Synnada*, *Beudos vetus*, & les sources de l'*Alander* dont parle Tite-Live immédiatement avant *Abbassum*, &, par ce qu'il ajoute, on voit qu'elle étoit près du pays des Tolistobiens; on a donc à-peu-près sa position.

ABBIR, ville épiscopale d'Afrique, dans la province proconsulaire. C'est la même qu'*Abbirita*.

ABBIRITA. *Voyez* ABBIR. (*Geographia sacra*, par le P. Ch. de Saint-Paul.)

ABDALA, ville de l'Asie, dans la Pisidie; selon Ptolemée, la même qu'*Amblada*. Voyez *ce mot*.

ABDERA, (*Adra.*) ville de l'Hispanie, dans la Bétique. Elle étoit sur le bord de la mer, à l'ouest de *Morgis*. Cette ville, nommée, par Ptolemée, Ἄβδαρα, est nommée, par Etienne de Bysance, Ἄβδηρα; par Strabon, Ἄυδηρα. Mais sur les médailles de Tibère on lit *Abdera*: ce qui prouve que ces médailles ont été frappées dans cette ville, ainsi que le remarque Cellarius, puisque si elles étoient d'Abdère en Thrace, les caractères seroient grecs.

Selon Strabon, elle avoit été fondée par des Phéniciens, c'est-à-dire, ce me semble en cet endroit, par des Carthaginois. Les médailles de cette ville, rapportées par le P. Florez, représentent, d'un côté, Tibère; & de l'autre, le portique d'un temple dont deux colonnes ont la figure de poissons; le nom de la ville est écrit entre les colonnes.

Abdera, ville d'Afrique, dans la province proconsulaire. On n'en sait rien, sinon qu'elle étoit épiscopale. Selon Holstenius, elle doit être la même que la ville d'*Abdir* & d'*Abdirita*, dont l'évêque Félix est nommé dans l'histoire de la persécution des Vandales, par Victor d'Utique.

Abdera, ville de Thrace, dans la province de Rhodope, sur le bord de la mer, à l'embouchure du *Nestus*, & au nord de l'île de Thasos. Cette position que je trouve dans M. d'Anville, & qui est conforme à ce qui se lit de cette ville dans les bons écrivains de l'antiquité, Ptolémée l'indique au 50°. 54 min. de longitude, & au 41° 45 min. de latitude; ce qui approche assez de la vérité quant à la latitude. Au temps d'Anacréon, dit Strabon, les habitans de Teos, patrie de ce poëte, ne pouvant supporter le joug des Perses, passèrent à Abdère; d'où l'on disoit, *Abdère, belle colonie de Teos.*

Cette ville est sur-tout célèbre pour avoir donné naissance au philosophe Démocrite, & à Protagore, Aristarque, *&c.*, ses disciples; à Hécatée, historien; à Nicétas, poëte. Lucien raconte que, sous le règne de Lysimaque, roi de Macédoine, les Abdéritains, ayant assisté à une représentation de l'Andromède d'Euripide un jour de chaleur excessive, ce spectacle fit une si forte impression sur eux, qu'ils en sortirent avec une espèce de fièvre ardente, qui les faisoit courir au hasard l'air agité, & récitant des vers de a tragédie qui les avoit affectés si vivement. Cette phrénésie ne se passa que quand le temps fut devenu plus froid. Selon Ovide, les Abdéritains faisoient, une fois par an, le sacrifice d'un homme qu'ils assommoient à coups de pierre.

On n'est pas d'accord sur les commencemens de cette ville: quelques auteurs en attribuent la fondation à *Abdera*, sœur de Diomède, roi de Thrace; d'autres, tel que Scymnus de Chio, à Abderus, qui périt par les chevaux de Diomède. *Voyez* cet auteur, vers 665 & *suiv.* On disoit que Jason y avoit construit un temple.

ABDERITES, les Abdéritains, c'est-à-dire, les habitans d'Abdère. Dans les beaux jours de la Grèce, ce peuple étoit composé de Thraces, dont le plus grand nombre étoient des Téiens qui y avoient remplacé des Clazoméniens. Ils passoient pour un peuple grossier & stupide. Peut-être ceci ne doit-il s'entendre que de la différence extrême que la nature avoit mise entre le général de la nation & le philosophe Démocrite, & Protagore, qui y étoient nés.

ABDIABDA, ville que Cellarius met en Albanie, entre l'*Albanus* & le *Cyrus.*

ABDIAS, *ou* des Prophètes, (*Mont.*) montagne de la Judée, dans la demi-tribu de Manassé, en deçà du Jourdain. Il est dit au *troisième Livre des rois*, *ch.* 18, ℣. 4, qu'*Abdias*, intendant de la maison d'Achab, nourrissoit cent prophètes dans deux cavernes qui étoient dans cette montagne.

ABDON, ville de la Palestine, dans la tribu d'Aser. On ne sait pas au juste sa position. Elle fut donnée aux Lévites de cette tribu, qui étoient de la famille de Gerson.

ABDULNATES, les Abdulnates, ancienne nation d'Afrique, qui occupoient, avant les Romains, le pays que l'on a depuis nommé *Tremecen.*

ABEA, c'est ainsi que Ptolemée nomme la ville de la Messénie, que Polybe, Strabon, &, après eux, M. d'Anville, nomment *Abia.* Voyez *ce nom.*

ABEL, ce mot hébreu signifie proprement *deuil.* Comme il entre dans la composition de plusieurs noms de villes, je ne serois pas éloigné de croire qu'alors il signifie *héritage*; cette manière d'acquérir ne venant qu'à la suite de la perte d'une personne, dont on a ordinairement pleuré la perte, porté le deuil.

Abel-beth-maacha, ville de la Palestine, au sud-est de *Dio Cæsarea*, & à l'ouest du lac de Genesareth. M. d'Anville l'indique sur sa carte. En y joignant le mot *beth*, qui signifie *maison*, on disoit *Abel*-maison-de-*maacha*, ou, selon l'hébreu, *maghacah.* Elle appartenoit à la tribu de Nephtali.

Ce fut dans cette ville que se retira Seba, fils de Bochri, lequel fut le chef d'une conspiration contre David. Joab, général des troupes du roi, assiégea cette place, & ne se retira que lorsque, de dessus les murailles, on lui eut jetté la tête du rebelle. Cette ville fut ensuite attaquée par Bénadab, roi de Syrie, & prise depuis par Théglath-Phalasar, roi d'Assyrie.

C'est à tort que quelques auteurs ont cru pouvoir confondre *Abel-beth-maacha* avec *Abila-Lysaniæ* qui étoit au nord de Damas. *Voyez* la marche de Bénadab, *Rois*, *liv. III*, *ch.* 15, ℣. 20.

Abel-keramin, ou *Abel-des-vignes.* M. d'Anville la place hors de la Palestine, dans le pays des Ammonites, tout près à l'ouest du torrent de Jaboc, & au nord-ouest de Philadelphie. Eusèbe observe qu'encore, de son temps, il y avoit des vignes en cet endroit.

Abel-maïm, ou *Abel-des-eaux.* Comme elle est indiquée dans le deuxième livre des Paralipomènes, pour une ville de la tribu de Nepthali, & qu'au livre III des rois, *ch.* 15, ℣. 20, on trouve une ville de la même tribu, nommée *Abel-beth-maacha*, quelques auteurs se sont crus fondés à n'en faire qu'une même ville; mais cette preuve négative est bien foible. Je pense même qu'elle a pu exister dans le nord, près du lac *Samochonites*, qui portoit aussi le nom d'*Aquæ-merom.*

Abel-magnus, c'est-à-dire, le *grand deuil*; ou Aben-magnus, c'est-à-dire, la *grande pierre.*

On trouve dans les différens textes de l'Ecriture, ces deux noms employés pour désigner le lieu où l'on posa l'arche au retour du pays des Philistins.

Comme l'écriture rapporte qu'un grand nombre de Philistins furent frappés de Dieu, on peut croire que le nom d'*Abel* ou de *deuil* fut donné alors à ce lieu ; & c'est celui qu'emploient les Septante.

Mais comme aussi en arrivant on posa l'arche sur une grande pierre, & que, sans doute, on voulut conserver la mémoire de cet événement, on a bien pu donner à ce lieu le nom d'*Aben-magnus*, ou *Æben*, comme disent les rabbins. Alors ç'aura été la *grande pierre*, la *pierre remarquable*.

ABEL-MEA, petit village de la Palestine, entre Sichem & Bethsan. M. d'Anville ne l'a point placé sur sa carte. Eusèbe dit *Aben-nea*.

ABEL-MEHULA ; selon l'hébreu, *Abel-mechola*, & nommée, par Eusèbe, *Meula*. Cette ville de la Palestine étoit dans la demi-tribu de Manassé, au-delà du Jourdain : il en est parlé dans l'histoire de Gédéon. Ce fut la patrie du prophète Elysée, & l'une des villes comprises dans la principauté de Salomon. M. d'Anville ne lui a pas assigné de position sur sa carte.

C'est vers cette ville que se sauvèrent ceux des Madianites qui échappèrent au carnage que faisoient des leurs les trois cens soldats de Gédéon.

ABEL-MITZRAÏM. Ce nom peut être rendu par celui de *deuil des Egyptiens*. On le prend, dans ce dernier sens, pour la signification de cette ville, bâtie, dit-on, où Joseph, accompagné d'une suite nombreuse venue avec lui d'Egypte, s'arrêta pendant sept jours, en transportant le corps de Jacob, au sépulcre de ses pères. *Genèse*, *liv. 11*. Il est probable qu'elle étoit à l'ouest du Jourdain, quoique des écrivains l'aient placée à l'est. Saint Jérôme croit que cette ville est la même que Béthagla, entre le Jourdain, à l'est ; & Jéricho, à l'ouest.

ABEL-SATIM, ou, selon l'hébreu, *Abel-hashatim*, c'est-à-dire, *Abel-des-épines*. M. d'Anville la place dans la Palestine, à l'est du Jourdain, & au nord de la Mer morte, presque en face de Jéricho. Ce fut dans ce lieu que les Israélites se souillèrent par des alliances avec les filles des Moabites, & de ce même *Abel* que Josué envoya des espions reconnoître les forces de la ville de Jéricho. Cette ville tiroit son surnom de *Schittim* ou *Setim*, de l'espèce d'arbre qui croissoit dans ses environs. Saint Jérôme dit qu'il étoit fort haut, que son bois étoit blanc comme celui de l'épine, & qu'on en faisoit des ouvrages de menuiserie.

ABELLA ou ABEL, ville de la Judée, dans la demi-tribu de Manassé, au-delà du Jourdain. Jephté poussa ses conquêtes jusqu'à cette ville, qui étoit à douze milles de Gadara. Comme le texte porte : « *usque ad Abel quæ est vineis consita* », ce lieu doit être le même qu'*Abel-keramin*. Saint Jérôme pense qu'il y avoit deux villes de ce nom ; cela, ce me semble, n'est qu'une conjecture.

ABELLA, (*Avella-Vecchia.*) ville d'Italie, dans la Campanie, près la source de la petite rivière *Clanis*, selon Strabon, Ptolemée, *&c.* ; *Abella* étoit un municipe, selon Frontin.

L'empereur Vespasien y envoya de ses gens pour y établir une colonie, & les champs en furent distribués aux soldats.

Virgile, qui en parle, dit qu'elle étoit remarquable par la qualité des fruits de son territoire. C'est de cette ville que l'espèce d'amandes, appellées *avelines*, a pris son nom.

ABELLINA VALLIS, on a quelquefois donné ce nom à la plaine où est située la ville de Damas, entre le Liban & l'anti-Liban.

ABELLINUM HIRPINORUM, (*Avellino.*) ville d'Italie, sur le *Sabathus*, au sud de *Beneventum*, dans la partie du *Samnium* habitée par les Hirpins. Elle devint colonie romaine, selon Frontin.

ABELLINUM MARSICUM, (*Marsico vetere.*) ville d'Italie dans la Lucanie, presque au centre du pays, près des sources de l'*Aciris*. On peut croire que cette ville fut fondée au temps des Romains, & que l'on y envoya des Marses, d'où lui vint son nom. Elle étoit peu considérable.

ABELSATHAÏM, ou ABEL-SATIM, lieu de la plaine de Moab où les Israélites firent leur quarante-deuxième & dernière station dans le désert. Il paroît que c'est le même lieu que *Setim* ou *Settim*.

ABELTERIUM, ville d'Europe, dans la Lusitanie, entre *Matusaro* & *Septem-aræ*. Ce lieu est connu par l'itinéraire d'Antonin. M. d'Anville l'a placé sur sa carte.

ABEN, est un mot hébreu qui signifie *pierre*. Il entre en composition dans plusieurs noms de lieux de la Palestine.

ABEN-BOHEN, ou *la pierre de Bohen*. Ce lieu étoit dans la tribu de Benjamin, sur les frontières de celle de Juda, & près de la Mer morte.

ABEN-EZEL, ou *la pierre d'Ezel* ; c'est le lieu où David devoit attendre la réponse de son ami Jonathas, fils de Saül.

ABEN-EZER, ou *la pierre du Secours*. Ce lieu se trouvoit dans la tribu de Dan. Les Philistins y avoient battu les Israélites au temps du pontife Héli, & enlevèrent l'arche. Mais, sous l'administration de Samuel, les Philistins furent battus à leur tour ; &, en mémoire de cette victoire, le prophète, dit l'Écriture, prit une pierre & la plaça entre Masphath & Sen ; & il appella ce lieu, *la pierre du Secours*.

ABEN-ZOHELETH, ou *la pierre de Zoheleth*, nom d'une pierre, espèce de monument qui se trouvoit près de la fontaine de Rogel, aux environs de Jérusalem.

ABENNA, nom que, selon Eusthate dans son *Commentaire* sur Denys le Périégète, les Barbares donnoient à la ville qui se trouvoit sur le détroit d'Hercule, en face de Calpé. Les Grecs la nommoient *Cynegetica*.

ABERE, ville de l'Arabie déserte, selon Ptolemée, *édit. de* Montanus *de 1605*, la traduction porte : *Bère*. C'eſt le contraire dans le texte inſéré entre les petits géographes ; le texte porte, *Bère* ; & la traduction, *Abère*. Au reſte, on y trouve également, longitude 76 deg. 40 min. & latitude 29 deg. 30 min.

ABÈRE. *Voyez* ABŒRE.

ABERITÆ, les Abérites. Ces peuples, que Ptolemée place dans la Gédroſie, ſont appellés dans pluſieurs manuſcrits, & par Quint-Curſe, *Arabitæ*. Selon cet hiſtorien, l'armée d'Alexandre alla en neuf jours, du pays des Arabites à la Gédroſie.

ABERLONE, ville ou bourgade de l'Ethiopie, ſelon l'Anonyme de Ravenne.

ABES, ville de la Terre-ſainte, & l'une des ſeize que le ſort donna à la tribu d'Iſachar.

ABESAMIS, ville de l'Arabie heureuſe, ſelon Pline, qui la place dans le territoire des Omans.

ABESARE, ville de la Terre-ſainte, nommée ainſi par Joſeph; la même, à ce que l'on croit, que l'écriture nomme *Jeſrael*.

ABESTE, ville d'Aſie, ſelon Ortelius qui l'avoit lu ainſi dans le texte imprimé de Pline, tel qu'il étoit de ſon temps. Mais le P. Hardouin a reſtitué le véritable nom, qui eſt *Parabeſte*. Voyez *ce mot*.

ABIA, ville fort ancienne de la Meſſénie, au ſud-oueſt de *Cardamyla*.

Selon Pauſanias, elle eſt une des ſept villes que Neſtor avoit conſeillé au roi Agamemnon de donner en préſent à Achille, pour l'appaiſer : elle portoit alors le nom d'*Iré*.

Son ſecond nom lui venoit, diſoit-on, d'*Abia*, nourrice d'Hillus, fils d'Hercule, en l'honneur de laquelle Creſphonte le lui avoit donné. Au temps de Pauſanias, on y voyoit deux beaux temples, l'un d'Hercule, l'autre d'Eſculape.

ABIA, ville d'Arcadie, ſelon Strabon. Ses commentateurs prétendent qu'il faut lire *Aſea*. M. d'Anville paroît avoir adopté ce dernier nom. *Voyez* ASEA.

ABIADENE, province d'Aſie le long du Tigre, dit la Martinière ; c'eſt une tranſpoſition de lettres ; liſez ADIABENE. *Voyez ce mot*.

ABIDA, ville d'Aſie, dans la Célo-Syrie. Elle étoit, ſelon Ptolemée, à 68° 15 min. de longitude, & à 32° 45 de latitude. Quelques auteurs croient qu'elle eſt la même qu'*Abyla*. Et en effet, on ne la trouve nulle part ſous le nom d'*Abida*.

ABIDOS. *Voyez* ABYDOS.

ABIDUS *ou* ABIDOS REGIA, ville d'Afrique, dans la Biſacène. On croit que c'eſt la même qui ſe trouve nommée ſur la table de Peutinger, *Aviduvicus*. Il me ſemble que c'eſt celle que M. d'Anville nomme *Avidus*. Voyez *ce mot*.

ABIETA, ville d'Europe, chez les Iaſyges-Métanaſtes, au 43ᵉ degré 20 min. de longitude, & au 48ᵉ de latitude, ſelon Ptolemée.

La Martinière écrit *Abrieta* ; on le trouve écrit de même dans quelques tables de Ptolemée, & non dans le texte au lieu qu'elles indiquent.

ABIGAS, rivière d'Afrique en Numidie, ſelon l'Anonyme de Ravenne, qui la nomme *Abiga*. Elle prenoit ſa ſource, ou du moins couloit près du mont *Auraſius*, ce qui l'indique dans la partie méridionale de ce pays.

ABII, *ou* ABIENS. Ces peuples paroiſſent avoir été une nation Scythe. Homère leur donne l'épithète d'ἱππημολγοὶ ; & Héſiode, cité par Strabon, la donne de même aux Scythes, en indiquant qu'ils habitoient en Europe, au nord du Pont-Euxin. Selon le premier de ces poëtes, *les Abiens vivoient du lait de leurs cavales*. Ils n'avoient point d'habitations fixes : leurs maiſons étoient des chariots ſur leſquels ils portoient tout ce qu'ils avoient. Ils vivoient de la chair de leurs troupeaux, de lait, de fromage, ſur-tout de celui qui ſe faiſoit avec du lait de cavale. Ils ne connoiſſoient aucune ſorte de commerce ; ils ne ſavoient qu'échanger les marchandiſes contre d'autres marchandiſes.

Les terres qu'ils poſſédoient, ils ne les cultivoient pas eux-mêmes ; ils en abandonnoient la culture à quiconque vouloit s'en charger, moyennant un tribut qu'ils ſe réſervoient, & cela non pour vivre dans l'abondance, mais ſeulement pour avoir le néceſſaire de chaque jour. Jamais ils ne prenoient les armes, à moins que ce ne fût pour ſe venger : le refus de payer le tribut qu'on leur devoit, en étoit preſque la ſeule cauſe. Quant à eux, ils n'en payoient pas, & n'en vouloient pas payer à qui que ce fût. Les hiſtoriens d'Alexandre rapportent que ce peuple demanda la paix à ce héros, & lui envoya des préſens.

ABILA, ville d'Aſie, dans la Paleſtine. Elle étoit dans la Batanie, à l'eſt de *Gadara*, & au ſud-oueſt de *Capitolias*, ayant au nord le petit fleuve Hiéromax. Je ne doute pas que, ſelon Polybe, *liv.* 5, *chap.* 71, ce ne ſoit de cette ville dont Antiochus ſe rendit maître ; car, peu après, il parle de Gadara. Dans ce cas, ce ſeroit une erreur de la part de Cluvier d'avoir cru que, dans ce paſſage de l'auteur grec, il étoit queſtion d'*Abel-keramim*, ou Ἄβελ ἀμπελώνων. Cette dernière étoit plus au ſud, & bien peu conſidérable au temps d'Antiochus.

ABILA, dans Joſeph, me ſemble être la même ville qu'*Abel-ſatim*. Voyez *ce mot*.

ABILA, on trouve dans Feſtus Avienus, *v.* 57, le nom de la montagne d'*Abila*, l'une des colonnes d'Hercule, écrit de cette manière ; mais le nom véritable eſt *Abyla*. Voyez *ce mot*.

ABILA, autre ville d'Aſie dans la Syrie, & capitale de la petite contrée appellée *Abilène*, ſituée au nord de Damas. Pour diſtinguer cette ville de quelques autres, on diſoit ordinairement *Abila Lyſaniæ*, Abila de Lyſanias, parce qu'elle étoit la capitale du petit pays accordé à ce tétrarque. Cette ville, ſituée hors des limites de la Paleſtine, étoit, à quelque diſtance, au nord de Damas. Dans la fuite, elle fut annexée au royaume d'Agrippa. Elle est nommée *Abella* par Joseph.

Ptolemée dit aussi *Abila*; selon Pline, c'est *Leucas*. Cette ville de la Célo-Syrie étoit située dans une vallée sur le bord du Chrysorrhoas : on la trouve sur la carte de M. d'Anville, à quelque distance au nord de *Damascus* (Damas). Elle avoit été la capitale d'une tétrarchie, ainsi qu'on l'a dit; & l'an 714 de Rome, elle étoit possédée par Lysanias; mais Antoine, en 718, sur la déposition de Cléopâtre qui l'accusa de favoriser les Parthes, ordonna qu'on le fit mourir. La ville d'*Abila* ou *Leucas*, regarda la mort de ce prince comme l'époque de sa liberté; & établit une ère nouvelle, qu'elle employa sur ses monumens pendant plusieurs siècles.

Le nom de *Leucas* fut donné à cette ville par les Grecs, successeurs d'Alexandre. L'empereur Claude lui accorda des graces singulières, & par reconnoissance, elle prit le nom de cet empereur. Ce prince détacha *Leucas* de la Syrie, pour la donner au roi Agrippa-le-grand; mais, après sa mort, elle fut réunie à la Syrie. La ville d'*Abila* ou *Leucas* établit encore une ère nouvelle, qui commença l'an de Rome 801. Claude donna cette ville au jeune Agrippa, fils du grand; mais à sa mort, en 100 de J. C. elle fut réunie à l'empire, & n'en fut plus séparée. *Leucas* fit rendre les honneurs divins à Faustine, fille de l'empereur Antonin Pie.

Les médailles annoncent que le Soleil & Hercule étoient adorés comme principale divinité à *Leucas*. Hercule est représenté, sur ses médailles, appuyé sur sa massue, se reposant de ses travaux. Cette ville avoit élevé, à son dieu tutélaire, un temple à quatre colonnes, dans lequel étoit placée une tête de femme couronnée de tours, au milieu de deux statues.

Cette ville conserva son ancien nom d'*Abila*; elle fut comprise dans la Phénicie du Liban, séparée de la Phénicie sous le règne de Théodose-le-grand.

ABILENE, petite contrée de la Syrie, au nord de Damas; *Abila* en étoit la capitale : Lysanias en fut le tétrarque dans le partage des états d'Hérode. C'est à tort que, dans quelques textes latins, on a écrit *Abilina*, le nom grec est Ἀϐιληνή. On voit qu'il ne faut pas non plus écrire *Abylène*.

ABILUUM, ville que Ptolemée place en Germanie, le long du Danube, au 35e degré 20 min. de longitude, & au 47e degré 20 minutes de latitude.

ABINNA, ville de la Susiane, selon Ptolemée, qui la place entre *Agar* & *Trasana*.

ABINNIO, cette ville, nommée ainsi par l'Anonyme de Ravenne, se trouve ailleurs, & dans le dictionnaire de la Gaule de D. Martin, sous le nom d'*Avenio*. Cet auteur la place dans la Bourgogne.

ABIOLICA. Ce nom se trouve dans la table de Peutinger. C'est le même lieu qu'*Ariolica*.

ABIRIA, nom que quelques interprètes de Ptolemée croient être le même que *Sabiria*, qui est dans le texte, ville de l'Indo-Scythie.

ABISA, ville de l'Arabie, selon Ptolemée, qui la place au 92e degré de longitude, & au 20e degré 15 minutes de latitude.

N. B. Je remarquerai que le texte inséré dans les petits géographes, au lieu d'*Abisa*, porte *Abyssa*.

ABISAMA, nom de la ville d'*Ebisma*, selon quelques interprètes de Ptolemée; en Arabie, chez les Adramites.

ABISTUS, fleuve de la Germanie, qui se rendoit dans le Danube, selon Ptolemée.

ABITINA, ville épiscopale de l'Afrique proconsulaire.

ABLATA, ville de l'Asie, que Ptolemée place au nombre des villes de l'intérieur des terres du Pont-Polémoniaque, au 68e degré 20 minutes de longitude, & au 42e degré de latitude.

ABLIALA, que quelques interprètes croient être *Abliana*, ville que Ptolemée place dans l'Albanie, au 45e degré 15 minutes de latitude.

ABNOBIA, (*Abenow.*) montagne de Germanie, appellée, par Ptolemée, *Annobæ*, & dont Pline, aussi-bien que Tacite, font mention. Selon eux, le Danube y a sa source. Festus Avienus, vers 437, parle du nom *Abnoba* ou *Abnobia*, comme donnant naissance à l'*Ister* ou Danube. M. d'Anville l'a indiqué près des *Decumates agri*; c'est une partie des montagnes de Souabe.

ABOBRIGA, ville d'Europe, appartenante à l'Hispanie. Elle étoit sur le bord de la mer, au pays des Callaïques, à l'ouest de *Tyde*, & un peu au nord de l'embouchure de *Minius*.

Elle est nommée *Abobrica*, par Pomponius Mela.

ABOCCIS, ville de l'Ethiopie, selon Pline, qui dit qu'elle fut emportée d'assaut par Publius Petronius. C'est la même que Ptolemée appelle *Abuncis*.

ABOLLA, ville de la Sicile, selon Etienne de Bysance.

ABOLUS, (*Cantara.*) petite rivière de Sicile, entre Catane & Syracuse. On pense que c'est la rivière que Ptolemée nomme *Alabus*. Plutarque en fait mention dans la vie de Timoléon.

ABONA, rivière de la Grande-Bretagne, selon l'Anonyme de Ravenne. Ptolemée parle d'une rivière d'*Abus*; on ne sait si c'est la même.

ABONIS ou ABONA, (*Aventon*, à ce que l'on croit). Il paroît que c'est la même que M. d'Anville nomme *Abo*, & qu'il place à la rive gauche de la Saverne, vers son embouchure.

ABONU-TEICHOS, ABONOU-TEICOS, ou, comme l'écrit M. d'Anville, ABONI-TICHOS, c'est-à-dire, les murs d'*Abonos*. C'étoit, selon Strabon, une petite ville de l'Asie mineure, dans la Paphlagonie, au sud-est du promontoire *Carambis*, au bord du Pont-Euxin, sur la côte occidentale du petit golfe, au fond duquel se trouvoit Æginète. On lit dans le *Pseudo-prophète de* Lucien, que l'imposteur Alexandre avoit demandé à l'empereur de changer son nom en celui de *Ionopolis*, ainsi que ce changement avoit eu lieu pour la ville d'*Aboniteichos*; d'où l'on voit que cette dernière ville avoit aussi porté ce nom. En effet, dans la description anonyme du Pont-Euxin, où elle est nommée *Aboni-teichopolis*, on ajoute qui est à-présent nommée *Ionopolis*.

ABORA, ville épiscopale de l'Afrique proconsulaire.

ABORACA *ou* ABORACÉ, ville attribuée à la Sarmatie asiatique, sur le Pont-Euxin. Strabon, qui nomme cette ville, n'en donne pas la juste position.

ABORIGÈNES. Il est très-probable que ce nom qui a désigné un ancien peuple d'Italie, &, selon Pausanias, un peuple de l'Arcadie, n'étoit pas celui d'une nation, mais une épithète par laquelle on désignoit les premiers habitans qui n'avoient pas été connus des écrivains d'une manière bien distincte. Ce qui me porte à cette opinion, c'est, 1°. que tous les commencemens sont ensevelis dans l'obscurité; 2°. c'est que les anciens qui parlent de ces peuples, cherchent en même temps à donner l'étymologie de leur nom. Les uns le font venir du grec, &, dans ce sens, il signifie, *sans origine*, ou *dont l'origine est ignorée*. D'autres, trouvant les élémens de ce nom dans l'oriental *ab*, père; & dans *ori*, caverne, regardent, comme très-raisonnable, d'avoir appellé ainsi les premiers pères de quelques nations, lesquels n'avoient habité d'abord que des cavernes. On peut encore dériver ce mot de ἀπό ou *ab*; & de ὄρος, *montagne*; alors ce seront les *hommes descendus des montagnes*. Mais il faut convenir que quand on aura à choisir entre deux ou trois langues, il ne sera pas difficile de trouver des étymologies.

Les *Aborigènes*, ancien peuple de l'Italie, sont peints, par Saluste, dans un passage que rapporte Aurelius Victor, comme des Sauvages sans loix, sans gouvernement, & sans police. Pausanias, & il paroît que c'étoit l'opinion la plus reçue alors, dit que les *Aborigènes* étoient passés d'Arcadie en Italie. Ils avoient été conduits par Œnotrus & Peucétius, fils de Lycaon, dix-sept générations avant la prise de Troye. Mais tous ces commencemens n'étoient vraisemblablement guère plus connus des historiens latins & grecs, que de nous. Chaque nation a eu successivement son origine voilée par une obscurité que le défaut d'écriture & de monumens rendent inévitable en tout pays. Ce fut des *Aborigènes* que descendirent ensuite les *Œnotriens* & les *Peucétiens*, qui portoient les noms de leurs anciens conducteurs. *Voyez ces mots*.

ABORRHAS. Ce fleuve, nommé ainsi par Strabon, & nommé *Aburas*, Ἀϐούρας, par Isidore de Charax, & *Abora*, par Ammien, paroît être le même que le *Chaboras* de Ptolemée; & réellement il n'y a de différence que l'aspiration du χ grec. Il est probable aussi que c'est le même qui est nommé, dans le livre de Judith, *Abornas*, *Abronas*, *Arbonas*, & *Mambré*, vers l'embouchure duquel il est dit qu'Holopherne passa l'Euphrate pour entrer en Syrie. *Voyez* CHABORAS.

ABOS, montagne de l'Asie, dans l'Arménie, nommée ainsi par Ptolemée, & qui se trouve sur les cartes, indiquée par le nom latin *Abus*. Voyez *ce mot*.

ABOTIS, ville de l'Egypte, selon Etienne de Bysance, qui cite Hécatée.

ABOTRITES, nom d'un peuple dont il est parlé dans les auteurs du moyen âge: c'est certainement le même que la nation Slave, appellée *Obotrites*, qui avoit été établie sur le bord de la mer Baltique. Au temps des conquêtes de Charlemagne, les *Abotrites*, voisins des Bulgares, envoyèrent une députation à ce prince, lorsqu'en 824, il reculoit les limites de son empire jusqu'à la Teïsse.

ABRAGANA, ancienne ville de la Sérique, selon Ptolemée, qui la place entre *Thogara* & *Danata*.

ABRAN, *ou*, selon l'hébreu, & sans voyelle, GABRON *ou* GUEBRON, ville de la Judée, dans la tribu d'Aser: on la croit la même qu'*Abdon*. C'étoit une ville royale où régnoit Johab, que Josué vainquit: elle fut donnée aux Lévites. Il en est fait mention dans le livre de Josué, & dans les Paralipomènes.

ABRANITIS, *voyez* AURANITIS, région au-delà du Jourdain.

ABRAVANNUS, fleuve de l'île d'Albion, selon Ptolemée. Il couloit dans la partie occidentale, & se jettoit dans la mer Verginienne, ou canal de Saint-Georges.

ABRETTANI, les Abrettans, habitans de la petite contrée de la Mysie, appellée *Abrettena*. Un certain Cléon qui avoit d'abord été chef de voleurs dans ce pays, ayant quitté le parti d'Antoine pour celui d'Auguste, fut fait, par ce prince, prêtre de Jupiter *Abrettenien*, & en reçut des présens considérables.

ABRETTENA, contrée de la partie orientale de la Mysie, d'où l'on avoit donné au Jupiter, adoré en Mysie, le surnom d'*Abrettenus*, comme on le voit par Strabon, *liv.* 12.

Etienne de Bysance écrit *Abrettina*, & fait venir ce nom de la nymphe Brettia.

Suidas écrit *Abrettané*. Pline parle des habitans de cette région, sous le nom d'*Abrettanos*.

ABRI, peuple dont parle Etienne de Bysance, & que je crois avoir habité vers le mont *Adruis*, qui séparoit l'Illyrie de la Dalmatie.

ABRIDA, partie de la Mauritanie-Gaditane. Ce fut dans cette partie que se retirèrent les Vandales après leur défaite par Bélisaire. *Voyez* ce qu'en dit l'Anonyme de Ravenne.

ABRINATÆ, les Abrinates, selon Etienne de

de Bysance, qui dit que leur nom s'écrivoit également sans *R*, ou avec une *R*.

ABRINCA, *ou* OBRINGA, fleuve qui servoit de limite aux deux Germanies.

ABRINCATÆ. (*Avranche.*) On trouve ce nom donné à la principale ville des *Abrincatui* : on la nommoit aussi *civitas Abrincatum*. Ptolemée nomme *Ingena*, la capitale des *Abrincatui*. Elle se trouvoit renfermée dans la seconde Lyonnoise.

Elle a aussi porté le nom d'*Abrinca*. *Voyez* la *Geographia sacra* du père Charles de S. Paul.

ABRINCATUI & ABRINCATÆ. Ces peuples étoient Gaulois, & appartenoient, selon César, à la division qu'il appelle *Celtique*. Ils furent compris ensuite dans la *seconde Lyonnoise*. Leur territoire étoit à-peu-près celui d'Avranches en basse Normandie. La principale rivière étoit le *Tetus*. Leur capitale se nomma d'abord *Ingena*, puis *Abrincatui*. Voyez *le premier de ces noms*.

La notice de l'empire place le préfet des soldats de Dalmatie sur le territoire des *Abrincatui*. Ils furent dans la suite sous la métropole de Rouen.

Les *Abrincatui* ou Avranchains commencèrent à avoir un évêque dès la fin du cinquième siècle; & l'on sait, par une tradition constante, que les évêques de ce peuple ont résidé dans la ville capitale, qui prit le nom du peuple, & fut appellée *Abrincatæ*. Voyez *ce mot*. Je finis, en faisant observer que c'est à tort que Ptolemée les place près de la Seine. μεχρὶ τῶ Σηκοάνα ποταμοῦ. Ils étoient sur le bord de la mer, & près de la Bretagne.

ABRITUM, ville épiscopale de la Mœsie inférieure. Elle est aussi nommée par Jornandès *Abruto*, & par Cassiodore *Abricium*.

ABROSTOLA, *ou* ABROSTOLÆ, l'une des villes de la grande Phrygie, au 60e degré 30 min. de longitude, & au 40e degré 50 min. de latitude, selon Ptolemée.

ABROTONUM, ville d'Afrique, sur la côte orientale de l'Afrique propre, & qui, d'après le récit de Strabon, ne devoit pas être loin d'Adrumette.

ABRUNTIUM, (*Avronzo.*) *ou* AVRUNTIUM, nom d'un ancien château d'Italie.

ABRYSTUM, nommé aussi par quelques auteurs APRUSTUM, que l'on croit être la même que Ptolemée appelle *Abystrum*. Pline l'indique dans le *Brutium*, où M. d'Anville l'a en effet placée au sud-est de *Consentia*.

ABSARUS & ABSARUM, rivière d'Asie, en Colchide, ou plutôt au sud-ouest de cette contrée. M. d'Anville la place chez les *Cissii*, qui occupoient de ce côté l'extrémité du Pont. Il en est parlé dans le Périple de Scylax, & dans celui d'Arrian, qui, à cause de la ville, qui étoit à son embouchure, la nomment *Apsarus*, ainsi que M. d'Anville; car la rivière en elle-même ne devoit pas être considérable, à en juger par son état actuel, & par la proximité des montagnes, qui ne lui laissoient pas une grande étendue. Je crois même qu'il faut préférer le mot d'*Apsarus*.

ABSARUS, ville ou château d'Asie, à l'embouchure de la rivière de son nom, appartint d'abord au pays appellé *Colchide*, puis passa au Pont, lorsque ce royaume se fut étendu à l'est le long des côtes du Pont-Euxin. Voici ce qu'en rapporte Procope dans ses mélanges.

Il y a un petit pays près de Rizée, entre les Laziens & les Romains, (c'est-à-dire, entre les Grecs soumis à l'empire Romain, dont le siège étoit alors à Constantinople) qui est habité par un peuple libre.... Il y a dans ce pays une ancienne ville, nommée *Absarus*; on la nommoit autrefois *Absyrte*, nom qu'elle avoit, dit-on, empruntée du jeune frère de Médée, qui y fut assassiné par elle. Ce ne fut que par corruption que d'Absyrte on a fait *Absarus*. On voit encore, dit notre auteur, le tombeau de ce prince près de la ville du côté de l'orient. Elle étoit autrefois fort peuplée, & fermée de bonnes murailles; elle renfermoit un cirque, & les autres ornemens qui décorent les grandes villes. Ces bâtimens sont actuellement en ruine..... On dit que ce pays avoit des garnisons au temps de Trajan. Et en effet, je vois dans Arrian, que cet empereur y avoit établi cinq cohortes, qu'il visita dans l'un de ses voyages, & dont il examina les armes, les magasins, les malades, &c. Au temps de Procope, ce petit pays n'étoit habité, ni par des Romains, ni par des Laziens. Cependant, continue Procope, ils font profession de la religion chrétienne, & reçoivent chez eux des prêtres qui leur sont envoyés par les évêques des Laziens. Ces deux peuples sont alliés & unis, & ils se servent mutuellement de guides dans leurs voyages. Lorsque les Laziens envoient des ambassadeurs à Constantinople, ou qu'ils en reçoivent, ce sont les habitans d'*Absarus* qui les passent dans leurs barques; mais, indépendans, ils ne paient tribut à aucune puissance.

A la droite de leur pays, sont des montagnes entrecoupées, dont quelques-unes même paroissent suspendues en l'air. Au-delà sont les Persaméniens & les Arméniens, qui s'étendent jusqu'à l'Ibérie, & qui dépendent des Romains.

ABSEPHUS, rivière d'Asie, au pied de Lampsaque, selon Alphonse-Lasor de Vareas, que cite la Martinière.

ABSILIAP, nom d'une contrée que l'Anonyme de Ravenne dit être sur le Pont-Euxin. Elle confinoit avec la Lazique, qui faisoit partie de l'ancienne Colchide.

ABSILII, les *Absiliens*, peuples d'Asie, habitans du pays appellé *Absiliap*. Il en est parlé dans l'histoire Bysantine; & Procope dit qu'ils étoient soumis aux Laziens.

ABSILIS, rivière qui arrosoit le petit pays des *Absilii* en Asie, vers la Mer-Noire.

ABSIRTIDES. *Voyez* ABSYRTIDES *ou* APSYTIDES.

ABSORUS, (*Cherso.*) &, selon Ptolemée, AP-

SORRHUS, île du golfe *Flanaticus*, (voyez *ce mot*) entre l'*Histria* & la *Liburnia*. On y trouvoit, au sud, une ville de même nom, & au nord, une autre appellée *Crepsa*. Pline donne seulement à la ville le nom d'*Absorus*, & comprend l'île entre celles qui portoient le nom d'*Absirtides*.

ABSORUS, (*Obsero.*) petite ville située dans la partie méridionale de l'île précédente.

ABSOS, ce lieu, selon l'itinéraire de Jérusalem, porte le titre de *Mansio*, c'est-à-dire, endroit où les voyageurs pouvoient se reposer. Selon cet ouvrage, il étoit à 14 milles de Marizes, & à 12 de Stephanaphena.

ABSYNTHES, les Absynthiens, peuple de la Thrace, vers la Chersonèse de ce nom. On voit que peu avant l'établissement de Miltiade dans cette Chersonèse, ils se jettoient souvent sur les terres de *Dolonei*. Lorsque ceux-ci se furent donné pour roi Miltiade, son premier soin fut de construire une muraille sur l'Isthme, pour se mettre à l'abri des incursions des Absynthiens.

ABSYRTIDES, *ou* APSYRTIDES INSULÆ. Les îles *Absyrtides*, dans le golfe *Flanaticus*, formé par une extension de la mer Adriatique, entre l'Istrie & la Liburnie.

Denys le Périégète en parle au vers 488, & Eusthate, son commentateur, prétend que ce nom vint, à ces îles, d'Absyrte, frère de Médée. Il paroît avoir adopté le sentiment de Strabon, qui dit la même chose, aussi bien qu'Hyginus, quoique cela soit très-peu probable. C'est que les anciens étoient persuadés qu'à leur retour les Argonautes étoient venus jusques dans la mer Adriatique. Appollonius (*lib. 3*, Ἀργοναυτικῶν) les nomme Ἀρτεμίδος νῆσοι ou *Iles de Diane*. Ptolemée paroît n'avoir connu qu'une de ces îles. Une plus grande connoissance du local prouve sans replique en faveur de ceux des anciens qui en ont admis plusieurs. On attribuoit ces îles à l'Illyrie.

ABSYRTIS, ville que l'on croit avoir été bâtie dans l'une des îles *Absyrtides*, & qui leur avoit donné son nom.

ABUCÆI, peuples que Ptolemée place dans l'Arabie heureuse.

Dans le texte suivi par les petits Géographes, on lit *Bucæi*.

ABUCINI PORTUS. *Voyez* PORTUS ABUCINI.

ABUDIACUM, selon Ptolemée, ville de la Vindelicie : la table de Peutinger la nomme *Abadiacum* ; c'est sous ce dernier nom que M. d'Anville l'a placée sur sa carte de l'empire Romain.

ABULA. Plusieurs villes ont porté ou pris ce nom. Celle dont Ptolemée parle étoit chez les Bastitans à 11 degré 40 min. de longitude, & 39 degrés 15 min. de latitude. Quelques auteurs se sont crus fondés à la retrouver dans la ville d'Avila de la vieille Castille. Mais on objecte, avec raison, que cette ville se trouve trop loin du pays habité par les Bastitans. M. d'Anville, qui en a trouvé la position trop incertaine, ne l'a pas mise sur sa carte.

ABUNCIS, ville de l'Ethiopie, indiquée par Ptolemée, qui la place au 59ᵉ deg. 30 min. & au 20ᵉ deg. de latitude, dans la partie qui est à l'occident du Nil. Quelques auteurs disent *Aboccis*.

ABUNIA, ville de la Sarmatie Asiatique, selon Ptolemée, qui la place au 73ᵉ deg. de longitude, & au 48ᵉ de latitude.

ABUNIS, ville de la Sarmatie, placée, selon Ptolemée, sur une montagne.

ABUR, ville de l'Inde, selon Ptolemée, qui la place au 129ᵉ deg. de longitude, & au 16ᵉ de latitude.

ABUS, fleuve. (*Humber.*) Ce nom est fourni par Ptolemée ; il appelle ainsi le golfe où se réunissent plusieurs rivières, & particuliérement l'Humber, sur la côte orientale de l'Angleterre.

ABUS, rivière de l'Epire, selon Baudran, selon lequel elle se jettoit dans le golfe Adriatique ; mais, en la plaçant dans son dictionnaire, cet auteur ne l'auroit-il pas confondue avec l'*Avus*, qui couloit du sud-est au nord-ouest, par le sud d'Apollonie ; ou avec Ἀῶυας ou l'*Avas*, qui, passant dans la Molossie, se jettoit au sud, dans le golfe d'Ambracie ?

ABUS, montagne de l'Asie, dans l'Arménie. Strabon dit que l'Euphrate & l'Arax y ont leurs sources. Cette montagne est indiquée sur les cartes de M. d'Anville, à quelque distance au sud-ouest d'*Artaxata*.

ABUSINA, (*Abensberg.*) ville de la Vindélicie, à quelque distance de la droite du Danube, vers le sud-ouest de *Regina*.

ABYDO, ville de l'Europe, dans la Macédoine, selon Etienne de Bysance, qui cite Strabon, au lieu de citer Homère, dont il rapporte une portion de vers. On croit que cette ville est la même que Strabon nomme *Amydo*, & qu'il place en effet près de l'Axius, peu loin de Pella. Eusthate attribue *Abydo* à la Péonie.

ABYDON. C'étoit moins un lieu qu'un canton de la Macédoine, sur les bords de l'Axius : mais on ne sait pas quelle fut sa position.

ABYDOS. Etienne de Bysance dit que trois villes ont porté ce nom : ce sont les trois suivantes.

ABYDOS, petite ville de l'Asie mineure, sur l'Hélespont, au sud-ouest de Lampsaque. Quoique Strabon semble indiquer que peut-être cette ville avoit été fondée par des Cyzicéniens ; cependant il commence par nommer des Milésiens. Thucydide est de ce dernier sentiment εἰσί δὲ μιλησίων ἄποικοι. Je m'en tiendrai donc à ce sentiment, puisqu'il paroît que c'est le plus général, & qu'au fond cela nous est assez indifférent. Cependant je ne laisserai pas ignorer que Scymnus de Chio, *Voyez v. 708 & 709.*, rapporte la fondation de cette ville à des Eoliens (1). Quelques auteurs ont fait venir *Abidos* du mot oriental *Abadon*, qui signifie *perte*, & par extension, *très-dangereux*. Ceux qui ont voulu attaquer cette étymologie, ne se sont donc pas apperçus, qu'en y substituant le mot grec Α'ϐυδὸν, *profond*, qui se trouve dans Héfichius, ils conservoient une partie du sens; ils sembloient oublier de même que plusieurs mots grecs avoient une origine orientale. Au reste, Polybe en parlant du port d'*Abydos*, *l. 16*, dit que le port en est bon; mais que si l'on n'entre pas dans le port, il est impossible de se tenir à l'ancre, à cause du courant. Cela justifieroit l'étymologie orientale.

Abydos, bâtie sur une éminence, est célèbre dans la fable, par les amours de Héro & de Léandre. Cette princesse, prêtresse de Vénus, vivoit à Sestos (*voyez* ce mot); Léandre, qui l'aimoit passionnément, traversoit, pendant la nuit, le détroit à la nage. Héro, à la faveur d'un flambeau placé au haut de la tour, lui montroit l'endroit où il devoit aborder. Mais une nuit, la mer s'étant trouvée impraticable, il ne put aborder au rivage, & fut submergé par les flots. Héro, emportée par son désespoir, se précipita dans la mer.

Un événement plus réel, concernant cette ville célèbre, c'est qu'au tems de Philippe, père de Persée, elle fut assiégée par ce prince; les habitans aimèrent mieux s'ensevelir sous les ruines de leurs maisons, que de se rendre à discrétion.

Au reste, il n'est pas vrai, comme on l'a cru long-temps, & comme on le dit encore quelquefois, que les villes de Sestos & d'*Abydos* aient été bâties dans l'emplacement où se voient actuellement les *vieux châteaux* d'Europe & d'Asie. Ces châteaux sont plus au sud, sur une autre partie resserrée du détroit. Sestos, quoi qu'en aient dit les poëtes, n'étoit pas précisément en face d'*Abydos*. Strabon, bien plus près que nous du temps où ces châteaux étoient connus, dit expressément que du port d'*Abydos* à Sestos il y avoit 30 stades; au lieu qu'entre les deux rivages, en ligne droite, il n'y en auroit que 7. M. d'Anville, d'après des mesures prises dans le lieu avec exactitude, ne donne au passage que 375 toises & demie.

ABYDOS, *ou* ABYDUS, ancienne ville d'Egypte, dont on ne voit plus que des ruines, vers le 26e deg. 30 min. de latitude, à la gauche du Nil, sous le 49e deg. de longitude, (carte de d'Anville) dont elle étoit éloignée, selon Pline, de 7500 pas. Cet auteur ajoute qu'elle étoit remarquable par le palais de Memnon, & par un temple d'Osiris. Strabon, selon lequel *Abydos* ne le cédoit qu'à Thebes, parle aussi de ce temple, & dit qu'il étoit bâti avec beaucoup de magnificence, qu'il n'étoit pas permis d'y chanter, ni d'y faire entendre le son des instrumens, comme il est d'usage dans les temples des autres dieux. Il ajoute que dans un lieu profond, il y avoit une source où l'on descendoit par un escalier fait en limaçon, dont les pierres n'étoient pas moins remarquables par leur grandeur que par leur arrangement. Mais ce palais de Memnon, au temps de Solin, avoit perdu sa gloire avec son existence; le temple seul d'Osiris donnoit encore de la célébrité à cette ville. Athénée prétend que tout auprès étoit un bois d'épines, consacré à Apollon, & qui, par cette raison sans doute, étoit toujours fleuri. Etienne de Bysance ne parle pas de ce bois; mais il dit que cette *Abydos* étoit une colonie de Miléfiens; sa situation dans l'intérieur d'un pays peu accessible aux étrangers, rend ce fait très-problématique, & Hérodote ne le croit pas. Selon Ptolemée elle appartenoit au nôme Ptolémaïque. Ce lieu, disent quelques voyageurs, se nomme aujourd'hui *Madfuné*, (ville ensevelie.) Le père Sicard l'appelle *Araba-Arrakin*.

ABYDOS, *ou* ABYDUM, petite ville d'Italie dans la Iapygie, chez les Peucétiens. Etienne de Bysance dit que ce nom étoit *Abydum*, au neutre, & rapporte un proverbe grec, qui indique qu'un séjour dans cette ville n'étoit pas sans inconvénient; ce qu'il explique ensuite par la disposition à la calomnie, & d'autres mauvaises qualités de ses habitans.

ABYDUS. *Voyez* ABYDOS.

ABYLA, montagne d'Afrique, à l'entrée du *Fretum Herculis*, ou détroit de Gibraltar, du côté de la méditerranée: cette montagne, qui s'y voit encore, est en face de celle de Gibraltar, autrefois *Calpe*; on présume que l'une & l'autre étoient les fameuses colonnes d'Hercule, ou du moins qu'elles ont eu ce nom chez quelques auteurs anciens. Ptolemée dit Αϐυλη στηλη. Festus Avienus dit que ce mot d'*Abyla* signifioit en Carthaginois *élevé*, (*Voyez 345 & 346.*) & cite Plaute.

Ce même lieu est nommé *Abyyka* dans le texte grec de Strabon.

Il paroit que Scylax nomme cette ville *Apanilyé*.

ABYLLI, les *Abylles*, nation de la Troglodytique, proche du Nil, selon Etienne de Bysance.

ABYSTRUM, ville d'Italie, dans l'intérieur de la grande Grèce, selon Ptolemée, qui la place au 40e deg. 45 min. de longitude, & au 39e deg. 36 min. de latitude.

ABZIRITANUM, ville de l'Afrique, proprement dite, & l'une des trente villes dont parle Pline. Elle fut depuis épiscopale.

(1) Je dois remarquer ici pour l'avantage des lecteurs qui veulent remonter aux sources, que c'est à tort que dans les notes d'un Etienne de Bysance, *édit. de* d'Abr. Berkelius, *Lug. Bat.* 1694, on lit, *pag. 14*, *note 31*, les deux vers de Scymnus, & que l'on y cite Marcianus Héracleota: mais comme celui-ci a écrit en prose, on ne peut s'y méprendre. Au reste, Marcian ne parle pas d'*Abydos*.

ABZOES, *ou* ABZOAS, peuple de la Scythie. Pline, qui nous les fait connoître, les met à l'orient du détroit par lequel les anciens croyoient que la mer Caspienne communiquoit avec la mer Chorasmienne. Comme il dit que cette nation avoit plusieurs noms, il est probable qu'il veut faire entendre qu'elle étoit subdivisée en plusieurs autres petites nations.

A C

ACABA FONS, fontaine de l'Afrique propre, qui, selon Ptolemée, sortoit du mont *Zuchabarus*. Au 45e deg. 15 min. de longitude, & 26e deg. 10 min. de latitude.

ACABARUS, ville d'Asie dans l'Inde. Arrian, qui nous la fait connoître, dit qu'elle étoit au-deçà du Gange; il en parle comme d'une ville de commerce, & la compte au nombre des ἐμπόρια. *Petit. Géogr. tome 1.*

ACABE, montagne d'Egypte, sur le bord de la mer Rouge. C'est Ptolemée qui nous la fait connoître; il la place au 25e deg. 45 min. de latitude.

Dans la chaîne de montagnes qui bornent l'Egypte de ce côté, il est difficile d'assigner la place de celle qu'indique l'auteur grec, vu l'inexactitude des mesures.

ACABENE (*l'*), l'une des régions de la Mésopotamie, que Ptolemée indique vers le Tigre. Cluvier remarque, avec raison, que cette région est une de celles dont on ignore la juste situation.

ACABIS, ville de la Cirénaïque, au sud du marais Paliure. Ptolemée est, je crois, le seul des anciens qui nous la fasse connoître. Il la place au 50e deg. 30 min. de longitude, & à 29 deg. 40 min. de latitude.

ACABIUM, château situé sur le lac d'Orta, en Lombardie. (*La Martinière.*)

ACACESIUM, ville de l'Arcadie, au bas du mont *Acacesius*, & au sud-ouest de *Megalopolis*.

Elle a été fameuse par l'opinion des anciens, qui prétendoient que Mercure y avoit été élevé. Mais au temps de Pausanias elle n'étoit plus qu'un monceau de ruines. On y voyoit seulement une statue de Mercure en marbre.

Le temple de la divinité favorite, dont parle Pausanias, & que je soupçonne avoir été Proserpine, étoit à une très-petite distance. Il étoit orné d'un beau portique, & d'un très-grand nombre de statues. Les Arcadiens y apportoient en présent toutes sortes de fruits, excepté des grenades.

Un peu au-delà du temple, étoit un lieu que l'on appelloit le *Mégaron*; c'étoit un nom assez ordinaire aux lieux où se célébroient les mystères de Cérès. Assez près étoit un bois sacré, entouré de murailles, un hôtel de Neptune Hippius.

Mais le monument qui attiroit le plus l'attention & le respect, après celui de la *Maîtresse*, étoit le temple de Pan, regardé par les Arcadiens comme la première de leurs divinités. On y brûloit un feu perpétuel. Plusieurs dieux y avoient aussi leurs statues. Il paroît qu'à beaucoup d'égards ce canton de l'Arcadie étoit un de ceux que la religion avoit consacré plus particuliérement.

ACACESIUS (*le Mont*), de l'Arcadie, au sud-ouest de *Megalopolis*.

ACACHIA, ville d'Asie dans la Médie, selon l'Anonyne de Ravenne.

ACADAMIS. Le périple de Scylax nomme ce lieu, après *Phocœa* ou *Phocée* de l'*Ionie*, & avant Mycole: mais c'est une indication bien vague; M. d'Anville ne lui a pas donné de position sur sa carte.

ACADEMIA. Selon Etienne de Bysance, que je traduis ici mot à mot, c'étoit une gymnase d'Athènes, d'où les philosophes qui le fréquentoient avoient pris le nom d'*Académiciens*. Il n'est pas de mon objet de parler ici, ni de l'origine de ce nom, selon M. Gébelin (voyez *le dict. d'antiquités*), ni de la doctrine des Académiciens. Voyez *la philosophie ancienne*.

ACADERE, contrée d'Asie, dont il est parlé dans Quint-Curse, sur le Choaspe.

ACADINE, fontaine ou petit lac de Sicile, & que quelques auteurs ont supposée mal-à-propos en Cilicie. (*La Martinière.*)

ACADRA, *ou* ACADIRA, ville d'Asie, dans la partie la plus reculée à l'est que nous aient fait connoître les anciens. Ptolemée la place dans le pays des Lestes. Quelques auteurs croient devoir lire *Achatara*. Longitude 178e deg. 20 min.; latitude 21 deg. 15 min.

ACADRÆ, les Acadres, peuples de l'Inde au-delà du Gange, & qui probablement ne sont autres que les habitans d'*Acadra*.

ACALANDRA, (*Salandra.*) ville de la Lucanie.

ACALANDRUS, très-petit fleuve d'Italie dans la Lucanie. Il couloit de l'ouest à l'est, à quelque distance au sud d'Héraclée. Lors de l'expédition d'Alexandre, roi d'Epire, en Italie, ce prince, pour punir Héraclée, révoltée contre Tarente sa métropole, la priva de l'honneur d'être le lieu de l'assemblée générale des Grecs de la grande Grèce: il transporta cette assemblée sur les bords de l'*Acalandrus*. *Voyez* Strabon, *l. 6.* Quelques auteurs croient que c'est à présent la petite rivière de *Salandra*.

ACALE, ville de l'Arabie heureuse, dans l'intérieur des terres, selon Ptolemée, qui la place au 68e deg. 15 min. de longitude, & au 28e deg. 15 min. de latitude.

ACALISSUS, ville de l'Asie mineure, dans la Lycie. Holstenius, qui, dans ses notes sur la *géog. sacrée du Père* Charles de S. Paul, *page 239, nº. 1*, cite les notices des diocèses, observe qu'il ne faut pas le confondre avec *Acrassus*.

ACAMANTIS, l'un des noms qu'on donnoit à l'île de Cypre.

ACAMANTIS, étoit, selon Etienne de Bysance, le nom d'une tribu de l'Attique.

ACAMANTIUM, ville de la grande Phrygie. On ne sera guère certain de son origine, quand on saura que les anciens l'attribuoient à Acamante, fils de Thésée, que son père avoit récompensé de sa valeur contre les Solymes, en lui accordant la permission de bâtir une ville en son nom. C'est Etienne de Bysance qui nous apprend ce fait; il est le seul qui parle de cette ville, que quelques auteurs ont soupçonnée la même que *Camantium*. Voyez *ce mot*.

ACAMAS, (cap de S. Epiphane.) promontoire de l'île de Chipre, au nord-ouest de l'île, ayant au sud-est, sur un petit golfe, la ville d'*Arsinoe*. Comme c'étoit la première partie de l'île qui s'offrit aux Grecs, lorsqu'ils venoient vers l'île, le nom en fut quelquefois donné à toute l'île, désignée alors par le nom d'*Acamantis*. Ce cap étoit à l'extrémité d'une petite peninsule, formée par une chaîne ou prolongement du mont *Acamanthus*, nommé dans Hesichius. Etienne de Lusignan croyoit qu'il y avoit eu aussi une ville de ce nom. M d'Anville n'a rien trouvé dans l'antiquité qui la lui fasse admettre. La Martinière dit que c'étoit une ville épiscopale. *Mém. de litt. tome XXXII, p. 536.* Ce cap est nommé vulgairement *cap Pifano*.

ACAMPSIS, fleuve de l'Asie. Il bornoit la Colchide à l'ouest, & tomboit dans le Pont-Euxin, entre l'*Apsarus* & l'*Acinasis*. On croit que c'est le même qui est aussi appellé *Bathys*.

ACATUCCI, que quelques manuscrits portent ACCATUCCI, lieu de l'Hispanie, dans la Bætique. L'itinéraire d'Antonin l'indique entre *Acci* & *Viniolæ*.

ACANNÆ, port sur la mer rouge, selon Etienne de Bysance, qui s'en tient à cette indication générale. Ptolemée, en l'indiquant au 82e deg. de longitude, & 7 de latitude, l'attribue aux Ethiopiens, & le nomme aussi ἐμπορίον. Le périple d'Arian en fait le nom d'un fleuve, dans la région où croît l'encens. Ptolemée dit *Acanæ*, & le désigne comme un lieu de commerce.

ACANTHINA, *ou* ACANTHINE, île du golfe Arabique, selon Ptolemée, qui la place à 68 deg. 30 min. de longitude, & à 15 deg. de latitude septentrionale.

ACANTHON. On trouve dans Pline ce nom pour être celui d'une montagne de la Grèce dans l'Etolie. On en ignore la position. Les conjectures du père Hardouin, sur le rapport de cette montagne, avec l'*Acanthus* qui étoit en Thrace, me paroissent très-foibles.

ACANTHONITIS, région de l'Asie, dans la Carmanie, selon Ptolemée.

ACANTHUS. Plusieurs villes ont porté ce nom, évidemment formé du mot ἄκανθα. Non-seulement il est probable qu'il fut donné à des lieux entourés de cet arbrisseau, mais les auteurs le disent formellement. Au mot Ακανθος, Etienne de Bysance ajoute πόλις ἀκάνθαις πεφραγμένη, *ville entourée d'épines*. Il est vrai qu'il ajoute que peut-être aussi ce nom vient d'un certain *Acantus*, ainsi que le rapporte Mnaséas; mais on sait le peu de fond qu'il faut faire sur ces étymologies, tirées de quelques noms d'hommes, qui la plupart n'ont jamais existé.

ACANTHUS. Cette ville, qu'Etienne de Bysance dit avoir été en Thrace, *sur*, ou plutôt comme l'observent ses commentateurs, *vers* le mont Athos, est connue d'une manière plus précise pour sa position, par Pline & Pomponius Mela. Cette ville étoit au nord du mont Athos, sur l'isthme qui joint cette montagne au continent. Elle avoit à l'est le golfe de Strymon. Scymnus de Chio, en lui donnant l'épithète de παράλιος, dit qu'elle étoit une colonie d'Andriens (1). Selon le même auteur, on voyoit près de cette ville les traces d'un fossé de sept stades, que Xercès avoit fait creuser, pour y faire passer sa flotte, & préserver ses vaisseaux du danger de doubler le promontoire Acro-Athos. Cette opération devenoit d'autant plus aisée, que la mer forme en cet endroit une petite anse, qui rétrecit l'Isthme, & qu'au-delà de sept stades, les vaisseaux entroient dans le golfe Singitique.

ACANTHUS, ville d'Egypte, éloignée de Memphis de 320 stades. Si l'on adopte la mesure de stade égyptien, donnée par M. d'Anville, à 51 toises $\frac{1}{3}$, cela fera un peu plus de 7 lieues. Diodore, *litt. tome 97*, ne donne à cette distance que 120 stades, ce qui la rend beaucoup plus petite, quand on admettroit que Diodore se sert du stade olympique de 94 toises $\frac{1}{2}$. Je suis surpris que M. d'Anville n'ait pas observé cette différence dans son ouvrage sur l'Egypte. Strabon dit qu'elle étoit un peu éloignée du Nil, ce qui est conforme à Ptolemée, qui la place, sous le nom de πόλις καδῶν, au 61e deg. 40 min. de longitude, & au 29e deg. 40 min. de latitude. Ce qui est à-peu-près la latitude de Mimet-Rahimé, que le père Sicard croyoit occuper le même emplacement. M. d'Anville pense que c'est le lieu nommé *Dashur*, qui se trouve un peu au sud de Sacara.

ACANTHUS, étoit, selon Etienne de Bysance, la seconde ville d'Egypte qui portât ce nom. Il y avoit auprès, selon ce même auteur, un bois sacré, d'une grande étendue. Les auteurs n'en parlent pas. On en retiroit de la résine.

ACANTHUS, ville d'Asie, selon Etienne de Bysance, & placée dans la Carie, sur la presqu'île où se trouvoit la ville de Cnide. Pline, qui en parle, dit qu'elle portoit aussi le nom de *Dulapolis*.

N.B. Je remarquerai que les anciens ont dit Ἀκάνθως τέττιξ, *cigale acanthienne*, pour exprimer, à ce que l'on croit, une espèce de cigale qui ne chantoit pas, & de-là pour indiquer un *muet*.

(1) Dans l'édition d'Etienne de Bysance de Berkelius, 1694, *p. 72*, on cite ces vers de Scymnus; mais on les donne pour être de Marcian; c'est une double méprise, car cet auteur n'a écrit qu'en prose.

ACARASSUS, que le père Charles de S. Paul nomme mal-à-propos *Acrassus*, comme l'observe très-bien Holstenius, étoit dans la Lycie, contrée de l'Asie mineure. Cette ville ne paroît pas avoir appartenu à la haute antiquité : on voit seulement qu'elle fut épiscopale.

ACARIA FONS. Fontaine d'Acarie, située près de Corinthe, selon Strabon ; mais que ses commentateurs croient être la même que la fontaine Macarie, dont parle Pausanias. *Voyez* MACARIA.

ACARMAN, ville de l'Arabie heureuse, dans l'intérieur des terres que Ptolemée traite de βασιλειον ou *royale*, au 81ᵉ deg. 15 min. de longitude, au 20ᵉ deg. 15 min. de latitude.

ACARNANES, les Acarnaniens. L'origine des Arcananiens, comme celle de beaucoup d'autres peuples, est inconnue, & l'étymologie de leur nom au moins fort incertaine. Selon Strabon, suivi par Etienne de Bysance, on les appelloit Ἀκαρνᾶνες, *Acarnanes*, parce qu'ils laissoient croître leurs cheveux ; & leurs voisins, Κυρῆτες, *Curetes*, parce qu'ils se faisoient raser. Pausanias dit que les anciens habitans se nommoient *Curètes*, & que le nom d'Acarnaniens leur fut donné d'après Acarnan, fils d'Alcméon & de Callirhoé. Strabon rapporte qu'après la guerre des Epigones, Alcméon fut appellé par Diomèdes, & partagea avec lui l'Etolie, l'Acarnie, *&c.* Pendant que Diomède accompagnoit Agamemnon à la guerre de Troye, Alcméon, qui étoit resté dans le pays, fonda la ville d'*Argos*, qu'il surnomma *Amphilochicum*, en mémoire de la tendre amitié qui l'unissoit à son frère, & appella le fleuve de cette ville de même que celui qui couloit dans l'Argolide.

On ignore la suite de l'histoire des Acarnaniens. On voit, dans les temps postérieurs, qu'ils étoient gouvernés par un magistrat supérieur, aidé dans ses fonctions par quelques magistrats subalternes. Les affaires se traitoient dans les assemblées générales de la nation.

Ce peuple, d'une fidélité inviolable pour ses traités, se montra toujours fortement attaché aux rois de Macédoine, ses alliés. Pendant la guerre des Romains contre Philippe, roi de Macédoine, Livinius ayant fait un traité avec les Etoiens, Scopas se préparoit à entrer en Acarnanie. Ceux-ci se voyant prêts d'être accablés, envoyèrent en Epire leurs femmes, leurs enfans, leurs vieillards, *&c.* en priant les Epirotes de les garder pour l'amour d'eux, mais les assurant qu'ils ne les sollicitoient pas de leur envoyer du secours, parce que leur perte leur paroissoit inévitable. Ils demandoient seulement que l'on mît sur leur sépulture : « Ci gissent » les Acarnaniens, morts pour leur patrie & pour » leurs alliés, en combattant contre l'injustice de » ceux d'Etolie ». Ils coururent ensuite au combat, mais ce fut avec tant de résolution, que leurs ennemis en furent effrayés, & se retirèrent chez eux. Enfin, cependant ils passèrent au pouvoir des Romains.

ACARNANIA, (l'Acarnanie.) région de la terre-ferme de la Grèce, à l'ouest. Elle étoit comprise dans un triangle, borné à l'est par le fleuve Achelous ; par la mer, au sud-ouest, c'est-à-dire, depuis l'embouchure de ce fleuve, jusqu'au détroit que j'appellerai ici d'*Anactorium*, (du nom de la ville qui y étoit située) & au nord par le golfe d'Ambracie, & en partie par la Molosside & la Dolopie. L'île de Leucade avoit fait partie de cette contrée avant d'en être séparée par la mer.

On y trouvoit vers le nord une montagne qui portoit le nom d'*Olympe* (*Olympus Mons*), & un peu plus au sud, une autre nommée *Thyamis*. C'étoit au sud de cette dernière, que couloit, en demi-cercle, un petit fleuve, qui portoit le nom d'*Inachus* ; le principal fleuve étoit l'*Achelous*, & les principales villes *Stratus*, sur ce fleuve, & *Argos Amphilochicum*, à l'embouchure de l'*Inachus*, sur le golfe d'Ambracie, au nord-ouest.

La navigation des côtes, selon le Périple de Scylax, étoit de deux jours ; le pays avoit des ports très-commodes. Ce pays est peu fertile, & ses habitans furent long-temps féroces. Voyez *Acarnanes*. Après avoit été long-temps libre & alliée des rois de Macédoine, l'Acarnanie passa aux Romains avec le reste de la Grèce. Ce pays se nomme encore Carnie.

Villes ou lieux de l'Acarnanie, selon Ptolemée, 1°. sur le bord de la mer, *Ambracia*, *Actium*, *Leucas*, prom. *Azilia* ; 2°. dans l'intérieur des terres, *Argos Amphilochicum*, *Acarnanon* ou *Acarnamen*, & *Astacus*.

ACARNANON, *ou* ACARNANUM, ville de l'Europe, que Ptolemée attribue aux Athamans, au 48ᵉ deg. 15 min. de longitude, & au 37ᵉ deg. 45 min. de latitude.

ACARRHA, ville de la Grèce dans l'Achaïe, selon Etienne de Bysance : on ne connoît pas cette ville d'ailleurs.

ACAUNUM, (S. Maurice-en-Vallois.) capitale des *Nantuates*, au nord-est de leur petit pays. C'est en ce lieu que l'on place le martyre de la légion Thébaine, & de S. Maurice, dont elle a pris le nom.

ACBARA, lieu de la Galilée, entre Tibériade & Zepha, cité dans les *Cippi Hebraïci*, publié par Hottinger.

ACCABICON-TICHOS, *ou* ACCABICUS-MURUS, c'est-à-dire, le mur Accabique. Cette ville étoit vers le détroit de Gibraltar, & passoit pour avoir été fondée par Hercule.

ACCAÏN, ville de la Palestine, dans la tribu de Juda, selon le livre de Josué, *l. 15, v. 57.* Elle étoit dans un canton qui renfermoit dix villes.

ACCARON, que quelques Hébraïsans lisent *Ekron*, étoit une ville des Philistins, près des bords de la mer, dans la contrée nommée *Sephela*, au nord-est d'Azot. Lorsque l'armée des Philistins eut été défaite par David, après la mort de Goliath, ils furent poursuivis jusqu'à cette ville. On voit qu'avant ce temps, les habitans de Geth, chez lesquels on avoit déposé l'arche, ne pouvant plus soutenir sa présence, l'avoient fait transporter à *Accaron*, ce qui avoit rempli cette ville d'alarmes. On prit promptement le parti de rendre l'arche. Il y avoit un oracle dans cette ville, & l'écriture le nomme *Beelzébut*; il en étoit comme le dieu tutélaire. Osias, roi d'Israël, étant tombé malade à Samarie, l'envoya consulter. On sait qu'Elie se présenta aux députés, leur reprocha l'idolâtrie de leur maître, & annonça en même temps sa mort.

Sous les rois de Syrie, *Accaron* fut donnée à Jonathas, avec tout son territoire, par Alexandre, fils d'Antiochus l'illustre, qui vouloit ainsi récompenser les services qu'il en avoit reçus. Au temps de S. Jérome, cette ville n'étoit plus qu'une bourgade, qui conservoit encore l'ancien nom : ce n'est presque plus rien à présent.

ACCATUCCI, ville de l'Hispanie, dans la Betique. Dans l'itinéraire d'Antonin, *édit. de* Wezeling, on lit *Acatucci*. Ce lieu se trouvoit entre *Acci* & *Viniolæ*. Quelques auteurs ont cru que c'étoit le *Tucci* de Pline, & que Ptolemée nomme Τόυκκι, M. d'Anville ne lui a pas assigné de position sur sa carte.

ACCI, ville d'Europe dans l'Hispanie, au sud-ouest de *Basti*, vers la partie orientale de la Betique. Cette ville, sous les Romains, fut considérable par son droit de *conventus*, & parce qu'elle fut colonie romaine, sous le nom de *Colonia Accitana*. On voit, par les médailles qui nous en restent, que la troisième & la sixième légions y furent établies, ou du moins que les premiers colons en furent tirés. De cette espèce de confraternité, entre des hommes de légions différentes, il s'étoit formé le nom de *Accistani-Gemellenses*, qu'on leur donnoit quelquefois. Comme les limites des provinces Bétique & Tarraganoise ont varié, *Acci* est attribuée, par Pline & par Ptolemée, aux Bastitaniens, ou Bastitans.

Les Maures, qui ajoutoient presque toujours le mot *gwa* (eau courante), par-tout où ils trouvoient de l'eau, du nom d'*Acci*, firent *Guadiacci*; de-là s'est formé ensuite le nom de *Guadix*, que porte la ville moderne ; mais le père Florez fait observer que la ville d'*Acci* occupoit l'emplacement nommé, par cette raison, *Guadix el vejo*, ou le *vieux Guadix* : il est au nord-est du nouveau.

ACCION. Avienus parle de l'étang d'*Accion*, qui, selon lui, étoit vaste, & que le Rhône avoit formé un peu au-dessus de son embouchure. Les changemens qu'a éprouvés le Rhône vers cette partie de son cours, feroient inutilement chercher l'emplacement de l'étang *Accion*.

ACCIPITRUM INSULA, ou *l'Île des Eperviers*. Tel fut le nom d'une petite île, qui étoit au sud de l'île *Sardinia*, ou la Sardaigne : on la nomme actuellement *île de S. Pierre*, nom qui probablement s'est, par corruption, formé de l'ancien.

ACCIPITRUM INSULA, autre île du même nom, dans la mer Rouge, & près de l'Arabie heureuse, selon Ptolemée. Il indique aussi un lieu de ce nom. Il faut observer cependant que ce nom ne se trouve que dans la traduction : le texte porte seulement Ιεράκων κώμη, transcrit en latin par *Ieracum* : mais traduit par le sens de cet article. Car en grec Ιέραξ signifie un épervier, & Ιεράκων, des éperviers au génitif plurier.

ACCIPITRUM INSULÆ, ou *les îles des Eperviers*. Ces îles, qui ne sont autres que les Açores, ne me paroissent pas trop avoir été connues des anciens. Je ne les place ici que parce qu'elles ont été placées dans quelques dictionnaires comme appartenantes à l'antiquité.

ACCIPITRUM, bourg de l'Arabie heureuse, nommé dans le texte de Ptolemée, Ιεράκων, ou *Ieracum* : longitude 84e deg. 20 min., latitude 2 degrés 30 min.

ACCITUM, (*Finiana.*) ville ou bourg de l'Hispanie, dans la Bétique.

ACCO *ou* ACO, appellée depuis *Ptolémaïs*, porte, en hébreu, le nom d'*Aschaph*. Elle appartenoit à la Phénicie, & se trouvoit dans la Galilée supérieure, au nord-est d'un petit golfe, qui a le Mont Carmel au sud-ouest. Il paroît qu'elle fut quelque temps au pouvoir de la tribu d'Aser. Lorsqu'après la mort d'Alexandre, ses conquêtes furent partagées entre ses généraux, la Palestine passa au pouvoir de Ptolemée. Ce prince imposa son nom à la ville d'*Aco*, qui depuis fut appellée *Ptolémaïs*. Strabon en parle comme d'une grande ville. En effet, on voit qu'elle étoit considérable au temps des Machabées. Ce fut alors qu'Alexandre, fils d'Antiochus, s'y établit, pour se maintenir en possession de la royauté contre Démétrius son concurrent. Celui-ci vint en effet l'y attaquer, mais il fut défait. *Ptolémaïs* vit bientôt célébrer les noces d'Alexandre, avec Cléopâtre, fille du roi d'Egypte; & Jonathas vint faire sa cour à ces deux rois, en reçut de grands honneurs, & le titre de roi, avec un habit de pourpre. *Ptolémaïs* étoit encore considérable au temps des croisades.

ACCUSIORUM COLONIA, la même qu'*Accusio*. Voyez *ce mot*.

ACE. C'est le nom que les grecs, tels que Strabon, Etienne de Bysance, &c. donnent à la ville d'*Acco*, la même que *Ptolémaïs*. Et comme le verbe ἀκέομαι signifie *guérir*, on fit le petit conte, qu'Hercule ayant été blessé par l'hydre du marais de Lerne, fut envoyé par un oracle chercher sa guérison de ce côté. Ayant trouvé dans ce lieu de la Phénicie, le remède qui convenoit à son mal, il donna à la ville un nom qui rappelloit le souvenir de cette cure. *Voyez* ACCO & PTOLÉMAÏS. C'est de ce nom que les historiens des croisades, & les croisés eux-mêmes, qui corrompirent tous les noms de l'Orient, firent le nom

Acre, très-éloigné de l'hébreu, qui, commençant ce nom par une gutturale, nous mettroit dans la néceſſité de l'écrire *Ghacco*, ſi l'on vouloit rendre à-peu-près le ſon que les Juifs proféroient en le nommant.

ACEDUM, *ou* mieux encore ACELUM. Voyez *ce nom.*

ACELA, en grec *Acelè*, ville qu'Etienne de Byſance attribue à la Lycie, & qui, ſelon lui, avoit pris ſon nom d'Acello, fils d'Hercule & d'Omphale.

ACELDAMA, ou *le champ du Sang*. On voit, dans l'Evangile, que les Juifs impoſèrent ce nom à un champ qu'ils achetèrent de l'argent qu'avoit reçu Judas pour trahir Jeſus-Chriſt. Ce lieu ſe nommoit auparavant *le champ du Potier*. Il étoit à cinq cens pas au ſud de Jéruſalem. Ce champ eſt encore en grande vénération pour les Chrétiens, qui font le voyage de la Terre-Sainte. Il eſt en partie au pouvoir des Arméniens.

ACELUM, (*Aſolo.*) ville d'Italie chez les Vénètes. Il paroît que c'eſt la même que l'on trouve nommée dans Pline *Acedum*, & dans Paul Diacre, *Acilium*. Cette ville, après avoir été épiſcopale, fut réduite par les Huns.

ACEPHALI, les Acéphales. Ce nom, compoſé en grec de l'*a* privatif, & de κεφαλη, *tête*, ſignifie *hommes ſans tête*; c'eſt qu'en effet il s'eſt trouvé des anciens qui ont cru à cette production biſarre & impoſſible de la nature.

ACERINA, colonie des Brutiens, nommée ainſi dans les anciennes éditions de Tite-Live. Sigonius croit qu'il faut lire *Terina*, & cette leçon a été adoptée dans les bonnes éditions de cet auteur.

ACERRÆ, (*Acere.*) dans la Gaule Ciſalpine, ſur l'*Addua*, entre *Laus Pompeïa*, au nord-oueſt, & *Cremona*, à l'eſt. Cette ville étoit très-près de la jonction de l'*Addua* & du *Padus* (le Po). Il faut remarquer que ſi on cherchoit le nom de cette ville dans Polybe, on le trouveroit écrit avec un χ, Αχέῤῥαι, ainſi que dans Etienne de Byſance; mais Plutarque écrit comme les auteurs latins, avec cette différence qu'il met deux ῤ ῥ, Α'κέῤῥαι, ce qui ſe rendroit par *Acerrhæ*.

ACERRÆ, (*Acerra.*) ville de l'Italie dans la Campanie, ſur le *Clanis*, qui l'incommodoit ſouvent du débordement de ſes eaux. Elle avoit au nord *Capua*, au ſud-oueſt *Neapolis*, & au ſud-eſt *Noles*. Elle fut pendant long-temps municipale, eut beaucoup à ſouffrir de la part des Carthaginois, dans leurs guerres contre les Romains. Elle devint colonie romaine au temps d'Auguſte.

Strabon, *l. 5, p. 247*, dit qu'il y avoit une autre ville de même nom dans l'Ombrie; mais il ne donne aucune indication à ce ſujet.

ACERRIS, ville de l'Hiſpanie chez les *Lacetani*. Le P. Briet conjecture que c'eſt aujourd'hui *Gerri*.

ACES, rivière d'Aſie. Hérodote en parle, & l'indique vers l'Hyrcanie & la Parthie.

ACESÆ, ville de Macédoine, ſelon Etienne de Byſance.

ACESAMENÆ, *ou* ACESAMENE, ville de la Macédoine, ſelon Etienne de Byſance, qui cite Théagène. Elle avoit été bâtie par Aceſamène, l'un des rois de la Piérie.

ACESINES, (*Ilferdo.*) rivière de Sicile. (*La Martiniere.*)

ACESINUS, *ou* ACESINES, ſelon Strabon, *l. 15*, grand fleuve de l'Inde, que Pline indique être en-deçà du Gange. Comme ce fleuve étoit peu connu de cet auteur, auſſi-bien que de Philoſtrate qui le nomme *Arceſinus*, ils ont ajouté foi à de vieux contes qui ſe débitoient de leur temps. Selon Pline, il croît le long de ce fleuve des roſeaux ſi gros, que l'on peut faire un canot, ſeulement de l'eſpace qui ſe trouve d'un nœud à l'autre; & ſelon Philoſtrate, ce fleuve nourriſſoit des ſerpens de ſoixante-dix coudées de long.

Quinte-Curſe, qui parle auſſi de l'*Aceſinus*, dit qu'Alexandre courut riſque de ſa vie ſur ſa petite flotte au confluent de l'Indus, de l'*Aceſines* & de l'Hydaſpe. Il couloit entre l'Hydaſpe à ſa droite & l'Hydraote à ſa gauche, allant de nord-eſt au ſud-oueſt.

ACESINUS, rivière de la Tauro-Scythie. Le père Hardouin, dans ſes *Remarques* ſur Pline, croit que ce fleuve eſt le même qui ſe trouve nommé dans Priſcien *Aldeſcus*. Son embouchure étoit à l'oueſt du Boryſthène.

ACESSUS. *Voyez* ÆGITHARSUS.

ACESTA, ville de Sicile, ce fut le premier nom de la ville qui fut depuis appellée *Ægeſta*, puis *Segeſta*. Comme c'eſt ſur ce dernier nom qu'elle eſt le plus connue, je renvoie à cet article.

ACHABACA, nom (*plurier neutre.*) d'un petit canton que la Martiniere place en Carie. Mais s'il étoit, comme le diſent quelques anciens & comme il en convient lui-même, entre *Tralles* & *Nyſa*, villes appartenantes à la Lydie, au nord du Méandre, il convient d'attribuer *Achabaca* auſſi à la Lydie. On peut objecter que la Carie s'eſt étendue au nord du fleuve: cela peut être.

Quoi qu'il en ſoit, ce lieu étoit remarquable par les ſuperſtitions qui s'y pratiquoient. Il y avoit un bois & un temple conſacrés à Pluton & à Junon, ou à Proſerpine, ſi l'on corrige ici Strabon, comme l'indique Spanheim. Tout près étoit auſſi une caverne nommée *l'antre de Caron*. Les malades s'y faiſoient tranſporter, & vivoient chez les prêtres de ces temples, leſquels probablement tiroient bon parti de leurs hôtes. On tranſportoit quelquefois les malades dans les cavernes, & l'augure de leur guériſon ſe tiroit des rêves des prêtres & quelquefois des leurs, mais toujours avec l'interprétation des prêtres. Cette caverne paſſoit pour inacceſſible à tout homme ſain. Ce préjugé étoit entretenu par une cérémonie qui démaſque bien la fourberie des prêtres de ce lieu. Tous les ans, à jour marqué, de jeunes gens nuds & le corps oint, forçoient un taureau

taureau d'entrer dans cette caverne. Il y tomboit mort, d'où l'on concluoit que tout autre être que les malades & les prêtres y seroient morts aussi. Dans combien de lieux, & depuis quand on se joue de la crédulité humaine ?

ACHABARES, *ou* ACHABARON, nom donné par Joseph à la ville de la Galilée supérieure, appellée *Petra*. Le nom de *Karade* qui se trouve ailleurs, est regardé comme une faute.

ACHABIB, ville de la Palestine. On la nomme aussi *Aczib*. Elle étoit de la tribu d'Azer.

ACHABITOS, montagne de l'île de Rhodes.

ACHAD, *ou* ACCAD, est nommée au chap. 10 de la Genèse, *v.* 10, comme ayant été bâtie par Nimbrod (1). Brochart pensoit qu'elle étoit sur les bords de la rivière d'Argad. On croit que c'est cette ville qui est aussi nommée *Archad*, & qu'elle est la même que *Sitace*, ou, comme l'écrit Étienne, *Psitace*. Selon Abulfaradge, cette ville est la même que Nisibe. Le chevalier Raleigh, dans son *Histoire du monde*, s'est fort étendu sur la position de ces villes.

Saint Jérôme pensoit aussi que cette ville étoit la même que Nisibe. Eusèbe la nomme *Acham*; ces variations de lettres sont fréquentes dans les noms orientaux.

ACHÆA, ville de l'île de Rhodes, fondée, suivant Diodore, par les fils du Soleil, c'est-à-dire, je crois, par des Orientaux. Elle étoit dans la contrée appellée la *Lysie*. Cette ville passoit, selon quelques auteurs, pour être la plus ancienne de l'île.

ACHÆA, bourg de la Sarmatie asiatique, sur le Bosphore Cimmérien, selon Ptolemée, long. 67, lat. 47. 30.

ACHÆA SAXA, montagne du Péloponèse dans l'Elide, entre l'*Anigrus* & le *Jardanus*, selon Strabon.

Il y avoit eu sur cette montagne, une ville appellée *Samus*. *Voyez* SAMUS.

ACHÆEUS, rivière qui tomboit dans le Pont-Euxin, selon le Periple d'Arrien. Selon cet auteur, elle séparoit les *Zichi* d'avec les *Sanichæ*, & son embouchure se trouvoit à l'est du promontoire d'Hercule. Elle couloit du nord-est au sud. M. d'Anville place son embouchure vers le 58e deg. de long. *Voyez sa Carte de l'Asie mineure*.

ACHÆI, les Achéens. Ce nom, par lequel on a quelquefois désigné tous les Grecs, dérivoit, selon le savant M. Gébelin, du primitif *Aq* ou *Ach*, eau, & désignoit une nation maritime. Je n'entreprendrai pas de répondre ici à l'objection qui se présente naturellement, qu'il y avoit bien des nations maritimes, & que cependant une partie seule des Grecs porta ce nom. J'ajouterai seulement qu'il paroît que souvent & sur-tout très-anciennement on entendoit par les noms *Achæi* & *Achivi*, tous les Grecs du continent; mais comme il s'agit moins ici de donner des conjectures que de faire connoître l'antiquité, je vais me conformer aux récits des historiens Grecs, concernant les anciens Achéens.

Selon ces auteurs, les Achéens descendoient de Xuthus, l'un des fils d'Hellenus, par Achée son fils. Ce Xuthus, banni d'abord de la Thessalie par ses frères, s'étoit retiré à Athènes, d'où il fut ensuite chassé par les fils d'Erecthée, mécontent du jugement qu'il avoit porté entre eux, & par lequel il avoit adjugé la couronne à Cécrops. Il se retira avec les siens dans la partie du Péloponèse, que l'on a depuis appellée *Achaïe*, & qui se nommoit alors *Egialée*. Il y mourut. Son fils Achée, qui avoit repassé en Thessalie avec une petite armée, fut obligé d'en sortir. Il passa en Laconie. Ses descendans y étoient encore à l'arrivée des Doriens & des Héraclides.

Son frère Ion, qui étoit resté à la cour d'Athènes, avoit obtenu des troupes pour s'établir dans l'Egialée ou l'Achaïe, & s'y fit un petit État. Le prince qui en étoit alors le maître, lui ayant donné sa fille en mariage, lui laissa sa couronne en mourant. Dès ce moment, les Egialiens prirent le nom d'Ioniens. Les descendans d'Ion continuèrent à régner dans ce même pays.

Mais, lorsque les Doriens & les Héraclides, vers l'an 1129 avant Jésus-Christ, se furent jettés sur les possessions des descendans d'Archée, qui occupoient la Laconie & la Messénie, & qu'ils les en eurent chassés, ceux-ci entreprirent de faire valoir leurs droits sur l'Achaïe, comme anciens petits-fils de Xuthus qui y étoit mort, & descendans d'Achée son fils aîné. Les Doriens leur avoient prêté du secours. Les Ioniens furent battus, & capitulèrent. On leur accorda seulement la liberté de se retirer où ils voudroient. Ce fut alors qu'ils passèrent dans l'Attique où régnoit Mélanthe (1).

Tisamène qui avoit conduit les Achéens dans l'Egialée, venoit de périr dans le combat. Il laissoit quatre fils, qui, conjointement avec leur cousin Damasias, gouvernèrent le pays.

On ne connoît pas l'histoire des rois leurs successeurs; le dernier portoit le nom de Gygès. On croit même que, pendant cet intervalle, les villes avoient chacune séparément joui d'une espèce de liberté. On ne forme non plus que des conjectures sur l'état de ce pays, sous les rois de Macédoine qui succédèrent immédiatement à Alexandre. Mais on voit que vers la première année de la 124e olympiade, répondant à l'année avant Jésus-Christ 284, les villes de Patrées & de Dymes recommencèrent à reprendre leur ancienne association. Cinq ans après, les habitans d'*Egium* accédèrent à cette alliance. Avec le temps, cet exemple fut suivi par d'autres villes, enfin par le conseil d'Aratus, la ville de Sicyone

(1) C'est à tort qu'elle ne se trouve pas dans le Dictionnaire *in-4°*. fait pour la bible de Vence.

(1) *Voyez* ce qui concerne leur établissement, au mot IONIENS.

y prit place ; enfin l'alliance devint presque générale entre les villes du Péloponèse : il n'en faut excepter que les Eléens & les Lacédémoniens. Cette confédération mérite d'être connue.

Etat constitutif de la ligue des Achéens. Toutes les villes entrées dans cette ligue, étoient soumises à un conseil général, supposé l'assemblée de toute la nation. Chacune des villes avoit le droit d'y envoyer un certain nombre de députés : on les élisoit chez eux à la pluralité des voix. Cette assemblée générale avoit lieu deux fois par an, au printemps & en automne. Il s'est trouvé des cas qui exigèrent des assemblées extraordinaires. C'étoit dans cette assemblée que l'on donnoit aux loix leur sanction, que l'on arrêtoit la guerre & la paix, que l'on convenoit des alliances, &c. C'étoit aussi dans cette assemblée générale que l'on faisoit l'élection du chef de la ligue appellée par les Latins *Prætor*, & *Strategos* par les Grecs. Il étoit le président né du conseil, & le chef de l'armée. Ce magistrat suprême étoit rarement deux années de suite en place ; il avoit au-dessous de lui les Démiurges.

« Le pouvoir de Strategos étoit très-considérable, sur-tout en temps de guerre ; mais il étoit » comptable de l'usage qu'il en avoit fait, devant » l'assemblée générale, & dès-lors étoit soumis à » toute la rigueur des loix.

» Les Démiurges étoient immédiatement au» dessous du Strategos. Ils étoient au nombre de » dix, & choisis parmi les plus estimés dans toute la » ligue par leur profonde sagesse & leurs vertus. Ils » formoient le conseil du président qui ne pouvoit » rien proposer à l'assemblée sans en avoir au» paravant le consentement du plus grand nombre » des Démiurges. Ils étoient même, en son absence, » chargés de l'administration des affaires civiles ».

Voici celles de leurs loix qui sont parvenues jusqu'à nous.

« 1°. Qu'une assemblée extraordinaire devoit » n'être convoquée à la requisition de tout ambas» sadeur étranger, que préalablement il n'eût com» muniqué par écrit au Strategos & aux Démiurges » le sujet de son ambassade.

» 2°. Qu'aucune ville associée à la ligue ne pou» voit envoyer une ambassade à quelque prince » ou à quelque État étranger, sans le consente» ment de la ligue.

» 3°. Qu'aucun membre de l'assemblée géné» rale n'accepteroit des présens de quelque étran» ger, sous quelque prétexte que ce fût.

» 4°. Qu'aucune puissance, prince, État ou ville » ne pourroit être associée à la ligue sans le con» sentement de tous ceux qui la composoient.

» 5°. Que l'assemblée générale ne pourroit ja» mais durer plus de trois jours ».

Evénemens historiques. La jalousie des Etoliens fut la première cause des guerres qui troublèrent bientôt, & pour toujours, la paix ramenée, & en quelque sorte cimentée par l'importance de la ligue Achéenne. Ce peuple inquiet & toujours avide de combat, parce qu'il l'étoit de butin, souleva les Lacédémoniens contre les Argiens. Telle fut l'origine des nouveaux malheurs de la Grèce qui s'étoit affranchie pendant quelque temps de la tyrannie des rois de Macédoine. Les forces des Achéens n'ayant pu résister à celles de Cléomène, roi de Sparte, Aratus prit un parti que le bien général condamnoit, mais qui étoit la seule ressource des Achéens ; il appella à leur secours Antigone. Il y vint en effet. Cependant Cléomène lui opposa des forces & une activité qui arrêtèrent ses progrès. Mais enfin, ayant perdu la bataille de Sélasie, il retourna promptement à Sparte, d'où il passa à Gythium & s'y embarqua pour l'Egypte. Antigone qui s'étoit rendu à Sparte, content de ses succès, déclara tous les Grecs libres & reprit la route de ses états. Il mourut peu après.

Mais les Etoliens, ce peuple qui, au rapport de Polybe, ne respectoit ni amitié, ni alliance, qui regardoient comme ennemis tous ceux qui avoient des biens à perdre, & qui s'arrogeoient une espèce de droit sur tout ce qui pouvoit être pris & enlevé ; les Etoliens, dis-je, donnèrent bientôt lieu à une nouvelle guerre. Malheureusement Aratus, mal secouru par des alliés peu actifs, & s'étant hasardé inconsidérément, fut battu près de Caphyes.

Ce revers fit de nouveau appeller le roi de Macédoine : c'étoit Philippe, père de Persée. Il battit les Etoliens dans leur propre pays, & ce ne fut qu'après la prise de leur capitale, qu'on leur accorda une trève de trente jours. Quelque temps après on fit la paix.

Cependant Philippe, que ses succès aveugloient, changea de conduite avec les Achéens ; il médita sourdement leur ruine. Aratus s'en apperçut, ne le dissimula pas, & mourut empoisonné par ordre de Philippe. *Voilà*, disoit ce grand homme en mourant, *ce que l'on retire de l'amitié des rois.*

Philopémen succéda peu après au préteur Aratus. Chargé du commandement des troupes, il changea leur armée, & s'occupa beaucoup de remettre en vigueur la discipline militaire. Bientôt avec ces troupes il battit les Spartiates, & coupa la tête à leur tyran Machanidas. Ce fut pour perpétuer la mémoire de cet événement & le souvenir de leur reconnoissance, que les Achéens firent placer à Delphes, dans le temple d'Apollon, une statue qui représentoit Philopémen abattant le tyran sous ses coups. Alors on fit la paix.

Malheureusement elle ne fut pas de longue durée. Les Achéens étoient restés dans le parti de Philippe : ce prince vouloit faire la guerre contre les Romains. La république envoya des troupes contre eux. La politique des Achéens les porta à faire alliance avec les Romains ; mais alors, plusieurs villes se retirèrent de la confédération. Elles furent dès ce moment traitées comme ennemies.

Les Achéens fournirent même des troupes aux Romains, pour leur aider à faire le siége de Corinthe. Dès-lors il y eut deux partis dans le Péloponèse, celui des Achéens & des Romains, & celui de Philippe. Les événemens de cette guerre appartiennent à l'histoire générale de la Grèce. Je dirai seulement qu'après avoir vaincu Philippe, les Romains, l'an avant Jésus-Christ 196, firent déclarer dans une assemblée des jeux isthmiques (*v. Isthme de Corinthe*), les peuples suivans libres comme ils l'avoient toujours été; c'étoient les Corinthiens, les Phocéens, les Locriens, les Eubéens, les Magnésiens, les Thessaliens, les Perrhèbes, les Achéens & les Phthiotes. Le proconsul Quintius Flaminius, qui présidoit à cette assemblée, fit proclamer par un héraut, qu'ils pouvoient se gouverner selon leurs propres loix. C'étoit rendre à la ligue achéenne toute sa vigueur.

Les Spartiates étoient depuis long-temps ennemis des Achéens : il fut résolu dans l'assemblée générale qu'on leur déclareroit la guerre. Philopémen qui étoit alors Strategos, ou préteur des Achéens, chargé par sa place du commandement, échoua dès le premier combat, parce qu'il se donna sur mer, & que cet élément lui étoit tout-à-fait inconnu. Mais ayant bientôt après mis ses troupes à terre, il battit deux fois de suite les troupes de Nabis, & obligea enfin les Lacédémoniens d'accéder à la ligue.

Des troubles intestins amenèrent de nouveaux malheurs. Il y eut d'abord division entre les membres de l'assemblée générale sur le lieu où elle se tiendroit dorènavant. Quelques peuples, entre autres les Lacédémoniens, se retirèrent de la ligue. Philopémen les réduisit par la force des armes, & les força d'abattre les murailles de leur ville, & abolit les loix de Lycurgue.

La grande réputation de la ligue Achéenne fut cause de sa ruine. Ses succès dans le Péloponèse, les ambassades qu'elle recevoit de plusieurs princes d'Asie & du roi d'Egypte, éveillèrent la jalousie naturelle des Romains. Le sort que venoit d'éprouver Sparte leur servit de prétexte pour se mêler des affaires de la Grèce : ils envoyèrent sur les lieux, reçurent des ambassadeurs, & enfin prirent parti contre la ligue. Les Achéens eurent du désavantage. Philopémen, ce grand homme que l'on a nommé le dernier des Grecs, fut blessé, fait prisonnier & empoisonné par ordre des magistrats de Messène. Les détails de la conduite de ce grand homme, & la manière noble & généreuse dont il mourut, ne sont pas de mon objet, mais méritent d'être sus.

Les Romains continuèrent à s'occuper plus que jamais des moyens d'asservir la Grèce. Enfin ils y envoyèrent Mummius; il prit Corinthe, & prononça sur le sort des Achéens.

Les Corinthiens furent faits esclaves; les Achéens obligés de payer deux cens talens aux Lacédémoniens. Bientôt après, on abolit par-tout le gouvernement populaire, & l'on établit seulement des magistrats qui devoient gouverner sous l'approbation d'un préteur romain.

Ainsi fut détruite cette fameuse ligue dont l'histoire mériteroit d'être traitée séparément par un historien qui fût tout-à-la-fois versé dans la politique & dans l'art militaire.

Il auroit un grand modèle en Polybe, dont j'ai emprunté presque tout ce qui se trouve ici, mais qui ne peut qu'en donner une bien foible idée.

ACHÆI, Achéens. Ce petit peuple, selon Ptolemée, habitoit dans la Sarmatie : on dit qu'ils portèrent dans la suite le nom de *Zichi*. Les géographes les placent entre les branches du Caucase; & sur la carte de M. d'Anville, on les trouve sur les bords du Pont-Euxin, entre le 56e & 58e deg. de long. du méridien de l'île de Fer.

Strabon dit que c'étoient des Grecs Phthiotes qui avoient fait partie de l'armée de Jason; c'est leur donner une origine fort ancienne. Au reste, il est probable que l'histoire de Jason n'avoit de réel que quelque expédition des Grecs de ce côté. Ils devinrent dans la suite de vrais barbares. Ces Achéens passoient pour les plus féroces de tous les Scythes. Ils ne vivoient que de rapines, & comme ils se familiarisoient avec le meurtre dès l'enfance, ils parvinrent au plus haut degré d'inhumanité, selon Ammien Marcellin. Ils perdirent l'usage de leur langue, & ne suivirent ni les loix ni le culte de la Grèce. Ils égorgeoient tous les étrangers; dans la suite, ils choisirent les mieux faits pour les immoler aux dieux du pays; & plus récemment ils ont borné ce sacrifice à une seule victime tirée au sort. Appian.

ACHÆMENES, les Achemènes, peuple d'Afrique, dans la région Syrtique.

ACHÆORUM ACTA. Cette partie de côte de l'île de Chypre se trouvoit, selon M. d'Anville, entre *Aphrodisium* & *Carpasia*, sur la côte septentrionale de la presque île que forme l'île vers l'est.

ACHÆORUM PORTUS, ou le port des Achéens. Selon Pline, ce lieu devoit se trouver à l'est du promontoire de Sigée. C'est-là que se rendoient les eaux du Xanthus & du Simoïs, réunies après avoir formé le petit étang que l'on appelloit l'ancien Scamandre, *Palæscamander*.

ACHÆUM, lieu de la Troade, au rapport de Scylax, sur la côte occidentale. M. d'Anville, qui l'a placé sur sa carte, l'a mis au nord de Larisse, en face de Tenedos.

N. B. Il y a dans le texte grec Αγχιαλεῖον, mais les commentateurs s'accordent à croire qu'il faut lire Αχαῖον, ou Αχαιῶν; c'est-à-dire, *Achæum*, au lieu d'*Anchialeum*.

ACHAIA *ou* ACHAÏE (l'). Quoique par le nom d'Achaïe on ait quelquefois désigné toute la côte septentrionale du Péloponèse, que même, depuis la conquête de ce pays par les Romains, il se soit étendu à la plus grande partie de la Grèce; cependant il ne désigne ici que l'Achaïe proprement dite. Elle comprenoit la partie septentrionale du Péloponèse, depuis le promontoire *Araxum* jusqu'à la Sicyonie.

L'Achaïe, restreinte à cette étendue, n'avoit environ que dix lieues de l'est à l'ouest, & cinq à six du nord au sud, si ce n'est en quelques endroits; car sa forme n'étoit pas tout-à-fait régulière.

Ses bornes étoient, au nord, le golfe de Corinthe; à l'est, la Sicyonie; au sud, l'Arcadie; & à l'ouest, une partie de l'Élide & une portion de la mer Ionienne.

Ce pays est fort montueux; il fournissoit du vin, sur-tout dans la partie orientale.

Les montagnes principales étoient le *Scollis*, le *Panachaïcus*, le *Scioessa*, &c.

Les principales rivières étoient la rivière de *Pellene*, le *Crius*, le *Crathis*, le *Buraïcus*, le *Selinus*, le *Bolinæus*, le *Solemnus* & le *Charadrus*, le *Glaucus* & le *Peyrus* ou *Melas*.

Selon Strabon, les Ioniens n'avoient eu que des villages dans ce pays; voici les noms des douze villes qu'y bâtirent les Achéens, *Pellene*, *Ægium*, *Buum* ou *Bura*, *Helice*, *Dyme*, *Olene*, *Ægira*, *Tritæa*, *Patræ*, *Egæ*.

ACHAÏA, ville de l'Asie, dans la Parthie. On en ignore la position.

ACHAÏA, ville de l'Asie, dans la Syrie, selon Appien.

ACHAÏA; c'est le nom que donne Strabon à une ville de l'Asie, dans l'Inde. Quelques auteurs croient qu'il faudroit lire dans son texte *Achaïs*, Αχαïς, & pensent que c'est peut-être la même ville dont parle Pline, *liv. 6*, *chap. 16*. Bâtie par Alexandre, sous le nom d'Héraclée, & ayant été détruite depuis, elle fut reconstruite par Antiochus, sous le nom d'*Achaïs*.

ACHAÏA, ville du Péloponèse, dont parle Thucydide.

ACHAÏA, ville de l'île de Rhodes, & dont la fondation est attribuée par Diodore aux Héliades.

ACHAÏA, ville de Macédoine.

ACHAÏA, ville de l'île de Crète.

ACHAÏA, fontaine de Messénie, près de la ville de *Dorium*.

ACHAIACALA, île de l'Asie, qui étoit située dans le cours de l'Euphrate, environ au 33e deg. 55 min. de lat. Elle étoit fortifiée.

ACHAIS, contrée de la Lydie, aux environs du Mœonus.

ACHAÏS, appellée par Etienne de Bysance, *Heraclea*. Elle devoit être au nord de la Margiane, près de l'Oxus, & à l'est de la mer d'Hyrcanie. On dit qu'elle fut fondée par Alexandre, & qu'ayant été détruite, Antiochus la rebâtit. Il ne faut pas la confondre avec la ville d'*Achaïa*, dont parle Strabon, *liv. 11*.

ACHALAB, nom que le texte hébreu donne à un lieu de la tribu d'Aser, que la Vulgate appelle *Ahalab*.

ACHALE, île située aux environs de Malaca, sur la côte de l'Hispanie. Festus Avienus en parle.

ACHALICCES, peuple de l'Ethiopie, dont parle Ptolemée. Ortelius nomme ce peuple *Uchalices*.

ACHAM, ville qu'Eusèbe attribue au royaume de Nembrod.

ACHAMÆ, les Achames, peuple de l'intérieur de l'Afrique, selon Ptolemée, au sud des Odrangides, près de la grande Syrie.

ACHANA, rivière de l'Arabie heureuse, & tombant dans le golfe Persique. Ptolemée n'en parle pas; mais Pline la place entre le promontoire de Chaldone & la baie de Capée.

ACHANIR, nation de la Scythie. Etienne de Bysance dit que ce sont les mêmes que Théopompe nomme *Acharniens*; & Saumaise croit que ce même peuple est celui que Strabon appelle *Parniens*, *Aparniens* & *Asparniens*.

ACHANIS, ville d'Arabie. Eupolème dit que David y faisoit équiper les vaisseaux qu'il envoyoit à *Urphe*, que l'on connoît sous le nom d'*Ophir*.

ACHARIACA, village ou ville de l'Asie mineure, dans la Lydie, selon Strabon, près de *Tralles* & de *Nysa*. Il s'y trouvoit un bois consacré à Pluton, un temple de Pluton & de Junon, & un autre dans lequel on croyoit qu'après quelques cérémonies religieuses, les malades recouvroient la santé. Ses commentateurs croient que c'est le même lieu qu'il nomme ailleurs *Acharaca*.

ACHARDEUS, rivière de la Sarmatie Asiatique, selon Strabon. Quelques auteurs ont cru que c'étoit la même que Ptolemée nomme *Vordanus*: mais cela n'est ni prouvé, ni bien intéressant.

ACHARENSES, nom d'un peuple de Sicile, que l'on croit avoir habité près de Syracuse.

ACHARNA, bourgade de l'Attique, située à 60 stades d'Athènes. Les habitans gagnoient leur vie à vendre du charbon, & passoient pour être fort grossiers. Aristophane a fait une comédie intitulée de leur nom, *les Acharnanes*. On rendoit dans cette bourgade un culte particulier à Apollon Agyiëus, à Hercule, & à Minerve Hygéia, ou déesse de la santé; on y voyoit aussi une statue équestre de Minerve, & une de Bacchus chantant; ce dieu y étoit aussi appellé le dieu du lierre, parce que c'étoit le premier canton de l'Attique où l'on en avoit vu. Pausanias, *Attic. l. 1*, *ch. 31*.

ACHASA, région de la Scythie Asiatique, selon Ptolemée, *l. 6*, *ch. 15*. Elle étoit au-delà du mont *Imaüs*.

ACHASIB. *Voyez* ACZIB.

ACHATES, petite rivière de la Sicile, dans la partie méridionale & peu éloignée de l'*Amorina*. On croit que c'est de son nom que les Romains nommèrent *Achates* certaines pierres qui se trouvoient sur ses bords. C'est aujourd'hui *Fiume Dirillo*. Il passe dans le *Stagnum Gela*.

ACHELOUS, (*Aspro-Potamo.*) fleuve de Grèce dans la terre ferme. Il prenoit sa source dans les montagnes qui sont au sud-ouest de la Thessalie, & dont une partie a porté le nom de *Pindus* : coulant au sud, il séparoit l'Acarnanie à l'ouest, de l'Etolie, à l'est, & se jettoit dans la mer à la ville d'*Œniadæ*, en face du promontoire *Araxum*. Il avoit aussi porté les noms de *Thoas*, *Axenus*, *Thestius*, &c.

Son cours tortueux & embarrassé de roseaux, gênoit la liberté des eaux, de-là le bruit qu'elles produisoient, & que l'on comparoit aux mugissemens du taureau. On s'occupa, avec le temps, de débarrasser son lit, & à en rendre la navigation plus facile. Ces travaux considérables furent attribués à Hercule, auquel les anciens faisoient honneur de tout ce qui avoit été fait de grand dans les siècles reculés. Mais le mythologue ingénieux, renchérissant sur l'historien ignorant, on supposa qu'Achelous, fils de l'Océan & de la Terre, ayant su qu'Œneus, roi de Calydonie, destinoit la belle Déjanire, sa fille, à celui qui vaincroit Hercule à la lutte, osa entrer en lice avec ce héros; se sentant le plus foible, il eut recours à l'artifice. Il se changea d'abord en serpent, puis en taureau. Sous cette métamorphose, Hercule lui arrache une de ses cornes; elle fut recueillie par les Naïades, & par elles remplie de fleurs; ce fut depuis la corne d'abondance. Confus de sa défaite, Achelous se cacha, dit-on, dans le *Thoas*, & lui donna son nom. On lit un beau récit de ce combat, dans les vers 31 & suiv. des métamorphoses d'Ovide, *l. IX*.

De toutes les rêveries débitées par les poëtes, celle-ci est une de celles qui paroît avoir le fondement le plus raisonnable. Ce fleuve couvroit les campagnes; on l'a forcé de couler dans un lit plus étroit, & ses eaux contenues & bien dirigées, ont produit la fertilité & l'abondance. Les anciens croyoient que c'étoit le premier fleuve qui avoit paru sur terre après le déluge de Deucalion. On en avoit fait le roi des fleuves. De-là l'expression d'Homère, κρέων Αχελωος, le roi Achelous, *ch. XX, v. 194*.

ACHELOUS, rivière de Péloponèse, passant à Dyme, dans l'Achaïe propre. Ce n'est apparemment qu'un très-petit ruisseau. M. d'Anville n'en a pas tenu compte sur sa carte.

ACHELOUS, rivière de la Thessalie. Cette rivière, prenant sa source au mont *Othrys*, couloit vers l'ouest, arrosoit *Lamia*, puis se joignant au *Sperchius*, se jettoit dans le golfe Maliaque. (*Maliacus Sinus.*) Du nom de ce fleuve, les habitans de ses bords avoient pris le surnom de *Parachéloïtes*.

ACHELOUS, autre rivière de Thessalie, qui, selon quelques auteurs, avoit sa source dans le Pinde, & se jettoit dans le Penée. M. d'Anville n'en fait pas mention.

ACHELOUS, rivière d'Asie, dont parle Pausanias. Selon cet auteur, elle avoit sa source dans le mont Sypile, & couloit près de Magnésie.

ACHEMENIA, *ou* ACHÆMENIA, partie de la Perse, qui avoit pris son nom d'Achemenes, premier roi de la Perse proprement dite. La famille des rois de Perse se faisoit honneur d'en descendre.

ACHEMENIDÆ, les Achemenides, peuple de l'*Achemenia*, contrée de la Perse proprement dite, selon Ptolemée. Quelques auteurs ne les ont regardés que comme une tribu.

ACHERDUS, *ou* ACHERDOUS, peuple de la tribu Hippothoontide.

ACHERINI, *ou* les Acherins, peuple de Sicile. Cicéron en parle dans une de ses oraisons (*pro Frum.*) On n'a que des conjectures sur la ville qu'il habitoit. *Voyez* CLUVIER.

ACHERON. Ce nom, dont l'étymologie se trouve dans la langue grecque, signifie *sans joie*, ou *tristesse*, *chagrin*. De-là l'idée de malheur, que les Grecs ont attribuée aux fleuves qui ont porté ce nom : on peut croire aussi qu'ils l'auront donné à des fleuves ou rivières qui ont eu rapport à quelque malheur. Ainsi, le fleuve des enfers se nommoit *Acheron*; celui dans lequel périt Alexandre, roi d'Epire, alors en Italie, se nommoit de même; une espèce de marais infecte, situé hors de Rome, près la porte Capène, portoit le même nom. On peut objecter que les noms avoient précédé les événemens qui les firent donner : je l'accorde. Cependant, en remontant à l'origine des noms, on trouve souvent la cause physique qui les a suggérés; mais le mot *Ac*, ou *Ach*, désignant de l'eau dans les langues très-anciennes, on ne doit pas être surpris de retrouver dans *Acheron* l'eau courante. Je passe aux fleuves de ce nom.

ACHERON, fleuve d'Epire, & le plus célèbre de ceux qui ont porté ce nom. Les auteurs ont varié sur sa position. M. d'Anville le fait commencer dans l'*Heliopie*, vers la forêt de Dodone. Il coule vers le sud, arrose Pandosia, & se joint au *Cocytus*, pour se rendre dans la petite baie qui formoit l'embouchure commune de ces deux fleuves, & que l'on nommoit *Acherusia Palus*. C'est-là aussi qu'étoit le marais *Glykis* ou *Glykis Limen*. L'*Acheron* séparoit en quelque sorte la Thesprotie du pays des Molosses.

L'imagination des poëtes avoit fait de l'*Acheron* & du Cocyte deux fleuves des enfers. L'*Acheron*, selon eux, étoit fils de Titan & de la Terre. Mais comme il avoit fourni de l'eau aux Titans dans leur guerre contre Jupiter, ce dieu le relégua dans les enfers.

ACHERON, (*Savuto.*) petit fleuve du Péloponèse dans l'Elide. M. d'Anville le place dans la Pisatide, prenant sa source au sud-ouest, près d'*Epium*, puis remontant par le nord-ouest pour se rendre dans l'Alphée à sa gauche. Strabon, qui dit expressément qu'il tombe dans l'Alphée, ajoute que ce nom de fleuve des enfers, lui avoit été donné, parce que les temples de Cérès, de Proserpine & de Pluton, qui en étoient peu éloignés, étoient fort révérés.

ACHERON, fleuve de la grande Grèce dans le *Brutium*. Il y avoit près de ce fleuve, ainsi qu'en Epire, une ville de *Pandosia* : il couloit du nord-est au sud-ouest.

On sait qu'Alexandre, roi d'Epire, ayant consulté l'oracle, dit-on, en reçut pour réponse qu'il devoit se défier de l'*Acheron*. Se trouvant pressé par l'ennemi (l'an de Rome 527), & apprenant en même temps que ce fleuve se nommoit *Acheron*, sa frayeur redoubla. Il entreprit cependant de le passer avec son cheval; mais il fut tué, & les eaux l'entraînèrent. Le corps de ce prince fut cruellement outragé après sa mort. Une femme cependant obtint des soldats une des moitiés du cadavre; elle la rendit aux Epirotes, pour en obtenir son mari & ses enfans, dont ce fut la rançon.

ACHERON, fleuve de Bithynie, près & au sud-ouest d'Héraclée. Ce fleuve, dans Arrian, porte le nom de *Lycus*; c'est ce dernier nom qu'a adopté M. d'Anville. Je présume que le nom de la petite péninsule, qui s'avançoit dans le Pont-Euxin, du sud-est au nord-ouest, & qui portoit le nom *d'Acherusia Chersonesus*, avoit pu faire donner quelquefois au *Lycus* le nom d'*Acheron*. Ortelius cite deux auteurs, qui ont nommé ce même fleuve *Soonautes*. Afnien paroît avoir voulu désigner ce même fleuve, quoique le nommant *Archadius*.

ACHERON, en Egypte. Il paroît que ce n'étoit qu'un petit bras du Nil, ou plutôt un petit canal, qui communiquoit avec ce fleuve. Il y en avoit quelques autres dans ce même, c'est-à-dire, dans la plaine près de Memphis, laquelle renfermoit aussi les pyramides. L'idée de ces sépultures, & des enfers où les ames se rendoient, selon les Grecs, au sortir du corps, leur firent imaginer de donner à ces canaux les noms, à l'un de l'*Acheron*, à l'autre, du *Cocyte*, & au troisième, *du Léthé*.

ACHERON, lac de la Campanie, entre Cume & Mysène. Il étoit fort peu éloigné du lac Averne. Tout cet endroit, désolé depuis long-temps par des volcans, alors éteints, & devenu mal-sain en beaucoup de lieux, devoit de droit être consacré aux dieux infernaux. Aussi y faisoit-on des divinations, sur-tout quand on vouloit s'assurer du sort d'un homme qui avoit été tué.

ACHERONTIA, (*Acerenza*.) ville de la grande Grèce, dans la Lucanie. Elle étoit à quelque distance du golfe de Tarente, sur une montagne. On peut croire, avec beaucoup de vraisemblance, que les Achérontins, dont parle Pline, étoient les habitans d'*Acherontia*.

ACHERRÆ, ville de l'Italie, entre le Pô & les Alpes, selon Etienne de Bysance. Elle a été nommée par les latins, *Acerræ*.

ACHERUSIA CHERSONESUS, c'est-à-dire, *presqu'île d'Acheruse*. On avoit donné ce nom à une petite peninsule ou chersonèse, comme disoient les Grecs, qui s'avançoit dans le Pont-Euxin, au nord-ouest d'Héraclée en Bithynie. On disoit que c'étoit en ce lieu qu'Hercule avoit tiré Cerbère des enfers.

ACHERUSIA, marais qui se trouvoit dans le territoire d'Argos.

ACHERUSIA. On donnoit ce nom à une petite baie qui se trouvoit à l'embouchure de l'Acheron & du Cocyte réunis.

ACHERUSIA, cap ou promontoire d'Italie, entre Cumes & Misène.

ACHERUSIA, à l'ouest du Nil & de la ville d'Héliopolis. M. d'Anville n'en fait pas mention. Quelques critiques pensent que par ce nom on a voulu désigner *le lac Mœris*.

ACHETUS, (*Fiuve di noto.*) petite rivière de Sicile. La Martinière admet cette petite rivière en Sicile : je crains que ce ne soit l'*Achates*, écrit un peu différemment.

ACHIALIS, presqu'île de la Sarmatie Européenne. (*La Martinière.*)

ACHIDANA, rivière qui couloit dans la Carmanie, & se jettoit dans le golfe persique. Ptolemée en place l'embouchure au 96e deg. 40 min. de longitude, & au 26e de latitude. Marcian d'Héraclée dit qu'il y avoit 400 stades entre l'embouchure de cette rivière & celle du *Corius*, & 500 à celle de l'*Addanus*. Au reste, on lit dans cet auteur *Achindana*, ainsi que Paulmier avoit lu dans un manuscrit de Strabon.

ACHILA, colline de la Palestine, dans la tribu de Juda. Elle étoit au nord du désert de Ziph, & le château de Massada étoit bâti sur cette colline, dont le sommet étoit plat & fertile.

Hérode-le-Grand environna cette montagne de murailles & de tours très-fortifiées, & y bâtit une maison royale, selon Joseph, *de bello judaïco*, *l. 7, chap. 30*.

La vallée de bénédiction étoit au nord de cette montagne.

ACHILLEA, fontaine près de Milet en Ionie. Elle étoit renommée par la singularité d'avoir une eau très-salée à sa source, & douce vers son embouchure. On dérivoit son nom de celui d'*Achille*, & l'on prétendoit qu'elle ne le portoit que depuis que ce héros s'y étoit lavé, après avoir défait Strambelus, fils de Telamon, lorsqu'il conduisoit des secours aux Lesbiens.

ACHILLÆ, petite île de la mer Egée, près de l'île de Samos.

ACHILLÆ, port de mer de la Laconie, à l'entrée du golfe Laconique, & près du promontoire de Ténare, selon Pausanias, *liv. 3, Lacon. c. 25*.

ACHILLEON *ou* ACHILLEUM. Pline, qui parle de cette ville, dit qu'elle étoit bâtie près du tombeau d'Achille. Comme elle n'est pas connue d'ailleurs, quelques auteurs ont cru devoir la confondre avec Sigée, où étoit le tombeau d'Achille; & M. d'Anville n'en fait pas mention sur sa carte. Ce lieu doit être le même pour lequel, selon Diogène de Laerce, les Mityléniens & les Athéniens se firent la guerre, sous la conduite de Pittacus & de Phrynon. Ce dernier succomba; dans la suite les Athéniens recouvrèrent ce territoire, & choisirent Périandre pour juge de leur différend.

ACHILLEOS DROMOS, ou *la Course d'Achille*. Selon plusieurs anciens, le lieu qui portoit ce nom étoit une presqu'île, puisque Mela dit qu'elle ne tenoit au continent que par une langue de terre; elle étoit fort étroite, puisqu'elle ressembloit à une épée couchée. Il paroît aussi qu'elle se trouvoit entre l'embouchure du Boristhène & le golfe *Carcinites*. M. d'Anville, trouvant dans le local actuel une langue de terre, qui s'étend du nord-ouest au sud-est, qui ne tient au continent que par un isthme étroit, à son milieu, la prend pour l'*Achillis Dromos*. La partie opposée à celle qui touche le continent, forme une pointe qu'il nomme *Promontorium Tamirace*. Et l'on ne peut disconvenir que cela ne s'accorde très-bien avec les notions que nous donne l'antiquité.

Strabon, qui nous apprend l'origine de ce nom, dit qu'Achille étant entré avec une flotte dans le Pont-Euxin, & y ayant eu des succès, choisit cet endroit pour célébrer ses victoires. Entre autres exercices militaires qui firent l'ornement des jeux que l'on y célébra, on distingua la course, ce qui donna le nom à cette presqu'île. Pline dit la même chose; ce qui prouve, non la vérité du fait, mais qu'il avoit traduit Strabon, comme nous sommes encore obligés de faire, faute de connoissances plus certaines.

ACHILLEUM, petit lieu d'Asie, sur le bord du Bosphore Cimerien, à l'embouchure, dans le Palus Méotide.

ACHILLEUS VICUS, ou ACHILLEUM, ville d'Asie, sur le Bosphore Cimerien.

ACHILLEUS PAGUS. *Voyez, pour ces deux objets*, ACHILLEOS DROMOS.

ACHILLIS INSULA. On convient que cette île est la même que quelques auteurs nomment *Leuce*: mais les auteurs ne sont pas d'accord sur la position de l'île qui doit porter ce nom. Denys Périégète la place peu éloignée de l'embouchure du Boristhène. Arrian la confond avec un lieu nommé *Achillis Dromos*. Pausanias, Maxime de Tyr, & après eux M. d'Anville, placent cette île à l'embouchure du Danube. Pline dit qu'elle se nommoit aussi *l'île des Bienheureux*. Le père Hardouin en donne pour raison que l'on croyoit que l'ame d'Achille, & de plusieurs autres héros, s'y promenoient dans le creux des montagnes.

On a dit qu'elle s'appelloit *Leuce*, de la quantité d'animaux blancs qu'elle nourrissoit; ne seroit-ce pas plutôt de la couleur de sa pierre? Les anciens ont débité beaucoup de contes sur cette île. Ammien Marcellin ajoute que de son temps elle étoit déserte & peu sûre. C'est pourquoi, dit-il, quand par hasard quelque voyageur y aborde, après avoir vu le temple, & quelques autres antiquités consacrées à Achille, il se rembarque aussi-tôt, sans risquer même d'y passer la nuit.

ACHINDANA, fleuve de l'Asie dans la Carmanie. Il tomboit dans le golfe persique.

ACHISARNI, peuple que Pline place dans l'Ethiopie, au-dessous de l'Egypte.

ACHITÆ ou ANCHITÆ, peuple de l'Arabie heureuse, selon Ptolemée, qui le place sur le mont *Climax*.

ACHLAB, nom que les Septante donnent à la ville nommée dans la Vulgate Ahalab. Voyez *ce mot*.

ACHNÆ, ville de Thessalie, selon Etienne de Bysance, qui cependant la place aussi dans la Macédoine, sous le nom d'*Ichnæ*. Cet auteur rapporte qu'elle étoit la patrie de Cléodamus, qui avoit écrit sur l'art de dresser les chevaux. On ignore sa juste position.

ACHNÆ. Cette seconde ville, que le même auteur, c'est-à-dire, Etienne de Bysance, place en Béotie, n'est pas plus connue que la précédente.

ACHNÆ, ancien nom de l'île de *Casos* ou *Casus*, dans la mer Carpathienne, près de Rhodes.

ACHNE, ancien nom de l'île de *Casos*, dans l'Archipel. (*La Martinière.*) *Voyez ci-dessus*.

ACHOALI, les Achoales, peuple que Pline indique dans l'Arabie heureuse.

ACHOLA, (*Elalia.*) ancienne ville d'Afrique, qui étoit située dans une plaine, sur le bord de la mer Méditerranée, au sud de *Sullecti*.

Ptolemée & Pomponius Mela en font mention.

Cette ville est nommée *Acholla* par Strabon, qui la traite de ville libre, ainsi qu'Etienne de Bysance.

ACHOMÆ & ACHOMENI, *Achomes* & *Achoméniens*, peuple qu'Etienne de Bysance place dans l'Arabie heureuse.

ACHOR, vallée de la Palestine, au nord de Jéricho, assez près de Galgal; elle faisoit partie de la plaine de Jéricho, & étoit fort renommée par sa fertilité. Son nom, qui signifie *trouble*, lui fut donné, à cause de celui que causa dans le camp des Israélites la désobéissance d'un certain Achan, qui, à la prise de Jéricho, se permit de garder quelques effets, contre la défense de Dieu, au nom duquel Josué avoit ordonné de tout mettre au feu. Il en fut puni de mort, dans cette vallée, & enterré dans le même lieu.

ACHRADINE, l'une des parties de la ville de Syracuse. Voyez *ce mot*.

ACHRADUS, ou ACARADOUS, bourg de l'Attique, mais dont on ignore la tribu. Aristophane, dans sa comédie intitulée *Contionantes*, & jouant sur leur nom, qu'il fait venir du mot ἄχρας ἀχράδος, *poirier*, fait allusion à cet arbre, en parlant d'eux; ou plutôt, c'est d'eux qu'il parle, en ne paroissant parler que de l'arbre.

ACHRIANA, ville d'Asie en Hircanie, selon Etienne de Bysance.

ACHRIDA, nommée aussi *Achridus*, dans la partie occidentale de la Macédoine. Justinien, qui y étoit né, la fit rebâtir, & la nomma *Justiniana prima*. Elle est nommée dans Ptolemée, & sur la carte de M. d'Anville, *Lychnidas*, ou *Lychnidus*.

ACHSAPH, *ou* ACCO, ville de la Judée, dans la tribu d'Aser, selon Josué, *ch. 12*, ℣. *20*, c'étoit une ville royale, qui fut agrandie par Ptolemée premier, & nommée de son nom *Ptolémaïde*.

Le fameux sépulcre de Memnom, dont parle Joseph, dans son second livre des guerres, étoit près de cette ville.

ACHSIL, ville de la Palestine, dans la tribu de Juda, selon le livre de Josué, *ch. 15*. Dom Calmet pense que c'est le même que le lieu suivant. Elle est nommée dans le dénombrement *Axaph*.

ACHZIB *ou* ECDIPPE, ville de la Phénicie, qui étoit située près de la mer, au nord, & à neuf milles de Ptolémaïs, selon S. Jérôme & Pline, *l. 5, & ch. 19*. Il y avoit une haute montagne dans le voisinage de cette ville, que Joseph dit avoir été appellée par les habitans du canton, *l'Echelle des Tyriens*, & qu'il dit être à cent stades de Ptolémaïs. Ce peut être la même qui est nommée dans Josué, *l. XI, c. 1, & l. XII, c. 20*: mais ce n'est pas celle d'*Arco*, comme quelques auteurs l'ont pensé.

ACIBALIANA, lieu dont il est parlé dans la conférence de Carthage, mais dont on ignore la position.

ACIBŒ, les Acibes, peuple de la Sarmatie Européenne, dont parle Ptolemée, qui le fait voisin des *Nascœ* ou *Nasces*. Si l'on savoit quelles montagnes Ptolemée appelle, *monts Ripéens*, *Ripées* ou *Riphées*, on auroit la position de ce peuple; car il les indique au-delà, mais les plus proches.

ACIDAS, rivière du Péloponèse, en Arcadie. Pausanias dit qu'elle mêle ses eaux à celles de l'*Anigrus*, & qu'elle a été nommée aussi *Jardanus*.

ACIDAVA, ville de la Dacie, vers le pays des Iazyges.

ACIDII, lieu de l'Italie, entre *Potentia* & *Grumentum*. C'étoit un lieu de la Lucanie. Quelques auteurs ont cru que c'étoit la même qu'*Anxia*.

ACIDOLA, *ou* ACIDULA, (*Acétoza*.) fontaine d'Italie, près de *Linternum*. Pline lui attribue la propriété d'être salutaire contre la pierre & la gravelle. Son nom feroit croire que ce pouvoit être une eau acidule, imprégnée d'air fixe, & plusieurs modernes ont cru pouvoir attribuer une pareille vertu à cette même espèce d'eau. Selon Léandre, dans sa description de l'Italie, les gens du pays, qui ont cru la retrouver parmi des ruines, la disent très-propre à soulager les maux de tête.

ACIDOLIE, fontaine de la Béotie, près d'Orchomène, & que les poëtes ont rendu célèbre, en supposant que les Graces la préféroient pour y prendre le bain.

ACIDON, rivière du Péloponèse, dans la Triphylie. Elle est aussi nommée *Acidas*. Elle se réunissoit au *Jardanus*, puis à l'*Anigrus*.

ACIDONIS, nom donné quelquefois au Ladon, petit fleuve de l'Arcadie. *Voyez* LADON.

ACILA, ville de l'Arabie heureuse, selon Pline, la plus marchande du pays. C'est-là que l'on s'embarquoit pour les Indes. Elle appartenoit aux Sabéens Scenites.

ACILA. Artémidore, cité par Strabon, nomme ainsi un cap de l'Arabie heureuse, opposé à un autre cap où étoit la ville de *Diré*. C'est le même lieu qui, dans quelque manuscrit, est nommé Ὠκίλη, & que Ptolemée & Arrian nomment *Occlis*.

ACILIO, (Aiguillon.), ville de la Gaule.

ACILISENA, contrée d'Asie, dans l'Arménie, vers les sources de l'Euphrate. M. d'Anville la place près des frontières de la petite Arménie, ayant à l'ouest l'Euphrate, & au sud le fleuve que Xénophon & Pline paroissent avoir désigné par ce nom. Cette même contrée est nommée ailleurs, dans Strabon, *Acilesina*. J'ai suivi l'orthographe de Ptolemée.

ACILIUM, (*Asolo*.) ville d'Italie, dans la partie septentrionale. Ortélius & Ughelki croient que c'est la même ville qu'*Acelum*.

ACIMINCUM, lieu de la Pannonie, sur le *Dravus*, entre *Acunum*, au nord, & *Taurunum*, au sud. M. d'Anville croit que *Slankemen* est le lieu moderne qui a succédé à cette ville, sur la rive droite, en face de l'embouchure du *Tibiscus*, à gauche. Selon Ammien Marcellin, l'empereur Constance avoit fait élever en ce lieu un rempart, & une espèce de tribunal, sans doute pour y haranguer les troupes; car, selon la notice de l'empire, il y avoit en ce lieu un corps de cavalerie, qui portoit le nom de Constance. Ce lieu, par sa position, pouvoit arrêter les barbares qui seroient venus du nord, en descendant par le *Tibiscus*. (La Teisse.)

ACINA, ville d'Ethiopie.

ACINA. *Voyez* ACMA.

ACINACÆ, l'un des neuf peuples que les auteurs placent dans la Bactriane. On n'en connoît que le nom. Ptolemée, *l. 6, ch. 11*.

ACINASIS, petit fleuve d'Asie, à l'extrémité méridionale de la Colchide, chez les *Lazi*. Il se rendoit dans le Pont-Euxin, entre le Bathys & l'Isis. Arrian le nomme dans son Périple, & M. d'Anville l'a placé sur sa carte.

ACINCUM, ville de la Pannonie.

ACINIPO, chez les Bastules, sur une montagne, au sud-ouest d'*Hispalis*, dans la Bétique.

ACIPHAS, l'une des quatre villes de la Phocide. Elle étoit à l'ouest, sur le petit fleuve *Pindus*, & se trouve aussi quelquefois désigné par ce nom.

ACIRIS,

ACIRIS, fleuve, (*Agri.*) il commençoit au nord-ouest d'*Abellinum Marsicum*, (*Marsico vetere.*) & couloit, par l'est, pour s'aller jetter dans le golfe de Tarente, après avoir arrosé *Héracléa.* Il étoit autrefois navigable.

ACIS, (*Aci.*) rivière de Sicile, nommée aussi *Aces. Acis.*, dit Cluvier, coule du mont Ethna dans la mer. Il ajoute que ce fut vers le lieu où se trouve son embouchure, qu'Ulysse prit terre en abordant en Sicile. Polyphême jetta des rochers sur Ulysse. Voyez *Cyclopum Scopuli.* Mon respect pour l'antiquité ne va pas jusqu'à confirmer cette petite fable. Je dirai seulement que les poëtes ont feint qu'Acis étoit amoureux de la nymphe Galathée; que Polyphême, jaloux de son heureux rival, ayant lancé sur lui un énorme rocher, cette tendre nymphe le changea en ruisseau. Eustathe, & le Scoliaste de Théocrite, prétendent que son nom fait allusion à la rapidité de ses eaux, qui ont la vîtesse d'une flèche. Ovide lui a donné l'épithète d'*Herbifer*, à cause des belles prairies qu'il arrose, & dont la fécondité semble être un de ses bienfaits.

ACITANI, *ou* IACCETANI, peuples de l'Hispanie, que l'on croit être les mêmes que les *Lacetani* de Pline.

ACITAVONES. Pline nomme ce peuple entre les nations des Alpes Grayes. Bouche pense que ce sont les mêmes que les *Centrones.*

ACITHENIS, rivière ou petit fleuve de la Sicile, que l'on croit être aujourd'hui le fiume *Birgi*; je la crois la même que l'*Acithius* de Ptolemée.

ACITHIUS, nom d'une rivière de Sicile, dont parle Ptolemée, & qu'il indique sur la côte méridionale.

ACITODUNUM, (*Ahun.*) Ortelius assure avoir lu le nom de cette ville sur une troisième feuille de la table de Peutinger, non encore publiée, mais que Velser lui avoit communiquée. Dom Martin n'en fait pas mention; mais M. d'Anville la place, d'après la table, chez les *Lemovices*, au nord-ouest. M. Valois donne un autre nom à l'ancien *Ahun.* Mais on voit, par un titre de 997, de l'abbaye appellée le *Moutier d'Ahun*, fondée en 997, par Boson, comte de la Marche, que ce bourg est appellé *Agidunum*, première corruption du nom ancien, d'où s'est enfin formé le nom moderne *Ahun.* M. l'abbé Beley pense que c'est aussi ce nom défiguré qui se lit sur une médaille, rapportée par le Blanc: on y lit ADEDVNO; elle est de la première race: il est probable que c'est le nom d'*Acitodunum* défiguré.

ACIUM, ville de la Sicile. Selon l'Itinéraire d'Antonin, on croit qu'il vaut mieux nommer ce lieu *Acis.* C'étoit une forteresse près de Catane.

ACLAS, fauxbourg de la ville de Carthage.

ACLEREMATI, & EUCLEREMATI, nation que, selon Ortelius, Agatharchide place en Arabie.

ACLISENE, contrée de l'Arménie, à l'est de la Sophène, & près de l'Euphrate, selon Ptolemée.

ACMA, dans l'Afrique propre. Ortelius dit avoir lu *Acina* dans un ancien manuscrit. On n'en connoît pas la juste position.

ACMODES. Pline fait mention de sept îles, qu'il nomme ainsi, & qu'il range entre les îles Britanniques. Quelques auteurs ont cru retrouver ces îles dans les Sorlingues: cependant, comme Pline les nomme entre les Orcades & les Ebudes, le père Hardouin pense qu'il faut entendre par les *Acmodes*, les îles que nous nommons Hetland & Schetland, quoiqu'en bien plus grand nombre; car on peut croire très-aisément que Pline a pu n'en connoître que sept, quoiqu'il y en ait eu bien davantage.

ACMONIA, ville de la Dacie, connue par Ptolemée.

ACMONIA, ville de la Phrigie majeure, selon Ptolemée & Etienne de Bysance. Le premier la place dans la grande Phrigie. Mais puisque Cicéron dit *Acmonensis civitas*, il semble que le nom de cette ville étoit *Acmona*: peut-être disoit-on tous les deux.

Il y avoit aussi un bois sacré de ce nom, dans lequel Mars, ayant plu à la belle *Harmonia*, fut père des Amazones, selon Apollonius, *l. 2, v. 992*; & *l. 3, v. 994.*

ACMONIUM NEMUS. (Le bois ou la forêt *Acmonium.*) Ce bois est plus connu par les vers de quelques anciens poëtes, que par les ouvrages des géographes ou des historiens. Les premiers, quelle qu'ait été sa position, prétendent que ce fut dans ce bois que Mars reçut les preuves que la nymphe Harmione lui donna de son amour: elle fut ensuite mère des Amazones. C'est peut-être ce qui a fait conclure à quelques auteurs que la forêt Acmonienne étoit près du Termodon: c'est tout ce que l'on en sait.

ACOLA, ville que Ptolemée place dans la Médie, sur les bords de la mer d'Hyrcanie, entre *Amana* & *Mandagarsis.*

ACONÆ, *Acones.* petite ville de Bithynie, près d'Héraclée: on n'est pas d'accord sur sa position. Pline dit que ce lieu avoit donné son nom à toutes les herbes que l'on vouloit désigner comme vénéneuses; il en croissoit dans ses environs en abondance; de-là le nom d'*Aconit*, ou plutôt on avoit donné ce nom à la ville, à cause de la plante qui se trouvoit abondamment dans ses environs.

Il y avoit aussi une île de ce nom, pas trop loin de Chalcédoine.

ACONITES, peuple que Strabon place dans l'île de Sardaigne, & qui, selon lui, habitoit dans les montagnes. Ces peuples, ainsi que les trois autres nations que Strabon nomme en même temps, savoir, les *Tarati*, *Sossinati*, & les *Balari*, négligeoient la culture de leurs terres, & exerçoient le brigandage, soit dans l'île, soit même dans le continent, sur les terres des Pisans & ailleurs. Ils furent réprimés par les Romains.

ACONTIA, ville de l'Hispanie, chez les Vaccéens, selon Strabon, qui la place sur le *Durius*.

ACONTISMA, ville de la Macédoine, entre le Strymon & le *Nestus*, selon les Itinéraires.

ACONTIUM, ville du Péloponèse, dans l'Arcadie. Selon Pausanias, elle tiroit son nom d'*Acontius*, fils de Lycaon.

Il y avoit aussi une ville de ce nom dans l'île d'Eubée, selon Xenagoras & Androtion.

ACONTIUS MONS, montagne de la Grèce, en Béotie. Strabon rapporte que la ville d'Orchomène, bâtie d'abord dans une plaine, au pied de cette montagne, fut ensuite rebâtie sur la montagne même, pour la préserver des ravages qu'y faisoient les eaux dans les mauvaises saisons.

ACORACA, ville de Syrie, dans la Chalybonitidè. On la connoît par Ptolemée.

ACORIS, ville de l'Afrique, en Egypte, près du Nil.

ACOTA, ville de l'Asie, dans la Médie.

ACRA. Ce mot vient du grec Ακρον, *pointe*, *sommet*. Il n'est pas étonnant qu'il soit entré dans la composition des noms de plusieurs lieux élevés & presque toujours dans ceux des citadelles. Ainsi, on disoit *Acrocorinthe*, *Acropolis*, &c. Il y a eu même des villes qui ont eu le nom d'*Acra*, & probablement ou parce qu'elles étoient sur un lieu élevé, ou parce qu'elles étoient sur un promontoire qui paroissoit terminer une côte. Etienne de Bysance nomme dix villes de ce nom.

ACRA, ville de la grande Grèce, dans la Iapygie, à l'extrémité du cap *Iapygium*. Etienne de Bysance dit qu'elle avoit aussi porté le nom d'*Hydruse*, ce qui signifieroit l'Aquatique.

ACRA, ville d'Italie, qui, selon Etienne de Bysance, renfermoit le port de Brindes.

ACRA, ou *Acræ*, ville de Sicile, à l'ouest de Syracuse, sur la route d'Olympe à Hibla Heréa. Etienne de Bysance dit qu'elle fut fondée par des Syracusains; & Thucidide ajoute que ce fut 70 ans après la fondation de Syracuse, & 20 ans avant celle de Casmène.

N. B. La quatrième ville d'*Acra* ne se trouve pas dans Etienne de Bysance, parce que dans cet endroit il y a une lacune.

ACRA, ville de l'île d'Eubée.

ACRA, ville de la Scythie. Il paroît que c'est celle que Ptolemée place dans la Sarmatie Européenne, sur le Palus Méotide. Pline la nomme *Acra Taurorum*, & Strabon, *Acra Panticapæorum*; mais il ne la donne que pour un village.

ACRA, ville de l'île de Cypre, selon Etienne de Bysance.

ACRA, ville de la Grèce, dans l'Acarnanie.

ACRA, ville au-dessus d'Antioche dans les environs de Daphné. Selon Etienne de Bysance, elle étoit sur l'Oronte; &, selon Ortélius, elle fut aussi nommée *Apsasium*.

ACRA. Arrian, dans son histoire d'Alexandre, parle d'une ville de ce nom, qu'il place au-delà du Tigre.

ACRA, l'une des collines sur laquelle étoit située la ville de Jérusalem, avant qu'on y eût joint la partie qui étoit placée sur la montagne de Sion. Antiochus Epiphane y fit bâtir une citadelle. Simon Machabée, s'en étant emparé, détruisit la citadelle, & fut trois ans à applanir la colline: de ces ruines, on combla la vallée. On bâtit depuis sur cette colline d'*Acra*, le palais d'Hélène, reine des Adiabéniens, celui d'Agrippa, les archives publiques & la salle du conseil.

ACRA, ville ou forteresse que détruisit Simon Machabée. Il paroît cependant que ce lieu n'est pas le même que la forteresse bâtie par Antiochus, & dont il a été parlé dans l'article ci-dessus.

ACRA, nom de l'un des cinq comptoirs qu'Hannon, amiral de Carthage, établir sur la côte occidentale de l'Afrique, entre le promontoire Soloé & le fleuve Lixus. Hannon, *Peripl.*

ACRA, petite île de l'Afrique, près de la Mauritanie Césariense, à l'est-sud-est du grand promontoire, & à l'embouchure de la rivière, où étoit située la ville de Siga. Cette rivière doit être l'Assara de Ptolemée.

Scylax parle de cette île, & dit qu'il y avoit, dans cette île, une ville nommée *Acros*.

ACRA, promontoire à l'extrêmité sud-ouest de la petite chaîne de montagnes de *Buporthmus*, & au nord de l'île de Tricarne.

Cet *Acra* n'avoit rien de remarquable, mais le nom suppose qu'il formoit une pointe escarpée. On le nommoit peut-être ainsi, parce que ce promontoire étoit plus arrondi que celui de *Bucephalium*.

ACRA, appellée aussi *Ptolémaïs*, (S. Jean d'Acre.) ville de la Phénicie.

ACRA MELŒNA. Ce nom, que l'on pourroit rendre par le *Noir-cap*, indiquoit, ce me semble, un petit promontoire qui se trouve sur la droite, lorsque l'on a débouché le canal de Constantinople, & que l'on est entré dans la mer noire: il étoit sur la côte d'Asie, en-deçà du fleuve *Artane*. M. d'Anville, qui nomme ce fleuve, ne dit rien d'*Acra Melœna*, connu par Arrian, dans son Périple du Pont-Euxin.

ACRABA, ville de l'Asie, dans la Mésopotamie. Elle étoit située sur le bord du fleuve Chaboras, vers le 36e deg. 20 min. de latitude. Ptolemée en fait mention.

ACRABATA, ville de l'Asie, vers les limites du pays de Samarie. On trouve écrit dans Joseph *Acrabattæ*.

Cette ville a donné son nom à l'Acrathène.

ACRABATHENA REGIO. Cette petite province étoit une des onze Toparchies de la Judée. C'étoit la troisième, selon Joseph, & la cinquième, selon Pline. Elle s'étendoit entre Sichem & Jéricho, vers l'est.

ACRABATHENA, c'étoit un autre canton de la

Judée, situé vers l'Idumée. On fait venir son nom d'*Acrabim*, ou *la montée des Scorpions*.

ACRABBIM, *ou* ACRABBRIN, ou *la montée des Scorpions*: c'étoit le nom d'un bourg situé sur les frontières de la tribu de Juda, à l'est.

ACRABBIM, bourgade de l'Acrabathène, à trois lieues de Sichem, vers l'est, sur le chemin de cette ville à Jericho.

ACRACANUS, fleuve de l'Asie, dans l'Abidène. Eusèbe pense que c'est le même que le *Maarsares*.

ACRADINA, *ou* ACRADINE. On peut voir, à l'article de Syracuse, que l'Acradine en faisoit partie. Voici comme en parle Cicéron. « Il y a encore à Syracuse une autre ville nommée *Acradine*, dans laquelle il y a une très-grande place publique, de très-beaux portiques, un pritanée fort orné, un grand palais, & un magnifique temple de Jupiter Olympien. Le reste de cette ville, divisée par une large rue qui va d'un bout à l'autre, & par plusieurs qui la traversent, contient des maisons de particuliers. C'étoit la partie la plus grande & la plus orientale de Syracuse. Elle étoit séparée de Tyché, par une muraille flanquée de tours, & d'Ortygie, par une place nommée Pentapyle, parce qu'il y avoit un fort où se trouvoient cinq portes ».

ACRÆ, petite ville de la Sicile, entre *Hybla Heræa* & Syracuse, selon l'Itinéraire d'Antonin, à l'ouest de la dernière. Elle devoit sa fondation à des Syracusains, soixante-dix ans après la fondation de leur ville.

ACRÆ SESTIANÆ, dans l'Hispanie, sur la côte occidentale du pays des Callaiques, au sud-est du promontoire *Artabrum*.

ACRÆPHIA, ou *Acrephia*, ville de la Grèce, dans la Béotie. Pausanias la nomme *Acræphnium*. Selon cet auteur, elle fut anciennement bâtie dans le territoire de Thèbes, sur le mont Ptoüs. On y voyoit un temple & une statue de Bacchus. A 15 stades de la ville, on trouvoit un temple d'Apollon Ptoüs, qui avoit pris son nom, ainsi que la montagne, de Ptoüs, fils d'Athamas & de Thémiste. Il y avoit un oracle dans ce lieu, avant qu'Alexandre eût porté le ravage dans la Béotie, & renversé la ville de Thèbes, & plusieurs des habitans de cette ville malheureuse s'y étoient retirés. Cette ville est appellée *Acriphia* par Ptolemée.

ACRAGAS, *ou* AGRAGAS, montagne de la ville d'*Agrigentum*, ville de Sicile, sur la côte méridionale. Elle prenoit son nom d'une rivière qui l'arrosoit. *Voyez* AGRIGENTUM.

ACRAGAS, ville de Thrace. On en ignore la position.

ACRAGAS, ville de l'Eubée.

ACRAGAS, ville de l'île de Chipre.

ACRAGAS, ville de l'Etolie. Ces cinq villes sont nommées par Etienne de Bysance; mais il n'en fait pas connoître la position.

ACRAGAS, ville de Lydie, selon Corneille.

ACRANUM, rivière de la Babylonie. Quelques auteurs ont cru que c'étoit la même que le Baarsares.

ACRAS, montagne de Syrie, auprès de Laodicée. En 856, un grand tremblement de terre la renversa, & la fit écrouler dans la mer. On prétend que son nom d'*Acras*, qui veut dire *chauve*, lui vint de ce qu'elle étoit sans arbre & pelée. Mais nous avons vu que ce nom d'*Acra* ou *Acras* signifioit très-anciennement *hauteur, élévation*: ainsi, il n'est pas besoin de recourir à la fertilité de cette montagne, pour trouver l'origine de son nom.

ACRASCOMION. Je pense que c'est à tort que quelques auteurs n'ont fait qu'un mot de ce nom. Le texte du Périple du Pont-Euxin porte Ἀκρας κώμιον en deux mots, ce qui signifie *le village d'Acras*: au reste, ce lieu que quelques auteurs disent avoir été la forteresse de la ville de *Panticapæum*, étoit, selon le fragment cité, à 65 stades de *Nymphæum*, vers le sud-ouest, selon l'ordre que suivoit l'auteur dans sa dénomination. Selon Strabon, ce lieu étoit en face de *Corocondama*, qui étoit en Asie.

ACRASUS, ville de l'Asie mineure, dans la Lydie, selon la notice de Hiéroclès.

ACRAT, *ou* ACRATH, ville que Ptolemée place dans la Mauritanie Tingitane.

ACREÆ, ville que Ptolemée place en Sicile, dans l'intérieur des terres, au 39e deg. 15 min. de longitude, & au 36e deg. 40 min. de latitude.

ACRESTUS, ville indiquée par Strabon, sur la presqu'île de Thrace, où est le mont *Athos*, la même que *Acro-Athos*. Voyez *ce mot*.

ACRIÆ, *ou* ACRIA, ville maritime du Péloponèse, dans la Laconie, au fond du golfe, au sud-ouest d'Hélos. On y voyoit un fort beau temple, dédié à la mère des dieux, où il y avoit une statue de la déesse, en marbre, qui étoit regardée comme la plus ancienne qu'eût cette déesse dans le Péloponèse. Les Acriens avoient érigé un monument à la gloire d'un de leurs compatriotes, nommé Nicoclès, parce qu'il avoit remporté, aux jeux olympiques, deux fois le prix du simple stade, & cinq fois le prix du stade doublé.

ACRIDOPHAGI, (Acridophages.), c'est-à-dire, *mangeurs de sauterelles*.) Ce peuple, dont parle Diodore, ne me paroît avoir été qu'un être imaginaire: quant à la description qu'il en fait, selon cet auteur, les Acridophages étoient plus petits que les autres hommes; ils étoient de plus maigres, & extrêmement noirs. Il est très-sûr que certains vents portent des nuées de sauterelles, & que les Africains en mangent; mais de dire qu'ils n'ont pas d'autre nourriture, c'est une de ces erreurs dans lesquelles sont tombés les anciens. Selon eux, voici comment ces peuples prenoient les sauterelles.

A quelques stades de leur habitation, on trouvoit une vallée très-large & très-profonde; ils s'empressoient tous de la remplir de bois & d'herbes sauvages, qui croissoient abondamment dans leur pays. Dès qu'ils voyoient paroître cette nuée de sauterelles, amenée par le vent, ils mettoient le feu à toute cette matière; la fumée qui s'en élevoit étoit si épaisse, que les sauterelles qui traversoient la vallée en étoient étouffées, & alloient tomber fort près de là. Plusieurs jours de cette chasse leur fournissoit de grands amas de sauterelles, qu'ils saloient, pour les préserver de la putréfaction.

Comme cette sorte de nourriture devoit influer sur leur état de santé, & même sur leurs maladies, ils étoient, dit-on, très-légers de corps, & très-prompts à la course. Mais leur vie n'étoit pas de longue durée; ils ne passoient pas quarante ans. Encore leur vieillesse étoit-elle affreuse. Alors il s'engendroit dans leur corps des poux ailés de différentes formes, toutes très-hideuses. Cette maladie, commençant par le ventre & la poitrine, gagnoit en peu de temps tout le corps. Elle causoit au malade des démangeaisons horribles, à la suite desquelles ces insectes se faisoient jour au travers de la peau. Il étoit alors impossible de parvenir à les exterminer.

ACRII MONTES, montagnes de Sicile, que l'on a aussi nommées *Hêræi*.

ACRILLA, ACRILA, *ou* ACRILLÆ, ville de Sicile, aux environs de Syracuse, & qui est connue par Etienne de Bysance, aussi bien que par Tite-Live & par Plutarque. Mais celui-ci, dans la vie de Marcellus, écrit *Acilæ*, Ἄκιλλαι. Selon cet auteur, ce fut en ce lieu que le général romain se rendit maître du camp d'Hippocrate.

ACRIOTERI, marais de l'Asie mineure, dans la grande Phrygie, sur les frontières de la Pisidie.

ACRIPHIA, ville que l'on trouve nommée ainsi dans Ptolemée. C'est une faute, il faut lire *Acraiphia*. *Voyez* ACRÆPHIA.

ACRITAS, nom d'un cap de Bithynie. Quelques auteurs le mettent joignant le Bosphore de Thrace. M. d'Anville le retrouve dans une péninsule qui tourne vers l'ouest, & se trouve au nord du golfe d'*Astacus*, ou *Astacenus sinus*, faisant partie de la Propontide.

On retrouve encore ici le mot *Acra*.

ACRITAS, promontoire que Strabon & Ptolemée indiquent dans la Messenie. M. d'Anville le place à l'extrémité la plus méridionale de la presqu'île, en face de la petite île *Theganussa*.

ACRITAS. Cedren & Curopalate désignent par ce nom une île dont ils ne donnent pas la juste position. On ne distinguoit pas trop bien même si elle étoit dans la Propontide.

ACROCEPHALI. *Voyez* ACRONES.

AKPOΣ (1). Ce mot, comme l'a très-bien remarqué le savant M. de Gebelin, s'étoit formé du mot primitif Ακρ, ou *acr*, qui signifioit *pointe*; & en étendant cette idée, *pointe élevée*, *élévation*. Les latins, en changeant l'ordre des lettres, en avoient fait *Arx*, citadelle. Quant aux Grecs, en y ajoutant la terminaison *ος*, qui leur étoit familière, ils dirent Ακρος, *Acros*; *haut*, *élevé*, &c. Quand on vouloit désigner la citadelle d'une ville, qui en étoit toujours la partie la plus élevée, & ordinairement la plus ancienne, en composant le mot à faire du nom de *ville*, πόλις, & de celui d'*Acros*, on avoit *Acropolis*, ce qui indiquoit la partie la plus élevée de la ville, ordinairement la citadelle, & quelquefois aussi simplement une *ville élevée*; mais cela est très-rare. On va voir plusieurs exemples de l'emploi de ce nom, dans les mots ACROPOLIS, ACROCORINTHE, ACRITAS, *&c.*

(1) J'imprime ce nom en grec pour qu'on ne le confonde pas avec un nom géographique: il n'appartient par lui-même qu'à la grammaire, mais j'ai cru utile de le faire connoître par son sens, parce qu'il entre dans la composition de quelques noms de lieux de Caps, *&c.*

ACRO CORINTHE, citadelle de Corinthe, bâtie au sud sur une montagne.

Cette place étoit estimée l'une des plus fortes de la Grèce; c'est pourquoi lorsqu'Aratus s'en empara sur les Macédoniens, cette entreprise fut regardée comme une des plus hardies, & le succès comme un des plus inattendus. On voyoit aussi quelques monumens dans cette forteresse. *Voyez* ce qu'en disent Strabon & Pausanias.

ACROATHOS, *ou* ACROATHUS, ou, comme dit Ptolemée, *Athos Acron*, la même que Strabon nomme *Acrestæ*, Etienne de Bysance, *Acrothynæ*, & Hérodote, *Acrothoos*. Cette ville, originairement de la Thrace, appartint ensuite à la Macédoine, dans la Chalcidie, qui occupoit une partie de la presqu'île où se trouvoit le mont Athos. Aussi le nom de la ville ne signifie-t-il que la citadelle de l'Athos, ou du moins la partie élevée de ce mont. Pomponius Mela, au temps duquel elle ne subsistoit déjà plus, rapporte que les habitans de cette ville vivoient plus long-temps de moitié que l'on ne vit dans les autres pays. Si ce petit conte étoit vrai, on ne peut guère douter qu'il ne se fût trouvé une classe de gens en état de la faire rebâtir, & que c'eût été, en tout temps, une des villes les plus habitées de la terre. C'est bien contre l'étymologie de son nom, & contre l'idée que l'on donne de la salubrité de l'air que l'on y respiroit, que M. de l'Isle la place au bord de la mer. Les anciens l'indiquoient au haut du mont, & M. d'Anville la place vers le nord-ouest d'*Apollonia*.

ACROATON, promontoire qui terminoit au sud-est la presqu'île où se trouvoit la Chalcidie dont je viens de parler.

ACROCERAUNII, (*monts de la chimère.*) ou monts Acrocérauniens. Ptolemée les nomme ainsi. On voit que c'est le nom *Acro*, pour dire *aigus*, *élevés*, qui est joint au mot *Ceraunii*, employé par Strabon & Mela. Pline dit que sur une de leurs cime étoit un château nommé *Chimère*. Il y a eu différentes opinions sur la juste position de ces montagnes. M. d'Anville les place sur le continent, vers le nord-ouest de Corcyre, formant la côte où se trouvoit la Chaonie. Cette chaîne, en s'étendant par le nord-ouest, va former la péninsule que les anciens nommoient *Acrocéronnia.*

N. B. Il ne faut pas croire Corneille ni Baudran, quand ils parlent d'une ville épiscopale de ce nom.

ACROCERETES. Rufus Avienus, *ora maritima*, *v. 549*, nomme ainsi un peuple qu'il joint aux *Céretes*, & qui, selon lui, furent compris sous le nom d'*Ibériens*. Voyez *ce mot*.

ACROCYLIA. *Voyez* CROCYLIUM.

ACROCOMES, épithète par laquelle on a désigné quelques peuples qui laissoient croître leurs cheveux pardevant; on les mettoit ainsi en opposition avec les Acarnaniens, qui se les coupoient.

ACROLISSUS, forteresse de l'Illyrie, dans la Dalmatie; près de l'embouchure du *Drilus*. Elle étoit sur une montagne, au nord de *Lissus*, dont elle étoit la citadelle. Polybe dit qu'elle parut imprenable à Philippe, roi de Macédoine. On la trouve sur les cartes de M. d'Anville, vers le nord de *Dyrrhachium*.

ACROLOCHIAS, promontoire d'Egypte, que Strabon indique près de l'île de Pharos. M. d'Anville le place au nord-est du Burichion, l'un des quartiers d'Alexandrie.

ACROMA. C'est ainsi que Paul Diacre nomme le promontoire de Tauride ou Crimée, que Ptolemée appelle *Criu-Metopon*, ou *le front du Bélier*.

ACRON, ville de la Judée, dans le partage de la tribu de Dan, selon le livre de Josué, *ch. 19*, *v. 43*, la même qu'Accaron.

ACRONES, ou ACROCEPHALI, les Acrocéphales. Un Périple anonyme du Pont-Euxin, donne ce peuple pour avoir été le premier peuple de la petite île *Aristiade*, peu éloignée de Trébisonde. Ce nom d'*Acrocephales* pouvoit signifier *tête pointue*. On ne connoît pas d'ailleurs ce peuple.

ACRONIUS LACUS. Pomponius Mela parle de ce lac, & la Martinière le prend pour tout le lac de Constance. Mais comme ce dernier a certainement porté le nom de *Lacus venetus*, & de *Lacus Brigantinus*, il ne faut pas lui attribuer le nom d'*Acronius*, mais distinguer, ainsi que l'ont fait M. d'Anville & Dom Martin, entre le lac de Constance en entier, & sa partie inférieure, qui s'avance au nord-ouest, où il forme une espèce de second lac, que l'on nomme *Unter-sée*, ou mer inférieure.

ACROPOLIS. C'étoit le nom que l'on donnoit à l'ancienne ville d'Athènes, & qui en devint la citadelle. Quoiqu'il paroisse, par quelques auteurs, qu'Ogygès soit le premier prince qui ait régné dans l'Attique, cependant on convient de rapporter la fondation de la ville à Cecrops, l'an 1582, avant notre ère. Ce prince, venu d'Egypte, persuada, tant à ceux qu'il trouva dans le pays, que dispersés dans la plaine, de se réunir dans un lieu sûr: il choisit le rocher long & élevé qui se trouve encore dans le pays, & dont les constructions portent le nom de citadelle d'Athènes. Cette première ville fut appellée *Cecropia* ou Cécropie. Pendant son règne, on y vit paroître tout-à-coup un olivier & une source d'eau. Le peuple, frappé de cette nouveauté, courut en faire part au roi, qui envoya consulter l'oracle. Il fut répondu que l'olivier signifioit Minerve, & l'eau, Neptune; que par-là les Cécropides étoient maîtres de nommer leur patrie du nom de l'une ou de l'autre de ces divinités, à laquelle ils rendroient les principaux honneurs. Les habitans s'étant donc assemblés, les hommes se déclarèrent pour Neptune; mais les femmes, qui étoient en plus grand nombre, ayant invoqué la protection de Minerve, leur suffrage prévalut. Alors la ville prit le nom d'Ἀθήνη, ou d'*Athènes*, qui est celui de Minerve. Mais comme ce nom est écrit au plurier, pour désigner la ville, on pourroit croire peut-être que ce changement n'eut lieu qu'après que Thésée, qui régna en 1260, eut rassemblé les bourgades de la plaine, qui s'étoient dispersées, pour n'en former qu'un seul corps: on pourroit, dis-je, croire que ce ne fut qu'alors que l'on dit au plurier *les Athènes*, Ἀθῆναι.

Les habitans appelloient le rocher sur lequel Cécrops bâtit sa ville, *Tritonium*, parce qu'il étoit consacré à Minerve, appellée quelquefois *Tritonis* & *Tritogenia*, c'est-à-dire, en ionien, chez lesquels, selon Hesychius, Τριτώ, signifioit *la tête*, qui a été engendrée par la tête, faisant allusion à la fable adoptée comme vraie, que cette déesse étoit sortie toute armée du cerveau de Jupiter. Quand on nommoit aussi ce rocher *Glaucopion*, on faisoit aussi allusion à Minerve, surnommée quelquefois Γλαυκῶπις, c'est-à-dire, *qui a des yeux bleus*. Lorsque la ville d'Athènes fut devenue considérable, elle s'étendit dans la plaine, & l'ancienne Cécropie n'en fût que la citadelle, l'*Acropolis*. Mais comme c'étoit le lieu le plus ancien, il continua d'être le plus respecté.

On n'a pu conserver une idée des premiers monumens de cette citadelle; ceux dont on y voit des restes magnifiques, dessinés & publiés par M. le Roy, des académies des belles-lettres & d'architecture, ne remontent pas plus haut que l'irruption des Perses dans la Grèce. Xercès, comme on sait, s'attacha sur-tout à renverser les temples. Plutarque nous apprend que le beau temple de Minerve, dont on voit encore les ruines, avoit été bâti par Périclès, auquel Athènes dut ses plus beaux monumens.

La citadelle d'Athènes étoit dans le sens de la plate-forme du rocher, de l'ouest à l'est. Entre autres édifices on voyoit, 1°. à l'ouest, un magnifique théatre, qui se trouvoit à l'extrémité de la place, entre la muraille extérieure & la muraille inférieure.

2°. Tout près, en entrant dans l'intérieur de la seconde muraille, les magnifiques vestibules ou avant-portes, appellées *Propylées*, bâtis sur les dessins de Mnésiclès. Voici ce qu'en dit Harpocration: « Les avant-portes (propylées) de l'*Acro-*

» *polis*, furent commencées par les Athéniens, sous » l'archonte Etymène, par Mnésiclès, architecte, » ainsi que quelques auteurs nous l'apprennent. » Philochonus nous en instruit aussi dans son qua- » trième livre. Héliodore, dans le premier livre » où il traite de la citadelle d'Athènes, ajoute à » ce que les autres historiens ont écrit : les pro- » pylées ont été cinq années à bâtir, elles ont » coûté 1202 talens; on y avoit percé cinq portes, » par lesquelles on entroit dans l'*Acropolis* ». Pausanias dit que ces vestibules étoient couverts d'un marbre blanc, qui, soit par le travail des propylées, soit par leur grandeur, surpassoit tout ce qu'il avoit vu. Il y avoit deux statues équestres : mais l'auteur grec ne dit pas qu'elles étoient dessus, comme le lui fait dire son traducteur M. l'abbé Gédoyn.

3°. A-peu-près au milieu de la longueur de l'*Acropolis*, mais près du mur méridional, étoit le superbe temple de Minerve, appellé *Parthénon*, ou temple de la Vierge, & *Hécaconpedon*, parce qu'il avoit cent pieds grecs de façade. Il étoit sur le lieu le plus élevé du rocher, & même on en apperçoit encore les restes de fort loin, lorsque l'on arrive par le golfe d'Engia. Il étoit de marbre blanc, sa forme étoit celle d'un parallélogramme, placé de l'orient à l'occident, sa longueur est de 221 pieds, & sa largeur de 94, sans compter les marches : il est d'ordre dorique, & entouré d'un rang de colonnes, qui formoient un portique tout autour, & avoit huit colonnes de face. Ces colonnes extérieures ont 5 pieds 8 pouces de diamètre, & 32 pieds de haut; il y en avoit 46 dans le pourtour, sans aucune base que les marches. L'intérieur en étoit très-orné.

4°. En face, c'est-à-dire, près du mur septentrional de la ville, étoit un temple de moindre grandeur, que quelques auteurs croient avoir été élevé en l'honneur d'Erectée; mais que M. le Roy soupçonne être celui de Minerve Poliade, c'est-à-dire, protectrice de la ville.

Tous ces monumens sont actuellement très-défigurés. Dans l'emplacement de l'intérieur du grand temple, on a bâti une mosquée assez petite; on ne voit que quelques colonnes du reste des propylées. *Voyez l'article* ATHENÆ.

ACROPOLIS, (*Agropoli.*) ville de la grande Grèce.

ACROPOLIS, ville qu'Etienne de Bysance attribue à l'Etolie. Mais il est impossible d'en assigner la position.

ACROPOLIS, ville de la Libye, selon Etienne de Bysance, qui la place dans la Marmarique. La Martinière dit qu'on la nommoit aussi *Antipyrgus*.

ACRORIA. C'est, selon Etienne de Bysance, le nom que l'on donnoit au sommet des montagnes : aussi chez les Grecs distinguoit-on, par ce nom, la *sommité* du plus haut point; on appelloit *Hyporia* (ὑπώρεια) le *penchant*, le côté de la montagne; & enfin, par le nom τέρμα, le *bas*, le pied de la montagne, expressions qu'il est utile de connoître, pour distinguer la situation des villes.

ACRORIA, contrée de la Grèce, en Elide, connue par Xénophon, qui parle aussi d'une ville de *Thraustum*, située dans cette contrée. M. d'Anville n'indique rien de cela sur sa carte de Grèce.

ACRORII, ville de la Triphylie, contrée de l'Elide. Etienne de Bysance & Thucydide parlent de cette ville, à laquelle M. d'Anville n'assigne cependant aucune place.

ACROTADUS, île du golfe persique, que nomme Pline. Mais on auroit tort de la rechercher d'après ce nom, puisque le P. Hardouin avertit que dans quelques manuscrits on lit *Athothadrus*, & *Athithadrus*. Néarque, d'après Arrian, parle d'une petite île déserte nommée *Caïcandrus*, & ce savant Jésuite conjecture que ce pouvoit bien être la même île.

ACROTYNI, ville qui, selon Etienne de Bysance, étoit sur le haut du mont Athos. Quelques commentateurs paroissent fondés à croire que ce nom devroit être écrit autrement, pour le rapprocher du nom d'*Athos*, qui étoit celui de la montagne. Au reste ce point de critique n'est pas entiérement de mon objet : mais la raison la fait adopter, parce que certainement il n'y avoit pas deux villes en ce lieu. *Voyez* ACRO-ATHOS.

ACROVENTUM, & ACROVENTUS MAUBOLEIUS. Ce nom appartient plus particuliérement à la géographie du moyen âge, & n'est connu que par Jornandès, dans son histoire des Goths. Il dit que c'étoit un passage célèbre sur le *Mincius*. Cet auteur ajoute que ce fut dans ce lieu que le pape S. Léon vint à la rencontre d'Attila. Mais au lieu du nom écrit ci-dessus, Ortélius rapporte avoir lu sur un exemplaire : *in Agro Venetum Amboleio*. Cluvier a adopté cette leçon.

ACSAPH, *ou* ACHSAPH, ville de la Palestine, dans la tribu d'Aser. La Martinière trouve que Samson ne prouve pas assez que c'est la même qu'*Axaph*. Cependant les éditeurs de la bible d'Avignon, adoptent cette opinion, qui paroît très-raisonnable. C'étoit une ville royale, dont Josué défit le petit souverain.

ACTA, ACTICA. *Voyez* ATTICA.

ACTA, *ou* ACTE (Ακτη.) a signifié une péninsule.

ACTA, ville de l'Acarnanie, selon Etienne de Bysance. Le Périple de Scylax dit seulement port. Ce lieu étoit très-près d'*Anactorium* & de *Leucas*.

ACTA, ville de la Magnésie, selon Etienne de Bysance.

ACTANIA, île que Pline place dans le golfe *Codanus*.

AKTH: (1) *Acté*, signifie en grec *le rivage de la mer*; il a eu d'autres significations; mais il

(1) J'ai fait employer ici les caractères grecs pour que l'on ne confondit pas ce mot avec le nom d'une ville.

me semble que ça pu être la première ; & il paroît que c'est celle qui a fait donner ce nom à plusieurs villes, & même au pays presque entouré de la mer, que l'on nomma d'abord *Acté*, puis *Attique*. *Voyez les mots suivans.*

ACTE. Selon Démétrius, cité par Etienne de Bysance, & selon Thucydide, *liv.* 4, on appelloit *Acté* la petite partie de la presqu'île qui avoit été séparée de la Terre-ferme par le canal que Xerxès avoit fait construire pour le passage de sa flotte, & qui séparoit ainsi le mont Athos du continent.

ACTE, ville de la Magnésie, selon Etienne de Bysance, qui dit que l'habitant de cette ville se nommoit *Actius*, d'où l'on avoit fait le surnom d'*Epactius*, donné à l'Apollon que l'on y adoroit.

ACTE, ville de l'Acarnanie, selon Démagète, cité par Etienne de Bysance.

N. B. Il y en avoit encore quelques autres, ajoute le même auteur, l'une dans le Péloponèse, l'autre dans le Bosphore. (Je crois que c'est de celle-ci que j'ai parlé au premier article, & que le géographe grec confond ces deux presqu'îles), enfin une autre en Ionie.

ACTE CERERIS. C'est ainsi que l'on a rendu mot à mot en latin l'expression de Denys le Périégète, *vers* 523 ..... Δημητερος ἀκτη. La traduction en vers porte *Cereris sedes fertilis*. C'est le sens du grec, car *acte Cereris*, ne signifioit ici que *terre de Cérès*. *Voyez au reste le mot* ACTA.

ACTEONIS SAXUM, la roche d'Actéon. Cette roche se trouvoit dans la Béotie, sur le chemin qui conduisoit de Platée à Eleuthère. Elle étoit près d'une fontaine, les gens du pays lui avoient donné le nom d'*Actéon*, parce qu'ils prétendoient que c'étoit de dessus cette roche que ce jeune prince cherchoit à voir Diane dans son bain. Pauf. *in Beot. c.* 2.

ACTIA. *Voyez* ACTIUM.

ACTINE, ville du Bosphore de Thrace. Il en est parlé dans Denys de Bysance, mais sans aucun détail.

ACTIUM, (*Azio.*) ville de Grèce, dans l'Acarnanie, au fond d'un petit golfe que forment les eaux de la mer entre le promontoire d'*Anactorium* & celui d'*Actium*, avant de former à l'est le golfe d'Ambracie. Callimaque prétend que les argonautes y avoient bâti un temple d'Apollon. On y célébroit des combats gymniques en l'honneur de ce dieu. Etienne de Bysance paroît se tromper en disant qu'il y avoit des combats sur l'eau. Mais ce n'est pas à ce temple que la ville d'Actium doit sa célébrité & la gloire de voir son nom passer d'âge en âge ; c'est à la bataille mémorable qui se donna dans sa rade & dont le sort décida du maître qu'auroient les Romains, l'an 29 avant l'ère vulgaire. On sait qu'Auguste, l'an de Rome 753, le 2 septembre, fut vainqueur, & que Marc-Antoine se retira en Egypte avec la belle Cléopâtre qui l'avoit lâchement abandonné.

Quelques auteurs ont cru que les fondateurs d'*Actium* étoient venus de l'Attique, & que c'étoit-là l'origine de son nom. Mais comme on sait qu'*Acté* signifie *rivage* ; il suffit de cette raison, qui donne elle-même l'étymologie de ce mot.

ACTIUM, (*promontoire d'*) (*capo figalo*). C'est à tort que la Martinière donne ce nom à la partie la plus méridionale de l'Epire, resserrant l'entrée du golfe de Larta. Le lieu nommé *Actium* appartenoit à l'Acarnanie, & ce promontoire étoit à l'extrémité d'une petite péninsule qui resserroit l'entrée du golfe d'Ambracie, en face d'une autre péninsule appartenant à l'Epire, & où fut construite la ville de Nicopolis. Il y avoit sur ce promontoire un temple d'Apollon. Après le jour de la bataille d'*Actium*, Auguste fit agrandir ce temple & y déposa les dépouilles de la flotte ennemie ; mais il les consacra à Neptune & à Mars.

ACTORICUM, territoire de l'Epire, selon Suidas. Mais si, comme il le dit, ce territoire prit ensuite le nom de Leucade, *Leucadia*, il appartenoit proprement à l'Acarnanie. C'est que les anciens étendent quelquefois l'Epire plus au sud que ne le permet une division plus rigoureuse. Au reste, *Actoricum* ne peut guère signifier que pays vers la mer ; & en effet, *Leucadia* formoit une presqu'île, qui devint ensuite une île.

ACTRIDA, ville que Pline place dans l'Arabie heureuse.

ACUBE, fontaine ou lac de l'Afrique, dans la Syrtique.

ACUENUM, Ακούενον. Ce nom s'écrit ainsi dans Strabon & dans Ptolemée. Ακούενον, est, en grec, celui d'*Aquinum* en Italie. *Voyez ce mot.*

ACUFIDA, ville d'Afrique, en Mauritanie. Il en est mention dans la notice d'Afrique.

ACUMANTIS *Mons*. Cette montagne devoit être, selon M. d'Anville, vers l'extrémité de la petite chaîne qui s'étendoit depuis le promontoire *Acamas*, au nord-ouest, jusques vers *Amathus*, par le sud-est. Le mont *Acumantis* étoit peu éloigné au sud du promontoire *Acamas*, en Cypre.

ACUMINCUM, ville de la basse Pannonie. Ptolemée, qui indique qu'elle étoit la résidence d'une légion, la place au 45ᵉ deg. 50 min. de long, lat. 46. 30. Ammien Marcellin dit *Acunincum*. On croit avec beaucoup de fondement que c'est la même qu'*Acunum* sur le Danube. *Voyez ce nom.*

ACUNUM, (*Ancône en Dauphiné*) que l'on trouve aussi écrit *Acunon*, étoit au sud du territoire des *Segalaunii*, près du Rhône : il est indiqué par l'Itinéraire, non d'Antoine, comme le dit dom Martin, mais de Jérusalem, *Mansis Acuno*. M. d'Anville présume que ce lieu est le même que celui que Ptolemée nomme *Acusion*. Il croit aussi que l'ancien *Acusium* occupoit l'emplacement où se trouve actuellement Ancône en Dauphiné ; & il en donne la preuve contre Bouche, qui croit qu'il répondoit à Montlimar.

ACUNUM, ville de la Pannonie, au nord-est de *Sirmium*. On voit que le coude que forme le

Danube en cet endroit & l'élévation du terrein qui en est cause, ont pu faire donner à cette ville le nom d'*Acunum*, par la même raison qui le fit donner à la précédente du mot *Acutus* une pointe. Au reste, il n'est pas mention de cette ville dans la table de Peutinger. Le Père Porcheron croit que c'est la ville appellée par Ptolemée *Acumincum*.

ACUR, ville de la haute Asie, selon Ptolemée, qui la place au 124e degr. 45 min. de long. & au 15e degr. 20 min. de lat.

ACURUS, nom d'un lieu dont il est parlé dans le poëte Gratius. On ignore à quelle contrée il a dû appartenir : Ortélius croit que c'est à la Grèce.

ACUS, *ou* ACHOS, montagne de la grande Arménie.

ACUSI, lieu de la Cappadoce, où, selon Caliste & Evagre, l'empereur Basilisque fut assassiné avec sa femme & ses enfans. Mais ce dernier nomme ce lieu *Cucusum*.

ACUSIO, *Colonia*, colonie de la Gaule, dont parle Ptolemée. Il la place dans le territoire des *Cavares*. Holstenius, & après lui M. d'Anville, pensent que c'est le même lieu qu'*Acunum*. Et comme il se trouve chez un petit peuple appellé *Segalauni*, il répond à l'objection que l'on pourroit faire sur la différence de ces peuples, que, d'après Strabon, on peut assurer que les anciens habitans de cette contrée avoient en général porté le nom de *Cavares*.

ACUTIA, nom qu'Etienne de Bysance donne à une ville de l'Hispanie en citant Strabon. On lit actuellement dans cet auteur *Acontia*, ville qu'il attribue aux Vaccéens. Le nom d'*Acutia* ou d'Ακουτεια, est cependant pris dans Etienne de Bysance qui cite Strabon.

ACUTÆ INSULÆ, ou *les Isles pointues*. Quelques auteurs les ont comprises dans le nombre des Echinades. Elles sont un peu plus vers le sud-ouest, & se trouvoient au midi du promontoire *Araxum*. M. d'Anville les nomme *Oxiæ insulæ*. Leur nom grec donné par Strabon est Οξείαι ; c'est celui que M. d'Anville a rendu sur sa carte.

ACYLIA, *Aquilée*, ancienne ville de l'Italie, selon Etienne de Bysance. Strabon dit que les Romains l'avoient bâtie pour réprimer les Barbares, qui habitoient vers les Alpes. Ils en firent une colonie romaine, selon Velleïus Paterculus, Pline & Ptolomée.

Strabon entre dans le détail du commerce de cette ville.

ACYLINA, *ou* AQUILINA, ville de l'Illyrie. Etienne de Bysance dit que Théopompe en avoit parlé.

ACYLIS, nom d'une rivière qui, selon les Anciens, se rendoit dans l'*Eridanus* (*le Po*). On a trouvé ce nom dans Caliste, qui dit que les Argonautes, assistés par les habitans du lieu, armèrent le navire Argo, & descendirent par ce fleuve, dans l'Eridanus. Le fond de cette petite histoire paroît très-fabuleux ; & le nom moderne du fleuve très-incertain, ou pour parler plus juste, on ne voit pas à quel fleuve connu il faudroit l'attribuer.

ACYPHAS, l'une des quatre anciennes villes de la Doride, selon Etienne de Bysance. Pomp. Méla la nomme *Pindus*, nom que Strabon dit avoir été plus commun que celui d'*Acyphas*. Selon cet auteur, *Pindus* étoit située sur le mont Erinée, & tout près couloit une rivière qui se jettoit dans le *Cephissus*. M. d'Anville nomme la rivière *Pindus*, & la ville *Aciphas*, en lui donnant aussi le nom de la rivière.

ACYTUS, écueil ou très-petite île qui se trouvoit près de Cydonia, ville de l'île de Crète.

ACZIB, ville de la Palestine dans la tribu de Juda, entre *Ceila* & *Marésa*.

ACZIB, qui paroît être la même qu'*Acaazib*, ville de la Palestine dans la tribu d'Aser. Eusèbe dit qu'on l'appelloit aussi *Ecdipæ* ; Joseph dit *Ecdippon*. Le mot *Aczibe* signifie en hébreu *mensonge*.

A D

AD. Ce mot, considéré comme appartenant à la langue latine, est une préposition qui, jointe à un accusatif, indique le passage d'un lieu dans un autre. Il entre dans la composition d'un assez grand nombre de noms de lieux, nommés par les Romains. Pour comprendre l'origine & l'utilité de cet usage, il faut savoir que les Romains mesuroient toutes leurs routes, avantage infiniment précieux pour le commerce, & presque indispensable pour l'exécution des ordres donnés à l'occasion des marches des armées. Comme ils ne trouvoient pas toujours une ville ou une bourgade pour désigner le lieu où les troupes devoient s'arrêter ou se reposer, ils donnoient à ce lieu un nom tiré de ce qu'il y avoit de plus remarquable, ou même du nombre de milles compris entre cette station & la station précédente. Il est arrivé dans la suite qu'au lieu d'une simple auberge qui étoit dans un de ces lieux, de ces *ad*, si l'on peut s'exprimer ainsi, il s'est formé, avec le temps, un bourg ou une ville qui a conservé le premier nom : on en verra plusieurs exemples. Il n'y a que ceux qui n'ayant indiqué que des colonnes milliaires, se soient perdus pour la postérité. On trouve dans leurs Itinéraires, *ad decem*, *ad duodecim*, &c. Ces lieux que l'on désigne sur les cartes, on le sent bien, ne peuvent avoir place dans un dictionnaire, & indiquoient seulement le nombre de milles qu'il y avoit entre ce lieu & le point d'où l'on étoit parti pour en mesurer la distance.

AD ÆSIM, lieu de l'Italie, près du fleuve Æsis. Antonin le place entre *Senogallia* & *Ancona*.

AD ALBULAS. *Voyez* ALBULÆ.

AD ANGELOS, lieu remarquable par le martyre de saint Marc, & que l'on croit avoir été fort proche d'Alexandrie.

AD ANSAM, lieu de la Grande-Bretagne. Quelques

Quelques auteurs ont cru devoir lire *ad Pansam*. On n'est pas d'accord sur sa position.

AD APERA, sur le chemin d'Ancyre à Tavia.

AD AQUAS, petit bourg de la Mœsie, qu'Antonin place entre *Porticon* & *Ægeta*, à 10 milles de la première, & à 16 de la seconde, dans la Mœsie. Il paroît que c'est le même lieu que Procope nomme Ακvες, & qu'il place tout près du pont de Trajan. Ce lieu devint le siège d'un évêché.

AD AQUAS, lieu de la Dacie, marqué dans la table de Peutinger à 14 milles à l'orient de Zarmisogetuza, remarquable par un monument portant pour inscription *Ad Aquas*.

AD AQUAS, lieu de l'Hispanie, entre *Caladunum* & *Pinetum*, sur le chemin de Brague à Astorga.

AD AQUAS, ville d'Afrique, dans la Numidie, à l'ouest de Thebeste. On dit quelquefois aussi simplement *Aquæ*.

AD AQUAS, lieu de l'Afrique proconsulaire, entre le golfe de Carthage & la montagne de l'Aspic.

AD AQUAS, bourgade d'Afrique dans la Numidie, près des frontières de l'Afrique proconsulaire, sur la route d'Hyppone à Carthage.

AD AQUAS CALIDAS, dans le Picentin. Cluvier, en comparant Antonin à Peutinger, conclut que ce lieu est à 10 milles d'Ascoli, sur la rive méridionale de Tronto.

AD AQUAS GRADATAS. Ce lieu, situé près d'Aquilée, dans la Vénétie, n'est remarquable que par le martyre des trois frères Cantius, Cantien & Cantianilla, qui étoient de l'illustre famille des Aniciens.

AD AQUAS PERTICIANENSES. On désignoit par ce nom des eaux qui se trouvoient en Sicile; on y trouve encore aujourd'hui trois puits, près du golfe de *Castel-à-mare*.

AD AQUAS SEGESTANAS. Ces eaux sont quelquefois appellées *Aquæ Segestanæ*. Elles étoient près de Segeste, sur la route qui conduisoit du cap Lilybée à Tyndaride; on les nommoit aussi *Egestanæ* & *Pinciæ*.

AD AQUAS LABODAS, ou seulement *Labodas*, & *Aquæ Labodæ* (Siacca.)

Ce lieu est quelquefois aussi nommé *Thermæ* ou *Thermæ Selinontiæ*, thermes ou bains chauds de Sélinonte. C'étoit un lieu de la Sicile, assez peu éloigné de Sélinonte, dont je remarquerai en passant, que jusqu'à présent on en avoit méconnu la juste position : d'ailleurs, une partie de la côte avoit l'épithète de *Selinontine*.

N. B. Ces bains se voient encore aujourd'hui au mont *de S. Calangero*. Ils sont de deux sortes, les uns d'eau sulfureuse, sur la montagne, les autres de vapeurs, au fond de quelques grottes, où la chaleur est excessive.

AD AQUILAM MAJOREM (1). AD AQUILAM MINOREM, lieux de l'Afrique, dans la Mauritanie.

AD AQUILAS, (l'Aigle.) petit lieu de la seconde Lyonnoise, dans la Gaule.

AD AQUILAS, petit lieu de la Gaule, chez les *Treveri*, dans la première Belgique.

AD AQUILAS, (l'Aigle.) chez les *Helvetii*.

N. B. En France ainsi qu'en Suisse, ce nom *Aquilas* a été changé en celui d'*Aigle*.

AD AQUILAS, dans l'Attique.

AD AQUILAS, en Italie, à 20 milles de Ravenne.

AD ARAS, (1) lieu d'Asie, entre Thirronia & Melentenis, peu éloigné de l'Euphrate.

AD ARAS, lieu de l'Hispanie, dans la Bétique, entre *Astigi* & *Corduba*.

AD ARIN, lieu peu connu; c'est l'ancien nom d'un lieu dans la Syrie, à quinze mille pas d'*Ocura*.

AD ARNUM, à l'ouest de *Florentia*, lieu d'Italie, dans l'Etrurie.

AD AUREOS, lieu d'Italie, dans la Vénétie, entre *Vicentia* & *Verona*. Il étoit au sud-ouest de *Vicentia*.

AD BASILICAM, lieu d'Afrique, dans la Numidie; il étoit entre les colonies de *Saldæ* & d'*Igilgilis*. M. d'Anville n'a point marqué cette position.

AD BECISSIN, lieu inconnu aux anciens, & dont l'Anonyme de Ravenne fait mention.

AD BIVIUM, lieu d'Italie, à 30 milles de Rome, aujourd'hui bourg de Valmontone : c'est-là que la voie labicane se joignoit à la voie latine, ce qui formoit un chemin fourchu.

AD BUSTA GALLORUM, lieu de l'Ombrie, selon Cluvier.

AD CABALLOS, (*Bagnacavallo*.) ancien bourg de l'Emilie, en Italie; on l'appelloit aussi *Tiberiacum*.

AD CALCULOS. Ce lieu, nommé en grec par Aristote *Psephis*, se trouvoit dans une petite île près de l'Etrurie.

AD CALEM, (*Cagli*.) M. de l'Ile l'écrit *Cale*, au nominatif; M. d'Anville met *Callis*; ce lieu se trouvoit dans l'Ombrie, sur la voie Flaminienne.

AD CALOREM. Antonin place ce lieu entre *Salernum* & *Marcellianum*, sur la voie Appienne. On le trouve écrit aussi *Ad Codorum*.

AD CANDIDAM CASAM, lieu de la grande Bretagne, chez les *Bernicii*.

AD CAPRÆ PALUDES, *ou* CAPRILIA, campagne auprès de Rome, célèbre par la mort de Romulus. Il y faisoit la revue de ses troupes, lorsque, selon les poëtes Romains, il fut enlevé par

---

(1) Ces noms d'Aigle viennent du séjour de quelques légions romaines qui y avoient été fixées, & dont l'enseigne étoit un aigle.

(1) *Ara*, en latin, signifie *Autel*. Ce nom étoit donné à certains lieux où l'on avoit élevé un ou plusieurs autels, quelle qu'en ait été la raison, soit un vœu, soit une victoire, *&c.*

les dieux, ou, selon la vérité de l'histoire, assassiné par les sénateurs.

AD CAPRAS, *ou* CAPRÆ, (*Capraïa*.) bourgade de l'Ombrie. Ce fut dans ce lieu que Totila, roi des Goths, mourut de sa blessure.

AD CASAS CÆSARIANAS, *ou* AD FINES, (S. Cassanos) entre *Florentia* & *Sena*.

AD CASTRA (1), (Gemund), à 15 milles d'Aquilée.

AD CENTENARIUM, dans la Gaule, tout-à-fait au sud, à cinq milles du *Summus Pirenæus*, chez les *Sardones*. Ce lieu se trouve nommé *Ad Centenarium* sur la table de Peutinger. MM. Marca & Astruc pensent que le lieu actuel qui y répond est Ceret; mais M. d'Anville les croit entraînés par le penchant que l'on a assez naturellement à substituer un nom actuellement un peu considérable à un autre lieu, qui l'étoit autrefois, & il démontre que la position de Ceret ne convient point à celle d'*Ad Centenarium*. On voit encore d'anciens vestiges en deçà de Ceret, sur le bord du Tech, à l'endroit précisément où il faut quitter le bord de cette rivière, pour suivre le vallon qui conduit en montant jusqu'à Bellegarde.

AD CENTESIMUM, au sud-ouest d'*Asculum*, sur le *Truentus*. Il avoit pris son nom de sa distance de Rome, qui étoit de 100 milles. On le trouvoit sur la voie *Salaria*.

N. B. Les Romains ayant l'attention de marquer sur les routes les distances de mille en mille, & d'y fixer de petites colonnes de pierres, on disoit *ad sextum lapidem*, *ad centesimum lapidem*, ou simplement *ad sextum*, pour dire à *six* ou à *cent milles*.

AD CENTURIONES, lieu de la Gaule. *Voyez* AD CENTENARIUM.

AD CENTURIONES, lieu de l'Hispanie, vers les Pyrénées. De Marca prétend que ce lieu est le même qu'*ad Centenarium*. Il y avoit en Afrique, auprès de *Constantine*, une ville épiscopale nommée *Centurio*.

AD CEPLASIAS, lieu de la Rhétie.

AD COLUMELLAS, lieu d'Italie, dans l'Emilie, à 5 milles de Ravennes. Majorien y fut élu Auguste.

AD COLUMNAM, en latin *Columna*, vis-à-vis la ville de Messine en Sicile. Cette ville étoit dans le *Brutium*, peu éloignée au nord de *Regium*.

AD COMPITUM, petit lieu peu éloigné de *Parma*.

AD CONFLUENTES, lieu d'Italie, chez les *Senones*. Il étoit entre *Cesena* & *Ariminum*, à 8 milles de la première, & à 12 de la seconde.

AD CONFLUENTES, petit lieu peu éloigné de *Parma*.

AD COTTIAS, (*Cozo*.) ancien lieu d'Italie, nommé *Cutiæ*, sur la table de Peutinger. Antonin le place entre *Vercellæ* & *Laumellum*.

AD CRISPAS, ou *Crispæ*, lieu d'Afrique, dans la Mauritanie Césarienne. On croit que ce lieu étoit peu éloigné de l'endroit où est actuellement *Oran*. M. d'Anville ne lui donne aucune position sur ses cartes.

AD DECIMUM, au nord-ouest de *Brundusium*.

AD DECIMUM, au sud de *Mediolanum*.

AD DECIMUM, sur le Pô, à l'est d'*Augusta Taurinorum*.

AD DIANAM, lieu d'Afrique, dans la Numidie, à 32 milles d'*Hippo Regius*, en allant de l'ouest à l'est. M. d'Anville ne la place pas sur ses cartes.

AD DRACONES, lieu d'Afrique, dans la Mauritanie Césarienne. Antonin le place sur la grande route de *Cala* à *Rusucurum* : mais comme il l'indique entre *Albulæ* & *Regia*, on voit qu'il devroit être au sud-est de *Siga*.

AD DRACONES, en Asie, dans l'Arménie mineure. L'Itinéraire d'Antonin le place entre *Ototœdarizo* & *Aza*. Cette position paroît difficile à retrouver.

AD DUAS COLUMNAS, lieu d'Italie, qui se trouvoit entre *Lumellum* & *Ticinum*. Selon Ammien Marcellin, qui fait connoître ce lieu, il étoit remarquable, parce qu'il y avoit deux colonnes.

AD DUAS TUMBAS, nom de deux écueils, sur la côte de Normandie : l'un des deux porte le nom de *Mont-Saint-Michel*; l'autre se nomme encore *Tombelaine*.

AD DUODECIM, dans les Alpes Cottiennes, au sud-est de *Segusio*.

AD DUODECIM, autre lieu de l'Italie, dans la Vénétie, au nord-est de *Patavium*.

On en trouve encore quelques autres.

AD DUODECIMUM, au nord d'*Hydruntum*, dans la grande Grèce.

AD DUODECIMUM. Cette position, indiquée par Tacite, se trouvoit chez les *Eduens*, dans la première Lyonnoise. Elle étoit, selon M. d'Anville, entre *Augustodunum*, au nord-ouest, & *Cabillonum*, au sud-est. Tacite rapporte que ce fut jusqu'à ce lieu que marcha Sacrovir, en venant à la rencontre de Silius, commandant de l'armée romaine. Ce dernier sortoit de chez les Séquanois, & vouloit appaiser la révolte dont Sacrovir étoit l'auteur chez les Eduens.

AD DUODECIMUM, dans la Gaule, entre *Diviodurum*, au nord-ouest, & *Decem Pagi*, au sud-est, chez les *Mediomatrici*, dans la première Belgique. Il en est parlé dans l'Itinéraire d'Antonin, & dans la table Théodosienne. D. Martin n'en dit rien. On ne connoît pas de lieu qui réponde à cette position.

AD DUODECIMUM, (Doodwerd.) position que donne la table de Peutinger sur la route qui alloit par l'ouest de *Noviomagus* à *Lugdunum Batavorum*. D. Martin s'exprime ainsi : « Lieu de l'île des Ba-

(1) *Castra* est un plurier latin, qui signifie *camp*. Il a été donné à plusieurs lieux où des armées romaines avoient campé.

» tres, que l'on ne connoît pas ». M. d'Anville a été plus heureux, & j'ai adopté son opinion.

AD DUOS PONTES, lieu de l'Hispanie, entre *Vicus Sparcorum* & *Grandimirum*, selon l'Itinéraire d'Antonin. Ce lieu étoit à quelque distance, au nord de *Tyde*. M. d'Anville le nomme simplement *Pontes*.

AD ENSEM, petit lieu de l'Italie en Ombrie, au nord d'*Iguvia*, mais sur la voie Flaminienne, entre *Hevillus* & *Cale*, ou, comme l'écrit M. d'Anville, *Callis*.

On trouve encore ce nom ailleurs.

AD FANUM MARTIS, lieu de la Gaule, dans les Alpes Cottiennes, sur la *Duria-Miaor*, à l'ouest d'*Ocellum*. On le trouve quelquefois écrit *Ad Martis*, & c'est ainsi que le porte la carte de M. d'Anville; c'est qu'alors le mot *Fanum* est sous-entendu.

AD FERONIAM, *ou bien* AD FERONIÆ LUCUM. Ce lieu, qui n'étoit remarquable que par un bois & un temple, consacrés à la déesse *Feronie*, se trouvoit auprès du mont Soracte, sur le territoire des Falisques, au nord de Rome.

M. d'Anville place ailleurs *Feronia*, & le met en Etrurie, au sud-est de *Luna*, assez près du bord de la mer, près de la route qui conduisoit à *Luca*.

AD FICUM, appellée aussi *Ficus*, & placée sous ce nom sur la carte de M. d'Anville, étoit en Numidie, au sud d'*Igilgilis*.

AD FINEM *ou* AD FINES. Les anciens désignoient souvent ainsi la situation qui se trouvoit sur les limites d'un pays : de-là le nombre assez grand de lieux appellés *Ad Fines* ou *Ad Finem*.

AD FINEM, entre *Vicentiam* & *Patavium*, en Italie.

AD FINES, en Italie, au sud de *Spoletium*.

AD FINES, en Italie, dans l'Etrurie, entre *Biturgia*, au sud-est, & *Aquilia*, au nord.

AD FINES, petit lieu d'Italie, en Etrurie, sur le bord de la mer, au sud de *Portus Herculis Labronis*.

AD FINES, lieu d'Italie, chez les *Taurini*. M. d'Anville écrit simplement *Fines*, à l'ouest d'*Augusta Taurinorum*.

AD FINES, petit lieu de la Gaule, à l'ouest de *Durocortorum*, (Reims.) chez les *Remi*.

AD FINES, (*Pfyn.*) ville de l'ancienne Belgique, selon D. Martin, laquelle confinoit avec la Rhétie. Il paroît qu'elle appartenoit à l'Helvetie. Selon M. Bochar c'est aujourd'hui *Pfyn*, village situé près du lac de Bregents : M. Valois le nomme *Pfyn Anoder Thur*, parce qu'il est sur la rivière de Thur, dans le pays appellé le *Thur-gaw*.

Ce lieu se trouvoit entre *Vitodurum*, au sud-ouest, & *Arbor Felix*, à l'est. Il paroît que la position de ce *Fines* indiquoit les limites que le gouvernement romain avoit établies entre la province des Gaules, appellée *Maxima Sequanorum* & la Rhétie.

AD FINES, (Feins.) position de la Gaule, dont il est parlé dans la table Théodosienne. M. d'Anville croit pouvoir la placer au nord-ouest de *Nasium*, chez les *Leuci*.

Il croit retrouver ce nom dans celui de Feins, lieu situé un peu au nord de la direction qu'avoit la voie romaine en cet endroit, dans une vallée où coule l'Ormez.

AD FINES, (Marcheville.) position de la Gaule, entre *Verodunum*, au nord-ouest, & *Obliodurum*, à l'est, sur les confins des *Verodunenses*, à l'ouest, & les *Mediomatrici*, à l'est. Comme ce mot de *Fines* ne se donnoit qu'à des lieux qui se trouvoient sur les limites des pays; que le mot de *marche*, qui se retrouve dans Marcheville, a signifié *confins*, M. d'Anville se croit autorisé à retrouver l'ancienne position dans la position nouvelle, qui porte ce dernier nom.

AD FINES, (Fimes) position de la Gaule, entre *Augusta Suessionum*, au nord-ouest, & *Durocortorum*, vers le sud-est, sur les confins des *Suessiones* & des *Remi*. Il en est parlé dans l'Itinéraire d'Antonin.

AD FINES, position de la Gaule, indiquée par la table Théodosienne, entre *Genabum*, au sud-ouest, & *Aquæ Segeste*, au nord-est, sur les confins des terres des *Aureliani* & des *Senones*.

AD FINES, position de la Gaule, entre *Suindinnum*, au sud-ouest, & *Autricum*, au nord-est, sur les confins de *Cenomani Aulerci*, & des *Carnutes*. M. d'Anville, en plaçant ce lieu sur sa carte, avoue qu'il n'a pu se conformer aux mesures données par la table Théodosienne.

AD FINES, (*Wines*, appellé aussi *Huines*.) position de la Gaule, entre *Condate* & *Jugena*, sur les confins des terres des *Redones* & des *Abrincatui*. M. d'Anville croit, avec beaucoup de vraisemblance, retrouver le nom de *Fines* dans celui de *Wines*.

AD FINES, (*Heins*.) position de la Gaule, entre *Limonum*, vers le nord-ouest, & *Argentomagus*, à l'est. Ce lieu étoit sur les frontières des *Pictavi*, à l'ouest, & des *Bituriges Cubi*, à l'est. M. d'Anville le place où est actuellement Heins, qui peut très-bien, par corruption, s'être formé de *Fines*.

AD FINES, position de la Gaule, chez les *Averni*, entre *Augustonometum*, au sud-est, & *Acitodunum*, au nord-ouest. On ne connoît pas de lieu qui y réponde bien précisément.

AD FINES, position de la Gaule. Elle étoit, selon la table Théodosienne, entre *Vesunna*, au sud-ouest, & *Augustoritum*, au nord-est. Quoique D. Martin n'en parle pas dans son ouvrage, cette position est cependant sur sa carte.

AD FINES, lieu de la Gaule, sur une route qui conduisoit par le sud-est de *Burdigala* à *Aginnum*. M. d'Anville la place au nord-ouest de cette dernière ville, sur la *Garumna*, entre les *Nitiobriges*, à l'est, & les *Vassates*, à l'ouest. D. Martin n'en fait pas mention.

AD FLEXUM, en Italie, sur la route de *Brixia* à *Ariolica*, & à l'ouest du lac *Benacus*.

AD FLUMEN, lieu de la Pannonie, répondant à celui qui porte aujourd'hui le nom de *Saint-Veit-Am-Flaum* en Croatie.

AD FONTICULOS. L'Itinéraire de Jérusalem nomme ce lieu *Fonteclos*. Cluvier a corrigé & lu *Fonticulos*. Il étoit près de *Placentia* ou Plaisance. M. d'Anville ne l'a pas placé sur sa carte.

AD FRATRES, *Voyez* FRATRES.

AD FROMULOS, lieu de la Norique.

AD GALLINAS. Ce lieu, qui n'étoit d'abord qu'une maison de campagne, connue sous le nom de *Villa Liviæ*, étoit à 9 milles de Rome, presque sous le méridien de cette ville, au nord-ouest de *Fidenæ*. Elle changea de nom à l'occasion suivante.

Un jour que Livie, femme d'Auguste, qui lui avoit donné son nom, & à laquelle elle appartenoit, y étoit un jour assise en plein air, un aigle en passant, laissa tomber une poule sur les genoux de la princesse. On ajoute qu'elle n'étoit pas blessée, & qu'elle tenoit dans son bec une branche de laurier, chargée de baies. On ne manqua pas de regarder cet événement comme un prodige par lequel les Dieux vouloient annoncer quelque événement extraordinaire. On interrogea les Aruspices; ils répondirent qu'il falloit garder la poule, semer les baies, & planter la branche. Le laurier poussa, & la poule eut des œufs; tout cela est assez dans l'ordre. Il n'est pas étonnant non plus qu'un jour de triomphe, Auguste ait préféré d'avoir une couronne faite des lauriers qui avoient été produits par cette branche. Mais ce que l'on ne croira pas, & ce que je trouve ridicule dans Suétone, c'est qu'il assure que les poules venues de cette première poule, & tous les lauriers, périrent naturellement peu de jours avant la mort de Néron, prodiges qu'il regarde comme un des présages de cet événement.

AD GALLUM GALLINACIUM, lieu de l'Afrique propre, sur la route d'Utique à Carthage. M. d'Anville ne l'a pas placé sur sa carte.

AD GRADUS. M. d'Anville met sur sa carte de Gaule, *Sinus ad Gradus*. Il en est parlé dans l'Itinéraire d'Antonin, & dans Ammien Marcellin. Ce lieu se trouvoit à l'embouchure du Rhône, & prenoit son nom, qui signifie *degrés*, de ce qu'en effet il s'y trouvoit des degrés par où l'on descendoit du mole dans les vaisseaux.

AD GRÆCOS, lieu de l'Italie, au nord de *Clusium*, & à l'ouest de *Cortona*.

AD HERCULEM. On a nommé quelquefois ainsi le *Portus Herculis Liburni* (Livourne.)

AD HERCULEM, petit lieu de l'île *Sardinia*, la Sardaigne, au nord-ouest, & sur la presqu'île qui se termine par le promontoire *Gorditanum*, en face de la petite île que les anciens nommoient *Herculis insula*.

AD HERCULEM. Ce lieu, dont il est parlé dans Antonin, & qu'il place à douze milles pas de *Gades*, me paroît être le même lieu que d'autres auteurs appellent *Templum Herculis*.

AD HERCULEM CASTRA. Antonin, en décrivant la route d'Italie & Dalmatie, par l'Illyrie, nomme ce lieu entre *Cirpi Montis* & *Salva Mansio*.

AD HORREA. On remarque, dit M. d'Anville, (Notice de la Gaule) plus d'un lieu sous ce même nom, en suivant les voies romaines, particuliérement dans les provinces de l'Afrique, dont l'Italie tiroit ses grains.

AD HORREA, (*Canes*.) lieu de la Gaule, dans la Narbonoise seconde, sur le bord de la mer, entre *Antipolis*, à l'est, & *Forum Julii*, au sud-ouest, chez les *Oxibii*. Ce nom, qui est celui des magasins à bled chez les anciens, étoit commode, dit M. d'Anville, pour le débarquement des grains qui y étoient transportés par mer des pays plus fertiles que n'est la Provence.

AD INNOCENTES. Ce lieu, situé près de *Mediolanum*, ne paroît pas avoir appartenu à l'antiquité. Ammien Marcellin dit que les chrétiens y révéroient la mémoire des saints martyrs Dioclès & Diodore.

AD INTERCISA, lieu d'Italie, chez les *Senones*, sur la route qui conduisoit de *Callis* à *Forum Sempronii*.

AD JOVEM, (Guevin.) position de la Gaule, que donne l'Itinéraire de Bordeaux à Jérusalem, entre *Tolosa*, à l'est, & *Bueconis*, à l'ouest. M. d'Anville croit en retrouver la position dans celle de Guevin ou le Guerin.

AD JUGLANDEM. Ce lieu, dont on ignore la juste position, est placé, par la table de Peutinger, entre *ad Græcos* & *l'Umbro*. Antonin n'en parle pas, & M. d'Anville ne l'a pas non plus indiqué sur sa carte.

AD LABORES. Ce nom se trouve sur la table de Peutinger. Jacob Godefroi pense que ce lieu est celui que l'on connoît davantage sous le nom de *Cibalis*, & conjecture qu'il aura été appellé ainsi d'après la fameuse bataille donnée sous les murs de cette ville, entre Constantin & Licinius.

AD LADIOS, dans la Pannonie. Ce lieu, selon Antonin, étoit sur la route de *Sirmium* à *Salona*. M. d'Anville ne l'a pas placé sur ses cartes.

AD LAMINAS, lieu que la table de Peutinger place entre *Varia* & *Carseoli*, en Italie, chez les *Æqui*.

AD LAPIDEM, lieu que l'on croit avoir appartenu à la Grande-Bretagne; mais sa position est incertaine. La Martinière croit qu'il étoit dans le comté de Hampschire, sur le bord occidental de l'Ischin, entre Winchester & South-Hampton: il est connu aujourd'hui sous le nom de *South-Stonam*. La conformité de signification entre les noms latins *Lapis*, & anglois *Stone*, y donne de la vraisemblance.

AD LATOBULGIUM. La Martinière dit que les éditions d'Antonin, faites à Rome, sur le manuscrit du Vatican, nomment ainsi le lieu que les autres éditions nomment *Blatum*, *Bulgium*.

AD LEUGAS VII. GEMINAM. Ce lieu est le même que *Legio Septima*, en Hispanie (Leo).

Mais c'est ainsi que le nomment les éditions d'Antonin, faites au Vatican. On lit dans les autres éditions, & dans celui de Wesseling, de 1735, *ad Legionem VII. Geminam.*

AD LIPPOS, lieu de l'Hispanie; mais on ne sait pas au juste sa position. Antonin l'indique sur la route qui alloit d'*Emerita* à *Cæsar-Augusta*, entre *Cecilionico* & *Sentice.*

AD LULLIAM, (*Argoulles.*) position de la Gaule, selon la table de Peutinger. M. d'Anville n'en fait pas mention. D. Martin, qui en parle dans son ouvrage, ne la met pas sur sa carte. Selon ce même savant, le nom moderne est *Argoulles*, sur l'Authie. M. d'Anville, d'après l'estimation juste des mesures, le place chez les *Morini*, ou Morins, près de la Conche. La Martinière l'attribue aux *Ambiani.* Au reste, ces deux peuples étoient voisins.

AD MALLIAS, petit lieu du *Brutium.* Antonin le place à 24 milles de *Nicotera.* M. d'Anville ne l'a pas mis sur sa carte.

AD MALLEUM. Antonin place ce lieu dans la Liburnie.

AD MALUM, au sud-est de *Tergeste.*

AD MARTEM, *ou* MARTIS STATIO, position de la Gaule Cis-Alpine, dans les Alpes Cottiennes. Elle étoit entre *Segusio*, à l'est, & *Gesdao*, au sud. Il en est parlé dans l'Itinéraire d'Antonin, & dans la table théodosienne.

AD MARTEM, au sud-ouest d'*Asculum*, dans le *Picenum.*

AD MARTIS, au sud-est de *Tuder*, dans l'Ombrie.

AD MARTIS, vers le sud-ouest de *Pistonia*, dans l'Etrurie.

AD MARTIS, au sud-ouest de *Segusio*, dans les Alpes.

AD MATREM MAGNAM, chez les *Hirpini.* On croit que ce lieu étoit dans celui où se trouve actuellement une abbaye, sur le *Mont Vergine.*

AD MEDERA. Ce nom paroît avoir été mis par une faute du copiste, pour *Ammedera.* Cette ville appartenoit à l'Afrique propre. M. d'Anville la place peu éloignée, à l'est du *Bagradas*, & au nord-est de *Tebeste.*

AD MEDIAS, dans l'île de *Sardinia*, (Sardaigne.) entre *Forum Trajani* & *Molaria*, vers le nord-est, dans l'intérieur de l'île.

AD MEDIAS, lieu de l'Italie, dans l'Insubrie. Je n'en trouve pas la position.

AD MEDIAS, lieu d'Italie, dans la partie du *Latium*, habitée par les Volsques. Au reste, on ne connoît cette position que par l'Itinéraire de Jérusalem, & par la pêcherie appellée actuellement *Meza*, qui paroît lui avoir succédé. Car on ne doit pas du-tout admettre l'opinion de Corradini, répétée dans la Géog. mod. de l'Encyclopédie, par laquelle on prétend que le lieu Meza a succédé à l'ancienne *Suessa Pometia.* *Voyez* POMPTINA PALUS.

AD MENSULAS, *ou* MENSULÆ, lieu de l'Etrurie. On n'en a pas la juste position.

AD MORUM. Ce lieu, qui ne se trouve pas sur la carte de M. d'Anville, étoit sur la grande route de *Carthage* à *Castulon*, entre *Eliocroca*, à l'est, & *Basti*, à l'ouest.

AD MURES, & AD STATUAS, lieu de la Pannonie. M. d'Anville, qui nomme ce lieu seulement *Ad Statuas*, le place sur le Danube, assez loin au sud d'*Arrabona.*

AD MUROS. Ce lieu n'étoit qu'une maison de plaisance où vivoit le jeune Valentinien avec Justine sa mère, lorsqu'on l'éleva à l'empire, à la mort de son père, en 375. Il n'étoit alors âgé que de 4 ans. Comme on n'est pas sûr que le lieu nommé ici *Ad Muros* soit le même que celui qui est nommé dans les notices *Ad Mauros*; & que l'on n'en a pas d'autres renseignemens, on ne peut fixer sa position. Quelques auteurs le mettent dans l'Autriche, d'autres en Hongrie.

AD NONAS, écrit sur la carte de M. d'Anville *Ad Novas*; Cluvier est aussi de ce sentiment. En adoptant l'opinion de ces deux savans, il faut sous-entendre *Tabernas*, & croire qu'il y avoit en ce lieu quelques nouvelles auberges qui le faisoient distinguer. *Ad Novas* se trouvoit en Etrurie, près du bord de la mer, au nord de *Forum Aurelii*, & au sud-est de *Cosa.*

AD NONUM, dénomination commune à plusieurs lieux, qui se trouvoient éloignés de 9 milles d'un autre lieu remarquable.

AD NONUM. L'Itinéraire de Jérusalem parle d'un lieu de ce nom sur la voie Appienne. M. d'Anville le place vers le nord de *Bovillæ.*

AD NONUM, autre lieu d'Italie, dans la Campanie, sur la route de *Sinuessa*, par la voie Appienne : il étoit à 9 milles de Capoue.

AD NONUM, lieu à 9 milles de *Mediolanum*; (Milan.) Cluvier pense que c'est le *Marignan* si connu.

AD NONUM, dans la Vénétie, au sud-ouest d'*Altinum.*

AD NONUM, à l'ouest d'*Æmona*, lieu de la Vénétie.

AD NONUM, position de la Gaule, chez les *Tolosates*, entre *Tolosa*, au nord-ouest, & *Badera*, au sud-est. Ce nom, qui exprime *neuf*, doit s'entendre ici de milles romains, parce que le lieu étoit dans la province romaine. Il en est parlé dans l'Itinéraire de Bordeaux à Jérusalem.

AD NOVAS, lieu d'Italie, peu éloigné au nord de l'embouchure du *Rubicon*, sur le bord du golfe Adriatique.

AD NOVAS, en Italie, chez les Sabins, lieu peu éloigné de *Cures* par le nord-est.

Quelques autres, appellés *Ad Novas*, sont aussi désignés par un autre nom.

AD NOVAS, en Hispanie, sur la route d'*Ilerda* à *Tarraco.* M. d'Anville, mettant ce nom au nominatif, écrit *Novæ.*

Ad Novas, au sud-est de *Cosa*, en Italie, dans l'Etrurie.

Ad Novas, au nord de *Clusium*, en Italie, dans l'Etrurie.

Ad Novas, au nord-est de *Cures*, dans le pays des Sabins.

Ad Novas, lieu de la Mœsie supérieure, selon la table de Peutinger.

AD OCTAVUM. Expression par laquelle on désigne que le lieu est à huit milles d'un endroit déjà cité ou très-connu.

Ad Octavum, en Italie, chez les *Taurini*, à l'ouest d'*Augusta Taurinorum*.

Ad Octavum, en Italie, dans l'Ombrie, dans la partie qu'occupèrent les *Senones*, au nord-est de *Forum Sempronii*, & au sud-ouest de *Fanum Fortunæ*.

Ad Octavum, sur la *Duria Minor*, à l'ouest d'*Augusta Taurinorum*.

Ad Octavum, au sud-ouest de *Fanum Fortunæ*.

AD OLIVAM, lieu d'Afrique, dans la Numidie, au sud-est de *Saldæ*, & à l'est de *Tubusuptus*. M. d'Anville place ce lieu dans une petite vallée que forme le *mons Ferratus*, & nomme ce lieu *Oliva*.

Ad Olivam. Ce lieu étoit en Sicile, sur la route d'*Agrigentum* à *Libybœum*. M. d'Anville a négligé de le placer sur sa carte. Il étoit à 24 milles du cap Libybée.

AD OPULENTOS, lieu d'Italie, dans la Campanie, près du rivage de la mer, à trois milles de *Pompeii*, & de *Stabiæ*. M. d'Anville n'en fait pas mention.

Je n'ai pu découvrir l'origine de ce nom, d'après lequel on devoit prendre une idée heureuse de ses habitans.

Ce lieu étoit près des anciennes limites de l'Italie qui s'est depuis étendue au nord.

AD PALATIUM, lieu que M. d'Anville comprend dans la Vénétie, & qui étoit à quatre milles au sud de *Tridentum*, sur l'*Athesis*.

AD PERTICAS. Ce lieu, qui étoit près de *Ticinum* ou *Popea*, n'appartient pas, je crois, à la haute antiquité. Paul Diacre, qui raconte que la reine Rodeline y fit construire une basilique en l'honneur de la Vierge, dit que ce lieu se nommoit *Ad Perticas*, parce qu'il y avoit eu autrefois des perches plantées en cet endroit. Ce lieu porte encore le nom de *Sancta Maria delle Pertiche*.

AD PETRAS RUBRAS, *ou simplement* Ad Rubras. On trouve dans les bons auteurs *Ad Saxa Rubra*. C'est par ces différens surnoms que l'on désignoit un lieu peu éloigné de *Fidenæ*; son nom lui venoit de ses carrières de pierre, qui, selon Vitruve, étoit tendre, & très-propre à la bâtisse. Dans la basse latinité, ce lieu prit le nom de *Lubræ*, avec le titre de ville. C'est aujourd'hui le bourg de Borghetto.

AD PICTA, *ou* Ad Pictas. Dans le premier cas on sous-entend *Diversoria*; dans le second, *Tabernas*. Ce lieu étoit en Italie, chez les *Æqui*, presque au sud de *Preneste*, sur la voie Latine, & au sud-est d'*Algidum*. C'étoit dans ce lieu, situé à 20 milles de Rome, que la voie Lavicane se joignoit à la voie Latine.

N. B. On y voit actuellement la fontaine appellée *Delle Macere*.

AD PINUM, lieu d'Italie, dans l'Apennin, à 12 milles de *Venusia*, en Apulie, du côté d'*Opinum*, c'est-à-dire, vers le sud-ouest. M. d'Anville n'en fait pas mention.

Ad Pinum, à l'extrémité de l'Italie, par le nord-est, dans les Alpes Juliennes, sur la grande route d'*Aquileia* à *Æmona*; mais à l'ouest de cette dernière, M. d'Anville a sur sa carte *Ad Pirum*: il me paroît que ce doit être une faute du graveur.

AD PIRUM PHILUMENI, lieu d'Italie, sur le golfe Adriatique, entre l'embouchure du *Metaurus* & *Sena Gallica*. M. d'Anville n'en fait pas mention.

Ad Pirum, lieu d'Italie, dans le *Samnium*. Ce lieu se trouve sur la carte de M. d'Anville.

AD PONTEM. Cette dénomination a été donnée à plusieurs lieux.

Le mot *Pons*, signifiant en latin *un pont*, l'expression *ad pontem* étoit devenue en usage pour désigner le lieu où, à la faveur d'un pont, on passoit une rivière.

Ad Pontem, dans la grande Bretagne. Les auteurs ont varié sur sa juste position. M. d'Anville le place chez les *Coritani*, au sud-ouest de *Lindum Colonia* (Lincoln.). Il me semble qu'il suit en cela Cambden, qui nomme le lieu actuel *Panton*, mot évidemment dérivé de *Pontem*.

Ad Pontem, lieu de la Bétique, en Hispanie, sur la route de *Gades* à *Corduba*. M. d'Anville n'en fait pas mention.

Ad Pontem Æni, ou simplement *Ad Pontem Ænum*, dans la Vindelicie. M. d'Anville, qui écrit *Pons Æni*, & place cette ville sur l'*Ænus*, la met entre *Augusta Vindelicorum*, à l'ouest, & *Ovilabis*, à l'est.

Ad Pontem Isis, dans la Norique. M. d'Anville, qui a écrit *Pons Ises*, place ce lieu à quelque distance du Danube, sur la droite, entre *Elegium*, à l'ouest, & *Arlape*, à l'est.

Ad Pontem Muri. M. d'Anville place ce lieu, qu'il nomme *Murium*, dans la Norique, au sud d'*Ovilabis*, & au sud-est de *Juvavum*, sur une rivière qui va se jetter dans le *Dravus*. Selon Cluvier, c'est aujourd'hui Muraw.

Ad Pontem Sontii, pont de la Carnie, sur le *Sontius*, après sa jonction avec le *Frigidus*, au sud-est de *Forum Julii*.

AD PONTES TEFENNIOS, que l'on trouve aussi nommé *Ad Pontes Tersennos*. M. d'Anville écrit *Pontes Tessenii*, & place ce lieu, qui appartient à la Vindelicie, au sud-est d'*Augusta Vindelicorum*.

AD PORTUM. Comme ce mot est joint, dans les auteurs, à celui d'un lieu, pour ne pas faire de double emploi, je renvoie à celui du lieu.

AD PRŒTORIUM. *Voyez* ce mot sans préposition, aussi bien que PRŒTORIA.

AD PUBLICANOS, (l'Hôpital de *Conflans.*) lieu de la Gaule, sur les confins des terres des *Allobroges* & des *Centrones*, entre *Casuaria*, au nord, *Mantala*, à l'ouest, & *Obitum*, au sud-est. Ce mot de *Publicanos*, qui est rendu en françois par celui de Publicains, a rapport aux employés qui recouvroient les deniers publics. C'est qu'en cet endroit il y avoit probablement un lieu de péage.

AD PIRENÆUM, (Col de Pertus.) position dont parle l'Itinéraire d'Antonin. M. d'Anville n'en parle point dans sa notice de la Gaule, & ne l'a point placée sur sa carte. On trouve ce lieu indiqué sur la carte & dans l'ouvrage de D. Martin.

AD QUARTUM DECIMUM, à l'est d'*Æmona*, dans la Vénétie. Cluvier l'attribue à la Rhétie. Mais j'adopte ici le sentiment de M. d'Anville.

AD QUINTANAS, lieu de la grande Grèce, dans l'Apulie.

AD QUINTANAS, lieu de l'Italie, dans le *Latium*, sur la voie Latine. Une inscription trouvée en ce lieu parle de la république des *Lavicanorum Quintanensium*, c'est-à-dire, des Lavicans Quintaniens : d'où M. l'abbé Chauppy conclut que cet *Ad Quintanas*, situé au 15e mille, fut ou devint une ville de *Lavicum*, bâtie depuis l'ancienne *Lavicum* que Strabon appelle παλαιὸν, qui étoit sur une montagne; c'est dans ce lieu que se trouve la *Villa Lazzarini*, où est l'inscription dont j'ai parlé.

AD RAGIANA, lieu de la Médie supérieure, sur l'une des petites rivières qui forment le fleuve Gyndes.

AD REGIAS, *ou* REGIÆ, & c'est ainsi que l'écrit M. d'Anville. Ce lieu, qui n'étoit qu'une forteresse dans la Mauritanie Césarienne, se trouvoit sur l'*Asarath*, au sud-est de *Siga*.

AD ROTAM, lieu d'Afrique, dans la Numidie, &, selon la notice d'Afrique, de l'Evêque Victor, entre *Cirta* & *Lambæsa*. M. d'Anville ne le place pas sur sa carte.

AD ROTAS, lieu d'Italie, chez les Cénomans. *Voyez* CENOMANI.

AD RUBRAS, lieu de l'Hispanie, dans la Bétique, chez les *Turdetani*, entre l'embouchure de l'*Anas* & *Ilipula*.

AD RUBRAS, ou *Rubræ*, en Afrique, dans la Mauritanie, entre *Calaa* & *Ad Regias*. M. d'Anville n'en fait pas mention.

AD SALICES, dans la Scythie, sur le bord de la mer Noire, au nord de l'embouchure la plus méridionale du Danube. M. d'Anville place ce lieu chez les *Peucini*, au nord-est d'*Istropolis*.

AD SALINAS, *ou* SALINÆ, petit lieu sur le golfe Adriatique, aux confins des *Prætutii* & des *Vestini*, ayant au sud-est l'embouchure de l'*Aternum*. M. d'Anville écrit *Stalinæ*. (C'est aujourd'hui *Spatana*.

AD SANOS, lieu d'Italie, que Cluvier indique dans la Vénétie.

AD SEPTEM ARAS, ou *les Sept Autels*, dans l'Hispanie.

AD SEPTEM FRATRES. On donna pendant long-temps ce nom à sept pointes de montagnes, connues sous le nom d'*Abyla*, dans la Mauritanie, au détroit de Gibraltar. On y construisit ensuite une ville au bas, qui fut appellée d'abord des noms de la montagne, puis elle prit celui de *Septa*, c'est-à-dire, entourée de palissades; il s'en est formé depuis *Ceuta*.

AD SEPTIMUM DECIMUM, lieu de l'Hispanie, à 17 milles de *Tarraco*. M. d'Anville indique cet endroit au nord-ouest de *Tarraco*, & au sud-est d'*Illerda*.

AD SEX INSULAS. Lorsque la Martinière écrivoit, on n'avoit pas encore déterminé la position de ces îles, que nomme Antonin. Il ne paroît pas que ses éditeurs y aient donné une grande attention, puisqu'ils ont laissé subsister son assertion sur l'ignorance où l'on est de la position de ces îles. M. d'Anville les a depuis long-temps placées sur sa carte de l'*Orbis Romani*. Il les met en face d'un petit promontoire, qui est presque au sud de *Malaca* (dans la Bétique.), & au nord-est de *Parietina*, sur la côte de la Mauritanie Césarienne.

AD SEXTIAS, que l'on trouve sur la Table de Peutinger, *Ad Sestias*, étoit sur le golfe Adriatique, à 12 milles de *Sena Gallica*. M. d'Anville n'a pas placé cette position.

AD SEXTUM, deux lieux de l'Italie portent cette dénomination.

AD SEXTUM, sur la voie Claudienne, avant sa réunion avec la voie triomphale, au nord-ouest de Rome, & au sud-est de *Veii*.

AD SEXTUM, dans l'Etrurie, au sud-ouest de *Sena*.

AD SEXTUM, (la *Ratz* ou *Arratz*.) position de la Gaule, entre *Ausci*, à l'ouest, & *Hugunuerro*, à l'est. J'ai adopté le nom moderne donné par M. d'Anville. Ce nom de *Sextum* indiquoit qu'il y avoit six lieues gauloises entre cette position & celle d'*Ausci*.

AD PILANOS, lieu de la Carnie, au nord-est de *Forum Julii*, sur le *Sontius*.

AD SILANUM, (*Estables*.) position de la Gaule, entre *Segodunum*, au sud-ouest, & *Anderitum*, au nord-est, sur les frontières des *Ruteni* & des *Gabali*. J'ai adopté le nom moderne donné par M. d'Anville.

On voit par la position des *Ruteni* & celle des *Gabali*, dans, ou très-près, des M. *Cebenna*, ou Cévennes, que ce lieu appartenoit à la première Aquitaine.

AD SILVIANUM, que l'on écrit aussi *Ad Silvium*, se trouve de cette dernière manière sur la carte de M. d'Anville. Il le place dans l'Apulie, entre *Venusia*, à l'ouest, & *Blera*; au sud-est.

AD SOLARIA, lieu d'Italie, dans l'Etrurie, selon Cluvier.

AD SORORES. Antonin indique ce lieu à 25 milles d'*Emerita Augusta*, sur la route qui alloit au travers de l'Hispanie, jusqu'à *Cæsar Augusta*. M. d'Anville ne l'a pas placé sur sa carte.

AD SPELUNCAS, petit lieu d'Italie, dans la *Messapia*, sur le bord de la mer, un peu à l'ouest de *Brundusium*. Toute cette partie de côte, continuellement battue par la mer, offre plusieurs cavernes, dans l'intérieur desquelles le mugissement des flots se fait entendre encore actuellement comme au temps où écrivoit Horace.

AD SPONSAS, lieu qui se trouvoit sur la voie Appienne, en Italie, entre la position d'*Ad Très Tabernas*, & le *Forum Appii*. Il en est parlé dans l'Itinéraire de Jérusalem. On en voit encore des ruines dans un bois à cinq milles du bourg de Cisterne. Là se voient aussi les restes d'une voie antique, qui conduisoit à *Cora* ou à *Norba*.

AD STABULUM, (*Boulou.*) position de la Gaule, entre *Illiberis*, au nord-est, & *Ad Centuriones*, au sud: ce nom signifie étable. On trouve de la différence entre les positions de ce lieu sur la carte de M. d'Anville & sur celle de D. Martin. C'est que M. d'Anville a cru devoir réformer les mesures données par les Itinéraires, & dans lesquelles, selon lui, il y a de l'altération. Il le prouve par la comparaison des autres mesures qui y ont rapport, & par l'état actuel des lieux. Boulon paroît évidemment formé de *Stabulum*. Ce lieu, situé au pied des Pyrénées, appartenoit aux *Sardones*.

AD STATUAS, lieu d'Italie, en Etrurie, à 25 milles d'*Aretium*, & à 12 de *Clusium*. M. d'Anville n'en fait pas mention.

AD STATUAS, autre lieu d'Italie, sur la voie Labicane, & entre *Labicum* & Prœneste.

AD STATUAS, lieu de l'Hispanie, sur la route qui alloit de *Valentia* à *Carthago*. M. d'Anville ne l'a pas placé sur sa carte.

AD STATUAS, dans la Pannonie, sur le Danube, entre *Lussuniam* & *Ripa Alta*. Quelques auteurs paroissent admettre encore en Pannonie un autre lieu du même nom.

AD TABERNAM FRIGIDAM, lieu d'Italie, dans l'Etrurie.

AD TARUM, & non pas *Ad Turum*, comme on le lit dans l'Itinéraire de Jérusalem. Cette position, qui se trouvoit en Italie sur le *Tarus*, n'a pas été indiquée par M. d'Anville.

AD TEMPLUM, lieu d'Afrique, au midi de la Byzacène. M. d'Anville, qui l'indique sur sa carte d'après Antonin, le place à l'est du lac ou étang qu'il nomme *Libya*.

AD TITULOS, lieu de la Liburnie, sur la route qui alloit de *Tergeste* à *Tarsatica*, & au nord de cette dernière ville. M. d'Anville l'a placé sur sa carte.

AD TRES INSULAS. La Martinière, ni les Géographes qu'il a consultés, n'ont pas connu la position de ces îles qu'indique Antonin. M. d'Anville les place au fond d'un petit golfe, au sud-est de *Rusadir*, au sud-ouest de *Siga*, & presque au sud du promontoire *Charidemum*, qui appartenoit à la Bétique.

AD TRES TABERNAS, lieu qui se trouvoit en Italie, sur la voie Appienne, à 17 milles d'Aricie. Quoique ce nom ne signifiât que les *trois Auberges*, il est probable qu'il étoit devenu plus considérable dans la suite. Le lieu se nomme actuellement *Castello*. On y trouve les ruines d'un ancien château. De ce même lieu se détachoit une voie, qui alloit par le sud à *Antium*.

AD TRICESIMUM, vers l'est, à 30 milles d'Aquilée. On dit que ce lieu s'appelle encore *Tricesima*.

AD TRICESIMUM, position de la Gaule, à 30 milles, ainsi que l'on nous l'indique, du lieu d'où compte l'Itinéraire, & ce lieu est *Narbo Martius*. Il n'y avoit plus que 8 milles de-là à *Carcaso*.

AD TROPŒA, lieu de l'Italie, dans le *Brutium*. On doit observer qu'Etienne de Bysance, en parlant comme d'un lieu de la Sicile, se conforme à l'usage de son temps, qui comprenoit la partie du sud de l'Italie sur une même dénomination avec la Sicile.

AD TURREM, lieu de la Sardaigne, au nord; mais plus connu sous le nom de *Turris Libissonis*.

AD TURREM, & *Ad Turrim*, (Tourves.) comme l'écrit M. d'Anville, dans la partie de la Gaule que l'on nommoit *Narbonnois* troisième, chez les *Suelteri*, au nord-est de *Marsilla*, & au sud-est d'*Aquæ Sextiæ*.

AD TURRES, en Italie, sur la voie Aurelienne, & dans le territoire de *Cerite*.

AD TURRES, autre lieu d'Italie, sur la voie Appienne, dans le *Brutium*, près du bord de la mer, sur le golfe *Termeus*, au nord de *Vibo*.

AD TURRES, lieu d'Italie, à l'extrémité du promontoire *Circeium*.

AD TURRES ALBAS, lieu d'Italie, sur la route de *Circeium* à *Antium*. M. d'Anville n'en parle pas.

AD TURRES, dans la Liburnie, sur la route d'*Aquileia* à *Signia*, au sud-est de *Tarsatica*.

AD TURRES, lieu de l'Hispanie, sur la route de *Valentia* à *Carthago*. M. d'Anville ne l'a point indiqué. Il étoit entre *Ad Statuas*, à 9 milles, & *Adellum*, à 25 milles.

AD TURRES, autre lieu de l'Hispanie, sur la route d'*Augusta Emerita* à *Augusta Cæsarea*.

On sent bien que beaucoup d'autres lieux, où il y avoit des tours & des fanaux, ont pu être désignés par ce même nom.

AD TURRIM, (Tourves.) position de la Gaule, chez les Salyes, dans la Narbonoise seconde, entre *Tegulata*, à l'ouest, & *Matavonium*, à l'est. Dom Martin l'écrit *Ad Turrem*, ainsi que l'Itinéraire d'Antonin. *Voyez* AD TURREM.

AD UNDECIM, à l'ouest d'*Aquileia*, lieu d'Italie,

talie, dans la Vénétie. Ce lieu, marqué sur la carte de M. d'Anville, par les chiffres romains IX, étoit sur la route qui conduisoit à *Altinum*. Il est connu par l'Itinéraire de Jérusalem.

AD URBANAS, lieu d'Italie, dans la Campanie, entre *Capua* & *Teanum*. M. d'Anville le nomme *Urbana*, d'après Pline, qui ajoute *Colonia Sillana*. C'est qu'en effet Sylla avoit établi en ce lieu une colonie, qui avoit pris le nom d'*Urbana*. Pline ajoute que lorsqu'il écrivoit, il n'y avoit pas long-temps que cette colonie avoit été conduite à *Capua*.

AD URSUM PILEATUM. C'étoit le nom d'un lieu de la ville de Rome.

AD VAGA TUNGRORUM. On trouve ce nom dans l'édition d'Antonin, faite sur le manuscrit du Vatican ; on le trouve dans les autres nommé *Aduaca*. *Voyez* ATTUACA.

AD VICESIMUM, lieu d'Italie, à 20 milles de Rome, sur la voie Flaminienne, vers le sud-ouest de *Capena*.

AD VICESIMUM, lieu de l'Italie, dans la Lucanie, sur le golfe de Tarente, au nord de *Sybaris*, & au sud d'*Heraclea*.

AD VICESIMUM, dans l'Asie mineure, sur la route de *Trapezus* à *Satala*, au sud, dans l'Arménie mineure. M. d'Anville ne parle pas de ce lieu.

AD VICESIMUM, nommé sur la carte de M. d'Anville *Ad Vigesimum*, étoit au sud-est de *Tolosa*, entre *Badera* & *Elusio*. J'ai suivi l'orthographe de l'Itinéraire de Bordeaux.

AD VICTORRIOLAS, petit lieu d'Italie, sur la route de *Mutina* à *Bononia*.

AD VIGESIMUM, (*Cabanes de la Palme*.) position de la Gaule, chez les *Astacini*, à 20 milles au sud de *Narbo*. M. Marca pense que cette position répond aux cabanes de Pitou ; mais M. d'Anville dit que la distance de ce lieu à Narbonne ne s'accorderoit pas avec l'Itinéraire. C'est le même lieu nommé ci-dessus *Vicesimum* 4.

AD VILLAM SERVILIAM, lieu d'Afrique, dans la Numidie. Antonin le met à 20 milles d'*Hippo Regius*, sur la route qui conduisoit à *Cirta*. M. d'Anville ne l'a pas placé sur sa carte.

AD VINEAS, lieu mal nommé *Vignas*, sur la table de Peutinger. Il étoit en Italie, chez les Eques.

ADABA, ville de la Médie, & connu seulement par l'Anonyme de Ravenne. On en ignore la juste position.

ADACARA. *Voyez* IDACARA.

ADACHA, ville d'Asie, dans la Palmyrène, & connu par Ptolemée ; M. d'Anville ne lui assigne aucune position.

ADAD-REMMON, ville de la Judée, qui étoit située dans la plaine de Mageddo, dans la demi-tribu de Manassé, en-deçà du Jourdain, à quelque distance au nord-ouest de Samarie.

C'est où se donna la bataille dans laquelle Josias, roi de Juda, fut tué par les troupes de Néchao, roi d'Egypte. Il en est parlé au quatrième livre des juges, chap. 7.

Cette ville prit ensuite le nom de *Maximianopolis*, en l'honneur de l'empereur Maximinien.

ADADA, ville de la partie septentrionale de la tribu de Juda. C'est la même ville qui est nommée dans les Septante *Azouel*.

ADADA, ville de l'Asie mineure, dans la Pisidie. Ptolemée en parle, ainsi que les notices épiscopales.

ADADA, autre ville d'Asie, dans la Palmyrène. M. d'Anville ne donne pas de position à ces deux dernières villes.

ADÆ, lieu de la Phrygie, que Strabon place au bas du mont *Ida*.

ADÆI, peuple Arabe, que Ptolemée place en Egypte, dans un pays entouré de montagnes, assez près de la petite cataracte du Nil.

ADAM, au nord-ouest de *Machærus*, sur le Jourdain, assez près de son embouchure, dans le lac Asphaltite. Elle est plus communément nommée *Adom*. On prétend que ce fut en ce lieu que les eaux du Jourdain s'arrêtèrent & s'élevèrent, pour laisser dans leur lit un libre passage à l'armée des Israélites, qui marchoit contre Jérico.

ADAMA, *ou* ADAMAH, ville du pays de Chanaan, & l'une des cinq de la Pentapole. Elle fut consumée par le feu du ciel, en même temps que Gomorre, Sodôme & Seboïm.

ADAMA, ville de Judée, dans la tribu de Nephtali. La Vulgate la nomme *Edema*, & les Septante, *Armaïth*. Elle est aussi nommée *Neceb*.

ADAMAS, rivière que Ptolemée place dans l'Inde, en deçà du Gange. Il en place la source dans le mont *Uxentus* ; & l'embouchure au 142e deg. 4 min. de longitude, 18 deg. 7 min. de latitude.

ADAMI, *ou* ADAMA, ville de Judée, dans la tribu de Nephtali.

ADANA, ville de l'Asie mineure, dans la *Cilicia Campestris*, sur le *Sarus*, vers l'est de *Tarsus*. Etienne de Bysance en attribue la fondation à Adanus & à Sarus, qu'il suppose avoir fait la guerre aux Tarsiens. Et pour donner de l'importance à son récit par du merveilleux, il ajoute qu'Adana étoit fils du ciel & de la terre.

ADANA, ville qu'Etienne de Bysance attribue à l'Arabie.

ADANA, port de l'Arabie heureuse, appellée aujourd'hui *Aden*. On pense que c'est un port que les Romains avoient de ce côté.

ADANATES, peuple des Alpes Cottiennes, que Pline appelle *Edenates*. Quelques écrivains soupçonnent que leur pays étoit situé où est aujourd'hui Seyné, appellé par les anciens *Sedena*.

ADANI INSULÆ, îles de la mer Rouge, selon Ptolemée, qui en compte deux.

ADARA, lieu de la Palestine, selon Etienne de Bysance.

ADARCHIDÆ, Etienne de Bysance, qui cite

Hérodote, donne ce nom pour celui d'un peuple de la Libye ; mais dans cet auteur on lit *Adyrmachidæ*, aussi bien que dans Ptolemée.

ADARI, ville que Ptolemée place dans l'Arabie heureuse.

ADARINA, ville de l'Inde, selon Ptolemée.

ADAROPOLIS. Ce nom se trouve écrit dans la Martinière, comme ne faisant qu'un mot ; il cite Etienne de Bysance, dans lequel on lit Ἀδάρου πόλις, ainsi que dans Strabon : il paroît donc que la ville se nommoit ainsi ; c'étoit un nom composé ; je ne sais pourquoi il a été décomposé par les traducteurs de ce dernier, qui écrivent *Adari Civitas*. Etienne de Bysance cite Marcian : je n'y ai pas trouvé cette ville nommée. Elle étoit dans le golfe Persique. Le Géographe Nubien en parle aussi.

ADARISTUS : selon Cluvier, le nom grec de cette ville étoit Ἀδάριστος. Je ne sais où il a pris cette leçon : il cite Ptolemée. Le texte grec que j'ai sous les yeux porte Ἀνδάριστος, *Andaristus*. Cette ville appartenoit à la Macédoine, dans la Pélagonie.

ADARSA, *ou* ADAZER, ville de la Judée, dans la tribu d'Ephraïm.

Il est dit dans les Machabées, que c'est où Judas Machabée se campa pour attaquer Nicanor, qui fut tué le premier.

ADASA, ville de la Palestine, dans la tribu d'Ephraïm. Joseph la nomme *Adaso* & *Akedosa*, dans deux ouvrages différens. Quoi qu'il en soit, elle est connue par l'histoire des Machabées. Judas campoit sous ses murs, lorsque Nicanor campoit à Bethchoron. Ce dernier fut battu & tué dans le combat, où son armée fit une perte de 35000 hommes. C'est la même qu'*Adarsa*.

ADASATRA. Ortélius dit que Ptolemée place cette ville dans l'Inde. La Martinière n'y trouve qu'une montagne appellée Ἀδεισάθρον. Le texte que j'ai sous les yeux porte Ἀδίσαθρον. Le milieu de cette montagne étoit, selon Ptolemée, au 132e deg. de longitude, 23e deg. de latitude.

ADATES, ancienne ville de l'Asie mineure, dans la Pisidie, selon Strabon.

ADATTHA, ville de l'Asie, selon Ptolemée, qui la place au 69e deg. 30 min. de longitude, & au 37e deg. 30 min. de latitude. Elle ne devoit pas être éloignée de l'Euphrate. On la trouve sur les cartes faites pour Ptolemée, à l'ouest des montagnes qui séparent au sud-est la Cappadoce de la Comagène.

ADDÆA, ville de l'Asie, dans la Mésopotamie, selon Ptolemée, qui la met au 77e deg. 15 min. de longitude, & au 34e deg. de latitude. Elle devoit être près de l'Euphrate, dans la partie méridionale de la Mésopotamie. C'est peut-être la même ville qu'*Anatho*.

ADDACA, ville que Ptolemée place dans la Mésopotamie.

ADDANUS, fleuve de l'Asie, que Marcian attribue à la Carmanie, & que l'on croit être le même que l'*Anamis* d'Arrian, & l'*Andanis* de Ptolemée.

ADDUA (l'Adda.) Ce fleuve, qui commence au nord dans les vallées habitées alors par les *Culicones*, coule au sud-ouest par le terrein des *Vennones*, se rend dans le lac Larius, le quitte à sa moitié vers l'est, & va par le sud-est se rendre dans le *Padus*, à l'ouest de *Cremona* (Crémone.)

ADDUS, ville de la Palestine, dans la tribu de Juda. Simon Machabée s'y campa, pour disputer l'entrée du pays à Tryphon, qui, à Ptolémaïde, avoit arrêté en trahison Jonathas Machabée son frère. Cette position étoit si heureuse, que l'ennemi fut obligé de se retirer. *Macab. l. 1, c. 13, v. 13.*

ADDYME, ville d'Afrique, dans la Mauritanie Césarienne, selon Ptolemée.

ADEBA, ville de l'Hispanie Tarragonoise, & que Ptolemée place chez les *Illercaones*. M. d'Anville ne l'a pas placée sur sa carte.

ADEDUS, village de l'Arabie heureuse, selon Ptolemée, au 72e deg. 15 min. de longitude, & au 17e deg. 10 min. de latitude. Sur les cartes dressées pour cet auteur, il est placé sur le bord de la mer Rouge, chez les *Cassaniti*.

ADELLUM, ville de l'Hispanie, au nord-ouest d'*Illicis*, & sur le fleuve qui passoit par cette ville.

ADEN. C'est par ce nom que les traducteurs ont rendu le nom d'Αυτὰν ou d'Αυταν, selon les manuscrits. Voyez *Excepta ex Crysococcæ Syntaxi.*

ADER, EDER, HARAD, & HERED. Car cette même ville se trouve nommée de ces quatre noms, selon que l'on lit dans l'Hébreu, la Vulgate, &c. Elle fut attribuée à la tribu de Juda ; & l'on croit qu'auparavant elle étoit la capitale d'Arab, roi d'une partie des Cananéens. Ce prince attaqua & vainquit les Israélites, avant leur entrée dans la terre promise. Mais ceux-ci ayant fait vœu de ruiner toutes les villes de ce pays, si Dieu les en rendoit maîtres, ils en passèrent tous les habitans au fil de l'épée, dès qu'ils se furent emparés de la ville. Ce fut alors qu'on lui a donné le surnom d'*Horme*, qui signifie *pleine de victoires*. Josué l'appelle aussi *Eder-Jagut*. Elle étoit au sud, & assez près du lac Asphaltite.

ADER ou *Eder*, nom qui signifie *la tour du troupeau*. Ce fut dans ce lieu que Jacob dressa sa tente après la mort de Rachel. Cette tour étoit à un mille de Bethléem. Sainte Hélène y fit bâtir une église.

ADERCO, ville de l'Ibérie, selon Etienne de Bysance.

ADES, (*Rhades.*) ville de l'Afrique propre. Elle étoit située à deux lieues à l'est-sud-est de *Tunes*, sur une hauteur, entre la mer & le port nommé *Stagnum*, par Procope.

Polybe dit que c'est où Régulus défit les Carthaginois.

ADESA, *ou* ADÆSA, rivière de l'Asie mineure, dans la Lycie. Selon Pline, elle conduisoit à *Choma*.

Cette ville, située dans l'intérieur des terres, est placée par M. d'Anville sur une petite rivière, qui se réunit à une plus considérable, nommée *Xanthus*.

ADESTUM, ville d'Italie, selon l'Anonyme de Ravenne. On conjecture que c'est le même qu'*Ateste*, au sud-ouest de *Patavium*.

ADIABA, ville que Simon Machabée bâtit dans une plaine, en Sephala. On en fit une place de défense.

ADIABA, & ADIABAS, rivière d'Assyrie, qui avoit donné son nom à la province que l'on appelloit *Adiabène*. On a des raisons de croire que cette rivière est la même que l'on connoît dans ce pays sous le nom de *Zabas* ou *Zabus*.

ADIABDA, ville de l'Asie, dans l'Albanie, selon Ptolemée, qui la place au 79e deg. de longitude, & au 45e deg. 30 min. de latitude. Dans la traduction de cet auteur, on trouve *Adiabla*.

ADIABENA, région de la haute Asie. C'est à tort qu'Etienne de Bysance dit qu'elle étoit entre l'Euphrate & le Tigre. Elle étoit à l'est de ce dernier; car il est généralement reconnu que l'Adiabène n'est que la contrée connue originairement par le nom d'Assyrie. Amien Marcellin nous donne la raison de ce changement, en disant que les Grecs qui s'y rendoient étoient obligés de traverser le Tigre; ce qu'ils exprimoient par le verbe διαβαίνειν, ils en firent le nom Adiabène; c'est à-peu-près ainsi que nous disons les *Ultramontains*, qui n'est pas le nom d'un peuple, mais celui de tous ceux qui se trouvent au-delà des montagnes, & qui cependant chez nous désigne plus particulièrement les Italiens. C'étoit dans cette province que se trouvoit *Nisibe*, *Arbelle*, &c.

L'Adiabène devint un royaume particulier, subordonné à celui des Parthes. Il fut conquis sur eux par Trajan; mais il revint bientôt au pouvoir de ses premiers maîtres.

ADIABENI, les Adiabéniens, peuples d'Asie, qui habitoient l'Adiabène. Ils ne sont guère connus qu'à l'occasion des guerres de Tigrane. Ce roi d'Arménie leur fit d'abord la guerre; puis il trouva moyen de les faire entrer dans son parti, en leur faisant prendre les armes contre les Romains. Ils furent subjugués par l'empereur Sevère. *Voyez* ADIABENE.

ADIABLA. C'est ainsi que ce nom se trouve écrit dans la traduction de Ptolemée; mais le texte porte *Adiabda*. Voyez *ce mot*.

ADIADA, ville de la Palestine, dans la tribu de Dan. On voit, au premier livre des Machabées, que Simon, l'un d'eux, avoit fait élever cette place de défense dans une plaine.

ADICARA, ville de l'Asie, près du golfe Persique, selon Ptolemée, qui la place au 79e deg. de longitude, & au 29e deg. 30 min. de latitude.

ADIDA. On convient que c'est le nom grec de la ville nommée dans les Mach. (*XII, v. 38*) *Adiada in Sephela*, c'est-à-dire, *Adiada dans la plaine*. D. Calmet pense que c'est la même qu'*Addus*. Il est dit dans le texte cité ci-dessus, que Simon Machabée la fit bâtir dans une plaine; (& son nom le porte.) M. d'Anville, en la plaçant sur une montagne, à quelque distance au nord-ouest de Jérusalem, a eu sans doute quelque autre renseignement.

ADIENUS, *ou* ADIENUM, rivière qui se jettoit dans le Pont-Euxin. C'est Arrian qui la fait connoître dans son Périple. M. d'Anville ne l'a pas tracée sur sa carte. Arrian l'indique entre l'*Ascurus* & *Athenæ*. Cet espace est peu considérable. L'*Adienus* devoit donc être dans cette partie du Pont qui avoisine la Colchide, chez les *Heniochi*.

Selon la description anonyme du Pont-Euxin, ce lieu avoit d'abord porté le nom d'*Adineus*.

ADINEUS, ancien nom de la rivière appellée depuis *Adienus*, selon la description anonyme du Pont-Euxin.

ADISAGA, ville de l'Inde, que Ptolemée place au 159e deg. 30 min. de longitude, & 23e de latitude.

ADISAMUM, ville de l'île de Taprobane, selon Ptolemée.

ADISATHRA, *ou* ADISATHRUM, ville de l'Inde, en deçà du Gange, selon Ptolemée, au 128e deg. 30 min. de longitude, & au 24e deg. 30 min. de latitude.

ADISATHRI, peuple de l'Inde, en-deçà du Gange, selon Ptolemée. Il leur donne la ville de *Sagida* pour métropole.

ADISATHRUS MONS, montagne de l'Inde, près du golfe de Bengale, que Ptolemée nomme *golfe Gangétique*. Il la place au 132e deg. de longitude, & au 23e de latitude.

ADISADARA, ville de l'Inde, en-deçà du Gange, selon Ptolemée.

ADITAÏM, ville de la tribu de Juda. C'est la même qu'*Adatha*. Eusèbe admet deux villes de ce nom; l'une vers *Gaza*, & l'autre vers *Lidda*.

ADLULLIA, écrit par D. Martin *Ad Lulliam*, petit lieu de la Gaule, chez les Morini, entre *Duroicoregum*, au sud, & *Lottomagus*, au nord, sur l'*Altcia* (La Canche.)

ADLUTA. *Voyez* ALUTA.

ADOLLAM. *Voyez* ADULLAM.

ADOLLAM-SOCHO, ville de la Palestine, nommée aussi *Odollam*; elle est nommée la neuvième de quatorze villes de la seconde partie de la tribu de Juda. Josué en tua le roi.

C'est aussi le nom de la caverne dans laquelle se retira David, en fuyant la colère de Saül.

ADOM. *Voyez* ADAM.

ADOMMIM, ville & montagne de la Palestine, dans la tribu de Benjamin; on croit assez généralement qu'elle étoit à l'ouest de Jéricho. M. d'Anville la place au sud-ouest, entre cette ville & Jérusalem. Comme ce mot en hébreu signifie les *montagnes rouges*, on a prétendu qu'il avoit été donné à ce lieu à cause de la grande quantité de sang que les voleurs y avoient versé. Mais n'est-ce pas une étymologie faite après coup ; & la couleur des terres n'auroit-elle pas plutôt décidé le nom de la montagne ? Selon S. Jérôme, c'est dans ce passage qu'avoit été attaqué le voyageur dont parle Jesus-Christ dans S. Luc, *c. X*, *v. 30 & suiv.*

ADONIS, (*Nahr-Ibrahim*, ou *la rivière d'Abraham.*) petit fleuve, ou plutôt ruisseau de la Phénicie, qui couloit de l'est à l'ouest, par le sud (& non pas par le nord) de *Biblos*, & se jettoit dans la Méditerranée. Dans la Cosmographie d'Ethius, il est dit qu'il prenoit sa source auprès de *Tiberias*. Mais cette ville est trop au sud, & le fleuve, peu étendu d'ailleurs, auroit eu bien des montagnes à traverser ; en coulant près de *Biblos*, comme on en convient, il est à la hauteur d'*Heliopolis*, qui étoit plus à l'est.

ADOPISSUS, ville de l'Asie mineure. Ptolemée la place dans la Lycaonie. M. d'Anville n'en fait pas mention.

ADORA, *appellée aussi* ADORAM, ADOR & DORA. C'étoit une ville de la Palestine, dont il est parlé dans plusieurs des livres saints. Elle appartenoit à la tribu de Juda. Roboam la fortifia.

ADOREUS MONS, montagne de l'Asie mineure, dont il est parlé dans Tite-Live. M. d'Anville a placé cette montagne dans la Galatie, au sud-est d'*Amorium*.

ADORSI, peuple septentrional, dont parle Tacite, & auquel les Géographes les plus instruits n'ont assigné aucune position. Cellarius croit que ce sont les mêmes que les *Aorsi*. Si cette conjecture est aussi vraie que vraisemblable, ce peuple est un de ceux que Strabon range au nombre des Scythes Nomades, qui ont leurs cabanes placées sur des roues. Et, comme ils sont nommés avec quelques autres plus connus, on peut conjecturer qu'ils habitoient dans le pays qui s'étendoit depuis le mont *Hæmus*, au sud, jusqu'à l'*Ister*, au nord.

ADPERTUSA, lieu de l'Afrique propre. Il paroît être le même que celui de la même région nommée ailleurs *Pertusa*.

ADRA, *ou* HADRACH, appellée aussi *Sedrach* & *Chadrach*, ville de la Cœlo-Syrie, selon Ptolemée.

Ce qui en est dit dans la Vulgate, & dont s'autorise D. Calmet, pour nous laisser croire que Zacharie prononça des imprécations contre *Adra*, peut être, & a été entendu différemment. On peut croire qu'elle n'étoit pas loin de Damas, si, comme le dit la Vulgate, cette dernière étoit *son repos*, de qui doit signifier, en langage intelligible, *sa sûreté*.

ADRA, ville que Ptolemée place dans la Liburnie. Il paroît que ce doit être l'*Adra* de l'Illyrie.

ADRA, ou *Adraa*. Ptolemée attribue cette ville à l'Arabie : mais il ne faut pas l'aller chercher dans la presqu'île qui porte ce nom par excellence. Les anciens, & même les modernes, font remonter l'Arabie fort avant vers le nord ; & tout le pays à l'est du Jourdain, porte aussi le nom d'*Arabie*, & est en effet habité par des Arabes. *Adra* étoit dans la petite province de la Palestine, appellée *Batanæa* ou Batanée, près du fleuve *Hieromax*, au sud-est de *Capitolias*.

Le peu d'exactitude dans l'orthographe des noms de villes a fait faire des erreurs dans les Dict. de Géographie : il faut s'en bien défier. Cette ville est quelquefois nommée *Adraon* & *Adratum*, quoique ce soit le même lieu, comme on n'en peut douter par ce qui en est dit ; elle étoit devenue ville épiscopale, & avoit le troisième rang sous la métropole de Basra.

ADRABÆ CAMPI, canton de la Germanie, dont parle Ptolemée. La Martinière dit que ce même lieu porte aujourd'hui le nom de *March-Feld*, & se trouve dans la haute Autriche, au nord-est de Vienne.

ADRABON, nom que Niger donne à un bourg de la Gaule, chez les *Veneti*, & qui devoit se trouver vis-à-vis de Belle-Isle, sur la côte de Bretagne. M. d'Anville n'en fait pas mention.

ADRÆ. *Voyez* HATRA.

ADRAGA. C'est ainsi que Paulmier de Grante-Menil croit devoir lire le nom écrit Δρδγα, dans le texte de Ptolemée. Ce lieu appartenoit à l'Arabie, & étoit situé au 79e deg. 10 min. & au 15e deg. 15 min. de latitude.

ADRAMA. Comme Ptolemée place cette ville dans la *Batanie*, & qu'*Adra* s'y trouve aussi, je conjecture que M. d'Anville l'a regardée comme étant la même. Quant à moi, je n'en trouve aucune ailleurs.

ADRAMITÆ, peuple que Ptolemée place dans l'Arabie heureuse.

ADRAMYTTENA, petite région de l'Asie mineure. Elle avoit pris son nom de la ville d'*Adramyttium*.

ADRAMYTTENUS SINUS, golfe de l'Asie mineure, où se trouvoit la ville d'*Adramyttium*. Ce golfe étoit entre cette ville & l'île de Lesbos.

ADRAMYTTIS, île de l'Asie mineure, sur la côte de la Lycie, selon Etienne de Bysance.

ADRAMYTTIUM. (*Adramitti.*) On trouve, selon les différens auteurs, *Adramittum*, *Adramitteos*, Αδραμυττειον, & *Adramyttion*. Mais je m'en tiens à l'orthographe de Strabon, qui écrit Αδραμύττιον, suivie par M. d'Anville.

Cette ville, selon Etienne de Bysance, avoit reçu son nom d'Adramyte, son fondateur, fils d'Alyatte, & frère de Crésus. Il s'appuie de l'autorité d'Aristote. D'autres disoient que ce nom venoit d'Hermone, roi de Lydie, que les Phrygiens appelloient *Adramys*. Elle devint ensuite une colonie d'Athéniens. Cette ville, située dans la Phrygie, étoit au fond d'un petit golfe de son nom, avec un port, en face de l'île de Lesbos. En langage vulgaire actuel, on appelle encore ce lieu *Landremitte*,

Adramytte eut beaucoup à souffrir au temps de Mithridate, qui, comme on sait, avoit juré d'exterminer en Asie jusqu'au nom romain. Ce fut pour plaire à ce prince que le prêteur Diodore fit égorger le sénat d'Adramytte. Xénocles, célèbre orateur, étoit de cette ville.

ADRANA, ville de Thrace, assez près de Bérenice, selon Etienne de Bysance, qui cite Théopompe, dont les ouvrages sont actuellement perdus. Le livre 13 de Polybe, que le même auteur cite ensuite, a éprouvé le même sort. On y lisoit *Adrena*.

ADRANA, ville de l'Asie mineure, dans la Mysye inférieure.

ADRANA, petit fleuve de la Germanie, chez les Cattes. Il commençoit au mont *Rheticus*, couloit par le nord-est, pour se rendre dans le *Visurgis*.

Tacite, parlant de l'expédition des Romains de ce côté, dit que les jeunes gens d'entre les Cattes, avoient passé ce fleuve à la nage pour surprendre leurs ennemis, qui étoient occupés à y construire un pont.

ADRANS, & ADRANTIS, appellé par Zosime *Adranis*. M. d'Anville écrit *Hadrante*, & place ce lieu sur le *Savus*, dans le *Noricum*, à peu de distance au nord-est d'*Æmona*, précisément où il trace les limites de la Carnie & du *Noricum*. En prenant le nom de Pannonie dans un sens plus étendu, quelques auteurs attribuent cette ville à la Pannonie.

ADRANUM, (Aderno.) écrit plus ordinairement, & sur la carte de M. d'Anville, *Hadranum*; ville de la Sicile, dans la partie orientale, mais vers le nord-est de l'Etna. Elle fut fondée, selon Diodore, dans la première année de la 95e olympiade, ce qui répond à l'an 400 avant l'ère vulgaire, par Denys de Syracuse. Il y avoit déjà un temple en cet endroit, & la ville prit le nom du temple. La rivière portoit le même nom.

ADRAPSA, *ou Hadrapsa*, ville de l'Hyrcanie, selon Ptolemée. Strabon la place dans la Bactriane. Elle est aussi appellée *Darapsa*, & paroît la même que celle qu'Arrian, *l. 3*, *ch. 29*, appelle *Drapsacæ*.

ADRASDII, siège épiscopal, dans le patriarchat d'Antioche, & le 18e sous la métropole de Seleucie.

ADRASTEA, *ou* ADRASTÉE, ville d'Asie dans la Troade. Cette ville se trouvoit au nord-ouest de Zéléia, & vers l'est de Lampsaque, au sud-est de *Parium*, dont elle étoit peu éloignée, aussi bien que de *Priapus*, qui étoit au nord-est.

Elle avoit été fondée par Adraste, fils de Mérope, disoit-on, qui y avoit fait bâtir un temple à Némésis, déesse de la vengeance. Tout près de la ville étoit un oracle d'Apollon & de Diane.

ADRASTEA, petite contrée de l'Asie mineure, dans la Phrygie, à l'est de Lampsaque, baignée au nord par une partie du détroit, & à l'est par la Propontide. On y trouvoit les villes de *Pæsus*, de *Parium*, d'*Adrastea*, d'*Hermæum*. La montagne en avoit aussi pris le nom.

ADRASUS paroît être la même qui se trouve nommée ailleurs *Adrasson*. Elle est indiquée par une notice ecclésiastique, comme appartenante à l'Isaurie, & ayant pour métropole Seleucie.

ADRESTES, peuples de l'Inde, qui furent soumis par Alexandre, selon Quinte-Curse, *l. 8*, *n°. 9*.

ADRIA, ville archiépiscopale, dans le Patriarchat de Jérusalem. C'étoit, selon Nilus Doxapatrius, un des archevêchés qui n'avoient pas sous eux d'évêchés. Il y avoit 25 villes dans cette classe.

ADRIA, (*Adria.*) est écrit aussi *Hadria*, ville d'Italie, très-ancienne, & qui paroît avoir donné son nom au golfe Adriatique (aujourd'hui le golfe de Venise.) Elle étoit chez les *Veneti* ou *Heneti*, au sud, sur le Tartarus. Quelques auteurs, tels que Justin, &c. en attribuent la fondation à des Grecs, & même à Diomède, jetté sur ces parages. Il est vrai que Justin convient que ce qu'il dit peut s'entendre aussi de l'autre *Hadria* des *Prætutii*. Tite-Live dit qu'elle fut fondée par des *Tusci*, & Varron est du même sentiment. Il est bon d'observer que d'abord, & pendant long-temps, la *Tuscia* ou Etrurie fut censée s'étendre d'une mer à l'autre, & même remonter jusques vers le Pô. Selon l'épitome du Liv. XI de Tite-Live, elle devint colonie romaine; il paroît que ce fut l'an de Rome 463.

ADRIA, (*Atri.*) ville d'Italie, sur une montagne, près du golfe Adriatique, étoit comprise dans le pays des *Prætutii*. Quelques écrivains ont dit qu'elle fut fondée par Denys le tyran. Ce qui vient à l'appui de ce sentiment, c'est que Diodore attribue à ce prince l'établissement de quelques places sur la même côte. Il vouloit s'en servir pour favoriser ses entreprises sur l'Epire. Cette ville devint colonie à l'approche d'Annibal. L'empereur Adrien, qui y étoit né, y envoya une colonie nouvelle, & la peupla plus qu'elle n'étoit auparavant.

ADRIA, rivière d'Italie, selon Strabon; c'est sans doute le *Tartarus* ou *Hadrianus*, qui passe par *Adria* pour se rendre à l'est dans le golfe.

On trouve aussi dans S. Jérôme une petite île de ce nom.

ADRIANA, *ou* HADRIANA, ville épiscopale de l'Hélespont, sous la métropole de Cyzique.

ADRIANA, appellée aussi *Adrianopolis*, étoit dans la seconde Pamphilie. Elle étoit épiscopale.

ADRIANE. *Voyez* HADRIANE.

ADRIANI, *ou* HADRIANI, surnommé *Ad Olympum*, ville de l'Asie mineure, dans la Bithynie. Elle étoit au sud-est du marais Apolliniates, tout près du *Rhyndacus*. Philostrate nous apprend qu'Aristide y étoit né.

ADRIANI FORUM. *Voyez* FORUM ADRIANI.

ADRIANIDE, tribu d'Athènes, qui comprenoit les villages d'*Eleonsa*, d'*Oa*, & de *Phigala*.

ADRIANOPOLIS, *ou* HADRIANOPOLIS, ville de Grèce, en Epire, au sud-est d'Apollonia. Cette ville prit depuis le nom de *Justitianopolis*, d'après l'empereur Justinien, comme elle avoit pris son premier nom de l'empereur Adrien.

ADRIANOPOLIS, *ou Hadrianopolis* (*Andrinople*), ville de Thrace, sur l'*Hebrus*, au nord-ouest de *Bysantium* ou Constantinople. On prétendoit que cette ville avoit d'abord été fondée par Oreste : elle avoit en effet porté le nom d'*Orestis*. On la nomma ensuite *Uscudama*. Enfin, l'empereur Adrien l'ayant augmentée & embellie, elle prit son nom.

ADRIANOPOLIS AD ISTRAM. Quelques dictionnaires parlent de cette ville, qui apparemment avoit été fondée par Adrien sur le Danube : elle étoit, selon ces autorités, dans la basse Mésie.

ADRIANOPOLIS, ou *Hadrianopolis*, (*Boli*.) ville de l'Asie mineure, dans la Bithynie, étoit sur le *Billæus*, à l'ouest de *Cratia*.

ADRIANOTHERAS, écrit sur la carte de M. d'Anville *Hadriano-Theræ*, étoit une ville de Mésie, située sur le *Selinus*, au nord-est de *Pergamus*.

ADRIANUM CASTELLUM, château de la Macédoine, que, selon Procope, Justinien fit réparer.

ADRIANUM MARE, appellée aussi *Adriæum*, & *Adriaticum*, actuellement le GOLFE DE VENISE. On croit qu'il avoit pris son nom de la ville d'*Hadria*, ou du fleuve *Adria*, qui passoit par cette ville, & se rendoit dans le golfe, un peu au-dessus des sept embouchures du Pô.

ADRIAS, nom d'un fleuve, selon Eustathe. Il devoit être près de la ville d'*Adria*.

ADRIATICUM MARE, ou mer *Adriatique*. C'est actuellement le golfe de Venise. Deux villes d'Italie se disputoient l'honneur de lui avoir donné ce nom. *Voyez* ADRIA.

ADRIS, nom d'une rivière des Indes, selon Ptolemée.

ADRIUS MONS. C'est le nom que Strabon donne à une petite chaîne de montagnes qui court le long de la Dalmatie, & la partage en maritime & en méditerranée. M. d'Anville a tracé la montagne, mais il n'y a pas mis le nom.

ADROBICUM, dans l'Hispanie, petit lieu qui se trouvoit compris au sud-ouest, dans la baie que les anciens nommoient *Magnus Portus*. Il étoit sur la côte septentrionale, tout près de *Brigantium*, chez les *Artabri*.

ADROMONE. Ce nom se trouve dans la table des villes remarquables de Ptolemée, à l'article de la pentapole de la Cyrénaïque. Je suis persuadé qu'elle est la même qu'*Hadriane*. Au reste, cet auteur ne lui donne ni latitude, ni longitude.

ADRON, ville de l'Arabie pétrée, selon Ptolemée.

ADROTTA, ville maritime de l'Asie mineure, dans la Lydie, selon Etienne de Bysance.

ADRU, *ou* ADROU, ville de l'Arabie pétrée, selon Ptolemée, qui la place au 67e deg. de longitude, & au 29e deg. 55 min. de latitude.

ADRUMETUM, *ou* HADRUMETUM. Car les anciens l'écrivoient avec une aspiration. Strabon écrit Ἀδρύμη, *Adryme*, & Ptolemée, Ἀδρυμιτιος, *Adrumittus*. C'étoit une ville considérable de l'Afrique propre, dans la partie qui porte le nom de Bizacène. Elle étoit au fond d'un golfe, qui n'est séparé que par une presqu'île de celui où étoit Carthage. C'étoit une colonie romaine. Comme il y avoit une petite île en face de cette ville, semblable à celle qui se trouvoit à Carthage, & qui y formoit le port appellé *Cothon*, on avoit donné ce même nom à la petite île d'*Adrumetum*. Il faut que le sort de cette ville ait varié, puisque l'on trouve qu'elle étoit colonie, & que cependant Pline la compte au rang de celles qui se gouvernoient par leurs propres loix. *Adrumetum*, qui passoit pour avoir été bâtie par les Phéniciens, devint la capitale de la Bysacène, & l'une des villes épiscopales.

L'Itinéraire d'Antonin le place à 85 milles de Carthage. Elle étoit bâtie sur un promontoire, & avoit plus d'un mille de tour. Le port étoit à l'ouest du promontoire.

Procope nous apprend que cette ville fut aussi nommée *Justiniana*, en l'honneur de l'empereur Justinien. Hirtius & Scylax en font mention.

Le voyageur Shaw dit que son nom moderne est *Herkla*. Mais M. d'Anville croit que l'on en ignore la juste position.

N. B. Dans la Vulgate, on lit que S. Paul s'embarqua pour Adrumette ; c'est Adramytte qu'il faut lire, conformément au grec & à la raison, puisque cet apôtre va en Asie.

ADRYME. C'est ainsi que Strabon écrit le nom de la ville d'*Adrumetum*. Voyez *ce mot*.

Etienne de Bysance dit *Adrymes*. L'Anonyme de Ravenne dit *Adrymettum*.

ADSCENSUS SCORPIONIS, ou *la montée du Scorpion*. *Voyez* ACRABIM.

ADUACA TUNGRORUM, (*Tongre*.) ville de la Gaule. C'est ainsi que l'Itinéraire d'Antonin, & la table théodosienne, nomment la capitale des *Tungri*. César la nomme *Atuatuca*, & Ptolemée, *Atuatucum*. Il y avoit mis une légion en quartier d'hiver : un soulevement des *Eburones* la lui fit perdre. Il s'en vengea, en détruisant presque toute la nation. Ce fut depuis que la nation des *Tungri* eut pris le dessus, que la ville prit le nom de la nation. Elle étoit devenue un siège épiscopal. Après sa destruction par Attila, en 451, le siège fut transféré à *Trajectum Mosæ* (Mastricht), d'où il a passé ensuite à Liège.

ADUATICI, *ou* ATUATICI. Ce peuple n'est connu que par les commentaires de César ; &, selon lui, il s'étoit formé d'une partie des Teutons, qui, n'ayant pas voulu aller plus loin, s'étoient établis en ce lieu. Ils étoient sur le Sabis (la Sambre) ; près de sa jonction avec la *Mosa* (la Meuse), vers le comté de Namur & le pays de Liège. Quant à leur ville, dont parle César, Samson croit que ce peut être le château même de Namur. M. d'Anville objecte que ce petit espace n'auroit pu contenir 60000 hommes que César en fit sortir. Il croit en retrouver l'emplacement dans un lieu nommé *Falais*, qui est élevé & tout entouré de rivières, & d'autres fortifications naturelles. César dit en effet qu'elle étoit entourée de précipices de tous côtés, & qu'ayant abandonné les campagnes, ils s'y étoient retirés avec leurs effets.

Quant à ce que l'on sait de l'histoire des *Aduatici* ou Aduatices, cela n'est pas fort étendu. Séparés, comme je viens de le dire, des Cimbres & des Teutons, ils s'établirent en ce lieu, & y eurent des rois. Vaincus par César, ils furent vendus au nombre d'environ 53 mille. Leur pays fut de nouveau soumis par Auguste, & compris dans la Germanie *seconde* ou *inférieure*. Ils disparurent enfin; & si l'on croit les retrouver depuis, ce n'est qu'en les soupçonnant désignés par un autre nom. Car les *Eburones* qui leur succédèrent n'avoient été au milieu d'eux qu'une nation étrangère. Ce fut Auguste qui établit les *Tungri* dans *Atuatuca*.

ADUATUCA. *Voyez* ADUACA TUNGRORUM.

ADULA, ADUELLA & ADULAS. Ce nom, & plusieurs autres qui en approchent, ou qui sont le même, désignent la masse de montagnes qui se trouve au nord-ouest de l'Italie, vers la Suisse. Je laisse à part ceux qui ont cru retrouver au juste une montagne seule à laquelle ce nom appartint; car cela paroît trop difficile, vu l'étendue des lieux où ce même nom se trouve.

ADULE, selon Pline, *ou* ADULIS, selon Etienne de Bysance, M. d'Anville, & ADULI, Ἀδυλεὶ, selon le Périple d'Arrian, étoit, selon Ptolemée, une ville d'Ethiopie, sur le bord de la mer, & la plus fréquentée de cette côte. Pline dit que des esclaves s'étant sauvés de chez des Egyptiens, leurs maîtres, bâtirent cette ville, qui devint la plus marchande de la Trogloditique. Les marchandises que l'on en retiroit étoient l'ivoire, les cornes de rhinocéros, les cuirs d'hippopotames, les écailles de tortues, les singes & les esclaves. Etienne de Bysance dit qu'on l'appelle aussi l'île de *Panos*; mais selon Ptolemée, l'île de *Panos* est différente de la ville *Adula*.

ADULI, village de l'île d'Orine, dans la mer Rouge, en face du continent. Il étoit à vingt stades de la mer, & d'une médiocre grandeur.

ADULICUS SINUS, partie de la mer Rouge, qui formoit en effet un petit golfe, où se trouvoit *Adulis*, mais que Ptolemée & d'autres anciens paroissent avoir cru bien plus enfoncé qu'il n'est réellement.

ADULITA, les Adulites, peuple qui habitoit le long du golfe Adulique, ou *Adulicus Sinus*, sur la côte d'Afrique, appellée actuellement *côte d'Aden*.

ADULLAM SOCHO, que l'on a cru être la même qu'ODULLAM, *ou* ODOLLAM. Cependant son surnom semble la distinguer. Au reste, sous ces noms, c'étoit une ville royale de la Judée, dans la tribu de Juda, selon le livre de Josué.

C'est auprès de cette ville, sur les confins du petit pays de Dommin, que les Philistins vinrent se camper avant de s'avancer jusqu'à la vallée de Thérébinte.

C'est dans une caverne voisine de cette ville, que David se retira pendant la persécution de Saül.

Cette ville étoit du nombre de celles qui furent fortifiées par Roboam.

M. d'Anville la place au sud-ouest de Jérusalem, & très-près du torrent d'Escol.

ADUNAS, *ou* ADUNA, rivière de la Susiane, & dont parle Pline.

ADUNICATES, peuple de la Gaule, dans la partie que l'on appella d'abord *Province Romaine*. Il en est parlé dans Pline. D. Martin, sur sa carte, le place au nord de *Dinia*. M. d'Anville n'en fait aucune mention.

ADURAM, appellée aussi *Adoraïm*, ville de la Palestine, que fonda Salomon & que fortifia Roboam. On croit que c'est la même qui est nommée ailleurs *Adar* ou *Ador*. Elle est nommée par Joseph *Adora*.

ADURNI PORTUS, *ou* ADURNUM, port de la *Britannia* ou Grande-Bretagne. M. d'Anville le place chez les *Regni*, à l'est du *Magnus Portus*.

ADVOCATENSIS. Ce mot est l'adjectif du nom d'un siège épiscopal d'Afrique; mais on n'en sait ni le nom, ni la position.

ADYLISUS, montagne que Pline place en Béotie.

ADYRMARCHIDÆ, *ou* ADYRMARCHITÆ, les Adyrmarchides, comme l'écrit Ptolemée. M. d'Anville, qui a adopté la première orthographe, place ce peuple dans le *Libycus Nomus*, au nord-ouest de l'Egypte, & assez près de la mer. Ptolemée le place en effet près de la région Ammonienne, c'est-à-dire, celle où étoit le temple de Jupiter-Ammon. Silius Italicus en parle comme d'un peuple guerrier.

Selon Hérodote, ils observoient la loi du talion; leurs mœurs étoient presque les mêmes que celles des Egyptiens; mais ils s'habilloient comme les Libyens. Leurs femmes portoient à chaque jambe des anneaux de cuivre, & laissoient croître leurs cheveux. Leurs filles n'étoient mariées qu'après avoir été présentées au roi, qui ordinairement les gardoit quelques jours auprès de sa personne, quand il les trouvoit à son gré.

Leurs femmes portoient des cuissards de cuir, laissoient croître leurs cheveux, &c. Hérodote, qui en parle, ajoute encore quelques traits, qui ne méritent pas trop, ce me semble, de trouver place ici.

ADYTOS, lieu d'Egypte, aux environs de

Memphis. M. d'Anville n'en fait pas mention sur sa carte.

Æ A

ÆA, ville d'Afrique, dont parle Ortélius, qui cite un vers de Silius Ialticus, *l. III.*

ÆA. C'est le nom qu'Etienne de Bysance donne à une fontaine de Macédoine. Berkelius soupçonne, avec beaucoup de raison, que peut-être *Æa* n'est que la rivière *Æas*.

ÆA, ville de Grèce, dans la Thessalie. Car un vers grec de Sophocle, que cite Etienne de Bysance, dit que cette ville appartenoit aux Thessaliens. Mais on n'en connoît pas la position.

ÆA, ville d'Asie, dans la Colchide. M. d'Anville la place sur le *Phasis*, à peu de distance de son embouchure. Etienne de Bysance dit qu'elle étoit à 300 stades de la mer. Selon lui, elle avoit été bâtie par *Ætas*. On croit que c'est la même que l'*Æapolis* de Ptolemée. Près de cette ville étoient les deux petits fleuves *Hippos* & *Cyaneos*. Mais il paroît que l'*Hippos* étoit plus au nord.

Cette ville, selon la commune tradition, devoit son origine au fameux Sésostris, roi d'Egypte, qui, après avoir parcouru toute l'Asie avec son armée, laissa une colonie dans la Colchide, & y fit élever des piliers de pierres, sur lesquels furent gravés les noms & la position des pays qu'il avoit traversés, selon Apollonius de Rhodes.

La ville d'*Æa* a été célèbre autrefois, pour avoir été la demeure du roi *Æeta*, & le théatre des aventures de sa fille Médée, selon Pline & Strabon.

On montroit dans cette ville un vieux temple, dédié au dieu Mars, dont Castor & Pollux enlevèrent la statue. Il y en avoit un autre dédié à Phrixus, & un bois, où on disoit que la toison étoit suspendue à un arbre, selon Pausanias. Le reste de la ville étoit peu de chose, depuis qu'on avoit fondé plus près de l'embouchure du Phase, une autre ville qui étoit plus commode pour le commerce, selon Pomponius Méla.

On seroit étonné, avec raison, que Ptolemée n'eût pas fait mention de cette ville, si l'on n'étoit pas fondé à croire que cette ville d'*Æa* est la même qui fut dans la suite nommée *Sabastopolis*, ou *ville d'Auguste*. Cependant M. d'Anville en fait deux villes différentes, & place *Sabastopolis* plus au nord.

ÆACIDÆ INSULÆ, îles Eacides. Ces îles, connues par Etienne de Bysance, n'ont pas, dans son ouvrage, un article à part; mais elles se trouvent nommées à l'article ŒNONE, (Οἰνώνη.) qui en étoit la plus considérable. Mais comme Œnone étoit l'ancien nom de l'île d'Egine, dans laquelle régna Eacus, on pense que c'est cette île & ses dépendances qu'Etienne de Bysance appelle *îles Eacides*.

ÆACIUM. *Voyez* ÆANTIUM.

ÆAMENA, contrée des Nabathéens, en Arabie, selon Etienne de Bysance, qui cite Uranias.

ÆANA, ville de la Macédoine. On a dit qu'elle avoit été fondée par *Æanus*, fils d'Elyme, roi des Tyrrhéniens, & que ce prince avoit mené une colonie en Macédoine. Mais on n'a d'autorité de ce fait ancien, qu'Etienne de Bysance, rejetté par Suidas.

ÆANEIUS LUCUS, bois sacré de la Locride, qui, selon Strabon, avoit pris son nom d'un grec nommé *Aanes*, qui y fut tué par Patrocle.

Il y avoit aussi, selon le même auteur, une fontaine dans le même lieu, que l'on appelloit *Æanis*.

ÆANIS, fontaine de la Locride. Elle étoit située près du bois sacré appellé *Æaneius*.

ÆANITIS, région des Nabathéens, selon Etienne de Bysance.

ÆANTIDE, tribu de l'Attique, qui comprenoit six peuples; savoir, ceux de Marathon, d'Œnone, de Psaphidæ, de Rhamnus, de Titacidæ, & de Tricorythus. Il en est fait mention dans Julius Pollux & dans Plutarque.

ÆANTIUM, ÆANTEIUM, *ou* AJACIUM. (*nouveau château d'Asie.*) Ce petit lieu se trouvoit en Asie, sur un petit promontoire, au nord-ouest de la ville de *Rhatheum*. On prétendoit que c'étoit en ce lieu qu'avoit été enterré Ajax. On y vit en effet pendant long-temps la statue de ce héros. Marc-Antoine, occupé de tout ce qui pouvoit lui gagner les cœurs des Egyptiens, & donner de l'éclat à ce pays, y fit transporter cette statue, ainsi qu'un grand nombre d'autres. Mais Auguste s'étant rendu maître de l'Egypte, fit reporter chaque statue au lieu d'où elle avoit été enlevée: ainsi, la statue d'Ajax fut rendue à *Æantium*.

N. B. C'est certainement par une faute du graveur, que sur la carte de M. d'Anville on lit en ce lieu cette abréviation *Æcat.* c'est *Æant.* qu'il faut lire.

ÆANTIUM, ville & promontoire de Thessalie, à l'extrémité de la presqu'île qui contenoit la Magnesie, en face de *Thebæ* ou Thebes de Thessalie, & à l'entrée du golfe Pelasgiaque. C'est en comprenant la Thessalie sous le nom de Macédoine, que l'on place dans ce pays le promontoire *Æantium*.

ÆAPOLIS. Quelques auteurs croient devoir lire ainsi ce nom dans Ptolemée, au lieu de *Thiapolis*, ville de la Colchide.

ÆAS, *ou*, selon M. d'Anville, *Aias*, ce qui est plus conforme au grec, montagne d'Egypte, sur la mer Rouge. On la connoît par Ptolemée & par Pline.

ÆAS, rivière de Macédoine, dans l'Elymiotide. Pline la nomme *Aous*. Elle couloit vers le nord-ouest, & alloit se rendre dans le golfe Adriatique, près d'Apolonie.

Il en est fait mention dans le Périple de Scylax.

ÆBUDÆ. (les Westernes.) Les anciens ont nommé *Æbudæ*, *Ebudæ* & *Hæbudes*, des îles septentrionales, dont ils ne connoissoient pas la juste position. Selon Etienne de Bysance & Marcian, qu'il qu'il cite, ces îles faisoient partie de celles que l'on nommoit *îles Britanniques.*

Selon Solin, ces lieux situés près de Tulé étoient dans une mer noire & glacée (*concretum mare*). Un seul roi gouvernoit ces îles, dans lesquelles les biens, les femmes étoient en commun : le roi lui-même n'avoit pas de propriété. On n'y vivoit, selon le même auteur, que de poisson & de lait.

ÆBURA, ville de l'Ibérie, c'est-à-dire, de l'Hispanie, selon Etienne de Bysance. Elle est nommée *Ebura* par Strabon. Il paroît qu'il y eut en Hispanie plusieurs villes de ce nom, puisque celle dont parle Strabon étoit près du *Bætis*, & que celle dont parle Pomponius Mela, laquelle, à la rigueur, pourroit être la même, étoit vers le bord de la mer; que celle dont parle Tite-Live étoit chez les *Carpetani*, c'est-à-dire, presque au centre de l'Hispanie; & qu'enfin, celle que nous connoissons par les Itinéraires, sous le nom d'*Ebora*, étoit dans la Lusitanie, assez loin à la droite de l'*Anas*.

ÆCÆ, ville de l'Italie, dans la grande Grèce. *Voyez* ÆGANA CIVITAS.

ÆCALUM, ancienne forteresse d'Italie, dont parle Etienne de Bysance, sur le témoignage de Denys d'Halicarnasse. Il cite le *Liv. XVI*: mais nous ne l'avons plus. C'est le lieu que les Latins ont appellé *Æculanum*.

ÆCANA CIVITAS, *ou seulement* ÆCÆ (*Troja*). Comme on lit dans l'Itinéraire de Jérusalem, sur la table de Peutinger, & sur la carte de M. d'Anville. Cette ville étoit en Italie, dans la *Daunia*, au sud de *Luceria*. C'est la même que les latins appellent *Æculanum*.

ÆCAS (*Troïa*), nommée sur la carte de M. d'Anville *Æcæ*, & dans Polybe Αἰγαι, *Ægæ*, ville d'Italie, dans l'Apulie, au sud de *Luceria*. Elle est nommée *Æcas* dans l'Itinéraire de Jérusalem, par lequel on indique une route, qui alloit de *Beneventum* à *Canusium*, différente d'une autre, qui étoit plus au sud. C'est à présent une petite ville, nommée *Troïa*.

ÆCHILENSII, peuple de l'île de Sardaigne, selon Ptolemée, qui le place dans la partie septentrionale de l'île de Sardaigne.

ÆCLUS, ville de Grèce, dans l'île d'Eubée, selon Scymnus de Chio.

ÆCULÆMUM. *Voyez* ÆCULANUM.

ÆCULÆNIUM, ville d'Italie, dans le *Samnium*, chez les *Hirpini*, à l'est de *Beneventum*. Tite-Live parle de la prise de cette place par les Romains.

ÆCULENUM, *ou* ÆCLANUM, *&* ECULANUM, ville d'Italie, dans le *Samnium*, vers l'est de Benevent, sur une voie romaine. Je ne connois rien de particulier dans l'antiquité concernant cette ville; mais elle est célèbre dans l'histoire de l'église, parce que Julien, ce chef des sémi-pélagiens, en étoit évêque. Ses ruines sont très-dispersées. Il paroît que la ville de Mirabelle s'est formée des ruines d'*Æculænum*.

ÆCULANUM (*Eclano*), ville d'Italie, que la table de Peutinger & Antonin nomment *Eclanum*. Sur la carte de M. d'Anville on lit *Æculænum*. Elle se trouvoit chez les *Hirpini*, au sud-est de *Beneventum*. Lorsque Sylla fit avancer ses troupes contre les *Hirpini*, il attaqua d'abord *Æculanum*.

N. B. J'ai fait un second article de cette ville, parce qu'il peut arriver qu'on le cherche sous ce nom, & que je tâche de compléter la nomenclature.

ÆDEPSI THERMÆ, bains chauds de la ville d'*Ædepsus*. Ces bains, dont Strabon parle au livre premier, étoient situés sur la côte occidentale de l'île d'Eubée, presque en face de la ville d'Opunce.

ÆDEPSUS, ville de l'île d'Eubée, sur la côte occidentale presque en face de la ville d'Opunce. Il y avoit en ce lieu, selon Strabon, des bains d'eau chaude, consacrés à Hercule. On trouve la ville & les bains indiqués sur la carte de M. d'Anville. Ptolemée nomme cette ville *Ædipsus*.

ÆDESSA, nom que Ptolemée donne à la ville d'Edesse. *Voyez* EDESSA.

ÆDIPSUS. *Voyez* ÆDEPSUS.

ÆDONIA. Je trouve ce nom écrit ainsi dans la traduction du Périple de Scylax. Le texte porte Αἰδωνία; mais dans la note, comme on préfère Ανδωνία, je pense que c'est une faute d'impression pour Αἰδωνία. Au reste, l'auteur dit que c'est une île près de la Marmorique. C'est peut-être celle que Ptolemée nomme *Ædonis*.

ÆDONIS INSULA, île de la mer d'Egypte, selon Ptolemée.

ÆDUI, les Eduens, peuple de la Gaule, situé entre l'*Arar*, à l'est, & le *Liger*, à l'ouest, depuis le 46ᵉ deg. de latitude, jusques vers le 47 $\frac{1}{2}$. Ils s'étendoient même à l'ouest au-delà du *Liger*. Leur capitale se nomma d'abord *Bibracte*, & prit ensuite le nom d'*Augustodunum* (1). Les Eduens étoient un des peuples les plus puissans & les plus anciens de la Gaule. Les Insubriens, qui s'étoient établis en Italie plusieurs siècles avant que les Romains songeassent à en sortir, faisoient partie des Eduens. Lorsque les Romains se furent établis dans la province Romaine, ils entretinrent des intelligences dans l'intérieur de la Gaule, & firent alliance avec les Eduens. Quand César arriva dans la Gaule, il y étoit en quelque sorte appellé par les Eduens & quelques autres des principaux peuples de la Gaule, qui avoient à se plaindre des *Helvetii* ou Helvétiens. Ceux-ci furent battus; mais ils avoient un parti parmi les Eduens, qui cependant avoient donné des otages à César. Il paroît, par tout ce que l'on lit d'eux ensuite, qu'ils continuèrent d'être attachés aux Romains.

La forme de leur gouvernement étoit l'aristocratie. Ils élisoient tous les ans un magistrat, qui

(1) Quelques auteurs croient que l'ancienne *Bibracte* est actuellement le petit village de Beureçt. *Voyez* ce point discuté aux *mots* BIBRACTE & AUGUSTODUNUM.

avoit une puissance suprême; mais il ne lui étoit pas permis de sortir de l'enceinte du pays. Il étoit donc électif, & à égalité de voix entre les chefs & les druides, celui qui avoit les voix de ces derniers, obtenoit la préférence. Mais ce gouvernement, cette puissance, n'ont guere duré que jusqu'à l'établissement des Romains dans la Gaule.

Sous Honorius, eux & leurs sujets occupoient presque toute la province appellée première Lyonnoise. Et voici l'idée assez juste que l'on peut prendre de l'étendue de cette puissance.

Les Eduens seuls occupoient le pays compris dans les diocèses d'Autun, de Châlons, de Mâcon, avec partie de celui de Dijon.

Leurs alliés & leurs sujets comprenoient le reste de la Bourgogne, la Bresse, le Lyonnois, le Beaujolois, le Forez, le Bourbonnois & le Nivernois.

ÆDUSII, les Eduses, peuple limitrophe de la Celtique, selon Etienne de Bysance. Il paroît que l'on a confondu ces peuples avec les Eduens, ou plutôt qu'il est ici mention des Eduens, dont le nom est défiguré.

ÆEÆA, nom de l'île habitée par Circé, selon Homère. Cluvier croit que le poëte a voulu désigner le promontoire appellé *Circæum*, & qui étant presque tout entouré d'eau, ressemble fort à une île. Ce nom est donné aussi comme une épithète à Circé elle-même, parce qu'elle étoit censée être de la ville d'*Æa* en Colchide. On a aussi donné ce nom à Médée. *Voyez* ÆA.

ÆGA, rivière de la Phocide. Eustathe, sur le *vers 132* de Denys le Périégète, dit qu'elle couloit dans le terrein appellé *Ægæum*. Ce terrein ou *champ* (πεδίον) étoit, selon Etienne de Bysance, près de *Cirrha*. On en peut conclure que cette petite rivière se jettoit dans le golfe de Corinthe.

ÆGA. Hygin, cité par Ortelius, place une ville de ce nom dans l'Æmonie, c'est-à-dire, ce me semble, la Thessalie.

ÆGA. Ortelius, en s'appuyant du témoignage d'Isidore, admet une île, ou plutôt un écueil de ce nom, entre les îles de Tenedos & de Chio. Il ajoute de plus que ce fut cet écueil qui donna son nom à la mer Egée : je ne le crois pas. *Voyez* ÆGÆUM MARE.

ÆGA, promontoire de l'Asie mineure, dans l'Eolide, selon Strabon. Il étoit en face de l'île de Lesbos. Il faut observer que Strabon remarque expressément que ce promontoire étoit appellé de même que l'animal de ce nom, c'est-à-dire, *la chèvre* : ce qui justifie la critique que l'on a faite du mot *Ægates* dans Etienne de Bysance. *Voyez* ÆGATES.

ÆGADES INSULÆ, *appellées aussi* ÆGATES & ÆGUSÆ, les îles Egades, placées à l'ouest de la Sicile, en face de la côte qui s'étendoit depuis *Drepanum* jusqu'à *Lilybæum*. La plus occidentale se nommoit *Hiera* & *Maritima Sacra* ; à l'est de celle-ci étoit *Phorbantia*, appellée aussi *Buccina* ; au sud étoit *Ægusa*, que l'on a aussi nommé *Aponania* & *Capsaria*. Je ne sais s'il est bien prouvé que ce soit de ces îles que parle Virgile, *Æn. l. 1*, quand il dit que ces rochers (*Saxa*) sont nommés *Aræ*, ou autels, par les Latins. Ce nom d'autels venoit d'un traité juré entre les Romains & les Carthaginois.

Les îles Egades sont d'ailleurs célèbres dans l'histoire Romaine, par la bataille à laquelle elles ont donné leur nom, & par la victoire qui en fut la suite. Le consul Lutatius Catulus y battit complettement les Carthaginois, & mit ainsi fin à la première guerre punique.

ÆGÆ. Pour entendre plusieurs des articles qui vont suivre, soit par rapport aux opinions des grecs, sur l'origine du nom des villes appellées *Ægæ* ou Egées, soit par rapport à l'étymologie de ces mêmes noms, selon quelques modernes, il faut savoir, 1°. que les Grecs dérivoient ce nom du mot Αἴξ, génitif Αἰγὸς, *une chèvre*. De-là venoit, selon eux, que presque toutes ces villes devoient leur commencement à un événement dans lequel les chèvres entroient pour quelque chose. Et comme ordinairement ces petits contes se font toujours long-temps après l'époque à laquelle on les rapporte, rien n'empêchoit un peuple superstitieux, & souvent entraîné par son imagination, de les adopter comme une vérité que l'on ne pouvoit pas mettre en doute. 2°. Que quelques modernes, entre lesquels je distingue sur-tout MM. l'abbé Bergier & Gebelin, ayant suivi les traces de ce nom d'*Ægæ* dans ses racines primitives, ont trouvé que *Ag*, *Aig*, ont constamment désigné des eaux ou des contrées maritimes dans les langues celtiques & pélasgiques; ils en ont conclu, avec beaucoup de vraisemblance, que ce nom avoit sur-tout été donné à des villes placées sur le bord des eaux, & peut-être dans des lieux plus aquatiques, ou mieux situés pour le commerce que quelques autres villes qui en étoient voisines. On ajoute à la probabilité de cette opinion, en démontrant, par le témoignage des auteurs, que Neptune étoit particulièrement révéré dans les villes d'Eges. On peut voir ce qu'Homère dit de ce dieu, relativement à la ville d'Eges en Achaïe, & à celles de l'île d'Eubée.

Je pense donc que les anciens n'ont imaginé les petites histoires où il entre des chèvres, que faute de connoître la véritable étymologie des noms qu'ils vouloient expliquer.

ÆGÆ, ou EGES. Etienne de Bysance commence cet article par dire qu'il y a eu beaucoup de villes de ce nom. Je les indiquerai dans le même ordre que cet auteur.

ÆGÆ, ville de Cilicie. On la trouve sur la carte de M. d'Anville, sur un promontoire qui, en s'avançant, forme de ce côté l'entrée du golfe *Issicus*. Elle avoit au nord-est la ville d'*Issus*, & celle de *Mallos* au nord-ouest.

ÆGÆ, ville de Macédoine. Cette ville étoit la même qu'*Ædessa*. On prétendoit que Caranus, ayant suivi un troupeau de chèvres, pour se déterminer, par l'augure qu'il en vouloit tirer, dans quel lieu il fixeroit le siège de sa puissance, les chèvres s'arrêtèrent à Edesse; dont il changea le nom en celui d'*Eges*. Pour entendre la raison de ce changement, *voyez* ÆGÆ. Pour ce qui concerne *Ægæ* de Macédoine, *voyez* EDESSA.

ÆGÆ, dans la Chersonèse de Thrace. Je crois qu'Etienne de Bysance veut indiquer ici le lieu appellé *Ægos Potamos* : du moins je n'en connois pas d'autre de ce nom dans la presqu'île dont il parle.

ÆGÆ, dans la *Myrrhina*, contrée de l'Eolide (car c'est ainsi qu'il faut entendre ce passage de l'auteur grec). Cette ville se trouve sur la carte de M. d'Anville, presque au sud de Cume, & à l'est de Phocée, sur le bord du golfe. Tacite nous apprend qu'elle fut renversée par un tremblement de terre.

ÆGÆ, ville de la Lydie. Comme la Lydie s'est étendue jusqu'au bord de la mer, où se trouvoient l'Eolide & l'Ionie, il se peut qu'Etienne de Bysance, en suivant différens auteurs, ait indiqué par cette ville celle qu'il avoit nommée précédemment : du moins je le crois.

ÆGÆ, ville de la Locride. Il n'en est pas parlé ailleurs. J'ignore sa position.

ÆGÆ, ville d'Etolie, inconnue.

ÆGÆ, ville de l'île d'Eubée. Elle étoit sur la côte occidentale, à-peu-près en face des limites de la Locride & de la Béotie. Il y avoit tout auprès un temple de Neptune : aussi Homère, *Liv. XIII, v. 21*, dit-il que ce dieu y avoit ses chevaux.

ÆGÆ, (ou *Egées.*) ville de l'Achaïe, sur le golfe de Corinthe, à l'embouchure du fleuve *Crathis.*

Etienne de Bysance ne parle pas de cette dernière : mais Homère, *Iliade, Liv. VIII, v. 208*, en parle avec éloge, en rappellant à Neptune, par la bouche de Junon, les beaux présens & les sacrifices qu'elle reçoit d'Elicé & d'Egées, ou d'Eges. Elle fut dans la suite abandonnée, & ses habitans se transportèrent ailleurs. On peut croire qu'une des causes de sa ruine fut l'inondation qui désola toute cette côte. Pausanias ne dit pas même qu'il en eut vu les ruines.

ÆGÆA, ville de la Mauritanie césarienne, selon Ptolemée, qui la place au 26ᵉ degré de longitude, & au 27ᵉ deg. 10 min. de latitude.

ÆGÆA, ville de la Macédoine, selon Ptolemée. C'est la même qu'*Ægæ*.

ÆGÆÆ. Strabon nomme ainsi la ville de Cilicie, située au sud-est de *Mallos*, & au sud-ouest d'*Issus*, que d'autres auteurs lisent *Ægæ*.

ÆGÆONIS PROMONTORIUM. Apollonius & son Scholiaste, indiquent ce promontoire dans le Pont-Euxin, à l'embouchure du fleuve *Rhyndacus*, c'est-à-dire donc, sur les confins de la Mysie & de la Bythinie.

*ÆGÆUM MARE, ou mer Egée. Les anciens appelloient ainsi la portion de la Méditerranée, qui s'étendoit depuis le promontoire de *Sunium* & l'île de Crète, jusqu'à l'Hélespont. On a donné différentes étymologies de ce nom. Je commencerai par celle des anciens.

1°. Les historiens mythologues prétendoient qu'Egée, roi d'Athènes, attendant impatiemment le retour du vaisseau qui avoit porté Thésée son fils en Crète, où il alloit combattre le Minotaure, & ne voyant que des voiles noires au vaisseau, au lieu des voiles blanches que l'on étoit convenu d'y mettre s'il revenoit vainqueur, entraîné par son désespoir, s'étoit précipité dans la mer, qui en avoit pris son nom.

2°. Strabon, *Liv. VIII*, croit que le nom de la mer Egée vient de la ville de ce nom, qui étoit dans l'île d'Eubée. Mais cette ville étoit à l'ouest, c'est-à-dire, sur le détroit qui se trouvoit entre cette île & la terre-ferme de la Grèce. Il auroit fallu qu'elle fût bien célèbre, pour donner son nom à une mer sur laquelle elle n'étoit pas.

3°. Quelques auteurs ont prétendu que l'agitation des vagues, à-peu-près semblable au mouvement d'un troupeau de chèvres qui gravit une colline, avoit été la première origine de ce nom.

Je passe sous silence d'autres étymologies, encore moins vraisemblables, pour arriver aux conjectures de quelques modernes.

1°. Bochard pense que les Phéniciens nommoient cette mer *Az* ou *violente* (elle est en effet très-dangereuse), & que ce mot ayant été confondu par les Grecs avec le mot *Ez* ou *Aix*, une chèvre, ils le rendirent dans leur langue par le nom de cet animal. Cette opinion n'est pas dénuée de vraisemblance, & on pourroit la justifier par des exemples assez concluans.

2°. M. Gebelin, dans ses origines grecques, démontre, ainsi que je l'ai dit ci-dessus, que le mot primitif *Ai, Ac*, a signifié *eau.* Dans cette hypothèse, on conçoit aisément comment il a pu être donné à une mer.

Au reste, cette mer, tant à cause des îles Cyclades, & des Sporades, que de beaucoup d'autres qu'elle renferme, est d'une navigation très-difficile, d'où venoit le proverbe, il navigue sur la mer Egée (τον Αἰγαιαν πλεῖ), pour dire de quelqu'un qu'il étoit dans une circonstance périlleuse.

La mer Egée se divisoit en sept parties.

1°. La mer de Crète, entre cette île & le Péloponèse.

2°. La mer *Myrtoum*, devant le Péloponèse & l'Attique.

3°. La mer de Grèce, le long de la Grèce.

4°. La mer de Macédoine, sur les côtes de ce royaume & de la Thrace.

5°. La mer Ægée, proprement dite entre l'Eubée & Lemnos.

6°. La mer Icarienne, vers l'île d'Icare.

7°. La mer Carpathienne & de Rhodes, entre cette île & celle de Crète.

ÆGÆUS, nom d'une rivière dont parle Suidas, & qui doit avoir existé sous ce nom dans l'île de Corcyre.

Etienne de Bysance & Eustathe parlent d'un canton dans la Phocide, qui portoit aussi le nom de *Campus Ægæus* (πεδίον Αἴγαιον), nom qu'il avoit pris du fleuve *Ægas*, qui y coule.

ÆGALEUS MONS, montagne de l'Attique, en face de l'île de Salamine. Hérodote & Thucydide en parlent aussi bien que Pline; mais ce dernier la nomme *Ægialeus*.

Strabon parle d'une montagne de la Messenie, qui avoit le même nom.

ÆGARA, ville de la Lydie, selon Ptolemée. Mais comme on ne trouve pas de ville de ce nom, & qu'*Æga*, dont il est parlé précédemment, étoit sur la côte de l'Asie mineure, qui avoit été comprise dans la Lydie, il est très-probable que cette ville d'*Æga* est l'*Ægara* de Ptolemée.

ÆGAS, fleuve de la Phocide, qui, selon Eustathe, avoit donné son nom au champ *Ægæus*.

ÆGATES. On trouve dans Etienne de Bysance que ce nom est celui d'un promontoire de l'Eolide; mais les commentateurs conviennent que c'est une faute, & qu'il faut lire Αἶγα τῆς Ἠλιδος, *Æga*, promontoire de l'Elide.

ÆGATES INSULÆ. *Voyez* ÆGADES.

ÆGEI, les mêmes que les *Ætæi*, peuple de l'Arabie, selon les interprètes de Ptolemée.

ÆGEÏS, tribu de l'Attique, dont parle Etienne de Bysance, & qui, selon lui, tiroit son nom d'Egée, fils de Pandion. Il est probable que c'est la même tribu que Pollux nomme *Ægis*. Au reste, cette tribu renfermoit seize bourgs, dont voici les noms: *Alæ-Araphenides*, *Arapheu*, *Baty* ou *Vathy Gargettus*, *Diomea*, *Erechtia*, *Ericeia*, *Ercheia*, *Icaria*, *Ionidæ*, *Collytus*, *Cydantidæ*, *Plotheia*, *Tithras*, *Philaidæ* & *Chollidæ*. Au reste, on peut consulter Meursius, qui a savamment discuté ces objets.

ÆGELI, peuple d'Asie, dans la Médie, & que fait connoître Etienne de Bysance. La Martinière pense que ce peuple pouvoit bien être le même que les *Ægli*, dont parle Hérodote, quoiqu'il le compte entre les peuples de la Perse; ce qui rend son opinion très-probable, c'est que non-seulement il y a un très-grand rapport entre les noms; mais de plus, c'est que la Perse, considérée comme empire, a compris les peuples de la Médie.

ÆGELION, ville que Tite-Live place en Macédoine, en disant qu'elle fut surprise par Attale.

ÆGERIE. *Voyez* EGERIE.

ÆGESTA. La ville & le port nommé par Strabon *Egeste*, sont nommés *Ségeste* par Ptolemée, Cicéron, &c. *Voyez* SEGESTA.

ÆGETA (*Vetislau*), ville de la Mœsie supérieure, sur le Danube. L'Itinéraire d'Antonin porte *Ægeta*; mais la table de Peutinger met *Egeta*, & c'est l'orthographe qu'a suivie M. d'Anville: on croit que c'est la même que l'*Eteta* de Ptolemée. M. d'Anville la place tout près du pont de Trajan, au sud-ouest de *Zernes*.

ÆGESTÆI. Etienne de Bysance dit que ce nom a aussi été celui des *Thesproti*, d'après un certain *Ægestus*.

ÆGETENI, peuple qui, selon Pline, habitoit dans le *Brutium*: il est le seul qui en ait parlé.

ÆGIÆ, *ou* EGIES, ville de la Laconie, au sud-ouest de *Crocea*.

Pausanias présume que ce lieu est le même qui se trouve nommé dans Homère *Aigées*. Assez près de ce bourg étoit un étang consacré à Neptune, dans lequel on n'osoit pêcher, par la crainte bisarre & ridicule de devenir poisson. Neptune avoit un temple sur les bords de cet étang.

ÆGIÆ, ville que Dioscoride place dans l'Etolie, & dont il dit que l'on tiroit du safran.

ÆGIALE (*Hiali*), petite ville de l'île d'*Amorgos*, selon Ortélius.

ÆGIALI, que l'on trouve sur la carte de M. d'Anville écrit *Ægialos* (1), petite ville de la Paphlagonie, sur le bord du Pont-Euxin, entre *Amastris*, au sud-ouest, & le promontoire *Carambis*.

Ce lieu est traité de château (χωρίον) dans la description anonyme du Pont-Euxin, où il est nommé *Ægialus*.

ÆGIALEIA. Selon Eustathe, dans son commentaire sur Denys, ç'avoit été un des noms de la ville d'Argos, qu'elle avoit reçu d'un certain *Ægialée*.

ÆGIALIA, *ou* ÆGIALEIA. Selon Strabon, c'étoit l'ancien nom de la province du Péloponèse, appellée *Achaïe*, ou du moins d'une portion de cette province. Ses habitans se nommoient alors *Egialensiens* (*Egialenses*). Lorsque des Ioniens s'y furent établis, on appella ce pays *Ionie*. Pausanias dit à-peu-près la même chose.

ÆGIALON (Αἰγιαλὸν), mot grec qui signifie rivage: il entre dans la composition de plusieurs noms de ville. *Voyez* ce qui est dit au premier article d'ÆGÆ.

ÆGIALUM, montagne de l'Asie mineure. Il est difficile de déterminer sa position. Zonare parle d'un lieu nommé *Ægilum*, & que Curopalate appelle *Agilum*: peut-être y a-t-il quelque rapport entre eux.

ÆGIALUS, nommé par les auteurs grecs qui ont suivi Ortélius & M. d'Anville, *Ægialos*, étoit une petite ville de l'Asie mineure, sur le Pont-Euxin, sur le territoire des *Heneti*, en Paphlagonie. *Ægialos*, au nord-est de *Cytorus*, à l'est d'*Amastris*, & au sud-ouest du promontoire *Carambis*.

(1) Il y a en effet dans la traduction de cet endroit du Périple d'Arrian, *ad Ægialos*, traduction des mots grecs εἰς Αἰγιαλὲς; mais cette préposition gouvernant l'accusatif, il suppose le nom Αιγιαλος, au nominatif; & comme c'est au plurier, on le rend en latin par *Ægiali*.

ÆGIALUS, ancien lieu du Péloponèse, entre *Sicyone* & *Buprasium*; on le connoît par Etienne de Bysance.

ÆGIALUS, ville de Thrace, près du Strimon. On ignore sa position.

ÆGIALUS, ville d'Ethiopie, près du Nil.

ÆGIALUS, ville que Suidas indique dans l'île d'Amorgos. Elle doit être la même qu'*Ægiala*.

ÆGIALUS. Selon Strabon, la ville de Sicyone avoit porté ce nom avant celui de *Mecone*.

ÆGICOREOS, ancienne tribu de l'Attique, dont parlent Etienne & Pollux. Mais il ne faut pas croire qu'ici tribu signifie peuple ou bourg. C'étoit une des anciennes divisions, une des quatre premières tribus d'Athènes.

ÆGIDA, petite ville située dans une île, sur la côte de l'Istrie, à l'entrée du golfe de Tergeste, & au nord-ouest de *Ningum*. Elle prit dans la suite le nom de *Justinopolis*. Cluvier en rapporte une inscription qui y fut trouvée. Je ne la rapporterai point ici. Je dirai seulement qu'il paroît par cette inscription,

1°. Que l'on croyoit que les Argonautes étoient venus s'y reposer après leur glorieuse expédition.

2°. Que ce lieu est une île, ou dans une île.

3°. Que Pallas y étoit révérée.

4°. Qu'elle étoit colonie.

5°. Que Justin l'embellit, & lui donna son nom.

ÆGIDIORUM, *ou* ÆGIDION INSULA, nom qu'Arrien donne à une île de la mer des Indes, que l'on soupçonne être la même qui se trouvoit, selon Ptolemée, avant l'île de Taprobane.

ÆGILA, bourg de la Laconie, province du Péloponèse. Pausanias rapporte qu'il y avoit un temple de Cérès, dans lequel Aristomène, général des Messeniens, voulut surprendre une assemblée de dames, qui y célébroient une fête. Le même auteur ajoute que les dames non-seulement se défendirent, mais parvinrent à le repousser, n'ayant d'autres armes que les couteaux dont elles faisoient usage pour les sacrifices. Blessé & fait prisonnier, il n'échappa à sa détention que par les soins d'Archidamée, dame Messénienne, qui l'aimoit.

ÆGILA, nom donné à l'île de CAPRARA. Voyez *ce nom*.

ÆGILIA, nom de l'un des bourgs de la tribu Antiochide, dans l'Attique. Il en est parlé avec éloge dans la première Idylle de Théocrite.

ÆGILIA, petite île qu'Etienne de Bysance indique entre l'île de Crète & le Péloponèse. Le texte grec d'Hérodote porte *Ægileia*.

On trouve, dans quelques éditions vicieuses d'Etienne de Bysance, *Ægialeia*. Cette île est appellée par Pline *Ægia*, ou *Ægila*.

ÆGILIPSE, lieu de la Grèce, qui devoit être aux environs d'Itaque: car c'est en décrivant cette partie de la mer Ionienne, qu'Homère en fait mention dans l'énumération des vaisseaux. Mais on en ignore la position. Etienne de Bysance dit seulement, d'après l'idée qu'il en prend dans Homère, dont il cite les paroles, qu'elle étoit située près de Crocylée. Strabon en parle aussi: mais on en ignore la position.

ÆGILIUM. C'est ainsi que l'Itinéraire d'Antonin nomme l'île de la Méditerranée, que Mela, Rutilius, M. d'Anville, *&c.* nomment *Igilium*. Voyez *ce mot*.

ÆGILON (*Caprara*), appellée par les Latins *Capraria*, petite île de la Méditerranée, au nord-est de l'île de Corse. Son ancien nom, soit grec, soit latin, & qui est formé du nom de la chèvre dans ces deux langues, lui étoit venu, dit-on, de la grande quantité de chèvres sauvages qui s'y trouvoient.

ÆGILUS, lieu de l'Attique, dont parle Démosthènes.

ÆGIMURUS, *ou* ÆGIMORUS (*Zowamoore*), île sur la côte de l'Afrique propre. Tite-Live en fait mention, & la place à l'entrée de la baie de Carthage, à trente milles de cette ville. Elle étoit située à l'est-sud-est du promontoire Apollinis, & au nord-ouest de celui de Mercure.

Ce fut près de cette ville que les Romains, sous la conduite du consul Fabius Buteo, défirent la flotte des Carthaginois.

ÆGINA, Egine (*Engia*), île du golfe Saronique, assez près du continent de l'Argolide, au nord-est de Trezène. C'est donc à tort qu'Etienne de Bysance la nomme une des Cyclades. Elle avoit porté successivement les noms d'*Œmone*, d'*Œnopia* & de *Myrmidonia*. Enfin, elle eut & conserva le nom d'*Ægina*, qu'elle reçut de la fille d'Asopus. Cette île occupa pendant quelque temps un rang considérable entre les îles de la Grèce, par la puissance de ses habitans. Elle avoit une ville de même nom. Après avoir donné naissance à plusieurs grands hommes, elle perdit cet avantage, après avoir été tenue dans l'oppression par les Athéniens. Aussi disoit-on proverbialement de ceux qui, après s'être annoncé heureusement dans leur commencement, tournoient à mal dans leur conduite ou dans leurs affaires: « C'est comme » à Egine; les premiers ont été les plus parfaits » des hommes ».

Je viens de dire que cette île, d'une étendue assez considérable, avoit une ville de son nom, bâtie au sud, dans un lieu fort escarpé. Quoique cette fortification n'eût rien que de bien naturel dans un pays montueux, elle passoit pour être l'ouvrage de l'ancien roi Eacus, dont les poëtes, à cause de son extrême justice, ont fait, avec Minos & Rhadamante, un des trois juges des enfers. La vénération pour ce prince alloit jusqu'à lui prêter des miracles.

Au milieu du plus beau quartier de la ville, appellé l'*Eacon*, étoient les statues de plusieurs Grecs, que l'on prétendoit être venus dans un temps de sécheresse implorer les prières d'Eacus; l'histoire ajoutoit qu'il avoit, en leur faveur, obtenu du ciel une pluie très-abondante. L'existence des statues ; & la mémoire d'une députation, prouvoient au moins que l'on étoit venu implorer le secours des Eginètes. Car il avoit été un temps qu'ils étoient fort puissans sur mer.

Dans la guerre des Perses, ce furent eux qui, après les Athéniens, fournirent un plus grand nombre de vaisseaux contre les Barbares. Cependant ces mêmes Athéniens, par jalousie sans doute; car tous les grecs un peu puissans leur portoient ombrage, leur firent la guerre avec acharnement, &, les chassant de leur île, les contraignirent de s'embarquer avec leurs effets, leurs femmes & leurs enfans, pour aller chercher quelque établissement ailleurs. Les malheureux Eginètes se retirèrent à Thyrée, alors au pouvoir des Lacédémoniens. Après le renversement de la puissance des Athéniens, ils rentrèrent en possession de leur île, mais sans jamais recouvrer la considération ni les richesses dont ils avoient joui précédemment.

ÆGINA (Egine), ville dans l'île de ce nom, au sud.

N. B. On indique, mais d'une manière vague, quelques autres lieux de ce nom : mais les uns me paroissent être l'île précédente, & les autres sont indiqués d'une manière bien peu propre à faire retrouver leur position.

ÆGINETÆ, les Eginètes, nom des habitans de l'île d'Egine. Le terrein de cette île étant par lui-même fort stérile, & n'ayant dû sa fertilité qu'à l'activité de ses habitans, on les appella d'abord *les Fourmis*, ou *Myrmidones*. Strabon, qui rapporte ce fait, est bien plus croyable sans doute que les poëtes qui prétendoient que, pour peupler cette île, les dieux, à la prière d'Eaque, avoient changé des fourmis en hommes. Ils ajoutent que tous les anciens habitans avoient été détruits par une maladie contagieuse. Depuis ces premiers temps on sait qu'il y eut dans l'île d'Egine des Epidauriens, puis des colonies venues de Crète & d'Argos.

Les Athéniens, trouvant cette île à leur bienséance, en chassèrent les chefs, & s'en emparèrent. Mais ensuite les Lacédémoniens les en chassèrent eux-mêmes, & rendirent Egine à ses propres habitans.

Dans les premiers temps il y avoit eu des rois à Egine. Elle se gouverna ensuite en république. Ce fut alors que les Eginètes s'appliquèrent à la navigation. Ils devinrent supérieurs sur mer. Ils devinrent réellement si forts, & en même temps si entreprenans, qu'ils osèrent attaquer les Athéniens, & les inquiétèrent en plusieurs occasions. Mais les Athéniens ayant tourné leurs forces contre eux, ils les soumirent, & Egine resta en leur pouvoir jusqu'à la fin de la guerre de Macédoine. Les Romains, qui ne cherchoient alors qu'à humilier les grands états de la Grèce, affranchirent Egine de la puissance d'Athènes, & la déclarèrent libre. Cette liberté apparente subsista jusques sous le règne de Vespasien. Alors la Grèce entière fut entièrement soumise aux Romains.

ÆGINETES, *ou* ÆGINETIS, comme l'écrit M. d'Anville, petite rivière de l'Asie mineure, en Paphlagonie. Elle couloit du sud-ouest, au nord-est, & se jettoit au fond d'un petit golfe, près d'une ville de même nom que le fleuve, au sud-est du promontoire *Carambis*.

ÆGINETES, petite ville de la Paphlagonie, selon Etienne de Bysance.

ÆGINIUM, ville de Grèce, dans la Thessalie. Pline dit qu'elle étoit dans la Pierie. Mais l'exact Strabon dit qu'elle étoit sur les frontières des monts Tymphéens. Cette indication a conduit M. d'Anville, & d'autres géographes avant lui, à la placer en Thessalie, vers la source de l'Ion, qui en cet endroit sort d'un petit lac, & au sud-ouest d'*Azorus*.

ÆGIOCHUS, petit lieu de l'île de Crète, où, selon Diodore, Jupiter fut nourri par une chèvre.

ÆGION. *Voyez* ÆGIUM.

ÆGIPA, ville d'Ethiopie, dont parle Pline; & qui devoit se trouver au bord du Nil.

ÆGIPIUS, fleuve de l'Asie, selon le Périple de Scylax. Le texte grec *Ægyptios*, Αἰγύπτιος. Mais on préfère l'autre leçon. Ce fleuve se rendoit dans le Pont-Euxin, au-dessus de *Dioscurias*.

ÆGIPLANETUM, montagne qui devoit être connue en Grèce, puisque Eschyle la nomme dans sa tragédie d'Agamemnon. Ortélius conjecture qu'elle devoit se trouver dans le voisinage de Corinthe.

ÆGIRA, *ou* EGIRE, ville de l'Achaïe, au sud du golfe de *Corinthe*, à l'est du fleuve *Crathis*, & au nord de *Phellæ*.

Elle étoit sur une élévation, d'où peut-être s'étoit formé son nom ; elle avoit, selon les Grecs, porté d'abord celui d'Hypérésie, & n'avoit pris celui d'Egire que lorsqu'elle fut sous la puissance des Ioniens. Voici, selon Pausanias, la raison que l'on en donnoit : celle qui se trouve dans la suite est moins agréable à l'imagination, mais a bien plus de vraisemblance.

Les Sicyoniens étant entrés en armes sur les terres des Hypérésiens, y avoient répandu l'épouvante : car ceux-ci leur étoient inférieurs en force & en nombre. Cependant, pour y suppléer par la ruse, ils ramassèrent tout ce qu'il y avoit de chèvres dans le pays, leur attachèrent aux cornes de petites fascines de bois sec, les placèrent du côté opposé à l'ennemi, &, pendant la nuit, y mirent le feu. A la vue de ces flammes, les Sycyoniens ne doutant pas qu'un secours considérable ne s'approchât de la ville, de peur d'être accablés par ce renfort, se retirèrent en grande hâte. Ce fut, ajoutoit-on, afin d'éterniser la mémoire de cet événement, que les Hypérésiens donnèrent à leur ville le nom d'*Egire*, qui, en grec, dérivant du nom de *chèvre*, rappelloit le service de cette espèce d'animal, à laquelle ils croyoient devoir leur conservation. Persuadés de plus que l'idée d'un ſtratagême, dont l'effet avoit été ſi heureux, n'avoit pu être ſuggérée que par quelque divinité, ils l'attribuèrent à Diane, & lui bâtirent un temple, ſous le nom d'*Agrotera*, ou la *Champêtre*, dans l'endroit où s'étoit arrêté la chèvre qui marchoit à la tête de toutes les autres.

Egire étoit ornée de pluſieurs temples, & d'un nombre aſſez conſidérable de tableaux & de ſtatues. Vénus céleſte y avoit un temple, dans lequel il n'étoit pas permis aux hommes d'entrer.

ÆGIRA, eſt un des noms que les anciens donnoient à l'île de Lesbos. Le père Hardouin, d'après le mot grec Αἴγειρος, *un peuplier noir*, penſe que ſon nom lui venoit de la grande quantité d'arbres de cette eſpèce, qui ſe trouvoient dans cette île.

Pauſanias donne quelques détails ſur ces monumens. Il parle, entre autres, d'un tableau qui repréſentoit un homme âgé bleſſé à mort, & placé entre ſes trois frères & ſes trois ſœurs. L'expreſſion de la douleur étoit ſi vive, que l'on ne connoît ce tableau que ſous le nom du *père pitoyable*, πατέρα.. συμπαθῆ.

ÆGIRÆ, partie de l'île d'Ithaque, ſelon Etienne de Byſance. Ceci eſt pris d'Ortelius. Quant à moi, je ne l'ai pas trouvé dans l'auteur grec.

ÆGIRCIUS (le Gers), fleuve de la Gaule, dans la Novempopulanie. Il commençoit aux Pyrénées; paſſoit à *Auſci* (Auſch), & ſe rendoit dans la *Garumna*.

ÆGIRŒSSA, ville de l'Eolide, ſelon Ortelius.

ÆGIRUM, *ou* ÆGIRUS, ville de l'île de Lesbos, ſelon Ortelius. Elle étoit apparemment ſur la côte orientale; car il la place entre Mithylène & Methymne. Strabon, qui n'en parle que comme d'un village, la nomme Αἴγειρος, que l'on rend en latin par *Ægirus*. Il réſulte de ce qu'il dit en cet endroit, que ce lieu devoit ſe trouver entre Methymne & Mithylène.

ÆGIRUSA, écrit par Hérodote, *Ægirœſſa*, &, par Etienne de Byſance, *Ægerouſa*, étoit une ville d'Eolide. M. d'Anville ne l'a pas marquée ſur ſa carte.

ÆGIRUSA, lieu de la Mégaride, ſelon Strabon & Etienne de Byſance (1).

ÆGISOLIA. Galien dit que l'on recueille d'une certaine ſorte de vin qu'il indique, dans les campagnes de l'*Ægiſolia* : mais il ne donne aucune indication ſur le pays auquel elles appartenoient.

ÆGISSUS, *ou* ÆGYPTUS, ville de la Scythie, compriſe enſuite dans la Mœſie inférieure. M. d'Anville la place ſur le Danube, tout près de l'endroit où il croit que fut le pont que fit conſtruire Darius, fils d'Hyſtaſpe, lorſqu'il porta la guerre contre les Scythes. Ovide en parle comme d'une ville ancienne, & qui avoit été fondée par *Ægiſſus*, de qui elle avoit reçu le nom.

ÆGISTÆ, puis *Apruſtum*, ville d'Italie, dans le *Brutium*, vers l'eſt de *Conſentia*. On lui donnoit pour fondateur un grec de même nom, & compagnon de Philoctète. Il paroît que c'eſt la même ville qui, dans Pline, porte le nom d'*Apruſtum*.

ÆGISTHÆ, ou, ſelon quelque texte, *Eriſthe*; ville que Ptolemée place dans l'Arabie heureuſe, au 83e deg. 30 min. de longitude; latitude 11 deg. 45 min.

ÆGISTHENA. *Voyez* ÆGOSTHENA.

ÆGITHARSUM, promontoire de la côte occidentale de la Sicile, ſelon Ptolemée. Les interprètes de ce Géographe croient pouvoir lire *Agathyrſus*.

On penſe que c'eſt le même que Diodore de Sicile nomme *Ægithallum*, & que Zonare appelle *Ægytalum*.

ÆGITIUM, ville de Grèce, dans l'Etolie. Elle étoit à quatre-vingts ſtades de la mer, ſelon Thucydide.

ÆGITNA, ville de la Gaule, appartenante, ſelon Polybe, aux *Oxibii*. Selon cet hiſtorien, les habitans de Marſeille s'étant plaint à Rome du dégât que faiſoient ſur leurs terres les Lyguriens, les Déciates & les Oxybiens, le ſénat leur envoya des députés, qui prirent terre à *Ægitna*. Les Romains ayant été attaqués & outragés par les Lyguriens, il envoya contre eux une armée. Les Oxybiens les ſecoururent. Les Romains firent le ſiège d'Ætna, la prirent, en firent eſclaves tous les habitans. Le conſul Q. Opimius en triompha l'an de Rome 599.

Comme Strabon parle d'un port des *Oxybii*, M. d'Anville penſe que cet auteur déſigne *Ægitna*, puiſqu'en effet ce fut là que les députés prirent terre. Il place ce port entre *Antipolis*, à l'eſt, & *Ad Horrea*, à l'oueſt, remarquant cependant que l'on ne peut pas déterminer poſitivement la juſte poſition de cette ville. Mais on ne peut douter qu'elle ne fût aux environs de la plage de Cannes, & de ce que l'on appelle Goulfe-Jan, ou Gourjan, en face des îles de Sainte-Marguerite.

ÆGIUM, *ou* EGIUM (*Voſtiza*), ville de l'Achaïe, au fond d'une petite baie, dans le golfe de Corinthe.

Elle étoit fort conſidérable; on la regardoit comme la capitale de l'Achaïe, & étoit formée, ſelon Strabon, de la réunion de ſept ou huit bourgs. C'étoit-là que s'aſſembloit le conſeil général des Argiens (συνεδριον). Il eſt vrai que Tite-Live ſemble craindre de décider ſi cette préférence lui fut accordée à cauſe de la prééminence de la ville, ou à cauſe de la commodité du lieu (*l. 38*, *c. 30*). Il eſt probable que la beauté & la grandeur d'*Ægium* y avoient contribué. Nous voyons d'ailleurs, par pluſieurs endroits de Polybe, que les ambaſ-

(1) On eſt étonné de trouver dans les notes ſur Etienne de Byſance, *édit. de 1678*, que Strabon ne donne pas ce lieu à la Mégaride, mais à un lieu de la campagne de Mettynie, dans l'île de Lesbos. Strabon, *l. 9*, *p. 394*, dit poſitivement *Ægiruſa*, compris avec deux autres lieux, ἐςι χωρία Μεγαρικα, ſont des bourgs de la Mégaride. Mais, *l. 13*, *p. 617*, il parle d'*Ægirus*, qu'il nomme κωμη, *village*, & qu'il place dans l'île de Lesbos. *Voyez* ÆGIRUM.

sadeurs, & quelquefois les rois eux-mêmes, s'y rendoient, lorsqu'ils vouloient traiter avec les Achéens.

On remarque, entre autres monumens de cette ville, l'espèce de chapelle où l'on conservoit les statues d'Hercule, de Jupiter & de Minerve, appellés les *dieux Argiens*. Ceci me donne occasion de placer ici un trait assez généralement ignoré.

Les Argiens, on ne sait dans quel temps, avoient déposé à *Egium* les statues des dieux que je viens de nommer, à condition cependant qu'on leur feroit des sacrifices tous les jours. Cette obligation d'abord acceptée avec empressement, parut bientôt à charge à cause de sa dépense. Cependant, comme dans une affaire de cette importance on eût traité de crime impardonnable de manquer à ses engagemens, on régla que la chair des victimes seroit distribuée dans des repas publics, qui épargneroient la dépense d'autant de repas particuliers. Cet arrangement donna peut-être occasion de faire des sacrifices très-abondans. Mais quand les Argiens vinrent redemander leurs dieux, on leur signifia un mémoire de dépenses en sacrifices si exorbitant, que ne se trouvant pas assez riches pour les acquitter, ils furent obligés de les abandonner pour le paiement d'une pension si coûteuse.

Pausanias dit que Vénus avoit un temple dans *Egium*, auprès de la mer, & une statue dans celui de Jupiter *Homagyrius*.

ÆGIUM, ville que Natalis Comes place dans la Béotie. Mais il est maintenant reconnu que ce qu'il en dit se rapporte à l'*Ægium* de l'Achaïe.

ÆGLE, selon Etienne de Bysance, au mot Συμη, c'avoit été le second nom de l'île de Syme (voyez *ce mot*), appellée d'abord *Métaponte*.

N. B. Cet article est défectueux dans la Martinière.

ÆGLETE. Ce nom, qui se trouve dans Callimaque, cité par Strabon, page 46, paroît être celui d'un lieu dans l'île d'Anaphe, & dont Apollon avoit eu le surnom d'Eglete.

ÆGONES, peuples Gaulois, transportés, selon Polybe, dans la partie de l'Italie que l'on appelloit *Cis-padane*, & placés entre les Sénonois & les Boïens. Mais cette peuplade de Gaulois n'est pas fort connue, & M. d'Anville ne les a pas placés sur sa carte.

ÆGONIA, ville des Méliens, selon Etienne de Bysance. C'est tout ce que l'on en sait.

ÆGOS-POTAMOS, ou *rivière de la chèvre*. Le mot *Potamos*, qui signifie fleuve, se trouve rendu dans quelques auteurs latins par celui de *Flumen*, & ils ont dit *Egos Flumen*, ce qui a le même sens.

Ce petit fleuve, ou plutôt ce ruisseau, appartient à la Chersonèse de Thrace, & se jettoit dans le canal qui s'étendoit depuis *Sestos* & *Abydos*, au sud-ouest, jusqu'à *Callipolis*, au nord-est. La flotte des Athéniens mouilloit en ce lieu, & les troupes, descendues à terre, y étoient dans une sécurité impardonnable, lorsqu'ils y furent surpris par Lysandre, à la tête des Lacédémoniens. La perte de cette bataille entraîna celle de la liberté d'Athènes. On doit croire, d'après ce que disent les historiens, qu'il y avoit un lieu du nom de la rivière.

Le Périple de Scylax fait deux mots du nom de ce fleuve. Ce qui a donné lieu à ses traducteurs de traduire le texte par *Ægos Flumen*, ce qui présente le même sens; mais ce fleuve est plus connu sous le nom que je lui ai donné dans cet article.

ÆGOSTENA, nommée par Pausanias *Ægisthena*, ville de la Grèce, dans la Mégaride. M. d'Anville la place au nord-ouest de Mégare, assez près de la mer Alcione. Ce lieu étoit célèbre par un temple de Melampus, fils d'Amythaon. On lui faisoit des sacrifices, & l'on célébroit sa fête tous les ans. *Pauf. in Attica*, c. 44.

Ce Mélampus ou Mélampe étoit un habile médecin d'Argos, dont il est parlé à l'article de ce pays; son habileté avoit donné lieu de dire qu'il devinoit les secrets de la nature; & les Grecs, dont l'imagination brillante défiguroit tout en voulant tout embellir, débitèrent qu'il entendoit même le langage des oiseaux. On raconte qu'à sa naissance, sa mère, apparemment trop pauvre pour l'élever, l'exposa sur un chemin, le corps couvert, à l'exception des pieds. Les pieds étant noircis au soleil, de-là il fut nommé les *pieds noirs*, ou Mélampus. Voyez d'ailleurs à l'article d'Argos, comment il obtint une portion de ce royaume pour lui & une autre pour son frère Bias. Il passa dans la suite pour un fameux devin.

Cependant au temps de Pausanias les Mégasiens ne lui attribuoient pas la vertu de prédire l'avenir. *Pauf. loco citato*.

ÆGOSTHENIA, ville de Grèce, dans la Locride. Ptolemée en parle; mais M. d'Anville ne lui assigne aucune position. L'auteur grec l'indique à l'est du mont Cyrphis.

ÆGOSTIS. Etienne de Bysance ne décide pas si ce lieu, qu'il attribue à la Locride, étoit une ville, un lieu, ou un emplacement dans une ville.

ÆGUA, ville de l'Hispanie, dans la Bétique, selon Strabon, & il paroît que c'est la même que Ptolemée nomme *Escua*; & Pline *Hegua*.

ÆGUSA, l'une des îles *Ægades*. Elle est la plus méridionale. D'après le nom de cette île, les Egades sont quelquefois appellés *Ægusæ*.

ÆGUSA, que l'on croit être la même que Ptolemée nomme *Æthusa*, île de la Méditerranée; entre l'île de Malte, à l'est, & l'Afrique, à l'ouest.

C'est le sentiment de M. d'Anville, qui l'a placée sur sa carte de l'empire romain, au nord de *Lapadusa*.

ÆGYLA, île du Péloponèse. *Voyez* ÆGIALIA.

ÆGYMMIS. C'est ainsi que quelques interprètes croient devoir lire le mot *Ægimorus* dans Ptolemée. C'étoit une des îles de la Méditerranée, près la côte d'Afrique, vers les Syrtes.

ÆGYPTII;

ÆGYPTII, les Egyptiens (1). Je ne discuterai pas ici les difficultés que présente la chronologie des Egyptiens. Outre que ces discussions ne sont pas de mon objet, je renvoie le peu que j'ai à en dire à la suite de ce que j'écris en ce moment à l'article *Chronologie*, qui précèdera celui de leur *histoire.*

ORIGINE.

Les Egyptiens se piquoient de la plus haute antiquité, & aucune nation, ce me semble, ne leur disputoit la prééminence. Selon ce que nous pouvons conclure des Livres saints, les descendans de Cham peuplèrent d'abord ce pays. L'état sauvage dans lequel se trouvent nécessairement les premières peuplades de tout pays, fut cause que, de même que beaucoup d'autres peuples, les Egyptiens ne savoient eux-mêmes d'où ils tiroient leur origine. Probablement ils s'en embarrassèrent peu pendant quelques siècles; mais, dans la suite, lorsqu'ils voulurent s'en rendre compte, frappés de la fécondité de leurs terres, de la multitude de reptiles & d'insectes qui prenoient naissance dans le limon que laisse sur terre le Nil après le temps du débordement, ils n'hésitèrent pas à se donner une origine semblable. Ils enseignèrent même dans la suite que tel avoit été le commencement de l'espèce humaine, & que leur pays en avoit été le premier berceau.

RELIGION.

On peut présumer que ces peuples, en les supposant descendus directement de Mizraïm, connurent & adorèrent d'abord le vrai Dieu. Mais l'idée de son unité, & du culte pur qui lui étoit dû, se perdit avec le temps. Les historiens grecs ne nous font connoître les Egyptiens que comme des idolâtres.

Les prêtres y possédoient tout le savoir, s'y étoient emparés de toutes les opinions religieuses. Ils affectoient à cet égard le plus grand mystère. Ils avoient des livres écrits d'une manière inintelligible pour les autres peuples, & pour le gros de leur nation, & s'en réservoient à eux seuls l'explication (Je parlerai plus bas de leur écriture). Ces livres, ainsi que ceux de leur histoire, étoient renfermés dans des appartemens souterreins, près de Thèbes. Ils contenoient les obligations envers l'état & la religion, les actions importantes, *&c.* Les prêtres étoient chargés d'y écrire tout ce qui méritoit d'être transmis à la postérité. Ainsi, les Egyptiens avoient deux espèces de sciences, l'une vulgaire, & l'autre secrète. La première convenoit à toutes sortes de personnes; mais la dernière n'étoit enseignée qu'à certaines personnes, de sorte que le peuple ignoroit & ne pouvoit déchiffrer les inscriptions qui parloient des sciences les plus profondes.

Une partie des auteurs de l'antiquité ont attaqué les Egyptiens sur le culte qu'ils rendoient aux animaux; mais plusieurs, tels qu'Hérodote, Diodore, Cicéron, *&c.* pensent qu'il n'étoit que relatif. Presque tous les peuples ont représenté la sphère céleste, & sur-tout les signes du zodiaque, sous la figure de différens animaux. Lucien dit que les Egyptiens adoroient le bœuf *Apis* en mémoire du taureau céleste.

On disoit qu'autrefois les dieux, poursuivis par Typhon, s'étoient cachés sous la figure de divers animaux. Le culte chez les Egyptiens étoit fondé sur cette tradition; aussi on étoit obligé d'avoir beaucoup de respect pour les animaux, de peur de violer l'asyle sacré de la divinité. Les monumens qui l'attestent en Egypte, sont trop anciens pour que l'on puisse croire qu'ils l'eussent pris des Grecs. Jupiter avoit pris la forme d'un bélier; Diane, celle d'une chatte. La ville de Bubaste, qui l'adoroit, avoit un respect religieux pour les chats. Bacchus, ou, selon d'autres, Pan, prit celle d'un bouc; la ville de Mendès honoroit cet animal; Junon ou Isis étoit honorée à Memphis, sous la figure d'une vache. Les Egyptiens rendoient hommage à l'Ibis, parce que Mercure avoit pris la forme de cet oiseau. Il est aisé de voir que c'est de ces anciennes villes que les Grecs & les Romains rapportèrent leur religion & leurs fables.

La métempsycose que Pythagore enseigna dans la Grèce & en Italie, vers le temps de la soixante-deuxième olympiade, avoit pris naissance en Egypte. Cette doctrine, qui avoit pour base le dogme de l'immortalité de l'ame, rendoit le vice odieux & la vertu aimable, en enseignant que l'ame passoit dans des corps nobles ou méprisables, selon le mérite des actions; mais aussi elle conduisoit naturellement au respect & au culte qu'on rendit dans la suite aux animaux, puisqu'elle apprenoit à les regarder comme les domiciles de ceux pour qui on avoit eu le plus de considération pendant leur vie, & dont l'état avoit souvent reçu les plus grands biens.

Telles étoient les raisons qui portèrent les Egyptiens à accorder un culte & à rendre des respects aux animaux; mais un culte subordonné, puisqu'il étoit relatif, & qu'il se rapportoit aux dieux mêmes.

Ce culte étoit très-ancien en Egypte, puisqu'Hérodote, & les autres historiens, en parlent comme d'une chose très-ancienne, & cela est prouvé par tout ce qui est dit dans Moïse de la religion de ce pays.

Les anciens Egyptiens n'adoroient tant de divinités que comme des attributs différens d'un Dieu unique & invisible qu'ils révéroient. Ils adoroient Jupiter, comme le vengeur des crimes, & ils le représentoient la foudre à la main. Ils adoroient l'Être suprême sous le nom d'*Esculape.* Les choses viles qu'ils honoroient, avoient rapport

(1) Je suppose que l'on voulût prendre une idée un peu raisonnée de cet article, il faudroit la faire précéder de la lecture de celui qui est placé au mot ÆGYPTUS, la connoissance du pays doit aller avant celle des peuples qui l'habitent.

Géographie ancienne. H

aux différens attributs de l'Être suprême. Ils l'adoroient sous le nom de *Serapis*, comme un dieu bienfaisant & invisible ; sous les noms d'*Isis* & d'*Osiris*, pour reconnoître la fécondité qu'il envoyoit aux terres, par le débordement du Nil. Ils honoroient aussi les oignons & le bled. Ils portoient de ce dernier dans les cérémonies publiques. L'ibis, qui les préservoit des serpens ; l'ichneumon, qui tuoit le crocodile, devenoit pour eux un objet de reconnoissance à l'Être éternel. La figure des crocodiles & des serpens qu'ils consacroient, ne signifioit que leur résignation à la volonté de Dieu, qui leur envoyoit des maux pour les punir de leurs crimes. A la vérité, le petit peuple ignorant pouvoit croire être exaucé par des animaux auxquels ils adressoient leurs vœux ; & l'on ne peut qu'en rejetter le blâme sur les prêtres, qui leur refusoient l'instruction préservative de cette erreur.

Les sacrifices étoient en usage chez les Egyptiens. Mercure présidoit au négoce, Saturne à la mélancolie, *&c.* Le ministre de chaque divinité faisoit son possible pour étendre sa réputation. Les offrandes que l'on faisoit à Mercure étoient très-coûteuses ; elles consistoient en étoffes & en riches marchandises, & cela rendoit beaucoup aux prêtres chaque année. Les temples dédiés à Vénus étoient les plus fréquentés par les Egyptiens. Tous ceux qui croyoient avoir besoin de la divinité, imploroient sa protection par des vœux & des sacrifices. Il y avoit des temples particuliers pour les hommes, & d'autres pour les femmes. Leur réputation dépendoit de l'adresse de leurs ministres à les faire valoir. Outre cela les sacrificateurs, plus habiles médecins que leurs dieux n'étoient puissans, employoient des remèdes convenables pour soulager les malades, & leurs succès augmentoient la puissance du dieu adoré dans le temple.

Osiris, que l'on représentoit quelquefois par un faucon, eut par la suite une forme humaine, & un signe qui montroit sa fécondité à engendrer ; mais son image vivante étoit le taureau nommé *Apis*, qu'on distinguoit de deux sortes : Apis adoré à Memphis, & l'autre à Héliopolis. Apis devoit être noir, avec une tache blanche & quarrée au front. Sa mort étoit pleurée pendant un certain temps, après lequel les prêtres en cherchoient un nouveau, que l'on conduisoit à Memphis, où il étoit adoré, & on le plaçoit dans le bocage de Vulcain.

Isis étoit représentée sous la forme d'une femme, avec des cornes de vache sur la tête ; un sistre de la main droite, pour marquer le mouvement perpétuel de la nature ; & dans la main gauche une cruche, pour marquer la fécondité du Nil. Elle étoit aussi représentée comme Cybèle.

Sérapis avoit une forme humaine, avec un boisseau sur la tête, pour marquer l'abondance sur la terre. Il avoit dans la main gauche une mesure d'une coudée, pour mesurer la hauteur des eaux du Nil.

Jupiter *Ammon* étoit adoré principalement à Thèbes. On le représentoit avec la tête d'un bélier.

Anubis avoit la tête d'un chien.

Harpocrate avoit été engendré par Osiris, après sa mort. On plaçoit sa statue entre Osiris & Isis. Il étoit le dieu du silence, & étoit représenté avec le doigt sur la bouche.

Orus, que l'on confondoit souvent avec Apollon, étoit représenté comme un enfant emmailloté. Les habitans de Coptos lui mettoient à la main les parties honteuses de Typhon.

Canopus, qui avoit été pilote des vaisseaux d'Osiris, étoit célèbre par sa victoire sur le feu, divinité des Chaldéens. On le représentoit sans bras & sans pieds.

Outre les fêtes que l'on célébroit en l'honneur d'Apis, d'Isis, de Jupiter, de Pan, de la Lune, de Bacchus, *&c.* on en célébroit encore en l'honneur d'autres divinités, telle que celle,

1°. De Diane, à Bubastis. Les hommes & les femmes s'embarquoient pêle-mêle ; une partie jouoit des instrumens, & le reste chantoit. La troupe arrivée à Bubastis faisoit un grand nombre de sacrifices, & consumoit plus de vin que pendant tout le reste de l'année.

2°. De Minerve, à Saïs. On pendoit la nuit un grand nombre de lampes devant sa porte ; elles restoient allumées pendant toute la nuit. Ceux qui étoient absens étoient obligés d'observer cette cérémonie en quelques lieux qu'ils fussent.

3°. De Mars, à Papremis. On transportoit, la veille, la statue hors du temple ; un petit nombre de prêtres environnoient l'image du dieu ; d'autres, armés de bâtons, fermoient les avenues du temple, afin de leur disputer le passage. Il falloit combattre, & l'on ne finissoit pas sans répandre du sang. On disoit que c'étoit à l'imitation de Mars, qui fut obligé de combattre les domestiques de sa mère, parce qu'ils refusoient de le laisser entrer dans le lieu sacré.

Les anciens Egyptiens ont quelquefois immolé des victimes humaines sur le tombeau d'Osiris, selon le rapport de Manéthon, d'Eusèbe & de Plutarque. Le sort tomboit toujours sur les roux ; mais lorsqu'il n'y en avoit point, on avoit recours aux étrangers. On sacrifioit des hommes à Junon *Lucine*, dans une ville de la Thébaïde. Cette coutume fut abolie par Amasis.

On sacrifioit des taureaux au dieu Apis ; mais on observoit qu'ils n'eussent aucun poil noir. Le sacrificateur leur attachoit un morceau de parchemin aux cornes, & on y apposoit le sceau. Hérodote rapporte que le jour du sacrifice venu, l'animal étoit conduit à l'autel, où on allumoit du feu ; & après y avoir versé du vin, on adressoit sa prière au dieu. Après cela on tuoit la victime, & après l'avoir écorchée, on lui coupoit la tête, qu'on vendoit à un Grec, ou on la jettoit dans le Nil.

On sacrifioit à Isis un jeune taureau, dont on ôtoit les entrailles ; & laissant les autres parties, on les remplissoit des choses les plus exquises, afin de faire la consécration, qui se faisoit avec de l'huile. Lorsque le sacrifice étoit fini, les hommes & les femmes se donnoient mutuellement la discipline. Selon Hérodote, il falloit que l'animal fût mâle, & sans défaut. Les femelles ne pouvoient pas être immolées à Isis, parce qu'elles lui étoient consacrées.

C'étoit une chèvre que l'on immoloit à Jupiter, parce que le bélier lui étoit consacré. Hérodote dit que cependant une fois l'an on lui en sacrifioit un, que l'on écorchoit, & dont on mettoit la peau sur la statue du dieu. Ensuite on le mettoit dans un cercueil consacré, & on l'enterroit.

Les habitans de Mendès offroient une brebis à Pan. Ils regardoient ce dieu comme un des huit plus anciens. On le représentoit avec la face & les pieds d'une chèvre, selon Hérodote.

Le même ancien rapporte que le cochon étoit destiné à la Lune & à Bacchus. Ils en offroient à la Lune, lorsqu'elle étoit pleine, & la viande étoit mangée, lorsque la Lune étoit nouvelle. Hérodote ajoute que lorsqu'on sacrifioit en l'honneur de Bacchus, chacun tuoit un porc le soir devant sa maison, & les femmes portant de petites images d'une coudée de hauteur, avec un priape aussi gros que le reste du corps, chantoient les louanges du dieu, précédées d'une flûte pendant la procession.

ÉTAT MODERNE.

L'Egypte, qui a été le berceau de l'idolâtrie, est aujourd'hui partagée en deux sectes; la Mahométane, & celle des Coptes. Ceux-ci, qui sont les plus anciens habitans de l'Egypte, y sont encore en assez grand nombre. Ils ont des églises au Caire, & dans d'autres provinces. Ils suivent la doctrine d'Eutichès, & ils sont gouvernés par un patriarche, qui réside au Caire.

GOUVERNEMENT POLITIQUE.

La nation égyptienne étoit divisée en deux classes; la première, à la tête de laquelle étoit le roi, comprenoit les prêtres & les soldats; la seconde renfermoit les laboureurs, les bergers, *&c.*

Du roi. La couronne, en Egypte, étoit héréditaire, & les rois étoient obligés de se conformer aux loix du pays, non-seulement dans l'administration des affaires, mais encore dans leur particulier. Ils n'avoient point d'esclaves à leur service; mais les fils des prêtres y étoient admis dès l'âge de vingt ans, & c'étoient comme des surveillans auprès du prince. Le roi avoit des heures réglées où nuit & jour il étoit obligé de vaquer aux affaires. Dès le matin il lisoit les lettres & les dépêches, afin d'être instruit à fond des affaires de son royaume. Après s'être baigné, il se rendoit au temple pour sacrifier; & là le grand-prêtre, en présence du peuple, après avoir prié pour la santé & la prospérité du monarque, donnoit des louanges à sa justice & à son administration, s'il en méritoit, ou il s'étendoit avec emportement sur ses fautes. Ensuite on lisoit, dans des livres sacrés, quelques maximes sages, pour rendre le monarque vertueux. Il avoit aussi des heures réglées pour ses plaisirs. On ne lui servoit que des mets très-communs, & une certaine quantité de vin. Le roi, qui le premier introduisit le luxe, fut maudit par une inscription, dont fait mention Plutarque, dans le temple de Thèbes (1). Il ne pouvoit satisfaire ses passions, ni faire le moindre tort à ses sujets. Mais aussi lorsqu'ils suivoient les loix dans les jugemens qu'ils rendoient, ils étoient adorés de leurs peuples. De manière qu'ils étoient plus attentifs à la vie de leurs rois, qu'à celle de leurs femmes & enfans.

Lorsqu'un monarque mouroit, tout le peuple en portoit le deuil, & déchiroit ses habits. On fermoit les temples, & les sacrifices & les fêtes solemnelles cessoient pendant soixante-douze jours. Une troupe de trois cens, tant hommes que femmes, se mettoient de la boue sur la tête, & faisoient une procession, en chantant des chansons funèbres en l'honneur du mort. Ensuite on exposoit le corps à l'entrée du sépulcre, & chacun avoit la liberté de blâmer & de critiquer sa conduite passée. S'il avoit régné dignement, le grand-prêtre faisoit son éloge, auquel le peuple applaudissoit; mais si au contraire il avoit mal régné, on le censuroit, & même on lui refusoit la sépulture.

Des prêtres. Les prêtres ou ministres de la religion, étoient extrêmement révérés des Egyptiens. Ils étoient toujours avec le roi, & assistoient à ses conseils, pour y donner leurs avis, & pour leur faire connoître, par le moyen de la divination, le succès des entreprises. Ils lisoient aussi en sa présence quelques traits de l'histoire ou des livres sacrés. Ils portoient des habits de lin, & ils avoient grand soin de se purifier & de tenir leurs corps très-propres. Diodore de Sicile dit qu'ils étoient exempts de soins domestiques & de toutes taxes, & qu'on leur fournissoit la nourriture; mais il leur étoit défendu de manger du poisson. Selon Hérodote, les fèves leur étoient en horreur, parce qu'ils les regardoient comme impures.

Des soldats. Les soldats ou gens de guerre étoient divisés en *Calasiriens* & en *Hermotybiens*. Les premiers habitoient à Thèbes, à Bubastis, à Aptis, à Tanis, à Mendès, à Sebennitus, à Athribis, *&c.* Les seconds habitoient les provinces de Busiris, de Saïs, de Chemmis, de Papremis, *&c.* Les rois d'Egypte pouvoient mettre environ 410,000 hommes en armes, dont 250,000 *Calasiriens*, & 160,000 *Hermotybiens*. Les soldats étoient obligés, de père en fils, de s'appliquer au métier de la guerre, selon le rapport d'Hérodote. Quand un soldat manquoit à son devoir, il étoit noté d'infamie. Ils avoient chacun une portion de terre de cent coudées égyp-

(1) Diodore parle aussi de cette malédiction portée contre Menès, qui avoit introduit l'usage des mets.

tiennes en quarré. Elle étoit exempte de taxes; & ceux qui étoient de garde à la cour, recevoient chaque jour cinq livres de pain, deux livres de bœuf, & deux pintes de vin. Cette garde étoit relevée tous les ans, pour que chacun eût à son tour le même honneur & les mêmes avantages. Cette générosité envers les gens de guerre, les encourageoit à se marier, & par cela même à peupler le pays, & à laisser ainsi après eux un nombre de soldats suffisant pour défendre le royaume.

Il y a eu plusieurs rois d'Egypte qui ont été des conquérans : cette nation n'étoit cependant pas guerrière ; car leur empire s'est bien plus étendu par les colonies qu'ils ont envoyées, que par la force des armes. Le roi chez les Egyptiens étoit créé quelquefois par voie d'élection ; alors il étoit tiré de l'ordre des prêtres, ou de celui des soldats. Hérodote rapporte que s'il étoit pris dans l'ordre des derniers, on le faisoit passer dans celui des prêtres, & initier à leurs mystères.

Les laboureurs. Les laboureurs étoient aussi obligés de professer le même état de père en fils ; ils cultivoient les terres du roi, des prêtres & des soldats, & n'en payoient qu'une redevance raisonnable. Ils perfectionnèrent très-vîte l'agriculture.

Les bergers. Les bergers, qui étoient, comme les laboureurs, obligés de prendre l'état de leur père, se rendirent habiles à multiplier les troupeaux. Ceux qui avoient soin des poules & des oies, trouvèrent aussi la manière de les multiplier par l'art, au rapport de Diodore de Sicile. Ils se servoient vraisemblablement de fours, pour faire éclorre les œufs, comme cela est encore pratiqué en Egypte, selon les relations des voyageurs modernes.

Administration juridique. Les Egyptiens administroient la justice avec la plus grande impartialité. Aussi choisissoient-ils leurs juges avec beaucoup de précaution. On choisissoit particuliérement dix habitans de chacune des villes de Thèbes, d'Héliopolis & de Memphis.

Cette assemblée ayant choisi dans ses membres un président, il étoit remplacé par un homme à son choix. Ce président portoit à son col une chaîne d'or, d'où pendoit un ornement de pierres précieuses. Cet ornement se nommoit *la vérité*. L'assemblée étoit payée par le roi.

Lorsque l'on devoit juger une cause, le président, portant le symbole de la vérité, assis avec tout son corps, écoutoit l'accusateur, dont la plainte étoit mise par écrit. Elle étoit communiquée à l'accusé, qui y répondoit ; &, après une replique de chacune des parties, la cour examinoit avec soin l'affaire, puis le président tournoit la vérité du côté de celui en faveur duquel on avoit décidé.

Le parjure, chez les Egyptiens, étoit puni de mort ; celui qui ne secouroit pas un homme attaqué sur les chemins, étoit puni de même. On faisoit subir la même peine au faux accusateur.

Chaque Egyptien devoit faire porter sur un registre son nom, & la manière dont il gagnoit sa vie. Ce registre étoit entre les mains du gouverneur de la province. On coupoit la langue à ceux qui donnoient aux ennemis avis de quelque dessein secret. Les hommes convaincus d'adultère recevoient mille coups de verges ; les femmes avoient le nez coupé. Il étoit permis aux frères d'épouser leurs sœurs. On prétendoit qu'Isis avoit épousé son frère Osiris. Et comme elle avoit régné, étant veuve, avec beaucoup de gloire, les reines en général étoient plus considérées que leurs époux.

MŒURS ET USAGES.

Education. Les Egyptiens veilloient soigneusement à l'éducation de leurs enfans. Ils ne les nourrissoient que de choses communes, &, pour la plupart, on les faisoit aller pieds nuds & sans vêtemens pendant leur enfance, à cause de la chaleur du climat. Les prêtres étoient chargés de leur instruction, dont les sciences principales étoient la géométrie & l'arithmétique. Cependant, dans les classes inférieures du peuple, il y en avoit peu qui apprissent à lire & à écrire, excepté les marchands. Ils négligeoient de montrer à leurs enfans la musique & la lute ; mais ils leur apprenoient la politesse & le respect qu'ils devoient aux vieillards.

Lorsqu'un homme de considération étoit mort, toute sa famille, les hommes séparés d'avec les femmes, se mettoient de la boue sur la tête, & couroient la ville, se lamentant, jusqu'à ce que le corps fût enterré. Il y avoit une sorte de gens qui faisoient profession d'embaumer.

Repas. C'étoit une honte chez les Egyptiens de manger du pain d'orge ou de froment. Ils en faisoient un avec l'*olyra.* Ce pain étoit nommé *Collestris*, vraisemblablement à cause de sa qualité glutineuse. Ils buvoient ordinairement de l'eau du Nil, & leur boisson la plus exquise étoit faite avec de l'orge. Ils s'abstenoient de manger de plusieurs animaux, & en particulier du cochon ; mais ils mangeoient du poisson salé, des cailles, des canards, *&c.* Dans les repas publics, on faisoit porter un cercueil, dans lequel étoit l'image d'un mort. Celui qui le portoit disoit à chaque convive : « regarde ceci, & songe à te divertir : car tu deviendras semblable lorsque tu seras mort ». Ils évitoient de manger avec les étrangers, parce qu'ils les regardoient comme impurs.

Habillemens. Les Egyptiens s'habilloient d'une veste de lin, garnie de franges au bas, qu'ils appelloient *calasiris.* Pardessus cette veste, ils portoient un manteau blanc, de drap : mais c'étoit une profanation que d'entrer dans quelque temple avec ce manteau.

Les anciens Egyptiens aimoient la propreté ; aussi usoient-ils souvent de purifications & d'ablutions. Hérodote & Diodore rapportent que c'étoit un quement par propreté, que ce peuple s'étoit fait une loi de la circoncision; cérémonie qui avoit été en usage de temps immémorial. Pythagore fut obligé de s'y soumettre, pour avoir la liberté d'entrer dans les temples, & de converser avec les prêtres Egyptiens.

Arts et Sciences.

Langue & écriture. Nous ne connoissons pas la langue *parlée* des anciens Egyptiens, & nous n'avons que de très-légers apperçus de leur langue écrite. Voici ce qu'en dit S. Clément d'Alexandrie: « Ceux qui sont instruits par les Egyptiens, apprennent d'abord la valeur des lettres égyptiennes, que l'on appelle épistolographiques (ou épistolaires, pour l'écriture commune). Leur seconde sorte de lettres est la sacerdotale, dont les écrivains sacrés se servent; la troisième enfin, l'hiéroglyphique, qui s'exprime, ou par les premiers élémens, ou par des symboles; la symbolique s'exprime, ou par imitation, ou par figure, ou allégoriquement par certaines énigmes. Ceux qui veulent décrire le soleil font un cercle, *&c.* & ceux qui veulent décrire la lune, font une figure qui lui ressemble. Veulent-ils écrire figurément, ils changent & caractérisent les phases de la lune, suivant leur intention. Ceux qui veulent louer les rois, dans les écrits sacrés, le font allégoriquement. Voici un exemple de cette troisième espèce, qui est énigmatique. Ils représentent l'obliquité des astres par la marche du serpent; & le soleil, sous la figure de Scarabé ».

Quelques auteurs ont cru, d'après ce simple exposé, qu'il y avoit trois sortes de caractères en usage chez les Egyptiens. Mais il semble que l'on peut très-bien entendre ce passage, & n'en admettre que deux; l'une épistolaire, c'est-à-dire, dont les lettres indiquoient les sons que l'on proféroit en nommant les objets; l'autre, hiéroglyphque, & rappellant les objets à l'esprit, soit que la figure les représentât à-peu-près comme un *arbre*, une *maison*, &c. ou bien que l'on ne fit que les désigner par un emblême, pris dans la classe des figures simples, mais éloigné de son premier sens. Ainsi, c'est moins sur la forme des caractères, que porte cette double distinction que fait S. Clément d'Alexandrie, que sur les différentes manières de s'exprimer. Il est ici plutôt question de style que d'alphabet. Les modernes ont aussi fait des recherches sur cet objet; mais elles ne peuvent trouver place ici.

On attribuoit l'invention de ces caractères à un roi, que l'on nommoit *Thot* ou *Athoies*, & Mercure, auquel on a donné, à cause de ses connoissances, le nom de *Trois fois grand*, ou *Trismégiste.* Ces caractères se voient encore sur des statues égyptiennes, sur plusieurs des obélisques qui sont à Rome; mais on n'en voit nulle part en aussi grand nombre que sur la table appellée *Isiaque*, & que l'on conserve dans le cabinet d'antiquités de Turin.

N. B. Au reste, M. de Guignes a démontré jusqu'à l'évidence que ces caractères égyptiens avoient le plus grand rapport avec les anciens caractères chinois. Voyez *Mém. de litt.*, *t. 29*.

Mathématiques. Nous tenons la géométrie des Egyptiens, qui l'inventèrent à cause des débordemens du Nil; mais il ne paroît pas qu'ils y aient fait de grands progrès, & cette science, chez eux, étoit réduite à la mesure des figures planes.

L'arithmétique a été cultivée avec soin chez les Egyptiens, & ils ont aussi fait quelques progrès dans l'algèbre, sur-tout depuis que les Grecs furent s'établir en Egypte.

Quoique les Babyloniens aient été renommés pour l'astronomie, cependant les Egyptiens partagent avec eux la gloire de l'avoir inventée. Les habitans de Thèbes y excelloient pardessus les autres. Diodore affirme qu'ils observoient le mouvement des étoiles avec habileté, & qu'ils mettoient leurs observations par écrit; qu'ils connoissoient parfaitement les révolutions des planètes, & qu'ils étoient capables d'annoncer les différentes révolutions du temps. Ils faisoient sur-tout usage de l'astronomie en faveur de l'agriculture. Ce peuple faisoit aussi grand cas de l'astrologie judiciaire.

Médecine. La médecine passoit pour avoir pris naissance chez les Egyptiens. L'invention en est généralement attribuée à Esculape, qui est le nom que l'on donnoit à *Tosorthrus*, ou *Sesorthus*, à cause de sa grande habileté dans cet art. Ce prince, qui occupoit le trône de Memphis, étoit beaucoup plus ancien que l'Esculape Grec. Il n'étoit pas permis aux médecins de ce pays de donner des remèdes pour toutes sortes de maladies, chacun d'eux étant obligé de s'appliquer à la guérison d'une seule. Dans l'application des remèdes, ils étoient obligés de se conformer à ce qui étoit indiqué dans les livres sacrés; celui qui s'en écartoit, risquoit sa vie, si le malade mouroit. Ils étoient entretenus aux dépens du public. Ils faisoient aussi profession de l'astrologie, & de certains rites mystérieux.

Les Egyptiens se sont rendus célèbres dans l'Anatomie.

Physique générale. Les découvertes qu'ils ont fait en physique nous sont peu connues. On sait seulement qu'ils avoient une idée juste du systême du monde. C'est de ce pays que Pythagore apporta probablement la connoissance de son systême. Ce systême paroît avoir fait partie de la doctrine secrète des Egyptiens, & inconnue au vulgaire.

La science favorite des Egyptiens étoit la magie, en quoi ils ont prétendu surpasser les autres peuples. C'étoient les prêtres qui faisoient profession de cette vaine science.

Commerce.

On est fort partagé pour décider quand est-ce que les Egyptiens se sont adonnés au commerce;

mais il y a à présumer qu'un peuple aussi industrieux que les Egyptiens, se sera prévalu de bonne heure de la situation avantageuse du pays qu'il habitoit. Il paroît par Strabon & Diodore de Sicile, que Psammétique a été le premier roi d'Egypte qui ait ouvert ses ports aux étrangers, & principalement aux Grecs. Cependant ils n'avoient d'entrée que dans Canope; mais si le vent leur étoit contraire, ils déchargeoient leurs marchandises, & avoient la permission de les envoyer à *Naucratis*, par les barques ordinaires du Nil.

Les Egyptiens s'attribuoient l'honneur d'être les premiers inventeurs du commerce, en la personne d'Osiris. Diodore rapporte que Psammétique s'enrichit prodigieusement par le négoce, avant que de parvenir au trône d'Egypte. Outre le desir de s'enrichir, le besoin de se procurer les choses qui leur manquoient, comme les métaux, le bois, la poix, la résine, *&c.* fit qu'ils envoyèrent chez les autres peuples leur froment, leur lin, leur papier, *&c.* Les Ptolemées encouragèrent beaucoup le commerce en Egypte; & par la construction de *Bérénice*, de *Myos-Hormos*, & de quelques autres ports sur le golfe Arabique, ils frayèrent à leurs sujets la route de celui de l'Orient. Alexandrie, sous ces princes, devint une des plus florissantes villes de l'univers. Il y avoit une route qui alloit de *Coptos*, par le sud-est, jusqu'au port de Bérénice sur la mer Rouge. Quelques auteurs ont cru qu'il y avoit en ce lieu un canal: mais c'est une erreur, il n'alloit que du Nil à *Coptos*. Cette route avoit deux cens cinquante-huit milles romains, & offroit dix *mansions* ou lieux de repos; les noms s'en trouveront à leur article. Cette route n'est plus en usage actuellement.

Quoique par principe de religion, les Egyptiens eussent beaucoup d'aversion pour la mer, ils n'étoient point ignorans pour la marine. Les Grecs reconnoissoient avoir appris la navigation d'eux, selon le rapport d'Euripide. *Sesostris* fit construire une flotte de 400 vaisseaux de guerre, pour son expédition vers les mers du midi.

CHRONOLOGIE.

Il n'est pas de nation, ce me semble, dont la chronologie offre tant de difficultés que celle de l'Egypte. Les matériaux que nous ont transmis les anciens, offrent entre eux si peu de véritables rapports, que l'on ne doit pas être étonné de la diversité d'opinions établie entre les modernes. Les monumens anciens me paroissent pouvoir être rangés en deux classes; 1°. ceux dont nous avons des corps d'histoire; 2°. ceux dont nous n'avons que des chroniques ou des fragmens.

I. Dans la première classe sont Hérodote & Diodore, tous deux donnent d'assez grands détails sur l'Egypte, font connoître plusieurs rois de cet empire; mais ils n'établissent aucun systême de chronologie, ni aucune suite aux règnes des princes. Si l'on cherche à trouver au moins la durée de l'empire, on trouve qu'Hérodote donne 11340 ans aux règnes des rois (après les dieux). Ce même intervalle, selon Diodore, n'est que de 9500 ans (1). L'un & l'autre commencent à Ménès. Cependant on voit ailleurs que Diodore ne compte que 4700 ans. Les savans ont imaginé différens moyens d'amener ces calculs à un résultat raisonnable. Les uns ont supposé que ces années étoient lunaires; d'autres ont cru qu'elles ne comprenoient chacune que l'intervalle d'une saison. Ces discussions ne sont pas de mon objet.

II. Il faut placer à la tête de ceux dont nous n'avons que des chroniques, Manéthon, prêtre d'Héliopolis, & garde des archives sacrées. Il avoit écrit en grec une histoire générale de l'Egypte, & l'avoit dédiée vers l'an 274, avant notre ère, au roi Ptolemée Philadelphe. Cet ouvrage est perdu; mais on en retrouve des parties très-essentielles dans Joseph, dans Jules l'Africain, Porphyre, Eusèbe, *&c.*

Jules l'Africain naquit en Palestine, dans le second siécle de notre ère. Pour dresser une chronique des rois d'Egypte, il avoit extrait de l'histoire de Manéthon la liste de tous les rois. Cet ouvrage a été inséré par le moine Georges, connu sous le nom de *Syncelle*, parce qu'il exerçoit la dignité de ce nom auprès du patriarche de Constantinople. On trouve aussi quelques morceaux concernant la chronologie égyptienne dans le Scholiaste d'Apollonius, qui nous en a laissé des morceaux traités par Dicéarque, disciple d'Aristote.

Mais un morceau de ce genre, très-important, & qui n'avoit pas été formé par Manéthon, à ce qu'il paroît, c'est la liste des rois de Thèbes, que nous a laissé Eratosthène de Cirénaïque. Cette liste, que l'on connoît sous le nom de *Canon*, fut dressée par ordre de Ptolemée Evergète, fils & successeur de Ptolemée Philadelphe.

Il n'est pas de mon objet d'examiner ces différens morceaux. Je finirai, en disant qu'un fort grand nombre de savans s'en sont occupés. Je ne donnerai pas ici l'analyse de leurs différens ouvrages. Je dirai seulement que celui de M. le chevalier d'Origny, m'ayant paru tout-à-la-fois clair & exact, je m'y suis conformé dans le tableau ci-joint. C'est d'après lui que j'ai donné les résultats de la durée des différens royaumes qui ont existé en Egypte. C'est à son ouvrage qu'il faut recourir pour en avoir le développement. Voyez *Chronologie des rois du grand empire des Egyptiens, 2 vol. in-12.*

(1) Selon la manière de lire le texte, introduite par Jacques Capel, & adoptée par les plus savans critiques.

TABLEAU CHRONOLOGIQUE,

Dans lequel on s'est conformé, pour les Dynasties Egyptiennes, à l'Ouvrage de M. D'ORIGNY

ÉGYPTE a été soumise avant l'ère vulgaire aux Egyptiens, pendant 1663 ans.

HAUTE ÉGYPTE.			ÉGYPTE du MILIEU.	BASSE ÉGYPTE.			
Thèbes,	*This,*	*Elephantis.*	*Memphis.*	*Héliopolis,*	*Diospolis,*	*Héracléotès,*	*Xoïtes.*
2188, Menès.	Menès, 2126. Athotis.	Menès, 1719.	Menès, 2126. Tosorthrus. . . . . . . 2056.	Menès, 2157. Curudes.	Menès, 2154.	Menès, 2154.	Menès, 218 2154.
		Mercheris.	Rois Pasteurs.				
	Othn.		Salatis. . . . . . . Assis.			1560.	1970.
		Obnus.	1796.				
Myrtœus.	Chénérès, 1621.	1719.		Concharis.	Sésostris, 1490.		

1484, Sésostris maître de toute l'Égypte en 1484.

Haute Egypte, ou *R^me de Thèbes.*	Royaume de *Memphis.*	*Diospolis,* ou *Delta.*
1422, Thyosimarès.	1422.	1422, Rhapsès.
Fin 1050.	*Fin* 1366.	*Fin,* 1047.
Psammenit vaincu	526, Psammenit. par Cambyse,	roi de Perse . . . . en 52

ÉGYPTE a été soumise avant l'ère vulgaire aux :

Perses.... { Depuis la conquête par Cambyse . . . . l'an 525 } 193 an
Jusqu'à la mort de Darius Codoman . . . . l'an 332 }

Grecs..... Pendant la vie d'Alexandre . . . . depuis l'an 332, jusqu'à 323.

Lagides.... { Depuis Ptolemée Lagus . . . . l'an 323 } 293 an
Jusqu'à la mort de Cléopâtre . . . . l'an 30 }

depuis l'ère vulgaire aux :

Romains, { Depuis la conquête par Auguste . . . . (avant J. C.) 30 } 666 an
Jusqu'à la conquête par les Arabes, sous le règne d'Héraclius . . . l'an 640 }

Califes.... { Depuis la conquête par Amrou-ben-As, sous le califat d'Omar . . . l'an 640 } 328 an
Jusqu'à la reine Kamélé . . . . l'an 965 }

Fatimites, { Depuis Meezledin-Allah . . . . l'an 968 } 204 an
Jusqu'à Adhed . . . . l'an 1172 }

Ajoubites, { Depuis Saladin, fils d'Aïoub . . . . l'an 1172 } 78 an
Jusqu'à Almalec-Almoazin . . . . l'an 1250 }

Mameluc, { Depuis Isbeck . . . . l'an 1250 } 267 an
Jusqu'à Campson-Gauri . . . . l'an 1517 }

Othomans, { Depuis la conquête par le Sultan Sélim . . . . l'an 1517 } 269 an
Jusqu'à la présente année . . . . 1786 }

Règne des rois d'Egypte.

Menès ou Manès, est universellement reconnu pour le premier souverain qui ait régné en Egypte. Ce pays n'étoit qu'un marais de son temps; excepté la Thébaïde, & l'on ne voyoit point de terre entre le lac *Maris* & la Méditerranée. Il détourna le cours du Nil, bâtit la ville de *Memphis* dans l'ancien lit de ce fleuve, & il y fit construire le fameux temple de Vulcain, selon le rapport d'Hérodote. Il apprit aux Egyptiens des principes de religion; il introduisit la magnificence, le luxe, & institua des fêtes. Diodore dit que cela fut cause qu'un de ses successeurs chargea sa mémoire d'exécration.

Hérodote dit que les Égyptiens avoient un catalogue de cent trente rois, depuis *Menès*, & terminé par *Mœris*; mais, selon Diodore, Menès eut cinquante successeurs de sa famille, dont les règnes, joints à celui de Menès, remplissent un espace de 1400 ans.

La suite des rois de Thèbes par Eratosthène, est liée avec une époque connue dans l'histoire grecque, selon Dicéarque, qui dit que depuis le règne de *Sechonsosis*, qui succéda à *Orus*, jusqu'au règne de *Nilus*, il s'écoula 2500 ans, & 436 ans depuis *Nilus* jusqu'à la première olympiade.

Hérodote rapporte que *Sesostris* fut le successeur immédiat de *Mœris*. Son règne est un des plus extraordinaires qu'il y ait dans toute l'histoire égyptienne. On le représente puissant par terre & par mer, sage, juste, généreux & vaillant. Diodore dit que ses premières conquêtes furent sur les Ethiopiens & les Troglodytes, & qu'il fut jusqu'au promontoire *Dira*, près du détroit de la mer Rouge. Ses forces de terre n'étant pas suffisantes pour ses vastes desseins, il équipa deux flottes, l'une dans le golfe Arabique, selon Diodore, & l'autre dans la mer Méditerranée, selon Hérodote. Avec la première de ces flottes, il subjugua les côtes de la mer Erythrée; avec la seconde, il se rendit maître de l'île de Cypre, des côtes maritimes de la Phénicie, & de plusieurs des Cyclades. Presque tous les auteurs anciens conviennent qu'il envahit & pilla toute l'Asie, & une partie de l'Europe. Il traversa le Gange, sur les bords duquel il fit ériger des colonnes. A son retour, il fit la guerre aux Scythes & aux Thraces. Ceux-ci furent vaincus. Hérodote & Diodore assurent qu'il eut le même bonheur avec les Scythes; mais d'autres disent que son armée fut défaite par ces derniers, joints aux peuples de la Colchide. On prétend qu'il établit une colonie dans la Colchide, quoiqu'on dise aussi que ce fut l'arrière-garde de son armée, qui, étant très-fatiguée, s'arrêta dans ce pays-là, & s'y établit sur le bord du Phase. Il retourna en Egypte, & arriva à *Pelusium*, après neuf ans d'absence, parce qu'il apprit la révolte de son frère, qui avoit usurpé le diadême, violé la reine & les concubines royales. Son frère *Armaïs*, le *Danaüs* des Grecs, le reçut avec des démonstrations de joie, & une apparente soumission: mais ayant échoué dans le projet qu'il avoit de le faire périr dans un festin, il fut chassé de l'Egypte, &, selon Diodore de Sicile, il se retira dans la Grèce.

Après que *Sésostris* eut échappé aux criminelles entreprises de son frère, il fit de magnifiques présens à tous les temples, & donna à ses soldats des récompenses proportionnées à leurs exploits. Ensuite il érigea dans chaque ville d'Egypte un temple, qu'il dédia à la divinité suprême du lieu. Il fit élever deux obélisques de marbre, où il fit graver des inscriptions, qui faisoient mention de l'étendue de son pouvoir, de l'immensité de ses revenus, & de la quantité de nations qu'il avoit soumises.

Pour le bien de ses peuples, il fit border d'une muraille le côté oriental de l'Egypte, pour se garantir des incursions des Syriens & des Arabes; il fit élever le terrein dans les lieux trop bas, pour les préserver des inondations du Nil; il fit creuser des canaux de communication avec le Nil, depuis Memphis jusqu'à la mer, pour faciliter le commerce. A la fin ce prince perdit la vue, & se donna la mort lui-même.

Phéron, fils de Sesostris, succéda à son père, & fut nommé *Sesostris II*. Il perdit la vue pendant dix années; mais l'ayant recouvrée au bout de ce temps, il en témoigna sa reconnoissance aux dieux, par des dons, & par deux superbes obélisques, qu'il érigea dans le temple du soleil à Héliopolis, selon le rapport d'Hérodote.

Le trône d'Egypte, plusieurs siècles après, fut occupé par *Amasis* ou *Ammosis*, prince qui traita ses peuples avec violence & injustice: aussi lorsqu'*Actisanès*, roi d'Ethiopie, entra en Egypte, pour lui faire la guerre, les Egyptiens se joignirent au roi d'Ethiopie, pour chasser le tyran.

L'Egypte & l'Ethiopie furent réunis sous le gouvernement d'*Actisanès*. Il jouit de sa prospérité avec modération & prudence, & se conduisit avec beaucoup de douceur avec ses nouveaux sujets.

La mort d'*Actisanès* laissa aux Egyptiens la liberté de se choisir un roi, que quelques auteurs nomment *Merides*, & d'autres *Marus*. Diodore de Sicile dit que le fameux labyrinthe d'Egypte fut construit par ce prince.

Il y eut un interrègne de cinq générations après *Mendes*. *Cétes*, memphite d'une naissance obscure, fut après ce temps choisi pour roi. Hérodote & Diodore le font contemporain de la guerre de Troye. Ce fut pendant le règne de ce prince que Pâris ou Alexandre fut jetté, par la tempête, sur les côtes d'Egypte, & y aborda avec Hélene, qu'il emmenoit de Grèce à Troye. On éleva à Memphis un temple magnifique en l'honneur de ce roi, qui laissa pour successeur son fils *Remphis*.

Hérodote & Diodore peignent ce Remphis ou *Rhampsinitus*, comme un prince avare, qui ne fit pendant son règne aucune dépense, ni pour honorer

honorer les dieux, ni pour le bien de ses sujets: aussi laissa-t-il un trésor immense.

A ce roi en succédèrent sept autres, qui furent peu renommés, excepté *Nilus*, qui se rendit fameux, par le grand nombre de canaux qu'il fit creuser dans tout le pays, pour tirer du Nil tous les usages possibles. Aussi ce fleuve, qui jusqu'alors avoit été nommé *Ægyptus*, fut dans la suite désigné par celui de *Nilus*, selon le rapport de Diodore de Sicile.

Le même Diodore met *Cheops* le huitième après *Rhampsinitus*. Le commencement de son règne fut marqué par l'impiété & la tyrannie. Il fit fermer les portes des temples, & défendre tous les sacrifices publics. Ce fut ce prince qui fit construire la plus grande des trois pyramides. Ayant épuisé ses trésors, il prostitua sa fille pour avoir de l'argent. Enfin, il mourut après un règne de cinquante ans.

Céphrénès, son successeur, pendant un règne de cinquante-six ans, marcha sur ses traces, & comme lui bâtit une pyramide; mais plus petite.

Après ce dernier, *Mycerinus*, fils de *Chéops*, & neveu de *Céphrénès*, monta sur le trône. Il remit le culte divin sur l'ancien pied. Ce prince, doux & clément, aidoit de son trésor les particuliers qui l'informoient de leurs malheurs. Il fit bâtir une pyramide, dont environ la moitié étoit de pierre d'Ethiopie.

Gnephacthus se rendit célèbre par son abstinence, & pour avoir défendu les excès de luxe. Il rendit la mémoire de *Menès* odieuse; &, du consentement des prêtres, il fit graver sa malédiction sur une colonne, que l'on voyoit dans le temple de Thèbes.

Bocchoris, fils du précédent, passe pour avoir été le quatrième législateur des Egyptiens. Les loix qu'il fit eurent pour objet principal le commerce & les revenus publics. Ce prince eut le malheur d'être pris par *Sabbaco* l'Ethiopien, qui le fit brûler vif.

Hérodote place *Asychis* immédiatement après *Mycerinus*; mais Diodore met deux règnes entre eux: ce qui porte à croire que c'étoient des rois contemporains, qui régnoient en même temps, en différentes parties de l'Egypte. Il est dit que cet Asychis fit bâtir le portique oriental du temple de Vulcain, avec beaucoup de magnificence, & qu'il fit construire une pyramide toute de briques.

Après Asychis, un aveugle, nommé *Anysis*, devint roi. Ce prince fut attaqué par *Sabbaco*, roi d'Ethiopie, qui le mit en fuite, & s'empara de son royaume.

Ce Sabbaco, que l'on croit être le même que le *So* de l'écriture, se distingua par sa bonté & sa clémence, lorsqu'il fut sur le trône d'Egypte; mais après y avoir régné cinquante ans, il l'abandonna volontairement, & retourna en son pays. Pendant qu'il régna en Egypte, il ne permit pas que l'on exécutât les sentences de mort contre les criminels. Il les obligeoit à entreprendre de rudes travaux, comme d'élever le terrein & de creuser des canaux.

Anysis sortit de sa retraite, & reprit le gouvernement après que *Sabbaco* eut quitté l'Egypte.

Après Anysis régna *Séthon*, qui fut à-la-fois roi & prêtre de Vulcain. Il négligea l'ordre militaire, & voulut dépouiller les gens de guerre. On prétend que ce fut ce roi qui fit un grand carnage de l'armée de Sennacherib, roi d'Assyrie, qui étoit venu jusqu'à Peluze, dans le dessein de pénétrer en Egypte.

Après la mort de Séthon, l'Egypte fut partagée en douze royaumes, dont les rois firent un plan d'association pour le bonheur public. Ce gouvernement fut heureux, & ces douze rois firent le fameux labyrinthe près du lac *Mœris*.

Psammétique étoit du nombre de ces douze rois. Il avoit eu les côtes maritimes en partage, ce qui lui procura beaucoup de richesses, par le commerce que ses sujets firent avec les Grecs & les Phéniciens; & aidé d'une armée d'Ioniens, de Cariens & d'Arabes, selon Diodore de Sicile, il détrôna les autres rois, & se rendit le maître de toute l'Egypte. Il étoit fils de ce *Nechus*, mis à mort par *Sabbaco*. Il régna avec sagesse, satisfit aux engagemens pris avec ses alliés, & leur donna des terres des deux côtés du Nil, au-dessous de la ville de *Bubastis*. Ces Grecs passent pour les premiers étrangers à qui il ait été permis de s'établir en Egypte, & c'est par eux que l'on sait la vérité de l'histoire égyptienne, depuis le temps de Psammétique.

Ce prince s'appliqua à rendre le commerce florissant; il ouvrit ses ports à tous les étrangers, & renouvella une alliance avec les Athéniens. Il prit la ville d'Azot en Syrie, après un siège très-long, & mourut, après avoir régné cinquante-quatre ans. Il fut enterré dans le temple de Minerve, à Saïs.

A Psammétique succéda *Nechus*, son fils, le Pharao *Necho* de l'écriture. Ce prince, au commencement de son règne, essaya de creuser un canal depuis le Nil jusqu'à la mer Rouge, selon le rapport d'Hérodote. Il se rendit puissant sur la mer, en mettant une flotte de galères sur la mer Méditerranée, & une autre sur le golfe Arabique. Joseph dit, après *Ctésias*, que ce prince fit la guerre aux Mèdes & aux Babyloniens, qui venoient de renverser la monarchie des Assyriens. Il fut quelque temps après chassé de la Syrie & de la Phénicie, à l'exception de Péluse. Il mourut après un règne de seize ans, & laissa le trône d'Egypte à son fils *Psammis*, au rapport d'Hérodote, qui mourut après avoir régné six ans. Son fils *Apriès* lui succéda.

Cet Apriès, selon Hérodote & Diodore, fut un prince martial, tant par mer que par terre: Il fut vainqueur des Tyriens, des Sidoniens & des Cypriots: mais il n'eut pas le même bonheur contre les Cyrénéens, par qui son armée fut mise en pièces. *Amasis*, confident du roi, se révolta contre lui, &, après des succès divers, *Apriès* fut fait prisonnier, conduit à *Saïs*, où il fut livré à la multitude, qui l'étrangla.

Amasis succéda à *Apriès*. Ce prince, d'une naissance obscure, gouverna avec équité, & jamais l'Egypte ne fut aussi heureuse que sous son règne; aussi a-t-il été regardé comme son cinquième législateur. Hérodote rapporte qu'il reçut une visite de *Solon*, qu'il ouvrit l'Egypte à tous les Grecs, & leur permit de s'y établir, pour y faire le commerce. Il leur donna des endroits pour y bâtir des temples en l'honneur de leurs dieux. Il donna mille talens pour aider à la reconstruction du temple de Delphes, & épousa une grecque, nommée *Laodice*. Il subjugua l'île de Cypre, selon Hérodote, & força les habitans à lui payer un tribut.

La fin du règne d'*Amasis* ne fut pas heureuse. Ce prince fut trahi par son général Phanès, qui, de concert avec Polycrate, tyran de Samos, excita Cambyses, roi de Perse, à faire la conquête de l'Egypte : mais il mourut avant qu'on ne vînt l'attaquer, & laissa le trône à son fils.

Dès que *Psammenitus* eut succédé à son père Amasis, il fut attaqué par Cambyses, qui le vainquit, fut l'assiéger dans Thèbes, où il s'étoit refugié, & le fit prisonnier. Ce prince mourut après six mois de règne, & une dure captivité.

L'Egypte devint alors une province des Perses; mais les Egyptiens se révoltèrent sous le règne de Darius Hystaspes, & ne furent assujettis que la seconde année du règne de Xerxès, 460 ans avant J. C. Les Egyptiens se révoltèrent de nouveau. Ils choisirent le roi de Libye pour régner sur eux, & appellèrent à leurs secours les Athéniens, qui saisirent cette occasion de chasser les Perses de l'Egypte; mais vers la neuvième année du règne d'Artaxerxès, ils furent tout-à-fait vaincus, & n'essayèrent plus de se remettre en liberté.

Vers l'an 414 avant J. C., & sous le règne de Darius Nothus, roi de Perse, les Egyptiens se révoltèrent sous la conduite d'*Amyrthæus*, qui chassa les Perses, & devint roi de toute l'Egypte. Ce prince fut attaquer les Perses dans la Phénicie; mais Darius lui ayant livré bataille, il fut battu, tué dans l'action, ou il mourut peu après. L'Egypte resta gouvernée par quelqu'un de sa nation, quoique peut-être tributaire des Perses.

A Amyrthæus succéda *Pausiris*, & à ce dernier succéda Psammétique, descendant de celui dont il a déjà été parlé. C'étoit un prince ingrat & inhumain, dont le règne fut souillé par l'assassinat de *Tamus*, pour s'emparer de ses richesses.

Nephereus, son successeur, fut invité par les Lacédémoniens à se liguer avec eux contre les Perses. Il leur envoya des vaisseaux & du grain.

Acoris succéda à Nephereus. Ce prince forma une ligue contre les Perses, avec le roi de Cypre, les Tyriens, des Arabes, *&c.* Il mourut sans que l'Egypte éprouvât aucun changement, ni sous deux de ses successeurs. Après ceux-ci régna *Nectanebis*, le premier de la race sébennytique, vers l'an 379 avant J. C. Les Perses essayèrent inutilement de se rendre maîtres de Peluse, la seconde année de son règne. Avant sa mort, Agésilas, roi de Sparte, vint lui demander des secours contre les Thébains.

Tachos, son successeur, rassembla ses forces, pour se défendre contre les Perses, chez lesquels il fut obligé de se refugier, par la révolte de ses sujets, qui mirent son parent *Nectanebus* sur le trône.

Ce Nectanebus fut sur le point d'être détrôné par un Mandésien; mais, aidé des conseils d'Agésilas, il battit & fit prisonnier le révolté. Ce prince fut le dernier roi d'Egypte; car sous son règne les Perses l'envahirent & la conservèrent jusqu'au temps d'Alexandre. Alors ce conquérant ayant renversé l'empire des Perses, fut reçu par les Egyptiens comme leur libérateur. Ce fut l'an 332, avant J. C., que ce prince entra en Egypte. Il traça le plan, & fit bâtir la ville qui porte son nom, près de l'une des embouchures du Nil. Ce pays resta sous sa domination jusqu'à sa mort, qui arriva sept ans après.

Je ne finirai pas cet article des anciens rois Egyptiens, sans rapporter ici briévement l'opinion de deux savans sur ces anciens rois. L'opinion du premier a été attaquée dans le temps; mais le fond du système qu'elle établit n'en a pas moins pris une grande considération dans le monde. Quant au système que veut établir le second, quoiqu'il n'ait pas pris une certaine consistance, on n'en doit pas moins à son auteur la justice de convenir qu'il y a mis un grand savoir & une profonde érudition.

I. M. de Guignes lut, le 18 avril 1758 (1), dans une séance publique de l'académie des belles-lettres, un mémoire très-bien fait, & fort intéressant, sur l'origine & l'écriture des Chinois. Ce mémoire, dont j'entendis la lecture, & dont la réputation avoit attiré un très-grand concours de monde, fit la plus grande sensation. L'auteur, pour ne parler que des objets qui conviennent ici, y établit que les Chinois, comme empire, descendent des Egyptiens : « ils sont, dit-il, une colonie d'Egyptiens, » & celles de toutes les colonies de l'antiquité qui » a le mieux conservé son origine & ses monu» mens ». Cette colonie y porta le nom & l'histoire de ses premiers souverains, comme à-peu-près les François avoient porté au Canada l'histoire des rois de France, qu'ils regardoient comme leurs souverains. « Les premiers empereurs de la Chine, » ajoute ce savant, puis les deux premières dy» nasties, que l'on dit avoir régné environ 1200 » ans, ne deviennent plus que des dynasties égyp» tiennes, dont la colonie a fait la tête de son

(1) *Voyez* vol. 28 des *Mém. de Littérature*.

» histoire ». Comparant ensuite les noms des premiers empereurs Chinois, & des premiers princes Egyptiens, M. de Guignes dit qu'*Yadoa* ressemble par le nom à Athoès; *Yabia*, à Diabies; *Phenphi*, à Pemphos; *Aïm*, à Amachus. En effet, les noms de ces cinq empereurs ont beaucoup de rapport avec les noms des cinq premiers rois de Thèbes, successeurs de Menès. Cette colonie égyptienne paroît à M. de Guignes avoir passé à la Chine, vers l'an 1122 avant notre ère.

II. M. Guérin du Rocher publia en 1767 trois volumes, sous le titre d'*histoire véritable des temps fabuleux*. Selon ce savant, « toute la suite des » règnes des rois d'Egypte, & les faits de chaque » règne, répondent à l'histoire sainte, depuis Noé » le père, connu de tous les hommes, jusqu'à » la fin de la captivité des Juifs à Babylone; & » que ce n'est même qu'un extrait suivi, quoique » défiguré, de tout ce que l'écriture nous apprend » de l'Egypte dans cet intervalle; que tout ce » qu'Hérodote, Manethon, Eratosthène, & Dio» dore de Sicile, nous montrent de l'Egypte jus» qu'à cette époque, n'est, aux descriptions près, » qu'une traduction, à la vérité, pleine d'erreurs » & de fautes grossières, que les Egyptiens s'étoient » faite ou procurée des endroits de l'écriture qui » les concernoient, & dont ils s'étoient composé » une histoire ». Je sens bien que l'on peut demander à ce savant ce qu'étoient donc les Egyptiens pendant tout ce temps, puisqu'ils sont obligés d'emprunter chez d'autres peuples les preuves historiques de leur existence? On pourroit faire encore d'autres objections : mais je ne me charge ici ni de ces objections, ni des réponses.

L'auteur retrouve le nom de *Menès* dans celui de *Né*, que nous prononçons *Noé*, & qui signifie *repos*; le mot *Thbe*, qui signifie *arche*, est l'origine du nom de Thèbes; les trois cens trente rois qui, selon Hérodote, ont succédé à Menès, ne sont que les trois fils de Noé; qu'un verset de l'écriture mal entendu. Ce grand nombre d'ailleurs flatta la vanité des Egyptiens : on l'adopta donc volontiers. La suite des rois d'Egypte, selon ce savant, se trouve dans le petit nombre des patriarches connus : le fameux Sesostris est Jacob. Les rois pasteurs sont Joseph, & les Israélites établis en Egypte; Micerinus est Moïse. Je ne pousserai pas plus loin cette comparaison. C'en est assez pour sentir le plan de l'auteur. Au reste, cet ouvrage, qui annonçoit le même travail sur les Assyriens, les Babyloniens, les Lydiens, *&c.*, n'a pas été continué.

PTOLEMÉES.

Les généraux d'Alexandre partagèrent ses états après sa mort. Ptolemée, fils de Lagus, eut l'Egypte en partage, l'an 304 avant J. C. Ce prince embellit Alexandrie, & fonda cette bibliothèque, qui fut augmentée jusqu'à 700,000 volumes par son fils. Ce prince fit aussi élever, dans l'île de Pharos, une tour, qui passoit chez les anciens pour une des sept merveilles du monde. Ptolemée régna avec douceur & justice. Il réduisit la Libye, la basse Syrie, & l'île de Cypre. Il associa son fils Ptolemée à l'empire, la 39e année de son règne, & mourut deux ans après, âgé de 84 ans.

Ptolemée *Philadelphe*, associé & successeur de son père, épousa sa sœur Asinoé. Ce prince fit alliance avec les Romains & les Carthaginois, fit fleurir le commerce dans ses états, & soutint une longue guerre contre Antiochus. Pendant un règne de quarante ans, quoique ce prince aimât les plaisirs, il gouverna avec douceur & justice, pensa à peupler son royaume, & à rendre ses sujets heureux.

Ptolemée *Evergette* succéda à son père Philadelphe, l'an 244 avant J. C. Au commencement de son règne, il s'empara des états d'Antiochus *Theos*, roi de Syrie. Bérénice, femme de ce prince, fit couper ses cheveux, & les consacra dans le temple de Vénus. Cette chevelure s'étant égarée, les prêtres, pour éviter la colère de Ptolemée, dirent qu'elle étoit au ciel; ce que les mathématiciens affirmèrent, & montrèrent sept étoiles près de la queue du lion, auxquelles on donna ce nom. Ce prince mourut après vingt-sept ans de règne.

Ptolemée *Philopator*, successeur du précédent, monta sur le trône, 217 ans avant J. C., à l'âge de vingt ans. Au commencement de son règne, ce prince fit mourir son frère Magas, & Cléomène, roi de Sparte, qui avoit été chassé de la Grèce par Antigone, & qui s'étoit refugié auprès de son prédécesseur. Philopator régna 17 ans, éloigné des affaires, & plongé dans la débauche. Ses sujets irrités se révoltèrent; mais il les soumit. Ce prince fit mourir sa femme Arsinoé, & mourut lui-même à la fleur de son âge.

Ptolemée *Epiphane* succéda à son père à l'âge de cinq ans, & 200 ans avant J. C. Il fut mis sous la protection des Romains, & reprit la Palestine & la Célésyrie, qu'Antiochus lui avoit enlevé. Dès que ce prince fut son maître, il s'abandonna aux mêmes vices que son père. Il fit mourir Aristomène, qui avoit eu soin de son enfance, & qui étoit son premier ministre; mais il cultiva l'amitié des Romains, fit alliance avec les Achéens, & épousa Cléopâtre, fille d'Antiochus, roi de Syrie. Ce prince mourut empoisonné, à l'âge de vingt-neuf ans.

Ptolemée *Philometor* succéda à son père à l'âge de six ans, & 176 ans avant J. C. Il eut une guerre à soutenir, les premières années de son règne, contre Antiochus, qui le fit prisonnier. Ses sujets élurent à sa place son frère Phiscon; mais Antiochus chassa celui-ci, & rétablit Philometor sur le trône. Ce prince se retira à Rome, où il demeura quelque temps. Le sénat le raccommoda avec son frère, à qui on donna la Libye & la Cyrénaïque, & à Philométor on lui donna l'Egypte.

Ce prince mourut, après trente-quatre ans de règne, des blessures qu'il reçut dans une guerre qu'il fit contre le roi de Syrie.

Phiscon s'empara du trône l'an 141 de J. C., & il épousa Cléopâtre, femme de son frère. Le jour de ses noces, il fit mourir l'enfant de Philométor, & commit plusieurs autres meurtres, qui lui attirèrent la haine de ses sujets, qui le chassèrent du trône. Ce prince répudia Cléopâtre, fit mourir l'enfant qu'il avoit eu de cette reine, & épousa sa nièce. Quelque temps après, Phiscon revint à la tête d'une puissante armée, remonta sur le trône, où il régna paisiblement le reste de sa vie. Après vingt-neuf ans de règne, il mourut à l'âge de soixante-seize ans.

Ptolemée *Lathure* monta sur le trône, l'an 112 avant J. C. Sa mère le chassa du trône, & mit Alexandre, son frère cadet, à sa place. Lathure essaya inutilement quelque temps après de remonter sur le trône d'Egypte; il n'y réussit que lorsqu'Alexandre voulut faire mourir Cléopâtre leur mère. L'énormité de ce crime souleva ses sujets, qui le chassèrent honteusement, & rappellèrent Lathure. Ce prince voulut régner en Egypte sur le même pied où étoit ce pays avant le règne de sa méchante mère: mais la ville de Thèbes s'y étant refusée, il s'en rendit le maître, & la mit au pillage. Ce prince mourut peu de temps après, ayant régné trente-six ans. Il eut pour successeur Alexandre, fils de son frère.

Alexandre second monta sur le trône, l'an 76 avant J. C. Ce furent les Romains qui l'y placèrent: car les Egyptiens, après la mort de Lathure, avoient abandonné la couronne à Cléopâtre, fille unique de ce prince, & ne voulurent l'accepter pour roi, qu'à condition qu'il épouseroit cette princesse. Ce qu'il fit, par malheur pour elle; car il la fit assassiner dix-neuf jours après leur mariage. Après quinze ans de règne, ses sujets le chassèrent. Il se retira à Tyr, où il mourut de chagrin.

Les Egyptiens, après avoir chassé Alexandre, appellèrent Ptolemée *Aulète*, fils naturel de Lathure. Ce prince monta sur le trône, l'an 61 avant J. C. Voulant gagner l'amitié des Romains par des présens, il accabla ses sujets d'impôts: aussi ils le chassèrent du trône, & y placèrent sa fille Bérénice. Gabinius, gouverneur de Syrie, attaqua les Egyptiens avec une puissante armée, défit Archelaüs, qui avoit épousé Bérénice, & rétablit Aulète sur le trône. Lorsque ce prince fut maître de l'Egypte, il fit mourir sa fille Bérénice, & s'empara du bien de tous les riches citoyens qui étoient à Alexandrie, après les avoir fait périr, pour donner à Gabinius ce qu'il lui avoit promis. Aulète mourut quatre ans après son rétablissement, & laissa deux fils & deux filles.

Ptolemée, son fils aîné, lui succéda, l'an 31 avant J. C. Ce prince épousa Cléopâtre sa sœur, & régna conjointement avec elle pendant quelques années; mais, l'ayant chassée, elle implora le secours de Jules-César. Ce consul attaqua Ptolemée, qui au bout de quelque temps se noya en passant le Nil. Jules-César donna la couronne à Cléopâtre, & à son jeune frère, âgé de onze ans. Cléopâtre suivit César à Rome, dans l'espérance de l'épouser, parce qu'elle avoit un fils de lui, que l'on nommoit *Césarion*; mais à sa mort elle revint en Egypte, après avoir captivé Marc-Antoine. Elle fit assassiner son frère, pour régner seule; elle se déclara pour les Triumvirs, & porta du secours à Marc-Antoine: mais, étant tombée malade, elle retourna à Alexandrie, où son amant la suivit. Auguste ayant déclaré la guerre à Cléopâtre, Antoine se mit à la tête des troupes de cette reine, & marcha contre lui; mais ayant été vaincu à *Actium*, il suivit Cléopâtre à Alexandrie. Auguste s'avança vers Péluse, dont les portes lui furent ouvertes par les ordres secrets de la reine, qui trahissoit Marc-Antoine. Celui-ci s'en étant apperçu, courut au palais de Cléopâtre, pour se venger; mais elle lui fit dire qu'elle s'étoit donnée la mort. Antoine, au désespoir, s'enfonça un poignard dans le cœur. Cette reine se fit mourir, n'ayant pu gagner le cœur d'Auguste, & ne voulant pas servir d'ornement à son triomphe. Elle fut la dernière des Ptolemée qui régnèrent 293 ans en Egypte.

ROMAINS.

Après la mort de Cléopâtre, l'Egypte fut réduite en province Romaine, & gouvernée par un préfet, pendant l'espace de 666 ans. Elle fut partagée en un grand nombre de petits districts, portés par la suite jusqu'à cinquante-trois. Dans le partage de l'empire, elle passa aux empereurs d'Orient, qui y entretenoient un gouverneur. Enfin, en l'an 640, sous le règne d'Héraclius, les Arabes l'enlevèrent aux empereurs Grecs.

N. B. On sait que ce fut le général Amrou ben-As qui en fit la conquête pour le calife Omar.

ÆGYPTIUM MARE. Les anciens ont donné ce nom à la partie de la mer Méditerranée qui baigne les côtes de l'Egypte.

ÆGYPTUS, l'Egypte. (1) *Etimologie.* Les sentimens sont partagés sur l'origine de ce nom, qui a été aussi celui du fleuve qui l'arrose, plus connu cependant sous celui de Nil; on y met cette différence, qu'il changeoit de genre selon qu'il désignoit la région ou le fleuve. Quelques auteurs ont cru que ce nom venoit de αἶα, au lieu de γαῖα, signifiant terre, & de Coptos, nom d'une des

(1) Comme l'article Egypte est fort abrégé dans la Géographie moderne, & que cependant, malgré l'état de décadence dans lequel est tombé ce pays, il continue d'inspirer un assez grand intérêt à cause de son ancienne illustration, je croirai rendre mon article plus utile en rapprochant quelquefois ce que les modernes nous font connoître de ce pays, de ce qu'en ont rapporté les Anciens. Au reste, je resserrai ces rapprochemens le plus qu'il me sera possible.

plus célèbres villes de l'Heptanomie : ainsi Egypte, répondroit à *pays de Coptos*. D'autres, sans rapprocher deux mots, ont pensé que les Grecs, voulant faire allusion à la couleur très-basanée des Egyptiens, avoient formé leur nom d'après celui du vautour Αἴγυπτιος, qui est un oiseau noir. Mais M. Gebelin a montré (*Dict. Etym. de lang. grecque, pag. 255,*) que Αἴγυπτιός venoit de l'oriental *Cup*, ou *Copi* noir) : or, comme *αἶα*, *æ*, *ac*, a désigné les *eaux*, pays bordé par les eaux, il me paroît naturel qu'il ait été donné à un pays *couvert régulièrement chaque année par les eaux*, & dont toute la surface *est noire* lorsque ces eaux se retirent; ainsi Egypte signifiera *pays couverts d'eaux noirâtres*. Au reste, c'est chez les Grecs que se trouve ce nom, puisque les Orientaux disoient *misrim*, & peut-être d'abord *misr*, comme les Arabes actuels; selon Plutarque, les anciens habitans de l'Egypte appelloient leur pays *chemmis*. M. le Brigant, savant très-versé dans les langues anciennes & modernes, que j'ai & que j'aurai plus d'une fois occasion de citer, prétend que les Grecs n'ont formé le nom d'Egypte, qu'en employant les mots radicaux *ecou-ev-et*, qui signifie *ce qui est caché sous les eaux*. Ceci est du bas breton, avoué pour celtique.

PAYS.

Etendue. L'Egypte ne paroît pas avoir varié au S. par rapport à ses limites. Les observations des anciens & des modernes, les fixent à-peu-près au 23e deg. 50 min., elle s'étend du S. au N. d'environ 7 deg. 40 min., c'est-à-dire jusqu'au 31e deg. 30 min. (1).

Si le cours un peu tortueux du Nil ne déterminoit pas, par la nature du terrein, le centre de l'Egypte dans sa longueur, on pourroit dire que le 57e deg. (du mérid. de Paris), la sépare en deux parties. Elle forme en effet, dans presque toute sa longueur, une vallée de quelques lieues d'étendue, mais moins large à la droite du Nil qu'à la gauche de ce fleuve; ce n'est que vers le 30e deg. que les montagnes, qui resserrent le lit du fleuve, s'éloigne de chaque côté, & laissent le Nil former par deux bras considérables, un triangle, qui ayant la côte septentrionale pour troisième côté, a été comparé par les Grecs à leur lettre D, appellé *delta* & figurée ainsi, Δ.

La longueur de la côte septentrionale, évaluée par Hérodote & par d'autres anciens, étoit d'environ 60 schoenes, selon Hérodote, lesquels à raison de 3024 toises chacune, donnent 71 lieues trois quarts environ. On retrouve encore la même mesure actuellement.

Nature des terres. La partie habitable de l'Egypte n'étoit donc précisément que ce bassin prolongé de chaque côté du fleuve & rendu fertile par ses inondations annuelles, en y ajoutant les terres à l'ouest qui s'étendoient dans le nome Arsinoïtes, & pour l'arrosement desquels on avoit construit le fameux lac de Mœris. Aussi Strabon dit-il expressément, qu'il n'y avoit en Egypte de terre habitable, que celle qui recevoit les eaux du Nil, & que tout ce qui est plus élevé que le niveau de ces inondations, est absolument sans habitation : c'est encore la même chose aujourd'hui : de l'examen des différentes mesures des pays habitables de l'Egypte, M. d'Anville croit devoir les porter à 2100 lieues carrées.

Cette étendue, selon Diodore & Herodote, renfermoit 18 ou 20000 villes : si ce fait est vrai, 1°. il n'y faut pas admettre de village : 2°. il faut que plusieurs de ces villes aient eu un terrein très-peu étendu.

Selon M. Maillet, ou du moins l'ouvrage qui a été publié en son nom (1), l'Egypte renferme 20000 villes, bourgs ou villages. C'est une erreur frappante, adoptée par plusieurs auteurs qui ont écrit depuis. Ils n'ont pas senti l'impossibilité de ce fait, dans l'état actuel de l'Egypte; un lexicographe Arabe, cité par Schuldens, n'admet en Egypte que 2496 villes ou bourgs, dont 957 dans la haute Egypte. Dans un dénombrement communiqué en manuscrit à M. d'Anville, on porta ce nombre à 2696.

Je vais actuellement entrer dans quelque détail.

Terres, eaux, productions. Toute l'antiquité, sans excepter Moïse, s'accordent à vanter la fertilité de l'Egypte. On l'a appellée le grenier de Rome. Quoique ce pays soit très-fertile aujourd'hui, il l'est beaucoup moins que du temps des Romains. On prétend que la mauvaise politique du gouvernement actuel en est la cause.

Presque tous les anciens ont ignoré la source du fleuve dont les débordemens annuels fertilisent ce pays. Surpris de ce que le Nil baissoit en hiver & haussoit en été, ils s'en sont tenus à des raisonnemens. On trouve cependant dans Diodore de Sicile & même dans Homère, des conjectures assez heureuses sur la cause du débordement de ce fleuve : elles furent confirmées sous le règne de Ptolemée Philadelphe (*Voyez* au

(1) Cette mesure qui s'accorde avec celle d'Eratosthène, & ce qu'ont observé les modernes, n'est pas celle que donne Ptolemée. Le premier fixe Siéné à l'extrémité de l'Egypte, au 23e degré 50 min. de latitude; & admettant 7 deg. 12 min. entre cette ville & Alexandrie, il plaçoit celle-ci à 31 deg. 2 ou 3 min. Ptolemée, dans son *Almageste*, place Siéné à 23 deg. 51 min., & la ville d'Alexandrie à 30 deg. 58 min.; ce qui ne laisse entre ces deux villes que 7 deg. 7 min. Cette dernière s'écarte davantage de la mesure donnée par M. de Chazelle, qui est de 31 deg. 1 min.

(1) On sait que cet ouvrage fut rédigé par M. l'abbé le Mascrier, qui a fait des livres pour des libraires. J'ai vu les lettres originales de M. Maillet; elles étoient écrites à demi-marges; d'un côté étoient les questions faites par un homme de lettres très-instruit, qui parloit toujours de quelque point d'antiquité, & M. Maillet y opposoit sa réponse. C'est en rapprochant les réponses des questions, en les fondant, pour ainsi dire, ensemble, que M. l'abbé le Mascrier a fait ce livre, qui, au reste, est un des meilleurs que l'on ait sur l'Egypte, avant celui de M. Savary.

mot Nilus, ce que disoient les anciens de sa source & des sept embouchures). L'opinion la plus suivie des géographes modernes, est que ce fleuve est formé de la réunion de plusieurs autres, & que ses débordemens sont causés par les pluies abondantes qui tombent en Ethiopie entre les deux équinoxes.

Les anciens ont parlé des lacs fameux en *Egypte;* savoir, le lac *Meris*, le lac *Sirbon* & le lac *Mareotis.* Le lac *Mœris* ou *Meris* (1), fut construit par un ancien roi de ce nom, pour recevoir les eaux du Nil lorsqu'elles étoient trop abondantes, & pour servir comme de réservoir lorsqu'elles ne débordoient pas assez. Il étoit à l'occident du Nil. Ce lac produisoit un si grand revenu au souverain, qu'il en retiroit par jour un talent ou mille écus, pendant les six mois que le Nil se retiroit: il n'en retiroit que la quatrième partie pendant le reste de l'année. On disoit qu'il y avoit dans ce lac de vingt-deux sortes de poissons. Hérodote & Pomponius Mela ne sont pas d'accord sur l'étendue de ce lac.

Le lac Sirbon étoit près du mont Cassius, selon Diodore de Sicile: ce lac étoit étroit & profond, & on en retiroit du bitume. Il étoit à l'est du Delta.

Le lac *Mareotis* avoit été bâti par les Ptolemée, pour le commerce d'Alexandrie, au milieu d'une plaine aride, à une lieue de la mer Méditerranée. Il s'est assez bien conservé jusqu'à présent.

Parmi les productions de ce pays, les anciens ont distingué le *lotus*, le *papyrus* & le lin. Il y avoit de deux sortes de *lotus*, l'un avoit les fleurs blanches, & l'autre les avoit rouges. Les anciens habitans en mangeoient la graine & même la racine.

Le *Papyrus* s'appelloit aussi *Biblus.* Les anciens en colloient les feuilles les unes sur les autres, & s'en servoient pour écrire. Il étoit aussi employé à d'autres usages.

Le lin étoit d'un grand usage: on en faisoit les habits des prêtres & des personnes distinguées. On s'en servoit aussi pour ensevelir les morts. Il étoit d'un grand commerce entre ce pays & tout l'Orient. On voit, par ce qu'il en reste autour des momies, qu'on en faisoit une toile à-peu-près semblable à la nôtre.

Les anciens & les modernes s'accordent à peindre les Egyptiens sous les mêmes traits: une taille moyenne, la couleur basanée, les cheveux crépus, le génie porté au grand, ce qui ne s'accorde guère avec un esprit enclin à la superstition; & il est sûr qu'ils étoient & qu'ils sont encore très-superstitieux.

L'Egypte produisoit & produit encore un grand nombre d'animaux domestiques; tels que le mouton, la chèvre, le bœuf, le bufle, le cheval, l'âne, le chat, le chien, les gazelles, les sangliers, l'ichneumon, les cynocéphales.

Entre les oiseaux que les anciens ont attribués à l'Egypte, il en est un absolument fabuleux; c'est le phénix, qui, disoit-on, venoit se brûler sur l'autel du soleil à Héliopolis, & qui renaissoit ensuite de sa cendre. Il en est un autre, qu'on ne distingue pas trop bien; c'est l'ibis, qui détruisoit les serpens. Plusieurs oiseaux aquatiques rendent aujourd'hui ce service aux Egyptiens. On est porté à croire que celui qu'on appelle actuellement *chapon de pharaon*, est l'ibis des anciens.

Les serpens tenoient le premier rang en Egypte parmi les reptiles; mais leur morsure n'étoit pas fort à craindre. Anciennement comme à présent, ils ne paroissoient guère que quand le Nil étoit rentré dans son lit.

De tous les poissons que produit l'Egypte, il n'y a presque que l'anguille qui ressemble à ceux de l'Europe.

Le crocodile est très-commun dans la haute Egypte; mais il est très-rare dans le Delta.

L'hippopotame est très-dangereux.

Hérodote & Diodore de Sicile racontent que les Egyptiens se servoient de cochons pour enfoncer la semence, après que les eaux du Nil s'étoient retirées. Au temps de la moisson, ils les lâchoient encore, afin que, courant à travers les bleds, ils fissent sortir les grains de l'épi, qu'ils ramassoient ensuite.

Diodore de Sicile dit que les hommes & les animaux se ressentent aussi de l'inondation du Nil. Les femmes sur-tout, soit qu'elles en boivent ou s'y baignent, deviennent fécondes. Les vaches produisent deux veaux en même temps; les brebis, deux fois l'an; une chèvre, quelquefois quatre chevreaux.

Le climat de l'Egypte est un des meilleurs de l'univers. L'air y est pur & excellent. Les arbres y conservent leur verdure, & le fruit est exquis. Il y a des endroits qui sont sujets à l'infection, à cause des marais que le Nil y laisse lors de son inondation.

Les anciens ont prétendu qu'il ne pleuvoit pas dans la basse Egypte; mais on a reconnu le contraire, & même on a vu neiger à Alexandrie, pendant le court hiver qui règne en ce pays. Ce qui est contraire au sentiment de Sénèque.

---

(1) Il y a eu plusieurs opinions sur la situation de ce lac. *Voyez au mot* Mœris.

TABLEAU DES DIVISIONS DE L'ÉGYPTE.

L'ÉGYPTE ſe diviſoit en

- **EGYPTE INFÉRIEURE, renfermant 39 nomes.**
  - Alexandrinorum.
  - Menelaïtis.
  - Andropolites & Gynæcopolites.
  - Letopolites.
  - Nitriotis.
  - Meletites.
  - Phthenote.
  - Cabaſites.
  - Saïtes.
  - Naucratites.
  - Phthembuti.
  - Proſopites.
  - Sebennytes *ſuperior.*
  - Sebennytes *inferior.*
  - Omiphites.
  - Buſirites.
  - Xoïtes.
  - Mendeſius & Thmuites.
  - Nout.
  - Tanites.
  - Sethroïtes.
  - Arabiæ.
  - Leontopolis.
  - Athribites.
  - Bubaſtites.
  - Phabœthites.
  - Heroopolites.
  - Phagroriopolites.
  - Heliopolites.
- **HÉPATONOMIE, ou EGYPTE DU MILIEU, renfermant 10 nomes.**
  - Memphites.
  - Arſinoïtes.
  - Heracleopolites.
  - Oxyrynchites.
  - Cynopolites.
  - Hermopolites.
  - Aphroditopolites.
  - Antonoïtes.
  - Oaſitæ *la petite.*
  - Oaſitæ *la plus petite.*
- **EGYPTE SUPÉRIEURE, ou THÉBAÏDE, renfermant 14 nomes.**
  - Lycopolites.
  - Hypſelites.
  - Aphroditopolites.
  - Antœopolites.
  - Panopolites.
  - Thinites.
  - Dioſpolites.
  - Tentyrites.
  - Coptites.
  - Thebarum.
  - Phaturites.
  - Hermonthites.
  - Apollopolites.
  - Ombites.

DIVISIONS GÉNÉRALES DE L'EGYPTE.

Les historiens nous apprennent que les terres de l'Egypte étoient partagées en domaine royal, en terres sacerdotales, & en terres militaires. Mais ils n'en ont pas parlé d'une manière assez précise, pour que l'on puisse faire connoître les divisions de l'Egypte, d'après cette indication générale.

Il est donc indispensable de s'en tenir à la division par provinces, renfermées dans les divisions générales de *Delta*, ou basse Egypte (quoique celle-ci excédât un peu les bornes du *Delta*). d'*Heptanomie* (1) & de *Thébaïde* ou haute Egypte.

Il paroît que sous les Egyptiens, c'est-à-dire, tant qu'ils furent gouvernés par leurs princes, l'Égypte formoit réellement plusieurs états indépendans les uns des autres. Par exemple, la *Thébaïde* renfermoit trois royaumes; 1°. celui de Thèbes; 2°. celui de This; 3°. celui d'Eléphantine. L'*Egypte du milieu* ne comprenoit que Memphis & son domaine. La *basse Egypte*, outre les contrées qui avoient été possédées par des pasteurs Phéniciens, & dont je ne puis discuter ici les règnes, renfermoit, 1°. le royaume d'Héliopolis; 2°. celui de Diospolis, du Delta; 3°. les deux petites principautés des Héracléopolitains & des Xoïtes. Lors de la conquête des Perses, & depuis, ces petits états furent éteints, & l'on ne regarda plus l'Égypte que comme un grand royaume obéissant à un seul souverain, vassal du roi de Perse.

Selon Strabon, l'Egypte étoit partagée en trente-six nomes, dont seize étoient dans l'Egypte du milieu. Peut-être n'avoit-on pas arrêté de son temps la division qui eut lieu dans la suite. Il y eut encore un autre changement: car on voit par la notice de l'empire que l'on croit dressée vers la fin du quatrième siècle, que l'on ajouta une quatrième province à l'Egypte, sous le nom d'*Augustamnica*, qui fut ensuite divisée en deux. Le reste de la basse Egypte avoit conservé le nom d'*Egyptus*. Cette province étoit aussi divisée en deux au temps de Justinien: mais on ne sait pas l'époque de ce changement. La Thébaïde ou haute Egypte fut aussi dans la suite divisée en *première* & en *haute*.

Les auteurs n'étant pas d'accord sur le nombre des nomes que renfermoit l'Egypte, je m'en tiendrai à la division adoptée par M. d'Anville, telle qu'il l'a présentée sur la carte de ce pays. Chacun de ces nomes ayant pris son nom de sa capitale, j'en donnerai la situation à chaque article particulier.

(1) *Heptanomie* signifie *les sept nomes*. On verra ci-après que l'on y en comptoit *huit*, ainsi que nous l'apprend Ptolémée. Mais en lisant dans cet auteur le nome Antinoïte, on voit que ce nome qui avoit pris son nom d'Antinoüs, ce méprisable Saxon d'Adrien, devoit être un nom de nouvelle création inconnu à l'antiquité. Aussi malgré le nombre de huit, conserva-t-on le nom qui n'emportoit l'idée que de sept.

La haute Egypte a été autrefois partagée en plusieurs royaumes. Thèbes en étoit la capitale, d'où elle prenoit aussi le nom de *Thébaïde*. Elle occupoit la partie la plus méridionale.

L'Heptanome étoit aussi nommée *Egypte du milieu*, parce qu'elle étoit entre la haute, au midi, & la basse, au nord.

La basse s'étendoit depuis cette dernière jusqu'à la mer. On la nommoit aussi *Delta*, à cause qu'étant renfermée entre deux bras du Nil, qui formoient un triangle avec la Méditerranée, elle avoit la forme de la lettre grecque qui porte le nom de *Delta*.

Selon quelques modernes, l'Egypte conserve encore ses trois divisions. Selon eux, la Thébaïde se nomme *Al Saïde*; l'Heptanôme, *Vostanie*; & le Delta, *Al Bahari*.

Chacune de ces divisions renfermoit un grand nombre de villes, selon les auteurs anciens. *Thèbes* étoit la capitale de la haute Egypte. Elle a été célébrée par Homère, & elle a été le siège d'un royaume puissant. *Elephantis* étoit la seconde ville de la Thébaïde. Syène étoit au midi, & plus haut étoit Coptos.

Memphis étoit la capitale de l'Heptanome, & le devint ensuite de toute l'Egypte. Elle étoit située à l'occident du Nil, & au midi des pyramides.

Saïs & Tanis étoient les principales villes du *Delta*. Canope, à l'ouest, & Péluse, à l'est, sur le bord de la mer, étoient aussi fort célèbres. Alexandrie, qui fut bâtie par ordre d'Alexandre, à l'ouest, sur le bord de la mer, & vis-à-vis l'île de Pharos, devint, sous les Ptolemée, la capitale de toute l'Egypte.

Il y a moins de villes actuellement en Egypte qu'autrefois: les plus considérables sont vers la mer, à l'exception du Caire, sa capitale.

Les anciens ont connu les pyramides dans un meilleur état que celui où elles sont à présent, quoiqu'elles fussent déjà anciennes du temps d'Hérodote & de Diodore de Sicile. Ils ont fait mention de trois considérables. La première passoit pour avoir été bâtie par Cheops, que Diodore nomme *Chemmis*. Hérodote assure que chaque face de cette pyramide avoit huit cens pieds grecs, & Diodore de Sicile n'en met que sept cens. Elle avoit, selon Strabon, six cens vingt-cinq pieds romains; mais Pline lui en donne huit cens quatre-vingt-trois. Quant à la hauteur, Hérodote dit qu'elle étoit égale à la longueur d'un des côtés; & Strabon rapporte que la hauteur surpassoit la longueur: mais Diodore affirme le contraire. Thalès de Milet en avoit mesuré la hauteur: mais on a perdu son observation.

La seconde pyramide avoit été mesurée par Hérodote, qui assure qu'elle étoit plus petite que la précédente; mais il n'en donne pas les dimensions. Il observe que le Nil n'y entre pas comme dans l'autre; mais il dit qu'elle l'égale par la hauteur. Diodore donne cent pieds de moins de chaque côté de la base; mais Pline ne met la différence qu'à quarante-cinq pieds.

La troisième, bâtie par Mycerinus, étoit de marbre d'Ethiopie, si l'on en croit Hérodote. Diodore dit que, quoique ce bâtiment fût au-dessous des autres pour la grandeur, la structure en étoit plus belle, les dehors étant bâtis d'une belle pierre noire. Pline donne à chaque côté de celle-ci trois cens soixante-trois pieds.

Plusieurs modernes ont visité ces pyramides, & en ont donné des dimensions. On a trouvé dans la plus grande plusieurs salles, un cercueil en marbre, & un puits, répondant à une galerie par sa partie supérieure. Sa partie inférieure paroît descendre jusqu'au sol sur lequel pose la pyramide. On soupçonne que ce puits servoit de passage; car celui qu'on a pratiqué pour pénétrer dans la pyramide est une dégradation.

Les anciens ont parlé de plusieurs temples en Egypte; tels sont ceux qui étoient à Memphis, à Busiris, à Thèbes, *&c.* Celui du soleil, à Héliopolis, avoit à son entrée un quarré long de sept cens pieds, & large de deux cens. Il étoit accompagné de deux rangs de sphynx, éloignés entre eux de vingt pieds. Le tour de cet espace étoit occupé par des obélisques & des colonnes qui se succédoient alternativement. Après avoir traversé un grand vestibule, on arrivoit au temple, dont la nef, fort longue, étoit ornée de colonnes de porphyre, d'une hauteur prodigieuse. Dans l'intérieur du temple étoit un autel. On dit qu'il y avoit un miroir placé de façon, que les rayons du soleil, en donnant sur la glace, illuminoient tout le temple. On en voit encore les ruines.

Le temple de Vénus *Arsinoé*, moins ancien cependant que beaucoup d'autres, étoit situé sur un cap, près de l'un des fauxbourgs d'Alexandrie. Il y avoit des habitations pour loger les pélerins.

On voit aujourd'hui les restes d'un temple quarré, vis-à-vis la troisième grande pyramide.

Il y avoit à *Tentyra* un fameux temple dédié à Sérapis. On en voit encore les ruines à Dendera, qui est le nom moderne.

A Busiris, dans le milieu du Delta, on voit les ruines d'un temple, d'une prodigieuse grandeur. On y voit aussi une haute & épaisse colonne de granit, qui paroît avoir été une de celles qui soutenoient les voûtes ou les arcades de l'édifice. On croit qu'il étoit dédié à Isis.

De tous les monumens de l'Egypte, celui qui semble avoir été le plus admiré dans l'antiquité, c'est le labyrinthe bâti près de la ville d'Arsinoé. Hérodote en attribue la fondation à douze rois, qui régnèrent ensemble. Il étoit composé de douze palais. Cet édifice, selon Pline, comprenoit trois mille chambres, dont quinze cens supérieures, & quinze cens inférieures.

Diodore de Sicile parle d'un bâtiment qui paroît être le même par les circonstances de la fondation, qu'il attribue aussi à douze rois. Il le nomme un *sépulcre*, & lui donne une forme quarrée, d'un stade de chaque côté.

Le tombeau d'Osymandias a été un des plus superbes monumens de l'Egypte. Il étoit composé de temples, de bibliothèques, de quelques autres bâtimens, & de plusieurs cours. Dans le fond étoit un autre bâtiment magnifique, où se voyoit le sépulcre de ce roi. Il y avoit un cercle d'or de trois cens soixante-cinq coudées de circonférence, qui marquoit les jours de l'année. Il fut emporté par Cambyse.

Les restes du labyrinthe se voient encore à l'extrémité méridionale du lac Mæris.

Près d'Essené, autrefois Syène, on voit les ruines d'un magnifique palais, qui a quatre avenues de colonnes.

Les anciens ont parlé de huit obélisques, que Sésostris fit élever. Les deux plus considérables étoient dans la ville d'Héliopolis. Ils sont d'une pierre très-dure, tirée des carrières de la ville de Syène, tout d'une pièce, & chacun haut de cent vingt coudées. Auguste les fit apporter à Rome, où l'un fut dressé dans le grand cirque, & l'autre dans le champ de Mars. Il y mit une inscription. Un de ces obélisques est aujourd'hui rompu, & couvert de terre; l'autre, placé par Auguste dans le cirque, a été mis par le pape Sixte V, à la porte del Popolo, en 1589.

Le successeur de Sésostris, nommé par Hérodote *Phéron*, & par Pline *Nuncoreus*, fit élever des obélisques, à l'imitation de son père, & en reconnoissance de ce que les dieux lui avoient rendu la vue. Caïus César fit transporter à Rome un de ces obélisques, & on le voit aujourd'hui devant l'église de S. Pierre, où il a été élevé par le pape Sixte V.

Ramessès consacra aussi au soleil un obélisque d'une grande hauteur, & prit des précautions infinies pour qu'il fût élevé sans être endommagé. Auguste n'osa y toucher; mais Constantin l'enleva, & le fit descendre par le Nil jusqu'à Alexandrie, d'où il vouloit le faire transporter à Constantinople. Etant venu à mourir, Constance, l'an 357, le fit venir à Rome, & le fit élever dans le cirque. Cet obélisque étant tombé, fut aussi relevé par le pape Sixte V, devant l'église de S. Jean de Latran, en 1588.

On trouve dans Ammien Marcellin l'explication des figures hiéroglyphiques, qui sont gravées sur ce monument, dont Hérapion avoit autrefois donné l'interprétation. On sait que c'est d'après ces monumens, que Manéton composa son histoire des rois d'Egypte.

On trouve, dans la ville d'Alexandrie moderne, deux obélisques, dont on attribue la fondation à Cléopâtre. La colonne de Pompée est ce qui fait le plus d'honneur aux ruines d'Alexandrie. Elle est située sur une élévation de vingt-cinq à trente coudées, à un quart de lieue au sud de la nouvelle

Alexandrie. Chacune des faces de la base de cette colonne a quinze pieds de largeur & autant de hauteur. Elle a quatre-vingt-huit pieds entre la base & le chapiteau ; ensorte qu'on peut lui donner en tout cent dix pieds d'élévation. Ainsi, cette colonne est la plus grosse & la plus haute qu'il y ait dans l'univers. Quatre hommes peuvent à peine embrasser sa grosseur. Quoique le chapiteau & le fût soient un peu gâtés, cela n'ôte presque rien à la beauté de l'ouvrage.

ÆGYPTUS. Ç'a été le premier nom qu'a porté le Nil. Voyez *ce nom*.

ÆGYS, ville de la Laconie, selon Etienne de Bysance. Pausanias parle de cette ville, qui, selon lui, fut détruite par les Lacédémoniens, sous le règne d'Archelaüs (règne qui commença en 957 avant J. C. & dura quarante ans), parce que ses habitans avoient pris parti pour les Arcadiens. On peut conjecturer qu'elle étoit sur les frontières de ce pays, c'est-à-dire, vers le nord de la Laconie. C'est dans son territoire que se trouvoit le canton appellé *Carystus*, renommé par son vin, que l'on citoit sous le nom de *vinum carystium. Voyez* Athénée, *Deipn. I, c. 24.*

ÆIPOLIS, *ou* AIPOLIS, ville ou mansion d'Asie, qu'Isidore de Charax indique près de l'Euphrate, & près de laquelle il dit que l'on ramassoit du bitume. Voici le texte ἔνθα ἀσφαλτίδες πηγαὶ, *des sources d'asphalte.* Isid. *char. mans. parth.*

ÆLANA, ville de l'Arabie pétrée. Elle est aussi nommée *Alanum*. Strabon dit *Elana*. M. d'Anville dit *Ælana*, ou *Ailath*, ce qui se rapproche de Procope, qui dit *Aila*. Elle étoit au fond du golfe le plus occidental que forme la mer Rouge, à l'est de la presqu'île où se trouve le mont Sinaï.

C'est, ce me semble, d'après ce nom connu par plusieurs, que Holstenius propose de changer le nom d'Αὐταίων, qui se trouve dans la description qu'Agatharchis fait de la mer Rouge en celui d'Αἰλανων. Ce qui est en effet plus conforme aux connoissances géographiques.

ÆLANITICUS SINUS, golfe que forme la mer Rouge à son extrémité septentrionale, & qui se trouve à l'est de la presqu'île que l'Arabie pétrée forme en cet endroit. Le côté occidental de cette presqu'île avoit le golfe *Heroopolites*.

Au fond de ce golfe, les eaux, en se séparant, en forment encore deux autres, ayant chacun une ville dans leur plus grand enfoncement. Dans la partie de l'est étoit Asiongaber, & dans la partie de l'ouest étoit *Ælana*, qui avoit donné son nom au golfe.

ÆLAS, fauxbourg de Carthage, selon Procope.

ÆLEA, petite place de la Dardanie, à peu de distance au sud-ouest de *Sardica*.

ÆLETANI, les Eletans, peuple que Strabon place en Hispanie, sur la côte orientale, près des Pyrénées & des Indigètes. Casaubon pense qu'il faut écrire *Eletani*. Ce sont les mêmes que Ptolemée nomme *Lœetani*. Il me paroît que aussi ce sont les mêmes que M. d'Anville a nommés sur sa carte *Laletani*.

ÆLIA. Ce nom entre dans la composition de celui de plusieurs villes, parce qu'il est formé de celui d'*Ælius*, l'un des noms de l'empereur Adrien, & qu'il y eut plusieurs villes qui, sous différens prétextes, joignirent le nom de ce prince au leur.

ÆLIA. Ce nom est dans Frontin pour celui d'*Elea*. Voyez *ce mot*.

ÆLIA, nom donné quelquefois à Andrinople.

ÆLIA ADIANA. *Voyez* ZAMA.

ÆLIA AUGUSTA MERCURIALIS. *Voyez* THÆNA.

ÆLIA CAPITOLINA, COLONIA. *Voyez* JERUSALEM.

ÆLIA RICCINA, *ou* HELVIA RICCINA. *Voyez* RICCINA.

ÆLIANA, ville du Pont, mais qui n'est connue que par la notice de l'empire.

ÆLIÆ, la même que *Laliæ* de Ptolemée, à ce que présume Mercator, ce qui est très-probable.

ÆLII PONS, pont de la grande Bretagne, chez les Brigantes. On suppose que c'étoit l'ouvrage de l'empereur Adrien.

ÆLINUM PRÆTORIUM, lieu que l'on trouvoit chez les Bataves, & dont on attribue la fondation à l'empereur Adrien.

ÆLIOPOLIS. *Voyez* PELUSIUM.

ÆLIUS PONS, *ou le pont d'Elien*. Ce pont qui est à Rome fut construit sur le Tibre, par ordre de l'empereur Adrien. On le voit encore aujourd'hui sous le nom de *Pont S. Ange*. Il communique au môle où étoit le sépulcre de cet empereur.

ÆLLA, *ou* ABELLA. C'est sous ce dernier que M. d'Anville indique ce lieu sur sa carte. Il étoit au nord-est de *Mola*, vers le pays des *Hirpini*. On croit que c'est le même lieu que Virgile nomme *Bela*, dans le *Liv. VII*. Peut-être aussi est-ce une altération que la suppression de l'*A*. C'étoit, disoit-on, une colonie de Chalcis en Eubée.

ÆLUÆONES, ancien peuple de la Germanie, dont il est fait mention par Ptolemée.

Ils sont nommés *Hillevìones* par Pline, & *Helusii* par Tacite.

On n'est pas d'accord sur le lieu qu'ils habitoient.

ÆLURI, peuple que Suidas place près des Alpes, qui les séparoient des Gaulois. Quoique Ortélius ait trouvé leur nom dans Zonare, il n'en dit cependant rien de positif.

ÆLUROPOLIS, ville d'Egypte, selon Léonclavius. Ce nom, formé du grec Αἴλουρος, un chat, & de πόλις, ville, signifie donc *ville des chats*. On n'est pas étonné de trouver une ville de ce nom dans un pays où ces animaux ont été en si grande vénération. Ce qui doit surprendre, c'est que cette ville n'ait pas été connue de Ptolemée, & de quelques autres, qui nous ont fait connoître

Crocodilopolis, ou la ville des crocodiles; *Cynopolis*, ou la ville des chiens. Comme en nommant cette ville, Léonclavius ne cite aucune autorité, mais dit seulement que les anciens Egyptiens avoient nommé plusieurs de leurs villes d'après des animaux, & qu'il en cite des exemples, n'auroit-il pas composé ce nom par analogie? Peut-être existe-t-il ailleurs; mais je ne sache pas l'avoir lu.

ÆLUS, bourg de l'Arabie heureuse, chez les *Ælesari*, selon Ptolemée.

ÆMILIA, ou l'Emilie, l'une des dix-sept provinces de l'Italie, connues par la notice de l'empire. Elle étoit soumise à un personnage consulaire, sous le vicaire de l'Italie. Ces divisions n'étoient pas connues au temps de la république, ni des premiers empereurs. Elle étoit bornée au nord par le *Padus* ou le Pô, à l'est, par le golfe Adriatique, au sud, par l'Apennin, & s'étendoit au sud-est jusqu'au-dessous d'*Arriminum*.

Ses principales villes étoient : *Arriminum*, *Faventia*, *Bononia*, *Forum Livii*, *Mutina*, *Placentia*, *Ravenna*, *Regium Lepidi*.

ÆMILIA VIA, ou *voie Emilienne*. *Voyez le mot* VOIES ROMAINES.

ÆMILIANA, ville de l'Hispanie, chez les *Oretains*, selon Ptolemée.

ÆMILIANI TROPÆUM, ou *le trophée d'Æmilianus*. Ortélius, qui le place dans ses tables, paroît avoir eu en vue un passage de Strabon, qui nous rapporte que Quintus Fabius Maximus Æmilianus ayant, avec une armée au moins de trente mille hommes, défait deux cens mille Gaulois, éleva un trophée de pierres sur le champ de bataille.

ÆMILIUS PONS, l'un des ponts de la ville de Rome, ainsi nommé d'après celui qui l'avoit fait bâtir. Il ne subsiste plus. On le nommoit aussi *Sublicius*, parce qu'il étoit construit sur pilotis.

ÆMINES PORTUS (*l'île d'Embiez*), en Gaule. M. d'Anville, après avoir examiné ce qu'il peut y avoir de défectueux dans les Itinéraires, par rapport à la partie de la province romaine où se trouvoit ce port & en avoir opposé le rapport avec l'état actuel des lieux, place l'*Æmines Portus* dans la petite île appellée aujourd'hui *Embiez*, entre *Taurocutum*, au nord-ouest, & le promontoire *Citharistes*.

Dom Martin place *Æmines* au nord-ouest de *Taurentum*, à la position que M. d'Anville donne à *Carcici*; mais il faut convenir, qu'en se conformant aux Itinéraires, dom Martin s'écarte des notions assez précises que donne l'état actuel des lieux. Car *Carcici* doit être *Cassis*; & *Taurentum*, le lieu appellé *Taurenti*.

ÆMINIUM, *ou* EMINIUM. Le premier nom se trouve dans Ptolemée; le second, dans Antonin; l'un & l'autre indiquent cette ville dans la Lusitanie. M. d'Anville la place au sud-est de Talabriga.

ÆMINIUM, petit fleuve qui arrosoit la ville précédente.

ÆMODÆ, *ou* EMODÆ, îles de l'Océan, vers le nord de la grande Bretagne.

ÆMONA (Lanbach, ou Laybach). Plusieurs auteurs attribuent cette ville à la Pannonie; cela ne peut s'entendre que du temps où les bornes de l'Italie étant moins reculées, elle n'y étoit pas encore comprise. Mais étant à l'ouest d'*Hadranie*, placée sur les limites de l'Italie & de la Norique, elle doit être comprise dans l'Italie, mais à l'est des Alpes Juliennes, & non pas au sud du *Savus*. Elle étoit colonie romaine, & fut une place fortifiée.

ÆMONES, l'un des peuples que Scimnus de Chio indique dans la Thessalie.

ÆMONIA. Ce nom fut un de ceux que porta la Thessalie. J'aime autant dire que j'en ignore la raison, que de rapporter, d'après Strabon, que ce pays se nommoit *Æmonia*, d'après le roi Æmon, qui n'exista peut-être jamais. La critique doit être en garde contre toutes les étymologies, que l'on dérive du nom de quelque ancien prince : il n'y a rien de plus sujet à erreur, selon moi.

ÆMONIA, bourg de Thessalie, selon Etienne de Bysance.

Beaudran a parlé d'une autre *Æmonia*; mais son témoignage est suspect en fait d'antiquité. Et je m'en tiens à Ortélius & à Cellarius, qui ne l'ont pas connue comme ville ancienne.

ÆMUS. Strabon & Ptolemée écrivent ce nom sans aspiration; mais l'usage est de l'écrire avec une H. *Voyez* HÆMUS.

AEN, *ou* AIN, ville de la Judée, dans la tribu de Juda, selon le livre de Josué. Elle fut ensuite comprise dans celle de Siméon.

Elle fut donnée aux Lévites de cette tribu.

ÆNA, *ou* AINA, ville de l'Arabie heureuse, selon Ptolemée.

ÆNA, ville de Macédoine, selon Ortélius, qui cite Suidas & Ptolemée. Mais on ne la trouve pas dans ce dernier.

ÆNARE, île que Pline place tout près de l'Ionie.

ÆNARIA (*Ischia*), île de la Méditerranée, près de la Campanie, à l'ouest du promontoire de *Misenum*. Elle portoit aussi le nom de *Pytheusa*. Auguste la donna en échange aux habitans de *Neapolis*, pour obtenir d'eux, l'île de *Capreæ*, peu éloignée au sud-est.

ÆNARIUM, bois consacré à Jupiter, dans l'Achaïe, & situé sur le territoire d'*Ægium*. C'étoit là, selon Strabon, *Liv. 8*, *p. 307*, que les Achéens tenoient leurs assemblées publiques. Cela ne contrarie pas ce que dit Pausanias, *Liv. 7*, *c. 25*, qu'*Ægium* étoit le lieu de l'assemblée des Achéens. Il en résulte qu'au lieu de s'assembler précisément dans la ville, c'étoit particuliérement dans le bois qui en dépendoit, que se rassembloient les députés.

ÆNDOR. *Voyez* ENDOR.

ÆNEA, *ou* ÆNIA (Αἰνεία), petit lieu de l'Asie mineure, dans la Troade. Strabon l'indique à cinquante stades de *Palæcepsis*.

ÆNEI, peuple de la Palestine, dont la métropole étoit Gabaon, & la ville principale Gaza. Ortélius, qui parle de ce peuple, cite S. Jérôme. Je crois que ce père a eu en vue un reste des Hévéens, anciens habitans du pays de Canaan, avant l'arrivée des Israélites.

ÆNEIA, ville de Grèce, selon Strabon, qui la place dans l'Acarnanie; mais il en parle comme d'une ville déserte au temps où il écrivoit. M. d'Anville a négligé de la placer sur sa carte: car Strabon indique assez bien sa position entre la mer & Stratos.

ÆNESIPASTA, selon Strabon, & ÆNESIPPA, selon Ptolemée, étoit une île de la Méditerranée, sur les côtes de la Libye.

ÆNESISPHYRA, port de mer, selon Ptolemée, & promontoire, selon Strabon, qui se trouvoit à l'extrémité du *Catabathmus Magnus*, terminant le nôme Libyque au nord-ouest, près des frontières de la Marmarique.

ÆNETHUS, montagne, selon Etienne de Bysance, qui ne dit pas dans quel pays elle étoit située.

ÆNI *Insula*, île de la mer Rouge, que Ptolemée place à l'orient d'Hippos, & au sud du golfe Elanitique.

ÆNI PONS. *Voyez* ŒNI PONS.

ÆNIA, selon Etienne de Bysance, *ou* ÆNEA, selon le Périple de Scylax (Αἰνεία), ville de la Macédoine, dans la Mygdonie, & placée à l'entrée méridionale du golfe de Thessalonique, dans la presqu'île de Pallene.

Elle étoit dans un terroir fertile. On en attribuoit la fondation à Enée.

Denys d'Halicarnasse rapporte que, sur un promontoire voisin de cette ville, il y avoit un temple de Vénus, que l'on disoit avoir aussi été fondé par le même Enée. Je ne sais pourquoi Etienne de Bysance l'attribue aux Perrhebères. Ces peuples habitoient en Thessalie.

ÆNIA, ville des *Perræbæ*, en Thessalie, selon Etienne de Bysance.

ÆNIA, lieu de la Troade. *Voyez* ÆNEA.

ÆNIANA, ville de l'Asie, près de la mer Caspienne, selon Strabon, qui dit qu'elle avoit été fortifiée par quelques *Ænianæ*. On y voyoit des armes, des vases d'airain & des tombeaux grecs. Le premier nom de cette ville étoit *Vitia* (Οὐïτία). Elle prit dans la suite celui de ses fondateurs.

ÆNIANÆ, *ou* ÆNEIANÆ, peuple de l'Asie, près de la mer Caspienne, selon Strabon.

ÆNIANES, *ou* ÆNEIANES (Αἰνειᾶνες), peuples de la Thessalie, dans la partie la plus méridionale; ils habitoient à l'est du mont *Œta*, sur le *Sperchius*. Pline, qui les nomme *Ænienses*, les compte entre les peuples Etoliens. Ces peuples sont peu connus. Voici ce qu'en dit Hérodote.

Les Eniades, la plus noble portion des Thessaliens, & purement grecs, tirent leur origine de Deucalion le grec. Ils s'étendent jusqu'au golfe Maliaque; selon eux, leur capitale *Hypata* commande aux autres villes; elle est située au pied du mont *Œta*.

Ce qui doit étonner, c'est qu'en finissant cet article, & en citant à-peu-près les mêmes autorités que moi, la Martinière finit par dire: « quoi » qu'il en soit, ce pays étoit proche de la mer » Caspienne & de l'Arménie ».

ÆNIUM, promontoire que nomme Scimnus de Chio, & qui ne devoit pas être éloigné de la ville d'*Ænia*, dans le golfe Thermaïque.

ÆNIUS, petit fleuve de l'Asie, dans la Dardanie, selon Strabon. Il recevoit le *Rhodius*. Sa source étoit vers le nord-est de *Thebæ*, à quelque distance au sud-est de *Caresus*.

ÆNNUM, ville de la Troglotique, selon Pline. Il dit qu'elle étoit petite, & que quelques auteurs la nommoient aussi *Philotera*.

ÆNON, *ou* ENNON, lieu de la Palestine. Selon Eusèbe, il étoit sur le Jourdain, à huit milles au sud de Scythopolis. M. d'Anville ne l'a pas placé sur sa carte.

ÆNONA (*Nona*), ville de la Liburnie, mais qui peut être comprise dans la *Dalmatia*. M. d'Anville l'écrit *Ænona*, & la place au fond d'un petit golfe, au sud de *Iadera* en Dalmatie.

ÆNOS, *ou* ÆNUS, ville de la Thrace, selon Ptolemée, la même vraisemblablement que Strabon nomme *Ænus*.

Elle étoit située à l'embouchure de l'*Hebrus*, à l'entrée du *Melanes Sinus*, golfe qui sépare la Chersonèse de Thrace de la terre-ferme.

Etienne de Bysance pense que cette ville avoit reçu son nom d'un fleuve qui étoit peu éloigné.

ÆNOS, *ou* ÆNUS, ville qu'Etienne de Bysance attribue à la Thessalie.

ÆNOS, *ou* ÆNUS, ville qu'Etienne de Bysance attribue aux Locriens Ozoles.

ÆNOS, *ou* ÆNUS, ville qu'Etienne de Bysance place en Asie, près de l'Euphrate & de la ville de *Thapsacum*.

Le même auteur indique une autre ville de ce nom, appellée ainsi d'*Ænus*, frère de *Guneus*; mais il n'en donne pas la position.

ÆNOS, *ou* ÆNUS, île qu'Etienne de Bysance indique près de l'Arabie heureuse.

ÆNOS, *ou* ÆNUS, lieu qu'Etienne de Bysance me paroît indiquer sur le continent à l'opposite de l'île de Rhodes.

ÆNUS. *Voyez* ÆNOS, parce qu'on a suivi l'orthographe grecque pour plusieurs de ces mots.

ÆNUS, montagne de l'île de Céphalénie, selon Strabon, *Liv.* 10. Il y avoit un temple de Jupiter, d'où ce dieu avoit pris le surnom d'*Æneſius*. Strabon dit qu'en cet endroit l'ile est fort resserrée ; ce qui forme une espèce d'isthme.

ÆNUS, ville de la Thrace, qui, selon Strabon, étoit quelquefois nommée *Poltiobria*. Il faut observer,

1°. Que, selon Strabon, le mot *Bria*, dans la langue des Thraces, signifioit une ville ;

2°. Que la ville appellée *Poltibria*, paroissant avoir été fondée par Poltys (Πολτυς), roi de la Thrace, selon Plutarque, au temps de la guerre de Troie, il conviendroit d'écrire avec une *y Poltyobria*.

ÆNUS, fleuve de la Chersonèse Cimbrique, selon Ptolemée.

ÆOLES, *ou* ÆOLII, les Eoliens, Grecs habitans la partie de l'Asie mineure appellée *Æolis*, ou l'Eolide. Selon Joseph, ils descendoient d'Elisça, l'un des fils de Javan.

Les historiens grecs faisoient descendre les Eoliens d'Eolus, troisième fils d'Ion, fils d'Hellen, qui étoit fils de Deucalion.

Ceux des modernes qui ont adopté ce sentiment, en ont conclu que les premiers Eoliens avoient été les Hellènes thessaliens, & qu'Eolus leur donna son nom d'abord après la mort d'Hellen. Les Eoliens furent un des trois peuples qui composoient le corps de la nation Hellenique.

Strabon, *Liv. 8*, parle des Eoliens répandus dans la Grèce, tant au dehors qu'en dedans de l'Isthme, avant l'arrivée des Ioniens & des Doriens, dans le Péloponèse. Ce titre de l'une des trois branches helleniques, étoit beaucoup plus ancien que la guerre de Troie, & que la dénomination générale d'Hellènes. Ils étoient passés de l'Europe en Asie.

Strabon, *Liv. 13, p. 583*, dit qu'Oreste (1) s'étoit chargé de conduire cette colonie. Son fils Penthile, lui ayant succédé, conduisit les Eoliens en Thrace ; ensuite Archelaüs, ou, comme le dit Pausanias, Echalatus, fit passer la colonie Eolienne en Asie, vers Cyzique. Son fils Graas s'avança vers le Granique, puis ils s'emparèrent de Lesbos. De-là vient que Strabon, *Liv. 13, p. 616*, dit que Lesbos peut être en quelque façon regardée comme la métropole des villes Ioniennes. Depuis ils se mêlèrent : dans la suite les premiers colons se mêlèrent avec les fondateurs de Cumes, qui descendoient des Locriens, & ne firent qu'un peuple.

ÆOLIÆ INSULÆ, appellées aussi *Insulæ Vulcaniæ*, *Plotæ*, *Hephestiæ*, *Liparæ*, sont des îles de la Méditerranée, au nord de la Sicile, vers le 39ᵉ deg. de longitude, & le 33ᵉ de latitude. Les anciens ne comptoient que sept de ces îles. Il y faut joindre, il est vrai, les deux autres nommées par Ptolemée & Eusthate ; savoir, celles d'*Hichesia* & d'*Héracléotes*. Les sept autres sont *Liparis*, *Vulcania*, appellée aussi *Thersuissa* & *Hiera* ; *Didyma*, *Strongyle*, *Phœnicusa*, *Phenicades*, *Ericodes*, & *Evonymos* (Voyez *ces mots*). On retrouve assez positivement les îles modernes qui ont porté ces noms anciens ; la seule île *Evenimos* laisse de l'incertitude. M. le Commandeur de Dolomieux, qui a visité ces îles en homme instruit de l'antiquité, & surtout très-occupé d'histoire naturelle, dit que cette île Evonimos est représentée aujourd'hui en partie par l'ile *Panaria*, & en partie par quelques autres, telles que *Lisca Bianca*, *Lisca Neiva*, qui ont été séparées entre elles par l'effet de quelque tempête très-considérable. Ensorte que l'île que l'on recherche auroit donné naissance à plusieurs, & formé celles que les anciens n'ont pas connues. Au reste, puisque dans la haute antiquité on ne porte le nombre de ces îles qu'à *sept*, & que Ptolemée en compte davantage, il faut que l'événement qui en a augmenté le nombre soit antérieur au temps de cet écrivain, c'est-à-dire, à l'an 130 de notre ère.

Aristote, Pline, Strabon, Théophraste, parlent du bouillonnement de la mer autour de quelques-unes de ces îles. Les principes de la physique moderne ont fait connoître que ce bouillonnement n'est pas causé par la force de la chaleur, mais le dégagement d'un *gaz* qui traverse les eaux, & se développe à leur surface. Ce phénomène, très-connu aujourd'hui, a lieu en plusieurs autres endroits.

ÆOLIS (l'Eolide), petite contrée de l'Asie mineure, à l'ouest, s'étendant le long de la côte, sur le bord de la mer. Ptolemée lui donne pour borne au nord le *Caycus*, & au sud l'*Hermus*. C'est d'après cet auteur, que M. d'Anville a fixé les limites de l'Eolide sur sa carte. La Mysie étoit au nord. Mais comme les Grecs Eoliens s'étendirent dans cette partie, quelques auteurs, à la tête desquels je place Strabon, ont reculé les bornes de l'Eolide jusqu'au promontoire de *Lectum*, qui est beaucoup plus loin au nord-ouest, & appartint long-temps à la Troade. On sent bien que l'étendue des possessions en changeoit les limites. Pline place aussi le même promontoire pour bornes entre la Troade & l'Eolide. On ne peut donc douter que l'Eolide ne se soit étendue jusqu'à cette latitude vers le nord, puisque les auteurs comptent *Assus*, qui étoit à l'est, & très-près de ce promontoire, entre les villes de l'Eolide. Pomponius Mela recule encore davantage vers le nord les bornes de l'Eolide, en y comprenant la Mysie jusqu'à l'Hélespont.

Hérodote, *Liv. I, c. 149*, compte onze anciennes villes des Eoliens ; savoir, *Cumæ*, *Larissæ*, *Neontichos*, *Temnos*, *Cilla*, *Notium*, *Ægiroessa*, *Pitana*, *Ægæa*, *Myrina*, *Grynia*. Voyez *ces articles*.

Pline, qui admet plusieurs de ces villes, en attribue aussi quelques autres aux Eoliens. Voici celles qu'il nomme : *Phocæa*, *Laryssa*, *Cyme*, *Myrina*, appellée depuis *Sebastopolis* ; *Ægæ*, *Attalia*, *Potidea*, *Neontichos*, *Temnos*, *Titanus*, *Grynia*, *Elæa*, *Pitane*, *Canæ*, *Lysimachia*, & *Atarnea*.

Cette différence, dans l'étendue d'un même pays, amène à conclure qu'il n'avoit pas de borne bien

(1) Selon les historiens, le fils d'Oreste fut Tisamènes ; Penthile n'étoit que son petit-fils.

positive, & que l'on en jugeoit par le nombre de ses colonies. Ceci d'ailleurs s'accorde très-bien avec le récit que fait Strabon du passage des Ioniens en Asie.

Pour ce qui concerne les Eoliens, *voyez* le mot ÆOLI.

Ptolemée ne donne pour cette région que les positions suivantes : *Cæna*, prom., *Pitane* (1), entourée par un fleuve de son nom ; *Elæa*, *Myrina*, *Hydra*, prom. *Cuma*, ou *Cyme*, *Phôcæa*, *Hermi* fl. *ostia*.

ÆOLIUM, ville de la Chersonèse de Thrace, selon Etienne de Bysance.

M. d'Anville, qui la place à l'entrée de l'Hellespont, au nord, l'écrit *Elæus*, comme Pline, & la met en face de la ville d'*Æneum*, en Asie.

ÆPASITUS CAMPUS, champ du Péloponèse, en Elide. Selon Strabon, il devoit se trouver près de *Lepreum*, & du petit fleuve *Jardanus*.

ÆPEA, ville d'Ethiopie, au nord de l'île de Cypre, entre les promontoires *Callinusa* & *Crommyon*, & très-près au sud-ouest de la ville de *Solæ*.

Elle prit aussi le nom de *Solæ*, en l'honneur de Solon.

ÆPEIA, ÆPIA, *ou* ÆPEA. Cette ville se trouve nommée dans Homère, *Liv. 9*, *v. 152*, cité par Etienne de Bysance. On en ignore la position. Strabon avoit cru la retrouver dans *Thuria*, ville de la Messénie. Il ajoute que le nom d'Αἴπεια, n'étoit qu'une espèce d'épithète, qui indiquoit la situation de cette ville. Pour entendre cette étymologie, il faut savoir qu'en grec αἰπεῖα signifie *élevée*. Il n'y a de différence que dans les accens ; au nom de la ville, il est sur l'anté-pénultième ; & dans l'adjectif, il est sur la pénultième, & c'est un accent circonflexe. Homère lui donne l'épithète de χαλὴν, ou *Belle*, qui pouvoit avoir rapport à sa situation.

Pausanias, qui écrivoit plus de cent ans après Strabon, croit retrouver la ville d'*Epea* dans celle de *Corone*. C'est transporter la position d'*Epea* de l'autre côté du golfe, & par conséquent l'éloigner du canton où se trouvoient les autres.

Le sentiment de Strabon paroît donc plus rapproché d'Homère. On peut l'appuyer du texte d'Etienne de Bysance, qui attribue *Epea* à la Laconie, dont on sait que les limites se sont étendues de ce côté.

ÆPIA. *Voyez* ÆPEIA.

ÆPOLIUM, place située, selon Pline, entre le Danube & le Tyras.

ÆPY. On a douté si ce nom désignoit dans Homère, *Il. liv. II*, *v. 593*, une ville ou une contrée. Selon les interprètes, ce nom signifie non une *ville fortifiée*, comme le dit Etienne de Bysance, mais *élevée*. Il est vrai que cette élévation est un grand moyen de défense : mais c'est l'ouvrage de la nature, comme le dit Strabon.

(1) Ce nom n'est pas dans le texte grec de l'édit. de 1605 ; il se trouve dans la traduction italienne de Ruscelli,

ÆQUA, & ÆQUANA, ville d'Italie, chez les *Picentini*. M. d'Anville ne la place pas sur sa carte. On voit qu'elle ne devoit pas être loin de *Surentum*.

ÆQUABONA, ville de la Lusitanie, au sud du Tage, près de son embouchure, & en face d'*Olissipo* (Lisbonne).

ÆQUI, *ou* les Eques, peuple du Latium. M. d'Anville le place sur les bords de l'*Anio*, ayant au nord les Samnites, & à l'est les *Marrucini*. C'étoit bien en effet là que se trouvoient la plus grande partie de leurs possessions ; mais puisque, selon les historiens Romains, Algide (*Voyez* ALGIDUM) leur appartenoit, & que l'on voit que les troupes qui attaquoient cette place, se trouvoient sur les terres des Eques, il résulte que leur territoire s'étendoit plus au sud que ne l'ont cru M. d'Anville & Hostelnius, qui donne Algide aux Latins. Quant à l'origine de leur nom, je ne serai pas ici de l'avis de plusieurs étymologistes, qui, trouvant qu'en latin le mot *æquus* signifioit *juste*, en ont dérivé l'origine du nom des Eques, ou *Æqui*. Je ne nierai pas que ce peuple aimât la justice, & ne méritât son nom dans le sens où on le prend ; mais ce peuple l'avoit-il toujours mérité, ou n'avoit-il commencé à avoir un nom qu'en le méritant ? Etoit-ce lui qui se l'étoit donné ? car encore falloit-il bien qu'il eût un nom, indépendamment des conventions romaines. On sent combien il est difficile de répondre à ces questions, & de-là combien est peu fondée l'étymologie que l'on a adoptée à l'égard des Eques. Je serois moins étonné du raisonnement contraire.

1°. M. Gébelin fait venir le nom d'*Æqui*, *Æquicoli*, ou *Æquiculi*, du mot *aqua*, ou *awa*, l'eau, parce qu'ils habitoient dans un pays aquatique, près des sources de l'*Anio*, du *Tolonius*, &c. Leur territoire étoit sans contredit la partie du Latium la plus arrosée. Cette origine physique satisfait si pleinement la raison, que l'on n'en peut guère admettre d'autre. C'est ainsi que l'*Aquitanie*, en Gaule, avoit pris son nom de la quantité de ses eaux ; & qu'en général les pays ont reçu leur nom de leurs montagnes ou de leurs vallées, *&c.*

Si ces peuples ont d'ailleurs montré un grand amour pour la justice, on aura pu ensuite tirer de-là l'origine d'un autre mot ; & l'Eque n'aura plus été l'*homme du pays aquatique*, mais l'*homme juste*. C'est ainsi que l'on dit chez nous un homme *franc*, un *gascon*, &c., dans un sens qui n'est pas le sens primitif. Ce n'est pas que je ne convienne que le mot *æquus* (juste), chez les Romains, n'ait pu avoir une autre étymologie. Je crois même l'avoir sous les yeux ; mais elle n'est pas de mon objet.

Au reste, les Eques avoient réellement une grande réputation de justice. Ce fut d'eux que Numa emprunta le droit de fécial, qui consistoit à ne jamais porter la guerre contre un peuple, que préalablement on ne la lui eût déclarée par un hérault.

Mais l'amour de la justice n'exclut le courage ni le desir de se venger d'un ennemi : au contraire, les Eques voyant que leur conduite sage & régulière n'avoit pu toucher les Romains; que la politique de ceux-ci étoit de tout envahir, ils prirent les armes contre eux, & leur firent la guerre à outrance. Avec un peuple aussi fort que l'étoient les Romains, il leur convenoit mieux de faire la petite guerre; & ils la firent souvent avec succès. Virgile, qui s'est plu à les peindre dans l'Enéide, en parle ainsi :

« On voit ensuite la nation effrayante des Eques, » accoutumée à chasser dans ses forêts, à culti- » ver ses pénibles sillons les armes à la main; elle » se plaît dans le butin, & à vivre de brigandage ». Entre autres expéditions des Eques, on voit que l'an de Rome 396 ou 397, ils avoient enfermé une armée romaine, de manière à la faire périr, si elle n'eût été tirée de ce danger par les talens & le courage de Q. Cincinnatus. Ils ne furent entièrement soumis qu'en 409; les Romains les détruisirent par le fer & par le feu, & détruisirent leurs villes au nombre de quarante-deux.

ÆQUICOLI. *Voyez* ÆQUI.

ÆQUINOCTIUM (*Fisca Miint*), village de la haute Pannonie, selon Antonin. M. d'Anville écrit *Equinoctium*, & la place sur le Danube, au sud-est de *Vindobona*.

ÆQUOTUTICAN, nom d'une ancienne route romaine, qui passoit sous l'arc de triomphe de Trajan à Bénevent, où elle se séparoit pour joindre la voie Appienne.

ÆQUUM, colonie romaine, en Illyrie, dans la Dalmatie. M. d'Anville, qui écrit *Equum*, la place au nord-est de *Scardona*.

ÆQUUM SALISCUM, nom que, selon Cluvier, on a quelquefois donné à la ville de *Falère*. *Voyez* FALERII.

ÆQUUS TUTICUS, lieu d'Italie, dans le *Samnium*, au nord-est de *Beneventum*. Ce nom, qui se trouve dans l'Itinéraire d'Antonin, avoit paru devoir indiquer un lieu différent du *Tuticus Magnus*, nommé dans l'Itinéraire de Jérusalem; mais il est prouvé que le mot *Tuticus* en samnite, avoit le même sens que *Magnus* en latin; que le magistrat suprême, selon Tite-Live, *L. XXVI*, *c.* 7, s'y nommoit *Medias Tuticus*. Il ne faut donc plus chercher la position de deux lieux différens; une seule suffit. Il passoit dans ce lieu une voie romaine, qui, remontant un peu par le nord, alloit à *Canusium*. On en voit les ruines près de Buon-Albergo.

ÆRÆ, ville qu'Etienne de Bysance attribue à la Macédoine.

ÆRÆ, ville de l'Asie mineure, dans l'Ionie, selon Etienne de Bysance.

ÆRÆ, peuple de l'Asie, vers la Gédrosie ou la Germanie, selon Ptolemée.

ÆREA, ville de la Thrace, sur la Propontide, au sud d'un petit golfe, & au nord-ouest de Perinthe.

Il est probable que c'est cette ville qu'Etienne de Bysance indique sous le nom d'*Æra*, & qu'il place près de l'Hellespont.

ÆRETIA REGIO, ou contrée appellée *Erétique*, que Ptolemée attribue à la petite Arménie.

AËRIA (le mont *Ventoux*), ville de la Gaule. Strabon la place chez les Cavares, & en parle comme d'une ville qui existoit de son temps. Le P. Hardouin croyoit la retrouver dans le château de Momas, sur le Rhône; & le P. Briet, dans la ville de Vaison. Mais le premier n'avoit pas fait attention apparemment que Strabon dit que d'*Aëria* à la *Duriona* (pour *Durantia*) le pays est montueux & sauvage; & le second paroît oublier que Pline, qui nomme *Vasio* ou Vaison, nomme aussi *Aëria*. C'est pourquoi M. d'Anville dit : « je » ne vois dans le canton de pays où il convienne » de se renfermer, & de situation qui convienne » mieux à *Aëria*, que le mont Ventoux ». Il le place au sud-est de *Vasio*, & au nord-est de *Carpentoracte*.

D. Martin la place près du Rhône, entre *Arausio*, au sud, & *Lectoce*, au nord.

AËRIA, selon Eustathe & Hesychius, nom qu'avoit autrefois porté l'Ethiopie.

AËRIÆ, & AETHRIÆ, noms que, selon Pline, avoit portés l'île de *Thasos*. Voyez *ce mot*.

ÆRII MONTES, montagnes de Sicile. Mais on écrit plus ordinairement *Hærei*. On peut regarder ces montagnes comme une branche de l'Etna, au nord-ouest.

AËRMON. *Voyez* HERMON.

ÆROÉ, *ou* L'EROÉ, petit fleuve, ou plutôt ruisseau de la Béotie. Il commençoit au mont Citheron, au sud de Platée, couloit au nord-est, & se jettoit dans l'Asope. On croyoit qu'il avoit pris son nom d'une fille d'Aopus, second prince des Platéens. (Pauf. *in Beot. c.* 14).

ÆROPUS, montagne de Macédoine. Selon les auteurs, elle bornoit d'un côté le bassin où couloit l'*Æous* ou *Æas*.

ÆSA, ville de Thrace, selon Etienne de Bysance, qui l'indique près de Pallène.

ÆSANIS, ville de la grande Phrygie, selon Ptolemée.

ÆSAPUS, rivière de l'Asie mineure, dans la Mysie, selon Strabon. Ptolemée & Pline la nomment *Æsepus*. Elle commençoit vers le sud-ouest de *Scepsis*, &, remontant vers le nord-est, dans le même sens que le *Granicus*, qui est à l'ouest, se jettoit dans la Propontide, à l'ouest de *Cyzicus*.

ÆSAR (*Serchio*), fleuve d'Italie, dans l'Etrurie : selon Strabon, il se réunissoit à l'*Arnus*, à Pise; mais actuellement son embouchure se trouve à dix milles au nord de celle de ce fleuve.

ÆSARONENSII, peuple de l'île de Sardaigne,

Ptolemée les place dans la partie septentrionale de cette île.

ÆSARUS (*Esaro*), très-petite rivière du *Brutium*, qui arrosoit la ville de *Croton*. On sait que cette rivière, qui pendant long-temps traversa la ville, ne fit plus qu'arroser un côté de ses murailles, lorsqu'elle eut été réduite à moitié de sa grandeur par Pyrrhus, roi d'Epire, pendant sa guerre en Italie.

Ovide (*Métamorph. Liv. 15, v. 23*) la nomme *Æsaris*.

ÆSCULAPII NEMUS, ou *bois sacré d'Esculape*.

Ce lieu, dont parle Strabon, étoit dans la Phénicie, assez peu éloigné de la ville de Béryte.

ÆSEPUS, fleuve de la Troade. Il prenoit sa source dans le mont *Ida*, à l'est de *Scepsis*, remontoit par le nord-est, arrosoit *Caresus*, &, suivant la même direction, alloit se jetter dans le Propontide, à l'ouest de *Cyzicus*.

Quelques traducteurs de Ptolemée écrivent *Æsipus*. *Voyez* ÆSAPUS.

ÆSERNIA (*Isernia*), ville des Samnites, chez les *Caracini*, entre *Aufidena*, au nord, & *Bovianum*, au sud-est. Elle étoit colonie romaine.

ÆSICA, ville de la grande Bretagne, dont il est parlé dans la notice de l'empire. On croit qu'elle étoit où se trouve actuellement le village de *Netterby*, en Cumberlan, près de l'Ecosse.

ÆSIS (*Esino*), petit fleuve d'Italie, qui, coulant du sud-ouest au nord-est, séparoit le pays des *Senones*, du *Picenum*; il se rendoit à la mer, près d'*Ancona*.

Æsis (*Iesi*), appellée aussi *Æsium*, sur la rivière de son nom. On l'a quelquefois attribuée à l'Ombrie; mais Strabon l'indique dans le *Picenum*. M. d'Anville la place sur les limites des deux pays.

ÆSISIUM, ville de l'Italie, chez les Umbriens, selon Ptolemée. On ne peut guère douter que cette ville ne soit la même qu'*Assisium*.

ÆSITÆ, peuple de l'Arabie déserte, selon Ptolemée, qui le place au-dessous des *Cauchabeni*.

ÆSOLANI. *Voyez* ESULÆ.

ÆSON, rivière de la Thessalie, vers la Magnésie, selon Plutarque.

Æson, ville située apparemment près du fleuve précédent, & qui, disent les auteurs, tiroit son nom d'Eson, père de Jason. Mais on ignore la juste position du fleuve & de la ville.

Æson, ville de la Thessalie, selon Etienne de Bysance, qui dit que cette ville tiroit son nom d'Eson, père de Jason.

Le Scholiaste d'Apollonius de Rhodes l'attribue à la Magnésie. Cela n'est pas éloigné du sentiment de l'auteur géographe, puisque la Magnésie faisoit partie de la Thessalie.

ÆSONA, ville de l'Hispanie, la même qu'*Iessona*, ou *Iesona*.

ÆSONENSES. Ce peuple se trouve nommé dans une ancienne inscription, qui est à Isona en Catalogne.

ÆSOPI OSTIA (τȣ Αἰσώπȣ). Il me semble qu'il faut en cet endroit de Strabon (*Liv. 12, p. 564*), Αἰσήπȣ, *Æsepi*. Car le fleuve dont il parle en cet endroit, ne peut être que le même *Æsepus* dont il parle dans le même Livre, *p. 552*.

ÆSQUILIÆ, ou plus ordinairement ESQUILIÆ, nom d'une des collines sur lesquelles étoit bâtie la ville de Rome.

ÆSTIÆI, *ou* ÆSTII, peuple de la Sarmatie européenne, que l'on place à l'ouest de la Vistule, sur les bords de la mer Baltique.

ÆSTRÆI, peuple de la Macédoine, selon Ptolemée.

ÆSTRÆUM, ville que le même auteur attribue à la Macédoine, chez les *Æstræi*, dont probablement ell étoit la capitale.

ÆSTRII, les Estriens, c'est-à-dire, les habitans d'*Æstrium*. Ils sont comptés entre les habitans de la Macédoine. Mais on ne sait rien qui leur soit particulier: ce sont les ÆSTRII.

ÆSTUARIUM, ville de l'Hispanie, sur la côte que baignoit la mer des Cantabres, entre *Noega* & *Salia*.

ÆSULA, *ou* AESOLA, ville d'Italie, qui devoit être peu éloignée de *Tusculum*, puisque Horace (*Liv. III, od. 29*) en parle à Mécènes, comme n'étant pas éloignée de *Tusculum*. Pline la compte au rang des lieux dont il n'existoit plus aucune trace de son temps.

ÆSULANI, *ou* AESOLANI. C'est ainsi que l'on nommoit les habitans d'*Æsula*.

ÆSYETÆ SEPULCHRUM, sépulcre d'Esyetas, auprès de la ville de Troie. Il en est parlé dans Strabon, qui rappelle que ce lieu est connu par Homère.

ÆSIMA, ville dont parle Homère (*Liv. 8, v. 304*), étoit, selon Etienne de Bysance, qui cite ce même vers, une ville de Thrace. La position en est inconnue. Si c'est la même que le même auteur nomme ailleurs Οισυμη, *Œsyme*, elle se trouvoit, selon Thucidide, qu'il cite, dans l'Emathie. On auroit tort de regarder comme un obstacle à l'admission de ce sentiment, l'usage où l'on est d'attribuer l'Emathie à la Macédoine.

Pendant long-temps elle fut très-étendue de ce côté, & tout y étoit Thrace d'abord.

ÆTÆEI, peuple de l'Arabie heureuse, dont parle Ptolemée.

ÆTARE, *ou* ÆTARA, ville d'Afrique, que Ptolemée place entre le fleuve Ampsagas & la ville *Tabraca*.

ÆTHÆA, ville de la Laconie, selon Etienne de Bysance.

ÆTHALIA, ou ILVA (*l'île d'Ebbe*). Cette île, située en face de l'Etrurie, ayant au nord-est le promontoire & la ville de *Populonium*, étoit connue des anciens par son excellent fer, dont la réputation est encore la même aujourd'hui.

On

On feroit porté à croire que c'eft cette même île que Ptolemée nomme *Ethala*, fi l'on ne trouvoit deux lignes plus bas l'île d'*Ilva*, qui doit être différente, puifqu'il place la première à 30 deg. 40 min. de longitude, & la feconde à 33.

ÆTHALIDÆ, peuple de l'Attique, de la tribu Léontide, felon Etienne de Byfance.

ÆTHALOEIS, ville de la Myfie, à l'eft de la chaîne de montagne appellée *Ida*, & au fud de la ville de *Scepfis*.

ÆTHALOEIS TORRENS, l'un des torrens qui prenoient leur fource dans le mont *Ida*, & fervoit de fource à l'*Æfepus*.

ÆTHERIA, l'un des noms par lefquels on a autrefois défigné l'Ethiopie.

ÆTHERII, nom de l'un des peuples compris fous le nom d'*Ethiopiens*.

ÆTHICES. Etienne de Byfance dit d'abord que ce peuple habitoit vers le Pinde; mais citant enfuite le fentiment de Marfyas, il les place vers l'Athamanie. On les trouve, fur la carte de M. d'Anville, entre des montagnes, dans la partie du nord-oueft de la Theffalie, où fe trouvoit la ville d'*Oxynia*, près d'un lac d'où s'écouloit l'Ion.

Strabon les comprend entre les nations Theffaliennes.

Strabon nomme auffi des fources de ce nom dans l'*Æthicia*.

ÆTHICIA, contrée que Strabon place aux environs de la Macédoine, de la Theffalie & du Pinde. Elle étoit habitée par les *Æthices*.

ÆTHIOPE, l'un des noms qu'avoit portés l'île de Lesbos.

ÆTHIOPES, les Ethiopiens. Ce mot, felon fon étymologie grecque, fignifie *vifages noirs*, ou *brûlés par le foleil*. M. le Brigant le dérive des mots anciens *E du o fas*, fignifiant *eft noire ta face*. Il fervit à défigner en général tous les peuples connus de l'intérieur de l'Afrique, que nous nommons actuellement *Nègres*.

Mais foit à caufe de leur couleur, foit comme étant des colonies de ceux d'Afrique, il eft certain que l'on admet des Ethiopiens ailleurs qu'en Afrique. Hérodote dit pofitivement, en parlant des Ethiopiens, *οἱ δὲ τῆς Ἀσίης.... ὑπὲρ Αἰγύπτου οἱ δὲ τῆς Λιβύης.... οἱ μὲν γὰρ ἀπ' Ἡλίου Αἰθίοπες*; les uns d'Afie, au-deffus de l'Egypte; les autres d'Afrique: car on appelle ainfi les peuples brûlés par le foleil. On voit, par l'Iliade, qu'Homère parle des Ethiopiens d'Afie. Selon Héfiode, dans fa Théogonie, Memnon, fils de l'Aurore, étoit leur roi. *Ἠὼς τέκε Μέμνονα.... Αἰθιόπων βασιλῆα*. *De l'Aurore naquit Memnon, roi des Ethiopiens.* D'après quelques paffages de Suidas & de Strabon, il paroît que la Perfe, dans les environs de Sufe, avoit été défignée par le nom d'*Ethiopie*. Et Strabon dit *Memnonium*, pour défigner la ciradelle de Sufe; & *Memnonii Muri*, pour en défigner les murs.

Il eft probable que ce furent ceux qui fe trouvoient au fud de l'Egypte qui furent connus les premiers: nous les nommons actuellement *Abyffins* & *Nubiens*; les écrivains facrés les défignent par le nom de *Cushites*.

Selon Pline, l'Ethiopie étoit divifée en quarante-cinq royaumes, qui formoient probablement autant de peuples, ayant une dénomination particulière. Mais les noms que nous ont tranfmis les hiftoriens, font moins ceux que portoit chaque peuplade, que ceux que les Grecs leur donnoient, d'après les idées fauffes ou vraies qu'ils s'étoient faites de leur façon de fe nourrir. On en peut juger par les noms fuivans (qui ont d'ailleurs chacun leur article à part). On comprenoit fous le nom d'*Ethiopiens*, les Blemmyens, les Troglodytes, les Nubiens, les Pygmées, les Strutophages, les Acridophages, les Chénolophages, les Ichthiophages, les Cynamolges, les Elephantophages, les Rizophages, les Spermatophages, les Hylophages, les Ophiophages, les Hylogones, les Agriophages, les Paruphages, *&c.*; auxquels on peut ajouter les Gapachi, les Ptoemphanes, les Pechini, les Cadræ, *&c.* Chacun de ces peuples n'eft guère connu que par l'étymologie de fon nom. Le peu que l'on fait des Ethiopiens fe réduit à ce qui fuit.

Les Grecs les regardoient comme defcendus des Egyptiens: à moins que l'Ethiopie, qui certainement a précédé la formation d'une partie de l'Egypte, n'ait été habitée avant elle. On cite quelques-unes de leurs maximes politiques. 1°. Plufieurs de leurs tribus tiroient leurs rois de l'ordre des prêtres. 2°. Les criminels condamnés à mort fe la donnoient eux-mêmes. 3°. Dans quelques tribus, c'étoit le neveu du roi, par fa fœur, qui héritoit de la couronne. Au défaut d'un héritier, on choififfoit pour roi celui qui en paroiffoit le plus digne. Si l'on en croit Plutarque, il exiftoit un peuple parmi les Ethiopiens, qui déféroit le titre & tous les honneurs de la royauté à un chien. Ç'auroit été admettre en principe la politique de nos anciens maires, qui plaçoient fur le trône un enfant inepte, afin de gouverner en fon nom. 4°. C'étoit un crime flétriffant pour la famille d'un coupable, s'il s'enfuyoit pour éviter la peine à laquelle il avoit été condamné. 5°. Les prêtres s'étoient arrogé le droit d'ordonner au roi de fe tuer, s'ils le lui ordonnoient de la part des dieux, pour le bien de l'état. Diodore dit que Ptolemée Philadelphe, étant entré à main armée dans ce pays, fit maffacrer ces cruels impofteurs. 6°. Par une bifarrerie non moins abfurde, & prefque auffi atroce, s'il arrivoit que le roi fût bleffé ou mutilé de quelques-uns de fes membres, fes principaux ferviteurs étoient obligés de fe mutiler de même; &, ce qui eft plus inhumain encore, ils devoient fe tuer à fa mort.

Quoique les Ethiopiens fe vantaffent d'offrir aux dieux des facrifices plus agréables que ceux d'aucune autre nation, on ne fait réellement quelles étoient leurs divinités, ni quel étoit leur culte. Quelques auteurs ont prétendu qu'ils avoient confervé la connoiffance du vrai Dieu; d'autres, qu'ils avoient reçu les loix de Moïse, au retour de la reine de Saba, qui, dit-on, régnoit dans l'île de Méroé : des auteurs Grecs leur donnent pour dieux Jupiter Ammon, Hercule, Pan, Isis, *&c.* Strabon leur prête plus de raison, en disant qu'ils mettoient au nombre de leurs divinités, leurs bienfaiteurs & les grands hommes de leur nation. Cet auteur dit aussi qu'ils avoient anciennement rendu des hommages pieux au soleil; & qu'ils traitoient d'athées quelques peuples de la Zone Torride, qui maudissoient cet astre à son lever.

Diodore, en parlant des Ethiopiens, leur attribue l'invention des hiéroglyphes, dont se servirent, dit-il, après eux les Egyptiens. Ce n'est point ici le lieu de discuter cette opinion. Ceux de ces caractères, indiqués par Diodore, me semblent symboliques. Un *faucon*, désignoit la rapidité; un *crocodile*, la malice; l'*œil*, le maintien de la justice; la *main droite ouverte*, l'abondance; la *main gauche fermée*, une possession tranquille, *&c.* Mais ils eurent depuis des caractères grammaticaux, & Ludolphe nous les a fait connoître. Selon ce savant, qui avoit passé soixante ans à étudier cette langue, laquelle, selon lui, conserve encore des traces de sa haute antiquité, elle étoit infiniment supérieure à l'hébreu. Il cite même des exemples, qui prouveroient que cette dernière, dans beaucoup de cas, avoit altéré l'autre.

Leurs usages, quoique variés entre les différentes tribus, étoient en général conformes en ceci, qu'ils avoient beaucoup de vénération pour les femmes; fort peu de pitié des vieillards & des malades, dont on accéléroit la fin, par cette raison, qu'ils étoient inutiles à la société. Ils pratiquoient la circoncision. Ils se servoient pour armes d'arcs & de flèches empoisonnées; de lances d'une grandeur considérable, ainsi que les dards qu'ils lançoient à l'ennemi. L'usage de conserver les morts paroît leur avoir été commun avec les Egyptiens, à quelque différence près. Ils faisoient dessécher le corps, l'enduisoient d'une matière blanche, délayée, & qui se séchoit. On traçoit ensuite, comme on pouvoit, le portrait du défunt sur cet enduit. On mettoit ensuite ce corps dans une caisse de matière transparente : les auteurs ont dit du verre. Mais les Ethiopiens le connoissoient-ils? Cependant il y avoit des tribus qui enterroient leurs morts, tandis que d'autres les jettoient à l'eau. On assure qu'il y avoit parmi eux des antropophages. Cela ne doit guère s'entendre, je crois, que des peuples absolument féroces, qui étoient au-delà des Ethiopiens.

Ces peuples étoient naturellement guerriers, forts & intrépides : on ajoute qu'ils étoient violens. Cependant les anciens s'accordent à les peindre comme attachés à l'amour de la justice. Un des plus anciens écrivains de l'antiquité, Homère, fait assister à leurs festins Jupiter & les autres dieux. Quelques auteurs ont été ensuite jusqu'à leur attribuer toute la sagesse des Egyptiens; sagesse au reste qui est plutôt assurée dans les livres qu'elle n'est démontrée par les faits sur lesquels s'appuie ce sentiment. Peut-être que si nous connoissions mieux les Abyssins modernes, pourrions-nous retrouver encore plusieurs traces de la haute antiquité, de quelques-uns de ces anciens usages : mais ce ne sera que d'après des voyageurs bien instruits, & dépouillés de toute prévention.

ÆTHIOPIA, l'Ethiopie. En général les anciens ont désigné par ce nom les grandes parties de l'Afrique, qui sont au sud de l'Egypte & de la Libye. Mais on devoit donner aussi ce nom à chaque contrée où l'on supposoit des Ethiopiens (*Voyez* ÆTHIOPES). Agatharchis dit que l'Ethiopie avoit eu d'abord le nom de *Cephenia*. Il le dérive du nom de *Céphée*, père d'Andromède : c'est une origine un peu suspecte.

On a quelquefois appellé cette partie de l'Afrique *Æthiopia Magna*, pour la distinguer des autres parties qui portoient aussi ce nom. Par exemple, on trouve *Æthiopia Pontica* : c'étoit une région de la Colchide, que l'on désignoit par ce nom.

ÆTHIOPICUM MARE. Les anciens donnoient ce nom à la partie de la mer des Indes, qui, commençant au sud de la mer Rouge, se prolonge le long de l'Afrique.

ÆTHRIA, l'un des anciens noms de l'île de *Thasos*.

C'avoit aussi été un des anciens noms de l'île de Rhodes.

ÆTHUSA, île que Ptolemée indique dans la Méditerranée, près de l'île de *Lopadusa*. Il est probable que c'est la même que d'autres auteurs nomment *Ægusa*. C'est sous ce dernier nom que M. d'Anville l'a placée sur sa carte.

ÆTHYSSEIS, peuple de la Libye, au voisinage de la Marmarique, selon Etienne de Bysance.

ÆTINIUM, ville que Ptolemée attribue aux Estiotes, mais qu'il place en Macédoine. Or, comme les Estiotes sont reconnus pour avoir habité en Thessalie, il n'est pas aisé de déterminer la position de cette ville.

ÆTNA, *ou* ÆTHNA (*Gibel*), montagne de Sicile, que nous nommons encore *Etna*. Ce n'est pas ici que l'on doit s'attendre à trouver la description de cette montagne, considérée comme volcan; cet objet appartient à l'histoire naturelle : non plus que l'énumération de ses différentes éruptions; elles font partie de l'histoire de la Sicile. Je me bornerai donc à dire, qu'à cause des feux qu'il vomit presque continuellement, les poëtes anciens avoient parlé de l'*Etna* comme étant la demeure de Vulcain & des cyclopes. Lorsque les Arabes passèrent dans cette île, ils appellèrent l'*Etna Dgibel*, c'est-à-dire, simplement la montagne : que de ce mot s'est formé celui de *Gibelo*, ou *Gibel*, qu'il porte encore aujourd'hui.

On avoit bâti, sur un des côtés de la montagne, un temple, dont Elien parle ainsi : « Sur l'*Etna*, il y a un temple de Vulcain, entouré de murs & d'arbres sacrés. On y garde un feu perpétuel. Il y a dans le bois & dans le temple des chiens sacrés, qui caressent & flattent ceux qui viennent au temple & dans le bois avec l'extérieur & les qualités requises : mais s'il s'y présente un scélérat, ou même un homme qui n'ait pas les mains pures, ils le mordent & le déchirent; s'il n'est que souillé par une action déshonnête, ils se contentent de le mettre en fuite. Diodore ajoute que l'on voyoit de son temps les restes d'une voûte, appellée *la tour d'Empédocle*, & de laquelle il observoit les feux de l'*Etna*. La superstition, qui attribuoit ces feux à une cause surnaturelle, lui attribuoit aussi des effets surnaturels. Par exemple, on y jettoit des cachets d'or & d'argent, des victimes; & selon qu'ils étoient conservés dans l'intérieur de la montagne, ou rejettés hors du cratère, on en tiroit des augures plus ou moins favorables ».

ÆTNA, nom que porta pendant long-temps la ville de *Catania*. Voici à quelle occasion elle le reçut.

Dans la 96e olympiade, Hiéron, roi de Syracuse, ayant chassé de leurs villes les habitans de *Naxus*, & ceux de *Catania*, y rassembla de nouveaux habitans, dont cinq mille étoient du Péloponèse, les autres de Syracuse, jusqu'au nombre de dix mille, leur distribua des terres au sort, & changea le nom de *Catania* en celui d'*Etna*. Cette colonie se soutint pendant quelque temps; mais vers la fin du règne de ce même prince, les Catanéens revinrent, & chassèrent la colonie, pour rentrer dans leurs premières habitations. Ceux que l'on chassoit ainsi se retirèrent vers la petite ville appellée alors *Innessa* ou *Inesa*, s'y établirent, & lui donnèrent le nom de celle qu'ils avoient été forcés de quitter.

ÆTNA, ville de la Sicile, au pied de la montagne de ce nom, à quelque distance au nord-ouest de *Catana*.

ÆTOLI, les Etoliens, peuple de la Grèce proprement dite, habitant l'Etolie (*Ætolia*), entre l'Acarnanie & les Ozoles. On ne sait pas le nom des premiers habitans de ce pays, puisque l'on ne fait remonter l'origine du nom d'*Etoliens* qu'à Etolus, fils d'Endymion, & frère d'Epéus, roi d'Elide.

Le petit nombre de leurs anciens rois qui nous soient connus, appartiennent au moins autant à la mythologie qu'à l'histoire. Tels sont Calydon, Œnéus, Méléagre, Tydée, Diomède, *&c.* Les récits que nous ont laissés les écrivains de l'antiquité, concernant ces princes, n'est pas de mon objet. Et depuis ces anciens temps, jusques vers l'époque de la ligue des Achéens, on ne sait rien concernant les Etoliens. C'est alors qu'on les voit formant une espèce de république, & que l'on obtient sur eux les détails suivans.

Polybe, qui avoit eu occasion de connoître les Etoliens, & qui parloit d'eux à la face de toute la Grèce, n'hésite pas à les peindre comme des hommes sans foi, sans honneur, & même sans cette pudeur de l'honnêteté, qui fait craindre de paroître aussi méchant qu'on l'est réellement. Au contraire, il les représente en toute occasion comme méprisant les plaintes que l'on faisoit d'eux, & ne rougissant pas d'être traités de voleurs & de pyrates. Il peint leur conduite, à l'égard des Messéniens, comme insidieuse d'abord, & ensuite détestable. Ces vices, qui avoient pour base l'avidité & la soif de l'or, étoient accompagnés de quelques qualités essentielles. Ils étoient passionnés pour la liberté, endurcis à la fatigue, & bravant les dangers sur terre comme sur mer. Aussi faut-il leur rendre cette justice, qu'ils se montrèrent vaillamment dans la défense de la liberté de la Grèce, contre l'ambition des rois de Macédoine.

Les Etoliens étoient gouvernés par une assemblée générale, qui jugeoit dans les affaires de la nation; & pour les affaires particulières, par un prêteur, & quelques autres magistrats.

L'assemblée générale portoit le nom de *Panætolium*, mot composé, qui signifie grammaticalement *toute l'Etolie*. Elle se tenoit une fois par an, en automne : mais, dans les cas extraordinaires, le prêteur avoit le droit de la convoquer, soit pour de nouvelles loix, soit pour déclarer la guerre, ou conclure la paix, *&c.* Les députés de chaque ville étoient les membres nés de ce conseil. Il y avoit de plus le conseil des *Apocleti*, qui formoient un conseil particulier pour le prêteur, & qui connoissoient des affaires civiles. Après le prêteur, étoient le général de la cavalerie, le secrétaire d'état, & les éphores. Il faut remarquer, à l'égard des éphores, que, quoique à-peu-près sur le même pied que ceux de Sparte, leur pouvoir étoit cependant subordonné à celui de l'assemblée générale, & même à l'autorité du prêteur.

Ce ne fut qu'à l'imitation des Achéens, que les Etoliens formèrent la Ligue, qui, en réunissant les forces de toutes les villes, les rendit si puissans. Ils avoient, entre autres objets, d'opposer leur Ligue à celle des Achéens, qu'ils haïssoient. Et en effet, ils réussirent à tenir tête, non-seulement aux Achéens, mais aux autres peuples de la Grèce, au nombre desquels je comprends ici les Macédoniens. Mais, écoutant plutôt l'impulsion d'une haine aveugle, que les conseils d'une sage politique, ils furent les premiers à se rendre aux sollicitations des Romains, & à leur donner entrée dans la Grèce. Ainsi, voulant se garantir de l'oppression de quelques voisins, ils soufflèrent eux-mêmes le feu où l'on alloit forger des fers à toute la Grèce. Les Etoliens & les Lacédémoniens étoient alors dans le même parti.

Dans la guerre qui suivit contre Philippe, les Etoliens restèrent très-ouvertement attachés aux Romains. Mais, après la bataille de Cynocéphale, où Philippe fut entièrement défait, les prétentions refpectives des deux nations donnèrent lieu à une rupture. La cavalerie Etolienne s'étoit si bien comportée, qu'elle se croyoit en droit de s'attribuer le succès du combat. La fierté romaine fut blessée de cette prétention. Il y a plus, c'est que pendant que les Romains achevoient de poursuivre les ennemis, les Etoliens, pour ne pas démentir leur caractère, se jettèrent sur le camp des Macédoniens. Encore, après la victoire, chansonnèrent-ils leurs alliés, comme s'ils n'eussent été que de foibles auxiliaires. Bientôt après, il s'éleva entre ces deux peuples une vive querelle au sujet de la paix.

Depuis ce moment, les prétentions des Romains devinrent de plus en plus considérables; & les Etoliens furent traités par eux d'abord avec hauteur, puis ensuite tout-à-fait en ennemis. Ils eurent beaucoup à en souffrir, & en furent réduits à demander la paix avec humiliation. A peine l'avoient-ils obtenue, que cherchant à reprendre les terres que les Macédoniens leur avoient autrefois enlevées, ils se mirent en campagne, & parurent ne faire aucune attention à la prépondérance que les Romains se réservoient dans toutes les affaires de la Grèce. Ce défaut de circonspection, & la haine qu'ils montrèrent ouvertement contre les Romains, attira la guerre dans leur pays. Fulvius Nobilior y vint avec des troupes, les battit, les força à une paix honteuse. Lors de la conquête de la Macédoine par Paul-Emile, ils furent de nouveau très-maltraités. Les premiers postes de la république ne furent plus accordés qu'aux partisans des Romains. Enfin, à l'extinction de la Ligue des Achéens, l'Etolie devint une province romaine, c'est-à-dire, qu'elle fit partie de la province générale de l'Achaïe, soumise à un préteur, lequel n'empêchoit pas chacun des petits états de suivre ses loix particulières.

L'Etolie demeura à-peu-près dans le même état sous les empereurs, jusqu'au règne de Constantin-le-Grand, qui, ayant séparé les parties occidentales de la Grèce, tout le pays fut ensuite partagé en un certain nombre de principautés. Théodore l'Ange, de la famille impériale, s'empara de l'Etolie & de l'Epire. Il y eut ensuite quelques différends entre des princes Grecs, maîtres de l'Etolie, & d'autres de l'Acarnanie. Amurat II profita de ces troubles, & s'empara de l'Etolie en 1432. Le fameux George Castriot, connu sous le nom de *Scanderberg*, chassa les Ottomans, reprit l'Etolie, & la laissa à sa mort aux Vénitiens. Elle leur fut enlevée depuis par les Turcs.

ÆTOLIA, l'Etolie, contrée de la Grèce propre, entre la Locride, à l'est, & l'Acarnanie, à l'ouest. Elle avoit la Thessalie au nord & la mer au sud.

Strabon (*Liv. X*, *p. 450*) distingue l'ancienne Etolie, de l'Etolie *épictète* ou acquise.

La première, selon lui, commençant à la mer, vers l'embouchure de l'Achelous, s'étendoit jusqu'à Calydon, c'est-à-dire, jusqu'au fleuve *Evenus*, qui arrosoit cette ville : & c'est entre ces deux fleuves que M. d'Anville a compris l'Etolie.

L'Etolie *épictète*, ou ajoutée, étoit un territoire pris sur la Locride, & s'étendoit jusqu'à Naupacte. Je croirois assez qu'elle avoit pour bornes la petite rivière qui vient du nord au sud & arrose cette ville : car Strabon, qui la nomme *Eupalium*, ne dit pas qu'elle y fût comprise, mais seulement que cette partie de l'Etolie s'étendoit de ce côté, ἐπὶ Ναύπακτον τε, καὶ Εὐπάλιον.

L'Etolie proprement dite formoit une plaine longue & fertile. Le texte de Strabon porte que l'on y trouvoit *Stratus*, & *Trachinium*, que l'on doit lire *Trichônium*. Il avoit parlé plus haut de *Calydon* & de *Pleuron*, qui avoient été les ornemens de la Grèce.

L'Etolie avoit eu pour premiers habitans les Curètes. Elle prit ensuite son nom d'*Etolie* d'Etolus, fils d'Endymion. Ce prince avoit tué par accident Apis, fils de Jason : poursuivi en justice par les fils de ce prince, il se retira chez les Curètes, dont le pays prit son nom. Cette province passa dans la suite aux Romains.

Ptolemée nomme les villes suivantes dans l'Etolie : *Chalcis*, *Arachthus*, *Pleurona*, *Olenus*, *Calydon*.

ÆTOLIA, ancienne ville du Péloponèse, mais dont on ignore la position. Etienne de Bysance l'indique dans la Laconie.

ÆTONA, *ou* ETONA. *Voyez* EATON.

ÆTORCHECUM, promontoire de la Bithynie, selon Denys de Bysance.

ÆTUATES, *ou* ÆUATATII, ancien peuple Helvétique, sur les frontières de la Rhétie, vers les sources du Rhin.

ÆTULANA, contrée de la petite Arménie, que Ptolemée est le seul à nous faire connoître.

ÆTUS, fleuve que le Scholiaste d'Apollonius place en Scythie, près du Caucase.

ÆTYMANDRI, peuple d'Asie, dans l'Asie, connu par Ptolemée.

ÆX, mot par lequel dans quelques noms latins composés, on rend l'Αἶξ des Grecs, qui signifie, dans l'usage ordinaire, une *chèvre*, mais qui vient d'un ancien mot qui signifioit *eau*. On a vu beaucoup de villes dans le nom desquelles entre ce mot, pris au génitif.

Il y avoit dans la mer Egée une petite île de ce nom.

ÆX. Ptolemée indique chez les Marses une ville de ce nom, qui, en grec, signifie *chèvre*.

ÆXONA, Exone, bourg de l'Attique, dépendant de la tribu Cécropide. Il en est parlé dans Strabon (*Liv. IX*, *p. 610*), & dans Etienne de Bysance, mais sans qu'ils nous donnent rien de particulier sur ce lieu.

ÆXONENSES, habitans d'*Æxone*. Ils sont appellés *Æxonides* par Etienne de Bysance. Ce peuple étoit si décrié pour son habitude à la médisance &

à la calomnie, qu'il étoit passé en proverbe de dire *exoniser*, pour dire *parler mal d'autrui.*

ÆXONIA, ville qu'Etienne de Bysance place en Thessalie, dans la Magnésie. On lit ailleurs *Exoneia.* M. d'Anville ne lui a pas donné de place sur sa carte.

ÆZALA, ville de l'Asie, selon Ptolemée, qui la place dans la grande Arménie.

ÆZANIS, ville de l'Asie, dans la grande Phrygie, selon Ptolemée.

ÆZARI, ancien peuple d'Afrique. Il donnoit le nom à un canton de la Marmarique.

ÆZICA, contrée de la Thrace, selon Etienne de Bysance, qui s'appuie du témoignage d'Hécatée.

A F

AFAS. L'Anonyme de Ravenne nomme deux fois ce lieu, ou deux lieux de ce même nom. Cette question, encore indécise, n'est pas bien intéressante, vu le peu d'importance du lieu. Il étoit en Afrique.

AFFILE, *ou* Afile, lieu de l'Italie, chez les *Hernici.* M. d'Anville ne l'a pas placé sur sa carte. La Martinière lui donne le titre de colonie.

AFFLIANUS MONS, montagne d'Italie, près de *Tibur.* La colonie *Æsula* étoit au pied de cette montagne.

AFRI, les Africains. Il ne faut pas entendre, pour l'antiquité, par le nom d'*Africains*, tous les habitans de l'Afrique. 1°. Les anciens ne nommoient *Afrique* qu'une certaine portion de la partie du monde à laquelle nous donnons ce nom. 2°. Ils ne désignoient, par le nom d'*Africains*, que ceux qui habitoient fort avant dans l'intérieur des terres. Diodore de Sicile distingue quatre sortes d'Africains, qui s'étendoient par derrière la Cyrénaïque & les Syrtes : car les anciens nommoient *Ethiopiens* les peuples qui étoient au-delà, dans l'intérieur du pays. Entre ces Africains, les uns avoient des terres, qu'ils cultivoient, d'autres n'avoient que des troupeaux. Les uns & les autres étoient gouvernés par des rois.

Mais, selon le même auteur, il y avoit une autre sorte d'Africains, indépendans, qui n'avoient ni mœurs, ni justice, & ne vivoient que de brigandage. Ils sortoient de leurs retraites, se jettoient sur les hommes & sur les troupeaux, & s'enfuyoient avec leur butin. Accoutumés à la vie des animaux, ils passoient à l'air les jours & les nuits, & n'étoient vêtus que de peaux de bête. Les plus puissans possédoient quelques tours, près des rivières; ils y retiroient leurs provisions. Ceux d'une condition moindre, qui vivoient sous leur protection, leur prêtoient serment de fidélité. Cependant ils les traitoient de compagnons. Mais on condamnoit à la mort ceux qui cherchoient à s'affranchir de cette servitude.

Ils n'avoient pour armes que trois sortes de lances & des pierres. Leur genre de combat, soit pour l'attaque, soit pour la défense, étoit la course. Ils attaquoient à l'improviste, & s'enfuyoient si l'ennemi faisoit résistance. Aussi étoient-ils fort habiles à lancer des pierres. Ils n'observoient aucune justice à l'égard des étrangers.

AFRICA, Afrique. Ce nom paroît venir de l'oriental *P-hré*, le soleil dans sa force, ou le *midi*; & ce nom convient parfaitement à la grande partie de notre globe, à laquelle on l'a donné, soit à cause de la chaleur que l'on y éprouve, soit parce qu'elle se trouve au midi de l'Europe.

Mais les anciens ne donnoient pas le nom d'*Afrique* à toute la partie que nous comprenons actuellement sous ce nom : ils ont même varié entre eux. Les Grecs paroissent l'avoir d'abord appellée *Libye.* Quant à la différence des sentimens, elle est très-sensible.

Saluste & Pomponius Méla ne comprennent pas dans l'Afrique l'Egypte ni la Marmarique. Strabon & Denis le Périégète donnent le Nil pour bornes entre l'Asie & l'Afrique, & cette idée étoit très-ancienne. Mais Hérodote en avoit montré l'erreur, en observant que l'on n'auroit pu, d'après cela, dire à quelle partie appartenoit le Delta, puisqu'il avoit le Nil à l'ouest & à l'est. On sentit de même que la mer Rouge, ne laissant entre elle & la Méditerranée qu'une langue de terre assez étroite, bornant ensuite l'Egypte jusqu'à la mer, on ne pouvoit rien de ce côté à l'Asie. Aussi dès le temps de Strabon, un sentiment assez général donnoit, de ce côté la mer Rouge, pour bornes à l'Afrique. Agathemer & Ptolemée pensent de même. Mais l'Afrique, prise dans ce sens, comprenoit d'autres grands pays; un seul avoit le nom d'*Africa* ou d'Afrique propre. Voici quelles étoient les principales parties de l'Afrique, en allant de l'est à l'ouest : *Ægyptus*, l'Egypte; *Libya*, la Libye; *Marmarica*, la Marmarique; *Cyrenaïca*, la Cyrénaïque; *Syrtica*, la Syrtique; *Africa*, l'Afrique propre; *Numidia*, la Numidie; *Mauretania*, la Maurétanie; *Æthiopia*, l'Ethiopie. En général, on donnoit ce dernier nom à tout l'intérieur du pays.

Divisions de l'Afrique, selon Ptolemée. Ptolemée commence sa division de l'Afrique par l'occident. Voici les noms des principales provinces, qu'il appelle aussi *Strapies* (σατραπιὰς), *Mauritania Tingitana*, *Mauritania Cesariensis*, *Numidia*, *Aphrica*, *Cerenaïca*, *Marmarica*, *Libya propriè dicta*, *Egyptus tota*, *Libya interior*, *Ethiopia sub Ægypto*, *Æthiopia interior.*

Voici donc onze provinces qui équivalent aux neuf que j'ai nommées ci-dessus, & qui n'en diffèrent que par la distinction que fait Ptolemée des deux Libyes & des deux Ethiopies. (Voyez *chacun de ces articles.*)

Africa, ou l'Afrique propre, province d'Afrique. On ne peut guère lui assigner des bornes très-précises, excepté à l'est & au nord, où l'on trouvoit la mer. La côte orientale commençoit au fond de la petite Syrte, & remontoit vers le nord jusqu'au promontoire *Hermæum* (le cap Bon) & la côte septentrionale s'étendoit depuis ce cap, jusqu'aux limites de la Numidie; c'est-à-dire, jusques vers *Hippo Regius*, & de-là en descendant au sud jusqu'au *Bagradas*.

Dans cette étendue, se trouve comprise au sud-est la région appellée *Bysacium*, ou la Bysacène, qui se nommoit aussi *Emporiæ* (Voyez *ce mot*), à cause de la grande quantité de grains qui s'en retiroit.

Le *Bagradas*, qui commençoit au sud-est en Numidie, vers *Tebeste*, traversoit la province d'Afrique, en remontant vers le nord-est, & se rendoit à la mer, près de Carthage.

Les principales villes de cette province étoient *Carthago*, & *Utica* au nord-est, & *Byzacina* au sud-est.

AFRICERONES, les Africerons, peuple que Ptolemée indique dans la Libye, province d'Afrique.

A G

AGA, ville d'Afrique, près de laquelle César campa deux fois. Elle devint épiscopale. C'est la même qu'Hirtius appelle *Agar*. Il me paroît que c'est celle qui se trouve nommée *Aggar* sur la carte de M. d'Anville, au sud-est d'*Adrumetum*, mais de l'autre côté du mont *Usaletis*.

AGABENI. On trouve ce nom dans la Martinière, qui cite Ptolemée, (*Liv. V, c. 19.*) C'est une faute, le texte porte Αγȣϐενοι, *Agubenæ*.

AGABRA, *ou* ÆGABRA, ville de l'Hispanie, dans la Bétique. Baudran dit qu'elle a été autrefois siège épiscopal.

AGAMEDE, lieu de l'île de Lesbos, près de *Pirrha*, mais qui ne subsistoit plus au temps de Pline. On croit qu'il y avoit aussi une fontaine de ce nom, qui avoit été celui d'une femme célèbre dans l'art de préparer les poisons.

AGAMEMNONII FONTES, ou *les fontaines d'Agamemnon*, dans l'Ionie, à cinq mille pas de Smyrne.

AGAMIA, *ou* AGAMEA, promontoire & port de l'Asie mineure, auprès de Troye, selon Etienne de Bysance.

AGAMINA (*Kahem*), bourg de la Mésopotamie, selon Ptolemée. On lit aussi *Agamana*. Il étoit situé dans la Mésopotamie, sur la rive gauche de l'Euphrate, & vers le 33ᵉ degré 55 min. de latitude.

Cellarius, quoiqu'en citant Ptolemée, dit *Agamna*.

AGAMIUM, bourg d'Italie, chez les *Insubres*.

AGAMUS, ville de l'Asie mineure, près d'Héraclée, dans le Pont, selon Etienne de Bysance. Elle avoit, disoit-on, pris son nom d'une ancienne reine, qui, n'ayant jamais voulu se marier, en avoit eu l'épithète de célibataire, exprimée en grec par le mot ἄγαμος, ou *Agamus*, dont on avoit formé le nom de la ville.

AGANAGARA, ville de l'Asie, dans l'Inde, au-delà du Gange, selon Ptolemée.

AGANAGORA. C'est ainsi que quelques auteurs croient devoir lire le mot écrit, dans quelques exemplaires de Ptolemée, *Aragara*. Voyez *ce mot*.

AGANGINÆ, peuple de l'Ethiopie, que Ptolemée place sous les Africérons.

AGANIPPE, fontaine de la Grèce, en Béotie, près le mont Hélicon. Elle a été fort célébrée par les poëtes, parce qu'elle étoit consacrée aux Muses. Il suffisoit même, disoit-on, de boire des eaux de cette fontaine, pour éprouver une *fureur poëtique*. Il seroit curieux de rechercher dans le pays, si ces eaux ne seroient pas chargées d'un *gaz* dont elles tirent une propriété particulière. Cette cause physique, inconnue aux anciens, leur auroit paru tenir à un état surnaturel. Selon Pausanias, Aganippe étoit fille du fleuve *Themessus* ou *Thermessus*.

AGANZAVA, ville d'Asie, dans l'intérieur de la Médie, selon Ptolemée, qui la place au 89ᵉ deg. de longitude, & au 39ᵉ degré 30 min. de latitude.

Cellarius, quoiqu'en citant Ptolemée, dit *Aganzaga*.

AGAR (*Boo-Hadjar*), ville de l'Afrique, qui étoit située au sud-est d'*Adrumetum*, & au nord-ouest de *Thapsus*, près de la mer. *Voyez* AGA.

AGARA, ville des Phylliates, dans l'Inde, en-deçà du Gange, selon Ptolemée.

AGAREI, les Agaréens, *ou* AGRÆI, les Agréens. Il paroît que ce sont les mêmes qui sont aussi nommés *Agaréniens*. Ce peuple habitoit dans l'Arabie. En faisant venir son nom d'Agar, servante d'Abraham, & mère d'Ismaël, on en a fait une des nations comprises sous le nom d'*Arabes*; & en effet, ils habitoient à ce que l'on appelle *le désert*. Je crois que c'est à tort que Pline les porte dans l'Arabie heureuse, ou bien ils s'étoient étendus jusques-là. Au temps de Saül la tribu de Ruben fit la guerre aux Agaréens, & s'empara de leur pays, à l'est des montagnes de Galaad. Ils sont nommés *Agrei*, ou Αγρέες dans Denis le Périégète.

AGARENUM, capitale des Agaréniens, en Arabie. Elle fut attaquée par Trajan, qui ne put s'en emparer.

AGARICUS SINUS, golfe Agarique, dans l'Inde, en-deçà du Gange, selon Ptolemée. On lit, dans le texte de Ptolemée, *orgalicus sinus*, ou plutôt ἐν κόλπῳ ὀργαλικῷ : mais ses interprètes croient devoir lire le mot tel que je le place à la tête de l'article.

AGARRA, ville de l'Asie, dans la Susiane, selon Ptolemée, au 83ᵉ deg. 40 min. de longitude, & au 33ᵉ deg. 20 min. de latitude.

AGARUM PROMONTORIUM, promontoire

de la Sarmatie Asiatique, auprès du fleuve *Agarus*, selon Ptolemée, au 63e deg. de longitude, & au 49e deg. 40 min. de latitude.

AGARUS, petite rivière, ou ruisseau de la Sarmatie. Il couloit du nord au sud, & se rendoit dans le *Mæotis Palus*.

AGASUS PORTUS. Il se trouvoit en Italie, sur le golfe Adriatique, ou mer supérieure, à l'est du mont *Garganus*, & au nord du golfe appellé *Urias*.

AGASSA, ville d'Europe, dans la Macédoine, &, selon Tite-Live, à une journée de l'*Ascordus*, qui se jettoit dans l'Erigon.

Cette ville est aussi appellée *Agessus*, *Agasus*, & *Agassæ*.

AGATHA (*Agde*) (1), île appartenante à la Gaule, & dans laquelle il y avoit une ville. J'expose ici en deux mots mon opinion : car, selon Ptolemée, il y avoit une île & ville de ce nom, mais dans des positions différentes. M. d'Anville trouve la Gaule de Ptolemée trop défectueuse, pour que l'on doive, avec M. Astruc, & quelques autres savans, s'arrêter à cette différence. Il pense donc qu'*Agatha* étoit une ville, & que l'île dont parle Ptolemée doit être celle de *Blascon*, qui avoit aussi ce nom celtique. Mais on peut, je crois, regarder *Agatha* comme une île, & le prouver par l'inspection du local. M. de S. Simon, évêque d'Agde, & non moins recommandable par ses lumières que par ses vertus, que j'ai eu l'honneur de consulter à ce sujet, m'a fortement assuré que l'on retrouvoit un ancien lit de l'Erault, qui avoit dû séparer du continent l'emplacement de la ville d'Agde. C'est ainsi que Cayenne n'est séparée de la terre-ferme que par des fleuves. Le temps ayant changé l'embouchure de l'Erault, & les sables ayant comblé son ancien lit, l'île a fait partie du continent.

Cette ville d'*Agatha*, dont le nom grec signifie *heureuse*, & avec lequel on sous-entendoit celui qui signifie *fortune*, avoit été bâtie par des Grecs. On peut croire qu'au temps de César elle appartenoit aux Marseillois, & qu'elle faisoit partie des établissemens dont il les priva. Du moins Pline dit qu'elle avoit appartenu à ce peuple.

AGATHEPOLIS, *ou* AGATHAPOLIS. Il paroît que par ce nom Ptolemée veut désigner la ville qui a existé dans l'île d'*Agatha*. Voyez *ce mot*.

AGATHOCLIS, nom de deux îles, que Ptolemée indique dans la mer Rouge, & qui sont placées par M. d'Anville (en donnant à ce nom plus d'extension qu'on ne lui en donne aujourd'hui) à peu de distance à l'ouest de l'île Dioscoride (*Socotera*), & au nord-est du cap *Aromata*.

AGATHONIS INSULA, ou *l'île d'Agathon*, île d'Afrique, dans le golfe Arabique, selon Ptolemée, au 65e deg. 15 min. de longitude, & au 23e deg. 20 min. de latitude.

AGATHOPOLIS, ville épiscopale de la Thrace, sous l'archevêché d'*Adrianopolis*.

AGATHOS-DÆMON, nom que Ptolemée donne au bras gauche du Nil, qui s'étendoit depuis le sommet du *Delta*, où étoit la ville de *Cercesura*, jusqu'à l'embouchure canopique, située un peu à l'est de la ville de *Canopus*. Les anciens, & Aristote en particulier, regardoient ce canal du Nil comme le seul formé par la nature. C'est à cette raison qu'il faut vraisemblablement rapporter le nom qui le désignoit, & qui signifioit le bon génie.

AGATHOS-DÆMON, ou *Boni-Dæmonis-Insula*, île qu'Etienne de Bysance indique dans la mer des Indes, & de laquelle il n'est parlé dans aucun autre auteur.

AGATHYRIUM. M. d'Anville, qui, d'après quelques anciens, la nomme *Agatirnum*, la place sur la côte septentrionale de la Sicile, entre *Tindaris*, à l'est, & *Alesa*, à l'ouest. Tite-Live la nomme *Agatirna*.

Le petit cap, qui se trouve au nord-est, se nommoit aussi *Agathyrium*. On la trouve aussi nommée *Agathyrsa*, *Agathyrsum* & *Agathyrium*. Elle avoit pris son nom, selon Diodore de Sicile, d'un certain Agathyrnus, qui passoit pour en avoir été le fondateur, & d'après lequel le territoire étoit aussi appellé l'*Agathyrnide*.

AGATHYRSI, peuple de la Sarmatie européenne. Selon Ptolemée, ils étoient tous septentrionaux ; ils paroissent avoir habité plus au midi, selon Hérodote.

On prétendoit qu'ils descendoient d'Agathyrse, fils d'Hercule le Libyen. Ils teignoient leurs cheveux & leur corps en bleu. Les premiers de la nation se distinguoient par des taches larges & épaisses, qu'ils se peignoient sur le corps ; au lieu que le peuple faisoit ces marques très-petites. Ils avoient des femmes en commun, dans l'espérance qu'étant tous liés par des degrés de consanguinité, ils n'en seroient que plus unis entre eux, & qu'ils éviteroient les suites quelquefois funestes de la jalousie. Mais cette espèce d'indifférence devoit affoiblir en eux les sentimens de la nature pour leurs enfans.

On dit qu'ils employoient de l'or dans quelques ornemens.

AGAVA, village que Ptolemée indique en Afrique, dans la Pentapole, ou la Syrtique.

AGAVI, peuple que l'on attribue à la Mœsie ou à la Thrace.

AGAZZIRI. Agathias & Jornandès placent un

(1) On lit dans Strabon, την δε Κονν Αγαθῆν. Ces deux mots réunis ont fixé l'attention des interprètes, & ont donné lieu à différentes explications. La plus probable, c'est que Strabon confond & rapproche ici deux noms qui devroient être séparés comme appartenans à deux lieux très-distincts. On voit par Pline, qu'il y avoit chez les Volsques Tectosages un lieu appellé *Rhoda*, & l'on pense que c'est de lui que Strabon veut parler en cet endroit.

ancien peuple de ce nom vers l'embouchure de la Vistule.

AGAUNUM. *Voyez* ACAUNUM.

AGBATANA, petite ville de la Syrie, selon Etienne de Bysance, qui cite Hérodote : mais dans cet auteur on lit *Ecbatana*. Voyez *ce mot*.

AGBIENSIUM MUNICIPIUM (*Beissons*), municipe d'Afrique, qui étoit bâti sur une colline, à une demi-lieue de Thucca.

On y trouve les ruines de deux temples anciens.

AGDAMEA, AGADAMIA, & *aussi* ARGDAMIA. On trouve ces trois noms différens donnés, par les auteurs ecclésiastiques, à une ville de Phrygie. Ne seroit-ce pas *Acmonia*, qui étoit au sud-est d'*Ancyra?*

AGDAMI, ville de l'Arabie heureuse, selon Ptolemée, qui la place au 73e deg. 30 min. de longitude, & au 21e degré 20 minutes de latitude.

AGDENITES, *ou* AGDINITES, nommé dans Ptolemée. C'est, selon Ortélius, un peuple de la Caramanie.

AGDISTIS, montagne de l'Asie mineure, qui se trouvoit, selon Pausanias, près la ville de *Pessinus*.

AGDUS, rocher de l'Asie mineure, célèbre dans la mythologie ancienne. Il étoit sur les frontières de l'Asie mineure.

C'est de ce rocher, ont dit les poëtes, que Deucalion & Pyrrha arrachoient des pierres, selon l'ordre de Thémis, afin qu'en les jettant derrière eux, il en naquît des hommes.

Un autre trait de mythologie, qui n'est pas moins absurde, c'est que Jupiter lui procura la faculté de concevoir un fils, qu'il mit au monde après de grands efforts. Ce n'étoit pas la montagne qui accouche d'une souris. Le fils du rocher Agdus fut nommé *Agdestis*, & se rendit redoutable par sa force, dont il abusoit, & par son penchant aux crimes. Lorsque les dieux eurent résolu de le punir, Bacchus l'enivra, & le mit dans la nécessité de se faire lui-même une blessure, d'autant plus affligeante pour lui, qu'elle le privoit de la faculté de suivre ses penchans les plus vicieux. De son sang il naquit d'abord une orange, dont Nama, fille du fleuve Sauger, mangea avec un grand plaisir. Elle devint ensuite mère d'Athis, qui fut aimé de Cybèle.

AGEDAMA, petite île que Marcian d'Héraclée place sur les côtes de la Carmanie.

AGEDICUM. *Voyez* AGEDINCUM.

AGEDICUM, nommée aussi *Agendicum*, appellée aussi *Ageticum* (*Sens*), ville de la Gaule, la capitale des *Senones*. Il en est souvent parlé dans les commentaires de César. On y voit qu'en tout temps elle étoit pourvue de munitions de guerre & de bouche. Comme elle étoit grande & forte, César y mettoit ordinairement ses troupes en quartier d'hiver. Elle prit ensuite le nom de *Senones*, qui étoit celui du peuple. On la trouve nommée *Agendicum* dans César. Mais il est prouvé que c'est *Agedincum* qu'il faut lire, & Ptolémée la nomme Αγηδικον, ou *Agedicum*. Elle devint la métropole de la quatrième Lyonnoise, que l'on appelloit aussi Sénonoise.

AGEDUNUM, *ou* AGEDUM (*Ahun*). *Voyez* ACITODUNUM.

AGELOCUM, *ou* SEGELOCUM, dans la *Britannia*, ou Grande-Bretagne, chez les *Coritani*, au nord-ouest de *Lindum*.

AGENDIAM. *Voyez* AGEDINCUM.

AGENDICUM. *Voyez* AGEDINCUM.

AGER, est un mot latin qui porte avec soi la même idée que notre mot *champ*, lorsque nous disons le *champ* de Pierre, de Paul, pour désigner son petit domaine en terre labourable. Quand on s'en sert en géographie, en y joignant une épithète formée du nom d'une ville, le mot *ager* signifie alors le territoire de cette ville. Ainsi *Tusculanus ager* signifie *le territoire de Tusculum*, &c. Quelquefois aussi les Latins ont pris ce mot pour signifier le champ d'un particulier, d'où la loi qui y avoit rapport, se nommoit *lex agraria*, ou loi agraire.

AGER BOOZ, ou *le champ de Booz*; il étoit proche de Bethléem, dans la Palestine. On sait que Ruth glanoit dans ce champ lorsqu'elle inspira à Booz l'envie de l'épouser.

AGER FULLONIS, *champ du Foulon*; il étoit situé dans le fauxbourg de Jérusalem.

AGER ROBUSTORUM, ou *le champ des Forts*; il étoit dans la Palestine, près de Gabaon. Il prit son nom de ce que douze Benjamites du parti d'Isbozeth, s'y battirent & s'entre-tuèrent, avec douze autres partisans de David.

AGER SPECULATORUM, *ou le champ des Sentinelles*, montagne de la Palestine, près de la Mer Morte. Ce fut sur cette montagne que Balach conduisit, mais inutilement, Balaam, pour faire maudire Israël.

AGER AGERENSIS, nommé par Cicéron, & qui, selon la conjecture d'Ortelius, étoit dans l'Asie mineure.

AGER PISCENUS, nom par lequel on a quelquefois désigné le *Picenum*.

AGEREA, ville d'Egypte, selon l'Anonyme de Ravenne.

AGERTHEL, selon l'Anonyme de Ravenne, & appellée *Ahgersel*, par la table de Peutinger, en Ethiopie.

AGESINA, que l'on croit avoir été un des anciens noms de *Ratiatum*, ville de la Gaule, chez les Agésinates.

AGESINATES, peuple de la Gaule dont parle Pline. Samson avoit cru pouvoir les placer dans la Saintonge ; mais M. d'Anville, appuyé sur un ancien titre, les met à quelque distance au sud du *Liger*, le long de la mer, sur les terres des *Pictones* ou *Pictavi*.

AGESNUS,

AGESNUS, ville de Thrace, selon Etienne de Bysance.

AGESTA. *Voyez* SEGESTA.

AGGARITA, ville épiscopale d'Afrique, dans la Bysacène : il en est parlé dans les notices ecclésiastiques.

AGGER. Ce mot est quelquefois employé dans la Géographie latine : il signifie proprement *un monceau, un amas de terre*. On l'a ensuite employé pour signifier une *terrasse*, une *chaussée*, un *retranchement*. Cependant il me semble qu'on ne le trouve pas dans la composition des noms latins des lieux qui appartiennent à l'antiquité.

AGGYA, lieu d'Afrique, cité par S. Augustin.

AGIDOS. Je ne place ici ce mot que pour prévenir, 1°. qu'il y a faute de copiste dans Strabon (*Liv. 14, p. 270*), & qu'au lieu d'Αγιδος, c'est Ναγιδος qu'il faut lire ; 2°. que c'est une double faute dans la Martinière d'avoir écrit *Agydus*, ville de l'île de Cypre, dont parle Strabon. La ville de Nagidus, selon cet auteur, étoit sur la Terre-ferme, à l'est d'*Anemurium*. *Voyez* NAGIDUS. Je sens bien que l'on peut objecter que (*p. 682*) Strabon paroît indiquer *Agidos* en Cypre : mais ou il y avoit *Agidos* & *Nagidos*, ou c'est la même ville dont le nom est défiguré. Au reste, les commentateurs croient qu'il y a par-tout faute dans le texte, & ne placent pas cette ville en Cypre.

AGILUS, village du Péloponèse, aux environs du mont Ira, dans la Messénie. Aristomène ayant été arrêté par ses ennemis, malgré une trève, fut délivré dans ce village par le secours d'une jeune fille, qui lui donna les moyens de tuer les cinq gardes qui le menoient à Sparte. Pausanias, *Liv. 4, Messen., c. 19*.

AGIMYTHA, ville de l'Asie, dans l'Inde au-delà du Gange, selon Ptolemée. Quelques auteurs croient devoir lire *Agimætha*. Selon Ptolemée, 170 deg. 40 min. de longitude, & 18 deg. 40 min. de latitude.

AGINIS (*Zeïni*), bourg ou village de l'Asie, dans la Susiane, selon le Périple de Néarque. Il étoit situé sur le bord oriental du Tigre, vers le 30e deg. 15 min. de latitude.

AGINNA, ville de l'Ibérie asiatique, indiquée par Ptolemée au 75e deg. de longitude, & au 46e deg. 30 min. de latitude.

AGINNATÆ, peuple de l'Inde, au-delà du Gange, selon Ptolemée.

AGINNUM (*Agen*), ville de la Gaule, &, selon Ptolemée, capitale des *Nitiobriges*. Cette ville devoit même être considérable, à la manière dont elle est désignée sur la table Théodosienne, & au nom de *Civitas*, que lui donna la notice des provinces de Gaule. Elle étoit sur la *Garumna*, au sud-est de *Burdigala*.

AGINTANES. Ce nom, qui se trouve dans le Périple de Scylax, doit être lu *Atintanes*. Voyez *ce mot*.

AGIRIA, dans l'Hispanie, au sud-est de *Bilbilis*, chez les Celtibériens.

AGISYMBA, vaste pays que Ptolemée indique dans l'intérieur de l'Ethiopie.

AGITA, *ou* AGUTI, petite île qui, selon Antonin, se trouvoit entre la Sicile & l'Afrique.

AGIUM. Etienne de Bysance dit, dans un endroit, que l'on nommoit ainsi un lieu de la Scythie ; &, dans un autre endroit, il dit que c'est une montagne.

AGLA, lieu de la Palestine, chez les Philistins, ou du moins très-près de leurs terres, tout près du torrent d'Escol, au sud-ouest d'Eleutheropolis, & à-peu-près à l'est d'Ascaron.

AGLA MINOR, chez les *Bastitani*, en Hispanie, selon Pline.

AGLOG, lieu d'Asie, près de l'Euphrate.

AGLON, en Palestine. *Voyez* EGLON.

AGMANISPHE (selon quelques interprètes de Ptolemée), village de l'Arabie heureuse, chez les Homérites. Le texte porte *Atmanisphe*.

AGMATLÆ, appellés dans une autre édition de Ptolemée *Aginnatæ*, peuple que ce Géographe place dans une île du golfe du Gange. C'est ce dernier nom qui me paroît être le plus correct, d'après l'excellente édition que j'ai sous les yeux.

AGNA, rivière de la Mauritanie trigitane.

AGNI CORNU, Ἀγνὸκέρας, promontoire d'Egypte, au nord-est de l'embouchure Bolbitine. C'est près de là que se trouvoit le lieu que Strabon appelle *Persei Specula* (ἡ Περσέως σκοπή), ce qui doit s'entendre d'une vedette ou tour fortifiée, mais d'où l'on observe. Et actuellement encore il y en a une au même endroit. Très-près aussi, selon Strabon, étoit le *Milesiorum Murus* (τὸ Μιλησίων τεῖχος). En ajoutant que les Milésiens, ayant fait une descente à l'embouchure Bolbitine, sous le règne de Cyaxare, s'étoient fortifiés en ce lieu.

AGNON, fontaine de Grèce, dans l'Arcadie. On dit qu'elle avoit pris son nom de la nymphe Agno, qui avoit été nourrice de Jupiter. On ajoute que l'eau de cette fontaine, dont on se servoit dans les mystères, s'élevoit en forme de nuée, & retomboit ensuite en pluie.

AGNONIA, ville de Thrace, près d'*Amphipolis*, selon Etienne de Bysance. Elle avoit été fondée par l'Athénien Agnon, qui y avoit conduit une colonie. Thucidide parle en effet de cet Athénien ; mais il ne dit rien de la ville.

AGNOS, *ou* AGNUS, bourg de l'Attique, dont parle Plutarque, & qu'Etienne de Bysance dit avoir appartenu à la tribu Démétriade : mais ce sentiment n'est pas général. Car Suidas l'indique dans la tribu Acamantide ; & Phrynicus, dans la tribu Attalide. On dit que ce nom venoit de ce qu'il y croissoit beaucoup de la plante appellée dès-lors *Agnus castus*.

AGNOTES, peuple de la Gaule, connu par Etienne de Bysance, qui cite Artémidore. Quelques auteurs, & entre autres dom Martin, 1°. croient retrouver les Agnotes sur les bords d'une rivière de Bourgogne; 2°. ce savant conclut cependant par croire qu'ils sont les mêmes que les *Anagnutes* de Pline. Beaudran les plaçoit dans le pays d'Aunis. M. d'Anville les place dans la Bretagne, au nord-ouest des *Osismii*, 1°. parce qu'ils étoient sur le bord de la mer; 2°. parce qu'il retrouve en cet endroit un *Pagus Agnensis*, dénommé dans la vie de S. Paul de Léon. Il ajoute que la partie occidentale du diocèse de Léon, enveloppé de trois côtés par la mer, conserve encore le nom d'*Ack* dans un des districts ecclésiastiques de ce diocèse.

AGONES, peuple des Alpes, proche des sources du Rhône, dont il est parlé dans Polybe. Ils avoient pour capitale *Acaunum*.

AGONIS, île vers l'embouchure de l'*Anas*. (Fest. Avienus.)

AGORA (*Malagra*), ville de la Chersonèse de Thrace, au nord-est de *Callipolis*. Lorsque Xercès partit d'Asie pour venir attaquer la Grèce, il traversa cette ville avec son armée. Ce nom signifie en grec *place publique*, & répond au *Forum* des Latins.

AGORÆUM-TICHOS, ville d'Europe, sur l'Hellespont, c'est-à-dire, forteresse ou muraille d'*Agoræus*. Ce lieu n'est connu que par Etienne de Bysance.

AGORANIS, fleuve de l'Inde, qui se rendoit dans le Gange, selon Arrian.

AGORITÆ, peuple de la Sarmatie Ariatique, selon Ptolemée.

AGRA, nom d'un lieu de l'Attique, où Diane chassa pour la première fois. Il étoit près de la source de l'*Ilissus*. Pausanias dit qu'il y avoit en ce lieu un temple dédié à Diane agroteras ou champêtre, & que sa statue y portoit un arc. Dans quelques manuscrits de Strabon, on lit Αγρίας.

AGRA, ville que Ptolemée indique dans la Susiane.

AGRA, ancienne ville de l'Arabie, selon Pline. Etienne de Bysance la nomme aussi *Agræ*.

AGRA, ville épiscopale d'Afrique, dans la Numidie.

AGRADATUS, ancien nom du Cyrus. Voyez *ce mot*.

AGRÆ, ville de l'Arcadie, que nomme Pline, & qu'il est le seul à nommer.

AGRÆA, contrée de la Grèce, qui s'étendoit en partie dans l'Etolie, & en partie dans l'Acarnanie. Selon Strabon, il y avoit dans cette contrée un village qui portoit le nom d'*Ephyra*.

AGRÆI, *ou* AGRENSES, peuple que Denys le Périégète, Pline & Etienne de Bysance, placent dans l'Arabie heureuse. Selon Pline, ils étoient bons guerriers. Je serois disposé à les croire les mêmes que les *Agræi*, autre peuple Arabe, que Ptolemée place près des Bataniens, & de la Babylonie. On croit aussi que ce sont les mêmes dont il est parlé dans Strabon sous le nom d'*Agrani*.

AGRÆI, peuple de la Grèce, dans l'Etolie, selon Strabon & Tite-Live. Comme ils étoient, dit-on, sur l'*Achelous*, M. d'Anville les fait habiter de l'ouest à l'est, en partie dans l'Acarnanie, & en partie dans l'Etolie.

AGRAGA, ville épiscopale de l'Espagne, citée dans un ancien concile. Sa position est inconnue.

AGRAGANTINUM EMPORIUM, ou port d'*Agragas*, c'est-à-dire, d'Agrigente. C'est peut-être le lieu que l'on nomme à présent *Caricatore di Girgenti*.

AGRAGAS, rivière de Sicile, qui se joignoit avec l'*Hypsa*, au-dessous d'Agrigente.

AGRAII, nommés par Etienne de Bysance *Agriæ*, & par d'autres auteurs *Agrianes* & *Agriani*, peuple de la Pæonie, entre l'*Hæmus* & le Rhodope. Arrien les distingue des Pæoniens. Au temps d'Alexandre, ils avoient pour roi *Langarus*, auquel ce prince avoit promis en mariage sa sœur Cyna; mais la mort du roi de Thrace empêcha l'effet de cette promesse.

AGRANI, bourg de la Babylonie, & qui fut, dit Pline, ruiné par les Perses.

AGRANTOMAGUM. La leçon adoptée dans la bonne édition d'Antonin est *Argantomagnum*. Voyez *ce mot*.

AGRAULIS LUCUS, ou *Bois sacré d'Agraule*. Ce bois étoit près de la citadelle d'Athènes. Voici ce que l'on en raconte. Cécrops eut trop filles; Aglaure, Ersé & Pandrosa. La guerre étant survenue entre les Athéniens & les Eleusiniens, les premiers consultèrent Apollon; son oracle répondit que cette guerre ne finiroit heureusement pour eux, que si quelqu'un avoit le courage de se dévouer pour la patrie. A peine cette réponse fut-elle sue d'Aglaure, qu'animée des sentimens du patriotisme le plus enthousiaste, elle se précipita de la citadelle, & par sa mort procura la victoire à Erectée son aïeul. Par reconnoissance pour ce bienfait, & par vénération pour tant de générosité, les Athéniens consacrèrent à cette princesse un temple & un bois à l'entrée de la citadelle. Ils statuèrent de plus, qu'à l'avenir, avant de marcher à aucune expédition, ils obligeroient les troupes à faire dans ce bois un serment, qui étoit une espèce de dévouement à la patrie.

AGRAVONITÆ, les Agravonites, ancien peuple de l'Illyrie, dont fait mention Tite-Live.

AGRE, *ou* AGRA, ville de la Lydie, selon Etienne de Bysance, qui cite Hérodian.

AGRI, les Agrins, peuple que Ptolemée place dans la Sarmatie, en Europe. Il en est aussi parlé par Strabon.

AGRIANA, ville de la Capadoce, selon Antonin.

AGRIANES FLUVIUS, petite rivière de la Thrace, qui commençoit à quelque distance au nord d'Héraclée, couloit à l'ouest, & se jettoit dans l'*Hebrus* par sa gauche.

AGRIANES, peuple voisin du mont Pangée, en Thrace: il en est parlé dans Hérodote & par Strabon, *page 511* de l'édition de 1707. Ce der-

nier dit que le Strymon commençoit dans la partie du mont Rhodope, habitée par les *Agrianes*.

AGRIASPES, les Agriaspes. Arrian dit que ce nom étoit celui que portoit véritablement le peuple d'Asie, que les Grecs nommèrent les *Euergètes*, ou les *Evergètes*. Voyez *ce mot*.

AGRIGENTUM (*Girgenti*), (1) ville de la Sicile, sur la côte méridionale. Ce nom, reçu chez les Latins, n'étoit qu'une altération du nom grec de cette ville, qui se nomme Ακράγας, ou *Acragas*. Selon Polybe, elle portoit le même nom que le petit fleuve qui arrosoit son territoire au sud. Et l'un & l'autre, selon Etienne de Bysance, avoient pris leur nom de la contrée qui se nommoit Ἄκραγη, Acrage, à cause de sa fertilité.

Polybe dit que cette ville dut ses commencemens à une colonie de Rhodiens. Peut-être cela ne doit-il s'entendre que de l'ancienne ville dont Girgenti occupe l'emplacement. Thucydide en attribue la fondation aux habitans de *Gela*, sous les ordres d'Ariston & de Piscille, vers la quatre-vingt-dix-neuvième olympiade, époque qui répond à l'an 384 avant Jésus-Christ.

En rapprochant ce que Polybe dit d'*Agrigente*, de ce qu'en dit Diodore & de ce que l'on trouve dans les discours de Cicéron contre Verrès, on aura une idée de la magnificence de cette ville.

La ville d'*Agrigente*, dit Polybe, surpasse la plupart des autres villes, par ses fortifications, ses dehors, & la magnificence de ses bâtimens. D'ailleurs comme elle n'étoit qu'à dix-huit stades de la mer, elle jouissoit abondamment de tous les avantages que l'on y en peut retirer : sa situation & tout ce que l'on a su ajouter la rendent une des plus fortes places de la Sicile, car elle est sur un rocher (ceci devoit s'entendre, je crois, de l'ancienne ville, qui servoit de citadelle) qui a été rendu inaccessible par le travail dans les endroits où il ne l'étoit pas naturellement. L'Acragas coule au midi, & l'Hypsas à l'occident. Polybe ajoute qu'il y avoit une forteresse à laquelle un précipice servoit de fossé, & à laquelle on ne pouvoit aller que par un seul chemin (1). Au haut de la citadelle est un temple de Minerve & de Jupiter Atabyrien : c'est ce qui me fait croire que ce fut la fondation de cette ancienne ville, devenue citadelle, qui avoit été l'ouvrage des Rhodiens; car, comme l'observe Polybe en ce même endroit, on adoroit à Rhodes Jupiter sous ce nom (2) : outre les autres embellissemens très-nombreux en cette ville, il y a de beaux temples & de magnifiques galeries. Quant à celui de Jupiter Olympien, il ne le cède à aucun de la Grèce ni en grandeur ni en beauté.

Diodore dit que ce temple avoit trois cens quarante pieds de longueur sur soixante de large, & cent vingt de haut. Les portiques répondoient par leur étendue & leur beauté au reste du bâtiment. D'un côté étoit représenté le combat des géans, de l'autre la prise de Troye.

Cicéron parle de la magnificence des statues qui en avoient été enlevées par Verrès.

Près de la ville étoit un lac creusé de main d'homme, qui avoit sept stades de circuit, rempli de poissons & couvert de cygnes.

Mais autant on doit admirer le haut degré où les arts furent portés dans cette ville, autant on doit blâmer le luxe excessif de ses habitans. On voit dans Diodore le récit d'une fête donnée à l'occasion du retour d'un athlète, & avec quelle magnificence on célébra ce simple événement. Quelques autres traits prouvent combien les *Agrigentins* étoient énervés.

Dans un temps où l'on avoit à craindre une attaque de la part des Carthaginois, il fut arrêté que l'on veilleroit la nuit sur les murailles. Mais, pour que le service se fît aisément, il fut dit que chaque citoyen en faction n'auroit avec soi qu'une tente, une couverture de laine & deux oreillers. Cette discipline parut trop sévère; elle excita de grands mécontentemens. Selon Diogène de Laerce, le philosophe Empedocle, vers l'an de Rome 309, travailloit à réformer ce luxe efféminé & leur reprochoit : « qu'ils se livroient à la bonne chère & aux plaisirs » comme s'ils eussent dû mourir le lendemain; » tandis qu'ils bâtissoient avec la somptuosité & la » magnificence de gens qui ne devoient jamais » mourir ». On remarque qu'ils embellissoient leurs étoffes de tissus d'or & d'argent; que ces métaux leur servoient à faire presque tous leurs ustensiles pour la bouche, & plusieurs de leurs meubles; qu'ils avoient des lits d'ivoire. Lorsqu'ils sortoient avec quelque cérémonie, ils étoient suivis d'une troupe d'hommes ou esclaves ou cliens & de chariots de suite. Un d'eux, appellé Exenetas, se trouva assez riche pour avoir trois cens chars, traînés par des chevaux blancs, dont il se fit suivre lorsqu'il eut remporté le prix aux jeux olympiques. Un

(1) Quoique l'on donne *Girgenti* pour la ville moderne qui a succédé à Agrigente, on a eu tort de dire dans quelques ouvrages estimables que la ville nouvelle étoit sur l'emplacement de l'ancienne. M. Houelle, peintre du roi, & si justement célèbre par un bel ouvrage sur la Sicile, m'a fait voir sur une carte qu'il a dessinée dans le lieu, pendant un séjour de six mois, 1°. que la ville de *Girgenti* occupe sur une hauteur l'emplacement qu'occupèrent les fondateurs de la première ville qui eut lieu en cet endroit : les murailles en étoient épaisses; il n'y avoit qu'une entrée : 2°. la ville d'Agrigente fut bâtie assez près, mais dans un lieu moins élevé, & près du petit fleuve dont elle prit son nom. On croit que cette première ville servit de forteresse. Le *Caricatore*, ou port, se trouve à la gauche en entrant, dans une espèce d'anse que forme la mer en cet endroit. Le port d'Agrigente n'étoit pas à la même place.

On retrouve une partie des ruines des superbes édifices dont ont parlé les Anciens. L'artiste qui a bien voulu me communiquer sa carte, doit publier une description de tout ce local.

(1) Cette description est très-conforme à ce que l'on retrouve encore actuellement sur le local.

(2) Atabyre étoit une montagne de l'île de Rhodes.

autre, nommé Ansthène, en avoit huit cens qui l'accompagnèrent au mariage de sa fille.

Mais ils n'étoient pas moins généreux que magnifiques. Gellias tenoit aux portes de sa maison, des domestiques chargés d'inviter les étrangers qui passoient à venir y prendre leurs repas & s'y reposer, & jamais on n'en sortoit sans un présent. Il lui arriva un jour, d'après une pareille invitation, qu'une troupe de cavaliers de cinq cens, obligée d'entrer dans la ville par un grand orage, fut invitée par ses gens. Non-seulement Gellias mit son plaisir à les bien recevoir & put les loger; mais il leur fit encore à chacun présent d'un habit.

Phalaris s'étant emparé de l'autorité dans *Agrigente*, en l'an de Rome 183, s'y comporta en tyran, & mérita tellement ce nom, qu'un fondeur Athénien crut entrer dans ses vues en lui faisant un taureau dans lequel on pourroit enfermer vivant un homme que l'on y brûleroit à petit feu, & dont les cris, en passant par la tête de l'animal, en imiteroient les gémissemens. L'ouvrage fut fait & accepté. Mais le lâche & cruel Athénien y fut enfermé, y périt le premier, & porta la peine de sa féroce industrie.

Après Phalaris, Alcamon fut maître d'*Agrigente*. Il eut pour successeurs Alcandre, dont on vante la douceur, puis Théron & Thrasidée. Vers l'an de Rome 406, *Agrigente* tomba au pouvoir des Carthaginois, qui, comme on sait, devinrent maîtres de presque toute la Sicile. Les Romains s'en emparèrent ensuite. J'ignore quel événement donna lieu à son entière destruction.

Les *Agrigentins* avoient un port à l'est de l'embouchure du petit fleuve *Acragas*; on le nommoit *Emporium Agrigentinorum*. On prétend que ce port n'est pas celui qui porte actuellement le nom de *Carricatore di girgenti*, ou abord d'*Agrigente* : c'est le nom que dans le pays on donne aux lieux qui ne sont pas assez grands pour être des ports, que dans le pays on ne le regarde que comme une image bien infidelle de ce port considérable.

AGRII, peuple de l'Ethiopie, appellé par les Grecs *Cynamolgi*. Voyez *ce mot*.

AGRILIA, ville de la Gaule, sur le *Liger*; elle est nommée dans l'Anonyme de Ravenne. J'en ignore la position.

AGRILIUM, ville de l'Asie mineure, dans la Bithynie, au sud-est de *Nicæa*.

AGRINAGARA, ville que Ptolemée indique dans l'Inde, en deçà du Gange, au cent dix-huitième degré quinze minutes de longitude, & au vingt-deuxième trente minutes de latitude.

AGRINIUM, ville que Polybe place dans l'Etolie : Diodore en parle aussi; cette ville étoit très-près & à la gauche de l'*Achelous*, assez loin au nord-est de *Thermus*.

AGRIOPHAGI, ou *les mangeurs de bêtes sauvages*; Pline les place dans l'Ethiopie. Ptolemée donne cette épithète à des peuples qu'il nomma *Pilindæ*, & qu'il place dans l'Inde en deçà du Gange.

AGRIPPA, colonie dont il paroît que Pline désigne les habitans sous le nom d'*Agrippenses*, & qu'il place dans la Bithynie.

AGRIPPENS, nom qui fut donné, selon Joseph, à la ville d'Anthedon.

AGRIPPENSES, peuple d'Asie, dans la Bithynie, selon Pline.

AGRIPPIADES, nom qu'Hérode donna à la ville d'Anthédon, qu'il avoit embellie.

AGRIPPINA, voyez *Colonia Agrippinæ*, qui étoit le véritable nom de cette ville.

AGRIPPINÆ PRŒTORIUM. *Voyez* PRŒTORIUM AGRIPPINÆ.

AGRIPPINENSIS, c'est par ce nom que Ptolemée désigne le lieu que les autres auteurs nomment *Agrippina colonia*. Voyez *ce mot*.

AGRIPPIUM, nom d'une maison qu'Hérode avoit fait bâtir dans quelque partie de la Judée.

AGRIS & AGRISA, le premier nom se trouve dans Ptolemée; le second dans Etienne de Bysance & dans Marcian d'Héraclée; c'étoit une ville de la Carmanie, entre l'embouchure du *Sarus* & le détroit qui communique au golfe Persique. Longitude, 96 degrés 30 minutes, & latitude 23 degrés, selon Ptolemée.

AGRIZALA, ville de l'Asie mineure, chez les Tectosages de la Galatie, selon Ptolemée, au 62e degré de longit. & au 41e 30 min. de latitude.

AGRIZAMA; quelques interprètes ont cru devoir lire ainsi le mot qui se lit, dans le texte de Ptolemée, *Agrizala*, mal rendu dans la traduction de l'édition de 1605, par le mot *Argizala*. *Voyez* AGRIZALA.

AGROIRA, nom qu'avoit porté d'abord, à ce que l'on croit, la ville d'*Attalea*, en Lydie.

AGROSPI, ville d'Ethiopie, selon Ptolemée, qui l'indique sur les bords du Nil.

AGRYLE, ville de l'île de *Sardinia* ou la Sardaigne, & qui, selon Etienne de Bysance, avoit été fondée par une colonie d'Athéniens.

AGUBENŒ, ou, comme l'ont rendu les traducteurs, *Agubeni*, les Agubènes. Ptolemée, *Liv. V, chap.* 19, place ce peuple sur les frontières de l'Arabie déserte, très-près de l'Arabie heureuse.

AGUISLA, *in Spano-Guasconia* : ce lieu est nommé par l'Anonyme de Ravenne; mais j'en ignore la position. (*Don Martin.*)

AGUNTUM (*Inniken*), ville ou bourg de la Rhétie, que Ptolemée indique dans la Norique. M. d'Anville la place au nord des Alpes Carniques, à peu de distance au nord-ouest de *Julium Carnicum*.

AGURIUM ou AGYRIUM, (*Saint Philippe d'Argirone*) ville de l'intérieur de la Sicile. M. d'Anville, d'après Cluvier, écrit *Agirium*, & la place sur le chemin d'*Enna* à *Catania*.

AGYIA. Etienne de Bysance dit que l'on nommoit ainsi *un lieu* (ce qui doit s'entendre par pilier, colonne, ou statue) servant à indiquer le chemin. De-là vient que l'on appelloit *Agyiæ Statuæ*, des ftatues, fans pieds & fans mains, placées fur les chemins, comme à-peu-près celles que nous nommons *thermes*, & qui portoient des têtes de Bacchus, d'Apollon ou de Mercure.

AGYLLA, *ou* AGYLLÆ (*Cerveteri*), ville de l'Etrurie, près du bord de la mer, & à l'oueft de *Neü*. Ce fut le premier nom de cette ville, & il lui fut, dit-on, donné par les Pélafges. Strabon, pour donner l'étymologie du nom de *Cære*, que prit enfuite *Agylla*, fuppofe que les Lydiens, en arrivant en Etrurie, entendirent les habitans de *Cære* leur dire en grec affez fréquemment Χαῖρε, c'eft-à-dire, *réjouiffez-vous*, expreffion du *bonjour* en grec. Ils prirent ce nom pour celui de la ville, & le lui donnèrent en croyant ne faire que le lui conferver. Cette étymologie eft un peu forcée, felon moi, autrement le *bonjour* donneroit le nom à bien des villes. Il eft plus probable qu'*Agylla* vint de *Gillah*, eau; & il y a des fources dans le voifinage. Quant à *Cære*, il peut s'être formé de *Cari* ou *Cariah*, ville, dans la langue que devoient parler ces mêmes Lydiens. Ce fut dans cette ville que furent exilés les fils de Tarquin; ce fut auffi là que les Veftales fe retirèrent avec le feu facré, lorfqu'en 363, les Gaulois vinrent affiéger Rome. On a parlé avec éloge de fes loix & de fa police. L'hiftoire nous apprend qu'elle s'unit aux Tarquiniens contre Rome, qu'enfuite elle demanda & obtint une trève de cent ans. Elle fut une des premières qui devinrent municipales. Julius Obfequens rapporte plufieurs prodiges arrivés dans *Cære*, tels qu'une pluie de fang; la naiffance d'un porc ayant des pieds & des mains. Strabon, en en parlant, difoit : elle n'eft plus qu'un refte d'elle-même.

AGYLLÆI, anciens Pélafges, qui s'étoient maintenus dans l'Etrurie, lorfque leurs ancêtres en furent chaffés.

Leur territoire étoit féparé de celui de Rome par ceux de Véïes & de Falérie.

Leur ville capitale fe nomma d'abord *Agilla*, elle prit le nom de *Cære*; elle étoit bâtie fur une petite rivière à quatre milles de la mer, felon Pline. *Liv.* 4.

Quoique ces peuples fuffent enclavés dans l'Etrurie, ils avoient confervé, fans beaucoup d'altération, les mœurs & la religion des anciens habitans de la Grèce : ces peuples, adonnés de bonne heure à la navigation, mettoient en mer des flottes confidérables : ils fournirent foixante vaiffeaux aux Carthaginois, pour aller combattre les Phocéens qui étoient établis dans l'île de Sardaigne; &, quoiqu'ils fuffent vaincus dans ce combat, ils firent beaucoup de prifonniers, qu'ils égorgèrent, felon Hérodote, *Liv.* 1.

Les *Agylliens* avoient un tréfor à Delphes, où ils envoyoient la dîme de leur profit maritime; leur commerce & leurs pirateries continuelles fur les côtes de l'Italie & le long des îles de la mer Egée, avoient accru leur puiffance au point que tous les peuples voifins les regardoient comme des alliés importans, ou comme des ennemis redoutables.

Hérodote dit qu'en conféquence d'un oracle, ces peuples avoient établi des facrifices funèbres & des jeux annuels, qui fe célébroient encore de fon temps. Cet hiftorien ajoute que la puiffance des *Agylliens* étoit encore très-confidérable de fon temps.

Les *Agylliens* font indifféremment appellés Tyrrhènes par les Grecs, & Hérodote leur donne ces deux noms.

Ces peuples envoyèrent du fecours aux Athéniens dans la guerre de Sicile, un peu avant la ruine de Véïes, par les Romains.

Il y avoit entre les *Agylliens* & les Romains une affociation, qui faifoit jouir les premiers de tous les avantages des citoyens de Rome, fans en fupporter les charges.

Les *Agylliens* étoient nommés Cærites par les Romains : ils faifoient un troifième ordre dans la république. Dans la fuite, lorfque les Gaulois attaquèrent Rome, les Cærites donnèrent afyle aux Veftales & aux Pontifes; on tint à Rome un Sénatus-Confulte, qui déclara les Cærites hôtes de la république. En conféquence leurs envoyés étoient logés & défrayés aux dépens de l'état, & leurs affaires follicitées par des commiffaires nommés à cet effet.

Les Cærites portoient les armes dans les troupes romaines, & furent prefque toujours unis aux Romains, felon Tite-Live, *Liv.* 7, *chap.* 20.

Lors du traité fait avec les Carthaginois, les Cærites n'étoient plus regardés comme alliés des Romains, mais comme faifant partie de la nation; car dans ce traité les vaiffeaux des Ardéates, ceux d'Antium, *&c.* font ftipulés, & on ne fait pas mention de ceux des Cærites.

Les Romains ayant par la fuite placé leur marine dans des ports plus commodes & plus fpacieux que celui de Cære; cette ville, qui ne fit plus de commerce, fe dépeupla infenfiblement, & fes habitans, qui étoient Romains, furent confondus avec les autres citoyens.

Strabon ne parle de Cære que comme d'un hameau qui n'étoit plus connu que par fes bains.

A I

AI GAI, GAI *ou* HAI, petite ville de la Paleftine, affez près à l'oueft de Jérico. Cette ville exiftoit dès le temps d'Abraham, qui, dans fon voyage au travers de la terre de Canaan, campa entre *Haï* & *Bethel*. A fon arrivée dans la terre promife, Jofué, déjà maître de Jérico, s'empara d'*Haï* & fit périr fes habitans. Cependant cette ville ne fut pas entiérement abandonnée. Elle entra dans le partage de la tribu de Benjamin, & il eft parlé d'elle dans la fuite.

AIALON, D'après les livres faints & ce que dit

saint Jérôme, il faut reconnoître quatre villes de ce nom.

1°. Aialon, dans la tribu de Dan; on croit que c'est celle dont il est parlé dans les Paralipomènes. Il y est dit que Josué parlant à la lune, lui dit: *Lune, arrête-toi sur la vallée d'Aialon.*

2°. Aialon, dans la tribu de Benjamin, entre Bethel au nord, & Jérusalem au sud; c'est cette ville que M. d'Anville a placée sur sa carte.

3°. Aialon, dans la tribu d'Ephraïm, à deux milles de Sichem.

4°. Aialon, dans la tribu de Zabulon.

Le lieu appellé la fontaine de Samson étoit à l'ouest de cette ville.

AJANTION, dont parle Denys de Bysance en décrivant le Bosphore de Thrace, & dont on ignore la juste position. Il prétend que ce nom venoit d'Ajax, fils de Télamon, qui y étoit révéré en vertu d'un oracle, par la colonie de Mégariens établie en ce lieu.

AIAS MONS, montagne d'Afrique dans la Marmarique, selon Ptolemée.

AII, peuple d'Asie, dans l'Inde en deçà du Gange, selon Ptolemée.

AILA, *ou* Ailath, ville de l'Arabie Pétrée, la même qu'*Ælana.*

AINA, *ou* Æna, ville située dans l'intérieur de l'Arabie heureuse, selon Ptolemée.

AIORUM REGIO, contrée de l'Inde, & habitée par les *Aii.*

AIRE: ce mot qui signifie une place où l'on foule & l'on bat les grains, est rendu en hébreu par le mot *goren*: on le trouve en plusieurs endroits de l'Ecriture Sainte.

Aire d'Areuna, ou, selon les Paralipomènes, *Aire d'Ornan*, lieu de la montagne de Sion, où, dans la suite, on bâtit la ville de Jérusalem. David l'acheta cinquante sicles d'argent, & même, selon les Paralipomènes, six cens sicles d'or, afin d'avoir la liberté d'y élever un temple à Dieu.

Aire d'Athad, lieu où les fils de Jacob & les Egyptiens qui les accompagnoient célébrèrent le deuil de leur père. Les interprètes se sont disputés l'honneur de saisir le véritable sens des textes, afin de savoir si ce lieu étoit à l'ouest ou à l'est du Jourdain. Je ne prendrai pas sur moi de décider la question: c'est déjà trop d'en avoir parlé.

Aire de Nachon, lieu où Oza fut frappé de mort pour avoir porté la main à l'arche du Seigneur. Dans les Paralipomènes, ce même lieu est nommé l'*Aire de Chidon.* On ne sait pas quel étoit son emplacement.

AISACUS, fleuve de la Rhétie. Il étoit aussi nommé *Atagis*, & se jettoit dans l'*Athesis.*

AITHALIA, Aithale. Tel est le nom grec de l'île que les Latins appellèrent *Ilva*, & que nous appellons l'île d'Elbe. On voit que nous avons changé le *v* en *b*, changement assez fréquent. Il paroît plus difficile de remonter du mot latin *Ilva*, au grec *Aithalia.* Cependant on voit que très-souvent les Latins ont changé le *thêta* en ϐ, changement qui ajoute une nouvelle preuve à l'opinion de ceux qui pensent que le *thêta*, qui se prononçoit à-peu-près comme le *th* des Anglois (& comme le prononcent encore les Grecs modernes), car on voit que les Latins du mot οὖθαρ, firent *uber*, qu'ils prononçoient certainement *ouber*; de ἄλλοθι, ils firent *alibi*, ainsi de *Aithalia* ou *Athale*, ils firent *Ilba* pour *Ilva.* Je me suis un peu arrêté à cette généalogie, parce que je la crois utile en géographie.

Ce mot grec s'étoit probablement formé à-peu-près comme le nom des Ethiopiens. On y avoit fait entrer le nom qui signifioit *noir*, à cause de la couleur de ses terres. Car les anciens avoient reconnu d'abord qu'elle produisoit du fer, & presque tous les auteurs qui ont parlé de l'Aithalie ou Æthalie, ont parlé de son fer. On l'y trouve encore aujourd'hui.

Cette île est près des côtes de la Toscane, & n'étoit pas loin de *Populonium*, ville de l'Etrurie.

A K

AKRABIM. *Voyez* Acrabim.

AKULA, ville de l'Asie, qui étoit située sur le bord oriental du Tigre, & environ par les 32 degrés 50 minutes de latitude.

A L

ALA-MILIARIENSIS, ville épiscopale d'Afrique, dans la Mauritanie Césarienne.

ALA-NOVA, ville de la Pannonie, selon Antonin.

ALAAB, lieu de la Palestine, dont il est parlé dans le livre des Juges, & que les Septante nomment Αχλαβ, ou *Achlab.*

ALABA (*Alava*), bourg de l'Hispanie, que nomme Ptolemée.

Alaba, petite île de la mer des Indes & voisine de la *Taprobane*, selon Ptolemée.

ALABAGIUM, promontoire de l'Asie, dans la Carmanie, sur la côte des Ichthyophages, selon Ptolemée.

ALABANA, ville de l'Arabie heureuse, que Ptolemée place au 74e degré 30 minutes de longitude, & au 20e 15 minutes de latitude.

ALABANDA, ville de l'Asie mineure, dans la Carie, à quelque distance au sud du Méandre. Quelques auteurs ont aussi donné ce nom à la ville qui fut nommée *Antiochia Meandri.* Voyez *ce mot.*

Elle avoit été fondée par *Alabandus* & par son père Carès. Strabon dit que les habitans de cette ville étoient voluptueux & qu'ils aimoient la bonne chère. Ils adoroient au-dessus des Dieux *Alanbandus*, leur fondateur. Pline dit que de son temps elle étoit libre; *Alabanda* étoit au nord-est de Mylasa.

ALABANENSES, les Alabanenses, peuple de l'Hispanie, selon Pline. On lisoit autrefois dans quelques éditions *Babanenses*. Ce mot doit être banni des dictionnaires. Le P. Hardouin a restitué la vraie leçon d'après de bons manuscrits.

ALABASTRA, ville de la Phrygie, selon Etienne de Bysance.

ALABASTRA, ville d'Egypte, selon Ptolemée.

ALABASTRINUS, montagne d'Egypte.

ALABASTRUM, ville d'Egypte dans la Thébaïde. Pline, qui en parle, dit que l'on y trouvoit des topazes.

ALABASTRUS, rivière de la Troade, ayant sa source au Mont Ida.

ALABATER, *ou* ALABETER. *Voyez* ALABAGIUM.

ALABIS, *ou* ALABUS, fleuve de Sicile, près d'Hybla, entre Catane & Syracuse.

ALABO, ville de l'Hispanie, sur la droite de l'*Iberus*, au nord-ouest de *Cæsar Augusta*.

N. B. Le traducteur d'Etienne de Bysance a rendu par *Alabo*, le nom grec Ἀλαϐὼν, que cet auteur dit être celui d'une ville & d'un fleuve sur lesquels il ne donne aucune indication, mais que l'on croit appartenir à la Sicile, à cause du rapport entre ce nom & celui du fleuve *Alabis* ou *Alabus*.

ALABONA, *ou* ALAVONA, (*Alagon*) selon que l'on adopte la leçon d'Antonin ou de Ptolemée, bourg de l'Hispanie.

ALABUNS. *Voyez* ALAMONS.

ALABURIUM, ville de Syrie, selon Etienne de Bysance, qui cite Charax.

ALACHIS, & dans quelques manuscrits *Alebin*, rivière de ces Mégariens qui s'étoient établis sur la côte orientale de la Sicile. On dit que Dédale, qui n'est pas celui de l'île de Crète, en élargit la source & dessécha les campagnes que ravageoit cette rivière.

ALÆSA. *Voyez* ALESA.

ALAGONIA, ville des Eleuthères Lacons, selon Pausanias.

ALAIS, ville de la Phénicie du Liban.

ALALŒI, petites îles du golfe Arabique, dans lesquelles, selon le Périple d'Arrien, on trouvoit beaucoup de tortues. Il paroît que ce sont les mêmes que Pline nomme *Allœu*. (*La Martinière*.)

ALALCOMENE, ville de l'île d'Ithaque, selon Etienne de Bysance.

ALALCOMENIUM, & aussi ALALCOMENIA, ALALCOMENÆ, petite ville de Béotie au sud-est de Chéronée, sur les bords du lac *Copaïs*. Encore Pausanias emploie-t-il l'expression κωμη, *un village*. Elle devoit sa fondation, selon les uns, à Alalcomène, père nourricier de Minerve; selon les autres, à Alalcomène, l'une des filles d'Ogygès, laquelle fut nourrice de la déesse. Une ancienne tradition généralement adoptée dans le pays, c'est que Minerve avoit reçu la naissance en ce lieu. Elle y avoit un temple & une statue d'ivoire, si respectés l'un & l'autre, que dans les guerres des Grecs personne n'osa porter le ravage dans cette ville. Les Romains furent moins respectueux; car, selon Pausanias, Sylla emporta la statue de Minerve à Rome. Cet attentat porta un coup funeste à la ville, car le temple fut négligé & ses murailles se fendirent. On voit qu'Homère avoit connoissance de ce temple, puisque entre les épithètes qu'il donne à Minerve, il emploie celle d'*Alalcoménienne*. Plutarque rapporte qu'Ulysse étant né dans Alalcomène, voulut qu'une ville de l'île d'Ithaque portât ce même nom.

ALALIA, *ou* ALALIS, ville de la Syrie. Ptolemée la place dans la Palmyrène, près de l'Euphrate. M. d'Anville la place en Syrie, à-peu-près dans le *Barbaricus-Campus*; sur l'Euphrate, au nord-ouest de *Resafa*. Elle devint épiscopale.

ALAMA. Ce mot, qui se lit sur la première feuille de la table de Peutinger, est le même qu'ALAUNA. Voyez *ce mot*.

ALAMA, ville de l'Asie, dans la Mésopotamie. Cette ville étoit située sur le petit fleuve Bilicha, au nord-ouest de Nicéphorium, vers le 36ᵉ degré 20 minutes de latitude.

ALAMANI, ou *les Allemands*, que l'on ne devroit écrire qu'avec une *l*, mais *voyez* ALEMANNI.

ALAMATA, ville que Ptolemée place dans la Palmyrène, sur l'Euphrate. M. d'Anville, qui l'écrit *Alamatha*, la place au nord, au-delà des montagnes sur l'Euphrate, au sud-est, & très-près de *Nicephorium*.

ALAMATHA. C'est ainsi que M. d'Anville écrit le nom de la ville écrite *Alamata* par Ptolemée.

ALAMBATERA, *ou* ALABETER; c'est ainsi que quelques interprètes de Ptolemée ont cru devoir lire le nom d'*Alabagium*. Voyez *ce mot*. Le texte de Marcian, dans les petits Géographes, porte Ἀλαμϐατηρ; mais la traduction a *Alambater*.

ALAMONS (*Monestier d'Alamons*). Ce nom se trouve écrit de différentes manières; *Alabunte* dans l'itinéraire d'Antonin; *Alarante*, dans la table théodosienne, & *Alavante* dans la table de Peutinger. Dom Martin croit retrouver ce lieu dans Alarona, forteresse du Dauphiné; M. d'Anville le met à-peu-près dans le même emplacement, au lieu appellé *Monestier d'Alamont*, formé évidemment de *Monasterium Alamonis*. En conséquence, on trouve sur la carte de Gaule *Alamons*, sur la *Druentia*, au nord de *Segustero* & au sud-ouest d'*Ictodurum*.

ALAMUS, lieu de l'Albanie, entre les fleuves *Albanus* & *Casius*, selon Ptolemée.

ALANA, ville d'Ethiopie, dans l'Egypte, selon Pline.

ALANDER, rivière de l'Asie mineure, dont il paroît que Tite-Live place la source dans la grande Phrygie.

ALANE. On trouve ce mot dans le périple de Scylax; mais la traduction porte *Adana*, & c'est le sentiment des commentateurs. *Voyez* ADANA.

ALANI, les Alains. Ce peuple, quoique asiatique d'origine, comme l'étoient les Huns, étoit cependant de race très-différente. Ammien Marcellin, en les comparant aux Huns, nation féroce & de figure hideuse, dit : *victu mitiores & cultu ; proceri Alani pene sunt omnes, crinibus mediocriter flavis :* c'est-à-dire, *ils sont bien plus policés que les Huns dans leurs usages & leur manière de vivre ; presque tous les Alains sont grands, ayant les cheveux tirant vers le blond.* Les anciens qui ne les ont connus qu'à l'occasion de leurs incursions en Occident, ont parlé de leur origine d'une manière vague & incorrecte. Pline en étoit mal informé. Ptolemée, qui l'étoit un peu mieux, les place dans la Sarmatie d'Europe & en fait des Scythes, puisqu'il les nomme Αλιουνοι Σκυται. C'est en consultant cet auteur que M. Secousse (*Mém. de littérature, tom. 7, p. 307*) dit simplement : « les Alains sont Scythes d'origine, » & ils habitoient vers les bords du Tanaïs : ils » s'établirent depuis vers le Danube ». M. de Guines a traité d'une manière bien plus approfondie, ce qui concerne ce peuple (1).

Le nom d'*Alin* signifie montagne, & il fut donné à ces peuples à cause des montagnes qui leur servoient d'habitations. Les plus anciennes demeures de ce peuple étoient au-dessus des sources du Jaïck & à-peu-près vers le pays d'Oufa & de Solemskoi. Ensuite ils passérent plus au sud, dans les plaines qui sont situées au nord de la Circassie & de Derben. Vers l'an 73 de Jésus-Christ, ils firent alliance avec le roi d'Hircanie, & entrèrent en Médie par les *portes Caspiennes* (Derbend). Pacor, roi de Parthes, n'osa s'opposer à leur marche. Comme ils ne s'étoient pas établis dans le pays, ils essayèrent d'y revenir de nouveau vers l'an 130, sous le règne de l'Empereur Adrien, qui les chassa. Ayant apparemment renoncé à se porter vers les parties méridionales, ils s'avancèrent vers l'occident ; ce plan leur réussit mieux, & fut porté par eux à une grande exécution.

L'empereur Gordien voulut d'abord s'opposer à leur passage ; mais ils le battirent dans les campagnes de Philippe en Macédoine. Enfin leur puissance devint si formidable qu'un grand nombre de peuples voisins qu'ils avoient soumis furent confondus avec eux. Tels sont les *Neuri*, les *Vidini*, les *Geloni*, les *Agathyrsi* & plusieurs autres dont parle Ammien Marcellin.

Peut-être, vers le temps dont je parle, convient-il de faire une distinction des *Alains*, que j'appellerai *orientaux*, qui, lors de l'ancienne irruption des Huns, venus des environs de la Chine, & chassant devant eux les Alains, s'enfoncèrent dans les montagnes du Caucase, & les Alains *occidentaux* dont je vais suivre la migration.

(1) Ce que l'on a emprunté de cet auteur (*Hist. des Huns, tom. 2, pag. 279*), a été en quelques endroits défiguré dans le Dictionnaire de la Martinière, à l'article ALAINS.

Établis sur les bords du Danube, ils s'en éloignèrent vers l'an 406 de Jésus-Christ, & s'avancèrent avec les Suèves & les Vandales pour ravager la Germanie ; ils traversèrent les Gaules & se rendirent au pied des Pyrénées.

N'ayant pu alors forcer les passages entre ces montagnes, & la puissance des Romains étant très-affoiblie dans la Gaule, ils s'y répandirent en différens cantons & y pillèrent beaucoup de villes. Mais en 409, ceux qui gardoient les défilés des Pyrénées s'étant révoltés, les Alains en profitèrent pour entrer en Espagne, où ils commirent de grands ravages, & s'y fixèrent en 411. Il faut se rappeller qu'ils étoient avec les Vandales & les Suèves. Ceux-ci occupoient la Bétique & la Galice ; des Alains, les uns entrèrent dans la Lusitanie, les autres, dans la province de Carthagènes. Un grand nombre étoit resté dans les Gaules, particulièrement dans la Bretagne & dans la Normandie. Les Goths en Espagne, les Francs en Gaule, chassèrent ces peuples, ou les firent disparoître en les soumettant ; alors les vaincus furent confondus avec les vainqueurs.

Voici ce que dit Ammien Marcellin de la manière de vivre de ces peuples : selon cet auteur, les Alains vivoient sous des tentes qu'ils transportoient, comme les Huns, dans les endroits les plus propres à la nourriture de leurs troupeaux. C'étoit en quoi consistoient toutes leurs richesses ; ils en mangeoient la chair, en buvoient le lait. Sous ces tentes demeuroient les femmes, les enfans & les vieillards, pendant que ceux qui étoient en état de porter les armes alloient faire des courses chez les peuples voisins. Ils faisoient de la guerre leur plus grande occupation ; ils y mettoient toute leur gloire, & pour s'y rendre propres, ils s'accoutumoient dès l'enfance à monter à cheval. Il étoit honteux de vieillir & de mourir paisiblement dans sa famille ; heureux celui qui expiroit dans les combats après avoir tué de sa main plusieurs ennemis, leur avoir coupé la tête & arraché la chevelure pour en faire des ornemens aux chevaux. Un sabre nud planté en terre & auquel ils rendoient quelques hommages, faisoit tout le fondément de leur religion, & le seul objet de leur culte. Avec des baguettes ils prétendoient annoncer l'avenir. On voit que c'étoit un peuple nomade dans son origine ; s'il en a perdu dans la suite quelque chose, c'est quand il s'est trouvé dans les pays où il rencontroit un grand nombre de villes.

ALANI, montagne de la Scythie, en deçà de l'*Imaüs ;* mais plus orientale que les montagnes Hyperborées.

ALANIA, siège épiscopal que l'on croit avoir existé aux environs de Constantinople.

ALANORSI. On croit que c'est ainsi qu'il faut lire le mot *Agathyrsi*, qui se trouve dans Ptolemée. Ce peuple faisoit partie des *Alani* ou Alains.

ALANTONIS, ville de l'Hispanie, qu'Antonin indique à huit milles de *Pompælo*.

ALANUS

ALANUS MONS, ou *Mont Alani*, dans la Sarmatie européenne. Cette montagne a pris son nom des Alains, qui s'y étoient rassemblés, ou du moins qui parurent partir de ce point pour se répandre dans plusieurs contrées de l'Europe.

ALAPENI. Un ancien interprète de Ptolémée pense qu'il faut lire ainsi le nom d'un peuple de l'Arabie heureuse, nommé dans le texte grec, *Salapeni*.

ALAPIA, ville de la Cœlo-Syrie : on la nommoit aussi *Nerea*.

ALAPTA, ville de la Macédoine, près de celle d'*Acanthus*, selon le périple de Scylax.

ALARANTE, ville de la Gaule Narbonnoise, dont la table de Peutinger fait mention. Elle étoit la capitale des peuples Tricoliiens.

ALARES. Tacite nomme ainsi quelques habitans de la Pannonie. Ortélius croit que c'étoient des soldats établis dans un lieu qu'on leur avoit accordé; & que leur nom vient du latin *Ala*, aîle ou bataillon.

ALARODII, les *Alarodiens*, peuple qu'Etienne de Bysance place près du Pont περῖ τον Πον͂τον, & s'appuie de l'autorité d'Hérodote; mais cet auteur a lu sans doute avec précipitation le passage qu'il cite, car cet historien ne dit pas que les Alarodiens étoient près du Pont. Mais ils les cite en même temps que les Colchidiens & quelques autres peuples, ce qui est très-différent. On ne fait pas quel pays ils habitoient.

ALASARNE, nation de l'île de Cos.

ALASI, ville ou bourg de l'Afrique intérieure, & dont, au rapport de Pline, s'empara Cornelius Balbus.

ALASIA, métropole de l'Orient.

ALASIA, ville de l'Asie mineure, arrosée par le fleuve *Rymus*. On ne croit pas que ces deux villes soient la même, parce que celle-ci paroît avoir cessé d'exister tandis que l'autre étoit comptée entre les métropoles.

ALATA, ville de l'Arabie déserte, selon Ptolemée.

ALATA, autre ville de même nom que ce même Géographe place dans l'Arabie heureuse.

ALATA CASTRA, ville de la Calédonie, selon Ptolemée. Elle étoit située au nord sur le *Bodotria Æstuarium*. Son nom grec, Πλερωτὸν στρατόπεδον, rendu fidellement par *Alata Castra*, répond, à ce qui semble, à notre expression *camp-volant*. Il est probable qu'elle avoit commencé par un camp, ou peut-être on y avoit placé un de ces corps de troupes qu'ils plaçoient sur les aîles (*Alæ*), lorsqu'ils rangeoient l'armée en bataille.

ALATRIUM (*Alatri*), ville d'Italie dans le Latium, vers l'est d'*Anagnia*. Strabon l'appelle *Alestrium*. On y voit encore des restes d'antiquités.

ALAUNA, (*les Moustiers d'Alone*), ville de la Gaule. Sa position a été soupçonnée par les auteurs, d'une manière fort différente. Valois croit que c'est Quimper-Corentin: Don Martin ne s'éloigne pas de son sentiment. M. d'Anville remarquant que dans la table théodosienne, ce lieu est le terme d'une route, & trouvant en Basse-Normandie, au sud de Valogne, un emplacement nommé les Moustiers d'Alone, adopte cette position, & place *Alauna* chez les *Unelli*, au nord de *Cosedia*, & à l'ouest de *Crociatonum*.

ALAUNA (*Whitles*), ville que Ptolemée attribue aux *Damnii*, peuple de la Grande-Bretagne, au nord-ouest.

ALAUNI, peuple que Ptolemée place dans la Norique.

ALAUNI, autre peuple que le même auteur place dans la Sarmatie européenne.

Ces deux peuples pourroient très-bien être les *Alani*, ou Alains.

ALAUNIUM, lieu de la Gaule, dans la seconde Narbonnoise, placé, selon l'itinéraire d'Antonin, à vingt-quatre milles romains de *Segustero*, & selon la table théodosienne, à quatorze. M. d'Anville démontre que le compte de la table doit être préféré. Mais il ne connoît pas de lieu moderne qui réponde à l'*Alaunium* ancien. Il le place sur sa carte dans les montagnes, entre *Segustero*, au nord-est, & *Apta Julia*, au sud-est.

Selon Dom Martin, *Alaunium* répond à Mane, à trois lieues de Ceireste, & à six de Sisteron; mais il ne motive pas cette opinion.

ALAUNUS, *ou* HALŒNUS, rivière de la *Britannia* ou Angleterre.

ALAUNUS MONS, que je soupçonne le même qu'*Alanus Mons*.

ALAVONA, bourg de l'Hispanie, selon Ptolemée & la même qu'*Alabona*.

ALAZIA, ville d'Asie, dont Strabon ne donne pas d'autre indication, si ce n'est qu'elle étoit située sur le fleuve *Rymus*, qui couloit dans la Mygdonie.

ALAZON, nation qu'Etienne de Bysance dit être voisine des Scythes, & qui paroît être la même que les *Alazones* de Strabon.

ALAZON. *Voyez* ALAZONIUS.

ALAZONES, nation d'Asie dont parlent Strabon, Etienne de Bysance, *&c.* L'origine & l'histoire en sont inconnues. Il paroît qu'ils étoient comptés entre les nations Scythiques, établies sur le bord du Pont-Euxin. Il est probable qu'ils avoient la ville d'*Alazia* pour capitale. Plusieurs de leurs villages, arrosés par le fleuve *Odryces*, étoient encore habités, lorsque la ville d'*Alazia* étoit déserte. On y révéroit Apollon.

Ces villages étoient sous la dépendance de Cyzyque.

ALAZONIUS, fleuve d'Asie qui tomboit du Mont Caucase, & se rendoit dans le *Cyrus*.

ALBA LONGA, Albe la longue, ville d'Italie dans le Latium, au sud-est de Rome. Cette ville avoit précédé la naissance de Rome, & le préjugé romain en attribuoit la fondation à Ascagne, fils d'Enée. Quoi qu'il en soit, il est certain que toute cette partie de l'Italie avoit été peuplée avant qu'il y eût aucun établissement sur le Tibre.

L'opinion commune est que cette ville avoit été bâtie sur la montagne. Mais l'idée d'un tel emplacement s'accorde mal avec l'épithète que l'on joignit à son nom (*Alba longua*). Elle ne s'accorde pas non plus avec le témoignage de Denys d'Halicarnasse, qui dit qu'Albe étoit entre le lac & la montagne. Il n'y avoit donc sur la montagne que la forteresse & le temple de Jupiter.

Après la mort d'Ascagne, son fils Jules paroissoit devoir lui succéder; mais les Latins préférèrent Enéas Sylvius, fils d'Enée & de Lavinie. Ce prince eut treize successeurs qui régnèrent pendant quatre cens ans. Les deux plus connus sont Numitor & Amulius. On sait, ou plutôt on rapporte que Vesta, fille de Numitor, quoiqu'enfermée par ordre de son oncle, mit au monde deux fils, Remus & Romulus. Le dieu Mars, dit-on depuis, fut leur père. Comme alors on n'avoit pas cette haute prétention, on voulut cacher leur naissance irrégulière, & ils furent exposés sur les bords du Tibre. Le berger Faustulus les recueillit, les prit chez lui & les éleva. Devenus grands, ils se firent reconnoître de Numitor, le remirent sur le trône usurpé par Amulius, & obtinrent la permission de fonder une nouvelle ville. De Romulus elle prit le nom de Rome. (*Voyez* ROMA).

Cette consanguinité, si je puis me servir de cette expression, eut dû entretenir une bonne intelligence entre les villes d'Albe & de Rome. Mais, devenues rivales en puissance, elles ne furent pas long-temps sans se disputer la prééminence les armes à la main. On se rappelle à cette occasion le combat des trois Horaces & des trois Curiaces, l'an de Rome 86. Par la défaite de ses champions, Albe fut obligée de le céder à Rome. Trois ans après, Métius, général des Albains, ayant trahi les Romains, en les laissant exposés aux efforts de leurs ennemis, Tullus Hostilius, roi de Rome, s'en vengea complettement. Il l'attira adroitement, le fit arrêter & mettre à mort; marcha vers la ville, s'en empara, la fit raser & en transporta les habitans à Rome.

Cependant comme les peuples du Latium étoient accoutumés, par un respect religieux, à regarder le séjour d'Albe comme le centre des forces des peuples Latins, les Romains sentirent l'importance de conserver ce point de réunion; en conséquence ils montrèrent la plus grande vénération pour le temple de Jupiter, surnommé *Latialis* ou du Latium: ils instituèrent des fêtes en son honneur sous le titre de fêtes latines, & auxquelles se rendoient tous ceux qui composoient cette espèce de ligue. Les Romains parvinrent aisément à y occuper la première place. Mais la ville d'Albe ne fut pas rétablie. L'histoire nous apprend qu'un assez grand nombre de Romains eurent sur le Mont Albain, des maisons de campagne plus ou moins vastes. On y en voit encore des ruines considérables.

ALBA FUCENSIS (*Albi*) *ou* Albe du lac Fucin, ville d'Italie au nord-ouest du lac dans le pays des Marses. On lui donna un surnom pris de sa position pour la distinguer de la ville appellée Albe-la-longue. C'étoit principalement dans cette ville que les Romains retenoient les rois faits prisonniers à la guerre, & auxquels ils daignèrent conserver la vie (1). Persée & son fils Alexandre y furent conduits après le triomphe de Paul Emile, dont ils avoient fait le principal ornement.

Albe avoit un amphithéâtre très-orné; elle devint colonie romaine; on voit encore plusieurs monumens antiques à Albi & dans ses environs.

ALBA, ville de la Dacie. Quelques auteurs pensent que c'est la ville de Bielgorod qui lui a succédé. Dans ce cas, & cette espèce de succession a de fréquens exemples, elle auroit conservé la signification de son premier nom; car *Alba* en latin signifie *blanche;* & *ville blanche* est le sens que présente en langue esclavone ou russe, le nom de Bielgorod.

ALBA AUGUSTA, ou *Alba Helviorum* (*Alps*), ville de la Gaule, dans la première Narbonnoise, capitale des Helviens. Elle étoit à une petite distance du Rhône. Ptolemée la nomme à tort *Albangusta*, & à tort aussi il la place plus à l'est de trois degrés. Comme Viviers a succédé en titres & en prérogatives à la ville d'*Alba*, M. de Valois s'est autorisé à la regarder comme occupant le même emplacement. Cependant comme M. d'Anville, Dom Martin, M. Lancelot & d'autres savans, sont convaincus qu'*Alba* étoit placée où est actuellement le lieu nommé Alps, & que l'on y voit encore d'anciens vestiges, je ne puis que me ranger à cet avis.

ALBA, village de l'Hispanie, au pays des *Vascones*, situé vers le nord-ouest de *Calaguris*.

ALBA, autre ville de l'Hispanie, dans le pays des *Bastitani*, au sud-est de *Basti*.

ALBA POMPEIA, ville d'Italie dans la Gaule Cis-Alpine, sur le *Tanarus*, au sud-ouest d'*Asta*. On sait peu de chose de cette ville. Pertinax, qui devint empereur, étoit petit-fils d'un affranchi, exerçant à Alba une profession méchanique. Il est probable même que ce fut dans cette même ville que Pertinax avoit tenu école pour subsister avant d'avoir pris la profession des armes.

ALBA DOCILIA, autre ville de l'Italie, dans la Ligurie, sur le bord du golfe, au nord-est de *Vada* & de *Savo*.

(1) Ce peuple féroce les mettoit plus ordinairement à mort. On sait que Jugurtha, ainsi que plusieurs autres souverains, condamnés à perdre la vie après s'être vus enlever leurs états, furent jettés vivans dans une fosse profonde, d'où l'on retiroit ensuite leurs cadavres avec de longs crocs: c'est le lieu que l'on appelle actuellement à Rome, *la prison de saint Pierre.*

ALBA (*Elvas*), ville de la Lusitanie.

ALBA, ville de la Gaule, près de Genève. (Dom Martin, *tom. I*, *p. 67*).

ALBA, rivière de la Gaule; elle se rend dans la Seine; c'est l'Aube.

ALBA MARITIMA, ville de la Dalmatie.

Le nombre des *Alba* est porté par la Martinière jusqu'à quinze; mais il me paroît que plusieurs n'appartiennent pas à l'Antiquité.

ALBA ACTA. C'est par ces mots que l'on a rendu le nom du promontoire de la Marmarique, que Strabon nomme Λευκη ἀκτη, & qui a le même sens. M. d'Anville place ce lieu à l'est de *Paratonium*, & écrit *Album Litus*, d'après les traducteurs & Ptolemée, qui ont ainsi rendu le grec λευκη ἀκτὴ. C'est encore le même sens, c'est-à-dire, *rivage blanc*; mais selon Strabon, il y avoit aussi un promontoire de ce nom, car il se sert du mot ἀκρα.

ALBÆ INSULÆ, ou *les îles blanches*, îles sur la côte d'Afrique, que le Périple de Scylax indique à quatre jours & quatre nuits de navigation de l'embouchure du fleuve *Cinyphs*.

ALBANA, ville de l'Albanie, selon Ptolemée. Elle étoit située sur le bord de la mer Caspienne.

ALBANI, les Albanois, ou habitans de l'*Albanie* (ALBANIA), en Asie. Grands, forts & robustes, ils étoient simples dans leurs mœurs & ne buvoient qu'avec modération. Ils n'usoient pas de monnoie & ne comptoient guères au-delà de cent: le commerce se faisoit chez eux par l'échange; de-là venoit qu'ils ne connoissoient pas non plus l'usage des poids & des mesures. Ils négligeoient aussi tout ce qui tenoit à l'agriculture, aux usages & à la vie, & même à l'art militaire. Ils combattoient à pied & à cheval sans règle & sans principes. Leurs troupes étoient plus nombreuses que celles des Ibériens: il y a quelques exemples qu'elles montoient à soixante mille hommes de pied, & à vingt-deux mille chevaux. Ils se servoient de traits & de flèches. Ils portoient des cuirasses, des boucliers & des casques semblables à ceux des Ibériens.

Les Albaniens, sans culture & presque sans troupeaux, vivoient sur-tout de la chasse, aussi donnoient-ils grand soin à l'éducation des chiens qu'ils destinoient à cet usage. Leurs rois étoient d'abord maîtres d'une partie peu étendue de pays, & il y en avoit plusieurs. Dans la suite un seul gouverna tout le pays. Ces différens peuples avoient chacun leur idiôme particulier; on y en comptoit vingt-six.

Les Albanois adoroient le soleil, la lune & Jupiter. On rapporte qu'il y avoit près de l'Ibérie un temple consacré à la lune, & qu'il étoit confié à la garde d'un prêtre qui tenoit le premier rang après le roi; il avoit une inspection particulière sur tous les autres prêtres, qui, la plupart, dirent des oracles. Ils consultoient, pour connoître l'avenir, les entrailles des victimes humaines qu'ils avoient égorgées.

Les Albanois honoroient beaucoup la vieillesse, non-seulement dans la personne de leurs proches, mais encore dans celle des étrangers. Cependant ils regardoient comme un crime de prendre soin des morts, ou d'en faire mention; ils enterroient avec les défunts les effets qui leur avoient appartenu, ce qui rendoit les successions bien peu considérables; car un fils, un neveu ne possédoit rien de ce qui avoit été dans la maison de son père, de son oncle, *&c.*

Comme ils ne s'occupoient pas de la culture, ils se contentoient des productions naturelles de leur territoire. Cependant on trouve qu'ils faisoient venir des grains; mais avec si peu de talent, qu'au lieu de charrue, ils labouroient la terre avec des outils de bois. Il y avoit beaucoup de pâturages dans des prés arrosés par les eaux naturelles de ce pays.

Leur pays étoit partagé en différens petits royaumes. Selon Strabon, on y parloit jusqu'à vingt-six langues différentes. Leur histoire est fort peu connue. On voit qu'au temps d'Alexandre un roi d'Albanie lui fit présent d'un chien d'une taille monstrueuse. Il n'est plus parlé de cette nation jusqu'au temps de Pompée. Elle pouvoit mettre en campagne alors soixante mille fantassins & vingt mille chevaux.

On trouve encore les noms de quelques princes jusqu'à ce qu'enfin ce royaume fut détruit par Justinien.

ALBANI, les Albanois. Ptolemée, & il est le seul, indique un peuple de ce nom aux confins de la Macédoine.

ALBANIA, contrée d'Asie. Elle s'étendoit à l'est de l'*Iberia*, le long de la mer Caspienne, ayant vers le sud le Cyrus qui la séparoit de la Médie Atrapatène. Les limites remontoient le long de ce fleuve jusqu'à une rivière nommée *Alazon*, vers les frontières de l'Ibérie.

Les lieux de l'Albanie, selon Ptolemée, étoient: *Teleba Civitas*, *Gelda*, *Albana*, *Garara Avit*, *Tetagoda*, *Bachia*, *Sanua*, *Dechlane*, *Nega*, *Chubala*, *Chabota*, *Boziata*, *Misia*, *Chadaca*, *Alamus*, *Mosega*, *Samunis*, *Pobula*, *Iuna*, *Eblæa*, *Adiabla*, *Abliala*, *Camechia*, *Osica*, *Sioda*, *Baruca*, *Thuana*, *Thabilaca*, *Thalbis*.

Il y avoit de plus deux îles qui dépendoient de l'Albanie.

Lorsque Pompée arriva en ce pays, il le trouva partagé entre plusieurs nations réunies, cependant sous le commandement d'un seul roi. Peu occupé de la culture des terres, ce peuple s'adonnoit sur-tout à l'entretien des bestiaux.

La capitale de ce pays ou du moins la ville la plus considérable étoit, selon Pline, *Cabalaca*: il y avoit aussi une rivière que Ptolemée appelle *Albanus*.

Ce peuple, auquel les anciens reprochent la plus grande ignorance en fait de commerce, d'agriculture & d'art militaire, avoient cependant quelques vertus morales : ils accordoient beaucoup de respect aux vieillards, & ne montroient aucun desir d'amasser des richesses. Cependant, comme ces peuplades réunies ne laissoient pas d'être nombreuses, ils mirent en campagne, contre Pompée, vingt-deux mille chevaux & soixante mille hommes de pied : ils se servoient de flèches & de boucliers. Peu de temps après, c'est-à-dire, sous Auguste, il y avoit vingt-six rois dans le pays, commandant à autant de petites nations qui avoient chacune un jargon particulier. Ils étoient superstitieux, & leurs prêtres, très-cruels, s'il est vrai qu'ils attachoient dans un bois un homme que l'on nourrissoit bien pendant un an, pour le percer ensuite d'un dard, & chercher à démêler l'avenir dans ses entrailles encore palpitantes.

ALBANIA, ville de l'Asie, dans l'Assyrie. Elle étoit située à l'orient du fleuve *Titana*, vers le 35e degré de latitude.

ALBANIÆ PYLÆ, *ou* ALBANIÆ PORTÆ, ou *les portes Albaniennes*. Ce lieu de l'Albanie étoit sur le bord de la mer Caspienne, & défendoit le seul passage que le Caucase laisse en cet endroit. Il étoit au nord de la ville de *Cabanaca*.

ALBANIANA. *Voyez* ALBINIA.

ALBANOPOLIS (*Albanopoli*), ville de l'Albania, sur les confins de la Macédoine ; elle étoit au sud-ouest de l'*Ychnidus*.

ALBANOPOLIS, ville de la Grande-Arménie.

ALBANUM, ville de la Pannonie, selon la notice de l'empire.

ALBANUM POMPEI, lieu d'Italie entre Rome & le champ *Pomtinus*.

ALBANUM, bourg que Procope indique à cent cinquante stades de Rome, sur la voie Appienne, peut-être le même qu'*Arx Albana*.

ALBANUM MARE, nom donné par Pline à la portion de la mer Caspienne, qui bornoit l'Arménie.

ALBANUS, fleuve que Ptolemée indique en Albanie, & que M. d'Anville croit être le *Samura* actuel.

ALBANUS LACUS, ou *lac d'Albe*, appellé aujourd'hui *lac de Castel Gandolfe*, en Italie.

ALBANUS MONS, ou *montagne d'Albe*, en Italie, tout près d'*Alba-longua*. Il étoit réputé *saint*, parce que l'on regardoit l'avantage d'y voir souvent tomber la foudre comme une preuve de la protection particulière des dieux. Il y avoit sur cette montagne un temple de Jupiter *Latialis*, qui avoit été construit du produit des dépouilles de l'ancienne *Suessa Pometia*, capitale des Volsques. Un autre temple situé assez près, étoit dédié à *Juno Moneta*. C'est-là que se célébroient ces fêtes latines qui avoient imaginées par la politique de Tarquin le superbe, pour la réunion des différens peuples du *Latium* : on y en comptoit trente-sept. Cette fête, appellée *Feria*, dont nous avons fait *foire*, tenoit à la religion & au commerce ; elle se tenoit dans une belle plaine au bas du mont, & ce lieu se nommoit *la place du peuple*, ou *Forum Populi*. On vit quelquefois quelques généraux Romains qui n'avoient pu entrer en triomphe à Rome, allèrent triompher au *Mons Albanus* ; c'est une preuve de l'importance que l'opinion lui accordoit.

ALBANUS MONS, (*Albano.*) petite ville d'Italie.

ALBANUS MONS, montagne qu'Ortelius indique en Asie.

ALBANUS MONS, montagne que Ptolemée indique en Illyrie, & que quelques auteurs ont cru faire partie de celles que Strabon nomme *Albius mons*. Les Anciens les regardoient comme faisant partie de la chaine des Alpes.

ALBARA, ville de Syrie, vers la Phénicie, selon Guillaume de Tyr.

ALBAUGUSTA, selon Ptolemée. *Voyez* ALBA-AUGUSTA.

ALBECE REIORUM APOLLINARIUM. *Voyez* REII.

ALBENTIUM CIVITAS. *Voyez* ALBA-AUGUSTA.

ALBI MONTES, ou *les Monts blancs*, montagne de l'île de Crète, selon Ptolemée. Il me paroît que, sans traduire le sens du grec λευκὰ ὄρη, il faudroit leur laisser le nom de *Leuci montes*.

ALBIANA, ville de l'île de Corse, selon Ptolemée.

ALBIANUM, ville de la Norique, selon Antonin.

ALBICI, peuples de la Gaule, qui, selon César, habitoient les montagnes au-dessus de Marseille. *Voyez* ALBIŒCI.

ALBIENSES. Strabon appelle ainsi les habitans d'*Alba Helviorum*. Pline dit que, de son temps, les Gaulois d'Alba découvrirent dans leur territoire des seps de vigne d'une certaine espèce, qui n'étoient en fleur que pendant un jour, & qui, par cette raison, étoient à couvert de la gelée ; ce qui engagea toute la Gaule Narbonnoise à en multiplier les plants ; d'où leur vint le nom de *Narboniques*. Pline, *Lib. XIV, chap.* 3.

ALBIGA (*Albi*), ville de la Gaule, dans la première Aquitaine, sur le *Tangus*. M. d'Anville la place chez les *Ruteni provinciales*. Il observe que l'on ne connoît pas de monument qui fasse mention de cette ville avant la fin du quatrième siècle de notre ère. Il paroîtroit que le nom de cette ville eût dû être *Albia*, puisqu'elle est aussi nommée *civitas Albientium*. C'est d'*Albiga* que s'est formé le nom moderne d'Albigeois.

ALBIGAUNUM. *Voyez* ALBIUM INGAUNUM.

ALBIGI. Ce peuple est nommé par l'Anonyme de Ravenne. Ils étoient dans la Celtique avant qu'Auguste les eût incorporés dans l'Aquitaine. Grégoire de Tours appelle leur capitale *Albiga*. (*Dom Martin.*)

ALBII MONTES *Voyez* ALBIUS MONS.

ALBINGAUNUM. *Voyez* ALBIUM INGAUNUM.

ALBINI VILLA, au sud-est de *Vada Volaterra*, ville d'Italie, dans l'Etrurie.

ALBINIA, fleuve de l'Etrurie. Il venoit du nord, passoit par *Saturnia*, & se jettoit dans la mer, au nord de *Cosa*.

ALBINIA, *ou* ALBINIANA (*Alphen*), à quelque distance à l'est de *Lugdunum Batavorum*, avoit été, selon quelques auteurs, bâtie par Albinius, préfet des Gaules. D'autres écrivains croient qu'il faut en attribuer la fondation à Alphenus Varus, qui, selon eux, éleva cet édifice pour servir d'entrepôt aux bleds qui remontoient le Rhin. Les ruines d'Alphen ne sont qu'à un mille de Roombourg.

Il en est parlé dant l'Itinéraire d'Antonin, & dans la Table Théodosienne.

ALBINIMINIUM, nom qui se trouve dans Ptolemée. *Voyez* ALBIUM INTEMELIUM.

ALBINIUM. *Voyez* ALBIUM INTIMELIUM.

ALBINNENSES VICANI, ceux d'Alby, village du comté de Genève. Il en est fait mention dans une inscription rapportée par M. Maffei. (*Dom Martin.*)

ALBINTEMILIUM. *Voyez* ALBIUM INTEMELIUM.

ALBIŒCE, ville de la Gaule, & la capitale des *Albiœci*.

ALBIŒCI, nommés dans César *Albici*, peuples qu'il dit être des montagnards au-dessus de Marseille. C'étoient donc des peuples de la Gaule, dans la Narbonnoise seconde. M. d'Anville les place à la gauche de la *Druentia*, au nord de *Reii*. Dom Martin les met dans le même emplacement, sous le nom de *Reinenses*. Il paroît à M. d'Anville que le nom de *Reii* est moins ancien que celui d'*Albiœci*. Il ne pense pas qu'il faille les confondre avec les *Segobrigii* ou *Segoveii* (selon Adrien Valois), dont parle Justin, & que les Marseillois trouvèrent sur la côte en y arrivant.

Ces *Albiœci* étoient fort attachés aux Marseillois, & les secoururent de tout leur pouvoir lorsque César assiégea Marseille.

ALBION. *Voyez* BRITANNIA.

ALBIS (l'Elbe), grand fleuve de la Germanie. *Voyez* Marcien d'Héraclée, *&c.*

ALBISI, dont il est parlé dans l'Anonyme de Ravenne ; « ville du côté de Genève. Je crois que » c'est la capitale des *Albinnenses vicani* ». Voyez *ce mot*. (*Dom Martin.*)

ALBISTRUM, *ou* ABYSTRUM, ville que Ptolemée indique dans la grande Grèce.

ALBIUM INGAUNUM, en Italie, sur la côte de la Ligurie, en suivant vers le nord-est. Strabon en parle comme d'une petite ville. Elle est aussi appellée, par quelques auteurs, *Albingaunum*.

ALBIUM INTEMELIUM (*Vintimille*), ville de la Ligurie, sur le bord de la mer. On la nommoit ainsi du nom des *Intemelii*, auxquels elle appartenoit, & pour la distinguer de l'*Albium* des *Ingaunii*.

ALBIUS MONS : on avoit donné ce nom à l'une de montagnes des Alpes, du côté de la Rhétie & de la Carnie.

ALBOCELLA, ville de l'Hispanie, à l'est de *Aquæ Flaviæ*.

ALBOCENSII, nom d'un des peuples de la Dacie, selon Ptolemée.

ALBOCELLA, ville de l'Hispanie, selon Ptolemée, qui la place chez les *Vaccei*.

ALBOCENSIS, ville de la Dacie nommée dans Ptolemée.

ALBONA, petite ville de l'*Histria*, que l'on trouve aussi nommée *Alvona*.

ALBONICA, ville qu'Antonin attribue à l'Hispanie, entre *Cæsar Augusta* & *Lamnium*.

ALBULA, ancien nom du Tibre, ou *Tiberis*. Voyez *ce mot*.

ALBULA, est aussi le nom de plusieurs rivières.

ALBULA, ville épiscopale d'Afrique, dans la Mauritanie.

On cite une ville de même nom en Espagne.

ALBULUS, ç'avoit été un des noms du Tibre. *Voyez* Eustathe sur Denys le Périégète.

ALBUM, promontoire de la Palestine, au nord-ouest de la Galilée supérieure, au sud de Tyr, & près d'Alexandrie.

ALBUM PROMONTORIUM, *ou* ALBUM LITTUS, promontoire de l'Afrique, situé dans le détroit d'Hercule ou de Gibraltar, à l'Orient d'Ampelusia, à l'occident du mont Abyla, & vis-à-vis de *Mellaria*, sur la côte d'Espagne.

ALBUNEA FONS, *ou* ALBULÆ AQUÆ (*Bagni di Tivoli*), source & petite rivière du pays des Sabins, à l'ouest de Tibur. Ces eaux sulphureuses étoient propres à plusieurs maux ; ce qui les avoit mises en grande considération. On y avoit élevé des bains très-beaux, dont il est parlé dans Suétone.

Ce lieu étoit orné de beaucoup de monumens, dont quelques-uns trouvés dans les temps modernes, & publiés par Fabretti, montrent que l'on y adoroit Hygie, déesse de la santé.

ALBUNEUS FONS. *Voyez* ALBUNEA FONS.

ALBURNUS *Portus* & *Mons*, au nord de *Pæstum*, dans la partie de la grande Grèce, appellée Lucanie.

ALBUS PAGUS, *ou* ALBUS VICUS, village de l'Arabie, selon Strabon, & dont le nom signifioit *village blanc*, puisque le grec porte Λευκὴ κώμη.

ALBUS PORTUS, port de l'Arabie, selon Ptolemée.

ALCE, ville du Péloponèse, & de laquelle parle Plutarque dans la vie de Cléomène. Le Père Lubin croit qu'elle étoit dans l'Arcadie.

ALCE, ville de l'Hispanie, chez les Celtibériens, selon Tite-Live. Antonin nomme une ville d'*Alces* qui pourroit bien avoir été la même, au sud-est de *Consaburus*.

ALCE, ville de l'Hispanie. *Voyez* ALCÉ.

ALCE, fleuve de Bythinie, selon Pline.

ALCHALINTES ÆTHIOPES : c'est ainsi que le traducteur latin de Ptolemée écrit le nom que je trouve dans le texte écrit, Ὀυχαλιγκεῖς, & que la traduction italienne nomme *Alcalinei*. Ce peuple faisoit partie de ceux de la Lybie intérieure.

ALCHAT, lieu de la Palestine dont il est parlé dans le livre de Josué. C'étoit une ville de la tribu d'Aser, qui fut donnée aux Lévites.

ALCIDON, fleuve de la Triphylie; il commençoit sur les frontières de l'Arcadie, couloit d'abord vers le sud, puis alloit se rendre dans le *Jardanus*.

Pausanias dit que les poissons y étoient fort bons, mais qu'ils devenoient d'un manger dangereux en passant avec les eaux du *Jardanus* dans l'*Anigrus* qui est plus au nord.

ALCIMÉDON, plaine de l'Arcadie, au nord de *Mantinée*.

Elle portoit le nom d'un ancien héros, dont Hercule, disoit-on, avoit aimé la fille, Pillo, & en avoit eu un fils. Cet enfant fut ensuite exposé, avec sa mère, sur le mont *Ostracine*, vers lequel Hercule ayant été attiré par ses cris, ou bien par ceux d'une pie, il trouva son fils, & en prit soin; cette petite fable paroît avoir été imaginée pour donner l'origine du nom d'une fontaine qui étoit tout proche, & se nommoit *Cissa*, ou *fontaine de la pie*.

ALCIMOENNIS, ville que Ptolemée place en Germanie, dans la Vindélicie.

ALCIMUS, lieu de l'Attique, dont parle Plutarque, & qui étoit près du Pirée, port d'Athènes. Mais le Père Lubin pense qu'il faut lire *Alimus*, parce qu'en effet on connoît un bourg de ce nom, dans la tribu Léontide.

ALCINOI PORTUS, ou *le port d'Alcinoüs*; ce port devoient être l'un de ceux de l'île de Corcyre, qui est aussi appellée dans le périple de Scylax, l'île d'Alcinoüs.

ALCINOI HORTI, ou *les jardins d'Alcinoüs*. Homère & Virgile ont parlé des jardins de ce prince : ils devoenit être dans l'île de Cortyre, siège de son royaume.

ALCIONE, ville de Thessalie, qui fut détruite de bonne heure.

ALCIONÉE, ou ALCYONIUM STAGNUM, petit lac que Pausanias indique dans le petit pays de Corinthe, partie du Péloponèse. Cet auteur dit que Néron ayant voulu le faire sonder, on n'en put trouver le fond. Les Argiens prétendoient que ce fut par ce lac que Bacchus descendit aux enfers, pour en ramener sa mère Sémélé.

ALCOLA (*Alcolea*), petite ville de la Bétique, & assez près du *Bætis*.

ALCOMENÆ, ville d'Illyrie, selon Etienne de Bysance.

ALCOMENÆ, ville de l'île d'Ithaque, selon Etienne de Bysance, & de laquelle Ulysse fut quelquefois appellé *Alcomeneus*.

ALCONA. *Voyez* ALCONIS.

ALCONIS (*Aigue-bone*), lieu de la Gaule, sur le bord de la mer. Il en est parlé dans l'Itinéraire maritime. Selon cet Itinéraire, il devoit être entre *Heraclea* à l'est, & *Pomponiana* à l'ouest, à douze milles de la première de ces villes, & à trente de la seconde. Bouche, &, après lui, dom Martin, pensent qu'*Alconis* est aujourd'hui Cavalaire. Mais M. d'Anville rejette ce sentiment, parce que la position de Cavalaire ne répond point aux distances indiquées; c'est plutôt, selon lui, le lieu nommé *Aigue-bone*.

ALCYONIUM MARE, on donnoit ce nom à la portion du golfe de Corinthe, qui s'étendoit entre les côtes occidentales de la Béotie, les côtes septentrionales de la Mégaride, & la petite partie de la Corinthie qui occupoit la presqu'île, jusqu'au promontoire *Olmia*.

ALDESCUS, fleuve qui, selon le périple de Denys le Périégète, se jettoit dans le Pont-Euxin.

On ignore à quel fleuve moderne on doit rapporter ce nom ancien.

ALDUAS DUBIS, ou plutôt ALDUA DUBIS, (le Doux), qui, du temps de César, entouroit la ville de Besançon. Lorsque Valois avançoit qu'*Alduadubis* étoit un nom corrompu, il ignoroit sans doute que ce mot est composé d'*Aldua* (l'Alde), & de *Dubis* (le Doux), qui se joignent ensemble auprès de Montbéliard.

ALE, ville d'Asie, sur la côte de Syrie, entre *Pedalia* & *Selinus*, selon Pline.

ALE, pays où les Israélites furent transportés après la destruction de leur royaume par Salmasar, roi des Assyriens.

ALEA, ville de l'Arcadie, au sud-est de *Stymphalus*.

Elle avoit eu pour fondateur *Aleus*, fils d'Alphidas. On y voyoit trois temples considérables; celui de Diane *Ephésienne*; celui de Minerve *Alea*, & celui de Bacchus, dans lequel étoit une statue de ce dieu. Sa fête, appellée *Skierne*, se célébroit tous les trois ans : peut-être avoit-elle pris son nom de l'obscurité dans laquelle se passoit la cérémonie suivante. Pausanias rapporte que, depuis un certain oracle, on fustigeoit les femmes à l'autel de ce dieu; comme à Sparte, on fouettoit les enfans à celui de Diane *Orthia*.

ALEA, ville de la Thessalie, selon Etienne de Bysance.

ALEA, ville de l'Hispanie, selon le même auteur, qui les place chez les *Carpetani*.

ALEBECE, ville de la Gaule, que l'on croit être la même que celle d'*Albiœce*. Voyez *ce mot*.

ALEBUS, rivière que Festus Avienus place dans l'Hispanie.

ALECTOROS, forteresse élevée près de l'embouchure du Borysthène.

ALECTUM, ville de *la Britannia*, ou l'Angleterre actuelle.

ALEII CAMPI, grande plaine de la Cilicie. M. d'Anville, d'après Strabon, écrit *Aleius cam-*

pus, & la place à l'est du *Sarus*, entre *Adana* & la mer.

ALEJUS CAMPUS, *ou* ALEÏUS; en grec, Αλήϊον πεδίον. *Voyez* ALEII CAMPI.

ALEMANIA. C'est de ce mot que, par la suite, s'est formé celui d'Allemagne, donné à une étendue de pays plus considérable encore que celui que les anciens nommoient *Germania*. Mais on ne trouve pas le mot *Alemania*, employé pour une division connue des Romains. Lorsque l'on eut commencé à connoître les *Alemani*, il étoit assez naturel de nommer leur pays *Alemania*. On peut prendre une idée de sa situation, par ce qu'il est dit des terres qu'habitoient ces peuples, au nord du Danube, & à l'est du Rhin. *Voyez* ALEMANI.

ALEMANNI, ALEMANI, ALLEMANNI, ALAMANI, & ALAMBANI, les Allemands; peuple d'Europe, dans la Germanie. Quoique ce nom, comme on le voit, se trouve écrit de différentes manières, il me paroît que le nom d'*Alemani* étoit le plus généralement adopté.

Origine. Si l'on en croit Agathias, qui écrivoit vers l'an 257 de l'ère vulgaire, ce nom signifioit une nation formée de la réunion d'une foule d'hommes sortis indistinctement de différentes nations (1). Dom Martin explique ce nom par un sens un peu recherché, quand il lui fait signifier, *tout homme*, c'est-à-dire, que chaque individu de la nation est réellement un homme, un homme de courage. Cette distinction entre ceux qui sont vraiment hommes & ceux qui ne le sont pas, pourroit convenir à quelque peuple moderne; mais dans le troisième siècle de l'empire où les mœurs étoient féroces, où les femmes en Gaule & en Germanie partageoient souvent avec leurs maris les fatigues de la guerre, & les périls des combats, on ne connoissoit pas d'hommes qui ne fussent hommes. Je ne sais pas si ce savant religieux paroîtra plus heureux dans l'origine qu'il donne aux Allemands. Selon la plupart des historiens, ils descendoient des Suèves, c'est-à-dire, d'une nation germaine. M. d'Anville les croit de même Germains d'origine. Voici en deux mots le sentiment de ce religieux.

Les *Alemani*, selon dom Martin, n'étoient d'abord qu'une petite troupe de Gaulois, qui, sous la protection des garnisons romaines, alla se cantonner sur les terres intermédiaires qui séparoient l'Empire de la Germanie. Comme les anciens les placent entre le Danube, le haut Rhin & le Mein, on voit que c'est à-peu-près où est actuellement le duché de Wirtemberg.

Le nombre de ces Gaulois s'accrut considérablement. Bientôt les peuples Germains dont ils étoient environnés, leur imprimèrent les sentimens de haîne qui les animoient contre les Romains: ils formèrent conjointement avec eux une espèce de conspiration, tendant à secouer le joug des Romains, & à leur fermer l'entrée de la Germanie. Ces Gaulois adoptèrent ce projet, & se donnèrent le nom particulier de Cennes. Je crois que ce qui sert ici de base à l'opinion de dom Martin, c'est que Dion les nomme *Cenni*, avant qu'ils en vinssent aux mains avec l'empereur Caracalla, & que ces *Cenni* avoient une origine Celtique. Il pense que ce sont les mêmes que l'on retrouve ensuite sous le nom d'*Alemani* (2).

Le gouvernement y étoit monarchique: on a les noms de plusieurs de leurs rois. Quant à leur religion, elle étoit la même que celle des Germains. Leurs mœurs étoient féroces, & ils étoient cruels envers leurs prisonniers. Cela ne justifie que foiblement la conduite que leurs vainqueurs tenoient souvent à leur égard. La chronique d'Idace leur reproche aussi d'avoir été fourbes. On voit que Chrocus, un de leurs rois, ayant été fait prisonnier, on le promena ignominieusement dans toutes les villes qu'il avoit précédemment ravagées; puis, après lui avoir fait souffrir toutes sortes de tourmens, on lui coupa la tête.

Il faut qu'avec le temps, les *Alemani* soient devenus bien considérables, puisque l'Anonyme de Ravenne leur attribue trente villes.

Je n'entrerai pas ici dans le détail de leur histoire. Ce fut l'an 214 de notre ère, que Caracalla marcha contre eux, & les défit. Cependant il fit ensuite la paix, leur distribua des sommes d'argent, & en enrôla dans ses troupes. Selon Aurelius Victor, il affectoit même quelquefois de se vêtir comme eux, sans doute, parce qu'après sa victoire, il avoit pris le surnom d'*Alémanique*.

L'an 234, les *Alemani*, ou Allemands, se rendirent maîtres des forts construits sur les bords du Rhin, & commirent d'affreux ravages dans la Gaule. Sévère marchoit avec eux lorsqu'il fut massacré par ses soldats. Maximin, élu à sa place, entre en Germanie, & y mit tout à feu & à sang. La suite de leur histoire n'offre qu'une succession presque continuelle de victoires & de défaites, d'incursions faites par eux sur les terres de l'Empire, & d'attaques portées chez eux par les Romains. Ce qui doit étonner sur-tout, c'est leur extrême population, puisque, à d'assez courts intervalles, on trouve qu'ils perdirent en bataille rangée, tantôt douze, tantôt quinze mille hommes; enfin, sous Constance Chlore, on trouve une défaite de six mille hommes. Le cruel Constantin ayant fait prisonniers quelques-uns de leurs rois, les fit abandonner aux bêtes féroces dans l'arène où se donnoient ces sortes de combats.

(1) On pourroit appuyer le sentiment d'Agathias par l'étymologie de ce nom, prise dans la langue allemande. *Al* signifie *tout*; & *man*, signifie *homme*.

(2) Mais les *Cenni* de Dion paroissent pouvoir être pris pour les *Chatti*, regardés comme une nation germaine.

Ce ne fut qu'au temps que Julien commandoit dans la Gaule, que les Allemands en furent totalement chassés. Cependant, après sa mort, ils firent encore quelque irruption dans la Gaule & dans la Rhétie. Il y eut encore différens mouvemens de leur part. Mais, vers l'an 388, ils se soumirent à Maxence. Puis, sous le règne d'Honorius, une colonie d'Allemands obtint la permission de s'établir dans une partie de l'Helvétie.

Dans la suite, d'autres Allemands se rendirent maîtres du pays, appellé actuellement Alsace. Secondés par les Allemands de l'Helvétie, & par quelques autres établis en Germanie, ils se jettèrent dans la seconde Germanie, & y mirent tout à feu & à sang. Clovis, roi des Francs établis dans la Gaule; & Sigebert, roi d'Austrasie, ayant réuni leurs troupes, défirent les Allemands à Tolbiac (Zulpick). Ceux d'Alsace & de l'Helvétie reconnurent Clovis pour leur roi. D'autres se refugièrent en Rhétie & dans le *Noricum*, où Théodoric, roi d'Italie, leur permit de s'établir. Depuis ce temps, les Allemands n'eurent plus de roi de leur nation, & leur nom, en s'étendant dans la Germanie, devint, pour les Francs, un nom générique donné à tous les habitans de la Germanie, que ses habitans appelloient *Thaïschland*.

ALEOS, rivière d'Asie, selon Pline. Il faut que ce soit une très-petite rivière, puisqu'il la place dans la presqu'île où étoit la ville d'*Erithræ*, à l'ouest de Smyrne. On lui attribuoit la vertu de faire pousser les cheveux & le poil sur les différentes parties du corps.

ALERE, R, (*l'Indre*); on trouve ce nom dans l'Anonyme de Ravenne. Il ne faut pas laisser ignorer cependant que l'Indre est nommé *Angera*, par Théodulfe d'Orléans; *Anger*, par Grégoire de Tours; & *Andra*, dans l'acte de fondation de l'abbaye de Deols.

ALEREA (*Ardantes*), ville de la Gaule, chez les *Bituriges cubi*. Il en est fait mention dans la table Théodosienne. M. d'Anville la place entre *Ernodurum* au nord-est, & *Argentomagus* au sud-ouest.

ALERIA, colonie, ville de l'île de *Corsica*, ou de Corse: elle étoit sur la côte orientale. Sylla, que l'on en regardoit comme le fondateur, y avoit établi une colonie.

ALES, que la Martinière écrit ainsi, & place dans la Béotie, est attribuée aux Locriens Opuntiens sur la carte de M. d'Anville, qui l'écrit *Hales*. Tous deux l'indiquent sur le *Platanius*; elle étoit à son embouchure. *Hales* fut entièrement détruite par Sylla, & rebâtie depuis par ses habitans.

ALESA, Alœsa ou Halesa, ville de Sicile. On trouve dans Ptolemée *Alœsa*, & M. d'Anville adopte cette orthographe: cette ville étoit sur la côte septentrionale, à l'est de *Cephalœdis*. Solin débite un petit conte en parlant d'une fontaine qui devoit être près d'*Alesa*. Les eaux en étoient ordinairement tranquilles; mais elles s'enfloient dès que l'on jouoit de la flûte sur ses bords.

ALESENI, peuple arabe que Strabon place dans la Babylonie, vers le golfe Persique.

ALESIA (*Alise*), ville considérable de la Gaule, chez les *Mandubii*, comprise dans la première Lyonnoise. Cette place, située sur une haute montagne, étoit la plus forte des Gaules. C'est sans doute à cause de l'avantage de cette situation, que Diodore de Sicile lui donne Hercule pour fondateur. César qui en sentoit toute l'importance, s'attacha à la prendre, & y réussit; & Velleius Paterculus dit que cette entreprise étoit moins d'un homme que d'un dieu. Véritablement lui & son armée y coururent de grands dangers; car *Alesia* étoit de plus défendue par quatre-vingt mille hommes. On peut attribuer à la prise de cette place la réduction de toute la Gaule; car, depuis cette époque, on n'y forma plus le dessein de secouer le joug.

N. B. La montagne sur laquelle étoit *Alesia*, & qui porte aujourd'hui le nom de *mont Auxois*, est élevée au-dessus de la plaine de cent-cinquante toises en hauteur perpendiculaire. Le pied est arrosé par deux rivières, l'Oze & l'Ozerain. C'est du nom d'*Alesia* que s'est formé celui d'Auxois.

César avoit détruit cette ville; mais elle fut rebâtie, & jouit d'un rang considérable sous les empereurs. Pline nous apprend que l'on devoit à ses habitans la découverte de l'art d'argenter au feu les ornemens des chevaux, & le joug des animaux qui traînent les chars. Selon Diodore, elle étoit la capitale de toute la Celtique.

ALESIŒ, village de la Laconie, situé sur la route de Thérapné à Taïgète, où l'on disoit que Mylès, fils de Lélex, enseigna le premier à se servir de meule pour moudre les fruits de la terre. On voyoit dans ce village un monument héroïque élevé à l'honneur de Lacédémon, fils de Taïgète. Pausanias, *Lib. III*; Lacon, *c.* 20.

ALESIŒUM, *ou* Alesium, ville de Triphylie, au sud-ouest d'*Onus*. (*Voyez* ci-dessous.)

ALESIUM, ville de la Grèce dans l'Elide. Elle étoit dans l'intérieur des terres, tout près du mont Pholoé, à quelque distance au sud-est de la ville d'Elis. Les gens du pays s'y rendoient à certains jours, ainsi qu'on le voit par Strabon. Le mot d'Αγορα, qu'Homère emploie en cet endroit, fait voir que l'on y venoit comme à une espèce de foire ou de marché. Il falloit que cette ville n'existât plus au temps de Pausanias, puisqu'il n'en fait pas mention, du moins comme existante en ce lieu.

Je crois que si l'on vouloit traduire littéralement ces vers (617 & 618, ou de l'énumération 123 & 124), il faudroit dire: « tout le terrein qui s'étend » depuis Hyrmine, Myrsine, & la roche Olé- » nienne, jusqu'à *Alesium*, qui se trouve dans l'in- » térieur, ou bien depuis *Alesium* dans l'intérieur » du pays, jusqu'à Hyrmine, Myrsine & la roche » Olénienne », & il me semble que c'est le sens d'Homère:

d'Homère : il semble même qu'il veuille marquer leur éloignement par l'épithète d'ἐσχάτουσα dont il se sert à propos de Myrsine.

ALESUS, *ou* ALÆSUS, petite rivière de la Sicile qui couloit du sud au nord, sur la côte septentrionale. M. d'Anville la nomme *Alæsas*.

ALESUS (*Sanguinaria*), rivière d'Italie, dans l'Etrurie.

ALETA, *ou* ALATA, ville de la Dalmatie, selon Ptolemée.

ALETIUM, ville d'Italie dans l'*Iapygia*, chez les *Salentini* : elle étoit dans les terres, à l'est de *Callipolis*.

ALETRIUM. *Voyez* ALATRIUM.

ALETUM (*Guich-Alet*), ville des Gaules dont il est parlé dans la notice de l'Empire. Le colonel des soldats dits *Martenses*, y faisoit sa résidence, & y exécutoit les ordres du duc de la contrée armoricane. M. d'Anville & dom Martin la placent sur le bord de la mer, à l'extrêmité, nord-ouest, du territoire des *Rhedonnes*.

Elle étoit devenue siège épiscopal ; mais ce siège, dans le douzième siècle, fut transféré à S. Malo, qui n'en est qu'à un mille environ.

ALEX, fleuve de l'Italie, dans cette partie de la grande Grèce, appellé *Brutium*. Il avoit sa source dans les montagnes, entre *Locri* & *Rhegium*, & couloit droit au sud.

ALEXANDREA, montagne d'Asie dans la Mysie, & qui faisoit partie de la chaîne que l'on nommoit *Ida*. On prétendoit que ce fut sur cette montagne que Pâris prononça entre les trois déesses, Junon, Pallas & Vénus. Ce fut d'Alexandre, l'un des noms de Pâris, que la montagne fut appelée *Alexandrea*.

ALEXANDREUM CASTELLUM, place forte de la Judée. Selon Joseph, c'étoit une belle forteresse située au sommet d'une montagne. M. d'Anville la nomme *Alexandrium*, & la place vers le sud-est de *Néapolis*. Alexandre, fils d'Aristobule, la fortifia par des nouveaux ouvrages. Cellarius croit que la fondation même de ce château étoit l'ouvrage d'Alexandre Janné, père d'Hircan & d'Aristobule. Gabinius démolit ce château ; mais Hérode le rétablit, & y fit enterrer Alexandre & Aristobule, ses fils, qu'il avoit fait mourir à Sébaste.

ALEXANDREUM SOLUM, Strabon nomme ainsi le territoire de la ville d'Alexandrie, dans la Troade.

ALEXANDRI ARÆ, en grec, Ἀλεξάνδρου βωμοὶ, les autels d'Alexandre, lieu de la Sarmatie, selon Ptolemée, tout près du Tanaïs.

ALEXANDRI CASTRA, ou le camp d'Alexandre. On a donné ce nom au lieu de la Marmarique où campa Alexandre en allant au temple de Jupiter Ammon : il en étoit peu éloigné vers le nord-est.

ALEXANDRI COLUMNÆ, ou les colonnes d'Alexandre. Ptolémée les indique au pied du mont *Hippicus*, où Alexandre n'alla jamais.

ALEXANDRI INSULA, île du golfe persique, selon Ptolemée & Marcien d'Héraclée. La Martinière croit que c'est la même qui se trouve dans Pline sous le nom d'*Aracia*, qui étoit consacrée à Neptune, & dans laquelle il y avoit une très-haute montagne.

ALEXANDRI PORTUS. On voit par le Périple de Néarque, que le lieu qu'il lui plut appeller le port d'Alexandre, appartenoit à une île. On ne doit pas confondre cette île avec celle qui est nommée par Ptolemée *Alexandri insula* ; car celle-ci n'étoit pas dans le golfe persique. L'auteur grec dit qu'il lui donna ce nom d'Ἀλεξάνδρου λιμὴν, à cause de sa grandeur & de sa beauté ὅτι δε μέγας τε καὶ καλος.

ALEXANDRIA (1). Un assez grand nombre de villes de l'antiquité ont porté le nom d'*Alexandria* ou d'Alexandrie, qu'elles tenoient d'une manière plus ou moins directe d'Alexandre-le-Grand. Etienne de Bysance en nomme jusqu'à dix-huit ; mais il en est quelques-unes dont la position est bien indéterminée. Je ne parlerai ici que de celles dont je pourrai indiquer, au moins à-peu-près, la situation. Entre ces différentes Alexandries, il en est une qui nous intéresse plus particuliérement que les autres, & qui, par son rapport avec l'Histoire Romaine, mérite d'être plus connue : je m'y arrêterai plus qu'aux autres.

ALEXANDRIA, Alexandrie (nommée par les Turcs *Scanderia*). Pour se former une idée un peu précise de cette ville, il faut la décrire avec quelque détail. Alexandrie, fondée par Alexandre l'an 331 avant l'ère vulgaire, étoit en Egypte à l'occident du Delta. Elle s'étendoit de l'ouest à l'est, entre la mer & la presqu'île de Pharos au nord, & le lac Maréotis au sud. Elle étoit principalement divisée par deux grandes rues qui se coupoient à angle droit ; la plus longue allant de l'est à l'ouest ; l'autre, du nord au sud. L'enceinte de toute la ville, mesurée par Dinocratès qui en fut l'architecte, étoit de 15 mille pas. A l'est, étoit la porte de Canope, d'où la grande rue, dans une longueur de 40 stades, communiquoit à la porte de *Necropolis* qui étoit à l'ouest ; l'autre rue communiquoit avec le lac Maréotis au sud par la porte du soleil, & avoit dix stades jusqu'à la porte de la lune, par où elle communiquoit avec la mer. On comptoit, au temps de Philon, cinq quartiers à Alexandrie : ils avoient chacun leurs noms, pris des premières lettres de l'alphabet grec. Les Juifs avoient par la suite donné leur nom à deux de ces quartiers où ils habitoient en plus grand nombre que dans le reste de la ville. Les deux noms qui nous sont restés des quartiers d'Alexandrie, sont ceux du *Bruchion* à l'est & près de la mer, & de *Rhacotis* à l'ouest.

Le quartier de Bruchion, appellé aussi le quartier des palais, étoit situé entre le grand port & la porte de Canope : il étoit fort étendu & formoit

(1) Ce nom écrit en grec Ἀλεξάνδρεια, a été rendu en latin tantôt par *Alexandria*, & tantôt par *Alexandrea*.

au moins la quatrième partie de la ville. C'étoit aussi le quartier le plus considérable par la somptuosité des palais, des temples, par les bois sacrés: c'étoit là que se trouvoit la citadelle. On y voyoit du temps de Strabon le *Musæum*, le Théâtre, la Palestre, le *Mœandras* ou Manège, le Gymnase, le *Soma* qui étoit la sépulture d'Alexandre & des rois d'Egypte, le temple d'Isis & d'autres temples.

Le quartier de Rhacotis communiquoit au nord avec le port d'*Eunoste* ou de bon retour, à l'ouest, avec la campagne, & au sud, avec le lac Maréotis: il étoit traversé d'abord du nord au sud, près de ce port vers le sud, par un canal qui communiquoit du lac Maréotis au port d'Eunoste. Ce quartier, moins orné que l'autre, renfermoit cependant un temple de Sérapis qui formoit un des plus beaux édifices de la ville: on le nommoit *Serapium*. Ptolemée, fils de Lagus, l'avoit fait bâtir dans un lieu où auparavant se trouvoit une petite chapelle consacrée à Sérapis & à Isis. C'étoit, dit Rufin, un lieu élevé non par la nature, mais de mains d'homme: il est, pour ainsi dire, suspendu en l'air. Ce vaste bâtiment est quarré, & soutenu sur des voûtes, depuis le rez-de-chaussée, jusqu'à ce qu'on soit arrivé au plein-pied du temple, auquel on monte par cent degrés: ces voûtes sont partagées en plusieurs appartemens séparés les uns des autres, & servent à différens mystères & secrets. Sur ces voûtes & dehors, sont de grandes sales pour conférer, des réfectoires & la maison où demeurent ceux qui ont la garde du temple, & ceux qui vivent dans la chasteté. En dedans régnoient des portiques qui composoient une espèce de cloître autour de ce bâtiment quarré. C'étoit au milieu de ce cloître que s'élevoit le temple de Sérapis, orné de colonnes, & dont les murs étoient de marbre. Ce superbe temple fut détruit dans la suite par le patriarche Théophile. Vers le sud-ouest étoit la belle colonne appellée, comme aujourd'hui, colonne de Pompée.

Presque toutes les maisons étoient bâties sur des voûtes, & avoient sous elles des citernes dans lesquelles entroit l'eau du Nil, & d'où on la puisoit très-potable après qu'elle s'y étoit reposée.

Le nombre des habitans de cette ville répondoit à son étendue; ce qui a fait dire assez agréablement à un ancien, que quand il considéroit cette multitude d'hommes, il ne pouvoit comprendre qu'il y eût une ville assez grande pour les contenir; & que quand il considéroit l'étendue du terrein, il ne pouvoit comprendre comment on avoit pu réunir assez de monde pour le couvrir. Au temps de Diodore, on y comptoit 300 mille personnes libres; ce qui suppose plus du double d'habitans à cause des esclaves. Or, aucune ville ancienne, excepté Rome, chez les Grecs ou les Romains, ne fut aussi prodigieusement peuplée.

Au nord d'Alexandrie étoit une chaussée qui établissoit la communication de la ville à l'île de Pharos, ou du Phare: elle se nommoit *Heptastadium*, c'est-à-dire, étendue de sept stades, quoique les auteurs ne sont pas d'accord sur sa juste longueur. Cette chaussée séparoit les deux portes; mais on pouvoit communiquer de l'une à l'autre par le moyen de deux canaux qui coupoient l'Heptastade, & que l'on traversoit sur des ponts.

Au sortir de l'*Heptastadium*, on trouvoit dans l'île de Pharos un bourg qui pouvoit passer pour une ville, par la hauteur des bâtimens: ils étoient environnés de tours élevées jointes les unes aux autres. Ce bourg fut détruit par César dans la guerre d'Alexandrie, aussi bien que l'aqueduc qui conduisoit l'eau du continent dans l'île par l'Heptastadium.

L'île du Phare s'étendoit en longueur devant les deux ports, & ses deux promontoires opposés à ceux qui s'avançoient du continent, en formoient les entrées. Comme l'entrée du grand port étoit sur-tout très-difficile, pour empêcher que les vaisseaux ne se brisassent, on avoit bâti la tour du Phare au promontoire oriental. Cette tour, si fameuse par la beauté de son architecture, étoit l'ouvrage de Sostrate de Cnide, qui vivoit sous le règne de Ptolemée-Philadelphe: elle étoit bâtie sur un rocher environné des eaux de la mer, & revêtue d'épaisses murailles contre lesquelles venoient se briser les flots. Elle avoit plusieurs étages construits les uns sur les autres; & sa hauteur étoit telle, que le feu que l'on allumoit en haut pendant la nuit, se découvroit de 300 stades en mer. Mais cette tour ne servoit pas seulement à éclairer les vaisseaux, elle servoit encore de défense au port. Les vaisseaux qui venoient du large étoient obligés de ranger cette forteresse pour éviter les rochers qui étoient de l'autre côté; de sorte que l'on ne pouvoit entrer dans le grand port quand il étoit défendu par ceux qui gardoient la tour.

On sait que cette ville eut beaucoup à souffrir pendant la guerre que César y fit aux Alexandrins, & qu'une partie de la bibliothèque fut brûlée. Cependant Alexandrie redevint très-florissante, jusqu'au temps qu'elle fut prise, sous l'empereur Héraclius par Amrou Ben-As, général du calife Omar: mais cette prise, les malheurs qui l'accompagnèrent, & l'état actuel de cette ville ne sont pas de mon objet.

Alexandria, ville d'Asie dans l'Arachorie, selon Ptolémée. Ammien Marcellin en parle comme d'une ville peu importante. Quelques auteurs croient qu'elle est aujourd'hui la capitale du Candahar.

Alexandria, ville de d'Albanie, indiquée par Quinte-Curse au pied du Caucase, près la mer Caspienne: cette position seroit-elle celle de *Derben Capi*?

Alexandria, ville d'Asie dans l'Arie. Pline dit qu'elle avoit eu Alexandre pour fondateur, & qu'elle étoit sur le fleuve *Arius*.

Alexandria, ville d'Asie dans la Bactriane: Etienne de Bysance l'indique auprès de *Bactra*.

ALEXANDRIA, ville d'Asie dans la Carmanie.

ALEXANDRIA, ville d'Asie dans la Sacastène, & près de Sigal.

ALEXANDRIA, dans les Indes.

ALEXANDRIA dans la *Cilicia*: on lui ajoutoit, pour la distinguer, *ad Issum*, c'est-à-dire, près de la ville d'Issus.

ALEXANDRIA, ville d'Asie dans la Margiane. Cette ville prit le nom d'*Antiochia* depuis qu'Antiochus l'eut fait rétablir.

ALEXANDRIA, ville d'Asie sur l'*Oxus*, & par cette raison surnommée *Oxiana*.

ALEXANDRIA, ville d'Asie chez les Paropamisades. Alexandre la bâtit en allant dans la Bactriane, au pied d'une montagne que quelques historiens d'Alexandre ont nommée Caucase; mais qui est très-loin de la montagne à laquelle l'antiquité a donné ce nom.

ALEXANDRIA, ville d'Asie dans la Sogdiane.

ALEXANDRIA, dans la Troade.

ALEXANDRIA, ville d'Asie dans l'*Adiabene*. Pline est le seul auteur qui en parle. Le père Hardouin conjecture que le héros macédonien voulut, par cette fondation, éterniser la mémoire de la défaite de Darius, en élevant un monument durable & de son nom, dans le lieu même où il avoit défait son ennemi.

ALEXANDRIA ULTIMA, ville de l'Asie dans la Sogdiane, fort loin à l'est de celle surnommée *Oxiana*.

ALEXANDRIA, ville de l'île de Chypre, sur la côte septentrionale, mais vers l'ouest, au sud du promontoire *Callinusa*.

ALEXANDRIA, ville de la Palestine sur la petite rivière de Scham, & au bord de la mer, au sud de Tyr.

ALEXANDRIA, ville de la Syrie. Elle étoit située dans le golfe d'*Issicus*, dans la partie sud-est de ce golfe. Elle étoit au sud-ouest du défilé, nommé *Syriæ pylæ*, vers le 36e degré 30 minutes de latitude.

ALEXANDRINA REGIO, pays d'Afrique, dans la basse Egypte, à l'ouest: c'étoit le petit pays où se trouvoit Alexandrie.

ALEXANDROPOLIS, ville d'Asie, dans l'Arachosie, dont on croit qu'elle fut la capitale.

ALEXANDROPOLIS, ville d'Asie, dans la Parthyène, qui étoit, selon Ptolemée, une partie de la Parthie.

ALEXANDROPOLIS, ville d'Asie, dans la Sacastène, selon Isidore de Charax.

ALEXANDROPOLIS, ville de Thrace: voici ce que rapporte Plutarque. Alexandre, n'ayant encore que seize ans, fut laissé seul régent du royaume, & maître du sceau royal, pendant que Philippe son père faisoit la guerre aux Bysantins. Il subjugua, dit cet auteur, les *Medares* qui s'étoient révoltés, les chassa de leur ville, y établit des habitans de plusieurs nations, & nomma la ville, *Alexandrie*. Mais comme il paroît que ces Medares ne sont autres que les *Mædi*, qui habitoient sur les bords du *Nestus*, entre la Thrace & la Macédoine, on a pensé que cette ville avoit perdu promptement son nouveau nom, & qu'elle n'a été connue depuis que sous celui de *Jamphorina*.

ALEXIA. C'est à tort qu'on trouve ce nom dans la traduction de Strabon, pour celui de la ville des Mandubiens. Le texte bien corrigé, porte Αλεσία, *Alesia*.

ALFABUCELIS, lieu de l'Italie, chez les Marses, selon Ptolemée.

ALGÆ, port d'Italie, selon Antonin, qui le place à trois milles de *Centumcellæ*.

ALGIDUM, ville du *Latium*, entre Preneste au nord-est, & Albe au sud-ouest, près des montagnes. Cette ville, quoi qu'en ait dit Holstenius, appartenoit aux Eques: je le dis à l'article de ce peuple; ici je dois le prouver: voici mon autorité. Je trouve dans Denys d'Halicarnasse, ces mots, εν Αλγιδῷ τῆς Αἰκανων χωρας. Je pourrois citer encore Tite-Live, qui, en parlant d'une guerre contre les Eques, en met le siège à *Algidum*. Il y avoit à *Algidum* un temple de Diane, situé au haut d'une montagne, d'où la vue se portoit sur la mer d'*Antium* & de *Circei*, sur les plaines Pomptines, converties depuis en marais, & sur une partie de la voie latine. Ce fut ce temple de Diane, dont le nom en grec est *Artemise*, qui donna à la montagne le nom de mont d'Artemise: c'étoit au pied de ce mont qu'étoit située la ville. Il paroît qu'il y avoit aussi un temple de la Fortune. On peut donc croire que cette place, qui ne fut d'abord regardée que comme un bain, devint une ville un peu considérable, & sur-tout une espèce de place de défense de ce côté du *Latium*.

ALGIDUS, nom qu'Etienne de Bysance & quelques autres auteurs donnent à la ville d'*Algidum*.

ALGIDUS, montagne d'Italie, dans le *Latium*, où se trouvoit aussi la ville appellée *Algidus* ou *Algidum*.

On prétend que ce nom avoit pour origine celui de *Gelidus*, à cause de la qualité de l'air qu'on y respiroit.

ALGINNUM. C'est ainsi que quelques interprètes de Ptolemée ont cru devoir lire dans cet auteur, le nom d'*Altinum*. Voyez *ce mot*.

ALIACMON, ville de Macédoine. *Voyez* HALIACMON.

ALIANA, *ou* ALIANORUM CIVITAS, évêché de la Phrygie, sous la métropole de Laodicée.

ALIANUS: c'étoit, à ce qu'il paroît, un château de la Ligurie, aux environs de Gênes.

ALIARDII, peuple de l'Afrique, selon Ptolemée.

ALIARIA, ville de la Comagène, placée, selon Antonin, sur la route de *Nicopolis* à *Edessa*.

ALIARTUS, *ou plutôt* HALIARTUS; car le texte porte Ἄλιαρτον; ce qui doit se rendre en françois par *Haliarte*. Cette ville fut une des plus considérables de la Béotie. On auroit quelques détails sur son origine, si Pausanias eût rempli son engagement; car (*Beotic. c. 32*), il dit qu'il rapportera par qui elle fut fondée, à l'article des Orchoméniens; cependant il n'en parle pas. Selon cet auteur, Haliarte s'étant montrée fort attachée aux intérêts des Grecs, lors de l'invasion des Perses sous Xerxès; les ennemis mirent tout à feu & à sang. On y voyoit, du temps de Pausanias, le tombeau de Lysandre, ce général des Lacédémoniens qui prit Athènes, & y établit les trente tyrans. Ce même historien remarque qu'il y avoit dans Haliarte plusieurs temples, mais sans aucune statue. En général, les terres de la Béotie étoient fertiles. Il paroît par l'épithète de *ποιηεν-θον* que lui donne Homère, & qui est formée de *ποιη*, *herbe*, que le territoire de cette ville étoit abandant en pâturages ou en herbes potagères. Strabon dit qu'elle fut détruite après la guerre de Persée; & Tite-Live nous apprend que ce fut l'ouvrage du préteur Lucretius. Il faut cependant que cette ville ait recouvré quelque chose de son ancien état, puisque Pausanias, au milieu du deuxième siècle, en parle comme d'une ville existante.

ALIARTUS, ville de Grèce, dans la Messénie, selon Ptolemée.

ALIBACA, ville d'Afrique, dans la Pentapole, selon Ptolemée. M. d'Anville n'a pas placé cette ville sur sa carte.

ALIBAS, fleuve dont parle Suidas, qu'il nomme *infernal*, & qui, selon lui, desséchoit tout.

ALICANDRA, ville que Ptolemée indique dans la Médie. Quelques manuscrits portent *Alidraca*.

ALICANUM, HALICANUM, ville de la Pannonie. Quelques auteurs pensent qu'il faut écrire *Hœlitanum*, ou *Hilicanum*. Lazius soupçonne que cette ville pourroit être la même que l'*Olimachon* de Ptolemée.

ALICHORDA, ville que Ptolemée place dans la Bactriane. Ammien Marcellin la nomme *Alicodra*.

ALICIÆ. *Voyez* HALICIÆ.

ALICUS. *Voyez* HALICUS.

ALICYRNA, lieu de la Grèce, qu'Etienne de Bysance place dans l'Acarnanie, & que le périple de Scylax met dans l'Etolie. Il est probable que c'est le lieu nommé par d'autres auteurs *Lycima*, au sud de Calydon, sur le bord de la mer.

ALIEIS, ville maritime du Péloponèse, dans la Laconie, selon Etienne de Bysance. Elle avoit été fondée par les habitans de Tyrins, après qu'ils eurent été chassés de leur ville par les Argiens. Ils lui donnèrent un nom qui, signifiant la pêche, étoit relatif à leur occupation.

ALIEU, *ou* ALIŒU, îles que Pline indique dans le golfe Adulique, près de l'Ethiopie.

ALIFA (*Alifi*), ville d'Italie, dans le pays des Samnites. M. d'Anville écrit *Alifæ*, & la place au sud-ouest de *Bovianum*, & au nord-ouest de *Beneventum*. Cette ville étoit colonie romaine. Horace en parle à l'occasion des vaisseaux de terre qui s'y faisoient, & dont l'usage étoit de conserver le vin. Ptolemée écrit *Allifa*.

ALIFANUS AGER: c'étoit le territoire d'*Alifa*. Il en est parlé dans la première harangue de Cicéron, *de lege agrariâ*.

ALILÆI, peuple de l'Arabie heureuse, vers l'occident. On dit que l'or étoit si abondant chez eux, qu'ils l'estimoient moins que le cuivre & que le fer. Cela prouveroit au moins que le fer & le cuivre y étoient fort rares.

ALIMALA, nom d'une contrée de l'Asie mineure, dans la Lycie, selon Etienne de Bysance.

ALIME, bourgade de l'Attique, de la tribu Léontide, située près de Phalère, & dans le voisinage d'Athènes: on y voyoit un temple consacré à Cérès Thesmophore, ou législatrice, & à Proserpine, selon Pausanias, *in Attica*, *Liv. 1*, *ch. 31*.

ALIMNE, ville d'Asie, dans la Phrygie, selon Tite-Live. On soupçonne que ce pourroit être celle qui est nommée ailleurs *Alinum*, ὁ Αλινῶν.

ALIMUS, *ou* HALIMUS, bourg de l'Attique qui se trouvoit assez près du port de Phalère.

ALINA, nom de l'une des trois petites îles Cryéon, situées au fond de la partie nord-ouest du golfe de *Glaucus*, vers le 36ᵉ degré 55 minutes de latitude.

ALINA, ville de l'Asie mineure, dans la Carie, selon Etienne de Bysance, qui cite Polyhistor. Mais d'après ce qu'il dit que l'habitant de cette ville étoit nommé *Alindeus*, les critiques se croient fondés à regarder *Alina* comme une faute, au lieu d'*Alinda*.

ALINA, *ou* ATINA, lieu d'Italie, dans la partie de la grande Grèce, appellée Lucanie, au nord de *Cæsariana*, & à l'ouest d'*Abellinum marsicum*.

ALINDA, ville que Ptolemée place dans la Carie, entre Stratonice & *Badessus*. M. d'Anville la place à l'est de *Stratonicæa*. Pline, en parlant des habitans de cette ville, commence leur nom par une H.

ALINDŒA, ville qu'Etienne de Bysance place en Macédonie.

ALINGAVIA (*Langey*); Grégoire de Tours nomme cette ville qui est sur la Loire.

ALINGO, ALINGONIS PORTUS (*Lingon*), Sidoine Apollinaire parle de ce port qui étoit sur la *Garumna*. On lui donnoit plus particulièrement le nom de port, parce que la marée y remonte. M. d'Anville place *Alingo* chez les *Vassates*, entre *Sirio* au nord-ouest, & *Ussubium* au sud-est. Dom Martin le place plus près de Bordeaux que *Sirio*, mais il n'en donne pas la raison.

ALINZA, ville que Ptolemée place en Médie, dans les terres: on la nommoit aussi, selon lui, *Orosa*.

ALINZA, autre ville de la Médie, mais plus septentrionale que la précédente.

ALINZA, ville de la Susiane.

ALIONE, nom qui se trouve écrit dans la

notice de l'Empire, pour *Alone*. *Voyez* ALAUNA.

ALIPHIRA, *ou* ALIPHERA, ville de l'Arcadie dans la partie occidentale, & au sud de *Heræa*.

La plus grande partie de ses habitans l'avoit abandonnée lors de la fondation de *Megalopolis*. On prétendoit qu'elle avoit pris son nom d'Alipherus, fils de Lycaon. On y voyoit deux temples, l'un d'Esculape, l'autre de Minerve. Selon la tradition du pays, cette déesse étoit née & avoit été élevée dans leur ville: on l'y révéroit d'un culte particulier. Cette ville fut jointe à celle de la Triphylie, lors de la ligue des Achéens.

ALIPSURI. Jornandès place un peuple de ce nom, au nombre de ceux qui furent vaincus par les Huns.

ALIPTES, nom d'une fontaine, près d'Ephèse.

ALISÆI, nom par lequel Joseph désigne les habitans de l'Eolide; ce qui ajoute quelque force à l'opinion de ceux qui font venir les Perses d'Elissa.

ALISARNA, écrit aussi *Halisarna*, ville de l'Asie mineure, dans la Troade.

ALISCA, ville de la basse Pannonie. La notice de l'Empire, qui la nomme *Alesca*, la met dans la Valérie, près du Danube.

ALISDACA, ville de la Médie, selon Ptolemée.

ALISIA, *ou* ALYSIA, est cité par Corneille, comme étant une ville de la Grèce en Epire.

ALISINCUM (*Anizi*), ville de la Gaule, chez les Eduens. Il en est parlé dans l'Itinéraire d'Antonin. M. d'Anville indique une correction nécessaire aux mesures indiquées dans l'un des endroits de l'Itinéraire. Cette ville avoit *Augustodunum* à l'est, & *Decetia* au sud-ouest.

ALISIUM, ville de l'Elide, & de laquelle parle Strabon, en observant qu'après avoir porté le nom d'*Aleision*, elle étoit nommée, de son temps, *Alesiæon*. Elle étoit sur un chemin montagneux qui conduisoit d'*Elis* à Olympie. M. d'Anville la place vers le sud-est d'*Elis*. Etienne de Bysance écrit *Alesion*.

ALISIUM, lieu dont parle Homère, & qui ne devoit pas être éloigné de *Buprasium* & d'*Olenus*, & par conséquent vers le nord d'*Elis*.

ALISIUM: selon Strabon, il y avoit un fleuve de ce nom.

ALISIUM, montagne de l'Arcadie, nommée sur la carte de M. d'Anville, *Alesius*. Elle séparoit l'Arcadie de l'Argolide, à la hauteur de Tégée & de Mantinée. On prétendoit que Rhée s'étoit égarée sur cette montagne, & que du mot Ἄλη, *erreur*, on en avoit formé le mot *Alesium*.

ALISO (*Alme*), petite rivière de la Germanie, selon Dion Cassius.

ALISO, château que fit bâtir Drusus dans la Germanie, pour contenir les Sicambres.

ALISON, *ou* ALISUM, ville que Ptolemée place dans la Germanie.

ALISONTIA, fleuve; (*l'Alsetz*, rivière.) c'est Ausone qui fait connoître cette rivière, sans indiquer précisément le pays qu'elle arrose. Mais, comme des lettres du comte Sigifrid, de l'an 963, nomment cette même rivière, en disant qu'elle passe à *Lusilinburch* (Luxembourg), on ne peut douter que son nom actuel ne soit *Alsetz*. Dom Martin ajoute qu'elle se rend dans la Moselle. Il falloit dire qu'elle se rend dans celle qu'Ausone nomme *Sura*, qui est la Sour, laquelle se rend ensuite dans la Moselle.

ALISTA, ville de l'île de Corse, dans la partie méridionale, & dont parle Ptolemée.

ALISTRES, fort de l'Epire, que Justinien, au rapport de Procope, fit rebâtir à neuf.

ALISUM, ville de la Germanie, selon Ptolemée.

ALISUS, ville que Ptolemée indique dans la Germanie septentrionale.

ALITAMBI, peuple d'Afrique, dont parle Ptolemée, & qu'il place entre la Libye & le mont *Thala*.

ALITES, nation barbare, nommée par Sidoine Apollinaire.

ALITROPES, ville que Scylax indique dans une partie de la Grèce où il place des Achéens, mais qui ne paroît autre que la Phthiotide, comprise ordinairement dans la Thessalie.

ALITROPHAGI, peuple de la Scythie, selon Amien Marcellin. Ortelius, &, après lui, la Martinière, ont très-bien remarqué que cet auteur avoit pris toute sa géographie dans Ptolemée. L'auteur grec met, au lieu d'*Alitrophagi*, les *Antropophagi*, c'est-à-dire, *les mangeurs d'hommes*.

ALIZONES, *ou* ALIZONI; car Eustathe paroît admettre ces deux leçons. *Voyez* HALIZONES.

ALLABA, ville de la côte méridionale de la Sicile, à l'embouchure du fleuve de son nom, & à peu de distance d'*Heraclea Minoa*.

ALLABA, *ou* ALLAVA, fleuve de la Sicile, selon l'Itinéraire d'Antonin. Il étoit dans la partie méridionale de l'île, entre le *Camicus* au sud-est, & *Crintisus* au nord-ouest.

ALLÆ: Denys d'Halicarnasse nomme ainsi le lieu où Tarquin remporta une victoire sur les Véiens.

ALLÆ: cette ville qu'Ortelius dit avoir appartenu à la Béotie, ne se trouve pas indiquée par Pausanias, quoique le savant moderne s'appuie du témoignage de cet ancien.

ALLAGES, contrée de la Thrace, auprès de Lysimachie.

ALLALIA: c'est ainsi qu'Etienne de Bysance écrit le nom de la ville de Corse (*Corsica*), que l'on a nommée plus généralement *Aleria*; sur quoi Berkelius remarque,

1°. Que ce nom est par-tout ailleurs écrit avec une seule *l*.

2°. Qu'on l'a changé en *Aleria*.

3°. Que ce furent des copistes ignorans qui changèrent *Alaria* en *Aleria*. Voyez *ce dernier mot*.

Ce furent les Phocéens d'Asie qui bâtirent la ville d'*Alaria*, & qui, vingt ans après, s'y retirèrent à l'occasion de la guerre que leur faisoient les Perses. Quelque temps après ils en furent chassés par les Tyrrhéniens, appellés postérieurement Etrusques, & passèrent à *Rhegium*.

ALLAN, bourg de l'Asie, dans la Mésopotamie. Il étoit situé sur le bord oriental de l'Euphrate, vers le 35e degré 35 minutes de latitude.

Selon Isidore de Charax, ce bourg étoit entouré de murailles.

ALLANTA, ville qu'Etienne de Bysance indique en Arcadie.

ALLANTA, *ou* ALLANTIUM, ville de Macédoine, selon le même auteur. On présume que les *Allantienses* de Pline habitoient cette ville & ses environs.

ALLATA, ville de l'Arabie déserte, selon Ptolemée.

ALLATA, ville de la Dalmatie, selon l'Itinéraire d'Antonin. La Martinière pense que ce pourroit être l'*Aleta* de Ptolemée.

ALLAZONIUM, ville de l'Asie, dans la Mysie, au nord-est de *Scepsis*.

ALLI, *ou* SEMIRUS, rivière de l'Italie, dans le *Brutium*.

ALLIA, fleuve, ou plutôt petit ruisseau de l'Italie. Virgile, en en parlant, y joint l'épithète d'*infaustum nomen*, faisant allusion à la défaite d'une armée romaine sur le bord de ce petit fleuve. Le récit de cet événement, arrivé le 18 juillet de l'an de Rome 363, où quarante mille Romains furent tués ou mis en fuite, n'est pas de mon objet; mais l'emplacement du ruisseau tient à la connoissance de la géographie & de l'histoire. On sait que ce fleuve ne devoit être qu'à onze milles de Rome, en remontant vers le nord. Les modernes s'étoient presque tous égarés, en ne rassemblant pas assez les circonstances qui indiquent la position de ce fleuve. 1°. Il traversoit le pays des peuples latins de la Sabine, comme le dit expressément Virgile; 2°. On fit face aux Gaulois sur l'*Allia*, au onzième mille. On peut y ajouter même, ainsi que le fait M. l'abbé Chauppy, que le chemin qui y conduisoit, devoit être une grande voie, puisque celles-là seules avoient des pierres milliaires. On voit aussi que cette voie communiquoit à la porte Colline, puisque ce fut par cette porte que les Gaulois vainqueurs entrèrent dans Rome. Tite-Live dit de plus que ce fleuve couloit dans un lit profond, & passoit sous la voie salaire de l'endroit où elle est près du Tibre. Tous ces caractères se retrouvent dans la *rivière de Saint-Jean de la Tour*.

N. B. C'est pour n'avoir pas assez rapproché ces circonstances, que M. d'Anville place l'*Allia* en remontant du sud de *Nomentum*, vers le nord-est.

ALLIENI, *ou* ALIENI FORUM. *Voyez* FORUM ALIENI.

ALLIFÆ. *Voyez* ALIFA.

ALLOBROGES, peuples de la Gaule. On trouve leur nom écrit *Allobriges* dans Polybe, Plutarque, Dion, & Appien; & *Allobryges* dans Ptolemée & dans Etienne de Bysance : mais deux inscriptions nous en donnent la véritable orthographe. Leur pays, selon M. d'Anville, embrassoit toute la partie septentrionale du Dauphiné, depuis l'*Isara* au sud, jusqu'au *Rhodanus* au nord; à quoi il faut ajouter la partie de la Savoie qui tient à ce dernier fleuve, jusqu'à Genève inclusivement. *Vienna* étoit leur capitale.

Il y avoit aussi d'autres *Allobroges* situés au-delà du Rhône, par rapport à ceux-ci & par rapport aux Romains. Le pays qu'ils habitoient subsiste en partie dans ce que le diocèse de Genève conserve dans le Valromai & dans le district de Châtillon de Michaille. Ce fut sur leurs terres que se jettèrent les *Helvitii*, lorsqu'ils eurent franchi le passage étroit qui étoit entre le mont *Jura* & le Rhône, pour entrer de leur pays dans le pays des Séquanois.

Quant aux premiers Allobroges, qui formoient le corps de la nation, ils ne le cédoient, dit Tite-Live, ni en force, ni en richesse, à aucun autre peuple de la Gaule. Ce fut chez eux que se trouva Annibal, lorsqu'il eut passé le Rhône. Comme en ce moment, deux frères s'y disputoient la couronne, Annibal prit le parti de l'aîné, & celui-ci l'aida dans sa marche. Ce peuple, lié d'amitié avec les *Salyes*, voulut les secourir contre Sextius qui avoit vaincu Teutomalius, leur roi. Ayant de plus commis des hostilités chez les *Ædui*, alliés du peuple romain, la république envoya contre eux des troupes : ils furent défaits près de *Vindalium*. Fabius Maximus les battit de nouveau près de l'Isère; & cette victoire lui parut si honorable, qu'il en prit le surnom d'*Allobrox*. Enfin les Romains se rendirent maîtres de tous leurs pays.

ALLOBRYGES, selon Ptolemée. *Voyez* ALLOBROGES.

ALLOEIRA, l'un des anciens noms de la ville d'*Attalia*, selon Etienne de Bysance.

ALLON-BACHUTH, lieu de la Palestine où fut enterrée Debora, nourrice de Rebecca. Ce lieu étoit assez près de Bethléem.

ALLONENSES, peuple de l'Illyrie, selon Pline, mais que, d'après le P. Hardouin, il faut lire *Olbonenses*.

ALLOPE, *ou* ALLOBE. *Voyez* ALOPE.

ALLOPHYLI, nom que Sulpice Sévère donne aux Philistins : ce mot signifie *étrangers*. C'est aussi celui que leur donne les Septante. *Voyez* PHILISTINI.

ALLORIA, ville de Crète, selon Etienne de Bysance, & dont il n'est parlé dans aucun autre auteur. Il s'appuie du témoignage de Polyhistor. On trouve dans quelques manuscrits ce nom écrit, *Allaria*, Ἀλλάρια, leçon qui se rapporte au nom d'*Allariates*, qu'Etienne de Bysance dit être celui des habitans.

ALLOSSYGNE, ville de l'Inde, en deçà du Gange.

ALLOSSYGNE, que l'on écrit aussi *Alosygne*; comptoir de l'Inde, en deçà du Gange, selon Ptolemée.

ALLOTRIGÆ, peuple que Strabon place dans la partie septentrionale de l'Hispanie, en mettant leur nom entre ceux que l'on ne peut entendre avec quelque plaisir, tant ils lui paroissoient barbares. Au reste, il est probable que ces *Allitrigæ*, ou Allitriges, sont les mêmes que Ptolemée nomme *Altrigonæ*; & Pline, *Antrigones*.

ALLUD, ou ALUS, contrée de l'Idumée : c'est dans ce lieu que l'on fixe la dixième station du campement des Israélites. Il devoit être dans la direction de la Mer Rouge, au mont Sinaï.

ALLUMETÆ, nom d'un ancien peuple de l'Arabie heureuse.

ALLURIA, ville de Sicile, selon Vibius Sequester.

ALMA, *ou* ALMUS, montagne de l'Illyrie, aux environs de *Sirmium*. L'empereur Probus y fit planter des vignes apportées d'Italie.

ALMA, fleuve d'Italie, dans l'Etrurie. *Voyez* CLUVIER.

ALMÆNA (*Telemin*), ville de l'Afrique, selon Ptolemée. Elle étoit située à dix lieues à l'est-sud-est de Tichasa, c'est-à-dire, pas très-loin d'Adrumete.

On y voit encore quelques restes des Romains.

ALMANA, ville de Macédoine, dont parle Tite-Live. Elle devoit être sur le fleuve *Axius*, puisqu'il dit, en parlant de Persée : *ad Almanam urbem pervenit, & in ipsâ fluminis Axii posuit castra*. M. d'Anville ne l'a pas placée sur sa carte. On pourroit croire, d'après ce que dit ensuite l'auteur latin, qu'elle étoit peu éloignée de *Bylazora*.

ALMASIÆ MONTES, montagnes qu'Ortelius croit devoir attribuer à la Cappadoce.

ALMEAS : ce lieu est nommé dans Curolopate. Ortelius croit qu'il n'étoit pas loin de Constantinople.

ALMEDENA, nom qu'Ortelius cite pour être celui d'une ville de la Mésopotamie. Quelques critiques croient que dans l'extrait qu'il cite du concile de Chalcédoine, il faut lire *Amydena*.

ALMENE, *ou* ALMENA, ville qu'Etienne de Bysance indique sur les bords du Pont-Euxin. Mais il s'appuie de l'autorité d'Arrian (ὡς Ἀῤῥιανος), & dans cet auteur, (*Péripl. du Pont-Euxin*), ainsi que dans Scylax & dans Marcian, on lit Ἀρμηνη, ou *Harmene*; c'est donc une faute dans le lexique grec. *Voyez* HARMENE.

ALMERIA (*Almeria*), ville de l'Hispanie, dans la Bétique, sur le bord de la Méditerranée, au sud.

ALMIA, ville que Ptolemée indique dans la Sarmatie asiatique.

ALMINA, contrée de l'Epire, selon Ptolemée. Il la place entre la Thesprotie à l'ouest, & la Dolopie au nord. Cette position est difficile à trouver, par ce que l'on sait d'ailleurs de la situation de ces provinces. Ptolemée dit *Almine*.

ALMINE. *Voyez* ALMINA.

ALMINIUM (*Amissa*), la même que *Peguntium*.

ALMIRA, ville de la Phénicie du Liban.

ALMIRÆ, lieu d'Afrique dans la Maréotide, selon Ptolemée.

ALMIRÆA, ville de l'Asie, dans la Sérique, selon Ptolemée.

ALMO, petite rivière du *Latium*, qui, commençant près de *Bovillæ*, remontoit au nord, & se jettoit dans le Tibre, au sud-ouest de Rome. Les poëtes latins en avoient fait un fleuve, qui devint très-connu par les aventures de sa fille : elle se nommoit Lar. Cette fille eut l'indiscrétion de parler des amours de Jupiter avec la naïade Juturne. Pour l'en punir, le souverain des dieux la condamna à un silence éternel, & l'envoya aux enfers. En l'y conduisant, Mercure en devint amoureux ; & l'ayant rendue sensible à son amour, il la rendit mère de deux enfans. Les Romains révéroient ces deux enfans, sous le nom de *dieux Lares* : & la mère fut nommée la *déesse Muette*, ou *Muta*.

ALMON, *ou* ALMATH, ville de la Judée, dans la tribu de Benjamin. Josué la donna aux Lévites de cette tribu, qui étoient de la famille d'Aaron.

ALMON, ville de la Grèce en Béotie. Etienne de Bysance dit qu'Hellanicus la nomme *Salmon*.

ALMON, ville ou bourg de la Thessalie. On l'a nommée aussi *Almonia*, & auparavant elle avoit eu le nom de *Minya*.

ALMONIA : on la croit la même que la précédente. Cependant on dit qu'elle étoit dans la Macédoine.

ALMOPI, *ou* ALMOPII, peuple que Ptolemée place dans la Macédoine, & auquel il attribue les villes de *Horma*, *Europus* & *Apsalus*. Pline écrit *Almopii*.

C'étoit dans leur pays que se réunissoient les monts *Hœmus* & *Scardus*.

ALMOPIA, contrée de la Macédoine où habitoient les Almopes. Quelques Scholiastes en font une ville au lieu d'une contrée. Constantin Porphyrogenete met en question lequel de Lycophron ou d'Etienne de Bysance doit être suivi. Je ne déciderai pas cette question ; Thucydide parle de l'*Almopia*. On a dit que cette contrée tiroit son nom du géant Almops, fils de Neptune, & de Hellé, fille d'Athamas.

ALMUS, *montagne*. *Voyez* ALMA.

ALMUS *ou* ALMUM, bourg de la Mœsie, sur le Danube. Il est nommé dans Antonin.

ALMYDISSUS, lieu maritime de la Thrace, que Ptolemée place sur le Pont-Euxin.

ALMYRÆ, lieu de la Maréotide, selon Ptolemée.

ALNIDENA, ville de la Carie, dont il est parlé dans le concile de Chalcédoine.

ALO, lieu que Ptolemée place dans la Marmarique.

ALOCIVÆ *insulæ*, îles que Ptolemée place au nord de la Chersonèse Cimbrique (le Jutland). Il en est aussi parlé dans Marcien d'Héraclée.

ALOE, ville de l'Inde en deçà du Gange.

ALOGONIA, ville de la Messenie, au sud-est *de Gerenia.*

En remontant vers le nord-est, on y voyoit un temple de Bacchus & un temple de Minerve. Cette ville étoit aussi attribuée aux Eleuthero-Laçons.

ALOIUM, Αλωιον, ville de la Thessalie, selon Etienne de Bysance, qui la place près de la vallée de Tempé. Selon cet auteur, elle avoit été fondée parles Aloades.

ALON, rivière qui couloit dans la Cilicie auprès de Sébaste ou *Eleusa*, petite île.

ALONA, ville de la Grande-Bretagne. *Voyez* ALAUNA.

ALONA, *ou* ALONE, ville de l'Hispanie, sur la côte orientale, au sud de l'embouchure du *Tuder.* Elle avoit, croit-on, pris son nom de ses salines, comme le dit un auteur, παρὰ τῶν ἁλῶν, à cause de ses sels.

ALONE, *ou* HALONE, île de l'Eolide, très-près des côtes de cette partie de l'Asie mineure.

ALONE, HALONE, *ou* ALONA, petite île de la Propontide, au sud de l'île de *Proconessus*, & au nord-ouest de Cyzique. Etienne de Bysance dit que ce nom fut donné à l'île, parce que ses habitans avoient trouvé l'art de faire le sel. Cet art devoit être fort ancien. Il suffiroit, je crois, qu'ils s'occupassent de le cultiver & de faire du sel pour avoir obtenu ce nom à leur île.

Ce même Auteur dit que cette île étoit aussi appellée *Neuris* & *Procone*; mais Pline distingue cette dernière.

ALONE; quelques écrivains ont aussi placé une ville de ce nom en Paphlagonie.

ALONI, ville de l'Assyrie, qui étoit située sur le bord oriental du fleuve Zabus, un peu au-dessus de l'endroit où il se perd dans le Tigre. Cette ville étoit par les 35 degrés 50 minutes de latitude.

ALONI, peuples que Pline joint aux Gordiens, & place au-delà du Tigre.

ALONIS, dans la Gaule. Etienne de Bysance ajoute à ce nom que c'étoit une île & une ville πόλις des Marseillois. C'étoit vraisemblablement, dit dom Martin, l'île & la ville de Magdelone, dont la première syllabe celtique *mag* a été retranchée. Il ne faut pas se figurer, ajoute-t-il, que les Marseillois aient été les fondateurs d'*Alonis*; mais s'en étant rendus maîtres, ils y avoient un comptoir. M. d'Anville ne dit rien de cette ville.

ALONIUM, lieu situé dans l'île de Crète. On croit qu'il étoit dans le territoire de Gortyne.

ALONTA, fleuve que Ptolemée place dans la Sarmatie asiatique.

ALONTIGICELI, peuple de la Bétique, près de la rivière de *Menabas.* Il semble, selon les corrections du P. Hardouin, qu'il faut lire *Alontigi.* M. d'Anville ne leur assigne aucune place sur sa carte.

ALONTIUM, ville de Sicile. (*Voyez Haluntium*). On le trouve dans Pline par *Aluntium.* Denys d'Halicarnasse écrit ἐν Αλυντίῳ, au lieu que dans Ptolemée on lit Αλόντιον.

ALOPE, *ou* ALOPA, il y a eu plusieurs villes de ce nom.

ALOPE, ville de la Thessalie, selon Etienne de Bysance. Homère, *Illi. cat. v. 189*, parle aussi d'une *Alope*, que l'on pourroit soupçonner être la même, puisqu'il la nomme immédiatement après *Alos*, ville de la Phtiotide. Selon Phérecyde, cette ville tiroit son nom d'Alopa, fille de Cercyon, ou d'Actoris, selon Philonides.

N. B. Je dois observer que c'est à tort que la Martinière dit que Pomponius Méla place cette ville dans la Thessalie: celle dont il parle, & qui n'a pu être la même qu'autant qu'il y auroit erreur dans Homère, & dans Etienne de Bysance, étoit chez les Locriens Opontiens, & il la nomme après *Chemides*, & avant Anthedon.

ALOPE, dans l'Attique, selon Etienne de Bysance. On n'en sait rien d'ailleurs, si ce n'est qu'il n'y avoit certainement pas une ville de ce nom, mais peut-être un lieu en mémoire de la fable d'*Alope*, changée en fontaine.

ALOPE, ville du Pont, d'où étoit Penthesilée.

N. B. On a remarqué, avec raison, sur cet endroit du texte qui porte πόντυ., qu'il faut lire Πόντυ.

ALOPE. J'observe sur cette ville qu'Etienne de Bysance dit περὶ Εὔβοιαν, près de l'Eubée; ce qui ne signifie pas qu'elle étoit dans cette île. Dans ce cas, il me semble que cet auteur peut avoir eu en vue *Alope* des Locriens Opontiens: elle n'étoit séparée de la pointe du nord-ouest de l'Eubée, que par un très-petit bras de mer.

ALOPE, selon le même auteur, dans la Phocide: elle est inconnue.

ALOPE, selon le même auteur, chez les Locriens; la même, je crois, que celle qui est nommée plus haut.

N. B. Je dois remarquer qu'à l'égard de la ville du Pont, Etienne de Bysance qui revient sur cet objet, dit qu'elle étoit entre la Mysie, la Carie & la Lycie; puis il cite le vers d'Homère, mais ce vers avoit déjà été examiné par Strabon; on convient qu'il est vicieux, & qu'il y faut lire ἐξ Ἀλόϐης: ainsi il s'agiroit d'*Alyba*, & non d'*Alope.* D'ailleurs, quelle indication! elle étoit, selon lui, *maritime* (παράλιον), entre la Mysie, la Carie & la Lycie.

Il ne faut adopter les opinions de ce Lexique, qu'après un sage examen.

ALOPECE, île près des côtes de l'Asie mineure, peu éloignée de Smyrne.

Alopece, ou plus exactement Alopecæ, les Alopèces. C'étoit un bourg de l'Attique, près de Cynosarges, éloigné, selon Eschines, (*contra Timarch*) de onze ou douze stades d'Athènes. Ce fut en ce lieu que périt le général Anchimolius, que les Lacédémoniens, en vertu des instances de l'oracle de Delphes, avoient envoyé avec des troupes pour chasser d'Athènes les Pisistratides. Il y fut enterré; &, selon Hérodote, (*Liv. V*, §. 3.) on y voyoit son tombeau près du temple d'Hercule: ce bourg étoit de la tribu Antiochide. Ce qui doit sur-tout le rendre à jamais célèbre, c'est qu'il fut le lieu de la naissance d'Aristides & de Socrates. M. Larcher (*Not. Géogr. de l'Hist. d'Hérodote*), est disposé à croire que ce bourg étoit, par rapport à Athènes, un peu au-delà de l'*Ilissus*. Le commencement de l'*Axirchus*, attribué à Eschines le Socratique, dit ce savant, me le persuade. « Etant sorti, dit Socrates, pour me » rendre à Cynosarges, lorsque je fus sur les » bords de l'*Ilissus*, j'entendis, *&c.* ». Or, Cynosarges étoit près des Alopèces.

ALOPECIA, île que Strabon place dans le Palus-Méotide. M. d'Anville la place assez près de l'embouchure du Tanaïs.

ALOPECONNESOS, *ou* Alopeconesus, ville de la Chersonèse de Thrace, au nord & près du golfe *Melanos*. Si l'on vouloit analyser ce mot, on trouveroit qu'il signifie *l'île des Renards*; il paroît que Pline croyoit aussi que c'étoit une île; mais elle étoit sur une Chersonèse, en terre ferme. Elle avoit été peuplée par des Eoliens. On voit par Tite-Live, qu'elle fut prise par Philippe, roi de Macédoine.

ALOPECOS, colline de Grèce, dans la Béotie: on l'avoit d'abord nommée *Orchalis*.

ALOPES, l'un des anciens noms de la ville d'Ephèse.

ALOPETIA, île qui se trouvoit à l'embouchure du Tanaïs, & qui portoit aussi le nom de ce fleuve.

ALOR, rivière qu'Appien fait connoître dans la Macédoine.

ALORITÆ, peuple de la Macédoine.

ALORIUM, *voyez* Halorium.

ALOROS, *ou* Alorus, étoit une ville de la Macédoine, au nord-ouest du golfe Thémaïque: Ptolemée la place dans le Péonie; & M. d'Anville dans la Pierie.

ALORUS, ville de la Macédoine, dans l'intérieur des terres, selon Ptolemée. Quelques interprètes lisent *Oloros*. Voyez *ci-dessus*.

ALOS, *ou* Alus, nom d'une ville qui appartenoit à la partie de la Thessalie que l'on nommoit Phthiotide. Elle se trouvoit à l'est du golfe Pélasgique, sur le petit fleuve Amphryssus. Voici ce qu'Etienne de Bysance dit de cette ville. Alos, ville de la Phthiotide, étoit au bas du mont Othrys. Elle avoit été bâtie par Athamas. Théon rapporte qu'Alos étoit une des femmes domestiques d'Athamas, qui apprit à Ino à faire rôtir le grain, & qu'en son honneur on bâtit une ville de son nom. Un autre auteur nommé Parménis, fait mention de deux villes nommées Alos, l'une, selon lui, étoit soumise à Achille, & l'autre à Protésilas. M. d'Anville n'a pas donné de place à ces dernières sur ses cartes. M. Larcher (*Not. Géogr. sur* Hérod.), place Alos en Achaïe; c'est en donnant un sens un peu étendu à ce nom. Strabon, qu'il cite (*Liv. IX*), la place dans la Thessalie.

Alos, ville du Péloponèse, dans l'Argolide.

Alos: on croit que la ville d'Alope & Lucride avoient aussi porté ce nom.

ALOSANGA, ville de l'Inde au-delà du Gange, selon Ptolemée.

ALOUS, ville dont parle Etienne de Bysance, & qui paroît avoir appartenu à l'Illyrie.

ALPENI, bourg qu'Etienne de Bysance place près des Thermopyles, en citant Hérodote. Il ajoute qu'il y en avoit une autre de même nom & métropole des Locriens. Il est vrai qu'Hérodote dit qu'*Alpénos*, ou *Alpénus*, étoit un village près des Thermopyles.

ALPENUS. Hérodote qui parle de cette ville, en fait la capitale des Locriens, & la place près de la montagne Anopée. M. Larcher dit de cette ville *Alpenes* ou *Alpène*, métropole des Locriens-Epicrémidiens, sur le bord méridional du Phœnix, à l'est de Trachia, & au-dessus des Termopyles & d'Anthèle. Le passage des Termopyles est en ce lieu si étroit, qu'il ne peut y passer qu'une voiture de front. (*Tab. Géogr. de l'Hist. d'*Hérodote, *pag. 20.* Voyez *aussi* Hérodote, *Liv. VII*, §. *175*, *177*, *216 & 229*.

ALPES, ce nom que nous prononçons en françois *Alpes*, a été donné par les anciens à la chaîne de montagnes, qui, depuis la mer de Ligurie jusqu'à l'Istrie, entourent la partie septentrionale de l'Italie. Ce nom vient évidemment du Celtique & signifie *bien élevé*. L'auteur du livre Allemand *Rheinischer antiquarius*, y ajoute une autre idée, & prétend qu'Alpes signifie *montagnes abondantes en pâturages*. Les anciens ont dit au singulier *Alpis*, & distinguoient les Alpes de la manière suivante, en commençant sur le bord de la mer de Ligurie.

Alpes Littoreæ, portion des Alpes, la plus proche de la mer, selon Ptolemée: & dans ce cas, ce seroit les mêmes que celles appellées *Alpis maritima*.

Alpes Scutiæ: Ptolemée donne ce nom à la partie des Alpes où se trouvoit *Oscela*.

Alpes Bastarnicæ, montagne que la table de Peutinger place entre la Pologne & la Hongrie. Elle doit répondre au mont Carpax.

Alpis maritima, cette Alpe, si l'on peut dire ce mot au singulier, commençoit au bord de la mer

& séparoit la Gaule de la Ligurie. C'étoit sur le sommet de l'Alpe maritime, qu'étoient élevés des trophées en l'honneur d'Auguste. On retrouve la position de ce lieu nommé *Tropœa*, dans celui de Turbia. La chaîne de montagnes, en remontant au nord, ne me paroît pas avoir eu de nom particulier, jusqu'à *l'Alpis Cottia*.

ALPIS COTTIA, on avoit donné au temps d'Auguste, le nom de *Cottia* à la partie des Alpes qui se trouve à la hauteur de Briançon. Et voici à quelle occasion. Un petit prince nommé Cultra, s'étoit fait un état indépendant dans cette partie des Alpes. Pour s'y maintenir il fit sa cour à Auguste & en fut bien reçu. Pour donner aux Romains des preuves de son attachement, il fit faire de grands travaux dans les montagnes, & parvint à y pratiquer des voies commodes pour le passage des troupes. L'État de Cottus étoit formé, selon Pline, de deux cantons indépendans des Romains; c'est pourquoi leurs noms ne se trouvent pas dans l'inscription du trophée des Alpes. Le passage des Alpes qui conduit de Briançon à Suze, est nommé particuliérement *Cottia* dans la Table Théodosienne. C'est actuellement le mont Genevre. M. d'Anville, Holsténius & d'autres savans pensent que ce fut par cette partie des Alpes, qu'Annibal entra en Italie. M. Heerkens, dans son ouvrage (*Rerum mirabilium*, *Libri IV*) est d'avis qu'Annibal ayant partagé son armée, une partie passa par l'Alpis *Cottia*, & une autre par l'*Alpis Graïa*.

ALPIS GRAÏA, cette partie des Alpes étoit plus au nord, & répond au petit Saint-Bernard actuel. On rend souvent ce mot en françois par *Alpes grées*. Les anciens l'entendoient dans le sens *d'Alpe* Grecque, & croyoient qu'elle avoit eu ce nom depuis qu'Hercule y avoit passé à son retour d'Hispanie.

ALPIS PENNINA, étoit vers le nord-est de *l'Alpis Graïa*, entre les *Veragri* au nord & les *Salassi* au sud. C'est aujourd'hui le grand S. Bernard. Quelques auteurs croyoient que ce nom de *Pennina* venoit du latin *Pœni*, les Carthaginois, parce qu'ajoutoient-ils, Annibal étoit entré en Italie par cette montagne; mais c'est une double erreur. Car, en suivant la marche d'Annibal, on voit qu'il ne vint pas chercher cette partie des *Alpes*; & secondement, *Pennina* désigne ici la hauteur des montagnes, & ce sens s'en est conservé dans l'épithète du *grand* Saint-Bernard.

ALPIS, rivière au-dessous des Ombriques, peuples de l'Illyrie: elle couloit vers le nord, & se jettoit dans l'Ister. (*Not. Géogr. sur* Hérodote.).

ALPES RHETICÆ, ou *Alpes Rhétiques*, appellées aussi *Tridentines*. Elles s'étendoient au nord de l'Italie depuis à-peu-près le nord du Lac *Verbanus* ou Lac majeur, jusques vers la Vénétie.

ALPES NORICÆ, *ou Alpes Noriques:* cette partie des *Alpes* n'est pas nommée ainsi dans les anciens: on commence à trouver leur nom dans Jornandes, Aimoin, *&c.* Elles étoient à l'est des précédentes.

ALPES CARNICÆ, ou *Alpes carniques*, au nord de la Vénétie.

ALPES JULIÆ, ou *Alpes Jules:* cette partie des *Alpes* avoit pris son nom de Jules César, qui avoit entrepris d'y faire un chemin pour entrer en Illyrie. On sortoit de la Vénétie par le nord-est. L'ouvrage n'étoit pas achevé à la mort de César, Auguste le conduisit à sa fin. Cette même partie des *Alpes* a porté aussi les noms d'*Alpes Venetæ* & d'*Alpes Pannonicæ*.

On voit que les anciens nous ont précédé dans l'expression des hautes *Alpes*; car ils disoient *Alpes summæ*; ils disoient aussi *Alpes Lepontinæ*; on nommoit ainsi la partie où sont les sources du Rhin, du Rhône, du Tesin, & de l'Aâr. Elles avoient pris leur nom d'un peuple appellé *Lepontii*.

Afin de mieux faire sentir quels avantages les Romains, seuls maîtres de toute l'Italie, pouvoient tirer de la défense naturelle qu'offre cette chaîne continue de montagnes, & par quelles routes ils pouvoient pénétrer chez leurs voisins ou chez les nations subjuguées, je vais rapprocher, comme a fait la Martinière, les noms des principaux défilés, connus dans les *Alpes*.

On en compte dix principaux. 1°. Par les *Alpes maritimes*, on suivit d'abord pendant assez longtemps le rivage de la mer; mais ensuite on tailla un chemin qui abrégeoit en passant par la montagne.

2°. Par les *Alpes grées:* Pline dit que ce fut par ce défilé qu'Hercule entra en Italie: Cœlius Antipater, que cite Tite-Live, dit qu'Annibal y passa aussi: ni l'un ni l'autre de ces sentimens ne sont adoptés. On sait à quoi s'en tenir sur l'histoire d'Hercule: on le trouve en trop de lieux pour être sûr qu'il ait jamais paru même dans un seul. Quant à la marche d'Annibal, les meilleurs critiques conviennent qu'il n'a pas dû passer par les *Alpes grées*, d'après la marche que les historiens lui font tenir.

3°. Par les *Alpes Cottienes*, ce passage qui devoit être fréquenté sous ce nom au temps des empereurs, avoit servi aux Gaulois qui entrèrent en Italie, conduits par leur chef Bellovèse. Ce chemin s'il existoit, passeroit par Embrun, Briançon & Suze. On croit qu'Annibal suivit cette route.

4°. Le quatrième chemin étoit celui que l'on prend assez généralement de nos jours, & qui passe par la vallée de Maurienne, par Suze & Turin.

5°. Par les *Alpes Pennines*, préalablement le mot *pen*, qui signifie *haute montagne*, n'ayant pas été compris par les Romains, leur fit croire que les *Pœni* ou Carthaginois avoient suivi cette route. Polybe & Pline l'assurent; mais ce n'est pas le sentiment de Tite-Live: cette route qui est connue encore actuellement, se partage en deux, appellées l'une le Val Petina; & l'autre, les Vallées d'Aouste & de Bardo. Cette dernière est plus longue, mais plus large.

6°. Par les mêmes *Alpes Pennines* il y avoit une autre route, qui passoit par le mont Adule, & par le lieu où est actuellement Belisona.

7°. Par les *Alpes Rhétiques*. Cette route passoit le long du Lac *Verbanus* (ou de Come). Ce fut là que passèrent Drusus & Tibère lorsqu'ils allèrent porter la guerre en Rhétie. Stylicon passa aussi par cette route.

8°. Par les mêmes *Alpes* en suivant une autre route : on a vu que ce fut par cette dernière, que les Cimbres entrèrent en Italie.

9°. Par les *Alpes Carniques*, on remontoit d'*Aquileia* au nord.

10°. Par les *Alpes Jules* ou *Julies* : ce passage devint habituellement celui des troupes romaines que l'on faisoit défiler pour entrer en Pannonie & en Illyrie.

ALPESA, ville de la Bétique, selon Pline.

ALPHA, petite rivière dans le voisinage *d'Aquileia*. Ce fut près de cette rivière que Constantin fut tué, & l'on y jetta ensuite son corps.

ALPHA BUCCELIS, ville que Ptolemée attribue aux *Marsi*. Ortélius pense que ce mot est fautif, & qu'il faut lire *Alba Fucencis*, & ce sentiment est infiniment probable.

ALPHARINE. On trouve ce nom, comme étant celui d'une ville d'Europe, dans le livre des propriétés, faussement attribué à Aristote.

ALPHATEMIA, *ou* ALPHATERNA, & ALPHATERNI. *Voyez* NUCERIA.

ALPHEUS, (*Roféas.*) Ce fleuve n'est pas moins connu par les écrits des Mythologues que par ceux des Géographes. Ces derniers ne sont pas d'accord entre eux sur la position qu'ils ont attribuée à la source de l'Alphée. Strabon est celui des anciens, dont le récit se rapporte le mieux à ce que l'on sait aujourd'hui.

L'Alphée commence dans l'intérieur du Péloponèse ; sa source étoit dans le sud-est de l'Arcadie. Il remontoit par le nord-ouest ; puis tournant à l'ouest, entroit en Elide & se jettoit dans la mer, après avoir arrosé Pise & Olympie.

Les Mythologues, dont l'imagination riante divinisoit tous les fleuves, animoit toutes les fontaines, ont supposé que le fleuve Alphée, éperdument amoureux de la nymphe Aréthuse, la poursuivit un jour jusqu'à la mer, où elle se précipita. Elle passa sous les eaux, & reparut à Syracuse, dans la petite île d'Orthygie : Alphée, non aussi ardent à la suivre, qu'elle à lui échapper, fit le même trajet, & l'atteignit au terme de cette course. Il paroît que l'idée de cette fable avoit pris naissance dans l'opinion qu'avoient les Anciens que des fleuves passoient ainsi pardessous les terres, pour s'aller rendre en d'autres lieux. On en trouve plusieurs exemples dans Pausanias.

ALPHEUS. Ç'avoit été un des noms de *Pisa*, en Etrurie, que l'on croyoit fondée par des Eléens venus des bords de l'Alphée d'Elide.

ALPHION LACUS. Ἀλφος en grec, signifie la lèpre. On avoit donné le nom d'Alphion à ce lac, parce que l'on croyoit que ses eaux avoient la propriété d'enlever de dessus la peau les taches que la lèpre y fait venir ; mais on ne sait pas sa position ; il paroît que c'étoit dans le Péloponèse. Quelques Auteurs croient que le lac Alphion étoit à la source du fleuve *Alpheus*, & que ce dernier nom venoit de la propriété des eaux de ce fleuve.

ALPHIUS MONS, montagne d'Asie, dont il est parlé dans le traité des fleuves, de Plutarque, à l'article du *Lycormas*, fleuve de l'Etolie.

ALPHONIA, *ou* ALPHIUSA. Il y avoit, dans l'Elide, vers l'embouchure de l'Alphée, un bois consacré à Diane *Alphiusa*. Un auteur moderne croit qu'il faut lire *Alphia*.

ALPIA. Etienne de Bysance dit que l'on appelloit ainsi une portion de la côte située au nord de la mer Tyrrhénienne. Il fait venir ce nom du mot *Alpes* ; ce qui indiqueroit un endroit où les Alpes, se terminant sur le bord de la mer, séparent la France de l'Italie.

ALPINÆ GENTES. *Voyez* GENTES ALPINÆ.

ALPINI, peuples de l'Hispanie, nommés par Aulugelle, que cite Varron. Selon ce dernier, il y avoit d'excellentes mines de fer & d'argent dans leur pays. En ajoutant qu'ils étoient près de l'Ebre, on pourroit croire qu'il est question ici des belles mines de fer qui se trouvent à Montdragon & dans cette partie de la Biscaye.

ALPINI MONTES. Agathémère, en voulant présenter, dans un seul tableau, les noms des plus hautes montagnes du monde connu, se sert de cette expression τα Ἀλπεια, pour désigner toutes les montagnes comprises en Europe sous le nom d'Alpes.

ALPIS. *Voyez* ALPES.

ALPIUM, (Ἀλπιόν,) lieu de la Laconie, dont il est parlé dans Pausanias. On en ignore la position.

ALPONOS, *ou* ALPONUS, ville qu'Etienne de Bisance attribue à la Macédoine. Quelques Auteurs l'attribuent à la Thessalie.

ALPONOS, montagne du même pays, selon le même auteur.

ALPONOS, ville des Locriens Epicnémidiens, selon le même auteur. On pense qu'*Alponos* n'est qu'un même lieu avec *Alpenus*.

ALSA, fleuve de l'Italie dans la Vénétie, à l'ouest & très-près d'Aquiléia.

ALSADAMUS, montagne que Ptolemée indique dans la Syrie.

ALSIUM, petite ville de l'Italie, en Etrurie. Silius Italicus, en sa qualité de poète, en attribue la fondation à Alésus, ami d'Agamemnon. J'en crois plus le rapport de Velléius Paterculus, quand il dit que cette ville devint colonie romaine sur la fin de la première guerre punique. Elle étoit à huit milles du *Portus Augusti*, au sud de *Cœre*.

ALSUCA, contrée de la Lombardie, dont il est parlé dans Paul Diacre.

ALSUGA. Ce nom se trouve dans Paul Diacre :

on croit qu'il désigne le lieu appellé dans l'Itinéraire d'Antonin *Ausugum*, à l'est de *Trentum*.

ALSUS.

N. B. Je ne mets cet article que pour prévenir ceux qui le trouveroient dans Ortelius, dans la Martinière ou ailleurs, que ce qui en est dit, est une erreur des plus fortes. Tout en citant Pausanias, on dit que l'*Alsos* est un fleuve de l'Achaïe, qui se jette dans l'*Hermus*, & sort du mont *Sypilus.*

Il est vrai que le texte grec de Pausanias offre cette contradiction inadmissible, puisque le mont Sypille & l'Hermus étoient en Asie, & que l'Achaïe étoit dans le Péloponèse; aussi Paulmier, au lieu d'Αλσος, a-t-il lu Αλλος.

Or, Pausanias vient de dire que le fleuve Crius a pris son nom d'un des Titans; puis il ajoute, « ainsi » qu'un autre, qui prenoit sa source au mont Sy- » pile »; c'est-à-dire, un autre fleuve appellé aussi Crius. On auroit dû joindre cette remarque de Paulmier aux éditions de cet Auteur.

ALTA-RIPA, (*Altrip.*) Il est parlé de ce lieu dans la notice de l'Empire, comme d'un poste établi entre les *Nemetes* & les *Vangiones.* M. d'Anville le place chez les *Nemetes*, dans le fond très-resserré que forme le Rhin en cet endroit; au nord est *Valentiniani-Monumentum*; & au sud, *Nemetes.* Ce poste étoit sous les ordres du Général romain, résidant à Mayence.

Alta-Ripa, dans la Pannonie. *Voyez* Ripa-Alta.

ALTABA, lieu d'Afrique, dans la Numidie; & qui se trouve nommé dans la conférence de Carthage.

ALTANUM, ville d'Italie, dans la partie de la grande Grèce, appellée *Brutium*; elle étoit sur la côte orientale, au sud du golfe de *Scylaceum*, & à quelque distance au nord de Locres.

ALTAO, ville d'Afrique dans la Maurétanie Césarienne, selon Ptolemée.

ALTARIA, les Autels; on disoit aussi *Aræ.* Ces mots ont servi à désigner plusieurs lieux devenus remarquables par le culte ou par quelque vœu. On en trouve même dans l'*Ancien Testament.* Les Grecs nommoient un lieu appellé ainsi, βωμὸς.

ALTERNIA, ville des *Carpetani*, en Hispanie.

ALTES, ville du Péloponèse, sur le *Caldäus*, qui tomboit dans l'Alphée.

ALTHA, ville de la Babylonie, selon Ptolemée.

Altha, ville d'Asie, dans la Babylonie, sur le Tigre, & dans la dépendance d'Apamée, selon Ptolemée.

ALTHÆA, Althæa Olcadum, (*Orgaz.*) ville de l'Hispanie, chez les *Olcades.* Cette ville paroît être la même que Tite-Live, en parlant des exploits d'Annibal, nomme *Cartheia.* Du moins Polybe la nomme *Althæa*; & c'est d'après lui que Cellarius a cru qu'il falloit réformer Tite-Live.

Lorsqu'Annibal eut été reconnu général des troupes carthaginoises, ne voulant pas paroître marcher vers *Saguntum*, dont il avoit pourtant dessein de s'emparer, il s'enfonça dans le pays, & vint se présenter devant *Althæa*, qu'il prit, aussi-bien que quelques autres places. Son armée chargée de butin, revint à Carthagènes. Quelques auteurs croient que c'est aujourd'hui *Ocana.* J'ai adopté *Orgaz* d'après M. d'Anville.

ALTHÆNUS, ruisseau dont on a dit que les eaux guérissoient toutes sortes de blessures. Strabon, qui l'indique, le place dans la *Daunia*, en Italie.

ALTHEPIA, petit pays que Pausanias indique dans l'Argolide, auprès de Trézène. Ce lieu avoit auparavant porté le nom d'*Orvea.*

ALTI-EUROS, lieu de l'Afrique propre, selon Antonin, entre *Lares* & *Admenera*, sur la route de Carthage à Thebeste.

ALTIBURA, *ou* Altaburis. Il est probable que c'est le même lieu que la table de Peutinger nomme *Altaburos*: il étoit dans l'Afrique propre.

ALTIDIUM, lieu de l'Italie, dans l'Ombrie, au nord-est de *Nuceria.*

ALTINUM, ville d'Italie, dans la Vénétie, au nord-est de *Patavium*, & au sud-est de *Tarvisium*, sur le *Silis.*

Altinum, *ou* Altinium, lieu de la Pannonie. L'Itinéraire d'Antonin le place entre *Antianæ* & *Ad statuas.* Selon la notice de l'Empire, il y avoit, en ce lieu, une colonie, sous le commandement du chef de la seconde Mœsie.

ALTISIODORUM, leçon vicieuse, pour Autissiodurum. *Voyez ce mot.*

ALTOA, ville d'Afrique, selon Ptolemée, qui le place dans la Maurétanie Césarienne.

ALTONA, fleuve que Tacite indique dans la Grande-Bretagne.

ALTPONA (*Aubonne*), nom d'une ville & d'une rivière. Il en est fait mention dans une Inscription donnée par M. Bochet, dans ses *Mémoires sur la Suisse, tom. 1, p. 80.* (*Dom Martin.*)

ALTUBARITA, lieu de l'Afrique propre, dont il est fait mention dans un fragment de Victor d'Utique. La Martinière pense que c'est la même chose que Altibura.

ALTURNUS, nom que l'on a quelquefois donné au *Vulturnus.*

ALTUS, château de la Macédoine, connu par Etienne de Bysance, qui cite la description de ce pays par Théagène.

ALVACA, ville de la Médie, selon Ptolemée.

ALVANIS, ville de la Mésopotamie, selon Ptolemée.

ALVARE, ville de l'Arabie heureuse, selon le même.

ALUCA, ville de l'île de Corse, dans l'intérieur des terres, selon Ptolemée.

ALUDDA, *ou* Alydda, ville de l'Asie mineure, dans la grande Phrygie, sur les confins de la Lydie. Elle étoit du nombre des villes méditerranées, entre Trajanopolis & Prapenissus, selon Ptolemée. Etienne le géographe dit qu'elle eut Altus pour fondateur, &, après sa mort, son fils Lydus.

ALUMEOTÆ, peuple que Ptolemée place dans l'Arabie heureuse.

ALUNS, village d'Arcadie. Pausanias dit qu'on le nommoit aussi temple d'Esculape, ou *Esculapii Fanum*. Quelques auteurs ont cru qu'il falloit lire dans le grec Καλους, ou plutôt Καλοῦντος, car ce nom est au génitif; mais Kuhnius préfère Ἀλοῦντος, d'où *Aluns*, ou plutôt Haluns.

ALUONA, ville de la Liburnie, selon Ptolemée.

ALUS. *Voyez* ALOS.

ALUS, village de la Palestine, aux environs de Nicopolis, selon Eusèbe.

ALUS, ancienne ville de l'Arabie pétrée, où fut le dixième campement des Israélites.

ALUTA, (OLT *ou* ALUTA), fleuve de la Dacie, selon Ptolemée. Il prenoit sa source vers le mont Caucajon, & se rendoit dans l'Ister, à l'occident & très-près de *Nicopolis ad Istrum*.

ALUTA, petit village de la Palestine, placé, selon S. Jérôme, près de *Chebron*.

ALUTÆ, peuple de l'Illyrie, selon Pline.

ALUTINENSIS CIVITAS, ville d'Afrique, dont il est fait mention. Mais de bons critiques pensent que dans Surius, il faut lire *Abitinensis*, ce qui indique la ville d'*Abitina*, ville épiscopale.

ALUTRAENCES, peuple des Alpes, selon Pline.

ALVUM, bourg de l'Istrie, selon Ptolemée.

ALYATTA; château de la Bithynie, selon Etienne de Bysance. On pense que c'est le même lieu qu'*Alyattus*.

ALYATTIS SEPULCRUM. Ce monument, élevé à l'honneur d'Alyatte, père de Crésus, avoit, dit-on, six stades de tour, & étoit situé près de la ville de Sardes. Il paroît, par l'expression grecque χῶμα γῆς, que c'étoit un morne, plutôt qu'un tombeau fait pour renfermer le corps de ce prince; d'ailleurs, son étendue le prouve d'une manière assez positive.

ALYATTUS, lieu de l'Asie mineure, dans ou près de la Galatie & des Tectosages.

ALYBAS. Etienne de Bysance paroît incertain, d'après les auteurs qui l'ont précédé, si cette ville est la même que celle de Métaponte, en Italie, ou si ce n'est pas plutôt une ville de Thrace.

Un vers de Tzetzès, *Chiliade 12*, *n°. 404*, décide la question, en disant que la ville d'*Alybas* est la même que celle de Métaponte. C'est aussi le sentiment de plusieurs autres auteurs.

ALYBE, *ou* ALYBA. Cette ville doit avoir appartenu à la partie orientale du Pont, à s'en tenir aux conjectures sur les vers d'Homère & sur le rapport qui se trouve entre *Alybe* & les *Chalybes* qui habitoient de ce côté. Etienne de Bysance observe que Strabon dit que les *Alybes* & les Chalybes sont le même peuple. Mais il n'en est pas moins vrai que ces peuples étoient connus par les métaux qui se retiroient de leur pays, & qu'Homère dit la même chose d'*Alybe*.

Etienne de Bysance ajoute que ce fut de cette ville que Rhéa vint apportant Jupiter nouveau-né. Est-ce une simple fable, ou une simple allégorie, qui fait venir le plus puissant des Dieux du pays qu'Homère indique comme produisant l'argent?

ALYBE, montagne de l'Afrique, la même qu'*Abyla*.

ALYBES, que l'on croit les mêmes que les *Chalybes*. *Voyez* Strabon, *Liv. XII*.

ALYCÆA, petit bourg de l'Arcadie, selon Pausanias.

ALYCHME, *ou* ALYCHMA: c'est le nom d'un lieu où, selon Etienne de Bysance, Mercure étoit adoré sous le nom d'*Alychméen*; mais on ignore la position de ce lieu.

N. B. Ce nom ne se trouve pas dans l'édition de Berkelius, de 1694.

ALYCUS, ville du Péloponèse, selon Etienne de Bysance. Aucun auteur n'a donné sa juste position; mais on voit, par un vers de Callymaque, qu'elle étoit près de la ville d'Asine, &, selon Ortelius, c'étoit Asine de Mégaride.

ALYCUS, lieu de la Grèce, dans la Mégaride. Plutarque dit que l'on y enterra *Alycus*, qui avoit été tué au siège d'Aphides. *Voyez* ci-dessus.

ALYDDA, ville de la Mœsie, dans l'intérieur des terres, selon Ptolemée.

ALYMNÉ, nom d'une ville de l'Asie mineure, qui étoit située vers les confins de la Phrygie, de la Carie, de la Lycie & de la Pisidie. Elle étoit dans le voisinage & dans la dépendance des tyrans de Cibyre *la Grande*, selon Polybe & Tite-Live.

ALYSIA. *Voyez* HALYZEA.

ALYSON (l'), *ou* l'HALYSSUS, petite source très-fraîche, en Arcadie, au sud-est de *Cynetha*, & qui couloit se jetter dans le fleuve de Crathis.

On prétendoit que ce ruisseau avoit pris son nom de la qualité de ses eaux, auxquelles on attribuoit la vertu de guérir de la rage.

ALYTA, nom d'une ville dont parle Suidas, sans indiquer sa position.

ALYZIA, ville de la Grèce, dans l'Acarnanie, selon Strabon: elle étoit à quinze stades de la mer. Près de-là étoit un port d'Hercule, & un temple de ce Dieu. Quelques auteurs écrivent *Alyttia*, & Pline *Alyzea*.

A M

AMAAD, ville de la Palestine, sur les frontières de la tribu d'Azer.

AMACASTIS, ville de l'Inde en-deçà du Gange, selon Ptolemée.

AMACCURA, ville d'Afrique.

AMACI, peuple de l'Hispanie. Ptolemée lui donne *Asturia Augusta* pour capitale. J'ai mis cette ville chez les Astures.

AMADOCA, ville de la Sarmatie, en Europe, selon Ptolemée.

AMADOCA, marais de la Sarmatie, en Europe, près du Borysthène, selon Ptolemée.

AMADOCI, peuples de la Sarmatie Européenne, selon Ptolemée. Il habitoit sur des montagnes, entre les Roxelans & les Basternes.

AMADOCI-MONTES, montagne de la Sarmatie Européenne, selon Ptolemée.

AMÆA, ville de la Lusitanie, selon Ptolemée. Quelques exemplaires portent *Ammæa*. Pline, qui ne nomme ainsi aucune ville, parle d'un peuple appellé *Ammienses*. Ces peuples devoient se trouver entre Elvas & le Tage.

AMAGETOBRIA (*Broie*), lieu de la Gaule. Comme il n'en est parlé que dans le premier livre des *Commentaires* de César, il a été difficile de reconnoître sa juste position. Il est dit, dans cet auteur, que les querelles entre les Eduens & les Séquanois les ayant armés les uns contre les autres, les derniers appellèrent à leur secours *Ariovistes*, qui vint à la tête des Germains. Les Eduens furent battus près d'*Amagetobria*. Je ne citerai que deux opinions sur la position de ce lieu. Celle de ceux qui le placent à *Bringe*, au-dessous de Mayence, & celle qui le place à *Broie* ou *Moigte de Broie*. Dom Martin ne se décide pas dans son livre, mais le place, comme M. d'Anville, sur sa carte; mais M. d'Anville rejette le premier sentiment, & ce me semble avec raison. Ce lieu eût été beaucoup trop loin du pays des combattans; savoir, les *Ædui*, les *Sequani* & les *Averni*. En conséquence, il place *Amagetobria* sur l'*Arar*, un peu au sud de *Segobodium*, & à l'ouest de *Vesontio*.

AMAKUR. On trouve, sur une médaille d'Auguste, que la ville d'*Asturica* est nommée *Amakur*, & l'on présume que ce put être son premier nom. *Voyez* ASTURICA.

AMALEKITÆ, les *Amalécites*. Ce peuple, qui n'est connu que par les livres saints & par Joseph, descendoit, selon ces mêmes ouvrages, d'Amalek, fils d'Elephax ou Eliphax, qu'Esaü avoit eu de sa concubine Timna. Il paroît qu'ils habitoient une partie du pays appellé *Arabie pétrée*, au sud de l'Idumée, & à l'orient de la partie septentrionale de la Mer Rouge. On croit même que pendant quelque temps ils formèrent un royaume assez puissant, & qui s'étendoit jusqu'à l'Egypte.

On ne sait rien de particulier sur leur religion, leurs loix, leurs arts & leur commerce. Mais comme il est parlé de leurs Rois, on voit qu'ils obéissoient à un Gouvernement monarchique. Le peu que l'on sait de leur histoire n'est pas de mon objet. Ils attaquèrent les Israélites après le passage de la Mer Rouge, mais ils furent battus. Les *Amalécites*, de concert avec les Madianites, tinrent les Israélites en servitude pendant sept ans, après lesquels Gédeon les délivra. Le prophète Balaam avoit annoncé leur ruine. Elle commença par les victoires de Saül, & la manière cruelle dont il traita les *Amalécites*, affoiblit considérablement cette nation. David marcha aussi contre eux, les surprit se réjouissant après une victoire remportée sur les Philistins, & les tailla en pièces, quoique dans la ville de Siclag ou Ziglag, dont ils venoient de s'emparer, ils n'eussent donné la mort à aucun des habitans. Il resta fort peu d'*Amalécites* après cette défaite. La tribu de Siméon s'empara de leur pays, sous le règne d'Ezéchiaz, & ce fut l'époque de leur entière destruction.

AMALI, peuple que l'on comprend sous le nom de ceux qui étoient Gètes: ils commandoient aux Ostrogoths.

AMALLOBRIGA, ville de l'Hispanie, sur le *Durius*, vers le sud-ouest de *Pallantia*.

AMAM-SAMA, ville de la Judée, dans la tribu de Juda, selon le livre de Josué.

AMAMASSUS, ville de l'île de Cypre, selon Etienne de Bysance, qui rapporte qu'on y adoroit Apollon *Hylates*.

AMAN, ville de la Palestine, dans la partie méridionale de la tribu de Juda.

AMANA, montagne de la Palestine, au-delà du Jourdain, dans la tribu de Manassé. On peut croire que c'est de cette montagne qu'il est parlé dans le *Cantique des Cantiques*.

AMANA, ville de l'Asie, dans la Médie, selon Ptolemée, au 87e degré 30 min. de long., & au 40e 40 de lat.

AMANDA, contrée des Indes. Elle renfermoit plusieurs peuples, que Pline nomme ainsi; savoir, les *Samarabriæ*, les *Sambruceni*, les *Bisambriti*, les *Osii*, les *Antixeni* & les *Taxillæ*.

AMANDRA, ville d'Ethiopie, placée, selon Suidas, dans les Etats du roi Cephée. Cet auteur ajoute que l'on doit regarder Persée comme en étant le fondateur, parce que d'un simple village il fit une ville; mais tout cela paroît fabuleux; ce qu'il dit ensuite ne contribuera pas à lui mériter la confiance. Selon lui, la ville prit aussi le nom d'*Iconium*, parce qu'on y avoit élevé une colonne sur laquelle étoit la Gorgone.

AMANDRUS, nom d'un champ que Suidas dit avoir été dans la suite nommé *Parium*, en mémoire du berger Pâris.

AMANIA. Il semble que par ce nom on ait quelquefois entendu l'Arabie heureuse, ou du moins la partie de cette région, qui est Yémen. *V.* le vol. 3 des petits Géographes, (*Excerpta ex Chrysococcæ syntaxi.*)

AMANIDÆ-PORTÆ, *ou les* PORTES AMANIDES. On nommoit ainsi les défilés par lesquels on passoit au travers du mont *Amanus*. Voyez *ce mot*.

Ptolemée les nomme *Amanicæ-Portæ* ou *Pylæ*. (Ἀμανικαί.)

AMANIENSES. On trouve ce nom employé dans les *Epîtres* de Cicéron, pour désigner les montagnards du mont *Amanus*.

AMANOBII, peuple que Ptolemée place en Sarmatie, dans le voisinage des *Roxolanæ*.

AMANOIDES, promontoire de la Cilicie, entre le fleuve *Piramus* & le *Cidnus*.

AMANTENI, *ou* AMANTINI, peuple que Ptolemée place dans la basse Pannonie : ce sont les mêmes que les *Amantes* de Pline.

AMANTES. Pline parle de ce peuple, qui me paroît être le même que les *Amanteni* de Ptolemée, & le place de même dans la Pannonie.

AMANTES, appellés aussi *Amantini*, étoient les habitans d'*Amantia*, en Illyrie. C'étoit un peuple libre, quoique soumis aux Romains.

AMANTES, que Solin place en Afrique. Ce peuple doit être le même que les *Hammanientes* de Pline.

AMANTIA, ville de la partie de l'Epire, que Ptolemée nomme l'*Orestide*, & que l'on a depuis appellée la *nouvelle Epire*. M. d'Anville la place dans l'intérieur des terres sur le *Celydnus*. Par l'expression qu'emploie Etienne de Bysance, en disant Αμαντια, Ιλλυρίων Μοῖρα, on pourroit croire qu'il parle plutôt d'une division de pays que d'une ville ; mais par ce qui en est dit ailleurs, on voit qu'il y a eu une ville de ce nom ; il est vrai que la ville d'*Amantia*, nommée ci-dessus, d'après Ptolemée, étoit dans l'intérieur des terres, au lieu que celle dont parle Etienne devoit être sur le bord de la mer, puisqu'Etienne ajoute qu'elle étoit près de Corcyre. Il dit aussi qu'elle avoit été fondée par les Abantes, au retour du siège de Troie, ce qui ne peut pas s'entendre d'une région.

AMANTIA, ville de la basse Pannonie, selon le P. Ferrari.

AMANTINI, peuple de l'Epire, & habitans de la partie appellée *Amantia*. Voyez *le Périple de Scylax*.

AMANUM-PORTUS, (*Bermeo*.) Pline dit que de son temps on la nommoit *Flaviobriga*.

AMANUS-MONS, *le* MONT-AMANUS, situé à l'extrémité orientale de la Méditerranée, près du golfe d'Issus. Cette montagne, selon Pline, séparoit la Cilicie de la Syrie ; le défilé, qui communiquoit de l'une à l'autre, se nommoit les portes Amaniques. Ce défilé est célèbre par la bataille gagnée par Alexandre sur Darius, auprès d'Issus, & par une autre entre Septime sévère & Pescennius Niger ; ce dernier y fut vaincu. Cette montagne s'étendoit entre le 37e & le 38e degré de latitude. Sa situation est nord-est & sud-ouest.

Quelques auteurs en ont fait une des branches du mont *Taurus*.

Etienne rapporte que cette montagne avoit pris son nom du mot grec *Mania*, parce qu'Oreste y avoit été délivré des fureurs qui l'agitoient depuis l'assassinat de sa mère.

AMARA, ville de l'Arabie heureuse, selon Ptolemée, au 78e degré 30 min. de long. & au 18e 40 min. de lat.

AMARANTI, *les* AMARANTES, peuples d'Asie, dans la Colchide, selon Etienne de Bysance. Ils n'étoient pas éloignés de la source du *Phasis*.

AMARANTIUM. Etienne de Bysance dit que l'on employoit quelquefois ce nom pour désigner le *Phasis*, fleuve de la Colchide.

AMARDI. *Voyez* MARDI.

AMARDUS. *Voyez* MARDUS.

AMARGUS, peuple que l'on a placé en Ethiopie. Ils étoient noirs & antropophages.

AMARI-FONTES, lieu d'Afrique, aux environs d'*Arsinoë*, sur la mer Rouge.

AMARI-LACUS, lac de l'Egypte, près d'*Heroopolis*, & qui servoit à établir la communication du *Trajanus Canalis* avec la mer Rouge, au moyen du *Ptolæmeus Canalis*, qui se rendoit à la ville d'*Arsinoë* ou *Cléopatris*.

AMARIACÆ, peuple de l'Asie, dans l'intérieur de la Médie, & près des *Mardi*, selon Ptolemée.

AMARISPII, peuple d'Asie, dans la Bactriane, selon Ptolemée.

AMARNA & AMARUSA, ville que Ptolemée place dans l'Hyrcanie.

AMARTUS, ville de la Grèce, dont le nom se trouve dans l'hymne d'Apollon attribuée à Homère, mais dont la position est inconnue.

AMARUSA : c'est ainsi que le traducteur de Ptolemée nomme une ville de l'Hyrcanie ; le texte porte : Αμμαρουα, ou *Amarua*.

AMARYNTHUS, village de l'Eubée. Etienne de Bysance dit que c'étoit une petite île qui avoisinoit l'Eubée ; mais Pausanias & Strabon disent un lieu dans l'île. Selon le même auteur, dit-on, elle avoit pris son nom d'un certain *Amaranthus*, chasseur de Diane. Quelle qu'en fût l'origine, il est certain que les habitans y révéroient Diane sous le nom d'*Amarysia*, fêtée aussi par les Athéniens.

AMARYNTHUS. Selon le texte de Strabon, *l. 8, p. 357*, il paroîtroit qu'il y avoit dans l'Arcadie, un fleuve de ce nom, qui, selon cet auteur, étoit un de ceux que recevoit l'Alphée ; mais Paulmier de-Grante-Ménil pense que c'est une faute, & qu'il faut lire *Erymanthus*, le fleuve *Amarynthus* ne se trouvant nommé dans aucun autre auteur.

AMAS, montagne du Péloponèse, dans la Laconie, selon Pausanias, assez près de *Las* & de *Gythium*.

AMASENUS, (*la Toppia*) rivière d'Italie.

AMASENUS, autre rivière d'Italie ; elle se jettoit dans le *Liris*.

AMASIA, AMASÆA, *ou* AMASEA, Αμασεια, *Amasée* ; en turc, AMASIEH, ville de l'Asie mineure, dans la partie occidentale du Pont.

Cette ville étoit située à la gauche du fleuve Iris Les rois de Pont avoient bâti un palais, & élevé divers autres monumens, sur un rocher escarpé, près de la rivière, & cet endroit étoit joint à la ville par un mur de briques. Il y avoit un double conduit qui menoit l'eau de la rivière sur la montagne. Le philosophe Strabon, qui nous a laissé un ouvrage si étendu sur la Géographie, étoit de cette ville. C'est bien dommage qu'il ne se soit pas plus étendu sur les détails ; il se contente de dire que l'Iris baignoit ses murailles, qu'elle étoit sa patrie, & qu'au-delà de son territoire il y avoit des bains chauds.

Amasée fut pendant quelque temps la première ville du Pont.

Le territoire de cette ville, qui paroît avoir été assez étendu, portoit le nom d'*Amasena Regio.*

AMASIA, *ou* AMISIA, ville de la Germanie, selon Ptolemée.

On croit que c'est aujourd'hui la ville d'Emden.

Ce fut près de ce lieu que Drusus vainquit les Bructères.

AMASIUS (*l'Ems*), fleuve de la Germanie, selon Ptolemée ; c'est probablement le même que M. d'Anville nomme *Amisia*, & qui tombe dans la mer du nord, au travers du pays des *Frisii.*

AMASSEA, ville du Péloponèse, dans l'Achaïe, selon Abdias Babylonien, cité par Ortelius.

AMASSI, peuple de la Sarmatie asiatique, selon Pline.

AMASTRA, ville de la Sicile, selon Silius Italicus, la même qu'*Amestratus.*

AMASTRIS, (*Amastro*), ville de l'Asie mineure, dans la Paphlagonie, sur une petite isthme qui joignoit la presqu'île *Sesamus* au continent : l'*Erythini* (Scylax), s'y rendoit à la mer. Elle étoit près des terres des Hénètes ou Venètes.

Cette ville fut bâtie par Amastris, femme de Lisimaque, laquelle, pour former la ville, réunit les villages de *Sesame*, de *Cytore*, de *Cromna* & de *Tyos.* Les habitans de Tyos s'en séparèrent ensuite : on sait que Lisimaque venoit d'épouser Arsinoé ; Amastris, indignée de cette conduite, se retira dans la ville qu'elle venoit de faire bâtir ; la situation en étoit avantageuse. Cette princesse avoit eu d'un premier lit deux fils, Cléarque & Oxathne, qui la firent étouffer. Lisimaque vengea la mort de cette épouse, que lui-même avoit outragée, & fit mourir les deux princes. Devenu maître d'Amastris, il la donna à son épouse Arsinoé, qui en confia le gouvernement à Hercule. Peu de temps après, la ville, devenue très-considérable, secoua le joug, & se mit sous la protection d'Ariobarzane, fils de Mithridate. Lorsque les Romains portèrent leurs armes dans l'Asie, Amastris fut prise par Triarius, lieutenant de Cotta. Elle resta aux Romains jusqu'au temps où les empereurs grecs leur succédèrent ; les Vénitiens la prirent sur ces derniers : elle a passé d'eux aux Turcs.

AMAT-DOR, *ou* EMATH, *ou* HAMMOT-DOR, ville de la tribu de Nephtali, & attribuée aux Lévites ; elle fut cédée à la famille de Gerson.

AMATÆ, peuple que Pline place dans l'Inde, auprès du fleuve Indus.

AMATH. Ce nom, qui commence en Hébreu, par une lettre aspirée, s'écrit quelquefois *Chamat*, ou plutôt *Kamat.* Ce nom signifie chaleur, & répond aux *Thermos* des Grecs ; ainsi on le trouve en composition, en hébreu, comme *Thermos* en grec, avec des noms de lieux, pour signifier qu'il s'y trouvoit des eaux chaudes.

AMATH, *ou* EMATH, ville de Syrie. Les Grecs l'ont appellée Emèse. *Voyez ce mot.*

AMATH, bourg de la Palestine, près de Gadara : le même qu'*Amatha.*

AMATH, *ou* EMATH, ville de la Célo-Syrie. Cette ville étoit nommée par les Grecs *Epiphania.*

AMATH, pays & ville de Syrie. *Voyez* APAMEA.

AMATHA, contrée de l'Arabie, selon Etienne de Bysance, qui dit que l'on prononça aussi ce nom *Acmætha.*

AMATHA, *ou* AMATHÆ, ville de la Phénicie, selon le même auteur. C'est probablement la même ville de ce nom qui fut fondée par le onzième fils de Chanaan, & qui est appellée aussi *Chamati* dans la Genèse, & par les Septante, *Amathi.* C'étoit, selon Joseph, la capitale des Amathéens. Quelques auteurs disent que ce fut la même qui fut appellée Emèse. *Voyez* EMESA.

AMATHA, lieu de la Judée, dans la partie attribuée à la demi-tribu de Manassé, à l'est du Jourdain : il étoit au sud-est du lac de *Tiberias*, ou de Genesareth, entre Gamala, au sud-ouest, & *Gadara* au nord-est. Ce lieu, dont parle S. Jérôme, avoit été fondé par une colonie d'Amathéens ; il y avoit des bains d'eau chaude.

AMATHEÆ-CORNU, lieu dans un bois qui étoit près d'*Hippanium*, chez les Brutiens. On le connoît par Athénée.

AMATHEÆ-CORNU, lieu de la Lybie, selon Diodore.

AMATHEÆ-CORNU. Il semble que Cicéron donne ce nom à l'une de ses maisons de campagne.

AMATHÆI, peuple que Pline place dans l'Arabie heureuse, & qui étoit dans l'intérieur des terres.

AMATHÆI, *les* Amathéens, peuples qui habitoient dans la terre Promise, avant les Israëlites.

Ils occupoient la partie de la tribu de Nephtali, vers le mont Liban.

Ces peuples, vaincus par les Israëlites, se retirèrent dans la Phénicie, où, dans la suite, fut bâtie la ville d'Amath, ou *Emath* ; située sur le bord du fleuve Oronte. Ils envoyèrent, selon Joseph, une colonie, qui bâtit la ville d'*Amath* près du lac de Genezareth.

AMATHUS, *ou* AMATHONTE, ville de l'île de Cypre, située au sud, près du *Lycus*, entre *Curium* à l'ouest, & *Citium* à l'est. Cette ville avoit été fondée par des Phéniciens, & son nom paroît avoir été d'abord celui d'Amath ; mais les Grecs & les Latins cherchoient toujours quelque héros du nom du lieu, & suppléoient ainsi aux recherches ; aussi Tacite nomme-t-il Amathus, fils d'Acrias, comme celui dont elle avoit pris son nom. C'étoit moins à

la

la fertilité de son territoire, qui abondoit en bled, qu'elle devoit sa célébrité, qu'au culte qu'elle avoit voué à Vénus.

On faisoit remonter fort haut l'origine de ce culte : le premier temple de Vénus, dans cette île, selon les Cypriotes, au rapport de Tacite, avoit été fondé par Aerias ; son fils Amathus avoit fondé le second; le troisième étoit l'ouvrage de Tenus.

On rapporte que dans les commencemens on sacrifioit des étrangers sur les autels de Vénus ; cette coutume barbare sembleroit rappeller l'idée des Phéniciens qui avoient aussi immolé des victimes humaines. La déesse enfin irritée punit les habitans, en ôtant la forme humaine aux hommes, & la pudeur aux femmes. Les premiers furent changés en taureaux ; les secondes se prostituèrent sans honte. En rejettant ce que ce récit a de fabuleux, il en restera du moins que les goûts déréglés de la déesse avoient un peu gagné les habitans : c'est d'après cette opinion qu'Ovide rapporte que les premières courtisannes parurent dans cette ville ; & cette frénésie leur fut inspirée par Vénus, dont elles avoient osé nier la divinité.

Je ne dois pas omettre que la statue de Vénus à *Amathonte* avoit, malgré son corps & son habit de femme, une barbe telle que l'auroit un homme : elle avoit de plus un sceptre, & les parties sexuelles des deux sexes. On ne peut douter que cette figure ne fût allégorique, mais quel en étoit le sens ? C'est ce que je ne me permettrai pas de chercher. Les hommes lui sacrifioient en habit de femme, & les femmes en habit d'homme.

Il y avoit, selon Pausanias, un autre temple à *Amathonte*, c'étoit celui de Vénus & d'Adonis : on y conservoit, dit-il, le collier qu'avoit fait Vulcain, & que Vénus avoit donné à Harmonie, fille de Cadmus, ou sa femme, selon l'adoption de ceux qui la font fille de Mars & de Vénus. Polynice fit ensuite présent de ce collier à Eriphyle, femme d'Amphiaraüs, afin de persuader son mari d'aller à la guerre de Thèbes.

Il y avoit, près d'*Amathonte*, un bois appellé *bois de Vénus Ariane*, parce que l'on y voyoit, disoit-on, le tombeau de cette princesse : on célébroit sa fête au mois de septembre.

AMATHUS, ville du Péloponèse, dans la Laconie, selon Strabon.

Casaubon croit que c'est la même que Pline nomme *Psamatus*. Scylax & Etienne de Bysance nomment aussi cette ville ; mais le dernier en fait un port de mer.

AMATHUS, rivière du Péloponèse, dans la Messénie, la même que le *Pamisus*.

AMATHUS, ville de la Palestine, située au-delà du Jourdain, au nord-est du mont Abarim. Alexandre Jannée prit & ruina cette place.

AMATHUSA a été une des épithètes de l'île de Cypre, à cause de la célébrité du temple de Vénus, à Amathonte.

Géographie ancienne.

AMATHUSIA REGIO, contrée de l'île de Cypre, selon Ptolemée.

AMATHUSII, habitans d'Amathonte, dont le nom a quelquefois été pris par les poëtes, pour désigner, en général, les habitans de l'île de Cypre.

AMATISSA, fleuve (l'*Amasse*), petite rivière de la Gaule, qui couloit du sud-est au nord-ouest, par l'est d'*Ambacia*, & se jettoit dans la Loire.

AMAXA, lieu de l'Asie, dans la Bithynie, selon Etienne de Bysance, qui cite Eratosthènes.

AMAXANTEA, *ou* AMAXANTIA, bourgade de l'Attique, dans la tribu Hippothoontide.

AMAXIA, ville de l'Asie mineure, dans la *Cilicia Trachæa*, ou *Cilicie montagneuse*, selon Etienne de Bysance. Il en est aussi parlé dans Strabon. M. d'Anville la place dans la Pamphylie. *Voyez* HAMAXIA.

AMAXITÆ. *Voyez* HAMAXITÆ.

AMAXITUS, bourg de l'Asie mineure, dans la Troade. Il étoit du territoire des Alexandréens.

Tout près étoient des salines, où le sel se faisoit naturellement lorsque les vents Etésiens souffloient.

Il y avoit aussi en ce lieu un temple d'Apollon, où l'on croit que le grand-prêtre Chrysaès, dont il est parlé dans Homère, faisoit des sacrifices.

Le texte imprimé de Scylax, porte *Amaxitum*.

AMAXOBII, peuple de l'intérieur de la Scythie en Europe, selon Ptolemée. Leur nom, qui est évidemment formé du mot grec Αμαξα (*un char*), a un rapport très-marqué avec l'usage où étoient ces peuples, & où sont encore ces nations de Tartares de placer leurs tentes sur des charriots, pour en faciliter le transport.

AMAZONÆ, & AMAZONES, les *Amazones*. Ce peuple de femmes, dont l'existence, au moins très-douteuse, au jugement d'une saine critique, a cependant été admise par de sages écrivains de l'antiquité, mérite, par cette raison même, que l'on entre dans quelque détail à son sujet.

1°. Le nom *Amazones* vient du grec μαζος, *mamelle* & de l'α privatif ; il signifie donc *sans mamelle*. Ce nom leur fut donné, disoit-on, parce que dès leur enfance on leur avoit détruit la mamelle droite, pour leur donner plus de facilité à tirer de l'arc.

2°. Elles vivoient éloignées des hommes ; aussi Homère, chant III, v. 189, leur donne-t-il l'épithète d'Αντιάνειραι, qu'Aristarque, cité par Hésychius, rend par le terme d'ισανδροι, *égales aux hommes*. Le poëte Eschyle les appelle στυγάνορες, ennemies des hommes. Selon Hérodote, les Scythes les nommoient *Æorpata* ou *homicides* (1) ; ils les qualifioient ainsi, parce que, disoit-on, les *Amazones* tuoient les enfans mâles, ne laissant vivre que les filles.

3°. Dès le temps d'Homère, qui vivoit dans le

(1) Ce nom, dit l'Historien grec, a le même sens qu'Ανδροκτόνοι ; car *Æor* signifioit *homme*, & *pata*, *tuer*.

neuvième siècle avant l'ère vulgaire, l'existence des *Amazones* étoit une opinion reçue. Ce poëte suppose qu'elles étoient puissantes dans leur pays, aux siècles de Bellerophon, d'Hercule & de la jeunesse de Priam. Il les place à l'orient du fleuve *Sangarius* & de la Phrygie, parle de leurs expéditions en Lycie, & de leurs courses dans la Troade; mais n'entre dans aucun détail sur leur gouvernement.

La plupart des anciens plaçoient les *Amazones* dans le Pont, près du Termodon, où une plaine portoit le nom de Témiscyre. On admettoit même l'existence d'une ville de ce nom, ainsi qu'on peut le voir dans Etienne de Bysance & dans Pline, qui semblent leur donner aussi d'autres villes. Selon Strabon, les montagnes de ce pays portoient le nom d'*Amazones*.

4°. Le Livre de l'expédition des Argonautes par Apollonius, & son Scholiaste, fournissent plusieurs particularités sur les *Amazones*. On y voit que les *Amazones* ne demeuroient pas ensemble dans une même ville, mais qu'elles étoient distinguées en trois classes par autant de villes dont elles portoient les noms. Ainsi, l'on disoit les *Amazones Thémysciriennes*, ou de la ville de Thémyscire; les *Amazones Lycastiennes*, de la ville de Lycastie, ou, selon l'opinion du Scholiaste, d'un lieu de la Leuco-Syrie; enfin, les *Amazones Chadisiennes*, d'une ville que l'on soupçonne avoir porté le nom de Chadisie.

5°. On leur attribuoit la fondation de plusieurs villes de l'Ionie. Selon Strabon, la ville d'Ephèse avoit d'abord porté le nom de l'*Amazone-Smyrne*, sa fondatrice. Ce sentiment est celui de plusieurs autres auteurs. Pline, sans nommer l'*Amazone*, dit qu'Ephèse fut fondée par les *Amazones*, & qu'elle eut plusieurs noms. (*Voyez* EPHESUS). Un temple de Diane, non celui qui fut regardé comme un des plus beaux monumens de l'Asie, mais un plus ancien, passoit pour être l'ouvrage des *Amazones*. Callimaque, il est vrai, ne dit pas que ce temple fût leur ouvrage, ce qui n'est pas probable, mais qu'elles y érigèrent une statue à Diane au pied d'un hêtre. On disoit aussi, rapporte Strabon, qu'elles avoient fondé les villes de Smyrne, de Cumes, de Myrine, de Paphos & quelques autres. Dans cette hypothèse, les *Amazones* auroient été maîtresses d'une grande étendue de pays. Ce préjugé, qui flattoit alors l'amour-propre, étoit tellement reçu, que ces mêmes villes avoient fait battre des monnoies, où l'on voyoit une *Amazone*. D'autres villes que celles que je viens de nommer, ont aussi une *Amazone* sur leur médaille.

6°. On disoit que Thésée avoit été porter la guerre dans leur pays; cette attaque les attira dans l'Attique; mais on comptoit déjà deux expéditions guerrières de ces héroïnes. Dans la première, elles avoient fait la guerre à Priam, roi de Troie; dans la troisième, elles vinrent à son secours, vers la fin du siège de cette ville par les Grecs. La seconde expédition présentoit bien plus de difficultés, puisqu'il falloit traverser la mer. Thésée, en revenant de son expédition, avoit emmené avec lui Antiope, reine des *Amazones*. Elles passèrent en Grèce pour venger ce rapt & l'oubli de leurs loix, qui défendoient de s'attacher à aucun homme.

7°. On les supposoit armées comme des hommes, se servant du bouclier, de la hache & d'une espèce de pique.

8°. Ceux qui veulent admettre l'existence des *Amazones*, ajoutent à ce qui en a été dit précédemment, que même on montroit de leurs tombeaux en différens lieux. Selon Homère, auprès de Troye, à la colline Batiée, on voyoit le tombeau de Myrine: on en voyoit aussi dans l'Attique, dans l'île d'Eubée, en Thessalie & ailleurs.

Il est très-probable que l'imagination des poëtes, & même celle des historiens, a embelli & exagéré ce que leurs plus anciens écrivains leur avoient appris des femmes, aussi féroces que leurs maris, habitantes près des bords du Pont. A mesure que les connoissances des Grecs s'étendirent en Asie, les *Amazones*, peuple au fond imaginaire, se reculèrent vers la Scythie & le Caucase.

Hérodote rapporte ainsi la cause de leur éloignement. Lorsque les Grecs se furent battus avec les *Amazones*, auprès du Thermodon, ils transportèrent, le plus qu'il leur fut possible, de ces femmes à bord de leurs bâtimens, & trois mirent à la voile; elles parvinrent à massacrer leurs ravisseurs & à s'emparer des bâtimens; mais ne réussissant pas à les gouverner, elles voguèrent au gré des vents, qui les portèrent vers le Palus méotide. Ayant mis pied à terre, elles se retirèrent dans le pays; ayant rencontré des chevaux, elles s'en emparèrent & s'en servirent pour faire des courses de côtés & d'autres; la vue de ces ennemis inconnus étonna les Scythes, qui les prirent d'abord pour de jeunes guerriers. Mais, après un combat dans lequel quelques-unes des *Amazones* restèrent sur la place, ils furent détrompés, & pensèrent au moyen de faire la paix, & même de s'allier avec ces héroïnes; elles consentirent à se marier avec la troupe de jeunes gens qu'on leur avoit opposée; mais ne pouvant pas s'habituer à la vie sédentaire des femmes Scythes, qui ne sortoient pas de leurs charriots, elles engagèrent leurs époux à traverser le Tanaïs, avec ce qu'ils avoient de troupeaux, pour aller s'établir à l'orient de ce fleuve. Leurs descendans, ajoute Hérodote, ont formé la nombreuse nation des Sauromates, qui occupe un pays de quinze journées d'étendue en remontant le fleuve vers le nord, & de huit journées de largeur du côté de l'orient.

Il sembleroit, d'après ce récit, que les *Amazones* ne connoissoient d'abord pas les nations Scythiques; mais Justin les fait au contraire commencer par une communication avec ce peuple; car selon cet historien, Ylinus & Scolopitus, princes du sang royal, ayant été chassés de la Scythie par une faction des premiers de la nation, emmenèrent avec eux un assez grand nombre de jeunes gens, & vinrent s'établir dans la Cappadoce (*le Pont*) auprès du fleuve Thermodon, & s'emparèrent des plaines de Themiscyre. Ils pillèrent & ravagèrent le pays pendant plusieurs années; enfin on leur tendit des embûches, & on les fit tous périr. Dans leur désespoir, les femmes de ces Scythes prirent les armes & repoussèrent leurs ennemis; puis, enhardies par leurs succès, elles portèrent la guerre au loin: elles perdirent l'envie de se marier; &, regardant ce lien comme un esclavage, elles s'érigèrent en république. Pour mettre en elles, à cet égard, toute espèce d'égalité, elles tuèrent les maris qui avoient survécu au désastre du pays; elles ne contractèrent plus d'alliance avec les hommes des pays voisins, qu'autant qu'il en étoit besoin pour devenir mères, & se firent un devoir de tuer les enfans mâles qu'elles mettroient au monde, &c. &c. D'après ce récit, les *Amazones* étoient des femmes Scythes; d'autres auteurs ont dit qu'au lieu de tuer les mâles, elles leur disloquoient les membres, & que, devenus grands, ces mâles leur servoient de maris.

Malgré ce que j'ai dit d'après les anciens, & d'après un fort grand nombre d'autres passages qui présenteroient à-peu-près tous le même sens, voici, selon M. Frerez, à quoi se réduit ce que l'on peut croire de l'histoire des *Amazones*.

1°. Au temps d'Hérodote, d'Hippocrate & de Platon, il y avoit encore dans la Scythie, à l'est du Tanaïs, une tribu de Sauromates, où les femmes accompagnoient les hommes à la guerre.

2°. Les Scythes donnoient le nom d'*Œorpata* à ces femmes Sauromatides, qui se nommoient elles-mêmes dans leur langue *Amazones* ou héroïnes, mot qui n'a pas son origine dans le grec, mais dans le Scythe, où l'on retrouve encore qu'*Aemé Tsaïne* signifie femme excellente. On a plusieurs exemples de mots, 1°. corrompus en passant d'une langue dans une autre; 2°. de mots qui alors paroissent avoir leur étymologie dans la langue dans laquelle ils sont défigurés.

3°. Quelques siècles avant Homère, une armée de ces Sauromates ayant traversé le Caucase & la Colchide, avoit pénétré dans l'Asie mineure, & s'étoit arrêtée sur les bords du Termodon.

4°. Quoique cette armée fût probablement d'hommes & de femmes, l'amour du merveilleux, dont furent toujours possédés les écrivains grecs, même dans les siècles les plus éclairés, les aura empêchés de faire mention des hommes: ils n'auront parlé que des femmes en cette occasion; & cette tradition, adoptée par les poëtes, aura servi de fondement à divers romans historiques.

5°. La tradition de leur séjour dans l'Asie mineure, & des courses qu'elles avoient faites jusqu'aux portes de Troye, où, suivant Homère, on montroit quelques-uns de leurs tombeaux, étoit trop ancienne & trop universellement reçue pour n'avoir pas quelque fondement historique; mais il n'en étoit pas de même de la guerre d'Hercule & de Thésée contre les *Amazones* de Themiscyre, & de l'expedition qu'elles avoient, disoit-on, entreprise contre les Athéniens. Cette tradition, adoptée par les écrivains de l'Attique, n'étoit appuyée sur aucun témoignage ancien. D'ailleurs, elle supposoit que ces femmes guerrières, qui n'avoient ni flottes ni vaisseaux, avoient fait une marche de plus de sept cens lieues pour se rendre, par terre & par le nord du Pont-Euxin, des bords du Termodon dans l'Attique; & que, dans cette longue marche, elles avoient traversé sans obstacle le Tanaïs, le Borysthène, le Tyras & le Danube près de leurs embouchures.

Il faut observer encore que les noms donnés à ces Sauromatides par les écrivains, sont tous des noms Grecs, ou du moins de racines grecques; Orithye, Ménacippe, Hippolite, &c. quoiqu'il soit visible que ces femmes devoient porter des noms barbares, pris de la langue qu'elles parloient.

6°. Les Sauromates de l'Asie mineure n'étant pas recrutés par de nouvelles troupes de leur nation, n'ayant ni villes, ni maisons, ignorant ou méprisant l'agriculture, ne subsistoient que du pillage des terres voisines, & devoient s'affoiblir, même par leurs victoires; ensorte qu'au bout de quelques années, ils se seront trouvés hors d'état de résister aux nations liguées pour exterminer des ennemis avec lesquels il n'étoit pas possible de faire aucun traité.

7°. Enfin, les Sauromates d'Hérodote formoient une nation particulière distinguée des Scythes, & même absolument différente des Sarmates ou Slaves qui n'habitèrent jamais à l'orient du Tanaïs. On peut conjecturer que les Abcasses, les Circasses & les autres peuples du Caucase, sont des restes de ces Sauromates.

Je finirai cet article par un morceau emprunté d'un mémoire de M. de Pouilly, sur les causes d'incertitude dans l'histoire (1).

« Les femmes ont disputé aux hommes l'honneur de ravager la terre; & il y en a eu qui, dans une irruption que firent les Scythes dans l'Asie mineure, se distinguèrent par leur férocité; la mémoire s'en est conservée sous le nom d'*Amazones*. Il est vrai que Strabon, l'un des plus judicieux critiques de l'antiquité, traite ces héroïnes de personnages fabuleux; mais, en réduisant, avec Isocrate, leur histoire à la proposition que je viens d'annoncer, il est difficile de la révoquer en doute. On sait que, parmi les peuples du Nord, les femmes partageoient quelquefois avec les hommes les travaux & les périls de la guerre. C'étoit pour les y encourager, que l'on armoit d'un arc & d'une épée Frigga, déesse des plaisirs. L'histoire parle de quel-

(1) Mém. de Lit. tom. VI, p. 95.

ques reines de Scythie, qui ont commandé des armées. Supposons donc que, dans quelques-unes de ces incursions que firent les Scythes dans l'Asie mineure, & dont Strabon convient, il y ait eu des femmes célèbres par leur valeur, la mémoire aura dû s'en transmettre à la postérité, & l'on aura bientôt oublié qu'avec elles combattoient des hommes, parce que le merveilleux, uni dans une narration à ce qui est dans l'ordre commun, l'efface & le fait disparoître.

On a débité plusieurs contes sur les *Amazones*, entr'autres que dans leur société, elles n'admettoient des hommes qu'autant qu'elles en avoient besoin pour devenir mères, & qu'elles les renvoyoient aussi-tôt après; qu'elles brûloient ou desséchoient la mamelle droite à leurs filles, & tuoient les enfans mâles, &c. Mais avant de croire à ces faits, il faut admettre l'existence des *Amazones*; & l'on vient de voir ce qu'en pensoient deux sages & savans écrivains ».

N. B. Au surplus, *voyez* les *Mém. de Littérature, tom. XXI. Mém. p. 106; tom. VI, p. 95*; le *Traité hist. sur les Amazones*, de Pierre Petit. (*A Leyde*, *1708*.)

AMAZONIA, ville d'Italie, dans la Messapie, selon Suidas.

AMAZONIS, ville de la Carie, citée comme épiscopale. Ortelius croit qu'il faut lire *Amyzon*.

AMAZONIUM, lieu de la Grèce dans l'Attique. On prétendoit que son nom lui venoit de ce que Thésée y avoit défait les Amazones.

AMAZONIUM, *ou* AMAZONEIUM, le même que *Cymé*, lieu habité, disoit-on, par les Amazones.

AMAZONIUM, lieu de la Grèce en Béotie.

AMAZONIUM, lieu de la Bithinie, selon Etienne de Bysance.

AMAZONIUM, ville du Pont. Pline en parle comme d'une ville détruite au temps où il écrivoit. Il paroît, par ce que dit Pomponius Mela, que ce lieu étoit regardé comme ayant été autrefois le camp des Amazones : il étoit près de Thémiscyre.

AMAZONIUS-MONS, *ou* MONT DES AMAZONES. C'étoit une montagne du Pont, dans l'Asie mineure, au pied de laquelle couloit le Thermodon.

AMAZONIUS. Plutarque dit que le Tanaïs avoit autrefois porté ce nom, parce que les Amazones venoient s'y baigner. *Voyez* les *Petits Géographes*, *tome 2*, Plut. *de fluv. p. 27*.

AMBACIA, (*Amboise*) lieu de la Gaule, où, selon Sulpice Sévère, les Gaulois, lors du Paganisme, avoient élevé un temple. Grégoire de Tours parle d'un pont de bateaux sur lequel on passoit la Loire en cet endroit.

AMBARRI, peuple de la Gaule, dont il est parlé dans le premier & dans le septième livres des *Commentaires de César*. On voit, par cet auteur, qu'ils s'étoient établis, du moins en partie, sur la rive gauche de l'*Arar*.

On trouve le nom de ce peuple entre ceux des Gaulois qui, selon Tite-Live, sous Tarquin l'ancien, passèrent les Alpes pour s'établir en Italie. M. d'Anville les place de chaque côté de l'*Arar*, au nord de *Lugdunum* ou Lyon. Dom Martin, qui les met sur sa carte à la même latitude, les place absolument à la droite de la rivière, entre l'*Arar* & le *Liger*. Il n'en fait pas mention dans son ouvrage.

AMBASTUS, nom d'une rivière que Ptolemée place dans le pays des *Sinæ* ou Sines.

AMBASUM, ville métropolitaine de la Phrygie, selon Etienne de Bysance : elle n'est connue que par cet auteur.

AMBATÆ, que quelques auteurs croient devoir lire *Ambanæ*, peuple de l'Inde en-deçà du Gange, selon Ptolemée.

AMBATIASIS VICUS, le même qu'AMBACIA.

AMBAUTÆ, peuple d'Asie, dans la partie nommée *Paropania*. Ptolemée les place à l'est. Dans Cellarius, on lit *Abanatæ*.

AMBE, ville que Ptolemée place dans l'Arabie heureuse.

AMBENUS MONS, montagne appelée, selon quelques leçons, *Ambolus* & *Embolas*. Valerius Flaccus la place vers les embouchures du Danube.

AMBIA, ville d'Afrique dans la Maurétanie; elle devint épiscopale.

AMBIANI, peuple de la Gaule, dans la seconde Belgique. Il en est parlé dans César, Strabon, Pline, Ptolemée. Ils avoient au nord les *Morini*; à l'est, les *Atrebates* & les *Veromandui*; au sud, les *Bellovaci*; à l'ouest, les *Caleli*; au nord-ouest, la mer. Leur principale rivière étoit la *Samara*, & leur capitale *Samarobriva*, qui prit ensuite le nom du peuple : on voit que leur pays étoit un peu plus étendu que l'Amiénois actuel.

Ce peuple tenoit un rang distingué entre ceux de la Belgique. On voit, dans César, qu'ils lui fournirent cinq mille hommes pour faire lever le siège d'*Alesia*. On parloit avec éloge de leur cavalerie.

AMBIANITUS VICUS, *ou plutôt* AMBITIANUS. *Voyez ce mot*.

AMBIANUM, (Amiens.) ville de la Gaule, dans la seconde Belgique : elle étoit la capitale des *Ambiani*.

AMBIBARETI, AMBIVARETI, AMBIVARITI, AMBRUARETI & AMBUARETI. Je rapproche ici, sous un même coup-d'œil, les différentes manières dont ce nom se trouve écrit dans différens *exemplaires* de César. Il faut croire que M. d'Anville avoit trouvé ces leçons défectueuses, puisqu'il n'en parle pas dans la Gaule. Samson les place aux environs de *Noviodunum*.

Le nom d'*Ambivareti*, que l'on retrouve désignant un peuple au-delà de la Mozelle, est regardé par Cluvier & Samson, comme une corruption de celui d'*Atnatici*.

AMBIBARI, *ou* AMBIBARII; peuple de la Gaule, que César donne pour être des *Armoriques*. Samson croit qu'ils sont les mêmes que les *Abrincatui*. Dom Martin, qui adopte cette opinion, dit que l'on peut présumer, avec quelque fondement, que depuis César jusqu'à Pline, & autres écrivains postérieurs, le nom d'*Ambibari* a été converti en celui d'*Abrincatui*. M. d'Anville convient qu'il ne sait où les placer.

AMBICAS, lieu de la Sicile, qui n'est pas autrement indiqué par Diodore.

AMBIDRANI, peuple que Ptolemée place dans la Norique.

AMBILATRI. Ce nom se trouvoit dans Pline; le P. Hardouin a cru qu'il falloit lire *Ambiliates*; mais ce nom même d'*Ambiliates* avoit paru à Samson une corruption au lieu d'*Ambirarii*. M. d'Anville, sans discuter sur le nom, convient qu'en le conservant, il ne sait où placer ceux qui le portoient. « Il y a des positions, dit-il, sur lesquelles » les lumières nous manquent; & les *Ambiliates*, » de quelque manière qu'ils soient écrits, me pa- » roissent être de ce nombre ». Dom Martin, plus hardi à cet égard que M. d'Anville, que Samson & que le P. Hardouin, admet la leçon & les place dans l'Aquitaine, au sud des *Pictones*, & au nord des *Santones*; mais la critique de ce père est souvent en défaut: il n'expliquoit les auteurs & les itinéraires que par eux-mêmes, sans chercher la possibilité ou la preuve de leurs assertions dans l'état du local & dans les connoissances que donne la géographie moderne.

Ces peuples furent appellés par les Venètes pour les secourir contre César. Dom Martin pense que ce sont les mêmes que les *Ambialites*, qui sont nommés par Orose *Ambivarites*. Samson les plaçoit en Bretagne, vers Lamballe.

AMBILIATES. *Voyez* AMBILATRI.

AMBILICI, peuple que Ptolemée place dans la Norique.

AMBISNA, ville d'Hispanie, selon Ptolemée, chez les *Murgobi*, au 11e degré 10 min. de long., & au 43e 6 min. de lat.

AMBISONTII, *Voyez* AMBISSUNTES.

AMBISSUNTES, peuple que nomme Pline, & que Ptolemée place dans la Norique, en les nommant *Ambisontii*.

AMBITARINUS: on lit ce mot dans quelques auteurs, à la place d'*Ambitianus*. Voyez *ce mot*.

AMBITIANUS-VICUS. Ce fut dans ce lieu que naquit Caligula, &, au rapport de Pline, on y voyoit des autels dressés en l'honneur de ce prince. Cluvier croit que le village de Capelle, au-dessus de Coblents, répond à ce lieu; M. d'Anville est presque d'avis qu'il faut remonter un peu plus haut, & que l'*Ambitianus-Vicus* est remplacé par *Konigstuhl*, ancien lieu d'assemblée des princes de l'empire Germanique. Cet auteur place donc *Ambitianus-Vicus* sur le Rhin, entre *Confluentes* au nord-ouest, & *Baudebrica* au sud.

AMBITNI, peuple de Galatie, originaire des Gaules, selon dom Martin.

AMBIVARETI, *ou* AMBIVARITI, ancien peuple de la Gaule Belgique, que César place au delà de la Meuse. M. d'Anville n'en fait pas mention; mais dom Martin les place entre le *Scaldis* à l'ouest, & la *Mosa* à l'est, au sud des *Menapii*; c'est à-peu-près où est le Brabant actuel. *Voyez* AMBILATRI.

AMBLADA, ville de l'Asie mineure dans la Pisidie, selon Etienne de Bysance, ou de la Carie, selon Strabon. Ce dernier rapporte que le vin d'*Amblada* étoit utile en médecine.

AMBLETOLIENSIS PORTUS, (*Ambleteuse*.) « On croit que c'est le port ultérieur dont parle » César, & où il fit embarquer sa cavalerie pour » passer en Angleterre ». *Dom Martin*.

AMBLOGANNA, ville de la *Britannia* ou Grande-Bretagne, selon les *Notices*.

AMBRA, fleuve de l'Etrurie, selon Cluvier.

AMBRACIA, AMBRACIE, ville d'Europe, en Epire, dans le territoire des Molosses, à quelque distance au nord du golfe de son nom, & sur la gauche du fleuve nommé *Arachthus* par Ptolemée; & *Arethon* par d'autres géographes. Cette ville fut la capitale des Etats de Pyrrhus, roi d'Epire; il y avoit une citadelle sur un terrein élevé. Voici ce qu'en dit Tite-Live, *L. XXXVIII, c. 4*.

Ambracia, ou *Ambracie*, est au bas d'une colline assez roide: la citadelle, qui est sur la colline, est à l'orient (M. d'Anville a très-bien indiqué ces positions sur sa carte de Grèce); le fleuve Arethon, qui commence dans l'*Athamania*, passe par cette ville, & va se jetter dans le golfe nommé *Ambracien*, d'après la ville d'*Ambracie* qui en est peu éloignée. On ne doute pas qu'elle n'ait été autrefois une ville libre: depuis elle passa au pouvoir des Æacides; Pyrrhus, ce courageux & actif ennemi des Romains, y tenoit sa Cour. Cette ville, ainsi que le reste de la Grèce, passa au pouvoir des Romains; ils y trouvèrent une grande quantité de tableaux & de statues restés de la Cour magnifique de Pyrrhus. Selon Florus, il auroit été un temps où les Etoliens avoient commandé dans cette ville; il n'en subsiste aujourd'hui que de foibles vestiges.

AMBRACII, *les* AMBRACIENS, peuple de l'Epire, qui tenoit son nom ou d'Ambracie, fille d'Augéas, ou d'Ambrax, fils de Thesprote, selon Eustathe.

Ambrax, selon Polybe, *Liv. 4*, fixa son séjour sur le bord d'un golfe qui séparoit l'Epire de l'Acarnanie, & il y bâtit la ville, qui, de son nom, fut appellée *Ambracie*, & le golfe fut nommé *golfe Ambracien*.

Ambrax ne choisit cette demeure que, vraisemblablement, lorsque les Etats de son père eurent été ravagés par les Dryopes, & ensuite par Hercule: ainsi l'origine des *Ambraciens* ne peut être que d'environ cinquante ans avant la dernière guerre de Troye.

Scymnus de Chio, *v. 452*, dit qu'*Ambracie* est une colonie des Corinthiens, & que Gorgus, fils de Cypsèle, en fut le premier habitant. Strabon, *Liv. 7*, dit que la ville d'*Ambracie* est l'ouvrage de Tolgus, fils de Cypsèle. Antonius Liberalis, *Métam. l. 4*, nomme Torgus celui que Scymnus de Chio appelle Gorgus, & Tolgus par Strabon, & le fait frère de Cypsèle. Cet auteur fait entendre qu'*Ambracie* subsistoit déjà lorsqu'on y envoya une nouvelle colonie de Corinthe. Cypsèle, tyran de Corinthe, vivoit environ 620 ans avant l'ère chrétienne.

Les *Ambraciens* gémissoient sous la tyrannie de Phalæcus, lorsque la colonie de Corinthiens arriva en Epire, conduite par Cypsèele, qui les délivra de la tyrannie de Phalæcus, &, vraisemblablement, les soumit à la sienne, puisque Périandre, fils de Cypsèle, est appellé tyran des *Ambraciens* par Aristote & par Maxime de Tyr; & Aristote dit que le peuple ayant chassé Périandre, recouvra son ancienne liberté.

Les *Ambraciens* eurent aussi des démêlés avec les Molosses, qui, à la fin, les soumirent.

Les rois d'Epire assujettirent les *Ambraciens*; ils furent aussi taillés en pièces par les Athéniens, commandés par Démosthène, selon Thucydide, *L. 3*; & Diodore de Sicile dit que la ville d'*Ambracie* demeura presque détruite de la suite de la guerre contre les Athéniens. Démosthène rapporte que Philippe, père d'Alexandre, roi de Macédoine, les attaqua ensuite: enfin, selon Polybe, Marcus Fulvius les soumit aux Romains, & Paul Emile les dépouilla de leurs privilèges & de leurs biens, comme le reste des Epirotes, selon Plutarque, *in Æmilio*.

Pausanias, *Liv. 10*, *ch. 18*, dit que l'on voyoit à Delphes un âne de bronze, que les *Ambraciens* y avoient offert, en reconnoissance d'un avantage qu'ils remportèrent sur les Molosses.

AMBRACIOTARUM INSULÆ: c'est par ce nom générique que Denys le Périégète désigne quelques îles, qui ne devoient pas être éloignées du golfe d'Ambracie.

AMBRACIUS SINUS, (*Golfe de Larta*), ou golfe d'Ambracie. L'état actuel des lieux nous donne l'étendue & la forme de ce golfe, sur lequel les témoignages des anciens diffèrent assez considérablement. Ce golfe avoit au nord le pays des Molosses, qui appartenoit à l'Epire, & au sud l'Acarnanie: ces deux contrées réunies le terminoient à l'est. Il communiquoit avec la mer Ionienne par un détroit que l'on peut appeller d'*Actium*; puis par un second, plus à l'ouest, sur le bord duquel du côté de l'Acarnanie, étoit la ville d'*Anactorium*. On trouvoit sur ses bords, au nord, *Nicopolis* & *Ambracia*; au sud-est, *Argos Amphilochicum*; au sud-ouest, *Actium*.

AMBRACUS, espèce de forteresse élevée dans des marais, à l'ouest d'Ambracie. Polybe, qui en parle, dit qu'elle étoit fortifiée de murs & d'avant-murs, & que l'on n'y abordoit que par une chaussée de terres rapportées.

AMBRATIA, ville de la Lusitanie, mais qui n'est pas nommée dans les auteurs de l'antiquité. On cite la vie de saint Epitace.

AMBRI. Ce peuple, selon le rapport de Justin, habitoit dans l'Inde, sur les bords de l'*Acesines*, qui se rendoit dans le *Sindus* ou Indus (1). Selon cet historien, Alexandre, devenu maître de la partie de l'Inde qui est plus septentrionale, se rendit sur les bords de l'*Acesines*, descendit cette rivière jusqu'à l'Océan, & reçut sous son obéissance plusieurs de ces peuples, habitans de ces bords: entre eux étoient les *Ambri* ou Ambres; mais, réunis aux *Sugambri*, ils se trouvoient forts de 80 mille hommes de pied & 60 mille chevaux; & avec ces troupes, ils osèrent livrer bataille aux héros Grecs: l'issue ne leur fut pas favorable; ils furent défaits; Alexandre marcha droit à leur capitale. Ce fut à cette ville, selon Justin, qu'il lui arriva de sauter dans la place de dessus les murailles. On sait que les autres historiens rapportent cet événement à la ville des Oxydraques. M. d'Anville regardoit probablement les *Ambri* nommés par Justin, comme un même peuple avec les Oxydraques; car il ne les a pas placés sur sa carte des conquêtes d'Alexandre.

N. B. On trouve aussi le nom d'*Ambri* donné aux *Ombri*.

AMBRITÆ, *ou* ABRITÆ, peuple que Diodore place dans l'Inde, en-deçà du fleuve *Judas*. On croit que ce nom est pour celui d'*Arabitæ*. Voyez *ce mot*.

AMBROCHOS, contrée d'Afrique dans la Marmarique, selon Ptolemée.

AMBRODAX, ville ou bourg que Ptolemée indique dans la Parthie.

AMBRONES, peuple Gaulois, connu dans la guerre cimbrique, vers le milieu du sixième siècle de Rome. On ignore la province de Gaule qu'ils occupoient. M. d'Anville n'en fait aucune mention; cependant Cluvier, le P. Briet & Cellarius, d'après un passage de Strabon, prétendent que les Ambrons formoient un des quatre cantons que César donne aux Helvétiens; mais ce sentiment n'est que bien foiblement appuyé: je ne me permettrai donc pas de l'adopter; je remarquerai seulement, avec Dom Martin, 1°. que les Liguriens se disoient Ambrons d'origine; 2°. que l'empereur Julien appelle (dans ses Césars) les Helvétiens *Elbetiens*, ou, selon un manuscrit, *Elbestiens*, & qu'Etienne de Bysance, indiquant un peuple de ce nom dans la Lygie (c'est ainsi que le lit Vossius), on peut admettre que les Ambrons étoient les Helvétiens dont les Lyguriens tiroient leur origine. Le récit de Plutarque prouve en effet qu'il y avoit du rapport entre les Ambrons & les

(1) On verra à l'article de l'*Acesines*, que c'est à tort que Justin le fait tomber dans l'Océan.

Liguriens : cet historien, entre les alliés des Cymbes & des Teutons, ne nomme que les Ambrons. Selon lui, ils étoient au nombre de plus de 30 mille hommes ; ils avoient le corps chargé & appesanti par la bonne chère ; mais ils n'en avoient que plus de résolution & de fierté. Rendus plus gais par le vin qu'ils avoient bu, ils s'avançoient, non point en désordre, ni en courant comme des furieux, ni en jettant des cris confus & inarticulés, mais en frappant en mesure sur leurs armes, & en répétant à tout moment leur nom *Asubrons*, *Ambrons*, soit pour s'encourager réciproquement, soit pour apprendre à leurs ennemis à quelle espèce de gens ils alloient avoir affaire. Les Liguriens, qui étoient dans l'armée de Marius, & qui alloient commencer la charge, ayant entendu ce cri, y répondirent par un cri semblable ; ils dirent de même *Ambrons*, *Ambrons* ; car, ajoute-t-il, c'est le nom générique que les Liguriens donnent à leur nation. Cluvier croit que ce nom d'*Ambroni* venoit de la rivière d'*Emme*, au canton de Berne : on n'auroit que changé la seconde *m* en *b* ; & il y a plusieurs exemples d'un semblable changement.

Des Gaulois, sous le nom d'*Ambri* ou d'*Ambrones*, avoient autrefois des possessions au nord & au sud du Po. Les Lygures étoient des *Ambrones*.

AMBRONICUS PAGUS, territoir des Ambrones. Cluvier y place les deux villes *Salodurum* & *Vindonissa*.

AMBRUSSUM, *ou* AMBROSIUM & AMBROSSUM, *ou* AMBUSSUS, (*Pont Amboix.*) Il est parlé de ce lieu, de la première Narbonnoise, province de la Gaule, dans l'Itinéraire d'Antonin, & dans celui de Bordeaux à Jerusalem. M. d'Anville le place chez les *Arecomici*, entre *Sextantio* à l'ouest, & *Nemansus* au nord-est. Dom Martin lui donne même position sur le *Visturlus*. Les Romains y avoient construit un pont sur la *Virdonte*. La Martinière dit que c'est le pont de Lunel.

De cinq arches que paroît avoir eu ce pont, il en subsiste encore quatre aujourd'hui. Celle qui est du côté du sud est abattue.

AMBRYDUS. *Voyez* AMPHRYSUS.

AMBRYSUS, *ou* AMBRYSSUS, ville de Grèce dans la Phocide. M. d'Anville la place entre deux chaînes de montagnes, à l'ouest de *Lebadæa*, & au nord-est d'*Anticyra*. Pausanias la nomme *Amphryssus*. J'ai suivi Polybe, Tite-Live & M. d'Anville. Je ne sais pourquoi la Martinière a pensé que cette ville est nommée par Etienne de Bysance *Cyparissus*. On trouve, dans ce Géographe, l'article Αμφυσος, *Amphrysus* ; il cite Lycophron, & ne dit rien de Cyparisse en cet endroit.

Ambryssus étoit séparée de Delphes par le mont Parnasse. Cette ville fut fortifiée par les Thébains, lorsqu'ils firent la guerre à Philippe de Macédoine.

La place publique n'étoit pas grande, & la plupart des statues qui l'ornoient, étoient de marbre & brisées. Pausanias, *Liv.* 10, *Phoc. ch.* 36, dit que sur la droite du chemin qui va à Anticyre, il y avoit un temple de Diane Dictynnée, à laquelle les habitans d'Ambryssus avoient une grande dévotion. La statue de la déesse étoit de marbre noir.

AMBULEIUS AGER. Jornandès, dans son *Histoire des Goths*, nomme ainsi le lieu où le pape Léon alla trouver Atilla, afin de le détourner d'aller à Rome. Cluvier, &, après lui, d'autres géographes, pensent que ce champ se trouvoit à un passage du *Mincius*, dans les environs d'*Artelica*, aujourd'hui Peschiera. On peut voir dans son ouvrage (*Italia Antiq. l.* 1, *c.* 26,) comment il répond à l'objection qu'Attila s'étant avancé jusqu'à *Ticinum* ou *Popea* (Pavie), n'auroit pas dû le rencontrer avec le pape, sur les bords du *Mincius*.

AMELAS, ville que Pline place dans la Lycie.

AMELES. Je ne placerois pas ici le nom de ce fleuve imaginaire, s'il n'en étoit question dans les *Mythologues*. La science de l'antiquité n'est pas seulement de savoir ce qui a existé, mais encore ce que l'on a cru, ce que l'on a écrit. J'ajouterai donc que l'on disoit de ce fleuve que son eau ne pouvoit être retenue dans aucun vase. Platon en parle ; mais ce fleuve est un être imaginaire, & c'est perdre son temps que de le rechercher entre les fleuves connus.

AMELETUS, lieu du Pont, sur la côte du Pont-Euxin. Il se trouvoit entre le fleuve *Phygamus* & le promontoire *Phadisana*, selon la description anonyme du Pont-Euxin.

AMENANUS, fleuve qui passoit à *Catana*. Strabon dit qu'il arriva qu'après avoir manqué d'eau, il recommença à couler de nouveau.

AMENDUS, ville de la Carie. La Martinière pense qu'il faut lire *Myndus*.

Il en apporte pour raison que ce dernier nom se trouve dans Ptolemée & dans les notices de l'Empire. Ortelius, qui en parle, ne cite que le concile de Nicée, & il peut s'y être glissé une faute de copiste.

AMENIA, ville Grecque de l'Asie mineure, que Scylax indique chez les Chalybes, peuples, compris, par M. d'Anville, dans la partie orientale du Pont.

AMERIA, gros bourg du royaume de Pont, situé dans le voisinage de la ville de Cabires. Il y avoit dans ce bourg un temple du mois de Pharnace ou de la lune, selon Strabon, *Liv.* 12, *p.* 557. Cet auteur ajoute qu'il y avoit dans Ameria un grand nombre de Hiérodules, ou de ministres du temple, & un domaine sacré, dont le pontife percevoit les revenus. Le temple du mois de Pharnace, qui est le dieu Lunus des anciens, étoit si respecté des rois même dans le Pont, que le serment royal étoit, *par la fortune du roi*, & *par le mois de Pharnace*. Strabon, *L.* 12, *p.* 557.

AMERIA (*Amelia*), ville de l'Italie, dans l'Ombrie, au sud-ouest de *Spoletium*, à-peu-près à égale distance du Nar & du Tibre. Caton dit qu'elle fut fondée 964 ans avant la guerre de Persée, arrivée l'an 171 avant J. C.; donc cette ville commença à exister 1135 ans avant notre ère; elle devint municipale. Auguste y fit conduire une colonie. Virgile, dans ses *Géorgiques*, parle de l'ozier d'*Ameria*. Quelques auteurs croient que le célèbre Roscius étoit de cette ville. Tout son territoire fut assigné par Auguste, aux soldats vétérans.

AMERINUM CASTELLUM, château d'Italie, près du lac *Vadimon*, en Etrurie. Les champs des environs portoient le nom d'*Amerina Prædia*.

AMERIOLA, ville du Latium, de laquelle parle Pline, mais comme ne subsistant plus. Ce fut Tarquin qui s'en empara pour les Romains.

AMERIUM: ce nom se trouve dans Etienne de Bysance, pour *Ameria*, ville d'Italie. *Voyez* AMERIA.

AMERUTHA, *ou* AMERYTHA, village que Joseph indique dans la haute Galilée.

AMESA, rivière d'Afrique dans la Numidie, selon l'anonyme de Ravenne; mais il ne fait que la nommer, sans donner d'ailleurs aucune sorte d'indication.

AMESTRATINI, habitans de la ville d'*Amestratus*, en Sicile, & dont Cicéron parle dans un de ses *Discours contre Verrès*.

AMASTRATUM, ville de Sicile. *Voyez* MYTISTRATUM *ou* MUTISTRATUM.

AMESTRATUS, AMESTRATOS, ville de la Sicile: elle est nommée *Mytistraton* par Polybe, & *Mustraton* par Diodore de Sicile, aujourd'hui MISTRETTA.

AMICLÆ, (*Portella*) ville d'Italie, entre Terracine & Foretti: elle devoit être où est aujourd'hui la Portella. Ce lieu avoit aussi porté le nom d'*Ad Lantulas*.

AMICUS, *ou* AMICONESOS, île de la mer Rouge, selon Ptolemée. Comme Hercule a eu quelquefois, chez les anciens, l'épithète d'*Amicus*, quelques savans ont cru qu'*Amicus* avoit pris son nom de ce dieu.

AMICUSIA, île de la mer Rouge, selon Etienne de Bysance.

On la croit la même que l'*Amiconesos*, ou l'île *Amicus* de Ptolemée.

AMIDA, ville de l'Asie, qui étoit située sur le bord du Tigre, vers le 37° degré 50 minut. de latitude.

» AMILIANUM, *Oppidum Rhutenorum* (*Mi*» *thand*) dans la haute marche du Rouergue ». Dom Martin.

AMILICHUS, petite rivière de la Grèce, dans l'Achaïe, au nord-ouest.

AMILO, fleuve d'Afrique, dans la Maurétanie. Pline dit qu'à toutes les nouvelles lunes, des troupeaux d'éléphans, sortis des forêts, venoient sur le bord de ce fleuve, & qu'en répandant de l'eau sur le corps, ils se purifioient en cérémonie: ils se retiroient ensuite jusqu'à la lune suivante. On sent bien le cas que l'on doit faire de ce petit conte.

AMILOS, *ou* AMILUS, ville de l'Arcadie, au nord-ouest d'*Orchomène*, n'étoit plus, au temps de Pausanias, qu'un village.

AMILTON, lieu près de Constantinople, selon Petrus Gillius, qui s'appuie de l'autorité de Denys de Bysance.

AMINACHÆ: c'est ainsi que quelques interprètes croient devoir lire le mot *Aninachæ* Ανιναχαι, qui se trouve dans le texte de Ptolemée.

AMINEI, peuples de la Thessalie, qui, selon Aristote, transportèrent de leur pays des vignes en Italie, d'où vient l'expression *Amineæ vites*, *vignes Aminéennes*. Selon un passage de Macrobe, ces vignes doivent avoir été dans un territoire qui fut depuis nommé le *territoire de Falerne*. Cependant Virgile établit une distinction entre ces deux vins.

AMINIUS, fleuve de l'Arcadie, dans la partie méridionale, coulant du nord-est au sud-est; il se rendoit dans le fleuve *Helissus*.

AMINONE, rivière de l'Asie, dans la Cilicie.

AMINULA, *ou* ANIMULA, ville peu considérable de l'Italie, dans l'*Apulia*.

AMISA, ville que l'histoire *mêlée* attribue à la Palestine.

AMISENI. Arrien, dans son *Périple du Pont-Euxin*, donne ce nom aux habitans de la ville d'*Amisus*.

AMISENUS SINUS, golfe d'*Amisenus*. Ce golfe, formé par les eaux du Pont-Euxin, se trouvoit à l'est de l'embouchure de l'Halys, sur la côte du royaume de Pont: il avoit pris son nom de la ville d'Amisus.

AMISIUS, fleuve de la Germanie, selon Pomponius Mela. C'est le même qu'*Amasius*. *Voyez ce mot*.

AMISSA, ville de la Germanie, selon Etienne de Bysance, la même que l'*Amasia* de Ptolemée.

AMISUS, AMISE, grande & belle ville de l'Asie mineure, dans le royaume de Pont: elle étoit située sur la côte du Pont-Euxin, qui se trouve à l'embouchure de l'Halys & celle de l'Iris: elle étoit sur le bord occidental du golfe à qui elle donnoit son nom. Au rapport de Théopompe, les Milésiens en avoient jetté les premiers fondemens; Scymnus de Chio dit que c'étoit une colonie de Phocéens d'Asie (*Voyez p. 81.*); mais Athénocle y conduisit depuis une colonie d'Athéniens, & la nommèrent Pirée. Pline dit qu'elle se conserva en république populaire, jusqu'à ce qu'elle fut conquise par les Perses; mais Alexandre lui rendit sa liberté, dont le roi de Pont la priva de nouveau. L'enceinte d'Amise étoit d'un grand circuit, & la plus grande ville du royaume de Pont après Sinope. Mithridate y avoit un palais: il venoit encore de l'augmenter d'un quartier, embelli de de temples & de beaux édifices, lorsque Lucullus la prit; toutes les richesses rassemblées en ce lieu ne purent satisfaire les légions Romaines; ils la rendirent la proie des flammes, qui, heureusement, furent arrêtées par une pluie considérable, selon Plutarque. Ses habitans furent massacrés par Pharnace, fils de Mithridate; mais César la reprit, selon Appien. *Bel. Liv.*

La ville d'*Amisus* a donné la naissance à plusieurs hommes distingués dans les sciences.

AMITERNUM, ville d'Italie, assez loin au nord-est de Rome, & plus près de *Reate*, à l'est, dans les montagnes. A l'inspection de la carte de M. d'Anville, on seroit tenté d'attribuer cette ville aux *Vestini*. Peut-être a-t-il trouvé qu'il y eût un temps où ce peuple en fût en possession. Mais il est essentiel de la revendiquer pour la Sabine, puisque Virgile, Pline & Strabon s'accordent à cet égard. Je me crois d'autant plus obligé à cette remarque, que par la disposition de la carte que je cite, les *Vestini* y paroissent faire une partie des Samnites; ce qui éloigne encore l'idée des Sabins, à moins que de remonter à leur origine. (Voyez *Sammites* & *Sabini*.) Il est vrai que les Samnites la possédèrent.

On en attribuoit la fondation aux Aborigènes. Sp. Carvilius la prit l'an de Rome 460. Ce qui la rend sur-tout recommandable, c'est qu'elle fut la patrie de l'historien Saluste, mort 35 ans avant l'ère vulgaire. *Amiternum* a subsisté jusqu'au temps des guerres entre les Guelphes & les Gibelins: alors la ville d'Aquila, nouvellement fondée par l'empereur, fit entièrement tomber *Amiternum*.

N. B. On en voit encore des ruines entre lesquelles on distingue un vieux mur & l'enceinte d'un amphithéâtre. C'est-là que l'on a trouvé plusieurs monumens qui se conservent à Aquila, entre lesquels on doit sur-tout distinguer la moitié d'un calendrier romain, qui se trouve heureusement être celle qui manque dans Ovide.

AMITHOSCUTA, contrée de l'Arabie heureuse, selon Pline.

AMITIENSES, peuple de l'Etrurie, selon Pline.

AMITIN, nom d'un lieu de l'Asie, dans la Mésopotamie. Les traducteurs Latins écrivent *Amitin Ameidis*. Voyez le *Tome 3 des Petits Géographes*, (*Excerpta ex Chrysococcæ Syntaxi*.)

AMITINUM, l'une des villes que Pline dit avoir été célèbre autrefois dans le *Latium*, & qui ne subsistoit plus de son temps.

AMMA, fleuve, (*Lemme*) rivière de la Suisse, & se jette dans l'Aar, auprès de Soleure.

AMMA, ville d'Asie, dans la Palestine, appartenante à la tribu d'Aser.

Il y avoit une colline de ce nom, auprès du chemin qui menoit aussi de Gabaon.

AMMÆA, ville de la Mésopotamie, près de l'Euphrate, vers le golfe Persique, selon Ptolemée.

AMMÆA, ville de l'Arabie déserte, près du golfe Persique, selon Ptolemée.

AMMÆDARA, ville de l'Afrique propre, dans la partie que Ptolemée appelle *Numidia Nova*.

AMMAENSIA JUGA: c'est le nom que Pline donne à des montagnes de la Lusitanie. Il est probable qu'elles étoient peu éloignées de la ville d'*Amaia*, dont parle Ptolemée.

AMMAITTIA, ville d'Asie dans l'Assyrie. Il en est parlé dans la notice de l'empire.

AMMAN, ou AMANA, ville de l'Asie, en Arabie; elle étoit la principale ville des Ammonites: elle est aussi nommée *Rabbath*.

AMMANA. Etienne de Bysance fait mention d'une ville fameuse de ce nom, qui prit ensuite celui de Philadelphie.

AMMATA, selon Eusèbe & S. Jérôme; & AMMATHA, selon la Vulgate, ville d'Asie dans la Palestine, appartenant à la tribu de Juda.

AMMAUM, la même, selon S. Jérôme, qu'*Emmaüs*.

AMMAUS, ville d'Asie dans la Judée, selon Joseph; à l'ouest du lac de Tibérias, & au sud de la ville de ce nom. Près de cette ville, il y avoit des eaux minérales chaudes. Ortélius dit que c'est la même qu'*Ammonitii*.

AMMAUS, fontaine d'eaux chaudes. Cette fontaine, selon Josephe, étoit près de la ville de Tibériade, dans la Phrygie salutaire. Pline en parle aussi.

AMMINE, île dans le voisinage de la Taprobane, selon Ptolemée, au 117e degré de long. & au 4e 15 min. de lat.

AMMOCHOSTOS, ou AMMOCHOSTUS, promontoire de l'île de Chypre, dans la partie du sud-est; il se trouvoit presque au sud de *Salamis*. C'est de ce nom que, par corruption, s'est formé le nom de la ville moderne de *Famagouste*.

AMMODES, promontoire de la Cilicie. Il est indiqué par Pomponius-Méla, entre le *Pyramus* & le *Cydnus*.

AMMODIUM, ville de l'Asie, dans la Mésopotamie; elle étoit située au nord de la partie septentrionale du mont Singara, & au sud de la ville d'Anastasiopolis, vers le 36e degré 50 minutes de latitude.

AMMON, temple de Jupiter. Voyez HAMMON.

AMMONIA. Selon Etienne de Bysance, c'étoit le nom d'une partie intérieure de la Libye. Il ajoute que toute la Libye étoit quelquefois désignée par le nom d'*Ammonia*.

AMMONII, peuple de l'Arabie Pétrée, selon Pline.

AMMONITÆ, les *Ammonites*. Ce peuple, dont il est beaucoup parlé dans l'Écriture-sainte, y est annoncé comme descendant d'Ammon, fils de Loth & d'une de ses filles. Le pays qu'il habitoit, situé à l'est de la Palestine, & à quelque distance au nord-est du lac Asphaltite, étoit pris sur l'Arabie; car elle s'étendoit & s'étend encore à-peu-près jusqu'à cette distance au nord. (*Voyez* Ammonitis.)

On a peu de notions des loix & du gouvernement de ce peuple. Le prophète Jérémie paroît, (*C. IX, v. 25, 26*,) les compter au nombre des peuples incirconcis ; ils s'occupoient d'agriculture. On peut croire que leur religion fut d'abord assez pure, s'ils la reçurent de Loth ; mais, dans la suite, ils tombèrent dans l'idolâtrie. Leur principale divinité étoit Moloch ou Melech, nom qui signifie roi ou seigneur, & par lequel ils avoient peut-être désigné d'abord l'Être suprême. Dans la suite, ce nom ne fut plus que celui d'une divinité imaginaire ; d'ailleurs ceci n'est pas de mon objet : on trouve dans l'écriture, que les *Ammonites* passoient leurs enfans par le feu en l'honneur de Moloch ; des écrivains chrétiens s'en sont crus en droit de conclure qu'ils *brûloient* leurs enfans. Cette barbarie est si prodigieusement hors de la nature, elle seroit même si contraire aux maximes d'une sage politique, puisqu'elle s'opposeroit à la population, qu'il est plus raisonnable de croire qu'en effet les *Ammonites* admettoient une espèce de purification par le feu ; superstition qui n'est que ridicule, sans être barbare.

On ne sait quand la famille d'Ammon commença à devenir assez puissante pour forcer les Zuzines à leur céder la contrée qu'ils habitoient. On ne connoît pas même les noms de leurs premiers rois ; ceux que l'on trouve ensuite sont des personnages peu intéressans ; d'ailleurs, on ne peut se flatter de bien connoître un peuple qui n'a trouvé d'écrivains que parmi ses ennemis. Les *Ammonites* furent souvent en guerre avec les Israélites ; &, humainement parlant, ceux-ci les traitoient après leurs victoires, avec une inhumanité qui devoit rendre entre eux les haines irréconciliables.

Les *Ammonites* étoient un des peuples que Dieu avoit défendu aux Israélites d'attaquer ; ce qui ne les empêcha pas d'attaquer les Israélites, de concert avec les Moabites.

Après cette expédition, ils attaquèrent seuls les Israélites, & les tinrent en servitude pendant dix-huit ans, après lequel temps Jephté les défit, prit & ravagea vingt de leurs villes.

Au commencement du règne de Saül, Naas, roi des *Ammonites*, attaqua les habitans de Jabès, en Galaad ; mais ils furent défaits par Saül. Enfin, David les réduisit sous son obéissance. Naas, leur roi, supporta ce joug sans se révolter ; mais Hanon, son fils, insulta les ambassadeurs que David lui envoya pour le consoler de la mort de son père. David fit marcher une armée commandée par Joab, qui les battit, malgré les secours qu'ils avoient reçus de leurs alliés. Après la prise de Rabba, les *Ammonites* restèrent soumis le reste du règne de David. Ils furent aussi tributaires de Salomon & des premiers rois d'Israël. Après le transport des tribus de Ruben & de Gad, les *Ammonites* se mirent en possession de leurs villes. Il est vraisemblable que Cyrus accorda aux *Ammonites* la liberté de revenir dans leurs terres, d'où Nabuchodonosor les avoit transportés dans ses Etats. Antiochus le Grand prit Rabba, leur capitale, & y mit garnison. Pendant les persécutions d'Antiochus Epiphanès, les *Ammonites* exercèrent leur haine & leur cruauté contre les Juifs de leur quartier. S'il est encore parlé d'eux dans S. Justin, ce n'est pas pour long-temps. Quoiqu'il les traite de nation nombreuse, ou il les confond avec les Arabes, ou ils y furent confondus peu après ; car aucun écrivain n'en a fait mention depuis.

AMMONITIS REGIO, appellée aussi *Ammanitis*, grande contrée d'Asie, dans la partie de l'Arabie : elle s'étendoit du sud au nord, à l'est de la Palestique. C'est le pays des Ammonites, qui se trouvoit au-delà des montagnes de Galaad. Sa capitale, nommée *Ammon* & *Rabbutro*, eut ensuite le nom de Philadelphie.

AMMONIUS, *ou* Ammonios, promontoire de l'Arabie heureuse, tenant à la région Homérites, selon Ptolemée.

AMMONOS, Ammonis, *ou* Ammonus, ville de l'Afrique, entre les deux Syrthes, selon Ptolemée.

AMNESTA. Ce nom se trouve employé dans Vitruve, de manière qu'il a semblé à Ortelius être un nom de lieu, & à d'autres, le nom d'un statuaire.

AMNIAS (1), *ou* Amneios. La première leçon est de Strabon ; la seconde, d'Appien. M. d'Anville adopte la première. Je ne sais pourquoi la Martinière indique cette rivière *vers la Bythinie* ; cela est trop vague : elle étoit dans la Paphlagonie. Voici comment s'exprime Strabon..... « Les Paphlagoniens ont, de tous côtés, des temples sur » cette montagne (l'Olgassis). Tout à l'entour est » un terrein assez bon & peuplé.... qu'arrose la rivière *Amnias* ».

M. d'Anville la fait commencer en Paphlagonie, dans la petite contrée appellée *Domanitis*, au nord-ouest de *Germanicopolis*, d'où, coulant par le sud de cette ville, elle se rend à l'est dans *Amissenus Sinus*, ou golfe d'Amissus.

AMNISUS, nom d'un fleuve de la Paphlagonie, selon Ortélius, qui cite Apollonius. On croit que c'est le même qu'*Amnias*.

Amnisus, petite rivière de l'île de Crète, dont parlent Callimaque, Apollonius & Suidas.

Amnisus, port de l'île de Crète. Il étoit probablement à l'embouchure de la rivière de même nom. Minos y tenoit des vaisseaux, & Lucine y étoit adorée dans un temple : on pourroit croire qu'elle l'y avoit été d'abord dans une caverne ; car Homère indique dans ce lieu une caverne de Lucine. Selon Pausanias, les Crétois prétendoient

(1) Le texte imprimé dans les Petits Géographes, porte Αμνείος, *Amneius*.

que Lucine étoit née à *Amnissus*. Selon Strabon, *Amnisus* étoit le port de la ville de *Cnossus*.

AMNITÆ, peuple assez mal connu, ce me semble, par les anciens qui en ont parlé. Denys le Périégète dit que les femmes Amnites alloient faire des sacrifices à Bacchus, dans une petite île voisine de la *Britannia*, ou Grande-Bretagne.

Ce peuple, par le rapport de position & de nom, semble être le même que Strabon nomme *Samnitæ*, & qu'il place dans une petite île de l'océan, à l'ouest de la Gaule, & près de l'embouchure de la Loire. Il rapporte aussi que les femmes, saisies de l'esprit de Bacchus, font des sacrifices en son honneur. Il ajoute que les hommes n'alloient pas dans cette île; ensuite il débite d'elles à-peu-près ce que l'on disoit des Amazones; qu'elles n'alloient trouver leurs maris qu'une fois l'an, & seulement pour avoir occasion de ne pas laisser finir la race des Amnites.

Elles avoient coutume d'ôter tous les ans le toit du temple, & de le recouvrir le même jour avant le coucher du soleil. Cela ne donne pas une grande idée de son étendue: chaque femme devoit porter un fardeau, & celle qui laissoit tomber le sien, étoit mise en pièces par les autres; elles portoient au temple ces morceaux sanglans, & ne cessoient de jetter des cris, jusqu'à ce qu'elles fussent délivrées de leur fureur. Ce traitement devoit causer assez d'effroi, pour que les femmes, chargées des débris du toit, prissent bien garde à elles. Cependant Strabon assure que chaque année il s'en trouvoit quelqu'une qui laissoit tomber son fardeau, & qui en portoit la peine.

Ptolemée, qui nomme les *Samnitæ*, les place en terre ferme.

AMNON, rivière de l'Arabie heureuse, selon Pline.

AMODOCI, l'une des montagnes qui entouroient la Sarmatie européenne, selon Ptolemée.

AMŒNIUM STAGNUM. Ortelius croit que cet étang portoit le nom d'*Amœnium*; d'autres auteurs pensent que ce nom, qui signifie *agréable*, n'étoit qu'une épithète. Pine, qui l'emploie, place cet étang en Hispanie, chez les *Edetani*. On ne voit pas quel il peut être, à moins que ce ne soit l'*Albuferà* des modernes.

AMOLIUS. On trouve ce nom dans la Martinière, qui ajoute, ville des Magnètes, dans la Macédoine, selon Etienne de Bysance; mais dans cet auteur on lit Ἀμολβὸς, ou *Amolbus*. Au reste, cet auteur auroit dû dire, ville de la Magnésie, & non des Magnètes.

La Magnésie étoit une contrée de la Thessalie, qui ne dut être comprise dans la Macédoine, qu'à cause des conquêtes des rois de ce pays.

AMORDACIA, selon quelques exemplaires de Ptolemée. C'est ainsi qu'il faut lire le nom d'une contrée de la Babilonie, selon d'autres, c'est *Mardocca*.

AMORDI, AMARDI, & *même* AMARBI. On trouve ces trois noms dans différentes éditions de Pline; le P. Hardouin adopte le second. Ces *Amardi* étoient une nation Scythe, selon Pline.

AMORGOS, *ou* AMORGUS, île de l'Archipel, & l'une des Cyclades, au sud-est & assez près de *Naxos*, vers le 36e deg. 50 min. de latitude. Elle porta d'abord différens noms; Pline en rapporte deux, Hypère, Potage; & Etienne de Bysance trois, *Paucalè*, *Psychia* & *Carcesia*. Selon ce dernier, elle renfermoit trois villes, *Arcesine*, *Minos*, *Ægialè*. C'est à cause de ces trois villes que Scylax lui donne l'épithète de *Tripolis*. Cette île est célèbre pour avoir donné naissance au poëte Symonide. Selon Héraclite de Pont, *Amorgos* fournissoit abondamment du vin, de l'huile, & différentes autres denrées. Ce fut dans un des ports d'*Amorgos* que Clytus, capitaine Lydien, & général de la flotte de Polisperchon, prit en main un trident & se fit appeller *Neptune*, pour avoir coulé à fond trois ou quatre galères d'Antiochus. Ce fut de plus dans cette île que Tibère envoya en exil Vibius Serenus.

Amorgos étoit renommée par sa fabrique de tuniques de laine teintes en rouge: ses habitans les alloient vendre à Delos.

AMORIA, ville placée dans l'Arménie, par Procope. On pense que c'est la même ville que Strabon nomme *Ameria*.

AMORITÆ, *Voyez* AMORRHÆI.

AMORIUM, ville de l'Asie mineure, que quelques auteurs placent dans la Phrygie, mais qui fut ensuite comprise dans la Galatie. Elle étoit dans le territoire des *Tolistoboii*, sur le fleuve *Sangarius*. On a dit que ce n'étoit, au temps d'Esope, qu'un village, & qu'il y prit naissance; mais on sait depuis long-temps, que les Grecs ayant transporté, dans leur langue, les fables orientales attribuées à Esope, celui-ci n'est peut-être qu'un être imaginaire. Quoi qu'il en soit, *Amorium* devint considérable; elle fut un siège épiscopal. Michel, père de Théophile, empereur de Constantinople, y reçut la naissance; &, selon Cedren, ce fut Théophile lui-même. Elle fut détruite lors des guerres des Califes contre l'empire Grec.

N. B. Eusthate, dans son *Commentaire sur le 815e vers de Denys le Périégète*, écrit le nom d'*Ammurium* avec deux *mm*: Ἀμμόριον.

AMORRHÆI. Ces peuples, descendus d'Amorrheus, quatrième fils de Chanaan, peuplèrent d'abord les montagnes qui sont au couchant de la mer morte ou lac Asphaltite; mais ils s'étendirent sur-tout à l'est de cette mer, dans une contrée d'où ils avoient chassé les Ammonites & les Moabites. Les rois Séhon & Og régnoient sur eux, lorsque Moïse fit la conquête de ce pays. Les terres de l'ouest furent données à la tribu de Juda; & celle de l'est, aux tribus de Gad & de Ruben.

AMORRHITIS REGIO, pays des Amorrhéens. Il étoit situé au-delà du Jourdain.

AMOS, *ou* AMUS, ville de l'Asie mineure, dans la Carie, selon Etienne de Bysance.

AMOSA, ville de la Judée, dans la tribu de Benjamin, selon le Livre de Josué, *Chap.* 18, *v.* 20.

AMPE, ville dont la juste position seroit très-difficile à retouver; car Etienne de Bysance, qui n'en parle que d'après Hérodote, dit qu'elle étoit sur la mer Rouge, à l'embouchure du Tigre. Cela est contradictoire: rien ne nous apprend d'ailleurs si en effet elle étoit sur le Tigre, ou si, par une faute de copiste, ce dernier nom n'auroit pas été mis pour un autre, la ville étant réellement sur le bord de la mer Rouge.

AMPELIOTÆ, peuple que Suidas place dans la Libye.

AMPELŒSSA, ville que le texte de Pline attribue à la Judée. Le P. Hardouin présume que ce n'est que l'épithète d'*Abila*, pour indiquer que son territoire étoit abondant en vignes; car *Ampeloessa* paroît venir d'Αμπελος, une vigne.

AMPELONE, colonie de Milésiens, dans l'Arabie heureuse: elle y fut transportée par les Perses; mais comme Tzetzès dit la même chose d'*Ampé*, on ne peut s'empêcher de réunir ces deux villes & de n'en faire qu'une. Ptolemée place à l'embouchure du Prion, un village qui portoit à-peu-près ce nom.

AMPELOS, *ou* AMPELUS, promontoire de l'île de Samos, à l'ouest de cette île, & en face de celle d'Icaria. La chaîne de montagne qui aboutissoit à ce promontoire, traversoit l'île; 37e degré 40 min. de lat.

AMPELOS, promontoire de la Macédoine, que Ptolemée attribue à la contrée appellée *Paraxia*: on peut donc conjecturer qu'il étoit vers l'embouchure de l'*Axius*.

AMPELOS, ville d'Italie, dans la Ligurie, selon Etienne de Bysance, qui place encore en Italie quelques lieux de même nom.

AMPELOS, ville qu'Etienne de Bysance place dans la Cyrénaïque. Le même auteur met une ville de ce nom dans la Ligurie, d'après Hécatée; mais aucun autre auteur n'en fait mention.

AMPELUSIA, promontoire appelé aussi *Cuttes* par Ptolemée. C'est le nom que les Anciens & Pomponius Méla en particulier, donnent au cap appellé aujourd'hui, selon les uns, *Cap Spartel*; selon d'autres, *Cap de Cantero*.

Cet auteur latin remarque que ce sont les Grecs qui disoient *Ampelusia*: il est probable que ce fut parce qu'il y avoit des vignes aux environs.

Il étoit à l'ouest du *Fretum Gaditanum*, ou détroit de Gibraltar, & peu éloigné à l'ouest de *Tingis*.

AMPH'AXIUM. Etienne de Bysance remarque que ce sont deux mots; c'est donc comme si l'on disoit: *Region près de l'Axius*. Ne seroit-ce pas le même qui est aussi nommé *Paraxia*? au moins ce mot présente-t-il le même sens. On a aussi dit l'*Amphaxitis*, pour désigner cette contrée: on sait que l'*Axius* étoit un fleuve de la Macédoine.

AMPHANÆ, ville de la Grèce, dans la Doride, selon Etienne de Bysance. Elle est nommée, par Théopompe, *Amphanæa*. Les ouvrages de cet auteur n'existent plus.

AMPHANÆ, Place forte de la Thessalie, selon Etienne de Bysance. C'est probablement la même que Scylax, sous le nom d'*Amphinæum*, compte entre les villes maritimes. M. d'Anville ne l'a pas placée sur sa carte. Le texte grec de Scylax porte *Amphinæum*, Αμφίναιον, mais les critiques regardent cette leçon comme fautive, & lisent Αμφαναι.

AMPHAXITÆ, peuple d'Europe, qui habitoit un petit pays traversé par l'*Axius*.

AMPHAXITIS. Ce nom qui, en grec, signifie pays placé des deux côtés de l'*Axius*, paroît avoir été celui d'une contrée, arrosée en effet par ce fleuve. Quelques auteurs ont cru que c'étoit le nom d'une ville; mais un examen attentif des auteurs prouve qu'ils se sont trompés.

AMPHIA, *ou* AMPHEA, ville de la Messénie. Etienne de Bysance & Pausanias en parlent: ce dernier dit qu'elle étoit voisine de la Laconie. Selon cet auteur, elle étoit située sur une colline qui lui fournissoit des eaux habituellement.

AMPHIALÆ. Strabon nomme ainsi un promontoire qu'il fait dépendre des terres de l'Attique. Il ajoute qu'il y avoit une carrière de pierres.

AMPHIARAI FONS, *ou la* FONTAINE D'AMPHIARAUS. On croit que cette *fontaine* est le même amas d'eau nommé *Alcyonum stagnum*.

AMPHICÆA. *Voyez* AMPHICLEA.

AMPHICLEA, ville de Grèce, dans la Phocide, chez les Dryopes. Elle étoit à quelque distance sur la gauche du *Cephissus*, & près du mont *Oeta*.

Hérodote la nomme *Amphicea*, & il semble que ç'ait été son ancien nom: on trouve aussi celui d'*Ophitea*, que lui donnèrent les Amphictions après la destruction des villes de la Phocide: ils changèrent le nom en conservant la chose.

Les habitans rapportoient l'origine de ce dernier nom à la petite historiette suivante, mais qui n'étoit vraisemblablement qu'un conte populaire.

Un homme riche de leur ville voulant soustraire son fils, encore très-jeune, à la fureur de ses ennemis, le cacha dans un panier qu'il mit à l'écart; mais un loup alloit se jetter sur le panier, & dévorer l'enfant, lorsqu'un serpent s'entortilla autour du panier & repoussa le loup. Cependant le père, qui venoit trouver son fils, appercevant le serpent, crut devoir le tuer: sa flèche atteignit l'animal & son fils, & tous deux expirèrent du même coup; accablé d'une douleur d'autant plus vive que des bergers lui apprirent la belle défense du serpent, il brûla les deux corps ensemble, & leur accorda la même sépulture. Depuis ce temps, *Amphiclea* se nomma la *ville du serpent*. Il y avoit, dans cette même ville, un temple de Bacchus, dans lequel ce dieu avertissoit en songe, les malades qui s'y rendroient, des remèdes propres à leur guérison. Cette ville est nommée Amphicæa par Etienne de Bysance.

AMPHIDOLI, petite ville de la Triphylie, dans l'Elide, selon Etienne de Bysance.

AMPHIGENIA. Homère parle de cette ville dans l'énumération des vaisseaux. Pausanias n'en parle pas, & Etienne de Bysance dit seulement, en citant Strabon, qu'elle appartenoit à la Messénie. C'est aussi le sentiment d'Antimaque, conformes en cela, l'un & l'autre, au vers d'Homère; car en la nommant immédiatement près celle de Cyparisse, il paroît raisonnable de l'attribuer au même pays, à moins pourtant qu'elle ne fût située dans la partie méridionale de l'Elide, qu'Homère paroît comprendre dans la Messénie. Il y avoit, dans cette ville, un temple de Latone; les habitans prétendoient que c'étoit chez eux qu'elle avoit donné la naissance à Apollon.

AMPHILOCHI. Strabon rapporte que des Grecs qui avoient suivi Teucer, au retour de la guerre de Troye, avoient été s'établir dans l'Hispanie, chez les Callaïques, & qu'ils y avoient fondé une ville appellée *Amphilochi*, du nom d'Amphilocus, qui les accompagnoit.

Cette idée du passage d'une colonie, de l'île de Crète en Hispanie, n'est pas particulière à cet auteur, puisque Justin dit que ce furent eux qui fondèrent la nouvelle Carthage; idée que Silius Italicus a rendue par ce vers:

Dat Carthago viros Teucro fundata vetusto.

L. in v. 376.

AMPHILOCHI, peuple. *Voyez* AMPHILOCHIA.

AMPHILOCHIA, contrée de l'Acarnanie, à l'est du golfe d'Ambracie, & arrosée par le fleuve *Inachus*, différent, comme on le sent bien, du fleuve de même nom, dans l'Argolide.

Les habitans se nommoient *Amphilochi*; ils avoient pris leur nom d'Amphilocus, fils d'Amphiaraüs: leur capitale se nommoit *Argos Amphilochicum.*

AMPHILOCHICUM. *Voyez* ARGOS AMPHILOCHICUM.

AMPHILOCHIS, lieu du Péloponèse, que Strabon place vers l'Elide.

AMPHIMALIA, ou AMPHIMALLIUM. Selon Pline, c'étoit une ville de l'île de Crète: elle étoit située sur la côte septentrionale, à l'est de *Sydonia.*

Etienne de Bysance écrit *Amphimallium*, & on lit, dans d'autres auteurs, *Amphimalla* & *Amphimela.*

AMPHIMALIS SINUS, *ou* AMPHIMALES, nom d'un golfe, sur la côte de l'île de Crète, & au fond duquel étoit située la ville d'*Amphimalia.*

AMPHIMALLIUM, *ou* AMPHIMALLIA. *Voyez* AMPHIMALIA.

AMPHIPAGUS, promontoire de l'île de Corcyre, au nord-ouest.

AMPHIPOLIS (*Iamboli*). Il y avoit dans la Thrace, sur le Strymon, & peu loin de son embouchure, un lieu que les Grecs nommoient Ἐννέα ὁδοί, ou les *neuf chemins.* Trente ans après la défaite de Perses en Grèce, on fonda une ville, qui, se trouvant entourée presque de tous côtés, par le fleuve Strimon, en prit le nom *d'Amphipolis*, ou de *ville entourée.* M. d'Anville donne une autre étymologie de ce nom, & croit qu'il signifie *ville appartenante à deux contrées* (la Macédoine & la Thrace) du mot grec qui signifie *deux.* On lui donna aussi beaucoup d'autres noms; car, selon les auteurs, elle fut appellée *Acra*, *Eion*, (seroit-ce d'Eion que s'est formé Iamboli (1)?) *Myrica*, *Crademna*, *Chrysopolis*, ou *Christopolis.*

Dans les beaux jours des Athéniens, cette ville leur parut, par sa situation, propre à en imposer aux Macédoniens: en conséquence, Miltiade y conduisit une colonie. Philippe, roi de Macédoine, & père d'Alexandre, sentant tout le désavantage d'un voisinage si incommode, chassa les Athéniens d'*Amphipolis*, ou du moins leur enleva cette place, & permit aux habitans de vivre en république. Cependant les Athéniens la regardoient toujours comme leur appartenant; & Brasidas, général Lacédémonien, la prit sur eux. Les Athéniens, qui s'y étoient établis, se retirèrent. Cependant Philippe s'en empara de nouveau; il avoit promis aux Athéniens de la leur rendre; mais quand il en fut maître, il se la fit céder par un traité de paix.

AMPHIPOLIS, ville de Syrie, sur l'Euphrate; elle portoit en Syrie le nom de *Turmeda.* On attribue sa fondation à Seleucus; mais peut-être ne fit-il que l'agrandir & changer son nom ancien.

AMPHIPPI. Ce nom, en le décomposant, signifie en grec, *les deux chevaux.* Ortelius a cru que l'on appelloit ainsi un peuple habitant les bords du Danube. Il ajoute que c'est parce que les hommes étoient dans l'habitude de se servir de deux chevaux, & de sauter de l'un sur l'autre. Je ne sais sur quelle autorité il se fonde: on retrouveroit bien à-peu-près le même usage chez les petits Tartares, qui mènent ordinairement deux chevaux avec eux dans leurs expéditions, & en changent presque sans s'arrêter, lorsque celui qu'ils montent est fatigué par une longue course.

AMPHISA, nom d'une rivière de la Grèce, dans la Messénie. Elle se perdoit dans la rivière Balyra, selon Pausanias, *l. 4*, Messen. *c. 23.*

AMPHISSA (*Salona*), *ou* AMPHISA, ville de Grèce, & la capitale de la Locride, habitée particulièrement par les Locriens *Ozoles*: elle étoit vers le nord-est. Son nom lui vint probablement de ce qu'elle est entourée de montagnes: c'est du moins le sentiment d'Etienne de Bysance; c'est bien aussi le mien; mais Pausanias, qui recherchoit

(1) Je le croirois assez: la terminaison *Boli* est Turque, pour *Polis* (ville) qui étoit Grecque.

moins l'origine des noms dans l'état physique des lieux, que dans leur histoire mythologique, fait venir ce nom d'une princesse appellée *Amphissa*, fille de Macarée, & petite-fille d'Eole : elle avoit été aimée d'Apollon, & l'on y voyoit encore, au temps de l'auteur que je cite, un monument en l'honneur d'*Amphissa*. Sur le sommet de la colline près de laquelle étoit la ville, on avoit élevé un temple en l'honneur de Minerve, qui y avoit même sa statue en bronze. Les gens du pays prétendoient que cette statue étoit une des dépouilles de Troye; mais Pausanias le crut un ancien ouvrage grec. Ce que l'on doit remarquer, c'est que Pausanias décrit *Amphissa* comme l'ayant visitée, & renfermant les monumens dont il parle, & que Strabon, qui écrivoit un siècle à-peu-près avant lui, dit qu'elle étoit détruite.

AMPHISSENE, contrée de la petite Arménie.

AMPHISSIA. Ortelius a cru qu'il avoit existé une ville de ce nom dans la Calabre; mais cela n'est pas prouvé.

AMPHITROPE, peuple de l'Attique, selon Etienne de Bysance, qui le place dans la tribu Antiochide.

AMPHRYSUS, ville de la Grèce, dans la Phocide, selon Pausanias; mais comme Polybe, Tite-Live, &c. écrivent *Ambryssus*, *voyez* AMBRYSSUS. Strabon l'indique en Béotie.

AMPHRYSUS. C'étoit le nom d'un fleuve d'une province de la Thessalie, appellée *Magnésia*. Etienne de Bysance nomme ce fleuve à l'article de la ville ci-dessus; & Virgile, en le nommant aussi, fait allusion au temps où, devenu pasteur, Apollon gardoit les troupeaux d'Admète, lorsqu'il nomme ce dieu *Pastor ab Amphryso*. Geor. *L. III. v.* 2.

AMPIS. *Voyez* AMPE.

AMPRÆ, peuple que Pline place dans l'Arabie heureuse.

AMPREUTÆ, peuple de la Colchide, selon le même.

AMPSA. Selon d'anciennes éditions de Pomponius Mela, on nommoit ainsi l'une des Places fortes de la Numidie: Isaac Voscius croit qu'il faut lire *Quisa*, que l'on trouve dans Ptolemée.

AMPSAGA, (*Rummel*, ou *Rivière de Constantine.*) rivière de la partie orientale de la Maurétanie Césarienne. Ptolemée en fait mention: elle arrosoit la ville de Cirta, & se jettoit dans la mer Méditerranée, à l'est d'Igilgili.

Le docteur Shaw dit *Rummel*, pour le nom moderne de cette rivière; mais dans quelques autres auteurs on lit Wad-il-Kibir; ce qui est moins un nom qu'une épithète.

AMPSALIS, ville de la Sarmatie Asiatique, selon Ptolemée.

AMPSANCTUS. *Voyez* AMSANCTUS.

AMPSANI, peuple de la Germanie, vaincu par Germanicus, selon Strabon.

AMSANCTUS, *ou* AMSANCTI VALLES, *ou* AMPSANCTUS. Ce lieu est susceptible d'une petite discussion; car je n'adopte pas ici l'opinion des autres géographes, excepté pour la définition du mot. Tous conviennent qu'il est formé de deux mots latins, & signifie qui est *saint tout autour*. Ce nom de *saint* avoit été donné au lieu, ou plutôt aux lieux qui l'ont porté par vénération pour la puissance des dieux, dont on croyoit appercevoir des effets particuliers, soit dans les mofètes qui se trouvoient dans ces mêmes lieux, soit dans le bouillonnement des eaux que soulevoit le dégagement d'un *gas* plus ou moins actif. D'après cette première idée, on sent bien que plus d'un lieu ont pu porter le nom d'*Amsanctus*.

1°. Dans le pays des *Hirpini*, il y avoit un petit lac dont les eaux, au rapport de Cicéron & de Pline, étoient mortelles. Il étoit consacré à la déesse *Méphite*, qui n'étoit autre que l'odeur puante des soufrières & autres lieux de ce genre. On retrouve encore cet *Amsanctus* à demi-chemin de Trigento & de Sant-Angelo. On y voit encore de l'eau bouillonner, & même s'élever à une certaine hauteur; mais elle n'a rien de mortel, & l'on en approche sans danger, quoique Cluvier, de son temps, ait cru devoir prendre de grandes précautions lorsqu'il visita cet endroit. (*Voyez* la découv. de la maison de campagne d'Horace, par M. l'abbé Champy, *vol. III*, *p.* 32.)

2°. Comme ce lieu est peu considérable, l'auteur que je viens de citer ne pense pas que ce soit l'*Amsanctus* dont parle Virgile, & que les géographes ont confondu avec le lac des *Hirpini*. Il croit que l'*Amsanctus* de Virgile étoit le même lieu que l'on nommoit aussi les *Eaux Cutilies*, ou *Cutiliæ aquæ*. (Voyez *ce mot*.)

AMUD, écrit dans quelques manuscrits *Amina*, ville de la Perse, qui pourroit bien ne pas avoir appartenu à l'antiquité, quoiqu'appartenante à une description écrite en grec. (Voyez *Excerpta ex Chrysococcæ Syntaxi*) cité plus haut.

AMUDA. Il semble, par la notice de l'empire, que cette ville étoit dans la Syrie; mais la même notice la distingue d'*Amida*. On ne sait où étoit cette ville.

AMUDARSA, ville dont parle Antonin, & qui étoit de la Bysacène, dans l'Afrique propre. M. d'Anville la place au nord de *Septimunicia*. Elle fut un siège épiscopal.

AMUNCLA, ville de l'Afrique proprement dite, selon Ptolemée. Elle étoit entre les deux Syrtes.

AMUTRIUM, ville de la Dacie, selon Ptolemée.

AMYBUS, île de l'Afrique, dans la mer Rouge, selon Ptolemée.

Quelques interprètes ont cru devoir lire *Amicus*, ou *Amici insula*.

AMYCI CAMPUS. C'est le nom que Polybe donne à une plaine, au milieu de laquelle couloit l'Oronte, entre le Liban & l'Antiliban.

AMYCI PORTUS. Ce port étoit sur le Bosphore de Thrace, vers le nord de Nicopolis, & au sud du *Fanum Jovis*. C'est une faute dans les éditions de Pline, qui portent *Amycli Portus*. Ce port étoit connu dans l'antiquité, par le combat du roi Amycus, dont il portoit le nom, contre Pollux, qui le tua au Ceste. Le peuple sur lequel il régnoit se nommoit *Rébricès*. On ajoute que le jour des funérailles d'Amycus, on planta un laurier (en grec *Daphnè*) sur sa tombe, & que de-là vint que l'on disoit aussi, pour désigner ce lieu, *Daphnes Portus*. Selon les crédules historiens de l'antiquité, toutes les fois que l'on portoit une branche de ce laurier dans un bâtiment, il étoit immanquable qu'aussi-tôt il s'y élevoit une querelle; de-là l'épithète de *laurier furieux* donné à cet arbre.

AMYCLÆ, ville du Péloponèse, dans la Laconie, au sud-ouest & près de Sparte.

Quoique petite elle étoit très-agréable, par l'abondance des arbres fruitiers; aussi Stace la nomme-t-il la *verdoïante Amyclée*; & ailleurs, l'*Apollinienne*. En effet, selon Polybe, le temple d'Apollon de cette ville étoit le plus célèbre de la Laconie: on prétendoit que Léda, mère de Castor & de Pollux, y faisoit sa résidence ordinaire. Vénus y avoit une statue sur un trépied: elle avoit été faite par Gitiadas. Sur un autre trépied, il y avoit une autre statue que l'on appelloit *Venus ad Amyclæum*.

Lorsque les Romains attaquèrent cette partie du Péloponèse, Q. Flaminius vint camper près d'*Amyclæ*, & ravagea son territoire. Personne cependant ne sortit de la place; ce qui le détermina à s'éloigner: elle fut ensuite détruite. Au temps de Pausanias, quelques beaux restes déposoient en faveur de son ancienne magnificence.

AMYCLÆ, ville d'Italie, dont la position n'est qu'indiquée dans les auteurs, parce qu'elle étoit anciennement détruite au temps où ils en ont parlé. Sa position doit avoir été entre *Cajeta* au sud-est, & *Terracina*, au nord-ouest. En effet, on trouve au sud de *Fundi*, un lieu recouvert d'eau, qui probablement avoit été l'emplacement de la ville. Il n'y avoit qu'une opinion sur la cause de sa destruction, on l'attribuoit au silence des habitans; mais on différoit sur la cause & les circonstances de ce silence.

1°. Cette ville étoit grecque d'origine: on prétendoit qu'ayant embrassé la doctrine de Pythagore, qui recommande le silence, & aussi de respecter la vie des animaux, des vipères qui étoient dans le voisinage, s'accrurent au point qu'ils chassèrent les habitans de la ville, & en firent périr une grande partie.

2°. On disoit aussi que les *Amycléens* avoient essuyé différens outrages de leurs voisins, sans pourtant s'en plaindre; mais qu'avec le temps, cela avoit amené la destruction de la ville.

3°. Une troisième opinion étoit que les ennemis ayant paru vouloir attaquer la ville, on avoit eu, à ce sujet, tant de fausses alarmes, qu'il avoit été défendu de répandre des bruits de cette espèce; mais que l'ennemi ayant surpris la place, l'avoit détruite.

Il est difficile de rien croire de ces différens récits dans leur totalité; mais on peut admettre qu'ils observoient assez le silence pythagoricien, pour avoir mérité l'épithète de silencieux, & que la ville fut ensuite détruite par quelque cause physique dont le souvenir se sera perdu; alors on aura imaginé des faits plutôt que de paroître les ignorer.

AMYCLÆI, peuple d'Afrique, selon Denys le Périégète, qui les place dans la Cyrénaïque.

AMYCLEUM, ville & port de l'île de Crète, selon Eustate.

AMYCLEUS MONS. Selon Plutarque, le mont appellé Taygète, & qui étoit dans la Laconie, portoit d'abord le nom d'*Amycleus*; cela n'a rien d'étonnant, puisqu'une partie de cette petite chaîne de montagne se trouvoit près de la ville d'Amyclée.

AMYCUS SINUS, golfe qui se trouve nommé dans la description du Bosphore de Thrace, par Denys de Bysance: on n'en connoît pas la juste position.

AMYDACE, Αμυδακη. Ce nom, qui se lit ainsi dans le texte grec de Marcian d'Héraclée, doit être lu, selon les critiques, *Samydace*. (Voyez *ce nom*.)

AMYDON, ville de Macédoine, sur l'*Axius*, dans la Pæonie. Il en est parlé dans Etienne de Bysance, dans l'Epitome de Strabon, dans Homère.

AMYMNI, nation de l'Epire, selon Etienne de Bysance; mais on remarque que Paul Emile ayant ravagé soixante-dix villes en Epire, & réduit en servitude cent cinquante mille hommes, il n'est pas fait mention des *Amymni*; ce qui décide à douter de leur existence.

AMYMONE, fontaine agréable de l'Argolide, au sud-ouest de Temenium.

Ses eaux coulent par un petit ruisseau jusqu'à la mer: on disoit qu'elle portoit le nom d'une des filles de Danaüs, & que c'étoit à sa source que s'étoit engendré l'Hydre, que tua Hercule.

Depuis cette fontaine jusqu'au mont *Pontinus*, à l'ouest, s'étendoit un bois de platanes, consacré à Cérès, dans lequel il y avoit deux statues de marbre, l'une de Cérès *Prosymna*, & l'autre de Bacchus. Celle de Cérès n'étoit pas grande, & représentoit la déesse assise: je ne sais si ces statues étoient dans quelques chapelles; mais Pausanias ajoute que, dans un autre temple, étoit une statue en bois, de Bacchus, *Saoter*, ou *Sauveur*, représenté assis.

Vers la mer étoit une statue de Vénus consacrée en ce lieu par les filles de Danaüs: on disoit aussi que leur père avoit construit une chapelle à Minerve, sur le mont Pontinus.

AMYNTÆ, peuple qu'Etienne de Bysance place dans la Thesporide.

AMYRGII, peuple Scythe, selon Hérodote.

AMYRGIUM, champ ou campagne qu'Etienne de Bysance attribue aux Saces, nation Scythique.

AMYRUS, ville de Grèce, en Thessalie. Il paroît qu'aux environs de cette ville il y avoit des vignobles d'un grand produit. Ces lieux étoient vers la Molossie ; &, selon Polybe, fort exposés aux courses & aux pillages des Etoliens : on ne connoît pas au juste sa position.

Il y avoit aussi un fleuve du même nom.

AMYSTIS, rivière de l'Inde, nommée ainsi par Arrien.

AMYSTUS ; c'est *Anystus* qu'il faut lire dans Ortelius. (*Voyez ce mot.*)

AMYTHAONIA. Selon Etienne de Bysance, c'étoit une portion de l'Elide, qui avoit pris ce nom d'Amythaon.

AMYTON, ville de la Carie, selon Ptolemée.

AMYTRON, ville de la Thrace, selon Hesychius.

AMYZON, ville de l'Asie mineure, dans la Carie, selon Strabon.

A N

ANA. Ce nom, qui se trouve employé dans l'Écriture, au quatrième livre des Rois, *ch. 18* & *19*, & dans Isaïe, *ch. 37*, a paru, à quelques auteurs, être celui d'une province ou d'une ville ; mais d'habiles Hébraïsans, en comparant ces passages, ont cru qu'*Ana* pourroit bien n'être qu'un nom d'homme.

ANAB, ville de la Palestine, qui étoit située dans les montagnes de la tribu de Juda, selon Josué. *XI, 21 ;* & *XV, 50.*

ANABÆNOS, épithète que l'on a quelquefois donné au Méandre, & qui signifie, *qui retourne sur ses pas.* Les sinuosités de son cours lui avoient mérité ce surnom.

ANABAGATA, ville d'Asie, & siège d'un archevêché, qui relevoit du patriarche d'Antioche.

ANABIS, ville de l'Hispanie, dans le territoire des *Lacetani*, selon Ptolemée.

ANABIS. Eusebe parle de ce lieu comme étant un village d'Egypte, dans lequel on adoroit un homme.

ANABISUM. Ortelius parle de ce lieu comme étant un siège épiscopal, mais sans indication de province.

ANABLATA, ville de la Palestine, près de Bethel.

ANABON. Isidore de Chara est le seul qui nomme ainsi une région de l'Arie. Quoique aucun auteur n'en parle, cependant son texte est si formel, (Αναβων χώρα της Αρηίας) que l'on ne peut lui refuser une place ici. Les lieux de *Phra*, *Bis*, *Gari* & *Nii*, qu'il place dans cette contrée, ne sont pas plus connus. (*Cluvier.*)

ANABUCIS, lieu d'Afrique, qu'Antonin place sur la route de Carthage à Alexandrie. On voit, par la distance où il se trouvoit, à l'est de *Macomades*, qu'il devoit être dans la Cyrénaïque.

ANABUM, ville de la Germanie, située dans une île du Danube, selon Ptolemée.

ANABURA, ville de l'Asie mineure, dans la Phrygie. Elle devoit être à une journée des sources de la rivière *Alandrus ;* il est très-probable que cette ville est la même que quelques auteurs placent dans la Pisidie.

ANACÆA, bourgade de l'Attique, appartenante à la tribu Hippothoontide.

ANACE & ANAPHE, ville de l'Achaïe, selon Etienne de Bysance.

ANACIUM, montagne de l'Attique, & sur laquelle il y avoit un temple de Castor & de Pollux.

ANACOLÆ, île de la mer Egée, selon l'itinéraire maritime d'Antonin.

ANACTORIA, *ou* ANACTORIUM, ville de l'Acarnanie, presqu'à l'extrémité de la presqu'île que resserre en cet endroit l'entrée du golfe d'Ambracie. En entrant dans le golfe, on trouvoit cette ville sur la droite, avant d'arriver à *Actium*. C'est à tort que la Martinière reprend Corneille de n'avoir pas placé cette ville en Epire (1). Le texte de Strabon exprime très-bien la situation de la ville & la disposition du local. Etienne de Bysance dit qu'*Anactorium* avoit été fondée par une colonie de Corinthiens. Auguste en transporta les habitans à Nicopolis.

On croit que c'est aujourd'hui Vonizza.

ANACTORII, habitans d'*Anactorium* & de son territoire.

ANADRÆMUS, l'un des anciens noms de la ville d'*Amphipolis*, en Macédoine.

ANÆA, ville qu'Etienne de Bysance place dans la Carie, & qu'il indique en face de l'île de Samos ; ce qui ne peut être rigoureusement juste, qu'en étendant un peu au nord les bornes de la Carie. Il dit qu'elle avoit donné la naissance à Menelas, philosophe péripatéticien & célèbre historien. Selon le même auteur, qui cite pour garant Ephorus, cette ville avoit pris son nom d'*Anæa*, l'une des Amazones, qui y avoit été enterrée.

Etienne de Bysance & Thucydide font mention de cette ville ; & on croit que c'est celle que Scylax nomme *Anna.*

ANAGARUM, nom d'une ville de l'Hispanie. Il en est parlé dans quelques actes de conciles.

ANAGNIA (*Anagni*), ville de l'Italie, dans le Latium, vers le sud-est de Preneste. C'étoit la capitale des Herniques. Les anciens lui ont donné l'épithète de *riche*. Strabon la nomme la *noble*, l'*illustre*. Elle devint colonie, puis municipale : son territoire étoit gras & fertile : on y voit un reste de

(1) Il est vrai que Pline (*L. 4, ch. 1*) place cette ville en Epire ; mais c'est en donnant trop d'extension à ce pays, puisque M. Larcher (*Trad. d'Hérodote, T. VII, p. 25*,) après avoir dit *Anactorium*, ville d'Epire, finit par dire, « située. . . . , dans la partie nord-ouest de l'Acarnanie ».

de mur antique, provenant, non d'une muraille de cirque, comme on l'avoit cru, mais d'un épaulement de rue, ainsi que l'a reconnu & prouvé M. l'abbé Chauppy. On voit aussi des ruines de Thermes, que l'on appelle la *Pescine* : on y en trouve d'autres encore.

ANAGNUTES. Ce peuple, selon Pline, étoit dans l'Aquitanie. Dom Martin croit qu'il est le même que celui qu'Etienne de Bysance appelle *Agnotes*, & place sur l'Océan. J'ai adopté le sentiment de M. d'Anville à l'égard de la position de ces derniers ; mais je conviens que je ne sais où placer ceux-ci. Dom Martin les indique à l'ouest des *Ambilatri*, au nord de *Santones*, sur le bord de la mer, entre la *Garuma* au sud, & le *Canentelus* au nord.

ANAGOMBRI, montagnes d'Afrique, placées par Ptolemée dans la Marmarique. M. d'Anville les a placées à l'ouest du temple d'Ammon.

ANAGOMBRI, peuple que Ptolemée place près des Ammoniens ; il vouloit apparemment désigner par ce nom les habitans des monts *Anagombri*, en Afrique, dans la Marmarique.

ANAGRANA, bourg de l'Arabie heureuse. Strabon, qui le fait connoître, parle d'un combat qui se donna près de ce lieu, lors de l'expédition d'Ælius Gallus.

ANAGYRUNS, ANAGYRUS & ANEGYRASII, bourg de l'Attique, dans la tribu Erechtéide, sur la côte du sud, entre Phalère & le promontoire *Sunium*, à l'est du bourg d'Æxone ; il avoit pris son nom du héros *Anagyrus*, qui renversa les maisons de ce bourg, parce que les habitans y avoient renversé la chapelle qui lui étoit dédiée ; de-là étoit venu le proverbe : *j'ébranlerai Anagyronte.* M. Larcher rapporte aussi une autre origine de ce nom ; d'autres prétendent, dit-il, qu'il croît dans le territoire de ce bourg, une plante d'une odeur forte & désagréable que l'on nomme Anagyrus, (bois puant) & que du nom de cette plante est venu le proverbe que l'on dit de ceux qui, en remuant quelque chose, se font beaucoup de mal à eux-mêmes. (*Trad. d'Hérodote, vol. 7, p. 26*). Pausanias dit qu'il y avoit, à Anagyronte, un temple dédié à la mère des dieux.

ANAHARATH, ville de la Judée, dans la tribu d'Issachar, selon Josué.

ANAITICA, canton d'Asie, dans l'Arménie, sur l'Euphrate. Ce lieu tiroit son nom de la déesse Anaïtis, à laquelle les Arméniens avoient une dévotion particulière. Ce devoit être près de ce lieu qu'étoit le lac *Anaïticus* dont parle Pline, & sur les bords duquel croissoient les meilleurs roseaux que l'on pût employer pour écrire.

ANALIBA, bourg que Ptolemée indique dans la petite Arménie.

ANALITÆ, peuple de l'Arabie heureuse, selon Pline.

ANAMANI, ou ANAMANIENS. Ces peuples sont aussi nommés dans les auteurs *Anamanes* & *Amanes.* Tout porte à croire qu'ils étoient Celtes ; mais rien n'indique de quelle région ils étoient venus ; &, quoique fort heureux dans les recherches de ce genre, dit avec raison le père Briet, le très-savant Cluvier n'a pu s'assurer de leur origine. Ils furent dans la suite amis & alliés des Romains.

Ils habitoient dans la Gaule Cisalpine, au pied de l'Apennin, au sud du Pô, mais très-près de ce fleuve, ayant la *Trebia* à l'ouest, & le *Tarus* pour principaux fleuves. C'est dans l'étendue de leur pays que l'on trouvoit *Placentia*, *Veleïa*, *Florentia* & *Julia Fidentia.*

ANAMARI, peuple dont parle Polybe, & qu'il place dans le voisinage de Marseille. (*La Martinière.*)

ANAMASCIA, ville de la basse Pannonie. M. d'Anville, qui écrit ce nom *Annamatia*, le place à quelque distance au sud d'*Acineum*, est aussi sur le Danube.

ANAMIS, rivière indiquée par Arrien, & que l'on croit être la même que Pline & Ptolemée nomment *Andamis* : elle appartenoit à la Carmanie. M. d'Anville, dans sa carte de l'expédition d'Alexandre, qui accompagne le Mémoire de M. le baron de Sainte-Croix, place cette petite rivière sur le détroit qui établit la communication entre la mer & le golfe Persique ; mais il écrit *Anamin*, ce qui est l'accusatif.

ANANES. Ce peuple n'est connu que par Polybe, ainsi que les *Anamari.* Dom Martin dit que c'est le même peuple, sous un nom différent. Il étoit originaire d'*Anas.*

ANAO PORTUS, (*Santo. Hospitio.*) Il y a eu différentes opinions sur la position de ce port, qui étoit de la province des Alpes maritimes. Cluvier l'a confondu avec *Avisio* ; mais Holstenius, dans ses *Remarques*, l'en reprend. M. d'Anville le place dans une anse qui se trouve à l'extrémité d'une petite péninsule, à l'est de *Nicæa*, & servant à former à l'ouest le *Dlivula Portus*, & à l'est l'*Avisio Portus.* Dom Martin, quoiqu'avec beaucoup moins de précision, lui donne le même emplacement.

Dans l'*histoire de la Provence*, par le P. Papon, le nom d'*Anao* est donné à l'anse formée par le cap de San-Soüspir, & appelée la Tonnare.

ANAPAUMENE, fontaine de la Grèce, dans la Molossie, qui faisoit partie de l'Epire. Elle étoit assez près de Dodone, & portoit aussi le nom de *Fons Jovis* ; mais on n'a pas la position certaine de cette fontaine, ni de la forêt.

ANAPHE, (*Namphio*) l'une des îles Cyclades, à l'est de Thera. Etienne de Bysance dit une des Sporades : on ne compte ordinairement, entre ces dernières, que les îles qui sont plus près de l'Asie. Selon ce même auteur, elle avoit eu d'abord le nom de *Membliaros*, d'après un des compagnons de Cadmus, courant après Europe, lequel s'appelloit ainsi. Strabon, qui en parle, *l. 1* & *l. 10*, dit qu'il y avoit dans cette île un temple de Jupiter *Æglctes*, ou l'*Eclatant*. On rapporte qu'il avoit été bâti par les Argonautes, à leur retour de la Colchide, après que le dieu leur eut apparu éclatant de lumière.

ANAPLUS, lieu placé sur le Bosphore de Thrace, & si près de Constantinople, que quelques auteurs croient qu'il en étoit un fauxbourg. Je ne sache, de ce lieu, rien qui soit plus fait pour le rendre recommandable, que ce que l'on rapporte de saint Daniel le Stylite, qui y demeuroit sur une colonne, & y mourut, ainsi que le rapporte sa vie.

ANAPLYSTUS, *ou* ANAPHLYSTUS, lieu municipal de l'Attique, dans la tribu Antiochide. Spon dit qu'il tiroit son nom du héros *Anaphlistus*, fils de Troezen. C'étoit une petite ville maritime, assez près d'Athènes, vers le cap Colias, & vers le nord-ouest d'*Æxone*. On y voyoit les temples de Pan, de Cérès, de Vénus-Colliade, & des déesses appellées Génétylides. Les vases qui s'y faisoient en terre peinte, étoient estimés. Ce lieu est aujourd'hui nommé *Elimos*.

ANAPUS, nom d'une rivière de Sicile; elle couloit de l'ouest à l'est, & se rendoit à Syracuse. C'est à cette même rivière que les Anciens donnoient aussi le nom d'*Alpheus*, & qu'ils supposoient être venus de l'Elide par-dessous la mer, pour trouver en ce lieu la fontaine Aréthuse.

ANAPUS, ruisseau de l'Illyrie. Il couloit près de *Lisus*.

ANAPUS, rivière de l'Epire, dans la Chaonie: on ne la connoît que par Thucydide, qui compte 80 stades de cette rivière à *Stratos* ou *Stratus*, lieu considérable de l'Acarnanie.

ANARA, ville de l'Inde, en-deçà du Gange, selon Ptolemée.

ANARACI, peuple de la Scythie, en-deçà du mont *Imaüs*, selon Ptolemée.

ANARXI, peuple de la Scythie, selon Ptolemée, qui les place au-dessous des Agathyrses. (*L. VI*, *c.* 14.)

ANARXI MONTES, montagnes de la Scythie, selon Ptolemée, qui les indique comme faisant partie de la chaîne de l'Imaüs.

ANARGIUM, *ou* ENARGINUM. Bouche croit retrouver la position de ce lieu dans celle de saint Gabriel ou Meillane, sur le chemin d'Arles à Avignon. Dom Martin croit plutôt que ce fut celle d'Eragnac, entre Cavaillon & Arles. En conséquence, il place *Anargium* chez les *Desuviates*, au nord-est d'*Arelas*, & au sud-ouest de *Glanum*. Quant à l'opinion de M. d'Anville, *voyez* ENARGINUM.

ANARIA, (*Ischia*) île de l'Italie, au sud-est & en face de Baïes. Auguste la donna aux habitans de *Neapolis*, pour obtenir d'eux en échange l'île de Caprées. Elle étoit aussi nommée *Pythecusa*.

ANARIACA, ville qui, selon Strabon, devoit être près de la mer Caspienne. On présume qu'elle étoit entre l'*Albanie* & l'*Hircanie*, & que c'est celle dont Etienne de Bysance a fait mention; car dans Strabon on lit *Narbace*. Il y avoit un oracle qui se manifestoit pendant le sommeil.

ANARIS MUNDI PROMONTORIUM, dans l'île de Taprobane, selon Ptolemée.

ANARITI. Quelques interprètes ont rendu, par ce nom, celui de *Nariti* (Νάρειτοι), qui se lit dans Ptolemée, *L. VI*, *c.* 7. C'étoit un peuple de l'Arabie heureuse.

ANARIUM, ville de l'Asie, dans la grande Arménie, selon Ptolemée.

ANARPI, peuple que Ptolemée indique dans la Germanie.

ANARTES, *ou* ANARTI, peuple de la Dacie, selon César & Ptolemée. Dans le dernier, on lit *Anarti*; il les place dans le nord, mais vers l'ouest.

ANARTI. *Voyez* ANARTES.

ANARTOPHRACTI, peuple que Ptolemée place dans la Sarmatie, après les *Ombrones*, dans la Sarmatie Européenne.

ANARUS. Quelques interprètes ont rendu, par ce mot, celui d'Ἄνδρος, qui se lit dans Ptolemée (*L. V*, *c.* 3.) C'étoit un lieu de la Galatie.

ANAS, fleuve, (*la Guadiana*) fleuve de l'Hispanie, dans la Bétique. Son nom moderne offre encore des traces de l'ancien: c'est l'*Ana*, joint au *Gua* ou *Gwa* des Arabes, & signifiant eau coulante, & avec lequel ils ont fait Guadalquivir, Guadalentin, &c. Elle commençoit chez les *Oretani*, & séparoit, pendant la plus grande partie de son cours, la Bétique, tant de la Tarraconnoise que de la Lusitanie.

ANASAR est donné par Guillaume de Tyr comme étant un siége archiépiscopal de l'Asie. Quelques auteurs ont cru que ce nom étoit défiguré de celui d'Anazarthe.

ANASIS. Ce nom se lit dans Strabon, *l.* 17, *p.* 813; mais les savans conviennent qu'il faut lire *Auasis* ou *Avasis*. *Voyez* AVASIS.

ANASSUS, rivière d'Italie, dans la Vénétie. M. d'Anville la fait couler du nord au sud, & tomber dans le fond du golfe, à l'ouest d'*Aquileia*, tout près de *Muranum*.

ANASTASIA, ville de la Mésopotamie, assez près au sud de *Nesibis*. Cette ville fut d'abord, & pendant long-temps, un petit lieu connu sous le nom de *Dara*. Les Perses & les Romains ayant conclu entre eux un traité, l'empereur Anastase choisit ce temps pour faire fortifier *Dara*, & il en fit une très-belle ville, qui fut nommée *Anastasia*. Procope, qui rapporte ce fait, observe que les Perses ne virent qu'avec peine cette entreprise de l'empereur grec; mais qu'ils ne purent s'y opposer, parce qu'ils étoient alors occupés à repousser les Huns. La Place fut en état de défense avant qu'ils pussent l'attaquer.

ANASTASIOPOLIS. Les notices ecclésiastiques nomment cinq villes de ce nom, lesquelles ne nous sont connues que parce que leurs évêques souscrivirent à des conciles: l'une étoit en Syrie; une autre en Phrygie; une troisième en Carie; une quatrième dans la Galatie; & enfin, une en Thrace.

ANATHETARTA, ville de l'Asie mineure, dans la Carie. Elle fut ville épiscopale.

ANATHO, *ou* ANATHA, (*Anah*) station & île de l'Euphrate. Selon Ammien Marcellin, dans la marche de Julien, *Anatha* étoit une ville environnée par l'Euphrate; & qui fut alors détruite & brûlée, comme un poste considérable, qu'il étoit dangereux de laisser derrière soi.

Cette ville étoit située au sud-est de *Circesium*.

ANATH-OTH, NOB, *ou* NOBE, ville d'Asie, dans la Palestine, au nord-est & peu loin de Jérusalem. Cette ville, qui donna naissance au prophète Jérémie, avoit été donnée aux Lévites de la famille de Caath, & fut une des villes de refuge. Elle étoit de la tribu de Benjamin. Saül en fit passer les habitans au fil de l'épée.

ANATILIA. Pline parle de ce bourg, qu'il attribue à la Gaule Narbonnoise, au voisinage & à la gauche du Rhône. Ses habitans jouissoient du Droit Latin. Si par *Anatilia* Pline a voulu désigner la principale ville des *Anatilii*, elle devoit être près de la mer. Rien d'ailleurs n'indique, dans cet auteur, qu'elle devroit avoir la position que lui soupçonne dom Martin entre Orange & le Pont du Saint-Esprit; il est vrai qu'il ne l'a pas placée sur sa carte. M. d'Anville ne lui assigne de place ni sur sa carte, ni dans sa notice.

ANATILII, peuple de la Gaule Narbonnoise, dont parle Pline. Leur position a partagé les opinions des savans. Dom Martin dit simplement qu'ils étoient à la gauche de l'embouchure du Rhône, près de la mer & de l'étang appellé *Stagnum Tauri*: il soupçonne même qu'ils pourroient être les mêmes que les *Atlantici* d'Avienus; il les place à l'est des *Desuviates*. Quelques auteurs, d'après une inscription, leur donne *Heraclea* pour capitale; mais de savans Bénédictins ont attaqué l'authenticité de cette inscription.

M. d'Anville place les *Anatilii* à l'embouchure du Rhône, mais s'étendant plus à sa droite qu'à sa gauche. M. Ménard est aussi d'avis que ces peuples habitoient au-delà de la Crau, entre les embouchures du Rhône & la rive gauche de ce fleuve.

ANATIS, rivière que Pline indique comme appartenante à la Mauritanie Tingitane.

ANATOLE: ce mot, écrit en grec Ανατολη, signifie l'*Orient*; mais il étoit donné à une montagne voisine du Gange: on lui donna aussi le nom de *Coryphé* ou de Somet. On supposoit que le soleil, devenu amoureux de la nymphe Anaxibie, la poursuivit avec une ardeur pressante, qu'elle fut obligée de s'enfuir sur cette montagne, dans un temple qui étoit consacré à Diane.

ANATOLICUM THEMA. Pour lire cet article avec quelque utilité, il faut,

1°. Connoître la définition du mot THEMA. *Voyez ce mot.*

2°. Connoître les noms & les divisions de la partie d'Asie appellée ASIE MINEURE. *Voyez ce mot.*

Ces connoissances supposées, & que je ne place pas ici, pour prévenir les répétitions, on entendra ce que c'étoit que le *Thème Anatolisque*; il comprenoit, non toute l'Anatolie ou Asie mineure, mais seulement une partie de cette vaste contrée. Son étendue n'a pas même été toujours égale; elle a varié selon les différens temps.

Sous Constantin Porphyrogenète, ce Thème renfermoit la grande Phrygie, la Lycaonie, la Pisidide & l'Isaurie.

Sous les empereurs qui succédèrent à Héraclius, l'Isaurie n'étoit plus dans le Thème. On y avoit ajouté la Phrygie salutaire, la Pamphilie & une partie de la Lycie. Ces connoissances sont nécessaires pour l'intelligence de certains points de l'histoire du Bas-Empire.

ANATZARTHON, lieu archiépiscopal d'Asie, sous le patriarchat d'Antioche.

ANAUA, *ou* ANAVA, ville qu'Hérodote place dans la Phrygie, entre le *Marsyas* & le Méandre; mais plus près des sources de ces fleuves que de leur confluent. Le *Lycus*, dit Hérodote (*L. VII, 30*), y disparoît, & se précipite dans un gouffre, d'où il sort à environ cinq stades de cette ville, pour se jetter ensuite dans le Méandre. Le même auteur rapporte que l'armée de Xerxès, en allant contre les Grecs, passa près d'*Anaua*. Etienne de Bysance en fait aussi mention.

Il y avoit dans son voisinage, à l'ouest, un peu au sud, un étang d'où l'on tiroit du sel.

ANAUDOMA, *ou* ANADOMA, ville de l'Ethiopie, sous l'Egypte.

ANAUNIUM, ville que Ptolemée attribue aux Béchuniens, à l'ouest de la Vénétie.

ANAURUS, rivière de Grèce, dans la Thessalie. Je crois que c'est le nom du *Naurus* qui est ainsi défiguré; il passoit à *Demedrias*. *Voyez* NAURUS.

ANAURUS, rivière de Syrie.

ANAURUS, rivière de la Troade, près du mont Ida.

ANAYA. Cette manière d'écrire le nom d'*Anaua* ou *Anava*, s'approche plus de l'orthographe Grecque; mais *voyez ces mots*.

ANAZARBUS (1), ville d'Asie, dans la partie de la Cilicie, appelée *Cilicia Campestris*. Elle étoit sur le *Pyramus*, à quelque distance de la mer. Etienne de Bysance rapporte deux opinions sur l'origine de son nom; l'une que c'étoit celui de la montagne voisine (2); l'autre, que ç'avoit été le nom de

(1) Les Grecs du moyen âge ont dit *Anabarzos*, & Guillaume de Tyr *Anavarza*.

(2) Le mot ὄρος ne se trouve pas dans les éditions antérieures à celles de Berkelius; mais on sent bien qu'il le faut suppléer; & Holsténius fait observer qu'il y avoit

son fondateur. Ammien Marcellin adopte cette opinion; mais, ou il ne croyoit pas, comme Suidas, que cet *Anazarbus* vivoit au temps de Nerva, ou il ne faisoit pas attention que Pline avoit dit, en parlant de cette ville, *Anazarbeni qui nunc Cæsarea.*

Anazarbe étoit située sur une montagne; & l'on ne peut douter que son territoire ne fût, dans les beaux jours de cette ville, ce qu'Abulfeda dit qu'il étoit de son temps; il produisoit des grains & des fruits en abondance; aussi les habitans avoient-ils fait plusieurs fois graver, sur leurs monnoies, les symboles de cette fécondité, tels qu'une corne d'abondance, des épis de bled, des branches chargées de fruits, &c. Cette ville est distinguée par une ère adoptée sur ses médailles, & qui porte le nom d'ère d'Anazarbe. M. l'abbé Belley (*Mém. de Lit. T. XXX, p. 714*), prouve que cette ère doit commencer à l'année de Rome 735, 19 ans avant l'ère vulgaire. Ce fut alors aussi qu'en vertu d'un décret du sénat, elle eut la permission de prendre le nom de *Cæsarea* (1); & elle le prit en reconnoissance des bienfaits qu'elle avoit reçus d'Auguste. Pendant quelque temps aussi elle porta celui de *Justinopolis* ou *Justinianopolis*, en l'honneur des empereurs Justin & Justinien.

Cette ville ayant beaucoup souffert d'un tremblement de terre, Nerva la fit promptement rétablir; elle avoit joui d'un état assez florissant, lorsqu'un autre événement de même nature lui fit éprouver le même sort sous le règne de Justin ou de Justinien; elle se releva encore de ses ruines.

Elle avoit eu le titre de métropole; M. Vaillant croit que ce fut seulement au temps d'Héliogabale; mais on le lui trouve sur une muraille, frappée en l'honneur de Caracalla, l'an 214 de notre ère. On doit observer cependant que ce titre n'étoit qu'honorifique, & qu'il ne lui donnoit aucune jurisdiction dans la province. Seulement il donnoit à ses magistrats droit de préséance, après ceux de Tarse, dans les assemblées générales: comme d'ailleurs elle étoit très-puissante, elle ajouta par la suite, au titre de métropole, celui d'Ενδοξος, ou d'illustre.

Les citoyens d'Anazarbe étoient divisés en trois ordres; le peuple, le conseil & le sénat. (γερουσια) Ces trois ordres délibérèrent quelquefois en commun, & cette assemblée générale se nommoit *délibération commune.*

Lorsqu'au commencement du cinquième siècle, sous le règne d'Arcadien, ou sous celui de Théodose le jeune, la Cilicie eut été partagée en deux provinces, Anarzabe fut créée métropole de la seconde, (Tarse restant métropole de la première). Cette division renfermoit neuf villes; alors Anarzabe exerça la jurisdiction de métropole, & ses évêques eurent le rang & la jurisdiction de métropolitains.

Un avantage qui n'étoit pas moins considérable pour elle, c'est qu'elle avoit obtenu du gouvernement romain le privilège d'être ville *Autonome*; c'est-à-dire, de pouvoir choisir elle-même ses magistrats, & de se gouverner selon ses propres loix.

Lorsque sous les empereurs de Constantinople, après le règne d'Héraclius, on eut partagé les provinces d'Asie en *thèmes* ou départemens militaires, Anarzabe fut comprise avec la Cilicie dans le thème de Seleucie; & il n'est pas douteux, ce me semble, que c'est elle que désigne Constantin Porphyrogenète, par le nom de *Cæsarea* qu'elle avoit déjà porté.

Cette ville ayant adopté la religion chrétienne, y demeura fort attachée, & fut dans la dépendance du patriarche d'Antioche. On ne connoît pas son origine sous les princes Seldgioucides. Elle est, dit-on, encore le siége d'un évêque jacobite: les Turcs la nomment *Aïn-Zerbeh.*

Anazarbe a donné naissance au médecin Dioscoride, au poëte Oppien, à l'Auteur d'un ouvrage sur les rivières, appellé *Ascipiade*, &c.

ANCALE, *ou* ACALE, ville de l'Arabie heureuse, selon Ptolemée.

ANCALITES, peuples de la *Britannia* ou Grande-Bretagne. Ils étoient dans la partie qui étoit soumise aux Romains.

ANCANICUM, bourg de l'Hispanie, dans la Bétique. On présume que c'est l'Alanis actuelle.

ANCARA, ville d'Italie, connue par Etienne de Bysance.

ANCHESMUS, (*Aghios Georgeos*) ou le MONT S. GEORGES, montagne peu considérable de l'Attique, sur laquelle on voyoit une statue de Jupiter Anchesmien. Pausanias, *in Attic. L. 1, ch. 32.*

ANCHIALÉ, ville de l'Asie mineure, située près de la mer, au sud-ouest de Tarsus, mais bien moins considérable selon Strabon, *l. 14, p. 672*, où cet auteur dit que cette ville étoit au-dessous de celle d'*Olba*, & que le château de Quinda en étoit comme la forteresse. Quelques auteurs ont dit qu'elle avoit été bâtie en un jour, ainsi que Tarse, par le roi Sardanapale: on rappelle, pour le prouver, une inscription. J'en parlerai au mont *Tarsus.*

ANCHIALÉ, ville d'Illyrie, bâtie par les Pariens.

ANCHIALEUS, rivière de Cilicie, qui arrosoit la ville d'Anchialus.

ANCHIALOS, *ou* ANCHIALUS, ville de l'Europe, dans la Thrace, sur le Pont-Euxin, au sud-ouest de *Mesembria.* Pline le nomme *Anchialum.* Elle devint épiscopale, & dépendoit du patriarchat de Constantinople.

ANCHIALOS, lieu de la Grèce, vers le golfe Pélasgique, selon Orphée, dans ses Argonautiques.

ANCHIALOS, ville que Procope indique vers l'E-

---

près de-là une montagne appellée *Zarbus*, peut-être formée de l'oriental *Zaraba*, jaunâtre.

(1) Car c'est une observation que fait faire Dion Cassius, (*L. LIV*) que les villes de l'orient ne pouvoient prendre de surnoms honorifiques qu'après y avoir été autorisées par le Sénat.

pire. Ses habitans prétendoient qu'Anchise étoit mort dans leur ville. Ce pourroit bien être la ville attribuée par d'autres à l'Illyrie.

ANCHISA. Denys d'Halicarnasse dit qu'Ascagne avoit fondé une ville de ce nom dans le Latium. Aucun auteur que lui n'en parle, & l'on en ignore la position.

ANCHISÆ PORTUS. C'est le nom que les Anciens (les Romains) croyoient qu'avoit d'abord porté le port d'*Onchesmus* en Epire, à l'est de Corcyre. Denys d'Halicarnasse dit, *l. 1* : « nous fûmes » portés par un vent heureux dans ce port, qui » porte actuellement un nom obscur, & qui se » nommoit autrefois le port d'Anchise ». *Voyez* ONCHESMUS.

ANCHISIUS, montagne du Péloponèse, dans l'Arcadie, au nord de *Mantinée*.

On avoit imaginé, d'après ce nom, qui peut-être étoit fort ancien, qu'Enée, en revenant de Troye, s'étoit arrêté en Laconie, tandis que son père Anchise avoit passé en Arcadie, où, étant mort, il avoit été enterré au pied de ce mont.

ANCHITÆ, nation que Ptolemée place dans l'Arabie heureuse, au-dessus du mont Climax.

ANCHOA, ville de la Grèce, & sans doute dans la Béotie, puisque Pline l'indique à l'embouchure du *Cephissus*. Il en est aussi parlé par Strabon, qui fait mention d'un lac du même nom que la ville.

ANCIANA. C'est ainsi que l'on a lu, sur la table Théodosienne, le nom d'ANTIANA. (*Voyez ce mot.*)

ANCIASMUS, ville de Grèce, dans l'Epire : elle fut épiscopale. On croit que c'est l'*Onchesmus* de Ptolemée.

ANCLACÆ, peuple que Ptolemée place dans la Sarmatie Asiatique.

ANCOBARITIS, contrée de la Mésopotamie, connue par Ptolemée & par l'abréviateur de Strabon. Il est vrai que ce dernier la place dans l'Arabie déserte.

ANCON, ville des Leuco-Syriens, dans la Cappadoce. Arrien dans son périple en parle comme d'un port ; mais comme la Cappadoce, se trouvant dans l'intérieur des terres, ne communiquoit pas directement avec la mer, on peut croire que les Leuco-Syriens avoient ce port loin de leur pays, comme les puissances modernes en ont loin du siège de leur empire. M. d'Anville, qui a connu cet *Ancon*, le place sur le Pont-Euxin, dans le Pont, entre *Amisus* à l'ouest, & le *Promontorium Heracleum* au nord-est ; & il le désigne sur sa carte par ces mots, *Leuco-Syrorum Ancon*, c'est-à-dire, *Ancon* des Leuco-Syriens.

ANCONA, (*Ancone*) ville d'Italie, dans le *Picenum*, au nord, sur un petit isthme qui joint au Continent le promontoire de *Cumerium*. Il est probable que son nom lui venoit de sa situation, puisqu'en grec Ἀγκὼν, signifie une courbure, & que c'est la configuration du local où cette ville se trouve. Plusieurs auteurs disent qu'elle fut bâtie par des Syracusains, qui fuyoient la tyrannie de Denys l'ancien ; ce qui donne à-peu-près le temps de sa fondation, ce prince ayant usurpé l'autorité vers l'an 405 avant J. C., & l'ayant gardée 38 ans : elle étoit très-connue par la beauté de sa teinture, & l'on estimoit autant ou presque autant sa pourpre que celle de Phénicie, si l'on en croit Silius.

On ne sait pas trop quand elle devint colonie romaine ; mais il est vraisemblable que ce fut après la guerre de Tarente, vers l'an de Rome 485, lorsque le consul P. Sempronius eut vaincu les Picentins, & étendu les frontières des possessions romaines jusqu'à l'Æsis.

L'empereur Trajan y fit construire un bon port : les habitans crurent devoir en marquer leur reconnoissance au prince, en élevant en son honneur un arc que l'on a depuis appellé *de triomphe*, quoiqu'il ne se fût pas agi de triomphe dans cette occasion. On en voit encore de beaux restes.

Ancone fut assiégée inutilement par les Goths en 551 de notre ère, sous Totila ; mais elle fut prise par Ariulfe, roi des Lombards, & duc de Spolète en 592. Elle resta aux Lombards jusqu'à l'extinction de leur puissance ; &, en 839, elle fut prise & pillée par les Sarrazins.

ANCORE, *ou* ANCORA, étoit le premier nom de *Nicæa*, ville de Bithynie.

ANCORARIUS MONS, montagne d'Afrique, dans la Mauritanie citérieure. Selon Pline, on y trouvoit un bois qui avoit l'odeur du citron, & qu'il nomme *citrus*.

ANCRINA, ville de Sicile, selon Ptolemée, à quelque distance du bord de la mer.

ANCUENSIS, siège épiscopal d'Afrique, qui devoit être dans la Bysacène.

ANCYRA, château de l'Asie mineure, près de la ville du même nom, selon Strabon.

ANCYRA, (*Angouri*) ville de l'Asie mineure, dans la Galatie, dont elle fut la capitale, assez près & au nord-est du petit lac *Cenaxis*, chez les Tectosages. Une ancienne opinion attribuoit la fondation de cette ville à Chidas ; ce qui paroît étonnant, c'est que Strabon ne l'indique que comme un fort (φρούριον). Peut-être lorsqu'il écrivoit à Auguste, ce prince n'avoit-il pas encore commencé, dans cette ville, les embellissemens qu'il y fit ; car ce prince en fit une ville très-considérable, & on y éleva un très-beau monument en son honneur, lequel subsistoit au temps des derniers voyageurs françois, qui ont passé dans cette contrée. Selon Tournefort, c'étoit le plus beau qui fût en Asie. Cette ville est célèbre par les lettres de saint Paul aux Galates, & par plusieurs conciles ; elle se soutint avec honneur sous les empereurs Romains ; au temps de Néron, elle reçut le titre de métropole de la Galatie : on a différentes médailles d'Ancyre. Ses habitans, dit Suidas, avoient d'abord porté le nom de *Hellenogalatæ*, ou *Græco-Galli*.

ANCYRÆ, ville de Sicile, dont il est parlé dans Diodore.

ANCYREUM, promontoire de l'Asie mineure, selon Denys le Périégète; mais c'est en donner une indication trop vague que de dire qu'il étoit situé où finissoit le Pont-Euxin, & où commençoit le Bosphore.

ANCYRIUM, (Ἀγκύριον) ville qu'Etienne de Bysance dit avoir appartenu à l'Italie : mais on regarde cet endroit comme altéré; car aucun auteur n'a parlé d'une ville de ce nom. Ne seroit-ce pas l'*Ancyræ* de la Sicile?

ANCYRON, *ou* ANCYREUM. Ce lieu étoit tout près de Nicomédie, & l'on croit que ce fut où mourut Constantin-le-Grand.

ANCYRON, *ou* ANCYRO, ville d'Egypte, selon Etienne de Bysance, qui n'en donne pas d'autre indication, sinon qu'elle avoit pris son nom du mot grec *Anchora*, une ancre, parce qu'il s'en faisoit en cette ville avec de la pierre propre à cet usage, & qu'il se trouvoit dans ses environs (1).

ANDA, ville d'Afrique, selon Appien.

ANDABASSIS, dont on tiroit le meilleur safran, au rapport de Sérapion.

ANDABATIS, ville de la Cappadoce, selon Antonin.

ANDACA, ville de l'Inde, qui se rendit à Alexandre. On en ignore la position.

ANDAMON, *Voyez* AGATHOS-DÆMON.

ANDANIA, *ou* ANDANIE, ville de la Messénie, au sud-ouest de Messène.

Elle étoit une des plus anciennes de la Messénie : elle en avoit probablement été la capitale; car, selon une ancienne inscription, rapportée par Pausanias, Lycus, fils du vieux Pandion, y avoit rendu plus grands & plus augustes les mystères de Cérès, que Camon y avoit apportés peu avant à Messène, épouse de Licaon, fils de Lelex; ce furent, selon l'auteur grec, les premiers qui régnèrent dans ce pays, & de plusieurs villes qu'ils bâtirent, ce fut d'*Andaniæ* dont ils firent une ville royale.

Andaniæ devint très-florissante par la suite : ce fut, en grande partie, de son sein que sortit cette jeunesse courageuse, avec laquelle Aristomène fit tant de mal aux Lacédémoniens. Ce fut dans la même ville qu'étoient nés & que s'étoient formés à la guerre les vaillans Panosme & Gonippus. On sait que ces deux guerriers, vêtus de blanc, montés sur des chevaux de même couleur, se présentèrent au camp des Lacédémoniens, & y furent reçus avec la plus grande vénération, parce que leur extérieur annonçoit deux divinités, Castor & Pollux, qui y étoient en grande vénération. Ils abusèrent ainsi de la crédulité des troupes, jusqu'à ce qu'ayant pris leur avantage, ils se jettèrent sur elles, & répandirent une frayeur si prompte & si grande, qu'ils en firent un carnage considérable. Cependant cette ruse étoit, relativement à la religion grecque, une très-grande impiété; elle fut jugée telle : c'étoit ainsi qu'on la traitoit encore du temps d'Epaminondas. Ce général Thébain ayant entrepris en haine des Lacédémoniens de rétablir les villes de la Messénie qu'ils avoient détruites, ne rétablit point *Andania* : je présume que c'en fut-là la raison; car on croyoit Castor & Pollux encore irrités contre les Messéniens au temps de Pausanias : on n'appercevoit plus que les ruines d'Andanie.

(1) Car avant d'avoir des ancres de fer, on les faisoit de pierre.

ANDANIS, rivière de la Carmanie, nommée ainsi par Pline & Ptolemée, mais qu'Arrien nomme *Anamis*.

ANDARÆ, peuple d'Asie, dans l'Inde, au-delà du Gange, selon Pline, qui en parle comme d'une nation puissante; il indique dans leur pays trente villes murées & quantité de villages, cent mille hommes de troupes d'infanterie, deux mille chevaux & mille éléphans. Le P. Hardouin croit que Pline a voulu désigner le royaume de Pégu, dont il avoit apparemment quelque connoissance.

ANDARBA, ville qu'Antonin place dans la Dalmatie.

ANDARIACA, ville de l'Asie mineure, que Ptolemée indique dans la Lycie, au 60e degré 50 min. de long., & au 36e degré 26 min. de latit.

ANDARISTENSES, les Andaristes, *ou* habitans d'*Andaristus*. Pline, qui les fait connoître, les place en Macédoine, dans la Pélagonie.

ANDARISTUS, ville d'Europe, dans la Macédoine. Ptolemée, qui la fait connoître, l'attribue aux Pélagoniens.

ANDATES LUCUS. Il est parlé de ce bois sacré dans la vie de Néron par Xiphilin; parce que dit cet auteur, on voit qu'il étoit consacré à la Victoire, & que c'étoit chez les Bretons le nom de cette déesse, en l'honneur de laquelle ils observoient un culte particulier.

ANDATIS, ville d'Ethiopie, sur les bords du Nil, selon Pline.

ANDAUTONIUM, ville de la haute Pannonie, sur le *Savus*, au nord-ouest de *Siscia*. Ptolemée la place au 38e degré 10 min. de long., 45 degrés 30 min. de latit.

« ANDECAMULENSES, peuple de la basse » marche du Limosin, que l'on ne connoît pas » autrement que par une inscription de Gruter ». (*Dom Martin.*)

ANDECAMULUM, (*Rançon.*) D'après une inscription rapportée par Gruter & trouvée à *Rançon*, où l'on lit le nom d'*Andecamulenses*, M. d'Anville en a inféré qu'un lieu nommé *Andecamulum* devoit avoir existé en cet endroit sur le bord de la Gartempe. En conséquence, il le place chez les *Lemovices*, à quelque distance au nord d'*Augustoritum*.

ANDECAVI. *Voyez* ANDES.

ANDECRIUM, *ou* ANDETRIUM, ville de la Dalmatie. Ptolemée la place au 43e deg. 30 min. de long. 43 deg. 30 min. de latit.

ANDEGAVUM, *ou* ANDECAVUM.

ANDEIRA, ville de l'Asie mineure, dans la

Cilicie Thébaïque, à quelque distance au nord du petit fleuve *Scilleus*. Près de cette ville étoit une chapelle consacrée à la mère des dieux, & une grotte souterreine qui s'étendoit jusqu'à *Palœa*.

Strabon rapporte un petit fait d'histoire naturelle, qui auroit besoin d'être étudié pour paroître vrai. Selon lui, on y trouvoit une pierre qui se changeoit en fer; c'est que c'étoit du fer & non de la pierre; mais il étoit enveloppé de matières hétérogènes; ou combiné avec elles en très-petite quantité; mais quand il ajoute qu'en faisant cuire cette terre avec une certaine autre terre, il en résultoit un argent faux, ici la chymie est en défaut; on n'y entend plus rien; mais cela prouve au moins qu'il y avoit des mines de métal en cet endroit, & peut servir à la faire reconnoître.

ANDELUS, ville de l'Hispanie, placée par Ptolemée, chez les *Vascones*.

ANDEMATUNUM, ANDOMATUNUM, ANTOMATUNUM. *Voyez* ANDOMATUNUM (*Langres*.)

ANDERA, *Voyez* ANDEIRA, de même pour *Andra*.

ANDERÆ, peuple de l'Ethiopie, selon Pline. On soupçonne que ce nom a beaucoup de rapport avec *Endera*. (*Voyez ce mot*.)

ANDEREDON, *ou* ANDERETON. *Voyez* ANDERITUM.

ANDERICA, *ou* ARDERICA, lieu de l'Asie, en Médie. Hérodote, qui nous le fait connoître, dit que Darius y envoya prisonniers les Erétriens.

ANDERIDUM. *Voyez* ANDERITUM.

ANDERITO. *Voyez* ANDERITUM.

ANDERITUM, *ou* ANDERIDUM, appellée ensuite *Gabali* (*Javols* ou *Javoux*) capitale des *Gabali*, dans la première Aquitaine. Il y a eu différens sentimens sur sa position; mais dom Martin & M. d'Anville, retrouvant, après une légère altération, le nom de *Gabales* ou *Gabali* dans Javouth, la placent entre *Ad Silanum* au sud-ouest, & *Condate* au nord-est.

Dans la notice de la province des Gaules, elle est appellée *Civitas Gabalum*. Il y eut un siège épiscopal; mais la ville ayant été ruinée dans une incursion des *Alemani*, il fut transféré à Mende.

ANDES, petit lieu de l'Italie, près de *Mantua*: ce lieu est célèbre, parce qu'il fut celui de la naissance de Virgile, que l'on a cependant appelé le *Chantre de Mantoue*; parce que cette capitale donnoit son nom à tout le territoire, & qu'elle étoit bien plus connue.

ANDES, *ou* ANDECAVI, peuple de la Gaule, à l'est des *Nemetes*, & au nord du *Liger*. Il paroît que le nom d'*Andes* est celui que ce peuple a porté le plus anciennement, puisqu'on le trouve dans César, & que ce n'est que dans les écrivains postérieurs que l'on lit *Andecavi* & *Andegavi*. Quant à *Ondicavæ*, qui se trouve dans Ptolemée, on pense qu'il le faut corriger. Ils appartenoient à la troisième Lyonnoise. C'étoit à-peu-près l'étendue de l'Anjou actuel.

Leur capitale étoit *Jugliomagus*, qui prit dans la suite le nom même du peuple. Ces *Andecavi*, ou Angevins, étoient vaillans, & combattirent pour défendre leur liberté; ils entrèrent dans la conspiration de Vercingetorix, ayant à leur tête Dumnacus; &, sous l'empire de Tibère, se trouvant surchargés d'impôts, ils arborèrent l'étendart de la rebellion. M. d'Anville détermine d'une manière bien précise les limites de ce peuple.

ANDETHANA, *ou* ANDETHANNALE, & non pas *Adethauna*, comme l'écrit la Martinière (*Epternach*) ville de la Gaule, chez les *Treveri*, dans la première Belgique, entre *Augusta Treverorum* à l'est, & *Orobannum* à l'ouest. J'adopte ici le sentiment de M. d'Anville, qui reconnoît que dans l'itinéraire d'Antonin, où il est mention de cette ville, on a mis XV au lieu de V, & il y a beaucoup d'exemples où cet X est de trop, sans doute par la faute des copistes. Dom Martin voulant se conformer aux mesures de l'itinéraire, ne place pas *Adethana* sur la route; mais au sud-ouest d'*Augusta*, à la droite de la *Mosella*, dans la position qu'occupe aujourd'hui Aneval, qui seroit en effet à 15 milles d'*Augusta* ou Trèves.

ANDIANTES, peuple de la Pannonie inférieure, selon Ptolemée.

ANDICAVI, peuple que Ptolemée place dans la Gaule Lyonnoise, & auquel il donne pour capitale *Juliomagus*. Quelques commentateurs ont écrit *Andecanenses*. Le texte que j'ai sous les yeux porte *Ondicavi* (Ὀνδικαοῦαι); mais c'est une faute: c'est le *Andes* de César (*Angers*.)

« ANDIUM, (*Andion*) île de la petite Bretagne ». (*Dom Martin*.)

ANDIZETII. Strabon compte ce peuple entre les nations Pannoniennes. On pense que ce sont ceux que Pline nomme *Sandrizetes*.

ANDOLOGENSES, peuple de l'Hispanie, selon Pline.

ANDOMATIS. *Voyez* SONUS.

ANDOMATUNUM, appellé depuis *Lingones*, (*Langres*). Il est probable, & c'est le sentiment de Cellarius, que c'est *Andomadunum* qu'il conviendroit de lire ce nom, sans doute altéré par les copistes ou par une prononciation vicieuse. *Dunum* indiquoit une position élevée, & telle est la position de *Langres*. Elle prit ensuite le nom de *Lingones*, qui étoit celui du peuple dont elle étoit la capitale; elle fut colonie romaine, & par plusieurs restes d'antiquité, on présume qu'elle étoit considérable: on lit *Lingonæ* dans la notice de l'empire, qui nous apprend que l'on y avoit placé une milice de Sarmates.

ANDORISIPPO, ville que Pline place dans la Bétique. Le P. Hardouin propose une autre manière de lire ce mot. Selon lui, c'est *Andorisæ*.

ANDOSINI, l'un des peuples que Polybe place dans l'Hispanie, vers les Pyrénées.

ANDRAÆ, ville de l'Asie mineure, que Ptolemée place en Cappadoce, dans la préfecture de *Chamanes*, au 65e degré de longitude, 4 degrés 50 minutes de latitude.

ANDRACA, quelques manuscrits portent ainsi le nom de la ville de l'Inde, nommée ci-dessus *Andaca*. (*Voy. ce mot.*)

ANDRAGATHIA, ville d'Italie, aux environs de *Posidonium*.

ANDRAPA, (on lit de cette manière dans Constantin Porphyrogenète) : les bonnes éditions de Ptolemée disent de même, quoi qu'en dise la Martinière. C'étoit une ancienne ville de la Paphlagonie, au sud-est sur l'Halys : elle prit le nom de *Néoclaudiopolis*, en l'honneur de l'empereur Claude, qui la combla de bienfaits ; dans le partage des provinces, cette ville fut comprise dans l'Hellénopont, sous la métropole d'Amasie.

Néoclaudiopolis étoit située à l'orient de la ville de Gangre ou *Germanicopolis*, & à l'orient & au midi du mont Olgassis, au confluent d'une petite rivière qui venoit de l'ouest se jetter dans l'*Halys*.

ANDRAPANA, ville de l'Asie, dans l'Inde. Ptolemée, l'attribue aux Indoscythes, long. 124 deg. 15 min. ; lat. 30 deg. 40 min.

ANDRASIMUNDI PROMONTORIUM, promontoire sur la côte occidentale de l'île de Taprobane.

ANDREUS, premier nom de la ville d'Orchomène en Béotie. Elle l'avoit reçu, selon Pausanias, d'André, fils du fleuve Penée. Le pays des environs portoit alors le nom d'Andréïdes.

ANDRESTI, *ou* ADRAISTÆ. Le premier nom se trouve dans Diodore de Sicile ; le second dans Arrien. Selon ces auteurs, on nommoit ainsi un ancien peuple de l'Inde.

ANDRETIUM, selon Strabon ; *Andrecrium*, selon Ptolemée, ville ou château de la Dalmatie.

Ce lieu est nommé *Anderion* par Dion Cassius, & *Andetrium* par Pline.

ANDRIA, fleuve, (l'*Indre*) rivière de l'intérieur de la Gaule, qui, se réunissant au *Caræ*, se jettoient ensemble dans le *Liger*.

ANDRIA, ville de la Grèce, dans l'Elide, selon Etienne de Bysance.

ANDRIA, ville de Macédoine, selon Etienne de Bysance.

ANDRIACA, ville de Thrace, sur les bords du Pont-Euxin, tout près de *Salmydessus*, selon Strabon. M. d'Anville ne l'a pas placée sur sa carte.

ANDRIACA, ville de l'Asie mineure, dans la Lycie. C'étoit, selon Appien, le port de la ville de *Mira*. M. d'Anville, qui a écrit *Andriace*, la place vers le sud-ouest de *Mira*.

ANDRIAGA, ville que Ptolemée indique dans la Médie.

ANDRICLUS, haute montagne de la *Cilicia Trachea*. Les auteurs l'indiquent entre le promontoire *Anemurium* & le fleuve *Selinus*. M. d'Anville l'a tracée sur sa carte, en remontant du sud au nord, jusqu'à la petite chaîne qui forme le mont *Cragus*.

ANDRICUS, rivière de Cilicie, selon Pline.

ANDRIMACHIDES, peuple d'Afrique, dont on n'indique pas le pays. *Alexander ab Alexandro* rapporte que leur roi se faisoit amener chez lui les filles, & obtenoit leurs premières faveurs, avant qu'elles fussent conduites à leur mari.

ANDRIUS, rivière de l'Asie, qui, selon Strabon, se jettoit dans le Scamandre. M. d'Anville l'a indiquée sur sa carte.

ANDROCALIS, ville d'Ethiopie, sous l'Egypte, selon Pline.

ANDROGYNES. Ce nom qui, selon l'étymologie grecque, signifie *homme* & *femme*, ou plutôt *homme-femme*, est donné par Pline à un peuple d'Afrique, qu'il suppose être en même temps *femme* & *homme*.

ANDROMENA, siège épiscopal, dont on ignore la position.

ANDRON, ville d'Egypte, qui est nommée sur la carte de M. d'Anville *Andropolis* : elle étoit dans le nôme *Andropolites*.

ANDRONA, (*Andreneh*) ville de l'Asie, dans la Syrie. Elle étoit située au sud-est de *Chalcis* ; elle conserve des restes qui font voir qu'elle a été considérable.

ANDROPHAGI. Ce nom signifie *mangeurs d'hommes*. Hérodote en fait un peuple particulier & voisin des Scythes ; & Méla, des Scythes mêmes. Le premier les peint, de plus, comme des barbares, sans loix, & même sans habillemens : on donne aussi ce nom à une partie des Ethiopiens.

M. Larcher dit qu'ils habitoient au-delà d'un désert d'une vaste étendue, & qui les séparoit des Scythes agricoles.

ANDROPOLIS, ville d'Egypte. *Voy.* ANDRON, c'est-à-dire, la ville des hommes.

ANDROPOLITES, nom d'une rivière d'Egypte.

ANDROS, (*Andro*) île assez considérable de la mer Egée, au sud-est de l'Eubée, & l'une des Cyclades. Selon Pline, elle fut successivement nommée *Andros*, *Cauros*, *Laria*, *Nonagria*, *Hydrussa* & *Epagris*, Tournefort ajoute *Antandre*.

Selon Pausanias, elle avoit pris son nom d'Andreus, l'un des Généraux de Rhadamante, & préposé par lui pour gouverner les Cyclades ; &, selon Etienne de Bysance, elle étoit appellée ainsi d'après *Andros*, frère d'Eurymachus, ou frère d'Anius, qui fut père des Œnotropes. Son territoire est extrêmement fertile ; il abonde en fruits délicieux : on y trouve des sources fraîches & limpides : on a débité un petit conte sur une des fontaines de cette île, en disant que tous les ans, pendant le temps de la fête de Bacchus, elle avoit le goût du vin. Selon d'autres, le vin paroissoit couler miraculeusement d'un certain endroit du temple de ce dieu. Dans ce cas, on verroit aisément quels étoient les auteurs de cette friponnerie.

Les

Les Andriens furent les premiers de tous les insulaires de l'Archipel, qui se joignirent aux Perses lors de leur invasion. Par ambition, ou pour venger la cause commune, les Athéniens les assiégèrent sous la conduite de Thémistocle: on leur demandoit de l'argent en punition de ce qu'ils avoient si promptement cédé aux Barbares. Comme ce général, dit Hérodote, leur alléguoit qu'ils ne pouvoient refuser cet argent à deux grandes divinités, la persuasion & la nécessité dont les Athéniens étoient accompagnés, ils répondirent, qu'étant au pouvoir de deux autres divinités, la pauvreté & l'impuissance, il leur étoit impossible de faire ce que l'on vouloit exiger d'eux ; le siège fut donc continué ; les Athéniens s'emparèrent de cette île ; les Perses la reprirent de nouveau. Après avoir passé, dans la suite, au pouvoir d'Alexandre, d'Antigone, de Ptolemée, d'Attale, roi de Pergame, Andros revint comme de droit aux Romains, par l'interprétation qu'ils donnèrent au testament de ce prince.

ANDROS, *ou* EDROS, petite île près de la *Britannia*, ou Grande-Bretagne, & que Pline nomme après l'île de *Vectis*.

ANDROS, ville de l'Asie mineure, dans la Galatie.

ANDROS. On nommoit ainsi une île située sur la côte de la Gaule Aquitanique. C'est aujourd'hui des pointes de rochers, sur lesquels est bâtie la tour de Cordouan, à l'embouchure de la Garonne.

ANDROSIA, ville de l'Asie mineure, que Ptolemée place chez les *Trocni*, long. 64 deg. 18 min. ; lat. 42 deg. 6 min.

ANDUÆTIUM, ville de la Germanie, selon Ptolemée ; les cartes dressées par cet auteur, la mettent sur le Danube, au-dessous de *Juliobona*, & au-dessus de *Bregetio*. M. d'Anville ne l'a pas placée sur sa carte.

ANDUSIA, (*Anduse*) ville de la Gaule, chez les *Arecomici*. Cette ville n'étoit connue que par une chartre du neuvième siècle, tirée des titres du monastère d'Aniane, lorsque l'on trouva à Nîmes une ancienne inscription qui portoit le nom d'*Andusia*. Elle a été publiée par M. Ménard. La position de l'*Anduse* moderne, sur une branche du Gardon, appellé le gardon d'*Anduse*, a fourni la position de la ville ancienne. Elle se trouvoit entre *Vindomagus*, à l'ouest, & *Nectia* à l'est.

ANEA, petit lieu de l'Idumée, à-peu-près au sud d'Hébron.

ANECUS, fleuve de Sicile.

ANEIANUM, ville que l'itinéraire d'Antonin indique en Italie ; mais qu'il écrit *Annecianum*. Il la nomme entre *Ateste* & *Vicus-Varianus*. M. d'Anville l'a placée chez les *Mag lli*, dans l'*Etruria*, au nord-est de *Florentia*.

ANELON, rivière près de Colophone. Je ne connois que l'*Halessus*, qui arrosoit cette ville.

ANEM, ville de la Palestine, dans la tribu d'Issachar.

ANEMO, nom d'une rivière d'Italie, que Pline place au nord de Ravenne. Les modernes ont recherché quelle pouvoit être cette rivière. M. d'Anville la fait passer par *Faventia*, & se jetter dans la mer, à peu de distance de *Butrium*.

ANEMOLIA, ANEMORIA, *ou* ANEMOREA, ville de Grèce, dans la Phocide, selon Strabon. M. d'Anville ne l'a pas placée sur sa carte : elle étoit sur les confins du territoire de Delphes. Comme elle étoit sur un lieu élevé, il y a apparence que de-là s'étoit formé son nom, qui a rapport au mot grec qui signifie le vent ; & Strabon dit qu'elle méritoit bien ce nom, parce qu'elle étoit sans cesse tourmentée par les vents & les tempêtes. Cette ville depuis fut nommée *Hyampolis*, à cause des Hiantes qui, bannis de la Béotie, s'y retirèrent. Il paroîtroit, par ce que dit Homère, qu'il distingue la ville d'*Anemoria* de celle d'Hyampolis.

ANEMOSA étoit une espèce de bourg de l'Arcadie, au nord de *Mégalopolis*.

ANEMOTICHOS, ville d'Asie, dans la Carie, selon Constantin Porphyrogenète.

ANEMURIUM, promontoire de l'Asie, dans la Cilicie. Il s'avance beaucoup au sud, & se trouve formé par la continuation de la chaîne de montagnes que les Anciens appelloient *Androclus*.

ANEMUSÆ, île de la Méditerranée. Ptolemée la place près de l'Afrique propre.

ANER, ville de la Palestine, dans la demi-tribu de Manassé. Elle fut donnée aux Lévites de cette tribu, qui étoient de la famille de Caath.

ANERITÆ, peuple que Ptolemée indique vers le nord de la Marmarique.

ANESICA, *ou* AVESICA, ville de la Carnie, selon Antonin : en étudiant cet auteur, on voit que cette ville ne devoit pas être loin de *Tergeste* ; c'est donc à tort que la Martinière la place en Dalmatie.

ANETUSSA, ville de la Libye, selon Etienne de Bysance.

ANGÆ, lieu que Cedren place dans la Palestine, en disant qu'Abraham venant de Sichem y éleva un autel.

ANGARIS, montagne que Pline indique dans la Palestine ; elle étoit sur la côte de Phénicie, au pays des Philistins, sur le bord de la mer, & très-près de *Gaza*.

ANGARUS, ville de la Bithynie, dont parle Socrate, auteur d'une *Histoire ecclésiastique*.

ANGAURANI, peuple d'Afrique, qui se trouvoit entre le petit & le grand Atlas.

ANGE, village des Sacholites, dans l'Arabie heureuse, selon Ptolemée.

ANGE, *ou* ANGÆ, montagne dont il est parlé dans l'histoire de Judith.

ANGEÆ, ville de la Thessalie, selon Tite-Live.

ANGELA, village de l'Attique, de la tribu Pandionide.

ANGELINA, lieu de l'Asie, au-delà du Tigre.

ANGILL. Il paroîtroit, par Ptolemée, qu'une

portion des Suèves portoit ce nom. (*Voyez L. II, c. 11*, à *l'alinéa* commençant par ces mots, ὑφ' ἃ ἐστιν ἡ Γαβρῆτα ὕλη.)

ANGELLÆ, ville de l'Hispanie, dans la Bétique, selon l'itinéraire d'Antonin, où elle est marquée, entre *Corduba* & *Hispalis*.

ANGER. *Voyez* ANDRIA.

ANGITAS, rivière de la Thrace; elle coule du nord au nord-est, & se jette dans le Strymon, sur le côté Est de ce fleuve, au-dessus d'*Amphipolis*.

ANGITIÆ LUCUS, forêt d'Italie, près du *Lacus Fucinus*. Solin, sur le témoignage de Cælius, dit qu'Aëtes avoit trois filles, Angitie, Médée & Circé; que Circé occupa les monts *Circeii* ou Circéens, & trompa les yeux par des enchantemens; qu'Angitia s'établit auprès du lac Fucin, & qu'elle fut regardée comme une déesse, pour avoir appris aux hommes l'art de guérir la morsure des serpens, & que Médée fut ensevelie à Butlnot par Jason, dont le fils gouverna les Marses. On ne peut rien assurer de cette petite histoire, sinon que le nom *Angitiæ* peut être venu du mot *Anguis*, un serpent, sans doute, parce qu'il y en avoit beaucoup dans ce lieu aquatique.

ANGITIÆ NEMUS, *ou* FORÊT DE LA DÉESSE ANGITIE. Il en est parlé dans Virgile (*Æn., l. VII, v. 750*). Ce bois sacré, sans doute à cause de la divinité à laquelle il étoit consacré, étoit en Italie, dans le pays des Marses; c'est le même lieu qu'ANGITIÆ LUCUS.

C'étoient sur-tout les poëtes qui se servoient du mot *Nemus*, comme plus propre à être employé en vers.

ANGITULA, petit fleuve de l'Italie, dans le *Brutium*. Il se rendoit à l'ouest, dans le golfe *Thermœus*, près de *Nepite*.

ANGLI, les Angles. Quoique ce peuple n'appartienne pas à la haute antiquité, cependant comme il en est parlé dans Tacite (*De mor. Germ.*), il doit avoir place ici. Les auteurs varient sur l'origine des Angles & sur l'étymologie de leur nom: quelques-uns les font Germains; d'autres Goths. Lorsque l'on commença à les connoître, ils habitoient, selon Bède, une petite province du Jutland, dont Flensbourg est la capitale. Quelques auteurs lui donnent le nom d'Angel.

Quant à leur nom, l'étymologie la plus vraisemblable se tire du mot Saxon *Angel* ou *Engel*, signifiant un *hameçon*, parce que, dit-on, ils étoient en quelque sorte les hameçons des expéditions maritimes de ce temps; c'étoit par eux que se faisoient toutes les prises. Quoiqu'ils aient, dans la suite, donné leur nom à la *Britannia* ou Grande-Bretagne, ils sont cependant bien moins nommés dans l'histoire que les Saxons. *Voyez* SAXONES.

ANGOLUS, nommée aussi ANGULUS, ville d'Italie, que Ptolemée indique chez les *Vestini*. Il paroît que cette ville a pu appartenir au peuple que Pline appelle *Angulani*. M. d'Anville n'en fait pas mention sur sa carte.

ANGYRA. C'est ainsi que l'on a imprimé, dans quelques traductions de Ptolemée, la traduction du mot Ἄγκυρα, que l'on écrit Ancyre *ou* ANCYRA. *Voyez ce nom.*

ANGRIVARII, peuples de la Germanie, que l'on croit être les mêmes que les *Angarii* connus dans le moyen âge. En partant de cette conjecture, on peut assigner leur position sur le Wéser, dans la partie que l'on appelle *Saxonia*, mais que l'on nomme actuellement Westphalie. Ils étoient entre les *Ost-Fali* à l'est, & les *West-Fali* à l'ouest. Ces peuples conservèrent assez long-temps leur pays & leur nom; ils furent même distingués des Saxons, quoique joints à eux. Ils devinrent ensuite assez puissans pour que ce fût leur prince Witikind qui se trouvât à la tête des Saxons, armés contre Charlemagne.

ANGRUS, rivière de l'Illyrie. Selon Hérodote elle couloit vers le nord-est, passoit dans la plaine des *Triballi*, & alloit se jetter dans le *Brongus*, qui se perdoit dans l'*Ister*.

ANGUIENSIS, lieu d'Afrique, dont il est parlé dans la conférence de Carthage, & que le P. Hardouin place dans la Numidie.

ANGULÆ NEMUS, bois ou forêt que Vibius Sequester place en Lucanie.

ANGUSTIA, ville de l'Europe, dans la Dacie, selon Ptolemée, qui la place au 52ᵉ degré 55 minutes de longit., 47 degrés 15 min. de latitude.

ANGYRORUM CIVITAS. Ptolemée place une ville sous ce nom en Egypte; longitude 62 degrés 20 minutes, latitude 29 degrés 20 minutes.

ANIA. Strabon nomme ainsi le fleuve du Péloponèse, qui passoit à *Pheneos*. On remarque que ce fleuve est appellé, par Pausanias, *Olbios*, ou *Aroanios*. Athénée le nomme *Aorus*; M. d'Anville donne le nom d'*Olbius* à la partie de ce fleuve, comprise entre sa source & le petit étang qui se trouvoit au sud-est de *Phenéos*, & nomme *Aroanius* la partie qui s'étendoit depuis cette ville jusqu'à son embouchure dans l'Erymanthe, au sud-ouest de *Psophis*.

ANIANA, ville que Ptolemée place dans la Mésopotamie.

ANIANÆ THERMÆ, bains qui se trouvoient dans la Campanie, près de *Cumæ*. On croit que c'est le lieu appellé aujourd'hui *Bagni del Lago*.

ANIANUS SINUS, golfe que la Martinière, après Ortelius, indique sur les côtes de la Thessalie, près du *Sinus Maliacus*. Je n'ai pas trouvé l'endroit qu'il indique dans Tite-Live; je ne me rappelle pas de l'y avoir jamais lu: M. d'Anville n'en fait aucune mention.

ANICHÆ, ville de l'Inde, en-deçà du Gange, selon Ptolemée. On lit aussi, dans quelques éditions, *Aninachia*.

ANICHIA, nom qui se trouve dans plusieurs éditions de Pline & dans Ortelius, il doit être lu: *Anchoa*.

ANICIANÆ LAPIDICINÆ, carrières de

pierres, situées en Italie, près du lac *Vulsinius*.

ANICIUM, (le Puy). Cette ville devoit être chez les *Vellavi*. Les Écrivains romains, ni les itinéraires, n'en font pas mention; ce qui prouve qu'elle est postérieure. Selon dom Martin, *Anicium* est proprement le nom de la montagne sur laquelle le Puy a été fondé; il me semble qu'il n'en est parlé qu'à l'occasion du siège épiscopal qui y fut transféré de la ville de *Ruessium* ou *Reversio*.

ANIDUS, (*Monte Borgada*) montagne d'Italie, que fait connoître Tite-Live, à l'occasion d'un décret porté contre les Liguriens qui habitoient dans le territoire d'*Apua*, pour se transporter dans le pays des Samnites.

ANIESES. Quelques interprètes croient devoir lire ce nom dans Ptolemée à la place de celui d'Aristes (αριστεις) peuples situés sur le Iaxarte, dans la Sogdiane.

ANIGRÆA, lieu de l'Argolide, que Pausanias indique près du lac de Lerne.

ANIGRUS, fleuve de la Triphylie, dans l'Elide, au nord de *Lepreum*. Sa source étoit dans le Lapithas, montagne d'Arcadie. Son embouchure étoit très-embarrassée de sables qui y rouloient, & que les vents empêchoient de s'étendre dans la mer; aussi le passage en étoit-il dangereux: on n'y trouvoit que du poisson mort ou gâté, à cause de la mauvaise qualité des eaux du Jardanus. Les Arcadiens croyoient que l'*Anigrus* étoit le *Minyeus* des Anciens, dont il est parlé dans Homère.

Assez près de ce fleuve étoit une caverne appellée l'antre des *Nymphes Anigrides* ou *Anigriades*: il en est parlé dans Strabon & dans Pausanias: on prétendoit que ceux qui étoient affectés de quelque maladie de la peau, obtenoient leur guérison, si, après avoir sacrifié aux Nymphes, ils passoient l'*Anigrus* à la nage.

ANIM, ville de la Palestine, qui étoit située dans les montagnes de la tribu de Juda, selon le Livre de Josué.

ANIMOTHA, ville de l'Arabie, selon la Notice de l'Empire.

ANINA, ville de l'Inde, au-delà du Gange, selon Ptolemée, qui la place au 162e degré de longitude; latitude, 29 degrés.

ANINACHA, ville de l'Inde, au-delà du Gange, selon Ptolemée, qui la place à l'est, au 137e degré 20 minutes de longitude, 31 degrés 50 minutes de latitude.

ANINETUS, que l'on trouve écrite aussi ANINETUM, ANINETA & ANITATUM, ville d'Asie, sous le patriarchat de Constantinople. Cette ville, qui n'étoit cependant qu'épiscopale, reconnoissoit Ephèse pour sa métropole. Il est parlé de cette ville dans la *Géographie sacrée* du P. Charles de Saint-Paul; mais il n'indique pas sa position.

ANIO, fleuve, (*le Tévérone*) Stace dit AVIENUS. Ce fleuve prenant sa source vers un petit lieu nommé *Treba* (Tréva & Trève) remonte entre les montagnes, vers le nord-ouest jusqu'à l'est de *Varia* ou *Varia* (Vico, Varo, Cluvier); puis tournant par le sud-ouest, alloit se rendre dans le *Tiberis*, au nord de Rome: ce fleuve arrosoit Tibur, où il forme une cascade dont le passage suivant peut donner une idée. « Resserré entre le rocher qui lui sert de » lit, étant coupé à pic comme un mur, il se pré» cipite avec un grand bruit, augmenté par l'écho » des environs: les rochers sur lesquels il tombe, » sont inégaux, en pente, divisés en plusieurs par» ties; les eaux, converties en écume, s'élèvent » en pluie déliée, sur laquelle le soleil dardant ses » rayons, fait paroître les couleurs de l'arc-en» ciel ». C'est ce qu'Horace appelle *Præceps anio*, (*Géorg.* de Virgile, *au mot* TIBUR).

ANIRITTÆ, peuple de la plage septentrionale de la Marmarique, selon Ptolemée.

ANISENA. Quelques éditions d'Ovide nomment ainsi une rivière de Sicile, dont le véritable nom paroît avoir été *Amenanus*.

ANISUS (Ens), fleuve de la Norique, nommé aussi *Anasus*, & qui se jettoit dans le Danube. (*Cluvier.*)

ANITHA, ville que Ptolemée place dans l'Arabie Pétrée.

ANITORGIS, ville de l'Hispanie Tarraconoise. Tite-Live en parle en décrivant la campagne de P. Cornelius & P. Scipion, qui s'avancèrent jusqu'à cette ville; ils campèrent en présence de l'ennemi dont ils n'étoient séparés que par la rivière: on varie sur la position de cette ancienne ville.

ANIUS, c'est le même fleuve qui se trouve dans Etienne de Bysance, nommé *Æas*, & dans Tite-Live *Aous*. Il se jettoit dans la mer Adriatique, par le sud d'*Apollonia*. On lit dans Ptolemée *Lous*, différence que l'on attribue à quelque erreur de copiste.

ANIUS, (*Lugo Sudatorio*) lieu de la Campanie, près de *Puteoli*.

ANNA, ville de la Palestine, au-dessus ou au nord de Jéricho, selon Etienne de Bysance; mais il semble que cet auteur ait été défiguré: 1°. Joseph qu'il cite, dit *Aina*; 2°. parce que ce même nom commençant en hébreu par la lettre *aïn*, qui est gutturale, indique qu'il faudroit que la première lettre fût une consonne, soit un gamma grec, comme l'ont écrit les Septantes; soit par un K, comme le nom de la ville de *Kana*, qui, selon Berkelius, est la même.

ANNA, ville de l'Asie, sur l'Euphrate, la même qu'*Ana*.

ANNA, ville que le périple de Scylax place sur les côtes de Lydie. Je dois faire observer que plusieurs critiques pensent qu'il faut lire, dans cet ouvrage, Αναία ou *Anæa*. Ce qui justifie cette conjecture, c'est que l'on ne connoît pas de ville d'*Anna* en Lydie; au lieu que l'on connoît *Anæa*, qui appartenoit à l'Ionie ou à la Carie, car les bornes ont varié, & qui se trouvoit à-peu-près en face de Samos.

ANNAMATIA, lieu de la Pannonie inférieure,

ANNAMETHUS, île de l'Océan Indien, selon Pline, qui la fait dépendre de l'Arabie heureuse.

ANNANA, lieu dans lequel, selon Egesippe, se retirèrent les troupes d'Antiochus-Denys, après la perte de ce prince. On croit que c'est le même lieu qui, près de l'Euphrate, est nommé *Anna*.

ANNEIANUM, à quelque distance au nord-est de *Florentia*.

ANNESEL, lieu de l'Afrique, qu'Antonin indique sur le chemin de *Septis Magna* à Alexandrie.

ANNESTUS, ville de l'Arabie heureuse. Auguste ayant envoyé Gallus avec des troupes pour soumettre les Arabes de ce côté, celui-ci prit & détruisit plusieurs villes. Les anciennes éditions portent *Annestus*; mais le P. Hardouin lit *Amnestrus*.

ANNIBALIS CASTRA, *ou* le camp d'Annibal, que l'on écrit aussi *Hannibalis Castra*, (Roccella) lieu d'Italie.

ANNIBALIS DIODOS. Ce dernier mot, qui est grec, se rend en latin par *transitus* ou passage; c'est le nom que l'on donne au défilé par lequel Annibal entra en Italie.

ANNIBALIS INSULA, *ou* île d'Annibal. Pline nomme ainsi l'une des petites îles qu'il indique tout près de Minorque, par le sud; mais comme ces îles, savoir *Mœnariæ, ac Triquatræ & parva Hannibalis*, ne se retrouvent plus, il est probable qu'elles ont disparu par quelque cause physique.

ANNIBALIS PORTUS, que l'on écrit aussi *Hannibalis portus*, (*Portimao*), ville de la partie de la Lusitanie, que les Romains appelloient le *Cuneus*.

ANNIBALIS SCALÆ, *ou* les échelles d'Annibal. Ce lieu appartenoit à l'Hispanie, sur la côte orientale, entre *Tarraco* & *Barcino*.

ANNIBALIS SPECULÆ, *ou* les Vedettes d'Annibal. On pourroit rendre ce mot de *Speculæ* par celui de Torelles; car c'étoient des tours élevées pour observer de loin les mouvemens de l'ennemi.

ANNIBALIS TUMULUS, *ou* le tombeau d'Annibal. On donnoit ce nom à un lieu de la Bithynie. (*Voy.* LIBYSSA).

ANNIBALIS TURRES. Ce que Pline appelle les *Tours d'Annibal*, est nommé par Tite-Live *Speculæ*: cela revient au même, & désigne des lieux destinés à l'observation. Les tours pouvoient avoir aussi pour objet la défense.

ANNIBI, (Monts d'or, *ou* Altaï Alin) montagnes de l'Asie, & le terme nord de la Sérique, selon Ptolemée.

Elles sont entre le 46ᵉ & le 47ᵉ dégrés de latitude; mais Ptolemée les met entre le 56ᵉ & le 60ᵉ.

ANNIBI, peuples de la Sérique, selon Ptolemée. Ils habitoient vraisemblablement les montagnes du même nom.

ANNIUS. On trouve ce nom dans Strabon; mais Casaubon pense qu'il faut lire *Samicus*. Quelques autres auteurs lui ont substitué un autre nom; mais tous conviennent que celui d'*Annius* n'a jamais appartenu à un lieu du Péloponèse.

ANOBÆ, montagne de la Germanie, selon Ptolemée.

ANŒGATH, *ou* ANYGATE, ville que Ptolemée place dans la Libye intérieure.

ANOLUS, ville qu'Etienne de Bysance place dans la Lydie.

ANONIUM, ville de la partie septentrionale de l'Italie, chez les Euganiens, à l'ouest de la Vénétie.

ANONUS FONS, *ou* fontaine Anonus. C'étoit, selon Pausanias, le nom d'une fontaine de la Laconie, laquelle se trouvoit près du mont Taygète.

ANOPÆA, montagne de la Grèce, faisant partie de la chaîne qui portoit le nom d'*Œta*. Comme Hérodote dit que l'*Asopus* coule par une ouverture de cette montagne, il me paroît que le cours de ce fleuve seroit susceptible de quelque changement sur la carte de M. d'Anville.

ANOPÆA, petit sentier qui établissoit, le long de la montagne du même nom, une communication entre la Thessalie & le pays des Locriens Epicnémidiens; il alloit par le haut de la montagne, & se terminoit à la ville d'Alpène, près de la roche appellée Mélampyge, & vers les loges Cercopes. *Voyez ce mot.*

Ce fut par ce sentier que passèrent les troupes des Perses, commandées par Hydarnes, pour surprendre les Grecs qui défendoient le passage des Thermopyles. Ce passage fut indiqué à Xerxès par Ephialtes, Mélien de nation.

ANOPOLIS, surnom de la ville d'*Arcades*, dans l'île de Crète, au rapport d'Etienne de Bysance.

ANSA. (*Ansa*) Cette ville, qui ne nous est pas connue par les Ecrivains de l'Antiquité, paroît, par des lettres d'Ives de Chartres, & par le P. Labbe, avoir appartenu à la partie de la Gaule appelée Lyonnoise première: on y a tenu quatre conciles.

ANSA, port au fond de la mer Adriatique. Ce fut dans ce lieu que le jeune Constantin, défait par les troupes de l'empereur Constans son frère, fut tué dans la mêlée.

ANSAMUM, ville de la seconde Mœsie, & dont il est fait mention dans la notice de l'Empire.

ANSIBARII, nom d'un peuple de la Germanie, dont parle Tacite. Selon cet historien, ce peuple chassé par les *Chanci*, d'un pays que les Romains avoient forcé les Frisons de leur abandonner, eut aussi à souffrir de la part des Romains.

Car cette petite nation, sous la conduite de Bocalus, guerrier courageux, leur ayant demandé des terres pour s'y fixer, & comme une récompense de leurs longs services, elles leur furent refusées. Avitus, il est vrai, vouloit bien en donner au chef; mais celui-ci rejetta cette offre, & dit que ceux qui n'avoient pas de terres pour vivre, en trouvoient du moins pour mourir. Ces infortunés ayant en vain essayé de se faire quelques alliés puissans, furent réduits à se battre seuls contre les Romains; leur nation fut en grande partie détruite, & le reste confondu avec d'autres peuples.

Ce nom paroît se retrouver sous diverses formes dans ceux d'*Amsivarii*, *Ampsivarii*, *Ampsicarii*. On croit que l'origine de ce nom est *Amser* (*l'Ems*), & *Baner*, mot allemand, qui signifie *habitant*.

ANSTAMIDON, évêché sous la métropole de *Bostra*.

ANTACÆ, peuple d'Asie, dans la Sarmatie, selon les anciennes éditions de Pline; le P. Hardouin croit qu'il faut lire *Autacæ*.

ANTACHARA, ville de l'Inde, en-deçà du Gange, selon Ptolemée. On trouve, dans quelques exemplaires, *Artachara*.

ANTÆ, peuple que Procope & Jornandes placent près & vers l'embouchure du Danube.

ANTÆI VICUS. On indiquoit par ce nom un lieu de l'Egypte, du côté de l'Arabie: on prétendoit le rendre recommandable, en rapportant qu'Hercule y avoit défait Antée. C'est le même lieu que les Anciens ont nommé *Antœopolis*; mais la crédulité plaçoit ailleurs la demeure de cet Antée, qui n'est qu'un être imaginaire.

ANTÆOPOLIS, ville d'Egypte, dans la Thébaïde, à l'orient du Nil, & la capitale du nôme *Antœopolites*, à trente-deux milles au-dessous de *Panopolis*, & à-peu-près à pareille distance au-dessus de *Nicopolis*. Ptolemée l'indique dans l'intérieur des terres: si c'est par rapport à la mer, il a raison; mais cela est commun à toutes celles dont il parle en cet endroit: si c'est par rapport au Nil, il a tort. M. d'Anville a trouvé des indices qui la lui ont fait placer sur le bord du fleuve.

La Thébaïde ayant été partagée en deux provinces, après le siècle de Constantin, *Anthœpolis* devint la métropole de la première Thébaïde, & eut des évêques.

Plutarque, (*L. de Solertia finium*) rapporte que peu avant le temps où il écrivoit, un nommé Philinus, homme de bien & d'honneur, raconta avoir vu, dans son voyage en Egypte, un crocodile à *Antropolis*, couché; & (dit Amyot) dormant bien honnêtement le long d'une vieille femme, dessus un petit lit.

N.B. Le bourg qui subsiste dans l'endroit où étoit cette ville, porte le nom de *Gaua-Kebire*. On y voit des restes d'un très-beau temple, qui donne la plus grande idée de la magnificence de cette ville.

ANTÆOPOLITES, nôme d'Egypte dans la métropole, selon Ptolemée, étoit *Antæopolis*.

ANTANDROS, ou ANTANDRUS, ville de l'Asie mineure, dans la Mysie, selon Strabon, qui la place sur la côte septentrionale du golfe d'Adramyte ou Adramète. Etienne de Bysance dit que les Cimmériens la possédèrent pendant un siècle. C'étoit de cette ville, au rapport de Strabon, que ces peuples avoient, conduits par Lygdamis, fait leur place d'armes.

La ville d'*Antandros* porta aussi les noms d'*Edonis*, de *Cimmeris*, &, selon Pline, d'*Assos* ou *Assus*, & d'*Apollonia*. M. d'Anville la place sur sa carte, & la distingue d'*Assus*, qui étoit plus à l'ouest. Quant à l'origine du mot *Antandros*, les sentimens diffèrent entre eux. Selon Servius, *Antandros* avoit été fondée par des habitans d'*Andros*, chassés de leur île, selon Pomponius Méla, lors d'une sédition. Dans ce cas, ce nom signifioit un autre *Andros*: d'autres, ajoute Servius, disent que des Thraces ayant fait prisonnier Polydore, reçurent cette ville pour prix de sa rançon; au lieu de Polydore, Pomponius Méla dit que c'étoit Ascagne, fils d'Enée, qui s'étoit racheté des Pélasges, en abandonnant cette ville. Dans ce cas, ce nom signifieroit: *échangée contre un homme*.

Comme quelques auteurs la placent au pied du mont *Ida*, il s'ensuit que l'on donnoit ce nom à cette petite chaîne de montagnes, qui, depuis Troye, s'étendoit jusqu'à la mer.

On voit, dans Xénophon, que les Grecs, à leur retour, passèrent par cette ville, après avoir passé le mont *Ida*.

ANTANII, peuple qui habitoit dans la Carie, selon Porphyrogénète.

ANTANNACUM. *Voyez* ANTERNACHA.

ANTAPRISTENA, ville de la Mysie, nommée aussi *Antapristis*, selon quelques ouvrages où ce nom pourroit bien avoir été altéré.

ANTARADUS, (*Tortose*) ville de la Syrie. La *Géog. sacr.* du P. Charles, la place dans la première Phénicie, sous Tyr, métropole. Cette ville étoit située vis-à-vis l'île d'Arad, à la droite du fleuve Eleuthère, à peu de distance de la mer, & à vingt-quatre milles de Balanée, vers le 34e deg. 55 min. de latit.

ANTARIANI, peuple compté entre les nations Celtiques, mais dont on ne peut indiquer la situation géographique.

ANTEA, ou ANTEIS, (*Ampus*) ville de la Gaule Narbonnoise, presque au nord de *Forum Voconii*. On y a trouvé une pierre milliaire posée l'an 31 de J. C., sous le règne de Tibère. La voie Romaine, qui alloit de *Forum Julii* à *Reis Apollinaris*, passoit à *Antea*.

ANTECARIA, (*Antequera*) ou ANTICARIA, ville de la Bétique, sur le bord de la mer, entre *Citegna* & *Malaca*. Cette ville est peu connue dans l'histoire. Sur la seule des médailles de cette ville, rapportée par le P. Florez, on voit, d'un côté, une tête que l'on soupçonne être celle d'Hercule, à cause de la massue qui est derrière, & du lion gravé au revers.

ANTECUIA, ville de l'Hispanie, selon Ptolemée, qui l'attribue aux *Antrigones*; il la place au 13e degré de longitude, latitude 43 degrés. C'est probablement la même qu'*Antegua*.

ANTEGUA, ville de l'Hispanie, dans la Bétique, au sud-est d'*Hispalis*.

ANTELIA, ville d'Asie, dans l'Arménie, selon Ptolemée, qui la place au 70e deg. de long., latit. 37 deg. 45 min.

ANTEMATUNUM. *Voy.* ANDOMATUNUM.

ANTEMNÆ, ville d'Italie, vers le nord ou nord-est de Rome. Quoique bâtie sur le territoire des Sabins, elle avoit été fondée par une colonie d'Albe; elle fut comprise, par les auteurs, dans la division qu'ils appellèrent *Ancien Latium*. Varron dit que son nom, que l'on peut décomposer ainsi, *Ante amnem*, lui venoit de sa position : on croit qu'elle se trouvoit au confluent de l'*Anio* & de quelques eaux qui s'y rendoient, mais à la gauche de l'*Anio*; de manière qu'elle le précédoit lorsque l'on y arrivoit de Rome. Dès la quatrième année de Rome, les Antemnates eurent la guerre à soutenir contre les Romains; mais ils furent défaits & leur ville fut détruite. Cluvier, & d'après lui M. d'Anville, ont placé cette ville au confluent de l'*Anio* & du Tibre. M. l'abbé Chauppy en a retrouvé les traces plus vers l'est, & place le mont *Sacer* entre cette ville & Fidènes.

ANTEMNATES, les *Antemnates*, habitans de la ville d'*Antemnæ*, au nord de Rome, près de l'*Anio*. Ils furent vaincus par Romulus, & emmenés à Rome, dont ils devinrent citoyens, au même titre que les premiers Romains.

ANTEQUIA. *Voy.* ANTECUIA.

ANTERNACHA, (*Andernach*) ville de la Gaule, placée, par dom Martin, chez les *Rupeni*, à peu de distance au nord du confluent de la *Mosella* & du *Rhenus*. M. d'Anville, qui lui donne même position, n'en parle pas dans sa notice : il la nomme *Atannacum*.

ANTES, peuple que Procope place au-delà du Danube, & qui le passoit de temps en temps pour se jetter sur les terres de l'Empire. Par ce qu'en dit cet auteur, & par ce que l'on trouve sur le même peuple dans Jornandès, on voit qu'il habitoit dans le pays connu aujourd'hui sous le nom de *Bodgiac*.

ANTEVESTEUM PROMONTORIUM. Ptolemée, qui indique ce promontoire dans la partie septentrionale de l'île d'Albion, au 11e degré de longitude, latitude 30 degrés 52 minutes, avertit qu'il étoit aussi nommé *Bolerium*.

ANTEUPOLIS, *Voy.* ANTÆOPOLIS.

ANTHANA, dans le Péloponèse, & l'une des cent villes de la Laconie, au rapport d'Etienne de Bysance; il faut observer que Pline écrit *Anthena*: mais le P. Hardouin voudroit que l'on lût *Anthia*, & cite un vers d'Homère; mais Berkelius distingue deux villes, dont l'une est *Anthia*, & l'autre *Anthena*. Philostephane dit qu'elle avoit pris son nom d'Anthé, fils de Neptune, qui fut tué & écorché par Cléomène, frère de Léonidas.

ANTHÉDON, ville de la Béotie. L'épithète d'ἐσχατόωσα, qu'emploie ici Homère, signifie en effet ce *qui est reculé*, ce qui est à l'extrémité; mais, ou ce poëte prend ici cette épithète dans le sens que c'est la dernière dont il parle, comme nous dirions enfin la ville d'Anthédone; ou bien il la donne pour la dernière sur l'Euripe : car on voit par Strabon, Pausanias, Dicéarque, Scylax, Etienne de Bysance, qu'elle étoit sur ce détroit. M. d'Anville, d'après Pausanias, la place peu loin, au nord du mont *Messapius*. Comme elle étoit sur une hauteur, elle avoit un port de son nom. Selon l'auteur Grec que je viens de citer, elle avoit pris son nom de la nymphe Anthédon, ou plutôt d'un certain Anthès, fils de Neptune & d'Alcyone. Au temps de cet écrivain, on voyoit, au milieu de la ville, un temple des Cabires, & tout près un bois sacré de Cérès, avec un temple de Proserpine, où la déesse est en marbre blanc. Du côté de la terre, en face de la porte d'Anthédone, il y avoit un temple de Bacchus avec sa statue; mais le côté de la mer étoit plus intéressant, puisque l'on y montroit un lieu nommé le *Sault de Glaucus*, connu dans la mythologie comme un dieu marin; il avoit d'abord été simple pêcheur; il devint dieu marin, après avoir mangé d'une herbe qui produisit cet effet.

Le poëte Anthès, qui fit des hymnes, étoit de cette ville, comme le rapporte Plutarque, d'après Héraclide.

ANTHÉDON, *ou* AGRIPPIAS, ville de la Palestine, dans le pays des Philistins, sur le bord de la mer, au sud-ouest de Gaza; ce fut Hérode qui lui donna son second nom en l'honneur d'Agrippa son ami, & favori d'Auguste : c'est la même que la chronique Paschale nomme *Carianthédon*. On voit que, dans ce dernier nom, la première partie est orientale, & signifie *ville*; ainsi ce n'est autre chose que la *ville* d'*Anthédon*.

ANTHEIA, ville de la Messénie, dont il est parlé dans Homère, & qui avoit été promise à Achille par Agamemnon. Strabon dit que cette ville, de son temps, portoit le nom de *Thuria*.

ANTHELA, ville ou bourg de la Grèce, près du passage des Thermopyles. Cette ville étoit, selon Hérodote, (*L. VII*, *176*) près de la rivière de Phénix; & (*ibid. 200*) arrosée par l'*Asopus*.

On lit, dans le même auteur, que dans une plaine assez vaste, qui étoit près de cette ville, on voyoit un temple de Cérès Amphictyonide, & un autre d'Amphictyon.

ANTHEMIS. Ç'avoit été l'un des noms de l'île de *Samos*, ou ANTHEMUSA. (*Voy. ce nom.*)

ANTHEMUS, fleuve de l'Asie, dans la partie de la Colchide, qui étoit à la droite du Phase. Pline dit que ce fleuve couloit près de la ville de *Dioscurias* ou *Sebastopolis*.

ANTHEMUS, ville de Macédoine, dont parle Démosthène dans la seconde Philippique; il nous apprend que Philippe, père d'Alexandre, avoit cédé cette ville aux Olynthiens. Elle étoit sur la gauche du *Rhechius*, assez près au nord-est de *Thessalonica*. On trouve aussi, dans Hérodote, qu'Amyntas, roi du même pays, l'avoit offerte à Hippias, pour le dédommager de la puissance qu'il avoit perdue à Athènes; mais que ce prince n'avoit pas accepté cette offre.

ANTHEMUSA, ancien nom de l'île de *Samos*, selon Pline.

ANTHEMUSIA, ville d'Asie, dans la Mésopotamie. Pline, Strabon & Tacite en parlent. Ce dernier auteur fait observer que, devant sa fondation à des Macédoniens, elle avoit porté un nom grec. On lit dans Isidore de Charax, que les gens du pays la nommoient *Charana Sidou*.

Une chaine de montagnes séparoit cette ville de celle d'*Edessa*, qui étoit au nord-est. *Anthemusias* étoit au sud-est de *Samosata*, & presque à l'est de *Zeugma*.

ANTHEMUSIS PALUS MARIANDYNORUM, *ou* ANTHEMUSIS, marais dans le pays des Mariandyses. Etienne de Bysance, qui en parle, s'appuie du témoignage d'Apollonius. Ce nom se trouve, il est vrai, dans les Argonautiques, *L. II*, *v. 726*.

ANTHENA, ville de l'Argolide, dans la Cynurie.

ANTHIA. *Voy.* ANTHEIA.

ANTHINÆ INSULÆ, île que Pline indique auprès de l'île d'Ephèse.

ANTHIUS. Si cette ville, dont parle Marmol, est, comme il le dit, la même qu'*Anthédon*, il me semble qu'il a tort de l'attribuer à l'Egypte; elle étoit près de *Gaza*. Selon l'auteur que je cite, elle fut bâtie par les Romains. (*Voyez* ANTHEDON).

ANTHROPOPHAGI. *Voyez* ANDROPHAGI.

ANTHYLLA, ville d'Egypte, près & à l'ouest du bras Canopique, selon Hérodote, dans la plaine, au nord un peu ouest de *Naucratis*.

Selon Athénée, les Egyptiens & les rois de Perse en donnoient le revenu à leurs femmes pour leurs ceintures; mais Hérodote dit que c'étoit pour leurs chaussures.

ANTI BACCHI, île de la mer Rouge.

ANTI CIMOLIS, nommée aussi *Anti Cinolis*, petite île du Pont-Euxin, située en face & près de la ville de *Cimolis* ou *Cinolis*, sur la côte septentrionale de la Paphlagonie, à l'est de l'embouchure du fleuve *Æginetis*.

ANTIA. Etienne de Bysance emploie ce mot; mais *voyez* ANTIUM, nom sous lequel cette ville d'Italie est plus connue.

ANTIANA, (*Seczu*) ville de la Pannonie. M. d'Anville la place au nord de *Teutoburgium*.

ANTIBARANI. C'est ainsi que, dans quelques anciennes éditions de Pomponius-Méla, on lisoit le nom d'un peuple de l'Asie mineure; mais les savans, tels que Vossius Gronovius, *&c.* disputent sur la manière d'écrire ce mot, & lisent l'un *Tibarani*, l'autre *Ibarani*: il faudroit toute une dissertation pour éclaircir ce sujet, & ce n'en est pas ici la place. Je vois que dans la belle édition de 1622, on a mis *Ibavani*: mais dans les notes on prouve, d'après les anciens, qu'il est probable que l'auteur avoit écrit *Tabarani*.

ANTIBARIS, ville de la Servie. Pyrigorde, général des troupes de Manuel, empereur de Constantinople, s'en empara en l'an 1143.

ANTIBOLE. C'est le nom que Ptolemée donne à l'une des bouches du Gange.

ANTICARIA, la même qu'*Antecaria*, chez les Bastules, près des montagnes, & sur un petit fleuve qui va se rendre à la mer, à l'ouest de *Malaca*.

ANTICASIUS, montagne opposée au mont *Casius*. Strabon en parle, *L. 16*, *p. 751*. Ce lieu ne devoit pas être loin d'Antioche. (*Voy.* CASIUS.)

ANTICEITAS, *&* ANTICITTAS, rivière de la Sarmatie Asiatique. Son embouchure, selon Amien Marcellin, étoit vis-à-vis de Panticapée, dans le Bosphore Cimmérien. M. d'Anville donne le nom d'*Anticcitas* à la branche de l'Hispanie, qui se jette le plus à l'est dans le *Palus Meotis*, & n'assigne aucune place à la ville de Panticapée.

ANTICOLI, peuple de la Libye intérieure, selon Ptolemée.

ANTICONDYLES, peuple qu'Etienne de Bysance place dans la Béotie. Selon cet auteur, ils étoient Phrygiens d'origine.

ANTICRAGUS, montagne de la Lycie; elle avoit reçu la première partie de son nom (*Anti*, c'est-à-dire, *opposé*) de ce qu'elle se trouvoit en face d'une montagne nommée *Cragus*. Strabon dit que la montagne *Anticragus* étoit escarpée, & qu'il y avoit, dans une vallée assez petite, un lieu nommé *Carmylessus*.

ANTICYRA, *ou* ANTICYRRHA, (*Aspro Spitia*) ville de la Phocide, sur une petite isthme qui joignoit à la terre ferme une très-petite presqu'île avancée dans le golfe de Corinthe. Pausanias croit que c'est cette ville qu'Homère, en parlant des places de la Phocide, nomme Cyparisse. Tite-Live l'attribue à la Locride; ce qui ne peut avoir eu lieu qu'autant que les Locriens auroient un peu étendu leur territoire.

Selon ce même auteur, Ancyre avoit pris son nom d'Anticyreus, lequel, selon Etienne de Bysance, avoit purgé Hercule avec de l'ellébore après son délire. Cette plante étoit très-commune aux environs de cette ville. Pline rapporte que le philosophe Carnéades en prit pour se purger, & que Livius Drusus, tribun du peuple, se retira à Antycire pour s'y guérir avec de l'ellébore. Pausanias distingue deux sortes d'ellébore, & dit qu'elles croissoient entre les rochers qui environnoient la ville.

La place publique étoit ornée de plusieurs statues de bronze. Sur le port étoit un temple consacré à Neptune; il y avoit des lieux destinés aux exercices publics, des bains & quelques autres curiosités dont on peut voir la description dans Pausanias.

Les habitans d'Anticyre furent chassés de leur ville à deux différentes fois ; la première, par Philippe, fils d'Amyntas ; la seconde, par Titus Flaminius, général romain, en punition de leur attachement pour Philippe, fils de Démétrius, & roi de Macédoine.

ANTICYRA, ville de Grèce appartenante à la Thessalie, près de l'embouchure du *Sperchius*, dans le golfe Maliaque. Strabon rapporte qu'elle produisoit, ou du moins que l'on recueilloit, dans ses environs, de l'ellébore meilleur que celui de l'Anticyre de la Phocide ; mais que celui-ci étoit mieux préparé.

ANTICYRA, autre ville du même nom, chez les Locriens Epizéphyriens. (ἐν λοκροῖς τοῖς ἑσπερίοις), ou occidentaux.

ANTICYRA. Pline parle d'une île de ce nom, & lui attribue aussi l'avantage de produire de l'ellébore. Ce fut, selon l'auteur que je viens de citer, par la vertu de l'ellébore de cette île, & dans l'île même, que Drusus, le plus renommé & le plus applaudi des tribuns du peuple, fut guéri de l'épilepsie.

ANTIDALEI, peuple que Pline indique dans l'Arabie heureuse.

ANTIDUM, lieu de l'Afrique, vers la Cyrénaïque. (*Périple de Scylax.*)

ANTIGONA PSAPHARA, ville de la Macédoine, selon Ptolemée, qui l'attribue à la contrée nommée Paraxie. Cette ville ne se trouve pas sur la carte de M. d'Anville, mais seulement la suivante.

ANTIGONEA, ville de la Macédoine, dans la Mygdonie ; ce qui la place plus au nord que la précédente. Selon Etienne de Bysance, elle fut fondée par Antigone, fils de Gonatas.

ANTIGONEA, ville de l'Epire. M. d'Anville la place dans l'Elymiotide, au sud-est d'Apollonie, & près du *Celydnus*. Etienne de Bysance dit dans la Chaonie.

ANTIGONEA, ville de l'Arcadie, bâtie sur les ruines de l'ancienne Mantinée ; je dis de l'ancienne, car au temps de Pline, il subsistoit aussi, en Arcadie, une autre ville de ce nom. (*Voyez* MANTINEA.) Le nom d'*Antigonea*, ou *Antigonia* avoit remplacé celui de *Mantinea* par une adulation des Grecs, qui s'étoient fait un mérite de donner à leur ville le nom du roi Antigone.

ANTIGONIA, ville de la Troade. Il semble que ce soit la même qui ait porté le nom d'*Alexandria*.

ANTIGONIA. Selon Strabon, ce nom fut aussi donné à *Nicea*, ville de Bithynie.

ANTIGONIA, ville de Syrie, sur l'Oronte. Je ne sais pas la juste position de cette ville, qui subsista peu de temps. Diodore nous apprend qu'Antigone avoit bâti, sur les bords de l'Oronte, une ville à laquelle il avoit donné son nom ; elle avoit 170 stades de circuit, & il y avoit fait de grandes dépenses. Il comptoit en faire une place propre à contenir les gouverneurs d'Egypte & de Syrie ; mais seulement flatté de construire aussi une ville de son nom, (*Voy.* SELEUCIA) il détruisit la nouvelle ville d'*Antigonia*, & en transporta les habitans dans sa ville nouvelle.

ANTIGONIA. Etienne de Bysance indique aussi une ville de ce nom dans l'Asie mineure, aux environs de Cizique. C'étoit moins une ville, ce me semble, qu'une forteresse, à 50 stades de la mer.

ANTIGONIA, île du Bosphore de Thrace. Quelques auteurs ont cru que c'étoit celle qui avoit aussi porté le nom d'*île du Prince* : mais il paroît, par les constitutions de l'empereur Emmanuel Comnène, qu'elle étoit différente.

R. Il faut remarquer que les villes que je viens de nommer, en tirant leur nom d'Antigone, sont nommées en grec *Antigoneia*.

ANTIGONIS, contrée de la Grèce, dans l'Attique. Etienne de Bysance dit que c'en étoit une tribu.

ANTIGONISA. C'est ainsi que, dans une édition de Ptolemée, on lit en latin le mot grec Ἀντιγόνεια, qui doit être traduit *Antigonia*. Cette ville est indiquée dans la Nygdonie.

ANTILIBANUS. Ce nom, composé des mots *Anti* & *Liban*, signifie donc *opposé à Liban*. Le Liban (*Voy. ce nom*) ainsi que l'Anti-Liban étoient deux chaînes de montagnes, qui appartenoient également à la Syrie, & s'étendoient du sud au nord. L'Anti-Liban étoit à l'est, commençant à-peu-près au nord de la Galilée supérieure, dont il étoit séparé par le mont *Hermon*. Il remontoit jusqu'à *Héliopolis*, où cessoit, ce me semble, la distinction entre Liban & Anti-Liban. La longue vallée renfermée entre ces deux chaînes de montagnes, se nommoit la Syrie *Creuse*, ou Cœle-Syrie. *Voyez ce mot.*

ANTIMELOS, (*Antimilo*) petite île de la mer Egée, assez près & en face de l'île de *Melos*, par le nord-ouest. Je ne crois pas cependant que les Anciens lui aient donné ce nom : ce n'est guère qu'un rocher.

ANTINA. M. le comte Marsigli, dans sa carte des Antiquités Romaines, place dans la Dacie les vestiges d'une ville de ce nom, à l'endroit où la voie romaine, latérale au cours de l'Aluta, se partage en deux branches.

ANTINOE, (*Ensené*) ville d'Egypte, à la droite du Nil, au sud de l'Heptanomie, & très-près de l'Egypte supérieure, presque en face de la grande Hermopolis : cette ville devint la capitale d'un nôme ou préfecture.

Le lieu qui fut depuis l'emplacement d'*Antinoé*, portoit le nom de *Besa*, divinité Egyptienne, qui étoit honorée d'un culte particulier, selon Ammien Marcellin, dans la ville d'Abidus, où elle rendoit des oracles, pendant le temps qu'Adrien étoit en Egypte avec ses troupes & sa cour. On sait combien ce prince, grand comme politique & comme guerrier,

guerrier, étoit petit dans sa conduite privée. Il avoit porté la superstition & certains vices à l'excès. Pendant qu'il étoit à *Besa*, il s'imagina qu'il étoit menacé de la mort, si quelqu'un ne s'y dévouoit pour lui. Antinoüs, ce beau modèle d'une des plus belles statues que nous ayons conservé de l'antiquité, & qui étoit l'objet de la passion détestable du prince, s'offrit pour mourir en sa place. Peut-être ne comptoit-il qu'en devenir plus cher au prince, par l'offre d'un dévouement, qui, vu leur liaison, ne seroit point accepté; mais les princes n'aiment pas toujours comme les autres hommes. Persuadé que ce sacrifice pouvoit lui être utile, Adrien l'accepta. Pour cacher cette atrocité, il fit courir le bruit que son favori s'étoit noyé. Il fit de plus bâtir une ville en son honneur, & y construisit un temple comme à une divinité, ayant des prêtres & des prêtresses: il parut même, dans le temps, des oracles, au nom du nouveau dieu. Telle fut l'origine de la ville d'*Antinoé*, dont les ruines portent aujourd'hui le nom de Scheïck-Abadé; parce que les Turcs conservent une grande vénération pour un ancien évêque de cette ville, nommé *Ammon*, & surnommé *El-Adeb* ou le *juste*: ils le croient Mahométan.

ANTINOÉA. *Voy.* Antinoé.

ANTINOITES, nôme dans l'Heptanomie, & tout-à-fait au sud; il étoit à la droite du Nil, & avoit pour capitale *Antinoé*.

ANTINTANIA, pays de la Grèce, dans les montagnes de l'Epire, selon Strabon.

Tite-Live dit que, par le traité de paix que fit le consul Sempronius, il fut réglé que l'Atintanie appartiendroit au roi de Macédoine; s'il l'obtenoit du Sénat: elle lui fut accordée; c'est de-là que Tite-Live met cette contrée dans la Macédoine. Etienne le géographe la met dans le même pays.

ANTIOCHI SOLEN, lieu de l'Afrique, selon Ptolemée, qui le place sur la mer Rouge, en l'indiquant dans le golfe Adulique (*Adulicus Sinus*), long. 72 min., lat. 10 deg. 15 min.

ANTIOCHIA, *ou* Antioche, (*Antakié*) ville célèbre d'Asie, dans la Syrie, à quelque distance au nord du mont *Casius*, sur l'Oronte, qui se décharge à peu de distance dans la mer. Sa latitude semble être fixée, par de bonnes observations, à 36 deg. 6 min. Le fauxbourg de cette ville, nommé Daphné, en étoit, selon Strabon, à une distance de 40 stades, en suivant le cours du fleuve. Ce lieu, avant la fondation de la ville, étoit connu dans l'Orient par le nom de *Rebleta* ou Reblat, au moins, selon le témoignage de S. Jérôme. Antigone, l'un des capitaines d'Alexandre, peu de temps après la mort de ce prince, avoit fondé, en ce même endroit à-peu-près, une ville qu'il avoit nommée Antigonie. Seleucus Nicator, l'an 300 avant l'ère vulgaire, voulant illustrer son règne, jetta les fondemens d'une ville nouvelle, à laquelle il donna le nom de son père Antiochus, & la nomma *Antiochia*. En même-temps, il détruisit la ville d'Antigonie.

Antioche étoit presque quarrée, avoit plusieurs portes, & s'élevoit en partie, du côté du septentrion, sur une haute montagne: elle étoit ornée de galeries & de belles fontaines. Ammien Marcellin dit qu'aucune ville ne surpassoit Antioche pour la fertilité du territoire, ni pour la richesse de son commerce. On peut citer en preuves de la magnificence de ses monumens publics, le célèbre temple de Jupiter *Nicephore*. La statue du dieu étoit d'or, & d'un poids immense, dit Justin, aussi-bien que la statue de la Victoire, qu'il tenoit dans sa main. Antioche étoit déjà très-considérable, lorsque les empereurs Vespasien & Tite-Live lui accordèrent de nouveaux privilèges.

En 115 de l'ère vulgaire, pendant que Trajan se trouvoit à Antioche, cette ville éprouva un tremblement de terre considérable: l'empereur y courut danger de la vie. Cependant il en fut quitte pour une blessure.

Verus, associé à l'empire avec Marc-Aurèle, dans le voyage qu'il fit en Orient, séjourna à Antioche, & y trouva, dans les mœurs de ses habitans, une vie conforme à ses goûts; il y demeura quatre ans. Cette ville, ayant pris parti pour Cassius, syrien d'origine, & gouverneur de la Syrie, ressentit d'abord de justes effets de la colère de Marc-Aurèle; & ce prince, en arrivant dans le pays, au lieu de se rendre dans cette capitale, s'en abstint, en punit les habitans de la manière la plus sensible, en leur interdisant spectacles, divertissemens publics, & même toute espèce d'assemblée juridique ou municipale. Les habitans lui ayant donné des preuves sincères de leur douleur, il leur rendit leurs privilèges & ses bonnes graces, puisqu'il les vint visiter avant son départ.

En 193 de l'ère vulgaire, lors des prétentions de Pécennius Niger à l'empire, Antioche s'étant ouvertement déclarée pour lui, elle en fut sévérement punie par Septime Sévère son rival. Il lui ôta ses privilèges de capitale de la Syrie, & les transporta à Laodicée; mais peu après la mort de ce prince, elle rentra dans tous ses droits.

Sous le règne de Valérien, les Perses ayant à leur tête Sapor, entrèrent en Syrie, & surprirent Antioche, dont ils s'emparèrent; ils en ravagèrent les environs, & pillèrent la ville. L'empereur, arrivé peu après dans cette ville, la rétablit, & en reçut, comme une preuve de reconnoissance, le titre de restaurateur de l'Orient, qui fut gravé sur une médaille frappée à cette occasion. Dioclétien, au contraire, y rendit son nom en horreur, en punissant les principaux membres du conseil, d'une révolte de 500 soldats, dont ils n'étoient aucunement coupables, & dont les suites même avoient été arrêtées par le courage des habitans.

Mais dans la suite ils se montrèrent véritablement coupables à l'égard de l'empereur Théodose. Par une suite de ces abus, qui s'introduisent presque nécessairement dans les grands Empires, le prince devoit délivrer de grandes sommes à ses officiers, & même à ses troupes, en célébrant la dixième année de son avénement au trône. Il manquoit d'argent; il crut pouvoir imposer une taxe extraordinaire: elle parut à Antioche n'être qu'une exaction. Le peuple se porta en foule à la maison de l'évêque, pour implorer son crédit; le prélat se trouva absent: on courut chez le gouverneur, qui s'échappa; la révolte n'eut plus de frein: on brisa les statues de l'empereur, & on les traîna ignominieusement dans les rues avec celles de ses deux fils, Arcadius & Honorius: on mit le feu à la maison d'un des principaux citoyens, & les excès alloient devenir plus considérables encore, si le gouverneur n'eut paru avec une garde; mais ce même gouverneur se permit une vengeance atroce; il punissoit les innocens comme les coupables. L'empereur ne se conduisit pas mieux d'abord; car il avoit ordonné que la ville fût réduite en cendres; &, quoique revenu à des sentimens plus doux, il ne laissa pas d'en traiter les habitans avec une grande sévérité: ceux qu'il avoit chargés de ses ordres, étoient des hommes de rang; mais l'évêque Flavien, s'étant transporté à Constantinople, obtint le pardon de la ville, qui recouvra tous ses privilèges. On peut voir le détail de ces faits dans S. Jean Chrysostôme.

Sous le règne de Justinien, Antioche fût ravagée par Cosroès; & peu après la mort de cet empereur, elle éprouva un tremblement de terre si considérable, que plus de 30,000 personnes y furent ensevelies sous les ruines des maisons.

Cette ville avoit encore recouvré tout son éclat, après avoir été soumise aux Sarrasins depuis l'an 637 ou 638 sous Omar; puis reprise par Nicéphore Phocas, lorsque les Croisés, passés dans l'Orient, vinrent l'assiéger en 1097.

Elle étoit défendue par une armée de Turcs, sous la conduite de Baghi-Sian. Cependant les Croisés, conduits par Boëmond, l'un des chefs, & qui devoit avoir cette place pour récompense, s'en emparèrent aussi-bien que de la citadelle. En 1098, il l'eut en effet, avec titre de principauté: malheureusement elle fut reprise dans la suite par Bibars, l'un des Mamelucs souverains d'Egypte. En 1268, il périt, dans cette occasion, plus de quarante mille chrétiens, & cent mille furent faits prisonniers.

Je remarquerai, avec la Martinière, que cette ville n'est pas moins célèbre dans la Géographie sacrée. Ce fut à Antioche que les disciples assemblés se proposèrent de porter le nom de *Chrétiens*. S. Pierre en fut le premier apôtre; S. Jean étoit originaire de cette ville; Antioche a de plus donné naissance à S. Jean Chrysostôme. Cet orateur célèbre, en blâmant les abus des spectacles de son temps, observe, comme une chose étonnante, qu'alors il y avoit des gens à Antioche qui nourrissoient des lions & les rendoient plus doux que des moutons: ils gagnoient de l'argent à les faire voir dans les rues, ce qui n'est pas une occupation bien répréhensible.

ANTIOCHIA AD PISIDIAM, (*Ak-Shehr*). C'est mal-à-propos que quelques auteurs ont rendu ces mots par Antioche *de la* Pisidie; c'est *vers* la Pisidie. Elle étoit dans la Phrygie, assez près de la Pisidie; ce ne fut qu'avec le temps que la Pisidie, ayant pris de l'extension, elle en devint la métropole; mais c'étoit une division ecclésiastique; elle fut colonie Romaine: elle est aussi appelée *Césarée*.

ANTIOCHIA MÆANDRI, *ou* Antioche du Méandre (*Iegni Shehr*). Cette ville étoit dans la Carie, sur la gauche du Méandre, & près du lieu où le *Corsinus* se rendoit dans ce fleuve, au nord-ouest d'*Aphrodisias*. Selon Etienne de Bysance, elle avoit d'abord porté le nom de *Pytopolis*: elle avoit été bâtie par Antiochus, père de Seleucus, & étoit le siège d'un évêché.

ANTIOCHIA CILICIÆ, appelée aussi *Antiochia ad Cragum*, étoit dans la partie de la Cilicie nommée *Trachea*, sur le bord de la mer, au pied du mont *Cragus*. Il faut observer qu'Etienne de Bysance commet une erreur en indiquant cette ville près du *Pyramus*, qui arrosoit la *Cicilia Campestris*.

ANTIOCHIA, ville de la Cilicie, plus connue sous le nom d'*Adana*: elle étoit située sur le *Sarus* (1). Cette ville se nommoit anciennement *Adana*; mais Antiochus-Epiphane lui donna son nom 171 ans avant J. C. Antioche étoit célèbre sous le règne de Tite Antonin, & elle étoit décorée de titres honorifiques. Ptolemée en fait mention sous le nom ancien & populaire d'*Adana*. Les Itinéraires ont placé cette ville à vingt-sept milles Romains de Tarse, & à dix-huit milles de Mopsueste. Le *Sarus* passe au levant & près des murs de cette ville.

Les Grecs ont rapporté la fondation de cette ville à Adanus, fils du ciel & de la terre. Cette tradition fabuleuse fait voir que cette ville étoit très-ancienne. Antiochus y aura vraisemblablement fait construire un temple de Jupiter, dont on voit la statue sur les médailles de cette ville, sous le nom d'Antioche, & sous celui d'*Adana*. Il est peu fait mention de cette ville sous la république Romaine; ce fut une de celles où Pompée renferma les Pirates, pour les empêcher de continuer leurs courses sur la mer, selon Appien: elle souffrit beaucoup dans la guerre civile qui suivit la mort de Jules-César. *Adana* fut du nombre des villes que l'empereur Adrien combla de bienfaits; elle eut des évêques dès les premiers temps de l'Eglise.

Procope, dans ses édifices, parle du pont de cette ville, qui fut rétabli par l'empereur Justinien. La ville d'*Adana* a toujours été un passage fréquenté, pour aller des défilés du mont Taurus dans la Syrie.

---

(1) Etienne de Bysance dit sur le *Pyramus*; mais des médailles portent le nom du *Sarus*. C'est sous le nom d'*Adana* qu'elle est sur la carte de M. d'Anville.

ANTIOCHIA MESOPOTAMIÆ, *ou* Antioche de la Mésopotamie, la même que *Nisibis*. Strabon, (*l. 16*) dit qu'elle étoit au pied du mont *Masius*.

ANTIOCHIA. Etienne de Bysance indique une ville de ce nom entre la Célésyrie, & l'Arabie. Berkelius dit que c'est un des noms de *Gadara*.

ANTIOCHIA. Il y avoit aussi une Antioche dans la province de Syrie appellée *Comagène*. M. d'Anville ne l'a pas placée sur sa carte : elle devoit être au pied du *Taurus;* de-là elle est quelquefois nommée *Antiochia ad Taurum*. Elle étoit à l'ouest de Samosate, & assez loin par conséquent de l'Euphrate, quoique Pline l'indique sur ce fleuve.

ANTIOCHIA. La ville d'Edesse avoit aussi porté ce nom. *Voyez* EDESSA.

ANTIOCHIA ASSYRIÆ. Pline place dans la Sittacène, une ville de ce nom, que le P. Hardouin croit être la même que Ptolemée nomme *Apollonia*.

ANTIOCHIA MARGIANÆ, *ou* Antioche de la Margiane. Elle avoit d'abord porté le nom d'Alexandrie, d'après Alexandre, son fondateur; mais cette ville ayant été ravagée, Antiochus, fils de Seleucus, la rétablit & lui donna son nom.

ANTIOCHIA, île située à l'entrée du Bosphore de Thrace. Pline en parle; mais M. d'Anville ne l'a pas placée sur sa carte.

ANTIOCHIA. Etienne de Bysance dit qu'il y avoit en Scythie une ville de ce nom.

On connoît peut-être encore quelques autres villes qui ont été désignées par le nom d'Antioche; mais elles ont ou conservé, ou du moins epris leur premier nom : on les trouvera à leurs articles particuliers.

ANTIOCHIS, tribu de Grèce, dans l'Attique.

ANTIPATRIA, ville que Pline attribue à la Macédoine, au sud, dans l'Elymiotis, sur le *Celydnus*, au nord-ouest d'*Hadrianopolis*. Tite-Live, qui parle de sa prise par les Romains, dit qu'elle étoit située dans un défilé étroit.

ANTIPATRIS, *ou* CAPHARSABE. Cette ville appartenoit à la Palestine; mais les sentimens ont été bien partagés sur sa position. Je ne les rapporterai point ici; je m'en tiendrai à celui de Reland, que paroît avoir adopté M. d'Anville. Ce dernier place *Antipatris* dans le pays de Samarie, où se trouve la petite région nommée *Thamnitica*, à l'est d'*Apollonias*, qui étoit sur le bord de la mer. Avant qu'Hérode le Grand l'eût fait rebâtir, & en eût fait une ville nouvelle, elle portoit le nom oriental de *Caphasarbe*. Elle reçut alors le nom d'*Antipatris*, formé de celui d'Antipater, père d'Hérode.

ANTIPHELLOS, *ou* ANTIPHELLUS, ville de l'Asie mineure, dans la Lycie. Elle étoit sur le bord de la mer, & avoit pris son nom, selon toute apparence, de la ville de *Phellus*, qui étoit à peu de distance au nord; en face d'*Antiphellos* étoit la petite île de Cisthène (Strab. *l. 14*).

ANTIPHILI, lieu d'Afrique, dans la Marcotide, selon Ptolemée. Il en est aussi fait mention dans Strabon (*l. 16, p. 771*).

ANTIPHRA, village ou bourg de la Marmorique, selon Ptolemée, qui le place dans le nôme Libyque; long. 58 deg. 20 min.; latit. 30 deg. 6 min.

ANTIPOLIS (Antibes), ville de la Gaule, sur la Méditerranée, dans la seconde Narbonnoise. Cette ville, bâtie, selon Strabon, par les Marseillois, avoit, selon d'autres auteurs, été prise par eux sur les Liguriens de la Gaule, appellés *Deciates*. Quoi qu'il en soit, il est sûr que les Marseillois, en la bâtissant, ou en se l'appropriant, prétendirent s'en faire un rempart contre les Liguriens : (on doit savoir que les Marseillois étoient des Grecs établis sur cette côte). Elle fut soustraite à l'autorité des Marseillois par un décret du Sénat romain, au temps d'Auguste. Pline dit qu'on lui accorda le Droit latin; Tacite la traite de municipale. Golzius rapporte une médaille où *Antipolis* a le titre de colonie. Adrien Valois en nie l'authenticité.

Cette ville étoit fort considérable : elle avoit un port, un théâtre & d'autres monumens publics. La pêche du thon, qui se faisoit fréquemment sur cette côte, avoit donné occasion de faire, avec le sang de ce poisson, une sauce qui étoit fort recherchée, & que l'on appelloit *Muria* sans doute à cause de sa couleur jus de mûre.

N. B. Pline rapporte que l'endroit de Rome que l'on connoît sous le nom de Janicule, avoit porté d'abord le nom d'*Antipolis*, c'est-à-dire, qui est opposé à la ville, parce qu'en effet le Janicule est à la droite du Tibre, & que pendant quelque temps la ville de Rome étoit seulement sur la gauche.

ANTIPYRGOS, *ou* ANTIPYRGUS, port d'Afrique, appartenant à la Marmorique, selon Ptolemée. Ce nom est écrit sans *r* dans le périple de Scyllax (Αντίπυγος) *Antipygus*.

ANTIQUARIA. *Voyez* ANTICARIA.

ANTI-RHODOS, *ou* ANTI-RHODUS, petite île située dans l'intérieur du port de la ville d'Alexandrie, en Egypte, au sud-ouest du promontoire Lochias. Elle avoit un port assez fréquenté pour qu'on lui eût donné le nom de l'émule de Rhodes, ou d'*Anti-Rhodos*. Antoine au désespoir, & se voyant abandonné & trahi après la bataille d'Actium, avoit résolu d'y vivre retiré. Il y fit élever une jetée; &, sur cette jetée, il fit construire une habitation que les auteurs Grecs nomment palais (δίαιταν βασιλικήν,) ou *demeure royale*. Il se proposoit l'exemple de Timon le Mysanthrope, & vouloit y vivre loin de tout commerce des hommes; aussi appelloit-il cette habitation son *Timonium*. On sait que son fol amour pour Cléopâtre empêcha l'effet de cette résolution, qui, dans la position où se trouvoit ce prince, étoit elle-même une folie.

ANTIRRHIUM, promontoire de la Locride, qui s'avançoit du nord au sud, resserroit l'entrée du golfe de Corinthe, & prenoit son nom du promontoire *Rhium*, en face duquel il étoit. Ce lieu avoit aussi le nom de *Rhium Moyvrium*, ou de Rhium de *Molyvria*, à cause de la ville de ce nom qui s'y trouvoit. (Strab. *liv. 8*, *p. 536*; & *liv. 9*, *p. 427*.

ANTISARA. En nommant ce lieu, Etienne de Bysance dit qu'il étoit un lieu maritime des Datins (ἐπίνεων Δατίνων), mais comme on ne connoît pas ce peuple, on conjecture qu'il faut lire Δατηνῶν, des Dateniens, parce que l'on connoît la ville de *Daton* en Thrace, laquelle porta depuis le nom de *Philippi*.

ANTISSA. Ce petit lieu, au rapport de Strabon, avoit d'abord été une petite île tout près de l'île de *Lesbos*, qui portoit alors le nom d'*Issa*, d'où étoit venu à l'île le nom d'*opposé à Issa*, ou *Antissa*. Elle fut ensuite réunie à la grande île par les sables : il paroît qu'une ville a ensuite porté ce nom. Eusthate en parle dans ses *Commentaires* sur le troisième livre de l'Odyssée.

ANTISTIANÆ, ville de l'Espagne citérieure, entre Barcelone & Tarragone, selon l'Itinéraire d'Antonin.

ANTITAURUS, c'étoit une chaine de montagnes, moins considérable que le Taurus, mais plus au nord, allant du sud-ouest au nord-est, dans la Cappadoce, & fermant par le nord-ouest le lit du *Sarus*, depuis le nord de *Comana* jusqu'à l'endroit appellé *Pylæ* ou portes, & par lequel ce fleuve entroit en Cilicie.

ANTIVESTÆUM PROMONTORIUM, appelé aussi *Promontorium Bolerium* (Lands End), promontoire que Ptolemée indique au sud-ouest de l'île d'Albion. M. d'Anville a suivi le sentiment, ou du moins s'est rencontré avec celui d'Ortelius; & j'adopte la même opinion.

ANTIUM, (*Capo d'Anzo*) ville de l'Italie, sur un rocher, au bord de la mer, mais sans port, (Ἀλίμενος) & précisément au sud de Rome. Elle appartenoit aux Volsques, avant d'être aux Romains, & fut long-temps leur plus forte place. Elle étoit éloignée d'Ostie, selon Strabon, de 260 stades.

Denys d'Halicarnasse, d'après Démagoras, rapporte qu'elle devoit sa fondation à un fils de Circé : d'autres prétendoient que c'étoit à Ascagne. Les Romains, sous la conduite de Numilius, s'emparèrent d'Antium l'an de Rome 284; &, vers l'an 286, ils y envoyèrent une colonie. Il y en eut même une autre depuis ; c'étoit là, selon Strabon, (*liv. 5*) que les Romains, qui étoient les plus occupés des affaires de l'État, venoient prendre les agrémens de la campagne, sans s'éloigner de leurs rapports avec la ville ; elle étoit ornée de fort beaux édifices. Quoique cette ville n'eût point de port, c'est-à-dire, de lieu commode pour retirer des bâtimens, les vaisseaux cependant y abordoient. On voit, par Valère-Maxime, que le serpent apporté d'Epidaure, par les ambassadeurs romains, l'an 462, alla s'y loger dans un temple d'Esculape. Il y avoit aussi un temple de la Fortune.

Néron & Caligula étoient nés dans cette ville. Sous le règne du premier de ces princes, elle fut assignée comme lieu de retraite aux soldats vétérans. Suétone rapporte que Caligula se proposoit d'y aller vivre lorsqu'il auroit fait égorger les principaux personnages de Rome. Les bâtimens des Antiates se retiroient à *Cœno*, petit port situé à l'est, au fond d'une espèce d'anse. Leur marine, jointe à celle des Tyrrhéniens, s'étoit rendue redoutable par ses pyrateries.

Dans les siècles chrétiens, Antium devint le siège d'un évêché. Il n'en reste maintenant que l'emplacement & le souvenir.

ANTIXENI, peuples de l'Inde, selon Pline, qui les indique dans des montagnes au-delà de l'Indus.

ANTOBROGES, mot corrompu par NITIOBRIGES.

ANTONA, rivière de la *Britannia* ou Grande-Bretagne, dont il est parlé dans Tacite. Ce fut entre cette rivière & la *Sabrina* (la Saverne) que Publius Ostorius enferma les ennemis après les avoir vaincus.

ANTONIA, ou AUTONIA, ville du territoire des Brutiens, selon Appien.

ANTONIA. Les empereurs Sévère & Antonin avoient donné ce nom à la ville de Bysance.

N. B. Quelques autres villes l'ont aussi porté, ainsi que le nom d'*Antoninia* : on le verra à leurs articles.

ANTONIA. Cette tour, qui étoit à Jérusalem, près du temple, avoit été fondée par Hyrcan, sur une hauteur escarpée. Elle étoit si élevée, qu'elle commandoit au temple, comme le temple commandoit à la ville. Hérode en fit une véritable forteresse, & lui donna le nom d'*Antonia* en l'honneur de Marc-Antoine son ami. Il y avoit une arcade qui établissoit une communication entre cette tour & le temple. Lorsque les Romains furent en possession du pays, ils tinrent assez habituellement une garnison dans cette tour.

ANTONINUPOLIS, ville d'Asie, sur le Tigre. Cette ville, qui n'est connue que par Ammien Marcellin, a été un objet de discussion pour les Géographes. Cet auteur s'exprime ainsi : « Constantius n'étant encore que César, fit bâtir une ville nommée *Antoninupolis*, qu'il fortifia de remparts & de tours ; il en fit un arsenal où se gardoient les machines dont on se servoit pour les sièges ; & l'ayant rendue formidable aux ennemis, *il lui donna son nom*. Du côté du nord, elle est arrosée par le Tigre, qui, en cet endroit, fait un coude, peu après être sorti de dessous terre, où il se cache dans une certaine étendue ; au nord, elle est voisine du ruisseau *Nymphcus*, & ombragée par le sommet du Taurus, qui sépare l'Arménie d'avec les peuples d'au-delà du Tigre ; au couchant, elle touche à la Gumathène, contrée fertile & bien cultivée. Tout cela seroit aisé à entendre, si l'auteur, en disant que Constantius lui donna son nom, ne la nommoit pas *Antoninupolis*. On peut croire, il est vrai, qu'il rebâtit cette ville, & que le nom qu'il lui imposa, ne fut pas adopté par les peuples. Il y a plusieurs exemples de ce genre, même dans l'histoire moderne. Quant à sa position, je ne crois pas, avec la Martinière, qu'elle soit la même que la ville appellée *Martyropolis* ; celle-ci n'étoit pas sur le Tigre.

ANTONIOPOLITÆ, nation que Pline indique avoir existé en Lydie, auprès du Méandre.

ANTRACA, ville de l'Hispanie Tarragonoise, dans le territoire des *Vaccei*, selon Ptolemée ; long. 10 deg. 6 min. ; latit. 43 deg. 15 min.

ANTRON, ville de la Grèce, appartenant à la partie de la Thessalie, que l'on appelloit *Phtiotis*. Elle se trouvoit à l'entrée du golfe *Pelasgicus*, sur la côte septentrionale d'une petite avance qui est terminée par un promontoire que l'on a nommé *Apheta* & *Posidium*. Elle étoit en réputation de fournir des ânes d'une grande taille ; de-là l'épithète d'*âne d'Antrone*, donnée quelquefois à des hommes dont l'esprit ne répondoit pas à la belle stature. Il y avoit aussi un château appellé l'*âne d'Antron*.

Quoique fort ancienne, elle existoit encore au temps des Romains. Dans la guerre contre Persée, le consul P. Licinius (l'an 171 avant l'ère vulgaire) reçut cette ville en composition.

ANTRON. A propos d'un évêque d'Antron, dont parle Socrate dans son *Histoire Ecclésiastique*, le P. Charles de S. Paul dit qu'il y avoit une ville de ce nom dans l'île de Samonthrace, & cite Ovide, dans lequel ce nom ne se trouve pas. Cédrène parle aussi d'*Antron* comme d'une île dans laquelle l'empereur Léon s'occupa d'études & de sciences.

N. B. Suidas dit *Antrones*, & Pomponius Mela dit *Antronia*, en nommant *Antron* de Thessalie ; mais ces différences sont légères.

ANTROS INSULA. Cette île, qui n'est connue que par Méla, étoit, selon lui, à l'embouchure de la *Garumna*. Cette indication, regardée comme fausse par M. de Valois, qui veut que l'île d'Andrus soit dans la Loire, a été cependant adoptée généralement d'après un auteur connu par son exactitude ; mais quelques auteurs ont pensé que cette île devoit être le terrein ou rocher sur lequel est aujourd'hui la tour de Cordouan. Comme cet emplacement est peu considérable, M. d'Anville dit que l'île d'Andros se trouvoit à la droite de l'embouchure de la Garonne ; & occupoit une pointe de terre, réunie au continent, par le changement qu'a éprouvé le lit de la rivière. Il remarque que cette portion de terre ne tient au continent de Médoc que par une espèce d'isthme qui est en grande partie couverte par les hautes marées. Pomponius parle aussi de l'effet des marées sur cette île. C'est une raison pour ne point admettre le sentiment de M. de Valois, qui croit reconnoître *Antros* dans l'île d'*Antrum*, nommée par l'auteur de la *Vie de S. Hermeland*. Cette île, actuellement jointe au continent, se trouvoit à dix lieues de l'embouchure de la Loire. On appelle ce terrein *la basse Aindre*, entre Nantes & Coneron.

ANTUNNACUM, (*Andernach*) sur le Rhin, vers le nord-ouest de *Confluentes*. C'étoit un des postes les plus importans des frontières du Rhin, & le Général de la Germanie supérieure, établi à Mayence, étendoit jusques-là son commandement. C'est en altérant ce mot que l'on a dit, dans le moyen âge, *Anternacum*, *Andernacum* & *Andernach*.

ANUA, ville de la Palestine, dont il est parlé dans Eusèbe & dans S. Jérôme. Elle étoit dans la tribu de Zabulon.

ANUA, ville ou village de la Palestine, dont il est aussi parlé dans Eusèbe & dans S. Jérôme. Elle étoit dans la tribu d'Ephraïm, sur les frontières de celle de Benjamin.

ANUAT, ville de l'île de Taprobane, selon Ptolemée.

ANUBINGARA, le même géographe met une ville de ce nom dans la même île.

ANUCHTA, ville de l'Asie, dans la Susiane, selon le même auteur.

ANUMETA, contrée d'Afrique, sur le Nil, si l'on en croit Césaire.

ANUNEA. *Voyez* HANUNEA.

ANUROGRAMMI, peuple de l'île de Taprobane, selon Ptolemée.

ANUROGRAMMUM, nom d'une ville, qui étoit située dans l'île de Taprobane, selon Ptolemée.

ANXA, nom que les Romains avoient donné à *Callipolis*, de l'Iapygie, située sur le golfe de Tarente. *Voyez* CALLIPOLIS.

ANXANI, peuples de l'Italie, habitant la ville & le territoire d'*Anxanum* : on les surnommoit *Frentani*, parce qu'ils étoient compris dans l'étendue de pays que possédoient ces derniers. C'est à-peu-près tout ce que l'on en sait.

ANXANTIA. Cluvier, qui place une ville de ce nom chez les Marses, a sans doute voulu indiquer *Anxanum*, qui appartenoit aux Marses, en ce que les *Anxani* faisoient partie de ce peuple, & avoient, avec les Marses proprement dits, une origine commune.

ANXANUM, (*Lanciano* ou *Anciano*) ville peu considérable de l'Italie, capitale du peuple *Frentani*.

Elle étoit dans le *Latium*, & située près de l'embouchure du *Sagrus*.

ANXIA, (*Anzi*) ville d'Italie, dans la partie de la grande Grèce que l'on nommoit *Lucania* : elle étoit entre *Opimum* au nord, & *Grumentum* au sud.

ANXUR, étoit le nom Volsque de la ville que les Grecs & les Latins appelloient *Tarracina*. Elle étoit au fond d'un petit golfe, à l'est du promontoire de Circée. C'est pour faire allusion à sa position sur une montagne, que Martial a dit *superbus Anxur*. Elle étoit située sur des roches blanches, & se faisoit, dit Horace, appercevoir de très-loin en mer. Les Romains s'en emparèrent à la suite de leurs victoires sur les Volsques. Peut-être fut-ce alors qu'ils adoptèrent le nom que les Grecs avoient donné à cette ville, à cause de sa position ; car *Tarracina* vient du grec τραχινη, terrein montueux. Dans la suite, on construisit à mi-côte, & la ville s'étendit vers le bas de la montagne. Mais on voit encore des traces qui prouvent qu'une voie romaine y conduisoit, lors même qu'elle étoit sur la hauteur. On en voit encore des restes magnifiques. Servius croit que le nom d'*Anxur* lui fut donné, & que l'on y honoroit un Jupiter Ἄξυρον, c'est-à-dire, sans barbe ; mais si nous savions la langue des Volsques, nous trouverions probablement une autre étymologie, ce nom devant avoir précédé la statue ; c'étoit à trois milles d'*Anxur* que se trouvoient un bois de la déesse & des eaux consacrées à la déesse Féronia, & dont Horace parle, *L. 1, Sat. 3*.

ANYDROS, le P. Hardouin écrit *Anhydros*, en faisant venir ce nom d'Ἄνυδρος, *sans eau*. Cette île, selon Pline, étoit voisine de l'Ionie. Le P. Hardouin ajoute que l'eau y manquoit.

ANYGATH, lieu de l'intérieur de l'Afrique, au-dessous du Niger ; Ptolemée l'indique au 20e degré 30 min. de long. ; latit. 14 degrés.

ANYM, *ou* ANIM, ville de la Palestine, que Josué indique dans la tribu de Juda. Dom Calmet soupçonne que c'est la même qu'*Anam* ou *Anem*.

ANYSIS, ville d'Egypte, dont parlent Hérodote & Etienne de Bysance. Sa situation est inconnue. M. Larcher croit que c'est la ville dont il est parlé dans Isaïe, sous le nom d'Hanès.

ANYTHINES, rivière qui tomboit dans la mer de l'Inde. (*Voy.* la Martinière).

ANZABAS, rivière de l'Asie, & qui, au rapport d'Ammien Marcellin, étoit peu éloignée du Tigre. On pense que c'étoit la même que l'*Adiaba*, qui est plus ordinairement nommé *Zabus*.

ANZETA, ville de la grande Arménie, selon Ptolemée, peut-être la même qu'*Anzita*.

ANZETENA, *ou* ANZITENA, contrée de l'Arménie, selon le même géographe.

ANZITA, ville de l'Asie, qui étoit située sur une petite rivière, près & à l'orient de l'Euphrate, vers le 38e deg. 30 min. de latitude.

A O

AOBRIGA, que l'on écrit aussi *Aobrica*, ville de l'Hispanie. Ce nom qui se conclut d'une inscription que cite Cellarius, est celui de la ville *Abobrica* ou *Abobriga*.

AOBRIGENSES, peuple de l'Hispanie, nommé dans une ancienne inscription. Si la conjecture de Cluvier, qui pense que ce sont les habitans d'*Adobriga*, doit être admise, il me semble qu'il faudroit, dans ce cas, lire *Adobrigenses*.

AONÆ, les Aones, *ou*, comme l'écrit M. l'abbé Gedoyn, les Aoniens, étoient un peuple de la Béotie, lequel, conjointement avec les Hyantes, succéda aux Ectènes. A l'arrivée de Cadmus, selon Pausanias, les Hyantes prirent les armes pour s'opposer à son établissement ; mais les Aones se soumirent ; &, ayant été incorporés avec les Phéniciens de la suite de Cadmus, ils ne firent plus, dans la suite, qu'un même peuple avec eux, & gardèrent les habitations qu'ils avoient dans le pays. (Pauf. *in Beot. c. 5*).

Ils avoient donné leur nom à l'*Aonia*. Strabon en parle aussi comme s'étant répandu dans la Béotie, occupée auparavant par des barbares. Pausanias ne nous en apprend guère davantage, en disant qu'une peste ayant dépeuplé le territoire de Thèbes, les *Hyantes* & les *Aones* s'y établirent ; mais, au lieu de les regarder comme des étrangers, il les croit de la Béotie même ; dans ce cas, les *Aones* n'eussent été qu'une espèce de grande tribu. Il ajoute qu'après la défaite des Hyantes, Cadmus accorda aux Aones la permission de s'allier & d'habiter avec les Phéniciens qu'il avoit amenés. Quelques auteurs ont donné les Aones pour un peuple barbare qui étoit venu s'établir en Béotie. Il résulte de ces différentes opinions, que les Aones sont un peuple ancien dont on ignore l'origine, mais qui n'a été connu que dans la Béotie, sans que l'on puisse lui assigner un canton particulier dans le pays de ce nom.

AONIA. Il paroît que ce nom a été plutôt celui de toute la Béotie, dans un temps très-reculé, que celui d'un canton particulier ; aussi les poëtes ont-ils employé le premier de ces noms au lieu du second.

AORNA, ville de l'Inde, selon Quinte-Curce, *l. 8, nº 11*, qui passoit pour imprenable. Les habitans prétendoient qu'Hercule avoit été obligé d'en lever le siège. Cette tradition augmenta l'envie qu'Alexandre avoit de la prendre. Selon Diodore de Sicile, les Macédoniens l'attaquèrent avec la plus grande vigueur ; & les Indiens, pour ne pas s'exposer à être pris de force, profitèrent d'une nuit pour s'échapper.

AORNIS, terre voisine du mont *Enuedus*, en Asie, selon Denys le Périégète.

AORNUS, ville de la Bactriane, & qui doit avoir été située à l'est de *Bactra*.

AORNUS. Arrien, qui nous fait connoître la ville précédente, parle aussi d'une roche de même nom, près de *Nisa*, ville du *Paropamisus*. Selon Philostrate, cette roche avoit 15 stades d'étendue, & formoit une espèce de citadelle. Strabon, en effet, dit qu'Alexandre l'ayant prise dès le premier assaut, on imagina, pour lui faire honneur, qu'elle avoit été attaquée inutilement par Hercule ; mais, selon cet auteur, *Aornus* ou *Aornos* étoit près de l'Indus ; ce qui l'éloigne à l'est de *Mysa*. Le fleuve le plus près de cette dernière ville étoit le Choès. Les auteurs n'auroient-ils pas fait deux *Aornus* d'un seul lieu de ce nom ?

N. B. Outre ces deux villes du nom d'*Aornus*, dont

j'ignore l'étymologie, les Grecs nous en ont fait connoître plusieurs autres, qui viennent de l'*a* privatif & d'ὄρνος, *oiseau*; dans ce cas, il signifie *sans oiseau*, & paroît avoir été donné à des endroits d'où les oiseaux étoient éloignés par quelque vapeur méphytique. Ce mot, que les Latins ont voulu rendre avec l'aspiration grecque, a été écrit dans leur langue *Avernus*. Au reste, voici les principaux *Aornus* où il est question d'oiseau dans les auteurs.

AORNUS, *ou* AORNOS, lieu de l'Epire, d'où, selon Pline, il s'élevoit une exhalaison mortelle pour les oiseaux, le même sans doute que celui de la Thesprotide.

AORNUS. Selon Athénée, qui cite Philostephanus, il y avoit un fleuve à *Pheneos* qui portoit ce nom. Il suppose bien gratuitement, ce me semble, que ce fleuve nourrissoit des poissons qui faisoient entendre une espèce de gémissement semblable à celui de la tourterelle.

AORNUS, lieu de la Thesprotide, selon Pausanias, qui dit que l'on y évoquoit les morts pour prédire l'avenir. Selon lui, Orphée ayant perdu sa femme Eurydice, alla en Thesprotie, au lieu *Aornos*; il s'y tua, ajoute-t-il, de douleur de voir qu'il s'étoit flatté inutilement de la retirer des enfers. Si en effet il y a eu quelque lieu en Thesprotie où les vapeurs aient donné la mort aux oiseaux par un effet semblable à celui du lac Averne, (*voy.* AVERNUS), il n'en a pas fallu davantage pour faire croire que ce lieu communiquoit avec les enfers. Ce lieu, dont parle Pausanias, pouvoit bien être le même que celui dont parle Pline.

AORSI, peuples qui habitoient sur les bords du Tanaïs, selon Strabon. Il ajoute que ces peuples s'étendent depuis le Tanaïs, fort en avant, le long du bord septentrional de la mer Caspienne, & qu'ils commercent en or & en autres marchandises de l'Inde & de Babylone, que les Mèdes & les Arméniens leur transportent sur des chameaux. C'étoient des peuples étrangers à ces contrées; ils avoient été chassés de leur pays natal, où ils avoient des rois particuliers, alliés du roi de Pont. Spidanes, roi des Aorsiens, fournissoit un corps de troupes auxiliaires à Mithridate & à Pharnace.

AORUS, *ou* AOROS, (Αωρος) ville de l'île de Crète, qui, selon Etienne de Bysance, au mot Ελευφερὰι, avoit pris ce nom de la nymphe *Aora*; il ajoute qu'elle porta aussi le nom d'*Eleuthera*, d'après Eleuthère, l'un des Curètes.

AOUS, rivière que l'on a attribuée à l'île de Cypre.

AOUS. La rivière d'*Æas*, qui, prenant sa source au sud-est, venoit se rendre à l'ouest dans la mer d'Ionie, un peu au-delà d'*Apollonia*, est quelquefois nommée *Aous*.

A P

APADNA, *ou* APATDA, ville que l'on a attribuée à la Mésopotamie. Le P. Labbe n'en fait aucune mention dans l'édition qu'il a donnée de la *Notice de l'Empire*; & Ortélius croit que c'est la même ville que l'une de celles que Ptolemée nomme *Aph phadana*. Rien donc de si incertain que l'existence de cette *Apadna*.

APADNAS. C'est ainsi que Procope nomme une place de l'Isaurie, dans laquelle il dit que Justinien éleva un monastère.

APADNU. On trouve ce nom dans le prophète Daniel, & il paroît être celui d'un lieu; mais il n'est pas prouvé cependant qu'il y ait eu un de ce nom, ou que par *Apadnu* il ne faille pas entendre la Mésopotamie. La Martinière a rassemblé bien des opinions sur ce sujet.

APÆSANTUS MONS, montagne du Péloponèse, dans l'Argolide. Plutarque la nomme, dans son *Traité des Fleuves*, à l'article *Inachus*. Ce fleuve, dit-il, étoit d'abord nommé *Selenæus*; il eut ensuite celui d'un berger nommé *Apæsantus*, déchiré en ce lieu par un lion.

APÆSUS, ville de l'Asie, dans la Dardanie. C'est ainsi que l'on trouve son nom dans Homère. Les auteurs la nomment *Pæsus*; & c'est ainsi que ce nom est écrit sur les cartes de M. d'Anville: à la destruction de cette ville, ses habitans se retirèrent à Lampsaque.

APAIS, ville citée par Hesychius.

APAITÆ, nom d'un peuple de l'Asie mineure, au-dessus de Trébisonde. Il avoit porté d'abord, selon Strabon, le nom de *Cereitæ*; Pline écrit *Cercetæ*, & Scylax, *Cercestæ*.

APAMARIS, ville de l'Asie, dans la Mésopotamie. Elle étoit située sur le bord de l'Euphrate, à l'occident de Nicephorium, vers le 36e degré 55 minutes de latitude.

APAMEA, (*Hama*) APAMÉE, ville de la Syrie, sur l'Oronte, à 26 lieues environ au sud d'Antioche, & au nord-ouest d'Epiphania, presque entourée des eaux d'un petit lac que formoient l'Oronte & le Marsias. Avant d'être appellée *Apamée*, elle fut d'abord nommée *Pharnasca*, & n'étoit qu'un village. Les Macédoniens lui donnèrent le nom de *Pella*. Comme elle étoit en grande partie entourée d'eau, on la nomma aussi *Chersonesus*. Selon Strabon, elle fut fondée par Seleucus Nicanor. Apamée eut ensuite des rois particuliers, jusqu'à l'arrivée de Pompée en Syrie. Alors tout le pays fut réduit en province romaine. Son territoire étoit très-fertile: Seleucus y faisoit nourrir 500 éléphans. Ce fut dans une plaine du territoire d'Apamée que se donna la fameuse bataille entre Zénobie, reine de Palmyre, & l'empereur Aurélien. Cette ville devint évêché, & a donné des martyrs à l'Eglise; elle subsiste encore, mais bien déchue de son ancien état.

APAMEA, ville de l'Asie mineure, dans la Bithinie. Son premier nom étoit MYRCEA. *Voyez ce mot*.

APAMEA CIBOTOS (*Aphiom Kara-Hisar*), ville

de l'Asie mineure, dans la Phrygie, sur le Marsyas, à son confluent, dans le Méandre, au nord de *Sagalassus*, & à l'ouest d'*Antiochia ad Pisidiam*. Tout près, à l'est, avoit été la ville de *Celènes*. Selon Pline, *Apamea* ou Apamée, étoit située au pied du mont *Signia*, & étoit arrosée par le *Marsias*, l'*Obrima* & l'*Orga*; ces trois rivières se rendoient dans le Méandre. Elle avoit pris son second nom d'Apamée, mère d'Antiochus *Soter*, & femme d'Antiochus *Nicator*; elle devint très-considérable par son commerce, & prit le surnom de *Cibotos*, de *Coffre* ou Magasin, de ce qu'elle étoit comme l'entrepôt des marchandises qui se commerçoient dans l'Asie mineure. Les Anciens s'accordent à lui donner la première place après Ephèse. Son nom moderne signifie *Château noir de l'Opium*, parce que l'on en recueille dans ses environs.

Apamea, ville de la Médie, ou du moins de la partie de la Médie, qui a été possédée par les Parthes; car Strabon la place en Parthie & en Médie. Selon cet auteur, elle n'étoit pas loin de *Ragæ*.

Apamea Mesene, ville de l'Asie, dans la Mésopotamie, au sud-est sur le Tigre. Pour avoir une juste idée de la position de cette ville, telle que l'a heureusement conçue M. d'Anville, 1°. il faut se représenter le Tigre venant par le nord-ouest, puis tournant au sud; 2°. une grande muraille, commençant au sud, à quelque distance d'Apamée, à la rive droite du Tigre, & s'étendant par une ligne un peu circulaire jusqu'à l'Euphrate à l'ouest; 3°. enfin, un canal qui venoit d'*Apamea* par le sud-ouest jusqu'à la muraille. La ville se trouvoit bâtie sur le bord du Tigre, dans l'espace de terre que laissoit le canal entre lui & le fleuve; de-là l'épithète de *Mesène*, parce qu'elle étoit au milieu de ce terrein appellé aujourd'hui *Didgel*. La Martinière pense que c'est cette ville que nomme Ptolemée, qu'il indique au sud de *Seleucia*; il est très-probable qu'il parloit d'une autre qui étoit bien plus au sud, & que Pline nomme *Digba*.

Apamea (*Koma*), ville située au confluent du Tigre & de l'Euphrate, ou au sud de la précédente, & que nous fait connoître Ptolemée.

N. B. La Martinière, qui n'a pas fait un article de cette dernière, en quoi il a tort ce me semble, en fait un d'une autre Apamée, qu'il indique en Mésopotamie; il a eu ce tort de plus, je crois; car cette ville doit être celle dont je viens de parler au n°. 5, & qui étoit réellement entre les deux fleuves, ou la Mésopotamie.

Apamea, (*Cechemé*) ville de l'Asie, sur la rive gauche de l'Euphrate, & vis-à-vis de *Zeugma*. Isidore de Charax parle de cette ville.

APAMENA. On a donné ce nom à quelques territoires dépendans des villes appellées *Ampamée*. *Voyez* Strabon, *l. 16*, & ailleurs.

APAMIA, ville ou bourgade de la Parthie, selon Ptolemée.

Apamia, ville de l'Asie, à la jonction du Tigre & de l'Euphrate, selon Ptolemée. Elle étoit vers le 30e degré 55 min. de latit.

Apamia Mesenes, ville de l'Asie, dans la Mésopotamie, à l'angle formé par la division des bras du Tigre.

Elle prenoit ce nom de la mère d'Antiochus Soter, le premier des Séleucides.

APAMIS. Etienne de Bysance dit que la ville de *Lampsacus* avoit porté ce nom.

APAMMARIS, ville d'Asie, dans la Syrie, sur le bord de l'Euphrate, au sud-est d'*Hierapolis*. La table Théodosienne en parle comme d'une ville principale.

APANYLIE, ville d'Afrique, que le Périple de Scylax indique en Libye, vers les colonnes d'Hercule. Il la place à l'opposite de *Gades*.

Il est probable que cette ville étoit presque entourée d'eau, puisque cet auteur la place dans un fleuve, (τόλις ἐν ποτάμῳ). Scy. de Cariand. *pag. 30*.

APARI, nom que quelques interprètes substituent à *Ætare*. Ptolemée dit que c'est une ville de l'Afrique, entre le fleuve *Ampsagas* & la ville de *Thabraca*.

APARNI, peuple que Strabon place en Asie, dans le voisinage de l'Hyrcanie, sur les bords de la mer Caspienne.

APARTHENI, peuple que Pline indique en Sarmatie, vers le Palus Méotis.

APARYTÆ, les Aparytes. Il en est parlé dans Hérodote, *l. 3, 96*. C'est de cet auteur que nous apprenons que les Aparytes faisoient partie de la Satrapie, dans laquelle étoient compris les Sattagydes, les Gandariens & les Dadices. Ils payoient au roi de Perse 300 talens. On ne sait où les placer.

APATÆI, nom que quelques interprètes croient devoir substituer à celui de *Napathæi*, que Ptolemée emploie pour désigner un peuple de l'Arabie heureuse.

APATUROS & Apadurum, lieu de la presqu'île *Corocondama*. Voyez *ce mot*. Pline dit qu'il étoit presque désert, & qu'il tiroit son nom d'Απατουρος; c'est que Vénus étoit révérée dans un temple élevé en ce lieu, sous l'épithète de *Trompeuse*, parce qu'elle avoit usé d'adresse pour tuer les géans. Ptolemée indique *Apaturos*, non sur le Bosphore Cimmérien, mais sur le Palus-Méotis, c'est-à-dire, un peu plus à l'est.

Dans la traduction publiée avec le texte, en 1605, on lit *Apaturgus*.

APAVARETICA. Le texte d'Isidore de Charax, imprimé dans les *Petits Géographes*, porte *Apabaretica*; mais c'est un léger changement de υ en β; on doit lire Απαυαρηκη. M. d'Anville a placé cette ville sur sa carte dans la Parthienne. C'étoit la capitale de la contrée appellée *Apavacticena*, ou *Apavortena*.

APAVARCTICENA. *Voyez* Apavortena.

APAVORTENA, & (selon Isidore de Charax) *Apavorticena*,

Apavorticena, contrée d'Asie, à l'est de la mer Caspienne, dans la Parthienne. C'étoit en ce pays, selon Pline, qu'étoit un canton appellé *Dareium*, dont il vante la fertilité.

APEAUROS, montagne du Péloponèse, selon Pline. Elle s'étendoit à dix stades de la ville de Stymphalies.

APEI, nom que quelques interprètes de Ptolemée écrivent à la place de *Sapæi*. C'étoit un peuple de l'Ethiopie, sous l'Egypte.

APELBUSA, nom d'une île de l'Asie. Elle étoit adjacente à la Pamphylie, selon Ptolemée.

APELIOTIS, lieu de l'Egypte, où, selon Ruffin, dans son *Histoire Ecclésiastique*, Scipion, Hélie & Paul ont demeuré.

APELLÆI, peuple que Pline indique comme ayant existé autrefois entre les Scythes, mais qui ne subsistoit plus de son temps.

APENESTÆ, ville de la *Daunia*, dans la Grande Grèce: elle est connue par Ptolemée. M. d'Anville l'a placée sur le bord de la mer, tout-à-fait à l'est de la presqu'île qui forme ce que l'on appelle le *Talon* de l'Italie, & qui est en partie l'extension du mont *Garganus*.

APENNINUS MONS, ou le mont *Apennin*. Ce nom, que les Anciens ont donné à cette longue chaîne de montagnes, qui parcourt l'Italie dans sa longueur, avoit une origine Celtique qui leur étoit inconnue. Il vient du mot *Pen*, qui est Celtique, & signifioit au propre *Tête*; puis, ce qui est élevé, la partie dominante des montagnes. Les Espagnols l'ont encore dans leur Langue, pour désigner une montagne qui s'élève à pic.

Il est inutile de rapporter ici les différentes opinions des Anciens, sur l'étendue, la hauteur, &c. de ces montagnes. On doit chercher à les juger par leur état actuel, qui appartient à la Géographie physique de l'Italie. Lucain en a fait une description poétique fort belle, & parle en même temps des principales rivières qui y ont leurs sources. L'Apennin s'étend dans la longueur de l'Italie, depuis les montagnes de Gènes, avec lesquelles il communique, jusqu'à l'extrémité de la Calabre; dans toute cette étendue, il domine à égale distance à-peu-près des deux côtes: les eaux qu'il renferme vont se jetter, les unes dans le golfe Adriatique, les autres dans la Méditerranée. C'est à tort que presque tous les Géographes ont fait courir une branche de l'Apennin, jusqu'à l'extrémité de l'Iapygie. Il n'y a pas de montagne dans cette partie. Seulement toute la masse du terrein s'y élève au-dessus du niveau de la mer, par une pente fort douce en avant, jusqu'au promontoire de Leucas.

APERÆ, ancienne ville de la Lycie: elle devint dans la suite ville épiscopale.

APERANTES, peuple que nomme Plutarque, & qui doit avoir habité la contrée que quelques auteurs nomment *Aperantia*. Etienne de Bysance ne doit pas être cru lorsqu'il en fait une ville. Comme Plutarque nomme en même temps les Dolopes, les Magnésiens, les Athamantes, on peut croire que les Aperantes étoient en Thessalie; ou du moins très-près de cette province.

APERANTIA. C'est ainsi que M. d'Anville nomme celle des divisions de la Thessalie, qui étoit située au sud-ouest. C'est un pays de montagnes; l'Acheloüs y avoit sa source.

APERETHOS, ville d'Arcadie, selon Ortelius.

APEROPIA, petite île de la mer Egée, en face du promontoire de Buporthmos, en Argolide. Elle est aussi nommée par Pline.

APESANTUS, selon Pline, selon Pausanias & Etienne de Bysance, &c. la même que la montagne suivante.

APESAS, montagne du Péloponèse, dans le territoire de Nemée. Selon Etienne de Bysance, les sentimens étoient partagés sur l'origine de ce nom. Selon quelques-uns, il venoit d'un ancien héros; selon d'autres, de ce que c'étoit sur cette montagne qu'avoit été *envoyé* (1) le lion, qui, après avoir été nourri dans la Lune, fut envoyé par Junon contre Hercule. Ce fut sur cette montagne que Persée offrit, pour la première fois, un sacrifice à Jupiter *Apesantius*. Quelques auteurs disent que cette montagne porta aussi le nom de *Stéleneus*.

Plutarque, dans son *Traité des Fleuves*, écrit *Apæsantus*.

APETNA, ville de la Bétique, selon Strabon, qui l'indique près de *Corduba*.

APHACA, lieu que les Historiens ont indiqué en Syrie, entre Héliopolis & Biblos, dans les montagnes du Liban. Avant d'entrer dans quelques détails sur ce lieu, qui a été un objet de superstition pour l'antiquité, & de scandale pour les premiers chrétiens, je vais rapporter en quelques mots ce que les uns & les autres en ont dit.

Il y a, dit Zozime, entre Héliopolis & Biblos, un lieu nommé *Apaca* (ou *Aphaca*) où se voit un temple dédié à Vénus l'*Afacitide*. Proche de ce temple, est un lac fait en forme de citerne. Toutes les fois que l'on s'assemble dans ce temple, on voit aux environs, dans l'air, des globes de feu.... Ceux qui y vont, portent à la déesse des présens en or & en argent, en étoffes de lin, de soie, & d'autres matières précieuses, & les mettent sur le lac; quand ils sont agréables à la déesse, ils vont au fond, & cela arrive aux étoffes les plus légères; & s'ils lui déplaisent, ils surnagent.

Sozomène, en parlant de la destruction de ce temple, dit, entre autres choses, qu'à certains jours, on y voyoit un feu semblable à celui d'une étoile, qui, passant au-dessus de la cime du Liban, alloit se précipiter dans le lac.

(1) Il faut entendre le grec pour sentir le rapport qu'il y a entre ce mot & le nom d'*Apesas*.

Eusèbe, dont le zèle a quelquefois de l'emportement & peu de lumières, dit que c'étoit un bois & un temple consacrés en l'honneur d'un infame démon, sous le nom de Vénus, non dans une place publique, non pour servir d'ornement à une grande ville; mais à *Aphaca*, dans un endroit fort désert du mont Liban. On y tenoit, ajoute-t-il, une école ouverte d'impudicité. Il y avoit des hommes qui, renonçant à la dignité de leur sexe, s'y prostituoient comme des femmes, & croyoient se rendre la divinité propice par cette infamie. C'étoit un lieu privilégié pour commettre impunément l'adultère & d'autres abominations. Constantin détruisit ce culte infame, fit démolir le temple & briser les statues.

L'auteur de l'*Etymologicum Magnum*, dit qu'*Aphaca* est syrien, & signifie un *baiser*. M. de Villoison, dans une lettre que M. Larcher a fait imprimer en note, à la page 14 de son savant *Mémoire sur Vénus*, confirme ce sentiment, en prouvant que dans la version syriaque de l'écriture, il se trouve en différens endroits avec cette signification : je ne nie pas, à beaucoup près, cette interprétation; mais je ne pense pas, avec l'auteur de l'*Etymologicon*, que le nom d'*Aphaca* ait été donné à ce lieu, parce que ce fut en ce lieu que Vénus donna à Adonis le premier & le dernier embrassement. Il suffisoit, pour lui élever un temple, avec ce nom, de la considérer alors comme *Déesse des embrassemens*, c'est-à-dire, de la passion qui les inspire, & des suites qu'ils ont dans l'ordre physique des reproductions.

Quant aux feux que l'on y appercevoit, puisqu'il y avoit un lac, les nouvelles découvertes sur l'air inflammable des marais nous donnent une explication bien naturelle de ce phénomène, qui se répète tous les jours en Italie. C'étoit de l'air inflammable qui s'enflammoit en s'élevant. Je ne dirai rien des prostitutions dont parle Eusèbe : on ne peut nier que les hommes n'aient en Grèce & en Asie, ainsi qu'ailleurs, porté la dissolution au plus haut degré, & qu'ils n'aient quelquefois tâché de donner à leurs vices l'extérieur des vertus.

APHÆREMA, selon dom Calmet, l'une des trois Toparchies ajoutées à la Judée par les rois de Syrie.

APHANNÆ, contrée de la Sicile, selon Etienne de Bysance.

APHANNÆ, lieu municipal de la tribu Damartide, selon Hesychius.

APHAQUES, ville de l'Asie, près du mont Liban.

N. B. Je laisse ce nom écrit ainsi, parce qu'il se trouve désigné dans quelques dictionnaires modernes. *Voyez* l'article APHACA.

APHAR, métropole de l'Arabie heureuse, placée sur le bord de la mer, vers une baie. Elle étoit située dans la partie méridionale, se trouvant à-peu-près au nord du *Promontorium Aromatum*. Selon quelques auteurs, *Aphar* étoit la capitale des Homérites, & le roi y tenoit sa cour. La notice de l'empire fait d'*Aphar* une rivière. Ou c'est une erreur, ou il y avoit au même lieu une petite rivière du nom de la ville. On retrouve encore à-peu-près, à cette même position, dans l'Hadramhût, au fond d'un petit golfe où se rend la seule rivière un peu grande de cette contrée, un lieu nommé *Lasua*, qui pourroit bien s'être formé d'*Aphar*.

APHARA, que l'on a aussi nommée *Aphera*, selon la méthode que l'on adopte pour lire l'hébreu, étoit une ville de la Palestine, dans la tribu de Benjamin.

APHARANTES, nation de la Libye. On présume que ce mot est corrompu de celui d'*Ahantes*, parce que l'on a dit des uns & des autres qu'ils disoient des injures au soleil, & qu'on ne leur donne qu'une habitation bien vague.

APHARSATHACHEI, les Apharsathachéens. C'étoit l'un des peuples qui, transférés dans le pays de Samarie par Assaradon, roi des Assyriens, voulurent empêcher les Juifs de reconstruire le temple. Il en est parlé dans Esdras, *l. 4, c. 9.*

APHARSEI, les Apharséens. Ce peuple, qu'il ne faut pas confondre avec les Apharsathachéens, fut aussi transporté dans le pays de Samarie, par Assaradon, & s'opposa comme eux au rétablissement du temple.

APHAS, rivière de l'Europe, dans l'Epire. Il ne faut pas confondre cette rivière avec l'*Æas*, appellée aussi l'*Aöus*, qui, coulant de l'est à l'ouest, se jettoit dans la mer Ionienne. L'*Aphas*, que nous fait connoître Pline, & que M. d'Anville a nommée *Avas*, couloit du nord au sud, dans la partie orientale de l'Epire, & se jettoit dans le golfe d'Ambracia, à quelque distance à l'est de *l'Aracthus*.

APHASIUS MONS, montagne à dix stades de Chalcédoine.

APHEC, ville royale de la Judée, dans la tribu d'Issachar, selon le livre de Josué.

Le roi de cette ville est compté dans le nombre des trente-un qui furent vaincus & tués par Josué.

Au temps de Saül, les Philistins y campèrent en quittant Sunam.

Long-temps après, cette ville servit de retraite aux troupes de Bénadab, roi de Syrie.

Il est dit, au quatrième livre *des Rois*, qu'elle fut désignée à Joas, roi d'Israël, comme le lieu où il tailleroit en pièces les Syriens qui y étoient restés.

APHEC. Il est aussi parlé, dans le troisième livre *des Rois*, d'une ville d'*Aphec* en Syrie, où Bénadad vint pour attaquer les Israélites, & dans laquelle il se retira après le combat. C'est aussi là qu'Elisée parla à Joas, roi d'Israël. On pense que ce peut être l'Aphec, attribuée, dans un autre temps, à la tribu d'Aser.

APHEC, *ou* APHEQ, ville royale des Chananéens, dont il est parlé dans Josué, *ch. 12, v. 18.*

APHEC. Il est dit, dans le livre I des Rois, *c. 4*, que les Philistins, au temps du pontife Héli, vinrent camper près de cette ville. Comme ce nom ne se trouve pas ailleurs, on conjecture que c'est le même qu'*Apheca*, que Josué indique entre les villes de la tribu de Juda.

Aphec. Cette ville, qui étoit de la tribu d'Aser, a tant de rapport avec *Apheca*, que l'on croit que c'est la même.

APHECA, ville située sur les frontières du pays de Chanaan. On croit que c'est la même qu'Aphec, de la tribu d'Aser.

Apheca, ville de la tribu de Juda. On pense que ce peut être la même que la ville d'*Aphec*, où vinrent camper les Philistins, au temps d'Héli.

APHERA, ville de la Judée, dans la tribu de Benjamin, selon le livre de Josué, *ch. 18*, *v. 20.*

APHEREMA. Ce nom est celui de la ville que la Vulgate ne nomme pas (*Marc*, *11*, *34*), en annonçant trois villes & n'en faisant connoître que deux; mais on le retrouve dans le texte grec. Ces trois villes sont donc *Lyda*, *Ramatha* & *Apherema*; celle-ci est nommée la première dans le texte grec: c'étoient trois cantons de la Samarie. Ἀφαίρεμα paroît venir d'Ephraïm.

APHES DOMIN, *ou* Dommin, lieu de la Palestine, dans la tribu de Juda, entre Socho & Azecha. Les Philistins y étoient venus camper, lorsque Goliath insulta les Israélites. Ce lieu est aussi nommé *Phes Dommim*, &, dans un endroit, la Vulgate seulement *Dommim*.

APHETÆ, (*Fetio*) nom qui a donné lieu à plusieurs opinions en géographie. Hérodote, Strabon, Diodore, Plutarque, &c. en parlent; mais on conteste qu'ils en aient parlé comme d'une ville: selon plusieurs critiques & Vossius en particulier, *Apheta* étoit le nom du rivage où se trouvoit *Pegasa*. Or, cette ville étoit au fond du golfe Maliaque. Quelle qu'ait été la véritable étymologie du mot *Apheta*, comme il a rapport au mot grec *faire partir*, on prétendoit que c'étoit de ce lieu que les Argonautes téoient partis pour leur expédition en Colchide.

Ainsi donc ce lieu, selon Hérodote & Strabon, étoit sur le golfe de Magnésie; & c'est Phérécide, à ce qu'il paroît, qui rapporta le premier qu'Hercule y fut abandonné.

Mais Apollonius de Rhodes, ainsi qu'Apollodore, en disant qu'Hercule fut abandonné en Mysie, feroient adopter une autre opinion sur la position des Aphètes; ce qui prouve, selon moi, qu'il est dangereux, en géographie, de trop s'appuyer du témoignage des mythologues, c'est-à-dire, de conclure des faits certains, de récits fabuleux.

APHETERION, lieu maritime des Indes, endeçà du Gange, selon Ptolemée.

APHIDNA. *Voyez* Aphidnes.

APHIDNES. Plutarque en parle dans la vie de Thésée; Pausanias dit *Aphidna*. Ce devoit être un bourg de l'Attique; mais on n'est pas sûr de sa position, non plus que de la tribu à laquelle il appartenoit: il fut d'abord de la tribu Æantide; mais comme on l'attribue aussi à plusieurs autres tribus, on pense qu'il peut avoir passé de l'une dans l'autre en différens temps. Thésée ayant enlevé Hélène, la cacha en cet endroit; mais ayant accompagné, en Thesprotie, son ami Piritoüs, & ayant été fait prisonnier, les Lacédémoniens vinrent, sous la conduite de Castor & de Pollux, frères d'Hélène, reprendre cette princesse, & s'emparèrent d'*Aphidna*, sans qu'on leur opposât une forte résistance.

APHLE, ville de l'Asie, dans la Chaldée. Elle étoit située sur le bord du Tigre, vers les 30 deg. 15 min. de latit., dans la partie de ce fleuve qui avoisinoit le golfe Persique.

APHNEII. On nommoit ainsi, selon Strabon, ceux des Lyciens qui habitoient auprès du lac *Aphnitis*.

APHNEUM, ville de la Phrygie, près de Cyzique, selon Etienne de Bysance.

Aphneum, ville de la Lydie, selon le même auteur.

APHNI, écrit plus ordinairement *Ophni*, lieu de la tribu de Benjamin.

APHNITIS, nom d'un lac de Phrygie. Il avoit au nord la ville de *Zeleia*, & se trouvoit à quelque distance au sud de Cyzique. Etienne de Bysance dit qu'il avoit d'abord porté le nom d'*Artynia*.

APHORIDOS, bourg de la Pisidie ou de la Phrygie, mais assez près du *Sagalessus*.

APHORMION, lieu de la Béotie, dans la dépendance de *Thespiæ* ou Thespies. Etienne de Bysance dit que ce lieu avoit donné la naissance à Typhus, qui avoit présidé à la construction du navire *Argo*.

APHPHADANA, ville de l'Asie, dans la Mésopotamie, sur le bord de l'Euphrate, selon Ptolemée.

APHRA, appellé aussi Aphara, Ephron, &c. ville de la Palestine, dans l'Acrabatène, au nord-est de *Silo*, & vers le sud-ouest d'Archeloüs. Les notices la mettent entre les évêchés suffragans de *Petra*.

APHRAIM, village de la Palestine, selon Eusèbe: on lit aussi *Ephraem*. Ce lieu doit avoir appartenu à la tribu d'Issachar; mais on suppose que c'est le même qu'*Hapharaïm*, nommé dans la Vulgate.

APHRICERAUNES, peuple que Pline indique en Afrique, vers l'équateur.

APHRODISIA, selon Porphirogenète, & *Aphrodisias* selon Ptolemée, ville de Thrace, au nord de la presqu'île qui joint la Chersonèse de Thrace au continent, entre *Cardia* à l'ouest, & *Héraclea* à l'est. C'est à tort que quelques auteurs la placent sur le *Mélas*; elle en étoit à quelque distance, sur la gauche de ce fleuve.

Aphrodisia, *ou* Aphrodisias, ville qu'Etienne de Bysance place en Scythie, sur les bords du Pont-Euxin. On croit qu'elle ne devoit pas être loin de *Dionysiopolis*.

APHRODISIAS, ville de la Cilicie, selon Ptolemée. Pline la nomme ville de Vénus, ou *Veneris oppidum*; mais il dit que c'est le lieu le plus proche de l'île de Chypre. Comme M. d'Anville ne nomme pas *Aphrodisias* en Cilicie, je pense que Pline désigne le promontoire appellé sur la carte de M. d'Anville *Anemurium*.

APHRODISIAS, *ou* APHRODISIUM PROMONTORIUM, selon Pomponius-Méla, promontoire de la Carie. Je crois que c'est ce même lieu, soit ville, soit promontoire, qu'Etienne de Bysance & Porphyrogenète indiquent près de Cnide.

APHRODISIAS (*Gheira*), ville de la Carie, vers le nord-est, au confluent du *Corsinus* & du *Timclas*. Pline, en parlant des habitans de cette ville, qu'il nomme *Aphrodisienses*, y ajoute l'épithète de *Liberi*, ou *Libres*, parce qu'ils étoient gouvernés par des magistrats choisis entre les citoyens. Dans les actes des conciles, *Aphrodisias* est qualifiée de métropole de la Carie.

APHRODISIAS, île qu'Etienne de Bysance attribue à la Libye, & qu'il place près de la Cyrénaïque. Ce doit être la même île que Ptolemée & M. d'Anville ont nommée *Lœa* ou *Aphroditès*.

APHRODISIAS. On donna ce nom à une île qui se trouvoit sur la côte de la Bétique, près de *Gades*, & que l'on nomma ensuite *Erythia*. Strabon l'indique sous ce dernier nom.

APHRODISIAS, *ou* APHRODISIUM, ville de l'île de Cypre, ou Chypre, sur la côte septentrionale, mais vers l'est. Elle paroît avoir borné à l'ouest la côte des Achéens, ou d'*Achœorum acta*. Cette ville étoit presque au nord de *Salamis*.

APHRODISIAS, île du golfe de Caramanie, selon Pline, qui dit qu'elle étoit habitée. Selon Arrien, ses habitans la nommoient *Cattea*.

APHRODISIAS, lieu de l'Ethiopie, selon Etienne de Bysance.

APHRODISIAS. Etienne de Bysance indique deux îles de ce nom dans le voisinage de la Libye, & une troisième près d'Alexandrie : c'est tout ce que l'on en sait.

APHRODISIAS, ville de la Laconie, que nomme Etienne de Bysance, & qui, suivant Pausanias, avoit été l'une des trois auxquelles *Bœus* fit succéder *Bœæ*. Si elle fut bâtie de leurs ruines, cela donne à-peu-près leurs positions. *Voyez* BÆA.

APHRODISIAS, contrée d'Asie, dans l'Eolide, selon Pline. Elle avoit d'abord porté le nom de *Politice Argos*.

APHRODISIAS. *Voyez* TRŒZENE.

APHRODISIAS. *Voyez* THURIUM.

APHRODISIAS (*Bona*), île sur la côte d'Afrique, à l'extrémité du pays des Giligammes, selon Hérodote. Elle étoit vraisemblablement près du port de Ménélas.

Ptolemée la nomme *Aphrodisium*, & la place à 15 minutes au nord d'*Hippo Regius*.

APHRODISIAS, ville de l'Asie mineure, dans la Carie. On y voyoit un temple de Vénus, qui jouissoit des mêmes privilèges que celui de Diane à Ephèse.

N. B. Selon Etienne de Bysance, il y avoit encore quelques autres lieux nommés *Aphrodisias*, entre autres une ville de l'Ibérie, près des Celtes.

APHRODISIUM, bois dans la partie à l'ouest de l'Arcadie, entre *Trophæa* & *Oncæa*.

On y voyoit, sur une colonne, une inscription qui indiquoit que ce bois servoit de limite aux terres de *Psophis* & à celle de *Telphuse*.

Il semble qu'il y ait eu aussi *Aphrodisium* à l'est de *Megalopolis*.

APHRODISIUM. Strabon, Pomponius Mela & Pline parlent de ce lieu, sans dire cependant, comme Ortélius, que ce fût une ville. On présume que ce n'étoit qu'un lieu, qui ne portoit plus le même nom au temps de Pline. Il étoit vers *Ardea*.

APHRODISIUM (*Cap. de Creuz*), promontoire de l'Hispanie, nommé aussi plus ordinairement *Promontorium Pyræneum*. Le nom d'*Aphrodisium* ne lui étoit donné qu'à cause d'un temple de Vénus qui en étoit peu éloigné. Pour éloigner toute idée d'une divinité profane, dans le moyen âge, on l'appela le *Cap de Cruz* ou de la croix d'où s'est formé le cap de Creuz.

APHRODISIUM, rivière de la Grèce, en Thessalie. Pline dit qu'on lui attribuoit la propriété de rendre les femmes stériles.

APHRODISIUM, que, selon Ptolemée, il faudroit placer au bord de la mer, dans l'Afrique propre, peu loin d'*Hippo Regius*. Mais les Itinéraires n'en font aucune mention.

APHRODISIUM, autre ville de l'Afrique propre, qui devoit être à l'orient d'Adrumet ; mais cette indication est bien vague.

APHRODISIUM, ville de l'île de Cypre. Les habitans de cette ville avoient une extrême vénération pour Vénus.

APHRODISIUM, ville ou temple de Vénus, sur le Bosphore de Thrace, après le port des Ephésiens.

APHRODISIUM, nom d'un lieu dans le port du Pirée, dans l'Attique. Il prenoit vraisemblablement ce nom d'un temple de Vénus, que Conon fit bâtir en ce lieu, sur le bord de la mer, en mémoire de la victoire qu'il remporta sur la flotte de Lacédémone, auprès de Cnide, en Carie.

APHRODISIUM. *Voyez* APHRODISIAS.

APHRODITES INSULA, île du golfe Arabique, près de l'Egypte, selon Ptolemée.

M. d'Anville croit retrouver cette île dans celle nommée *Sufange-ul-Bahri*. Les cartes turques placent deux villes en cet endroit.

APHRODITON. Cette ville, attribuée à l'Egypte, par Antonin & S. Jérôme, me paroît être une de celles nommées *Aphroditopolis*.

APHRODITOPOLIS, *ou* APHRODITES. Pline & Ptolemée nous font connoître deux villes de ce nom en Egypte ; mais les savans ont eu de la peine à les concilier entre eux & avec Etienne de

Byfance, pour la position de ces villes. Je vais suivre M. d'Anville.

Ce savant distingue deux villes de ce nom en Egypte, & capitales chacune d'un nôme particulier, & une troisième.

Aphroditopolis, dans l'Heptanomie, sur la droite du Nil, à quelque distance au sud de Memphis, dans une partie de l'Egypte où les montagnes resserrent le fleuve de fort près. Elle est la capitale du trente-sixième nôme. M. d'Anville seroit porté à croire que c'est *Atfieh* qui lui a succédé; mais le P. Siccard, qui a été sur les lieux, dit que c'est Beroubel, petit lieu peu éloigné, au sud-ouest.

Aphroditopolis, ville de l'Egypte supérieure, & capitale du quarante-deuxième nôme. Cette ville, qui nous est connue par Ptolemée, étoit à la gauche du Nil, un peu au nord de *Ptolemaïs*. On voit, dans Pline, qu'il la nomme *Oppidum Veneris*. M. d'Anville croit qu'elle occupoit l'emplacement où se trouve actuellement le lieu nommé *Itfét*.

Aphroditopolis. Cette ville, de même nom que les précédentes, nous est connue par Strabon. Elle appartenoit au nôme *Hermonthites*, & se trouvoit sur la gauche du Nil, à peu de distance au nord de *Latopolis*. M. d'Anville croit qu'elle occupoit le lieu où est actuellement *Asfan*.

N. B. Etienne de Byfance indique une ville de ce nom en Thrace; mais on croit, avec assez de fondement, que c'est la même qu'*Aphrodisia*, dont j'ai parlé n°. 1.

APHRODITOPOLITES NOMOS, nôme de l'Egypte, dont la métropole est nommée par Ptolemée, *Crocodilorum Civitas*.

APHROS, en grec Α'φρὸς. Ce mot, qui signifie, dans le sens ordinaire, *écume*, *salive*, paroît avoir pour racine le mot *Par* ou *Phar*, qui désigne l'action de *produire*, de *fructifier*. Dans ce sens, l'écume de la mer n'est qu'une production de l'eau, &c. Les Anciens convenoient bien que le nom grec de Vénus, Αφροδιτη (*Aprodite*) venoit d'Aphros; mais ils ajoutoient que c'étoit parce qu'elle étoit née de l'écume de la mer. Il y a mille exemples qu'ils s'éloignoient toujours de la véritable étymologie, & ceci est encore une preuve. Le nom de Vénus ne venoit pas d'*Aphros*, parce qu'il signifie *écume de la mer*, mais de Διτη, ou déesse, & de *Phra*, productrice. Ainsi, *Aphrodite* est la déesse de la production. Je me suis arrêté à cette étymologie, parce que je viens de nommer un assez grand nombre de villes, que l'on croit avoir eu rapport à Vénus, non-seulement à cause des temples de cette déesse, qui s'y trouvoient; mais aussi, je crois, à cause du rapport de Vénus à la Beauté; souvent, en confondant toutes ces idées, on a cru pouvoir changer le nom d'une ville appellée *Aphrodisia*, en celui d'*Oppidum Veneris*, ou ville de Vénus, au lieu de le rendre par *Oppidum Pulchrum*, ou Belle ville.

APHRYSUS, rivière de la Magnésie, selon le commentateur de Lycophron; mais de savans critiques croient qu'il faut lire *Amphryssus*: ç'a été aussi le sentiment de M. d'Anville. *Voyez ce mot.*

APHTA, village que Joseph attribue à la Palestine.

APHTALA, nom qu'offre Etienne de Byfance, qui, d'ailleurs, ne lui donne aucune signification.

APHTHIS, nôme de l'Egypte. Hérodote semble le placer entre ceux de *Bubastis* & de *Tanis*. M. d'Anville lui a assigné une position sur sa carte.

M. Larcher pense que nôme est le même que Ptolemée appelle Phthenotès, dont on a retranché l'article, & que ce géographe place entre les nômes Métélitès & Cabasitès.

APHUSIA, île dont la position est inconnue. Suidas nous apprend que le poëte Théophanie y fut relégué, ainsi que son frère Théodore.

APHUTÆI. On désigne par ce nom, dans les *Paralipomènes*, des Israélites qui, au retour de la captivité, vinrent s'établir dans leur pays.

APHYTIS, ou Aphyteia, ville de Thrace, dans la Pallène, presqu'île au sud-ouest du golfe Toronaïque. Il faut observer que la Pallène fut ensuite jointe à la Macédoine, avec toute la presqu'île à laquelle elle appartient. Plutarque rapporte que Lysandre étant venu assiéger cette ville, Jupiter Ammon lui apparut, & lui ordonna d'abandonner le siège.

APIA, ou Apis, ville de la basse Egypte, située, sur la carte de M. d'Anville, à l'angle sud-ouest que forme en cet endroit le lac Mareotis. Cette position lève une difficulté qui se rencontreroit dans Hérodote, si on s'en tenoit trop à la lettre. Car en même temps qu'il indique cette ville à l'extrémité de l'Egypte, sur les confins de la Libye, il dit que les habitans y buvoient des eaux du Nil. Or, c'étoient les eaux de ce fleuve qui se rendoient dans le lac.

N. B. Le nom d'*Apia* a été un de ceux par lesquels on a désigné le Péloponèse. On n'est pas bien sûr de la raison qui le lui avoit fait donner.

APIARÆ. Il est parlé, dans la vie de S. Chrysostôme, d'un évêque de cette ville, qui devoit être en Asie. Le P. Hardouin pense que c'est le même qu'*Appiaria*.

APIAS. On désignoit, par ce nom, une campagne située dans l'Asie mineure, vers l'Eolide. Il en est parlé dans Polybe.

APIATES, peuple que Dion place en Gaule, dans l'Aquitaine. Selon cet auteur, ils furent domptés par Crassus. Xilandre croit que ces *Apiates* sont les *Sotiates*, dont il est parlé dans César, & son opinion est, ce me semble, généralement adoptée.

APICILIA, ville d'Italie, à quelque distance à l'est de *Concordia*, dans la Carnie.

APIDANUS, ou Apidanos (*Epideno*), rivière de la Thessalie, dans l'Achaïe ou Phthiotide, selon Hérodote. Elle sortoit du mont *Othrys*, au nord d'*Alos*, couloit du sud-est au nord-ouest, passoit près & à l'est de Pharsale, recevoit ensuite l'Enipée, & alloit se jetter dans le Penée, au-dessus de Larisse.

M. Larcher remarque très-bien qu'elle étoit à l'est de Pharsale, quoique M. d'Anville l'ait mise à l'ouest, parce qu'en effet, dans cette position, elle eût été sur la route de l'armée de Xerxès.

APIENATES, ancien peuple que Pline indique comme ayant habité dans l'Ombrie, mais qui ne subsistoit plus de son temps.

APILAS, rivière de la Macédoine, dans la Pierie. On la trouvoit sur la côte, au rapport de Pline.

APINA, ville d'Italie, dans la *Daunia*. Pline en parle; elle fut détruite par Diomède à ce que l'on croyoit, aussi-bien que la ville de *Toica*; & comme dans les beaux jours on ne conservoit qu'un souvenir très-confus de ces villes, leur existence n'étant plus rien, il étoit passé en proverbe de dénommer les bagatelles *Apinas*. On voit qu'ici, 1°. on mettoit le nom *Apina* pluriel; 2°. qu'en mettant le pluriel, on comprenoit les deux villes sous une même dénomination. Martial appelle les poësies de sa jeunesse des *Apinas*, pour dire des poësies auxquelles il n'attache aucune importance.

APIOLA, selon Etienne de Bysance & Denys d'Halicarnasse, ou *Apolæ*, selon Pline. Le roi Lucius Tarquin la prit, & les dépouilles de cette ville lui servirent à commencer l'édifice du Capitole.

APIRA, *ou* APEIRA, ville dont il est parlé dans Homère. On peut croire que c'est le même lieu qu'Antonin nomme *Apera* ou *Adapera*, en y joignant la préposition *ad*. C'est sous cette dénomination que M. d'Anville l'a placée sur sa carte, dans la Galatie, à l'occident de *Tavium*, au sud de l'*Halys*.

APIRÆ, ville de l'Asie mineure, dans la Lycie, selon Ptolemée. Elle étoit située sur le bord de la mer, presque à l'est d'*Andriace*, & au sud-est de *Myra*.

APIRI, *ou* ATTIRI. Car on trouve désigné, par l'un & l'autre de ces noms, dans différentes éditions de Ptolemée, un peuple de l'Afrique, sous l'Egypte.

APIS, ville de l'Egypte, sur le bord du lac *Mareotis*, peu loin & au sud de Marée. Hérodote en fait mention. Pline compte soixante-deux milles d'*Apis* à *Paratonium*.

APIS MONS. Le mont *Apis*, qui est connu par Ptolemée, étoit vers le sud-est de la ville de même nom, à quelque distance de la mer.

APIS. Selon le scholiaste d'Apollonius, il y avoit, près de l'île de Crète, une petite île de ce nom.

APITANI, peuple de l'Arabie heureuse, selon Pline.

APOBATANA. C'est ainsi qu'Isidore de Charax nomme la ville qu'il dit être la capitale de la Médie. Il est clair que c'est une altération d'*Ecbatana* ou d'*Agbatanes*, comme dit Hérodote. Du moins on ne connoît pas d'autre capitale en Médie, ni de ville nommée *Apobatana*.

APOBATERIUM. Joseph dit que l'on donna ce nom (qui signifie *descente* ou *sortie* en descendant) au lieu où Noé sortit de l'arche. Cet auteur auroit dû ajouter à quelle époque; car ce mot est grec, & certainement on ne parloit pas alors cette Langue. J'en conclus qu'aucun lieu n'a porté ce nom; mais seulement que le lieu de la sortie de Noé eût été nommée ainsi, si l'on eût parlé grec.

APOBATHMOS, lieu du Péloponèse, sur la côte de l'Argolide, qui se trouve à l'ouest du golfe, près de *Generium* & de *Lerna*. Ce mot signifie en grec *abordage* & *descente* quand il est question d'un vaisseau. Il avoit été donné à ce lieu, parce que, selon la tradition, c'étoit en cet endroit que Danaüs & ses fils avoient abordé au rivage d'Argos.

APOBATHRA, lieu de l'Europe, sur la Chersonèse de Thrace, selon Strabon; ce fut en cet endroit que les troupes de Xerxès prirent terre, en débarquant à leur passage de l'Asie en Europe.

APOBOIOTI, nation d'Asie, en Etolie, selon Etienne de Bysance. Il cite Thucydide, dans lequel on lit actuellement *Apodoti*: mais le texte d'Etienne de Bysance est formel, & même il ajoute Βοιῶτος.

APOCOPA. Ce mot qui vient du grec, & signifie *déchirure* & *échancrure*, a pu être donné à plusieurs lieux où la terre formoit une espèce d'*anse*. Etienne de Bysance dit que dans le golfe Arabique, il y avoit un lieu qui portoit particulièrement le nom d'*Apocopa*; mais j'en ignore la position.

Arrien & Ptolemée ont aussi désigné quelques lieux par ce nom sur la côte d'Afrique, au sud du détroit appellé actuellement de Bab-el-Mandeb.

APOCOPA, *ou* APOCOPI, montagne de l'Inde, selon Ptolemée. M. d'Anville, sur sa carte, les place à l'est-nord-est de l'embouchure la plus orientale du fleuve *Indus*, vers le 24ᵉ degré 30 min. de latit.

APODASMII. Je ne fais un article de ce mot que pour faire connoître la méprise de la Martinière, qui l'a placé dans son Dictionnaire, en commençant par ces mots: « ancien peuple de la » Grèce ». Il est vrai qu'il cite ensuite le témoignage de Gronovius, qui a rendu ce mot par *Immunes*. Il falloit que ce mot parût bien embarrassant dans une édition de 1608, que j'ai sous les yeux: le traducteur Latin ne l'a pas rendu. Enfin M. l'abbé Gédoyn, trouvant ce même nom Αποδασμιὸς, dans Conon, en a fait un homme. Quelques savans avoient cependant averti que ce mot signifie *portion*. Depuis, le savant M. Larcher a démontré, 1°. que lorsque Hérodote veut exprimer *exempt de tribut*, il se sert du mot ἀτελέες; 2°. qu'Αποδασμιος signifie toujours *une portion*, *une division* (Trad. d'Hérod. vol. 1, p. 413 & 414). Il s'agit, dans le passage en question (Hérod. *l. 1, c. 146*) des Ioniens qui avoient occupé la côte de l'Achaïe. Il dit: « ces » Ioniens sont un mélange de Minyens-Orchome- » niens, de Cadméens, de Driopes, d'une *portion*

» de Phocidiens, &c. ». (*Traduction de M. Larcher*, *t. 1, p. 112*).

APODOTI, *ou* APODITI. Il en est parlé dans Polybe, qui place ce peuple dans l'Etolie. On croit, avec beaucoup de vraisemblance, que c'est le même que celui qu'Etienne de Bysance nomme *Apoboioti*.

APOKOPA. Ce lieu est nommé dans le Dictionnaire d'Etienne de Bysance. *Voyez* APOCOPA.

APOLLINIS URBS, *ou* APOLLINOPOLIS MAGNA, selon Ptolemée; ou *Apollonos*, selon l'itinéraire d'Antonin; ou *Apollonias*, selon Hierocles. Cette ville, capitale d'un nôme de son nom, & qui étoit le 52e, étoit dans la haute Egypte, au sud: elle se trouvoit à 25 lieues à-peu-près au nord des grandes cataractes. M. d'Anville croit qu'elle existoit dans le lieu appellé aujourd'hui *Edfu*, où l'on voit un temple presque enterré.

APOLLINIS URBS, *ou* APOLLINOPOLIS PARVA, *ou* MINOR, autre ville d'Egypte, nommée seulement *Vicus Apollinis* dans l'itinéraire. Selon Ptolemée, elle appartenoit au nôme de *Coptos*, qui étoit le 48e. Elle étoit entre *Coptos* au nord, *Thebæ*, vers le sud-ouest, sur la droite du Nil. M. d'Anville croit retrouver cette position dans celle de Kous: on y voit beaucoup de vestiges d'antiquité.

APOLLINIS ARCES. Quelques auteurs ont cru que Virgile désignoit ainsi un lieu près de l'antre de la Sybille de Cumes; d'autres croient que cette expression *Arces* ne signifie qu'un temple.

APOLLINIS FANUM, *ou* TEMPLE D'APOLLON, ville de la Lydie, selon le périple de Scylax; il devint un siège épiscopal. Il ne faut pas confondre ce lieu avec l'*Apollonia* de la même province.

APOLLINIS FANUM, lieu de l'Afrique propre, selon Ptolemée; il devoit être vers le nord-est de *Tabraca*. M. d'Anville n'en fait pas mention sur sa carte.

APOLLINIS INSULA, île d'Afrique, selon Etienne de Bysance.

APOLLINIS LUCUS, petit lieu, ou plutôt *Bois sacré*, consacré à Apollon, dans la Gaule Césalpine, mais dans la partie appellée Transpadane, chez les *Libici*, au nord-ouest de *Vercellæ*.

APOLLINIS OPPIDUM, petite ville de l'Ethiopie, au pays des Mégabores, selon Pline.

APOLLINIS PHÆSTII PORTUS, port de la Grèce, que Pline attribue aux Locriens Ozoles.

APOLLINIS PROMONTORIUM, *ou* PROMONTOIRE D'APOLLON, (*Ras Zebib*). Il étoit à l'est d'Utique, & au nord de Carthage.

APOLLINIS PROMONTORIUM, autre promontoire de même nom, mais plus à l'ouest. M. d'Anville, d'après Ptolemée, le place dans la Mauritanie Césarienne, tout près au nord-ouest de *Cæsarea*.

APOLLINIS REGIO, contrée d'Ethiopie.

APOLLINIS TEMPLUM, *ou le* TEMPLE D'APOLLON, en Thrace. Tite-Live dit que dans le pays on le nommoit *Zerinthium*.

APOLLINIS TEMPLUM. Elien, qui en parle, le place en Lycie, sur le golfe de *Myra*. Ce golfe étoit peu considérable.

APOLLINIS ACTII TEMPLUM, temple d'Apollon du rivage. Il étoit en Thessalie, sur le golfe Pélasgique, près de *Pagasæ*.

APOLLINIS URBS, *ou la* VILLE D'APOLLON. C'est par ce nom qu'Apollon désigne la ville de Delos, appellée aussi *Astena*, dans l'île de Delos.

APOLLINUS FONS, fontaine de la Cyrénaïque, ou de la Marmorique, appellée *Fons Solis*, ou la fontaine du soleil.

M. d'Anville n'a pas jugé à propos de lui donner une place sur sa carte; car son existence est fort douteuse, du moins d'après ce qu'en ont dit les Anciens. Selon eux, l'eau de cette fontaine, glacée à midi, étoit tiède le matin & le soir, & bouillante à minuit. On voit quel degré de confiance on doit donner à de pareils écrits.

APOLLO. Du mot latin *Apollo*, s'est formé celui d'un assez grand nombre de lieux dans l'antiquité. Je viens de mettre ici tous ceux qui me paroissent devoir trouver place dans ce Dictionnaire; je n'en trouve que vingt-sept dans Etienne de Bysance, & dix dans les Itinéraires réunis par Wesseling; mais il y en avoit un bien plus grand nombre.

APOLLONEATES, tribu des Tégéates, dans l'Arcadie.

APOLLONIA (*Shréban*), ville de l'Assyrie, placée, selon Etienne de Bysance, entre Babylone & Suze. Ptolemée la place au-delà du fleuve Gorgos: c'est d'après lui que M. d'Anville a placé cette *Apollonia* sur le *Delas*, au nord-est d'*Artemita*.

APOLLONIA, ville de Syrie, selon Appien.

APOLLONIA, ville de Syrie, près d'Apo. M. d'Anville n'en fait pas mention.

APOLLONIA, ville de la Palestine, entre *Cæsarea* & Joppe. M. d'Anville la nomme *Apollonias*, & la place au nord-ouest d'*Antipatris*. Cette ville, qui avoit beaucoup souffert dans les guerres de Syrie, étoit presque ruinée, lorsque Gabinius, président de cette province, la fit rétablir.

APOLLONIA. Cette ville, que quelques auteurs indiquent dans la Pisidie, doit être celle que M. d'Anville place en Carie, près du Méandre, à quelque distance à l'ouest d'*Antiochia Mœandri*.

APOLLONIA, ville qu'Etienne de Bysance place dans la Mysie.

APOLLONIA (*Aboullona*), ville de l'Asie mineure, dans la Bithinie; elle étoit sur le bord septentrional du lac de son nom.

APOLLONIA, ville du Pont, selon Pline. Auprès de cette ville étoit une fontaine qui fournissoit, dit cet auteur, plus d'eau dans les grandes chaleurs que quand il faisoit plus froid.

APOLLONIA, ville de la petite île de Syphnos, l'une des Cyclades.

APOLLONIA (*Sizeboli*), ville de Thrace, sur la côte méridionale d'un petit golfe que forme le Pont-Euxin en cet endroit. Elle étoit à l'est de

Develus. Il faut observer que l'on a confondu cette ville avec quelques autres. Je ne releverai pas ici ces erreurs ; il me suffira d'observer que, selon Pline, cette ville fut renversée par Marcus Lucullus, lorsqu'il gouvernoit la Macédoine.

Apollonia, ville de la Macédoine, dans la Chalcidique, sur le *Chabrius*, au nord de *Chalcis*. Je crois que c'est de cette ville que parle Etienne de Bysance, lorsqu'il la nomme ville des Ioniens, qui sont près de la Thrace. Démosthène, dans une de ses harangues, reproche à Philippe de l'avoir détruite d'une façon si barbare, qu'à la voir on douteroit qu'elle eût jamais été habitée.

Apollonia, autre ville de Macédoine, dans la Migdonie. Elle étoit au sud-est de *Thessalonie*, & au sud-ouest d'Amphipolis.

Apollonia (*Polina*), ville qui dépendoit de la Macédoine, lorsqu'elle se fut étendue à l'ouest jusqu'à la mer Adriatique. Elle étoit près de la mer, & à une petite distance au nord de l'Aoüs : elle fut épiscopale. Ptolemée l'attribue aux Taulantiens.

Apollonia, ville de la Phocide. Selon Etienne de Bysance, elle étoit sur le Parnasse, & avoit porté le nom d'*Eranus*. Selon le même auteur, elle prit le nom de Cyparissus d'un fils de Minyas, nommé ainsi. Je préfère le sentiment de ceux qui pensent qu'Homère la nomme *Cyparissus* à cause de la quantité de cyprès qui couvroient les environs.

Apollonia, dans une île près de l'Acarnanie. Etienne de Bysance veut peut-être indiquer un lieu qui étoit dans l'île de Leucade, près du promontoire où étoit un temple d'Apollon.

Apollonia, ville de Sicile. Je crois qu'elle étoit près du promontoire *Pachinum*, où il y avoit un temple d'Apollon.

Apollonia, ville de Crète, placée, selon Etienne de Bysance, auprès de *Gnossus*.

Apollonia, autre ville de Crète, selon le même auteur, qui dit qu'elle avoit auparavant porté le nom d'*Eleuthera*. Selon lui, elle fut la patrie de Linus & de Diogène le physicien.

Pline n'en nomme qu'une en Crète.

Apollonia, île voisine de la Lycie, selon Etienne de Bysance. La Martinière pense que c'étoit une des îles voisines de *Patara*, où Apollon étoit honoré d'un culte pareil à celui qu'on lui rendoit à Delos.

Apollonia, ville d'Egypte. *Voyez* Apollinis Civitas.

Apollonia, ville qu'Etienne de Bysance place dans la Libye.

Apollonia (*Marza Susa*), ville de la Cyrénaïque. Etienne la confond avec Cyrène. Mais Ptolemée, &, d'après lui M. d'Anville, la distinguent de cette dernière. Elle étoit plus au nord-ouest, & sur le bord de la mer. Sous le Bas-Empire, elle prit le nom de *Sozusa*, qui se retrouve à-peu-près dans son nom moderne.

Apollonia, ville de l'Illyrie, sur la mer Ionienne, près d'Epidamne, & peu éloignée du port d'*Oricum*, selon Hérodote.

N. B. Il se trouve encore, dans les auteurs, d'autres villes désignées par le nom d'*Apollonia*. Strabon en place une en Epire ; Tite-Live, en Etolie, &c. En discutant ces auteurs, on prouveroit que la même ville a été attribuée à plusieurs provinces, selon l'étendue que les auteurs leur supposoient ; mais ces discussions ne sont pas de l'objet d'un Dictionnaire.

APOLLONIAS, ville de la Palestine. *Voyez* Apollonia 5.

APOLLONIATES, *ou* Apolloniates, habitans d'Apollonie, ville de l'Illyrie. Je ne sais sur quelle ancienne tradition les Apolloniates croyoient que leur ville avoit été bâtie par Apollon. On voit, par un passage de Photius, qu'il y avoit chez eux un troupeau consacré au soleil.

APOLLONIATIS, contrée de l'Asie, sur la rivière *Delas*, & autour de la ville d'*Apollonia*, de qui elle prenoit le nom, selon Ptolemée.

Apolloniatis Palus, ou marais d'Apollonie, dans la Bithynie, à l'ouest. Il paroît s'être formé dans un marais où se rendoient, par le sud-est, les eaux du *Rhindacus*. Son nom lui venoit de la ville d'Apollonie, située sur la rive septentrionale.

APOLLONIDEA. Il semble que la ville d'Apollonis, en Lydie, ait été aussi désignée par ce nom, aussi-bien que par celui d'*Apollonіada*.

APOLLONOSHIERITÆ. C'est ainsi que Pline nomme les habitans de *Fanum Apollinis*. Ce mot est formé d'Ἀπολλωνος ἱερον, dont le sens est le même que le Latin.

APOLOGOS (*Oboleh*), ville de l'Asie, sur le bord du *Pasitigris*. L'auteur du périple de la mer Erythrée, l'indique comme un entrepôt considérable au fond du golfe Persique.

APONIANA. Hirtius (*De Bel. Afri. c. 2*) parle d'une île de ce nom, près de la Sicile, en face de Lilybée. Cluvier pense que c'est celle qui est plus communément connue par le nom d'*Ægusa*.

APONUS (*Abano*), ce lieu, quelle qu'ait été son étendue, est célèbre par la naissance de Tite-Live ; il étoit tout près de *Patavium* (Padoue.) Son territoire étoit recommandable dans l'antiquité, par des eaux minérales chaudes, connues sous les noms de *Fontes Aponi*, *Patavinæ aquæ*, *Patavini Fontes*.

Martial semble attribuer à ces eaux un peu de rudesse que craignoit la peau délicate des jeunes filles ; mais Claudien a composé un poëme à la louange de ces eaux, auxquelles il attribue les cures les plus heureuses. Cassiodore en parle de même avec éloge ; Suétone nous rapporte un trait qui prouve que la superstition attribuoit aux eaux d'*Aponus* des qualités autres que des vertus médicinales. Selon lui, l'oracle de Gérion, qui étoit auprès de Padoue, avertit Tibère, qui le consulta, de jetter des dés dans la fontaine d'*Aponus*. Il est probable que cette manière de consulter le destin étoit en usage dans le pays.

APOSTANOS,

APOSTANOS, lieu sur la côte du golfe Persique, dans la Perside, à 450 stades du mont *Ochus*, selon le journal de Navigation de Néarque.

APOTOMITÆ, peuple d'un des nômes de la Marmarique, selon Ptolemée.

APPADANA, *ou* ASPADANA, ville de l'Asie, dans la Perside, selon Ptolemée.

APPA, ville de l'Arabie heureuse, selon Ptolemée.

APPHA, ville de l'Asie, dans la Parthie, selon Ptolemée.

APPHADANA, ville de l'Asie, dans la Mésopotamie, selon Ptolemée. Elle étoit située sur le fleuve *Chaboras*.

APPHANA, île du golfe Persique, selon Ptolemée.

APPHAR, ville de l'Afrique, dans la Mauritanie Césariense, selon Ptolemée.

APPIA, ville de l'Asie, dans la Phrygie. On a écrit aussi ce nom *Apia*.

APPIA VIA. *Voyez* VIÆ ROMANÆ, *ou* l'article des Voies Romaines.

APPIANI, peuple de l'Asie mineure. Pline, qui les fait connoître, les place dans le département de *Synnada*; l'une des premières villes de la grande Phrygie. Il paroît qu'il y avoit aussi une ville appellée *Appia*; c'est apparemment celle que le P. Charles de S. Paul nomme *Apira*.

APPIANUM, *ou* APIANUM, ville que Paul Diacre place dans le Trentin.

APPIARIA, ville d'Europe, dans la basse Mœsie, sur la rive droite du Danube, appelée dans cette partie l'*Ister*. Elle avoit, comme grande ville, à l'est, *Durostorus*; à l'ouest, *Nicopolis ad Istrum*.

APPIDANUS, rivière de la Thessalie. *Voy.* APIDANUS. Quelques auteurs croient qu'il y avoit aussi, dans la Troade, une rivière de ce nom.

APPII FORUM (*Borgo Longo*), petite ville d'Italie, dans le *Latium*, au pays des Volsques. Elle étoit sur la voie Appienne, ayant au nord-ouest *Suessa Pometia*, & au sud-est, à quelque distance, *Terracina*.

APRAGOPOLIS, ou VILLE DE L'INUTILITÉ. Auguste avoit, en plaisantant, donné ce nom à une île voisine de Caprée; &, par ce nom, faisoit allusion à la vie oisive de ceux qui s'y rendoient pour s'y amuser.

APRILIS LACUS (*Lago di Castiglione*), qu'il est plus conforme à l'usage de la bonne latinité d'appeller *Prilis Lacus*, étoit un lac ou une lagune, en Italie, appartenant à l'Etrurie, à l'ouest de *Rusellæ*. Le nom d'*Aprilis*, qui se trouve dans Antonin, paroît s'être formé par corruption de langage, ou par ignorance de copiste. On lit, dans Cicéron, *Prilis Lacus*; & c'est sous cette dénomination que M. d'Anville l'a mis sur sa carte. Le même orateur parle d'une île qui s'y retrouve encore.

APRIS, *ou* APRO (*Aprio*), ville de l'Europe, dans la Thrace. Ptolemée lui donne le titre de Colonie. Des montagnes la séparoient, à l'ouest, de la ville de *Trajanopolis*.

C'est à quelque distance, au sud de cette ville, que se trouve l'embouchure du Bosphore de Thrace, dans la Propontide. Cette ville fut d'abord appellée *Theodosiopolis*; ensuite on lui donna celui d'*Apros*.

Il paroît qu'elle devint archiépiscopale.

APROS, fleuve, (*le Loup*), petite rivière de la Gaule, chez les Oxybiens. Q. Opimius, général romain, s'arrêta d'abord sur les bords de ce ruisseau, qui n'est qu'un torrent, avant de s'avancer jusqu'à la ville d'*Ægitna*. Par la position que M. d'Anville donne à cette ville, il présume que l'*Apros* ne peut être que le torrent appelé *le Loup*.

APROSITUS. Ptolemée donne ce nom à l'une des îles fortunées (les Canaries); mais on ne sait pas trop à laquelle.

APROSOPITES NOMOS: on trouve aussi *Aprosopitica Præfectura*. Cette division de l'Egypte, nommée ainsi par Strabon, est appelée, par Ptolemée, *Prosopites*, & dans Hérodote, *Prosopitis*. Elle avoit pour capitale *Nukin* ou *Nicii*. M. d'Anville place ce nôme sur un canal ou bras de rivière que les anciens nommoient *Thermutiacus*, entre deux bras du Nil; &, comme ce pays se trouvoit entre les contours de ces différentes branches de rivière, Hérodote en a fait une île. Selon lui, il y avoit une ville, avec un temple consacré à Vénus; il nomme cette ville *Atarbechis*: Strabon, d'accord avec Hérodote pour les faits, nomme la ville *Aphrodites Polis*. Le premier nom étoit Egyptien.

APRUMACENSIS, siège épiscopal d'Italie, que la Martinière croit être corrompu de *Brugnatensis* ou *Brugneto*.

APRUSA, rivière d'Italie (*Ansa*), selon Pline, qui la place dans l'Ombrie. Le P. Hardouin croit que c'est l'Avesa actuel.

APRUSTUM (*Aprigliano*), au sud-est de *Consentia*, ville de l'Italie, dans le *Brutium*. Le P. Hardouin croit que c'est la même ville qui est nommée dans Ptolemée *Abusteron*. Pline parle des *Aprustani*, qui devoient être les habitans de cette ville, & qui en donne le nom précis.

APRUTIUM, ville d'Italie; c'est présentement *Teramo*, dans l'Abruzze ultérieure.

APSALUS, ville que Ptolemée place en Macédoine.

APSARUS, selon Arrien. *Voyez* APSORRUS.

APSASION, *ou* APSASIUM. Denys de Bysance nomme un promontoire de ce nom, dans la description du Bosphore de Thrace. Il dit que l'on y adoroit Jupiter *Apsasius*: on croit qu'il faut lire *Apesantius*.

APSILÆ, peuple voisin de la Lazique. Il est appellé *Absilii* par Procope. *Voyez ce mot.*

APSINTHII, les Apsinthiens, peuples qui habitoient la partie du sud de la Thrace, vers les côtes, à l'est du fleuve *Mélas*, & à l'ouest du fleuve *Hebrus*. Ils prenoient ce nom du fleuve *Apsinthus*, qui traversoit leur pays.

APSORRUS, *ou* APSORRHUS, *ou* APSARUS, (*Fortunasoui*), fleuve de l'Asie, dans la Colchide. Il couloit du sud-est au nord-ouest, & alloit se perdre dans le Pont-Euxin, à l'est de la ville d'*Athenæ*.

Pline dit que l'embouchure de ce fleuve, dans le Pont-Euxin, étoit à cent quarante mille pas de la ville de *Trapezus* (Trébisonde).

APSORRUS, *ou* APSORRHUS, ville de l'Asie, sur le bord du Pont-Euxin, chez les *Cissii*, entre le Pont, au nord-ouest, & la Colchide au nord-est. Elle est nommée dans Ptolemée.

APSUS (le *Crevasta*), fleuve d'Europe, dans la Macédoine. Il prenoit sa source dans le mont *Tomarus*; remontoit au nord, entroit dans le pays des *Tanlantii*; &, par le nord-ouest, se jetoit dans la mer Adriatique, à quelque distance au sud de *Dyrrachium*. Ce fleuve a la plus grande partie de son cours entre des montagnes, ce qui forme une longue vallée, que les Anciens ont comparée à celle de Tempé. Mais, comme l'observe Plutarque, elle étoit bien moins belle. Les armées Romaines & Macédoniennes campèrent sur les bords de ce fleuve, dans la guerre contre Philippe.

APSYNTHUS, ville de Thrace, la même, selon Etienne de Bysance, qu'*Ænus*, qui se trouvoit à l'embouchure de l'Hèbre.

APSYRTIDES *insulæ*, îles de la mer Adriatique, à l'entrée de *Flanaticus Sicus*, ou golfe de *Flano*. Comme la fable de Médée rapporte qu'elle tua son frère Absyrte, & qu'elle dispersa ses membres, pour arrêter son père *Aëtes*, qui la poursuivoit, fuyant avec Jason; les Anciens ont imaginé que le nom de ces îles avoit rapport à cet événement. Mais, en supposant vraie l'histoire d'Absyrte, Etienne de Bysance remarque très-bien qu'il y avoit, sur le bord du Pont-Euxin, un lieu appelé *Absarus*, qui avoit eu le nom d'*Absytus*.

Ces îles étoient au nombre de quatre : mais Apollonius & Malé n'en avoient distingué que deux.

APTA JULIA VULGIENTUM, (*Apt*) ville de la Gaule Narbonnoise. Pline ne la met qu'au nombre des villes Latines; mais il est démontré par les inscriptions qu'elle étoit colonie Romaine. Elle fut vraisemblablement fondée par J. César, quoique le nom de *Julia*, qu'elle porte, ait été donné quelquefois aux colonies qui reconnoissoient Auguste pour fondateur.

Les Romains avoient fait bâtir dans cette ville, à-peu-près les mêmes édifices que dans les autres colonies; mais elle n'avoit point d'amphithéâtre.

Dans la notice de l'Empire, cette ville est nommée *Civitas Aptensium*.

APTERA, ville de la Lycie, selon Etienne de Bysance.

APTERA, *ou* APTERIA, ville de l'île de Crète, selon le même auteur. Elle étoit dans la partie occidentale, au nord-ouest de *Cydonia*. Selon Etienne de Bysance, les Muses & les Syrènes disputèrent de talent pour l'art du chant, près de cette ville. Ces dernières ayant été vaincues, quittèrent leurs ailes. Devenues blanches, elles se précipitèrent dans la mer. On sent bien le peu de foi qu'il faut ajouter à ces contes; mais on voit en même temps comment les Anciens avoient l'art de rendre intéressans les lieux qu'ils vouloient rendre célèbres. Ptolemée nomme cette ville *Apteria*; quelques auteurs Απτερίαι. On y voyoit un temple ou une chapelle dédiée à Vénus Uranie.

APTERÆA REGIO : c'étoit ainsi que l'on nommoit la contrée où se trouvoit la ville d'*Aptera*. Le texte de Scylax, dans le premier volume des *Petits Géographes*, porte Πτερέα χωρά; mais Meursius corrige cette leçon en lisant Απτεραῖα χωρά. Il corrige de même dans celui de Dicéarque Αγταραῖαν, en Απτεραίαν.

APTERI, les Aptères, nation d'Afrique, selon Agathémère, qui la place entre les Ethiopiens.

APTERIA. *Voyez* APTERA 2.

APTUCHI FANUM, (*Longifaria*). Ce lieu, selon Ptolemée, étoit en Afrique, dans la Pentapole. S. Augustin le nomme *Aptungis*, & c'est ainsi que l'a écrit M. d'Anville sur sa carte. Il étoit sur le bord de la mer, au nord-est de *Ptolémaïs*, & au sud-ouest du *promontoire Phycus*.

APTUNGIS. *Voyez* APTUCHI FANUM.

APUA (*Ponte Moli*), ville d'Italie en Ligurie, à l'est sur la *Macra*. Cette ville étoit la capitale d'une petite division des Liguriens, qui en avoient pris le nom d'*Apuani*.

APUANI. On présume que ce peuple n'étoit différent des Liguriens, qu'en ce qu'il portoit le nom de la ville qu'il habitoit, ainsi que son territoire. Il étoit à l'est, dans la Ligurie, tout près de l'Etrurie, sur les bords de la *Macra*, qui séparoit ces deux États. *Voyez* APUA.

APULI, les Apuliens, peuples de l'Italie, qui faisoient partie des Liburnes. Ils étoient d'origine illyrienne, & ils pénétrèrent en Italie vers le seizième siècle avant J. C. Ils s'établirent d'abord entre les Alpes & l'*Athésis*, d'où ils furent s'établir dans la partie que les Romains nommoient *Apulia* & *Japygia*. Strabon, *l. 6*, *p. 282*, parle de ces peuples, & dit que lorsqu'ils adoptèrent la langue Latine, ils n'abandonnèrent pas la leur.

APULIA (*la Pouille*), portion considérable de la grande Grèce, en Italie. Je comprends ici sous ce nom toute la partie qui s'étendoit le long de la mer Adriatique depuis le fleuve *Fronto*, au nord-ouest, jusqu'au cap *Iapygium*, au sud-est. On voit que c'est la Pouille actuelle, excepté que cette division moderne s'étend un peu plus haut, au nord-ouest.

L'*Apulia* renfermoit du nord-ouest au sud-est, 1°. la *Daunia*; 2°. la *Peucetia*, où étoient les *Pædiculi*; 3°. la *Messapia*, où étoient les *Calabri* au nord, & les *Salentini* au sud. Quelques auteurs ont séparé la Messapie de l'Apulie.

Ses bornes étoient au nord, & à l'est la mer Adriatique; au sud, le *Sinus Tarentinus*, ou golfe de Tarente, & en partie la *Lucania*; à l'oueſt le *Samnium*.

Ses principales montagnes étoient au nord le mont *Garganus*; au ſud le mont *Vultur*.

Les terres de l'Apulie formoient deux preſqu'îles: l'une à l'eſt répond à ce que l'on nomme l'éperon de la botte, (en ſuppoſant ce nom à l'Italie): elle étoit terminée par le promontoire *Agarus*; l'autre forme le talon de cette même botte; à ſon extrémité étoit le promontoire *Iapygium* ou *Salentinum*.

Les principaux fleuves étoient le *Fronto*, qui arroſoit au nord *Teanum Apulum*, ſéparoit l'Apulie du territoire des *Frentani*; l'*Aufidus* qui, commençant au ſud-oueſt chez les *Hirpini*, remontoit vers le nord-eſt, arroſoit *Canuſium*, & ſe jettoit dans la mer à l'oueſt des *Barduli*; enfin le *Bradanus* qui, coulant de l'oueſt à l'eſt, ſéparoit, par le ſud, l'Apulie de la Lucanie, & ſe rendoit dans le golfe de Tarente, au nord-eſt de *Metapontum*.

Les villes principales étoient, en commençant par le nord, TEANUM APULUM, SIPONTUM, ARPI, LUCERIA, ÆCÆ, ASCULUM, APULUM, VENUSIA ACHERONTIA, CANUSIUM, (c'étoit peu loin de cette ville qu'étoit *Cannæ* ou Cannes) BUTUNTUM, BARIUM. Dans la partie appelée *Meſſapia*, ſe trouvoient à l'eſt BRUNDUSIUM & HYDRUNTUM; dans le golfe, TARENTUM & CALLIPOLIS.

Les ſavans ne ſont pas d'accord ſur l'origine des *Apuli* ou Apuliens. J'ai adopté le ſentiment de M. Freret, qui les ſuppoſe avoir fait partie des *Leburni*, deſcendus, ou plutôt ne faiſant qu'un peuple avec les Illyriens, que l'on compte entre les anciens habitans de l'Italie. *Voyez* le mot ITALIA. Ce pays paſſa aux Romains vers le milieu du cinquième ſiècle de Rome.

APULUM, ville de la Dacie, ſelon Ptolemée.

APUSCIDAMUS, lac d'Afrique, dont parle Pline, mais ſans en indiquer la poſition. Il remarque ſeulement comme une ſingularité que les corps nagent à ſa ſurface.

APYRE, que l'on trouve auſſi écrit APYRÆ & APERRÆ, étoit une ville de la Lycie. Pline & Ptolemée en parlent. Elle étoit ſur le bord de la mer au ſud, aſſez près de *Myra* au ſud-eſt, & du mont *Maſſycites*, qu'elle avoit au ſud-oueſt.

A Q

AQUA. Ce mot, en latin, ſignifie *Eau*: il a ſervi à déſigner dans l'antiquité un fort grand nombre de lieux qui, en effet, renfermoient, ou des eaux en abondance, ou des eaux d'une qualité remarquable, ſur-tout médicinale. Il eſt ſouvent employé au pluriel *Aquæ*.

AQUA CRABRA, eau qui arroſoit la maiſon de campagne de Cicéron à *Tuſculum*. Je m'étendrai un peu ſur ce point d'antiquité, mal connu par Cluvier. Ce ſavant croyoit retrouver cette rivière dans celle que l'on nomme actuellement Marrana, parce qu'en effet elle eſt une de celles qui arroſent la vallée au bas de Fraſcati, autrefois *Tuſculum*; & M. d'Anville paroît, par ſa carte d'Italie, avoir adopté cette opinion. Mais M. l'abbé Chauppy, qui a viſité ce lieu, ayant ſous les yeux un paſſage de Frontin, où il eſt parlé de cette eau, la retrouve plus loin que la Marrana. Je me permettrai même d'inſérer ici la traduction du morceau de Frontin; il eſt curieux ſous pluſieurs rapports.

« Les cenſeurs Servilius Cépion, & Caſſius Longin, dit-il, conduiſirent à Rome, & ſur le mont capitolin de la campagne Lucullane, que quelques-uns penſent avoir appartenu au territoire de *Tuſculum*, l'eau que l'on appelle *Tepulæ*. On en trouve la ſource en allant l'eſpace de dix milles dans la voie Latine; puis, en ſe détournant, dans un chemin de traverſe qui eſt à droite, & dans lequel il faut encore avancer l'eſpace de deux milles. Depuis ce temps, M. Agrippa étant édile après ſon premier conſulat, ayant fait ſuivre dans la même voie Latine juſqu'au douzième mille; en tournant encore à droite l'eſpace de deux milles, on trouva d'autres eaux: on leur donna, par ſon ordre, le nom *Aquæ Juliæ*, ou d'eau jules: au-delà de la ſource de cette eau, appelée *Caput Juliæ*, coule l'eau que l'on appelle *Crabra*, mais à laquelle l'édile ne toucha pas, ſoit qu'il ne la trouvât pas aſſez bonne, ſoit qu'il voulût la laiſſer aux Tuſculans, qui en étoient en poſſeſſion. C'eſt elle en effet, ajoute-t-il, qui ſert à toutes les maiſons de campagne de ce côté, ſelon la part que chacun en a obtenu, & l'heure à laquelle elle lui eſt diſtribuée. Les commis chargés de la conduite des eaux, de notre temps, n'ont pas imité la modération d'Agrippa; ils ont pris la plus grande partie des eaux *Crabra* pour joindre à l'eau jules; mais bien moins pour lui procurer une augmentation dont elle n'avoit pas beſoin, que pour s'enrichir de l'argent qu'ils recevoient de ceux auxquels ils en faiſoient des diſtributions; mais cette eau *Crabra* a été rendue à tout ſon volume par ordre de l'empereur; & les Tuſculans, qui jouiſſent de cette abondance, n'ont pas dû en être peu ſurpris, puiſqu'ils en ignoroient la cauſe ».

On voit donc par ce paſſage, 1°. que cette eau de *Crabra* appartenoit particuliérement aux Tuſculans; 2°. qu'elle avoit ſes ſources plus loin de deux milles que l'eau jules; 3°. qu'elle ſervoit à la plupart des maiſons de campagne de *Tuſculum*. L'auteur que j'ai cité, croit retrouver l'eau *Crabra* dans celle qui forme la caſcade & les autres monumens de ce genre de *la ville* ou maiſon de campagne appelée de *Belvedere*.

AQUA TEPULA. On a vu, par le paſſage de Frontin, cité dans l'article ci-deſſus, que l'eau *Tepula* avoit ſa ſource à dix milles de Rome, en ſuivant la voie Latine. L'auteur Latin dit que cette eau n'avoit pas qu'une ſeule ſource, mais qu'elle étoit formée de la réunion de pluſieurs. Ce caractère se retrouve dans l'eau qui, près de Frascati, se nomme *Pesori*.

AQUA JULIA, ruisseau qui se trouvoit à douze milles de Rome par la voie Latine. Agrippa, lors de son édilité, la fit conduire à Rome, ainsi que la précédente. Il en nomme la source *Caput Juliæ*. Cette eau se retrouve encore sous le nom de *Capo d'Aqua*, au-dessus de Marino.

AQUA FERENTINA. Ce lieu devoit être dans le Latium, près de la montagne où étoit Albe.

AQUA MARCIA. On appelloit ainsi une conduite d'eau considérable qui étoit du côté de Tibur, & qui passoit sous terre pendant un espace assez considérable.

AQUA VIVA, lieu de l'Etrurie, vers le nord de Rome.

AQUÆ, petit lieu du Brutium, près de la mer, au nord-est de *Scylla*.

AQUÆ, bains d'eaux minérales dans la Mauritanie Césariense. Il en est fait mention par Ptolemée; & Antonin, *Itinér.* les met à 25 milles romains de Césarée. Cette ville a été colonie romaine & épiscopale.

AQUÆ, (*Cazalegas*) ancienne & petite ville, qui étoit de l'Espagne Tarragonnoise.

AQUÆ, petit lieu d'Italie, *dans le Picenum*, au sud-ouest d'*Asculum*.

AQUÆ ALBENSES, nom d'une ville d'Afrique, dans la Byzacène. Il en est fait mention dans la conférence de Carthage.

AQUÆ ALBENSES, ville de l'Afrique, dans la Mauritanie Sitifiense. Elle a été épiscopale.

AQUÆ ANGITIÆ, petit lieu d'Italie, dans le *Brutium*, sur la côte occidentale où se trouve le golfe d'*Hipponium*.

AQUÆ APOLLINARES, lieu fameux de l'Italie, dans l'Etrurie, entre *Tarquinii*, au nord-ouest, & *Cære*, au sud-est.

AQUÆ-AUGUSTÆ TARBELLICÆ, (*Acs*, *Acqs*, ou *Dax*) ville de la Gaule, dans la *Novempopulana*, & capitale des *Tarbelli*. Dans la Notice de la Gaule, cette ville occupe le premier rang après la capitale. Ptolemée est le seul qui lui donne l'épithète d'*Augusta*. On présume qu'elle la prit après l'expédition de Messala, qui réduisit entiérement les Aquitains; car ils ne l'avoient été par César que d'une manière passagère.

AQUÆ BELLICUS (*Vasserbilich*), ville de la Gaule, chez les *Sunuci*, selon dom Martin, qui la place au sud-est d'*Orolaunum*, & à l'ouest d'*Augusta Treverorum*. Ce savant y fait passer une voie Romaine, qui n'est pas placée sur la carte de M. d'Anville, non plus que la ville.

AQUÆ BILBILITANORUM, (*Os Banos de Athama*) ancien lieu fameux dans l'Espagne Tarragonnoise, dans le pays de *Bilbilis*, entre cette ville à l'est, *Anacum* à l'ouest.

AQUÆ BORMONIS, (*Bourbon-l'Archambaut*) lieu de la Gaule, chez les *Bituriges Cubi*, dans la première Aquitanie. Elle étoit assez près de l'*Elaver*, ayant au nord-ouest *Tinconcium*, & à l'est, Sitillia, chez les *Boii*.

AQUÆ BORVONIS (*Bourbonne-les-Bains*), lieu de la Gaule où il y avoit des eaux. M. d'Anville le place chez les *Sequani*, tout-à-fait au nord-ouest, entre *Andomaturum* ou *Lingones* à l'ouest, & *Dittatium* à l'est. On y a trouvé une inscription qui porte *Borvoni* & *Monædeo*. Dom Martin ne l'a pas placé sur sa carte non plus que dans son ouvrage.

AQUÆ CALENTES (*Chaudes Aigues*), lieu de la Gaule, chez les *Averni*, au sud. Il y avoit des eaux chaudes, ainsi que son nom l'indique. Elles sont connues par Sidoine Apollinaire. Il faut observer que M. de Valois les confond avec *Aquæ Calidæ*, dont le nom paroît avoir la même signification, mais qui avoient une position différente.

AQUÆ CALIDÆ (*Bagni di Ballicano*), bains de l'Italie, à trois milles de Phiscon.

AQUÆ CALIDÆ, ville d'Afrique, dans la Numidie proprement dite. Cette ville est absolument détruite.

AQUÆ CALIDÆ (*Aigue-Perse*), lieu de la Gaule.

AQUÆ CALIDÆ (*Bath*), lieu de la Grande-Bretagne.

AQUÆ CALIDÆ CILINORUM, ville de l'Espagne Tarraconnoise, selon Ptolemée. Elle étoit à-peu-près au nord de *Barcino*, chez les *Laletani*.

AQUÆ CALIDÆ, *ou* TIBILITANÆ (*Hamman*), sources d'eaux chaudes, qui étoient en Afrique, vers la source du fleuve Armua, à environ dix lieues au sud-ouest d'Hippo Regius. Ptolemée & l'itinéraire d'Antonin en font mention. On y voit un grand quarré, qu'on reconnoît pour un ouvrage des Romains.

AQUÆ CALIDÆ COLONIA (*Mercega*). Ptolemée fait mention de ces bains. Ils étoient dans la Mauritanie Césariense, à l'est-nord-est de Malliana, à moitié chemin entre la mer & le fleuve Chinalaph. On voit, auprès de ces bains, les ruines d'une ancienne ville Romaine.

AQUÆ CALIDÆ (*Vichi*), lieu de la Gaule chez les *Averni*, au nord-est. Ces eaux sont connues par la table Théodosienne, d'après laquelle M. d'Anville les place au sud de *Vorogium*, & au nord-est d'*Augustonemetum* ou *Averni*, tout près & à la droite de l'*Elaver*.

« AQUÆ CALIDÆ (*Aigues Caudes*), source d'eau » vive dans le Béarn », *Dom Martin*: ce savant, les place sur sa carte, à l'est du *Forum Ligneum*. M. d'Anville n'en fait pas mention.

AQUÆ CERETANÆ, petit lieu de l'Etrurie, assez près au nord-ouest de *Cære*.

AQUÆ CILENORUM, lieu de l'Hispanie, au sud-est d'*Iria Flavia*.

AQUÆ CONVENARUM, les eaux d'Encausses, selon dom Martin; & *Capbern* selon M. d'Anville. L'un & l'autre placent ces eaux au sud-est de *Turba* & au nord-ouest de *Lugdunum* ou *Convenæ*, chez les *Convenæ* dont elles portoient le nom. Quelques auteurs ont cru devoir rapporter cette position à Bagnères, mais cela ne s'accorde pas avec les mesures données par les Itinéraires.

AQUÆ CONVENARUM, *ou* AQUÆ ONESIORUM (*Cominge*), ville de la Gaule Narbonnoise.

AQUÆ CUTILIÆ (*Pozzo-Ratignano*), lac ou étang de l'Italie, dans le pays des Sabins. Pline & Denys le nomment *Aquæ Sabinæ*, & selon Strabon, *Aquæ Cotiscoliæ*.

AQUÆ DURÆ (*Alcala del Rio*), lieu de l'Espagne, dans la Bétique. Il en est fait mention dans les auteurs du moyen âge.

AQUÆ FLAVIÆ (*Chaves* ou *Chiaves*), ville de l'Hispanie citérieure, chez les *Callaïci*, au nord-est, dans l'intérieur des terres. On voit, par son nom, qu'il y avoit des eaux en cet endroit. L'empereur Trajan y fit construire un pont magnifique sur la rivière appelée aujourd'hui *Tamaga*.

AQUÆ HELVETICÆ (*Baden* ou *Bade-les-Bains*), lieu de la Gaule, chez les *Helvetii* au nord, entre Vindonissa à l'ouest, & *Vitodurum* à l'est.

AQUÆ LETINATÆ (*Sardara*), ville de l'île de Sardaigne.

AQUÆ LEÆ, lieu de l'Hispanie, à l'embouchure du *Mincius*.

AQUÆ MARTIÆ, dans laquelle on fit un crime à Néron de s'être baigné chez les *Alemani*.

AQUÆ MATTIACÆ, *Hist.* vol. *XIV*, *158*.

AQUÆ MORTUÆ (*Aigues-mortes*). On prétend qu'elle fut premiérement bâtie & peuplée de citoyens Romains par Marius, & appelée de son nom *Fossæ Marianæ*.

AQUÆ NERÆ *ou* NERI (*Neris*), lieu de la Gaule, chez les *Bituriges Cubi*, au sud, entre *Mediolanum* au nord-est, & *Cantilia* vers le sud-est. On lit, dans la table Théodosienne, *Aquæ Neri*, mais *Neræ* paroît plus conforme au génie de la langue Latine. Dom Martin écrit sur sa carte *Neris*; c'est mettre le nom moderne avec le nom ancien.

AQUÆ NISINEII (*Bouron-Lamy*), lieu de la Gaule, où il y avoit des eaux thermales, chez les *Ædni*, au sud. C'est la table Théodosienne qui nous fait connoître ce lieu au sud-est de *Decetia*, & à l'ouest de *Telonnum*. Dom Martin, qui lui donne même position, écrit sur sa carte & dans son ouvrage, *Nilinei*.

AQUÆ NEAPOLITANÆ, nom d'une ville de l'île de Sardaigne.

AQUÆ ONOSIÆ. Dom Martin prétend que ce lieu, connu par Strabon, est actuellement *Bagnères*. Plusieurs inscriptions, trouvées dans ce lieu même, prouvent que les Romains le connoissoient sous le nom d'*Aquensis Vicus*. Il est possible que ce soit le même lieu. *Voyez* AQUENSIS VICUS.

AQUÆ ORIGINES, lieu de l'Hispanie, au pays des Callaïques, sur le *Minius*, au nord-est de *Tyde*.

AQUÆ PASSARIS, lieu de l'Italie, dans l'Etrurie.

AQUÆ PISANÆ, petit lieu de l'Etrurie, au nord-est de Pisa, où sont encore des bains célèbres.

AQUÆ POPULONIÆ, petit lieu de l'Etrurie, sur la route de *Russellæ* à *Vetulonii*, entre *Salebro* au sud-est, & *Manliana* au nord-ouest,

AQUÆ QUERQUERNÆ, lieu de l'Hispanie, chez les Callaïques, entre *Aquæ Origines* & *Nemetobriga*.

AQUÆ QUINTIANÆ, lieu de l'Hispanie, dans le pays des Callaïques, vers le sud-est de *Lucus Augusti*.

AQUÆ REGIÆ, ville d'Afrique, dont fait mention l'itinéraire d'Antonin. Elle étoit située à quelques milles au sud de Turzo, & on voit encore de ses ruines.

AQUÆ SALVIÆ, nom d'un lieu fameux en Italie, à trois milles de Rome. Elle étoit épiscopale, & l'évêque de cette ville étoit suffragant de l'archevêché de Carthage.

AQUÆ SEGESTE (*Ferrieres*), lieu distingué par des eaux minérales, chez les Senonois. M. d'Anville, qui a savamment discuté la position de ce lieu, connu par la table Théodosienne, le retrouve dans Ferrières, près la route de Montargis, & où il y a encore des eaux. *Aquæ Segeste* avoit au sud-ouest *Genabum*, & au nord-est *Agedincum*.

Dom Martin, qui ne connoissoit pas la notice de la Gaule que M. d'Anville a publiée en 1760, & qui cite ses *éclaircissemens*, dit qu'*Aquæ* ou *Aquis* (comme il l'écrit) *Segeste* répondoit à *Sevinière*, près de Châtillon-sur-Loire. Il est vrai que l'on a trouvé des vestiges en ce lieu; mais M. l'abbé le Beuf les attribue à l'ancienne *Belca Carnutum*. Dom Martin paroît avoir méconnu le lieu suivant.

AQUÆ SEGESTE (*Aissumin*), lieu de la Gaule, chez les *Segusiani*. Il n'est connu que par la table Théodosienne, qui le marque comme ayant eu des eaux thermales. On avoit cru devoir n'en faire qu'un avec le lieu précédent, comme si deux lieux où étoient des eaux ne pouvoient pas porter un même nom; & comme si la table ne les indiquoit pas d'une manière bien distincte. M. d'Anville le place près du *Liger*, au sud de *Forum Segusianorum*, & au nord-ouest, & démontre une correction à faire dans les chiffres de la table.

AQUÆ SEXTIÆ, *ou* AQUIS SEXTIIS (Aix en Provence), ville de la Gaule, chez les Salyes, dans la seconde Narbonnoise, au nord de *Massilia*.

Cette ville doit son origine à une garnison de soldats Romains, que le consul C. Sextius Calvinus mit dans l'endroit même où il avoit défait les Salyes, cent vingt ans avant l'ère vulgaire.

Il y avoit des eaux minérales en ce lieu, que le consul fortifia, & y laissa une garnison qui devoit défendre le poste & veiller à la défense des Marseillois. Accrue ainsi successivement, *Aquæ*, qui avoit le surnom de *Sextiæ*, devint une ville qui, selon Pline, jouissoit du Droit Latin. Elle eut le titre de colonie de Jules-César, *Colonia-Julia*; parce que ce dictateur la fit fonder en même temps que celle d'Arles, quarante-six ans avant Jesus-Christ, l'an 707 de Rome : elle devint ensuite métropole, & elle la fut de la seconde Narbonnoise.

Sidoine Apollinaire remarque qu'elle fut illustrée par deux victoires ; la première fut celle de Sextius sur les Salyes ; la seconde, environ vingt ans après, celle de Marius sur les Ambrons & les Teutons. Car on croit que la bataille se donna près du *Laris* (le Lar), à environ quatre lieues d'*Aquæ Sextiæ*.

Le monument où il est fait mention de la colonie qu'établit dans cette ville Jules-César, fut élevé par Sextius Florus. Il paroît qu'Auguste renouvella cette colonie ; car sur une inscription rapportée par Scaliger & par Gruter, on lui donne le titre de *Colonia Julia Augusta*.

M. Fronton & L. Sextius étoient du nombre des six prêtres destinés à servir dans le temple qu'Auguste avoit à Aix. Après sa mort, l'empereur Tibère ayant fait son apothéose, lui décerna un temple particulier ; au lieu qu'Auguste n'en avoit souffert aucun de son vivant. Le même Fronton étoit négociant à Arles, & faisoit le commerce maritime.

La ville d'*Aquæ Sextiæ* avoit un corps de décurions ou un sénat.

Cette ville a toujours tenu un rang distingué dans la province, dont elle devint la capitale vers la fin du quatrième siècle, quand on fit la division des deux Narbonnoises. Il est à présumer que le préteur de la province y fit alors son séjour.

AQUÆ SICCÆ (peut-être *Seiches*), lieu de la Gaule, que fait connoître l'itinéraire d'Antonin. Ce n'est qu'en corrigeant l'itinéraire que l'on peut rapporter ce lieu à Seiches. M. d'Anville place *Aquæ Siccæ* au sud-ouest & près de *Tolosa*, & au nord-est de *Vernosol*.

Dom Martin admet une bien plus grande distance, parce qu'il suit exactement l'itinéraire, selon lequel il faut compter de *Calaguris* à *Aquæ* XVI ; de ce lieu à *Vernosole* XV ; & de *Vernosole* à *Tolosa* XV. M. d'Anville s'est conformé au sentiment de M. Valois & de M. Wisseling ; mais en même temps il indique quelles corrections ce changement entraîne.

AQUÆ STATIELLÆ, ville de l'Italie, sur la route de Gênes à Tortone. Pline la nomme *Aquæ Statiellorum*.

AQUÆ TARBELLICÆ, *Hist.* vol. *XIV*, 162.

AQUÆ TARBELLICÆ. *Voy.* AQUÆ AUGUSTÆ TARBELLICÆ.

AQUÆ TAURI. Cluvier place un lieu de ce nom dans l'Etrurie.

AQUÆ VETERES, que l'itinéraire d'Antonin place vers les embouchures du Rhin, sont évidemment Oudewater.

AQUÆ VOCONIS, lieu de l'Hispanie, au sud-est de *Gerunda*.

AQUÆ VOLATERRANÆ, lieu de l'Italie, dans l'Etrurie, au sud de *Volateræ*, mais de l'autre côté de la *Cecina*.

AQUENSES TAURINI, peuple d'Italie, dont Pline parle *l. II, c. 5*. Le P. Hardouin dit qu'ils étoient ainsi nommés, à cause des eaux ou bains surnommés *Taurinæ*. Ce lieu étoit près de Civita-Vecchia.

AQUENSES VICANI, « ceux de la ville de Dacqs ». *Dom Martin.*

AQUENSIS, « citoyen de Bade ». *D. Martin.*

AQUENSIS COLONIA, « la ville d'Aix en Pro-» vence ». *Dom Martin.*

AQUENSIS, nom d'un siège épiscopal de l'Afrique, dans la Mauritanie Césariense, selon la notice épiscopale d'Afrique.

AQUENSIS, siège épiscopal d'Afrique, dans la Byzacène, selon la conférence de Carthage.

AQUENSIS VICUS (*Bagnères*). « Plusieurs inscriptions trouvées à Bagnères font connoître que » ce lieu existoit sous les Romains, & les habitans » sont nommés *Aquenses*. Oihenart rapporte une » inscription qui désigne les bains qui ont donné » le nom à Bagnères : on y lit Nymphis, *pro salute* » *suâ* ». *Notice des Gaules de M. d'Anville.*

Ce lieu de la Gaule étoit aussi nommé *Aquæ Bigerronum*.

AQUIABENSIS, siège épiscopal d'Afrique, dans la Byzacène, selon la conférence de Carthage.

AQUICALDENSES, peuple de l'Hispanie, & nommé ainsi par Pline. Il faisoit partie des *Ansetani*. C'étoient, à ce qu'il paroît, les habitans d'un lieu que Ptolemée nomme Ὑδατα θερμα, que l'on a rendu par *Aquæ Calidæ*. On croit que c'est actuellement *Cadès*, à quatre lieues de Barcelone.

AQUILA, nom d'une rivière de la Scythie, près du mont Caucase.

AQUILA. *Voyez* AQUILEIA.

AQUILARIA (*Lawhareah*), ville de l'Afrique, qui étoit située à l'est-nord-est de Nisua, au sud-ouest du promontoire de Mercure.

Jules-César, *de bell. Civil.*, dit que ce fut-là que Curion débarqua les troupes, qui furent ensuite taillées en pièces par Saburra.

AQUILEIA (*Aquilée*), sur le bord de la mer, à l'entrée du golfe Tergestinus (golfe de Trieste), devint très-célèbre : elle avoit été bâtie, selon Strabon (*l. V*) pour contenir les Barbares, lorsque l'empire des Romains ne s'étendoit pas plus loin de ce côté. On rapporte cet événement au consulat de Sp. Postumius Albinus & de Q. Marcius Philippus : on y conduisit une colonie. Quelques auteurs ont dit qu'elle avoit pris son nom d'*Aquileia*, de ce qu'un aigle, en latin *Aquila*, voloit du côté droit, lorsque l'on s'occupoit de sa fondation (1). Cette place, devenue importante, fut une des premières dont s'emparèrent les partisans de Vespasien en Italie, l'an de J. C. 69. Cent ans environ depuis, l'an de J. C. 166, les empereurs Marc-Aurèle &

(1) On voit que c'est un conte. *Aquileia* s'étoit formé d'*Aquila*, nom de l'étendard des Romains, parce qu'une légion avoit long-temps campé en ce lieu.

Vérus y passèrent l'hiver pour être plus à portée d'entrer de bonne heure en campagne contre les Marcomani : mais peu après, en 170, ces mêmes peuples ayant défait Vindex, préfet du prétoire, entrèrent en Italie, & furent sur le point de s'emparer d'*Aquileia*, elle eut encore plus à souffrir l'an de J. C. 238, de la part de Maximin, auquel elle avoit fermé ses portes. Il en ravagea les fauxbourgs & les environs : mais il n'eut pas le bonheur de la prendre, ni de survivre à cette entreprise ; car, comme on sait, il fut tué avec son fils par les troupes prétoriennes. On doit remarquer, à l'avantage des habitantes d'Aquileia, que, pendant le siège, elles avoient coupé leurs cheveux pour faire des cordes, au défaut de celles dont on manquoit pour les arcs.

AQUILEIA (*Aquapendente*), petite ville de l'Italie, dans l'Etrurie, au sud-est de *Florentia*.

AQUILINA SILVA, nom d'une forêt de la Gaule.

AQUILONI, *ou* AQUILONIA, ville d'Italie, dans l'Apulie, différente d'une autre *Aquilonia*, qui étoit plus au sud. Celle-ci se trouvoit sur la route de *Beneventum* à *Canusium*, entre *Æquus Tullicus*, au sud-ouest, & *Æce* au nord-est. Elle doit avoir existé vers le lieu nommé actuellement le *Bucco di Troïa*.

AQUILONI. C'étoit, selon Pline, le nom des habitans de la ville d'*Aquilonia*, dans l'Apulie, en Italie.

AQUILONIA, ville de l'Italie, dans l'Apulie, sur la route de *Beneventum* à *Venusia*. Elle avoit d'abord appartenu aux Samnites. Car Tite-Live, en parlant de la guerre que leur faisoient les Romains, dit, en parlant d'*Aquilonia* .... *Ubi summa rei Samnitium erat*. Ce ne fut donc que depuis qu'elle fut comprise dans l'Apulie.

AQUINEUM, nom d'une ville de la Basse Pannonie, selon Ptolemée & Antonin.

La notice de l'empire, *sect. 57.*, y met une partie de la seconde légion *Adjutrix*.

AQUINUM, ville de la Gaule Cisalpine, sur le *Scultena*, au sud-ouest de *Bononia*.

AQUINUM (*Aquino*), ville d'Italie, dans le Latium, sur les frontières de la Campanie. Elle se trouvoit sur la voie Latine, & cette ville étoit fort considérable ; on en voit encore des restes, tels que les ruines d'un théâtre & d'un amphithéâtre. La ville moderne est peu de chose. Le poëte Juvénal étoit de cette ville.

C'est à tort que dans quelques ouvrages de géographie moderne, au mot *Aquino*, on lit qu'elle fut la patrie de S. Thomas, surnommé d'Aquin. Barrius a très-bien prouvé que ce Saint étoit né à Belcastro en Calabre ; mais qu'étant né de la maison d'Aquin, alors maîtresse de la ville, il avoit conservé le nom de sa Maison.

AQUISIRENSIS, ville de l'Afrique, dans la Mauritanie Césariense, selon la notice d'Afrique.

AQUITANI, peuple de la Gaule, situé entre la Garonne & les Pyrénées. César sépare les Aquitains des Celtes ou Gaulois ; c'est qu'en effet ils étoient d'une nation différente, & tiroient leur origine de l'Hispanie. Ils étoient divisés en plusieurs peuples ; mais celui qui avoit conservé le nom d'Aquitain, occupoit le pied des Pyrénées, où se trouvent le Béarn & le diocèse d'Auch.

« Les Aquitains étoient bien plus rusés que les » Gaulois ; aussi leur ressembloient-ils moins qu'aux » Espagnols, dont ils étoient limitrophes, & dont » ils avoient le teint, l'air & les manières. Ils étoient » riches, polis, & affectoient une grande propreté, » d'où ils passèrent insensiblement dans la mollesse » & la corruption : ce qui a fait dire à Salvien que » les Aquitains, entre tous les peuples de la Gaule, » se distinguoient tant du côté des vices que du » côté des richesses. C'est dans cet état que les » Romains les attaquèrent. Les Aquitains eurent » beau se défendre, ils furent forcés de subir le » joug avec le reste des Gaules. Deux choses con- » tribuoient à leurs richesses ; l'abondance des » mines, & leur commerce sur terre & sur mer. » Le rhéteur Eumènes nous apprend qu'ils avoient » un grand soin de provigner leurs vignes & de » les multiplier ».

AQUITANIA, l'Aquitaine, province considérable de la Gaule Transalpine, ou Gaule proprement dite. Les Romains avoient d'abord donné le nom de *Provincia* à leur première conquête dans la Gaule : elle avoit pour bornes à l'ouest les Cevennes (*Cebenna mons*). Le pays qu'ils conquirent au-delà fut nommé par eux *Aquitania* ou Aquitaine. On pense que ce mot, formé évidemment d'*Aqua*, avoit pour cause l'abondance des eaux que l'on trouve dans cette région. Quelques auteurs ont pensé que le nom d'Aquitanie fut d'abord donné au pays situé au-dessous des Alpes, à cause de l'abondance des eaux thermales qui s'y trouvent. Quoi qu'il en soit, du temps d'Auguste, on comprit deux provinces sous les noms d'Aquitanie première & seconde : au temps d'Honorius, il y en eut une troisième : ce fut la province qui avoit porté précédemment le nom de Novempopulanie.

NOMS DES PEUPLES, AVEC LEUR CITÉ, DES TROIS AQUITAINES.

		Peuples.	Capitales. Noms anc.	Capitales. Noms modern.
L'Aquitanie étoit divisée en	Première	Bituriges Cubi.	Avaricum.	Bourges.
		Lemovices.	Augusturatum.	Limoges.
		Arverni	Augustonemetum.	Clermont.
		Vellavi.	Revessio.	S. Paulien.
		Gabali.	Anderitum	Javols.
		Cadurci	Divona	Cahors.
		Ruteni.	Segodunum	Rhodès.
		Ruteni Provinciales.	Albiga.	Albi.
	Seconde	Pictones	Limonum	Poitiers.
		Santones.	Medionalum.	Saintes.
		Buturiges Vivisci.	Burdigala	Bordeaux.
		Petrocorii	Vesunna	Périgueux.
		Nitiobriges	Aginnum	Agen.
	Troisième *ou* Novem-Populanie.	Vasates.	Cossio.	Bazas.
		Tarbelli	Aquæ Augustæ.	Dax.
		Tarusates	Vicus Juli *ou* Alures.	Aire.
		Elusates	Elusa	Ciutat.
		Ausci.	Celimberis.	Auch.
		Benehardi	Beneharnum	*détruite.*
		Bigerrones.	Turba.	Tarbes.
		Boii	Boates	Tête de Buch.
		Convenæ	Lugdunum	S. Bertrand.
		Consoranni.	Consoranni.	S. Lizier.
		Lactorates	Lactora.	Lectoure.

Nota. Presque toutes ces villes ont perdu leur premier nom, & pris celui du peuple auquel elles appartenoient.

1°. La première Aquitaine avoit au nord les *Aureliani*, qui appartenoient à la quatrième Lyonnoise ; à l'est, les *Senones*, les *Ædui* & les *Segusiani*, qui appartenoient à la première Lyonnoise, les *Helvii*, qui appartenoient à la Viennoise ; enfin, les *Volcæ Arecomici*, qui appartenoient à la première Narbonnoise : elle avoit au sud les *Volcæ Arecomici*, les *Umbranici* & les *Tolosates*, qui appartenoient à la première Narbonnoise ; à l'ouest, elle avoit les *Nitiobriges* & les *Petroconi* & les *Pictone*, qui appartenoient à la seconde Aquitaine.

Elle avoit environ quatre-vingt-quatre lieues du sud au nord, & quarante dans sa plus grande largeur. *Avaricum*, qui prit ensuite le nom de *Biturigæ*, en étoit la métropole.

2°. La seconde Aquitaine, qui étoit vers la mer, avoit au nord le fleuve *Liger*, qui la séparoit de la troisième Lyonnoise ; à l'est les *Bituriges*, les *Lemovices* & les *Cadurci*, qui, comme on vient de le voir, appartenoient à la premiere Aquitaine ; au sud, les *Vesales* & les *Cecosates*, qui appartenoient à la Novem-populanie, ou troisième Aquitaine ; enfin à l'ouest de la mer. Elle renfermoit aussi les *Meduli*, sur la gauche de la *Garumna*, vers son embouchure.

Elle avoit environ soixante-trois lieues de long sur quarante dans sa plus grande largeur. *Burdigala* en étoit la métropole.

3°. La troisième Aquitaine avoit pour bornes au nord les *Bituriges Vivisci*, qui appartenoient à la seconde Aquitaine ; à l'est les *Nitiobriges*, qui étoient aussi de la seconde ; & les *Volcæ Tectosages*, qui étoient de la première Narbonnoise ; au sud les Pyrénées ; à l'ouest la mer.

Cette province pouvoit avoir quarante lieues de long & autant de large.

Je n'ai nommé que les principaux peuples ; les autres se trouveront à leur article particulier. Les deux Aquitaines, première & seconde, furent conquises par César ; la troisième le fut par ses lieutenans. Les peuples de cette province furent difficiles à soumettre ; ils se révoltèrent à plusieurs reprises.

Ce fut par une suite de l'état de foiblesse où se trouvoit alors l'empire, que l'empereur Honorius céda aux Wisigoths la partie de la Narbonnoise que l'on appella ensuite Septimanie ; mais bientôt ils s'emparèrent de l'Aquitanie, & demeurèrent en possession des

des trois provinces de ce nom jusqu'au temps de Clovis.

C'est à l'histoire moderne à montrer l'Aquitanie sous la dépendance des rois de Neustrie & de ceux d'Austrasie; puis, sous des ducs que les peuples se choisirent, & enfin revenues sous la puissance de nos rois.

A R

ARA, ville ou canton de l'Assyrie. C'est-là que les Israélites des dix tribus furent transportés par Teglathphalasar, selon le premier livre des Paralipomènes.

ARA AMORIS, nom d'un cap de l'Ethiopie, sur le golfe Arabique, selon Ptolemée.

ARA CÆSARIS (*Arsago*), lieu de l'Italie, dans l'Insubrie, à dix milles au nord de *Melodunum*.

ARA DECII, nom d'un lieu marécageux de la Mœsie.

Les généraux de Decius s'y dévouèrent, selon Pomponius Lætas, qui cite Jornandès.

ARA DRUSI, autel de Drusus. Je ne parlerois pas de ce monument, s'il n'étoit une nouvelle preuve de ce que j'ai dit ailleurs de la puissance des Romains, dans tout le pays que comprennent actuellement les Provinces-Unies. On trouve ce monument sur les confins de la Dreuth & de l'Overyssel. Il est près du château de Benthem, bâti sur les ruines d'un ancien Fort. On voit, à peu de distance, deux pierres couchées l'une sur l'autre, que l'on nomme dans le pays *Droes-Stoel*, & quelquefois *Droes-Kussen*, c'est-à-dire, *Siège* ou *Coussins de Drusus*. C'est une tradition constante dans le pays, que c'étoit en ce lieu que Drusus rendoit la justice.

Il est constant au moins que ce Romain fit quelque séjour dans la Frise. Un historien moderne rapporte que sa sévérité avoit imprimé tant de terreur à ce peuple, que la menace de sa colère valoit une imprécation, & que l'on se sert encore de son nom pour faire peur aux petits enfans. Il avoit érigé deux tribunaux champêtres de même genre, l'un chez les Canifates, qui s'attirèrent la colère de Tibère pour l'avoir renversé; & l'autre auprès d'Elsen, que les Cattes détruisirent dès que ce prince fut mort.

ARA FLAVIA, *ou* ARÆ FLAVIÆ, colonie dans la Germanie. Il en est fait mention sur une médaille de Domitien.

ARA JOVIS MONTANI, lieu près de l'Isthme de la Chersonnèse de Thrace, entre Ptéloé & Leucé-Acté. Démosthène, *in Halones*, dit que c'est la borne de la Chersonnèse.

ARA JOVIS PANOMPHÆI, lieu de la Troade, entre les promontoires Sigée & Rhoetée, selon Ovide, dans son second livre des *Métamorphoses*.

ARA LUGDUNENSIS. « Cet autel fut consacré à » Auguste, par le concours de soixante cités de la » Gaule, l'an de Rome 742, dix ans avant l'ère » chrétienne, sur la pointe de terre formée par le » confluent du Rhône & de la Saône : cette pointe » est appellée, dans les écrits du moyen âge, *Atta-* » *nacum* : c'est la pointe d'Annai. Il faut savoir que » Lyon, dans sa fondation, bordoit le rivage droit » de la Saône, & n'occupoit pas, comme aujourd'hui, » l'espace renfermé entre les deux rivières..... Cali- » gula institua des jeux en ce lieu-là, & il y eut » une dispute d'éloquence grecque & latine entre » des rhéteurs..... Dion Cassius dit que de son temps » deux siècles après Auguste, l'autel & les honneurs » rendus à cet empereur, subsistoient encore ». *Not. de la Gaule, de M. d'Anville.* Juvénal en fait mention dans sa première satyre, *v. 44.*

ARA TUTILA, ville ancienne, qui étoit située sur la côte orientale de l'île de Corse, selon Ptolemée.

ARA UBIORUM (*Gots-Berg*). La position de ce lieu a été un objet de discussion entre les savans. Il est sûr qu'il appartenoit à la Gaule, &, dans celle-ci, à la seconde Germanie. Mais son emplacement est-il occupé par la ville de Cologne ou par celle de Bonn? M. d'Anville, d'après l'analyse des Itinéraires, en conclut, que l'*Ara Ubiorum* étoit sur un lieu élevé, appelé aujourd'hui *Gots-Berg*, ou *Montagne-Sainte*, ou *Mont-de-Dieu*, ce qui convient bien à un lieu où il y avoit un autel.

Une légion romaine appelée *Prima legio*, avoit son quartier en cet endroit.

ARAB, ville de la Palestine, dans la tribu de Juda, selon le livre de Josué, *ch. 15.*

ARAB-ÆGYPTII, nom d'un peuple Arabe, dont il est fait mention par Ptolemée. Ils habitoient aux confins de l'Egypte, au bord oriental de la mer Rouge.

ARABA, ville de la Palestine, dans la tribu de Benjamin, selon le livre de Josué.

ARABA. Saint Jérôme fait mention d'un lieu de ce nom, qu'il place aux confins de la Diocésarée.

ARABA, village que saint Jérôme place à trois milles, vers l'occident de Scythopolis.

ARABA, ville de l'Ethiopie, sous l'Egypte, qui étoit située sur le bord du Nil, selon Pline.

ARABEIA, ancienne ville de la Sicile, dont fait mention Silius Italicus.

ARABES, les Arabes. Ce nom, porté jusqu'à présent par le même peuple, & écrit par Moyse *Arabah*, signifie, en langue orientale, Occidentaux. Il fut donné à l'Arabie, par opposition à la partie appelée *Kedem*, c'est-à-dire, l'Orient, que l'on conjecture être la Chaldée, qui étoit en effet à l'orient des terres situées au nord de la presqu'île qui porte encore le nom d'Arabie. Les premiers habitans de l'Arabie que nous fasse connoître le texte de Moyse, sont les *Casluhim*, descendus de Misraïm; les *Caphtorim* & les *Horites*. Dans la suite, Ismaël & ses descendans s'établirent dans ce même pays : les derniers de tous furent les Iduméens. Mais les fils de Jecton, puis les *Cushites*, établis dans la partie orientale, s'étendirent de ce même côté. Ils partagent l'honneur d'avoir donné naissance aux Arabes actuels. Ces premiers peuples ont été inconnus aux auteurs Grecs & Latins.

Nous ne connoissons pas d'auteur qui, avant Ptolemée, ait partagé l'Arabie en Arabie *pétrée*, répondant à l'ancienne Arabah; en Arabie *déserte* & en Arabie *heureuse*, comprises par les Hébreux, sous le nom de Kedem. Ce n'est pas ici que je dois faire connoître l'étendue de chacune de ces provinces; je ne veux que nommer les principaux peuples que l'antiquité leur attribue. *Voyez* Arabia.

Arabie pétrée. Les principales nations de l'Arabie pétrée étoient les *Ismaélites*, les *Nabatæi*, les *Cedrei* ou *Kedareni* & les *Agareni* ou *Hagareni*. Peut-être faut-il leur ajouter les *Mehunim*, qui demeuroient près de l'Egypte. *Voyez l'article particulier de chacun de ces peuples, aussi-bien que les suivans.*

Arabie déserte. Les *Cauchabeni*, selon Ptolemée, habitoient la partie de cette province, qui est arrosée par l'Euphrate, au lieu que les *Batanæi* faisoient leur séjour vers les confins de la Syrie. Les *Agubeni* & les *Raabeni* étoient plus au sud, vers les frontières de l'Arabie heureuse; & les *Orcheni* faisoient leur demeure près du golfe Persique. Au-dessus des *Cauchabeni*, près des frontières de la Babylonie, habitoient les *Æsitæ*, & au-dessus des *Rhaabeni* les *Masani*. Les *Agræi* étoient situés plus avant dans le pays, & dans les endroits montueux, à une médiocre distance de la Chaldée, les *Marteni* ou *Martini*. Toutes ces nations étoient fort obscures.

Arabie heureuse. Strabon dit que de son temps elle étoit divisée en cinq royaumes. Les principaux peuples que les Anciens y fassent connoître, sont les *Sabæi*, les *Gerræi*, les *Minæi* ou *Minnæi*, les *Attramitæ*, les *Maranitæ*, les *Catalani*, les *Ascitæ*, les *Homeritæ*, les *Saphoritæ*, les *Omanotæ*, les *Saraceni*, les *Nabathæi*, les *Thamydeni*, les *Bizomenæ*.

On voit, par les auteurs, que de ces peuples les uns habitoient en pleine campagne sous des tentes; d'autres étoient fixés dans des villes. Les premiers étoient soumis à des chefs qui les gouvernoient, comme le sont, à-peu-près, les Benoüins de nos jours, & autres. Eratosthène, cité par Strabon, nous apprend que plusieurs villes d'Arabie étoient gouvernées par leurs propres princes. Mais, remarque Strabon, la succession n'y étoit pas héréditaire. Le premier enfant-né dans quelques-unes des familles nobles, après l'avénement d'un prince au trône, étoit reconnu pour l'héritier présomptif. Ainsi, dès qu'un prince parvenoit au trône, on faisoit une liste de toutes les femmes mariées, & des nobles enceintes; & dès-lors elles étoient gardées & servies d'une façon particulière, jusqu'à ce qu'une d'elles accouchât d'un fils, qui recevoit une éducation convenable à sa destination.

Nous ne savons guère de leurs institutions civiles que ce qui suit : 1°. l'ordre de succession dont je viens de parler; 2°. quand les Sabéens conféroient la puissance suprême à leur roi, la cérémonie s'en faisoit par tout le peuple assemblé; 3°. il étoit défendu au roi de sortir de son palais, dès qu'il avoit une fois pris les rênes du gouvernement; 4°. ses sujets avoient le droit de le lapider, en cas qu'il lui arrivât de violer cette loi; 5°. cependant ils lui devoient l'obéissance la plus absolue, en cas que ses ordres ne fussent point opposés à la condition fondamentale dont je viens de faire mention.

Quant à la religion, on peut croire qu'ils eurent d'abord la connoissance du vrai Dieu, telle que l'avoient Abraham, Isaac & Jacob. Mais bientôt les astres devinrent les objets de leur culte. Il semble assez naturel de croire que ce fut la première espèce d'idolâtrie. Aussi Pausanias la regarde-t-il comme très-ancienne, puisqu'il dit qu'avant l'arrivée des Pelasges dans la Grèce, on y avoit déjà élevé des statues en l'honneur des planètes. Non-seulement la beauté de ces corps plus ou moins lumineux, & l'influence du soleil sur toutes les opérations de la nature, leur avoient imprimé une vénération profonde pour ces êtres si fort supérieurs à eux en grandeur & en étendue; mais allant plus loin, ils ne les regardoient que comme les habitations d'une sorte d'intelligence qui en dirigeoient les opérations. Cependant, malgré cette multiplicité d'êtres occupés du gouvernement de l'univers, il paroît que les Sabéens ont admis l'unité d'un Dieu. Dans la suite, ceux qui suivoient ce culte, formèrent une secte à part, & le reste de la nation s'adonna au culte des idoles. Cependant la religion judaïque & chrétienne s'introduisirent parmi les Arabes. Aussi Mahomet ne crut-il pas devoir proscrire absolument leurs dogmes.

Placés sous un beau ciel, & doués d'un génie ardent, les Arabes furent long-temps poëtes & orateurs avant d'être écrivains. Selon leurs propres auteurs, leur Langue avoit acquis, depuis long-temps, toute sa perfection, lorsqu'ils commencèrent à avoir un alphabet. Les plus anciens caractères furent ceux de la nation Hamyarites auxquels succédèrent les caractères cufiques, en usage au temps de Mahomet, & différent des caractères modernes. Ils portèrent très-loin le talent dans la poésie & dans l'éloquence. On cite le nom de sept poëtes, qui méritèrent que leurs ouvrages fussent suspendus dans le *Caaba*, c'est-à-dire, la maison carrée, qu'ils croient avoir été bâtie à la Mecque par Ismaël, & qui y est, il est vrai, très-ancienne.

Ces anciens Arabes partageoient l'année en six saisons : 1°. la saison des herbes, des fleurs, &c.; 2°. l'été; 3°. la saison chaude; 4°. la saison des fruits; 5°. l'automne; 6°. l'hiver. Leur année étoit lunaire, & comprenoit douze mois, formant en tout 354 jours: mais pour rapprocher cette année de l'année solaire, de 365 jours, ils intercaloient un mois toutes les quatrièmes années. Ils connoissoient aussi l'usage des semaines, ou de la période de sept jours, dont quatre sont une révolution lunaire.

Les principales sciences dont s'occupassent les Arabes, étoient, 1°. la connoissance de leurs généalogies & de leur histoire; 2°. l'astronomie; 3°. l'interprétation des songes. De l'astronomie, très-simple d'abord, & réduite par eux à quelques observations, étoit née l'astrologie, science vaine, mais qui n'a pas moins été en vogue chez les nations occidentales.

Les Arabes cultivèrent de bonne heure l'art de dresser les chevaux, de se servir de l'arc & de la lance. Il paroît aussi qu'ils ont pratiqué de temps immémorial l'usage de faire des courses & de piller les voyageurs, quoique d'ailleurs doux & hospitaliers, quand on imploroit leur assistance. Ceux qui habitoient les villes cultivoient l'agriculture, nourrissoient du bétail & s'adonnoient au commerce. Quant à ce que les Anciens ont dit de tout l'or qui se trouvoit dans l'Arabie heureuse, je crois pouvoir en douter. L'éloignement, l'abondance des aromates, les richesses de quelques villes commerçantes, & le nom de *Felix* ou d'*heureuse*, qu'on lui avoit donné en la comparant aux deux autres Arabies, ont fait, je crois, imaginer qu'il n'y manquoit rien de ce qui produit la richesse. De-là cette abondance d'or chez les *Alilæi* & les *Cassandrini*, qui donnoient le double de poids de ce métal pour se procurer du fer, & dix fois le poids pour avoir de l'argent; de-là aussi ces morceaux d'or, gros comme des noyaux d'olive, même comme une noix, qui s'y trouvoient, disoit-on, dans la terre. Diodore ajoute même que cet or avoit tant d'éclat, que quand on y enchâssoit quelque pierre précieuse, l'éclat de la pierre en étoit augmenté.

Les Arabes s'occupèrent de commerce, & les préjugés sur l'or de leur pays ne pouvoient avoir que cette cause. On voit même dans la suite de leur histoire que la Perse leur fut soumise: ils allèrent même jusqu'à la Chine, & ils avoient un cadhy à Canton. En 758 ils assiégèrent cette ville, & y pillèrent & brûlèrent les magasins. Le commerce reprit en 798, sous le calife Haroun.

La nature de cet ouvrage ne me permet pas de placer ici l'histoire des Arabes. Je ne dirai qu'un mot de l'origine qu'ils s'attribuent. Selon eux, le plus ancien de leurs ancêtres est Kahtan, que nous croyons être le Jectan, fils d'Heber, de l'Ecriture-Sainte. Ce Kahtam eut treize fils, qui peuplèrent d'abord les parties septentrionales de l'Arabie, puis s'étendirent dans la presqu'île; d'eux sont descendus les véritables Arabes, ceux qui les premiers eurent des habitations dans le pays qui porte leur nom.

Lorsque dans la suite Ismaël eut été chassé de la maison d'Abraham par son propre père, il se retira, ou plutôt il fut mené, par sa mère Agar, dans le désert de Bethsabée; puis ayant épousé une femme Egyptienne, comme le dit l'écriture, il habita le désert de Pharan, & eut une nombreuse postérité; de-là l'autre espèce d'Arabes appelés Bédouins, habitant sous des tentes, courant après les caravanes, & pillant leurs voisins, sous prétexte de reprendre leur part de l'héritage dont fut dépouillé leur père Ismaël.

Voilà quels furent les commencemens des Arabes: au reste, aucun peuple n'a mieux conservé son indépendance & ses anciennes coutumes.

Si l'on en excepte ce qui est dit des grandes conquêtes de Sésostris, on peut croire que la domination des rois d'Egypte ne s'étendit pas sur les Arabes. D'un autre côté, les Assyriens, les Perses, ne firent presque aucune conquête sur eux; & même, selon Hérodote, Cambyse voulant entrer en Egypte, leur demanda le passage. C'étoit, par une suite de ce caractère porté à l'indépendance, que seuls de tous les peuples placés auprès des conquêtes d'Alexandre, ils ne lui envoyèrent pas d'ambassadeurs. Il en avoit fait la remarque, & vouloit porter ses armes contre eux. On peut croire que ses armes n'eussent pas eu le succès qu'elles avoient ailleurs, si l'on en juge par l'inutilité des efforts d'Antigone, l'un de ses successeurs. Il fut battu à différentes fois par les Arabes. Si, dans la suite, les Romains en exigèrent quelque tribut, ce ne fut jamais de tous les Arabes, mais seulement de quelque partie. On trouve cependant que sous Auguste, Gallus pénétra fort avant en Arabie. Trajan ensuite y pénétra aussi fort avant; Sévère marcha depuis contre les Hangariens. Mais les succès de ces princes ne soumirent pas les Arabes, vaincus seulement pour un temps, & non pas encore dans la totalité. Ce peuple a toujours depuis conservé ses mœurs & son indépendance.

ARABIA, Arabie. Cette partie considérable de l'Asie, l'une de celles qui a le plus exactement conservé son nom, est au sud-ouest de l'Asie, séparée de l'Afrique par la mer Rouge. Quoique réellement elle forme une grande presqu'île, & que ses maîtres actuels lui donnent quelquefois ce nom, dans leur langue Dgezira-al-Arab, l'île ou presqu'île des Arabes, le nom d'Arabie s'étendoit cependant au nord, bien au-delà de ce que l'on peut comprendre dans la presqu'île. Les limites de ce côté sont à-peu-près les mêmes chez les différens auteurs. Voici celles auxquelles je me tiens d'après M. d'Anville.

Si du bord de la mer, au sud de Gaza, au point où finissent les bornes de l'Egypte, on tire une ligne vers l'est, & passant par le sud du lac Asphaltite, puis remontant par le nord-est jusqu'à *Agamana*, sur le bord de l'Euphrate (à-peu-près à la hauteur de Palmyre) & que de ce point on redescende par le sud-est, parallèlement au cours général de l'Euphrate, jusqu'au sud de son embouchure dans le golfe Persique, on aura les bornes de l'Arabie dans toute l'étendue septentrionale. Mais cette vaste contrée a été divisée par les Anciens en trois parties; & cette division, quoique non en usage parmi les Arabes, est encore admise dans nos ouvrages modernes.

L'Arabie se divisoit en Arabie *pétrée*, en Arabie *déserte* & en Arabie *heureuse*.

L'Arabie pétrée, *Arabia petræa*, confinoit à l'Egypte par l'isthme de Suez à l'ouest. Elle s'étendoit jusqu'à la mer Rouge, occupant toute la presqu'île qui se trouve avoir à l'est le golfe *Ælamites*, & à l'ouest le golfe *Heroopolites*. Elle s'étendoit au nord jusqu'à la Judée, & vers l'Arabie déserte à l'est & au sud, mais sans limites déterminées.

Cette partie de l'Arabie, que l'on a sans raison nommée quelquefois *pierreuse*, tiroit son nom de la ville de *Pétra*, située à quelque distance au sud du lac Asphaltite, dans l'Idumée.

Avant de donner, d'après Ptolemée, le tableau des peuples & des villes de cette région, je vais indiquer les principaux peuples que l'ancienne histoire orientale nous y fait connoître; c'étoient les Ammonites (*Ammonitæ*); les Moabites (*Moabitæ*); les Iduméens (*Idumæi* ou *Edomitæ*); les Amalecites (*Amalekitæ*); les Madianites (*Madianitæ*). Plusieurs de ces nations s'étant confondues avec d'autres, leur nom même a disparu: mais les Iduméens, & les Nabathéens, descendans d'Ismaël, ont été connus bien plus long-temps. On voit même qu'au temps d'Auguste, les Nabathéens avoient un roi siégeant dans la ville de Pétra: ils s'étendoient aussi fort avant dans l'Arabie déserte. Ce pays, ayant été conquis par Trajan, fut joint à la Palestine, & forma depuis la division appelée *Palestina Salutaris*.

Je vais donner, dans le tableau suivant, les noms des peuples & des villes que Ptolemée attribue à l'Arabie pétrée.

TABLEAU des principaux peuples, & des principales villes de l'Arabie pétrée, selon Ptolemée.

ARABIE PÉTRÉE, considérée selon ses	Peuples,	Saracena Gens. Munichiates. Pharanitæ. Raïtheni.	
	Villes & Bourgs.	Eboda (Boda). Maliattha. Calguia. Lysa. Guba (Gaba). Gypsaria. Gerasa. Petra. Characoma (Characmôba). Avara (Auara). Zanaatha. Androu. Zôara. Theana (Thana). Necla.	Cletharra (Cletharro). Moca. Sebunta (Esbunta). Ziza. Maguza. Medava. Audia. Rhabmathmôma. Anitha. Surattha. Bostra Mesada. Adra. Corace.

Nota. Les noms placés entre deux parenthèses, sont écrits conformément au texte Grec que j'ai sous les yeux.

L'Arabie déserte (*Arabia deserta*), commençoit à l'est d'une partie de la Judée, & occupoit toute la partie orientale de l'Arabie, en allant du nord-ouest au sud-est. L'épithète qui accompagne le nom de cette division de l'Arabie, prévient assez sur le peu que l'on en peut dire. Les côtes seulement étoient peuplées & connues. Je vais mettre dans le tableau suivant ce que l'on en trouve dans Ptolemée.

PEUPLES ET VILLES DE L'ARABIE DÉSERTE, SELON PTOLEMÉE.

ARABIE DÉSERTE considérée relativement à ses

- PEUPLES,
  - Cauchabeni.
  - Catanii (Catanæi).
  - Augubeni.
  - Rhaabeni.
  - Orcheni.
  - Æsitæ.
  - Masani.
  - Agræi.
  - Batani (Bastanæi).
  - Martini.
- VILLES
  - Le long de l'Euphrate,
    - Thapsacus.
    - Bithra (Birtha).
    - Gadirtha.
    - Auzara.
    - Audattha.
    - Eddara (Dadara).
    - Balatæa (Balagæa).
    - Pharga.
    - Colorina (Colarina).
    - Belgnæa (Belgamæa).
  - sur le golfe Persique,
    - Ammæa.
    - Adicara (Idicara).
    - Jocara (Jucara).
  - dans la Mésopotamie.
    - Barathema.
    - Sabe.
    - Coche.
    - Gabara (Gavaræ).
    - Aurana.
    - Beganna (Rheganna).
    - Alata.
    - Erupa.
    - Themma.
    - Luma.
    - Tauba.
    - Sevia.
    - Dapha.
    - Sora.
    - Odogana.
    - Tedium.
    - Zagmaïs.
    - Arrade.
    - Abera (Abæra).
    - Artemita
    - Nachaba (Banacha).
    - Dumœta.
    - Allata.
    - Abere (Bere).
    - Calathusa.
    - Salma.

L'Arabie Heureuse étoit bornée au nord par l'Arabie Pétrée ; à l'est par l'Arabie Déserte ; & le Golfe Persique, au sud par la mer, & à l'ouest par la mer Rouge. Les aromates que l'on recueille dans cette partie de l'Arabie, ne sont pas les seules productions que les Anciens aient eu en vue en lui donnant le nom *d'heureuse* : ils croyoient aussi qu'il y croissoit de l'or.

Ptolemée fait connoître un grand nombre de lieux dans l'Arabie Heureuse, & beaucoup de Peuples que je vais ranger ici de mon mieux d'après lui. Je ne serois pas entré dans ce détail, si j'eusse pu renvoyer à la-Martinière. Mais cet article y est tronqué ; il convient donc de le mettre ici pour l'usage de ceux qui n'ont pas l'auteur grec à leur disposition. Je supprimerai les degrés que j'indique assez ordinairement à chaque article.

En commençant à décrire la côte occidentale de l'Arabie, à partir du fond du golfe Elanite, on trouvoit :

Les { Thamyditæ. Sideni. Darræ. Banubari, } Ayant pour positions principales {
- Onne.
- Modiana.
- Hippos, mons.
- Hippos, vicus.
- Phœnicum, oppidum.
- Rhaunathi, pagus.
- Cherfonefi extrema.
- Iambia, vicus.

Chez les *Cinædocolpitæ*, {
- Copar, vicus.
- Arga, vicus.
- Zaaram (Zabram).
- Centos, vicus.
- Thebæ, civitas.
- Bætii fl. oftia
- Fontes fluvii. (ou les fources de ce fleuv.)

Chez les *Caffaniti*, {
- Badeo regia.
- Ambe, civitas.
- Mamala, vicus.
- Adedi pagus.

Chez les *Elifari*, {
- Puani civitas (1).
- Pudni civitas.
- Æli vicus.
- Napegus, oppidum (2).
- Sacatia, oppidum.
- Mufa, emporium.
- Sofippi portus.
- Pfeudocelis.
- Ocelis, emporium.
- Palindromos, extrema.

N. B. Tous ces lieux devoient fe trouver fur la côte occidentale de l'Arabie, baignée par la mer Rouge. *L'Ocelis emporium* étoit prefqu'au détroit appelé aujourd'hui *Bab-al-mandeb*.

En fuivant la côte par le fud on trouvoit :

Sur le golfe *Avalites* {
- Pofidonium promontorium.
- Sanina, civitas.
- Cabubathra mons.

Chez les *Homeritæ*. {
- Madoce, civitas.
- Marace, civitas (Mardace).
- Dees, vicus (Lees).
- Ammorii prom.
- Arabiæ Emp. (Arabia).
- Atmanifphe, vicus (Agmanifphe).
- Melan, mons.

---

(1) On n'a pas admis cette ville dans l'édit. des petits géographes.

(2) Les traduct. portent Oppidum; mais le texte porte κώμη, vicus.

Chez les *Adramitæ*.
- Ebiſma civitas (Abiſama).
- Magnum littus.
- Dama vic.
- Ægiſthæ civit. (Eriſthe).
- Parvum littus.
- Cane Empr. & promi.
- Trulla port.
- Mœphath (1) vicus (Mæthath).
- Prionotus mons.
- Prionis fl. oſtia.
- Fontes fl.
- Embolum vic.
- Tretos port.
- Thiallela vic. (Thialemath).
- Moſcha port.
- Syagros pr.

Ici ſe trouvoit un golfe que l'on appeloit *Sachalites*: depuis le promontoire *Syagros*, juſqu'au promontoire *Corodamum*, on trouvoit:

Chez les *Sachalitæ*.
- Cumacatum (Metacum vic).
- Auſara civ.
- Ange vic.
- Aſtra vic.
- Neogialà (Neogilla) navale.
- Hormani fl. oſt.
- Didymi montes.
- Boſara (Coſeude).
- Vaticinium Dianæ.
- Abiſa (Abiſſa) civ.
- Corodamum, prom.

Sur le détroit qui établit les communications avec le golfe de Perſe & où étoient les *Aſabi*.
- Cryptus portus.
- Melanes montes (appelé *Montes Aſaborum*).
- Aſaborum, prom.

Sur la côte occidentale de l'Arabie, dans le golfe perſique, on trouvoit:

Dans le golfe perſique ſur la côte orientale de l'Arabie.

- Dans le golfe des Ichthiophages.
  - PEUPLES. Macæ. Nariti.
  - VILLES. Rhegua civ. (Rhegama). Sacra ſolis extrema. Laris fl. oſtia. Fontes fluv. Canipſa (Capſina). Cavana.
- Chez les Ætæi (Ægæi). Sarcoa civ. Cadara (Carada). Atta vic.
- Chez les Geræi (Gerræi). Magindana (Magindanaſta) civ. Gera (Gerra) civ. Bilæna (Bilbana) civ.
- Chez les *Themi* (*Thæmi*). Thar (Ithar) civ. Magorum ſinus. Iſtriana (Iſtrana) civ.
- Chez les *Leaniti* (*Læaniti*). Mallaba civ. (Mallada). Cherſoneſi extrema. Leanites. Itamos portus. Adari civ.
- Chez les *Abucæi* (*Bucæi*). Sacer Sinus. Coromanis civ.

Cette côte finit au golfe *Méſanites*.

(1) Dans l'édit. de la traduction italienne de Ptolemée, de Girolamo Ruſcelli, de 1561, on met en note que cette ville eſt celle où l'impie Mahomet compoſa ſon Alcoran. C'eſt prendre cette ville pour Médine, erreur très-conſidérable.

Ptolemée passe ensuite aux montagnes principales, & à quelques sources qui s'y rencontrent. Telles sont :

Zametus mons.	D'autres montagnes au-dessus des *Cinædocolpitæ*.
Marithæ montes.	D'autres au-dessus des *Catanitæ* (*Samanitæ*).
Climax mons.	D'autres appelées *Marithi*.
Stygis aqua, fons.	D'autres au-dessus des *Asabi*.

Il nomme ensuite les principales positions de l'intérieur des terres, en commençant par le nord. On y trouvoit :

Les Scenitæ,
Les Thaditæ (Oaditæ),
Les Saraceni,
Les Thamydeni, } au nord.

Les Napatæi (Apatæi),
Les Athritæ, } à l'ouest & près le

Les Mnasæmanes (Mæsæmanes),
Les Vadeni, } sur le

Les Læeni (Læceni),
Les Astageni (Astapeni),
Les Iolysitæ, } à l'orient du

Les Catanitæ
Les Thanuetæ (Thanitæ),
Les Manitæ,
Les Salapeni (Alpinæ), } au sud du

} Mont Zamata.

Les Magitæ (Malichæ).
Myrrifera (Smyrnophoros).
Minæi, *nation considérable*.

Dosareni (Doreni),
Mocoretæ (Mocritæ), } sous les Minæi.

Sabæi,
Anchitæ, } sur le mont Climax.

Les Melangitæ,
Les Dachareni (Dacharemoesæ), } au nord du

Les Zeeritæ (Isitæ),
Les Bliulæi,
Les Omanitæ. } au sud du

} Mont Marithi.

Catabeni (Cotabanæ), à l'est. Ils s'étendoient jusqu'aux *Montes Asaborum*.
Labanotophoros, entre les *monts Malanginæ*, au nord, & la mer au sud.
Les Iobaritæ, près les *Sachalitæ*.
Les Alumertæ.
Les Sophanitæ.
Les Bithibanitæ.
Les Rhabanitæ (Arabanitæ).
Les Chatrammitæ (Chatramonitæ).

Les Massonitæ (Masonitæ).
Les Saritæ. } au sud du *mont Climax*.

Les Sapharitæ,
Les Rhatini.
Les Maphoritæ.
Les Ascitæ. } près des *Homerites*.

Les villes de l'intérieur des terres soumises à ces Peuples, mais que ne distingue pas Ptolemée, par chacun d'eux, étoient :

Aramava.	Macna (Maena).	Ochrona (Achroua).
Ostama.	Acale (Ancale).	Obrapa (Obraca).
Thapava.	Madiama.	Iadi vic. (Rhadi vicus).

Pharata.
Satula.
Laba.
Thæma.
Gæa, civ.
Aina.
Zugana (Lugana).
Gæsa.
Soaca.
Egra (Negran).
Salma.
Arre, vic.
Digena (Disima).
Saptha.
Phigia.
Badais (Badis).
Ausara.
Iabsi.
Mata, civ.
Mochura.
Thumna.
Alvare.
Phalagori (Phalbini).
Salma.
Gorda.
Maraga (Marata).
Ibirtha.
Laorippa (Lathrippa).
Carna.
Biabana (Biabarna).
Gœratha (Gatara).
Catara.
Rhæba (Bæra).
Macoraba.
Sata.
Masthala.
Domana.
Attia (Atia).
Rhuana regia (Rhaban).
Chabnata.
Thumata.
Olapia (Olaphia).
Inapha.
Tiagar.
Appa (Apsa).
Agdami.
Acarman regia (Karman).
Idara (Irala).
Nascus (Maocosmus), metropolis.
Labris (Laburis).
Larea (Latha).
Ieracum vicus.
Alabana (Albana).
Chariatha (Cargatha).
Lauththa (Latlha).
Omanum emporium.
Marasdi.
Baraba (Mara), metropolis.
Nagara.
Iula.
Magulaba (Magulana).
Silæum.
Mariama.
Thumna.
Suodona (Ousduna).
Marimatha.
Sabe.
Menambis regia.
Thauba (Thabba).
Saubatha (Sabbatha), metropolis.
Madasara (Sadasara).
Gorda.
Thauane (Thabane).
Mida (Miba).
Stygis aquæ fons.
Araga (Draga).
Saruum (Sarvum).
Mæpha, metropolis.
Saraca.
Sapphara (Sapphar), metropolis.
Are regia.
Rhæda.
Bænum.
Thuris.
Lachere.
Hyela (Hylæ).
Maccala.
Sachle.
Sabe regia.
Deua.
Sochchor.
Bana.
Dela.
Coa.

TABLEAU DES ISLES DE L'ARABIE HEUREUSE, SELON PTOLEMÉE.

Les Isles de l'Arabie heureuse étoient, selon Ptolemée,

- Dans le *Sinus-Arabicus*, c'est-à-dire, la mer Rouge,
  - Æni.
  - Timagenis.
  - Zigæna.
  - Dæmonum.
  - Polybii.
  - Ieracum (Accipitrum).
  - Socratis.
  - Cardamine.
  - Are.
  - Combusta (Catacecaumene).
  - Les deux ou les quatre Malichi.
  - Les deux Adani.
- Dans le *Mare Rubrum*, ou mer des Arabes au sud-est du détroit *Dabal-mandcb*.
  - Les deux îles d'Agathoclés.
  - Les sept Cocomagi.
  - Dioscoride où étoient
    - Dioscoride;
    - Træte (Trete).
- Dans le golfe *Sachalites*.
  - Les sept îles Zenobii.
  - Organa.
  - L'île Sarapis (Sarapiadis).
- Dans le *Sinus-Persicus*.
  - Apphana.
  - Ichara.
  - Tharo.
  - Tylus.
  - Aradus (Arathus).

Depuis la conquête de l'Arabie par Trajan, elle fut dans le département de l'Empereur comme province frontière. Elle étoit gouvernée par un lieutenant; la métropole étoit Pétra. Sous Diocletien la province d'Arabie fut divisée. Pétra devint métropole de la *Palæstina Salutaris*, & l'autre portion conserva le nom d'*Arabie*. Cette nouvelle province fut gouvernée, pour le civil, par un président; & pour le militaire, par un commandant.

ARABISCI, (les Arabisques) peuple de la Pamonie. Pline les nomme *Aravisci*; le changement de ces deux consonnes est trop commun pour que l'on doive s'y arrêter. Mais il y a un autre changement à faire, selon le P. Hardouin, c'est celui de l'*A* en *E*; car il veut lire *Eravisci*. L'air du pays qu'ils habitoient étoit sain, & leur donnoit à tous un air de santé.

N. B. Cet article est bien bizarrement fait dans la Martinière : on y parle du Pégu, du Bengale, &c.

ARABISSUS, ville de l'Asie, qui étoit située dans une plaine au sud du fleuve Mélas, vers le 38e degré 20 minutes de latitude.

ARABITÆ, peuple de l'Inde, sur les bords du fleuve *Arabius*, selon Arrian.

ARABIUS, fleuve de l'Inde, à l'ouest de l'*Indus*, selon Néarque. Ce fleuve prenoit sa source vers le 29e degré de latitude, & alloit se jetter dans la mer vers le commencement d'un golfe que le Périple d'Arrian semble nommer *Terabdon*.

ARACÆI, ARACÉENS *ou* ARCÉENS, nom d'un peuple que l'on croyoit descendre d'Arac, fils de Canaan. Ils habitoient un canton du voisinage de Sidon, dans la portion qui échut depuis à la tribu d'Aser, où Joseph place une ville qu'il nomme *Arcé* & *Actipus*. Ils quittèrent cette demeure, & montèrent vers le septentrion s'établir entre Antarade & Tripoli, où ils établirent une ville du même nom que celle qu'ils venoient de quitter.

ARACCA, ville de l'Asie, dans la Susiane, sur la rive orientale du Tigre, selon Ptolemée.

ARACENSES, peuple de la Galatée, originaire des Gaules.

ARACH, ville de la Chaldée, qui fut bâtie par Nemrod, petit-fils de Chus, selon la Genèse.

ARACHNEUS (*Mons*). C'étoit, selon Eschyle, dans sa tragédie d'Agamemnon, « la montagne » d'*Argolide* la plus près d'Argos, & du palais des » Atrides ». (*Voyez* ARACHNÆUS.)

ARACHOSIA, contrée de l'Asie, selon Ptolemée. Elle étoit au levant de la Drangiane, au sud des Paropanisades, à l'occident d'une partie de l'Inde, & au nord de la Gédrosie.

ARACHOTOS, ville de l'Asie, dans l'Arachosie, selon Ptolemée.

ARACHTHUS, fleuve de l'Epire qui se jette dans le golfe d'Ambracie, selon Polybe, qui le nomme aussi *Aréthon*. Tite-Live, *l. 38*, en parlant du siège que le Consul M. Fulvius mit devant Ambracie, nous donne lieu de conclure que cette ville étoit située sur la rive gauche du fleuve.

ARACHTHUS, ville de l'Etolie, selon Ptolemée.

ARACTHUS. *Voyez* AMBRACIE.

ARACIA, nom d'une île du golfe Persique, située sur la côte de la Perside, selon Ptolemée: Néarque en parle sans la nommer, & la place entre l'île de *Caïcandros* & le lieu où étoit située la montagne *Ochus*.

ARACIANA, ville de la Parthie. Il en est fait mention par Ptolemée.

ARACILLUM, ancienne ville de l'Hispanie, selon Orose. L'empereur Auguste la prit & la renversa.

ARACLIA, ancienne ville de la Palestine. C'étoit un siège épiscopal, suffragant de Tyr, dans la Palestine première, selon Guillaume de Tyr.

ARACNÆUS (*Mons*), montagne de l'Argolide, faisant partie de la chaîne qui sépare en deux dans la longueur la presqu'île que forme la Morée par le sud-est. Ce mont étoit au nord-ouest d'Epidaure.

ARACYNTHUS, montagne de la Grèce, dans la Béotie, d'où Minerve prenoit le nom d'*Aracynthis*, selon Etienne le Géographe.

Strabon place cette montagne dans l'Etolie; Pline, dans la Carmanie. Ce qui prouve que par ce nom on entendoit, dans tous les cas, une montagne, sans convenir unanimement du pays qui la renfermoit.

ARAD, île ou rocher qui n'avoit, selon Strabon, que sept stades de circonférence, & étoit à vingt stades du continent, vis-à-vis de l'endroit où le fleuve Eleuthère se jettoit dans la mer. Strabon, *l. 16, p. 528*; & Pomponius Méla, *l. 2; ch. 7*, disent que cet endroit étoit tellement habité, que les maisons y avoient plusieurs étages. Les habitans avoient fait des citernes, parce que l'île manquoit d'eau. Cette île avoit une ville de son nom. L'île d'*Arad* étoit vers le 34e degré 50 minutes de latitude.

ARAD, ville de l'île de même nom, sur la côte de la Phénicie. Strabon prétend que cette ville avoit été bâtie par des exilés ou bannis de Sidon. Selon Joseph, *antiq.* cette ville, dans les commencemens, eut ses rois particuliers, comme chaque ville de la Phénicie; mais dans la suite elle fut assujettie par les Tyriens. Quand les Perses se rendirent maîtres de la Phénicie, elle eut des rois tributaires de la Perse. Arrian, *exped. Alex.* dit que Strabon, fils de Geralostrate, qui régnoit à *Arad*, alla au-devant d'Alexandre, qui le confirma lui & son père dans la possession du royaume d'*Arad*.

La Phénicie, dont *Arad* faisoit partie, fut quelque temps possédée par les Lagides, à qui l'Egypte étoit échue, sous les successeurs du prince grec.

Pendant la guerre qu'Antiochus-le-Grand fit à Ptolemée Philopator, pour le dépouiller de ce qu'il possédoit en Asie, les Aradiens se gouvernoient par leurs propres loix, & Antiochus respecta ce privilège; mais Antiochus Epiphane leur ôta cet avantage: à son retour de l'Egypte il les soumit, prit leur ville, & ravagea toute la province. Pompée ayant fait la conquête de la Syrie & de la Phénicie, les Aradiens passèrent sous la domination des Romains.

La ville d'*Arad* avoit une ère particulière, différente de celle des Séleucides, selon les médailles grecques, frappées dans cette ville.

Cette ville d'*Arad* s'étoit rendue puissante sur la mer, quoiqu'elle n'eût pas de port dans son île; mais elle s'en étoit formé un dans le continent à l'embouchure de l'Eleuthère.

Les Aradiens détestoient la piraterie: ils rompirent avec les Ciliciens qui s'y étoient adonnés, selon Strabon, *l. 16, p. 519*. Cet auteur leur attribue les villes de Marathus, de Balanée, de Paltos & d'Enhydrya. Elle étoit vers le 34e degré 50 minutes de latitude.

ARAD (la fontaine d'), fontaine de la Judée, dans la demi-tribu de Manassé en deçà du Jourdain, selon le livre de Josué.

C'est le lieu où Gédéon vint la nuit avec tout le peuple, pour recevoir l'ordre de Dieu au sujet du combat qu'il devoit livrer aux Madianites, selon le livre des Juges, *ch. 7*.

ARAD, ARADA, *ou* ARATH, ville de la Palestine. Elle étoit située dans l'Arabie pétrée, au midi de la tribu de Juda, & de la terre de Canaan.

On voit dans le livre des nombres, que cette ville fut détruite par les Israélites; mais elle fut sans doute rétablie, car Eusèbe la met dans le voisinage de Cades, à quatre milles de Malathis; & à vingt milles d'Hébron.

ARADA. Ce fut à *Arada* que les Israëlites furent camper en sortant du mont de Sépher.

Ce lieu de leur vingt-unième station devoit être vers le milieu du desert d'Arabie, vers le midi du mont Sépher.

ARADAN, ville. *Mém. vol. IV. 602.*

ARADII *ou* les ARADIENS, peuples qui habitoient dans la terre promise, avant les Israélites.

Ils occupoient l'endroit où fut Arad *ou* Ared, dans la tribu de Juda.

Les Aradiens furent d'abord vainqueurs des Israélites; mais ayant été vaincus par la suite, ils se retirèrent dans la Phénicie, & furent se placer où depuis fut bâtie la ville d'*Aradus*.

ARADIS, nom d'une ville de l'île de Sardaigne, qui fut prise par Ménas, selon Dion.

ARADITA, ville épiscopale d'Afrique, dans la province proconsulaire, selon la notice d'Afrique.

ARADRIPHE. Ptolemée place une ville de ce nom dans la Médie.

ARADUCA, nom d'une ville d'Espagne Tarragonnoise.

ARADUCTA, ville d'Espagne dans la Lusitanie, selon Ptolemée.

ARADUS, île de la Phénicie. *Voyez* ARAD. Selon S. Clément d'Alexandrie, il y avoit dans cette île un temple où se voyoient de superbes colonnes de verre.

ARADUS, nom d'une île de la mer Rouge, selon Etienne de Bysance.

ARADUS, nom d'une île du golfe Persique, selon Eusthathe. Strabon en fait aussi mention.

ARÆ. Athénée fait mention de trois îles de ce nom, qu'il place sur la côte de l'Ionie, entre Syme & Gnide.

ARÆ, lieu où il y avoit une garnison d'Ethiopiens. Aristide, cité par Ortélius, les place auprès de l'île de Phila.

ARÆ ALEXANDRI, lieu sur le bord de l'Hypasis. Il en est fait mention par Pline, Quinte-Curce, Solin, &c.

ARÆ ALEXANDRI, autels sur le promontoire de Carmanie, selon Pline. Cet auteur ajoute qu'ils étoient éloignés du port auquel les Macédoniens avoient laissé leur nom.

ARÆ ALEXANDRI. Cicéron place des autels de ce nom en Arabie, au pied du mont Amman.

ARÆ ALEXANDRI. Ptolemée les place dans la Sarmatie Européenne, vers le coude que fait le Tanaïs par les 57 degrés de latitude.

ARÆ APOLLINIS DIDYMÆI. Pline dit que ces autels étoient au-delà du Jaxarte.

ARÆ CÆSARIS, autels dans la Sarmatie européenne, selon Ptolemée.

ARÆ CONONIS. Ils sont placés en Ethiopie, sur le golfe Arabique, par Strabon.

ARÆ CYRI. Pline les place dans la Sogdiane.

ARÆ GENUÆ, ancien nom d'un lieu de la Neustrie, selon la table de Peutinger.

ARÆGENUE, ville, la même qu'*Arægenus*. Ptolemée dit Α'ρεγένος, *Arigenus*.

ARÆGENUS, ville de la Gaule, dans la seconde Lyonnoise. La position de cette ville n'est pas, ce me semble, bien décidée. Je vais exposer de mon mieux, le sentiment de M. d'Anville & celui de D. Martin: ce dernier ayant adopté l'opinion de quelques Ecrivains qui l'avoient précédé.

I. M. d'Anville pense qu'*Arægenus* est *Bayeux*, dont le nom s'est formé de *Bajocasses*, qu'avoit pris cette ville du peuple même dont elle étoit la capitale. Voici comment il est amené à cette opinion, 1°. Ptolemée nomme une rivière *d'Argenus* en parcourant la côte de la Lyonnoise de l'ouest à l'est. 2°. Il la nomme avant l'*Olina* (l'Orne); il nomme donc *Argenus* l'embouchure de l'*Aure* & de la *Vire* réunies. 3°. Ptolemée attribue cette rivière aux *Biducesii*, il est vrai; mais comme il ne nomme pas les *Bajocasses*, on peut croire qu'il leur en donne la place. 4°. Le rapport qu'il y a entre *Arægenus* & *Argenus* lui paroît une démonstration que la ville a dû être sur la rivière, & sur cette rivière on ne trouve pas de lieu plus distingué que *Bayeux*. Cet auteur ajoute que la ville appelée d'abord *Arægenus*, aura eu ensuite celui de *Bajocasses*, qui étoit celui du peuple, ainsi que cela est arrivé à plusieurs autres villes. On voit même que ce nom est employé comme étant celui d'une ville, par le poëte Ausone.

II. D. Martin adopte le sentiment exposé dans

les mémoires de l'Académie des Belles-Lettres, *t. I, p. 290*. En voici une courte analyse.

Il y a, à deux lieues au sud de Caën, un lieu nommé VIEUX, où l'on a trouvé un grand nombre d'antiquités. M. Foucault, étant Intendant de Caen, y fit fouiller, & trouva plusieurs inscriptions, dans lesquelles il étoit déjà question des *Viducasses*. Pline parle de ce peuple; mais comme rien d'ailleurs n'en faisoit mention, on croyoit devoir le confondre avec les *Bajocasses* ou *Badiocasses*, dont il parle aussi. D. Martin en conclut avec raison, que c'est à tort qu'Adrien de Valois, Cellarius, &c. ont avancé que les *Viduasses* étoient le même peuple que les *Bajocasses*.

Mais je pense qu'il a tort lui-même lorsqu'il avance qu'*Arigenus* n'est pas *Bayeux*; car de ce que *Vieux* répond à la capitale de *Viducasses*, il ne s'ensuit pas que *Bayeux* ne puisse pas répondre à la capitale de *Bajocasses*. Il ne faut qu'admettre deux petits peuples différens. Et en effet, le territoire de ces derniers conserve encore le nom de *Bessin*.

ARÆ HERCULIS. Pline les place dans la Sogdiane.

ARÆ HERCULIS, lieu particulier dans les Alpes. Pétrone en fait mention dans son poëme de la guerre civile de César & de Pompée.

ARÆ JOVIS STRATII, autels dédiés à Jupiter militaire, selon Pline. Ils étoient dans le Pont, près d'Héraclée, & à peu de distance du port d'Amycus.

ARÆ MUCIÆ, ARÆ MUTIÆ, ou ARÆ MURTIÆ, selon les divers exemplaires de Pline, lieu de l'Italie, dans le territoire des Véiens.

ARÆNILITTUS, rivage d'une contrée de la Thrace, ou de la Macédoine, près de l'Isthme du mont Athos, selon Plutarque, qui dit qu'on le nommoit auparavant le rivage du *Dragon*.

ARÆNUS, bourg du Péloponèse, dans la Laconie, selon Pausanias.

ARÆNUS. Suidas fait mention d'une rivière de ce nom.

ARÆ PHILENORUM, lieu de l'Afrique, au bout de la Cyrénaïque, aux confins de la province Tripolitaine, selon Saluste, *de bello Jugurt.* On dit que ce monument dut sa fondation à l'évènement suivant: Les Cyrénéens & les Carthaginois disputoient au sujet des limites de leurs Etats. On convint de part & d'autre de choisir de jeunes gens qui partiroient ensemble des deux capitales, & que l'endroit où ils se rencontreroient serviroit de limites. Les Philènes partis de Carthage firent plus de diligence. On les accusa de mauvaise foi; &, se flattant de l'espérance qu'on feroit rompre l'accord, on déclara que l'on ne l'observeroit qu'autant qu'ils consentiroient à être enterrés vifs dans le lieu même. Au grand étonnement de leurs ennemis, ils prirent cette courageuse résolution. En mémoire d'un dévouement si héroïque, les Carthaginois y élevèrent des autels en leur honneur, sous le titre d'*Aræ Philenorum*.

ARÆ SABÆ, ville de la Médie, sur la côte de la mer Caspienne, à l'embouchure du Cyrus, selon Ptolemée.

ARÆ SEMIRAMIDIS, dans la Sogdiane, selon Pline.

ARÆ SESTIANÆ, petit lieu sur la côte de l'Hispanie, dans le pays des Pésiques, entre *Flavionavia* & *Noega*. C'étoient huit autels élevés en l'honneur d'Auguste.

ARÆTHUS, nom d'un fleuve, selon Lycophron; Isacius, sur l'autorité de Callimaque, dit qu'il étoit en Epire.

ARAGA, nom d'une ville de l'Arabie heureuse, selon Ptolemée. Quelques exemplaires de cet auteur portent DRAGA.

ARAGARA, *ou* AGANAGARA, selon les divers exemplaires de Ptolemée, ville de l'Inde, au-delà du Gange.

ARAGUS, rivière de l'Ibérie asiatique, qui se mêle avec le Cyrus, selon Strabon.

Pline la nomme *Alazon*, & dit qu'elle descend du mont Caucase, sépare l'Ibérie de l'Albanie, & se jette dans le Cyrus.

ARAINE, bourg du Péloponnèse, dans la Laconie. Il étoit situé aux environs du fleuve Sménus; on y voyoit le tombeau de Las, sur lequel il étoit représenté. Pausanias, *l. 3*. Lacon, *ch. 24*.

ARALUCUS, lieu de la gaule Narbonnoise, au nord-nord-est de *Forum Julii*. Vénus y avoit un temple, qui fut détruit vers l'an 447.

ARAM (le pays d'), nom que la Genèse donne à la Syrie, à cause d'Aram, cinquième fils de Sem, dont les descendans peuplèrent la Syrie.

ARAM, ville de la Judée, dans la demi-tribu de Manassé, qui étoit au-delà du Jourdain. Elle est du nombre de celles que Jaïr prit sur les descendans de Galaad.

ARAM DE BETH-ROHOB, contrée de la Syrie, qui étoit le territoire de la ville de Rohob.

ARAM DE MAACHA, contrée de la Syrie où étoit la ville de Maacha.

ARAM DE SOBA, contrée de la Syrie où étoit la ville de Soba.

ARAMA, ville de la Palestine, dans la tribu d'Aser, selon le livre de Josué, *ch. 19, v. 36*.

ARAMA-ASOR, ville royale de la Judée, dans la tribu de Nephtali, selon le livre de Josué.

ARAMAGARA, nom d'une ville de l'Inde, endeçà du Gange, selon Ptolemée.

ARAMATHA, ville métropolitaine des Ammonites, selon Joseph, cité par Ortélius.

ARAMAVA, nom d'une ville de l'Arabie heureuse, selon Ptolemée.

ARAMBYS, nom de l'un des cinq comptoirs qu'Hannon, amiral de Carthage, établit sur la côte occidentale de l'Afrique, entre le fleuve Lixus & le promontoire Soloé. Hannon, *Peripl.*

ARAMEI, les Araméens. C'est le nom par lequel Moyse désigne les habitans de la Syrie, & même ceux de la Mésopotamie. On trouve dans Strabon Ἀραμμαῖοι, c'est la réduplication d'une lettre. Mais selon cet auteur, c'est le nom que se donnoient les Syriens, c'est-à-dire, leur propre nom ; au lieu que le nom de Syriens venoit de la province.

ARAMEI, Pline place un peuple de ce nom entre les Scythes.

ARANA, ville ou village de la Drangiane, selon Ptolemée.

ARANA, nom d'une île que Ptolemée place dans le voisinage de celle de Taprobane.

ARANDIS, (Torres Vedras) ville de l'Hispanie, dans la Lusitanie, selon Ptolemée.

ARANE, ville de la petite Arménie, selon Ptolemée. Elle est nommée ARANIS dans l'itin. d'Antonin.

ARANE. Stace, dans sa Thébaïde, place un lieu de ce nom dans le Péloponèse. Selon Appollodore, elle tenoit son nom d'Arane, fille d'Oebalus.

ARANGAS, Ptolemée fait mention d'une montagne de ce nom, qu'il place dans Libye intérieure.

ARANIUM, ville de l'Ethiopie, sous l'Egypte, selon Pline.

ARANNI, lieu de la Lusitanie, entre *Mirobriga*, au sud-ouest, & *Pax Julia*, au nord-est.

ARANTIA, contrée du Péloponnèse, selon Pausanias.

ARANTIA, ville du Péloponnèse. Elle étoit située sur la colline *Arantinus Collis*, dans la contrée ci-dessus, selon Pausanias ; & selon Apollodore, elle avoit tiré son nom d'Arane, fille d'Oebalus.

ARANTINUS COLLIS, colline du Péloponnèse dans la contrée *Arantia*, selon Ptolemée. C'est sur cette colline qu'étoit bâtie la ville *Arantia*.

ARAPHEN, bourg de la tribu Ægéide, dans l'Attique, selon Démosthène, Etienne le Géographe, & Suidas.

ARAPHIA, *ou* ARAPHEA, île qui appartenoit à la Carie, selon Parthénius, cité par Etienne.

ARAPUS, nom d'une rivière de la Carmanie, selon Ptolemée.

ARAR, fl. (la Saone). Cette rivière, au rapport de César, séparoit les terres des Sequanois de celles des Eduens. Son cours avoit paru si tranquille à ce général, qu'il dit qu'on n'appercevoit pas de quel côté le fleuve couloit.

« L'auteur du traité des fleuves, dit qu'autrefois » l'*Arar* se nommoit *Brigulus*, que son nom d'*Arar* » lui est venu d'un Gaulois qui s'appeloit ainsi, & » qui, chassant dans un bois près du fleuve, & y » trouvant le corps de son frère déchiré par les » bêtes féroces, se tua de désespoir & tomba dans » l'eau. Le même auteur ajoute que l'*Arar* nourris» soit un poisson que les Gaulois nommoient *Serlo»pidus*, qui étoit blanc aux premières phases de la » lune, & noir aux troisième & quatrième. Ce » poisson, selon le même auteur, devenoit extrê» mement gros & gras, & mouroit percé de tous » côtés par ses propres arêtes. Pour ajouter encore » à ce merveilleux, il finit par dire que sa tête ren» fermoit une pierre semblable à un grain de sel, & » qu'elle avoit la propriété de guérir la fièvre-quarte » si on l'appliquoit sur le côté gauche des personnes » qui en étoient attaquées ».

Stobée, qui rapporte la même chose, dit seulement que le nom du poisson étoit *Clupæa* ou *Clypæa*.

On trouve aussi dans Ammien Marcellin, pour nom de la Saone, celui de *Sauconna*, que l'on a écrit dans le moyen âge *Saogonna*; *Saconna*, &c. C'est de ce dernier que s'est formé le nom actuel.

ARARATH, c'est le nom que l'Ecriture donne à la montagne d'Arménie sur laquelle s'arrêta l'arche de Noé après le déluge.

ARARENA, contrée de l'Arabie heureuse, où habitoient des peuples Nomades, selon Strabon.

ARARICI. C'est par quelques inscriptions que l'on connoît la société *Araricorum Nautarum* des Arariques, qui faisoient le commerce sur la *Saone*.

ARARIZIN. Eupolémon, au rapport d'Eusèbe, nomme ainsi la ville de Jérusalem.

ARASAXA, ville de la petite Arménie, qui étoit située dans la préfecture *Muriana*, selon Ptolemée.

ARASCO. L'Anonyme de Ravenne est le seul qui fasse mention de cette ville. On croit qu'il faut écrire TARASCO. *Voyez ce mot.*

ARATHA, ville de la Margiane, selon Ptolemée.

ARATHA, ville de la Syrie ou de l'Euphratensis, selon la notice de l'empire, *sect.* 24.

ARAUNIA, petite ville de l'Asie, vers la Galatie, de laquelle il est fait mention dans la vie de S. Théodore Archimandrite.

ARAURA. (S. Tiberi) « ville de la Gaule, ainsi » appelée d'après l'*Arauris* (l'Eraut), & sur les » bords duquel elle est bâtie ». *Dom Martin.* Cet auteur n'en donne pas la position dans la carte de la Gaule. Il en est parlé dans l'itinéraire d'Æticus.

ARAURACIDES, peuple de l'Afrique, dans la Pentapole, selon Ptolemée.

Ce peuple est nommé *Ararauceles* par Pline.

ARAURIS, fl. (l'Eraut) rivière de la gaule Narbonnoise. Strabon le nomme *Araura*. Vibius Séquester, auteur du traité des fleuves, désigne l'*Arauris* par le nom de *Cyrta*. M. de Valois conjecture que ce nom peut avoir été donné à ce fleuve par les Marseillois, qui l'avoient ainsi nommé le *Tortueux*; & de ce qu'ils lui avoient ainsi donné un nom significatif, Dom Martin croit que le nom *Araur* ou *Arauris* avoit pu signifier la même chose en celtique.

ARAUSA, ville de l'Istrie. L'itinéraire d'Antonin la place à vingt mille pas de Blandona, en allant à Salone.

ARAUSACUS, ASAURACUS, ARAURACOS & ASAURACOS, selon les divers exemplaires de l'itinéraire d'Antonin, ville de l'Asie, sur la route de Satala à Samosate.

ARAUSICORUM CIVITAS. *Voyez* ARAUSIO.

ARAUSIENSIS, celui qui est d'Orange.

ARAUSIO, (*Orange*) ville de la Gaule & capitale des *Cavares*. On la trouve aussi nommée *Arausio Secondanorum*, parce qu'on y avoit établi des vétérans de la seconde légion romaine; & par une médaille de Néron on voit que ces soldats avoient été tirés de la 33e cohorte des volontaires. Dans la notice du P. Sirmond, cette ville est de la Viennoise. Mais les évêques d'Orange devinrent suffragans d'Arles lorsque celle-ci eut été érigée en archevêché.

N. B. Il reste encore à Orange beaucoup de restes d'antiquité, entre autres ceux d'un arc de triomphe, & d'un théatre. Il y avoit aussi des temples & des bains, où brilloient le goût & la magnificence des Romains. Jules César y envoya une colonie de soldats de la deuxième légion, 46 ans avant J. C. sous les ordres de Claude Tibère Néron. Pomponius Méla la met au nombre des villes les plus riches de la gaule Narbonnoise.

ARAUZONA, ville de l'Illyrie, selon Ptolemée.

ARAXA, ville de l'Asie, dans la Lycie, selon Ptolemée & Etienne le Géographe.

ARAXÆ & ARAXI, ancien peuple de l'Illyrie, selon Etienne le Géographe.

ARAXÆ & ARAXI, ancien peuple de la Colchide, selon Orphée, dans ses Argonautiques.

ARAXE. *Voyez* ARAXES.

ARAXE, fleuve de la Perse, qui sort du mont Caucase & va se perdre dans le Mède, selon Quinte-Curse.

Strabon dit au contraire que c'est le Mède qui, descendant de la Médie, tombe dans l'*Araxe*.

L'*Araxe* couloit auprès de Persepolis, car Strabon dit qu'Alexandre passa l'*Araxe* auprès de cette ville. C'est le fleuve que l'on nomme aujourd'hui *Berdémir*.

ARAXES, (*Aras.*) l'*Araxe*, fleuve de l'Asie, dans l'Arménie, qui prenoit sa source dans les monts *Capotes* & *Abus*, & alloit se joindre au *Cyrus* avant de se rendre dans la mer Caspienne, selon Pline.

L'*Araxe* avoit autrefois son embouchure particulière dans la mer Caspienne, & communiquoit avec le Cyrus par un canal du nord au sud, selon Ptolemée & Pomponius Méla. Plutarque & Strabon disent, comme Pline, que ce fleuve se joint au Cyrus, avant d'entrer dans la mer Caspienne. M. d'Anville s'y est conformé sur sa carte du *monde connu des anciens*. L'auteur du Traité des fleuves dit que ce fleuve tiroit son nom d'*Araxos*, en latin *Araxus*, fils de Pylus. Ce prince ayant tué son aïeul Arbel en combattant contre lui, se jetta dans le fleuve *Bartrus*, qui dès-lors changea de nom. Le même auteur rapporte encore une autre origine, laquelle probablement n'est pas plus authentique que la première.

ARAXINA, contrée de la grande Arménie, selon Strabon.

ARAXUM, promontoire de l'Achaïe qui s'avançoit vers le nord-ouest.

Il appartenoit, du temps de Strabon, aux terres des Eléens, il en parle ainsi dans plusieurs endroits. Mais les choses changèrent depuis; car Pausanias, en donnant, à la fin de sa description de l'Elide, le fleuve *Larissus* pour bornes de ce pays au nord, ajoute qu'autrefois il s'étendoit jusqu'au cap *Araxum* ou *Araxe*.

ARAZOS, nom d'une ville qu'Etienne place sur le bord du Pont-Euxin.

ARBA, (Afitab) rivière de l'Asie, dans la Perside. L'armée persanne s'assembla près de cette rivière pour couvrir Ctésiphon, qu'Héraclius menaçoit d'assiéger.

L'*Arba* prenoit sa source vers le 34ᵉ degré 30 min., couloit à-peu-près au sud-ouest se perdre dans le *Delas*, un peu au-dessus de son embouchure.

ARBA, ville du Péloponnèse, dans l'Achaïe, selon quelques exemplaires de Pausanias.

ARBA, ville de l'île Scardon, située sur la côte de l'Illyrie, selon Ptolemée. Pline nomme l'île *Arba*, & ne fait mention d'aucune ville.

ARBACA, bourg de l'Arachosie, selon Ptolemée & Ammien Marcellin.

ARBACE, nom d'une ville de la Celtibérie, dont fait mention Etienne de Bysance.

ARBALI. Les Arbales, nation Sarmate, selon Ptolemée; on croit qu'elle habitoit en Asie vers le Wolga.

ARBALON, lieu de la Germanie, où Drusus livra une sanglante bataille, selon Pline.

ARBANA, nom d'une île voisine de celle de Taprobane, selon Ptolemée.

ARBANIUM, nom d'une ville qu'Etienne le Géographe place dans le voisinage du Pont-Euxin.

ARBAS, nom d'une montagne où Hercule passa la nuit, selon Apollodore. Elle étoit dans le voisinage de l'île de Gades.

ARBASERA, ville de l'Asie Mineure, vers la Galatie, selon l'Anonyme de Ravenne.

ARBATH, nom d'un lieu de la Palestine, d'où étoit un des braves de l'armée de David, selon le second livre des Rois.

ARBATTES, ville de la Palestine, dans la Galilée. Cette ville fut prise & ruinée par Simon Machabée.

ARBAXANI, ARBAZANI, peuple de Ligurie, selon Etienne de Bysance, qui emploie le premier nom dans un article, & le second dans un autre.

ARBEIA, ville de l'île d'Albion, de laquelle il est fait mention dans le livre des notices de l'empire, *sect.* 53.

ARBELA, (Erbil.) ville considérable de l'Asie. Elle étoit située sur une rivière qui alloit se jetter dans le petit *Zabus*, au sud de cette ville.

Cette ville est devenue célèbre, pour avoir donné son nom à la bataille qu'Alexandre gagna contre Darius, quoiqu'elle se fût donnée près du lieu nommé *Gaugamela*, & que le fleuve *Zabus* fût entre ce lieu & la ville d'Arbelles.

Etienne de Bysance met cette ville dans la Perse; mais Strabon & Ptolemée la placent dans l'Assyrie. Elle étoit fortifiée, puisque Quinte-Curse rapporte que Darius y mit ses trésors, qu'Alexandre y trouva lorsqu'elle se rendit à lui. Cette bataille se donna le 2 octobre de l'an 331 avant l'ère vulgaire.

ARBELE, nom d'une ville de la Sicile, selon Etienne de Bysance; Suidas en fait aussi mention.

ARBELE, lieu qu'Eusèbe & S. Jérôme ont mis à l'extrémité orientale de la tribu de Juda.

ARBELE, village de la Palestine, au-delà du Jourdain, dans la dépendance de Pella, selon Eusèbe.

ARBELE, lieu de la Galilée, dans le voisinage de Séphoris, selon Joseph. *Antiq. l.* 12.

ARBELE, *ou* ARBELLES, village de la basse Galilée, près duquel il y avoit des cavernes où les voleurs faisoient leur retraite, selon Joseph, *de bell. Jud.*

ARBII. Les Arbiens, nation d'Asie, dans la Gédrosie, dont Pline parle, *L. VI, ch.* 23. Ce sont les mêmes que Strabon place après l'embouchure de l'Indus, & qui possédoient environ mille stades de côtes.

ARBIS, rivière de l'Asie. Elle couloit entre les Orites & les Indiens, selon Pline. Cette rivière arrosoit une ville de même nom, & peu après elle tomboit dans l'océan Indien.

ARBIS. Pline parle d'une rivière de ce nom qu'il dit couler auprès du cap de Carmanie.

ARBIS, nom d'une ville de la Gédrosie, selon Ptolemée.

Elle appartenoit aux Arbiens & étoit située sur la rivière *Arbis.*

ARBON, nom d'une ville de l'Illyrie, selon Etienne de Bysance qui cite Polybe. On trouve en effet ce nom dans l'auteur cité. Quelques éditions portent *Narbon.* Mais comme aucun autre auteur n'en parle, les opinions peuvent être partagées.

ARBONAIS, torrent de l'Asie, vers la Mésopotamie. Il en est fait mention dans le second chapitre du livre de Judith.

ARBOR-FELIX. (*Arbon*) Ce lieu, qui a été compris par M. d'Anville dans sa notice de la Gaule, appartenoit cependant, comme il le dit lui-même, à la Rhétie. Ce lieu se trouvoit au sud du lac *Brigantinus.* Ammien Marcellin en parle comme d'un camp romain.

ARBOREA, ville de l'île de Sardaigne. On en ignore la position. M. d'Anville ne l'a pas placée sur sa carte de l'Italie ancienne.

ARBORICHÆ, les Arboriques. On n'est pas bien sûr si c'est ainsi qu'il faut lire ce nom dans Procope, ou si ce n'est pas *Abrodites*, appelés aussi *Obotrites.* Ce nom appartient à la Géographie du moyen âge; il en est parlé dans les historiens de Charlemagne, comme habitant vers l'Elbe.

ARCA, ville de l'Asie, qui étoit dans la Mélitène. Elle étoit située dans la plaine, à l'occident du fleuve Mélas, vers le 37e degré 50 min. de latitude.

ARCA, & par la suite ARCÆ, ville de la Phénicie, qui étoit située au pied du mont Liban, entre les villes d'Antaradus & de Tripoli, dans une situation agréable, sur une petite rivière, à environ une demi-lieue de la côte de la mer.

Cette ville étoit d'une très-grande antiquité: quelques auteurs ont cru qu'elle avoit été fondée par Arac, l'un des fils de Chanaan.

Alexandre étoit adoré d'un culte particulier à Arca: les habitans lui consacrèrent un temple, où il étoit représenté sous la figure d'un jeune roi, qui avoit enlevé à Darius son arc & l'empire de la Perse.

Cette ville fut nommée en l'honneur des empereurs Romains & à cause de sa situation, *Césarée du Liban.* Il est démontré par les médailles, qu'elle avoit pris ce nom près d'un siècle avant la naissance d'Alexandre Sevère. Elle a été siège épiscopal sous la métropole de Tyr, vers le 34e deg. 30 min.

ARCA, *ou* ARACA, nom d'une ville de la Phénicie, qui est placée loin de la mer par Ptolemée. Elle étoit située entre Arad & Tripoli, & étoit destinée à la tribu d'Aser.

ARCA, ville de la troisième Arménie, selon le livre des Authentiques.

ARCADES, ville de l'île de Crète, selon Polybe & Etienne le Géographe.

Pline la nomme *Arcadia.* Polybe, en parlant des habitans de cette ville, dit qu'ils abandonnèrent le parti des Cnossiens, pour embrasser le parti des Lyttiens.

ARCADES. Les Arcadiens: ce peuple, habitant de l'Arcadie, au centre du Péloponèse, devoit être un des plus anciens de cette presqu'île. Je ne chercherai pas ici son origine: ce seroit s'épuiser en conjectures. Les Grecs, qui n'étoient pas plus savans que nous à cet égard, convenoient que l'Arcadie avoit été long-temps le séjour des dieux champêtres & de l'innocence qui accompagne toujours cette sorte de divinités. C'étoit-là que Pan avoit long-temps appris aux hommes à jouer de la flûte; d'autres divinités avoient enseigné aux Arcades à soigner les troupeaux. Mais ces événemens étoient fort anciens. Aussi Ovide dit-il, relativement à l'ancienneté des Arcades, Fast. l. II. v. 289:

Ante jovem genitum terras habuisse feruntur
Arcades: & lunæ gens prior illa fuit.

Il ne faut pas laisser ignorer cependant que Censorin disant que les Arcadiens avoient été nommés *Prosceleni* (ou *Prélunaires*, si l'on peut employer ce mot,) ajoute que ce ne fut pas que les Grecs les regardassent comme établis dans le Péloponèse avant que la lune eût son cours dans le firmament; mais qu'ayant de bonne heure partagé leur année en quatre saisons, ils avoient eu l'usage des divisions *annuelles* avant que les Grecs fissent usage des mois lunaires. Je conçois que telle a pu être, pour les gens éclairés, la première origine de cette idée extravagante ; mais je conçois aussi que la masse du peuple a pu admettre la formation des *Arcades* avant celle de la lune. Et dans le fait, l'un n'est pas une conséquence de l'autre. Quant aux bergers d'Arcadie, on peut y ajouter toute croyance. C'est, avec la culture des terres, le genre de vie le plus naturel à l'homme ; & comme il est moins pénible que la culture, il laisse bien plus de loisir à ceux qui l'exercent. Ils avoient profité de ce loisir pour l'amour & pour la musique ; encore je crois que l'on avoit bien exagéré leurs talens. Car Virgile, Eclog. X, v. 30, dit que seuls les Arcadiens possédoient l'art du chant.

. . . . . Soli cantare periti
Arcades.

Ceux qui ont voulu suivre de plus près la marche de la nature, ont dit que les Arcadiens n'avoient, pendant long-temps, mangé que du gland. Ce qui au fond pouvoit être, puisqu'ils ne connoissoient pas l'usage des gramens. Mais ces glands, ils les faisoient cuire sans doute avec la chair de leurs troupeaux.

Ce fut, dit-on, Pélasgus qui apprit aux *Arcades* à bâtir des cabanes, & les accoutuma à vivre en société. Insensiblement ils furent connus au-dehors par la bonté de leurs pâturages & leurs richesses en troupeaux ; il n'en fallut pas davantage pour les exposer aux incursions de leurs voisins. Troublés dans leurs jouissances, les Arcadiens s'occupèrent des moyens de se défendre. Ils adoptèrent l'usage du javelot, & parvinrent à le manier avec une extrême dextérité. Enfin, ce peuple, né sous un ciel pur, & exercé de bonne-heure aux travaux champêtres, devint si propre à la guerre, que les soldats Arcadiens étoient recherchés, comme auxiliaires, de tous leurs voisins. Comme leur population étoit considérable, une partie de leur jeunesse alla dans la suite servir dans différens pays, comme font encore aujourd'hui les Suisses. Leurs femmes, fortes & robustes, partagèrent, dans plusieurs occasions, les travaux guerriers de leurs maris. Les Arcadiens adoroient Jupiter, Mercure, Pan, & plusieurs divinités champêtres.

On regarde Lycaon comme le premier législateur de ce pays. Le rapport de son nom avec celui qui en grec signifie un *loup*, & peut-être sa férocité, puisque l'on dit qu'il institua des sacrifices humains, firent imaginer que Jupiter étoit venu chez lui, & l'avoit métamorphosé sous la forme de l'animal dont il portoit le nom. Ce prince eut un grand nombre de fils qui bâtirent des villes, & policèrent les mœurs de la nation.

Sous ce règne les Arcadiens commencèrent à semer du blé, à faire du pain, à filer de la laine, & à se faire des habits ; & même, selon Justin, ils recueilloient du lait, du miel, faisoient de l'huile & du fromage ; enfin ils arrivèrent à un état social & à un gouvernement régulier.

Le gouvernement y fut d'abord monarchique & un peu arbitraire. La nation sentit la pesanteur de ce joug, & travailla pour l'alléger. Ils commencèrent par établir que la nation pourroit contrebalancer les volontés du roi, & dans les grandes affaires il ne pût, sans leur consentement, faire la guerre ni contracter d'alliance. Dans la suite ils supprimèrent entiérement la royauté.

On voit aussi que les Arcadiens ne furent pas toujours soumis à un seul roi. Le royaume fut quelquefois partagé par un père entre ses fils ; & même il est aisé de voir que plusieurs villes formèrent, en différens temps, un petit Etat isolé & indépendant. Chacun de ces peuples portoit le nom de sa capitale ; ainsi l'on désignoit les Trapeziens, les Mantinéens, *&c.* lorsque l'on vouloit les distinguer pour les guerres particulières, pour les alliances, *&c.*

Depuis Pélasgus, regardé comme le premier roi d'Arcadie, jusqu'à Aristocrate II, qui en fut le dernier, on compte en tout vingt-cinq rois. La mort d'Aristocrate, toute criminelle qu'elle fût pour ses sujets, prouve cependant en faveur de leur amour pour la justice. Il se rendit coupable d'une trahison révoltante envers les Messéniens, qu'il livra à la fureur des Lacédémoniens leurs ennemis. Le peuple indigné, se souleva contre lui, & l'assomma : cet événement est de la première année de la 28e olympiade, qui répond à l'an 668 avant l'ère vulgaire. On n'a pas la même certitude sur les commencemens du royaume des Arcadiens. Si l'on s'en rapporte à Pausanias, Lycaon étoit contemporain de Cécrops, qui vint en Grèce, selon la chronologie reçue, l'an 1582 avant J. C. Ces époques donneroient un peu plus de neuf cens ans à la monarchie des Arcadiens.

ARCADIA (l'), contrée de la Grèce qui occupoit l'intérieur du Péloponèse. Elle avoit au nord l'Achaïe & la Sicyonie ; à l'est, l'Argolide ; au sud, la Laconie, en partie, & la Messénie ; & à l'ouest, l'Elide.

Elle avoit à peu-près 17 lieues du nord au sud ; & 12 de l'est à l'ouest.

Ce pays, que l'on ne connoît guère que par les amours de ses bergers, & la race de ses excellens ânes, étoit très-montueux & très-fertile en pâturages. On y nourrissoit du bétail de toute espèce, & sur-tout des porcs, à cause de la grande quantité de glands qui s'y trouvoient : on prétendoit même que les premiers habitans n'y avoient point eu d'autre nourriture pendant long-temps. Ce pays, qui étoit très-peuplé, étoit un des plus curieux de la Grèce à parcourir ; & il semble que Pausanias se soit plu à en faire le chef-d'œuvre de ses descriptions.

Les principales montagnes de l'Arcadie étoient le mont *Cyllène*, au nord ; l'*Erymanthe*, au nord-ouest ; le *Ménale* à peu-près au centre ; le mont *Lyceus* au sud-est.

C'étoit dans la partie méridionale que l'Alphée, formé

formé de la réunion de plusieurs petites rivières, prenoit sa source; il remontoit par le nord-ouest, jusqu'au-delà d'*Heræa*, puis tournoit à l'ouest pour aller à la mer en traversant l'Elide.

L'*Arcadie*, au temps d'Homère, avoit plusieurs villes considérables; ce poëte nomme Phénéos, Orchomène, abondantes en troupeaux; Ripée, Stratia, Enispée, où se faisoient sentir des vents violens; Tégée, & la délicieuse Mantinée, Stymphale & Parrhasie. Il n'est pas probable que ce fussent là toutes villes de l'*Arcadie*, ou leur nombre se seroit bien accru dans la suite; car on en voit bien davantage dans Pausanias.

Mais ce pays avoit éprouvé une révolution géographique, si je puis m'exprimer ainsi, très-considérable au temps d'Epaminondas. Cet illustre capitaine, sentant que les Arcadiens seroient toujours très-aisément écrasés par les Lacédémoniens leurs voisins, tant qu'ils seroient divisés de force & d'intérêt, leur persuada de fonder une ville qui devînt le centre de leurs opérations & leur principale place de défense. On la nomma *la grande Ville*, ou *Mégalopolis*. Cet événement eut lieu l'an 365 avant J. C. Mais on ne put la peupler qu'aux dépens de plusieurs autres villes, dont quelques-unes n'offroient plus que des ruines au temps de Pausanias. M. d'Anville n'a pu indiquer toutes ces villes sur son excellente carte de Grèce. On les trouvera sur la carte du Péloponèse qui fait partie de mon Atlas.

Voici les villes que Ptolemée fait connoître en Arcadie.

Æeræa (Eræa).
Phialia.
Tégea.
Psôphis.
Lysias.
Antigonia, la même que Mantinée.
Stymphalus.
Clitôr.
Lilæa.
Mégalopolis (en grec Mégalè - polis) ou la *grande Ville*.

ARCADIA, nom d'une ville maritime, qui étoit située sur la côte occidentale de l'île de Crète, selon Etienne de Bysance.

ARCADIA. Etienne de Bysance met une ville de ce nom dans l'Egypte.

ARCAGANTES (*les Arcagantes*). Ils étoient Sarmates, & paroissoient avoir porté autrefois le nom de *Liligantes*, ou plutôt *Limigantes*. Ces peuples maîtres d'un pays, furent chassés de leurs terres & forcés de passer sur celles des Romains.

ARCAS, ville de l'Arménie - Mineure, selon l'itinéraire d'Antonin.

ARCATIS REGIA SORÆ, (*Arcate*) ville de l'intérieur de la presqu'île de l'Inde en-deçà du Gange, & la capitale de la contrée appelée *Soretanum Paralia*.

ARCÉ, ou ARCÆ, ancienne ville du pays de Canaan, qui étoit située au pied du mont Liban, selon Etienne le géographe. L'itinéraire d'Antonin la place entre Tripoli & Antarade.

Dans les derniers temps de la république des Juifs, cette ville étoit du royaume d'Agrippa.

ARCE, ou ACTIPUS, nom d'une ville qui étoit située dans un canton voisin de Sidon, dans la portion qui échut depuis à la tribu d'Aser, selon Joseph, *antiq. l. 6, ch. 22.* Cet auteur la qualifie de maritime, *l. 8, ch. 2, n°. 3.* Elle fut la capitale d'un des douze gouvernemens dans lesquels Salomon partagea ses Etats, selon le troisième livre des Rois, *ch. 4, v. 16.*

ARCESINE, ville qui étoit située dans l'île d'Amorgus, l'une des Cyclades, selon Ptolemée & Etienne le Géographe.

ARCESIUM, caverne du mont Ida, dans l'île de Crète, selon le grand Etymologicon.

ARCEUTHUS, rivière de la Syrie. Elle arrosoit le territoire d'Antioche, selon Strabon.

ARCHABIS, fleuve de l'Asie, dans la Colchide. Il alloit, au rapport d'Arrian, se perdre dans le Pont-Euxin. Il arrosoit le territoire de *Cissii*, peu éloigné à l'ouest du *Bathys* & des terres des *Lazii*.

ARCHAD, appelée aussi ACCHAD. Cette ville, selon l'Ecriture, fut bâtie par Nimbrod, depuis qu'il eut fondé Babel ou Babylone. Elle devoit être peu éloignée de la Babylonie; & selon Bochard, sur les bords de la rivière d'Argad, qui arrosoit les murs de Sitace. Ce Savant se croyoit en droit de conclure que c'étoit la même ville sous deux noms différens.

ARCHADIOPOLIS, ville épiscopale de l'Asie. Il en est fait mention dans le cinquième concile de Constantinople.

ARCHÆA, nom d'une ville d'Asie, dans l'Eolide, selon Pausanias.

ARCHÆATIDIS, nom d'une contrée de la Grèce, vers le Péloponèse, selon Polybe.

ARCHÆOPOLIS, ville de l'Asie - Mineure, dans l'Ionie, selon Pline. Elle étoit détruite de son temps, quoiqu'on l'eût rebâtie plusieurs fois sous divers noms. Elle avoit été appelée *Cobe*, *Sipylum*, & *Lebade*.

ARCHÆOPOLIS, ville de la Colchide, & métropole de la Lazique. Procope, dans son histoire mêlée, dit qu'elle étoit située sur une colline inculte, & arrosée par un fleuve qui descend d'une montagne voisine.

ARCHAMA, ville de la Cappadoce, dans le département de la Cilicie, selon Ptolemée.

ARCHANDROPOLIS, nom d'une ville d'Egypte, selon Hérodote & Etienne le Géographe. Mais le premier de ces auteurs décompose ce nom & la nomme la ville d'*Achandrus*, qui étoit, dit-il, gendre de Danaüs. Ptolemée n'en fait pas mention.

Ce qui donne lieu de croire qu'alors elle n'existoit plus.

ARCHÉLAIS, ville de la Capadoce, selon Pline.

Cet auteur dit que c'étoit une colonie romaine, établie par Claudius César, & qu'elle étoit baignée par le fleuve Halys.

ARCHÉLAÏS, ville ou bourg de la Palestine, bâtie par Archélaïs, fils d'Hérode-le-Grand, avant son exil. Ptolemée fait mention de cette ville, & la met à l'occident de Jérico.

Les tables de Peutinger la placent entre Jéricho & Scythopolis.

ARCHEMORUS, rivière de Grèce dans le Péloponèse. Elle séparoit les territoires de Sicyone & de Corinthe. (*Ortélius.*)

Elle est nommée *Néméa* par Strabon.

ARCHEOPOLIS, nom de l'une des principales villes de la Colchide, dans la partie de ce pays qui étoit à la droite du Phase, selon Procope, qui rapporte que, du temps de Justinien, cette ville étoit la métropole de Lazes, lorsque ces peuples habitoient fort avant dans la Colchide, vers les confins de l'Ibérie.

ARCHI, ville de la Palestine, dans la demi-tribu de Manassé au-delà du Jourdain, selon le livre de Josué, *ch. 16*, *v. 2.*

ARCHICUS, *ou* ARCHICUM, village de Grèce, dans l'Attique. C'étoit la patrie de Xénophon.

ARCHIDEMIA, fontaine de la Sicile, dans le territoire de Syracuse, selon Pline.

ARCHIDIUM, ville de l'île de Crète, selon Pausanias, *in Arcad.*

ARCHILE, ville de l'Afrique, dans la Pentapole. Elle étoit située à quelque distance de la côte, selon Ptolemée.

ARCHINARA, ville de l'Inde, au-delà du Gange, selon Ptolemée.

ARCHIPEL, est un nom moderne que l'on ne place qu'afin d'en faire l'observation.

ARCHIPHLEGETON. (lac) (*Fusaro*). Ce lac, situé en Italie, n'étoit, selon Strabon, qu'une effusion de mer, c'est-à-dire, qu'il est formé par l'eau de la mer qui s'avance dans les terres. De-là s'est formé son nom moderne.

Il séparoit la ville de Misène, de celle de Cumes.

ARCHIPPE, ville d'Italie dans le territoire des Marses. Gellien, cité par Pline, rapporte que le lac Fucin absorba Archippé, ville des Marses, bâtie par Marsyas, roi des Lydiens.

ARCHIS, ville de l'Asie, dans la première Arménie. Il en est fait mention dans le sixième concile de Constantinople.

ARCHIS, village de la Phénicie, que l'on croit être l'ancienne ARCE *ou* ARCA.

ARCHOUS, nom d'une rivière de l'Asie, dans l'Assyrie.

Pline semble dire qu'elle servoit de bornes à l'Arbélitide, & la séparoit de la Sitacène.

ARCHOUS, lieu de l'Asie, dans la Mésopotamie, à l'occident du Tigre & près du mur de Sémiramis, à-peu-près par les 33e degrés 55 minu. de latitude.

ARCIADES, fleuve d'Italie, dans le *Brutium*, aux environs de *Rhegium.*

ARCLÆ, peuple inconnu, dont parle Ornomacrites à l'occasion de la fuite de Jason après la conquête de la toison d'or.

ARCILACHITÆ. Les *Arcilaquites*, peuple que Pline indique près de la Chersonèse Taurique. On lit aussi *Archilachitæ.*

ARCILACIS, ville de l'Hispanie dans la Bétique, selon Ptolemée. Elle étoit, selon cet auteur, dans le territoire des Turdules.

ARCILACIS, (*Archisana*) ville de l'Hispanie Tarragonnoise, dans le territoire des Bastitains, selon Ptolemée.

ACINA, nom d'une ville que Ptolemée place dans la Dacie.

ARCIROESSA, ville de l'Asie, sur le Pont-Euxin. Elle étoit tributaire d'Héraclée, selon Etienne le Géographe.

ARCOBADARA, nom d'une ville de la Dacie, selon quelques exemplaires de Ptolemée.

ARCOBRIGA, ville de l'Hispanie, dans le pays des Celtibériens, selon Ptolemée, entre *Segontia* & *Bilbilis.*

ARGOBRICA, ville de l'Hispanie dans la Lusitanie, selon Ptolemée.

ARCTANES, nation d'Epire, selon Etienne de Bysance.

ARCTONESUS, *ou* ARCONESUS, île déserte, dans la mer Egée, assez près de l'île de Samothrace, selon Pline.

ARCTONESUS, *ou* ARCONESUS, ville de l'Asie, près d'Halicarnasse, selon Strabon & Pline. Ce dernier y met la ville de Céramée.

ARCTONNESUS, selon Etienne de Bysance, la ville de *Cyzique* avoit porté ce nom. Cet auteur promet d'en donner la raison à l'article de CYZIQUE : mais il a manqué à cet engagement comme à beaucoup d'autres de ce même genre. Ce mot, selon son étymologie, signifie *l'île des Ours.*

ARCUATUM (*Arqua*), lieu de l'Italie, dans la Ligurie, selon Cluvier ; il ne devoit pas être loin de *Dertona.*

ARDABA, village de la Mysie Phrygienne. C'étoit la patrie de Montanus l'Hérésiarque, selon Caliste & Eusèbe.

ARDABIGANE, contrée de l'Asie, entre l'Assyrie & la Persarménie, selon Procope, au second livre de la guerre contre les Perses.

ARDALA, ville de l'Arménie, selon Cédrène & Curopalate, cités par Ortélius.

ARDANAXES, *ou* ARDANIA, selon Strabon.

ARDANIS, selon Ptolemée, ville de l'Afrique, dans la Marmarique.

ARDATH, nom d'une campagne dont il est fait mention au quatrième livre d'Esdras.

ARDAXANUS, rivière de l'Illyrie, au voisinage de la ville de Lissus, selon Polybe.

ARDEA, ville de la Perse propre, selon Ptolemée & Ammien Marcellin.

Ardea, au sud-ouest de *Lavinium*, passoit pour fort ancienne: les Grecs en attribuoient la fondation à Danaë; d'autres, à un fils de Circé. Son nom paroît venir d'un mot, racine d'arduus, *escarpé*, & lui conviendroit bien à ce titre, puisqu'il étoit sur une hauteur. Lors de l'arrivée d'Enée, elle étoit la capitale des *Rutules*, gouvernés par Turnus. Le héros troyen la détruisit après la défaite de son rival. Nous donnons le récit de Virgile pour ce qu'il vaut; car, ou cette ville fut rebâtie, ou, ce qui est plus probable, elle ne fut jamais détruite par Enée. Au temps des Romains elle fut longtemps hors de leur puissance; mais dès qu'une fois ils eurent commencé à prendre avantage sur elle, par un jugement inique, ils s'en rendirent bientôt les maîtres, & y envoyèrent une colonie sous le consulat de M. Fabius Vibulanus, & de Posthumius Abutius Elva, l'an 311. Le territoire d'*Ardea* étoit marécageux & par conséquent mal-sain.

Il y avoit un temple dédié à Vénus, dans le voisinage. Les Latins y célébroient, en commun, une fête.

ARDEATES, (*les Ardeates*) petit peuple du Latium, habitans d'*Ardée*. Les Romains s'approprièrent un territoire disputé entre eux & les Ariciens. (*Voyez* Ardea & Aricia).

ARDENNA, nom d'une forêt de la gaule Aquitanique. Elle étoit aux environs du lieu où est aujourd'hui la Rochelle.

ARDERICCA, village de l'Asie, dans l'Assyrie, sur le bord de l'Euphrate, selon Hérodote.

Ardericca, bourgade de la Cissie, à 210 stades de Suse.

ARDIA, *ou* Ardeia, ville de l'Illyrie, selon Etienne de Bysance & Strabon.

ARDIÆI, (*les Ardéens*) peuple de l'Illyrie, & placé, selon Strabon, sur les bords du *Narenta*. Selon cet auteur, ils étoient près de la ville de Pharos. On dit qu'ils avoient été nommés autrefois *Varaliens*. On dit que les Romains les éloignèrent de la côte & les forcèrent de s'enfoncer dans les terres, où ils s'occupèrent d'agriculture.

ARDISTAMA, ville de l'Asie, dans la Galatie, selon Ptolemée.

ARDIUM, nom d'une montagne qui traverse la Dalmatie, selon Strabon.

ARDONA, ville de l'Italie, dans l'Apulie. Il en est fait mention dans le livre des colonies de Frontin.

ARDOTIUM, ville de l'Illyrie, qui étoit située loin de la mer, dans le canton des Liburniens, selon Ptolemée.

ARDUBA, ville de la Dalmatie. Elle fut prise par Tibère, selon Dion.

ARDUENNA SYLVA (*la forêt des Ardennes*). Ce nom, dont M. de Gebelin a donné l'étymologie dans son *Diction. étym. de la langue latine*, signifioit en Celte, par le mot seul d'*Ard* ou de *H—Ars*, une *forêt*. Les Romains, qui n'avoient pas, à beaucoup près, le génie des étymologies, en firent une épithète; & l'on a dit, comme on le dit encore en francisant le mot, *forêt des Ardennes*.

Elle est encore fort considérable; mais elle l'étoit bien davantage au temps de César. Selon cet auteur, elle s'étendoit depuis les terres des *Nervii* & des *Remi*, au travers du pays des *Treveri*, jusques aux bords du Rhin. Le texte dit qu'elle avoit de long cinq cens mille; M. d'Anville pense qu'il y a faute de copiste; & d'après l'étendue que nous connoissons à l'espace indiqué par César, il compte 160 milles. La partie de cette forêt immense qui est en-deçà de la Meuse a été distinguée par le nom de *Teonacia*, d'où s'est formé le nom moderne de *Thiérache*.

Gruter fournit plusieurs monumens qui prouvent que cette *forêt des Ardennes* a été érigée en divinité. Sur l'un de ces marbres elle est représentée en Diane, ayant un carquois sur l'épaule droite, & tenant un arc à la main gauche, avec cette inscription: *Arduinne*. Et le culte de cette déesse s'est long-temps conservé dans les Gaules.

ARDYÆI, peuples que Polybe place dans l'Illyrie. *Polyb. l. II.*

ARDYES, gaulois qui habitoient le long de la rive gauche du Rhône, peu après la naissance de ce fleuve. Polybe en parle, *l. III.* Dom Martin les a mis sur sa carte de Gaule. M. d'Anville n'en fait pas mention.

ARDYNIUM, ville de la campagne de Thèbes, selon Etienne de Bysance.

ARE, contrée de l'Arabie heureuse, selon Ptolemée.

Are, île du golfe Arabique, selon Ptolemée.

AREBBA, ville de la Palestine, dans la tribu de Juda, selon le livre de Josué, *ch. 15, v. 60.*

AREBRIGIUM, bourg de la gaule Cis-Alpine, à l'ouest d'*Augusta-Prætoria*, chez les *Salassi*.

AREBRIGNUS PAGUS, canton de la Gaule, au pays des Eduens. On ne le connoît que par un discours du Rhéteur Eumène au grand Constantin. Il en fait mention comme appartenant à la cité des Eduens. M. d'Anville le place au nord-est d'*Augustodonum* s'étendant de l'ouest à l'est. Voici comment il s'exprime à ce sujet dans sa notice de la Gaule.

« On peut déterminer la situation de ce canton » sur ce qu'il est dit qu'il s'étendoit en partie jusqu'à » la Saone, étant d'un autre côté couvert de ro- » chers & de bois, à quoi il n'est pas inutile d'ob- » server que son vignoble étoit en réputation. Or, » quoique l'ancien territoire des Eduens fût très- » étendu du côté de la Saone, il est aisé de distin- » guer le *Pagus Arebrignus* du district de Châlons & » de celui de Mâcon, parce que ces villes, qui » sont anciennes & qui ont formé des diocèses, » ont donné leurs noms à leur district. Ainsi l'*Are-* » *brignus* ne sauroit consister que dans les environs

» de Beaune & de Nui, entre les limites de Châlons » & celles des Lingones, s'étendant par les der» rières où le terrein est plus inégal & montueux » du côté d'Arnay-le-Duc ».

AREBURIUM, nom d'un village de la Gaule Belgique, selon l'itinéraire d'Antonin.

ARECA, ville de la Syrie, dans la Comagène. Elle n'étoit pas éloignée d'Antioche, qui étoit au pied du mont Taurus, selon Ptolemée.

ARECOMICI. *Voyez* VOLCÆ.

ARECOMICI. (*les Arecomiques*) Il semble que les anciens en joignant ce nom à celui de *Volcæ*, vouloient l'opposer, pour les distinguer, à celui de *Tectosages*. (*Voyez* VOLCÆ ARECOMICI).

ARECON, ville de la Palestine, qui fut comprise dans le partage de la tribu de Dan, selon le livre de Josué, *ch. 19*.

AREESA, (*lac de Van*) marais ou lac de la grande Arménie, selon Ptolemée.

AREFA, ville de la Phénicie, selon les notices. (*Ortélius*.)

AREGIA. Isidore place une ville de ce nom en Espagne.

AREI, peuple de l'Afrique, selon Tite-Live.

ARELATE, (*Arles*) (on trouve aussi *Aurelatæ*, *Arelate*, *Arelaton*, *Arelas*, & postérieurement *Arelatus*), ville de la Gaule, à la gauche du *Rhodanus*, chez les Salyes. Elle étoit située à l'endroit où le Rhône forme trois bras pour aller se jetter à la mer. On ne connoît pas l'état de cette ville avant l'arrivée de César dans les Gaules; encore n'en sait-on, à cette époque, que peu de chose. César, résolu d'assiéger Marseille, fit construire à *Arelate* une escadre de douze vaisseaux longs. Ces petits vaisseaux sans doute devoient descendre à la mer par le bras droit du Rhône, & en sortir par l'embouchure appelée *Ostium massiliense*. Strabon parle d'*Arelate* comme d'un *emporium*, ou entrepôt pour le commerce, mais qui n'étoit pas considérable.

Cependant la position avantageuse de ce lieu, l'activité de son commerce augmentoient de jour en jour sa puissance. Pomponius Méla en parle comme d'une des plus riches villes de la Gaule Narbonnoise; & Pline, Suétone & Strabon en parlent comme d'une colonie. Elle étoit déjà ancienne au temps de Ptolemée, puisque ce fut le père de Tibère qui fut chargé d'y conduire les nouveaux colons. Ils furent tirés de la sixième légion, ce qui fit donner à leur nouvelle habitation le nom de *Colonia Sextonorum*.

Quand la province romaine fut partagée en narbonnoise & en viennoise, Arles fut soumise à la métropole de Vienne. *Arelate* n'avoit occupé qu'un des côtés du Rhône jusqu'au temps de Constantin; mais ce prince, qui y avoit fait quelque séjour, & parce que l'impératrice Fausta y étoit accouchée d'un prince (Constantin le jeune), voulut lui donner une preuve d'attachement, & en joignit, par un pont, le côté gauche du Rhône, au côté droit: la ville s'étendit bientôt de chaque côté. On voit que quelque temps après l'Empereur Constantin y fit célébrer avec magnificence les jeux du cirque & des pièces de théâtre. Les empereurs Valentinien & Honorius décorèrent Arles de grands privilèges; aussi le Poëte Ausonne l'appelle-t-il la *Rome des Gaules*. Elle devint alors le siège d'un Préfet du Prétoire, & les Consuls qui entroient en charge chaque année à Rome, s'y rendoient pour y prendre les marques de leurs dignités.

Selon la notice de l'Empire, c'étoit dans cette ville que se tenoient le Directeur des finances de la province, le Directeur des monnoies, le Directeur de la fabrique où les femmes travailloient, le Directeur des manufactures des étoffes d'or & d'argent, & l'Intendant des *classes* sur les deux rives du Rhône.

Arles étoit donc en effet la première ville des Gaules; car l'empereur Honorius, en renouvelant un statut du Préfet du Prétoire, ordonne que sept provinces; savoir, les Alpes maritimes, la Viennoise, les deux Narbonnoises, les deux Aquitaines, & les Novem-populanies, s'assembleront par députés à Arles, pour y discuter & y déterminer à l'amiable toutes les affaires des villes de ces mêmes provinces. Pour justifier ce choix, il dit que c'est pour faire honneur à son heureuse situation, à l'abondance qui y règne, & à l'affluence des étrangers qui, s'y rendant de tous côtés, y apportent le tribut des richesses des trois parties du monde.

Mais pendant que l'état civil d'Arles s'augmentoit par sa population, son commerce & la faveur des empereurs, sa puissance ecclésiastique croissoit aussi par l'activité de ses évêques. Le concile de Turin, en 397, avoit rendu un jugement provisionnel qui l'érigeoit en métropole. Patrocles, archevêque d'Arles, & soutenu par le Patrice Constance, fit un voyage à Rome vers l'an 417, & obtint que toutes les églises de la Viennoise & des deux Narbonnoises lui seroient soumises. On lui reproche, il est vrai, un exposé faux dans les moyens qu'il employa pour solliciter. Ainsi nous traiterons d'ambition condamnable ce que ce prélat vouloit faire passer pour du zèle. On revint même sur ce premier arrangement, & les papes rétablirent les autres métropolitains dans leurs premiers droits: seulement on partagea la Viennoise en deux, & Arles fut mise à la tête de la seconde moitié.

Entre autres grands personnages nés à Arles, il faut distinguer sur-tout, comme appartenant à l'antiquité, Favorin, philosophe célèbre, qui, quoique gaulois, écrivoit en grec. Il est vrai que de tout temps la moitié de la ville avoit été habitée par des Grecs; & probablement c'étoit à des Grecs de Marseille qu'elle devoit sa première fondation.

Quoique Ptolemée la place chez les *Salyes*, le P. Papon pense qu'elle étoit chez les *Anatilii*; il ajoute ce qui suit.

César est l'auteur le plus ancien qui parle d'*Arelate*, l'an 705 de Rome. Deux ans après, étant maître de l'empire, il y envoya fonder une colonie par Claude Tibère Néron, père de l'empereur Tibère.

Les beaux-arts fleurissoient dans la ville d'*Arelate*, les femmes même les cultivoient. La fertilité de son terroir lui fit donner le surnom de *Theline*, d'un mot grec qui signifie *mamelle*.

Une inscription apprend que le Préfet du prétoire transporta son siège dans cette ville, quand les Barbares se furent emparés de Trèves. On y tenoit tous les ans l'assemblée générale des sept provinces qui étoient encore sous la domination romaine. Ces prérogatives lui méritèrent le titre de métropole des Gaules, que lui donnèrent les empereurs Honorius & Valentinien. Constantin l'affectionnoit; il y fit des embellissemens considérables, & voulut même qu'elle portât son nom. Ce même Savant dit qu'on doit lui attribuer la plupart des ouvrages publics qui la décoroient, & peut-être aussi l'obélisque, quoique d'autres l'attribuent à l'empereur Constance, qui y fit célébrer les jeux circenses & les jeux scéniques en 354.

L'amphithéâtre de cette ville, qui est encore un des beaux monumens des Gaules, n'a jamais été achevé. Cependant, une inscription prouve qu'on y donnoit au peuple le spectacle des Gladiateurs.

AREMBUS, ville de l'Inde, en-deçà du Gange, selon Ptolemée.

ARENACUM, appelé aussi *Arenatium*, *Harenatium*, (*Aert* ou *Aerth*) étoit un Fort des Bataves, construit sur le Rhin, peu éloigné, en suivant ce fleuve, de l'endroit où il s'étoit séparé pour former le Vahal. Tacite dit qu'Aquileius y rassembla son armée pour attaquer les Bataves. Quelques auteurs avoient cru pouvoir retrouver dans la position de cet ancien lieu celle d'*Arnheim*; mais cette ville moderne est plus au nord: elle est plus moderne, & a pris son nom d'*Arnoldis villa*. Ce lieu est nommé *Arenatium* sur la table de Peutinger.

ARENÆ, (les Arénéens) peuple de l'Asie-mineure, dans la Lydie, aux environs de Thyatire. Il en est fait mention dans une inscription rapportée par M. de Peyssonnel, qui pense que c'étoit les habitans d'un village aux environs de cette ville.

Il est dit dans l'inscription, que ce peuple & les Nagdéméens dédièrent une statue à Phimacus Stephanophore, pour les avoir vengés, & avoir mis en règle les affaires de leurs villages.

ARENÆ, lieu de l'Hispanie dans la Bétique. Ce nom étoit donné à la côte des Turdetans, qui s'étendoit depuis l'embouchure du petit fleuve sur lequel étoit *Onuba*, jusqu'à la plus orientale de celles du *Bœtis*.

ARENATIUM. (*Aert*) Tacite écrit *Arenacum*, & dans l'Itinéraire, *Harenatium*. Dom Martin prétend qu'on ne retrouve plus ce lieu; mais M. d'Anville démontre, d'après les Itinéraires, qu'*Arenatium* doit avoir été sur le bras droit du Rhin, à peu de distance de sa séparation à *Burginatium*, au nord-ouest de *Colonia Trajana*, & au nord-est de *Noviomagus*.

ARENDÆ, nom d'une ville de la Lycie, selon Ptolemée.

ARENE. Pausanias (*Messen. ch.* 2.) parle de la ville d'*Arène* ou d'*Aerné*, & dit qu'elle fut fondée par Arphareus, fils de Perières & petit-fils de Persée, par Gorgophone sa fille; mais il ne donne pas la position de cette ville. Etienne de Bysance écrit ce nom au pluriel *Arenæ*, & dit qu'il y avoit deux villes de ce nom; l'une en Messénie, & l'autre dans la Triphylie. Selon Strabon, celle dont parle Homère étoit près du fleuve *Mynieus*; mais comme ce fleuve est le même que l'*Anigrus*, il s'ensuivroit que l'*Arène* d'Homère étoit dans la Triphylie. Casaubon, adoptant les deux *Arènes* indiquées par Etienne de Bysance, pense qu'Homère parle de celle qui étoit dans la Messénie. Je ne déciderai pas ici la question: je dirai seulement qu'à-peu-près aux deux endroits où l'on indiquoit des villes du nom d'*Arène*, il y en avoit aussi du nom de *Pylos*. M. d'Anville, en nommant *Pylus*, en face de l'île Sphacterie, ajoute *vel Era*, l'un des noms par lesquels on a aussi désigné *Arène*.

ARENENSIS PLEBS, siège épiscopal d'Afrique, selon la conférence de Carthage.

ARENIUM, lieu de l'Italie, sur la voie Flaminienne, en côtoyant le golfe Adriatique, selon l'itinéraire d'Antonin.

ARENOSUM LITTUS, nom d'un lieu de la côte occidentale de l'île de Corse, selon Ptolemée.

ARENSIS, siège épiscopal d'Afrique, dans la province proconsulaire, selon la conférence de Carthage.

ARENTIA, fleuve de l'Italie, près des frontières de l'Etrurie & de la Lygurie. Il prenoit sa source au nord-est de *Luna*, arrosoit *Carara*, & se jettoit dans la mer peu au-delà.

AREON, torrent de la Perside, qui se jetoit dans le golfe Persique, sous le lieu nommé *Gogana*. Néarque mouilla à l'entrée de ce torrent.

AREONESUS, île du Pont-Euxin, auprès de Colchos, selon Scymnus, cité par Etienne le Géographe. Pomponius Méla la nomme *Aria*. Son nom, selon l'étymologie greque, signifie *l'île de Mars*. Les habitans de cette île passoient pour être excellens archers. Diodore de Sicile dit que Jason rencontra les quatre enfans de Phrixus dans cette île, & qu'il les ramena à Colchos.

AREOS PAGOS, ou *Areopagus*, campagne couverte de bois, dans la Thrace, selon Etienne le Géographe.

Areos Pagos. On lit aussi dans Etienne de Bysance que c'étoit un promontoire d'Athènes où l'on purgeoit des meurtres; mais c'est une grande erreur. Je renvoie aux Dictionnaires des antiquités, pour ce qui concerne ce tribunal: du moins il me semble que cela doit s'y trouver. Je dirai seulement ici que l'*Aréopage* étoit un des cinq quartiers de la ville d'Athènes,

ARETALESIORUM URBS. Eusèbe nomme ainsi une ville dans son histoire ecclésiastique.

ARETHUREA. Homère, dans l'énumération des vaisseaux emploie ce nom; c'étoit un de ceux qui avoient porté Phlius: c'étoit encore le nom d'une ville assez considérable, qui fut comprise dans la Sicyonie, mais qui avoit appartenu à l'Argolide: Pausanias fait observer que ses habitans n'étoient pas Arcadiens; qu'ils étoient d'abord Argiens, & qu'ils ne devinrent Doriens que depuis le retour des Héraclides. Cette ville avoit été bâtie, selon cet auteur, par un certain *Aras*, originaire du pays: il eut pour fils Aoris, & pour fille Aréthyrée: après la mort de la sœur, ajoute Pausanias, *Αὄρις ἐς μνημην τῆς ἀδελφῆς μετωνομασεν Αραιθυραίαν τὴν χώραν.*, c'est-à-dire, Aoris, en mémoire de sa sœur, changea le nom (qui probablement étoit *Aras*), & nomma la contrée *Aréthyrée.* Dans l'acception du mot *χῶρα* il faut bien aussi comprendre la ville. Le troisième qui fit changer de nom à cette ville fut Phlias, que Pausanias croit avoir été fils d'Aréthyrée, quoique quelques auteurs aient été d'un autre sentiment. D'après cet exposé, on voit que c'est la ville de *Phlius* qu'il faut chercher sur la carte, & à laquelle il faut appliquer l'épithète de très-agréable, que lui donne Homère. Cette ville est à présent nommée *Staphilica.*

ARETHUSA, lac de l'Asie, près de la source du Tigre, & que ce fleuve traverse, selon Pline. Il ajoute qu'il s'exhale des vapeurs nitreuses de ce lac. Ce lac étoit au sud des monts *Niphates*, vers le 38e degré 15 min. de latit.

Arethusa, ville de l'Asie, dans la Syrie. Elle étoit située sur le fleuve Orontes, au sud-est d'Epiphania, vers le 34e degré 30 minutes de latitude.

Aréthusa, ville de la Macédoine, dans l'Amphaxitide, selon Ptolemée.

Aréthusa, ville de la Syrie, dans la Cassiotide, près de la ville d'Apamée, selon Pline & Plutarque. Antonin (Itinéraire) la place entre Emèse & Antioche.

Strabon dit que de son temps elle étoit possédée par un petit roi Arabe.

Aréthusa, ville de l'Arabie heureuse, qui étoit de fondation grecque, selon Pline; mais détruite de son temps.

Aréthusa, ville de la Judée. Pompée la rendit à ses habitans. Joseph, *Antiq.* & *de bell.*

Aréthusa, lac de la grande Arménie. Pline dit que ce lac nourrit des poissons, quoiqu'il soit nitreux.

Aréthusa, source d'eau douce, dans l'île de Sicile, auprès de Syracuse. Il en est fait mention par Pline, Cicéron, Virgile, *&c.* La Fable rapporte que le fleuve Alphé, amoureux de la Nymphe Aréthuse, la poursuivoit avec ardeur lorsque cette Nymphe fut changée en fontaine. Mais c'est en vain que pour échapper à ses poursuites elle s'enfuit en Sicile, il se précipita dans la mer; &, passant sous terre, il alla joindre ses eaux à celles de son amante. M. le C. de B. a fait de ce sujet une épisode charmante du *chant du Midi*, dans son poëme des quatre parties du jour.

Aréthusa, fontaine de l'île d'Ithaque, qui a été aussi appelée *Cypara*, selon Etienne le Géographe.

Aréthusa, fontaine de Grèce, dans la Béotie, selon Pline. Solin met une fontaine de ce nom près de la ville de Thèbes. Ce doit être la même que celle de Pline.

Aréthusa, nom d'une fontaine de l'île d'Eubée, selon Pline.

Aréthusa, fontaine de la grande Grèce, dans le Brutium, aux environs du golfe de *Squilaci*, selon Cassiodore.

ARÉTHYREA, *ou* Aræthyrea, nom qu'Homère donne à une petite contrée du Péloponèse, vers l'Achaïe. *Voyez* Arethurea.

ARETINI, les Arétins, peuple d'Italie, dans l'Etrurie. Pline les distingue en trois classes, *Aretini Veteres*, les anciens Arétins; *Aretini Fidentes*, & *Aretini Julienses*; ils habitoient trois villes différentes, ou du moins, comme le présume Cluvier, cette distinction étoit seulement une division du territoire.

ARETIUM. *Voyez* Arretium.

AREVA, (l'*Adaja*) fleuve de l'Hispanie, dans le pays du peuple *Arevaci.*

Il commençoit dans les montagnes qui sont au sud-est de *Salamantica*, remontoit au nord, & se jettoit dans le *Durius*, un peu au-dessous de *Septimanca.*

AREVACÆ & *Arevaci*, les Arevaques, peuple de l'Hispanie. Ils étoient placés dans l'intérieur des terres au sud-est des *Vaccéens*, depuis la source de *Nareva* jusques vers les montagnes qui contiennent la source du *Durius.* C'étoit d'après le nom de la première de ces rivières qu'ils avoient pris leur nom. Le P. Briet, d'après les auteurs anciens, leur attribue pour villes *Clunia*, *Colonia*, *Sulpitia*, *Lutia*, *Thermes*, appelée aussi *Termisum*, *Uxama*, *Segobia Rauda*, *Colenda*, *Littabrum* ou *Britablum*, *Segortia Lactea.*

Il auroit dû y ajouter les villes suivantes qui se trouvent dans Ptolemée: *Confluenta*, *Veluca*, *Tucris*, *Numantia*, *Nudaugusta.* (Voyez *ces noms.*)

AREUS, petite rivière sur la côte de l'Asie, dans la Bithynie, selon Pline.

ARETIADE. Cette île, que les Argonautes rencontrèrent sur leur route, & dans laquelle ils remontèrent les enfans de Phryxus, est la même qu'*Acronesus.*

ARFAS, ville de la Judée, dans la demi-tribu de Manassé, au-delà du Jourdain.

Selon Joseph, elle bornoit la Trachonite à l'orient.

ARGA, nom d'une ville de l'Arabie heureuse, selon Ptolemée.

ARGADES, rivière de l'Asie, dans la Sitacène, selon Elien, dans son histoire des animaux, *l. 16.*

ARGADES, ville tributaire de l'Attique, selon Hérodote. Elle est nommée *Ergades* par Plutarque.

ARGADINA, petite ville de l'Asie, dans la Magiane, selon Ptolemée.

ARGÆUS, montagne de l'Asie, la plus haute de la Cappadoce, & dont le sommet est toujours couvert de neige, selon Strabon. Elle est nommée *Argeus* par Ptolemée.

ARGÆUS, lieu de la ville de Rome, que l'on nommoit auparavant *Libyssus.* Ortélius, *Thesaur.*

ARGAIS, île de la mer Méditerranée, sur la côte de l'Asie-Mineure, dans la Lycie, selon Etienne le Géographe.

ARGANTOMAGUS. (Argenton), lieu de la Gaule, entre *Fines & Ernodorum*, selon l'itinéraire d'Antonin, à 21 milles de la première, & à 27 de la seconde.

ARGANTHONÉ, mont de Mysie, au pied duquel couloit une fontaine, selon Properce, *l. I, Eleg. 20.* C'est le même que le mont *Argantonius*.

ARGANTONIUS MONS, montagne d'Asie, dans la Mysie, au-dessus de la ville de Pruse, selon Strabon.

On prétend que ce fut en cet endroit qu'Hylas, ami d'Hercule, fut enlevé par des Nymphes.

Strabon dit que de son temps, les habitans de Pruse avoient une fête, durant laquelle ils couroient sur cette montagne & appeloient Hylas.

ARGARAUDACA, nom d'une ville de l'Asie, dans la Médie, selon Ptolemée.

ARGARI, lieu de l'Inde, dans la presqu'île en-deçà du Gange, selon Ptolemée. Ce lieu donnoit vraisemblablement son nom au golfe *Argaricus*, sur lequel il étoit situé.

ARGARICUS SINUS, golfe dans la presqu'île de l'Inde, en-deçà du Gange, vis-à-vis l'île de Taprobane, & entre les promontoires *Collis* & *Calligicum.*

Il est fait mention de ce golfe par Ptolemée.

ARGATH, ville de l'Arménie, selon Cédrène, cité par Ortélius. Celui-ci ajoute que Curopalate la nomme *Argaut.*

ARGEADÆ. (*les Argéades*) On a eu tort de regarder les *Argéades*, d'après Appien, comme formant une des nations comprises sous le nom de *Macédoniens.*

On a nommé *Argéates*, quelques rois qui régnèrent en Macédoine, & que l'on croyoit originaires d'Argos. Cela est exprimé positivement dans des vers que rapporte Pausanias, *l. VII, ch. 8.* en parlant des malheurs du royaume de Macédoine sous le dernier Philippe. Hérodote parle de ces premiers Macédoniens venus d'Argos.

ARGÉATHE, village du Péloponèse, dans l'Arcadie, selon Pausanias.

ARGELIA, nom d'une ville de la Germanie, selon Ptolemée.

ARGENCHUM, forêt de la gaule Aquitanique, près de l'endroit où est située la Rochelle.

ARGENNOS, nom de l'une des trois îles que l'on nommoit *Trogilies.* Elle étoit dans la mer d'Ionie, sur les côtes de l'Asie-Mineure.

ARGENNUM, promontoire de l'Asie-Mineure, dans l'Ionie, auprès de l'île de Halonèse, selon Strabon & Ptolemée. Ce promontoire est nommé par Thucydide.

ARGENNUM, (*Capo S. Alessio*) nom d'un promontoire sur la côte orientale de la Sicile, selon Ptolemée.

ARGENNUM, promontoire de l'île de Lesbos, sur la côte orientale, vis-à-vis de la Terre-ferme, selon Ptolemée.

ARGENOMESCUM, ville de l'Espagne Tarragonnoise, dans le territoire des Cantabres, selon Ptolemée.

ARGENTA, ville de la Thessalie. Il en est fait mention par Tite-Live.

ARGENTANUM, ville de l'Italie, dans le territoire des Brutiens, selon Tite-Live.

ARGENTARIA, nom d'une ville de la Germanie, près de laquelle l'empereur Gratien défit trente mille Allemands.

Cette ville est nommée *Argentuaria* & *Argentovaria* par Ptolemée.

Vers le cinquième siècle, elle fut vraisemblablement ruinée par Attila.

ARGENTARIUS MONS, (*Monte-Argentaro*) montagne de l'Etrurie en Italie, formant un promontoire près de la ville de *Losa.*

ARGENTEA, (*Ashem*) nom de la ville capitale de l'île de Iabadii, selon Ptolemée. Elle étoit située à la pointe septentrionale de l'île.

ARGENTEOLA, ville de l'Espagne, dans l'ancienne Asturie, selon Ptolemée. Dans l'itinéraire d'Antonin, elle est nommée *Argentiolium.*

ARGENTEUS. (l'*Argents*) On trouve sur la table Théodosienne le nom *Anteis* entre *Reii Apollinares*, & *Forum Voconii.* M. d'Anville pense que ce mot *Anteis* est pour *Argenteis*, & désigne le fleuve *Argenteus*; Dom Martin est de même avis dans sa notice de la Gaule.

Lépidus nous apprend, dans une lettre à Cicéron, qu'il y avoit un pont sur ce fleuve. Peut-être étoit-il à la position qu'indique la Table; mais il faut observer que les nombres qu'elle indique excèdent la distance réelle qui existe entre *Reii* (*Res*) & *Forum Voconii* (Gonfaron); & M. d'Anville regarde cette correction comme indispensable.

On pourroit croire, par un mot de Pline, que ce fleuve *Argenteus* passoit à *Forum Julii*; mais comme l'*Argents* ne passe pas précisément à Fréjus, on voit qu'il a voulu dire qu'il arrosoit son territoire. Ptolemée, dit M. d'Anville, a connu l'embouchure de l'*Argents*, entre *Olbia* & *Forum Julii*.

ARGENTEUS MONS, (*Sierra di Alcaraz*) montagne de l'Hispanie, d'où le fleuve *Bœtis* prenoit sa source, selon Strabon.

Cette montagne est nommée *Argentarius*, par Festus Avienus.

ARGENTINI, peuple de l'Italie, dans la grande Grèce, selon Pline.

ARGENTIOLUM, ville de l'Hispanie, selon l'itinéraire d'Antonin. C'est la même qui est nommée *Argenteola* par Ptolemée.

ARGENTOMAGUS, *ou* ARGANTOMAGUS, (*Argenton*), chez les *Bituriges*, sur la route qui conduisoit de *Mediolanum*, à l'est, à *Limonum*, à l'ouest. On trouvoit une position de *Fines* intermédiaire; elle indiquoit les limites des *Bituriges* & des *Pictavi*.

ARGENTORATUM, *Argentora* & *Argentoratus* (*Strasbourg*), ville de la Gaule chez les *Triboci*; car c'est à tort que Ptolemée l'attribue aux *Vangiones*. Cette ville étoit devenue un lieu de passage très-fréquenté pour aller de Gaule en Germanie. Ce fut de-là que se forma, avec le temps, le nom de *Stratre-burgus*, puis *Strasbourg*.

La notice de l'empire nous apprend qu'il y avoit à *Argentoratum* une fabrique d'armes offensives & défensives de toute espèce. On y avoit placé un Comte qui commandoit sur le territoire appelé *Tractus Argentoratensis*; ce comte relevoit du Duc établi à *Mongotiacum*.

Dans le 4e siècle Julien gagna, sous les murs de cette ville, une grande victoire sur les Allemands & leur roi Chnodomaire qu'il fit prisonnier. Lorsque le christianisme commença à s'établir dans les Gaules, elle devint ville épiscopale.

ARGENTUARIA, ville de la gaule Belgique, selon Ptolemée.

ARGENUS, nom d'un port de la Carmanie, selon Pline. On y bâtit une ville qui fut nommée *Alexandrie*.

ARGENUS, ville *ou* rivière de la Gaule Lyonnoise, selon les divers exemplaires de Ptolemée.

ARGENUUM *Promontorium* (*capo S. Alessio*), cap de la côte orientale de la Sicile.

ARGENUSSÆ, petites îles situées près des côtes de l'Asie-Mineure, tout près & au sud-est de l'île de Lesbos. Strabon écrit *Argenusæ*, ainsi que Diodore de Sicile, *&c.*

Ces îles sont célèbres par la bataille de leur nom, gagnée par les Athéniens sur les Lacédémoniens la 26e année de la guerre du Péloponèse, avant l'ère vulgaire 406.

ARGEONESUS, petite île d'Egypte auprès de Canobe, selon Etienne de Bysance. Selon cet auteur, elle tiroit son nom d'*Argeus*, roi de Macédoine. Ce prince en est le cinquième roi, & commença à régner l'an 678 avant notre ère.

ARGETÆ, peuple de l'Asie. Il habitoit dans le voisinage & à l'occident du fleuve *Indus*, selon Pline.

ARGIÆ INSULÆ, île de l'Asie-Mineure sur la côte de la Carie, selon Pline, qui les met au nombre de vingt.

ARGIDAVA, nom d'une ville de la Dacie, selon Ptolemée, la même qu'*Arcidava* à quelque distance au nord de *Viminacium*, & au nord-est de *Singidunum*.

ARGILA, ville de l'Asie-Mineure, dans la Carie, selon Etienne de Bysance, qui n'en dit rien davantage.

ARGILETUM, côteau de la ville de Rome, entre le mont Aventin & celui du Capitole.

C'étoit au bas de ce côteau que Numa éleva le temple de Janus, qui étoit ouvert en temps de guerre, & fermé en temps de paix, selon Livius, *l. I, ch. 19*. C'étoit aussi là qu'étoient les boutiques des Libraires.

ARGILIA, bourg de l'Attique; mais on n'est pas d'accord sur la tribu à laquelle il appartenoit. (*Voyez* SPON.)

ARGILIUM. Quelques éditions de Ptolemée portent ce nom. C'est *Agrilium* qu'il faut lire. *Voyez* ce mot.

ARGILIUS, montagne d'Egypte, près du Nil, selon Plutarque le Géographe. Cet auteur dit que ce nom lui fut donné, parce que Jupiter y mena la nymphe *Argée*, dont il eut un fils nommé *Denys*.

ARGILUS, ville de la Thrace, aux environs d'Amphipolis & de l'embouchure du fleuve *Strymon*, selon Hérodote, Thucydide, *&c.* Thucydide (*l. IV*, §. 103), dit que les Argiliens étoient une colonie des Andriens, établis dans les environs d'Amphipolis.

ARGINA, *ou* ARGYNA, ancienne ville de Grèce, dans le pays des *Locriens Ozoles*, selon Pline.

ARGINUSA, île de la mer Méditerranée, sur la côte de l'Asie-Mineure, dans le voisinage d'Ephèse, selon Pline. Ce doit être une des *Arginusses*. Voyez ARGINUSSÆ.

ARGIPEI, *ou* ARGIPPÆI. Les *Argipéens*. Ces peuples faisoient partie de la nation Scythique. Les hommes & les femmes, selon Hérodote, étoient naturellement chauves. Leur langage étoit différent de celui des Scythes, d'ailleurs ils leur ressembloient par le vêtement. Mais ceux-ci vivoient de chasse, au lieu que les Argipéens ne vivoient que des fruits d'un arbre qu'ils appeloient *Pontique*. Lorsque ce fruit étoit mûr, ils en faisoient sortir une liqueur noire & épaisse, qu'ils buvoient seule ou qu'ils mêloient avec le lait. Ils faisoient du marc de ce fruit une espèce de gâteau, & s'en tenoient à cette nourriture. Couchés en hiver & en été sous des arbres, ils y suspendoient une couverture. Au reste, je ne garantis pas ces faits, non plus que ce qu'ajoute l'auteur Grec, que leurs personnes étoient regardées comme sacrées; & que n'ayant aucune offense

offense à craindre ni à repousser, ils n'avoient chez eux aucune des armes dont on se sert à la guerre. Leur réputation de sagesse alloit si loin, que leurs voisins les prenoient souvent pour arbitres de leurs différends; & que, quand quelqu'un, poursuivi ailleurs, se retiroit chez eux, il y étoit comme dans un asyle inviolable.

ARGIRA, petite fontaine de l'*Achaye*, peu éloignée du *Charadrus*.

ARGIRI, nom d'une ville de l'Inde, en-deçà du Gange, selon Ptolemée. Cette ville est nommée *Argali* par Arrian.

ARGISSE. Peu d'auteurs ont parlé de cette ville de la Thessalie. M. d'Anville l'a placée sur la gauche du Pénée, entre *Larissa*, à l'est; & *Atrax*, à l'ouest.

ARGITA, nom d'une rivière de l'Hibernie, selon Ptolemée.

ARGITHEA, ville de la Grèce; elle étoit capitale de l'Athamanie, selon Tite-Live.

ARGIVI. Les *Argiens*, peuple grec, habitant la partie du Péloponèse appelée *Argolide*. Les premiers habitans du pays dûrent avoir même origine que les Arcadiens; mais dans la suite il vint sur les côtes s'établir des colonies, soit Phéniciennes, soit Egyptiennes. La nation se trouva donc formée d'un mêlange de grecs & d'étrangers.

Le gouvernement y fut d'abord & resta long-temps monarchique. Mais les *Argiens*, qui étoient fort jaloux de leur liberté, parvinrent enfin à s'affranchir de l'autorité royale, & se gouvernèrent en république. Inachus fut le premier roi d'Argos: le commencement de son règne est fixé à l'an 1582 avant J. C. Il étoit le chef d'une colonie d'étrangers qu'à son nom, formé d'*Anak*, on peut croire Phéniciens. Comme il étoit venu par mer, les Poëtes ont feint qu'il étoit fils de l'Océan & de Thétis.

Après la mort d'Acrisius, cinquième roi, tué par Persée son petit-fils, il se forma un nouveau royaume, qui, pendant quelque temps, éclipsa celui d'Argos; ce fut celui de Mycènes, fondé en 1348. On sait que sous Agamemnon c'étoit le plus brillant des Etats de la Grèce; mais cet éclat fut d'assez courte durée. Penthile & Comètes, petit-fils d'Oreste, régnoient à Mycènes & à Argos lorsque les descendans d'Hercule rentrèrent, à main armée, dans le Péloponnèse. Ils commandoient une armée de Doriens, se prétendoient descendans du légitime héritier dépouillé par Eurysthée. Ils s'emparèrent d'Argos en 1129; mais ces princes régnèrent peu de temps à Argos & à Mycènes. Les Argiens détruisirent entièrement la monarchie: Meltas fut leur dernier roi.

L'Argolide fut dans la suite divisée en autant de petites souverainetés qu'il y avoit de villes. Celle d'Argos joua toujours le premier rôle.

A la royauté succéda, chez les Argiens, la démocratie. On ignore ce qui se passa chez eux pendant assez long-temps. On voit que dans la quatorzième année de la guerre du Péloponnèse, ils changèrent leur démocratie en aristocratie. Les auteurs de l'Histoire Universelle publiée en Angleterre, disent que ce fut pour donner une preuve d'attachement aux Lacédémoniens; mais on voit clairement, par Thucydide, que ce fut par la seule raison que les Lacédémoniens furent les plus forts dans Argos; &, presque immédiatement après, les Lacédémoniens s'étant éloignés, le peuple rentra dans ses droits, & reprit la démocratie. Ils perdirent leur liberté sous les Romains.

ARGIVI REGUM COLONI, nom d'un lieu à vingt milles de Rome. Il en est fait mention dans les épigrammes de Martial.

ARGIZALA, ville de l'Asie-Mineure, dans la Galatie, selon Ptolemée. Les bonnes éditions portent *Agrisama*.

ARGOB, province de la Judée, qui faisoit partie du royaume de Basan, & qui étoit composée de plus de soixante villes fortes, & d'un grand nombre de bourgs.

Bengaber présidoit pour Salomon sur tout le pays d'Argob.

Il en est parlé dans le Deutéronome & dans le livre des Rois. *Argob* en étoit la capitale.

ARGOB, ville de la Palestine, dans le canton d'Argob, dont elle étoit la capitale. Eusèbe dit qu'Argob étoit un lieu à quinze milles vers le couchant de Gerasa.

ARGOB, canton de la Palestine, dans le pays de la demi-tribu de Manassé, au-delà du Jourdain.

ARGOB, lieu de la Palestine, dans le pays de Samarie, & près le palais royal, où Phacée, fils de Romélie, assassina Phacéïa, fils de Manahem, roi d'Israël, selon le quatrième livre des Rois, *ch. 15, v. 25*.

ARGOBIUM. *Voyez* ARGOVE.

ARGODA (*Arghum*), ville de l'intérieur de la Chersonnèse Taurique, au midi de *Portacra*. Ptolemée parle de cette ville.

ARGŒNUS MONS, montagne de l'Asie, vers le 38e degré 20 minutes de latitude, au nord du mont Taurus.

ARGOLICUM MARE. La mer Argolique faisoit partie de celle que nous nommons plus communément *mer Egée*, & même il paroît que la mer Egée a été quelquefois désignée toute entière sous le nom de *mer Argolique*. Quant à ses divisions, voyez EGÆUM MARE.

ARGOLICUS SINUS, (golfe de Napoli de Romanie.) Ce golfe étoit formé par la partie de mer qui s'avance entre la presqu'île que forme l'Argolide au sud-est, & la Laconie, à l'ouest. On y trouvoit les îles de *Tiparenus*, d'*Ephyres*, d'*Irine*, & de *Pityusa*.

ARGOLIDE (l'). Cette contrée de la Grèce, qui occupoit la partie sud-est du Péloponnèse, avoit, disoit-on, reçu son nom d'un ancien prince nommé *Argus*.

Ce pays étoit en partie dans une presqu'île resserrée à l'est par le golfe Saronique (golfe d'Engia), & à l'ouest par le golfe Argolique (golfe Nauplia): le reste du pays avoit au nord la Sicyonie & la Corinthie; & à l'ouest, l'Arcadie: il avoit au sud le golfe Argolique, & seulement dans une petite partie, une portion de la Laconie.

Ce pays, assez abondant en pâturages, avoit mérité à la capitale de ce pays l'épithète d'*Hipobotos*, ou abondante en chevaux.

Le principal fleuve de l'Argolide étoit l'*Inachus*, qui passoit à Argos; les autres étoient le *Charadrus*, l'*Erasinus*, le *Phryxus*.

L'Argolide étoit un pays puissant au temps de la guerre de Troye; on le voit par le rang qu'occupoit Agamemnon, puisqu'il commandoit tous les Grecs. Voici les noms des villes qu'Homère attribue à cette partie de la Grèce, Argos, Tirynthe, Hermione, Asine, Træzène, Eïones (dont on ignore la position), Epidaure, Masète, Mycènes, Cléones, Ornées, Aréthurée (c'est *Phlius*). Il faut croire même que ces lieux n'étoient pas les seuls qui existassent alors, mais seulement ceux qui étoient assez puissans pour envoyer des vaisseaux à la guerre. Quant aux autres Places de ce pays, on les trouve sur les cartes de M. d'Anville, & à leur article dans ce volume. Voici celles que nomme Ptolemée.

TABLEAU DE L'ARGOLIDE, D'APRÈS PTOLEMÉE.

LES VILLES DE L'ARGOLIDE étoient,	Sur le Golfe Argolique.	Astrum (1).
		Nauplia.
		Phlius.
		Hermione.
		Scyllæum Prom.
	Sur le Golfe Sarronique.	Træzène.
		Chersonesus.
		Epidaurus.
		Spiræum Prom.
		Atheniensium Port.
		Bucephalium.
	Dans les terres.	Nemea.
		Cleonæ.
		ARGOS.
		Mycenæ.
		Asinæ.

(1) Cette ville ne se trouve que dans la Traduction latine; le texte grec, ni la version italienne de Girolamo Ruscelli, n'en parlent pas.

ARGONAUTÆ. (les Argonautes) Comme les Argonautes n'ont jamais été un peuple particulier, ils ne doivent avoir leur place que dans la partie qui traitera de la Mythologie, ou des temps *héroïques* de la Grèce.

ARGOS. Il y a plusieurs villes de ce nom, la plus célèbre est *Argos*, ville de Grèce, & la capitale d'un petit royaume qui en avoit pris le nom d'*Argolide*. Elle étoit située à quelque distance de la mer, sur la droite du fleuve Inachus, & avoit au nord la forteresse appelée *Larissa*. On joignoit ordinairement au nom d'Argos l'épithète d'*Hippobotos* (1), qui faisoit allusion à la bonté de ses pâturages, parce que le mot *Argos*, en grec, rappelle l'idée d'un terrein sec & ingrat. Elle étoit située à quelque distance de la mer, sur le fleuve Inachus. On fait remonter l'époque de la fondation à l'an 1823 avant J. C. Cette ville cessa d'être regardée comme la capitale du pays, après le règne d'Acrisius, vers l'an 1330 avant J. C. Mélampe avoit obtenu une partie de ce royaume pour lui, & une autre pour son frère Bias. Pausanias dit que ce fut sous Anaxagore: mais pour la suite des Rois, il vaut mieux s'en rapporter à la chronique d'Eusèbe.

Persée, petit-fils d'Acrisius, voulant lui succéder en puissance, fit un échange avec son cousin Mégapenthe, & lui céda Argos, se contentant de Tyrinthe; mais il fonda une nouvelle ville, qui fut Mycènes, en 1348, où Agamemnon commença à régner en 1126. Cependant, depuis l'arrivée des Héraclides, en 1229, Argos reprit le rang qu'elle avoit perdu. Les Argiens se gouvernèrent ensuite en république.

(1) C'est à tort qu'Etienne de Bysance donne ce nom pour avoir été l'un de ceux que porta la ville. Ses Commentateurs ont observé, avec raison, que ce n'avoit jamais été qu'une épithète.

Strabon parle de cette ville comme de la première du Péloponnèse, après Sparte: il y eut même un temps où les Argiens l'emportèrent en puissance sur les Lacédémoniens ; mais dès qu'ils eurent perdu cet avantage, ce fut pour toujours.

Argos étoit ornée d'un grand nombre de beaux édifices : un des plus anciens étoit le temple d'Apollon *Lycien*, élevé à ce Dieu par Danaüs. La statue d'Apollon, que Pausanias dit avoir vu, avoit été faite par Attalus, Athénien ; car celle qui fut consacrée avec le temple, n'étoit que de bois. Le trône de Danaüs étoit dans ce temple, ainsi qu'une statue de Biton, portant un taureau sur son dos. On voyoit plusieurs statues de bois dans ce temple : entre autres une de Mercure, faite par Epéus, & consacrée par Hypermnestre. On y voyoit aussi une statue de Ladas, l'homme, de son temps, le plus léger à la course, & une de Mercure, tenant une tortue, de laquelle il vouloit faire une lyre. Sur un marchepied qui étoit au-devant du temple on avoit représenté le combat d'un taureau & d'un loup : on y voyoit aussi une jeune fille qui jettoit une pierre au taureau. Les Argiens disoient qu'on avoit voulu représenter Diane, sous la figure de cette fille. C'étoit un monument élevé par Danaüs, ainsi que les deux colonnes de bois qui étoient auprès, & qui étoient taillées en façon de statues : elles représentoient Jupiter & Diane. Le tombeau de Linus, fils d'Apollon, & celui de Psamathé, fille de Crotopus, étoient aussi dans ce lieu. On y voyoit aussi une statue d'Apollon, surnommé *Agyiëus*, & un autel dédié à Jupiter le *Pluvieux*.

Les Argiens avoient érigé un trophée auprès de ce temple, pour perpétuer la mémoire d'une victoire qu'ils avoient remportée sur les Corinthiens. On avoit mis à côté la statue de Milichius, ou le Débonnaire : elle étoit en marbre blanc, & faite par Polydète. Auprès de celle-ci, on voyoit les statues de Cléobis & de Biton, qui traînoient leur mère dans un charriot, & la conduisoient au temple de Junon : ces statues étoient de marbre. Le temple de Jupiter *Néméen* étoit vis-à-vis; la statue du Dieu étoit debout : elle étoit de bronze, & avoit été faite par Lysippe. Le temple de Phoronée étoit un peu en avant de ce dernier, & sur la droite : c'étoit un des héros dont les Argiens célébroient l'anniversaire. Le temple de la Fortune étoit très-ancien, & étoit au-dessus de celui de Jupiter. Palamède y avoit consacré des dez, dont il étoit l'inventeur, & on les y conservoit encore au temps de Pausanias. Le tombeau de la Ménade Chorias étoit près de-là : c'étoit une des femmes qui servoient dans les troupes de Bacchus, lorsqu'il vint assiéger Argos. Le temple dédié aux Saisons étoit un peu plus loin.

En revenant du côté du temple de Jupiter *Néméen*, on voyoit la statue de Polynice, & celles des autres chefs qui périrent avec lui sous les murs de Thèbes. Les statues de ceux qui prirent Thèbes, étoient auprès de ces dernières, & le tombeau de Danaüs étoit après ces statues, ainsi que le Cénotaphe des Argiens qui périrent au siége de Troye, ou en revenant. Près du Cénotaphe on voyoit le temple de Jupiter *Sauveur*, d'où l'on passoit à une espèce de chapelle, où les femmes d'Argos s'assembloient pour pleurer Adonis. Sur le chemin qui menoit au temple de Jupiter *Sauveur*, on voyoit à la droite un autre temple dédié au fleuve Céphisse. Les Argiens disoient qu'ils savoient qu'il couloit par dessous le temple. Il y avoit dedans une tête de Méduse, en marbre, que l'on disoit être un ouvrage des Cyclopes. Derrière ce temple, il y avoit un endroit que l'on appeloit *la salle d'Audience*. Les Argiens disoient que c'étoit-là qu'Hypermnestre fut jugée, après que Danaüs son père l'eut accusée. On voyoit plusieurs choses curieuses au théâtre, qui n'étoit pas loin de l'endroit nommé *la Salle d'Audience* : mais on remarquoit deux statues dans l'attitude de deux hommes qui se battent, & dont l'un étoit tué par l'autre. Le temple de Vénus étoit au-delà du théâtre, & devant la porte il y avoit une colonne où étoit adossée la statue de Télésille; elle avoit plusieurs volumes de poésie à ses pieds, & elle tenoit dans ses mains un casque, qu'elle paroissoit vouloir mettre sur sa tête.

La sépulture de Cerdo, femme de Phoronée, étoit, en allant du temple de Vénus, sur la place : on rencontroit aussi sur ce chemin un temple dédié à Esculape, un autre à Diane *Pitho*. Ce dernier avoit été consacré par Hypermnestre. Une statue de bronze représentant Enée, étoit près du quartier que l'on nommoit le *Delta*. Devant la place on voyoit un autel qui étoit dedié à Jupiter *Phyxius*. Le tombeau d'Hypermnestre, mère d'Amphiaraüs, étoit auprès de cet autel; & vis-à-vis on voyoit le tombeau de Talaüs, fils de Bias. Le temple de Minerve *Trompette* étoit près de-là : on disoit qu'il avoit été bâti par Hégélaus, dont le père, Tyrrhène, avoit inventé la trompette. Le tombeau d'Epiménide étoit au devant de ce temple. On avoit élevé au milieu de la place, un grand édifice en marbre blanc. Les Argiens le regardoient comme un trophée que l'on avoit érigé à Pyrrhus, roi des Epirotes (1) : son tombeau étoit dans l'endroit où son corps fut brûlé, & l'on avoit gravé au-dessus les machines de guerre, dont ce prince se servoit dans les combats. Le bouclier de ce prince étoit attaché sur la grande porte du temple de Cérès, dans lequel ses cendres reposoient. On disoit que la tête de la Gorgone Méduse avoit été enterrée sur une petite éminence qui étoit sur la place auprès du trophée de Pyrrhus. Le tombeau de Gorgophone, fille de Persée, étoit auprès de celui de la Gorgone.

(1) Ce prince fut tué d'une pierre que lui jetta une femme de dessus un toit, dans le temps où, ayant forcé les portes de la ville, il touchoit au moment de s'en emparer.

Il y avoit un trophée de pierres au-devant de ce tombeau. Les Argiens disoient qu'il avoit été élevé parce qu'il avoit chassé un de leurs concitoyens, nommé *Laphaès*, qui s'étoit emparé du gouvernement. Le temple de Latone se voyoit près de ce trophée, & la statue de la déesse étoit un ouvrage de Praxitèle. La statue d'une jeune vierge, que l'on nommoit *Chloris*, étoit auprès de celle de Latone. Le temple de Junon surnommée *Anthée*, étoit auprès de celui de Latone, & devant la porte on voyoit le tombeau des femmes qui vinrent des îles de la mer Egée avec Bacchus, & qui périrent en combattant les Argiens. Le temple de Cérès *Pélasgis* étoit vis-à-vis de ce tombeau : il avoit été consacré par Pélasgus, dont le tombeau étoit tout près. Il y avoit un cippe de bronze de médiocre grandeur, un peu au-delà de ce temple : il soutenoit les statues de Diane, de Jupiter & de Minerve, qui étoient très-anciennes. Il y avoit une fosse auprès de ce cippe, dans laquelle les habitans d'Argos jettoient, en cérémonie, des torches ardentes, en l'honneur de Proserpine. Le temple de Neptune *Prosclitius* étoit auprès de cette fosse, & le tombeau d'Argus étoit presque au sortir de ce temple. Après celui-ci on voyoit celui de Castor & Pollux, où l'on voyoit la statue de ces dieux, celles de leurs femmes & de leurs enfans : ces statues étoient de bois d'ébène, & faites par Scyllis & Dipœnus : leurs chevaux, à la réserve d'une petite partie qui étoit d'ivoire, étoient aussi d'ébène.

Il y avoit un autre temple auprès de celui-ci, qui étoit dédié à Lucine, & qui avoit été consacré par Hélène, lorsqu'elle fut conduite à Lacédémone. Le temple d'Hécate étoit au-delà de celui de Lucine : la statue de la déesse étoit de marbre, & faite par Scopas. Il y avoit vis-à-vis deux autres statues de la déesse, qui étoient en bronze. Le chemin menoit droit à un lieu d'exercice, qui avoit été bâti par Cylarabus, & qui en avoit pris le nom. Avant d'arriver au *Cylarabus*, on rencontroit le tombeau de Licymnius : le tombeau de Saçadas, célèbre musicien, qui inventa & joua le premier à Delphes de la flûte, que l'on nommoit *Pythique*, étoit au-delà du lieu d'exercice & de la porte de la ville, qui étoit auprès. Le tombeau de Cylarabus étoit dans ce lieu d'exercice, ainsi que celui de Sthénélus : on y voyoit aussi une statue de Minerve *Pania*. En prenant par la rue Cœlé, on voyoit à main droite un temple de Bacchus, où il y avoit une statue du Dieu, que l'on disoit avoir été portée de l'Eubée. La statue d'Esculape, la plus renommée à Argos, étoit de marbre blanc, représentant le dieu assis : cette statue étoit accompagnée de celle de la déesse Hygéïa. Près du temple de Bacchus, on voyoit une maison qui appartenoit à Adraste : le temple d'Amphiaraüs étoit un peu plus loin ; le tombeau d'Eriphyle suivoit ce temple, & ensuite on voyoit une enceinte dédiée à Esculape. Les Argiens, ainsi que les Sicyoniens, & les Athéniens, avoient une Diane *Phéréenne*, & ils prétendoient que la statue de la déesse leur avoit été apportée de la ville de Phérès en Thessalie. Entre autres curiosités que l'on conservoit à Argos, on voyoit un palais souterrein, où étoit une espèce de cage ou de chambre d'airain, qu'Acrisius, disoit-on, avoit fait faire pour y garder sa fille, & qui fut détruite par le tyran Périlas. Le temple de Bacchus surnommé *Crésius*, & le tombeau de Crotopus étoient aussi dignes de la curiosité. Le temple de Vénus la *Céleste* étoit près de celui de Bacchus.

Sur le chemin qui menoit à la citadelle, on voyoit le temple de Junon *Acréa*, & celui d'Apollon. On disoit que c'étoit le premier qu'avoit eu ce Dieu, & qu'il avoit été bâti par Pythaeüs, qui venoit de Delphes. La statue que l'on y voyoit au temps de Pausanias, étoit de bronze ; le Dieu y étoit représenté debout, & étoit surnommé *Diradiotès*, du nom du lieu, qui étoit nommé *Diras*. Le temple de la Minerve *aux bons yeux* ; bâti par Diomède, touchoit presque à celui d'Apollon : on trouvoit ensuite le stade où l'on célébroit des jeux en l'honneur de Jupiter *Néméen*, & de Junon. Le tombeau des fils d'Egyptus, se voyoit aussi sur le chemin qui menoit à la citadelle. On trouvoit au bout de la citadelle, un temple de Minerve qui étoit très-curieux à voir : il y avoit plusieurs statues, & entre autres une de Jupiter, qui étoit représenté avec un troisième œil au milieu du front. Auprès de ce temple, on en voyoit un de Jupiter Larisséus, qui n'avoit plus de toit : la statue du dieu étoit en bois, & ne tenoit plus sur son piédestal. En sortant d'Argos par le quartier nommé *Diras*, on voyoit le chemin par où on alloit à Mantinée, & sur ce chemin il y avoit un temple double, dont une entrée étoit à l'orient, & l'autre à l'occident : l'un de ces temples étoit dédié à Mars, & l'autre à Vénus : les statues étoient de bois. On trouvoit un édifice de forme pyramidale sur le chemin qui conduisoit à Epidaure : on y conservoit des boucliers qui étoient faits comme ceux des Argiens. Pausanias, *l. 2*, *Corint.*, *ch. 25*.

La citadelle s'appeloit *Larisse*, & elle étoit au nord-est de la ville.

Le petit village qui subsiste aujourd'hui sur les ruines de cette ancienne ville, se nomme *Argo*.

ARGOS. Etienne de Bysance, & quelques autres auteurs de l'Antiquité, ont reconnu une ville d'Argos en Thessalie, qu'Eusthate paroît vouloir faire entendre que c'est la même que *Larisse*. Pline la place sur le golfe Pélasgique, qui se trouvoit entre la Phthiotide, à l'ouest, & la Magnésie, à l'est : mais voici l'idée que me fait naître le vers d'Homère dans le texte. Puisque le mot *Argos*, selon Strabon, signifie une plaine, ne pourroit-on pas croire qu'Homère emploie ici ce mot dans ce sens ? Il le donneroit à une contrée de la Thessalie, où étoient particuliérement des Pélasges ; alors on opposeroit Argos regardée comme plaine ou pays plat, à *Trachinia*, qui étoit une partie montagneuse. Au reste, quelques auteurs ont cru, ce qui n'est guère probable, que cette ville d'Argos, peuplée de Pélasgiens, étoit la même qu'une autre Argos que Constantin Porphyrogénète fait dépendre de la Macédoine.

ARGOS, ville de l'île de Nisyros, l'une des Cyclades, selon Etienne de Bysance.

ARGOS, ville de Grèce, dans le voisinage de Troézène, selon Etienne de Bysance.

ARGOS ORESTICUM, ville de l'Orestiade, contrée de l'Epire, selon Strabon. Cet auteur dit qu'elle fut bâtie par Oreste, lorsqu'il fuyoit pour avoir tué sa mère.

ARGOS, ville d'Asie, dans la Cilicie, selon Etienne de Bysance, qui dit que de son temps on la nommoit *Argeopolis*. Strabon n'en fait qu'un château de la Cappadoce. Avec le temps il s'y forma une ville que l'on nomma *Argéopolis* ou *Argiopolis*. Elle étoit située auprès du Mont-Taurus.

ARGOS, ville de l'Asie-Mineure, dans la Carie, selon Etienne de Bysance.

ARGOS-HIPPIUM, en Italie. *Voyez* ARPI.

ARGOS, lieu de l'île de Cypre. Il n'étoit remarquable que par le temple d'Apollon Erythius, où Vénus trouva le corps d'Adonis après sa mort.

ARGOS-AMPHILOCHICUM, nom d'une ville qui étoit située dans le fond du golfe Ambracien, à 180 stades, selon Polybe, de la ville d'Ambracie, & à 22 milles, selon Tite-Live. Cette ville étoit maritime, selon Thucydide. Scylax la met dans l'Acarnanie; mais Strabon regarde les Amphiloques comme Epirotes. Selon Thucydide, elle devoit sa fondation à Amphiloque, fils d'Amphiaraüs, quelque temps après la guerre de Troye. D'autres auteurs ont dit qu'elle avoit été fondée par Alcméon, en l'honneur de la tendre amitié qu'il portoit à son frère Amphiloque.

ARGOUS. Les Anciens croyoient, & Strabon lui-même, qu'un port de l'Italie avoit pris ce nom du navire *Argo;* il devoit être près du lieu qu'habitoit Circé.

ARGOUS PORTUS (*Porto-Ferraio*), port de l'île Æthalie, qui prenoit son nom du navire de Jason. Homère en parle dans l'Odyssée.

ARGOVA, *ou* ARGOVE, lieu sur la Somme, où s'arrêtèrent les Normands conduits par Alsting.

ARGUDA, ville de l'Asie, dans la Paropanisade, selon Ptolemée.

ARGURA, ville de Grèce, dans la Thessalie. Elle étoit située sur le Pénée, à 40 stades au-dessous d'Atrax, selon Strabon.

On la nommoit auparavant *Argissa*.

ARGURA, lieu de l'Eubée, selon Etien. de Bysance.

ARGUS CAMPUS, nom d'une plaine, dans le territoire de Mantinée, selon Pausanias.

ARGYNIS *ou* ARGENNIS, nom d'un temple de Vénus, nommé ainsi en mémoire d'*Argennus*, jeune homme qu'Agamemnon avoit aimé. Ce jeune homme étant tombé dans le Céphissus, en Boétie, le roi de Mycènes fit élever à la déesse un temple qui porta le nom de son favori.

ARGYPANA, ville de l'Italie, dans la Pouille Daunienne, selon Polybe, qui dit qu'elle fut ravagée par Annibal.

ARGYPHEA, lieu nommé dans l'hymne d'Apollon, attribuée à Homère. Il semble à Ortélius que c'étoit une ville du Péloponnèse.

ARGYRA, *ou* ARGYRE, contrée de l'Inde, au-delà du Gange. Pomponius Méla, Pline, & Ptolemée en font mention.

ARGYRA, ville de l'Inde, & la métropole de l'île de *Jabadios*, sur la côte occidentale de laquelle elle étoit située, selon Ptolemée. Cette île, que Ptolemée nomme *Ibadios*, Etienne de Bysance, se servant d'ailleurs des mêmes expressions pour ce qu'il en dit, la nomme *Taprobane*. Ce nom de *Iabadios* ou *Iabadiu*, a fait croire aux auteurs Portugais qu'il signifioit la ville de *Diu*, dont la défense fut un de leurs plus beaux exploits dans l'Inde. Au reste, cette île, dont le nom *Argyra* a rapport à celui qui, en grec, signifie *argent*, étoit très-fertile & produisoit de l'or, selon Ptolemée & Etienne de Bysance.

ARGYRA, ville de Grèce, dans l'Achaïe. Elle étoit, selon Pausanias, du nombre des villes dépeuplées par Auguste, pour en transférer les habitans à Patras.

ARGYRA, fontaine de Grèce, dans l'Achaïe. Elle couloit près des ruines de la ville de même nom. Il en est fait mention par Pausanias.

ARGYRINI (les Argirins), peuple qu'Etienne de Bysance & Lycophron placent au rang des peuples Epirotes, ou de l'Epire. Mais Isaac Vossius remarque très-savamment sur le vers 1017 de ce dernier, que c'est par une ignorance poétique que l'on a transporté ce peuple en Epire: 1°. on a dit, pour la mesure du vers, *Argyrini*, au lieu d'*Argyrrhini:* 2°. c'étoient les habitans d'*Argyrrhium*, en Sicile, petite ville qui avoit donné naissance à Diodore, surnommé *de Sicile*.

ARGYRIPA, ville de l'Apulia, bâtie par Diomèdes.

ARGYROCASTRUM, nom d'une ville ou d'un bourg, sur une colline, dont Cédrène & Curopalate font mention. Ortélius conjecture que c'étoit un lieu de la Syrie.

ARGYRONICUM, *ou* ARGYRONION, grand édifice ou hôpital hors de la ville de Constantinople, où l'on recevoit les pauvres malades, selon Procope.

ARGYROPOLIS, fauxbourg de la ville de Constantinople, à l'opposite du Chrysopolis, selon Caliste.

ARGYRUNTUM, selon Pline, *ou* AGYRUTUM, selon Ptolemée, ville de l'Illyrie.

ARIA, nom d'une île du Pont-Euxin, vis-à-vis de Pharnacée, selon Pline. On la nommoit aussi *Chalceritis*.

ARIA, montagne de l'Asie. Ammien Marcellin fait mention d'une chaîne de montagnes qu'on appelle *Aria*, *Nazavicium*, *&c.*

Aria, marais ou lac de l'Asie, dans l'Arie propre. Il étoit formé par la rivière *Arius*, qui s'y perdoit.

Aria, ville de l'Asie, dans l'Arie propre. Elle étoit située sur la rivière *Arius* ou *Arias*. On croit que c'est la même qui est aussi *Artacoana*.

Aria, nom d'une contrée de l'Asie. Elle étoit au nord de la Drangiane, dont elle étoit séparée par le mont Bagoâs, à l'occident du mont Paropanise, au sud de la Margiane, & d'une partie de la Bactriane, & à l'orient de la Parthie & de la Carmanie, selon Ptolemée. Pline lui donne une étendue plus considérable. Il y a peu de rivières dans l'Arie, & les plus connues sont, le *Morgus*, selon Ptolemée; l'*Arias*, dont les sources étoient dans le mont *Paropanisus*, va se perdre dans un lac.

L'*Arie* avoit une ville principale, appelée *Aria*, & l'on croit que c'est la même qui a été aussi nommée *Artacoana*, & indiquée comme ville royale.

Je vais joindre ici les lieux que Ptolemée fait connoître dans cette province.

TABLEAU GÉOGRAPHIQUE DE L'ARIE, SELON PTOLEMÉE.

L'ARIE renfermoit les	Peuples nommés	Nisæi. Staveni	au nord.
		Mazorani, vers	la Parthie. la Carmanie déserte.
		Casirotæ	vers la Drangiane.
		Parutæ	vers la Paropanise.
		Obares	au-dessous des *Parutæ*.
		Drachmæ	entre les précédens.
		Atymandri	au-dessous des précédens.
		Borgi	après les précédens.
	La région	la région *Scorpiophera*	
	Villes de	Dista.	Astanda.
		Nabaris.	Articaudna.
		Taua.	Alexandria in Ariâ.
		Augara.	Bæbarsana.
		Bitaza.	Caputana.
		Sarmagana.	Aria civitas.
		Siphare.	Basica.
		Rhagaura.	Sotira.
		Zamuchana.	Orbetane.
		Ambrodax.	Nisibis.
		Bogadia.	Paracanace.
		Varpna.	Gariga.
		Godana.	Darcama.
		Phoraga.	Cotace.
		Chatrisache.	Tribazina.
		Chauvrina.	Astasana.
		Orthiana.	Zimyra.
		Taupana.	

ARIACA, pays maritime de l'Inde, vers le golfe *Canthi Colpus*, selon le Périple de la mer Erythrée, où l'on voit qu'il sortoit des navires de ce pays.

M. d'Anville pense que la contrée *Ariaca* pouvoit avoir été la partie méridionale de celle de *Larice*.

Ariaca, ville de l'Asie, dans la Margiane, selon Ptolemée.

ARIACÆ, les Ariaques, peuple de la Scythie, selon Ptolemée, près la mer Caspienne.

ARIACES SADINORUM, *ou Sadanarum*, peuple de l'Inde, en-deçà du Gange.

ARIACOS, *ou* Ariace, petite ville de l'Asie-Mineure, dans la Mysie. Elle étoit située entre Placia & Scylace, devant Olympe, montagne de la Troade, selon Pline.

ARIALBINNUM, lieu de l'Helvétie. Il en est fait mention dans l'itinéraire d'Antonin.

ARIALDUNUM, ville de l'Hispanie, sous la jurisdiction de *Corduba*, selon Pline.

ARIANOS, île nommée par S. Epiphane. Ortélius croit qu'elle étoit vers l'Archipel.

ARIANTHE, nom d'une ville qui appartenoit aux Oenotriens, selon Etienne le Géographe, qui cite Hérodian.

ARIARATHIA, ville de l'Asie, vers la Cappadoce, selon Antonin & Etienne le Géographe.

Constantin Porphyrogenète parle d'un lac de même nom. Elle avoit pris son nom d'*Ariarathe*, qui fut le premier roi de la Cappadoce; & c'est d'après ce nom & d'après le texte d'Etienne de Bysance, que l'on a senti qu'il falloit corriger le texte de Ptolemée, dans lequel on lit *Ariarathira*.

ARIARICA, lieu de la Gaule Lyonnoise, à vingt-quatre mille pas d'Urba, selon l'itinéraire d'Antonin.

ARIASPE, ville de l'Asie, dans la Drangiane, selon Ptolemée.

ARIASSOR, *ou* ARIASSUS, nom d'une ville de la Pamphylie, selon Ptolemée. Elle a été épiscopale.

ARIBES, peuple d'Asie, en-deçà de l'Indus, selon Denys le Périégète: selon Eustathe ils avoient pris leur nom du fleuve *Arbis*.

ARICADA, nom d'une ville d'Asie, que Ptolemée place dans la Drangiane.

ARICHI, peuple de la Sarmatie Asiatique, selon Ptolemée.

ARICIA, ville d'Italie, dans le *Latium*, au pied & au-delà du mont Albano, sur la voie Appienne, à 20 milles romains de Rome.

Cette ville étoit plus ancienne que l'établissement des Grecs & des Latins en Italie. Les habitans de cette ville se distinguèrent plusieurs fois parmi les ennemis de Rome naissante.

Festus expliquant ce que c'est que Municipe, met *Aricia* entre les exemples.

Cicéron parle de ce Municipe, & le nomme *Aricinum Municipium*.

Diane de Tauride ou de Scythie avoit, à deux milles de cette ville, un bois qui lui étoit consacré, & où on observoit le même culte que dans la Scythie, selon Strabon.

Frontin, en plaçant *Aricia* au nombre des colonies, dit qu'on y fit faire des murs par les ordres de Sylla.

Servius nomme cette ville *Aritia*.

Cette ville étoit à-peu-près dans le lieu où est la ville de Riccia, excepté qu'elle n'occupoit pas seulement la colline, mais une partie de la ville: la voie Appienne la traversoit; son étendue s'étendoit sur-tout à gauche, où le lac & la ville même de *Nemus* étoit dans sa dépendance.

Près d'Aricie étoit un temple de Diane Taurique, en très-grande vénération chez les Romains. Les dames romaines avoient quelquefois la dévotion de s'y rendre à pied, quoique ce lieu fût à 16 milles de Rome. Elles y alloient avec des torches allumées & le front ceint de couronnes. Le grand-prêtre de ce temple, appelé *roi*, ne parvenoit à cette dignité que par le meurtre de son prédécesseur; aussi étoit-il toujours en armes contre les entreprises de qui vouloit lui succéder. Cependant Ovide dit:

Et perit exemplo post modo quisque suo.

Fast. L. M.

ARICONIUM (*Kenchester*), lieu de l'île d'Albion, à 15 mille pas de *Clevum* ou *Glevum*, selon l'itinéraire d'Antonin.

C'étoit un lieu fameux pour la chasse.

ARIELDELA, *ou* ARIEDELA, ville de la Palestine, selon le livre des Notices de l'Empire, *sect. 21*.

C'est vraisemblablement l'*Arindela* d'Etienne le Géographe, qui la met dans la troisième Palestine, & ajoute que Glaucus en fait un village. Cela suppose qu'il croyoit que c'étoit une ville; car ce nom (πόλις) manque à l'article. Au reste, la troisième Palestine est l'Arabie pétrée.

ARIENATES, peuple d'Europe en Italie, selon Pline: il a dû être compris dans la sixième région de l'Italie; mais il ne subsistoit plus de son temps.

ARIGÆUM, ville de l'Inde, qui étoit située vers la partie supérieure du fleuve Indus. Alexandre la trouva brûlée & abandonnée, selon Arrian.

ARIGENUS, capitale des *Viducasses*. Cette ville étoit située dans la partie septentrionale de la Gaule Lyonnoise, selon Ptolemée.

ARII, ou *les Ariens*. Plusieurs peuples paroissent avoir porté ce nom, à quelque différence près, dans la manière de l'écrire en grec.

1°. ARII, Αρειοι, peuples d'Asie, qu'Hérodote dit avoir été voisins des Sogdiens: ils habitoient le pays appelé *Aria*.

2°. ARII, Αριοι. Autrefois, dit Hérodote, les Mèdes étoient généralement connus sous le nom d'*Ariens*, c'est-à-dire, peuples de l'*Iran*. Mais comme Diodore de Sicile dit que Zathranstes, le même certainement que Zoroastre, prétendoit, chez les Aréianiens, les mêmes que les Ariens, avoir reçu ses loix du bon génie; il s'ensuit que les Mèdes sont les Ariens, & que Zoroastre fut leur législateur.

3°. ARII, peuple que Ptolemée place dans l'Arabie heureuse.

4°. ARII, peuple de la Germanie. Il faisoit partie de ceux que l'on comprenoit sous le nom de *Lygiens*: selon Tacite, il y occupoit le premier rang; ces Ariens, plus forts que la plupart des autres Germains, étoient aussi plus féroces; & ajoutoient à cette férocité naturelle, la ruse & l'artifice; car ils portoient des boucliers noirs, se teignoient le corps, & choisissoient même pour le temps des attaques, l'obscurité de la nuit. Au reste, on ne connoît pas, & rien n'indique dans quelle contrée habitoient les *Ariens* de la Germanie.

ARIMA, montagne de la Cilicie, ou de la Lydie, selon Tzetzes, sur la Théogonie d'Hésiode.

ARIMA PYTECUSÆ (*Ischia*). *Voy.* ÆNARIA.

ARIMANTIS, nom d'une ville d'Afrique, dans la Pentapole, selon Ptolemée.

ARIMARA, ville de l'Asie, dans la Syrie. Elle étoit située sur l'Euphrate, selon Ptolemée.

ARIMASPA. Vibius Sequester dit que c'est une rivière tout-à-fait au nord de la Scythie. Lucain dit que c'étoit de cette rivière que les Arimaspes tiroient de l'or.

ARIMASPI, les Arimaspes. Ce peuple a été rangé, par les Anciens, entre les nations Hyperboréennes, c'est-à-dire, situées vers le nord. Ce qui a depuis égaré les Modernes sur la position qu'il convient de leur assigner, c'est que, connoissant une plus grande étendue de pays vers le septentrion, les voulant toujours reculer vers le nord, quelques auteurs ont été jusqu'à leur faire habiter le pays des Samoyèdes. Rodbek, d'après son plan de tout transporter en Suède, y avoit aussi trouvé place pour les Arimaspes. C'est une grande erreur, & j'en viens de dire la cause. En se reportant aux temps où l'on écrivoit sur ce peuple, on verroit que les régions hyperborées dont parloient alors les Grecs, étoient à quelque distance au nord du Pont-Euxin, & des Palus-Méotides dans la Scythie européenne. Il est vrai que Diodore les place en Asie au sud de l'Oxus. Cela prouve que l'on n'en avoit que des notions bien vagues : la diversité d'opinions sur l'origine du nom d'Ευεργεται ou *Evergetes* en est une nouvelle preuve. Ce surnom, qui signifie *bienfaisant*, leur fut donné, selon Etienne de Bysance, en mémoire du bon traitement qu'ils avoient fait aux Argonautes lorsqu'ils passèrent dans leur pays. Ceci nous rappelle cette opinion des Anciens sur ces prétendus voyageurs, qu'après la conquête de la toison d'or ils avoient remonté le Tanaïs ou l'Isters. Selon Diodore, les Arimaspes furent nommés *Evergetes*, parce que dans une expédition de Cyrus, l'armée de ce prince étant réduite à une famine si affreuse, que les soldats se mangeoient les uns les autres, ce peuple lui amena trois mille charriots de vivres.

Quant à ce que Pline dit qu'ils étoient toujours en guerre contre les Griphons, qu'ils n'avoient qu'un œil, *&c*, on voit bien que ce sont des fables, & qu'il est ridicule de chercher, ainsi qu'on l'a par-tout fait, à en donner une explication raisonnable (1). Il y tant d'exemples de la crédulité des Anciens aux faits hors de la marche de la Nature, que l'on peut bien encore y comprendre celui-ci.

(1) Eusthate, pour rendre raison de cet œil unique, prétend que pour tirer plus sûrement de l'arc, ils se bouchoient un œil, & ne gardoient de libre que celui dont ils se servoient pour ajuster leur arc.

ARIMASTHÆ, les Arimasthes, peuple d'Asie, dont il est parlé dans le poëme des Argonautes. Ils étoient dans le voisinage du Pont-Euxin. Ortelius pense que ce nom peut être défiguré, & que les Arimasthes ne sont autres que les Arimaspes.

ARIMATHIE, lieu de la Palestine, que S. Jérôme place entre Lydda & Joppé; mais M. d'Anville le place un peu au sud-est de *Lydda* ou *Diospolis*.

C'étoit la patrie de Joseph, disciple de Jésus.

ARIMEI, les Ariméens, peuple dont il est parlé dans Homère, quand il dit dans son Iliade : « La terre retentissoit sous ses pieds, comme lorsque » Jupiter irrité, lance ses foudres sur le mont » qui couvre Typhœus dans le pays des Ariméens, » où l'on dit qu'est le tombeau de ce géant ». Plusieurs auteurs ont cru qu'Homère vouloit parler ici de l'île d'*Ænaria* ; on peut voir dans Strabon un fragment de Posidonius, qui dit qu'en cet endroit Homère parle de la Syrie habitée par les Ariméens. Les Grecs les appeloient indifféremment Ἀραμάιοι ou Αριμοι.

Je remarquerai ici qu'Homère, en plaçant le mont Typhæe, ἐν Ἀρίμοις chez les Ariméens, paroît avoir donné lieu à Virgile de faire un nouveau mot, composé du nom & de la préposition; en sorte qu'il a dit :

. . . . *Durumque cubile*
Inarime, Jovis imperiis imposita Typhæro.
Æn. l. 9, v. 716.

ARIMINUM (*Rimini*), ville d'Italie, dans l'Ombrie, sur le bord de la mer Adriatique, à l'embouchure d'un fleuve de son nom, & au sud-est du petit fleuve appelé Rubico. Strabon (*l. V.*) en attribue la fondation aux *Umbri*, qui habitoient ce pays avant les *Senones*. Dès que les Romains furent maîtres de ce pays, ou du moins d'une partie considérable, ils envoyèrent une colonie à *Ariminum* : cet événement qui, selon Velleius Paterculus (*l. I. de Col.*), arriva 23 ans après la défaite des Gaulois, doit être fixé à l'an 485, sous le consulat de Sempronius Sophus, & d'Appius, fils de celui qui étoit aveugle : elle devint une ville considérable ; une nouvelle colonie, selon Appian (*l. V.*), y fut envoyée par Auguste. Son port étoit un des plus beaux de l'Italie.

ARIMPHÆI, les Arimphéens, peuple que Pline place près des monts Riphées. On dit que ce peuple habitoit les bois, que les hommes & les femmes portoient des cheveux courts. Pomponius Méla écrit *Arymphæi*.

ARINA (*Giran*), ville d'Afrique, dans la Mauritanie Césariense. Elle étoit située dans l'intérieur des terres, au nord-nord-est de Ritia. Ptolemée en fait mention.

ARINCIONI, forêt de la Gaule Aquitanique. Elle étoit près du lieu où est aujourd'hui située la Rochelle.

ARINESTHES. Il est parlé de ce peuple dans la relation qu'Onésicrite a donnée du voyage des Argonautes. Selon cet auteur, ils habitoient, ainsi que plusieurs autres peuples, sur les bords du Palus Méotide.

ARINIANUM. Caton écrit que c'étoit une colonie fondée par Janus, sur le bord de l'Arno. Ortélius, *Thesaur.*

ARINIANUM, colonie que le même écrivain place sur le bord du Tibre. Ortélius, *Thesaur.*

ARIOBARSANES, nom d'une montagne de l'Asie, selon Ethicus.

ARIOLA, nom d'un lieu de la Gaule, à quatorze mille pas de *Fanum Minervæ*, & à neuf mille pas de *Caturrigis*, selon l'itinéraire d'Antonin.

ARIOLICA, lieu de l'Italie, dans la Gaule Cisalpine, sur la rive méridionale du lac *Benacus*.

ARIOLICA, ville des Helvétiens (Pontarlier). M. d'Anville la place à l'ouest du lac de Genève, sur la route qui conduisoit de *Vesontio* à *Urba*. Elle appartenoit à l'ancienne Gaule, & se trouvoit comprise dans la *grande Sequanoise*.

ARIOLICA (*Avrilli*), lieu de la Gaule, dont il est fait mention dans la Table de Peutinger, entre *Aquæ Calidæ* & *Rodumna* ou Rouanne.

ARIPPARA, *ou* ARISPARA, nom d'une ville de l'Inde, en-deçà du Gange, selon les divers exemplaires de Ptolemée.

ARIS, rivière de Grèce, dans la Messénie, selon Pausanias.

C'est sur le bord de cette rivière que les Thuriates bâtirent leur nouvelle ville de *Thuria*.

ARISABIUM, nom d'une ville de l'Inde, audelà du Gange, selon Ptolemée.

ARISBA, ville de l'Asie-Mineure, dans la Troade; il en est parlé dans Homère.

Etienne de Bysance dit que cette ville avoit été fondée par les Mityléniens. On lit dans Photius que ce furent les Milésiens. Elle étoit à peu de distance au sud-est d'Abydos. Les Troyens l'avoient prise, dit Servius, avant la ruine de leur ville, & l'avoient conservée pour alliée. Lorsqu'Alexandre eut passé en Asie, son armée campa près de cette ville, pendant qu'il alla visiter les ruines de Troye. Une troupe de Gaulois, appellée par *Atale*, la prit sur Prusias, roi de Bithynie. Elle étoit sur le *Silleis*.

ARISBE, ville de l'île de Lesbos; selon Strabon, ARISBA. Les Méthymnéens s'en emparèrent. Pline dit qu'elle avoit été renversée par un tremblement de terre.

ARISBE, ville de Grèce, dans la Béotie, selon Suidas.

ARISBUS, rivière de la Thrace, qui alloit se perdre dans l'Hèbre, selon Strabon.

ARISIDUM, appelé aussi ARISITUM, ville épiscopale de la Gaule au commencement de notre monarchie.

ARISTÆ, les Aristes, nation d'Asie, dans la Sogdiane, selon Ptolemée, *l. 6, ch. 12.*

ARISTÆUM, ville de la Thrace, qui étoit bâtie au sommet du mont Hæmus; elle avoit été fondée par Aristée, fils d'Apollon. Il en est fait mention par Pline & Diodore de Sicile.

ARISTERA, île au sud-est de la presqu'île d'Argolide, ayant au sud-est l'île de Pityusa; au nord, l'île de Tricrane; & au nord-ouest, l'île d'Hydrea.

Le nom d'*Aristera* sembloit indiquer peut-être qu'elle étoit sur la gauche en allant d'Hermione à Scylleum; ou bien, île malheureuse, dans le sens que l'on donnoit quelquefois à ce mot grec.

ARISTERIA, ville de la Syrie, dans la Cyrrhestique, selon Ptolemée.

ARISTERIE, île de Grèce, dans le golfe Argolique, au sud-ouest de la ville d'Hermione, selon Pline & Pausanias. *Voyez* ARISTERA.

ARISTEU, lieu de l'Afrique, qui est placé, dans l'itinéraire d'Antonin, à vingt mille pas de Zigilis, & à trente-deux mille pas de Tabrasta.

ARISTOBRATHRA, nom d'une ville de l'Inde en-deçà du Gange, selon Ptolemée.

ARISTOBULIAS, village de la Palestine, près le désert de Ziph, selon Surius.

ARISTONAUTÆ (ou *Aristonautes*), ville de l'Achaïe, près des frontières de *Sicyonie*, au nord de *Pellène*, & au fond d'un petit golfe.

Elle servoit de port aux Pelléniens, ou aux habitans de Pellène. Sans faire dériver son nom, avec Pausanias, de celui des Argonautes, je m'en tiendrai à présumer qu'il venoit de la bonté de sa situation, ou du moins du talent des Pelléniens pour la marine, puisqu'il signifioit mot à mot *les très-habiles Nautoniers*.

ARISTONIS URBS, ville de l'Egypte, sur la route de Coptos à Bérénice, à 25 milles de Diospolis.

ARISTOPHILI, les Aristophiles, peuple d'Asie, dans le Paropamise, selon Ptolemée.

ARITIUM, ville de l'Hispanie dans la Lusitanie, selon Ptolemée. Elle étoit située sur le *Tagus*, au nord-est d'*Olisipo*.

ARITIUM PRÆTORIUM, lieu de la Lusitanie, selon l'itinéraire d'Antonin. C'est probablement le même dont parle Ptolemée.

ARIVATES, les Arivates, peuple que Pline place dans la Pannonie.

ARIZANTI, nation d'Asie, selon Hérodote, qui les place au nord des Budiens, près la source du Choaspes.

ARKA, ville de la Syrie, qui étoit située au pied du mont Liban, du côté du Nord. Elle étoit à cinq milles à l'est de Simyra. C'étoit la demeure des Arkites, & on voit encore des ruines de cette ville.

Des colonnes Thébaïques & de riches entablemens démontrent l'ancienne splendeur de cette ville.

ARKITES, peuple de la Syrie, qui habitoit la

ville d'Arka, située au nord & au pied du mont Liban. Ce peuple étoit des descendans de Canaan.

ARMA, ce nom étant écrit en grec avec un esprit rude, je préférerois, en françois, *Harma*. Au reste, je ne sais pas où passoit le fleuve de ce nom; Homère en parle comme appartenant à la Béotie.

ARMAGARA, nom d'une ville de l'Inde, en-deçà du Gange, selon Ptolemée.

ARMALAUSI, peuple de la Germanie, selon Dion Cassius.

ARMAMENTARIUM, nom d'un arsenal que les Romains avoient dans le pays des Bataves. Cet arsenal devoit être fort ancien, puisqu'il fut rétabli sous l'empire de Septime Sevère.

ARMAVIARA, nom d'une ville d'Asie, dans la grande Arménie, selon Ptolemée.

ARMAXA, *ou* ARMACA, ville de l'Asie, dans la Cappadoce, selon l'itinéraire d'Antonin.

ARMEDON, *ou* ARMENDON, nom d'une île dont Pline fait mention. Il la place dans le voisinage de l'île de Crète, à l'opposite du promontoire Sammonium.

ARMENIA. On a donné le nom d'*Arménie* à deux contrées de l'Asie; avec cette différence, que l'une a porté constamment le nom d'*Arménie*; au lieu que l'autre, appelée *Armenia Minor*, a été comprise dans la Cappadoce.

ARMENIA MAJOR, ou l'Arménie proprement dite, avoit au nord, la Colchide, l'Ibérie & l'Albanie; à l'est, elle s'étendoit par un angle jusqu'à l'endroit où se joignoit le *Cyrus* & l'*Araxes*; au sud, elle avoit ce dernier fleuve, puis l'Assyrie & la Mésopotamie; enfin elle avoit à l'ouest l'Euphrate, qui le séparoit de la Cappadoce.

Ce pays est fort montagneux, & de grands fleuves y ont leurs sources. C'étoit au mont *Abus* que commençoit l'Euphrate. Le Tigre, dont le cours est moins long, commençoit vers le nord d'*Amida*. Quant à l'Araxe, placé au nord de l'Euphrate, il couloit dans un sens contraire, & alloit se jetter dans la mer Caspienne.

Vers les provinces de la Médie étoit le lac *Arsissa*, qui occupoit un espace considérable.

Les villes les plus considérables étoient, au nord, *Hisspiratis*, *Artaxata*, à-peu-près au centre, *Amida* & *Tigianocerta* vers le sud-est.

Ce pays, après avoir été soumis aux grandes monarchies de l'Orient, telles que celles des Mèdes, des Assyriens, fut gouverné par des Satrapes, sujets ou vassaux des rois de Perse. Les Seleucides y dominèrent jusqu'à la défaite d'Antiochus par les Romains. A la faveur de cet événement, les gouverneurs des villes de quelques départemens considérables s'y rendirent indépendans; mais cette liberté n'étoit que précaire. Ils furent successivement soumis par les Romains & par les Parthes. Ceux-ci regardoient l'Arménie comme devant être le partage d'un cadet de la maison des Arsacides. Enfin, à la chûte de l'empire Grec, & après la formation de celui des Perses actuels & des Ottomans, l'Arménie fut partagée entre ces deux Puissances.

POSITION DE L'ARMÉNIE, SELON PTOLEMÉE.

Les bornes de l'Arménie, selon cet auteur, sont à-peu-près les mêmes que j'ai exposées au commencement de cet article.

Les montagnes sont, 1°. les *Montes Moschii*, qui s'étendoient jusques sur le pont Cappadocien, les monts *Paryadris*, *Udacespis*, *Anti-Taurus*, *Abos* (ou *Abus*), *Gordiæi*.

Les fleuves, sont l'*Araxes*, qui se jette dans la mer d'Hyrcanie; le *Cyrrhus*; une partie de l'*Euphrates*; une partie du *Tigris*; les marais *Thospitis*, *Lychnitis*, *Areesa*, &c.

Les principales divisions sont:

I.

1°. Entre l'Euphrate, le Cyrrhus, l'Araxe & les monts Moschitiques, celle que l'on nommoit *Catarzène*, au-dessus de celles que l'on nommoit *Bachæ*.

2°. Vers le Cyrrhus, l'*Ossane* & la *Motène*.

3°. Vers l'Araxe, *Colthène*, & au-dessous la *Soducène*.

4°. Près le mont Paryadis, la *Sibacène* & la *Sacapène*.

Les villes & bourgs de cette partie étoient:

Sala.	Surta.
Ascura.	Tastina.
Baraza.	Cazala.
Lala.	Cotomana.
Sangura.	Baginna.
Sataphara.	Asala.
Toga.	Ptua.
Varutha.	Gisma.
Azata.	Choluata.
Cholua.	Sacalbina.
Sidala.	Arsarata.

II.

Vers l'Euphrate:

Bressas.	Thalina.
Flegra.	Armaniara.
Chrasira.	Artaxata.
Chorsa.	Naxuana.

III.

Dans les parties septentrionales se trouvoient les provinces de *Basilisène*, *Bolbène* & *Arsesa*.

Sous ces provinces étoient celles d'*Acilise*, d'*Austanitis* & de *Sophène*.

Les villes & bourgs étoient:

Zathua.	Zoriga.
Tinissa.	Sana.

Brizaca.	Anarium.
Daranissa.	Signa.
Zogocara.	Gerna.
Cubina.	Zurzura.
Colana.	Magustana.
Iachura.	Attacana.
Cholua.	Tarina.
Sogocara.	Balisbiga.
Phausya.	Babila.
Phaudana.	Saubaana.
Zaruana.	Ozara.
Citamum.	

IV.

Dans la partie méridionale, entre l'Euphrate & le Tibre, étoient l'*Azetene*, les *Thospibis*, & la *Corinea*.

Legerda.	Thospia.
Mazara.	Colchis.
Anzeta.	Siauana.
Soita.	Arsamosata.
Belcania.	Corrha.
Selgia.	Artasigarta (1).

V.

A l'orient des sources du Tigre se trouvent le *Bagravandene*, la *Gordene*, la *Loræa*, & les *Mardi*.

Les villes de cette partie étoient :

Phasca.	Thelbalane
Phôra.	Siæ.
Mæpa.	Pherendis.
Buana.	Tigranocerta.
Cholima.	Sardeva.
Terebia.	Colsa.
Daudyana.	Tigranaana.
Caputa.	Artagigarta.
Artemidita.	

ARMENIA MINOR, ou *petite Arménie*. Cette Arménie n'avoit pris ce nom que parce que les habitans paroissoient être Arméniens; car elle étoit comprise dans la Cappadoce. Elle s'étendoit le long d'une partie de l'Euphrate à sa droite; mais les bornes étoient bien indéterminées. Elles s'étendirent même dans la suite, & cette petite Arménie devint une des provinces de la Cappadoce.

ARMENII, les Arméniens, peuple d'Asie, habitant le pays appelé *Armenia* ou Arménie. Il est actuellement impossible de dire quelle fut l'origine de ce peuple. Elle leur fut probablement commune avec le peuple de la Cappadoce & de la Phrygie; car on retrouvoit le fond de la même langue chez les uns & chez les autres. Dans la suite, les Phrygiens étant plus connus des Grecs, ceux-ci les regardèrent comme le peuple le plus ancien de l'Asie-Mineure, & prétendirent que les Arméniens en étoient descendus. Hérodote & quelques autres auteurs le disent positivement. Dans la suite les Arméniens se mêlèrent avec les Parthes: ce ne fut guère qu'alors que leur histoire commença à être un peu connue.

Si l'on s'en rapportoit au témoignage de Bérose, on seroit obligé de croire que l'Arménie fut de bonne heure érigée en royaume, & qu'elle eut des rois dès le temps de Ninus. Diodore dit aussi que Barzane, roi d'Arménie, donna des secours à Ninus, contre le roi des Bactriens. Mais comment démêler la vérité avec tant d'obscurité & si peu de monumens? Après Barzane, le pays fut partagé en plusieurs petites souverainetés. Dans la suite les Arméniens furent subjugués par les Mèdes; mais sans cependant cesser d'avoir des rois. A la fin l'Arménie devint une province de la Perse.

Ce fut comme telle qu'Alexandre s'en empara: il y plaça un gouverneur. Ce joug étranger fatigua bientôt cette nation fière & même un peu sauvage. Ils se donnèrent un souverain de leur nation. On trouve les noms de quelques-uns de ses successeurs. Mais le défaut de force, & la grande puissance de leurs voisins les rois de Syrie, les fit, avec le temps, passer sous cette domination. Pendant la minorité d'Antiochus-le-Grand, le pays obéissoit à deux gouverneurs, qui, réunissant leurs forces, s'en rendirent maîtres, & même y ajoutèrent quelques provinces. Artaxias, l'un de ces gouverneurs révoltés, prit pour lui la grande Arménie; Zadriate eut pour sa part la petite, que l'on appelle *la petite Arménie*. (Voyez *Armenia Major*, & *Armenia Minor*).

I. Le plus puissant des rois de la grande Arménie fut Tigrane, gendre du fameux Mithridate. Il soutint vigoureusement la guerre contre les Romains, qui le vainquirent, conduits par Lucullus. Les Arméniens ne cessèrent cependant pas d'avoir des rois; mais ils les recevoient en quelque sorte du choix des Romains. Du moins ces princes ne régnoient-ils paisiblement qu'autant qu'ils étoient agréables à ces maîtres du monde.

Tel fut à-peu-près l'état du royaume d'Arménie jusqu'au temps de Trajan, qui la réduisit en province romaine. Il y ajouta la Mésopotamie, reculant ainsi jusqu'au Tigre les bornes de l'empire qui avoient été fixées par Auguste, à la rive occidentale de l'Euphrate.

II. Le royaume de la petite Arménie étoit plus occidental & bien moins étendu. Ce fut, comme je viens de le dire, Zadriate qui en fut le premier roi. Sous Tigrane, roi de la grande Arménie, Artane, défait & tué par ce prince, laissa le trône vacant. Son vainqueur s'en empara; mais il en fut chassé par Pompée, qui mit en sa place Dejotare, Tetrarque de Galatie. Il continua d'y avoir des rois de la petite Arménie, mais plus ou moins puissans, & toujours sous la protection des Romains, jusqu'au règne de Vespasien, qui réduisit ce pays en province romaine.

Religion. Selon Strabon, les Arméniens, les Mèdes & les Perses adoroient les mêmes divinités, ce qui ne doit pas cependant être pris dans un sens

(1) Ce nom n'est pas dans le texte de mon édition, non plus que dans la traduction italienne de Ruscelli.

trop precis, ou du moins que l'on ne doit pas entendre de toutes les époques de ces empires. La principale divinité des Arméniens étoit *Anaïtis*, nommée quelquefois *Tanaïs*. Elle avoit plusieurs temples fort riches. On a dit qu'un des sacrifices les plus agréables de cette déesse étoit celui de la virginité des jeunes Arméniennes, qui l'abandonnoient pieusement à ses ministres. Ces mêmes prêtres se croient en possession de prédire l'avenir par l'inspection des entrailles des animaux : on a dit même qu'ils sacrifioient quelquefois des victimes humaines.

Sciences & Arts. Les Arméniens, dit Moyse de Khosroène, étoient, dans les premiers temps, ce qu'ils sont aujourd'hui, des hommes grossiers & sauvages, sans lettres, sans connoissance & presque sans culture, ignorant l'histoire de leurs ancêtres, & ne les connoissant que parce qu'il en étoit dit dans les livres de leurs voisins. Ils n'écrivoient rien, n'ayant pas de *caractères* à eux, & ceux des nations voisines n'étant pas bien propres à exprimer les sons de leur langue. Cependant l'écriture s'y introduisit insensiblement. Les actes furent d'abord écrits en langue Assyrienne. Dans la suite ils y employèrent celle des Grecs. Depuis ils firent usage de celle des Perses. Au temps de Moyse de Khosroène les titres des villes & ceux des particuliers étoient écrits dans une de ces trois langues.

Ce ne fut que dans le cinquième siècle de l'ère vulgaire que les Arméniens inventèrent le caractère dont ils se servent encore aujourd'hui. Ils l'employèrent pour écrire la traduction de la Bible & quelques ouvrages Persans. Le caractère Arménien paroît formé de celui des Ghèbres.

Moyse de Khosroène rapportant les soins que se donna Arteschisch II, pour tirer les Arméniens de la barbarie dans laquelle ils vivoient, reconnoît que l'agriculture même & le labourage étoient une chose très-rare dans leur pays. Ils ignoroient l'art de bâtir des ponts, celui de construire des barques, *&c.* Ils n'avoient aucune méthode pour diviser les temps, & ne connoissoient guère que la succession des lunes.

Tel fut l'état de l'Arménie avant leurs guerres contre les Perses, & même à-peu-près jusqu'au temps qu'ils communiquèrent avec les Syriens depuis Alexandre.

Cette nation a beaucoup gagné depuis. Les Arméniens se sont occupés des sciences; & s'ils avoient eu des instructions plus rapprochées des nôtres, ils auroient réussi dans les sciences & dans les arts. On en peut juger par leurs progrès dans la science du commerce, auquel ils se sont particuliérement appliqués.

ARMENIUS MONS, montagne de l'Arménie, dans laquelle le Phase avoit sa source, selon Denis le Périégète. Hérodote en parle aussi; mais M. Larcher pense que c'est moins un nom qu'une épithète pour désigner une branche du Taurus appartenant à l'Arménie.

Ptolemée les nomme les *monts Moschites*.

ARMENO-CHALYBES, peuple d'Asie à l'est des montagnes près de *Trapezus*. Xénophon en parle aussi dans la retraite des Dix-mille; mais il les nomme seulement *Chalybes*. Il semble que plusieurs peuples ont porté ce nom. Pline, qui leur donne le nom qui est à la tête de cet article, les compte entre les peuples de l'Ibérie.

ARMIÆ, les Armies, peuple que Ptolemée place en Afrique, dans la Libye intérieure.

ARMIANA, ville ou bourg de l'Asie, dans le pays des Parthes, selon Ptolemée.

ARMINIA, fleuve de l'Italie, dans l'Etrurie. Ce petit fleuve, coulant du nord au sud entre *Saturnia* & *Vulsinii*, venoit se rendre à la mer près de *Forum Aurelii*.

ARMISTÆ, les Armistes, peuple d'Europe que Pline indique dans la Dalmatie.

ARMORICA. Telle étoit la véritable manière d'écrire ce nom chez les Latins; car dans la langue Celtique conservée encore dans la basse-Bretagne, c'étoit *Armor*, ce qui se rendroit en latin par ces mots *ad mare*, vers la mer. Mais par l'ignorance des Ecrivains, il a été écrit de différentes manières. Quelques-uns ont écrit *Aremonica*. Zozème dit Αρμόριχοι, *Armorichæ*; & Procope, Αρβορυχοι, *Arborychæ*, ce qui est encore plus ridicule.

C'est à tort, ce me semble, que Samson & quelques autres écrivains ont cherché quelle étoit la province appelée d'abord *Armorique*. Non-seulement l'étymologie, s'ils l'avoient sue, devoit leur interdire toute recherche pour ce qui concernoit les pays loin de la mer; mais le texte de César est si formel, que l'on ne pouvoit pas s'y tromper. On lit dans cet auteur *universis civitatibus quæ oceanum attingunt quæque Gallorum consuetudine* Armoricæ *appellantur*. Hirtius indique la même chose quand il dit: *civitates positæ in ultimis Galliæ finibus, oceano conjunctæ, quæ* Armoricæ *appellantur*. Il est donc bien clair, d'après ces passages, que les Gaulois appeloient *villes armoriques*, celles qui se trouvoient vers la mer. Si l'on objectoit que si c'eût été là ce que vouloit précisément dire César, ce nom auroit pu convenir à toutes les villes de la côte, depuis l'Espagne jusqu'à l'embouchure du Rhin, on répondroit que la langue celtique, commune d'abord à toute l'Europe, avoit souffert des altérations considérables chez les Aquitains & chez les Belges; & c'est peut-être par cette différence, plutôt même que par celle des mœurs, que César les avoit jugés pour établir sa division de la Gaule: d'où il suit que ce n'étoit que chez ceux qui parloient le Celte pur, que le nom armorique signifioit *maritime*. Il n'est donc pas étonnant que cette dénomination ait été appliquée particuliérement aux peuples situés depuis les bords de la Seine jusqu'à la Loire. Dans la suite l'exception de ce nom s'étendit plus au nord; mais aussi la notice de l'Empire ajoute-t-elle un second mot : on y lit, *trajectus Armoricanus & nervicanus.* Comme on s'éloignoit de la signification propre du mot, on appeloit ainsi des provinces entières, au lieu de villes maritimes ; &, selon la notice, le commandant général de ce district avoit sous lui la seconde & la troisième Lyonnoise, c'est-à-dire, toute la Normandie, & plus que la Bretagne : dans la suite le nom d'*Armorique* n'a plus désigné que cette seconde province. On date ce changement du temps où des Bretons fuyant de l'île appelée *Britania* & *Albion*, dévastée par les Angles & les Saxons, vinrent s'établir dans la troisième Lyonnoise en Gaule, à laquelle ils donnèrent insensiblement le nom de leur ancienne patrie. Le nom d'*Armorique* est disparu : on ne s'en sert qu'en poésie, ou dans le style figuré.

ARMORICI, les Armoriques, c'est-à-dire, les habitans de l'Armorique. M. le Briguant, qui connoît si bien la langue celtique, fait venir ce mot de *Armor i ke*, mot à mot, *ceux qui habitent le bord de la mer.* Ce pays a été aussi nommé *Cornu Galliæ*, la pointe ou l'extrémité de la Gaule, d'où s'est formé Cornwaille. *Morig* signifie *petite mer* : ce mot est donné à de petits golfes.

ARMOSATA *ou* ARSAMOSATE, ville de l'Asie, dans la partie méridionale de l'Arménie Majeure, & la capitale des états de Xerxès, roi d'Arsamosate.

Cette ville étoit située entre le Tigre & l'Euphrate, dans un lieu nommé *la belle plaine* ou *la plaine fertile.* Le fleuve Arsénias couloit au pied des murs de cette ville, & alloit se perdre dans l'Euphrate après avoir arrosé son territoire.

Antiochus III, surnommé le *Grand*, roi de Syrie, alloit assiéger cette place, lorsque Xerxès lui envoya des ambassadeurs pour lui demander une entrevue, dans laquelle ces princes firent la paix, selon un fragment de Polybe, tiré des extraits de Constantin Porphyrogénète, publié par Henri de Valois, en 1634.

La ville d'*Armosate* ou d'*Arsamosate*, étoit une des plus célèbres de l'Arménie-Majeure, & qui avoit de bonnes fortifications, selon Pline, *l. 6.*

Tacite, *l. 15*, lui donne le titre de *Castellum*, *ch. 9.* & dit que ce fut là que Césonius Petus, qui étoit chargé par l'empereur Néron de défendre l'Arménie contre Vologèse, roi des Parthes, mit sa femme & ses enfans en sûreté : la place fut assiégée, & se défendit jusqu'à ce que Petus eût signé le traité, par lequel il s'obligeoit de faire sortir les troupes de la province, & d'en retirer les garnisons.

La ville d'*Arsamosate* subit le sort de l'Arménie dans les siècles suivans : elle fut tour-à-tour prise & saccagée par les Huns, les Arabes, & d'autres nations voisines. Tacite, Ptolemée, *&c.* nomment cette ville *Arsamosate.*

ARMOSON, promontoire de l'Asie, dans la Carmanie, près d'un lieu appelé *Armusia*, selon Ptolemée.

Ce promontoire étoit à l'entrée du golfe Persique.

ARMOZEI. C'est ainsi que Pline nomme des peuples de l'Asie, qui habitoient dans la contrée qui s'étendoit depuis le promontoire *Armoson*, à l'entrée du golfe Persique, jusques dans la Carmanie.

ARMUA (*Sei-Bouze*), rivière de l'Afrique, qui se jettoit dans la Méditerranée, entre Aphrodisium & Hippo Regius, au sud-est de la première, & au nord-ouest de la seconde. Pline en fait mention.

ARMUZA, ARMUZIA, ARMOZUM, ville de l'Asie, dans la Carmanie, près du promontoire *Armozon*, selon Ptolemée & Pline. Ce dernier écrit *Armuzia Regio.*

ARNA, ville d'Italie, qui appartenoit aux *Vilumbri*, dans la partie orientale de l'Umbrie, selon Ptolemée. Il en est aussi fait mention par Silius Italicus.

ARNA, *ou* ARNE, ville de Grèce, dans la Thessalie, selon Strabon. C'étoit une colonie des Béotiens, selon Etienne le Géographe.

Pline la met dans la Phthiotide, qui étoit une contrée de la Thessalie.

ARNA. Strabon dit que c'est à la ville d'Aræphium, dans la Béotie, à qui Homère a donné le nom d'*Arna* ou d'ARNE. Voyez ce dernier nom.

ARNA, ville de l'Asie-Mineure, dans la Lycie, selon Etienne de Bysance, qui dit que d'autres auteurs la nomment *Xanthus.*

ARNA, ville de l'Hispanie, sur la droite du *Bœtis*, à-peu-près à égale distance d'*Hispalis* au sud-ouest, & de *Corduba* au nord-est.

ARNÆ, ville de l'Asie-Mineure, dans la Lycie, selon Etienne le Géographe, qui cite Capiton. Je ne place ici cet article que pour prévenir contre la créance que l'on pourroit lui accorder si on l'adoptoit sans examen ; car cet auteur veut s'appuyer de l'autorité d'Homère, & en cite ces deux mots : Ἀρνειας τ' ενεμοντο.

Mais, 1°. dans cet endroit d'Homère il est question du Péloponnèse, & point du tout de la Lycie ; 2°. dans le texte actuel d'Homère on lit Ὀρνειας la ville d'Ornées : ce qui est bien plus conforme au reste de la narration du Poëte.

ARNE, ville de Grèce, dans la Béotie ; Homère lui donne l'épithète de πολυςάφυλον venant de σταφυλον, *du raisin*, ce qui indique qu'il en croissoit beaucoup dans son territoire. Au reste, *Arné* ne se trouve pas sur la carte de M. d'Anville, parce que, selon quelques auteurs (*Voyez* ARNA), c'étoit l'ancien nom de Chéronée. Je rapporte à ce sujet qu'*Arné* étoit une fille d'Eole, qui avoit bâti cette ville, aussi-bien qu'une autre de même nom en Thessalie. Je ne dois pas omettre que cet auteur présume, que même du temps d'Homère, les villes de Lébadée & de Chéronée portoient le même nom sous lequel nous les connoissons. Il pense que ce Poëte a préféré l'ancien nom.

ARNE, nom d'une ville de l'Asie, dans la Mésopotamie, selon Etienne de Bysance.

ARNE, nom d'une ville du pays des Erasbiniens,

dans le voisinage de la Thrace, selon Etienne de Bysance.

N. B. On trouve *Arna* & *Arne* écrit indifféremment, selon le dialecte qu'affectoient les auteurs grecs.

ARNÉ, nom d'une fontaine du Péloponnèse, dans l'Arcadie. Cette fontaine étoit aux environs du village de Méra. Les gens du pays disoient que Rhéa étant accouchée de Neptune, aux environs de cette fontaine, elle le confia à des bergers, afin de le soustraire à la voracité de Saturne, son époux. De cette fontaine à Mantinée il n'y avoit que deux stades, selon Pausanias, *l. 8*, *voyage de l'Arcadie*, *ch. 8.*

ARNESTUM, ville de l'Italie, dans la partie de la grande Grèce, nommée *Apulie.* Cette ville se trouvoit sur la route de *Barium* à *Brundusium*; mais plus près de la première, tout-à-fait sur le bord de la mer, au sud de *Turres Aurelianæ.*

ARNISSA, ville de la Grèce, selon Thucydide. Elle étoit de la Macédoine.

Ptolemée dit qu'elle étoit au pays des Taulantiens, peuples de la Macédoine.

ARNO. *Voyez* ARNUS.

ARNON (le torrent d'). Il avoit sa source à l'occident du pays des Moabites, & coulant d'abord du nord au midi, il séparoit, comme le dit Moyse, les Moabites, d'avec les Amorrhéens; & coulant ensuite de l'orient au couchant, il fermoit le partage des Amorrhéens & les séparoit des Madianites, & il alloit à l'embouchure du Jourdain se perdre dans la mer Morte. Le torrent d'*Arnon* avoit sa source dans les montagnes de même nom, qui étoient situées à l'orient de la tribu de Gad.

Il y avoit aussi un lieu d'*Arnon*, près duquel les Israélites campèrent après avoir quitté le torrent de Zared. Ce lieu étoit situé dans le désert, sur des rochers, vers les frontières des Amorrhéens, & les séparoit des Moabites.

ARNONA, canton de la Palestine, le long du torrent d'Arnon, au-delà du Jourdain.

ARNUS, fleuve (*Arno*). Ce fleuve, qui commence dans l'Apennin au nord-est, coule d'abord au sud, puis tournant au nord-ouest, va gagner Florentia, & tourne à l'ouest jusqu'à la mer, après avoir arrosé *Pisæ.* Il faut remarquer qu'à cette dernière ville il recevoit autrefois l'*Auser* ou l'*Ausar* (Serchio), dont l'embouchure se trouve actuellement à six milles au nord-ouest de celle de l'*Arno.* C'est Strabon qui nous apprend ce fait.

AROANII (les monts), dans l'Arcadie, au nord-ouest d'*Amilos.*

On y montroit une caverne dans laquelle, disoit-on, s'étoient retirées les filles de Prétus, attaquées de folie. La plus grande partie de ces monts étoit habitée par des Phénéates. *Voyez* Pausanias *in Arcadia.*

AROCELIS, ville de l'Hispanie, au pays des Vascons, vers le nord-ouest de *Pompelo.*

AROCHA (*la Clecha*), nom d'une rivière de l'Italie, dans la partie de la grande Grèce, appelée *Brutium*, selon Pline. M. d'Anville la place coulant du nord au sud dans le golfe de Squilace, entre le *Semirlus*, à l'ouest, & le *Targines*, à l'est.

AROER, ville de la Palestine, sur le torrent d'Arnon. Elle étoit à peu de distance à l'est du lac Asphaltite, au nord d'Aréopolis. Cette ville avoit appartenu à Sehon, roi des Amorrhéens, sur les confins du pays des Moabites. Elle entra dans le partage de la tribu de Ruben. Au reste, comme ce mot en hébreu signifie *bruyère*, il est probable qu'il avoit pris son origine dans la nature du pays.

AROER, vers le nord de la précédente, chez les Ammonites, & très-près d'un torrent qui, après sa réunion avec un autre assez petit, portoit le nom de *Jabok.* Elle appartint à la tribu de Gad.

N. B. On trouve encore ce nom dans Isaïe (*ch. XVII*, *v. 2.*); mais comme il parle de Damas, & des villes d'Aroer, que l'on ne connoît pas de villes de ce nom en Syrie, on pense qu'il ne s'agit ici que des terres *en bruyères*, qui étoient peut-être aux environs de cette ville.

AROLUS, ville de la Macédoine, dans la Bisaltie, selon Ptolemée.

AROMATA, montagne de l'Asie-Mineure, dans la Lydie, selon Strabon.

AROMATA, promontoire & ville marchande de l'Ethiopie, sous l'Egypte, selon Ptolemée: c'étoit, selon cet auteur, le point le plus oriental de l'Afrique. Il lui donne 83 degrés de longitude.

AROSAPES, rivière de l'Asie, dans l'Arie, selon Pline. Cette rivière est nommée *Arusace* par Méla.

AROSIS. (Endian *ou* Tab), rivière d'Asie où se terminoit la Perse.

AROTERES, (les Arotères), peuple de l'Ethiopie, sur les bords de la mer Rouge, selon Pline. Au reste, on ne doit pas être étonné de voir ce même nom à plusieurs peuples: il signifie *laboureurs*, & sans doute il servoit à distinguer ceux qui, dans la même nation, ne s'occupoient que des soins de la culture.

AROTERES (les Aréotères), nation Scythe, selon le même auteur, qui la place vers la mer Caspienne & le fleuve Cyrus: Hérodote en parle aussi.

AROTERES (les Arotères), peuple Schyte, que Pline place entre le mont Hœmus & l'embouchure du Danube.

ARPAD, *ou* ARDUS (*Rou-wadde*), île située sur la côte de la Syrie.

ARPHAD & ARPHAS, ville ou bourg de la Palestine, selon Joseph, *de Bello.* Il dit que c'étoit la borne des cantons Gamalitique, Gaulanite, Batanée, & Trachonite.

ARPHASACHÆI, les Arphasachéens: ce nom, qui se trouve dans Esdras, *l. I*, *ch. 5*, paroît être le même que celui d'*Apharsathachæi*, *ch. 4.* Dans la Vulgate on les nomme *Conseillers* des chefs des provinces à l'ouest du Jourdain, au temps du retour de la captivité; mais le texte hébreu dit *associés*, ou *collègues*: cela s'entend d'une nation ou d'une tribu qui se joint à une autre. Ils se réunissoient pour porter leurs plaintes au roi de Perse, & parvenir à empêcher les Juifs de rebâtir le temple de Jérusalem.

ARPI, ville de l'Italie, dans l'Apulie, entre *Luceria* & *Sipontum*. Elle appartenoit en particulier à la *Daunia*.

Tite-Live dit qu'elle étoit dans le voisinage de Lucérie, & qu'elle fournit près de trois mille hommes armés à Annibal, outre une garnison de cinq mille hommes de son armée qu'elle entretint.

Servius, sur l'Enéide, dit que cette ville fut fondée par Diomède, qu'il lui donna le nom de la ville où il étoit né, que par la suite elle fut appelée *Argyripa*, puis *Arpi*.

ARPII, les Arpiens, peuple que Ptolemée place dans la basse Mysie. Selon cet auteur, ils habitoient en Europe depuis l'embouchure septentrionale de l'Ister, jusqu'à l'entrée du Bosphore, le long de la côte, & même assez avant dans les terres. Ils avoient pour capitale une ville nommée *Arpis*.

ARPINUM (*Arpino*), ville d'Italie, dans le Latium, à la gauche du *Liris*, & au sud de *Sora*. Il paroît que cette ville étoit ancienne, quoique l'on sache peu de chose de son histoire avant les Romains. Elle devint colonie romaine. Un peu avant la première guerre punique, on avoit accordé à ses habitans le droit de citoyens Romains: le droit de suffrage leur fut accordé lors de la seconde. Elle est fameuse par la naissance de Marius & de Cicéron. Aussi Valère Maxime (*l. II, ch. 2*), la loue-t-il beaucoup de ce bonheur. L'Orateur romain avoit plusieurs maisons de campagne dans les environs de cette ville; & il les appelle (*ep. ad Alb. l. VIII, ep. 9*), *villulas nostras*, nos petites maisons de plaisance; ce qui peut faire croire qu'elles n'étoient pas aussi grandes, ni aussi belles que celle de *Tusculum*.

Arpi, ou *Argyripæ*, étoit la capitale d'un royaume fondé par Diomède, après le siège de Troye. L'histoire de ce Héros, universellement admise par les Anciens, fut adoptée par Virgile.

ARPIS, ville maritime de la basse Moésie, & la capitale du peuple *Arpii*, selon Ptolemée.

ARPONIUM, ancienne ville de l'Italie, dans la grande Grèce, selon Diodore de Sicile, qui dit que durant la guerre des esclaves, elle fut pillée par les Brutiens.

ARQUI, siège épiscopal de l'Asie, sous le patriarchat d'Antioche. Il reconnoissoit Emèse pour sa métropole, selon une ancienne notice publiée par Schelstrate.

ARRA, bourg de l'Arabie heureuse, selon Pline, qui ajoute que l'on y faisoit un grand trafic. Ptolemée n'en fait qu'un village.

ARRA, ville de l'Asie, sur la route de Cyrrhe à Emèse, à 20 mille pas de Chalcide, & à 23 mille pas de Capparée, selon l'itinéraire d'Antonin.

ARRÆI, les Arréens. Pline en fait un peuple Sarmate, que l'on nommoit aussi *Areatæ*. Comme cet auteur dit qu'ils habitoient entre le Danube & la Thrace, ce qu'il dit aussi des *Aroteres*, quelques Savans ont pensé que ce pouvoient être les mêmes.

ARRATA, *ou* ARRHATA, lac de l'Afrique, auprès des Rhizophages, selon Elien.

ARRECHI, les Arrèques. Ce nom étoit écrit de différentes manières dans les auteurs, & même dans Pline, on y lisoit autrefois *Archi*; mais le P. Hardouin a restitué la vraie leçon. Ce peuple, voisin du Palus-Méotide, est peint par Ammien Marcellin comme une nation tout-à-fait barbare, & de mœurs très-corrompues.

ARRETIUM VETUS (*Arrezo*), ville de l'Italie, dans l'Etrurie. En dérivant son nom de l'oriental *Aretz* (lieu agréable sur les eaux), on a une juste idée de sa position & de l'origine de son nom. Elle étoit sur une colline & peu éloignée de l'*Umbria*. C'étoit une des cités de l'*Etruria*. Elle étoit fameuse par ses ouvrages en terre, son vin, une fontaine qui rendoit des oracles, *&c.* Ses habitans étoient courageux, & soutinrent un siège contre les Gaulois; un autre contre les Romains, qui y employèrent deux Consuls. Elle fut soumise vers la fin de la seconde guerre punique. Au temps de Sylla, selon Apian (*Bel. civ. l. I.*), elle eut beaucoup à souffrir. On voit pourtant qu'elle fut municipale; & c'est sans doute parce qu'on y avoit envoyé des colonies à diverses reprises, que Pline (*l. III, ch. 5.*), divise les *Aretini* en *Prisci*, ou anciens, en *Fideates* & en *Julienses*. La faveur & le mérite de Mécènes, qui descendoit de ses anciens princes (*edite Regibus*. Hor. Od. I.), lui donne encore du lustre. Vitruve (*l. II, ch. 18.*) parle de ses murailles avec éloge.

A la chûte de l'Empire elle passa au pouvoir des Goths, des Vendales, des Lombards, & recouvra sa liberté à la faveur des troubles de l'Italie. L'Empereur Henri V la fit détruire en 1112. En 1340, Gaultier, duc d'Athènes, s'empara de sa principauté. Elle passa aux Florentins, puis aux grands Ducs.

ARRETIUM JULIUM, ville d'Italie, dans l'Etrurie, sur l'*Arnus*, au nord d'*Aretium Vetus*.

ARRETIUM FIDENS, autre ville de l'Etrurie, au sud d'*Arretium Vetus*.

ARRHA, nom d'une ville de l'Illyrie, selon Etienne de Bysance.

ARRHABON, rivière de l'Asie, dans l'Arménie. Elle a sa source dans le mont Caucase, & tombe dans le *Cyrus*, selon Strabon.

ARRHADE, ville de l'Arabie déserte, selon Ptolemée.

ARRHAPA, ville de l'Asie, dans l'Assyrie, selon Ptolemée.

ARRHAPACHITIS, contrée de l'Asie, dans l'Assyrie, aux confins de l'Arménie, selon Ptolemée.

C'étoit vraisemblablement le territoire de la ville *Arrhapa*.

ARRHENE, contrée de l'Asie dans la grande Arménie. Pline dit que le Tigre & le fleuve Arsanias coulent très-près l'un de l'autre dans cette contrée.

ARRIACA, ville de l'Hispanie entre *Complutum*, au sud-ouest, & *Seguntia* au nord-est, sur le même fleuve que la première de ces deux villes.

ARRIANA, *ou* ARIANÆ, ancienne ville de la première Pannonie, dans le département de la Norique Ripensis, selon la notice de l'Empire, *sect.* 58.

ARRIBANTIUM, *ou* ARRHIBANTIUM, ville de la Dardanie, contrée de la haute Mysie, selon Ptolemée.

ARROCCÆ (les Arroques). Des interprètes de Ptolemée ont rendu ce nom en latin par *Aronicæ*. Ces peuples habitoient dans la Libye intérieure.

ARRUCI VETUS, ville de l'Hispanie, dans la Bétique, près des montagnes, sur le petit fleuve qui passe par *Fines*, & à l'est de cette ville.

ARSA, ville de l'Hispanie, dans la Bétique, au nord-est. Elle est nommée dans Pline & dans Appian, qui rapporte que, dans la guerre de Viriathus, Cépion s'en empara.

On n'est pas sûr du lieu qui répond à cette place.

ARSA, ville de l'Hispanie Tarragonnoise, dans le territoire des Hédétains *ou* Edétains, selon Ptolemée.

ARSA, contrée de l'Inde, en-deçà du Gange, selon Ptolemée. Elle étoit entre les fleuves Indus & Hydaspe. Cet auteur lui donne deux villes, *Isagurus* ou *Ithagurus*, & *Taxila* ou *Taxilea*.

ARSACIA, nom de l'une des grandes villes de la Médie, selon Ammien Marcellin. Il en est aussi fait mention par Ptolemée. C'est la même que *Rhages*, près des portes Caspiennes. (*Caspiæ Pylæ*.)

ARSACIS PALUS, nom d'un lac ou marais de l'Asie, où le Tigre coule, selon Plutarque le Géographe, dans son Traité des rivières; mais on peut soupçonner ceci de manquer de justesse; car les connoissances actuelles nous indiquent les sources du Tigre à l'ouest du lac. Au reste, je sens que le local peut avoir changé; mais comme je lis dans le même morceau & au même endroit que le Tigre coule aussi dans l'Araxe, & que ce fleuve est de l'autre côté des montagnes coulant à l'est, il m'est démontré que l'auteur, quel qu'il soit, n'avoit pas, sur cet endroit, des connoissances assez positives.

ARSÆ, les Arses, peuple de l'Arabie heureuse, selon Ptolemée.

ARSAGALITÆ, les Arsagalites, ancien peuple des Indes, selon Pline, qui les indique au-delà de l'Indus.

ARSAMON, nom d'une forteresse de l'Arabie, selon Joseph. *Antiq. l.* 20.

ARSAMOSATA (*Simsat*), ville de l'Asie, sur le fleuve *Arsenias*, au nord-est de son embouchure dans l'Euphrate, vers le 37ᵉ degré 45 minutes de latitude.

ARSANÉ, ville de la Palestine, dans laquelle fut enterré Asa, roi d'Israël, selon Joseph. *Antiq. l.* 8, *ch.* 6.

ARSANIAS (*Arsen*), fleuve de l'Asie, qui prend sa source dans des montagnes qui sont à l'orient de l'Euphrate, & il va se perdre dans un petit lac au 38ᵉ degré 25 minutes de latitude. Il sort de ce lac, conserve son nom, traversoit au sud-ouest entre des montagnes, arrosoit la ville d'Arsamosate, & alloit se rendre dans l'Euphrate, au sud-ouest de cette ville, vers le 37ᵉ degré 40 min. de latitude.

Pline, Dion, Plutarque & Tacite, font mention de ce fleuve. Le dernier dit qu'il couloit entre Tigranocerta & Artaxate.

Lucullus fut obligé de passer ce fleuve en allant de Tigranocerta pour assiéger Artaxate, selon Plutarque.

ARSANUS, nom de l'une des rivières de l'Asie qui alloient se perdre dans l'Euphrate, selon Pline.

ARSARATHA, ville de l'Asie, dans la grande Arménie, selon Ptolemée, au 79ᵉ deg. 30 min. de long.; 43ᵉ deg. 30 min.

ARSCENNENE, ville du pays des Mèdes. Elle fut prise par l'empereur Maurice, selon l'Histoire mêlée, citée par Ortélius.

ARSEN, petit fleuve dans la partie occidentale de l'Arcadie; il couloit du nord-est au sud-ouest, où il venoit se rendre dans le fleuve Ladon.

ARSENA, nom que Strabon donne au lac Aréthuse, dans la grande Arménie. Il ajoute que ses eaux sont bonnes pour laver; mais qu'elles ne valent rien pour boire.

ARSENÆ, nom d'une ville de l'île de Cypre. Il en est fait mention dans une notice dressée sous l'empire de Léon le sage.

ARSENARIA COLONIA, colonie Romaine en Afrique, dans la Mauritanie Césariense, selon Ptolemée.

Selon la notice d'Afrique, cette ville a été épiscopale.

ARSENIAS. *Voyez* ARSANIAS.

ARSI, les Arses, peuple que Pline & Ptolemée placent dans l'Arabie heureuse.

ARSIA, petit fleuve, ou rivière qui, coulant du nord, servoit de bornes entre l'*Histria* & l'*Illyria*, au nord du golfe *Flanatique*. C'étoit-là que se terminoit l'Italie, au nord-est du promontoire *Polaticum*.

ARSIANA, ville de l'Asie, dans la Susiane, selon quelques exemplaires d'Ammien Marcellin, & ARIANA, selon d'autres.

Elle étoit située sur une montagne, à l'occident du Tigre, vers le 38ᵉ degré de latitude.

ARSICARITA, siège épiscopal d'Afrique, dans la Numidie, selon la notice épiscopale d'Afrique.

ARSICODANI. On trouve ce mot dans les anciennes éditions de Pline. Le P. Hardouin a lu *Arsi*, *Codani*, ce qui suppose deux peuples.

ARSICUA, ville de la Germanie, selon Ptolemée.

ARSIETÆ,

ARSIETÆ, les Arsiètes, nation de la Sarmatie européenne, selon Ptolemée.

ARSII, *ou* Ariei, les *Arsiens*, ou les *Ariëns*, c'est-à-dire, les habitans de l'*Aria* ou *Arie*. V. Arii.

ARSINARIA, port de l'Afrique au nord-est du grand port, & au sud-ouest de la rivière Chinalaph. Ce port étoit plus grand, & avoit la même forme que le *Magnus Portus*. Ptolemée en a fait mention.

La ville *Arsinaria* étoit située à trois milles romains du port; la plaine qui est derrière la ville est belle, & a plusieurs milles de long; mais du côté de la mer, ce sont de grands précipices qui lui font une fortification naturelle. Les fondateurs de cette ville y avoient fait un grand nombre de citernes. On y voit des ruines assez belles.

ARSINARIUM (Cap-Verd), promontoire de la côte occidentale de l'Afrique, dans la Libye intérieure, selon Ptolemée. On écrit que c'est le Cap-Vert.

ARSINIA (*Arceni*), ville de l'Asie, dans l'Arménie, au ouest-nord-ouest & près d'*Amida*.

ARSINNUARITANUS, siége épiscopal d'Afrique, dans la Mauritanie Césariense, selon la notice épiscopale d'Afrique.

ARSINOÉ. Ce lieu a été commun à plusieurs lieux apppartenant à l'Egypte, ou à ses souverains.

Arsinoé, ville d'Egypte. Elle étoit située presque au fond du golfe Arabique, & à l'extrémité du canal que Ptolemée acheva de faire creuser pour la communication de la mer Rouge avec le Nil. Ptolemée & Strabon font mention de cette ville; mais ce dernier dit que quelques auteurs lui donnent aussi le nom de *Cléopatride*. C'est à-peu-près la position de *Suez*.

Arsinoé, ville d'Egypte, chef-lieu d'un nôme qui en portoit le nom, à l'occident du Nil, au-dessus de Memphis, au midi d'Acanthon, & au nord de Ptolémaïde. C'est la même ville que l'on nommoit auparavant la ville des Crocodiles, parce qu'on y honoroit cet animal. Strabon dit qu'on en nourrissoit dans des étangs, où ils étoient apprivoisés. Cette ville portoit encore le nom d'*Arsinoé* sous l'empire d'Hadrien.

Arsinoé, nom d'un port sur la mer Rouge, à la gauche en entrant dans cette mer, & auprès du promontoire *Dire* ou *Diræ*, selon Strabon & Ptolemée, au 73e degré 45 min. de long. & 10 degrés 4 min. de latit.

Arsinoé, autre ville que Strabon met sur la mer Rouge, beaucoup plus au nord que Philotéras. Il dit que des eaux chaudes, salées & amères, qui tombent d'une roche élevée, se jettent dans la mer près de cette ville.

Arsinoé, ville d'Afrique, dans la Cyrénaïque, entre Leptis & Ptolémaïde, à 22 mille pas de la seconde. Il en est fait mention par Pline, Ptolemée & Strabon. Ptolemée ajoute qu'elle étoit la même que *Teuchira* au 48e degré 3 min. de long. 31e degré 2 min. de latit.

Arsinoé, ville maritime de l'île de Cypre, qui étoit située à l'ouest, entre l'ancienne & la nouvelle Paphos, selon Strabon. Cet ancien dit qu'il y avoit un port de mer, un temple & un bois; & un peu plus dans les terres, étoit un jardin sacré.

Arsinoé, petite ville de l'île de Cypre, sur la côte septentrionale, au fond d'un petit golfe fermé au nord-ouest par le promontoire *Acamas*.

Arsinoé, autre ville de l'île de Cypre, sur la côte orientale, au sud-est, & très-près de *Salamis*. C'étoit, selon Strabon, un port de mer.

Arsinoé, ville qui étoit située dans l'intérieur de l'île de Cypre, selon Pline.

Arsinoé, ville de la Célésyrie, selon Etienne le Géographe.

Arsinoé, ville de l'Asie, dans la Syrie. Elle étoit située sur une colline de la vallée qui étoit auprès de Damas, selon Strabon. Etienne le Géographe en fait aussi mention.

Arsinoé, ville maritime d'Asie, dans la Cilicie, selon Strabon, qui dit qu'elle avoit un port ou une rade. Ptolemée la met aussi à l'orient du fleuve Orymagdus, dans la petite contrée nommée *Cetidis*.

Arsinoé, ville de Grèce, dans l'Etolie, au passage de l'Achélous, selon Strabon. Ce n'étoit d'abord qu'un village nommé *Canopa*; mais elle prit le nom d'*Arsinoé*, femme & sœur de Ptolemée second. Il est aussi fait mention de cette ville par Cicéron.

Arsinoé. Selon Strabon, l'un des noms qu'a eu la ville d'*Ephèse*. Cet ancien dit que Lysimachus la bâtit & l'entoura de murailles, & lui donna le nom d'*Arsinoé*, sa femme.

Arsinoé, aqueduc construit dans la Messénie pour conduire les eaux dans la grande place de Missène.

ARSINOITES NOMOS, l'une des sept contrées de l'Egypte, qui formoient le pays nommé *Heptanomis*. Ce nôme étoit à l'occident de Ptolémaïde sur le Nil, au nord du nôme *Oxyrinchite*, & au midi de celui de Memphis.

Ce nôme ne comprenoit guère que le territoire de la ville d'Arsinoé; & Ptolemée n'y met que la capitale & le port de Ptolémaïde sur le Nil. Il s'étendoit jusqu'au lac Méris.

ARSINON, Phavorin nomme ainsi une ville, qu'il place en Asie, sur une colline de la Syrie: ce pourroit être la même qu'Arsinoé, qui est mise, par Strabon, auprès de Damas.

ARSISACA, ville d'Asie, qui étoit située dans l'intérieur de la Médie, selon Ptolemée.

ARSISSA, (*lac de Van* ou *d'Argish*), lac de l'Asie, dans l'Arménie, & qui s'étendoit d'environ un degré de l'est à l'ouest. Sa latitude est entre le 37 degré 45 min. & le 38e degré 30 min. latit.

ARSITIS, contrée de l'Asie, auprès du mont Coronos, dans l'Hircanie, selon Ptolemée.

ARSONIUM, nom d'une ville de la grande Germanie. Il en est fait mention par Ptolemée.

ARSURITA, nom d'un siège épiscopal de l'Afrique, dans la Byzacène, selon la conférence de Carthage.

ARTA, *Voyez* AMBRACIE.

ARTABIUS, rivière de l'Asie, selon Ammien Marcellin.

ARTABRI, les Artabres, peuple d'Europe, dans l'Hispanie: on voit qu'ils étoient une peuplade des Callaïques. Je crois que leur nom s'étoit formé d'*Artabrum*, qui étoit celui du promontoire près duquel ils habitoient. Selon Strabon, ils possédoient plusieurs places, & de son temps on les nommoit *Arotrebæ*. Leur pays répond donc à la partie de la Galice la plus proche du cap Finistère.

ARTABRUM PROMONTORIUM (le Cap de Finistère), promontoire de l'Hispanie citérieure, chez le peuple *Callaïci*. C'est la pointe de l'Hispanie la plus avancée vers l'occident.

ARTACABANE, nom d'une ville de l'Asie, dans l'Arie. Elle étoit plus grande & plus ancienne que l'Alexandrie, du même pays, selon Pline. Il ajoute que, quoiqu'elle eût trente stades de circuit, elle fut agrandie de cinquante autres par Antiochus.

ARTACÆON, petite île de la Propontide, dans le voisinage de Cyzique, selon Pline.

ARTACÆON, bourg de l'île de même nom, selon Pline.

ARTACANA, ville de l'Asie, située dans la partie septentrionale de l'Arie, aux confins de la Parthie, selon Strabon. Quinte-Curse la nomme de même; mais il en fait la capitale de l'Arie.

ARTACAUA. Selon Ptolemée, c'étoit une ville de l'Asie, qui étoit située dans le centre de l'Arie.

ARTACE, nom d'une colonie que les Milésiens avoient établie en 694 avant J.C. dans la Phrygie. Vénus y avoit un temple, d'où elle prenoit le surnom d'*Artacias*.

ARTACE, forteresse de l'Asie, dans la Bithynie. Elle étoit située sur le Pont-Euxin, selon Ptolemée.

ARTACE, montagne de la presqu'île de Cyzique, selon Strabon.

ARTACE, petite île de la Propontide, vis-à-vis la montagne d'Artace, selon Strabon.

ARTACE, port de l'Asie, sur la côte de la Propontide, auprès & à l'ouest de Cyzique, selon Procope, qui dit que c'étoit le fauxbourg de cette ville. Hérodote & Strabon en font une ville. (C'est, ce me semble, celle dont j'ai parlé aux premier & second articles). Le premier dit qu'elle fut incendiée par les Phéniciens. Etienne dit que c'étoit une colonie de Milésiens. Dans ce même article il parle de quelques autres lieux qui ont eu le nom d'*Artace*, & qui sont nommés ci-dessus.

ARTACE, ville de l'Asie, dans l'Arménie, selon Hésychius.

ARTACENA, contrée de l'Asie, dans l'Assyrie, aux environs d'Arbèles, selon Strabon.

ARTACH, ville de l'Asie, selon Curopalate. Ortélius pense qu'elle étoit dans la Syrie, vers Hiérapolis.

ARTACII, les Artaciens. Dion, qui nomme ce peuple, le place vers la Thrace, & dit qu'il fut vaincu par Crassus.

ARTACINA, nom d'une ville de l'île de Crète, selon Ptolemée. Elle étoit éloignée des côtes.

ARTÆA, contrée de la Perse, selon Pausanias, cité par Ortélius.

ARTÆI MURUS, petite ville ou bourg de la petite Mysie, sur le *Rhyndacus*.

ARTAGERA, ville de l'Asie, dans l'Arménie, auprès de laquelle C. César fut dangereusement blessé par un certain *Addus*, selon Velleius Paterculus.

Strabon la nomme *Artageræ*, & dit qu'elle fut portée à la révolte par *Ador*, qui commandoit la garnison.

ARTAGERCHASAR. *Voyez* ARTEMITA.

ARTAGICERTA (*Ardis*), ville de l'Asie, dans l'Arménie, sur la branche occidentale du Tigre, au nord-est d'*Amida*, & vers le 38e degré 20 min. de latit. (*Ptolemée*).

ARTAGIGARTA, ville de l'Asie, dans la grande Arménie, selon Ptolemée. Cet auteur la place entre *Arsamosarta* & *Tigranocerta*.

ARTAGIRA, nom d'une ville de la Lybie intérieure, selon Ptolemée.

ARTALESUM, forteresse de l'Asie, vers l'Arménie, Procope dit qu'elle avoit passé pour imprenable.

ARTAMIS, ville de la Cyrénaïque, dans la Pentapole, selon Ptolemée.

ARTAMIS, rivière de l'Asie, dans la Bactriane, selon Ptolemée.

ARTANÆ THERMÆ, sources d'eaux chaudes, dont il est fait mention par Aristote. Il ajoute qu'elles étoient bonnes à boire. On n'en a pas la position.

ARTANE, petit lieu de la Bithynie, au nord de Nicomédie, sur le Pont-Euxin, à l'embouchure de la rivière suivante.

ARTANES, rivière de l'Asie-Mineure, dans la Bithynie. Au rapport d'Arrien, à son embouchure dans le Pont-Euxin, il y avoit un port pour de petites barques, auprès duquel étoit un temple de Vénus.

Marcien d'Héraclée écrit *Artannes*, & dit qu'elle est à 290 stades du port & du château de Psillion.

ARTANISSA, nom d'une ville d'Asie, dans l'Ibérie, selon Ptolemée.

ARTANUS, fleuve de l'Asie, dans la Bithynie. *Voyez* ARTANES.

ARTAS, ville de l'Asie, dans la Syrie. Elle étoit située au pied & à l'est d'une des branches du mont Amanus, vers le 36e degré 10 min. de latit.

ARTASIA, *ou* ARTESIA, ville de l'Asie, dans la Syrie. Elle étoit située dans le voisinage d'Antioche selon Guillaume de Tyr.

ARTATUS, nom d'une rivière de l'Illyrie, selon Tite-Live, cité par Ortélius.

ARTAUNUM, Ptolemée met une ville de ce nom dans la Germanie.

ARTAXATA, ville d'Asie, située sur le fleuve Araxe, dans un lieu où ce fleuve forme une presqu'île. Cette ville étoit la capitale de l'Arménie, selon Plutarque, Strabon, Pline, Dion, Juvénal, & Tacite. Ce dernier dit que Corbulon résolut de l'attaquer, qu'il l'assiégea, la prit dès le lendemain, & ne pouvant la garder, il la fit raser & brûler la quatrième année du règne de Néron. Tiridate, roi d'Arménie, étant allé l'année d'après à Rome, Néron, satisfait des soumissions qu'il lui fit, le couronna; & lui rendant ses états, lui permit de relever sa capitale, selon Xiphilin, *in Neron*. La ville fut rebâtie, & nommée *Néronie*.

Elle se nommoit aussi, non pas *Artaxiasolæ*, comme on le lit dans Etienne de Bysance; mais *Artaxiasata*, comme il est écrit dans Strabon. Il en existe encore des vestiges au sud d'Erivan.

ARTAXATA, nom d'un lieu qu'Antonin place sur la route de Sébastie à Cocusus, en passant par Césarée, à 24 mille pas au-delà de cette ville.

ARTAXIASATA, ville d'Asie, bâtie sur l'Araxe par Artaxias.

ARTEATÆ, les Arteates. Etienne de Bysance en parle comme d'une nation comprise sous le nom générique de *Perses*. On voit, par Hérodote, que Cyrus avoit composé la nation Perse de plusieurs peuples séparés, au moins par des noms différens. Les Arteates sont compris dans ce nombre.

ARTEMIDIS, ville de l'Asie, dans la petite Arménie. Ptolemée la nomme *Artemidita*, ou *Artemita*, selon les divers exemplaires.

ARTEMIS, Pline dit qu'Hellanicus nomme ainsi l'île de Rhène, dans l'Archipel.

ARTEMISIUM. *Voyez* DIANIUM.

ARTEMISIUM (1), ville de la Carie, située dans la partie orientale près du golfe de Glaucus.

ARTEMISIUM. Plutarque, dans la vie de Thémistocle, dit que l'on appelle ainsi la côte septentrionale de l'île d'Eubée, au-dessus de la ville d'Histiée, vis-à-vis de l'ancienne Olyzon. Il y avoit un petit temple consacré à Diane.

ARTEMISIUM, lieu de l'île de Délos, selon Hérodote.

ARTEMISIUM, lieu du Péloponnèse, selon Polybe.

ARTEMISIUM, ville de l'Italie, dans la grande Grèce. Elle étoit située loin des côtes & appartenoit aux Œnotriens, selon Etienne le Géographe, qui cite Hécatée.

ARTEMISIUM, nom qu'Hérodote donne à un trajet de la mer Egée, dans le voisinage de la Magnésie & de la ville de Sepias.

ARTEMISIUM, île de la Grèce, entre celle d'Eubée & le promontoire Sunium, selon Arrien, cité par Ortélius.

ARTEMISIUM, nom d'un temple de Diane, qui étoit situé sur le promontoire *Sunium*.

ARTEMISIUM, montagne du Péloponnèse, dans l'Arcadie, près du fleuve Ladon. Apollodore rapporte que c'est-là qu'Hercule tua la biche.

Pausanias parle d'une montagne de ce nom, dans laquelle il met la source du fleuve Inachus. Il fait aussi mention d'un temple de Diane qui y étoit.

ARTEMISIUM, lieu de la Sicile, dans lequel campa Sextus Pompeius, selon Dion. Appien fait aussi mention de ce lieu.

ARTEMISIUM, nom d'un fort de la Grèce, bâti par Justinien, à l'embouchure du fleuve *Rechius* ou *Regius*, selon Procope.

ARTEMISIUM, autrement *Dianium* (Denia), sur la côte orientale de l'Hispanie.

ARTEMITA, petite île de la mer Ionienne, à l'opposite de l'embouchure du fleuve Achéloüs, selon Pline & Etienne de Bysance. Le premier dit que cette rivière y charioit tant de terre, qu'il la joignoit enfin au continent. Strabon, qui écrivoit avant Pline, dit que c'étoit une des Echinades, que des monceaux de sables amassés avoient jointe à la terre-ferme.

ARTEMITA, grande ville de l'Asie, dans la Mésopotamie, selon Pline. C'est la même que Strabon met dans la Babylonie, à 500 stades à l'orient de Séleucie. Il en parle comme d'une ville célèbre: elle étoit sur le bord du lac Arsissa, vers le 38e degré 10 min. de latit.

ARTEMITA, *ou* ARTEMITIDA, ville de l'Asie, dans la grande Arménie.

ARTEMITA, ville de l'Asie, dans l'Arabie déserte, selon Ptolemée.

ARTEMIUS, nom d'une montagne du Péloponnèse, selon Pline.

ARTENA, ville de l'Italie, dans l'Etrurie, au territoire des Cérites, selon Tite-Live, qui dit qu'elle fut détruite par les rois de Rome.

ARTENA, ville de l'Italie, dans le Latium, au pays des Volsques, selon Tite-Live. Cet ancien dit qu'elle fut prise sous les Tribuns, vers l'an 351 de Rome, environ un siècle après celle ci-dessus. Après que les Tribuns l'eurent prise, ils la firent raser, ainsi que sa citadelle.

ARTENIA, château de l'Italie, dans la Vénitie, sous la dépendance des Lombards, selon Paul Diacre.

ARTHA, village d'où se prenoit la longueur de la Judée, selon Egesippe.

ARTHABATITÆ, les Arthabatites, ancien

(1) Il n'est pas étonnant qu'un assez grand nombre de lieux ait porté ce nom. Il est formé du mot *Artemis*, qui, en grec, signifie *Diane*. Plusieurs lieux où se trouvoit un temple de cette déesse, en avoient pris le nom *Artemisium*, ou quelquefois en latin *Dianium*.

peuple de l'Ethiopie, dont Solin parle de manière à faire douter même de son existence.

ARTHEDON, île de l'Asie-Mineure, sur les côtes de la Troade, selon Pline.

ARTIACA, *ou* ARCIACA, nom d'une ville de la Gaule, sur la route de Milan à *Gessoriacum*, par les Alpes Cottiennes, selon l'itinéraire d'Antonin, de l'exemplaire du Vatican.

ARTICENA, contrée de l'Asie, qui faisoit partie du royaume des Parthes, selon Ptolemée.

ARTIGIS, ville de l'Hispanie, dans le pays des Turdules. (*Pline.*)

ARTIGULA, île de l'Ethiopie, sous l'Egypte, selon (*Pline*).

ARTIS, lieu de l'Asie-Mineure, dans l'Ionie. C'est où Androcopus bâtit la ville de *Lebedus*, selon Strabon; par conséquent il étoit à quelque distance au sud de Smyrne.

ARTISICA, *ou* ARTISIGA, lieu de l'Afrique, dans la Mauritanie Césariense, à 25 mille pas du lieu nommé *Ad-Fratres*, & à 12 mille pas du port de *Cæcilius*, selon l'itinéraire d'Antonin.

ARTISIGA, village de l'Afrique, dans la Mauritanie Césariense. Il étoit situé sur le bord de la mer, au nord-ouest de l'embouchure du fleuve Malva.

L'itinéraire en fait mention; il y est placé à 27 milles à l'ouest de Siga.

ARTITÆ, les Artitées: selon Pline, ce peuple avoit autrefois habité un canton de la Dalmatie, & ne subsistoit plus de son temps.

ARTOARTA, ville *ou* village de l'Asie, dans la province de Paropanisades, selon Ptolemée.

ARTOARTA, ville de l'Inde en-deçà du Gange, selon Ptolemée.

ARTOBRIGA, nom d'une ville de la Vindélicie. Il en est fait mention par Ptolemée.

ARTYMNESUS, ville de l'Asie, dans la Lycie. Etienne le Géographe dit que les Xanthiens y établirent une colonie.

ARTYNIA, lac de l'Asie, au nord-est de Miletopolis, dans lequel se rend le fleuve Macestus. C'est une erreur que de croire que le fleuve *Rhyndacus* y passoit; ce fleuve étoit plus à l'est.

ARTYPSUM, nom de l'une des sept villes que Cyrus donna à Pytarque, son favori, selon Athénée, cité par Ortélius, qui croit qu'elle étoit dans l'Asie-Mineure.

ARTZANAUCUS, nom d'une rivière de l'Asie, selon Cédrène. Ortélius la croit vers la Mésopotamie.

ARTZE, bourg de l'Arménie, qui étoit situé dans le voisinage de Théodosiopolis, selon Cédrène. Il est nommé *Arze* par Curopalate.

ARUA, ville de l'Hispanie, dans le département d'Hispalis, selon Pline.

ARVADIENS, *ou* ARADIENS, nation qui habitoit originairement dans le pays de Chanaan. Ils paroissent placés, par Moyse, dans la partie septentrionale; ce qui leur facilita le moyen d'abandonner leur demeure & de s'établir sur le bord de la mer & dans l'île d'Arad.

ARVALTIS, nom d'une montagne de la Lybie intérieure, selon Ptolemée.

ARVARI, *ou* ARVARNI, les Arvares, ancien peuple de l'Inde en deçà du Gange.

ARVAS, ville de l'Asie, dans l'Hircanie, selon Quinte-Curse.

ARUBII. *Voyez* ARVII, pays de la Gaule.

ARUBIUM, *ou* ARRUBIUM, ville de la basse Mœsie, sur le Danube.

ARUBOTH, *ou* ARABOTH, ville ou contrée de la Palestine dans la tribu de Juda. Il en est parlé dans le troisième livre des Rois.

ARUCCI NOVUM (*Moura*), ville de l'Hispanie, dans la Bétique. Cette ville n'est guère connue que par Ptolemée & par Antonin. Ce dernier la met à 30 mille pas de *Pax Julia*. Elle étoit située aux confins de la Lusitanie & de la Bétique.

ARUCIA, nom d'une ville de l'Illyrie, selon Ptolemée.

ARUDIS, ville de l'Asie, dans la Syrie. Elle étoit située sur l'Euphrate, selon Ptolemée.

Elle étoit au sud-est de *Samosata*, vers le 36e degré 45 min. de latit.

ARVEDORUM MONTES, montagnes des Indes, en-deçà du Gange, selon Ptolemée.

ARVERNI, les Arvernes, c'est ce nom qui depuis a été défiguré en celui d'Auvergnats. Strabon les nomme Α'ουέρνοι; d'autres auteurs Grecs changent encore ce nom. Cette différence ne peut venir que de la difficulté de rendre la juste prononciation du mot, & de la prononciation particulière aux lettres de chaque langue.

Ce peuple étoit un des plus puissans de la Gaule; &, si l'on en croit Strabon, les *Arverni* avoient étendu leur domination jusqu'au territoire de Marseille & jusqu'aux Pyrénées, jusqu'à l'Océan & jusqu'au Rhin. Les plaintes que les *Ædui* portèrent à Rome contre les *Arverni* furent une des causes qui attirèrent les armes romaines dans la Gaule, sous le commandement de Fabius Maximus & de Domitius Ahenobarbus. Lorsque César prit possession du gouvernement de la Gaule, deux factions la partageoient; c'étoient celles des *Arverni* & des *Ædui*. On voit par César que les *Vellavi*, les *Gabali*, les *Cadurci*, se trouvoient dans la dépendance des *Arverni*. Etienne de Bysance les cite comme une des plus belliqueuses nations entre les Celtiques. Dans Pline ils sont qualifiés de *Liberi*. On doit regarder comme une méprise dans Strabon, de leur attribuer le fleuve *Liger*, ou la Loire; c'est l'*Elaver* ou l'*Aller*.

Ils furent compris dans la première Aquitaine. Leur capitale étoit *Augustonemetum*. Lucain dit qu'ils se prétendoient issus du sang Troyen & frères des Latins:

Arvernique ausi latio se dicere fratres,
Sanguine ab Iliaco populi.

Leur territoire est actuellement compris dans les diocèses de Clermont & de S. Flour.

ARVII, les Arviens. Ptolemée est le seul qui fasse mention de ce peuple dans la Gaule Lyonnoise. Dans la traduction latine on lit *Arabil*; mais à tous égards, le texte est préférable. M. de Valois avoit pensé que ces *Arvii* pourroient bien être les mêmes que les *Curiosolites* dont Ptolemée ne parle pas. Mais M. d'Anville a démontré (*Mém. de Litt. t. XXVII*) que ce peuple avoit dû exister dans un lieu de la Gaule qui répond à une partie du Maine. Il a même retrouvé des vestiges de leur ancienne capitale que l'on appelle encore *la Cité*. Il le trouve sur la riviere d'Erve, qui se jette dans la Sarte. On peut présumer avec beaucoup de vraisemblance que la cité des *Arvii* ne subsistoit plus au commencement du cinquième siècle, puisqu'elle ne se trouve pas sur la notice des provinces de la Gaule. Les peuples de cette cité ont donc passé, comme je l'ai dit, dans la jurisdiction de l'évêque du Mans.

ARUIR, lieu de la Palestine, qu'Eusèbe & S. Jérôme placent à vingt milles vers le nord de Jérusalem. Ils disent que ce lieu étoit sur une montagne, & que ce fut là que Jephté combattit.

ARVIS, montagne de l'île de Chios, d'où venoit le vin que l'on nommoit *Arvisium*, selon Vibius Sequester.

ARUN, village de la Palestine, dans le voisinage de Samarie. Varus, après s'être rendu maître de cette ville, alla camper près du village d'Arun, selon Joseph, *de Bell. l. 2, ch. 3*.

ARUNCI, les mêmes que les ARRUCI.

ARUNDA, ville de l'Hispanie, dans la Bétique, selon Pline. Ptolemée fait mention d'une ville de ce nom dans le même pays, ce doit être vraisemblablement la même.

ARUPENUM, nom d'une ancienne ville de l'Illyrie. Elle étoit du nombre des quatre que possédoient les Japodes, selon Strabon.

ARUSIS, ville de l'Asie, dans la Médie. Elle étoit de l'intérieur de ce pays, selon Ptolemée.

ARUVII, *ou* ARUBII, c'est ainsi que quelques traducteurs de Ptolemée ont rendu en latin le nom grec des peuples que Ptolemée appelle Ἀρούιοι. On peut voir ce qui en est dit au mot ARVII.

ARXAMA, ville de l'Asie, dans la Mésopotamie, située dans l'intérieur des terres, selon Ptolemée.

ARXANA, contrée de l'Asie, dans la grande Arménie, auprès du fleuve Nymphius, selon Procope.

ARXATA, ville de la grande Arménie, qui étoit située aux confins de l'Atropatène, selon Strabon. Elle avoit été bâtie par Artaxias.

ARXEN, nom d'une ville de la Thrace, selon Procope, cité par Ortélius.

ARXIANUS AGER, campagne de l'Asie, vers le fleuve Zirma. Il en est fait mention par Agathias.

ARYCA, ville de Grèce, dans le pays des Locriens Epicnémidiens, selon Diodore de Sicile, qui dit qu'Isménias, chef des Béotiens, étant campé auprès de cette ville, fut attaqué par un corps de Phocéens; qu'il les battit & les poursuivit jusqu'à la nuit. M. d'Anville ne la pas placée sur sa carte.

ARYCANDA, ville de l'Asie, dans la Lycie, selon Etienne le Géographe. Cette ville est nommée par Pline, & il la donne aux MILYÆ.

ARYCANDUS, rivière de l'Asie dans la Lycie, où elle se perd dans la rivière de Limyra, selon Pline.

ARYMAGDUS, *ou* ORYMAGDUS, selon les différentes éditions de Ptolemée, rivière de l'Asie, dans la Cilicie.

ARYPE, ville de l'Egypte, selon Etienne, qui cite Hérodien de Bysance.

ARYMPHÆI, les Arymphéens, peuples qui habitoient aux environs du Palus-Méotide & du Tanaïs. Ils étoient vêtus comme les Scythes, & parloient une langue particulière. Ils habitoient dans les bois & ne vivoient que de fruits sauvages. Ils étoient renommés pour leurs bonnes mœurs, & dans le pays on les regardoit comme un peuple sacré; leur contrée servoit d'asyle à ceux qui vouloient s'y refugier. Hérodote & Méla font mention de ces peuples.

ARZANIORUM OPPIDUM, *ou* THOSPIA, ville de l'Asie, dans l'Arzanène. Elle étoit sur le bout sud-ouest du lac Thospitis, vers le 38e dégré 15 minutes de latitude.

ARZES, ville de l'Asie, qui étoit située vers le milieu de la partie septentrionale du lac Arsissa, par les 38 degrés 40 minutes de latitude.

ARZUS, rivière de la Thrace, qui a son embouchure, par les 42 degrés de latitude, selon Ptolemée.

ARZUS, *ou* ARZOS, ville de Thrace, selon Ptolemée. Ce lieu est nommé *Arzum* dans la table de Peutinger, & *Assus*, dans l'Itinéraire d'Antonin. Il la met entre *Opizus* & *Subzupara*, à dix-huit mille pas de la première, & à vingt mille pas de la seconde.

A S

ASA, nom du lieu où Judas Machabée fut tué, selon Joseph, *Antiq. l. 12, ch. 19*. Le premier livre des Machabées, nomme ce lieu *Azoth*.

ASABAIA, ancienne ville de l'Arabie, où étoit la première cohorte des Thraces, selon la notice de l'Empire, *sect. 22*.

ASABOBAS, nom d'une rivière de l'Ethiopie, selon Héliodore. Ortélius croit que c'est l'*Astapus* de Ptolemée.

ASABORUM PROMONTORIUM, promontoire de l'Arabie, dans le détroit du golfe Persique, selon Ptolemée.

ASACHŒI, les Asachéens. Si l'on en croit le P. Hardouin, le peuple que Pline nomme en cet endroit (*l. 6, ch. 30*), *Asachæi* est le même qu'il nomme ailleurs (*l. 8 ch. 13.*) *Asachæi Æthiopes*. Les éléphans s'y trouvoient en grand nombre; & au rapport de Solin, ils en mangeoient la chair. Dans ce cas ils seroient donc les mêmes que les Eléphantophages.

ASCEI, peuple d'Asie, dans la Sarmatie, selon Ptolemée.

ASALEA, lieu de la Palestine, qui étoit la patrie d'Alaphion, selon Socrate, cité par Ortélius.

ASAMA, rivière de l'Afrique, dans la Mauritanie Tingitane, selon Ptolemée. Elle est nommée *Asana* par Pline.

ASAMON, montagne de la Palestine, dans la Galilée, vis-à-vis de Sephoris, selon Joseph, *de bell. l. 2, ch. 22.*

ASAN, ville de la Palestine dans la tribu de Juda, selon le livre de Josué, ch. 15.

Elle fut ensuite comprise dans celle de Siméon.

ASANAMARA, nom d'une ancienne ville de l'Inde, au-delà du Gange. Il en est fait mention par Ptolemée.

ASANCA, ville de la Germanie, selon Ptolemée.

ASANI, *voyez* AZANI.

ASAPHIDAMA, ville de la Syrie, dans la Chalcidique, selon Ptolémée.

ASAR, nom d'un lieu de la Palestine dans la tribu de Siméon, selon Eusèbe de Césarée. S. Jérôme dit *Asem.*

ASAR-SUPHIM, nom d'un lieu de la Palestine. On voit au premier livre des Paralipomènes, que c'est où demeuroient les fils de Séméi.

ASATENI, *voyez* ASTAGENI.

ASBAMÉEN, nom d'un temple de Jupiter, auprès de la ville de Tyane, dans la Cappadoce, selon Ammien Marcellin.

ASBOTUS, ville de Grèce, dans la Thessalie, selon Etienne de Bysance.

ASBYSTÆ, les Asbystes, peuple d'Afrique, dans la Libye. Hérodote qui en parle, les place au-dessus de Cyrène. Ils étoient voisins des Giligames. Eustathe place chez eux le temple de Jupiter Ammon & la fontaine du soleil. On apporte en preuve du sentiment de ce dernier, que Monnus (*l. 13*) donne à Jupiter le surnom d'*Asbistien*, c'est-à-dire, Jupiter Ammon, adoré chez les Asbystes. On voit seulement qu'ils étoient près du territoire d'Ammon.

Selon Etienne de Bysance, le Triton couloit chez ce peuple. Ce qu'il appuie d'un vers de Callimaque, observant ensuite qu'il y a deux fleuves de ce nom, l'un en Libye, l'autre en Béotie. *Voyez* TRITON.

ASCA, nom d'une ville de l'Arabie heureuse.

ASCALANI, les Ascalans. On trouve ce nom dans Diodore; mais Ortelius a vu, avec raison, que c'étoit un mot corrompu, pour *Asculani.*

ASCALINGIUM, ville de la Germanie, selon Ptolemée.

ASCALON, ville de la Palestine, qui étoit située à vingt milles de Jamnia, dans un canton très-fertile, selon l'itinéraire d'Antonin.

Vénus dite *Uranie* ou *Céleste* étoit adorée dans cette ville: elle y avoit un temple très-ancien & très-célèbre.

Hérodote raconte que vers l'an 630 avant l'ère chrétienne, ce temple fut pillé par les Scythes. On adoroit aussi à Ascalon une autre divinité que Diodore de Sicile nomme *Derceto.*

Cette ville existoit & appartenoit aux Philistins au temps de Josué; après sa mort, la tribu de Juda s'en empara, sans pouvoir la conserver. Elle eut ses rois particuliers, puis elle fut successivement sous la domination des Assyriens, des Perses, des Grecs & des Romains.

Ascalon fut décorée par Hérode, qui en étoit originaire, selon Joseph *de Bello.* Ce prince y fit bâtir un Palais qu'Auguste, après la mort d'Hérode, donna à sa sœur Salomé. Il fit aussi creuser des canaux, construire des bains & faire des péristiles.

Ascalon avoit un port qui étoit à quelque distance de la ville, & sous le christianisme ils eurent des évêques distingués.

ASCANDALIS, ville de l'Asie-Mineure, dans la Lycie, selon Pline.

ASCANIA, ville de la Troade, la même, dit-on, qu'*Antandros*: on ajoute qu'elle avoit pris son nom d'*Ascagne.*

ASCANIA, *ou* ASCANIUS, nom d'un lac de l'Asie-Mineure, dans la Bithynie. Les eaux de ce lac se rendoient dans la mer au-dessus de Prusiade, selon Ptolemée.

ASCANIA, nom que Pline donne à une île de l'Archipel.

ASCANIÆ, petites îles, du nombre de celles qui sont parsemées sur la côte de la Troade, selon Pline.

ASCANIA, contrée de l'Asie-Mineure, dans la Bithynie. Elle s'étendoit toute au-delà de la rivière & du lac Ascan, entre la mer, le fleuve Sangar & le mont Olympe. Salluste, *Fragm.*

ASCANIUS, rivière de l'Asie-Mineure, dans la Bithynie, selon Ptolemée. C'est par cette rivière que le lac *Ascania* ou *Ascanius* alloit rendre ses eaux à la mer.

Pline la nomme *Ascanium Flumen*, & il la place dans un golfe, au voisinage de l'Etheleum.

ASCANIUS, port de l'Asie, que Pline place presque à l'extrémité de l'Æolide, & près de la ville de Phocée.

ARCANIUS, golfe de l'Asie-Mineure, dans la Bithynie, selon Pline. Cet ancien y met la ville de Nicée.

ASCAUCALIS, ville de la Germanie, selon Ptolemée.

ASCELUM, ville de l'Italie, dans la Vénétie, au nord-ouest de *Tarvisium.*

ASCHCANII, les rois Aschcaniens *ou* Aschkaniens. Ce nom, qui n'appartient pas proprement à la Géographie ancienne, est celui que les Ecrivains Orientaux donnent aux rois que les Grecs & les Romains ont appelés *Parthes*, à cause du pays dont ils sortirent.

ASCHEION, ville du Péloponnèse, dans l'Achaïe, selon Etienne de Bysance.

ASCHILACÆ, peuple d'Asie, dans la Troade, Pline, qui les fait connoître, les place entre les nations qui trafiquoient à Adramyte. C'étoit une colonie de Macédoniens. Le P. Hardouin conjecture qu'ils prenoient ce nom de la ville de *Sceleuta*.

ASCIBURGIUM, ville de la Germanie, selon Ptolemée.

ASCIBURGIUS MONS, nom d'une longue chaîne de montagnes, qui séparoit la Suévie en deux du côté de l'orient, selon Tacite. *German. ch. 43.*

ASCITÆ, les Ascites, peuple d'Asie, qu'Etienne de Bysance place vers le golfe de l'Inde. On les nommoit aussi *Ascalitæ*.

ASCITÆ, les Ascites. Pline & Ptolemée placent ce peuple dans l'Arabie heureuse. Je serois assez porté à croire que ce peuple est le même que le précédent, dont la position n'a pas été bien indiquée par Etienne de Bysance.

ASCLEPIUM, nom d'un lieu élevé, en Hispanie, selon Polybe.

Ce lieu étoit près de *Carthago Nova*.

ASCOMARCI, les Ascomarces, peuple d'Asie, dans la Sarmatie, selon Pline.

ASCORDUS, rivière de la Grèce, dans la Macédoine, à une journée de la ville d'*Agassa*, selon Tite-Live.

ASCOTANEÆ, les Ascotanes, peuple d'Asie, dans la Scythie, en-deçà de l'Imaüs, selon Ptolemée.

ASCRA, ville de la Grèce, dans la Béotie, que l'on disoit avoir été bâtie par Ephialtès & Otus, au pied du mont Hélicon. Au temps de Pausanias il n'y avoit de remarquable qu'une tour qui s'étoit bien conservée. *L. 9, Bœotic. ch. 29.* Ce fut la patrie d'Hésiode.

ASCRIVIUM, *ou* ASCRUVIUM, nom d'une ville de la Dalmatie, de laquelle Pline fait mention.

ASCULUM APULUM (*Ascoli*), c'est-à-dire, *Asculum* de l'*Apulie*. Cette ville étoit sur la voie Trajane entre *Trivicum* à l'O., & *Canusium* au N. E. Cette ville est connue dans l'histoire romaine à l'occasion des premiers succès des Romains contre Pyrrhus.

Je crois pouvoir me permettre ici deux remarques importantes en fait de géographie.

1°. C'est que ce lieu étoit certainement sur la voie Trajane, qui alloit de *Beneventum* à *Canusium*. On trouve même encore dans son ancien emplacement une colonne miliaire très-bien conservée à sa place primitive : elle donne le LXIIe mille. M. d'Anville qui ignoroit cette particularité, & qui voyoit qu'Horace dans la description de son voyage, ne nomme pas cette ville, l'a supposée hors de la voie (*Voyez la carte anc. de l'Italie de cet auteur*).

2°. Il indique un peu plus loin un lieu qu'Horace ne désigne qu'en disant que ce nom n'étoit pas fait pour entrer dans des vers. *Quod versu dicere non est.* Ce poëte le place au XXIVe mille depuis *Trivium*, & c'est en effet la distance qui s'y trouve aujourd'hui. M. l'Abbé Chauppy, qui a été sur les lieux, a trouvé dans ce même endroit l'eau mauvaise, comme le dit Horace (*Vilissima..... aqua..... pani longe pulcherrimus*). Il n'y a d'eau qu'au bas de la montagne ; il n'y en a qu'une seule fontaine.

Il faut donc replacer sur les cartes que l'on fera de l'ancienne Italie, la ville d'*Asculum* sur la voie & non à côté : quelle que soit la raison du silence d'Horace, il est sûr qu'il avoit dû ou pu y passer.

ASCULUM PICENUM (*Ascoli*), située sur une montagne au bas de laquelle couloit le *Truentus* (le *Tronto*), c'étoit, à ce qu'il paroît, considérable sous les Romains. Selon Strabon (*l. V.*), elle avoit des fortifications naturelles, & qui tenoient à la situation. Elle fut colonie romaine & municipale. Cicéron (*de orator. ch. 46.*) parle avec beaucoup d'éloge d'un orateur né dans cette ville, & qu'il nomme *Betucius Barrus*, dont il existe, dit-il, quelques discours prononcés à *Asculum*.

ASCURA, ville de l'Asie, dans la grande Arménie, selon Ptolemée.

ASCURIS PALUS, nom d'un lac ou marais de la Grèce, dans la Thessalie, selon Tite-Live, *l. 44, ch. 2.*

ASCURUS, nom d'une rivière de la Colchide, selon Arrien, *Peripl.*

ASCURUS, ville d'Afrique, dans la Mauritanie. Elle étoit sous la domination du roi Bogus, selon Hirtius, *de bell. Afr. ch. 23.*

ASDATÆ. On lit ainsi ce mot dans des éditions de Pline, *l. 37, ch. 8 ;* mais le P. Hardouin a rétabli le texte de cette manière, *apud Sacas & Dahas*.

ASDYNIS, île de l'Egypte, dans le lac Moëris, selon Eudoxe, livre second, cité par Etienne de Bysance.

ASEA, ville de l'Arcadie au nord-est de Megalopolis. On n'y voyoit, au temps de Pausanias, que ses ruines & celles de sa citadelle.

Deux sources peu éloignées, & qui, après avoir coulé séparément, réunissoient leurs eaux pour rentrer en terre, passoient dans le pays pour les sources de l'*Alphée* & de l'*Eurotas*. La nature offre bien, il est vrai, quelques faits de ce genre ; mais on peut jetter quelques doutes sur les fondemens de l'opinion des Arcadiens à cet égard : 1°. parce que l'*Eurotas* étoit assez loin au sud, & qu'il paroît qu'il étoit séparé par des montagnes de cette source supposée ; 2°. parce que les Arcadiens admettoient si légérement ces passages souterrains de fleuves, que l'on peut croire qu'ils n'avoient pas apporté grand soin à vérifier l'existence de celui-ci. Quant à l'*Alphée*, ce qu'ils en disoient pouvoit être plus vrai.

ASEDOTH-PHASGA, nom d'une ville de la terre promise, qui étoit située dans la tribu de Ruben, selon le livre de Josué. Elle avoit ce nom parce qu'elle étoit située dans les plaines au pied du mont Phasga.

ASEL, ville qui étoit située dans l'île de Médoé, sur le Nil, selon Pline.

ASELENUS. On voit dans le grand Etymologicon, que c'étoit un lieu de l'Etolie, & que ce fut là qu'Endymion s'endormit.

ASEM, ville de la Palestine, dans la tribu de Siméon, selon le livre de Josué, *ch. 19, v. 3.*

ASENA, ville de l'Hispanie, dans le territoire des Carpétains. Il est fait mention dans Tite-Live comment elle fut prise par les Romains.

ASENA, ville de la Judée, dans la tribu de Judas, selon le livre de Josué. Cette ville depuis, fut comprise dans la tribu de Dan.

ASENI, les Asènes, peuple d'Asie, dans l'Inde. Selon Pline, ils avoient trois villes dans leurs possessions. La capitale portoit le nom de *Bucéphale*.

ASER, ville de la Palestine, éloignée de la tribu dont elle portoit le nom. Elle étoit située entre Scythopolis & Sichem.

ASER, bourg de la Palestine, qui étoit situé entre Azoth & Ascalon, selon Eusèbe, *Onomat.*

ASER (*la Tribu d'*). Cette tribu occupoit la partie nord-ouest de la terre promise. Elle étoit bornée au nord par le mont Liban, au sud par la vallée de Jephtaël, à l'est par la tribu de Nephtali, & à l'ouest par la grande mer.

ASERGADDA, ville de la Judée dans la tribu de Judas; selon le livre de Josué elle étoit au midi de cette tribu.

ASERMUS, village de la Chersonèse de Thrace, selon Ortélius.

ASERVAL, lieu de la Palestine. Il en est fait mention dans le livre de Josué.

ASES, peuples Scythes qui habitoient vers le Bosphore Cimmérien. Leur peuplade s'étendoit fort loin vers le nord, & ils faisoient des courses jusques dans la Germanie. Il en est fait mention par plusieurs auteurs anciens.

ASFELD, nom d'une campagne dont parle Paul Diacre. Ortélius croit qu'elle étoit vers la Dacie.

ASGILIA, île située dans le golfe Persique, sur la côte de l'Arabie heureuse, selon Pline.

ASIA, l'Asie. Quoiqu'il soit d'usage, lorsqu'on traite de la géographie moderne, de donner l'Europe comme la plus intéressante des parties de l'ancien continent; cependant, en traitant de la géographie, c'est-à-dire, en parlant des temps qui ont précédé notre ère, en remontant jusqu'aux époques les plus reculées, on est décidé par la raison & par la justice, à donner la première place à l'Asie. On ne lui dispute pas l'avantage d'avoir été le berceau du génie, & certainement elle a été aussi celui des connoissances philosophiques & morales. Je puis ajouter à ces titres celui qui doit être sans prix aux yeux du chrétien, le bonheur d'avoir été le théatre des mystères de notre religion. Ces vérités sont si généralement reçues, que ceux même qui, n'admettant pas la possibilité physique d'un déluge universel se refusent, par une conséquence nécessaire, à croire l'histoire de Noé, & la dispersion de ses trois fils, ne nient pas cependant que l'Asie n'ait fourni à l'Afrique & à l'Europe leurs premiers habitans. On les rameneroit, ce me semble, à notre croyance, si l'on vouloit consulter les lumières que nous procure l'histoire, même celle des Païens. Les Egyptiens se donnoient pour premier roi, Ménès; mais le premier roi d'un pays n'en est pas ordinairement le premier habitant. Les Orientaux nommoient ce pays *Misrim*; & Moyse, instruit des antiquités des nations, nous fait connoître un Misraïm. Les Grecs reconnoissoient un Ion pour un de leurs plus anciens ancêtres; & Moyse nous parle de Javan, dont le nom se lit aussi Ion en hébreu. Cet écrivain sacré reconnut, & peut-être les prêtres Egyptiens, peut-être aussi les Orientaux dont les écrits ne nous sont pas parvenus, reconnoissoient-ils comme lui, Gomer père des premières peuplades qui passèrent dans les parties septentrionales de l'Europe, & formèrent cette nation de Gomérites, que l'on a depuis connus sous le nom de Celtes. Les descendans de Magog furent appellés Scythes. Quoique instruits d'abord à la même école, ils parlèrent ensuite un langage différent; mais on retrouve cependant entre eux un très-grand rapport. D'autres descendans des frères de Gomer & de Javan, peuplèrent d'autres contrées de l'Europe. J'en parlerai au mot *Graii* & *Græcia*. Il n'y a rien dans ces faits que ne puisse très-bien admettre la plus saine critique, rien dont un homme qui n'admettroit pas le miracle de la révélation, puisse se servir pour infirmer le langage des saintes écritures. Cela, ce me semble, se réduit à cette question purement historique, & je ne prétends pas me permettre de parler ici en théologien. Chaque nation a eu ses commencemens, les individus qui comprent un peuple ont eu des prédécesseurs. Quels sont ceux des grandes nations que nous connoissons? Quels sont ceux au-delà desquels nous n'en connoissons pas d'autre? Je réponds: Moyse a écrit & probablement les savans croyoient alors que les descendans de Gomer avoient passé en Europe; que ceux d'Elam, d'Assur, *&c.* avoient peuplé l'Asie; que ceux de Misraïm avoient peuplé l'Afrique. Ceux de Canaan avoient donné leur nom au pays qui l'a porté. En examinant les langues de ces différens peuples, un savant Breton (1) a trouvé un si grand rapport entre elles, que cet accord eût décidé sa foi s'il n'eût pas été d'ailleurs pénétré des vérités de la religion. Le fonds de la même langue se retrouve par-tout, & certainement ce ne peut être que la suite des liaisons les plus intimes, d'une origine commune. Quelques étymologies que je dois aux lumières de ce savant, serviront, dans différens articles, de preuves à ce que j'avance ici d'après lui. Mais comme mon objet n'est que de représenter l'Asie telle que nous l'ont fait connoître les Grecs & les Romains, je

(1) M. le Brigant, auteur de plusieurs morceaux sur la langue commune à tous les peuples. On ne peut qu'être frappé, 1°. de la facilité que cette langue lui a donné pour en apprendre beaucoup d'autres: 2°. du rapport qu'il démontre entre sa langue naturelle (la Celtique), & un très-grand nombre d'autres langues, dont il a rapproché différens morceaux.

je m'en tiendrai à nommer ici les états qu'ils nous y ont fait connoître.

Etymologie. Il ne me paroît pas que les anciens aient donné une étymologie du nom d'Asie, comme ils l'ont fait du mot Europe. Je n'en citerai que deux, données par des modernes. M. Court de Gébelin croyoit & a imprimé que le mot *Asie* vient de l'oriental *As*, *Aïs*, & en variant les lettres *Asi*, le feu, ou le pays du soleil, parce qu'il paroissoit aux nations de la Syrie & de la Caldée sortir, pour ainsi dire, du sein des contrées qu'ils ont à l'Est, du centre de l'Asie.

M. le Brigant, que j'ai déjà cité, retrouve dans son celtique le mot *Aze*, signifiant *station*, *demeure.* C'est dans ce sens le pays habité, par opposition aux parties qui ne l'étoient pas encore lorsque cette dénomination commença à avoir lieu.

Comme par la forme même d'un dictionnaire, chaque article doit être traité à part, je me contenterai dans le tableau suivant d'indiquer quelques-unes des montagnes, des fleuves & des divisions les plus connus de l'Asie.

TABLEAU DES PRINCIPALES DIVISIONS DE L'ASIE.

ASIE CONSIDÉRÉE par rapport à ses

- MONTAGNES principales,
  - LE TAURUS, formant une grande chaîne qui s'étend de l'Asie-Mineure à l'est.
  - L'AMANUS, autre branche au nord de la Syrie.
  - LE CAUCASE, entre le Pont-Euxin & la mer Caspienne.
  - L'IMAUS, grande chaîne qui séparoit les deux Scythies.
- FLEUVES principaux,
  - L'EUPHRATE (Euphrates). } commençent en Arménie.
  - LE TYGRE... (Tygris). } commençent en Arménie.
  - L'INDUS.... (Indus). } dans l'Inde.
  - LE GANGE... (Ganges.) } dans l'Inde.
- DIVISIONS principales.
  - L'ASIE appelée *Mineure.*
    - au nord.
      - La Mysie, la Bythinie.
      - La Paphlagonie, le Pont.
    - au milieu.
      - L'Etolie, l'Ionie, la Lydie.
      - La Phrygie, la Lycaonie, la Galatie.
      - La Cappadoce renfermant la petite Arménie.
    - au midi.
      - La Carie, la Lycie;
      - La Pamphilie, la Pisidie, & l'Isaurie.
      - La Cilicie } montagneuse. / champêtre.
  - La Syrie, la Phénicie, la Palestine.
  - La Colchide, l'Ibérie, l'Albanie, la Scythie, vers le nord.
  - au milieu:
    - L'Arménie, la Mésopotamie, l'Assyrie, la Babylonie,
    - La Susiane, la Perse, la Carmanie, la Gédrosie,
    - La Médie, l'Hircanie, la Parthie, l'Arie,
    - La Margiane, la Bactriane, la Sogdiane,
  - au sud:
    - L'ARABIE
      - Pétrée........
      - Déserte.......
      - Heureuse......
    - L'INDE...
      - En-deçà du Gange.
      - Au-delà du Gange.
  - La Sérique. Les Sines. } vers l'est, & très-peu connus.

ASIA. Cluvier cite un lieu de ce nom dans le *Brutium*.

ASIA, nom d'une île de l'Ethiopie, selon Etienne le géographe.

ASIA, nom du port des Juifs & des Phéniciens, sur la mer Rouge, selon Eusèbe.

ASIA, nom d'un lac de l'Asie, auprès du Caïstre, selon Virgile, *Æneid. L. 7, v. 700*.

ASIA, ville de l'Asie mineure, dans la Lydie, selon Etienne le géographe & Suidas. Elle étoit située auprès du mont Tmolus ; & ces anciens disent que ce fut là que l'on inventa la guittare à trois cordes.

On disoit qu'elle avoit été fondée par Asies, qui, selon quelques anciens, avoit donné son nom à toute l'Asie. Il étoit fils de Cotys, & petit-fils de Manès, roi de Lydie.

ASIA, bourg ou ville de l'Asie, dans la Susiane, selon Ptolemée.

ASIA, montagne du Péloponnèse, dans la Laconie, selon Pausanias. Cet ancien dit qu'on y voyoit de son temps les ruines de l'ancienne Las, & que parmi ces ruines, on voyoit encore debout un temple de Minerve, que l'on prétendoit avoir été bâti par Castor & Pollux.

ASIA PROCONSULARIS, *ou* ASIE PROCONSULAIRE. Pour entendre cette expression, il faut savoir qu'après que les Romains eurent vaincu Anthiochus-le-Grand à la bataille Magnésie, ils lui accordèrent la paix l'an 189 avant J. C., à condition qu'il leur abandonneroit la partie de ses états qui étoit en-deçà du mont Taurus. Les Romains cédèrent à Eumène, leur allié, la Lydie & quelques pays. Attale, l'un des successeurs de ce prince, laissa par testament ses états aux Romains : trois ans après, le peuple Romain les réduisit en province romaine. Elle fut gouvernée par un proconsul, & nommée *Asie Proconsulaire*. Auguste les céda au sénat (*Voyez Emp. Rom. & ses divisions*). Cette province comprenoit la Lydie, la grande Phrygie, la Mysie, l'Eolie, l'Ionie, les îles adjacentes & la Carie.

ASIGRAMMA, nom d'une ancienne ville des Indes, qui étoit située sur le Gange, selon Ptolemée.

ASINDA, ville de l'Inde, en-deçà du Gange, selon Ptolemée.

ASINDO, ville de l'Hispanie, dans la Bétique, sur une montagne à-peu-près à l'est de *Gades*.

ASINDUM, nom d'une ville de l'Hispanie, au pays des Turdétains, selon Ortélius.

ASINE, ville de la Grèce, dans l'Argolide, située sur le golfe Argolique, au nord-ouest d'Hermione, & au sud-ouest d'Epidaure. C'est à cause de sa situation au milieu du golfe Argolique, qu'Homère, en parlant de cette ville, dit βαθυν κατακολπον εχουσας, placée sur un golfe profond.

Les Asinéens avoient porté d'abord le nom de *Driopes*, lorsqu'ils habitoient en Phocide, autour du Parnasse. Ayant été vaincus par Hercule, qui vouloit les offrir en présent à Delphes, sur la réponse d'Apollon, il les mit en possession de la ville d'Asine. S'étant dans la suite ligués avec les Lacédémoniens contre les Argiens, leurs ennemis communs, ceux-ci, après le départ des Lacédémoniens, vinrent mettre le siège devant Asine. Heureusement qu'ils communiquèrent avec la mer. Les Argiens s'étant opiniâtrés à un blocus qui ne laissoit rien entrer par terre dans la ville, les Asinéens se mirent sur des vaisseaux, & passèrent, à l'insu de leurs ennemis, sur les terres des Lacédémoniens, alors maîtres de la Messénie. Ils y fondèrent une nouvelle ville d'Asine, sur la presqu'île occidentale de la Messénie, sur un petit golfe qui en prit le nom d'*Asinæus Sinus*.

ASINE, ville de la Messénie, au sud-ouest de Messène.

Elle est peu connue, & n'a rien de remarquable. On a vu à l'article précédent, qu'elle avoit été fondée par les Asinéens, après qu'ils eurent été chassés de leur ancienne demeure par les Argiens.

ASINE, ville de l'île de Cypre, selon Etienne de Bysance.

ASINE, nom d'une ville de l'Asie, dans la Cilicie, selon Etienne de Bysance.

ASIONGABER, ville de l'Idumée, au fond de la mer Rouge, sur le golfe Elanitique. Eusèbe & S. Jérôme en font mention. Elle étoit au nord-est d'Elat.

Ce fut à Asiongaber que les Israélites campèrent pour leur trente-deuxième station.

Joseph assure que de son temps, Asiongaber s'appeloit *Bérénice*.

Cette ville devoit être au 29e degré de latitude.

ASIOTÆ, les Asiostes, peuple d'Asie, dans la Scythie, en-deçà de l'Imaüs, selon Ptolemée.

ASISARATH, ville d'Afrique, dans la Mauritanie Césariense, entre les fleuves *Gulus* & *Ampsagus*, selon Ptolemée.

ASMANI, les Asmans, peuple d'Asie, que Ptolemée place dans la Scythie en-deçà de l'Imaüs.

ASMIRÆA, ville de l'Asie, dans la Serique, selon Ptolemée. M. d'Anville croit y retrouver la position d'Hami.

ASMIRÆA REGIO, contrée du même pays, selon le même Géographe.

ASMIRÆI MONTES. Ptolemée met aussi des montagnes ainsi nommées, dans le même pays.

ASMURA, *ou* ASMURNA, ville de l'Asie, dans l'intérieur de l'Hyrcanie, au 39e degré 30 min. de latit. selon Ptolemée.

ASNAUS, montagne de l'Europe, dans la Macédoine. Entre cette montagne & le mont *Œropus*, étoit une vallée étroite où couloit le fleuve *Œas*.

ASOCHIS, ville de la Judée, dans la tribu de Zabulon, selon le livre de Josué.

Cette ville fut prise par Ptolemée Lathure, qui l'attaqua à l'improviste un jour de sabbat, & y fit dix mille captifs, selon Joseph. *Antiq. & de Bell. Jud.*

ASOFE, ASOPH, *ou* ASOPHON, lieu de la

Palestine, assez près du Jourdain. C'est près de ce lieu que Ptolemée Lathure vint livrer bataille à Alexandre Jannée, selon Joseph. *Antiq. l. 13. ch. 21.*

ASOPE, fleuve. *Voyez* ASOPUS.

ASOPIA, nom d'une contrée du Péloponnèse, dans la Sicyonie, selon Strabon.

ASOPUS, *ou* ASOPE, ville de la Laconie, avec une citadelle, où étoit le temple de Minerve *Cyparissienne*, au sud-est *de Cyparissia.*

On avoit élevé dans cette ville un temple aux empereurs romains : Pausanias ne dit pas auxquels. Seroit-ce aux douze Césars ? ou bien étoit-il dédié à la dignité de l'empereur ? Dans le Gymnase on montroit des os monstrueux, que l'on donnoit pour des os humains.

A douze stades étoit un temple d'Esculape, surnommé *Philolaus*, ou *l'ami du peuple.*

ASOPUS, ou l'*Asope*, fleuve de la Béotie. Il commençoit au mont Cithéron au nord-ouest de Platée, couloit à l'est par le nord de cette ville, & se jettoit dans le petit espace de mer qui sépare l'île d'Eubée de la terre-ferme en face d'Eretrie. Selon Pausanias, il avoit de tout temps séparé le territoire des Thébains, de celui des Platéens. (*In Béot. ch. 4.*)

ASOPUS (l') fleuve de la Sicyonie, qui commençoit au sud-ouest sur les frontières de l'Arcardie, près du mont *Cyllène.*

Il couloit du sud au nord, à l'est de Sicyone, & se jettoit dans le golfe de Corinthe. Les gens du pays croyoient que ce fleuve, venu d'Asie pardessous la mer & les terres, étoit le même que le Méandre, dont l'embouchure étoit près de Milet.

ASOPUS, rivière de Grèce, dans la Thessalie, selon Strabon. Elle avoit deux sources dans la partie du mont Œta qui est contiguë à la montagne du Pinde; &, coulant vers l'orient, elle se jettoit dans le golfe Maliaque, au nord des Thermopyles.

ASOPUS, rivière de l'Asie-Mineure, qui arrosoit la ville de Laodicée sur la Lycus, selon Pline.

ASOR, ville de la Palestine sur le fleuve *Jordanés Minor*, dans la partie septentrionale, au sud de *Dan.*

ASOR, *ou* HESRON, ville de la Palestine, dans la même tribu, selon le livre de Josué.

ASOS, bourgade de l'île de Crète, selon Etienne de Bysance.

Pline dit que c'étoit une ville à quelque distance de la côte, & il la nomme *Asum.*

ASPA, ville de l'Asie, dans la Parthie, selon Ptolemée.

ASPABOTA, ville des Scythes, en-deçà de l'Imaüs, selon Ptolemée.

ASPACARÆ, peuple de l'Asie, dans la Sérique, selon Ptolemée.

ASPACARÆ, ville de l'Asie, dans la Sérique, selon Ptolemée.

ASPADA, ville de l'Asie, dont fait mention l'Anonyme de Ravenne.

ASPACHAN, nom d'un lieu de l'Asie, dont Cédrène fait mention.

ASPAGORA, contrée de l'Asie, dans la Sérique, selon l'Annoyme de Ravenne. La table de Peutinger porte *Aspacora.*

ASPALATHIA. Etienne de Bysance dit de cette ville, πολις Ταφίων, ville des Taphiens. Mais quel lieu habitoient les Taphiens ? Il paroît qu'on les a quelquefois confondus avec les Céphalleniens ; mais Homère en fait deux peuples. On voit qu'ils habitoient une île.

ASPALATHIS, nom d'une île de l'Asie-Mineure, sur la côte de la Lycie, selon Etienne de Bysance.

ASPALUCA (*vallée d'Aspe*), nom d'une vallée, dans les Pyrénées, dans laquelle coule le Gabarus (*le Gave*), selon l'itinéraire d'Antonin.

ASPANEUS, bois de l'Asie-Mineure, dans la Troade. Il faisoit partie de la forêt d'Ida, selon Strabon.

ASPASIACÆ, les Aspasiaques. Polybe (*l. X*), s'exprime ainsi : « Les Aspasiens sont des peuples » Nomades qui habitent entre le fleuve Oxus, qui » se décharge dans la mer d'Hyrcanie (la mer Caspienne), & entre le Tanaïs, qui se décharge » dans les Palus-Méotides ». M. le Baron de Sainte-Croix (*Exam. crit. des hist. d'Alex.*) remarque très-bien que la première indication étant juste, c'est-à-dire, que les Aspasiaques étant au-delà de l'Oxus, la seconde devoit être nécessairement fausse. Car, comment un seul peuple auroit-il pu comprendre dans ses possessions une aussi grande étendue de pays ; mais c'est que l'exact Polybe n'avoit pu se défendre des méprises dans lesquelles sont tombés les historiens d'Alexandre à l'égard de plusieurs grands fleuves de l'Asie. C'est le *Jaxartes* qu'il faut nommer ici au lieu du *Tanaïs* (*Voyez ces mots*). Ce peuple, en passant par l'Oxus, faisoit des courses sur l'Hyrcanie. Polybe cherche à expliquer comment se faisoient ces courses ; il en rapporte deux manières qui lui paroissent, l'une presque impossible, l'autre plus probable. Mais il y a grande apparence que ces courses d'un peuple Scythe, étoient comme celles des petits Tartares, qu'elles n'avoient lieu qu'en hiver lorsque le fleuve étoit gelé.

Au reste, il est bon d'observer, 1°. que les Aspasiaques ou Aspasiaces paroissent à plusieurs savans être les mêmes que les Saces dont parle Ptolemée, quoiqu'en les mettant à des latitudes différentes.

2°. Qu'ils sont certainement les mêmes qu'Etienne de Bysance nomme Ἀπασιακαι, ou *Apasiaces*, puisqu'il cite Polybe, & que celui-ci écrit *Aspasiaces.*

3°. Qu'il faut regarder le nom Ἀσπασιάτραι, ou *Aspasiatres*, dans les éditions de Strabon, comme défiguré, & probablement étant le même qu'*Aspasiaces.* Un manuscrit rapporté du Levant confirme cette leçon.

ASPASIÆ, les Aspasies, peuple d'Asie, selon Polybe, qui les place entre l'*Oxus* & le *Tanaïs.* Il est probable que ce sont les mêmes que Strabon nomme *Aspasiatræ* ; & Ptolemée, *Aspasi.*

ASPATHESIS, *ou* ASPATHIS, ville de l'Inde, en-deçà du Gange, selon Ptolemée.

ASPAVIA, place forte de l'Hispanie, située à cinq mille pas d'*Ucubis*, selon Hirtius, *de Bell. Hisp. ch.* 24.

ASPELIA, l'un des anciens noms de l'île de Cypre, selon Pline.

ASPENDE, ville. *Voyez* ASPENDUS.

ASPENDII, les Aspendiens, peuple de la Pamphilie, habitans de la ville d'*Aspendus*. Ils feignirent d'abord de vouloir se soumettre à Alexandre, puis fortifièrent leur ville, croyant pouvoir ainsi refuser le tribut qu'ils avoient promis. Le roi Macédonien marcha contre eux, les soumit, & les condamna à payer le double de la première imposition.

ASPENDUS, ville de la Pamphylie, située sur l'Eurymédon, à 60 stades de la mer, selon Strabon, qui ajoute qu'elle étoit très-peuplée, & avoit été fondée par une colonie d'Argos; Méla le dit aussi.

Arrian dit que cette ville étoit traversée par l'Eurymédon, qu'une partie étoit bâtie sur une roche roide & escarpée, & le reste dans le bas.

On la trouve sur la carte de M. d'Anville entre *Perga* & *Side*.

ASPERUM MARE, nom d'une côte de l'Inde, selon Ptolemée. Quelques auteurs croient que c'est la côte de Malabar.

ASPETIANI, grande nation de l'Asie, dans la Perside, selon Procope.

ASPHALTITE (lac), c'est le nom que l'on donne à la mer Morte dans la Palestine. Ce nom d'Asphalte signifie *bithume*.

ASPHAR (le lac d'), lac de la Palestine, dans la tribu de Juda, au nord-ouest de la ville de Ziph.

C'est près de ce lac que Jonathas s'enfuit pour éviter Bacchide, qui vouloit le tuer.

ASPHAX, nation de l'île de Cypre, selon Etienne de Bysance.

ASPHODELODES, peuple de l'Afrique, qui étoit de la même couleur que les Ethiopiens, selon Diodore de Sicile.

ASPHYNI, *ou* ASPHINÆ, ville de l'Egypte, selon la notice de l'Empire, *sect.* 20. Ortélius dit *Asphynus* ou *Assinus*.

ASPIA, fleuve de l'Italie, dans le *Picenum*, au nord-est d'*Auxinum*.

ASPIS, ville de l'Hispanie, au nord-ouest & très-près d'*Ilicis* sur le même fleuve.

N. B. Ce nom, qui, en grec, signifie *bouclier*, a été donné à plusieurs villes. Sans doute la configuration du local invitoit à cette dénomination.

ASPIS, ville de l'Afrique propre, située par le 33e degré 20 min. de latitude, selon Ptolemée.

ASPIS, autre ville de l'Afrique propre, vers le 30e degré 20 min. de latit. selon Ptolemée.

Strabon la met dans la grande Syrte, & dit que c'est le meilleur port de cette côte.

ASPIS, colline ou terre de l'Afrique, au promontoire Taphitis, selon Strabon. Cet auteur dit que ce fut Agathocle, roi de Sicile, qui l'éleva dans le temps qu'il mena sa flotte contre les Carthaginois.

ASPIS, ville des Carthaginois, qui étoit aussi nommée *Clupée* ou *Clypea*; mais M. d'Anville croit que ce n'étoit qu'une même ville avec la précédente (*voyez sa carte*), selon Strabon. Elles sont distinguées par Ptolemée, quoiqu'il les mette près l'une de l'autre.

ASPIS, île de l'Asie, sur la côte de l'Asie-Mineure, entre Ténedos & Téos, selon Etienne le géographe. Strabon dit qu'elle étoit aussi nommée *Arconnesus*.

ASPIS, promontoire de l'Ethiopie, selon Etienne le géographe.

ASPIS, île voisine des Cyclades, selon le même Géographe.

ASPIS, ville de l'Asie, dans la Macédoine. Elle avoit eu pour fondateur Philippe, père de Persée, selon Etienne le géographe.

ASPITHRA, ville de l'Asie, dans le pays des Sines, selon Ptolemée.

ASPITHRA, *ou* ASPITHARA, rivière de l'Asie, dans le pays des Sines, selon le même géographe.

ASPITRÆ, les Aspithres, nation d'Asie, selon Ptolemée, qui les compte entre les Sines.

ASPLEDON. Cette ville étoit comprise dans les limites de la Béotie, au nord-est d'Orchomène, dont elle étoit séparée par le petit fleuve *Mélas*. Selon Pausanias, elle avoit pris son nom d'Aspledon, fils de Neptune & de la nymphe Midée. Ses habitans l'abandonnèrent ensuite à cause de la disette d'eau.

ASPONA, *ou* ASPONITANA CIVITAS, ville municipale de l'Asie-Mineure, dans la Galatie, selon Ammien Marcellin. Elle est mise sur la route d'Ancyre à Césarée, dans l'itinéraire d'Antonin.

ASPODENUM, *ou* ASPORENUM, lieu de l'Asie-Mineure, auprès de Pergame, selon Strabon, qui dit qu'il étoit dans un terroir stérile & pierreux, & qu'il y avoit un temple dédié à la mère des Dieux, surnommée *Asporène*.

ASPUCA, ville de l'Afrique propre, selon Ptolemée.

ASPUNGITANI, les Aspongitans, peuple d'Asie, vers le Palus-Méotide, selon Strabon.

ASPURGIUM. *Voyez* ULSIPURGIUM, appelée aussi ASCHIPURGIUM: c'est la même ville d'Aspurg.

ASPURGIANS, peuple. *Mém. vol.* XXIV, *p.* 69.

ASPURGIANI, les Aspurgians, nation barbare des environs du Bosphore. Strabon, qui à peine les nomme, dit qu'ils firent prisonnier Palémon, roi du Bosphore, & que ce prince mourut dans sa captivité.

ASSA, ville de l'Europe, dans la Macédoine. Elle étoit située dans le voisinage du mont Athos, selon Hérodote & Etienne de Bysance.

ASSABENSIS, siège épiscopal d'Afrique, dans la Numidie. Il en est fait mention dans la conférence de Carthage.

ASSACENI, les Assacéniens. On trouve ce peuple nommé entre ceux que soumit Alexandre dans l'Inde. M. d'Anville le place près des villes de *Massaga* & d'*Ora*, dans un petit pays baigné par le *Guræus* : la première, selon Quinte-Curse, étoit leur capitale. Alexandre les battit d'abord en rase campagne, puis se rendit maître de leur ville.

ASSAFA, ASSAFENSIS, siège épiscopal d'Afrique, dans la Mauritanie Sitifense, selon la conférence de Carthage.

ASSANITÆ, les Assanites, peuple d'Asie, selon Ammien Marcellin. Quelques auteurs pensent que ce peuple est le même qui, plus tard, est appelé *Assassins* ou *Assassiniens*, dans les historiens des croisades.

ASSARA, rivière de l'Afrique, dans la Mauritanie Césarienne, selon Ptolemée.

ASSARA, lieu de l'Asie, dans le département de la Mésopotamie, selon les notices de l'Empire, *sect. 26*.

ASSARA, fleuve de l'Asie, qui se perdoit dans la Méditerranée, dans le golfe à l'ouest du grand promontoire. Ptolemée en fait mention.

ASSARACÆ, peuple de l'Afrique, dans la Libye intérieure. Ptolemée le place à l'orient du mont *Aranga*.

ASSECOMA, lieu de l'Hispanie, entre *Pria* & *Brevis*, selon l'itinéraire d'Antonin, à 22 mille pas de la première, & à 12 mille pas de la seconde.

ASSEDIM-SER, ville de la Judée, dans la tribu de Nephtali, selon le livre de Josué.

ASSERA, nom d'une ville des Chalcidiens, selon Etienne de Bysance.

ASSERIATES, les Assériates, peuple d'Europe que Pline place dans les Alpes.

ASSERINA, lieu particulier de l'île de Ténédos, selon Suidas.

ASSESIATES, les Assesiates, peuple d'Europe en Italie, selon Pline. Il me semble le même que les *Asseriates*.

ASSESUS, nom d'une ville des Milésiens, où il y avoit un temple de Minerve Assesienne, qui fut brûlé par des flammes que le vent y poussa, selon Hérodote, *l. I, ch. 19*. C'étoit l'armée d'Alyattes, roi de Lydie, qui, faisant la guerre contre les Milésiens, avoit mis le feu à ses bleds. Ce prince étant tombé malade, apprit, par l'oracle, que c'étoit en punition de ce sacrilège. Après donc qu'il eut fait la paix avec les Milésiens, il fit bâtir à Assesos deux temples à Minerve.

ASSIDÆI, les Assidéens. C'étoit moins un peuple particulier, qu'une partie du peuple Juif. (*Voyez* D. Calmet).

ASSINARUS, nom d'une rivière de la Sicile, selon Thucydide. Elle est nommée *Asinarus*, selon Diodore de Sicile & Plutarque.

ASSIPITES, *ou* ASSIPITES. Ces peuples, à la vérité, ne sont nommés dans aucun auteur ancien; mais Paul Diacre dit que les Lombards les rencontrèrent sur les confins de la Scoringie & de la Mauringie; il s'ensuit que ce dut être entre le Jutlebland & le duché de Holstein; par conséquent, conclut M. Gaillard, vers le duché de Sleswick. (*Mém. de Litt. t. XXXII, p. 384*).

ASSISIUM, ville de l'Italie, dans l'*Umbria*, vers l'ouest de *Nuceria*.

ASSO, ville de l'Hispanie Tarragonnoise, dans le pays des Bastitains, selon Ptolemée.

ASSORUS, ville de la Macédoine, dans la Mygdonie, selon Ptolemée.

ASSORUS, ville de la Sicile : elle étoit située sur une colline, sur la gauche de la rivière Chrysas, selon Diodore de Sicile.

ASSOS, *ou* ASSON, ville de l'Asie-Mineure, dont il est fait mention dans les actes des Apôtres. C'est la même qu'*Assum*.

ASSOS, *ou* ASSUS, petite rivière de Grèce, dans la Phocide. Elle couloit du nord au sud, au pied de la montagne d'Edylion, & alloit se joindre au Céphisus, selon Plutarque, dans la vie de Sylla.

ASSUM, ville de l'Asie-Mineure, dans la Troade, selon Ptolemée. C'étoit une ville maritime, qui étoit fortifiée par la nature & par l'art, selon Strabon. Aristote y a séjourné quelque temps.

C'est la même qu'*Assos*, dont il est fait mention dans les actes des Apôtres.

ASSURÆ, ville épiscopale d'Afrique, dans la province proconsulaire, selon la conférence de Carthage. C'est l'*Assuras* qu'Antonin, *itinér.* met sur la route de Carthage à *Sufetulæ*, à 108 mille pas de la première, & à 62 mille pas de la seconde.

ASSURUS, *ou* ASSURAS (*Kisser*), ville d'Afrique, qui étoit située dans l'intérieur des terres, à l'ouest d'*Adrumetum*, & au sud-est de *Sicca Veneria*. Il en est fait mention par Ptolemée, & par l'itinéraire d'Antonin.

ASSYANI, ancienne ville de la Chersonnèse Taurique.

ASSYRIÆ. On sent bien qu'il ne peut être question, dans cet article, du vaste empire d'Assyrie, formé de la réunion d'un très-grand nombre de provinces; mais seulement de la province qui donna son nom à cet empire; « séparée de la Mésopotamie » par le Tigre, dit M. d'Anville, l'Assyrie s'étendoit sur la rive orientale de ce fleuve, depuis les » limites de l'Arménie vers le nord, jusqu'aux » confins de la Babylonie vers le midi; une chaîne » de montagnes, appellée *Zagros*, la séparoit à » l'Orient de la Médie ».

N. B. Cette même étendue de pays porte actuellement le nom de *Curdistan*.

Les principaux fleuves de ce pays étoient le *Zarbus*, que les Grecs ont aussi appellé *Lycas*, le *Zabus minor*, nommé par les Grecs *Caprus*. (*Voyez* les articles).

On peut distinguer dans l'Assyrie plusieurs contrées dont quelques-unes ont quelquefois donné leur nom à toute la province. Au nord étoit la *Corduene* & le peuple appellé *Carduchi*. Au sud de cette première division étoit l'*Adiabene* & l'*Aturia* le long du Tigre. En redescendant au sud le long de ce même fleuve, on avoit les *Garamæi*, & en allant tout-à-fait vers la Babylonie, la *Chalonitis*. Il est vrai que cette dernière division est quelquefois attribuée à la Babylonie.

Les principales villes de l'Assyrie étoient *Ninus* ou Ninive, *Mespilla* & *Larissa*, *Arbella*, *Demetrias*, *Dura*, appellée aussi *Corcura*, *Siazuros*, *Carcha*, *Sumere*, *Opis*, qui pouvoit être la même qu'*Antiochia*; *Artemita* que M. d'Anville croit être la même que *Dastcogerda Apollonia* & *Halus*, très-près l'une de l'autre. A ces villes M. d'Anville ajoute *Albatia*, qui étoit à l'est vers la Médie.

ASSYRIE, SELON PTOLEMÉE.

Cet auteur donne à l'Assyrie les mêmes bornes & à-peu-près les mêmes divisions que j'ai rapportées plus haut. Voici les positions qu'il indique.

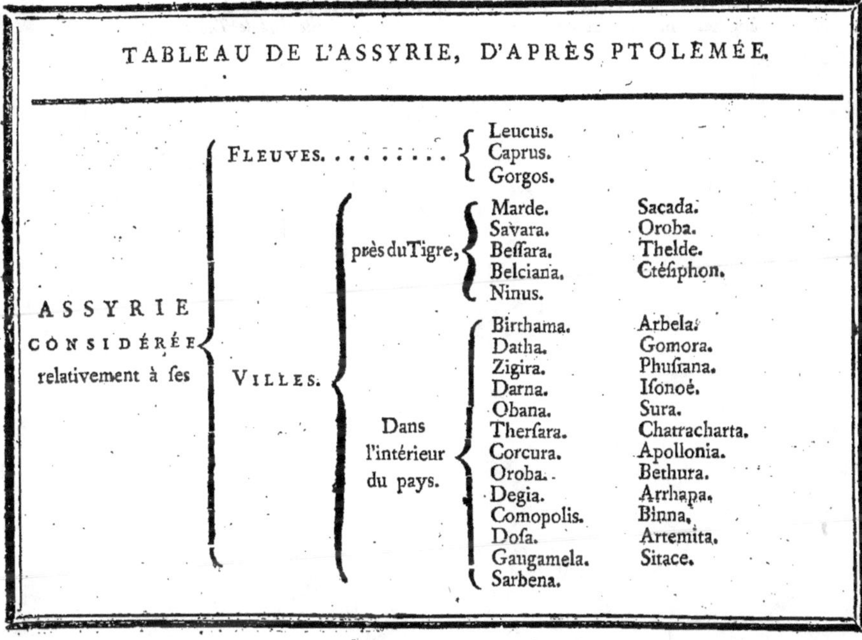

TABLEAU DE L'ASSYRIE, D'APRÈS PTOLEMÉE.

ASSYRIE considérée relativement à ses				
FLEUVES.		Leucus.		
		Caprus.		
		Gorgos.		
VILLES.	près du Tigre,	Marde.	Sacada.	
		Savara.	Oroba.	
		Bessara.	Thelde.	
		Belciana.	Ctésiphon.	
		Ninus.		
	Dans l'intérieur du pays.	Birthama.	Arbela.	
		Datha.	Gomora.	
		Zigira.	Phusiana.	
		Darna.	Isonoé.	
		Obana.	Sura.	
		Thersara.	Chatracharta.	
		Corcura.	Apollonia.	
		Oroba.	Bethura.	
		Degia.	Arrhapa.	
		Comopolis.	Binna.	
		Dosa.	Artemita.	
		Gaugamela.	Sitace.	
		Sarbena.		

ASSYRIE, pays. *Mém. vol. III, p. 87, 103.*

ASSYRIE. *Mém. vol. XXI, p. 1, 2, 6, 24, 62, 442. Hist. vol. XVI, p. 151.*

ASSYRII. L'empire des Assyriens est un des plus étendus que nous fasse connoître l'ancienne histoire de l'Asie. Les premiers d'entre les modernes qui essayèrent de débrouiller à l'égard de cet empire l'espèce de chaos que présentent les récits des anciens historiens, mal secondés d'ailleurs par les textes de l'écriture sainte qui s'étendent peu sur les commencemens de cette monarchie, se crurent assez instruits pour conclure que Nembrod, reconnu pour le fondateur de Babylone, l'avoit été aussi de Ninive. Or Ninive ayant été la capitale de l'Assyrie, on lui attribuoit ainsi la fondation des deux empires d'Assyrie & de Babylone (1); mais des critiques plus éclairés jugèrent, d'après le texte bien discuté, qu'Assur, après s'être trouvé avec Nembrod dans les plaines de Sennaar, s'en étoit éloigné & avoit

(1) Quoique je ne veuille pas entrer ici dans de longues discussions critiques sur cet objet, je crois cependant devoir instruire les lecteurs du point qui donnoit lieu à cette erreur. Voici le texte de l'écriture. « Fuit autem principium regni ejus (Nembrod) Balylon, » & Arach, & Achad & Chalanne, in terra Sennaar. *De » terra illa egressus est Assur, & edificavit Niniven », Gen. ch. 10.* On traduisoit ainsi la fin de ce verset. Il passa de cette terre en Assyrie, & fonda Ninive. Mais en recourant au texte hébreu, on vit que la syntaxe de cette langue s'opposoit à ce sens, & l'on sentit qu'il falloit lire: *Assur s'éloigna de ce pays, & fonda Ninive,*

été fonder plus haut vers le nord, la ville de Ninive. Ce premier fait paroît à présent assez généralement avoué. On n'est pas aussi universellement d'accord sur l'époque de cet événement ; mais à la distance où nous en sommes, & vu le peu d'intérêt qu'il nous présente, ce n'est pas même la peine de s'y arrêter. Les règnes des premiers princes que l'on connoît ensuite ne sont pas non plus déterminés d'une manière bien positive. Comme en pareille matière, il faut cependant mieux risquer d'adopter une erreur raisonnable que de discuter sans cesse, & de flotter à l'infini, entre des opinions qui se détruisent, après avoir lû la plus grande partie de ce que les chronologistes ont écrit sut cet objet, j'ai dressé la table suivante. Je sens que l'on lui oppose d'autres tables aussi bonnes, meilleures peut-être ; mais au moins a-t-elle l'avantage de présenter à l'esprit un ensemble qui réunit tout à la fois la chronologie des Assyriens, des Babyloniens, des Mèdes & des Perses : & par cet avantage, elle sera plus utile même à ceux qui voudroient étudier un systême différent. J'y renverrai pour la chronologie des Mèdes, des Perses & des Babyloniens. Je préviens que j'ai adopté pour le fond de ce systême, le sentiment du savant M. Freret (*Mém. de littérature, t. V, p. 77.*) m'aidant pour le surplus des *tables de M. l'abbé Langlet du Fresnoy.*

Voyez ci-derrière le Tableau.

TABLEAU CHRONOGRAPHIQUE des empires de Babylone, d'Assyrie, des Mèdes & des Perses, où l'on compt[e] les années en remontant de l'ère vulgaire.

BABYLONIE.	ASSYRIE.	ÉLIMAIDE ou PERSE.	MÉDIE.
.... NIMBROD.	.... ASSUR. 2023. BÉLUS. 1968. NINUS.	.... ELAM.	

A compter de l'an 1933, NINUS étend ses conquêtes; ensorte que son empire comprend la Syrie, la Perse, la Médie, la Bactriane.

1916. SÉMIRAMIS ajoute aux conquêtes de son mari, & pénètre à l'ouest dans toute l'Asie-Mineure; au sud, en Arabie, à l'est jusqu'aux Indes.

1874. NINIAS monte sur le trône 35 ans environ après le passage de Jacob en Egypte.

1610. SETHOS (dixième roi depuis Ninus), vivoit au temps de Sésostris, & peut-être n'est que le même prince.

1343. BELOCUS ou BALŒUS. Il eut, vers la quinzième année de son règne, une guerre à soutenir contre une puissance étrangère.

1306. ATOSSA, qui avoit été associée au trône du vivant de son père: en elle finit la postérité de Sémiramis.

1308. BELETARAS, intendant des jardins, monte sur le trône.

935. SARDANAPAL premier.

BABYLONIE.	ASSYRIE.	MÉDIE.
916. Révolte de Bélésis, gouverneur de Babylone. 898. Il s'empare de Ninive.	898. Sardanapale se brûle dans son palais; on l'enterre aux portes de la ville. *Voyez* la note sur son épitaphe.	916. Révolte d'Arbacès, gouverneur de la Médie. 898. Il s'empare de Ninive, sans détruire l'empire d'Assyrie; mais il en diminue l'étendue.
747. NABONASSAR. Ce prince ayant donné une nouvelle forme au gouvernement, on commence à compter les années de son règne: de-là l'ère qui porte son nom.	770. PHUL, recule les limites de l'empire d'Assyrie. 758. TEGLAT-PHAL-ASSAR. 729. SALMANASSAR. 714. SENNACHERIB. 710. ASSARADON, 2e Sardanapal, enterré en Cilicie. 688. NINUS II.	709. DÉJOCÈS.
626. NABOPOLASSAR.	646. NABUCHODONOSOR, selon l'histoire de Judith. 608. SARAC se brûle & met fin à l'empire, qui avoit duré 1360 ans.	688. Les Mèdes commencent à dominer sur une grande partie de la haute Asie, & s'y maintiennent, selon Hérodote, 128 ans. 657. PHRAORTES ou ARPHAXAD. 638. CYAXARE. 635. Les Scythes se répandant dans l'Asie pendant 28 ans.

BABYLONIE.	MÉDIE ET PERSE.
608. NABUCHODONOSOR, désigné par son père. 605. NABOCOLASSAR ou NABUCHODONOSOR-LE-GRAND. 562. EVILMERODAC. 561. LABOROSORCHORD avec NERIGLISSOR. 556. LABOROSORCHORD seul. 555. NABONIT LABINÈTE ou BALTASAR.	608. CYAXARE, délivré des Scythes, & ligué avec les rois de Babylone, met fin à l'empire d'Assyrie. 596. ASTYAGE. 560. CYRUS, associé à ASTYAGE. 538. CYRUS met fin à l'empire de Babylone (1).

536. CYRUS règne seul, fonde l'empire des Perses, & règne 7 ans.
529. CAMBYSE, 7 ans 5 mois.
523. SMERDIS le Mage, 7 mois.
522. DARIUS, fils d'Hytaspe, 36 ans.
486. XERCÈS...... 21
465. ARTAXERCÈS à la longue main.... 41.
424. XERCÈS II..... 2 mois.
424. SOGDIAN.... 7 mois.
424. OCHUS ou DARIUS le bâtard.... 19.
405. ARTAXERCÈS MNÉMON.... 46.
360. ARTAXERCÈS OCHUS.... 21.
339. ARSÈS ou ARSAMÈS.... 2.
336. DARIUS CODOMAN..... 6.
331. Fin de l'empire des Perses, détruit par Alexandre-le-Grand.

(1) Selon le canon de M. Larcher, 539.

Développement du Tableau chronographique seulement pour l'empire d'Assyrie.

Ninive avoit été fondée par Assur, comme on l'a dit plus haut. Placée sur les rives du Tigre, elle étoit en quelque sorte la rivale de Babylone qui étoit plus au sud sur l'Euphrate. On ne trouve rien dans l'histoire de ces siècles reculés jusqu'au tems où, selon l'écriture, Chodorlahomor, roi des Elamites, c'est-à-dire, de la Perse & de la Pusiane, fit (l'an 2125 av. J. C.) une irruption dans la Palestine.

2023. Bélus, le premier des rois d'Assyrie qui ait donné de l'éclat à cet empire, parvint d'abord à l'affranchir de la puissance des Elamites. Il étendit ensuite ses conquêtes. La gloire de son règne, dont on ignore absolument les détails, le fit dans la suite regarder comme un dieu, & dès-lors on lui érigea des autels.

1968. Ninus son fils lui succéda & ajouta considérablement à l'étendue des états qu'il avoit hérités de son père. Ce fut sur-tout vers l'Orient qu'il porta ses armes. Il étoit dans la Bactriane occupé du siège important & difficile de Bactra, lorsque, charmé de l'esprit & des grandes qualités de Sémiramis, veuve de l'un de ses officiers, il la prit pour femme. A sa mort il lui laissa l'administration du royaume, & la tutèle de leur fils Ninyas.

1913. Sémiramis joignoit à de grandes qualités pour le gouvernement, une ambition sans bornes pour les conquêtes. Elle recula si loin les bornes de son empire que, dans les beaux jours de son règne, il s'étendoit à l'orient jusqu'à l'*Oxus* qui coule vers le nord, & à l'*Indus* qui coule au sud. Il avoit au midi, la mer & l'Arabie; à l'ouest la Méditerranée, puisqu'il comprenoit, dit-on, la Syrie & presque toute l'Asie mineure. Il avoit au nord les Montagnes d'Arménie, la mer Caspienne, *&c.* On attribue de si grandes choses à Sémiramis, que plusieurs auteurs se sont cru fondés à regarder tout ce que l'on dit d'elle comme étant l'ouvrage de plusieurs souverains. Selon ces historiens elle fit construire plusieurs villes & un grand nombre de forteresses. Elle s'occupa aussi de la construction des routes, des canaux, des édifices publics, & sur-tout de ces superbes jardins élevés en terrasses sur les bords de l'Euphrate & qui paroissoient autant de forêts suspendues dans les airs.

1874. Ninyas succéda à sa mère Sémiramis, soit que, morte dans un âge avancé, elle ait fini selon les loix de la nature; soit, comme quelques auteurs le disent, que son fils, devenu parricide, ait abrégé ses jours. L'histoire de ce règne & du plus grand nombre de princes qui suivirent, nous sont entiérement inconnus.

1600. On trouve dans une liste des rois Assyriens Sethos ou Sethosis, nom que les Grecs donnoient à Sésostris, roi d'Egypte; ce rapport de nom, joint au synchronisme des conquêtes de ce prince (commencées en 1594) peut faire croire que le prince égyptien, après avoir soumis la plus grande partie de l'empire d'Assyrie, fut pendant quelque temps compté entre ses monarques. Ce qui paroît de très-certain, c'est que les conquêtes de ce prince avoient tellement affoibli l'empire d'Assyrie, que plusieurs provinces ayant secoué le joug, ne rentrèrent jamais sous la domination des rois de Ninive.

1343. Six cent vingt-cinq ans après, Ninus Bélochus ou Balæus monta sur le trône. On trouve ce prince en guerre vers la quinzième année de son règne; mais on ignore quel en fut le succès. Ce qui a le plus contribué à tirer ce prince de l'oubli, c'est qu'il fut le père d'Atossa, princesse que la magnificence de son règne a fait regarder comme une seconde Sémiramis. Bélochus l'associa au trône, & elle régna douze ans. Quelques auteurs ont prétendu que les monumens qui portoient le nom de Sémiramis étoient l'ouvrage de cette princesse. Photius, au contraire, prétend que ce fut elle qui se couvrit des vices que l'on reproche à la première. Quoi qu'il en soit, Bélochus & Atossa furent les derniers rois de la famille des Décertades, ou de Sémiramis; car, selon les traditions syriennes, Sémiramis avoit porté le nom de Décerto.

1318. Bélétaras, intendant des jardins, fut ensuite placé sur le trône. Fut-ce usurpation de sa part? Fut-ce élection libre de la part des peuples? C'est ce que nous ignorons. L'histoire dit seulement qu'il employa des moyens incroyables.

Depuis le règne de ce prince, l'empire d'Assyrie commença à déchoir jusqu'à la révolte d'Arbacès.

916. Un prince, que les Grecs ont nommé Sardanapal, régnoit sur les débris encore considérables de l'empire d'Assyrie, lorsque le Satrape de Médie, Arbacès, & celui de Babylone, Bélesis, se révoltèrent chacun dans leur gouvernement. En vain le Roi de Ninive prit les plus sages mesures pour résister à ses sujets devenus ses ennemis La mollesse dans laquelle il avoit vécu jusqu'alors lui avoit tellement aliéné les esprits de ses propres officiers, & si fortement enhardi les rebelles, que sa capitale fut prise, & que lui-même fût tombé vif au pouvoir des ennemis, s'il ne se fût brûlé dans son palais avec toutes ses richesses. Ses cendres recueillies dans un tombeau furent déposées près l'une des portes de Ninive, avec une épitaphe dont on a donné plusieurs interprétations, la plupart flétrissantes pour sa mémoire (1).

Arbacès, sans détruire la ville de Ninive, y changea la forme du gouvernement. Il est probable qu'il continua d'y avoir des rois dans cette ville, comme étant le siège principal de l'empire. Mais les gouverneurs des provinces devenus indépendans, ne reconnurent plus l'autorité des rois Assy-

(1) L'épitaphe dont parlent les auteurs, du moins celle que nous connoissons pour eux, étoit en Cilicie: j'en parlerai à l'article d'Anchialé. Au lieu que celle dont je parle ci-dessus étoit aux portes de Ninive.

riens. On convient qu'ils ne pourroient être déplacés que par une assemblée générale de tous les princes confédérés. On verra à leurs articles particuliers, comment se formèrent les royaumes, le nouveau de Babylone, & celui de Médie.

770. A la suite de toutes ces révolutions on trouve que Thul s'avança vers le Liban, & que Manahem, roi d'Israël, lui paya tribut pour se concilier sa bienveillance.

758. Teglat-Phal-Assar, qui lui avoit succédé, reçut d'Achas, roi de Juda, des sommes considérables, au moyen desquelles il se détermina à le servir contre les rois d'Israël & de Damas. Il détruisit presque entiérement ces deux royaumes, & en transporta ailleurs les malheureux habitans. Encore le roi d'Israël fut-il obligé de payer pour le peu qui lui restoit.

729. Salmanasar succéda au trône & aux projets de son prédécesseur; non-seulement le roi d'Israël ne payoit plus de tribut, il songeoit même à se liguer avec l'Egypte pour affoiblir le roi d'Assyrie, & lui ôter les moyens de causer aucune crainte à ses voisins, lorsqu'il fut prévenu. Salmanazar entra dans la Judée, fit attaquer Samarie, & s'empara des places maritimes de la Phénicie, à l'exception de Tyr qu'il tint inutilement bloquée pendant cinq ans. Il fit transporter tous les habitans de ces pays en différens lieux de son empire, & jusque sur les frontières de la Médie. Pour ne pas laisser déserts les pays soumis, il y fit passer d'autres peuplades; mais elles furent toujours regardées par leurs voisins, comme absolument étrangères. Peut-être le roi d'Assyrie eût-il porté ses armes avec autant de succès contre le royaume de Juda, si la mort n'eût arrêté le cours de ses conquêtes.

714. Sennachérib, aussi puissant & non moins redoutable au royaume de Juda, marcha contre Ezéchias, avec une armée considérable. Refusant même d'écouter toute proposition d'accommodement, il se préparoit à traiter Jérusalem comme l'avoit été Samarie par son prédécesseur, lorsqu'au retour d'une expédition contre les Philistins, il périt dans son camp 185000 hommes d'une manière surnaturelle. De retour à Ninive il fut assassiné par ses fils. Les parricides furent chassés & se retirèrent en Arménie.

Assaradon, ou Assordan, le plus jeune des fils de Sennachérib, fut mis en sa place. L'affoiblissement où se trouvoit alors le royaume d'Assyrie, & les troubles qui suivirent la mort du dernier roi, donnèrent lieu, sans doute, à la révolution qui arriva alors en Médie. Les peuples, lassés par l'anarchie tumultueuse qui avoit suivi la révolte d'Arbacès, mirent Déjocès sur le trône. (Voyez *Media* & *Medi*).

De son côté, Assaradon envoya de nouvelles colonies à Samarie, & permit à quelques tribus d'y retourner. Ce fut alors que les Samaritains commencèrent à mêler le culte du vrai dieu à celui des divinités qu'ils avoient vu adorer dans les pays où ils avoient été transportés.

688. Un esprit de faction avoit continué à régner dans Ninive: les esprits y étoient divisés. Enfin ceux qui étoient opposés au Roi l'emportèrent. Il fut obligé de se sauver: on mit à sa place Ninus II. Comme quelques écrivains appellent Sardanapal le prédécesseur de Ninus, il s'ensuit qu'il doit être regardé comme le second qui porta ce nom. Peut-être ne lui a-t-il été donné qu'après sa mort par la conformité des événemens. M. Freret dit que ce doit être de ce prince que l'épitaphe se seroit trouvée en Cilicie, & que l'on a confondu avec celle du premier prince de ce nom, placée aux portes de Ninive.

646. Un prince, nommé Nabuchodonosor dans le livre de Judith, étoit monté sur le trône d'Assyrie. Les Mèdes osèrent en venir aux mains avec lui; ils furent vaincus. Plus heureux dans un second combat les Mèdes furent vainqueurs à leur tour. Ils se préparoient même à mettre le siège devant Ninive, lorsqu'une invasion de Scythes qui tomboient sur la Médie, les obligea de retourner chez eux. Cependant une armée d'Assyriens avoit marché contre les Juifs; & comme on voit qu'ils avoient dans leurs troupes de la cavalerie, on ne peut guères douter que Nabuchodonosor, d'ailleurs ennemi des Mèdes, n'eût fait alliance avec les Scythes, puisque excepté cette nation, aucun peuple de l'Asie n'employoit cette manière de combattre.

634. On sait comment, par le courage & la résolution extraordinaire de Judith, les Assyriens furent amenés à lever le siège de Béthulie. Une seconde bataille perdue contre les Mèdes acheva le malheur de l'Assyrie.

Sarac, nommé aussi Sardanapal par les Grecs, avoit succédé à Nabuchodonosor. Il ne put résister aux Mèdes, vainqueurs des Scythes, dont les chefs avoient été égorgés par Cyaxare. Se voyant sans ressource, il s'enferma dans son palais & s'y brûla. Pour détruire entiérement cette ville on en rasa les édifices & les murailles, & l'on en transporta les habitans de différens côtés.

608. Ainsi finit l'empire d'Assyrie 1360 ans depuis le commencement du règne de Ninus, selon les calculs de M. Freret. Les Babyloniens dont je parle à leur article, s'emparèrent de la Mésopotanie, & les Mèdes de l'Assyrie, ainsi que de plusieurs autres provinces au-delà du Tigre.

Gouvernement, Mœurs & Religion.

Quelques auteurs ont prétendu que les Assyriens s'étoient d'abord gouvernés par eux-mêmes; mais ce sentiment est contredit par les témoignages les plus formels de l'antiquité. Il est fait mention de leurs princes dès le commencement de cet empire, & de plus on ne trouve pas, dans l'Orient, d'état qui n'ait commencé par avoir des Souverains. On ne peut guère douter, d'après ce que nous savons de l'histoire de cet empire, que le gouvernement n'y ait dégénéré en un despotisme très-absolu, sans cesser cependant d'être héréditaire.

Les Assyriens, quelle qu'ait été d'abord leur religion, ne nous sont connus que comme idolâtres. Ils adoroient les mêmes divinités que les Babyloniens, auxquels même il semble qu'elles appartenoient plus particuliérement. On a lieu de croire qu'ils adorèrent aussi Sémiramis, & qu'elle étoit représentée sous la forme d'un poisson. A cette divinité ils joignoient Belus, Adonis, &c.

On remarque entre leurs usages ceux qui suivent. Ils préposoient dans chaque tribu trois personnes recommandables par leur intégrité, pour produire en public les filles nubiles, & faire annoncer par un héraut qu'elles étoient en âge d'être mariées; on commençoit toujours par les plus qualifiées. Voici comment se faisoient ces mariages des Assyriens. Il existoit chez eux trois sortes de tribunaux. Le premier étoit composé de ceux qui s'étoient retirés du service militaire; le second, des plus distingués de la nation; le troisième, des vieillards. Il y en avoit encore un autre établi par le roi même, lequel étoit chargé de marier les filles, & de connoître des adultères, des vols, des violences, &c. (Strabon). On trouvera de plus grands détails sur cet empire, dans Hérodote & sur-tout dans Strabon.

Je finirai cet article par observer qu'Hérodote ne parle pas des commencemens de l'empire d'Assyrie. Selon Ctésias, cité dans le canon chronologique dressé pour Hérodote, par M. Larcher, cet empire commença 2107 avant J. C.; selon Diodore & Æmilius Sura, 2057; & selon Castor, 2027. *Traduct. d'Hérodote, t. VI, p. 539.* Les Assyriens ont quelquefois été nommés *Syriens* par les Grecs.

ASSYRITIS TERRA, petit canton de l'ancienne Thrace, dans la Chalcidique, selon Aristote. Cette Chalcidique étoit près du Mont-Athos, au midi du Strymon.

ASTA (ASTI), sur un fleuve de son nom, à une petite distance du Tanarus. Elle est assez peu connue. Paul Diacre, en fait mention dans l'histoire des Lombards. Elle fut colonie romaine. Cluvier (*Géog. ital. p. 60*) dit qu'il en est parlé dans Hirtius au sujet de la guerre d'Espagne; mais l'*Asta* nommée par cet auteur n'est point du tout celle de la Ligurie, & se trouvoit peu loin de la *Lusitania*.

ASTA, ville de l'Hispanie, dans la Bétique, au sud de *Nebrissa*, sur le bras gauche du *Bœtis* qui alloit se rendre dans la baie de *Gadès*. Pline donne le titre de *Regia* à cette ville, & l'itinéraire d'Antonin la marque à seize milles du *Portus Gaditanus*.

ASTABENI, les Astabènes, peuple de l'Asie, dans l'Hyrcanie, selon Ptolemée.

ASTABORAS, fleuve (*Tacare*, ou *Tekesel.*), nom d'une rivière de l'Ethiopie, l'une de celles qui formoient la presqu'île de Méroé. Son embouchure étoit à sept cens stades au-dessous de la ville de Méroé, selon Ptolemée, Strabon & Diodore de Sicile. M. d'Anville croit que c'est le Tacazé de l'Abyssinie.

ASTACAMPRON, promontoire de l'Asie, dans la mer des Indes, à la gauche du golfe de *Barygaza*, selon Arrien.

ASTACANA, ville de l'Asie, dans la Bactriane, selon Ptolemée. Elle est nommée *Astacia* par Ammien Marcellin.

ASTACANI. Le P. Hardouin préfère cette leçon. Mais on trouve aussi *Astacœni*, *Assaceni*, *Assacani* & même *Aspagones*. Les anciens plaçoient ce peuple dans l'Inde ou dans la Bactriane.

ASTACAPRA, ville de l'Inde, en-deçà du Gange, selon Ptolemée. Elle étoit située entre les bouches de l'Indus.

ASTACENA, contrée de l'Asie, dans le Pont. Elle prenoit le nom de la rivière *Astaces*, qui la traversoit.

ASTACENUM ÆSTUARIUM (*Maresma*), golfe de l'Hispanie, dans la Bétique, selon Ptolemée.

ASTACENUS SINUS, golfe de la Propontide, dans lequel la ville de Nicomédie étoit située.

ASTACES, rivière de l'Asie, dans le Pont, selon Pline. Le pays que ce fleuve arrosoit étoit nommé *Astacène*.

ASTACILICIS, ville de l'Afrique, dans la Mauritanie, selon Ptolemée.

ASTACILIS (*Tessailah*), lieu de l'intérieur de l'Afrique, dans la Mauritanie Césariense. C'étoit une station romaine, dans les montagnes, au sud de *Portus Magnus*. Ptolemée en fait mention.

ASTACURES, les Astènes; nation de l'Afrique proprement dite, selon Ptolemée, *l. 4, ch. 2.*

ASTACUS, ville d'Asie, dans la Bithynie, selon Etienne de Bysance & Strabon. Ce dernier dit qu'elle avoit donné le nom au golfe Astacène, sur lequel elle étoit située, & qu'elle avoit été bâtie par les Mégariens & par les Athéniens, & rétablie par Dœdalsus ou Dédalcès. Cette ville fut détruite par Lysimachus, & ses habitans furent transportés à Nicomédie qui l'avoit fondée, ou du moins rétablie. Ceci est clair & peut être opposé à un passage d'Eusèbe, qui dit que Nicomède, roi des Bithyniens, ayant fondé Astacus, la nomma *Nicomédie*. On voit de même que c'étoient deux villes différentes, par un passage de Constantin Porphyrogenète, qui nomme d'abord *Nicomédie* comme la première ville, la métropole de la province; & *Astacus*, comme la quatrième, au moins dans l'ordre qu'il leur donne. On en doit conclure seulement que Nicomédie s'éleva sur les ruines d'Astacus dont elle étoit très-près à l'est. C'est ce qui a fait dire à Pollion qu'*Astacus* appelée ensuite *Nicomédie*, avoit été brûlée & ravagée par les Scythes.

ASTACUS, ville de Grèce, dans l'Acarnanie, selon Thucydide, Strabon & Ptolemée.

ASTÆ, les Astes, peuple de l'Europe dans la Thrace, selon Etienne de Bysance.

ASTAGENI, les Astagènes, peuple de l'Arabie heureuse, selon Ptolemée.

ASTANDA, ville de l'Asie, dans l'Arie, selon Ptolemée.

ASTAPA (*Estepa la Vieja*), ville de l'Hispanie, dans la Bétique. Elle étoit au sud-ouest de *Singili.* Cette ville est célèbre dans l'antiquité par sa vigoureuse défense & la férocité de ses habitans. L'an de Rome 546, Marius, qui commandoit pour les Romains dans la Bétique, entreprit d'en faire le siège. Les habitans se défendirent d'abord tant qu'ils le purent; mais voyant qu'ils alloient être forcés, ils préparèrent un grand feu au milieu de la place publique, y mirent tous leurs effets, &, pendant que ceux qui portoient les armes essayoient de forcer les lignes des ennemis, les femmes, les enfans & les vieillards s'y précipitèrent. Les guerriers repoussés par les Romains, furent tués en se défendant, ensorte que cette prise ne fut réellement pour les vainqueurs qu'un trophée de leur barbarie. Tite-Live, peintre suspect quand il parle des ennemis de Rome, peint ces peuples comme fort adonnés au brigandage.

ASTAPÆI, les Astapes, peuple de l'Afrique, selon Etienne de Bysance, qui le place dans la Libye.

ASTAPUS, fleuve, qui, avec l'Astabora, formoit l'île de Méroé. (*Pomp. Méla.*)

ASTAROTH, ville de la Palestine dans la Batanæa. C'est la même que Basan, ville forte de la Judée, dans la demi-tribu de Manassé, au-delà du Jourdain. C'est dans cette ville que Chodorlahomor, roi des Elamites, avec les rois ses feudataires, défit les géans nommés Raphaïms. C'est aussi dans cette ville que régna Og, roi de Basan.

Cette ville fut accordée aux Lévites de la famille de Gerson, selon Josué. C'est aussi dans cette ville que l'on exposa les armes de Saül, après sa mort.

ASTAROTH-CARNAIM, autre ville de la Palestine, au sud-ouest de la précédente, & plus près des Monts Galaad. On a dit qu'elle avoit été la capitale des géans; mais quels étoient ces géans?

ASTARTA, nom d'une île de l'Ethiopie, selon Etienne de Bysance.

ASTASANA, ville de l'Asie, dans l'Arie, selon Ptolemée.

ASTAVENI, peuple d'Asie, dans l'Arie, selon l'ancien interprète latin de Ptolemée, *l. 6, ch. 17.*

ASTEIXIS, nom d'une montagne d'Afrique, qui faisoit partie du Mont-Atlas, au midi de la Mauritanie Césarienfe, selon Orose, cité par Ortélius.

ASTELEBE, ville de l'Asie Mineure, dans la Lydie, selon Etienne de Bysance.

ASTELEPHUS, rivière de la Colchide, qui se perdoit dans le Pont-Euxin, selon Arrien.

ASTENAS, ville de l'Hispanie, dans la Bétique, selon Strabon.

ASTERIA, petite île entre celle d'Ithaque & celle de Céphalénie, auprès de laquelle il n'y avoit pas de bon mouillage, selon Strabon. Elle est nommée *Asteris* par Homére, dans son Odyssée, où il dit que toute petite qu'étoit cette île, elle avoit deux ports.

ASTERION, rivière du Péloponnèse, dans l'Argolide, selon Pausanias & Stace.

ASTERION, ville de Grèce, dans la Pæonie, selon Tite-Live, *l. 24, ch. 24.*

ASTERION. On ignore la juste position de cette ville. Etienne de Bysance, qui la nomme, ajoute: actuellement c'est *Peresia.* C'étoit de sa position sur une montagne, & du mot *Aster*, un astre, que lui avoit donné le nom de *Petit-Astre*, ou *Asterion.* Cette ville étoit dans la Thessalie.

ASTERIUS, île qui étoit sur la côte de l'Ionie, assez loin de l'embouchure du Méandre; mais que les terres charriées par ce fleuve, ont jointes au continent.

Cette île a été célèbre par la victoire que les Grecs remportèrent auprès, le jour même qu'ils triomphoient des mêmes ennemis à Platée.

Elle étoit au sud-est du promontoire Trogilium, au nord de celui de Posideum, & à l'ouest-nord-ouest de la ville de Milet.

ASTERUSIA, montagne vers la mer, dans la partie méridionale de l'île de Crète, selon Etienne de Bysance.

ASTERUSIA, ville qui étoit située sur le Caucase, selon le même géographe; elle avoit été, dit-il, fondée par une colonie de Crétois.

ASTHÆA, *ou* ASTHALA, île de l'Asie, sur la côte de la Gédrosie, selon les divers exemplaires de Ptolemée.

ASTHAGURA, ville de l'Inde, en-deçà du Gange, selon Ptolemée.

ASTHEATÆ, les Astheates. On trouve ce nom dans Xenophon, pour être celui d'un peuple du Péloponnèse. Mais Ortélius conjecture qu'il faudroit lire *Aseatæ.* On ne connoît pas ce peuple Astheates, au lieu que l'on connoît la ville d'*Asea.*

ASTI, les Astes, peuple d'Europe, dans la Thrace. Ils possédoient la ville de Calybe.

ASTICA, contrée de la Thrace, selon Strabon. Elle est nommée *Astice* par Pline; & *Astica* ou *Urbana Præfectura* par Ptolemée. Elle s'étendoit le long du Pont-Euxin, à commencer à peu de distance au nord-ouest de Constantinople.

ASTIGI (*Ecija*), ville de l'Hispanie, dans la Bétique, sur le *Singilis*, presque au sud de *Corduba.* Elle est aussi nommée *Astigis*: cette ville, assez considérable sous les Romains, est une de leurs colonies; on la trouve désignée par le nom d'*Augusta Firma.*

ASTIGI JULIENSES, ville de l'Hispanie, située entre le fleuve Bœtis & la mer, selon Pline. Cet auteur nomme *Astigi*, l'*Astygis* de Ptolemée, & il fait mention d'une troisième ville qu'il nomme *Astigitana Colonia.*

ASTOVIA, *ou* ASTUIA, ville de la partie septentrionale de la Germanie, selon Ptolemée.

ASTRA, nom d'un village de l'Arabie heureuse, selon Ptolemée.

ASTRÆA, ville de l'Illyrie, dont il est fait mention par Arrien, dans le premier livre de son Alexandriade, selon Etienne de Bysance.

ASTRÆUS, rivière de la Grèce, dans la Macédoine. On la passoit à moitié chemin de Thessalonique & de Berrhoé, selon Ælien.

ASTRAGON, forteresse de l'Asie Mineure, dans la Carie, aux environs de Stratonice, selon Tite-Live.

ASTRASSUS, ville de l'Inde, en-deçà du Gange, selon Ptolemée.

ASTRATA, île du golfe Arabique, sur la côte de l'Ethiopie, selon Ptolemée. Etienne de Bysance dit la même chose, & cite le périple de Marcien.

ASTRINGI, les Astringes, nation d'entre les Goths, selon Jornandès.

ASTROBII, les Astrobes, nation de l'Asie, près de l'*Indus*, selon Arrien.

ASTRON, nom d'une rivière de l'Asie Mineure, dans la Troade, selon Pline.

ASTRUM, nom d'une très-grande ville du Péloponnèse, dans l'Argolide, selon l'interprète latin de Ptolemée.

ASTU, ville. Ce nom n'étant pas celui d'un lieu, mais un mot dont il est utile de connoître l'acception chez les anciens, il conviendroit sans doute de le renvoyer au dictionnaire des antiquités. Cependant à cause de son rapport avec la géographie, Etienne de Bysance, & d'après lui, d'autres auteurs modernes, l'ayant placé dans leurs dictionnaires géographiques, je me crois obligé de suivre leur exemple, & d'en parler ici. Je ne ferai presque que traduire l'auteur grec que j'ai cité plus haut.

Les Grecs admettoient la même différence entre Ἄστυ & πόλις, que les Romains entre *Urbs* & *Civitas*. Par *Astu* ou *Asty*, les premiers entendoient strictement les bâtimens & les murailles qui formoient une ville; ce que nous entendons nous-mêmes par ces mots *le corps de la place*, ou même *la place*. Il est vrai que nous le disons plus ordinairement des villes de guerre. C'étoit dans le même sens d'*Astu* que les Latins disoient *Urbs*.

Par le mot *Polis*, en grec, ainsi que par *Civitas* chez les Latins, on entendoit une ville habitée; l'idée des citoyens se confondoit avec celui de ville. Si l'on s'éloignoit quelquefois de cette signification rigoureuse, cela ne prenoit rien sur l'usage général.

Il faut encore observer que chez les Latins comme chez les Grecs, les mots *Astu* & *Urbs* ont quelquefois signifié la première ville de leurs possessions dont on supprimoit le nom, & qui étoit supposé, par les premiers, *Rome*, & par les autres la ville à laquelle ils appartenoient, soit Athènes, soit Sparte, soit Constantinople. Le même usage a lieu chez nous; aller à la ville, c'est aller à Paris ou à Rouen, *&c.* selon la banlieue de l'une de ces villes dans laquelle on se trouve.

ASTURA (*Astura*). Strabon en parlant de ce lieu, qui se trouvoit en Italie, au sud-est d'*Antium*, ne nomme qu'une rivière de ce nom, & une autre qui servit de retraite aux pyrates lorsque Pompée leur fit la guerre & enfin les détruisit. Mais Pline dit de plus qu'il y avoit une île. M. d'Anville l'a indiquée sur sa carte de l'Italie ancienne. Il est probable qu'il n'y avoit pas de ville en ce lieu. Mais Cicéron y avoit une maison de campagne. « C'est, » dit-il, un lieu charmant, situé dans la mer, & » d'où on peut appercevoir *Antium* & *Circeii* ». On en retrouve encore les ruines.

ASTURA, rivière de l'Italie, avec une île de même nom, selon Pline.

Cicéron avoit une maison de campagne, située sur le bord de la mer, que l'on nommoit *Astura*, selon Plutarque dans la vie de Cicéron. Cicéron lui-même en fait mention; & *l. 12, epist. 19*, il dit que c'est un lieu agréable, dans la mer même, & que l'on peut voir de *Circeii* & d'*Antium*.

Festus dit que *Stura* est une rivière que d'autres nomment *Astura*.

ASTURES, les Astures, peuple de l'Europe, dans l'Hispanie. Ils habitoient au sud des *Pœsici* ou *Pésiques*, depuis les Callaïques jusqu'aux Cantabres. C'étoit un peuple assez considérable. Je ne m'arrêterai pas à réfuter Silius Italicus qui fait venir leur nom d'Aster, cocher de Memnon; je dirai avec plus de vraisemblance, que la rivière d'*Astura* paroît avoir donné son nom au pays & au peuple. On les divisoit en *Astures* Transmontani, & en *Astures* Augustani.

1°. Les *Transmontani* possédoient les villes de *Lucus Asturum*, *Flavionavia*, *Pelontium*, *Laberris*, c'étoit aussi chez eux que se trouvoient le mont *Vindius* & la rivière *Astura*.

2°. Les *Augustani* possédoient *Asturica Augusta*, capitale; *Legio Septima Germina*, *Interamnium Flavium*, *Brigœtium Lanciatum*, *Bedunia*, *Nemetobrigu*.

Le nom de ce peuple se retrouve comme dans celui d'Asturiens, que portent les habitans de cette même partie de l'Espagne, & qui, par cette raison, est appellée les *Asturies*.

ASTURIANI, les Asturiens, peuples d'Afrique près de la Libye. Ammien Marcellin les peint comme des barbares accoutumés à vivre de rapines. Ces barbares avoient commencé dès le temps de l'empereur Jovien à faire des courses du côté de la Libye tripolitaine. Ils exercèrent de grandes cruautés dans toute cette province sous le règne de Valentinien.

ASTURICA, ville de l'Hispanie. Elle étoit peu éloignée de *Legio Septima* au sud-ouest. Elle avoit le surnom d'*Augusta*, parce que l'empereur Auguste y avoit établi une colonie. Elle passoit pour être la capitale des Astures, & avoit le titre de *Conventus* (1). On cite une médaille d'Auguste sur laquelle on lit: cette ville est nommée *Asturica Amakur*. On avoit pensé que cet *Amakur* désignoit le premier nom de la ville. Mais ne seroit-ce pas le commencement du nom latin du petit peuple auquel elle appartenoit particuliérement, & dont Ptolemée dit Πόλις Ἀμακων ou ville *des Amacons*?

(1) Quoique ce mot appartienne plus essentiellement au Dictionnaire des antiquités, je me crois obligé de lui donner place ici, afin de faciliter l'intelligence du sens que j'y attache pour les villes auxquelles il a été accordé. *Voyez* CONVENTUS.

ASTURICANI, nom d'un peuple de la Sarmatie Asiatique, selon Ptolemée.

ASTURUM LUCUS, bois de l'Hispanie, dans l'ancienne Asturie; c'est où les Astures faisoient leurs cérémonies religieuses.

ASTY, nom d'un village de l'Egypte, selon Diodore de Sicile. Il étoit dans le voisinage de Canope, selon Etienne le géographe.

ASTYANENA, nom d'une contrée de l'Asie, de laquelle il est fait mention dans le Code, *l. 1, tit. de Magist. milit.*

ASTYGIS, *voyez* Astigi.

ASTYPALÆA: dans sa signification propre, ce mot signifie l'ancienne ville. On l'avoit donné au promontoire de l'Attique. Il en est parlé dans Strabon (*l. 9, p. 610*), mais sans en rien dire de particulier.

Astypalæa, île de l'Asie, dans la mer Egée; selon Ptolemée, Strabon & Cicéron. Ce dernier, *de naturâ deor. L. 3, ch. 18*, dit qu'on y rendoit les honneurs divins à Achille.

Etienne de Bysance dit que cette île, l'une des Cyclades, étoit nommée *Pyrrha*, lorsque les Cariens la possédoient, & qu'elle eût ensuite celui de *Pylæa*.

Astypalæa, ville de l'île de Cos, selon Etienne le géographe, & Strabon.

Astypalæa, promontoire de l'Asie-Mineure, dans la Carie, & dans le territoire de *Mindus*, selon Strabon.

Astypalæa, ville de l'île de Samos, selon Etienne le géographe.

ASTYRA, *ou* Astyré, ville de l'Eolide, selon Pomponius Méla, Scylax & Etienne de Bysance. Strabon en parle comme d'une ville détruite, & Pline dit qu'elle ne subsistoit plus de son tems.

Astyra, village de l'Asie-Mineure, dans la Troade, près du Mont-Ida. Il y avoit auprès de ce village un bois qui étoit consacré à Diane Astyrène.

Astyra, ville de la Phénicie, dans le voisinage de l'île de Rhodes, selon Etienne de Bysance.

ASTYRON, ville au fond de l'Illyrie. Elle fut bâtie par les Argonautes, & nommée *Polas* par les Colques.

ASUADA, nom d'une ville de la Palestine, selon les notices de l'empire.

ASUCIANDÆ, les Assuciandes, peuple de la Sarmatie Asiatique, selon Pline. Ce peuple, s'il a existé, devoit être vers le Palus-Méotide. On n'est pas sûr de l'orthographe de ce nom.

ASUM, ville de l'île de Crète, selon Pline. C'est l'*Asos* d'Etienne de Bysance, de laquelle Jupiter prenoit le surnom d'*Asius*.

ASUOREMIXTENSIS, siège épiscopal d'Afrique, dans la Mauritanie Sitifense, selon la notice épiscopale d'Afrique.

ASYLA, ville de l'Hispanie, dans le pays des Turdétains, selon Ptolemée.

ASYPHUS, montagne d'Afrique, dans la Marmarique, selon Ptolemée.

AZYLIUM PERSARUM, (*l'asyle des Perses*), lieu particulier de la Perse. Il en est fait mention par Pline, à l'occasion du ruisseau Hédypnus qui couloit auprès, & qui ensuite alloit se perdre dans l'Eulée.

A T

ATABULI, peuple d'Afrique, selon Pline qui le place dans la petite île de Méroé.

ATABYRIA, l'un des anciens noms de l'île de Rhodes, selon Pline.

ATABYRON, montagne de l'île de Rhodes, de laquelle cette île a quelquefois été nommée *Atabyria*. Il paroît que Strabon s'est écarté de l'usage général en nommant cette montagne *Atabyris*, à moins que ce mot ne fût l'oriental, altéré par les habitans pour en faire un mot grec.

Quoi qu'il en soit, il paroît hors de doute que c'est du Mont-Atabyron que Strabon dit qu'il étoit le plus haut de toute l'île. Il y avoit sur cette montagne un temple de Jupiter en grande vénération. Il est vanté par les historiens & célébré par les poëtes; un Scholiaste de Pindare ne craint pas de compromettre son bon sens en assurant, d'après l'opinion publique, qu'il y avoit dans le temple de Jupiter Atabyrius, des vaches d'airain, qui mugissoient lorsqu'il devoit arriver quelque grand malheur. En jettant les yeux sur la langue phénicienne très-commune à Rhodes, au moins dans les temps un peu reculés, on voit que l'équivoque de deux mots de cette langue, ont servi de fondement à cette petite fable. D'après l'explication très-naturelle des mots que l'on suppose avoir été employés pour ce sens, on trouve que ce sont des prêtres qui se donnoient pour avoir le don de cette prophétie. Et quoique leur prétention fût fausse, le fait au moins est raisonnable, & probablement assez vrai. Au reste, les savans pensent que ce nom d'*Atabyron* qui venoit très-vraisemblablement de Phénicie, est le même que celui de *Thabor*, connu dans les livres saints, & qui appartenoit à la tribu de Zabulon. Apian le nomme *Tabyrion*; l'historien Joseph dit *Itabyrius*.

Atabyron, montagne de Sicile. Dans le texte d'Etienne de Bysance on lit *Atabyrion*; mais les commentateurs croient que c'est une faute. Aucun autre auteur ne parle d'une montagne de ce nom en Sicile; mais Polybe, en donnant une idée nette de la position d'Agrigente, dit qu'au haut de la montagne il y avoit un temple de Minerve & de Jupiter Atabyrius, ἱερὸν ... Διὸς Ἀταβυρίε: c'étoit probablement de ce temple que la montagne portoit quelquefois le nom d'*Atabyron* donné à celle de Rhodes, avec laquelle ce temple lui donnoit une grande conformité.

Atabyron, ville de Perse, selon Etienne de Bysance.

Atabyron, ville de Phénicie. On pense que le lieu auquel Etienne de Bysance veut faire allusion est le *Thabor* de la Palestine, dont il est parlé plus haut. Comme Polybe en cite une de même nom qu'il place dans la Cœlo-Syrie, & que dans l'éloignement où il en étoit ces objets pouvoient se confondre, on croit que c'est le même lieu que celui dont parle Etienne de Bysance.

ATACINI, les Atacins, peuple d'Europe, dans la Gaule. Ce nom leur venoit de la rivière d'*Atax*, (l'Aude) dont ils habitoient les bords. Ils étoient près des *Volcæ Tectosages*, & au nord des *Sardones*. *Narbo* étoit leur capitale.

ATÆA, ville de la Laconie, selon Etienne de Bysance.

ATALANTA (*Tutendi*), petite île qui se trouve dans le canal que forme la mer, entre l'île d'Eubée à l'est, & la côte de la Locride à l'Ouest. Pline, en parlant de quelques changemens de ce genre arrivés à la surface du globe, dit que cette île avoit d'abord été unie à l'île d'Eubée; Eusèbe dit au territoire des Locriens. C'est aussi ce que dit Diodore de Sicile. Il en résulte que l'on ignoroit à quelle partie cette île avoit appartenu, mais que l'on savoit par tradition qu'elle avoit été détachée de quelques terres voisines.

Etienne de Bysance commence cet article en disant que c'étoit une ville (1) fondée par les Athéniens chez les Locriens. Pour avoir une idée plus juste de ce point de géographie, il faut consulter Thucydide. Cet auteur nous apprend que cette île, qui avoit été autrefois inhabitée, fut entourée de murailles par les Athéniens qui en firent un lieu de défense, φρύριον, afin d'ôter aux pyrates d'Oponce & autres, la possibilité de se jetter de ce côté sur l'île d'Eubée.

ATALANTA, autre petite île. Celle-ci se trouvoit dans le golfe Saronique, tout auprès du Pyrée. Strabon qui la fait connoître, observe qu'elle portoit le même nom que l'île qui se trouvoit entre l'île d'Eubée & les Locriens.

ATALENUM, ancienne ville de l'Asie, dans la première Arménie, selon Ortélius, qui cite le concile de Chalcédoine.

ATAPHYNI, les Ataphynes, nation considérable de l'Arabie, selon Etienne de Bysance.

ATARBICIS. C'est ainsi qu'on lit ce nom dans Etienne de Bysance; mais on convient, d'après le texte d'Hérodote (*l. II, ch. 41*), qu'il faut *Atarbecis*; & comme Etienne ajoute île de la Porpontide, & que le nom est Proponride, il s'ensuit qu'il y a faute en cet endroit.

ATARNA, ville de la Mysie, sur l'Hellespont, vis-à-vis l'île de Lesbos. Elle est nommée *Aterna* par Pline, qui dit que de son temps ce n'étoit plus qu'un village. M. d'Anville l'a placée sur sa carte sous le nom d'*Atarneus*.

ATEGUA, ville de l'Hispanie, selon Hirtius, *de bell. Hispan. ch. 8 & 12*. Elle étoit située près de la rivière nommée *Flumen Salsum* ou *Salsusa*. Pompée, ayant passé cette rivière, campa entre *Ucubis* & *Ategua*, pour obliger César à lever le siège de cette dernière place; mais ce général la prit en sa présence. Elle devoit être sur la route d'*Anticaria* à *Hispalis*. Cette ville est nommée *Aτεγovα* par Dion.

ATEIA, ancienne ville de l'Asie Mineure, dans la Palmyrène, selon Ptolemée.

ATELLA, ville de l'Italie dans la Campanie, vers le sud-ouest de *Capua*. Elle fut premièrement déclarée municipale, & ensuite elle devint colonie, selon Frontin.

ATELLUM, ville d'Italie dans la grande Grèce, vers le nord-ouest de *Venusia*.

ATER, montagne de l'Afrique, dans la petite Syrte, selon Pline, qui ajoute qu'elle s'étend fort loin d'orient en occident, & que les Romains l'avoient nommée *Mons Ater*, parce qu'elle paroît comme brûlée par les ardeurs du soleil.

ATERBECHIS, nom d'une ville de l'Egypte, dans la Prosopitide, selon Hérodote.

ATERION, ville de la Sicile, selon Etienne de Bysance.

ATERNUM, ville d'Italie, dans le Samnium, chez les *Marrucini*. Elle étoit sur le bord de la mer à l'embouchure du fleuve de même nom.

ATERNUS, fleuve de l'Italie, dans le Samnium. Il avoit à son embouchure une ville de son nom.

ATESTE, (Este), au sud-ouest de *Patavium*, dans la Vénetie: c'étoit une colonie romaine.

ATHAEUS, ville qui se trouve nommée dans Tite-Live, & que, d'après son récit, on voit être une ville de Thessalie. On pense, avec beaucoup de probabilité, que c'est la même qu'*Atrax*.

ATHALEA, ville d'Asie, dans la Pamphilie, au fond d'un petit golfe au sud-est d'*Olbia*. La position de cette ville est mal indiquée dans quelques anciens. Pline nous fait connoître les Cataractes, & Strabon indique la position d'Attalea, qu'il nomme *Attalia*, très-près de ce fleuve. Cette ville, qui avoit d'abord porté un autre nom, avoit pris celui-ci d'*Attale Philadelphe*, roi de Pergame, qui l'avoit rétablie & y avoit fixé une colonie.

ATHAMANES, les Atthamanes, peuple d'Europe, placé par M. d'Anville, en Epire, au nord des Molosses (*Voyez* ATHAMANIA). Pline les place en Etolie; Etienne de Bysance, en Illyrie. Selon Ptolemée ils auroient été séparés de l'Epire par le golfe d'Ambracie; ce qui ne s'accorde pas avec leur juste position. Selon Strabon, ils étoient séparés de l'Etolie par le fleuve Acheloüs.

Ce fut dans le voisinage de ces peuples, que se retirèrent les Perrhebes chassés de la Thessalie par les Lapithes dans le temps de la guerre des Centaures, selon Strabon, *l. 9*.

Les Athamanes furent une des plus petites nations de l'Epire dans les commencemens; mais ils parurent avec éclat dans les guerres des Romains & des Etoliens contre la Macédoine, vers l'an 197 avant l'ère vulgaire. Tite-Live rapporte que les Etoliens choisirent Aminandre, roi des Athamanes,

(1) Quoique le mot πολις ne se trouve pas en cet endroit, on convient que c'est une omission, & que c'est le seul que l'on y doive suppléer.

pour être leur médiateur dans leurs démêlés avec Philippe, & que les Romains briguèrent le secours de ce roi Aminandre contre le même Philippe.

Les Athamanes étendoient leur domination sur la chaîne entière des montagnes de l'Epire, & même au-delà, puisque Polybe, *l. 5*, dit qu'on leur devoit rendre la ville de Satione, qui étoit une des quatre villes situées sur le lac Lychnide en Illyrie.

Les peuples Athamanes subsistoient au moins un siècle avant la guerre de Troye, puisque ce fut auprès d'eux que se retirèrent les Perrhèbes, chassés de la Thessalie par les Lapythes.

ATHAMANIA, l'Athamanie, contrée de la Grèce, à la source du fleuve Achéloüs, dans l'Etolie, selon Pline; & dans l'Illyrie, selon Etienne le géographe. M. d'Anville, avec raison, ce me semble, place l'Athamanie entre la chaîne du *Pindus* à l'est, & une autre chaîne parallèle à l'ouest. Au milieu de cette vallée, couloit du nord au sud le fleuve *Avas*; mais ce géographe convient en même temps que l'on n'a pas une connoissance bien exacte de toute cette partie. Les Molosses & les Apérantiens étoient au sud de cette contrée, les Perrhæbes à l'orient, la ville d'Argythée étoit sa capitale.

ATHAMAS, montagne de Grèce, dans la Thessalie, selon Pline.

Athamas, nom d'une plaine de la Béotie, qui étoit entre la ville d'Acrephnie & le lac Cephissus, selon Pausanias, *l. 9*, *Béotic. ch. 24*.

ATHANÆ, ville de l'Arabie heureuse, selon Pline.

ATHANAGIA, ville de l'Hispanie citérieure, & la capitale des Ilergètes, selon Tite-Live, qui raconte de quelle manière cette ville fut soumise par Scipion. Ce nom d'*Athanagia*, qui signifie en grec *l'immortelle*, paroît être celui que lui donnoient les peuples qui faisoient usage de cette langue. On croit avec bien de la probabilité qu'elle est la même que dans le pays où on la nommoit *Ilerda*. (Voyez ce mot.)

ATHAR, *ou* Ethaim, ville de la Palestine, dans la tribu de Siméon, selon le livre de Josué.

Il y avoit une caverne auprès de cette ville, où se retira Samson, après avoir brûlé les bleds des Philistins; ils l'arrêtèrent & le lièrent; mais il se défit d'eux, & en tua mille avec une mâchoire d'âne.

Cette ville fut fortifiée par Roboam.

ATHAROTH, ville de la Judée, dans la tribu de Gad. Il est dit dans le livre des nombres, que Moyse la donna aux Israélites, à cause de la bonté de ses pâturages.

Atharoth, ville de la Palestine, dans la tribu d'Ephraïm, entre Janoé & Jéricho. Josué, *ch. 6*, *v. 7*.

ATHARRHABIS, ville de l'Egypte, selon Etienne de Bysance.

ATHARRHABITES, nom de l'un des nômes de l'Egypte, selon Pline.

ATHARUS, ville de la Palestine, dans la Samarie, à peu de distance vers le nord-est de la ville de Samarie ou Sebaste.

ATHENÆ, en grec Ἀθῆναι, Athènes, ville de la Grèce, capitale de l'Attique, & peut-être la plus justement célèbre de l'antiquité: on en rapporte la fondation à l'an 1582 avant l'ère vulgaire. Le pays, à cette époque, n'étoit probablement habité que par quelques peuplades isolées. Ce fut alors que Cécrops, que l'on donne pour un Egyptien, aborda dans l'Attique, & y bâtit une très-petite ville; elle se nomme, d'après lui, *Cecropia*. Cette place qui, par sa situation sur une montagne ou rocher, que les Athéniens appeloient *Tritonium*, eut, par cette raison, dans des temps postérieurs, le nom d'*Acropolis* (*voyez ce mot*), présentoit un abri contre les incursions des pirates, qui couroient les mers pour piller les côtes: elle en étoit à 40 stades, ce qui donne 3500 toises, ou une lieue & demie (1). Quelques auteurs croient que ce fut sous le règne même de Cécrops que sa ville prit le nom d'Athènes; d'autres reculent cet événement au temps d'Erecthée, qui monta sur le trône en 1423, & l'occupa 50 ans. On sait que ce nom est formé de celui de Minerve, appelée en grec Ἀθήνη (2). Le circuit n'étoit alors que de 7 milles; mais Cécrops avoit en même temps fondé aux environs douze bourgades ou tribus, que Thésée, qui commença à régner l'an 1260, réunit en une seule ville. C'est par cette raison qu'il a quelquefois été nommé le fondateur d'Athènes.

Thésée divisa sa nouvelle ville en cinq parties, dont une étoit l'ancienne Athènes, autour de laquelle il fit bâtir les quatre qu'il y avoit ajoutées. M. le Roi soupçonne que l'une de ces dernières comprenoit la colline du Musée; qu'une autre s'étendoit vers le mont Anchésine; que la troisième étoit du côté du chemin de Thèbes & de Lepsine; & qu'enfin la quatrième s'étendoit vers les ports. Cette ville dès-lors devoit comprendre le rocher de l'Aréopage, une partie de l'*Odeum*, & l'espace où furent depuis le temple de Thésée & la lanterne de Démosthène.

Mais ce fut Thémistocle qui donna à la ville d'Athènes l'étendue qu'elle eut depuis. On sait qu'à l'arrivée des Perses cette ville fut ravagée & en partie détruite. Ce grand homme sentant bien que le même événement auroit lieu toutes les fois qu'il plairoit à leurs ennemis de les attaquer par terre, tourna les forces de sa patrie du côté de la mer, & battit les Perses, comme on le sait, à la bataille de Salamine l'an 480 avant l'ère vulgaire.

(1) Je prends ici le stade dont ont fait usage les Grecs, qui nous ont laissé cette mesure; il étoit de 76 toises.

(2) Le nom grec d'Athènes est au pluriel. Peut-être prit-il la terminaison de ce nom, parce que cette ville fut formée de la réunion de plusieurs bourgades.

Ce

Ce fut à la suite de ce célèbre événement que, se conduisant toujours d'après le même système, Thémistocle, trompant l'inquiétude jalouse des Lacédémoniens, parvint à joindre, par de longues murailles, le port de Pyrée à la ville d'Athènes. On voit en même temps qu'il étendit la ville de ce côté, puisque Plutarque dit qu'il *attacha la ville au Pyrée, & la terre à la mer* (1).

La ville d'Athènes, dans son état le plus florissant, pouvoit avoir 22 milles de tour: elle étoit percée de huit portes; l'une à l'orient, se nommoit la porte d'*Egée*; une autre, au nord de celle-ci, la porte d'*Acharna*; on y trouvoit de bonnes sources d'eau. En tournant du même côté étoit la porte *Diocharis*; la quatrième, étoit la porte *Diomea*; la cinquième, la porte *des Sépulcres*; la sixième, la porte d'*Eleusis*; les deux dernières étoient, l'une la porte de *Thrace*, l'autre celle de *Thrasia*, appelée depuis *Dipylon*. On sent de quel avantage devoit être pour la sûreté des Athéniens, pour leur commerce, *&c*. la construction de ces longues murailles qui assuroient la communication entre le Pyrée & la ville.

Mais ce que Périclès fit ensuite pour Athènes, lui donna une face toute nouvelle. « Quand il fut à » la tête de la république, dit M. le Roy, cette » ville devint, par la beauté, par la grandeur, » par la noblesse des édifices dont il l'orna, la plus » belle ville du monde ». Ce ne fut qu'après le règne d'Alexandre qu'Athènes perdit de sa supériorité, & ne tint plus que le second rang; Alexandrie avoit alors le premier. La richesse dans les édifices succéda à la noble simplicité & au caractère mâle & majestueux qui régnoit dans ceux que Phidias, Ictines, Callicrates & Mnézocles élevèrent auparavant; & ces Athéniens, si fiers & si jaloux de leur grandeur, qui n'avoient pas voulu souffrir qu'un des plus grands hommes de leur république fît construire, à ses dépens, les monumens qui embellissoient leur ville, & qu'il y inscrivît son nom, les laissèrent dans la suite restaurer par des princes étrangers, & ils y placèrent même les inscriptions qui le constatent encore aujourd'hui.

La ville d'Athènes eut à souffrir encore des ravages de la guerre au temps de Sylla, & la charpente de l'Odéon fut brûlée à dessein, de peur que le général Romain, l'ayant pris, ne s'en servît comme d'une citadelle.

Je vais actuellement entrer dans quelques détails sur les beautés de cette ville célèbre, que tout le monde cite comme magnifique, mais dont peu de gens ont la véritable idée que l'on en doit avoir lorsqu'on en a lu quelque description. Au reste, j'abrège beaucoup le récit de Pausanias.

(1) Selon M. le Roy, l'inspection même du lieu confirme cette assertion. Quand on va d'Athènes à Phalère, on voit bien au-delà de l'Aréopage, du Musée & de l'Odéon, de grands espaces quarrés qui annoncent des emplacemens de monumens, & même des distributions de salles.

Athènes étoit divisée en plusieurs quartiers, dont les principaux étoient le *Céramique*, le *Prytanée*, le *Lycée*, le *Théatre*, la *Citadelle* & *l'Aréopage*, & au-dehors de la ville l'*Académie* (2). Deux rivières arrosoient la ville d'Athènes: l'Ilissus étoit la plus considérable, elle recevoit l'Eridan. Près de la porte de la ville en venant du Pyrée étoit un grand tombeau sur lequel on voyoit une statue équestre en équipage de guerre, faite par Praxitèle. En entrant dans la ville étoit un édifice où l'on gardoit tout ce qui étoit nécessaire pour la pompe des fêtes panathénées, qui se célébroient avec beaucoup de magnificence en l'honneur de Minerve. Près de ce lieu étoit un temple de Cérès, où il y avoit trois belles statues, dont l'une représentant la déesse, l'autre Proserpine sa fille, & la troisième, Bacchus tenant un flambeau: ces ouvrages étoient de Polyclète. Plus loin étoit un Neptune, alongeant de dessus son cheval un coup de pique au géant Polybote. Les façades des portiques qui étoient depuis la porte de la ville jusqu'au Céramique, étoient ornées de statues de bronze, qui représentoient des hommes & des femmes illustres. Un de ces portiques renfermoit quelques chapelles & un gymnase, ou lieu d'exercice consacré à Mercure: ce même lieu fut depuis consacré à Bacchus chantant. On y voyoit aussi la statue de Minerve péoniène, celle de Jupiter, celle de Mnémosyne & des Muses, & une autre d'Apollon, qui avoit été consacrée & faite par Eubulide.

Le Céramique étoit un quartier de la ville d'Athènes, qui, selon les apparences, prenoit son nom des tuileries (3) qui y étoient établies autrefois: le premier portique que l'on rencontroit en entrant dans ce quartier, étoit celui du roi; nom que l'on donnoit au magistrat, qui, pendant un an que duroit sa dignité, n'avoit guère d'autres fonctions que celles de sacrifier suivant l'ancien rit du pays, & de maintenir les cérémonies de la religion. On avoit mis sous ce portique quelques statues de terre cuite, entre autres celle de Thésée jettant Sciron dans la mer, & celle de l'Aurore qui enlève Céphale. Près de-là étoit une statue de Conon, & une de son fils Timothée. On y voyoit aussi celle de Jupiter surnommé Eleutherius, ou le libérateur, & une de l'empereur Adrien, qui répandit tant de bienfaits sur la ville d'Athènes. Derrière ce portique il y en avoit un autre, où étoient peints les douze dieux (*dii majorum gentium*). A l'extrémité du mur étoit un grand tableau où l'on voyoit Thésée: le peintre y avoit aussi représenté une manière de Démocratie & le peuple d'Athènes. Dans le même endroit étoit un autre grand tableau qui représentoit les exploits des Athéniens lorsqu'ils allèrent au secours des Lacédémoniens à Mantinée. Près de ce portique étoit un temple, où l'on voyoit

(2) J'ai supprimé la *ville basse* & les *jardins*.

(3) Du mot grec κεραμὶς, *ouvrage en terre cuite, tuile*.

devant la porte une ſtatue d'Apollon, faite par Léocharès, & une autre du même dieu ſous le titre de libérateur, faite par Calamis. A la ſuite de ce temple étoit une chapelle dédiée à la mère des dieux, dans laquelle étoit une ſtatue de la déeſſe, faite par Phidias, ſtatuaire né à Athènes, & le plus célèbre de toute l'antiquité. Près de cette chapelle étoit le ſénat des cinq cens, ou de ceux qui étoient chargés des affaires publiques: ce lieu étoit orné des ſtatues de Jupiter ſurnommé le conſeiller, d'Apollon, & d'une autre qui repréſentoit le peuple d'Athènes. On y voyoit auſſi le portrait des grands hommes qui avoient policé la république en faiſant des loix ſages & des ordonnances utiles: ces portraits étoient de Protogène, excellent peintre de Caunium. Auprès du ſénat des cinq cens étoit le Tholus, ou la chapelle du Prytanée: c'étoit un édifice fait en rotonde, où les Prytanes s'aſſembloient: ils étoient au nombre de cinquante, & leur fonction étoit de convoquer le ſénat quand ils le jugeoient néceſſaire, & de le préſider: un de leurs privilèges étoit auſſi de faire des ſacrifices à Jupiter dit le conſeiller, & à Minerve la conſeillère, pour obtenir de ces divinités qu'elles daignaſſent inſpirer les ſénateurs. Dans cette rotonde étoient quelques ſtatues d'argent d'une grandeur médiocre: un peu au-deſſus de celles-ci, étoient celles des héros de qui les tribus athéniennes prirent leur nom dans la ſuite des temps. Les héros de l'ancien temps dont les Athéniens empruntèrent le nom pour le donner à leur tribu, ſont Hippothoon fils de Neptune, Antiochus fils d'Hercule, & Télamon fils d'Ajax. Parmi les Athéniens on comptoit Léos, qui, par le conſeil de l'oracle, dévoua ſes filles pour le ſalut de l'état. Erectée qui défit les Eleuſiniens, & Egée. Œneüs fils naturel de Pandion, & Acamas un des fils de Théſée, les ſtatues de Cécrops & de Pandion étoient auſſi avec celles des héros ci-deſſus. Les tribus Athéniennes prirent auſſi des noms plus modernes, comme celui d'Attalus roi de Myſie, de Ptolemée roi d'Egypte, & celui de l'empereur Adrien. Après les ſtatues de ces héros, on en voyoit d'autres de quelques divinités, entre autres celle de la Paix qui portoit un petit Pluton dans ſes bras. On y voyoit auſſi une ſtatue en bronze, repréſentant Lycurgue l'orateur, fils de Lycophron, & auprès de celle-ci étoit celle de Callias, qui obtint d'Artaxerxès une paix fort avantageuſe pour les Athéniens. Celle de Démoſthène y étoit auſſi. Près de cette rotonde étoit un temple dédié à Mars, dans lequel il y avoit une ſtatue du dieu, & deux ſtatues de Vénus: celle du dieu étoit l'ouvrage d'Alcamène; il y en avoit auſſi une de Minerve, faite par Locrus, & une de Bellone, faite par les fils de Praxitèle. Devant la porte du temple on voyoit un Hercule, un Théſée, & un Apollon. Outre les ſtatues de ces divinités, on voyoit auſſi celle de Calliadès, un des légiſlateurs d'Athènes, & celle de Pindare, qui mérita cet honneur des Athéniens, pour avoir fait une ode à leur louange. Xerxès étant entré dans Athènes en conquérant, enleva toutes ces ſtatues, comme autant de dépouilles; mais Antiochus les renvoya aux Athéniens.

En allant au théâtre on voyoit à l'entrée & dans l'*Odeum* (1), ou lieu deſtiné à la muſique, les ſtatues des rois d'Egypte, qui tous avoient porté le nom de Ptolemée, & avoient été diſtingués par des ſurnoms. Après les ſtatues des rois d'Egypte étoient celles des rois de Macédoine, Philippe & Alexandre ſon fils. Il y avoit auſſi dans ce lieu une fort belle ſtatue de Bacchus.

Près du théâtre étoit la ſeule fontaine qu'il y eût à Athènes, qui jettoit de l'eau par neuf tuyaux: c'étoit Piſiſtrate qui l'avoit ornée. Plus haut étoient deux temples, l'un dédié à Cérès & l'autre à Proſerpine, où il y a une ſtatue de Triptolème: devant la porte du temple, dans un endroit où il y avoit encore une autre ſtatue de Triptolème, on voyoit une vache d'airain dans l'appareil d'une victime que l'on menoit à l'autel: on y remarquoit auſſi une ſtatue d'Epiménide aſſis, que l'on dit avoir délivré Athènes de la peſte. Plus loin étoit le temple d'Euclée, bâti du butin fait ſur les Perſes, lorſqu'ils débarquèrent à Marathon. Au-deſſus du Céramique & du portique du roi, étoit un temple de Vulcain, dans lequel on avoit mis une Minerve avec des yeux *pers*. En allant au portique nommé *le Pœcile*, à cauſe de la variété de ſes peintures, on rencontroit un Mercure en bronze, qui étoit repréſenté ſous le titre d'Agoreüs, ou de divinité qui préſide aux marchés; après étoit une porte ou une eſpèce d'arc de triomphe, que les Athéniens avoient élevé pour ſervir de trophée à ceux qui avoient enfoncé la cavalerie de Caſſander. En entrant dans le Pœcile, le premier tableau qui ſe préſentoit à vous, repréſentoit le combat des Athéniens contre les Lacédémoniens à Œnoé, bourg de l'Attique. Au milieu du mur on voyoit Théſée à la tête des Athéniens qui combattoit contre les Amazones. Le tableau d'après repréſentoit le ſaccagement de Troye par les Grecs. Le dernier tableau de ce lieu étoit la peinture du combat de Marathon, dont les Athéniens tirent tant d'honneur. Parmi les combattans qui paroiſſent le plus ſe diſtinguer, ſont Callimachus, qui fut le premier honoré de la dignité de *Polémarque*: c'étoit une charge plutôt civile que militaire: le Polémarque étoit un des neuf Archontes d'Athènes. Callimachus fut tué à ce combat. Parmi les ſtatues qui décoroient le devant de ce portique, on remarquoit celle de

(1) Ce monument étoit un des plus magnifiques de ceux qui ornoient la ville d'Athènes. Son nom, qui vient d'*ᾠδὴ ode*, indique que ce lieu étoit conſacré au chant; & l'on voit, par Plutarque, qu'il étoit deſtiné aux concours qui ſe faiſoient entre les muſiciens; Péricles en avoit été l'architecte. On y célébra auſſi des jeux de muſique à la fête des Panathénées. Il eut beaucoup à ſouffrir lorſque Sylla fit le ſiège d'Athènes, & pendant la guerre de Mithridate. Il fut enſuite rétabli par Ariobarzane Philopator, roi de Cappadoce.

Solon, qui a donné des loix aux Athéniens: plus loin étoit celle de Séleucus, qui donna l'empire de l'Asie à son fils Antiochus.

Dans la place publique d'Athènes, étoit l'autel de la Pitié, divinité que les Athéniens seuls honorent d'un culte particulier. Près de la place étoit un gymnase ou lieu d'exercice qui portoit le nom de Ptolemée son fondateur: on y voyoit des Hermès ou Mercures en marbre, de figure quarrée, qui étoient d'une grande beauté. La statue de Ptolemée étoit en bronze, ainsi que celle de Juba le Libyen, & de Chrysippe de Soli. Près de ce gymnase étoit le temple de Thésée, dans lequel on voyoit de fort belles peintures, entre autres le combat des Athéniens contre les Amazones, la querelle des Centaures avec les Lapithes, où Thésée étoit représenté tuant un Centaure. En avançant un peu, on rencontroit le Prytanée, où l'on gardoit les loix de Solon écrites dans un tableau: on voyoit dans ce lieu les statues de la Paix, de Vesta & de plusieurs hommes célèbres, parmi lesquels étoit celle de Autolycus, fameux athlète.

En descendant vers la ville basse on rencontroit le temple de Sérapis, dont Ptolemée introduisit le culte à Athènes; un peu plus bas on montroit le lieu où Pirithoüs & Thésée s'engagèrent à aller ensemble à Lacédémone. Près de ce lieu étoit le temple de Lucine, déesse que l'on disoit être venue des pays Hyperboréens à Délos, pour secourir Latone dans ses couches; on rencontroit ensuite le temple de Jupiter Olympien, consacré à ce dieu par l'empereur Adrien. L'enceinte de ce temple étoit de quatre stades, ou cinq cent pas géométriques; il étoit aussi grand que celui de Salomon, & plus grand qu'aucun autre dont on ait connoissance: ce temple ne fut achevé qu'environ 700 ans après que Pisistrate en eut jetté les fondemens. L'empereur Adrien, en le consacrant, y plaça cette belle statue, qui attiroit les yeux de tout le monde, moins par sa hauteur colossale, que par sa richesse & la juste proportion de toutes ses parties. On voyoit dans ce temple quatre statues de l'empereur Adrien, dont deux étoient de marbre de Thasos, & les deux autres de marbre d'Egypte. Quoique l'enceinte de ce temple fût au moins de quatre stades, on ne trouvoit pas, dans ce long circuit, un seul endroit où il n'y eût des statues, parce que chaque ville, pour signaler son zèle, voulut donner la sienne; mais les Athéniens se distinguèrent particulièrement par le magnifique colosse qu'ils érigèrent à ce prince, & qu'ils placèrent derrière le temple. Sur les colonnes de ce superbe édifice étoient représentées toutes ces villes qui étoient appelées par les Athéniens *les colonies d'Adrien.*

Cette enceinte renfermoit aussi plusieurs antiquités, entr'autres un Jupiter en bronze, un vieux temple de Saturne & de Rhéa, un bois sacré que l'on nommoit *le bois d'Olympie*, & une colonne sur laquelle étoit une statue d'Isocrate, qui se distingua par sa constance à enseigner toute sa vie, qui fut de près d'un siècle, & par son amour pour la liberté, qui lui fit se donner la mort, lorsqu'il apprit que ses compatriotes avoient été vaincus à Chéronée; on mettoit aussi parmi les antiques, des Perses en marbre de Phrygie, qui soutenoient un trépied de bronze, & qui passoient pour des chefs-d'œuvre. L'empereur Adrien fit encore élever un temple qu'il dédia à Junon, un à Jupiter Panellénien, & un autre qu'il dédia à tous les dieux: on admiroit dans ce dernier cent-vingt colonnes en marbre de Phrygie, & des portiques dont les murs étoient du même marbre, dans lesquels on avoit fait des niches, où il y avoit des statues & de belles peintures. Près de ce temple étoit une belle bibliothèque, & un lieu d'exercice qui portoit le nom d'Adrien: ce lieu étoit décoré de cent colonnes de beau marbre de Libye.

Au-delà du temple de Jupiter Olympien, on rencontroit une statue d'Apollon Pythien, & après on voyoit un temple du même dieu, mais surnommé *Delphinien.*

Dans le quartier de la ville que l'on nommoit *les Jardins*; on voyoit un temple de Vénus la Céleste, avec une statue de la déesse de figure quarrée (1). Indépendamment de cette figure symbolique, cette déesse avoit, dans le temple, une statue faite par Alcamène, & l'une des plus belles qu'il y eût à Athènes: il y avoit aussi dans ce même quartier un temple dédié à Hercule Cynosarge.

Le Lycée étoit un lieu qui avoit pris son nom de Lycus, fils de Pandion, & que l'on croyoit avoir été un temple d'Apollon, à qui l'on donna le surnom de *Lycien.* Derrière le Lycée on voyoit le tombeau de Nisus, roi de Mégare, tué par Minos, que les Athéniens firent transporter à Athènes. Au-delà de l'Ilissus étoit un temple de Diane Agrotera, ou la Chasseresse: ce temple étoit situé dans un endroit que l'on nommoit *Agrea.*

Le superbe stade d'Athènes étoit aussi dans ce lieu: il étoit construit en marbre blanc, & prenoit depuis le haut de la colline au-dessus de l'Ilissus, & venoit se terminer à la rivière en forme de demi-lune: on avoit épuisé, pour sa construction, presque toute une carrière du mont Pentélique. Ce magnifique stade étoit un monument de la libéralité d'Hérode Atticus, qui vivoit sous les règnes de Nerva, Trajan, Adrien, Antonin, & Marc-Aurèle, & il fut élevé à la dignité de consul romain.

Du Prytanée on descendoit par la rue des Trépieds, ainsi nommée parce qu'il y avoit plusieurs temples considérables où l'on conservoit des trépieds de bronze, sur lesquels étoient des ouvrages d'un très-grand prix, entre autres le Satyre dont Praxitèle s'applaudissoit beaucoup.

Le théâtre étoit orné d'un grand-nombre de

(1) Lucien rapporte que l'on y sacrifioit une génisse

portraits de poëtes tant tragiques que comiques (1), & il étoit joint à la citadelle par une muraille que l'on nommoit *australe*, parce qu'elle étoit au midi : on voyoit sur cette muraille une tête de la Gorgone Méduse, qui étoit dorée & relevée en bosse sur l'égide. Au haut du théâtre il y avoit, dans l'épaisseur du mur, une grotte, d'où l'on descendoit au pied de la citadelle : dans cette grotte étoit un trépied où étoient représentés Apollon & Diane tuant les enfans de Niobé. Dans le chemin qui menoit de la citadelle au théâtre, on trouvoit le tombeau de Calus, tué par Dédale ; on rencontroit aussi le temple d'Esculape, qui méritoit toute l'attention des curieux, tant à cause de plusieurs de ses statues & de celles de ses enfans, que pour les belles peintures qui s'y voyoient : dans ce temple étoit une fontaine, près de laquelle on disoit que Mars avoit tué Halirrhothius ; on conservoit dans le même lieu, comme une grande curiosité, la cuirasse d'un Sarmate, faite avec de la corne de cheval coupée par écailles, qui étoit aussi-bien travaillée & aussi solide que celles des Grecs, quoiqu'elle fût cousue avec des nerfs, & qu'il n'y eût pas de fer. Après le temple d'Esculape, toujours sur le chemin qui menoit à la citadelle, on voyoit le temple de Thémis : à l'entrée étoit le tombeau du malheureux Hyppolite, qui mourut de l'effet des imprécations de son père ; il n'y avoit que ce seul chemin pour entrer dans la citadelle, car de tous les autres côtés elle étoit défendue par de bons murs ou par des rochers escarpés.

Les vestibules qui conduisoient à la citadelle, & que l'on nommoit *propylées* ou portiques, étoient une des grandes beautés d'Athènes (2) ; ils étoient couverts de marbre blanc, qui, pour la grandeur des pierres, ou pour la sculpture dont elles étoient ornées, surpassoient en beauté tout ce que l'on pouvoit voir ailleurs : à droite étoit une chapelle de la Victoire, dont la statue n'étoit pas ailée : cette chapelle donnoit du côté de la mer, où l'on disoit qu'Égée s'y étoit précipité. Dans une salle à la gauche de cette chapelle, il y avoit des peintures, qui représentoient Diomède emportant de Lemnos les flèches de Philoctète, & Ulysse qui enlevoit le palladium de la citadelle de Troye : dans un autre tableau on voyoit Oreste qui poignardoit Egisthe, & Pylade qui tuoit les enfans de Nauplius venus au secours d'Egisthe ; d'un autre côté étoit représenté Polyxène, que l'on immoloit sur le tombeau d'Achille : il y avoit beaucoup d'autres tableaux, qui tous avoient été faits par Polygnote. Il y avoit près de ces vestibules (3) des statues équestres d'une grande beauté ; mais on ignore qui on avoit voulu représenter. J'ajoute que les clefs des propylées, qui étoient en effet les portes de la citadelle, étoient remises chaque soir entre les mains de l'Epistrate, ou Archonte chargé de l'administration intérieure de la ville (4).

En entrant dans la citadelle on trouvoit les trois Graces & un Mercure, que l'on disoit avoir été faits par Socrate, fils de Sophronisque : les Graces sont ordinairement représentées nues ; mais Socrate avoit habillé celles-ci. On voyoit aussi dans la citadelle la statue de Diitréphès en bronze, tout percé de flèches. Près de cette statue étoit celle d'Hygie, que l'on disoit fille d'Esculape, & une de Minerve Hygiea, ou Salutaire : on montroit auprès de ces statues un petit banc de pierre, où l'on disoit que Silène se reposa lorsque Bacchus vint, pour la première fois, dans l'Attique. Parmi beaucoup d'antiques que l'on conservoit dans la citadelle, on remarquoit un petit Lycius, fils de Myron : il étoit de bronze, & portoit à la main un vase sacré ; une statue de Persée dans l'attitude vraisemblablement ou il étoit lorsqu'il tua Méduse : ces deux ouvrages étoient de Myron. L'on voyoit aussi une chapelle de Diane Broronia, dont la statue étoit de Praxitèle. On montroit dans cette même citadelle un cheval de bronze qui imitoit le cheval de bois que l'on prit à Troye, & que Virgile a rendu si célèbre ; derrière ce cheval étoient plusieurs statues, parmi lesquelles on distinguoit celle d'un homme qui disputa le prix de la course tout armé, dans le temps que

(1) Le théâtre d'Athènes, dans son plus grand diamètre, avoit environ 247 pieds & demi ; l'ouverture de la scène en avoit 104 ; les murs 8 d'épaisseur : il étoit de marbre blanc.

(2) On en voit encore de magnifiques ; & M. le Roy, voyageant dans le pays, les a reconnus le premier, aux cinq portes dont parle Harpocration. (*Ruines des monum. de l'antiq. 2e. édit. p. 139.*)

(3) Si quelque lecteur vouloit juger de la vérité de mon récit, soit dans cet article, soit dans plusieurs autres, je les préviens de ne pas s'en rapporter aux traductions. Par exemple, je m'écarte ici de celle que M. l'abbé Gédoyn a faite de Pausanias. Il dit que ces statues équestres étoient *sur* ces vestibules. Cela n'est pas dans le texte grec que j'ai sous les yeux. M. le Roy n'a pas manqué non plus d'en faire la remarque. Je pourrois citer un grand nombre de contre-sens qui se trouvent dans cette traduction ; & c'est assurément bien dommage, puisque la lecture de Pausanias est une des plus agréables, en fait d'antiquité. Il seroit bien à desirer que quelque homme de lettres, très-versé dans la langue grecque & dans les antiquités de cette nation, voulût bien revoir cette traduction, ou plutôt en refaire une nouvelle ; car avec les contre-sens il y a des transpositions, *&c.* Voyez l'article *Messène*, *Ira*, *&c.* C'est une confusion où l'on ne comprend rien ; d'autres fois l'abbé change les divinités que Pausanias indique dans un temple, pour y en substituer d'autres : enfin, cet ouvrage, d'ailleurs très-bien écrit, manque absolument son but, qui doit être sur-tout de rendre l'auteur grec. Quant à sa superbe disposition des propylées & des deux piédestaux, on les trouve gravés dans l'ouvrage de M. le Roy, telle qu'il l'a conçue sur le lieu, d'après la vue des belles ruines qui y subsistent encore, & d'après la lecture attentive des auteurs qui en parlent.

(4) Lorsque les Turcs se furent emparés d'Athènes, ils firent de ce superbe vestibule un magasin à poudre. La foudre y mit le feu en 1656, & fit sauter en l'air le plafond de cet édifice & le logement d'Ysouf-Aga qui étoit dessus.

Charinus étoit Archonte à Athènes. Le Pancratiaste Hermolycus & Phormion, fils d'Asopicus, étoient aussi là en bronze: on y voyoit encore une Minerve qui châtioit le Satyre Marsyas, pour avoir emporté une flûte qu'elle avoit jettée, & qu'elle ne vouloit pas que l'on ramassât: à tout cela il faut ajouter un tableau qui représentoit le combat de Thésée contre le Minotaure; dans un autre tableau on voyoit Phryxus, fils d'Athamas, qui immoloit le bélier qui l'avoit porté à Colchos. On voyoit dans d'autres tableaux un Hercule qui étouffoit de gros serpens dans ses mains; une Minerve qui sortoit de la tête de Jupiter, & un taureau qui fut consacré en ce lieu par le sénat de l'Aréopage, en statues moins antiques que celles dont il est fait mention précédemment, mais où l'art avoit déployé toutes ses beautés. On remarquoit un guerrier inconnu qui avoit la tête dans un casque, & dont les ongles étoient d'argent; cette statue étoit de Cloeetas, grand statuaire: une statue de la Terre suppliante qui demande de la pluie à Jupiter: une statue de Conon & une de son fils Timothée; une autre représentant Procné qui méditoit d'égorger son fils, & la statue d'Itys. On voyoit aussi une Minerve avec l'olivier qu'elle donne aux Athéniens; un Neptune qui faisoit sortir une source d'eau en leur faveur, & une statue de Jupiter Poliëus, ou Jupiter protecteur de la ville d'Athènes, faite par Léocharès.

Le parthenon (1), ou temple de Minerve, étoit aussi dans la citadelle, ce temple étoit un des édifices les plus magnifiques de la ville d'Athènes: on le nommoit aussi l'Hécatompedon, ou le temple des cent pieds (2), parce qu'il avoit cent pieds en tout sens: il avoit été rebâti par Périclès, les Perses ayant brûlé le premier. Sur le fronton de la façade on voyoit tout ce qui a rapport à la naissance de Minerve: sur le fronton de derrière, l'ouvrier avoit représenté le différend survenu entre Neptune & Minerve au sujet de l'Attique. Dans l'intérieur du temple étoit la statue de la déesse, de vingt-six coudées de hauteur, toute en or & en ivoire; les deux côtés de son casque étoient soutenus par deux griffons, & du milieu s'élevoit un sphinx; la statue étoit droite, vêtue d'une tunique qui lui descendoit jusqu'au bout des pieds; sur son estomac étoit une tête de Méduse, en ivoire, & auprès de la déesse une victoire haute de quatre coudées; la déesse tenoit dans sa main une pique, & au bas de la pique étoit un serpent, symbole d'Ericthonius; elle avoit son bouclier à ses pieds. Sur le piédestal étoit représentée Pandore en bas-relief. Cet ouvrage étoit regardé comme le chef-d'œuvre de Phidias. Il n'y avoit de statue d'homme dans ce temple, que celle de l'empereur Adrien; mais à l'entrée on voyoit celle d'Iphicrate, célèbre général Athénien. Hors du temple on voyoit une statue en bronze d'Apollon Parnopius, que l'on disoit avoir été faite par Phidias. Les statues de Xantipe & de son fils Périclès, ornoient aussi la citadelle d'Athènes. La statue de Périclès étoit isolée; mais à côté de Xantipe étoit celle d'Anacréon de Téos, qui étoit représenté comme un homme qui a un peu de vin dans la tête & qui chante. On voyoit ensuite les statues d'Ino, fille d'Inachus, & de Callisto, fille de Lycaon. Le mur du temple (3) du côté du midi, c'est-à-dire, la frise de la Cella, ou corps du temple même, étoit orné de bas-reliefs d'environ deux coudées, qui avoient été restaurés & consacrés par Attalus. Les sujets étoient la guerre des dieux contre les géans qui habitoient la Thrace & l'isthme de Pallène, le combat des Athéniens contre les Amazones, la victoire des Athéniens sur les Perses à la journée de Marathon, & la défaite des Gaulois dans la Mysie (4). Olympiodore avoit aussi sa statue dans ce lieu: c'est ce fameux Athénien qui, à la tête des plus intrépides de ses compatriotes, délivra Athènes du joug des Macédoniens, sous lequel elle étoit depuis la bataille de Chéronée perdue contre Philippe, père d'Alexandre-le-grand: cette statue étoit un monument de la reconnoissance de sa patrie. Auprès de cette dernière statue il y en avoit une en bronze, sous le nom de Diane Leucophryné.

Le temple d'Erectée étoit fort beau; il y avoit dans le parvis un autel dédié à Jupiter-le-grand, où l'on ne sacrifioit rien d'animé: on n'y faisoit que des offrandes, & on ne se servoit même pas de vin dans les libations. En entrant dans le temple on trouvoit trois autels, dont le premier étoit consacré à Neptune, &, suivant un ancien oracle, on y sacrifioit aussi à Erectée: le second étoit consacré à Butès, un de leurs héros, & le troisième à Vulcain.

Sur les murs du temple on avoit peint à fresque toutes les aventures qui avoient quelque rapport au

(1) J'en ai parlé au mot ACROPOLIS.

(2) M. le Roy a trouvé ces 100 pieds à sa largeur extérieure, ce qui donne 94 pieds 10 pouces du pied de Paris. Il avoit de long 200 pieds de notre mesure, 65 de haut.

(3) Je m'écarte encore ici du sens donné par l'abbé Gédoyn, 1°. parce qu'il n'est pas question dans le grec *de la citadelle*; 2°. parce que M. le Roy, aussi-bien que Wheler, traduisent *muraille du temple*, les murs de la citadelle étant très-bas & sans ornemens.

(4) Quoique Athènes ait changé de maîtres, ce temple magnifique, bâti par Périclès, subsista long-temps dans toute sa beauté. Les Chrétiens, devenus maîtres de la ville, en firent un temple au vrai Dieu; & les Turcs, qui leur succédèrent, en firent une mosquée: mais la guerre, ce fléau qui accélère cruellement les ravages du temps, fut cause de sa ruine. En 1677, le Provéditeur Morosini assiégeoit Athènes à la tête de 8800 soldats vénitiens: une bombe tomba sur le temple, mit le feu aux munitions de poudre que les Turcs y avoient enfermées, & dans un instant une grande partie de l'édifice fut ruinée. Ce général, pour enrichir sa patrie des dépouilles de ce superbe monument, voulut faire enlever du fronton la statue de Minerve, son char & ses chevaux, mais une partie du groupe tomba à terre & se brisa. Les Turcs ont depuis bâti la mosquée qui se voit au milieu des ruines.

héros ou à sa famille. Ce temple étoit double, & on y voyoit un puits dont l'eau étoit salée : sur la pierre qui le couvroit étoit empreinte la figure d'un trident. La ville d'Athènes étoit sous la protection de Minerve, & quoique chaque peuple de l'état eût ses dieux particuliers, tous rendoient en commun un culte à cette déesse. Celle de toutes ses statues pour laquelle on avoit le plus de vénération, est celle qui fut, d'un consentement général, consacrée dans l'endroit où fut depuis la citadelle, & qui dans ce temps-là composoit toute la ville d'Athènes. Il y avoit une lampe d'or qui brûloit devant la déesse, & qui étoit un ouvrage de Callimaque, artiste célèbre pour avoir travaillé le marbre. Au-dessus de la lampe il y avoit une grande palme de bronze qui s'élevoit jusqu'à la voûte, & par où la fumée de la lampe se dissipoit. Une des antiquités que l'on conservoit dans le temple de Minerve Poliade ou protectrice de la ville, étoit une statue de Mercure, composée de plusieurs branches de myrte jointes ensemble avec beaucoup d'adresse, & que l'on disoit avoir été donnée par Cécrops. Une autre antique que l'on y conservoit étoit une espèce de siège pliant qui avoit été fait par Dédale. Et enfin plusieurs dépouilles remportées sur les Perses, entre autres la cuirasse de Macistius, & un sabre que l'on assuroit être celui de Mardonius. Le temple de Pandrose touchoit à celui de Minerve.

Les deux vierges que les Athéniens appelloient Canéphores ou porteuses de corbeilles (1), habitoient une maison qui étoit auprès du temple de Minerve Poliade: la fonction de ces vierges étoit d'aller prendre, la nuit qui précédoit la fête de la déesse, chez la prêtresse de Minerve, des corbeilles qu'elles mettoient sur leur tête, sans que ni elles ni la prêtresse sussent ce qu'il y avoit dedans; elles les portoient dans une enceinte qui étoit près de la Vénus aux jardins, où elles descendoient dans une caverne qui paroissoit être creusée naturellement, elles y déposoient leurs corbeilles & en reprenoient d'autres qu'elles reportoient sur leur tête au temple, avec le même mystère. Alors on leur donnoit leur congé, & elles étoient remplacées par deux autres pour remplir les mêmes fonctions dans la citadelle. Il y avoit près de ce temple une statue fort légère, haute d'une coudée, qui représentoit une vieille femme. Deux grandes statues de bronze étoient près de-là ; elles étoient dans l'attitude de deux hommes qui se battent: elles représentoient, selon toutes les apparences, Erectée & Immaradus. L'on voyoit aussi quelques statues très-anciennes de Minerve; mais elles étoient très-noircies par le feu que Xerxès fit allumer pour brûler Athènes lorsqu'il la prit. Il y avoit encore dans la citadelle deux anciens monumens dont la dépense avoit été prise sur le dixième des dépouilles enlevées aux ennemis: l'un étoit une Minerve en bronze, faite par Phidias: l'excellent graveur Mys avoit représenté sur le bouclier de la déesse, le combat des Centaures & des Lapithes, & plusieurs autres histoires d'après les dessins de Parrhasius, fils d'Evénor. Cette statue étoit si haute que, du promontoire Sunium, qui étoit à cinq lieues, on pouvoit appercevoir l'aigrette du casque. Le dixième des dépouilles faites sur les Perses à la journée de Marathon, fut employé à en payer les frais. L'autre étoit un char d'airain: on y avoit employé le dixième des dépouilles faites sur les Béotiens & sur les habitans de Chalcis en Eubœe. Il y avoit encore deux statues dont l'une représentoit Périclès fils de Xantipe, & l'autre Minerve Lemnienne, parce que c'étoient les habitans de Lemnos qui l'avoient consacrée: celle-ci étoit le plus parfait de tous les ouvrages de Phidias. Quant à la citadelle, c'étoit Cimon, fils de Miltiade, qui en avoit bâti une partie, & l'on disoit que deux Pélasgiens, que l'on nommoit Agrolas & Hyperbius, l'avoient entourée de murailles.

Lorsque l'on étoit descendu au-delà des portiques de la citadelle, on voyoit un temple dédié à Apollon & au dieu Pan; auprès étoit une fontaine. L'antre dans lequel Apollon avoit eu commerce avec Créüse, fille d'Erectée, étoit aussi près de ce temple. Les Athéniens rendoient un culte à Pan, parce qu'ils croyoient que ce dieu les avoit aidés à vaincre les Perses à Marathon. Le quartier de la ville que l'on nommoit l'Aréopage, avoit pris ce nom de ce qu'il étoit situé sur une colline, & que Mars avoit été cité le premier à ce tribunal pour avoir tué Halirrhothius. L'Aréopage étoit le premier tribunal d'Athènes : on y portoit les causes capitales pour y être jugées, sur-tout lorsqu'il s'agissoit de meurtre ou de péculat, d'impiété ou d'innovation en matière de religion. Le nombre des juges qui composoient ce tribunal, & la qualité des causes dont ils connoissoient avoit beaucoup varié. Dans la salle de l'audience il y avoit deux marches d'argent, où se mettoient l'accusateur & l'accusé: l'un étoit nommé le siège de l'injure, & l'autre celui de l'innocence. Près de là étoit le temple que les Athéniens nommoient les déesses sévères : tous ceux qui étoient absous dans l'aréopage, alloient sacrifier à ces divinités. On montroit le tombeau d'Œdipe dans l'enceinte de l'aréopage; ses os y avoient été transportés de Thèbes.

Il y avoit plusieurs autres tribunaux à Athènes; mais moins célèbres que l'Aréopage : on en nommoit un le Parabiste, un autre le Trigone : le premier prenoit son nom d'un endroit sombre où il étoit situé, & l'autre de sa forme triangulaire: on ne jugeoit que de petites causes dans ces deux-ci. Il y avoit encore les tribunaux de la chambre rouge & de la chambre verte, qui avoient ces noms des couleurs qui les distinguoient lors de leur institution. La chambre du soleil étoit le plus grand de tous les tribunaux, & le plus fréquenté de cette

(1) Deux sculpteurs grecs, Polyclète & Scopas, avoient fait des statues de ces Canéphores ou *porteuses de corbeille*, très célèbres, & vantées; celles du premier, par Cicéron; celles du second, par Pline.

ville: on la nommoit ainsi parce qu'elle étoit exposée au soleil. Les procès criminels pour cause de meurtre étoient particuliérement attribués à la chambre du Palladium, qui fut appellée de ce nom, parce que Démophon y fut, dit-on, cité pour avoir attaqué Diomède qui s'en retournoit dans son pays après le siège de Troye, & lui avoir enlevé le Palladium, croyant que c'étoit des ennemis. Il y a encore la chambre delphinienne, parce que les juges s'assembloient dans le temple d'Apollon Delphinien: c'est à ce tribunal que l'on jugeoit ceux qui, s'avouant coupables d'homicides, se retranchoient sur le droit. Dans le Prytanée il y avoit un tribunal particulier pour juger des choses inanimées qui avoient occasionné la mort d'un homme.

Assez près de l'Aréopage on voyoit une galère qui étoit pour servir à la pompe des fêtes Panathénées, qui se célébroient en l'honneur de Minerve.

En sortant de la ville & près des murs, on trouvoit l'Académie, qui faisoit partie du Céramique au-dehors. L'Académie prenoit le nom du propriétaire du champ où elle étoit bâtie: il se nommoit Academus ou Echedemus. C'étoit le lieu d'exercice. En entrant on trouvoit une place consacrée à Diane & ornée d'un grand nombre de statues, qui portoient pour inscription, *à la très-bonne & très-belle déesse*. Bacchus surnommé Eleuthere y avoit aussi un petit temple, où l'on portoit la statue du dieu, à certains jours, tous les ans.

Le tombeau de Trasybule y tenoit avec justice le premier rang: c'est cet excellent citoyen qui partit de Thèbes à la tête de soixante personnes, pour venir délivrer sa patrie de l'oppression des trente tyrans: ce qu'il exécuta heureusement; & il pacifia Athènes qui étoit troublée depuis long-temps par des guerres intestines. On voit ensuite les tombeaux de Périclès, de Chabrias, & de Phormion; puis les Cénotaphes de tous les Athéniens qui avoient péri dans les combats de terre ou de mer, à l'exception de ceux qui furent tués à Marathon, parce qu'on leur rendit cet honneur dans le lieu où ils avoient signalé leur courage. Les autres étoient inhumés sur le chemin qui menoit à l'Académie; on avoit élevé des colonnes sur leurs tombes, où l'on avoit gravé le nom & le lieu de leur naissance. L'on avoit mis un cippe sur le devant d'un tombeau, où étoient représentés deux cavaliers les armes à la main: l'un étoit Mélanopus, & l'autre Macartus: tous les deux finirent glorieusement leur vie, en combattant contre les Béotiens & les Lacédémoniens, entre Eleusis & Tanagre. On voyoit aussi un monument que l'on avoit érigé pour les Thessaliens qui étoient venus au secours des Athéniens dans le temps que les peuples du Péloponnèse voulurent envahir l'Attique sous la conduite d'Archidame. La sépulture de plusieurs Athéniens, & entre autres celle de Clisthène, qui partagea les peuples de l'Attique en tribus, étoient de même dans ce lieu. Le monument élevé à ceux de la cavalerie athénienne qui combattirent de concert avec les Thessaliens dont on a parlé plus haut, étoit aussi sur ce chemin. Dans le même endroit étoient représentés les Cléonéens qui vinrent au secours d'Athènes avec les Argiens. Les tombeaux des Athéniens qui combattirent contre les Eginètes avant la guerre des Perses, étoient un peu plus loin. Lors de cette guerre les esclaves donnèrent de si grandes preuves d'affection à leurs maîtres en combattant vaillamment pour eux, que le peuple rendit ce décret si plein de sagesse & d'équité, par lequel il fut ordonné que l'on donneroit aux esclaves les honneurs de la sépulture publique, & que l'on éleveroit des colonnes où seroient gravés leurs noms, en considération des services importans qu'ils avoient rendus à leurs maîtres lors du combat (1). Il y avoit encore un grand nombre de monumens élevés aux Athéniens qui avoient succombé en combattant pour leur patrie, à Olinthe ou dans la guerre contre Cassander. Le tombeau de Mélésander étoit un des plus remarquables de ceux qui bordoient ce chemin. C'est cet Athénien qui remonta le Méandre avec ses vaisseaux, pour pénétrer dans la haute Carie. Les Athéniens se vantoient d'avoir aidé les Romains à étendre leurs frontières, & de leur avoir fourni cinq galères dans le combat où ils vainquirent les Carthaginois: en conséquence ils mirent sur ce même chemin les tombeaux & les éloges de ceux qui perdirent la vie dans ces deux occasions. L'on y voyoit aussi le tombeau de ceux qui, sous le commandement de Cimon, gagnèrent deux victoires en un même jour sur les bords de l'Eurymédon. Le tombeau de Zénon, fondateur de la secte Stoïcienne, se voyoit sur ce même chemin, ainsi que celui de Conon & de son fils Timothée. Nicias, fils de Nicomède, le plus fameux peintre en animaux qui fût de son temps, étoit aussi inhumé là. A la suite étoient ceux de deux célèbres orateurs: l'un étoit Lycurgue, fils de Lycophron, qui amassa plus dans le trésor public, que n'avoit fait Périclès, fils de Xantippe. L'autre se nommoit Ephialte, qui, de concert avec Périclès, réussirent à humilier les membres du sénat de l'Aréopage, en leur faisant ôter la connoissance de plusieurs affaires importantes qui avoient été de leur compétence auparavant: les membres de ce senat s'étant relâchés de cette sévérité de mœurs qui leur avoit acquis une si haute réputation, ils furent méprisés, & dès-lors le sénat avili. La haine de ces deux orateurs pour ce tribunal vint de ce qu'ils n'avoient pas pu y avoir entrée. Ce Lycurgue dont on vient de parler, rendit plus somptueuses & plus magnifiques les fêtes solemnelles que l'on célébroit en l'honneur de la déesse protectrice d'Athènes. Il enrichit son temple de plusieurs victoires d'or, & fit un fonds pour servir à l'habillement de cent vierges qui desservoient le temple. Il fournit l'arsenal d'une grande quantité d'armes offensives & défensives, & il augmenta

(1) C'est pour aller combattre les Perses à Marathon, que, pour la première fois, on enrôla les esclaves.

les forces maritimes de cette république, jusques à avoir quatre cens galères en état de tenir la mer, Ce fut lui qui fit achever le théâtre, & construire un lieu d'exercice au Lycée. Le tyran Lacharès enleva tous les monumens d'or ou d'argent que Lycurgue avoit consacrés dans le temple de Minerve ou ailleurs; mais il laissa subsister les édifices.

A l'entrée de l'Académie étoit un autel dédié à l'Amour, où il y avoit une inscription qui disoit que Charmus étoit le premier Athénien qui eût consacré un autel à cette divinité : ce Charmus vivoit du temps de Pisistrate. L'autel de ce dieu qui se voyoit dans la citadelle, & que l'on nommoit l'autel d'Anthéros, avoit été érigé par des étrangers habitués à Athènes. L'autel de Prométhée étoit aussi dans l'Académie : c'est de cet autel que l'on partoit en courant avec des flambeaux allumés jusques à la ville ; pour remporter le prix il falloit arriver le premier avec son flambeau allumé. On voyoit aussi un autel consacré aux Muses, un à Mercure, un à Minerve, & un à Hercule. On y montroit un olivier, que l'on disoit être le second qui eût pris naissance dans l'Attique. Platon avoit un tombeau digne de la curiosité, auprès de l'Académie ; la tour du fameux misanthrope Timon, étoit du même côté que le tombeau de Platon. On remarquoit une éminence que l'on nommoit la *colline aux chevaux*, où il y avoit deux autels, l'un dédié à Neptune & l'autre à Minerve : les deux divinités y étoient à cheval. Le monument héroïque de Pirithoüs, de Thésée, d'Œdipe & d'Adraste, étoit dans le même endroit. Il y avoit eu autrefois un bois sacré & un temple consacré à Neptune ; mais ils avoient été brûlés par Antigone, qui fit tant de maux aux Athéniens, lorsqu'il entra dans l'Attique avec son armée. Par-tout dans les environs d'Athènes, tant sur les grands chemins que dans les bourgades, on voyoit des temples consacrés aux dieux & une infinité de monumens élevés en l'honneur des héros & des grands hommes de la nation.

On ne sera pas étonné du triste état où se trouve actuellement réduite la ville d'Athènes, en faisant réflexion à tout ce qu'elle a éprouvé depuis les premiers siècles de notre ère.

Ses murailles détruites par Sylla ne furent reconstruites que par l'Empereur Valérien ; cependant, malgré ce moyen de défense, sous le règne de Claude le Gothique, cette ville fut ravagée par des Scythes. Sous l'empire d'Honorius, elle le fut par Alaric.

Les Latins, maîtres de Constantinople, portèrent leurs armes contre Athènes. Il est vrai que l'empereur Beaudouin ne put la prendre; mais le marquis de Boniface fut plus heureux. Les François continuèrent à être maîtres d'Athènes jusqu'en 1282, que les Catalans & les Aragonois les en chassèrent. Quelques familles françoises conservèrent cependant le titre de *ducs d'Athènes*.

De ces Aragonois, cette ville passa à une famille originaire de Florence, nommée *Acciaioli*. Mais le huitième prince de cette maison fut contraint de l'abandonner en 1455 à la valeur de Mahomet II. Les Vénitiens la reprirent. Mais les Turcs la reconquirent de nouveau ; elle est encore à eux.

ATHENÆ, ville de l'Arabie, selon Pline.

ATHENÆ, lieu à l'extrémité orientale du Pont-Euxin, où il y avoit un temple de Minerve, bâti à la manière des Grecs, selon Arrian.

ATHENÆ, ville du Péloponnèse, dans la Laconie, selon Etienne le géographe, & Suidas.

ATHENÆ, lieu de l'Asie Mineure, dans la Carie, selon Etienne le géographe.

ATHENÆ, ville de Grèce, dans la Béotie, située sur le fleuve Triton, du temps que Cécrops gouvernoit ce pays, nommé alors Ogygie. Strabon en parle comme d'une ville qui avoit été submergée par une inondation.

Pausanias rapporte que les Béotiens disoient qu'il y avoit eu une ville d'Athènes près du lac Copaïs; mais que les débordemens l'avoient détruite.

ATHENÆ, ville de l'Acarnanie. Démétrius, cité par Etienne le géographe, dit que les Athéniens bâtissant une ville dans la Curétide, ancien nom de l'Acarnanie, lui donnèrent le nom d'Athènes.

ATHENÆ, ville de la Ligurie, selon Etienne le géographe.

ATHENÆ, ville de l'Italie, selon Etienne de Bysance.

ATHENÆ, ville de la Sicile, selon Diodore de Sicile.

ATHENÆUM, bourg de l'Arcadie, à l'est de *Megalopolis*.

ATHENIENSES, les Athéniens. On appelloit ainsi les habitans d'Athènes & de son territoire, La célébrité de ce peuple mérite les détails dans lesquels je vais entrer ; j'y mettrai le plus d'ordre qu'il me sera possible. Sur la situation, l'étendue, *&c.* de leur ville, voyez ATHENÆ.

Origine. Je ne puis parler de l'origine des Athéniens, sans rappeller en deux mots ce que l'on trouvera, d'après M. de la Nauze, à l'article des Grecs. Les premiers habitans de la Grèce & de la Thessalie étoient désignés par le nom de Pélasges. Deucalion, qui régnoit dans la Phthiodide, devenu puissant & ayant un fils auquel il vouloit assurer un état plus étendu, fit la guerre aux Pélasges & les chassa en grande partie de la Grèce. Peu après les sujets d'Hellen fils de Deucalion, ne furent plus connus que sous le nom générique d'*Hellennes*. Ceux des Pélasges qui étoient restés dans le pays, furent compris sous cette même dénomination.

Mais Hellen eut trois petits-fils, Eolus, Ion, & Dorus; leurs descendans & probablement même ceux qui dès-lors leur furent soumis, en reçurent les noms d'Eoliens, d'Ioniens & de Doriens. Les premiers Ioniens furent les Athéniens appelés alors

Hellenes (1), mais dont Ion changea le nom pour leur faire prendre le sien. Car Deucalion, son fils Hellen, Xutus, fils de celui-ci & père d'Ion, avoient vécu dans l'Attique. Il faut donc admettre une double origine aux Athéniens, l'une pélasgique & très-ancienne, l'autre ionienne. Je ne puis donner la date précise de cet événement. Mais puisque Ion, fils de Xutus, étoit petit-fils du roi d'Athènes, Erectée; qu'après la mort de ce prince, il eut l'administration des affaires, honneur mérité par sa conduite à la tête des troupes, on peut croire que ce changement commença à avoir lieu depuis l'an 1373 avant J. C., temps de la mort d'Erectée. Mais on faisoit remonter les commencemens du royaume à Cécrops, qui aborda chez les Pélasges de l'Attique, vers l'an 1582.

C'est donc au règne de Cécrops que l'on fixera le commencement du royaume d'Athènes; mais tous les auteurs s'accordent à dire que ces Pélasges dispersés en différens petits bourgs, continuèrent à se conduire d'après des loix un peu différentes, ayant aussi chacun leurs dieux & leur culte particulier. Ion introduisit un changement dans cette disposition générale: il partagea les Athéniens en *quatre* tribus, donna à ces tribus les noms de ses fils.

Thésée, qui commença à régner en 1260 avant J. C., apporta de plus grands changemens encore: je ne suivrai pas l'histoire de ces variations, il suffit d'en présenter le résultat.

Division civile. Les Athéniens étoient donc divisés par tribus; au temps de Thésée on en comptoit quatre dans la ville. Chaque tribu se divisoit en trois *phratries* ou *curies*, & chaque curie en trente familles principales. Car chaque famille étoit un corps politique, composé de plusieurs familles différentes qui, placées dans la même curie, avoient contracté entre elles une société: l'union de ces familles particulières faisoit de toutes ensemble comme une famille générale. Au temps de Thésée on comptoit *quatre* tribus, *douze* curies, *trois cens* familles. Dans la suite les tribus se multiplièrent; Clisthène en fit dix, & depuis on en compta jusqu'à treize.

A cette première répartition s'en joint une seconde en *peuples* ou bourgades; vestige subsistant de l'ancienne division de l'Attique en villes, bourgs, hameaux, dont Athènes étoit le centre. Mursius en comptoit 186: Spon en a depuis découvert quelques autres. Thésée réunit les Athéniens épars, & tâcha d'en attirer le plus grand nombre dans la capitale; mais, malgré cette réunion, les bourgades n'étoient pas restées désertes, & même les familles transplantées dans la ville n'avoient pas perdu la trace de leur première origine; elles continuèrent à porter le nom du lieu d'où elles étoient sorties. Tout Athénien, même habitant de la cité, avoit sa bourgade, dont il ajoutoit le nom au sien, comme un titre patronymique & distinctif: toutes les bourgades étoient réparties dans les tribus de la ville.

(1) Voyez aussi le mot *græci* & *græcia*, *Géographie ancienne*.

Chaque citoyen d'Athènes faisoit donc partie d'un *peuple* & d'une *tribu;* & dans cette tribu, il avoit sa *curie* & sa *famille*. Les peuples & les curies avoient des registres où l'on étoit obligé de s'inscrire.

On commençoit par celui de la curie où l'on se faisoit enrégistrer dès l'âge de quinze ans. Le premier jour des *Apaturies* (2) étoit destiné à cette formalité. Voici à-peu-près ce qui s'observoit. Un père amenoit son fils au chef de la curie; des inspecteurs lui faisoient subir l'examen ordonné par les loix. Ensuite, après un serment prêté devant l'autel d'Apollon, ou de quelque autre divinité tutélaire, le père protestoit que cet enfant étoit son fils, né d'une Athénienne en légitime mariage; il lui donnoit un nom que sur le champ on portoit sur le registre, avec le sien même & celui de sa bourgade. Ce registre s'appelloit *registre commun*, parce qu'il étoit commun à tous ceux de la curie.

A dix-huit ans on alloit s'inscrire dans le rôle de la bourgade; & ce second enregistrement donnoit, avec l'émancipation, la jouissance de tous les droits attachés au titre d'Athénien.

Devenus citoyens par cette double formalité, ils entroient en possession des privilèges de leur famille; & si leur famille étoit sacerdotale, ils pouvoient aspirer au sacerdoce. Ceux qui y étoient attachés formoient corps à part dans l'état; j'en parlerai à l'article de la religion.

Division politique. Ce que je viens de dire n'appartient qu'aux citoyens; mais on distinguoit à Athènes trois sortes d'habitans, les *citoyens*, les *étrangers*, les *serviteurs*. Dans le dénombrement que fit faire Démétrius de Phalère, on voit qu'il y avoit pour lors 21 mille citoyens, 10 mille étrangers, 40 mille esclaves. On étoit du nombre des citoyens par la naissance ou par l'adoption. Pour être citoyen naturel d'Athènes, il falloit être né de père & mère libres & Athéniens. Périclès remit en vigueur cette loi, qui, depuis assez long-temps, n'étoit pas assez exactement observée. Le peuple pouvoit donner le droit de bourgeoisie aux étrangers; & ceux qui avoient été ainsi adoptés, jouissoient des mêmes droits & des mêmes privilèges que les citoyens naturels, à peu de chose près. On a vu plus haut ce qui s'observoit pour les différens enregistremens des citoyens.

2°. On appelloit étrangers ceux qui, étant d'un pays étranger, venoient s'établir à Athènes ou dans l'Attique, soit pour y faire le commerce, soit pour y exercer différens métiers. Ils étoient appellés *μετοῖκοι* que l'on peut rendre par *domiciliés*. Ils n'avoient aucune part au gouvernement, ne donnoient pas leurs suffrages dans l'assemblée, & ne pouvoient être admis à aucune charge. Ils se mettoient sous la protection de quelque citoyen, & pour cette raison, ils étoient obligés de lui rendre certains devoirs, comme à Rome les cliens à leurs

(2) Fête annuelle des Athéniens.

patrons. Ils étoient tenus d'observer toutes les loix de la république, & d'en suivre exactement toutes les coutumes. Ils payoient, chaque année à l'état, un tribut de 12 drachmes (1); &, faute de paiement, ils étoient réduits en servitude & exposés en vente. On rapporte à ce sujet le trait suivant :

Zénocrate, célèbre philosophe, mais étranger & pauvre, n'avoit pas payé le tribut; déjà les fermiers de la république l'avoient fait arrêter & le menoient en prison. L'orateur Licurgue, qui le sut, paya sa taxe & le retira des mains de ces traitans implacables, si avides d'argent, & si peu sensibles au mérite d'un homme vertueux. Cette générosité de Lycurgue fit du bruit. C'est ce qui fit dire à ce même Zénocrate, en parlant au fils de son libérateur, « je paie avec usure à votre père le plaisir qu'il » m'a fait; car je suis cause que tout le monde le » loue ». Ce philosophe étoit, ce me semble, un peu arrogant.

3°. Il y avoit deux sortes de serviteurs à Athènes. Les uns, hommes de condition libre, se trouvoient obligés par le mauvais état de leurs affaires, à se mettre en servitude : leur situation étoit plus honnête & moins pénible. Les autres étoient assujettis à un travail contraint & forcé : c'étoient des esclaves, soit qu'ils eussent été faits prisonniers à la guerre, soit qu'ils eussent été achetés dans les places où ils se vendoient publiquement.

En général, malgré la politesse que nous attribuons aux Grecs, ils étoient fort durs envers leurs prisonniers & à l'égard de leurs esclaves. Il faut convenir cependant à l'avantage des Athéniens, comme le remarque Démosthène, qu'ils traitoient leurs esclaves bien plus humainement que beaucoup d'autres Grecs. Quand les esclaves étoient traités avec trop de dureté, non-seulement ils pouvoient se retirer dans le lieu où l'on avoit enseveli les os de Thésée, lequel étoit pour eux un asyle sacré; mais même ils avoient action contre leurs maîtres, qui finissoient quelquefois par être obligés de les vendre. Ceux de ces esclaves qui savoient travailler, rendoient à leurs maîtres une partie du bénéfice; le reste étoit pour eux. Ils s'en servoient ordinairement pour se racheter; car, après un certain temps & pour une certaine somme, les maîtres ne pouvoient leur refuser la liberté. Souvent les maîtres eux-mêmes, & quelquefois l'état, quand on les avoit employés à la guerre, les remettoit en liberté gratuitement & sans aucun frais. Il est même arrivé dans certaines circonstances, qu'ils ont été enrôlés sur les registres des citoyens.

Administration politique et contentieuse.

Tribunaux. On comptoit à Athènes dix tribunaux dont les juges étoient électifs ; quatre étoient pour les matières criminelles; six pour les matières civiles. Il y faut ajouter, l'*Aréopage* qui étoit un tribunal suprême, jugeant de toutes les causes, & l'assemblée de la nation où l'on jugeoit par l'ostracisme. Des dix premiers je ne vois que les *Prytanes* & les *Héliastes* dont il soit indispensable de parler ici.

Prytanea. Le Prytanée étoit un terrein assez étendu au milieu de la ville d'Athènes, couvert de bâtimens destinés à différens usages pour l'utilité de la république.

Les officiers appellés Prytanes, entroient chaque année en exercice, étoient chargés d'un grand nombre de fonctions; savoir, 1°. l'administration de la justice; 2°. la distribution des vivres; 3°. la police générale de l'état, & particuliérement de la ville; 4°. la conclusion & la publication de la paix; 5°. la déclaration de guerre; 6°. la nomination des tuteurs & curateurs pour les mineurs, ou pour tous ceux que leur foiblesse a renfermés sous ce titre dans les loix; 7°. enfin la discussion de toutes les affaires qui, après avoir été instruites dans les tribunaux subalternes, ressortissoient à ce conseil.

L'administration de ces officiers ou magistrats publics parut si sage & si utile à la république d'Athènes, que dans la suite ce terme fut employé par les poëtes pour désigner & qualifier les hommes qui s'élevoient au-dessus du commun par leur excellence. Voici comment se faisoit l'élection des Prytanes.

De chacune des quatre tribus d'Athènes on élisoit tous les ans deux cens sujets qu'une nouvelle élection réduisoit à cent. Le total donnoit quatre cens qui formoient les Prytanes de l'année : les quatre cens autres étoient destinés à remplacer ceux qui, étant en fonctions, viendroient à mourir, à paroître indignes de leur place. Tout citoyen qui montroit des vertus, de la conduite, avec un peu de fortune, pouvoit aspirer à l'honneur d'entrer dans ce tribunal. Ceux qui montroient les qualités contraires en étoient exclus. Lorsque le nombre des tribus fut porté à dix, au lieu d'élire cent de chacune, on ne faisoit l'élection que de cinquante Prytanes par chacune d'elles. Il y avoit donc des Prytanes de chacune des dix tribus. Chaque tribu gouvernoit à son tour.

Mais, pour éloigner toute idée de préférence, on tiroit au sort l'ordre dans lequel elles devoient se succéder. Celles auxquelles étoient échues les quatre premières places gouvernoient chacune pendant trente-six jours; les autres, chacune pendant trente-cinq, ce qui remplissoit le nombre des 354 jours de l'année lunaire, adoptée par les Athéniens.

Les cent Prytanes se partageoient en cinq décuries qui régnoient successivement pendant une semaine. On tiroit au sort ceux qui, chacun des jours de cette semaine, devoient se trouver à la tête des autres : il se nommoit *Epistate.* Il ne pouvoit l'être qu'une fois en sa vie.

Le jour de sa fonction, l'Epistate avoit la clef du

(1) On en verra la valeur ci-après.

trésor public, des titres & des archives de l'état, ainsi que du sceau de la république.

Il y avoit quatre assemblées générales qui se tenoient pendant l'intervalle de chaque prytanée, savoir, le onzième, le vingtième, le trentième & le trente-troisième jour : on renvoyoit à ces assemblées générales les affaires qui n'avoient pu se décider dans le comité particulier des Prytanes. Les tribus en fonction donnoient successivement leur voix, puis enfin tout le peuple, au moyen d'un scrutin. Chaque personne introduite par une barrière, recevoit en entrant de quoi désigner son suffrage; & en sortant recevoit une obole pour son droit de présence.

Les Prytanes étoient nourris aux dépens du public, ainsi que les fils de ceux qui avoient été tués au service de l'état, & quelques autres personnes privilégiées. Il n'étoit pas permis d'apporter à ces repas autre chose que ce qui y étoit servi au nom de l'état; & c'étoit un très-grand honneur que d'y être admis.

Héliastes. Les Héliastes formoient une assemblée de 1000 & quelquefois de 1500 juges. On croit avec beaucoup de fondement que pour le jour où ils recevoient ce nom & s'assembloient, ils étoient pris dans d'autres tribunaux. Leur assemblée commençoit au lever du soleil & finissoit à son coucher. Ils étoient enfermés d'une double enceinte; la plus intérieure étoit formée d'un treillage avec plusieurs portes; l'autre, à 50 pieds de distance, étoit une espèce de corde qui n'empêchoit pas le peuple de voir, au travers du treillage, ce qui se passoit au milieu de l'assemblée. Cette assemblée étoit proprement celle de la nation.

Aréopage. Ce tribunal, très-ancien dans la ville d'Athènes, étoit placé au milieu de la ville sur une colline opposée à la citadelle. Son nom signifie *colline de Mars*. Cet édifice n'avoit rien que de simple, & le toit, qui, dans son origine, étoit de la plus vile matière, demeura ainsi jusqu'au temps d'Auguste. Quant à son intérieur, on y plaça successivement plusieurs ornemens. Le sénat s'assembloit dans une espèce de salle bâtie sur le sommet d'une colline. Les vieillards courbés sous le poids des années, ne la montoient qu'avec peine; cependant comme ils ne s'y rendoient d'abord que les trois derniers jours de chaque mois, ils supportoient avec patience ce que leur coûtoit une situation si incommode. Mais en augmentant encore le nombre des affaires, on en vint à s'assembler tous les jours. Ils étoient si exacts à venir à ces assemblées, que pendant long-temps la solemnité des plus grands jours ne put les en dispenser.

Pour que rien ne pût partager l'attention qu'ils devoient aux affaires, ils ne jugeoient que pendant la nuit, pour n'être occupés, dit Lucien, que des raisons. Quand l'assemblée étoit formée, un héraut faisoit faire silence, & ordonnoit au peuple de se retirer. Dès que le peuple étoit écarté, on entamoit l'instruction des affaires. Et, comme la moindre préférence auroit paru à ces juges scrupuleux une injustice criante, les causes sur lesquelles on devoit prononcer se tiroient au sort. On en faisoit une espèce de loterie, pour les distribuer à un certain nombre de juges.

Dans les premiers temps les parties exposoient ou défendoient elles-mêmes leurs causes. On s'adoucit dans la suite sur ce point, & on laissa la liberté d'attaquer & de défendre par la bouche de ceux qui faisoient profession d'employer pour les autres le talent de parler avec plus de précision. Toutes les figures de l'éloquence en étoient bannies. *Car*, dit encore Lucien, *ces graves sénateurs regardent tous les charmes de l'éloquence, comme autant de voiles imposteurs que l'on jette sur les choses même, pour en dérober la nature aux yeux trop attentifs.*

L'accusateur, avant de déduire ses griefs, juroit par les Euménides & par de grandes imprécations, qu'il alloit dire la vérité. Il alléguoit ensuite les faits, & les appuyoit des preuves les plus démonstratives.

Quand l'accusation étoit prouvée, on prononçoit la peine du coupable; mais il étoit le maître de se soustraire à la peine en prévenant la condamnation par la fuite. Toute la précaution qu'il devoit apporter, c'étoit de disparoître immédiatement après ses premières défenses. Car, quand il donnoit aux juges le temps d'aller aux opinions, il falloit qu'il essuyât toute la sévérité des loix. S'il prenoit la fuite, il en étoit quitte pour la vente de ses biens. Quand on recueilloit les suffrages, les juges jettoient de petits cailloux, selon leur avis, dans l'urne de *la mort*, ou dans l'urne de *miséricorde*. La pluralité décidoit du sort de l'accusé. Mais quand il y avoit égalité, on lui accordoit le calcul de Minerve (1), & il obtenoit sa grace. Je finirai ceci par un des jugemens de ce tribunal.

Une femme, accusée d'avoir empoisonné son fils, & son mari, avoit été traduite au tribunal de Dolabella, proconsul d'Asie. Elle avoua le fait & dit: « j'avois d'un premier lit un fils que j'aimois passionnément, & bien digne par ses vertus de » toute ma tendresse; mon second mari, & le fils » qu'il m'avoit donné, l'ont assassiné; je n'ai pas cru » devoir laisser vivre ces deux monstres de cruauté ». Le conseil de Dolabella, n'osant prononcer sur le sort de cette femme, renvoya l'affaire à l'Aréopage. On examina toutes les circonstances; puis, demandant du temps pour prendre le dernier parti, on enjoignit à la femme & à son accusateur de se représenter dans cent ans.

Ostracisme. Une connoissance un peu exacte de tout ce qui a rapport à l'Ostracisme, est d'autant

(1) Pour entendre ceci, il faut savoir que l'on étoit persuadé qu'autrefois Oreste, étant jugé par l'Aréopage, eut égalité de voix, & que Minerve vint elle-même joindre son caillou (ou calcul) à ceux qui devoient le faire absoudre.

plus intéressante, que rien ne découvre mieux l'intérieur de la république d'Athènes, l'esprit de son gouvernement, & le caractère propre du peuple Athénien.

L'Ostracisme étoit une loi par laquelle le peuple Athénien condamnoit à dix ans d'exil, les citoyens dont il craignoit la trop grande puissance, ou le trop de mérite. On n'est pas d'accord sur l'époque de l'établissement de cette espèce de jugement. Quelques auteurs l'ont cru très-ancien. M. l'Abbé Geinoz, qui a traité ce sujet dans les Mémoires de l'académie des belles-lettres (t. XII), pense que l'Ostracisme a dû suivre la tyrannie des Pisistratides.

Ce nom est formé du grec Οςρακον, *Ostracon*, une coquille: on écrivoit dessus le nom de celui que l'on vouloit faire bannir. Cette espèce de jugement n'avoit lieu que quand la liberté paroissoit en danger. S'il arrivoit, par exemple, que la jalousie ou l'ambition mît la discorde parmi les chefs de la république & qu'il se formât différens partis qui fissent craindre quelque révolution dans l'état, le peuple alors s'assembloit, & délibéroit sur les moyens d'arrêter les suites de ce mal. Quelque temps avant le jour de l'assemblée, on formoit au milieu de la place publique un enclos de planches, auquel on pratiquoit dix portes, c'est-à-dire, autant qu'il y avoit de tribus. Lorsque le jour étoit venu, chaque tribu entroit par une porte particulière, & chacun jettoit sa coquille, ou plutôt le petit morceau de terre cuite qui portoit ce nom.

Les Archontes, dont je parlerai bientôt, & le sénat, présidoient à cette assemblée & comptoient les voix. Il en falloit au moins six mille contre un citoyen, pour qu'il fût condamné à l'exil.

Comme on prétendoit plutôt prendre des précautions contre l'avenir que punir des crimes passés, cet exil n'avoit rien de flétrissant, & n'emportoit pas la confiscation des biens, le terme en étoit fixé à dix ans. Mais l'Ostracisme, sage peut-être dans son institution, ne servit souvent qu'à favoriser l'effet des passions & la jalousie de la multitude contre les hommes de mérite qui se sentoient faits pour la conduire.

L'histoire d'Athènes en fournit plusieurs exemples: mais il n'en est aucun plus frappant que le trait qui a rapport à Aristide. Ses vertus l'avoient tellement élevé au-dessus de ses concitoyens, que l'on craignit de le voir en effet prendre tout l'ascendant que lui donnoit tant d'avantage. On s'assembla donc pour savoir s'il seroit banni: il rencontra parmi les gens du peuple un homme qui, ne sachant pas écrire, le pria d'écrire pour lui le nom d'Aristide sur sa coquille. « Mais quel mal vous a-t-il fait? — « Aucun, répond l'Athénien; je ne le connois » même pas: mais je suis fatigué de l'entendre par » tout nommer le juste ». Aristide écrivit son nom sans rien dire davantage. Cette condamnation fut l'effet des manoeuvres sourdes de Thémistocle, qui, voulant écarter un tel concurrent, parvint à rendre ses vertus suspectes. Mais lui-même s'étant aveuglé sur ses propres avantages, il essuya peu après le même sort.

Périclès ensuite imita la conduite de Thémistocle, à l'égard de Cimon & de Thucydide; & quoiqu'il ait porté la puissance & l'autorité beaucoup au-delà de ce qu'il seroit admissible dans une république, il y mit tant d'adresse qu'il n'éprouva pas le sort de Thémistocle.

Le musicien Damon éprouva un sort bien différent. C'étoit un sophiste habile, & qui avoit la réputation d'être très-versé dans les affaires de la république. Quoiqu'il ne se fût jamais mêlé du gouvernement, il fut cependant mis au ban de l'Ostracisme, sur la simple accusation de donner des leçons de politique à Périclès.

Le jugement d'Hyperbolus a quelque chose de moins grave. C'étoit un homme bas & méprisable, mais ambitieux & entreprenant. Les citoyens étoient alors partagés entre Alcibiade & Nicias: on étoit sur le point de bannir l'un ou l'autre. Hyperbolus affectoit de se montrer par-tout, & de faire sentir la nécessité de les éloigner. Leurs partisans saisirent cette occasion pour s'en venger. Ils s'y prirent si bien, qu'ils le rendirent suspect au peuple: enfin ce fut sur lui que tomba toute la peine. On n'en fit que rire d'abord; mais le peuple fut ensuite si honteux de cette espèce de profanation, qu'il abolit l'Ostracisme.

Assemblées du peuple. On en compte de deux sortes. Les unes étoient ordinaires & fixées à certains jours; d'autres étoient extraordinaires & n'avoient lieu qu'à l'occasion de quelque événement inattendu.

Le lieu de l'assemblée n'étoit pas toujours le même. Mais c'étoit les Prytanes, qui, pour l'ordinaire, assembloient le peuple. Quelques jours auparavant on affichoit des placards où le sujet de la délibération étoit marqué. Tous les citoyens avoient droit de suffrage, les pauvres comme les riches. Il y avoit une peine contre ceux qui manquoient à l'assemblée ou qui y venoient tard. Enfin, pour engager les citoyens à s'y rendre exactement, on y attachoit une rétribution; ce fut d'abord une obole, qui étoit la sixième partie d'une drachme, puis trois, qui en étoient la moitié.

L'assemblée commençoit toujours par des sacrifices & par des prières: on ne manquoit pas d'y joindre des imprécations terribles contre ceux qui conseilleroient quelque chose de contraire au bien public.

Le président proposoit l'affaire. Si le sénat la connoissoit on exposoit son avis, puis on invitoit ceux qui voudroient parler à monter sur la tribune aux harangues. Lorsque les orateurs avoient parlé & conclu, le peuple donnoit son suffrage. La manière la plus ordinaire étoit de lever les mains pour marque d'approbation. On rédigeoit ensuite la loi, que l'on relisoit au peuple qui, de nouveau, élevoit la main s'il consentoit.

Archontes. J'ai dit au commencement de cet article, que le royaume d'Athènes avoit été fondé par Cécrops l'an 1582 avant l'ère vulgaire. Cet état continua à être gouverné par des rois jusqu'à la mort de Codrus en 1095 ou 92, comme le dit M. Fréret (*nouvelles observ. contre la chronologie de Nestor, p. 206*) : après lui il n'y eut plus de roi, mais un magistrat que l'on nommoit Archonte, & dont la dignité devoit durer autant que la vie. Le premier de ces Archontes perpétuels fut Médon, fils de Codrus. Il eut douze successeurs, dont les quatre premiers étoient ses descendans de père en fils. Les six derniers se succédèrent aussi de père en fils. Alcméon, le dernier de tous, ne régna que deux ans.

Après ce règne, la forme du gouvernement changea. On rendit les Archontes électifs; cependant on s'attacha à la famille de Codrus, & les anciens donnent le nom de *Médontides*, ou descendans de Médon, aux Archontes électifs, ainsi qu'aux autres. La durée de leur pouvoir fut réduite à dix ans, après lesquels ils cédoient leur place à un autre, & se trouvoient exposés au ressentiment de leurs concitoyens auxquels ils rendoient compte de l'usage qu'ils avoient fait du pouvoir suprême. Le premier des Archontes décennaires fut Charops, en 754. Il y en eut en tout sept. Eryxias, le dernier, mourut en 687.

Après ces Archontes il y eut une anarchie de trois ans. Le terme de dix ans ayant encore paru trop long à l'inquiétude de ceux qui craignoient l'abus du pouvoir, & à l'ambition de ceux qui désiroient le partager, il fut arrêté, 1°. que le temps de l'archontat seroit réduit à une seule année; 2°. que le pouvoir seroit partagé entre neuf Archontes choisis indifféremment entre tous les citoyens.

De ces neuf magistrats, le premier portoit l'épithète d'*Eponyme*, parce qu'il donnoit son nom à l'année, & que c'étoit de son archontat que l'on datoit les actes & les décrets. Le second Archonte portoit le titre de roi, parce qu'il étoit chargé de l'intendance de certains sacrifices fondés par les anciens rois, & dans lesquels ce titre sembloit indispensable. Sa femme, qui devoit être athénienne, portoit le titre de reine; ainsi l'on disoit de l'un Βασιλευς, de l'autre, Βασιλεσσα. Le troisième Archonte avoit l'intendance des troupes & la place d'honneur, ou l'aîle droite à la guerre.

Les six autres Archontes formoient un tribunal particulier; & ils avoient l'administration de la justice ordinaire, à l'exception des cas dont la connoissance étoit attribuée aux trois premiers Archontes, ou à des tribunaux particuliers.

Le premier Archonte annuel fut Créon, l'an 684 avant J. C. On en a une liste jusqu'à la 121ᵉ olympiade, dont la première année répond à l'an 296 avant J. C. On ne les connoît plus au-delà de cette époque.

Armées. Troupes de terre. Les Athéniens avoient très-peu de troupes de terre; ils n'entretenoient ordinairement que vingt-neuf mille hommes de pied. La cavalerie étoit bien inférieure. La situation du pays couvert de montagnes en étoit la cause. On ne comptoit, après la guerre contre les Perses, qui étoit le beau temps de la Grèce, que trois cens chevaux. Cette cavalerie s'accrut dans la suite jusqu'à douze cens.

Les armées étoient composées de quatre sortes de troupes, citoyens, alliés, mercenaires & esclaves. On imprimoit quelquefois aux soldats une marque sur la main pour les distinguer : aux esclaves, cette marque étoit sur le front.

Armées navales. Deux sortes de personnes servoient sur les vaisseaux. Les uns, employés à la conduite des bâtimens, étoient le pilote & les rameurs; les autres, destinés à combattre, étoient soldats & officiers.

On ne peut pas marquer au juste le nombre de ceux qui servoient dans un vaisseau, tant soldats que matelots & rameurs; mais, pour l'ordinaire, il montoit à-peu-près à deux cens. La paie des soldats varia depuis trois oboles jusqu'à six, & même jusqu'à une drachme. Les cavaliers avoient le double des fantassins. L'équipement des galères étoit aux frais d'un certain nombre de citoyens qui portoient le titre de *Triérarques.* Ils commandoient aussi ces bâtimens, ainsi que leur nom le désigne. Je ne dois pas oublier de faire remarquer que, comme cette place engageoit à une grande dépense, il étoit permis à ceux qui étoient nommés, d'indiquer quelqu'un qui fût plus riche qu'eux, & de demander qu'on les mît en leur place, pourvu cependant qu'ils fussent prêts à changer de biens, & à faire la fonction de triérarque après cet échange. Aussi cette loi s'appelloit-elle la *loi des échanges*; elle étoit de Solon. On n'en exceptoit que les Archontes.

Revenus publics. Les revenus d'Athènes, modiques d'abord, s'étoient accrus avec sa puissance. Ils montoient à deux mille talens, ce qui fait environ six millions de notre monnoie. Ce revenu avoit quatre sources principales : 1°. celui qui se retiroit de la culture des terres, de la vente des bois, de l'exploitation des mines d'argent & d'autres fonds appartenans au public; 2°. les contributions que les Athéniens tiroient des alliés pour les frais communs de la guerre; sous Aristide ces contributions n'étoient que de quatre cens soixante talens. Périclès les augmenta de près du tiers, & les fit monter à six cens; &, peu de temps après, on les porta jusqu'à treize cens; 3°. les taxes ordinaires & imposées par tête sur chaque habitant, pour subvenir à quelque besoin pressant de l'état. Alors tant naturels qu'étrangers, tout le monde payoit; 4°. enfin les taxes auxquelles les particuliers étoient condamnés par les juges pour différens délits, & qui tournoient au profit du public : on les mettoit dans le trésor, à l'exception du dixième réservé à Minerve, & du cinquantième pour d'autres divinités.

Religion. I. Athènes étoit le centre de la religion grecque; jamais peuple ne fut plus occupé du culte des dieux que les Athéniens. Dans leur année il n'y avoit pas un seul jour qui ne fût marqué par quelque fête. Le culte de leurs principales divinités s'étoit répandu dans toutes les parties de la Grèce. Enfin Athènes renfermoit dans l'étendue de son territoire le célèbre temple d'Eleusis, & l'Archonte roi y présidoit aux mystères.

Chaque temple avoit ses usages ; tout étoit réglé dans les fêtes solemnelles, la pompe, la cérémonie, l'ordre, la durée. Le culte rendu à chaque divinité, soit publique, soit particulière, étoit fondé sur des traditions ou des loix constamment suivies. Tout ce qui se passoit dans les bacchanales, dans les panathénées, dans la célébration des mystères d'Eleusis, avoit ses règles, la plupart aussi anciennes que ces fêtes même. Les usages se conservoient dans les temples, & les ministres des dieux en étoient les dépositaires.

Les crimes contre la religion n'étoient punis qu'autant qu'ils intéressoient l'état ; &, par une conséquence naturelle, le jugement en appartenoit au ministère public. De simples railleries, qui n'avoient que les dieux pour objet, offensoient peut-être leurs ministres ; mais elles étoient sans conséquence, tant qu'elles ne troubloient pas l'ordre. Les Athéniens ne connoissoient d'autre religion que le culte public, héréditaire, général ; d'autres dieux que ceux qu'ils avoient reçus de leurs ancêtres ; d'autres cérémonies que celles qui étoient établies par l'état, & pratiquées chez eux dans tous les temps : de-là vient qu'ils laissèrent Aristophane parler librement des dieux, & qu'ils mirent à mort Socrate pour avoir blâmé le culte de l'état. Ainsi, c'étoit toujours la politique & non la religion qui guidoit leur conduite.

II. Ce seroit se former une fausse idée de la nature du ministère sacré chez les Athéniens, que de les regarder comme un état qui excluoit les autres. La dignité sacerdotale, seulement incompatible avec les professions utiles & lucratives, n'empêchoient pas ceux qui en étoient revêtus, de pouvoir aspirer aux premières charges de l'état & aux premiers emplois de la république.

Non-seulement le ministère sacré s'accordoit parfaitement avec les emplois civils, il n'empêchoit pas même de porter les armes ; le prêtre & le guerrier se trouvoient confondus. On vit combattre à Platée, Callias, ministre de Cérès.

III. Cependant, comme toute profession lucrative paroissoit incompatible avec la dignité du sacerdoce, les prêtres avoient un revenu fixe attaché à leur place. Non-seulement une partie des victimes leur appartenoit, mais ils avoient, la plupart, leur demeure dans les bâtimens qui dépendoient des temples. Ils recevoient de plus des honoraires proportionnés à leurs fonctions & au rang de la divinité qu'ils servoient.

Les temples avoient des revenus assignés pour leur entretien, tels que certaines amendes, des terres cultivées, & les droits que les parasites levoient sur toutes les tables au nom des dieux, *&c.*

Les dépenses des fêtes ordinaires étoient prises sur ces revenus ; mais celles des fêtes solemnelles, telles que les bacchanales, les panathénées, étoient à la charge du Chorège, c'est-à-dire, du chef des chœurs de chaque tribu ; car chacune avoit son poëte & son musicien. Ces chefs étoient choisis entre les plus riches citoyens. Le premier d'entre eux avoit le droit de faire graver son nom sur le trépied que sa tribu suspendoit aux voûtes du temple.

Les amendes étoient remises à des trésoriers publics, qui tenoient un rang considérable dans l'ordre des magistrats destinés à recevoir les deniers publics.

Au reste, comme les prêtres à Athènes ne formoient point un ordre à part, il n'y avoit pas ; ainsi que chez nous, cette subordination hiérarchique. Il n'y avoit pas de souverain pontife, & tous les prêtres, attachés chacun séparément aux différens temples, n'étoient pas unis entre eux.

Usages. Education. L'éducation étoit fort cultivée à Athènes ; mais on peut reprocher à ce peuple, ainsi qu'à tous les autres Grecs, d'avoir absolument négligé l'étude des langues étrangères. Quels avantages nous retirerions actuellement de leurs histoires, si leurs auteurs avoient su les langues orientales, l'égyptien, *&c.* ! mais ils cultivoient bien la leur.

Le grec, tel qu'on le parloit à Athènes, & qui, de sa perfection, avoit pris le nom de pur *atticisme*, avoit la supériorité sur les autres dialectes. Cette perfection consistoit sur-tout dans la préférence donnée à certaines voyelles, & dans la manière extrêmement agréable de prononcer ; & cette perfection étoit générale. On sait que Théophraste, qui n'étoit pas né à Athènes, marchandant quelques légumes à une vieille femme, celle-ci le jugeant d'après sa prononciation, le traita d'étranger ; cependant il avoit passé toute sa vie dans Athènes, & avoit mis tous ses soins à en bien parler le langage.

Exercices du corps & de l'esprit. I. Les jeunes Athéniens, & en général tous les Grecs, avoient grand soin de se former aux exercices du corps ; il y avoit des lieux appelés *Gymnases* ou *Palestres*, particulièrement consacrés aux leçons de ce genre. On sent de quelle importance devoit être la force & l'adresse du corps dans une république où chaque citoyen devoit être propre à porter les armes, ou à ramer en mer. Aux leçons données comme objets d'étude, les Athéniens joignoient l'exercice de la chasse, qui disposoit le corps à la fatigue & à supporter la faim, la soif, le chaud & le froid, *&c.*

II. Les exercices de l'esprit n'attiroient pas moins l'attention des Athéniens. Outre l'étude de la langue, on faisoit cultiver de bonne heure la poésie, l'éloquence, la philosophie, les mathématiques, *&c.* On sait qu'après la défaite des Athéniens à Syracuse, plusieurs d'entre eux, qui avoient été faits prisonniers & réduits en servitude, en adoucirent le joug en récitant les tragédies d'Euripide. Quant à l'éloquence, elle étoit indispensable à tout homme qui cherchoit à s'avancer dans le gouvernement: c'étoit elle qui ouvroit la porte aux charges, qui dominoit dans les assemblées, qui décidoit des plus importantes affaires de l'état; enfin elle donnoit un pouvoir presque souverain à ceux qui avoient le talent de la parole. On joignit à cette étude celle de la philosophie. L'une & l'autre furent, il est vrai, en quelque sorte avilies par ces hommes qui avoient la prétention de parler également bien sur tous les sujets, & que l'on connoît sous le nom de *sophistes*. Egalement présomptueux & avares, ils se faisoient payer très-cher des leçons de mauvais goût. Socrate s'attacha, mais inutilement, à la décrier: ses raisons ne persuadèrent qu'un petit nombre de bons esprits.

Caractère national. Le peuple d'Athènes, disoit Plutarque, se laisse aisément emporter à la colère, & on le fait revenir avec la même facilité à des sentimens de bonté & de compassion: l'histoire en fournit une infinité d'exemples. La sentence de mort prononcée contre les habitans de Mitylène, & révoquée le lendemain; la condamnation des dix chefs & celle de Socrate, suivies l'une & l'autre d'un prompt repentir & d'une vive douleur.

Il aime mieux, ajoute Plutarque, saisir vivement une affaire, & presque la deviner, que de prendre le loisir de s'en laisser instruire à fond. A cette inconséquence on doit joindre celle de persécuter les grands hommes qui lui donnoient de l'ombrage, & de montrer une indulgence excessive pour les gens médiocres qui caressoient leur foiblesse, ou qui savoient les amuser. Un jour que l'assemblée étoit toute formée, & que le peuple étoit déjà assis, Cléon, après s'être fait long-temps attendre, arriva enfin couronné de fleurs, & pria le peuple de remettre l'affaire au lendemain, sous prétexte d'un souper qu'il alloit donner à des étrangers de ses amis. Les Athéniens se mirent à rire, & rompirent l'assemblée. Dans une autre occasion l'orateur Stratoclès ayant annoncé une victoire, & en conséquence fait faire des sacrifices, on apprit trois jours après qu'au lieu d'une victoire, c'étoit une défaite. Le peuple montra d'abord beaucoup de mécontentement: « De quoi vous plaignez-vous, leur dit-il, » je vous ai fait passer trois jours plus agréablement » que vous n'eussiez fait sans moi ».

Ce peuple, si grand dans ses projets, n'avoit rien de ce caractère dans tout le reste. Dans ce qui regarde la dépense de la table, les habits, les meubles, les bâtimens particuliers, en un mot, la vie privée, le peuple athénien étoit frugal, simple, modeste; il étoit somptueux & magnifique dans tout ce qui concernoit l'état. Mais leurs meilleures qualités étoient mêlées à de grands défauts. Les Athéniens, volages, inconstans, capricieux, aimant le plaisir, les spectacles; sacrifiant un grand homme à une fantaisie; une affaire importante, aux amusemens d'une fête. Malgré ces défauts, on ne balancera pas cependant à le regarder comme le premier de tous les peuples grecs.

Monnoies. Je prendrai ce que je vais dire sur les monnoies d'Athènes, dans le savant ouvrage de M. Paucton, *page 758*.

Le Chalcons. Il est incertain si les Grecs avoient des chalcons monnoie. Il en falloit six pour une obole: il valoit.	$6\frac{2}{3}$ den.
L'Obole. L'obole paroît avoir été la plus petite des monnoies d'usage: on mettoit cette pièce dans la bouche des morts en les plaçant dans leur cercueil: l'obole valoit six chalcons.	$3\frac{1}{3}$ de f.
La Drachme. Cette pièce valoit 36 chalcons 6 oboles, & répondoit à. . . .	1 l.
Le Didrachme. Cette monnoie, qui étoit le double de la précédente, valoit donc 72 chalcons 12 oboles & 2 drachmes.	2
Le Tétradrachme: quatre fois plus fort que la drachme, valoit 144 chalcons 24 oboles 4 drachmes & 2 tétradrachmes.	4
Le Statere d'or valoit 20 drachmes. . .	20.
La Mine Attique valoit 100 drachmes 5 stateres.	100.
Le Talent Attique & le *Talent Euboïque* valoient 6000 drachmes 300 stateres 60 mines.	6000
Le Talent Attique d'or valoit 60000 drachmes 3000 stateres 600 mines 10 talens.	60000.

Les bornes de cet ouvrage ne permettent pas de s'étendre davantage sur ce peuple intéressant: on peut consulter les savans ouvrages de Meursius, les mémoires de l'académie des Belles-Lettres, *&c.*

Révolutions historiques. On fixe assez généralement la fondation d'Athènes, ou du moins la première année du règne de Cécrops, son premier roi, à l'an 1582 avant J. C. On lui attribue l'établissement de plusieurs usages religieux, qui se maintinrent à Athènes long-temps après lui. Ce prince eut seize successeurs, entre lesquels on distingue Amphiction, que l'on croit avoir établi le conseil général de la Grèce, qui porta son nom; Egée, qui fut père de Thésée; Thésée, dont la fable a chargé l'histoire de faits brillans, mais incroyables; & enfin, Codrus qui mourut victime de son zèle pour la gloire de sa patrie.

Les Athéniens, persuadés qu'ils ne pourroient jamais être gouvernés par un roi qui méritât de remplacer celui qu'ils venoient de perdre, changèrent la forme de leur gouvernement. Ils l'érigèrent en république démocratique, & mirent à la tête des magistrats appelés *archontes*.

Les archontes, au nombre de dix, furent d'abord établis pour gouverner tout le temps de leur vie. Ce furent les archontes *perpétuels*: il y en eut depuis 1095 jusqu'en 754.

Les Archontes ensuite ne restèrent plus que dix ans en place, ce qui les fit nommer *décennaires*. Ils commencèrent en 754, & cessèrent en 687.

Après un interrègne de trois ans, on recréa des Archontes; mais le temps de leur magistrature fut réduit à un an. On les nomma *Archontes annuels* : la liste de ceux-ci va jusqu'en 293. Ceux que l'on trouve ensuite ne sont indiqués que par intervalles.

On n'a pas de détails sur l'histoire d'Athènes depuis la mort de Codrus jusques vers 624. Alors on voit Dracon réformer les loix, & s'opposer au relâchement qui s'étoit introduit dans la république. Mais ayant eu trop peu d'égard à la foiblesse inséparable de l'humanité, la trop grande sévérité de ses loix en empêcha l'entière exécution. Trente ans après Solon en donna de nouvelles. Elles parurent plus sages, plus accommodées aux mœurs des Athéniens. Mais, soit que le caractère extrêmement léger de ce peuple n'ait pu être arrêté par aucun frein raisonnable ; soit que le législateur ait manqué de vues assez profondes pour donner à ses loix le point juste de force qui devoit en assurer la solidité, la réforme ne maintint pas le bon ordre plus de trente ans. La tranquillité fut troublée par trois ambitieux, qui aspiroient à la royauté : Pisistrate l'emporta. Athènes eut donc un maître. Il y mit tous les ménagemens qui convenoient à ses intérêts & aux circonstances. Ses deux fils, Hippias & Hipparque, trouvèrent même le moyen de lui succéder. Mais le sentiment de la liberté n'étoit pas éteint dans toutes les ames. Quelques Athéniens s'armèrent : Hippias fut tué, & Hipparque chassé en 508. Cette démarche républicaine, qui sembloit n'être qu'un événement domestique, fut la première cause des maux qui tombèrent bientôt sur toute la Grèce.

Hipparque, passé en Asie, se rendit à la cour du roi de Perse, l'intéressa en sa faveur, & lui montra, comme un expédition facile, la conquête des possessions des Athéniens. L'événement ne répondit pas à son attente. Les Athéniens s'étoient passionnés pour la liberté : ce sentiment s'étoit dévéloppé dans toute son énergie. Les troupes de Darius, au nombre de onze cent mille hommes, furent défaites à Marathon par Miltiade, qui n'en commandoit que dix mille. Ce premier succès enfla leur courage, & montra aux Grecs ce qu'ils pouvoient. Les Lacédémoniens se joignirent aux Athéniens, & les Perses furent battus de nouveau sous Xerxès aux Thermopyles, à Salamine, à Platée ; enfin ils abandonnèrent le pays, & remirent à des temps plus favorables l'exécution de leurs projets.

Cependant Lacédémone & Athènes, toutes deux soumises à un régime différent, ne s'en dirigèrent pas moins vers un même but. Ces grands succès avoient exalté leur courage. Chacune prétendit à la supériorité. De-là la guerre que se firent ces deux puissances sous le nom de *guerre du Péloponnèse*. Elle dura depuis 428 jusqu'en 400. L'issue en fut malheureuse pour les Athéniens. Un général Lacédémonien, Lysandre, prit Athènes, & y établit trente tyrans pour la gouverner. Après quelque temps d'une humiliation douloureuse, Thrasybule les chassa, & Athènes recouvra son premier lustre.

Pendant le temps qui s'étoit écoulé depuis les premières défaites des Perses jusqu'à la fin de la guerre du Péloponnèse, les Athéniens s'étoient étendus au-dehors par des conquêtes, & avoient cultivé chez eux les arts qui doivent leur naissance au génie. La poésie, l'éloquence, la peinture, la sculpture, l'architecture & la philosophie sembloient avoir fait d'Athènes le siège de leur empire. L'ambition des rois de Macédoine porta bientôt les coups les plus funestes au bonheur de ce peuple, qui tiroit toute sa gloire des arts & de sa liberté. Il faut convenir aussi que les Athéniens étoient bien loin d'avoir la vertu modeste qui se fait pardonner le mérite. Inconstans & vains, ils avoient souvent varié leur conduite, maltraité leurs plus grands hommes, & toujours insulté leurs ennemis & bravé leurs voisins.

Philippe, roi de Macédoine, marcha contre eux, & les battit à la bataille de Chéronée en 338. Le célèbre Démosthène vivoit alors. Alexandre traita les Athéniens en vainqueur généreux. Content de les avoir humiliés, il ne leur ôta rien de leur liberté ; mais c'étoit trop pour des ames libres, que d'avoir à craindre un maître. Ils se montrèrent toujours opposés à ce prince. Ses successeurs traitèrent, en différentes occasions, les Athéniens beaucoup plus mal que n'avoit fait Alexandre. Les Romains, sous la conduite de Sylla, détruisirent Athènes, considérée comme puissance souveraine. Il lui resta le souvenir de sa gloire passée, & l'honneur d'être encore long-temps l'école du monde alors connu des Grecs & des Romains. Cependant, malgré les malheurs que les Athéniens ont éprouvé tant de fois différentes depuis ce temps, & malgré l'état d'anéantissement dans lequel ils ont été réduits par le gouvernement despotique des Turcs, on voit encore dans leurs yeux & dans leurs manières quelque chose du caractère vif & spirituel de leurs ancêtres.

ATHENIENSIUM PORTUS, ou *port des Athéniens*, port de la Grèce, entre le port Bucéphalon & le promontoire Spirée, sur la côte orientale de l'Argolide, c'est-à-dire, dans le golfe Saronique.

ATHENOPOLIS, ville de la Gaule Narbonnoise, sur la côte des Massiliens, entre le port *Citharista* & *Forum Julii*, selon Pline. M. d'Anville croit en retrouver l'emplacement dans le lieu appellé maintenant *Agay* ; mais ce n'est qu'une conjecture : il y a eu d'autres sentimens ; mais on doit se défier de ceux qui placent ce lieu dans l'intérieur des terres, puisqu'il relevoit des Massiliens ou Marseillois, & qu'ils n'avoient précisément que la côte.

ATHESIS (*l'Adige*). Ce fleuve, commençant son haut au nord, dans la Rhétie, passoit à Tridentum (Trente), dans le même pays, entroit dans le Venitia,

Venitia, côtoyoit le Benacus, arrosoit Verona, tournoit au sud-est, puis à l'est, & se jettoit dans le golfe, un peu au nord du Padus. Ce fut par les défilés qui se trouvent à l'est de ce fleuve, dans la partie supérieure, qu'avoient passé les Cimbres pour entrer en Italie. Ils avoient ensuite forcé le passage de l'Athésis, près Vérone, malgré les soins de Catulus à le défendre (l'an de Rome 652); heureusement pour les Romains, que les délices de ce pays affoiblirent leurs forces en énervant leur courage. Nous avons parlé de leur défaite par Marius, dans les *Raudii Campi*.

ATHIS, ville de l'Asie, qui étoit située sur la rive occidentale de l'Euphrate, vers le sud-ouest de Nicephorium, au 35e degré 35 min. de latitude.

ATHLULA, ville de l'Arabie, selon Dion Cassius.

ATHMATHA, ville de la Palestine, dans la tribu de Juda, selon le livre de Josué, *ch. 15*.

ATHMONENSES, les Athmonéens, peuple de Grèce, dans l'Attique. Pausanias rapporte (*in Attic. ch. 14.*) qu'ils avoient chez eux un temple de Vénus céleste, qu'ils croyoient avoir été fondé par Porphyrion, qui avoit régné dans l'Attique, même avant Actée. Et dans le même liv. *ch. 31*, il dit qu'ils honoroient Diane *Amarysie*, épithète dont il n'a pu, dit-il, connoître l'origine: mais il présume que ce culte étoit venu de l'île d'Eubée.

ATHMONIA, *ou* ATHMONON, nom d'une bourgade de l'Attique, dans la tribu de Cécropide (*Voyez* ATHMONENSES).

ATHMONON, bourg de l'Attique, le même qu'*Athmonia;* & même Athmonon devoit être le nom Grec.

ATHON, ville de la Palestine, aux frontières de l'Arabie, selon Joseph, *antiq.* qui dit que cette ville fut prise par Alexandre Jannée, sur Arétas, roi d'Arabie.

ATHOS, (en grec moderne *Aghion Oros*, en italien *Monte Santo*), montagne d'Europe, que les anciens ont attribuée les uns à la Thrace, les autres à la Macédoine. Cette différence tient au peu d'étendue qu'avoit d'abord la Macédoine de ce côté. Mais d'abord la Thrace s'étendoit jusqu'à l'*Axius*. Quoi-qu'il en soit, l'Athos termine une presqu'île sous le 42e deg. de long. du mérid. de Paris, & touchant presqu'au 40e de latit. Cette petite presqu'île est la plus orientale de la Chalcidique, qui est elle-même une presqu'île.

Les anciens ont parlé avec admiration de la hauteur du mont Athos; je n'en sais pas la mesure géométrique: il est certain qu'il est très-haut. On en peut prendre une idée par ce que dit Pline, qu'au temps du solstice d'été, son ombre portoit jusques sur la ville de Myrine qui étoit dans l'île de Lemnos, à 72 milles de distance. Mais il faut observer que ce devoit être au soleil couchant, lorsque le soleil s'abaissoit sous l'horison.

Lorsque la flotte de Xerxès, dans son invasion en Grèce, fut arrivée, en longeant les côtes, à l'est de cette montagne, pour éviter les dangers qu'elle couroit à doubler le cap, ce prince fit séparer la montagne d'avec la terre-ferme par un canal. La nature même du terrein l'y invitoit, car il y a en ce lieu une espèce d'anse qui dut lui servir.

On rapporte qu'un célèbre architecte de la suite d'Alexandre, avoit proposé à ce héros de faire tailler l'Athos de manière qu'il représentât un géant qui dans une de ses mains tiendroit une ville, & de l'autre laisseroit aller un fleuve. Ce projet ne fut pas accepté (1).

ATHRES, nom d'une rivière de la Scythie en Europe, selon Hérodote.

ATHRIBIS, ville de l'Egypte, dans le Delta. Elle étoit la métropole du nôme *Athribites*, & étoit située sur un canal du Nil, qui en prenoit le nom d'Athribitique, selon Ptolemée & Strabon.

Quelques auteurs écrivent *Athlibis*.

ATHRIBIS, ville de l'Arabie, selon Etienne le géographe, à l'article *Athlibis*.

ATHRIBITES, nom d'un nôme de l'Egypte, dont la capitale étoit *Athribis*, selon Strabon & Ptolemée.

ATHRITÆ, les Athrites, peuple de l'Arabie heureuse, selon Ptolemée.

ATHRULLA, ville de l'Arabie heureuse, selon Strabon.

ATHMYBRA, ancien nom de la ville de Nysa ou Nysse, selon Etienne le géographe; elle étoit de l'Asie Mineure. Cet auteur la place dans la Carie. Je sais que les limites de ce côté ont varié. Mais comme elle étoit à la droite du Méandre, elle est plus ordinairement attribuée à la Lydie.

ATILIANA, nom d'un lieu de l'Hispanie, entre *Asturga* & *Tarraco*, à trente mille pas de *Virovena*, & à trente-deux mille pas de *Barbariana*, selon l'itinéraire d'Antonin.

ATINA *ou* ATINUM (*Atino*), ville d'Italie, dans le Latium, vers le nord-est, au sud-est de *Sora*. Elle avoit d'abord appartenu aux Samnites. Frontin dit que Nero Claudius César y mena une colonie.

ATINA, dans la Lucania, au sud-est de *Forum Popilii*: ce doit être celle dont parlent Pline & Ptolemée: du moins je le crois, quoiqu'il y ait quelque différence dans les indications.

ATINTANES, les Atintanes, peuple d'Europe. Selon Thucydide, ils habitoient la partie orientale de l'Illyrie. Mais Tite-Live & Polybe réunissent leur pays à la Macédoine. Voulant s'affranchir de la domination des Romains, par le conseil de Demetrius de Pharos, ils se soumirent aux Romains commandés par Posthumius.

ATINUM, *voyez* ATINA.

ATISIS, & ATISO, rivière de l'Italie, dans l'Insubrie, selon Ortélius, qui dit qu'elle se jette dans

(1) J'ai donné à la fin de la nouvelle édition de la troisième partie de ma *Géographie comparée* (Turquie d'Europe), une description très-détaillée de l'état actuel de l'Aghion Oros; elle m'a été envoyée de Constantinople.

le lac *Verbanus*, & que Plutarque en fait mention dans la vie de Marius.

ATLANTA, ville de Grèce, dans le pays des Locres, selon Eusèbe, qui dit qu'elle fut désolée par un tremblement de terre, avant la naissance de Platon.

ATLANTES, les Atlantes. Ce peuple étoit un de ceux que les anciens plaçoient dans la Libye. Hérodote remarque que ce peuple étoit le seul auquel on ne connût pas de nom de particulier.

ATLANTES (*les*), *ou* ATLANDES, habitans de l'île Atlantide, sont sans doute très-différens des précédens. Je réserve pour le mot *Atlantica* les détails relatifs à sa situation. Je me borne ici à ce que Platon nous apprend de ce peuple. Ce peuple avoit été fort puissant, & avoit porté ses armes au loin.

Dix archontes y régnoient chacun dans son district, suivant les usages qu'ils avoient établis, & avoient droit de vie & de mort sur les peuples. Cette république fédérative avoit été établie par une loi émanée de Neptune lui-même, gravée sur une colonne & placée dans un temple. C'est-là qu'ils « s'assembloient alternativement tous les cinq « ans; car ils avoient la même vénération pour le » nombre pair & pour le nombre impair: ce congrès se passoit à délibérer sur les affaires publiques. » Les archontes s'informoient si quelque citoyen » avoit transgressé la loi, & ils le jugeoient sur son » délit. Avant de prononcer ils se juroient une foi » mutuelle avec des cérémonies dont je supprime le » détail.

» On peut observer qu'outre la loi gravée sur la » colonne, il y avoit encore un serment avec des » imprécations contre le sacrilège qui oseroit l'enfreindre.

» Les archontes, après le sacrifice, remplissoient » un vase du sang de la victime, en versoient une » goutte sur chacun d'eux, jettoient le reste au feu » & nettoyoient la colonne. Ensuite ils puisoient » le sang du vase avec des fioles d'or, le faisoient » couler en forme de libations dans les flammes, & » prononçoient le serment redoutable.

» Ce serment consistoit à promettre qu'ils jugeroient selon la loi empreinte sur la colonne, & » qu'ils en puniroient les infracteurs. Il étoit suivi » d'imprécations contre soi-même & contre sa famille. Alors chacun buvoit du sang du vase: on déposoit le reste dans un endroit particulier du sanctuaire, & les archontes libres sortoient du temple » pour aller vaquer aux affaires du gouvernement.

» Telle étoit la législation de l'Atlantide; législation que la providence des dieux semble avoir » fait revivre parmi nous (1) pendant un grand » nombre de générations, les Atlantes obéirent aux » loix, envisagèrent avec stoïcisme les événemens » de la fortune, & dédaignèrent tout, excepté la » vertu. L'or leur paroissoit un fardeau plutôt » qu'une jouissance, & le breuvage enivrant de la » prospérité ne les rendoit ni insolens ni furieux; » mais les hommes ne savent pas être justes & » long-temps heureux. A la fin, le luxe amena la » dépravation des mœurs & le despotisme; alors » Jupiter, le dieu des dieux, le vengeur des loix » qu'il a données à la terre & par lesquelles il » règne sur elle; Jupiter, dis-je, à la vue des désordres des Atlantes, résolut de provoquer leurs » remords, par un coup éclatant de son pouvoir. » Il convoqua les immortels au centre de l'univers, » là où il contemple toutes les générations, & quand » ils furent en sa présence.... (*Le reste de ce dialogue est perdu*).

(1) Comme il y a ici, dans le morceau de Platon, beaucoup de morale que l'auteur de l'histoire des hommes a jugé à propos de supprimer; je m'y conforme, en empruntant ce morceau de cet ouvrage.

ATLANTICA INSULA, ou île Atlantique, que l'on nomme aussi seulement *Atlantide*. On a beaucoup écrit depuis quelque temps sur cette île, & sur les peuples qui l'habitoient. Plusieurs écrivains ont exercé leur sagacité & leur érudition pour découvrir dans quelle partie du globe elle étoit située; d'autres, s'appuyant des seules règles d'une critique sage, ont mis en doute l'existence de l'île, ne voyant qu'une allégorie dans les ouvrages de l'auteur qui nous les fait connoître d'une manière plus particulière. Comme je ne doute pas que dans le grand nombre de lecteurs il ne s'en trouve qui ne connoissent pas l'origine de cette histoire vraie ou supposée, je vais l'exposer ici rapidement.

L'histoire de l'île Atlantide est racontée dans deux dialogues; l'un est intitulé *Timée*, & l'autre *Critias*. Platon, qui en est l'auteur, commence par nous donner la tradition des faits. Ce philosophe, étant encore enfant, étoit chez son aïeul Critias, âgé de quatre-vingt-dix ans. Celui-ci, dans sa jeunesse, avoit été instruit également par Solon, ami de son père Dropidas. Solon, l'un des sept sages de la Grèce, avoit appris en Egypte, d'un prêtre du pays, que les Athéniens avoient autrefois résisté à une grande puissance sortie de la mer Atlantique. Selon ce prêtre les faits historiques dont il étoit instruit remontoient à 9000 ans. Cette puissance, sortie de la mer Atlantique, avoit injustement envahi toute l'Europe & l'Asie. Cette mer étoit alors guéable: sur les bords « étoit une île, vis-à-vis de l'embouchure que dans votre langue, disoit le prêtre, » vous nommez *colonnes d'Hercule*; & cette île » avoit plus d'étendue que la Libye & l'Asie » ensemble ».

Dans cette île Atlantide il y avoit des rois dont la puissance étoit très-grande: elle s'étendoit sur toute cette île, sur plusieurs autres & sur des parties du continent. Ils régnoient en outre d'une part sur tous les pays, depuis la Libye jusqu'en Egypte; & de l'autre, savoir du côté de l'Europe, jusqu'à la *Thirrhenia*. L'orgueil de leurs forces réunies, continuoit le prêtre Egyptien, les a portés à soumettre votre pays, le nôtre, & toutes les provinces situées en-deçà des colonnes d'Hercule, où a commencé leur irruption. C'est alors que votre république s'est montrée supérieure à tous les mortels par la force & par la vertu. Elle commandoit à ceux de vos peuples qui ne l'avoient pas abandonnée ; son génie & ses connoissances dans l'art militaire la secoururent dans ce pressant danger ; elle triompha de ses ennemis, & elle érigea des trophées de sa victoire, après avoir garanti de la servitude ceux qui en étoient menacés, & nous avoir à tous rendu le salut & la liberté. Mais lorsque dans ces derniers temps il arriva des tremblemens du globe & des inondations, tous vos guerriers ont été engloutis par les eaux dans l'espace d'un jour & d'une nuit ; l'île Atlantide a disparu dans la mer. C'est pourquoi la mer qui se trouve là, n'est ni navigable, ni connue de personne, puisqu'il s'y est formé peu-à-peu un limon provenant de cette île submergée. (*Plat. dial. de Timée*).

Platon reprend le même sujet dans le Critias. Il remonte au temps où les dieux se partagèrent la terre. L'île Atlantide fut, selon lui, le lot de Neptune. Il y trouva sur une petite montagne, un seul homme, nommé Evenor, avec sa femme Leucippe. Ils avoient été formés de la terre. Clito étoit la fille unique de ce couple solitaire. Neptune en devint amoureux & l'épousa. Sa postérité fut nombreuse ; il eut cinq couples d'enfans mâles & jumeaux. Alors il divisa son domaine en dix parties pour apanager ses fils. L'aîné s'appelloit Atlas, & donna depuis son nom à l'île entière ; il eut en partage le centre de l'île & la petite montagne où avoient habité ses aïeux.

La postérité d'Atlas régna long-temps avec gloire. Le royaume étoit toujours transmis à l'aîné de la famille, & les enfans de cette race ont conservé le sceptre pendant un grand nombre de générations.

L'Atlantide fournissoit en abondance toutes les choses nécessaires à la vie. Elle étoit riche en métaux, abondante en bois de construction, en pâturage, en grains, nourrissant beaucoup d'animaux domestiques & sauvages. Les palais y brilloient d'une magnificence dont le récit tient beaucoup de ceux de nos féries.

Cette île étoit un quarré long de 30000 stades, & large de 2000. La partie septentrionale renfermoit des montagnes couvertes de villages & de riches habitations. J'ai dit deux mots du gouvernement à l'article *Atlantes*.

La position de cette île a donné lieu à plusieurs opinions. Rudbeck avoit déja entrepris de prouver que cette île, les champs élyséens, *&c.* devoient se trouver dans le nord. M. Bailly qui a écrit sur l'histoire de l'ancienne Astronomie, avec tant de profondeur & de clarté, a repris cette these ; & s'il n'a pas convaincu ses lecteurs, il leur a presque enlevé tous les moyens de lui répondre avec avantage. Ces lettres sur l'Atlantide sont un morceau curieux & très-intéressant par la manière dont il a su se servir des avantages qu'il tient de la nature & d'un long travail, une excellente logique & une vaste érudition. Mais pour transporter l'Atlantide vers le nord, il faut y transporter beaucoup d'autres lieux, entre autres, le détroit que, selon le prêtre Egyptien, les Grecs, au temps de Solon, nommoient *colonnes d'Hercule*. Or, il me paroît qu'au temps dont il est question, ce détroit étoit celui que nous nommons actuellement *Gibraltar*. Et cette opinion me paroît décisive, quelque possibilité que l'on admît, qu'autrefois ce nom avoit été donné à d'autres lieux.

Je pourrois opposer la même objection à l'opinion de M. Baër, correspondant de l'académie des sciences & actuellement en Suède, ainsi qu'à celle de l'auteur de l'histoire des hommes. Le premier place l'Atlantide dans la Palestine, & le second dans le bassin de la Méditerranée qui s'étend entre l'Espagne & l'Italie, & où sont encore actuellement les îles de Sardaigne & de Corse, ainsi que les îles Baléares.

Quoique le fond de cette question, assez indifférente en elle-même actuellement, ait exercé & exerce encore plusieurs savans, je m'en tiendrai à ce que j'en ai dit. J'ajouterai seulement deux mots qui ne présentent pas une opinion à moi particulière, mais au moins celle qui me paroît la plus vraisemblable.

1°. Par le récit du prêtre Egyptien, l'Atlantide étoit au-delà des colonnes d'Hercule ; elle a été renversée par un tremblement. Il est probable qu'un tremblement de terre a causé ce ravage.

Or, je ne vois rien qui physiquement s'oppose à la supposition qu'il a existé autrefois entre l'Afrique, une partie de l'Europe & l'Amérique, une très-grande étendue de terre, dont Madère, les Canaries, les Açores, peut-être même les îles du Cap-Verd sont des restes encore subsistans. On retrouve dans les Canaries les traces du feu, & le Pic de Ténérif, si prodigieusement élevé au-dessus des îles qui l'environnent (1), est peut-être dans l'emplacement de la petite île sur laquelle étoit Evenus. Cette montagne, petite à sa base, se sera élevée à la hauteur où nous la voyons par l'action d'un ancien volcan, tandis que les terres qui formoient toute l'étendue de l'île, se seront abymées ou auront été submergées. Seulement quelques parties plus élevées sont demeurées au-dessus des eaux & forment actuellement les îles dont j'ai parlé. Il suffisoit du souvenir très-vague de cet événement pour fournir aux Grecs des fictions sur l'ancienne Atlantide.

2°. Je pense de plus avec des écrivains très-estimables, que tout ce que dit Platon, relativement au gouvernement, aux magistrats, à la puissance des Atlandes, n'est qu'une allusion très-fine aux mêmes objets chez les Athéniens. Soit que l'auteur parle des choses qu'il loue, soit ce qu'il veuille

(1) Ce pic, mesuré avec toute l'exactitude que M. le chevalier de Borda porte dans tout ce qu'il fait, a 1903 toises de hauteur au-dessus du niveau de la mer.

blâmer, c'est toujours des Atlantes qu'il emprunte son emblême, & toujours sur les Athéniens qu'il fixe ses regards & ceux de ses lecteurs. Du moins voilà ce que j'en crois.

M. Bartoly, très-savant antiquaire, va plus loin (1), car il n'admet pas même l'existence d'une île Atlantique, & croit que tout ce qui est dit du pays & des hommes n'a rapport qu'à la puissance d'Athènes. Ce sont eux qui sont censés détruire l'armée des Atlandes, en battant les troupes des Perses; ce sont eux qui, lorsque les Atlandes sont châtiés par Jupiter, sont affoiblis par les défaites de leurs troupes en Sicile. Enfin ce sont toujours & ce ne sont que les Athéniens sous le voile de l'allégorie. Au reste, son ouvrage présente un avantage précieux; c'est d'offrir le texte d'un des deux dialogues de Platon, savoir le Timée, avec plusieurs traductions françoises, latines & italiennes.

ATMANISPHE, village de l'Arabie heureuse, dans le pays des Homérites, selon Ptolemée.

ATRA, ville capitale des Arabes de la Singarène. C'étoit une tribu Arabe qui formoit un état indépendant dans la Mésopotamie.

Trajan mit le siège devant cette ville pour les soumettre; mais la résistance des assiégés, l'excès de la chaleur & la sécheresse des environs, le forcèrent d'abandonner l'entreprise en 117.

Cette ville étoit située sur le sommet d'une montagne élevée, défendue d'une bonne muraille, & dans un pays désert & aride.

Atra a été très-célèbre sous le règne de l'empereur Sévère; mais elle étoit ruinée sous le règne de l'empereur Jovien.

ATRACES, les Atraces, peuple d'Europe dans la partie de la Grèce que l'on nommoit Etolie. On croit qu'ils tiroient leur nom de la rivière d'*Atrax* qui arrosoit leur pays.

ATRÆ, ville de l'Asie, entre l'Euphrate & le Tigre, selon Etienne le géographe.

Hérodien en fait une ville d'Arabie, & dit qu'elle fut assiégée par les troupes de l'empereur Sévère. Elle étoit située sur une haute montagne & défendue par des fortifications si considérables, que le général Romain fut obligé de lever le siège. Dion, qui rapporte ce fait, ajoute que l'empereur, pour l'en punir, le fit mettre à mort.

ATRAMITÆ, les Atramites. Etienne les indique dans l'Arabie heureuse, & Pline dit qu'ils faisoient partie des Saléens, que leur pays étoit bordé d'îles où croissoient toutes sortes de plantes odoriférantes. C'étoit chez eux, dans le milieu de leur pays, que croissoit l'encens, selon le même auteur. Il est très-probable que le nom des Atramites s'est conservé dans celui de l'Hadhramut, que porte encore aujourd'hui un canton de l'Arabie. Artemidor, au lieu d'*Atramitæ*, dit *Atrametitæ*. Ce nom est encore plus défiguré par d'autres auteurs.

ATRANI, peuple qui avoit autrefois existé dans la Pouille, selon Pline.

ATRAPUM, lieu de la Grèce, près des Thermopyles. C'est par cet endroit que Xerxès attaqua les Lacédémoniens, selon Appien.

ATRAX, rivière de Grèce, dans l'Etolie, ou plutôt dans le pays des Locriens-Ozoles, qu'elle traverse presque entiérement, en coulant du nord au sud, & se perd dans le golfe de Corinthe, à l'orient de Naupacte. Pline en met l'embouchure dans la mer Ionienne: ce qui ne s'accorde pas avec la position de Naupacte.

ATRAX, autre rivière de même nom en Thessalie.

ATRAX, *ou* ATRACIA, ville de Grèce, en la Thessalie, dans la Pélasgiotide, selon Etienne le géographe & Ptolemée. Le premier dit qu'elle prenoit ce nom d'Atrax, fils de Pénée & de Bura, par qui elle avoit été bâtie. M. d'Anville, d'après Strabon, l'a placée sur le Pénée, à l'embouchure de la rivière de son nom, qui tomboit dans le fleuve, à quelque distance à l'ouest de Larisse. On observe que Tite-Live, décrivant une marche des troupes de Macédoine dans ce pays, nomme cette ville *Athacus*, au lieu d'*Atrax*.

ATREBATES, les Atrebates, peuple d'Europe, dans la partie septentrionale de la Gaule. Ils furent compris dans la Belgique seconde. Les Atrebates avoient au nord les *Morini*, au nord-est les *Nervii*, au sud-est les *Veromandui*, au sud-ouest les *Ambiani*. Leur ville principale étoit *Nemetacum*.

Il est parlé de ce peuple dans César au sujet de la confédération des Belges contre les Romains. C'est à tort que Ptolemée les place vers la Seine. Leur emplacement répond au territoire de la cité d'Arras. Je ne sais quelle espèce de phénomène a pu donner lieu à S. Jérome, puis à Orose, de dire qu'en 367 de l'ère vulgaire, il tomba chez les Atrebates une pluie mêlée de vraie laine. On y a long-temps ajouté foi.

ATREBATES, les Atrebates, peuple de la Grande-Bretagne, un peu au nord des *Belgæ* & des *Regni*. On peut présumer que ce second peuple tiroit son origine du premier. Ils s'étendoient au nord jusqu'au *Tamesis*.

ATRIA *ou* HADRIA (*Adria*), ville de l'Italie, dans la Vénétie; elle étoit au sud assez près de l'embouchure du *Tartarus* qui coule en cet endroit, entre l'*Athesis* au nord, & le *Padus* au sud. Cette ville partage avec une autre *Adria* l'honneur d'avoir donné son nom au golfe. Quelques auteurs, tels que Justin, en attribuent la fondation à des Grecs, & même à Diomède jetté sur ces parages. Il est vrai que ce que dit Justin peut très-aisément s'entendre de l'autre *Adria*. Tite-Live dit qu'elle fut fondée par les Tursques *ou* Etrusques, & Varron est du même sentiment. On voit par l'Epitome du livre XI de Tite-Live, qu'elle devint colonie romaine: on croit que ce fut vers l'an 463.

(1) Réflexions impartiales sur le progrès réel ou apparent des sciences & des arts dans le dix-huitième siècle, p. 39.

Atria ou Hadria (*Atri*), autre ville d'Italie, chez les Prétutiens. Cette ville étoit sur une colline, au bord de la mer. Selon quelques écrivains elle avoit été fondée par Denys le Tyran. Ce qui vient à l'appui de ce sentiment, c'est que Diodore attribue à ce prince l'établissement de quelques places sur la côte. Son dessein étoit de se servir de ces places pour favoriser ses projets sur l'Epire. Cluvier croit que cette ville remontoit à une origine bien plus ancienne, & en attribue les commencemens aux Etrusques. *Atria* devint colonie romaine au temps d'Annibal.

ATRIANORUM PALUDES, marais de l'Italie, à l'embouchure de l'Adria. Cassiodore en fait une description détaillée. Comme cette rivière se nommoit quelquefois *Tartarus*, Tite-Live nomme ces marais *Tartari Paludes*.

ATRIBIS, ville d'Egypte, dans la contrée appellée *Augustamnica Prima*.

ATROPATENE, contrée de l'Asie, occupant la partie du nord-ouest de la Médie. *Gazæ* ou *Gaza* en étoit la capitale, & le fleuve Araxe au nord, la séparoit de l'Arménie. Cette contrée est nommée *Atropatie* par Pline.

ATTA, ville de l'Arabie heureuse, selon Ptolemée.

Atta, ou Attaba, rivière de la Chersonnèse d'or, selon le même.

ATTACANA, ville de l'Asie, dans la grande Arménie, selon Ptolemée.

ATTACENI, les Atacènes, peuple d'Asie, dans l'Inde, selon Arrien. On croit que ce sont les mêmes que les *Astaceni*.

ATTACORÆ, les Attacores, peuple d'Asie, dans la Sérique.

ATTACOTTI, les Attacotes, peuple d'Europe qu'Ammian Marcellin nomme entre ceux qui venoient du nord de la Grande-Bretagne harceler les Bretons. On n'est pas sûr du lieu qu'ils habitoient.

ATTACUM, ville de l'Hispanie, à l'ouest de Bilbilis, & au sud-ouest de Numance.

ATTÆA, étang de la Phrygie, près de la ville de Botéion, selon Etienne de Bysance.

ATTALENSES, les Attalenses. Pline met ce peuple dans la Galatie. Le P. Hardouin pense qu'il faut lire *Adadenses*.

ATTALI LATRONES, les Attales voleurs. Pline parle de ce peuple comme d'Arabes qui habitoient les bords du Tigre, & qui faisoient des courses sur les terres de leurs voisins. Delà l'épithète qu'il leur donne.

ATTALIA, *voyez* Atalia.

Attalia, ancienne ville d'Asie, dans la Pamphilie, sur le bord de la mer qui y forme un golfe. Strabon dit que Attale Philadelphe bâtit la ville d'Attalie, & qu'entourant de murs le village de Corique, qui en étoit voisin, il en fit une petite ville. En grec le nom étoit Ἀττάλεια; ce qui a fait écrire quelquefois en latin *Attalea*.

Attalia, ancienne ville d'Asie, dans la Lydie, selon Etienne le géographe. Ce doit être la même ville que Pline met assez avant dans les terres, dans l'Æolide.

ATTALIS, nom d'une tribu de l'Attique.

ATTALYDA, ville de l'Asie, dans la Lydie, selon Etienne le géographe: selon cet auteur elle avoit été fondée par Attyus & par Lydus, fils de ce prince, qui en continua les travaux après la mort de son père; lui seul en parle.

ATTASII, les Attases, peuple d'Asie que Strabon place entre les Massagètes & les Saces. Quelques auteurs ont cru que ce nom étoit susceptible de changement.

ATTEIAS OPPIDUM, lieu dont il est fait mention dans le livre des Limites. Ortélius croit que c'est un lieu de l'Italie.

ATTELEBUSSA, île de la mer Méditerranée, sur la côte de la Lycie, selon Pline.

Ptolemée écrit *Atelebusa*, & la met sur la côte de la Pamphylie.

ATTENA, ville de l'Ethiopie, sous l'Egypte, selon Pline.

ATTENE, contrée de l'Arabie heureuse, à cinquante mille pas du rivage, vers le golfe de Gerra, selon Pline.

ATTIA, ancienne ville qui étoit située vers le milieu de l'Arabie heureuse, selon Ptolemée.

Attia, village de l'Asie, qui étoit situé sur le golfe d'Adramytte, selon Strabon. M. d'Anville le place sur la presqu'île qui forme l'entrée de ce golfe au sud.

ATTICA, l'Attique, contrée célèbre de la Grèce, formant une grande presqu'île qui s'avançoit au sud-est, & se terminoit au promontoire du *Sunium*. Ce pays avoit été, suivant les temps, désigné par différens noms. Strabon rapporte qu'on l'avoit appellé *Actica* d'après Actéon; *Atthis* & *Attica*, d'après Atthis, fils de Cranaus; *Mopsopia*, d'après Mopsopus (1); *Ionia*, d'après Ion, fils de Xuthus; *Posidonia*, d'après Poseidon (nom grec de Neptune), & *Athenæ*, d'après le nom grec de Minerve (*Voyez* Athenæ). Cependant le nom d'*Attica* ou d'Attique avoit prévalu. Mais les meilleurs critiques, au lieu de le faire venir du nom d'un héros peut-être imaginaire, s'accordent à le dériver du mot grec ἀκτη qui signifie *rivage*, parce qu'en effet ce pays en présentoit une très-grande étendue, & n'offroit presque que cela dans la partie du sud-est.

L'Attique s'étendit d'abord & pendant long-temps jusqu'au mont Parnes, & à la petite chaîne de montagnes, qui de ce mont s'étend jusqu'à l'Isthme de Corinthe. Les peuples renfermés dans le triangle que forme ce côté avec les deux côtes qui se terminent au promontoire Sunium, étoient des Ioniens réputés tous Athéniens. Ç'avoit été pour constater la différence qui existoit entre eux & les

(1) On trouve aussi que les Athéniens eux-mêmes furent quelquefois désignés, par les Poëtes, par le nom de *Mopsopii*. Voyez dans l'Anthologie, *l. 4, ch. 17, épig. 35*. Μοψόπιοι désigne les Athéniens.

Doriens du Péloponèse, que l'on avoit élevé sur l'Isthme la colonne dont parle Strabon (*l. IX p.* 392). On y lisoit d'un côté :

Τά δ'ἐστὶ Πελοπόννησος, οὐκ Ἰωνία

Les terres de ce côté sont au Péloponèse, & non à l'Ionie ; & de l'autre, c'est-à-dire, du côté de la Mégaride, comprise alors dans l'Attique

Τὰ δ'οὐχὶ Πελοπόννησος, ἀλλ' Ἰωνία,

Ce ne sont pas de ce côté les terres du Péloponèse, mais celles de l'Ionie.

On voit qu'alors la Mégaride étoit censée ne faire qu'une-même division avec l'Ionie ou l'Attique. Et en effet ce pays avoit été le partage de Nisus, l'un des fils de Pandion, roi d'Athènes. Mais dans la suite, après le retour des Doriens dans le Péloponèse, les Athéniens ayant donné asyle à plusieurs partis de Péloponésiens, les Doriens en conçurent de l'ombrage, & leur firent la guerre. On sait avec quelle générosité Codrus se dévoua à la mort, & comment cette mort procura la victoire à son parti. Les Péloponésiens furent battus & en partie chassés; mais ils restèrent en possession du pays de Mégare, qui, de ce moment, fit une division à part; ainsi les bornes de l'Attique furent retrécies de ce côté. Elles s'étendirent dans la suite du côté de la Béotie. Car Pausanias (*in Attic. c. 38.*) observe qu'Eleuthère s'étant donnée aux Athéniens, l'Attique s'étendit jusqu'au mont Cythéron.

L'Attique est un pays sec & montagneux, plus propre à la culture de l'olivier qu'à celle des grains qui ne se trouvoient qu'en quelques endroits.

Les principales montagnes étoient, selon Pausanias. le Pentélique, le Parnes, l'Hymette & l'Anchesme, Strabon, qui ne nomme pas ces deux dernières, ajoute le Brilessus, le Lycabettus, ou, selon Aristophane, Suidas, *&c.* le Lycabetus, & le Corydallus.

Les principaux fleuves ou ruisseaux étoient le Céphissus qui recevoit l'Ilissus, & se jettoit dans le port de Phalère. Il y avoit encore un autre Céphissus près du territoire d'Eleusis.

L'Attique avoit été d'abord habitée par des Pélasges, c'est-à-dire, par les descendans de ceux qui entrèrent dans la Grèce par les parties septentrionales (*Voyez Pelasgi*). Cécrops y étant arrivé par mer avec une colonie, donna au pays une nouvelle existence. Il distribua, dit Strabon, tous les habitans en *douze villes* (εἰς δυωκαίδεκα πόλεις) dont voici les noms, *Cecropia*, *Tetrapolis*, *Epacria*; *Decelia*, *Eleusis*, *Aphidna*, que quelques-uns, dit-il, appellent *Aphidnæ*, *Thoricus*, *Brauron*, *Cytherus*, *Sphettus*, *Cephidia*, *Phalerus*. Ces lieux, comme on peut s'en assurer par l'inspection de l'excellente carte de M. d'Anville, étoient plus ou moins éloignés entre eux ; ainsi quand on dit que Thésée les réunit pour n'en faire qu'une seule ville, cela ne peut pas s'entendre de la réunion des places, mais de l'union des habitans. En leur donnant à tous une égale part aux affaires, & en les faisant également citoyens de la capitale, quoiqu'ils ne l'habitassent pas tous ; il n'en fit en effet qu'un même corps. Je conçois aussi qu'en agrandissant ce cheflieu, il y établit des habitans de chacune des autres villes. Dans la suite le nombre des bourgs devint très-considérable ; ils appartenoient à différentes tribus.

Au temps de Démétrius de Phalère, selon Athénée, c'est-à-dire, dans la 110e olympiade, ou environ 340 ans avant l'ère vulgaire, le nombre des habitans montoit à 20000 citoyens, à 18000 étrangers habitués dans le pays, & à 40000 hommes tant de la lie du peuple, que domestiques & esclaves.

Les auteurs qui ont indiqué les lieux de l'Attique n'ont parlé en général que de ceux qui présentoient quelqu'intérêt par des monumens, soit par des traits historiques. M. d'Anville n'a pu en placer que quelques-uns sur sa carte ; il a pris dans Strabon & dans Pausanias qui ne sont pas exactement conformes, en ce que l'un nomme des lieux dont l'autre ne fait pas mention. On trouvera les uns & les autres à leur article. Je vais mettre ici seulement les noms que l'on trouve dans Ptolemée ; après quoi, je donnerai la liste des 174 peuplades de l'Attique, d'après les corrections qu'a faites Spon à celle qu'avoit donnée Meursius.

Lieux de l'Attique, selon Ptolemée.

Eleusis.	Panormus.
Piræus.	Templum Dianæ.
Munychyia.	Cynosura, prom.
Hyphormus.	Chersonesus.
Sunium, promon.	Oropus.

TABLE DES 174 PEUPLADES DE L'ATTIQUE.

1°. Tribu *Acamantide.*

Agnous.	* Thoricus.
Eiresidæ.	Itea.
Hernus.	Curtiadæ.
* Le Creamique de dehors.	Prospalta.
	Sphettus.
Le bourg de Céphale.	Cholargos.
Cicynna.	Poros.
Hephæstia.	

2°. Tribu *Æneantide.*

* Marathon.	Rhamnus.
* Œnœ.	Titacidæ.
Psaphidæ.	Tricorhythus.

3°. Tribu *Antiochide.*

Ægilia	Anaphlystus.
Alopeki.	Atine.
Amphitropi.	Bisa.

Torhæ.
Crioa.
Leccum.
Leucopyra.
Melænæ.
Pallene.
Le mont Pentheli.
Perrhidæ.
Pelekes.
Semachidæ.
Le Phalere.
Phyrn.

4°. *Tribu Attalide.*

Apollonia.
* Sunium.

5°. *Tribu Egéide.*

* Alæ-Araphenides.
Araphen.
Baty ou Vathy.
Gargettas.
Diomea.
Erechtia.
Ericeia.
Ercheia.
Icaria.
Iaridæ.
Collytus.
Cydantidæ.
Plotheia.
Tithras.
Philaidæ.
Chollidæ.

6°. *Tribu Erectheide.*

Agraule.
Anagrius.
Evonimos.
Themacos.
Kidæ.
* Cephisiæ.
Lampra supérieure.
Lampra inférieure.
Pambotadæ.
Pergasi.
Sybridæ.
Phigous.

7°. *Tribu Adrianide.*

Elousa.
Oa.
Phigaia.

8°. *Tribu Hippothéontide.*

Azinia.
Acherdous.
* Decelea.
Elæus.
* Eleusis.
Eroïadæ.
Thymoitadæ.
Keiriadæ.
Anacæa.
Coile.
* Corydallas.
Œnoe.
Œum-Deceleicum.
* Piræus.
Sphendale.
Amaxancæa.

9°. *Tribu Cécropide.*

Athmonon.
* Æxoni.
* Alæ-Æxonides.
Dædalidæ.
Epieikidæ.
* Trinemeis.
Melite.
Xipeti.
Pithos.
Sypalettus.

10°. *Tribu Léontide.*

Æthalidæ.
Hatimus.
Aphidna.
Deirades.
Ecali.
Kettoi.
Eupyridæ.
* Cropia.
Leuconium.
Œum-Ceramicum.
Pæonidæ.
* Potamos.
Scambonidæ.
Hysibadæ.
Phrearrii.

11°. *Tribu Œnéide.*

Acharna.
Butadæ.
Epicephissia.
* Thria.
Hippotamadæ.
Laciadæ.
Lusia.
Oe.
Peritoïdæ.
Ptlea.
Turmidæ.
* Phyle.

12°. *Tribu Ptolémaïde.*

Berenicidæ.
Thyrgonida.
Conthyli.
Phylya.

13°. *Tribu Pandionide.*

Angeli.
Cydathenæum.
Cytherum.
Myrrhinus.
Pæania supérieur.
Pæania inférieur.
* Prasiæ.
Probalinthus.
Phigaia.
Steiria.

J'ajoute ici quelques bourgs & tribus incertaines.

Argilia.
Harma.
* Brauron.
Drymus.
Edapteon.
Enna.
Euchontheus.
Echlidæ.
Colonas-Agoais.
Colonas-Hippios.
Cothocidæ.
Cynosarges.
Larissa.
* Laurium.
Limnæ.
Miletum.
* Munychia.
Panaclus.
Zoster.
Thèbes.
Thrion.
Cali.
Le Céramique de dedans.
Le mont Parnethe.
* L'île de Patrocle.
Pnyæ.
* Sciron.
Sporgilos.
* Hymettus.
Hysiæ.
Lenæum.
Phormisii.
Phrittii.
Chitone.
Oropos.

ATTIDIATES, les Attidiates, peuple d'Europe que Pline place dans l'*Umbria* ou l'Ombrie.

ATTIDIUM (*Attigio*), ville de l'Italie, dans l'*Umbria*, vers les sources de l'*Æsis*.

ATTILÆPONS (*Ettelsbruck*), nom d'un bourg de la Gaule Belgique.

ATTIRI, les Attires, peuple de l'Ethiopie, sous l'Egypte. Ce nom est pris dans Ptolemée : ses interprêtes croient qu'il faut lire *Apiri*.

ATTIUM, nom d'un promontoire sur la côte occidentale de l'île de Corse, selon Ptolemée.

*ATTUARII, les Attuaires, peuple d'Europe, dans la Germanie. Strabon, qui les nomme *χαττουάριοι*, les place dans le voisinage des Cattes. Ce peuple paroît être le même que Tacite nomme *Chasuari*; & Ptolemée *κασουάριοι*, & d'anciennes annales *Hattuarii*. On retrouve le nom d'*Attuariæ* dans le partage que Louis le Débonnaire fit entre ses enfans. Ils passérent ensuite dans la Gaule. Ils sont aussi nommés quelquefois *Attoarii*. On voit dans l'histoire de Julien, qu'après qu'il eut pris le titre d'Auguste, il marcha contre les Atthuaires & les battit. Il employa trois mois à cette expédition.

ATTUDA, ATTUDENSIS, siège épiscopal de la Phrygie Pacatiène, selon les actes du concile d'Ephèse, tenu en 431.

ATTUSA, ville de l'Asie Mineure, sur les confins de la Bithynie & de la Mysie, selon Pline. Cet auteur dit qu'elle avoit été d'une immense grandeur; mais qu'elle ne subsistoit plus.

ATUACA, ATUACUTA, ATUATUCA, & ADUOCA, ville de la Gaule Belgique. César, *de Bell. gall.* fait mention de la forteresse *Atuatuca*, qui appartenoit aux *Eburones*; Ptolemée & Antonin en font mention, & ce dernier la nomme *Aduoca Tungrorum.* La table de Peutinger ne met qu'*Atuaca.* La légion romaine que perdit César par le soulevement des *Eburones* avoit son quartier à *Atuatuca.* Le nom de *Tungri* succéda à celui d'*Eburones.* On sait que cette ville, sous le nom de Tongres, fut ruinée par Attila l'an 451: ce siège épiscopal fut alors transféré à Mastricht, d'où cette ville ayant été ravagée par les Normands en 881, il fut encore transporté à Liège.

ATURENSIUM, *ou* ATURUM CIVITAS, ville de la Gaule, dans la Novem-populanie, selon le livre des provinces des Gaules.

ATURIA & ATYRIA. C'est un nom que Strabon a donné à l'Assyrie; mais bornée au fleuve Lycus, & au territoire de Ninive.

Le village de Gaugamela, où Alexandre gagna la bataille qui lui donna l'empire de Darius, étoit dans l'Aturie, selon Strabon.

A V

AVADIÆ, les Avadiens, peuple d'Asie, que Ptolemée place dans la Bactriane.

AVALITÆ, les Avalites, peuple de l'Ethiopie, sous l'Egypte, dans le golfe Avalite, selon Ptolemée.

AVALITES SINUS, golfe de la mer Erythrée, sur la droite, selon Ptolemée. Ce géographe le met dans l'Ethiopie, sous l'Egypte.

AVALIS, port de mer, sur la côte de l'Ethiopie, sous l'Egypte, dans le golfe Avalite, selon Ptolemée.

AVANTICI, les Avantiques. Ces peuples, comptés entre les nations nommées *Inalpini*, ou habitantes des Alpes, furent, selon Pline, compris par Galba, dans le rôle de la province Narbonnoise. Hermolaüs Barbarus avoit cru pouvoir les regarder comme étant les habitans d'*Avanticum*; mais comme cette ville étoit la capitale des *Helvetii* ou Suisses, & que la Gaule Narbonnoise ne s'étendit jamais jusqu'à cette distance, le P. Hardouin s'est élevé contre ce sentiment, & les savans sont de son avis. M. Menard (*Mém. de Litter. t. XXIX, p. 248*), en adoptant les raisons d'exclusion alléguées par le savant Jésuite, pense qu'il faut fixer les Avantiques dans le lieu où est aujourd'hui Avançon, entre Gap & Embrum.

AVANTICORUM OPPIDUM, ville de la Gaule, dans les Alpes maritimes, selon Pline.

AVARES. *Voyez* AVARI.

AVARI, les Avares. On lit dans la dissertation de M. Peyssonnel sur l'origine de la langue esclavonne, que les Slaves possédoient la Macédoine, la Grèce & l'Epire, & qu'ils ont été aussi appelés *Avares*: ils ont été inconnus aux habitans de Constantinople, jusques vers la fin du règne de Justinien. Ils s'avancèrent en-deçà des bords du Danube sous Justinien son successeur. On lit dans la même dissertation, que l'auteur de l'histoire mêlée avance que vers la seizième année du règne de Théodose le jeune, qui est la 424e de notre ère, les Gépides, qui ont été ensuite divisés en Lombards & en Avares, possédoient des villages aux environs de *Singidon* & de *Sirmium*; ils demeurèrent long-temps dans ces habitations sans faire parler d'eux; & vers l'an 31 de Justinien, & de nôtre ère 558, il parut à Bysance une nation inconnue, que l'on nommoit les *Avares*: toute la ville couroit pour les voir, comme une espèce d'hommes nouveaux dont on n'avoit point l'idée.

La même dissertation dit que Constantin Porphirogénète rapporte que ces Slaves, Scythes d'origine, avoient leurs habitations au-delà du Danube; qu'ils pénétrèrent dans la Thrace, dans la Macédoine, la Dalmatie, l'Epire, la Grèce, & jusques dans le Péloponnèse; mais Dodwel réfute cette opinion, & prétend, d'après le témoignage d'Evagrius, que dès la première année du règne de Justin, 565 de notre ère, les Avares n'avoient point encore passé le Danube; qu'ils commençoient à peine à menacer l'empire Romain, & que par conséquent Constantin Porphyrogénète a eu tort d'ajouter foi aux historiens fabuleux qui mettent l'époque de la première incursion des Barbares sous Théodose le jeune: il avoue que ces Barbares pouvoient bien, à la vérité, avoir commis, dès ce temps-là, des actes d'hostilité vers *Singidon* & *Sirmium*; mais il soutient qu'ils n'avoient point d'habitation héréditaire, ni de possessions; qu'ils se contentoient de ravager ces contrées, d'en chasser les habitans, de faire tout le butin qu'ils pouvoient, & de repasser ensuite le Danube, pour se retirer chez eux; & qu'ils n'eurent des demeures fixes & des domaines dans l'empire Romain, que vers le règne de Justin II. M. de Peyssonnel ajoute qu'il est même presque sûr qu'ils n'étoient pas encore connus sous le nom d'*Avares*, mais sous celui de Sclavons ou de Slaves. On lit dans le Dictionnaire de Trévoux: les *Avares*, nom d'une nation septentrionale, qui n'a été connue que sous le règne de Justin le jeune, environ l'an de J. C. 567. M. de Peyssonnel dit que cependant Procope, dans son livre de la guerre des Goths, cite, dès le règne de Justinien, des actes d'hostilité de la part des Slaves, qui combattirent contre Bélisaire.

Constantin

Constantin Porphyrogénète, parlant d'Attila, roi des Huns, dit qu'Attila, roi des Avares, ravagea la France. Ces peuples possédoient la Dacie & la Pannonie. Paul Diacre écrit que les Avares furent mis avec les Huns en possession de la Pannonie par Alboin, roi des Lombards, lorsqu'il quitta ce pays-là pour venir s'établir en Italie. Des annales de France manuscrites, citées par Bollandus, rapportent que Thudun, homme puissant parmi les Avares, envoya des ambassadeurs à Charlemagne en l'an 795, pour l'avertir qu'il vouloit, avec tout son peuple, se donner à ce prince, & embrasser la religion chrétienne sous ses auspices.

M. de Peyssonnel, dans la dissertation déjà citée, dit que la première année du règne de Tibère, qui succéda à Justin, l'an de notre ère 579, les Avares ravagèrent la Thrace. En 581 ils en furent chassés, & se jettèrent dans la Pannonie Cis-Danubienne. C'est de la seconde année du règne de Tibère que les Avares commencèrent à avoir des possessions en Dalmatie, quoiqu'ils y eussent fait bien du ravage à plusieurs reprises. Ce fut alors aussi qu'ils construisirent un pont sur le Danube, pour pouvoir chasser les Sclavons, quoiqu'ils eussent été de moitié avec eux dans toutes les irruptions qu'ils avoient faites jusqu'alors sur les terres de l'Empire.

On lit dans la même dissertation, que l'on voit dans l'histoire mêlée, que Maurice ayant succédé à Tibère, les Avares, qui s'étoient emparés depuis peu de *Sirmium*, lui envoyèrent une ambassade; mais qu'ils ruinèrent cette ville, & qu'ils s'emparèrent de plusieurs autres places dans l'Illyrium; & la seconde année du même règne, leur chagan, ou premier magistrat, arma les Sclavons, qui entrèrent dans la Thrace, & s'avancèrent jusqu'aux longues murailles, en faisant un dégât terrible.

Les Avares ayant fait mourir les prisonniers Romains, vers l'an 599, parce que l'on avoit refusé de payer leur rançon, l'empereur Maurice, qui avoit occasionné & souffert cette injure, s'attira la haine de tout le peuple, ce qui donna lieu à Phocas de tenter de le détrôner. Celui-ci eut beaucoup à démêler avec les Avares, & Héraclius, successeur de Phocas, leur suscita pour ennemis les Chrobates, peuple Slave comme eux, qui l'en débarrassèrent & les chassèrent de la Dalmatie.

AVARICUM (Bourges), appelée depuis *Bituriges*. Cette ville, l'une des plus considérables de la Gaule au temps où les Romains en firent la conquête, étoit la capitale des *Bituriges-Cubi*: elle le devint ensuite de toute la première Aquitaine. Vers la quarante-septième olympiade, c'est-à-dire, environ 600 ans avant l'ère vulgaire, elle étoit déjà, selon Tite-Live, capitale de la monarchie de la Gaule, ce qui doit s'entendre de celle qui obéissoit aux Celtes. C'est à tort que quelques auteurs ont cru que l'*Avaricum* des Gaules étoit situé au lieu où se trouve actuellement Vierzon. La situation d'*Avaricum*, telle que la donne César, a trop de rapport avec celle de la ville actuelle de Bourges pour que l'on puisse s'y méprendre. Les Romains y avoient fait aboutir les chemins qui venoient d'Autun & de Bordeaux. Ils y avoient bâti un amphithéâtre, qui ne fut démoli qu'en 800, pour construire un château détruit depuis peu; mais une rue y porte encore le nom de rue *des Arênes*. Ils y avoient aussi élevé un capitole, qui servit de palais à Jacques Cœur, dont on y voit encore les armes. C'est actuellement l'hôtel-de-ville.

AVARINI *ou* AVARENI, les Avariens, peuple de la Sarmatie Européenne. Ptolemée les place auprès des *Phrugundiones*. C'est par une faute d'impression que l'on lit dans la Martinière, *Avarim*.

AVARUM, promontoire de l'Espagne Tarragonoise, selon Ptolemée.

AVAS, le même que l'*Aous* ou l'*Æas*, rivière d'Epire. *Voyez* ÆAS.

AVASTOMATES, peuple d'Afrique, dans la Mauritanie, selon Ammien Marcellin.

AVATHA, ville de l'Arabie, selon le livre des notices de l'Empire, *sect.* 22. Cette ville étoit de l'Arabie pétrée, selon Ptolemée.

AVATHA, ville de la Phénicie, dans le département du gouverneur de cette province, selon la notice de l'Empire, *sect.* 23.

AVATICI, les Avalices, *ou* Avatiques, peuple d'Europe, dans la Gaule Narbonnoise. Ils devoient habiter à l'est des *Analitii*. Pline dit que *Maritima* étoit leur capitale. M. d'Anville ne les a pas nommés sur sa carte de la Gaule.

AVATICORUM MARITIMA, ville des Avatiques, dans la Gaule Narbonnoise, selon Pline. Etienne de Bysance dit qu'elle s'appeloit aussi *Mastramela*, du nom de l'étang sur lequel elle étoit située.

AUAXA, *ou* AUAZA, ville de l'Asie, dans le Pont. Elle étoit sous le département du gouverneur d'Arménie, selon la notice de l'empire, *sect.* 22.

AUBUREUM, nom d'un lieu de l'Afrique, selon l'itinéraire d'Antonin.

AUCHA, nom d'une rivière, sur laquelle la ville de Galtis étoit située, selon Jornandès, *de Reb. Getic.*

AUCHATÆ, *ou* AUCHETÆ, les Auchates, peuple d'Asie dans la Scythie. Pline dit que chez eux se trouvoit la source de l'*Hypanis*.

AUCHISÆ, *ou* AUCHITÆ, les Auchites, peuple d'Afrique, dans la Cyrénaïque; Hérodote les place à quelque distance de cette province.

AUDARISTENSES, peuple de la Macédoine, dans la Pélagonie, selon Pline.

AUDATTHA, ville de l'Arabie déserte, selon Ptolemée.

AUDEA, ville de la Syrie, dans la Cassiotide, selon Ptolemée.

AUDELA, *ou* ABDELA, ville de l'Asie, vers

la Mésopotamie, selon Cédrène & Curopalate; cités par Ortélius.

AUDENA, rivière de l'Italie, dans la Lugurie, selon Tite-Live; selon Cluvier, elle tomboit dans la *Macra*.

AUDIA, ville de l'Arabie Pétrée, selon Ptolemée.

AUDIENSE CASTELLUM, place forte d'Afrique, dans la Mauritanie, selon Ammien Marcellin.

AUDON, promontoire d'Afrique, dans la Mauritanie Césarienfe, selon Ptolemée.

AUDUS, rivière de l'Afrique. Elle avoit son embouchure dans le golfe de Numidie, selon Ptolemée.

AUDUS (*Jibbel Aureff*), montagne de l'intérieur de la Mauritanie Sitifense, vers le sud-est de l'embouchure du fleuve Ampsaga; Ptolemée en fait mention. C'est une grande chaîne de montagnes, entremêlées de belles plaines & de ruisseaux. On trouve beaucoup de ruines de toutes les espèces dans ces montagnes. C'est au D. Shaw que l'on doit ce détail.

AUDUS, petit port de la partie orientale de la Mauritanie Césarienfe. Ptolemée en fait mention: il le met auprès du promontoire Jarsath, au nord-est de l'embouchure du fleuve Nasava.

AVEIA, ville d'Italie, dans le Samnium, au sud d'*Amiternum*.

AVENIO (Avignon), ville de la Gaule Narbonnoise, sur le bord & à la gauche du Rhône. Pline la met au nombre des villes latines, & Ptolemée parmi les colonies. Elle se distinguoit par ses richesses, selon Pomponius Méla.

Les Marseillois y établirent un comptoir.

Les Romains envoyèrent une colonie à Avignon. Le P. Papon dit qu'elle y fut conduite du temps de Jules-César.

Le nom de cette ville, dérivé du mot Celtique qui signifie *rivière*, prouve qu'elle étoit d'origine gauloise.

AVENIONIS CASTRUM, *ou* AVENIONETUM (la Napoule), lieu de la Gaule Narbonnoise, sur le bord de la mer, au nord-est de *Forum Julii*.

AVENS, fleuve.

AVENTIA (l'*Avenra*), fleuve de l'Italie, dans l'Etrurie.

AVENTINUS (*mons*), le mont Aventin, l'une des montagnes comprises dans l'enceinte de Rome.

AVENTICUM HELVETIORUM, ancienne ville capitale des Helvétiens, selon Ptolemée, Tite-Live & Tacite. On croit qu'elle a été détruite par Attila.

AVERA, ville d'Asie, dans la Palmyrène, selon Ptolemée.

AVERNUS LACUS, ou lac d'Averne, dans la Campanie, au nord de *Baiæ*. Ce lac est situé sur un terrein volcanique & près d'une montagne où brûle un feu continuel. Les bords de ce lac furent long-temps couverts d'une épaisse forêt, qui, ne laissant aucune circulation à l'air, avoit conservé à celui qui s'y trouvoit tout le méphitisme dont il s'étoit chargé par la longue stagnation de l'eau & par le voisinage des volcans. On s'apperçut que les oiseaux ne pouvoient vivre dans cet air infect: de-là le nom d'*Aornos* (voyez ce mot), dont les Latins firent *Avernus*, pour approcher dans leur langue de l'aspiration qui se trouvoit dans celle des Grecs. Ce lieu fut regardé comme ayant communication avec les enfers, ou du moins, par les gens les moins superstitieux, comme étant consacré aux dieux même. Aussi, comme nous l'apprend Strabon, n'approchoit-on pas de ce lac sans y offrir un sacrifice en l'honneur de ces dieux. C'étoit une opinion parmi les anciens, qu'une nation Cimmérienne, c'est-à-dire, venue des rives du Bosphore Cimmérien, s'étant fixée dans l'intérieur de cette forêt, s'étoit bâtie une ville dans l'intérieur de la montagne, & que Cicéron peint comme toujours privée de la vue du soleil. On sent actuellement la foi qu'il convient d'accorder à une opinion de ce genre; à moins qu'il n'eût été accordé exclusivement à ces Cimmériens de subsister sans air & sans soleil, par conséquent aussi sans aucune espèce de végétation. On sent que leur existence est une chimère. Il n'est pas douteux aujourd'hui que ce ne soit l'idée de cette fable, déjà connue au temps d'Homère, qu'il ait voulu adapter au voyage d'Ulysse aux enfers. On voit que tout ce que son histoire a de merveilleux se passe vers ce lieu, soit chez Circée, soit chez les Lestrigons, *&c.* Ces prétendus Cimmériens avoient la réputation de sacrifier aux morts, & même de les évoquer. Lucrèce, doué d'un bon esprit, avoit bien senti que tout ce que l'Averne offroit de merveilleux étoit l'ouvrage de la nature, puisqu'il dit:

Sed natura loci hoc opus efficit ipsa suapte.

Luc. l. VI.

Je ne vois pas pourquoi un savant moderne a pu dire à propos de cela, que l'impiété de Lucrèce se fatiguoit à chercher des causes physiques à ce phénomène de l'Averne, dont l'air infect détruisoit les oiseaux. Un païen raisonnable devoit être révolté des extravagances que l'on prêtoit à ses dieux; &, par le fait même, il fut prouvé que Lucrèce avoit raison.

Lorsque Agrippa eut fait faire, tout près de-là, le port Jules, il fit abattre ce bois épais qui couvroit le lac & ses environs; un air libre & pur circula pour la première fois dans ces lieux, le soleil y vint ranimer une nature languissante, & détruire les effets meurtriers produits par son inertie. De tout ce que l'on avoit annoncé être dans ces lieux, on ne trouva, selon Dion, qu'une statue de femme, placée dans le lieu le plus révéré.

N. B. On trouve encore dans ce lieu, 1°. une grande caverne creusée dans le sein de la montagne, dont elle n'atteint que le milieu ; à l'extrémité sont des eaux & des vestiges d'ornemens antiques, on appelle cet antre *la grotte de la Sybille de Cumes*; mais on sait aussi quelle foi il faut accorder à l'existence de cette Sybile : 2°. un temple qui est bien bâti ; on le qualifie de temple d'Apollon, à la bonne heure : ce n'étoit pas cependant Apollon que l'on révéroit en ce lieu.

En terminant l'article *Averne*, la Martinière observe qu'il y a tant de lacs qui portent ce nom, qu'on le peut regarder comme un nom générique pour ces sortes de gouffres sulfureux que les anciens appeloient *portes* ou *gueules* d'enfer. *Ostia ditis, orci Janua, Inferni Janua regis*, dit Virgile. Aussi Lucrèce a-t-il dit *Averna loca;* Sillius confond avec l'*Averne*, dont il est question dans cet article, le Styx & le Cocyte. C'est que les idées n'étoient pas si nettes en mythologie qu'elles le sont en géographie ; & que, par ce nom d'*Averne*, comme on entend, 1°. un lieu où l'air étoit mal-faisant ; 2°. un lac des Enfers, il arrivoit, d'une part, que l'on donnoit ce même nom à tous les lieux où l'air étoit méphytique ; & de l'autre, que l'on le donnoit aux eaux qui étoient supposées dans les Enfers.

AVESICA (Senafetz, selon Cluvier), le même qu'*Anesica*, lieu de l'Italie dont parle Jornandès, & qu'il indique dans la Carnie.

AUFENA (*Ofena*), ville de l'Italie, dans le Samnium, chez les *Vestini*, au sud-ouest de *Teate*, & au sud-est d'*Amiternum*.

AUFIDENA (*Alfidena*), ville de l'Italie, dans le *Samnium* propre, & la capitale du peuple *Caraceni*. Cette ville étoit située près du *Sagrus*. On voit qu'elle fut prise par le consul Fulvius, l'an de Rome 455, après la bataille de *Boviànum*, gagnée sur les Samnites.

AUFIDENATES, les Aufidenates ; c'est ainsi que Pline nomme les habitans d'*Aufidena*, ville de l'Italie, dans le pays des Samnites.

AUFIDUS (l'*Ofanto*), fleuve d'Italie, & le plus considérable de l'Apulie. Il commençoit au sud du *Samnium*, & couloit vers le nord-est.

AUFIDUS (l'*Ofanto*), fleuve d'Italie, ayant sa source dans l'Apennin, & se jettant dans le golfe adriatique. Il est bon d'observer, 1°. que commençant dans les montagnes & presque de l'autre côté, Polybe avoit remarqué, comme une chose étonnante, qu'il vint de ce côté trouver la mer : sa principale source est à l'ouest de *Compsa:* 2°. comme il coule avec une petite rivière du mont Vultur au sud-est de *Venusia*, & que cette eau vient joindre l'*Aufidus*, on l'a regardée, avec raison, comme une des sources du fleuve; l'une étoit au sud-est, l'autre au sud-ouest. De-là l'épithète de *Tauriformis* ou *Cornu*, que lui donne Horace. Ce fleuve, après avoir arrosé *Canusium*, se jettoit dans la mer. Il est quelquefois guéable dans presque tout son cours ; mais aussi il devient torrent. De-là peut-être l'autre épithète de *violens* que lui donne aussi Horace, à moins qu'il ne veuille faire allusion à la défaite des Romains sur ses bords, lors de la bataille de *Cannes*.

AUFINA, *ou* AUFINUM. C'est la même qu'*Aufena*. (Voyez ce mot).

AUFUSTIANÆ, ville qui est indiquée dans l'itinéraire d'Antonin, sur la route de Salone à Dyrrachium, à 25 mille pas de Narona.

AUGÆA, ville de la Macédoine, dans la Chalcidique, selon Ptolemée.

AUGALA, ville d'Afrique, située à quelque distance de la mer, dans la Mauritanie Césariense, selon Ptolemée.

AUGALI, les Augales, peuple d'Asie, dans la Sogdiane, selon Ptolemée.

AUGARA, ville de l'Asie, dans l'Arie, selon Ptolemée.

AUGASII, les Augasiens, peuple qu'Etienne de Bysance comprend entre les Messagètes.

AUGEÆ, ville de la Grèce, qui devoit être près des Locriens. Homère en parle & met ce nom au plurier : l'épithète d'ἐρατεινὰς ou d'*agréables* qu'Homère joint à ce nom, donne une idée favorable de la position de cette ville. Mais on ignore précisément où elle étoit située. Elle étoit détruite du temps de Strabon. Je pense, d'après la place qu'elle occupe entre plusieurs villes nommées par Homère, qu'elle devoit être près du territoire des Locriens Epicnémidiens.

AUGEÆ, ville de la Grèce, dans le Péloponèse. Homère écrit Αὐγειαι, *Augeiæ*. Pausanias, en parlant de la petite ville d'Egie (Αἴγιαι *Ægiæ*), soupçonne que c'est la même qui est appellée *Augée* dans Homère. Cette ville étoit située sur la côte de la Laconie qui borde le golfe Laconique à l'ouest : elle étoit à trente stades de *Githium*, placée sur le bord de la mer : elle étoit alors peu considérable : on y voyoit un étang & un temple consacrés à Neptune.

AUGEMMI, lieu de l'Afrique, dans la province Tripolitaine. Antonin, *Itinér.* la met sur la route de Tacapé à la grande *Leptis*.

AUGIBÆ, les Augibes, peuple d'Afrique, à l'occident de l'Egypte. Selon Pomponius Mela ; ils ne reconnoissoient de dieux que les mânes, c'est-à-dire les ames des morts. Ils les consultoient sur les tombeaux, & prenoient les songes pour des révélations. Une coutume révoltante par rapport à nos mœurs, & bizarre même dans l'état de nature, c'est que les femmes, la première nuit de leurs noces, traitoient tous ceux qui leur avoient fait un présent à cette occasion, comme elles auroient traité le mari lui-même. Le grand nombre des hommes accueillis de cette manière prouvoit en faveur de leurs charmes, & elles en tiroient vanité.

AUGILA, ville d'Afrique, dans le pays des *Augiles* & des *Nasamons*, selon Ptolemée.

AUGILES, canton de l'Afrique, dans la Libye sauvage, à dix journées de chemin, à l'occident du pays des Ammoniens. On y trouve une source d'eau, & selon Hérodote, c'est où les Nasamons se rendoient, en automne, pour ramasser les dattes.

AUGINUS, montagne de la Ligurie, dans laquelle les Triniates Liguriens se refugièrent, parce que les Romains les maltraitoient, après qu'ils se furent soumis, selon Tite-Live.

AUGURENSIS & AUGURITANA PLEBS, siège épiscopal d'Afrique, dans la Numidie, selon la notice épiscopale d'Afrique.

AUGUSTA, rivière que l'itinéraire d'Antonin place à dix-huit mille pas du Cébrum.

AUGUSTA. Ce nom est formé de celui d'*Augustus*, sous lequel Octave est placé à la tête des empereurs Romains. Un fort grand nombre de villes, par une flatterie très-commune alors, ou quittèrent leur nom pour prendre celui d'*Augusta*, ou du moins, joignirent le nom d'*Augusta* à celui qu'elles portoient auparavant, ou bien à celui du peuple qui les habitoit. C'est dans le même esprit que plusieurs villes grecques se nommèrent *Sebastes* du grec *Sebastos*, répondant au nom d'Auguste dans la langue grecque.

AUGUSTA, ville de la Gaule Narbonnoise, fondée par Auguste, avec titre de colonie. Elle appartenoit aux Tricastins, selon Pline. Cette ville étoit située à une demi-lieue du Rhône, & il y avoit un temple de Jupiter, un cirque & un amphithéâtre.

AUGUSTA, & selon Etienne de Bysance, *Augustæ*, ancienne ville de la Cilicie, qui étoit située au midi du mont Taurus, à cinq ou six lieues au-dessus d'Adana, vers le nord. Pline est le premier auteur qui en ait parlé, *l. 5, ch. 27*. Ptolemée, *l. 5, ch. 8*, dit qu'elle étoit le chef-lieu du canton appellé *Bryélice*.

Cette ville avoit été sous la domination Romaine dès le règne d'Auguste, & même depuis que Pompée eut fait la conquête de la Cilicie.

La Cilicie ayant été partagée en deux provinces sous le règne d'Arcadius, la ville d'Augusta resta sous la métropole de Tarse, dans la première Cilicie.

AUGUSTA, ville de la Dacie Ripense, selon le livre des notices de l'Empire cité par Ortélius.

AUGUSTA, ville de la Rhétie, selon le même.

AUGUSTA (*Augusta Veneranda*), port de Sicile, très-près au nord de Syracuse.

AUGUSTA ASTURICA (*Astorga*) ancienne ville de l'Hispanie, dans l'Asturie, selon Ptolemée.

AUGUSTA BATIENORUM, *ou* AUGUSTA BACIENNORUM, ancienne ville de l'Italie, dans la Ligurie, selon Ptolemée. Ce doit être le même qu'*Augusta Vagiennorum*.

AUGUSTA BRACARUM (*Braga*), ancienne ville de l'Hispanie Citérieure, selon Pline.

AUGUSTA EMERITA, ville d'Europe, dans la Lusitanie.

AUGUSTA EUPHRATESIA, ville de l'Asie, dans la Comagène, sur le bord de l'Euphrate. Il en est fait mention dans le livre des notices de l'Empire.

AUGUSTA GEMELLA, ville de l'Espagne Bétique, dans le pays des Turdules, selon Ptolemée.

AUGUSTA MAGNA, ville de l'Asie. Elle étoit située au confluent de l'Apsar & du Phase.

AUGUSTAMICA, division de l'Egypte qui commença à avoir lieu vers le temps de Théodore II. Cette province comprenoit la partie de la basse Egypte, qui s'étendoit depuis le bras droit du Nil à l'est du Delta, jusqu'à la frontière où commençoit l'Arabie. Cette province étoit soumise à un *président*.

Dans la suite elle fut séparée en *première* & *seconde*. La première continua d'avoir un président; elle étoit vers la mer & s'étendoit un peu au-delà des limites de l'ancienne Egypte: la seconde, dans l'intérieur des terres, obéissoit à un correcteur.

AUGUSTANI, les Augustans. Ce nom fut commun chez les Latins à tous les peuples dont la ville portoit le nom d'*Augusta*.

AUGUSTA NOVA, ville de l'Hispanie Tarragonnoise, sur le fleuve *Areva*, dans le pays des peuples *Arevaci*. Elle est nommée *Porta Augusta* par Ptolemée.

AUGUSTA TIBERII (*Ratisbonne*), ville sur le Danube, aux confins de la Rhétie & de la Norique.

AUGUSTA PRÆTORIA (*Aoust*). Cette ville fut fondée entre les montagnes sur la Duria, dans le lieu où Murena avoit établi son camp. Cluvier dit que ce fut sous le huitième consulat d'Auguste: cela est vrai pour le commencement de la guerre; mais la fondation de la ville doit être rapportée au neuvième. Elle prit le nom d'*Augusta* de ce que ce fut Auguste qui y envoya une colonie; & le surnom de *Prætoria*, de ce que cette colonie étoit tirée du corps des soldats prétoriens. Comme elle avoit été habitée par les Salasses, quelques auteurs ont dit *Augusta Salassiarum*. Les Lombards y avoient établi un duc.

Cette ville & son territoire, après avoir appartenu aux François, aux rois de Bourgogne, aux empereurs d'Allemagne, sont enfin demeurés aux ducs de Savoie depuis le treizième siècle. Aoust, dans une situation agréable, conserve encore beaucoup de restes de son antiquité: son circuit est grand; mais elle n'est pas peuplée à proportion de son étendue.

AUGUSTA TREVIRORUM (*Trèves*), ancienne ville de la Gaule Belgique, & la cité des *Treviri* ou *Treveri*. Auguste en fit la métropole de la première Belgique.

Ptolemée & la table de Peutinger disent *Augusta Trevirorum*, & Tacite dit *Colonia Treverorum*

AUGUSTA TRINOBANTUM, ville des Trinobantes, dans l'île d'Albion. On croit que c'est la même que *Londinum*.

AUGUSTA RORACORUM (*Augst.*), ville de l'Helvétie. L'empereur Auguste en fit une colonie

Romaine, l'an 740 de Rome. Cette ville fut ornée d'un aquéduc, d'un temple & d'un théâtre. Il reste beaucoup de débris de cette ancienne ville.

AUGUSTA SUESSIONUM (*Soissons*), ville de la Gaule Belgique. Il en est fait mention par Ptolemée, l'itinéraire d'Antonin & la table de Peutinger.

AUGUSTA TAURINORUM (*Turin*). Cette ville se nommoit, sous ses premiers maîtres, *Taurasia*. Auguste y ayant établi une colonie Romaine, elle prit le nom de ce prince, auquel on y ajoutoit le nom du peuple chez lequel elle étoit située. Le nom seul du peuple lui est demeuré, & nous le retrouvons dans *Turin*.

Cette ville existoit déjà lorsque Annibal entra en Italie, &, comme elle refusa son alliance, il la ruina. Jules César y ayant ensuite établi une colonie, la ville prit le nom de *Colonia Julia*. Ce ne fut qu'au temps d'Auguste, comme je l'ai dit, qu'elle prit le nom sous lequel Pline, Ptolemée, nous la font connoître; & même elle fut nommée ensuite *Taurini*; du nom du peuple.

La ville de Turin est actuellement la capitale du Piémont; &, par sa situation autant que par les agrandissemens qu'y ont faits ses princes, elle mérite de passer pour une des plus belles villes de l'Italie. Elle est partagée en ancienne & nouvelle ville. Les rues de cette dernière sont fort larges, tirées au cordeau, entourées d'arcades sous lesquelles on ne craint ni la pluie, ni le soleil, & enfin nettoyées par des eaux que l'on y fait passer, & qui entretiennent la propreté & la fraîcheur.

AUGUSTA VAGIENNORUM (*Vico*). Cette ville, située à l'ouest entre les montagnes, n'est pas fort connue, du moins on n'a aucun détail sur son origine ni sur ses fondations. Son nom d'*Augusta* indique qu'elle fut le siège d'une colonie Romaine. Cellarius en parle peu; & Cluvier paroît incertain sur son emplacement. M. d'Anville (*Géogr. anc. t. I, p. 176*) le trouve dans celui d'un lieu obscur nommé *Vico*, près de Mondovi.

On a vu plus haut que cette ville doit être la même que l'*Augusta Batiennorum* de quelques auteurs.

AUGUSTA VEROMANDUORUM, ville de la Gaule Belgique. C'est actuellement la ville de S. Quentin.

AUGUSTA VALERIA, ville de l'Espagne Tarragonnoise. *Valeria* est placée chez les Celtibériens par Ptolemée.

AUGUSTA VINDELICORUM, ville de la Vindélicie, la capitale des Vindéliciens. Lorsque les Romains s'en furent rendus maîtres, ils y envoyèrent une colonie, & elle prit le nom de l'empereur Auguste. Elle est nommée par Tacite, la très-célèbre colonie de la province de Rhétie. Cette ville est du nombre de celles qui furent ravagées par Attila.

AUGUSTIA, ville de la Dacie, selon Ptolemée.

AUGUSTOBRICA, ou AUGUSTOBRIGA, ville de l'Hispanie Tarragonnoise, dans le pays du peuple *Pelendones*, selon Ptolemée, à l'est de *Numantia*, & au nord-ouest de *Bilbilis*.

L'itinéraire d'Antonin la met dans la Cantabrie, à vingt-trois mille pas de Numance, & à dix-sept mille pas de Turiason.

AUGUSTO-BRIGA (Puente del Arzobisco), ville de l'Hispanie, dans la Lusitanie, au sud-est sur le *Tagu*, dans le pays des Vettons. On ne sait rien de cette ville.

AUGUSTODARUS, lieu de la Gaule, dans la Lyonoise seconde. Il est indiqué par la Table théodosienne, entre *Arægenus* & *Crociatonum*.

AUGUSTO-FLAVIANENSIA CASTRA, nom d'un camp dans le département du commandant de la première Mœsie, selon le livre des notices de l'empire, *sect.* 30.

AUGUSTOMAGUS (*Senlis*), ancienne ville de la Gaule, selon l'itinéraire d'Antonin, qui l'indique entre *Cæsaromagus* & *Suessones*. On lit dans Ptolemée *Ratomagus*: c'est une faute. Dans la suite la ville prit le nom du peuple & fut nommée *Silvanectes* ou *Civitas Silvanectum*.

AUGUSTONEMETUM (*Clermont en Auvergne*), ville de la Gaule, dans le pays des *Averni*. C'étoit leur capitale, selon Ptolemée. C'est à tort que Strabon le nomme *Nemossus*, & qu'il la place sur la Loire. Dans la suite elle prit le nom d'*Averni* qui étoit celui du peuple. On trouve dans le moyen âge que cette ville avoit un château que l'on nommoit *Clarus-mons*. C'est de ce nom que l'on a nommé ensuite la ville *Clermont*.

AUGUSTOPOLIS, ville épiscopale de l'Arabie, selon diverses notices.

AUGUSTOPOLIS, ville de la Phrygie Salutaire. Il en est fait mention par Suidas.

AUGUSTORITUM (*Limoges*), ville de la Gaule Aquitanique, & capitale des Lemovices. On a cru, d'après quelques éditions de Ptolemée, que le nom de la ville des Lemovices étoit *Rastiatum*; mais on convient actuellement que celle-ci appartenoit aux *Pictones*. On appella aussi *Augustoritum*, *Lemovices*, & *Civitas Lemovicum*. On remarque qu'il y a encore un quartier à Limoges qui porte le nom de Cité.

AUGUSTUM, ville de l'Afrique propre, selon Ptolemée. C'est le *Vicus-Augusti* de l'itinéraire d'Antonin.

AUGUSTUM, nom d'un lieu de la Gaule Narbonnoise, selon l'itinéraire d'Antonin, à quatorze mille pas de *Labisco*, & à seize mille pas à l'est de *Bergusia*, sur le Rhône. On y trouve encore un petit lieu sous le nom d'*Aoste*.

AVIA, ville de l'Hispanie Tarragonnoise, dans le pays des Vaccéens, selon Ptolemée.

Avia, ville de l'Italie, au territoire des Vestins, selon le même géographe.

AVICOATERI, siège épiscopal d'Afrique, dans la Byzacène, selon la notice épiscopale d'Afrique.

AVIM, ville de la Judée, dans la tribu de Benjamin, selon le livre de Josué, *ch. 18, v. 20.*

AVINENSE OPPIDUM, ville de l'Afrique propre, selon Pline.

AVIRA, *ou* Avera, ville d'Asie, dans la Palmyrène, selon Ptolemée.

AVISIO, port de la Gaule Narbonnoise, près des Alpes maritimes, selon l'itinéraire d'Antonin.

AVITTA, ville de l'Afrique propre, selon Ptolemée.

AVIUM PROMONTORIUM, promontoire dans la partie méridionale de l'île de Taprobane, selon Ptolemée.

AULA, forteresse de la Thrace, au pied du mont Hémus, selon Cédrène & Curopalate, cités par Ortélius.

Aula, lieu du Péloponnèse, dans l'Arcadie, où il y avoit un temple dédié au dieu Pan, selon Elien.

AULADIS, ville de l'Asie, dans la Mésopotamie, selon Ptolemée.

AULÆ, port de l'Asie, dans la Cilicie, entre Tarse & Anchiale, selon Etienne & Suidas.

AULANA, nom d'une ville de la Palestine, à trente stades de Jérusalem, selon Egésippe.

AULÆI MŒNIA, & Alæi-Tichos, c'est-à-dire, les murs d'Aulæi, lieu maritime de la Thrace, sur le Pont-Euxin, peu éloigné d'*Apollonia*, à quelque distance au nord de *Salmydessus*.

AULEON SINUS, golfe de la Thrace, près la ville de Bysance, selon un fragment de Denys le Bysantin.

AULERCI, les Aulerces. Je ne releverai point ici les erreurs de Samson par rapport à ce peuple. On en trouve trois qui ont eu également le nom d'*Aulerci*: M. d'Anville les a très-bien distingués.

AULERCI BRANNOVICES. Ils sont cités dans le septième livre des commentaires de César, au nombre des peuples que les *Edui* tenoient dans leur dépendance. On peut conjecturer qu'ils habitoient vers le lieu de la Gaule où se trouve actuellement le canton nommé *Briennois*, près de la Loire, dans le diocèse de Mâcon.

AULERCI CENOMANI. Ce peuple est un des plus anciennement connus de la Gaule, du moins sous le nom de *Cenomani*. Tite-Live, en parlant des nations Gauloises qui s'établirent en Italie, distingue les *Cenomani*. Ils habitoient dans la Gaule une partie du pays que renferme aujourd'hui le diocèse du Mans.

AULERCI EBUROVICES. Il paroît qu'ils habitoient le pays compris dans le diocèse d'Evreux. *Mediolanum* étoit leur capitale.

AULETTA, lieu de l'Italie, dans l'Apulie, selon Cluvier.

AULI, les Aules, peuple d'Europe dans la Macédoine. Il paroît que ce peuple étoit concentré dans la seule ville qui lui avoit donné son nom.

AULICOME, ville de Grèce, selon Eustathe, cité par Ortélius.

AULICOMES, Aulicomæ, ville épiscopale de l'Asie proconsulaire, sous la métropole d'Ephèse, selon les actes du concile de Chalcédoine, tenu en l'an 431.

AULIDE. Aulis ou Aulide, étoit une petite ville de la Béotie, située au fond d'un petit golfe, en face de Chalcis d'Eubée. On voit par Homère & par quelques autres poëtes, que ce fut dans ce port que les dieux retinrent la flotte des Grecs assemblés pour aller assiéger Troye; & que ce fut dans ce même lieu qu'Agamemnon sacrifia sa fille Iphigénie. Il semble que l'on devroit appeler la ville *Aulis*, & le territoire *Aulide*. Homère dit ἐς Αὐλίδα. Ses habitans travailloient en poterie au temps de Pausanias; on montroit sur une petite éminence, un seuil de cuivre, que l'on disoit avoir été placé en face de la tente d'Agamemnon. Les terres étoient cultivées par les habitans de villes autrefois florissantes, & alors détruites. Pline dit que ce port étoit considérable. Il falloit en effet qu'il le fût, s'il pouvoit contenir cinquante vaisseaux, ainsi que le dit Strabon.

Aulide, contrée de la Grèce, dans la Béotie. Elle étoit vers l'Euripe, dans l'endroit où elle sépare la Béotie de l'Eubée. On y voyoit un temple dédié à Diane, dont la statue de marbre blanc tenoit un flambeau à la main. L'Aulide n'avoit qu'un petit nombre d'habitans, aussi les terres étoient-elles cultivées par les habitans des villes voisines, selon Pausanias. *L. IX, Béotic. ch. 19.*

Aulide, nom d'un lieu vers la Chersonèse Taurique, selon Cédrène, cité par Ortélius.

AULOCRENE. Quoique ce nom ait donné matière à plusieurs articles dans quelques Dictionnaires, je crois cependant qu'il n'y avoit qu'une montagne appelée *Aulocrène*. L'erreur vient du peu de précision des auteurs, & de ce que l'on n'a pas rapproché les passages avec assez de critique. Cette montagne étoit en Phrygie, vers le nord-est d'Apamée Cibotos.

AULON. Eusèbe dit que de son temps on appeloit ainsi la vallée qui s'étend le long du Jourdain, depuis le Liban jusqu'au désert de Pharan.

Scythopolis, Jéricho & Tibériade étoient dans cette vallée. Ce fut une des villes que les Machabées reprirent sur les Moabites, selon Joseph.

Aulon Cilicius. Pline dit qu'on appeloit ainsi la mer le long des côtes de la Cilicie.

Aulon, ville de la Messénie, sur le fleuve de ce nom, au nord d'Electra.

Elle étoit frontière des Messéniens, & le fleuve *Aulon*, qui baignoit cette ville, couloit de l'est à l'ouest; au temps de Pausanias on y voyoit une statue d'Esculape Olonien.

Aulon, ville & port de mer de la Macédoine, au pays des Taulantiens, selon Ptolemée. C'étoit dans la mer Ionienne.

Aulon, lieu de la Macédoine, au-dessus du Strymon, selon Galien, cité par Ortélius.

Aulon, ville du Péloponnèse, dans la Laconie, selon Etienne le géographe.

Aulon, ville du Péloponnèse, dans l'Arcadie, selon le même géographe.

Aulon, nom d'une ancienne ville de l'île de Crète, selon Etienne de Bysance.

Aulon, colline de l'Italie, vers *Tarentum*: cette colline étoit fertile en vins, & Horace dit qu'ils ne le cédoient pas à ceux de Falerne.

AULUCUM, ancienne ville d'Afrique, dans la Mauritanie Tingitane, selon la notice de l'Empire, *sect.* 511.

AULZIAGRI, peuple qu'Ortélius cite entre ceux qui furent compris sous le nom de *Huns*.

AURADIS, ville de l'Asie, dans la Médie, selon Ptolemée.

AURAM, lieu de la Judée, près du Jourdain, dans la demi-tribu de Manassé, qui étoit au-delà de ce fleuve.

Joseph joint le pays d'Auram avec la Batanée & la Trachonite.

Auguste donna ces contrées à Hérode, ensuite à Philippe, son fils; & enfin Claudius César les donna à Agrippa son petit-fils.

AURANA, ville de l'Arabie déserte, selon Ptolemée.

AURANITIDE, nom d'une contrée de l'Asie, dans la Babylonie, au bord de l'Euphrate, selon Ptolemée.

AURANITIS, contrée de l'Asie, qui étoit entre les montagnes de l'Arabie, vers le 32e degré 30 minutes de latitude jusqu'au 33e degré. La ville de Bostra étoit la capitale de cette contrée.

AURARIÆ, nom d'un lieu de la Dacie. Il en est parlé dans quelques anciennes inscriptions.

AURASINIS MONS, montagne de l'Afrique, à treize journées de Carthage, selon Procope, dans son histoire de la guerre des Wandales, où il dit que le fleuve *Abigas* arrose le pied de cette montagne.

AURAVANUS, ou Abravannus. Selon les divers exemplaires de Ptolemée, rivière de l'île d'Albion.

AUREA CHERSONESUS, nom que Ptolemée donne à la presqu'île de Malaca, ou presqu'île au-delà du Gange.

AURELII FORUM, lieu de l'Italie, dans l'Etrurie.

AURELIOPOLIS, ville épiscopale de l'Asie-Mineure, dans la Lydie, selon la notice de Hiéroclès.

Aureliopolis, autre ville épiscopale de l'Asie-Mineure, dans l'Asie proprement dite, selon le réglement de Léon le Sage.

AUREOLUS PONS, pont de l'Italie, auprès duquel le tyran Auréole fut tué par l'empereur Claudius.

AUREUS MONS, montagne de la première Mœsie, sur le Danube. Il en est fait mention dans le livre des notices de l'empire, *sect.* 30.

Aureus mons, nom d'une montagne de la partie septentrionale de l'île de Corse, selon Ptolemée.

AURIENSIS, ville épiscopale d'Afrique, dans la Mauritanie.

AURINIA, ville d'Italie, dans l'Etrurie. Elle est nommée la colonie Saturnienne par Ptolemée.

AURISII, les Aurisiens, peuple d'Asie, placés par Agathias, dans le royaume de Pont.

AURITES, ou Avrites. Selon Marsham, on doit entendre par ce nom, que nous fait connoître Manethon, des Egyptiens qui avoient existé avant le déluge. M. Fourmont (*Mém. de litt. t. VII, Mém. p.* 220), reprend le savant Anglois de n'avoir pas vu que ce nom s'étoit formé d'*Abaris*, prononcé alors *Avaris*.

AURITINA, ville d'Afrique, dans la Pentapole, selon Ptolemée.

AURUNCA. Tite-Live fait mention de deux villes de ce nom en Italie.

AURUNCI (les Aurонces), peuple d'Italie, dans le *Latium*. Les Aurонces sont souvent confondus avec les Ausones. On les voit en guerre contre les Romains en 258, & défaits entiérement en 408; c'est tout ce que l'on sait de leur histoire.

Aurunci, les Aurонces, peuple d'Europe, dans le *Latium*. Ils sont souvent confondus avec les Ausones; mais Pline les distingue. On les voit en guerre contre les Romains l'an de Rome 258; ils furent entiérement défaits en 408.

AURUS, lieu de l'Afrique, dans la province Tripolitaine, sur la route de Tacapé à la grande Leptis, selon l'itinéraire d'Antonin.

AURUSPI, les Auruspes, peuple d'Afrique en Ethiopie. Pline dit que leur ville étoit loin du Nil.

AURUSULIANA, ville épiscopale de l'Afrique, dans la Numidie, selon la conférence de Carthage.

AUSA (Vic de Osona), ville de l'Hispanie Citérieure, dans le pays des Indigètes, au sud-ouest, & peu éloignée de *Gerunda*. Cette ville se trouvoit sur la route de l'Hispanie dans les Gaules. On voit, par un passage de Tite-Live, que les Ausétains furent soumis par Annibal, lorsqu'il marchoit vers la Gaule, après avoir traversé l'Ibère.

Lorsque les Romains furent plus puissans en Hispanie, ils accordèrent à plusieurs peuples le droit latin; les Ausétains furent du nombre de ceux qui jouirent de cet avantage.

Ce fut près d'*Ausa* que, l'an de Rome 569, A. Terentius donna un combat, assez près de l'Ibère, dans le territoire des Ausétains, & remporta quelques avantages sur les Celtibères.

AUSA, ville de l'Hispanie Tarragonnoise, selon Ptolemée.

AUSANA, *ou* AUSAVA, village de la Gaule Belgique, où la douzième légion avoit ses quartiers d'hiver, selon l'itinéraire d'Antonin.

AUSANA, siège épiscopal d'Afrique, dans la province proconsulaire, selon la notice épiscopale d'Afrique.

AUSANCALI, ville d'Italie, dans la Liburnie, selon Ptolemée.

AUSARA, ville de l'Arabie heureuse, dans le pays des Sachalites, selon Ptolemée. Elle étoit située par le 16e degré 45 minutes de latitude, & près de la mer.

AUSARA, ville de l'intérieur de l'Arabie heureuse, par le 25e degré 30 minutes de latitude, selon Ptolemée.

AUSCELINUS AGER, canton particulier de l'Italie, qui est nommé par Frontin, dans son livre des colonies.

AUSCHISÆ, les Auschises, peuple d'Afrique, dans la Libye, à l'occident des Asbystes, selon Hérodote. Il les place au-dessus de Barcé, & les étend jusqu'à la mer près des Evespérides.

Les Auschises étoient bornés à l'ouest par les Nasamons.

AUSCHITÆ. Etienne de Bysance donne ce nom pour être celui d'un peuple de Libye, au-dessus de Borca. Mais on pense avec beaucoup de probabilité qu'il faut lire *Auschisæ*, Αὐσχίσαι comme dans Hérodote, qui en en parlant, se sert aussi de l'expression *au-dessus* de Borca.

AUSCII, les Ausciens, peuple d'Europe, dans la partie de la Gaule appelée *Aquitanie*. Ils avoient pour capitale *Climberris*, qui prit ensuite le nom du peuple. Ils occupoient le pays qui répond au territoire d'Auch, à l'ouest des *Tolosates*.

AUSECULANI, les Ausécułans, peuple d'Europe, en Italie, entre les Hispins. Il paroît que ce nom est corrompu dans Pline.

AUSES, les Auséens, peuple d'Afrique, sur la côte maritime de la Lybie, autour du lac Tritonis, & séparé par le fleuve Triton des Machlyes.

Hérodote rapporte que ce peuple laissoit croître ses cheveux sur le devant de la tête. Il ajoute que les Auséens célébroient une fête tous les ans en l'honneur de Minerve; les filles, partagées en deux troupes, se battent, les unes contre les autres, à coups de pierres & de bâtons. Elles disoient que ces rits avoient été institués par leurs pères, en honneur de la déesse née dans leur pays, & que nous appelons Minerve. Elles donnoient le nom de fausses vierges à celles qui mouroient de leurs blessures. Mais avant de cesser le combat, elles revêtoient d'une armure complette, à la grecque, celle qui, de l'aveu de toutes, s'étoit le plus distinguée; & lui ayant mis aussi un casque à la corinthienne, elles la faisoient monter sur un char, & la promenoient autour du lac Tritonis. Ils prétendoient, selon Hérodote, que Minerve étoit fille de Neptune & de la nymphe du lac; & qu'ayant eu à se plaindre de son père, elle se donna à Jupiter, qui l'adopta pour sa fille.

Le même auteur rapporte que les femmes étoient en commun chez ces peuples, & qu'ils ne demeuroient pas avec elles; mais qu'ils les voyoient à la manière des bêtes; que les enfans étoient élevés par leurs mères: que quand ils étoient grands, on les menoit à l'assemblée que les hommes tenoient tous les trois mois, & que celui à qui un enfant ressembloit, passoit pour en être le père.

AUSER (le Serchio), petit fleuve d'Italie, dans l'Etrurie; il a été appelé aussi *Ausar*. Autrefois ce fleuve se rendoit dans l'*Arnus*; mais actuellement il se rend à la mer, & son embouchure est à 6 milles au nord de celle de l'*Arnus*.

AUSETANI, *ou* AUSETANS, peuple de l'Hispanie, situé au pied des Pyrénées, entre les Lacetans au sud-ouest, & les Indigètes au nord-est. Ils avoient pris leur nom de la ville d'*Ausa*.

AUSETANUS AGER, lieu de l'Hispanie, près de l'*Ebrus*. Tite-Live dit que A. Terentius remporta quelques avantages sur les Celtibériens près de ce lieu.

AUSIGDA, ville d'Afrique, dans la Pentapole, selon Ptolemée & Etienne le géographe. On voit par un vers de Lycophron, qu'elle étoit arrosée par le fleuve *Cinnydhius*.

AUSIGDA. Etienne dit qu'il y avoit une île de ce nom, & il cite Hécatée.

AUSILINDUM, lieu de l'Afrique, dans la province Tripolitaine, sur la route de Tacapé à la grande Leptis.

AUSINA, *ou* AUZIA, selon les divers exemplaires de Ptolemée, lieu de l'Afrique, sur la route de Sitifie à Césarée.

AUSINZA, ville d'Asie, dans la Perse proprement dite, selon Ptolemée.

AUSOBA, nom d'une rivière de l'Hibernie, selon Ptolemée.

AUSONA. Une ancienne ville d'Italie porta ce nom, qu'elle avoit pris, ce me semble, de la nation des Ausones. Comme elle est nommée par Tite-Live avec les villes de Minturnes & de Vescie, on doit présumer qu'elle étoit de ce côté.

AUSONA, ancienne ville de l'Italie, dont Tite-Live fait mention. Elle étoit à quelque distance au nord de Terracine.

AUSONES, les Ausones. Ce peuple est regardé comme un des plus anciens de l'Italie. On croit qu'il s'étendoit depuis le promontoire de Circée jusqu'au détroit de Sicile, & qu'il en fut en partie déplacé par les Œnotriens. Il semble qu'ils sont souvent confondus avec les Auronces. Pline, qui les distingue

distingue, les place au-delà du promontoire de *Circæi* & du pays des Volsques. Ils furent détruits bien avant le temps de Pline. Virgile en parle comme d'une colonie de Troyens.

AUSONIA. Ce nom, que les auteurs Grecs écrivent Α'υσον, *Auson*, ne signifia probablement d'abord que la partie de l'Italie habitée par les Ausones; mais dans la suite il s'étendit à toute l'Italie d'une manière indéterminée. On regardoit les Ausones comme un peuple très-ancien, issu, selon les idées mythologiques, d'Ulysse & de Circée; par conséquent c'étoit un peuple célèbre, & c'étoit honorer le pays que de le désigner par le nom de ce peuple. D'un autre côté, une tradition constante apprenoit que les Ausones avoient régné sur une grande partie de l'Italie. C'est dans ce sens que Denys le Périégète dit, *v. 79*;

A Jove Ausonii semper longè latèque dominantes.

Comme d'ailleurs ce temps paroissoit très-reculé, le mot Ausonie étoit plus convenable pour les temps anciens; aussi Virgile fait-il dire:

Nec tecum Ausonium (quicumque est) quærere Tybrim.

Il parle encore ailleurs de l'Ausonie, sans même rappeler les temps anciens; on employoit ce nom pour désigner l'Italie, puisque Ovide dit:

Jamque dies aderat, quâ me discedere Cæsar
Finibus extremæ jusserat Ausoniæ.

On sent bien que les poëtes modernes ont dû suivre cet exemple; & je ne sais si c'est affaire de prévention ou d'habitude, mais je trouve en effet ce mot *Ausonie*, plus poétique que le mot *Italie*; probablement c'est parce que celui-ci est répété continuellement & par les gens de tous les états.

AUSONITIS, nom d'une contrée de la Syrie, selon Curopalate, cité par Ortélius.

AUSONIUM MARE. On nommoit autrefois mer Ausonienne, la portion de la Méditerranée que l'on nomme présentement mer de Sicile, selon Strabon.

AUSTAGENA, contrée de l'Asie, dans la Parthie, selon Pline. Cet auteur dit que l'on y trouvoit du naphte.

AUSTANITIS, contrée de l'Asie, dans la grande Arménie, assez près de l'Euphrate, selon Ptolemée.

AUSTORIANI, *ou* ASTURIANI, les Astorians, peuple d'Afrique, selon Ammien Marcellin. Il les indique vers la ville de *Leptis*.

AUSUCURRENSIS, nom d'un siège épiscopal de l'Afrique, dans la Numidie, selon la notice épiscopale d'Afrique.

AUSUFAL, nom d'un lieu d'Afrique, sur la route de Carthage à Alexandrie, à 34 milles de cette dernière, selon l'itinéraire d'Antonin.

AUSUGRABENSIS, siège épiscopal d'Afrique, selon la conférence de Carthage.

AUSUM, ville d'Afrique, dans la Mauritanie Césarienne, selon Ptolemée.

AUTARIATES, les Autariates, peuple Illyrien. Il en est parlé dans Arrian, à l'occasion de l'expédition d'Alexandre en ce pays.

AUTARIENSES, les Autariens, peuple d'Europe, habitant, selon Strabon, dans la Thrace, au nord du mont Rhodope. Il est vrai que ce géographe les nomme *Autariates*; j'ai suivi l'orthographe d'Appien. Il est probable que ce sont les mêmes que ceux dont j'ai parlé ci-dessus.

AUTARIS, nom d'un lieu de l'Arabie heureuse, selon Pline.

AUTEI, les Autéens, peuple que Pline attribue à l'Arabie heureuse.

AUTENTUM, ville d'Afrique sur la route de Thène à Theveste, à trente mille pas de Suffétula, & à vingt-cinq mille pas d'Amudarsa, selon l'itinéraire d'Antonin.

AUTERI, les Auteres, peuple que Ptolemée place dans l'Hibernie.

AUTHETANI, *ou* AUSETANI. Ptolemée nomme ainsi un peuple de l'Hispanie Tarragonnoise, & lui attribue la ville d'*Ausa*. Tite-Live dit que les *Ausetani* furent subjugués par Annibal; mais qu'Indibilis les ayant engagés à faire la guerre aux Romains, ils furent vaincus. Ce peuple est mis par Pline au nombre de ceux qui jouissoient des mêmes droits que ceux du *Latium*.

AUTHIANDÆ, nom d'un peuple Scythe, qui habitoit vers les Palus-Méotides, selon Pline.

AUTOBA, nom d'un village de l'Ethiopie, à l'occident du Nil, selon Ptolemée.

AUTŒI, les Autéens. Selon Agatarchide, ce peuple s'étendoit le long de l'Inde, de la Gédrosie & de la Carmanie.

AUTOLALA, ville de la Libye intérieure, selon Ptolemée.

AUTOMALA, selon Strabon; AUTOMALACA, selon Etienne; & AUTOMALAX, selon Ptolemée. Le premier dit que c'étoit un bourg de l'Afrique, auprès des autels des Philènes; & les deux derniers, que c'étoit une place forte où l'on entretenoit garnison. M. d'Anville qui, sur sa carte de la côte d'Afrique pour l'histoire ancienne de M. Rollin, avoit indiqué ce lieu au fond du golfe appelé *Syrtis magna*, ne lui a pas donné de position sur sa carte de l'empire Romain.

AUTOMOLI, les Automoles, peuple d'Afrique qu'Hérodote place vers les sources du Nil. Pomponius Mela les place vers l'île de Méroé; mais il écrit *Automolæ*.

AUTONOMI, les Autonomes, peuple compté entre les Thraces. Il est probable qu'il avoit un autre nom, puisque celui que nous font connoître les Grecs est pris dans leur langue. A la lettre il signifie des *hommes qui se gouvernent eux-mêmes*. C'est pour se servir de leur propre nom sans doute qu'Hérodote les appelle quelquefois *Satræ*. Selon cet auteur, c'étoit le peuple le plus vaillant de toute la Thrace. La première fois qu'il est parlé d'eux dans l'histoire, c'est à l'occasion de la résistance qu'ils osèrent opposer aux armes d'Alexandre. Mais ils furent défaits & taillés en pièces. Leur bagage avec leurs femmes & leurs enfans tombèrent entre les mains des ennemis. La suite de cette défaite fut leur soumission au vainqueur. Alexandre, selon Appian, emmena avec lui en Asie les principaux de cette nation.

On les voit dans des temps postérieurs servir les Perses contre les Romains. Mais sous le règne de Vespasien, leur pays fut ajouté à la province Romaine qui portoit déja le nom de Thrace.

AUTORIATÆ, les Autoriates, peuple d'Asie, dans l'Inde, selon Elien.

AUTRICUM. (*Chartres*), ville de la Gaule, dans la quatrième Lyonnoise, capitale des *Carnutes*, selon Ptolemée. Cette ville, située sur une élevation, paroît avoir reçu son premier nom de la rivière *Autura*. Ç'a été une des plus célèbres villes de la Gaule, par la résidence des druides qui tenoient leurs assemblées dans les bois des environs. Le nom même de *Carnutes*, formé du Celtique *Kar* ou *Ker*, la ville, paroît indiquer que c'étoit la ville par excellence. On donna à cette ville le nom de la rivière, puis enfin celui du peuple. Ceux qui ont cherché à faire venir *Carnutes* du latin *Caro*, ont donné dans une grande méprise, car les Gaulois parloient celte & non pas latin.

AUTRICUM. M. l'abbé le Beuf admet auprès d'Auxerre, un lieu de ce nom; & quoique M. d'Anville ne soit pas de cet avis, les savans que j'ai consultés dans le pays donnent raison à M. l'abbé le Beuf.

AUTRIGONES, les Autrigons, peuples de l'Hispanie Citérieure, dans la Cantabrie.

N. B. Je parlerai des villes que Ptolemée leur attribue, en donnant l'Hispanie selon Ptolemée. Ils étoient au pied des Pyrénées, vers le sud-ouest. Je crois que l'on peut les regarder comme ayant fait partie des *Cantabri*. La seule ville qu'ils eussent sur la côte étoit *Flaviobriga*.

AUTUMNACUM, ville de la Germanie, selon l'itinéraire d'Antonin. Ce lieu est nommé *Antenacum* dans les notices de l'empire.

AUTURA (*l'Eure*), rivière de la Gaule, dans la quatrième Lyonnoise. Elle passoit au pied de la montagne où étoit bâtie *Autricum* à laquelle il paroît qu'elle avoit donné son nom: dans les écrits du moyen âge on lit *Audara*.

AWARI, les Awares. Ces peuples commencèrent à paroître sur les frontières de l'empire Romain, du côté de la mer Caspienne, & dans le voisinage du pays des Alains, la trente-unième année du règne de l'empereur Justinien, c'est-à-dire, l'an de J. C. 557. Au rapport de Ménandre & de Théophraste, ils envoyèrent une ambassade à ce prince, pour le prier de leur accorder des terres sur lesquelles il leur fût permis d'habiter. Jusqu'alors ces peuples avoient été inconnus en Europe. Lorsque leurs ambassadeurs parurent pour la première fois à Constantinople, on fut frappé de leur figure étrangère. Ils avoient de longs cheveux, liés & tressés parderrière; du reste habillés comme les Huns. On les engagea d'abord à faire la guerre à quelques nations Huniques établies vers la Géorgie; on s'efforça ensuite, mais inutilement, de les empêcher de pénétrer en Europe: on fut obligé de leur accorder la seconde Pannonie. A peine y furent-ils établis qu'ils se répandirent de tous côtés & vinrent attaquer les Thraces. Vers l'an 565, ils entrèrent dans la Thuringe qui appartenoit à Sigebert, roi d'Austrasie. Ce prince les défit sur les bords de l'Elbe; mais dans une seconde irruption il fut battu par ces barbares & obligé de se délivrer d'eux à force d'argent. Ces peuples se réunirent aux Lombards pour détruire les Gepides, alliés des Romains. Pendant le règne de Tibère Constantin, ils s'emparèrent de *Sirmium*; dans la suite ils s'avancèrent jusqu'aux environs de Constantinople & y firent tant de ravages que les empereurs furent obligés de leur payer tribut. Enfin, vers l'an 796, Charlemagne, qui étoit fort incommodé de leur voisinage, les détruisit entiérement & s'empara de leur pays, où il trouva de grands trésors.

Voilà à-peu-près à quoi se réduit ce que les écrivains occidentaux ont rapporté des Awares. M. de Guignes, dans une très-savante dissertation (*Mém. de Littér. t.* XXVIII), a montré que ces Awares, 1°. avoient pour véritable nom *Ogor* & *Ouarkhouni*; 2°. qu'ils étoient différens des véritables Awares, autrefois si redoutables en Scythie. Il est essentiel de ne pas confondre l'arrivée des Ogors ou faux Awares en Europe, avec celle des Huns; car ceux-ci étoient des Tartares occidentaux, & les autres étoient des Tartares orientaux.

AVUS, fleuve de l'Hispanie, au pays des Calaïques, coulant de l'est à l'ouest, pour se rendre dans la mer, par le nord.

AUXACIA, ville de l'Asie, dans la Scythie, au-delà de l'*Imaüs*, & au couchant d'*Issedon Scythica*, selon Ptolemée.

AUXACII, nom d'une montagne d'Asie, dans la Sogdiane, selon Ptolemée.

AUXANUM, ville de l'Italie, & la même qui est appellée dans d'autres manuscrits *Anxanum* (*Voyez* ce mot). Elle étoit chez les *Trentani*.

AUXENTIUS, montagne de l'Asie, vis-à-vis de Constantinople, selon Cédrène & Curopalate, cités par Ortélius.

AUXIDITÆ. Synesius, dans sa lettre 122, semble admettre un peuple de ce nom dans la Cyrénaïque.

AUXIMA, ville de l'Hispanie, dont il est fait mention par Florus.

AUXIMIS, ville d'Afrique dans la Mauritanie Césariense, selon Ptolemée.

AUXIMUM (*Osimo*), ville d'Italie, dans le *Picenum*, au sud d'Ancône. Elle fut colonie romaine.

AUXUENNA. Ce nom, formé de celui d'*Axona*

(*l'Aisne*), a été donné à deux lieux différens, dont un est désigné par l'itinéraire d'Antonin, l'autre par la table théodosienne. Celui qui est indiqué par l'itinéraire devoit se trouver plus près des sources de la rivière; puisque, selon cet ouvrage, il se trouvoit sur la route de *Durocotorum* à *Divodurum*, c'est-à-dire, de Reims à Metz, en passant par *Virodurum*, ou Verdun. M. de Valois croyoit que ce lieu étoit Sainte-Menehoult; mais M. d'Anville pense que c'est Neuville-au-Pont. Le pont indique en effet le passage de la rivière, & le mot Neuville semble indiquer un lieu qui a succédé à un plus ancien.

Quant à l'*Axuenna* de la table théodosienne, il étoit près de Soissons, car il se trouvoit sur la route qui alloit de *Durocotorum* à *Bagacum* (ou de Reims à Bavai), capitale des *Nervii*. On voit que c'est ce lieu dont le nom, altéré par des copistes, se lit, dans l'itinéraire d'Antonin, *Muenna*. On ne retrouve pas de nom moderne qui indique un lieu correspondant.

AUXUME, *ou* AXUME, ville de l'Ethiopie, & qui étoit la résidence d'un roi, selon Ptolemée. Elle étoit autrefois ornée de beaux édifices, d'une basilique, d'obélisques, de maisons royales. L'étendue des ruines fait voir qu'elle a été fort grande.

AUXUMUM (*Osimo*), ville d'Italie, dans le Picentin, selon Strabon. César & Velléius Paterculus disent *Auximum*. Tite-Live dit *Oximum*. Cette ville devint la plus considérable du Picentin, & Procope dit qu'elle en étoit la métropole. Elle devint colonie Romaine: elle étoit sur une hauteur au sud d'Ancona.

AUZA, lieu d'Afrique dans la Mauritanie Césariense, sur la route de Perdices à Césarée, selon l'itinéraire d'Antonin. Ce lieu est nommé *Auzia* par Ptolemée.

AUZACIA, ville de la Scythie, au-delà de l'Imaüs, selon Ptolemée.

AUZAGA, ville épiscopale de l'Afrique, selon la conférence de Carthage.

AUZAGERA, siège épiscopal de l'Afrique, dans la Byzacène, selon les actes de la conférence de Carthage.

AUZARA (*Osara*), ville de l'Asie, dans la Syrie, au sud-sud-est de *Circesium*. Elle étoit située sur la rive occidentale de l'Euphra e, vers le 34e deg. 50 min. de latitude. Ptolemée l'attribue à l'Arabie déserte.

AUZATA, ville de la Libye. Cette ville fut bâtie par Ithobal, roi des Tyriens, selon Joseph, dans ses antiquités.

AUZEA. C'est ainsi que l'on trouve ce nom écrit dans Tacite & sur la carte de M. d'Anville. *Voyez* AUZIA.

AUZIA (*Burgh*), ville de l'intérieur de la Mauritanie Césariense, selon Ptolemée. Elle étoit située un peu à l'orient d'un lac, d'où sortoit le fleuve Chinalaph. Antonin, *Itinér.* nomme cette ville *Auza*. *Auzia* étoit bâtie sur un monceau de terre uni, environné de rochers & de forêts. Tacite en parle comme d'une forteresse ruinée au temps de la guerre de Dolabella.

AUZIQUA, lieu de l'Afrique Tripolitaine, entre la grande *Leptis* & *Macomades*, sur la route de Carthage à Alexandrie, selon l'itinéraire d'Antonin.

AUZIU, nom d'un lieu de l'Afrique, selon l'itinéraire d'Antonin. Il étoit sur la route de Carthage à Alexandrie.

A X

AXANTOS, nom d'une île que Pline place aux environs de celle d'Albion.

AXELODUNUM, nom d'un lieu d'une des îles d'Albion. La notice de l'empire en fait mention à l'occasion du Tribun de la première cohorte des Espagnols, qui y étoit en garnison.

AXENUS, l'un des anciens noms du fleuve Achéloüs, selon Plutarque le géographe.

AXIA, ancienne ville de Grèce, dans le pays des Locres Ozoliens, selon Etienne de Bysance.

AXIA, ancienne ville de l'Italie, selon le même géographe. Cicéron, dans son discours pour Cæcina, parle de ce lieu; mais le nomme un château.... *in castellum Axiam.* On n'a pas la position de ce lieu qui étoit dans l'Etrurie.

AXIACA, ville de la Sarmatie, à la gauche du fleuve *Sagaris*, au nord d'*Odessus* (Okzakow).

AXIACES, rivière de la Sarmatie Européenne, un peu au-dessus de la Dacie, selon Ptolemée.

AXIACI, les Axiaces, peuple de la Sarmatie, à la droite du fleuve *Axiaces*, dont ils prenoient le nom.

AXIATES, les Axiates. C'est ainsi que se nommoient, selon Etienne de Bysance, les habitans d'*Axia*, en Italie.

AXICA, *ou* AZICA. Selon les différens manuscrits de Ptolemée, ancienne ville de l'Inde, en-deçà du Gange.

AXICANI, les Axicans. C'étoit le nom d'un petit peuple qui avoit été compris dans la Phrygie lorsqu'elle fut agrandie.

AXIERI, *ou* AXIRRI, ville épiscopale d'Asie, sous la métropole de Théodosiopolis, selon une ancienne notice du patriarchat d'Antioche.

AXILIS, nom que Ptolemée donne à une ferme ou métairie d'Afrique, dans la Marmarique.

AXIMA, ville de l'Asie, dans la Perse propre, selon Ptolemée.

AXIMA, ville d'Italie, dans les Alpes, chez les Centrons, selon le même géographe.

AXINCES (*le Bog*, ou *l'Aksou*), grand fleuve qui traversoit la Sarmatie, selon Ptolemée.

Il séparoit les *Callipides Axiaci*, à qui il donnoit le nom, & alloit se perdre dans le Borysthène.

AXINIA, ancien nom d'une montagne du Péloponnèse, dans l'Arcadie, selon le scholiaste de Callimaque, cité par Ortélius.

AXINIUM, nom qu'Appien donne à une ancienne ville de l'Hispanie.

AXIOPOLIS, ville de la basse Moësie. Selon Ptolemée : c'est à-peu-près à cette ville que le Danube quittoit ce nom pour prendre celui d'Ister. Elle étoit au nord-est de *Durostorus*.

AXIOTÆ, les Axiotes. Hésychius parle de ce peuple, qui pourroit être le même que les *Aziotæ*. (*Voyez ce nom*).

AXIOTHÉATON, surnom donné au Pont-Euxin, par Hérodote.

AXIUM, ancienne ville de la basse Moësie, le long du Danube, selon Ptolemée.

AXIUS (*Vardari*), rivière de la Macédoine, qui servoit de bornes entre la Mygdonie & la Botiéïde, près de son embouchure dans le golfe Thermaïque, selon Hérodote. Ce fleuve est considérable.

Axius, rivière de la Syrie, qui passoit auprès d'Apamée, selon Calliste & Sozomène, cités par Ortélius.

AXON, fleuve de l'Asie mineure, dans la Carie. Ce fleuve étoit formé de la réunion de deux petites rivières. Au-dessous de la ville de Calynda, & de-là coulant au sud, il alloit se perdre dans la partie nord-ouest du golfe de Glaucus, au nord-ouest du promontoire Pedalium.

AXONA (*Aisne*), rivière de la Gaule Belgique.

AXUS, ville de l'île de Crète, selon Hérodote, cité par Etienne le géographe. Mais dans Hérodote on lit Οὐάξος, *Oaxus*, & non pas *Axus*.

AXYLON, surnom d'une contrée de l'Asie, vers la Bithynie & la Cappadoce, selon Tite-Live.

AYBED, lieu de l'Egypte, sur le golfe de la mer Rouge. Les marchandises de l'Asie abordoient en cet endroit, selon Guillaume de Tyr.

A Z

AZA, ville de l'Asie, dans la Syrie. Elle étoit située sur une élévation à l'occident de l'un des bras de la rivière Chalus, au sud-ouest de la Chaonia, vers le 36e degré 10 minutes de latitude.

Aza, ancienne ville de la petite Arménie, selon Pline. Ptolemée la met dans les terres, dans le Pont Cappadocien. L'itinéraire d'Antonin en fait mention sur la route de Césarée à Satala, à vingt-six mille pas de cette dernière.

Aza. Etienne de Bysance dit que de son temps, les Syriens donnoient ce nom à la ville de Gaza.

Aza, *ou* Azot, montagne de la Palestine, jusqu'où Judas poursuivit Bachide, selon Joseph, *Antiq.* L'historien des Machabées dit *Azot*.

Aza, ville de la Palestine, dans la tribu d'Ephraïm, selon le premier livre des Paralipomènes.

AZABETIS TÆNIA, nom d'un lieu de la Sarmatie Asiatique, selon Ptolemée.

AZADES, les Azades. Le Scholiaste de Lycophron les met au nombre des Arcadiens.

AZAGARIUM, ville de la Sarmatie Européenne, dans le voisinage du Borysthène, selon Ptolemée.

AZAMORA, place forte de la petite Arménie, dans la Cataonie, selon Strabon.

AZANI, les Asans, peuple de l'Asie, dans la Phrygie, à laquelle ils furent ajoutés, ainsi que le rapporte Strabon. Quelques auteurs nommoient ainsi leur ville principale; mais, selon Hermogène, elle devoit être nommée *Exuanum*.

AZANIA, l'Azanie. C'étoit une des trois grandes divisions de l'Arcadie, selon Strabon, Etienne de Bysance, *&c.* Ce dernier y indique dix-sept villes; mais il ne les nomme pas. Il rapporte qu'Eudoxe, dans son livre sur la figure de la terre, avoit dit qu'il y avoit dans l'Azanie une fontaine dont l'eau étoit telle que quand une fois on en avoit bu, on ne pouvoit plus supporter le goût du vin. Ce fut, disoit-on, dans cette fontaine que Mélampé jetta le sort dont il délivra les filles de Pretus.

Azania, nom d'une partie de la côte maritime de l'Ethiopie, selon Pline. Ptolemée semble l'éloigner de la mer, & y met beaucoup d'éléphans.

AZANIUM, ville de l'Asie mineure, dans la Phrygie. C'étoit la demeure du peuple Azani dont fait mention Strabon. Mais Hermogène dit que leur ville devoit se nommer *Exuanum*.

Azanium Mare, Pline nomme ainsi la partie de la mer qui baignoit la côte maritime de l'Ethiopie, nommée *Azania*.

AZANITIS, contrée de l'Asie mineure, dans la Phrygie. C'est où le Rhyndacus avoit sa source, selon Strabon.

AZANOTH-THABOR, ville de la Judée, dans la tribu de Nephtali, selon le livre de Josué.

AZAR, nom d'une montagne de l'Egypte, selon Ptolemée.

AZARA, nom d'un temple de Diane, dans l'Assyrie, selon Strabon.

Azara, ancienne ville de l'Asie, dans la grande Arménie. Elle étoit située sur le fleuve Araxe, selon Strabon.

Azara, ancienne ville de la Sarmatie Asiatique, selon Ptolemée.

AZARABA, ville de l'Asie, dans la Sarmatie, selon Ptolemée.

AZAREI, les Azaréens; c'étoient, selon Pline, des Arabes qui, en s'alliant avec les habitans de la Trogloditique, en Ethiopie, en avoient contracté les mœurs sauvages & féroces.

AZARITIA, nom d'une fontaine de l'Asie. Elle étoit dans la Bithynie, à l'entrée du Pont-Euxin, selon Strabon. Elle est nommée *Zareta* par Etienne le géographe.

AZARIUM, nom d'un lieu qui devoit être en Afrique, près de Cyrène. Il en est fait mention dans les lettres de Synesius.

AZATA, ville de l'Asie, dans la Médie, selon Ptolemée.

AZATHA, ville de l'Asie, dans la grande Arménie, selon Ptolemée.

AZAZIUM, nom d'une place forte, à deux journées du chemin de Berrhoée, selon Cédrène, cité par Ortélius.

AZECA, ville de la Judée, dans la tribu de Juda, selon le livre de Josué.

Cette ville avoit appartenu aux Amorrhéens, & c'est le lieu jusqu'où Josué poursuivit les cinq rois qui avoient assiégé Gabaon.

Azeca fut la dernière ville qui se rendit au roi de Babylonne.

Elle étoit du nombre de celles qui furent fortifiées par Roboam.

AZEM, *ou* ESEM, ville de la Palestine, dans la tribu de Siméon, selon le livre de Josué.

AZENIA, *ou* AXENIA, nom d'une tribu de l'Attique, selon Etienne de Bysance, *&c.*

AZETENE, contrée de l'Asie, dans la grande Arménie, entre les sources du Tigre & de l'Euphrate, au midi de la Saphène, selon Ptolemée. Les interprètes de ce géographe disent *Anzitène.*

AZIBINTA, nom d'une île de la mer Méditerranée, selon Pline.

AZIOTÆ, les Aziotes, ancien peuple de l'Asie mineure, dans la Troade.

AZIRIS, nom d'une ancienne ville de l'Arménie mineure, selon Ptolemée.

AZIRIS, lieu de l'Afrique dans la Libye. Hérodote rapporte que les Cyrénéens s'établirent dans ce lieu.

AZIRISTUM, lieu très-agréable enfermé de collines tout à l'entour, & arrosé d'une rivière. Il étoit dans l'Arménie mineure, vis-à-vis l'île de Théra, selon Hérodote.

AZMAVETH, ASMOTH, *ou* BETH ASMOTH, ancienne ville de la Palestine, de laquelle il est fait mention au second livre d'Esdras.

AZMON, lieu à l'extrémité de la terre de Chanaan, vers la source du fleuve d'Egypte. Il en est parlé dans le livre de Josué, & dans celui des Nombres.

AZOCHIS, nom d'une ville de la Palestine, dans la Galilée. Elle étoit située près de Séphoris, & fut prise par Ptolemée. Jonathas passa par cette ville en allant de la Judée dans la Galilée. Joseph, *Antiq.*

AZOCHIS, ancienne ville de l'Asie, dans la Mésopotamie, selon Pline.

AZOR, ville de la Palestine. *Voyez* ASOR.

AZORIUM, ville de Grèce, dans le pays des Pélasgiotes, en Thessalie. Il est vrai, que Ptolemée semble distinguer cette région de la Thessalie; mais il faut observer que c'est qu'il en distingue les habitans par nations. Au reste *Azorium* doit être le même qu'AZORUS; *voyez* ce mot.

AZORUS, ville de la Grèce dans la Pélagonie Tripolitide, selon Strabon & Tite-Live. Cette ville se trouvoit chez les Perrhebères, au confluent de deux rivières dont la réunion formoit le fleuve *Curatius.*

AZOT, *ou* ASDOD, nom de l'une des villes les plus fortes de la côte de la Phénicie. Elle avoit été fortifiée par les Egyptiens, qui s'en étoient emparés & en avoient fait leur plus fort rempart contre les Assyriens.

Psammétique, environ l'an 170 avant l'ère chrétienne, mit le siège devant cette place, qu'il ne réduisit qu'après vingt-neuf ans de siége ou de blocus, selon Hérodote. Cette ville fut rétablie, & ruinée encore par Jonathas, prince des Juifs. Gabinius, président de Syrie pour les Romains, en ordonna le rétablissement.

Dagon étoit le dieu de cette ville, & ce fut dans son temple, auprès de sa statue, que les Philistins, vainqueurs des Israélites, vers l'an 1116 avant l'ère chrétienne, déposèrent l'arche du seigneur qu'ils avoient prise.

Cette ville fut prise par Vespasien en l'an 67, sous le règne de Néron, selon Joseph, *de Bell. Jud.*

AZOTUS PARALIOS, autre ville de la Palestine, mais peu considérable. Elle étoit tout-à-fait sur le bord de la mer. Et son surnom de *Paralios* signifie en grec *la Maritime.*

AZOTUS, *ou* PELORIA, ville de Grèce, dans l'Achaïe, selon Etienne le géographe.

AZUIS, nom d'une ancienne ville de l'Afrique propre, selon Ptolemée.

AZURENSIS, *ou* AJURENSIS, siége épiscopal d'Afrique, selon la conférence de Carthage. Il devoit être dans la Numidie.

BAALA, ville de la Palestine, dans la tribu de Juda, selon le livre de Josué. Elle fut ensuite comprise dans celle de Siméon.

Cette ville étoit voisine d'une chaîne de montagnes de même nom, qui étoit au nord & vers les confins de cette tribu.

BAALA, montagne de la Palestine, dans la tribu de Juda, selon le livre de Josué. Eusèbe dit que c'étoit la borne de la tribu de Juda, du côté de l'orient, & qu'il y avoit un village du même nom.

BAALASOR, *ou* BAAL-HASOR, lieu de la Judée, dans la tribu d'Ephraïm.

Il est dit au 2e des rois, *ch. 13*, que c'est où Absalon faisoit tondre ses brebis, & où il invita son frère Ammon à un festin, après lequel il le fit tuer pour avoir abusé de sa sœur Thamar.

BAAL CHERMON, montagne de la Palestine, qui servoit de borne à la tribu de Manassé, du côté du nord. Il est fait mention de cette montagne au premier livre des Paralipomènes.

BAAL-GAD, ville de la Palestine. Elle étoit située au pied du mont Hermon, selon le livre de Josué. Selon Eusèbe, elle étoit dans la plaine du Liban.

BAAL-MAON. C'est le nom d'une ville de la terre promise, qui étoit située dans la tribu de Ruben, selon le livre de Josué.

Cette ville est mise au rang des plus belles des Moabites, par le prophète Ezéchiel.

BAAL-PERATZIM, *ou* BAAL-PHARAZIM, lieu de la Palestine, dans lequel David mit les Philistins en fuite. Ce lieu étoit dans la vallée de Raphaïm. Il en est fait mention dans le livre des Rois.

BAAL-THAMAR, lieu de la Judée, dans la tribu de Benjamin. C'est un des lieux où campèrent les Israélites, lorsqu'ils poursuivoient les Benjamites, pour l'insulte faite à la femme du Lévite. *Jug. ch. 20.*

BAARAS VALLIS, espèce de torrent dans la partie de la Palestine appelée *Percée*. Il couloit du nord au sud, & se jettoit dans le lac Asphaltite, près de la forteresse *Macharæus*.

BAARAS, *ou* BAARIS, vallée de la terre promise où couloit le torrent nommé précédemment. On y trouvoit une racine merveilleuse de même nom, qui étoit couleur de feu, & qui, sur le soir, disoit-on, jettoit des rayons comme ceux du soleil.

Cette vallée étoit dans la tribu de Ruben. Joseph, *l. 7, ch. 23.*

BAARSARES, fleuve de l'Asie dans la Babylonie, selon Ptolemée.

BABANENSES, *ou* ALABANENSES, selon les différentes éditions de Pline, nom d'un peuple de l'Hispanie.

BABANOMUS, lieu de l'Asie dans l'Amasée, & dans le voisinage du fleuve Halys, selon Strabon.

BABARDILLA, maison de campagne en Afrique, dans le territoire de Sicca, dans la province proconsulaire, selon l'Auteur de la vie de saint Fulgence, cité par Ortélius.

BABEL (*Tour de*). L'époque & les circonstances de la construction de cette tour ne sont pas de l'objet de ce dictionnaire. On croit qu'elle étoit dans le lieu où fut depuis la ville de Babylone.

BABIA, lieu de l'Italie. Pline en fait mention à cause de ses vins.

BABIDA, nom d'une ville de la Libye intérieure, selon Ptolemée.

BABILA, ville de l'Asie, dans la grande Arménie, selon Ptolemée.

BABORANA, ville ou village de l'Asie, dans la Paropamise, selon Ptolemée.

BABRAS, bourgade de l'Eolide, près de Chio, selon Etienne de Bysance.

BABRENSIS EPISCOPUS, siège épiscopal d'Afrique, dans la Numidie, selon un fragment de Victor d'Utique, cité par Ortélius.

BABULINA. Les actes du concile de Chalcédoine font mention d'une ville de ce nom, qui devoit être vers l'Egypte.

BABYCE: Aristote dit que l'on nommoit ainsi le pont construit sur le *Gnacion*, près de Sparte. Mais d'après ce qu'en dit Plutarque dans la vie de Lycurgue, & dans celle de Pélopidas, je croirois plutôt que c'étoit un lieu entre lequel & la rivière de Gnacion, le peuple tenoit ses assemblées.

BABYLE, ville des Odrisiens, selon Etienne le géographe.

BABYLON, ville célèbre de l'Asie, & l'une des plus anciennes du monde. Elle étoit située sur l'Euphrate qui les partageoit exactement en deux parties, en la traversant du nord au sud. De ces deux parties; l'une étoit orientale, l'autre occidentale (1). Cette ville étoit de forme quarrée: chacun des côtés avoit cent vingt stades de longueur; ce qui faisoit, pour l'enceinte totale, quatre cens quatre-vingts stades. D'autres auteurs diffèrent d'Hérodote. Cependant en comparant les mesures qu'ils rapportent, M. d'Anville en conclut à 19840 toises, si l'on admet le calcul d'Hérodote, ou 19560, en adoptant celui de Diodore.

(1) Je vais placer ici la description donnée par Hérodote, en m'aidant des savantes notes de M. Larcher (Hérodote, *l. 1*, § *178 & suiv.*); pour les notes, traduction de M. Larcher, *vol. I*, *p. 458 & suiv.*

Selon Strabon l'enceinte de Babylone étoit beaucoup plus étendue; mais, dit M. Larcher, avoit-il été à Babylone? avoit-il écrit sur de bons mémoires? Selon cet ancien, Babylone avoit 385 stades de circonférence, l'épaisseur des murailles étoit de 32 pieds, la hauteur de 50 coudées, & celle des tours de dix.

« Elle est si magnifique, dit Hérodote, que nous » n'en connoissons pas une qu'on puisse lui comparer. Un fossé large, profond & plein d'eau, règne » tout autour; on trouve ensuite un mur de cin- » quante coudées de roi d'épaisseur, sur deux cens » de hauteur (1) ».

Au haut & sur le bord de la muraille on avoit élevé des tours d'un seul étage les unes vis-à-vis des autres, entre lesquelles on avoit laissé autant d'espace qu'il en falloit pour faire tourner un char à quatre chevaux. Il y avoit à cette muraille cent portes d'airain massif.

Les deux côtés du fleuve, dans l'intérieur de la ville, étoient bordés d'un mur de briques cuites: les maisons étoient à trois & quatre étages. Les rues étoient droites & coupées par d'autres qui aboutissoient au fleuve (2). En face de ces dernières on avoit pratiqué dans le mur construit le long du fleuve, de petites portes pareillement d'airain, par lesquelles on descendoit jusqu'au bord de l'eau.

C'étoit dans le mur extérieur que consistoit la principale défense de la ville: il en étoit la cuirasse, dit Hérodote. Le mur intérieur, quoiqu'aussi fort, étoit plus étroit. Le centre de chacune des deux parties de la ville étoit remarquable, l'un par le palais du roi, dont l'enceinte étoit grande & bien fortifiée; l'autre par le temple de Jupiter Bélus (3), dont les portes étoient d'airain. C'étoit un quarré régulier, qui avoit deux stades en tout sens. On voyoit, au milieu, une tour massive ayant une stade tant en longueur qu'en largeur: sur cette tour s'en élevoit une autre, & sur cette seconde, une troisième, & ainsi de suite, jusqu'à huit. On y montoit par dehors. Dans la tour la plus élevée étoit une grande chapelle, νηὸς μέγας (4); dans cette chapelle étoit un grand lit magnifique, & près de ce lit, une table d'or. On n'y voyoit pas de statues.

Dans ce temple il y avoit en bas une autre chapelle où l'on voyoit une statue d'or, représentant Jupiter assis. Près de cette statue étoit une grande table d'or. Le trône & le marche-pied étoient de même métal. On voyoit hors de cette chapelle un autel d'or, &, outre cela, un autre autel très-grand, sur lequel on immoloit des victimes. Les Chaldéens, qui étoient les prêtres de Bélus, brûloient tous les ans à sa fête mille talens pesans d'encens. Il y avoit aussi dans l'enceinte sacrée, mais avant qu'Hérodote allât à Babylone, une statue d'or massif, haute de douze coudées. Elle fut dans la suite enlevée par Xerxès.

A cette première & simple description d'Hérodote, j'ajouterai quelques autres détails sur Babylone, empruntés du savant ouvrage du docteur Prideaux (5).

Au centre de la ville étoit un pont qui établissoit la communication des deux parties entre elles. A chaque bout de ce pont étoient deux palais; l'ancien du côté du levant; le nouveau du côté du couchant. Le premier étoit près du temple de Bélus. Le vieux palais avoit plus d'une lieue de circuit. On en attribuoit la construction à Sémiramis (*Voyez Diod. de Sicile*). Selon le même auteur, elle avoit aussi fait construire le palais occidental. Mais le docteur Prideaux, avec bien de la vraisemblance, en place la fondation dans un temps bien postérieur. Selon lui ce fut un prince nommé Nabuchodonosor qui, pour plaire à la reine son épouse, fit construire ce palais & y ajouta des jardins immenses portés sur de grandes terrasses disposées en amphithéâtre. On attribue à ce même prince d'autres ouvrages très-considérables, tels que de grandes digues pour retenir le fleuve dans son lit, & un vaste lac destiné à recevoir ses eaux, lors des débordemens. Hérodote attribue ces ouvrages à la reine Nitocris (6).

Babylone avoit long-temps subsisté avec éclat dans tout l'orient, lorsque Cyrus, qui fondoit par son génie & sa valeur l'empire des Perses, sur les ruines de celui des Mèdes, déclara la guerre à Labynète, roi d'Assyrie (7). Il marcha contre Babylone & l'assiégea pendant long-temps inutilement. « Enfin, dit Hérodote, soit que de lui-même il eût connu ce qu'il falloit faire, soit que quelqu'un le voyant embarrassé, lui eût donné un bon conseil,

(1) M. Larcher a rapproché, en les réduisant en pieds, les sentimens des autres auteurs de l'antiquité; il en résulte le calcul suivant:

Hérodote	200 coudées de roi (*)	337 pieds 8 p.
Ctésias	50 orgyies	300
Un Anonyme dans Strabon	50 coudées	75
Pline	200 pieds	200
Orose	200 coudées	300

(2) C'est d'après l'exposé de ce plan que l'on a tracé celui de Philadelphie en Pensilvanie; mais il n'y a ni murailles, ni tours, encore moins des portes d'airain.

(3) Piétro della Valle croit avoir retrouvé les murs qui formoient l'enceinte de ce temple, mesuré par lui à 1134 pas; lesquels, évalués par M. d'Anville à 21 pouces chacun, donnent, pour le tour du monument, 330 toises 4 pieds. Il faut consulter le Dictionnaire des antiquités sur la distribution des temples anciens.

(*) Elle étoit, dit Hérodote, au même endroit, de trois doigts plus grande que la moyenne.

(4) Je ne doute pas que l'on ne trouve dans le Dictionnaire des antiquités la distinction qu'il convient d'établir entre ce que les Anciens nommoient τὸ ἱερὸν & le ναὸς en ionien νηὸς, & j'y renvoie.

(5) Histoire des Juifs.

(6) Selon la chronologie démontrée par M. Larcher, le règne de cette princesse a dû commencer à la mort de son mari Nabopolassar II, arrivée l'an 580 avant l'ère vulgaire.

(7) C'est le nom que lui donne Hérodote: l'Ecriture sainte le nomme Baltasar.

voici le moyen qu'il employa. Il plaça son armée, partie à l'endroit où le fleuve entre dans Babylone, partie à l'endroit où il en sort ; avec ordre de s'introduire dans la ville sur le lit du fleuve dès qu'il seroit guéable. Son armée ainsi postée & cet ordre donné il se rendit au lac avec la partie la moins utile de son armée, il détourna la plus grande partie des eaux du fleuve dans ce lac ; le lit du fleuve devint guéable. Alors les Perses entrèrent dans Babylone, car les eaux s'étoient tellement retirées que les troupes n'avoient guère de l'eau que jusqu'à la cuisse. On n'avoit pas eu l'attention de fermer toutes les petites portes qui donnoient issue dans les rues, ainsi les Perses s'emparèrent de la ville au moment où l'on s'y attendoit le moins. « Si l'on en » croit les Babyloniens, les extrémités de la ville » étoient déja au pouvoir de l'ennemi, que ceux » qui demeuroient au milieu n'en avoient encore » aucune connoissance. Comme les habitans célé- » broient par hasard en ce jour une fête (1), ils » ne s'occupoient que de danses & de plaisirs, qu'ils » continuoient jusqu'au moment où ils apprirent le » malheur qui venoit d'arriver. C'est ainsi que Ba- » bylone fut prise pour la première fois ». Cet événement se rapporte à l'an 538 ou 539 avant notre ère.

Cyrus, maître de Babylone, y établit le siège de son empire ; son fils Cambyse y régna de même. Sous Darius, fils d'Histape, le troisième des successeurs de Cyrus, en y comprenant Smerdis (2), cette ville se révolta. A la première nouvelle, Darius marcha contre les Babyloniens (Hérod. *l. II*, §. *151*) ; arrivé devant la place, il en forma le siège. Mais les habitans, qui avoient dès long-temps pris leurs précautions contre un siège, lui insultèrent de dessus les murailles. En effet cette entreprise eût échoué si l'un des grands de la cour, appellé Zopire, ne se fût coupé le nez, les oreilles, & ensanglanté le corps pour se présenter en cet état aux Babyloniens, & leur demander vengeance d'un traitement qu'il attribuoit à Darius. On le crut. Il étoit homme de guerre ; on lui donna des troupes à commander, après quelques sorties dans lesquelles il avoit toujours battu des corps de troupes Perses, placées exprès par Darius. Enfin, un jour convenu, tandis que Darius faisoit avancer ses troupes de toutes parts, & que les Babyloniens se défendoient de dessus leurs murailles, Zopire fit ouvrir deux portes par lesquelles entrèrent les assiégeans ; ceux des Babyloniens qui s'en apperçurent se refugièrent dans le temple de Bélus ; mais ceux qui ne s'en apperçurent pas tinrent ferme dans leurs postes jusqu'à ce qu'ils eussent reconnu qu'on les avoit aussi livrés aux ennemis, l'an 513 avant l'ère vulgaire.

Ce fut ainsi que Babylone tomba pour la seconde fois en la puissance des Perses. Darius s'en étant rendu maître, en fit abattre les murs & enlever les portes. Il fit ensuite mettre en croix trois mille hommes des plus distingués de la ville. Depuis ce temps les rois de Perse cessèrent d'y demeurer continuellement. Ils firent leur résidence dans trois grandes villes. L'hiver seulement ils étoient à Babylone ; l'été en Médie (sans doute à Ecbatanes) & pendant la plus belle partie du printemps ils demeuroient à Suse.

Babylone étoit encore très-considérable lorsque Alexandre, l'an 325 avant notre ère, y entra en vainqueur. Ce prince avoit envie de lui rendre son ancien éclat ; mais sa mort empêcha l'exécution de ce dessein. Seleucus Nicator ayant bâti à peu de distance au nord, une ville de son nom sur le Tigre, le voisinage de la ville nouvelle affoiblit insensiblement la ville ancienne. Strabon rapporte que de son temps Babylone étoit presque déserte. Diodore, à-peu-près dans le même temps, disoit qu'il n'y avoit plus qu'un quartier d'habité. Et au second siècle de notre ère, Pausanias écrivoit qu'il n'y avoit plus à Babylone que de vastes murailles. Selon S. Jérome les rois Parthes ou Perses avoient fait un parc de son enceinte. Benjamin de Tolède, dans le 12e siècle, dit qu'il trouva cette ville entiérement minée ; mais que l'on y remarquoit encore des restes du palais de Nabuchodonosor. Ce furent apparemment quelques-uns de ces restes qui furent vus par Piètro Dellavalle, aussi-bien que d'autres vus par le P. Emmanuel de S. Albert, & dont il parle dans un voyage manuscrit cité par M. d'Anville, *Mém. de Litt.*, *t. 28*, *p. 256*.

BABYLONE, ville de l'Egypte, qui étoit arrosée par le fleuve Trajan, selon Ptolemée : Etienne de Bysance en fait aussi mention.

Strabon dit que de son temps on y tenoit une des trois légions qui gardoient l'Egypte, & qu'on trouvoit cette ville en remontant du Delta, par eau, qu'elle étoit naturellement forte & avoit été bâtie par quelques Babyloniens, qui, s'y étant retirés, obtinrent des rois la permission de s'y établir.

Joseph, *Antiq.* en racontant la route qu'avoient faite les Israélites pour sortir de l'Egypte, dit qu'ils passèrent auprès de *Latopolis*, qui étoit alors déserte, & que ce fut en ce lieu que l'on bâtit la ville de Babylone, dans le temps que Cambyse ravageoit l'Egypte.

BABYLONE. Suidas dit que Sémiramis entoura la ville de Ninive de murailles, & qu'elle lui changea son nom en celui de Babylone.

(1) Mais pourquoi par hasard, comme le dit Hérodote ? (*τυχειν γάρ σφι ἐοῦσαν ὁρτ l. 1*, § *191*). Il est très-probable au contraire que Cyrus avoit choisi ce jour de préférence. Cela est dit dans Daniel : voyez au surplus le premier volume de l'histoire ancienne de M. Rollin. Cet auteur respectable s'est attaché à montrer la conformité des récits des deux écrivains, l'un grec, & l'autre juif.

(2) Voyez le tableau chronographique que j'ai mis à l'article *Assyrii*. La chronologie, il est vrai, ne s'en rapporte pas avec celle qu'a établie M. Larcher : je ne prétends pas la défendre ; mais l'essentiel est d'avoir un ensemble, & ce tableau le donne ; on y adapte ensuite le système que l'on préfère.

BABYLONENSES, peuple de l'Ethiopie, sous l'Egypte, selon Ptolemée.

BABYLONENSES, *ou* BABYLONII, les Babyloniens. Ce peuple avoit pris son nom de la ville de Babylone, long-temps puissante en Orient & bâtie sur les bords de l'Euphrate. Comme les détails que nous avons sur ce peuple aussi bien que sur les Assyriens, ne nous sont transmis que par les Grecs, il seroit, je crois, téméraire d'en assurer l'exactitude d'une manière trop positive. La différence des langues & des préjugés influoit d'une manière très-marquée dans les jugemens que portoient ces peuples qu'ils nommoient barbares. Et certainement nous saurions tout autrement l'histoire de ces anciens peuples d'Asie, si nous la tenions de leurs propres historiens. Quoi qu'il en soit, faute de mieux, je vais présenter ici une courte analyse de ce que nous apprennent les auteurs, du gouvernement, de la religion, *&c.* des anciens Babyloniens.

Antiquités. Quoique quelques auteurs, confondant ainsi la fondation de Babylone avec l'établissement de l'empire auquel cette ville donna son nom, fassent remonter les commencemens de cette monarchie jusqu'au temps de Nimbrod; ils ne nous apprennent cependant rien de l'histoire de ses premiers siècles.

Gouvernement. On croit que le gouvernement y étoit despotique. Ce qui confirme en quelque sorte cette conjecture, c'est que plusieurs princes s'y sont fait rendre les honneurs divins.

Il paroît que les officiers chargés de l'administration étoient partagés en trois classes, & qu'ils étoient choisis parmi ceux qu'une naissance illustre, & surtout une haute sagesse distinguoient du reste de la nation. Outre ces officiers publics il y avoit encore ceux qui composoient la maison du roi, dont les privilèges étoient considérables. Il faut distinguer entre ces derniers ceux qui, faisant état de prédire les événemens futurs, étoient consultés par le roi dans les événemens de quelque importance. Ils étoient particuliérement désignés par le nom de Chaldéens.

On connoît peu leurs loix: nous voyons seulement qu'il étoit défendu à tous les sujets & particuliérement aux gens du peuple, de disposer de leurs filles. Le roi se chargeoit du soin de les marier par le ministère de ses officiers.

Dans les cas de punition, non-seulement on confisquoit les biens & l'on détruisoit les maisons des coupables; mais souvent aussi & toujours à la volonté du prince, on mettoit le condamné en pièces, ou on lui tranchoit la tête, ou bien on le précipitoit dans une fournaise ardente.

Religion. On ignore comment les Babyloniens, ayant perdu l'idée d'un Dieu seul créateur de l'univers, tombèrent dans les absurdités de l'idolâtrie. On trouve que leurs principales divinités étoient Bélus, regardé comme le fondateur de l'empire; Vénus, ou du moins une déesse qui répondoit à celle qui portoit ce nom chez les Latins, & dont le temple se nommoit *Succoth-Benoth*, ou tabernacle des filles. On l'adoroit sous le nom de *Salambo* (1). On croit qu'elle étoit la même que l'Astarté des Phéniciens. Il y avoit encore d'autres divinités qu'il est fort peu important de connoître.

Les Chaldéens, appelés aussi *Mages*, avoient introduit à Babylone le culte du feu. Les idoles étoient d'or, d'argent, de bois, habillées magnifiquement, & presque toujours gardées dans les temples à la lueur des lampes, par des prêtres qui leur offroient quelquefois des victimes humaines.

Usages & coutumes. La loi, comme je viens de le dire, défendoit aux pères de marier leurs filles. L'usage étoit de les exposer dans une grande place, où les belles étoient vendues au profit des laides, auxquelles on faisoit une dot avec les fonds qu'avoit produits la vente. Une de leurs coutumes qui contraste le plus avec les idées de bienséance, adoptées par tous les peuples policés, c'est l'obligation où étoient toutes les femmes de se présenter une fois en leur vie, à la porte du temple de Vénus en attendant qu'elles fussent choisies par quelque étranger, auquel elles devoient accorder leurs faveurs (2).

Ils avoient une fête nommée *Sacca* qui duroit cinq jours, pendant lesquels les esclaves commandoient à leurs maîtres.

Comme ils n'avoient pas de médecins pour le traitement des malades, ils y suppléoient en les exposant dans quelque endroit fréquenté, afin que tous les passans pussent les voir, & que tous ceux qui avoient été attaqués du même mal, leur indiquassent les procédés & les remèdes qui les avoient guéris. On enduisoit de cire & de miel les corps morts, & on leur faisoit des funérailles dans lesquelles il entroit beaucoup de cérémonies.

Les habillemens des Babyloniens étoient riches & commodes: ils portoient, dit Hérodote (*l. I, p. 196*), d'abord une tunique de lin qui leur descendoit jusqu'aux pieds, & par-dessus une autre tunique de laine; ils s'enveloppoient ensuite d'un petit manteau blanc. Ils laissoient croître leurs cheveux, se couvroient la tête d'une mitre, & se frottoient tout le corps de parfums. Ils avoient à la main, lorsqu'ils étoient hors de chez eux, chacun un cachet & une canne travaillés, au haut de laquelle est, ou une pomme, ou une rose, ou un lys, ou une aigle, ou toute autre figure; car il ne leur est pas permis de porter de canne sans un ornement caractéristique.

Les Babyloniens s'occupoient des sciences. Ils avoient cultivé de très-bonne heure l'astronomie, qui dégénéra cependant chez eux en astrologie.

(1) M. Larcher, dans son mémoire sur Vénus, doute de cette assertion d'Hesychius.

(2) Voyez les notes sur Hérodote de M. Larcher, *t. I, p. 148 & suiv.*

Delà le grand crédit que s'acquirent leurs Mages. Lorsque Alexandre entra dans Babylone, il trouva des observations dont l'époque se rapporte à l'an 1900 avant J. C. Les leçons, & en général toute espèce d'enseignemens passoit chez eux des pères aux enfans. Comme ils réussissoient très-bien dans la fabrication des étoffes, & dans les ouvrages faits à la main, leurs manufactures étoient estimées.

Il y avoit parmi les Babyloniens trois tribus qui ne vivoient que de poissons. Quand ils les avoient pêchés, ils les faisoient sécher au soleil, les broyoient dans un mortier, & les passoient ensuite à travers un linge. Ceux qui vouloient en manger en faisoient des gâteaux, ou les faisoient cuire comme du pain.

Révolutions historiques. Je ne dirai rien ici de la partie de l'histoire de ce royaume que l'on appelle *premier empire de Babylone.* En supposant vrais les règnes des premiers descendans de Nimbrod, & des princes Arabes qui leur succédèrent; comme on n'en connoît aucun détail, il est inutile d'en parler. Le royaume des Babyloniens, éteint par Ninus (*Voy. l'article* ASSYRII), étoit demeuré sous la puissance des rois d'Assyrie, jusqu'à la révolte d'Arbacès & de Bélesis, qui travaillèrent conjointement à détrôner leur souverain. Diodore (*l. II*) dit qu'à la mort de ce prince la puissance de Bélesis s'accrut considérablement, parce que, sous prétexte d'un vœu, il obtint d'Arbacès, maître de Ninive, la permission d'emporter les cendres du palais de Sardanapal (1), dans lesquelles il y avoit une grande quantité d'or. Le reste de l'histoire de ce prince, rapportée par Nicolas de Damas, tient un peu de la fable.

L'histoire des Babyloniens est fort obscure jusqu'au temps de Nabonassar, dont le règne commencé en 747 av. J. C. fait une époque lumineuse en chronologie par les soins qu'il donna à l'astronomie & par l'ère qui porte son nom.

Nabopolassar (626) étant monté sur le trône, entra en alliance avec Cyaxare, roi des Mèdes, & concourut à l'affoiblissement du royaume de Ninive.

Nabuchodonosor-le-Grand (605) acheva la ruine de ce royaume. Il ravagea ensuite la Galilée, la Palestine, assiégea & prit Jérusalem; & enfin, après un très-long siège, prit la ville de Tyr, abandonnée par ses habitans qui s'embarquèrent. De retour à Babylone, il s'occupa des embellissemens de cette grande ville.

Nabonid ou Labynit (555), le 3ᵉ de ses successeurs, est appelé dans l'écriture Baltasar. Il eut guerre contre les Perses & les Mèdes. Leur armée, conduite par Cyrus, ayant trouvé moyen d'entrer dans Babylone, s'empara de cette ville. Le roi fut tué en se défendant. Ainsi finit le royaume des Babyloniens l'an 536 av. J. C. C'est de cette époque que l'on commence à compter l'empire des Perses (*Voyez ce nom*).

BABYLONIA, la Babylonie. La contrée d'Asie qui portoit ce nom, qu'elle avoit reçu de l'ancienne ville de Babylone, s'étendoit sur le Tigre & l'Euphrate, entre la Mésopotamie au nord, & le golfe Persique au sud. Elle avoit à l'ouest une portion de l'Arabie déserte, & à l'est la partie de la Perse appelée Susiane. On l'a quelquefois désignée par le nom de *Chaldæa*, ou Chaldée, quoiqu'à la rigueur ce nom ne dût être donné qu'à la partie la plus près du golfe.

Je bornerai donc à l'est la Babylonie par le *Tigris* ou Tigre, jusqu'à la mer, en l'étendant à l'ouest un peu au-delà de l'Euphrate. Au nord, ou plutôt au nord-ouest, il y avoit eu autrefois un retranchement que l'on nommoit *Murus Semiramidis*, ou mur de Sémiramis, parce que l'on en attribuoit la construction à cette reine. C'étoit dans cette étendue de terrein que se trouvoient les divisions suivantes; savoir, celles de *Messene*, de *Satacene*, *Ancobaritis*, *Babylonia* & *Chaldæa*: les deux premières se succédoient du nord au sud dans la partie orientale.

Les fleuves de ce pays étoient donc le *Tigris* à l'est & l'*Euphrates* à l'ouest.

Le Tigre ne commençoit à arroser les terres de la Babylonie qu'en touchant au mur de Sémiramis, où se trouvoit la ville d'*Opis*, appelée aussi *Antiochia*, descendoit par le sud-est, recevoit à sa droite le canal sur lequel étoit *Sitace*, recevoit peu après à sa gauche le fleuve *Delas*, & passoit entre les villes de *Ctésiphon* à l'est & de *Seleucia* à l'ouest, & à *Coche* qui étoit au même lieu. En continuant son cours il se rendoit à *Akula*, à *Aracca*, à *Apamia*, à *Charax*, & enfin à la mer, sous le nom de *Pasitigris.* On retrouvoit encore dans cette partie des terres nommées *Messene.*

L'Euphrate commençoit à arroser la Babylonie, vers la ville d'*Is* & *Cunaxa*, lieu célèbre par la bataille de ce nom. Il remontoit vers le nord-ouest jusqu'à *Macepracta*, d'où il alloit par le sud-est prendre un cours à-peu-près parallèle à celui du Tigre. Il arrosoit sur sa route *Besechana*, *Sippara*, *Perisaboras*, *Neapolis*, *Massice*, enfin *Babylone* qu'il coupoit en deux parties, puis *Nilus*, *Borsippa*, *Sura*, *Orchœ*, & *Teredon.*

On sait que dans l'antiquité les bouches de l'Euphrate & du Tigre étoient très-distinctes: actuellement l'Euphrate se joint au Tigre à Korna, répondant à l'ancienne *Apamia.* On sait aussi que ce furent les *Orcheni* ou habitans d'*Orchœ*, qui donnèrent lieu à ce dépérissement de l'Euphrate en le dérivant sur leurs terres pour y porter l'arrosement.

Mais comme ce pays est fort uni, on avoit pratiqué plusieurs canaux pour la facilité des arrosemens & des communications. Le plus septentrional est nommé par Pline *Narraga*; il établissoit la commu-

(1) Voyez, pour la mort de ce prince, les articles TARSE & ANCHIADE.

nication de l'Euphrate & du Tigre, à partir de la ville de *Sipara*. Un autre s'étendoit depuis *Peri Saboras*, jusqu'au Tigre parallélement au précédent. Un autre partant de *Neapolis* étoit nommé *Nar Sares*. Enfin le plus considérable de tous & qui est désigné par le nom de *Fossa regum*, *Fluvius regum*, ou fleuve royal, s'étendoit depuis *Massice* sur l'Euphrate, jusqu'à *Seleucia* sur le Tigre (1).

Les pluies, selon Hérodote, n'étoient pas fréquentes dans la Babylonie. L'eau du fleuve, dit cet auteur, y nourrit la racine du grain & fait croître les moissons, non point pour le Nil, en se répandant sur les campagnes, mais à force de bras & par le moyen de machines propres à élever l'eau : car ce pays, comme l'Egypte, est entiérement coupé de canaux, dont le plus grand porte des navires. Il regarde le lever d'hiver, & communique de l'Euphrate au Tigre. De tous les pays que nous connoissons, c'est, sans contredit, le meilleur & le plus fertile en bled. Il n'y vient pas de figuiers, de vigne, ni d'oliviers; mais en récompense la terre y est si propre à toutes sortes de grains, qu'elle rapporte toujours deux cens fois autant qu'on y a semé, & que dans les années où elle se surpasse elle-même, elle rend trois cens fois autant qu'elle a reçu. Les feuilles du froment & celles de l'orge y ont bien quatre doigts de large. Le sesame & le millet y viennent aussi bien mieux qu'ailleurs. Les Babyloniens ne se servent que d'huile de sesame. La plaine est couverte de palmiers. La plupart portent du fruit; on en mange une partie, & de l'autre on en tire du vin & du miel. Ils les cultivent de la même maniére que les Grecs cultivent les figuiers.

Ce pays, après avoir été long-temps le centre du vaste empire de Babylone, conserva encore long-temps de la célébrité à cause de Babylone sa capitale. Cette ville même avoit perdu sa gloire depuis la fondation de Séleucie, que le pays continuoit encore à être très-fréquenté. On sait que la ville de Ctésiphon, bâtie par les Parthes, sur le bord du Tigre opposé à celui où étoit Séleucie, causa l'affoiblissement de cette derniére (2), qui est actuellement oubliée dans le pays, la seule ville de Bagdad y occupant un rang considérable.

VILLES DE LA BABYLONIE, SELON PTOLEMÉE.

Bilbe. Didigua. Gunda. Batracharta. Thalatha. Altha. Teredon.	Du côté du Tigre, relevant d'Apamée.
Idicara. Duraba. Thaccona. Thelbencane. Babylon.	Du côté de l'Euphrate.
Volgesia. Barsita.	Vers le Baarsares.
Beana. Chuduca. Phumana. Ciasa. Berambe. Orchoe. Beththana. Theame. Sorthida. Iamba. Rhagia. Chiriphi. Rhatta.	Vers les marais & l'Arabie déserte.

(1) On retrouve encore les traces de ces canaux. Voyez le mémoire de M. d'Anville, *tom. 28*, *p. 246* des mémoires de littérature.

(2) Ce sont les restes de ces deux villes que les Arabes nomment actuellement *al modaïn*, ou les *deux villes*. Bagdad est un peu plus au nord.

BABYRSA, place forte de l'Arménie majeure, dans les montagnes, auprès d'Artaxate, & où l'on gardoit les trésors de Tigrane & d'Artabaze. Il est fait mention de cette place par Strabon.

BABYSENGA, ancienne ville de l'Inde, au-delà du Gange, selon Ptolemée.

BABYTACE, ville de l'Asie qui étoit située sur le bord septentrional du Tigre, selon Pline. Cette ville est mise dans la Perse par Etienne de Bysance.

On a dit que les habitans de cette ville avoient pris l'or en horreur, & que, dans la crainte d'être corrompus par son usage ou même par sa vue, ils enfouissoient en terre celui qui leur tomboit entre les mains.

BACA, nom d'un village de la Palestine, qui servoit de bornes entre les Tyriens & la Galilée, selon Joseph. Il est nommé *Batatha* par Egésippe.

BACA, nom d'une place forte qui fut enlevée aux Persarméniens par Emmanuel Comnène, selon Nicétas, ou le continuateur de Glycas. *Ortélius*.

BACALITIS, nom d'une contrée de l'Ethiopie sous l'Egypte, selon Ptolemée.

BACANARIA, siége épiscopal d'Afrique, dans la Mauritanie Césariense, selon la notice épiscopale d'Afrique.

BACARE, ville de l'Inde, située sur le bord du Gange, selon Ptolemée. Les interprêtes de ce géographe lisent BARACE.

BACASCAMI, petite ville ou bourg de l'Arabie heureuse, qui appartenoit aux Zamaréniens, selon Pline.

BACASIS, ville ou bourg de l'Hispanie Tarragonnoise. Il appartenoit aux Lacétains, selon Ptolemée.

BACATÆ, les Bacates, nation d'Afrique que Ptolemée place dans la Marmarique.

BACCADES, lieu de la Palestine, sur les frontières de la tribu de Zabulon, selon Ortélius.

BACCAIÆ, ville de l'Asie, dans la Syrie. Elle étoit située dans une plaine entre des montagnes & le fleuve Orontes, vers le 35e degré 45 minutes de latitude.

BACCANÆ, ville d'Italie, dans l'Etrurie, au nord de *Veii*. C'est aujourd'hui *Bacano*.

BACCAVATÆ, les Baccavates, peuple de la Mauritanie Tingitane, le même que celui que Ptolemée nomme *Baccuatæ*.

BACCHI COLUMNÆ. Denys le Périégète dit que les colonnes de Bacchus le Thébain, étoient près de l'embouchure du Gange, dans des montagnes auprès de la ville de Nysse.

BACCHI MONS, montagne de la Thrace, près de la ville de Philippes, dans laquelle il y avoit des mines d'or, selon Appien.

BACCHI NEMUS, bois de l'Asie mineure, dans la grande Phrygie, dans le voisinage du Tmolus.

BACCHIA, nom d'une ancienne ville de l'Albanie Asiatique, selon Ptolemée.

BACCHIADÆ, les Bacchides. C'est à tort qu'en trouvant ce nom dans Ovide, on a cru que ce poëte s'en étoit servi pour désigner les Corinthiens en général. C'est le nom d'une famille de leurs souverains.

BACCHIAS & ANTIBACCHIAS, nom de deux îles du golfe Arabique, selon Pline

Ptolemée & Etienne le géographe disent *Bacchi* & *Antibacchi insulæ*.

BACCHIS, ville d'Egypte, située près du lac Mœris, selon Ptolemée.

BACCHIUM, nom d'une île de la mer Egée, à l'opposite de la ville de Phocée, à l'entrée du golfe de Smyrne. Cette île étoit richement ornée; mais les Romains y ayant débarqué, en ravagèrent les temples & les statues.

BACCUATÆ, *voyez* BACCAVATÆ.

BACENIS, forêt de la Germanie, qui séparoit les Chérusques d'avec les Suèves, selon César. Il dit que c'étoit une forêt d'une grandeur immense, à l'entrée de laquelle les Suèves se retirèrent à son approche.

BACHILITA, nation que Pline place dans l'Arabie heureuse.

BACHINA, nom d'une île de la mer Méditerranée, devant la ville de Smyrne, selon Pline. Elle est nommée *Bachium* par Tite-Live.

BACHURIN, *ou* BACHUR, *ou* CHORABA, ville de la Judée, dans la tribu de Benjamin. On dit aussi *Bahurim*.

Joseph, *antiq.*, *l. 7*, *ch. 8*, fait mention de cette ville.

Ce fut dans un puits près de ce lieu que furent cachés Jonathas & Achimas, pour éviter Absalon qui vouloit les faire mourir.

BACTRA (*Balk*), appellée aussi *Zariaspa* & *Charispa*, capitale de la Bactriane.

BACTRI, BACTRII & BACTRIANI, les Bactriens, habitans de la Bactriane. Si l'on s'en rapportoit à Diodore de Sicile d'après ce qu'il dit de la belle défense de ce peuple contre l'armée de Ninus, roi d'Assyrie, la population y étoit dès-lors très-nombreuse, & les talens militaires cultivés avec succès. Mais qui osera croire qu'à cet égard il n'y a pas d'erreur dans l'historien, lorsque l'on y en rencontre à tant d'autres égards? Les Grecs négligeoient trop les langues de l'Orient pour en bien connoître l'Histoire. Aussi ne doit-on regarder comme certain ce que l'on rapporte des Bactriens, que depuis le temps où les Grecs s'établirent en Bactriane, après la conquête d'Alexandre.

J'ai nommé, d'après Ptolemée, à l'article BACTRIA, les nations que l'on comprenoit sous le nom générique de Bactriens. C'étoient la plupart des montagnards toujours disposés à faire la guerre, & très-propres à en soutenir les fatigues. Mais quelque féroces qu'on les suppose, j'ai peine à croire ce qu'en rapporte Pline, qu'ils réservoient une certaine quantité de chiens d'une très-forte espèce, pour dévorer les personnes que leur âge ou leurs infirmités mettoient dans l'impossibilité de suffire à leurs propres besoins. Une autre coutume non moins éloignée de nos mœurs, c'étoit l'usage où étoient les femmes de se prostituer à leur volonté, sans que cela parût contre le bon ordre.

Si l'on s'en rapporte à Diodore, les Bactriens furent soumis de bonne heure à des rois. Ctésias, son guide, prétend qu'Oxyarte régnoit en ce pays au temps de Ninus: Eusèbe veut que Zoroastre y ait aussi régné au temps de Cyrus. En accordant tout cela, il n'en résulte pas moins que la Bactriane fut soumise d'abord aux Assyriens, puis aux Perses. Enfin, après la chûte de l'empire de ces derniers, elle passa aux Macédoniens. On sait qu'Alexandre y pénétra en poursuivant Bessus.

Il y eut des gouverneurs Grecs dans la Bactriane sous ce prince & sous les successeurs de Seleucus, jusqu'au règne d'Antiochus Théos. Ce fut alors, l'an 255 avant J. C., que Théodote, qui en étoit gouverneur, s'en fit reconnoître roi. Les guerres d'Antiochus & de Ptolemée Philadelphe, lui procurèrent une jouissance paisible, dont il profita pour s'affermir sur son trône naissant. Son fils, nommé aussi Théodote, lui succéda, & pour se mettre à l'abri des armes des Grecs, s'allia avec les Parthes. Il recula les bornes de son état. L'histoire des révolutions qui suivirent n'est pas de mon objet. On les trouvera partie dans Justin, partie dans Arrian. Je dirai seulement que quelques-uns des rois de la Bactriane portèrent leurs armes assez avant dans la Scythie, & d'autres assez avant dans l'Inde. La puissance des Bactriens étoit alors considérable. Mais ces princes Grecs furent dépouillés de ces conquêtes éloignées par les Parthes. Environ l'an 144 avant l'ère vulgaire, Mithridate, frère de Phrahatès, leur roi, en fit la conquête, & s'avança jusqu'au royaume où Porus avoit régné.

La paix qui suivit ramena la confiance entre les Parthes, les peuples du Khorassan, & ceux de l'Inde : un commerce libre existoit entre ces nations. C'est ce que nous apprend M. de Guignes, secondé par les écrivains Chinois. (*Mém. de Littér. t. XXV, mém. p. 19*).

Telle étoit, dit-il, la situation de la Bactriane, lorsque quelques nations qui demeuroient dans l'Orient, sur les frontières occidentales de la Chine, obligées par un prince puissant d'aller chercher d'autres habitations, arrivèrent dans ces provinces, y détruisirent le royaume des Grecs, & donnèrent beaucoup d'occupation aux Parthes. C'est ce peuple venu des frontières de la Chine que les Grecs désignent par le nom de Scythes nomades, lesquels, selon eux, détruisirent le royaume de Bactriane. Cette nation est appelée par les Chinois les *Su* ; & les Scythes qui firent la guerre aux Parthes, les *Yue-Chi*. J'aurai occasion d'en parler ailleurs.

BACTRIANA, la Bactriane, grande province d'Asie, & l'une des plus reculées que les Grecs connussent au nord-est de la Perse. Quoique les auteurs n'en aient pas déterminé les bornes d'une manière bien précise, on voit que, séparée de l'Inde par les montagnes appellées *Paropanisus* qui étoient au sud, elle avoit à l'ouest l'*Aria*, au nord la *Sogdiana*, & à l'est des montagnes qui les séparoient du pays des Scythes, appellées *Sacæ*.

Comme ce pays est situé dans de hautes montagnes, plusieurs rivières y prenoient naissance. C'étoit de la réunion d'un assez grand nombre que se formoit l'*Oxus*, qui, après avoir arrosé *Bactra*, alloit par le nord-est se jetter dans les marais qu'Hérodote indique de ce côté, & qui, mieux connus aujourd'hui, portent le nom de lac d'*Aral*. Quant au *Bactrus*, au *Bascatis*, au *Dargomanes*, *&c.* ce n'étoient que des rivières plus ou moins grandes qui concouroient à l'augmentation de l'*Oxus*.

La Bactriane, dans les endroits arrosés, étoit très-fertile, abondoit en pâturages & en toutes sortes de bétail : mais dans d'autres endroits on n'y trouvoit que des sables, dangereux même à traverser.

La capitale de ce pays, nommée *Bactra*, est appellée par quelques auteurs *Zariaspa* : elle étoit sur l'Oxus. Il est probable que ce dernier nom avoit précédé l'autre, & qu'on ne lui avoit donné celui de *Bactra* qu'en le formant de celui de *Bactriana*, ou de *Bactrus* qui en étoit le fleuve. On trouvera les autres villes à leurs articles. Je ne citerai ici que celles de Ptolemée. *Voyez* BACTRII.

Fleuves & lieux de la Bactriane, selon Ptolemée.

Fleuves : l'*Ocus*, l'*Oxus*, le *Dorgamanes*, le *Zariaspe*, l'*Artamis* & le *Dargidus*.

Peuples : les peuples situés vers le nord étoient les *Salataræ* & les *Zariaspæ* ; au sud étoient les *Chomari*, puis les *Comi*, les *Acinacæ*, les *Tambyzi* ; la puissante nation des *Tochari* ; puis les *Marycæi*, les *Scordæ*, les *Varni* ; enfin les *Aradiæ*, les *Orsippi* & les *Amarispii*.

Les principales villes étoient :

Villes	
Chatracharta.	Près du fleuve Oxus.
Charispa.	
Chovana.	
Surogana.	
Phrati, ou Pharatua.	
Alichorda.	Placées près des autres fleuves.
Chomara.	
Curiandra.	
Cuaris.	
Astacana.	
Tosmuanassa.	
Menapra.	
Eucratidia.	
Bactra regia.	
Ostobara.	
Maracanda.	
Maracodia.	

N. B. On voit, 1°. que Ptolemée fait deux villes différentes de *Bactra* & de *Charispa*, ce qui n'est pas conforme aux témoignages de Strabon & de Pline ; 2°. qu'il place *Maracanda*, dans la Bactriane, quoique les anciens la mettent dans la Sogdiane.

BACTRUS, fleuve de l'Asie, dans la Bactriane. Quinte-Curse nomme ainsi le fleuve qui couloit à *Bactra*. Ce doit être le Zariaspe de Pline & de Strabon, & Dargide de Ptolemée.

BACTUNIUM, nom d'un lieu de la Thrace, selon Nicétas, cité par Ortélius.

BACUNTIUS, nom d'une rivière de la Pannonie inférieure, selon Pline, dont quelques manuscrits portent *Bisacuntius*.

BACURII & BACYRIANI, peuples qu'Etienne de Bysance place en Asie, près des Parthes & des Mèdes.

BADA, ville de l'Afrique, selon Ortélius, qui cite S. Cyprien.

BADA, nom d'une ville de la Macédoine, selon la table de Peutinger & l'Anonyme de Ravenne.

BADA, *ou* BADAS, rivière de Phénicie, dans le voisinage de la ville de Paltos. Il y avoit auprès de cette rivière un tombeau, que l'on croyoit être celui de Memnon, fils de Tithonus & neveu de Priam, roi de Troie, selon Strabon, *l. 15, p. 500*.

BADACA, BADACE, *ou* BAGADA. Selon les divers exemplaires de Diodore de Sicile, ville de l'Asie dans la Susiane, & située sur l'Eulée.

BADACUM, ville de la Norique. Elle étoit située près du Danube, selon Ptolemée.

BADAIS, ville de l'Arabie heureuse, dans le pays du peuple *Derræ*, selon Ptolemée.

BADANATHA, ville de l'Arabie heureuse, dans le pays des Thamudéens, selon Pline.

BADARA, nom d'une ville de l'Asie, dans la Gédrosie, selon Ptolemée.

BADARA, ville de l'Asie, dans la Caramanie, selon Ptolemée & Marcien d'Héraclée.

BADATIUM, nom d'une ville de la Chersonnèse Taurique, selon Ptolemée.

BADAUSA, nom d'une ville de l'Asie, dans la Mésopotamie, selon Ptolemée.

BADEICHORA, ancien nom d'un lieu de l'Asie, dans la Caramanie, selon Arrien, cité par Ortélius.

BADEL, bourg de l'Afrique, dans la Mauritanie Césariense, selon Ptolemée.

BADEOS, ville de l'Arabie heureuse, sur le bord de la mer Rouge, selon Etienne le géographe & Ptolemée. Ce dernier la donne aux Cassanites.

BADERA (*Basiège*), lieu de la Gaule, chez *les Volscæ Tectosages*, dans la première Narbonnoise; il étoit sur la route de Toulouse à Narbonne, c'est-à-dire, au sud-est de la première de ces villes. *Badera* est connu par la table théodosienne.

BADESSUS, ville de l'Asie. Elle est placée dans la Carie par Ptolemée.

BADIA, nom d'une ville de l'Hispanie. Valère Maxime dit que cette ville fut prise par Scipion.

BADIAMŒI, les Badiaméens, peuple que Ptolemée place dans l'Inde en-deçà du Gange.

BADIATH, ville d'Afrique, dans la Lybie intérieure, selon Ptolemée.

BADIES VICUS, nom d'un village de l'Italie, sur la route de Rome à Adria, entre *Falacrinum* & le lieu nommé *ad Centesimum*.

BADINUM, ville de la Grande-Arménie, selon l'itinéraire d'Antonin.

BADIS, ville de la Carmanie, qui étoit située sur la côte du golfe Persique près du promontoire Carpella, selon le Périple de Néarque.

BADIS, ville épiscopale d'Afrique, selon Ortélius, qui cite S. Augustin. La notice d'Afrique met dans la Mauritanie Césariense *Badiensis*, que la conférence de Carthage nomme *Bladiensis;* ce doit être la même chose que *Badis*.

BADISUS, nom d'un village vers l'Egypte. Il en est fait mention dans la vie de S. Eustache.

BADIZA, nom d'une ville de l'île d'Albion, selon Etienne de Bysance. Il en est aussi parlé dans Polybe.

BADRINUS, (*Fossato grande*), fleuve de l'Italie, chez les *Boii*.

BADRIS, nom d'une ville de l'Afrique, dans la Marmarique, selon l'itinéraire d'Antonin.

BADUENNÆ LUCUS, *ou* BADUHENNA, nom d'un bois de la Germanie. Il en est fait mention par Tacite. C'est un des lieux les plus célèbres des Bataves. On n'est pas d'accord sur sa situation. Quelques auteurs le placent dans les sept forêts; d'autres dans le bois de Bader, ou Bader-hont. On n'a donc rien de certain à cet égard. On sait seulement que ce fut en ce lieu que Civilis forma sa conjuration contre les Romains.

BADY, nom d'une rivière du Péloponnèse, dans l'Elide, selon Pausanias.

BADY, lieu du Péloponnèse, où couloit la rivière du même nom, selon le même auteur.

Voici ce que Pausanias rapporte à l'occasion de ce lieu. Après la guerre qu'on avoit fait en Elide, le pays étoit fort dépeuplé d'hommes. Les femmes touchées de ce triste état de leur pays, firent des vœux à Minerve pour en obtenir de devenir enceintes dès les premières nuits qu'elles recevroient les caresses de leurs maris. La déesse exauça leurs prières. Par reconnoissance ces femmes firent élever un temple en l'honneur de la déesse. Et pour en conserver le souvenir, on donna au lieu & au fleuve le nom de *Bady* ou *Badu* (Βαδυ), c'est-à-dire, *doux*, *agréable*.

N. B. Il faut remarquer que c'est ici le dialecte Dorien: Le mot est Laconien. Car les Doriens disoient *Ady*, Αδυ, & les autres Grecs, *Edy*, Ἡδυ.

BÆA, nom d'une montagne de l'île de Céphalénie, selon Etienne de Bysance. Il prétend que ce nom vient de Bæos, l'un des officiers d'Ulysse.

BÆACE. Etienne de Bysance place une ville de ce nom dans la Chaonie.

BÆÆ. Isace, sur Lycophron, place autour de la Sicile des villes & des îles qu'il nomme ainsi.

BÆBÆ, petite ville de l'Asie, dans la Carie, selon Etienne le géographe.

BÆBARSANA, ville de l'Asie dans l'Arie, selon quelques exemplaires de Ptolemée; d'autres portent *Babarzana*.

BÆBRO, nom d'une ville de l'Hispanie, dont il est fait mention par Pline.

BÆCOLICUM, *ou* BAICOLICOS, montagne de l'Afrique, dans la Pentapole, selon Ptolemée. Cet ancien la met au 26e degré 20 minutes de latitude.

BÆCOR, nom d'un lieu de l'Hispanie, dans la Bétique. Viriate passa l'hiver dans ce lieu, après avoir été défait par Fabius Maximus Æmilianus, selon Appien.

BÆCULA, nom d'une ville de l'Hispanie Tarragonnoise, dans le territoire, ou du moins dans le voisinage du peuple *Authetani*, selon Ptolemée.

BÆCULA, BÆTULA, *ou* BÆCYLA, Polybe fait mention, sous ces deux noms, d'une ville de l'Espagne Bétique, près & même dans le territoire de *Castulo*. Cette ville est nommée *Bætula* par Tite-Live, & il lui donna la même position. Etienne de Bysance dit *Becyla*.

BÆDUNIA. Ptolemée met une ville de ce nom dans l'Espagne Tarragonnoise.

BÆLON, *ou* BELON, ville d'Hispanie, au nord-ouest de *Mellaria*, sur le *Fretum Gaditanum*. Cette ville faisoit beaucoup de sel, & son principal commerce étoit avec *Tingis*, sur la rive opposée.

BAEMI, les Baemes, nommés ainsi par Ptolemée. Il paroît que ce sont les mêmes qui ont été aussi nommés *Bohemi*, puis Bohémiens. Cet auteur les place dans la Germanie.

BAENUM, nom d'une ville de l'Arabie heureuse, dont il est fait mention par Ptolemée. Les interprètes de ce géographe disent *Benum*.

BAEONES. Arrien, dans son périple de la mer Erythrée, place une île de ce nom dans la mer des Indes, au-delà du fleuve Indus.

BAERUS, ville de la Macédoine, dans la Mygdonie, selon Ptolemée.

BÆSAMPSA, ville située dans le golfe Arabique, vers la mer Rouge, selon Etienne le géographe. Les interprètes regardent ce nom comme formé de l'hébreu *Bethsemes*, ou la maison du soleil. Josué parle d'une ville de ce nom. Il seroit difficile de décider si c'est la même.

BÆSIPPO, *ou* BESIPPO, ville de l'Hispanie, qui étoit située sur le détroit des colonnes, à douze milles dans la partie occidentale de Bélon, & à un peu moins dans la partie orientale du promontoire de Junon. Antonin, *Itinér.* Au reste on n'est pas parfaitement d'accord sur la position de *Besippo ;* car quelques auteurs ont cru qu'elle occupoit l'emplacement du port Sainte-Marie actuelle ; & d'autres ont cru y retrouver la *Cartheia* dont parle Tite-Live.

BÆTANA, ville de l'Inde en-deçà du Gange, située sur le fleuve Nanaguna. Ptolemée dit qu'elle étoit la capitale & la résidence de Siropolemios.

BÆTARRHENI, les Betarrènes, nation de l'Arabie Pétrée, selon Etienne de Bysance, qui indique leur pays par le nom de la troisième Palestine, ce qui dit la même chose.

BÆTERRÆ (*Beziers*). Ce nom a été écrit *Bæterra*, *Bæterris*, *&c.* Il me paroît même que c'est le même lieu qu'Etienne de Bysance écrit *Bætarrha*, sans désigner à quel pays il appartient. Il est vrai qu'à l'article précédent il nomme *Batarrhas*, qu'il dit être une ville Celtique. Les deux n'en font peut-être qu'une. Cette ville, située dans la première Narbonnoise, province méridionale de la Gaule, étoit à peu de distance au nord-est de *Narbo*. Elle fut colonie Romaine, & ayant reçu des vétérans de la septième légion, elle en prit le surnom de *Septimanorum*. Quelque temps après, on y bâtit deux temples ; un fut dédié à Auguste ; l'autre, à sa fille Julie. Tibère aussi embellit cette ville. Elle devint donc très-considérable, & dans le quatrième siècle c'étoit une des plus considérable de la Gaule. Mais dans le cinquième siècle les Wisigoths la prirent & en ruinèrent les plus beaux édifices. Elle s'étoit bien rétablie lorsque les Sarrazins s'en emparèrent en 736. Charlemagne qui les en chassa l'année suivante, ruina la ville, de peur que les ennemis ne vinssent s'y fortifier. Son état actuel n'est pas de mon objet.

BÆTHAUTA, ville de l'Asie, dans la Mésopotamie, selon Ptolemée.

BÆTICA, la Bétique. Cette province qui comprenoit la partie méridionale de l'Hispanie, répond assez à l'étendue que nous donnons actuellement à l'Andalousie & au royaume de Grenade. Elle étoit la province de l'Hispanie la plus riche & la mieux connue. On sait que les Phéniciens s'étoient établis de bonne heure sur ces côtes, & que les Carthaginois y eurent long-temps des comptoirs. En rapprochant ce que les auteurs ont dit des peuples renfermés dans l'étendue de la Bétique, voici à-peu-près ce que l'on trouve.

La partie du nord-ouest se nommoit *Bæturia* : c'étoit, ce me semble, le nom de la contrée plutôt que celui d'un peuple. Les *Turduli* étoient vers le sud-est, de l'autre côté des montagnes. Les *Bastitani* étoient tout-à-fait à l'est, partie dans la Bétique, partie dans la Taraconoise. Ils avoient au sud les *Pœni* ou Phéniciens, ce qui peut s'entendre aussi des établissemens Carthaginois : enfin on trouvoit les *Bastuli*.

Le reste du pays étoit habité par les *Turdetani*. On voit même que ce peuple étoit devenu si considérable, qu'il avoit donné son nom à tout le pays. Strabon, en le décrivant, ne se sert pas d'autre expression que de celle de *Turdetania* ou Turdétanie. (*Voyez* TURDETANI).

Polybe parle avec éloge des richesses de la Bétique & de la magnificence de la cour d'un de ses souverains. Selon cet auteur, un roi de ce pays ayant imité toutes les modes des Phéniciens, l'emportoit sur eux en magnificence.

Selon ce même auteur, la Bétique renfermoit cent soixante-quinze villes, dont huit étoient colonies, huit municipales, vingt-neuf jouissant du droit latin, quatre alliées (1), six de libres, & cent vingt de stipendiaires, ou payant des impôts. De ces villes quatre étoient *Conventus* (2), savoir ; *Corduba*, *Hispalis*, *Astigis* & *Gades*.

De toutes les montagnes de la Bétique le mont *Marianus* étoit la chaîne la plus considérable. C'est celle que l'on nomme actuellement *Sierra Morena*. Au nord-est étoient les monts *Orospeda*, faisant partie de la *Sierra Nevada* actuelle. Les fleuves principaux étoient :

1°. Tout-à-fait à l'ouest, l'*Anas* commençoit chez les *Oretani*, près de *Laminium*, couloit d'abord à l'ouest, formoit peu après les limites entre la Bétique & la Lusitanie, passoit à *Emerita Augusta*, puis au sud de *Burdova*, prenoit son cours au midi pour se rendre à la mer.

2°. Le *Bætis* qui commençoit au nord-est vers les monts *Orospeda*, couloit à l'ouest, arrosoit *Castulo*, *Corduba*, *Hispalis*, & se rendoit à la mer, à ce qui semble, par plusieurs embouchures.

(1) Dans quelques exemplaires on n'en trouve que trois. Mais c'est évidemment une faute, puisque le nombre ne s'y trouveroit pas.

(2) Voyez ce mot, qui, quoique non géographique, ne laisse pas d'appartenir à la géographie.

Les villes les plus considérables étoient, en commençant par le nord-est, *Basti*, *Acci*, *Eliberis*, *Castulo*, *Corduba*, *Astigi*, *Hispalis* & *Gades*. Mais les auteurs en font connoître un bien plus grand nombre. Malheureusement le défaut de monumens & d'indications exactes, nous prive de l'avantage d'en retrouver l'emplacement. Je ne donnerai que celles qui se trouvent dans Ptolemée.

POSITIONS DE LA BÉTIQUE, SELON PTOLEMÉE.

Positions	
Onobalisturia.	Chez les Turditans.
Menesthei portus.	Sur les côtes, chez les Turdules.
Promontorium, près duquel étoit un temple de Junon.	
Bælon.	
Menralia.	Chez les Bastules.
Transducta.	
Barbesola.	
Carteia.	
Calpe mont.	
Suel ou *Suea.*	
Malaca.	
Manoba.	
Sex.	
Selambina.	
Extensio (1).	
Abdara.	
Portus Magnus.	
Charidenni, promont.	
Bareia, ville.	
Setia.	Dans les terres, chez les Turdules.
Ilurgis.	
Vogia.	
Calpurniana.	
Cœcila.	
Baniana.	
Corduba.	
Julia.	
Obulcum.	
Arcilacis.	
Detounda.	
Murgis.	
Salduba.	
Tuci, ou *Tucsi.*	
Sala.	
Balda.	
Ebora.	
Onoba.	
Illipula magna.	
Selia.	
Vescis, ou *Ovescis.*	Dans les terres, chez les Turdules.
Escua.	
Artigis.	
Calicula.	
Lacibis.	
Sacilis.	
Lacippo.	
Illiberis.	
Canaca.	
Seria.	
Osca.	
Cœriana.	
Urium.	
Illipula.	
Setida.	
Ptucci.	
Nebrissa (1).	
Ugia.	
Asta.	
Corticata.	
Lælia.	
Italica.	
Maxilua.	
Ucia.	
Carissa.	
Calduba.	
Pæsula.	
Saguntia.	
Asindum.	
Nertobriga.	
Contributa.	
Rhegina.	
Cursus.	
Mirobriga.	
Spoletinum.	
Læpa Magna.	
Ispalis, métropole.	
Obucola.	
Calicula.	
Oleastrum.	
Urbona.	
Bæsippo.	
Phornacis.	
Arsa.	
Asyla.	
Astygis.	
Charmonia.	
Aruci.	Chez les Celtes de la Bétique.
Arunda.	
Curgia.	
Acenippo.	
Varnia.	

(1) Il faut remarquer que ce nom, adopté aussi sur les cartes de l'édition de 1605 que j'ai sous les yeux, n'est qu'une traduction du grec ἐξοχη dont se sert Ptolemée. La traduction italienne de Ruscelli, imprimée à Venise en 1564, porte Essoca ; ce qui est préférable : parce que sans doute c'étoit un nom propre de lieu qu'il ne falloit pas défigurer.

(1) Ici la traduction latine de l'édition grecque & latine citée plus haut, & qui appartient au roi, place un lieu nommé *Sala*, au 5e deg. 30 min. 37 sec. 30. Le grec n'a pas ce nom ; non plus que la traduction italienne de 1564.

BÆTIS (*Guadalquivir*), fleuve de l'Hispanie, dans la Bétique. Il avoit sa source, selon Pline, dans les montagnes appellées *Saltus Tugiensis*. Quant à son cours, voyez l'article *Bætica*.

Etienne de Bysance dit que les naturels du pays appeloient ce fleuve *Perces* Πέρκης. Ses annotateurs pensent que ce nom est corrompu de l'oriental *Berea*, qui, en arabe, signifie un étang. Cette conjecture est d'autant plus vraisemblable, qu'à son embouchure, autrefois les eaux du *Bætis* étoient assez stagnantes.

Selon Tite-Live, les gens du pays, au lieu de Bætis, disoient *Critium*. Le géographe Nubien prétend que les Arabes disoient *Cirtius*. Mariana pense que ces mots sont altérés de l'oriental *Kiriath*, ville; comme si l'on disoit le *fleuve aux villes*, à cause de la grande quantité qu'il arrosoit dans son cours; & Tite-Live dit que ce fleuve étoit appelé *Certis* par les habitans du pays.

Les Arabes, en se rendant maîtres du pays, rencontrèrent d'abord ce fleuve qui leur sembla avec raison très-considérable. En joignant l'épithète *al kébir* qui signifie *grand*, au mot *wad* ou *guad*, par lequel il désigne une *eau coulante*, une rivière, par exemple, ils dirent *Guad-al-kébir*, d'où s'est formé le nom moderne *Guadalquivir*.

Strabon dit que les bords du *Bætis*, en remontant jusqu'à *Corduba*, & même plus haut, étoient ornés de plantations & de maisons qui offroient un spectacle très-agréable. La beauté en étoit encore augmentée par un grand nombre d'îles qui se trouvoient dans le fleuve. Les bâtimens pour le commerce remontoient jusqu'au-delà de *Corduba*.

BÆTIUM, nom d'une ville de la Macédoine, selon Théopompe, cité par Etienne de Bysance.

BÆTIUS, nom d'une rivière de l'Arabie heureuse, selon Ptolemée.

BÆTIUS, *ou* BÆTII, montagne d'Asie dans la Drangiane, selon Ptolemée.

BÆTIRÆ, nom d'une ancienne ville de la Gaule Narbonnoise, selon Ptolemée.

BÆTOGABRA. Ptolemée nomme ainsi une ville de la Palestine, dans l'intérieur de la Judée.

BÆTULO, ville de l'Hispanie chez les Lalétans, au sud-est & très-près de *Barcino*.

BÆTURIA, contrée de l'Hispanie, selon Tite-Live. C'étoit la partie du nord-ouest de la Bétique. Elle étoit entre le fleuve *Anas* & les montagnes appelées *Marianus mons*.

BAGA, ville de l'Afrique propre, du nombre de celles qui furent rétablies par l'empereur Justinien, selon Procope. Les habitans, par reconnoissance pour leur nouveau fondateur, donnèrent à leur ville le nom Théodoriade, de Théodora, femme de Justinien.

BAGA *ou* BOGA, ville d'Asie, dans la Pisidie, selon Cédrène, cité par Baudrand.

BAGACUM (*Bavai*), nom d'un bourg de la Gaule Belgique, selon l'itinéraire d'Antonin. C'étoit l'ancienne capitale des *Nervii*: Ptolemée la nomme *Baganum*. Cette ville avoit perdu son rang de fort bonne heure, & n'étoit plus qu'un château dans le moyen âge, comme on le voit par les actes de S. Liboire.

BAGADA, ville de l'Ethiopie, sous l'Egypte, selon Pline.

BAGADA, petite ville de l'Asie, dans la Susiane, selon Diodore de Sicile.

BAGADANIA, grande plaine de l'Asie dans la Cappadoce. Strabon la place entre le mont Taurus & le mont Argée, à trois mille stades plus méridionale que le Pont-Euxin.

BAGAGNANA, montagne de l'Asie, dans l'Arménie. C'est d'où l'on tire le bol d'Arménie, selon le médecin Ætius (*Ortélius*).

BAGANEOS, lieu de l'Asie mineure, dans la Bithynie, selon l'itinéraire d'Antonin.

BAGARACA, nom d'une ville de Thrace, selon l'itinéraire d'Antonin.

BAGARDA, ville de l'Asie, dans le Paropamise, selon Ptolemée.

BAGASÆ, ville d'Afrique, dans la Libye intérieure, selon Ptolemée.

BAGASIS, ville d'Afrique, dans la Mauritanie. Elle étoit située près du fleuve Abigas, selon Procope, *de Bell. Wand*: il ajoute qu'elle étoit voisine du mont Aurase, & qu'elle avoit été abandonnée à l'arrivée des troupes.

BAGASIS (*Baggai*), ville qui étoit située sur une rivière, au pied & à l'est du mont *Audus*.

BAGIA, nom d'un promontoire de la Caramanie, selon Ptolemée. Il y avoit à ce promontoire une roche qui étoit consacrée au soleil.

BAGIENNA, ville de l'Asie dans la grande Arménie, selon Ptolemée.

BAGISARA, nom d'un port de la Carmanie, selon Arrien, *in Indicis*.

BAGISTANA, ville de l'Asie, dans la Médie supérieure, au pied des montagnes qui sont entre les sources du fleuve Gyndes. Elle étoit au sud-ouest d'Ecbatane.

BAGISTANUS, nom d'une montagne de l'Asie, entre la ville de Babylone & la Médie. Elle étoit consacrée à Jupiter, selon Diodore de Sicile.

BAGOI. L'abréviateur de Strabon, cité par Ortélius, donne ce nom à des montagnes qui font partie du mont Taurus, vers l'endroit où le fleuve Indus prend sa source.

BAGOU HORTUS, nom d'un jardin fruitier de l'Asie, dans le palais des souverains de la Babylonie, selon Pline.

BAGRADA (*Medjerdah*). Strabon, Ptolemée, Pline, *&c.* font mention de ce fleuve.

C'est sur le bord de ce fleuve que Regulus, général de Romains, tua, du temps des guerres puniques, un serpent, dit-on, de 130 pieds de long.

L'embouchure de ce fleuve, au temps de Scipion, étoit plus au sud entre Carthage & Castra Cornelia; mais le limon qu'il charrie, l'a fermée, & il s'est ouvert une nouvelle embouchure près du promontoire *Apollinis*. Ce fleuve avoit différentes sources; mais les principales venoient du mont *Ampsarus*. Son cours étoit à-peu-près de l'ouest à l'est, & il alloit se perdre dans la mer Méditerranée, près de la ville de *Rusçinona* (*Shaw*).

BAGRADAS, rivière qui coule aux confins de la Perse & de la Carmanie, & qui se jette dans le golfe Persique, selon Ptolemée.

BAGRAVANDENA. Ptolemée fait mention d'une contrée de ce nom. Elle étoit en Asie, dans la grande Arménie.

BAIÆ (*Bayes*), lieu de la Campanie, en Italie, situé sur un golfe de son nom, séparé de la mer à l'ouest par une langue de terre terminée au sud par le promontoire de *Misenum*, ayant au nord *Cumæ*, & à l'est de l'autre côté du golfe, le lieu appelé *Puteoli*.

Tant que le territoire des environs de Cumes fut dans la dépendance de cette ville, le lieu que dans la suite on appela *Baiæ* resta assez désert. Mais lorsqu'une fois les Romains furent devenus maîtres de ce pays, & que leur mollesse leur eut presque rendu nécessaire l'usage habituel des agrémens qu'il présentoit, soit par les campagnes & la beauté de la ville, soit sur-tout par la commodité d'y avoir des bains naturels de toute espèce, les maisons de campagne se multiplièrent à Bayes. Les premiers personnages de la république y en avoient de très-agréables (1). Voici ce que dit Strabon à ce sujet. « L'exemple de se transporter à » Bayes fut donné d'abord par des personnes que » l'âge & les infirmités rendent très-empressées » de recourir à tous les moyens d'en adoucir la » rigueur. Dès que l'on crut que l'usage des eaux » Thermales procureroit cet adoucissement, on ne » voulut plus les abandonner ». Insensiblement ce bien-être fut envié de ceux qui desiroient trouver un terme agréable de leurs voyages & de leurs travaux militaires. Delà cette quantité considérable d'habitans qui amena assez rapidement Bayes à l'état d'une ville assez considérable. Bientôt même Bayes, dit Cicéron, ne suffisant pas à l'empressement de ceux qui s'y rendoient, *Puteoli* d'un côté & *Misenum* de l'autre s'en accrurent, & tout ce canton devint une petite Rome. Ces trois lieux se trouvoient réunis entre eux par la continuation des maisons de campagne qui remplissoient les intervalles qu'avoient laissés leurs situations. L'étendue même du terrein se refusant à l'empressement des amateurs, on exécuta des travaux, dont les uns avoient pour objet de reculer la mer en élevant ses bords, d'autres d'élever des bâtimens sur pilotis. Du côté de la montagne on fit de grandes excavations dans les terres, & l'on profita de quelque partie du terrein qu'elle rendoit inhabitable. On voit encore des restes de ces derniers travaux. Presque tous les autres ont été détruits. Entre ces restes on doit remarquer ceux des temples de Vénus, de Diane & de Mercure. Mais ce furent sur-tout les bains de Bayes qui en firent un lieu de magnificence & de délices. Cette grandeur tomba avec celle de ses maîtres, mais un peu plus tard, parce qu'étant au centre de leur empire, ils en purent jouir plus long-temps. On sait que Néron étoit à Bayes lorsqu'il fit assassiner sa mère Agrippine, qu'il y avoit attirée sous prétexte d'une fête. Elle fut assassinée dans sa maison de Baudes, qui étoit tout près.

Comme l'objet d'un dictionnaire de géographie ancienne est essentiellement de faire connoître, avec les noms des lieux qui ont existé, les particularités qui les rendoient plus ou moins célèbres, je crois que l'on ne me saura pas mauvais gré de consacrer encore quelques mots à la splendeur passée de Bayes.

Sénèque nous apprend que Marius, le grand Pompée & César avoient bâti des maisons de campagne à Bayes; mais il observe en même temps qu'ils s'étoient emparés des hauteurs, afin, dit-il malignement, qu'elles fussent moins des maisons que des forts. Cela peut être: mais peut-être aussi n'étoit-ce que pour jouir d'une vue plus étendue, & conserver ainsi l'air de supériorité dont ils envioient la réalité. Cicéron en avoit une, & Varron étoit son voisin, Hortensius en étoit peu éloigné. Cicéron, qui nous a appris qu'elle étoit à *Bauli*, nous aide à en reconnoître encore actuellement la situation par les ruines qui se voient dans le lieu qui a conservé son ancien nom.

A la fin de la république, les empereurs s'emparèrent de ces superbes maisons. Celle de César leur fut dévolue de droit. C'est-là que Ticinius complimenta Julie, fille d'Auguste. Tibère mourut dans le château qui avoit appartenu à Marius. Néron avoit donné à sa mère la maison d'Hortensius à *Bauli* ou Baules: il en occupoit lui-même une autre. Convaincu de l'existence d'un si grand nombre de superbes maisons qui étoient autant de palais, ce n'est pas sans surprise que l'on voit ensuite l'empereur Alexandre Sevère ne pas se contenter de ceux qui étoient construits, mais en élever un nouveau pour Mammée, sa mère. Un des beaux ornemens de ces superbes maisons étoient les viviers dans lesquels on nourrissoit des poissons dont quelques-uns étoient des espèces les plus rares.

BAIANUS SINUS, golfe de la ville de Bayes, en Italie. Il étoit en forme de lune & très-bon pour les galères. Pline & Suétone font mention du port de Bayes; le dernier dit, dans la vie d'Auguste, que cet empereur l'agrandit en faisant entrer la mer dans le lac Lucrin & dans le lac d'Averne. Ce golfe est nommé *Crater* par Strabon. Il le place entre le cap de Minerve & celui de Misène.

BAIE. L'île d'Anaphe, dans la mer de Crète, est ainsi nommée dans le Lexique de Favorin, selon Ortélius.

---

(1) D'après cela, on seroit tenté de trouver l'étymologie du mot *Baie* dans le grec Βαίνω, aller: ce seroit alors le lieu où l'on va volontiers.

BAIENNI, les Baïennes, peuple nommé dans une inscription publiée par Velser; mais on n'est pas sûr de leur position dans la Germanie. Quelques-uns les placent dans un lieu qui se trouve en Souabe; & selon d'autres, ce lieu est en Bavière.

BAJOCASSES, les Bajocasses. Ces peuples appartenoient à la Gaule, & occupoient le territoire & l'emplacement de *Bajocæ* ou Bayeux. Ils sont nommés dans la notice de l'empire *Bajocasses*, & dans quelques manuscrits de Pline, *Bodiocasses* & *Vadiocasses*. Le P. Hardouin croit que l'on devoit lire *Viducasses* comme une répétition de ce nom. M. d'Anville rejette ce sentiment, par la raison que la position, indiquée par Pline pour ce peuple, se trouve très-bien entre les *Viducasses* à l'est, & les *Unelli* à l'ouest (Voyez sa *Carte de Gaule*, & sa *Notice*).

BAJOCASSES, ville de la Gaule, la même qu'*Arægenus* qui étoit le premier nom.

BAIS, nom d'un lieu de l'Asie mineure, dans la Cilicie, sur la route de Tyane à Alexandrie de Syrie, entre cette dernière & Catabolon, à seize mille pas de l'une & de l'autre, selon l'itinéraire d'Antonin.

BAIURÆ, peuple d'Afrique indiqué par Ammien Marcellin, dans la Mauritanie. On conjecture que c'est le même peuple que Pline nomme *Baniaræ* & Ptolemée, Βανιουραι qui s'écriroit en latin comme dans Pline.

BAKATHA, *ou* BACATHOS, village de la Palestine, le plus considérable des environs de Philadelphie. Il est fait mention de ce lieu par S. Epiphane.

BALA, ville qu'Etienne de Bysance indique dans la Galilée.

BALA, *ou* BALAGH, ville de la Palestine, l'une des cinq villes de la Pentapole. C'est celle qui fut depuis nommée *Ségor*.

BALA, *ou* BULAGH, ville de la Palestine, dans la tribu de Siméon.

BALA, montagne de la Palestine, où elle servoit de borne entre la tribu de Siméon, & la Satrapie des Philistins, depuis le torrent d'Egypte, jusqu'à l'orient d'Ascalon.

BALACA, nom d'une ville de l'Océan des Indes, selon Ptolemée. Cet ancien la place au midi de celle de Taprobane.

BALACRI, les Balaères, peuple qui, selon Quinte-Curse & Arrien, se trouvoit dans l'armée d'Alexandre.

BALAGÆA, *ou* BALATÆA. Selon les divers exemplaires de Ptolemée, ancienne ville de l'Arabie déserte, sur le bord occidental de l'Euphrate.

BALAGRITÆ. On n'est pas sûr que vers le Pentapole d'Afrique, il y eût une nation de ce nom. Mais Ortélius le conjecture.

BALANÆÆ, nom d'une ville de la Syrie, selon Ptolemée, & de la Phénicie, selon Etienne le géographe.

BALANAGRÆ, les Balanagres, peuple de la Cyrénaïque en Afrique. Selon Pausanias, ils adoroient le soleil.

BALANDUS, siège épiscopal de l'Asie, dans la province de Lydie, selon une notice imprimée dans les antiquités ecclésiastiques de Schelstrate.

BALANEÆ, ville qui étoit située sur la côte de la Syrie, entre les villes de Gabala & d'Antaradus, à 16 milles de la première & à 24 milles de la seconde. Elle étoit dans une position agréable, sur un côteau, à cent toises de la mer. Son port étoit commode pour le commerce: une petite rivière claire & rapide l'arrosoit du côté du midi, & son territoire produisoit des grains & des fruits en abondance.

Strabon, Pline & Ptolemée ont placé la ville de Balanée dans la Syrie proprement dite. Elle étoit au septentrion de la rivière d'Eleuthère, qui, selon les anciens géographes, séparoit la Syrie de la Phénicie.

Marc-Antoine sur la fin de l'an 720 de Rome, avoit ordonné qu'on l'appellât nouveau Bacchus, & qu'on le représentât sous la forme de ce dieu. Les habitans de Balanée exécutèrent ses ordres par obéissance & par flatterie; ils étoient dans une province voisine de l'Egypte, & dans le département du Triumvir.

La ville de Balanée & quelques autres avoient été sous la dépendance des habitans de l'île d'Aradus; mais, sous la domination romaine, tout ce pays fut soumis au lieutenant de l'empereur, qui gouvernoit la province de Syrie. Cette province ayant été divisée en deux sous le règne de Théodose le jeune, la ville de Balanée fut comprise dans la seconde Syrie. Elle appartint depuis à la nouvelle province que l'empereur Justinien forma sous le nom de Théodoriade. Elle étoit vers le 35e degré 15 minutes de latitude.

BALANTIPYRGON, nom d'une ville de l'Inde. Elle appartenoit au peuple *Adisatri*, selon Ptolemée. Cette ville étoit située en-deçà du Gange.

BALARA, ville marchande, située sur le bord de la mer des Indes, entre l'embouchure de l'Indus & celle de l'Euphrate, selon Philostrate.

BALARETANUS LIMES, nom d'un lieu de l'Afrique propre, selon la notice de l'empire, *sect. 50*.

BALARI, les Balares. Il ne faut pas confondre ce nom avec celui de Baléares, que l'on donnoit en général aux habitans des îles Majorque & Minorque. Les Balares & les Corses étoient, selon Pline, les deux nations les plus célèbres de l'île de Sardaigne. Voici ce qu'en dit Pausanias. Les Carthaginois s'étant rendus maîtres des contrées maritimes, en chassèrent les habitans; à la réserve des Iliens & des Corses qui habitoient dans les montagnes. Mais des Lybiens & des Hispaniens, qui étoient dans leur armée, s'étant ensuite brouillés avec eux à cause de l'inégalité du butin, se retirèrent aussi dans les montagnes, & reçurent avec le temps le nom de *Balari*, qui, dans la langue Corse, signifie *exilés*. Quoique Bocchart attaque cette étymologie, je crois que l'on peut s'y tenir; à moins que l'on n'aime mieux tirer avec lui ce nom de l'hébreu *Barari*, solitude, désert. Au reste, Ptolemée ne dit rien de ce peuple.

BALARUS PORTUS, nom d'un port de l'Italie, dans la Lucanie.

BALATH, *ou* BAALATH, ville de la Palestine, dans la tribu de Dan, selon le livre de Josué, *ch. 19.*

Cette ville fut l'une de celles que rebâtit Salomon.

BALATHÆA, nom que Ptolemée donne à une ville de l'Arabie déserte.

BALBITENA, *ou* BALABITENE, nom de l'une des quatre contrées qui formoient l'ancienne division de l'Arménie, du temps de l'empereur Justinien, selon Ortélius.

BALBURA, ville de l'Asie mineure, dans la Caballie, contrée de la Carie, & située dans le voisinage de Cibyre *la grande*. C'étoit une des quatre villes qui avoient une ligue offensive & défensive pour leur défense réciproque, selon Pline, *l. 5, ch. 27.*

Strabon, *l. 13, p. 631*, dit que lorsque le Préteur L. Murena, l'an de Rome 670, éteignit la principauté du tyran de Cibyre, Balbura fut annexée à la Lycie. Etienne de Bysance fait aussi mention de cette ville.

BALBUS, montagne de l'Afrique, où se refugia Masinissa, après avoir été défait par Syphax, roi de Numidie. Tite-Live dit que ceux qui s'étoient refugiés sur cette montagne, faisoient des courses, ravageoient & brûloient le territoire de Carthage. Le même ancien ajoute que Syphax ayant attaqué la troupe de Masinissa, la poursuivit dans les détours de la montagne, & l'atteignit auprès de la ville de Clupéa. De sorte que la montagne *Balbus* devoit être entre la ville de Clupéa, le territoire de Carthage, la Numidie & la mer.

BALCEA, ville de la Theutranie, selon Pline, & peu loin de la Propontide, selon Etienne le géographe, qui écrit ce nom Βαλκεια.

BALCHA, selon le dix-septième livre de l'histoire mêlée, nom d'une ville de la Dalmatie.

BALDA, ancienne ville de l'Hispanie Bétique, dans le pays des Turdules, selon Ptolemée.

BALEARES, nommés par les Grecs Βαλεάρειαι & Βαλεαρίδες : ils avoient pris ce nom d'un mot qui signifioit *lancer, jetter avec la fronde*. Ils habitoient les îles de la Méditerranée que l'on connoît sous le nom d'îles *Baléares*. Bocchart le fait venir de deux mots hébreux dont l'un signifie *seigneur* & l'autre *habile*, & en fait les *seigneurs habiles*. C'est une étymologie bien forcée. Mais en considérant avec M. Gébelin que *bal* signifioit en oriental le soleil, & que delà se sont formés un grand nombre de mots qui signifioient les objets *élevés*, on n'a pas de peine à convenir que l'on ait donné le nom de *Baléares*, ou d'*Eleveurs*, si je puis hasarder ce mot, à des hommes qui avoient par excellence le mérite de lancer des pierres fort haut.

Ces peuples étoient guerriers, &, comme je viens de le dire, très-habiles à lancer la fronde. Quoiqu'ayant été les premiers à porter des robes comme celles des Romains, ils alloient cependant nuds au combat. C'est delà que, selon Pline, ils étoient aussi désignés quelquefois par le nom *Gymnasiæ*, ou *les corps nuds*. Ils avoient un petit bouclier, un javelot armé d'un fer, & autour de leur tête trois frondes faites d'une espèce de roseau avec lesquels ils faisoient de la corde. Ils se servoient de différentes frondes selon la distance à laquelle ils vouloient atteindre avec leurs pierres. Pour former de bonne heure leurs enfans à cet exercice, ils avoient coutume de ne leur donner à manger que le pain qu'ils avoient frappé & abattu par le choc d'une pierre lancée avec la fronde à une certaine distance.

Ces peuples s'étant adonnés à la pyraterie, commirent des désordres que les Romains voulurent réprimer, moins par cette raison peut-être, que pour enlever aux Carthaginois des îles qui leur convenoient si bien. Le consul Metellus, l'an de Rome 629 ou 690, projetta une expédition contre ces îles, & s'en approcha. Il eut la précaution de suspendre des peaux de bœufs sur les ponts de ses galères, de sorte que les pierres ne pouvoient pas blesser ses soldats, & fit sa descente sans beaucoup de peine. Les insulaires se retirèrent dans les montagnes & dans les creux des rochers. On dit qu'il en périt environ trente mille. Ce fut alors que l'on fonda les villes de *Pollentiæ* & de *Palma*.

BALEARES (*îles*), îles de la mer Méditerranée, sur la côte d'Espagne. Pline, Strabon, Diodore de Sicile, *&c.* font mention de ces îles. La plus grande fut appellée *Balearis Major*, & la plus petite *Balearis Minor*.

Les Romains firent la conquête de ces îles sous la conduite de Metellus ; mais les Phéniciens les avoient possédées avant eux. Elles firent partie de la province Tarragonnoise ; & Pline marque Carthagène, comme l'endroit où les peuples de ces îles alloient plaider.

BALEARIS MAJOR (*Majorque*). La plus grande & la plus occidentale des îles Baléares. Elle avoit, selon Pline, trois cens soixante-quinze mille pas de tour, & il y place deux villes de citoyens Romains. Cette île avoit été de bonne heure peuplée par des Orientaux. Strabon dit que des lapins y ayant été transportés y multiplièrent si prodigieusement, que pour les détruire, on fut obligé d'implorer le secours des Romains. On y trouvoit *Pollentia* & *Palma*.

BALEARIS MINOR (*Minorque*), la plus petite & la plus orientale des îles Baléares. Pline lui donne cent cinquante mille pas de circuit, & l'éloigne de trente mille pas de *Balearis Major*. Le même auteur y place trois villes. Les plus considérables étoient *Mago* ou *Portus Magonis* & *Jamno*.

BALEIANUM, lieu de l'Italie, dont il est fait mention dans l'itinéraire d'Antonin.

BALENSIS LIMES, lieu de l'Afrique, dans la

province Tripolitaine, selon la notice de l'empire, *sect.* 55.

BALEOCURI REGIA, résidence royale de la contrée *Ariaca*, selon Ptolemée.

BALESASENSIS, siège épiscopal d'Afrique, selon la notice épiscopale de la Numidie. La conférence de Carthage le nomme *Belalitensis*.

BALESIUM, ville de l'Italie, dans la grande Grèce, dans la contrée nommée *Messapie*, selon Pline & Pomponius Méla.

BALESOS, nom d'une île de la mer Ægée, entre la Thrace & l'île de Crète, selon l'itinéraire d'Antonin.

BALIA, ancienne ville de la Macédoine, selon Ortélius, qui cite Galien.

BALIANENSIS, siège épiscopal d'Afrique, dans la Mauritanie Césarienne, selon la notice épiscopale d'Afrique.

BALIPATNA, PALÆ-PATMA, *ou* PALÆ-PATNA (*Patan*) ville maritime de l'Inde, à-peu-près à égale distance du golfe *Canthi-Colpus*, & de celui de *Barigazenus*.

Le périple de la mer Erythrée, met ce lieu au sud-est de *Mandagora*, & Ptolemée dit le contraire. M. d'Anville a écrit sur sa carte *Palæ-Patna*, & a adopté la position donnée par le périple.

BALIPATUA, ville de l'Inde en-deçà du Gange, selon Ptolemée.

BALIS, ville d'Afrique, dans la Libye, & dans le voisinage de Cyrène, selon Etienne le géographe. Selon ce même auteur, elle tiroit son nom d'un certain Baleus qui y avoit un temple. Mais comme le nom *Baal* signifioit dieu, en phénicien, il en résulte qu'on leur attribue la fondation de ce temple, & même de cette ville.

BALISBIGA, *ou* BALISBEGA, ville de l'Asie, qui étoit située dans des montagnes au nord du fleuve Arsanias, vers le 39e degré de latitude : Ptolemée la place dans la grande Arménie.

Ce lieu devoit être vers l'est de l'embouchure la plus orientale de l'*Indus*, dans l'intérieur des terres.

BALISSUS, ruisseau vers les déserts qui séparoient anciennement l'Assyrie de l'Arabie, & près du lieu où Crassus fut défait par les Parthes, selon Plutarque.

BALISTA, nom d'une montagne de l'Italie, dans la Ligurie, selon Tite-Live.

BALLA, ville de l'Europe, dans la Macédoine, selon Etienne le géographe. Cet auteur est le seul, ce me semble, qui en fasse mention.

BALLATHA, ville de l'Asie dans la Mésopotamie.

BALLENA, place d'Afrique, dans la Mauritanie Césarienne, selon l'itinéraire d'Antonin.

BALLENEUS MONS, montagne de l'Asie mineure, dans la Phrygie. Elle étoit près du fleuve Sangar, selon Plutarque le géographe.

BALLERA, nom d'une montagne de l'Hispanie, de laquelle il est fait mention dans les fragmens de Saluste.

BALLIACE, nom d'une ville de l'Illyrie, dans le voisinage d'Apollonia, selon Strabon.

BALŒUM, nom d'une ville de la Macédoine, selon Etienne de Bysance.

BALOMUS, nom d'un lieu sur la côte de la Caramanie, selon Arrien.

BALONCA, nom d'une ville de la Chersonnèse d'or, selon Ptolemée.

BALONGA, nom que Ptolemée donne à la métropole de l'Inde, au-delà du Gange.

BALOTH-ASOR, *ou* BAGHALOTH, ville de la Judée, dans la tribu de Juda, selon le livre de Josué.

BALSA (*Tavira*), ville de l'Hispanie, dans la Lusitanie, selon Pline, Pomponius Méla & Ptolemée. Ce dernier la donne aux Turdétains. Elle étoit dans la partie appellée *Cuneus*, près de la mer & peu éloignée de l'*Anas* à l'ouest.

BALSA, bourg de l'Afrique intérieure, que Pline met au nombre des conquêtes de *Cornelius Balbus*.

BALSANUM, lieu que Cluvier indique dans la Rhétie.

BALSIO, ville de l'Hispanie, à vingt milles de *Turiaso*, selon l'itinéraire d'Antonin. Cette ville étoit située près & à la droite de l'Iberus, au sud-est de *Calaguriis*.

BALTHI, les Balthes, nation qu'Ortélius, sur la foi d'Agatias, dit avoir fait partie des Gètes.

BALTIA. Pline dit que Xénophon de Lampsaque faisoit mention d'une île de ce nom, d'une grandeur immense, & séparée du rivage des Scythes par un trajet de trois jours de navigation. C'étoit vraisemblablement la Scandinavie, dont les anciens ne connoissoient pas les parties septentrionales.

BALYRA, rivière de la Messenie qui se trouvoit un peu à l'ouest, couloit parallelement au fleuve Pamisus, du nord au sud. Pausanias rapporte, d'après les gens du pays, que son nom lui venoit de ce que Thamiris, fils d'une Nymphe, y avoit laissé tomber sa lyre.

BAMBALA, ville maritime de l'Inde, en-deçà du Gange, selon Ptolemée.

BAMBOTHUN, rivière de l'Afrique, dans laquelle il y avoit beaucoup de crocodiles & d'hippopotames, selon Pline. Il ajoute qu'il règne une chaîne de montagnes depuis cette rivière jusqu'au mont *Théon Ochema*. Cette rivière devoit être dans la basse Libye, ou Libye inférieure.

BAMBYCATII, les Babycatiens. Corneille place ce peuple aux environs du Tigre. Cet auteur, qui cite Alexander ab Alexandro, dit qu'ils enterroient l'or de peur qu'il n'engendrât des vices parmi eux. Si ces peuples sont les habitans de Bambyce, qui fut depuis nommée *Hiérapolis*, il ne faut pas les placer près du Tigre; mais à la droite de l'Euphrate, & assez près de ce fleuve.

BAMBYCE, ville de l'Asie, dans l'Assyrie, au-delà de l'Euphrate, selon Strabon, qui dit que cette ville étoit aussi nommée *Edesse* & *Hiérapolis*.

Cet auteur ajoute que l'on y adoroit la déesse *Atergatis*, nommée par les Grecs *Decerto*.

Bambyce, autre ville du même nom & selon le même géographe. Il place celle-ci dans la Syrie, à l'orient d'Antioche, auprès de Berrhoée, à la droite & au couchant de l'Euphrate.

BAMMAGURA, ville de l'Inde, en-deçà du Gange, selon Ptolemée.

BAMONITIS, contrée de l'Asie mineure, que Strabon met dans le voisinage du fleuve Halis.

BAMOTH-BAAL, nom de l'une des villes de la terre promise, dans la tribu de Ruben, selon le livre de Josué.

Il y avoit auprès de cette ville un haut lieu dédié à Baal, idole des Moabites, dont elle avoit reçu le nom.

La colline de Luith étoit auprès de cette ville, qui étoit située au sud-ouest de *Medaba*.

BAMURÆ, peuple d'Afrique, selon Silius Italicus, cité par Ortélius.

BANA, ville de l'Arabie heureuse, selon Ptolemée.

BANAAUSI, ville de l'Inde, en-deçà du Gange, selon Ptolemée.

BANABE, ville de l'Asie, dans la Mésopotamie, selon Ptolemée.

BANADEDARI, nom d'un lieu de l'Afrique, sur la route de Carthage à Alexandrie, selon l'itinéraire d'Antonin.

BANAGARA, bourg de l'Inde, en-deçà du Gange, selon Ptolemée.

BANASA, ville de l'Asie, dans l'Osrhoène, selon les notices de l'empire, *sect.* 25.

Banasa, *ou* Banassa, colonie Romaine établie en Afrique, dans la Mauritanie Tingitane, selon Ptolemée & Pline. Ce dernier écrit *Banasa*, & la nomme la troisième colonie d'Auguste.

BANATIA, bourg qui appartenoit aux *Vacomages*, dans l'île d'Albion, selon Ptolemée.

BANAURIDES, îles de la mer Thyrrhienne, ainsi nommées de *Banaurus*, fils d'Æas, selon Etienne le géographe.

BANDOBENA, ville de l'Inde, en-deçà du Gange. Elle étoit située sur le fleuve Choaspe, selon Strabon.

BANDRITUM, lieu de la Gaule, placé par la table théodosienne entre *Agedineum* & *Autissiodurum*. On ne connoît pas le lieu qui y répond.

BANDUSIUM, village d'Italie dans l'Apulie, près de *Venusia*. On a lu long-temps ce nom dans Horace qui célèbre la fontaine de ce lieu, défiguré en celui de *Blandusia*. C'étoit une faute.

BANE, ville de la Palestine, qui étoit du partage de la tribu de Dan, selon le livre de Josué, *ch.* 19.

BANGIS, rivière qui est nommée dans l'anonyme de Ravenne. Elle devoit être de la Scythie, vers les Palus-Méotides.

BANIANA, ville de l'Hispanie Bétique, dans le pays des Turdules, selon Ptolemée.

BANIENSES, lieu de l'Hispanie dans la Lusitanie, chez les Vettons, vers le sud-est de *Lancia Transcudana*.

BANIS, les Bans, peuple asiatique qui s'empara du Pont sous l'empire d'Anastase.

BANISÆ, *ou* Bapanisæ, les Banises, peuple de Thrace, selon quelques auteurs.

BANISIA, nom d'un pays aux environs de la Syrie, selon Curopalate, cité par Ortélius.

BANJUBÆ, *ou* Banjuræ, selon le P. Hardouin, peuple que Pline place dans la Mauritanie Tingitane.

BANJURI, les Banjures, peuple que Ptolemée indique dans la Mauritanie Césarienne. Je n'oserois cependant assurer qu'il n'y eût quelque méprise de la part de l'un de ces auteurs, & que ces deux peuples ne fussent le même.

BANIURI, les mêmes peuples que le précédent.

BANTEIA, *ou* Bantia, ville d'Italie, dans l'Apulie. Plutarque en parle dans la vie de Marcellus, à l'occasion de la marche de ce Général contre Annibal. On voit par l'ode 4 du livre 3 d'Horace, que des défilés qui étoient près de cette ville, en avoient pris leur nom. *Saltusque Bantinos*.

BANTII, les Bantiens peuples d'entre les Thraces, selon Etienne de Bysance. Mais Polybe les attribue à la Macédonie. Cette différence vient probablement du changement dans les limites de ces deux pays.

BANTURARI, les Banturares, peuple que Ptolemée place dans la Mauritanie Césarienne. Les cartes de Ptolemée les placent assez avant dans les terres vers le sud. C'est donc à tort que quelques auteurs les mettent dans la partie orientale de *Victoria*, qui étoit plus au nord.

BANUBARI, les Banubares, peuple de l'Arabie heureuse, selon Ptolemée.

BAPARA & BAPARENSIS, siège Episcopal d'Afrique, dans la Mauritanie Césariense, selon la notice épiscopale d'Afrique.

BAPUTA, *ou* Caputa. Selon les différentes éditions de Ptolemée, ancienne ville de l'Asie, dans la grande Arménie.

BARA, île de l'Italie, dans le voisinage de *Brundusium*. Ce furent les habitans de cette île qui bâtirent la ville de *Barium*, selon Festus.

Bara, port de la Sarmatie asiatique, selon quelques exemplaires de Ptolemée.

BARABA, nom d'une ville métropolitaine de l'Arabie heureuse, selon quelques exemplaires de Ptolemée, & Ammien Marcellin.

BARACE, ville de l'Inde, en-deçà du Gange, dans le golfe de Canthis ou Canthi, selon Ptolemée. Pline dit que l'on transportoit par mer à *Barace*, le poivre de *Cottonara*. Ce lieu étoit à l'embouchure de la rivière qui mène à *Nelcinda*, selon l'auteur du périple de la mer Erythrée.

On voit dans le périple qu'il y avoit, en ce lieu, un mouillage pour les navires.

BARACH, ville de la Palestine, qui fut comprise dans le partage de la tribu de Dan, selon le livre de Josué, *ch. 19*.

BARACUM, ville de l'Afrique intérieure. Pline la compte dans le nombre des conquêtes de Cornélius Balbus.

BARACURA, ville de l'Inde, au-delà du Gange. Elle étoit marchande selon Ptolemée.

BARACUS, nom d'une rivière de l'Inde, dans la partie méridionale de l'île de Taprobane, selon Ptolemée.

BARAD, ville de la Palestine, dans la partie méridionale de la tribu de Juda, selon le livre des Nombres.

BARÆ, les Bares, nation que Ptolemée place dans l'Inde, près du Gange.

BARAGAZA, ville de l'Ethiopie, sur la mer Rouge. Il en est fait mention par Pline.

BARAMATIS, ville de l'Inde, en-deçà du Gange, selon Ptolemée.

BARANGÆ, les Baranges, peuple très-peu connu, & nommé seulement par les écrivains de l'histoire bysantine. Selon eux, ils servoient avec les Francs en Ibérie.

BARANGE, ville de l'Asie, dans l'Hyrcanie selon Ptolemée.

BARAOMATA, nom d'un peuple de l'Inde, qui habitoit sur la rive orientale de l'Indus, selon Pline.

BARASA, nom d'une ville de la Palestine, selon Joseph.

BARATHEMA, *ou* BARATHENA, ancienne ville de l'Arabie déserte, aux confins de la Mésopotamie, selon Ptolemée.

BARATHIA, Ptolemée fait mention d'une ville de ce nom, qu'il place dans l'Afrique proprement dite.

BARATRA, campagnes de sable, entre la Syrie & l'Egypte, près du lac *Servonia* (Sirbon), selon Diodore de Sicile.

BARATHRUM, *ou* BARATHRON, lieu de Grèce, dans l'Attique. Suidas dit que c'étoit une ouverture en forme de puits, où l'on précipitoit les criminels qui l'avoient mérité. Harpocration dit que c'étoit seulement la tribu Hippothontide qui y jettoit ses criminels.

BARATTA, *ou* BARATTHA, nom d'une ancienne ville de la Lycaonie : il en est fait mention par Ptolemée.

BARAXMADCHA, *ou* BRAXAMALCHA, nom d'un lieu de l'Asie, vers la Mésopotamie, à deux cens stades d'*Achaiachala*, selon les différentes éditions d'Ammien Marcellin.

BARAZA, ville de l'Arménie majeure, selon Ptolemée.

BARBA, nom d'une ville de l'Hispanie, dans la Bétique, selon l'itinéraire d'Antonin. Elle y est placée à vingt mille pas d'*Ostippo*, & à vingt-quatre mille pas d'*Antiquaria*.

BARBALISSUS (*Belès*), ville considérable de l'Asie, dans la Syrie, près de l'Euphrate, un peu au-dessus de l'endroit où se perdoit le fleuve *Daradax*. Cette ville étoit à l'est-sud-est de *Hierapolis*.

Xénophon parle de ce lieu dans la marche des Grecs, sous Cyrus le jeune. Le Satrape persan de la contrée y avoit un palais & un jardin planté d'arbres de toute espèce.

M. d'Anville dit que c'est la même ville qui est nommée *Barbarissus* par Ptolemée.

BARBANA, nom d'une rivière de l'Illyrie, qui sortoit du Palus ou Marais Labéatide, selon Tite-Live. Cette rivière est nommée *Barbenna* par Vibius Séquester.

BARBARI, nom d'une ville que Ptolemée place dans une île de l'Asie, à l'embouchure du fleuve Indus.

BARBARIANA. L'itinéraire d'Antonin fait mention d'une ville de ce nom. Il la met dans l'Hispanie.

BARBARIANA. Le même itinéraire met une autre ville de ce nom dans l'Hispanie. Il la place entre *Atiliana* & *Graccurris*.

BARBARICUM EMPORIUM, port de mer de l'Asie, sur le bras de l'Indus, nommé *Synthus* par l'auteur du périple de la mer Erythrée.

BARBARICUS CAMPUS, nom d'une plaine de l'Asie en Syrie, dans laquelle étoient bâties les villes de Zénobie & de Sergiopolis, selon Procope. Cette plaine est dans la partie occidentale de l'Euphrate, vers le 35e deg. 30 min. de latitude.

BARBARISSOS, ville de l'Asie, dans la contrée Chalybonitide, en Syrie, selon Ptolemée.

BARBARIUM PROMONTORIUM, promontoire de l'Hispanie, dans la Lusitanie, que Ptolemée place au midi de la ville *Olios-Hippon* ou *Olioseipon*, *Olesipo* (Lisbonne). Ce géographe le met par les 39 deg. 45 min. de latitude.

BARBATIA, ville de l'Asie, vers le Tigre. Elle appartenoit aux Arabes, selon Pline.

BARBATISSUS, ville de l'Asie, située près de la rive occidentale de l'Euphrate, sur le petit fleuve Daradax, au sud-ouest de Nicephorium, vers le 35e deg. 40 min. de latitude.

BARBESOLA, nom d'une rivière de l'Hispanie, dans le pays des Bastules, selon Ptolemée. Elle est nommée *Barbesula* par Pline.

BARBESOLA, ville de l'Hispanie, dans le pays des Bastules, & située sur le détroit, entre Carteia & Transducta, selon Ptolemée. Pline nomme cette ville *Barbesula*, & Pomponius Méla l'appelle *Barbesul*.

BARBETICUM JUGUM, promontoire de l'Hispanie dans la Bétique, selon Festus Avienus.

BARBITANI MONTES, montagnes de l'Inde

en-deçà du Gange. Ammien Marcellin y met la ſource de plusieurs rivières qui ſe perdent dans l'Indus.

BARBOSTHENES, montagne de Grèce, dans le Péloponèſe, à dix milles de Lacédémone, ſelon Tite-Live.

BARCÆI, les Barcéens, c'eſt dans Elien que ſe trouve ce nom. Cet auteur dit que ce peuple brûloit les corps de ceux qui étoient morts de maladie ; & que l'on y expoſoit aux vautours, ceux qui avoient été tués par l'ennemi. On ne peut aſſigner la juſte demeure de ce peuple.

BARCÆI, les Barcéens, autre peuple de même nom, dont parle Virgile dans l'énumération des nations que Didon avoit à craindre. Peut-être étoient-ils dans la partie que l'on appelle *déſert de Barca*. Ce poëte leur donne l'épithète de *Cates-Furentes*, ce qui ne permet pas de douter qu'ils ne fiſſent des courſes pour piller.

BARCANI, &, ſelon Etienne de Byſance, Βαρκανιοι, ou *Barcanii*, peuple d'Aſie, voiſin de l'Hyrcanie. M. d'Anville les place à l'eſt de la mer Caſpienne, vers le lieu où ſe rendoit une des bouches de l'*Oxus*. Selon Quint-Curce, il y avoit des Barcaniens parmi les troupes de Darius.

BARCE, ville d'Afrique, dans la Lybie, ſur le bord de la mer, au-deſſous du pays des Auſchiſes.

On lit dans Hérodote qu'Arcéſilas, roi de Cyrène, s'étant refugié à *Barce*, pour avoir déſobéi à un oracle, fut apperçu dans la place publique par des Barcéens & quelques fugitifs de Cyrène, qui le tuèrent, ainſi qu'Alazir, roi des Barcéens, dont il avoit épouſé la fille.

Phérétime, mère d'Arcéſilas, jouiſſoit à Cyrène des honneurs dus à ſon fils ; entre autres elle aſſiſtoit aux délibérations du ſénat ; mais quand elle eut appris qu'Arcéſilas avoit été tué dans cette ville, elle s'enfuit en Egypte, où, dès qu'elle fut arrivée, elle ſupplia Aryandès de la venger, ſous le prétexte que ſon fils n'avoit été aſſaſſiné que parce qu'il favoriſoit le parti des Mèdes (1).

Aryandès, gouverneur d'Egypte pour Cambyſe, eut compaſſion de Phérétime, & lui donna une armée compoſée de toutes les forces d'Egypte, tant de terre que de mer. Mais avant de les faire partir, il envoya un héraut à *Barce*, pour s'informer de celui qui avoit été le meurtrier d'Arcéſilas. Les Barcéens prirent tous cet aſſaſſinat ſur eux. Cette réponſe engagea Aryandès à envoyer l'armée avec Phérétime. Hérodote penſe que ce fut le prétexte dont Aryandès chercha à colorer ſon expédition contre les Lybiens, qu'il avoit envie de ſubjuguer. Il ajoute que les Perſes qu'Aryandès avoit envoyés d'Egypte pour venger Phérétime, étant arrivés devant Barce, ils en firent le ſiège, après l'avoir ſommée de livrer les meurtriers d'Arcéſilas ; mais les Barcéens étant tous coupables de la mort de ce prince, n'écoutèrent point leurs propoſitions. Le ſiège dura neuf mois, pendant leſquels les Perſes pouſsèrent des mines juſqu'aux murailles, & attaquèrent vigoureuſement la place ; mais les Barcéens ſurent repouſſer toutes leurs attaques ouvertes. Enfin Amaſis, qui commandoit les troupes de terre, voyant qu'il ne pouvoit les vaincre, réſolut de les réduire par la ruſe. Il fit creuſer pendant la nuit un large foſſé, ſur lequel il fit mettre des pièces de bois très-foibles, que l'on couvrit de terre, pour que le terrein fût de niveau & égal par-tout. Au point du jour, ayant invité les Barcéens à un pourparler, ils en reçurent la nouvelle avec joie, ne deſirant qu'un accommodement. On fit un traité, & on jura de part & d'autre, ſur le foſſé couvert, d'en obſerver tous les articles, tant que ce terrein ſubſiſteroit dans l'état où il étoit alors. Les Barcéens s'obligèrent à payer un tribut au roi des Perſes, & ceux-ci s'engagèrent à ne point former de nouvelles entrepriſes contre les Barcéens.

Les ſermens prêtés, les Barcéens ouvrirent toutes leurs portes, ſortirent de la ville, & y laiſsèrent entrer ceux des Perſes qui voulurent y venir. Pendant ce temps-là, les Perſes détruiſirent le pont caché & entrèrent en foule dans la ville. Le pont une fois détruit, le traité ne ſubſiſtoit plus. Les Perſes livrèrent à Phérétime les plus coupables d'entre les Barcéens. Elle les fit mettre en croix autour des murailles ; & ayant fait couper le ſein à leurs femmes, elle en fit border le mur. Les Barcéens, continue Hérodote, furent tous mis au pillage par ordre de cette princeſſe, excepté les Battiades & ceux qui n'avoient eu aucune part à l'aſſaſſinat de ſon fils : ceux-ci eurent la permiſſion de reſter dans la ville.

La ville de *Barce* fut, dans la ſuite, nommée Ptolémaïs ; & Ptolemée la qualifie de ville illuſtre. Mais Ptolémaïs, ſelon la carte de M. d'Anville, étoit au nord de *Barce*, & plus près de la mer.

Les Perſes retournèrent en Egypte, après avoir réduit en eſclavage le reſte des Barcéens, & on les envoya d'Egypte au roi Darius. Ce prince leur donna des terres dans la Bactriane avec une bourgade, à laquelle ils donnèrent le nom de *Barcé*.

BARCE. Juſtin rapporte qu'Alexandre étant arrivé, par l'*Indus*, ſur le bord de la mer, fit conſtruire une ville, à laquelle il donna le nom de *Barce*.

BARCE, ville de l'Inde, qu'Alexandre fit bâtir en mémoire de ſes exploits, & où il fit dreſſer des autels, ſelon Juſtin.

BARCINO, (*Barcelone*) ville de l'Hiſpanie Tarragonnoiſe, chez les *Lacetani*. Elle fut, dit-on, bâtie par Amilcar, père d'Annibal, à cent vingt pas de la mer. Sur quelques médailles, on lui donne le titre de *colonie*.

(1) Des Perſes.

BARDAMANA,

BARDAMANA, ville de l'Inde. Elle est placée en-deçà du Gange par Ptolemée.

BARDAOTIS, *ou* BARAMATIS, selon les divers exemplaires de Ptolemée, ville de l'Inde, en-deçà du Gange.

BARDAXIMA, ville de l'Inde, au levant de la bouche la plus orientale du fleuve Indus, selon Ptolemée.

BARDERATE, ville de l'Italie, dans le voisinage de l'*Eridanus*, entre *Iria* & *Industria*, selon Pline.

BARDI, les Bardes. Ce peuple n'est connu que dans le moyen âge. Il paroît par ce qui en est dit par Helmold, dans sa chronique des Slaves, & par Meibon, dans son *hist. Bardew*, que leur nom venoit d'un mot teutonique, signifiant terre labourable, & qu'ils étoient vers l'embouchure de l'Elbe, sur la gauche de ce fleuve. On les a distingués des *Longobardi*.

BARDINES. Suidas nomme ainsi un fleuve, où il dit qu'il y avoit plusieurs grands gouffres.

BARDITUS, ville de l'Ethiopie intérieure, selon Ptolemée.

BARDO (mont), montagne ainsi nommée dans le moyen âge; elle étoit située en Italie dans la Ligurie.

BARDONE, ville de l'Hispanie ultérieure, au-delà de l'*Ebrus*. Tite-Live rapporte que c'étoit une des places fortes qui prirent les armes contre les Romains, de concert avec la ville de *Luscinus*.

BARDONGANENSES, les Bardonganenses, peuple que Reginon attribue à l'Allemagne, dans le moyen âge.

BARDORES, les Bardores, selon Jornandes, faisoient partie des troupes comprises sous le nom de *Huns*.

BARDUITÆ, les Barduites, peuple de l'Hispanie Tarragonoise. Strabon les nomme Βαρδυιταλοι. Ces peuples devoient habiter au nord de l'Ebre vers les Pyrénées.

BARDULI, les Bardules. Par le passage de Pline (L. IV, c. 22), qui nous les fait connoître, on doit croire que ce peuple étoit aussi nommé *Turduli*. C'est le nom qu'a adopté M. d'Anville. Ils étoient dans la Bétique, à quelque distance de la mer. Il est probable que ce sont les mêmes que Ptolemée nomme Ουαρδουλοι.

BARE, lieu de la mer Egée, vers l'Hellespont, selon Nicétas, cité par Ortélius.

BARÉA, ville de l'Hispanie, sur la mer d'Ibérie, dans le pays des Bastules, selon Ptolemée. Pline dit qu'elle étoit de l'Espagne Tarragonoise.

BARENA, ville de l'Asie, dans la Médie, assez près d'Ecbatane, selon Etienne de Bysance.

BAREUALTHRA, ville de l'Inde, au-delà du Gange, selon Ptolemée.

BARGASA, *ou* BARGAZA, ville de l'Asie, dans la Carie. Il en est fait mention par Strabon, Ptolemée & Etienne-le-Géographe. Elle étoit au fond du golfe *Ceramicus*.

Géographie ancienne.

BARGENI, les Bargènes. Pline attribue ce peuple à la Troglodytique.

BARGIACIS, ville de l'Hispanie Tarragonoise. Elle étoit située dans l'intérieur des terres & dans le pays des Vaccéens, selon Ptolemée.

BARGOSA, ville de l'Inde, qui étoit la patrie du philosophe Zarmanochagas, selon Strabon.

BARGULIA, *ou* BARGULUS, selon les différentes éditions de Tite-Live, place de l'Illyrie, dans le voisinage du peuple *Parthini*. Philippe la céda aux Romains, par un traité, 204 ans avant l'ère vulgaire.

BARGUS, rivière de l'Illyrie, aux deux côtes de laquelle habitoient les Scordisques. Cette rivière se perdoit dans l'Ister, selon Strabon.

BARGUS, Pline dit qu'il y a une rivière de ce nom qui se perd dans le fleuve Hébrus.

BARGUSII, les Bargusiens, ancien peuple de l'Hispanie. C'est par eux que les envoyés de Rome commencèrent à solliciter pour que les peuples d'Espagne prissent plutôt le parti des Romains que celui des Carthaginois. Ils habitoient vers l'intérieur de l'Hispanie, au-delà de l'Ebrus. Ils furent subjugués par Annibal. Tite-Live, *L. 21, C. 19, 23.*

BARGYLA, BARGYLIA & BARGILIA, ville de l'Asie mineure, dans la Carie, près de Jasos & de Mindos, selon Etienne-le-Géographe. Il en est aussi fait mention par Pline, Strabon & Ptolemée. Cette ville étoit située près du Méandre, au midi de Milet. M. d'Anville l'a placée au nord-est d'Halicarnasse, sur le golphe *Iassius*.

BARGYLETICI CAMPI, nom que Pline donne aux campagnes autour de la ville de Bargyla. Il ne paroît pas qu'elle dût être vers le Méandre.

BARGYLUS, nom d'une montagne de la Phénicie, aux confins de la Syrie, en allant vers l'Antiochène, selon Pline. Cette montagne est au nord du mont Liban.

BARIA, lieu de l'Hispanie sur le bord de la mer, & tout près d'un petit ruisseau qui servoit de limite de ce côté, entre la Bétique & la Tarragonoise, au nord-ouest d'*Urci*.

BARIANA, ville de l'Asie, dans la Mésopotamie, selon Ptolemée.

BARIS, ville d'Italie, dans l'Iapygie. Elle eut ensuite le nom de *Veretum*; & c'est celui sous lequel elle est le plus connue.

BARIS, fleuve de l'Inde, dans la contrée *Limyrica*, selon Ptolemée, qui place le lieu *Melcynda* près de l'entrée de cette rivière.

BARISADIS, ville de l'Inde, en-deçà du Gange, au nord-est de *Taxila*, & au sud-est d'*Aornos*, vers le 32° deg. 40 min. de latitude.

BARIUM (*Bais*), ville d'Italie, dans la partie de l'Apulie que l'on nommoit *Peucetia*, sur le golfe Adriatique. Son port passoit pour très-bon. Horace en parle comme possédant un territoire abondant en pâturages. Elle fut municipale. On la remarque dans la géographie moderne pour avoir offert dans ses ruines, un très-grand nombre de ces vases antiques que l'on nomme *Etrusques*, & qui sont la plupart *Campaniens*.

BARNACIS, ville de l'Hispanie Tarragonoise, dans le territoire des Carpétaniens, selon Ptolemée.

BARNÆ, nom d'un lieu au voisinage du Danube. Nicétas & Cédrène disent que les Bulgares y ont autrefois habité.

BAROPHTHAS, ville des Perses, dans la Perse propre, selon Zozime.

BAROS, lieu de l'Asie, dans la Mésopotamie. Il y avoit garnison dans ce lieu, selon Procope.

BARPANA, (*Carboli*) île de l'Italie, dans la mer de Toscane, selon Pline.

BARRA, ville d'Italie, dans le territoire des Orobiens, selon Pline. Cet auteur dit que *Barra* ne subsistoit plus de son temps.

BARRARDA, ville de l'Asie, dans la Paropamise, selon Ptolemée.

BARSA, (*l'île de Bas.*) île de l'Océan, sur la côte de l'Armorique. Il en est fait mention dans l'itinéraire d'Antonin.

BARSALA, fort de l'Asie, vers la Syrie & la Mésopotamie. On y tenoit garnison, selon Ammien Marcellin.

BARSALIUM, ville de l'Asie, située sur le bord de l'Euphrate, vers la partie orientale de la ville de Samosate. Cette ville étoit à-peu-près au 37e deg. 10 min. de latitude.

BARSAMPSA, lieu de l'Asie, dans la Mésopotamie, & près de l'Euphrate, selon Ptolemée.

BARUSSÆ, on nommoit ainsi cinq îles de la mer des Indes, dont les habitans étoient anthropophages, selon Ptolemée.

BARUPHORUM, *ou* BULNEPRACH, ville que Constantin Porphyrogénète place sur le bord & à la droite du fleuve *Danapris* (Dniéper), près de la septième cataracte de ce fleuve, qui formoit un lac dans cet endroit.

BARYGAZA, (*Barokia*) ville de l'Inde, sur le bord du fleuve *Namadus*, à quelque distance de la partie nord-est du golfe *Barygazenus*, & vers le 22e deg. de latitude.

Barygaza, étoit l'échelle du plus grand commerce en cette partie de l'Inde. On trouvoit dans cette ville d'anciennes monnoies, frappées aux coins d'Apollodote & de Ménandre qui, depuis Alexandre, avoient dominé dans cette partie de l'Inde.

BARYGAZENUM PROMONTORIUM, promontoire de l'Inde, selon le périple de la mer Erythrée. Sur la carte de M. d'Anville, ce promontoire est placé à l'entrée sud du golfe *Barygazenus.*

BARYGAZENUS SINUS, (aujourd'hui le golfe de Cambaye) golfe de la mer des Indes, selon le périple de la mer Erythrée. Il étoit au sud-est de celui de *Canthi-Colpus*, & prenoit vraisemblablement son nom de la ville de *Barygaza*, que M. d'Anville place sur le bord du fleuve *Namadus*, à quelque distance de la côte de ce golfe.

BARZAN, forteresse de l'Asie, dans la Perside, vers Ctésiphonte, dans laquelle il y avoit garnison, selon l'histoire *miscellanée*, citée par Ortélius.

BARZAURA, ville de l'Asie, dans le Paropamise, selon Ptolemée.

BASABOCATES, peuples que Pline place dans l'Aquitaine. M. d'Anville n'en parle pas dans sa notice de la Gaule.

BASANARÆ, les Basanares, nation que Ptolemée place dans l'Inde, au-delà du Gange.

BASAG, nom d'une île de l'Océan Indien, vers l'Arabie heureuse, selon Pline.

BASAN (le pays de), ce pays, qui fut appellé dans la suite *Bathanée*, avoit à l'Orient & au septentrion les montagnes de Galaad; au couchant, le Jourdain; & au midi, le torrent de Jaboc.

Og, roi de Basan, étant venu avec tout son peuple au-devant des Israélites pour les empêcher de pénétrer dans son pays; lui & son peuple furent taillés en pièces, sans qu'il en restât un seul, & son pays fut conquis.

BASANITUS LAPIS, nom d'une montagne de l'Egypte, selon Ptolemée.

BASARA, ville de la Palestine, dans la Galilée, à vingt stades de Gaba, aux environs de Ptolémaïde, selon Joseph.

BASCAMA, *ou* BASCA, lieu de la Judée, dans la tribu de Gad. C'est près de ce lieu que Tryphon fit mettre à mort Jonathas, l'un des Machabées.

BASACTH, ville de la Palestine, dans la tribu de Juda, selon le livre de Josué, *ch. 15.*

BASCATIS, rivière de l'Asie, dans la Sogdiane. Elle se perdoit dans le Jaxarte, selon Ptolemée.

BASCISA, Ptolemée place une montagne de ce nom en Egypte.

BASCONTUM, nom d'une ancienne ville de l'Hispanie Tarragonoise, dans le territoire des Vascons, selon Ptolemée.

BASERA, nom d'une ville de la Phénicie, selon Etienne de Bysance.

BASIANA, Ptolemée place une ville de ce nom dans la basse-Pannonie.

BASILEIA (Calluca), maison royale de l'Asie, dans la Mésopotamie, sur le bord de l'Euphrate, à l'endroit où commençoit le canal creusé par Sémiramis. On y voyoit un temple de Diane, élevé par les ordres de Darius.

BASILÆUM, siège épiscopal de l'Asie mineure, sous la métropole d'Ancyre, selon la constitution de l'empereur Alexis.

BASILIA. Pline dit que Pythéas & Thimée nommoient ainsi une île d'une étendue immense, à trois journées de navigation du rivage des Scythes. Il dit aussi que Xénophon de Lampsaque la nommoit *Baltia*. C'étoit vraisemblablement la Scandinavie, que les anciens prenoient pour une île.

Basilia, ville de l'Italie, selon Trallien, cité par Ortélius.

Basilia (*Bâle*), ville de l'Helvétie, selon Ammien Marcellin. Il n'en est pas parlé avant cet auteur. Cette ville fut de plus en plus considérable après la destruction d'*Augustæ*, capitale des *Rauraci*.

Basilia, ville de la Gaule Belgique.

Basilia, nom d'un lieu très-fortifié, dans la Scythie européenne, sur le fleuve *Tapsis*, vers le Bosphore Cimmérien, selon Diodore de Sicile.

BASILICA. Cet article n'est pas, à la rigueur, un article géographique. Mais comme les basiliques se trouvoient dans plusieurs villes; qu'il y en avoit plusieurs à Rome, je me crois obligé d'en donner ici une idée. Le mot *Basilica* ou basilique est formé du mot grec qui signifie roi, comme *regia* l'est du mot latin, qui a le même sens. On appelloit ainsi de grands & superbes bâtimens qui s'annonçoient avec une grandeur vraiment royale. On peut se faire une juste idée de ces basiliques d'après les fragmens de l'ichnographie de l'ancienne Rome, trouvés dans les ruines d'un temple de Rome même, & placés dans les murs de l'escalier du *musæum* du capitole. Voici ce qu'en dit Samuel Pitiscus.

Dans les premiers siècles de Rome, c'étoit un bâtiment public construit avec magnificence, de figure oblongue, orné de colonnes & de statues, & destiné à rendre la justice & à faire le commerce. Il étoit composé d'une longue salle avec deux bas-côtés séparés par deux rangs de colonnes. Les murs des bas-côtés étoient garnis de boutiques, où l'on étaloit des marchandises, & la salle du milieu servoit de promenade où se rendoient les gens d'affaires & les marchands. C'est-là que les centumvirs venoient rendre justice, que les avocats venoient plaider devant eux. Les tribuns y avoient aussi leur tribunal, ainsi que les autres juges, & les affaires se jugeoient toujours en présence d'un grand nombre de peuple de tout sexe & de tout âge. Comme ces basiliques offroient des promenades couvertes, les peuples s'y rendoit en foule. On les construisoit toujours dans des places. Il y eut à Rome jusqu'à vingt-une basiliques. Au temps de Publius Victor il y en avoit déjà deux de tombées en ruines. Ce qui fait qu'il n'en nomme que dix-neuf.

Basilica (*Baboura*), ville de l'intérieur de la Mauritanie Césarienne. Il en est parlé dans l'itinéraire d'Antonin. Elle étoit située dans les montagnes, au sud de l'embouchure de la rivière *Nasava*.

BASILICUS SINUS, (*golfe Mellasso.*) golfe de l'Asie mineure, dans la Carie, qu'il séparoit de l'Ionie, selon Pomponius Méla & Pline.

BASILIDÆ, les Basilides, peuple de la Scythie, selon Pline. Ils habitoient, selon Hérodote, au-dessous des cataractes du Borysthènes.

BASILINOPOLIS, BASILIONOPOLIS, *ou* Basinopolis, ville épiscopale de l'Asie mineure, dans la Bithynie, selon les actes du sixième concile de Constantinople.

BASILIPPUM, ville de l'Hispanie, dans la Bétique, à vingt mille pas d'*Hispalis* (Séville), selon l'itinéraire d'Antonin.

BASILIS, nom d'une place fortifiée, sur le lac *Prespa*, selon Cédrène, cité par Ortélius, qui croit qu'elle étoit vers la Macédoine.

Basilis, ville du Péloponnèse, dans l'Arcadie. Selon Pausanias, elle avoit été fondée par Cypsélus, & étoit située près de l'Alphée, à dix stades de *Bados*. De son temps, il n'en restoit plus que les ruines, parmi lesquelles étoit un temple de Cérès Eleusienne.

BASILISCÆI, les Basiliscéens. Ptolemée, en nommant ce peuple, le place dans la Sarmatie. On le croit le même que les *Basilidæ* de Pline, & peut-être aussi que les suivans.

BASILII, les Basiliens, appellés aussi *Iazyges*, nom sous lequel ils sont plus connus. *Voyez* Iazyges.

BASILISÈNE, nom d'une petite contrée de l'Asie, dans la grande Arménie, selon Ptolemée.

BASILIUM FLUMEN. Selon Strabon, c'étoit un fleuve de l'Asie, qui couloit entre l'Euphrate & le Tigre; mais Ammien Marcellin dit que c'étoit une branche de l'Euphrate, que l'on avoit détournée vers Ctésiphonte, pour porter de l'eau dans l'intérieur de la Babylonie. Ce canal s'étant rempli, les empereurs Trajan & Sévère le firent nettoyer, & établirent par-là une communication entre le Tigre & l'Euphrate.

BASINNI, les Basinnes, peuple qu'Etienne de Bysance indique dans l'Arabie.

BASIOTHIA, nom d'une ville de la Palestine, dans la tribu de Juda, selon le livre de Josué.

BASSA, ville de la mer des Indes, au midi de l'île de Taprobane, selon Ptolemée.

BASSACHITÆ, les Bassachites, peuple de la Marmarique, selon Ptolemée.

BASSÆ (ou *Bassées*), petit bourg de l'Arcadie, au sud-ouest de *Megalopolis*, près des frontières de la *Messenie* sur le mont *Cotylus*.

Comme en grec Βασσα signifie *concavité*, on a pensé qu'il pouvoit avoir pris son nom de sa position dans des vallons; au reste, tout ce pays étoit entouré de montagnes.

Assez près étoit un temple d'Apollon *Epinorius*, qui étoit, dit Pausanias, après celui de Tégée, le plus beau & le mieux bâti de tout le Péloponèse.

BASSALENSES, les Bassalenses. Un auteur cité par Ortélius, dit que ce peuple passa de l'Hispanie dans l'Irlande. Selon ce même auteur, cette île jusqu'alors n'avoit point été habitée.

BASSANIA, ville de la Macédoine, aux frontières de l'Illyrie. Elle appartenoit aux Caviens, & étoit située à cinq milles de Lissus, selon Tite-Live.

BASSIANA, ville de la haute ou première Pannonie, selon Jornandès & l'itinéraire d'Antonin.

BASTA, ville d'Italie, dans l'Iapygie, sur la

côte orientale, à peu de distance, au nord-est du promontoire *Salentinum*.

BASTANABOS, lieu ou station de l'Arabie, dont il est fait mention par Etienne de Bysance.

BASTANÆI, les Bastanéens. On n'est pas d'accord sur la véritable orthographe de ce nom, on écrit aussi *Batanæi*, *Batanii*. Selon Ptolemée, c'étoit une nation de l'Arabie déserte.

BASTARNÆ, les Bastarnes. On a varié sur l'emplacement qu'a occupé ce peuple. Je crois voir, par le témoignage des auteurs qui en parlent, qu'il avoit changé de demeure. Les Bastarnes habitèrent, je crois, d'abord dans la Sarmatie européenne, répondant à une partie de la Pologne & de la Prusse: mais ils étoient vers la Wistule. Ils s'approchèrent ensuite des parties méridionales, & s'établirent à la gauche & à la droite du *Tyas* ou *Danaster*. C'est entre les 21 & 23ᵉ deg. de long. sous le 28ᵉ que M. d'Anville place les *Alpes Bastarnicæ*. On n'a aucun fait qui puisse déterminer le temps de la guerre des Bastarnes contre les Goths, & la conquête du pays dont je viens de parler. Selon M. Freret, ce doit être entre les années 282 & 280 avant l'ère vulgaire. Comme Tacite dit qu'ils avoient des maisons, on en conclut qu'ils n'étoient pas de nation Sarmate, puisqu'elle vivoit sous des tentes. Aussi Tite-Live les compare-t-il à des Gaulois, & Strabon présume qu'ils étoient une nation Germanique. Il y avoit des Bastarnes dans l'armée de Persée, roi de Macédoine, lorsqu'il eut à se défendre des Romains, les Macédoniens crurent même que les Romains auroient peine à soutenir la vue de leur haute stature & de leur air féroce. Mais pour être à portée des Macédoniens, il falloit qu'ils fussent alors à-peu-près dans la partie qui porta depuis le nom de *Dacia Trajana*. Probus, vers l'an 281, les reçut sur les terres de l'empire.

Les Bastarnes habitèrent au septentrion des monts Carpates, & s'étendirent vers la Pologne & jusqu'au Borysthène. M. de Peyssonnel, dans ses observations historiques, dit que l'origine des Bastarnes est assez incertaine; que quelques auteurs les croient descendus des premiers peuples germains ou tudesques qui ont envahi l'Occident; & d'autres croient qu'ils viennent des *Vendi* ou *Finni*, peuples sclavons venus du nord de la Sarmatie. M. de Peyssonnel ajoute que la plupart des savans regardent cependant les Bastarnes comme une colonie que les Gaulois laissèrent au-delà des monts Carpates, lorsqu'ils passèrent, sous la conduite de Brennus, d'orient en occident.

Le même auteur ajoute que ces Gaulois, qui s'arrêtèrent vers les monts Carpates, prirent part dans la suite aux affaires des successeurs d'Alexandre. Que Philippe, le pénultième de ces rois, avoit conçu le dessein d'attirer les Bastarnes dans la Thrace, pour l'aider à détruire les Dardaniens, qui ravageoient souvent la Macédoine; & qu'il espéroit, après les avoir établis dans ce pays, les engager à y laisser leurs femmes & leurs enfans, & à passer avec lui en Italie pour envahir & piller les terres des Romains. Que les Bastarnes s'étoient déjà mis en chemin quand ce prince mourut; qu'ils continuèrent leur route malgré cet événement, & firent la guerre aux Dardaniens; mais que Persée, successeur de Philippe, ayant désavoué auprès des Romains l'entreprise de ces barbares, ceux-ci furent obligés de retourner dans leur pays; qu'ils voulurent traverser le Danube sur la glace; mais qu'elle rompit, & que le plus grand nombre fut englouti. M. de Peyssonnel ajoute que ces Bastarnes doivent être regardés comme les auteurs des Russes & des Sclavons.

BASTE, ville de l'Afrique, que Procope place à six journées de chemin de Carthage.

BASTERBINI, les Basterbins, peuple dont parle Pline, & qu'il place dans la Grande-Grèce.

BASTI (*Baza*), ville de l'Hispanie, dans la Bétique, au nord-est d'*Acci*, & très-près des montagnes qui séparoient, de ce côté, la Bétique de la Tarragonoise. Il est probable qu'elle avoit donné son nom aux Bastitans ou Bastitaniens.

BASTIÆI, les Bastieins, peuple que le Lexicon de Phavorin place dans la Béotie.

BASTITANI, les Bastitans, peuple de l'Hispanie. Quoiqu'on les attribue communément, d'après Ptolemée, à la Tarragonoise, il est prouvé cependant par les villes même que cet auteur dit leur avoir appartenu, qu'ils s'étendirent aussi dans la Bétique. Mais rien n'est plus ordinaire dans ces temps de guerres & de conquêtes, que de voir un peuple s'avancer d'un lieu dans un autre; & même les limites d'un pays varier, soit pour l'étendre, soit pour le restreindre. On croit que leur pays répondoit au territoire de Murcie & à l'évêché de Guadix.

BASTULI, les Bastules, peuple de l'Hispanie dans la Bétique. Ptolemée dit qu'on les nommoit aussi *Pœni*. C'est peut-être d'après un mélange de ces peuples avec des Phéniciens qui s'étoient établis sur cette côte; car ils habitoient la partie du sud-est de l'Hispanie. On ne sait rien de particulier concernant ce peuple. Ptolemée met le mot *Calpe* dans leur dépendance; c'est étendre leur territoire jusqu'au détroit.

BATÆ, appelés aussi *Betæ* par Ammien Marcellin. Les Bates ou les Bètes. Selon Ptolemée, c'étoit un peuple de la Sérique.

BATAN CÆSARA, Ptolemée place une ville de ce nom dans l'Inde, en-deçà du Gange.

BATANIA, pays de Basan, qui faisoit partie de la Pérée au-delà du Jourdain. Elle étoit bornée à l'orient & au nord par des montagnes; au midi, par le torrent de Jaboc; & à l'occident, par le Jourdain.

BATAVI, les Bataves. On croit que ce peuple faisoit d'abord partie de la nation des Cattes; qu'il portoit alors le nom de *Batti* ou *Battes*. Après une guerre civile, s'étant jettés sur des terres, quoique couvertes, ou du moins très-entourées d'eaux, qui se trouvoient entre l'embouchure du Rhin, le Vahal & la Meuse, ils joignirent à leur premier nom, la syllabe *aw*, qui signifioit *eaux* & *marécages*; & donnoit une idée de leur nouvelle situation. Ce pays avoit été depuis quelque temps abandonné par ses premiers maîtres, qui s'étoient associés aux courses des Cimbres & des Teutons. Ce pays prit, de ses nouveaux maîtres, le nom d'*Insula Batavorum*. (*Voyez* ce mot).

Les auteurs varient sur les premiers commencemens des Bataves. Il est sûr au moins que 54 ans avant notre ère, ils formoient déjà un peuple puissant lorsque César s'avança jusqu'à cette extrémité des Gaules. Ils s'étendirent même en-deçà de leur île entre le *Vahalis*, au nord, & la *Mosa*, au sud.

D'anciennes chroniques nomment *Batos*, chef de cet établissement; & les poëtes hollandois l'ont pris pour le héros de quelques poëmes qui y ont rapport. Mais une critique judicieuse ne retrouve rien de tout cela dans l'antiquité.

Quoique Tacite ne nomme qu'une ville en parlant des habitations des Bataves, on peut présumer qu'ils en avoient plusieurs. Peut-être l'*Oppidum Batavorum* dont il parle, étoit-elle la place la plus importante. Mais dans la suite ce fut *Neomagum* ou *Noviomagus* qui tint le premier rang.

Les Bataves étoient puissans & les Romains faisoient grand cas de leur cavalerie. Leurs chevaux étoient dressés à passer des fleuves à la nage sans rompre leurs rangs. L'avantage de cette manœuvre décida plus d'une fois la victoire en leur faveur. Ce furent des cohortes bataves qui firent la première charge à la bataille de Pharsale: à la bataille d'Actium il s'en trouvoit aussi sur la flotte romaine. Les empereurs eurent, dans la suite, tant de confiance dans la fidélité des Bataves, qu'ils les admettoient dans la cohorte prétorienne, destinée à la garde de leur personne.

La réunion des rivières qui se rencontroient dans leur pays, & la facilité que les Romains avoient à s'en servir pour remonter dans la Germanie, avoient fait de leur île le rendez-vous ordinaire des armées romaines qui s'avançoient dans les Gaules. Aussi un savant rapporte-t-il avoir copié sur une inscription originale, cette dénomination flatteuse pour les Bataves: *gens Batavorum, amici & fratres romani imperii*, c'est-à-dire, *la nation des Bataves, amis & frères de l'empire romain*. Les premières habitations avoient été d'abord à *Batavodurum*, *Arenacum*, *Vada* & *Grinnes*. Le nombre en devint bientôt plus considérable, comme on le voit par les itinéraires.

Les Bataves furent assez long-temps amis des Romains. On les voit sous les règnes d'Auguste, de Tibère, de Caligula, qui alla chez eux, & de Néron & de Claude, très-constamment attachés au service des empereurs. Mais lorsque Vitellius & Othon se disputoient l'empire, des nations germaines ayant essayé de recouvrer leur liberté, les Bataves suivirent cet exemple.

Un des premiers personnages de leur nation, Civilis, après avoir demeuré long-temps à Rome, se déclara ouvertement contre Vitellius, & publia ses vices. C'en étoit assez pour exciter l'indignation générale. Il fut élu pour commander. Dès le premier combat, il battit les Romains, & fit porter ensuite, à la tête de ses troupes, les aigles romaines, enlevées dans ce premier combat. Son armée fut bientôt renforcée des corps de Bataves au service de l'empire. Il eut long-temps des succès heureux, dont le détail ne peut entrer ici. Mais depuis l'arrivée de Céréalis, général romain, il combattit avec moins d'avantage. Il fit même repasser à ses troupes, un des bras du Rhin, celui que l'on appeloit *Vahalis*, &, retiré dans l'île, il perça la digue que Drusus avoit fait construire, & donna naissance à un nouveau bras, qui est aujourd'hui le Leik. Cette guerre finit par un traité honorable pour les Bataves.

Ce peuple, rentré dans l'amitié des Romains, servit les empereurs avec zèle. On le vit sous Adrien passer le Danube à la nage dans la Pannonie, & causer, par ce trait de courage, tant de frayeur aux ennemis, qu'ils mirent tous bas les armes sans oser combattre. Ce fut de cet instant, dit-on, que les Bataves recouvrèrent le droit de rentrer dans les cohortes prétoriennes.

Quelque temps après ils acquirent des droits plus marqués à l'estime de Septime Sévère, en désarmant les meurtriers de Pertinax, son prédécesseur.

Dès-lors il se formoit en Germanie différentes ligues contre les Romains. La foiblesse où se trouvoient les empereurs augmenta l'audace de leurs ennemis: cependant les Bataves restèrent long-temps fidèles aux Romains. Il n'y eut que dans les occasions où ceux-ci vouloient les forcer de combattre contre les Germains.

Cependant leur pays fut exposé dans la suite aux invasions de quelques-uns des peuples barbares, qui, de tous côtés, se jettoient sur les terres de l'empire.

Les Francs, les Bourguignons & les Visigoths s'étant établis dans les Gaules, il ne fut presque plus parlé des Bataves, comme faisant un peuple à part. Le commencement des états qui se formèrent alors dans leur pays, n'est pas de mon objet.

Le nom des Bataves depuis ce temps ne se retrouve plus que dans les aîles & les cohortes qui servoient dans les armées romaines, & qui étoient en garnison dans les Gaules, en Italie, & même dans l'Orient. Les Romains accordèrent aux vieux soldats de cette nation quelques terres dans les Gaules, dans la Rhétie, & sur le Danube. Enfin, cette nation, si fameuse par sa valeur & sa fidélité, se fondit en partie dans celle des Francs, & en partie se conserva dans le pays qui porte encore le nom de Betuwe: les Hollandois furent les premiers descendans des derniers Bataves.

BATAVODURUM (*Wyck te Durstède* ou *Duurstède*), ville des Bataves. Selon Tacite, les

Romains avoient un pont en cet endroit, & ce poste étoit défendu par une légion romaine, lorsque les Germains, venant au secours de Cérialis, voulurent pénétrer dans l'île des Bataves que cette ville défendoit aussi.

On croit cependant que Wyck te Duurstède n'est pas du même côté du fleuve que l'ancienne *Batavodurum*.

N. B. Les évêques d'Utrecht ont bâti en cet endroit un château bien fortifié pour s'assurer une retraite contre les révoltes des Trajectins. Ce fort est devenu célèbre par les détentions & les tourmens qu'y souffrirent les deux frères Brederode : le Rhin baignoit les murailles de la ville avant que l'on eût détourné son cours dans le Leck. Le commerce la rendoit alors très-florissante.

BATAVORUM INSULA, ou l'*île des Bataves*. Cette île, dans laquelle habitoient principalement les Bataves, étoit formée par le *Vahalis* au sud, & une branche du *Rhenus* au nord. Cette dernière branche, ainsi que le *Vahalis*, se rejoignoient ensuite à la *Mosa*. On ne connoît pas ses premiers habitans. Quelques historiens disent qu'ils avoient été entraînés par les Cimbres & les Teutons, lorsque ceux-ci se jetèrent sur les terres des Romains. Sans doute l'espérance d'un établissement meilleur les détermina volontiers à quitter un pays sans cesse exposé aux débordemens des eaux qui l'environnent. Il paroît donc que cette île étoit libre, lorsque les Bataves, qui, selon Tacite, faisoient partie de la nation des Cattes, chassés par ces derniers, vinrent s'y établir. César les y trouva 54 ans après, & ils formoient un peuple puissant. Ils s'étendoient même au-dehors de l'île.

L'histoire des guerres de ce peuple n'est pas de mon objet. Je ne veux parler ici que du local. Pendant que Vitellius & Vespasien se disputoient l'empire, Claudius Civilis souleva les Bataves & s'allia avec les Hauts-Germains pour recouvrer la liberté de son pays. Vespasien ayant détruit le parti de Vitellius, envoya Cérialis dans les Gaules, & Civilis, battu par ce général, se retira dans l'île des Bataves. Ne s'y croyant pas en sûreté, il fit percer la digue que Drusus avoit fait commencer sur le côté gauche du Rhin, & qui avoit été achevée sous l'empire de Néron par Paulinus Pompeius. Alors les eaux, suivant la pente du terrein, formèrent une nouvelle rivière, qui coupa dans sa longueur & coula du même sens que le Vahal. Cette rivière porte aujourd'hui le nom de *Leck*, & se rend dans la Meuse vers son embouchure.

Quelques écrivains attribuent à Corbulon le lit de cette rivière, & croient que Civilis ne fit qu'y faire entrer les eaux. Mais ce n'étoit pas là qu'étoit le *Fossa Corbulonis*. (*Voyez* ce mot).

On voit qu'une partie du pays dont je parle porte encore le nom de *Betaw*, formé évidemment de *Batavi*, & probablement d'*Insula Batavorum*. Il est vrai qu'il n'est donné qu'à la partie orientale de toute l'île, & même à celle qui se trouve entre le Leck au nord & le Vahal au sud, au nord de Nimègue.

BATAVORUM OPPIDUM (*Batenbourg*), cette ville paroît devoir être la même que celle que l'on trouve indiquée dans Ptolemée par le nom de *Batavodurum*, différente de celle de Tacite; & voici sur quoi on se fonde :

1°. Cet auteur la place sur la *Mosa*, la Meuse, & la ville de *Batavodurum* dont parle Tacite, étoit plus au nord sur le Rhin.

2°. Tacite rapporte que Civilis, vaincu par Cérealis près de *Vetera* (Santen) sur le Rhin, & ne croyant pas pouvoir tenir dans *Oppidum Batavorum*, la brûla & se retira dans l'île des Bataves.

Donc cette ville étoit en-deçà; donc c'est celle dont parle Ptolemée, puisqu'en effet il la place sur la Meuse. Ce n'est plus qu'une erreur de nom de la part de cet auteur, peut-être même de ses copistes, qui auront cru devoir substituer à ce nom de *Batavorum Oppidum* (ou ville des Bataves), qui n'en est pas une, celui de *Batavodurum*, que portoit une ville plus connue, & dont ils ignoroient la juste position.

BATE, village ou canton de la Grèce, dans l'Attique. Il étoit de la tribu d'Ægéide, selon Etienne de Bysance. On sait par cet auteur qu'Abro, commentateur du poëte comique Callia, étoit de ce lieu; & Laerce, dans la vie d'Epicure, nous apprend qu'il étoit aussi la patrie d'Amynomachus, auquel Epicure laissa ses biens par testament.

BATENI, peuple de l'Asie, que Pline & Solin placent vers l'Oxus & la Bactriane.

BATETARA, ville des Ligures, selon Etienne de Bysance.

BATHA, ville de l'Ethiopie, sous l'Egypte, selon Pline.

BATHATA, *ou* BATHATHA, village de la haute-Palestine. C'est où commençoit la haute-Galilée, selon Hérésippe.

BATHENAS, ville de l'Asie, dans la Syrie, entre Cyrrhus & Edesse, selon l'itinéraire d'Antonin.

BATHEOS, nom d'une rivière de la Sicile, selon Ptolemée. On la nommoit aussi *Bathys*.

BATHIATE, les Bathiates; Appien en parle comme d'un peuple de l'Illyrie.

BATHIS (*Batoum*) fleuve de l'Asie, dans la Colchide. Il couloit de l'est à l'ouest, & alloit se perdre dans le Pont-Euxin, au sud de l'embouchure du *Phasis*, à six lieues.

BATHNE, lieu de la Palestine, dans la tribu d'Aser, selon le livre de Josué.

BATHOS, ville du Péloponnèse, dans l'Arcadie, & près du fleuve Alphée, selon Pausanias, qui ajoute qu'on y célébroit tous les trois ans l'initiation aux mystères des grandes déesses.

BATHRACUS, port de l'Afrique, dans la Marmarique; selon Ptolemée.

BATHRITITES, nom d'un nôme de l'Egypte. Eusèbe rapporte que c'est de-là que le roi Vaphrès envoya du secours au roi Salomon.

BATHUEL, lieu de la Palestine, dans la tribu de Siméon, selon le premier livre des paralipomènes.

BATHURA, *ou* BATHYRA, village de la Batanée, ou *Batania*, qui fut bâti par un Juif Babylonien, sous les ordres d'Hérode, selon Joseph. *Antiq.*

BATHYCOLPUS, baie & rivière de l'Europe, sur le Bosphore de Thrace, selon Hesychius.

BATHYLLUS, nom d'une fontaine de Grèce, dans le Péloponnèse. Elle étoit dans l'Arcadie, auprès de la ville de Mégalopolis, selon Pausanias.

BATHYMÈDE, peuple que Phavorin place vers la Lydie.

BATHYMI, les Bathymes, peuple de l'Arabie heureuse, selon Ptolemée.

BATHYNIAS, nom d'un fleuve de la Thrace, selon Pline. Il est nommé *Bathynius* par Ptolemée & par Velléius Paterculus.

BATHYRIACA, lieu de l'Asie, dans l'Arménie, selon Cédrène & Curopalate, cités par Ortélius.

BATHYS, rivière de la Phrygie salutaire, qui couloit dans le nord de cette province, dans la plaine de la ville de Dorylée, & se jettoit dans le fleuve Sangare.

BATHYS (*Fiume Tayhuro*), rivière de Sicile, qui se jette dans le port appelé actuellement *Iati*, au golfe de Castel à Mare.

BATHYS, Pline & Arrien nomment ainsi une rivière de la Colchide.

BATHYS, nom d'un port de l'Ethiopie, selon Ptolemée.

BATHYS, lieu de l'Asie mineure, vers la Phrygie, selon Nicétas, cité par Ortélius.

BATI, nom d'un peuple de l'Inde, au-delà du Gange, selon Ptolemée.

BATIA, ville de l'Italie, dans le territoire des Sabins. Elle appartenoit aux Aborigènes, & étoit située à trente stades de Réate, selon Denys d'Halicarnasse, ou du côté du *Latium*.

BATIA, lieu de Grèce dans l'Attique. Il étoit de la tribu Egéide, selon Phavorin.

BATIÆ, ville de l'Epire. Elle étoit éloignée de la côte, selon Strabon.

BATIÆ, colline ou éminence de la Piérie.

BATIANA (*Baix*), lieu de la Gaule, sur le côté droit du Rhône, selon M. d'Anville. Ce lieu se trouvoit chez les *Helvii*, au nord-est d'*Alba Augusta*. C'est la table théodosienne qui porte *Batiana*. L'anonyme de Ravenne dit *Vatiana*. La position de Baix, qui est sur la droite du Rhône, a fait présumer à M. d'Anville, que la route romaine qui venoit du sud par la gauche de ce fleuve, traversoit à *Acunum*, remontoit *Batiana*, *Ubennum*, puis retraversoit à *Valentia*. Il conjecture que l'on faisoit ce double passage du Rhône pour s'épargner les difficultés qui se trouvoient en restant sur la gauche, à traverser la Drone à son embouchure. Il seroit curieux d'examiner sur le local la solidité de cette opinion.

BATIENI, les Batiènes, peuple de l'Italie, que Ptolemée place dans la Ligurie. On voit qu'il n'y a entre eux & les *Vengienni* de Pline, que la différence dont leur nom est écrit. Car Ptolemée leur donne pour capitale *Augusta Batienorum*. Et l'on ne connoît pas de ville de ce nom, mais on connoît *Augusta Vagiennorum*, qui, sans doute, étoit la même.

BATINA, ville de l'Asie, dans la Médie, selon Ptolemée.

BATINUS, fleuve de l'Italie, dans le Picentin.

BATISTANI, les Batistans, peuple de l'Hispanie. Ils habitoient dans la partie septentrionale de la Bétique; mais partie en-dehors.

BATMIZOMANI, les Batmizomanes, peuple de l'Arabie, selon Agatharcide. Selon cet auteur, ils étoient fort adonnés à la chasse. Mais il indique bien mal leur position.

BATNÆ, ville de l'Asie, dans l'Osrhoène, selon Etienne le géographe & Zozime. Ammien Marcellin écrit *Batné* & *Batna*. Il dit que c'étoit un municipe dans l'Anthémusie, bâti autrefois par les Macédoniens, à peu de distance de l'Euphrate. L'empereur Justinien la fit fermer de murailles, & en fit une place de défense, selon Procope. M. d'Anville l'a placée sur le bord d'une petite rivière qui se rend dans l'Euphrate, à peu de distance au sud-est de la ville.

BATNÆ SARUGI (*Séroug*), ville de l'Asie, dans la Mésopotamie, au pied & à l'ouest d'une chaîne de montagnes, à l'orient desquelles *Edessa* étoit située.

Cette ville étoit au sud d'*Edessa*, & presque à l'est de *Zeugma*.

BATNES, ville de l'Asie, dans la Mésopotamie. Trajan la prit sur Chosroès, roi des Parthes.

BATRACHARTA, Ptolemée fait mention d'une ancienne ville de ce nom. Il la place en Asie, dans la Babylonie.

BATRACHE, ville de l'Asie, dans la Sarmatie, selon Ptolemée.

BATRACHOCASTRUM, nom d'un lieu de la Thrace, selon Nicétas, cité par Ortélius.

BATRASABBES, ville de l'Arabie heureuse, dans le territoire des Omans, selon Pline.

BATTAL, promontoire de l'Arabie, au nord-est de *Julia Cæsarea*, selon le géographe de Nubie.

BATTI SEPULCHRUM, lieu de la Cyrénaïque, dans lequel fut enterré Battus, fondateur de la ville de Cyrène. Il en est fait mention dans les vers de Catulle.

BATTI SPECULA, lieu du Péloponnèse, vers le mont Ménale, selon Libéralis, cité par Ortélius.

BATTIADES, les Battides. On trouve ce nom dans Silius Italicus. Il s'en sert pour désigner les Cyrénéens, qui reconnoissoient Battus pour le fondateur de leur ville.

BATTINA, ville de l'Asie, dans la Perse propre, selon Ptolemée.

BATULUM, ville de l'Italie, de laquelle Virgile fait mention dans un vers de l'Enéïde. Elle étoit vraiſemblablement dans la Campanie. Cluvier place cette ville dans le territoire des *Hirpini.*

BATUM, ville de l'Italie, dans le pays des Brutiens, ſelon Pline.

BATUS, fleuve de l'Italie, dans le Brutium. Il couloit à l'oueſt, paſſant au pied du mont où étoit *Pandoſia :* ſon embouchure, ſur les confins du pays, ſe trouvoit entre l'*Acheron* au ſud, & le *Laïus* au nord.

BATY, *ou* VATY, bourg de l'Attique, de la tribu Egéide.

BATYCOLPAS SINUS, golfe de la Thrace, ſur le Boſphore de Thrace, à l'oppoſite du promontoire Ætherecon, dans l'Aſie mineure. Il ſe perd dans ce golfe une rivière qui en reçoit pluſieurs petites.

BAUCIDIAS, nom d'une île de la Grèce, dans le golfe Saronique, ſelon Pline.

BAUDOBRICUM, *ou* BAUDOBRICA, ancien bourg de la Gaule Belgique, dans la ſeconde Germanie, ſur le bord du Rhin, au ſud de *Confluentes.* L'itinéraire d'Antonin porte *Baudobricum ;* la notice de l'empire, *Baudobrica*, & la table théodoſienne, *Baudobrice :* c'étoit dans ce lieu que ſe tenoit le préfet des ſoldats deſtinés au ſervice des machines de guerre appelées *Baliſtes*, ſous les ordres du général qui réſidoit à *Mongotiacum* (Mayence.)

BAUDOBRICA, autre lieu de la Gaule, dans la première Belgique. Il étoit au nord-eſt d'*Auguſta Trevirorum.*

BAULI, lieu de l'Italie, dans la Campanie, entre la ville de Baies & le lac Lucrin. Tacite dit que la mer y battoit, en ſe courbant entre le promontoire de Misène & le lac de Baies. Il ajoute que Néron étant allé au devant de ſa mère, qui venoit d'*Antium*, il la mena à *Bauli.* Il y avoit pluſieurs maiſons de Campagne en ce lieu. Hortentius, entre autres, y en avoit une. Ce fut celle qui paſſa à Néron.

BAUMA, ville de l'Ethiopie, ſous l'Egypte, ſelon Pline.

BAUMÆ, ancienne ville de l'Aſie, dans la Méſopotanie. Elle étoit ſituée ſur l'Euphrate, ſelon Ptolemée.

BAVOTA, (*Pacavita*), ville de l'Italie, dans l'Iapygie. Ptolemée la nomme *Bavota*, ce que l'on pourroit rendre auſſi par *Bauota.*

BAUTES, *ou* BAUTISUS, rivière de l'Aſie, plus au nord que l'*Œchardes*, & vers les limites de la Sérique, ſelon Ptolemée.

BAZACATA (*Chédubé*), île de l'Inde, dans le golfe & au-delà du Gange, & près de la côte qui va de ce golfe au promontoire *Temala* (Negraïs), ſelon Ptolemée. Il ajoute que cette île étoit peuplée par des hommes qui alloient nuds.

BAZACITIS, Ptolemée donne ce nom à une contrée de l'Afrique propre.

BAZALA, ville de l'Aſie, dans la Méſopotamie, ſelon Ptolemée.

BAZANIS, ville de l'Arménie, dans l'Hétapole. Elle étoit la métropole de cette contrée, & avoit été nommée *Léontopolis*, ſelon Denys-le-Périégète.

BAZARIDIDACA, nom d'un ſiège épiſcopal d'Afrique, ſelon la conférence de Carthage.

BAZARIE, nom d'une contrée d'Aſie, dans la Scythie, ſelon Quinte-Curſe. Il ajoute que ce fut-là qu'Alexandre tua un lion d'une grandeur épouvantable.

BAZENSIS LIMES, lieu de l'Afrique propre. Selon Ortélius, c'étoit un poſte où il y avoit un commandant & une garniſon.

BAZES, ville de la Cappadoce, dans la Tyanitide, ſelon Ptolemée.

BAZIENUS, *ou* BAZITENSIS, ſiège épiſcopal d'Afrique, ſelon les actes de la conférence de Carthage.

BAZIOTHIA, ville de la Paleſtine, dans la tribu de Juda. Il en eſt fait mention dans le livre de Joſué.

BAZIRA, ancienne ville de l'Inde, qui étoit ſituée vers le haut du fleuve Indus. Elle fut priſe par Alexandre, au rapport d'Arrien. Quinte-Curſe la nomme *Bezira.*

BAZIUM, promontoire de l'Egypte, ſur la côte occidentale de la mer Rouge. Il eſt mis par Ptolemée au 23e deg. de latitude.

B E

BEANA, nom d'une ville de l'Aſie, que Ptolemée place dans la Babylonie.

BEATIA, ville de l'Hiſpanie, dans la Bétique, au ſud-eſt & tout près de *Caſtulo.*

BEBASE, nom d'une maiſon de campagne de l'Aſie, dans la Méſopotamie. Elle étoit ſituée entre Niſibe & l'Euphrate, à cent milles de Conſtance, dont elle étoit ſéparée par un déſert, ſelon Ammien Marcellin.

BEBERACI (*Katounich*), lac de la Méſopotamie, qui étoit entre le mont *Singaræ* & la rivière *Chaboras*, par les 36 deg. 5 min. de latitude.

BEBETEN, ville de la Paleſtine, au ſud-eſt de Ptolemaïs.

BEBIUS, nom d'une montagne d'Italie, dans la Campanie, ſelon Vibius Sequeſter.

BEBRYCES, les Bebryces, ſelon les Grecs, les premiers habitans de la Bithynie, portoient le nom de *Babryces.* Ils étoient Thraces d'origine, ſelon Etienne de Byſance ; ils avoient pris ce nom d'un certain Bébrix, perſonnage inconnu dans nos auteurs. Euſthate ſubſtitue à ce Bébrix, une fille de Danaüs, qu'il nomme Bébrixé. Et à ce ſujet il aſſure que, malgré les ordres de ſon père, elle conſerva la vie à celui des enfans d'Egyptus qu'elle avoit eu pour époux. Ce fut en s'enfuyant avec lui, qu'elle vint chercher un aſyle en Aſie, où elle

elle trouve des Barbares dans le canton appellé depuis *Bithynie*. Comme elle étoit instruite dans les connoissances des Egyptiens, elle fixa l'admiration de ces Barbares, & leur fut utile par la sagesse de ses conseils. D'après la vénération qu'elle leur inspira, ils voulurent porter son nom, & se qualifièrent Bébryciens. D'ailleurs, ce peuple est peu connu, ou s'il le fut dans la suite, ce ne fut que sous le nom de Bithyniens. Et même ces *Bebryces* furent détruits. Ces peuples féroces, dit M. l'abbé Sevin, dans ses remarques sur la vie & les ouvrages de Charon de Lampsaque (*Mém. de litt. t. XIV n. p. 69*), ne pouvoient demeurer en repos ni y laisser leurs voisins. Affoiblis par des pertes réitérées, ils osoient à peine sortir de Pithuessa, la seule place qui leur restoit lorsque les Phocéens y vinrent aborder (selon Eusèbe) dans la XXXe olympiade. Les étrangers dont les services avoient été payés de la plus noire ingratitude, firent main-basse sur les *Bebryces*, & depuis on n'entendit plus parler de cette nation.

BEBRYCES, les Bebryces, ces peuples, dont M. d'Anville ne parle pas dans sa notice de la Gaule, se trouvoient, selon Silius Italicus, entre l'Hispanie & les *Volcæ*, c'est-à-dire, près des Pyrénées.

BEBRICIA, contrée de la Gaule Narbonnoise, entre l'Hispanie & le pays des *Volcæ*, selon Silius Italicus. Zonare observe que la mer nommée autrefois *Bébrycienne*, s'appela ensuite *Narbonnoise*.

BEBULO, c'est le nom du lieu où se trouvoit une mine d'argent, dans l'Hispanie. Annibal l'avoit fait ouvrir, & elle lui rapportoit trois quintaux de minéral par jour. Pline dit qu'on avoit creusé quinze cens pas dans la montagne.

BECCENSES, les Beccenses. Ives de Chartres en parle comme d'un peuple habitant dans la Gaule. Mais on en ignore la position.

BECENNENSIS, siège épiscopal d'Afrique, dans la province proconsulaire, selon la conférence de Carthage.

BECERRA, ville épiscopale & métropolitaine de l'Arabie, selon Guillaume de Tyr.

BECERRITANUS, siège épiscopal d'Afrique, dans la Numidie, selon un fragment de Victor d'Utique, cité par Ortélius.

BECHAL, BEDDARACH, BEIBAL, divers châteaux qui appartenoient à Cosroès, roi de Perse. Ortélius juge, sur l'histoire miscellanée, qu'ils étoient situés dans le voisinage de Ctésiphonte. Ils furent démolis par l'empereur Héraclius.

BECHIRES & BECHIRI, les Bechires, nation Asiatique. Il paroît que c'est le même peuple qu'Etienne de Bysance nomme *Becheir*, & qui faisoit partie de la nation Scythe. Scylax écrit Βέχειροι ou *Bechiri*.

BECHUNI, les Bechuns. Selon Ptolemée, ils habitoient dans la partie septentrionale de l'Italie, à l'ouest de la Vénétie. M. d'Anville n'a pas placé ce peuple sur sa carte. On croit qu'ils faisoient partie des *Euganei*.

BECTILETH, nom d'une campagne d'Asie, entre la Cilicie & la Syrie. Il en est fait mention au second chapitre de Judith.

BEDA (*Bidbourg*), village de la Gaule Belgique, selon l'itinéraire d'Antonin. La contrée des environs, dit M. d'Anville, est le *Pagus Bedensis*, dont il est fait mention dans le partage fait en 870 des états du roi Lothaire, entre ses oncles Louis-le-Germanique & Charles-le-Chauve.

BEDAR, lieu municipal de la Syrie, dans le territoire de la ville d'*Arca*, selon Guillaume de Tyr, cité par Ortélius.

BEDEGÈNE, lieu de la Syrie, au pied du mont Liban, aux environs de la ville de Damas. Il étoit arrosé d'eaux claires & vives, selon Guillaume de Tyr, cité par Ortélius.

BEDESIS, fleuve de l'Italie, dans la Gaule Cis-Alpine. Il commençoit dans l'Apennin, près de *Mevaniola*, & se rendoit à la mer près de *Ravenna*.

BEDIRUM, *ou* BEDEIRON, ville de l'Afrique, dans la Libye intérieure, selon Ptolemée.

BEDRIACUM, bourgade de l'Italie, à seize milles du confluent de l'Adda & du Pô, selon Tacite.

BEDUNIENSES, les Beduniens, peuple que Ptolemée attribue à l'Hispanie Tarragonoise.

BEELMAUS, au nord de la mer Morte, dans la partie de la Palestine appelée *Peræa*.

BEELSEPHON, *ou* CLYSMA, lieu de la quatrième station des Israélites dans le désert. Le lieu étoit à la vue de Phihahiroth, & vis-à-vis de Magdalum.

BEER, ville de la Palestine, à quatre lieues de Jérusalem, en allant vers Sichem. *Judic. ch. 9, v. 21.*

BEEROTH, ville des Gabaonites, dans la Palestine, selon le livre de Josué. Eusèbe dit qu'elle étoit située à sept milles de Jérusalem, sur le chemin de Nicopolis.

BEGANNA, ville de l'Arabie déserte, dans le voisinage de la Mésopotamie, selon Ptolemée.

BEGIS, ville de l'Illyrie, qui appartenoit aux Tralliens, selon Etienne de Bysance. (*Voyez* Bηγις.

BEGORRITES, nom d'un lac de la Macédoine, près de l'Elinée & du fleuve Haliacmon, selon Tite-Live.

BEHELTHELIM. Guillaume de Tyr fait mention d'une petite ville de ce nom. Ortélius croit qu'elle étoit vers la Mésopotamie.

BEJUDA, ville de l'Asie, dans la Perse, selon Suidas.

BELALITENSIS, siège épiscopal d'Afrique, dans la province proconsulaire, selon la conférence de Carthage.

BELBINA, île de la Grèce, dans le golfe Saronique, près du promontoire Sunium, & à l'opposite du promontoire Scyllæum. Il est fait mention de cette île par Pline, Strabon, Scylax de Cariande, &c.

BELBINA, ville du Péloponnèse, dans la Laconie, près de laquelle il y avoit un temple de Minerve, selon Plutarque, Tite-Live, &c.

BELCA (*Bonzi*), lieu de la Gaule, entre *Brivodurum* & *Genabum*, dans la quatrième Lyonnoise. Mais pour lui donner la position que M. d'Anville lui attribue, il faut changer quelque chose aux distances exprimées dans l'itinéraire d'Antonin.

BELCA, selon l'itinéraire d'Antonin & la table de Peutinger, ancien nom d'un lieu de la Gaule, sur la route d'*Alisincum* à *Lutetia*, à seize mille pas de *Brivodurum*, & à vingt-deux mille pas de *Cenabum* ou *Genabum*. Il y avoit un amphithéâtre en ce lieu.

BELCANIA, ville de l'Asie, placée dans la grande Arménie par Ptolemée.

BELCIANA, ville de l'Asie, dans l'Assyrie, selon Ptolemée.

BELEIA, ville de l'Hispanie, sur la route de *Burdigala* à *Augusta Asturica*, selon l'itinéraire d'Antonin.

BELEMINA, bourg de la Laconie, au nord-ouest de *Sellasia*.

Il étoit situé dans l'endroit du pays où il y avoit le plus d'eau; c'étoit près de-là que l'Eurotas avoit ses deux sources. Les Arcadiens prétendoient que ce bourg leur avoit été enlevé par les Lacédémoniens. Peut-être en étoit-il de cette prétention comme de beaucoup d'autres, qui manquent de preuves, & souvent de vérité.

BELEMOTH, ville de la Palestine, dans la tribu d'Issachar. C'étoit la patrie du prophète Osée, selon saint Epiphane.

BELENDI, les Belendes, peuples de la Gaule, connu par Pline. M. d'Anville paroît s'être conformé à M. de Valois, en plaçant un lieu de ce nom au sud-ouest de *Burdigala*, à la position qu'occupe aujourd'hui un bourg nommé *Belin*.

BELERIDES, nom de deux petites îles, près celle de Sardaigne, selon Pline.

BELESASENSIS, siège épiscopal d'Afrique, dans la Numidie, selon la conférence de Carthage.

BELESI-BIBLANDA, ville de l'Asie, dans la Mésopotamie. Elle étoit située sur la rive gauche de l'Euphrate, vers le 34e deg. 10 min. de latitude. Ce lieu étoit au nord-ouest d'*Anatho*. *Voyez Isidore de Charax*.

BELESUM, château de la Macédoine, selon Grégoras, cité par Ortélius.

BELEUR, fleuve au sud-est de Ptolemaïs, dans la partie de la Palestine appelée *Galilée*.

BELGÆ, les Belges. On voit à l'article BELGICA, dans quelle partie de la Gaule habitoit ce peuple. Son origine, ni les détails de son histoire ne nous sont pas connus. M. le Brigant, que je cite volontiers pour ses profondes connoissances en fait de langues, trouve qu'en bas-breton, c'est-à-dire, en celtique, le nom de *Belges* devoit être *Beléghcis*, c'est-à-dire, *ceux qui habitent le haut ou le nord*. Il n'est pas douteux en effet qu'ils ne fissent une partie très-distincte des Gaulois appelés *Celtes*. Et cette différence devoit être marquée par les mœurs & par le langage. Au reste, c'étoit un peuple brave, & qui forma une ligue puissante contre les Romains, à l'approche de César. Comme les Belges étoient un composé de plusieurs peuplades différentes, divisés en autant de corporations ou de cités, après avoir battu leur corps de bataille, le général romain les défit les uns après les autres.

Au reste, il est probable que dans le pays, on comprenoit sous le nom de *Belges*, tous les peuples que les Romains comprirent ensuite dans la province qu'ils appelèrent *Belgique*.

BELGÆ, les Belges, peuple de l'île *Britannia*. Ils habitoient dans la partie méridionale, entre les *Atrebates* & les *Dumnonii*. Ils possédoient de plus l'île appelée *Vectis*.

BELGICA, *ou* GALLIA BELGICA. On sait que César, donnant une division générale de la Gaule, la partage en *Aquitaine Celtique* & *Belgique*. Cette dernière étoit la plus septentrionale.

On a cherché quelle pouvoit être l'étymologie de ce nom. Celle qui dérive ce nom de *Belgen* ou *Velgen*, étranger, est bien peu probable. M. le Brigant, qui s'est fort occupé de la recherche des mots celtiques subsistans dans les langues anciennes & modernes, en donne une autre étymologie. *Voyez* BELGÆ.

Les bornes de la Gaule Celtique, conclues d'après les témoignages des anciens les plus exacts, étoient: au nord, la partie de mer appelée *Tractus Nervicanus*; à l'est, le Rhin; au sud, la Marne & la Seine; à l'ouest, la mer Armorique. On en voit les divisions dans le tableau placé ci-après.

Tableau de la Belgique, selon Ptolemée.

Ptolemée, comme on le verra à l'article GALLIA, divise cette vaste contrée en quatre grandes provinces, l'*Aquitaine*, la *Lyonoise*, la *Belgique* & la *Narbonnoise*. On voit que ce géographe ne se conforme pas à un ordre géographique. Quoi qu'il en soit, il n'est ici question que de la Belgique dont je vais parler.

Peuples.	*Villes.*
Atrebatii.	Rigiacum (Origiacum).
Bellovaci.	Cæsaro magnus.
Ambiani.	Samarobriga.
Morini.	Taruanna. Itium, *promontoire*. Gesoriacum navale.

Peuples.	*Villes.*
Tongri	Atuacutum.
Menapii	Castellum.
Nervii	Baganum.
Subanecti	Rathomagus.
Rhomandues	Augusta Rhomanduorum.
Vessones	Augusta Vessonum.
Rhemi	Durocottorum.
Triveri	Augusta Triverorum.
Mediomatrices	Divodurum.
Leuci	Tullum. Nasium.

N. B. Ptolemée joint ici la Germanie.

Dans la Germanie inférieure.

Peuples.	*Villes.*
Batavi	Batavodurum. Vetera civitas. Legi Trigesima Ulpia. Agrippinensis. Bonna. Trajana Legio. Mocontium.

Peuples.	*Villes.*
Nemeti	Nœomagus. Rufiniana.
Vangiones	Bobertomagus. Argentoratum.
Triboci	Breucomagus. Elcebus.
Longones	Andomatunum.
Helvetii	Ganodurum. Forum Tiberii.
Sequani	Didaltium. Visontium. Equestris. Avanticum.

N. B. On voit donc que cette Belgique de Ptolemée comprend plusieurs peuples qui sont reconnus appartenir à d'autres divisions. C'est pourquoi je vais donner une division plus conforme aux connoissances reçues quant au véritable état de la Gaule.

Voyez le Tableau ci-derrière.

TABLEAU des Divisions, des Peuples & des Villes de la Gaule Belgique.

LA GAULE Belgique renfermoit dans la	BELGIQUE Première, les	TREVERI.	Audava. Beda. Andethama. Tabernæ. Belginum. Baudobrica.	Noviomagus. Rigodutum. Palatium. AUGUSTA, *puis* TREVERI. Orolaunum.	Meduantum. Epusuna. Riccianum.
		MEDIOMATRICI.	Caranusca. Obliodurum. DIVODURUM, *nommée ensuite* Mediomatrici, *puis* Metis.	Ad Duo decimum. Decempagi. Pons Saravii.	
		VERDUNENSES.	VERODUNUM. Fines.		
		LEUCI.	Fines. Caturigis. Nasium.	Scarpona. TULLUM. Solinariaca.	Novimagus.
	BELGIQUE Seconde, les	NERVII.	Dea. Grudii. Portus Apatiaci. Meldi. Cortoriacum.	Viroviacum. Turnacum. Pons Scaldis. Velgoriacum. Fanum Martis.	BAGACUM. Hermonacum. Cameracum. Quartensus Locus. Duronum.
		MORINI.	Ulterior Portus. Marci. Itius Portus. Gesoriacum, *puis* Bononia.	Gesoriacus Pagus. Luttomagus. Adrallia. TARUENNA.	Minardacum. Castellum Morinorum.
		AMBIANI.	Durvi Coregum. Pontes. SAMAROBRIVA, *puis* Ambiani.	Tencera. Setnei. Curmitiaca.	
		BELLOVACI.	Bratus Pantium. CÆSARO MAGUS, *puis* Bellovaci.	Litanobriga.	
		SILVANECTES.	AUGUSTO MAGUS, *puis* Silvanectes.		
		VADICASSES.	NÆOMAGUS.	Contra Aginum.	
		SUESSIONES.	AUGUSTA Suessionum, *puis* Suessiones.	Bibe.	
		VEROMANDUI.	AUGUSTA Veromandurum. Noviomagus.	Wara. Verbium.	
		ATREBATES.	NEMETACUM, *puis* Atrebates.	Origiacum.	
		REMI.	Bibrax. Minuticum. Axuenna. Vungus.	Noviomagus. Fines. DUROCORTORUM, *puis* REMI. Basilia.	
		CATALAUNI.	Axuenna. Fanum Minervæ. DUROCATALAUNUM, *puis* CATALAUNI. Ariola.		

Il n'y avoit eu d'abord qu'une Belgique ; la multiplication des provinces en fit admettre deux. La capitale des *Treveri* fut la métropole de la Belgique première. Ce peuple, dit M. d'Anville, tiroit vanité d'être d'origine germanique ; & leur ville, devenue colonie romaine, servit de résidence à plusieurs empereurs, que le soin de veiller à la défense de cette frontière retint dans les Gaules.

La seconde Belgique renfermoit un plus grand nombre de cités. Elle comprenoit la Lorraine, & au-delà par le nord, avec la Champagne : la première Belgique renfermoit une portion de l'île de France, la Picardie, l'Artois.

N. B. On se rendra plus aisément compte de cette comparaison entre l'étendue de ces provinces respectives, par l'inspection de la carte *comparative* de la Gaule, dans mon atlas, *n°. 21.*

BELGICA, nom d'un village de la Gaule Belgique, à huit mille pas de *Marcomagum*, selon l'itinéraire d'Antonin, dans la seconde Germanie, au sud-ouest de *Colonia Agrippina.*

BELGINUM (*Bingen*), lieu de la Germanie première, province de Gaule, à quelque distance à l'est d'*Augusta Treverorum.*

BELGITES, Pline met un peuple de ce nom dans la Pannonie.

BELGIUM, lieu de la Gaule Belgique, dont parle César. C'étoit un canton de cette province, assez étendu depuis les *Bellovaci* jusqu'aux *Atrebates.*

BELGIUS, nom d'une rivière d'Afrique, dans la Libye, selon Hésychius.

BELGNÆA, Ptolemée place une ville de ce nom dans l'Arabie déserte.

BELIA, ville de l'Hispanie Tarragonoise, dans le pays des Hédétains, selon Ptolemée.

Sur la carte de M. d'Anville, cette ville est marquée à l'est de *Bilbilis*, & à-peu-près au sud-est de *Cæsar Augusta.*

BELIAS, rivière de l'Asie, qui avoit sa source à *Davana*, & qui alloit se perdre dans l'Euphrate, selon Ammien Marcellin.

BELICA, *ou* BELLICUM CIVITAS, ville épiscopale des Gaules, dans la cinquième Lyonnoise.

BELION, c'étoit, selon Strabon, le nom d'une rivière de l'Hispanie.

BELIPPO, nom d'une ville de l'Hispanie, selon Pline. Il la place dans le département de *Gades.*

BELISAMA, *ou* BALISAMA. Selon les divers exemplaires de Ptolemée, golfe de l'île d'Albion.

BELISSO, ville de l'Hispanie, auprès d'*Augusta Asturica*, selon l'itinéraire d'Antonin.

BELITANI, les Belitans, peuple de l'Hispanie, selon Pline.

BELLI, les Belles, peuple de l'Hispanie, selon Appien. Ortélius pense que ce sont les *Bellitani* dont il est parlé dans Pline : mais ce n'est qu'une conjecture que je n'ai pu approfondir.

BELLINTUM, *ou* BELLINTO (*Barbentane*), lieu de la Gaule Narbonnoise, entre *Arelate* & *Avenio*, mais très-près au sud de cette dernière.

BELLOVACI, les Bellovaques, peuple de la Gaule. Ils étoient compris dans la nation des Belges, & étoient situés au sud des *Ambiani* ; c'est à-peu-près l'étendue actuelle du diocèse de Beauvais. Le nom qu'ils donnoient à leur capitale nous est inconnu : les Latins la nommèrent *Cæsaromagus*, pris du nom même du peuple, *Bellovaci.* Leur pays portoit particuliérement le nom de *Belgium.* César parle avec éloge de leur valeur & de leur nombre.

BELLURUS, ville de Thrace, dans l'Europe proprement dite, selon Procope.

BELMEN, ville de la Judée. Il en est fait mention dans le livre de Judith.

BELMINATIS, contrée du Péloponnèse, dans la Laconie, selon Polybe. Elle est nommée *Belbinitis* par Tite-Live. C'étoit le territoire de la ville nommée *Belbina* par Plutarque.

BELMINDON, siège épiscopal de l'Asie, dans la Syrie. Il étoit sous la métropole de Bostra, selon Guillaume de Tyr, cité par Ortélius.

BELO, BELON & BÆLON, ville située sur la rivière de même nom, dans la Bétique, selon Strabon. Cet ancien dit que c'étoit-là que se faisoit le plus grand passage de l'Hispanie à Tingis en Afrique. Cette ville est nommée *Belon* par Pline, & *Bellon* dans l'itinéraire maritime d'Antonin. Le premier dit que le trajet est de trente mille pas pour aller à Tingis, & le second compte deux cens vingt stades.

BELSINIUM (*Bernet*), lieu de la Gaule, dont il est parlé dans l'itinéraire d'Antonin, sur la route de *Climberris* à *Lugdunum Convenarum.* M. d'Anville pense & démontre que l'itinéraire est fautif sur les mesures des distances qu'il indique entre les lieux ci-dessus nommés.

BELSINUM, ville de l'Hispanie Tarragonoise, dans le pays des Celtibériens, selon Ptolemée.

BELUNUM (*Belluno*), ville de l'Italie. Il en est fait mention par Ptolemée.

BELUS, ville de l'Hispanie. Elle étoit située près des colonnes d'Hercule, selon Etienne de Bysance. Ce doit être la même que *Belo* ou *Belon.*

BELUS, *ou* BELEUS (*Kar-Danah*), fleuve de la Phénicie, qui couloit à deux stades au midi de Ptolémaïs, selon Joseph, *de Bell.* Ce fleuve prenoit sa source au lac Cendevia, d'où coulant l'espace de cinq milles, il se jettoit dans la mer auprès de Ptolémaïs, selon Pline. Il y avoit auprès de cette rivière, un tombeau que l'on disoit être de Memnon : que plusieurs auteurs croient être Memnon le *Rhodien*, que Darius, le dernier roi de Perse, avoit nommé amiral de sa flotte.

BELYTES, les Belytes. Quinte-Curse nomme ce peuple dans l'énumération de ceux qui composoient l'armée de Darius. On ne sait au juste quel pays ils habitoient.

BEMBINA, village du Péloponnèse, dans l'Arcadie, au canton appelé *Némée*.

BEMBINADIA, contrée du Péloponnèse, dans l'Arcadie, selon Pline. C'est la même chose que le canton de Némée.

BEMBINÆI, les Bembinéens, peuple nommé dans Théocrite. C'est tout ce que l'on en sait.

BEMMARIS, lieu ou ville de la Syrie, vers la Comagène, à huit milles de *Batnæ*, selon l'itinéraire d'Antonin.

BEN-HINNON, *ou* BEN-HENNON, vallée de la Palestine, à l'orient & au midi de Jérusalem. On dit que c'étoit la voirie de cette ville. Il est fait mention de cette vallée dans le livre de Josué.

BENA, nom d'une ville de l'île de Crète, selon Suidas, cité par Ortelius.

BENACUS (*Lac*), (lac de Garde), lac de l'Italie, dans le territoire de Véronne. Il faut observer qu'il étoit compris tout entier dans l'Italie ancienne; à la différence des lacs *Verbanus* (lac majeur) & *Larius* (lac de Cosme), qui étoient en grande partie hors de cette région par le nord. Le fleuve *Mincius* sortoit du lac *Benacus* par son extrémité méridionale.

BENAGURUM, ville de l'Inde, en-deçà du Gange. Elle étoit dans le pays des Salacènes, près des monts *Aruræi*, selon Ptolemée.

BENDA, nom d'une rivière dont Ptolemée fait mention. Il la place dans l'Inde, en-deçà du Gange.

BENDENA, ville de l'Afrique propre. Ptolemée la place entre la ville de *Tabraca* & le fleuve *Bagradas*.

BENDIDIUM, temple de la Thrace, dont parlent Tite-Live, Strabon & Lucien.

BENE-BARAH, ville de la Palestine, dans la tribu de Dan, selon le livre de Josué.

BENEBENDOS, *ou* VENEBENDOS, ville d'Italie, dans la Campanie, selon Etienne de Bysance.

BENEHARNUM, BENEARNUM, *ou* BENEARNENSIUM CIVITAS, ville des Gaules, dans la Novempopulanie, selon l'itinéraire d'Antonin. Oihenart & M. Marcar croyoient retrouver la position de cette ville, qui a donné son nom au Béarn, dans la position de la ville de Lescar, & Scaliger croyoit que c'étoit à Orthez; mais M. d'Anville a démontré que cette ancienne position devoit se trouver, non pas à Orthez, mais un peu plus près d'Orthez que de Lescar. Cette ville, long-temps considérable, subsistoit encore au commencement du septième siècle. On en attribue la ruine aux Sarrasins : mais ce n'est qu'une conjecture, que leurs invasions rendent, il est vrai, très-vraisemblable.

BENEPOTENSIS, siège épiscopal d'Afrique, dans la Mauritanie Césarienſe, selon la conférence de Carthage.

BENEVENTENSIS, siège épiscopal d'Afrique, dans la province proconsulaire, selon la conférence de Carthage.

BENEVENTUM (*Benevent*), ville de l'Italie, capitale du Samnium. Elle avoit d'abord porté le nom de *Maleventum*; nom sinistre par lequel, selon Procope, on avoit voulu désigner la violence des vents auxquels on y étoit exposé. On voit sur une médaille de la famille Scribonia, que cette ville prit ensuite le nom de *Boneventum*, changé peu après en celui de *Beneventum*. On peut croire que ce changement de nom eut lieu lorsque les Romains y envoyèrent une colonie sous le consulat de Sempronius Sophus & d'Appius Claudius, l'an 485 de Rome. Mais elle passoit pour avoir été fondée par Diomède, l'an de Rome 473. Pyrrhus fut défait près de *Beneventum*, par Curius Dentatus. On voit dans l'histoire, plusieurs preuves de son attachement aux Romains, qu'elle servit bien lors du séjour des Carthaginois dans la Campanie. Au temps d'Auguste, une nouvelle colonie lui fit donner le nom de *Colonia Augusta*.

On voit encore, dans la ville moderne, plusieurs restes d'antiquités, telles que les ruines d'un théâtre, celles des thermes & beaucoup d'inscriptions, mais sur-tout un bel arc de triomphe en l'honneur de Trajan, à l'occasion du travail immense qu'il fit faire à ses dépens pour conduire la voie appienne depuis Benevent jusqu'à *Brundusium*; ce qui est exprimé dans une inscription très-bien conservée. Totila, roi des Goths, l'avoit attaquée, prise & ruinée; ce furent les Lombards qui la rétablirent & en firent un duché. Elle eut ensuite des ducs particuliers, & passa aux empereurs jusqu'à Henri III, qui commença à régner en 1039, & la donna à l'église.

BENJAMIN (*La tribu de*) : elle étoit entre la tribu de Juda, au midi, la tribu d'Ephraïm, au septentrion; à l'occident, elle avoit une partie de celle de Dan, qui s'avançoit jusqu'à la mer. Elle étoit séparée de la tribu de Ruben à l'est, par le Jourdain, & de la tribu de Juda par le torrent de Cédron & les monts Ephon & Jarim. Et elle avoit cinquante-cinq milles depuis Masphat, où se tenoient quelquefois les assemblées générales des Israélites jusqu'au Jourdain, & environ sept à huit lieues dans sa plus grande largeur.

Toutes les villes & tous les villages de la tribu de Benjamin furent consumés par le feu, dans la guerre que les autres tribus lui firent pour venger la femme du Lévite, qui avoit été outragée dans la ville de Gabaa, selon le livre des juges, *ch. 19*, *v. 20.* Les principales villes étoient Jericho & Bethel.

BENJAMITES, les Benjamites, peuples qui formoient l'une des tribus des Israélites. Ils descendoient de Benjamin, le dernier des fils de Jacob, dont le même nom signifie *enfant de ma droite*. Cette tribu étoit à l'ouest du Jourdain, au nord de celle de Juda.

BENLAUDI, les Benlaudes, peuple que Ptolemée attribue à la Vindélicie. Les auteurs varient beaucoup sur l'emplacement qu'il convient de leur attribuer.

BENNA, nom d'une ville de Thrace, selon Etienne de Bysance.

BENNAVENNA, BENNAVENTA & BENNAVENTO, selon les différens exemplaires de l'itinéraire d'Antonin, nom d'une station romaine, dans l'île d'Albion, sur la route de *Blatum-Bulgium*, au port *Ritupæ*, ou *Ritupiæ*.

BENNEFENSIS, *ou* BENEFENSIS, siège épiscopal d'Afrique, dans la Byzacène, selon la notice épiscopale d'Afrique.

BEODIZUM, petit lieu de la Thrace, au nord de Perinthe, appelée aussi *Héraclée*, peu éloignée au nord de la Propontide, à l'ouest de *Machron-Tichos*. (*Voyez* ce mot.)

BŒOTIA, la Béotie. C'étoit une portion très-considérable de la Grèce propre. Elle avoit au nord une partie de la Phocide & les Locriens Opontiens; au nord-est, une portion de mer qui la séparoit de l'île d'Eubée; au sud, une partie de l'Attique & la Mégoride; à l'ouest, la partie la plus orientale du golfe de Corinthe, appelée *Alcyonum Mare*, & une partie de la Phocide.

« La Béotie, dit M. Freret (mém. de littér. *tom. XXXIII, m. pag. 141*), est un véritable bassin, » enfermé de tous les côtés par des montagnes, » dont les eaux se rassemblent au fond de la plaine: » elle est comme coupée en deux par une chaîne » de montagnes, qui joint le Cithéron au mont » Ptoon (à l'est) dans la partie méridionale, qui est » la moins grande, & où la ville de Thèbes est » bâtie. C'est dans cette plaine que se trouve le » lac appelé autrefois *Hylica*, qui a peu d'étendue, » & se décharge dans la mer par un canal que l'on » a perfectionné ».

La plaine qui est au nord est beaucoup plus étendue. C'est celle où coule le *Cephissus*, rivière assez grosse qui tombe du mont Parnasse, & dont les eaux ramassées au fond de la plaine, ont formé & entretiennent le lac *Copaïs*. Comme la plaine n'a aucune communication apparente avec la mer, & qu'au temps de la fonte des neiges, il s'y précipite une très-grande quantité d'eau, la plaine seroit bientôt inondée, si la nature n'avoit pas ménagé un écoulement aux eaux par des conduits souterreins qui traversent le mont *Ptoos* (1). Strabon, qui parle de ces décharges souterreines du lac Copaïs, nous apprend qu'au temps d'Alexandre, un homme de Chalcis, par l'ordre de ce prince, entreprit de nettoyer ces canaux, dont plusieurs s'étoient encombrés. Ces canaux devenus libres, une grande quantité d'eau s'écoula, & l'on découvrit les ruines de plusieurs villes. Selon Diodore, Hercule avoit détourné les eaux du lac Copaïs pour en inonder le pays des Orchoméniens. Ce n'est pas ce qu'il eût fallu qu'Hercule fît, en supposant son existence aussi réelle qu'elle est fabuleuse, mais qu'il bouchât les canaux, pour empêcher les eaux de sortir: cette opération eût suffit pour faire déborder le lac. Cet événement en effet a eu lieu, mais ce fut bien depuis le temps, où l'on place Hercule.

On conçoit bien que quand la Béotie n'étoit encore habitée que par les peuples sauvages, que nous connoissons sous les noms d'Hyantes, Aoniens & Léléges, les débordemens du lac devoient être & plus fréquens & plus considérables. C'est sans doute un événement de cette nature qui donna lieu au déluge appelé d'*Ogygès*.

Je sais bien que quelques auteurs l'ont placé dans l'Attique. Mais l'Attique n'a pas d'eau, & n'offre aucune trace d'un événement de cette nature; au lieu que le physique de la Béotie en offre une cause toute vraisemblable. De plus, comme le remarque très-bien M. Freret, une des portes de Thèbes avoit le nom d'*Ogygia*, & Varron disoit que la ville même avoit été fondée par Ogygès: il est donc naturel de placer en Béotie le déluge qui porte son nom.

L'air aquatique de ce pays étoit propre aux pâturages: on y nourrissoit beaucoup de bestiaux. Mais les Grecs prétendoient que l'esprit des habitans s'en ressentoit: la Béotie a cependant produit plusieurs des plus grands hommes de la Grèce. (*Voyez* THÈBES.)

Les principales montagnes étoient: le mont *Achonthius* au nord; le *Thurion* au nord-ouest; le *Labethrius* & l'*Hélicon* à l'ouest; le *Cythéron* & le *Parnes* au sud. Ce dernier séparoit la Béotie de l'Attique; enfin le *Ptoos* ou *Ptoüs* à l'est le long de la mer.

Au *Cephissus*, que j'ai déjà nommé, & qui couloit du nord-ouest au sud-est pour se rendre dans le lac Copaïs, il faut joindre l'*Asopus*, qui prenoit sa source auprès de Platée, couloit à l'est, & se rendoit dans la mer près de *Tanagra* & en face d'Eretrie en Eubée. Les autres rivières n'étoient

(1) Wheler, voyageur anglois, assure qu'il a vu l'entrée & la sortie de ces canaux, & que les gens du pays l'ont assuré qu'il y en a environ cinquante. On voit encore, en plusieurs endroits de la montagne, des puits ou regards de quinze pieds à chaque face, taillés dans le roc pour pouvoir descendre dans ces conduits & les nettoyer. Il y a un canal de près de deux mille pas, taillé dans le roc, qui établit une communication entre le lac Copaïs & le lac Hylica.

presque que des ruisseaux. Il faut en excepter, à cause de sa célébrité, la fontaine Hypocrène.

Les premiers habitans de l'Eubée ne furent que des Sauvages jusqu'à l'arrivée des Orientaux venus avec Cadmus, l'an 1519 avant l'ère vulgaire. Mais, en quelques siècles, ce pays s'éleva à un très-haut degré de puissance. Homère, qui probablement s'attachoit à décrire les pays tels qu'ils étoient lors du siége de Troie, vers l'an 1240 avant l'ère vulgaire, nous représente la Béotie renfermant un assez grand nombre de villes considérables. Voici comment il en parle dans le second chant de l'Iliade.

« Pénélée, Leitus, Arcésilas, Prothenor & Clonius commandent les Béotiens, dont les cités sont » nombreuses. Les uns habitent Hysie & l'Aulide » pierreuse, consacrée aux dieux Schœnos, Scolos, » Etéone, environnée de montagnes, Thespie, » Graie, Mycalesse. D'autres, qui bordent le fleuve » Harma, habitent Ilesium & Erythrées, Eléon, » Hylé, Péteone, Ocalée, la belle ville de Médeone, Copas, Eutresis & Thisbé, abondante » en colombes; d'autres, Coronée & Haliarte, » fertile en pâturages, Platée, Glissa, la superbe » ville d'Hipothèbes. Là, sont les peuples qui » habitent Oncheste, célèbre par sa forêt consacrée à Neptune : ici les nations qui peuplent » Arné, fertile en raisins, Midée, la divine Nissa; » enfin, à l'extrémité du territoire, Anthédone».... Après avoir parlé du nombre de vaisseaux qui portoient ces peuples, le poëte ajoute: « les habitans d'Aspledon & d'Orchomène de Minye (1) ». Ensorte que l'on pourroit croire que ces deux villes formoient des états séparés du reste des Béotiens : & cette distinction ne peut être fondée que sur leur puissance. Plusieurs de ces lieux ne sont connus que par Homère. Mais dans la suite, il s'éleva d'autres villes qui les remplacèrent. On les trouvera à leurs articles.

La Béotie selon Ptolemée.

La description que Ptolemée donne de la Béotie, me paroît fort incomplète. Il ne nomme sur les côtes que *Aulis*, *Ismeni Flumi : Ostia*, *Saganeus Anthedon*, *Phocæ*, *Œtæi Sinus intima*. Dans l'intérieur des terres, il place *Thisbe*, *Thespiæ*, *Orchomenus*, *Coronia*, *Hyampolis*, *Chæronia*, *Lebadia*, *Copæ*, *Aliartus*, *Platæa*, *Acriphia*, *Tanagra*, *Thebæ Bœotiæ* & *Delium*.

BŒOTII, les Béotiens, peuple grec, habitant la Béotie. On ne sait pas plus l'origine de ce peuple que de ceux qui peuplèrent insensiblement toutes les contrées de la Grèce. Selon Pausanias, ils avoient pris leur nom d'un certain Béotus, fils de la nymphe Ménalippe. J'ai déjà parlé du cas que l'on doit faire de semblables étymologies. En rapprochant quelques passages d'auteurs anciens, on voit qu'ils dérivoient l'origine du nom de Béotie du mot grec qui signifie un bœuf; mais une petite historiette accompagne toujours cette étymologie. (*Voyez* Etienne de Bysance, Euripide, *&c.*) J'en infère seulement l'identité qu'ils admettoient. Mais de cette origine, qu'ils rendoient fabuleuse, il n'y a qu'un pas à celle qui paroît être la véritable. Βοῶ, en ancien grec ayant désigné des lieux arrosés, des pâturages, il étoit assez naturel de donner un nom qui participât de cette signification, à un pays qui le méritoit à un aussi juste titre que la Béotie. C'étoit aussi, d'après le sens de ce mot & de l'air du pays, moins sec que celui de l'Attique, que l'on parloit avec une sorte de mépris de l'esprit épais des Béotiens.

Ces peuples se formèrent d'abord de la réunion de quelques autres, tels que les Aones, les Temnices, les Léléges, les Hyantes, puis des Phéniciens. On dit que pendant quelque temps ils furent chassés de leur pays par les Thraces & les Pélages; mais qu'ils y revinrent ensuite. Cependant, tous les habitans de la contrée ne portoient pas le nom de *Béotiens*, puisque Strabon distingue les Orchoméniens, quoique la ville d'Orchomène fût comprise dans le pays qui porta le nom de *Béotie*. (*Voyez* BÉOTIA.

On peut croire que les rois de Thèbes régnoient au moins sur une grande partie de tous les Béotiens. Après l'expulsion des rois, ils établirent un gouvernement républicain dont les principaux magistrats étoient le *Strategos*, les *Béotarques* & les *Polémarques*.

Le strategos, ou préteur, étoit toujours choisi entre les béotarques, & son autorité ne duroit qu'un an.

Les béotarques devoient assister le préteur de leurs avis, & commandoient sous lui. Ils formoient la cour suprême de la nation pour les affaires militaires; le préteur ne pouvoit rien faire contre leur sentiment. On n'est pas d'accord sur leur nombre Ils avoient aussi part au gouvernement civil, delà leur venoit le nom de *béotarques* ou *gouverneur de la Béotie*. Ils étoient élus tous les ans.

Les polémarques étoient, ainsi que leur nom le désigne, chargés des affaires militaires.

Outre ces magistrats, il y avoit quatre conseils, dans lesquels résidoit toute l'autorité de l'état. Ces conseils étoient composés des députés de toutes les villes de la Béotie, & leur approbation étoit nécessaire pour déclarer la guerre, faire la paix, conclure des alliances, *&c.* Pausanias nous apprend que l'assemblée générale des Béotiens se tenoit dans un temple de Minerve Itonienne (2). Au reste, l'histoire

(1) Traduction d'Homère par M. Gin.

(2) Ce temple, situé entre Alacomen & Coronée, est marqué sur l'excellente carte de M. d'Anville. Je l'ai indiqué aussi sur celle de la Grèce, dans mon atlas. Pausanias prétend que ce surnom de la déesse lui venoit d'Itonus, fils d'Amphictyon, καλεῖται δὲ ἀπὸ Ἰτώνου τοῦ Ἀμφικτύονος.

l'histoire des Béotiens se trouve n'être réellement que celle des Thébains & des habitans des principales villes de la Béotie.

BEPARA, petite ville de Thrace, du nombre des forteresses élevées par Justinien, selon Procope.

BEPYRRHUS, nom d'une montagne considérable de l'Inde, à l'orient du Gange, selon Ptolemée.

BER : ce mot hébreu n'appartient à la géographie que parce qu'il entre dans la composition d'un assez grand nombre de noms de ville hébreux. Il signifie *puits*. Et comme dans certaine partie de la Mésopotamie & de la partie orientale de la Palestine, faisant partie de l'Arabie, un puits est un avantage précieux, les premiers habitans de ces pays avoient creusé ces puits & y avoient fixé leur établissement, devenus, avec le temps, des villes qui furent désignées par des noms réunissant le mot puits (*Ber*) à celui du propriétaire, ou à un nom pris de quelque circonstance.

Le mot *Beruth*, qui se rencontre aussi dans celui de plusieurs villes, a la même origine; c'est, en hébreu, le plurier de *Ber*.

BERA, nom d'une ville qu'Eusèbe place à huit milles vers le nord d'Eleutheropolis.

BERABÆ, nom d'une ville de l'Inde, au-delà du Gange, selon Ptolemée.

BERABONA (*Barabon*), Ptolemée fait mention d'une ville de ce nom; il la place dans l'Inde, au-delà du Gange. Elle étoit située au sud de *Sada*.

BERACUM, lieu dont on ne sait que le nom; il en est parlé dans le code, *l. 7*, *tit. 19*.

BERAMBE, ville de l'Asie, dans la Babylonie, selon Ptolemée.

BERANENSIUM CIVITAS, ville de la Gaule Aquitanique, dans la Populanie, selon le livre des dignités de l'empire, cité par Ortélius. Mais il paroît que c'est une faute de copiste, & que ce mot est pour *Beneharnum Civitas*.

BERBIANI, nom d'un peuple qui faisoit partie des Sclavons septentrionaux. Ils étoient tributaires des Russes, selon Constantin Porphyrogénète.

BERBIS, c'est, selon Ptolemée, le nom d'une ville de la basse Pannonie.

BERCETESIUS, nom d'une montagne de la Grèce, dans la Macédoine, selon Ptolemée.

BERCETUM (*Berceto*), ville d'Italie, dans le pays occupé originairement par les Boïens. Mais cette ville paroît n'appartenir qu'au moyen âge. *Voyez* Cluvier.

BERCORATES, *ou* BERCOCATES, car le second nom se lit dans le Pline du P. Hardouin, & le premier, dans l'édition de Dalechamp. Ce peuple est un de ceux que nomme Pline. Voici ce que dit à ce sujet M. d'Anville : « il faut être » prévenu que Pline nomme, dans l'Aquitanie, » plusieurs peuples qui paroissent avoir été de peu » de considération; & dont il est difficile de trouver » l'emplacement. M. de Valois remarque que le » nom de *Biscaroesse*, qui est un bourg dans le » district de Born, sur la frontière du petit pays » de Buch (au midi du pays de Médoc), répond » assez à celui de *Bercorcates*, & il y est plus conforme en lisant *Bercorates* ou *Bercorrates* ». (*Notice de la Gaule.*)

BERDIGUM FLAVIUM, nom d'une ville de l'Hispanie, dans l'Asturie, selon Ptolemée.

BERDRIGEI, les Berdrigéens, peuple d'Asie que Pline place dans la Margiane.

BERE, ville de l'Arabie déserte, selon Ptolemée.

BERE, le même géographe met une ville de ce nom dans l'Inde, en-deçà du Gange.

BERECYNTES, les Berecyntes, peuple d'Asie que Strabon place dans la Phrygie; il avoit pour capitale *Berecyntia*.

BERECYNTIA, nom d'une ville de l'Asie mineure, dans la Phrygie, selon Etienne de Bysance.

BERECYNTIA-REGIO, contrée de l'Asie, vers le fleuve Sangar, selon le même géographe.

BERECYNTHIUS TRACTUS, canton de l'Asie mineure, dans la Carie, selon Pline.

BERECYNTIUM CASTELLUM, place forte de l'Asie mineure, dans la Phrygie. Vibius Sequester la place sur le fleuve Sangaris.

BERECYNTUS, *ou* BERECYNTIUS MONS, montagne de l'Asie mineure, dans la Phrygie. Elle étoit consacrée à la mère des dieux, selon Servius.

BEREGABA, nom d'un défilé de la Bulgarie, selon Cédrène, cité par Ortélius.

BEREGRA, ville d'Italie, dans le *Picenum*, à peu de distance au nord d'*Interamna*.

BEREGRANI, peuple de l'Italie, dans le Picentin, selon Pline. C'étoient les habitans de la ville précédente.

BERENICE, ville de la Thrace, dont fait mention Etienne de Byzance.

BERENICE, ville de l'Asie mineure, dans la Cilicie, selon le même géographe.

BERENICE, *ou* PELLA, ville de l'Asie, dans la Célésyrie, selon Etienne de Bysance.

BERENICE, ville maritime d'Arabie. Elle étoit située au fond de la mer Rouge, entre le promontoire d'Héroopolis, & celui de Strobile, selon Pomponius Méla. Joseph parle de cette ville à l'occasion de la flotte de Salomon, & dit que cette ville n'étoit pas loin d'*Ælana*. Il a paru à M. d'Anville que c'étoit la même qu'*Asiongaber*.

BERENICE, ville d'Egypte sur la mer Rouge. Elle fut sous les Ptolemées un port très-fréquenté,

& l'on s'y rendoit de *Coptus* sur le Nil par une route sur laquelle se trouvoit un nombre suffisant de lieux de repos ou *stations*.

BERENICE, ville d'Afrique; aussi sur la mer Rouge, mais plus au sud que la précédente: elle appartenoit à la Troglodite. Elle étoit située à l'entrée de la mer Rouge, tout près du détroit nommé actuellement *Bab al Mandeb*; c'est de ce lieu resserré que lui venoit l'épithète d'*Epidires*.

BERENICE, elle étoit aussi nommée *Hesperides*, selon Ptolemée, qui la place en Afrique, dans la Pentapole. Etienne de Bysance la met dans la Libye.

BERENICE, ville de la Chersonnèse d'Epyre, selon Plutarque & Appien.

BERENICIDÆ. Etienne de Bysance dit que c'étoit un peuple de l'Attique, de la tribu Ptolémaïde. Il est nommé *Beronicidæ* par Hésychius.

BERENTHE, *ou* BRENTHE, petite ville du Péloponnèse, dans l'Arcadie. Il en est fait mention par Etienne de Bysance & Pausanias. Ce dernier en parle comme d'une ville dont on ne voyoit plus que les ruines.

BERENTHEATE, *ou* BRENTHEATE, petite rivière du Péloponnèse, dans l'Arcadie, où elle se perd dans l'Alphée, selon Pausanias.

BERES, ville de Thrace, selon Etienne de Bysance.

BERETHIS, nom d'un village de l'Ethiopie, qui étoit situé à l'orient du Nil, selon Ptolemée.

BERETHRA; les Grecs, selon Strabon, donnoient ce nom à des goufres près du marais de Stymphale. Les Arcadiens les appeloient *Zerethra*.

BERETRA, nom d'une ville de l'Italie, dans le territoire des Prétutiens, selon Ptolemée. C'est probablement la même qui est nommée ci-dessus *Beregra*.

BERGAN, ville de l'Asie. Elle étoit située vers le milieu des terres de la Susiane, selon Ptolemée.

BERGE, ville de Thrace, qu'Etienne de Bysance place vers la Chersonnèse.

BERGE, nom d'un lieu de l'Afrique, sur la route de la grande *Leptis* à Alexandrie, selon l'itinéraire d'Antonin. Ce lieu étoit de l'Afrique Tripolitaine.

BERGIDUM, ville de l'Hispanie Tarragonoise, dans le pays des Ilergètes, selon Ptolemée.

Le carte de M. d'Anville la marque chez les Astures, au sud-ouest de *Lucus Asturum*.

BERGINE, nom d'une ville que Festus Avienus place sur le rivage maritime de la Gaule Narbonnoise.

BERGINTRUM, ville de la province de la Gaule, appelée *Grayæ Penninæ*. Ce lieu, appartenant aux *Centrones*, est placé par M. d'Anville, au nord-est d'*Axima*, & au sud-ouest d'*Alpis Graia*.

BERGIO. Jornandès dit que c'est le nom d'un peuple barbare, qui habitoit dans la Scandinavie.

BERGISTANI, les Bergistans, peuple de l'Hispanie, que l'on croit avoir habité entre les Pyrénées & l'Ebre. M. Marca croit qu'ils étoient à l'est des *Lacetani*.

BERGIUM, ville de la grande Germanie, selon Ptolemée.

BERGOMUM (*Bergame*), quelques auteurs la nomment *Vergomum*, tel que Justin (*L. XX, c. 5*) qui en attribue la fondation aux Gaulois; ou *Pergama*, tel que Procope, *&c.* Mais il est clair que ce ne sont que des altérations du nom véritable. Les anciens ont dit qu'il y avoit près de cette ville des mines d'étain très-pur. Son nom paroît venir de *Berg*, montagne, & *Ham*, habitation. Ce qui justifieroit même cette étymologie, c'est qu'elle étoit la capitale du peuple que l'on nommoit les *Orobii*, ou les Montagnards.

BERGULA, *ou* BERGULÆ, ville de Thrace. Elle étoit située sur le fleuve *Bithyas*, entre *Burtudisum* & *Drusipara*, sur la route d'Olympiade à Bysance, selon Ptolemée. Cédrène la nomme *Bergunium*, & dit qu'on l'avoit aussi appelée *Arcadiopolis*.

BERGULA, *ou* BELCULA, selon les divers exemplaires de Ptolemée, ville de l'Hispanie, dans le pays des Bastitains.

BERGUSIA (*Balaguer*), ville de l'Hispanie citérieure, sur le *Sicoris*.

Ce fut dans cette ville, selon Tite-Live, que les députés des Romains, l'an de Rome 534, arrivèrent d'abord, dans le dessein de débaucher, en Hispanie, les alliés des Carthaginois. L'auteur ajoute qu'ils y furent bien reçus, parce que l'on étoit fatigué du joug des Carthaginois. C'est une chose singulière, & sur laquelle l'expérience a peu corrigé, que des nations puissantes aient presque toujours perdu leurs colonies par la mauvaise politique de les accabler d'impôts onéreux, au lieu de chercher à leur faire supporter la dépendance dans laquelle leur position les force de vivre, & dans laquelle il est de l'intérêt de l'état de les maintenir. Suffiroit-il de se sentir maître pour aspirer à devenir tyran?

BERGUSIUM, *ou* BERGUSIA (*Bourgoin*) lieu de la partie de la Gaule appelée *Viennoise*, entre *Vienna*, à l'ouest, & *Augustum*, à l'est.

BERIA, nom d'un lieu de la Syrie, vers la Séleucide, selon S. Jérôme.

BERIDE, nom d'un lieu maritime de la Thrace, dans le voisinage de Constantinople, selon Cédrène, cité par Ortélius.

BERIPARA, nom d'une ville de la Thrace, selon Procope, cité par Ortélius.

BERIS, *ou* BARIS, rivière du Pont, entre le Thermodon, à l'ouest, & le Thoar, à l'est, selon Arrien. Cette rivière, coulant du sud au nord, se jettoit dans le Pont-Euxin.

BERITHRUS, ville de l'Asie mineure, dans la Troade, selon Etienne de Byzance.

BERITINI, peuple des Alpes maritimes, au sud des *Ectini*.

On voit par une inscription, que les habitans

de cette ville érigèrent un monument à Mars Pacificateur.

BERNAMA, ville de l'Hispanie Tarragonnoise, dans le pays des Hédétains, selon Ptolemée.

BEROBE (*Merghi*), ville maritime de l'Inde, sur la côte occidentale au-delà du Gange, selon Ptolemée.

Elle étoit située à l'endroit où le fleuve *Daonas* se jettoit dans la mer. C'étoit un des lieux les plus fréquentés pour le commerce.

BERŒA (*Cara-Veria*), ville de la Macédoine, à l'ouest, & peu éloigné de Pella. Selon Strabon, elle étoit située au pied du mont *Bermius*. Ptolemée la nomme *Berrhœa*, ainsi que Thucydide & quelques autres auteurs. Sous les empereurs grecs chrétiens, elle devint évêché.

BEROE, ville de la Syrie, sur la route de Cyrre à Emèse, à quarante-deux mille pas de la première, selon l'itinéraire d'Antonin.

BEROE, nom d'une petite ville de la basse Mœsie, auprès du Danube, sur la route de *Viminatium* à Nicomédie, selon l'itinéraire d'Antonin.

BEROMI, lieu de la Palestine, d'où étoient l'un des braves de David, selon le second livre des rois. C'est pourquoi, à son nom d'*Azmareth*, l'écriture joint l'épithète de *Beromi* ou de *Béromites*.

BERONES, les Berons, peuple de l'Hispanie. Ptolemée, qui les nomme, les indique près des *Autrigones* & des *Arevaci* ou *Arevacæ*. Comme il leur donne pour villes *Tritium* & *Varia*, M. d'Anville a cru pouvoir les placer sur la droite de l'Ebre, au-dessus de *Calagurris*.

BEROSUS MONS, montagne de la Chersonnèse Taurique, au sud du mont *Trapezus*.

Cette chaîne de montagnes comprenoit, selon M. de Peyssonnel, dans ses observations historiques & géographiques, les montagnes nommées aujourd'hui *Tchadir-Daghi*, la plus haute de toute la presqu'île, & celles de *Balyklava* & *de Cabarta*.

BEROTH, ville de la Judée, dans la tribu de Benjamin, selon le livre de Josué, *chap. 18, v. 25*. Elle avoit été prise sur les Gabaonites.

C'est dans cette ville qu'habitoit Réchab, fils de Remmon, chef de voleurs; ce qui fut cause que les habitans s'enfuirent à Géthaïm, où ils demeurèrent depuis.

BEROTH, ville de la Judée, qui étoit située vers le septentrion de la tribu de Nephtali, selon le livre de Josué.

Il est dit au second livre des rois, que ce fut une des villes que David prit sur le roi Adarézer, & d'où il tira beaucoup d'airain. On ne sait par quelle raison elle se trouve indiquée dans le premier livre des Paralipomènes, par le nom de *Chum*.

BEROTH-BENE-JAACAN, lieu de la vingt-huitième station des Israélites. Ils y furent camper en sortant de Moseroth, & ce lieu devoit être au midi de ce dernier.

BEROTHA, ville située sur les frontières septentrionales de la Terre-Sainte. On soupçonne que c'est la même que la *Berothi* d'Adarézer, roi de Syrie.

BERREA (*Bra*), ville de la Bulgarie, à dix ou douze lieues de *Philippopolis*, sur la rivière de Bracza.

BERRESA, nom d'une ville de l'Ethiopie, sous l'Egypte, selon Pline.

BERRHŒA, ville de la Syrie, dans la Cyrrhestique, entre Antioche & Hiérapolis, selon Ptolemée & Procope. Ce dernier dit qu'elle étoit à égale distance de ces deux villes.

BERRHŒA. C'est ainsi que Ptolemée écrit le nom de *Beræa*.

BERRHŒA, ville de la Thrace, entre Nicopolis de Mœsie & Philippopolis, ville de Thrace, selon Jornandès. Ammien Marcellin en parle comme d'une grande ville. *Voyez* BERRŒA.

BERSABEE. L'article de cette ville n'a presque jamais été bien traité dans les dictionnaires. On y lit ordinairement que c'est une ville, *&c.* auprès de laquelle se retira Agar, lorsqu'elle eut été chassée de la maison d'Abraham. Il faut dire au contraire :

Ce lieu n'étoit qu'un désert lorsque Agar, chassée de la maison d'Abraham, s'y retira avec son fils. Un ange lui ayant fait appercevoir un puits, ce lieu en reçut d'abord le nom de *Ber*, ou le puits. Lorsque depuis, Abraham eut juré une alliance avec le roi de *Garara*, on nomma ce même lieu *Bersabee* ou *le Puits du serment*.

Bersabee étoit située à l'extrémité méridionale de la tribu de Juda; & quand on vouloit désigner toute l'étendue du pays occupé par les douze tribus, on disoit depuis *Dan* jusqu'à *Bersabee*.

BERSABORA, grande ville, forte & bien peuplée de l'Asie, dans la Perse, selon Zosime.

BERSIMA, ville de l'Asie, dans la Mésopotamie. Elle étoit située sur la rive gauche de l'Euphrate, au sud-ouest de Nicephorium, vers le 35e deg. 45 min. de latitude.

BERSINA, ville ou village de l'Asie, dans la Mésopotamie, vers l'Euphrate, selon Ptolemée, cité par Ortélius.

BERSOBE, nom d'un village de la Galilée, qui fut fortifié par Joseph.

BERTA, ville de la Macédoine, dans la Bisaltie, selon Ptolemée.

BERTISCUS, nom d'une montagne de la Macédoine, selon Ptolemée. Il en est aussi fait mention par l'abréviateur de Strabon.

BERTISUM, nom d'un lieu de la Thrace, selon Procope, cité par Ortélius.

BERTULA, petite île adjacente & sur la côte occidentale de l'île de Sardaigne, selon Ptolemée.

BERUNENSES, *ou* BELUNENSES, car je crois que c'est le même peuple dont le nom véritable est un peu altéré dans l'un ou l'autre nom. On ne trouve pas de *Berunum* dans la Rhétie, mais

Belunum, très-près de l'Italie, qui, s'étant étendue de ce côté, renferme actuellement sous le nom de *Bethune*, l'ancien emplacement de cette ville. Je sais bien que ce sentiment est contesté, mais je ne vois pas qu'on lui en oppose un meilleur.

BERUVIUM, *ou* VERUVIUM. Ptolemée place un promontoire de ce nom dans l'île d'Albion.

BERYBRACES, les Berybraces, peuple qu'Ortélius attribue à l'Hispanie.

BERYTHEUS, *ou* BERYTHE, ville de la Phénicie, qui étoit située à vingt-quatre milles de Byblos, selon l'itinéraire d'Antonin. Etienne de Bysance dit qu'elle fut ainsi nommée à cause de ses eaux. Scylax, *pag.* 147, dit que cette ville avoit un port de mer, qu'elle étoit dans un terrein agréable & fertile; Pline parle de ses raisins.

Les rois d'Egypte avoient été en possession de cette ville; mais elle passa sous la domination des rois de Syrie, par la conquête de cette province par Antiochus-le-Grand. Elle demeura aux successeurs de ce prince jusqu'au temps de Diodote, surnommé *Tryphon*, qui la détruisit entièrement cent quarante ans avant l'ère chrétienne. Les Romains, après la conquête de la Syrie, la rebâtirent, mais dans le voisinage du lieu où elle avoit été. Agrippa, petit-fils du grand Hérode, la décora d'un théâtre & d'un amphithéâtre, qui lui coûtèrent des sommes immenses; il y fit construire des bains & des portiques, & fut y faire représenter des jeux magnifiques, selon Joseph, *Antiq.* C'est dans cette ville que, par la permission d'Auguste, Hérode-le-Grand tint l'assemblée qui condamna à mort ses fils Alexandre & Aristobule, sous la fausse accusation d'Antipater, leur frère aîné, pour avoir conspiré contre la vie de leur père. Tite, fils de Vespasien, vint à *Bérythe* après la prise de Jérusalem, pour y célébrer la fête de la naissance de son père, selon Joseph, *de bello.*

Bérythe jouissoit du droit italique, selon une loi du digeste. Et Pline, *liv.* 5, *chap.* 20, ainsi que Joseph, *de bell. Jud.* font entendre qu'elle étoit colonie romaine. L'an 349 de Jesus-Christ, un tremblement de terre renversa une grande partie des édifices de *Bérythe.*

BERYTIS, ville de l'Asie mineure, dans la Troade, selon Etienne de Bysance.

BERYTUS, ville de l'Arabie. Elle se nommoit auparavant *Diospolis*, selon Etienne de Bysance.

BERZETIA, lieu que Cédrène place dans la Bulgarie, vers la Thrace.

BERZETHO. Joseph, dans ses antiquités, met un village de ce nom dans la Palestine.

BESA, nom d'une tribu de Grèce, dans l'Attique. Il en est fait mention par Strabon.

BESADÆ, les Besades, peuple de l'Inde, au-delà du Gange, selon Ptolemée. Selon lui, ils étoient contrefaits, courbés, trapus, ayant un front large & la peau blanche.

BESAENSES. C'est ainsi que Strabon nomme le peuple de la tribu *Besa.* C'étoit une tribu de l'Attique.

BESARA, lieu qui étoit à vingt stades de Gaba, aux confins du territoire de Ptolémaïde, selon Joseph.

BESARA, ville de la Gaule Narbonnoise, selon Avienus, cité par Ortélius.

BESARO, nom d'un lieu que Pline met en Hispanie, dans le département de *Gades.*

BESBICOS, île de la Propontide, de dix-huit milles de circuit, & située à l'embouchure du Rhyndacus, selon Pline.

Etienne de Bysance dit que c'étoit une petite île, voisine de Cyzique.

BESCIA, ville de l'Italie, qui appartenoit aux Ausoniens, selon Etienne de Bysance.

BESECHANA (*Mesjid*), lieu de l'Asie, sur le bord de l'Euphrate, au sud-est de *Maceprasta.* Isidore de Charax dit qu'il y avoit en ce lieu un temple d'Atergatis, la grande déesse Syrienne.

BESEMELEL, nom d'une ville de la Palestine, selon Egésippe. Elle est nommée *Bemeselim* par Joseph.

BESETHA, nom de l'une des montagnes de la Palestine, sur lesquelles la ville de Jérusalem étoit bâtie. Elle étoit au nord du temple, selon Joseph, *de bello.*

BESIDA, ville de l'Hispanie Tarragonnoise, selon Ptolemée.

BESIDIÆ. Tite-Live met une ville de ce nom en Italie, dans le pays des Brutiens. M. d'Anville l'a placée dans la partie septentrionale, près de *Cruthis*, à quelque distance au sud de *Sybaris.*

BESILLUS, nom d'une rivière de l'Hispanie, dans la Bétique. Il paroît qu'elle couloit vis-à-vis de l'île d'Erythie, selon Sextus Avienus, cité par Ortélius.

BESIRA, nom d'une citerne de la Palestine, que Joseph place à vingt stades d'Hébron.

BESOR (*le torrent de*), torrent de la Judée, le plus considérable du pays. Il est dit au premier livre des rois, que c'est à ce torrent que se reposèrent ceux qui étoient las d'avoir suivi David, qui alloit secourir la ville de Siceleg, ravagée par les Amalécites.

BESSA, village d'Egypte, auprès de Memphis, selon Héliodore, cité par Ortélius.

BESSÆ, en grec Βῆσσα, ville qu'Homère place dans la Locride. Elle se trouve aussi nommée dans la Troade de Sénèque-le-Tragique, mais elle n'est pas connue d'ailleurs. Strabon parle de *Bessa* comme d'un champ, πεδίον. Et ajoutant l'épithète de δρυμώδης, champêtre, il en donne une idée qui ne convient pas du tout à une ville.

BESSAPARA, ville de Thrace, qui étoit située à douze milles de Philippopolis, selon l'itinéraire d'Antonin.

BESSARA, ville de l'Asie, dans l'Assyrie, & située du côté du Tigre, selon Ptolemée.

BESSI, les Besses, peuple d'Europe, distingué entre les nations comprises sous le nom de *Thraces.* M. d'Anville les place (*Voyez* BESSICA) au nord-est du mont Rhodoppe. Strabon ajoute à leur nom l'épithète de brigans (Λῃσαι), parce qu'ils étoient habituellement occupés de courses & de pillage.

Il ne semble pas que S. Paulin, évêque de Nôle, en donnât une idée bien juste en disant d'eux, *& suâ Bessi nive duriores*, car la neige n'a pas grand rapport avec les hommes. Mais on peut assurer, d'après les auteurs qui en ont parlé, qu'ils surpassoient les autres Thraces en férocité.

Leur principale ville étoit *Uscudama.* Ils furent gouvernés par leurs propres rois jusques vers l'an 681, que M. Lucinius Lucullus les soumit aux Romains. Cependant leurs nouveaux maîtres leur permirent de continuer à être gouvernés par des princes de leur nation. Mais je ne sais sur quel motif Pison, proconsul de Macédoine, s'étant rendu maître de la personne de Rabocentus, le fit décapiter. Alors toute la nation indignée, secoua le joug. Octavius, père d'Auguste, les assujettit de nouveau.

Sous le règne d'Auguste, un certain Vologèse, natif du pays, & prêtre de Bacchus, forma un parti puissant; & s'étant d'abord servi du prétexte de la religion, se rendit maître de tout le pays. S'étant ensuite jetté sur la Chersonnèse, il y commit les plus cruels ravages. Les Romains marchèrent contre lui : il fut vaincu par Pison, qui les força de mettre bas les armes. Depuis ce temps, les Besses continuèrent d'obéir aux Romains, & ne firent plus d'efforts pour se remettre en liberté.

BESSYGA, ville marchande des Indes, dont il est fait mention par Etienne de Bysance.

BESSYGAS, nom d'une rivière de l'Inde, selon le même géographe.

BESUCHIS, ville de l'Asie, qui étoit située dans le voisinage de Ctésiphonte, selon Zosime. Ammien Marcellin la désigne, & dit qu'elle étoit située dans une des îles que formoit en cet endroit l'Euphrate.

BESYNGA; *ou* BEGYNGA (*rivière de Pégu*), au-delà du Gange, selon Ptolemée. Elle alloit se perdre au fond du golfe *Sabaracus.* Son cours étoit à-peu-près du nord au sud.

BESYNGETI, les Besyngètes, nation asiatique, dans l'Inde. Ptolemée les donne pour antropophages.

BESYPARUM, nom d'un fort de la Thrace. C'étoit un de ceux que Justinien avoit fait élever, selon Procope.

BETA, ville de l'Ethiopie, sous l'Egypte, selon quelques exemplaires de Pline.

BETAGBARA, nom d'un siège épiscopal d'Afrique, selon la conférence de Carthage.

BETARIS, nom d'une ville de l'Idumée, selon Joseph.

BETARO, ville maritime de la Phénicie, entre Diospolis & Césarée. Il en est fait mention dans l'itinéraire d'Antonin.

BETASI, les Betases, peuple de la Gaule, dans la Germanie seconde. D'après un passage de Tacite, & l'opinion de quelques savans modernes, M. d'Anville les a placés entre les *Toxandri* au nord & les *Aduatici* au sud. On voit qu'ils servirent dans l'armée de Labéon, contre Civilis. On ne trouve pas de capitale de leur nom.

BETASIMUS, nom d'une rivière vers l'Egypte ou la Syrie. Ortélius, *Thesaur.*

BETEMESTHAM, nom d'une ville de la Palestine, dans le voisinage de Bétulie, selon le grec du livre de Judith.

BETENABRIS, ville de la Judée, dans la demi-tribu de Manassé, au-delà du Jourdain. Elle étoit située près de Gadara.

Joseph, dans ses guerres, dit que Placide la prit pour Vespasien, qu'il la saccagea, & fit un grand carnage sur les confins du pays des Juifs.

BETERRÆ SEPTIMANORUM (*Béziers*), ville de la Gaule Narbonnoise, qui étoit une des plus importantes des Volces Tectosages, avant d'être de la domination romaine. Jules-César en fit une colonie militaire, formée des soldats de la septième légion. Son heureuse situation en rendoit le séjour agréable; & Pline, *liv.* 14, *chap.* 6, en vante les vins. Strabon parle de cette ville, & lui donne l'épithète de *forte d'assietie*, parce qu'elle est située sur une hauteur.

BETH, qui, en hébreu, signifie *maison*, entre dans la composition de plusieurs noms.

BETHABARA, lieu de la Terre promise, dans la tribu de Ruben, sur le bord du Jourdain, à l'est. On croit que c'est en cet endroit que les Israélites passèrent ce fleuve.

C'est en ce lieu que S. Jean-Baptiste baptisoit.

BETHACAD, village de la Palestine. Il en est fait mention par Eusèbe.

BETHACHARA, *ou* BETH-ACHEREM, ville de la Palestine, située sur une hauteur, entre Jérusalem & Thécué. Suivant Esdras, Melchias étoit prince de cette ville.

BETH-AGLA, lieu de la Palestine, dans la tribu de Juda, selon le livre de Josué. Eusèbe en fait mention, & dit qu'il étoit à huit milles de Gara.

BETH-AGLA, lieu de la Palestine, dans la tribu de Benjamin, selon le livre de Josué. S. Jérôme le met à deux milles du Jourdain.

BETH-ANATH, ville de la Judée, dans la tribu de Nephtali, selon le livre de Josué.

C'étoit une ville forte des Cananéens; mais qui demeura tributaire des Israélites.

BETH-ANOTH, ville de la Palestine, dans la tribu de Juda, selon le livre de Josué, *chap.* 15, *v.* 58.

BETH-BESSEN, ville de la Palestine, dans la tribu de Juda. On voit dans le premier livre des Machabées, que Siméon & Jonathas la firent fortifier, & qu'ils y furent assiégés par Bacchide, mais sans succès.

BETH-BIRI, le premier livre des Paralipomènes met une ville de ce nom dans la tribu de Siméon.

BETH-CAR, ville de la Palestine, dans la tribu de Dan. Il en est fait mention par Joseph. *Antiq.*

BETH-CHOGLA, ville située aux confins de la Judée, dans la tribu de Benjamin, selon le livre de Josué.

BETH-DAGON, ville de la Palestine, dans la tribu de Juda, selon le livre de Josué, *ch.* 15.

BETH-DAGON, ville de la Palestine, dans la tribu d'Aser, selon le livre de Josué.

BETH-DAGON, autre lieu dont il est parlé dans les Machabées.

BETH-GAMUL, ville des Moabites, qui fut comprise dans la tribu de Ruben. *Jerem.*

BETH-JESIMOTH, ville de la Terre promise, de laquelle il est fait mention par Josué. Elle étoit située dans la tribu de Ruben.

Ezéchiel met cette ville au nombre des plus belles & des plus considérables des Moabites.

BETH-LEPTHEPHA, ville & toparchie de la Judée, au midi de la ville de Jérusalem. Il en est fait mention par Joseph & par Pline.

BETH-ME, ville de la Palestine, dans la tribu d'Aser, selon le livre de Josué.

BETH-OANNABA, *ou* BETH-HANNABA, bourg de la Palestine, à peu de distance à l'orient de Diospolis, selon Eusèbe & S. Jérôme.

BETH-ONEA, *ou* BETH-OANEA, lieu de la Palestine, à quinze milles à l'orient de Césarée, & où il y avoit des bains d'eaux chaudes, selon Eusèbe & S. Jérôme.

BETH-SALISA, *ou* BAAL-SALISA, ville de la Palestine, dans le canton de Thamna, à quinze milles vers le septentrion de *Diospolis*, selon Eusèbe; & au sud-est d'*Antipatris*.

BETH-SAMES, ville de la Judée, dans la tribu de Nephtali, selon le livre de Josué.

BETH-SAMES, ville de la Palestine, dans la tribu d'Issachar, selon le livre de Josué. Elle est aussi nommée *Beth-semes*.

BEHT-SEMES, *ou* BETH-SAMES, nom de l'une des huit villes de la tribu de Juda que Josué donna aux Lévites. *Josué*, *ch.* 21.

C'est la première ville des Israélites, dans laquelle entra l'arche d'alliance, lorsque les Philistins la renvoyèrent.

C'est auprès de cette ville que fut défait Amasias, roi de Juda, par Joas, roi d'Israël.

BETH-THAPHUA, nom d'une ville de la Palestine, dans la tribu de Juda, selon le livre de Josué, *ch.* 15.

Eusèbe dit que c'étoit la dernière ville de la Palestine du côté de l'Egypte, & qu'elle étoit située à quatorze milles de *Raphia*.

BETH-ZACHARA, lieu de la Palestine, au voisinage de Beth-Sure, selon le premier livre des Machabées. C'est où se donna le combat entre Judas Machabée & Antiochus Eupator.

BETHABARA, ville de la Judée, dans la tribu de Benjamin, selon le livre de Josué, *ch.* 18, *v.* 20.

Cette ville étoit auparavant de la tribu de Juda; mais elle fut donnée à celle de Benjamin.

Il y avoit un désert de même nom. *Josué*, *ch.* 18, *v.* 22.

BETHAGABRA, *ou* BETHOGABRI, lieu de la Palestine, entre Jérusalem & Ascalon, selon la table de Peutinger.

BETHAGLA, lieu de la Palestine, au nord-est de Jericho.

BETHALAGON, village dans le désert. On voit dans le premier livre des Machabées que ce lieu fut fortifié par Jonathas & Simon.

BETHAMAR, village de la Palestine, dans le voisinage de Gabaa. Eusèbe en fait mention.

BETHAMMARIS, ville de l'Asie, dans la Syrie. Elle étoit située sur la droite de l'Euphrate, au sud-est de Hiérapolis, vers le 36e deg. 10 min. de latitude.

BETHAMMARIA, ville de l'Asie, dans la Cyrrhestique, & située sur l'Euphrate, selon Ptolemée. C'est vraisemblablement la même que *Bethammaris*.

BETHANIA, ville de la Judée, située sur le mont des Oliviers. C'est-là que Marthe & Marie avoient leur maison, où J. C. alloit souvent loger, à quinze stades de Jérusalem.

BETHANIM, village de la Palestine, à quatre milles d'Hébron, & à deux milles du térébinthe d'Abraham, selon Eusèbe.

BETHAR, ville de la Palestine, sur la côte, assez loin au sud de *Cæsarea*, & à-peu-près au nord-nord d'*Apollonias*.

BETHARAN, ville de la Judée, dans la tribu de Gad, selon le livre de Josué.

Cette ville étoit forte & située sur le Jourdain, au midi de Bethara. Betharan fut fortifiée par Hérode Antipas, fils du grand Hérode, qui la nomma *Julias* ou *Livias*, du nom de Julia, femme de l'empereur Tibère.

BETHAVEN, ville de la Judée, dans la tribu de Benjamin. Cette ville étoit située au sud-est de Béthel & au sud-ouest de Haï. Il y avoit un désert de même nom, jusqu'où les Israélites poursuivirent les Philistins après leur défaite, selon le premier livre des rois, *ch.* 13.

BETHBERA, ville de la Judée, qui étoit située sur le Jourdain, dans la demi-tribu de Manassé, en-deçà de ce fleuve. Il est dit dans le livre des Juges, que Gédéon envoya ordre aux Ephraïmites de s'y camper pour prévenir les Madianites.

BETHEL-LUZA, ville royale de la Judée, dans la tribu de Benjamin, selon le livre de Josué, *ch.* 18, *v.* 20.

Cette ville étoit située sur une partie de la montagne d'Ephraïm, & elle fut le séjour des patriarches Abraham & Jacob.

Josué s'en empara après en avoir tué le roi.

Samuel la choisit, dans la suite, pour y rendre la justice.

Selon le troisième livre des rois, *ch. 23*, Jéroboam y consomma son schisme, & y plaça l'un des veaux d'or.

Béthel-Luza fut prise sur Jéroboam, par Abia. *Deuxième Paral.*

BETHELIA. Sozomène dit que c'étoit un bourg fort peuplé, & dépendant de la ville de Gaza. Il ajoute qu'il y avoit plusieurs temples, entre autres un panthéon bâti sur une hauteur qui commande le bourg de tous les côtés.

BETHHARAM, ville de la Palestine, dans la tribu de Juda, selon le livre de Josué.

BETHHAKKEREM. S. Jérôme dit que c'étoit un village de la Judée, situé sur une montagne, entre Ælia & Thenca.

BETHISIMUTH, lieu de la Palestine, au nord, & près du cap Asphaltite.

BETHLEEM, ville de la Palestine, dans la tribu de Juda. Elle étoit située sur le sommet d'une haute montagne, à six milles de Jérusalem. On l'appelloit aussi *Ephrata*.

Cette ville a été la patrie d'Elimélech, beau-père de Ruth, d'Abésan, juge d'Israël, & de ce jeune Lévite qui consentit à être prêtre de l'idole de Michas.

Bethléem avoit été fortifiée par Roboam. Et Salomon y fit de grandes dépenses pour l'embellir, à cause de la beauté du lieu & de la bonté de ses eaux.

Cette ville est sur-tout célèbre pour avoir été le lieu de la naissance de J. C.

David étoit aussi né à *Bethléem*, & ce fut-là que Samuel fut le trouver pour le consacrer roi d'Israël.

BETHLEEM, ville de la Judée, dans la tribu de Zabulon, selon le livre de Josué.

BETHNEMRA, ville de la Judée, qui appartenoit à la tribu de Gad, selon le livre de Josué.

C'étoit une ville forte, située sur le Jourdain. Les enfans de Gad la rebâtirent après l'avoir prise sur les Amorrhéens & sur Og, roi de Bazan.

BETHOME, ville de la Judée. Les habitans de Bethome s'étant révoltés contre Alexandre Jannée, elle fut prise & ses habitans envoyés captifs à Jérusalem.

BETHONIM, nom d'une ville de la Judée, qui appartenoit à la tribu de Gad, selon le livre de Josué.

BETHONIM, ville de la Palestine, dans la tribu de Gad, selon le livre de Josué. Elle étoit située vers l'extrémité septentrionale de cette tribu, & frontière de celle de Manassé.

BETHORON INFÉRIEURE, ville de la Judée, dans la tribu d'Ephraïm. C'est près de cette ville que Josué défit les cinq rois qui étoient venus fondre sur les Gabaonites, parce qu'ils avoient fait alliance avec les Israélites, selon le livre de Josué, *ch. 10*.

Cette ville fut bâtie par Sara, fille d'Ephraïm, & Salomon la répara & la fortifia.

BETHORON SUPÉRIEURE, ville de la Judée, dans la tribu d'Ephraïm, selon le livre de Josué, *ch. 21*, *v. 22*.

Elle fut donnée aux Lévites de cette tribu, qui étoient de la famille de Caath, la première des Lévites.

Dans la suite, cette ville fut rebâtie par Salomon.

BETHPHETETH, *ou* BETHPHALETH, ville de la Judée, dans la tribu de Juda, selon le livre de Josué.

Elle étoit située dans la partie la plus méridionale de la tribu de Juda, & elle fut une de celles cédées à la tribu de Siméon.

BETHPHESES, nom d'une ville de la Judée, qui fut comprise dans le partage de la tribu d'Issachar, selon le livre de Josué.

BETHPHOGOR, nom d'une ville de la Terre promise, située dans la tribu de Ruben, selon le livre de Josué.

On croit que cette ville avoit reçu ce nom du temple dédié à l'idole de Phogor, dieu des Amorrhéens.

BETHSAIDE, *ou* JULIADE, ville de la Judée, dans la demi-tribu de Manassé, au-delà du Jourdain. Cette ville étoit située sur le bord de ce fleuve, près le lac de Tibériade.

Joseph, dans ses antiquités, dit que le Tétrarque Philippe orna & augmenta cette ville, & la nomma *Juliade*, en l'honneur de Julie, sœur de César. Il donna à ses habitans le titre de bourgeoisie.

Ce même auteur en fait un bourg de la Décapole, & il le place au-delà du Jourdain. Pline, *liv. 5*, *ch. 15*, dit de même.

BETHSAN, ville de la Judée, située dans la demi-tribu de Manassé, en-deçà du Jourdain, selon le livre de Josué.

Cette ville étoit près du Jourdain, & capitale d'un pays de même nom. C'est sur les murailles de *Bethsan* que les Philistins attachèrent le corps de Saül, après qu'ils l'eurent vaincu. Sous le règne de Salomon, Bana avoit l'intendance sur tout le pays de *Bethsan*.

Dans la suite, cette ville fut appelée *Scytopolis*.

Joseph, *de bell. Jud.* nous apprend que c'étoit la ville la plus grande de la Décapole, & qu'elle étoit à cent vingt stades de Tibériade.

Etienne de Bysance & Pline la nomment *Nysa*.

Voici à quelle occasion. Six cens trente-cinq ans avant J. C. sous le règne de Cyaxare, roi de Perse, des Scythes sortis du Palus-Méotide, après avoir chassé les Cimmériens, s'avancèrent dans la Médie, y battirent l'armée de ce prince, se répandirent de-là dans l'Asie & jusqu'en Egypte, & laissèrent une colonie dans la ville de *Bethsan*; de leur nom, elle fut appelée *Scytopolis*. Il la nomme *Antiqua Scythopolis*.

BETHSETTE, *ou* BETHSECA, ville royale de la Judée, qui étoit située dans la demi-tribu de Manassé, en-deçà du Jourdain, selon le livre de Josué.

Gédéon poursuivit les Madianites jusqu'à cette ville, comme on le voit au livre des Juges, *ch. 7, v. 23.*

C'est dans cette ville que se refugièrent les Syriens & Bénadab, leur roi, après avoir été battus la seconde fois par les Israélites.

Enfin, elle fut assiégée par Bacchide, général de l'armée du roi de Syrie.

BETHSUR, ville de la Palestine, dans la tribu de Juda, selon le livre de Josué, *ch. 15, v. 58.* Cette ville fut fortifiée par Roboam, & Judas Machabée la fortifia de nouveau, de crainte des Iduméens.

Elle fut prise par Antiochus Eupator, qui y mit garnison, & Bacchide la fortifia contre les Juifs; mais Simon Machabée la prit & y mit garnison à son tour.

La tour du Troupeau étoit au midi de *Bethsur.* C'est près de cette tour que Rachel, épouse de Jacob, mit au monde Benjamin, & mourut dans les douleurs de l'enfantement.

BETHUL, BETUEL, *ou* BETHULIE, ancienne ville de la Palestine, dans la tribu de Siméon, selon le livre de Josué. Holophernes en fit le siège, & il y fut tué par Judith. M. d'Anville la place à l'ouest du lac de *Tiberias.*

BETHURA, ville de l'Asie, dans l'Assyrie, selon Ptolemée.

BETHZUO, forteresse qui se trouvoit dans la Palestine, à quelque distance au sud de Jérusalem.

BETIQUE, province qui comprenoit la partie méridionale de l'Hispanie, & qui répond assez précisément à l'Andalousie & au royaume de Grenade actuel. Elle étoit la plus riche, la plus peuplée & la mieux connue. On voit que les Phéniciens y avoient eu de bonne heure des établissemens.

Voici à-peu-près quelles pouvoient être les anciennes divisions de la *Bétique.* La partie du nord-ouest se nommoit *Bæturia*, ou Béturie; les *Turduli*, ou Turdules, étoient vers le sud-est, de l'autre côté des montagnes; & les *Bastitani*, ou les Bastitans, étoient tout-à-fait à l'est, en partie dans la *Bétique*, & en partie dans la Tarraconoise. Ils avoient, au sud, les *Pœni*, ou les Phéniciens; & les *Bastuli*, ou Bastules.

Le reste du pays étoit habité par les *Turdetani*, ou Turdétans; & même il paroît qu'ils étoient devenus assez considérables pour donner leur nom à tout le pays: car Strabon, en le décrivant, se sert souvent de cette expression, *la Turdétanie.* Il donne ces Turdétans pour les plus instruits des Ibériens.

En considérant la *Bétique* comme occupée en grande partie par les Turdétans, on peut y rapporter ce que dit Strabon du pays de ces peuples. Il étoit riche en bled, en vins exquis, en cire, en miel, en mines: on y saloit des viandes qui étoient très-recherchées. Cet auteur dit aussi que l'on n'y trouvoit de bêtes nuisibles que les lapins. Polybe parle de ce pays, & de la magnificence de la cour d'un de ses souverains, à-peu-près comme les Espagnols ont depuis parlé de la cour des Incas. Selon lui, un roi d'Ibérie qui, pour meubler un superbe palais, avoit imité les modes des Phéaciens, l'emportoit sur eux en magnificence, en ce qu'au milieu de sa cour il y avoit des tables couvertes de coupes d'or, continuellement remplies de bière, parce qu'alors on manquoit de vin. Les Turdétans étoient recommandables par la douceur & l'honnêteté de leurs mœurs, & par la culture de leur esprit.

Selon Pline, la *Bétique* renfermoit cent soixante-quinze villes, dont huit étoient colonies; huit municipales; vingt-neuf jouissoient du droit latin; quatre alliées; six de libres; cent vingt de stipendiaires, ou payant des impôts. De ces villes, quatre étoient *conventus;* savoir, *Corduba*, *Hispalis*, *Astigis* & *Gades.*

BETORICÆ INSULÆ, îles vers le nord de celle d'Albion, selon Æthicus-le-Sophisme, cité par Ortélius.

BETPROCLUM, nom d'une ville de la Phénicie, où les Sarrasins étoient en garnison, selon la notice de l'empire, *sect. 23*, citée par Ortélius.

BETTEGENE, lieu de la Palestine dont Guillaume de Tyr fait mention, selon Ortélius.

BETTERES. En trouvant ce nom dans Strabon, Ortélius a cru que c'étoit un peuple: ce peut bien être un lieu. Je n'ose décider la question. En tout cas, peuple ou lieu, il se trouvoit en Hispanie, sur la route qui alloit des Trophées de Pompée (ou du *Summo Pyrenæo*), à *Tarraco.* Casaubon croit que *Betteres* dans Strabon, est le même lieu que *Secerræ* dans Antonin, & cela est très-probable.

BETULLO, BÆTULLO, *ou* BÆTULO, ville de l'Hispanie, selon Pomponius Méla. Il fait aussi mention d'une rivière de même nom.

BETUNIA, nom d'un ancien lieu de l'Espagne, dans les environs d'*Augusta Asturica*, selon l'itinéraire d'Antonin.

BETUSA, *ou* BETUNA. Selon les divers exemplaires de Ptolemée, ancienne ville de l'Asie, dans la Mésopotamie, & près du Tigre.

BEUCENNENSIS, *ou* BENENTENSIS, siège épiscopal d'Afrique, dans la province Proconsulaire, selon les actes de la conférence de Carthage.

BEUS, Δεῦος, nom d'une rivière de la Macédoine, dont il est fait mention par Tite-Live & par Etienne de Bysance.

BEYE, *ou* BEUE, Βεῦη, ville de la Macédoine, située sur la rivière *Beus*, selon Etienne de Bysance.

BEZABDA,

BEZABDA, ou GOZARTA (*Gezirat-ebn-Omar*), ville de l'Asie, sur la rive droite du Tigre, au sud-ouest de *Tigranocerta*. Elle étoit dans la contrée *Zabdicena*.

BEZARA, ville de la Galilée, près de la mer, au sud de Ptolémaïs.

BEZEC, petite place de la Palestine, dans la tribu de Juda, un peu au sud de Jérusalem.

BEZEDEL, village de la Palestine, auprès d'Ascalon. Joseph, *de bello*, dit que les Juifs s'y retirèrent & y soutinrent les efforts des Romains dans une tour; mais ils y mirent le feu & s'en rendirent maîtres.

BEZENI, Ptolemée nomme ainsi un peuple de l'Asie mineure, dans la Galatie.

BEZEREOS, lieu de l'Afrique tripolitaine, sur la côte de Tacapé à la grande Leptis, selon l'itinéraire d'Antonin, *manusc. du vatic.*

BEZETH, ou BEZETHO, lieu de la Palestine, dans les environs de Jérusalem. On voit, dans le premier livre des Machabées, que Bacchide fut camper dans ce lieu en sortant de Jérusalem.

BEZETHA, ou BETZETA, quartier de Jérusalem, sur une montagne entourée de murailles. Joseph, *de bell.* dit que c'étoit comme une nouvelle ville attachée à l'ancienne. *Bezetha* étoit au nord de la ville & du temple.

BEZIRA, ou BAZIRA, ville riche & peuplée, dans l'Inde, aux environs du Choaspe. Alexandre passa cette rivière & laissa Cœnus faire le siège de cette ville, selon Quinte-Curse.

B I

BIABANA, ville que Ptolemée place dans l'intérieur de l'Arabie heureuse.

BIANDINA, ville du Péloponnèse, dans la Laconie, selon Ptolemée. Cette ville devoit être située au fond du golfe Laconique, sur la route & à égale distance d'Asopus & d'Aélos.

BIAS, fleuve de la Messenie, qui couloit au sud d'Andania, & se rendoit dans le golfe au-dessus de la fontaine de *Platane*. Pausanias dit qu'il avoit reçu son nom de Bias, fils d'Amithaon.

BIASARI, EMBISARI, ABISARES, ABISARUS, & ABISSARES, pays de l'Asie, au nord du royaume de Taxile, vers les sources de l'Indus & de l'Hydaspe. Quinte-Curse, Diodore de Sicile, Arrien & Strabon, en parlent sous ces différens noms.

BIATIA, ville de l'Hispanie, dans le territoire des Orétains, selon Ptolemée.

BIBACTA, île de l'Asie, dans la mer des Indes, vers l'embouchure du fleuve Indus, selon Arrien.

BIBACUM, nom d'une ville de la Germanie, dont fait mention Ptolemée.

BIBAGA. Pline met une île de ce nom dans la mer des Indes, & dans le voisinage de l'embouchure du fleuve Indus.

BIBALI, les Bibales, peuple de l'Hispanie Tarragonnoise, dont la capitale portoit le nom de *Forum Bibalorum*, selon Ptolemée.

BIBASIS, c'est, selon Ptolemée, un fleuve des Indes qui va se perdre dans l'Indus. Quelques auteurs croient que c'est l'*Hyppasis* de Pline.

BIBASTUS, nom d'une ville de Thrace, selon Etienne de Bysance.

BIBE (*Chailli*), lieu de la Gaule, nommé dans la table théodosienne au sud-ouest de *Durocortorum*, ou Reims.

BIBISCUM, lieu que l'itinéraire d'Antonin place vers les Alpes Pennines, entre *Augusta Prætoria* & *Augusta Rauracorum*.

BIBIUM, ville de la Liburnie, entre *Arupium* & *Romula*, selon l'itinéraire d'Antonin.

BIBLAI, nom d'une contrée de la Thrace, selon Athénée.

BIBLIAPHORIUM, village du nôme de Libye, dans le voisinage de l'Egypte, selon Ptolemée.

BIBLIS-FONS, fontaine célèbre de l'Ionie, située au sud-sud-est de Milet. Les eaux de cette fontaine forment un petit ruisseau qui se jettoit autrefois dans le port de Milet, & qui se réunit actuellement au Méandre en traversant les ruines de cette ville. Pausanias & Ovide font mention de cette fontaine.

BIBLUS, nom d'une rivière de l'île de Naxie, selon Etienne de Bysance.

BIBONA, lieu de la Gaule Aquitanique, sur la route de *Burdigala* à *Segodum*, selon la table de Peutinger.

BIBONICUM PROMONTORIUM. Ælien dit que l'on pêchoit beaucoup de thons près de ce promontoire. Ortélius pense qu'il étoit vers le Pont-Euxin.

BIBRACTE, appelée aussi *Augustodunum* (*Autun*), ville de la Gaule, & la principale ville du peuple *Ædui*, selon César. Strabon dit que c'étoit la place de défense de ce peuple. On a douté que cette ville eût porté les deux noms ci-dessus : mais M. d'Anville a dissipé les doutes à cet égard. *Voyez Eclaircissemens géographiques sur la Gaule*, 1741; & *sa notice de la Gaule*, *pag.* 156.

BIBRAX (*Bièvre*), ville de la Gaule, dans le pays des Rhemois, selon Jules-César, *de bell. gall.* Cette ville fut attaquée par les Belges, qui marchoient contre César, campé aux environs. Cette ville étoit au nord-ouest de *Durocortorum*.

BIBROCI, les Bibrogues, peuple de la Grande-Bretagne. Selon Cambden, leur nom s'est conservé dans celui de Bray, près de Maydenhead, sur la Tamise.

BICENSIS, siège épiscopal d'Afrique, selon la conférence de Carthage, citée par Ortélius.

BICURGIUM, nom d'une ville de la Grande-Germanie, selon Ptolemée.

BIDA COLONIA (*Bleeda*), ville de l'Afrique, de laquelle Ptolemée fait mention. Elle étoit située dans l'intérieur de la Mauritanie Césarienne, au sud-ouest d'Iconium.

BIDAIUM, lieu de la Pannonie, selon l'itinéraire d'Antonin.

BIDASPIS. Selon Ptolemée, c'étoit une rivière de l'Asie qui alloit se perdre dans le fleuve Indus.

BIDERIS, ville de l'Asie. Elle étoit dans l'Inde, en-deçà du Gange, selon Ptolemée.

BIDIL, lieu municipal de l'Afrique, dans la Mauritanie Césarienne, sur la route de *Saldæ* à *Rusuccurum*, selon l'itinéraire d'Antonin.

BIDINE, nom d'une ville de la Scythie, en Europe, selon Suidas.

BIDINI, les Bidens. Il faut observer qu'au singulier, les anciens ont écrit *Bidis* & *Bidos*. C'étoit un peuple de la Sicile dont il est parlé plusieurs fois dans Cicéron. On croit qu'ils habitoient dans la partie orientale, à quelque distance de Syracuse.

BIDIS (*S. Giovanni di Bidini*), ville de la Sicile, au sud-ouest & à quinze mille pas de la ville de Syracuse. Il en est fait mention par Cicéron & par Etienne de Bysance, qui nomme cette place *Bidos*.

BIDIUS, forteresse de la Sicile, au nord de la partie orientale du mont Ethna, selon Etienne de Bysance; car il le place près de *Tauromenium*.

BIDUCASSES & BIDUCESII. On trouve ces noms dans Ptolemée. Mais il paroît que c'est le mot *Viducasses* altéré.

BIENNUS, Etienne de Bysance place une ancienne ville de ce nom dans l'île de Crète. Selon cet auteur, elle prenoit son nom d'un des Curètes.

BIENNUS (*Vienne*), ville de la Gaule, selon Etienne de Bysance. On sait que c'est la *Vienna* des Latins. (*Voyez* ce nom).

BIEPHI, les Biephes, peuple que Ptolemée attribue à la Dacie.

BIESSI, les Biesses. Ptolemée indique ce peuple dans la Sarmatie européenne. La Martinière ajoute qu'ils étoient près des monts Carpacs. M. d'Anville ne leur a assigné aucune position.

BIGERRA, ville de l'Hispanie. Tite-Live dit qu'elle fut attaquée par les Carthaginois, parce qu'elle étoit alliée des Romains; mais elle fut secourue par Scipion. Ptolemée la donne aux Bastitains, dans la Tarragonnoise.

BIGERRONES, les Bigerrones, peuple de la Gaule, ainsi nommé dans César. Pline les nomme *Bigerri*, & Ausone *Begeritani*. M. d'Anville les place aux pieds des Pyrénées, à l'ouest des *Convenæ*. On peut induire d'un passage de Sulpice Sévère, qu'ils se couvroient l'hiver d'habits de peaux (1). Leur nom se trouve dans celui de Bigorre.

BIGIS, ville de l'Asie, que Ptolemée place dans la Drangiane.

(1) On remarque que les habitans du Bigorre & de Béarn s'en servent encore.

BILAENA, *ou* BILBANA, ville de l'Arabie heureuse, selon Ptolemée.

BILBA, nom d'une ville de l'Asie, dans la Babylonie, selon Ptolemée.

BILBILANÆ AQUÆ (*Alhama*), eaux minérales & médicinales de l'Hispanie, à vingt-quatre mille pas de *Bilbilis*, selon l'itinéraire d'Antonin.

N. B. Le nom d'*Alhama* que les Arabes donnèrent à ce lieu, a le même sens qu'*Aquæ Calidæ* des Latins.

BILBILIS (*Bambola*), ville de l'Hispanie Tarragonnoise, chez les Celtibères, au sud de *Turiaso*. Elle étoit sur une montagne entourée des eaux du *Salo* (le Xalon). Cette ville étoit renommée pour la qualité des armes qui s'y fabriquoient, & que l'on attribuoit à la nature des eaux de la rivière. *Bilbilis* étoit municipale, & porta le titre d'*Augusta*, que l'on trouve sur plusieurs médailles. Le poëte Martial étoit de cette ville, nommée *Bilbis* par Ptolemée.

Municipes Augusta mihi quos Bilbilis acri
Monte creat, rapidis quos Salo cingit aquis.
Mart. L. X, Epig. 103.

N. B. En rapprochant les circonstances indiquées par les anciens, on trouve sur une montagne entourée des eaux du Dalon, des ruines dans un lieu qui porte le nom de *Bambola*: on ne peut guère douter que ce lieu ne soit l'emplacement de *Bilbilis*.

Sur la plupart des médailles de *Bilbilis*, on voit, d'un côté, une tête d'Auguste, &, de l'autre, un cavalier armé d'une lance & d'un casque. Le P. Florez dit que la ville de Catalayud a retenu pour ses armes, la figure de ce cavalier.

BILBILIS, rivière de l'Hispanie, dont les eaux étoient renommées pour la trempe du fer, selon Justin. Cette rivière, appelée ainsi du nom de la ville, avoit cependant un nom particulier. On la nommoit *Salo*.

BILBINA, nom d'une ancienne ville de l'Asie, qu'Etienne de Bysance place dans la Perse. Il est le seul qui en parle.

BILBIS, c'est ainsi qu'on lit dans Ptolemée; mais c'est la même que *Bilbilis*.

BILBIUM, lieu de l'Hispanie. Il en est fait mention par Ortélius.

BILIGO (*Biliris*), lieu de l'Italie, dans la Carnie, selon Cluvier.

BILLA, village d'Afrique, dans la Marmarique, selon Ptolemée.

BILLICHA, fleuve de l'Asie, dans la Mésopotamie. Il prenoit sa source dans les montagnes de l'Osroène, vers le sud d'*Edessa*; & prenant son cours au sud-est, il alloit se perdre dans l'Euphrate, vers le 36e deg. de latitude, à la ville de *Nicephorium*.

BILLIS, petite rivière de l'Asie mineure, près des frontières de la Paphlagonie, sur les bords de laquelle la ville de *Teïum* étoit située. Saluste en fait mention.

BILTA, ville épiscopale de l'Afrique, selon les actes du concile de Carthage, cités par Ortélius.

BILUDIUM, lieu de la Dalmatie, sur la route de *Salona* à *Dyrrachium*, selon l'itinéraire d'Antonin.

BILUMNUM, lieu de la Gaule, selon quelques exemplaires de l'itinéraire d'Antonin. La table de Peutinger porte *Obelonon*. Ortélius dit qu'il étoit de la Gaule Narbonnoise.

BIMATRA, ville de l'Asie, dans la Mésopotamie, selon Ptolemée.

BINAGARA, ancienne ville de l'Inde, en-deçà du Gange, selon Ptolemée.

BINGIUM (*Bingen*), ville de la Gaule, dans la première Germanie, sur le bord du Rhin, à l'ouest de *Mogontiacum*. Tacite fait mention de cette ville. La notice de l'empire & l'itinéraire d'Antonin en font aussi mention.

BINNA, ville de l'Asie, dans l'Assyrie, selon Ptolemée.

BINSITTA (*Tessum-Seely*), bourgade de la Mauritanie Césarienne. Elle étoit située à trente milles au sud-sud-est du mont Zalacus. Ptolemée en fait mention.

BINTHA, ville de la Libye intérieure, aux environs du Niger, selon Ptolemée.

BINTHA, lieu de l'Asie, dans l'Osrhoène, selon le livre des notices de l'empire.

BINUSUM, l'histoire mêlée, citée par Ortélius, nomme ainsi un lieu de l'Asie mineure.

BIOEA, nom d'un port de mer de la partie méridionale de l'île de Sardaigne, selon Ptolemée.

BIOZIMETÆ. On n'est pas trop sûr qu'il y ait eu un peuple de ce nom, quoiqu'il se trouve dans Jornandès. Selon lui il habitoit dans la Sarmatie européenne.

BIPEDIMUI, nom d'un peuple de la Gaule Aquitanique, selon Pline.

BIRACELUM, *ou* VIRACELUM, bourg de l'Italie, dans l'Etrurie, selon Ptolemée.

BIRDAMA, *ou* BRIDAMA, ville de l'Inde, endeçà du Gange. Elle étoit, selon Ptolemée, la capitale du peuple *Porvari*.

BIRGIGELLORUM CIVITAS. Ortélius dit que S. Athanase nomme ainsi une ville des Gaules, & qu'elle avoit un évêque nommé Eusèbe.

BIRGUS, nom que Ptolemée donne à une rivière de l'Hibernie.

BIRIAS, ville de l'Italie. Narsès la prit sur les Goths, selon Cédrène, cité par Ortélius.

BIRTELLA, nom d'une ville que Guillaume de Tyr, cité par Ortélius, place dans la Pélagonie.

BIRTHA (*Tekrit*), ville de l'Asie, dans la Mésopotamie, sur le bord du Tigre, au sud de l'endroit où le *Zabus Minor* alloit se rendre dans ce fleuve.

Ammien Marcellin rapporte que depuis longtemps il étoit question de remettre cette place entre les mains de Sapor, roi de Perse, à cause d'un traité fait par Jovien, successeur de Julien, dont l'expédition avoit été malheureuse.

BIRTHA, ville de l'Asie, dans la Mésopotamie, & dans le voisinage du Tigre, selon Ptolemée. Il la place à l'occident & sur le bord de ce fleuve.

BIRTHA, *ou* BITHRA, ville de l'Arabie déserte. Elle étoit située sur l'Euphrate, selon Ptolemée.

BIRTHAMA, *ou* BITHABA, ville de l'Asie, dans l'Assyrie, selon Ptolemée.

BISA, nom d'un bourg de l'Attique, dépendant de la tribu Antiochide.

BISALTÆ, les Bisaltes. Ce peuple habitoit un petit pays sur les bords du golfe de Strymon, dans la partie septentrionale de la Macédoine. Leurs villes principales étoient *Europia*, *Ossa* & *Calitera*. Je trouve dans un fragment de Charon de Lampsaque, conservé par Athénée, l'anecdote suivante, au sujet de ce peuple.

Onaris, né parmi les Bisaltes, avoit été très-jeune vendu à un citoyen de Cardie; & pendant son esclavage il y apprit non-seulement le métier de barbier, mais beaucoup des usages des Cardiens. Il y vit entre autres que tous leurs chevaux étoient instruits à faire certains exercices au son de la flûte: & ces animaux se dressoient sur leurs pieds de derrière, & avec ceux de devant marquoient la mesure des airs qu'on leur avoit appris. Cependant il se répandit un oracle dans la ville, par lequel il étoit annoncé que les Bisaltes viendroient attaquer les Cardiens. Comme ce bruit semoit la terreur, Onaris conçut le projet d'accomplir l'oracle. Il s'enfuit secrétement & se retira chez ses compatriotes, y fit connoître les craintes des Cardiens, y fut reconnu chef de l'armée, & marcha en effet à la tête des siens. Il avoit eu la précaution de faire acheter secrétement à Cardie, une joueuse de flûte, qui enseigna les airs dont on s'y servoit pour faire danser les chevaux. Lorsque le combat fut engagé, Onaris fit jouer ces airs. A peine, dit l'historien, les oreilles des chevaux en furent-elles frappées, qu'ils se dressèrent sur les pieds de derrière & commencèrent à danser. La force des Cardiens étoit dans leur cavalerie, aussi furent-ils défaits.

BISALTIA, contrée de la Macédoine, aux confins de la Thrace, & à l'occident du Strymon. Il en est fait mention par Virgile & Etienne de Bysance. Elle est nommée *Besaltia* par Ptolemée. Il faut observer qu'Etienne de Bysance dit qu'il y avoit aussi une ville de ce nom: mais il est le seul qui en parle. Hérodote dit simplement une région.

BISANTHE, *ou* RÆDESTUS, ville de la Thrace, sur le bord de la Propontide, au fond d'une espèce de golfe, & à peu de distance au nord-ouest de Perynthe.

BISCARGIS, ville de l'Hispanie, sur la droite de l'*Iberus*, au nord-ouest de *Dertosa*.

BISGARGITANI, les Bisgargitans, peuple de l'Hispanie, nommé ainsi par Pline. On trouve dans quelques exemplaires de Ptolemée *Bissangis* & *Biscargis*, pour le nom de leur ville. C'est l'orthographe adoptée par M. d'Anville. *Voyez* BISCARGIS.

BISSONUM, nom d'un lieu de la Gaule aquitanique, & au voisinage de *Burdigala*, selon Fortunat.

BISTÆI, peuple de la Gaule Narbonnoise. Il faisoit partie des Bebryces, selon Etienne de Bysance.

BISTIRUS, ville de Thrace, selon Etienne de Bysance. Suidas la nomme *Bastira*.

BISTONES, les Bistons habitoient cette partie de la Thrace qui a le mont Rhodope au septentrion; l'Ebre, à l'est; le Nessus, à l'ouest; la mer Egée, au sud. Leur capitale portoit le nom de *Tinda*. Ces peuples, soumis d'abord par les Macédoniens, le furent ensuite par les Romains.

BISTONES, peuple de la Thrace. Xerxès, selon Hérodote, traversa leur pays en marchant contre la Grèce. Lucain les nomme pour désigner en général la nation Thrace.

Sanguineus veluti quatiens Bellona flagellum.
Bistonas, aut mavors agitans......

BISTONIA, ville de Thrace, selon Etienne de Bysance. Cette ville devint épiscopale.

BISTONIS PALUS, petite lagune qui se trouvoit sur la côte de la Thrace, au nord-est d'*Abdera*. On la trouve nommée aussi *Bistonium locum* & *Bistonis lacus*.

BITAZA, ville de l'Asie, dans l'Arie, selon Ptolemée.

BITELLA, ville de l'Italie, selon Etienne de Bysance, & appelée par les Latins *Vitella*. Tite-Live dit qu'elle fut prise par les Romains sous le consulat de M. Minucius & de A. Sempronius. Les Romains en firent une colonie. Elle fut prise par les Eques; mais les habitans se refugièrent à Rome. Elle est nommée *Vitellia* par Tite-Live.

BITENSIS, siège épiscopal d'Afrique, dans la Mauritanie Césarienne, selon la notice épiscopale d'Afrique.

BITHABA, ville de l'Asie, dans l'Assyrie, selon Ptolemée. Quelques exemplaires portent *Birthama*.

BITHERA, Califte donne ce nom à une ville voisine de Jérusalem.

BITHEREMAN, ville de la Phénicie, selon Sozomène. Elle étoit située à l'extrémité du territoire d'Eleutheropolis.

BITHIA, nom d'une ville de l'Asie que Ptolemée place dans la Médie.

BITHIAS, ville de l'Asie, dans la Mésopotamie, selon Ptolemée.

BITHIAS, nom d'une rivière de la Thrace, selon Appien.

BITHIBANITÆ, écrit aussi dans quelque exemplaires de Ptolemée *Cithebanitæ*; les Bithibanites ou Cithebanites. Cet auteur place ce peuple dans l'Arabie heureuse; &, comme Pline indique dans la même contrée un peuple qu'il nomme *Gebanitæ*, on soupçonne avec assez de fondement que c'est le même.

BITHIGA, ville de l'Asie, dans la Mésopotamie, selon Ptolemée.

BITHYÆ, les Bithyes, peuple de la Thrace, selon Etienne de Bysance. Cet auteur dit qu'ils avoient pris leur nom de Bithyus, fils de Mars. Il est plus vraisemblable que le nom de ce peuple venoit de celui du fleuve *Bithys*, dont parle Appian, & que Ptolemée nomme *Bathynius*.

BITHYLA, ville que Ptolemée indique en Grèce, dans l'intérieur de la Laconie.

BITHYNI, les Bithyniens, habitans de la Bithynie, dans l'Asie mineure. Ces peuples avoient pris ce nom générique, qui étoit celui du pays. Ils avoient d'abord été distingués en *Bebryces*, *Mariandyni*, *Caucones*, *Dolliones*, *Cimmerii*, &c. Quelques-uns d'eux étoient originaires de Thrace, & venoient en Bithynie, en traversant le Bosphore.

Selon Diodore de Sicile, les Bithyniens avoient des rois dès le temps de Ninus: &, selon Appien, il y avoit eu quarante-neuf souverains avant que les Romains passassent en Asie. Cependant, on peut douter de cette haute antiquité, puisque Homère ayant parlé d'événemens arrivés dans la Troade, en parlant des pays voisins, ne dit rien des Bithyniens.

Quelle qu'ait été l'ancienneté de leur origine, on voit qu'ils furent soumis d'abord aux Lydiens, & depuis aux Perses. Ils accompagnèrent Alexandre dans son expédition de la Perse & de l'Inde.

On ne sait d'ailleurs rien de positif sur leur religion, leur gouvernement. Leur histoire n'est connue que par quelques fragmens. On voit que Nicomède I fut celui qui, le premier, appela les Gaulois en Asie. On n'a pu recueillir les noms que de dix rois de Bithynie. Le dernier est Nicomède III, qui mourut soixante-quatorze ans avant l'ère vulgaire, & donna, par testament, son royaume aux Romains, qui en firent une province de leur empire.

BITHYNIA, la Bithynie, province de la partie de l'Asie, appelée communément *Asie mineure*. Elle s'étendoit de l'ouest à l'est depuis la Mysie jusqu'à la Paphlagonie, ayant au nord la partie orientale de la Propontide, le Bosphore de Thrace & le Pont-Euxin; au sud, la Phrygie Epictète, & une partie de la Galatie.

Il faut observer que je l'étends ici depuis l'embouchure du *Rhyndacus*, à l'ouest, jusqu'au *Parthenius*, à l'est; au lieu qu'il fut un temps qu'elle ne s'étendit pas, de ce dernier côté, au-delà d'Héraclée.

Si l'on jette les yeux sur une carte, on verra

que la Bithynie formoit une presqu'île qui, depuis *Nicomedia*, au sud, & *Artone*, au nord, s'étendoit par le nord-ouest jusqu'au Bosphore de Thrace.

Les principales montagnes de la Bithynie étoient, 1°. le mont *Olympus*, l'une des plus hautes de l'Asie mineure : elle étoit dans la partie occidentale, & donnoit à cette partie le nom d'Olympena ; 2°. le mont *Sophon* est plus au nord : il commençoit à *Nicomedia*, & formoit une chaîne de montagnes qui s'étendoit à l'est par le nom du lac de même nom, & du cours d'une partie du *Sangarius* ; 3°. les *Hypii montes*, allant de l'ouest à l'est, à-peu-près dans le milieu du pays ; 4°. l'*Orminius mons*, dans la partie du nord-est.

Il y avoit plusieurs lacs dans la partie occidentale. Les principaux étoient, 1°. l'*Ascanius lacus*, à l'ouest de *Nicæa* ; 2°. l'*Apolloniatis Palus*, au sud-ouest, à l'ouest du mont Olympe.

Les principaux fleuves étoient, 1°. le *Rhyndacus*, qui, commençant en Phrygie, traversoit le lac Apolloniate, & séparoit la Bithynie de la Mysie, & se jettoit dans la Propontide ; 2°. le *Sangarius*, qui, commençant au sud dans la Galatie, formoit un grand contour par l'ouest, puis se rendoit par le nord-est dans le Pont-Euxin ; 3°. le *Billæus*, dans la partie orientale : il se jettoit aussi dans le Pont-Euxin très-près à l'est de *Tium*.

La Bithynie renfermoit un grand nombre de villes, dont quelques-unes seulement trouveront place ici. Ce sont les principales, telles que PRUSA *ad Olympum*, NICÆA, NICOMEDIA, CHALCEDON, en face de Bysance, PRUSA *ad Hypium* ; HERACLEA BITHYNIUM, TIUM, *&c.*

On trouve ce qui concerne l'historique de ce pays au mot BITHYNI. Il faut remarquer seulement ici que sous le bas-empire, la plus grande partie de la Bithynie reçut le nom de *Pontica*.

Bithynie, selon Ptolemée.

Chalcedon. *Acritas*, prom. *Tararium.* *Obbia.* *Astacus.* *Nicomedia.* *Posidium*, prom. *Ascanias*, palus. *Dascylium.* *Apamia.*	Sur la Propontide.
Bithynium, prom. *Artace*, castellum. *Diospolis.* *Heraclea*, ponti. *Psyllium.* *Tion*, ou *Tium*.	Sur la mer Noire.
Amastris (1). *Cromna.* *Cytorum.*	Sur la mer Noire.
Libissa. *Eriboea.* *Callica.* *Patavium.* *Prusa* Justa Hippium. *Didaucana.* *Protomaera.* *Claudopolis*, ou *Bithynium*. *Flaviopolis*, ou *Cratia*. *Timæa.* *Clitæ.* *Latania.* *Nicæa.* *Cæsarea*, ou *Smyratia*. *Prusa* ad Olympum. *Agrilium.* *Dablis.* *Dadastana.* *Juliopolis.*	Dans l'intérieur des terres.

BITOANA, ville de l'Asie mineure, dans la Lydie, selon Ptolemée.

BITTIGO, nom d'une montagne de l'Inde, en-deçà du Gange, selon Ptolemée. Ce géographe y met les Brachmanes.

BITTORES, les Bittores. On trouve dans Agathias, un peuple de ce nom entre ceux qui formoient celui que l'on comprenoit sous le nom générique des Huns.

BITURGIA, ville d'Italie. Ptolemée la met dans l'intérieur des terres de l'Etrurie.

BITURIGES, deux peuples ont porté ce nom dans la Gaule : c'est ce qui a conduit les auteurs à les distinguer chacun par un surnom, quoiqu'au temps de César on ne connoissoit qu'un seul peuple *Bituriges*.

BITURIGES CUBI, les Bituriges cubes. Ce peuple, qui occupoit une partie considérable de la premiere Aquitaine, avoit été bien plus puissant avant la conquête de la Gaule par César, qu'il ne l'étoit alors. Tite-Live dit expressément qu'au temps de Tarquin, ils commandoient à toute la portion de la Gaule appelée *Celtique*. Il paroît aussi qu'ils avoient alors Ambigat pour roi. Ce fut ce prince qui envoya ses deux fils, Bellovèse & Sigovèse, s'établir avec des peuplades de Gaulois, en Germanie & en Italie. Leur capitale portoit le nom d'*Avaricum*, & leur territoire répondoit à l'étendue qu'a aujourd'hui l'archevêché de Bourges ; ainsi il étoit plus étendu que le Berri actuel. Au temps de César, ces peuples avoient perdu de leur puissance, puisque, selon cet auteur, ils étoient soumis aux Eduens, ou du moins sous leur protection.

(1) Ces trois dernières, selon les divisions que j'adopte d'après M. d'Anville, se trouvoient dans la Paphlagonie.

BITURIGES VIVISCI. Ce peuple, bien moins considérable que le précédent, formoit aussi une division beaucoup plus nouvelle. Ils habitoient dans la partie la plus méridionale de l'Aquitaine seconde, & même Strabon dit qu'ils y étoient étrangers, c'est-à-dire, qu'ils ne faisoient pas corps avec les Aquitains. On croit qu'ils tiroient leur origine des *Bituriges Cubi*. Ils avoient pour capitale *Burdigala*, & habitoient le pays appelé actuellement *Bordelois*. Le P. Labbe prétend que ces *Bituriges* étoient sortis de leur ancien pays pour venir sur la Garonne fonder la ville de Bordeaux.

BITURIS. Selon Ptolemée, nom d'une ville de l'Hispanie Tarragonnoise, dans le pays des Vascons, selon Ptolemée.

BITZINA, ville de la Palestine, selon un supplément de la notice de Hiéroclès.

BIULA, nom d'un village considérable de l'Asie mineure, dans la Carie. Il étoit situé dans les plaines du Méandre, selon Strabon.

BIYNAU, lieu de l'Asie, dans la Mésopotamie, sur le bord de l'Euphrate, au nord-ouest de *Circesium*. Dans ce lieu étoit un temple consacré à Diane.

BIZA, fontaine de la Grèce, dans le Péloponnèse, selon Strabon.

BIZABDA, ville de l'Asie, dans le pays des Perses. Elle fut prise sous l'empereur Constance, selon S. Jerôme.

BIZANONIA, siège épiscopal d'Afrique, sous la métropole de Sergiopolis, selon la notice du patriarchat d'Antioche.

BIZANTIUM. *Voyez* BYZANTIUM.

BIZES, rivière de l'Asie mineure, dans la Bithynie, entre le *Rheba* & le *Psylis*, selon Ammien Marcellin.

BIZUS, bourgade d'Europe, dans la partie de la Mœsie inférieure appelée d'abord *Scythie*, entre le promontoire Tetrisias & Dionysopolis, sur le bord du Pont-Euxin, selon le périple d'Arrien. C'est la *Bisona* de Strabon & de Pomponius Méla. Le premier la met entre *Calatis* & *Apollonia*; mais elle étoit fort loin au nord de cette dernière. Il ajoute que la plus grande partie en avoit été absorbée par un tremblement de terre. Et Méla dit qu'elle fut détruite entiérement.

BIZYE, *ou* BIZYA, ville de la Thrace, & capitale de la contrée nommée *Astica*. Elle étoit peu éloignée de la mer, au nord-ouest de *Salmydessus*. Il est parlé de cette ville par Ptolemée, Suidas, Etienne de Bysance, *&c.* Ce dernier dit expressément qu'elle étoit la capitale des *Astæ*. Pline dit qu'elle étoit la capitale, ou du moins une citadelle, habitée autrefois par Téréc, si connu dans la mythologie par sa cruauté à l'égard de Philomèle. Selon Solin, les hirondelles s'éloignoient de cette ville, qui leur étoit odieuse. On voit que c'est une erreur populaire, relative à la fable de Prognée.

B L

BLABE, île du Bosphore de Thrace, du côté de l'Asie & de Chalcédoine, auprès du promontoire Lembus, selon Denis de Bysance.

BLACHIA MAGNA, hautes montagnes de la Grèce, dans la Thessalie, selon Nicétas.

BLADIENSIS, siège épiscopal d'Afrique, selon les actes de la conférence de Carthage.

BLÆANDER, ville de l'Asie mineure, dans la grande Phrygie, selon Ptolemée.

BLÆNA, nom d'un lieu de la Paphlagonie, aux environs du mont Olgassus, selon Strabon.

BLANCA GUARDA. Selon Guillaume de Tyr, cité par Ortélius, c'étoit le nom d'un lieu particulier de la Palestine, auprès d'Ascalon.

BLANDA, ville de l'Hispanie Tarragonnoise, dont il est fait mention par Pomponius Méla, Ptolemée & Pline. Ce dernier dit *Blandæ*. Elle étoit située sur la côte Laletans, au sud de *Gerunda*. C'est la position que lui donne M. d'Anville.

BLANDA, nom d'une ville de l'Italie, dans le pays des Brutiens, selon Pline & Pomponius Méla; mais elle est nommée *Blandæ* par Tite-Live, & il la met dans la Lucanie.

BLANDENONA, lieu de la Gaule Cisalpine, par rapport à Rome. Il en est fait mention dans une lettre de Cicéron à son frère.

BLANDONA. Selon l'itinéraire d'Antonin, c'étoit une ville maritime de l'Italie, dans la Liburnie, entre *Jadera* & *Arausa*.

BLANDOS, nom d'un lieu de la Cappadoce sur la route de Sébaste à Cocuson, selon l'itinéraire d'Antonin.

BLANDUSIÆ FONS. C'est ainsi qu'on lit ce nom dans un grand nombre d'éditions d'Horace. Mais le P. Sanadon, & depuis lui M. l'abbé Champy (découverte de la maison de campagne d'Horace), ont prouvé qu'il faut lire *Bandusiæ fons*. *Voyez* ce mot.

BLANGIANÆ, les Blangianes. On a aussi écrit *Blangiani*. Isidore nomme ainsi un peuple de la Germanie.

BLANII, les Blaniens, *ou* EBLANI, les Eblans. Selon Ptolemée, c'étoit un peuple de l'*Hibernia*.

BLANONA, Ptolemée fait mention d'une ville de ce nom, qu'il place en Italie, dans la Liburnie.

BLAQUERNÆ, les Blaquernes, lieu situé en-dehors, mais aux portes de Constantinople. Il étoit au nord-ouest, & peut en être regardé comme un des fauxbourgs. Selon Procope, Justinien y fit élever une superbe église, sous l'invocation de la sainte Vierge. Tibère, l'un des successeurs de Justinien, fit construire un bain public aux Blaquernes. On croit que ce nom fut donné à ce lieu, parce qu'il y croissoit beaucoup de fougères.

BLARIACUM (*Blerick*), lieu de la Gaule, dans la seconde Germanie. Il étoit au nord de *Castellum Menapiorum*.

BLASCON, *insula*, ou l'île de Blascon (*Brescon*). Pline nomme ainsi une île de la Gaule, située à l'embouchure du fleuve *Rhodanus*, ou Rhône. On retrouve encore cette île.

BLASTOPHŒNICES, les Blastopheniciens. Ce peuple étoit dans la Lusitanie. Il paroît que ce nom étoit composé.

BLATUM BULGIUM. Selon l'itinéraire d'Antonin, c'étoit le nom d'un lieu de l'île d'Albion.

BLAUDUS, nom d'une ville de l'Asie mineure, dans la Phrygie, selon Ménécrate, cité par Etienne de Bysance.

BLAVIA (*Blavet*). Ce nom est aussi nommé *Blabia.* Il se trouvoit de la troisième Lyonnoise, c'est-à-dire, dans la Bretagne, sur la côte méridionale.

BLEMMINA, ville du Péloponnèse, dans la Laconie, selon Ptolemée. Cette ville est la même que *Belemina.* (*Voyez* ce mot).

BLEMYÆ, les Blemyes, peuple de l'Ethiopie, selon Pline. Ce que l'on en dit tient trop de la fable pour que je doive m'y arrêter. (*Voyez* Pline, *l. 5, c. 8*). Cela cependant ne peut faire douter de leur existence, puisque l'on voit par Vopiscus, que Probus, dans l'année de notre ère 280, ayant pris les places importantes de *Coptos* & de *Ptolemaïs*, soumit les Blemyes.

BLENDIUM PORTUS, port de mer de l'Hispanie, selon Pline.

BLENINA. Selon Pausanias, nom d'une petite ville ou bourg du Péloponnèse, dans l'Arcadie.

BLEPSIADA, nom d'une tribu de l'île d'Ægine, selon Ortélius, qui cite Pindare & son scholiaste.

BLERA (*Gravina*), petite ville d'Italie, dans l'*Apulia*, à l'est de *Venusia.* Il paroît que ce n'a jamais été un endroit bien considérable; mais peut-être seulement un lieu commmode pour reposer les voyageurs.

BLERA. Ptolemée parle d'un lieu qui diffère du précédent, puisqu'il le place dans l'Etrurie, auprès de *Tarquina*, au 35e deg. 20 min. de long. latit. 42, 10.

BLESINO. Strabon place un bourg de ce nom dans l'île de Corse.

BLESTIUM, lieu de l'île d'Albion, sur la route de *Calleva* à *Isca*, entre *Burrium* & *Ariconium*, selon l'itinéraire d'Antonin.

BLETONESII, les Blétonésiens. Plutarque, qui nomme ce peuple comme ayant l'usage de faire des sacrifices humains, dit que les Romains s'y opposèrent & l'obligèrent d'y renoncer. On n'a aucune idée du pays qu'ils habitoient.

BLIARUS, ou MEMBRIARUS, île de la mer Méditerranée, auprès celle de Thera. Etienne de Bysance dit qu'elle prit ce nom de l'un des compagnons de Cadmus.

BLITERÆ (*Béziers*). On trouve quelquefois ce nom; c'est *Bœterræ* qu'il faut lire. (*Voyez* ce mot).

BLIULŒI, les Blialeyes, peuple de l'Arabie, selon Ptolemée.

BLUBIUM, ou BLUCIUM, nom d'une forteresse de la Galatie, au voisinage de la Bithynie. Strabon dit que c'étoit une forteresse qui appartenoit aux Tolistobogiens.

B N

BNIZOMENÆ, ou CNIZOMENÆ, les Bnizones, ou Cnizomènes. Diodore dit que ce peuple étoit dans le voisinage de l'Arabie. Mais c'est une indication bien vague.

B O

BOACRÆ, lieu de l'Italie, sur la voie Aurélienne, dans la route de Rome à *Arelate*, en passant par l'Etrurie & les Alpes maritimes, selon l'itinéraire d'Antonin.

BOACTUS. Selon Ptolemée, c'est le nom d'une rivière d'Italie, dans la Ligurie. Sur la carte de M. d'Anville, elle est marquée au nord de *Portus Veneris.*

BOÆ, ville du Péloponnèse, dans la Laconie, à la pointe du golfe *Boeotiacus Sinus.* C'étoit une ville des Eleuthérolacons, & elle reconnoissoit Boeus, un des fils d'Hercule, pour son fondateur. Diane étoit particuliérement adorée dans cette ville. Apollon avoit une chapelle dans la place publique, & Esculape en avoit une dans un autre quartier. *Pausanias.*

BOCE, Ammien Marcellin nomme ainsi une île de la Dalmatie.

BOAGRIUS, fleuve, ou plutôt, torrent de la Grèce, dans le pays des Locriens Epicnémidiens, selon Ptolemée. Strabon en parle, & dit qu'il arrosoit la ville de Thronium. Il le nomme *Boagrios.*

BOAGRIUS, ville du même pays; elle étoit à l'ouest, sur les confins de la Phocide.

BOANE, lac de l'Asie mineure, dans la Bithynie, près de Nicomédie, selon Evagre & Caliste.

BOANENSIS, siège épiscopal d'Afrique, dans la Bysacène, selon la notice épiscopale d'Afrique.

BOATIUM CIVITAS, ville de la Gaule, & l'une des douze cités de la Novempopulanie, selon les anciennes notices des villes & des provinces de la Gaule. (*La Martinière*).

BOBIUM (*Bobbio*), ville de l'Italie, chez les Boïens, selon Cluvier.

BOCALIUM, nom d'une petite ville du Péloponnèse, dans l'Arcadie, selon quelques éditions de Pline. Celle du P. Hardouin porte *Bucolium.*

BOCANA, ville qui étoit située dans la partie orientale de l'île de Taprobane, selon Ptolemée.

BOCANI, les Bocans. Ptolemée les place dans l'île de Taprobane, dans la partie orientale vers le sud.

BOCANUM HEMERUM. C'est, selon Ptolemée, le nom d'une ville de l'Afrique, dans la Mauritanie Tingitane.

BOCARUS, rivière de l'île de Salamine, selon Strabon. Elle fut ensuite nommée *Bocalias*.

BOCHIANA, ville de l'Ethiopie, sous l'Egypte, selon Pline.

BODECIA, lieu de l'Italie, sur la route de Rome à *Arelate*, par l'Etrurie & les Alpes maritimes, selon l'itinéraire d'Antonin.

BODENA, château de la Thessalie ou de la Macédoine, selon Ortélius. Cédrène en parle, & dit qu'il étoit situé sur une roche escarpée, à travers laquelle l'eau du marais Ostrobi s'écouloit. Glycas & Curopalate font aussi mention de ce château.

BODENI, les Bodens, peuple de la Sarmatie européenne, selon Ptolemée.

BODIANUS, *ou* BOBIANUS, bourg de l'Italie, selon le livre des colonies de Frontin. Ce bourg fut repeuplé par un décret de Jules-César.

BODINCOMAGUM, ancien nom d'un bourg de l'Italie, dans la Ligurie, à l'endroit où l'*Eridanus* commence à avoir sa principale profondeur, selon Pline. Cet auteur dit que de son temps ce bourg étoit nommé *Industria*. (*Voyez* ce mot).

BODIONTICI, les Bodiontiques. Pline, qui nous les fait connoître, dit que Galba les avoit ajoutés à la Gaule Narbonnoise. Mais M. d'Anville les a conservés, sur sa carte, à la division appelée *des Alpes maritimes*. *Dinia* étoit leur ville capitale. Ils occupoient le territoire de Digne. Il est vrai que dans Ptolemée on trouve cette ville attribuée au *Sentii*; mais on s'accorde à regarder cette leçon comme une corruption. Avant que Galba eut ajouté à la Gaule Narbonnoise les Bodiontiques, ils faisoient partie des Liguriens.

BODOBRICA, ville de la Germanie, située sur le Rhin, selon le livre des notices de l'empire. Elle est nommée *Baudobrica* dans l'itinéraire d'Antonin.

BODOTRIA, lieu de l'île d'Albion, près duquel Agricola s'avança & le fit fortifier, selon Tacite. Ce doit être le golfe de Forth. Il est nommé *Boderia* par Ptolemée.

BODUNNI, les Bodunes, peuple de la Grande-Bretagne. Il est connu par Dion Cassius, qui dit que ce peuple se soumit à l'empereur Claude. Mais ce nom, écrit de cette manière, est une altération. Il faut lire *Dobuni*.

BŒA, *ou* BOÉ, ville de la Laconie sur le golfe Bœatique, au sud-ouest d'*Epidelium*.

Elle devoit, dit-on, sa fondation à Beus, fils d'Hercule. On y honoroit Diane comme une divinité tutélaire: Apollon & Esculape y avoient aussi leurs temples dans différens quartiers. Le myrthe y étoit réputé un arbre sacré, parce que, lors de l'établissement de la colonie, on avoit regardé comme très-mystérieuse, la course d'un lièvre qui, s'étant arrêté sous un myrthe, avoit paru indiquer que l'on devoit fonder la ville en ce lieu.

A quelques stades de la ville étoit un temple de Serapis & d'Isis, dont l'établissement prouvoit que des Egyptiens avoient autrefois habité sur ces bords.

A l'ouest est un petit golfe qui, du nom de la ville, s'appeloit golfe *Bœatique*. Il est formé à l'ouest par une petite île, où se trouvoit un promontoire appelé, à cause de sa forme, *Mâchoire d'âne*. On y voyoit, au temps de Pausanias, un vieux temple de Minerve, bâti par Agamemnon, & alors sans toit & sans statue.

BOEA, *ou* OEA, nom d'un siège épiscopal d'Afrique, selon les actes de la conférence de Carthage, cités par Ortélius.

BOEAMBA, *ou* COIAMBA. Selon les différens exemplaires de Ptolemée, ancienne ville de l'Asie, dans la Gédrosie.

BŒBE, ville de la Thessalie, dans la Pélasgiotide, au nord du petit lac ou marais de son nom. Elle reçut une grande cause d'affoiblissement lorsque Démétrius Poliorcète en prit tous les habitans, ou du moins une grande partie, pour peupler la ville qu'il venoit de fonder sous le nom de *Démétriade*. Il en est parlé dans Homère.

N. B. C'est à tort que dans quelques anciennes traductions on écrit *Boibe*; l'*oi* des Grecs se rend ordinairement en françois par *œ*.

BŒBE, ancien nom d'un marais de l'île de Crète, selon Etienne de Bysance.

BŒBEIS (*le lac*), étoit en Thessalie, à quelque distance vers le sud-est de Larisse. Le fleuve Onchestus s'y rendoit, & en sortoit pour se rendre dans le golfe Pélasgique, ou plutôt il s'y grossissoit des eaux du lac. Il avoit pris son nom de la ville de *Bœbe*.

BOEBUS. *Voyez* BŒBE.

BOEDRIAS, lieu de la Grèce, dans la Béotie, & au voisinage du Céphise. Il y croissoit d'excellens roseaux, selon Théophraste.

BŒLON, ville de l'Hispanie, dans la Bétique, vers le nord-est. Elle étoit sur le bord de la mer, faisoit commerce de sel, que l'on transportoit de cette place à *Tingis*, sur la rive opposée.

Cette ville est détruite; mais un lieu sans habitation porte le nom de *Balania*.

BOENASA, ville de la Cappadoce, dans l'intérieur du Pont Galatique, selon Ptolemée.

BOEON, ville que Ptolemée place dans l'intérieur de la Chersonnèse Taurique.

BOEON, ville de la Doride, selon Thucydide. Son scholiaste dit qu'elle étoit près du Parnasse.

BŒON, *ou* BŒLO, ville de Grèce, dans la Doride. Pline, Strabon & Etienne de Bysance, disent que c'étoit une des quatre villes qui firent donner le nom de *Tétrapole* au pays que les Doriens possédoient auprès du mont Oëta.

BŒONUS (*Diu*), île de l'Inde, selon le périple de la mer Erythrée. M. d'Anville, sur sa carte, l'a l'a placée à l'entrée, au sud-ouest du golfe *Barygozenus*.

BŒSIPPO, ville de l'Hispanie, dans la Bétique. On n'est pas d'accord sur la position de cette ville. Quelques auteurs ont cru qu'elle étoit dans la place où est actuellement le port de Sainte-Marie. D'autres ont cru y retrouver la *Carteïa*, dont parle Tite-Live, en disant que ce fut le premier port que trouva Lœlius après la sortie du détroit. Je ne trouve point de position pour cette dernière ville; mais j'ai sous les yeux une carte manuscrite des routes de l'Hispanie; elle me paroît excellente. Dans cette carte, *Bæsippo* est à la position que je lui ai donnée sur la mienne, & n'est qu'à douze milles de *Bælon*.

BŒUM, ville qui étoit située dans l'intérieur de la Chersonnèse Taurique, selon Ptolemée. On en ignore la position.

BOFET, siège épiscopal d'Afrique, dans la Numidie, selon les actes de la conférence de Carthage.

BOGADIUM, nom d'une ville de la Germanie, dont fait mention Ptolemée.

BOGDOMANTIS. Ptolemée nomme ainsi une contrée de l'Asie mineure.

BOHABEL, nom d'une ville de l'Asie, dans la Syrie, selon Guillaume de Tyr.

BOIA, nom d'une île de la mer Egée, selon l'itinéraire d'Antonin.

BOIA : Jules-César, dans ses commentaires, fait mention d'un lieu de ce nom. Il devoit être dans la Germanie, au pays des Boïens.

BOII, les Boïens. Ce peuple, selon Strabon, qui les appelle tantôt Celtes & tantôt Gaulois, paroît à M. Pelloutier, avoir été un peuple celte (1), de la Thrace & de l'Illyrie. « Il y avoit, dit-il, » des Boïens au-delà du Danube, dans la forêt » Hernicie : ce sont ceux qui étoient établis en » Bohême, d'où ils furent chassés par les Marco» mans. Il y en avoit d'autres mêlés parmi les » habitans de la Thrace; d'autres enfin demeu» roient dans l'Illyrie, entre le Danube & la » Drave ». Il ajoute : « on prétend que les Boïens » étoient tous venus des Gaules ou d'Italie ». Je vais tâcher de distinguer ces différens Boïens.

1°. Après que Bellovèse fut entré en Italie par le pays des *Taurini*, les *Boii* & les *Lingones* y entrèrent par l'Alpe Pennine. Ces *Boii*, habitant la partie la plus méridionale de la Gaule Cisalpine, n'étoient séparés de l'Etrurie que par l'Apennin, & des *Senones* que par le *Rubico*. Leur principale ville étoit *Bononia*. L'an 395 de Rome, ils s'avancèrent en Italie jusques dans la plaine de Preneste. Ils y furent défaits par le dictateur C. Sulpicius.

Chassés par les Romains, les Boïens se retirèrent sur le Danube, & habitèrent avec les *Taurisci* & les *Scordisci*, sur les confins de la Pannonie & de l'Illyrie. Dans cette contrée, ils eurent guerre avec Bœrébistas, roi de Gètes, & furent détruits par ses troupes. Ce pays demeura désert & inculte. Il fut appelé le *désert des Boïens*. J'ajouterai ici que les Romains y bâtirent depuis, les villes de *Scarabantia* & de *Sabaria*. On croit que ce sont de ces Boïens que parle César, lorsqu'il dit : « que » les Boïens, qui avoient demeuré au-delà du Rhin, » & qui étoient descendus dans la Noricie, où ils » avoient assiégé la ville de *Norcia*, furent appelés » par les *Helvetii* pour faire, avec eux, une irrup» tion dans la Gaule. Je parlerai bientôt de ceux-ci ».

2°. Un autre corps de Boïens étant entré en Germanie, se fixa au nord du Danube, dans une vaste étendue de pays, presque entourée de montagnes, dont la partie occidentale portoit le nom de *Montes Hercynii*. Ce pays ensuite leur fut enlevé par les *Marcomani*, qui s'y établirent. Le pays n'en conserva pas moins le nom de ses premiers habitans dans celui de *Boiohemum*, rendu en françois par celui de Bohême. Ces *Boii* ne continuèrent pas à faire un corps considérable; mais s'étant trouvés jouir de quelque considération entre les autres peuples avec lesquels ils se confondirent, on conserva une trace de leur nom dans celui de *Boioarii*, d'où l'on a fait Bavarois.

3°. On a vu plus haut que des Boïens s'étoient joints aux Helvétiens, qui, du temps de César, se jettèrent sur les Gaules. Ils furent les uns & les autres battus par ce général. Après la victoire, les Eduéens obtinrent de César qu'il ne forceroit pas ces Boïens à rentrer dans les montagnes, comme il le faisoit à l'égard des *Helvitii*; mais qu'à cause de leur valeur & de leur courage, il les établiroit sur un petit coin de leur territoire. Il y consentit; & si même on en croit l'auteur présumé d'une vie de César (Julius Celsus), il bâtit à ces Boïens une petite ville sous le nom de *Gergovica*. On n'en retrouve aucune trace. Ces *Boii* sont placés par M. d'Anville, dans l'espèce de presqu'île qui se trouve entre les fleuves *Liger* & *Elaver* avant leur réunion.

4°. Les *Boii*, surnommés par Ausone *Picci*, étoient dans la partie occidentale de la Gaule, comprise dans la *Novem Populana*, au sud-ouest des *Biturîges Vivisci*, sur le bord de la mer. Ausone les surnomme *Picei*, c'est-à-dire, *chez qui se trouve la poix*, parce que apparemment on en retiroit alors de ces landes, ainsi que l'on en retire encore actuellement.

BOIOHEMUM (*la Bohême*), grande région qui se trouvoit où est la Bohême actuelle. L'intérieur de ce pays n'a point été connu des écrivains de l'antiquité : ils nous ont seulement appris que les Marcomans s'y étoient établis après les *Boii*, dont le pays avoit d'abord reçu son nom. (*Voyez* BOII). Au sud étoit la forêt *Gabreta*, ou *Gabreta Sylva*; les monts nommés *Hercynii*, ou *Hercynii montes*, entouroient, en quelque sorte, le pays au sud,

(1) Je dirai au mot CELTE, à quels peuples il me paroît que l'on peut appliquer ce nom.

à l'oueſt & au nord. On n'y pénétroit qu'avec difficulté.

BOIMUM, nom d'un pays de la Germanie, ſelon Tacite. Il eſt nommé *Boiohemum* par Paterculus. *Voyez* ce mot.

BOIODURUM, ville de la Vindélicie, ſituée ſur le Danube, ſelon Ptolemée. L'itinéraire d'Antonin la met ſur la route d'*Ovilabis* à *Auguſta Vindelicium*, entre *Stanacum* & *Quintianæ*.

BOIUM, l'une des quatre villes principales de la Doride en Grèce. Elle étoit ſur le fleuve *Pindus*, à l'eſt d'*Erineus*.

BOLA, ville de l'Italie, dans le pays des Æques, ſelon Tite-Live, qui dit que le territoire de cette ville touchoit à celui de *Lavicum*. Et, ſelon Plutarque, elle étoit à treize mille pas de Rome. Denys d'Halicarnaſſe & Pline diſent *Bolani*. Le dernier la met dans le Latium. M. d'Anville n'a pris aucun parti, & l'a omiſe ſur ſa carte.

BOLACA, ville du Péloponnèſe, dans la Triphylie, contrée de l'Elide, ſelon Polybe.

BOLAODYPARA, bourg de la Thrace, dans lequel on faiſoit le commerce de bœufs, ſelon Procope.

BOLASUM, ville de l'Italie, dans le pays des Æques, ſelon Diodore de Sicile, cité par Ortélius. Ce doit être la même que *Bola*.

BOLBÆ. Etienne de Byſance dit qu'elle étoit auſſi nommée *Héraclée*, ville de l'Aſie mineure, dans la Carie.

BOLBÆOTES, fleuve de la Carie, ſelon Etienne de Byſance. Mais il faut obſerver que les bons critiques, entre autres Berkelius, regardent ce nom, non comme celui d'un fleuve, mais celui de l'habitant de *Bolbæ*, lequel devoit ſe nommer un *Bolbeote*.

BOLBE, marais de la Macédoine, ſur la mer Ionienne, auprès d'Apollonie, ſelon Scylax. Il en eſt auſſi fait mention par Ariſtote, Thucydide & Etienne de Byſance. Mais c'eſt à tort que ce dernier dit qu'il y a une ville de ce nom, & la Marrinière a eu également tort en le répétant d'après lui. Le périple de Scylax, ainſi que les autres auteurs qu'il cite, diſent que *Bolbe* étoit un marais. On penſe que c'eſt ce même marais *Bolbe* que Etienne de Byſance nomme plus haut *Boibe*, ou *Bœbe*.

BOLBENA. C'étoit, ſelon Ptolemée, le nom d'une contrée de l'Aſie, dans la grande Arménie.

BOLBITINA, ville d'Egypte, ſituée près de la ſeconde bouche du Nil.

BOLBITINUM OSTIUM. C'eſt ainſi que Ptolemée & Pline nomment la ſeconde embouchure du Nil. Elle avoit pris ſon nom de la ville de Bolbitine, ſituée près du canal que l'on nommoit *Tuli*.

BOLBULÆ, nom que Pline donne à une île de l'Aſie mineure, ſituée ſur la côte de l'Ionie.

BOLEI, nom d'un lieu de l'Argolide, à deux cens cinquante ſtades du promontoire *Struthunt*, & à vingt d'un bourg nommé *les Gémaux*, ſelon Pauſanias, *L.* 2, Corint. *ch.* 26, où il dit que ce lieu étoit plein de groſſes pierres, que l'on avoit choiſies pour quelque deſſein, & entaſſées les unes ſur les autres.

BOLELASGUS, *ou* BOLEGALDUS. Selon les divers exemplaires de l'itinéraire d'Antonin, lieu de l'Aſie, dans la Galatie, ſur la route de Tavia à Ancyre.

BOLENTIUM, ville de la Haute-Pannonie, ſelon Ptolemée.

BOLERUM, nom d'un lieu de la Bulgarie, ſelon Cédrène & Curopalate, cités par Ortélius.

BOLICA, étang ſitué dans la Macédoine, près de la ville d'Olynthe. Selon Athénée, les rivières Amnites & Olynthe ſe jettoient dans cet étang.

BOLINA, ville maritime du Péloponnèſe, dans l'Achaïe, aſſez près de la ville d'Argyre, ſelon Pauſanias, qui ajoute qu'elle ne ſubſiſtoit plus de ſon temps.

On prétendoit qu'elle avoit pris ſon nom d'une jeune fille, fort aimée d'Apollon, mais qui s'étoit jetée dans la mer pour ſe dérober aux pourſuites de ce dieu.

BOLINÆUS, rivière du Péloponnèſe, dans l'Achaïe. Elle paſſoit auprès de la ville d'Argyre & de celle de Bolina, ſelon Pauſanias. Ce fleuve eſt marqué dans la partie nord-oueſt de l'Achaïe, & ſon embouchure dans le petit golfe de *Panormus*.

BOLINGÆ, les Bolinges, peuple de l'Inde, près de l'Indus. Il en eſt fait mention par Pline, Ptolemée & Etienne de Byſance.

BOLISSUS, ville de l'Aſie, dans l'Æolie, près de Chio, ſelon Hérodote, Etienne de Byſance & Thucydide. M. d'Anville ne l'a pas marquée ſur ſa carte. Thucydide, *L.* 8, parle de la victoire que les Athéniens remportèrent près de cette ville ſur les habitans de Chio. Anne de Comnène, dans la vie d'Alexis, *L.* 8, donne une idée de la poſition de cette ville près d'un cap.

BOLLIA. Jornandès nomme ainſi une rivière de la Pannonie.

BOLOGESIAS. C'eſt ainſi que le texte grec d'Etienne de Byſance nomme la ville de *Vologeſia*, appelée auſſi *Vologocerta* (*Voyez* ces mots). On pourroit en conclure que les anciens Grecs prononçoient B comme nous prononçons le V, ainſi que le prétendent les Grecs modernes, qui ont tous cette prononciation.

BOLOGESIPHORA, ville de Perſe, ſelon Etienne de Byſance. Berkelius a rendu ce nom en latin par *Vologeſiphora*.

BOLOS, lieu propre à la pêche, ſur le Boſphore de Thrace. On y voyoit un temple de Vénus *Placida*, parce que l'on penſoit, en cet endroit, qu'elle donnoit des vents favorables, & qu'elle les appaiſoit quand ils étoient en fureur.

BOLUM, ville de l'Aſie, dans la Perſarménie. Elle étoit voiſine de la ville de Théodoſie, & appartenoit aux Laziens, ſelon Procope.

BOLURUS, ville de Grèce, dans la Thesprotie, selon Etienne de Bysance.

BOLURUS, ville de l'Illyrie, qui appartenoit aux Tralliens, selon le même géographe.

BOMAREI. Pline place un peuple de ce nom en Asie, vers la Margiane.

BOMBAEA, montagne de l'Afrique. Elle étoit presque toute excavée dans son intérieur. Synésius dit que l'art & la nature en avoient fait une forteresse. Ortélius pense qu'elle étoit près de Cyrène.

BOMBOS. Selon Pline, rivière de l'Asie mineure, dans la Cilicie.

BOMBYLIUS. Lycophron emploie ce mot; & Isace, son commentateur, assure que ç'a été le nom d'une montagne & d'une ville de Grèce, dans la Béotie. Mais on n'en trouve pas la preuve ailleurs.

BOMI. Thucydide & Etienne de Bysance, donnent ce nom à des collines de Grèce, dans l'Etolie. On disoit en grec Βωμοι.

BOMITE, ville de l'Asie. Elle étoit située sur le mont Aman, qui séparoit la Syrie de la Cilicie, selon Pline.

BONA MANSIO, lieu de la Thrace, dont il est fait mention dans le code théodosien. Ortélius pense que ce pourroit être *Bonamasium*, qui étoit à quarante mille pas au-dessus de la ville de Philippes.

BONÆ DEÆ SACELLUM, chapelle de l'Italie, au-delà de *Bovillæ*, en allant de Rome à *Aricia*, selon Asconius Pædianus.

BONÆ FORTUNÆ (*la grande Andaman*), île de l'Inde, dans le *Gangeticum Sinus*, selon Ptolemée.

Cette île s'étend entre le 12e & 14e deg. de lat. & un peu plus orientale que les embouchures du Gange.

BONCHIS, en grec, Βῶγχις, nom d'une ville de l'Ethiopie, qu'Etienne de Bysance dit avoir été située près de la troisième cataracte.

BONCONICA (*Oppenheim*), lieu de la Gaule, placée entre *Mogontia*, au nord, & *Borbetomagus*, au sud, situé sur le fleuve *Rhenus*, dans la première Germanie.

BONCHNŒ, en grec, Βόγχναι, les Bonchnes, peuple d'Asie, placé par Etienne de Bysance entre l'Euphrate & le Cyrus; ce qui donne un espace trop considérable pour que l'on puisse assurer leur juste position. Dans l'édition de Berkelius, on lit à la traduction *Carrha*, au lieu de *Cyrus*.

BONDELIA, ville de l'Italie, dans l'Etrurie, selon Ptolemée.

BONI, nom d'une ville de l'Afrique intérieure. Pline rapporte qu'elle fut prise par Cornélius Balbus.

BONI-AGRI-PORTUS. Il est fait mention d'un port de ce nom dans l'histoire mêlée, & Ortélius soupçonne qu'il étoit voisin de la Propontide.

BONIS, ville de l'Inde, en-deçà du Gange, selon Ptolemée.

BONIUM, *ou* BOVIUM, nom d'un lieu de l'île d'Albion. L'itinéraire d'Antonin le met entre *Deva* & *Mediolanum*, sur la route de l'ancien fossé, au port de *Ritupæ*.

BONNA (*Bonn*), ville de la Gaule, dans la seconde Germanie. Pendant quelque temps, sous les Romains, ce fut en ce lieu qu'ils tenoient le quartier de la première légion. On voit par Florus, que Drusus jetta à *Bonna* un pont sur le Rhin.

BONOCHÆMÆ, peuple que Ptolemée place dans la Germanie.

BONONIA (*Bólogne*), ville de la Gaule Cispadane, possédée long-temps par les Boïens, dans le temps que les *Tusci* ou *Thyrseni*, appelés en françois *Etrusques*, étoient maîtres de la partie septentrionale de l'Italie; cette ville portoit le nom de *Felsina*, & elle étoit leur capitale: du moins ce sentiment a été suivi. Dempster pense que ce fut un prince Etrusque, nommé *Felsinus*, qui la fonda. Ces premiers maîtres en furent chassés par les Boïens: ce furent ces peuples qui lui donnèrent le nom de *Bononia*. L'an de Rome 564, sous les consulats de M. Fulvius Nobilior & de Cn. Manlius Vulso, les Romains, à l'occasion des troubles que les Gaulois venoient d'exciter de différens côtés, & du soulévement des Ligures, conduisirent une colonie à *Bononia*, afin de fortifier ce côté. Elle eut ensuite le titre de municipale. Auguste contribua aussi à son agrandissement.

BONONIA, ville de la Haute-Pannonie, que Ptolemée place sur la Drave.

BONONIA, ville de la Dacie Ripense, selon le livre des notices de l'empire.

BONONIA, ville de la Haute-Mœsie, sur la route de *Viminiacum* à Nicomédie, entre Dorticon & Ratiaria, selon l'itinéraire d'Antonin.

BONONIA, ville de la Basse-Pannonie. Il en est fait mention dans l'itinéraire d'Antonin, dans la route le long du Danube, entre *Cusi* & *Cucci*. Ammien Marcellin la met à dix-neuf mille pas de Sirmium.

BONTÆ. Jornandès nomme ainsi l'un des deux passages par lesquels on entroit dans la Dacie.

BONUSTENSIS, siège épiscopal d'Afrique, dans la province proconsulaire, selon la notice épiscopale de l'Afrique, & la conférence de Carthage.

BOON, nom d'un port de la Cappadoce, sur le Pont-Euxin, entre Cotyora & le promontoire de Jason, selon Arrien.

BOON, village de l'Ethiopie, près & à l'occident du Nil, selon Ptolemée.

BOONETA (Βοώνητα). Pausanias rapporte que c'étoit le nom particulier d'un monument de la ville de Lacédémone. Ç'avoit été, dit-il, (*Lac. c. XII*), la maison du Roi Polydore. Après sa mort, la reine vendit cette maison, non pour de l'or ou de l'argent, dont on ne faisoit pas encore usage en monnoie, mais pour une certaine quantité de bœufs, qu'elle reçut en échange.

N. B. Le roi Polydore commença à régner l'an 776 avant l'ère vulgaire. Mais on sait que Lycurgue, qui promulgua ses loix en 884, c'est-à-dire, peu auparavant, avoit interdit l'usage de la monnoie d'or & d'argent.

BOOSURA, petite ville de l'île de Chypre, vers le sud-ouest, entre *Curtum*, à l'est, *Palæ Paphos*, au nord-ouest. Strabon en fait mention.

BOOTÆ. Hippocrate nomme ainsi un torrent; mais il ne dit pas de quel pays.

BOPUS, nom d'un lieu de l'Egypte, entre Thœnis & Diopolis, selon Agatharchide, cité par Ortélius.

BORA, montagne de la Macédoine, dont fait mention Tite-Live. Cette montagne confinoit, d'un côté à l'Illyrie, & de l'autre à l'Epire.

BORADI, les Borades, peuple qui paroît avoir été compris dans ceux que l'on nommoit *Goths*: il est connu par S. Grégoire Thaumaturge.

BORÆTA, ville de l'Inde, placée au-delà du Gange par Ptolemée.

BORANI, les Borans, peuple scythe qui, après avoir habité près du Danube, passèrent le Bosphore Cimmérien sous l'empereur Justinien, & s'établirent en Asie.

BORBETOMAGUS (*Worms*). Ptolemée met cette ville dans la Germanie, & dit qu'elle appartenoit aux Vangions. C'étoit leur capitale. L'itinéraire d'Antonin écrit *Borbitomagum* & *Bromitomagum*. Ce fut sous la seconde race de nos rois, que cette ville commença à être appelée *Wormatia*, d'où s'est formé le nom actuel.

BORBORUS, rivière de la Grèce, dans la Macédoine. Elle couloit autour de la ville de Pella, selon Plutarque.

BORBOTANA, nom d'une contrée de la Grèce, selon Laonic, cité par Ortélius.

BORCANI, les Borcans, peuple de l'Apulie, selon Pline.

BORCEOS, village de la Palestine, aux confins du territoire de Samarie, selon Joseph & Egésippe.

BORCOBE. Selon Pline, c'étoit une ville de Thrace, dans le canton occupé par les Scythes *Aroteres*.

BORCOVICUM, nom d'une ville de l'île d'Albion, selon le livre des notices de l'empire.

BOREADUM COLUMNÆ. Apollonius, dans son poëme des Argonautes, dit qu'Hercule avoit érigé ces colonnes dans l'île de Ténos.

BOREÆ ANTRUM. Plutarque le géographe nomme ainsi une caverne dans le voisinage du Tanaïs. Ortélius juge qu'elle étoit dans la Taurique.

BOREAS. Selon Vibius Sequester, montagne de l'Epire, dans le territoire de *Dyrrhachium*.

BOREON, *ou* BOREAS, mont de l'Arcadie, au-dessus d'Asea, & au nord-ouest de Magalopolis.

On y voyoit les restes d'un vieux temple, que l'on prétendoit avoir été bâti par Ulysse à son retour de Troyes.

BOREOSTOMA. Ptolemée donne ce nom à la cinquième bouche du Danube. C'est celle-là même que d'autres appellent en latin *Boreum Ostium*.

BOREUM, nom d'un promontoire de l'Hibernie, selon Ptolemée.

BOREUM, montagne de Grèce, dans le Péloponnèse, placée par Pausanias dans l'Arcadie.

BOREUM, nom d'un port de l'île de Ténédos, selon Arrien.

BOREUM, promontoire d'Afrique, dans la Cyrénaïque, à l'extrémité du golfe de la Grande-Syrte, selon Ptolemée.

BOREUM, rivière & promontoire de l'Asie, selon Orose, cité par Ortélius. On en ignore la position. C'est peut-être le lieu suivant.

BOREUM PROMONTORIUM (*Pontas das Pedras*), promontoire de l'île de Trapobane, à sa pointe septentrionale.

BORGI, les Borges, peuple que Ptolemée indique dans l'Asie, en Arie.

BORGODI, les Borgodes, peuple que Pline place dans l'Arabie heureuse.

BORGUM CENTENARIUM, *ou* BURGUM CENTENARIUM. Selon les différentes éditions du livre des notices de l'empire, lieu de garnison, dans la Valérie, province sur le Danube.

BORGYS, lieu de la Sarmatie asiatique, chez les *Heniochi*, situé sur le bord du Pont-Euxin, entre *Nitica*, à l'est, & *Nesis*, à l'ouest. C'est Arrian qui nous fait connoître ce lieu. Il me semble que la Martinière a tort d'en faire une rivière, & d'écrire *Bogus*; l'usage est de rendre l'*υ* grec par un *y*.

BORIIARIUS, nom d'un lieu de la Thrace. Procope en fait mention dans son ouvrage *des Edifices*.

BORISTHENITÆ, les Boristhénites. Hérodote nous apprend que des Grecs établis près de l'Hypanis, avoient ainsi nommé une nation scythe, qui habitoit près de l'embouchure du Borysthène. Il ajoute que le nom propre étoit *Olbiopolitæ*, les Olbiopolites. Je crois que cet auteur se trompe. Olbiopolite signifie, en grec, *celui qui habite la ville d'Olbia*; & en effet, il y avoit une ville de ce nom; & Boristhenite, celui qui habite le pays du Boristhène, ou la ville de Boristhénide, qui existoit à l'embouchure du fleuve. Mais ni l'un ni l'autre de ces noms n'est pas de la langue des Scythes, & ne pouvoit être celui d'une horde de leur nation.

BORMANNI, les Bormannes, peuple que Pline indique dans la Gaule Narbonnoise. Mais on ne peut déterminer au juste leur position, non plus que de quelques unes de leurs villes, telles que *Comacina*, *Cessero*, *&c.*

BORON, ville qui étoit située dans l'intérieur de l'Ethiopie, sous l'Egypte, selon Pline.

BORRAMA. Selon Strabon, c'étoit un lieu de retraite pour les brigands, près du mont Liban.

BORRU, rivière que Pline dit couler vers l'Arie, en Asie.

BORSIPPA, *ou* BARSITA (*Semanat*), ville de l'Asie, dans la Babylonie, selon Joseph & Strabon. M. d'Anville l'a placée au sud-est. Strabon dit qu'elle étoit consacrée à Diane & à Apollon, & qu'on y faisoit beaucoup de toiles. Alexandre visita cette ville.

Ptolemée fait mention de cette ville; mais il dit *Barsita*.

Sur la carte de M. d'Anville, elle est placée sur le bord oriental de l'Euphrate, vers le 32e degré de latitude.

BORTINA, ville de l'Hispanie, chez les Vestitans, près d'*Osca*, au sud-ouest.

BORUCTUARII, les Boructuaires. Ce peuple, du moyen âge, & nommé dans la vie de S. Swibert, paroît être le même que les Bructères.

BORUSSI, les Borusses, peuple de la Sarmatie, selon Ptolemée. La Martinière croit qu'ils habitoient le pays nommé aujourd'hui *Prusse*.

BORYSTHENE (*Dnieper*), fleuve de la Scythie sarmatique, dont il faisoit presque la borne occidentale. Il nourrit beaucoup de bons poissons : ses eaux sont bonnes à boire, malgré les pâturages gras & fangeux qui le bordent; Méla dit que son cours depuis le pays des Neures, où est sa source, est de quarante journées de navigation, & que dans cet espace, il reçoit plusieurs grosses rivières. Son cours est interrompu par une chaîne de rochers qui le traversent; mais au-dessous il est navigable jusqu'à la mer. Il se joint à l'*Hypanis* avant de se jetter dans la partie septentrionale du Pont-Euxin. *Strabon.*

BORYSTHENIS, *ou* BORYSTHENES, ville de la Sarmatie, en Europe, selon Pomponius Méla, Etienne de Bysance, *&c.* Il ajoute que c'étoit une ville grecque, située vers l'embouchure du Borysthène. Etienne de Bysance dit positivement que c'étoit une colonie de Milésiens, & qu'ils nommoient leur ville *Olbia*. Pline dit qu'on la nommoit aussi *Miletopolis*.

BORYZA. Selon Etienne de Bysance, nom d'une ancienne ville du Pont.

BOS (*Bosa*), ville située dans l'intérieur de l'île de Sardaigne, selon Ptolemée. L'itinéraire d'Antonin la marque entre *Corbia* & *Corni*, sur la route de *Tibulæ* à *Sulci*.

BOSARA, ville de l'Arabie heureuse, selon Ptolemée.

BOSCI, les Bosques, peuple scythe, dont parle Jornandès. Il les compte au rang des nations vaincues par les Huns.

BOSIRAZA, ville d'Egypte, selon Etienne de Bysance.

BOSOR, ville de la Terre promise, qui étoit située dans la solitude de Misor. Elle dépendoit de la tribu de Ruben, & appartenoit aux Lévites de la famille de Mérari.

BOSPARA. Selon le troisième livre des édifices de Procope, c'étoit une place forte de la Thrace.

BOSPHORI-CIMMERII REGNUM. Ce royaume avoit pris son nom de sa situation sur le Bosphore Cimmérien. Les anciens ont varié sur son étendue. Diodore paroît le borner à quelques provinces d'Asie, le long du Palus-Méotide; mais Strabon l'étend un peu en Europe au-delà du Tanaïs.

Les villes les plus considérables de ce royaume étoient *Phanagoria*, située en Asie, sur le Bosphore, dans une espèce d'île formée par plusieurs des embouchures de l'Hypanis : elle fut la capitale du Bosphore; *Cepi*, plus à l'est; *Cimmerium*, qui portoit le nom de l'ancien peuple, *&c.*

Ce pays, froid par sa situation, le devenoit encore par les bois épais dont il étoit couvert, & offroit un climat insupportable aux Grecs & aux Romains. Aussi en ont-ils fait des peintures défavorables. Ensorte que ces pays, qui paroissent d'une température fort douce aux Russes, & qui sont les provinces de cet empire où les fruits, la vigne viennent le plus abondamment, étoient pour les Grecs & les Latins, des régions hyperborées, où régnoit une nuit éternelle, où le dieu du sommeil faisoit son séjour, où la rigueur des saisons rendoit les corps engourdis. La Chersonnèse taurique fit aussi partie du royaume du Bosphore.

On ne sait pas bien le temps où les Bosphoriens commencèrent à avoir des rois : on en croit l'époque très-ancienne. Trogue-Pompée en avoit fait l'histoire; mais elle est perdue. Le premier qui nous soit connu par Strabon, se nommoit *Leucon*. On nomme plusieurs princes qui lui succédèrent; mais on sait peu de chose de chacun d'eux. Un des plus connus est Pharnace, dont la défaite, si facile à la valeur & aux talens de César, fit écrire, en rendant compte de son expédition, *Veni*, *Vidi*, *Vici*. Il continua d'y avoir encore des rois du Bosphore jusques sous les empereurs romains, puisqu'au temps de Lucien il y en avoit un qui se nommoit *Eupator* : on n'a pas l'époque de la fin de ce royaume.

BOSPHORI PROMONTORIUM, promontoire de Thrace. Il étoit à l'entrée du port de Bysance, sur le Bosphore de Thrace, près de la Propontide, & au nord-ouest du *Calcedoniense Promontorium*, qui étoit dans l'Asie mineure.

BOSPHORUS. Les Grecs avoient particulièrement donné le nom de *Bosphore* à deux détroits qu'ils distinguoient l'un de l'autre par une épithète particulière : ce sont le *Bosphorus Thracias* & le *Bosphorus Cimmerius*.

On fait venir l'étymologie de *Bosphorus*, des deux mots grecs βοῦς & φερω; mot-à-mot, *ce qui peut porter un bœuf*, c'est-à-dire, *trajet de bœuf*, ou l'espace qu'un bœuf peut traverser à la nage. D'autres écrivains ont cru que ce nom avoit d'abord été donné au détroit appelé actuellement *de Constantinople*, parce qu'une ancienne fable portoit que

Jupiter changea en taureau, & emportant sur son dos la princesse Europe, avoit passé ce détroit à la nage. Quoique l'origine soit différente, on voit que l'étymologie est la même.

BOSPHORUS CIMMERIUS (*détroit de Caffa*). On avoit aussi appelé ce détroit *Bosphore*, en le distinguant par le nom des peuples Cimmériens que l'on disoit habiter de ce côté. (*Voyez* CIMMERII). Il se forma même un royaume qui en prit le nom. (*Voyez Boseh, Am. Regnum*). Ce détroit se trouvoit entre la Chersonnèse taurique, qui appartient à l'Europe, & les terres de l'Asie; il établissoit la communication entre le Pont-Euxin & le Palus-Méotide.

BOSPHORUS THRACIUS (*détroit ou canal de Constantinople*). Les anciens lui donnoient (*Pline, l. IV, c. 24.*) cent vingt stades de long, & environ sept stades de large. Polybe avoit raison quand il disoit (*l. IV.*) que ce détroit se courbe dans sa longueur en formant divers angles (1). Ammien Marcellin (*XXII, 8*) dit que dans l'endroit le plus resserré, on peut entendre d'un rivage à l'autre, le chant des oiseaux, les cris des animaux, & même que des hommes peuvent se parler. Pline, Polybe, *&c.* disent que ce fut en cet endroit que Darius fit jetter un pont pour faire passer son armée lorsqu'il portoit ses armes contre les Scythes, l'an 508 avant l'ère vulgaire.

N. B. Denys de Bysance avoit fait en grec une description de ce Bosphore; on n'en a plus que la traduction latine par P. Gyllius. Elle se trouve dans le troisième volume des petits géographes.

BOSPHORUS, *ou* PANTICAPÆUM (*Iénikalé*), ville qui étoit située dans la partie orientale de la Chersonnèse taurique, sur le bord & vers le milieu du détroit de Caffa ou de Iénikalé, & nommé par les anciens *Bosphorus Cimmerius*.

M. de Peyssonnel, dans ses observations historiques & géographiques, dit que l'on n'a pas encore décidé si *Bosphorus* est la même ville que *Panticapæum*; qu'Etienne de Bysance en fait deux articles séparés; mais que ce qu'il dit de l'une & de l'autre n'établit pas une différence bien marquée; qu'Eutrope dit qu'Auguste ajouta à l'empire toutes les places maritime du Pont, entre autres les villes remarquables de *Bosphorus* & de *Panticapæum*; que Strabon & Ptolemée parlent de *Panticapæum*, & ne disent rien de *Bosphorus*; que Procope fait mention de *Bosphorus*, & garde le silence sur *Panticapæum*: d'où l'on doit conjecturer que ces deux noms appartiennent à la même ville, appelée diversement en différens temps. Il ajoute que *Panticapæum*, que l'on trouve dans Strabon, Ptolemée & Pline, étoit le nom qu'elle devoit porter dans l'antiquité; & celui de *Bosphorus*, que lui donne Procope, ne lui a été donné sans doute que depuis l'établissement du royaume de Bosphore, dont elle étoit la capitale. Pline, cependant, dit que quelques-uns l'appellent *Bosphorus*. Le même auteur dit que cette ville étoit, dans l'origine, une colonie de Milésiens.

On lit dans Procope, que Cyrène, roi d'Ibérie, ayant imploré la protection des Romains contre les Perses, l'empereur envoya Probus à *Bosphorus*, ville maritime, pour y faire une levée de Huns.

M. de Peyssonnel dit que les Bosphoriens, rivaux des Chersonnites, habitoient la ville de *Bosphorus*, capitale d'un royaume qui comprenoit autrefois tous les Sarmates des environs du Palus-Méotide.

On voit dans Constantin-Porphyrogénète que, sous le règne de Dioclétien, les Bosphoriens s'étant avancés dans la Colchide jusqu'au fleuve *Halys*, sous la conduite d'un nommé *Criscon*; Constance, depuis empereur, qui avoit été envoyé pour s'opposer à leurs progrès, ayant de la peine à les contenir, se servit fort à propos contre eux, d'une division de Chersonnites. Ces derniers prirent la ville de *Bosphorus*, & ne la rendirent que lorsque Criscon eut fait sa paix avec les Romains. Sous Pharnace, les limites des Bosphoriens furent restreintes à *Cybernicum*, & les Chersonnites ne leur laissèrent que quarante milles en-deçà du détroit.

BOSPHORUS, ville de l'Inde, selon Etienne de Bysance.

BOSPHORUS, ville que Suidas place vers l'Hellespont. Il ajoute qu'elle fut ravagée sous l'empire de Justinien.

BOSSOGRADA. Cédrène & Curopalate disent que c'est le nom d'une petite ville ou bourg de l'Europe, & Ortélius le met vers la Bulgarie.

BOSTRA (2), nom de l'une des principales villes de l'Arabie, & qui étoit la capitale d'un canton appelé l'*Auranite*. Selon la table de Peutinger, elle étoit située sur les confins de la Palestine, à l'orient de Tibériade.

Alexandre prit cette ville après la bataille d'Issus, & l'affectionna beaucoup; mais, après sa mort, elle fut soumise aux rois Séleucides de Syrie, jusqu'à Antiochus Dionysus : alors un prince arabe en fit la conquête; mais sous le règne de Trajan, elle passa sous la domination des Romains.

La ville de *Bostra* fut comprise dans la province d'Arabie; l'empereur l'orna de différens édifices & en fit une ville nouvelle, dont les habitans obtinrent la permission de l'appeler *Trajane*. L'empereur Septime Sévère fit tant de nouvelles augmentations à cette ville, qu'il en fut regardé comme le fondateur. Ce prince, ou ses successeurs immédiats, lui accordèrent le nom & les honneurs de métropole.

(1) On peut s'en convaincre par la vue d'un plan de ce canal avec la ville de Constantinople, donné à Nuremberg en 1764; & par la carte des mêmes objets, donnée depuis par M. le Comte de Choiseul-Gouffier.

(2) Le nom oriental de cette ville étoit *Botsra*, d'où les Grecs firent *Bostra*.

Sous le règne d'Alexandre Sévère, comme la ville de Bostres étoit une place importante, à cause de sa situation sur les frontières de l'empire, le gouvernement crut devoir y établir une colonie romaine. La nouvelle prit le nom d'*Alexandrienne*, en l'honneur d'Alexandre Sévère, son bienfaiteur.

Bacchus & Uranie étoient les deux principales divinités adorées à Bostres. Diodore de Sicile dit que Bacchus Dionysus étoit l'Osiris des Egyptiens. Ce dieu étoit nommé *Dusarès* par les Arabes Nabatéens, voisins de Bostres. Les habitans de cette ville firent graver leur dieu Dusarès sur leurs médailles, avec un pressoir composé de sa table & de sa vis; ils n'oublièrent pas Silène, qu'ils représentèrent portant sur l'épaule une outre remplie de vin. Il y avoit à Bostres, un temple de la déesse Uranie, qui est gravé sur une médaille de Septime Sévère & sur une de l'impératrice Mamée; on y voit la statue de la déesse, tenant de la main droite une haste, & de la gauche une corne d'abondance, le pied gauche posé sur la proue d'un vaisseau. Le culte de Jupiter Ammon & de Sérapis fut admis par les habitans de Bostres, & ils reçurent des Grecs, le culte de Jupiter *Pius* ou *Amicus*.

La déesse Uranie étoit regardée par les habitans de Bostres, comme la divinité tutélaire de leur ville.

On voit les jeux dusariens, pour la première fois, sur les médailles connues sous le règne de l'empereur Philippe. Ils étoient célébrés par la ville de Bostres, en l'honneur de Dusarès, le Bacchus des Arabes.

L'Arabie fut divisée lorsqu'elle fut conquise par Trajan; Bostres fut créée métropole de la partie qui conserva le nom d'*Arabie*.

La ville de Bostres ayant été établie dans l'ordre civil, son évêque étoit le métropolitain de la province ecclésiastique.

La ville de Bostres étoit vers le 23e deg. 40 min. de latitude.

BOSUTENSIS, *ou* BOSETENSIS. La conférence de Carthage fait mention de deux évêchés de ce nom, en Afrique; l'un dans la Numidie, & l'autre dans la province proconsulaire.

BOTACHIDÆ, nom d'un lieu du Péloponnèse, dans l'Arcadie, selon Etienne de Bysance. Il paroît que c'est moins le nom d'un lieu que celui d'un peuple : c'est celui que Pausanias nomme *Potachidæ*, & qu'il compte entre les anciens peuples compris ensuite sous le nom de *Tégéates*.

BOTIEUM, ville de l'Asie mineure, dans la Phrygie, où il y avoit un étang qui produisoit du sel, selon Etienne de Bysance & l'épitome de Strabon.

BOTONTINUS AGER. Le livre des Limites fait mention d'une campagne de ce nom, dans l'ancienne Calabre.

BOTRIANENSIS, siège épiscopal d'Afrique, selon la conférence de Carthage.

BOTRODUS, lieu de l'Hispanie, dans la Celtibérie; Martial en fait mention dans le premier livre de ses épigrammes.

BOTRUS, *ou* BOTRYS. *Voyez* ce dernier mot.

BOTRYS, ville de la Phénicie, qui avoit été bâtie par Ethbaal ou Ethobal, qui régnoit à Tyr dans le temps qu'Achab, son gendre, occupoit le trône d'Israël, vers l'an 923 avant J. C. selon Polybe, *l. 5*, *p. 411*. Cet auteur dit qu'Antiochus-le-Grand étant entré en Phénicie par le promontoire appelé *la face de Dieu*, étoit allé à Béryrhe, & qu'en passant il s'étoit rendu maître de *Botrys*. Cette ville étant devenue chrétienne, fut un siège épiscopal, & son évêque, Porphyre, assista au concile de Chalcédoine, tenu en 448. Cette ville étoit située vers le 34e deg. 15 min. de latitude.

BOTTIA & BOTTIÆA, contrée de la Grèce, dans la Macédoine, au voisinage de la Thrace. Les auteurs anciens ne sont pas d'accord sur les limites de cette contrée. Strabon, Pline, Hérodote, Thucydide, *&c.* en font mention. Hérodote y met les villes d'*Ichnæ* & de *Pellæ*.

BOUCARENSIS, *ou* BONCARENSIS, siège épiscopal d'Afrique, selon Ortélius, qui cite la conférence de Carthage.

BOUCONIA, nom d'une ville de la Germanie, dont fait mention l'itinéraire d'Antonin.

BOVIANUM (*Boïano*), ville d'Italie, dans le *Samnium*, & la principale place des *Pentri*. Elle étoit entre des montagnes. Cette ville fut prise plusieurs fois par les Romains. En 442, sous le consulat de Brutus & d'Emilius, elle fut abandonnée au pillage, puis revint cependant à ses anciens maîtres. Sylla la reprit en 664. *Bovianum* est sur-tout célèbre par la bataille que Fulvius livra aux Samnites, sous ses murs, en 455, & après laquelle la ville tomba au pouvoir des Romains. Les richesses y étoient considérables. Elle devint colonie romaine, & jouit des avantages accordés par la loi Julia.

BOVIASMUM, ville de la Germanie. C'est où résidoit le roi Marobodius, selon Strabon.

BOVILLÆ (*Marino*), ville d'Italie, dans le Latium. Elle se trouvoit au dixième mille sur la voie Appienne. On lit dans une inscription rapportée par Fabretti, que les habitans de cette ville se qualifioient d'*Albani longani*, *Bovillenses municipes*. D'où l'on voit qu'ils prennent le titre d'Albaniens. On en tire cette conséquence, que *Bovillæ* fut bâtie après la destruction d'Albe, par des Albains que ces mêmes Romains laissèrent dans les campagnes. Leur nom même pourroit faire croire qu'ils y furent commis aux soins des bestiaux. Cette ville apparemment devint assez considérable, puisque l'on y trouve quantité de ruines, entre autres celles du temple dédié à Auguste. Peut-être fut-ce dans ce temple que l'on déposa le corps d'Auguste, lorsqu'il fut apporté de *Nola*, où il étoit mort, sur les épaules des décurions. Depuis *Bovillæ*, ce furent des membres de l'ordre équestre, qui s'en chargèrent. Dans quel état d'abaissement étoient donc tombés les Romains, si fiers, qui s'étoient, pendant si long-temps, regardés comme les souverains nés de l'univers, & qui alors promenoient religieusement le cadavre d'un de leurs tyrans !

C'étoit près de cette ville que Clodius fut tué par ordre de Milon. On y célébroit des jeux en l'honneur de la famille Jules.

BOVIS AULA, nom d'un antre de l'île d'Euborée, selon Strabon.

BOVIUM, *ou* BOMIUM, lieu de l'île d'Albion, marqué dans l'itinéraire d'Antonin sur la route de *Calleva* à *Uriconium*.

BOUTA, ville d'Afrique, dans la Libye intérieure, vers la source du fleuve Ciniphe, selon Ptolemée.

BOXUM (*Bussière*), lieu de la Gaule, entre *Aquæ Nisineii* & *Augustodunum*.

BOZOO, ville de la Terre promise, située dans la solitude champêtre de la tribu de Ruben. Elle appartenoit à la famille de Mérari, & c'étoit une des six villes de refuge.

C'est une des villes fortes que Juda attaqua, prit & brûla.

B R

BRABON. Le lexique de Phavorin fait mention d'un bourg de ce nom, qu'il dit être de la Grèce, dans l'Attique.

BRACARA AUGUSTA (*Braga*), ville de l'Hispanie, au pays des Callaïques. Elle étoit située sur la *Nebia*, & avoit le rang de *Conventus*. On voit par le nombre des inscriptions de cette ville que rapporte Gruter, qu'elle fut considérable.

BRACHION (*Gerba*), île de la mer Méditerranée, située sur la côte d'Afrique, à onze lieues au sud-est de Tacapé, selon Scylax.

Cette île est nommée *Meninx* par Strabon, & *Lotophagitis* par Ptolemée.

BRACHMANI MAGI, peuple de l'Inde, dans la presqu'île en-deçà du Gange, selon Ptolemée. Leur ville capitale se nommoit *Brachme*.

BRACHMANUS, fleuve de l'Inde, au-delà du Gange, entre ce fleuve & le Catabeda.

BRACHME (*Canje-Varam*), ville de l'Inde, dans la presqu'île en-deçà du Gange, selon Ptolemée. Elle étoit située dans l'intérieur, à égale distance de la côte orientale de la presqu'île & de la ville *Arcatis*.

C'étoit la ville du peuple que Ptolemée appelle *Brachmani Magi*.

BRACHODES, nom d'un promontoire de l'Afrique propre, selon Ptolemée.

BRACHODES PROMONTORIUM (*Capoudia*), langue de terre basse & étroite, qui s'avance beaucoup dans la mer Méditerranée, sur la côte d'Afrique, selon Ptolemée.

Strabon la nomme *Ammonis Promontorium*, & Procope, *Caput Vada*. On y voit encore quelques vestiges de ruines.

BRACHONESIUM, île de la Propontide. Il en est fait mention dans les constitutions de l'empereur Emmanuel Comnène.

BRADA. Selon l'itinéraire d'Antonin, rivière de l'Italie, vers la Pouille.

BRADAMUS (*le Bradano*), rivière de l'Italie, dans le voisinage de *Tarentum*. La carte de M. d'Anville la marque dans la Lucanie, contrée de la Grande-Grèce.

BRÆCARII, *ou* BRACARII, les Bracaires, habitans de la ville de *Bracara*, chez les Callaïques ou *Callaïci*, dans l'Hispanie.

BRÆSI, les Brèses, peuple habitant dans la Macédoine, selon Etienne de Bysance.

BRAGULÆ, nom d'une ville de Thrace, selon quelques exemplaires de l'itinéraire d'Antonin. D'autres portent *Bergulæ*.

BRAMAGUM, *ou* BROMAGUM, ville de l'Italie, sur la route de *Rauracum* à *Augusta Prætoria*, selon l'itinéraire d'Antonin.

BRANA. Selon Pline, nom d'une ville de l'Hispanie, dans la Bétique.

BRANCHIADÆ, les Branchiades, peuple que Quinte-Curse place vers l'Oxus. Selon Strabon, ils habitoient dans la Sogdiane; ce qui ne s'éloigne pas trop. Le premier de ces auteurs dit que leur ville fut détruite de fond en comble. Je ne trouve point ce peuple sur les cartes de M. d'Anville, ni sur celle qui accompagne l'ouvrage de M. le baron de Sainte-Croix. (*Voyez hist. critiq. des hist. d'Alex.*)

BRANCHIDÆ, contrée de l'Asie mineure, que quelques auteurs attribuent à l'Ionie, mais qui fut comprise dans les limites de la Carie, à l'endroit où étoit le promontoire *Posidium*. Cette contrée étoit à cent quatre-vingts stades au sud de Milet, & dépendoit de cette ville.

C'étoit-là que le fameux temple d'Apollon *Didyme* étoit situé. Il devoit son existence à Branchus, jeune homme chéri d'Apollon, & qui lui avoit consacré un temple en ce lieu. Long-temps avant l'arrivée des Grecs en Asie, l'oracle des *Branchides* étoit célèbre par les hommages de toute la contrée, & par les riches offrandes que Crœsus, roi de Lydie, y avoit envoyées, selon Hérodote. Etienne de Bysance nous apprend que Jupiter étoit adoré dans ce temple, conjointement avec Apollon.

Xerxès pilla & détruisit ce temple; mais les habitans s'empressèrent d'en élever un autre infiniment plus riche que le premier. Il étoit au milieu d'une enceinte qui contenoit plusieurs petits temples & un bois sacré. La statue du dieu, ouvrage de Canachus de Sicyone, qui avoit été enlevée par Xerxès, ne fut rendue que par Séleucus Nicanor; mais dès la consécration du nouveau temple, l'oracle avoit recommencé, & il fut consulté par Alexandre.

Ce monument étoit à dix-huit ou vingt stades de la mer, au sud d'un petit port nommé *Panormus*.

Strabon & Pausanias disent positivement que ce temple étoit si grand, que l'on avoit été forcé de le laisser découvert.

BRANCHIDARUM

BRANCHIDARUM ORACULUM, lieu de l'Asie mineure, dans la Carie, selon Pline. Il ajoute qu'il y avoit un oracle que l'on appela dans la suite l'*oracle d'Apollon Didyméen*. Strabon & Méla mettent ce lieu dans l'Ionie. (*Voyez* BRANCHIDÆ).

BRANCOSI, les Brancoses, peuple de l'Inde, selon Pline.

BRANNACUM, lieu de la Gaule, dont fait mention Grégoire de Tours, cité par Ortélius.

BRANNOGENIUM, ville de l'île d'Albion, que Ptolemée place dans le pays des *Ordovices*.

BRANNOVII, les Brannoves. On croit que ce peuple est le même que les *Brannovices*, ou plutôt *Aulerci Brannovices*. Quelques auteurs ont cru que c'étoient trois peuples différens; quelques autres ont pensé que ce n'en étoit qu'un sous deux noms. Ce dernier sentiment est assez probable, mais pas assez démontré pour pouvoir l'assurer. L'incertitude tient au texte de César qui nomme ces peuples, sans qu'on les trouve nommés ailleurs. Au reste, ils étoient du nombre des peuples protégés par les *Edui*, & qui, dans l'occasion dont parle César, devoient lui fournir des troupes. On croit retrouver leur position dans un petit canton de la Bourgogne appelé *le Briennois*, à l'ouest du Mâconnois.

BRANODUNUM, ville de l'île d'Albion. La notice de l'empire la place dans le département de celui qui commandoit le rivage saxon de cette île.

BRASIÆ. Quelques auteurs nomment ainsi la ville de la Laconie plus généralement connue sous le nom de PRASIÆ. (*Voyez ce mot*).

BRATUSPANTIUM. On a varié sur l'emplacement qu'avoit occupé cette ville que l'on ne connoît que par un endroit de César. En sortant, dit-il, du territoire des *Suessiones*, il entra sur celui des *Bellovaci*, & de-là chez les *Ambiani*. A son approche, observe-t-il, les *Bellovaci* se renfermèrent *in Oppidum Bratuspantium*. Quelques auteurs ont cru que cette ville étoit la même que celle qui est appelée *Cæsaromagus* (Beauvais), & qui étoit la capitale des *Bellovaci*; mais M. d'Anville croit que cette ville a existé dans le lieu qui se nomme aujourd'hui *Brantuspante*, lequel est compris dans l'étendue de la paroisse de Vandeuil, sur la lisière du diocèse de Beauvais, limitrophe de celui d'Amiens.

BRAVINIUM, ou BRANOVIUM, nom d'un lieu de l'île d'Albion, sur la route de *Calleva* à *Urioconium*, selon l'itinéraire d'Antonin.

BRAURON, bourg de l'Attique, au sud-est de Marathon, à quelque distance de la mer Egée, sur le petit fleuve Erasinus. On disoit que c'étoit en ce lieu qu'arriva Iphigénie à son retour de la Chersonnèse Tauride, & qu'elle y laissa la statue de Diane, en s'en allant à Athènes. Il étoit vrai que l'on y montroit une statue fort ancienne de Diane. *Pausanias, in Attica, c. 32.* Selon Strabon (*l. IX, p. 611*), il y avoit un temple de Diane *Brauronienne*.

BRAVUM, ville de l'Hispanie, que Ptolemée place dans la Tarragonnoise, au pays des *Murboges*.

BRE. Procope, dans son livre des édifices, nomme ainsi une place forte de la Thrace.

BREA. On voit dans Etienne de Bysance, que c'étoit une ville des Athéniens, qui y envoyèrent ensuite une colonie. Mais il ne dit pas dans quelle région cette ville étoit située.

BREGÆTIUM. Ptolemée nomme ainsi une ville de la Haute-Pannonie.

BREMENIUM, ville de l'île d'Albion, dans le pays des *Otadeni*, selon Ptolemée.

BREMETONACA, lieu de l'île d'Albion, sur la route de *Glanoventa* à *Mediolanum*, entre *Galacum* & *Coccium*, selon l'itinéraire d'Antonin.

BRENDICE, lieu de la Thrace, à vingt-un mille pas de *Maximianopolis*, en allant vers *Trajanopolis*, selon l'itinéraire d'Antonin.

BRENNACUM, ville de la Gaule, dont Grégoire de Tours fait mention.

BRENNUS MONS. Cluvier parle d'une montagne de ce nom en Italie, dans la Gaule Cisalpine.

BRENTONICUM, ou BRENTONI CASTRUM, nom d'une place forte de l'Italie, de laquelle Paul Diacre fait mention.

BRESSUS, ou BREPUS, ville de l'Asie, dans la Grande-Arménie. Elle étoit située près de l'Euphrate, selon Ptolemée.

BRETINA, ville de l'Italie, dans l'Insubrie, selon Ptolemée.

BRETOLÆUM, ville de l'Hispanie. Elle étoit située dans l'intérieur de la Lusitanie, selon Ptolemée.

BREUCI, les Breuques, peuple que Ptolemée indique dans la Pannonie, & Pline, plus particulièrement, près du *Savus*. M. d'Anville ne les a point indiqués sur sa carte.

BREUNI, les Breunes, peuple que Ptolemée place dans la Vindélicie.

BREUNI, les Breunes, peuple que Pline place chez les Lepontii, dans les Alpes.

Il est probable que c'est le même peuple indiqué d'une manière peu exacte par l'un ou l'autre de ces auteurs.

BREUTHE, ville de l'Arcadie, sur le fleuve *Breutheatus*, & près du fleuve Alphée. Au temps de Pausanias, on n'en voyoit que les ruines.

BREUTHEATE, ou BREUTHEATUS, petit fleuve de l'Arcadie, qui avoit sa source près d'*Hypsus*, & qui couloit au sud-ouest se rendre dans le fleuve Alphée.

BREVIODURUM (*Pont-Audemer*), lieu de la Gaule, indiqué par l'itinéraire d'Antonin, entre *Juliobona* & *Noviomagus*. Dans la table théodosienne on le trouve entre *Juliobona* & *Rotomagus*: cela dépend de la route que l'on suit dans chacun de ces itinéraires.

BRIADA, ville de l'Asie, dans la Pisidie, selon Strabon, qui cite Artémidore.

BRIANEA COLLIS, colline de l'Asie, vers la Gallatie, selon Ortélius, qui cite la vie de S. Théodore, abbé.

BRIANTICE, ville de la Thrace, peu éloignée de la mer, au nord-ouest d'*Ænos*, & au nord-est de *Maronea*.

BRIANUS, siège épiscopal de l'Asie, dans la Phrygie Pacatienne, selon le concile de Constantinople.

BRICECUM, *ou* BRICICUM, lieu de l'Hispanie, selon quelques exemplaires de l'itinéraire d'Antonin.

BRICINNIA, forteresse de la Sicile, dans le territoire de la ville de Léontines, selon Thucydide & Etienne de Bysance. Il faut observer cependant que le premier dit *Bricinnias*.

BRIDOBORUM, *ou* BRIVODURUM, lieu de la Gaule, sur la route d'*Augustodunum* à *Lutetia*, entre *Condate* & *Belca*, selon l'itinéraire d'Antonin.

BRIGÆCIUM, ville de l'Hispanie, selon Ptolemée.

BRIGANTES. En retrouvant des *Brigantes* & des villes de *Brigantio*, *Brigantium*, *&c.* dans la Rhétie, dans les îles Britanniques, en Hispanie, *&c.* on avoit déjà soupçonné que ce peuple avoit été l'un des plus considérables de la haute antiquité. Un savant Breton, M. le Brigant, a fait, sur cet objet, une savante dissertation, dont je vais m'aider pour cet article, sans négliger de m'appuyer du témoignage des anciens.

Selon Strabon, les *Bregi* ou *Breges*, sont les mêmes que les *Phryges*, *ὑμοίως δὲ καὶ Βρέγοι, Βρέγες, καὶ Φρύγες οἱ αὐτοὶ* (*Str. L.* 12, *p.* 550). Mais, selon un passage d'Hérodote, que probablement Etienne de Bysance avoit en vue en citant cet auteur, les Briges conservèrent leur nom tant qu'ils restèrent en Europe avec les Macédoniens; quand ils eurent passé en Asie, ils prirent le nom de *Phryges* *Οἱ δὲ Φρυγες..... ἐκαλεοντο Βρὶγες..... μεταβάντες δε ες την Ἀσίην, ἅμα τῇ χώρῃ καὶ τὸ οὔνομα μετέβαλον ἐς Φρύγας.* (*Hérod. liv.* VII. 73). Voici donc, selon le plus ancien des historiens profanes, les Phrygiens, regardés par les peuples de l'Asie, par les Egyptiens eux-mêmes, comme des peuples qui les avoient précédés; les voilà, dis-je, regardés par le premier des historiens grecs, comme ayant d'abord porté le nom de *Briges*. Mais, selon Etienne de Bysance, Hérodote les appeloit *Brigantas* (Βριγαντας) : donc les *Brigantes* portoient déjà ce nom en Europe, avant de repasser en Asie; donc c'est un des peuples qui remontent le plus près à l'origine des nations. Voyons actuellement leur origine & l'étymologie de leur nom.

Selon l'auteur de la dissertation citée ci-dessus, le nom des *Brigantes* s'étoit formé de *Gombri*, ou enfant de Gomer, l'un des plus anciens pères des peuples de l'Europe; on prononce *Gomri* & *Gombri*. Mais, comme les anciennes peuplades, ainsi que nous l'apprenons des auteurs, s'envoyoient par centaines, nommées en langue celtique *Cant*, on dut donc dire d'abord *Gombricant*. Et en effet, on retrouve encore les noms de *Cantabriges*, *Cantabri*, *Cantabrigenses*, *&c.* La seule différence est la transposition qui a fait de *Cantbri*, *Bricant*, exprimé en latin par *Brigantes*.

Des montagnes de la Thrace & de la Macédoine, où ces peuples s'étoient d'abord établis, les uns passèrent en Phrygie, comme le dit Hérodote; mais d'autres s'avancèrent jusques dans la Rhétie. Strabon les fait connoître dans cette partie de l'Europe. C'est-là aussi que l'on trouve le lac *Brigantius*, & l'une des villes de *Brigantium*, car il s'en trouve dans plusieurs autres lieux. On conjecture qu'ils remontèrent vers le nord en côtoyant le fleuve qui les conduisoit; & que, par cette raison, ils appellèrent *Rhen*, ou conducteur, en celtique (1). Ils s'avancèrent ainsi jusqu'au bord de l'Océan & le traversèrent : car je ne pense pas qu'alors l'Angleterre fît partie du continent. Je soupçonne cette grande île antérieure au temps dont je parle. Ces peuples ne s'arrêtèrent pas en Bretagne; continuant d'envoyer des colonies, il en passa aussi en Irlande. (*Voyez* ci-dessous).

Il est très-probable que d'autres *Brigantes* entrèrent en Gaule & y fondèrent la ville de *Brigantium* (Briançon); que d'autres colonies de la même nation, passèrent dans l'Hispanie.

En effet, on retrouve dans ce pays des *Cantabri*, dont le nom est formé aussi de *cant*, centaine, & de *ibri*, & n'ayant que le déplacement des deux mots de différence avec *Bricant*. Aussi retrouve-t-on dans ce pays *Portus Brigantius*, plusieurs villes appelées *Brigantia*, & un fort grand nombre de noms qui sont évidemment celtiques. On en verra même au mot HISPANIA, une étymologie de ce mot, prise du celtique, & différente de celle que l'on fait ordinairement venir des langues orientales.

BRIGANTES. Les Brigantes ayant traversé l'Océan, s'établirent dans l'île d'Albion. On voit bien que ce devoit être un peuple considérable, puisque dans les temps postérieurs, lorsque d'autres nations ou des subdivisions de la leur partageoient avec eux cette île, ils occupoient encore, d'une mer à l'autre, tout l'espace où se trouve aujourd'hui le comté d'Yorck.

BRIGANTES. On ne peut pas assurer si les *Brigantes* d'Irlande étoient une colonie de ceux de l'île d'Albion, ou s'ils étoient venus directement de la Germanie & de la Rhétie. Ce qui rendroit ce dernier sentiment assez probable, c'est que Ptolemée place près d'eux les *Cauci* & les *Menapii*, nations que l'on retrouve aussi en Germanie, sur les bords de l'Océan.

BRIGANTINUS LACUS (*le lac de Constance*),

(1) C'est-à-dire, en breton, puisqu'il paroît actuellement démontré que le breton, ainsi que le gaulois, ne sont que l'ancien celte parlé par toute l'Europe.

lac de la Rhétie, selon Pline. Les anciens n'ignoroient pas que le *Rhenus* traversoit ce lac. *Voyez* ce qu'en dit Ammien Marcellin.

BRIGANTIUM, *ou* BRIGANTIA (*Bregentz*), ville de la Rhétie, selon Ptolemée. Elle étoit située sur le *Brigantinus Lacus*.

BRIGANTIUM, *ou* BRIGANTIO (*Briançon*), ville de la Gaule Narbonnoise, à l'est-nord-est de *Salinæ*, dans le pays des *Caturiges*, près d'un passage par lequel on entroit en Italie à travers les Alpes. Du temps des Romains, elle tenoit un rang parmi les villes du second ordre. Les inscriptions, les médailles d'or, d'argent & de cuivre qu'on y a trouvées, prouvent en faveur de son ancien état.

BRIGANTIUM (*Betancos*), ville de l'Hispanie citérieure, au nord, au fond d'un petit golfe, & près du *Magnus Portus*. On voit par un passage de Dion, que César passa dans cette ville.

On disoit quelquefois *Flavium Brigantium*.

BRIGECUM, ville de l'Hispanie, vers le sud-ouest d'*Asturica*.

BRIGES, les Briges, peuple qu'Etienne de Bysance place dans la Thrace. Selon cet auteur, ce même peuple est nommé *Brigantes*. (*Voyez* ce mot).

BRIGIOSUM (*Brion*), lieu de la Gaule, indiqué par la table théodosienne entre *Avedonacum* & *Raurana*, sur la route qui conduit de *Mediolanum* à *Limonum*, dans la seconde Aquitaine.

BRIJANTIO (*Brianconet*), sur l'Esteron, qui tombe dans le Var. Ce lieu, qui ne nous avoit pas été indiqué par les auteurs romains, a été connu par des restes d'antiquités. On voit par une inscription, que le corps des magistrats étoit nommé *Ordo*; donc c'étoit le chef-lieu d'un peuple particulier.

BRILESSUS, montagne de Grèce, dans l'Attique, selon Thucydide, Pline & Solin.

BRINBANTES, les Brinbantes, peuple de la Grande-Bretagne, le même que Ptolemée & M. d'Anville nomment *Ottamini*. (*Voyez* ce mot).

BRINCAS, ville de l'Italie. Narsès la reprit sur les Goths, selon Cédrène, cité par Ortélius.

BRINCI, les Brinques, peuple de la Thrace, selon Suidas.

BRINIATES, petit peuple habitant une vallée de la Ligurie, dans la partie orientale, tout près des *Apuani*.

BRISA, promontoire de l'île de Lesbos, selon Etienne de Bysance.

BRISA, lieu de l'Asie, dans la Grande-Arménie, selon le livre des Authentiques, cité par Ortélius.

BRISABERITÆ, les Brisaberites, peuple de l'Inde, selon Pline. Dans l'édition de Dalechamp, on lit *Bisambritæ*.

BRISAGAVI, les Brisagaves, peuple nommé dans la notice de l'empire, mais dont on ne connoît pas la position. Ortélius soupçonne que le Brisgaw a été autrefois habité par eux, & a conservé quelque chose de leur nom.

BRISEÆ. *Voyez* BRYSEÆ.

BRITANNI. Je donne au mot BRITANNIA, différens sentimens sur l'origine du nom de *Britanni*; je ne m'occuperai dans cet article que des peuples qui l'ont porté.

Origine. Les anciens ont ignoré l'origine des Bretons. César croyoit que les parties méridionales étoient habitées par des Gaulois, pendant que les autres l'étoient par des Autochtones: Tacite trouvoit beaucoup de rapport entre les Bretons & les Germains. Quant à moi, je pense, avec plusieurs savans, qu'ils étoient Celtes-Gomérites. C'est à ce peuple que remontent nos connoissances les plus profondes sur l'ancienneté des différens peuples de l'Europe. J'ai parlé au mot BRIGANTES, du passage de ce peuple dans l'île d'*Albion*; on voit en effet que du temps de Ptolemée, ils étoient encore très-puissans dans la partie septentrionale. On peut croire qu'ils furent les premiers à passer dans cette île, & qu'ils furent suivis ensuite par différens autres peuples, désignés par des noms dont plusieurs se trouvoient aussi dans la Gaule, tels que les *Atrebates*, les *Belgæ*, les *Parisii*, &c. Peut-être en étoient-ils des colonies; peut-être n'y avoit-il de rapport entre eux que des positions semblables indiquées par des noms qui, dans ce cas, appartenant à une même langue, se trouveroient naturellement être les mêmes.

Langue. Par ce que l'on connoît de la langue du peuple de Galles & des Bas-Bretons de France, on voit que cette langue a dû être celle qui se parloit dans la Bretagne avant l'arrivée des Romains. Elle se conserva jusqu'à l'arrivée des Angles & des Saxons. Les Bretons, qui la parloient, se retirèrent dans la province de Galles, où l'on ne put les soumettre. Il en fut à-peu-près de même dans la Bretagne françoise. Les peuples de cette province, appelée essentiellement *Armorique*, à cause de l'étendue considérable de ses côtes baignées par la mer, conservèrent leur langue malgré l'arrivée des Romains & celle des Francs dans le cinquième siècle. Comme les Bretons & les Gallois s'entendent, on ne peut nier qu'ils parlent la même langue; & comme cette langue a précédé dans le pays toutes celles que nous connoissons, on ne peut que la regarder comme la langue de nos premiers pères, comme étant cette langue celtique, qui semble aux savans, pour lesquels elle a été un objet d'étude, se retrouver dans toutes les autres langues de la terre. M. le Brigant, savant Breton, dont j'ai déjà eu occasion de parler, a eu la complaisance de me montrer plusieurs parties de son immense travail, lesquelles portent cette assertion jusqu'à la démonstration la plus inattaquable.

Religion. Par le peu que l'on sait des dogmes des Bretons, il paroît qu'ils croyoient à l'immortalité de l'ame. Au reste, comme on n'a rien de particulier sur ce qui les concerne, je renvoie aux articles CELTÆ & GALLI pour leurs dogmes, leurs *Druides*, &c.: Je ne parlerai ici que de leurs divinités.

Les Romains & les Grecs ont peint les Bretons comme des idolâtres qui admettoient un grand nombre de divinités. Mais M. Duclos (*Mém. de litt. t. XIX, p. 453*), qui a examiné la question en littérateur & en philosophe, les disculpe de cette imputation. Avant d'avoir lu sa dissertation, j'avois aussi entrevu cette vérité; 1°. parce que dans l'ancien celte, le mot *de* ou *di* signifie *dieu*, & qu'ils s'étoient servi de ce mot; 2°. parce que les noms que les Romains ont donnés à quelques-unes des divinités bretonnes, semblent n'avoir été que ceux de quelques objets de terreur ou de simple vénération. Ils craignoient le tonnerre, qu'ils nommoient *taran*; on a prétendu, mais sans aucune preuve, qu'ils le regardoient comme un dieu qui n'étoit autre que Jupiter. *Duw Thaith* étoit invoqué par les voyageurs : c'est seulement le rapport de nom qui avoit fait croire que ce dieu étoit Thot ou Mercure. Les guerriers prioient *Camulus*; on a cru que c'étoit Mars; mais rien n'appuie cette assertion des Romains. Les Bretons n'avoient aucune image qui représentât ces divinités. Et l'on peut appuyer ce doute par le raisonnement suivant, s'il est permis de se servir ici d'une comparaison prise de la religion chrétienne. N'est-ce pas à la providence que nous adressons nos vœux, lorsque cependant nous nous servons de l'expression de dieu de paix, dieu des combats, &c.? Il devoit en être ainsi des très-anciens peuples.

Gouvernement. Les principales loix des Bretons se réduisoient à-peu-près à ce qui suit :

L'hommage que l'on doit au souverain être.

Les distinctions des fonctions des prêtres.

L'obligation d'assister à leurs instructions & aux sacrifices solemnels.

La défense très-sage de disputer sur les matières de religion & de politique.

La permission accordée aux femmes de juger les affaires particulières pour fait d'injures.

Le défense de l'injure, du commerce étranger sans une permission expresse, & celle de révéler aux étrangers les dogmes de la loi.

La peine contre l'oisiveté, le larcin & le meurtre qui en sont les suites.

L'éducation des enfans qui devoient être élevés en commun hors de la maison de leurs pères.

Le devoir que l'on devoit rendre aux morts.

On a vu que la Bretagne étoit partagée entre plusieurs peuples, comme à-peu-près les différens cantons de la Grèce : chacun avoit son chef ou commandant particulier. On voit même que du temps de César, plusieurs de ces princes s'étoient réunis pour former des états plus considérables. Les uns étoient gouvernés par des rois, comme les *Catyeuchlanis*, les *Iceni* & les *Brigantes*; d'autres étoient seulement, en temps de guerre, commandés par un chef; tels étoient les *Silures* & les *Ordovices*. Cependant, il semble que le grand pontife des Druides n'en étoit pas moins à la tête des affaires & de l'administration politique.

On s'assembloit à certains jours, & l'on délibéroit sur tout ce qui concernoit le bien général & celui des particuliers. Ensuite on recherchoit les malversations & tous les crimes qui pouvoient avoir échappé aux tribunaux des différens districts. On trouvoit ainsi ceux qui étoient demeurés impunis.

Les tribunaux ordinaires étoient composés d'un président, de plusieurs conseillers choisis entre les vieillards, & d'avocats pour défendre les parties. Quelquefois aussi, ces juges faisoient des tournées dans les provinces, autant pour prévenir que pour juger les procès.

Le commerce n'étoit pas inconnu aux Bretons. Les objets sur lesquels il portoit, étoient, selon Strabon, du bled, des troupeaux, de l'or, de l'argent, du fer, & sur-tout de l'étain. On trouve aussi qu'ils trafiquoient des esclaves & des chiens. Les nations avec lesquelles ils furent d'abord en relation, étoient les Phéniciens : vers l'an 300 avant l'ère vulgaire, ils commencèrent à commercer avec les Carthaginois; ces peuples venoient dans leurs ports par le détroit de Gadès, en suivant les côtes de la Lusitanie, de l'Hispanie & de la Gaule. On ne peut guère fixer l'époque où les Gaulois entamèrent les affaires de commerce avec leurs voisins de la Grande-Bretagne. Ça dû être long-temps avant la conquête par les Romains. M. Melot (*Mém. de litt. T. XVI & XVIII*), a très-bien prouvé que pendant cette première époque, les Grecs qui avoient connu les îles Britanniques par le voyage de Pithéas, n'y avoient cependant fait aucun commerce. Les Bretons, riches d'un métal qui abondoit chez eux, & dont l'exploitation leur donnoit peu de peine, le laissoient à fort bon compte aux étrangers, & en retiroient en échange de la vaisselle de terre, du sel & des instrumens de fer ou de cuivre. Les Phéniciens, qui donnoient des misères pour une matière qui leur rapportoit un grand profit, cachoient leur route avec tant de soin, qu'un vaisseau de leur nation, faisant voile pour les Cassitérides, & se voyant suivi par un vaisseau romain, aima mieux se faire échouer & entraîner son concurrent dans sa perte, que de lui montrer sa route en la poursuivant.

Usages. Je ne dirai qu'un mot des usages des Bretons. La plupart alloient le corps nu : d'autres se couvroient d'habits de peaux. Les premiers se peignoient le corps, selon César, avec du verre, c'est-à-dire sans doute, avec de la cendre d'herbes brûlées, qui, mises en fusion, se vitrifioit. Ils traçoient sur leurs corps différentes figures d'animaux. Ils se faisoient même des incisions avec des espèces de stylets : ils se laissoient venir les cheveux & la barbe de la lèvre supérieure. Du reste, ils étoient rasés par tout le corps.

Tempérans par goût & trop peu industrieux pour

cultiver la terre avec soin, ils se contentèrent pendant long-temps de la nourriture qu'elle leur offroit sans effort. Ils suppléoient à ce qu'elle leur refusoit par la chasse, à laquelle ils étoient fort adonnés. Les rivières leur fournissoient abondamment du poisson, mais ils ne mangeoient pas d'oiseaux, ni même d'oies, quoiqu'ils en élevassent pour leur plaisir.

Les Bretons ne connoissoient pas l'usage du vin. Ils faisoient une boisson qui y suppléoit.

Quant à la monnoie, ils ne la connurent que tard. Avant ce temps, ils se servoient d'anneaux de fer & de cuivre d'un poids déterminé.

Ils habitoient sous des espèces de cabanes construites au milieu des bois. Ces habitations réunies, formoient des espèces de villes ou de camps par les palissades dont elles étoient entourées. Ceci, on le sent bien, ne doit s'entendre que de ceux qui habitoient l'intérieur du pays & les forêts. Ceux qui demeuroient vers la mer avoient des édifices mieux construits, & même des villes en assez bon ordre. Tout cela d'ailleurs prit une autre forme sous les Romains.

Les Bretons pouvoient avoir un grand nombre de femmes, & même, pendant un temps, elles furent communes entre les hommes, sur-tout entre les parens & les frères.

Je n'ai pu trouver de grands détails sur les cérémonies de leurs funérailles. On voit seulement que c'étoit honorer la mémoire des morts que de conserver leur crâne, de les faire border d'or ou d'argent, & de s'en servir ensuite pour boire.

Ces peuples étoient tous guerriers. Ils se servoient d'une courte épée, d'un bouclier, de la hallebarde. Ils y attachoient une espèce de grelot d'airain, afin d'effrayer leurs ennemis par le son réitéré de ce métal. Ils se servoient aussi de chevaux; mais, comme encore les sauvages d'Amérique, ils ne combattoient guère qu'en se plaçant en embuscade pour surprendre leurs ennemis, qu'ils n'attaquoient que rarement en face.

Révolutions historiques. On peut voir à l'article BRITANNIA, quels étoient les peuples qui occupoient la Grande-Bretagne: je n'en répéterai point ici les noms. J'observerai seulement ici que, selon César, lors de son arrivée, les *Cantii* étoient les plus policés de tous. On sait aussi que les *Cathyenchlani* avoient, à cette époque, soumis plusieurs de leurs voisins. Les *Cornavii* faisoient un assez grand commerce.

Ce fut environ 55 ans avant l'ère vulgaire, que César, vainqueur des Gaules, passa dans la Bretagne. Il n'y fit, pour ainsi dire, que paroître. Aussi ces premiers exploits des Romains, hors du continent, ne firent-ils, pour ainsi dire, que leur montrer le pays qu'ils devoient bientôt conquérir. Il seroit ici très-déplacé de décrire les ambassades des Bretons à Rome, sous les règnes d'Auguste & de Tibère, comme aussi de détailler l'expédition ridicule de Caligula, qui, pour avoir fait débarquer ses troupes sur les côtes, & les avoir fait rembarquer chargées de coquilles, prit follement le surnom de *Britannique*.

On peut assurer qu'il ne se passa rien de considérable par rapport aux Bretons, jusqu'au règne de Claude. Ses troupes étoient conduites par A. Plautius, général consommé dans l'art militaire. Il prit terre, comme César, chez les *Cantii*, & s'avança jusqu'au pays des *Dobuni*, où il défit les troupes bretonnes en bataille rangée. Trois autres batailles suivirent rapidement cette première, & toutes furent également heureuses pour les Romains. L'empereur, informé par son général du succès de ses armes, entreprit d'aller jouir du spectacle de ce peuple vaincu. Après avoir traversé la Gaule, il descendit dans la Bretagne, au port *Rutupinus* (Sandwich). Les Bretons, qui avoient à leur tête Caractacus, continuèrent de tenir la campagne. Beaucoup d'autres se soumirent & furent traités avec bonté: on les laissa jouir de leurs possessions & de leurs temples. Quinze jours après son arrivée, Claude repartit. Plautius continua de poursuivre les fières nations qui osoient encore lui résister, & les repoussa très-avant dans le pays. Ti. Vespasien, qui servoit sous lui, soumit les places maritimes. Les Romains se trouvèrent ainsi les maîtres d'une assez grande étendue de la Bretagne.

P. Ostorius Scapula succéda à Plautius. Les Bretons crurent pouvoir profiter de ce changement: leurs efforts réussirent mal: ils furent repoussés avec perte. Cependant ils reprirent les armes, & même quelques-uns de ceux qui s'étoient soumis volontairement, levèrent l'étendart de la révolte. Le brave Caractacus étoit l'ame de tous les conseils & le chef de toutes les entreprises. Malheureusement pour son parti, sa femme & ses enfans étoient d'abord tombés entre les mains de l'ennemi; il leur fut lui-même livré peu après par une reine timide, qui aima mieux manquer aux droits sacrés de l'hospitalité, que d'avoir à redouter la colère des Romains. Caractacus fut conduit à Rome (an de J. C. 52); mais aussi grand dans les fers qu'à la tête des armées, il étonna ses vainqueurs par sa fermeté, & les força d'être aussi généreux qu'il étoit grand. Claude lui rendit sa femme, ses enfans, & autant de liberté qu'il en pouvoit espérer dans un pays où on le regardoit comme un rebèle vaincu. En 54, sous l'empire de Néron, Suetonius Paulinus, vainqueur des Gétules, digne émule de Corbulon, ne fut pas plutôt arrivé dans son gouvernement, qu'il passa dans l'île de *Mona* (Anglesey), où il fit livrer aux flammes la plupart des druides. La conduite des Romains dans le cours de la guerre qui recommença avec plus de fureur qu'auparavant, doit être oubliée à jamais pour l'honneur de l'humanité. Des usurpateurs qui, maîtres de la moitié d'un état par le testament du prince défunt, s'emparent de l'autre moitié par la force des armes; des barbares, des monstres, qui font frapper de verges, la veuve de leur bienfaiteur, & livrent en même temps ses filles à la brutalité du soldat; des forcenés, qui se permettent toutes sortes d'horreurs contre des malheureux vaincus & désarmés : tels furent les Romains en cette occasion; telles furent aussi les causes de la rage des Bretons contre eux : ils ne desiroient de vie que ce qu'il leur en falloit pour se venger. Les troubles ne commencèrent à s'appaiser que lorsque Turpilianus, envoyé ensuite dans la Bretagne, eut commencé à traiter les peuples avec quelque douceur. (An de J. C. 78).

Après la mort de Néron, aucun général romain ne se comporta avec autant de gloire que Julius Agricola, qui y fut envoyé par Domitien. Ce commandant fit le tour de l'île, & soumit tout l'intérieur jusqu'à l'endroit où, quelque temps après, fut élevé le mur d'Adrien.

Cet empereur, qui passa dans la Bretagne peu après son avénement à l'empire, fit élever ce rempart pour l'opposer aux incursions des Calédoniens. Sûrs de ne pouvoir être attaqués dans leurs montagnes, ces peuples ne cessoient de se jetter sur les parties méridionales. Aussi, Sévère, à son arrivée, refusa-t-il de leur accorder la paix. Il pénétra dans leur pays, & fit élever un mur pour les contenir, à-peu-près au milieu de l'Ecosse actuelle. Ce prince, comme on sait, mourut à *Eboracum* (Yorck).

L'histoire garde ensuite le silence sur l'histoire des Bretons jusqu'au temps où l'empire fut la proie de différens petits tyrans qui se faisoient des partis chacun dans leur province. Carausius, l'un d'eux, né dans les Gaules, prit la pourpre dans la Bretagne. Sept ans après, il fut assassiné par un de ses officiers. Ce traître avoit à peine joui trois ans du fruit de son crime, que Constance, père de Constantin-le-Grand, arriva & fut regardé par les Bretons comme leur libérateur. Il mourut dans la même ville que Sévère.

Constantin, son fils, réprima les Pictes, passa dans la Gaule, & fut reconnu empereur. Son attachement pour un pays qui avoit vu naître sa mère, & qui renfermoit les cendres de son père, procura aux Bretons une tranquillité dont ils avoient été privés depuis long-temps. Il fit régir le pays avec les mêmes ménagemens que les autres provinces romaines. La suite ne fut pas si heureuse, & les Bretons eurent souvent à gémir de la tyrannie & de la cruauté de leurs gouverneurs & des proconsuls. Les troubles qui survinrent ensuite, tiennent plus à l'histoire de l'empire en général, qu'à celle des Bretons, & ne peuvent trouver place ici.

La plus grande partie de l'île obéissoit aux Romains, & imploroit même leur secours contre les Pictes. Sous le règne de Valentinien (en 411), Aëtius y passa exprès pour repousser ces barbares : il y réussit; & la tranquillité auroit suivi ce succès, s'il eût pu demeurer dans l'île avec ses troupes. Mais, profitant de l'état de foiblesse où se trouvoit l'empire, Alaric, avec ses Goths, venoit de saccager Rome. Les Suèves, les Alains s'étoient jetés sur l'Hispanie. Il fallut abandonner les extrémités pour conserver le centre. On rappela les légions de la Bretagne, & l'on rendit aux Bretons une liberté alors funeste, parce qu'ils avoient perdu cette vigueur & cette énergie, sans lesquelles on n'en peut faire usage, & qui seules en font sentir le prix.

Je m'arrêterai ici un instant pour parler de l'état des Bretons sous les Romains.

On voit à l'article BRITANNIA, que la Bretagne étoit divisée en *cinq* provinces romaines.

Gouvernement sous les Romains. Les différentes divisions de la Gaule étoient soumises au vicaire (1) de la Bretagne, lequel l'étoit lui-même au préfet du prétoire des Gaules.

Le vicaire de la Bretagne avoit sous lui différens officiers, dont les principaux étoient :

1°. Un lieutenant qui le remplaçoit en cas d'absence.

2°. Un héraut (*cornicularius*), qui publioit avec un cornet, ou, comme on dit actuellement, à son de trompe, les décrets & les sentences du vicaire & celles des autres magistrats.

3°. Deux trésoriers (*numerarii*), qui tenoient état des deniers publics.

4°. Des notaires publics (*scriptores ab actis*), qui dressoient les contrats, les testamens, &c.

Le gouvernement militaire se trouvoit entre les mains de trois principaux officiers subordonnés au *magister-militum*, ou généralissime des troupes de l'Occident. Ces trois officiers étoient.... le comte de Bretagne (*comes Britanniarum*)... le comte des côtes du côté de la Saxe (*comes littoris Saxonici*)... enfin, le duc de Bretagne (*dux Britanniarum*). Comme ces deux derniers commandoient sur les côtes, on est fondé à croire que le premier avoit pour son département tout l'intérieur des terres. Ils avoient sous eux plusieurs préfets & des commandans de légion. Le pouvoir de ceux qui commandoient sur les côtes s'étendoit aussi sur la mer, & même sur les côtes opposées; ce qui est très-sûr au moins, pour le comte des côtes saxonnes, appelées ainsi parce qu'elles étoient infectées par des Saxons, peuples alors corsaires.

Craignant d'être trahis par des troupes nationales, les Romains avoient mis dans la Bretagne des troupes étrangères, dont ils étoient plus sûrs.

Suite des révolutions : état de la Bretagne après le départ des Romains. Sans argent, sans troupes, sans discipline, les Bretons, après le départ des Romains, devinrent bientôt la proie de leurs voisins ennemis. En vain reçurent-ils quelques foibles secours, leurs maux croissoient chaque jour avec leurs défaites. Entre les différens chefs qu'ils mirent à leur tête, Vortigere est le plus connu. Ce fut lui qui, pour conserver une autorité dont il n'étoit pas digne, plutôt que pour défendre son pays, engagea ses compatriotes à recevoir chez eux les Saxons, sous

(1) Pour entendre ceci, *voyez* le mot IMPERIUM ROMANUM.

prétexte qu'ils les aideroient à repousser les Pictes.

Les Saxons vinrent donc sous la conduite d'Hengist & de son frère Horsa, tous deux fils d'un roi du pays. Les premières troupes furent bientôt suivies par d'autres, dont le dessein commun étoit de s'emparer de toutes les terres. Ils y réussirent en effet, malgré les efforts de Vortimer, fils de Vortigerne, & malgré la valeur du célèbre Arthur, dont les hauts faits ont été si exaltés, qu'ils paroissent quelquefois tenir du prodige.

L'établissement de l'heptarchie des Angles & des Saxons n'est pas de mon objet : il appartient à la géographie moderne. *Voyez* au mot ANGLETERRE.

BRITANNI. On trouve aussi ce nom employé comme étant celui d'un peuple de la Gaule; il est vrai que c'est dans Pline seul, qui les met sur la côte de la Belgique. La position qui leur conviendroit, d'après son texte, seroit entre le *Pagus Gesoriacus*, ou territoire de Boulogne, & les *Ambiani*; ce qui le place en-deçà de la Cange. Si c'étoit une colonie des Bretons, on ignore les circonstances de cet établissement.

BRITANNIA. Je comprends, sous cette dénomination, les îles que les anciens ont nommées, lorsqu'ils les connurent en détail, *Insules Britannicæ*. Pour mettre plus de clarté dans ce que je vais dire, je diviserai ce qui suit en petits articles séparés par leur objet.

1°. Au lieu de *Britannia*, les Grecs écrivoient *Bretannia*, Βρεταννία : quelquefois ils doubloient le *τ*, comme dans Βρεττανία; on trouve dans Strabon (*l. IV*), ἡ Βρεττανικη; quelquefois aussi ils ne mettoient qu'un *τ* & une *ν*. On lit dans Denys le Périgète Βρετανοὶ, *Britani*. Il est vrai que Eusthate, dans son commentaire sur cet endroit, remarque que c'est une licence que l'auteur s'est permise pour la mesure du vers. Mais l'usage le plus constant étoit d'écrire par deux *nn Britannia* : c'est de ce mot que nous avons fait Britannique & Bretagne.

2°. L'île appelée par César *Britannia*, est aussi appelée *Albion*; &, lorsque sur-tout le nom de Britanniques se fut étendu à toutes les îles de cette partie de l'Océan, le nom d'Albion fut plus particuliérement appliqué à la plus grande de ces îles.

3°. On s'est occupé de l'étymologie de ces deux noms, & les sentimens ont été partagés.

Quelques auteurs font venir le mot *Britannia* du mot *Brith*, que l'on prétend signifier en celtique, *pastel*; &, en général, *couleur*, parce que les anciens Bretons se peignoient le corps, comme font encore aujourd'hui les Sauvages d'Amérique. Les Romains trouvèrent les peuples de la Calédonie encore dans cet usage; &, par cette raison, ils les nommèrent *Picti*, les Pictes, c'est-à-dire, les peints. Mais on objecte contre ce sentiment que les peuples méridionaux de cette île n'étoient ni nus, ni peints; que les Romains avoient dû savoir leur nom avant de les avoir vus; qu'il est bien plus probable que ce nom avoit été donné au pays par les Phéniciens, qui y commerçoient. Or, comme dans cette langue, *Barat Anac* signifie *pays de l'étain*, & que l'on en retiroit beaucoup de cette île, on conclut que de *Bratanac* s'est formé *Britannia*.

Enfin, M. le Brigant, que j'ai déjà cité avec estime, trouve une autre étymologie dans sa langue bretonne, conservée du celtique. Selon lui, les premiers habitans de cette île étant des descendans de Gomer, des Gomérites, que l'on trouve ensuite nommés *Gombri*, ils donnèrent leur nom à la Bretagne, appelée par eux *Gombrit-enez*, puis, pour abréger, *Brit-enez*, île des Brits ou Gombrits.

L'étymologie qu'il donne du mot *Albion* paroîtra peut-être moins naturelle. Selon ce savant Breton, ce mot vient de *Al-bi-on*, cet *autre* (pays) *sera à nous*. Plusieurs auteurs pensent que Albion vient du latin *Albus* (*blanc*), parce que les côtes de l'Angleterre offrent cette couleur, vues soit de la France, soit de la mer.

4°. Sous le nom d'*Insulæ Britannicæ*, on comprenoit deux grandes îles & plusieurs petites.

La plus orientale des deux grandes étoit nommée *Britannia* & *Albion*; lorsque les Romains en eurent en partie fait la conquête, ils nommèrent *Caledonia* la partie septentrionale qu'ils n'avoient pas pu soumettre. L'autre île, située à l'occident, se nommoit *Ierne* & *Hibernia*.

Les petites îles étoient..... au sud, *Vectis* ou l'île de Wight; les *Cassiterides* ou les Sorlingues; à... à l'ouest, *Monobia* ou l'île de Man; les *Ebudes* ou Westernes; .... au nord, les *Orcades* ou Orcades, & la *Thule*, que l'on croit, avec beaucoup de vraisemblance, être les îles de Schetland. (*Voyez* chacun de ces mots).

5°. Les Romains ne firent presque qu'entrevoir ces îles au temps de César; Auguste les menaçoit lorsque, content de l'hommage des Bretons, il porta ses armes ailleurs. Ce ne fut qu'au temps de Claude, & lorsque Agricola, beau-père de l'historien Tacite, eut fait le tour de la Bretagne, que l'on eut une idée plus juste de sa forme & de son étendue.

6°. De la *Britannia* proprement dite.

Les principaux fleuves de cette île étoient :

La *Tamesis*, la seule des rivières de cette île que César nous fasse connoître : Tacite la nomme *Tamesa*.

La SABRINA, que nomme Tacite, & qu'Athénée appelle Σαβριάνα ou *Sabriana*.

L'*Altona* ou *Antona*, dont parle aussi Tacite.

Ptolemée fait connoître plusieurs autres rivières; savoir, le *Trisanto*, l'*Alaunus*, l'*Isca* ou l'*Isaca*, le *Tamarus*, le *Cenio*, *&c. &c.* On les trouvera tous à leur article.

7°. Les premières conquêtes des Romains ne s'étendirent pas fort avant dans la Bretagne, puisque sous l'empereur Claude, elles n'alloient pas au-delà de l'*Altona* & de la *Sabrina*. Mais sous les successeurs de ce prince, les Romains pénétrèrent de plus en plus dans l'île; &, comme ils repoussoient devant eux ceux des Insulaires qui n'avoient pas voulu se soumettre, ils firent, à différentes fois, de larges fossés & des murailles pour les contenir. La partie soumise se nommoit *Britannia Romana;* la partie non assujettie étoit nommée *Britannia Barbara.*

La Bretagne romaine étoit déjà considérable, lorsque l'empereur Adrien fit faire une muraille. Elle s'étendoit, ainsi qu'on le voit par Spartien, depuis l'*Ituna Æstuarium*, jusqu'à l'embouchure de la *Tina*. Mais Sévère fit élever une autre muraille beaucoup plus au nord que celle d'Adrien. Elle s'étendoit, selon Eutrope, d'une mer à l'autre, & avoit trente-deux milles de long : elle se terminoit à l'est au *Bodotria Æstuarium*.

J'ai rangé dans le tableau suivant, les principaux peuples que les anciens nous aient fait connoître dans la Bretagne romaine. Nous verrons ensuite en quoi il diffère de la description de Ptolemée.

Tableau des Peuples de la BRITANNIA ROMANA.

		PEUPLES.	CAPITALES. Noms anciens.	CAPITALES. Noms modernes.
Les Peuples Bretons, renfermés dans l'espace que comprend l'Angleterre & la Principauté de Galles, étoient,	Au nord, les	Damnii	Colaniam.	
		Mæatæ	Alta Castra.	
		Novantæ	Rerigonium.	
		Selgovæ	Trimontium.	
		Ottatini	Segedunum	SETON.
		Parisii	Petuaria	BÉVERLAY.
		Brigantes	Eboracum	YORCK.
	Au milieu, les	Ordovices	Seguntium.	
		Cornavii	Deva	*Chester.*
		Coritani	Lindum	*Lincoln.*
		Demetæ	Maridunum	*Caer-Marten.*
		Silures	Isca	*Caer-Léon.*
		Dobuni	Clevum	*Glocester.*
		Catyeuchlani	Durocobriva	*Hertfort.*
		Trinobantes	Londinium	*Londres.*
		Iceni	Venta	*Caster.*
	Au Sud, les	Dumnonii	Isca	*Echester.*
		Durotriges	Durnovaria	*Dorchester.*
		Belgæ	Magnus Portus	*Porst-Mouth.*
		Atrebates	Colva	*Wallingfort.*
		Regni	Noviomagnus	*Woncotte.*
		Cantii	Durovernum	*Cantorbéry.*

Je parle, à l'article BRITANNI, des révolutions historiques de ce pays. Je dirai seulement ici que lorsque les Romains s'en furent rendus maîtres, ils divisèrent la Bretagne de la manière suivante.

BRITANNIA *Prima.*
BRITANNIA *Secunda.*
FLAVIA *Cæsariensis.*
MAXIMA *Cæsariensis.*
VALENTIA, comprenant une partie de l'Ecosse.

On ne connoît pas d'une manière précise, l'étendue de chacune de ces provinces : on sait seulement que la Bretagne première étoit dans la partie orientale, & que la valentienne étoit au nord.

Les révolutions qu'éprouva ce pays appartiennent aux détails de leur histoire. On sait que les Romains ayant affaire de leurs troupes dans la Gaule, les retirèrent de la Bretagne. Alors les peuples du nord se précipitèrent sur ceux du midi. Ceux-ci appelèrent à leur secours les Angles & les Saxons. Ce secours fut une véritable invasion ; l'usurpation en fut la suite. Les maîtres légitimes du pays ne conservèrent que la partie où, défendus par la nature, on ne put les réduire ; le reste fut partagé entre les Angles & les Saxons, leurs vainqueurs, qui y fondèrent sept royaumes, d'où se forma le nom d'*heptarchie.*

Peuples

Peuples anciens de l'Angleterre, rangés sous L'HEPTARCHIE.

LA BRETAGNE fut alors divisée entre les

- ANGLES, Comprenant dans les royaumes de
  - Northumberland, le pays des: Brigantes. Parisii. &c.
  - Mercie, le pays des: Cornavii. Coritani. Partie des Silures. Catyeuchlani.
  - L'Estanglie, le pays des: Iceni.
  - De Kent, celui des... Cantii.
- SAXONS, Comprenant dans les royaumes de
  - Esex, les pays des Trinobantes.
  - Sussex, le pays des: Atrebates. Regni.
  - Westsex, le pays des: Dumnonii. Durotriges. Belgæ.
- BRETONS retirés dans le pays de Galles, où avoient été les: Ordovices. Demetæ. Partie des Silures.

Je finirai cet article par ce que nous a laissé Ptolemée sur la géographie des îles Britanniques ; mais seulement en parlant des peuples & des villes, & renvoyant à son ouvrage pour les havres, les ports, les embouchures des rivières, *&c.*

ALBION, selon Ptolemée.

En commençant par le nord, les

Novantæ, ayant pour villes . . . *Lucopibia. Retigonium.*

Selgovæ, ... Carbantorigum. Oxelum. Corda. Trimontium.

Les *Damni* . . . . *Colania. Vanduara. Coria. Alauna. Lindum. Victoria.*

Les *Gadini.*

Les *Otadeni* . . . . *Curia. Bremenium.*

Epidii.
Cerones.
Creones.
Carnonacæ.
Catini.
Cornabii.
Caledonii.
Cantæ.

Logi.		
Mertæ.		
Vacomagi.	Banatia. Tamia. Alata Castra. Tuesis.	
Vennicontes.	*Orrea.*	
Texali.	*Devana.*	
Elgovi.		
Brigantes.	*Epiacum.* *Vinnovium.* *Caturactonium.* *Calatum.* *Isurium.*	*Rhigodunum.* *Olicana.* *Eboracum.* *Legio Sexta Nicephorica.* *Camunlodunum.*
Parisii.	*Petuaria.*	
Orduices ou *Ordovices.*	*Mediolanium.* *Brannogenium.*	
Cornabii.	*Devana.* *Legio Vigesima Nicephorica.* *Viroconium.*	
Coritani.	*Lindum.* *Rhage.*	
Catyeuchlani.	*Salinæ.* *Urolanium.*	
Simeni.	*Venta.*	
Trinoantes.	*Comudolanum*	
Metæ.	*Luentinum.* *Maridunum.*	
Silyres.	*Bullæum.*	
Dobuni.	*Corinium.*	
Atrebatii.	*Nalcua.*	
Cantii.	*Londinium.* *Darvenum.* *Rutupiæ.*	
Rhegni.	*Næomagus.*	
Belgæ.	*Ischalis.* *Aquæ Calidæ.* *Venta.*	
Durotriges.	*Dunium.*	
Dumnonii.	*Voliba.* *Uxela.* *Tamara*, ou *Tanare.* *Isca.* *Legio Secunda Augusta.*	

Les petites îles que Ptolemée fait connoître, sont :

Ocitis Insula.
Dumna Insula.
Orcades Insulæ, au nombre de trente environ.
Thule au-dessus, c'est-à-dire, plus au nord.
Toliapis.
Coünos.
Vectis.

BRITESSUS, mont de l'Attique. Strabon (*l. IX, p. 612*), qui l'indique, n'en dit rien de particulier. Mais Thucydide nous apprend qu'il touchoit au mont Parnès. (*L. II, c. 28.*)

BRITOLAGÆ, les Britolages, peuple que Ptolemée indique dans la Basse-Mœsie, vers l'embouchure du Danube.

BRITTONES, nom par lequel on désignoit quelquefois les *Britanni* ou Bretons. (*Voyez* ce mot).

BRIVA ISARÆ, lieu de la Gaule, sur l'*Isara*, ou l'Oise, un peu au nord de son confluent avec la *Sequana*, ou la Seine. Celui-ci se trouvoit sur les limites des *Vellocasses* & des *Parisii*.

BRIVAS (*Vieille-Brioude*), lieu de la Gaule, chez les *Averni*, sur l'*Elaver* (l'Allier), au nord à-peu-près de *Condate*. Sidoine Apollinaire en parle dans une pièce de vers adressée à son ouvrage.

Hinc te suscipiet benigna Brivas.

Ce lieu est devenu recommandable par la sépulture de S. Julien, près de laquelle l'empereur Avitus fut inhumé en 456.

BRIVATESPORTUS, *ou* GESOBRIVATE (*le Croisic*), lieu de la Gaule, à l'embouchure de la Loire, vers l'endroit où, selon Ptolemée, elle reçoit le fleuve *Herius*, ou la Vilaine.

BRIVODURUM (*Briare*), lieu de la Gaule, chez les *Senones*, sur la droite du fleuve *Liger* (la Loire).

BRIULENSIS, siège épiscopal de l'Asie proconsulaire. Il en est fait mention dans les actes du concile de Chalcédoine, tenu l'an 451.

BRIXABA. Plutarque le géographe parle d'une montagne de ce nom. Il la place près du Pont-Euxin & du Tanaïs.

BRIXELLUM (*Bersello*), ville de la Gaule Cispadane, au nord-est, à l'embouchure de la *Parma*, dans le Pô. Cette ville, dont le nom a rapport à celui de *Brixia*, & qui se trouvoit, comme elle, sur une rivière, eut probablement aussi pour fondateurs des Gaulois. Elle fut colonie romaine; mais on ne sait pas dans quel temps. Elle est connue dans l'histoire par la mort d'Othon, qui s'y tua après avoir appris la perte du combat, dont il attendoit la possession paisible de l'empire.

BRIXENTÆ, *ou* BRISCENTES. Ptolemée écrit Βριξανται. Il les place dans la partie septentrionale de la Rhétie. On croit, avec assez de fondement, que le nom de la ville de Brixen vient de ce peuple. Il en étoit parlé, selon Pline, dans l'inscription du trophée d'Auguste, comme d'un peuple des Alpes. Vers 1760, on a trouvé dans le Nivernois, la clef d'un temple antique qui porte le nom de ce peuple. On voit, par l'inscription, que le temple étoit dédié à Auguste.

BRIXIA (*Bresse*). Cette ville étoit sur le Mela (*Garza*), & devoit sa fondation aux Cenomani, qui lui donnèrent un nom relatif à sa position sur une rivière. Encore aujourd'hui, dans la langue allemande, *die brüke* signifie un pont. Elle devint ensuite une colonie romaine avec le titre de municipale.

Bresse, ou Brescia, comme disent les Italiens, s'étoit mise en liberté lors de la décadence de l'empire. Elle fut ensuite soumise par les ducs de Milan, vers le quatorzième siècle. Ayant secoué le joug, elle se donna aux Vénitiens. Elle est la capitale du Bressan. Les ravages qu'elle a éprouvés font qu'elle est moins grande qu'autrefois. D'ailleurs, les maisons sont bien bâties, & ses rues fort nettes.

BRIXIA, rivière de la Susiane, qui se perd dans le golfe Persique, qui contribue à rendre la côte dangereuse par la quantité de limon qu'elle y apporte, selon Pline.

BRIZACA, ville de l'Asie, dans la Grande-Arménie, selon Ptolemée.

BRIZANA, rivière de l'Asie, dans la Perse propre. Arrien dit que son embouchure est dangereuse, à cause des bancs & des roches qui s'y trouvent. Cette rivière est nommée *Brisoana* par Ptolemée.

BRIZICA, ville de Thrace, que l'itinéraire d'Antonin place entre *Maximianopolis* & *Trajanopolis*.

BROCHOTUS, montagne de l'Asie. Elle étoit d'un accès difficile, & au-dessus il y avoit un beau palais, selon Curopalate & Cédrène, cités par Ortélius, qui croit qu'elle étoit vers la Galatie.

BROCHUS, ville de la Phénicie. Elle étoit située près d'un marais, entre le Liban & l'Antiliban, selon Polybe.

BROCOMAGUS (*Brumt*), lieu de la Germanie, entre *Concordia* & *Argentoratum*, selon l'itinéraire d'Antonin. Dans les différentes éditions d'Ammien Marcellin, on lit *Brotomagus* & *Brocomagus*. Ptolemée dit *Breucomagus*, & place ce lieu auprès d'*Argentoratum*. La carte de M. d'Anville présente *Brocomagus*, à peu de distance au nord-ouest d'*Argentoratum*. On sait que ce lieu offre encore beaucoup de restes des anciens Romains.

BRODENTIA, nom d'une ville de la Germanie, de laquelle fait mention Ptolemée.

BROMAGUS. Ce lieu est nommé dans la table théodosienne *Viromagus*. Il appartenoit à la Gaule. M. d'Anville le place dans l'Helvétie, vers le nord-est du lac Leman.

BROMISCUS, ville d'Europe, dans la Macédoine. Thucydide dit qu'elle étoit située dans l'endroit où l'étang de Bolbé se jette dans la mer.

BRONGUS, rivière de la Mœsie. Elle alloit se perdre dans l'Ister, selon Hérodote.

BRONTOTAS, lieu de l'Italie, à trois milles de Rome. Selon Cassiodore, c'est où Anthémius prit possession de l'empire.

BRUCTERI, ou les Bructères. Ils doivent avoir occupé d'abord les bords du canal de Drusus & de l'Issel. M. d'Anville les place à l'ouest des *Tabantes*. Les Bructères furent un des peuples qui se joignirent les premiers à Civilis pour attaquer les Romains dans le vieux camp qu'Auguste avoit fait tracer pour deux légions. Tacite en parle comme d'une nation détruite par leurs voisins; cependant on les retrouve dans la ligue des peuples compris sous le nom de *Francs*.

BRULLITÆ, les Brullites, peuple de l'Asie mineure, près d'Ephèse. Dans l'édition du P. Hardouin, on lit *Briullitæ*.

BRUNDULUS PORTUS, lieu de l'Italie, dans la Vénétie, un peu au nord de l'embouchure de l'*Athesis*.

BRUNDUSIUM, *ou* BRINDES (*Brindisi*), ville de l'Italie, dans la Grande-Grèce, en Messapie, sur le bord de la mer, avec un port. Strabon (*p. 432*), dit qu'elle avoit été originairement occupée par des Crétois qui y abordèrent de Gnosse avec Thésée. Des Lacédémoniens, commandés par Phalante, lui enlevèrent une partie de son territoire. Cependant lorsque ce prince fut chassé de Tarente, il fut bien reçu à *Brundusium*, & après sa mort on y érigea sa statue. M. Mazochi pense qu'elle avoit été fondée par des Iapyges. Les Romains y envoyèrent une colonie l'an 509. C'étoit dans ce port que l'on s'embarquoit ordinairement pour passer d'Italie en Grèce; & le vent y étoit si favorable que, selon Zonare (*an. rom. l. III*), le même vent pouvoit servir à entrer dans le port & à en sortir. Ce qui pouvoit venir de la distribution du local; car Strabon dit qu'il y avoit plusieurs ports enfermés par une seule entrée. Ce fut à *Brundusium* qu'Octave prit d'abord le titre de César, & qu'il conclut une trève avec Antoine. Vers le temps où se fit cette trève, Virgile mourut dans cette ville, patrie du poëte *Pacuvius*.

Selon M. l'abbé Chaupi, le premier nom de cette ville étoit *Messapie*, qui signifioit *tête de cerf*, & indiquoit à-peu-près la forme de son port.

BRUSIS, contrée de la Macédoine, appelée ainsi, selon Etienne de Bysance, d'après Brusus, fils d'Emathus.

BRUTII, les Brutiens, peuples qui habitoient la partie la plus méridionale de l'Italie, nommée actuellement *Calabre*, & alors *Brutium*. On peut voir à l'article de ce pays, les différentes étymologies que l'on en donne. Voici ce que l'on trouve dans les anciens.

Des esclaves des Lucaniens, accoutumés, comme leurs maîtres, à la vie la plus dure; & voulant s'affranchir de la dépendance dans laquelle ils les retenoient, s'armèrent & se rendirent indépendans. Leur révolte, dit-on, leur mérita le nom de *Brutii*. Quoi qu'il en soit, ils se rendirent maîtres de la partie méridionale de l'Italie, soumise alors aux Lucaniens. Les côtes de ce pays avoient d'abord été peuplées par des Orientaux; puis par des Grecs; les Lucaniens ni les Brutiens n'entreprirent pas de rien changer à leurs usages, & se regardèrent seulement comme les maîtres de tout le pays, dont les autres n'avoient que de petites portions. Insensiblement la différence entre les Brutiens & les Lucaniens s'évanouit, & les Romains ne virent que des sujets dans les uns comme dans les autres.

BRUTIUM, contrée de l'Italie, la plus méridionale: c'est aujourd'hui la Calabre. Les anciens ont fait venir ce nom de celui de *Brutii*, qui, selon eux, signifioit en lucanien, *des rebelles*. Les Brutiens étoient, disoit-on, des esclaves révoltés. (*Voyez* ce mot). Mais ne peut-on pas croire que le nom de *Brutium* fut donné au pays d'après la nature de ses productions ou de son sol? Cette explication est bien naturelle. On peut donc admettre, avec M. Gébelin, si l'on veut, le mot *ber*, *bret*, signifiant en celtique, *arbre*, *forêt*, pour l'origine du nom d'un pays qui étoit couvert de bois; ou plutôt, comme la plus grande partie de ces arbres étoient résineux, on trouvoit dans le mot oriental *brata*, ou, comme disent les Syriens, *bruta* (arbre résineux), l'origine du mot *Brutium*. Ce qu'il y a de singulier, c'est que le mot *Calabre* paroît avoir même origine & même sens.

Calab, en oriental, signifie de la *poix*, de la *résine*.

Quoi qu'il en soit, ce pays formoit une assez grande presqu'île, qui avoit au nord la Lucanie, & au sud le détroit de Sicile.

Ses principales rivières étoient:

1°. A l'ouest,

Le *Lamates*, le *Metaurus*.

2°. A l'est,

Le *Cœcinus*, le *Targines*, le *Neœthus* & le *Crathis*, qui, coulant du sud au nord, entroit un peu dans la Lucanie.

Les principales villes étoient:

1°. Sur la côte occidentale, du nord au sud,

Pandosia, *Conventia Hipponium Rhegium*.

2°. Sur la côte orientale, du sud au nord.

Locri, *Scylacium*, *Croton*, *Petilia*, *Roscianum*.

BRUTIUM PROMONTORIUM (*Cabo de Scilio*), promontoire de l'Italie, dans le *Brutium*. Il en est parlé par Pomponius Méla.

BRUTOBRIA, ville de l'Hispanie, selon Etienne de Bysance. Cet ancien la place dans la Bétique, entre le fleuve Bœtis & les Tyritains, plus connus sous le nom de *Turditains*. Cet auteur fait observer que le mot de *Brutobria* présente le même sens que *Brutopolis*.

BRYANIUM, ville de Grèce, dans la Macédoine. Elle étoit située sur l'Erigon, selon Strabon. Elle est mise dans la Thesprotie par Etienne de Bysance. Cette ville est nommée *Bryanium* par Tite-Live (*l. XXXI*, *c. 39*, *édition de Barbou*, 1775).

BRYAS. Cédrène & Zonare, cités par Ortélius, disent que c'étoit le nom d'un lieu sur la côte de l'Afrique propre.

BRYAZON, rivière de l'Asie mineure, dans la Bithynie, selon Pline.

BRYCÆ, *ou* BRYCES, les Briques, peuple de la Thrace, dont il est parlé dans Etienne de Bysance. Ils sont indiqués par Philip. Ferrarius Alexandrinus, dans son lexique géographique, entre le *Nestus* & l'*Hebrus*. Je ne doute pas que ce peuple ne soit le même qu'Etienne de Bysance nomme plus bas Βρυξ & Βρυγαὶ.

BRYCHUS, rivière d'Europe, dans la Macédoine. Elle couloit dans la presqu'île de Pallène. Il en est fait mention par Lycophron.

BRYELICA, contrée de l'Asie mineure, dans la Cilicie, selon Ptolemée.

BRYGES, *ou* BRYGIENS, peuple de l'Asie mineure, dans la Bithynie. Après avoir passé d'Asie en Europe, ils étoient revenus d'Europe s'établir en ce canton, avant le voyage des Argonautes, au rapport d'Hérodote.

Ce peuple étoit si sauvage, selon Strabon, qu'ils habitoient des cavernes dans leur pays natal; cependant ils étoient très-passionnés pour la musique. Ce sont les mêmes, selon ces auteurs, qui furent appelés depuis *Phrygii*. (*Voyez* ce mot & celui de BRIGANTES).

BRYGEYDES, île de la mer Adriatique, dans l'Illyrie, selon Ortélius, qui cite Apollonius.

BRYGIAS, ville de la Macédoine, selon Etienne de Bysance.

BRYGIUM, ville de la Macédoine, selon Etienne de Bysance. Il en est aussi parlé dans Pline, *l. IV, c. 10.* Elle n'étoit pas loin du promontoire *Canatræ.*

BRYLLION, *ou* BRYLLIUM, ville de l'Asie mineure, dans la Bithynie. Elle étoit située dans la Propontide, selon Pline & Etienne de Bysance (1). Ephorus croyoit que cette ville avoit aussi été nommée *Ceium.*

BRYORUM LITTUS, contrée maritime d'Afrique, dans la Cyrénaïque, selon Ptolemée.

BRYSACIUM, nom d'une ancienne ville de l'Illyrie, selon Etienne de Bysance, qui la donne à la *Parthina.* Mais on ne connoît pas de province de ce nom; les commentateurs croient devoir lire *Parthène.*

BRYSANI, les Brysans, peuple que Pline place dans l'Inde.

BRYSEÆ, ville de la Grèce, dans la Laconie. Pausanias parle de cette ville, qu'il nomme Βρυσεαι, *Bryseæ*, au lieu que Homère écrit Βρυσειαι, *Bryseiæ.* Sylburge pense que dans Pausanias il faudroit lire Βρυσιαι. M. l'abbé Gédoyn fait une autre remarque qui me paroît porter à faux: il voudroit que l'on lût *Brasies*, & il dit que ce nom se trouve dans Etienne de Bysance. Cet auteur en effet dit Βρασιαι, cite Pausanias, *l. 3* (εν τρίτω); mais comme Prasies a quelquefois été nommée Brasies, on peut croire qu'il appelle cette ville de ce second nom. Au reste, au temps de Pausanias, elle ne subsistoit déjà plus. Elle se trouvoit à la descente d'une montagne. Il y restoit seulement un temple de Bacchus, dans lequel les femmes seules pouvoient entrer. M. le Roy, voyageant en Laconie, croit avoir retrouvé son emplacement : il en parle dans son ouvrage comme un des plus beaux monumens de la Grèce.

Vers le sud de cette ville, dit Pausanias, en allant au mont Taygette, il y avoit un bois nommé *les chasses* (Θηραι), parce que en effet on y chassoit toutes sortes de bêtes fauves. C'étoit vers ce lieu que l'on disoit que Hercule s'étoit tenu caché tandis que Esculape pansoit la blessure de sa cuisse.

BRYSEIÆ, Βρυσείαι. C'est ainsi que Homère nomme la ville de *Bryseæ*, ou *Brysiæ.* (*Voyez* le premier de ces noms).

BRYSIÆ, ancienne ville du Péloponnèse, dans l'Elide, selon Etienne de Bysance.

BRYSTACIA, ville de l'Italie, dans le pays des Œnotriens, selon Etienne de Bysance. Cluvier croit la reconnoître dans le *Brutium*, au lieu appelé actuellement *Brialico.* Il écrit *Brustacia*, mais Etienne de Bysance dit Βρυςτακεα.

(1) Car il ne faut pas seulement entendre par Propontide la mer qui se trouve entre l'Hellespont & le Bosphore de Thrace; mais une petite province de l'Asie mineure, qui porta ce nom sous les empereurs Grecs.

B U

BUANA, petite ville de l'Asie, dans la Grande-Arménie, selon Ptolemée.

BUACŒ, les Buaens, peuple de la Libye. En faisant connoître ce peuple, un auteur dit qu'un homme y commandoit aux autres hommes, & une femme aux autres femmes. Dans ce cas, le roi & la reine avoient une part égale au gouvernement.

BUBA, nom d'une ville d'Italie, que Ptolemée place dans le pays du peuple *Frentani.*

BUBACENE, contrée de l'Asie. Quinte-Curse dit que Polyperchon la soumit à Alexandre-le-Grand.

BUBASIS, village d'Egypte, dont l'Etymologicon fait mention.

BUBASSUS, contrée de l'Asie mineure, dans la Carie, selon Pline.

BUBASTIACUM, surnom que l'on donnoit à un des bras du Nil, sur lequel étoit située la ville de *Bubastis*, dans la Basse-Egypte. Ptolemée fait mention de ce nom en décrivant le petit Delta, partie du grand Delta d'Egypte. C'est en examinant des cartes faites sur le lieu, que l'habile M. d'Anville s'est convaincu que le canal Bubastique de Ptolemée n'est pas celui qui alloit de Bubaste à la mer, puisque c'étoit le canal Pélusiaque; mais que celui que Ptolemée nomme *Bubastique* remonte de cette ville en allant au sud jusqu'à ce qu'il se rende, avec le *Trajanus Canalis*, dans un lac appelé *Lacus amari.*

BUBASTIS, selon Hérodote & Pomponius Méla; BUBASTOS, selon Polybe, Strabon & Ptolemée, ancienne & fameuse ville de l'Egypte, qui étoit située près de la rive droite d'un bras du Nil, qui en prenoit le surnom de *Bubastiacum.* Elle est nommée dans Ezéchiel *Phi-Beseth.* Diane étoit particuliérement adorée dans cette ville. Hérodote fait mention des assemblées qui s'y tenoient en l'honneur de cette déesse. On y révéroit aussi les chats.

BUBASTIS, ville de l'Asie mineure, dans la Carie, selon la Martinière, qui cite Etienne. Je n'ai pas trouvé ce lieu dans Etienne de Bysance; quel est donc le texte dont il parle?

BUBASTUS AGRIA, lieu de l'Egypte, auprès de Léontopolis, dans le gouvernement d'Héliopolis, selon Joseph. *Ant.*

BUBASTUS LACUS, le lac de Bubaste, selon Ælien, cité par Ortélius. Je soupçonne que c'est celui dont j'ai parlé à l'article BUBASTIACUM.

BUBEGENTÆ, les Bubegentes, peuple entre les Goths vaincus, selon Jornandès, par les Wandales.

BUBEIUM NATIO, peuple de l'Afrique intérieure. Pline dit que ce fut un de ceux que Cornélius Balbus subjugua pour les Romains.

BUBENSIS LIMES, lieu de l'Afrique, dans le gouvernement de la Tripolitaine, selon la notice de l'empire.

BUBENTANI, les Bubentans. Ce nom se trouve dans le texte de Denys d'Halicarnasse.

BUBESSIUS SINUS, *ou* BYBASSIUS SINUS. C'est ainsi que Pomponius Méla nomme le golfe sur le bord duquel la ville de *Bubessus* étoit située. C'étoit un golfe de l'Asie mineure, dans la Carie.

BUBETANI, les mêmes que les *Bubentani*. Pline nomme ainsi un peuple d'Italie, dans le *Latium*.

BUBO, *ou* BUBON. *Voyez* ce nom.

BUBON, ville de l'Asie mineure, dans la Caballie, contrée de la Carie.

Cette ville étoit située dans le voisinage de Cibyre la Grande, & avoit, avec celle-ci & deux autres, un traité de ligue offensive & défensive que l'on nommoit *la ligue des quatre villes*, selon Pline, *l. 5, ch. 27*.

Lorsque le préteur L. Muréna, l'an de Rome 670, démembra l'état de Cibyre, la ville de Bubone fut annexée à la Lycie. Strabon, *l. 13, p. 631*. Selon Etienne de Bysance, cette ville, ainsi que celle de *Balbusa*, avoit pris son nom des pyrates qui les avoient fondées.

BUBONIA. C'est ainsi qu'on lit ce nom dans Sozomène, qui dit que c'étoit une ville de la Gaule, dans laquelle l'empereur Constantin aborda en venant de l'île d'Albion. Mais on voit que c'est un nom corrompu, & qu'il est question de *Gessoriacum*, qui commençoit apparemment à être nommée *Bononia*.

BUBUTEENSIS, siège épiscopal de l'Asie mineure, dans la Lycie, selon les actes du concile de Constantinople.

BUCA, ville de l'Italie, dans le pays du peuple *Frentani*. Il en est fait mention par Pline, Strabon & Méla. Elle étoit sur le bord de la mer.

BUCÆA, lieu de la Grèce, dans la Phocide, selon Suidas. Ce lieu étoit sur le mont Parnasse, selon l'Etymologicon.

BUCARAS, nom d'une rivière, selon Polybe, cité par Suidas. C'est peut-être le *Bocarus* que Strabon place dans l'île de Salamine.

BUCARTERUS, nom d'une montagne de l'Asie, sur laquelle on trouve des vipères, selon Nicandre.

BUCCELLARIORUM REGIO, contrée de l'Asie, dans laquelle habitoit le peuple *Mariandini*, selon Porphyrogénète.

BUCCIACUM, nom d'un lieu particulier de la Gaule, dont il est fait mention par Fortunat.

BUCCONIENSIS, siège épiscopal d'Afrique, dans la Numidie, selon les actes de la conférence de Carthage.

BUCCONIS, lieu de la Gaule, dans la première Narbonnoise; il étoit à quelque distance à l'ouest de Toulouse.

BUCEPHALA, ville des Indes, & la capitale du peuple *Aseni*, selon Pline. Cette ville étoit située sur le bord du fleuve Hydaspe, & au-delà de l'Indus, selon Ptolemée. Arrien dit que cette ville fut ainsi nommée, parce que Alexandre y perdit & y fit enterrer son cheval Bucéphale. Elle est nommée *Bucéphalie* par Strabon.

BUCEPHALUM PROMONTORIUM, vers le sud, à l'extrémité de l'Argolide. C'étoit le promontoire de Bucéphale, nommé peut-être ainsi à cause de sa forme; ce nom, très-connu par la célébrité qu'a obtenue le cheval d'Alexandre, signifie *tête de bœuf*, & pouvoit faire allusion à quelque pointe du rocher, ou à la masse entière de la montagne.

BUCHÆTIUM, *ou* BUCHETIUM, ville de Grèce, en Epire, dans le pays de Cassiopée, selon Strabon & Démosthène. Ce dernier dit que c'étoit une colonie des Eléens.

BUCHAMBARI, ville d'Afrique, dans la Mauritanie Césarienne, & dans l'intérieur des terres, selon Ptolemée.

BUCHIUM. Selon Agathias, c'étoit le nom d'une forteresse de l'empire d'Orient, dans la Lazique.

BUCIANA, île de la mer Méditerranée, dans le voisinage de celle de Sardaigne. Ortélius rapporte que Pontien & Hippolyte y furent envoyés en exil.

BUCINNA, nom que Pline donne à une île voisine de celle de Sicile.

BUCINOBANTES, les Bucinobantes, peuple de la Germanie, habitant, à ce que l'on croit, le territoire où est aujourd'hui Mayence.

BUCITATUM, ville de l'Italie, aux environs de Rome, comme on le voit dans Varron. On juge que ce mot est corrompu.

BUCOLIUM, ville de Grèce, dans le Péloponnèse. Elle étoit dans l'Arcadie, selon Pline & Thucydide. Ce dernier la met près de Mantinée.

BUCOLIUM, ancien nom d'un pâturage, près de la mer & de l'embouchure du Nil nommée *Héracléotique*, selon Héliodore. Ce lieu est nommé *Héracleobucoli* par Etienne de Bysance.

BUCOLIUM, *ou* BUCOLEUM, lieu de la Thrace, dans le voisinage de Constantinople, selon Cédrène & Curopalate.

BUCOLIUM, lieu de la Grèce, dans l'Attique. Il étoit aux environs d'Athènes & près du Prytanée, selon Suidas. Pollux dit *Bucolicus*.

BUCRA EXTREMA, lieu de la partie méridionale de la Sicile; près de la ville de *Camarana*, du côté de *Pachynum*, selon Ptolemée. Il étoit près d'une fontaine consacrée à Diane.

BUCTINUM, nom d'un lieu particulier, d'où Epistropolis & Boccius amenèrent du secours aux Grecs, selon Darès le Phrygien.

BUCULITHUS, nom d'un lieu particulier que Cédrène met auprès de Césarée. Ortélius pense que c'est celle de l'Asie mineure.

BUDÆA, ancienne ville de l'Inde, en-deçà du Gange, selon Ptolemée.

BUDALIA, *ou* BUDALLIA, lieu de la Pannonie, sur la route de *Sirmium* à Salones, selon l'itinéraire d'Antonin.

BUDEA, ville de la Magnésie, selon Etienne de Bysance. Elle est nommée *Budeium* au neutre par Homère (*Iliad. ch. XVI, v. 572*). Ce nom étoit un de ceux que portoit Minerve.

Budea, ville de l'Asie mineure, dans la Phrygie, selon Etienne de Bysance. Eusthate, sur l'endroit d'Homère qui parle de cette ville, paroît croire qu'il n'y avoit eu qu'une ville de *Budea*, dont la position avoit été différemment donnée par les auteurs.

BUDII, les Budiens, peuple de la Médie, selon Hérodote, qui ne fait que les indiquer, *l. 1, c. 101.*

BUDINI, les Budins, peuple que Hérodote place dans la Scythie européenne. Selon cet auteur, ils étoient voisins des Sauromates. Ce peuple étoit grand, nombreux & remarquable par la couleur de ses cheveux, qui étoient roux, & de ses yeux, qui étoient bleus. On croit, avec beaucoup de vraisemblance, que ce peuple est le même qui se trouve nommé *Budeni* dans Ptolemée.

Pline & Méla disent que ces peuples vivoient de chair & de lait. Hérodote rapporte que Gélone étoit leur ville principale; qu'elle étoit bâtie en bois, & que l'on y voyoit des temples consacrés aux dieux de la Grèce, dans lesquels on célébroit tous les trois ans, des fêtes en l'honneur de Bacchus. Les habitans de cette ville étoient Grecs d'origine, & leur langage étoit un mélange de grec & de scythique.

Les Budins sont aussi regardés comme un peuple de la Sarmatie, dans le voisinage de la Scythie.

Selon le rapport d'Hérodote, les Budins formoient une grande & nombreuse nation, & que ce fut un des peuples à qui les Scythes demandèrent du secours pour les aider à s'opposer à l'armée de Darius. Il dit que le roi des Budins fut un de ceux qui s'assemblèrent pour délibérer sur cette armée. Il ajoute que les Budins se peignoient le corps entier en bleu & en rouge; qu'ils n'ont, ni la même langue, ni la même manière de vivre que les Gélons; qu'ils étoient Autochtones, Nomades, & les seuls de cette contrée qui mangeassent de la vermine; que leur pays entier étoit couvert d'arbres de toutes espèces; & que dans le canton où il y en avoit le plus, on trouvoit un lac grand & spacieux, & un marais bordé de roseaux.

BUDINUM, *ou* Bondinus, selon les divers exemplaires de Ptolemée, ancien nom d'une montagne de la Sarmatie européenne.

BUDIUM, *ou* Budeium. Selon le lexique de Phavorin, nom d'une ancienne ville de Grèce, dans la Béotie.

BUDORGIS. C'est, selon Ptolemée, le nom d'une ville de la Germanie.

BUDORIGUM, ville de la Germanie, selon Ptolemée.

BUDORIS, ville de la Germanie, selon Ptolemée.

BUDORUS, rivière de Grèce, dans l'île d'Eubée, selon Ptolemée & Strabon.

Budorus, nom d'un promontoire de Grèce, dans l'île de Salamine. Il en est fait mention par Thucydide, Diodore de Sicile, & Etienne de Bysance, qui écrit *Budorum*. Il est probable qu'il y avoit sur ce promontoire (ἀκρωτήριον), une forteresse, puisque Thucydide, en nommant *Budorum*, se sert de l'expression φρκριον, un château fort. C'est son scholastique qui dit que c'est un promontoire, aussi-bien qu'Etienne de Bysance.

BUDROÆ, nom de deux îles voisines de celle de Crète, auprès de *Cydonia*.

BUDRUNTUS, *ou* Butuntus (*Bitonto*), ancien nom d'un lieu de l'Italie, sur la route d'*Hydruntum* à *Equotuticum*, entre *Carium* & *Rubi*, selon l'itinéraire d'Antonin.

BUDUA, ville de l'Hispanie, dans la Lusitania. L'itinéraire d'Antonin la marque entre les sept autels & Plagiaria.

La carte de M. d'Anville la marque vers le nord-ouest d'*Emerita Augusta*.

BUFFADENSIS, siège épiscopal d'Afrique, dans la Numidie, selon la notice épiscopale d'Afrique.

BUGUNTII, les Bugontiens. Mais ce nom, qui est dans Ptolemée, paroît y occuper la place de *Burgondi*. Ce sont les *Burgondiones*, ou Bourguignons.

BULANES, ou Sulanes, les Bulanes, peuple de la Sarmatie, selon Ptolemée.

BULGA, rivière de la Bulgarie, qui donnoit le nom au pays. Elle étoit au-delà & vers le septentrion de l'Ister, selon Grégoras, cité par Ortélius.

BULGARI, les Bulgares. M. de Peyssonnel, dans ses observations historiques & géographiques, dit que ce sont les Scythes, en-deçà du Danube, qui ont été connus depuis sous le nom de *Bulgares*, sans qu'il y ait eu aucune nouvelle migration de ces peuples dans le pays qu'ils habitoient. Il dit que ce fut en l'an 476, que les Bulgares commencèrent à être connus, lorsque Théodoric, roi des Ostrogoths, vint demander à Zénon la permission de passer en Italie contre Odoacre. Il fut obligé, sur la route, de livrer combat aux Bulgares, qui s'y opposoient. M. de Peyssonnel ajoute que quelques auteurs ont conjecturé que ces Bulgares étoient des nouveaux peuples venus dans la Mœsie en 499. Il ajoute qu'il est vrai qu'en l'an 500, on voit ce nom donné à des peuples de la Moésie; & que vers l'an 514, ils conclurent un traité avec l'empereur Anastase; mais que cela ne prouve point qu'il y ait eu en ce temps-là aucune nouvelle incursion de peuples orientaux dans la Mœsie. Il paroît au même auteur que l'on doit regarder les Bulgares comme les mêmes Scythes qui, dès le deuxième siècle, étoient venus par le Pont-Euxin & le Danube, s'établir dans cette région; mais il ajoute : j'ai déjà observé aussi qu'il y avoit encore des Scythes nomades & païens qui vivoient errans & ambulans sur les bords du Danube; ce sont probablement les Scythes que l'on appela Bulgares, pour les distinguer des autres : ce nom étoit relatif au pays d'où ils étoient venus; à la Grande-Bulgarie, qui est aujourd'hui le royaume de Bulgare situé à l'orient du Volga. On sait d'ailleurs que cette origine étoit commune aux Scythes chrétiens & aux nomades, que l'histoire confond très-souvent, en les appelant tantôt Scythes & tantôt Bulgares; que c'étoit en effet la même nation, & qui ne formoit peut-être qu'une même société; avec la différence que tant que les Scythes chrétiens & policés y prédominèrent, ils ne furent connus que sous le nom de Scythes, au lieu que, lorsque les Scythes païens, grossis par le reste des Goths qui étoient restés dans le pays, jouèrent le premier rôle, on les appela *Bulgares*. Ils donnèrent beaucoup d'inquiétudes aux empereurs grecs, & devinrent indépendans dans la Mœsie, qui se donna de nouveau au paganisme, & ne retourna à la foi de J. C. que dans le huitième siècle. La première guerre de ce peuple contre les empereurs grecs, fut une guerre de religion, occasionnée par l'excès du zèle des Scythes orthodoxes.

Le patriarche Timothée, qui avoit adhéré au concile de Chalcédoine, avoit ensuite changé pour complaire à l'empereur. Les Scythes chrétiens refusoient de communiquer avec lui, & s'exposoient par-là à être persécutés. Leur patience étant poussée à bout, ils se révoltèrent, & prirent pour chef le comte Vitalien, leur compatriote. Il s'empara de la Thrace, de la Mœsie & de l'Illyrie; & l'an 510, il s'avança près de Constantinople. Il obligea l'empereur Anastase de demander la paix, qui fut terminée en 514. L'empereur promit de rappeler les prélats exilés, de rétablir Macédonius sur le siège patriarchal de Constantinople, & de faire cesser les vexations exercées contre les catholiques. Vitalien, vainqueur, mit les armes bas à cette condition; mais l'empereur ne remplit aucun de ses engagemens. Justin, successeur d'Anastase, attira Vitalien à Constantinople, le créa consul, & le fit massacrer le 7 mars de l'année 520, à l'instigation de son neveu Justinien, qui le regardoit comme un rival à craindre, parce qu'il étoit aimé des peuples, qu'il jouissoit d'une haute réputation & d'un crédit sans bornes, & que même il partageoit toute l'autorité avec l'empereur. On voit par-là que les Scythes chrétiens prédominoient encore; mais sous l'empire de Justinien, qui succéda à son oncle Justin, les Scythes païens ou nomades prirent le dessus dans la nation, sous le nom de *Bulgares*, & furent du nombre des peuples que Bélisaire soumit aux Romains.

M. de Peyssonnel dit, dans sa dissertation sur l'origine de la langue sclavone, que Pomponius Lætus rapporte que l'empereur Anastase fit bâtir la longue muraille, depuis la mer jusqu'à Sélivrée, pour s'opposer aux incursions des Bulgares & des Scythes, & les empêcher d'inquiéter les habitans de Constantinople. Cet auteur ajoute que la même chose est rapportée par du Cange; qu'il fixe cette époque à l'an 502, & ajoute que les Bulgares, vers ce temps-là, passèrent l'Illyrium, & prirent *Sirmium*. M. de Peyssonnel dit encore que ce sont les Bulgares qui, depuis le septième siècle, ont donné tant de peine aux empereurs de Constantinople, & qui, tantôt alliés, & tantôt opposés aux diverses tribus de Slaves, ont ravagé & conquis presque toutes les provinces de la Grèce, se sont avancés même jusqu'au Péloponnèse, & ont répandu la langue slave, qui étoit devenue la leur, dans toutes les provinces qu'ils ont occupées, & où on la parle encore. On lit dans la même dissertation, qu'en l'an 865, Bogoris, prince des Bulgares, à l'occasion d'une grande famine dont son pays étoit affligé, songea à avoir recours au dieu des chrétiens. La famine cessa & il reçut le baptême. Les Bulgares eurent quelques doutes qui leur furent inspirés par les Grecs, & en conséquence le pape envoya des légats pour y répondre. Le crédit que les légats du pape acquirent à Constantinople, fut un sujet de jalousie pour le patriarche Photius, & la source du schisme des Grecs. Les patriarches voulurent disputer aux papes la jurisdiction sur ces nouveaux prosélytes. On tint un concile à Constantinople, à ce sujet, en l'an 870. Les ambassadeurs du roi des Bulgares demandoient s'ils devoient être soumis au pape ou au patriarche de Constantinople, pour le spirituel. Les légats d'Orient que l'on choisit pour arbitres de cette question, décidèrent que, puisque les Bulgares avoient conquis leur pays sur les Grecs, ils devoient être soumis au patriarche. Les Bulgares, en vertu des décisions du concile, eurent des évêques grecs, & prirent la lithurgie grecque. Il paroît que la langue esclavone devint celle des Bulgares, car on fut obligé de recourir à la lithurgie traduite en cette langue pour la leur faire comprendre.

M. de Peyssonnel dit que du Cange, sur la foi de Franciscus Irénicus, fait descendre des Bulgares de la Scandinavie, & de-là dans la Poméranie maritime; que d'autres auteurs, comme Nicéphore, patriarche de Constantinople, & Théophanes, ont prétendu qu'ils avoient d'abord habité sur les bords du Palus-Méotide, vers le fleuve *Coba*, ou le Couban; que Constantin Porphyrogénète les place dans le voisinage des Patzinacites qui, de son temps, avoient leurs demeures dans les pays arrosés par le *Danapris* (Dnieper), & par le *Danastris* (Dniester). M. de Peyssonnel continue qu'il est certain que ce n'est pas-là leur première habitation, & qu'ils n'y vinrent qu'après que, dans leurs diverses incursions, ils se furent avancés vers les régions méridionales & les bords du Danube. Cromerus les fait descendre de la Sarmatie asiatique, des confins de la Russie.

M. de Peyssonnel, dans ses observations historiques, dit que les Bulgares commencèrent leurs courses dans la Thrace en l'an 681; que l'empereur Constantin Pogonat, fils de Constans, fut forcé de faire avec eux une paix honteuse, & même de leur payer un tribut. On leur accorda par le même traité, des terres dans la première Mœsie,

Mœsie, où *Ternobum* (Ternova) devint ensuite leur capitale.

M. de Peyssonnel ajoute que Justinien II, fils de Constantin Pogonat, rompit le traité que son père avoit conclu avec les Bulgares; mais qu'il fut pareillement réduit à leur demander la paix, & ne put l'obtenir qu'en leur rendant tout ce qu'il leur avoit pris.

On lit dans les mêmes observations, que l'on peut regarder une dernière incursion des Scythes par le Pont-Euxin, comme l'époque de l'établissement des Bulgares dans la Scythie pontique, qu'ils n'étoient pas encore connus sous ce nom; qu'ils ne le prirent que long-temps après; que les Bulgares peuvent être mis au rang des Scythes Tartares; mais qu'ils adoptèrent dans leur nouvelle habitation la langue slave, par leur voisinage & leur commerce continuel avec les peuples Sclavons.

En 713, les Bulgares firent une irruption dans la Thrace. On les voit encore vainqueurs dans quelques autres guerres, soit que les empereurs aient porté les armes en Bulgarie, soit qu'ils se soient jetés sur les terres de l'empire.

La guerre se ralluma en 765, que Constantin-Copronyme entra à main armée dans leur pays, & remporta une victoire complète. Il fut aussi heureux deux ans après.

Léon III fit la paix avec les Bulgares; mais Constantin Porphyrogénète leur fit la guerre en 791; Cédrène dit qu'il remporta une victoire considérable; Zonare, au contraire, prétend que l'on y perdit l'élite de l'armée. L'année suivante, sa défaite fut entière. J'abrège tous ces récits de combats, pour dire qu'en 811, Nicéphore marchant contre les Bulgares, & les ayant réduits au désespoir par la dureté des conditions de paix qu'il vouloit leur imposer, fut défait avec son armée, & lui-même resta mort sur le champ de bataille.

Les Bulgares continuèrent ainsi presque toujours d'avoir l'avantage sur les Romains, jusqu'à ce que Léon V engagea les Hongrois à se joindre à lui pour les attaquer. Ce moyen réussit. Ils furent battus; mais bientôt ils recouvrèrent leurs premiers avantages, & Siméon, qui commandoit alors la nation, battit de nouveau les troupes de l'empereur, &, en 897, le força à conclure une paix très-humiliante. Après plusieurs autres succès, Siméon s'étoit rendu maître d'Andrinople, & peu après vint jusqu'à Constantinople : il campa devant le fauxbourg des Blaquernes. La paix se fit, & Romanus, reconnu collègue de Constantin en 915, s'y prit avec tant d'adresse, qu'il décida Siméon à renoncer à ses entreprises contre les Grecs, & à porter ses armes contre les *Chrobati*, peuple idolâtre & qui faisoit partie des Slaves.

L'empereur Basile reçut, en 987, un échec considérable; mais il en fut bien dédommagé par les succès qui suivirent. Le roi des Bulgares ayant été tué au siège de *Dyrrachium*, qu'il avoit entrepris, les Bulgares demandèrent la paix. Les gouverneurs se soumirent à Basile, & même la veuve du dernier roi se rendit auprès de l'empereur avec six filles & trois de ses fils. Les trois autres vouloient continuer la guerre; mais ils furent entourés & forcés de se rendre aussi. Un seul homme, Ibatzez, allié à la famille royale, entreprit de défendre encore la liberté de son pays. Fortifié dans un château placé au haut d'une montagne, & du plus difficile accès, il refusa de se soumettre à aucune condition; mais il fut pris dans son château & amené à l'empereur. Cette conquête de la Bulgarie est de l'an 1019 de notre ère.

Il y eut encore quelques soulèvemens dans le pays; mais l'issue fut toujours favorable aux Grecs. Les Bulgares servirent ensuite de bonne-foi & avec zèle contre les Latins & contre les Turcs. Ce fut Jean, roi de Bulgarie, qui, en 1206, défit devant Andrinople, Baudouin, premier empereur latin de Constantinople. Ce barbare traita l'empereur avec une cruauté atroce. Car lui ayant fait couper les pieds & les mains, il le fit jeter dans une vallée, où, après trois jours des douleurs les plus affreuses, son corps fut dévoré par les bêtes sauvages & les oiseaux de proie.

En 1275, Etienne, roi de Hongrie, vainquit, en bataille rangée, Céa, roi des Bulgares, & le força de le reconnoître pour roi. De-là les rois de Hongrie ont continué à prendre le titre de roi de Bulgarie, mais ils n'en eurent que le titre. Les Bulgares, aidés par les empereurs grecs, secouèrent le joug de ces rois. Ils entreprirent ensuite, en 1369, de reprendre Andrinople, qui étoit au pouvoir des Turcs; mais ils furent entiérement défaits. Bajazet, successeur d'Amurath, fit plus encore; il subjugua toute la Bulgarie en 1396, & en fit une province de l'empire ottoman, auquel elle appartient encore.

En résumant ceci, on trouve que les Bulgares commencèrent à former un petit royaume depuis 670 jusques vers l'an 1041 ou 1042. Ils recommencèrent à se montrer assez forts pour former un état indépendant en 1196; ce dernier ne finit qu'en 1396.

BULGIATENSIS VILLA, lieu de la Gaule celtique, selon Grégoire de Tours, cité par Ortélius.

BULIA, ville de Grèce, dans la Phocide, selon Ptolemée. Elle est nommée *Bulis* par Pausanias & Etienne de Bysance. (*Voyez* ce mot).

BULINI, peuple situé, selon Etienne de Bysance, vers l'Illyrie. Il ajoute qu'Artémidore ne dit pas que ce fût un peuple, mais une ville, qu'il nomme *Bulina*.

BULIS, ville maritime de la Phocide, qui étoit située vers le golfe de Corinthe, près des frontières de la Béotie. On y voyoit deux temples, l'un de Bacchus, & l'autre de Diane : les statues des dieux étoient en bois. Ces peuples révéroient particuliérement un dieu, qu'ils nommoient le *très-grand*. La fontaine *Saunium* leur fournissoit de l'eau en abondance. Pausanias, *liv. 10, Phoc. ch. 37.*

BULLA REGIA, ville de l'Afrique, que Pline qualifie de libre. Elle est marquée dans l'itinéraire d'Antonin, sur la route de Carthage à Hippone, entre *Simitu* & *Novæ Aquilianæ*. Ptolemée la nomme *Bullaria.*

BULLÆ, siège archiépiscopal, dans le patriarchat de Constantinople, selon Curopalate, cité par Ortélius.

BULLÆUM, *ou* BULÆUM. Ptolemée nomme ainsi une ville de l'île d'Albion.

BULLAMINSA. Ptolemée fait mention d'une ville de ce nom en Afrique.

BULLENSIS, siège épiscopal d'Afrique, dans la province proconsulaire, selon les actes de la conférence de Carthage.

BULLIS, ville d'Europe, dans le pays des Elymiotes, en Macédoine, selon Ptolemée. Elle étoit située aux confins de l'Illyrie. Pline en fait une colonie, qu'il nomme *Bullidensis Colonia.*

BULNENSIS, siège épiscopal d'Afrique, dans la province proconsulaire, selon la lettre synodale de cette province au concile de Latran, sous le pape Martin.

BULTURIENSIS, siège épiscopal d'Afrique, dans la Mauritanie césarienne, selon la notice épiscopale d'Afrique.

BULUBA, ville de l'intérieur de l'Afrique. Pline dit que ce fut une de celles que Cornélius Balbus conquit pour les Romains.

BUMADUS, rivière de l'Asie, qui prenoit sa source dans les montagnes qui sont au nord de la Corduène, couloit à-peu-près du nord au sud, & alloit se perdre sur le bord oriental du fleuve *Zabatus* ou *Zabus*, vers les 36 deg. 10 min. de latitude.

BUMATHÆNI, les Bumathanans, peuple que Ptolemée place dans la Taprobane.

BUMELUS, *ou* BUMADUS, nom d'une rivière d'Asie, dans l'Assyrie, où elle coule auprès de Gaugamele, selon Arrien. Quinte-Curce la nomme *Bumadus.*

BUNA, nom d'un lieu particulier vers l'Asie mineure. Métaphraste en fait mention dans la vie de S. Théodore, abbé.

BUNÆ, lieu maritime de Grèce, aux environs d'Anticyre. Il en est fait mention par Plutarque & par Dioscoride.

BUNARTIS, ville d'Afrique, dans la Libye, selon Etienne de Bysance.

BUNIMA, *ou* BUNEÏMA, ville de Grèce, dans l'Epire, selon Etienne de Bysance. Selon cet auteur, elle avoit été fondée par Ulysse, qui la plaça, en vertu d'un oracle, près de la ville de Trampyan.

BUNITIUM, nom d'une ville située dans la partie septentrionale de la Germanie, selon Ptolemée.

BUNIUS, fontaine de l'Italie, dans le pays des Vestins, selon Pomponius Fortunat, qui cite Columelle.

BUNNUS, ville de l'Illyrie, selon Artémidore, cité par Etienne de Bysance.

BUNOBORA, ville d'Afrique, dans la Mauritanie césarienne, selon Ptolemée.

BUNTHUS. Selon Ptolemée, nom d'une ville de l'Afrique propre.

BUPHAGIUM, ville de l'Arcadie, dans la partie occidentale & au sud de *Telphusa.*

Ce nom lui venoit du héros Buphagus, fils de Japet & de Tornax, lequel ayant osé porter sur Diane des regards profanes, en fut tué à coups de flèche.

Son territoire étoit séparé des Héréens & des Mégalopolitains, par le petit ruisseau *Buphagus.* *Voyez* BUPHAGUS.

BUPHAGUS, rivière du Péloponnèse, dans l'Arcadie, selon Pausanias. Cette rivière prenoit sa source auprès de *Buphagium*, & alloit se perdre à l'ouest dans le fleuve Alphée.

BUPHIA, village du Péloponnèse, dans la Sicyonie, selon Etienne de Bysance.

BUPHRADES, nom d'un lieu particulier du Péloponnèse, au promontoire *Coryphasium*, selon Thucydide.

BUPORTHMOS, *ou* BUPORTHMUS, montagne à l'extrémité de la presqu'île que forme l'Argolide, au sud-est du Péloponnèse.

Sur cette petite chaîne étoient deux temples; l'un de Cérès & de Proserpine; l'autre de Minerve, surnommée *Promachorum.*

BUPRASIUS, *ou* BUPRASIUM, en grec, Βουπράσιος. Cette ville étoit à une petite distance au nord du fleuve Pénée & de la ville d'Elis: elle avoit donné son nom à la contrée dans laquelle elle étoit située, & qui étoit très-fertile. Elle n'existoit plus au temps de Strabon: son nom étoit seulement conservé à un petit chemin qui conduisoit d'Elis à Dyme en Achaïe: c'est pourquoi, sans doute, Pausanias, qui écrivoit un siècle & demi plus tard, n'en a pas parlé. Elle est citée dans l'énumération des villes du second chant de l'Iliade.

BUPRASIUM, rivière du Péloponnèse, dans l'Elide, selon Etienne de Bysance.

BURA, ville du Péloponnèse, dans l'Achaïe, à l'ouest du fleuve *Crathis*. Elle étoit sur la cime d'une petite montagne, & avoit beaucoup souffert d'un tremblement de terre arrivé dans cette partie du Péloponnèse, l'an 373 avant J. C. Aucun de ceux qui se trouvèrent dans la ville ne purent se sauver. Heureusement qu'une partie considérable des habitans étoit alors à la guerre. Ceux-ci, réunis à ceux qui, en même temps, se trouvoient en voyage, rebâtirent *Bura*. Elle redevint assez considérable. Pausanias y avoit admiré plusieurs belles statues, entre autres celles de Cérès, de Vénus, de Bacchus & de Lucine. Iris y avoit un temple. Callimaque, dans son hymne en l'honneur de Délos, que j'ai cité précédemment, en fait la demeure des troupeaux de Dexamène, que quelques auteurs donnent pour le père de Déjanire.

Pausanias rapporte que Vénus avoit un temple dans cette ville, avec une statue de marbre pentélique, faite par Euclide, statuaire athénien.

BURÆA, nom d'une ville d'Italie, selon Etienne de Bysance. Aucun autre auteur n'en parle, & lui-même n'en dit rien, sinon qu'elle avoit pris son nom d'un certain Buræus.

BURAICUS AMNIS, petite rivière du Péloponnèse, dans l'Achaïe propre. Selon Pausanias, elle couloit sur le chemin de la ville de *Bura* à la mer. Cette rivière avoit sa source au mont *Lampia*, & alloit se perdre dans le golfe & à l'est de la ville de Ceryné.

BURBIDA, lieu de l'Hispanie, entre *Tude* & *Turoqua*, selon l'itinéraire d'Antonin.

BURCA, ville d'Afrique, dans la Mauritanie césarienne, selon Ptolemée.

BURCHANA, *ou* BYRCHANIS, nom d'une île de l'Océan, selon Ptolemée. Pline la place entre le Rhin & le promontoire Cimbrique. Elle fut soumise par Drusus, qui employa toutes les forces que les Romains avoient dans ces quartiers-là pour la réduire. Strabon en fait aussi mention.

BURCUS, rivière de la Sarmatie asiatique. La ville de *Cucunda* étoit bâtie sur les bords de cette rivière, selon Ptolemée.

BURDIGALA (*Bordeaux*), ville de la Gaule, sur la *Garumna*, capitale des *Bituriges Vivisci*, dans la seconde Aquitaine. On a donné plusieurs étymologies de ce nom; la plus satisfaisante est celle de M. Marca. Il croit que ce mot vient de *bur* & de *wal*, & signifie *forteresse gauloise*. Ce qu'il y a de très-probable, c'est que les Romains, quoiqu'en défigurant son premier nom, auront formé d'après celui qu'ils lui donnoient; car elle existoit bien avant leur arrivée dans les Gaules. On a écrit aussi *Burdegala*.

Strabon est le plus ancien des auteurs qui en parlent; & l'expression de λιμνοθαλάττη qu'il emploie, prouve qu'il savoit que l'eau de la mer y remontoit, & peut-être formoit-elle des marais dans ses environs.

On a inféré, d'après le poëte Ausone, que les druides avoient une école à *Burdigala*, comme ils en avoient dans quelques autres endroits de la Gaule: ce fait, très-probable, n'est cependant pas prouvé.

Pour s'en tenir donc à ce qu'il y a de certain, c'est qu'Auguste trouva cette ville assez considérable pour en faire la capitale de la seconde Aquitaine. Quoique l'on ne sache rien de son commerce dans les premiers temps, il est probable qu'il servoit à l'opulence des habitans & à l'entretien de ses écoles, qui étoient célèbres. Ausone, consul romain, au commencement du quatrième siècle, y avoit été professeur. Il a chanté en vers les beautés de sa patrie, mais d'une manière générale, en poëte qui s'extasie, mais qui ne décrit rien. Comme il n'en parle qu'après plusieurs autres villes célèbres, il se reproche d'avoir tardé, & s'écrie:

Impia jam dudum condemno silentia, quod te
O patria, insignem Baccho, fluviisque, virisque,
Moribus ingeniisque hominum, procerumque senatu,
Non inter primas memorem.....

Plus bas, se félicitant de n'être pas né sur les bords du Rhin, ni dans des climats glacés, il reprend son enthousiasme:

Burdigala est natale solum: clementia cæli
Mitis, ubi & vignæ larga indulgentia terræ
Ver longum, brumæque breves....

Après avoir décrit le sol, le ciel, les habitans de *Burdigala*, Ausone donne seulement une idée de sa forme:

Quadrua murorum species, sic turribus altis
Adua, ut aërias intrent fastigia nubes
Distinctas interne vias minere, domorum
Dispositum, & latas nomen servare plateas
Tum respondentes directa compita portas
Per mediumque urbis fontani fluminis alveum.
. . . .
. . . .

Enfin, parlant à la fontaine aujourd'hui nommée de *Duges*, ou d'*Ouges*, & qui donne une très-grande quantité d'eau, il dit:

Salve fons ignote ortu, sacer, alme, perennis,
Vitree, glance, profonde, sonore, illimis, opace,
Salve urbis genius, medico, potabilis haustu
DIVONA, celtarum lingua fons addite divis.

Voici à quoi se réduit la description que nous a laissée le poëte Ausone: c'est bien dommage assurément, car cette ville célèbre avoit beaucoup de beaux monumens, dont on n'a connu que les ruines. Spon, grand amateur de ce genre de richesses, avoit fort admiré Bordeaux. Je vais parler ici de quelques-uns de ces monumens.

La ville, comme le dit Ausone, formoit un quarré (long). Par les restes qui subsistent encore, on croit pouvoir assurer qu'elle avoit de longueur trois cens soixante-dix toises, & de largeur, deux cens quarante. Ses rues étoient bien percées & se coupoient à angle droit. Il y avoit des places au-devant de chacune des portes, qui étoient au nombre de quatorze. Elles étoient construites en face les unes des autres; & la direction des rues laissoit voir d'une porte à l'autre, toute la longueur ou toute la largeur de la ville.

On voit encore des traces du ruisseau qui partageoit la ville, & à l'embouchure duquel étoit le port. A son entrée dans la Garonne étoit une superbe porte par où passoient les vaisseaux: on la nommoit par cette raison *Porta Navigera*.

Les murs, comme le dit Ausone, étoient flanqués de hautes tours.

Le port actuel formé par la Garonne étoit nommé *Portus Lunæ*, ou Port de la Lune, à cause de sa forme demi-circulaire.

C'étoit à l'extérieur de la ville que se trouvoient les monumens que l'on connoît à présent, & qui sont,

La Porte-Basse, qui est évidemment du siècle d'Auguste.

Le palais de Tutèle, qui étoit un temple consacré aux dieux tutélaires; on voit par l'inscription que c'étoit la Tutèle d'Auguste : il avoit été bâti par un décret des curions. Ce temple fut abattu par ordre de Louis XIV, pour donner plus d'étendue à l'esplanade qui est en face du château Trompette. Elie Vinet & Merula en ont donné les dimensions. Un poëte de ce temps osa exprimer les regrets de tous les amateurs de l'antiquité, & s'écria :

Pourquoi démolit-on ces colonnes des dieux ?
Ouvrage des Césars, monument tutélaire,
Depuis plus de mille ans que le temps les révère,
Elles s'élevent jusqu'aux cieux....

Le palais de Galien, édifice très-considérable, mais qui est actuellement en désordre, porte encore le nom du prince sous lequel il fut bâti.

On voit derrière S. Surin, les restes d'un amphithéâtre que d'anciens titres appellent *les Arènes*. Cet ovale avoit cent vingt-sept pieds de long, sur cent quarante de large.

Burdigala produisit entre autres grands hommes, Exupère, précepteur des enfans de Constantin, Sidonius, Saint-Paulin. Un grand nombre d'autres appartiennent à l'histoire moderne.

BUKDIPTA, lieu de la Thrace, entre Castra Iarba & Andrinople, selon l'itinéraire d'Antonin.

BURDOA, BURDUA, *ou* BURDOVA, ville de l'Hispanie, dans la Lusitanie, selon Ptolemée.

BURGAON, montagne de l'Afrique, dans la Bysacène. Elle étoit inaccessible du côté de l'orient, selon Procope.

BURGENA, ville de la seconde Pannonie, aux environs du *Savus*, selon la notice de l'empire.

BURGINATIUM, BURGINACIUM, lieu de la Germanie, sur le bord du Rhin, entre *Colonia Trajana* & *Arenatium*, selon l'itinéraire d'Antonin & la table de Peutinger. Ammien Marcellin dit *Quadriburgium*, & que c'étoit une forteresse que les Romains avoient sur le Rhin, & une frontière de l'empire; il étoit dans l'île des Bataves. Il paroît donc que c'est le même lieu. On croit retrouver cet emplacement dans celui qu'occupe le fort qui a pris le nom de *Skenk* au seizième siècle.

BURGIONES, peuple que Ptolemée place dans la Sarmatie européenne.

BURGIUM, (*Burgo*), lieu de la Rhétie, que Cluvier dit n'avoir pas été trop éloigné de l'endroit où se trouve actuellement Piève di Cadore.

BURGUNDIONES & BURGUNDII, les Bourguignons. Les opinions sont partagées sur l'origine de ce peuple. Pline (*l. IV, c. 14*), en fait une nation germanique, descendue des *Vindili*; Ammien Marcellin & Orose prétendent qu'ils descendoient originairement des Romains : & le nom de la nation fortifie ce sentiment que je vais développer.

Selon ces deux auteurs, Drusus Néro, & son frère Tibère, fils adoptifs d'Auguste, ayant subjugué plusieurs contrées intérieures de la Germanie, laissèrent des camps dans le pays avec une partie de leur armée pour contenir les peuples soumis. Ces camps, qui n'étoient autre chose que des espèces de forteresses, furent appelés par les gens du pays *burgis*. Les Romains s'accoutumant à ce mot, nommèrent ceux qui gardoient ces forteresses *Burgundii*. Cette étymologie est si vraisemblable, qu'elle ne permet pas de douter du fait historique sur lequel elle s'appuie. Mais il est aisé de concilier ces faits avec le récit de Pline. Ceux qui portèrent d'abord ce nom, étoient ces anciens soldats romains, devenus, en quelque sorte, Germains par leurs mœurs & l'habitude d'être avec des Germains; & lorsque ensuite, ayant perdu de vue leur origine, des Germains véritables se furent joints à eux, on les comprit tous sous le même nom.

Lorsque les Romains commencèrent à les connoître, ce fut lorsque les Bourguignons commencèrent à se jeter sur les terres de l'empire. En effet, il n'en est presque pas parlé avant l'année 275, qui fut la première année du règne de Tacite, conjointement avec d'autres barbares. Ils passèrent le Rhin, inondèrent les Gaules & se rendirent maîtres de plus de soixante-dix villes. Ils furent peu après défaits par Probus, successeur de Tacite. En 287, ils firent une nouvelle irruption; ils furent également battus.

Je passe quelques autres incursions pour arriver à l'an 413, qu'ils obtinrent la permission de s'établir dans les Gaules. On leur céda une partie de la Germanie première. Ensuite ils s'emparèrent d'une partie de la Belgique. Ils avoient, par cette infraction, manqué à leurs traités; car on ne leur avoit permis de s'établir en Gaule qu'à la condition de servir contre les armées des Romains. Aussi le général Aëtius marcha-t-il contre eux, les battit à deux fois différentes, & les obligea de demander la paix. C'est vers ce temps à-peu-près qu'ils embrassèrent la religion chrétienne, & continuèrent d'habiter les bords du Rhin. Leur histoire n'est pas de mon objet. Je remarquerai seulement qu'ils continuèrent de se croire soumis aux empereurs grecs. Ils eurent des guerres considérables avec les Francs, malgré les alliances qui unirent les familles de leurs rois. Enfin, le roi Godemar ayant été fait prisonnier par les Francs, qui le tinrent renfermé dans un château; & les Bourguignons n'ayant plus de chef, ils convinrent de se soumettre à leurs vainqueurs, de les servir dans leurs guerres, & de leur payer un tribut annuel. Mais il fut convenu qu'ils continueroient de se gouverner par leurs propres loix; ce qui eut lieu jusqu'au règne de Louis-le-Débonnaire.

Gouvernement. Au commencement, les Bourguignons étoient partagés en différentes tribus qui, chacune obéissoient à un chef différent, dont l'autorité n'étoit pas héréditaire. Avec le temps, ces petits chefs disparurent, & un seul commanda à toute la nation. Ces rois des Bourguignons tenoient à honneur d'être revêtus des premières charges de l'empire. Avitus cite, à ce sujet, une lettre du roi Sigismond à l'empereur Athanase, dans laquelle les dispositions de ce roi sont exprimées de la manière la moins équivoque. « Mes prédécesseurs, » dit-il, & moi avons toujours été attachés à l'em» pire romain, au point de nous croire plus ho» norés par les dignités que les empereurs nous » conféroient, que par les nôtres, qui nous étoient » transmises par nos ancêtres. Nous commandons » chez nous, mais nous regardons comme une » chose glorieuse de servir dans vos armées ». (*Epit. l. XXXIII*).

On attribue aux Bourguignons, & dans cela c'est bien un reproche à leur faire, d'avoir introduit dans la Gaule, l'usage des duels pour découvrir la vérité d'un fait contesté. Ce fut le roi Gundebaud ou Gundebald, qui, le premier, donna force de loi à cette extravagance barbare. L'accusateur, le défendeur, les témoins des deux parties, tous se battoient. Le parti triomphant étoit censé le plus juste. A peine cette loi venoit-elle d'être publiée, qu'Avitus, évêque de Vienne, écrivit au roi pour en remontrer l'injustice & l'insuffisance. Mais des idées superstitieuses s'étoient emparées de toutes les têtes; d'un autre côté, la barbarie & les principes chimériques sur la valeur, ne permirent pas de revenir sur cette résolution. Au contraire même, les Francs adoptèrent le même usage.

BURGUS, contrée de la Thrace, où étoit bâtie la forteresse *Securisca.*

BURGUS (*bourg sur la Dordogne*). On ne trouve ce lieu nommé que dans les écrivains qui ont suivi le temps de Constantin. Il étoit près de l'embouchure de cette rivière dans la Garonne.

BURGUS NOVUS, nom d'un lieu de la Dacie ripense, selon la notice de l'empire.

BURGUS SEVERI, lieu de l'Egypte, dans la Thébaïde. La notice de l'empire en fait mention, *sect.* 20.

BURGUZIONES, les Burguziones. Agathias compte ce peuple entre ceux qui sont compris sous le nom de *Huns.*

BURIA, lieu particulier de la Palestine, au pied du mont Thabor, & près de la ville de Naïm, selon Guillaume de Tyr, cité par Ortélius.

BURIDEENSII, les Burideensiens, peuple que Ptolemée place dans la Dacie.

BURII, les Buriens, peuple de la Germanie, selon Tacite & Ptolemée. Ce dernier les surnomme *Luti.*

BURINA, *ou* BURRINA, nom d'une fontaine, dont parle Théocrite. Son scholiaste la met dans l'île de Cos.

BURITANA PLEBS, siège épiscopal d'Afrique, dans la province proconsulaire, selon la conférence de Carthage. On ne connoît pas le nom du lieu.

BURNI, nom d'un peuple d'entre les Goths, selon Agathias.

BURNUM, château de la Dalmatie, selon Pline.

BURNUM, ville d'Italie, dans la Liburnie, selon Ptolemée & Pline : ne seroit-ce pas le même que le précédent? Il y avoit si près de la Liburnie à la Dalmatie.

BURNUM, ville d'Afrique, dont il est parlé dans la vie de S. Fulgence.

BUROPUS, ville de l'Asie, située sur le bord de l'Euphrate, à l'est d'Hiérapolis, vers le 36ᵉ deg. 15 min. de latitude.

BURRIUM, lieu de l'île d'Albion, sur la route de *Calleva* à *Uriconium*, entre *Gobannium* & *Isca Silurum*, selon l'itinéraire d'Antonin.

BURSADA, ville de la Celtique, dans la Celtibérie, selon Ptolemée.

BURSENSIS, siège épiscopal d'Afrique, dans la Numidie, selon Victor d'Utique, cité par Ortélius.

BURTINA, ville de l'Hispanie, dans le pays des Ilergètes, selon Ptolemée. Elle est nommée *Bortina* dans l'itinéraire d'Antonin.

BURTUDIZUM, BURDIDIZUM, BURTADIDIZUM & BUSTUDIZUM, ville de Thrace, à dix-sept mille pas de *Bergulæ.* C'est une des forteresses que Justinien fit bâtir, selon Procope.

BURTURGURES, les Burturgures, peuple que Ptolemée place dans l'Afrique propre.

BURUGIATENSIS, ville épiscopale d'Afrique, selon la conférence de Carthage.

BURUM, ville de l'Hispanie. Ptolemée la place dans la Tarragonnoise, dans le pays des *Callaïci.* Elle étoit située au sud du promontoire *Trilencum*, selon la carte de M. d'Anville.

BURUNCUM, BURUNGUM, *ou* BURUNCUS (*Rhin-Castel*), lieu de la Germanie, où étoit un détachement de la septième légion, selon l'itinéraire d'Antonin, où il est marqué entre *Novesium* & *Durnomagum.*

BUSÆ, les Buses, peuple que Hérodote & Etienne de Bysance placent en Médie.

BUSAN. Selon Ammien Marcellin, nom d'une place forte de l'Asie, dans la Mésopotamie, auprès de la ville d'Amir.

BUSMADIS, ville de l'Asie, dans l'Isaurie, selon Etienne de Bysance.

BUSIRIDIS, ville épiscopale de la seconde Egypte, selon la notice grecque.

BUSIRIS, ville de la Basse-Egypte, sur le Nil. Elle étoit la capitale du nôme *Busirite*, dans le Delta. Elle étoit située au couchant du bras le plus oriental du Nil. Il en eſt fait mention par Ptolemée.

Cette ville, célèbre par un temple d'Iſis, dont parle Etienne de Byſance, l'eſt encore par la mort de Démétrius de Phalère.

Busiris, nom d'un village de la Haute-Egypte, près des pyramides, ſelon Pline.

BUSITANUS, ſiège épiſcopal d'Afrique, dans la province proconſulaire.

BUSLACENA, ville d'Afrique. Il en eſt parlé dans les œuvres de ſaint Auguſtin & de ſaint Cyprien.

BUTADÆ, bourg de Grèce, dans l'Attique. Il étoit de la tribu Œnéide, & prenoit ce nom du héros *Butes*.

BUTAMA, ville de la Dalmatie, ſelon Cédrène, cité par Ortélius. Cette ville eſt nommée *Butoma* par Curopalate.

BUTE (*la*), nom que l'on donnoit à un petit endroit de l'Arcadie, au nord-eſt de *Megalopolis;* il ſervoit de bornes entre les Megalopolitains, les Tégéates & les Pallentiens.

BUTELIA REGIO, contrée de la Macédoine, dans la Pélagonie, ſelon Cédrène & Curopalate.

BUTHIA, ville de l'Aſie mineure, dans l'Ionie, ſelon Etienne de Byſance, qui cite Théopompe.

N. B. La Martinière nomme encore un lieu & une rivière de ce nom, d'après Etienne de Byſance. Je n'ai rien trouvé de tel dans cet auteur.

BUTHROTUM (*Butrinto*), ville maritime, ſituée dans une preſqu'île de l'Epire. Virgile, Strabon & Pline en font mention. Ce dernier en fait une colonie romaine. L'expreſſion d'Etienne de Byſance, qui dit: βουθρωτὸς χεῤῥονησος περὶ Κέρκυραν n'eſt pas exacte. C'étoit une ville, & non pas une preſqu'île; elle étoit ſituée ſur une rivière appelée *Xanthus*, dans la Theſprotie, en face de Corcyre, comme Butrinto l'eſt aujourd'hui de Corfou. Céſar, en en parlant, lui donne auſſi cette poſition. Virgile (*l. III. v. 293*), dit qu'Enée y aborda, & y trouva, à ſon grand étonnement, un Troyen qui y régnoit. C'étoit Hélénus, fils de Priam. Il fit à Enée un accueil tel qu'il le méritoit, & lui donna de bons avis pour ſa navigation. On ſent bien que tout cela eſt dû à la féconde imagination des poëtes; mais au moins le nom du fleuve, ſemblable à celui qui paſſoit dans les champs de Troyes, permet-il de croire que quelques Troyens ont en effet eu des établiſſemens dans le pays.

BUTHROTUS, fleuve de l'Italie, chez les Brutiens, ſelon Cluvier.

BUTHURUS, ville d'Afrique, dans la Libye intérieure, & près de la ſource du fleuve Bagrada, ſelon Ptolemée.

BUTIA, bourg de Grèce, dans l'Attique. Suidas en parle; mais on le croit le même que *Butiadæ*.

BUTIS, ville de la Phocide.

BUTOA, nom d'une île que Pline met auprès de celle de Crète, entre celles d'*Ophiuſſa* & d'*Arados*.

BUTONES, les Butones, peuple que Strabon indique en Germanie, & qui, ſelon ce même auteur, fut ſoumis par Maroboduus.

BUTRIUM (*Butrio*), ville d'Italie, dans la Flaminie, au pays du peuple *Cenomani*, ſelon Ptolemée. Strabon & Etienne de Byſance en font auſſi mention. M. d'Anville la place au nord de *Ravenna*.

BUTTA, ville d'Afrique, qui étoit ſituée entre les deux Syrtes, au nord de Tége, ſelon Ptolemée.

BUTUA (*Budoa*), ville de l'Illyrie, ſelon Pline. Elle eſt nommée *Buthoe* par Etienne de Byſance, & *Butua* par Ptolemée. Le grand étymologicon dit que Cadmus y étant venu de Thèbes, lui donna ce nom, formé de celui de bœuf, en grec.

BUTUNTUM, *ou* BYTONTUM, ville d'Italie, dans la partie de l'Apulie, appelée *Peucetia*, au ſud-oueſt de *Barium*, ſur la voie Trajane. Il en reſte quelque médaille. La pyramide de marbre qui s'y voit aujourd'hui, a rapport à un événement de l'hiſtoire moderne, qui intéreſſe la France.

BUTUS, ville de la Baſſe-Egypte, où il y avoit un temple de Latone, ſelon Hérodote. Il en eſt auſſi fait mention par Ptolemée. Dans le troiſième concile d'Epheſe, cette ville eſt nommée *Botus*.

BUTUS, ancien nom d'un lieu de l'Arabie, auprès de l'Egypte, ſelon Hérodote, cité par Ortélius.

BUTUS. Etienne de Byſance place une ville de ce nom dans la Gédroſie.

BUVINDA, nom d'une rivière de l'Hibernie, ſelon Ptolemée.

BUUM, *ou* BURA, ville de l'Achaïe.

BUXEDI, les Buxèdes. On trouve ſous ce nom, un peuple indiqué en Cappadoce par d'anciennes éditions de Pomponius Méla. Les éditions plus récentes portent *Buzeri*. Pline & Strabon en font mention ſous ce dernier nom.

BUXENTUM (*Poli-Caſtro*), ville de l'Italie, dans la partie orientale de la Lucanie. Cette ville étoit nommée par les Grecs *Pyxus*. Elle avoit été fondée par Micythus, prince de Zancle & de Rège, l'an 194 avant J. C. Elle devint colonie romaine l'an 471 avant cette même ère.

BUXENTUM (*Buſento*), rivière de l'Italie, dans la Lucanie, ſelon Strabon.

BUXENTUM, promontoire de l'Italie, dans la Lucanie, ſelon le même géographe.

BUXETA, nom d'une citadelle d'Italie, vers l'Emilie, ſelon Paul Diacre.

BUZÆ. C'étoit, ſelon Pline, le nom d'un peuple des Indes.

BUZARA MONS, montagne de l'intérieur de l'Afrique, dans ſa partie orientale. Il en eſt fait mention par Ptolemée.

BUZARAS, ville d'Afrique, dans la Mauritanie Céſarienne, ſelon Ptolemée.

BUZENSIS, ſiège épiſcopal d'Afrique, dans la province proconſulaire, ſelon la conférence de Carthage.

BUZERI, peuple de l'Aſie, que Pomponius Méla

place dans la Cappadoce, sur le bord du Pont-Euxin. Pline & Strabon en font aussi mention.

BUZES, les Buzes, peuple d'Afrique, dans la Marmarique.

BUZIGÆUS MONS, montagne de Grèce, dans la Thessalie, selon Pline.

BUZIGIUM, lieu de la Grèce, dans l'Attique, auprès d'Athènes. Ortélius dit que les Athéniens y alloient faire des sacrifices religieux.

B Y

BYBÆ, les Bybes, habitans d'une contrée de la Thrace, qui, suivant Etienne de Bysance, portoit le nom de *Bybe*.

BYBÆI. Etienne de Bysance donne ce nom aux habitans de *Bybe*, ancienne ville d'Italie, aux confins des Peucétiens.

BYBASSUS, ville de l'Asie mineure, dans la Carie, selon Etienne de Bysance. On ne connoît pas de ville de ce nom par aucun autre auteur. Seulement Pline parle d'une région qu'il nomme *Bubassus*.

BYBASSUS, ville de l'Asie mineure, dans la Carie. Elle étoit maritime, & probablement située dans la contrée que Pline nomme *Bubassus*. Pomponius Méla & Etienne de Bysance font mention de cette ville. Selon ce dernier, elle avoit pris son nom du pasteur *Bybassus*.

BYBE, contrée de la Thrace, selon Etienne de Bysance.

Bybe, ville d'Italie, qui étoit située aux confins de la Peucétie, selon le même géographe.

BYBLESIA, lieu de l'Asie mineure, dans la Carie, ou dans la Doride, selon Ortélius.

BYBLII, les Bybliens, peuple Scythe, selon Etienne de Bysance.

BYBLIS, montagne de l'Asie mineure, auprès de la ville de Milet, selon le scholiaste de Thucydide.

BYBLOS, ville de la Phénicie, qui étoit située sur le bord de la mer, au pied des montagnes, à dix-huit milles de Tripoli, selon l'itinéraire d'Antonin. Les habitans de cette ville servoient dans les expéditions maritimes de Tyr; ils excelloient dans le travail des bois; car ce furent eux qui mirent en œuvre tous ceux qui furent employés au temple bâti par Salomon, & qui les transportèrent à Jérusalem, selon le troisième livre des rois, *ch. 5, v. 18*. Ils étoient alors sujets des Tyriens; mais lorsque la Phénicie fut sous la domination des Perses, ils eurent des rois particuliers. Enulus, roi de *Byblos*, étoit avec ses vaisseaux dans la flotte de Darius, selon Arrien, *de exped. Alex.* Mais lorsqu'il apprit qu'Alexandre étoit entré en Phénicie, & s'étoit rendu maître de *Byblos*, il abandonna Darius & vint, avec ses vaisseaux, grossir la flotte d'Alexandre. Cette ville appartint, tantôt à l'Egypte, & tantôt à la Syrie, sous les successeurs d'Alexandre. Un particulier s'étant rendu maître de *Byblos*, en traita les habitans avec dureté; mais Pompée les en délivra en lui faisant trancher la tête, selon Strabon, *l. 16, p. 520*. Le fleuve Adonis prend sa source dans les montagnes où l'on disoit qu'Adonis avoit été blessé par un sanglier: il coule près de *Byblos*, & va se perdre dans la mer deux lieues au midi de cette ville.

Il y avoit à *Byblos* un grand temple de Vénus, où l'on célébroit les orgies d'Adonis.

Byblos, nom d'une place forte de l'Egypte, située sur le bord du Nil, selon Etienne de Bysance.

BYCE, BUGES, ou Sacra Palus (*lac, étang, ou mer pourrie*), lac à l'ouest du *Palus Mœotis*, de laquelle il étoit séparé par un isthme. Il en est fait mention par Ptolemée, Pline & Strabon. Le premier écrit *Byce*, & Pline *Buges*.

Strabon donne quatre mille stades de circuit à ce lac. Il le dépeint comme très-marécageux, & assure que l'on peut à peine y naviguer avec de petits bateaux, parce que les vents dessèchent aisément son lit bourbeux, & le rendent impraticable à de plus gros bâtimens.

BYHEMANEI, les Byhémanéens, peuple de l'Arabie, qui, selon Agatharchide, habitoient une assez grande plaine, près le golfe Lœanite.

BYLAZORA, ville d'Europe, dans la Pæonie, & très-avantageusement située aux confins de la Macédoine & de la Dardanie, selon Polybe. Cet ancien en parle comme de la plus grande ville de la Pæonie. Elle fut prise par Philippe, & il en est fait mention par Tite-Live.

BYLTÆ, les Byltes, nation scythe, habitant, selon Ptolemée, près du mont Imaüs.

BYMASUS, ville de Grèce, dans la Pæonie, selon Etienne de Bysance.

BYRACHIUM, ou Byzacium, nom d'une ville d'Afrique, selon le livre de Caton.

BYRSI, les Byrses. On trouve ce nom dans Strabon; mais Casaubon pense qu'il faut lire *Bryges*.

BYRSIA, ville de l'Asie, au-delà de l'Euphrate. On lit dans Justin, qu'Alexandre-le-Grand, détourné d'entrer à Babylone, se rendit à *Byrsia*.

BYTHARIA, nom d'un lieu de la Thrace, selon Calliste & Evagre, cités par Ortélius.

BYTHIBS, lieu de la Thrace, dans le voisinage de Constantinople, selon Denis de Bysance.

BYZACIUM, ou Emporia, en françois Byzacène, contrée de l'Afrique proprement dite. Elle avoit au nord la province proconsulaire; au levant, la mer Méditerranée & le fleuve Triton; au midi, une portion de la Libye; & au couchant, la Numidie. La capitale de cette contrée étoit Adrumète, quoiqu'elle tirât son nom de *Byzacena*. Les possessions des Carthaginois étant devenues une province romaine, on fit deux départemens, la Byzacène & la Zeugitane.

Les anciens ont parlé avec beaucoup d'éloges de la fertilité des terres de ce petit pays, qui, selon Pline, avoit 250 mille pas d'étendue. On l'a nommée *Emporia* à cauſe du nombre de ſes ports, qui étoient, pour la plupart, deſtinés au commerce des grains.

BYZANTIUM, *ou* BYZANCE, appelée depuis *Conſtantinopolis*, eſt actuellement habitée par les Turcs qui la nommoient *Stamboul* (1). Cette ville, ſituée à l'extrémité de l'Europe, ſur la Propontide, n'occupoit d'abord de l'extrémité de l'angle, reſſerré entre la mer, d'un côté, les eaux du port de l'autre : c'eſt à-peu-près l'emplacement du ſérail actuel. On prétend qu'avant qu'il y eût aucun établiſſement en ce lieu, la ville de Chalcédoine, ſituée en face, mais en Aſie, exiſtoit déjà ; & que des Mégariens, conſultant l'oracle pour ſavoir où ils pourroient s'établir avantageuſement en colonie, il leur fut répondu qu'ils ſe plaçaſſent en face de la ville des Aveugles. Ils partirent en effet, & ayant remarqué l'avantage de la ſituation de cette eſpèce de promontoire ſur la poſition de Chalcédoine, ils en conclurent que les aveugles, indiqués par l'oracle, étoient ceux qui n'avoient pas vu l'avantage inappréciable de cette poſition ſur celle qu'ils avoient priſe (2). Gyllius, qui a fait une deſcription de Conſtantinople, remarque donc avec raiſon que c'eſt à tort que Juſtin en attribue la fondation à Pauſanias, roi de Sparte. On peut croire avec bien plus de vraiſemblance, qu'il la rétablit ou l'agrandit, d'autant mieux que nous voyons dans Hérodote, qu'au temps de Darius, Byſance avoit été brûlée par les Phéniciens. Quant à la colonie de Mégariens, on dit qu'elle avoit pour conducteur un certain Byſas, dont elle conſerva le nom. Quelques auteurs lui donnent une origine illuſtre, puiſqu'ils en font fondateur un fils de Neptune. Peut-être cette fable avoit-elle pris naiſſance dans le pays, parce qu'il y étoit arrivé par mer.

Quoique l'oracle eût annoncé comme très-heureux, le ſort de ceux qui s'établiroient au lieu nommé depuis *Byſance*, il ne les avoit pas garantis de la viciſſitude des choſes humaines. Auſſi eurent-ils beaucoup à ſouffrir de la part des Thraces, des Bithyniens & des Gallo-Grecs. Pendant long-temps, Byſance paya à ces derniers quatre-vingts talens par année. Son gouvernement intérieur ne fut pas non plus exempt de maux. Tantôt gouvernée par les premiers de la ville, tantôt ſoumiſe aux magiſtrats du peuple, elle éprouva pendant long-temps un ſort très-varié. Enfin cependant, le courage de ſes habitans & la bonté de l'adminiſtration triomphèrent des obſtacles. Byſance devint une ville floriſſante qui étendit ſon pouvoir en Europe & en Aſie. Philarque, dans le ſecond livre de ſes hiſtoires, rapporte que les Byſantins ſoumirent les Bithyniens & les réduiſirent au même état, à-peu-près, que les Lacédémoniens avoient réduit les Hélotes (3).

Devenue donc une république conſidérable, Byſance fit alliance avec les puiſſances alors les plus conſidérables. On la vit cultiver l'amitié des Lagides, & accorder les honneurs divins à Ptolemée Philadelphe, auquel on éleva un temple au milieu de la ville; prendre enſuite parti pour les Romains, contre le roi de Macédoine, appelé le *Pſeudophilippe*, contre Perſée, contre Antiochus, contre Mithridate, & ſeconder de ſes forces, Sylla, Lucullus & Pompée. On ne ſait rien, ce me ſemble, de ſon état ſous les premiers empereurs. Mais on voit que dans les guerres qui eurent lieu pour les prétentions à l'empire entre Niger & Sévère, ayant pris parti contre ce dernier, elle en fut cruellement punie par lui lorſqu'il l'eut emporté ſur ſon compétiteur. Il y fit un maſſacre horrible, renverſa les murailles & les édifices, enfin, il la ſoumit à la ville de Perynthe, ſituée un peu à l'oueſt. Il pardonna cependant aux Byſantins, mais il ne les affranchit pas de l'autorité de Pérynthe. Seulement il leur fit conſtruire un théâtre, un portique, un hippodrome (4). Il fit auſſi bâtir des thermes, & reconſtruiſit le *ſtrategium*. Comme pluſieurs de ces ouvrages n'avoient pu être entièrement achevés par Sévère, ils le furent par Antonin, ſon fils. On voit donc qu'après l'avoir très-maltraitée, Sévère embellit beaucoup Byſance. On convient auſſi qu'il en augmenta l'étendue. Selon Denys de Byſance, elle avoit d'abord quarante ſtades de tour. Mais Hérodien, qui écrivoit vers le temps de Sévère, dit qu'elle étoit la plus grande ville de Thrace.

Les hiſtoriens rapportent que Conſtantin, voulant fixer le ſiège de l'empire dans le levant, choiſit pluſieurs autres lieux avant de ſe fixer à Byſance; & pluſieurs font des contes ſur les motifs qui l'y déterminèrent. Les gens ſenſés ſentiront bien que ce prince, guidé par ſes propres lumières, & averti de plus par la tradition de l'ancien oracle, ne pouvoit guère choiſir un autre emplacement : cependant, je ne nierai point qu'il n'ait eu d'abord en vue le promontoire *Sigeum* & l'ancien emplacement de Troies; mais c'eſt le ſeul emplacement qu'il eût pu raiſonnablement adopter, s'il n'eût pas choiſi l'autre.

(1) Pour ne pas répéter ce que j'ai dit ailleurs, je ne m'étendrai pas ici ſur la juſte poſition de cette ville; on peut voir ce que j'en ai dit dans l'article de la Turquie d'Europe de ma *Géographie comparée*; &, quant à l'étendue, le plan qui s'en trouve entre ceux de mon atlas.

(2) Pour bien entendre ceci, il faut ſavoir, non-ſeulement que la poſition de Conſtantinople eſt une des plus ſuperbes de l'univers; mais, ce qui eſt d'un bien plus grand prix, c'eſt qu'elle peut recevoir des convois par tous les vents, tantôt de la mer Noire, tantôt par la mer de Marmara.

(3) *Byzantis ſic dominos fuiſſe Bythinorum, ut Lacedomonii fuerunt εἱλώτων.* (Petri. Gythi. de topo. conſt.) *Dans le premier vol. de l'imper. orient. p. 349.*

(4) Place dans la ville, deſtinée à la courſe des chevaux. Les Turcs, en la nommant *Atmeidan*, lui ont conſervé un nom, qui, comme le premier, en grec, indique ſon uſage.

Lorſqu'il

Lorsqu'il se fut déterminé pour Bysance, il l'agrandit, l'entoura de fortes murailles, & l'embellit considérablement (1). Enfin, il lui donna le nom de *nouvelle Rome*. Mais celui de *ville de Constantin*, exprimé en un seul mot grec, *Constantinopolis*, prévalut; c'est sous ce second nom que je vais tracer une légère esquisse de sa description.

N. B. Peut-être quelques personnes trouveront-elles que j'aurois dû renvoyer cette description au mot CONSTANTINOPOLIS; mais je n'aurois pu éviter les répétitions pour faire entendre à quelle ville plus ancienne elle avoit succédé; je préfère donc de continuer ici tout ce que la nature de cet ouvrage me permet d'en dire.

CONSTANTINOPOLIS, ou *Constantinople*, devenue à-peu-près aussi étendue qu'elle l'est actuellement, étoit divisée en *quatorze* quartiers, appelés *regiones* dans les auteurs (2). Voici quelle en étoit la disposition. Je suppose que l'on sait que Constantinople forme un triangle, ayant un de ses angles au sud-est. Le côté qui remonte vers le nord-ouest est bordé par la mer de Marmara; l'autre côté, en partant du même angle, est aussi bordé par les eaux de la mer, qui forment le port & s'avancent entre la ville & les fauxbourgs de Pera & de Galata; le troisième côté s'étend du fond du port à la mer.

La première région occupoit toute la pointe du sud-est, où se trouve actuellement le serrail à-peu-près.

La deuxième étoit au nord-ouest le long du port.

La troisième aussi tenant à la première, mais le long de la Propontide.

La quatrième région étoit entre les deux précédentes.

La cinquième, contiguë à la seconde, s'étendoit aussi le long du port en s'avançant considérablement dans la ville.

La sixième région, placée aussi le long du port, mais moins étendue de ce côté que la cinquième, avoit plus d'étendue dans l'intérieur de la ville.

La septième, placée sur la Propontide, communiquoit, d'un côté, avec les régions quatrième & troisième; & de l'autre, avec la neuvième par ce côté opposé à la mer, elle touchoit à la cinquième & à la sixième.

La huitième région étoit à-peu-près au centre. Du côté de la Propontide, elle touchoit à la neuvième; du côté du port, à la dixième, ayant d'ailleurs la sixième d'un côté & la première de l'autre.

La neuvième région étoit sur la Propontide, entre la septième & la douzième.

La dixième étoit sur le port, ayant d'un côté la sixième, & de l'autre la quatorzième. Elle étoit au nord de la huitième.

La onzième étoit entre la huitième, d'un côté, & la muraille du côté des terres de l'autre.

La douzième région étoit sur la Propontide, ayant d'un côté la neuvième région, & de l'autre la muraille. Du côté opposé à la mer, elle avoit la région onzième.

La treizième étoit de l'autre côté du port où se trouvent aujourd'hui Galata & Pera.

Enfin, la quatorzième étoit comprise dans l'intérieur de la ville; elle occupoit sur le port, l'angle opposé à l'ancienne Bysance. D'un côté, elle avoit donc le port, de l'autre la muraille; des deux autres côtés elle avoit la onzième région, & la dixième aussi sur le port.

Il est probable que ces quatorze quartiers avoient été imaginés à l'imitation de ceux de Rome, qui étoient en même nombre : & comme la situation est montueuse, les auteurs ont aussi décrit les collines.

Un auteur, dont on ignore le nom, mais qui a décrit Constantinople sous le règne d'Alexis Comnène, ne la divise qu'en trois grandes parties.

La première partie occupoit en longueur le milieu de la ville, depuis la muraille du côté des terres, jusques vers l'angle opposé où se réunissoient les deux autres parties; la seconde étoit le long du port; la troisième, le long de la Propontide.

Ne pouvant entrer dans de grands détails, je me restreindrai à ne donner qu'une idée sommaire de chacun des quatorze quartiers.

Premier quartier. C'étoit dans ce quartier que se trouvoient entre autres monumens, 1°. le palais de la princesse Galla Placidie, fille de Théodose-le-Grand, & sœur des empereurs Arcadius & Honorius. . . 2°. Le palais de la princesse Morina, fille d'Arcadius. . . . Les thermes arcadiens; ces bains, composés d'un grand nombre de pièces, étoient publics : la statue d'Arcadius, qui y avoit été placée, fut renversée par un tremblement de terre. . . . . Deux longs portiques. . . . La maison du curateur, ou magistrat de la contrée, à-peu-près comme nos commissaires actuels.

Second quartier. Le second quartier, occupé par plusieurs monumens très-beaux, n'offroit cependant rien de plus intéressant que la basilique de

(1) Pour donner une idée de la circonspection avec laquelle il faut adopter les opinions des auteurs de ce temps, je ne rapporterai que ce que l'un d'eux dit à propos des murailles que fit construire Constantin.

« Selon cet écrivain anonyme, Constantin s'étant » avancé jusqu'au forum, les grands qui l'accompagnoient » lui représentèrent que l'on devroit fixer le mur en cet » endroit. Mais l'empereur répondit : je ne m'arrêterai » pas que je n'y sois décidé par celui qui me conduit. » Car il étoit le seul qui vît devant lui un ange. » Je le crois bien. « Il s'avança donc encore jusqu'à ce qu'il vit » l'ange s'arrêter & lui indiquer le lieu où devoit finir la » muraille ».

(2) Cette description, conforme à celle de Gyllius, est tirée d'une description faite par un auteur anonyme, & insérée dans le premier volume de l'*imperium orientale* du P. Banduri, *pag. 429*. J'ai tiré les plus grands secours de cet ouvrage pour tout ce qui concerne cet article.

ſainte Sophie (1). Une première égliſe de ce nom avoit d'abord été bâtie, les uns diſent par Conſtantin, les autres par Conſtance ſon fils. Quoi qu'il en ſoit du fondateur de ce premier édifice, au temps de Théodoſe-le-Grand, à l'occaſion du ſecond ſynode, les Arriens ayant excité une révolte, ce bâtiment, qui étoit en bois, fut brûlé... L'empereur le fit réparer. Mais ſous Théodoſe le jeune, il fut brûlé de nouveau à l'occaſion d'un ſoulévement contre le patriarche S. Jean Chryſoſtôme : on y mit le feu pour brûler ſes partiſans qui y étoient enfermés. Ce fut l'empereur Juſtinien, qui, ayant acquis pluſieurs terreins du même quartier, augmenta conſidérablement cet édifice, & le mit dans l'état où il eſt encore actuellement (2)..... 2°. Le ſénat qui avoit été bâti par Conſtantin, à l'occaſion de la ſédition dont j'ai parlé plus haut : mais Juſtinien le fit réparer magnifiquement.... 3°. Le tribunal de Porphyre..... 4°. Les thermes de Zeuxippe... 5°. L'amphithéâtre; il étoit près du port.

Troiſième région. Cette région, qui s'étendoit le long de la Propontide, contenoit, 1°. le grand cirque (3).... 2°. Le palais de la princeſſe Pulchérie, ſœur du jeune Théodoſe..... 3°. La porte neuve, *&c.*

Quatrième région. Dans cette région étoient.... 1°. le *milliarium aureum.* On ſait qu'à Rome on avoit élevé une colonne dorée, placée dans le forum, & de laquelle on commençoit à compter les milles des voies romaines. On avoit de même élevé un monument à Conſtantinople pour le même uſage. Mais, excepté l'uſage & le nom qui étoient les mêmes, la forme devoit être très-différente, puiſque le mille doré de Conſtantinople, ſelon Cédrène, offroit à la vue deux ſtatues; l'une de Conſtantin-le-Grand; l'autre de ſa mère Hélène, une croix entre les deux, une horloge, *&c.* 2°. Une colonne d'airain, faite par Juſtinien : on la nommoit l'*Auguſtæum.* Au-deſſus étoit une ſtatue de cet empereur à cheval. Il tenoit dans ſa main gauche une boule, emblême du globe terreſtre ; & de l'autre, il faiſoit un geſte menaçant du côté de la Perſe, comme s'il eût ordonné aux habitans de cet état de reſpecter les terres de l'empire. Par Procope, on voit que l'*Auguſtæum* étoit, non une colonne, mais un lieu où elle ſe trouvoit. Cet auteur en donne une ample deſcription.... 3°. La baſilique, c'eſt-à-dire, le bâtiment royal : on croit qu'il étoit deſtiné à rendre la juſtice.... 4°. Le *nymphæum*, édifice magnifique & très-étendu, dans lequel on faiſoit les cérémonies des mariages que le défaut d'un local convenable empêchoit de faire chez ſoi... 5°. Le portique de Phanion..... 6°. Le ſtade : on ſait que l'on appeloit ainſi l'arène dans laquelle les Grecs célébroient les jeux de la lutte, de la lance, *&c.* Celui-ci étoit accompagné de portiques, les uns à découvert, les autres couverts, où non-ſeulement les athlètes pouvoient s'exercer, mais auſſi où les philoſophes agitoient de vive voix différentes queſtions.

Cinquième région. Les principaux lieux de ce quartier étoient.... 1°. La citerne de Théodoſe; ſelon Gyllius, elle étoit très-vaſte..... 2°. Le Prytanée. Cette fondation avoit été faite à-peu-près à l'imitation du Prytanée d'Athènes. On y nourriſſoit un ſavant avec douze diſciples, qu'il inſtruiſoit dans toutes les ſciences qu'il poſſédoit lui-même; & ces jeunes hommes devoient enſuite aider de leurs lumières à conduire l'état. (*Voyez* Cédrène & Zonare)... 3°. Les thermes d'Eudocie, femme du jeune Théodoſe.... 4°. Le *ſtrategium*, ou le camp de la garde prétorienne... 5°. Pluſieurs marchés ou places où l'on vendoit des vivres, des marchandiſes, *&c.*

Sixième région. On y voyoit.... 1°. La colonne de porphyre, appelée *colonne de Conſtantin.* Cette colonne avoit été tranſportée de Rome : elle étoit de porphyre. Au-deſſus étoit une ſtatue de Conſtantin (4) avec cette ſimple inſcription : CONSTANTINUS. Elle brilloit, dit Cédrène, comme le ſoleil. Elle avoit été faite à Athènes par un ſculpteur nommé *Phydias*.... 2°. Le lieu d'aſſemblée pour le ſénat.... 3°. Le *neorium portum*, où l'on fabriquoit les vaiſſeaux.... 4°. Enfin, le grand portique qui s'étendoit juſqu'au *forum* de Conſtantin, & qui fut brûlé ſous Juſtinien.

(1) C'eſt-à-dire, dédié *à la ſageſſe de Dieu*, σοφία en grec ſignifiant *ſageſſe.*

(2) Cet empereur, dit M. le Roy, dans ſon *hiſtoire de la diſpoſition & des formes différentes que les chrétiens ont données à leurs temples*; cet empereur dit il... fit venir de toutes parts les plus célèbres architectes.

Anthémius de Thralles & Iſidore de Milet, parurent ſurpaſſer tous les autres en capacité; ils conçurent le deſſein de conſtruire un temple qui ſurpaſſât de beaucoup en grandeur tous ceux qui avoient été faits, & réſolurent de n'y point employer de bois..... Après avoir eſſuyé bien des accidens, ils eurent la gloire d'achever ce monument, & ſa diſpoſition fut trouvée ſi belle, qu'elle fut approuvée & imitée depuis par les nations les plus éclairées & par les peuples les plus barbares de l'Europe. Cependant, cet ouvrage a de grands défauts, que l'on a évités dans la conſtruction des autres monumens de ce genre.

(3) Ce qui eſt nommé ici le *grand cirque* eſt, en général, plus connu ſous le nom d'*hippodrome*; j'en ai parlé ci-devant. C'étoit-là que ſe voyoient deux obéliſques, dont un haut d'environ cinquante pieds, & chargé d'hiéroglyphes, avoit été relevé par l'empereur Théodoſe; il y avoit encore un autre obéliſque plus haut que celui-ci. De plus, une colonne haute d'environ quinze pieds, & formée par la réunion de trois ſerpens. On a prétendu que cette colonne de bronze y avoit été apportée de Delphes. Ces derniers objets ſe voient encore à Conſtantinople dans l'atmeidan.

(4) Quelques auteurs penſent que cette ſtatue avoit été faite pour repréſenter un Apollon, qu'elle avoit été apportée de Phrygie, & que Conſtantin lui avoit ſeulement donné ſon nom. Elle fut renverſée ſous le règne d'Alexis Comnène par un vent très-violent.

Septième région. Cette région renfermoit plusieurs églises. On y voyoit en outre... 1°. Une colonne de Théodose, au haut de laquelle on parvenoit par un escalier intérieur. Selon Cédrène, Théodose ayant remporté de grands avantages sur les Scythes, fit élever cette colonne comme un monument de ses victoires. Si c'est de la même que parle Zonare, il dit que, sur cette colonne, Arcadius avoit fait placer une statue de Théodose, faite d'argent du poids de 7400 livres. Justinien prit l'argent, rétablit la colonne & y mit sa statue.... 2°. Les thermes de Carosia, fille de l'empereur Valens.

Huitième région. Cette région, qui étoit au centre de la ville, ne communiquoit d'aucun côté avec la mer : elle renfermoit entre autres monumens, le capitole.

Neuvième région. Elle étoit, comme on l'a vu, vers la Propontide. Elle renfermoit.... 1°. Deux églises; l'une appelée *Cœnopolis*; l'autre *Omonœa*, ou l'église de la Concorde. .. 2°. *Horrea Alexandrina*, ou les places dans lesquelles on déposoit le bled qui, chaque année, se tiroit d'Alexandrie.... 3°. Les thermes d'Anasthasie, fille de l'empereur Valens, & sœur de Carosia.

Dixième région. Cette région étoit l'avant dernière en avançant vers le fond du port. On y trouvoit quelques églises, des palais de princesses, des bains, *&c.*

Onzième région. Elle étoit appuyée sur la muraille du côté des terres, & renfermoit........ 1°. L'église appelée *Martyrium Apostolorum* On la nommoit ainsi, dit-on, parce qu'en fouillant en ce lieu sous le règne de Justinien, on avoit trouvé en terre trois chassis de bois renfermant les corps de S. André, de S. Luc & de S. Thimotée. Mais il y avoit eu déjà une église en ce lieu, bâtie en l'honneur d'un de ces Apôtres, & dans laquelle il avoit été placé après sa mort dans un cercueil d'or...... 2°. Un bœuf d'airain qui y avoit été apporté de Pergame. On prétendoit que c'étoit le même qui avoit été fait autrefois par ordre de Phalère, tyran d'Agrigente.

Douzième siècle. Cette région avoit, d'un côté, la mer, & de l'autre la muraille du côté de la terre. On y trouvoit la *Porte dorée.* On a varié sur l'étymologie de ce nom, qui venoit, selon quelques-uns, des clous dorés qui étoient sur cette porte; selon d'autres, d'un édifice tout proche qui avoit engagé à dire d'abord, *Porta aurei triclinii*, puis *Porta aurea.* (En grec ὡραῖα).

Treizième région. Cette région occupoit, de l'autre côté du port, la contrée appelée *Sycæna*, & où se trouvent aujourd'hui Galata & Pera. Ce pays étoit renommé par l'excellence de ses vignes On construisoit des vaisseaux de ce côté, & l'on y enterroit les morts des familles pauvres.

Quatorzième région. Cette région, quoique appartenante à la ville & contiguë à deux autres, en étoit cependant séparée par une muraille; elle avoit l'air, disent les auteurs, d'une seconde ville. On y voyoit un palais de l'empereur & quelques autre lieux moins considérables.

Pour compléter l'idée que l'on doit prendre de la magnificence de l'ancienne Constantinople, il ne faudra que rapprocher ici le nombre des monumens de chaque espèce que nous ont fait connoître les auteurs, & dont je n'ai nommé que les principaux. Pour abréger, je me servirai des mots latins dont plusieurs ont leur place dans le dictionnaire d'antiquité.

Habet ergo urbs Constantinopolitana, dit la notice.

Palatia.	5.
Ecclesias.	14.
Domos Divinæ Augustarum.	6.
Domos nobilissimas.	3.
Thermas.	8.
Basilicas.	2.
Fora.	4.
Senatus.	2.
Horrea.	5.
Theatra.	2.
Lusoria.	2.
Portus.	4.
Circum.	1.
Cisternas.	4.
Nymphæa.	4.
Vicos.	322.
Domos.	3484.
Porticus.	52.
Balneas privatas.	153.
Pistrina privata.	120.
Gradus. Pour descendre à la mer.	117.
Macellos.	5.
Curatores.	13.
Vernaculos.	14.
Collegiatos.	560.
Vico Magistros.	65.
Columnam purpuream.	1.
Columnas intra se pervias.	2.
Colossum.	1.
Tetrapylum Areum.	1.
Augustæum.	
Capitolium.	
Monetam.	
Scolas maritimas.	3.

Elle avoit de long depuis la Porte dorée en ligne droite, jusqu'à la mer, 14,075 pieds; & de largeur, 61,500.

Au-dehors de la ville, vers le nord, étoit le fauxbourg des Blachernes & plusieurs autres. Les Blaquernes, dont le nom vient d'un mot grec qui signifie *fougère*, avoient été ajoutées à Constantinople par l'empereur Héraclius. C'étoit dans ce fauxbourg qu'étoit le Pentapyrgion, ou palais des cinq Tours, dont les empereurs s'étoient fait une maison de plaisance.

Les murailles de Bysance étoient réputées très-fortes dès le temps de Pausanias. Les empereurs grecs avoient encore ajouté à leurs forces. Elles étoient fortifiées de hautes tours.

La ville de Constantinople étoit encore défendue du côté de la terre par une forte muraille qui laissoit entre elle & la ville un espace considérable. Elle avoit été élevée par l'empereur Anathase, pour se préserver des incursions subites des Barbares, & portoit le nom de *Macron-tichos*, ou long mur.

Le macron-tichos s'étendant de la mer Noire à la Propontide, avoit environ 420 stades de long, & étoit éloigné de la ville de 280. Il avoit 20 pieds d'épaisseur. On doit présumer que dès-lors il y avoit des tours & une forte garde pour le défendre. Cependant il fut renversé par les Barbares. Justinien le fit relever, & fit ajouter aux fortifications.

Cependant, malgré cette forte muraille & les fortifications de la ville, elle n'en fut pas moins prise par les Latins, ayant à leur tête Beaudouin, comte de Flandre, en 1203 & 1204. Beaudouin fut couronné empereur le 16 mai 1204. Mais les Grecs réussirent à chasser Beaudouin III & à remonter sur le trône en 1261. L'empire grec ne subsista plus qu'au milieu des troubles. Les Ottomans, maîtres d'une partie de l'Asie mineure, avoient passé en Thrace, l'an 1362. Enfin, en 1453, Mahomet II, le 29 de mai, parvint à se rendre maître de Constantinople, qui, depuis ce temps, n'a cessé d'être la capitale de l'empire ottoman, sous le nom turc de *Stamboul* (1).

BYZANTIUM, lieu remarquable de l'Inde, sur la côte nord-ouest du golfe *Barygezeum*, selon Ptolemée & l'auteur du périple de la mer Erythrée.

BYZIA (*Visé*), ville de la Thrace. En l'an 1198, les Scythes & les Walaques ayant passé le Danube, firent des courses dans la Thrace, où ils firent beaucoup de butin; mais à leur retour, étant chargés de dépouilles, la garnison de *Byzia* les attaqua, les mit entiérement en déroute, & leur enleva la plus grande partie de leur proie; mais pendant que les Grecs étoient occupés à arracher aux vaincus le butin qu'ils avoient enlevé, les fuyards se rallièrent, revinrent à la charge, & battirent les Grecs, qui, à leur tour, furent forcés de prendre la fuite.

BYZONE, ville située dans la partie occidentale & sur le bord du Pont-Euxin. Selon les fragmens de Salluste, cette ville fut engloutie par un tremblement de terre. Il ajoute qu'on en voyoit les restes à la pointe d'un promontoire, près du Bosphore de Thrace.

(1) Les Turcs appelèrent d'abord Constantinople *Istanbol*, nom corrompu du grec εἰς την πολιν, *vers la ville*. On assure qu'entendant les Grecs se servir de cette expression pour indiquer qu'ils alloient vers la ville, ils avoient cru qu'on leur en disoit le nom. Ils corrompirent d'abord ce premier nom, & dirent *Assistambol*, ou ville de la Porte, puis ils trouvèrent plus digne de leur piété de dire *Islambol*, ou *ville de la Foi*. Mais ces changemens n'ayant été imaginés que par quelques personnages qui ne pouvoient faire autorité contre la multitude, l'usage continua de dire non pas tout-à-fait *Islambol*, mais *Stambol* ou *Stamboul*, qui en est la corruption.

CAATHITÆ, descendans de Caath, fils de Lévi. Il en est parlé dans les Nombres, *c. III, v. 27.*

CABADINE. C'est ainsi que l'on lit dans quelques manuscrits, le nom d'un lieu appelé dans le texte d'Isidore de Charax *Cambadene.*

CABALACA, *ou* XABALA, ville située en Albanie, selon Pline & Ptolemée. Ce dernier écrit *Xabala.*

CABALI, les Cabales, peuple d'Afrique, dans la Libye, vers le milieu du pays des Auschises, selon Hérodote. Il ajoute que cette nation étoit peu nombreuse, & qu'elle s'étend sur les côtes de la mer, vers Tauchires, ville du territoire de Barcé. Selon le même auteur, les usages de ce peuple, sont les mêmes que ceux des peuples qui habitoient au-dessus de Cyrène.

CABALIA, contrée de l'Asie mineure, dans la Lycie, où étoient les villes de *Oenoanda*, *Balbura* & *Bubon*, selon Pline & Ptolemée. Strabon fait aussi mention de la contrée. Quelques exemplaires de Ptolemée portent *Bacchia.* Comme quelques auteurs l'attribuent à la Pamphilie, on est en droit de conclure qu'elle s'étendoit dans l'une & l'autre de ces provinces.

CABALLA. Glycas, au rapport d'Ortélius, nomme ainsi le lieu où naquit Constantin Copronime, empereur d'Orient.

CABALLENSES. On donnoit aussi ce nom, selon Strabon, aux *Solymi.*

CABALLINUM, *Ptolemée;* CABILLONUM, ou CABILONUM, *César;* CABYLLINUM, *Strabon;* CABILIO, *table de Peutinger;* CABELLIO, *itinéraire d'Antonin;* CABALLODUNUM, *notice de l'empire;* CABILLO, *Ammien Marcellin* (*Châlons-sur-Saône*). On voit, par l'exposé ci-dessus, la preuve de l'assertion de M. d'Anville, qui dit (notice de la Gaule, *p. 187*), qu'il n'y a point de lieu dont le nom se trouve écrit dans les auteurs d'un aussi grand nombre de manières différentes.

Cette ville appartenoit aux *Ædui.* Lorsque César s'en fut emparé, il y établit des magasins & fit faire un grand chemin pour communiquer de cette ville à *Augustodunum.* L'empereur Constantin y assembla son armée.

CABALLINUS FONS, *ou* FONTAINE DU CHEVAL, fontaine de Grèce, dans la Béotie, assez près du mont Hélicon. Perse en fait mention. Les poëtes supposent que le cheval Pégase la fit sortir de terre, en y frappant du pied. C'est l'Hippocrène de nos poëtes.

CABALLIS. Selon Etienne de Bysance, c'étoit une ville de l'Asie mineure, située vers la partie méridionale du Méandre. Il s'appuie de l'autorité de Strabon. La Martinière auroit dû observer que Strabon ne dit pas que ce fût une ville, mais une région; ce qui se voit aussi par Pline. Ce dernier, qui nomme ce petit pays *Cabalia*, lui attribue trois villes, *Oenoanda*, *Balbura* & *Bubon.* Quoique ces villes se trouvassent dans la Carie, il est reconnu que le pays appelé *Cabalia* s'étendoit aussi dans la Pamphilie. *Voyez* ce mot.

CABALSUM, nom d'une ville d'Egypte. Il en est fait mention dans l'itinéraire d'Antonin.

CABANA. Ce nom se trouve dans le périple de Néarque, comme étant celui d'un lieu de la Gédrosie; on conjecture que c'est le *Canana* de Ptolemée.

CABANDENE, contrée de l'Asie, dans la Susiane. Elle confinoit à la Perside, selon Ptolemée.

CABANODURUM, ville de la Norique, selon Ptolemée, sur le Danube.

CABASA, ville d'Egypte, dans le Delta, selon Ptolemée. Elle a été épiscopale, selon le concile de Chalcédoine. Cette ville étoit la capitale du nôme *Cabasites.*

CABASITES NOMOS, province de la Basse-Egypte, dans le Delta, selon Pline. Elle prenoit ce nom de *Cabasa*, sa capitale.

CABASSUS (1), ville de l'Asie, dans la petite Arménie. Elle est mise dans la Cataonie par Ptolemée. Etienne de Bysance & Strabon mettent cette ville dans la Cappadoce, parce qu'ils y mettent la Cataonie. Hellanicus la plaçoit dans la Lycie.

CABATANUS, ville de l'Arabie heureuse, selon Strabon. Elle étoit située dans le territoire des *Chatramotitæ.*

CABBON, ville de la Palestine, dans la tribu de Juda, selon Josué.

CABBULA, lieu que Procope, cité par Ortélius, met à cent vingt stades de la Colchide.

CABEDENE, ville de l'Asie, dans la Carmanie. Il en est fait mention par Ptolemée.

CABELII, les Cabelées, peuple de la Méonie, qui est aussi nommé Lazonien par Hérodote.

CABELLIO CAVARUM (*Cavaillon*), ville de la Gaule narbonnoise. C'étoit une colonie romaine qui existoit déjà du temps du triumvir Lépide, quarante-deux ans avant l'ère chrétienne.

Etienne de Bysance en fait une ville marseilleilloise, sur la foi d'Artémidore d'Ephèse.

Il y a plusieurs opinions sur la construction de l'arc de triomphe de Cavaillon. Le P. Papon conjecture que Pompée ayant donné les deux bords du Rhône aux Marseillois, la ville de Cavaillon, sur la Durance & près du Rhône, leur appartenoit.

(1) Dans quelques éditions d'Etienne de Bysance, on lit *Cabessus*, ainsi que dans Homère, Iliad. *L. XIII, v. 363.*

Il demande si ce ne seroient pas les Marseillois qui firent élever ce monument, pour y consacrer les exploits de Pompée & la gloire des armes romaines.

CABELLION. Etienne, en employant ce nom, qu'il dit être celui d'une ville du territoire de Marseille, désigne celle qui est nommée par les Latins *Caballio* ou *Cabellio*. *Voyez* le premier de ces noms.

CABERASA, ville de l'Asie, dans la Médie. Ptolemée en fait mention.

CABERI, peuple de l'Asie, dont fait mention Cédrène, au rapport d'Ortélius.

CABII. Les Cabes, peuple anthropophage de l'Asie, selon Cédrène, cité par Ortélius.

CABILLONUM. *Voyez* CABALLINUM.

CABILONNUM. *Voyez* CABALLINUM.

CABILONUM. *Voyez* CABALLINUM.

CABIOSA LAODICIA, ville de la Syrie, nommée par Ptolemée. Long. 69 deg. 40 min. Latit. 33 deg. 45 min.

CABIRA, appelée ensuite *Diopolis*, puis *Sebastopolis* (1), ville du Pont, au sud-est d'Amasée, sur l'*Iris*. Mithridate se fit bâtir un palais dans cette ville, où il y avoit aussi un moulin à eau (ὁ ὑδραλέτης), machine peu commune alors; il y avoit aussi un vivier, & dans les environs, des lieux propres à la chasse: Strabon dit aussi qu'il y avoit des mines aux environs. Il est parlé de cette ville dans la vie de Lucullus par Plutarque. Lorsque Pompée se fut emparé de Cabire, il lui donna le nom de *Diopolis*. La reine Pythodoris, veuve de Polemon, nommé roi de Pont par Antoine, donna à Diopolis le nom de *Sebaste* ou *Sebastopolis*, c'est-à-dire, *ville d'Auguste*, en l'honneur de ce prince.

N. B. Je trouve, dans le T. XVIII des mém. de litt. *p. 16*, que le secrétaire de l'académie qui rendoit compte d'un mémoire de Freret sur les Cabires, fait dire à ce savant qu'il y avoit autrefois en Béotie une ville appelée *Cabire*, & il cite Pausanias. Comme je n'admets pas l'existence de cette ville, je vais citer le texte pour me justifier. Pausanias dit: Πόλιν γάρ τοτε ἐν τούτῳ φασὶν εἶναι τῷ χωρίῳ καὶ ἄνδρας ὀνομαζομένους Καβείρους. Traduit littéralement, cela signifie: car on dit qu'il y avoit autrefois en ce pays (ou en ce lieu), une ville, & des hommes appelés *Cabires*. Je crois bien que le nom de Cabire ne peut se rapporter qu'aux hommes; & que l'auteur grec ignoroit le nom de la ville.

CABIRI, les Cabires, peuple qui habitoit vers le mont Ida. Strabon dit que de son temps plusieurs auteurs les prenoient pour les mêmes que les Curètes. Mais ce nom appartient plus à ce que l'on appelle *antiquité* qu'à la géographie.

N. B. Voyez Mém. de litt. *T. XXX*, un savant mémoire de M. Freret sur les Cabires.

(1) C'est par ce seul nom qu'elle est désignée sur l'excellente carte de l'Asie mineure, de M. d'Anville.

CABIRUS, montagne de l'Asie mineure, dans la Phrygie, selon le scholiaste d'Apollonius, cité par Ortélius.

CABIRUS, rivière de l'Asie, dans le territoire des Suariens. Pline dit qu'il y avoit bon mouillage à son embouchure.

CABOLITÆ, peuple de l'Asie, que Ptolemée place dans la Paropamise.

CABSEEL, ville de la Palestine, dans la tribu de Juda, selon le livre de Josué.

C'étoit la patrie de Banaïas, un des plus vaillans capitaines de David, selon le second livre des rois.

Cabseel étoit dans la partie méridionale de cette tribu.

CABUL, *ou* CHABUL, terre ou pays de la Judée, dans la tribu d'Aser.

Il étoit composé de vingt bourgs que Salomon donna à Hyram, roi de Tyr.

Il en est parlé dans le troisième livre des rois.

CABURA, *ou* CHABURA, lieu de l'Asie, dans la Mésopotamie. Pline dit qu'il y avoit en ce lieu une fontaine dont les eaux sont agréables.

CABURA, lieu de la Paropamise, selon Ptolemée. Paulmier croit qu'il faut lire *Catura*.

CABUTATHRA, nom que Ptolemée donne à une montagne de l'Arabie heureuse.

CABYLE, CABYLA, *ou* CALYBE, nom d'une petite ville de Thrace. Il en est fait mention par Démosthène, Etienne de Bysance, Strabon & Ptolemée. Elle est nommée dans quelques auteurs *Calybe*. Philippe, fils d'Amyntas, y avoit établi des espèces de criminels, que l'on espéroit probablement ramener à une meilleure conduite. C'est pour cette raison apparemment qu'Etienne de Bysance nomme *Cabyle* une colonie de Macédoniens.

CABYLLINUM. *Voyez* CABALLINUM.

CACAUNII. Ce mot n'est pas écrit ainsi dans les bonnes éditions d'Hérodote. Il faut *Caunii*.

CACHALES, rivière de Grèce, dans la Phocide. Elle baignoit les murailles de Tithorée, selon Pausanias.

CACHASSÆ, peuple de la Scythie. Ptolemée les place en-deçà de l'Imaüs, entre les *Norossi* & les *Aspasii*.

CACHETUS, rivière de l'Asie, dans le royaume de Pont, auprès de la ville d'Héraclée, selon Diodore de Sicile, cité par Ortélius.

CACHURA. C'est ainsi que quelques interprètes croient devoir lire le nom d'une ville d'Arménie, nommée par Ptolemée *Jachura*.

CACIDARI, peuple que Pline compte entre les nations Scythes, dans la Scythie, en-deçà de l'*Imaüs*.

CACOBÆ, peuple que Ptolemée place dans l'Inde, en-deçà du Gange.

CACOBASILEA. Valère Maxime dit que c'étoit le nom d'un très-bel édifice de l'ile de Cypre, auprès de la ville de Paphos.

CACOENSII, peuple de la Dacie. Il en est fait mention par Ptolemée.

CACUTHIS. C'est, selon Arrien, le nom d'une rivière de l'Inde, qui va se perdre dans le Gange.

CACYPARIS, fleuve de la Sicile, sur la côte orientale, entre Syracuse & *Helorum*.

CACYRON, *ou* CACYRUM, ville de l'intérieur de la Sicile, selon Ptolemée. Pline en nomme les habitans *Cacyrini*.

CADARA, ville de l'Arabie heureuse, sur le golfe Persique. Ptolemée la donne aux Atæeens.

CADARA, grande presqu'île de la mer Rouge, sur la côte méridionale de l'Arabie. Elle forme une grande baie, que Ptolemée Philadelphe traversa en douze jours & douze nuits, selon Pline.

CADAUM CASTRA, place de l'Afrique, dans la Mauritanie césarienne, sur la route de *Cala* à *Rusucurrum*, selon l'itinéraire d'Antonin.

CADEMOTH, ville de la Terre sainte, située entre *Iahza* & *Mephaath*. Elle appartenoit à la tribu de Ruben. On lit ce nom dans la vulgate *Cedimoth* : dans un autre endroit du même texte, elle est nommée *Jethson*.

CADEMOTH, lieu du désert de l'Arabie, d'où Moïse députa vers Séhon, roi des Amorrhéens, avant d'entrer dans ses terres.

CADENA, ville de l'Asie mineure, dans la Bithynie, selon les actes du troisième concile de Constantinople.

CADES, lieu de l'Arabie, dans le désert de *Sin*, où fut la trente-troisième station des Israélites. Ce fut-là que mourut Marie, sœur de Moïse. De ce lieu, Moïse envoya vers le roi des Iduméens; de-là aussi les Israélites allèrent au mont Hor. On rapporte encore quelques autres particularités.

CADES, *ou* CEDES DE NEPHTALI, ville de la Palestine, dans la Haute-Galilée, selon le livre des Machabées. Joseph dit que c'étoit un bourg. On voit par le livre de Josué qu'elle fut comprise dans la tribu de Nephtali, & donnée aux Lévites de la famille de Gerson. Eusèbe & S. Jérôme écrivent *Cedes*, & la mettent près de *Paneas*, à vingt milles de Tyr.

CADES-BARNE, lieu de l'Arabie, où fut la quatorzième station des Israélites dans le désert. Ce fut de-là que Moïse envoya douze Israélites, que l'on nomme les douze espions, pour examiner la terre de Chanaan. Ce lieu échut en partage à la tribu de Juda.

CADES-ASOR, ville de la tribu de Juda, selon le livre de Josué.

CADETES, peuple de la Gaule, vers la partie maritime de l'Armorique, selon César.

CADEUMA, nom d'une ville de l'Ethiopie, sous l'Egypte, selon Pline.

CADI (Καδοι), ville de la Mysie, selon Etienne de Bysance. Strabon la place dans la Phrygie Epictète. On est fondé à croire que ce n'étoit qu'un lieu peu important, parce que cet auteur le nomme après des villes en en faisant la distinction. Elle a cependant été épiscopale.

CADIS. Selon Pollux, c'étoit le nom d'une tribu de Grèce, dans l'Attique.

CADISCUS, montagne & promontoire de l'île de Crète, selon Pline & Solin.

CADME. Quelques auteurs, selon Strabon, donnoient ce nom à la ville de Priène, de l'Asie mineure, dans l'Ionie.

CADMEA, *ou* LA CADMÉE, citadelle de la ville de Thèbes en Béotie, & située au sud-est de cette ville. On prétendoit qu'elle occupoit l'emplacement où s'étoit d'abord établi Cadmus, dont elle avoit pris le nom. Pour appuyer ce sentiment, on montroit, dans le marché, la maison de Cadmus & les restes de sa chambre nuptiale, aussi-bien que celle de Sémélée. On y voyoit entre autres monumens, une statue de Cadmus, faite par les fils de Praxitèle, & une autre de Pronomus, inventeur d'une flûte qui réunissoit le triple avantage de pouvoir servir à l'exécution des airs composés dans les modes dorien, phrygien & lydien. Pausanias remarque qu'avant son temps, on changeoit de flûte en changeant de modes. Mais de toutes les beautés de la Cadmée, celle qui devoit sur-tout fixer l'attention des Grecs, étoit la statue d'Epaminondas, parce qu'elle leur rappeloit le souvenir des vertus & des talens de ce grand homme.

CADMEA, *ou* CADMEIA. C'étoit un des surnoms de la ville de Carthage, selon Eustathe.

CADMEIS, l'un des noms de l'Achaïe, contrée du Péloponnèse, selon Thucydide.

CADMONÆI, peuple nommé par la Genèse entre ceux qui habitoient le pays de Chanaan.

CADMUS, nom d'une des montagnes les plus considérables de l'Asie, où elle s'étend entre les monts Tmolus & Taurus. Ptolemée & Strabon en font aussi mention, & le dernier dit qu'elle étoit près de la ville de Laodicée sur le Lycus.

CADOSIA, ville épiscopale de l'Asie proprement dite, selon le concile de Constantinople, tenu en 449, cité par Ortelius.

CADRA, nom d'une colline de l'Asie mineure, vers le mont Taurus, selon Tacite.

CADREMA, ville de l'Asie mineure, dans la Lycie, selon Etienne de Bysance. C'étoit, dit-il, une colonie des *Olbii*.

CADRUSI, peuple de l'Asie, chez les Paropanisades, près du mont Caucase, selon Pline.

CADUPI, peuple d'Afrique, dans l'Ethiopie, entre l'île de Meroë & l'Equateur, à l'occident du Nil.

CADURCI, nom d'un peuple de la Gaule, qui habitoit la ville de *Divona*, selon Ptolemée. Il en est aussi fait mention dans César, dans Strabon & dans Pline. M. d'Anville remarque que le territoire des *Cadurci* est appelé *Cadurcinum* dans Grégoire de Tours : on a dit depuis le Caorsin. Ils étoient où est le Quercy actuel, dont la capitale est Cahors.

CADUSIA, contrée de l'Asie, que Strabon dit être une partie de l'Atropatène.

CADUSII, ou les Cadusiens, peuples qui habitoient au midi de Babylone, entre le Tigre & l'Euphrate, ou dans le pays situé le long de ces deux fleuves, selon le livre troisième de la cyropédie de Xénophon.

C'étoient des peuples puissans & ennemis des Assyriens, dont Cyrus rechercha l'alliance dans la guerre qu'il fit au roi d'Assyrie. Cyrus s'étant rendu maître des châteaux où le roi d'Assyrie avoit des garnisons pour défendre sa frontière, il les remit à ses nouveaux alliés, qui y mirent des garnisons composées de Saques, de Cadusiens & d'Hyrcaniens, peuples qui avoient tous intérêt à les conserver pour défendre leur propre pays, & pour faire des courses dans ceux du roi de Babylone.

Les Cadusiens fournirent à Cyrus vingt mille fantassins, armés de boucliers légers, & quatre mille chevaux.

On voit, d'après cela, qu'Etienne de Bysance les indiquoit d'une manière trop vague, en disant seulement qu'ils habitoient entre la mer Caspienne & le Pont.

M. Freret (Mém. de litt. *T. VII*, *p*, *427 & suiv.*) dit, en parlant de ces peuples : « je soupçonne que ces Cadusiens étoient les Arabes établis le long de l'Euphrate, & habitans dans des villes ou des villages ». Ce même savant pense que les peuples nommés *Chasdin* par les Hébreux, sont les *Cadusii* de Xénophon, & les *Chaldæi* des Grecs & des Latins.

CADUSIORUM VALLUM (Καδȣσιων χαραξ). Ce lieu, que Ptolemée place dans la Médie, avoit peut-être servi de bornes à un canton habité par les Cadusiens.

CADYNA, *ou* CADENA, ville de l'Asie mineure, dans les montagnes de la Lycaonie, selon Strabon. Elle fut le siège de Sisinus, qui s'étoit fait reconnoître roi de Cappadoce.

CADYTIS, ville de l'Asie, dans la Syrie. Hérodote dit que Nécos se rendit maître de *Cadytis*, après avoir remporté une victoire sur les Syriens. On n'est pas d'accord sur la ville de la Palestine qui doit avoir porté ce nom. M. d'Anville pense que c'est Jérusalem. Mais, comme Hérodote paroît l'indiquer près de la mer, ce ne pouvoit pas être cette ville. M. Desvignols pensoit que ce devoit être la ville de Cedès, de la tribu de Nephtali, que Joseph nomme *Cedassa*, & qu'il place dans le voisinage de la mer. Un autre savant avoit cru y retrouver la ville de Gaza. M. Larcher (trad. d'Hérodote, *T. VII*, *p. 68*) pense, avec Adrien Reland, que la ville de *Cadytis* d'Hérodote, doit être la ville de *Gath*.

CAECIA, nom de deux îles que Pline place dans le voisinage du promontoire Spirée.

CÆCILI PORTUS, village d'Afrique, situé, selon l'itinéraire d'Antonin, entre *Artisiga* & *Siga* dans la Mauritanie césarienne, à l'ouest.

CÆCILIA CASTRA (*Caceres*), château de l'Hispanie, dans la Lusitanie, selon Pline & Ptolemée. M. d'Anville la place vers le sud-est de *Norba Cæsarea.* Don Antonio de Ponz, dans son voyage d'Espagne, *T. VIII*, *p. 11*, paroît disposé à croire que ce lieu, appelé aussi *Vicus Cæcilius* (que Supongo, *dit-il*, Sea Baños), étoit dans l'emplacement de Baños. Mais cet estimable Espagnol devoit considérer que, selon le monument dont il parle, il y avoit entre *Castra Cæcilia* & *Salmantica*, cent trente-un milles, ou près de quarante-cinq lieues. Mais puisque de Banos à Salamanque, il n'y a que dix lieues, il faut donc chercher un autre emplacement : mais lui-même dit, *pag. 89*, que quelques auteurs font venir de *Castra Cæcilia*, le nom moderne de Caceres : M. d'Anville l'avoit pensé de même, & j'adopte son sentiment. Il est probable que c'est le lieu nommé par Antonin *Cæciliana*.

CÆCILIANA. *Voyez* CÆCILIA CASTRA.

CÆCINA, petit fleuve de l'Italie, dans l'Etrurie.

CÆCINUS, petit fleuve de l'Italie, dans le Brutium, à l'ouest, & se jetant dans le golfe de *Scylacius*.

CÆCINUM (*Cesana*), ville d'Italie, dans le Brutium : elle étoit arrosée par le fleuve *Cæcinus*.

CÆCORUM URBS, ou *ville des Aveugles.* Ceci est moins un nom qu'une épithète. C'est celle par laquelle l'oracle d'Apollon désigna la ville de Chalcédoine, bâtie par les Mégariens vis-à-vis de Bysance, selon Tacite. On dit que cette réponse décida les premiers fondateurs de Bysance, sur la position du local où il leur convenoit de s'établir.

CÆCUBUM, *ou* CECUBUS AGER. Ce champ étoit en Italie, dans le voisinage d'Amyclæ. Pline parle de la force des vins de Cæcube, qui venoient dans des marais plantés de peupliers. Ce champ étoit entre Terracine & Gaëta, près de l'endroit appelé *Speluncæ*.

CÆDESA, ville de la Galilée. Joseph dit *Cædasa*: ce doit être la ville de *Kedes* dans la tribu de Nephtali : elle appartenoit aux Lévites.

CÆDICI, peuple qui faisoit partie des Æquicules. Pline dit qu'il ne subsistoit plus de son temps.

CÆDIUS, fleuve de la Sardaigne, selon Ptolemée.

CÆLESTINI, peuple de l'Italie, dans l'Umbrie. Pline en parle comme d'une nation détruite.

CÆLETÆ, nation que Pline distingue en *Majores* & en *Minores*, séparées par l'*Hebrus*. Ils étoient de la Thrace; les premiers habitoient au pied du mont *Hæmus*, & les derniers au pied du mont Rhodope.

CÆLIA, ville épiscopale d'Afrique, dans la Numidie, selon la notice épiscopale d'Afrique.

CÆLIA, ville de l'Italie, dans l'Apulie.

CÆLIANUM, lieu de l'Italie, entre Héraclée & Venusa, selon l'itinéraire d'Antonin.

CÆLICI, peuple de la Médie peu connu.

CÆLINA (*la Celina*), rivière de l'Italie, dont fait mention Pline.

CÆLINA, ville de l'Italie, située sur la rivière de

de même nom. Pline en parle comme d'une ville détruite.

CÆLIUM, ville d'Italie, dans l'Apulie, selon Pline; on pense que c'est la même que *Cælia*.

Cælium. Une notice de l'empire parle de ce lieu. On croit que c'est le *Cælius mons* d'Antonin.

N. B. Baudrand admet aussi un *Cælium* en Egypte; mais comme il cite Antonin, & que dans cet auteur on lit *Sellium*, il faut bannir cette erreur des dictionnaires.

CÆLIUS MONS, lieu de la Vindélicie, au nord-est du *lacus Brigantius*, & au sud-ouest d'*Augusta Vindelicorum*.

Cælius mons, nom de l'une des sept montagnes de l'Italie, sur lesquelles la ville de Rome étoit située.

CÆLYDNUS. La traduction latine écrit ainsi le nom du fleuve, écrit en grec Κελυδνος : d'après ce texte, il doit être écrit *Celydnus*. *Voyez* ce mot.

CÆNÆ. *Voyez* Cæne.

CÆNE, & Cænopolis, ville du Péloponnèse, dans la Laconie, à quarante stades du promontoire Tenare, selon Pausanias, qui dit qu'elle avoit autrefois été nommée *Tænarum*. On y voyoit deux temples, dont l'un étoit dédié à Cérès & l'autre à Vénus.

Cæne, ville de l'Egypte, dans le nôme Panopolite, par les vingt-six degrés vingt minutes de latitude, selon Ptolemée.

Cæne, petite île de la mer Méditerranée, entre la Sicile & l'Afrique, selon Pline.

Cæne (*Senn*), appelée aussi *Cænæ*, ville d'Asie, dans la Mésopotamie, sur le bord du Tigre, vis-à-vis l'embouchure du *Zabus Minor*.

CÆNEPOLIS, ville de l'Afrique, que Ptolemée place dans la Pentapole.

CÆNI, peuple de la Thrace, dont il est fait mention par Tite-Live & par Etienne de Bysance. Il est nommé *Cænici* par Pline. On conjecture qu'ils habitoient la partie de la Thrace baignée par la Propontide, parce qu'on connoît entre Héraclée & Constantinople, mais bien plus près de la première, un château nommé *Cænon* ou *Cænophrurium*.

CÆNICA REGIO, contrée de la Thrace, dans laquelle habitoit le peuple *Cæni* ou *Cænici*, selon Pline, qui y met la colonie *Flaviopolis*. Ptolemée parle aussi de la Cænique. *Voyez* Cæni.

CÆNINA, ville de l'Italie, dans le Latium. M. d'Anville la place à l'est d'*Eretum* & de la voie Salaire, vers le nord-ouest de *Tibur*. (*Voyez sa carte pour l'hist. rom.*) Il en est parlé dans Pline & Denys d'Halicarnasse. Ce dernier dit que ce fut une des premières qui se déclarèrent contre Romulus. Cette ville avoit été bâtie par les Grecs, & les Aborigènes l'avoient enlevée aux Sicules. Selon Festus, elle avoit pris son nom de *Cenis*, son fondateur. Romulus la prit d'emblée, & la soumit à sa nouvelle ville. Il y mit des citoyens romains, & elle fut censée colonie romaine.

CÆNIS, ville & promontoire d'Italie, dans le Brutium, sur le détroit de Sicile, au nord de *Regium*, & en face de *Messana* ou Messine.

CÆNOMANI. *Voyez* Cenomani.

CÆNON, château de l'Asie, dans la petite Arménie, où Pompée trouva quelques papiers secrets de Mithridate, selon Strabon. Plutarque en parle aussi.

Cænon Hydreuma, lieu de l'Egypte. Il se trouvoit sur la route de Coptos à Bérénice.

CÆNOPHRURIUM, *ou* Cenophrurium, lieu de la Thrace, sur le chemin de Constantinople à Héraclée, selon l'itinéraire d'Antonin. C'est le lieu où fut tué l'empereur Aurélien. M. d'Anville le place au nord-ouest de *Selympria*.

CÆNOPOLIS, ville de la Laconie, près du promontoire *Tænarum*. On y voyoit sur le bord de la mer, un temple de Vénus, où sa statue étoit debout & en marbre. *Voyez* Cæne.

Cænopolis, ville d'Afrique, dans la Cyrénaïque, vers le marais ou lac *Paliarus*.

Cænopolis, nom d'une partie de la ville de Jérusalem, selon Joseph.

CÆNOS GALLICANOS, *ou* Cænon Gallicanon, lieu de l'Asie mineure, dans la Bithynie, sur la route de Constantinople à Antioche, entre Dablis & Dadastane, selon l'itinéraire d'Antonin.

CÆNURGIA, ville de la Thrace, que Procope place dans la province de Rhodope.

CÆNUS (*l'Arc*), rivière de la Gaule narbonnoise, dont l'embouchure est au quarante-troisième degré de latitude, selon Ptolemée.

CÆNYS, promontoire de l'Italie, dans le pays des Brutiens, & vis-à-vis le promontoire de Pélore en Sicile, selon Strabon & Pline. Il est nommé *Senis* par Polybe, & par d'autres *Cænis*.

CÆNOPHRURION, ou *le Nouveau-Château*. C'est le même lieu que *Cænophrurium*, mais dont le nom est écrit d'une manière plus conforme au grec.

CÆNITARUM INSULA, en grec, selon le texte d'Arrian ἡ (νῆσος) τῶν Καινειτῶν. Cette île, dont il est parlé dans le périple de la mer Erythrée de cet auteur, est, à ce que l'on conjecture, la *Kavathra* de Ptolemée.

CÆNOMANI. *Voyez* Cenomani.

CÆPORI. C'est ainsi que quelques interprètes croient devoir lire le nom d'un peuple de l'Hispanie, que le texte de Ptolemée nomme *Capori*.

CÆRACATES, *ou* Caracates & Ceracates. Ces noms se trouvent dans quelques exemplaires & quelques manuscrits de Tacite, pour être celui d'un peuple germain, allié des *Treveri*. On croit, avec beaucoup de vraisemblance, que c'est le même peuple que les *Cæresi*, dont le nom est défiguré.

CÆRATUS. Quelques auteurs pensent qu'il faut lire ainsi le mot *Ceratus* qui se trouve dans Strabon. *Voyez* Ceratus.

CÆRE (*Cerveteri*), peu éloignée de Rome, vers l'ouest, & près du bord de la mer : son premier nom étoit *Agylla*. Strabon, pour donner l'étymologie de *Cære*, qu'il suppose devoir venir du grec, prétend qu'il s'est formé du mot de civilité, *réjouissez-vous*, dont se servoient les Grecs pour souhaiter *le bon jour*, & que les Lydiens avoient d'abord entendu en arrivant dans le pays. Ce fut dans cette ville que furent exilés les fils de Tarquin. Ce fut aussi dans cette ville que les vestales se retirèrent avec le feu sacré, lorsqu'en 363, les Gaulois vinrent assiéger Rome. On a parlé avec éloge de ses loix & de sa police. On voit aussi qu'elle s'unit aux Tarquiniens contre Rome; qu'elle demanda la paix & obtint une trêve de cent ans: elle fut une des premières qui devinrent municipales. J. Obsequens rapporte plusieurs prodiges arrivés dans cette ville, tels qu'une pluie de sang; la naissance d'un porc ayant des pieds & des mains; au temps de Strabon elle n'existoit déjà plus.

CÆRE, lieu de l'île d'Albion, près duquel se donna une bataille entre Béorthfrith & les Pictes, selon la chronique saxone d'Angleterre.

CÆRESI, peuple de la Germanie, selon César (*de bell. gall.*), qui la place entre les *Condrusi* & les *Pæmani*. M. d'Anville croit retrouver leur emplacement près de la rivière de Chiers, qui sort du Luxembourg pour se rendre dans la Meuse, entre Mouson & Sedan.

CÆRETANORUM EMPORIUM, *ou* NAVALE, port de l'Italie, dont se servoient les habitans de la ville de *Cære*, dans l'Etrurie.

CÆRETANUS AMNIS, nom que Pline donne à une petite rivière de l'Italie, dans l'Etrurie, & près de la ville de *Cære*.

CÆRETIUM, municipe de l'Italie, dont fait mention Frontin. On croit que c'est la même ville que *Cære*; ce qui est très-probable.

CÆRIANA, ville de l'Hispanie. Ptolemée la met dans la Bétique, au pays des Turdétains.

CÆRITES, habitans de la ville de *Cære*, en Etrurie.

CÆRON, province de l'Asie, que Joseph place vers la Mésopotamie. Il ajoute que l'on y conservoit les restes de l'arche dans laquelle Noé échappa au déluge.

CÆRULIUS, nom de l'un des ruisseaux que Claudius fit conduire à Rome par le bel aqueduc nommé *Claudiæ Aquæ*.

CÆSA. C'est ainsi que les interprètes croient devoir lire le nom d'une ville de la Babylonie, nommée dans le texte de Ptolemée Κίασα; *Ciasa*.

CÆSANA, nom d'une ville de l'Inde, en-deçà du Gange, selon Ptolemée.

CÆSANI, nom d'un peuple de l'Arabie, dont Pline fait mention.

CÆSAR AUGUSTA (*Sarragoce*), ville de l'Hispanie citérieure, au nord, sur l'*Iberus*. Cette ville avoit d'abord porté le nom de *Salduba*: elle devint colonie & eut le droit de *Conventus*: il y avoit cent cinquante-deux peuples dans l'étendue de sa jurisdiction, c'est-à-dire, sans doute, quelques villes, & le reste en bourgs & villages.

On a trouvé un assez grand nombre de médailles qui ont rapport à cette ville. Auguste la donna aux soldats vétérans de son armée, après la guerre des Cantabres; alors elle prit le nom de ce prince, reçut le titre d'*Immunis*, & le droit de battre monnoie. On voit par les médailles, que les troupes qui étoient établies en ce lieu, étoient les quatrième, sixième & dixième légions.

CÆSAREA PANIÆ, surnommée de *Philippe*, ville de la Palestine, dans la Haute-Galilée. Elle fut bâtie par Philippe le Tétrarque, fils d'Hérode-le-Grand, au pied du mont Panion, vers la source du Jourdain, près du mont Liban, du côté de la Célésyrie. Elle fut d'abord nommée *Césarée*, & ensuite *Néroniade*, selon Joseph. Elle étoit à une journée de Sidon.

Selon Joseph, Hérode-le-Grand fit bâtir un temple magnifique en l'honneur d'Auguste, près les sources du Jourdain, sur la montagne de Panion.

CÆSAREA STRATONIS n'étoit autrefois qu'un petit port de la Palestine, près d'une tour appelée *la tour de Straton*: Hérode la fit bâtir à neuf & nommer *Césarée* en l'honneur d'Auguste. Elle étoit située sur la mer Méditerranée, entre les villes de Dora & d'Apollonie, selon Pline, *L. 5, ch. 13*.

L'historien Joseph, *L. 1, ch. 16*, décrit la grandeur & la magnificence de la nouvelle ville & de son port. Il dit que l'on entroit dans le port par le vent de nord, qui est très-doux en ce lieu. On voyoit à l'entrée trois statues colossales. On laissoit à gauche une haute tour, & à droite deux colonnes très-élevées, bâties à l'extrémité de la jetée; on éleva, autour du quai, de belles maisons de marbre, & au milieu, vis-à-vis de l'entrée du port, Hérode fit construire, sur une éminence, le temple d'Auguste, d'une beauté & d'une magnificence extraordinaire, &, y fit placer une statue colossale de ce prince sur le modèle de la statue de Jupiter à Olympie, & la statue de la ville de Rome, pareille à celle de Junon à Argos. Hérode fit aussi construire un théâtre, un amphithéâtre, & une place ou marché: les palais & les maisons même des particuliers étoient en marbre. Joseph, *de bell. L. 1, c. 16*, & *antiq. L. 15, c. 13, p. 538*; & il ajoute qu'Hérode fit une dédicace solemnelle de la ville, qu'il appela *Césarée*, & donna au port le nom de *Sébaste*, en l'honneur de César Auguste; & pour marquer davantage sa reconnoissance à l'empereur, il soumit la ville à la province de Syrie. Il établit des jeux publics qui devoient se célébrer tous les cinq ans, & qu'il appela du nom de l'empereur. Il fit distribuer un grand nombre de prix à la première célébration, en l'an 743 de Rome.

La ville de Césarée, qui avoit été annexée à la Syrie depuis sa fondation, fut donnée à Agrippa, petit-fils d'Hérode-le-Grand, par l'empereur Claude, qui l'affectionnoit beaucoup. Joseph, *antiq. L. 19, ch. 8*.

La Judée & la ville de Césarée furent réunies à l'empire romain à la mort du roi Agrippa, l'an 44 de notre ère. & n'en ont été séparées que par l'invasion des Arabes dans le septième siècle. La ville de Césarée, l'une des plus grandes & des plus belles de l'orient, depuis sa réunion à l'empire romain, fut la capitale de la Palestine, & le siège ordinaire des gouverneurs romains, selon Pline, *L. 5, ch. 13.* Procope étoit de cette ville.

Cæsarea ad Argœum, ou *Césarée de Cappadoce.* Cette ville, située avantageusement dans une belle plaine, au pied du mont Argée, n'étoit qu'à quarante stades de la rivière de *Mélas.* Son premier nom étoit *Mazaca*, que l'on a fait venir de Mosoch, fils de Japhet. Mais il est aussi vraisemblable qu'il vint de l'arménien *mschak* ou *majak*, signifiant un *laboureur*, allusion à la fertilité du pays.

Mazaca passa successivement au pouvoir des Assyriens, des Mèdes & des Perses, ainsi que la Cappadoce, qui avoit cependant ses rois particuliers, dont les noms nous sont inconnus. Les conquêtes d'Alexandre rendirent les Cappadociens indépendans de toute puissance étrangère. Car ayant refusé la liberté, ils continuèrent d'avoir des rois pour leur pays. A la mort d'Archélaüs, le dernier de ces petits souverains, sous l'empereur Tibère, la Cappadoce fut unie à l'empire, & administrée par un chevalier romain. Entre autres changemens que fit ce prince, il donna à *Mazaca*, déjà surnommée *Eusebia*, le nom de *Cæsarea* en l'honneur d'Auguste, son père adoptif. Ce changement est de l'an 20 de l'ère vulgaire.

Césarée, qui avoit adoré le feu lorsqu'elle étoit soumise aux Perses, & les dieux de la Grèce, depuis les successeurs d'Alexandre, se livra avec une bassesse servile, au culte des empereurs depuis qu'elle fut soumise aux Romains (1). Elle obtint même le titre de *Neocore*, ou gardienne des temples élevés en l'honneur des empereurs.

Cette ville, qui avoit le titre de métropole, avoit presque toujours été le séjour des rois de Cappadoce. Elle étoit ornée de plusieurs beaux édifices. Lors de l'établissement de la religion chrétienne, plusieurs de ses habitans embrassèrent la foi : elle eut même une église fondée par saint Pierre.

Césarée demeura assez florissante sous les empereurs grecs. Après le règne d'Héraclius, l'empire ayant été divisé en différens départemens militaires, la Cappadoce, avec Césarée sa capitale, fut comprise dans le département (ou thême) d'Arménie. Mais cette ville enfin fut ruinée par un tremblement de terre dont l'histoire ne fixe pas la date.

(1) On connoît une médaille de Césarée, sur laquelle on lit en grec : *sous le règne de Commode, l'univers est heureux.* C'étoit pourtant un monstre d'infamie & de cruauté.

Elle fut rebâtie dans le treizième siècle par un sultan Seldgioucide; mais plus au nord, à un quart de lieue de l'ancienne. On la nomme actuellement *Kaïsarieh.*

Cæsarea, ville de l'Asie, dans l'Arménie mineure, selon Pline. On croit que c'est la ville de Néocésarée que Nicéphore Calliste dit avoir été bâtie sur le bord de l'Euphrate.

Cæsarea, ville de l'Asie mineure, dans la Bithynie, selon Ptolemée, qui la place entre le fleuve Rhyndacus & le mont Olympe, & assez près de la mer.

Cæsarea, grande & illustre ville de l'Afrique, dans la Mauritanie. C'étoit une ville royale, ornée de beaux édifices avec un port magnifique sur la mer Méditerranée.

Césarée étoit située avantageusement : son port étoit à l'abri des vents de nord & de nord-est, par une petite île pleine de rochers.

Strabon dit que cette ville appelée d'abord *Iole*, fut nommée *Césarée* par Juba, père de Ptolemée; elle étoit environnée de montagnes au sud, à l'est & à l'ouest. Celles du côté sud étoient très-escarpées. Procope, dans la guerre des Vandales, *L. 2, ch. 20*, dit que les Romains ne purent approcher de cette ville que par mer. La ville de Césarée étoit, selon Méla, au confluent du fleuve Mulucha & de la rivière Ampsaga.

Cette ville, qui étoit célèbre par sa beauté & sa magnificence, fut saccagée & réduite en cendres l'an 373, par Firmus, qui tenoit le premier rang parmi les Maures : il prit le titre de roi; mais Valentinien ayant envoyé Théodose en Afrique, il fut obligé de se soumettre. Césarée commençoit à se remettre de ses malheurs, lorsque environ cinquante ans après elle tomba au pouvoir des Vandales, qui la brûlèrent.

Les habitans de Césarée rendoient les honneurs héroïques à l'empereur Auguste, qui étoit regardé comme le fondateur de la ville.

Les ouvrages les plus considérables de cette ville étoient du côté du port que l'on appeloit *Cothon* : c'étoit le plus commode & le plus sûr. La ville étoit environnée de murs très-épais & fort élevés. Claude donna le titre de colonie à la ville de Césarée, qui fut la capitale & la métropole de la Mauritanie, lorsqu'elle eut été réduite en province romaine.

Cette ville passa plus d'un siècle dans un état tranquille, sous le gouvernement des empereurs grecs, après que la domination des Vandales fut détruite en Afrique.

Cæsarea, la ville de *Tingis*, capitale & métropole de la Mauritanie occidentale, étoit aussi nommée *Césarée*, selon Ptolemée.

Cæsarea Insula (*Jersei*). L'indication assez vague que l'on a sur cette île, située, est-il dit dans l'itinéraire maritime, dans l'Océan, entre les côtes de la Gaule & celles de la Grande-Bretagne, fait préſumer que c'eſt celle que l'on nomme actuellement *Jerſei*.

CÆSAREA, tout près de *Ravenna*, au ſud-eſt, ville de l'Italie, dans la Gaule Ciſalpine.

CÆSARIANA, lieu de l'Italie, ſur la voie Appienne. L'itinéraire d'Antonin le place ſur la route de Rome à *Columna*, à trente-ſix mille pas avant d'arriver à *Nerulum*, dans la Lucanie.

CÆSARIANA MASSA, lieu de l'Italie, aux confins du territoire de Preneſte, ſelon Symmaque.

CÆSARIANA, lieu de la Pannonie, indiqué dans l'itinéraire d'Antonin, ſur la route de *Sabaria* à *Acincum*. M. d'Anville, non-ſeulement ne l'a pas marqué ſur ſa carte, mais même n'a mis aucuns des noms de la route, indiquée par Antonin.

CÆSARIENSES, peuple de l'Aſie mineure, dans l'Ionie, ſelon Pline. Ce ſont vraiſemblablement les habitans de Hiérocéſarée. (*La Martinière*).

CÆSARIS DICTATORIS VILLA, nom d'une maiſon de campagne en Italie. Tacite dit qu'elle avoit pris ce nom de Jules-Céſar.

CÆSAROBRICENSES, nom d'un peuple de l'Hiſpanie, que Pline place dans la Luſitanie.

CÆSARODUNUM (*Tours*), ville de la Gaule, que Ptolemée donne aux *Turonii* ou *Turones*. On l'a nommée auſſi *Turones*.

CÆSAROMAGUS (*Beauvais*), ville de la Gaule. Elle étoit la capitale du peuple *Bellovaci*, ſelon Ptolemée. Elle prit enſuite le nom du peuple, & fut appelée *Bellovaci*.

CÆSAROMAGUS, nom d'un lieu de l'île d'Albion, ſur la route de *Londinium* à *Luguvallum*, ſelon l'itinéraire d'Antonin. Il étoit à vingt-huit milles de *Londinium*.

CÆSAROPOLIS. Curopalate met un ſiége épiſcopal de ce nom dans la Macédoine, ſous la métropole de Philippes.

CÆSAROTIUM, ou CÆSORTIUM, lieu de la Gaule, ſelon quelques exemplaires manuſcrits de l'itinéraire d'Antonin. Il y eſt placé entre Rouen & *Petromantalum*. (*La Martinière*).

CÆSENA, ou CESENA & CÆSÆNA, ville de l'Italie, dans la Gaule ciſpadane, en-deçà de l'*Eridanus*, par rapport à Rome, ſelon Strabon & Pline. L'itinéraire d'Antonin, la table de Peutinger & l'Anonyme de Ravenne en font auſſi mention.

CÆSIA SYLVA, nom d'une forêt de la Germanie, dont fait mention Tacite. Elle étoit entre le Rhin & le pays des Marſes.

CÆSIÆ LITTUS, ou *le rivage de Céſia*. C'eſt le nom que Ptolemée donne à une portion d'une des côtes de l'île de Corſe.

CÆSTRIAM. Pline place une ville de ce nom en Epire. On croit que c'eſt celle que Thucydide nomme *Ceſtrina*.

CÆTARIA. Ce nom devroit ſe lire dans la traduction de Ptolemée d'après le texte, *Cetaria*.

CÆTOBRIX, ou CÆTOBRIGA. *Voyez* CÉTOBRIGA.

CÆTULON. On voit ce mot dans Strabon, comme celui de la principale ville des Orétains, ancien peuple de l'Hiſpanie. Il y a apparence que c'eſt une faute, & qu'il faut lire *Caſtulon*. (*La Martinière*).

CAFARTUTHA, ville de l'Aſie, dans la Méſopotamie. Le géographe de Nubie la place entre *Dara* & *Alchabur*.

CAFAVES. Ammien Marcellin nomme ce peuple, & le met en Afrique, dans la Mauritanie. (*La Martinière*).

CAFERONIANUM, ville de l'Italie, dans l'Etrurie, à l'eſt de *Luna*.

CAGACO, fontaine de la Grèce, dans le Péloponnèſe, auprès de la ville de *Gythium*, ſelon Pauſanias. Mais, comme cet auteur ajoute διὰ την χρόαν τοῦ ὕδατος καλυμένη, (nommée ainſi à cauſe de la couleur de ſes eaux), on penſe qu'il faut lire Κνακώ, qui auroit alors rapport avec le mot dorien Κνάκος, *blanchâtre*. Alors on voit une raiſon de donner ce nom à des eaux. Et même Pauſanias fait, peu après, mention d'un lieu, ou plutôt d'un mont appelé Κνακαδίος, *Cnacadius*.

CAGRINUM, ville de l'Aſie, vers la Médie ou l'Aſſyrie, ſelon Ortélius, qui cite Laonic. (*La Martinière*.

CAGULATÆ, peuple de l'Arabie heureuſe. Pline les joint aux Elamites.

CAICANDROS, ou CAICANDRUS, île du golfe Perſique, ſur les côtes de la Perſide, à quatre cens ſtades de Catæa, & au-devant d'un lieu nommé Ilan, ſelon le journal de navigation de Néarque. Il en eſt auſſi fait mention par Arrien. Elle étoit petite & non habitée.

CAICINUS, rivière de l'Italie, dans le Brutium, près des Locriens Epizéphyriens. C'eſt près de cette rivière que les Athéniens entrèrent ſur les terres de Locres, en revenant de Sicile. Ils y combattirent, & en défirent les habitans, ſelon Thucydide.

CAICUS, petit fleuve de l'Aſie mineure, dans la Myſie. Il couloit de l'eſt à l'oueſt, au nord, & très-près des frontières de la Lydie. Ses eaux, réunies à celles du *Lycus*, du *Selinus*, du *Citius*, venoient ſe rendre à la mer près d'*Elæa*, dans le petit golfe qui ſe trouve entre la Terre ferme & l'île de Lesbos. On croit que c'eſt le *Girmaſti* actuel.

CAICUS CAMPUS. On nommoit ainſi une partie de la campagne arroſée par le fleuve précédent.

CAIETA, ou CAJETÆ (*Gaëte*), ville d'Italie, dans le Latium. Virgile en fait mention. Elle avoit un port de mer qui étoit très-célèbre & rempli de vaiſſeaux, ſelon Cicéron. C'eſt aujourd'hui *Gaëte*.

CAINAS, ou CAINA, rivière navigable de l'Aſie, où elle ſe perd dans le Gange, ſelon Pline. Il en eſt auſſi fait mention par Arrien.

CAINUM, ville de l'Aſie, dans la Méſopotamie, ſelon la notice de l'empire.

CAISTRUS, *ou* KAÏSTER, comme disoient les Grecs, étoit un petit fleuve de l'Asie mineure, dans l'Ionie : formé de la réunion de deux branches, qui avoient leurs sources dans le mont *Tmolus*, il couloit par le sud-ouest, arrosoit Métropolis, puis Ephèse, au-delà de laquelle il se jetoit dans la mer. Les Turcs l'appellent aujourd'hui *Kitchik-Meinder*, ou le petit Méandre.

Il en est parlé dans Homère, à propos des oiseaux de passage qui s'abattent en grand nombre sur les bords de ce fleuve. Le texte grec porte, Ἀσίῳ ἐν λειμῶνι Καϋστρίου ἀμφὶ ῥέεθρα, ce que madame Dacier traduit dans les marais d'Asius. Il me semble que c'est avec bien plus de raison que le nouveau traducteur d'Homère (M. Gin), s'est rapproché des idées de Virgile, qui cite les oiseaux de passage se jouant dans les plaines de l'Asie, & dans les prairies arrosées par le Caïstre.

Jam varias pelagi volucres, & quæ Asia circum
Dulcibus in stagnis rimantur prata Caystri.
GEORG. *L. 1.*

Quoique l'image soit différente, il semble cependant que Virgile avoit présens à l'esprit les vers d'Homère, tant il y a de conformité dans l'indication des lieux.

CALABA (*Giallab*), château de l'Asie, dans l'Osroène, dans des montagnes, au nord-est d'*Edessa*, & alloit se perdre dans le *Scirtus*, au sud-est de cette ville. Procope & la notice de l'empire font mention de ce lieu.

CALABASTORES, ville de l'Afrique. Procope en fait mention.

CALABRI. Quoique le nom de ce peuple ait le plus grand rapport avec celui de la Calabre, cependant il n'habitoit pas le pays qui porte actuellement ce nom. Les *Calabri* occupoient la partie orientale de la Messapie ; & c'étoit chez eux que se trouvoit *Brundusium*. Il paroît que c'étoit moins une nation qu'un canton ; & peut-être ce nom vient-il de l'oriental *calab*, de la poix, à cause de la résine qui se retire des pins de cette contrée.

CALABRIA. On a quelquefois donné ce nom à la partie de l'Italie, plus ordinairement appelée *Messapia*. Il faut observer qu'elle ne répond pas à la Calabre actuelle. (*Voyez* CALABRI).

CALABRITES, ville du Péloponnèse, dans l'Achaïe, selon Laonic, cité par Ortélius.

CALABRUM. Les actes du moyen âge font mention d'un lieu de ce nom. Il étoit de la Gaule aquitanique.

CALABRYA, lieu qu'Ortélius place dans l'Asie mineure. Zonare & Curopalate font mention de ses belles sources d'eaux vives.

CALABUS. *Voyez* CALABA.

CALACH, *ou* CHALACH, nom d'une ville d'Assyrie, dans laquelle les Israélites vaincus furent transportés après leur défaite.

CALACHENA, *ou* CALACHENE. *Voyez* CALACINA.

CALACINA, contrée de l'Asie, dans l'Assyrie, voisine & limitrophe de l'Adiabène, selon Ptolemée & Strabon. Ce dernier la nomme *Calachena*.

CALACTA, ville maritime, située sur la côte septentrionale de la Sicile, selon Ptolemée. Elle est nommée *Cale-Acte*, c'est-à-dire, *beau rivage*, par Hérodote & Diodore de Sicile.

CALACTICUS SINUS. Ce golfe, selon Festus Aviénus, étoit dans l'Océan, au-delà des colonnes d'Hercule.

CALACTINI. Cicéron nomme ainsi les habitans de la ville de *Calacta*, sur la côte septentrionale de la Sicile.

CALADUNUM, ville de l'Hispanie. Ptolemée la donne au peuple *Callaïci Bræcarii*, dans la Tarragonnoise. Elle étoit située au nord-ouest d'*Aquæ Flaviæ*, selon la carte de M. d'Anville.

CALÆGIA. Ptolemée place une ville de ce nom dans la Germanie.

CALÆI, îles qu'Arrien place dans la mer des Indes, à l'embouchure du golfe Persique.

CALÆNUS, fontaine de l'Asie mineure, dans la Lycie, selon Etienne de Bysance. Cet auteur dit qu'elle étoit aussi nommée *Calbios*. C'est la rivière *Calbis* de Pomponius Méla : mais celui-ci la place dans la Carie. (*Voyez* CALBIS).

CALAF (*Karaighen-Soui*), espèce de ruisseau de l'Asie, dans la Mésopotamie, qui, coulant de l'ouest à l'est, se rendoit dans le Tigre, près d'*Amida*.

CALAGORINA, ville de l'Hispanie, selon Ptolemée, qui l'attribue aux Vascons.

CALAGORRIS (*Cazères*), lieu de la Gaule, chez les *Volcæ Tectosages*, à quelque distance au sud-ouest de *Tolosa*, & compris dans la première Narbonnoise, selon M. d'Anville.

On croiroit cependant que ce lieu a appartenu aux *Convenæ*, en voyant que S. Jérôme qui dit que l'Hérésiarque Vigilantius étoit de cette nation, lui donne le surnom de *Calagorritanus*. Les *Convenæ* s'étoient apparemment étendus jusqu'à cette ville. Au reste, ce passage a servi à confirmer la leçon adoptée par Wesseling, dans son édition de l'itinéraire d'Antonin, d'après un manuscrit du Vatican. Car on lit, dans les autres éditions, *Calagorgis*.

CALAGUM (*Chailli*), lieu de la Gaule, chez les *Meldi*, au sud-est de *Meldi* ou *Iatinum* (Meaux). Ce lieu appartenoit à la quatrième Lyonnoise. La voie romaine se séparoit en cet endroit ; une nouvelle descendoit au sud, pendant qu'une autre montoit vers le nord-est.

CALAGURIS (*Calahorra*), ville de l'Hispanie citérieure, au sud, sur l'*Iberus*. C'étoit une ville considérable. On ne connoît point son état avant que les Romains se fussent rendus maîtres de l'Hispanie ; mais on voit qu'alors elle devint municipale,

& ensuite colonie romaine. Quelques inscriptions lui donnent l'épithète de *Julia*; & on la distinguoit aussi par celle de *Nascica*.

Le recteur Quintilien étoit de *Calaguris*.

On rapporte que pendant le siège de cette ville par les Romains, les hommes y mangèrent des femmes & des enfans. Elle étoit restée dans le parti de Sertorius après la mort de ce général.

César parle d'une autre *Calaguris* qui étoit au nord-ouest d'*Osca*, & à l'est de celle-ci : c'est actuellement le bourg de Loharre, où quelques auteurs ont dit que l'on trouvoit encore des vestiges d'antiquité.

Soit qu'Auguste ait trouvé dans les habitans de cette ville, un attachement particulier à sa personne, soit qu'il ait reconnu en eux une probité sévère, soit enfin par politique, pour s'attacher une ville puissante, il est sûr qu'il choisit sa garde parmi eux, & leur accorda le droit de battre monnoie; en reconnoissance, ils en firent battre plusieurs en son honneur.

Les auteurs ne sont pas d'accord sur l'origine de l'épithète de *Nascica*.

Cette ville étoit aux *Vascones*.

CALAGURIS (*Loharre*), ville de l'Hispanie chez les *Ilergètes*, selon Ptolemée. César en fait aussi mention. Elle étoit située au nord-ouest d'*Osca*. On a trouvé quelques restes de cette ville au moyen desquels on est parvenu à déterminer sa position. Pline la distingue de la précédente par le surnom de *Fibularensis*.

CALAGURIS. C'est à tort que la Martinière place un lieu de ce nom dans la Gaule, en disant qu'il étoit la patrie de Vigelantius. *Voyez* CALAGORRIS.

CALAGURITANI. Pline donne ce nom aux habitans de la ville de *Calaguris*, située sur l'*Ebrus*, dans l'Espagne Tarragonnoise.

CALAGURITANI. Le même auteur appelle ainsi le peuple de la ville de *Calaguris*, dans la même contrée, mais au pays des Ilergètes.

CALAMA (*Gelma*), ville d'Afrique, dans la Numidie. Elle étoit située au sud-ouest d'*Hippo-Regius*. Elle a été épiscopale, selon la notice d'Afrique & la conférence de Carthage.

On trouve encore sur son emplacement, des rangs de colonnes, & beaucoup d'autres antiquités. (*Voyez* le voyage de Shaw).

CALAMA, nom d'un village de l'Asie, dans la Carmanie, ou la Gédrosie, selon Arrien.

CALAMÆ, *ou* CALAMES, bourg du Péloponnèse, dans la Messenie. Elle étoit située sur le fleuve *Aris*. Polybe & Pausanias en font mention. Le premier dit qu'elle fut prise par Lycurgue.

N. B. C'est un Lycurgue qui vivoit au temps d'Arétus, & non le législateur de Sparte.

CALAMÆ, lieu de la côte de la Gédrosie, dont il est parlé dans le périple de Néarque. *Voyez* CALAMA.

CALAMŒ, dans l'île de Samos. Ce lieu, dont le nom rappelle un terrein rempli de roseaux, est resté inconnu jusqu'à présent. On doit à M. Larcher d'avoir éclairci ce point de géographie. On lisoit dans Hérodote (*L.* IX, §. XCV), qu'une flotte grecque étant arrivée à Samos, jeta l'ancre près les Calames. On lit dans l'auteur grec πρὸς Καλαμίσοισι, ce que M. Larcher regarde comme une faute, pour Καλάμοισι. Il en résulte qu'il y avoit à Samos un endroit que l'on appeloit les *Roseaux*. Cette opinion paroît d'autant plus admissible, qu'un passage d'Alexis de Samos, cité par Athénée, lui sert, en quelque sorte, de développement : Alexis de Samos écrit, dans son deuxième livre des limites de Samos, cité par Athénée, que les courtisannes qui suivirent Periclès lorsqu'il assiégea Samos, bâtirent, de l'argent que leur procura la prostitution de leurs charmes, le temple de la Vénus de Samos, que quelques-uns appellent la Vénus *dans les calames* ou dans les roseaux, & d'autres la Vénus dans *les éléatiques*, ou dans les marais. On pourroit vouloir objecter peut-être qu'au lieu d'une dénomination particulière, c'est qu'en effet ce temple fut bâti dans des marais. Mais la phrase d'Hérodote s'oppose à ce sens : il eût employé l'article avant le nom. Il faut donc en conclure qu'il existoit à Samos un lieu, jusqu'à présent inconnu aux géographes, & qu'on l'appeloit *Calamæ*.

CALAMARCUM, lieu de l'Italie, dans la Grande-Grèce, entre *Petitia* & les marais de Lucanie, selon Plutarque, cité par Ortélius.

CALAMATIUM *vetus* & *novum*, lieux de l'Italie, dans la Lucanie, selon Cluvier. Ce nom, défiguré dans la suite, fut changé en celui de *Calmatio*.

CALAMATIUS MONS, montagne de l'Italie, selon Cluvier. Il en est parlé dans les stratagèmes de Frontin.

CALAMENTHA, *ou* CALAMINTHA, ville d'Afrique, dans la Libye. Elle appartenoit aux Phéniciens. Etienne de Bysance en fait mention, & dit qu'en écrivant ce nom avec un *iota*, Hérodote en fait une ville des Phéniciens.

CALAMINA, lac de l'Asie, dans la Lydie, selon Pline.

CALAMINÆ. Pline nomme ainsi des îles flottantes, qui étoient dans le lac de *Calamina*, en Asie, dans la Lydie. Il ajoute que durant la guerre de Mithridate, elles servirent de refuge à bien des citoyens romains.

CALAMISSUS, ville de Grèce, dans le pays des Locres Ozolles. Elle étoit située sur le golfe Criséen, selon Pline. M. d'Anville l'indique seulement sous le nom de *Cala*, à l'ouest de *Naupactus*.

CALAMON, *ou* CALAMOS (*Kalemon*), ville de la Phénicie, qui étoit située sur le bord de la mer, à l'extrémité méridionale du mont Carmel. L'ancien itinéraire de Jérusalem la place à douze milles de Ptolémaïde & à trois milles de Sycaminos. Et selon la notice de l'empire, cette petite ville étoit la station d'une cohorte d'archers à cheval. Pline dit qu'elle fut brûlée par Antiochus-le-Grand.

C'est la même que l'on trouve aussi nommée *Calamona*.

CALAMOTI-SINUS, golfe de la Propontide, dans l'Asie mineure, à l'entrée du Bosphore de Thrace, au sud-est de Bysance.

CALAMUS, lieu situé sur le Bosphore de Thrace, selon Denys de Bysance, qui dit que ce nom lui venoit de la quantité de roseaux qui s'y trouvoient.

CALANDADRUA, *ou* CALEANDUA, nom d'une île de la mer des Indes, dans le voisinage de celle de Taprobane, selon quelques exemplaires de Ptolemée.

CALANI, nation particulière de l'Inde. Cléarque dit que les Juifs en descendoient; mais, selon Suidas, les Indiens, par ce nom, distinguoient une sorte de sages. Aussi voyons-nous que l'on nomme *Calanus* ce philosophe indien, quoique Plutarque dise qu'il s'appeloit *Sphines*.

CALANNA, *ou* CALANNE, ville de l'Asie, dans la terre de Sennar. Elle fut une des premières de l'empire de Nemrod, selon la Genèse.

CALANTICA, nom d'un lieu de l'Hispanie, dans la Lusitanie, selon Eusèbe, cité par Baudrand.

CALAON, rivière de l'Asie mineure, dans l'Ionie, près de la ville de Colophon. Le sépulcre d'Andræmon étoit près de cette rivière, sur la gauche du grand chemin, selon Pausanias.

CALAPIS, colonie de l'Asie mineure, dans la Bithynie. Elle fut établie par les habitans d'Héraclée, selon Strabon.

CALARINA, C'est ainsi que Paulmier de Grandmesnil croit qu'il faut lire le nom d'une ville d'Arabie, nommée *Calarina* dans un texte de Ptolemée.

CALARNIA, nom d'une tour que Pomponius Méla indique dans la Chalcidique, entre le Strymon & le mont Athos.

CALARONA. Le livre des notices de l'empire nomme ainsi une ancienne ville de la Gaule ripaire. Ortélius croit qu'elle étoit dans la Gaule narbonnoise.

CALARUS. Etienne de Bysance semble donner ce nom à l'île *Alopecæ*, que Strabon place dans le Palus-Méotide. Il prétend que ce nom venoit du roi Calarus.

CALASARNA, bourg de l'Italie, dans la Grande-Grèce. Strabon le met au milieu des terres de la Lucanie.

CALASIRII, peuple qui faisoit partie des Egyptiens, selon Hérodote, cité par Etienne de Bysance. On les nommoit aussi *Calasiriæ* & *Calasiries*. Il est dit par Hérodote que c'étoit une classe d'Égyptiens qui ne faisoient profession que des armes, de père en fils, sans pouvoir s'attacher à aucun art ni à l'agriculture, & qu'ils étoient, tout au plus, deux cens cinquante mille hommes. Les rois d'Egypte en avoient toujours mille parmi leurs gardes.

CALASIRIS. Hérodote, cité par Etienne de Bysance, nomme ainsi le pays qu'occupoient les *Calasiries*. (*Voyez* l'article précédent).

CALATA (*Galati*), ville de la Sicile, de laquelle il est fait mention par Pline, Cicéron, Diodore de Sicile & Antonin, *itinér.* Ce dernier dit *Galeate*.

CALATARÆ, peuple de l'Asie, que Ptolemée place dans la Bactriane.

CALATHANA, village de la Macédoine, dont Tite-Live fait mention.

CALATHE, île de la mer Méditerranée, sur la côte d'Afrique, & près de la Numidie, selon Ptolemée. Elle est nommée *Galata* par Pline & dans l'itinéraire d'Antonin.

CALATHION, montagne du Péloponnèse, dans la Messénie, située à l'est de Gérénia. On y voyoit un temple dédié à Calathée, & auprès une grotte dont l'entrée étoit fort étroite; mais son intérieur renfermoit plusieurs curiosités. Tout ce pays étoit attribué aux Eleuthéro-Lacons. Pausanias, *L. 3, ch. 26.*

CALATHUA, *ou* CALATHUSA, ville de l'Arabie déserte, dont parle Ptolemée.

CALATHUSA, nom d'une île déserte, de laquelle Pline fait mention. Ortélius croit qu'elle étoit près de la Chersonnèse de Thrace.

CALATHUSA, nom qu'Etienne de Bysance donne à une ville du Pont. Quelques auteurs croient que c'est la même nommée par Pline; ce qui contrarie le sentiment d'Ortélius. (*Voyez* l'article précédent).

CALATHUSII. Etienne de Bysance nomme ainsi les habitans de la ville de *Calathusa*, dans le Pont.

CALATIA, ville de l'Italie, qui étoit connue dès le temps de la guerre des Samnites contre les Romains. Elle étoit située dans la Campanie heureuse. Il en est fait mention par Tite-Live. Dans la guerre d'Annibal, elle se soumit après Capoue. Et dans celle des alliés, Sylla l'adjugea à la colonie de Capoue. Jules-César y envoya une colonie de vétérans, selon Velléius Paterculus. On en voit encore des ruines.

CALATIÆ, peuple des Indes, selon Etienne de Bysance. On voit par Hérodote qu'ils étoient sujets de Darius, & que les possessions de ce prince ne s'étendirent pas bien avant au sud dans cette partie de l'Asie; il s'ensuit qu'ils devoient être dans la partie septentrionale. Mais où? C'est ce que l'on ignore, selon le même historien, quand leurs pères étoient morts, ils en mangeoient les corps.

CALATINI. Tite-Live nomme ainsi les habitans de la ville de *Calatia*, en Italie, dans la Campanie heureuse.

CALATINI, nom que Cicéron donne aux habitans de la ville de *Calata*, en Sicile. Pline les nomme *Galatini*, & Diodore de Sicile *Callatini*.

CALATIS, *ou* CALLATIS, ville dans la Basse-Mysie en Europe. C'étoit une colonie des habitans d'Héraclée, selon Strabon. Il la place à treize cens stades d'Apollonie, colonie de Miléfiens, en suivant la côte du Pont-Euxin. Salluste en fait aussi mention. Il la place dans la partie occidentale du Pont-Euxin, entre *Isthopolis* & Byzone. Dans le périple de Scylax elle est nommée *Callabis*. Mais on convient que c'est *Callatis* qu'il faut lire.

CALATUM, *ou* GALAGUM, ville de l'île d'Albion, dans le pays des *Brigantes*, selon Ptolemée. Elle est nommée *Galacum* dans l'itinéraire d'Antonin, où elle est placée à vingt-sept mille pas de *Bremetonacis*.

CALAVII. Tite-Live fait mention d'une ancienne nation ou famille de ce nom, en Italie, dans la Campanie.

CALAURES, rivière de l'Asie mineure, dans la Phrygie. Elle couloit entre *Cibyra* & *Mandropolis*, selon Tite-Live.

CALAURIA, île de la Grèce, dans le golfe Argolique, vis-à-vis & à cinq cens pas de Trézène, selon Pline. C'est donc à tort qu'Etienne de Bysance la place près de l'île de Crète, & à tort aussi que la Martinière en fait un article à part. Strabon lui donne trente stades de circuit. Neptune y avoit un temple qui servoit d'asyle. Ce temple étoit en si grande vénération, que les Macédoniens y conservèrent le droit d'asyle lorsqu'ils se rendirent maîtres de la Grèce. Démosthène étoit en exil dans cette île. Il fut enseveli dans le temple de Neptune, après s'être empoisonné pour n'être pas mené devant Antipater. Les étrangers & les habitans, au temps même de Pausanias, y rendoient les plus grands honneurs à la mémoire de cet illustre orateur.

On donnoit aussi à cette île les noms d'*Eirene*, d'*Anthedonia*, d'*Hypereia* & de *Possidonia*. Il faut observer cependant que Pline distingue *Calauria* d'*Irene*. C'étoit une ancienne tradition, que Latone avoit donné cette île à Neptune en échange de celle de Delos, d'où le proverbe *pro Delo Calauria*.

CALAURIA, ville de la Sicile, dont fait mention Plutarque. (*La Martinière*).

CALBIS, rivière de l'Asie mineure, dans la Doride, selon Ptolemée, & dans la Carie, selon Pomponius Méla. Pline la nomme *Indus*, & dit qu'elle a sa source dans les montagnes de *Cibyra*, & qu'elle reçoit dans son cours plus de soixante rivières & plus de cent torrens. Son embouchure étoit dans la partie nord-ouest du golfe de *Glaucus*, à l'ouest du promontoire *Pedalium*.

CALCARIA (*que l'on croit être Calissane*), ville de la Gaule narbonnoise, sur la voie *Aurelia*, à l'ouest d'*Aquæ Sextiæ*.

Calcaria étoit située sur la voie *Aurelia*. Le mot *Calcaria*, en celtique, signifie pierre à chaux, montagne de tuf : & Calissane est où l'on trouve cette carrière de pierre coquillière, dont on fait usage à Marseille. M. d'Anville place cette ville au passage d'une petite rivière nommée *Cadière*; mais le P. Papon dit que M. d'Anville se trompe, parce que sur l'étang de Berre il n'y a point de rivière appelée *Cadière*; ce nom n'est donné qu'à un pont bâti sur le canal des moulins, tout près de Mariguane. Le P. Papon ajoute que ce pont n'est pas au nord de l'étang de Berre, où passoit la voie *Aurelia*, mais au sud-est; & cette circonstance détruit l'opinion de M. d'Anville.

CALCARIA, ville de l'île d'Albion, à neuf milles d'*Eburacum*, & à vingt de *Cambodunum*, selon l'itinéraire d'Antonin.

CALCIDIS, nom d'une des montagnes de Sicile, vers l'Etna.

CALCUA. Ce nom se trouve dans quelques manuscrits de Ptolemée, comme étant celui de la ville des *Atrebates* de la Grande-Bretagne. Mais on pense qu'il faut préférer *Calleva*, qui se trouve dans Antonin.

CALDANÆ PALUDES, ou *marais Caldanæ*, dans l'Etrurie, selon Cluvier.

CALDERIUM, lieu de la Rhétie, selon Cluvier.

CALDUBA, ville de l'Hispanie, que Ptolemée place dans la Bétique, au territoire des Turdétains.

CALE. *Voyez* CALLE.

CALE, *ou* CHALE, CALA, *ou* CHALAC, ville de l'Asie, dans l'Assyrie. On voit dans la Genèse qu'elle fut bâtie par Assur ou par Nemrod. Elle étoit à une très-grande distance de Ninive.

CALE-ACTE, ville de l'île de Crète, selon Etienne de Bysance.

CALE-ACTE, ville de la Sicile. *Voyez* CALACTA.

CALE-ACTE, lieu de la Grèce, dans l'île d'Eubée, vis-à-vis de la pointe orientale de l'île d'Andros, selon Ptolemée.

CALE-COME, *ou* CALLI-COME (*Kalaat-el-Negiur*), ville de l'Asie, dans la Mésopotamie, sur le bord de l'Euphrate, au sud-sud-ouest d'*Edessa*, & à l'est-sud-est d'*Hierapolis*.

CALE-PENSE, *ou* PICEA PULCHRA. Il paroît par Strabon que c'étoit le nom d'une monticule de la Phrygie.

CALEARTIUS, nom d'un lac de l'Afrique, dans la Marmarique, selon Orose; mais Ortélius dit qu'il faut *Cleartus*, comme dans Ptolemée.

CALECARIÆ EXTREMA. C'est ainsi que quelques interprètes croient devoir lire le nom *Callicaris*, qui se trouve dans le texte de Ptolemée.

CALEDONES, peuple qui habitoit dans la partie septentrionale de l'île d'Albion, où est aujourd'hui l'Ecosse. Tacite croyoit qu'ils étoient originaires de Germanie. Probablement ils étoient Celtes, ainsi que les autres Européens. Ils ont été quelquefois nommés *Deucaledonii*, ou, comme dit Ammian, *Dicalidones*. Mais cet auteur en fait une division des Pictes. Voici comment il s'exprime : *illud sufficiet dici quod eo tempore Picti in duas gentes divisi Dicalidonas & Vecturiones; itidemque Atacotti bellicosa hominum natio, & Scotti, per diversa vagantes multa populabantur.* D'où l'on voit, dit Cellarius, qu'au temps des empereurs Valentinien & Valens, les Pictes étoient plus considérables que les Calédoniens, & que ceux-ci n'en étoient qu'une division.

division. Il n'en étoit pas de même des Scots & des Attacots, qui formoient des peuples séparés. Je crois que ces écrivains n'avoient des idées bien nettes, ni du pays, ni des hommes. On sait seulement que tous ceux qui habitoient la Calédoine étoient des guerriers très-féroces.

CALEDONIA. On comprend sous ce nom toute la partie de la plus grande des îles Britanniques, qui s'étendoit depuis le mur de Sévère jusqu'au rivage septentrional : c'est, à-peu-près, l'Ecosse actuelle. Mais ce pays a été mal connu des anciens. Quoique Agricola, beau-père de Tacite, en eût fait le tour ; comme il n'avoit pas l'usage de la boussole, il n'en put relever les côtes ; & ne donna probablement qu'une idée très-imparfaite du gissement des promontoires, des golfes, & de toute la direction de cette terre, puisque le grec Agothodemon voulant dresser, d'après Ptolemée, une carte de ce pays, en fit courir la plus grande partie directement à l'est. Ce nom de *Caledonia* vient, selon Cambden, du celte *caled*, qui signifie *dur*, *grossier* ; selon Buchenon, il vient de *calden*, nom écossois qui signifie *coudriers* : il y en a beaucoup dans le pays.

Au reste, on n'a donné à ce pays le nom de *Caledonia*, qu'à cause des *Caledones*, qui y étoient un peuple considérable. Il y avoit aussi les *Picti*, ou les *Peints*. C'étoient des sauvages qui se peignoient le corps de différentes couleurs. Peut-être ne différoient-ils des *Caledones* qu'en ce qu'ils habitoient les montagnes.

Voici les peuples que le P. Briet admet dans la Calédonie ; mais je ne suis pas assez sûr de la comparaison qu'il fait de leurs anciennes habitations avec les lieux actuels pour les admettre ici.

Les *Caledonii*, ayant pour ville.	CALEDONIA.
Les *Creones*, ou *Cerones*. .	VOLCÆ.
Les *Camovancæ*, que Ptolemée nomme *Carnonacæ*.	ORCAS.
Les *Cornabii*.	*Virvedrum*, prom.
Les *Carini*, ou *Catini*.	
Les *Mertæ*.	VARA.
Les *Cantæ*.	ALTUM.
Les *Lugi*	TUESIS ÆSTUARIUM.
Les *Vacomaga*.	BANATIA.
Les *Taxali*, ou *Tæsali*. .	DEVANA.
Les *Vermiconenses*.	ORRHEA & ALECTUM.

CALEDONIA, ville de la contrée de même nom, dans la partie septentrionale de l'île d'Albion. Buchanan croit que cette ville avoit donné le nom au pays, au peuple & à la mer voisine.

CALEDONIA SYLVA, forêt de l'île d'Albion, au nord. Les anciens auteurs en ont parlé. Elle étoit vaste & couverte d'arbres fort hauts. Elle étoit séparée par le mont Grampius, & il y avoit beaucoup de bêtes féroces. Mais il ne faut pas, je crois, la chercher dans un seul emplacement : une grande partie du pays étoit couverte de bois. Et quand les auteurs en parloient, c'étoit toujours *Sylva Caledonia*.

CALEDONIUS OCEANUS (*la mer d'Ecosse*). Les auteurs anciens donnoient ce nom à la partie de la mer qui baignoit les côtes de la Calédoine.

CALEDONII. *Voyez* CALEDONIA.

CALENTES-AQUÆ (*Chaudes-aigues*). Ce lieu, nommé par Sidoine *Apollinaire*, avoit été méconnu par M. de Valois, qui l'avoit rapporté aux eaux de Vichi. M. d'Anville a très-bien remarqué que, puisque l'auteur latin ajoute *montanæ sedes dictæ*, il faut les chercher entre des montagnes. Il place donc le *Calentes-Aquæ* au sud du pays des *Averni*, au nord-ouest d'*Anderitum*, & près du fleuve *Triobris*.

CALENTINI. Plutarque, dans la vie d'Annibal, nomme ainsi les habitans de la ville de *Calatia*, en Italie, dans la Campanie heureuse. Tite-Live les nomme *Calatini*.

CALENTUM, ville de l'Hispanie, au-delà de l'*Ebrus*. Pline dit qu'on y faisoit des briques avec de la terre semblable à de la pierre-ponce. Il ajoute que lorsqu'elles étoient séchées, elles n'enfonçoient pas dans l'eau.

CALENUM. Cicéron met un municipe de ce nom, en Italie, dans la Campanie heureuse. Horace dit que le vin de ce lieu valoit celui de *Cæcube*. Pline dit *Calenum* ; & Horace, Tacite, Tite-Live & Velléius Paterculus disent *Cales*.

CALEPS. On trouve dans Marcian d'Héraclée, ἐπὶ τον Κάλεπα ποταμόν. Comme il décrit les côtes de la Bithynie, & que l'on n'y connoît pas de fleuve nommé *Caleps*, on est fondé à croire que c'est le même que le *Cales* dont parle Arrian, d'autant mieux qu'il indique un port de même nom. Aussi le traducteur latin a-t-il mis par-tout *Caletem Calete*, *&c.*

CALES, petit fleuve de la Bithynie, entre l'*Elæus*, à l'ouest, & le *Lycus*, à l'est : il étoit au sud-est d'Héraclée. Ce devoit être à son embouchure que se trouvoit l'*Emporium*, dont parlent Arrian & Marcian d'Héraclée. Il est vrai que ce dernier dit *Caleps* ; mais, ou ce nom s'est prononcé différemment, selon les nations ou les temps, ou il a été altéré par les copistes.

CALES (*Calvi*), ville d'Italie, dans la Campanie, sur la voie Appienne, au sud-est de *Theanum*, & au nord-ouest de *Cazma*. Cette ville étoit célèbre par son vin, que l'on nommoit *Calenum*. Il en reste encore de superbes ruines, entre lesquelles on reconnoît un théâtre & un amphithéâtre.

N. B. C'est par distraction sans doute, que dans la partie de la géographie de la Croix, au mot *Calvi*, on parle des fortifications de la citadelle, puis du port de cette ville, qui, dit-on, met plusieurs galères à couvert : les galères ne pénètrent pas ainsi dans l'intérieur des terres. Quant à la ville de Calvi, il est vrai qu'elle est épiscopale ; mais elle est réduite à deux seuls édifices, qui sont la cathédrale & le séminaire. Les chanoines, dispersés de côtés & d'autres dans leurs maisons de campagne, s'y rendent à cheval aux heures de l'office.

CALETIS, CALETES, CALETÆ, peuple que César place dans la Gaule Belgique, avec les *Vellocasses*. Ces deux peuples sont aussi joints par Hirtius; mais Auguste les comprit dans la Celtique, ou Gaule lyonnoise. Strabon paroît les mettre dans la Belgique. La ville de *Juliobona* (Lilebone), étoit leur capitale. Ils occupoient probablement, dit M. d'Anville, dans l'étendue de ce diocèse, le district des archidiaconés du grand Caux, du petit Caux, *&c.*

CALETORUM PROMONTORIUM, promontoire de la seconde Lyonnoise, province de la Gaule, à l'embouchure de la Seine. On le nomme aujourd'hui *le chef de Caux.*

CALETRA, lieu de l'Italie, dans l'Etrurie. Ce fut sur le territoire de cette ville que fut établie la colonie romaine qui porta le nom de *Saturnia.*

CALGUIA. Ptolemée place une ville de ce nom dans l'Arabie Pétrée.

CALI, lieu de la Palestine, dans la tribu d'Aser, selon le livre de Josué.

CALICŒNI, peuple de la Macédoine, aux confins de la Thrace, selon Polybe, qui leur donne la ville de *Bantia.*

CALICULA, ville de l'Hispanie. Ptolemée la met dans la Tarragonnoise, & la donne aux Turdules.

CALICULA, ville de l'Hispanie, que Ptolemée place dans le territoire des Turdétains.

CALINACRON, promontoire de la Bithynie, à peu de distance au sud-est du Bosphore de Thrace. Ce promontoire fut aussi nommé *Melæna;* & c'est sous le nom d'*Acra Melæna* qu'il se trouve sur la carte de M. d'Anville.

CALINDA, ville de l'Asie mineure, dans la Carie. Elle étoit maritime, selon Ptolemée & Pline. Ce dernier écrit *Calydna;* quelques auteurs la placent dans la Lycie. Mais ce n'est pas le sentiment de M. d'Anville, ni celui d'Etienne de Bysance. Elle avoit donné son nom aux montagnes voisines. Strabon l'indique à soixante stades dans les terres; d'où l'on voit qu'elle étoit située aux confins de ces deux provinces : ainsi elle a pu leur appartenir en divers temps. Quoique donnée comme ville maritime par quelques auteurs, elle n'étoit pas sur le bord de la mer, mais à peu de distance, sur un petit fleuve qui y communiquoit.

CALINDICI MONTES, montagnes de l'Asie mineure, dans la Carie, situées au nord-ouest de la ville de *Calinda.*

CALINDŒA, ville de la Macédoine, dans la Mygdonie, selon Ptolemée.

CALINDŒA. Le même géographe met une ville de ce nom dans l'Inde, en-deçà du Gange.

CALINGÆ, peuple de l'Inde, sur la côte sud-est, en-deçà du Gange. Pline en parle.

Ils faisoient partie des Brachmanes.

CALINGÆ GANGARIDÆ, peuple de l'Inde, mais différent du précédent. Leur ville capitale se nommoit *Parthalis*, & étoit située en-deçà du Gange. (*Pline*).

CALINGII, peuple de l'Arabie heureuse, selon Pline, qui dit que leur capitale étoit *Mariaba.*

CALINGON (*Segogora*, ou *Ponta de Palmeiras*), promontoire de l'Inde, en-deçà du Gange, au sud-ouest de l'embouchure la plus occidentale du Gange, aux confins du pays des *Calingæ.*

Pline le met à six cens vingt-cinq mille pas de l'embouchure du Gange.

CALINIPAXA, ville de l'Inde, en-deçà du Gange; mais au-delà du *Jomanes*, & vers le 29ᵉ degré de latitude.

Pline en fait mention.

CALIORDI, peuple de la Chersonnèse taurique, selon Pline.

CALIPOS, *ou* CALIPUS (*le Sadao*), fleuve de la Lusitanie. Il prenoit sa source au sud dans les montagnes qui bornent au nord le *Cuneus*, & couloit par le nord, arrosoit la ville de *Salacia*, puis tournoit à l'ouest pour se rendre à la mer.

N. B. Ce nom sert à confirmer l'opinion qui admet ἶπος en grec, pour signifier *une eau coulante*, d'où l'on a peut-être dit aussi ἵππος dans le même sens. *Voyez* HIPPOCRÈNE.

CALIPPIA. L'itinéraire maritime d'Antonin place une île de ce nom dans la mer Egée.

CALISIA. Ptolemée met une ville de ce nom dans la partie de la Germanie la plus reculée vers l'est : long. 43 deg. 45 min. lat. 52 deg. 50 min. Cluvier pense que c'est actuellement Kalisch en Pologne.

CALISSÆ, peuple de l'Inde, au-delà du Gange, selon Pline.

CALITÆ, peuple de l'Afrique, dans la Libye intérieure, selon Ptolemée.

CALIUR, ville de l'Inde, que Ptolemée place en-deçà du Gange.

CALLABIS. Ce nom se lit dans Arrian pour *Callatis. Voyez* ce nom.

CALLÆ. *Voyez* CELLÆ.

CALLAICI & CALLÆCI, les Callaïques, peuple de l'Hispanie. Ils habitoient la partie la plus occidentale, dans le nord du pays; leur nom paroît s'être formé de *Calle*, qui étoit celui d'un de leurs ports. Il est probable qu'entre eux aucun des peuples compris sous ce nom, ne portoit celui de Callaïques. Car ils étoient plusieurs compris sous cette même dénomination, tels que les *Bracari*, les *Cælerini*, les *Gravii*, les *Simici*, les *Querquerni*, les *Artabri*, & quelques autres.

Ptolemée les divise seulement en *Callaïci Bracarii* & *Callaïci Lucenses*. Les premiers s'étendoient depuis le *Durius* jusqu'au *Minius*; les seconds, depuis le *Minius* jusqu'aux *Astures.*

Les principaux fleuves du pays des Callaïques étoient l'*Uia*, le *Minius*, & le *Durius*.

Les principales villes : *Brigantium*, *Adrobicum*, *Lucus Augusti*, *Iria Flavia*, *Tyde*, *Bracara Augusta*, *Calle*, *Aquæ Flaviæ*. *Voyez* ces noms.

CALLANTIS. Suidas nomme ainsi une ville de la Sicile, dans laquelle il dit que le rhéteur Cæcilius étoit né. On croit que c'est la même que *Calata*.

CALLANTRA. Ce nom se trouve dans Arrian par celui de *Callantius*. *Voyez* ce nom.

CALLAS, rivière de Grèce, dans l'île d'Euboée. Strabon dit que la ville *Oreus* ou *Histiæa*, étoit située auprès de cette rivière.

N. B. C'est par méprise que la Martinière parle de la ville de *Callas* en Afrique. Ce nom est l'accusatif de *Callæ*, dont il a parlé aussi. (*Voyez* CALLÆ, ou plutôt CELLÆ.

CALLATII & CALANTII, peuple de l'Inde. Hérodote dit qu'ils avoient la coutume de manger leurs parens.

CALLATIS & CALATIS. C'est de l'une de ces manières que, selon les commentateurs, on doit lire dans Arrian, le nom d'un lieu qui se trouve nommé dans le texte de cet auteur *Callantra*. Cette ville étoit sur la côte occidentale du Pont-Euxin, au sud des embouchures de l'Ister, à trois cens stades de *Tomi*. Je suis étonné que M. d'Anville ne l'ait pas placé sur sa carte.

CALLATIS. *Voyez* CALLANTIA.

CALLE (*Porto*), ville de l'Hispanie citérieure, au sud, près de l'embouchure du fleuve *Durius*, sur les frontières de la Lusitanie. Cette ville n'avoit d'abord été qu'un petit port ; mais elle devint ensuite considérable chez les peuples Callaïques, auxquels elle appartenoit, à en juger du moins par le rapport de son nom avec celui de sa situation.

On remarque avec surprise que les géographes anciens n'aient pas parlé de cette ville : on ne la trouve que dans l'itinéraire d'Antonin, où elle est marquée sur la route d'*Olisipo* à *Bracara*. Aujourd'hui elle est nommée *Puerto* par les Portugais, & Port-à-Port, ou Porto par les François.

N. B. C'est de ce nom *Calle* & de celui de *Portus*, que s'est formé celui de *Portugal*, que porte actuellement tout le royaume de ce nom.

CALLET, ville de l'Hispanie. Elle étoit de la Bétique, & dans la jurisdiction d'*Astigi*, selon Pline. Quelques médailles en font aussi mention.

CALLEVA ATREBATUM, lieu de l'île d'Albion, dans le pays des *Atrebates*, selon l'itinéraire d'Antonin. Il étoit sur la route de *Regnum* à *Londinium*, entre *Pontibus* & *Venta Belgarum*.

CALLIÆ, ville du Péloponnèse, dans l'Arcadie, selon Pausanias. Cet ancien dit *Callæ* & *Callia*, qu'elle avoit été détruite & réduite en village.

CALLIÆ. Selon Etienne de Bysance, nom d'une bourgade de l'Italie, dans le voisinage de *Tarentum*.

CALLIARUS. On voit par Homère que cette ville appartenoit à la Locride. Strabon en parle comme d'une ville qui avoit cessé d'être habitée. On en ignore la position.

CALLICA, ville de l'Asie, dans la Bithynie. Ptolemée la place à quelque distance du Pont-Euxin.

CALLICARIA, promontoire de l'Inde, en-deçà du Gange, selon quelques exemplaires de Ptolemée.

CALLICARIS, ville de l'Inde, en-deçà du Gange, selon quelques exemplaires de Ptolemée.

CALLICHORUM, *ou* CALLICHORUS, rivière de l'Asie mineure. Scylax, Marcien d'Héraclée, Ammien Marcellin & Pline en ont parlé. Le dernier la met hors de la Paphlagonie. Arrien la nomme *Oxeines*, & compte trente stades de cette rivière à *Nymphæum*. M. d'Anville la place dans la partie orientale de la Bithynie, coulant au nord dans le Pont-Euxin par l'est d'Héraclée, chez les *Caucones*.

CALLICHORUS PUTEUS, puits de la Grèce, dans la ville d'Eleusis. Pausanias dit que c'est où les femmes de cette ville instituèrent pour la première fois des chants & des danses en l'honneur de Cérès, & qu'elles continuoient de les y célébrer.

CALLICOLONA, colline de l'Asie mineure, dans la Troade, & dans le voisinage du Simoïs, selon Homère. Strabon en parle aussi.

CALLICOME. *Voyez* CALE-COME.

CALLICRATIA. L'histoire mêlée fait mention d'un lieu de ce nom. Ortélius croit qu'il étoit vers la Thrace.

CALLICULA MONS, montagne de l'Italie, dans la Campanie. Tite-Live dit qu'elle a été à l'entrée du territoire de Falerne.

CALLIDROMUS. On appeloit ainsi la montagne au pied de laquelle étoit le passage des Thermopyles. Cette montagne étoit dans la Locride. Il est vrai que Strabon (*L. IX*), dit que quelques auteurs donnèrent le nom de *Callidromum* à toutes les montagnes qui, depuis les Thermopyles, s'étendoient dans l'Etolie & l'Acarnanie. C'étoit vraisemblablement par l'ignorance où ils étoient de celle qui devoit porter ce nom.

CALLIENA, *ou* CALIANA (aujourd'hui *Caranja*, ou *Carranja*, sur le continent, au fond de la baie de Bombay), ville de l'Inde, sur la côte nommée *D'achinabades*, selon le périple de la mer Erythrée, où il est dit que ce lieu étoit le plus considérable de ces parages, & que c'étoit une ville marchande.

CALLIFÆ, ville de l'Italie, dans le *Samnium*, au pays des Hirpins, selon Tite-Live.

CALLIGA, ville de l'Inde, en-deçà du Gange, selon Ptolemée.

CALLIGERIS. Ptolemée nomme ainsi une ville de l'Inde, en-deçà du Gange.

CALLIGICUM, promontoire de l'Inde, dans la presqu'île en-deçà du Gange. Il bornoit le golfe *Argaricus*, au nord-ouest.

CALLII, promontoire de l'Afrique, dans la Marmarique, ſelon Ptolemée.

CALLII, village de l'Afrique, dans la Marmarique. Il étoit ſitué vers le nord-eſt du promontoire de même nom, ſelon Ptolemée.

CALLII. Thucydide & Pauſanias nomment ainſi les habitans de *Calliæ*, ville du Péloponnèſe, dans l'Arcadie.

CALLINICON, *ou* CALLINICUM, appelée auſſi *Léontopolis*, ville de l'Aſie, ſituée ſur la gauche de l'Euphrate, tout près de *Nicephorium*. Procope dit que Coſroès, roi des Perſes, prit & raſa cette place. Elle étoit du département de l'Oſrhoène. Ce fut entre cette ville & *Carræ*, que Narſès défit le Céſar Galérius, ſurnommé *Maximien*, ſelon Eutrope. Les murailles de Callinicon furent rebâties à neuf, ſelon Procope.

CALLINUSA. Ptolemée nomme ainſi un promontoire de l'île de Cypre. Sur la carte de M. d'Anville, il eſt marqué ſur la côte ſeptentrionale, vers l'oueſt. Et voici comment ce ſavant s'exprime dans un mémoire ayant pour titre : *recherches ſur l'île de Cypre* (Mém. de litt. *T. XXXII*, *p. 537*)... « Un » promontoire que Ptolemée marque ſous le nom » de *Callinuſa*. C'eſt la pointe de terre qui ter» mine du côté du levant, l'anſe profonde que » forme la ſaillie en mer du promontoire *Acamas* » du côté du couchant ». On le nomme actuellement *Capo Eleni*, ſelon quelques cartes, & *Cap Alexandrette*, dans d'autres.

CALLIOPE, ville de l'Aſie, dans la Syrie. C'étoit une des principales forteresſes des Parthes, contre les Mèdes, ſelon Pline. Il en eſt auſſi fait mention par Appien, & par Etienne de Byſance, qui la nomme ſeulement une ville des Parthes.

CALLIPENCE, nom d'un paſſage difficile aux frontières de la Macédoine & de la Theſſalie, à une journée de chemin d'*Heracleum* & de *Libetrum*, ſelon Tite-Live.

CALLIPIA, nom que Pline donne à une fontaine de la ville d'Epheſe. Elle eſt nommée *Alitea* par Pauſanias.

CALLIPIDÆ, les Callipides, peuples de la Scythie, en Europe, près du Palus-Méotide. Selon Hérodote, c'étoit une colonie grecque établie dans la Scythie.

Pomponius Méla les indique dans l'intervalle qui eſt entre l'*Axiaces* & l'*Hypanis* appelé auſſi *Bogus*.

CALLIPOLIS. Ce nom grec, qui répond à notre françois, *Belle ville* (1), a été donné à plusieurs villes, ſans doute à cauſe de leur heureuſe expoſition. Je vais faire mention de celles que je connois.

CALLIPOLIS (*Gallipoli*), ville de la Cherſonnèſe de Thrace, de l'autre côté du détroit, & préciſément en face de Lampſaque, non pas dans l'endroit le plus reſſerré, mais directement au nord. Il paroît que cette ville dépendoit de Lampſaque, puiſque Etienne de Byſance ſe ſert de l'expreſſion *πολίχνιον λαμψάκου*. On auroit pu croire, même d'après cela, qu'elle étoit ſituée du même côté de Lampſaque, ſi l'auteur n'eût pas ajouté, *ἐν τῇ περαίᾳ της Κεῤῥονησυ.... κειμένη*. Car ce mot de *περαία* ſignifie *terre oppoſée*. Auſſi, dans l'excellente édition de Berkélius, ce ſavant l'a-t-il rendu par *in adversâ Cherſoneſi regione*; ce qui eſt préférable à la traduction de Pinedo, qui porte *in Peræa Cherſoneſi*; c'eſt parler grec en latin. Je dois remarquer encore que, dans cette même édition de 1678, on place la ſeconde Gallipolis près d'*Anaplum*. Au lieu que dans celle de Berkélius, en 1694, c'eſt à la première ville que l'on rapporte cette expreſſion d'Etienne de Byſance, *δευτερῳ*, que l'on fait rapporter au livre II de l'ouvrage d'Alexandre ſur la Bithynie (2). Une autre obſervation non moins importante, c'eſt que le mot Ἀνυάπλυν qui ſe trouvoit dans le texte, a été changé en celui de Ἀραπλον par Berkélius. En effet, on ne ſavoit à quoi attribuer ce nom d'Anaple, qui étoit celui d'un fauxbourg de Conſtantinople. Au lieu que par le périple de Scylax (petits géog. *T. 1*, *p. 28*), on voit qu'il y avoit près de Seſtos, c'eſt-à-dire, dans la Cherſonnèſe de Thrace, une ville de *Araphus*, dont le nom probablement avoit été défiguré.

CALLIPOLIS, ville de Sicile, eſt la ſeconde que nomme Etienne de Byſance, ſelon l'édition de Berkélius. Elle étoit ſur la côte orientale un peu au nord de *Catane* & du fleuve *Aces*. Cette ville fut peu conſidérable.

CALLIPOLIS, ville de la Carie, eſt la troiſième dont parle Etienne de Byſance. On ignore ſa poſition.

CALLIPOLIS. Cette ville étoit ſituée en Italie, dans la Grande-Grèce, à l'extrémité d'une petite preſqu'île du pays des Salentins, s'avançant de l'eſt à l'oueſt, dans le golfe de Tarente. Ce fut une ville peu conſidérable.

CALLIPOLIS. Quelques auteurs, ſelon Pline, ont donné ce nom à l'île de Naxe ou Naxie.

CALLIPOLIS, ville du Péloponnèſe, ſelon Pomponius Méla. Elle étoit de l'Achaïe ou de l'Elide.

CALLIPOLIS, ville de Grèce, dans l'Etolie, ſelon Tite-Live. Elle étoit ſéparée de la ville de Naupacte par une très-haute montagne, nommée *Corax*.

CALLIPOLIS, ville de l'Aſie, vers la Galatie & l'Arménie, ſelon Cédrène.

(1) Avec cette différence que l'uſage ayant été de déſigner par le mot *Villa*, une maiſon de campagne ; ce nom ne s'eſt donné d'abord qu'à une maiſon, puis il a paſſé au village qui s'eſt formé dans ſes environs.

(2) Dans une autre édition toute grecque de 1568, on trouve la leçon qu'avoit adoptée Pinedo.

Callipolis, ville de l'Hispanie, sur le bord de la mer Méditerranée, dans des sables déserts, entre le mont *Sellus* & la ville de Tarracone, selon Festus Aviénus.

Callipolis. Le périple de Scylax nomme ainsi une ville qu'il place dans la Mysie ; mais comme il l'indique près du *Sinus Cianus*, elle devoit, selon la division que j'ai adoptée, appartenir à la Bithynie. M. d'Anville ne l'a pas placée sur sa carte.

CALLIPOS, ou Callipus. C'est le nom d'une ville que les Scythes avoient permis aux Grecs de bâtir sur le bord du Pont-Euxin, selon Jornandès, cité par Ortélius.

CALLIRHOE, fontaine de Grèce, au port de Calydon, dans l'Etolie, selon Pausanias.

Callirhoe, fontaine de Grèce, dans l'Attique, selon le même géographe. Elle étoit aussi nommée *Enneacrunos*.

Callirhoe, étang de l'Asie, dans la Mésopotamie. La ville d'Antioche étoit située auprès de cet étang, selon Etienne de Bysance.

Callirhoe, fontaine minérale de la Palestine, auprès de la ville de même nom, & de la forteresse *Machærus*, selon Pline.

Callirhoè, ville de l'Arabie, qui étoit enclavée dans le territoire de Moab. Elle fut comprise dans la Palestine salutaire, dans le partage qui fut fait de cette province sous le règne d'Arcadius. Cette ville étoit située près du lac Asphaltite, & avoit des bains d'eaux chaudes qui étoient très-célèbres. Pline en parle, & dit qu'elles étoient salutaires & agréables à boire. Selon Joseph, Hérode-le-Grand, dans sa dernière maladie, s'y fit transporter. Ptolemée la met à l'orient du Jourdain & de la mer Morte.

CALLISTRATIA, ville de l'Asie, dans la Galatie, selon Ptolemée. Mais, par une division plus exacte, on voit qu'elle appartenoit à la Paphlagonie. Elle étoit sur la côte du Pont-Euxin, au sud-est du promontoire *Carambis*, & au sud du promontoire *Zephyrium*. Il en est parlé dans Marcian d'Héraclée. La description anonyme du Pont-Euxin porte *Callistratis*.

CALLISTRATIS. *Voyez* Callistratia.

CALLISTUM. Elien nomme ainsi un fauxbourg de la ville de Babylone d'Assyrie.

CALLITHERA, ou Calliteræ. Tite-Live donne ce nom à une ville de la Macédoine. Elle est nommée *Callitheræ*, & mise dans la Bisaltie par Ptolemée.

CALLIUM. On trouve ce nom dans Pausanias pour être celui d'une ville de l'Etolie : on soupçonne que c'est la même que la *Callipolis* des autres auteurs.

CALLONITIS, contrée de l'Asie, dans l'Assyrie, aux confins de la Médie, près du mont *Zagrus*. Polybe dit que c'est-là que Molon fut crucifié.

CALLUM, lieu de la Thrace, sur la Propontide, à peu de distance à l'est de *Selymbria*. Cette ville étoit renfermée dans l'espace compris entre Constantinople & le Macron-tichos.

CALLIDIUM, fort château de l'Asie mineure, sur un des sommets du mont Olympe, en Phrygie. Strabon dit que Cléon, chef de brigands, s'y retira, & que de-là il faisoit des courses sur les terres du voisinage.

CALLONIANA, ville de la Sicile, selon l'itinéraire d'Antonin. On croit que c'est la même qu'Etienne de Bysance nomme *Caulonia*.

CALOE, siège épiscopal de l'Asie proconsulaire, selon quelques notices grecques ; d'autres portent *Coloe*.

CALON, ville des *Gugerni*. L'itinéraire d'Antonin nomme cette ville après celles des Bataves.

CALON STOMA, ou *la belle bouche*, nom que Pline & Ptolemée donnent à l'embouchure méridionale de l'Ister, dans le Pont-Euxin.

CALONE, lieu de la Germanie, sur la route de *Lugdunum Batavorum* à *Argentoratum*, selon l'itinéraire d'Antonin, entre *Gelduba* & *Vetera*. Cellarius avoit cru retrouver la position de ce lieu dans celle de Kalen-Hasen ; mais M. d'Anville, en remarquant que l'on dit Kalden-Husen, démontre que les distances contrarieroient celles de l'itinéraire ; en conséquence, il place *Calone* au passage d'un bras de rivière qui se nomme *Kelnet*, ou *Kendel*. *Calone* étoit près du Rhin, dans la seconde Germanie, au sud-est de *Colonia Trajana*. (Kholn).

CALONOROS, nom d'une montagne de l'Arabie, à l'entrée du golfe Persique, selon Arrien.

CALONYMOS, ou *le beau nom*. Nicétas, cité par Ortélius, nomme ainsi une île de la Propontide.

CALOR (*Calore*), rivière d'Italie, dans le Samnium. Elle couloit du sud-est au nord-est, ayant sa source dans les montagnes du pays des Hirpins, alloit par Benevent, puis tournoit au nord-ouest pour aller se rendre dans le *Vulturnus*.

Calor, autre petit fleuve d'Italie, chez les *Picentini*. Il étoit, ce me semble, entre le *Tanager* & le *Silarus*.

CALOS-AGROS, nom d'un port de l'Egypte, selon Cédrène, cité par Ortélius.

CALOS-LIMEN, ou *le beau Port*. Les actes des apôtres nomment ainsi un port de la partie méridionale de l'île de Crète.

CALOTIS, lieu de l'Italie, dans l'Ombrie, au sud-ouest de *Forum Sempronii*.

CALPAS, rivière de l'Asie mineure, dans la Bithynie, selon Strabon & Ptolemée. Il étoit peu éloigné, à l'ouest, du *Sangarius*.

Calpas, ou Calpe, port de l'Asie mineure, dans le Pont-Euxin. Il étoit à l'abri d'un rocher escarpé & vers le milieu de la côte de la Bithynie, selon Xénophon.

CALPE, montagne de l'Hispanie, nommée actuellement *Gibraltar*. Cette montagne, située en face de celle qui, en Afrique, portoit le nom d'*Abyla*, étoit célèbre chez les anciens, & paroît avoir été l'une de celles que l'on nommoit *les Colonnes d'Hercule*. Ce ne fut qu'au septième siècle, lorsque Karik, l'un des généraux arabes, s'en fut rendu maître, qu'elle prit le nom de *montagne de Tarik*, ou *Dgebel' al Tarik*; d'où, par corruption, s'est formé le nom actuel de *Gibraltar*.

CALPE PORTUS, *ou* CALPA PORTUS, port du Pont-Euxin, près de la rivière Sangar, selon Etienne de Bysance. Ce port prenoit son nom de la rivière *Calpas*. Aussi Pline dit-il *Portus Calpas*.

Xénophon dit que le port de *Calpe* est à mi-chemin, entre Héraclée & Bysance. Les Grecs campèrent sur la côte auprès de ce port.

CALPITUS. Il paroît que Polybe a ainsi nommé le port de *Calpas*, ou *Calpe*.

CALPURNIANA, ville de l'Hispanie, que Ptolemée place dans la Bétique, au territoire des Turdules. Il en est aussi fait mention dans l'itinéraire d'Antonin.

CALSIPONS, *ou* CALSIPUS. On trouve ce nom dans Marcian d'Héraclée, pour être celui d'un fleuve de la Lusitanie : on convient qu'il faut lire *Calipons* ou *Calipos*. (*Voyez* ce dernier nom).

CALTADRIA, siège épiscopal d'Afrique, dans la Mauritanie césarienne, selon la notice épiscopale d'Afrique.

CALTIORISSA, ville de l'Asie, dans la petite Arménie, selon Ptolemée. L'itinéraire d'Antonin la marque sur la route de *Nicopolis* à *Satala*.

CALVARIÆ LOCUS, c'est-à-dire, lieu du crâne : en hébreu, ce lieu se nommoit *Golgotha*. C'étoit une montagne, près de laquelle Jérusalem avoit été bâtie. On croit qu'elle avoit pris son nom de ce que de temps immémorial on y laissoit les têtes des criminels qui avoient été exécutés.

Lorsque l'empereur Adrien fit rebâtir Jérusalem sous le nom d'*Ælia Capitolina*, le mont Calvaire se trouva presque au centre de la ville. L'impératrice Hélène, mère du grand Constantin, y fit bâtir une superbe église.

CALUCONES, peuple de la Rhétie, que Ptolemée & Pline mettent entre les *Suanetes* & les *Brixantes*.

CALUCULA, petite ville de l'Hispanie, que Pline & Ptolemée mettent dans le département d'*Hispalis*.

CALVINIANA. On trouve, dans quelques auteurs, cette ville distincte de *Calvisiana*. Je crois cependant que c'est la même.

CALVISIANA. L'itinéraire d'Antonin marque un lieu de ce nom en Sicile, entre *Agrigentum* & *Hybla*, sur la route de Lilybée à Messine. M. d'Anville la place à peu de distance au nord-ouest de *Gala*, sur la côte méridionale.

CALUMA-CUMA, CALUMA-CUMACA, CALUMACULA, *ou* MACUMA. Selon les divers exemplaires de Ptolemée, village d'Afrique, dans la Grande-Syrte.

CALUPENA, contrée de l'Asie, aux frontières de la petite Arménie & de la contrée Lanasène, selon Strabon. Cet ancien ajoute qu'elle appartenoit au prêtre du temple de *Zela*.

CALUS (*Esbet*), fleuve de l'Asie, dans la Lazyque. Son embouchure étoit au sud-ouest de la ville de *Rhizæum*, dans une baie que formoit le Pont-Euxin, à quelque distance à l'est de *Trapezus*.

CALUSIUM. *Voyez* CLUSIUM.

CALYBE. La même ville que *Cabyle*. *Voyez* ce mot.

CALYCADNUS, rivière de l'Asie, dans la *Cilicia Trachea*. Son embouchure étoit entre les deux promontoires *Zephyrium* & *Sarpedon*. Ammien Marcellin dit qu'elle traversoit l'Isaurie par le milieu; c'est-à-dire, la partie de la Cilicie qui a porté aussi ce nom.

CALYCADNUS. Tite-Live & Appien nomment ainsi un promontoire de l'Asie. Il est à croire que c'est celui de *Zephyrium*.

CALYCADNUS. Ce nom, qui se trouve dans Ptolemée pour être celui d'un fleuve de la Cilicie, est regardé par quelques interprètes comme devant être la *Celydnus*.

CALYDNA INSULA, selon Etienne de Bysance, & *Calydnæ Insulæ*, selon Homère (*Iliad. vers. 184 du catalogue*), l'île ou les îles Calydnes. En suivant le récit d'Homère, on est en droit de conclure que ces îles devoient se trouver près de Cos, de Calymna, *&c.* c'est-à-dire, vers l'île de Rhodes; car il les nomme en même temps, & paroît les placer au même endroit. Mais, probablement ces îles ont été méconnues dans la suite. On a cru que ce poëte avoit désigné les Sporades par ce nom générique. Strabon, en parlant de leur miel, les place près de Tenedos. Lycophron les indique dans le même lieu, & Tzetzes dit qu'elles appartenoient à la Troade. Il est donc très-probable que l'on avoit perdu de vue la position de celles qu'avoit nommées Homère. Et quand on lit dans Hesychius Καλυδναὶ αἱ νῆσοι πλησιου Ῥοδȣ, c'est qu'il a en vue le passage d'Homère, qui les place en effet près de cette île. Celles de Strabon paroissent à M. d'Anville, exister encore dans deux petits rochers qui se trouvent, l'un au-devant, l'autre sur la droite du port de Tenedos, en regardant la Terre ferme.

CALYDNUS. Selon Ortélius, nom que Lycophron donne à la ville de Thèbes en Béotie.

CALYDON, ville de l'Eolie, située sur la gauche de l'Evenus, d'après le passage suivant de Thucydide, *ἀνεχώρησαν ἐς τὴν Αἰολίδα την νῦν καλȣ̀μενην Καλυδῶνα : ils passèrent dans l'Eolie, nommée à présent Calidon*. On s'étoit cru fondé à croire que la ville de *Calydon* avoit d'abord porté le nom d'*Eolie*; mais d'autres auteurs regardent le mot Αἰολιδα comme étant celui du pays, & traduisent ainsi : *ils passèrent dans l'Eolide, qui porte à présent le nom de Calydon*. Quoi qu'il en soit, cette ville de *Calydon* étoit fort ancienne & très-célèbre par d'anciens traits de mythologie. Ovide (*Métam. L. 8*), a décrit fort au long les malheurs de cette ville & de son territoire. Œneus, en action de graces de la fertilité d'une bonne année, avoit offert des sacrifices à Cérès, à Bacchus & à Minerve. Il n'en offrit pas à Diane. *Tangit & ira Deos.* La déesse irritée, fit ravager les campagnes de *Calydon* par un sanglier monstrueux : tous les héros dont la Grèce admiroit alors la valeur & célébroit les exploits, se rassemblèrent pour tuer le terrible animal. Atalante le blessa la première, & Méléagre, qui le tua ensuite, lui en offrit la hure. On sait quel esprit de fureur & de jalousie excita cette préférence. Les oncles de Méléagre s'en expliquèrent avec le plus de force, & ce héros les tua dans sa colère. Le désespoir de sa mère & la cause de la mort de ce guerrier, dont la vie finit avec un tison qu'elle se hâta de mettre au feu, & auquel étoit attachée sa destinée, se trouvent dans les livres de mythologie.

CALYDONA. Ammien Marcellin met un lieu de ce nom dans la Germanie.

CALYDONIA, nom d'une contrée de Grèce, dans l'Etolie, aux environs de la ville de *Calydon*. Virgile en fait mention, & Lucain dit que l'*Evenus* coupe le pays de Calydon. Cette contrée s'étendoit jusqu'à la mer & jusqu'à l'entrée du golfe de Corinthe. Héliodore fait mention des écueils de *Calydon* & du détroit calydonien.

CALYMNA, île de la mer Méditerranée, sur la côte de l'Asie, auprès de *Carpathum*, selon Pline. Ovide dit qu'elle étoit fertile en miel. C'étoit une des îles Sporades, au sud-est de l'île de *Leros*, & au nord-ouest de celle de *Cos*, vers le 36e degré 55 minutes de latitude. On pense que c'est la même qui est nommée précédemment, d'après Etienne de Bysance, *Calydna*. On trouve dans Eusthate ce nom au pluriel.

CALYNDA. *Voyez* CALINDA.

CALYPARIS (*Fiume Cassibili*), petit fleuve de la Sicile, sur la côte orientale.

CALYPSUS INSULA, l'île de Calypso. Cette île se trouve à l'extrémité de l'Italie, très-près du promontoire *Lacinium*. L'antiquité croyoit que c'étoit dans cette île, habitée par la nymphe Calypso, qu'avoient abordé successivement Ulysse & Télémaque.

CAMA, *ou* CAMEIA, ville de l'Asie, qu'Ortélius pense avoir été dans l'Arménie. Elle étoit la métropole des Manichéens. Elle est nommée *Cama* par Curopalate, & *Cameia* par Cédrène.

CAMACÆ, peuple que Pline compte entre les nations scythes, en-deçà du mont Imaüs.

CAMÆ, peuple que Pline compte entre les nations scythes, en-deçà de l'Imaüs.

CAMALA, *ou* GAMALA, *ou* CAMALE. Selon les divers exemplaires de l'itinéraire d'Antonin, ville de l'Hispanie, à vingt-quatre mille pas de *Lacobriga*. Mais l'édition de Wesseling porte *Camala*.

CAMALINIQUE, lieu de l'Asie, au voisinage de l'Arménie, dans le pays des Tzaniens, selon Procope.

CAMALODUNUM, ville de l'île d'Albion, où l'on avoit envoyé une colonie de vétérans, selon Tacite. Ce doit être la *Camalodunum* de l'itinéraire d'Antonin. Frontin & Diodore de Sicile en parlent aussi. Tacite rapporte qu'on y voyoit une statue de la Victoire.

CAMANA, nom d'une ville de l'Inde, en-deçà du Gange, selon Ptolemée. Le même que le suivant.

CAMANE, lieu de l'Inde, en-deçà du Gange, dans le golfe des *Bazigazeni*. Quelques auteurs croient que c'est aujourd'hui Calicute.

CAMANI, peuple de la Germanie, selon la traduction de Ptolemée. Quelques auteurs écrivent *Chamavi*. Le grec porte Καμαυοὶ.

CAMANTIUM, nom d'une ville de l'Asie mineure. Athénée, cité par Ortélius, dit que c'étoit une des sept villes dont Cyrus gratifia son ami Cléarque.

CAMARA, ville de l'île de Crète, selon Ptolemée & Etienne de Bysance. Ce dernier dit qu'elle fut aussi nommée *Lato*. Elle étoit située au nord-est de l'île.

CAMARA, ville marchande des Indes, en-deçà du Gange, selon Arrien.

CAMARACUM (*Cambrai*), ville de la Gaule, & comprise dans la seconde Belgique. M. de Valois avoit cru pouvoir la regarder comme la capitale des *Nervii* ; mais M. d'Anville pense que cette capitale étoit *Bagacum*. L'itinéraire d'Antonin & la table théodosienne sont les deux plus anciens ouvrages qui parlent de cette ville. Ce qui ne doit pas prouver qu'elle n'existoit pas avant eux ; mais d'où l'on peut conclure qu'elle tenoit un rang moins considérable.

CAMARANA. *Voyez* CAMARINA.

CAMARATA, ville de l'Afrique, dans la Mauritanie césarienne. L'itinéraire d'Antonin la marque entre le *Portus Sigensis* & le *Flumen Salsum*.

CAMARICA, ville de l'Hispanie, que Ptolemée place dans la Cantabrie.

CAMARINA, ville de la Sicile. Selon Strabon, c'étoit une colonie de Syracusains. Pline la qualifie de petite ville. Le marais que Virgile nomme *Camerina* étoit auprès.

Les eaux de ce lac étant devenues très-basses, sans doute à l'occasion d'une grande sécheresse, il s'ensuivit une maladie contagieuse. On alla consulter l'oracle. Apollon répondit : μὴ κίνει Καμαρίναν, ἀκίνητος γὰρ ἀμείνων. Cependant ils mirent ce lac à sec ; la contagion cessa. Mais les ennemis survinrent, passèrent sur le terrein, & entrèrent dans la ville. Il en étoit resté ce proverbe, μὴ κίνει Καμαρίναν, *ne remuez pas l'eau du lac Camarine*, pour dire qu'il ne falloit pas toucher à quelque chose qui eût produit ensuite des effets fâcheux ou désagréables.

CAMARINUM, ville de l'Italie, dans l'Umbrie, selon Strabon & Ptolemée.

CAMARITÆ, peuple qui habitoit au bord de la mer Caspienne, dans l'isthme qui sépare cette mer du Pont-Euxin. Ammien place les *Camarites* entre le Callichorus & le Phase. Denys le Périégète dit que c'étoit une nation nombreuse, qui reçut & logea Bacchus à son retour de la guerre des Indes.

CAMAROCENSIUM CIVITAS, nom d'une ville de la seconde Belgique, selon une ancienne notice des villes & provinces de Gaules, insérée dans le recueil de Schelstrate. C'est la même ville que l'itinéraire d'Antonin nomme *Camaracum*, & que nous nommons *Cambrai*.

CAMATULLICI, peuple des Alpes maritimes, sur le bord de la mer, au sud-ouest des *Sueltri*. Pline place les *Camatullici* entre *Citharista* & les *Suelteri*. On voit donc, ainsi que le dit le P. Hardouin, que ce sont les peuples du diocèse de Toulon. Et l'on apperçoit un reste de leur nom dans celui du petit village de Ramatuelle, peu éloigné du golfe de Grimaut.

CAMBADENA, contrée de la Haute-Asie, qui ne devoit pas être loin de la Médie. Elle contenoit en étendue, selon Isidore de Charax, trente-un schènes, renfermoit cinq villages, l'un desquels étoit une *mansion*. Il y avoit de plus la ville de Baptana, située sur une montagne. Là étoient une colonne & une statue de Sémiramis.

CAMBALA, lieu de l'Asie, dans la Grande-Arménie, & dans la contrée Hyspiratide, selon Strabon. Cet auteur ajoute qu'il y avoit des mines d'or; qu'Alexandre y envoya Memnon avec des soldats, & que les habitans lui apportèrent eux-mêmes de l'or.

CAMBALIDUS MONS, montagne de l'Asie, vers la Perside. Ce seroit étendre trop loin le Caucase, que dire, avec Pline, que cette montagne en étoit une branche (*L. v, c. 16*). Voici comment M. Freret explique le passage de Pline. Le fleuve *Eulæus*, qui prend sa source dans la Médie, se précipite sous terre & va se remontrer dans la partie du mont *Cambalidus*, qui est un passage commode pour aller dans la Bactriane. Mais comme ce fleuve séparoit la Susiane de l'Elymaïde, il s'ensuit que la Bactriane dont parle Pline, n'est pas la province que nous connoissons sous ce nom; mais une partie de la Mésobatène.

CAMBARI, Pline nomme ainsi le second fleuve des Serres, peuple qui occupoit la partie septentrionale du pays appelé actuellement *la Chine*.

CAMBATE, *ou* CAMBETE. C'est à tort que la Martinière place ce cas oblique dans sa nomenclature. *Voyez* CAMBES.

CAMBEIE, nom d'un peuple de l'Illyrie, dont fait mention Appien. Il faut voir Appien, *in Illyr. p. 999, édit. ant. Grypth. 1588.*

CAMBERICHUM. Ptolemée donne ce nom à l'une des cinq bouches du Gange. C'étoit la troisième.

CAMBES (*Gros-Kembs*), lieu de la Gaule, dans la Grande-Sequanoise. Il étoit sur la gauche du Rhin, à quelque distance au nord-ouest d'*Augusta Raurocorum*.

CAMBETUM, ville de l'Hispanie. Ptolemée la met au territoire des Lubéniens, dans la Tarragonnoise.

CAMBIOVICENSES. Ce nom se trouve dans la table théodosienne; mais, comme le remarque M. d'Anville, les noms des peuples y sont placés d'une manière si peu exacte, que l'on ne peut faire que très-peu de fond sur ce qu'il nous en apprend. M. Valois place ces peuples dans un canton qui répond à une partie de la Manche vers l'Auvergne. M. d'Anville n'a rien trouvé qui pût appuyer cette conjecture.

CAMBISTHOLI, nom d'un peuple de l'Inde. Arrien le place vers l'endroit où l'Hydroate se jette dans le Gange. (*La Martinière*).

CAMBODUNUM, ville de la Vindelicie, selon Ptolemée. Elle est nommée *Campodunum* par Strabon & l'itinéraire d'Antonin. Ce dernier la met à trente-deux mille pas de *Rostrum Nemaviæ*, & à cinquante-sept mille pas d'*Augusta Vindelicum*.

CAMBOLECTRI-AGESINATES, peuple de la Gaule aquitanique. Pline les joint aux Pictons. On croit que leur position répondoit aux peuples de l'Agénois.

CAMBOLECTRI-ATLANTICI, peuple de la Gaule narbonnoise, selon Pline. Leur position n'est pas connue.

CAMBONUM, lieu de la Gaule, indiqué par l'itinéraire de Jérusalem. Il étoit à la gauche du Rhône, sur la route qui, de *Dea Vocontiorum* (Die), & de *Lucus Augusti*, alloit vers *Vapincum* (Gap), en passant par *Mons Seleucus*.

CAMBORICUM, *ou* CAMBORITUM, gîte de l'île d'Albion, sur la route de *Londinium* à *Luguallium*, entre *Icianos* & *Duroliponte*, selon l'itinéraire d'Antonin.

CAMBRETONIUM, ville de la Bretagne, chez les *Iceni*.

CAMBRISOPOLIS, ville épiscopale de l'Asie, dans le patriarchat d'Antioche, & sous la métropole d'Anazarbe, selon une notice que cite Ortélius.

CAMBUS, fleuve de la Vindelicie, qui commençoit au sud de *Cambodunum*, arrosoit cette ville, & se rendoit dans le Danube à l'ouest de *Gantia*.

CAMBUSIS, nom d'une ville de l'Ethiopie, sous l'Egypte, selon Pline.

CAMBUSUM OSTIUM. C'est ainsi que Ptolemée nomme l'embouchure la plus occidentale du Gange.

CAMBUVII MONTES, montagnes de Grèce, dans la Macédoine. Tite-Live en fait mention & dit que les gens du pays les nommoient *Volustanæ.* Il les place au-dessous de la source de l'Aliacmon, & près du *Panyasus.* Elles séparoient l'Elymiotide de la Pélagonie.

CAMBYSENA, contrée de l'Albanie, entre le Cambyses, le Cyrus & les montagnes, selon Strabon. Ce fut une des préfectures de l'Arménie.

CAMBYSES, nom d'une rivière de l'Albanie, dont la source est dans le mont Caucase, selon Pline. Cette rivière couloit entre l'*Albanus-Fluvius* & le *Cyrus.*

CAMBYSI ÆVARIUM, ville de l'Ethiopie, selon Ptolemée. Long. 59 deg. Latit. 18 min.

CAMBYSU, ville qui étoit située au fond de la mer Rouge, dans le golfe d'Héroopolis, vers l'endroit où les Israélites passèrent cette mer à sec sous la conduite de Moïse. Pline dit qu'on y transportoit les malades, & qu'elle étoit située entre Nelos & Marchadas.

CAMBYSUM GANGIS OSTIUM. Selon Ptolémée, on nommoit ainsi l'embouchure la plus occidentale du Gange.

CAMECHIA, nom d'une ville de l'Albanie, dont fait mention Ptolemée.

CAMELANI, peuple de l'Italie, dans l'Umbrie, selon Pline. Le P. Hardouin, qui s'appuie de l'autorité d'Holsténius, croit que ce sont les habitans de *Camilianum.*

CAMELIDES INSULÆ, îles de la mer Méditerranée, sur la côte de l'Asie mineure. Pline les met sur la côte de l'Ionie, aux environs de *Miletum.*

CAMELIOMAGUS, lieu de l'Italie, dans la Ligurie, dans la partie septentrionale, à l'ouest de *Placentia.*

CAMELITÆ, peuple de l'Asie, qui habitoit à trois journées de l'Euphrate, selon Strabon.

CAMELOBOSCI. Ptolemée fait mention d'un peuple de ce nom. Il le place en Asie, dans la Carmanie. Marcien d'Héraclée en parle aussi. Ptolemée leur donne le surnom de *Soxotæ.*

CAMERATA, lieu de l'Italie, dans le *Picenum*, entre *Æsis*, vers le sud-ouest, & *Ancona*, vers le nord-est.

CAMERE, *ou* CAMARE, petit champ de l'Italie, dans le *Brutium*, faisant partie de la Grande-Grèce. Ovide en fait mention dans ses fastes. Il étoit au bord de la mer & près de l'embouchure de la rivière *Crathis.*

CAMERIA, ville de l'Italie, dans le territoire des Sabins, selon Tite-Live. Elle est nommée *Camerium* par Pline, & *Camaria* par Etienne de Bysance & Denys d'Halicarnasse. Ces deux derniers disent que c'étoit une colonie des citoyens de la ville d'Albe, fondée long-temps avant la ville de Rome.

CAMERINUM (*Camerino*), ville de l'Italie, dans l'*Umbria*, à quelque distance à l'est de *Nuceria.* Cette ville avoit été nommée aussi *Camers;* il paroît même que c'étoit son nom gaulois. On présume, avec beaucoup de probabilité, qu'elle étoit fort puissante, puisque les Romains, l'an 144 de Rome, sollicitèrent son alliance. Dans la suite, ils y établirent une colonie.

CAMERIUM. *Voyez* CAMERIA.

CAMERTA, ville à la droite de la route d'Otricoli à Rimini, selon Strabon.

CAMICIANÆ AQUÆ, lieu de la Sicile, au nord d'*Agrigentum*, sur la route qui conduisoit de *Panormus* à cette ville.

CAMICUS, *ou* CAMICOS, rivière de la Sicile, selon Vibius Sequester.

CAMICUS, CAMICI, & CAMICOS (*Platonella*), ville de la Sicile, sur le bord de la rivière de même nom, selon Vibius Sequester, au nord-ouest d'*Agrigentum.* Etienne de Bysance dit que Cocalus y avoit tenu sa cour. Strabon dit *Camici*, & auprès de laquelle Minos périt dans une embuscade.

CAMIGARA, ville de l'Inde, en-deçà du Gange, selon Ptolemée.

CAMILIANUM, ville de l'Italie, dans l'Umbrie. Pline en nomme les habitans *Camelani.*

CAMINA, île de la mer Méditerranée, sur la côte de l'Asie mineure, près de Milet, & à trente-huit milles de Platée, selon Pline.

CAMINOS, lieu de l'Afrique, dans la Cyrénaïque, sur la route de la Grande-Leptis à Alexandrie, selon l'itinéraire d'Antonin.

CAMIRUS, ville située sur la côte occidentale de l'île de Rhodes, au sud-ouest d'Ialyssus.

Au temps de la guerre du Péloponnèse, elle n'étoit pas entourée de murailles, selon Thucydide.

Etienne de Bysance fait aussi mention de cette ville. Ç'avoit été une des trois villes de l'île de Rhodes qui lui avoient mérité le surnom de *Tripolis*, parce qu'alors trois villes y dominoient. Les deux autres étoient *Lyndus* & *Ialyssus.*

CAMISA, forteresse de l'Asie, dans la Camisène, aux frontières de la Petite-Arménie & de la Lanasène, selon Strabon, qui dit qu'elle étoit détruite de son temps. Il y resta sans doute une ville ou un village, car Antonin met ce nom sur la route de *Nicopolis* à *Arabisus.* La table de Peutinger en fait aussi mention; mais elle dit *Comassa*, & compte vingt-trois mille pas de ce lieu à *Sebastia.*

CAMISENE, province d'Asie, dans l'Arménie.

CAMMANIA, contrée de la Grèce, qui faisoit partie de la Thesprotie. Elle fut ensuite nommée *Cestrinia*, selon Etienne de Bysance. C'est la *Cestrine* de Pausanias. (*Voyez* ce nom.)

CAMMONI, village situé sur la mer Erythrée, selon le périple d'Arrian, dans le golfe Barygaza.

Ptolemée place aussi un lieu qu'il nomme *Camane*, & qui doit être le même.

CAMMUNII, peuple que Cluvier place au nord de l'Italie, entre les *Euganei.*

CAMŒNARUM LUCUS, nom d'un bois, dans le voisinage de Rome, à la porte Capène. La fontaine d'Egérie étoit au milieu de ce bois, selon Tite-Live & Ovide. Ortélius pense que c'est le même que *Egeriæ Lucus*, que Servius place auprès d'*Aricia.* Tite-Live (*L. I, c. 21*), dit qu'il fut consacré par Numa, parce que c'étoit en ce lieu qu'il recevoit les conseils de la nymphe Egérie.

CAMON, lieu de la Palestine, dans la demi-tribu de Manassé, au-delà du Jourdain.

C'est dans ce lieu que mourut & où fut enterré Jaïr de Galaad, l'un des juges d'Israël.

Joseph parle de ce lieu, qu'il met dans le pays de Galaad.

C'est vraisemblablement le même lieu dont parle Polybe, & qui fut pris par le roi Antiochus.

CAMPÆ, ville de la Cappadoce, dans le département de la Cilicie, selon Ptolemée.

CAMPANI, peuple de la Grande-Grèce, en Italie, habitant la *Campania.* (*Voyez* ce mot.)

CAMPANIA, la Campanie. Cette province a, de tout temps, été regardée comme la plus agréable & la plus fertile de toute l'Italie : elle est souvent désignée dans les écrits des anciens par les noms de *Regio Felix.* Strabon, *L. V*, en en parlant, disoit : *πεδίον εὐδαιμονέστατον τῶν ἁπάντων*, c'est-à-dire, *pays qu'aucun autre n'égale pour la fertilité.* Et Cicéron, pénétré de la même idée, disoit : *Campanus Ager, orbis terræ pulcherrimus.* Florus, en s'étendant un peu davantage sur les avantages de la Campanie (*L. I, c. XVI*), dit : *omnium non modo Italia sed toto orbe terrarum pulcherrima Campaniæ plaga est, nihil mollius cælo : denique bis floribus vernat nihil uberius solo : ideò liberi Cererisque certamen dicitur.* Les modernes qui ont parcouru ce beau pays en font encore la même peinture. Il faut observer que les anciens que je viens de citer n'y connoissoient pas l'action du feu dans les entrailles du Vésuve. On n'en conservoit aucun souvenir. Si l'inspection du local pouvoit en donner quelques indices, ils ne faisoient qu'attester des évènemens anciens que l'on ne croyoit pas devoir se renouveller jamais. On verra ce que Strabon disoit du Vésuve, au mot VESUVIUS MONS.

La Campanie formoit donc la plus belle partie de la Grande-Grèce. Elle s'étendoit du nord-ouest au sud-est, le long de la Méditerranée. Elle avoit au nord-ouest, le Latium; au sud-est, la Lucanie; &, dans le sens parallèle à la Méditerranée, une chaîne de montagnes, qui la séparoit du Samnium. On prétend que ce fut d'après la beauté de ses campagnes, qu'on lui donna le nom de *Campania.* C'étoit en Campanie que se trouvoit, au mont Massicus, le territoire de Falerne, si renommé par son excellent vin. Les environs de *Baiæ* & de *Puteoli* étoient célèbres par la beauté des sites, la commodité des bains, & par les superbes maisons de campagne que les Romains, devenus très-voluptueux sur la fin de la république, y avoient fait bâtir à grands frais.

Les principales montagnes de la Campanie étoient les monts *Massicus*, le *Gaurus* & le *Vesuvius*, dont je parlerai à leurs articles. Les lacs principaux étoient l'*Avernus* & le *Lucrinus*; les fleuves le *Savus*, le *Vulturnus*, le *Clanis* (1) & le *Silarus*, qui la séparoit de la Lucanie.

Outre *Capua*, qui en étoit alors regardée comme la capitale, on y trouvoit, comme villes assez considérables, *Casinum*, *Venafrum*, *Suessa Aurunca*, *Teanum Sidicinum*, *Casilinum*, *Atella*, *Neapolis*, *Acerræ*, *Nuceria*, *Surrentum*, *Salernum*, *Picentia.* Les autres se trouveront à leur article.

Le périple de Scylax n'y place que deux villes grecques, *Cyme* & *Neapolis.*

CAMPESTRES CIRCA JERUSALEM. C'est par ce nom que Nehemias désigne les campagnes des environs de Jérusalem, & dans lesquelles les chantres du temple s'étoient bâti des habitations. (Nehem. *c. XII, v. 28.*)

CAMPESTRIS MOAB, lieu du pays des Amorrhéens, où campèrent les Israélites avant de passer le Jourdain.

CAMPI CANINI. Ces champs appartenant à la Rhétie, s'étendoient de chaque côté de la partie septentrionale du lac *Verbanus.* C'étoit un des passages par lesquels plusieurs des peuples septentrionaux se jettèrent sur l'Italie.

CAMPI DAMASCENI, les campagnes de Damas. Ces champs, selon le livre de Judith (*c. II, v. 27*), furent ravagés, ainsi que beaucoup d'autres, par l'armée des Assyriens, que commandoit Holopherne.

CAMPI DIOMEDIS, ou *les champs de Diomèdes.* Les anciens avoient donné ce nom à une petite contrée de l'Apulie, située entre l'*Aufidus* & le *Cerbalus.* Les villes de *Canusium* & d'*Herdonea* étoient, la première vers l'est, la seconde vers l'ouest, à l'extrémité de ces champs, dont les bornes d'ailleurs n'étoient pas bien déterminées. Cette dénomination étoit une suite du préjugé où l'on étoit, que Diomède, au retour de la guerre de Troye, étoit venu s'établir dans ce pays.

CAMPI IDUMÆ. On trouve cette expression dans le premier livre des Macchabées, *v. 15*, pour indiquer un des lieux où Judas, l'un des capitaines de cette famille, poursuivit les ennemis après les avoir battus. Les critiques croient qu'il faudroit lire *Campi Judeæ*, leçon confirmée par le manuscrit grec alexandrin.

CAMPI JERICHO. Ces campagnes, qui appartenoient à la Palestine, étoient de l'autre côté du Jourdain, en face de celles de Moab. Ce fut les

(1) Qu'il ne faut pas confondre avec le fleuve de même nom en Etrurie.

premières terres dont les Israélites se mirent en possession; peu après ils prirent la ville de Jéricho.

Campi Lapidei. Strabon nomme ainsi une campagne de la Gaule, vers l'embouchure du *Rhodanus*, à environ cent stades de la mer. Il ajoute qu'elle étoit pleine de cailloux, au-dessous desquels l'herbe croît assez abondamment pour nourrir le bétail, & qu'au milieu, il y a de l'eau des salines & du sel. Pline, *&c.* en font aussi mention. C'est aujourd'hui *la Crau.*

Campi Macri, lieu de la Gaule cispadane. Strabon & Tite-Live en font mention.

Campi Magni, nom d'un lieu de l'Afrique, dans les environs de Carthage. Selon Tite-Live, Asdrubal & Syphax y furent battus par Scipion, qui commandoit les Romains.

Campi Maspha. On nommoit ainsi (Josué, *c. XI, v. 3 & 8*) une vaste plaine située à l'orient du Jourdain, au pied du mont Hermon.

Campi Medaba, cette campagne étoit située à l'est du Jourdain: elle s'étendoit depuis Medaba jusqu'à Dibon, dans le partage de Ruben.

Campi Moab, campagnes de la Palestine, situées en-deçà du Jourdain, vis-à-vis de Jéricho. Ce fut le lieu de la dernière station des Israélites dans leur route de l'Egypte à la Terre promise. Elles avoient pris leur nom des Moabites, auxquels elles avoient appartenu & sur lesquels elles avoient été prises par Sehon, roi des Amorrhéens. Les Israélites les enlevèrent à ce dernier. Ce fut dans ces vastes campagnes, que Moïse parla pour la dernière fois aux Israélites; & c'est de-là que les Israélites partirent pour passer le Jourdain & entrer dans la terre de Chanaan.

Campi Pharam, ces campagnes étoient sur les confins de l'Arabie Pétrée.

Campi Raudii, champs de l'Italie, chez les Insubriens, vers le nord-ouest de Milan. Vel. Paterculus est le plus ancien des auteurs qui en aient parlé. On lit dans Aurélius Victor, que Marius défit les Teutons dans la Gaule, près d'*Aquæ Sextiæ* (Aix), & les Cimbres, en Italie, dans les champs raudiens.

Campi Sennaar, pays situé entre l'Euphrate & le Tigre, dans le lieu où fut bâtie la ville de Babylone.

Campi Sylvæ, les champs de la Forêt. David se sert de cette expression dans le verset 6 du pseaume 131. Il dit que c'est dans ce lieu que Dieu vouloit avoir un temple. Les traducteurs (*bible d'Avignon*), ajoutent *la forêt du mont de Moria.* Or, comme le mont de Moria étoit auprès de Jérusalem, on désigne donc par cette forêt, l'emplacement qui fut depuis occupé par le temple.

Campi Taneos, les champs de Tanis. Il en est parlé au pseaume 77, *v. 12 & 43.* David y rappelle les merveilles que Dieu a opérées pour les Israélites dans la Basse-Egypte.

Campi Tiberiani, champs entre Tibur & le Tigre. Ils furent mesurés par Tibère César. Frontin en parle dans son livre des colonies.

Campi Veteres, ancien nom d'un lieu de l'Italie, dans la Lucanie.

CAMPONI, nom d'un ancien peuple de la Gaule aquitanique, selon Pline. Cet auteur le met au nombre de ceux qui étoient subordonnés à un peuple plus considérable. Ils étoient vers les Pyrénées, & vraisemblablement dans la vallée de Campan.

CAMPSA, ville de la Macédoine, près le golfe Thermaïque. Hérodote en parle.

CAMPSAS, ville de l'Italie. Elle fut prise par les Goths, selon Agathias.

Campsas, village de l'Asie mineure, dans la Phrygie, auprès d'Apamée, selon Métaphraste.

CAMPSIANI, les Campsiens, peuple de la Germanie, qui habitoit vers l'Océan, selon Strabon.

CAMPUS. Ce nom, qui signifie *champ*, a été donné à plusieurs lieux, en y joignant le nom particulier qui servoit à le distinguer de tout autre champ.

Campus Alienigenorum. On trouve cette expression dans le verset 22 du chapitre IV du livre I des Macchabées. On croit que par la campagne ou la terre des étrangers, l'auteur désigne le pays des Philistins. L'armée de Gorgias fuyoit devant celle de Judas.

Campus Arioch, *ou* Erioch. Cet Arioch est qualifié dans le livre de Judith, *c. I, v. 6*, du titre de roi des Elyméens. (*Voyez* ce mot). Ces peuples se réunissoient à Nabuchodonosor, roi des Assyriens, pour faire la guerre à Arphaxad.

Campus Asor. Il est parlé de ce champ dans le livre I des Macchabées, *c. XII, v. 67.* Cette plaine ne devoit pas être éloignée du lac de Génésareth, puisque l'armée de Jonathas s'y rendit peu après son arrivée sur les bords de ce lac.

Campus Capharsabe, champ qui se trouvoit dans la Palestine, entre des montagnes & la mer. Il avoit pris son nom de la ville de *Capharsabe*, appelée aussi *Antipatris*, & il s'étendoit depuis cette ville & les montagnes, jusqu'à la ville d'*Apollonias*, sur le bord de la mer.

Campus Dura. Ce fut dans cette campagne, selon le livre de Daniel, *c. III, v. 1*, que Nabuchodonosor fit élever sa statue, haute de soixante coudées.

Campus Idoli, le champ de l'Idole. Cette expression, qu'emploie le prophète Amos, *c. I, v. 5*, paroît désigner les terres des environs de Damas. Au reste, on voit bien qu'elle ne peut appartenir à un lieu particulier; c'est une expression générique dont se sert le prophète pour indiquer un lieu où l'on s'abandonne à l'idolâtrie.

Campus Jordanis, plaine de la Palestine, située le long du fleuve dont elle portoit le nom, entre Sochoth & Sarthan, dans la tribu d'Issachar. Il s'y trouvoit une terre argilleuse, dont Salomon se servit pour faire fondre les vases d'airain destinés au service du temple. La Vulgate appelle aussi ce même terrein *Region*: mais on remarque que le texte hébreu n'y met aucune différence.

CAMPUS JUNCARIUS. On nommoit ainsi la campagne des environs de *Juncaria*, dans les Pyrénées, du côté de l'Hispanie.

CAMPUS LEGIONIS, champ de la Palestine, situé dans la *Samaria*, entre les villes de *Legio*, & de *Jezraël*, d'*Hadadrimmon*.

CAMPUS LIBANI, la campagne du Liban, c'est-à-dire, qui se trouvoit au pied de cette montagne; elle étoit à l'occident du Jourdain. Il en est parlé au verset 7 du chapitre XII de Josué, à l'occasion des conquêtes de ce chef dans la Terre promise.

CAMPUS MAGEDDO, plaine de la Palestine, près de la ville de Mageddo, dans le partage de la demi-tribu de Manassé, vers la mer & la ville de *Cæsarea*. Ce fut dans cette plaine que Josias combattit contre Nechao, & fut blessé à mort. On trouve aussi *Mageddon* pour *Mageddo*.

CAMPUS MAGNUS ESDRELON. Cette plaine qui étoit dans la Palestine, a semblé à des critiques très-exercés dans les comparaisons des textes de l'écriture, être la même que la vallée de Jézraël. Donc elle seroit la même que la grande campagne vis-à-vis de Bethsan.

CAMPUS MARTIUS. Les Romains appeloient champ de Mars, une grande place qui étoit hors la ville de Rome, & dans laquelle étoit un temple dédié au dieu Mars. Le peuple s'y assembloit pour l'élection de ses magistrats; les consuls y enrôloient les soldats, & la jeunesse y faisoit ses exercices. Les Romains tinrent dans ce lieu les premières assemblées, qu'ils appeloient *comitia centuriata*, & la cérémonie qu'ils appeloient *lustre*, s'y fit pour la première fois.

CAMPUS ONO, vaste plaine de la Palestine, située dans la tribu de Benjamin. C'étoit dans ce lieu que Panaballas & les autres ennemis des Juifs proposoient à Néhémias de se rendre, pour réussir à l'empêcher de continuer la construction des murailles de Jérusalem. On croit que cette plaine étoit sur les bords du Jourdain.

CAMPUS PIORUM, lieu de la Sicile, dans les environs de la ville de *Catina*. Solin dit que ce lieu fut ainsi nommé, parce que deux jeunes hommes y portèrent leurs parens pour les préserver des flammes du mont Etna.

CAMPUS RAGAU. Il est parlé de cette plaine dans le livre de Judith, *c. 1, v. 5*. Ce fut dans cette plaine, dit le texte, que Nabuchodonosor vint porter la guerre (*bellavit*) contre Arphaxad.

CAMPUS RIDICULI. C'est où Annibal avoit campé en faisant le siège de Rome. Les Romains délivrés y élevèrent un autel au dieu du Rire.

CAMPUS SCELERATUS. Cette place de Rome étoit près de la porte Colline. On y enterroit toutes vives les vestales qui n'avoient pas gardé leur virginité.

CAMPYLIS, *ou* CAMPILINUS, rivière de l'Inde, de laquelle Elien fait mention.

CAMPYLUS, nom d'une rivière de Grèce, dans l'Etolie, selon Diodore de Sicile, qui dit que Cassandre y étoit campé lorsqu'il défit les Etoliens.

CAMUDOLANUM, ville de l'île d'Albion, que Ptolemée place chez les *Trinobantes*. A cette indication, on croit pouvoir reconnoître le *Camalodunum* dont il a été parlé plus haut.

CAMULODUNUM, place de l'île d'Albion, sur la route de *Venta Icenorum* à *Londinum*, entre *ad-Ansam* & *Canonium*, selon l'itinéraire d'Antonin. Ce doit être la *Camalodunum* de Tacite, laquelle devoit être dans le pays des Trinobantes. L'anonyme de Ravenne met *Camuloduno Colonia* chez ce même peuple. Ptolemée place chez les Trinobantes *Camulodanum*. Ce qui paroît être le même mot altéré. Baudicée, par haine contre les Romains, entreprit de s'emparer de cette colonie. (c'est actuellement *Maldon*, selon Cambden; & *Walden*, selon M. Galeus).

CAMUNI, l'un des peuples de la Rhétie, joints, par plusieurs auteurs, avec *Lepontii*. Il paroît qu'ils habitoient dans les Alpes; & ce nom s'y trouve encore.

CAMUNI, peuple qui habitoit dans les Alpes, selon Pline. Ils sont joints aux Lépontiens par Strabon.

CAMUNLODUNUM, ville de l'île d'Albion, que Ptolemée place chez les *Brigantes*.

On voit que ce lieu ne doit pas être confondu, comme il l'a été par quelques écrivains, non-seulement parce qu'il s'écrit différemment, mais aussi parce qu'il étoit bien plus au nord.

CAMUROSARBUM, ville de la Cappadoce, dans le Pont. Elle étoit assez loin de la mer, selon Ptolemée.

CAMUS, nom d'une ville de l'Asie, que Polybe place dans la Célésyrie.

CANA, ville de la Palestine, dans la Galilée. Elle étoit la patrie de l'apôtre Simon. J. C. y fit le premier de ses miracles. Il est parlé de cette ville dans le livre de Josué. Elle étoit située dans un lieu plus élevé que la ville de *Capharnaum*; car S. Jean l'Evangéliste dit qu'il faut descendre pour aller de *Cana* en cette ville. Dans la carte de M. d'Anville, elle est placée à l'est de Ptolémaïs.

CANA, ville de la Palestine, dans la tribu d'Ephraïm, selon Eusèbe & S. Jérôme. Le livre de Josué fait mention de *Nachal-Cana*.

CANA, fleuve du même nom dans le même lieu.

CANA, lieu de l'Asie, dans la Célésyrie. Joseph, dans ses antiquités, dit que les Arabes avancèrent en corps d'armée jusqu'à *Cana*, lieu de la Célésyrie. C'étoit probablement le même lieu que *Canath*.

Etienne de Bysance dit qu'il y avoit une montagne, une ville & un marais du nom de *Cana* ou *Cane*; mais il n'en donne aucune indication.

Il en place ensuite une dans la Troade. C'est celle que Strabon attribue à l'Eolide.

CANA, *ou* CANE, lieu situé sur la côte de l'Arabie, selon le périple d'Arrian. Il appartenoit à la région d'où l'on tiroit l'encens.

CANACA, nom d'une ville de l'Hispanie, qui est mise par Ptolemée dans le pays du peuple *Turdetani*.

CANÆ, ville de l'Asie. Elle étoit située sur le Tigre selon Etienne de Bysance. On peut observer en passant que cet auteur paroît s'autoriser du texte de Strabon, *L. XIII*. Mais dans cet endroit Strabon parle d'une ville de l'Eolide: c'est la suivante.

CANÆ, petite ville de l'Asie mineure, dans l'Eolide. Elle y fut bâtie par des Locriens partis de l'île de Cynos, selon Strabon. Cet auteur dit qu'elle étoit située dans la contrée nommée *Cana*, vis-à-vis la pointe méridionale de l'île de Lesbos, avec un petit fleuve ou ruisseau que Pline appelle *Canaius Amnis*. Une flotte romaine y passa l'hiver, selon Tite-Live. Elle ne subsistoit plus du temps de Pline.

Il paroît qu'Hérodote la place au nord ou au nord-ouest du *Caïcus*. (*Voyez* CANE, *pag. 391*).

CANÆ, petite ville des Eubéens, ou des Locriens, dit Etienne de Bysance. Cet auteur est souvent inexact. Il y avoit bien en effet une *Canæ* chez les Locriens, Strabon en parle; mais l'île d'Eubée n'est pas la Locride. Ce que l'auteur grec auroit dû dire, c'est qu'il y avoit un promontoire de ce nom dans l'île d'Eubée, en face des Termopyles.

Sophocle en parle dans la tragédie des Trachimènes. Du moins il dit qu'il y avoit sur le rivage un temple de Jupiter *Cenæus*. Il me semble que l'on attribuoit la fondation de ce temple à Hercule. (*Sophoclis Trachiniæ, act. I*).

CANAGORA, nom d'une ville de l'Inde, en-deçà du Gange, selon Ptolemée.

CANAIUS AMNIS. Pline nomme ainsi un ruisseau de l'Asie mineure, dans l'Eolide.

CANALES, lieu de l'Italie, dans la partie de la Grande-Grèce appelée *Messapia*, à treize mille pas de *Lupatia*, selon l'itinéraire d'Antonin.

Elle étoit à peu de distance du golfe de Tarente.

CANALICUM, lieu de l'Italie, sur la voie Aurélienne, en allant de Rome à *Arelate*, en passant par les Alpes maritimes, selon l'itinéraire d'Antonin, à douze milles de *Vada Sabbatia*.

Ce lieu est aussi nommé *Canalium*. La carte de M. d'Anville la marque dans la Ligurie, vers le nord-ouest de *Savo*.

CANALIS TRAJANUS, ou *canal de Trajan*. Ce canal étoit en Egypte, dans le Delta, au nord-est de Memphis. Il commençoit à la droite du Nil, entre *Cercesura*, au nord, & *Balybon*, au sud, couloit vers le nord-est jusqu'à *Phatbæthus*, puis descendoit par le sud-est pour se rendre dans le lac *Amari*.

CANALIS PTOLOMÆUS, ou *canal de Ptolemée*; ce canal étoit en Egypte. Il n'étoit, en quelque sorte, que la continuation du canal de Trajan.

On voit dans cet article, que le canal de Trajan communiquoit du Nil au lac *Amari*: le canal de Ptolemée prenoit à ce même lac, descendoit au sud, & alloit joindre la mer Rouge près d'*Arsinæ* ou *Cleopatris*.

CANALITÆ. Cédrène & Curopalate, cités par Ortélius, disent que c'étoit le nom d'une nation d'entre les Esclavons.

CANALUII MONTES. *Voyez* l'article ci-après.

CANALUVII MONTES. Ptolemée nomme ainsi des montagnes de la Grèce, dans la Macédoine. On croit que ce sont les mêmes que Tite-Live nomme *Cambuvii*, & les *Candaviæ Montes* de Pline & de Strabon. Elles étoient dans la contrée que l'on nommoit *Candavia*. (*La Martinière*).

CANAMA, nom d'un lieu de l'Hispanie, selon Pline. Cet auteur le place dans la Bétique, sous le district d'*Hispalis*.

CANANAGATH. C'est ainsi que quelques interprètes croient qu'il faut lire le mot *Nagabath* dans Isidore de Charax. *Voyez* ce dernier mot.

CANAPUM, CENAPUM, CANABUM, *ou* CENABUM. Selon les divers exemplaires de l'itinéraire d'Antonin, nom d'un lieu de la Gaule, sur la route militaire d'Autun à *Lutetia Parisiorum*.

CANARIA. Ptolemée connoissoit une île de ce nom: c'étoit l'une des îles Fortunées.

CANARII, peuples de l'Afrique. Ils habitoient vers le sud-est du mont Atlas. Pline en fait mention & dit qu'ils mangeoient de la chair de chien.

CANAS, nom d'une ville de l'Asie mineure, dans la Lycie, selon Pline. Cette ville a été épiscopale.

CANASIS, nom d'une ville de l'Asie, située sur le bord de la mer Erythrée, dans la Carmanie, selon le périple de Néarque. Selon cet auteur, elle étoit alors déserte. Mais on y voyoit des puits & des palmiers sauvages.

CANASTRÆUM PROMONTORIUM, promontoire de la Macédoine, dans la Paraxie, pays qui étoit auprès du fleuve *Axius*, selon Ptolemée. Ce promontoire est nommé *Canastron* par Etienne de Bysance. Il semble que ce mot de *Canastræum* ne convenoit que quand on l'employoit comme épithère; & que le nom de *Canastron* ou *Canastrum* étoit le nom du lieu ou promontoire. Il se trouvoit à l'extrémité de la presqu'île de Pallène, entre le golfe Thermaïque & le golfe Toronaïque.

CANATES, lieu sur la mer Erythrée, lequel ne devoit pas être éloigné de *Canasis*. Il est nommé dans le périple de Néarque.

CANATH, *ou* CNATH, nom d'une ville de la Palestine, dans la demi-tribu de Manassé, au-delà du Jourdain. Eusèbe la met dans la Trachonite, aux environs de *Bozra*. Elle est mise dans la Décapole par Pline. On la croit la même que la suivante.

CANATHA, *ou* CANATA, ville de l'Asie, à l'extrémité de la Célésyrie, dans la Trachonite, vers les confins de l'Arabie. Lorsque les Arabes prirent les armes contre Hérode-le-Grand, ils s'assemblèrent à *Canatha*. Après avoir appartenu à la Décapole, cette ville fut comprise dans la province d'Arabie, dont Bostres étoit la capitale. Elle est nommée dans une notice ecclésiastique d'un temps postérieur, *Canastados*. On voit, par quelques médailles, que l'on y avoit adopté une ère qui avoit commencé à l'automne de l'an de Rome 690, c'est-à-dire, au temps où la Cœlé-Syrie eut été soumise par Pompée à la domination romaine.

CANATHA, ville de l'Asie, située dans l'intérieur de la Médie, selon Ptolemée.

CANATHRA, nom d'une île de la mer des Indes, selon Ptolemée. Cet ancien la place à l'orient de la partie septentrionale, & auprès de celle de Taprobane.

CANAUNA, nom que Pline donne à une contrée de l'Arabie heureuse.

CANCANORUM PROMONTORIUM. Quelques interprètes lisent *Canganorum*. Ce promontoire est placé par Ptolemée dans l'île d'Albion. Long. 15, latit. 56.

CANCHLEI. Pline nomme ainsi un peuple qui, selon lui, confinoit à l'Arabie Pétrée du côté de l'orient. Le P. Hardouin croit que ce sont les Amalécites de l'écriture.

CANDABORA, ville de l'Hispanie, chez les Celtibériens, selon Ptolemée.

CANDACE, ville d'Asie, qu'Isidore de Charax indique dans l'Arie.

CANDALI, peuple de l'Inde, en-deçà du Gange, selon Ptolemée. Quelques exemplaires portent *Condali*.

CANDANENSIS, siège épiscopal de l'Asie mineure, dans la Lycie, selon les notices grecques, citées dans le recueil des conciles.

CANDANOVIA. Ce nom se trouve dans quelques éditions de Pomponius Méla. Vossius veut que l'on lise *Scandinovia*.

CANDANUM, ville des Iaziges Métanastes, selon Ptolemée.

CANDARA, nom d'une ville de l'Asie, dans la Paphlagonie. Etienne de Bysance la place à environ trois schènes de la ville de *Cangris* & de *Thariba* (1).

CANDARI. Pline, Ptolemée & Pomponius Méla, nomment ainsi un peuple de l'Asie, dans la Sogdiane.

CANDASA, nom d'une ville de l'Asie mineure, dans la Carie, selon Polybe, cité par Etienne de Bysance.

CANDAVIA, nom d'une contrée de la Macédoine, de laquelle Jules-César parle à l'occasion de Pompée. Ce pays étoit borné au couchant par les monts Candaviens, & au levant par le lac Lychnide. Il est fait mention des déserts de la Candavie par Sénèque. Cette contrée devoit être à quelque distance à l'est de *Dyrrhachium*.

CANDAVIÆ MONTES, montagnes de la Macédoine, le long desquelles couloit le *Panyasus*. Elles bornoient la Candavie vers le couchant. Strabon dit que les guerres & les révoltes avoient tellement ruiné ce pays, que la plupart des bourgs & des villages furent détruits, & que de son temps ils n'étoient pas encore rebâtis. On croit que ce sont les *Cambuvii Montes* de Tite-Live, & *Canaluvii Montes* de Ptolemée.

CANDEI, peuple de la Troglodytique, peu loin de la seconde Bérénice, au couchant de la mer Rouge, selon Pline.

CANDIDIANA. L'itinéraire d'Antonin nomme ainsi une ville de la Basse-Mœsie.

CANDIDUM PROMONTORIUM (*Bás-el-Abeaoh*), promontoire de l'Afrique proprement dite, au nord-ouest du promontoire d'Apollon. Tite-Live, Pline & Méla en parlent.

CANDIDUM PROMONTORIUM, promontoire d'Afrique, selon Pline. On croit que c'est aujourd'hui *Capo Mabra*.

CADIONI, nom d'un peuple de l'Inde, dont fait mention Ptolemée. Il le place en-deçà du Gange.

CANDIPATNA, ville de l'Inde, en-deçà du Gange, & dans le pays des Arvarniens, selon Ptolemée.

CANDIS. *Voyez* CANDYS.

CANDOUM, *ou* CANDUUM, nom d'une ville de la Germanie, selon Ptolemée.

CANDROGARI, ville de l'Ethiopie, sous l'Egypte, selon Pline, qui la met au bord du Nil.

CANDUUM, ville de la Germanie, selon Ptolemée. Long. 33 deg. Lat. 51 deg. 20 min.

CANDYBA, ville de l'Asie mineure, dans la Lycie, selon Pline & Etienne de Bysance. C'étoit une des plus considérables de cette province, selon le premier de ces auteurs. Selon le second, elle avoit pris son nom de Candybus, fils de Deucalion (1).

CANDYS, ville de l'Asie, dans la Médie. Ptolemée en fait mention.

CANE, ville de l'Arabie heureuse avec un port. Ptolemée la donne aux Adramites, qui faisoient partie des Sabéens. Pline dit aussi que c'étoit une ville située sur la mer.

Il en est parlé dans le périple d'Arrian. *Voyez* CANA.

CANE, promontoire de l'Arabie heureuse, près de la ville de même nom, sur la mer Rouge, selon Ptolemée.

(1) *Voyez* la note 91 de la page 351, édition de 1678.

(1) Une faute de gravure dans le nom de cette ville, empêche de le lire exactement sur la carte de l'Asie mineure de M. d'Anville. Il est utile d'en être prévenu. On lit *Canayba*.

CANE, promontoire de l'Asie mineure, auprès du Caïque, selon Hérodote.

CANEATIS. Le périple de Marcian d'Héraclée nomme ainsi une ville de la côte de la Carmanie. On croit, avec beaucoup de vraisemblance, que c'est la *Canthapis* de Ptolemée.

CANEBIUM, ville de l'Asie mineure, dans la Carie, selon Etienne de Bysance, qui ajoute qu'elle fut ensuite nommée *Cyon*. (*Voyez* dans cet auteur, au mot Κύον).

CANELATO, ou CANELATA, ville que Ptolemée place dans la partie septentrionale de l'île de Corse.

CANENTELOS, CANENTELUS, *ou* CARANTONUS (*la Charente*), fleuve de la Gaule aquitanique, selon Ptolemée. Ce géographe écrit *Canentelos*, aussi-bien que Marcian d'Héraclée.

CANESTRINUM. Guillaume de Tyr parle d'un lieu de ce nom dans la Palestine.

CANETHUM, montagne de Grèce, dans la Béotie, selon Ortélius, qui cite Apollonius & son scholiaste.

CANETHUM, *ou* CANETHUS, lieu de la Grèce, dans l'île d'Eubée. Strabon dit que ce lieu étoit d'abord auprès de la ville de Chalcis; mais qu'il s'y trouva enfermé par la suite.

CANGANORUM PROMONTORIUM, promontoire de la côte occidentale de l'île d'Albion, selon Ptolemée.

CANGI, peuple de l'île d'Albion. Tacite le place sur le bord de la mer, dans la partie occidentale de l'île, & vis-à-vis de l'Hibernie.

CANIANA, siège épiscopal de l'Afrique. Il en est fait mention dans la conférence de Carthage.

CANINEFATES, *ou* CANNANEFATES. Le premier nom se trouve dans Tacite; le second, dans Gruter. Ce peuple est dit avoir habité à l'extrémité de l'île des Bataves. (*Voyez* INSULA BATAVORUM). Mais, en rapprochant les récits des historiens, il paroît qu'il faut plutôt entendre au-delà de l'île, puisqu'il est dit que Civilis leur envoya des ambassadeurs pour les engager à entrer dans sa ligue, & qu'en venant à son secours, ils lui amenèrent les Frisons, leurs voisins. On peut croire avec de bons critiques, qu'ils habitoient les terres qui portent aujourd'hui le nom de *Westfrise* ou *Nord-Hollande*, & que l'on a autrefois nommé le *Kennemerland*. Drusus avoit établi chez eux, ainsi que chez les Cattes, un tribunal champêtre, sur lequel il se plaçoit lui-même pour administrer la justice.

CANINI CAMPI. *Voyez* CAMPI CANINI.

CANINI, nom d'une contrée de la Rhétie, selon Ammien Marcellin, cité par Ortélius. On croit que c'est aujourd'hui le pays des Grisons.

CANIOPOLIS, nom d'une ancienne ville épiscopale de la Thrace. Il en est fait mention dans les actes du concile de Sardique, tenu en l'an 347.

CANIPSA, nom d'une ville de l'Arabie heureuse, sur le golfe Persique, & à l'occident de l'embouchure du fleuve Lar, selon Ptolemée. Quelques exemplaires disent *Capsina*.

CANIS FLUMEN, *ou* CYNOS FLUMEN, ou *le fleuve du Chien*, rivière de l'Arabie heureuse, dont l'embouchure est dans le golfe Persique, selon Pline. Il est vraisemblable que c'est le fleuve *Lar* de Ptolemée.

CANIS LUCTUS, lieu de la Grèce, dans l'île d'Egine, selon Ælien.

CANIS PHIRRICUS, lieu de la Thrace, sur le Bosphore de Thrace, dans la partie occidentale du promontoire Hermæum.

CANITARUM, île de l'Inde, selon le périple de la mer Erythrée, où elle est placée sur la côte de la Limyrique. Cette île étoit près de ce que l'auteur du périple appelle *Chersoneson*.

CANNA, petite ville de l'Asie mineure, dans l'Eolide, selon Pomponius Méla.

CANNA, ville de la Cappadoce, dans la Lycaonie, selon Ptolemée.

CANNA, lieu de l'Asie, entre Cyrre & Edesse, selon l'itinéraire d'Antonin.

CANNABA, lieu de l'Asie, dans la Syrie, sur la route de Nicopolis à Edesse, selon l'itinéraire d'Antonin.

CANNÆ, *ou* CANNES, lieu de l'Italie, dans l'Apulie, sur la droite de l'Aufidus. Ce nom, écrit au plurier dans les historiens latins, est écrit au singulier dans Polybe, qui dit Καννη. Ce lieu, très-connu par la bataille qui en a conservé le nom, mérite que l'on s'y arrête un instant.

Polybe nous apprend que la ville de Cannes avoit été détruite un an avant l'époque de la bataille : lors de l'arrivée des Carthaginois en ce lieu, il n'en restoit plus que la citadelle. Les historiens sont d'accord sur le nombre des Romains qui périrent dans ce combat; il fut de quarante mille, dont deux mille sept cens chevaliers : on fit de plus trois mille prisonniers de guerre. Cet événement eut lieu l'an 216 avant l'ère vulgaire. Ces points ne sont pas contestés : mais il s'est élevé des avis différens sur l'emplacement même du lieu où se donna la bataille, & la position respective des deux armées.

Polybe, & après lui Tite-Live, sont entrés dans quelques détails, par rapport à ce célèbre événement : mais on trouve cependant un vuide considérable dans leur récit, & ce n'est qu'en s'aidant des connoissances actuelles du local, que l'on parvient à en prendre une idée juste & conforme au fait. D'après ce qu'en ont dit M. l'abbé Chauppy & M. Swinburne, qui ont été l'un après l'autre sur les lieux, il est clair que M. d'Anville s'étoit mépris en plaçant le lieu de la bataille sur la droite de l'*Aufidus*. La plus grande preuve que l'on puisse en donner, c'est que c'est à la gauche de ce fleuve, & au nord-est de *Cannæ*, qu'est l'emplacement qui porte actuellement le nom de *Pezzo di sangue*, selon M. Swinburne, & de *Campo del sangue*, selon l'abbé Chauppy, c'est-à-dire, *plaine* ou *champ du sang*.

Et ce nom ne lui a été donné qu'à cause de la grande quantité d'ossemens & des restes d'armures romaines qui a été trouvée en ce lieu : mais de ces deux voyageurs l'un prétend que l'inspection du local lui rapelle précisément les récits des deux anciens nommés ci-dessus ; au lieu que l'autre dit que Tite-Live n'a pas entendu Polybe. Ecoutons à ce sujet M. Swinburne lui-même. Son témoignage est d'autant plus respectable, que cet Anglois connoît parfaitement l'antiquité, & qu'il n'a jamais négligé de la rapprocher & de la comparer avec l'état actuel des lieux ou des hommes qu'il a visités.

(1) « Nous étions trop occupés des évolutions d'Annibal, pour nous écarter de la route de Cannes : ainsi, réservant Canosa & ses antiquités pour une autre occasion, nous entrâmes dans la route de Barletta, du côté méridional de l'Offanto (*l'Aufidus*) ; une côte de petites collines, dénuées de bois, employées en gazons ou en terres labourables, borde la rivière de ce côté, environ l'étendue de quatre milles, au bout desquelles nous trouvâmes une plaine, terminée par l'éminence, sur laquelle étoit située la ville de Cannes. Au-delà l'Offanto (*l'Aufidus*) coule au pied de la colline, jusqu'à ce qu'il se perde par une pente douce dans les plaines de Barletta ; il parcourt quelques milles dans un pays plat, & se jette dans le golfe de Venise. Il reste peu de traces de la ville de Cannes : elles consistent en quelques fragmens d'autels, des restes de corniches, de portes, de murailles, de voûtes, & de lieux propres à serrer des grains, bâtis sous terre. Elle avoit été détruite un an avant la bataille : lorsqu'elle fut rebâtie ensuite, elle devint un siège épiscopal dans les premiers siècles du christianisme. Elle fut ruinée de nouveau au sixième siècle, & n'a depuis subsisté que dans un état fort humble : car nous lisons qu'elle eut des disputes avec Barletta, pour le territoire dont elles avoient toujours joui en commun, & en 1224 Charles I rendit un édit pour la division des terres, afin de prévenir toute contestation à l'avenir. La prospérité des villes maritimes qui croissoient en richesses & en population, à cause des embarquemens & du commerce, opéra l'anéantissement des villes intérieures, & Cannes fut sans doute abandonnée entièrement avant la fin du treizième siècle.

» Au pied de la colline est une grande arcade, au-dessous de laquelle il y a une cuve de marbre qui reçoit les eaux d'une grande fontaine : nous trouvâmes dans cet endroit un camp de bergers de l'Abbruzze, prêts à partir pour les montagnes : leur abord, leur habillement & leur langue sont également sauvages : mais ils sont civils & remplis d'hospitalité ; ils nous offrirent du lait, du fromage & de la viande froide : leur chef nous donna quelques médailles de cuivre des empereurs Léon & Zenon, qu'ils avoient trouvées parmi les ruines. Ils parurent fort étonnés, quand nous leur offrîmes de leur payer de semblables bagatelles.

» La colline, autour de l'arcade, étant plus élevée que toutes les autres, me servit comme d'un lieu d'observation, où je montai pour faire mes remarques, & prendre une idée du pays avant d'entrer dans le champ de bataille. Mes yeux parcouroient facilement la vaste étendue de ces plaines uniformes. Tout étoit dans le calme le plus profond : pas un homme, pas un animal ne parut en ce moment pour embellir la scène (2)......

» Pour en revenir à la bataille de Cannes, & aux différentes discussions qu'a éprouvées la détermination du lieu, on se rappellera que Paul Emile & Terentius Varron, autorisés par le sénat à quitter leur position, & à tenter la fortune par une action décisive, s'avancèrent au-delà de *Canusium*, & vinrent camper à quelques milles à l'est de cette ville, en deux divisions inégales, & laissant l'*Aufidus* entre eux. Dans cette nouvelle position, ils attendoient une heureuse occasion : mais Annibal, dont la situation critique, dans un pays désolé, sans asyle, sans alliés, n'admettoit pas de délais, trouva le moyen d'exciter la vanité de Varron par quelques légers avantages qu'il lui laissa prendre sur sa cavalerie légère, détachée par de petites escarmouches. Varron, séduit par ce succès, se détermine à chercher une gloire plus éclatante : mais, trouvant le terrein trop étroit, au midi de la rivière, pour les opérations qu'il méditoit, & pour une armée considérable, il lui fit passer la rivière, & appuyant son aîle droite sur l'*Aufidus*, il étendit ses forces dans la plaine. Annibal, dont le quartier général étoit à Cannes, ne s'apperçut pas plutôt des mouvemens de l'ennemi, qu'il passa aussi la rivière à gué un peu plus bas, & forma une ligne opposée à la leur. J'ai pris pour guide Polybe, qui avoit examiné les lieux, qui étoit militaire, qui pouvoit avoir connu des personnes présentes à la bataille ; Polybe, qu'ont suivi les historiens qui sont venus après lui, & dont l'autorité paroît incontestable. Il observe qu'une des deux armées étoit tournée vers le nord, & l'autre vers le midi, position dans laquelle le soleil levant ne pouvoit les incommoder ni l'une ni l'autre (3) »... On voit donc, par

(1) *Travels in the tow Sicilies, &c. T. 1, pag. 167*, à l'alinea *we were too much occuper, &c.* Je me sers de la traduction de mademoiselle de Kéralio, qui a même ajouté en cet endroit quelques notes prises de *Silius Italicus*.

(2) Ceci prouve combien est faux l'article qui se trouve dans un dictionnaire de géographie moderne peu ancien. On y lit : *Cannes, ville autrefois, aujourd'hui village.... Ce village est nommé aujourd'hui Canna Distrutta.....* Au lieu d'un village, c'est un emplacement solitaire. Au moyen de cette petite correction, l'article sera exact.

(3 Le passage de Polybe est formel : *Βλεπούσης δὲ τῆς μὲν τῶν Ρωμαίων τάξεως πρὸς μεσημβρίαν τῆς δὲ τῶν Καρχηδονίων πρὸς τὰς ἄρκτους.* L'armée des Romains regardoit le midi, & celle des Carthaginois regardoit le nord. Je ne vois pas pourquoi M. l'abbé Chauppy n'adopte pas ce sentiment. Il est sûr que dans les auteurs grecs, Polybe,

Polybe, que c'étoit les Romains qui avoient le midi en face : & comme le fleuve forme vers le sud une courbure, cela donne lieu à un très-grand espace formé en demi-lune : on sent qu'il y avoit encore de la place entre eux & les Carthaginois. « On prétend que les expressions de Polybe peuvent avoir un double sens : je ne crois pas cependant qu'il puisse y avoir rien de plus clair. M. l'abbé Chauppy taxe Tite-Live d'avoir mal interprété le passage de l'historien grec, en disant : *Romanis in meridiem, Pœnis in septentrionem versis* (Tite-Live, *l.* XXXII, *46*)...... Cependant, comme je ne puis regarder Tite-Live que comme assez versé dans la langue grecque, pour ne pas errer sur le sens d'un auteur qu'il a étudié & suivi très-exactement, je penche plutôt à croire, dit M. Swinburne, que son explication est exacte, vu que sur-tout la situation des lieux est, selon moi, en sa faveur. Dans la partie de la plaine où nous sommes moralement sûrs que la bataille se donna, l'*Aufidus* ayant parcouru quelques milles, se replie tout-à-coup vers le midi, & décrit en cet endroit un très-large demi-cercle. Nous pouvons conjecturer que les Romains le passèrent à gué à cet angle, appuyèrent leur aile droite à cette rivière, & que les légions s'étendirent vers l'est de manière que leur ligne faisoit face au midi ; tandis que les Carthaginois, coupant le demi-cercle en deux endroits, formèrent une ligne qui étoit la corde dont la rivière étoit l'arc (1) ».

CANNÆ. Etienne de Bysance dit qu'il y avoit un lieu de ce nom écrit avec deux *nn*, près de Carthage. On est persuadé que cet auteur se trompe, & qu'il veut parler de *Cannæ* en Apulie, où se donna la célèbre bataille qui porte ce nom.

CANNAGARA, ville de l'Inde, que Ptolemée place au-delà du Gange.

CANNAR, *ou* CANNARUM, promontoire de l'Afrique, sur la mer Méditerranée, dans la Mauritanie Tingitane, selon les divers exemplaires de l'itinéraire d'Antonin.

CANOBOS, *ou* CANOBUS, ce nom qui se trouve dans la table des villes illustres de Ptolemée, me paroît être le même que Canope.

CANODIPSAS REGIO. C'est ainsi que quelques interprètes croient devoir lire le mot *Conadipsas*, qui se trouve dans le texte de Ptolemée. Cette contrée appartenoit à la Scythie.

tacticiens & militaire, ἐπιφάνεια signifie le *front* d'une armée. Or, Polybe a dit, avant le passage cité plus haut, en parlant de la disposition de l'armée romaine : πασαν την επιφανειαν την προσ μεσημβριαν... & tout le front de l'armée étoit vers le midi. M. l'abbé Chauppy croit que cela veut dire qu'ils étoient au midi de l'ennemi. Mais il me semble que les Grecs n'emploient pas μεσημβρια dans ce sens.

(1) M. Swinburne ajoute ensuite : *all the maps are inaccurate in this province. D'Anville places* Canusium *on the northern bank of the river, and the battle several miles South of the* Aufidus.

CANOGIZA, ville de l'Inde, qui est placée au-delà du Gange par Ptolemée.

CANONIUM, nom d'un lieu de l'île d'Albion, sur la route de *Venta Icenorum* à *Londinium*, selon l'itinéraire d'Antonin.

CANOPICUM, ville de l'Afrique propre. Elle étoit située entre la ville de *Tabraca* & le fleuve *Bagradas*. Pline dit qu'elle étoit habitée par des citoyens Romains. C'est la *Canopissæ* de Ptolemée.

CANOPISI. C'est ainsi que l'on a rendu, dans la traduction de Ptolemée, le nom κανώπισσαι qu'il faudroit écrire *Canôpissæ*. C'étoit un lieu d'Afrique, entre la ville de Tabraca & le Bragadas.

CANOPITANUM, nom d'une ancienne ville de l'Afrique propre, que Pline met entre les trente villes libres. La conférence de Carthage fait mention de Félix *Episcopus Caniopitanorum*. Ce siège étoit vraisemblablement dans la ville de *Canopitanum*.

CANOPUS, ville d'Egypte, située près de la mer & de l'embouchure occidentale du Nil, laquelle en prenoit le nom de *Ostium Canopicum*. Strabon la met à cent vingt stades d'Alexandrie. Cet auteur, pour faire voir combien la dissolution étoit portée à l'excès dans cette ville, dit que les délices d'Eleusis étoient comme l'entrée & le prélude des usages & de l'effronterie de Canope. Il y avoit un temple de Sérapis, pour lequel la vénération étoit très-grande. Tous les jours & toutes les nuits le canal étoit couvert de barques remplies d'hommes & de femmes, qui dansoient & chantoient avec la dernière lubricité.

Tacite, Sénèque & Juvénal font mention de la ville de *Canopus*. Elle avoit été bâtie par les Lacédémoniens.

Le Périple de Scylax indique aussi une île déserte de ce nom près l'embouchure Canopique.

Dans le huitième récit de Conon, rapporté par Photius, il est dit que *Canopus* étoit un beau jeune homme qui conduisoit le vaisseau de Ménélas, jeté sur les côtes d'Egypte. Il fut piqué par une vipère, & mourut. Ménélas lui éleva un tombeau, dans le lieu où fut depuis la ville de Canope.

CANRAITÆ. Arrien, dans son Périple de la mer Rouge, fait mention d'un peuple de ce nom dans l'Arabie heureuse. Son interprète soupçonne que ce sont les *Cassanites*, puisque le nom de *Canraitæ* ne se trouve dans aucun autre auteur ancien.

CANTABRA, nom d'une rivière de l'Inde, que Pline compte entre les plus considérables de celles qui se perdent dans le fleuve Indus.

CANTABRI, les Cantabres, peuple de l'Hispanie citérieure. Ils avoient au nord la mer de leur nom, & s'étendoient depuis les Astures à l'ouest, jusqu'aux Vascons à l'est. Je comprends dans cette nation les Autrigons, les Caristins, les Vardulins, &c.

Pline divise les Cantabres en quatre nations : mais il ne les nomme point.

Les Cantabres étoient des peuples féroces, que leurs habitations, entre des montagnes, avoient même empêché de se civiliser aussi promptement que ceux qui habitoient vers la Méditerranée.

Les Cantabres, quant à leurs armes & à leur goût pour la guerre, ressembloient aux Lusitaniens. On sait la peine que les Romains eurent à les soumettre.

Les Cantabres & leurs voisins se lavoient, eux & leurs femmes, avec de l'urine conservée dans des citernes : ils s'en frottoient même les dents.

Non-seulement ces peuples étoient sauvages ; mais ils étoient inhumains & cruels. Dans la guerre que leur firent les Romains, des mères tuèrent leurs enfans, pour ne pas les voir tomber entre les mains du vainqueur. Un jeune homme tua ses frères & ses autres parens prisonniers, par ordre de son père. Une femme traita de même des prisonniers qui étoient avec elle. Un homme qui y étoit invité par des gens ivres, se jeta avec eux dans un bûcher. Strabon dit encore que l'on a vu plusieurs des Cantabres, auxquels on faisoit souffrir le supplice de la croix, paroître inaccessibles à la douleur & braver la mort en chantant.

Les femmes Cantabres, ainsi que les femmes Celtes & Thraces, avoient autant de courage que les hommes, & s'occupoient comme eux du travail des champs : mais ce qu'il y a de plus étrange, & ce que l'on rapporte de même de quelques nations sauvages modernes, c'est que quand les femmes étoient accouchées, elles faisoient coucher leurs maris & les servoient. Je croirois plus volontiers ce qu'ajoute Strabon, que ces femmes, surprises au milieu de leurs travaux par les douleurs de l'enfantement, mettoient leurs enfans au monde, se lavoient au premier ruisseau, & retournoient à leur ouvrage. L'auteur grec ajoute que Posidonius rapporte avoir appris le trait suivant de Charmolaüs de Marseille. Ce dernier employoit, pour faire un fossé, des hommes & des femmes. Une de ces femmes sentit qu'elle alloit accoucher : elle s'éloigna un peu, accoucha, & revint promptement reprendre le travail, de peur de perdre son salaire. Cependant elle travailloit avec un peu moins de force ; Charmolaüs en sut la cause, lui paya sa journée & la renvoya. Elle prit son enfant, le lava à une source, l'enveloppa d'un peu d'étoffes, & retourna chez elle. Ceci se passa en Ligurie.

Les peuples de l'Hispanie avoient la coutume de monter deux sur un même cheval pour se porter au combat ; l'un d'eux combattoit ensuite à pied. Strabon remarque que cet usage ne leur étoit pas particulier.

Il y a d'autres usages chez ces peuples, dit Strabon, qui ne sont pas aussi étrangers ; mais qui ne sont pas encore ceux d'une nation policée. Ce sont les maris qui apportent des dots à leurs femmes, & ce sont les filles qui héritent & qui marient leurs frères. C'est donner bien de l'empire aux femmes, dit Strabon ; & cela n'est pas d'une sage administration.

Ces peuples, l'an de Rome 727, résistèrent à Auguste, dont ils harcelèrent les troupes, & ne furent soumis que lorsqu'étant malade à *Tarraco*, il envoya contre eux Funnus, Antistius & Agrippa. Ce fut pendant cette guerre qu'ils commirent les cruautés dont j'ai parlé. Ils employoient, pour s'empoisonner, une herbe que Strabon dit être assez semblable au persil, & que je soupçonne être la ciguë.

CANTABRIA, nom d'une contrée, sur la côte septentrionale de l'Hispanie. Strabon dit qu'au rapport de quelques auteurs, les Lacédémoniens avoient possédé une partie de la Cantabrie ou pays des Cantabres, & qu'ils y avoient bâti la ville d'*Opsicella*.

CANTABRICUS OCEANUS, nom que les auteurs anciens ont donné à la partie de mer que nous nommons à présent *mer de Biscaye*.

CANTACOSSYLA, lieu de l'Inde, qualifié du titre d'*Emporium*.

CANTÆ, les Cantes, peuple de la partie septentrionale de l'île d'Albion, dans la Calédonie.

CANTANUS. Etienne de Bysance nomme ainsi une ville qu'il place dans l'île de Crète. Le siège épiscopal de cette ville l'a rendue fameuse. Les actes du concile de Chalcédoine en font mention.

CANTAURIANI, peuple d'Afrique, dans la Mauritanie, selon Ammien Marcellin.

CANTECI, nom d'un peuple de la Scythie. Pline dit qu'il occupoit les bords du fleuve *Ocharius*.

CANTERIUS MONS, montagne qui doit avoir été dans le pays des Sabins, en Italie, & que M. l'abbé Chauppy croit être le mont S. Jean actuel. Il est à remarquer que Varron, en nommant cette montagne, la cite comme un des lieux qui tiroient leurs noms de quelques animaux. Or, selon Festus, les Latins appelloient *Canterius* un cheval entier. Le temps & la négligence dans la prononciation ont altéré ce nom, qui se retrouve cependant dans celui de la vallée & de la rivière qui sont auprès, & que l'on appelle toutes deux *Canera*.

CANTHAPIS, *ou* CANTHATIS, selon les divers exemplaires de Ptolemée, ville de l'Asie, dans la Carmanie. Cet ancien met cette ville deux deg. plus à l'orient que *Carpella*, qu'il dit être située à l'entrée du golfe Persique.

CANTHARIUM, promontoire le plus occidental de l'île de Samos, selon Strabon, qui dit que c'étoit l'endroit le plus étroit entre cette île & celle de *Nicaria*.

CANTHARUM. Il semble, par ce que dit Héfichius, qu'il y avoit un lieu ou petit port de ce nom, compris dans l'espace où se trouvoit, sur la côte de l'Attique, les ports de Phalère, de Munichie & de Pyrée.

CANTHELEA, ville de l'Afrique. Elle appartenoit aux Carthaginois, qu'Etienne de Bysance appelle Liby-Phéniciens. On croit que c'est le *Vicus*

Saturni où S. Jérôme étoit logé, lorsqu'il fut envoyé en exil à *Curubis*. Ainsi, Canthèle étoit maritime, & dans le territoire de *Curubis*, au voisinage de Carthage.

On croit que c'est la même que *Canthelia*.

CANTHELIA, ville d'Afrique, selon Etienne de Bysance, qui l'indique près de Carthage. On pense que c'est la même que *Canthelea*.

CANTHI-COLPUS, *ou* IRINUS, golfe de l'Inde, selon Ptolemée. C'est dans la partie nord de ce golfe que se jette le fleuve *Indus*.

Ce golfe, dans le Périple de la mer Erythrée, est nommé *Irinus*: mais Marcian d'Héraclée dit *Canthi-Colpus*, ou ce qui revient à *Canthi-Sinus*.

CANTHI STATIO, port de mer de l'Inde, au couchant de l'embouchure la plus occidentale du fleuve *Indus*.

CANTHORUM CIVITAS, ville de la Marmarique, selon Ptolemée.

CANTII, les Cantiens, peuple de l'île d'Albion, dans le pays desquels, entre autres villes, Ptolemée met celle de *Londinium*. Les Cantiens furent les premiers peuples chez qui Jules-César prit terre, & il parle d'eux & de leur pays en plus d'un endroit de ses commentaires.

CANTILIA, lieu de la Gaule, indiqué par la table théodosienne entre *Aquæ Neræ* (Neris) & *Augustonemetum* (Clermont.) On croit que ce lieu répondoit à Chantelle-la-vieille.

CANTIŒBIS, nom d'une ville de la Germanie, que Ptolemée place près du Danube.

CANTIUM, pays de l'île d'Albion, vis-à-vis de l'endroit de la Gaule d'où César étoit parti pour faire le trajet. César dit que les habitans de cette contrée étoient les plus civilisés de l'île, & que leur pays étoit le long de la mer.

CANTIUM PROMONTORIUM, promontoire sur la côte orientale de l'île d'Albion, auprès de *Rupiæ*, selon Ptolemée.

CANUCCIS, station romaine sur la côte de l'Afrique, selon Ptolemée. Ce lieu étoit à l'est du promontoire *Apollinis*, & à l'ouest-sud-ouest *de Julia Cæsarea*.

Ce lieu est nommé *Cunugus* par Pline.

CANUCHA, rivière de l'Asie, dans les Indes. C'est une de celles qui se perdent dans le Gange, selon Pline.

CANUSIUM (*Canosa*.) ville d'Italie, dans l'Apulie, sur l'Aufidus, peu éloignée du lieu où se donna la bataille de Cannes. Cette ville étoit considérable du temps des Romains. Ce fut dans cette ville que se retirèrent ceux qui avoient pu échapper au massacre de presque toute l'armée, lors de la bataille que je viens de nommer. Il ne reste de cette ville qu'un misérable bourg, situé sur la hauteur où étoit autrefois le château de *Canusium*. D'ailleurs, il reste dans les environs de grands morceaux d'antiquités, tels qu'un arc de triomphe, l'enceinte d'un amphithéâtre, des aqueducs, &c. C'est donc à tort que dans quelques ouvrages de géographie moderne on en fait une ville.

CANUZA, lieu de l'Asie mineure, sur le bord oriental du Bosphore de Thrace, à l'opposite du golfe de *Læsténius*.

CANYNDII, peuple de l'Asie mineure, dans la Carie, selon les anciennes éditions de Quinte-Curse.

CANYTIS, grande ville de l'Asie, dans la Syrie, selon Etienne de Bysance. On croit que c'est la même qu'il nomme *Cadytis*. Hérodote en fait aussi mention.

CAPÆ, nom d'une ville de l'Hellespont, selon Etienne de Bysance, qui cite Androtion.

CAPARA, (Laventas de *Capara*, dans l'Estramadure), ville de l'Hispanie, dans la Lusitanie, au sud-est de *Lancia Transcudana*.

Ptolemée donne cette ville aux Vettons, peuple le plus oriental de la Lusitanie.

Dans l'itinéraire d'Antonin, elle est marquée entre *Rusticiana* & *Cæcilion*.

CAPARCELIS, ville de l'Asie, dans l'Arménie mineure, selon Ptolemée.

CAPARCOTIA, ville de Judée, que l'on croit avoir été sur la droite du Jourdain, vers l'endroit où il entre dans le lac de Génésareth.

CAPARETÆA, nom d'un village du pays de Samarie, selon Justin & Eusèbe. Ce dernier dit que c'étoit la patrie de Ménandre, disciple & successeur de Simon le Magicien.

CAPARNAUM, selon Ptolemée. *Voyez* CAPHARNAUM.

CAPARNAUM, *ou* CAPERNAUM, selon les différentes éditions du livre de la guerre de Joseph, nom d'une fontaine de la Palestine, près du lac de Génésareth.

CAPARO, lieu de la Lusitanie, au sud-est de *Lancia Transcudana*.

CAPARORSA. Ptolemée nomme ainsi une ville qu'il place dans la Judée.

CAPASA, c'est, selon Ptolemée, le nom d'une ville de la Lusitanie propre.

CAPEDUNUM, ville de la basse Pannonie, près du Danube, selon Strabon, qui la donne aux Scordisques.

CARELLATIUM, *ou* PALAS. Ammien Marcellin nomme ainsi une contrée, où il dit qu'il y avoit des bornes qui distinguoient le territoire des Allemands de celui des Bourguignons.

CAPENA, ville de l'Italie, dans l'Etrurie, entre le pays des Véiens & le Tibre, selon Tite-Live. Cet ancien dit que le bois & le temple de Féronie étoient dans le territoire de cette ville. Etienne de Bysance écrit *Capinna*. Virgile parle aussi de cette ville, qui étoit presque au nord de Rome.

CAPENA PORTA. Les anciens ont nommé ainsi une des portes de la ville de Rome. Elle porta aussi le nom Porte de la voie Appienne, qui commençoit à cette porte. C'est aujourd'hui la porte de S. Sébastien, au sud-est de Rome.

CAPENATES. Tite-Live nomme ainsi les habitans de la ville & du territoire de la ville de *Capena*, en Italie, dans l'Etrurie.

CAPER, *ou* CAPRUS, rivière de l'Asie, dans la Syrie. Elle couloit entre le *Lycus* & le *Gorgus*, & alloit se perdre dans le Tigre, selon Ptolemée.

CAPER, *ou* CAPRUS, nom d'une rivière de l'Asie mineure, dans la Phrygie, & de la contrée Cibyratique. Selon Pline, elle baignoit un des côtés de la ville de Laodicée. Et Strabon dit qu'elle se jetoit dans le Méandre, auprès de cette ville.

CAPERENSES. Pline nomme ainsi les habitans de la ville de *Capara*, en Hispanie.

CAPERSANA, lieu de l'Asie, dans la Syrie. Il étoit dans le voisinage de la ville de Zeugma, selon Ammien Marcellin.

CAPERTURI, lieu de l'Asie, sur la route d'Antioche à Emèse, entre *Niaccaba* & Apamée, selon l'itinéraire d'Antonin.

CAPETERUM, place forte de la Thrace, au pied des montagnes, selon Cédrène, cité par Ortélius. Curopalate la nomme *Capeti Arx*, & il la met dans le voisinage de la ville de *Theodosiopolis*.

CAPEUS, baie particulière sur la côte de l'Arabie, dans le golfe Persique. Pline dit que les Chatènes & les Gaulopes habitoient sur le bord de cette baie.

CAPHA, nom d'une des montagnes de l'intérieur de l'Afrique, selon les anciens. C'étoit près de cette montagne qu'habitoient les *Charitæ*, les *Odrangidi Æthiopes* : mais tout cela est bien vague.

CAPHAR-ABIS, château de l'Idumée. Joseph rapporte que ce lieu fut pris par Céréalis, tribun des troupes romaines.

CAPHAR-ARIA, village de la Palestine, entre les villes de Jérusalem & d'Ascalon, selon la table de Peutinger.

CAPHAR-BARICA, *ou* CAPHAR-BARUCHA, nom d'un village de la Palestine, à trois milles d'Hébron, sur les confins des pays d'Eleutheropole & de Jérusalem, dans la tribu de Juda, selon saint Epiphane. Saint Jérôme en fait aussi mention.

CAPHAR-DAGON, village de la Palestine. Il étoit situé entre Diospolis & Jamnia, selon Eusèbe.

CAPHAR-JAMA. Les talmudistes assurent que l'on donna ce nom à la ville de la Palestine que Josué nomme *Jabnéel*.

CAPHAR-LAKITIA, nom d'un lieu de la Judée, où l'empereur Adrien mit des corps-de-gardes, selon les Rabins.

CAPHAR-NIMRA, ville de la Palestine, dans la terre d'Israël. Les Rabins disent qu'il y avoit quantité de tisserands dans cette ville, & qu'elle étoit fort peuplée.

CAPHAR-NOME, village de la Palestine, dans la Galilée, près du Jourdain & de la ville de Juliade. Joseph dit qu'on le porta dans ce village, après avoir été blessé dans un combat.

CAPHAR-ORSA, ville de l'Idumée, que Ptolemée place à l'occident du Jourdain.

CAPHAR-SABA, campagne de la Palestine, dans laquelle Hérode bâtit une ville, qu'il nomma *Antipatride*, en l'honneur de son père Antipater, selon Joseph.

CAPHAR-SALAMA, lieu que l'on croit avoir été situé près de Jérusalem.

CAPHAR-SORECH, village de la Palestine, joignant celui de Saara, près d'Eleutheropolis, selon S. Jérôme.

CAPHAR-TOBA, nom d'un village que Joseph place au milieu de l'Idumée.

CAPHARA, ville de la Judée, dans la tribu de Benjamin, selon Josué.

CAPHARATH, village de la Galilée. Joseph dit qu'il le fit fortifier.

CAPHARCHANANIA, nom d'un lieu que les docteurs juifs mettent aux confins de la haute & de la basse-Galilée.

CAPHARCOTIA, *ou* CAPARCOTIA, ancienne ville de la Palestine, dans la Galilée, selon Ptolemée. La table de Peutinger la nomme *Caparcotani*, & elle y est placée entre Scythopolis & Césarée de Palestine.

CAPHAREUS. Les auteurs conviennent que ce lieu appartenoit à l'île d'Eubée ; mais l'opinion générale admet seulement un promontoire de ce nom : au lieu qu'Etienne de Bysance en fait un port, un lieu d'abri pour les vaisseaux (ἐπίνειον). Ce lieu étoit au sud-est. M. d'Anville, sur sa carte de la Grèce, a tracé une petite anse en cet endroit ; a-t-il voulu désigner le petit port dont parle le géographe grec ? Au reste, la mer des environs de ce promontoire étoit célèbre & très-redoutée par ses naufrages. Il en est parlé dans plusieurs anciens, & particuliérement dans le grand étymologicon, dans Pausanias, *&c.* Ce dernier cite la célébrité de ce promontoire comme un exemple de la renommée qui s'acquiert par les malheurs de l'humanité. Ce fut-là que fit naufrage la flotte des Grecs, revenant de Troye avec Agamemnon. Aussi Virgile dit-il :

Scit triste Minervæ
Sidus, & Euboïcæ cautes, ultorque Calcareus.
Enéïd. *L.* XI, *v.* 260.

Voici, dit-on, ce qui causa la perte de la flotte des Grecs. Nauplius, roi d'Eubée, voulant venger la mort de Palamède, son fils, qu'Ulysse avoit immolé à sa jalousie, fit allumer un grand feu au haut du cap. Les Grecs, croyant que c'étoit le fanal d'un port, portèrent dessus. Leurs vaisseaux y furent brisés par les rochers qui sont en ce lieu cachés sous les eaux. On prétendit que les dieux punissoient ainsi les crimes des Grecs.

Quelques interprètes lisent *Cathereus*.

CAPHARNAUM, ville de la Palestine, située sur le bord du lac de Génésareth, à peu de distance à l'ouest de l'embouchure du Jourdain dans ce lac. Elle étoit, selon S. Mathieu, sur les confins des tribus de Zabulon & de Nephtali. C'est-là qu'habita d'abord J. C. lorsqu'il eut quitté sa famille, qui étoit à Nazareth : c'est aussi là qu'il commença à faire éclater sa puissance par des miracles. Il y guérit le serviteur d'un centenier. Mais les habitans de cette ville s'étant glorifiés de ces merveilles sans en profiter pour leur salut, attirèrent sur eux les reproches que leur fit J. C. qui y avoit aussi guéri un possédé & un paralytique. J. C. étant à Cana, avoit accordé à un officier la guérison de son fils malade à Capharnaum. C'est cette espèce de prédilection de J. C. pour cette ville, & parce qu'en effet il y avoit établi sa demeure au sortir de Nazareth, qui l'a fait nommer quelquefois *la ville de Jesus-Christ*.

CAPHARNAUM, fleuve de la Palestine, qui a son embouchure au nord-est du lac *Génézareth*.

CAPHARNAUM (*mont de*), montagne de la Palestine, au nord du lac de Génézareth & près de la ville dont elle portoit le nom.

CAPHARSALAMA APOLLONIADE, *ou* ANTIPATRIDE, ville de la Judée, dans la demi-tribu de Manassé, en-deçà du Jourdain.

C'est près de cette ville que Nicanor vint camper pour combattre Judas Macchabée.

Elle fut rebâtie par Hérode, qui la nomma *Antipatride*, du nom de son père. Joseph, *Antiq.*

CAPHAS MONS, montagne de la Libye intérieure, selon Ptolemée, & dans laquelle le fleuve *Daratus* avoit sa source.

CAPHESA, *ou* CAPSA, ville d'Afrique. Elle étoit située vers la source du fleuve Magrada, & étoit environnée de déserts, selon Ptolemée & Strabon.

CAPHETH-RAMIS, petite place forte de la Haute-Idumée. Joseph dit que Céréalis y mit le feu après l'avoir prise.

CAPHETETHA, ou, selon le grec, *Chaphenatha*, nom de l'un des murs de Jérusalem.

CAPHIÆ, ville du Péloponnèse, dans l'Arcadie. Elle est nommée au plurier par Plutarque & Strabon, & c'est la même que *Caphya*.

CAPHIRA, ville de la Palestine, dans la tribu de Benjamin. C'est la même que *Caphara*.

CAPHTOR, *ou* CAPHTHOR. Les premiers interprètes ont cru pouvoir rendre ce nom hébreu par celui de *Cappadoce*, & l'ont fait sans réfléchir,

1°. Que la Genèse fait descendre les *Caphitorins* de Mesraïm.

2°. Que dans le deutéronome, il est dit *que les Hévéens qui habitoient à Hazerim jusqu'à Gaza, en furent chassés par les Caphitorins*, quoique Gaza fût très-loin de la Cappadoce & très-près de l'Egypte.

3°. Que l'on trouve dans Jérémie *que le seigneur a mis au pillage les peuples de la Palestine, les restes de l'île de Caphtor*.

Cette difficulté a frappé M. l'Abbé Pluche. Il a pensé que le *Caphtor* de l'écriture sainte pourroit bien être l'Egypte moyenne ou la province de *Coptos*. Alors la proximité des pays, l'identité d'origine s'accordent également, & toute difficulté disparoît.

CAPHTORIM, *ou* CAPHTORÆI. Ces peuples, dont il est parlé aux versets 13 & 14 du livre x de la Genèse, y sont nommés comme des descendans de Mesraïm. On peut voir au mot CAPHTOR une difficulté sur cet objet. Je dirai seulement que l'on croit que ce sont d'eux que descendent les Philistins. (*Voyez* ce mot).

CAPHYA, ville de l'Arcadie, au nord-ouest d'*Orchomenus*. Elle avoit été bâtie par Céphée, & c'étoit par corruption, que son nom s'étoit altéré en celui que portoit la ville. Les habitans se disoient originaires de l'Attique. Ils prétendoient que, chassés par Egée, qui commença à régner l'an 1308, de-là ils étoient venus implorer le secours de Céphée, lequel les avoit reçus dans sa ville. On y voyoit les temples de Neptune & de Diane.

Cette ville avoit eu beaucoup à souffrir lors des entreprises de Cléomènes & de la ligue des Achéens.

Près de *Caphya* étoit une fontaine ombragée par un platane d'une beauté merveilleuse : pour ajouter la vénération à l'étonnement, on racontoit aux voyageurs que cet arbre avoit été planté par Ménélas, lorsqu'il vint en Arcadie lever des troupes pour son expédition de Troye. Ce fait, au temps de Pausanias, supposoit à cet arbre à-peu-près 1362 ans d'antiquité. Pline, *liv. XVI*, dit, en parlant de cet arbre, qu'il avoit été planté par Agamemnon ; ce n'est pas le rajeunir, ni en attribuer l'origine à une autre famille.

CAPHYATÆ, habitans de la ville & du territoire de *Caphya*.

CAPIDAVA, nom d'une ville de la Basse-Mæsie, entre *Axiopolis* & *Carson*, selon l'itinéraire d'Antonin. Elle est mise dans la Scythie par la notice d'Hiéroclès.

CAPILLATI, ou *les Chevelus*. On s'est servi de cette épithète pour la joindre au nom de quelques peuples, entre autres des Liguriens.

CAPINA, nom d'une île de la mer des Indes, que Pline place près de l'Arabie heureuse.

CAPIONIS TURRIS. Cette tour servoit de phare à l'entrée du *Bætis*. Voici comment Strabon la fait connoître. « Le Bétis a deux embouchures : entre elles est une île qui a cent stades & même davantage de côtes maritimes. Il y a là un oracle de Ménesthée, & une tour de Capion, placée sur un rocher qu'entourent les eaux de la mer. C'est un ouvrage admirable, placé comme un phare (1), pour servir de signal aux vaisseaux. Car l'embouchure du fleuve est embarrassée par le limon (Χοῦς)

(1) L'expression de Strabon ωρπερ ὁ Φαρος, *comme Pharos*, fait allusion à la tour élevée dans l'île de Pharos, en face d'Alexandrie, & sur laquelle on allumoit un feu la nuit pour la sûreté des navigateurs.

que les eaux charient, & elle est dangereuse par les rochers cachés sous l'eau. Quelques commentateurs croient qu'il faut lire *Cæpionis Turris*, attribuant cette tour à Servilius Cæpion. Ceux qui ont cru qu'il falloit, au lieu de ces noms romains, substituer celui de *Geryon*, ont dit une absurdité. Il faut croire que Festus Aviénus étoit dans cette erreur lorsqu'il disoit :

Gerionis arx est eminus, namque ex ea
Geryona quondam nuncupatum accipimus.

Le fondement de cette erreur tenoit à l'ancienne fable de Geryon, que l'on croyoit avoir existé en Hispanie, & que Philostrate, dans la vie d'Apollonius, dit avoir eu son tombeau à *Gades*.

CAPIS, *ou* CABIS, selon les divers exemplaires du livre des colonies de Frontin. C'est le nom d'une colonie de l'Italie. (*La Martinière*).

CAPISA, ville de l'Asie, dans la Capissène, contrée de la Paropamise, selon Ptolemée. Elle est nommée *Capissa* par Pline, qui en parle comme d'une ville qui n'avoit pu se rétablir, après avoir été détruite par Cyrus.

CAPISSA, contrée de l'Asie, dans la Paropamise. Il en est fait mention par Ptolemée & par Pline.

CAPITALIA, nom de la plus haute montagne des Indes. Elle servoit de bornes aux Narées, selon Pline. Il ajoute que les habitans de cette montagne en tirent de l'or & de l'argent.

CAPITIUM, ville de la Sicile, dans les terres, vers le mont *Etna*.

CAPITOLIA, ÆLIA CAPITOLIA, *ou* ÆLIA CAPITOLINA. C'est ainsi que l'on nommoit la ville de Jérusalem, au temps de Ptolemée. *Voyez* JÉRUSALEM.

CAPITOLIAS, ville de l'Asie, dans la Célésyrie, au nord d'Adraa, selon Ptolemée. La table de Peutinger la met entre Adraa & Gadara. Et Antonin sur la route de Sériane à Scythopolis, entre Neve & Gadara.

CAPITOLIUM, le capitole. C'est ordinairement par ce nom que l'on désigne la montagne appelée aussi *Mons Capitolinus*. Cette montagne, située à-peu-près au centre de l'ancienne Rome, s'étendoit du sud au nord, en commençant assez près du Tibre, auquel elle étoit jointe par une muraille. A l'ouest elle étoit fort escarpée; à l'est, on en pouvoit descendre par une pente assez douce, jusques dans la place publique, appelée *Forum*. Au sud de la montagne étoit la porte Carmentale; au nord, la porte Triomphale.

C'étoit sur le sommet de cette montagne que Romulus voulant attirer à son parti les brigands qui auroient été punis ailleurs si on les eût attrapés, ouvrit un asyle entre deux bois de chênes :

Romulus, ut Saxo lucum circondedit alto
Cuilibet hoc dixit, confuge, tutus eris.
Fast. *L. III, v. 431.*

Probablement aussi ce fut lui qui donna à la montagne le nom de *Mons Saturnius*. Ayant été entourée de murailles, les Romains s'en servirent comme d'une citadelle. Quelques auteurs disent que ce nom venoit d'une ville qui y avoit été bâtie par Janus en l'honneur de Saturne.

Pendant la guerre des Sabins, Tarpeïa, fille d'un Romain distingué par son mérite, & auquel on avoit confié la garde du capitole, se ménagea un entretien avec Tatius, & s'engagea à lui livrer la citadelle, si l'on vouloit lui donner les bracelets que les Sabins portoient à leurs bras. On les lui promit. La trahison eut son effet; mais au lieu de lui donner leurs bracelets, les Sabins prétendirent acquitter leur parole, en donnant à Tarpeïa leurs boucliers, sous le poids desquels elle expira. La roche qu'elle avoit livrée en prit dans la suite le nom de *roche Tarpéienne*. On y montoit d'un côté par cent degrés, & de l'autre, comme elle étoit coupée à pic, on en précipitoit les criminels d'état.

Dans la suite, on bâtit sur le mont Capitolin, plusieurs édifices. Le plus célèbre étoit le temple de Jupiter. C'est ce qui fait dire à Ovide (*Mét. L. XV, v. 866*) :

Quique tenes altus Tarpeia, Jupiter arces.

Et Virgile, en comparant l'état où se trouvoit de son temps le capitole, avec ce qu'il étoit d'abord, dit :

Hinc ad Tarpeiam sedem & capitolia ducit
Aurea nunc, olim sylvestribus horrida dumis.
Enéïd. *L. VIII, v. 347.*

Et ailleurs, *v. 652* :

In summo custos Tarpeiæ Jupiter arcis
Stabat pro templo, & capitolia celsa tenebat.

Les historiens romains prétendent que cette montagne prit le nom de *Capitole*, formé du latin *caput* (la tête), de ce qu'en creusant sous le règne de Tarquin, on avoit trouvé la tête d'un homme. Ce fait peut être vrai. Mais puisque l'on dit que cette tête étoit encore sanglante, on voit bien que c'étoit un jeu de la politique d'un roi homme d'esprit, qui gouverne des hommes superstitieux. On consulta un devin célèbre, mandé exprès d'Etrurie. Il attesta que cette tête étoit un signe que la ville de Rome seroit un jour la dominatrice des autres villes. Il fut entendu avec enthousiasme; & les maximes du gouvernement tendirent toujours dans la suite à réaliser cette prédiction flatteuse.

Outre le temple de Jupiter Capitolin, il y avoit sur le mont Capitolin, un bâtiment pour la justice & les affaires, appelé *Tabularium*, un temple à Jupiter Tonnant, un temple à la déesse *Moneta*,

& quelques autres à-peu-près aussi considérables. On remarque que cette montagne a beaucoup perdu actuellement de son élévation, tant parce que le temps l'a nécessairement dégradée, que parce que le sol des environs s'est élevé.

CAPITONIANA. L'itinéraire nomme ainsi un gîte en Sicile, entre *Catina* & *Agrigentum*.

CAPITULENSES. Le digeste fait mention d'un peuple de ce nom. On pense que ce sont les habitans de la ville de *Capitolias*, dans la Célé-syrie.

CAPITULUM, ville de l'Italie, située dans les montagnes au-dessus de Préneste, dans le pays des Herniques, selon Strabon. Elle est nommée *Capitulum Hernicum* par Pline.

Frontin l'appelle *Capitolum*, & dit que cette petite ville reçut une colonie, conformément à la loi de Sylla.

CAPITURIA, nom d'une ville de Thrace. Elle étoit située dans la contrée du mont Rhodope, selon Procope.

CAPNOBATÆ, surnom que l'on donnoit aux Mysiens, selon Strabon.

CAPORI, *ou* CÆPORI, peuple de l'Hispanie, dans la Tarragonnoise, selon Pline & Ptolemée.

CAPOTENA, *ou* CAPOTANA, ville de l'Asie, que Ptolemée met dans l'Arie.

CAPOTES, nom d'une montagne de l'Asie, dans laquelle étoit une des sources de l'Euphrate, selon Pline, qui rapporte que Licinius Mutianus disoit avoir vu cette source au pied du mont *Capotes*.

CAPPADOCES, les Cappadociens. *Voyez* CAPPADOCIA.

CAPPADOCIA. La Cappadoce étoit une province très-étendue de l'Asie mineure. Avant d'en indiquer les bornes, il faut convenir de l'étendue qu'on lui assigne ; car quelques anciens l'étendent à l'est jusqu'à l'Euphrate, & la font remonter au nord jusqu'au Pont-Euxin ; c'est, comme on le voit, y comprendre la petite Arménie & le Pont. D'autres en ont séparé le Pont, que l'on a appelé *Cappadocia Pontica*, par opposition à la Cappadoce, dont je vais parler, & que l'on a quelquefois désignée par le nom de *Cappadocia Magna*, *Cappadocia Propria*, & de *Cappadocia ad Taurum*. Ces différences vinrent de la succession des maîtres auxquels appartint ce pays. Et Strabon s'en exprime ainsi, en commençant sa description.

Pays. Les Perses, dit-il, divisèrent la Cappadoce en deux satrapies, c'est-à-dire, en deux provinces. Sous les Macédoniens, c'est-à-dire, sous les successeurs d'Alexandre, ce pays fut divisé en deux royaumes, l'un conserva le nom de *Cappadoce*, l'autre fut appelé le *Pont*. Je vais parler ici de la grande Cappadoce, & la décrire d'après la carte de M. d'Anville, qui paroît avoir pris un terme moyen entre l'état le plus ancien que l'on connoisse, & les changemens qui s'introduisirent sous les empereurs.

La Cappadoce étoit, au nord, séparée du Pont par une longue chaîne de montagnes, qui, à l'ouest, portoit le nom de monts *Lithrus* & *Ophlinus*, & vers l'est celui de *Paryadres*. Elle remontoit fort haut, en formant un angle très-aigu vers le nord-est. A l'est, en y comprenant la province dite petite Arménie, elle étoit presque entièrement bornée par l'Euphrate, qui la séparoit de la Sophène ; au sud, elle avoit la chaîne du *Taurus*, qui la séparoit de la Comagène & de la Cilicie ; enfin, à l'ouest, de simples limites de convention la séparoient de la Phrygie & de la Galatie.

Les principales montagnes, outre celles que je viens de nommer, étoient le mont *Argæus* & le mont *Athar*, dans la partie occidentale, & une petite chaîne sous le nom d'*Anti-Taurus*, dans la partie orientale.

Les principaux fleuves étoient :

L'*Halys*, qui arrosoit, de l'est à l'ouest, toute la partie septentrionale, & dont une autre branche, coulant du sud au nord dans la partie occidentale, portoit aussi le même nom :

Le *Melas*, qui commençoit au nord du mont *Argæus*, & couloit de l'ouest à l'est, pour se rendre dans l'Euphrate ;

Le *Sarus*, qui, commençant dans le milieu de la partie méridionale, couloit par le sud-ouest, & entroit dans la Cilicie, pour se rendre à la mer.

Au temps d'Archélaüs, dont je parlerai ci-après, la Cappadoce étoit divisée en dix préfectures : mais on n'en connoît pas les limites. Il paroît qu'elles portoient les noms des petites contrées connues dans cette province. Voici les noms de ces contrées, tels qu'on les trouve sur la carte de M. d'Anville :

Dans la partie septentrionale de l'ouest à l'est, la *Morimena*, ou, comme dit Strabon, *Moramena*, la *Sargarausena*, la *Colopena* :

Au-dessous de la *Morimena*, sur l'*Halys*, la *Cammanena*, & au sud la *Garsauritis* :

Au milieu étoit la *Cilicia*, & le peuple que l'on appeloit *Leuco-Syri* :

Au sud étoit la *Cataonia*, & la petite contrée appelée *Tyanitis*.

J'ai dit plus haut que la petite Arménie se trouvoit comprise dans la partie orientale de la Cappadoce. On y trouvoit au nord-est l'*Orbalissena* ; en redescendant le long de l'Euphrate, la *Camisena* ; & au sud la *Melitene*, renfermée entre l'*Anti-Taurus*, l'Euphrate, & le *Taurus*.

Les villes les plus considérables étoient :

Sur l'*Halys*, ou très-près de ce fleuve, *Mocissus*, *Nyssa*, *Mazaca*, appelée depuis *Cæsaria ad Argæum*, & qui étoit la capitale de la Cappadoce ; *Ariarathira*, & *Cabira*, qui prit ensuite le nom de *Sebaste*.

Sur l'une des deux autres rivières qui, contribuant à former aussi l'*Halys*, en portoient aussi le nom dans la partie occidentale, étoient : *Castabala*, *Cy-*

biſtra, *Cadyna* & *Garſaura;* & ſur l'autre, plus au ſud : *Archelaïs* & *Garſaura.*

Sur le *Melas* étoient : *Araſaxa*, *Ariarathia*, *Arabiſcus*, *Tonoſa*, *Muzana*, & *Melitene.*

Enfin, ſur le *Sarus*, dans le ſud, étoient les villes de *Comana Cappadocica*, de *Tyana*, de *Fauſtinopolis*, de *Podandus*, d'*Andabalis*, de *Saſima*, & de *Nazianzus.*

Dans la petite Arménie, en commençant par le nord-eſt, on trouvoit *Aza*, *Satala*, *Arabrace*, *Nicopolis*, *Dagolarſus;* & dans l'Euphrate, *Analibla*, appelée auſſi *Danaralis*, *Zimara*, & *Melitene.*

On voit que M. d'Anville s'eſt à-peu-près conformé aux récits de Strabon & de Pline : mais je n'ai indiqué ici que les lieux un peu importans.

Celle de la Cappadoce de Ptolemée (1).

Selon Ptolemée, qui comprend auſſi le Pont dans ſa deſcription de la Cappadoce, ce pays étoit terminé au couchant par la Galatie ; au midi, par la Cilicie, & par la partie de la Syrie qui eſt vers l'*Amanus ;* à l'orient, par la grande Arménie & l'Euphrate ; au nord, par la partie du Pont-Euxin qui s'étendoit depuis *Amiſus* (2) en Galatie, juſqu'à la branche de l'*Amanus*, qui bornoit le pays à l'eſt. Les lieux nommés par Ptolemée ſont :

Themiſcyra. *Herculis*, prom.		PONTI GALATICI, *circa Phanogoriam Campum.*
Polemonium. *Jaſonium*, prom. *Cyteorum.* *Hermonaſſa.*		PONTI POLEMONIACI.
Iſcopolis. *Ceraſus* (3). *Hyſſi*, portus. *Pharnacia.* *Trapezus.*		PONTI CAPPADOCII, *juxta Sydonem.*
Opius. *Rhizus*, prom. *Athenarum*, prom. *Chordule*; ſelon le grec, *Cordyle.*	*Xyline.* *Apſorus.* *Sebaſtopolis.*	*Juxta Ciſſos.*
Boenaſa. *Sebaſtopolis.* *Zebenda.* *Amaſia.* *Choloe.* *Stonia.*	*Piala.* *Pleumaris.* *Pida.* *Semuta.* *Comana Pontica.* *Eudoxiana* (4).	PONTI GALATICI. (Dans les terres).
Gazalina. *Eudiphus.* *Carvaris.* *Sarbaniſſa.* *Ablata.* *Neocæſarea.* *Saunaris.*	*Metadula.* *Zela.* *Danae.* *Sebaſtia.* *Metorome.* *Sabalia.* *Metalaſſus.*	PONTI POLEMONIACI. (Dans les terres).
Zephirium. *Aza.* *Cocalia.* *Cordyle.*	*Trapezuſa.* *Aſiba.* *Mardara.* *Camureſarbum.*	PONTI CAPPADOCI. (Dans les terres).
Zama. *Andraca.* *Gadiana.*	*Vadata.* *Sarvena.* *Odogra.*	PRÆFECTURÆ CHAMANES.

(1) Comme ce Géographe joint enſemble la Cappadoce & le Pont, je préviens que pour ce dernier pays, je renverrai à cet endroit de mon ouvrage.

(2) La Cappadoce, ou plutôt le Pont, s'étendoit plus à l'oueſt, ſelon d'autres auteurs.

(3) Quoique Ptolemée faſſe ici deux villes de *Ceraçus* & de *Parnacia*, il eſt prouvé que ces deux noms furent donnés ſucceſſivement à la même ville.

(4) Cette ville ne ſe trouve pas dans le texte grec de mon exemplaire ; elle eſt dans la traduction italienne de 1564.

Phiara. *Salagena.* *Gaurena* (1).	*Sabalassus.* *Ariathira.* *Morova.*	PRÆFECTURÆ SARGARAUSENÆ.
Phreata. *Archelaïs.* *Neanessus.*	*Dio Cæsarea.* *Salamboria.* *Tetrapyrgia.*	PRÆFECTURÆ GARSAURIÆ.
Mustilia. *Sina.* *Mazaca.* *Cozistra.*	*Sebagena.* *Archana.* *Soroba.*	PRÆFECTURÆ CILICIÆ.
Adopissus. *Canna.* *Iconium.* *Paralaïs.*	*Corna.* *Casbia.* *Baratha.*	LYCAONIÆ.
Derbe. *Laranda.*	*Olbassa.* *Muscanda.*	ANTIOCHIANÆ.
Dagræ. *Tyana.*	*Bazis.* *Siala.*	PRÆFECTURÆ TYANITIDIS.

En rapprochant ce que l'on vient de lire, d'après Ptolemée, des articles *Paphlagonia*, *Galatia* & *Pontus*, on verra, relativement au temps du géographe grec, 1°. qu'il comprend le pont dans la Cappadoce; 2°. qu'il étend la Paphlagonie dans le Pont; 3°. enfin, qu'il étend la grande Cappadoce dans la Galatie.

Cette province fut divisée ensuite en dix préfectures: mais au temps de Constantin-le-Grand, le Pont, la Galatie & la Pisidie, redevinrent des provinces particulières. Sous Valens, la Cappadoce fut partagée en *Cappadocia prima* & *Cappadocia secunda*. Cette dernière avoit pour capitale *Tyana*.

PEUPLES. *Caractère.* Quel qu'ait été l'esprit de cette nation, dans ses commencemens & sous ses premiers souverains, on voit qu'au temps des Romains ils étoient en si mauvaise réputation, que leur nom étoit une injure synonyme à ignorance & méchanceté. Bien des gens seront peut-être surpris d'apprendre ici que l'idée de cette épigramme d'un grand homme contre un journaliste justement célèbre, & qui commence par ces mots: *Un beau jour, au fond d'un vallon, &c.* devoit tout son piquant à une épigramme grecque très-ancienne, faite sur les Cappadociens, & rapportée par Constantin Porphyrogénète.

Καππαδόκην ποτ' ἔχιδνα κακὴ δάκεν, ἀλλὰ και αὐτὴ
Κάτθανε γευσαμενη αἵματος ἰοβόλου.

Cappadocem aliquando vipera mala momordit, sed & ipsa
Mortua est gustato sanguine virulenio.

On observe cependant que la nation changea. Et lors du christianisme, la Cappadoce a eu la gloire de produire Grégoire le Thaumaturge, S. Basile le Grand, S. Grégoire de Naziance.

Religion. Les Cappadociens suivoient, à ce que l'on croit, la religion des Perses. Dans la suite ils la chargèrent de superstitions, & même de rits barbares; car on prétend que l'on offroit à Comane des victimes humaines. Il falloit que la place de grand-prêtre de cette ville fût bien considérable & bien dotée, puisque les Romains l'accordoient comme une faveur.

Révolutions historiques. Ceux qui se sont occupés de remonter à l'origine des nations aussi haut que le permettent les monumens historiques les plus anciens, pensent que la Cappadoce fut d'abord peuplée par des Gomérites descendus de Togormah, le plus jeune des fils de Gomer. Il faut convenir cependant que ce n'est qu'une conjecture que l'on appuie de quelque rapport entre le nom du patriarche & celui de quelques peuples voisins de la Cappadoce.

Selon Ctésias, cité par Diodore de Sicile, les Cappadociens furent de bonne heure soumis à des puissances étrangères: mais on n'a pas de détails sur ces temps reculés. On présume, plutôt que l'on ne prouve, qu'au temps de Crésus la Cappadoce faisoit partie du royaume de Lydie. Après la défaite de ce prince, Strabon assure qu'elle fut obligée de payer aux vainqueurs un tribut annuel de quinze cens chevaux, de deux mille mulets, & cinquante mille brebis.

Le plus ancien prince que l'on connoisse en Capadoce se nommoit Pharnace. Il fut mis en possession de ce royaume par Cyrus (2). L'activité

(1) Le texte porte *Gaugana*, & la traduction italienne *Gaugena*.

(2) Les conquêtes de Cyrus sont de l'année 548 avant l'ère vulgaire. On étoit à la chasse. Un lion alloit se précipiter sur Cyrus, lorsque Pharnace, noble Persan, pré-

d'Alexandre, parcourant l'Asie & par-tout renversant la puissance des Perses, ne lui avoit pas permis de s'arrêter à la Cappadoce, qui, quoique fidelle à ses anciens alliés, ne pouvoit lui opposer une résistance invincible dès qu'il voudroit s'en occuper. Il la laissa donc libre.

Ariarathe II régnoit alors dans ce royaume : c'étoit le dixième roi de cet état. Après la mort d'Alexandre, Perdiccas marcha contre Ariarathe, qui perdit la vie, soit dans une bataille, comme le dit Diodore de Sicile, soit sur une croix, où il avoit été mis par ordre de son barbare vainqueur.

Le fils de ce malheureux prince eut le bonheur de s'échapper & de se retirer en Arménie. Il en revint avec des troupes, défit Amyntas, gouverneur de la Cappadoce pour les Macédoniens, & recouvra ainsi les états de son père. Il prit le nom d'Ariarathe III.

L'histoire de ses successeurs, au nombre de onze, n'est pas de mon objet. Archelaüs, le dernier de ces princes, avoit été mis sur le trône par Antoine. Mandé à Rome par Tibère, pour y rendre compte de crimes supposés, mais en effet pour être exposé à la vengeance de ce prince, auquel il n'avoit pas été faire sa cour pendant son séjour à Rhodes, il y mourut de chagrin, ou se tua lui-même, au rapport de quelques historiens. Dès ce moment la Cappadoce devint une province romaine, & fut gouvernée par l'ordre des chevaliers.

La Cappadoce continua d'être soumise aux empereurs romains, puis aux empereurs grecs, jusqu'à ce que, lors de l'invasion des Latins, elle fit partie de l'empire naissant de Trébisonde. Les Turcs ensuite s'en rendirent maîtres.

CAPPADOX, rivière de l'Asie. Elle a sa source dans le mont *Amanus*, &, selon M. d'Anville, coule au sud jusqu'au sud-ouest de *Samasata*, puis au sud-est, pour se perdre dans l'Euphrate, où étoit située la ville d'*Urima*, au sud-est de *Samosata*.

CAPPADOX, rivière de l'Asie, qui borne les Cappadociens du côté de la Galatie, selon Pline, qui prétend que cette rivière leur donnoit ce nom : car auparavant ils étoient appelés Leuco-Syriens. Cette rivière se perdoit dans l'Halys à Aspona, & commençoit à l'est de *Soanda*.

CAPPÆ (Ceppoi.) Dans une lettre de Lory, abbé de Ferrières, écrivain du neuvième siècle, il est question d'un lieu nommé *Cappæ*, qualifié de *Sedes Negotiorum*. Les incursions des Normands se portoient jusques vers ce lieu. M. Lévesque croit que ce doit être Ceppoi, situé sur le Loin, entre Ferrières & Montargis. (*Mém. de Littérature*).

CAPPAGUM, ville de l'Hispanie. Elle est placée dans la Bétique par Pline.

CAPPARA, ville de Lusitanie. Ce nom s'écrit aussi *Capara*.

vint la furie de l'animal & le tua. Ce prince, pour l'en récompenser, lui donna en mariage sa sœur, & le fit souverain de la Cappadoce.

CAPPAREA, ville de l'Asie, qui étoit située dans une plaine de la Syrie, au sud-est d'*Apamea*, vers le 34e deg. 55 min. de latitude.

L'itinéraire d'Antonin la marque dans la Cyrrhestique, sur la route de Cyrrhe à Emèse.

CAPRA PICTA, partie d'un désert de l'Afrique, selon Victor d'Utique, cité par Ortélius.

CAPRARIA. Pline nomme ainsi une île de l'Océan Atlantique, dans le voisinage de l'Afrique.

CAPRARIA (*Cabrières*), place forte des Gaules. Il en est fait mention par Aimon & par Grégoire de Tours.

CAPRARIA, petite île nommée aussi *Ægilon*, île de la Méditerranée, au nord-est d'*Ilva*, en face de l'Etrurie.

CAPRARIENSES, peuple de l'Afrique, dans la Mauritanie. Ammien Marcellin dit qu'ils habitoient dans des montagnes inaccessibles, & qu'ils étoient voisins des Abannes.

CAPRARIENSES MONTES, montagnes de l'Afrique, dans la Mauritanie. Elles étoient inaccessibles, tant elles étoient escarpées, selon Ammien Marcellin.

CAPRARIUS MONS. Cassiodore nomme ainsi une montagne de l'Italie, dans le voisinage de Ravenne.

CAPRASAE, nom d'un lieu de l'Italie, que l'itinéraire d'Antonin marque à vingt-huit milles en-deçà de *Consentia*.

CAPRASIA, ville d'Italie dans le Brutium. Elle est aussi nommée *Caprasiæ* & *Caprasæ*.

CAPRASIA, nom que Pline donne à l'une des embouchures du fleuve *Eridanus*, ou le Po. On l'appelle aussi *Caprasiæ Ostium*. La branche du *Padus*, dont il étoit l'embouchure, portoit le nom de *Fossa Augusta*, à cause des travaux qu'Auguste y avoit fait faire.

CAPREÆ (Capri), petite île de la Méditerranée, sur les côtes de la Campanie, en face de *Minervæ promontorium*, ou promontoire de Minerve. Lorsque Auguste eut obtenu cette île des habitans de *Neapolis*, il l'orna de différens édifices : mais sa célébrité actuelle lui vient bien moins des embellissemens qu'y fit Auguste, que du séjour de Tibère. On sait que cet empereur, l'an 27 de notre ère, s'y retira pour ne plus revenir à Rome, & s'y livra à un genre de vie tout-à-fait indigne d'un homme raisonnable : il y mourut, après un séjour de sept ans. Dans la suite Lucile, sœur de l'empereur Commode, y fut reléguée par son frère : ce prince y exila aussi Crispine, son épouse. Tacite rapporte que l'on disoit que des Grecs avoient autrefois habité cette île, & que les Téléboëns l'occupoient.

CAPRENSIS, siège épiscopal d'Afrique, dans la Mauritanie césarienne, selon la notice épiscopale d'Afrique.

CAPREOLUM, lieu de l'Italie, sur le bord du Tibre, & sur la voie Salarienne, à treize mille pas de Rome, dans le pays des Sabins, selon Ortélius, qui cite la vie de S. Gétulius.

CAPRETÆ, peuple de l'Asie proprement dite, dans le pays desquels Séleucus bâtit la ville d'Apamée. Pline dit que ce peuple ne subsistoit plus de son temps.

CAPRI PORTUS, nom d'un port de la Macédoine. Pomponius Méla l'indique entre le mont Athos & le fleuve Strymon.

CAPRIA, lac assez grand de l'Asie, dans la Pamphylie, & dans le voisinage de Perge, selon Strabon.

CAPRIANUS MONS, montagne de la Sicile, au voisinage de la ville d'Héraclée, selon Ortélius, qui cite Diodore.

CAPRILIA, nom du lieu près de Rome, où Romulus fut mis en pièces par les sénateurs jaloux de son autorité, selon Festus Avienus. Ce lieu est nommé *Capreæ* par Ovide, & *Capræ Palus* par Tite-Live.

CAPRIMA, petite ville de l'Asie mineure, que Diodore de Sicile place dans la Carie.

CAPRITANA INSULA. Ortélius croit que c'est le nom d'une île vers la Pannonie. Pour le spirituel, elle dépendoit de la ville *Ad-Novas*, selon S. Grégoire le Grand.

CAPRON, siège épiscopal de l'Asie. Guillaume de Tyr le place sous la métropole d'Edesse.

CAPRUS, nom d'un port de la Chersonnèse du mont Athos. L'abréviateur de Strabon y place une île du même nom.

CAPRUS, fleuve de la Phrygie, qui se rendoit dans le Méandre.

CAPSA, ville de la Macédoine, dans la Chalcidique, sur le golfe Thermaïque, près de Pallène, selon Etienne de Bysance, au mot Καψα. Mais il est probable que cet auteur veut parler de la ville suivante.

CAPSA, ville de l'Afrique, dans la Byzacène, selon Ptolemée. Elle étoit située sur une petite rivière qui tombe dans le golfe que forme le fleuve Triton à son embouchure. L'itinéraire d'Antonin la marque entre Télepte & Tacapé. Cette *Capsa* étoit au nord de celle dont parle Salluste.

CAPSA (*Gafsa*), ville de l'Afrique, dans la Numidie, selon Salluste & Ptolemée. Ce dernier dit qu'elle étoit grande & forte, & qu'elle étoit du royaume de Jugurtha.

Elle étoit située dans de vastes déserts, & on en attribuoit la fondation à Hercule le *Libyen*. Le peuple ne payoit pas d'impôts à Jugurtha. Marius la prit par un bonheur surprenant, selon le rapport de Florus, & Orose dit qu'elle étoit alors remplie des trésors du roi. On n'avoit qu'une seule source d'eau dans cette ville; les habitans se servoient de celle de la pluie. Cette ville fut détruite dans la guerre de César contre Scipion.

On trouve encore, dans les murailles de plusieurs maisons, sur-tout dans celles de la citadelle, des autels, des colonnes de granit, & des entablemens.

CAPSAEL, ville de la tribu de Juda, mais dont on ignore la position.

CAPSINA. C'est ainsi que Paulmier de Grantmesnil croit devoir lire le nom de *Canipsa*, qui se trouve dans quelques exemplaires de Ptolemée.

CAPSITANI, peuple de la Numidie, nommé par Pline.

CAPTIANI, nom d'un peuple de l'Asie mineure, dont fait mention l'auteur des vies publiées sous le nom d'Emilius Probus.

CAPUA, ville d'Italie, dans la Campanie. Je ne m'arrêterai pas à l'étymologie du nom de cette ville, qui, selon Strabon, remontoit au mot *cap* ou *caput*, signifiant la tête. En effet, par sa situation elle dominoit sur toute la Campanie : d'ailleurs, elle étoit certainement la première & la plus importante de toutes celles de la Grande-Grèce, puisque, selon Florus, elle étoit une des trois villes les plus célèbres que connussent les anciens, qui la mettoient après Rome & Carthage.

Capua étoit à quelque distance au nord de *Néapolis*, près des montagnes.

Elle devoit sa fondation à des Tyrrhéniens, qui avoient autrefois étendu leur puissance jusques dans la Grande-Grèce. Elle avoit alors la prééminence sur leurs onze autres villes. D'après les calculs qui se tirent de Velléius Paterculus, cette fondation peut être fixée à l'an 801 avant l'ère vulgaire. Les Samnites s'étant rendus maîtres du pays, Capoue tomba en leur pouvoir. Ne seroit-ce pas pour trouver une étymologie, que Tite-Live dit que leur chef se nommoit Capys ? L'histoire de cette ville est peu connue.

Les anciens ont fort vanté la fertilité de ses campagnes & le luxe de ses habitans. On sait que lors de la seconde guerre punique elle embrassa ouvertement le parti des Carthaginois. Annibal, après la bataille de Cannes, y séjourna long-temps avec son armée. Les délices de ce séjour lui furent, ajoute-t-on, très-funestes, & les troupes y perdirent cette ardeur des périls & ce courage opiniâtre qui leur avoient fait jusqu'alors braver tous les dangers, & supporter toutes les fatigues. Aussi les Romains dirent-ils comme un adage reconnu vrai : *Capuam Hannibali Cannas fuisse.* Capoue fut pour Annibal ce que Cannes avoit été pour les Romains.

Après le départ des Carthaginois, Appius, l'an de Rome 542, reprit Capoue. Cette ville malheureuse fut traitée par les Romains avec une sévérité féroce. Quatre-vingt des principaux sénateurs furent battus de verges & décapités; un grand nombre de Capaniens furent jetés en prison : on remplit la ville de laboureurs, & elle fut réduite en préfecture.

Environ 152 ans après, César y envoya des colonies, & lui rendit ses anciens privilèges. On voit que Cicéron fut le patron de cette nouvelle *Capua*. Cette ville subsista jusqu'au temps des Lombards, qui la détruisirent plus complettement encore que ne l'avoit été la première, & bâtirent la ville de Capoue, actuellement existante, sur les ruines de l'ancienne *Casilinum*.

Il ne faut pas laisser ignorer que la voie Appienne avoit été construite pour aller de Rome à Capoue, & que lorsqu'elle fut reprise pour aller à Benevent, on recommença à compter de cette ville les distances comme on avoit fait en partant de Rome.

N. B. Les ruines de l'ancienne *Capua* occupent un terrein considérable, & la dégradation de son amphithéâtre n'a pu lui faire perdre son air de grandeur : mais tout le reste est sans forme.

CAPULANA SILVA, ou *Forêt Capulane*. Elle se trouvoit dans la Vénetie, selon Cluvier.

CAPUT BOVIS, lieu de la Mœsie, dont parle Procope.

CAPUT CILLANUM. La notice d'Afrique fait mention d'un siège épiscopal de ce nom. Il étoit en Afrique, dans la Mauritanie césarienne.

CAPUT ETRURIÆ, lieu maritime de l'Italie, dans l'Etrurie, & aux confins de la Ligurie, selon l'Itinéraire d'Antonin.

CAPUT PADI. Ptolemée nomme ainsi un lieu de la Gaule cisalpine.

CAPUT TYRSI, lieu de l'île de Sardaigne, selon l'itinéraire d'Antonin.

CAPUTA, ville de l'Arménie mineure, selon Ptolemée.

CAPUTUADE, port de l'Afrique, dans la Byzacène. Ce fut en ce lieu qu'aborda la flotte romaine, quand on vint faire la guerre à Gelimer. Selon Procope, ce lieu étoit à cinq journées de Carthage. Il ajoute que Justinien y fit bâtir une ville qu'il fit fermer de fortes murailles.

CAPYÆ, nom d'une ville du Péloponnèse, dans l'Arcadie, auprès de Mantinée, selon Denys d'Halicarnasse & Strabon, qui croient qu'elle fut bâtie par Enée.

CAPYTIUM, nom d'une ville de la Sicile. Ptolemée la place au milieu des terres.

CAR, *ou* KAR, prononcé aussi *ker*, signifiant *ville* dans les langues orientales; on ne doit pas être étonné de le trouver dans le nom d'un très-grand nombre de lieux.

CARABACTRA, nom d'un lieu de l'Asie, en tirant vers les Indes, selon quelques anciennes éditions de Quinte-Curse. Ortélius croit qu'il faut lire *Circa Bactra*. (*La Martinière*).

CARABIA, nom d'une ville de la Macédoine, que Ptolemée place dans la Mygdonie.

CARABISLA, nom d'une ville archiépiscopale, de laquelle il est fait mention dans les sanctions des pontifes orientaux, selon Ortélius.

CARACATES, nom d'un peuple de la Germanie, dont fait mention Tacite. Comme cet historien nomme ce peuple en même temps que les *Vangiones*, on auroit voulu pouvoir s'aider de la position de ces derniers pour trouver l'emplacement des autres. Mais rien ne l'indique positivement. M. d'Anville les a placés au nord des *Vangiones*, sur la gauche du Rhin, vers le sud-ouest de *Mogontiacum* (Mayence).

CARACCA, nom d'une ville de l'Hispanie, que Ptolemée place dans la Tarragonnoise, au pays du peuple *Carpetani*.

CARACENI, peuple d'Italie, dans le *Samnium*. Ils étoient les plus près des Pelignes & des Marses. Leurs habitations étoient entre des montagnes; de-là, selon le très-habile M. Gebelin, l'origine de leur nom, formé de *Cara*, le même que *hara* ou *hur*, *montagne* ou *pic*, & de *cen*, tête, source. Il paroît que *Aufidena* étoit leur ville principale.

CARACION, *ou* CORVORUM, promontoire de l'Asie mineure, sur le Bosphore de Thrace, vers le nord-est du promontoire *Syrneum*.

CARACOTINUM, écrit par M. d'Anville *Carvatinum*, est le nom d'un lieu qui se trouvoit en Gaule, près la mer, à l'extrémité d'une voie romaine, qui commençoit, du moins d'après l'itinéraire d'Antonin, à *Augustobona* (Troies). On croit qu'il étoit où se voit le château de Cretin, tout près à l'ouest de Harfleur.

M. l'abbé Belley conjecture avec beaucoup de vraisemblance, que ce lieu étoit un des châteaux que les Romains avoient construits sur les frontières de l'empire pour arrêter les courses des Barbares; & la position de *Caracotinum* remplissoit bien cet objet en défendant l'embouchure de la Seine. Car la mer, qui s'est retirée depuis d'environ une lieue, battoit autrefois au pied du côteau où sont les restes du château de Cretin. *Caracotinum* étoit donc, sur la hauteur, le château ou *præsidium*, & le port étoit dans le vallon, dans le lieu où la rivière de Lézarde a de tout temps formé un havre, & où est aujourd'hui Harfleur.

M. Bonami (*Mém. de Litt. T. XXXI, pag.* 224), pense que ce fut de ce port que partirent les quarante navires que César voulut faire passer à *Itius Portus*, & que le vent força de revenir au lieu d'où ils étoient partis.

CARADA. Quelques interprètes lisent ainsi dans Ptolemée, le nom de *Cadara*.

CARÆ, ville de l'Hispanie, située presque à l'est de Bilbilis, & au sud-ouest de *Cæsar Augusta*.

CARÆ, ou les Cares. Servius, qui cite Thucydide & Salluste, dit que c'est une nation insulaire, sur les côtes de l'Asie. Il ajoute qu'ils s'étoient rendus célèbres par leurs pirateries, & qu'ils avoient été vaincus par Minos. Virgile fait aussi mention de ce peuple.

Le périple du Pont-Euxin (fragment), nomme aussi des *Caræ* ou Cares sur les côtes de cette mer.

CARÆI, nom d'un peuple de l'Arabie heureuse, selon Pline.

CARAGA (*Rugga*), ville d'Afrique, à deux lieues au sud-sud-est de *Tisdus*.

Ptolemée fait mention de cette ville.

CARAIORUM CIVITAS, ville de l'Asie, dans l'Isaurie. Il en est fait mention dans les actes du ſixième concile de Conſtantinople, cités par Ortélius.

CARALIA. Etienne de Byſance fait mention d'une ville de ce nom. Il la place en Afrique, dans la Libye. Les critiques remarquent que l'on ne connoît pas de ville de ce nom dans la Libye, mais dans la Sardaigne, ſoumiſe pendant aſſez long-temps aux Carthaginois.

CARALIA, ville de l'Aſie, dans la Pamphylie, ſelon les actes du concile d'Ephèſe.

CARALIS, *ou* CARALES, ville de l'île de Sardaigne. Florus dit qu'elle en étoit la capitale, & qu'elle fut ſaccagée par Gracchus. Elle étoit de fondation phénicienne, ſelon Pauſanias, & elle eut le droit de bourgeoiſie romaine, ſelon Pline.

Strabon & Pomponius Méla diſent *Caralis;* mais Tite-Live & Hirtius diſent *Carales*, & Ptolemée écrit *Carallis.* C'eſt aujourd'hui *Cagliari.*

On préſume que c'eſt cette ville qu'Etienne de Byſance nomme *Caralia*, & attribue à la Libye, pour dire aux Libyens ou Carthaginois.

Ptolemée indique auſſi un promontoire & un golfe du nom de *Carallis.*

CARALITIS PALUS, marais ou lac de l'Aſie, dans l'Iſaurie, ſelon Ortélius. Tite-Live parle de ce lac.

CARALLIA, *ou* CARALLIS, ville de l'Aſie, dans l'Iſaurie, ſelon Etienne de Byſance. Elle a été épiſcopale. Les notices en font mention; mais elles la mettent dans la Pamphylie. Ces deux provinces étoient voiſines, leurs limites pouvoient avoir changé.

M. d'Anville l'a placée ſur ſa carte ſous le nom de *Caralis*, vers le nord, près de la Phrygie.

CARAMBIS, promontoire de l'Aſie mineure, dans la partie la plus ſeptentrionale de la Galatie, ſelon Ptolemée. Pline le met à l'oppoſite du promontoire *Criumetopon.* C'eſt aujourd'hui *Capo Piſello.* Salluſte dit qu'il étoit entre la ville d'Héraclée & la Paphlagonie.

CARAMBIS, ville de l'Aſie, dans la Paphlagonie, ſelon Scylax de Caryande. Il eſt vraiſemblable que la Paphlagonie, du temps de Scylax, étoit la Galatie du temps de Ptolemée, parce que Marcien met le promontoire *Carambis* dans la Paphlagonie. La ville & le promontoire devoient être voiſins. Dans le périple de Scylax, on lit *Caramus;* mais Voſſius veut que l'on liſe *Carambis.*

M. d'Anville n'admet pas ſur ſa carte de ville de ce nom; mais il place le promontoire ſous le 52e deg. de long. (*mérid. de l'île de Fer*), à l'extrémité la plus ſeptentrionale de la Paphlagonie.

CARANICUM, lieu de l'Hiſpanie, à l'eſt de *Brigantium*; & au nord-oueſt de *Lucus Auguſti.*

CARANA, ville de l'Aſie, dans la Grande-Arménie. Elle donnoit le nom à la province *Caranitis*, ſelon Strabon. Etienne de Byſance place dans la Galatie une ville de *Carana*, qu'il dit avoir été bâtie par les Romains; on juge que c'eſt la même de Strabon, & c'eſt avec raiſon que l'on a corrigé ce mot écrit dans les anciennes éditions d'Etienne de Byſance Καραννα.

CARANITIS, gouvernement ou province de l'Aſie, dans la Grande-Arménie, ſelon Pline. Cet ancien y met le mont *Aba*, où il place une des ſources de l'Euphrate. Strabon dit que la ville de *Carana* donnoit le nom à la contrée. Etienne de Byſance nomme une contrée *Caranitis* dans la Galatie: on ne la connoît pas d'ailleurs.

CARANTIS, ou, ſelon Strabon, *Carenitis*, préfecture de l'Arménie.

CARANNICUM. Selon l'itinéraire d'Antonin, lieu de l'Hiſpanie, à trente mille pas de *Brigantium*, & à quatorze mille pas de *Lucus Auguſti.*

CARANTOMAGUS, lieu de la Gaule, dans la première Aquitaine, entre *Dibona Cadurcorum* & *Segodunum Rutenorum*, ſelon un fragment non publié de la table de Peutinger.

CARANTONUS, *ou* CANENTELUS FLUVIUS, rivière de la Gaule, indiquée par les auteurs entre le port des *Santones* & le promontoire des *Pictones.*

CARANUS. C'étoit, ſelon Strabon, le port d'*Aradus.*

Il étoit dans la Syrie, à ſept lieues au ſud-oueſt de *Paltus.*

CARANUSCA, ville de la Gaule Belgique, ſelon la table de Peutinger. M. d'Anville, en examinant la route entre Metz & Trèves, préſume que le *Caranuſca* des anciens peut avoir occupé l'emplacement où ſe trouve actuellement un lieu nommé *Garſch.*

CARAPE, ville de l'Aſie, dans l'intérieur de l'Arménie mineure & vers les montagnes, ſelon Ptolemée.

CARARÆ, au ſud-eſt de *Luna*, petit lieu de l'Italie, dans la partie du nord-oueſt de l'Etrurie, tout près de la Ligurie. On connoît encore un lieu de ce nom dans ce pays, & il eſt devenu célèbre par le marbre qui s'en retire.

CARAROS, *ou* CARARUS, nom d'une ville de l'Afrique propre, dans le voiſinage de *Targarum*, ville de la Biſacène, ſelon Ptolemée.

CARASA, nom d'un lieu que l'itinéraire d'Antonin marque entre les Pyrénées & *Aquæ Tarbelicæ.* M. d'Anville croit que cette poſition étoit celle qu'occupe actuellement Garis.

CARASSUS, nom d'une ville de la Piſidie, ſelon Artémidor.

CARASTASEI, peuple de la Sarmatie aſiatique, ſelon Pline. Cet auteur dit qu'ils s'étendoient vers le Caucaſe.

CARASYRA, nom de l'un des forts de la Thrace que l'empereur Juſtinien fit élever dans la province de Rhodope, ſelon Procope.

CARATÆ, nation qui faiſoit partie des anciens *Sacæ.* Ils habitoient au-delà de la mer Caſpienne, ſur le bord du Jaxarte.

CARATHEA, ſiège épiſcopal de la Syrie,

sous la métropole de Damas, selon Guillaume de Tyr.

CARAVANTIS, ville de l'Illyrie, dans le pays des Caviens, selon Tite-Live.

CARAVI, nom d'un lieu de l'Hispanie, selon l'itinéraire d'Antonin, qui le place entre *Turiasso* & *Cæsar-Augusta*.

CARBACA, *ou* GARBACA. Selon les différens exemplaires de Ptolemée, ville de l'Asie, dans les Paropanisades, ou Paropamisades.

CARBÆ, peuple de l'Arabie, selon Agatharcide. Il y avoit plusieurs fontaines à portée de leur port. Diodore de Sicile écrit *Carbæ*.

CARBALIA. Ce nom se trouve une fois dans le texte de Ptolemée que j'ai sous les yeux, pour *Cabalia*, qui se lit à deux pages, & qui est le nom véritable. (*Voyez* ce mot).

CARBANA, ville de l'Asie mineure, dans la Lycie, selon Etienne de Bysance, qui la nomme à l'article Καρβανὶς.

CARBANIA. Pomponius Méla nomme ainsi une petite île de la mer Méditerranée, entre l'île de Sardaigne & le continent de l'Italie. On croit que c'est la *Barpona* de Pline, & que c'est aujourd'hui *Carboli*.

CARBATIA, lieu de l'Italie, dans la Ligurie. Ce lieu, un peu considérable, se trouvoit à peu de distance au sud du *Padus*, ou Pô.

CARBANTORIGUM, CARBANTORICUM, *ou* CARBANTORIDON. Selon les divers exemplaires de Ptolemée, nom d'un lieu de la partie septentrionale de l'île d'Albion, chez les Selgoves.

CARBI, nom d'un peuple de l'Arabie heureuse, selon Diodore de Sicile.

CARBIA, lieu de l'île de Sardaigne, sur la route de *Tibulæ* à *Sulci*, selon l'itinéraire d'Antonin.

CARBILESI, nom d'un peuple de la Thrace, & dont Pline fait mention.

CARBINA, ville de l'Italie, dans la Iapygie. Athénée, qui en fait mention, dit qu'elle fut prise par les Tarentins.

CARBONARIA. Pline nomme ainsi une des embouchures du fleuve *Eridanus*, en Italie. On croit que c'est celle qui se nomme aujourd'hui *Il-Porto-di-Goro*.

CARBONES. Ptolemée nomme ainsi un peuple de la Sarmatie européenne. Il le place au soixante-troisième degré nord, plus éloigné que les Hosiens, & au couchant des *Carcotes*.

CARBONITIS, désert de l'Asie, que Cédrène, cité par Ortélius, place auprès de l'Araxe.

CARBRUSA, nom d'une île déserte, selon Pline, cité par Ortélius. Ce dernier croit qu'elle étoit vers la Thrace.

CARBULA, ville de l'Hispanie, dans le département de *Corduba*, selon Pline. Une ancienne médaille, rapportée par le P. Louis Jobert, jésuite, dit de même *Carbula*; cependant plusieurs éditeurs de Pline écrivent *Carbulo*. (*La Martinière*).

CARCA, nom d'une ville de l'Hispanie, que Ptolemée place dans l'intérieur du pays du peuple *Bastitani*.

CARCAA, lieu qui se trouvoit sur les limites de la Judée.

CARCABIANENSIS, nom d'un siège épiscopal de l'Afrique, dans la Bisacène, selon la notice épiscopale d'Afrique, & la conférence de Carthage.

CARCANTIA, lieu de l'Italie, vers l'Insubrie, sur la route des Gaules, en passant par les Alpes cottiènes, selon l'itinéraire d'Antonin.

CARCAR & CARCARIA, lieu de la Terre promise, à l'extrémité de la tribu de Gad. Il est aussi nommé *Kakar*.

CARCACUM, nom d'un lieu de l'Asie, vers la Médie, selon Curopalate, cité par Ortélius.

CARCASO (*Carcassonne*), ville de la Gaule narbonnoise, chez les Volces Tectosages, selon Pline. César, *de bell. gall. L. 3*, dit que cette ville lui fournit des troupes lors de la guerre des Gaules.

CARCATHIOCERTA, ville de l'Asie, dans la Grande-Arménie, & près du Tigre, selon Pline. C'étoit une ville royale du pays nommé *Sophène*, selon Strabon.

CARCHA (*Kark*, ou *Eski-Bagdad*), ville de l'Asie, dans l'Assyrie: elle étoit située sur le bord oriental du Tigre, vers les 34 deg. 50 min. de latitude. Elle étoit d'environ 50 lieues au sud de Ninive, & de plus de 25 au nord de la ville actuelle de Bagdad; ainsi on ne voit pas pourquoi dans le pays on l'appelle quelquefois Bagdad la vieille.

CARCHEDON. Ce nom, qui est en grec celui de Carthage, étoit moins connu & moins en usage. Je ne le mets que pour avertir que je renvoie aux monts *Carthago* pour les articles des villes qui l'ont porté. (*Voyez* CARTHAGO).

CARCHEMIS, *ou* CARCAMIS, ville de l'Asie, située sur l'Euphrate & dans la dépendance des Assyriens. Elle fut prise par Néchao, roi d'Egypte, qui y laissa garnison; mais elle fut taillée en pièces par Nabuchodonosor, la quatrième année de Joachim, roi de Juda. Il est fait mention de cette ville dans les Paralipomènes & dans le Livre des rois. On croit que c'est la même que *Circesium*.

CARCHI, peuple de l'Asie, dans la Médie, selon Polybe, cité par Ortélius.

CARCHUCI. Ce nom se lit dans la traduction de Ptolemée; mais le grec porte Καρχοῦδοι, *Carchudæ*. C'étoit un peuple de la Médie.

CARCICIS PORTUS (*Cassis*), port de la Gaule viennoise, assez près au sud-est de Marseille, & au nord-ouest de *Citharista Portus*, selon M. d'Anville.

M. l'abbé Barthelemi a lu une inscription qui est un vœu à la divinité tutélaire de cette ville. *Tutelæ Carcitanæ*.

CARCINA, *ou* CARCINES, nom d'une rivière navigable de l'Italie, dans le pays des Brutiens, entre les promontoires *Cocinthum* & *Lacinium*, selon Pline.

CARCINE, nom d'une ville qui se trouvoit tout près à l'ouest de l'isthme qui joint la Crimée à la Terre ferme : elle étoit à l'embouchure de la petite rivière actuelle de Calanza.

CARCINITES, CARCINITIS, *ou* CARCINITUS SINUS, golfe du Pont-Euxin, entre la Chersonnèse taurique & la Scythie. Hérodote, Pomponius Méla, Ptolemée, Pline & Strabon en font mention. Ce dernier le nomme *Tamyragus* & *Carcinites*. Il fut dans la suite nommé *Necro-Pyla*.

CARCINITIS, ville de Scythie, très-peu éloignée de l'Hypaciris & la Taurique. Elle avoit donné son nom au golfe : la même que *Carcine*.

CARCINORUM CASTELLUM, nom d'un château de l'Italie, dans le pays des Samnites, selon Zonare, cité par Ortélius.

CARCINUM, ville de l'Italie, dans le Brutium.

CARCINUS, ville que Pomponius Méla place dans le golfe de Squillace. La même probablement que *Carcinum*.

CARCITIUM, ville que Curopalate semble placer vers l'Arménie. Ortélius dit qu'elle est nommée *Carcinium* par Cédrène. (*La Martinière*).

CARCOME, *ou* CARCOMA, ville de l'Afrique, avec un port, au sud-ouest du promontoire *Apollinis*.

Ptolemée la met immédiatement après *Cartenna* & *Carepula*.

CARCOTÆ, nom d'un peuple de la Sarmatie, en Europe; il habitoit dans le voisinage des *Carbones*, selon Ptolemée.

CARCUS. Ptolemée nomme ainsi une île de l'Inde, qu'il place aux environs de celle de Taprobane.

CARCUVIUM, nom d'un lieu de l'Hispanie, dans la Lusitanie, selon l'itinéraire d'Antonin.

CARDABIANCA, *ou* CARDOBIANCA. Selon les différentes éditions du livre des notices de l'empire, ville de la *Valeria Ripensis*.

CARDACES, nom d'un peuple de l'Asie mineure. Il en est fait mention par Polybe & par Arrien.

CARDALENA, contrée de l'Arabie heureuse, selon Pline.

CARDAMENE, *ou* CARDAMINA, île du golfe Arabique, du côté de l'Ethiopie. L'île des Mages la séparoit de la Trogloditique, selon Ptolemée & Pline. Ce dernier la nomme *Cardamine*.

CARDAMUS, nom d'un lieu situé vers la Thrace, selon l'histoire mêlée, citée par Ortélius. (*La Martinière*).

CARDAMYLA, *ou* CARDAMYLE, ville de la Messenie, presque au sud de *Gerenia*.

Elle étoit du nombre des sept villes dont Agamemnon vouloit faire présent à Achille. Pausanias y avoit admiré un temple de Minerve & une statue d'Apollon *Carneus*, dont le culte, dit-il, étoit commun à tous les Doriens. Cette ville avoit été détachée par Auguste de la Messenie, & attribuée aux Eleutero-Lacons.

En se rapprochant du rivage, on trouvoit un temple dédié aux filles de Nérée; & l'on débitoit une petite fable au sujet de sa fondation. Car on prétendoit que ces divinités étant sorties des eaux, s'étoient arrêtées en ce lieu pour voir passer Pyrrhus lorsqu'il alloit épouser Hermione. Hérodote l'attribue aux Lacédémoniens, parce que en effet, de tout temps elle leur appartenoit. Elle revint dans la suite à la Messenie; mais Auguste la rendit à ses premiers maîtres.

CARDAMYLE. Etienne de Bysance parle aussi d'une *Cardamyle*, située près de Chio.

CARDAMYLESSUS. Etienne de Bysance nomme ainsi un village; mais il ne dit pas en quel pays.

CARDANÆ. Ce nom se trouve dans Scylax. Il faut lire *Cardianæ*. Selon Vossius *Cardinani*. *Voyez* CARDIA.

CARDAVA, nom d'une ville que Pline place dans l'intérieur de l'Arabie heureuse.

CARDESUS, nom d'une ville de la Scythie européenne, selon Hécatée, cité par Etienne de Bysance.

CARDIA, ville située près de la Chersonnèse de Thrace, & attribuée à cette presqu'île par Strabon. Pausanias, Ptolemée, Pline, *&c.* en font mention. Elle étoit située au fond d'un golfe & à l'occident de l'isthme, qui joint la presqu'île à la Thrace près de l'embouchure du *Mélas*. Cette ville étoit considérable, lorsque Chersoblepte, roi de Thrace, hors d'état de se maintenir dans la Chersonnèse contre Philippe, l'abandonna aux Athéniens, qui y fondèrent des colonies pour mieux s'en assurer la possession. Mais Cardie refusa de se soumettre & prit le parti de Philippe. Les Athéniens renoncèrent à leurs droits sur cette place. Lysimachus, successeur d'Alexandre, renversa la ville de Cardie, & de ses débris éleva la ville de Lysimachie dans l'isthme de la Chersonnèse de Thrace; mais, selon Pausanias, il resta un village; car Alexandre, fils de Lysimachus, transporta le corps de son père & lui érigea un tombeau entre le village de Cardie & Pactye. Cette ville probablement se releva de ses ruines, puisque cinq siècles après le règne de Lysimachus, Ptolemée la traite de ville.

CARDIA, village de l'Asie mineure, dans la Bithynie, aux environs de Dascylon, selon Pausanias, cité par Ortélius; mais dans d'autres exemplaires de Pausanias, il dit la campagne de Cardie, près le village de Dascyle.

CARDINCHII MONTES. Ces montagnes étoient les mêmes que les monts *Gordyæi*, qui séparoient l'Arménie de l'Assyrie.

CARDUCHI, les Carduques, peuple de l'Asie, qui habitoit le pays que les Romains nommoient la *Corduène*. Xénophon dit que les Carduques, quoique indépendans & ennemis des Perses, furent les peuples qui leur firent le plus de peine dans leur retraite.

CARDUCHIA. Selon Strabon, la *Corduchie* étoit la *Cadusie*, partie de l'Atropatène : c'étoit Xénophon qui la nommoit ainsi.

CARDYNUS, montagne de l'Asie, auprès du Tigre, & vraisemblablement peu éloignée de Nisibe; car Xiphilin, dans la vie de Trajan, dit que cet empereur fit porter des vaisseaux qu'il avoit fait fabriquer aux environs de Nisibe; & quand ils furent sur le bord du Tigre, vis-à-vis du mont Cardyn, il fit faire un pont de ses vaisseaux.

CARDYTENSES, peuple de l'Asie, dans la Syrie, & dans la petite contrée nommée *Cyrrestique*, selon Pline.

CARE, nom d'un lieu de l'Hispanie, entre *Liminium* & Sarragosse, selon l'itinéraire d'Antonin.

CAREA. Laonic, cité par Ortélius, dit que c'étoit une ville située vers le Bosphore Cimmérien. (*La Martinière*).

CAREÆ, premier nom des peuples appelés *Caræ*, habitans de *Caria*, sur la côte occidentale du Pont-Euxin.

CARECARDAMA, *ou* CARICARDAMA. Selon les divers exemplaires de Ptolemée, nom d'une ville de l'Inde, en-deçà du Gange.

CAREI, nom d'une nation de l'Inde, en-deçà du Gange, selon Ptolemée.

CAREIÆ, petite ville de l'Italie, dans l'Etrurie, très-près à l'ouest de *Veii*.

CAREITH, ville de la Palestine, dans la tribu de Zabulon, selon le livre de Josué.

CARENE, nom d'une ville de l'Asie, dans la Mysie, au nord d'*Atarneus*, entre cette ville, sud, & *Adramyttium*, nord-est, selon Pline; mais il en parle comme d'une ville qui ne subsistoit plus. Hérodote en fait mention. Elle n'est pas sur la carte de M. d'Anville.

CARENI. Ptolemée nomme ainsi un peuple qu'il place vers la partie septentrionale de l'île d'Albion.

CARENI, peuple de l'Asie, vers la Perse propre. Etienne de Bysance les place entre le Cyrus & l'Euphrate (1). Procope dit que les Caréniens offrirent de l'argent à Cosroès pour se racheter du pillage; mais qu'il le refusa, parce qu'ils n'étoient pas chrétiens.

CARENSES, nom d'un peuple de l'Hispanie, que Pline place dans la Tarragonnoise, & dont la ville se nommoit *Cares*.

CARENSII, peuple que Ptolemée place dans l'île *Sardinia*, après les *Coracensii*.

CARENSIS, siège épiscopal de l'Asie, dans l'Osrhoëne, selon les actes du concile de Nicée.

CARENTIA, appelée aussi *Garentia*. Cluvier place une ville de ce nom en Italie, chez les *Libici*. Il le place vers le confluent du *Sessites* & du *Padus*.

CARENTINI, peuple de l'Italie, que Pline place dans la quatrième région. Cet auteur les distingue en *Supernates* & en *Infernates*. Il est nommé *Caraceni* par Ptolemée, qui les place entre les *Frentani* & les *Samnites*. (*Voyez* CARACENI).

CARENTOMAGUS, lieu de la Gaule, dans la première Aquitaine, à l'est de *Divona* (Cahors), & à l'ouest de *Segodunum* (Rodez). Il étoit sur la route, & nous est connu par la table théodosienne.

CAREON, nom d'une ville de l'Hispanie, dont fait mention Appien. On croit qu'il faut lire *Carbona*.

CAREOTÆ, nom d'un peuple de la Sarmatie, en Europe, selon Ptolemée.

CAREPULA, ville de l'Afrique, que Ptolemée place dans la Mauritanie césarienne.

CARES, les Cariens. La contrée que ces peuples ont habitée a porté pendant long-temps le nom de Phénicie, selon Corinne & Bacchylide.

Les Cariens se prétendoient nés dans la province même, & descendus de Car, frère de Lydus & de Mysus : ils pensoient que cette généalogie étoit assez confirmée par l'ancienneté du temple de Jupiter Carien, bâti à Mylases, où, de temps immémorial, ils s'assembloient conjointement avec les Lydiens & les Mysiens. Ils croyoient qu'un usage si constamment observé, prouvoit qu'ils avoient les mêmes ancêtres que ces peuples, selon le rapport d'Hérodote (2).

Pomponius Méla dit que quelques auteurs rapportoient l'origine des Cariens aux Pélasges, & d'autres les faisoient descendre des Crétois; mais les Cariens ne vouloient reconnoître pour leur fondateur que le Car dont parle Hérodote, qui étoit petit-fils de Manès, & frère de Lydus & de Mysus : les pays qui composèrent le royaume de Carie dans la suite lui échurent en partage, & il bâtit près de Mylasses le temple de Jupiter Carien.

Les habitans de Syagela faisoient gloire de conserver le tombeau de ce prince dans leur ville, selon Etienne de Bysance.

Alabandus, le plus illustre des trois fils de Car, fixa son séjour à Alabanda, ville qu'il avoit bâtie, selon Cicéron & Etienne de Bysance. Ce dernier dit que cette ville étoit célèbre par les richesses & le luxe de ses habitans.

Du temps de Cicéron, les Alabandiens plaçoient ce prince au-dessus des dieux du paganisme les plus respectés.

(1) Dans l'article Βογχνοι; mais il les y nomme Καῤῥηνοι, *Carrhenæ*.

(2) Etienne de Bysance dit qu'Homère traite les Cariens de barbares, parce qu'ils étoient ennemis des Ioniens. Mais le mot qu'emploie le poëte prouve que son épithète a rapport à leur langage, & non à leur conduite politique. Il les nomme βαρβαροφώνους, c'est-à-dire, qui parle un langage barbare. C'est qu'en parlant grec ils se servoient de locutions vicieuses, & substituoient certains mots à d'autres.

Les Cariens se multiplièrent si prodigieusement sous le gouvernement des enfans de Car, qu'ils furent obligés de faire des établissemens dans les îles voisines du continent. Ils attaquèrent & prirent l'île de Rhodes, dont les Phéniciens étoient les maîtres : cette conquête leur facilita le moyen de s'étendre dans les autres îles de la mer Egée, qui furent prises la plupart par cette nation guerrière, selon le rapport de Conon & de Thucydide. Ce dernier ajoute que les Athéniens, dans les commencemens de la guerre du Péloponnèse, firent exhumer les corps enterrés en différens temps à Delos : on jugea, par la position des cadavres, & par les armes qui étoient enfermées avec eux dans les tombeaux, que c'étoient presque tous des cadavres de Cariens.

Ce fut Minos, second du nom, qui chassa les Cariens des îles Cyclades, & qui en donna le commandement à ses enfans, pour mieux s'en assurer la possession, selon Thucydide.

Hérodote, *L. 1, 171*, prétend que Minos ne dépouilla point les Cariens de la possession de ces îles; qu'ils eurent la liberté de les cultiver, qu'ils furent exempts de tribut, & qu'ils s'engagèrent seulement à joindre un nombre de vaisseaux aux flottes que ce prince voudroit équiper. Pausanias, en parlant de cet événement, dit que les Cariens traitèrent en égal avec Minos.

Udissus, petit-fils de Bellerophon, fonda une ville dans la Carie, qui, long-temps après lui, portoit encore son nom : un de ses oncles lui avoit ouvert l'entrée de cette province. Selon un passage d'Etienne de Bysance, Bellerophon avoit conquis quelque canton de la Carie, à l'aide de quelques troupes Lyciennes, dont son beau-père Sobatès lui avoit confié le commandement. Ce prince fut vraisemblablement le fondateur d'une ville nommée *Chrysaor*, qui devint très-célèbre sous le nom de *Stratonice* : c'étoit dans son territoire que se tenoit l'assemblée générale des Cariens; on y régloit les sacrifices publics & les affaires qui regardoient le corps de la nation, selon Strabon, *p. 660*.

Plutarque, *tome 1, p. 114*, dit que Mélanippus, fils de Thésée, mena en Carie une colonie de Grecs : la réussite de cette expédition fit que Racius, fils de Lebès, y conduisit une flotte nombreuse, avec laquelle il étoit sorti des ports de l'île de Crète, selon Pausanias, *page 422*. Ce Racius aborda aux environs de Colophon, dont il s'empara malgré la résistance des Cariens, qui étoient les maîtres de la contrée. Il fut joint par quelques captifs grecs, qui lui présentèrent Manto, fille de Tirésias, qu'il épousa.

Les Cariens, chassés de tant d'endroits, furent s'emparer de l'île de Chio. Pausanias place cet événement, *page 432*, sous le règne de Oenopion, fils de Bacchus & d'Ariadne, à peu près dans le temps que les Grecs vinrent faire le siège de la fameuse Troye.

Environ cent trente ans après le siège de Troye, Nélée, fils de Codrus, rassembla une jeunesse florissante dans la Grèce sa patrie, & il les conduisit dans le territoire de Milet, que les Cariens & les descendans de Miletus habitoient en commun. Nélée les défit & les sacrifia tous pour la sûreté de sa colonie : ses soldats épousèrent les femmes de ceux qu'on avoit massacrés, selon Hérodote.

Androclus, frère de Nélée, emporta la ville d'Ephèse sur les Cariens, selon Phérécide, qui dit qu'on leur enleva aussi les villes de Myus & de Priène.

Ces différentes colonies remplirent presque le continent de la Carie : les Ioniens ne jouissoient pas cependant tranquillement de leurs conquêtes : une armée de Cariens vint mettre le siège devant la ville de Priène; Androclus courut au secours de la place; les Cariens perdirent la bataille, & les Grecs leur général, selon Pausanias, *p. 526*.

Plutarque dit que les Méliens trop multipliés, exhortèrent la jeunesse à aller s'établir ailleurs : Nymphæus se chargea du commandement : ils s'embarquèrent, & une affreuse tempête les jeta sur les côtes de la Carie. Les Cryassiens, touchés de leur situation, partagèrent avec eux leurs maisons & leur territoire. Les Méliens se multipliant de jour en jour, inspirèrent la crainte & l'inquiétude aux Cryassiens, qui, n'étant pas en état de leur résister, formèrent le complot de s'en défaire par une trahison : ils invitèrent les Méliens à un repas solemnel, pendant lequel on devoit les massacrer.

Nymphæus, qui avoit inspiré de l'amour à Céphène, fut averti par elle du danger qui le menaçoit; c'est pourquoi il répondit que la coutume des Grecs étoit que les femmes accompagnassent toujours leurs maris dans ces sortes de festins : ils y furent sans armes; mais les femmes les avoient sous leurs habits. Les Grecs se levèrent au signal dont étoient convenus les Cariens, & ils firent main-basse sur des gens qui respectoient si peu les droits de l'hospitalité. On bâtit une ville nouvelle à la place de l'ancienne, qui fut rasée, & on la nomma *Cryassa la Neuve*. Nymphæus épousa ensuite Céphène.

Les Cariens, que ces fréquentes migrations avoient trop resserrés, se retirèrent dans les montagnes, & y élevèrent des forteresses, qui, par leur situation, rendroient inutiles les efforts de l'ennemi. Aristophane fait allusion à cela, dans sa comédie des oiseaux. Le terrein stérile des montagnes, que les Cariens habitèrent, les jeta dans la pauvreté, qui réveilla leur courage abattu : ils construisirent des vaisseaux, coururent la mer, & ils y acquirent tant de puissance, qu'on les mettoit au nombre de ceux qui avoient l'empire maritime. Eusèbe fait commencer ce temps à la onzième olympiade, jusqu'à la vingt-septième.

Diodore de Sicile fixe l'époque de la puissance maritime des Cariens, immédiatement après la prise de Troye, & prétend qu'à la faveur de leurs vaisseaux, ils s'emparèrent de l'île de Lesbos.

Hérodote dit qu'ils contribuèrent beaucoup à

perfectionner l'art militaire par des inventions ingénieuses.

Psammétique, chassé par les onze autres princes qui partageoient avec lui la souveraineté de l'Egypte, avoit été contraint de se retirer dans des marais, d'où il envoya consulter l'oracle de Latone, qui répondit que des hommes de cuivre qui sortiroient de la mer le rétabliroient sur le trône : c'est Hérodote qui raconte ce fait, *L. II, 126-128.*

Les Cariens tenoient alors la mer avec une flotte considérable, à laquelle s'étoient joints plusieurs Ioniens, qui, moins délicats que les autres Grecs, exerçoient la piraterie sans scrupule : la tempête les obligea de relâcher en Egypte, où ils firent une descente, par hasard, dans les lieux où Psammétique étoit refugié ; on fut dire à ce prince que des hommes de cuivre désoloient la campagne : ce prince saisit le sens de l'oracle ; il implora le secours des Cariens, en leur faisant des promesses magnifiques ; les Cariens conclurent le traité, & marchèrent à l'ennemi, avec ceux des Egyptiens qui n'avoient pas abandonné Psammétique dans sa disgrace, le défirent entiérement, & réunirent en ce prince toute la monarchie d'Egypte. Pour reconnoître les services que les Cariens lui avoient rendus, & pouvoient encore lui rendre en fixant leur séjour dans le pays, il leur offrit des terres qui s'étendoient sur les deux rives du Nil, dans une contrée abondante aux environs de Péluse, selon Hérodote.

Diodore de Sicile, *page 142*, dit que Psammétique, attaqué par les rois qui lui avoient été associés au gouvernement de l'Egypte, rassembla une armée qui étoit composée de Cariens, d'Ioniens & d'Arabes, avec laquelle il battit ses concurrens, dont les uns furent tués, & les autres se sauvèrent en Libye.

Les Cariens, comblés des bienfaits de Psammétique, furent toujours attachés aux intérêts de sa maison : car, lorsque l'Egypte secoua le joug d'Apriès, le dernier des descendans de ce prince, ils coururent à son secours, & soutinrent, avec une poignée de monde, les efforts de tous ses ennemis : mais Apriès ayant péri, ils se soumirent au vainqueur.

Amasis, jugeant que les Cariens seroient les plus fermes appuis de sa couronne, se les attacha, & leur assigna des terres dans le district de Memph[illegible], capitale de ses états. Ils donnèrent des preuves de leu[illegible] attachement à Psamménite, fils & successeur d'Ama[illegible] lorsque Cambyse, par les conseils de Phanès, vint [illegible] entreprendre la conquête de l'Egypte. Les Perses ent[illegible]érent dans ce royaume avec une armée considérable, [illegible] la rencontre de laquelle marcha Psamménite. Les Carie[illegible]ns qui étoient dans son armée, conduisirent à la tête [illegible] camp les enfans de Phanès (que ce Carien avoit [illegible]laissés en Egypte pour cacher sa fuite) ; & là, à la v[illegible]e du père, on fit couler leur sang dans un vase, qui, ayant été rempli d'eau & de vin, les Cariens en burent tous les uns après les autres

Les Perses furent les vainqueurs, & ceux des Cariens qui échappèrent à la fureur de Cambyse se retirèrent dans leur patrie, qui avoit eu, depuis leur départ, de cruelles guerres à soutenir contre les rois de Lydie.

Alyattes fut le premier de tous les successeurs de Gygès, qui eût le projet d'assujettir les Cariens à sa domination : mais, selon les apparences, il n'y réussit pas ; car Hérodote compte la Carie au nombre des provinces ajoutées, par les armes de Crésus, à l'empire de Lydie.

Quelques années après, Cyrus s'empara de la ville de Sardes, & des provinces dépendantes du royaume de Lydie. Ce conquérant établit des tyrans dans les villes peuplées & opulentes, avec ordre d'établir les impôts, de les envoyer, & de commander les troupes qui leur seroient demandées. Les sages mesures qu'avoient prises Cyrus & Cambyse, continrent les Grecs & les Cariens pendant leur règne : mais les malheurs de Darius en Scythie réveillèrent le desir de la liberté dans l'esprit des Mylésiens : les Cariens & les autres se révoltèrent ouvertement par la même espérance, selon Hérodote.

Dorisès, qui commandoit les troupes de Darius dans l'Hellespont, s'avança à grandes journées dans la Carie, où il livra bataille aux mécontens, qui furent vaincus, & se retirèrent dans le temple de Jupiter *Labradée*, d'où, ayant vu les Milésiens & les autres confédérés, ils se joignirent à eux, & tentèrent encore le sort d'un combat, dans lequel ils furent de nouveau vaincus par les Perses. Les bons succès firent que les généraux de l'armée de Perse négligèrent les précautions ; les Cariens surent profiter des circonstances, & se saisirent habilement des défilés par où les Perses devoient passer. Dorisès & Amorgès, généraux de Darius, donnèrent dans l'embuscade, furent tués, & leur armée succomba sous les efforts des Cariens, commandés par Héraclidès, fils d'Ibanolis.

Ces peuples furent cependant obligés de se soumettre aux Perses, après la réduction de Milet.

Darius y rétablit sans doute la forme du gouvernement que ses prédécesseurs avoient imaginée : car Hérodote, de trois tyrans qui suivirent Xerxès, successeur de Darius, dans son expédition contre la Grèce, cet historien ajoute que les Cariens joignirent soixante-dix vaisseaux à l'armée navale des Perses : ils étoient divisés en plusieurs escadres, dont chacune étoit commandée par le prince qui l'avoit fournie.

Hérodote, parle avec de grands éloges d'Artémise, fille de Lygdamis, reine d'Halicarnasse. Elle étoit carienne, & elle donna des preuves éclatantes de son courage & de son intrépidité.

Les Athéniens la redoutoient ; ils promirent de magnifiques récompenses à celui de leurs citoyens qui la tueroit de sa propre main, ou qui la feroit prisonnière, selon le rapport d'Hérodote.

Les Lacédémoniens érigèrent une statue à cette princesse, selon Pausanias, *page 234.*

Lygdamis monta sur le trône de Carie, vers la quatre-vingt-troisième olympiade : Hécatomnus paroît après Lygdamis, dans la suite des rois de Carie ; ce prince fit son séjour à Mylasa, & Strabon, *page 974*, dit qu'il y étoit né. Hécatomnus en fit la capitale de son royaume : cette ville étoit la plus décorée de toutes celles de la Carie. Ce prince, en politique habile, étoit toujours prêt à signer des traités, & à les rompre quand le bien de ses affaires le demandoit. Isocrate le fait entendre, *page 14.* Evagoras s'empara de l'île de Salamine, dans la quatre-vingt-dix-septième olympiade, sur Abdémon, à qui Artaxerxès en avoit confié le gouvernement : la plupart des villes de l'île se soumirent au vainqueur. Hécatomnus fut chargé par Artaxerxès du soin de rétablir Abdémon, selon Diodore de Sicile, *page 311.* Ce prince eut l'habileté de ne pas vaincre Evagoras, de crainte que les rois de Perse ne voulussent établir leur autorité dans les autres royaumes tributaires, s'ils avoient été les maîtres de l'île de Cypre.

Hécatomnus envoya secrétement des secours d'argent à Evagoras. Ce prince tint la même conduite avec les Lacédémoniens, lorsqu'ils portèrent la guerre dans les provinces de l'Asie : on eut beau désoler la Carie, les incursions des Grecs ne tombèrent jamais sur la partie de cette province qui lui étoit soumise. La cour de Perse le laissa jouir néanmoins du royaume de Carie jusqu'à sa mort, qui arriva en la quatre-vingt-dix-neuvième olympiade, ou au commencement de la centième, selon les différens passages de Diodore de Sicile.

Les successeurs d'Hécatomnus régnèrent quarante-deux ans. Artémise, seconde du nom, épousa Mausole, son frère, selon Arrien, qui prétend que la coutume autorisoit ces mariages dans la Carie. Ce prince réunit toute la Carie sous sa puissance, & fit sa résidence à Halicarnasse, qui surpassa en magnificence toutes les villes de la Carie, par le soin qu'il prit à l'embellir, selon Strabon, *page 409.*

Mausole attaqua les Ioniens, les Lydiens & les Lyciens, qui, pour la plupart, se virent contraints de subir le joug du vainqueur. Il forma des desseins sur Milet, auxquels, malgré l'artifice qu'il y employa, il fut obligé de renoncer, selon Polyænus.

Les Cariens, sous la conduite de leur roi Mausole, s'emparèrent de l'île de Rhodes, selon Théopompe, qui dit que les Rhodiens devinrent les sujets des Cariens, d'alliés qu'ils étoient.

Suidas & Harpocration, sur le témoignage de Théopompe, disent que Mausole, tyran des Cariens, employoit tous les moyens d'attirer à lui l'argent de ses sujets, & Aristote, dans son traité de la politique, en fournit plusieurs exemples.

Maxime de Tyr met les richesses de ce prince en parallèle avec celles de Crésus. Cet auteur ajoute qu'Alexandre résolut de passer en Asie, parce qu'il étoit persuadé que la félicité avoit établi son séjour dans les murs de Sardes & dans les trésors de Mausole.

Vitruve donne la description des ornemens dont Mausole embellit la ville d'Halicarnasse ; Pline dit que la plupart de ces monumens subsistoient encore de son temps. Diodore de Sicile donne à ce prince vingt-quatre ans de règne, qui finit la quatrième année de la cent sixième olympiade.

A la mort de Mausole, les Rhodiens secouèrent le joug des Cariens : mais Artémise, sœur & veuve de Mausole, les fit rentrer dans le devoir, ainsi que les habitans de l'île de Cos, qui avoient imité leurs voisins. Théopompe & Cicéron disent que cette reine mourut de phthisie, après deux ans de règne. Vitruve dit que Praxitèle fut un des architectes que cette reine employa pour élever, à la mémoire de son mari, ce monument qui passa pour une des sept merveilles du monde.

Idrieus prit les rênes du gouvernement après la mort d'Artémise, & à sa mort les Cariens déférèrent la couronne à Ada, sa sœur & sa femme.

Diodore de Sicile dit que la cour de Perse donna l'investiture du royaume de Carie à un satrape : mais Ada le défendit avec courage ; & enfin, dépouillée de ses états, elle se maintint dans la forteresse d'Alinda, où elle resta jusqu'au passage d'Alexandre en Asie. Le même auteur dit, *page 505*, que lorsque Alexandre eut gagné la bataille du Granique sur les Perses, il pénétra dans la Carie, qu'alors Ada vint à sa rencontre, & lui assura que les Cariens desiroient son rétablissement. Alexandre, touché de ses malheurs, la rétablit dans la possession de son royaume. Arrien dit qu'Ada adopta Alexandre : mais Plutarque prétend que ce fut ce prince qui adopta Ada, & l'appela toujours sa mère.

CARES, peuple qui habitoit au bord des Palus-Méotides, vers le Tanaïs, selon Pline. C'étoient des habitans de la Carie qui étoient venus s'établir là.

CARES, peuple de l'Egypte, qui habitoit sur le bord du Nil, vers la mer, du côté de Bubaste. Hérodote dit que c'étoit des étrangers que Psammitichus reçut bien, les mit dans son parti, & s'en servit utilement. C'étoit des habitans de la Carie qui couroient les mers comme pirates, de concert avec les Ioniens. Ayant relâché en Egypte, on leur donna des terres aux uns & aux autres : mais le Nil entre deux.

CARES, ville de l'Hispanie (*Cellarius*).

CARESA, nom d'un écueil, sans ville ni bourg, dans la mer de Grèce, vis-à-vis de l'Attique, selon Pline, dont les manuscrits portent *Coresa.*

CARESENA, & CARESENIA, contrée de l'Asie, qui s'étendoit le long du fleuve *Caresus*, & confinoit à la Dardanie, selon Strabon, qui ajoute que c'étoit un pays de montagnes, bien cultivé, &

peuplé de villages. Cet auteur dit que le fleuve *Caresus* donnoit son nom à la contrée.

CARESUS, fleuve de l'Asie, qui arrosoit & donnoit son nom à la contrée nommée *Caresène*, selon Strabon, qui ajoute qu'il avoit sa source à Malonte, lieu situé entre *Palæscepsis* & *Achæium*, vis-à-vis de Ténédos, & qu'il tomboit dans l'*Æsepus*. Pline dit que ce fleuve étoit tellement tari, qu'il n'en restoit plus aucune trace. M. d'Anville l'a tracé, sans le nommer, sur sa carte de l'Asie mineure.

Caresus, ville de l'Asie, dans la contrée nommée *Carésène*, selon Strabon, qui ajoute qu'elle étoit alors détruite. Elle n'étoit séparée du Granicus, au nord-ouest, que par une petite chaîne de montagnes.

CARESSUS, ville que Ptolemée indique dans l'île de *Cia*.

CARETHA. C'étoit, selon Pline, le premier nom de la petite île *Dionysia*, l'une des *Chelidoniæ insulæ*, ou îles Chélidoniennes.

CARIA, la Carie, province d'Asie, occupant la partie du sud-ouest de l'Asie mineure. On convient assez généralement des pays qui l'avoisinoient : c'étoient, au nord, la Lydie; à l'est, dans la plus grande partie, la grande Phrygie; &, dans une portion fort peu étendue, la Lycie. Au sud & à l'ouest elle avoit la mer. Mais on n'est pas également d'accord sur ses limites : c'est qu'en effet elles ont varié, & que telle ville qui, dans un temps, étoit de la Lydie, se trouva, dans un autre, être de la Carie. De-là cette diversité dans les opinions des anciens, & les sentimens différens de Strabon, de Ptolemée, de Scylax, & de plusieurs autres anciens, dont les passages se trouvent dans Cellarius. Ce pays a porté, pendant quelque temps, le nom de *Phénicie*, parce que les Phéniciens y avoient des établissemens considérables : elle prit le nom de *Caria*, ou Carie, de Car, frère de Lydus : elle comprenoit une petite province appelée *Doride*. La Carie & la Lycie portent aujourd'hui le nom de *Mentes-Ili*.

Je décrirai ici la Carie d'après la carte de M. d'Anville, qui, pour les limites, a suivi l'opinion la plus généralement reçue. Selon cet auteur, le *Mæander* ou Méandre séparoit, au nord, la Carie de l'Ionie; des montagnes lui servoient de bornes naturelles à l'est. Quelques autres fleuves, que je ne nomme pas rivières, pour conserver le nom adopté par l'antiquité, avoient l'intérieur du pays, & n'étoient pas considérables.

Le milieu du pays offre quelques chaînes de montagnes : les principales étoient le *Latmus*, à l'ouest vers Milet, & les monts *Calindici*, au sud-est près de Calinda.

Les principales villes de la Carie étoient :

Le long des côtes, *Miletus*, *Myndus*, *Halycarnassus*, *Ceramus*, *Bargasa*, *Enidus* : ces villes étoient sur la côte occidentale.

Au sud, toute la côte n'appartenoit pas aux Cariens : les Rhodiens en possédoient une partie sous le nom de *Pærea*.

Dans l'intérieur des terres on trouvoit, en remontant le Méandre, & assez près de ce fleuve, *Alabanda*, *Apollonia*, *Antiochia Mæandri*. En redescendant, *Aphrodisias*; puis, le long du lit du *Calbis*, *Tabæ*, *Alinda*, *Stratonicea*, *Pedasus*, *Euromus*; & vers le sud *Myalassa* & *Calinda*.

Une petite portion de pays, formant une presqu'île au sud-ouest, portoit le nom de Doris. (*Voyez ce mot*, aussi bien que l'article Dorienses.)

Les autres villes, moins considérables, seront traitées à leurs articles. Selon la notice de Léon le Sage, il y en avoit trente-une; selon celle d'Hiéroclès, il y en avoit trente-six, quoiqu'il n'en nomme que vingt-huit : je ne m'arrêterai qu'à Ptolemée.

La Carie, comprenant la Doride d'Asie, d'après Ptolémée.

Pyrrhæ. *Heraclea ad Lamon*. *Miletus*. *Iassus*. *Bargylia*. *Myndus*.	Dans la Carie, le long de la mer que cet auteur nomme *Myrtoum Pelagus*.
Scopia, prom. *Bali Carmassus*. *Ceramus*. *Cnidus*, ville & prom.	Dans la Doride.
Onugnatos, prom. *Loryma*. *Cressa*, port. *Phænix*, château. *Phusca*. *Caunus*.	Au sud, le long de la côte baignée par la mer de Rhode. C'étoit la *Pærea Rhodiorum*.

La Carie étoit moins cultivée qu'elle n'étoit susceptible de l'être, parce que ses habitans s'adonnoient beaucoup à la mer. On élevoit beaucoup de troupeaux dans les montagnes : les laines en étoient fort estimées.

Elle a donné naissance à plusieurs personnages célèbres : tels sont entre autres Thalès, Thimotée, Anaximandre, l'historien Denys, la célèbre Artémise, &c. (*Voyez*, pour l'histoire de ce pays, le mot Cares, les Cariens.)

Caria, ville de l'Asie mineure, dans la contrée de même nom, selon Etienne de Bysance. Cette ville est mise dans la Lycie, qui en étoit voisine, par Ptolemée.

Caria, ville épiscopale de l'Asie, dans la Phrygie pacatienne, selon les notices épiscopales. Nicétas, cité par Ortélius, met une ville nommée *Carie* sur le Méandre. Ce doit être la même que celle des notices. Tite-Live fait mention d'une ville, aussi nommée *Carie*, & située sur le Méandre. Etienne de Bysance parle de *Caris*, ou *Carites*, qu'il place en Phrygie. On peut conjecturer que c'est la même, parce que le Méandre sortoit de la Phrygie pour couler entre la Carie & l'Ionie.

CARIA, nom qu'Arrien donne à une contrée maritime de la Scythie, sur le Pont-Euxin. C'étoit un établissement des Cariens, en-deçà du Borysthène, & loin du Tanaïs.

CARIÆ, lieu du Péloponnèse, dans la partie septentrionale de la Laconie, sur l'*Œnus*, vers le nord-est de *Sellasia*.

CARIANDA. *Voyez* CARYANDA.

CARIANENSIS, siège épiscopal d'Afrique, dans la Bysacène, selon la conférence de Carthage.

CARIAPA, en Asie, dans la Parthie. Sans doute que par Ἄκρα, l'auteur grec entend, non un promontoire, puisque la Parthie étoit loin de la mer, mais un lieu élevé.

CARIAT, ville de la Judée, dans la tribu de Benjamin, selon le livre de Josué, *ch. 18*, *v. 20*.

CARIATA, nom d'une ville de l'Asie, dans la Bactriane, selon Strabon. Cet auteur dit qu'elle fut détruite par Alexandre, & que Callisthène y fut mis aux arrêts.

CARIATH-AIM, ville de la Terre promise, qui étoit située dans la tribu de Ruben, vers le nord-ouest du lac Asphaltite.

C'est près de cette ville que Chodorlahomor, roi des Elamites, avec les rois ses feudataires, détruisit les Raphaïms.

Jérémie & Ezéchiel menacent les Moabites sous le nom de cette ville.

CARIATH-ARBE, *ou* HEBRON, ville de la Palestine, dans la partie méridionale de la tribu de Juda. On la nomme aussi *Kiriath-Arba*.

Elle étoit royale : Josué en fit une ville de refuge, & la donna aux Lévites de cette tribu, qui étoient de la famille d'Aaron.

Hebron étoit une des plus anciennes villes du monde, puisqu'elle fut bâtie sept ans avant Tanis, capitale de la Basse-Egypte, pays qui avoit été peuplé des premiers après la dispersion de Babel, selon le livre des Nombres, *ch. 3*, *v. 23*.

Les patriarches Abraham, Isaac & Jacob ont habité dans le voisinage de cette ville, & y ont été enterrés.

Elle étoit située sur une colline, à sept lieues au midi de Jérusalem.

Le roi de cette ville étoit un des cinq qui attaquèrent les Gabaonites, & qui furent vaincus par Josué. Il la donna à Caleb, l'un des douze qui étoient allés considérer la terre de Canaan.

On voit au deuxième des rois, que David y fut sacré roi après la mort de Saül.

Absalon se retira à Hébron, sous le prétexte d'un vœu qu'il avoit fait.

C'est une des villes qui furent fortifiées par Roboam, selon le deuxième des Paralipomènes.

CARIAT-BAAL, *ou* CARIATH-IARIM, ou *la ville des Forêts*, ville de la Palestine, dans la tribu de Juda. On la nomme aussi *Kiriath-Icarim*. Elle étoit à peu de distance au nord-ouest de Jérusalem.

C'étoit la ville de Baal, idole des Moabites. Elle étoit située sur une colline. Ce fut dans cette ville que l'on déposa l'arche, lorsqu'on la rapporta du pays des Philistins. Elle y séjourna dans la maison d'Abinadab, d'où David la fit amener à Jérusalem.

CARIATH, *ou* CARIOTH-HESRON, ville de la Judée, dans la tribu de Juda, selon le livre de Josué (*c. XV*, *25*). Il y est dit qu'elle est la même qu'Aser.

N. B. Dans les bibles latines, on sépare ces deux noms; ce qui n'est pas conforme au texte hébreu, dans lequel on lit *Carioth-Hesron*.

CARIATH-SENNA, *ou* CARIATH-SEPHER, ville royale de la Palestine, dans la tribu de Juda, selon le livre de Josué. Elle étoit située dans les montagnes, & elle fut donnée aux Lévites de cette tribu, qui étoient de la famille d'Aaron.

Cette ville étoit l'endroit, selon quelques interprètes des Septante, où l'on enseignoit les lettres & les sciences aux Cananéens, habitans du pays. Et en effet, son nom signifie *la ville du Livre*.

Othoniel prit cette ville pour avoir en mariage Axa, fille de Caleb, qu'il avoit promise à quiconque la prendroit, selon Josué, *ch. 15*.

N. B. Quelques auteurs se sont crus fondés à faire deux villes de *Cariath-Sepher* & de *Cariath-Senna*; mais actuellement on convient généralement que ce mot *Senna* ne peut être qu'une méprise de copiste.

CARICARDAMA. *Voyez* CARECARDAMA.

CARICON-TICHOS, *ou* CHARICON-TICHUS, *ou* CHARICUS-MURUS. C'est le nom d'un des lieux que le voyageur Hannon trouva sur la côte d'Afrique, après être sorti du détroit de Gibraltar & avoir dépassé le cap Soloé. Le grec porte Καρικὸν τεῖχος; la Martinière écrit ces deux mots en un seul, & n'admet pas l'authenticité du périple. Bochard, au contraire, rend à la langue phénicienne les mots défigurés dans la traduction grecque, & écrit *Kir Chares*, que l'on peut rendre en françois par *le mur du Soleil*. Ce fut un des lieux où les Carthaginois établirent une place pour leur commerce. Celle-ci n'étoit guère qu'à une journée d'un lac que l'on avoit trouvé à une demi-journée du cap *Siloé*, & elle en étoit la plus voisine.

CARICUS, rivière & lieu particulier du Péloponnèse, dans la Laconie, selon le lexique de Phavorin, cité par Ortélius.

CARICUS MURUS; c'est ainsi, selon le périple d'Hannon, que se nommoit l'une des villes qui furent fondées pendant ce voyage sur la côte d'Afrique, en-deçà du fleuve *Lycus*. *Voyez* CARICON-TICHOS.

CARIDES, ville de l'Asie mineure, dans la Phrygie, selon Etienne de Bysance (*art.* Καρία). Cet auteur dit que cette ville s'appeloit aussi *Caris*. On lit dans Athénée, qu'Ephore attribuoit la fondation de cette ville, située près de *Chios* (1), à un certain Macare, qui vivoit au temps de Deucalion; & que de son temps elle étoit peu considérable, & se nommoit *Carida*.

CARIETES, peuple de l'Hispanie, que Pline place dans le département de *Clunia*. Ptolemée nomme ce peuple *Caristii*.

CARIGE, nom d'une ville de l'Inde, en-deçà du Gange, selon Ptolemée.

CARILLÆ, ville de l'Italie, de laquelle fait mention Silius Italicus. Petrus Marsius prétend qu'elle appartenoit au peuple *Picentes* ou *Picentini*, qui habitoit ce qu'on appelle aujourd'hui la *Principauté citérieure*.

CARILOCUS (*Charlieu*), ville de la Gaule, appartenant aux *Ædui*, selon Ptolemée. On voit par des lettres du roi Louis d'outre-mer, que ce nom étoit encore en usage de son temps. M. d'Anville la place chez les *Aulerci-Brannovices*, vers le sud-ouest de *Matisco* (Mâcon).

CARIMA, nom d'une ville que Ptolemée attribue aux Tectosages dans la Galatie. Les interprètes pensent que peut-être il faut lire *Carine*.

CARINE, *ou* CARINA, ville de l'Asie, que Ptolemée met dans la Médie.

CARINE, *ou* CARINA, ville de l'Asie mineure, dans la Mysie, ou dans l'Æolide. C'est Hérodote qui fait mention de cette ville.

CARINE, *ou* CARINA, ville de l'Asie, dans la Phrygie, selon Pline. Elle étoit vers la Galatie.

CARINE, *ou* CARINA, montagne de l'île de Crète. Pline lui donne neuf mille pas de circuit.

CARINI, les Carins, peuple de la Germanie, & l'un de ceux que l'on comprenoit sous le nom général de *Vandales*. Ils habitoient près du *Codanus Sinus*. Il est fait mention de ce peuple par Pline.

CARINI, peuple de la Germanie, dans le voisinage des Helvétiens. Ptolemée nomme ce peuple.

CARINII, peuple de l'Illyrie, dont fait mention Appien.

CARINSII, nom d'un peuple qui habitoit dans la partie septentrionale de l'île de Sardaigne, selon Ptolemée.

CARION, nom d'une rivière du Péloponnèse, de laquelle fait mention Callimaque, cité par Ortélius.

CARIOTH, *ou* KARIOTH, *ou* KIRIOTH, ville du pays des Moabites.

CARIPETA, nom d'une ville de l'Arabie heureuse. Elle fut détruite par les Romains, lorsque Gallus fit la conquête de ce pays-là, selon Pline.

CARIPRACA, ville ou bourgade de l'Asie, que Ptolemée place dans la Parthie.

CARIS (*le Cher*), nommé aussi *Carus*, fleuve de la Gaule.

(1) Ne feroit-ce pas par une faute de graveur que l'on trouveroit sur la carte de M. d'Anville, en face de *Chios* la ville de *Casytes*?

CARIS, l'un des noms de l'île de *Cos*, selon Etienne de Bysance.

CARIS, ville de Phrygie, selon le même auteur.

CARISA, ville de l'Hispanie, dans la Bétique, à quelque distance à l'est d'*Asta*, & au nord-est de *Gades*.

CARISSA, ville de l'Asie mineure, dans la Paphlagonie, selon Pline & Ptolemée. Ce dernier la donne au peuple *Trocmi*.

CARISSA REGIA, surnommée AURELIA, ville de l'Hispanie, dans le département de *Gades*. Pline dit qu'elle étoit habitée par des Latins. Le lieu où sont aujourd'hui les ruines de cette ville se nomme *Cariza*. (La Martinière.)

CARISSANUM CASTELLUM, château de l'Italie, dans le territoire des Hirpins, vers les frontières de la Lucanie, & au voisinage de la ville de *Consa*.

Pline fait mention de ce château.

CARISTI, ancien peuple de l'Hispanie, que Ptolemée place dans la Tarragonnoise. Il leur donne la ville de *Suestasium*. M. d'Anville les place sur la côte septentrionale de l'Hispanie citérieure.

CARISTUM, ville de l'Italie, dans la Ligurie, & dans le territoire des *Statiellates*, selon Tite-Live. Quelques exemplaires portent *Carystum*. Elle étoit un peu au sud de *Dertona*.

CARITH, nom d'un petit torrent de la Judée, dans la tribu de Benjamin. C'est d'où le prophète Elie tiroit son eau, lorsqu'il étoit nourri par des corbeaux. *Troisième livre des rois*, *chap.* 17, *v.* 3.

Au midi de ce torrent, près du Jourdain, fut bâti *l'Autel du témoignage*, par les tribus de Ruben, de Gad, & la demi-tribu de Manassé, en mémoire de leur union. Josué, *chap.* 22, *v.* 10.

CARITHNI, nom d'un peuple de la Germanie, que Ptolemée place entre les *Vangiones* & les Visges. Ils ne devoient pas habiter loin de l'Helvétie.

CARIUM, selon Isace, sur Lycophron, c'étoit le nom d'un lieu de l'île de Cypre, où étoit la forêt d'Apollon. Il faut lire *Curium*, à ce que croit Ortélius.

CARIUS, *ou* CORIUS. Selon les différens exemplaires de Ptolemée, rivière de l'Asie, dans la Carmanie. Il en place l'embouchure près du golfe Persique.

CARMACÆ, nom d'un peuple de la Sarmatie européenne, que Pline place dans le voisinage des Palus-Méotides.

CARMALA. Quelques interprètes croient devoir lire ainsi le nom de *Marcala*, qui se trouve dans le texte de Ptolemée.

CARMANA, ville de l'Asie, & la capitale de la Carmanie, selon Ptolemée. Elle étoit située dans l'intérieur du pays, dans la Carmanie proprement dite, mais peu éloignée de la déserte.

CARMANA, nom d'une île de l'Asie, située sur

la côte de la Carmanie, ſelon Etienne de Byzance. Elle eſt nommée *Carminna* par Marcian d'Héraclée & par Ptolemée.

CARMANDA (Elmeſetana), ville grande & floriſſante de l'Aſie, dans la Syrie, ſur le bord de l'Euphrate, ſelon Xénophon, qui rapporte que l'armée, étant ſur la rive oppoſée, ſe fourniſſoit de vivres dans cette ville, en paſſant le fleuve ſur des radeaux.

Cette ville étoit ſituée au oueſt-ſud-oueſt de celle nommée *Anatho*.

CARMANIA, la Carmanie, grande province d'Aſie, ſituée entre la Perſe, au nord-eſt, & la Gédroſie, au ſud-eſt. Elle avoit au ſud-oueſt la mer, dont une partie étoit reſſerrée dans le détroit appelé aujourd'hui *détroit d'Ormus*. Au nord-eſt des terres occupées par les *Zarangæ* ou *Drangæ*.

M. d'Anville (*Géogr. anc. vol. II, p. 279.*) obſerve que c'eſt en prenant ſur la Gédroſie, que Ptolemée en recule les parties maritimes à l'eſt, fort au-delà des bornes que lui donne Néarque; mais je penſe qu'il convient de s'en rapporter à ce dernier, puiſqu'il côtoyoit le rivage à deſſein d'en connoître la ſituation & la géographie. Selon lui, la Carmanie ſe terminoit, de ce côté, au promontoire *Carpella* (le cap de Jask.)

Ptolemée établit une diſtinction ſi marquée entre la Carmanie proprement dite & la Carmanie déſerte, qu'il place entre elles deux la deſcription de l'Arabie heureuſe. Ammien Marcellin admet auſſi cette diviſion indiquée par la nature. Strabon, qui ne l'ignoroit probablement pas, n'en fait aucune mention. Sans doute il ne trouvoit pas que la Carmanie déſerte méritât que l'on en parlât: auſſi ne peut-on attribuer à la Carmanie propre ce qu'il dit des avantages de cette province.

Selon cet auteur & Ammien Marcellin, la Carmanie étoit très-fertile, & produiſoit de très-grands arbres. Strabon en excepte cependant les oliviers. (*πλὴν ἐλαίας l. XV, p. 726.*) La terre y eſt bien arroſée. On doit être étonné de voir que Pomponius Méla, qui, vivant ſous Tibère & ſous Claude, écrivoit peu de temps après Strabon, ait dit des habitans de la Carmanie: *in ipſo (ſinu perſico) Carmani navigantium dextra poſiti, ſine veſte ac fruge ſine pecore ac ſedibus piſcium cute ſe velunt, carne veſcuntur, præter capita toto corpore hirſuti.* Pomponius Méla, *L. III, c. 8, 27.* Probablement il rapportoit aux Carmaniens ce qu'il avoit entendu dire des habitans de la côte de la Gédroſie, habitée par un peuple ichthyophage.

Au reſte, on voit que la Carmanie étoit peu connue des anciens, ou du moins qu'il y avoit peu de choſes à en dire.

Au contraire, Ammien Marcellin dit: *ſunt etiam civitates, licet numero paucæ, victu tamen & cultu per quam copioſæ.* Les villes qu'il nomme enſuite ſont *Carmana*, capitale, *Ortopana*, *Alexandria*, & *Harmopolis*, qui ne peut être qu'*Harmozia*. On verra, à leurs articles différens, que l'on a connu d'autres villes dans ce pays.

La Carmanie, ſelon Ptolemée.

La Carmanie *déſerte* eſt bornée, au couchant, par la Perſe & le fleuve Bagradas; au nord, par la Parthie; à l'eſt, par l'Arie. Ptolemée ſuppoſe des lignes qui s'étendent d'un pays à l'autre, & en bornent l'étendue; au ſud étoit la Carmanie *propre*, ou, comme quelques autres auteurs la nomment, la Carmanie *vraie*.

Dans la partie méridionale étoient les *Iſatichæ* & les *Zuthi*; dans la partie du milieu, les Ganandadopydnæ (1): la partie qui s'étendoit au nord & au levant étoit nommée *Modomaſtice*.

(2) La Carmanie (proprement dite) eſt bornée au ſeptentrion par la Carmanie déſerte; à l'orient, par la Gédroſie; à l'occident, par la Perſide; & au ſud, par la partie du golfe Perſique que l'on appelle *golfe Carmanique*.

A la ſuite de l'embouchure du Bagradas (qui ſervoit de bornes à l'oueſt), on trouvoit:

Les fleuves *Arapis*, *Carius*, *Archidana*, *Saganus*, *Andanis*.

Les promontoires *Armozus* & *Carpella*. A l'oueſt de ce cap (3), ſur le golfe *Paragon*, les lieux ſuivans:

Canthapis, ville.	*Cophanta*, port.
Agris, ville.	*Badara*.
Combana.	*Muſarna*.
Gogana.	*Tiſa*, ville.
Magida.	*Bagia*, prom.
Samycade, hors de ce golfe.	*Cyiza*, port.
Deranobila.	*Alabagium*, port.

Entre autres montagnes, Ptolemée en diſtingue deux, l'une appelée *Mons Semiramidis*; l'autre *Mons Strongelus*, nommée ainſi d'après ſa forme ronde (4).

Vers la Carmanie déſerte étoient les *Camelobosci* & les *Soxotæ*; & plus au ſud, les contrées appelées *Rhudiane* & *Agdimites*, puis la *Paræpaphitis*. Au-deſſous étoient les *Aera* & les *Charadnæ*. Après ceux-ci étoient les régions nommées *Cabedene* & *Acantonithis*; & enfin vers la mer, les *Paſargadæ* & les *Chelonophogi*.

(1) Ce nom eſt écrit dans la traduction *Gadanopydres*, & dans la traduction italienne de 1574, *Ganandadopini*.

(2) Ptolemée donne ici la deſcription de l'Arabie heureuſe.

(3) On a vu plus haut que Néarque terminoit à ce cap, l'étendue de la Carmanie, mais que Ptolemée la prolongeoit à l'eſt.

(4) Du mot grec Στρογγυλὴ, *ceinture*, qui entoure en reſſerrant.

Les lieux de l'intérieur des terres étoient :

Portospana.	*Alexandria.*
Carmana, capitale.	*Sabis.*
Thespis.	*Orvasca.*
Nipista.	*Oza.*
Chodda.	*Cophantu.*
Tarsiana.	

Les îles dépendantes de la Carmanie étoient :

Dans le golfe Persique,

Sagdiana, dans laquelle étoit *Miltus* :

Vorocchtha. (M. d'Anville écrit *Oaroctta*, *act. kismis*) (1).

Dans l'océan Indien :

Polla.

Carminna.

Liba.

CARMANICUS SINUS, ou *golfe de la Carmanie* ; c'est le nom que Ptolemée donne au golfe Persique, en convenant qu'il porte aussi ce nom.

CARMANIS, selon Eustathe, cité par Ortélius, ville marchande de la Perse. Ortélius croit que c'est la *Carmana* de Ptolemée.

CARMANIUM PELAGUS, nom donné à la mer qui baignoit les côtes de la Carmanie.

CARMANIUS MONS, ancien nom du mont *Pangæus*, selon Plutarque (*de fluv.*)

CARMANOR. Selon Plutarque (*de fluv.*), c'étoit d'abord le nom du fleuve Inachus.

CARMANORIUS MONS : ç'avoit été, selon Plutarque (*de fluv.*), le nom que portoit d'abord le *Tmolus*. Il avoit pris ce premier nom de Carmanor, fils de Bacchus, qui y avoit perdu la vie à la chasse.

CARMARA, nom d'une ville de l'Inde, que Ptolemée place en-deçà du Gange.

CARMEL, montagne de la Phénicie, à cent vingt stades de Ptolemaïs, en suivant la côte qui, en cet endroit, forme une espèce de golfe, selon Joseph, *de. bell.* Dans le partage de la Terre-sainte que fit Josué, elle échut à la tribu d'Aser : mais les Asérites ayant été emmenés en captivité avec les autres tribus d'Israël, elle retourna aux Phéniciens, ses premiers maîtres, selon S. Jérôme.

Tacite parle de la divinité qu'on adoroit sur cette montagne : il dit qu'elle n'avoit ni simulacre, ni temple, & qu'on voyoit seulement un autel sur lequel on lui offroit des victimes.

Suétone dit que Vespasien monta sur le Carmel, & offrit un sacrifice au dieu qui y étoit révéré, lorsqu'il vint en Syrie pour soumettre les Juifs qui s'étoient révoltés.

Il paroît que le prophète Elie faisoit habituellement sa résidence sur le Carmel : car, 1°. ce fut en ce lieu qu'il confondit les faux prophètes ; 2°. ce fut en ce lieu que la Sunamite vint le trouver ; 3°. enfin, on voit qu'après qu'il eut été enlevé au ciel, son disciple Elysée remonta ensuite au Carmel.

Cette montagne étoit si fertile, que quelquefois son nom se prenoit métaphoriquement pour l'emblême de la fertilité.

CARMEL, ou CARMELUS MONS, montagne de la Palestine, dans la partie méridionale de la tribu de Juda, & sur laquelle étoit bâtie la ville du même nom, selon le livre de Josué & celui des rois. Elle faisoit partie de cette longue chaîne de montagnes qui se trouve au midi de la Palestine & du lac Asphaltide, & qui confinoit au pays des Amalécites. C'est sur cette montagne que Saül fit dresser un arc de triomphe, après la victoire qu'il remporta sur les Amalécites.

On voit, au second livre des Paralipomènes, qu'Ozias, roi de Juda, avoit des vignes & des vignerons sur cette montagne. C'est-là que paissoient les troupeaux de ce Nabal dont les gens refusèrent des secours à David, & dont ce roi épousa ensuite la veuve Abigaïl.

CARMELIA, petite place, espèce de forteresse, située sur celui des deux monts Carmel qui étoit dans la partie méridionale du royaume de Juda. Elle étoit peu éloignée, à l'ouest, du golfe Asphaltite.

CARMELUM PROMONTORIUM, nom de la pointe maritime du mont Carmel, au-dessus de *Caipha*.

CARMENTALIS, nom de l'une des portes de la ville de Rome, entre le Tibre & le Capitole. Elle ne subsiste plus.

CARMENTIS SAXUM, nom d'un lieu particulier de l'Italie, dans le territoire de Rome. Il en est fait mention par Tite-Live.

CARMILIACA, ou CURMILIACA. Selon l'itinéraire d'Antonin, nom d'un lieu de la Gaule Belgique.

CARMINA, île de l'Inde, selon Etienne de Bysance. Ne seroit-ce pas la même qu'il nomme plus haut *Carmana* ? Ce doit être la même que Ptolemée place sur la côte de la Carmanie, & qu'il nomme *Carminna*. Marcian d'Héraclée écrit ce nom avec deux *nn*.

CARMINIANENSIS SALTUS. Il paroît que l'on désignoit quelquefois par ce nom, l'Apulie & la Calabre. *Procurator rei privatæ per Apuliam & Calabriam, sive saltus Carminianenses.* (*Notice de l'empire*).

CARMINIANUM (*Carmignano*), nom d'un lieu de l'Italie, près d'*Aletium*, vis-à-vis de *Lupia*, & auprès de *Tarentum*, dans la Messapie. Il en est fait mention dans la notice de l'empire, où il est parlé de sa forêt.

Ce lieu est marqué dans la carte de M. d'Anville.

CARMONA,

(1) Ptolemée ne nomme pas une petite île, située à l'est de celle-ci, connue dans l'antiquité sous le nom d'*Ogyris*, & devenue célèbre sous celui d'*Ormus*.

CARMONA, CARMO, *ou* CARMON (*Carmona*), ville de l'Hispanie, dans la Bétique, au sud d'*Ilipa*, & au nord-est d'*Hispalis*.

César, en parlant d'un peuple appellé *Carmonenses*, semble indiquer les habitans de cette ville, & ajoute qu'elle étoit la plus forte de toute la province.

Il en est parlé dans Hirtius, qui dit que pendant que Lépidus & Marcellus marchoient vers *Corduba*, Cassius alloit à *Carmona*.

On voit sur les médailles, un épi de bled, emblême de la fertilité de son sol.

CARMONA. Cluvier place une ville de ce nom dans la Ligurie.

CARMONENSES, nom d'un peuple de l'Hispanie, que Jules-César place dans la Bétique. On croit qu'il nomme ainsi les habitans de la ville de *Carmona*.

CARMYLESSUS, nom d'une ville de l'Asie mineure, dans la Lycie. Elle étoit peu considérable, & située dans une petite vallée, au pied du mont *Anticragus*. Il en est fait mention par Strabon.

CARNA, nom d'une ville de l'Arabie heureuse, selon Ptolemée & Strabon. Ce dernier la nomme *Carna*, ou *Carana*, & dit que c'étoit la plus grande ville des Minœens, nation qui habitoit sur le bord de la mer Rouge, & qui étoit voisine des Sabéens.

CARNA, ville de la Phénicie, selon Isace sur Lycophron. C'est la *Carne* de Pline.

CARNÆ, nom d'un peuple que Pline place dans la Sarmatie européenne, près du Bosphore Cimmérien. Quelques exemplaires portent *Carnupæ*.

CARNALIS. Ptolemée nomme ainsi une ville de l'Asie, qu'il place dans la petite Arménie.

CARNASA, *ou* CARSANA. Selon les différens exemplaires de Ptolemée, ville de l'Inde, en-deçà du Gange.

CARNATUS, rivière de l'Asie mineure, dans la Cataonie. Elle prenoit sa source vers le trente-huitième degré vingt minutes de latitude, couroit au sud-est, traversoit entre des montagnes vers le trente-huitième degré, de-là elle couroit au sud-ouest se joindre au *Pyramus*, vers le trente-septième degré vingt-cinq minutes de latitude.

CARNE, ville de l'Asie, située aux confins de la Phénicie & de la Syrie. Pline la place dans cette dernière; mais Etienne de Bysance la donne à la Phénicie. C'est la même que Strabon nomme *Caranos*, port de mer des Aradiens. M. d'Anville ne l'a pas placée sur ses cartes, mais il est aisé d'en retrouver la position, puisque Pline la nomme immédiatement avant *Balenea*, *Paltos* & *Gabale*.

CARNE, nom d'une ville de l'Asie mineure, dans l'Æolide, selon Etienne de Bysance.

CARNEA, lieu de la Palestine, dans la *Batanæa*, au nord-est des monts Galaad, & au sud-est de Tibérias.

CARNEATES. Strabon nomme ainsi une partie de la montagne de *Cœlossa*, dans l'Argie, au Péloponnèse. La source de l'*Asopus* étoit dans cette montagne.

CARNI, nom d'un peuple, qui étoit séparé de la Norique par les Alpes Carniques ou Juliennes. Ptolemée leur donne trois villes, *Forum Julium*, *Concordia* & *Aquileia*. On voit qu'ils occupoient une partie de l'état de Venise. Orose dit que c'étoit une nation gauloise: cet auteur & l'épitome de Tite-Live disent qu'ils furent vaincus l'an 635 de Rome, par le consul Quintus Martius Rex.

CARNIA. On appelle ainsi des terres qui se trouvent au fond du golfe Adriatique, où habitoient les Carni.

Karn, en langue germanique, signifiant du *bled*, & plus particuliérement du *seigle*, on a cru que c'étoit de l'abondance de cette production que venoit le nom du pays; & les Romains parurent y faire attention en faisant frapper une médaille en l'honneur des victoires de Scaurus sur les Carnes & les Liguriens. On y voyoit au revers avec un Mercure, une corne d'abondance pleine d'épis.

N. B. Ce pays répond au Frioul Vénitien & à une petite partie de la Carniole.

CARNIA, nom d'une ville de l'Asie mineure, dans l'Ionie, selon Etienne de Bysance.

CARNINE, lieu sur les côtes de l'Asie, nommé dans le périple de Néarque. On lui offrit en ce lieu des brebis & des poissons.

CARNION, ville de la Judée, dans la demi-tribu de Manassé, au-delà du Jourdain. Elle étoit située près du torrent de Jaboc. C'étoit une place imprenable par sa situation.

C'est à *Carnion* que Timothée envoya les femmes, les enfans & le reste de son bagage, lorsqu'il eut appris l'arrivée de Judas.

Deuxième livre des Macchabées.

CARNION, *ou* CARNIUM, ville du Péloponnèse, dans la Laconie, selon Polybe. Pline met une ville de *Carnion* dans l'Arcadie. Comme ces deux pays étoient limitrophes, ce devoit être la même ville qui avoit appartenu à l'un & à l'autre de ces pays. Pausanias y met un ruisseau nommé *Carnion*, qui se jetoit dans un autre nommé *Gathéatas*, & ils alloient ensemble se perdre dans l'Alphée.

CARNION, petit ruisseau de l'Arcadie, dans la partie méridionale. Il couloit du sud-est au nord-ouest, & se jetoit dans le fleuve *Gathéatas*.

CARNON, nom d'une ville de l'Arabie heureuse, selon Pline.

CARNONACÆ, peuple que Ptolemée place dans la partie septentrionale de l'île d'Albion.

CARNOTENA. On trouve dans quelques auteurs du moyen âge ce nom au lieu de celui de *Carnutes*: il paroît cependant que l'on y joignoit celui de *Civitas*.

CARNUS, nom d'une ville d'Arabie, appartenant aux Sabéens.

CARNUS, ville de la Pannonie, sur le Danube, selon Ptolemée.

CARNUTÆ, peuple de la Gaule, auquel

Ptolemée donne pour villes *Autricum* (Chartres) & *Cenabum* ou *Genabum* (Orléans). *Voyez* CARNUTES.

CARNUTES, ci-devant *Autricum* (Chartres). Quelques auteurs ont prétendu que ce nom venoit du mot latin *caro*, de la chair, parce que les druides faisoient des sacrifices humains : mais il faut supposer, pour rendre cette étymologie vraisemblable, que les habitans de cette ville parloient latin, ou qu'ils n'ont commencé à porter ce nom, que depuis leurs liaisons avec les Romains. Ces deux assertions seroient également fausses. Mais en langue celtique, le mot *ker* signifiant *ville*, on peut croire que l'on a appelé d'abord *Carnutes*, ceux qui avoient une ville, par opposition à ceux qui n'en avoient pas. La ville prit le nom de la rivière. Au reste, elle étoit sur le haut de la montagne, où est aujourd'hui *la ville haute* de Chartres ; & c'étoit le siège principal des druides.

CARNUTES, peuples de la Gaule, habitant la ville nommée d'abord *Autricum*, puis *Carnutes* (Chartres) ; il en est mention, dit M. d'Anville, long-temps avant César, puisque Tite-Live les nomme entre les nations celtiques qui passèrent les Alpes pour s'établir en Italie, au temps de Tarquin l'ancien. On les vit se déclarer les premiers dans le soulévement presque général de la Gaule.

Les *Carnutes* sont nommés dans Strabon, dans Pline, *Carnuti* ou *Carnuteni Fœderati* ; dans Ptolemée, *Carnutæ* ; & dans Plutarque, *Carnutini*. Leur territoire étoit considérable, puisqu'il s'étendoit depuis la Seine jusqu'à la Loire. C'étoit sur-tout à *Carnutes* que les druides tenoient leurs assemblées générales.

CARNUNTUM, *ou* CARNUTUM, ville de la Haute-Pannonie, sur le bord du Danube, selon Pline & Velléius Paterculus. Ce dernier dit que c'étoit la place que les Romains avoient le plus près de la Norique. L'empereur Marcus y fit un séjour de trois ans, selon Eutrope. Elle est nommée *Carnus* par Ptolemée.

CAROCOTINUM, lieu de la Gaule, par lequel l'itinéraire d'Antonin commence la description de la route jusqu'à *Augustobona* (Troies). Ce lieu étoit sur le bord de la mer. Je ne vois pas, dit M. d'Anville (*Notice de la Gaule, p. 204*), que l'on puisse retrouver l'emplacement de ce lieu plus convenablement qu'à un port où la mer arrivoit autrefois, & qui est le débouché d'une vallée par laquelle les falaises qui bordent l'embouchure de la Seine sont interrompues. Au pied du côteau qui succède à l'ouverture de cette vallée, le nom de *cretin* que portent les masures d'un château, rappelle le nom de *Carocotinum*. M. de Valois place ce lieu beaucoup plus au nord, à l'embouchure de la Somme ; ce qui l'écarte trop des idées que l'on peut prendre d'après l'itinéraire.

CAROEA, nom d'un village que Ptolemée place dans la Sarmatie européenne.

CAROEA. Guillaume de Tyr, cité par Ortélius, nomme ainsi une ville d'Afrique.

CARONIA, ville de l'île de Sicile, sur la côte septentrionale, & vers le lieu où étoient *Alæsa* & *Aluntium*.

CARONIUM, ville de l'Hispanie, que Ptolemée place dans le pays des peuples nommés *Callaïci Lucenses*. Ce doit être aujourd'hui *Coruña*, ou la Corogne.

CARON PORTUS, port qui, selon le périple du Pont-Euxin (*Frag.*), devoit se trouver à l'ouest, à 280 stades de *Calatis*, en allant au sud.

CAROPOLIS, nom d'une ville de l'Asie mineure, dans la Carie, selon Etienne de Bysance.

CAROS CEPI, Καρος κῆποι, ou les *Jardins de Caros*. C'étoit, selon Etienne de Bysance, qui cite Théopompe, un lieu de la Thrace : & c'est tout ce que l'on en sait.

CAROTHUS, *ou* CHOROTUS, lieu de l'Afrique, dans la Cyrénaïque, à vingt-cinq mille pas de *Canini*, selon les divers exemplaires de l'itinéraire d'Antonin.

CARPASIA, ville de l'île de Cypre, avec un port, sur la côte septentrionale, vers le nord-est. On donnoit aussi ce nom à tout le canton. Il paroît que cette ville terminoit de ce côté l'*Achæorum acte*, qu'elle avoit au sud ouest. Pline dit *Carpesium*. Cette ville a été épiscopale, & dans la notice de Léon-le-Sage elle est nommée *Carpasin*, aussi-bien que dans celle d'Hiéroclès. On trouve aussi *Carpassus*. En face étoient les îles *Carpasiæ*.

CARPASIÆ, petites îles situées au nord & très-près de l'île de Cypre, en face de la ville de *Carpasia*.

CARPATES. Les auteurs anciens nomment ainsi une longue chaîne de montagnes qui bornoient la Sarmatie européenne du côté du midi. Aujourd'hui le mont *Carpack*.

CARPATHIUM MARE, partie de la mer Méditerranée, entre l'île de Rhodes & celle de Crète. Il en est fait mention par Strabon, *&c.* Elle prenoit son nom de l'île *Carpathus* ou *Carpathos*. On la nomme aujourd'hui *mer de Scarpanto*.

CARPATHOS, *ou* CARPATHUS (*Scarponto*). Cette île étoit moins célèbre par elle-même que par la petite portion de mer qui l'environnoit & à qui elle avoit donné son nom. Elle étoit située entre l'île de Crète au sud-ouest, & l'île de Rhodes au nord-est. Strabon dit que cette île renfermoit quatre villes, dont une portoit le nom de *Nisyros* ; mais Scylax ne lui en donne que trois, & Ptolemée seulement une, appelée *Posidium*. M. d'Anville n'a indiqué que les deux que je viens de nommer.

Comme elle est longue & étroite, il n'est pas surprenant qu'en même temps que Scylax ne lui donne que cent stades de longueur (à-peu-près du sud au nord). Strabon dit qu'elle a deux cens stades de tour. Je pense que ce qui a pu rendre la mer Carpathienne assez célèbre pour lui donner place dans les poésies d'Horace, d'Ovide, de Properce & de Juvénal, c'est qu'elle se trouvoit sur la route de ceux qui passoient des îles de l'Archipel en Chypre ou en Syrie ; on peut y ajouter l'agitation de cette mer & le danger des écueils. Cette île fut d'abord habitée par quelques soldats de Minos, qui, le premiers des Grecs, posséda l'empire de la mer. Plusieurs générations après, Ioléos, fils de Démoléon, Argien d'origine, y amena une colonie. Homère, en parlant de cette ville, la nomme *Crapathos*. Outre le nom de *Tetrapolis* dont j'ai parlé, elle fut aussi nommée *Heptapolis*, ou ayant sept villes ; & *Pallenie*, d'après le fils de Titan, le premier possesseur de l'île. L'île de *Carpathos* est aujourd'hui nommée *Scarpanto*.

CARPATHUS, ville de l'île de même nom. Il y avoit un siège métropolitain, selon les notices.

CARPE CARCEIA, nom d'un lieu de l'Hispanie, que l'itinéraire d'Antonin place dans la Bétique. On croit qu'il faut lire *Calpe-Carteia*.

CARPELLA, nom d'un promontoire de l'Asie, que Ptolemée place dans la Carmanie, fort près & au sud-ouest du promontoire *Armosum*, dans le golfe Persique.

CARPENEITIS, lieu de la Grèce, dans l'Attique, selon Sénèque le Tragique, cité par Ortélius.

CARPENTORACTE MINORUM (*Carpentras*), ville de la Gaule narbonnoise, au nord-est d'*Avenio*, sur une élévation, près de la rivière *Ausonius*.

Cette ville n'est connue que par Pline, qui ne la met qu'au nombre des villes latines.

Carpentoracte appartenoit aux Memniciens, & avoit un bel arc de triomphe.

Les Romains y envoyèrent une colonie, vraisemblablement du temps de Jules-César.

Le P. Papon pense que l'arc de triomphe de cette ville fut érigé en mémoire de la victoire que Cn. Domitius Ænobarbus remporta sur les *Allobroges* & les Auvergnats réunis, près du confluent de la Sorgue & du Rhône, à deux lieues & demie environ de cette ville.

CARPESII. C'est ainsi que Tite-Live & Polybe nomment le peuple de l'Hispanie que Pline appelle *Carpetani*.

CARPESIUM, nom d'une montagne de l'Asie, dans la Pamphylie, selon Ætius d'Amide, cité par Ortélius.

CARPETANA JUGA, montagnes de l'Hispanie, dans la contrée nommée *Carpétanie*, selon Pline.

CARPETANI, les Carpétans, peuple de l'Hispanie citérieure, à l'ouest vers la Lusitanie.

Les principales villes de ce peuple étoient *Complutum*, *Contrebia*, *Mantua* & *Toletum*.

Pline, Tite-Live, Etienne de Bysance & Ptolemée parlent de ce peuple. Le dernier leur donne dix-huit villes.

CARPETANIA, nom d'une contrée de l'Hispanie, dans laquelle Pline met les villes de *Contrebia* & d'Hippone. Et cet auteur, ainsi que Ptolemée, y mettent la ville d'*Æbura*. Il y avoit des montagnes dans la Carpétanie, que Pline nomme *Carpetana Juga*. Cet auteur dit que la ville de *Conuebia* étoit la capitale de la contrée.

CARPI. Ammien Marcellin dit que c'étoit un peuple de la Valérie, que Dioclétien transplanta dans la basse-Pannonie. Cet auteur, Jornandès & Zozime mettent ce peuple au voisinage de l'Ister.

Une médaille de l'empereur Décius parle d'une victoire qu'il remporta sur les *Carpi* ; mais Lactance rapporte que cet empereur étant allé contre les *Carpi*, y fut environné, mis en pièces avec une grande partie de son armée, dépouillé & laissé nu à la discrétion des bêtes qui le mangèrent. Aurélius Victor rapporte que quelques troupes d'entre les *Carpi* pilloient la Thrace en l'an 273 ; mais qu'Aurélien les battit, & prit une partie de cette nation pour peupler quelques endroits de l'empire. Les monts *Carpates* étoient vraisemblablement la première demeure de ces peuples : ils en sortirent sous l'empire d'Alexandre.

CARPI, nom d'une ville de l'Afrique proconsulaire, selon Pline. Elle est nommée *Carpis* par Ptolemée. Il est fait mention d'un siège épiscopal de ce nom dans la notice des évêchés de cette province, & dans la conférence de Carthage.

CARPIA & CARPEIA, nom qu'Etienne de Bysance donne à une ville de l'Hispanie, & qu'il regarde comme étant la même que *Calpe*.

CARPIANI, nom d'un peuple de la Sarmatie en Europe. Il habitoit entre les Peucins & les Basternes, selon Ptolemée.

CARPIDÆ. Le périple du Pont-Euxin (*Frag.*), dit que ce furent ces peuples qui habitèrent d'abord les bords de l'*Ister* vers son embouchure.

CARPIS, nom d'une ville de la Pannonie, que Ptolemée place près du Danube. Il la donne à l'ancien peuple *Carpi*.

CARPIS, nom d'une rivière qui alloit se jeter dans l'Ister, du côté du nord. Hérodote dit qu'elle sortoit du pays qui étoit au-dessus du peuple *Umbrici*.

CARPIS (*Gurbos*), baie de l'Afrique, à l'opposé & au sud-est de Carthage. Il en est fait mention par Ptolemée, Pline & Tite-Live ; ce dernier dit que quelques-uns des vaisseaux de la flotte d'Octavius, firent naufrage sur cette côte.

CARPODACOS, nations scythes, dont fait mention Zozime. Ortélius croit que c'étoit un mélange de Daces avec le peuple *Carpi*. (*La Martinière*).

CARPUDEMUM, nom d'une ville que Ptolemée place dans l'intérieur de la Thrace.

CARRA, nom d'une rivière de l'Asie, dans la Syrie, selon Ortélius.

CARRACA, nom d'une ville de l'Italie, dans le pays des *Bechuni*, selon Ptolemée.

On pense que c'est *Caravaggio*. (*La Martinière*).

CARRÆ. Les anciennes éditions de Pline faisoient mention d'une ville de ce nom dans l'Arabie heureuse, sur la côte du golfe Persique ; mais le P. Hardouin a rétabli le texte, & écrit *Gerræ*.

CARRÆ, ville de l'Asie, dans la Syrie. Elle étoit située à l'est & près d'une chaîne de montagnes, sur le bord d'une petite rivière, au sud-ouest de *Goaria*, & à quelque distance à l'est d'*Heliopolis*, vers le 33e degré 50 minutes de latitude.

CARREA POLLENTIA, ville de l'Italie, dans la Ligurie, au nord d'*Augusta Vagiennorum*. On trouve aussi ce nom écrit par une *l*. Elle étoit renommée par ses laines noires.

CARREI, nom d'un peuple qui habitoit dans l'intérieur de l'Arabie heureuse, selon Pline, qui leur donne la ville de *Carriatha*, que Ptolemée nomme *Chariatha*.

CARRHÆ, ville de l'Asie, dans la Mésopotamie, du côté de l'Euphrate, selon Strabon. Ptolemée, Etienne de Bysance, Diodore de Sicile, *&c.* font mention de cette ville. Le dernier écrit *Carhæ*, & la met sur le Chaboras. On sait que cette ville étoit fameuse par le malheur des deux Crassus & des Romains. Crassus fut trompé par Surena, général des Parthes, qui le fit mourir. Appien fait aussi mention de cette ville & de la défaite des Romains. La notice de Hiéroclès la met au nombre des neuf villes épiscopales de l'Osrhoène. Elle porte encore le nom de *Haran*, ainsi qu'elle le porte dans les livres saints. Je renvoie donc au mot HARAN pour ce qui a trait à l'histoire sainte. M. d'Anville, qui a très-bien connu son emplacement, la met à l'ouest d'une petite chaîne de montagnes qui la sépare du *Chaboras*.

CARRIATA, ville de l'Arabie heureuse, selon Pline.

CARRINENSIS AGER, champ particulier de l'Hispanie, dans la Lusitanie. Pline y met deux fontaines l'une auprès de l'autre. Il dit que l'une engloutit tout, & que l'autre rejette tout.

CARRODUNUM, nom d'une ville de la Germanie, selon Ptolemée. On croit que c'est aujourd'hui *Radom*, bourg dans le palatinat de Sendomir. (*La Martinière*).

CARRODUNUM. Ptolemée nomme ainsi une ville de la Vendelicie. Les interprètes de ce géographe disent que c'est aujourd'hui *Krainbourg*, sur l'Inn. (*La Martinière*).

CARRODUNUM, ville de la Haute-Pannonie, selon Ptolemée. Ses interprètes disent que c'est aujourd'hui *Karnbourg*, bourg au bord du Rab.

CARRODUNUM, nom d'une ville de la Sarmatie européenne, située sur la rivière *Tyras*, selon Ptolemée.

CARRONENSES. La notice de l'empire nomme ainsi des soldats de la Gaule qui étoient dans le département de l'Armorique.

CARSA, *ou* CALSAS, CHALCIS. Selon les différentes éditions de l'itinéraire maritime d'Antonin, île de l'Archipel. (*La Martinière*). Mais l'édition de Wesseling porte *Chalcia*; cette île est nommée après *Cale*, & avant *Scyros*, *p*, 523.

CARSAT. On lit ce nom dans l'itinéraire d'Antonin, comme celui d'un lieu d'Asie sur la route de *Nicopolis* à *Satala*. Mais Wesseling pense qu'il faut lire *Carsagis*. (*Ant. Aug. Itin. p. 216*).

CARSE, ville de l'Asie, dans la Persarménie, selon Cédrène & Curopalate.

CARSEÆ, *ou* CARSENSES, peuple de l'Asie mineure, dans le voisinage des Mysiens.

CARSEOLANI, nom d'un peuple de l'Italie, qui habitoit la ville de *Carsoli*, selon Pline.

CARSEOLI, ville d'Italie, chez les Sabins, au vingt-deuxième mille, sur la voie Valérienne. Tite-Live la nomme dans un endroit *ville Marse*, & dans un autre, *ville des Eques*. Peut-être avoit-elle été dépossédée par l'un & l'autre de ces peuples alternativement. On y envoya deux colonies à différentes époques. On doit remarquer, 1°. que son nom, dans les langues orientales, signifie *ville du Renard*; 2°. que, selon Ovide, dans ses fastes, il y étoit défendu par une loi expresse, de se vanter d'avoir pris un renard, & que tous les ans on y en brûloit quelques-uns en grande cérémonie avec des torches allumées.

C'étoit, selon Tite-Live, une colonie romaine, établie l'an 454 de Rome. Sur la carte de M. d'Anville, elle est marquée dans le pays des Sabins.

On ignoroit l'emplacement positif de cette ancienne ville, lorsqu'il fut découvert, en 1645, par Holstenius, près des monts appelés *Rro-Fieddo*. Ils furent vus de nouveau, en 1766, par M. l'abbé Chauppy. On voit encore, dans une hôtellerie appelée *du Cavalier*, une inscription par laquelle il est prouvé, 1°. que cette ville étoit colonie; 2°. qu'il y avoit un collège de prêtres appelés *Dendrophores*, ou *Porte-arbre*, consacré apparemment à quelque dieu champêtre.

CARSICI, port de la Gaule narbonnoise, entre *Taurentum* & *Citharista*, selon l'itinéraire d'Antonin. Wesseling dit que le nom moderne de ce port est *Cenary*, après avoir été nommé en latin *Portus S. Nazarii*.

CARSIDAVA, nom d'une ville de la Dacie, selon Ptolemée, dont les interprètes disent que c'est aujourd'hui *Kuryma*. (*La Martinière*).

CARSIOLI. *Voyez* CARSEOLI.

CARSITANI, peuple de l'Italie, dans le territoire de Preneste, selon Macrobe, cité par Ortélius.

CARSULÆ, ville de l'Italie, dans l'Umbrie. Tacite la donne au peuple *Carsuli*. Elle est marquée sur la carte de M. d'Anville, au nord de *Narnia*.

CARSULANUS AGER. Tacite nomme ainsi le territoire de la ville de *Carsulæ*.

CARSULI, nom d'un peuple de l'Italie, dans l'Umbrie, selon Ptolemée. Ils sont nommés *Carsulani* par Pline.

CARSUM, ville de la basse-Mœsie, selon Ptolemée. Elle est nommée *Carson* dans l'itinéraire d'Antonin, où elle est placée entre *Capidava* & *Cion*.

CARSUS, rivière de l'Asie, dans la Cilicie. Elle prenoit sa source dans le mont *Amanus*, près de la ville d'*Erana*, couloit au sud-ouest, entre les branches de cette montagne, arrosoit la ville d'Epiphania, & alloit se jetter dans la Méditerranée, au fond du golfe *Issicus*, vers le 36ᵉ deg. 40 min. de latitude.

CARTA, nom d'une ville de l'Asie, dans l'Hircanie, selon Strabon.

CARTA. Zonare nomme ainsi un port. Ortélius croit qu'il étoit vers la Thrace. (*La Martinière*).

CARTACION, *ou* CANTAGIUM. Denys de Bysance nomme ainsi un golfe sur la route de l'Asie mineure, dans le Bosphore de Thrace.

CARTAGO, Carthage, ville d'Afrique, capitale de l'Afrique propre, & l'une des plus puissantes villes de l'antiquité. Son emplacement, encore bien connu, se trouve sur une presqu'île, dans un grand golfe, très-près au nord-est de Tunis (1), sous le 7ᵉ deg. de long. or. (mérid. de Paris), & presque sous le 37ᵉ de latit.

Etymologie. Cette ville fut d'abord nommée *Cadmeïa*, c'est-à-dire l'orientale, d'après le nom de *Cadmus*, commun aux chefs des colonies Phéniciennes : on la nomme aussi *Cacabe*, c'est-à-dire, tête de cheval, d'après l'idée que l'on en avoit trouvé une en creusant les fondations. Lorsque Didon arriva dans cette contrée, il existoit, à quelque distance, une ville nommée *Ytiça* ou *Utica*, c'est-à-dire, l'ancienne; elle nomma la ville qu'elle fit construire *Cartha-Hadath* ou *Carthadt*, c'est-à-dire, la ville nouvelle. Ce nom, défiguré par les Grecs & par les Romains, a été écrit par les premiers *Carchedon*, &, par les seconds, *Carthago*.

Quant aux noms de *Byrsa* & de *Cothon*, ils signifient, le premier, forteresse, venant de l'oriental *Bosra*; & le second, port fait de main d'hommes, de *Katum*, coupure. La partie qui étoit proprement la ville se nommoit *Magar*, ou *les habitations* : les Latins ont dit *Magaria* & *Magalia*.

Fondation. L'opinion qui attribuoit la fondation de Carthage à Didon, n'offrant que des détails intéressans au génie d'un poëte, Virgile fit bien de s'emparer de cette idée, & de l'embellir de tout le charme de la poésie : mais ce sentiment offre trop de difficultés à la critique pour être admis en littérature. Comment en effet une princesse fugitive (2), qui s'échappoit de la cour de Pigmalion, son beau-frère, auroit-elle pu conserver le secret de sa fuite, &, en même temps, emmener avec elle assez de monde pour fonder une ville ? On conçoit seulement qu'elle put enlever de grandes richesses, &, par ses richesses, obtenir un grand crédit au milieu du peuple chez lequel elle s'arrêta. Il faut donc admettre un sentiment déjà reconnu comme très-plausible par plusieurs savans; c'est que dans le lieu où Didon vint se fixer, il y avoit déjà un établissement plus ancien; que ce fut un comptoir Phénicien, ayant pour objet le commerce, ou des Cananéens refugiés, après avoir été chassés de leur pays par Josué : c'est ce que je n'entreprendrai pas de décider ici. Le premier fait est vraisemblable; le second est possible. Dans la première hypothèse on n'a aucun point pour déterminer la date de cette fondation : dans la seconde, on remonteroit à la conquête du pays de Canaan, qui est de l'an 1554 avant J. C. selon le texte samaritain, ou de l'an 1451, selon le texte hébreu. Dans l'un ou l'autre cas, on a la première fondation de Carthage, ou plutôt de *Cadmea*, comme elle fut nommée d'abord : lorsque l'on y eut ajouté un beau port & une forteresse, cette même partie de la ville prit le nom de *Magar* ou *Magaria*, c'est-à-dire, partie où sont les habitations. Virgile emploie ce mot en parlant de l'arrivée d'Enée. (*Æn. liv. I, v. 146.*)

Miratur molem Æneas Magalia (3) quandam.

On trouve le même nom employé par Plaute, du moins dans quelques éditions :

Cùm nutrice una periere à magalibus eas qui
Subripuit, &c.

La septième année du règne de Pigmalion, roi de Tyr, ce qui donne l'an 883 avant J. C. selon Solin, ou l'an 853, selon la correction du président de Brosses, Didon, fuyant la cour de ce prince, arriva à Cadmeia avec ses richesses. Elle la fit considérablement agrandir, y bâtit une citadelle, *Bosra*, appelée depuis *Byrsa* (4), & nomma sa nouvelle habitation *Carthadt*, ou la nouvelle ville : si l'on en croit Virgile, il faut aussi attribuer à cette princesse la construction du port. (*V. 431.*)

Hìc portus alii effundiunt.

Situation & description. Carthage, dit Appien,

---

(1) Les noms anciens de Carthage & de Byrsa se sont conservés avec quelque altération, à des ruines qui se voient encore, & que les gens du pays nomment *Cartin* & *Bersik*.

(2) Cette princesse est nommée par les historiens *Elissa Didon*; mais ce n'est pas un nom propre. Ces mots, en langue phénicienne, signifient à la lettre la *femme fugitive* (*al ischa*, *hæc fœmina*).

(3) Servius observe que Virgile auroit dû dire *Magaria*, & ajoute que *Magar*, en langue punique, signifioit une maison champêtre; & Appien nomme *Megara*, la partie qui n'étoit ni *Byrsa*, ni *Cothon*; ceci confirme la distinction que j'ai établie précédemment.

(4) Comme Βυρσα signifie une peau, les Grecs imaginèrent une petite fable pour donner l'étymologie de ce nom. Ils racontèrent que Didon n'avoit d'abord demandé de terrein aux Libyens, que ce qu'elle en pourroit couvrir avec une peau de bœuf; mais qu'ensuite l'ayant fait couper par lanières, elle en avoit entouré un espace très-considérable.

étoit située au fond d'un golfe, & ressembloit à une presqu'île dont le col, c'est-à-dire l'isthme, étoit large de vingt-cinq stades. La presqu'île, selon Strabon (*liv. 17*), avoit de circuit trois cens soixante stades, ou à peu près dix-huit lieues. De cet isthme, il s'avançoit vers l'occident une langue de terre, large environ d'un demi-stade : elle séparoit la mer d'un marais, & de chaque côté étoit fermée soit par des rochers, soit par une muraille. Au sud, c'est-à-dire du côté de la mer, aussi-bien que du côté du continent où étoit la citadelle, la ville étoit fortifiée d'une triple muraille, haute de trente coudées. On ne comprend pas, dans cette hauteur, celle des parapets, ni celle des tours qui la flanquoient tout à l'entour, ni des distances égales : elles étoient éloignées entre elles de quatre-vingt toises. Chaque tour avoit quatre étages, & les fondations avoient trente pieds de profondeur.

Les murailles n'avoient que deux étages : elles étoient larges & voûtées. Dans le bas, il y avoit de l'emplacement pour loger trois cens éléphans, avec les magasins nécessaires pour leur subsistance.

Au-dessus des éléphans étoient des écuries pour quatre mille chevaux, avec les greniers pour les fourrages. Il s'y trouvoit aussi de quoi loger vingt mille fantassins & quatre mille cavaliers. Tout cet appareil de guerre tenoit, comme on le voit, dans les seules murailles : il n'y avoit qu'un endroit où les murs fussent foibles & bas : c'étoit un angle qui se trouvoit du côté de la terre.

Le grand port, ainsi que celui que l'on avoit creusé, pouvoient se communiquer entre eux : mais ils n'avoient qu'une même entrée, large de soixante-dix pieds, & fermée par des chaînes. Le premier étoit pour le commerce : on y trouvoit des boutiques & des demeures pour les matelots. L'autre étoit le port intérieur pour les vaisseaux de guerre. Au milieu de ce port étoit une île appelée aussi *Cothon*. Elle étoit bordée, aussi-bien que le port, de grands quais, où étoient des loges séparées pour mettre à couvert deux cens vingt bâtimens : au-dessus étoient des magasins pour les agrès & les armemens. L'entrée de chacune de ces loges étoit ornée de deux colonnes de marbre, d'ordre dorique : de sorte qu'au premier coup-d'œil l'île & le port sembloient entourés d'un portique. Dans cette île étoit le palais du commandant des forces de mer : c'étoit de-là que l'on donnoit le signal au son de la trompette, & que l'on publioit les édits de la marine.

Cette île étoit située vis-à-vis l'entrée du port, & s'étendoit en long d'une manière si avantageuse, que l'amiral pouvoit découvrir fort au loin tout ce qui étoit sur la mer : au lieu que les vaisseaux qui arrivoient ne pouvoient pas voir tous les détours de l'intérieur du port. Les bâtimens marchands ne pouvoient pas non plus appercevoir les vaisseaux de guerre, puisque les deux ports étoient séparés par une double muraille. Il y avoit, dans chacun d'eux, une porte pour entrer dans la ville. Au reste, on ne peut guère douter de la magnificence des bâtimens par la richesse & la splendeur de cette république.

Destruction. On peut voir, au mot *Carthagenienses*, une esquisse des révolutions de cette ville : j'ajouterai seulement ici qu'elle fut détruite par Scipion, l'an 146 avant notre ère. En même temps on fit défenses, au nom du peuple romain, d'y habiter jamais, & l'on menaça, par les plus horribles imprécations, quiconque oseroit jamais transgresser une loi si importante à la sûreté de l'état.

Cependant Appien rapporte que trente ans après, l'un des Gracques, pour faire sa cour au peuple, y conduisit une colonie. J'observerai, en passant, que ce fut la première que les Romains envoyèrent hors de l'Italie.

Strabon & Plutarque nous apprennent de plus que Carthage fut rétablie par Jules-César. Cette seconde Carthage devint une des villes les plus considérables de l'Afrique : elle en fut même en quelque sorte la capitale sous les empereurs. On y embrassa le christianisme, & ses évêques, qui relevèrent de l'évêque de Rome, & non du patriarche d'Alexandrie, occupèrent un rang distingué dans l'église d'occident.

L'an 318 de notre ère, elle fut saccagée par Maxence, & l'an 439, conquise par Genseric, roi des Vandales. Bélisaire la reprit en 563. Enfin, lors des conquêtes des Arabes en Afrique, Carthage fut prise par eux l'an 698, & ruinée de fond en comble.

CARTAGO NOVA (1), ou *Carthage la nouvelle* (*Carthagène*), ville considérable de l'Hispanie, au sud-est, très-près, à l'ouest, du promontoire *Sombraria*, & au sud du champ Spartérien, *Sparterius campus*. Cette ville avoit été fondée l'an de Rome 525, par Asdrubal, général Carthaginois, pour contenir le pays dans l'obéissance. Les historiens espagnols, ce qui n'est pas improbable, prétendent que depuis l'an 1412 avant l'ère vulgaire, il y avoit en ce lieu une ville nommée *Contestæ*, d'où la province avoit pris le nom de *Contestania*. Le fondateur en avoit été, selon eux, Testa, ancien roi du pays : mais depuis que les Carthaginois s'y étoient établis, cette ville étoit devenue la plus considérable de celles qu'ils possédoient en Hispanie. Ils en avoient fait leur place d'armes, & y conservoient les ôtages qu'ils avoient exigés des nations Hispaniennes les plus puissantes.

« Elle est située (disoit Polybe, vers l'an 150

(1) Comme les médailles & les auteurs portent *Carthago Nova*, & que Ptolemée place *Carthago Vetus* dans l'intérieur de l'Hispanie, le P. Hardouin avoit cru pouvoir persuader que c'étoit relativement à cette dernière, que l'autre portoit l'épithète de *Nova*. Mais cela n'est guère probable; & aucun historien, ni aucun géographe, excepté Ptolemée, n'ont parlé de cette ancienne Carthage. Selon ce jésuite, Cartaveja a succédé à *Carthago Vetus*. Le P. Florez n'est pas du tout de ce sentiment. Les médailles de *Carthago Nova* portent : les unes *Carthago*; les autres *Karthago*.

» av. J. C.) au fond d'un golfe qui est en face » de l'Afrique. Ce golfe peut avoir vingt stades » de profondeur, & la moitié de largeur. Dans » sa totalité, il présente l'aspect d'un port : à l'entrée » est une ile, qui ne laisse de chaque côté qu'un » espace assez borné aux vaisseaux qui y arrivent. » Par cette disposition, l'effort des vagues porte » sur l'ile, & laisse le port tranquille, si ce n'est » quand le vent vient de la côte d'Afrique : alors » la mer reflue par chacun des côtés de l'ile : mais » par tout autre vent on y est à l'abri du gros » temps. Au fond du golfe, cette terre s'avance » en forme de presqu'ile ; & c'est-là qu'est située » la ville. De l'est au sud, elle est entourée par la » mer : au couchant, est une espèce d'étang qui » s'avance vers le nord ; ensorte que la langue de » terre qui joint la presqu'ile au continent, n'a » guère plus de deux stades. La ville est basse, » & comme enterrée. On y va par une plaine à » laquelle on aborde par la mer du côté du sud : » mais de tout autre côté elle est entourée de col- » lines, dont deux hautes & rudes, & trois autres » plus douces, mais où se trouvent des cavernes » & des précipices. Sur la plus haute montagne, » qui est au couchant, est un palais (Βασιλεια » tel que celui d'un souverain, élevé, dit-on, par » Asdrubal, qui cherchoit à se rendre indépendant » dans cette contrée. Le nord est fermé par des » collines, mais qui sont hautes. Une d'elles est » nommée *la colline de Vulcain*, & celle qui en est » proche, *la colline d'Alète*, qui, pour avoir trouvé » des mines, reçut les honneurs divins. La troi- » sième est la colline *de Saturne*. L'étang est joint » à la mer par un canal pour la commodité de ceux » qui travaillent aux vaisseaux ; & sur la langue » de terre qui joint la mer à l'étang, on a fait » un pont pour les côtés de charge ». Polybe ajoute un peu plus bas : « l'enceinte de la ville n'alloit » autrefois qu'à vingt stades, quoiqu'on l'ait esti- » mée quelquefois davantage ; & actuellement même » elle ne va pas jusques-là. Je puis l'assurer, j'en » ai jugé par mes yeux ».

La nouvelle Carthage fut prise l'an de Rome 542 par Scipion, surnommé l'Africain, après la défaite d'Annibal, sous les murs de Carthage d'Afrique.

En rapportant quelques détails sur l'état où se trouvoit cette ville lors de sa prise par les Romains, Tite-Live nous donne la plus grande idée de sa richesse & de ses forces. Selon cet historien, on y fit prisonniers dix mille hommes de condition libre, & un nombre prodigieux de femmes, d'enfans & d'esclaves. Les ôtages, au nombre de trois cens, ou, selon quelques auteurs, de sept cens vingt-cinq, furent renvoyés aux peuples auxquels ils appartenoient. Les machines de guerre y étoient en très-grande quantité, puisque l'on y comptoit cent vingt grandes catapultes (1), deux cens quatre-vingt-une plus petites ; vingt-trois balistes de la première grandeur, cinquante-une plus petites, un nombre prodigieux de dards, soixante-quatre drapeaux, *&c.* Il y avoit, dans le port, huit galères & cent trente bâtimens chargés de bled. Les magasins eux-mêmes en renfermoient beaucoup, puisque l'on y en trouva quarante mille boisseaux, & deux cens boisseaux d'avoine. La ville, prise d'assaut, fut abandonnée au pillage : mais les soldats avoient ordre d'apporter tout le butin transportable dans la place publique. Les historiens qui parlent de la richesse de cette ville, disent qu'il y avoit deux cens soixante-seize coupes d'or, presque toutes du poids d'une livre, & dix-huit mille trois cens livres pesant d'argent tant monnoyée qu'en vaisselle. La monnoie de cuivre fut distribuée aux soldats, & le reste du butin fut confié aux soins du questeur Flaminius.

(1) *Voyez* le dictionnaire des antiquités de ce même ouvrage.

Je ne dois pas omettre ici que ce fut après la prise de cette ville que les soldats de Scipion lui amenèrent une jeune fille d'une grande beauté, qu'il rendit au celtibérien Allucius, auquel elle avoit été fiancée, en ajoutant à sa dot la même somme que les parens offroient pour sa rançon. Polybe, qui parle de cette jeune fille, ne dit rien de la dot.

Carthage la neuve devint colonie romaine au temps de César, qui y en établir une après la bataille de *Munda*. Elle fut *Conventus* (2) ; sa jurisdiction s'étendit sur soixante-cinq villes.

CARTARE. Festus Avienus nomme ainsi une île sur la côte de l'Hispanie.

CARTASINA, nom d'une ville de l'Inde, que Ptolemée place en-deçà du Gange.

CARTEIA (*Rocadillo*), ville de la Bétique, au sud. Selon Tite-Live, cette ville se trouvoit au-delà du détroit d'Hercule, dans l'Océan : mais il ne faut pas prendre à la rigueur les paroles de cet écrivain. M. Conduilt, savant Anglois, a démontré la véritable position de *Carteia*, déjà entrevue par Rodrigo Caro, savant espagnol. M. de la Nauze en a parlé aussi, en traitant de quelques points de géographie ancienne. (*Mém. de lit. t. XXX, p. 97.*)

Il résulte des recherches de ces savans, 1°. que *Carteia* étoit située au fond de la baie de Gibraltar.

2°. Que cette ville, ainsi que le dit Pline, étoit appelée *Tartessos* par les Grecs, quoique les Latins transportassent ce nom à Gadès. Il est vrai cependant que Strabon nomme une île de *Tartessus*, formée par les branches du *Bætis*.

M. de la Nauze donne de ce changement une raison bien vraisemblable. Comme on avoit attaché une idée de puissance & de richesses à la ville nommée *Tartesse*, au temps où les écrivains Grecs rédigeoient leurs ouvrages, c'étoit *Carteia* qui avoit

(2) Ce mot doit être expliqué dans le dictionnaire des antiquités.

le plus de commerce, & ce nom lui resta long-temps. Sous les Romains, *Gades* devint la plus florissante, & fut alors la ville de Tartesse. Au reste, les médailles que l'on a trouvées près de Rocadillo ne permettent pas de douter de la position de *Carteïa*.

Il paroît que quelques auteurs l'ont confondue avec *Calpe*, qui étoit à l'extrémité de la montagne. Strabon dit qu'elle avoit été fondée par Hercule. Il cite Thimosthène, selon lequel *Carteïa* avoit d'abord porté le nom d'*Heraclea*. Cette ville eut beaucoup à souffrir, lorsque César poursuivoit l'armée des fils de Pompée, défaite à *Munda*. Les citoyens étoient partagés en deux factions, & Cn. Pompée s'y étoit retiré. Il s'y fit un grand massacre entre ses partisans & ses ennemis : enfin, il s'embarqua, s'enfuit blessé, & fut tué peu après.

Les médailles que le père Florez nous a conservées de *Carteïa*, ont presque toutes quelques emblêmes relatifs à la pêche. La tête de Cybèle se voit sur plusieurs; sur d'autres, c'est celle de Jupiter : mais au revers sont ou des poissons, ou des pêcheurs, ou l'extrémité d'un trident, ce qui rappelle ce que dit Strabon de la qualité & de l'abondance du poisson sur cette côte.

Carteïa subsistoit encore, selon Fereras, à l'arrivée des Maures; & la tour appelée aujourd'hui *Castillon* est un reste de *Carteïa*, laquelle porta long-temps le nom de *torre Cartagena*.

CARTEIA, ville de l'Hispanie. Polybe la nomme *Althæa*. Elle étoit dans la Celtibérie.

CARTENAGA, nom d'une ville de l'Inde, que Ptolemée place en-deçà du Gange.

CARTENNÆ, & CARTENNA, ville de la domination romaine en Afrique. Elle étoit située au nord-est de l'embouchure du fleuve *Cartennus*, & au sud-sud-ouest de celle du fleuve Chinalaph. Pline & Ptolemée en font mention. Elle avoit été colonie romaine; il y eut ensuite un siège épiscopal. Le P. Hardouin croit que c'est actuellement Masgraïm; & Marmol croit que c'est Mostagan.

CARTENNUS, *ou* CARTENUS, rivière de l'Afrique, qui se perd dans un golfe de la mer méditerranée, au nord-est du port d'*Arsinaria*. Il en est fait mention par Ptolemée.

CARTERIA, nom d'une île de l'Asie mineure, près de la ville de Smyrne, selon Pline.

CARTERON, *ou* CARTERUM, ville de la Sarmatie asiatique, située au bord du Pont-Euxin, selon Ptolemée.

CARTHA, ville de la Palestine, dans la tribu de Zabulon, selon le livre de Josué, où l'on voit qu'elle fut donnée aux lévites de la famille de Merari. (*Jos.*, XXI, 34.) C'est probablement la même dont les notices de l'empire font mention. Servius la place entre Tyr & Beryte.

CARTHADA, nom oriental, & véritable de la ville de Carthage en Afrique. Outre que les connoissances que l'on a sur les langues orientales, qui ne permettent pas de douter que *Cartha-Hadath* ne signifie ville nouvelle, c'est que l'on a le témoignage de Solin, qui dit expressément : « Elyssa » bâtit une ville qu'elle nomma *Carthada*, ce qui, » dans la bouche des Phéniciens, signifie ville » neuve ».

C'étoit, en traduisant ce nom littéralement, que les écrivains Grecs ont quelquefois dit Καινὴ πόλις. Bochard dit que les Siciliens avoient l'habitude de changer le χ en ϑ : ainsi, au lieu de *Carthada*, ils dirent *Carchedon*. Ces changemens de lettre d'un peuple à l'autre ont des exemples fréquens entre les peuples qui s'empruntent des noms, puisque nous disons Londres, & les Anglois *London*; le Tibre, & les Italiens *Tevere*; Lisbonne, & les Portugais *Lisboa*, &c. (*Voyez* CARTHAGO.)

CARTHÆA, nom d'une ville de l'île de *Ceos*, selon Pline.

CARTHAGENIENSES, les Carthaginois.

Origine. Je parle avec quelque détail, à l'article CARTHAGO, de ce peuple, qui étoit certainement Phénicien, quel que soit le motif qui l'ait établi sur la côte d'Afrique, où fut Carthage.

Langue. La langue des Carthaginois a été l'objet des recherches d'un grand nombre de savans. Ceux qui ont le plus approfondi cette matière, pensent que la langue Carthaginoise étoit la même que la langue phénicienne, altérée un peu par le temps & par le commerce avec les étrangers, tant Lybiens que Grecs & Romains. Quant à leurs caractères, les inscriptions trouvées à Malte, où certainement on a parlé long-temps le Carthaginois, prouvent que c'étoient des lettres phéniciennes.

Religion. Leur religion étoit aussi dans les commencemens celle des Phéniciens. Leur commerce avec les Grecs leur fit adopter de nouvelles divinités. On peut présumer aussi que les Grecs & les Romains, en traitant de l'histoire de ce peuple, substituèrent les noms de leurs divinités, & les divinités elles-mêmes, à celles qui étoient adorées dans le pays. Les principales, autant qu'on peut le conjecturer par le rapprochement, étoient Saturne ou Moloch; Uranie ou Astarte; Jupiter ou Belus; le Soleil, ou Baal Samen; la Lune, ou Belissama; Mercure ou Asumas; l'Hercule Lybien, dont le culte fut apporté à Carthage par Didon. Entre celles qui probablement leur venoient des Grecs, on trouve Esculape; il avoit un temple très-vaste dans la citadelle; Pluton, adoré comme dieu des enfers, & Triton, qui veilloit à la conservation des vaisseaux. On rendoit une espèce de culte aux deux frères appelés *Phileni* (1). Tout paroît prouver que pendant assez long-temps ils admirent les sacrifices humains au nombre de leurs cérémonies religieuses.

Gouvernement. Le gouvernement des Carthaginois a été estimé de toute l'antiquité. Il tenoit tout-à-la-fois de celui des Romains & de celui de Lacédémone : au commencement il fut monarchique; mais cela dura peu.

(1) *Voyez* l'article ARÆ PHILENORUM.

Dans

Dans les beaux jours de la république, l'autorité étoit partagée entre trois puissances; 1°. les suffètes, qui étoient à la tête des affaires : on les élisoit à la pluralité des voix : ils n'étoient que deux.... 2°. Le sénat, devant lequel on portoit les affaires de l'état : on croit que le nombre des sénateurs montoit à plus de six cens.... 3°. Le peuple, au jugement duquel on renvoyoit les affaires que l'on n'avoit pas décidées au sénat : cette dernière puissance prévalut dans la suite.

Il y avoit de plus, pour les affaires contentieuses, un conseil composé de cent quatre personnes, parmi lesquelles on choisissoit cinq juges qui avoient une autorité supérieure à celle des autres.

Les premiers officiers de la république étoient le préteur, dont l'autorité influoit sur toutes les affaires.... le questeur, qui prenoit soin des deniers publics.... le censeur, dont la fonction étoit d'empêcher la trop grande corruption des mœurs.

Il ne nous reste que quelques-unes de leurs loix sur des objets particuliers.

Sciences & arts. On n'a rien de positif sur l'état des sciences chez les Carthaginois : cependant, à en juger par induction, on doit croire qu'ils connoissoient l'astronomie, le pilotage, & d'autres parties des mathématiques. Ils devoient connoître aussi l'architecture grecque; il leur étoit, ce me semble, plus aisé d'employer des artistes de cette nation, avec laquelle ils communiquoient par le commerce, que d'en créer une qui leur fût propre : au reste, on dit qu'ils avoient de beaux temples, des palais spacieux, des meubles fort riches, & des armes artistement travaillées. Il falloit qu'Annibal entendît fort bien le grec, puisqu'il composa un ouvrage en cette langue. Magon, autre fameux général, avoit composé vingt-huit volumes sur l'agriculture; & les Romains qui, après le sac de Carthage, distribuèrent aux petits rois d'Afrique les livres qu'ils y avoient trouvés, estimèrent ceux de Magon assez utiles pour les faire traduire dans leur langue : ils avoient cependant déjà ceux de Caton sur cette matière.

Asdrubal, connu chez les Grecs sous le nom de *Clitomaque*, professa la philosophie à Athènes. Ce fut pour lui une ressource honorable après la destruction de sa ville.

Commerce. Le commerce devoit occuper une grande place dans l'histoire des Carthaginois : mais malheureusement nous n'avons sur cet objet, ainsi que sur les autres, que de simples apperçus. Un homme de beaucoup d'esprit (1) a très-bien observé que le commerce fut, à proprement parler, l'occupation de Carthage, comme la guerre étoit celle de Rome : il fut la source de sa puissance, l'objet continuel de sa politique, son principal soutien, le mobile & la fin de toutes ses entreprises. La fertilité de son territoire, son port, l'un des meilleurs de la Méditerranée, sa situation avantageuse sur cette mer, à portée de deux autres mers, & des trois parties du monde, en faisoit le lien de l'occident, de l'orient & du midi, le centre d'une circulation facile & continuelle, & l'entrepôt de l'univers.

Le pays qu'ils habitoient est un des meilleurs de l'Afrique, & des plus fertiles de l'univers. Mise en valeur par des mains actives, cette terre naturellement féconde, étoit pour eux une source inépuisable de richesses : ses productions diverses nourrissoient un peuple immense, occupoient un nombre infini de manufactures & d'atteliers, & fournissoient une ample matière à des exportations avantageuses.

Non-seulement ils commerçoient dans tous les lieux où commerçoient les Phéniciens, c'est-à-dire, dans presque toute l'étendue du monde connu des anciens; mais même il s'étoit formé des établissemens dans les lieux dont ils étoient les seuls maîtres.

Comme les Phéniciens, ils trouvoient en Egypte le lin, le papier, des voiles, des cables pour les vaisseaux; & les côtes de la mer Rouge, & celles du golfe Persique, leur fournissoient l'encens, les aromates, les épiceries, les gommes, l'or, les perles & les pierres précieuses. Dans l'Inde & les îles voisines, ils alloient chercher des bois odoriférans, des oiseaux, des animaux rares, de l'ivoire, *&c.* Ils prenoient à Tyr & sur les côtes de la Phénicie, la pourpre, l'écarlate, les riches étoffes, les tapis, les meubles précieux. Ils étoient en réputation pour les boiseries, pour la préparation des cuirs & des peaux, appelées actuellement *maroquins.* Enfin, leurs vaisseaux, comme ceux des Phéniciens, alloient sur les côtes occidentales de l'Europe, baignées par l'Océan. Ils rapportoient des ports de la Gaule & des îles Britanniques, le fer, le plomb, le cuivre, l'étain. Ils tiroient de la mer Baltique le succin, ou l'ambre jaune. Ils partageoient avec les Phéniciens, toutes les richesses du commerce de l'Hispanie.

Mais un commerce qui leur étoit d'autant plus avantageux qu'il étoit plus exclusif, c'est celui qu'ils faisoient dans l'intérieur & sur les côtes de l'Afrique. On sait par un voyage fait, selon le sentiment de M. Bougainville, vers l'an 750 avant l'ère vulgaire, qu'ils envoyèrent, sous la conduite de Hannon (1),

(1) M. de Bougainville, *Mém. de Litt. T. XXVIII* p. 270.

(2) Ce voyage de Hannon, décrit par quelqu'un de l'expédition même, à ce qu'il paroît, a été depuis traduit en grec sous ce titre : Ἄννωνος Καρχηδονιων Βασιλεως Περιπλους, c'est-à-dire, *périple d'Hannon, roi (chef) des Carthaginois, &c.* Ce périple, imprimé dans le premier volume des petits géographes, avec une savante préface de Dodwell, a été traduit en françois par M. de Bougainville, & publié avec une dissertation qui en montre l'authenticité, dans le volume XXVIII des mémoires de littérature. La Martinière & quelques autres écrivains en avoient attaqué l'authenticité; mais le mémoire de M. de Bougainville répond à toutes les objections.

une flotte considérable, & qu'alors on plaça des établissemens le long des côtes, depuis le détroit de Gadès jusqu'au cap appelé actuellement *des trois pointes*, sous le 5e deg. de latit.

Mœurs & usages. Nous ne connoissons guère que les usages suivans.

Toute injure commise envers un homme par un autre homme, étoit punie de mort.

Ceux qui devoient être punis de mort, étoient les seuls auxquels il fût permis d'apprendre à une personne la mort de quelque autre. Dans l'idée des Carthaginois, ceux qui annonçoient des nouvelles si affligeantes devoient mourir dans peu, ou du moins ne jamais paroître en présence de ceux auxquels ils les avoient annoncées. Mais cet usage étoit certainement susceptible de bien des exceptions.

Quand quelque grande calamité affligeoit la ville, tous les murs en étoient tendus de noir. Les Carthaginois pratiquèrent cette cérémonie après que leur flotte eût été détruite par Agathocle; lorsque leur armée, conduite par Himilcon, eût péri par la peste en Sicile; & en d'autres occasions.

On a dit qu'ils avoient l'habitude de manger de la chair de chien; mais que Darius ayant marqué de l'horreur pour cet usage, ils y renoncèrent par égard pour ce prince, dans les états duquel ils faisoient un grand commerce. Ce fut aussi Darius qui les engagea à renoncer aux sacrifices humains. Usage barbare, qui ne fut cependant pas entièrement aboli.

Il étoit défendu aux soldats, sous les peines les plus sévères, de boire du vin tant qu'ils étoient en campagne.

Il est arrivé plusieurs fois que leurs généraux furent mis à mort au retour d'une campagne malheureuse.

Ils avoient des bains publics pour les différentes classes des citoyens.

Ils aimoient à conserver les statues & les bustes de leurs amis, & les plaçoient ordinairement dans leur chambre à coucher.

Le rang & la puissance n'exemptoient aucun criminel du châtiment qu'il avoit mérité; sauf les abus, sans doute.

Ils célébroient solemnellement certaines fêtes annuelles, sur-tout celle du jour où les Tyriens, sous la conduite de Didon, posèrent les fondemens de leur ville.

Il n'y avoit point d'hôtellerie parmi eux. Ils logeoient les étrangers, comme amis, dans leurs maisons : c'est ce qui excita, en plus d'une occasion, à rendre les mots d'*hospitalité* & d'*amitié* synonymes (1).

Précis historique. Quoiqu'il y ait diversité de sentimens sur la durée de la république de Carthage; qu'Appien dise 700 ans; d'autres 746 ans; & Caton, dans une harangue consacrée par Solin, 737, je n'hésiterai pas à me conformer à cette dernière assertion, puisque Caton parloit au sénat & qu'il étoit fort instruit du fait dont il étoit question. Or, comme cette ville fut détruite vers l'an 146 avant l'ère vulgaire, il s'ensuit qu'elle fut fondée l'an 883 ans avant la même ère. Je vais rapprocher les principales époques de l'histoire de cette fameuse république dans le tableau suivant.

(1) *Voyez au dictionnaire d'antiquité*. Je présume que l'on y traitera de la manière dont les anciens s'y prennoient pour prévenir les abus & conserver les titres du droit d'hospitalité les uns à l'égard des autres.

TABLEAU des principales Epoques de l'Histoire de Carthage.

	Époque				
CARTHAGE a subsisté 737 ans, que l'on peut diviser en époques.	Première, de 403 ans.	Depuis la fondation par Didon, l'an (avant l'ère vulgaire)			883.
		Jusqu'à l'invasion de la Sicile, l'an.			480.
	Seconde, de 216 ans.	Depuis cette invasion,			
		Jusqu'à la rupture avec les Romains, l'an.			264.
	Troisième, de 118 ans.	Pendant lesquelles arrivèrent les trois guerres Puniques.	La 1re dura 24 ans.	Depuis l'an.	264.
				Jusqu'à l'an.	241.
			La 2e dura 17 ans.	Depuis l'an.	218.
				Jusqu'à l'an.	201.
			La 3e dura 4 ans.	Depuis l'an.	149.
				Jusqu'à l'an.	146.

PREMIÈRE ÉPOQUE. 883. Didon, fille de Margénus, roi de Tyr, fuyant la cruelle avarice de son frère Pigmalion, qui venoit de faire mourir Sichée, mari de cette princesse, pour s'emparer de ses biens, passa en Afrique, fonda, sinon la ville entière de Carthage, du moins la citadelle appelée *Byrsa*. D'ailleurs l'histoire de Carthage pendant cette première période, nous est peu connue. Trop ſages alors pour s'occuper des affaires politiques des peuples de l'Europe, les Carthaginois ne ſongèrent pendant long-temps qu'à étendre leur commerce & à ſe former des établiſſemens dans les différentes parties du monde. Ce qui prouve inconteſtablement que leur puiſſance fut portée à un haut degré pendant cette première période, c'eſt que Xerxès, tout puiſſant qu'il étoit, ne regarda pas comme indigne de ſa grandeur de les inviter par des ambaſſades, à ſe liguer avec lui contre les Grecs. En effet, ils ſe jetèrent ſur la Sicile, pendant que le roi de Perſe dévaſtoit la Grèce.

Seconde Période. 481. Carthage avoit envoyé trois cens mille hommes en Sicile, ſous la conduite d'Amilcar; ils furent défaits (480) par Gélon, le jour même du combat des Termopyles. Une fuite précipitée ſauva les reſtes de ce prodigieux armement. On ignore l'époque de leur premier établiſſement en Sicile. Long-temps affoiblis & tranquilles, ils ne revinrent dans cette île qu'au bout de ſoixante-dix ans. Lorſque appelés par les Ségeſtains, ils y envoyèrent (409) Annibal, petit-fils d'Amilcar, avec une armée de cent mille, & même, ſelon Ephore, de deux cens mille hommes. La priſe de Sélinonte & d'Himère ſuivit de près. Et trois ans après (406), ils s'emparèrent d'Agrigente, dont les habitans s'étoient enfin rendus, après dix-huit mois d'une vigoureuſe réſiſtance. Ils égorgèrent les malades & les vieillards, pillèrent les maiſons, détruiſirent la ville, &, l'année ſuivante, s'emparèrent de deux autres places. Cependant la peſte ſe mit dans l'armée, & paſſa avec les troupes dans Carthage. Cette contagion déſola la ville & ravagea une partie de l'Afrique.

398. Cependant Denys l'ancien, qui avoit fait précédemment la paix avec les Carthaginois, profitant de leur affoibliſſement, ſouleva le peuple de Syracuſe contre eux : on les égorgea, on pilla leurs maiſons, on s'empara des vaiſſeaux qu'ils avoient dans le port, & toute l'île ſuivit l'exemple de la capitale. Les Carthaginois ſe diſposèrent à en tirer une vengeance éclatante. Imilcar, à la tête de trois cens quarante mille hommes, ayant quatre cens vaiſſeaux de guerre, ſix cens bâtimens de tranſport, & un appareil formidable de machines, paſſa en Sicile, ajouta à la conquête des villes précédentes, celle de la ville de Meſſine, qu'il raſa de fond en comble, marcha à Syracuſe, en força l'un des principaux quartiers. Il étoit probable même qu'il ne tarderoit pas à emporter la place, lorſqu'une peſte nouvelle porta la déſolation & la mort dans ſon camp. Inſtruit à temps des ravages de ce fléau, Denys force les lignes des aſſiégeans, les extermine, prend & brûle leurs vaiſſeaux. Imilcar, contraint d'implorer la clémence du vainqueur, obtient la permiſſion de retourner à Carthage avec le peu de troupes qui lui reſtoit. A ſon arrivée, il s'enferma dans ſa maiſon & ſe donna la mort. Pendant ce temps, les Africains révoltés & maîtres de *Tunes*, marchoient contre Carthage. Mais faute d'un chef habile & d'une diſcipline bien obſervée, ils ne purent continuer cette entrepriſe.

383. Denys ayant ſu amener les Carthaginois à prendre les armes avant qu'ils fuſſent en état de l'attaquer avec avantage, les ſuccès furent égaux de chaque côté. Cependant ils obtinrent à la paix (368), d'ajouter Sélinonte à leurs premières poſſeſſions. Il mourut dans ce même lieu des excès auxquels il s'étoit livré dans la fête donnée à l'occaſion de ſes ſuccès.

345. Profitant des troubles élevés en Sicile après la mort de Denys, & ſûrs d'avoir, à force d'argent, gagné des partiſans dans presque toutes les villes, & ſur-tout à Syracuſe, les Carthaginois y envoyèrent Hannon avec cent cinquante vaiſſeaux, cinquante mille hommes, des armes pour un plus grand nombre, & toutes ſortes de munitions. C'en étoit fait de toute la Sicile, ſi, dans le même temps, Timoléon, parti de Corinthe avec dix vaiſſeaux & mille ſoldats, après avoir abordé à Rhège, ne ſe fût auſſi-tôt porté au ſecours de Syracuſe. L'hiſtoire offre peu d'exemples d'une révolution auſſi rapide & auſſi étonnante. Les Carthaginois étoient maîtres du port; Icétas, de la ville; Denys le jeune, de la citadelle. Timoléon ſe préſente, bat Icétas, ſe concerte avec Denys, débauche les troupes grecques, honteuſes alors d'être à la ſolde d'une nation étrangère & ennemie, & force Magon, qui commandoit les Carthaginois, à ſe retirer avec le peu de monde qui lui reſtoit. Sa conduite, généralement blâmée, lui coûta la vie. Vainement pour réparer ce revers (340), les Carthaginois envoyèrent de nouveau en Sicile, une armée de ſoixante-dix mille hommes. Timoléon, à la tête des troupes grecques & ſyracuſaines, marcha à leur rencontre, & les défit entièrement. Il reſta dix mille des leurs ſur la place. On comptoit dans ce nombre trois mille citoyens de Carthage, formant la cohorte ſacrée. Par le traité qui ſuivit cette victoire, toutes les villes grecques de l'île furent déclarées libres; & la Sicile, affranchie du joug de Carthage, recouvra, par les ſoins de ſon libérateur, les beaux jours d'une tranquillité profonde.

C'eſt quelque temps après ce traité, que l'on doit placer la conjuration de Hannon. Citoyen riche & puiſſant par ſon crédit & ſes alliances, il avoit formé le projet de ſe rendre maître de la république, en faiſant périr tout le ſénat (1). Son complot ayant été découvert, il ſe retira vers les Africains avec cinq mille eſclaves. Pris enſuite, les armes à la main contre ſa patrie, il fut mis à mort, auſſi-bien que toute ſa famille, quoiqu'elle fût innocente.

310. Peu après, Agathocle, tyran de Syracuſe, ne pouvant forcer les Carthaginois de lever le ſiège

(1) Il ſe propoſoit de faire empoiſonner les ſénateurs à la fin d'un grand repas, auquel il les auroit invités.

de cette place, conçut & exécuta un projet qui réussit, par la raison même qu'il paroissoit impraticable. Ayant rassemblé le plus qu'il lui avoit été possible de troupes entièrement dévouées à ses ordres, il s'embarqua secrétement, arriva en Afrique, s'empara de plusieurs places, & porta la consternation jusqu'aux portes de Carthage : l'armée qu'on lui avoit d'abord opposée fut défaite. Malheureusement il se crut obligé de faire une traversée en Sicile : son absence découragea ses alliés, rallentit l'ardeur de ses troupes, & donna le temps aux Carthaginois de rassembler des forces. A son retour il fut battu, & son armée, à moitié détruite, passa au pouvoir de l'ennemi.

272. Par un traité conclu avec les Romains, les Carthaginois prirent ensuite les armes contre Pyrrhus, roi d'Epire, prêt à s'emparer de la Sicile. Ses conquêtes avoient été si rapides, qu'il ne restoit plus aux Carthaginois que Lilybée : mais ce prince, appelé en Italie, ne put s'emparer de cette place, & toute l'île retomba au pouvoir de ses usurpateurs.

TROISIÈME PÉRIODE. *Première guerre punique* (1). 264. La première guerre entre les Carthaginois & les Romains, que l'on désigne ordinairement par le nom de *première guerre punique*, eut lieu à l'occasion de deux révoltes, l'une en Sicile, à Messane, l'autre en Italie, à Rhège : du moins ces événemens en furent le prétexte. Des soldats Campaniens, précédemment à la solde d'Agathocle, s'étant emparés de Messane, après en avoir égorgé les hommes & épousé les femmes, y avoient pris le nom de *Mamertins* (2). Une légion romaine, séduite par ce funeste exemple, & soutenue par ceux qui l'avoient donné, traita la ville de Rhège de la même manière que l'avoit été Messane. Les Romains ne parvinrent à les en punir qu'au bout de dix ans : mais le crime qu'ils vouloient bien punir chez eux, ils le protégeoient contre les Carthaginois, & secoururent les Mamertins contre Carthage. Cette fière république s'en trouva offensée. De-là le commencement de cette guerre dont je ne puis suivre ici les événemens.

Ce fut alors que les Romains commencèrent à étudier l'art de combattre sur mer. Leur consul Duilius gagna la première bataille navale dont il soit fait mention dans leur histoire. Régulus soutint cette guerre, passa en Afrique, & réduisit à l'extrémité Carthage, qui n'échappa au malheur d'être prise que par les talens d'un Lacédémonien nommé *Xantipe*. De ce moment les affaires changèrent de face. Régulus, battu, fut fait prisonnier. Deux grands naufrages ayant englouti les flottes romaines, les Carthaginois reprirent l'empire de la mer. Cependant les Romains réparèrent leur flotte. Une bataille décisive fut gagnée par le consul Lutatius. On fit la paix, ou plutôt on voulut paroître la faire. Carthage s'obligea à payer un tribut, & abandonna la Sicile aux Romains, qui s'en emparèrent, à la réserve du royaume de Syracuse, conservé à Hiéron.

241. Peu retenus par la foi des traités, les Romains ne laissèrent pas de secourir les ennemis de ce même peuple avec lequel ils venoient de faire la paix. L'armée Carthaginoise s'étoit révoltée sous les murs de la capitale. La garnison de la Sardaigne ouvrit les ports aux Romains, qui se rendirent maîtres de l'île. La domination Carthaginoise chanceloit même en Espagne. Amilcar y passa avec son fils Annibal, qui n'avoit que neuf ans. Amilcar étant mort après neuf campagnes, Asdrubal (228) prit le commandement des troupes ; & pour mieux contenir le pays, il bâtit, ou du moins fortifia la nouvelle Carthage. Les Romains ne voyoient pas ces progrès sans une extrême jalousie : mais les Gaulois, maîtres de la partie septentrionale de l'Italie, venoient de rompre une paix de quarante-cinq ans. Leur politique pourvut à tout pour l'instant.

Cependant le jeune Annibal, qui dans la suite mérita le nom de *grand*, n'ayant encore que vingt-cinq ans, fut mis à la tête des troupes (220), à la place d'Asdrubal, assassiné par un Gaulois. Aussi peu scrupuleux que les Romains sur la foi des traités, il n'attendit pas l'occasion d'une nouvelle guerre ; mais il y donna lieu, en se portant vers la partie de l'Hispanie qui, au nord de l'Ebre, étoit en leur pouvoir. Sagonte, leur alliée, & qui se trouvoit sur la route, fut la première ville contre laquelle il dirigea ses forces (219). Les Romains s'en plaignirent par une ambassade qui ne fut guère écoutée à Carthage. Telle fut l'origine de la seconde guerre punique. *Seconde guerre punique*. 218. Annibal traversa l'Ebre, les Pyrénées, toute la Gaule transalpine & les Alpes même, avec une rapidité à laquelle ne s'étoient pas attendus les Romains. A son arrivée en Italie, son camp fut grossi par les Gaulois, flattés de l'espérance de recouvrer leur liberté, & de venger leurs défaites. Les quatre batailles du Tessin, de la Trébie, de Trasimène, (217) & de Cannes (218), mirent Rome dans le plus grand danger. Pour comble de malheur, la Sicile se déclara pour les Carthaginois : Hiéron même embrassa leur parti. Toute l'Italie secoua le joug. Rome étoit perdue sans ressource, sans la faction qui, à Carthage, empêcha de seconder à propos les succès d'Annibal. Les Romains profitèrent du temps qu'il laissoit reposer ses troupes dans la Campanie : ils rassemblèrent une nouvelle armée, se remirent en campagne. A cette nouvelle il retrouva tout son courage : mais ses troupes avoient perdu le leur. Il fut vaincu, & contraint de fuir à son tour. La scène entière changea de face. Marcellus (209) gagne une bataille sur les Carthaginois : il regagne la Sicile. Le jeune Scipion, âgé de vingt-

(1) *Punique*, dans le sens où l'employoient les Romains, est synonyme à *carthaginoise*. Il vient du mot *Pœni*, que l'on donnoit quelquefois aux Carthaginois, comme descendans des *Phœnices*, ou Phéniciens.

(2) Formé du mot *Mamers* ou Mars, dans leur langue.

quatre ans, passe en Espagne, où son oncle & son père venoient de mourir; il prend Carthage la neuve, s'empare des possessions des Carthaginois, & enfin traverse la mer pour se jetter sur l'Afrique. Plusieurs princes Africains s'étoient joints à lui. Carthage fut enfin réduite à la même extrémité où se trouvoit Rome peu auparavant. Annibal, victorieux pendant seize ans, ne put sauver sa patrie de ce danger, ni par ses négociations, ni par la force de ses armes. Il fut battu par Scipion (202), & la paix fut accordée aux Carthaginois l'année suivante.

A peine étoient-ils tranquilles du côté des Romains, qu'il s'éleva des différends entre eux & Massinissa, l'un des princes de Numidie, que les Romains favorisoient ouvertement.

Troisième guerre punique. 149. Environ cinquante ans après, Carthage fit de nouveaux efforts pour se remettre en liberté. Les Romains ne leur laissèrent pas le temps de faire de grands progrès. Ils passèrent en Afrique. Enfin, Scipion le jeune, petit-fils adoptif de celui qui avoit terminé la seconde guerre punique, eut le commandement des troupes, & prit la ville de Carthage, dont il abandonna pendant quelques jours le pillage à ses troupes. Ensuite (146) il fit démolir cette place, & en dispersa les habitans. Telle fut la fin de cette république puissante, qui avoit possédé l'empire de la mer pendant plusieurs siècles.

CARTHAGO, ville de l'Asie, dans la grande Arménie. Etienne de Bysance, en nommant cette ville, s'appuie de l'autorité d'Eutrope, qui cependant n'en parle pas : mais Plutarque, dans la vie de Lucullus, parle de cette ville. Selon cet auteur, Annibal, étant passé en Asie, s'étoit retiré auprès d'Artaxerxès, & lui avoit tracé le plan d'une ville, que par considération pour ce grand homme le prince appela d'abord *Charchedon*, c'est-à-dire, *Carthage* : mais dans la suite elle prit celui d'*Artaxata*.

CARTHAGO *Vetus*, ville de l'intérieur de l'Hispanie, dans le pays des Ilercaons, selon Ptolemée. Elle étoit située en-deçà de l'*Ebrus*. Ptolemée lui donne l'épithète de Παλαιά ou l'*ancienne*. Je ne crois pas cependant que la fondation de cette ville eût précédé celle de *Carthago nova*, ou de Carthagène : mais peut-être étoit-elle presque détruite au temps de Ptolemée; &, dans ce cas, on lui donnoit un nom qui indiquoit une existence passée.

CARTHAN, ville de la Judée, dans la tribu de Nephtali, selon le livre de Josué. Elle fut donnée aux Lévites de cette tribu, qui étoient de la famille de Gerson.

Cette ville est nommée *Cariathaïm*, dans les Paralipomènes.

CARTHARA, ville de la Mésopotamie. Cluvier n'ose pas décider que ce soit-là même que *Charta* de la notice de l'empire.

CARTI PORTUS. Cédrène, cité par Ortélius, nomme ainsi un port de l'Afrique proprement dite.

CARTII, nom d'un peuple de l'Asie, dans la Perse, selon Strabon. Casaubon veut qu'on lise *Curtii* au lieu de *Cartii*.

CARTILÆ. C'est une des leçons de Ptolemée pour *Cartinæ*.

CARTILI, baie de l'Afrique, où les vaisseaux sont à l'abri du vent d'est. L'itinéraire d'Antonin en fait mention. Elle étoit au nord-est de l'embouchure du fleuve *Chinalaph*.

CARTILIS, nom d'un lieu de l'Afrique, dans la Mauritanie césarienne, entre *Cartennæ* & la colonie de Césarée, selon l'itinéraire d'Antonin.

CARTIMITANUM MUNICIPIUM, nom d'un municipe de l'Hispanie, dont il est fait mention sur un ancien marbre. C'est aujourd'hui *Cartama*, selon Ortélius, qui cite Ambroise Moralès.

CARTINÆ. *Voyez* CARTENNÆ.

CARTINAGA, ville de l'Inde, en-deçà du Gange, selon Ptolemée.

CARVANCAS, montagne dont parle Ptolemée. Elle terminoit la Norique. Elle terminoit aussi la Pannonie à l'occident.

CARVANIS, ville de la Cappadoce, que Ptolemée place dans le Pont Polémoniaque. Ortélius pense que c'est peut-être la *Carbanis* d'Etienne de Bysance & de Cédrène; ce qui est très-probable.

CARVENTANA. Tite-Live, en parlant de ce lieu, emploie le mot *Arx*. Ce n'étoit qu'une forteresse. Elle étoit dans le Latium.

CARVENTUS, ville de l'Italie, dans le *Latium*, selon Etienne de Bysance, qui cite le second livre des antiquités de Denys d'Halicarnasse. Sans doute que cet endroit est perdu : car on ne trouve pas le nom de cette ville dans ce qui nous reste de cet auteur.

Ne pourroit-on pas croire que c'est le même lieu dont il est parlé dans Tite-Live (*l. IV, c. 53*), en disant que les ennemis s'en étoient emparés à l'improviste? *repente nuntiatur, arcem Carventanam ab hostibus occupatam esse*. Il paroît que cette forteresse étoit dans le pays des Latins.

CARULA, nom d'une ville de l'Hispanie, dans la Bétique, entre *Bæsilippo* & *Ilipa*, selon l'itinéraire d'Antonin. On croit que c'est aujourd'hui *Villa-Nuevo-del-Rio*.

CARVO, *ou* CARVONIS, nom d'un lieu de la Gaule Belgique, entre *Mannaricium* & *Harenatium*, selon l'itinéraire d'Antonin. M. d'Anville l'a placé sur la gauche du Rhin, au nord-est de *Noviomagus*.

CARURA, nom d'une ville de l'Inde, que Ptolemée place en-deçà du Gange.

CARURA. Selon Strabon, village de l'Asie mineure, auprès du Méandre, où il y avoit des hôtelleries pour les étrangers, & quantité de sources bouillantes. Ce village servoit de bornes entre la Phrygie & la Carie.

CARURA (*Kauri*), ville royale de l'Inde, dans l'intérieur de la contrée *Limyrica*, selon Ptolemée. Elle étoit située à environ quinze lieues de la mer, à l'est-sud-est de *Tyndis*, & au nord-est de *Muziris*.

CARURA, *ou* ORTOSPANA, lieu de l'Arachosie, au pied du mont *Paropamisus*. C'est de ce lieu que partit Alexandre pour entrer dans l'Inde. Ce lieu étoit situé au-dessous de la source d'une petite rivière qui alloit se perdre dans le lac *Arachotus*.

CARUSA, ville de l'Asie mineure, sur le Pont-Euxin, dans la Paphlagonie, selon les manuscrits de Pline & d'Arrien. Ce dernier la met à cent cinquante stades de Sinope, & dit que son port n'est pas sûr pour les vaisseaux. Scylax la nomme *Carussa*, & dit que c'étoit une ville grecque, entre le fleuve Halys & la ville de Sinope. Ptolemée dit *Carissa*.

CARYA, contrée du Péloponnèse, dans la Laconie, selon Xénophon, en parlant de la guerre des Arcadiens & des Thébains.

CARYA, *ou* CARYÆ, ville du Péloponnèse, dans la contrée de la Laconie nommée *Carya*. Au temps de Pausanias, ce n'étoit qu'un bourg. Vitruve parle de la destruction de cette ville, parce que les habitans s'étoient joints aux Perses, ennemis de la Grèce. Elle fut rasée, les hommes passés au fil de l'épée, & les femmes emmenées en captivité. Pausanias rapporte qu'il y avoit un temple de Diane Caryatide, & que la statue de la déesse étoit à découvert. Elle étoit située sur le bord du fleuve *Œnus*, un peu à l'ouest de *Glympes*. Hésychius parle du temple & de la statue, autour de laquelle les jeunes Lacédémoniennes alloient exécuter leurs danses.

CARYA, nom d'une ville de l'Asie mineure, que Ptolemée place dans la Lycie.

CARYANDA, île de l'Asie mineure, dans la Méditerranée, sur la côte de la Carie, selon Pline.

CARYANDA, ville de l'Asie mineure, dans la Carie, selon Suidas. Etienne de Bysance dit que c'étoit un port de mer, près de Minde & de Cos. Scylax, qui étoit de cette ville, dit: Cariande, île, ville & port (1). Ses habitans sont Cariens.

On la nomme actuellement *Caracoïon*.

CARYCUS. Le scholiaste de Lycophron, cité par Ortélius, fait mention d'un lieu & d'une rivière de ce nom, qu'il met au Péloponnèse, dans la Laconie.

CARYNIA. Pline dit qu'autour de *Carynia*, au Péloponnèse, dans l'Achaïe, il y a du vin qui fait avorter; mais il ne détermine pas ce que c'est. On croit qu'il parle d'une montagne que Ptolemée nomme *Cerynea*.

(1) M. Larcher ne croit pas que le Scylax dont nous avons un périple, soit le même qui fut envoyé par Darius pour découvrir les bouches de l'Indus, & dont parle Hérodote.

CARYONES, les Carions, peuple que Ptolemée met dans la Sarmatie européenne, entre les Alains & les Amaxobiens. M. Peyssonnel les compte entre ceux qui portèrent le nom de *Vandales*.

CARYSIS, île de l'Asie mineure, sur la côte de la Lycie. Elle appartenoit aux habitans de la ville de *Crya*, selon Etienne de Bysance.

C'étoit une des trois petites îles Cryéon, situées au fond de la partie nord-ouest du golfe de Glaucus, vers le 36e deg. 55 min. de latit.

CARYSTIA, la Carystie. C'est ainsi que l'on nommoit le territoire de *Carystus*.

CARYSTUS, ville de la Grèce, dans l'île d'Eubée; elle étoit située au sud de l'île, au fond d'un petit golfe, ouvert par le sud-ouest. Elle étoit surtout renommée par les carrières de marbre qui se trouvoient dans le mont *Ocha*, au pied duquel elle étoit située; car pendant long-temps, il n'y eut pas de beaux édifices qui ne fussent ornés de colonnes de marbre de Caryste, ou de deux ou trois autres aussi estimés. Strabon dit que l'on y trouvoit aussi l'asbeste (1), dont, selon cet auteur, on se faisoit des habits, qui ne se nettoyoient qu'en les jetant dans les flammes. La propriété de l'asbeste ou amiante, de pouvoir être filée & d'être incombustible, est fort connue des naturalistes; mais on n'en a filé que par curiosité, & sans pouvoir en faire usage. On dit que cette ville avoit pris son nom d'un fils de Chiron appelé *Caristus*. De-là vint qu'on l'appela *Chironia*. Ses habitans adoroient, dit-on, le géant Briarée. On conserve au petit lieu qui a succédé à *Carystus*, le nom de *Caristo*. C'est aujourd'hui Caristo.

CASÆ, nom d'une ville de l'Asie, située dans les montagnes de la Pamphylie, selon Ptolemée. Elle est nommée *Cassa* dans la notice de Hiéroclès, qui en fait un siège épiscopal de la seconde Pamphylie.

CASÆ BASTALENSES, siège épiscopal de l'Afrique, dans la Numidie, selon les actes de la conférence de Carthage.

CASÆ CALANENSES, nom d'un siège épiscopal de l'Afrique, dans la Numidie, selon la notice d'Afrique & la conférence de Carthage. La notice de Léon-le-Sage le met dans la Bysacène.

CASÆ CALBINTI, nom d'un lieu de l'Afrique, dans la Mauritanie césarienne, entre les colonies de *Tipasa* & d'*Icosium*, selon l'itinéraire d'Antonin.

CASÆ FAVENSES, ville épiscopale de l'Afrique, selon la conférence de Carthage. On ne sait en quelle province.

CASÆ MEDIANENSES, nom d'une ville épiscopale d'Afrique, dans la Numidie, selon la notice d'Afrique & la conférence de Carthage.

CASÆ NIGRÆ, ville épiscopale d'Afrique, dans la Numidie, selon la conférence de Carthage.

CASÆ SYLVANÆ, *ou* SILVANÆ. La notice épis-

(1) Ce mot vient d'ἄσβεστος, *inextinguible*.

copale d'Afrique met un siège épiscopal de ce nom en Afrique, dans la Bysacène. La conférence de Carthage dit *Silvanæ*.

CASÆ VILLA ANICEORUM, lieu particulier de l'Afrique, que l'itinéraire d'Antonin met sur la route de Carthage à la ville de Leptis, entre *Tacapæ* & la colonie de *Sarbaras*.

CASALOTH, ville de la Judée, dans la tribu d'Issachar, selon le livre de Josué. Cette ville étoit située dans une plaine, joignant le mont Thabor, & à huit milles vers l'orient de Diocésarée, selon Eusèbe.

CASALUS SINUS, nom d'un golfe, sur la côte occidentale de l'île de Corse. Il en est fait mention par Ptolemée.

CASAMA, ville de l'Asie, que Ptolemée place dans la Palmyrène, qui étoit une contrée de la Syrie. Le livre des notices de l'empire la met dans la Phénicie.

Elle étoit située sur le bord d'une petite rivière, à l'est de *Carræ*, vers le 33e deg. 50 min. de latit.

CASAMAN, ville de l'Asie, de laquelle Cédrène fait mention. Ortélius juge qu'elle étoit vers l'Arménie.

CASAMARRI, nom d'un peuple que Pline met dans l'Ethiopie, sous l'Egypte.

CASANDRA. Pline place une île de ce nom dans le golfe Persique, vis-à-vis de la Perse propre.

CASANDRIA. Cette ville est nommée ainsi par Ptolemée. *Voyez* CASSANDRIA.

CASANDRINI. Agatharchide nomme ainsi un peuple arabe. Marcien, cité par Etienne de Bysance, les nomme *Cassatinæ*. Ils devoient habiter dans la presqu'île d'Arabie.

CASAPE, ville de l'Asie, que Ptolemée met dans l'intérieur de l'Hircanie.

CASARI. L'histoire mêlée, citée par Ortélius, nomme ainsi un peuple d'entre les Turcs.

CASBI, *ou* CASIB, lieu de la Palestine, près d'Odollam. Il étoit désert au temps d'Eusèbe. Il en est aussi fait mention dans le livre de Josué.

CASBIA, ville de l'Asie mineure, selon Ptolemée, qui l'indique dans la Lycaonie.

CASBON, *ou* CASPHAR, forte ville de la Judée, dans la tribu de Gad. Judas Macchabée la prit pour délivrer les Juifs des poursuites des Ammonites, qui les y tenoient enfermés pour les persécuter.

CASCADRUS, île déserte de l'Asie, vers la côte de la Carmanie, en tirant vers l'Inde, selon Pline.

CASCANTENSES, nom d'un peuple de l'Hispanie citérieure, selon Pline.

CASCANTUM (*Cascante*), ville de l'Hispanie citérieure, près de l'*Iberus*, au sud-est de *Calaguris*.

On sait seulement de cette ville qu'elle fut municipale, & c'est ce qui est prouvé par le peu de médailles que l'on en a. On voit sur l'une d'elles, la tête de Tibère, & un bœuf au revers. Ptolemée l'attribue aux Vascons.

CASCE, BASICA, BASICE, & CASICE. Selon les différentes éditions de Ptolemée, ville de l'Asie, dans l'Arie.

CASCHARA, ville de l'Asie, dans la Mésopotamie. Les Romains y avoient une garnison pour la garde des frontières. Socrate le scholastique dit *Cascharum*.

CASCINUM, lieu de l'Italie, occupé par les Samnites. Ortélius juge qu'il faut lire *Cassinum*.

CASCUNTUM, lieu de l'Hispanie, près de l'*Iberus*, à sa droite, au sud-est de *Gracchuris*. Ce doit être le même que le *Cascanton* de Ptolemée.

CASE, *ou* CASOS, nom d'une petite île, qui étoit située au sud-ouest de Capathos, au nord-est de l'île de Crète.

CASEERA, nom de l'un des forts que l'empereur Justinien fit élever dans la province de la Thrace nommée *Rhodope*.

CASEROTÆ, *ou* CASIROTÆ. Selon les différens exemplaires de Ptolemée, peuple de l'Asie, dans l'Arie.

CASIA REGIO, contrée que les anciens plaçoient auprès du mont *Imaüs*, dans la Scythie. M. d'Anville la place dans un angle que forment à l'ouest les deux chaînes de montagnes qu'il nomme *Imaüs*, & dont une monte au nord-est, & l'autre descend au sud-est. On ne connoît le nom d'aucune contrée entre cette *Casia Regio*, & la Serique, ou *Serica*. Ce pays répond à celui de Kashgar.

CASIA, promontoire. Marcian d'Héraclée indique ce promontoire sur la côte de Carmanie, à peu de distance de l'embouchure du fleuve *Hydriacus*.

CASII, *ou* CASSII MONTES, chaîne de montagnes, en Asie, dans la Sérique, au midi d'*Asmiræa* & d'*Issedon Serica*, selon Ptolemée.

CASILINUS, rivière de l'Italie, dans la Campanie. La ville de *Casilinum* avoit un pont sur cette rivière, & étoit située sur ses deux bords. Vibius Sequester en fait mention. Agathias dit que la rivière Casilin descend de l'Apennin, circule dans les campagnes voisines, & se jette dans la mer Tyrrhénienne. Bucolin fut défait par Narsès, auprès de la rivière Cassilin, selon Constantin Porphyrogénète.

CASILIUM (*Capoue*), ville d'Italie, dans la Campanie, au nord-ouest de *Capua*. Elle étoit sur le *Vulturnum*, à une assez grande distance de la mer. Elle avoit d'abord occupé les deux côtés du fleuve. Pendant les guerres puniques, elle perdit un de ces côtés. Elle fut tout-à-fait ruinée lors des ravages des Barbares en Italie. Jules-César y avoit placé une colonie. La Capoue moderne est bâtie sur les ruines de *Casilinum*.

CASINATES, nom des habitans de la ville de *Casinum*, en Italie, dans le pays des Volsques, sur la voie Latine, à l'extrémité du *Latium* ajouté. Les auteurs anciens ont parlé de ce peuple.

CASINOMAGUS, lieu de la Gaule. M. d'Anville l'a placé au sud-est d'Auch, & au sud-ouest de Toulouse.

CASINUM (près de Saint-Germano), ville d'Italie, & la dernière du Latium, sur la voie Latine du côté de la Campanie. Cette ville étoit considérable. Tite-Live en parle à l'occasion d'Annibal. Il dit que ce général campa deux jours sur ses murailles. Après les guerres des Samnites, sous le consulat de M. Valérius & de Publius Décius, les Romains, maîtres de *Casinum*, y envoyèrent une colonie, l'an de Rome 442.

On en voit encore des ruines à côté de San-Germano. Celles de son château se voient à l'abbaye du Mont-Cassin. On voit, par une suite de restes de longs pans de murailles, que son enceinte s'étendoit jusqu'au haut de la montagne.

CASINUS, nom d'une rivière de l'Italie. Selon Strabon, elle se joignoit au *Liris*, à l'endroit où étoit située la ville d'*Interamna*. On croit que c'est le *Sacco*.

CASIORUM INSULÆ, près de la petite île de *Casus*, située au sud de l'île de *Carpathus*; il y avoit plusieurs petites îles que Strabon nomme Κασίων νῆσοι, îles de Casions, sans doute parce qu'elles appartenoient aux habitans de *Casus*.

CASIROTÆ, peuple de l'Asie, qui habitoit au nord de l'Arie, du côté de la Drangiane, selon Ptolemée.

CASIS (*la vallée de*), vallée de la Judée, dans la tribu de Benjamin, selon le livre de Josué, *ch. 18, v. 20*.

CASIUS (*monts*). Il y avoit deux montagnes de ce nom, & toutes deux aux extrémités de la Phénicie; l'une au sud, & sur les frontières de l'Egypte; l'autre au nord, & près de *Seleucia Pieriæ*, à la droite de l'embouchure de l'Oronte. Ce nom de *Casius* paroît venir de l'oriental, terme, extrémité, limite; & la situation de ces montagnes, relativement à la Phénicie, justifie cette étymologie.

CASIUS (*mont*). Cette montagne étoit en Syrie, au sud de l'embouchure de l'Oronte, & très-près de *Seleucia*, au sud-ouest. Voici ce qu'en dit Pline (*L. V, c. 22*). Au-dessus de la ville de Seleucie, il y a une montagne que l'on nomme *Casius*, qui est aussi le nom d'une autre montagne. Elle est si haute, qu'en pleine nuit on y voit le soleil trois heures avant qu'il se lève, & que dans le petit circuit de sa masse, elle présente également le jour & la nuit, c'est-à-dire, qu'il est déjà jour pour la partie du sommet qui est vis-à-vis du soleil, tandis que la partie qui est derrière, aussi-bien que le bas de la montagne, sont encore dans l'obscurité de la nuit. En suivant le grand chemin, il y a bien dix-neuf milles jusqu'à la cime; mais en prenant par les sentiers, il y a quatre milles.

CASIUS (*mont*), montagne qui se trouvoit sur la côte septentrionale de l'Isthme de Suez (expression moderne, les anciens disoient de l'Arabie), aux frontières de la Syrie & de l'Egypte. Selon Strabon, cette montagne étoit à 300 stades de Péluse. Selon le même auteur (*L. XVI*), elle ressemble à des monceaux de sable, & s'avance dans la mer. Ce fut en abordant en Egypte, près de cette montagne, que Pompée fut égorgé. Son corps fut déposé sur cette montagne. Il y avoit un temple de Jupiter, surnommé *Casius*.

CASIUS, nom d'une rivière de l'Asie, dans l'Albanie, selon Pline & Ptolemée. Ce dernier en place l'embouchure entre celles du *Gherrus* & de l'*Albanus*.

CASMARA (*Herba*), ville dont fait mention Ptolemée. Il la place dans la partie orientale de la Mauritanie césarienne, entre *Aquæ Calidæ* & *Bida*.

CASMENA, ville de Sicile; on n'en sait pas précisément la situation. Les uns la mettent près de la source de l'*Hippatis*; d'autres, entre *Acræ* & *Camarina*, à peu de distance du rivage. C'est cette incertitude, je crois, qui a empêché M. d'Anville de la placer sur sa carte. M. le comte de Borch, en copiant la carte de Cluvier, dont il a imité jusqu'aux contours irréguliers, la met sur la côte méridionale, vers le sud-est, près de l'embouchure & à la gauche du petit fleuve *Motycanus*. Cette ville, selon Thucydide (*L. VI, c. 25*), fut bâtie par les Syracusains, quatre-vingt-dix ans après Syracuse, c'est-à-dire, à-peu-près 668 avant l'ère vulgaire.

CASMONATES, nom d'un peuple de l'Italie, qui habitoit dans les montagnes de la Ligurie, selon Pline.

CASOS, nom d'une île de la Méditerranée, que Pline place à trente milles du promontoire *Samonium*, dans l'île de Crète.

CASPAPYRUS, ville de l'Asie, au rivage des Scythes, selon Hécatée, cité par Etienne de Bysance. Hérodote & Denis le poëte disent *Caspatyrus*. (*Voyez* ce mot).

CASPASIUS, *ou* CASPASIUM FLUMEN. Pline nomme ainsi une rivière qu'il place dans la Scythie asiatique.

CASPATYRUS. C'est la même qu'Etienne de Bysance nomme *Caspapyrus*. Hérodote (*L. III, c. 52*), dit qu'elle étoit dans la *Pactyiæ*. Mais, au rapport d'Hécatée, que cite Etienne de Bysance, elle étoit dans la Gandarie. Or, on sait que les Gandariens étoient voisins des Sogdiens & des Bactriens. Dans ce cas, les Gandariens étoient au sud de ces deux peuples, puisque, selon Hérodote, Caspatyres étoit sur l'*Indus*. — Le nom moderne de cette ville, selon M. d'Anville, paroît être *Tchupareh*.

CASPERIA, ville des Sabins, dont il est parlé dans Virgile. Elle étoit vers le sud-ouest de *Reate*. Quelques auteurs avoient cru que cette ville avoit été sur le mont Aspra, dont le nom rappelle *Casperia*. Mais M. l'abbé Chauppy en a trouvé les restes dans la plaine, au lieu appelé *Prezensano*.

CASPERIA, nom d'une contrée de l'Inde, en-deçà du Gange, au-dessons des sources du Bidaspe, du Rhoas & du Sandubal, selon Ptolemée.

CASPERULA. Silius Italicus (*L. VIII*, *v. 416*), nomme ainsi la ville des Sabins appelée *Casperia*.

CASPHALIA. S. Augustin, cité par Ortelius, nomme de même un lieu particulier de l'Afrique.

CASPHIN, ville forte de la Palestine, dans la tribu de Dan.

On voit au second livre des Macchabées, que Judas, l'un d'eux, l'assiégea & y fit un grand carnage.

CASPIÆ PYLÆ, *ou* CASPIÆ PORTÆ, défilé très-connu à raison de son importance entre les montagnes & la mer Caspienne, vers la partie du sud-ouest de cette mer.

CASPIANA REGIO, pays d'Asie, près de la mer Caspienne; en général, on donnoit ce nom au pays habité par les *Caspii*. *Voyez* ce mot.

CASPII, les Caspiens. C'étoient des peuples qui habitoient aux environs de la mer Caspienne. Il y en avoit à l'ouest & à l'est du fleuve Cambyse, entre les Sapyres & la mer Caspienne. Il y en avoit aussi, dit M. Larcher (*Tabl. géog. de l'hist. d'Hérodote*), vers la côte ouest de la mer Caspienne, & vers ses côtes nord : il y en avoit même à l'est du Tigre, entre la Parthie & la Médie.

CASPINGIUM (*Asperen*), lieu de la Batavie, compris ensuite dans la Germanie seconde. Il étoit sur la route qui alloit de *Flenium* à *Noviomagus*, entre *Tablæ* à l'ouest, & *Grinnes* à l'est.

CASPIRA, aujourd'hui Kashmir, comme le présume M. d'Anville, ville de l'Inde, en-deçà du Gange, près du mont *Emodus*, & vers le nord de la source de l'Hydaspes.

CASPIRÆI. Les Caspiréens étoient un peuple de l'Inde, en-deçà du Gange, & à qui Ptolemée donne seize villes, dont celle de *Cragausa* étoit la capitale.

CASPIRI, peuple qui habitoit la ville de *Caspirus*, selon Etienne de Bysance. Cet auteur ne dit pas que la ville étoit située dans l'Inde, mais près de l'Inde, *προσεχὴς τῇ Ἰνδικῇ*. Cependant, par des vers qu'il cite, il paroît que l'on traitoit ce peuple d'Indien.... *Ἰνδῶν ὅσσοι ἔασιν*.... Il se peut très-bien que ce ne soit qu'un même peuple avec les *Caspiræi* de Ptolemée.

CASPIRIA, nom que Ptolemée donne à l'une des îles fortunées, situées dans l'océan atlantique.

CASPIRUS, ville de l'Asie, aux frontières de l'Inde, dans le pays des Parthes, selon Hérodote, cité par Etienne de Bysance; mais au passage cité, on lit *Caspatyrus*.

CASPIUM MARE, ou *mer Caspienne*. Hérodote avoit dit que la mer Caspienne est une mer isolée (*l. I*, *c. 203*), & qu'elle n'a aucune communication avec les autres mers. Ἡ δὲ Κασπίη θάλασσα *ἐστι ἐπ' ἑωυτῆς, οὐ συμμίσγουσα τῇ ἑτέρῃ θαλάσσῃ*. Malgré ce témoignage si précis, les écrivains postérieurs, à l'exception de Diodore de Sicile & de Ptolemée, nous dépeignent la mer Caspienne comme un golfe de l'océan. Strabon (*liv. VII*), ce géographe d'ailleurs si savant & si exact, dit que c'est un golfe qui vient de l'océan septentrional, & s'avance dans les terres du côté du midi, d'abord par une embouchure étroite, laquelle, s'élargissant ensuite, forme la mer Caspienne, qui a plus de cinq mille stades dans le fond. Ce célèbre géographe avoit cependant dû lire, dans Hérodote, ce que nous y lisons encore aujourd'hui. « Cette » mer par elle-même n'a aucune communication » avec l'autre (1).... Elle a autant de longueur » qu'un vaisseau qui va à la rame peut faire de » chemin en quinze jours; &, dans sa plus grande » largeur, autant qu'il en peut faire en huit. Le » Caucase borne cette mer à l'ouest ». (*Tome I*, *p. 153 & 154*, *traduct. de M. Larcher*)...... « La » mer Caspienne est donc bornée à l'ouest par la » Caucase, & à l'est par une plaine immense & » à perte de vue ». (*Ibid. c. 204.*)

Cette communication de la mer Caspienne avec l'océan septentrional, adoptée par les anciens auteurs, est encore moins absurde, dit M. Bonamy (*Mém. de Littér. tome 25*, *hist. page 44*), que celle qu'Arrien a imaginée entre cette mer & l'océan oriental : car il suppose qu'Alexandre, dans une harangue à ses troupes, en leur parlant des bornes que l'étendue de la terre va mettre à ses conquêtes, il leur dit qu'il n'est pas loin du Gange & de l'océan Indien. « Ce sera alors, ajoute-t-il, que je vous » ferai voir le golfe de la mer d'Hyrcanie (ou mer » Caspienne), qui communique avec le golfe In- » dien ». Mais cette chimère est particulière à Arrien : tous les autres auteurs ne supposent de communication qu'avec l'océan septentrional.

C'est à tort que Cellarius dit qu'Hérodote avoit donné plus d'étendue à cette mer d'occident en orient, que du sud au nord. *Ibidem Herodotus magnitudinem etiam ac figuram maris benè descripsit, longitudinem ab occasu in ortum remis enavigari quindecim diebus; latitudinem diedus octo* : ces mots, *ab occasu in ortum*, ne sont pas dans le texte grec. Ptolemée, qui est le seul, avec Diodore de Sicile, qui ait parlé de la mer Caspienne comme Hérodote, a voulu décider ce que cet historien avoit passé sous silence, & il est tombé dans l'erreur. Il a mis la plus grande étendue de cette mer en longitude, & lui a donné 23 deg. 30 min. en longueur d'occident en orient : c'est à peu près le quadruple de ce qu'elle a réellement.

Cette opinion fut débattue entre les modernes. Jules Scaliger, &, après lui, Olearius, prétendoient que la longueur dont parle Hérodote devoit se prendre du sud au nord. Ils furent attaqués

(1) On voit qu'Hérodote n'admettoit que deux mers. Car il continue en disant : « car celle où naviguent les » Grecs, celle qui est au-delà des colonnes d'Hercule, » qu'on appelle mer Atlantide, & la mer Erythrée, ne » font ensemble qu'une même mer ».

sur ce point de géographie par Isaac Vossius, qui soutint qu'il falloit s'en tenir aux points indiqués par Ptolemée. Cellarius adopta la même opinion, & la carte de son ouvrage présente la mer Caspienne étendue de l'ouest à l'est. Cette erreur s'étoit perpétuée jusqu'à notre temps, puisqu'il publia la première édition de son savant ouvrage en 1703. Enfin le czar Pierre entreprit d'éclaircir ce point important de géographie, & fit lever, par des ingénieurs, les contours de cette mer. Les opinions qui se sont élevées depuis par rapport au gissement de ses côtes, n'est pas de mon objet.

La mer Caspienne commence au sud, vers le 36e deg. 30 min. de latitude, & monte au nord jusqu'au 47e. Elle est à peu près coupée en deux parties par le 50e deg. de longitude du méridien de Paris (1). On la nommoit aussi quelquefois *mer Hyrcanienne*, parce qu'elle arrosoit les côtes de cette province, qui ne laissoit pas d'être fort étendue à l'est.

Les principaux fleuves qui se jetoient dans la mer Caspienne étoient.... AU NORD.... le *Rhymnicus*, venant du nord-est; le *Daix*, venant du nord; le *Rha*, venant du nord-ouest.... À L'OUEST, l'*Udon*, l'*Aloxta*, l'*Araxes*, réuni au *Cyrus*..... AU SUD, le *Mardus*, qui venoit du sud-ouest.... A L'EST, l'*Ochus*. De ce même côté, elle communiquoit par une espèce de canal naturel avec le marais où, selon Hérodote, se jetoit l'*Oxus*, & que nous appelons aujourd'hui *lac d'Aral*.

Les pays dont elle baignoit les côtes étoient, au nord, la SCYTHIE; au nord-ouest, la SARMATIE ASIATIQUE; à l'ouest, L'ALBANIE, l'ATRABATÈNE; puis, en descendant par le sud-est, les *Gelæ*, les *Mardi*, les *Tapuri*; au sud-est étoit l'Hyrcanie; puis les *Dahæ*, les *Barcanii*. Tous les autres, en remontant au nord, étoient compris sous le nom de Scythes.

CASPIUS MONS, *le mont Caspien*. Ptolemée nomme ainsi une montagne servant de bornes à la grande Arménie. Il paroît que les anciens ont donné ce même nom à deux montagnes; l'une, dont on vient de parler, voisine de l'Arménie; l'autre, voisine de la Parthie: car il dit que les Parthes habitent aux pieds des montagnes Caspiennes.

CASSANDREA, *ou* CASSANDRIA, nom d'une ville maritime de la Macédoine, selon Pline, Strabon & Etienne de Bysance, qui disent que l'ancien nom de cette ville étoit *Potidæa*. Pomponius Méla dit que cette ville occupoit & formoit presque l'isthme de la presqu'île de Pallène. M. d'Anville l'a placée dans cette position. (*Voyez* POTIDÆA.)

Cette ville étoit déjà considérable sous son premier nom, lorsque Cassandre, roi de la Macédoine, ou plutôt usurpateur de la Macédoine, entreprit de l'embellir & de la fortifier. C'est ce qui a fait dire à Tite-Live (*l.* XLIV, *c.* 11.): *condita est à Cassandro*. Pline s'exprime avec plus de justesse, lorsqu'il dit *Potidæa, nunc Cassandria colonia*. On voit que ses habitans jouirent *du droit italique*.

CASSANITÆ, peuple de l'Arabie heureuse, sur le bord de la mer Rouge. On trouve *Canraitæ* dans le périple d'Arrien: mais quelques critiques disent qu'il faut lire *Cassanitæ*. Ce peuple est nommé *Gasandes* par Diodore de Sicile.

CASSANITI, selon Ptolemée. *Voyez* CASSANITÆ.

CASSANORUS, nom d'une ville d'Egypte, selon Ephorus, cité par Etienne de Bysance. On en trouve les habitans nommés sur une médaille de Vespasien, rapportée par Gotlzius.

CASSERA, nom d'une petite ville de Macédoine, que Pline place auprès du mont *Athos*.

CASSI, peuple de l'île d'Albion, selon César. Il les met au nombre de ceux qui envoyèrent des ambassadeurs pour lui faire soumission. Cambden les place dans le comté d'Hertford.

CASSIA. *Voyez* CASIA.

CASSIDA, nom d'une ville de l'Inde, en-deçà du Gange, selon Ptolemée.

CASSII MONTES, montagne que Ptolemée indique dans la Scythie, au-delà du mont *Imaüs*.

CASSILIACUM, ville de la première Rhétie, selon Ortélius, qui dit que c'est aujourd'hui *Romakessel*.

CASSINOMAGUS (*Chassenon*), lieu de la Gaule, dans l'Aquitaine première, à treize lieues gauloises de *Sermanicomagus*, & à dix-sept d'*Augustoritum* (ou Limoges.)

CASSIOPÆA, port de la mer d'Epire, dans la partie méridionale de la Chaonie, au sud-ouest du port de *Panormus*. Pline, Strabon & Ptolemée font mention de cette ville. M. d'Anville ne l'a pas marquée sur sa carte.

CASSIOPÆI. Strabon nomme ainsi un peuple de Grèce qui habitoit la Cassiopie. Cet auteur leur donne le port & la ville de Cassiopée, & trois autres dans l'intérieur du pays. Pline fait aussi mention des Cassiopéens, & les fait voisins des Dryopes. M. d'Anville les a placés sur le bord de la mer, dans la Thesprotie, à la hauteur de la partie méridionale de l'île de Corcyre. C'étoit chez eux que se trouvoit le *Glykys-Limen* & le marais *Acherusia*.

CASSIOPÆUM PROMONTORIUM, promontoire de l'île de Corcyre.

CASSIOPE, ville & port de mer, dans la partie septentrionale de l'île de Corcyre, selon Ptolemée & Strabon, qui mettent aussi un promontoire du même nom dans cette île. Cicéron & Pline en parlent aussi.

CASSIOPE, ville de la Grèce, dans la Cassiopie, selon Ptolemée. Il met celle-ci dans les montagnes, & plus à l'orient que l'autre.

CASSIOPE. *Voyez* CASSIOPÆA.

(1) Lorsque j'ai commencé le travail de cet ouvrage, la connoissance des temps indiquoit Paris à 20 deg. de l'île de Fer; on sait actuellement qu'il est à 20 deg. 30 min.

CASSIOPIA, province d'Europe, comprise dans l'Epire. *Voyez* CASSIOPÆA.

CASSIOTIS. Ptolemée nomme ainsi le pays des environs du mont *Casius*, en Egypte. Il le termine, à l'orient, par une partie de la Judée, & de l'autre, par l'Arabie pétrée.

CASSIOTIS, contrée de l'Asie, dans la Syrie, selon Ptolemée. Ce géographe y met douze villes. Cette contrée prenoit son nom du mont *Casius* de Syrie. Il conviendroit donc de l'écrire *Casiotide*.

CASSIPOLIS, ville que Pline attribue à la Libicie, & que l'on croit être le même que le lieu nommé par Ptolemée *Serrhopolis*.

CASSITERIDES INSULÆ, *les îles Cassiterides*. Jusqu'à présent on avoit cru pouvoir chercher l'étymologie de ce nom dans le grec, & en conclure de ce que le mot Κασσίτερος signifie *étain* dans cette langue, que ce nom n'avoit été donné à ces îles que parce qu'elles produisoient de ce métal. Je crois m'être apperçu qu'un trop grand dévouement à la langue grecque donne un penchant exclusif pour elle; que l'on néglige souvent à tort de recourir aux lumières que l'on pourroit obtenir des autres langues. Avant d'admettre que le mot *Kassiteros* a donné son nom aux Cassiterides, je me suis demandé s'il étoit bien sûr que les Grecs connussent l'étain avant que le commerce des Phéniciens leur en eût procuré? Et d'après cette première objection, je me suis fait la seconde: ne seroit-ce pas plutôt le nom de l'île qui auroit passé au métal? Je ne connois pas de fait dans l'antiquité qui s'oppose à la première opinion; & mille exemples modernes viennent à l'appui de la seconde: mais alors ce n'est pas au grec qu'il faut se tenir; il faut remonter à l'une des langues qui l'a précédé. La plus universelle en Europe est le Celtique.

Or, je trouve que les îles qui se trouvoient précisément vers la position que les anciens donnent aux Cassiterides, sont les *Sorlingues*; dont le nom, en Breton, signifie *séparé du haut de la terre*: je trouve de plus, que le mot *Cassitéride* peut aussi être décomposé par d'autres mots bretons, qui n'est que le celte, par ceux-ci: *kaz i ter i* (elles sont presque séparées) (1). Il suit de ce rapport, si naturel & si vrai, 1°. que ces îles portent encore le même nom qu'autrefois, ou du moins un nom qui a la même signification; 2°. que le nom de Κασσίτερος n'est venu qu'après celui de *Cassiteri*; 3°. que les îles d'où les Phéniciens tiroient l'étain étoient les Sorlingues, & sans doute aussi le pays de Cornwal, où l'on en trouve encore actuellement. Ce qui a jeté de l'incertitude sur leur position, c'est que les Phéniciens, très-jaloux de ce commerce, en firent toujours un secret, & que, quand leur commerce fut éteint, le secret resta dans l'oubli.

CASSIUM, ville de l'Afrique, dans la Cassiotide, selon Ptolemée.

(1) Ces étymologies m'ont été données par M. le Brigant.

CASSIUS MONS, nom d'une montagne de l'Hispanie, selon Festus Avienus.

CASSOPI. C'est ainsi que Scylax nomme les peuples de la *Cassiopia*. *Voyez* CASSIOPÆI.

CASSOPIA. *Voyez* CASSIOPIA.

CASSOTIS, fontaine de Grèce, dans la Phocide, & dans le voisinage de Delphes, selon Pausanias.

CASTABALA, ville de l'Asie, dans la Cilicie propre, selon Ptolemée, qui la met dans le voisinage de Mopsueste. Etienne de Bysance dit *Castabala*: mais Pline dit *Castabla*. L'itinéraire d'Antonin la met sur la route de Constantinople à Antioche. Tite-Live en parle aussi. M. d'Anville la place à très-peu de distance au nord-ouest d'Issus.

CASTABALA, ville de l'Asie mineure, dans la Cappadoce. Strabon la met auprès des montagnes, & dit qu'on y voyoit le temple de Diane Pérasie. M. d'Anville l'a placée à la source d'une rivière qui va se rendre dans l'Halys. Elle étoit à quelque distance à l'est de *Cybistra*.

CASTABULA. On croit qu'il faut substituer ce nom à celui de *Castabetia*, qui se trouve dans l'*Expositio totius mundi*, page 6.

CASTACIUS SINUS, golfe de l'Asie mineure, sur le Bosphore de Thrace, au sud du golfe *Cydaminus*.

CASTALIA (*fons*), ou *fontaine de Castalie*. Elle sort de l'entre-deux des sommets du Parnasse, plus près de la croupe Hyampée que de la croupe Tithorée. L'eau de cette fontaine faisoit devenir poëte, & inspiroit de l'enthousiasme à ceux qui en buvoient. M. Spon, dans son voyage de Grèce, dit que la fontaine Castalie coule environ cent pas dans la pente d'un rocher où elle fait de belles cascades, & que son eau est excellente & fraîche, le soleil pouvant à peine y donner un quart d'heure en tout, à cause de la hauteur de la roche qui est derrière & aux deux côtés. Cette fontaine passoit près de Delphes, & c'est par cette raison que Phavorin dit: Κασταλία κρήνη ἐν Πυθῶνι. (*Table géogr. de l'hist. d'Hérodote.*) On a dit aussi *Castalius fons*.

CASTALIA, nom d'une ville de l'Asie, dans la Cilicie, selon Théagène, cité par Etienne de Bysance. Ne seroit-ce pas *Castabula*?

CASTALIA, fontaine de l'Asie, près la ville d'Antioche de Syrie. Sosomène dit que les Payens croyoient que l'eau qui sortoit de cette fontaine donnoit la connoissance de l'avenir, & produisoit un effet semblable à celle de Delphes. On dit que l'empereur Adrien, n'étant que dans une fortune privée, y reçut la prédiction de sa fortune à venir; en trempant une feuille de laurier, il lut dessus ce qui devoit lui arriver. Il la fit boucher quand il fut sur le trône. Le César Gallus y fit bâtir une église.

CASTALIUS FONS. *Voyez* CASTALIA.

CASTAMON, nom d'une ville de la Cappadoce, dont Nicétas fait mention. Ortélius dit qu'elle étoit dans la Paphlagonie.

CASTANÆ. *Voyez* CASTHANIA.

CASTANIA, nom d'une ville de l'Italie, dans

la Pouille, & près de *Tarentum*, selon Etienne de Bysance. On croit que c'est aujourd'hui *Castellaneta*.

CASTAX, nom d'une ville de l'Hispanie, selon Appien. Cet auteur dit que Syllanus étant allé assiéger cette ville, envoya demander du secours à Scipion, qui le lui envoya, & y marcha ensuite lui-même. On croit que c'est la *Castulon* de Tite-Live.

CASTELLANI, nom d'un peuple de l'Hispanie, à qui Ptolemée donne quatre villes. Ils habitoient dans la Tarragonnoise. Ce peuple occupoit une partie de la Catalogne au pied des Pyrénées.

CASTELLENSE MUNICIPIUM, lieu municipal dont fait mention le livre des notices de l'empire. Ortélius dit qu'il étoit en Italie.

CASTELLUM, lieu de la Palestine, sur la mer de Galilée, & près de Tibériade, selon Guillaume de Tyr, cité par Ortélius.

CASTELLUM. La notice d'Afrique met une ville épiscopale de ce nom en Afrique, dans la Numidie.

CASTELLUM, siège épiscopal d'Afrique, dans la Mauritanie césarienne, selon la notice d'Afrique. L'anonyme de Ravenne met une ville de ce nom dans la même province.

CASTELLUM, ville & siège épiscopal d'Afrique. Ce lieu signifiant en latin *château*, *forteresse*, il a pu être le premier nom de plusieurs villes, & a été le seul que la notice d'Afrique met dans la Mauritanie sitifensis.

CASTELLUM, lieu de l'Italie, au sud-ouest de *Faventia*, chez les *Boii*.

CASTELLUM DRUSI ET GERMANICI. M. d'Anville a placé sous ce nom un lieu que Tacite fait connoître (*ann.* 156) au-delà du Rhin. Voici ce ce qu'il dit, en parlant de Germanicus : *posito castro super vestigia paterni præsidii, in monte tauno expeditum exercitum, in cattos rapit.* Comme ce mont *Taunus* est la croupe de montagne que l'on trouve au-delà de Francfort, il est naturel de croire que ce sont les ruines du *Castellum Drusi* qui s'y voient encore, & qui portent le nom d'*Alt Konigstein*, ou vieux monument royal (1).

CASTELLUM JABARITANUM, ville épiscopale d'Afrique, dans la Mauritanie césarienne, selon la notice d'Afrique.

CASTELLUM LATERÆ, château de la Gaule Narbonnoise, dans le pays des Volces arécomiques. Il étoit situé près d'un étang à qui il donna son nom. Pomponius Méla, *liv.* 2, *chap.* 5.

CASTELLUM MEDIANUM, ville épiscopale d'Afrique, dans la Mauritanie césarienne, selon la notice d'Afrique. Ce lieu est nommé *Monumentum Medianum* par Ammien Marcellin.

CASTELLUM MENAPIORUM (*Kessel.*) Cette forteresse est connue par Ptolemée : mais sa position sur la gauche de la Meuse fait présumer à M. d'Anville que c'étoit de ce même lieu qu'Ammien Marcellin disoit : *Castellum oppidum, quod Mosa fluvius præterlambit.* On le trouve sur la carte de la Gaule de M. d'Anville.

CASTELLUM MINORITANUM, siège épiscopal d'Afrique, dans la Mauritanie césarienne, selon la notice épiscopale d'Afrique.

CASTELLUM MORINORUM (*Cassel*), lieu de la Gaule, appelé seulement *Castellum* dans l'itinéraire d'Antonin. Il étoit à quelque distance, à l'est, de *Bononia*, & au nord-est de *Taruenna*.

CASTELLUM RIPENSE, siège épiscopal d'Afrique, dans la même province, & selon la même notice.

CASTELLUM ROMANUM (*Britten-Burg.*) Ce château se trouvoit à l'extrémité du Rhin. Dans quelques auteurs il porte le nom d'*Arx Britannica*. M. d'Anville a cru que ce nom avoit été donné à ce château d'après le nom de *Britten-Berg* : mais c'est peut-être qu'en effet les *Brigantes* se portèrent originairement le long du Rhin, ainsi que le présume un savant qui doit publier un ouvrage relatif à ce peuple. Quoi qu'il en soit, la mer ayant gagné sur les terres, l'emplacement du *Castellum Romanum* est à présent recouvert par les eaux.

CASTELLUM SURGERIAS, lieu de la Gaule aquitanique, dans la partie que l'on nomme aujourd'hui *l'Aunis*, selon l'historien de la Rochelle.

CASTELLUM TATROPORTENSE, siège épiscopal d'Afrique, selon la même notice, dans la même province.

CASTELLUM TITULIANUM, *ou* TITULITANUM, nom d'un siège épiscopal d'Afrique, dans la Numidie, selon la notice d'Afrique.

CASTELLUM TRAJANI (Cassel, vis-à-vis de Mayence), forteresse située à la droite du Rhin, au lieu où elle reçoit le *Mænus* (le Mein). M. d'Anville a très-bien distingué cette forteresse, qui fut réparée par Julien, d'avec une autre située un peu plus à l'est, & qui est celle dont parle Tacite.

CASTERIA, nom d'une ville de la Macédoine, selon Grégoras, cité par Ortélius.

CASTHANÆA, *ou* CASTANÆA, ville de la Thessalie, dans la Magnésie, au pied du mont Pélion, sur la côte *Sepias*. Strabon n'en parle que comme d'un bourg.

CASTHENES SINUS, golfe de la Thrace, que Pline met auprès du Bosphore.

CASTIS. Le périple de Scylax admet une division de ce nom en Illyrie.

CASTNIUM, nom d'une montagne de l'Asie, en Pamphylie, dans ou près la ville d'*Aspendus*, selon Etienne de Bysance.

CASTOBRIX. Ce nom se lit dans Marcian d'Héraclée, probablement pour celui de *Catobriga*. *Voyez* ce nom.

CASTOLA, ville de l'Italie, dans l'Etrurie. Elle fut prise par le consul Fabius, selon Diodore de Sicile.

CASTOLI CAMPI, nom d'une montagne de l'Asie mineure, dans la Doride, selon Xénophon, cité par Etienne de Bysance.

(1) Mot-à-mot, *vieilles pierres royales*.

CASTOLOGI, nom d'un peuple de la Gaule, que Pline place dans le voisinage des *Atrebates*.

CASTOLUS. Etienne de Bysance fait mention d'une ville de ce nom. Il la met dans la Lydie, contrée de l'Asie mineure. On pourroit inférer de ce qu'il dit auparavant, qu'elle appartenoit aux Doriens, & qu'elle avoit du rapport avec les *Campi Castoli*. Selon lui, les Lydiens appeloient les Doriens *Castoli*, ou Castoles.

CASTORUM ÆDES, nom d'un édifice particulier de la ville de Rome, selon Pline.

CASTORUM LOCUS, *Castorum Templum* & *Castorum Nemus*, lieu de l'Italie, à douze milles de *Cremona*, selon Tacite. Ce lieu est nommé *Castoris Lucus* par Orose. Cecina, général pour Vitellius, fut défait en ce lieu par les troupes d'Othon.

CASTRA. Ce nom étant, en latin, celui d'un camp, il n'est pas étonnant que plusieurs lieux l'aient porté. Bien des villes n'ont pas eu d'autres commencemens.

CASTRA, nom d'une ville de l'Inde, en-deçà du Gange, que Ptolemée place dans le pays des Salacéniens.

CASTRA, nom d'un lieu de la Norique, selon l'itinéraire d'Antonin. Ortélius en fait une ville.

CASTRA, ville de la Macédoine, que l'itinéraire d'Antonin marque sur la route d'Otrante à Constantinople, en passant par la Macédoine, entre *Scirtiana* & Héraclée.

CASTRA, lieu de l'Italie, dans la Vénitie, au nord-est de *Tergeste*.

CASTRA ALEXANDRI, lieu de l'Afrique, dans la Marmarique. *Voyez* ALEXANDRI CASTRA.

CASTRA ALEXANDRI, nom d'un lieu de l'Egypte, auprès de Péluse, selon Quinte-Curse & Orose, cités par Ortélius.

CASTRA ANNIBALIS, ou *le camp d'Annibal*. Port de l'Italie, dans la Grande-Grèce, dans la presqu'île formée par les golfes *Scyllaceus* & *Tarentinus*, selon Pline.

CASTRA CÆCILIA (*Cacerès*), ville de l'Hispanie, dans la Lusitanie, au sud de *Rusticiana*. On conjecture que Cæcilius Métellus ayant campé en ce lieu, la ville prit ensuite le nom sous lequel les auteurs nous la font connoître.

CASTRA CELICA, *ou* CÆCILIA. Selon les divers exemplaires de l'itinéraire d'Antonin, la même que celle de Pline.

CASTRA CORNELIA, ou *le camp de Cornelius*, lieu de l'Afrique propre, selon Pline & Pomponius Méla. Jules-César & Ptolemée disent *Castra Corneliana*. C'est le lieu où Scipion l'Africain campa la première fois qu'il prit terre en Afrique.

Ce lieu occupe une langue de terre nommée *Gellah*, & qui a près de deux stades de large, & qui est la partie la plus septentrionale & la plus raboteuse du promontoire *Apollonis*, situé en Afrique, vers le nord de Carthage.

Jules-César en fait mention, à l'occasion de Cornélius Scipion, qui fixa son quartier d'hiver dans ce lieu.

CASTRA CYRI, ou *le camp de Cyrus*. Quinte-Curse & Arrien disent que ce lieu fut ainsi nommé parce que Cyrus y campa lorsqu'il menoit son armée en Lydie, contre Crésus.

CASTRA DELLIA, *ou* LÆLIA, lieu de l'Afrique, près de *Castra Cornelia* & du fleuve *Bagradas*, selon Pomponius Méla.

CASTRA DAN, lieu de la Palestine, entre *Saraa* & *Esthaol*. Ce lieu, selon le texte de Josué, *c. XIX*, *v. 41*, étoit dans la tribu de Dan. Selon le chapitre XIII des Juges, *vers. 25*, ce fut en ce lieu que l'esprit du seigneur commença d'être avec Samson. *Cœpitque spiritus domini esse cum eo* (Samson) *in castris Dan*....

CASTRA DAN, autre lieu de la Palestine, mais placé dans la tribu de Juda. La tribu de Dan, dit le chapitre XVIII des Juges, n'ayant pu se mettre en possession de toutes les terres qui leur étoient échues, on choisit un corps de six cens hommes très-vaillans pour aller chercher un établissement aux dépens de quelque peuple plus foible. En route, ils campèrent derrière *Cariathiarime*; de-là ce lieu fut appelé de leur nom.

CASTRA EXPLORATORUM, nom d'un lieu de l'île d'Albion, selon l'itinéraire d'Antonin.

CASTRA FELICIA. L'Anonyme de Ravenne nomme ainsi un lieu de l'île de Sardaigne.

CASTRA GALBA, siège épiscopal d'Afrique, dans la Numidie, selon les actes du concile tenu sous S. Cyprien.

CASTRA GEMINA, nom d'une ville de l'Hispanie, dans le département d'Hispalis, selon Pline. Elle payoit tribut aux Romains.

CASTRA GERMANORUM, lieu de l'Afrique, dans la Mauritanie césarienne, selon Ptolemée. Ce lieu étoit près d'une petite île, à l'est du promontoire *Apollinis*.

On y voit encore d'anciennes citernes ensevelies sous des ruines.

CASTRA HANNIBALIS (*Castello*), lieu d'Italie, dans le *Brutium*, à peu de distance au nord-est de *Scylacium*. Ce fut de ce lieu qu'Annibal fit voile pour retourner à Carthage. *Voyez* CASTRA ANNIBALIS.

CASTRA HERCULIS, nom d'une ville de la Germanie. Ammien Marcellin rapporte qu'elle fut occupée par les Romains.

C'étoit une des sept places que Julien fit réparer sur le Rhin. Elle se trouvoit en face de l'endroit où Drusus fit ouvrir un canal pour faire couler une partie des eaux du Rhin dans l'Issel.

CASTRA JULIA, nom d'une ville de l'Hispanie, que Pline place dans la Lusitanie. Quelques exemplaires disent *Castra Servilia*.

CASTRA LAPIDARIORUM, nom d'un lieu de l'Egypte, dans le département de la Thébaïde, selon le livre des notices de l'empire.

CASTRA LARBA, *ou* IARBA. Selon les divers

exemplaires de l'itinéraire d'Antonin, lieu de Thrace. (*La Martinière*).

Castra Monorum, lieu de l'Asie, dans la Mésopotamie, à l'occident du mont *Singaræ*, vers le 36e deg. 40 min. de latit.

Castra Manuaria, nom d'une ville de l'Hispanie. Il en est fait mention par l'Anonyme de Ravenne.

Castra Nova, lieu maritime de l'Afrique, dans la Mauritanie césarienne, que l'itinéraire d'Antonin marque sur la route de *Cala* à *Rusucurrum*, entre *Tasagora* & *Ballene*.

Castra Posthumiana, le camp de Posthumius, lieu de l'Hispanie, aux environs d'*Ucubis*. César y fit faire un fort, où il mit garnison, selon Hirtius.

Castra Prætoria, lieu de Rome, auprès de la porte Viminale. Pline nomme ainsi une espèce de citadelle, où Tibère rassembla les cohortes prétoriennes. Il y avoit une enceinte de murailles, des fossés, des tours, un temple, un arsenal, des bains, des fontaines, *&c*.

Castra Puerorum, *ou* Puerum. Selon les différens exemplaires de l'itinéraire d'Antonin, lieu de l'Afrique, dans la Mauritanie césarienne, entre la colonie de *Gilva* & *Portus Divinus*. (*La Martinière*).

Castra Regina, nom d'un lieu dans le département de la Rhétie, selon le livre des notices de l'empire.

Castra Seberianensis, siège épiscopal d'Afrique, dans la Mauritanie césarienne, selon la notice d'Afrique.

Castra Trajana. Ce nom doit être lu ainsi sur la table théodosienne. *Castra Tragana*, est évidemment une faute. M. d'Anville conjecture que ce lieu a existé dans les environs de Ribnik, petite ville sur le bord de l'Aluta, dans la Dacie.

Castra Tyriorum, nom d'un lieu particulier de l'Egypte, aux environs de Memphis, selon Hérodote.

Castra Vali, *ou* Castavali, ville épiscopale, que la notice du patriarchat d'Antioche met sous la métropole d'Anazarbe.

Castra Vinaria. Pline nomme ainsi une ville de l'Hispanie.

CASTRANUM MUNICIPIUM. Le livre des limites nomme ainsi un lieu municipal de l'Italie.

CASTRIANI. Vopiscus rapporte que c'est le nom d'un peuple qui fut presque tout détruit par Aurélien. Ortélius croit que c'étoit un peuple de la Scythie, en Europe.

CASTRIDANABENI, nom d'un siège épiscopal de la seconde Phénicie. Son évêque souscrivit à la lettre adressée à l'empereur Léon.

CASTRIMENUM, nom d'une ville du Péloponnèse, dans l'Achaïe, selon Laonic, cité par Ortélius.

CASTRIMONIENSES. Pline nomme ainsi les habitans de la petite ville de *Castrimonium*, en Italie, dans la Campanie.

CASTRIMONIUM, petite ville de l'Italie, dans la Campanie. Frontin dit qu'elle devint municipale par la loi de Sylla.

CASTROCOME, lieu dont font mention Cédrène & Curopalate. Le premier dit *Castrocomium*. Ortélius croit que ce lieu étoit vers l'Ibérie asiatique.

CASTROZARBA, nom d'une ville ou forteresse de la Thrace, que l'empereur Justinien fit fortifier, selon Procope.

CASTRUM AESDADOEUS, place de l'Asie, dans la haute-Mésopotamie, ou quatrième Arménie, selon la notice de Léon-le-Sage.

Castrum Altum, forteresse de l'Espagne citérieure. Tite-Live dit qu'elle est remarquable pour avoir été le lieu du meurtre d'Amilcar.

Castrum Allionis, lieu de la partie de la Gaule aquitanique, que l'on connoît aujourd'hui sous le nom d'*Aulnis*, selon l'historien de la Rochelle.

Castrum Aphuborum. La notice de Léon-le-Sage nomme de même une place forte de la haute-Mésopotamie.

Castrum Ardon, nom d'une place forte de la quatrième Arménie, selon la même notice.

Castrum Arimachorum. Selon la même notice, ancienne forteresse de la haute-Mésopotamie.

Castrum Attachæ Climatis Arsanices, place forte de la même province, selon la même notice.

Castrum Audazorum, place forte de la haute-Mésopotamie, selon la notice de Léon-le-Sage.

Castrum Bajulocus. La même notice nomme ainsi une forteresse de l'Asie, dans la quatrième Arménie.

Castrum Balues, forteresse de la haute-Mésopotamie, selon la notice de Léon-le-Sage.

Castrum Banabelorum. Selon la notice de Léon-le-Sage, nom d'une forteresse de l'Asie, dans la haute-Mésopotamie.

Castrum Barrense, place forte de l'Afrique, dans la Mauritanie tingitane, selon la notice de l'empire.

Castrum Bibasirorum, nom d'une forteresse de l'Asie, dans la haute-Mésopotamie, selon la notice de Léon.

Castrum Bijubaitæ, forteresse de l'Asie, dans la même province, & selon la même notice.

Castrum Birthe-Chabraes, nom d'une forteresse de l'Asie, dans la Mésopotamie, selon la notice de Léon.

Castrum Bithræ, nom d'une forteresse du même pays, selon la même notice.

Castrum Calonis, forteresse de l'Asie, dans la Mésopotamie, selon la notice de Léon.

Castrum Cepha (*Hesn-Keifa*), place de l'Asie, sur la droite & presque environnée par le Tigre,

Cette place étoit au sud-est d'*Amida*, & au-dessous de la jonction des deux branches du Tigre.

CASTRUM CUDDORUM, forteresse de l'Asie, dans la haute-Mésopotamie, selon la même notice.

CASTRUM DAPHUNDIN, forteresse de l'Asie, dans la même province, selon la même notice.

CASTRUM DE RUPE FORTI, lieu dans la partie de la Gaule aquitanique, connue sous le nom d'*Aulnis*, selon l'historien de la Rochelle.

CASTRUM FIRMAMUM, lieu de l'Italie, dans le *Picenum*, au nord-est & assez près de *Firmum*.

CASTRUM FLORIANARUM, forteresse de l'Asie, dans la haute-Mésopotamie, selon la notice de Léon.

CASTRUM INUI, nom de la petite ville de *Rutules*, en Italie, sur le bord de la mer Tyrrhénienne. Elle étoit dédiée au dieu Pan. Tite-Live dit qu'on y mena une colonie, sous le consulat de P. Cornélius & de M. Acilius.

CASTRUM INTRIETORUM, forteresse de l'Asie, dans la haute-Mésopotamie, selon la notice de Léon.

CASTRUM ISPHRIOS, forteresse de l'Asie, dans la haute-Mésopotamie, selon la notice de Léon.

CASTRUM IZAURÆ, place forte de l'Asie, dans la même province, selon la même notice.

CASTRUM IZINOBIÆ, forteresse de l'Asie, dans la haute-Mésopotamie, selon la notice de Léon.

CASTRUM LORNES, forteresse de l'Asie, dans la même province, selon la même notice.

CASTRUM MARDES, nom d'une forteresse de l'Asie, que la notice de Léon met dans la haute-Mésopotamie.

CASTRUM MARTIS. Sozomène met une ville épiscopale de ce nom, dans la Moésie.

CASTRUM MASPHRONÆ, nom d'une forteresse de l'Asie, dans la haute-Mésopotamie, selon la notice de Léon.

CASTRUM MASSARARORUM, forteresse de l'Asie, dans la haute-Mésopotamie, selon la notice de Léon.

CASTRUM MERTICERTORUM, nom d'une forteresse de l'Asie, dans la quatrième Arménie, selon la même notice.

CASTRUM MINERVÆ, lieu de l'Italie, dans la partie de la Grande-Grèce que l'on nommoit *Iapygie*. Il étoit au sud d'*Hydrontum*.

CASTRUM NOVUM, lieu d'Italie, dans la partie du *Picenum* où étoient les *Prætutii*, sur le bord de la mer.

CASTRUM NOVUM, lieu d'Italie, dans l'Etrurie, vers le sud-est de *Centum Cellæ*.

CASTRUM POLIUS, forteresse de l'Asie, dans la Mésopotamie, dans la quatrième Arménie, selon la notice de Léon.

CASTRUM REGIUM, nom d'une forteresse de l'Asie, dans la haute-Mésopotamie, selon la même notice.

CASTRUM RIPHTON, forteresse de l'Asie, dans la même province, & selon la même notice.

CASTRUM RISCIPHAS, place de l'Asie, dans la haute-Mésopotamie, selon la notice de Léon.

CASTRUM SAMOCHARTORUM, nom d'une forteresse de l'Asie, dans la même province, & selon la même notice.

CASTRUM SITEONSCHIPHAS. La notice de Léon nomme ainsi une forteresse de l'Asie, dans la haute-Mésopotamie.

CASTRUM SPELON, nom d'une forteresse de l'Asie, dans la même province, & selon la même notice.

CASTRUM TRUENTINUM, lieu d'Italie, dans le *Picenum*, à l'embouchure du fleuve *Truentus*.

CASTRUM TURITIDIS, & CASTRUM TZAURÆ, nom d'une forteresse de l'Asie, dans la haute-Mésopotamie, selon la notice de Léon.

CASTULI. Ortélius dit que les Lydiens donnoient ce nom aux Doriens asiatiques.

CASTULO & CASTULUM (actuellement *Cazlona*, selon M. d'Anville), ville de l'Hispanie, dans la Bétique, à l'est. C'étoit une ville considérable. Il faut remarquer que, quoique enfermée dans les limites que l'on donna depuis à la Bétique, elle avoit appartenu aux Orétains. Elle eut le titre de *Conventus*, lorsque les Romains furent les maîtres du pays; mais avant ce temps, elle avoit été disputée entre les Carthaginois, qui s'en étoient emparés sur ses maîtres naturels. Elle fut la patrie d'Imilie, femme d'Annibal.

Cette ville étoit située dans un pays montagneux; l'état actuel des lieux se joint aux divers témoignages de l'antiquité. Son nom même de *Castulo* a paru à Brochard venir du mot oriental *clasten*, par lequel on désigne le bruit d'une chûte d'eau: &, selon Strabon, il devoit y avoir des roches dans le *Bætis*, à-peu-près vers l'endroit où s'y rend le fleuve qui passoit à *Castulo*. La ville elle-même, placée sur une montagne, ou du moins très-près, parut avoir quelque rapport avec le Parnasse; ainsi sa position & son nom (1) firent imaginer qu'elle avoit été fondée par des Phocéens, maîtres, en Grèce, de la fontaine Castalie & du Parnasse. Silius Italicus n'a pas manqué d'y faire allusion. Jules-César, ayant acheté les terres du territoire de *Castulo*, y établit une colonie.

Tite-Live, en deux endroits, parle du *Saltus Castulensis*. La Martinière traduit *saltus* par *forêt*. La disposition des montagnes qui sont au nord de cette ville, me porteroit à croire qu'il entendoit un défilé, par lequel on passoit pour descendre, en venant du nord gagner les bords du *Bætis*.

(1) On sait que sur le Parnasse il y avoit une fontaine d'une eau fort agréable, selon Pausanias, & qui se nommoit *Castalie*.

Quelques médailles de *Castulo* portent, d'un côté, une tête, qui ne peut être que celle d'Auguste, quoiqu'en aient dit de célèbres antiquaires ; & de l'autre, une figure de monstre, espèce de sphinx sur ses quatre pieds, ayant des ailes & une espèce de casque sur la tête. Le mot *soced*, qui se lit au-dessous de ce sphinx, a été expliqué par le P. Florez de cette manière, *socii Edetanorum*, ou les Castuliens alliés des Edétans. Ceux-ci étoient un peuple considérable sur la côte orientale.

CASTULONENSIS SALTUS, défilés des environs de *Castulo*, en Hispanie ; il en est parlé dans Tite-Live.

CASTUM NEMUS. Tacite nomme ainsi un bois, qu'il dit être dans une île de l'Océan. Ortélius pense que cette île étoit au nord de la Germanie.

CASUARI, peuple de la haute-Germanie, selon Ptolemée. Ils habitoient près des Suèves.

CASUARIA (*Cesérieux*), lieu de la Gaule, dans la division appelée des *Alpes grecs*. Il étoit situé à peu de distance à droite de l'Isara, du moins c'est la place que M. d'Anville lui assigne, d'après un examen bien discuté.

CASUENTILLANI, nom que Pline donne aux habitans de *Casuentinum*, bourg de l'Italie, dans l'Umbrie.

CASUENTINUM, *ou* CASENTINUM, nom d'un bourg de l'Italie, dans l'Umbrie, selon Pline. Frontin en fait aussi mention dans son livre des colonies.

CASUENTUM (*Basiento*), nom d'une rivière de l'Italie, qui alloit se perdre dans le golfe de *Tarentum*. Alaric, roi des Goths, fut enterré dans le lit de cette rivière. *Ortélius*. Jornandès la nomme *Barentinus Amnis*.

Cette rivière est marquée dans la Lucanie, sur la carte de M. d'Anville.

CASULÆ CARIANENSES, nom d'un siège épiscopal de l'Afrique, dans la Bysacène, selon la notice d'Afrique & la conférence de Carthage.

CASURGIS, nom d'une ville que Ptolemée place dans la Grande-Germanie. On croit que c'est aujourd'hui *Caurzim*, en Bohême.

CASUS, appelée aussi *Cesus*, ville que Ptolemée me paroît placer dans l'île de *Syme*.

CASUS, petite île de la Méditerranée, au sud & très-près de *Carpathus*, au nord-est de l'île de Cypre.

CASYRUS, *ou* CHASIRUS, selon les divers exemplaires de Pline, montagne de l'Asie, dans la Susiane. Cet auteur ajoute que la ville de Sostrate touchoit à cette montagne.

CASYSTES, nom d'un port de l'Asie mineure, dans l'Ionie. Strabon la place au pied du mont Corique.

CATABANES, nom d'un peuple de l'Arabie déserte, qui habitoit entre la ville de Péluse & la mer Rouge, selon Pline.

CATABANI. Pline place ce peuple de l'Arabie heureuse, vers le détroit du golfe Arabique.

CATABATHMOS, *ou* CATABATHMUS, vallée sur le penchant d'une montagne qui faisoit face à l'Egypte, & qui la séparoit de la Cyrénaïque, selon Pomponius Méla. Etienne de Bysance en fait un lieu de la Libye, entre Ammon & *Paratonium*. Pline compte quatre-vingt-six mille pas de ce dernier lieu à *Catabathmos*. Ptolemée nomme ainsi deux lieux ; l'un *Catabathmos* la grande, dont il fait un port de mer de la Lybie ; l'autre, *Catabathmos* la petite, qu'il dit être une montagne.

CATABEDA, rivière de l'Inde, au-delà du Gange, selon Ptolemée. M. d'Anville marque l'embouchure de ce fleuve au fond du golfe du Gange, à l'est de la principale embouchure de ce fleuve.

CATABITANUS, nom d'un siège épiscopal de l'Afrique, dans la Mauritanie césarienne, selon la notice épiscopale d'Afrique.

CATABOLUM, *ou* CATABULUM. L'itinéraire d'Antonin met un lieu de ce nom dans la Cilicie, sur la route de Tyane à Alexandrie, entre Ægæ & *Baiæ*. On conjecture, avec beaucoup de fondement, que c'est le même lieu nommé *Castabala*.

CATACECAUMENE, nom d'une région de l'Asie mineure. Il étoit possédé en commun entre les Lydiens & les Mysiens, selon Strabon. Etienne de Bysance, qui l'attribue à la ville d'Ephèse, dit que ce territoire ne produisoit pas d'arbres, mais de la vigne, & que le vin en portoit le nom.

CATACECAUMENE. Vitruve nomme ainsi des collines de l'Asie mineure, dans la Mysie. Il dit que l'on y trouvoit de la pierre-ponce. C'est le même lieu, je crois ; car Etienne de Bysance parle à l'article précédent de l'effet des feux du ciel.

CATACECAUMENE, nom d'une île située dans le golfe Arabique, selon Ptolemée & Etienne de Bysance.

CATADA (*Miliana*), rivière d'Afrique, qui se jetoit dans la Méditerranée, au sud-est de Carthage. Il en est fait mention par Ptolemée.

CATADERBIS, nom d'un lac très-poissonneux de la Susiane, dont l'embouchure à la mer étoit fermée par la petite île Margastana, à cinq cens stades de l'embouchure du fleuve Arosis, selon le journal de la navigation de Néarque. Arrien en fait aussi mention.

CATADRÆ, nom d'un peuple de l'Ethiopie, sous l'Egypte. Ptolemée dit qu'ils habitoient au midi du mont *Garbate*.

CATADUPA, nom d'une ville de l'Inde, qu'Arrien place vers le Gange.

CATADUPA. C'est le nom que les auteurs latins donnent quelquefois à la grande cataracte du Nil. Peut-être que la connoissance des langues égyptiennes ou éthiopiennes, nous mettroit à portée de juger si ce mot a, dans sa signification particulière, un sens qui répond à celui de cataracte ; & que, par extension, il fut donné au peuple *Catadupes* ; ou si l'on a nommé la cataracte *Catadupa*, parce qu'elle se trouvoit chez le peuple *Catadupes* ou *Catadupi*.

CATADUPES,

CATADUPES, *ou* CATADUPI, peuple de l'Ethiopie, qui habitoit vers la dernière cataracte du Nil. Il en est fait mention par Pline.

CATÆA, île du golfe Persique, sur la côte de la Carmanie, selon le journal de navigation de Néarque. Cette île étoit inhabitée du temps de Néarque, & consacrée à des divinités qu'il désigne sous les noms de *Mercure* & de *Vénus*.

Cette île s'étendoit de l'ouest-sud-ouest à l'est-nord-est; elle est plate & basse & à deux ou trois lieues du continent. Arrien & Pline en font aussi mention. Le dernier la nomme *Aphrodisias*.

CATÆONIUM PROMONTORIUM, nom d'un promontoire de l'Afrique, que Ptolemée place dans la Marmarique.

CATAGELA, nom d'une ville de la Sicile, selon le scholiaste d'Aristophane.

CATALAUNI, CATALAUNICI, CATALAUNII & CATALAUNUM (*Châlons*), Ammien Marcellin dit que *Catalauni* étoit une belle ville de la Gaule, dans la seconde Belgique. Elle est nommée *Duro Catalauni* dans l'itinéraire d'Antonin. C'est auprès de cette ville que l'empereur Aurélien vainquit Tétricus, président de l'Aquitaine, qui avoit été proclamé empereur par les troupes, selon Vopiscus & Eutrope.

CATALAUNI, peuples de la Gaule. M. d'Anville pense qu'avant de former une cité à part, ils étoient dans la dépendance des *Remi*.

CATAMANA, ville de l'Asie, dans la Syrie. Elle étoit située dans la Comagène, selon Ptolemée.

CATANA (*Catane*), ville de la Sicile, sur la côte orientale de l'île, dans le golfe de même nom, quoiqu'elle soit sans port. Thucydide dit que cette ville fut fondée sept ans après Syracuse, par des Chalcidiens partis de Naxe. Il en est aussi fait mention par Strabon. Ce dernier dit que cette ville fut réparée par Auguste, & qu'elle devint colonie romaine. Et Pline & Ptolemée lui donnent ce titre.

Strabon rapporte que cette ville perdit ses premiers habitans; mais qu'Hiéron, tyran de Syracuse, y en mena d'autres, & changea son nom en celui d'*Etna*. A sa mort, les Catanois chassèrent ceux qu'il y avoit établis, & renversèrent le tombeau du tyran. Cicéron, en parlant de la richesse & de la beauté de cette ville, ajoute qu'on y voyoit un temple dédié à Cérès, dans lequel on conservoit l'image de cette déesse; mais que les femmes seules avoient l'entrée de ce lieu, ainsi que les filles qui en avoient la garde.

CATANÆI. C'est par ce nom que Ptolemée désigne les habitans de *Catana* ou Catane.

CATANAGRA, *ou* BATANAGRA. Selon les divers exemplaires de Ptolemée, ville de l'Inde, en-deçà du Gange.

CATANGIUS SINUS, golfe de l'Asie mineure, dans le Bosphore de Thrace, selon Denys de Bysance, cité par Pierre Gilles.

CATANI, peuple d'Asie, dans le voisinage de la mer Caspienne, selon Pline, cité par Ortélius. Etienne de Bysance dit *Catanni*.

CATANIDIS PROMONTORIUM, promontoire de l'Asie mineure, dans le voisinage de l'île de Lesbos, vers les îles *Arginuses*, selon Diodore de Sicile.

CATANII, *ou* BATANEI. Selon les différens exemplaires de Ptolemée, peuple de l'Arabie déserte.

CATANITÆ. nom d'un peuple que Ptolemée place dans l'Arabie heureuse.

CATAONIA, province de l'Asie, dans l'Arménie mineure, entre le *Taurus* & l'*Antitaurus*. Cette province est mise dans la Cappadoce par Strabon, parce que autrefois l'Arménie mineure a fait partie de la Cappadoce. Cet auteur dit que ce fut Ariarathe, premier du nom, roi de Cappadoce, qui joignit la Cataonie à la Cappadoce.

La Cataonie se trouvoit au nord de la Cilicie champêtre. Elle étoit traversée du nord-est au sud-ouest par le *Sarus*. Les deux principales villes étoient *Thryana* & *Comana Cappadocica*. Le *Pyramus* y avoit sa source dans les montagnes de la partie orientale.

CATAPTELEA, nom d'une ville marchande de l'Asie mineure, dans la Bithynie & sur le Pont-Euxin, selon Ortélius, qui cite la vie de saint Parthénius.

CATAQUENSIS, siège épiscopal d'Afrique, dans la Numidie, selon les actes de la conférence de Carthage.

CATARA, nom d'une ville que Ptolemée place dans l'Arabie heureuse.

CATARA, ville épiscopale de l'Asie mineure, dans la Lycie, selon la notice de Léon-le-Sage.

CATARABON, fleuve que les interprètes de Ptolemée indiquent de la haute-Germanie, & qui, selon eux, couloit vers la Dacie.

CATARACTA, ville de l'Italie, dans le pays des Samnites, selon Diodore de Sicile, qui ajoute qu'elle fut prise par les Romains.

CATARACTONIUM, CATURRACTONIUM & CATARACTO, ville de l'île d'Albion, que Ptolemée place dans le pays des *Brigantes*. Elle est nommée *Cataracto* dans l'itinéraire d'Antonin, où elle est mise sur la route du rempart de Sévère à *Prætorium*, entre *Vinovia* & *Isurium*.

CATARACTES. Ce fleuve (que la Martinière nomme à tort *Catarracta*, d'après la version latine d'Hérodote), paroît être le même que le Marsyas: Καταῤῥάκτης, signifie l'impétueux. C'est une épithète qui semble convenir au Marsyas. Car ce fleuve est réellement impétueux, & coule de la citadelle de Célènes avec rapidité & grand bruit. *Fons ejus*, dit Quinte-Curse (*L. III, c. 1*, §. *3*), *ex summo montis cacumine excurrens, in subjectam petram magno impetu aquarum cadit*. Hérodote lui-même dit que le Cataracte est le même que le Marsyas. « Les Perses, dit-il » (*L. VIII, c. 26*), ayant passé l'Halys, entrèrent

» en Phrygie. Ils traversèrent ce pays & arrivèrent » à Célènes, où sont les sources du Méandre & » celles d'une autre rivière, qui n'est pas moins » grande que le Méandre, & que l'on appelle *Cataractès*. La Cataractès prend sa source dans la place » publique même de Célènes, & se jette dans le » Méandre ». Ceci ne contrarie pas ce que j'ai dit plus haut d'après Xénophon (*retraite des dix mille*), que la Cataractès couloit de la citadelle. Car, comme le remarque très-bien M. Larcher, la place publique pouvoit bien être au pied de la citadelle. Tite-Live (*L. XXXVIII, c. 13*) dit aussi que le Méandre a sa source à Célènes, & que le Marsyas, qui a sa source peu loin du Méandre, se jette dans ce fleuve. Ainsi la Cataractès ne devoit être qu'une des sources de ce fleuve, désignée par un nom différent.

CATARACTUM, fleuve de l'île de Crète. *Voyez*, pour l'étymologie, CATARACTES.

CATARI, peuple que Pline attribue à la Pannonie.

CATARICHIAS; ce nom, qui se lit dans le périple de Scylax, est pour *Tarichias*, ou plutôt *Cata Tarichias*.

CATARZENA, *ou* CATARZENE, contrée de l'Asie, dans la Grande-Arménie, que Ptolemée place dans le voisinage des monts Moschiques.

CATASYRTÆ, nom d'un lieu de la Thrace, aux environs de Constantinople, selon Cédrène & Curopalate, cités par Ortélius.

CATATENUS, siège épiscopal de l'Asie mineure, dans la Lycie, selon la lettre adressée à l'empereur Léon.

CATATHRÆ INSULÆ, îles appartenantes à l'Afrique, & les mêmes, selon Ptolemée, que les îles *Chélonitides*.

CATAVANA, *ou* CATABANA, lieu de l'Asie. Il en est parlé dans l'itinéraire d'Antonin, sur la route de *Germanicia* à *Edessa*, en passant par Samosate. On croit que c'est le même lieu que le *Κατάμανα* de Ptolemée.

CATAZETI, nom d'une nation de la Sarmatie asiatique, que Pline dit habiter au-delà du Tanaïs.

CATELA, lieu de la Syrie, sur la route de Constantinople à Antioche, à seize mille pas de Laodicée, selon l'itinéraire d'Antonin.

CATENNENSES, peuple de l'Asie, dans la Pamphylie. Ils habitoient dans le territoire de Selga, selon Strabon.

CATHÆA. Ce nom, qui se trouve dans l'édition d'Etienne de Bysance de Berkelius 1694, est écrit *Cathæana* dans celle de 1678, à Amsterdam, ainsi que dans une édition toute en grec publiée à Bâle en 1568. C'est que l'on a regardé cette leçon comme une faute, & qu'on l'a corrigée d'après le texte de Strabon. On voit en effet que ces deux auteurs ont en vue le même lieu. Car Etienne dit, ainsi que le philosophe géographe, que la beauté étoit dans cette ville en si grande vénération, que c'étoit elle qui décidoit toujours des avantages. Enfin, le roi lui-même étoit choisi ainsi; & c'étoit le plus bel homme de l'état que l'on croyoit le plus capable de le gouverner. C'étoit une ville de l'Inde, selon ces auteurs; c'est dire une ville d'un pays peu connu par les anciens. On en peut juger par ce récit, qui est évidemment un conte. Un usage si ridicule n'auroit pu subsister plus de deux règnes.

CATHÆI. Arrien dit que les Cathées, peuple de l'Inde, choisissoient le plus beau d'entre eux pour leur roi. Il ajoute qu'ils étoient vaillans, & qu'ils surpassoient leurs voisins en expérience dans l'art militaire. Les femmes de cette nation avoient la coutume de se brûler après la mort de leurs maris.

CATHÆNA, nom d'une ville de l'Inde. Il en est fait mention par Etienne de Bysance.

CATHANEI. C'est ainsi que quelques interprètes croient devoir lire le nom *Catanii* qui se trouve dans Ptolemée.

CATHARA, ville de l'Asie, dans la Mésopotamie. Elle étoit située le long du Tigre, selon Ptolemée.

CATHARCLUDORUM REGIO, pays que Pline met dans les montagnes qui sont à l'ouest des Indiens.

CATHARI, nom d'un peuple des Indes. Diodore de Sicile dit que les femmes s'y brûloient vives avec leurs maris morts; ce qui n'étoit pas particulier à cette contrée.

CATHARON, *ou* CATHARUM PROMONTORIUM, promontoire de l'Afrique, dans la Libye intérieure, selon Ptolemée.

CATHEI MONTES, montagnes de la Sarmatie asiatique. Pline y met la source du fleuve Lagous.

CATHENA, *ou* CANTENNA. Selon les divers exemplaires de Frontin, lieu de la Sicile. Ortélius dit qu'il étoit peu éloigné de *Rhegium Julium*.

CATHERON se lit dans Scylax pour *Cytheron*. *Voyez* CYTHERON.

CATHET-NAALOL, ville de la Judée, dans la tribu de Zabulon, selon le livre de Josué. Elle fut donnée aux Lévites de cette tribu, qui étoient de la famille de Mérari.

CATHIEREMITÆ. Joseph nomme ainsi une nation de la Palestine, qui habitoit dans le voisinage des Gabaonites.

CATHILCI, nom d'un peuple de la Germanie, que Strabon met au nombre de ceux qui furent subjugués par César.

CATHIPPI. Orose, cité par Ortélius, nomme ainsi une ville de l'Asie, qu'il place vers la Médie ou la Parthie.

CATHON, nom d'une île de Grèce, au midi du Péloponnèse, dans le golfe de Lacédémone, selon Pomponius Méla.

CATRAPES. C'est ainsi que quelques interprètes croient devoir lire dans Ptolemée le nom du fleuve *Araspes*, dans la Carmanie.

CATHRIÆI. C'est ainsi que quelques interprètes croient devoir lire le nom du peuple indien que Ptolemée nomme *Chatræi*.

CATHULCI, *ou* CATHULCONES. Ptolemée met un peuple de ce nom dans la Grande-Germanie.

CATI FONS, nom de la source d'où couloit le ruisseau nommé *Aqua Petronia*, selon Festus Pompéius. C'étoit un ruisseau de l'Italie, qui alloit se perdre dans le Tibre.

CATIARI, peuple scythe, dont parle Hérodote. Il tiroit son origine d'Arpoxaïs. On ignore sa position.

CATICARDAMNA, nom d'une ville de l'Inde, en-deçà du Gange, selon Ptolemée.

CATIGARA. *Voyez* CATTIGARA.

CATILI, *ou* CATALI. Selon les divers exemplaires de Pline, peuple qui habitoit dans les Alpes. Silius Italicus dit *Catilli*.

CATILLUS, nom d'une montagne de l'Italie, auprès de Tibur, selon Vibius Sequester.

CATINA, nom d'une ville du Péloponnèse, dans l'Arcadie, selon Pline, cité par Ortélius.

CATINA. C'est la même ville que *Catana*. *Voyez* ce mot.

CATISA. C'est ainsi que quelques interprètes croient devoir lire, dans Ptolemée, le nom d'une ville de la Paropanise, qu'il nomme *Capisa*.

CATIUM, petite ville ou bourg de l'Italie, selon Frontin, cité par Ortélius.

CATŒPI, peuple qu'Agathémère indique en Afrique, au-delà de la grande cataracte du Nil, à l'ouest.

CATOLUCA, nom d'un lieu de la Gaule narbonnoise, entre *Alaunium* & *Apta Julia*, selon l'itinéraire d'Antonin. Mais cette leçon, regardée comme vicieuse, a été rejettée de l'édition de Wesseling, dans laquelle on lit *Catuiaca*.

CATOPTERIUS. Strabon nomme ainsi un précipice dans le mont Parnasse. Il ajoute qu'il va jusqu'à *Anemoria*.

CATORISSIUM, *ou* CATURISSIUM, lieu de la Gaule lyonnoise, selon la table de Peutinger. M. de Valois avoit cru en retrouver la position dans celle de la grande Chartreuse. Mais M. d'Anville démontre que c'est une erreur. Il pense que *Catorissium* pouvoit être à-peu-près vis-à-vis du bourg d'Oisans. (*Notice de la Gaule*).

CATRALEUCOS, nom d'une ville de l'Hispanie, que Ptolemée place dans la Lusitanie.

CATRE, *ou* CATRA, nom d'une ville de l'île de Crète, selon Etienne de Bysance. D'autres auteurs ont dit *Catræa* ou *Catrea*. Pausanias adopte cette dernière orthographe.

CATRENSIS, siège épiscopal d'Afrique, dans la Mauritanie césarienne, selon les actes de la conférence de Carthage.

CATTABANIA, nom d'une contrée de l'Arabie heureuse, selon Etienne de Bysance. Elle est nommée *Catabania* par Strabon.

CATTABENI, peuple de l'Arabie heureuse, selon Ptolemée. Ils habitoient la contrée *Cattabania*.

CATTIGARA, port de l'Inde, dans le pays des Sines, près de l'embouchure du fleuve *Cotiaris*, selon Ptolemée.

CATTIO, les Cattes, peuple de la Germanie, qui faisoient partie des Hermions. Ils étoient voisins des Chérusques. C'étoit un peuple guerrier, & leur infanterie passoit pour la meilleure de la Germanie; les lieux les plus remarquables de leur pays, étoient *Castellum Cattorum* & *Munitium*. Ces peuples se partagèrent en deux corps sous le bas-empire, dont l'un s'unit aux Chérusques, & l'autre fut s'établir dans une contrée des Bataves.

CATTITERIDES INSULÆ. C'est ainsi que l'on lit dans Ptolemée le nom des îles *Cassitérides*.

CATUACI, nom d'un peuple de la Gaule, selon quelques éditions de Jules-César. On croit que ce mot est corrompu des *Aduatices*.

CATUACIUM, aujourd'hui *Halen*, nom d'un lieu de la Gaule Belgique, entre *Blariaco* & *Feresne*, selon la table de Peutinger. M. d'Anville avoit soupçonné que ce lieu pouvoit être le même que le *Castellum Manapiorum*. Cependant il a cru devoir le placer un peu au sud de ce fort.

CATUDÆI, nom que Suidas donne aux peuples qui creusoient leurs habitations sous terre. Tels étoient les *Troglodytes*.

CATUIACA (*Carluec*), lieu de la Gaule, dont le nom a été défiguré dans quelques éditions de l'itinéraire d'Antonin. Ce lieu étoit entre *Apta Julia* & *Alaunium* (1).

CATULENSIS, nom d'un siège épiscopal de l'Afrique, dans la Mauritanie césarienne, selon la notice épiscopale d'Afrique.

CATURACTONIUM, ville des parties septentrionales de l'île d'Albion, selon Ptolemée. *Voyez* CATARACTO. Ce dernier est pris de l'itinéraire d'Antonin.

CATURICÆ, *ou* CATURIGÆ, nom d'un lieu de la Gaule belgique, selon l'itinéraire d'Antonin & la table de Peutinger.

CATURIGES, peuple celte, qui habitoit dans les montagnes de la Gaule lyonnoise, entre *Ebrodunum* & *Vapincum*, selon le rapport de Ptolemée. Mais ce géographe les place dans les Pyrénées, & c'est à tort; ils habitoient dans les Alpes cottiennes. On les trouve nommés entre les Gaulois qui passèrent en Italie.

Jules-César dit que les Caturiges, joints aux Centrons & aux Garocelles, voulurent disputer le passage à l'armée romaine.

(1) Le graveur de lettres l'a oublié en gravant la Gaule de M. d'Anville; mais il se trouve sur le petit morceau qui présente l'état de la province romaine.

Le pays qu'ils occupoient s'appeloit, en latin, *Cottii Regnum*, & en celte *Cott-Rich*, ou *Catt-Rich*.

CATURIGES, *ou* CATURIGÆ, ville de la Gaule lyonnoise, & la capitale du peuple *Caturiges*, entre la ville d'*Ebrodunum* & celle de *Vapincum*, selon l'itinéraire d'Antonin & la table de Peutinger, qui la nomme *Caturigomagus*. On croit que le nom moderne est Chorges.

CATURGIDI, peuple que Ptolemée place dans les Alpes grecques; il leur donne pour ville *Eborodunum*.

CATURIGIS, lieu de la Gaule, dans la première Belgique, au nord-ouest de *Nasium*, sur la route qui alloit à *Durocortorum*.

CATUSIACUM (*Chaours*), lieu de la Gaule, dans la Belgique seconde, à quelque distance au nord de *Durocortorum*.

CATYEUCHLANI. Ptolemée nomme ainsi un peuple de l'île d'Albion. Ils sont nommés *Catuellani* par Dion Cassius.

CAVA, nom d'un grand village de l'Asie, duquel il est fait mention par Xénophon. Ortélius croit qu'il étoit de la Bithynie.

CAVANA, nom d'une ville de l'Arabie heureuse, selon Ptolemée. Quelques interprètes lisent *Cabana*.

CAVARES, selon Pline, ou CAVARI, selon Ptolemée, peuple de la Gaule narbonnoise, qui habitoit sur le bord du *Rhodanus*, au rivage opposé de celui qu'habitoient les *Volcæ*. Ptolemée leur donne les villes d'*Arausio*, colonie, de *Cabellio*, aussi colonie, & quelques autres. Strabon les nomme *Cavares*, & Pomponius Méla, selon les différentes éditions, *Cavaræ* & *Cavarum*. On voit par Strabon, que c'étoit une nation puissante qui dominoit sur plusieurs autres. Ils possédoient les districts des villes d'Orange, d'Avignon, de Cavaillon, & même de Carpentras. Il faut observer cependant que Pline attribue cette dernière (*Carpentoracte*) aux *Menimi*.

CAVATURINI, nom d'un peuple de l'Italie, dans la Ligurie, selon une ancienne inscription conservée à Gênes & citée par Ortélius.

CAUCA (*Coca*), ville de l'Hispanie citérieure, au sud-ouest de *Rauda*. Cette ville est peu connue dans l'histoire. Appien, en parlant des traitemens qu'elle essuya de la part de Lucullus, contre la foi des traités, appelle la gloire qui en résulta pour le peuple romain, *gloire odieuse*. L'empereur Théodore étoit de cette ville.

Zozime attribue *Cauca* aux Callaïques; mais, ou il s'est trompé, ou, de son temps, ce peuple devenu plus considérable, avoit étendu ses possessions; car les itinéraires la mettent sur la route de *Segovia*. On voit aussi par la route qu'Appien fait tenir à Lucullus, qu'elle devoit être entre le *Tagus* & le *Durius*. D'ailleurs, la position du lieu moderne Coca, vient à l'appui de la position que M. d'Anville a donnée à *Cauca*, & que j'ai adoptée.

CAUCACIS. Scylax donne ce nom à une ville d'Afrique, peu éloignée de Carthage. Vossius lit *Canulis*.

CAUCADÆ, nom d'un peuple de la Sarmatie asiatique, que Pline place près du fleuve Lagous.

CAUCALANDENSIS, *ou* CAUCALANDENSIS LOCUS. Ammien Marcellin fait mention de ce lieu, qu'il dit être au milieu du Danube. Il ajoute qu'il étoit inaccessible à cause des hautes forêts & des montagnes.

CAUCALI VICUS, lieu de la côte d'Afrique, selon le périple de Scylax.

CAUCANA PORTUS. Ptolemée indique ce port sur la côte méridionale de la Sicile.

CAUCANA. Ptolemée nomme ainsi un port de la Sicile. Il est placé à deux cens stades de Syracuse, selon l'histoire mêlée.

CAUCASII MONTES. *Voyez* CAUCASUS.

CAUCASUS, nom de la plus haute montagne de l'Asie septentrionale. Elle peut être considérée comme une continuation du mont Taurus. Elle s'étendoit le long du Pont-Euxin & de la mer Caspienne, en fermant l'isthme qui les sépare, selon Strabon. Elle commence au-dessus de la Colchide, & borne la partie septentrionale de la mer Caspienne, selon Hérodote. Procope dit que la partie de cette montagne qui se termine à l'orient, a deux défilés, dont l'un est nommé la *voie Caspienne*, & l'autre la *voie Caucasienne*. Ces défilés servirent de passage aux Huns, pour entrer sur les terres des Perses & des Romains. Pline dit que Séleucus Nicator eut le projet de joindre le Pont-Euxin & la mer Caspienne par un mur, & qu'il est croyable qu'Antiochus Soter ou Antiochus Théus, exécuta le projet qu'avoit formé Nicator. Ce mur tomba en ruines après la chûte des Séleucides. Hérodote fait mention des deux passages qui sont dans ces montagnes. Il dit que les Scythes & les Cimmériens faisoient des courses dans la haute-Asie & dans la mineure, & que c'étoit par-là qu'ils passoient. Pline, Tacite & Lucain en font mention. Procope en parle aussi dans son histoire de la guerre des Perses. Les mythologues anciens ont dit que Prométhée avoit été attaché sur cette montagne par Jupiter, pour avoir dérobé le feu du ciel; & quelques historiens, entre autres Strabon, ont dit qu'il y avoit des rivières chariant des paillettes d'or, que l'on ramassoit avec des peaux de mouton. A en juger par l'état présent de ces rivières, la seconde de ces assertions n'est pas plus vraie que la première.

CAUCASUS. Hérodote (*L. V, c. 33*), parle d'un lieu de ce nom, qu'il attribue à l'île de Chio, & qui devoit être un port. Aucun autre auteur n'en fait mention.

CAUCENTES, nom que Pline donne aux habitans de la ville de *Cauca*. Il les compte parmi les Vaccéens.

CAUCHABENI, nom d'un peuple de l'Arabie déserte. Ptolemée en fait mention.

CAUCHÆ CAMPI. Les terres nommées ainsi devoient se trouver vers la jonction du Tigre & de l'Euphrate, & peu loin du terrein appelé *Meslene*.

CAUCHI & CANCHI, peuple, le même que les *Cauci*. *Voyez* ce mot.

CAUCI. Ce peuple, dont le nom a été rendu en françois par *Cauches* & par *Cauques*, avoit une origine germaine, &, selon quelques anciens, habitoit dans l'île des Bataves : mais on voit évidemment qu'ils supposoient cette île, telle que nous la concevons, au moins d'après leurs récits, plus grande qu'elle ne l'étoit en effet. Je pense même que l'on disoit l'île pour désigner en général tout le pays que les Bataves occupoient : on peut donc les reculer un peu vers le nord.

Les Cauches étoient puissans & courageux, mais moins féroces que les autres Germains ; observateurs de la justice, ils ne cherchoient point à ravir le bien d'autrui par la violence, & préféroient les voies d'équité & de douceur pour conserver ce qu'ils avoient : mais, dès qu'ils étoient offensés, ils couroient aux armes & à la vengeance. Tacite en parle comme d'une nation qui avoit autant d'adresse que de valeur.

Ce fut chez cette nation que Ganasans se retira, lorsque les Romains l'eurent forcé de quitter les Caninefates. Ce fameux-rebelle persuada sans peine à ce peuple de défendre sa liberté. Ils l'élurent leur général, & se mirent à ravager les côtes de la Belgique.

Ils montoient des bâtimens légers, également propres à la descente & à la retraite. Cette guerre devint d'une telle importance aux yeux des Romains, que le gain d'une seule bataille valut le surnom de *Cauchius* à Publius Gabinius Secundus, & que l'empereur Claude en chargea ensuite Corbulon, qui les soumit.

On peut croire, par ce qui est dit de leur rapport avec les autres peuples leurs voisins, que les Cauches demeuroient près des Caninefates, & que s'ils habitoient dans l'île des Bataves, ce ne fut que lorsque Drusus, ayant creusé un canal, on donnoit encore le nom d'*île* à tout le pays conquis entre ce canal & la Meuse.

Les *Cauci* se divisoient en *grands* & en *petits*. Il paroît qu'il est ici question de ces derniers. M. d'Anville, apparemment pour les placer dans le lieu de leur origine, les met à l'est des *Trisii*, & près de l'embouchure du Weser.

CAUCOLIBERUM (*Collioure*), ville de la Gaule ; mais qui ne commence à être connue sous ce nom que vers le septième siècle, par l'Anonyme de Ravenne.

CAUCON, nom d'une rivière de Grèce, dans le Péloponnèse. Elle passoit aux environs de Dyme, & alloit se perdre dans le Teuthéas, selon Strabon.

CAUCON, nom d'un lieu maritime de la Sicile. Procope le place à deux cens stades de Syracuse. Ce lieu est nommé *Caucana* par Ptolemée.

CAUCON, fleuve de l'Achaïe, qui prenoit sa source dans des montagnes au nord-est, & venoit se jeter, non dans le *Pirus*, comme le marque la carte de M. d'Anville, mais dans le Teuthéas, comme le dit Strabon, *liv. VIII*.

CAUCONES, les Caucons, anciens peuples de la Paphlagonie, qui habitoient la côte du Pont-Euxin, depuis les Mariandyniens jusqu'au fleuve *Parthenius* (selon Strabon, *liv. XII*) : mais dans d'autres temps cet espace fut compris dans la Bithynie. Quelques auteurs prétendoient qu'ils étoient sortis de l'Arcadie de même que les Pélasges, & qu'ils avoient été errans comme eux. D'autres ont assuré qu'ils étoient Scythes ; enfin, un troisième sentiment en a fait des Macédoniens. Une partie de cette nation étoit passée en Grèce, près de Dyme, dans les campagnes de *Buprasium*, & dans la Basse-Elide ou l'Elide-neuve. Une autre partie occupa le territoire des Lepréates & des Cyparissiens, & la ville de Maciste, dans la Triphylie.

Hérodote (*l. I, c. 147 & ailleurs*) parle de ces derniers : il leur donne le nom de *Pyliens*, pour les distinguer de ceux de la Basse-Elide, près de Dyme. Homère fait mention de ces Caucons, & non de ceux qui habitoient la Thiphylie & qui étoient sujets de Nestor, quoique Madame Dacier ait cru le contraire. On en peut voir la preuve dans Strabon (*l. VIII*). Ces Caucons avoient probablement donné leur nom à une rivière qui se jetoit dans le *Teutheas* (*Strabon, liv. VIII*), & non dans le Pirus, comme on le voit sur la carte de M. d'Anville.

Les Caucons qui vinrent au secours de Troyes, & dont Homère parle dans l'Iliade, étoient les Paphlagoniens. On peut aussi consulter Strabon, *liv. XII*. (*Notes géograph. de l'Hist. d'Hérodote.*)

CAUDA BOVIS, ou *la queue de bœuf*. Ptolemée nomme ainsi un promontoire de l'île de Cypre. M. d'Anville l'indique (*Boos Ura*) au sud-ouest.

CAUDELLENSES, peuple de la Gaule Narbonnoise, au sud des *Vulgientes*.

C'étoit les anciens habitans de Cadenet, où l'on a trouvé une inscription qui devoit orner le frontispice d'un petit temple ou *Sacellum*, bâti près de cet endroit, & qui étoit dédié à la déesse *Dexiva*. On a trouvé au même endroit plusieurs médailles d'argent, dont la plus récente est du premier Maximin ; une espèce de médaille d'or, portant une tête de femme, sans revers & sans légende ; plusieurs bijoux, tels qu'un collier de grenats avec des glands d'or, une chaîne, un bracelet, un anneau, deux cercles d'or, & deux petits vases d'argent, avec un petit bouclier votif du même métal.

CAUDI CAUPONÆ, nom d'un lieu de l'Italie, dont fait mention Horace.

CAUDIUM, petite ville d'Italie, dans le *Samnium*, chez les *Hirpini*. Elle se trouvoit sur la route de Capoue à Benevent. Ce lieu étoit peu considérable, & son nom ne s'est conservé qu'à la faveur du souvenir de la défaite d'une armée romaine. Les troupes s'étoient engagées dans un défilé en 432, & n'obtinrent leur conservation qu'en passant sous le joug. On nomma ce passage *les Fourches Caudines*. Les Samnites avoient à leur tête le vaillant Pontius.

CAUDINÆ FAUCES, *ou* FURCULÆ, *ou* FOURCHES CAUDINES. On donnoit ce nom au défilé par lequel on étoit obligé de passer pour aller de la Campanie dans le *Samnium*. On reconnoit encore cette gorge au travail qu'y firent les Romains pour la rendre praticable. On y a trouvé des inscriptions qui se conservent à Arpaïa. Les troupes romaines y passèrent sous le joug. (Voyez *Caudium.*)

CAUDO, nom d'une île de la Méditerranée, dans le voisinage de celle de Crète, selon Suidas.

CAUDRIACIS, *ou* CAUDRIACUS. C'est ainsi que quelques interprètes croient devoir lire, dans Ptolemée, le nom du fleuve qu'il appelle *Hydriacus*: c'est un fleuve de la Carmanie.

CAVERNÆ SUSIS. Saint Augustin nomme ainsi un lieu de l'Afrique où il se tint un concile.

CAVICLUM, nom d'un lieu de l'Hispanie, entre *Sexitanum* & *Menoba*, selon l'itinéraire d'Antonin.

CAVII. Tite-Live fait mention d'un peuple de ce nom : il le met dans l'Illyrie.

CAULARIS AMNIS, nom d'une rivière de l'Asie, selon Tite-Live. Elle étoit aux environs de la Pamphylie, selon Ortélius.

CAULCI, nom d'un peuple de la Germanie, que Strabon place vers l'Océan.

CAULICI, nom d'une nation qui habitoit sur le bord de la mer Ionienne, selon Etienne de Bysance.

CAULON, CAULONIA, & VALLONIA. Ces trois noms appartenoient également à une petite ville d'Italie, située sur la côte orientale du *Brutium*, au nord de *Locri*, & au sud-ouest du promontoire *Cocintum*. Elle avoit été fondée par une colonie d'Achéens, &, au moins pendant un certain temps, faisoit partie de l'état des Locriens Epizéphyriens.

Cette ville fut démolie, & ses habitans furent transportés en Sicile par Denys le Tyran, environ 400 ans avant l'ère chrétienne. Ovide & Virgile en parlent. Ptolemée en fait mention comme d'un lieu qui ne subsistoit plus de son temps.

CAULONII. Diodore de Sicile nomme ainsi un peuple, qu'il place en Italie, vers l'Etrurie.

CAUM, nom d'un lieu de l'Hispanie, selon l'itinéraire d'Antonin, où il est marqué entre *Osça* & *Mendiculeia*.

CAUMANA. Arrien dit qu'une des branches du fleuve Indus porte ce nom auprès de son embouchure.

CAUNENUS. On voit, dans les actes du concile de Chalcédoine, que c'étoit le nom d'un siège de l'Asie mineure, dans la Lycie.

CAUNI, peuple de la Mauritanie, selon Ptolemée.

CAUNII, les habitans de Caunus. L'air de leur ville étoit très-mal-sain. C'est ce qui fit dire à Stratonicus, joueur de cithare, qu'Homère avoit fait allusion à la couleur verdâtre de leur teint, lorsqu'il avoit dit *que les hommes y naissent semblables aux feuilles*. On lui reprocha que sa plaisanterie étoit injurieuse pour la ville. Il répondit : « je n'ai garde » de traiter de malfaisant l'air d'une ville dans la» quelle il me semble voir les morts marcher ».

CAUNUS (*Moncaïo*), montagne de l'Hispanie, que Tite-Live place dans la Celtibérie.

CAUNUS, nom d'une ville de l'île de Crète, selon Etienne de Bysance.

CAUNUS. Athénée, cité par Ortélius, nomme ainsi une ville de l'Eolie.

CAUNUS. Denys le Périégète nomme ainsi une ville de l'Asie mineure, dans l'Ionie.

CAUNUS, ville de la Carie, sur la côte méridionale de la Doride, que l'on nommoit *Rhodiorum* ou des Rhodiens. Elle étoit au pied du mont *Tarbelus*, à l'ouest du petit golfe de *Glaucus*. L'air y étoit mal-sain (*Voyez* CAUNII) en été & en automne, à cause des chaleurs; mal qui se trouvoit encore augmenté par l'abondance des fruits.

Je n'ajouterois pas qu'Etienne de Bysance dit que cette ville avoit pris son nom de *Caunus*, connu dans la fable par l'amour incestueux de sa sœur Bilbilis, si cela ne présentoit l'occasion d'expliquer une espèce de proverbe des anciens. Pour expliquer cette sorte d'attachement, on disoit : ὁ Καύνιος ἔρος, *Caunius amor*. Cette ville fut la patrie du célèbre peintre Protegènes. La citadelle, dit Strabon (*l. 14*), étoit au-dessus de la ville, & se nommoit *Imbros*. On croit que l'ancienne *Caunus* est remplacée par le lieu appelé *Kaignez*.

Denys le Périégète indique une île de ce nom, en faisant une énumération de celles de l'Ionie : je ne la connois pas.

CAUPHIACA, ville de la Perse, dans l'intérieur des terres, selon Ptolemée.

CAURANANI, peuple de l'Arabie heureuse, dont le nom signifie riches en gros bétail, selon Pline.

CAURASIÆ. Selon Ortélius, c'est le nom d'un peuple de l'Hispanie, dans la Bétique.

CAURIENSES, peuple de l'Hispanie, dans la Lusitanie, selon Pline. Ce sont les habitans de la ville que Ptolemée nomme *Caurium*.

CAURIUM, ville de l'Hispanie, que Ptolemée place dans la Lusitanie. Le peuple en est nommé *Caurienses* par Pline. Sur la carte de M. d'Anville, cette ville est placée dans le pays des *Vettones*, au nord-est de *Norba Cæsarea*.

CAUS, village du Péloponnèse, dans l'Arcadie, & dans la campagne de Téléphusie. On y adoroit Esculape *Cautien*, selon Etienne de Bysance & Pausanias. (*La Martinière.*)

CAUSINI, *ou* CAUNI, nom d'un peuple de l'Afrique, dans la Mauritanie tingitane, selon Ptolemée.

CAYSTER, fleuve de l'Asie mineure, qui prenoit ses sources au nord & au sud du mont *Tmolus* (car il avoit deux sources), couloit au sud-est se jeter dans la mer, après avoir arrosé Métropolis & Ephèse, & traversé la plaine entre les monts *Gallesius* & *Corissus*. Pline dit que cette plaine, que le Caystre traverse avant de se rendre à la mer, a été formée par les attérissemens successifs du fleuve.

CAYSTRIUS CAMPUS, *ou* CAYSTRUM, plaine de l'Asie mineure, dans l'Ionie, dans laquelle étoit située la ville d'Ephèse. Cette plaine étoit entre le mont *Gallesius*, au nord, & le mont *Corissus*, au sud. Le Caytre la traversoit de l'est à l'ouest. Pline nous apprend que cette vallée, autrefois remplie par les eaux de la mer, avoit été comblée par les attérissemens successifs du fleuve.

Si l'on en croit les anciens, les cygnes se promenoient en grand nombre sur les bords du fleuve & dans les étangs que formoient ses eaux dans la plaine. Aussi Virgile dit-il :

Jam varias pelagi volucres, & quæ Asia circum
Dulcibus in stagnis rimantur prata Caystri.
Géorg. *L. I.*

CAYSTROPEDIUM, ville très-peuplée de l'Asie, dans la Phrygie. Cyrus y séjourna cinq jours, & y fut joint par Epyaxa, femme de Syennesis, roi de Cilicie.

CAYTARIS, siège épiscopal de l'Asie, qu'Ortélius dit être sous la métropole d'*Amida*.

CAZECA, nom d'une ville maritime de la Chersonnèse taurique, entre Panticapée & Théodosie, selon Arrien, dans son périple du Pont-Euxin.

C E

CEA. C'étoit, selon Pline, l'un des noms de l'île de *Céos*, que l'on a aussi nommée *Hydrussa*.

CEADAS, *ou* CÆADAS. Pausanias nomme ainsi un lieu du Péloponnèse, dans le voisinage de Sparte. Il dit que c'étoit une profonde ouverture où l'on précipitoit ceux qui étoient condamnés à mort pour de très-grands crimes. Strabon dit *Cæadas*. Ce fut dans cette caverne que les Lacédémoniens avoient précipité Aristomène, qui pourtant en sortit sain & sauf, après avoir eu le bonheur de découvrir une issue ignorée qui donnoit dans la campagne.

CEBA, ville de la Ligurie, au sud-est d'*Augusta Vagiennorum*. Pline fait l'éloge du fromage que l'on tiroit de cette ville.

CEBARADEFENSIS, siège épiscopal d'Afrique, dans la Byzacène. Son évêque souscrivit à la lettre adressée au concile de Latran, tenu sous le pape Martin.

CEBARSUSSI, ville épiscopale d'Afrique, dans la Byzacène, selon les actes de la conférence de Carthage.

CEBENNA MONS (les Cevennes), montagnes des Gaules, qui se trouvoient à peu près occupées par les *Gabali* & les *Ruteni*. Les *Averni* se trouvoient au nord de ces montagnes, par rapport aux Romains : aussi s'en croyoient-ils fortifiés comme par un mur : *ut muro se munitos existimabant*, dit César : cependant ce général y pénétra. On a écrit aussi *Gebenna* : mais cette leçon est reconnue pour vicieuse.

CEBESSUS, ville de l'Asie, dans la Lycie. (*La Martinière.*)

CEBESTUS, ville de l'Asie mineure, dans la Lycie, selon Quinte-Curse.

CEBRENA, *ou* CEBRENE, ville de l'Asie mineure, dans la Troade, & dans la contrée nommée *Cebrenia*. Strabon, Thucydide, Pline & Scylax font mention de cette ville.

CEBRENIA, contrée de l'Asie mineure, dans la Troade. Elle étoit presque toute en plaines, au-dessous, & parallèle à la Dardanie, selon Strabon. C'est une faute que *Cebreia*, qui se lit dans l'édition d'Etienne de Bysance, de 1678.

CEBRENII. Strabon nomme ainsi les habitans de la contrée ci-dessus.

CEBRINUS, rivière de l'Asie mineure, dans la Troade, & dans la contrée *Cebrenia*. Il en est fait mention par Hérodien.

CEBRUM. M. d'Anville met sur sa carte *Ad Cebrum*. C'est l'expression de l'itinéraire. *Voyez* CEBRUS.

CEBRUS, lieu de la Basse-Mœsie, selon l'itinéraire d'Antonin. Il étoit, au nord-ouest, sur la rive droite du Danube, au-dessous de *Rithiaria*, à l'embouchure de la rivière de même nom. On a dit aussi *Ciabrus*.

CECILIA, ville de la Syrie, près de l'Euphrate, selon Ptolemée, *l. 5, chap. 15*. Il est probable que c'est la même que *Ceciliana*.

CECILIA GEMELLINA, ville que Ptolemée indique dans la Lusitanie. Cette ville est peut-être *Cæciliana* ou *Castra Cæcilia* : car cet auteur ne nomme ni l'une ni l'autre de ces villes.

CECILIANA, ville de l'Asie, dans la Syrie. Elle étoit située sur le bord occidental de l'Euphrate, au sud-est d'*Hierapolis*, vers le 36ᵉ deg. 10 min. de lat.

CECILIONICUM, nom d'un lieu de l'Hispanie, selon l'itinéraire d'Antonin, où il est placé entre *Capara* & *Ad Lippos*.

CECINA FLUVIUS, rivière de l'Italie, dans l'Etrurie. Elle coule du levant au couchant, & va se perdre dans la mer. Pline & Pomponius Mela en font mention.

CECREN. Phavorin, cité par Ortélius, nomme ainsi une colonie des habitans de Cumes.

CECRENA, nom d'une ville de l'Asie mineure, dans la Troade, selon le même géographe.

CECROPIA, l'un des premiers noms de la citadelle d'Athènes : c'étoit alors toute la ville.

CECROPIA, bourg de Grèce, dans l'Attique, entre le mont Ægalée & le village d'Achernes, selon Thucydide. Il y avoit aussi une tribu de même nom, selon Strabon & Pollux, cités par Ortélius. (*La Martinière.*)

CECROPIS. Etienne de Bysance nomme ainsi une peuplade de Grecs, qui habitoit à Thessalonique. C'étoit le nom de la contrée qui faisoit partie de la Thrace.

CECROPIUS MONS. Sénèque le tragique nomme ainsi une montagne de Grèce, dans l'Attique, au voisinage d'Athènes. Il veut probablement désigner la monticule sur laquelle se trouvoit l'*Acropolis*, ou ville haute, qui avoit d'abord porté le nom de *Cecropia*.

CECRYPHÆ, nom d'un peuple qui habitoit dans le voisinage du Pont-Euxin, selon Ortélius, qui cite les argonautiques d'Orphée.

CECRYPHALEA, promontoire du Péloponnèse, près duquel les Athéniens gagnèrent un combat naval contre les Æginères, selon Diodore de Sicile & Thucydide. On croit que c'est l'île *Cecryphalos* que Pline met près d'Epidaure du Péloponnèse.

CECRYPHALEUM MARE, partie de mer qui baignoit l'île & le promontoire du même nom.

CECYLISTRIUM, nom d'un lieu de la Gaule Narbonnoise, selon Festus Avienus.

CECYRINA, lieu de l'Achaïe, selon Pausanias.

CEDAR, portion de l'Arabie, assez près de la Judée. Les Arabes y avoient des tentes noires, sans doute, puisque dans le cantique des cantiques l'épouse dit : *je suis noire; mais je suis belle, comme les tentes de Cédar....*

CEDASA, ville de la Phénicie, que Joseph place dans le voisinage de Thir & de la Galilée.

CEDEBRATIS, ville de l'Asie mineure, dans la Lycie. L'auteur du Pré-spirituel la place au pied du mont *Ænoandron*.

CEDEI. Quintus Galaber fait mention d'un peuple de ce nom. Ortélius pense qu'il étoit aux environs de Troyes. (*La Martinière.*)

CEDES, ville de la Galilée, dans la tribu de Nephtali, selon le livre de Josué, qui la donna aux Lévites de cette tribu, qui étoient de la famille de Gerson, la seconde des Lévites. Elle étoit aussi une des six villes de refuge.

Cedes, ville royale, étoit située sur la montagne de Nephtali, entre Asor & Edra.

Cette ville étoit la patrie de Barach, fils d'Abinoëm. Elle fut du nombre de celles qui furent prises par Théglathphalasar. On la croit la même que *Cades*, ville royale des Chananéens.

CEDES, ville de la tribu d'Isachar, aussi donnée aux Lévites. La Vulgate la nomme *Cesion*, dans le texte de Josué (*XXI*, *28.*)

CEDIAS, nom d'un village de l'Italie, que Pline place à six milles de Sinuesse.

CEDIAS, ville épiscopale de l'Afrique. Il en est fait mention au concile de Carthage, tenu sous S. Cyprien.

CEDIMONÆI, l'un des peuples du pays de Chanaan. On avoit soupçonné que c'étoient les mêmes que les Hévéens, qui ne sont pas nommés dans la Vulgate (*Gen. XV, 19*), lorsque Dieu promit à Abraham le pays de Chanaan pour sa postérité. Cependant, comme ils sont nommés avec les Hévéens dans les Septante & dans le texte samaritain, il est très-probable que c'étoit deux peuples différens.

CEDIMOTH, CADEMOTH, *ou* JETHSON, ville de la terre promise, qui étoit située dans la tribu de Ruben, selon le livre de Josué.

Elle appartenoit aux Lévites de cette tribu, qui étoient de la famille de Mérari.

C'est de ce lieu que Moïse envoya des ambassadeurs vers Séhon, roi d'Hésébon, pour lui demander passage.

CEDMARON, siège épiscopal de l'Asie, dans l'Arménie, sous la métropole d'Edesse. Il en est fait mention dans la notice de l'abbé Milon.

CEDRANITÆ, nom d'un peuple de l'Arabie heureuse, selon le troisième livre des arabiques d'*Uranius*, cité par Etienne de Bysance. C'est ainsi que la Martinière a lu. Dans trois textes que j'ai sous les yeux, on lit *Cerdanitæ* : mais je le trouve dans une note de Berkelius. Holstenius pense qu'il faut lire *Cebranitæ*.

CEDREÆ, nom d'une ville de l'Asie mineure, dans la Carie, selon Etienne de Bysance.

CEDREI, les Cédréens ou Cédaréniens. C'étoit le nom d'un peuple de l'Arabie déserte, qui habitoit dans le voisinage des Nabathéens. Pline en fait mention. Ils demeuroient sous des tentes, & le plus ordinairement dans la partie méridionale de l'Arabie déserte, & au nord de l'Arabie pétrée & de l'Arabie heureuse.

CEDRES, nom d'une montagne de l'île de Crète, dans le voisinage du mont Ida, selon Théophraste.

CEDRIPPO, nom d'un lieu de l'Hispanie, dans la Bétique, à ce qu'il paroît par une inscription rapportée par Moralès, cité par Ortélius. (*La Martinière.*)

CEDRIS, nom d'une rivière de l'île de Sardaigne, selon Ptolemée. Cette rivière couloit vers l'orient, & alloit se perdre dans la mer.

CEDRISUS. Dicéarque indique une ville de ce nom dans l'île de Crète.

CEDRON, ville de la Palestine, du côté des Philistins, sur le chemin d'Azot. Elle fut rebâtie par Cédebée, selon le livre des Machabées.

CEDRON, torrent de la Palestine, qui couloit dans une vallée, à l'orient de Jérusalem, & alloit se perdre dans le lac Asphaltide. Le livre des rois, & celui des paralipomènes, en font mention.

CEDROPOLIS, nom d'une contrée de la Thrace, où l'on dressoit des éperviers à la chasse, selon Aristote.

CEDRUS, nom d'une petite rivière de la Mysie, selon Dion Cassius. On croit qu'il faut lire *Cebrus*.

CEDUCTUS, lieu de la Thrace, que Curopalate, Zonare & Cédrène, cités par Ortélius, placent dans le voisinage de Constantinople.

CEELATHA, lieu de la dix-neuvième station des Israélites, où ils furent camper au sortir de Ressa.

CEFALENSIS, siège épiscopal d'Afrique, dans la province proconsulaire, selon la conférence de Carthage.

CEILA, ville de la Palestine, dans la tribu de Juda, selon le livre de Josué, *chap.* 15.

Cette ville fut attaquée par les Philistins, au temps de Saül : mais elle fut délivrée par David.

Eusèbe la met à dix-sept milles d'Eleutheropolis, du côté d'Hébron. S. Jérôme en fait aussi mention. Sozomène dit que l'on y montroit le tombeau du prophète Abacuc.

CEIRA, caverne du pays des Gètes, dans le voisinage du Danube. Dion Cassius dit que Crassus fit boucher les avenues de cette caverne, pour obliger à se rendre les habitans du pays qui s'y étoient refugiés.

CELADON, petite rivière du Péloponnèse, dans l'Arcadie. Elle avoit sa source au mont Lycée, & alloit se perdre dans l'Alphée, selon Pausanias. Il en est aussi parlé par Strabon.

CELADONE, CELADUS, *ou* CELANDUS, selon les différens exemplaires de Pomponius Mela, ancien nom d'une petite rivière de l'Hispanie.

CELADONE, nom d'une ville de Grèce, dans la Locride.

CELADUSA. Pline dit que c'étoit l'un des noms de la petite île de *Rhenea*, située dans le voisinage de celle de Delos.

CELADUSSÆ, *ou* CELADUSE, île de la mer Adriatique, selon les différentes éditions de Pomponius Mela. Il en est aussi fait mention par Pline.

CELÆNÆ, grande ville de l'Asie, dans la Phrygie. Cyrus y avoit un palais & un parc rempli de bêtes sauvages. Le Méandre traversoit cette ville, ainsi que le Marsyas. Xercès se retira à *Celænæ*, après sa défaite, & y bâtit le château & la forteresse. Xénophon fait mention de cette ville. Cyrus le jeune y séjourna trente jours, & Cléarque, banni de Lacédémone, l'y joignit.

CELÆNÆ, lieu de la Grèce, aux confins de l'Attique & de la Béotie, selon Suidas.

CELÆNUS, montagne de l'Asie, que Ptolemée place dans la Galatie. Selon lui, on l'appeloit aussi *Celænus Tumulus*.

CELÆTHI, nom d'un peuple de Grèce, dans la Thesprotie, & dans le voisinage de la Thessalie, selon Etienne de Bysance.

CELÆTHRA, ancienne ville de Grèce, dans la Béotie, au voisinage de la ville d'Arne, selon Etienne de Bysance.

CELAMA, village de l'Afrique, dans la Mauritanie césarienne. Il étoit dans l'intérieur des terres, au sud-ouest du grand promontoire, & au sud-est d'Artisiga.

Ptolemée en fait mention.

CELAURIA, petite île de Grèce, sur la côte du Péloponnèse. Elle appartenoit aux Trœzéniens, & étoit située au-devant du port appelé *Pogon* par Strabon.

Cette île renfermoit un temple magnifique de Neptune. Le tombeau de Démosthène, qui s'étoit donné la mort dans cette île, n'en étoit pas un des moindres ornemens. Sa mémoire y étoit en grande vénération, & les étrangers, ainsi que les habitans du lieu, au temps de Pausanias, y rendoient encore les plus grands honneurs à cet illustre défenseur de la liberté de la Grèce.

CELCENSES, ancien peuple de l'Hispanie. Ils habitoient la ville de *Celsa*, située sur le bord de l'Ebrus, selon Pline.

CELEÆ, *ou* CELÉE, ville de Sicyonie, au sud de *Phlius*.

Elle n'est guère connue que par Pausanias, qui lui donne pour fondateur Célius. On y célébroit tous les quatre ans les mystères de Cérès ; on lui élisoit un prêtre nouveau à chaque célébration : ainsi, la durée du sacerdoce n'y étoit que de quatre ans. Dans un temple de cette ville on voyoit un char suspendu à la voûte ; c'étoit, selon la tradition du pays, celui de Pélops. Cette antiquité pourroit, ce me semble, entrer en comparaison avec le fauteuil du roi Dagobert, qui se montre, à deux lieues de Paris, dans le trésor S. Denis, le plus célèbre de France.

CELEBANDICUM JUGUM. Festus Aviénus nomme ainsi un promontoire de l'Hispanie, sur la mer Méditerranée.

CELEBENI. Phavorin, dans son lexique, nomme ainsi un peuple : mais il ne dit pas de quel pays.

CELEBENSII. C'est ainsi qu'une traduction de Ptolemée rend le mot que, d'après le grec, on devoit écrire CILIMBESII. *Voyez* ce nom.

CELEGERI, nom d'un peuple de la Mœsie, selon Pline.

CELEIA, nom d'une ville de la Norique. Il en est fait mention par Pline & par Ptolemée. Une inscription, rapportée par Gruter, fait voir que c'est aujourd'hui Cilley, dans la basse Stirie.

CELELATES, nom d'un ancien peuple d'Italie, dans la Ligurie. Tite-Live dit qu'ils se soumirent aux Romains, l'an 555 de Rome, sous le consulat de C. Cornelius & de Q. Minutius (*l. XXXIII, c. 29.*)

CELEMANTIA, nom d'une ville de la grande Germanie, que Ptolemée place dans le voisinage du Danube.

1 CELENDERIS, bourg de l'Argolide, situé vers l'extrémité de la presqu'île du sud-est de l'Argolide, sur le golfe Saronique.

On y voyoit un lieu appelé *le berceau de Thésée*, & l'on prétendoit que c'étoit en ce lieu que naquit ce héros. Assez près étoit un temple de Mars, élevé dans l'endroit où ce même prince avoit, pour la seconde fois, défait les Amazones, qu'il avoit déjà battues une première dans l'Attique. Et pour que tout concourût à conserver la mémoire de ce héros, on montra, pendant plus de mille ans, un morceau de la roche sous laquelle il avoit, dit-on, pris la chaussure & l'épée d'Egée son père, quand il eut résolu de marcher vers Athènes, & de s'y faire reconnoître à ces marques.

2 CELENDERIS. Strabon & Ptolemée nomment ainsi une ville de l'Asie, dans la Cilicie. Le premier dit qu'elle avoit un port.

3 CELENDERIS, ville épiscopale de l'Asie, dans l'Isaurie, selon les actes du concile de Constantinople, tenu en l'an 381. Je pense que c'est la même que celle dont il est parlé dans Strabon.

CELENDERITIS, nom d'une petite contrée de l'Asie, dans la Cilicie. Elle prenoit son nom de *Celenderis*. Il en est fait mention par Pline.

CELENIÆ AQUÆ. Ces eaux étoient en Hispanie, près du *Minius*. Elles sont aussi nommées *Aquæ Cilinæ*. Ces eaux se trouvoient dans une partie de l'Hispanie où il y en a beaucoup. Elles ne devoient pas être loin d'*Aquæ Querquernæ*.

CELENNÆ, ancienne ville de l'Italie, dans la Campanie. Virgile en fait mention dans son Eneïde. C'étoit une colonie, selon une médaille de Vespasien, rapportée par Goltzius.

CELERINA, ancienne ville épiscopale, dans l'Afrique proconsulaire, selon les actes de la conférence de Carthage.

CELESDERE, nom d'une ville de l'Asie, dans l'Isaurie, selon la notice de Hiéroclès. On croit que c'est la même que CELENDERIS 3.

CELETRUM, nom d'une petite ville de Grèce, dans l'Orestide; on l'attribue, au nord, à l'Illyrie. Elle étoit située dans une presqu'île, & un lac en entouroit les murailles, selon Tite-Live.

CELEUSUS, nom d'un lieu de la Germanie, entre *Germanicus* & *Arusena*, à l'embouchure d'une petite rivière dans le Danube, selon la table de Peutinger.

CELEZENE, contrée de l'Asie, dans l'Arménie, selon Suidas. Elle est nommée *Celsene* & *Celtzene* par Eustathe.

CELIA, nom d'une ville d'Italie, située dans l'intérieur de la Pouille Peucétienne, selon Ptolemée & Strabon. On croit que c'est aujourd'hui *Céglie*.

CELIA, lieu de l'Italie, dans la Campanie. Il fut pris par Quintus Fabius, selon Diodore de Sicile, cité par Ortélius.

CELIDA, nom d'une ville d'Afrique, que Ptolemée place dans la Cirénaïque.

CELIMEOS, siège épiscopal de l'Asie, sous la métropole d'Edesse, selon une notice qu'Ortélius attribue à Guillaume de Tyr.

CELLÆ. Selon les divers exemplaires de l'itinéraire d'Antonin, *Callæ* est le nom d'une ancienne ville d'Afrique, dans la Mauritanie : mais l'édition de Wesseling porte la première leçon. Il y avoit plusieurs villes de ce nom en Afrique : de-là vint le nom de *Circumcelliones*, donné à des brigands qui parcouroient les campagnes, pour y dévaster & piller les habitations, ainsi qu'on le voit par un passage de S. Augustin. *L. 1*, *contr. Cresconium*, *c. 28*. M. d'Anville place celle-ci sous le nom de *Cellæ*, dans la Numidie, au nord de *Tubuna*, près, à l'ouest, du mont *Aurasius*.

CELLÆ, autre ville d'Afrique, que l'itinéraire d'Antonin indique au-delà de *Macomades minores*, dans la Bysacène, sur la petite Syrte. M. d'Anville la nomme *Cellæ Picentinæ*. D'après l'itinéraire, quelques auteurs avoient cru devoir corriger ce mot : mais ce n'est pas l'avis de Wesseling.

CELLÆ, ville d'Europe, dans la Thrace, sur l'*Hebrus*, à peu de distance, à l'est, de *Philippopolis*.

CELLÆ, ou CELLE, selon Hiéroclès. L'itinéraire indique encore un lieu de ce nom, qu'il place en Macédoine, entre *Heraclea*, au nord, & Edesse, au sud.

CELLENSIS, siège épiscopal d'Afrique, dans la Byzacène, selon la conférence de Carthage.

CELLENSIS. La conférence de Carthage fait mention d'un autre siège épiscopal de ce nom, en Afrique, dans la Mauritanie sitifensis.

CELLIA, nom d'un lieu de l'Egypte, dont fait mention Sozomène.

CELLON, canton de l'Asie, dans la Palmyrène. Il en est fait mention dans l'histoire de Judith.

CELLONÆENSES, nom d'un peuple de la Scythie. Il en est fait mention dans le lexique de Phavorin.

CELNIUS, nom d'une rivière de l'île d'Albion, selon Ptolemée. Cambden croit que c'est aujourd'hui la Killian.

CELONÆ, nom d'une ville de l'Asie, selon Diodore de Sicile. Ortélius croit qu'elle étoit de l'empire des Perses & située vers la Médie.

CELSA (*Xelsa*), ville de l'Hispanie citérieure, au sud-ouest, sur l'*Iberus*. On sait seulement qu'elle fut colonie romaine, & qu'elle avoit un port sur ce fleuve.

J'ai suivi Strabon & M. d'Anville. Ptolemée place cette ville au pied des Pyrénées : mais comme il s'est trompé en plusieurs endroits dans ce qu'il a dit de l'Espagne, & que l'on trouve un lieu moderne appelé *Xelsa*, dans l'emplacement indiqué à-peu-près par Strabon; c'en est assez pour justifier le sentiment de ceux qui suivent ce dernier.

Entre autres médailles de cette ville, il en existe deux du douzième consulat d'Auguste.

CELSINA, nom d'une île située entre l'Italie & la Sicile, selon l'itinéraire d'Antonin.

CELSIONUS MONS, nom d'une montagne dont parle Germanicus dans la traduction des phénomènes d'Aratus. Ortélius croit que c'étoit une montagne de l'île de Chio. (*La Martinière*).

CELSITA, petite ville de l'Hispanie, dans la Bétique.

CELSITANI, nom d'un peuple dont Ptolemée fait mention. Il le met dans l'île de Sardaigne.

CELTÆ, les Celtes. Cet article, d'autant plus

intéressant que l'on doit regarder ce peuple comme le premier qui ait habité l'Europe, aura nécessairement quelque étendue. J'y ferai sur-tout usage des recherches du savant Péloutier; mais je ne me bornerai pas à son seul ouvrage. Je préviens même que je n'ai pu, malgré mes soins, éviter quelques répétitions entre cet article & celui des Gaulois (GALLI), parce que ces derniers faisant partie des Celtes, les auteurs ont dû nécessairement dire des uns, ce qu'ils avoient déjà dit des autres; & que d'ailleurs, ils n'ont pas eu sur les Celtes des idées bien distinctes, parce que ces Celtes étoient trop anciens & qu'ils n'avoient point écrit. Au reste, cet article étant divisé par parties, en deviendra plus clair & plus commode à consulter.

ETYMOLOGIE (1). Selon quelques anciens, le nom de Celtes emportoit avec lui une idée d'illustration & de gloire; selon d'autres, une idée de valeur, du mot germain *helden*. Quelques autres ont pensé qu'il avoit rapport au mot germain *zelt*, parce qu'ils campoient sous des tentes; & d'autres, au mot grec *kélétizéin*, aller à cheval. Wackius faisoit venir *Celtes* de *Chaldéens*; le P. Pezron, du mot *gallu*, valeur; Baxter, du mot *coel*, forêt; Wachter, du celtique *cilyds*, un transfuge; enfin, M. Gébelin ayant passé en revue toutes ces étymologies, & n'étant content d'aucune, croit avoir trouvé que le mot Celte vient d'un mot plus ancien qui signifioit le *froid*, & que l'on a d'abord nommé ainsi les peuples de l'Europe au nord de la Grèce & de l'Italie. Il cite à l'appui de cette opinion, une foule de mots pris du gothique, du runique, de l'opique, *&c.* Enfin, il met à contribution à-peu-près vingt-quatre langues pour prouver que par les *Celtes* on a dû entendre les *Septentrionaux*, ou les hommes des pays froids; ce qui est en même temps ingénieux & probable.

M. le Brigant, qui a comparé un bien plus grand nombre de langues que M. Gébelin, & qui prouve, autant qu'il est possible, que le celte est mère langue de toutes celles que l'on connoît, & qu'elle existe encore toute entière dans la Bretagne, fait venir le mot Celte du mot celtique, *Keledis*, les *étendus*, c'est-à-dire, ceux qui occupent un grand espace. Ce même savant, faisant remonter leur origine au temps de Gog & de Magog, croit que du premier descendirent les Scythes & les nations qui, depuis ont formé les Russes, les Polonois, *&c.* & que du second vinrent les autres peuples de l'Europe (2).

ORIGINE. Selon Joseph, les Celtes descendoient de Gomer, & les Scythes de Magog. Ce sentiment a été assez généralement adopté par les Pères de l'église & par plusieurs modernes. Selon saint Jérôme, Gomer fut le père des Gomérites, & ceux-ci furent dans la suite appelés *Celtes*, *Galates* & *Gaulois*. Voyons maintenant les témoignages qu'a rassemblés M. Péloutier.

Ces peuples, selon ce savant, ont été anciennement connus sous le nom général de *Scythes* (& c'est en quoi je ne suis pas de son avis); c'est celui que les Grecs donnoient à tous les peuples qui habitoient le long du Danube & au-delà de ce fleuve, jusques dans le fond du nord. Selon Strabon, « les auteurs de la première antiquité distinguoient » les Scythes établis au-dessus du Pont-Euxin, du » Danube & de la mer Adriatique, en Hyper- » boréens, Sauromates & Arimaspes; & ceux qui » sont au-delà de la mer Caspienne, en Saces & » Massagètes ». Les premiers par conséquent étoient établis en Europe, & les autres étoient en Asie.

Les Sauromates ou Sarmates sont encore connus aujourd'hui sous le même nom qui sert à désigner tous les peuples qui parlent la langue esclavone. Les Hyperboréens étoient les Celtes établis autour des Alpes & du Danube. Les anciens les plaçoient au-delà des monts Riphéens, qui ne sont vraisemblablement que les Alpes.

Plutarque dit qu'Aristote donne le nom de *Celtes* à ceux qu'Héraclide de Pont appelle *Hyperboréens*. Le dernier dit, au rapport de Plutarque, « que la » nouvelle arriva d'occident, qu'une armée venue » du pays des Hyperboréens, avoit pris une ville » grecque nommée *Rome*, située près de la grande » mer ».

Pausanias attribue à ces peuples l'établissement de l'oracle de Delphes, où, suivant la coutume des Scythes & des Celtes, l'image d'Apollon n'étoit anciennement qu'une simple colonne. On disoit aussi qu'ils avoient long-temps envoyé en Grèce, & particuliérement dans l'île de Délos, les prémices de leurs fruits pour y être offerts à Apollon.

Aristée de Préconnèse est le premier qui ait parlé des Hyperboréens: il vivoit environ 550 ans avant l'ère chrétienne. Les Grecs, vraisemblablement, ne connurent les Celtes que fort long-temps après; & quoique Hérodote en parle, il ne les a connus que de nom; car il avoue que tout le pays qui étoit situé au-delà du Danube, étoit inconnu de son temps.

On ne fut assuré que la Scythie étoit habitée par deux peuples différens, que lorsque les Grecs & les Romains eurent passé le Danube & y eurent pénétré: on commença alors à les distinguer; les uns furent nommés *Sauromates* ou *Sarmates*, & les autres reçurent les noms celtes de *Celto-Scythes*, d'*Ibères*, de *Celtibères*, de *Gaulois*, de *Germains*, *&c.* Le nom de *Scythes* ne demeura propre qu'à des peuples qui habitoient, soit dans le fond du nord, soit dans quelque autre contrée où les voyageurs n'avoient point encore pénétré. Les Celtes, en général, occupoient les Gaules, l'Espagne, la

(1) L'auteur des fragmens géographiques imprimés en grec à la fin du quatrième volume des petits géographes, fait venir le nom des Celtes d'un certain Celtus, fils d'Hercule. Cette opinion n'étoit pas digne d'entrer dans le texte.

(2) M. le Brigant doit publier un ouvrage, dans lequel il donnera les preuves de ses assertions.

Grande-Bretagne, la Germanie, les royaumes du nord & une partie de l'Italie. Ce fut dans cette vaste étendue de pays, qu'après avoir déterminé les limites qui devoient les séparer des Scythes, ils parurent comme une nation puissante, soumise à un gouvernement monarchique. Les Sarmates étoient établis du côté de l'orient. En certains endroits, ils étoient mêlés, & de ce mêlange vinrent les Bastarnes, les Peucétiens, les Vénètes, *&c.* peuples qui tenoient quelque chose des Celtes & des Sarmates.

Leur manière de vivre étoit différente de celle des Sarmates. Ils élevoient une grande quantité de bétail, & se nourrissoient de leur chasse, du lait & de la chair de leurs troupeaux. Ils avoient de la cavalerie; mais leur force principale étoit l'infanterie; ils l'exerçoient à la course, & à faire de longues traites. Leurs habits étoient justes au corps, à la réserve d'un manteau court, qu'ils appeloient *sagum.* Ils portoient d'énormes boucliers & des lances. La polygamie leur étoit inconnue, & leurs femmes les suivoient à la guerre.

Lorsque les Romains & les Carthaginois pénétrèrent en Espagne, ils la trouvèrent occupée par des peuples différens : Varron en nomme cinq, parmi lesquels sont les Celtes, les Ibères & les Celtibères; mais c'étoit la même nation sous différens noms. La terminaison des noms de leurs villes & de leurs cantons étoit celtique, leurs coutumes étoient conformes à celles des Celtes; il est vraisemblable que les Celtes étoient anciennement les maîtres de toute l'Espagne. Hérodote & Ephorus l'assurent positivement.

Du temps de Jules-César, les Celtes n'occupoient que la troisième partie des Gaules; la première, occupée par les Belges; la seconde, par les Aquitains; & la troisième, par le peuple que l'on appeloit *Gaulois*, & qui, selon Jules-César, dans leur langue, portent le nom de *Celtes.*

Les Celtes qui étoient en Germanie, ne différoient pas anciennement de ceux des Gaules. On les désignoit sous un même nom. Strabon dit : « les deux peuples sont voisins; ils ne sont séparés » que par le Rhin; ils ont encore le même tem» pérament, la même manière de vivre; ils se » ressemblent presque en toutes choses ».

La Pologne & la Moscovie avoient aussi des Celtes : les anciens en plaçoient le long du Tanaïs, & autour des Palus-Méotides. Ce peuple, pressé par les Sarmates, se retira toujours de plus en plus du côté de l'occident.

Les Gaulois se vantoient d'avoir peuplé la Grande-Bretagne, & les Bretons se glorifioient d'avoir envoyé des colonies dans les Gaules. Cette contestation prouve que l'origine de ces peuples étoit la même. Le témoignage de Tacite est formel à cet égard. Ils avoient de très-grandes liaisons, le commerce étoit libre entre eux. Ils se prêtoient des secours mutuellement dans les guerres qu'ils avoient à soutenir.

Tacite rapporte que la chevelure blonde des Ecossois, & leur stature énorme, prouvent qu'ils sont Celtes d'origine; &, selon Diodore de Sicile, l'Irlande étoit habitée par des Bretons, les plus féroces de tous les Gaulois.

Il y avoit des Celtes des deux côtés du Danube, depuis la forteresse de *Carnuntum* jusqu'au Pont-Euxin, selon Strabon.

Plusieurs peuples Celtes ou Gaulois, reconnus pour tels par les auteurs anciens, habitoient au midi du Danube. De ce nombre étoient les Scordisces, les Bastarnes, les Boïens, les Taurisces & les Japides.

On prétend que les autres peuples qui demeuroient depuis les Alpes jusqu'à la mer Adriatique & au Mont-Appennin, étoient tous Celtes.

Les Sicules étoient un peuple Scythe ou Celte. Les Aborigènes l'étoient aussi. Ces derniers, poussés par des peuples plus septentrionaux, passèrent l'Apennin, poussèrent à leur tour les Sicules, & les obligèrent de se retirer en Sicile.

La plupart des peuples Celtes étoient anciennement *Nomades.* Ils ne bâtissoient ni maisons, ni cabanes; ils passoient leur vie sur des chariots, & ne s'arrêtoient dans une contrée, qu'aussi long-temps qu'ils trouvoient à faire subsister leurs troupeaux.

Lorsque les peuples Celtes se fixoient dans un pays, chaque particulier s'établissoit dans une forêt, au pied d'une colline, le long d'un ruisseau, au milieu d'une campagne, selon son goût pour la chasse, la pêche ou l'agriculture.

Les peuples Celtes qui avoient une demeure fixe, étoient ordinairement partagés en cantons, en peuples & en nations.

Ces peuples, au commencement de chaque printemps, tenoient une assemblée générale, où tout homme libre & capable de porter les armes, étoit obligé de se rendre. On y décidoit, à la pluralité des voix, toutes les affaires qui intéressoient le bien de l'état.

Du temps d'Hérodote, le nom de *Celtes* étoit connu & commun à la plupart des peuples de l'Europe.

Les peuples Celtes, maîtres d'une grande partie de l'Europe, demeuroient, les uns sous un climat tempéré, & les autres dans des pays extrêmement froids : cependant, ils se ressembloient tous. Ils avoient une taille grande, les yeux bleus, le regard farouche & menaçant, les cheveux blonds, un tempérament robuste; ils résistoient à la faim, au froid, au travail & à la fatigue.

Les peuples Celtes conservèrent long-temps la manière de vivre des Scythes, de qui ils descendoient.

Le vin a été long-temps inconnu aux Celtes, aussi-bien qu'aux Scythes. Diodore de Sicile dit que de son temps, les Celtes l'achetoient encore des étrangers. Lorsqu'ils eurent commencé à connoître cette liqueur, la plupart d'entre eux le recherchèrent avec fureur. Les Celtes prenoient leurs repas assis à terre ou sur des bancs devant une table. Leur vaisselle étoit anciennement de bois ou de terre. Ils apprirent ensuite des Grecs & des Romains à en avoir de cuivre. Ils buvoient ordinairement dans des cruches qui étoient aussi de terre, de bois ou d'argent; mais dans les festins on présentoit à boire dans des cornes de bœuf sauvage, ou dans des crânes humains. Les grands seigneurs avoient coutume de faire orner ces espèces de gobelets en or ou en argent.

Les nations celtiques avoient dans l'idée que la valeur étoit la seule vertu c pable d'annoblir véritablement l'homme; aussi les crânes ennemis qu'un brave avoit tués, étoient pour lui & pour sa famille des titres de noblesse.

Lorsqu'un Scythe ou un Celte avoit battu en duel son ennemi particulier, ou qu'il avoit terrassé en bataille rangée un ennemi de l'état, il lui coupoit la tête & promenoit, par toute l'armée, ce trophée à la pointe d'une lance, ou à l'arçon de la selle, & alloit ensuite la présenter au général pour avoir la récompense due à sa valeur.

Ces têtes étoient fichées sur des troncs d'arbres, ou clouées aux portes des villes, ou déposées dans quelque lieu consacré, ou gardées dans les maisons des guerriers.

Les têtes des chefs de l'armée ennemie, ou des personnes que l'on avoit tuées en duel, étoient destinées à faire des coupes que l'on réservoit pour les grands festins; mais il falloit que tous les convives y bussent. On s'en faisoit un honneur, parce qu'on ne les présentoit pas aux roturiers, c'est-à-dire, à ceux qui n'avoient encore tué personne.

Les Celtes ne traitoient aucune affaire publique ou particulière, dont le festin ne fût, pour ainsi dire, le sceau & la ratification.

Plusieurs auteurs anciens ont accusé les peuples Celtes de manger les prisonniers qu'ils faisoient à la guerre, & en général, tous les étrangers qui tomboient entre leurs mains. D'autres ont dit que les enfans tuoient & mangeoient leurs propres pères, quand ils étoient parvenus à un certain âge.

Pline dit que c'est aux Romains que l'on doit l'abolition de cette coutume barbare; que c'est eux qui anéantirent dans les provinces de la Celtique qui leur étoient soumises, le détestable usage d'immoler des hommes & d'en manger la chair.

Les Celtes passoient parmi les anciens pour être de grands dormeurs. Cela étoit assez naturel à des peuples qui n'avoient d'autre occupation que la guerre & la chasse, & qui regardoient tout travail du corps & de l'esprit, comme une chose basse & servile. Ils se couchoient à terre tout habillés, & aimoient à être propres & bien mis. Pour avoir le teint luisant, les peuples Celtes se frottoient le visage avec du beurre, & dans les endroits où l'on faisoit de la bière, les dames employoient au même usage la levure ou l'écume dont elle se dépouille, quand elle fermente dans le tonneau.

Les Celtes fuyoient le séjour des villes, qu'ils regardoient comme propres à enchaîner la liberté, & à affermir la servitude. Lorsqu'ils en prenoient quelques-unes, ils les démanteloient & en abattoient les fortifications; mais ils en laissoient quelquefois subsister les maisons.

Les loix de la bienséance ne permettoient pas aux Celtes de paroître en public sans armes. Ils se rendoient aux assemblées civiles & religieuses avec l'épée, le bouclier & la lance. Ils traitoient dans le même équipage, toutes leurs affaires civiles & particulières. Après avoir porté leurs armes depuis l'âge viril jusqu'à la vieillesse décrépite, il falloit encore que l'on brûlât les armes d'un Celte, après sa mort, ou qu'on les enterrât avec lui. Leur attachement pour leurs armes alloit si loin, qu'ils préféroient perdre la vie plutôt que de les quitter. Lorsqu'un Celte étoit appelé à serment, il juroit par Dieu & par son épée. Dans les armées, l'usage étoit de planter en terre une épée ou une hallebarde, autour de laquelle toute l'armée alloit faire sa prière, parce qu'elle étoit la marque du lieu où se tenoient les assemblées religieuses & le conseil de guerre.

Les peuples Celtes portoient une longue chevelure: c'étoit, de tous les ornemens, celui dont les hommes & les femmes étoient le plus jaloux, & pour lequel ils faisoient le plus de frais. Ils s'étudioient à rendre roux, les cheveux qu'ils avoient naturellement blonds. Ils se servoient d'une espèce de pommade, dont ils se frottoient les cheveux & la barbe. Ils avoient la coutume de se faire raser le menton & les joues, & de conserver de grandes moustaches. Les Celtes portoient autour du col des chaînes & des colliers d'or massif. Ils portoient aussi autour du bras & du poignet des bracelets du même métal. Vraisemblablement cet ornement servoit à distinguer les nobles, & particuliérement ceux qui avoient quelque commandement dans les troupes.

L'agriculture chez les Celtes étoit abandonnée aux femmes, aux enfans, aux vieillards & aux esclaves, se réservant eux-mêmes pour la guerre. Ils avoient le même éloignement pour les arts méchaniques. La guerre, à proprement parler, étoit leur unique profession. La jeunesse ne faisoit pas d'autre apprentissage que celui des armes. Les hommes faits alloient tous à la guerre, & y alloient aussi long-temps qu'ils étoient en état de servir. Personne ne les attaquoit, parce qu'il n'y avoit rien à gagner avec eux; mais ils faisoient eux-mêmes des courses continuelles sur leurs voisins, parce qu'ils tiroient de la guerre toute leur subsistance. Ce que leurs troupeaux ne leur fournissoient pas, il falloit qu'ils l'obtinssent à la pointe de leurs épées.

Quand un jeune homme étoit parvenu à l'âge de dix-huit ans, on l'émancipoit en lui donnant un bouclier, une épée & une lance.

La gloire d'un peuple Celte consistoit à ravager

les contrées voisines de la sienne, à avoir autour de soi une grande étendue de pays déserts & incultes. C'étoit une preuve qu'on les craignoit, qu'aucun autre peuple n'osoit lui résister, ni même demeurer dans son voisinage. La gloire du particulier étoit aussi de vivre de ce qu'il pouvoit piller dans les états voisins.

Chacun célébroit la gloire & le bonheur qu'avoit un Celte de mourir les armes à la main; mais s'il revenoit de la bataille sans avoir tué un seul ennemi, il n'avoit aucune part au butin, & devenoit un objet de risée & de mépris. Ceux qui perdoient leur bouclier dans la mêlée, passoient pour infames.

Les Celtes étoient persuadés que la guerre étoit un acte de justice; que la force donnoit à l'homme un droit réel sur ceux qui étoient plus foibles que lui. Ils appliquoient aux duels les idées qu'ils s'étoient formées sur la guerre. Cette sorte de jurisprudence leur paroissoit la plus claire, la plus courte & la plus sûre.

Enfin, les Celtes attachoient à la profession des armes, la félicité dont ils devoient jouir après la mort, parce qu'ils croyoient qu'un homme étoit exclu du bonheur à venir, s'il mouroit selon l'ordre de la nature.

Ces principes étant communs à tous les peuples Celtes, il n'est pas étonnant qu'ils ne respirassent que la guerre.

Le grand but de l'assemblée qui se tenoit au printemps chez les Celtes, étoit pour y résoudre où l'on porteroit la guerre; on y rappeloit les divers sujets de plaintes que l'état avoit contre ses voisins: on insistoit sur l'occasion favorable qui se présentoit pour se venger, & si l'on manquoit de bonnes raisons, on cherchoit des prétextes pour attaquer avec quelque sorte de bienséance, les peuples qui étoient à portée.

Les Celtes alloient aussi combattre pour les peuples qui avoient besoin de leur bras & de leur épée. Ils étoient prodigues de leur vie, & offroient un sang vénal à ceux qui étoient en état de l'acheter. La noblesse prenoit ce parti par honneur, & le simple soldat pour se procurer du pain. Les troupes celtiques rendirent de bons services à Alexandre-le-Grand dans ses expéditions. Elles furent aussi le principal soutien des Carthaginois dans la première guerre qu'ils eurent contre les Romains. Depuis le temps de Jules-César, les Romains s'accoutumèrent à employer dans leurs armées un grand nombre de troupes auxiliaires que les peuples Celtes leur fournissoient.

Quand un état étoit en paix, & que le soldat ne trouvoit à s'employer ni au-dehors ni au-dedans, ces peuples féroces se déchiroient & se détruisoient réciproquement par des guerres civiles. Un Celte n'avoit à craindre ni surprise, ni trahison de ses compatriotes. Les loix de l'honneur établies dans la Celtique, ne permettoient pas à un honnête homme d'en attaquer un autre, ni de le tuer, sans l'avertir de se mettre en défense. Les magistrats étoient obligés de consentir que les particuliers vuidassent leurs querelles par le duel. Ce n'est pas qu'ils manquassent de bonnes loix; mais il y en avoit une suprême, que le magistrat même étoit obligé de respecter: un Celte ne devoit jamais refuser un défi.

Quand un particulier étoit traduit en justice, même devant le roi, l'accusé avoit le droit de décliner la jurisdiction civile, & d'offrir de se purger par les armes. Les témoins même étoient obligés de se battre, quand ils ne s'accordoient pas dans leurs dépositions. La décision qu'on obtenoit par le sort des armes, passoit pour plus sûre que celle du magistrat.

Il falloit se battre en champ clos quand il y avoit plusieurs prétendans à posséder une charge. Les dignités ecclésiastiques se donnoient aussi quelquefois de cette manière.

Il étoit commun parmi les Celtes, de faire des défis à ses meilleurs amis. Les compagnies, les festins & les spectacles en fournissoient souvent les occasions. Celui à qui on faisoit un appel, ne pouvoit le refuser, sans se couvrir d'infamie.

Les braves, parmi les peuples Celtes, renonçoient volontairement à la vie, quand un âge avancé les mettoit hors d'état de porter les armes. Ils se tuoient eux-mêmes ou se faisoient assommer par leurs parens, pour se délivrer d'une vie qui leur étoit à charge.

Les Celtes s'exerçoient continuellement à la course, pour rendre leurs corps agiles & légers. On distinguoit à cet exercice les Germains des Sarmates, parce que ceux-ci étoient presque toujours à cheval, & perdoient, en quelque manière, l'usage des jambes.

Ces peuples se baignoient tous les jours dans des eaux courantes, sans distinction des saisons, & s'exerçoient à passer à la nage, les fleuves & les rivières les plus larges.

Après les exercices militaires, la chasse étoit celui dont les Celtes faisoient le plus de cas, & elle étoit leur unique occupation en temps de paix. Ces peuples avoient la coutume d'empoisonner les traits dont ils se servoient à la chasse.

La valeur étoit une chose commune à tous les peuples Celtes; ce qui les portoit quelquefois à s'engager par des vœux solemnels, de ne point se raser, ou de ne point quitter des anneaux de fer, ou de ne point poser leur baudrier, ou de ne revoir ni père, ni mère, ni femmes, ni enfans, qu'ils n'eussent triomphé de leurs ennemis. Tous, sans exception, avoient la coutume, quand ils étoient sur le point de livrer bataille, de faire serment qu'ils se comporteroient en gens de cœur. Il ne faut pas être surpris, d'après cela, de ce qu'ils étoient généralement bons soldats.

Quand les Romains les connurent pour la première fois, ils jugèrent que ces peuples étoient nés pour la ruine des villes & pour la destruction du genre humain. Les Grecs en avoient jugé de même avant les Romains.

On a encore loué dans les peuples Celtes, la frugalité, la justice, l'union & la fidélité. La manière de vivre simple & frugale, sembloit être une nécessité plutôt qu'une vertu dans la plupart des peuples Celtes. Leur justice ressembloit à celle des brigands qui sont étroitement unis entre eux pour piller & tuer tout ce qui n'est pas de leur bande. Le vol étoit très-rare parmi eux, parce que toute leur richesse ne consistoit qu'en bétail, & que de semblables larcins, qu'il étoit difficile de cacher, étoient punis avec la dernière sévérité.

Les Celtes se piquoient d'être sincères & de tenir leur parole. La plupart des empereurs romains confioient la garde de leur personne à des soldats celtes, comme s'ils ne pouvoient en choisir de plus braves, ni de plus affidés.

On a cependant vu parmi les Celtes, comme par-tout ailleurs, des exemples de trahison & de perfidie. La trahison d'*Arminius*, prince des Chérusques, fut conduite avec un artifice détestable.

La fidélité des troupes auxiliaires n'étoit pas aussi à toute épreuve. Après la mort de Jules-César, Antoine avoit cédé à Auguste un corps de cavalerie celte. Dans un choc entre les armées de ces deux triumvirs, cette cavalerie se tourna du côté d'Antoine, se jeta sur les troupes d'Auguste, & lui tua beaucoup de monde.

Religion. Les Celtes avoient la manie de se faire des oracles; ils déféroient beaucoup aux présages. Ils n'avoient point de temples, parce qu'ils pensoient qu'il ne convenoit pas à la grandeur des dieux d'être renfermés dans des murailles. Leurs assemblées religieuses se tenoient dans un lieu ouvert, en rase campagne ou au milieu de quelque forêt. Ils condamnoient l'usage des idoles, & accusoient d'impiété, ceux qui représentoient la divinité sous une forme corporelle. Ils offroient leurs sacrifices autour d'une colonne, d'une pierre, ou de quelque grand arbre.

Les druides, selon César, étoient dans l'opinion que leur doctrine devoit être tenue fort secrète. Ils regardoient comme un sacrilège de la coucher par écrit; ils ne la confioient à leurs disciples, qu'après les avoir éprouvés long-temps, & leur avoir fait promettre solemnellement de ne pas la rendre publique, & qu'ils éviteroient sur-tout de la communiquer à des étrangers; cependant il est vraisemblable que la loi du secret ne regardoit que ce que les anciens appeloient la *physiologie* & la *magie*. La première enseignoit l'art d'interpréter les présages & de prédire l'avenir; la seconde faisoit connoître les charmes & les maléfices dont il falloit se servir auprès d'un peuple crédule & superstitieux.

Les druides avoient aussi une doctrine publique. Ils s'ouvroient à tout le monde sur l'objet du culte religieux, sur la nature du culte qu'il falloit rendre à la divinité, & des récompenses que les gens de bien devoient en attendre.

Les anciens ont dit que les Celtes reconnoissoient tous une divinité, & que l'on ne voyoit point parmi eux d'athées déclarés.

Les Celtes étoient très-attachés au culte de leurs dieux. Ils avoient un si grand respect pour leurs cérémonies, que, dans une longue suite de siècles, ils n'y avoient fait aucun changement. Les Celtes détruisoient les autres religions par-tout où ils étoient les maîtres, & ils punissoient des derniers supplices, ceux qui introduisoient des superstitions étrangères parmi eux.

C'étoit un principe reçu dans toute la Celtique, que les dieux connoissent parfaitement tout ce qui échappe à la pénétration humaine.

Ils pensoient que tout ce qui surpasse les forces de l'homme n'est jamais au-dessus de la puissance divine.

Ils étoient persuadés que la divinité est incapable de se prévenir, ni de pervertir le droit, & que le seul moyen de ne faire aucune injustice, étoit de remettre à la décision de l'être souverainement juste, toutes les contestations qui s'élevoient parmi les hommes.

Les Celtes disoient qu'il falloit être aussi extravagant qu'impie, pour adorer des dieux mâles & femelles, pour célébrer la fête de leur naissance & de leurs mariages, pour leur rendre un culte religieux auprès de leurs tombeaux, & dans des temples bâtis sur leurs cadavres.

Jules-César assure que les Gaulois adoroient surtout Mercure, & après lui Apollon, Mars, Jupiter & Minerve. Si cela étoit, comment Cicéron auroit-il dit que les Gaulois déclaroient la guerre aux dieux & à la religion de tous les autres peuples?

Quoique les Celtes adorassent des dieux spirituels & invisibles, ils avoient une profonde vénération pour les élémens; & s'ils ne les regardoient pas comme des dieux, ils ne les considéroient pas non plus comme de simples images de la divinité.

Les peuples Celtes ne vouloient pas qu'on labourât la terre des lieux consacrés, de peur de troubler l'action de la divinité qui y résidoit. C'est pour cette raison qu'ils avoient la coutume de porter un grand nombre de grosses pierres dans les lieux où ils tenoient leurs assemblées religieuses.

Après le Dieu suprême, la terre étoit le grand objet de la vénération des Celtes. Ils lui rendoient un culte, & avoient établi des fêtes en son honneur. Elles se célébroient par-tout avec les mêmes cérémonies.

Les peuples Celtes rendoient aussi un culte religieux aux fontaines, aux lacs, aux fleuves & à la mer. Le culte que les Celtes rendoient à l'eau étoit à-peu-près le même dans toute l'Europe, & dans les contrées de l'Asie où il y avoit de ces peuples.

Le service religieux que les Celtes rendoient au feu, avoit le même fondement que celui qu'ils offroient à l'eau. Ils regardoient le feu comme une divinité. Ils y plaçoient des intelligences supérieures à l'homme. Ils le consultoient pour découvrir le passé, & pour être instruit de l'avenir. Ils purifioient par le feu les hommes, les animaux & les plantes ; & l'idée qu'ils avoient des grandes vertus du feu, servoit de fondement au culte qu'ils lui rendoient.

Les peuples Celtes devinoient par l'air comme par les autres élémens. Ils faisoient principalement attention aux présages que l'on tiroit de la foudre. Le grand objet du culte que l'on rendoit aux divinités qui présidoient à l'air, c'étoit d'en obtenir des saisons favorables, & des influences salutaires.

Les peuples Celtes adoroient le soleil, parce qu'il communiquoit à l'univers une lumière agréable, & en même temps une chaleur nécessaire pour la conservation de l'homme, des plantes & des animaux. Cette idolâtrie étoit très-ancienne, & étoit généralement répandue dans tout le monde.

Dans les fêtes que les Celtes consacroient au soleil, ils lui immoloient des chevaux. Les sanctuaires consacrés au soleil étoient ordinairement des forêts, & l'on choisissoit préférablement celles dont les arbres ne perdoient point leurs feuilles pendant l'hiver.

Les Celtes attribuoient une grande vertu aux influences de la lune. Ils comptoient leurs mois, leurs années & leurs siècles par le cours de cet astre. Sa lumière devoit être très-agréable à des peuples qui tenoient leurs assemblées religieuses la nuit. Ils lui offroient un culte particulier, comme à une grande divinité. Les anciens ne donnent aucun détail sur la nature du culte que les Celtes rendoient à la lune.

On a prétendu que les peuples Celtes rendoient un culte religieux aux ames des héros, parce qu'ils étoient persuadés qu'un homme qui mouroit à la guerre, ou de quelque autre sorte de mort violente, passoit infailliblement à une vie bienheureuse.

Les Celtes avoient un profond respect pour leurs druides. Aussi véneroient-ils dans leurs prophètes, & dans leurs prophétesses, le dieu dont ils étoient les ministres & les interprètes, & recevoient-ils leurs décisions comme les oracles même de la divinité. Cette vénération étoit portée si loin par les peuples Celtes, qu'ils ne faisoient pas difficulté de donner à leurs pontifes le nom même du dieu au culte duquel ils présidoient.

Après les gens d'église, le grand objet de la vénération des peuples Celtes étoit les bons guerriers. Les honneurs, les louanges, les distinctions, la confiance du public, étoient pour ainsi dire consacrés aux héros. Vénérés pendant leur vie, ils l'étoient aussi après leur mort. On leur donnoit le titre de *Herr* ou de *Hans*, qui étoit réservé aux dieux & aux princes.

On a cru qu'Hercule étoit servi comme un dieu dans toute la Celtique : mais il est vraisemblable que c'étoit quelqu'un de leurs héros qui avoit porté ce nom : car Cicéron, Varron, *&c.* ont reconnu qu'il y avoit eu plusieurs Hercules, & que tous ceux dont les Grecs & les Latins vantent les exploits, avoient été les ennemis déclarés des peuples Celtes, & les destructeurs de leur religion.

On prétend que Bacchus avoit aussi un culte chez les peuples Celtes, & en particulier par les Espagnols, les Gaulois & les Thraces. Ce dernier peuple étoit celui de tous les Celtes qui avoit le plus de vénération pour ce dieu. On voyoit dans leur pays un grand nombre de sanctuaires qui lui étoient consacrés & servis par des prêtres & des prêtresses, qui étoient tous en possession du don de deviner. Il y avoit de ces sanctuaires où il falloit que le prêtre fût ivre pour avoir le don de prédire l'avenir.

Les fêtes de Bacchus se célébroient de nuit. On s'y rendoit avec des torches & des flambeaux.

Les anciens ont aussi attribué aux Celtes de rendre un culte à quelques dieux étrangers, tels que Priape, le dieu des jardins, celui de Castor & Pollux. Tacite assure qu'une partie des Suèves faisoient des sacrifices à Isis. Hérodote attribue aux Scythes le culte de Vénus *Uranie*.

Outre ces dieux étrangers, les anciens attribuent aux Celtes le culte de quelques dieux indigètes. On appelloit ainsi les dieux qui n'étoient servis que par un certain peuple, & dans une certaine contrée.

Les Celtes donnoient souvent à leurs dieux les noms des sanctuaires où ils étoient servis.

Les Celtes admettoient une sorte de création : ils reconnoissoient que le monde avoit eu un commencement, & ils en rapportoient l'origine au dieu *Teut* & à la Terre sa femme.

Quoique les Celtes reconnussent un commencement, ils croyoient que le monde devoit subsister éternellement. Ils assuroient que le séjour où les hommes devoient jouir d'une vie immortelle ne seroit jamais détruit.

Les druides, dit Strabon, croient que le monde est incorruptible : mais ils avouent en même temps que le feu & l'eau y prendront un jour le dessus.

La Providence étoit un dogme reçu chez les peuples Celtes, & parmi les religions païennes ; aucune ne donnoit autant d'étendue au règne de la Providence que la leur.

Les Celtes rapportoient les devoirs de l'homme à trois chefs généraux ; 1°. qu'il faut servir les dieux ; 2°. qu'il ne faut point faire de mal, & qu'il faut s'étudier à être vaillant & brave.

Quoique ces peuples fissent beaucoup de cas des sacrifices, & qu'ils attribuassent une grande efficacité à leurs cérémonies, ils ne faisoient pas consister tout le service de Dieu dans ce culte extérieur.

Les

Les druides s'appliquoient à l'étude de la morale : ils la prêchoient aux peuples pour adoucir leur férocité naturelle ; ils la proposoient comme la volonté de Dieu. Le peuple regardoit aussi la bonne-foi, l'hospitalité, comme des vertus qui rendent l'homme agréable à Dieu.

Les Celtes avoient l'idée d'un Dieu offensé par le péché : mais en même temps d'un Dieu qui devoit être appaisé par des sacrifices. Ils avoient aussi des sacrifices expiatoires, destinés à délivrer le pécheur de la peine qu'il avoit méritée, par la substitution d'une victime qui étoit immolée à sa place.

Le dogme de l'immortalité de l'ame étoit reçu de toute ancienneté par les Celtes, & c'étoit là-dessus que toute leur religion étoit appuyée. Les druides avoient une doctrine secrète, qui n'étoit que pour les initiés : mais pour celle-ci, ils ne cessoient de la proposer & de l'inculquer au peuple, comme servant de base à l'obligation où sont les hommes de servir les dieux, d'observer les loix de la justice, & de s'étudier à être vaillans & braves. Enfin, cette doctrine étoit, chez les peuples Celtes, d'une antiquité à laquelle l'histoire ne remonte point. Elle servoit de fondement à un grand nombre de coutumes, les unes superstitieuses & les autres barbares : mais qui montrent combien la persuasion d'une autre vie étoit enracinée dans l'esprit de ces peuples.

Les Celtes, selon que l'assure Lucain, croyoient que les ames ne retourneront à la vie qu'une seule fois. Il dit, s'adressant aux druides : « s'il faut vous » en croire, les ames ne descendent pas dans le » séjour des ténèbres & du silence, ni dans l'em» pire souterrain de Pluton. Vous dites (je ne » sais si vous en avez quelque certitude), que le » même esprit anime le corps dans un autre monde, » & que la mort est le milieu d'une longue vie ». Cette espérance d'une résurrection disposoit les Celtes à mépriser le danger & à braver la mort.

Les Celtes pensoient que les plaisirs & les délices de l'autre vie consistoient à manger, boire, dormir & se battre : aussi en faisoient-ils l'unique occupation des bienheureux. Ils pensoient que les héros se battoient dans le paradis : mais qu'ils ne se faisoient pas de mal.

Dans les temps les plus reculés, les Celtes étoient tous *nomades* ; & lorsqu'ils eurent des demeures fixes, ils continuèrent à tenir leurs assemblées religieuses hors des villes & des villages, parce qu'ils avoient dans l'idée qu'un sanctuaire devoit être placé, 1°. dans un lieu solitaire, séparé du commerce des hommes ; 2°. dans un lieu inculte, où l'on ne vît rien qui ne fût l'ouvrage de la nature, & où la main de l'homme n'eût point dérangé ni séparé les parties d'une matière qui étoit, pour ainsi dire, le corps & le véhicule de la divinité : c'est ce qu'ils appeloient *un lieu pur*.

Tant que les Celtes conservèrent leurs propres idées, ils n'eurent point de temple fait de main d'hommes. Ceux que l'on voyoit dans la Celtique, les uns avoient été bâtis par des étrangers, les autres avoient été élevés par les gens du pays, dans un temps où ils avoient déjà abandonné leur ancienne religion pour embrasser celle des Grecs ou des Romains, qui les avoient soumis, ou qui s'étoient établis dans leur voisinage.

Les peuples celtes n'avoient ni images ni statues qui représentassent la divinité sous la forme humaine ou de quelque animal : cela n'empêchoit pas qu'ils n'eussent leurs simulacres : mais ils différoient entièrement de ceux des autres peuples.

Le simulacre des peuples nomades étoit une épée ou une halebarde.

Les peuples celtes qui avoient une demeure fixe, & qui faisoient leurs assemblées religieuses dans des forêts, choisissoient ordinairement quelque grand & bel arbre, pour être le symbole du dieu qu'ils adoroient, & l'objet sensible de leur culte.

La nature du culte que les Celtes rendoient aux arbres consacrés étoit, 1°. qu'ils alloient faire leurs prières devant ces arbres, & qu'ils y allumoient des flambeaux.

2°. Ils arrosoient l'arbre consacré, & même les arbres voisins, du sang des hommes & des animaux qu'ils avoient immolés.

3°. Ils attachoient à ces arbres la tête & la main droite des hommes dont ils avoient fait un sacrifice à leurs dieux. On y clouoit aussi la tête des autres victimes comme une preuve de la dévotion des peuples, & de la multitude des sacrifices qu'ils offroient.

4°. Chacun faisoit des présens aux arbres consacrés, & les guerriers, en particulier, avoient coutume de leur offrir une partie du butin qu'ils faisoient sur l'ennemi.

5°. Les arbres consacrés étoient encore une espèce d'oracles où l'on consultoit la divinité, & où l'on recevoit ses réponses.

Quand un arbre consacré mouroit, ou de vieillesse, ou de quelque accident, il ne perdoit pas le privilège d'être le symbole de la divinité. On en ôtoit l'écorce, on le tailloit en pyramide ou en colonne, & on lui rendoit, sous cette nouvelle forme, les mêmes honneurs qu'auparavant.

Quelques-uns des peuples celtes plaçoient un caillou, ou quelque grosse pierre, au milieu de leurs sanctuaires, & autour de laquelle ils alloient faire l'exercice de leur religion.

Les druides demeuroient dans les sanctuaires avec leurs femmes & leurs enfans. La garde de ces lieux étoit confiée au clergé, & en même temps celle des enseignes militaires, des vaisseaux sacrés, & des trésors qui y étoient déposés.

L'excommunication des druides emportoit avec soi l'exclusion de toutes les assemblées, tant civiles que religieuses.

Outre les assemblées que les Celtes tenoient ordinairement à certains jours de la lune, ils avoient encore des fêtes solemnelles, qui revenoient tous les ans dans la même saison. La plus solemnelle de toutes étoit celle que l'on célébroit au commencement de chaque printems, & à laquelle les nations entières se réunissoient par leurs députés, pour délibérer sur les besoins de l'état. Cette fête étoit appelée *le champ de mars*, & étoit, préférablement à toutes les autres fêtes des Celtes, un temps de réjouissance & de bonne chère.

Les druides étoient les ministres des prières, des sacrifices, des cérémonies, & en général de tout le culte que le peuple rendoit à la divinité.

Ces prêtres des Celtes étoient les maîtres de la doctrine qui servoit de fondement à la religion & au culte dont ils étoient les ministres. La docilité de ces peuples, & la confiance qu'ils avoient en leurs docteurs étoit si grande, que les instructions du clergé étoient reçues comme des oracles infaillibles.

Les divinations étoient une partie des fonctions du clergé, parmi les Celtes. Les gens d'église passoient pour être les favoris & les confidens des dieux; leurs divinations étoient les seules qui fussent accréditées & reçues comme autant d'oracles infaillibles.

Les ministres de la religion exerçoient encore la médecine, & ils prétendoient, par la divination, découvrir la véritable cause de la maladie. Ils traitoient aussi les malades par la magie, ce qui se pratiquoit en prononçant certaines paroles, & en faisant certaines cérémonies, & sur-tout en chantant, auprès du malade ou du blessé, certains cantiques auxquels on attribuoit la vertu d'étancher le sang, de consolider les plaies, & d'appaiser les douleurs.

Outre ces différentes fonctions dont le clergé celte étoit chargé, il s'attribuoit, en plusieurs occasions, l'autorité du magistrat civil.

Quand une famille vouloit poursuivre la vengeance d'un meurtre, il falloit qu'elle intentât son action devant le clergé, qui étoit en possession de juger de semblables causes. L'excommunication dont le clergé frappoit les coupables sembloit se réduire à exclure un homme des assemblées religieuses: mais elle avoit des suites terribles par rapport à la vie civile, parce qu'un excommunié devenoit détestable aux yeux du public, étoit retranché de la société, dans laquelle il ne pouvoit occuper aucune charge, ni trouver aucune justice.

Le clergé présidoit aussi à ce que l'on appeloit *les jugemens de Dieu*, dans lesquels on recherchoit par le sort, par des divinations, en faisant subir l'épreuve du fer rouge, de l'eau froide ou bouillante, si un homme étoit coupable ou innocent. Le magistrat ordonnoit aussi ces épreuves quand il ne pouvoit employer d'autres moyens pour découvrir la vérité.

L'autorité des druides s'étendoit sur les particuliers, de quelque rang qu'ils pussent être, & sur les assemblées générales, qui étoient le conseil souverain des nations celtiques.

Les sacrificateurs des Celtes se tiroient ordinairement de certaines familles qui étoient chargées du ministère sacré: en conséquence de cet usage, tous les enfans d'un sacrificateur étoient membres du clergé, demeuroient dans les lieux consacrés, & y étoient entretenus des revenus fixes & casuels de l'église; de sorte que les druides étoient effectivement une espèce de peuple séparé, qui avoit sa demeure & ses revenus particuliers, & qui s'allioit rarement avec les autres familles de l'état.

Les devins offroient les sacrifices, interprétoient les présages, prédisoient l'avenir; enfin, ils répondoient, de la part de la divinité, à tous ceux qui venoient la consulter. Les druides étoient tous les autres membres du clergé.

Le sacrificateur du sanctuaire où se tenoit l'assemblée générale d'un peuple, étoit le souverain pontife du pays, &, en cette qualité, il avoit inspection sur tout le clergé des différens cantons. Ce primat s'élisoit ordinairement par les suffrages des autres druides, qui le choisissoient toujours dans leur propre corps.

Comme il y avoit quelquefois plusieurs prétendans au souverain pontificat, quelques druides ambitieux prenoient les armes pour emporter par la force une charge qu'ils croyoient mériter par la supériorité de leurs talens: mais cette guerre étoit bientôt terminée; elle se décidoit par le duel. Un combat en champ clos faisoit connoître celui qui étoit le plus digne d'être revêtu du souverain pontificat.

Quoique les ecclésiastiques formassent dans l'état un corps entiérement séparé de celui des laïques, cela n'empêchoit pas qu'ils ne fussent eux-mêmes membre de l'état, & qu'ils ne tinssent un rang considérable dans la société civile.

Les femmes des sacrificateurs celtes partageoient, avec leurs maris, la plupart des fonctions du ministère sacré. Elles offroient les sacrifices, présidoient aux divinations, & exerçoient la magie. Elles étoient si expérimentées dans les divinations, que le peuple les consultoit souvent de préférence à leurs maris.

Le clergé des Celtes s'habilloit de blanc pour cueillir le gui de chêne, & une autre plante appelée *selago*, à laquelle ils attachoient de très-grandes vertus. C'étoit leur habit de cérémonie, l'habit qu'ils avoient coutume de porter pendant le service.

Tous les peuples celtes offroient des victimes humaines à leurs dieux; ils disoient que l'homme étant plus parfait & plus excellent que les animaux, ils en concluoient que le sacrifice le plus excellent que l'on pût présenter aux dieux, étoit celui d'un homme.

Les Celtes prétendoient que les dieux immortels ne pouvoient être appaisés, à moins que la vie d'un homme ne fût rachetée par celle d'un autre homme.

Les Celtes, en immolant des victimes humaines, cherchoient à découvrir quelque événement qu'il leur importoit de prévoir, ou de s'instruire de leur propre destinée par le sang & par les entrailles des victimes.

L'usage le plus ancien & le plus commun étoit d'immoler ceux que l'on faisoit prisonniers de guerre. Ces peuples belliqueux promettoient à leurs dieux de semblables victimes à l'entrée de la campagne, & ils ne manquoient jamais, après le gain des batailles, de s'acquitter de leurs vœux, & d'offrir le plus excellent de tous les sacrifices aux dieux, par le secours desquels ils croyoient avoir remporté la victoire.

Plusieurs peuples de la Celtique immoloient à leurs dieux non-seulement les prisonniers qu'ils faisoient à la guerre, mais encore les étrangers qu'une tempête ou quelque autre accident faisoient tomber entre leurs mains : cependant ces peuples recevoient avec beaucoup d'humanité les étrangers & les voyageurs qui passoient volontairement par leur pays.

Le dogme capital de la religion des Celtes, qui croyoient ne pouvoir entrer dans le paradis que par une mort violente, faisoit regarder comme des lâches, & même comme des impies, tous ceux qui consentoient à mourir d'une mort naturelle.

Plusieurs peuples celtes embrassèrent le christianisme par conviction, & de bonne heure il y eut des églises chrétiennes en Espagne, dans les Gaules, dans la Germanie première & seconde, dans la Grande-Bretagne, & dans toutes les autres parties de la Celtique qui obéissoient aux empereurs romains.

Beaucoup de ces peuples embrassèrent cependant le christianisme par intérêt, dans le cours du quatrième & du cinquième siècle. De ce nombre furent les Goths, les Vandales, les Suèves, les Gépides, *&c.* Ils étoient voisins des provinces de l'empire qui avoient à leur tête des princes chrétiens. Ils aspiroient tous à la qualité de *fœderati* ou d'alliés, pour laquelle on leur payoit de gros subsides, pour fournir des troupes à l'empire, ou pour en garder les frontières, & même pour les obliger de vivre en paix avec les Romains, & de ne plus faire d'incursions sur les terres de l'empire.

Parmi les peuples celtes qui embrassèrent le christianisme, plusieurs ne renoncèrent pas à l'idolâtrie & aux superstitions païennes. Procope le disoit des Francs. Le duel, considéré comme un moyen de distinguer l'innocent du coupable, les épreuves du feu, de l'eau froide & bouillante, *&c.* subsistèrent plus long-temps chez les peuples celtes, parce qu'on trouva le moyen de les séparer du paganisme, pour ainsi dire, dans la religon chrétienne. Le clergé, qui présidoit à ces différentes divinations, les soutenoit de tout son pouvoir, parce qu'elles servoient à affermir son autorité, & qu'elles étoient une branche considérable de ses revenus.

Les druides subsistèrent dans les Gaules aussi long-temps que le paganisme : mais les choses changèrent lorsque la religion chrétienne commença à s'y établir. Le peuple plus instruit abandonna ses druides, & ne leur apporta plus les présens & les offrandes d'où ils tiroient une partie de leur subsistance. L'église, soutenue du bras séculier, alla ruiner les forêts consacrées, & les autres sanctuaires, & on publia des édits rigoureux contre ceux qui alloient faire leurs prières dans les campagnes & dans les bois. On fit passer les druides pour des sorciers, qui tenoient des assemblées nocturnes en l'honneur du diable ; & de cette manière on fournit au faux zèle un prétexte pour les persécuter à outrance : enfin, la ruine du paganisme entraîna nécessairement celle des druides.

Etudes des Celtes. Les nations celtiques se réduisoient uniquement à apprendre par cœur des hymnes qui renfermoient leurs loix, leur religion, leur histoire, & en général tout ce que l'on vouloit bien que le peuple sût. Ces hymnes étoient anciennement les seules annales des peuples de l'Europe. Les poëtes qui les composoient portoient, parmi les Celtes, le nom de *bardes*. La considération que l'on avoit pour les bardes étoit si grande, que leur présence & leurs exhortations avoient souvent arrêté des armées prêtes à en venir aux mains.

Les Celtes chantoient leurs poëmes en s'accompagnant du son d'un instrument. Ils devoient avoir un très-grand nombre de poëmes. La jeunesse, dont on confioit l'éducation aux druides, employoit quelquefois vingt ans pour apprendre des vers. Presque toutes les études de la jeunesse se réduisoient à charger la mémoire des jeunes gens d'une infinité de pièces de poésie.

La férocité naturelle des peuples Celtes fut, selon les apparences, la principale cause de l'aversion qu'ils témoignoient pour les lettres. Uniquement occupés du métier de la guerre, ils auroient cru se déshonorer d'apprendre à lire ou à écrire.

Loix des Celtes. On ne sait pas en quoi consistoient les loix de ces peuples ; si elles formoient une espèce de corps, ou si elles dépendoient de la volonté de leur souverain. On prétend que Mercure les poliça & leur donna des loix ; mais quelques auteurs disent que *Samothes*, appelé autrement *Dis & Discelta*, homme d'un savoir & d'une sagesse extraordinaire, & fondateur de la monarchie celtique, leur donna un corps de loix, qu'il écrivit en langue hébraïque, mais en caractères phéniciens.

Les curètes étoient les interprètes de leurs loix, jugeoient toutes les causes civiles & criminelles. Leurs sentences passoient pour une chose si sacrée, que ceux qui refusoient de s'y soumettre perdoient le privilège d'assister à leurs rites sacrés. Personne, après cela, n'osoit converser avec lui, & cette punition passoit pour plus sévère que la mort même.

Les curètes étoient parmi les Celtes, ce que les druides furent dans la suite parmi les Gaulois.

Caractère des Celtes. Les auteurs anciens disent assez généralement que les Celtes étoient d'un naturel vif & bouillant, ce qu'ils attribuoient à l'abondance du sang & à la vigueur extraordinaire de leur tempérament. L'éducation qu'ils donnoient à leurs enfans, tendoit naturellement à les rendre violens & indomptables. Ils avoient pour principe de les abandonner à leurs inclinations, de leur laisser prendre le pli que la nature leur donnoit, & de ne les obliger jamais à faire quelque chose contre leur volonté. La fougue de leur tempérament n'étant modérée ni par l'éducation, ni par aucune sorte de contrainte, ils étoient prompts, hardis, adroits, inventifs, industrieux, & excellens pour un coup de main.

Ils avoient aussi le cœur grand & naturellement bon, ce qui les rendoit courageux & intrépides dans les dangers, francs & sincères dans le commerce, hospitaliers envers les étrangers, doux & compâtissans envers les supplians.

Ils étoient très-curieux ; ils couroient après les voyageurs, les contraignoient de s'arrêter pour en tirer des nouvelles. Dans les villes, la populace entouroit les marchands, les obligeoit à déclarer de quel pays ils venoient, & ce que l'on y disoit de nouveau.

La fierté des Celtes étoit des plus outrées. Ils avoient l'opinion qu'aucun peuple de l'univers ne pouvoit lui être comparé. Ils se reposoient sur leur force & leur courage : ils regardoient comme une bassesse & une lâcheté d'employer la prudence, & d'avoir recours à des stratagêmes pour vaincre l'ennemi. Quand la fortune favorisoit leur fierté naturelle, ils devenoient insupportables par leurs bravades & par leur insolence. Dans l'adversité, ils se montroient lâches & timides. Enfin, la colère étoit, pour ainsi dire, le caractère essentiel & distinctif des Celtes. Dès qu'on leur résistoit, ou qu'on les choquoit, ils en venoient aux injures, aux coups, & quelquefois au meurtre.

L'amour de la liberté étoit la vertu la plus commune à tous les peuples Celtes. Ils pensoient qu'un peuple libre devoit avoir le droit de choisir ses magistrats, & de leur prescrire les loix par lesquelles il veut être gouverné. Aussi l'autorité des princes n'étoit pas illimitée. Le particulier dépendoit du magistrat, & celui-ci de l'assemblée générale qui l'avoit établi.

Les Celtes refusoient à leurs princes le droit de leur donner la moindre loi, ni de leur imposer le moindre tribut. Il est vrai que les contributions étoient inutiles, parce que le particulier étoit obligé de s'entretenir à la guerre.

Les factions qui partageoient tous les états celtiques, contribuoient beaucoup à affermir leur liberté, un parti tenant toujours l'autre en échec & en balance.

Dès que l'on entrevoyoit qu'un prince cherchoit à se rendre indépendant, ou qu'il aspiroit à la domination absolue, il étoit abandonné de la plupart de ses partisans, & livré à la fureur de la faction opposée, qui l'avoit bientôt accablé.

Les assemblées générales, où toutes les affaires se décidoient à la pluralité des voix, étoient le plus ferme rempart de la liberté des nations celtiques.

Les Celtes prenoient ces précautions pour empêcher qu'on ne donnât au-dedans quelque atteinte à leur liberté : mais ils ne la défendoient pas avec moins de vigueur, quand elle étoit attaquée au-dehors.

Les femmes celtes se montroient encore plus ardentes à défendre la liberté : elles étoient les premières à encourager les hommes par des prières, par des exhortations, & par leur propre exemple, à perdre plutôt la vie que la liberté.

Les Celtes ne supportoient aucune charge : mais le métier qu'ils faisoient tous exposoit continuellement leurs biens, leur liberté & leur vie, parce que chaque état étoit presque toujours en guerre avec quelqu'un des états voisins.

CELTI, nom d'un ancien lieu de l'Hispanie, entre *Astigi* & *Regiana*, selon l'itinéraire d'Antonin. Pline la met à la tête des villes de la jurisdiction d'*Hispalis.*

CELTIBERI, les Celtibères, peuples qui occupoient la plus grande partie de l'intérieur de l'Hispanie, & en étoient aussi les peuples les plus puissans & les plus célèbres. Polybe, en disant que T. Gracchus avoit soumis trois cens villes en ce pays, paroît, même à Strabon, avoir exagéré ce nombre pour flatter la vanité de T. Gracchus, qui en fit la conquête l'an de Rome 575.

Tite-Live dit de même que, dans une seule expédition, ce général avoit soumis trois cens villes ; mais Strabon remarque, avec raison, que les auteurs ont pu ériger en villes, de simples villages. D'ailleurs, on leur attribuoit le pays qu'ils avoient soumis, & Strabon dit qu'ils s'étoient emparés de tous les pays qui les environnoient. Selon ce même auteur, la Celtibérie produisoit quantité de plantes, dont les racines servoient à d'excellentes teintures. Il ajoute que la partie voisine de la Méditerranée étoit remplie de vignes, d'oliviers, de figuiers, & d'autres arbres dont les fruits étoient excellens.

Leurs principales villes étoient *Cascantum*, *Turiaso*, *Bilbilis*, *Ergavica* & *Valeria.*

On trouve dans D. Martin, sur les Celtibères, ce qui suit :

« Les Celtibères, dit Diodore de Sicile, sont
» un peuple composé de deux nations, d'Ibères &
» de Celtes. Ces deux peuples se sont fait autre-
» fois la guerre à outrance pour se chasser récipro-
» quement du pays qu'ils occupoient; mais, aucun
» parti ne prévalant sur l'autre, ils firent la paix,
» à condition qu'ils le posséderoient ensemble &

» en commun. Cette condition, joint au mêlange » qui se fit des uns & des autres par le moyen » des mariages & autres sortes d'alliance qu'ils » contractèrent ensemble mutuellement, donna » lieu au nom de Celtibères qu'ils se sont donné » eux-mêmes. Ce peuple, ainsi formé de deux » peuples également vaillans, maîtres d'ailleurs » d'une région riche & abondante, s'est acquis » beaucoup de gloire par la longue résistance qu'il » a faite aux armes des Romains : aussi n'a-t-il été » soumis qu'en dernier lieu.

» La cavalerie des Celtibères, ajoute l'historien, » est excellente, l'infanterie ne l'est pas moins. » L'un & l'autre corps supporte également la fatigue & vole au péril. Tous les Celtibères, excepté les chefs, portent un *sagum* de laine si » grossière, qu'elle ressemble à du poil de chèvre. » Quelques-uns sont armés d'un bouclier gaulois, » quelques autres d'une cyrté ronde de la grandeur » d'un bouclier, & de cuissarts de crin; tous ont » des casques de fer avec des panaches couleur » de feu, un sabre d'acier à deux tranchans, & un » coutelas d'un pied de longueur dont ils se servent » dans la mêlée.

» La fabrique de leurs armes est tout-à-fait singulière. Avant de mettre en œuvre le fer dont » elles doivent être composées, ils l'enfouissent » & le laissent en terre jusqu'à ce que la rouille » ait consumé tout ce qu'il contient de matière » de mauvaise qualité, ensorte qu'il ne reste que » le pur acier (1). C'est de ce métal qu'ils font, » non-seulement les épées dont ils se servent, » mais encore toutes les machines de guerre; ce » qui fait qu'il n'y a ni bouclier, ni casque, ni » partie du corps de l'homme qui soit à l'épreuve » des armes de cette nature. Aussi arrive-t-il que » les Celtibères étant tous *dimachères*, c'est-à-dire, » également exercés à combattre à pied & à cheval, » n'ont pas plutôt porté, de leur cheval, un coup » victorieux, qu'ils mettent pied à terre, se mêlent » dans l'infanterie, & font des actions de la plus » haute valeur.

» Une seule coutume qui passe toute créance, » fait un peu de tort aux Celtibères; c'est que » bien qu'ils soient très-propres dans leur manger » & dans leurs habits, tous les jours ils lavent » régulièrement leurs corps, leurs dents même » avec de l'urine, prétendant que rien ne contribue tant à la santé.

» Ils sont durs à l'égard des méchans & des » ennemis; ils font, au contraire, toutes sortes » de bons accueils aux étrangers; ils les prient » de venir loger chez eux; ils s'empressent & se » disputent à qui les possédera; & ils regardent » comme heureux & chéris des dieux, ceux auxquels les étrangers donnent la préférence.

» Leurs mets consistent en toutes sortes de » viandes délicates. Leur boisson ordinaire est une » sorte de vin doux qu'ils font avec du miel en » abondance. Pour le vin, ils le reçoivent des » marchands, qui ne manquent pas de passer les » mers pour leur en porter.

» Le gain que les Celtibériens retirent des » mules est immense. Tout le monde sait que, » dans leur pays, ces sortes de bêtes sont d'un si » grand rapport, qu'il n'en est point qui ne vaille » à son maître quarante mille livres ».

Les Celtibères, pour se fortifier contre leurs ennemis, joignoient ensemble deux cités ou deux villes, afin de n'en faire qu'une, à laquelle ils fabriquoient de bons murs & une seule enceinte.

Les Celtibères regardoient comme une impiété la coutume établie de tous temps chez les Ibères, de faire manger aux vautours les corps de ceux qui mouroient.

Ces mêmes peuples, selon Strabon, célébroient une fête à chaque pleine lune en l'honneur d'un dieu sans nom. Elle commençoit à l'entrée de la nuit & duroit tout le lendemain. On la passoit à danser devant les portes des maisons.

CELTIBERIA, ancien nom d'une contrée de l'Hispanie, dans la Tarragonnoise & à l'orient de la Carpétanie, selon Pline & Ptolemée. Le dernier y met dix-huit villes (2). Cette contrée avoit été très-étendue; mais les guerres des Romains la resserrèrent.

CELTICA, vaste pays, que Plutarque dit s'étendre depuis l'océan & les climats septentrionaux, jusqu'aux Palus-Méotides, au levant; & d'un côté, elle touche à la Scythie pontique. Comme par Celtique on entendoit les pays habités par les Scythes, *voyez* ce qui est dit à l'article CELTÆ.

CELTICA. Selon quelques éditions de Pline, ville de l'Hispanie.

CELTICI, peuple de l'Hispanie, qui habitoit aux confins de la Lusitanie, selon Strabon & Pline.

CELTICI MIROBRIGENSES. Pline nomme ainsi les habitans de *Mirobriga*, ville de l'Hispanie.

CELTICI NERIÆ, peuple de l'Hispanie, que Pline place au promontoire *Nérium*, aujourd'hui *Finistère*.

CELTICI PRÆSAMARCI, peuple de l'Hispanie, selon Pline & Pomponius Méla. Ce dernier met dans leur pays les rivières *Tamaris* & *Sars*.

CELTICUM PROMONTORIUM. Pline dit que l'on donnoit aussi ce nom au promontoire *Artabrum*, appelé de même *Nerium*. Il étoit sur la côte occidentale de l'Hispanie, au nord-ouest.

CELTO-GALATÆ. L'auteur des anecdotes

(1) On rapporte en effet que leurs armes étoient très-bonnes; c'étoient des épées fort larges, à deux tranchans. Les Romains adoptèrent cette forme, sans pouvoir réussir à leur donner la même trempe; mais ils avoient certainement, en Celtibérie, un autre moyen que de les mettre en terre.

(2) *Voyez* au mot HISPANIA.

géographiques appelle ainsi les Galates, fondateurs d'Ancyre, *&c.* & établis dans l'Asie mineure.

CELTO-GALATIA, nom que Ptolemée donne à la Gaule celtique. Il la divise en quatre provinces, *Aquitania*, *Lugdunensis*, *Belgica*, *Narbonensis.* Je détaillerai ces provinces dans l'article *Gaule d'après Ptolemée. Voyez* à la fin de l'article GALLIA.

CELTORII. Plutarque donne ce nom à un peuple qu'il place dans la Gaule belgique.

CELTOS, *ou* CELTUS, nom d'un étang ou d'un lac qui va se perdre dans le Pont-Euxin, selon Lycophron. Ortélius pense que ce sont les marais qui sont à l'embouchure du Danube. (*La Martinière*).

CELYDNA. C'est ainsi que quelques interprètes croient devoir lire dans Ptolemée le nom grec *Elydna. Voyez* ce mot.

CELYDNUS, nom d'une rivière de la Macédoine, dans l'Oreslide. Elle avoit sa source dans les monts Acrocérauniens, & elle servoit de bornes entre l'Oreslide & la Chaonie, selon Ptolemée.

CEMA MONS. C'étoit le nom d'une montagne des Gaules, faisant partie de la chaîne des Alpes. *Amnis Varus*, dit Pline, *ex Alpium monte Cemâ profusus.* La montagne d'où sort ce petit fleuve, porte aujourd'hui le nom de *Caillole.*

CEMANDRI, nom d'une nation qui faisoit partie des Huns. Jornandès les place du côté de l'Illyrie, auprès de la forteresse Martène.

CEMBANI, nom d'un peuple de l'Arabie heureuse, qui habitoit dans le voisinage des Agréens, selon Pline.

CEMELION. *Voyez* CEMELANUM.

CEMELANUM, CEMENELLUM, *ou* CEMENELIUM, CEMELION & CEMELUM (*Cimiez*), ville de la Gaule narbonnoise, au nord-nord-ouest & près de *Nicæa.* Elle a été la capitale des Alpes maritimes jusqu'à la fin du quatrième siècle. Elle étoit considérable par le nombre & la qualité des habitans, ainsi que par la beauté des édifices.

Les premiers officiers de cette province y faisoient leur résidence. Il y avoit trois collèges dans cette ville, dont l'un étoit vraisemblablement celui des prêtres, & un sénat qui leur permit de s'assembler pour faire ériger, par délibération publique, un monument de reconnoissance en l'honneur de M. Aurélien Masculus, président des Alpes maritimes. Ce Romain avoit procuré du bled à la ville dans un temps de disette, & rétabli les anciens aqueducs, dont la ruine exposoit les habitans à manquer d'eau.

La ville de Cimiez fut détruite par les Lombards vers l'an 737. L'enceinte de son amphithéâtre est encore assez bien conservée. Elle renfermoit tout ce qui pouvoit illustrer une colonie distinguée, quoiqu'elle n'en eût pas le titre. Elle étoit la capitale des *Vediatii*, & se trouvoit sur la voie *Aurelia.*

N. B. M. d'Anville retrouve cet ancien nom dans celui d'une église appelée *Notre-Dame de Cimies*, à la droite du Paillon, & à un mille & demi au nord de Nice.

CEMMENUS MONS, nom d'une montagne qui, partant des Pyrénées, s'avance beaucoup dans la Gaule, selon Strabon. Ce doit être la masse de montagne que Ptolémée nomme *Cemmeni Montes*, & qu'il fait habiter par les *Segusiani*, que l'on retrouve dans la chaîne qui forme les Cévennes.

CEMPSI, nom d'un peuple de l'Hispanie, qui habitoit au pied des Pyrénées, selon Denys le Périégète.

CENA, petit fleuve de la Sicile, qui porte aujourd'hui le nom de *Fiume delle Cane.* (*Histoire générale & particulière de la Grèce, T. 1, p. 129*).

CENABUM. *Voyez* GENABUM.

CENÆUM, promontoire de l'île d'Eubée, à l'ouest, & à l'opposite des Thermopyles, selon Strabon, Pline & Ptolemée, sur le golfe Maliaque. C'est aujourd'hui Cabo Litar, ou Canaïa. Il y avoit un temple de Jupiter *Ceneus*; Scylax en parle.

CENCHRÆ, ville de l'Asie mineure, dans la Troade. Etienne de Bysance dit qu'Homère y séjourna. Suidas dit que c'étoit la patrie d'Homère.

CENCHRÆ, nom d'une ville d'Italie, selon Etienne de Bysance.

CENCHREÆ, *ou* CENCHRÉE, port de Corinthe, à l'est sur le golfe.

Il tiroit son nom de Cenchrias, prétendu fils de Neptune; & son frère Léchès avoit donné le sien à *Lechéum.* Sur le chemin qui, de Cenchrée, conduisoit au travers de l'isthme, il y avoit un temple de Diane, & à Cenchrée un temple de Vénus, avec une belle statue. Au bout de ce chemin étoit un Neptune en bronze: de l'autre côté du port étoient deux temples, l'un de Neptune, l'autre d'Isis.

Assez près étoit une source d'eau chaude, que l'on appeloit *le bain d'Hélène.* L'eau tomboit d'un rocher & s'alloit jeter dans la mer. Pausanias dit qu'elle étoit salée.

En avançant le long de la côte qui remonte au nord-est, on trouvoit un autre port, dont Pausanias ne parle pas, mais que Strabon nous fait connoître, aussi-bien que Ptolemée. Pline & le premier de ces écrivains, dit qu'il étoit situé dans l'endroit le plus assuré de l'isthme.

CENCHREÆ, ou *Cenchrée*, qu'il ne faut pas confondre avec un lieu de ce nom servant de port aux Corinthiens, sur le golfe Saronique. C'étoit une forteresse bâtie sur les frontières de l'Arcadie, vers la source du Phryxus, & au sud-ouest d'Argos. Elle défendoit le chemin qui conduisoit d'Argos à Tégée.

Près de-là, au sud-est, étoient les sépultures (*polyandria*) de ces Argiens, qui, selon Pausanias, défirent une armée de Lacédémoniens auprès d'Hysies, sous l'archontat de Pisistrate. Ou cet événement nous est inconnu, ce qui est très-possible;

ou l'auteur grec le confond avec un autre, dont il est parlé à l'article HYSIÆ.

CENCHREATES SINUS. Selon Scymnus de Chio, on nommoit *golfe Cenchreates*, la partie du golfe Argolique qui resserroit l'isthme de Corinthe du côté de la ville de *Cenchræ*.

CENCHREIS, petite île de la Grèce, vers le fond du golfe Saronique, selon Pline.

CENCHRIUS, rivière de l'Asie mineure, dans l'Ionie. Elle couloit dans le territoire de la ville d'Ephèse, selon Tacite & Pausanias.

CENCULIANENSIS, *ou* CONCULIANENSIS, siège épiscopal de l'Afrique, dans la Bysacène, selon la notice de Léon-le-Sage & la conférence de Carthage.

CENDEVIA, nom d'un marais de l'Asie, dans la Phénicie. Pline le place au pied du mont Carmel, & dit que le fleuve Bélus en sortoit. Il se trouve sur la carte de la Palestine de M. d'Anville.

CENELATA. On lit ce nom dans une traduction de Ptolemée; le texte exigeroit *Canelata*, ou *Canelate*.

CENENSIS, nom d'un siège épiscopal d'Afrique, dans la Bysacène, selon les actes de la conférence de Carthage.

CENERETH (*lac de*). Il étoit dans la Judée, à l'orient de la tribu de Zabulon. Ce lac est toujours appelé *mer* dans l'ancien testament. C'est près de cette mer qu'étoit la province de la Décapole.

Il est fait mention de cette mer dans le livre de Josué, dans celui des Nombres & dans celui des Rois.

CENERETH, ville de la Judée, dans la tribu de Nephtali, selon le livre de Josué.

Cette ville donna son nom à la mer qui en étoit voisine, & au pays qui l'environnoit.

CENERIUM, nom d'une petite ville du Péloponnèse, dans l'Elide, selon Strabon, cité par Ortélius. (*La Martinière*).

CENESPOLIS. Polybe, cité par Ortélius, nomme ainsi une ville de l'Hispanie. (*La Martinière*).

CENESTUM. Ptolemée nomme ainsi une ville qu'il place vers le milieu de l'île de Corse. Elle a été siège épiscopal, selon la conférence de Carthage, citée par Ortélius.

CENETÆ, ville de la Vénétie, au nord de *Tarvisium*.

CENEZÆI, peuple du pays de Chanaan : on ne les connut qu'au temps d'Abraham.

On voit dans la Genèse, que les Cénézéens étoient un ancien peuple de la terre de Chanaan. On croit qu'ils habitoient dans les montagnes au midi de la Judée.

CENI, nom d'un canton au midi de la Judée. Il y avoit quelques villes. Le livre des Rois en fait mention.

CENICENSES, peuple de la Gaule narbonnoise, selon Pline. Il seroit difficile d'en déterminer la position.

CENIMAGNI, nom d'un peuple de l'île l'Albion, selon César.

CENIO. Ptolemée place une rivière de ce nom dans la partie méridionale de l'île d'Albion.

CENNABA, *ou* CINNABA. Selon les différens exemplaires de Ptolemée, montagne de l'Afrique, dans la Mauritanie césarienne.

CENNESSERI, ville de l'Arabie heureuse. Pline la donne aux Amathéens.

CENNI, peuple qui faisoit partie des Celtes. Xiphilin dit que Caracalla leur fit la guerre.

CENOMANI, surnom d'une partie du peuple *Aulerci*, selon Tite-Live. C'étoit un peuple de la Gaule transalpine, dont le pays répond au diocèse du Mans.

CENOMANI. Ce peuple, Gaulois d'origine, & venu de la Gaule, où ils habitoient le pays que nous appelons *le Maine*, s'étoit établi en Italie peu après l'an 600 avant J. C. Du moins c'est ce que l'on peut conjecturer, puisque, selon Tite-Live, Bellovèse, qui étoit de la première expédition (vers l'an 600), favorisa cette seconde. Ses principales villes en Italie étoient *Brixia* & *Mantua*.

CENSIS, siège épiscopal d'Afrique, dans la province tripolitaine, selon Victor d'Utique, cité par Ortélius, qui croit qu'il faut lire *Ocensis*.

CENTA, ville d'Afrique, dans la Mauritanie tingitane, selon Ptolemée.

CENTAURI, les Centaures. En considérant les Centaures comme une espèce d'hommes habitant particuliérement un canton de la Thessalie, ils appartiennent à la géographie ancienne, & je vais en dire deux mots.

Homère & Hésiode parlent des Centaures. Le premier de ces poëtes, soit dans l'Iliade, *liv. I, vers 268*, & *liv. II, vers 740*; soit dans l'Odyssée, *liv. XXI, vers 295*, les nomme des sauvages, ou, si l'on veut, des monstres couverts de poil. Hésiode décrit, dans son bouclier d'Hercule, le combat des Centaures & des Lapithes : tout ce que l'on peut conclure de la description, c'est que les Lapithes avoient des casques & des cuirasses, au lieu que les Centaures combattoient sans aucune arme défensive. Rien ne désigne, dans ces deux poëtes, les Centaures par la forme que nous leur donnons.

Pindare est le premier des poëtes, au moins de ceux que nous connoissons, qui ait fait les Centaures demi-hommes & demi-chevaux. « Ces » monstres, dit-il, étoient le fruit des amours de » *Centaurus*, fils d'Ixion, avec les cavales de la » Thessalie; ils ressembloient à leur père, par la » partie supérieure de leur corps, & à leur mère, » par l'inférieure ».

Mais sur le coffre des Cypsélides dont parle Pausanias, & sur lequel les caractères écrits l'an 778 avant J. C. étoient en sillons, ou *boustrophédon*, on voyoit le Centaure Chiron, non moitié homme & moitié cheval, mais représenté comme un homme porté sur deux jambes & sur deux pieds humains semblables aux nôtres, aux reins duquel étoient attachés la croupe, les flancs & les jambes de derrière d'un cheval : ainsi, des quatre pieds de ce Centaure, il n'y en avoit que deux de cheval. Il ressembloit donc moins à un cavalier monté sur un cheval, qu'à un homme qui conduisoit cet animal par la bride : aussi M. Freret (*Mém. de littér. t. 23*) pense-t-il que les Centaures ne furent que les bouviers qui, pendant long-temps, occupèrent, avec leurs troupeaux, les vallées de la Thessalie. Leur nom vient évidemment de κεντεω; *Stimulo*, & de ταυρος, *Boves*, d'où Κενταυροι, *Piquer-bœufs*, ou *Centaures*. C'est donc de cette espèce d'hommes qu'Homère parle dans le vers 250 & suivans de son catalogue, comme habitant d'abord aux environs du mont Pélion, & qui, en ayant été chassés par Pirithoüs, allèrent chercher une retraite dans le pays des Æthiques. Didyme, sur ce vers & les suivans, observe que, selon tous les anciens, les Centaures du mont Pélion étoient de la même nation que les Perrhæbes. Ainsi, ces Centaures ne sont que les premiers bouviers de la Thessalie. Les plus anciennes sculptures qui les représentèrent ne les offrirent que comme des hommes qui se tiennent près d'un cheval; & ce ne fut que dans la suite, & par une licence tout-à-fait poétique ou pittoresque, qu'ils furent représentés moitié hommes & moitié chevaux.

Quant à la guerre des Centaures & des Lapithes, elle appartient à la fable. *Voyez* LAPITHES.

CENTAUROPOLIS, forteresse de Grèce, dans la Thessalie. Elle étoit située sur le mont *Ossa*, près de Tempé. Selon Procope, l'empereur Justinien en fit réparer les murailles qui étoient ruinées.

CENTENARIENSIS, siège épiscopal d'Afrique, dans la Numidie, selon la notice d'Afrique & la conférence de Carthage. La table de Peutinger nomme ce même lieu *Ad Centenarium*.

CENTESIMUM, lieu de l'Italie, dans l'Ombrie, vers le sud-ouest de *Nuceria*. Son nom indique son éloignement de Rome sur la route.

CENTHIPPE, nom d'un lieu du Péloponnèse, dans l'Argolide, selon le lexique de Phavorin.

CENTIUM PUTEI, lieu de l'Asie, dans la Syrie, dans une grande plaine environnée de montagnes, vers le 34e deg. 30 min. de latitude.

CENTOBRICA, nom d'une ville de l'Hispanie, dans la Celtibérie. Elle fut assiégée par Q. Metellus, selon Valère Maxime.

CENTON, forteresse de la Thrace, dans la basse Mysie, selon Procope, qui dit que l'empereur Justinien en fit réparer les murailles.

CENTORES, peuple de la Scythie, dont fait mention Valerius Flaccus.

CENTOS VICUS, village de l'Arabie heureuse, selon Ptolemée, qui le place chez les *Cinædocolpitæ*.

CENTRITES, nom d'une rivière de l'Asie. Elle prenoit ses sources dans les montagnes au sud-ouest du lac *Arsissa*, &, coulant au sud-ouest, elle alloit se perdre dans le fleuve *Nicephorius*.

Diodore de Sicile dit que cette rivière couloit entre l'Arménie & la Médie. Et, au rapport de Xénophon, elle séparoit l'Arménie du pays du peuple *Carduchi*. (*Retraite des dix mille.*) Les Grecs, en revenant sous la conduite de ce grand général, se logèrent dans les villages situés au-dessus de la plaine qui s'étend jusqu'au bord du Centrites.

CENTRONES, nom d'un peuple de la Gaule Belgique, que Jules-César place dans la dépendance des Nerviens. Je suis étonné que M. d'Anville n'en ait pas parlé. Quelques auteurs les placent dans le territoire de Gand, d'autres dans celui de Courtray, *&c.*

CENTRONES, *ou* CENTRONI, ancien peuple des Gaules, que Ptolemée place dans les Alpes grecques. Il en est aussi fait mention par César & par Pline. Plusieurs auteurs pensent que les *Acitavones*, de l'inscription des Alpes, sont les *Centrones* : & cela est probable.

CENTUM CELLÆ (*Civita-Vecchia*), ville d'Italie, dans l'Etrurie, sur le bord de la mer, avec un port. Ce lieu n'étoit, avant Trajan, qu'un château magnifique, environné des plus riantes campagnes : mais cet empereur, ayant entrepris d'y construire un port, y fit faire des jetées pour contenir la violence de la mer.

CENTUM PUTEA, lieu de la Dacie trajane.

CENTURIA, *ou* PINTURIA, selon les divers exemplaires de Ptolemée, nom de l'une des îles Fortunées, dans l'Océan atlantique, près des côtes de l'Afrique.

CENTURIÆ, ville épiscopale d'Afrique, dans la Numidie, selon la conférence de Carthage, & la notice épiscopale d'Afrique. Ne seroit-ce pas le même que le suivant?

CENTURIANENSIS, siège épiscopal d'Afrique, dans la Numidie, selon la notice épiscopale d'Afrique.

CENTURINUM, ville ou bourg, situé à la pointe du promontoire le plus septentrional de l'île de Corse, selon Ptolemée.

CENTURIONENSIS, siège épiscopal d'Afrique, dans la Numidie, selon les actes de la conférence de Carthage. Ne seroit-ce pas le même que *Centurianensis*?

CENTURIONES (*Ad*), lieu de la Gaule, dans les Pyrénées. M. d'Anville, après avoir montré que ce lieu ne peut être Céret, comme l'ont cru MM. Marca & Astruc, conclut, 1°. que ce lieu n'étoit qu'une station, ainsi que son nom l'indique; 2°. qu'il doit être placé en-deçà de Céret, dans un endroit où il existe d'anciens vestiges sur le bord du Tech. Il faut, en cet endroit, quitter les bords de la rivière, poursuivre un vallon qui conduit en montant jusqu'à Bellegarde (*Summus Pyrenæus.*)

CENTURIPA, & CENTURIPÆ, ville de la Sicile, sur la côte orientale, à peu de distance de *Catana*.

CENTUS,

CENTUS, nom d'une ville de l'Arabie heureuse, selon Ptolemée.

CEOS (*Zia*), île de la mer Egée, entre celle d'Eubée, dont elle faisoit autrefois partie, & la Béotie, selon Pline : car, selon Pline, une partie de cette île avoit été engloutie par la mer avec ses habitans. Il en est aussi fait mention par Ptolemée & par Strabon. Pline dit qu'il ne lui restoit plus que les villes de Julide & de Cartée. Elle fut la patrie de Simonides de Ceos & de Prodicus, philosophe & rhéteur, que les Athéniens firent mourir comme corrupteur de la jeunesse.

CEPARUM PROMONTORIUM, promontoire de l'île de Cypre, fort prolongé en mer, vers le nord directement, près de la ville de *Solæ*, selon Strabon & Ptolemée.

CEPASIÆ, ville de l'Italie, dans la Vénétie, au nord du *Plavis*, & à l'ouest d'*Opitergium*.

CEPERARIA, ville attribuée à la Judée, & indiquée entre *Betograbi* & *Ælia*.

CEPHA CASTELLI, siège épiscopal d'Asie, dans la Syrie. Il en est fait mention dans les actes du concile de Chalcédoine, tenu en l'an 451.

CEPHALÆDIS (*Cefala*), ville de la Sicile, à l'ouest.

CEPHALAS. Strabon nomme ainsi un promontoire de l'Afrique, au commencement de la grande Syrte. Il ajoute qu'il étoit élevé & couvert de bois. Ptolemée en parle aussi. On croit que c'est aujourd'hui le cap *Mesurata*.

CEPHALE, bourg de Grèce, dans l'Attique, entre Prospatte & Aphydne, à quelque distance de la côte du golfe Saronique. On y honoroit si particuliérement les Dioscures, c'est-à-dire, Castor & Pollux, qu'on les mettoit au nombre des grands dieux, selon Pausanias. Ce bourg étoit de la tribu Acamantide.

CEPHALENIA, CEPHALLENIA, île de la mer Ionienne, qui porte aujourd'hui le nom de *Céfalonie*, ou *Cefalonia*. Elle a été nommée par les Grecs Κεφαλληνία, ainsi que l'écrivent Thucydide & Polybe; & Κεφαληνία comme on le voit dans Scylax, Ptolemée, & de même que les Latins, ont écrit *Cephallenia*, tel que Tite-Live; & l'on pense, d'après Strabon & Eustathe, que c'est cette île qu'Homère appelle quelquefois *Same*; & en effet, il y avoit dans l'île une ville de ce nom. Pomponius Mela, Pline & Florus écrivent *Cephalenia*. Ces auteurs pensent que c'est cette même île qu'Homère nomme *la Noire Epire*. (*Odyss. ch. v. 97, & c. 109.*)

Elle avoit eu anciennement quatre villes, quoique Ptolemée ne fasse mention que de deux. Strabon dit expressément que de son temps il n'y restoit plus que deux villes : mais Pline en compte trois, & ajoute que les ruines de Same, détruite par les Romains, subsistoient encore. (*Pline, liv. IV, c. 12.*) Cette île fut soumise par les Thébains, conduits par Amphitryon. Dans le même temps un Athénien d'un rang considérable, appelé *Céphale*, ayant par malheur tué sa femme Procris, en tirant sur une bête sauvage, se refugia à la cour d'Amphitryon : ce prince le prit sous sa protection, & lui donna le gouvernement de l'île : de-là vint que de *Same*, qu'elle s'étoit nommée jusqu'alors, elle fut appelée *Céphallénie*. Après avoir été long-temps aux Macédoniens, elle fut conquise par les Etoliens, qui la possédèrent jusqu'à Fulvius Nobilior, qui, ayant assiégé Same, la prit au bout de quatre mois, l'an 189 avant J. C. Les habitans, hommes & femmes, se retirent dans la citadelle, qui fut aussi obligée de se rendre; ils furent vendus comme esclaves.

Elle étoit partagée en quatre parties ou peuples, les Paléens, les Craniens, les Samæens, & les Pronæens.

CEPHALLENSIS. En disant que les Céphalléniens habitent l'île d'Ithaque, le mont Nérit, Crocylée, *&c.* il est clair qu'Homère (*Iliad. Béot.*) comprend sous cette dénomination générique, tous les sujets d'Ulysse : comme on diroit, tous les François qui habitent la Martinique, Saint-Domingue, la Corse, *&c.* mais comme il y avoit réellement l'île de Céphallénie, dont les habitans étoient proprement les Céphalléniens, *voyez* CEPHALLENIA.

CEPHALLEDIS (*Cefalù*), ville de la Sicile, sur la côte septentrionale. On trouve aussi ce nom écrit *Cephaledium*.

CEPHALON. Gergithius, cité par Festus, dit que c'est un des anciens noms de la ville de Rome.

CEPHALONNESOS, nom d'une île du Pont-Euxin, dans le golfe Carcinite, selon Pline. Elle étoit de la Sarmatie européenne, selon Ptolemée.

CEPHALOTOMI, nom d'un peuple de l'Asie, que Pline place vers le mont Caucase & sur le bord du Pont-Euxin.

CEPHALUS, ville de l'île de Cypre. Elle étoit arrosée par le fleuve *Aous*, selon Hésychius.

CEPHEIDÆ, nom que quelques auteurs ont donné aux peuples de l'Ethiopie.

CEPHENE, contrée de l'Arménie, appelée plus généralement *Sophene*.

CEPHENES, nom que les Grecs donnoient anciennement aux Perses.

CEPHENIA. Agathémère dit que l'Ethiopie a porté aussi le nom de *Cephenia*, d'où il paroit qu'il le fait venir de Céphée, personnage qui appartient à la mythologie.

CEPHESIAS. Scylax nomme ainsi un lac situé sur la côte d'Afrique.

CEPHIRA, KEPHIRA & CAPHIRA, ville de la Palestine, qui appartenoit aux Gabaonites. Elle fut comprise dans le partage de la tribu de Benjamin, selon le livre de Josué.

CEPHISIA, nom d'un village de Grèce, dans l'Attique, & auprès d'Athènes. Aulugelle dit que c'étoit-là qu'Hérode Atticus avoit sa maison de campagne.

CEPHISSIA, fontaine de l'Attique, selon Pline.

CEPHISSIS. Homère donne ce nom au lac Copaïs, dans la Béotie.

CEPHISSIS, *ou* COPAIS LACUS, lac de la Béotie. Ce lac prenoit son nom du fleuve *Cephiffus*, qui venoit de la Phocide, & venoit se perdre dans ce lac. Le nom de *Copaïs* venoit sans doute de la ville de *Copes*, qui étoit bâtie sur ses bords. Pausanias, *l. 9*, Béotic. *ch. 24*, dit qu'il y avoit autrefois deux villes sur le bord de ce lac, mais qu'il les avoit englouties dans ses débordemens : elles se nommoient *Athènes* & *Eleusis*.

CEPHISSIUS, nom d'une fontaine qui arrosoit la ville d'Apollonie, dans le Pont, selon Pline.

CEPHISSUS, fleuve de la Grèce. Ce fleuve prend sa source dans les montagnes qui séparent l'ancienne Phocide de la Thessalie : cette chaîne s'appeloit *Œta*. Le cours du Céphise est du nord-ouest au sud-est. Ce fleuve est quelquefois très-bruyant à sa source. En hiver, le froid y est très-vif, à cause du voisinage des montagnes. A peu de distance de sa source, on trouvoit *Lilæa*, ou Lilée; puis il recevoit à sa droite, d'abord le *Pindus*, plus bas, le *Chaçalis*; enfin, il couloit au bas de la montagne où se trouvoit Parapotame, avant d'entrer dans la Béotie. Il recevoit dans cette contrée l'*Hercyna*, à sa droite, le *Melas* à sa gauche, & se jetoit, au sud d'Orchomène, dans le lac Copaïs, nommé quelquefois, d'après le fleuve, *lac Cephissis*. L'expression d'Homère παρ' ποταμον, semble devoir s'entendre des habitans de Parapotame en particulier, puisqu'il n'y avoit que des peuples qui fissent un corps politique, qui pussent envoyer des troupes à la guerre. L'expression de border ou d'habiter près des bords d'un fleuve, est vague, & suppose nécessairement une résidence particulière. C'est aussi le sentiment de Pausanias, qui est en droit de s'appuyer du témoignage d'Hérodote. Pausanias dit que ce fleuve est quelquefois fort bruyant à sa source. En hiver, le froid y est très-vif, à cause du voisinage des montagnes.

CEPHISSUS, le Céphisse. Dans l'Attique, on trouvoit deux fleuves de ce nom. Le plus oriental, qui étoit la plus considérable, commençoit au nord de *Decelia*, couloit au sud jusqu'à *Cephissia*, puis couloit au sud-ouest par le nord d'Athènes, côtoyoit le mur septentrional du Pirée, traversoit les longs murs, & se jetoit dans le port de Phalères. Il est vrai que Strabon (*l. IX, p. 613*), le fait commencer plus à l'ouest, dans le pays des Trinémiens. Selon le même auteur, c'étoit une espèce de torrent, souvent à sec en été.

Le second commençoit à-peu-près au nord de *Phyla*, & venoit se jeter dans le golfe Saronique, auprès de Scirus. On trouvoit vers son embouchure plusieurs statues, entre autres une d'un jeune homme qui coupoit ses cheveux, sans doute pour les consacrer au fleuve, comme c'étoit la coutume des anciens Grecs. Pausanias, *in Attica, c. 37*.

CEPHISSUS, nom d'une rivière du Péloponnèse, dans l'Argolide, selon Pausanias.

CEPHISSUS. Ortélius met une rivière de ce nom dans l'île de Salamine.

CEPHISSUS, rivière de Grèce, dans la Sicyonie, selon le même.

CEPHISSUS. Le même géographe met une rivière ainsi nommée dans l'île de *Scyros*.

CEPHRO, *ou* KEPHRO, village & désert de l'Egypte, où furent bannis S. Denys d'Alexandrie, S. Maxime, *&c.* C'étoit du côté de *Loasis*, à l'entrée des déserts de la Libye.

CEPI, nom d'un lieu maritime de l'Asie mineure, que Cédrène, cité par Ortélius, place à l'embouchure du Méandre.

CEPI, ville de l'île *Cococondama*, sur le Pont-Euxin, à l'entrée du Bosphore Cimmérien, selon Pline. Elle est nommée *Cepus* par Strabon. C'étoit une colonie des habitans de Milet, selon Pline.

CEPIANA, *ou* CÆPINA. Selon les différens exemplaires de Ptolemée, ville de l'Hispanie, chez les peuples celtiques de la Lusitanie.

CEPIONIS TURRIS, lieu de l'Hispanie, dans la Bétique.

CEPRESICUM JUGUM. C'étoit un promontoire ou un cap que l'*ora maritina* de Festus Avienus indique, ce me semble, sur la côte de l'Hispanie.

CEPUS, nom d'une ville de l'île *Corocondama*, sur le Pont-Euxin, à l'entrée du Bosphore Cimmérien, selon Strabon. Cette ville est nommée *Cepi* par Pline, & *Cepæ* par Pomponius Méla & Diodore de Sicile.

CERACE. Polybe nomme ainsi une ville de la Macédoine, située auprès du lac Lichnyde.

CERAMICUS. Il y avoit à Athènes deux quartiers de ce nom; l'un en-dedans, & l'autre hors la ville. Ce dernier étoit principalement destiné pour le lieu où les jeunes gens s'exerçoient, selon Pausanias. (*Voyez* l'article ATHENÆ.)

CERAMICUS SINUS, golfe de Céramique. Il étoit situé sur la côte de la Carie, ayant au nord la presqu'île où étoit Halicarnasse, & au sud, celle où se trouvoit Cnide. Il prenoit son nom de la ville de *Ceramus*. C'est aujourd'hui le *golfo de castel Marmora*. On le trouve aussi écrit *Ceramiacus*.

CERAMIS, nom d'un bourg de Grèce, dans l'Attique. Il étoit de la tribu Acamantide, selon Suidas. C'est ce lieu que quelques auteurs ont nommé le *Céramique du dehors*.

CERAMORUM FORUM, ville de l'Asie mineure, que Xénophon dit avoir été située aux confins de la Mysie.

CERAMUS, ville de l'Asie mineure, dans l'île d'*Arconesus*, sur la côte de la Doride.

CERAMUS, nom d'une ville épiscopale de l'Asie mineure, dans la Carie, selon les actes du concile d'Ephèse, tenu en l'an 431.

CERAMUSSA, *ou* CERAMUNA, siège épiscopal de l'Afrique, dans la Numidie, & près de Milève, selon la conférence de Carthage.

CERANÆ, ville de Phrygie, selon Pline.

CERANGA, *ou* CERANGE, nom d'une ville de l'Inde, que Ptolemée place en-deçà du Gange.

CERAS, *ou* CERADIS, nom d'un lieu particulier des Indes, dont fait mention Aristote dans son livre des choses admirables. (*La Martinière*).

CERASA. L'histoire mêlée, citée par Ortélius, nomme ainsi l'intérieur de la Perse propre, ou Perside.

CERASONTE, ville grecque, située dans la Colchide, sur le bord de la mer. C'étoit une colonie de Sinope, selon Xénophon. Les Grecs y séjournèrent dix jours, pendant lesquels on partagea l'argent provenant de la vente des prisonniers.

CERASSON, *ou* GERASON, siège épiscopal de l'Asie, sous la métropole de Bostra, selon la notice du patriarchat d'Antioche.

CERASTÆ. Selon quelques anciennes éditions de Ptolemée, c'est le nom d'un peuple de l'Ethiopie.

CERASTIS. C'avoit été, selon Pline, l'un des noms de l'île de Cypre.

CERASUS, ville & golfe du royaume de Pont, sur la côte méridionale du Pont-Euxin. C'étoit une jolie ville grecque, qu'une peuplade venue de Sinope fit bâtir au fond d'une baie, entre deux rochers escarpés qui la défendoient, selon Pline & Arrien.

Cette ville fut agrandie par Pharnace, aïeul de Mithridate, qui lui fit prendre son nom, & la peupla d'une troupe de Barbares de la Colchide. C'est dans cette ville que la malheureuse Monime finit sa vie, selon Salluste, dans ses fragmens.

L'aspect de *Cerasus* est fort agréable en y arrivant par mer. Au rapport de Pline, c'est du territoire de cette ville, que Lucullus, après en avoir fait la conquête, envoya en Italie les premiers plants de cerises. Cette ville a été épiscopale, selon la notice de Léon-le-Sage.

Les dix mille Grecs qui s'étoient trouvés dans l'armée du jeune Cyrus, lors de la bataille de Babylone, passèrent en revue devant leurs généraux dans cette ville. Ptolemée distingue la ville de *Cerasus* de celle de Pharnacée.

CERATA, nom de deux montagnes de la Grèce. Elles séparoient les territoires de Mégare & d'Athènes, selon Strabon, Diodore de Sicile & Plutarque.

CERATINUS SINUS, golfe du Bosphore de Thrace, selon Denys de Bysance.

CERATOPORUM, siège épiscopal de l'Asie mineure, dans la Phrygie pacatienne, selon les actes du concile d'Ephèse.

CERATUS, *ou* CÆRATUS, nom d'une petite rivière de l'île de Crète, que Strabon dit couler auprès de la ville de *Gnossus*.

CERAUNIA, ville du Péloponnèse, dans l'Achaïe, selon Polybe. C'étoit une des douze villes qui formoient la cité des Achéens.

CERAUNII. Les Cérauniens étoient un peuple de l'Illyrie, & qui étoient partagés en vingt-quatre décuries, selon Pline. Il est aussi parlé de ce peuple par Ptolemée.

CERAUNII MONTES. Les monts Cérauniens, en Illyrie, & s'étendoient du nord au sud. C'est pourquoi on les trouve aussi dans l'Epire.

CERAUNII MONTES. Tzetzès met des monts Cérauniens, en Italie ou en Sicile.

CERAUNII MONTES. Pomponius Méla donne ce nom à la partie du mont Taurus qui va du côté du Pont-Euxin, du Palus Méotide & du Tanaïs. Pline en fait aussi mention.

CERAUNILIA, *ou* CERAUNÆA, ville de l'Italie, que Diodore de Sicile place dans le pays des Samnites. Il ajoute qu'elle fut prise par les Romains.

CERAUNUS, nom d'une rivière de l'Asie, dans la Cappadoce, selon Pline.

CERAUSIUS, nom d'une montagne du Péloponnèse, dans l'Arcadie. Elle faisoit partie du mont Lycée, selon Pausanias.

CERBALITANUS. Le concile de Carthage tenu en l'an 525, met un siège épiscopal de ce nom dans l'Afrique proconsulaire.

CERBALUS (aujourd'hui le *Cervaro*), rivière de l'Italie, dans la Pouille daunienne. Elle lui servoit de bornes, selon Pline. Elle est marquée sur la carte de M. d'Anville.

CERBANI. Pline nomme les Cerbaniens comme un ancien peuple de l'Arabie heureuse. Ils sont nommés *Cerdanitæ* par Etienne de Bysance.

CERBANIUM. Procope fait mention d'une ville de l'Italie, qu'il nomme ainsi. Il la place dans la Pouille.

CERBERIUM ORACULUM. Ce lieu devoit être sur les côtes de la Campanie. Les oracles s'y manifestoient en sortant de la terre.

CERBESIA FOSSA, nom d'une fosse de l'Asie mineure, dans la Phrygie. Strabon rapporte qu'il en sortoit des exhalaisons empestées.

CERBIA, ville de l'île de Cypre, selon Constantin Porphyrogénète, cité par Ortélius (*La Martinière*).

CERBICA (*Sbekkah*), ville de l'Afrique, qui étoit située à dix-huit lieues au sud-ouest de Capsa, selon Ptolemée.

On y trouve quelques vestiges des Romains. (*Shaw.*)

CERCAPHUS, nom d'une montagne de l'Asie mineure, dans l'Ionie, & près de la ville de Colophon, selon le scholiaste de Lycophron, cité par Ortélius.

CERCAS. Suidas fait mention d'une ville de Grèce ainsi nommée. Il dit qu'elle étoit près d'Aulide.

CERCASAROPOLIS, nom d'une ville d'Egypte, qui étoit située sur la rive gauche du Nil, à l'endroit où ce fleuve se partage pour former le Delta. Il en est fait mention par Hérodote & Pomponius Méla. Sa branche orientale est le bras Pélusien; l'occidentale, le Canopien. Strabon nomme cette ville *Cercesura*, & la met du côté de la Libye.

CERCASORUM. *Voyez* CERCASOROPOLIS.

CERCENA, nom d'une ville de l'Ethiopie, que Diodore de Sicile place vers l'océan occidental, chez les Atlantides.

CERCESURA, ville que Strabon place du côté de la Lybie. *Voyez* CERCASUROPOLIS.

CERCETÆ, peuples qui habitoient au midi du mont Caucase & du Pont-Euxin, selon Strabon.

CERCETI MONTES, montagnes de Grèce, dans la Thessalie, selon Pline. Elles sont nommées *Mons Cercetesius* par Ptolemée, & *Mons Cercetius* par Tite-Live.

CERCETICUS Sinus, golfe que Ptolemée met sur la côte septentrionale du Pont-Euxin, à l'orient des Achéens.

CERCETII. Denys le Périégète met les Cercétiens en Asie, dans la contrée *Cercetus*. Ils sont nommés *Cercetæ* par Ptolemée, qui les place sur la côte septentrionale du Pont-Euxin, à l'orient des Achéens.

CERCETIUS, nom d'une montagne de l'île de Samos, selon Pline & Strabon. Ce dernier semble en faire une partie du mont *Ampelos*.

CERCETUS. Eustathe nomme ainsi une contrée de l'Asie, contiguë au Caucase & près du Pont-Euxin. Elle étoit sur la côte septentrionale du Pont-Euxin.

CERCIÆ, île de la mer Méditerranée, que Pline place dans l'Asie mineure, sur la côte de l'Ionie.

CERCII, nom d'un peuple de l'Italie, selon Diodore de Sicile. Il ajoute que les Romains en firent une colonie, sous le consulat de Lucius Valérius & de A. Manlius.

CERCINA, *ou* CERCINNA & CERCINITIS (aujourd'hui *Querkyness*), deux îles de l'Afrique, à cinq lieues à l'est d'*Usilla*. Elles étoient plates, & si près l'une de l'autre, qu'elles étoient jointes par un pont, selon Strabon & Pline. Ptolemée ajoute une ville aussi du nom de *Cercina*.

CERCINA, nom d'une montagne de la Macédoine, entre la Pæonie & la Sintique, selon Thucydide.

CERCINE, ville de la Macédoine, dans l'*Odomantice*, à l'embouchure du fleuve *Pontus*, dans le lac suivant.

CERCINITIS PALUS, marais de la Macédoine. Il s'étendoit de l'ouest à l'est, entre la ville de *Cercine* & le lieu appelé *Myrcinus*.

CERCINITIS, île de la Méditerranée, près de *Cercina*. (*Voyez* ce mot).

CERCITÆ, nom d'un peuple que Ptolemée place dans la Sarmatie asiatique.

CERCOPI, brigands qui habitoient à l'extrémité du sentier Anopée, près de la roche Melampyge, sur les confins de la Locride & de la Mélide. Hérodote en parle, *L. VII, c. 216*. Il paroît que l'on a donné ce nom à des brigands établis en plusieurs pays. M. Larcher, dans ses notes sur Hérodote, remarque que ce nom fut aussi donné à une espèce de gens que l'on pourroit traiter de flatteurs ou de vils courtisans.

CERCOPI. Ovide nomme ainsi les habitans de l'île de Pithécuse.

CERCOPIA, nom d'une ville de l'Asie, dans la Grande-Phrygie, selon Ptolemée.

CERCOPONEDRAS, κέρκωπων ἕδρας, nom d'un chemin de la Grèce, entre le mont Œta & le pays des Trachiniens, selon Hérodote : mais c'étoit moins le chemin que l'endroit où demeuroient les Cercopes. C'étoit l'entrée d'un chemin presque inconnu, & par lequel passèrent les Perses pour surprendre les Grecs qui défendoient les Thermopyles. Ce sentier « commence à l'Asopus, qui coule » par l'ouverture de la montagne qui porte le nom » d'*Anopée*, ainsi que le sentier. Il va par le haut » de la montagne, & finit vers la ville d'Alpène, » la première du pays des Locriens, du côté des » Méliens, près de la roche appelée *Melampyge*, » & de la demeure des Cercopes. C'est-là que le » chemin est plus étroit ». (*Trad. de M. Larcher.*) M. le comte de Choiseul-Gouffier a retrouvé ce même chemin, en examinant ce local dans son passage d'Athènes à Larisse.

CERCUS, nom que Cédrène, cité par Ortélius, semble nommer ainsi une colline de l'Asie mineure, dans la Bithynie. (*La Martinière.*)

CERCUSIUM. C'est le nom que quelques auteurs donnent à *Circesium*.

CERDANITÆ, nom que donne Etienne de Bysance à un peuple de l'Arabie heureuse.

CERDICEATES, *ou* CERDICIATES, peuple de l'Italie, dans la Ligurie, selon Tite-Live.

CERDONIA (*Cerdogna*), lieu de l'Italie, chez les Hirpins (*Cluvier.*)

CERDYLIUM, lieu aux confins de la Thrace & de la Macédoine, près d'un bourg maritime dans le pays des Argiliens; & au voisinage de la ville d'Amphipolis, selon Thucydide & Lycophron.

CEREBELLIACA (*Chabeuil*), lieu de la Gaule, selon l'itinéraire de Bordeaux, qui le place entre *Valencia* & *Augusta*.

CEREPUM, nom d'une ville de la Palestine, selon Guillaume de Tyr, cité par Ortélius.

CERERIS SPECULA, *ou* CERERIS SCOPIAS, ou, si l'on conserve le nom grec, DEMETRII SPECULA, les miroirs de Cérès. C'étoit le nom d'un promontoire de la côte d'Egypte sur la mer Rouge.

CERESIUS (*Tresa*), fleuve d'Italie, chez les *Lepontii*.

CERESIUS LACUS (*Lago di Lugano*), lac d'Italie, chez le même peuple. (*Voyez* CLUVIER.)

CERESSUS, nom d'une place forte de la Grèce, dans la Béotie, selon Pausanias. Elle appartenoit aux Thespiens, & étoit mieux fortifiée que leur ville.

CERESSUS, ville de l'Hispanie, dans la Tarragonnoise, au pays des Jacétains, selon Ptolemée.

CERETÆ, & CEREATÆ. Polybe nomme ainsi un ancien peuple de l'île de Crète.

CERETAPA, nom d'une ville de l'Asie mineure, dans la Phrygie pacatiane, selon la notice de Hiéroclès.

CERETHÆI. On croit que ce peuple faisoit partie des Philistins.

CERETHANI, *ou* CERETANS, peuples situés au pied des Pyrénées, dans l'Hispanie. (*Voyez* CERRETANI.)

CEREURA. C'est ainsi que quelques interprètes croient devoir lire dans Ptolemée le nom *Coreura*.

CERFENNIA, nom d'un lieu de l'Italie, sur la voie Valérienne, entre *Alba Fucentia* & *Corfinium*, selon l'itinéraire d'Antonin. Il est marqué sur la carte de M. d'Anville.

CERII. Diodore de Sicile nomme ainsi un ancien peuple de l'Italie, dans l'Etrurie. Ne seroient-ce pas les habitans de *Cære?*

CERILLI, lieu de l'Italie, dans la partie de la grande Grèce nommée le *Brutium*. Il étoit sur le bord de la mer, peu éloigné au sud-ouest de *Pandosia*.

CERILLUM, nom d'un lieu de l'Italie, dans la Lucanie, selon Strabon. Je ne doute pas que ce ne soit le *Cerilli* de l'article précédent. Il étoit en effet peu éloigné des limites de la Lucanie, lesquelles peuvent s'être étendues jusques-là, à certaines époques.

CERINTHUS, ville de la Grèce, située dans l'île d'Eubée. L'épithète de εφαλος ou de *maritime*, que lui donne Homère, eût pu convenir à beaucoup d'autres villes de l'Eubée. Celle-ci étoit située sur la côte orientale, au nord-est de Chalcis. On n'a point de détail sur cette ville.

CERIONIA, *ou* CERINÆ, lieu particulier de la ville de Rome, selon Varron. (*La Martinière*.)

CERITES (les), peuple de l'Italie, habitans de *Cære*, dans l'Etrurie. Ils reçurent, dans leurs villes, les vestales qui fuyoient de Rome à l'arrivée des Gaulois. Les Romains leur accordèrent le droit de bourgeoisie, mais sans droit de suffrage.

CERMA. Agathias, cité par Ortélius, semble donner ce nom à une nation persane. (*La Martinière*.)

CERMATÆ. Cédrène dit que c'étoit le nom d'une ancienne nation de l'Asie, ennemie des Agaréniens.

CERMORUS. Pline nomme ainsi un golfe & une petite ville de la Macédoine aux frontières de la Thrace. Il la met entre *Amphipolis* & *Posidium*.

CERNE, nom d'une île près de laquelle mouilla Hannon, sur la côte de l'Afrique, dans l'océan Atlantique. Il dit, dans son périple, que l'île de *Cerné* est à égale distance du détroit des colonnes que de ce détroit à Carthage.

Hannon ayant jugé cette île propre à faire un entrepôt sur la côte occidentale de l'Afrique, il y bâtit un fort & y établit une colonie. Au temps de Scylax, l'île de *Cerné* étoit devenue le terme de la navigation pour les gros bâtimens. La colonie de Hannon s'y maintint, & *Cerné* fut toujours l'entrepôt des Carthaginois au sud de l'Afrique. Plusieurs des auteurs anciens qui connoissoient cette île de nom en ignoroient la véritable position.

CERNE, nom d'un étang ou lac de l'Ethiopie, près de l'océan, selon un ancien scholiaste, cité par Casaubon, dans ses notes sur Strabon. (*La Martinière*.)

CERNEATIS. On croit que c'est ainsi que l'île de Corse est nommée par Lycophron (*La Martinière*.)

CERNETANI, ancien peuple de l'Italie, dans la Campanie. Pline dit qu'ils étoient surnommés *Mariani*.

CERNIA, ville de Cypre, sur la côte septentrionale, au nord-est de *Solæ*.

CERNITIS PALUS, espèce d'étang situé en Thrace (faisant depuis partie de la Macédoine), près de l'embouchure du Strymon. Le *Pontus* s'y rendoit, ou plutôt avoit d'abord servi à former cette masse d'eau, & n'en sortoit que pour se rendre dans le Strymon, en face du lieu appellé *Myrcinus*.

CERON, pays de l'Asie, dans l'Assyrie. Il étoit fertile en bois odoriférans. Joseph dit que de son temps on y voyoit les restes de l'arche de Noé.

CERON. Pline nomme ainsi une fontaine de la Grèce, dans l'Estiéotide, contrée de la Thessalie.

CERONES, nom d'un peuple que Ptolemée place sur la côte septentrionale de l'île d'Albion.

CERONIA (*Cerines*) ville de l'île de Cypre, selon Ptolemée. Elle est nommée *Cerinium* par Pline.

CEROPELLÆ, lieu que Jornandès place vers la Thrace. C'est un des lieux que les Romains donnèrent aux Goths pour habiter.

CEROPHÆI, nom d'un peuple que Ptolemée place dans l'Afrique proprement dite.

CEROSSUS, nom d'un lieu de la mer Ionienne, entre l'île Mélité & la Macédoine, dans la mer Adriatique, selon Apollonius.

CERRETANI, anciens peuples de l'Hispanie, qui habitoient le long des Pyrénées, auprès des Vascons. Strabon, Ptolemée & Pline en font mention. Le dernier les distingue en *Juliani* & en *Augustani*. Jules-César leur donna le droit de bourgeoisie, & Auguste leur incorpora quelque petite nation, & les étendit jusqu'aux Vascons.

CERRHÆUS CAMPUS, campagne de la Grèce, à trente stades de Delphes, selon Eschine, cité par Phavorin.

CERRŒTANI. C'est ainsi que l'on lit, dans Ptolemée, le nom des *Cæretani*. *Voyez* ce mot.

CERSUNUM, nom d'une ville que Ptolemée place dans l'intérieur de l'île de Corse.

CERSUS, *ou* CARSUS, nom d'une rivière de l'Asie, qui couloit entre les défilés de la Syrie, selon Xénophon.

CERTA. Hésychius nomme ainsi une ville de l'Asie, au-dessus des Arméniens.

CERTETA, peuple qui habitoit sur la côte septentrionale du Pont-Euxin, entre la Chersonnèse taurique & la Colchide, parmi les Achéens & les Zichiens, selon Strabon. Ce sont les *Cercetii* de Denys le Périégète.

CERTIMA, ville extrêmement forte de l'Hispanie, dans la Celtibérie, selon Tite-Live. Elle fut prise par Gracchus.

CERTISSA, *ou* CIRTISSA, ville de la Pannonie, loin du Danube.

CERTONIUM, ville de l'Asie mineure, entre *Adramyttium* & le Caïque, selon Xénophon.

CERVARIA, promontoire à l'extrémité de la Gaule narbonnoise, du côté de l'Espagne, selon Pomponius Mela. Il faut observer que *Cervera*, qui paroît lui avoir succédé, appartient actuellement à la Catalogne, c'est-à-dire, à l'Espagne.

CERVINI, nom d'un peuple que Ptolemée place sur la côte occidentale de l'île de Corse, près du mont d'Or.

CERYCIUS MONS, nom d'une montagne de Grèce, dans la Béotie, selon Pausanias, qui ajoute que l'on disoit que Mercure y étoit né. Il paroît, par la description de cet ancien, que cette montagne étoit comprise dans la ville de Tanagre.

CERYCIUS MONS, montagne de l'Asie mineure, dans l'Ionie, selon Hésychius. Elle étoit dedans ou auprès de la ville d'Ephèse.

CERYNEA. Pausanias nomme ainsi une montagne du Péloponnèse, dans l'Arcadie.

CERYNEÆ (*ou* CERINÉ), ville de l'Achaïe, au nord-ouest de *Bura*, & près du golfe de Corinthe. Elle avoit, dit Pausanias, pris son nom du petit fleuve *Cerynite*, qui passe auprès, & commence au sud, à une montagne de même nom. Cet auteur dit qu'elle étoit sur une petite montagne. Ce fut en grande partie dans cette ville que se retirèrent les habitans de Mycènes, lorsque la jalouse fureur des Argiens les força de quitter leur patrie pour aller s'établir ailleurs.

Il y avoit à *Ceryné* un temple des Euménides, que l'on disoit avoir été fondé par Oreste. On croyoit que si un homme, souillé de quelques crimes, y étoit entré, il auroit été agité par les furies, & seroit tombé dans le délire. C'est pourquoi on n'y admettoit pas indifféremment tout le monde.

CERYNIA, ville de l'île de Cypre, dans sa partie septentrionale, à l'est de *Lapethus*.

CERYNITES, rivière du Péloponnèse, dans l'Arcadie. Pausanias dit qu'elle a sa source au mont *Cerynea*, passe auprès de la ville de *Cerynea*, & coule le long des frontières de l'Achaïe.

CESADA, la même que CESATA.

CESATA, ville de l'Hispanie, entre *Arriaca* & *Seguntia*, selon l'itinéraire d'Antonin. Ptolemée écrit *Cesada*, & dit que c'étoit une ville de la Celtibérie, dans la Tarragonnoise.

CESBEDIUM, temple de l'Asie, dans la Pamphylie. Polybe dit qu'il étoit dédié à Jupiter, & qu'il étoit situé au haut de la ville de *Selga*, & qu'il lui servoit de citadelle.

CESCUM, nom d'une ville de l'Asie, dans la Cilicie, selon Pline.

CESENA (*Cesena*), ville de la Gaule cispadane, au sud-est, vers la mer, au sud-est de *Forum Livii*. Elle fut fondée par les Gaulois Senonois, 391 ans avant l'ère vulgaire. J'ignore quel fut son état sous les Romains.

Cesena étant au pouvoir des Hérules, fut assiégée en vain par Théodoric. Ce prince ne put l'obtenir qu'après la mort d'Odoacre : alors Liberius, qui y commandoit, la lui remit l'an de J. C. 493.

Narsès échoua depuis devant cette place : cependant elle revint à l'empereur grec ; mais elle se rendit à l'approche de Totila, l'an 541. Après avoir beaucoup souffert de tant de guerres différentes, elle eut le malheur d'être consumée en partie, ou du moins de perdre son château par les flammes.

CESI, peuples des Indes. Ils étoient voisins des *Cetriboni*. Pline les place entre le fleuve Joman & l'île de Patalé.

CESIL, *ou* BATHUEL, *ou* BÉTHUL, ville de la Judée, dans la tribu de Juda, selon le livre de Josué. Elle fut ensuite comprise dans celle de Siméon. Eusèbe la met dans la partie méridionale de la tribu de Juda.

CESION, *ou* CEDES, ville de la Judée, dans la tribu d'Issachar, selon le livre de Josué. Elle fut donnée aux Lévites de cette tribu, qui étoient de la famille de Gerson.

CESSAN, nom d'un lieu de l'Egypte, où demeuroit le roi Plamaneth, qui avoit beaucoup de dureté pour les Juifs, selon Eusèbe, cité par Ortélius. (*La Martinière.*)

CESSERO (*S. Tiberi*), ville de la Gaule narbonnoise, sur la frontière des Tectosages, selon Pline. Cette ville étoit bâtie dans un vallon, près de la rivière *Arauris* ou l'Erault. Il en est aussi fait mention par l'itinéraire d'Antonin & par Ptolemée. Ce dernier la place chez les Volsques tectosages.

CESSITANUS, ville d'Afrique, dans la Mauritanie césarienne. Elle étoit épiscopale, selon la conférence de Carthage.

CESTIÆ, ville d'Italie, dans la Ligurie, peu éloignée à l'est de *Quadrata*, & au nord de *Rigomagus*.

CESTISSA, ville de la basse-Pannonie, selon Ptolemée. L'itinéraire d'Antonin la marque sur la route d'*Æmona* à *Sirmium*, entre *Leuconum* & *Cibalæ*.

CESTRI, ville épiscopale de l'Asie, dans l'Isaurie, selon la notice de Hiéroclès.

CESTRIA, nom d'une ville que Pline place dans l'Epire.

CESTRINA, petite contrée de l'Epire.

CESTRINES, peuple compté entre ceux que renfermoit l'Epire.

CESTROS, fleuve de la Pamphylie, selon Pomponius Mela.

CESTRUS, fleuve de la Pamphylie, selon Ptolemée.

CESUS. Phavorin nomme ainsi une rivière; mais il ne dit pas de quel pays.

CETARIA, nom d'une ville que Ptolemée place sur la côte occidentale de la Sicile.

CETÆUM, promontoire de l'Inde, dans la partie sud-est de l'île de Taprobane, selon Ptolemée.

CETARINI. Pline nomme ainsi les habitans de la ville de *Cetaria*, que Ptolemée met sur la côte occidentale de la Sicile.

CETEIUS, fleuve que Strabon place dans l'Elaïtide: il le compare à un torrent.

CETHIS, nom d'une rivière de l'Asie, qui coule dans la Carmanie, selon Pomponius Mela.

CETIÆI. Selon les fragmens géographiques (*pet. géog. T. IV*), les Macédoniens avoient autrefois porté ce nom.

CETII, peuple de l'Asie mineure, dans la Mysie. Homère & Strabon en font mention. Le dernier dit qu'Eurypyle, leur roi, avoit ses états aux environs du Caïque, près de la Cilicie. Ce peuple prenoit vraisemblablement son nom de la rivière *Cetium*, qui traversoit leur pays.

CETIS, *ou* CITIS, contrée de l'Asie mineure, dans la *Cilicia-Trachea*. Elle étoit le siège d'un sacerdoce fondé par Ajax, fils de Teucer, & dont le pontife étoit aussi le souverain.

CETIUM, rivière de l'Asie mineure, dans la Mysie. Elle se jette dans le Caïque, selon Strabon.

CETIUM, nom d'un lieu de la Norique, entre Comagènes & Arlape, selon l'itinéraire d'Antonin.

CETIUS, nom d'une montagne de la Norique, selon Ptolemée. Dans l'itinéraire d'Antonin, elle est marquée entre *Vindebona* & Arlape.

CETIUS, rivière de la Mysie, qui se perdoit dans le Caïque, après avoir arrosé le territoire de la ville de Pergame. Strabon dit *Cetium*, rivière de la Mysie, en Asie.

CETLIS, ville de la Palestine, dans la tribu de Juda, selon le livre de Josué, *ch. 15*.

CETOBRIGA (*Setuval*). Le nom de cette ville signifie *ville aux poissons*, & sa position doit l'avoir rendue, comme encore aujourd'hui, une ville habitée sur-tout par des pêcheurs. Elle appartenoit à la Lusitanie. Il est ridicule de croire, avec quelques antiquaires du pays, que Tubal avoit été le fondateur de cette ville. Encore faudroit-il convenir avec eux, qu'il vint en Hispanie l'an de la création 1801, environ 145 ans après le déluge. Je dirai, avec un peu plus de vraisemblance & beaucoup plus de certitude, que *Cetobriga* eut beaucoup à souffrir, 33 ans avant notre ère, de la part d'un certain Bogud, roi ou pirate africain, qui, ayant débarqué au *Portus Annibalis*, & ayant pillé les habitations voisines, doubla le *Promontorium sacrum* (cap S. Vincent), & s'empara, par surprise, de *Cetobriga*. Après avoir passé au fil de l'épée, sans distinction de sexe ni d'âge, tous ceux qui ne purent se mettre assez promptement à l'abri de sa fureur, il saccagea la ville, en renversa les murs, & mit le feu aux édifices. Ce fut alors, dit-on, que ce désastre rappelant le souvenir des malheurs de Troye, on donna à ces ruines le nom de *Troja*.

D'autres auteurs portugais prétendent que Marcus Porcius Caton, après avoir conquis les Espagnes, détruisit *Cetobriga*, ainsi qu'il avoit détruit toutes les villes fortes & peuplées. Il existe un autre sentiment que les malheurs peu anciens de Lisbonne rendent au moins vraisemblables, c'est que cette ville fut renversée par un tremblement de terre. Je ne déciderai pas aucun de ces sentimens. J'ajouterai seulement, 1°. que pendant l'espace de plus d'une lieue, on trouve les ruines de plusieurs édifices, & beaucoup d'antiquités; 2°. que comme entre toutes les médailles, aucune n'appartient aux temps qui ont suivi Héraclius, il est probable que ce fut de son temps, ou peu après, que *Cetobriga* fut détruite.

CETRIBONI, peuple des Indes, qui habitoit avec les *Cesi*, entre le fleuve Joman & l'île de Patalé, selon Pline.

CETRON, ville de la Palestine. On voit, au livre des Juges, qu'elle fut donnée en partage à la tribu de Zabulon; mais qu'elle ne put la prendre sur les Chananéens, à qui elle appartenoit.

CETTÆ, bourg de Grèce, dans l'Attique. Il étoit de la tribu Léontide, selon Suidas.

CETUMA, nom d'une ville que Pline place en Ethiopie, sous l'Egypte.

CETUS, rivière de l'Italie, qui est mise auprès de Cumes par le livre des merveilles, attribué à Aristote.

CEUDUM, *ou* CEVELUM, lieu de la Gaule belgique, selon la table de Peutinger, citée par Ortélius. Ce lieu y est marqué sur la route de *Noviomagus* à *Atuaca* ou *Atuataca*. M. d'Anville croit que c'est aujourd'hui Cuik.

CEVELUM. *Voyez* CEUDUM.

C H

CHAA, ville du Péloponnèse, dans la Triphylie, vers le nord-ouest de *Macistus*.

On prétendoit, au temps de Strabon, qu'elle avoit été désignée dans Homère par le nom de *Pheia*; qu'elle avoit été un sujet de guerre entre les Arcadiens & les Pyliens, qui se l'étoient disputée.

Assez près étoit la sépulture de Jardan, héros peu connu. Il y avoit un fleuve de son nom. *Voyez* JARDANUS.

CHAALLA, nom d'une ville de l'Arabie heureuse, selon Strabon, qui en parle au sujet de la conquête que les Romains firent de cette province.

CHABACA, nom d'une ville de la Cappadoce, que Strabon place dans la contrée nommée *Sillène*.

CHABALA, ville de l'Albanie, selon Ptolemée. Quelques interprètes lisent *Cabalaca*, & la traitent de première ville de l'Albanie.

CHABALON, *ou* CHABAL, ville de la Palestine, que Joseph place au midi de Tyr, & dans le voisinage de Ptolémaïde. On croit que c'est cette ville qui est nommée *Chabul* dans le livre de Josué.

CHABARENI. Etienne de Bysance, en parlant de cette nation, cite un passage d'Eudoxe, qui porte, « que les Chareni habitoient aux environs de Calybon ou Chalyburn (comme lisent les interprètes), qu'ils dévoroient crues les mammelles des femmes dont ils pouvoient s'emparer; ils dévoroient aussi les enfans.

CHABARZABA, *ou* CAPHARSABA, champ de la Palestine, dans la demi-tribu de Manassé, en-deçà du Jourdain. Joseph dit que c'est dans ce champ qu'étoit bâtie la ville d'Antipatride.

CHABERIS, *ou* CHABERUS (*Caveri*), fleuve de l'Inde, dans la presqu'île en-deçà du Gange, selon Ptolemée. Elle se divisoit en un grand nombre de canaux, pour se rendre à la mer sur la côte orientale, au nord & près du promontoire *Calligicum*.

CHABERIS (*Caveri-Patnam*), ville de l'Inde, dans la partie orientale de la presqu'île en-deçà du Gange, & sur l'embouchure septentrionale de la rivière du même nom, selon Ptolemée. (*Inde de M. d'Anville*).

CHABILCI, peuple septentrional, dont parle Festus Avienus.

CHABINUS, nom d'une montagne que Diodore de Sicile dit être toute couverte de bois. Il la place dans l'Arabie heureuse, sur le bord de la mer Rouge.

CHABLASII, nom d'un peuple de l'Arabie heureuse. Ils habitoient dans le voisinage des Nabathéens, selon Denys le Périégète & Eustathe.

CHABOLO, village de la Palestine, dans le voisinage de Ptolémaïde, selon Joseph, cité par Ortélius. On croit que c'est la même chose que la ville de *Chabalon*.

CHABON. Eusèbe & S. Jérôme nomment ainsi une ville de la Palestine, qu'ils placent dans la tribu de Juda. On croit que c'est la même que *Chabbon* ou *Chebbon*.

CHABOR, *ou* CHABORA, place forte de l'Asie, dans la Mésopotamie. Elle étoit située au confluent du Chabor & de l'Euphrate, selon Ptolemée.

CHABOR, *ou* CHABORAS, rivière de l'Asie. Ptolemée met sa source au mont Masius. Elle couloit vers le sud-ouest, passoit près de la ville d'*Anemusia*, & alloit se jetter dans l'Euphrate, à l'endroit où étoient situées les villes de *Chabor* & de *Cercusium*. Procope dit que Julien passa cette rivière sur un pont de bateaux. Strabon & Ammien Marcellin nomment cette rivière *Aborras*.

CHABORA, ville de la Mésopotamie, que Ptolemée indique près de l'Euphrate.

CHABORÆ FONS, fontaine de l'Asie, qui étoit à l'orient des montagnes qui sont dans l'intérieur de la Mésopotamie. Cette fontaine étoit la source de la rivière Chaboras. Elle étoit vers le 36e deg. 40 min. de lat.

CHABORAS (*Khabour*), fleuve de l'Asie, dans la Mésopotamie. C'étoit le plus grand de ce pays entre le Tigre & l'Euphrate.

Il prenoit dans les montagnes, vers le 36e deg. 40 min. de latit. couroit au sud-est jusqu'au 36e deg. qu'il prenoit au sud-sud-est jusqu'à ce qu'il reçût le *Mygdonius*; alors il alloit au sud-ouest se perdre dans l'Euphrate, où étoit située la ville de *Circesium*, vers le 35e deg. 20 min. de latit.

Dans son cours, ce fleuve arrosoit la ville de *Resaina* ou *Theodosiopolis*. Le même que le *Chabor*.

CHABORAS, montagne de l'Assyrie, selon Ptolemée : il étoit du côté de la Médie.

CHABRIÆ CASTRA, nom d'un château ou forteresse de l'Egypte, que Strabon place sur la route du mont *Casius* à Peluse.

CHABRIÆ PAGUS, village de l'Egypte, selon Strabon. Il dit qu'on le trouve sur sa droite, en remontant le Nil, depuis *Schedia* jusqu'au lac *Marcia*.

CHABRIUS, nom d'une rivière de la Macédoine. Elle avoit sa source au mont *Bertiscus*, couloit vers le midi, arrosoit la ville d'Anthemus, & alloit se perdre dans la mer, selon Ptolemée.

CHABUATA. Ptolemée met une ville de ce nom dans l'Arabie heureuse.

CHABURA, fontaine de l'Asie, dans la Mésopotamie. Il en est fait mention par Pausanias, Athénée & Pline. Ce dernier dit que les eaux de cette fontaine étoient naturellement parfumées.

CHADACA, ville de l'Albanie, que Ptolemée place entre l'*Albanus* & le *Casius*.

CHADÆI, nom d'un peuple qui habitoit dans la partie orientale de l'Arabie heureuse, selon Pline.

CHADISIA, nom d'une rivière de la Cappadoce, selon Etienne de Bysance & Pline. Ce dernier la fait couler entre la ville d'*Amisus* & la rivière Lycaste.

CHADISIA, bourg ou village de la Cappadoce, auprès de la rivière du même nom, selon Pline. Etienne de Bysance l'attribue aux Lyco-Syriens.

CHADISIUS. Ce nom, employé dans le périple de Marcien d'Héraclée, est celui d'un lieu & d'un fleuve qu'Etienne de Bysance nomme *Chadisia*. (*Voyez* ci-dessus). Cet auteur cite même le passage & le périple; mais le nom du lieu est différent.

CHADRAMOTITÆ, peuple de l'Arabie heureuse, qui habitoit sur la côte méridionale, en face de la mer des Indes, dans l'endroit où se rend le fleuve Prion, selon Etienne de Bysance. Ptolemée les nomme *Cathramotitæ*, & les éloigne un peu de l'embouchure de ce fleuve.

CHÆANOITÆ, Strabon fait mention d'un peuple de ce nom; il le place dans la Sarmatie asiatique.

CHÆDINI. Ptolemée nomme ainsi un peuple qu'il place dans la Scandinavie.

CHÆMÆ, peuple de la Germanie, qui habitoit vers le fleuve *Amasius*, selon Ptolemée.

CHÆNIDES, peuple de la Sarmatie asiatique, selon Ptolemée. Ortélius croit que ce sont les *Chæanoitæ* de Strabon. (*La Martinière*).

CHÆRECLA, ville de l'Afrique, dans la Cyrénaïque, selon Ptolemée & Ammien Marcellin.

CHÆRETAPA, ville de l'Asie mineure, dans la Phrygie, selon l'histoire tripartide. Le concile d'Ephèse & la notice de Hiéroclès mettent *Chæretaporum*, siège épiscopal de la Phrygie pacatianne.

CHÆRONIA. C'est ainsi que l'on lit dans Ptolemée le nom de la ville de Béotie appelée *Cheronæa*. *Voyez* ce mot.

CHÆTÆ. Ptolemée nomme ainsi un peuple qu'il place dans la Scythie, au-delà de l'*Imaüs*. Les interprètes croient qu'il faut lire *Chatæ*.

CHÆTUORI, peuple que Ptolemée indique dans la haute-Germanie, après les *Curiones*.

CHAI, nom d'un peuple que Diodore de Sicile place aux environs du Phase.

CHALA, ville de l'Asie, dans l'Assyrie. Elle fut bâtie par Assur. Il en est fait mention au quatrième livre des Rois. Isidore de Charax parle aussi de *Chala*, qu'il nomme ville grecque, en la plaçant dans la *Chalonitis*.

CHALAAMA, nom d'une rivière de l'Asie, dans la Syrie, selon les Septante, au second livre des Rois.

CHALACH, ville capitale de la Chalacène, vers les sources du fleuve Lycus. Strabon met la Chalacène dans le voisinage de l'Adiabène.

CHALADRA, CHARADRA, *ou* GALADRA. Selon les divers exemplaires de Lycophron, ville & marais de la Macédoine.

CHALÆON, port de la Grèce, dans la Locride, à sept mille pas de Delphes, selon Pline, qui l'attribue aux Locriens Ozoles. M. d'Anville ne me paroît pas lui avoir donné de position sur sa carte, qui n'en offre que le nom.

CHALAPETIS, *ou* CHALTAPETIS. Selon les divers exemplaires de Ptolemée, contrée de l'Asie, dans la Susiane.

CHALASTRA, nom d'une ville de la Macédoine, que Pline place sur le golfe Therméen. Elle est nommée *Chalestra* par Hérodote & par Strabon. Etienne de Bysance en fait aussi mention, & il y place un port du même nom que la ville. On ne doit pas s'étonner de ce que cet auteur en fait une ville de Thrace. On sait que ce pays ne fit partie de la Macédoine, qu'après les conquêtes des rois macédoniens.

CHALCA, ville d'Afrique, selon Strabon.

CHALCÆA. Denys de Bysance nomme ainsi un lieu situé en Asie sur la carte du Bosphore de Thrace, & qui avoit sa dénomination du cuivre qui s'y trouvoit.

CHALCE, ancienne ville de l'Afrique, dans la Libye, selon Etienne de Bysance.

CHALCE. Le même géographe met une ville de ce nom dans la Phénicie.

CHALCE, *ou* CHALCÆ. Selon Etienne de Bysance, ancienne ville, située dans le territoire de Larisse.

CHALCE, île de la Méditerranée, sur la côte de l'Asie mineure, près de celle de Rhodes, selon Pline.

CHALCEA. Strabon, cité par Ortélius, dit que c'est le nom d'une ville d'Asie, dans la Carie. Il en est aussi fait mention par Etienne de Bysance.

CHALCEA, ville qu'Etienne de Bysance attribue à la Libye.

CHALCEDONIA, *ou* CHALCEDON (*Kadi-Keni*). Cette ville fut, dit-on, bâtie par les habitans de Mégare, quelques années avant celle de Bysance; mais vis-à-vis, par conséquent dans la Bithynie, contrée de l'Asie mineure. On la bâtit à l'entrée du Bosphore de Thrace. Elle fut d'abord nommée *Procerastis*, puis *Colpusa*, selon Pline. Cette ville fut prise par les Athéniens, quatre cens neuf ans avant J. C. Soixante-quatorze ans avant la même époque, Mithridate, roi de Pont, l'assiégea; mais elle fut secourue par le consul L. Lucullus. L'empereur Justinien la fit réparer, & lui donna le nom de *Justinienne*. Elle devint depuis très-puissante. Ce n'est plus qu'un village rempli de ruines, parmi lesquelles on voit un assez beau reste d'aqueduc souterrein. Chalcédoine fut nommée par dérision, *la ville des aveugles*, d'après l'opinion que ceux qui la fondèrent auroient pu choisir & auroient dû préférer l'emplacement de Bysance, qui étoit en face, mais de l'autre côté du détroit.

CHALCEDONII, habitans de Chalcédoine. *Voyez* CHALCEDONIA.

CHALCETORES. Strabon nomme ainsi un lieu de l'Asie mineure, dans la Carie.

CHALCETORIUM, nom d'une ville de l'île de Crète, selon Etienne de Bysance.

CHALCHIS (*le*), petit fleuve, ou plutôt ruisseau au nord de *Silluns*.

Strabon indique un petit lieu de même nom, mais on ignore où il étoit placé. Près de-là étoit aussi la fontaine *Crumes*.

CHALCIA, nom d'une petite île qui étoit sur la côte de l'Asie, à l'ouest de la partie septentrionale de l'île de Rhodes, & à l'est-sud-est de celle de Télos, vers le 36ᵉ deg. 25 min. de latit.

CHALCIDENSES, nom d'un peuple de l'Asie mineure, que Strabon place dans l'Ionie.

CHALCIDENSES. Diodore de Sicile met un peuple de ce nom aux environs de la rivière du Phase.

CHALCIDENSES, peuple de la Thrace, dans le pays desquels étoient situées les villes de *Tinda* & de *Milcorus*. Il en est parlé par Aristote & par Thucydide.

CHALCIDES. Etienne de Byſance nomme ainſi un peuple de la Sicile. Ortélius penſe qu'il pouvoit habiter aux environs du mont Chalcidique.

CHALCIDICE en Macédoine. *Voy.* CHALCITIS.

CHALCIDICE, contrée de la Syrie, à l'eſt de l'*Orontes* & au ſud de la *Chalybonitis* : elle avoit pour capitale *Chalcis*.

CHALCIDICUS MONS, nom d'une montagne de la Sicile, ſelon Polybe & Etienne de Byſance.

CHALCIS (*Egripo*), ville de Grèce, & regardée comme la première & la capitale de l'Eubée, étoit bâtie dans la partie occidentale, ſur la petite péninſule, qui, s'avançant vers le continent, ſemble y joindre l'île. On la trouve nommée dans l'antiquité *Eubée*, *Stymphelos*, *Halicarne*, *Hypochalcis*. C'eſt encore retomber, je crois, dans les origines fabuleuſes, que de croire que *Chalcis* tenoit ce nom d'une fille d'Aſope nommée *Combe*, mais à laquelle on avoit donné le ſurnom de *Chalcis*, parce qu'elle avoit inventé les armes de cuivre (Καλκος Chalcos, *du cuivre*, *de l'airain*). Si l'on examinoit bien le local, peut-être trouveroit-on quelques mines de ce métal; alors, rien de ſi naturel que le nom qui en rappelleroit l'idée. Les Chalcidiens, renommés de bonne heure par leurs ſuccès dans la navigation, furent preſque généralement décriés pour le débordement de leurs mœurs. Ils envoyèrent des colonies en Thrace, en Macédoine, en Sicile, dans l'île de Corcyre, à Lemnos, en Italie, *&c.*

Chalcis étoit une des trois villes que Philippe, fils de Démétrius, appeloit les *entraves de la Grèce*. Strabon dit qu'elle étoit jointe au continent. Sans doute il entend par-là le pont long de deux plethres, ſur lequel on paſſoit de cette ville en Béotie. Pline croyoit que l'Eubée avoit été jointe au continent par cet endroit; ce qui eſt très-probable.

N. B. Le petit détroit qui ſépare l'île du continent eſt nommé chez nous *Euripe*, & par les Grecs modernes *Evripo*; d'où, par corruption, s'eſt formé le nom d'*Egripo*, donné à l'île.

CHALCIS, ville de la Macédoine, dans la Chalcidique. Elle étoit ſituée entre Olynte, le golfe Singitique & la ville d'Apollonie. Thucydide & Etienne de Byſance, la mettent dans la Thrace, parce que les bornes de ces pays ont quelquefois changé.

CHALCIS, montagne de Grèce, dans l'Etolie, ſelon Strabon, qui dit qu'elle s'étendoit le long de la rive orientale de l'*Evenus*, depuis l'embouchure de cette rivière juſqu'à l'extrémité ſeptentrionale de l'Etolie, où alors cette montagne s'avance vers le levant & le nord, au travers du pays des Agréens.

CHALCIS, ville de Grèce, dans l'Etolie. Elle étoit ſituée ſur la montagne de même nom, ſelon Strabon.

CHALCIS, ville de Grèce, dans la Béotie, ſelon Héſychius.

CHALCIS, ruiſſeau de Grèce, dans le Péloponnèſe. Strabon dit qu'il couloit aux confins de la Triphylie & de la Piſatide, près de Samicum.

CHALCIS, rivière de l'Aſie mineure, dans la Bithynie, ſelon Etienne de Byſance. Elle arroſoit la ville de Chalcédoine & ſe jettoit dans le Boſphore de Thrace.

CHALCIS, bourg maritime avec un port, dans l'Aſie mineure, ſur la côte méridionale de l'Ionie, au nord de l'île de Samos & près de Teos. Strabon en fait mention.

CHALCIS. Pline nomme ainſi l'une des îles Echinades. Elles étoient de la Grèce, ſur la côte de l'Etolie.

CHALCIS, *ou* CHALCIDE. On prétend que c'étoit un royaume que l'empereur Claude accorda à Hérode, à la prière d'Agrippa. On le place au pied du mont Liban, du côté de la Syrie. Joſeph dit que Scipion ayant fait trancher la tête à Alexandre, fils d'Ariſtobule, par l'ordre de Pompée, ſes frères ſe refugièrent chez Ptolomée Menée, ſeigneur de Chalcide, ſituée dans le mont Liban.

CHALCIS, ville de l'Aſie, dans la Syrie. Elle étoit ſituée ſur le bord ſeptentrional d'un lac où le fleuve *Chalus* prenoit ſa ſource; & elle donnoit ſon nom à la Chalcidène, ſelon Pline. La notice de Hiéroclès la marque comme ville épiſcopale de la première Syrie, & l'itinéraire d'Antonin la met à l'occident de Béroée.

CHALCIS. Pline nomme ainſi une ville de l'Arabie heureuſe. Il ajoute qu'elle avoit été fondée par les Grecs; mais qu'elle avoit été détruite par la guerre.

CHALCIS, nom d'une ville de la Scythie, dont fait mention Etienne de Byſance.

CHALCITIS, CHALCIDICA, CHALCIDIÆ, contrée de la Macédoine, ſelon Ptolemée. Elle comprenoit les montagnes au ſud-eſt d'Apollonie, les deux preſqu'îles qui ſont entre les golfes Toronaïque, Singitique & Strimonique. Le mont Athos étoit dans cette contrée. Ptolemée n'y compte que cinq villes; mais Suidas dit que Philippe y en prit trente-deux.

CHALCITIS, île de la Propontide, à l'entrée du Boſphore de Thrace, & vis-à-vis de Byſance. Il y avoit des mines de cuivre, ſelon le périple de Ménippe, cité par Etienne de Byſance.

CHALCITIS, contrée de l'Aſie, dans la Méſopotamie, ſelon Ptolemée.

CHALCITIS. Ptolemée dit qu'il y avoit beaucoup de mines de cuivre dans cette contrée. Il la met dans l'Inde, au-delà du Gange.

CHALCITIS, contrée de l'Aſie mineure, dans l'Ionie. Pauſanias dit qu'elle étoit aux environs d'Erythres.

CHALCODONIUS MONS, nom d'une montagne de Grèce, dans la partie de la Theſſalie que l'on nommoit *Pélaſgie*, au-deſſus de *Pheræ*, ſelon Apollonius.

CHALCORYCHII MONTES, montagnes d'Afrique, dans la Mauritanie céſarienne, ſelon Strabon

& Ptolemée. Ce dernier dit que les montagnes de ce nom étoient des plus fameuses de cette province.

CHALCORYCHII MONS, montagnes de l'Afrique, dans la Mauritanie tingitane. Elles étoient habitées par les Herpiditans. Ces montagnes sont au nord-est du fleuve Malva. Ptolemée en fait mention.

CHALDÆA. C'est ainsi que l'on a d'abord appelé une partie de l'Assyrie & la Babylonie. Dans la suite, ce nom fut restreint au pays situé vers le sud-ouest de la Babylonie, & vers le sud de l'Euphrate. (*Voyez* CHALDÆI).

CHALDÆI. Xénophon, dans sa Retraite des dix mille, non plus que dans sa Cyropédie, ne donne jamais ce nom aux peuples de la Babylonie; ce nom ne convenoit en effet qu'à une famille ou à une tribu de gens qui s'appliquoient dès l'enfance à la recherche des choses naturelles, à l'observation des astres & au culte des dieux, à-peu-près comme les Mages de Perse & les Brachmanes des Indes.

Le même auteur donne aussi le nom de *Chaldéens* aux peuples qui habitent cette branche du Caucase, où le Tigre, l'Euphrate, l'Araxe & le Cyrus prennent leur source. Ces peuples sont nommés *Chalybes* dans la géographie d'Hérodote, & il met les Chaldéens à Babylone. Strabon, *L. x & xi*, dit que les peuples nommés anciennement *Chalybes* étoient, de son temps, appelés *Chaldéens*; & l'empereur Constantin Porphyrogénète, qui appelle les provinces du nom des peuples qui les habitoient, donne celui de *Chaldia* au pays dont Trébisonde étoit la capitale, & qui s'étendoit fort loin au midi & à l'orient de cette ville, comprenant une grande partie des deux Arménies; il ajoute que ce nom venoit des Perses. Strabon appelle *Chaldéens* un peuple presque sauvage, qui habitoit dans les montagnes de la Colchide.

CHALDON, lieu de la Thrace, dans le voisinage de Bysance, selon Constantin Manassès, cité par Ortélius.

CHALDONE, promontoire de l'Arabie heureuse, près de l'endroit où étoit l'ancienne embouchure de l'Euphrate, selon Pline.

CHALEOS, ville de Grèce, située sur le golfe de Corinthe, dans le pays des Locriens Ozoles, selon Ptolemée. Elle est nommée *Chalæum* par Etienne de Bysance. (*Voyez* CHALÆON).

CHALESTRAN, *ou* CHALASTRA (car Strabon emploie l'un & l'autre presque dans le même endroit), ville de la Macédoine, dans la Mygdonie. Elle devoit être sur le bord occidental de l'*Axius*, à son embouchure, ainsi que le dit Strabon. Hérodote dit aussi (*L. VII, c. 123*), que cette ville étoit sur l'*Axius*. M. d'Anville ne l'a pas placé sur sa carte. Elle fut détruite par Cassandre, lorsqu'en donnant à *Therma* le nom de *Thessalonica*, son épouse, il voulut augmenter le nombre des habitans de cette ville, en y transportant ceux de quelques petites villes voisines.

CHALI, nom d'un peuple de la Germanie, que Ptolemée place sur la côte orientale de la Chersonèse cimbrique.

CHALI, ville de l'Asie, dans la Phénicie. Le livre de Josué en parle & la met dans la tribu d'Aser.

CHALIA, ville de Grèce, dans la Béotie, près d'*Hyria*, selon Théopompe, cité par Etienne de Bysance.

CHALIAT, ville de l'Asie, dans la Corduène. Elle étoit située sur le bord du lac d'Arsissa, à l'extrémité de ses parties septentrionales & occidentales, par les 38e deg. 30 min. de latit.

CHALISIA, ville maritime d'Afrique, dans la Libye, selon Ephorus, cité par Etienne de Bysance.

CHALISIA. Le même Etienne donne aussi ce nom à la ville de *Chadisia*, dont Pline parle comme d'un village de la Cappadoce.

CHALONITÆ, peuple d'Asie, habitant le pays nommé *Chalonitis*. On voit, par Denys le Périégète, qu'ils étoient au-dessus de Babylone, vers le nord.

> *Ceterum supra Babylon, ad statum Boreæ*
> *Cissi, Messabatæ, Chalonitæque habitant.*

CHALONITIS, contrée de l'Asie, dans l'empire des Parthes. Elle étoit comprise le long de la rive gauche du Tigre, au sud-ouest du mont *Tagros*, qui la séparoit de la Médie.

Isidore de Charax dit que cette contrée tire son nom de la ville de *Chala*.

CHALTAPITIS, division de la Susiane, selon Ptolemée : quelques interprètes croient devoir lire *Chalapetis*.

CHALUS (*Koeic*), rivière de l'Asie, dans la Syrie. Xénophon rapporte que cette rivière étoit pleine de grands poissons privés; que les Syriens les regardoient comme des dieux, & ne permettoient pas qu'on leur fît du mal.

Elle avoit ses sources dans des montagnes à l'ouest de la ville de Zeugma, couloit au sud-ouest jusqu'à la ville de Chalybon, & de-là couloit au sud se perdre dans un lac, sur le bord duquel étoit bâtie la ville de Chalcis, vers le 35e deg. 15 min. de latitude.

Xénophon la met à vingt-cinq lieues du défilé qui est entre la Syrie & la Cilicie.

CHALYBES, les Chalybes, sont une nation Scythe; ils tiroient leur nom de Chalybs, fils de Mars. Ils habitoient entre les Taochiens & les Scythiniens. Ce peuple étoit brave. Les dix mille l'éprouvèrent à leur retour; & de tous les peuples qui s'y opposèrent, c'est celui qui le fit avec le plus de succès.

Cette nation s'étoit aussi répandue ailleurs, & elle occupoit la partie du Pont qui étoit entre la petite Arménie, les Macrons, les Mosynœques &

les Tibaréniens. Leur pays étoit montagneux, & nullement propre au labourage. Il abondoit en fer, que les habitans s'occupoient à travailler, & dont ils faisoient un grand commerce, qui suppléoit à leurs besoins. Cette partie des Chalybes, du temps de Xénophon, étoit bien diminuée, & les Mosynœques les tenoient en sujétion.

Cette nation subjuguée, ou en partie détruite, avoit été autrefois très-considérable. Non-seulement elle avoit possédé les pays dont je viens de parler, mais encore Amissus & Sinope, & elle occupoit un territoire considérable en-deçà de l'Halys. Ce furent ces derniers Chalybes que Crésus subjugua : car ce prince, suivant la remarque d'Hérodote, n'étendit pas ses conquêtes au-delà de ce fleuve. Cet historien parle de cette partie de ce peuple. (*L. 1, c. 28.*)

Ephore, cité par Strabon, fait aussi mention de ces Chalybes-ci : car il les met dans la péninsule ou Asie mineure, c'est-à-dire, en-deçà de l'Halys. Strabon a eu tort, ce me semble, de le reprendre à ce sujet (1).

CHALYBES. Pline place un ancien peuple de ce nom en Afrique, dans la Troglodítique.

CHALYBON (*Halep*), ville considérable de l'Asie, dans la Syrie. Elle étoit située dans le milieu d'une grande plaine, sur le bord de la rivière *Chalus*, au nord de *Chalcis*, vers le 35e deg. 45 min. de latitude. C'est la ville d'Halep ou Alep.

CHALYBONITIS, nom d'une contrée de l'Asie, dans la Syrie, selon Ptolemée. Il place deux villes de cette contrée sur l'Euphrate. *Calybon* étoit la principale, & lui avoit donné son nom.

CHALYBS (aujourd'hui *Cabe*), rivière de l'Hispanie, sur les bords de laquelle habitoit le peuple *Chalybes*, selon Justin. Les eaux de cette rivière avoient la réputation de donner une excellente trempe à l'acier.

CHAMAAM, nom d'un pays de la Palestine, dans le voisinage de Bethléem. Jérémie en fait mention.

CHAMÆGEPHYRA, ancien nom d'un lieu particulier de l'Epire. Il en est fait mention par Sozomène.

CHAMAITA, contrée de l'Asie, que Cédrène, cité par Ortélius, place aux environs de la Perse proprement dite. (*La Martinière.*)

CHAMANA, nom d'une contrée de l'Asie, dans la Cappadoce, selon Ptolemée.

CHAMAVI, ou *les Chamaves*, peuple de la Germanie inférieure. Les Chamaves sont indiqués par Ptolemée au midi des Bructères. M. d'Anville les place au nord-est des Teuctères. Ce peuple habita d'abord dans le voisinage du Rhin ; on les trouve ensuite unis aux Angrivariens, & sous le règne de Julien l'Apostat, on voit, dans Ammien Marcellin, qu'ils étoient retournés vers le Rhin. La table de Peutinger les place aussi vers ce fleuve.

CHAMMANENA. Dans les extraits de Strabon, imprimés entre les petits géographes, on trouve écrit ainsi le nom d'une division de la Cappadoce mineure : il est écrit, dans les éditions de Strabon, CAMMANEÑA. Cette division étoit vers l'ouest, arrosée par le fleuve Halys.

CHANA, *ou* CHANE, nom d'une rivière navigable de l'Asie. Elle se perd dans le Cyrus, selon Strabon.

CHANAAN. *Voyez* PALÆSTINA.

CHANATH, ville de la Judée, dans la demi-tribu de Manassé, au-delà du Jourdain. Nobé prit cette ville, & lui donna son nom. Joseph en fait mention.

CHANDACE, nom d'une ville de l'île de Crète, selon Cédrène, Zonare & Curopalate, cités par Ortélius. Ils en parlent comme d'une ville très-bien fortifiée.

CHANDANA, nom d'une ville qu'Etienne de Bysance place dans l'Iapygie.

CHANDANACA. Etienne de Bysance nomme ainsi une ville de l'Asie, dans la Perse.

CHANES, fleuve que Strabon nomme entre ceux qui se jetoient dans le Cyrus.

CHANTONICE, contrée de l'Asie. Elle faisoit partie de la Carmanie, selon Ptolemée.

CHANZIT, défilé de l'Asie, auprès de la Mélitène, selon Constantin Porphyrogénète.

CHAON. C'est le nom d'une montagne du Péloponnèse, qui étoit située sur la route qui menoit d'Argos à Tégée. Cette montagne étoit à la gauche du chemin, & le bas étoit tout planté en arbres fruitiers. C'étoit-là que l'on voyoit sortir de dessous terre les eaux du fleuve Erasinus, dont la source venoit du fleuve Stymphale en Arcadie. On honoroit Bacchus & Pan par des sacrifices à cette chûte d'eau que formoit l'Erasinus, & on célébroit, en l'honneur de Bacchus, une fête que l'on nommoit *tyrbe*. Pausanias, *Corint. Liv. II, chap.* 24.

CHAONES & CHAONII. Ce peuple avoit régné sur toute l'Epire avant les Molosses, selon Strabon. L'origine des Chaoniens ne peut être reculée après la mort de Néoptolême, & l'auteur de leur nom ne sauroit être le troyen Chaon dont parle Virgile. Ce poëte suppose les Chaoniens plus anciens que la guerre de Troye, puisqu'il fait dire à Ænée fugitif, dans son Ænéide, *liv.* 3, qu'il est entré par le port des Chaoniens. Dans un autre endroit ce poëte dit que Cérès & Bacchus introduisirent l'usage du froment à la place du gland de Chaonie. Il est plus naturel de faire descendre les Chaoniens des anciens Pélasges que des Troyens, puisque la plupart des peuples de la Grèce & des environs avoient tiré leur origine des Pélasges, & qu'Etienne de Bysance rapporte que la Chaonie en particulier fut autrefois appelée *Pelasgide*.

Plutarque semble avoir marqué le temps de leur établissement, & les chefs de leur colonie, quand

(1) Cet article est pris de la géographie d'Hérodote par M. Larcher.

il dit que les historiens rapportent qu'après le déluge de Deucalion, Phaëton, un de ceux qui vinrent en Epire avec Pelasgus, fut le premier roi des Thesprotes & des Molosses, c'est-à-dire, des Chaoniens prédécesseurs de ces peuples : car c'est aux Chaoniens que conviennent un chef de colonie appelé *Pélasgus*, & un temps voisin du déluge de Deucalion.

L'établissement des Pélasges dans la Chaonie ayant suivi d'assez près le déluge de Deucalion, ce dernier événement sert à fixer l'origine des Chaoniens, &, quoique le temps précis de ce déluge soit ignoré, on sait que Deucalion vivoit près de deux cens ans avant le siège de Troyes, & qu'à ce siège assistèrent quelques-uns de ses descendans au cinq, au six & au septième degré. Le déluge arrivé à la fin de son règne, ne peut donc être éloigné de la guerre de Troyes que d'environ cinq générations ou cent cinquante ans; par conséquent l'établissement des Chaoniens, qui suivit de près le déluge, doit être arrivé quatre générations, ou environ cent trente-trois ans avant cette guerre.

En supposant cela, on peut déterminer quel fut le Pélasgus qui conduisit les Chaoniens en Epire. Ce ne fut pas l'ancien, puisqu'il vécut huit générations avant la guerre de Troyes, ou quelque temps avant le déluge de Deucalion, selon l'histoire de sa postérité, tracée par Pausanias : mais il eut un petit-fils de même nom que lui, qui, au rapport de Plutarque, conduisit une colonie en Epire après le déluge de Deucalion. Etienne de Bysance parle d'un Pélasgus, fils de Lycaon, & père de Thesprotus, & il en parle à l'occasion de ses descendans, qui habitoient dans l'Epire. Il y a lieu de croire que ce Pélasgus est celui dont parle Plutarque, puisqu'un temps voisin du déluge de Deucalion convient à un fils de Lycaon, & que Pausanias, *liv. VIII, ch. 3*, dit que les enfans de Lycaon, au nombre au moins de vingt-quatre, se dispersèrent dans la Grèce, & hors de la Grèce même.

L'oracle de Dodone en Epire étoit de fondation pélasgienne, selon Hésiode, Ephore, cité par Strabon, & Scymnus de Chio, qui l'assurent expressément.

Puisque les Pélasges n'ont été en Epire qu'après le déluge de Deucalion, cet oracle n'a pu y être établi qu'après ce déluge, & bientôt après l'établissement des Chaoniens, car Hérodote, *liv. II*, dit que cet oracle passoit pour le plus ancien de tous ceux de la Grèce.

Puisque les Chaoniens furent les premiers Pélasges qui, peu après le déluge de Deucalion, commandèrent à toute l'Epire, il est vraisemblable que cet oracle, fondé par des Pélasges peu après ce déluge, a été l'ouvrage des Chaoniens.

Hérodote, *liv. II*, assure que es anciens Pélasges invoquoient la divinité en général, sans lui donner ce nom de dieux & de déesses dont le culte n'étoit pas encore introduit dans la Grèce. Cet auteur ajoute que lorsqu'on voulut l'introduire, les Pélasges consultèrent l'oracle de Dodone : donc cet oracle ne fut point celui de Jupiter lors de son institution.

Les Pélasges sont plus anciens que les dieux de la Grèce, selon Hérodote; plus anciens que les autres peuples Grecs, qui, selon Strabon, ne sont cependant pas beaucoup plus anciens que la guerre de Troyes, puisque leur chef Pélasgus eut des descendans au huitième degré qui assistèrent à cette guerre, selon Pausanias.

CHAONIA, nom d'une contrée de Grèce, dans l'Epire. Elle étoit bornée, au nord, par l'Orestide, & par une partie du pays des *Penestes*; au sud-ouest, par la mer Méditerranée; au sud, par la Thesprotie; & à l'est, par le pays des *Atintanes*. Les monts Acro-Céroniens la bornoient au nord depuis la rivière *Popylichus* jusqu'aux montagnes auprès desquelles coule le *Panyasus*. Ptolemée, Scylax, *&c.* font mention de cette contrée.

CHAONIA, ville de l'Asie, dans la Syrie. Elle étoit située au confluent de deux petites rivières, au sud-ouest de Zeugma, vers le 36ᵉ deg. 20 min. de latitude.

Ptolemée la place dans la Comagène, contrée de la Syrie.

CHAONII. *Voyez* CHAONES.

CHAONITIS, petite contrée de l'Asie, dans l'Assyrie, à l'orient du Tigre, selon les anciennes éditions de Strabon. On a rétabli *Chalonitis*.

CHAPETE, nom d'une place forte de l'Asie, dans la Mésopotamie, selon Curopalate. Elle est nommée *Charpote* par Cédrène. (*La Martinière.*)

CHARABASA, ville de l'Afrique propre, selon Ptolemée.

CHARABE, nom d'un village de la Palestine, dont fait mention Joseph. Il le place dans la haute Galilée.

CHARAC-MOBA, ville de l'Asie, située près & à l'orient du lac où se jetoit la rivière Jordanes, vers le 31ᵉ deg. 20 min. de latitude.

CHARACENA, CHARACENE, nom d'une contrée de l'Asie, dans la Susiane. Selon Ptolemée, c'étoit le territoire de la ville de Charax.

CHARACENI, *ou* CARASENI. Pline nomme ainsi les habitans de la ville de *Charax*, sur la côte méridionale de la Chersonnèse taurique.

CHARACINA, petite contrée de l'Asie, dans la Cilicie. Ptolemée y met la ville de Fluviopolis.

CHARACINE. On lit ainsi, dans Strabon, le nom de la contrée *Characena*. *Voyez* ce mot.

CHARACITANI. Les Characitaniens étoient un peuple de l'Hispanie, que Plutarque place dans la Tarragonnoise. Il ajoute qu'ils étoient au-delà du *Tagus*, & qu'ils habitoient dans les cavernes d'un côteau fort élevé, où ils se retiroient lorsqu'ils avoient pillé leurs voisins.

CHARACMOBA. *Voyez* CHARACOMA 2.

CHARACOMA, ville de la Laconie, située sur le chemin qui conduisoit de l'Arcadie à Sparte,

& au nord de cette ville. Son nom, qui signifie un *fond*, un endroit *creux*, lui venoit peut-être de sa situation.

Sur le chemin qui conduisoit à Sparte, situé au sud, on trouvoit plusieurs monumens, entre autres *la sépulture du cheval*, dans le lieu où Tindare avoit immolé un cheval, & fait prêter serment sur la victime aux amans de sa fille, de prendre tous la vengeance de celui qui l'épouseroit, en cas qu'il reçût quelque outrage.

CHARACOMA. Ptolemée nomme ainsi une ville de l'Arabie pétrée. Paulmier croit qu'il faut lire *Characmoba*. On a adopté cette leçon dans le texte grec des petits géographes, en laissant subsister la première dans la traduction.

CHARADNÆ, *ou* CHARADRÆ, selon les divers exemplaires de Ptolemée, peuple de la Germanie.

CHARADRA, ville de Grèce, dans la Phocide, selon Hérodote. Elle étoit sur un lieu élevé & escarpé, auprès duquel coule le fleuve *Charadrum*, & à vingt stades de *Lilæa*, selon Pausanias. Malgré le voisinage de ce torrent, les habitans de cette ville étoient sujets à manquer d'eau.

CHARADRA, nom d'un lieu de Grèce, dans l'Epire. Polybe le place près du golfe d'Ambracie.

CHARADRA. Selon Strabon, c'est le nom d'une des villes fondées par Pélops. Elle étoit située au Péloponnèse, dans la Messénie.

CHARADRIÆ, ville grecque, que le périple de Scylax indique dans le Péloponnèse.

CHARADRUS, rivière de Grèce, dans la Phocide. Elle passoit près de la ville de *Charadra*, & peu après elle alloit se perdre dans le *Cephissus*, selon Pausanias.

N. B. Ce nom, donné à des torrens plutôt qu'à des fleuves, étoit vraisemblablement formé du verbe *χαράσσω, je creuse*, venant lui-même de *χάραξ, une fosse*, & cette idée étoit juste, à cause des ravages que font les torrens. De-là aussi vient que l'on trouve beaucoup de fleuves appelés *Charadrus*.

CHARADRUS, rivière du Péloponnèse, qui couloit dans la Messénie, selon Pausanias.

CHARADRUS. Pausanias nomme ainsi un torrent de la Grèce, dans le Péloponnèse. Il étoit dans l'Argolide, sur la route d'Argos à Mantinée. Ce torrent couloit au sud d'*Hylia*, & alloit se perdre dans le golfe Argolique. Il y avoit un autre petit torrent du même nom, qui couloit au nord-ouest d'*Hylia*, & qui se rendoit dans le fleuve *Inachus*. Ce petit torrent de *Charadrus*, étoit à l'ouest d'Argos.

CHARADRUS (le), torrent de l'Achaïe, qui couloit du sud au nord.

Il avoit son embouchure près du promontoire de *Rhium*. On croyoit que ses eaux avoient la propriété de disposer les femelles d'animaux qui en buvoient à concevoir des mâles; &, par cette raison, on en éloignoit les troupeaux, excepté ceux de vaches, à cause de l'utilité des mâles de cette espèce.

CHARADRUS, nom d'une place forte & ancienne de l'Asie, dans la Cilicie. Elle avoit garnison, & étoit située sur le bord de la mer, dans le voisinage du mont *Cragus*, selon Strabon.

CHARADRUS (le), torrent de l'Arcadie. Il couloit au nord d'*Orchomène*, passoit près de cette ville, & alloit se jeter dans une sorte de petit lac peu éloigné à l'est.

CHARANDÆI, nom d'un ancien peuple dont il est fait mention par Orphée. Il le place vers la Colchide, dans le voisinage du Pont-Euxin.

CHARANDAS, lieu situé en Asie, sur le Bosphore de Thrace : il portoit aussi le nom de *Delphinus*. Je renvoie à Denys de Bysance pour la petite histoire qu'il fait sur l'origine de ces noms.

CHARANDRA, nom d'un golfe de la mer Rouge, dans lequel Ptolemée Philadelphe bâtit une ville qu'il nomma *Arsinoé*, du nom de sa sœur, selon Pline.

CHARAUNI, *ou* CHAURANCEI, selon les divers exemplaires de Ptolemée, peuple de la Scythie asiatique, au-delà de l'Imaus. Cet ancien leur donne la ville de *Caurana*.

CHARAX (*Cara-Caïa*), promontoire de la Chersonnèse taurique, au nord-est de *Criumetopon*, & à l'ouest du promontoire *Corax*. Il en est fait mention dans Ptolemée & dans Pline.

CHARAX, nom d'un port de commerce, que Strabon place dans l'Afrique proprement dite. Ptolemée dit *Pharax*.

CHARAX, ville de l'Asie mineure, dans la Carie, selon Etienne de Bysance, qui dit que de son temps elle étoit nommée *Trallis*.

CHARAX, ville de l'Asie. Elle étoit située dans l'intérieur & entre les montagnes de la petite Arménie, selon Ptolemée.

CHARAX. Etienne de Bysance nomme ainsi un lieu qu'il place dans la Pontique.

CHARAX, nom d'une ville ou d'un bourg de l'Asie, dans la Parthie, selon Ptolemée.

CHARAX, lieu commerçant de l'Asie mineure, dans la Bithynie. Etienne de Bysance le place dans le golfe de Nicomédie, & assez près de la ville du même nom.

CHARAX, promontoire de l'île de Crète, selon Curopalate, cité par Ortélius.

CHARAX, nom d'un lieu de l'Asie mineure, dans la Phrygie. Nicétas, cité par Ortélius, le place entre Lampis & *Grasogala*.

CHARAX, nom d'une ville de l'île de Corse, de laquelle Strabon fait mention.

CHARAX, ville de la Susiane, située entre le Tigre & l'Eulaus, sur le bord d'un canal qui communiquoit de ce fleuve au Tigre.

Pline s'explique fort en détail sur *Charax*. Il ajoute qu'Alexandre y transporta des habitans d'une ville royale, & lui donna le nom d'*Alexandrie*; qu'un Antiochus répara les dommages que les fleuves avoient occasionnés à cet établissement ; & lui donna son nom ; & qu'enfin un prince arabe, nommé *Pasinès*, y fit faire des levées de trois milles en longueur, & lui donna son nom. Ptolemée, Joseph, & le périple de la mer Erythrée, la nomment de même.

Denys le Périégète étoit de cette ville, ainsi qu'Isidore de *Charax*.

Charax étoit d'abord à dix stades de la mer : mais les fleuves, en chariant des terres, l'avoient si fort reculée, que du temps de Pline elle en etoit à cent vingt stades.

CHARBANUS, nom d'une montagne de l'Asie, dans la Médie. Pline dit qu'on la passoit pour aller de Babylone à Ecbatane. On croit que c'étoit une partie du mont *Zagrus*.

CHARCHA, *ou* BETH-SOLOCE (*Kark*, ou *Eski Bagdad*), ville de l'Asie, sur la rive gauche du Tigre, au sud-est de *Birtha*.

Ammien Marcellin en parle dans la Marche de Jovien.

CHARES. Plutarque nomme ainsi une rivière du Péloponnèse, dans l'Argolide. Il dit qu'il y eut un grand combat auprès de cette rivière, entre Aratus & le tyran d'Argos.

CHARGATA. C'est ainsi que quelques interprètes croient devoir lire, dans Ptolemée, le nom de la ville appelée *Chariatha* dans le texte.

CHARIATHA. *Voyez* CHARIATI.

CHARIATI. Pline nomme ainsi une ville de l'Arabie heureuse, qu'il donne aux Carréens. Elle est nommée *Chariatha* par Ptolemée.

CHARIDEMUM PROMONTORIUM (*Gabo del Gata*), promontoire de l'Hispanie, à l'extrémité de la côte de la Bétique. En retournant vers le nord-est, on entroit dans une espèce de petit golfe, que les anciens appeloient *le grand port*, ou *Magnus portus* (1).

CHARIMATÆ, nom d'un peuple que Palæphate, cité par Etienne de Bysance, place dans le voisinage du Pont-Euxin.

CHARINA, lieu de l'Asie, dans la Chambadène, à l'est du mont *Zagrus*, en Médie.

CHARINDAS, rivière de l'Asie, dans la Médie, selon Ptolemée.

CHARIOPOLIS, lieu situé vers la Thrace & la Macédoine, selon Curopalate & Cédrène, cités par Ortélius.

CHARIPHEON, nom de la quatrième embouchure du fleuve Indus, en allant d'occident en orient, selon Ptolemée. On lit, dans la traduction, *Cariphi*, ce qui n'est pas conforme à l'original.

CHARIS, nom d'une rivière navigable de la Colchide, selon Pline. Elle est nommée *Charistos* par Ptolemée, & *Charis* par Strabon. Arrien dit *Charieis*, & il la place entre le Phase & le *Chobus*, à quatre-vingt-dix stades de l'une & de l'autre. C'est aujourd'hui la *Tamasa*.

(1) La rade d'Alméria.

CHARIS, ville de l'Asie, qu'Appien place dans la Parthie.

CHARISIA, ville du Péloponnèse, dans l'Arcadie. Pausanias dit qu'elle étoit détruite, & qu'on en voyoit les ruines entre *Scia* & *Tricoloni*.

CHARISPA, ville de la Bactriane, selon le texte de Ptolemée. Les interprètes croient devoir lire *Zarispa*, qui est la même que *Bactra*.

CHARISTUS, fleuve de la Colchide, selon Ptolemée. Les interprètes croient devoir lire CHARUS. (*Voyez* ce mot, & CHARIS).

CHARMÆ, nom d'un peuple des Indes. Pline dit que leur roi étoit moins puissant que celui des *Horatès*.

CHARMÆI, nom d'un peuple de l'Arabie heureuse, qui faisoit partie des *Minæi*, selon Pline.

CHARMANDA, nom d'une nation de l'Asie, que Xénophon place au-delà de l'Euphrate.

CHARMEL. Le livre de Josué fait mention d'un lieu de ce nom dans la Palestine.

CHARMIS, nom d'une petite ville de l'île de Sardaigne, dont Etienne de Bysance attribue la fondation aux Carthaginois.

CHARMONIA, ville de la Lusitanie, selon Ptolemée : les interprètes croient devoir lire *Carmo*.

CHARMOTAS. Strabon nomme ainsi un port de mer du golfe Arabique. Il ajoute que l'entrée en est étroite & dangereuse ; qu'il a près de cent stades de tour ; qu'au milieu est une île couverte d'arbres, & qu'il s'y jette une rivière.

CHARMUTHA, nom d'une presqu'île du golfe Arabique, sur la côte de l'Arabie heureuse, selon Diodore de Sicile.

CHARPOTE, ville de l'Asie, qui étoit située entre des montagnes, dans l'endroit où passe le fleuve *Arsanias* pour aller se perdre dans l'Euphrate. Cette ville étoit vers le 38e deg. 10 min. de latitude.

CHARRÆ, *ou* CHARRHÆ, ville de l'Asie, dans la Mésopotamie. Elle étoit située près de la rivière Scyrtus, vers le 36e deg. 40 min. de latit. Elle porte encore aujourd'hui le nom de *Harran*, & l'on croit, avec beaucoup de vraisemblance, que c'est le même dont il est parlé sous ce nom dans l'histoire des voyages d'Abraham.

CHARSIANUM CASTRUM, nom d'une place de la Cappadoce, selon Cédrène & Porphyrogénète.

CHARTA, place de l'Asie, dans la Mésopotamie. Les Romains y avoient garnison, selon la notice de l'empire.

CHARTA, ville de la Palestine, que le livre de Josué place dans la tribu de Zabulon. Elle fut donnée aux Lévites de la famille de Mérari.

CHARTAIA, grande & riche ville de l'Asie, située à l'orient de l'Hircanie, selon Laonic, cité par Ortélius. (*La Martinière.*)

CHARTÆA, ville de l'île de *Cia*, selon Ptolemée.

CHARTAN, ville de la Palestine, dans la tribu

de Nephtali, selon le livre de Josué. Elle fut donnée aux Lévites de cette tribu, qui étoient de la famille de Gerson.

CHARTANI, nom d'un peuple de l'Afrique. Ptolemée le place dans la Libye, au voisinage de l'Egypte.

CHARTNIANUS, siège épiscopal de la Palestine, selon les actes du concile de Jérusalem, tenu en l'an 536.

CHARUDES, peuple de la Germanie, selon Ptolemée.

CHARUS, fleuve de l'Asie, dans la partie de la Colchide qui étoit à la droite du Phase.

Strabon dit que la ville de *Sebastopolis* ou *Dioscurias*, étoit située près de ce fleuve.

CHARYBDIS : ce mot vient évidemment du grec χάραξ. Quelle que soit d'ailleurs l'origine de celui-ci, il signifie, en grec, *excavation*, &c, par suite, un gouffre. Aussi les anciens n'ont-ils donné qu'à des gouffres, le nom de *Charybde. Voyez* les articles suivans.

CHARYBDIS, lieu de la Syrie, entre Antioche & Apamée. Strabon dit que l'Oronte s'y précipitoit pour reparoître ensuite à quarante stades au-delà.

CHARYBDIS, goufre, regardé dans l'antiquité comme très-dangereux : il étoit sur la côte orientale de la Sicile, dans le détroit de Messine. Les anciens n'y passoient qu'avec un crainte extrême ; crainte qui leur étoit quelquefois funeste, parce que, craignant de ranger la côte de trop près, ils alloient se jetter sur le rocher de *Scylla*, situé à-peu-près en face sur la côte d'Italie. De-là étoit venu ce proverbe :

Incidit in Scyllam cupiens vitare Charybdim.

Selon Homère (*Odyss. L. XII, v. 103*), il y avoit en ce lieu un figuier, Τῷ δ' ἐν ἐρινεός, *&c. Ibid.* « Un grand figuier sauvage, chargé de feuilles, » t'indiquera ce lieu redoutable ; c'est le gouffre de » de l'affreuse Charybde. Trois fois le jour elle » absorbe les eaux de la mer, & trois fois elle » les rejette. Garde-toi d'approcher quand elle » absorbe l'onde salée ; car Neptune même ne » pourroit te tirer de ce goufre affreux ».. . Plus loin il dit (*vers. 235.*) : « D'un côté Scylla, de » l'autre Charybde absorboient alternativement » & vomissoient l'onde salée. Tantôt la mer troublée, semble bouillir comme l'onde enfermée » dans un vase posé sur une flamme ardente ; » tantôt l'écume jaillit au sommet des rochers, » retombe & les couvre ; tantôt elle est absorbée » par le gouffre. L'élément liquide est remué dans » toutes ses profondeurs. Les roches voisines retentissent de l'horrible fracas des flots ; la terre se » montre couverte d'une écume bleuâtre »....... (*Traduction de M. Gin*). Je ne finirai pas cet article sans remarquer que le figuier dont j'ai parlé plus haut joue un rôle bien important dans cet endroit de l'Odyssée. Car un orage qui s'éleva ayant brisé le vaisseau qui portoit Ulysse, il fut reporté vers ce gouffre de Charybde. « Au lever de l'aurore, » je me vis, dit-il, entre la roche redoutable de » Scylla & le gouffre affreux de Charybde. Elle » venoit d'absorber l'onde salée. Je m'élevai sur » les ondes & saisis le figuier sauvage. Je m'y » collai comme un oiseau de nuit, serrant le corps » de l'arbre avec force ; car il m'étoit impossible » de poser un pied sur le tronc, ni de grimper » à la tige. Les racines de cet arbre sont trop » profondes & trop vastes. Elles couvrent de leur » ombre toute la surface de l'horrible gouffre. J'attendis dans cette affreuse position que Charybde » vomît le mât & les débris de mon vaisseau, » qu'elle avoit engloutis ».

Les mythologues avoient supposé que Charybde avoit été une femme méchante & vorace, qui, ayant enlevé les bœufs d'Hercule, en avoit été punie par Jupiter. Ce dieu l'ayant frappée de la foudre, l'avoit changée en un gouffre.

On peut chercher dans les auteurs modernes, l'état de ce gouffre & des dangers que l'on court en y passant : on verra combien tout cela a perdu par un examen plus attentif.

CHARYBRYS, *ou* CHARBYRIS, lieu de l'île de Cypre. Il en est fait mention par Calliste & par Sozomène. (*La Martinière*).

CHASELUS, ville de la Palestine, au sud-est de *Diocæsarea*.

CHASIRA, nom d'une ville de l'Asie, dans l'Arménie mineure, selon Ptolemée, cité par Ortélius. (*La Martinière*).

CHASLUIM, selon l'hébreu, *Casluchim*, & selon la Vulgate, *Casluim*. C'est un des peuples descendans de Mezraïm : ce nom est au plurier, & l'on auroit tort d'en faire un nom d'homme.

CHASPHON, CHASPHORA, *ou* CHASBONA, ville de la Palestine, dans le pays de Galaad, selon le livre des Macchabées & Joseph. Elle fut prise par Judas Macchabée.

CHASUARII, CHASSUARII, *ou* CHATTUARII, peuple de la Germanie, qui faisoit partie des Chattes. Tacite, Strabon & Ptolemée en font mention. Les deux derniers disent *Cattuarii*. On lit *Attuarii* dans Velleius Paterculus.

CHASZAVENICA, nom d'un lieu où il y avoit garnison romaine, sous les ordres du commandant de l'Arménie, selon la notice de l'empire. On n'en sait pas la juste position.

CHATRACHARTA, ville de l'Asie, dans la Bactriane, & auprès de l'Oxus, selon Ptolemée.

CHATRACHARTA, nom d'une ville de l'Asie, que Ptolemée place dans l'Assyrie.

CHATRÆI, peuple de l'Inde, en-deçà du Gange, selon Ptolemée.

CHATRAMIS, pays de l'Arabie heureuse, vis-à-vis de la Perse, selon Denys le Périégète.

CHATRAMMITÆ, peuple de l'Arabie heureuse, au-dehors de la mer Erythrée & de la mer Rouge,

Rouge, selon Ptolemée. Uranius, cité par Etienne de Bysance, dit *Chatramotæ*, & Pline & Strabon *Chatramotitæ*.

CHATRAMAMITITA, peuple de l'Arabie heureuse, selon Ptolemée.

CHATRISACHE, *ou* CHATRISCHE. Selon les divers exemplaires de Ptolemée, ville de l'Asie, dans l'Arie.

CHATTÆ, peuple de la Germanie, selon Ptolemée.

CHATTENIA, nom d'une contrée de l'Arabie heureuse, près de la mer Erythrée, selon Etienne de Bysance. Il la donne aux Gerreens.

CHAUBI, peuple de la basse-Germanie, que Strabon place au bord de l'Océan, entre les Bructères & les Sicambres.

CHAUCI, CAUCI & CAUCHI, peuple de la Germanie, qui commençoit aux Frisons, occupoit une partie du rivage de la mer, & avoit derrière lui les Chamaves, les Angrivariens, les Dulgibins, *&c.* selon Tacite. Cet auteur, Ptolemée & Pline, les distinguent en grands & petits. Strabon dit que Drusus Germanicus fut le premier des Romains qui, traversant les marais, pénétra dans la Chaucide, après avoir remporté une victoire navale sur les Ansibariens, & subjugué les Frisons. Tacite dit que Tibère soumit aussi ces deux nations. Ils se soulevèrent contre les Romains sous l'empire de Claude; mais ils furent défaits par P. Gabinius, qui en eut le surnom de *Caucien*, selon Suétone. Tacite rapporte qu'ils chassèrent les Ansibariens, leurs voisins, sous l'empire de Néron, & que pendant les troubles de l'empire de Vitellius, ils se joignirent aux Bataves & aux Frisons, & se jettèrent sur l'empire; mais ils rentrèrent en grace. Ils furent tranquilles jusqu'au règne de M. Aurèle, qu'ils entrèrent sur les terres des Bataves; mais Didius Julien les arrêta.

CHAUM, nom d'une montagne du Péloponnèse, dans l'Argolide. Pausanias dit que le fleuve Erasinus a sa source dans cette montagne.

CHAUNI, *ou* CHAUNŒ (χαῦνοι), peuple de Grèce, dans la Thesprotie, selon Rianus, cité par Etienne de Bysance.

CHAVONES. Etienne de Bysance nomme ainsi le peuple de la contrée *Chavono*, en Asie, dans la Médie; ou plutôt, ce sont les habitans de la ville de Χοαυα, *Choava*, dont parle Ptolemée.

CHAVON, *ou* CHAUON (χαῦον), contrée de la Médie, selon Etienne de Bysance, qui s'appuie de l'autorité de Ctésias. Mais des savans modernes ont pensé qu'au lieu d'une contrée c'étoit la ville de *Choava* (χόαυα), dont parle Ptolemée. Sémiramis y alla avec son armée.

CHAURANA, ville de la Scythie, que Ptolemée place au-delà de l'Imaüs.

CHAURANÆI; c'est ainsi que les interprètes croient devoir lire le nom de *Charauni* qui se trouve dans le texte de Ptolemée.

CHAURINA. Ptolemée nomme ainsi une ville de l'Asie, dans l'Arie.

CHAUS, nom d'une rivière de l'Asie, vers la Pisidie, & près de la ville d'*Erizza*, selon Tite-Live.

CHAVUS, ville de l'intérieur de la Chersonnèse taurique, selon Strabon. On ne peut en déterminer la position. Elle avoit été bâtie par Scilurus & ses fils.

CHAZA, ville de l'intérieur de l'Afrique, appartenant à l'Ethiopie, près du Nil; selon les anecdotes géographiques, insérées dans le quatrième volume des petits géographes.

CHAZARIA, nom d'un lieu dont font mention Cédrène & Zonare. Ortélius croit que c'étoit un lieu de la Bulgarie. (*La Martinière*).

CHAZAUNI, peuple de la Scythie, selon Ptolemée. Les interprètes croient devoir lire *Chauzanæi*, ou *Chauzanii*.

CHAZENA, contrée de l'Asie, dans la Mésopotamie. Strabon la met dans le voisinage de l'Adiabène.

CHEBBON, ville de la Palestine, dans la tribu de Juda, selon le livre de Josué, *ch. 15*.

CHEBRON, ville de l'Idumée, située sur une montagne de la Judée, selon le livre des Macchabées. Judas Macchabée s'en empara sur les Iduméens.

CHELÆ, lieu situé sur la côte méridionale du Pont-Euxin, à vingt stades de la petite île d'Apollonie, ou plutôt *Daphnusa*, & à cent quatre vingt de l'embouchure du fleuve Sangar, selon Arrien. Ce lieu est nommé sur la carte de M. d'Anville.

CHELÆ, port du Bosphore de Thrace, sur la côte de l'Asie mineure, où étoit le temple de Diane Dictyne.

CHELÆ. Silius Italicus nomme ainsi deux promontoires. Ortélius pense que ce sont les deux promontoires d'Apollon & de Mercure, qui embrassoient le golfe de Carthage.

CHELIDONIÆ INSULÆ, écueils de la mer Méditerranée, sur la côte de la Lycie, contrée de l'Asie mineure, selon Ptolemée. Ils sont mis au commencement de la côte de la Pamphylie par Strabon, qui ajoute qu'il y a trois îles, qu'elles sont montagneuses, à environ cinq stades l'une de l'autre, & à six stades de la Terre ferme. M. d'Anville les a placées au sud du *Sacrum Promontorium*.

CHELIDONII, peuple de l'Illyrie. Hécatée, cité par Etienne de Bysance, les place au nord des Sésaréthiens.

CHELIDONIUM PROMONTORIUM, nom d'un promontoire de l'Asie, dans la Pamphylie. Je crois que c'est le même, qui est plus connu sous le nom de *Sacrum Promontorium*.

CHELIDONIUM, château de l'Asie mineure, dans la Phrygie. Cédrène & Curopalate, cités par Ortélius, disent qu'il étoit situé sur une colline escarpée, dans le voisinage de *Tibium*. (*La Martinière.*)

Ppp

CHELLUS. Le livre de Judith nomme ainsi une ville, située dans la Palestine.

CHELMON, ville de la Palestine, vis-à-vis d'Esdrelon, selon le livre de Judith. Holopherne campa auprès de cette ville lorsqu'il alloit assiéger celle de Béthulie.

CHELONE. Pausanias nomme ainsi un promontoire de l'île de Cos.

CHELONIDES, marais de l'Afrique, dans la Libye intérieure, selon Ptolemée. C'étoit un lac formé par le fleuve *Gir.*

CHELONITES, promontoire du Péloponnèse, dans l'Elide, selon Ptolemée. Il est nommé *Chelonates* par Strabon.

CHELONITES SINUS, golfe que Ptolemée place sur la côte occidentale du Péloponnèse. Il commençoit au promontoire *Ichthys*, & finissoit à *Jardani Sepulchrum.*

CHELONITIDES, *ou* CATATHRÆ, deux petites îles de la mer Rouge, selon Ptolemée. Il les place à la hauteur du port nommé *Théon Soteron.*

CHELONOPHAGI, peuple de l'Arabie, qui habitoit vers les déserts qui sont entre l'Egypte & le golfe Persique, selon Pomponius Méla. Ils jettent leurs morts dans la mer, selon Strabon.

CHELONOPHAGI, peuple de l'Asie, qui habitoit dans un coin de la Carmanie, selon Pline, Ptolemée & Marcien d'Héraclée.

CHELYDOREA, nom d'une montagne du Péloponnèse, qui appartenoit, partie à l'Arcadie, & partie à l'Achaïe. Cette montagne séparoit les terres des Phénéates, de celles des Pellénéens, selon Pausanias, *L. 8, Arcad. c. 17.*

CHEMIA, nom que les Egyptiens, dans leurs sacrifices, donnoient à l'Egypte, selon Plutarque.

CHEMMIS, ville d'Egypte, dans la Thébaïde, & près de la ville de *Nea.* Il y avoit dans cette ville un temple dédié à Persée, & l'on y célébroit, en son honneur, des jeux à la manière des Grecs, selon Hérodote.

CHEMNIS, île de la basse-Egypte, où on voyoit un grand temple d'Apollon. Hérodote en fait mention. Hécatée, cité par Etienne de Bysance, dit que cette île étoit consacrée à Apollon, & qu'elle étoit située à Butes, près du temple de Latone. Il la nomme *Chembis.* Les Egyptiens, ainsi que ces auteurs anciens, disoient que cette île étoit flottante.

CHEN. Selon Etienne de Bysance, cette ville étoit la patrie de Myson, ou Muson, un des sept sages de la Grèce. Il la place au Péloponnèse, dans la Laconie.

CHENIUS, montagne dans le pays des Macrons, & au voisinage de la Colchide & du Pont-Euxin, selon Diodore de Sicile.

CHENNIS. Plutarque nomme ainsi un lieu de l'Egypte.

CHENOBOSCIA, ville située dans le nôme Canopolite, en Egypte, selon Ptolemée. L'itinéraire d'Antonin la marque entre *Coptos* & *Thomu.* Dans la notice de l'empire, elle est nommée *Chenoboscium*, & elle y est mise dans le département de la Thébaïde.

CHERÆUS, petite ville de la basse-Egypte. Elle étoit située sur le Nil, selon Procope. On avoit creusé un canal depuis cette ville jusqu'à Alexandrie, par où se dégorgeoit l'eau du lac *Mœris* ou *Maréotide.*

CHEREOS. Suidas nomme ainsi une forteresse ou un château de l'Asie mineure, vers l'Isaurie.

CHERMULA. Selon les notices de l'empire, nom d'un lieu de la Palestine. C'est vraisemblablement le mont Carmel, où étoit une ville.

CHERONÆA, ville de la Grèce, dans la Béotie. Elle se nommoit autrefois *Arné*, & elle étoit située dans les environs de Lébadée. On voyoit dans la plaine de Chéronée, deux trophées que l'on disoit avoir été érigés par les Romains & par Sylla, pour une victoire remportée sur un général de l'armée de Mithridate. La sépulture des Thébains qui périrent en combattant contre Philippe, étoit auprès de Chéronée : sur le tombeau étoit un lion.

La principale divinité des Chéronéens, étoit le sceptre que Vulcain fit pour Jupiter, & que l'on nommoit *la lance.* De Jupiter, il passa à Mercure, & enfin à Agamemnon. Ce sceptre a été célébré par Homère. On n'avoit pas élevé de temple à cette espèce de divinité ; mais un prêtre le gardoit chez lui, & tous les jours on lui faisoit des sacrifices.

Au-dessus de la ville, il y avoit un endroit très-escarpé, que l'on nommoit *Pétrarque* : on disoit que c'étoit-là que Rhéa trompa Saturne, en lui présentant une pierre en place du petit Jupiter, qu'elle avoit mis au monde. Pausanias, *L. 9, Beotic. ch. 41.*

CHERRONESUS, *ou* CHESRONESUS. Les anciens attachoient à ce mot la même idée que les Latins au mot *Peninsula*, & nous à celui de presqu'île : mot à mot *Chersonèse*, signifioit île de terre, île terrestre.

CHERRONESUS, *ou* CHERRURA. Selon Etienne de Bysance, ville de l'Afrique, dans la Libye.

CHERRONESUS. Le même géographe nomme ainsi un promontoire de l'Asie mineure, dans la Lycie.

CHERRONESUS, ville de l'Asie mineure, dans la Doride. Elle étoit située auprès de la ville de Cnide, selon Etienne de Bysance.

CHERRONESUS. Strabon nomme ainsi une ville de l'Hispanie. Il la place auprès de Sagonte.

CHERRONESUS, nom d'une île avec une bourgade du même nom. Elle étoit dans le voisinage de l'île de Crète.

CHERRONESUS, port de la Thrace, sur le Pont-Euxin, entre Apolloniade & Thyniade, selon Arrien.

CHERRONESUS, *ou* CHERSONE (*Gueuflévé*), ville de la Chersonnèse Taurique, dans la partie occidentale, à vingt journées de celle de *Bosphorus*, qui étoit dans la partie orientale.

Pline prétend que cette ville a aussi été appelée *Megarice*, & qu'elle fut rendue libre par les Romains. Scylax la met au nombre des villes grecques, & Strabon la donne pour une colonie des habitans d'Héraclée du Pont. Elle s'étoit donnée volontairement à Mithridate.

Procope dit que c'étoit la dernière frontière de l'empire romain, & que le pays entre ces deux villes étoit occupé & possédé par les Huns.

On lit, dans les observations historiques de M. de Peyssonnel, que les Chersonites étoient fidèles & soumis aux empereurs d'orient; qu'ils étoient gouvernés par un officier appelé *Proteron*, qui avoit pour conseil des sénateurs ou vieillards, que l'on appeloit *les pères de la ville*: que par la suite on leur envoya des préteurs; que Petronas fut le premier préteur de Chersone.

M. de Peyssonnel ajoute que ces peuples étoient très-commerçans; & qu'ils faisoient tout le trafic de la mer Noire.

On lit, dans les mêmes observations, que Constance, qui avoit employé les Chersonites contre les Bosphoriens, devenu empereur, s'en servit encore contre les Scythes de la petite Scythie, & qu'il leur accorda, en reconnoissance, un grand nombre d'exemptions & de privilèges.

Il y eut par la suite une conspiration des Bosphoriens contre les Chersonites; les premiers s'étant introduits & cachés dans Chersone, devoient y mettre tout à feu & à sang: mais cette conspiration fut découverte par une fille nommée *Gyçia*: on lui érigea des statues, sur le piédestal desquelles étoit gravé le précis de cette aventure.

CHERSEUS, rivière que Ptolemée place dans la Phénicie. Il en met l'embouchure entre *Dora* & Césarée de Strabon, qui étoient des villes de la Palestine.

CHERSONESUS CIMBRICA (*le Jutland*), presqu'île d'Europe, s'avançant au nord de la Germanie: les anciens l'ont très-peu connue.

De ce que l'on a soupçonné que les *Cimbri* ou Cimbres en étoient sortis, on lui a donné le nom de *Cimbrique*.

CHERSONESUS TAURICA (*la Crimée*), grande presqu'île d'Europe, s'avançant du nord au sud, dans le Pont-Euxin, & qui n'est jointe au continent que par un isthme fort étroit.

Dans les temps les plus reculés, cette presqu'île fut gouvernée par des souverains particuliers. Les plus anciens habitans que l'on y connoisse sont les *Tauri*, d'où lui est venu le nom de *Taurica* ou Taurique. C'est à ces temps reculés que les mythologues font remonter les premiers voyages des Grecs dans la Taurique, & la reconnoissance d'Oreste & de sa sœur Iphigénie. Insensiblement les Grecs y firent le commerce, & même y fondèrent des villes. Mithridate, roi de Pont, s'en empara: on dit qu'il en retiroit tous les ans un tribut de 220,000 mesures de grains, & 200,000 talens en argent. Elle fut conquise par les Romains, & donnée par eux aux rois de Bosphore.

Les peuples orientaux de l'Asie, connus chez nous par le nom de *Huns*, s'y établirent, & plusieurs d'eux y étoient déjà connus du temps de l'empereur Julien. Elle a passé ensuite à des princes de la famille de Genghiskhan.

Les lieux les plus considérables de la Tauride étoient les suivans.

Taphræ, sur l'isthme où depuis a été bâti Pérecop. On construisit dans la suite une muraille au sud de ce château. Elle s'étendoit depuis le *Carcinites sinus*, à l'ouest, jusqu'au *Byces Palus*, à l'est.

En continuant la côte, on trouvoit.... à l'ouest, *Eupatorium*, le promontoire *Parthenium*, *Chersonesus*, *Ctenus Portus*, *Symbolorum Portus*, *Palæ Chersonesus*; *Holmitis Taurica*..... au sud, étoit le promontoire *Criu-Metopon*.... en remontant au nord-est, *Charax*, *Lagyra*, le promontoire *Corax*.... *Theodosia*, *Nymphæum*.... à l'est, sur le Bosphore Cimmerien, *Panticapæum*, *Myrmecium* & *Parthenium*.... Dans l'intérieur, on trouvoit vers l'est la ville appelée *Cimmerius Mons*, & vers le sud, *Trapezus*.

Tels sont les lieux les plus connus dans l'antiquité: mais Ptolemée en nomme un plus grand nombre.

La Taurique, selon Ptolemée.

Depuis l'isthme par l'ouest.

Eupatoria, ville.	*Charax.*
Dandaca.	*Lagyra*, *Fl. Ost.*
Symbolorum, port.	*Istriani*, *Ost.*
Parthenium, prom.	*Theodosia.*
Chersonesus.	*Nymphæum.*
Ctenis, port.	
Arietis Frons (ou *Criu-Metopon*), c'est-à-dire, *Front du Bélier*, prom.	

Sur le Bosphore.

Tyrictaca.	*Myrmecion*, prom.
Panticapæa.	

Vers le Palus-Méotide.

Parthenium.	*Heraclium.*
Zenonis Chersonesus.	

Dans les terres.

Taphros.	*Iluraton.*
Tarona.	*Sartache.*
Postigia.	*Badatium.*
Paresta.	*Cytæum.*
Cimmerium.	*Tazus.*
Portacra.	*Argoda.*
Bæon.	*Tabana.*

CHERSONESUS, *ou* CHERSONESON. L'auteur du périple de la mer Erythrée donne ce nom à la partie la plus méridionale de la contrée *Limyrica*.

CHERSONESUS AUREA, *la Chersonnèse d'or* (la presqu'île de Malaja ou Malaga). C'est une des parties de l'Asie les plus reculées, selon les anciens. Il est probable qu'on lui donne l'épithète de *Chryse* (Χρισῆ) ou d'*or*, parce que les vaisseaux qui revenoient de cette navigation rapportoient de l'or avec eux. C'est aussi ce qui a fait croire à quelques auteurs que c'étoit l'*Ophir* de Salomon.

Ptolemée y nomme les lieux suivans :

Cacola, emporium.	*Attaba*, fleuve.
Chryssoas, fleuve.	*Coli*.
Sara, emporium.	*Perimula*.
Palast, fleuve.	*Perimulus Sinus*.
Malæu Colon, prom.	

CHERSONESUS MAGNA. Cette grande Chersonnèse, moins considérable cependant que la Taurique & la Cimbrique, étoit sur la côte d'Afrique. Scylax l'indique en face de l'île de Crète. En effet, M. d'Anville la place sur la côte nord-ouest de la Marmarique, à quelque distance au sud-est du promontoire *Drepanum*.

CHERSONESUS PARVA, *la petite Chersonnèse*. Au sud-ouest, & à peu de distance d'Alexandrie, sur la partie de la côte qui forme un petit promontoire, étoit un château (φρέριον), selon Strabon; un port (λιμνην), selon Ptolemée. Peut-être y avoit-il tous les deux. C'étoit cet endroit que l'on nommoit *la petite Chersonnèse*.

CHERSONESUS THRACIÆ. Presqu'île d'Europe, faisant partie de la Thrace. Elle est inclinée du nord-est au sud-ouest. Elle étoit resserrée, au nord-ouest par le golfe de Melas, *Melanes Sinus*, & au sud-est, par le détroit appelé *Bosphore de Thrace*, portant, depuis Abydos jusqu'à la mer de l'Archipel, le nom d'Helespont.

Cette presqu'île fut, dans la suite, séparée du continent par un mur appelé en grec *Macron-Tichos* (1). Strabon ne lui attribue que trois villes, *Cardia* (2), *Pactyæ* & *Lisimachia*. Cependant il y eut encore d'autres lieux connus. Voici ceux qui se trouvent sur la carte de M. d'Anville.

Le long de la côte septentrionale, depuis l'embouchure du Melas, on ne voit aucun lieu jusqu'à la presqu'île du Renard *Alopeconnesus*. En descendant la côte au sud, *Crithea*, *Elæus*; en remontant le long de l'Hélespont, *Madytus*, *Cælos* ou *Cylla*, selon Ptolemée, port (précisément en face d'*Abydos*); *Sestos*, au nord du promontoire que forme l'Asie en cet endroit, qui est le plus resserré du détroit. Assez loin, au nord-est, *Ægos Potamos*, *Callipolis*, *Agora* & *Pactye*. C'est à peu de distance, au nord-ouest, de cette dernière, qu'étoit *Lysimachia*, nommée ensuite, d'après la largeur de l'isthme, *Hexamilium*.

Les Athéniens furent, pendant quelque temps, en possession de cette presqu'île. D'après l'avis de l'oracle de Delphes, ils y envoyèrent Miltiades, fils de Cimon, à la tête d'une colonie, selon Cornelius Nepos : mais Hérodote, écrivain plus authentique qu'un biographe, rapporte la chose autrement.

Les Dolonces, peuple de la Thrace, étoient en possession de cette presqu'île. Ayant soutenu une guerre défavorable contre les Absinthiens, ils envoyèrent consulter l'oracle. La Pythie leur répondit d'engager à conduire chez eux une colonie, le premier homme qui leur offriroit un asyle.

Ces députés étant venus à Athènes, où régnoit Pisistrate, Miltiade, fils de Cypselus, homme riche & puissant dans la ville, leur offrit l'hospitalité. Se voyant bien traités par lui, ils lui découvrirent le sens de l'oracle, qu'il alla consulter lui-même à ce sujet. A son retour, il prit avec lui tous ceux des Athéniens qui voulurent le suivre, passa dans la Chersonnèse, & fut mis en possession de la souveraine puissance par les Dolonces.

Il commença par élever le mur (*Macron-Tichos*) qui devoit séparer la presqu'île du continent.

A sa mort, il laissa sa petite souveraineté à son neveu Stésagoras. Il fut assassiné. Ce fut à sa mort que les Pisistratides envoyèrent Miltiade, fils de Cimon, & frère de Stesagoras, pour gouverner dans la Chersonnèse. Les Athéniens perdirent ensuite cette presqu'île; & sous les rois de Macédoine, depuis Alexandre, elle appartint à la Thrace, qui faisoit partie de leur royaume.

CHERTOBALUS, ville de la haute Pannonie, que Ptolemée dit avoir été située auprès du Danube.

CHERUB, ville de la Chaldée. Il en est fait mention dans le livre d'Esdras.

CHERUSCI. Les Chérusques étoient un puissant peuple de la Germanie. Ils habitoient auprès de la forêt Hercinienne. Ils avoient le peuple *Cauchi* au midi, & la forêt *Bacenis* les séparoit des Cattes. Tacite & César en font mention.

CHESELETH-THABOR, *ou* CARTHA, ville de la Judée, dans la tribu de Zabulon. Josué la donna aux lévites de cette tribu, qui étoient de la famille de Mérari.

CHESIAS. Selon Callimaque, c'est le nom d'un promontoire de l'île de Samos.

CHESINUS, rivière de la Sarmatie, en Europe, selon Ptolemée.

CHESIUM. Etienne de Bysance nomme ainsi

(1) Selon Hérodote, l'isthme en cet endroit, a 36 stades. L'épitome de Strabon en met 400. La longueur de l'isthme, selon Hérodote, est de 480 stades; selon Scylax, de 400.

(2) Cette ville, placée à la droite du Mélas, sur le continent, ou du moins sur l'isthme, se trouva hors de la muraille; &, par cette raison hors de la Chersonnèse.

une petite ville ou bourg de l'Asie mineure, dans l'Ionie.

CHESLON, ville de la Palestine, dans la tribu de Juda, selon le livre de Josué.

CHETTÆA, ville de l'Afrique, dans la Marmarique. Elle étoit maritime, & située dans le nôme de Libye, selon Ptolemée.

CHETTÆI, nom d'un ancien peuple de la Palestine.

CHI, *ou* CHŒ, en grec Χοῖ. Etienne de Bysance, qui nomme ce peuple, le place près des *Bechires*. Il s'ensuit que ce devoit être une nation Scythe.

CHIACA, *ou* CIACA, selon les divers exemplaires de l'itinéraire d'Antonin, lieu de l'Asie, dans l'Arménie, entre *Dascusa* & Mélitène. C'étoit une place sous le département du commandant de l'Arménie, & où il y avoit garnison romaine, selon la notice de l'empire.

CHIAGORAS, fleuve d'Afrique, & qui paroît être un de ceux que les anciens regardoient comme contribuant à former le Nil. (Αποσπασμάτια γεωγραφικα 38. *Pet. géogr. tome IV.*)

CHIDIBBELENSIUM MUNICIPIUM (*Slougeah*, ou *Salow-Keah*), lieu de l'Afrique, sur la rive droite du fleuve Bagrada, à un grand coude que forme ce fleuve au sud-ouest de *Tunes*.

On y trouve des restes de citernes, des colonnes, des chapiteaux, & des murs anciens fort épais.

CHIDNEI, nom d'un ancien peuple qui habitoit dans le voisinage du Pont-Euxin, selon Orphée, cité par Ortélius.

CHIDRIA, lieu de la Chersonnèse de Thrace, vers lequel se retirèrent une partie des Athéniens qui échappèrent à la défaite d'*Ægos-Potamos* (*Xénophon.*)

CHII. Scylax emploie ce nom Χίων χῶρα. On voit, par ce qui précède, qu'il désigne les habitans de l'île de *Chios*.

CHILIOCOMUS, nom d'un canton de l'Asie, dans la Médie. Ammien Marcellin le met dans le voisinage de la Corduène.

CHILMA, & CHILMANENSE OPPIDUM, ancienne ville de l'intérieur de l'Afrique. Ptolemée & Pline la mettent sous la dépendance de Carthage, & disent qu'elle étoit située entre les fleuves Bagradas & Triton.

CHIMARRUS, rivière du Péloponnèse, dans l'Argolide. Pausanias la met entre la rivière Erasine & le bourg maritime de *Lerna*.

CHIMERA, *ou* HIMERA, ancienne ville de la Sicile, selon Xénophon, cité par Etienne de Bysance.

CHIMERA, montagne de l'Asie mineure, dans la Phasélide, contrée de la Lycie, selon Pline. Cet ancien, Vibius Séquester & Solin, disent que c'étoit une montagne pleine de volcans, & ils la comparent au mont Etna.

Les Lyciens avoient bâti, auprès de cette montagne, la ville d'*Hephestiæ*, qu'ils avoient consacrée à Vulcain. Virgile parle de cette montagne dans son Enéide.

CHIMERA. Pline nomme ainsi un ancien château bâti dans les monts Acrocérauniens, sur la côte de l'Epire, à l'endroit où aboutissent la mer Ionienne & la mer Adriatique. Ce château est nommé *Chimérion*, & mis dans la Thesprotie par Pausanias.

CHIMERIUM PROMONTORIUM, promontoire de l'Asie mineure, sur la côte de la Lycie, selon Strabon. Il étoit formé par le mont de la Chimère.

CHIMERIUM, *ou* CHIMERION. Selon Pline, c'étoit une montagne de Grèce, dans la Phthiotide.

CHIMOAS, *ou* CHIMONAS, selon Sérapion, cité par Ortélius, lieu dans les Indes, dans lequel on trouve la pierre *ælites*.

CHIMOS, *ou* CHIMUS, village maritime de l'Egypte, situé sur le rivage du nôme Maréotide, selon Ptolemée. Quelques interprètes croient devoir lire *Cynossema*.

CHINALAP, rivière considérable de l'Afrique. Elle prend sa source à quatre-vingts milles de son embouchure. Ptolemée en fait mention. Elle se jette dans la Méditerranée, au nord-est du fleuve *Cartennus*.

CHINNA, ville d'Europe, dans la Dalmatie, selon Ptolemée.

CHINNA, ancienne ville de l'Illyrie, que Ptolemée place dans la Dalmatie. Elle est nommée *Cinna* dans l'inéraire d'Antonin.

CHINAPHAL, *ou* CHINALAF. Selon les différens exemplaires de Ptolemée, rivière d'Afrique, dans la Mauritanie césarienne. C'est aujourd'hui le *Celef*.

CHIONITÆ, nom d'un ancien peuple de l'Asie, voisin & allié des Perses, selon Ammien Marcellin. Ils habitoient vers la mer Caspienne, auprès des Gélons & des Albanois.

CHIOS (*Scio*), île de la partie de la mer Méditerranée que l'on nomme mer Egée, *Ægæum mare*. Cette île paroît avoir été très-anciennement détachée du continent. Elle n'est séparée que par un détroit d'environ trois lieues, d'une assez grande presqu'île que force le continent, & qui couvre par le sud & l'ouest le golfe de Smyrne.

Cette île, assez étroite, s'étend du sud au nord. Elle a porté autrefois les noms de *Æthalia*, *Macris*, *Pithyusa*.

La plus haute des montagnes de Chios, est, selon Strabon, le mont *Pelinæus*, ou *Pellenæus*, comme le dit Pline. Cette montagne fournissoit de très-beau marbre. Il y avoit un temple de Jupiter, qui en avoit pris le surnom de Jupiter *Pelinæus*. Une autre montagne, nommée *Phanæus*, formoit un promontoire (Φανάια ἄκρα, *Ptol.*). On y recueilloit du vin. Mais il cédoit, ce me semble, à celui qui, dans la même île, portoit le nom d'*Arvisia* (1). Aussi disoit-on que l'on avoit appris dans cette île l'art de cultiver la vigne d'Œnopion même, qui étoit fils de Bacchus. Les figues de Chio avoient aussi une grande réputation. Entre autres arbres, on y trouve le lenstique, dont on retire ce mastic si estimé dans le levant (2). Lorsqu'au temps de Cicéron on trouva du jaspe dans l'île de Chio, il étoit encore inconnu aux Grecs & aux Romains..... Vitruve parle d'une source, dont l'eau égaroit la raison: on avoit écrit auprès de cette source, quelques vers qui avertissoient les passans de ce danger.

Les lieux les plus considérables de l'île, étoit *Chios*, capitale, à l'est; *Arvisius Ager*, à l'ouest; & *Delphinum*, au nord de Chios.

Strabon dit que cette île fut d'abord peuplée par les Pélasges: selon Diodore, ce fut Macarée & sa suite qui y aborda, après s'être rendu maître de Lesbos. Il est difficile d'avoir quelque chose de certain sur ces premiers commencemens. Mais on peut s'en tenir au sentiment d'Hérodote, qui lui donne pour premier peuple policé des Ioniens.

Ces premiers peuples furent d'abord soumis à des rois, dont un seul est connu; c'est Hippocle. Le roi s'étant permis d'outrager une jeune mariée, il fut assassiné par quelques-uns de ses sujets, & l'on établit le gouvernement républicain. Isocrate leur aida dans la suite à donner à leur gouvernement la même forme qu'à celui d'Athènes. Des tyrans domestiques s'y emparèrent de l'autorité. Depuis les conquêtes de Cyrus, on les vit presque toujours soumis aux souverains de la Perse. Ils reçurent même la ville d'*Atarneus* sur le continent, comme la récompense d'un service rendu à ce prince. Ils aidèrent Darius dans ses conquêtes. Cependant ils entrèrent dans la révolte des Ioniens contre les Perses, & y tinrent un rang considérable, à cause de leurs forces maritimes. Je supprime différentes révolutions pour arriver à l'époque de la bataille de Mycale, l'an 479 avant l'ère vulgaire. Alors, ils recouvrèrent leur liberté, ainsi que les autres Ioniens, & se trouvèrent bientôt, selon Thucydide, dans une condition plus florissante que celle de tous les autres états de la Grèce, en exceptant les Lacédémoniens. On les vit ensuite successivement en alliance & en guerre avec les Athéniens. Ils avoient cependant fait avec eux une paix avantageuse, lorsqu'ils tombèrent sous la puissance des rois de Macédoine. Ils aidèrent les Romains contre les princes d'Asie; & en furent récompensés par la conservation de leur liberté & le titre d'*amis* & d'*alliés* de la république. Mais les Romains ne purent empêcher qu'ils ne fussent accablés d'impôts par Zénobius, général de Mithridate. Sylla, vainqueur de ce roi, les en dédommagea amplement. Ils conservèrent leur liberté, & les privilèges que Sylla leur avoit accordés, jusqu'au temps de Vespasien, qui réduisit Chio & les autres îles de la mer Egée, en province romaine. Cependant il leur fut permis de vivre selon leurs loix sous l'intendance d'un préteur romain.

CHIOS, capitale de l'île du même nom, étoit située vers le milieu de la côte orientale, au pied du mont *Pellinæus*, dans l'endroit le plus agréable & le plus fertile du pays: elle avoit quarante stades de circuit. Chio s'attribuoit l'honneur d'avoir été la patrie d'Homère, &, pendant long-temps, on y nomma les écoles d'Homère, une espèce de caverne creusée dans le roc au mont Epos, peu loin de la mer & à quatre milles environ de l'endroit où est aujourd'hui Scio. Si cette prétention à l'égard de la naissance d'Homère est un peu chimérique, ou du moins n'est pas prouvée, il est sûr au moins que Chio a produit plusieurs grands hommes, tels qu'Ion, Théopompe, Théocrite & Métrodore.

Cette ville avoit un grand & beau port, capable de contenir quatre-vingts vaisseaux.

CHIOS. Selon Etienne de Bysance, il y avoit une ville de ce nom dans l'île d'Eubée.

CHIRIPHE, nom d'une ville de l'Asie, dans la Babylonie, selon Ptolemée. Elle étoit située près des marais & de l'Arabie déserte.

CHIRIS, ancienne ville de l'Egypte, qu'Olympiodore, cité par Ortélius, place dans la Thébaïde.

CHIROGYLIUM, île de la mer Méditerranée, que Pline place sur la côte de la Lycie, province de l'Asie mineure.

CHIRONDAS PETRÆ. Callimaque nomme ainsi une montagne de Grèce, dans la Thessalie.

CHIRONIS VILLA, ville de Grèce, dans le Péloponnèse, selon Polybe. Il la place près de la ville de Messène, & ajoute qu'elle fut détruite & saccagée par les pirates.

CHIRONIUM SPECUS. Cette caverne de Chiron se trouvoit au haut du mont Pélion, en Thessalie. (*Descrip. mont. Peli. p. 29*).

CHISIOTOSAGI, nom d'un peuple des Indes, dont Pline fait mention.

CHITUÆ, peuple de l'Afrique, dans la partie orientale de la Mauritanie césarienne, vers le sud de l'embouchure du fleuve *Ampsaga*, selon Ptolemée.

CHITUS, nom d'une ville de Thrace, selon Cédrène, cité par Ortélius.

CHIZALA, ville d'Afrique, dans la Mauritanie césarienne.

CHLAMIDIA. Selon Pline, c'étoit un des anciens noms de l'île de Délos.

---

(1) Il faut corriger, en lisant, une faute qu'a faite le graveur de M. d'Anville (*Asiæ. minor... & Syriæ, &c. Tabula*). On lit *Ariusius* pour *Aruisius* ou *Arvisius Ager.*

(2) Isidore (*de origin.*), en assurant que le mot *Chio* signifie, en syriaque, *du mastic*, prétend que ce nom a été donné à l'île à cause de cette production. D'autres le font venir de χιὼν, *de la neige*, parce que de loin on en apperçoit les hautes montagnes couvertes. Une troisième étymologie, à laquelle on peut refuser toute créance, est celle qui tire ce nom de la nymphe Chia.

CHLARHILORUM GENS, *ou* CHABILCORUM GENS. Selon les différentes éditions de Festus Avienus, ancien peuple de la Gaule, qui habitoit auprès du fleuve Rhodanus.

CHLASCUM, ancienne ville de l'Asie, que Curopalate, cité par Ortélius, place vers l'Arménie.

CHLEAT, ancienne ville de l'Asie, vers l'Arménie, selon Cédrène, cité par Ortélius. Elle est nommée *Chleas* par Curopalate.

CHLIARA, ancienne ville de l'Asie mineure, selon Nicétas & le continuateur de Glycas. Ortélius pense qu'elle étoit vers la Mysie ou la Phrygie.

CHLIARUS, nom que portoit d'abord le Gange. *Voyez* GANGES.

CHLIDIUM, nom d'un lieu dont fait mention Cédrène. Il devoit être dans la Thrace ou la Bulgarie.

CHLORUS, nom d'une rivière de l'Asie, que Pline place dans la Cilicie.

CHLUMETIA. Laonic, cité par Ortélius, nomme ainsi une ville de Grèce.

CHNA. Selon Etienne de Bysance, c'est le nom qu'avoit autrefois la Phénicie; mais, selon Bochart, c'est le diminutif de Chanaan.

CHNUBMIS, *ou* CHNUMIS, nom d'une ancienne ville de l'Egypte. Ptolemée la place dans le nôme de Thèbes.

N. B. Dans quelques traductions, on lit *Chnubis*. C'est une faute; j'ai suivi le texte grec.

CHOANA, *ou* CHOAVA. Selon les divers exemplaires de Ptolemée, ancienne ville de l'Asie, dans la Médie, selon Ptolemée. Elle est nommée *Chaona* par Diodore de Sicile.

CHOANA, ancienne ville de l'Asie, que Ptolemée place dans la Bactriane.

CHOANA. Ptolemée nomme ainsi une ancienne ville d'Asie, dans la Parthie.

CHOANI, ancien peuple que Pline place dans l'Arabie heureuse.

CHOANI, peuple que Marcien d'Héraclée place en Europe, près du Borysthène & des *Alauni*.

CHOARA, ancien nom d'une contrée de l'Asie, que Pline place dans la partie occidentale de la Parthie.

CHOARAXES, rivière de l'Asie, qui servoit de bornes entre la Colchide & l'Arménie, selon Strabon. Casaubon croit que c'est un mot corrompu, & qu'il est question de l'Araxe.

CHOARENA, *ou* CHAARINA, contrée de l'Asie, dans le pays des Parthes, selon Strabon. C'étoit la contrée de la Parthie la plus voisine de l'Inde.

CHOASPA, ville ou village de l'Arachosie, selon Ptolemée.

CHOASPES, nom d'une rivière de l'Inde, selon Strabon. Elle se jetoit dans le Cophes, aux confins de l'Arachosie.

CHOASPES, *ou* CHOASPIS, rivière de l'Asie, dont Pline met la source dans la Médie, & la fait tomber dans le Pasitigris. Strabon dit que cette rivière prend sa source dans le pays des Uxiens, qu'elle traverse la Susiane, & qu'elle se rend dans un lac où se jette aussi l'Euleus & le Pasitigris. Ce fleuve se rendoit à la mer dans le golfe Persique, par une embouchure particulière, quoiqu'il eût une communication avec le Tigre. Hérodote dit que les rois de Perse ne buvoient pas d'autre eau que celle de ce fleuve, & qu'ils en faisoient porter une provision par-tout où ils alloient avec eux, après l'avoir fait bouillir.

L'Eulée, selon Pline, arrosoit la ville de Suse; &, selon cet auteur, les rois de Perse ne buvoient pas d'autre eau. Cela prouve que le Choaspe & l'Euleus étoient un même fleuve.

CHOASTRA; c'est ainsi que quelques interprètes croient devoir lire le nom de *Locastra* dans le texte de Ptolemée.

CHOATRA. Ptolemée nomme ainsi une des montagnes qui terminoient l'Assyrie au sud. Ce qui rend leur position incertaine, c'est qu'il leur oppose, du côté de la Perse, les monts *Para Choatra*; au lieu que Strabon fait ces montagnes boréales, προσάρκτιά (ὄρη), vers la mer Caspienne. Les monts *Choatra* de Ptolemée doivent être les mêmes que les monts *Choatras*.

CHOATRÆ, nom d'un peuple de la Sarmatie. Il habitoit vers le Tanaïs, selon Pline.

CHOATRAS, nom d'une montagne de l'Asie, que Pline & Solin placent dans le pays des Parthes. On trouve *Choatra Montes* dans Strabon.

CHOBA, lieu jusqu'où les Israélites poursuivirent les Assyriens, après que ceux-ci eurent perdu Holopherne. Il en est fait mention au livre de Judith.

CHOBAR, fleuve qui se déchargeoit dans l'Euphrate. Ce fut près de ce fleuve qu'Ezéchiel eut une vision de la gloire de Dieu. C'est probablement le même qui, nommé à la grec, est appelé *Chaboras*.

CHOBAT, ville de l'Afrique, dans la Mauritanie césarienne, selon Ptolemée. L'itinéraire d'Antonin en fait un municipe. Elle y est nommée *Coba*, & placée entre *Mussubium* & *Igilgilis*. La table de Peutinger & l'Anonyme de Ravenne en font aussi mention.

CHOBATA, ville de l'Asie, dans l'Albanie. Ptolemée la place entre l'*Albanus* & le *Casius*, rivières.

CHOBUS (*Kemkhal*), rivière de la Colchide, entre le Charien ou Charius, & le fleuve Singame, selon Arrien. Agathias la nomme *Chobus*; mais Pline dit *Cobus*. Il ajoute qu'elle avoit sa source dans le Caucase, & qu'elle traversoit le pays des *Suanes*. Il couloit donc, ainsi que le conclut M. Peyssonel, du nord au sud-est, & tomboit dans le Pont-Euxin, au nord de l'embouchure du *Phasis*.

CHOCE, ville de l'Arabie déserte, selon Ptolemée. On lit aussi *Coche.*

CHOCHE, village de l'Asie, situé près du Tigre, selon Arrian, cité par Etienne de Bysance. Il se pourroit très-bien que, faute de notions assez exactes, l'un de ces auteurs eût attribué à un certain pays la ville que l'autre attribuoit à un pays différent.

CHODDA, ancienne ville ou village de l'Asie, dans la Carmanie, selon Ptolemée.

CHOENICIDES. Les Grecs établis à Sinope, sur le Pont-Euxin, donnoient ce nom à des creux qui se remplissoient lorsque la mer étoit haute, & dans lesquels on prenoit beaucoup de poisson, selon Strabon.

CHŒRADES, nom d'une île de la mer Ionienne, sur la côte de l'Italie, près du promontoire Japygien, selon Thucydide.

CHŒRADES, îles ou écueils du Pont-Euxin, près de l'Hellespont, selon Hésyche, Phavorin, *&c.* Ortélius croit que ce sont les îles Cyanées.

CHŒRADES. Isace, cité par Ortélius, nomme ainsi les îles Baléares.

CHŒRADES. Dictis de Crète dit qu'il y a des écueils de ce nom sur la côte de l'île d'Eubée. Ils étoient près du mont Capharée. Quintus Calaber les nomme *Caphurides.* Il ajoute qu'Ajax y fit naufrage, après avoir violé Cassandre.

CHŒRADES, îles ou écueils du golfe Persique, selon Arrien, cité par Ortélius.

CHŒRADES, ville de l'Asie, dans le pays des *Mosynœci* ou Mosynéciens, selon Hécatée, cité par Etienne de Bysance. Elle étoit habitée par des Grecs, selon Scylax.

CHŒRAGIA, lieu de la Thrace, que Denys de Bysance place dans le voisinage de Constantinople.

CHŒREAS, nom d'un lieu particulier de la Grèce, dans l'île d'Eubée, selon Hérodote.

CHŒREATÆ, nom d'une tribu du Péloponnèse, dans la Sicyonie, selon Hérodote.

CHŒREBACCHI, nom d'un lieu de la Thrace, près du fleuve Mélas, selon Zonare & Nicétas, cités par Ortélius. Curopalate écrit *Cherobachi.*

CHŒRIUS SALTUS, bois du Péloponnèse. Pausanias le place auprès de la ville de Gésénie, dans la Messénie.

CHŒS, *ou* COAS (*Cow*), fleuve de l'Inde. Il prenoit sa source au nord de celle du *Cophes*, dans la partie nord-ouest du mont *Paropamisus*, se joignoit au *Cophes*, vers la ville de *Nagara* ou *Nysa*, & alloient ensemble se perdre dans l'*Indus* ou *Sindus*, au sud-ouest de *Taxila*, vers le 32e deg. de latit.

CHOI, CHŒ, *ou* CHI, peuple de l'Asie, qui habitoit dans le voisinage de Béchires, selon Etienne de Bysance.

CHOLARGUS, *ou* COLARGOS, bourg de Grèce, dans l'Attique. Il étoit dans la tribu Acamantide, selon Etienne de Bysance & Suidas.

CHOLBESINA, nom d'une ancienne ville de l'Asie, dans la Sogdiane, & située près de l'*Oxus.* Quelques exemplaires de Ptolemée la mettent sur le bord occidental de ce fleuve.

CHOLIMMA, nom d'une ancienne ville de l'Asie, que Ptolemée place dans la Grande-Arménie.

CHOLLE (*el Comé*), fontaine d'eau chaude de l'Asie, dans la Syrie, selon Ptolemée. Elle étoit à quelque distance de l'Euphrate, qu'elle avoit au nord & à l'est, & à l'ouest de *Thapsacus.*

CHOLLE, ville de l'Asie, dans la Palmyrène, selon Ptolemée.

CHOLLE, nom d'une ville de l'Afrique, selon Appien.

CHOLLIDÆ, peuple de la Grèce, dans l'Attique. Il étoit de la tribu Léontide, selon Etienne de Bysance.

CHOLMADARA, ville de l'Asie, dans la Comagène. Elle étoit située sur la rive droite de l'Euphrate, au nord-est & près de Samosate, vers le 37e deg. 15 min. de latit. Ptolemée en fait mention.

CHOLOBETENA, *ou* CHOLOBETENE. Selon Arrien, cité par Etienne de Bysance, c'étoit le nom d'une contrée de l'Asie, dans l'Arménie.

CHOLOE, *ou* CHOLOGI. Selon les divers exemplaires de Ptolemée, nom d'une ancienne ville du Pont-Galatique, dans la Cappadoce.

CHOLOGI : c'est ainsi que quelques interprètes croient devoir lire dans Ptolemée le nom de *Choloe.*

CHOLONTICHOS, ville de la Carie, selon Etienne de Bysance, qui cite Apollonius. Mais on croit qu'il faut lire Χωλον-τεῖχος, ou, la muraille close. Quelle que soit l'origine de ce nom, on pourroit très-bien n'en avoir fait qu'un seul mot. On l'a rendu par *Cholum Murus.*

CHOLUA, ville de l'Asie, dans la Grande-Arménie, selon Ptolemée. Il la met au 43e deg. 10 min. de latit.

CHOLUA, ville que Ptolemée met dans le même pays ; mais il place celle-ci au 41e deg. de latit.

CHOLUATA. Ptolemée nomme ainsi une ville de l'Asie. Il la place dans la Grande-Arménie, au 43e deg. 40 min. de latit.

CHOLUM MURUS. *Voyez* CHOLONTICHUS.

CHOMA, ville de l'Asie mineure, dans la Lycie, selon Ptolemée. Elle a été épiscopale, selon la notice de Léon-le-Sage & celle de Hiéroclès.

CHOMA, nom d'un lieu du Péloponnèse, dans l'Arcadie, selon Pausanias.

CHOMARA, ville de l'Asie, dans la Bactriane, selon Ptolemée.

CHOMARI, nom d'un peuple de l'Asie, dans la Bactriane. Il en est fait mention par Pomponius Méla & par Pline.

CHOMOARENUS, siège épiscopal de la Phénicie. Il en est fait mention dans la lettre adressée à l'empereur Léon par les évêques de ce pays.

CHOMPSO, nom d'une île située dans le Nil, entre l'Ethiopie & l'Egypte, selon Etienne de Bysance,

Byſance, qui cite Hérodote. Mais dans cet auteur, on lit *Tachompſo*. (*Voyez* ce mot).

CHONÆ, ville de l'Aſie mineure, dans la Phrygie. Elle étoit épiſcopale, & même métropolitaine, ſelon la notice de Nilus Doxapatrius.

CHONÆ, nom d'une ville de l'Aſie mineure. Elle étoit ſituée ſur le bord du Méandre, ſelon Nicétas, qui ajoute qu'auparavant elle étoit nommée *Palaſſæ;* mais Ortélius penſe qu'il faut lire *Coloſſæ*. Ces deux villes paroiſſent être la même.

CHONE, ville des Œnotriens, ſelon Etienne de Byſance, qui cite Strabon. Dans cet auteur, on lit *Chonis*.

CHONES, peuple de l'Italie, dans l'Œnotrie. C'étoit les habitans de la ville de *Chonis*, ſelon Strabon.

CHONIA. Il paroît que l'on a nommé ainſi le territoire de la ville de *Chone* ou *Chonis*. (*Voyez* Xénophon, *p. 983*).

CHONIS, *ou* CHONE, nom d'une contrée de l'Italie, dans l'Œnotrie, ſelon Strabon, cité par Etienne de Byſance. Cette contrée étoit au-deſſous du territoire de Crotone.

CHONIS, ville de l'Italie, dans l'Œnotrie, ſelon Strabon, cité par Etienne de Byſance. Elle étoit le chef-lieu de la contrée du même nom.

CHONNABARARA. *Voyez* CHONNAMAGARA.

CHONNAMAGARA, nom d'une ville de l'Inde, en-deçà du Gange, ſelon Ptolemée. Quelques exemplaires de cet ancien portent *Chonnabarara*.

CHORA, lieu de la Thrace, ſur le Pont-Euxin, à peu de diſtance au nord-eſt du Macron-Tichos; & tout près du *Ganos*, placée au nord-eſt.

CHORA, lieu de la Gaule, qui devoit ſe trouver ſur une rivière de même nom (la Cure), entre Avalon & Auxerre. M. l'abbé de Beuf penſoit que *Chora* étoit Crevant; mais M. d'Anville n'eſt pas de ce ſentiment. Il porte *Chora* ſur les confins du diocèſe d'Auxerre, du côté d'Autun, dans l'emplacement d'une métairie qui porte encore ce nom. La poſition de ce lieu eſt intéreſſante, parce qu'on lit dans la notice de l'empire: *præfectus Sarmatarum gentilium à Chorâ Pariſios uſque*. Samſon a eu tort de le confondre avec Corbeil.

CHORAMNÆI, peuple ſauvage de l'Aſie, dans la Perſe, ſelon Ctéſias, cité par Etienne de Byſance. Il cite un paſſage de Ctéſias, ſelon lequel ces Coramniens étoient ſi agiles à la courſe, qu'ils auroient pu atteindre un cerf.

CHORASMÆI. Athénée fait mention des Choraſmiens. Il les place en Aſie. Ces peuples étoient au nord & à l'eſt de la Parthie; ils s'étendoient même, ſelon Ptolemée, juſqu'à la Sogdiane. Ils ſe trouvoient ainſi voiſins de l'Acès & de la plaine où couloit ce fleuve. Ils habitoient des montagnes; &, ſelon un paſſage de Strabon, ils n'étoient pas éloignés des Bactriens & des Sogdiens.

CHORASMENI, peuple de l'Aſie, dont fait mention Arrien. Il le place dans le voiſinage du pays des Amazones & de la Colchide.

CHORASMIA, nom d'un pays de l'Aſie, dans la Sogdiane, ſelon Ptolemée. Il met ce pays après celui des Maſſagètes.

CHORASMIA, ville de l'Aſie, à l'orient des Parthes, ſelon Hécatée, cité par Etienne de Byſance.

CHORASMII, peuple que Ptolemée compte entre ceux de la Sogdiane. *Voyez* CHORASMÆI.

CHORAZIN, ville de la Galatée, ſelon ſaint Jérôme.

CHORDIRAZA, nom d'une ancienne ville de l'Aſie, dans la Méſopotamie. Elle étoit ſituée aux environs de *Carrhes*, ſelon Strabon.

CHORDYLA (*Kordylé*, château ruiné), que l'on écrit auſſi *Cordula*, ville de l'Aſie, dans la Colchide, au pays des Lazes, ſur la rive gauche & près de l'embouchure de l'*Acinaſis*.

Ptolemée parle de cette ville, qui étoit ſituée à ſix ou ſept lieues au midi de *Gyganeum* (Gugnié).

CHORIENIS PETRA, lieu de l'Inde, dans le pays des *Paratiaques*, ſelon Arrien.

CHOROANA, *ou* CHOROANE, la Choroane, petite contrée de l'Aſie, que Ptolemée place dans la Parthie. Elle eſt nommée *Chorenée* par Strabon.

CHOROCHOAD, ville d'Aſie, dans l'Arachoſie, ſelon Iſidore de Charax.

CHORODNA, *ou* CHORODRA. Selon les divers exemplaires de Ptolemée, ancienne ville de l'Aſie, dans la Perſide, ou Perſe propre.

CHOROMANDÆ, nom d'un peuple dont Pline fait mention. Il dit qu'il étoit ſauvage, & qu'il n'avoit pas même l'uſage de la parole. Il ne dit pas de quel pays étoit ce peuple.

CHOROMITHRENA & CHOROMITHRENE, ancien nom d'une contrée de l'Aſie. Elle étoit dans la Médie, ſelon Ptolemée.

CHORRÆI. C'eſt le nom véritable du peuple nommé plus ordinairement *Horræi*, les Chorréens ou Horréens, peuple de l'Aſie, qui occupa le pays de Séhir, avant les Iduméens. Ils habitoient dans l'Arabie pétrée & déſerte, au midi & à l'orient de la terre de Chanaan. Le livre des Rois, celui des Juges, *&c.* font mention de ce peuple.

CHOROSANA, nom d'une place forte de l'Aſie, ſelon Cédrène, cité par Ortélius.

CHORSA, ville de l'Aſie, dans la Grande-Arménie, ſelon Ptolemée. Elle doit avoir été ſituée ſur l'Euphrate.

CHORSALIA, place de la petite Arménie: elle étoit dans les terres.

CHORSEUS, *ou* CHERSEUS, nom d'un fleuve de la Phénicie, dans le voiſinage de la ville de *Dora*, ſelon Ptolemée. Ortélius cite ce géographe, & le place dans la Paleſtine. Ce fleuve eſt marqué dans la carte de la Paleſtine de M. d'Anville.

CHORSIA. Pauſanias & Etienne de Byſance nomment ainſi une petite ville de Grèce, dans la Béotie. Elle eſt nommée *Corſiæ* par Suidas.

CHORSORI, nom que les Scythes donnoient

aux Perses, selon Pline & Solin. Le P. Hardouin écrit *Chorsari*.

CHORSUS, fleuve de la Colchide, selon le périple de Scylax.

CHORTACANA, ancienne ville de l'Asie, située dans la partie septentrionale de l'Arie, aux confins de la Parthie, selon Diodore de Sicile. C'est la même que Strabon & Quinte-Curse nomment *Artacanæ*.

CHORTASO. Etienne de Bysance nomme ainsi une ville de l'Egypte. Il ajoute que Cléopâtre, manquant de vivres & voulant continuer la guerre, les habitans de cette ville lui fournirent une si grande quantité de bled, que toute son armée en eut abondamment. De-là vint à la ville le nom de *Chortaso*, dont la racine est Κορτασία, signifiant nourriture aussi-bien que *saturatio*. Mais quel étoit auparavant le nom de ce lieu? Ceci n'a-t-il pas plutôt rapport à la fertilité du territoire?

CHORUM, nom d'un ancien lieu de la Thrace. Il en est fait mention par Cédrène, selon Ortélius.

CHORZENA, *ou* CHORZENE. La Chorzène, selon Strabon, étoit une contrée de l'Asie, dans la grande Arménie. Il ajoute qu'elle étoit au nord, dans les montagnes du Caucase, & qu'elle appartenoit à l'Ibérie & à la Colchide.

CHORZIANI, peuple de l'Asie, dans l'Astiatène, contrée de l'Arménie. Procope les place aux environs du fort de Citharise, à quatre journées de *Theodosiopolis*.

CHOZALA, *ou* CHOIZALA, selon les divers exemplaires de Ptolemée, ancienne ville de l'Afrique, dans la Mauritanie césarienne.

Elle étoit située au pied d'un rocher escarpé, à quatre milles au sud-est de *Julia Cæsarea*.

CHRABAZA, nom d'une ancienne ville de l'Afrique proprement dite, selon Ptolemée.

CHRASMUS, nom d'une petite place, qui étoit située vers la Dacie, selon Nicétas, cité par Ortélius.

CHREMETES, nom d'un fleuve de l'Afrique, dont l'embouchure est placée dans l'océan Atlantique par Aristote & par Hésychius. On croit qu'ils ont voulu parler du Zaïre. (*La Martinière*).

CHRENDI, *ou* CHRINDI, selon les divers exemplaires de Ptolemée, ancien peuple de l'Asie, dans l'Hircanie.

CHRES, grand fleuve de la Libye, sur la côte occidentale de l'Afrique, & au-delà de l'île de *Cerne*, selon le périple de Hannon.

CHRETES, lac de l'Afrique, dans la Libye. Le périple de Hannon dit qu'il contient trois îles.

CHRETINA, nom d'une ville de l'Hispanie. Ptolemée la place dans la Lusitanie propre.

CHRINDI. *Voyez* CHRENDI.

CHRISTIANOPOLIS, ville épiscopale du Péloponnèse, dans l'Arcadie, selon la notice de Léon-le-Sage.

CHRISTIPOLIS, ville épiscopale de la Cappadoce, selon la notice d'Andronic Paléologue.

CHRISTOPOLIS, ancienne ville épiscopale de l'Asie, sous la métropole de Bostré, selon la notice du patriarchat d'Antioche.

CHROBATI, les Chrobates. Ce peuple faisoit partie des Slaves, comme les Avares. On voit que les Chrobates furent armés par Héraclius, successeur de Phocas, contre les Avares. Ces derniers furent chassés de la Dalmatie. Les Chrobates étoient alors sous la direction d'un prince appelé *Porga*, qui, avec ses cinq frères, ses deux sœurs, & plusieurs autres personnes de la même tribu, sortirent de leurs demeures, s'avancèrent sur les côtes maritimes de la Dalmatie, mirent les Avares en fuite, & s'emparèrent de ces provinces. Ils se choisirent un prince, qui relevoit de l'empereur de Constantinople. Héraclius leur envoya des prêtres & des évêques, desquels ils reçurent le baptême. Ces Chrobates étoient venus du nord de la Bohême & de la Pologne, pays où la langue sclavone est le plus en vigueur, & où certainement, comme le dit M. de Peyssonnel dans sa dissertation sur l'origine de la langue sclavone, ils ne l'avoient pas rapportée d'Illyrie; puisqu'il est manifeste par l'histoire, qu'ils ne sont plus retournés du midi au nord: c'étoit cependant la langue qu'ils parloient lorsqu'ils descendirent en-deçà du Danube: il falloit donc qu'ils l'eussent apportée avec eux. M. de Peyssonnel ajoute que quelques auteurs prétendent que le mot *Chrobati* signifie possesseurs de grandes terres. Que Dodwel avance que ce nom leur a été donné à cause de leur prince, qu'il nomme *Chrowatus*, cité par Constantin Porphyrogénète. Que ce dernier historien croit ce peuple le même que les Bulgares; & que Théophilacte dit que c'étoit des Avares venus après les premiers Avares. Il ajoute qu'il seroit difficile de se persuader qu'ils fussent les mêmes peuples que les Bulgares, puisque ceux-ci ne commencèrent leurs incursions au-delà du Danube qu'après eux. Que les premiers se soumirent aux empereurs de Constantinople; & que les Bulgares demeurèrent indépendans.

CHROMII MONTES. Ortélius nomme ainsi des montagnes de Grèce, dans le Péloponnèse.

CHRONUS, *ou* CHRONOS, rivière que Ptolemée place dans la Sarmatie en Europe. Je trouve, dans le texte de Marcian d'Héraclée, ce nom écrit χρύνος, ce qui se rendroit en françois par *Crynos*. Dans la traduction, on a écrit *Crunus*: la différence est légère; c'est bien le *Chronos* de Ptolemée.

CHRUNUS. *Voyez* CHRONUS.

CHRUTUNGI, nom d'un peuple qui faisoit partie des Scythes.

CHRYSA, ville de l'Asie mineure, dans l'Eolide, selon Pline.

CHRYSA. Pline place cette ville dans le même pays: mais il en parle comme d'une ville qui ne subsistoit plus de son temps.

CHRYSA, nom d'une petite île, auprès de celle de Crète, du côté du Péloponnèse, selon Pline.

CHRYSA, dans la Troade : c'est le même lieu que *Sminthium*.

CHRYSÆ FANUM, nom d'un lieu de la Sicile. Cicéron le met dans une campagne, près du chemin qui menoit de la ville d'*Assorus* à celle d'*Enna*.

CHRYSAORIS, ville de Carie, qui prit ensuite le nom d'*Adrias*, selon le texte d'Etienne de Bysance : mais il faut lire *Idrias*.

CHRYSAORUS, nom d'une rivière de l'Asie mineure, dans la Lydie. La ville de Mastaure étoit située sur le bord de cette rivière, selon Etienne de Bysance.

CHRYSAS, ruisseau de la Sicile. Il traverse le pays des Assorins, selon Cicéron.

CHRYSE, nom d'un promontoire, près de la rivière *Lanos*, dans le pays des Serres, selon Pline.

CHRYSE, nom d'une île que Pline place dans le voisinage & au-delà du fleuve *Indus*.

CHRYSE, nom d'une ville auprès de *Lemnos*. Etienne de Bysance dit qu'elle étoit consacrée à Apollon.

CHRYSE, nom d'une ville de l'Asie mineure, dans la Carie, selon Etienne de Bysance.

CHRYSE. Etienne de Bysance nomme ainsi un promontoire de l'île de *Lemnos*, près d'*Ephestias*, & à l'opposite de l'île de *Tenedos*.

CHRYSE. Sophocle, dans sa tragédie de Philoctète, nomme ainsi une ville du Pont.

CHRYSE. Ptolemée nomme ainsi la contrée qu'il appelle ailleurs *Aurea Chersonesus*. *Voyez* ce mot.

CHRYSEI, nom d'un peuple des Indes, qui habitoit dans les montagnes, entre les fleuves *Jomanes* & *Indus*.

CHRYSERA. L'île de Chryse, dans les Indes, est ainsi nommée par Marcien.

CHRYSIPPA, ville de l'Asie mineure, dans la Cilicie, selon Etienne de Bysance.

CHRYSITES. Tite-Live, cité par Ortélius, nomme ainsi un lieu de la Macédoine.

CHRYSIUS, nom que Jornandès donne à un pays de la Dacie.

CHRYSOANA, fleuve de l'Inde, au-delà du Gange, selon Ptolemée.

CHRYSOMALLOS. Strabon dit que le mont Ida, en Crète, portoit ce nom, lorsqu'il écrivoit (νῦν). *Strabon*, *liv*. x.

CHRYSONDION, ancienne ville de la Macédoine, dans la Darétide, selon Polybe.

CHRYSOPOLIS, ville épiscopale de l'Asie, de laquelle il est fait mention dans le concile de Constantinople. Elle étoit aussi nommée *Diosuros*.

CHRYSOPOLIS. La notice de Léon-le-Sage met un siège épiscopal de ce nom en Afrique, dans la Mauritanie.

CHRYSOPOLIS, ancienne ville de l'Asie mineure, située auprès de Chalcédoine, & vis-à-vis de Bisance. Denys de Bisance dit que c'étoit un très-beau port. Lorsque les Perses en étoient les maîtres, ils y assembloient les tributs qu'ils retiroient des villes. C'étoit le lieu de commerce des habitans de la ville de Chalcédoine. Xénophon dit que les Athéniens entourèrent ce lieu de murailles, qu'ils y établirent un droit du dixième sur les bâtimens qui venoient du Pont-Euxin, & qu'ils laissèrent une flotte de trente voiles pour la sûreté du port. Strabon n'en parle que comme d'un village.

CHRYSOPOLIS, *ou* CHRISTOPOLIS, ancienne ville épiscopale de l'Asie, sous la métropole de *Bostra*, dans le patriarchat d'Antioche, selon la notice de ce patriarchat.

CHRYSORHOAS, *ou* CHRYSORRHOAS, rivière de l'Asie, dans la Syrie. Elle coule près de la ville de Damas. C'est cette rivière qui fertilise les environs de cette ville : aussi Pline & Strabon disent que le *Chrysorhoas* se consume presque tout en ruisseaux.

CHRYSORHOAS, *ou* CHRYSORRHOAS. Pline nomme ainsi une rivière de l'Asie, dans la Colchide.

CHRYSORRHOAS, fleuve de l'Asie mineure, dans la Lydie. Pline en place la source dans le mont *Tmolus*.

CHRYSORRHOES, fleuve situé vers l'extrémité de la presqu'île du sud-est de l'Argolide.

Il arrosoit la ville de Trézène. Il avoit, dit-on, reçu ce nom, qui signifie *fleuve d'or*, de la reconnoissance des gens du pays, parce que, dans un temps d'une sécheresse extrême, il n'avoit cessé de leur donner de l'eau en abondance.

CHRYSTALLUS. Plutarque (*de fluviis*) dit que le Thermodon, fleuve qu'il attribue à la Scythie, portoit d'abord ce nom, parce que même en été il étoit gelé.

CHRYSUM. Ptolemée nomme ainsi la troisième bouche du fleuve *Indus*, en commençant par celle de l'occident.

CHRYSUS, nom d'une rivière de l'Asie mineure. Elle couloit vers Laodicée, selon Métaphraste, cité par Ortélius.

CHRYSUS, rivière de l'Hispanie. Festus Aviénus la place dans la Bétique.

CHUBANA, ville de l'Asie, dans la Mésopotamie. Elle étoit sur la rive orientale de l'Euphrate, vers le 35ᵉ deg. 55 min. de latitude. Isidore de Charax en parle comme d'un village (κώμη.)

CHUDUCA, nom d'une ville de l'Asie, que Ptolemée place dans la Babylonie.

CHULLABI, nom d'une ville de l'Afrique, selon S. Augustin, cité par Ortélius.

CHUMANA. C'est ainsi que quelques interprètes croient devoir lire le nom *Phumana* du texte de Ptolemée.

Chumana étoit une ville de la Chaldée.

CHUN, *ou* CUN, ancienne ville de l'Asie, dans la Syrie. David en fit la conquête. Il en est fait mention dans les Paralipomènes.

CHUNI, peuple de la Sarmatie. Ptolemée le place entre les Basternes & les Roxelans.

CHURITÆ. Ptolemée nomme ainsi un ancien peuple de l'Afrique. Il le place dans la Libye intérieure.

CHUS. C'est le nom par lequel, dans l'écriture sainte, on désigne trois différentes contrées, dont la plus célèbre est l'Ethiopie: cette dénomination lui vint de ce que l'on croyoit qu'elle avoit été d'abord habitée par Chus ou par ses descendans : il étoit fils de Cham. On a dit *la terre de Chus*.

CHUSÆ, bourgade d'Egypte, dans le nôme d'Hermopolis. Vénus y étoit adorée, & les habitans honoroient les vaches, parce qu'ils étoient persuadés que cet animal appartenoit à la déesse.

CHUSARIS, *ou* CHUSARUS, nom d'une rivière de l'Afrique, dans la Libye intérieure, selon Ptolemée.

CHUSI, lieu de la Palestine. Il étoit situé sur le torrent de Mochmur, selon le texte grec du livre de Judith.

CHUSII, *ou* CISII, peuple de l'Asie, dans la Susiane, au sud-ouest de la ville de Suse, entre cette ville & le *Pasitigris*.

CHUSIS, CHUZIS, *ou* CHESAS, siège épiscopal d'Afrique, dont il est fait mention dans les actes du concile de Carthage, tenu sous S. Cyprien.

CHUTÆI. Les Chutéens étoient originaires de l'Assyrie ou de la Susiane. Salmanasar les transporta dans le pays de Samarie, en la place des Israélites. Il paroît qu'ils étoient idolâtres, & qu'on leur donna des prêtres pour les instruire dans la religion du Dieu d'Israël: mais ils crurent pouvoir allier le culte des idoles avec la religion des Hébreux. Ils n'obtinrent que sous Alexandre-le-Grand la permission de bâtir un temple sur le mont Garizim, selon Joseph.

CHUZIBA LAURA, hermitage qui étoit situé dans une vallée, près du chemin de Jérusalem à Jéricho, selon Evagre.

CHUZIS, ville de l'Afrique propre. Ptolemée la place entre les deux Syrtes.

CHYDA, ville de l'Asie mineure, dans la Lycie, selon Ptolemée, cité par Sophien.

CHYDAS, rivière de la Sicile, selon Ptolemée.

CHYDE. C'est ainsi que quelques interprètes croient devoir lire le nom *Lydæ*, qui se trouve dans Ptolemée.

CHYLEMATH, selon Ptolemée, rivière de l'Afrique, dans la Mauritanie césarienne.

CHYRETIÆ, ville de la Macédoine, que Ptolemée place dans l'Estiotide.

CHYTON. Ephorus, cité par Etienne de Bysance, nomme ainsi une contrée de l'Epire.

CHYTOS. Le scholiaste d'Apollonius, selon Ortélius, nomme ainsi le port de la ville de Cyzique, en Asie, dans la Mysie.

CHYTRI. Pline & Etienne de Bysance nomment ainsi une ville de l'île de Cypre. Ptolemée dit *Chytros*. Elle a été épiscopale, selon la notice de Hiéroclès.

CHYTRI, lac de la Grèce, dans la Béotie. Théophraste le place dans le canton nommé *Pélécanie*, entre les fleuves *Melas* & *Cephisus*.

CHYTRI, les Chytres. On nommoit ainsi, selon Hérodote, un lieu situé aux Termopyles, & dans lequel on prenoit des bains chauds (1). Ce nom signifie *chaudières*. Pausanias, qui parle de ces mêmes bains, dit que les gens du pays les nommoient χύτρους γυναικείους, *Chytres*, ou *Chaudières des femmes*.

CHYTRINUM, lieu de l'Asie mineure, dans l'Ionie. Il appartenoit aux habitans de l'île de *Cos*, selon Antigonus & Aristote, cités par Ortélius.

CHYTRIUM, lieu de l'Asie mineure, dans l'Ionie. C'étoit où anciennement la ville de Clazomenos étoit située, selon Strabon. Ortélius pense que c'est le *Chytrinum* d'Antigonus.

CHYTROPOLIA, lieu de l'Asie, dans le voisinage du bourg de Télephe, selon Agathias. Ortélius juge que ce lieu étoit vers le Phase, dans la grande Arménie.

CHYTROPOLIS. Etienne de Bysance nomme ainsi une petite contrée de la Thrace.

CHYTRUS (*Citria*), ville de l'île de Cypre, à quelque distance de la côte septentrionale, au sud de *Marcaria*, & au nord-ouest de *Salamis*.

C I

CIA (2), *ou* DIA, selon les différens exemplaires de Pline, île de la mer Ægée, auprès de celle de Crète.

CIABRUS, CIAMBUS, CIAMBRUS, *ou* CEBRUS (*Zibriz*), selon les divers exemplaires de Ptolemée, rivière de la Mœsie. Les interprètes de ce géographe pensent que c'est le *Cebrus* de l'itinéraire d'Antonin, & M. d'Anville a adopté ce sentiment. Ce fleuve partageoit la Mœsie en haute & basse; il couloit vers le nord, & se rendoit dans le Danube.

CIACA, ville de la partie de la Cappadoce qui fut dans la suite nommée *petite Arménie*; elle étoit dans la Mélitène, sur la droite de l'Euphrate, presque en face de *Pastona*. Ptolemée appelle cette ville *Ciacis*.

CIACIS. *Voyez* CIACA.

CIÆNA, *ou* CINNA, selon les divers exemplaires de Ptolemée, ville de l'Asie mineure, dans la Galatie.

---

(1) C'étoient même ces eaux thermales qui avoient fait donner au défilé le nom de *Portes chaudes*. *Voyez* THERMOPYLÆ.

(2) Peut-être n'est-il pas superflu d'apprendre aux lecteurs qui ne s'occupent pas habituellement de l'étude de l'antiquité, que nous n'avons pas, dans le dictionnaire géographique d'Etienne de Bysance, la fin de la lettre *CE* & *CE* (Κη) & les *CI*, *CL*, *CN*, & le commencement de *CO*.

CIAGESI, *ou* CIAGIST, selon les divers exemplaires de Ptolemée, ancien peuple qui occupoit une des parties les plus méridionales de la Dacie.

CIANESUS (*Cianidzkhali*), fleuve de l'Asie, dans la Colchide. Il couloit vers l'ouest-sud-ouest se perdre dans le Pont-Euxin, au nord de l'embouchure du *Phasis*.

CIANI, nom que Tite-Live donne aux habitans de la ville de *Cium*, dans la Mysie asiatique.

CIANICA; ville de l'Asie, que Ptolemée place dans la Mélitène, contrée de la petite Arménie.

CIANIS. Phavorin nomme ainsi une rivière, dans son lexique. Ortélius juge qu'elle couloit auprès de la ville de *Cium*, dans la Mysie asiatique.

CIANOS. Ce nom est écrit dans quelques anciennes éditions de Pomponius Mela, comme celui de deux îles de l'Archipel.

CIANUS SINUS, le golfe de *Cianus*. Il étoit formé par la partie des eaux de la Propontide, qui s'étendoit à l'est, entre une presqu'île que forme au nord une portion de la Bithynie, & au sud la partie du continent où se trouvoit l'*Olympena*.

Il avoit pris son nom de la ville de *Cius*, située au fond du golfe.

CIASA, *ou* CÆASA, selon les divers exemplaires de Ptolemée, ancienne ville de l'Asie, dans la Babylonie.

CIBALIS, CIBALÆ, ville de la basse Pannonie, selon Ptolemée, Eutrope & Ammien Marcellin. Ces deux derniers disent *Cibalæ*.

CIBARCI, peuples de l'Hispanie. Pline dit qu'ils étoient du département du *Conventus Lucensis*, aujourd'hui Lugo.

CIBARITIS, CYBARETIS, & CYBYRATIS, selon les différentes éditions de Strabon, contrée de l'Asie mineure, près du Méandre. On croit que c'est le territoire de la ville de *Cibyra*.

Constantin Porphyrogénète dit *Cibarræotis*.

CIBDELI, lieu situé dans le voisinage de Trozène.

CIBELIANA, *ou* CIBALIANA, siège & ville épiscopale de l'Afrique. Il en est fait mention dans les actes de la conférence de Carthage.

CIBERIS, nom d'une ville de la Chersonnèse de Thrace. Procope rapporte qu'elle fut ruinée; mais que l'empereur Justinien la rebâtit, la repeupla, y construisit des bains, des hôpitaux, & d'autres édifices.

CIBILITANI, peuple que Pline place dans la Lusitanie.

CIBINIUM, ville de l'intérieur de la Dacie, selon Ortélius.

CIBIORETENSIS CLASSIS, nom d'un lieu, selon l'histoire mêlée. Ortélius croit que c'étoit un lieu de l'île de Cypre.

CIBOTUS. Strabon donne ce nom à un port que l'on avoit creusé auprès de la ville d'Alexandrie, en Egypte.

CIBSAIM, ville de la Judée, dans la tribu d'Ephraïm. Elle fut donnée aux Lévites de cette tribu, qui étoient de la famille de Caath, la première des Lévites. Il en est fait mention dans le livre de Josué, & au premier des Paralipomènes.

CIBYRA, surnommée *la grande*, ville de l'Asie mineure, située sur les confins de la Phrygie, de la Carie, de la Lycie & de la Pisidie. Ptolemée écrit *Cibyrrha*.

Cette ville, selon Strabon, *L. XIII*, *p. 630*, étoit au midi de Carures. Il sortoit une rivière des montagnes que Pline, *L. V*, *ch. 28*, appelle *Cibyratarum Juga*, laquelle arrosoit la ville de Cibyre & son territoire, & tomboit dans le fleuve Calbis.

Cette ville, au rapport de Strabon, *L. XIII*, *pag. 631*, étoit une ancienne colonie de Lydiens, qui s'emparèrent de la Cabatie, pays voisin de la Lycie; & dans la suite des temps, les Pisidiens transportèrent la ville dans une situation plus avantageuse, & construisirent une nouvelle ville, qui avoit cent stades de circuit. Les habitans de la nouvelle Cibyre parloient quatre langues différentes, le lydien, le pisidien, le lycien, ou la langue des Solymes, & le grec.

La ville de Cibyre, située dans un territoire fertile & abondant, renfermoit un très-grand nombre d'habitans; mais, selon Strabon, *L. XIII*, *p. 631*, ce fut la sagesse & la bonté de ses loix, ainsi que la douceur de son gouvernement, qui contribuèrent le plus à sa grandeur. Elle eut le bonheur d'avoir toujours pour chefs, des princes qui surent allier le titre de tyran avec l'exercice modéré du pouvoir & de l'autorité.

La domination de la ville de Cibyre s'étendoit depuis la Pisidie & la Milyade jusqu'à la Lycie, & à la côte qui est vis-à-vis de l'île de Rhodes. Elle pouvoit mettre trente mille hommes de pied & deux mille chevaux.

Il y avoit une ligue offensive & défensive entre les villes de Cibyre, de Bubone, de Balbura & de Oinandus; la ville de Cibyre avoit deux voix dans leurs assemblées générales, selon Strabon, *L. XIII*, *p. 631*, & Pline, *L. V*, *c. 27*.

Lorsque le consul Cnéius Manlius fut chargé, l'an de Rome 565, d'aller réduire les Galates dans l'Asie mineure, il passa près de Cibyre, & retira de Moagète, tyran de cette ville, cent talens en argent, & dix mille mesures de froment, pour éviter le pillage du pays & le siège dont sa capitale étoit menacée, selon Polybe.

Cette ville fut subjuguée par le préteur L. Muréna, sur Moagète, son tyran, & réduite en province avec son territoire, l'an 671 de Rome.

La ville de Cibyre conserva sa dignité & sa splendeur sous la domination romaine, & elle devint le chef-lieu d'un grand département, qui renfermoit vingt-cinq villes; & que Pline, *L. V*, *c. 25*, nomme *Cibyraticus conventus*.

Le département de Cibyre fit, pendant plusieurs années, partie du gouvernement de Cilicie, comme on le voit dans une lettre de Cicéron à Atticus, l'an 704 de Rome.

Les départemens de Cibyre, de Pisidie & de Lycaonie, furent détachés de la province de Cilicie, pour être annexés à la province d'Asie, au commencement de la guerre civile entre César & Pompée, selon Cicéron, dans sa lettre à P. Servilius.

Tacite, *annal. L. IV*, *ch. 13*, rapporte que la ville de Cibyre de la province d'Asie, ayant été considérablement endommagée par un tremblement de terre, Tibère fit ordonner par un sénatus-consulte, que cette ville ne paieroit aucun tribut pendant trois ans. Cette époque est de l'an de Rome 776.

Cet empereur fut regardé comme le fondateur de cette ville par les habitans; &, pour en perpétuer la mémoire, ils ordonnèrent que la suite des années seroit inscrite dans leurs annales, gravée sur les monumens, à compter de l'époque de la renaissance de la ville.

Lorsque les victoires de Gordien furent célébrées dans tout l'empire, pour avoir rendu la tranquillité aux provinces d'orient, la ville de Cibyre prit part aux réjouissances publiques. Elle offrit des sacrifices solemnels, & célébra des jeux publics, comme cela se voit par l'urne qu'elle fit graver sur une médaille frappée en l'honneur de Gordien, en l'an 219 de son ère, & 242 de J. C.

Strabon fait l'éloge des cantons voisins de cette ville qui étoient plantés en vignes & produisoient d'excellens vins; aussi Bacchus est-il représenté avec ses attributs, sur les médailles qu'elle fit frapper en l'honneur de Caracalla. Strabon ajoute que Cibyre tiroit de gros revenus de ses mines de fer, & que ses habitans faisoient un commerce considérable de jambons.

On voit dans plusieurs lettres de Cicéron, que l'on trouvoit beaucoup de panthères dans les montagnes qui étoient dans le voisinage de cette ville. Aussi voit-on sur quelques-unes de ses monnoies, des panthères comme un animal commun dans son territoire.

Il y avoit à Cibyre un temple d'Apollon, & Mars étoit vraisemblablement la divinité principale & tutélaire, représenté sur les monumens publics.

Dans les premiers temps, la ville de Cibyre fut asservie par des princes ou tyrans; mais depuis qu'elle fut soumise à la domination romaine, elle fut gouvernée par un sénat qui avoit un magistrat pour chef.

La ville de Cibyre, qui avoit d'abord été réunie au gouvernement de Cilicie, vers l'an 705 de Rome, obtint des Romains, l'autonomie ou le privilège de se gouverner par ses propres loix, par ses propres magistrats, dont le nom se lit sur d'anciennes médailles. Elle obtint aussi le privilège de battre monnoie, qu'elle conserva plusieurs siècles sous les empereurs romains.

Outre les droits utiles, la ville de Cibyre obtint encore des empereurs ou du sénat le titre honorifique de pouvoir prendre sur les monumens le titre de *Césarée*, vraisemblablement en l'honneur de Tibère, son restaurateur, adopté par Auguste dans la famille des César.

La notice de Hiéroclès fait voir que la province proconsulaire d'Asie ayant été divisée en plusieurs parties par Dioclétien, la ville de Cibyre, par cette division, fut comprise dans la province de Carie.

Constantin-le-Grand divisa l'empire en grands départemens, & cela subsista jusqu'à l'empire d'Héraclius, qui partagea l'orient en differens départemens ou cantonnemens de troupes: Cibyre la grande se trouva sur les confins du Thèmes, ou départemens des Thracésiens & d'Anatolie.

Dès les premiers siècles de l'église, la ville de Cibyre fut érigée en évêché dans la province ecclésiastique de Carie, sous la métropole d'Aphrodisias. On voit dans les actes du concile général de Nicée, tenu en l'an 325, que Léontius, évêque de Cibyre, y assista.

CIBYRATICA, contrée & l'un des plus grands gouvernemens de l'Asie mineure. Pline lui donne pour capitale la ville de *Cibyra* de Phrygie.

Cibyre, ville de l'Asie mineure, dans la Pamphylie. Cette ville étoit un peu dans l'intérieur des terres, au sud-est d'Aspendus. Son territoire s'étendoit sur la côte de la mer, entre la vallée de Sidé & le fleuve Mélas, selon Strabon, *L. XIV*, *p. 667*.

Cette ville est mise dans la Cilicie trachée par Ptolemée, *L. V*, *ch. 5*.

CICÆ, îles de l'Océan, situées sur la côte occidentale de l'Hispanie, selon Pline. Elles sont nommées *Deorum Insulæ* par Ptolemée. Ce sont les îles de *Bayonne*. Sur la carte de M. d'Anville, elles sont marquées sur la côte des Callaïques, en face d'un petit golfe, au nord-ouest de *Tyde*.

CICERONIS CASTRA, lieu de la Gaule belgique, où Q. Cicéron étoit campé, & où il auroit été forcé par les peuples révoltés, si César ne fût venu à son secours, comme on le voit dans les commentaires de César.

Ciceronis Villa, maison de campagne, en Italie. Elle appartenoit à Cicéron, & elle étoit située sur le bord du lac d'Averne.

CICHALIX, nom d'une montagne de l'Asie mineure, vers la Bithynie, selon Siméon Métaphraste, cité par Ortélius.

CICHYRA, *ou* Cichyrus, ville de l'Epire, selon Pausanias. Elle étoit située près du Cocyte, de l'Achéron & du marais *Acherusia*.

CICIANTOI, *ou* Cissianthi. Selon les différentes éditions de Pline, peuple de la Scythie.

CICIMENI. Pline dit que c'est le nom de l'un des anciens peuples qui habitoient sur les bords du Tanaïs.

CICINES, peuples de la Grèce, dans l'Attique. Hésychius les place dans la tribu Acamantide, &

dit qu'il y en avoit deux du même nom & dans la même tribu.

CICISA. *Voyez* CIGISA. C'est la même ville, nommée différemment par les auteurs.

CICOLES, nom d'un port de la Thrace. C'étoit celui de la ville de Térone, selon Suidas.

CICONES, nom d'un peuple de l'Asie, que Pline met entre l'Inde & le pays des Attaciens.

CICONES, peuple de la Thrace, qui habitoit au nord des Samothraces, mais du côté du Lissus. Il est parlé de ces Ciconiens dans l'Odyssée, comme d'un peuple nombreux, discipliné & bien aguerri. Et l'on voit par Hérodote, qu'ils avoient autrefois habité une partie des villes Samothraciennes, puisque le promontoire *Serrhium* leur avoit appartenu, & que dans la suite ils furent repoussés plus au nord & à l'ouest par les Samothraces. On voit par Virgile qu'ils s'étoient étendus du côté de l'Hèbre, puisque les Ciconiennes jetèrent la tête d'Orphée dans ce fleuve.

CICONIUM PROMONTORIUM, promontoire de l'Asie mineure, sur le Bosphore de Thrace. Denys de Bysance le place près du promontoire Nausimachien. Les peuples du voisinage passoient pour être fort méchans.

CICONUM FLUMEN, nom d'une rivière de la Thrace. Elle couloit dans le pays des peuples *Cicones*. Il en est fait mention par Pline & par Ovide.

CICONUM MONS, montagne de Thrace, de laquelle parle Properce. On croit que c'est le même que le mont *Ismarus*.

CICOYRUS, ville de l'Epire, dans la Thesprotie. Elle étoit située sur le *Dulcis Portus*, selon Strabon. Cet auteur dit qu'elle avoit autrefois été nommée *Ephyra*.

CICSITANUS, ville épiscopale de l'Afrique, dans la province proconsulaire, selon les actes de la conférence de Carthage.

CICUS, fleuve de la Thrace, qui alloit se perdre dans le port de Bysance.

CICYNETOUS, nom d'une île que Pomponius Méla met dans le golfe Pélasgique, sur la côte de la Macédoine. Pline dit dans le golfe Pégaséen. Et Scylax dit *Cicynethus*, dans le golfe Pégasétique.

CIDARIS, fleuve de la Thrace, qui se perdoit dans le port de Bysance.

CIDES, ville de l'Asie mineure, dans l'Etolie, selon Dicéarque.

CIDYESSUS, ville de l'Asie, qui étoit située dans la partie septentrionale de la Phrygie, entre les villes de Midæum & de Nacoleia.

Cette ville, comme presque toutes celles de la province proconsulaire d'Asie, étoit gouvernée par un sénat, dont les présidens étoient appelés *archontes*.

Le culte de Cybèle étoit établi à *Cidyessus*. Les habitans de cette ville rendoient aussi un culte particulier à Jupiter. Le premier ministre de son temple présidoit à la célébration des jeux qui avoient été établis dans cette ville en l'honneur de cette divinité.

Cidyessus a été ville épiscopale, selon la notice de l'empereur Léon, & selon celle de Hiéroclès, où l'on voit qu'elle étoit de la Phrygie pacatienne.

CIGISA. L'itinéraire d'Antonin marque un lieu de ce nom en Afrique, sur la route d'Hippone à Carthage.

CIGURRI, peuple de l'Hispanie. Selon Pline, il habitoit le pays nommé à présent *Asturie*.

CILBANUM. Eustathe, sur Denys le Périégète, nomme ainsi un lieu de l'Asie mineure. Il le place près du Caïstre.

CILBIANA JUGA, montagne de l'Asie mineure, dans la Lydie. Le Caïstre y prenoit sa source. Pline & Strabon font mention de cette montagne.

CILBIANI. C'est le nom par lequel on désignoit les habitans d'une contrée de l'Asie mineure, assez près du Caïstre. Comme ce pays étoit divisé en montagnes, *Cilbiana Juga*, & en plaine *Cilbianus Campus*, on avoit distingué entre les Cilbians *Cilbiani superiores* & *Cilbiani inferiores*. *Voyez* ces mots.

CILBIANI INFERIORES, peuple de l'Asie, dans la Lydie. Ils habitoient dans la plaine appelée *Cilbianus Campus*, selon Strabon. (Il est essentiel de voir ce mot).

CILBIANI SUPERIORES, peuples de l'Asie, qui habitoit dans la Lydie, sur le mont *Cilbiana Juga*, selon Strabon.

CILBIANUS CAMPUS, *ou* CILBIANUS AGER, le champ Cilbian, ou Cilbien. Je crois pouvoir me permettre d'avancer que le *Cilbianus Campus* n'est pas bien indiqué sur la carte de l'Asie mineure de M. d'Anville. Je le crois trop au nord.

1°. Le passage grec de Strabon commençant par ces mots, Τῷ δὴ Καϋςριανῷ πεδίῳ, indique que le Caïstre donnoit son nom à une campagne qu'il arrosoit, & qu'à l'est de ce champ (πρὸς ἠῶ) étoit celui que l'on nommoit *Campus Cilbianus*. Et M. d'Anville, au contraire, porte ce champ au-delà des montagnes au nord, ayant au nord le fleuve *Hærmus*, à l'ouest, le mont *Sipylus*, & à l'est, la ville de Sardes.

2°. Pline dit aussi : *Ephesus adluitur Caystro in Cilbianis jugis orto*, &c. Voilà donc le Caïstre prenant sa source dans les *Juga Cilbiana*, ou monts Cilbians. A la vérité, on peut répondre que ce fleuve peut couler d'un côté de la montagne, sans que, pour cela, on puisse nier que le côté opposé en ait porté le nom.

3°. Mais Eustathe dit aussi, sur le verset 837 de Denys le Périégète : le champ Caïstrien a pris son nom du fleuve Caïstre, ᾧ συνεχὲς τὸ Κιλβανόν, auquel est contigu le champ Cilbanien. Or, ces champs n'eussent pas été contigus, s'il y eût eu entre eux une chaîne de montagnes, telle que l'indique la carte de M. d'Anville.

4°. Je vois par l'inspection de la carte qui accompagne un des cahiers du voyage pittoresque publié par M. le comte de Choiseul-Gouffier, qu'au nord de *Nicæa* il y a des montagnes à la place de la vaste étendue de plaine dans laquelle M. d'Anville a placé les champs Cilbians; & qu'au contraire, en supposant les champs du Caïstre vers Ephèse, les champs Cilbians ont pu être dans la vaste étendue qui se trouve en gagnant les montagnes par l'est & le nord-est.

De plus, le P. Hardouin, sur Pline, avoit remarqué que la ville de *Nicopolis* appartenoit aux *Cilbiani inferiores*, & cette ville étoit au sud-ouest d'Ephèse, sur le bord de la mer. Donc ces peuples s'étoient étendu jusques-là.

CILBICENI, peuple de l'Hispanie. Festus Avienus les place dans la Bétique, au bord de la mer & dans le voisinage de la ville de *Tartessus*. Le même auteur ajoute qu'ils habitoient sur les bords de la rivière *Cilbus*.

CILENDROS, ville épiscopale de l'Asie, dans l'Isaurie. La notice de Léon-le-Sage la met sous la métropole de Séleucie.

CILENI, peuple de l'Hispanie, selon Pline & Ptolemée. Ils habitoient dans la Tarragonnoise. Ptolemée les nomme *Cilini*, & leur donne la ville d'*Udata Therma*.

CILIBIENSIS, *ou* ELIBIENSIS, ville épiscopale de l'Afrique, dans la Proconsulaire, selon la conférence de Carthage.

CILICES, les Ciliciens; c'étoient les habitans de la Cilicie. On ne sait rien des commencemens de ce peuple, non plus que de sa religion & de son gouvernement. Ce que les historiens assurent, c'est qu'ils eurent pendant très-long-temps une mauvaise réputation. Ils étoient de mauvaise-foi, cruels & fort adonnés à la piraterie. A cette occasion, je remarquerai la différence qui se trouvoit entre les habitans de la côte septentrionale de l'Asie mineure & ceux de la côte méridionale. Les premiers étoient déjà fort policés, pendant que les autres étoient restés sauvages. Je crois devoir en attribuer la cause à la communication des premiers avec les Grecs, qui naviguèrent de bonne heure sur le Pont-Euxin.

La vie rustique des Ciliciens les éloignoit de tous les arts agréables. Ils ne connoissoient que peu de chose au-delà de ce qui a rapport à la marine. Un de leurs ouvrages le plus connus étoit une étoffe de grosse laine, que l'on désignoit chez les étrangers par le nom de *cilice*, & dont les anciens se servoient dans les temps de deuil. Un cilice n'est parmi nous qu'un habit de pénitence.

Quoiqu'il y ait eu d'assez bonne heure des rois en Cilicie, peu cependant sont connus, encore n'en sait-on rien d'intéressant.

Depuis Alexandre, la Cilicie fut soumise à des gouverneurs qui dépendoient des rois de Syrie : enfin, les Romains s'en emparèrent.

Les anciens qui admettoient d'anciens Ciliciens dans la Mysie, croyoient que c'étoit de ce pays qu'ils avoient passé en Syrie, d'où ils étoient revenus dans le pays qui porte le nom de *Cilicie*. On peut voir dans Strabon comment il répond à l'objection que l'on peut faire sur le silence d'Homère à leur égard; ce poëte ne les nomme pas, quoiqu'ils fussent très-près de Troye. (*Voyez* Strabon, *L. XIII*).

CILICIA, contrée de l'Asie mineure, bornée au nord par une chaîne de montagnes qui fait partie du mont *Taurus;* à l'est, par l'*Amanus*, qui la séparoit de la Syrie; à l'ouest, par une petite chaîne de montagne qui la séparoit de la Pisidie & de la Pamphylie; enfin, ayant au sud la partie de la Méditerranée que l'on nommoit *Aulon Cilicus*.

La partie orientale de la Cilicie offrant de belles plaines, bien cultivées, a été nommée par les anciens *Cicilia Campestris;* la partie occidentale, qui étoit remplie de montagnes, fut nommée *Cicilia Trachea*, ou qui est remplie d'aspérités.

Cicilia Campestris, appelée par Strabon ἡ Πεδιάς. Cette partie étoit à l'est. Elle avoit au nord le *Taurus*, qui la séparoit de la Cappadoce.

Ses principaux fleuves étoient le *Pyramus*, qui recevoit à sa gauche le *Cormalus*, un peu au-dessous d'*Irenopolis;* le *Sarus;* le *Cydnus*, si connu par la fraîcheur de ses eaux; & le *Lamus*, qui donnoit son nom à une petite contrée.

Ses principales villes étoient, en commençant au nord-est, *Irenopolis*, *Germanicia*, *Epiphania*, *Nicopolis*, *Issus Anazarbus*, *Flavias*, *Mopsuetia*, *Mallos*, *Adana*, *Tarsus*, *Lamus* & *Soli*.

Cicilia Trachea. On la nommoit aussi *Tracheotite*, Τραχειῶτις, & *Tracheotæ*, Τραχειωται : elle étoit à l'occident. Une chaîne de montagnes, qui, du Taurus, s'avance par l'ouest en s'inclinant jusqu'à la mer, qui la bornoit à l'ouest & au nord. On y trouvoit vers l'ouest le mont *Cragus*.

Ses principaux fleuves étoient le *Calycadnus*, l'*Arymagdus* & le *Selinus*.

Les principales villes étoient: *Olba*, *Philadelphia*, *Dio Cæsarea*, *Seleucia Trachea*, dans la vallée qui arrosoit le *Calycadnus; Necica* & *Damitiopolis*, sur l'*Arymagdus; Anemurium*, sur un promontoire; *Antiochia ad Cragum* & *Selinus*, toutes deux sur le bord de la mer.

N. B. C'étoit tout-à-fait à l'est, sur le bord de la mer, que se trouvoit le défilé appelé *Syriæ Pylæ*, par lequel Alexandre entra en Syrie, après le gain de la bataille d'Issus.

La Cilicie, selon Ptolemée.

Iotape. Selinûs. Antiochia, *super Crago*. Nephelis.	Dans la région SELENTIS.
Anemurium. Arsinoe. Celenderis. Aphrodisia. Sarpedon, *prom.* Zophyrium, *prom.*	Dans la région CETIS.

Corycus.

Corycus.
Sebaste.
Pompeiopolis, la même que
Solæ.
Mallus.
Serrepolis.
Ægæ.
Issus.

} Dans la *Cicila Campestris*, appelée par Ptolemée Κιλικία ἡ Ἰδία, *Cilicia Propria.*

Caystrus.
Domitiopolis.
Philadelphia.
Seleucia Aspera.
Diocæsarea.
Olbasa.
Necica.
Flaviopolis.
Lamus.
Augusta.
Tarsos.
Adana.
Cæsarea.
Penes Anazarbum.
Mopsuetia.
Castabala.
Nicopolis.
Epiphania.
Amanicæ Pylæ.

} Dans l'intérieur des terres.

Lorsque les Romains furent devenus maîtres de la Cilicie, ils la divisèrent en Cilicie première & en Cilicie seconde : la première étoit gouvernée par un personnage consulaire ; la seconde, par un président.

Suivant les notices de Léon-le-Sage & de Hiéroclès, il y eut dans la première Cilicie, huit sièges épiscopaux, & neuf dans la seconde.

Villes épiscopales de la première. *Tarse*, *Pompeiopolis* (ou *Soli*), *Sebaste*, *Corycus*, *Adana*, *Agusia* (ou *Augustopolis*), *Malchus* (ou *Malus*), & *Zephyrium.*

Villes épiscopales de la seconde. *Anazarba*, *Rosus* ou *Rossus*, *Mopsneste*, *Ægæ*, *Epiphanie*, *Alexandrie*, *Irenopolis*, *Flavias*, *Castabala.*

Cilicia Thebaica & Lyrnessia. Outre la Cilicie dont je viens de parler, une autre région, mais moins étendue, aussi dans l'Asie mineure, portoit également le nom de *Cilicie.* On prétendoit que ç'avoit été la première demeure des Ciliciens. Elle étoit en Mysie, au sud des montagnes qui bornent la Dardanie. Elle avoit à l'ouest le golfe d'Adramytte. On la divisoit en *Cilicia Thebaïca* & *Cilicia Lyrnessia*, d'après les noms des deux villes de *Thebe* & de *Lyrnessus.* La première, située au nord, étoit séparée de la seconde, placée au sud, par le fleuve *Evenus.*

Cilicia, pays & province de la Cappadoce. Ptolemée dit que c'est le nom d'une préfecture ou gouvernement militaire.

CILICIUM MARE, nom que les anciens donnoient à cette partie de la mer Méditerranée qui baignoit les côtes de la Cilicie, contrée de l'Asie mineure. Pline nomme cette mer *Cilicius Aulon.*

Cilicium Insula, nom d'une île du Pont-Euxin, dans le Pont-Polémoniaque, à quinze stades du promontoire de Jason, selon Arrien.

CILICIUS AULON. La Martinière prétend que Joseph (*Ant. L. XIII, c. 23*), nomme ainsi une ville possédée par les Juifs dans le pays des Moabites. Mais M. d'Andilly la sépare des villes de ce pays, & l'attribue à la Cilicie. Ce devoit être un lieu peu considérable.

Cilicius Aulon : c'est le nom que Pline donne à la portion de mer qui baignoit les côtes de la Cilicie.

CILIMBENSII, peuple que Ptolemée place dans la partie nord-est de l'île de Corse.

CILINA, appelée aussi *Cœlina*, ville de la Vénétie, vers le nord.

CILINÆ AQUÆ. On a dit aussi *Celeniæ Aquæ.* Ce lieu étoit dans l'Hispanie, vers le *Minius.*

CILISASUM, *ou* Ciliza, ville de l'Asie, dans la Syrie, entre Cyrrhe & Edesse, selon l'itinéraire d'Antonin, cité par Ortélius.

CILIUM, ville épiscopale d'Afrique, dans la Bysacène. Il en est fait mention dans la conférence de Carthage.

CILIZA, ville de l'Asie, dans la Syrie. Elle étoit située près des montagnes, sur un ruisseau à l'ouest de Déba, vers le 36e deg. 25 min. de latit.

CILLA, ville de l'Asie mineure, dans l'Etolie, selon Hérodote. Pline la place dans l'Æolide ou Mysie. La Martinière en fait un lieu différent de *Cilla* dont parle Strabon, & où étoit un temple d'Apollon Cilléen. Mais il paroît que c'est à tort. Cette ville étoit au nord du Caïque. Le scholiaste d'Homère dit que Pélops, fils de Tantale, allant à Pise dans le Péloponnèse pour épouser Hippodamie, quand il fut arrivé vers Lesbos, Cellus, son cocher, mourut ; que Pélops fit purifier, c'est-à-dire, brûler son corps par le feu, enterra ses cendres, érigea sur son tombeau un temple d'Apollon Cilléen, & bâtit une ville qu'il appela *Cilla.* On voit par Strabon que la ville étoit au pied d'une montagne qui portoit le même nom.

Cilla, nom d'une ville de l'Afrique propre, selon Appien. Elle étoit épiscopale, à ce qu'il paroît par le concile de Carthage, tenu sous saint Cyprien.

CILLABA, ville de l'Afrique, située vers les déserts au-dessus de la petite Syrte, selon Pline.

CILLÆ, *ou* Cellæ, ville de Thrace, sur la route de Rome à Constantinople, entre *Philippopolis* & *Opizum*, selon l'itinéraire d'Antonin.

CILLEUS FLUVIUS, fleuve de l'Asie mineure. Il avoit sa source dans le mont Ida, couloit près d'un lieu nommé *Cilla*, auprès de la ville de Thèbe de Cilicie, selon Strabon.

CILLICYRII. On a écrit ce nom de différentes

manières : j'adopte celle de M. Larcher, qui s'appuie de l'autorité d'Hésychius, *&c.* Hérodote (*L. VII*, §. *155*) nomme ainsi les esclaves des Syracusains qui avoient chassé de la ville les Gamores leurs maîtres. (*Voyez* GAMORI). On leur avoit donné ce nom, dit Zénobius, parce qu'ils accouroient tous au même endroit pour attaquer leurs maîtres.

CILLUTA. Arrien donne ce nom à une île spacieuse & ayant des ports, dans le canal principal du fleuve *Indus*.

CILMA, ville de l'Afrique. Ptolemée la place au sud-ouest de Géphès, & à l'est du fleuve Bagradas.

Elle étoit située à six lieues à l'est-sud-est de *Sufetula*. On y trouve encore les ruines d'un temple, & quelques autres fragmens de bâtimens considérables.

CILNIANA, CILMANA, CILUANA & SILVIACA. Selon les divers exemplaires de l'itinéraire d'Antonin, nom d'un lieu de l'Hispanie, dans la Bétique, entre Gadès & Calpé. Sur la carte de M. d'Anville, elle est marquée sur le bord de la mer, dans le pays des Bastules, au sud de *Munda*.

CILURNUM, nom d'une ville de l'île d'Albion, selon la notice de l'empire.

CIMAEON MONS, montagne de l'Asie mineure, que Ptolemée place vers la Troade. C'étoit vraisemblablement la chaîne de montagnes qui séparoit la Troade d'avec le pays des Lélèges.

CIMARA, ville de l'Inde, au-delà du Gange, selon Ptolemée.

CIMARUS PROMONTORIUM. Ce promontoire étoit, selon Strabon, situé sur la côte septentrionale de l'île de Crète. M. d'Anville le place à la pointe la plus avancée au nord, laquelle se trouve dans la partie nord-ouest de cette île.

CIMBALONGUM. Cédrène & Curopolate nomment ainsi un lieu. Ortélius juge qu'il étoit entre la Thrace & la Bulgarie.

CIMBINA, *ou* CIBINA. Selon les divers exemplaires de Ptolemée, ville de l'Asie, dans la Médie.

CIMBIS, lieu maritime de l'Hispanie. Tite-Live le place dans le voisinage de Gadès.

CIMBRA. Paul Diacre donne ce nom à un lieu de l'Italie, dans le Trentin.

CIMBRI. Les Cimbres étoient le peuple le plus septentrional de tous ceux de la Germanie. Il en a été fait mention par Pline, Strabon, Pomponius Méla, Tacite, Plutarque, *&c.*; mais ils ne sont pas d'accord sur leur origine; les uns les font venir des Scythes, & les autres des Cimmériens. Ils occupèrent anciennement la péninsule qui s'avance dans la mer de Germanie, connue sous le nom de *Chersonnèse Cimbrique*, selon le rapport de Velléius Paterculus, Eutrope & Orose. Vers l'an 639 de Rome, ils sortirent de leur pays, unis aux Teutons, aux Ambrons & aux Tiguriens, ravagèrent une partie de la Germanie, l'Helvétie & les Gaules lyonnoise & narbonnoise, pour passer en Italie. Ils battirent plusieurs fois les Romains; mais Marius les défit entièrement dans les Gaules, auprès d'*Arelate*, l'an 652 de Rome. A la fin, ils se joignirent aux Teutons & le nom de *Cimbres* fut perdu.

CIMBRICUS PAGUS. Ptolemée indique ce lieu près du Bosphore Cimmérien.

CIMBRIANÆ, lieu de la Mœsie, sur la route de *Sirmium* à *Carnuntum*, entre *Tricciana* & *Crispiana*, selon l'itinéraire d'Antonin. La notice de l'empire le met sous le département de la seconde Mœsie.

CIMELOS, *ou* CIMOLUS, île de l'Archipel, selon l'itinéraire maritime d'Antonin.

CIMENICA. La contrée Ciménice étoit dans la Gaule narbonnoise & aux environs du fleuve *Rhodanus*, selon Festus Avienus.

CIMETRA, ville de l'Italie, dans le pays des Samnites. Tite-Live dit qu'elle fut prise par Fabius, l'an de Rome 455.

CIMINIA, contrée de l'Italie, dans l'Etrurie. Ammien Marcellin dit que la ville de *Succiniense*, qui y étoit située, fut engloutie par un tremblement de terre.

CIMINIUS LACUS, lac de l'Italie, dans l'Etrurie. Il en est fait mention par Tite-Live.

CIMINIUS MONS. Cette montagne étoit en Italie, dans l'Etrurie, au nord & au nord-est du lac de même nom. Tite-Live & Virgile disent qu'elle étoit couverte d'une forêt. Cette montagne est marquée sur la carte de M. d'Anville.

CIMMERII. Ces peuples, selon Posidonius, étoient la même nation que les Cimbres. On ignore leur premier nom : car il paroît constant qu'ils n'eurent le second qu'après avoir habité la ville de *Cimmerium*, bâtie en Asie sur le bord du détroit qui le sépare de la Tauride : il n'a que deux milles & demi de largeur.

Le temps de l'établissement des Cimmériens doit être très-ancien; ils avoient acquis déjà de la célébrité dans le neuvième siècle avant J. C. puisque Homère en fait mention dans son Odyssée, & qu'il en parle comme d'un peuple qui habitoit au nord & au nord-ouest de la Grèce, dans un climat voisin du pôle.

Strabon, *Liv. III*, *p. 149*, prétend que du temps d'Homère, les Cimmériens & les Amazones entrèrent dans l'Asie mineure, & pénétrèrent jusques dans l'Eolie & dans l'Ionie. Et Eusèbe, dans sa chronique, marque, à l'an 1076 avant J. C. une incursion des Cimmériens & des Amazones dans l'Asie mineure. Orose en rapporte une autre vers l'an 782, trente ans avant la fondation de Rome.

Les Cimmériens, selon Posidonius, s'étoient d'abord avancés de proche en proche des bords de l'Océan jusqu'au milieu de la Germanie, & de nouveaux essains se joignant tous les ans aux premiers, ils avoient à la fin occupé tous les pays qui s'étendent depuis l'océan jusqu'au Pont-Euxin.

Le principal établissement des Cimmériens étoit

vers le bord du Tyras, selon Hérodote, *L. IV*, *c. 12*, où il dit que ce fut là qu'ils s'assemblèrent pour tenir la diète ou conseil général de la nation, au sujet de l'invasion des Scythes. Que s'étant avancés vers l'orient, ils avoient traversé le Borysthène & l'Hypanis, & avoient passé dans la Chersonnèse ou presqu'île qui a toujours conservé leur nom. Qu'après être entrés dans ce pays, ils s'étoient avancés jusqu'au Bosphore ou détroit qui le sépare de l'Asie, & par lequel les eaux du Tanaïs, après avoir formé le lac ou Palus-Méotide, se perdent dans le Pont-Euxin. Qu'ils s'étoient emparés des deux rivages de ce détroit, & qu'ils y construisirent des forts dont on voyoit des vestiges de son temps.

Strabon, *Liv. XI*, *p. 494*, parle de la ville de *Cimmerium*, qui étoit bâtie sur la rive asiatique du détroit, sur le cap qui en forme l'entrée du côté du Palus.

Hérodote dit encore que les Cimmériens, après avoir traversé le détroit, suivirent la côte de la mer, & s'avancèrent jusques dans l'Asie mineure, qu'ils ravagèrent, dans le même temps que les Scythes ravageoient la Médie & la Palestine. Hérodote ajoute que les Cimmériens passèrent dans la presqu'île de Sinope, qu'ils trouvèrent déserte.

Scymnus de Chio, *vers. 204*, dit au contraire qu'Andron de Milet y avoit mené une nouvelle colonie, & que ce fut sur lui que les Cimmériens s'en emparèrent : mais que dans la suite des bannis de Milet, qui y vinrent chercher une retraite, chassèrent les Cimmériens, & en firent une ville considérable.

Depuis l'année 1076, on connoît deux expéditions des Cimmériens dans l'Asie mineure. Etienne, qui cite Aristote, dit que ce fut dans une de ces expéditions qu'ils s'emparèrent de la ville d'Antandros, qui étoit située au pied du mont Ida, au fond du golfe d'Adramyttium, & dans la Cilicie voisine de la Troade. Il ajoute que ces peuples donnèrent le nom de *Cimmeris* à cette ville, & qu'ils en restèrent les maîtres pendant un siècle.

Les Cimmériens, dans ces deux invasions, pillèrent la ville de Sardes, selon Callinus, cité par Strabon, *Liv. XIV*, *p. 648*, où cet auteur dit que dans la première invasion ils ne firent que la piller; mais que dans la seconde ils y mirent le feu, & qu'à la réserve de la citadelle, elle fut entièrement détruite. Hérodote, *Liv. XV*, ne fait mention que de la dernière prise de Sardes.

Strabon, *Liv. I*, *p. 61*, dit que Midas, roi de la grande Phrygie, ayant été vaincu par les Cimmériens, se donna la mort, pour ne pas tomber entre leurs mains. Eusèbe place la mort de Midas à l'an 697, ou vers la quatrième année de Gygès.

Strabon, *Liv. XIV*, *p. 647*, dit que les Cimmériens restèrent les maîtres des plaines de Caïstre ou de la Lydie, pendant un temps considérable après la destruction de Magnésie & le pillage de Sardes.

Les peuples qui pillèrent Sardes & détruisirent Magnésie, sont nommés par Strabon quelquefois *Cimmériens*, & quelquefois *Trères* ou *Trérons*, & il nomme leur chef *Lygdamis*. Le nom du roi des Cimmériens, qui vinrent de la Scythie & du bord du Pont-Euxin ravager les plaines du Caïstre, étoit *Lygdamis*, selon Callimaque. Hésychius assure que ce Lygdamis pilla la ville & brûla le temple d'Ephèse.

Strabon, *Liv. XIV*, dit que ce Lygdamis, après avoir ravagé la Lydie & l'Ionie, alla périr dans la Cilicie : sans doute dans la Cilicie de la Troade, où les Cimmériens avoient leur place d'armes, selon Strabon, *Liv. 1*, *p. 61*. Cet auteur donne presque toujours le surnom de *Cimmériens* aux Trères ou Trérons d'Asie, pour les distinguer de ceux de Thrace. Ces Trères sont placés, par Strabon, dans le canton voisin de Zéléia, ou dans la Daskylitis, canton de la Mysie, dont les habitans sont nommés *Lyciens* par Homère, dans son Iliade.

Hérodote, *Liv. IV*, dit que les Cimmériens établis sur le bord du Danube, furent très-alarmés d'apprendre que les Scythes avoient traversé l'Araxe, qui est le même fleuve que le *Rha* de Ptolemée.

Les Cimmériens se trouvèrent d'avis différens dans la diète générale qui fut tenue sur le bord du Tyras, pour savoir ce que l'on feroit pour se défendre contre les Scythes : on convint que chaque peuple nommeroit des champions, & que le sort des armes en décideroit. Hérodote dit que de son temps on voyoit les tombeaux des morts sur le bord du Tyras : mais il ne dit pas quel fut le sort du combat. Cet auteur dit que les Cimmériens, ne se croyant pas en état de résister aux Scythes, s'avancèrent vers l'orient. Ils ajoute que les Scythes, s'étant emparés du pays des Cimmériens, envoyèrent une armée à leur poursuite : que cette armée ayant perdu leur trace dans les montagnes, s'égara en traversant le Caucase, & qu'ayant suivi une vallée qui la mena sur le bord de la mer Caspienne, elle fut dans la Médie, tandis que les Cimmériens suivirent les bords du Pont-Euxin, & se rendirent dans l'Asie mineure, dans la Colchide.

La nation Cimmérienne se trouvoit divisée en trois parties lors de l'invasion des Scythes : ceux qui étoient dans l'Asie mineure, la colonie de la Chersonnèse, & le corps principal de la nation, qui habitoient dans les pays situés entre le Danube & le Borysthène, & dont les établissemens les plus considérables étoient sur le bord du fleuve Tyras.

Les Cimmériens de l'Asie mineure, accoutumés au brigandage, ne recevant plus de recrues, furent attaqués par Alyatte, prince habile & courageux, qui détruisit ce qui en restoit. Ceux qui échappèrent au fer des vainqueurs furent faits esclaves, & dispersés dans les campagnes de la Lydie & de la Mysie.

Les Cimmériens de la Chersonnèse & du Bosphore avoient des villes des deux côtés de ce détroit : mais il leur auroit été difficile de se défendre contre les Scythes : vraisemblablement ils abandonnèrent les plaines voisines de l'isthme & du Bosphore, & se retirèrent dans les montagnes qui sont au midi & à l'orient de la péninsule ; montagnes fertiles, mais d'un accès difficile à la cavalerie des Scythes.

Quant au corps principal des Cimmériens, qui habitoient entre le Borysthène & le Danube, les Scythes étoient encore les maîtres de ces pays cinq cens ans avant J. C. Les Grecs avoient plusieurs colonies sur la côte maritime : ces colonies avoient étendu leur commerce dans l'intérieur du pays. C'est sur le rapport des habitans de ces colonies, & d'un prince Scythe, qu'Hérodote a fait la relation détaillée de ces pays. Il est vraisemblable que les Cimmériens auront monté le mont Carpath, & seront descendus dans la partie occidentale de cette montagne. Dans cette fuite, les divers peuples qui composoient la ligue des Cimmériens, se séparèrent & s'arrêtèrent en différens endroits : la ligue ne subsistant plus, chaque peuple reprit son ancien nom, & commença à former une cité particulière.

CIMMERII, peuple de l'Italie, qui habitoit dans les environs de Bayes, dans la Campanie. Strabon, qui cite Ephorus, rapporte comme une fable la destruction de ce peuple, parce que leur oracle avoit fait une prédiction qui ne s'étoit pas accordée avec l'événement. Ils habitoient dans des cavernes, & gagnoient leur vie à creuser des mines. Il me paroît que personne n'avoit vu ces Cimmériens : on supposoit qu'ils habitoient auprès de l'*Avernus*. (*Voyez* ce mot.)

CIMMERIS, l'un des noms qu'avoit porté la ville d'*Antandrus* ou *Antandros*.

CIMMERIUM, ville de la Scythie asiatique, sur le Bosphore Cimmérien, dans la Sindique. C'étoit la dernière ville que l'on laissoit à droite, lorsque l'on passoit ce détroit en allant du sud au nord.

CIMMERIUM (*Eski-Krim*), ville de l'intérieur de la Chersonnèse taurique, selon Ptolemée & Strabon.

M. de Peyssonnel, dans ses observations historiques & géographiques, dit que cette ville, qui n'est plus qu'un misérable bourg, paroît avoir été autrefois vaste & florissante. Il y a encore plusieurs monumens des siècles reculés, du moyen âge, & du temps des Génois.

Elle étoit située au nord du mont *Cimmerius*, & à l'ouest-nord-ouest de *Theodosia*.

CIMMERIUM, nom d'une ville de l'Italie, dans la Campanie. Elle étoit située auprès des lacs Lucrin & Averne, selon Pline.

CIMMERIUM PROMONTORIUM, promontoire de l'Asie, sur la côte méridionale des Palus-Méotides. Il est marqué par Ptolemée, entre la ville d'Apature & l'embouchure du fleuve Vardan.

CIMMERIUS BOSPHORUS, bosphore Cimmérien. *Voyez* BOSPHORUS.

CIMMERIUS MONS (*Aghirmiche-Daghi*), montagne de la Chersonnèse taurique, selon Strabon. Cet auteur dit qu'elle a tiré son nom des Cimmériens, peuples qui commandoient anciennement à tout le Bosphore.

CIMOLIA, lieu de Grèce, dans le Péloponnèse. Diodore de Sicile rapporte que les Athéniens y remportèrent une victoire sur les habitans de Mégare.

CIMOLIS, *ou* CIMOLUS, nom de l'une des îles Cyclades. Cette île étoit couverte de rochers, qui laissoient à peine venir quelques arbres. L'île de *Cimolis* étoit connue par la terre qu'on y trouve, & qui en a pris le nom de *terre Cimolée* : elle servoit à la médecine. Cette île étoit située très-près & au nord-est de *Melos*, & au sud-sud-ouest de *Siphnos*, vers le 36e deg. 45 minutes de latitude.

CIMOLIS, ville épiscopale de l'Asie mineure, dans la Paphlagonie, selon les actes du concile de Rome, tenu en l'an 503.

CIMPSUS. Isace, sur Lycophron, nomme ainsi un village de l'Asie mineure, dans la Lydie.

CINA, ville de la Judée, dans la tribu de Juda, selon le livre de Josué.

C'étoit la ville des Cinéens, qui descendoient de Jéthro, beau-père de Moïse.

CINA, ville de l'Asie mineure, dans la Galatie, selon la notice d'Hiéroclès. Elle est aussi nommée ailleurs *Ciana*, & *Cenes*.

CINABARENSIS, siège épiscopal de l'Asie mineure. Les notices grecques le placent dans la Phrygie salutaire.

CINABORIUM, ville de la grande Phrygie.

CINÆDOCOLPITÆ. Ptolemée nomme ainsi un peuple de l'Arabie heureuse. Il ajoute que leur pays étoit arrosé par la rivière *Baetius* ; il leur donne deux villes & deux villages, situés sur le bord de la mer Rouge.

CINÆDOPOLIS, île de l'Asie mineure, dans la Doride. Pline dit qu'elle étoit située à quelque distance du continent, dans le golfe Céramique.

CINÆI. On trouve le nom des Cinéens dans différens livres de l'écriture. Le dictionnaire d'Avignon distingue trois peuples de ce nom. Le premier se trouvoit entre les peuples dits *Chananéens* ; le second, que l'on croit descendant des Madianites ; le troisième, descendant de *Chamatte* : au reste, on n'en sait rien d'intéressant.

CINÆTIUM, montagne de la Grèce, dans le Péloponnèse. Denys d'Halicarnasse dit qu'elle étoit vers l'île de Cythère.

CINAMBRI. Appien fait mention d'un peuple de ce nom. Il le place dans l'Illyrie.

CINARUS, nom d'une île située dans le voisinage de celle de Leros. Il en est fait mention par Athénée, Plutarque & Pline. Ce dernier la nomme *Cinara*.

CINCARITANUS, *ou* CINCARITENSIS, siège

épiscopal d'Afrique, dans la Byfacène, felon les actes de la conférence de Carthage. On croit que ce fiège étoit dans la ville de *Cercina*, dans l'île de même nom.

CINCENSES, peuple de l'Hifpanie. Pline les place dans la Tarragonnoife. On doute s'il ne faudroit pas lire *Cinnenfes*, du nom de la ville de *Cinna*.

CINCHROPSOSES. Antigonus nomme ainfi un peuple de Thrace. Il ajoute qu'il y avoit chez eux une fontaine dont l'eau étoit très-vénimeufe.

CINDIA. Ptolemée fait mention d'une ville ainfi nommée. Il la met en-deçà du Gange.

CINDRAMORUM, ville épifcopale de l'Afie mineure, dans la Carie. La notice de Léon-le-Sage en fait mention.

CINDYS, ville de Carie, dans le voifinage d'*Iaffus* & de *Bargilia*. M. Larcher remarque qu'il n'en eft fait mention que par Hérodote. Mais on voit dans plufieurs auteurs qu'il y avoit un temple de Diane Cindyas, & un bourg de Cyndyé.

CINERETH. *Voyez* GENESARETH.

CINETTRII, *ou* CINITTRI. Selon Ptolemée, c'étoit un peuple de l'Afrique, qui habitoit dans le défert, vers le fud-eft du fleuve Bagradas.

CINGA (*Cinca*), fleuve de l'Hifpanie citérieure. Ce fleuve, prenant fa fource dans les Pyrénées, & coulant au fud, paffoit par les terres des *Illergètes* pour fe rendre dans l'Océan. Le débordement de ce fleuve & celui du *Sicoris* dans la plaine auprès d'*Ilerda*, faillit être nuifible à Céfar, dont les ponts furent emportés. Ses troupes étoient dans l'eau, & il ne pouvoit communiquer avec les villes qui avoient pris fon parti; mais ayant fait chercher toutes les barques qui fe trouvoient le long de l'Ibère, il parvint à s'ouvrir une communication avec fes alliés, à l'infu même de fes ennemis.

CINGILIA, ville de l'Italie, dans le pays des Veftins : elle fut prife par le conful Brutus.

CINGILLA. Ce nom, qui eft dans Pline pour celui d'une ville de Syrie, paroît au P. Hardouin être celui de la ville de *Cicilia* de Ptolemée.

CINGULANI. Pline nomme ainfi les habitans de la ville de *Cingulum*, en Italie, dans le *Picenum*.

CINGULANUS AGER. Selon Frontin, c'eft le nom du territoire de la ville *Cingulum*, en Italie, dans le *Picenum*.

CINGULARIUM URBS, ville de l'Afie, felon Nicétas & le continuateur de Glycas. Ortélius croit que c'étoit une ville de la Grande-Phrygie.

CINGULUM, ville de l'Italie, dans le *Picenum*. Céfar dit qu'elle avoit été bâtie aux dépens de *Labienus*. Pline, Cicéron, Silius Italicus & Frontin, font mention de cette ville. Elle eft marquée fur la carte de M. d'Anville. C'eft aujourd'hui *Cingoli* ou *Cingolo*.

CINGULUM MUNDI, montagnes que les anciens nommoient auffi *monts Hyperborées*. Ces montagnes font probablement celles que les Ruffes nomment *Ziemnoipoias*.

CINIASTENA, *ou* CINISTHÉNA. Selon les divers exemplaires de Strabon, contrée de l'Afie mineure, dans la Paphlagonie.

CINIATA, forterefſe de l'Afie mineure, dans la Paphlagonie. Strabon la place dans la contrée *Ciniaftena*.

CINITHII, peuple de l'Afrique. Ptolemée dit qu'ils habitoient les bords du fleuve Cinyque, dans le voifinage des Achémènes & des Burturgures. Ortélius croit qu'il faut lire *Cinyphii*.

CINIUM. Pline nomme ainfi une ville de la grande île Baléare. Les habitans de cette ville jouiffoient des mêmes droits que ceux du *Latium*.

CINNA, ville de l'Italie. Diodore de Sicile dit que les Romains la prirent fur les Samnites.

CINNA, lieu de la Dalmatie. L'itinéraire d'Antonin le marque fur la route de Salone à Durazzo, entre *Birziminium* & *Scodra*.

CINNA, ville de l'Hifpanie, que Ptolemée place dans la Jacétanie, contrée de la Tarragonnoife.

CINNA, ville épifcopale de l'Afie mineure, dans la Galatie. La notice de Hiéroclès la met fous la métropole d'Ancyre.

CINNA, ville de l'Afie, dans la Perfide ou Perfe propre, felon Ptolemée.

CINNAMOMIFERA REGIO, nom d'une contrée de l'Ethiopie, fous l'Egypte, felon Ptolemée & Strabon. Ce dernier met ce pays au commencement de la Zône torride, & dit que Séfoftris, roi d'Egypte, pénétra jufques-là.

CINNIANA, ville de l'Hifpanie, que l'itinéraire d'Antonin marque vers les Pyrénées, fur la route de la Gaule narbonnoife, entre *Juncaria* & *Aquæ Voconis*.

CINNIANA, CINNINIA, CIRANIA (aujourd'hui *Sitania*). Selon les divers exemplaires de Valère Maxime, ville de l'Hifpanie, dans la Lufitanie. Cet auteur rapporte que D. Brutus ayant voulu rançonner cette ville, les habitans lui avoient répondu qu'ils avoient du fer pour défendre leur ville, & point d'or pour la racheter.

CINNINENSES. Pline nomme ainfi les habitans de la ville de *Cinniana*, en Hifpanie, dans la Lufitanie.

CINNORUM CIVITAS, nom d'une ville épifcopale de l'Afie, dans la première Galatie, felon les actes du fixième concile de Conftantinople.

CINOLIS, ville de l'Afie, dans la Galatie, felon Pomponius Méla & Arrien. Le dernier dit que c'étoit une ville marchande & maritime, à foixante ftades d'Eginète, & à cent quatre-vingts de Stéphane. Marcien d'Héraclée n'en fait qu'un village avec une rivière & un port. Cette ville eft nommée *Cimolis* par Strabon.

CINSTERNÆ, *ou* CISTERNÆ. Selon les divers exemplaires de Ptolemée, lieu de l'Afrique propre.

CINYPHUS. Ptolemée & Strabon nomment ainfi le fleuve *Cinyps*, dans l'Afrique tripolitaine. Strabon dit que les Carthaginois y avoient bâti un pont & un mur, à la faveur duquel on paffoit quelques mauvais fonds qui avançoient dans le pays.

CINYPS (1), rivière de l'Afrique, dans la Tripolitaine, selon Pline & Hérodote. Ce dernier dit qu'elle a sa source dans le mont des Graces, qu'elle traverse le pays du peuple *Mack*, & qu'elle va se perdre dans la mer. C'est aujourd'hui Wadi-Quaham.

CINYPS. Selon le rapport d'Hérodote, on nommoit ainsi le pays de la Libye qui étoit arrosé par le fleuve Cinyps, de qui il recevoit le nom. Il ajoute que le terrein de ce pays peut entrer en parallèle avec les meilleures terres à bled; que c'est une terre noire, arrosée de plusieurs sources; qu'elle n'a rien à craindre de la sécheresse; & que les pluies excessives ne faisant que l'abreuver, elle n'en souffre aucun dommage : dans les années où les terres se surpassent en fécondité, le Cinyps rapporte environ trois cens pour un.

CINYRIA, ville de l'île de Cypre. Elle étoit remarquable par le culte qu'on y rendoit à Uranie. Elle ne subsistoit plus au temps de Pline.

CINYRUS, nom d'une montagne de l'Italie, que Vibius Sequester place dans le *Picenum*.

CIOS (le) (*Esker*), rivière qui paroît être la même que l'*Œscus* de Pline, & que M. d'Anville a placée sous ce nom. Elle étoit en Thrace, prenoit sa source dans la partie nord-ouest du mont Rhodope, au pays des Pæoniens. Elle passoit par le mont *Hæmus*, à-peu-près vers le milieu de la chaîne de ce mont, ensuite par la partie occidentale de la plaine Triballique, & se jetoit dans l'Ister près d'une des deux villes qui porta le nom d'*Œscus*; d'où elle prit ensuite son second nom.

CIOS, rivière de l'Asie mineure, dans la Bithynie. Elle arrosoit la ville du même nom, selon Pline.

CIOS, ville de l'Asie mineure, dans la Bithynie. Pline dit qu'elle étoit située dans le lieu nommé *Ascanie de Phrygie*. Pomponius Méla dit qu'elle étoit située au fond d'un petit golfe. Il étoit formé par la Propontide; & c'est aujourd'hui en grec Glio, & en turc Kemlik.

La ville de *Cios* avoit été bâtie, selon Aristote, par Cios, qui y avoit conduit une colonie de Milisiens. Selon Eustathe, ce Cios avoit été un des compagnons d'Hercule; selon Théocrite, il étoit fils d'Olympus. Philippe, père de Persée, & roi de Macédoine, ayant détruit Cios, en abandonna le terrein à Prusias, roi de Bithynie, qui la releva & lui donna son nom; elle eut donc, comme deux autres villes connues, le nom de *Prusias* ou de *Prusa*, si l'on en croit un scholiaste de Théocrite.

CIPIPA. Ptolemée nomme ainsi une ancienne ville de l'Afrique.

CIRAMEA, lieu maritime de l'île de Cypre, selon l'histoire mêlée. Ortélius croit qu'il faut lire *Ceraunia*.

CIRCÆUM PROMONTORIUM, promontoire & ville de l'Italie, selon Strabon & Ptolemée. CIRCEII, selon Pomponius Méla & Pline. Le promontoire est aujourd'hui nommé *Monte Circello*.

CIRCÆUM (*Irké*), ville de l'Asie, dans la Colchide, sur la rive gauche du *Phasis*, à l'ouest-sud-ouest de *Tyndaris*.

CIRCÆUS CAMPUS, nom d'une campagne de la Colchide, auprès du Phase, selon Denys le Périégète, Valérius Flaccus & Apollonius.

CIRCEII (*Monte Circello*), ville & promontoire d'Italie, dans la partie du *Latium* qui avoit appartenu aux Volsques, à-peu-près à moitié chemin, entre Rome, au nord-ouest, & Naples, au sud-est. La partie que l'on nommoit le *promontoire*, offre un mont très-haut, large d'un demi-mille, mais long de quatre. Du côté de l'ouest, il est battu par les flots, & n'offre que des rochers escarpés. C'est-là que se trouvent des antres, dont le plus élevé passe pour avoir été la demeure de Circé, fille du Soleil. Le côté qui tient à la terre est couvert de deux sortes d'arbres, l'espèce de chênes qui forme le liège, & le frêne, qui donne la manne.

C'étoit au pied de cette montagne, & non, comme le dit le P. Hardouin, dans le lieu où est saint Félix, que se trouvoient la ville & le port de Circei : il y a quatre milles de différence. On retrouve encore le long mur qui entouroit le port. Et ce port avoit été pratiqué dans un lac situé sur la côte. Vingt-quatre ans après l'expulsion des Tarquins, *Circei* devint colonie romaine. Au temps de Cicéron, on y voyoit encore un temple de Circé. La situation de ce lieu ne permet guère de croire que c'eût été une ville (πολις), comme le dit Denys d'Halicarnasse, mais seulement un bourg (πολιχνιον), comme le dit Strabon en le nommant *Circes*.

CIRCENSIS, ou CIRTENSIS. Selon les divers exemplaires de la notice d'Afrique, siège épiscopal d'Afrique, dans la Numidie. Ce nom venoit de la ville de *Cirta*.

CIRCESIUM, CIRCESSUS, ou CERCUSIUM (*Kerkisieh*), ville de l'Asie, dans la Mésopotamie, au confluent du *Chaboras*, dans l'Euphrate.

Procope rapporte que cette ville ne devint un rempart sur cette frontière, que sous l'empire de Dioclétien, qui la fortifia d'une enceinte, flanquée de tours très-élevées.

CIRCIDIUS, nom d'une rivière de l'île de Corse. Ptolemée en place l'embouchure dans la partie occidentale de l'île.

CIRCINITANUS, nom d'un siège épiscopal de l'Afrique, dans la Bysacène, selon la conférence de Carthage.

CIRCUM PADANI. Cette épithète se trouve employée dans les auteurs latins pour désigner les

(1) M. d'Anville a écrit sur sa carte *Cinyphs*; ce qui n'est pas conforme au texte d'Hérodote.

Gaulois, & même les champs qui étoient aux environs du Pô.

CIRIADA, lieu municipal de Grèce, dans l'Attique. Etienne de Bysance & Hésychius le placent dans la tribu Hippothoontide.

CIRIPHE. Je trouve ce nom dans Cellarius, comme étant celui d'une ville de la Chaldée : il cite Ptolemée; mais le texte que j'ai sous les yeux porte *Chiriphe*. (*Voyez* ce mot).

CIRIS. Lycophron nomme ainsi une rivière de l'Italie, dans le pays des Brutiens.

CIRNA MONS (*Dgibbel Iskel*), montagne d'Afrique, au sud-ouest du lac Hipponites, & à cinq lieues de la ville Hippozaritus. Ptolemée en fait mention. Cette montagne est remarquable par sa figure ronde.

CIRPHIS, ville de Grèce, dans la Phocide. Strabon la place auprès du mont Parnasse.

CIRPHIS, montagne de Grèce, dans la Phocide, selon le scholiaste de Pindare. Strabon dit qu'elle est au midi de la ville de Delphes, qu'elle est escarpée, & qu'il y a un bois arrosé par le fleuve *Plistus*, entre la ville de Delphes & cette montagne.

CIRPI, lieu de la Valérie ripense, que l'itinéraire d'Antonin marque entre *Ulcisia Castra* & *ad Herculem Castra*. Il en est aussi fait mention dans le livre des notices de l'empire.

CIRRADÆ, sauvages de l'Inde, au-delà du Gange, selon l'auteur du périple de la mer Erythrée, qui dit qu'ils ont les narines écrasées.

C'étoit vraisemblablement les habitans du canton *Cirradia*.

Elien écrit ce nom *Serratæ*.

CIRRADIA, que l'on écrit aussi CIRRHADIA, canton d'un pays de l'Inde, au-delà du Gange, selon Ptolemée. M. d'Anville le place vers le 26e dégré sur le cours du fleuve *Catabeda*.

Ptolemée rapporte que c'étoit le canton de *Cirradia* qui produisoit le *malabathrum* le plus estimé. C'étoit une espèce de cannelle dont on tiroit une essence pour la chevelure.

CIRRHA, ville maritime de la Phocide, qui étoit située sur le golfe de Corinthe, & qui servoit de port à la ville de Delphes. On comptoit soixante stades de cette ville à *Cirrha*; & dans la plaine qui y conduisoit, on voyoit un hippodrome, qui servoit aux courses de chevaux dans les jeux Pithyques, & étoit dédié à Apollon.

Homère, dans l'Iliade, & dans un hymne à Apollon, nomme cette ville *Crissa*, qui étoit son premier nom.

La ville de *Cirrha* avoit un très-beau temple d'Apollon, de Diane & de Latone, avec de grandes statues de ces divinités. Ces statues étoient de l'école d'Athènes. Pausanias, *L.* x, *Phoc. c.* 37.

CIRRHADIA. *Voyez* CIRRADIA.

CIRRHÆATUM, *ou* CIRRHAJATON. Plutarque nomme ainsi un bourg de l'Italie, dans les *Arpinates*. Il ajoute que Caïus Marius y passa ses premières années.

CIRRHÆI. Les Cirrhéens étoient un peuple de Grèce, dans la Phocide. Ils habitoient la ville de *Cirra*, qui étoit le port de la ville de Delphes. Il est fait mention de ce peuple par Eschine.

CIRTA, ville d'Afrique, dans la Numidie, sur l'Ampsagus. Son nom vient de l'oriental *karth*, & signifie *ville*; c'est indiquer assez qu'elle étoit considérable. Elle étoit sur une éminence, à quarante-huit milles de la mer, & devint la capitale du royaume de Numidie. Les rois y faisoient leur résidence. Elle étoit déjà fort considérable au temps de Syphax. Micipsa, dit Strabon, y établit une colonie de Grecs. Elle devint si florissante, qu'elle pouvoit mettre sur pied dix mille hommes de cavalerie & vingt mille d'infanterie.

Après la conquête de la Numidie par les Romains, Sitius-Nucerinus, révolté contre la république, s'en rendit maître; & lui donna son nom. Elle revint à la république, lorsque César porta ses armes en Afrique : on y conduisit une colonie, & la ville porta le nom de *Cirta Julia*.

Cette ville ayant été ruinée l'an de J. C. 311, pendant la guerre du tyran Alexandre, elle fut rétablie par les ordres de Constantin-le-Grand, & prit le nom de *Constantina*. Justinien en fit réparer les fortifications. Elle conserva son nom de *Constantine* chez les occidentaux. Les gens du pays la nomment *Cucuntia*. M. le comte de Caylus a fait graver les vestiges d'un ancien tombeau qui se voient encore aujourd'hui auprès de cette ville. (*Mém. de Litt. T.* XXVI, *p.* 334.)

CIRTESII, peuples d'Afrique, dans la Numidie. Leur pays servoit de borne à la Mauritanie sitifense. Ptolemée en fait mention. Les Cirtésiens habitoient le pays qui étoit au sud & au sud-est du *Numidicus Sinus*.

CIS (*colline de*), colline de la Palestine, dans la tribu de Juda, selon le livre de Josué.

Cette colline étoit au nord-ouest de la mer Morte, à quelque distance de l'embouchure du torrent de Cédron.

CISAMUS, *ou* CISAMOS. Ptolemée met une ville de ce nom dans la partie septentrionale de l'île de Crète. C'étoit le port de la ville d'Aptère, selon Strabon. Elle est nommée *Cisamum* par Pline. Elle est marquée comme ville épiscopale dans la notice de Hiéroclès.

CISERUSSA, *ou* CISSERUSSA, île de la mer Ægée, auprès de celle de Cnide, selon Pline.

CISI, *ou* CISSI. *Voyez* CISSE

CISIMBRENSIS, nom qu'Ambroise Moralès a trouvé dans une ancienne inscription, & qu'il croit être le même que l'*Episibrium* de Pline, lieu de l'Hispanie, dans la Bétique. Le P. Hardouin trouve *Cisimbrum* dans plusieurs manuscrits de Pline.

CISIPADES, nom d'un peuple de l'Afrique. Ils occupoient la côte occidentale de la Grande-Syrte, selon Pline.

CISORI. Les Cisores étoient un peuple de l'Ethiopie, selon Dalion, cité par Pline. Ce peuple n'avoit d'autre eau que celle de pluie.

CIS-PADANA. Les Romains joignoient ordinairement cette épithète au mot *Gallia*, lorsqu'ils vouloient désigner, dans la Gaule Cis-Alpine, la partie qui étoit située, par rapport à Rome, en-deçà du Pô, ou *Padus*.

CISPIUS. Selon Festus, c'étoit le nom de l'une des six collines de la ville de Rome, qui formoient le mont Esquilin. Varron les distingue; car il dit que le mont *Cispius* a sept sommets auprès du temple de Junon Lucine.

CISPRII, nom d'un peuple de l'Ethiopie, selon Pline.

CISSA. Pline & la notice de l'empire nomment ainsi une île de la mer Adriatique.

CISSA, CRISSA, *ou* CRESSA, ville qui ne subsistoit plus du temps de Pline. Elle étoit dans la Chersonnèse de Thrace, sur la rivière d'Ægos.

CISSA, rivière de l'Asie, dans le Pont Cappadocien, selon Ptolemée. Elle donnoit le nom au peuple *Cissii*.

CISSA, fontaine de la Grèce, dans le Péloponnèse. Pausanias la place auprès de Mantinée.

CISSÆI. Diodore de Sicile fait mention des Cisséens. Il les place en Asie, dans la Médie. C'étoit le peuple de la contrée *Cissia*, à une journée de Babylone.

CISSÆRO, *ou* CISSERON, montagne de la Palestine, de laquelle Procope parle au sujet d'un puits que Justinien y fit creuser.

CISSE, nom d'une ville d'Afrique, dans la Mauritanie césarienne, selon Ptolemée. L'itinéraire d'Antonin la nomme *Cisi*, & lui donne le titre de municipe. Elle y est marquée à douze milles de *Rusuccurrium*. La notice d'Afrique & la conférence de Carthage font mention de *Reparatus*, évêque de ce lieu.

CISSENE, nom d'une montagne de la Thrace, selon Suidas, cité par Ortélius.

CISSIA, contrée de l'Asie, qui avoit pour capitale Suse. Philostrate la marque à une journée de Babylone. La Susiane faisoit partie de Cissie: c'est aujourd'hui le Kouzistan.

CISSII, *ou* CISSI, peuple de l'Asie, dans le Pont Cappadocien. Il prenoit son nom de la rivière *Cissa*, selon Ptolemée.

On trouvoit aussi des *Cissii* dans la Susiane.

CISSII MONTES. Pline nomme ainsi des montagnes de la Sarmatie asiatique. Il y met la source du fleuve Imitye.

CISSINE, nom d'une ville de la Thrace, selon Hésychius, cité par Ortélius. Elle étoit sans doute au voisinage de la montagne *Cissene*, dont fait mention Suidas.

CISSINUS. Eschyle nomme ainsi une ville de l'Asie, dans la Perse. Ortélius croit que cette ville étoit dans la contrée *Cissia*.

CISSON, *ou* CESSON, torrent de la Palestine. Il a sa source dans la vallée de Jezraël, qu'il traverse au midi du mont Tabor, & va se dégorger au port de Ptolémaïde, dans la mer Méditerranée.

CISSUS, nom d'une montagne de la Macédoine, selon Lycophron & Hésychius.

CISSUS, ville de la Thrace, selon Hésychius. Cette Thrace a été depuis la Macédoine. Ortélius croit que la ville & la montagne étoient vers la mer, auprès de Thessalonique.

CISSUS, l'une des villes de la Thrace que détruisit Cassandre, roi de Macédoine, pour en transporter les habitans à Thessalonique.

CISSUSA, fontaine de la Grèce, dans la Béotie. Elle est mise par Plutarque entre la ville de Thèbes & celle d'Haliarte. Dacier croit que c'est la *Tilphusa* de Pausanias, & *Tilphosa* de Strabon.

CISTERNÆ, ville d'Afrique. Si cette ville n'étoit pas de la Syrtique, elle ne devoit pas en être éloignée.

CISTHENA, ville de l'Asie, située dans le golfe d'Adramytte, dans la Mysie, selon Pline. Strabon en parle comme d'une ville abandonnée, quoiqu'elle eut un port, & il la place en-dehors du golfe & du promontoire Pyrrha. Pomponius Méla, comme Pline, la met dans le golfe même.

CISTHENE, nom d'une petite île de l'Asie mineure, avec une ville de même nom. Elle étoit située sur la côte de la Lycie, selon Strabon & Isocrate.

CISTHENE. Le lexique de Phavorin nomme ainsi une montagne de la Thrace.

CISTOBOCI, nom d'un peuple de la Dacie, dont Ptolemée fait mention.

CITÆ. Dictys de Crète nomme ainsi un peuple qui étoit allé trafiquer à Troies. Ortélius pense que c'est le même peuple que Tacite appelle *Clitæ*, & que dans un passage il place dans la Cilicie, & dans un autre il les met dans la Cappadoce. Ce qui est la même chose, parce qu'il y avoit une contrée de la Cappadoce nommée *Cilicie*.

CITAMUM, ville de l'Asie. Elle est placée par Ptolemée dans la Grande-Arménie & auprès de l'Euphrate.

CITARINI, *ou* CETARINI, peuple de la Sicile. Cicéron nomme ainsi les habitans de la ville de *Cetaria*.

CITARIUS. Ptolemée donne ce nom à une montagne de la Macédoine. Elle est nommée *Titarus* par Strabon, & il ajoute qu'une de ses extrémités touche au mont Olympe.

CITHÆRON, nom d'une montagne de Grèce, dans la Béotie, & auprès de la ville de Thèbes. Cette montagne touchoit à celles de l'Attique & du territoire de Mégare, & faisoit un détour audessus de la mer de *Crissa* pour aller se terminer auprès de Thèbes, selon Strabon, Pline & Pomponius

Méla

Méla disent qu'elle étoit consacrée aux Muses. Plutarque dit qu'elle se nommoit *Asterius* avant d'être appelée *Citharon*.

CITHÆRON MONS (1), le mont Cithéron. Il étoit situé en Béotie, dans le territoire de Thèbes, au sud de l'Asope, qui en arrose le pied. Du côté de l'ouest, cette montagne s'abaisse par une pente assez douce, & fait un détour au-dessus de la mer ou golfe de Crissa. Elle commence au nord-est du côté de l'Attique, & du côté du sud à celles du territoire de Mégare, auxquelles elle est contiguë. Elle étoit consacrée à Jupiter Cithéronien. Elle avoit d'abord porté le nom d'*Asterius* ou *Asterion*.

CITHARISTA (*Ceireste*), ville de la Gaule narbonnoise, à quelque distance de la mer, dans le même golfe que *Tauroentum*, à un quart de mille l'un de l'autre. On y voit encore des vestiges des édifices bâtis du temps des Romains.

CITHARISTA PORTUS, port de la Gaule narbonnoise, selon Pline & Ptolemée. C'est aujourd'hui le port de Ceireste.

CITHARISTES PROMONTORIUM (*le cap Cicien*). Ce promontoire est indiqué par Ptolemée comme appartenant à la Gaule, entre *Tauroentum* & *Obbia*.

CITHARIZUM, forteresse de l'Asie, dans l'Astianène, contrée de la Grande-Arménie, selon Procope. Il ajoute qu'elle étoit à quatre journées de chemin de Théodosiopolis, que Justinien y fit conduire de l'eau & la rendit imprenable.

CITHENI JUGA. Pline nomme ainsi des montagnes de l'Asie, qu'il place dans la Parthie, auprès de la contrée *Choara*.

CITHRUM, ville de Grèce, dans la Thessalie. Il en est fait mention par Théophraste, cité par Ortélius.

CITIAEI. Caton avoit des cliens de ce nom, & Cicéron dit que c'étoient des gens venus de la Phénicie. Ortélius doute s'ils étoient de l'île de Cypre, ou si c'étoient des Chutéens.

CITIBÆNA. Ortélius dit que Théophraste nomme ainsi un lieu de l'Arabie heureuse, & dans lequel, selon lui, croissent l'encens, la casse, la myrre & la cannelle.

CITIUM (*Chiti*), ville de l'île de Cypre, sur la côte méridionale, près du fleuve *Tetius*, au nord-est d'*Amathus*.

Ptolemée & Pline font mention de *Citium*. C'est au siège de cette ville que mourut Cimon, selon Plutarque & la plupart des anciens historiens. Elle étoit la patrie de Zénon. *Citium* a été épiscopale, selon la notice de Léon-le-Sage & celle d'Hiéroclès.

CITIUM, nom d'une ancienne ville de la Macédoine, selon Tite-Live. C'étoit une colonie de la ville du même nom dans l'île de Cypre.

CITIUS. Tite-Live nomme ainsi une montagne de la Grèce. Ortélius pense qu'elle étoit située vers l'Etolie.

CITTACA. Théodoret nomme ainsi un village dans la vie de sainte Zébine. Il étoit de la Syrie, à ce que pense Ortélius.

CITTUS, nom d'une montagne au-dessus de la Macédoine, selon Xénophon. Ortélius croit que ce pourroit être la *Citius* de Tite-Live.

CITUORUM INSULA, nom d'une île située dans le Danube, selon Ptolemée, cité par Lazius.

CIVARO. Cicéron nomme ainsi un lieu dans les Alpes graïennes, aux confins des Allobroges.

CIVITAS EQUESTRIUM, NOVIODUNUS, lieu de la Gaule lyonnoise, selon les notices de l'empire. Il a été épiscopal jusqu'à l'an 412. C'est aujourd'hui *Nions*.

CIVITAS NOVA, ville de la Scythie, selon Agathias, cité par Ortélius.

CIUS, rivière de la basse-Mœsie, selon Denys le Périégète. Eustathe dit qu'il y avoit une ville du même nom, située auprès de cette rivière. Elle prenoit sa source dans les montagnes de la Thrace, & alloit se perdre dans le Danube.

CIUS, ville de l'Asie mineure, dans la Bithynie. Elle étoit située sur le bord de la mer, & à peu de distance de la ville de Nicée. Le combat entre Niger & Sévère, concurrens à l'empire, se donna entre ces deux villes, selon Dion Cassius. Elle a été épiscopale, selon la notice de Hiéroclès.

CIZA. Saint Augustin nomme ainsi un lieu de l'Afrique.

CIZARA, nom d'un château de l'Asie, dans l'Arménie. Strabon la place auprès du lac de Stiphane, & dit qu'elle étoit située dans un lieu élevé; mais qu'elle étoit abandonnée.

CIZARA, ville de l'Asie, dans la petite Arménie, selon Ptolemée. Il la met auprès de l'Euphrate, dans la préfecture Lavinianésine.

CIZYA, ville de la Thrace, dans laquelle Eustathe fut envoyé en exil. Il en est fait mention dans l'histoire Tripartite.

C L

CLADAUS, *ou* CLADEUS, rivière du Péloponnèse, dans la partie de l'Elide appelée *Triphylie*. Elle tomboit dans l'Alphée, & Pausanias dit que les habitans de l'Elide rendoient un culte religieux à cette rivière. Xénophon la nomme *Cladaus*, & en met l'embouchure auprès d'*Alte*.

CLAMPETIA, ville de l'Italie, dans la Grande-Grèce, au pays des Brutiens. Pline en parle comme d'une ville détruite. Les anciennes éditions de Tite-Live portent *Dampetia*; mais dans les nouvelles on lit *Clampetia*. Elle est placée au sud-ouest de *Consentia*, dans la carte à M. d'Anville. C'est aujourd'hui *Amantea*.

(1) Je ne sais pourquoi M. d'Anville a écrit *Cytheron*, contre l'indication donnée par le grec d'Hérodote, de Strabon, de Pausanias, &c. Κιθαιρων exige l'ortographe que j'ai adoptée.

CLANES, nom d'un torrent qui sortoit des montagnes au-dessus de la Vindelicie, & alloit se jeter dans le Danube, selon Strabon.

CLANEUS, ville épiscopale de l'Asie, dans la Galatie salutaire, selon la notice de Hiéroclès & celle de Léon-le-Sage. Cette dernière la nomme *Clangis.*

CLANIS (*la Chiana*), fleuve d'Italie, dans l'Etrurie. Ce fleuve, que les Grecs appeloient *Glanis*, étoit formé de la réunion d'un grand nombre de ruisseaux & de torrens qui se trouvoient dans les montagnes : ses eaux stagnantes formoient en chemin plusieurs petits lacs au-delà de *Clusium.* Il couloit vers le Tibre.

Mais un cours si lent dans un pays si chaud, disposoit les eaux à la corruption. Aussi, selon Tacite, s'occupa-t-on des moyens d'empêcher le *Clanis* de se jeter dans le Tibre. Mais, comme on craignoit que l'abondance des eaux ne détruisît *Florentia*, ce projet demeura sans exécution.

CLANIS, *ou* CLANIUS, fleuve de l'Italie, dans la Campanie. Il prenoit sa source dans la montagne d'*Abella*, & alloit se jeter dans la mer près de *Patria.*

CLANIS, rivière de l'Hispanie, selon Etienne de Bysance & le scholiaste de Lycophron.

CLANUM, ville de la Gaule, aux environs d'*Arelate*, entre *Cabellio* & *Ernaginum*, selon l'itinéraire d'Antonin.

CLANUM. L'itinéraire d'Antonin place une autre ville du nom de *Clanum* dans la Gaule lyonnoise, sur la route de *Caracotinum* à *Augustobona*, entre *Agredinum* & *Augustobona.* M. d'Anville n'a pu en retrouver la juste position.

CLAREOTIS. Pausanias dit que c'est le nom d'une tribu des Tégéates, dans l'Arcadie.

CLARI APOLLINIS FANUM, *ou* LUCUS. Ce lieu, consacré à Apollon, se trouvoit en Ionie, près de la ville de Colophon. *Voyez Claros.*

CLARIÆ, peuple de Thrace. Pline le place auprès du Danube.

CLARITAS JULIA, ville de l'Hispanie, dans la Bétique. Elle étoit aussi nommée *Attubi*, selon Pline. Il y a une médaille de Néron, rapportée par Goltzius, où on lit, *Col. Claritas Julia.*

CLARIUM, forteresse de la Grèce, dans le Péloponnèse. Elle étoit située au milieu du territoire de Mégalopolis, selon Polybe.

CLAROANGUS, lieu de la Gaule, selon Surius.

CLAROS, bois & temple de l'Asie mineure, dans l'Ionie, & au pays des Colophoniens, selon Strabon, qui ajoute qu'ils étoient devant la ville de Colophon, qu'ils étoient consacrés à Apollon, & qu'il y avoit eu autrefois un oracle. Pline ne fait mention que du temple d'Apollon Clarien.

CLAROS, ville de l'Asie, dans l'Ionie. Le scholiaste d'Apollonius dit qu'elle étoit située auprès de Colophon, qu'elle étoit consacrée à Apollon, qui y avoit un oracle.

CLAROS, montagne de l'Asie mineure, dans l'Ionie & auprès de la ville de Colophon. Tretzès prétend que c'est de-là qu'Apollon étoit surnommé *Clarien.* Vibius Sequester parle aussi de cette montagne.

CLAROS. Les anciens nommoient ainsi une île de la mer Ægée, qui est aujourd'hui appelée *Calamo.* C'est la *Calymna* de Pline.

CLASSICA COLONIA. C'étoit un des noms de la ville de la Gaule narbonnoise appelée par César *Forum Julii.* (*Frejus*).

CLASSIS, au sud-est de *Ravenna.* Ce nom lui venoit de ce que les Romains y tenoient une flotte au temps d'Auguste.

CLASSITÆ, peuple de l'Asie, dans l'Assyrie. Ils habitoient près du fleuve Lycus, selon Pline. Le P. Hardouin prétend que c'étoit un surnom des peuples *Cilici*, pour les distinguer des *Cilici*, qui habitoient dans les montagnes.

CLASSIUS, rivière de la Gaule narbonnoise. Elle n'étoit séparée du *Rhodanus* que par la contrée *Cimenice*, selon Festus Avienus. Il ajoute qu'elle se perdoit dans les étangs des Volces Arécomiques.

CLASTIDIUM, ville de l'Italie, dans la Ligurie, selon Polybe ; mais elle est qualifiée village par Plutarque & par Tite-Live. Ce dernier dit dans la Gaule Cisalpine. C'est près de ce lieu que *Viridomarus*, roi des Gaulois, fut vaincu en combat singulier par M. Marcellus. Elle est marquée sur la carte de M. d'Anville.

CLASTON, ville de l'Hispanie, dans la Bétique, selon Strabon ; mais Casaubon dit qu'il faut lire *Castulo.*

CLATERNA, ville de l'Italie, dans la Gaule cisalpine. Cicéron & Pline en font mention, & le dernier lui donne le titre de colonie. Ptolemée dit qu'elle étoit surnommée *Togata*, & l'itinéraire d'Antonin la place à treize milles de *Forum Cornelii* (*Imola*). Sur la carte de M. d'Anville, elle est marquée au sud-est de *Bononia.*

CLATOS, *ou* ELATOS. Selon les différens exemplaires de Pline, ville située dans l'intérieur de l'île de Crète.

CLAUDI, *ou* GLAUDI. Selon les divers exemplaires de l'itinéraire d'Antonin, lieu de l'Afrique, sur la route de *Thevefte* à *Sitifi*, entre *Mascula* & *Tamugadi.*

CLAUDIA, nom d'une ville de la Norique, selon Pline. Elle est nommée *Claudivium* par Ptolemée. On n'est pas d'accord sur ce que c'est à présent. Cluvier croit que c'est le village de *Clausen*, dans la Bavière, & le P. Hardouin pense que c'est Clagenfurt, en Carinthie.

CLAUDIA REGIO, contrée de l'Asie mineure, dans le voisinage de la ville de Milet, selon Diodore de Sicile.

CLAUDIA VIA, grand chemin romain, en Italie. Il commençoit au pont Milvius & alloit joindre la voie Flaminienne.

CLAUDIÆ AQUÆ, nom de deux fontaines

de l'Italie, situées dans le voisinage de celle de Rome, selon Suétone.

CLAUDIANA, ville de l'Asie, dans la Syrie, ou dans l'Euphratense, selon le livre des notices de l'empire.

CLAUDIAS, ville de l'Asie, dans la petite Arménie. Ptolemée la met dans la préfecture Lavinianésine. C'est la même, je crois, que la suivante.

CLAUDIAS (*Ara Cloudieh*), ville de l'Asie, dans la Comagène, sur la rive droite de l'Euphrate, au nord-est de *Juliopolis*, & au sud-sud-est de l'endroit où l'Euphrate traverse le *Taurus*.

CLAUDIOMERIUM, ville de l'Hispanie, que Ptolemée place dans le pays des *Artabres*.

CLAUDIOPOLIS, ville de l'Asie mineure, dans la Bithynie. Elle étoit aussi nommée *Bithynium*, selon Ptolemée & Dion Cassius. Elle est placée sur le fleuve Sangar & nommée *Bithynia* par Pausanias.

CLAUDIOPOLIS, ville de l'Asie, dans l'Isaurie, selon Ammien Marcellin, qui ajoute que l'empereur Claudius y envoya une colonie. Elle a été épiscopale, selon la notice de Hiéroclès.

CLAUDIOPOLIS, ancienne ville de l'Asie, dans l'Honoriade, selon le livre des Authentiques. Elle étoit épiscopale, selon la notice de Hiéroclès, qui la distingue de celle de l'Isaurie.

CLAUDIOPOLIS, ancienne ville de l'Asie, dans la Cataonie, contrée de la petite Arménie, selon Ptolemée. Elle est mise dans la Cappadoce par Pline. Il est vraisemblable que c'est la même que celle de l'Isaurie, comme le pense Ortélius.

CLAUDIOPOLIS, ville de l'Asie, dans la Bithynie, & la même que *Bithynium*. *Voyez* ce mot.

CLAUDIOPOLIS. Quelques auteurs attribuent cette ville à l'Isaurie. M. d'Anville la place dans un petit coin de la Licaonie, qui n'en étoit pas bien loin.

N. B. Cette ville, ainsi que quelques autres, avoient pris leur nom de Claudius César, fils de Drusus, lequel avoit établi plusieurs colonies en différentes parties de l'empire, mais sur-tout dans le levant.

CLAUDIOPOLIS, ville de la Galatie, peu éloignée du fleuve Halys. Elle s'appeloit d'abord *Adrapta*. Ptolemée la nomme la nouvelle Clodiopolis, *Neoclodiopolis*.

CLAUDIOPOLIS, ville de la petite Arménie, près l'Euphrate, la même, je crois, que *Claudias*.

CLAUDIUS, île de la mer de Crète, selon Ptolemée. Il en est aussi fait mention dans les actes des apôtres. On pense que c'est aujourd'hui l'île de *Gozo*.

CLAUDIUS MONS. Pline nomme ainsi des montagnes de la Pannonie. Elles séparoient le territoire des Taurisques de celui des Scordisques.

CLAUSTRA TIRYNTHIS. On trouve ces mots sur la carte de la Grèce de M. d'Anville, qui a voulu exprimer que du temps de Pausanias, on ne voyoit plus que des restes de cette ville. *Voyez* TIRYNS.

CLAVENNA, ville qui appartenoit aux Helvétiens. L'itinéraire d'Antonin la place à dix milles du *Larius Lacus*. (Le lac de Come).

CLAUSULA, rivière de l'Illyrie, selon Tite-Live. Il ajoute qu'elle arrosoit la ville de Scodra, du côté de l'orient.

CLAUSENTUM, ville de l'île d'Albion, située sur la route de *Regnum* à *Londinium*, entre *Regnum* & *Vena Belgarum*. Dion Cassius rapporte que cette ville étoit déjà célèbre avant le règne de Claudius, & qu'elle avoit été la résidence de Dunobelin.

CLAUTINATII, l'une des nations les plus inquiètes de la Vindelicie, selon Strabon. On croit que ce peuple habitoit sur les deux rives de l'Inn, un peu avant qu'il ne se jette dans le Danube.

CLAXELUS. Une ancienne inscription sur cuivre, & conservée à Gènes, fait mention d'une montagne ainsi nommée. Elle étoit en Italie, dans la Ligurie, selon Ortélius.

CLAZOMENA, ville de l'Asie mineure, & l'une des six villes ioniennes situées dans la Lydie. Hérodote en fait mention; mais dans un passage il la donne à l'Ionie, & dans un autre à la Lydie. Strabon dit que cette ville étoit autrefois située dans une île qui avoit été jointe à la terre ferme. Pausanias rapporte que ce fut l'ouvrage d'Alexandre, fils de Philippe. Cependant le mont *Coricus* commence à la pointe sud-ouest de la presqu'île, il la traverse & va jusques dans l'Ionie & la Méonie. La ville de Clazomène a été célèbre. Tite-Live rapporte que les Romains accordèrent la franchise aux Clazoméniens, & qu'ils leur firent présent de l'île de *Drymusa*.

La ville de Clazomène étoit située dans le golfe de Smyrne, à l'ouest de cette ville, & au nord-nord-ouest de Téos.

CLAZOMENIORUM SPECULÆ. Strabon nomme ainsi un lieu qu'il place vers le Pont-Euxin & le Palus-Méotide. Ce lieu appartenoit vraisemblablement aux habitans de Clazomène; car Pline dit que la côte du Pont-Euxin, aux environs du Palus-Méotide, a été autrefois occupée par les Clazoméniens.

CLEANDRIA, lieu de l'Asie mineure, dans la Troade. La source du Rhodius est mise dans ce lieu par Strabon.

CLEARTUS. Selon Ptolemée, étang ou marais de l'Afrique, dans la Marmarique.

CLEIDES INSULÆ (1), petites îles de la Méditerranée, à l'est & très-près de l'île de Cypre: Strabon en compte deux; Pline, quatre. Le promontoire qui étoit près de ces îles, portoit, selon Hérodote, le même nom, quoique d'autres auteurs le nomment différemment. *Voyez* DINARETUM.

(1) M. d'Anville écrit *Clides*.

CLEONÆ, ville maritime de la Macédoine, dans la presqu'île du mont Athos, entre Thyssus & Acro-Athos, selon Thucydide & Pline. C'étoit une colonie de Chalcidiens, selon Héraclide.

CLEONÆ. Cette ville, dont parle Pausanias dans son voyage de Corinthe, étoit la dernière ville de l'Argolide du côté de la Corinthie. On prétendoit qu'elle portoit le nom d'un fils de Pélops. On y voyoit au temps de Pausanias, un temple & une statue de Minerve. M. le Roy, de l'académie des Belles-Lettres, *&c.* dans son ouvrage sur les plus beaux monumens de la Grèce, dit qu'en voyageant de Corinthe à Sparte, il rencontra les ruines de Cléones. Homère lui donne l'épithète d'ἐυκτιμενας; ce qui donne l'idée d'une belle ville. On y voyoit un temple de Minerve, dont la statue avoit été faite par deux disciples de Dédale. La sépulture de Céate & d'Euryte, tués par Hercule, étoit-là. Pausanias, *Corint. L. II, ch. 15.*

De cette ville on pouvoit aller à Argos par deux chemins, celui de *Tretum* étoit le plus commode.

CLEONÆ, ancienne ville de Grèce, dans la Phocide, & auprès d'Hyampolis, selon Plutarque.

CLEONÆ, nom d'une ancienne ville du Péloponnèse, dans l'Arcadie, selon Pline. Cet ancien la distingue de celle de l'Achaïe.

CLEOPATRIS, ville d'Egypte, située sur un canal qui communiquoit du Nil à la mer Rouge.

CLEPIDAVA, ancienne ville de la Sarmatie européenne, selon Ptolemée.

CLEPSYDRA, nom d'une fontaine du Péloponnèse, dans la Messénie. Pausanias & Appien la placent dans le mont Ithome.

CLERI, peuple de l'Asie mineure, dans la petite Mysie. Il en est fait mention par Diodore de Sicile. Ortélius, qui cite Polyen, dit qu'ils étoient dans le territoire de Cyzique.

CLERORUM, siège épiscopal de l'Asie, dans la Phrygie salutaire, selon une notice grecque.

CLETA, lieu de l'Italie, selon le poëte Lycophron.

CLETABENI, peuple de l'Arabie heureuse. Denys le Périégète les place près de la mer Rouge, & dans le voisinage des Sabéens & des Minnéens.

CLETHARRO, ville que Ptolemée place dans l'Arabie pétrée.

CLEUSIS, fleuve coulant du nord au sud, entre le *Mela* & le lac *Benacus*.

CLEVUM, *ou* GLEVUM, nom d'une ville de l'île d'Albion, sur la route d'*Isca* à *Calleva*, selon l'itinéraire d'Antonin.

CLIBANUS, ville de l'Asie mineure, dans l'intérieur de l'Isaurie, selon Pline.

CLIBANUS, montagne d'Italie, dans la Grande-Grèce, & dans le voisinage du promontoire Lacinien, selon Pline.

CLIDES INSULÆ. *Voyez* CLEIDES.

CLIENSIS, *ou* ELIENSIS. Selon les différentes éditions de la conférence de Carthage, siège épiscopal d'Afrique, dans la Bysacène.

CLIMA (1) ANATOLICUM, siège épiscopal de l'Asie, dans la Phénicie, près du mont Liban, & sous la métropole d'Edesse, selon la notice de Léon-le-Sage.

CLIMA ANATOLIS, siège épiscopal d'Asie, dans l'Arabie, selon la notice du patriarchat de Jérusalem.

CLIMA ANZITINES. La même notice met un lieu de ce nom en Asie, dans la quatrième Arménie.

CLIMA ASTIANICÆ. La notice du patriarchat de Jérusalem, met un lieu ainsi nommé dans la quatrième Arménie, province d'Asie.

CLIMA BILABITENSIS, nom d'un lieu de la même province, selon la même notice.

CLIMA DIGESENES, lieu de l'Asie, dans la quatrième Arménie, selon la notice du patriarchat de Jérusalem.

CLIMA GABLANIM, siège épiscopal de l'Asie, sous la métropole de Scythopolis. La notice de Léon-le-Sage le nomme *Clima Galanis*.

CLIMA GARENES, siège épiscopal de l'Asie, dans la quatrième Arménie, selon la notice de Léon-le-Sage.

CLIMA IMBRUDORUM. La même notice marque un siège épiscopal de ce nom, sous la métropole d'Edesse. Il étoit en Asie, dans la Phénicie du Liban.

CLIMA MAGLUDORUM, lieu épiscopal de l'Asie, dans la Phénicie du Liban, sous la métropole d'Edessé, selon la notice de Léon-le-Sage.

CLIMA MAMUZURARUM, siège épiscopal de l'Asie, que la notice de Léon-le-Sage met dans la quatrième Arménie.

CLIMA MESTICON. Selon Constantin Porphyrogénète, nom de l'une des cinq villes de la préfecture de Thrace.

CLIMA ORIENTALIUM & OCCIDENTALIUM, siège épiscopal de l'Arabie, selon la notice de Léon-le-Sage.

CLIMA ORZIANICES. La même notice met un siège épiscopal de ce nom, en Asie, dans la quatrième Arménie.

CLIMA SOPHENES, lieu épiscopal de l'Asie, dans la même province, & selon la même notice.

CLIMACÆ. Hésychius fait mention d'un lieu de ce nom. Il étoit dans l'île d'Eubée.

CLIMAX, montagne de l'Asie, dans la Pisidie, & près de la ville de Selga. Cette montagne s'avance vers la mer de Pamphylie, où elle ne laisse qu'un passage étroit, qu'Alexandre passa à pied, en y conduisant son armée, selon Plutarque & Strabon. Polybe parle aussi de cette montagne.

---

(1) On entend ici par *Clima* une division de provinces en usage sous le Bas-Empire.

Climax, montagne de l'Asie, dans la Phénicie. Strabon la place entre le fleuve Adonis & la ville de Biblos. Elle étoit à cent stades vers le nord de Tyr, selon Joseph.

Climax. Ptolemée nomme ainsi une montagne de l'Arabie heureuse.

Climax. Le même géographe place un château de ce nom en Asie, dans la partie maritime de la Galatie.

Climax, lieu du Péloponnèse, dans l'Arcadie Il étoit auprès de la ville de Mantinée, selon Pausanias.

Climax, nom d'un lieu de l'Afrique, dans le nôme de Libye, entre *Pednopum* & *Siropum*, selon Ptolemée.

CLIMBERRIS, *ou* Augusta. M. d'Anville (*Notice de la Gaule*), remarque que ce nom, formé d'après celui de *Climberrum*, qui se lit dans l'itinéraire d'Antonin, se lisoit autrefois dans Méla *Elimberris*. C'étoit la capitale des *Ausci* dans les Gaules.

CLIMBERTUM, *ou* Cliniberrum. Selon les divers exemplaires de l'itinéraire d'Antonin, ancien nom d'un lieu de la Gaule, entre *Lactura* (Lectoure) & *Belsino*.

CLINA, fontaine de l'Asie mineure, dans la petite Mysie. Elle étoit dans la ville de Cyzique, selon Orphée, cité par Ortélius.

Clina. Le même Ortélius, qui cite Tite-Live, dit que *Cline* est le nom d'une ville de Grèce.

CLISOBORA, nom d'une ville des Indes, qu'Arrien place entre les plus grandes du peuple Suraséniens. Pline dit que la rivière Jomanès passe entre la ville de *Clisobòra* & celle de *Methora*.

CLITÆ, ville de l'Asie mineure, dans l'intérieur de la Bithynie, selon Ptolemée. Elle étoit située vers le nord-est d'Amastris.

Clitæ, nom d'un lieu de la Grèce. Tite-Live le place près du mont Athos, dans la Macédoine.

Clitæ. Selon Tacite, c'étoit le surnom des Ciliciens champêtres. Il ajoute qu'ils habitoient près de la mer & du mont Taurus, dans la partie de l'Asie qui fut soumise à Archelaüs, roi de Cappadoce. Ce roi, voulant les forcer à payer un tribut, sans doute trop fort, ils se retirèrent dans le mont Taurus, où ils se maintinrent, malgré les troupes que l'on envoya contre eux, sous la conduite de leur chef Trosobor, vers le rivage & vers les villes voisines.

CLITERIUM, ville du Péloponnèse, dans l'Arcadie, selon Phavorin. C'est la même que Pline appelle *Clitorium*.

CLITERNIA LARINATUM, ville de l'Italie, chez les *Trentani*, à l'est de *Larinum*, selon Pline & Pomponius Méla.

CLITERNINI. Pline nomme ainsi les habitans de la ville de *Cliternum*, située en Italie, dans le pays des Æquicules ou Equicoles.

CLITERNUM, nom d'une ville de l'Italie, située dans le pays des Æquicules, selon Ptolemée. Les habitans de cette ville sont nommés *Cliternini* par Pline.

CLITIS, rivière de la Gaule, selon Sidonius. Papire Masson croit que c'est le Clain.

CLITON, rivière de Grèce, dans le Péloponnèse. Elle couloit dans l'Arcadie, selon Hésychius & Stace. Elle passoit auprès de Clitor, selon Pausanias, qui la nomme aussi *Clitor*.

CLITOR, ville du Péloponnèse, dans l'Arcadie. Elle étoit située sur le fleuve du même nom, au sud-ouest de *Lussi*. Elle étoit à environ soixante stades des sources du fleuve Ladon, selon Pausanias & Ptolemée. Le premier dit que Clitor, roi très-puissant, la fit bâtir & lui donna son nom.

Les principaux temples de cette ville étoient ceux de Cérès, d'Esculape, & celui de Castor & Pollux. On y nommoit ces deux frères *les grands dieux*: leurs statues étoient en bronze.

La ville de *Clitor* est nommée *Clitoria* par Xénophon & Etienne de Bysance. Pline dit *Clitorium*.

Clitor, rivière du Péloponnèse, dans l'Arcadie, selon Pausanias. Elle est nommée *Cliton* par Hésychius & Stace. Ovide dit *Clitorius Fons*.

CLITUMNUS, fleuve du *Latium*, selon Cluvier.

CLODIA FOSSA. Cette fosse étoit un canal pour retenir & conduire les eaux. Elle étoit dans la Vénétie, près l'embouchure du *Medoacus*.

CLODIANA, ville de la Macédoine, auprès de *Dyrrhachium*. L'itinéraire d'Antonin la marque entre *Scampis* & *Apollonie*.

CLODIANUS, rivière de l'Hispanie, dans la Tarragonnoise. Il en est fait mention par Ptolemée & Pomponius Mela. Le premier en met l'embouchure dans le pays des Ilercaons.

CLODII FORUM. *Voyez* Forum Clodii.

CLŒLIÆ FOSSÆ. *Voyez* Cluilia Fossa.

CLOMANNORUM CIVITAS, ville de l'Asie, vers la Babylonie, selon l'Histoire mêlée, citée par Ortélius.

CLONIA, marais de l'Afrique, dans la Libye intérieure, auprès du mont Risadius. Ptolemée dit que ce marais est formé par le fleuve Stachir.

CLOSTRA, lieu maritime d'Italie, dans le *Latium*, entre *Antium* & le promontoire de Circé, selon Ptolemée, *L.* III, *c.* I. Pline, *L.* III, *c.* 5, l'appelle *Clostra romana*, & le nommé après *le fleuve Nymphée*.

CLUACA, ville d'Asie, dans la Médie, selon Ptolemée, *L.* VI, *c.* 2.

CLUACARIA, dont le nom se trouve aussi écrit *Clucar*, ville d'Afrique.

CLUANA, ville maritime d'Italie, dans le *Picenum*, selon Pline, *L.* III, *c.* 13. Elle étoit située à l'embouchure d'une rivière. Elle est marquée sur la carte de M. d'Anville.

CLUDRUS, *ou* Cludros, rivière de l'Asie mineure, dans la Carie, selon Pline. Cet auteur ajoute que la ville d'Euménie étoit située sur les bords de cette rivière.

CLUILIA FOSSA. Cette fosse étoit un canal

qui avoit été fait pour l'écoulement des eaux : il étoit près d'Albe. Plutarque, dans la vie de Coriolan, dit *Clœlias Fossas*.

CLUNIA (1) (*Corugna*), ville de l'Hispanie citérieure, au sud-ouest de Numance. Elle devint colonie romaine & *Conventus*. Cependant il en est peu parlé dans les historiens. On ne cite même qu'un passage de Dion Cassius, dans lequel on voit que les Vaccéens défirent Métellus Népos, près de *Clunia*, & s'emparèrent de cette ville : mais Vaillant & Golzius rapportent plusieurs médailles où elle est traitée de municipale & de colonie.

Suétone, dans la vie de Galba, *c. 8*, dit que ce prince gouverna huit ans l'Espagne tarragonnoise, & qu'il exerçoit cet emploi lorsque Vindex se révolta contre Néron, & qu'il invita Galba à se joindre à lui pour délivrer l'empire de la tyrannie. Ce fut dans cette ville qu'un prêtre de Jupiter, averti en songe, trouva dans le sanctuaire du temple une prédiction faite deux cens ans auparavant, qui annonçoit qu'un homme sorti de l'Espagne posséderoit l'empire du monde. Cette prédiction, & la révolte de Vindex, déterminèrent Galba à prendre l'empire, sous le titre modeste de lieutenant du sénat & du peuple Romain. Suétone, *in Galba*, ch. 9 & 10.

Ce fut encore à *Clunia* qu'après la nouvelle de la défaite & de la mort de Vindex, Galba apprit que les soldats, le sénat & le peuple Romain lui avoient donné le titre d'empereur.

Ce prince, en mémoire de ces heureux événemens, célébra la ville de *Clunia* sur ses médailles : elle y porte le nom de *Sulpicia*, dont, par reconnoissance, elle fut honorée par Galba. Sur la médaille, on voit l'empereur assis, qui reçoit la Victoire présentée par la déesse de la ville.

Clunia étoit le siège d'une assemblée générale, de laquelle relevoient quantité de peuples.

Dion Cassius, Ptolemée, Plutarque & Suétone la qualifient de colonie.

Elle est marquée sur la carte de M. d'Anville.

C'est aujourd'hui *Coruña*, ou *Coruña del conde*.

CLUNIUM, ville de la partie orientale de l'île de Corse, selon Ptolemée.

CLUPEA, *ou* CLYPEA (*Clybea*), ville de l'Afrique propre. Elle étoit située sur le petit promontoire *Taphitis*, à cinq lieues sud-est du promontoire de Mercure, & avoit été bâtie par les Siciliens, selon Silius Italicus & Solin. Ils ajoutent que les fondateurs la nommèrent *Aspis*. Strabon de *Clupea* & d'*Aspis* ne fait qu'une ville : mais Ptolemée les distingue, & met le *Mercurii Promontorium* entre deux. Ce fut la première ville que les Romains prirent en Afrique, lors de la première guerre punique. Elle a été le lieu d'un siége épiscopal, selon la conférence de Carthage.

CLUSINA PALUS. On donnoit ce nom à un long étang ou marais que forment les eaux du *Clanis*, près de *Clusium*. C'est de cet étang que Strabon dit ἡ λίμνη ἡ περὶ κλούσιον. On sait que les eaux du *Clanis* sont très-stagnantes. *Voyez* CLANIS.

CLUSINI FONTES, fontaines de l'Italie, dans l'Etrurie. Les anciens les placent près de la ville de *Clusium*. Ces fontaines sont aujourd'hui nommées *Bagni de S. Cantiano*.

CLUSINI NOVI, peuple de l'Italie, dans l'Etrurie. Pline les place vers les sources du Tibre, & leur donne la ville de *Clusium Novum*.

CLUSINI VETERES. Pline nomme ainsi un peuple d'Italie, qu'il place aussi dans l'Etrurie ; mais sur une montagne, & pas bien éloignée de la mer. Leur ville est distinguée par l'épithète de *Vetus Clusium*.

CLUSIOLUM, bourg d'Italie, auprès d'*Interamna*. Ce bourg étoit abandonné du temps de Pline, *L. III, c. 14*.

CLUSIUM (*Chiusi*), à peu près à l'ouest de *Perusia*, sur la rive droite du *Clanis*. Son ancien nom étoit *Camers*. On fait remonter son origine avant le siège de Troyes, ou du moins peu après : les uns en attribuent la fondation à Clusius, fils de Tyrrhenus ; d'autres à Télémaque. (*Voyez* Servius, *ad L. X, en.*) Au temps des Romains elle étoit considérable, & Porsena y avoit sa cour : ce prince y fut enterré. Pline (*L. XXXV, c. 13*) parle de son tombeau, & d'un autre monument élevé par ce prince, ou en son honneur, & qu'il nomme *Labyrinthe*. On voit dans Plutarque (*in vit. Cam.*), & dans Tite-Live (*L. V*), que cet Aruns, qui, pour se venger de l'affront que lui avoit fait son pupile (désigné dans ces auteurs par le nom générique de *Lucumon*), en lui enlevant sa femme, appela les Gaulois *Sénonois*, en Italie, étoit de cette ville. Les Gaulois en effet assiégèrent cette place, sans autre motif que la reconnoissance envers un homme qui les avoit déterminés à s'établir dans un pays si avantageux. Il ne paroît pas qu'ils l'aient prise, parce que les Romains étant intervenus dans cette affaire, les Gaulois, mécontens d'eux, marchèrent vers Rome. Si l'on en croit J. Obsequens (de Prodig), peu avant la proscription de Sylla, une femme y mit au monde un serpent, lequel, jeté dans la rivière, la remontoit contre son cours. Elle avoit des eaux minérales.

On voit, par un manuscrit cité dans Dempster, que dès 676 elle portoit le titre d'épiscopale.

On a distingué deux villes de ce nom, l'ancienne & la nouvelle.

CLUSIUS, *ou* CLUSO (aujourd'hui *la Chièse*), rivière de l'Italie, dans la Gaule cisalpine. Elle bornoit le pays du peuple *Cenomani*, selon Polybe.

CLUSO, fleuve. *Voyez* CLUSIUS.

(1) Quoique je donne Corugna pour avoir succédé à *Clunia*, je veux seulement dire que c'est l'endroit le plus proche ; car le P. Florez dit qu'elle étoit entre Coruña & Peñalla, dans un endroit qui sembloit destiné à contenir une grande ville. Il s'y voit encore des restes considérables.

CLUVIA, lieu de l'Italie, dans lequel les Romains avoient garnison, selon Tite-Live. Ce lieu étoit dans le pays des Samnites.

CLYLIPENUS SINUS, nom d'un golfe de la Germanie, selon Pline. Il est nommé *Venedicus Sinus* par Ptolemée. Ortélius pense que c'est aujourd'hui Pautz-Kerwick.

CLYSMA, ancienne ville & forteresse de l'Egypte, située au fond du golfe d'Heroopolis, selon Ptolemée. Cet ancien, ainsi que la table de Peutinger, distinguent cette ville de celle d'Arsinoé. Lucien dit la même chose, que c'étoit une ville maritime. Eusèbe dit expressément que ce fut à *Clysma* que les Israélites passèrent la mer Rouge. Grégoire de Tours, Orose, *&c.* assurent que de leur temps on voyoit encore les vestiges des chariots de Pharaon. D. Calmet prétend que cette ville est aujourd'hui nommée *Colsuma*.

CLYSTRUS, ville de l'Asie. Elle étoit située près de la mer, dans la Séleutide, contrée de la Cilicie montagneuse, selon Ptolemée.

CLYTÆ, peuple de la Macédoine. Pline dit que l'on trouvoit d'excellent nitre chez ce peuple.

CLYZOMENÆ, ville épiscopale d'Asie, de laquelle il est parlé au troisième concile d'Ephèse. Ne doit-on pas croire que c'est la même que Clazomènes?

C N

CNACADION. Pausanias nomme ainsi une des trois montagnes, entre lesquelles étoit située la ville de *Las*. Cette montagne étoit au Péloponnèse, dans la Laconie.

CNACALON, *ou* CNACALUS, nom d'une montagne du Péloponnèse, dans l'Arcadie. Elle étoit auprès du bourg de Caphies, & on y adoroit Diane *Cnacalésie*. Cette déesse y avoit un temple, selon Pausanias.

CNAUSON, ville du Péloponnèse, dans l'Arcadie. C'étoit, selon Pausanias, *L. VIII*, *c. 27*, une des colonies qui furent fondées sous les auspices d'Epaminondas.

CNECEUS, rivière du Péloponnèse, dans la Laconie, selon Lycophron. Ortélius soupçonne que ce peut être la même que le Cnacion de Plutarque.

CNEMIDES. *Voyez* CNEMIS.

CNEMIS, ville de Grèce, sur le bord de la mer, dans la Locride, selon Pline. Elle est nommée *Cnemides* par Pomponius Méla, Ptolemée & Strabon. Ce dernier dit que c'étoit une place fortifiée, & située à l'opposite du promontoire Cénée, qui est de l'île d'Eubée. Ptolemée la donne aux Locres *Opuntiens*. Eustathe paroît confondre la ville avec la montagne, d'où une partie des Locriens prenoient le surnom d'Epicnémidiens.

CNEMIS MONS, montagne de la Locride, en face de l'île d'Eubée. C'étoit de cette montagne que les Locriens Epicnémidiens (*Locrii Epicnemidii*), ou qui demeuroient aux environs du mont *Cnemis*, avoient pris leur nom.

CNIDE, ville de l'Asie mineure, dans la Carie, ou plus précisément dans la partie appelée *Doris*, à l'extrémité d'une presqu'île. Il y avoit dans cette ville plusieurs temples dédiés à Vénus. Le plus ancien étoit celui de Vénus *Doris* ou *Doritis*. Il y en avoit un autre que les Cnidiens nommoient Venus *Euplæa*, selon Pausanias. La statue de la déesse avoit été faite par Praxitèle : elle étoit nue : on venoit de toute part à *Cnide* pour la voir. Nicomède, roi de Bithynie, offrit inutilement de payer les dettes de cette ville, qui étoient immenses, pour qu'on la lui cédât. Pline approuve leur conduite, & ajoute que cette statue immortalisa la ville de *Cnide*. Le temple de la déesse étoit entièrement ouvert, afin qu'on pût voir la statue de tous les côtés.

CNIDINIUM, place forte de l'Asie mineure, dans l'Ionie. Diodore de Sicile la place dans les environs de la ville d'Ephèse.

CNIZOMENÆ, peuple de l'Asie, que Diodore de Sicile place dans le voisinage du golfe Arabique.

CNOSIUS, nom d'une campagne de l'Italie. Auguste la donna en récompense aux soldats, selon Dion Cassius. Ortélius croit qu'elle étoit dans les environs de Capoue.

CNOSSUS, ville située sur la côte septentrionale de l'île de Crète, vers l'est, & à peu de distance de la mer. Selon Strabon (*L. x*), *Cnossus* avoit d'abord été nommée *Cœratus* ou *Ceretos*, du nom du fleuve qui l'arrosoit. On croyoit encore, du temps de Lactance (*L. I*), que le sépulcre de Jupiter avoit été dans cette ville. On doit regarder comme plus certain qu'elle avoit été la demeure de Minos, & qu'elle fut long-temps la première ville de l'île. Elle devoit sans doute cet avantage à son étendue, qui, selon Strabon, étoit de trente stades, & à ses richesses infiniment supérieures à celles des autres villes. Malgré les assertions de quelques modernes, il est plus sage, je crois, de convenir que *Cnossus* n'a pas laissé de vestiges actuellement connus. Ce n'est que par la distance des autres villes que M. d'Anville a pu lui assigner une position.

Le port de Gnosse se nommoit *Hæracleum*.

C O

CO, nom d'une ville de l'Egypte, dans le nôme Cynopolite, selon Ptolemée. Elle étoit la capitale de ce nôme.

COA, ville de l'Arabie heureuse, près de la mer, & presque vis-à-vis l'île de Dioscoride, selon Ptolemée. On voit dans les Paralipomènes & dans le livre des Rois, qu'on amenoit à Salomon des chevaux de ce lieu.

COA, rivière de l'Asie, selon Ptolemée. Il ajoute qu'elle a sa source au mont Imaüs : qu'elle se mêle avec le fleuve Suaste, & qu'elle va se perdre dans l'Indus.

COAMANI, peuple de l'Asie, dans le voisinage des Paropanisiens, selon Pomponius Méla. Ils sont nommés *Comani* par Pline. C'étoit vraisemblablement le peuple de la contrée que Zénophon nomme *Comania*.

COANCA, ville de l'Inde. Ptolemée en fait mention & la place en-deçà du Gange.

COARA, ville d'Asie, dans la province de Syrie, que l'on nommoit *Chalcidène*: c'est Ptolemée qui la fait connoître.

COAS, fleuve de l'Inde, appelé ainsi par Ptolemée, & que d'autres auteurs nomment *Choes*.

COBA & COBE, ville marchande ou *Emporium* de l'Ethiopie. Elle étoit située sur le golfe Avalite, selon Ptolemée.

COBANDI, peuple de la Germanie, que Ptolemée place sur la côte orientale de la Chersonnèse cimbrique.

COBII, lieu de l'Egypte, dans le nôme Maréotide, selon Ptolemée.

COBILUS, rivière de l'Asie mineure, dans la Bithynie, selon Valerius Flaccus, cité par Ortélius, qui croit que c'est la *Cobulatus* de Tite-Live.

COBIOMACHUS. Cicéron nomme ainsi un village de la Gaule narbonnoise. On croit que c'est aujourd'hui *Cabaignac*, entre Toulouse & Narbonne.

COBORIS, île de la côte de l'Arabie heureuse, dans la mer des Indes, selon Pline, *L. VI, ch.* 28.

COBRYS. Etienne de Bysance fait mention d'une ville de Thrace de ce nom. C'étoit la ville marchande du peuple *Cardii*, selon Scylax.

COBUCLA, lieu d'Afrique. L'itinéraire d'Antonin le marque dans la Mauritanie tingitane, entre *Tenia-Longa* & *Parietina*.

COBULATUS, nom que Tite-Live donne à une rivière de l'Asie mineure, dans la Bithynie. Ortélius pense que c'est le *Cobilus* de Valerius Flaccus.

COBUM, rivière de l'Asie, dans la Colchide. Pline dit qu'elle a sa source dans le mont *Caucasus*, & qu'elle coule chez le peuple *Suani*. Il en est aussi fait mention par Arrien, qui la nomme *Chobus*. Elle avoit son embouchure dans le Pont-Euxin.

COBUS, fleuve du Bosphore, lequel, selon Pline, descendoit du Caucase.

COCABA, lieu de l'Asie, dans la Basanitide, contrée aux environs de la Palestine, selon saint Epiphane, cité par Ortélius. L'Hérésiarque Ebion, qui donna son nom à la secte des Ebionites, habita d'abord en ce lieu.

COCALA, lieu maritime d'Asie, sur la mer des Indes, au pays du peuple *Oritæ*, selon Arrien, *in indic.*

COÇALA (*Sicacola*), ville de l'Inde, sur la côte sud-est, en-deçà du Gange, selon Ptolemée.

Elle étoit située dans le pays du peuple *Calingæ*.

COCALIA, ville de l'Asie, que Ptolemée place dans l'intérieur du Pont Cappadocien.

COCANICUS LACUS, lac situé sur la côte méridionale de la Sicile, selon Pline. Il ajoute que ce lac produisoit du sel.

COCCIUM, *ou* COCCIO. Selon les divers exemplaires de l'itinéraire d'Antonin, lieu de l'île d'Albion, sur la route de *Glanoventa* à *Mediolanum*, entre *Bremetonacis* & *Mancunium*.

COCCONAGÆ, peuple de l'Inde, en-deçà du Gange, selon Ptolemée, *L. VII, c.* 1.

COCCONAGARA, *ou* COCCORANAGARA, ville de Sines, selon Ptolemée, *L. VII, c.* 3. Les anciens plaçoient les Sines dans la partie méridionale de la Chine.

COCCONAGI, îles situées à l'entrée de la mer Rouge, vers le midi de l'Arabie, selon Ptolemée.

COCCORANAGORA, ville de l'Asie, que Ptolemée indique dans le pays des Sines.

COCCYGIUS, colline du Péloponnèse, dans l'Argolide. Le chemin par où on alloit de Troézène à Halicé, passoit au pied de cette colline, sur laquelle étoit un temple dédié à Jupiter, & au bas on voyoit un vieux temple sans statues, ni toit, ni portes, que l'on croyoit avoir été consacré à Apollon. Cette colline étoit auprès du fleuve *Inachus*, selon Plutarque & Pausanias. Ce dernier la nomme *Coccyx*.

COCCYNUM PROMONTORIUM, promontoire de l'Italie, dans la Grande-Grèce. Il étoit en face de la Sicile, selon Appien.

COCHA, *ou* CHOCA. Selon les divers exemplaires de Ptolemée, ville de l'Arabie déserte.

COCHA. Saint Grégoire de Nazianze nomme ainsi une forteresse de l'Asie, dans l'Assyrie. Il dit qu'elle faisoit partie de la ville de Ctésiphonte, quoiqu'elle en fût séparée par le Tigre. C'est le même lieu que *Coche*.

COCHE, qui se trouve aussi écrit *Choche*, étoit un village de la Babylonie, près de Séleucie, au sud-est.

COCHLEARIA, lieu de l'île de Sardaigne, entre *Ullia* & *Portus Luquidonis*, selon l'itinéraire d'Antonin.

COCHLIUSA, île de l'Asie mineure, dans la mer Méditerranée. Elle étoit sur la côte de la Licye, selon Alexandre, cité par Etienne de Bysance.

COCHRYNNA, rivière de la Thrace, dans les environs de la Chalcidique, selon Antigonus, cité par Ortélius.

COCINTUM, ville de l'Italie, dans le *Brutium*, sur la voie qui suivoit la côte orientale, à peu de distance à l'ouest du promontoire de même nom.

COCINTUM

Cocintum Promontorium, fur la côte orientale du *Brutium*.

COCOSA, lieu de la Gaule, lequel fe trouvoit fur une des routes qui conduifoit d'*Aquæ Tarbellicæ* à *Burdigala*.

COCOSATES, peuples de la Gaule, dans l'Aquitaine. M. d'Anville n'eft pas du fentiment de Samfon, qui croit que les *Cocofates* font les mêmes que les *Datii* dont parle Ptolemée.

COCOSSII. Selon Ptolemée, les Cocoffiens étoient un ancien peuple d'Afrique, dans la Mauritanie tingitane.

COCUNDÆ, *ou* Cocondæ, ancien peuple des Indes, felon Pline, *L. VI*, *c. 20*.

COCUSUS, que l'on doit plutôt écrire *Cucufus*, d'après le grec Κουκόυσος, étoit une ville de la Cataonie, fur le *Carmalus*, & tout près des frontières de la Cilicie, au nord-eft d'*Irenopolis*.

COCYLITÆ. Xénophon nomme ainfi les habitans de *Cocylium*, ville de la Myfie afiatique.

COCYLIUM, *ou* Cocillum. Selon les différentes éditions de Pline, ville de la Myfie. Elle ne fubfiftoit plus de fon temps. Le P. Hardouin a rétabli *Cocylium*.

COCYTA, rivière de l'Epire. Elle couloit près de la ville de *Cichyra*, felon Paufanias.

Cocyta, rivière de l'Italie, dans la Campanie, près du lac Lucrin, felon Silius Italicus & Pétrone.

Cocyta. Les poëtes nomment ainfi le fleuve des enfers.

CODANA, île de l'Afie, que Ptolemée place fur la côte de la Gédrofie.

CODANONIA, île fituée au nord de la Germanie. Pomponius Méla la met dans le *Codanus Sinus* (mer Baltique). On croit que c'eft l'île de Séeland.

CODANUS SINUS (*mer Baltique*), golfe au nord de la Germanie, entre ce pays & la Scandinavie. Pomponius Méla dit qu'il eft femé de grandes & petites îles, & que c'eft fur fes bords qu'habitent les Cimbres & les Teutons.

CODETA, nom d'un champ de l'Italie, au-delà du Tibre, felon Feftus Avienus.

CODONE, île de la Propontide. Il en eft fait mention dans les conftitutions de l'empereur Emmanuel Comnène.

CODRANA, ville de l'Inde, en-deçà du Gange, felon Ptolemée, *L. VII*, *c. 1*.

CODRI, peuple fur lequel on n'a que des notions vagues. Il en eft fait mention dans les actes du concile d'Ephèfe, comme le remarque Sylburge. Ortélius croit que ce font les habitans de *Codrio*, ville de la Macédoine.

CODRIAS, ville épifcopale, comme le remarque Sylburge, fur le concile d'Ephèfe. Ortélius dit que c'eft la même ville que *Codrio*.

CODRIGÆ, lieu aux confins de la Cilicie, où Pefcennius Niger fut vaincu par Septime Sévère. La ville de Tarfe, en mémoire de cette victoire, ordonna que les vainqueurs feroient couronnés, à des jeux qu'elle fit célébrer à cette occafion, fur le champ de bataille, dans le lieu appelé *Codrigæ*, fuivant une infcription gravée fur des médaillons de cette ville.

CODRIO, ville forte de la Macédoine, felon Tite-Live, *L. XXXI*, *c. 27*.

CODROPOLIS, ville de l'Illyrie. Elle étoit fituée au fond de la mer Adriatique, felon Appien. Elle fervoit de borne à l'empire partagé entre Augufte & Marc-Antoine.

CODUTÆ, *ou* Cudutæ, peuple de l'Inde, au-delà du Gange, felon Ptolemée.

CODUZABALA, lieu de l'Afie, dans la petite Arménie, fur la route de Sébafte à Cocufon, entre *Artaxata* & *Comana*, felon l'itinéraire d'Antonin.

CŒCILA, ville de l'Hifpanie. Ptolemée la met dans la Bétique, au pays du peuple *Turduli*.

CŒCILIANA, fur le fleuve Calipos, à l'eft de *Cetobriga* & au fud-eft d'*Ulifipo*.

CŒCINUM, ville d'Italie, dans le Brutium, fur la côte orientale.

CŒCINUS, petit fleuve qui arrofoit la ville de *Cœcinum* & fe jetoit dans la mer à l'eft.

CŒDAMUSII, peuples de l'Afrique, dont fait mention Ptolemée. Ils habitoient aux environs de la ville de Sitipha & du fleuve Ampfagas, dans la Mauritanie céfarienne.

CŒLA, *ou* Cœle, nom d'une partie de l'Elide, contrée du Péloponnèfe, felon Paufanias & Strabon.

Cœla, défilé de la Grèce, dans la Theffalie, tout auprès de la ville de *Thaumaci*, felon Tite-Live.

Cœla, ville fituée fur le détroit de l'Hellefpont, au midi de Seftos, & au fond d'une anfe avancée dans les terres de la Cherfonnèfe de Thrace, d'où elle prit le nom de *Portus Cœlos*, comme elle eft nommée par Pline, *L. IV*, *c. 11*, & par Pomponius, *L. II*, *c. 2*. Ce dernier dit que le port de Cœla eft célèbre par la victoire que les Athéniens y remportèrent fur les Lacédémoniens, dont la flotte fut entiérement détruite.

La ville de Cœla, avantageufement fituée pour le commerce & la navigation, acquit, fous le règne d'Adrien, les privilèges & la dignité de municipe; & par reconnoiffance elle prit le furnom d'*Ælium*, qui étoit le nom propre d'Adrien.

Après le dénombrement des grandes provinces de l'empire, elle fit partie de la province de Thrace que l'on appela *Europe*, fous la métropole d'Héraclée, felon la notice de Hiéroclès.

Cœla-EubϾ, lieu de la Grèce, dans l'île d'Eubée, felon Ptolemée & Valère Maxime. On nommoit ainfi l'efpace qui étoit entre Aulide & Gérefte.

CŒLÆ, petite île fituée auprès de la ville de Smyrne, fur la côte de l'Afie mineure, felon Pline.

CŒLALETÆ, peuple de la Thrace, felon Tacite. Pline les diftingue en grands & petits, & les nomme *Cœlatæ*. Il place les grands au pied du mont

Hæmus, & les petits au pied du mont Rhodope. Tite-Live les nomme comme Pline.

CŒLE (1), lieu de l'Attique, près des portes Mélitides, où étoit le tombeau de Cimon. On y voyoit aussi ceux d'Hérodote & de Thucydide.

CŒLERINI, peuple de l'Hispanie, dans la Tarragonnoise, selon Pline & Ptolemée.

CŒLE-SYRIA, ou *Syrie creuse.* On avoit donné ce nom à la partie de la Syrie qui se trouvoit resserrée entre deux chaînes du Liban. Au reste, on a varié sur les bornes de cette province, ou plutôt de ce canton. Car Ptolemée & Pline diffèrent entre eux. Il faut remarquer que ce dernier dit simplement *Cœle*, & sous-entend Syria. Je m'en tiendrai simplement ici à la géographie de Ptolemée, me réservant d'indiquer à leur article les villes que d'autres auteurs attribuent à cette même province.

Cœle-Syrie, selon Ptolemée.

Heliopolis.	Adra.
Abila Lysanii.	Scythopolis.
Gaana.	Gerasa.
Ina.	Pella.
Damascus.	Dium.
Samulis.	Gadora.
Abida.	Philadelphia.
Hippus.	Canatha.
Capitolias.	

CŒLIANUM, lieu de la Lucanie, sur la route qui conduisoit d'*Opinum* à *Heraclea.*

CŒLIOBRIGA, sur le *Nebis*, au pays de Callaïques, à l'ouest de *Bracarà Augusta.*

CŒLIS, peuple de Grèce, dans l'Attique, selon Hésychius. (*La Martinière.*)

CÆLIUS MONS, nom de l'une des sept montagnes de la ville de Rome. Suétone rapporte que l'empereur Tibère ordonna qu'elle seroit nommée le *mont Auguste.*

CŒLŒ (2). Hérodote nomme ainsi un terrein, que son nom indique pour avoir été *creux*, *bas*, comme nous disons *dans des fonds.* Histiée de Milet y livra bataille aux habitans de Chio, & les y battit.

CŒLOS, ville & port de mer de la Chersonnèse de Thrace, entre Elée & Cardie, selon Pline. Elle est nommée *Cœla* par Ammien Marcellin. Ce port étoit fameux par le combat naval entre les Athéniens & les Lacédémoniens, & où ces derniers furent vaincus, selon Pomponius Méla. On voit, dans la notice de Hiéroclès, qu'elle a été épiscopale.

CŒLOS, rivière du voisinage de l'Egypte, selon Ælien & Athénée, cités par Ortélius.

CŒLOSSA, *ou* CELUSA, nom d'une montagne du Péloponnèse, dans l'Argolide, selon Strabon. Elle est nommée *Celusa* par Xénophon. Le mont Carnéate faisoit partie de cette montagne.

CŒNENUM, nom d'une ville que Ptolemée place dans la partie septentrionale de la Germanie.

CŒNOPOLIS, CENOPOLIS, *ou* TENARIUM (*Cenopoli*), ville de la Laconie, au bord de la mer, à l'extrémité du promontoire, & au sud-ouest de *Thyrides.*

On y voyoit un temple de Cérès, &, sur le bord de la mer, un temple de Vénus, dans lequel cette déesse étoit représentée en marbre.

Cœnopolis étoit située à environ quarante stades du promontoire de Tanare.

CŒNSIS CIVITAS, c'est le même lieu que *Cos*, capitale de l'île du même nom. Il étoit siège épiscopal, selon les actes du concile de Chalcédoine.

CŒNYRÆ, lieu de l'île de Tasos. Entre ce lieu & celui que l'on appeloit *Ænyræ* ou *Annyræ*, il y avoit des mines fort riches.

CŒQUOSA, ville de la Gaule, dans l'Aquitaine. L'itinéraire d'Antonin la marque sur la route d'*Aquæ Tarbellicæ* à *Burdigala.*

CŒSTOBOCI, nom d'un peuple de la Sarmatie Européenne, selon Ptolemée. Il est nommé *Costoboci* par Capitolin, & *Costobocæ* par Ammien Marcellin.

CŒTI, les Cœtes, peuple d'Asie, dans le voisinage des *Tibareni*, & du fleuve Thermodon.

CŒUS, rivière du Péloponnèse, dans la Messenie. Elle arrosoit la ville d'Electre, selon Pausanias, *L. IV*, *c.* 33.

COGÆONUM, nom d'une rivière & d'une montagne, que Strabon met dans le pays des Gètes. Cet auteur dit que le philosophe Zamolxis avoit coutume d'y habiter, & que les Gètes l'ayant déifié, ils donnèrent à la montagne le surnom de *sacrée.*

COGAMUS, rivière de l'Asie mineure, au pied du mont Imolus, selon Pline, *L. V*, *c.* 29.

COGEDUS, *ou* CONGEDUS, rivière de l'Hispanie, dans la Celtibérie, & dans le voisinage de Bilbitis. Martial en fait mention. On croit que c'est aujourd'hui *Rio de Codes*, qui tombe dans le Xalon.

COGIENSES, *ou* TOGIENSES, selon les différentes éditions de Pline, ancien peuple de l'Italie, qui faisoit partie du peuple *Carni.*

COGNABANDA, ville de l'Inde, en-deçà du Gange, selon Ptolemée, *L. VII*, *c.* 1.

COGNABARA, *ou* COGNANDAVA, selon les divers exemplaires de Ptolemée, ville de l'Inde, en-deçà du Gange.

COGNI, peuple de la Germanie, selon Ptolemée, *L. II*, *c.* 11.

COHIBUS. Tacite nomme ainsi une rivière de

(1) En général, ce mont signifiant en grec un endroit *creux*, profond, il a été donné à des lieux auxquels convenoient ces épithètes.

(2) Il y a dans le texte d'Hérodote (*L. VI*, *c.* 26), ἐν Κοίλοισι; c'est en prenant le cas oblique pour le nominatif, que la Martinière a écrit *Cœlæsi.*

l'Asie, vers le Pont-Euxin. Elle est nommée *Chobus* par Arrien.

COILE, bourgade de l'Attique, dans la tribu Hippothoontide.

COLACA, ville de l'Inde, en-deçà du Gange, selon Ptolemée, *L. VII, c. I.*

COLACEA, ville dont parle Athenée, *L. VI*, qui dit qu'elle avoit été bâtie par les Méliens, & détruite par les Thessaliens.

COLÆPIANI, peuple de la Pannonie. Il habitoit sur le *Savus*, selon Pline. Ortélius pense qu'il tiroit son nom de la rivière *Colapis*.

COLÆUM, lieu du Péloponnèse, près de Mégapolis. Polybe, *Liv. II*, en fait mention.

COLANA, ville de la grande-Arménie, vers l'Euphrate, selon Ptolemée, *L. V, c. 13.*

COLANCORUM, ville de la Germanie, selon Ptolemée, *L. II, c. II.*

COLANIA, ville de l'île d'Albion. Ptolemée la donne aux Damniens. On croit que c'est aujourd'hui *Coldingham*.

COLAPIANI, peuple de la haute Pannonie. Il avoit pris son nom du fleuve *Colapis*, près duquel il habitoit.

COLAPIS, rivière de la Pannonie. Elle se jetoit dans le *Savus*, auprès de *Siscia*, selon Pline. Strabon & Dion Cassius font aussi mention de cette rivière : mais le dernier la nomme *Colops*.

COLARNI, peuple de l'Hispanie, dans la Lusitanie, selon Pline. Leur ville est nommée *Colarnum* par Ptolemée.

COLARNUM, ville de l'Hispanie, dans la Lusitanie, selon Ptolemée. Le peuple de cette ville est nommé *Colarni* par Pline.

COLATIO, ville de la Norique.

COLBASENSIS, siège épiscopal de la seconde Pamphilie, selon une notice grecque.

COLBI. La véritable leçon est COLOBI. *Voyez* ce mot.

COLBUSA, ville de la Bithynie, selon Pline.

COLCHATARII, *ou* THOGARII, selon les différentes éditions de Justin, peuple de l'Asie. Il en fait mention à l'occasion de la guerre que leur fit Artaban.

COLCHI, les Colches, ou habitans de la Colchide. Il est probable que ce pays fut peuplé de bonne heure, dès les premiers passages des Asiatiques en Europe. Selon Hérodote, Sésostris s'étant avancé avec ses troupes jusqu'en Colchide, y laissa des colonies. Il cite en effet une grande conformité entre les Colchidiens & les Egyptiens, tant pour le teint & la couleur des cheveux que pour plusieurs cérémonies religieuses. Quoi qu'il en soit de cette ancienne origine, il est sûr que dans la suite les auteurs nous ont fait connoître plusieurs peuples différens, au moins de nom, dans la Colchide : les plus connus étoient : les *Lazi* ou *Lazæ*, les *Apsilæ*, les *Abasci*, les *Sagidæ* & les *Heniochi*.

Les rois de la Colchide sont peu connus : on ne trouve les noms que de sept, à la tête desquels est Hélius. Ce fut sous Ætès, son fils & son successeur, que Phryxus se rendit en Colchide, & sous lui aussi qu'arriva l'expédition des Argonautes. Après la mort d'Ætès, la Colchide fut partagée en plusieurs petits états. L'histoire laisse ici une grande lacune, puisque l'on ne sait rien de ce pays jusqu'au temps de Xénophon, qui à peine en nomme le roi.

La Colchide fut soumise par Mithridate-le-Grand : mais lorsqu'il tourna ses forces contre les Romains, elle secoua le joug. Dans la suite, les Colchidéens se déclarèrent en faveur de Mithridate contre Pompée : ils avoient alors un roi nommé *Olthace*, que Pompée vainquit & fit prisonnier. Ce même romain donna la couronne à un prince nommé *Aristarque*. Pharnace, roi de Pont, s'empara aussi de la Colchide, pendant que César s'abandonnoit en Egypte aux plaisirs qu'il trouvoit auprès de Cléopâtre. Il fut peu après obligé d'abandonner sa conquête.

Sous le règne de Trajan, les Colches se soumirent à l'empire de leur propre mouvement. Dans la suite, ces peuples furent soumis aux mêmes préteurs qui gouvernoient le Pont & la Bythynie, sans cependant faire partie d'aucune autre province.

COLCHICUS SINUS, golfe de l'Inde, dans la presqu'île de l'Inde, en-deçà du Gange, près du promontoire *Comaria*, selon Ptolemée. Il étoit à l'est de ce promontoire.

COLCHIS (1), la Colchide. Les auteurs ne sont pas d'accord sur les bornes de ce pays au sud & au nord. Il avoit, à l'ouest, le Pont-Euxin ; à l'est, le Caucase & l'Ibérie. Les bornes vraisemblablement en varièrent au nord & au sud : de-là vient sans doute la différence qui se trouve entre les auteurs. Je m'en tiens aux bornes assignées par M. d'Anville ; savoir, au sud, le petit fleuve *Bathys*, qui séparoit la Colchide du Pont ; & au nord-ouest, une petite chaîne de montagnes, qui se trouvoit à l'est de la ville de *Pityus*.

De plusieurs rivières qui arrosoient ce pays, la plus considérable étoit le *Phasis*, qui descendoit du Caucase, & couloit près de la ville d'*Æa*.

Les villes un peu considérables, en commençant par le nord, étoient *Pithyus*, *Dandari*, *Dioscurias*, appelée aussi *Sebastopolis*, *Archæopolis*, *Æa* & *Phasis*.

Ce pays est sur-tout célèbre par la fable de la conquête de la Toison d'or, enlevée par Jason. Après avoir eu long-temps des rois particuliers, ou avoir été soumise à des princes voisins, la Colchide fit enfin partie de l'empire Romain. *Voyez* COLCHI.

---

(1) La Colchide est nommée *Lazique* par Procope, Agathias, Suidas, *&c.*

Géographie de la Colchide, selon Ptolemée.

Dioscurias.
Hippus, fleuve.
Neapolis.
Cyaneus, fl.
Giganeum (1).
Thiapolis.
Charistus, fleuve.
Phasis, fleuve.
Phasis.
} Sur le Pont-Euxin.

Mechlessus.
Madia.
Sarace.
Surium.
Zadris.
} Dans les terres.

Selon ce même auteur, les *Lazæ* (*Lazi*) occupoient les parties méridionales, & les *Manrali*, les parties septentrionales.

N. B. Ce pays est aujourd'hui nommé *Mingrélie*.

COLDULI, *ou* COLDUI, selon les divers exemplaires de Strabon, peuple de la Germanie. Il faisoit partie des Suèves, & habitoit dans la forêt Hercinienne.

COLENDA, ville de l'Hispanie. Appien rapporte qu'elle fut prise par Titus Didius, après sept mois de siège. C'est aujourd'hui *Cavarruvias*.

Sur la carte de M. d'Anville, elle est marquée dans le pays des Edétains, au sud-est de *Cæsar-Augusta*, & au sud-ouest d'*Ilerda*.

COLENTIANI. Ptolemée nomme ainsi un peuple de la haute Pannonie.

COLENTINI, peuple de l'Illyrie, selon Pline, qui nomme ainsi les habitans de la ville que Ptolemée écrit *Collentum*.

COLENTUM. Cette ville étoit dans l'île de *Scardona*, sur la côte de la Liburnie, faisant partie de l'Illyrie.

COLI, ville de l'Asie, que Ptolemée place dans la Chersonnèse d'or, ou presqu'île au-delà du Gange.

COLI, peuple de l'Asie. Etienne de Bysance les place près du *Caucasus*, dans le pays du peuple Coraxes.

COLI. C'est ainsi que Saumaise croit qu'il faudroit lire, dans Strabon, le nom d'un peuple de l'Inde, qui y est nommé *Coniaci*.

COLIACUM PROMONTORIUM. Ce promontoire, qui se trouvoit dans l'Inde, au nord de la Taprobane, & séparant deux petits golfes, paroît être le même que Ptolemée nomme *Cory*, & d'autres *Calligiacum*, *Colis* & *Colias*.

COLIAS, promontoire de l'Attique, sur la côte du golfe Saronique, au sud-est du port de Phalère.

Ce fut là qu'après la défaite de l'armée navale des Perses, à la bataille de Salamine, furent poussés les débris de leurs vaisseaux.

On y voyoit un temple & une statue de Vénus, d'où cette déesse avoit pris le surnom de Vénus *Colias*. Il y avoit aussi quelques statues des déesses nommées *Génétyllides*, ou qui président aux accouchemens. On les regardoit comme des Génies de la suite de Vénus.

Suidas rapporte qu'on faisoit en ce lieu des vases teints en vermillon.

COLICA, contrée de l'Asie, près du mont *Caucasus*, & dans le pays des Coraxes, selon Etienne de Bysance. Pline dit que c'est une contrée du Pont, dans laquelle les hauteurs du mont Caucase se recourbent vers les monts Riphées.

COLICARIA, lieu de l'Italie, dans la Gaule cisalpine, selon l'itinéraire d'Antonin, à vingt-cinq milles d'*Hostilia*. Sur la carte de M. d'Anville, ce lieu est placé à l'ouest de *Vicus Serninus*, & au nord-est de *Mutina*.

COLINIA, l'un des noms que Pline rapporte comme ayant été donné à l'île de Cypre.

COLIPPO, ville de l'Hispanie, dans la Lusitanie, selon Pline. Elle ne subsiste plus.

COLIS PROMONTORIUM, *ou* CORY (*Ramanan-Koil*), promontoire de l'Inde, dans la presqu'île en-deçà du Gange, & la terre la plus près de l'île de Taprobane, selon Pomponius Méla & Ptolemée. Ce dernier écrit *Cory*. On a dit aussi *Coliacum promontorium*.

COLIS. Denys le Périégète nomme ainsi une contrée de l'Inde. Elle devoit être près de la mer, quoique cet auteur dise que les fleuves Hypanis & Mégarses coulent vers les confins de cette contrée.

COLLATIA (*Corcollo*), ville de l'Italie, dans le *Latium*, sur une petite voie de son nom, au sud-est de *Tibur*. Il paroît, par un passage de Tite-Live, qu'elle avoit été d'abord au pouvoir des Sabins. Ce n'étoit plus qu'un village au temps de Strabon. M. l'Abbé Chaupy en a trouvé des ruines dans le lieu appelé *Corcollo*.

COLLATIA, ville de l'Italie. Elle étoit dans la Pouille, & située vers le mont Gargan, selon Pline.

COLLATINI, peuple de l'Italie, dans la Pouille, vers le mont Gargan, selon Pline. Cet ancien nomme ainsi les habitans de la ville de *Collatia*.

COLLATINUS AGER, nom du territoire de la ville de *Collatia*, dans la Pouille, selon Frontin. Il s'étend jusqu'au mont Gargan.

COLLENTUM. *Voyez* COLENTUM.

COLLIGAT, ville de l'Ethiopie, sous l'Egypte. Elle étoit située sur le bord du Nil, selon Pline.

COLLIPO, ville municipale des Lusitaniens, à quelque distance de la mer, au nord de *Scalabis*.

COLLODES. Pline rapporte que quelques auteurs nomment ainsi une île au voisinage de celle de Sardaigne.

(1) La traduction que j'ai sous les yeux, porte *Tigaeum*.

COLLOPS MAGNUS, *ou* CULLU. *Voyez* COLOPS.

COLLOPS. Deux villes de l'Afrique ont été désignées par ce nom.

L'une, appelée *Collops Parva*, paroît avoir été la même que *Cullucitanæ* : elle étoit à l'est de *Sinus Numidicus*.

L'autre, appelée *Collops Magna*, étoit, selon Ptolemée, la même que *Cullu*, & se trouvoit au nord-ouest du même golfe.

COLLYTUS, bourgade de l'Attique, dans la tribu Egéide.

COLOBI, peuple d'Afrique, placé par Ptolemée dans la Troglodytique. On lit, dans le texte grec, *Colbi* : mais on sait que c'est *Colobi* qu'il faut lire.

COLOBON PROMONTORIUM, nom d'un promontoire de l'Ethiopie, sous l'Egypte. Il est placé sur le golfe Arabique par Strabon & Ptolemée.

COLOBONA, ville de l'Hispanie, dans la Bétique. Pline la place dans le département d'Hispalis. C'est aujourd'hui *Trebuxena*.

COLOBRASSUS, *ou* COLOBRASUS, ville de l'Asie, située dans l'intérieur de la Cilicie montagneuse, qui étoit une contrée de la Pamphylie, selon Ptolemée.

COLOCASITIS, île de la mer Rouge, sur la côte de l'Azanie, contrée de l'Ethiopie, selon Pline.

COLOE. Ptolemée nomme ainsi un marais de l'Ethiopie. Il ajoute que la rivière Astapus y prenoit sa source.

COLOE, ville située dans l'intérieur de l'Ethiopie, selon Ptolemée : mais Arrien en fait une ville maritime, & ajoute qu'on y faisoit un grand commerce d'ivoire.

COLOEPHRYGES, peuple de Grèce, dans la Béotie, selon Etienne de Bysance. Il dit qu'on les nommoit aussi *Anticondyles*.

COLOEPHRYX MONS, montagne de Grèce, dans la Béotie, selon Hésychius.

COLOES (*Enli-Gheul*), lac de l'Asie mineure, dans la Lydie, selon Strabon. Il est nommé *Gigée* par Homère.

Ce lac étoit à deux lieues au nord-est de Sardes, ce qui fait les quarante stades indiquées par Strabon. Diane, surnommée *Coloène*, avoit un temple sur le bord de ce lac, autour duquel étoient les tombeaux des rois de Lydie, entre autres, celui d'Aliattes, dont Hérodote donne la description. Cet auteur compare ce tombeau célèbre aux plus grands ouvrages des Babyloniens & des Egyptiens.

COLOGENBAR, ville de l'Asie. Elle étoit située près de l'Euphrate, & près de la ville d'Edesse, selon Guillaume de Tyr, cité par Ortélius.

COLONÆ, ville de l'Asie mineure, dans la Troade, selon Scylax de Caryande. Strabon la place à cent quarante stades d'*Ilium*, dans le territoire de Lampsaque, mais dans les terres : c'étoit une colonie de Milésiens.

COLONÆ. Strabon nomme une autre ville de ce nom. Il la place près de *Chrysa*. M. d'Anville n'a placé que celle-ci : il la met au sud de *Troas*.

COLONÆ. Anaximène, cité par Strabon, place une ville de ce nom dans l'Erythrée.

COLONÆ, ville de la Grèce, dans la Messenie, selon Ptolemée, aujourd'hui *Grisso*.

COLONÆ, nom d'une ville de Grèce, dans la Phocide, selon Anaximène, cité par Strabon.

COLONÆ, nom d'un écueil, sur le bord du Bosphore de Thrace, & vis-à-vis des îles Cyanées, à l'entrée du Pont-Euxin, selon Apollonius.

COLONÆ, ville de Grèce, dans la Thessalie, selon Anaximène, cité par Strabon.

COLONÆ, nom d'un écueil de l'Asie mineure, dans la Bithynie. Il étoit dans la rivière *Rheba*, selon le scholiaste d'Apollonius.

COLONÆ. Le même nomme ainsi un promontoire, qu'il place près du fleuve Lycus.

COLONIA, ville épiscopale de l'Asie, sous la métropole de Sébaste, selon la notice de Léon-le-Sage & celle de Hiéroclès. Elle étoit située dans la première Arménie, selon ces deux notices. Elle se nommoit *Taxara*, selon Nicétas.

COLONIA, ville épiscopale de l'Asie, dans la Cappadoce, selon les actes du concile d'Ephèse.

COLONIA. Porphyrogénète place une ville de ce nom vers l'Arménie mineure. Il ajoute que le pays circonvoisin en avoit pris le nom. Ce peut être la même que celle qui est attribuée à la Cappadoce.

COLONIA, ville de l'Italie, dans l'Etrurie, selon Frontin.

COLONIA, ville de l'île d'Albion, sur la route de *Londinium* à *Lugwallium ad Vallum*, entre *Cæsaromagus* & *Villa Faustini*, selon l'itinéraire d'Antonin.

COLONIA AGRIPPINA UBIORUM (*Cologne*), ville située sur le bord du Rhin. Elle fut bâtie par les Ubiens, lorsqu'ils laissèrent la Germanie pour venir s'établir dans la Gaule. Agrippine, mère de Néron, y établit une colonie de vétérans, & lui donna son nom pour honorer le lieu de sa naissance. Tacite parle de cette ville.

COLONIA EQUESTRIS, ville de la Gaule Belgique, que Pline donne aux Helvétiens. Ptolemée la donne aux Séquaniens. L'itinéraire d'Antonin, sous le nom d'*Equestris*, la marque entre *Bautas* & *Lacu Lausanio*. Elle s'appelloit *Noiodunus*, ou *Nividunum* : lorsqu'elle devint colonie, les Romains la nommèrent *Colonia Equestris* : c'est actuellement *Nion*.

COLONIA FLAVIA, c'est la même ville que celle de Césarée de Palestine.

COLONIA JULIA, ville & colonie romaine, dans la Germanie. (Aujourd'hui *Bonn*.)

COLONIA JULIA CELSA, nom d'une ville de l'Hispanie. Elle étoit colonie romaine. (Aujourd'hui *Xelsa*), village.

COLONIA JULIA HISPELLA, ville & colonie

romaine, en Italie, dans l'Umbrie. (C'eſt aujourd'hui *Spello.*)

Colonia Marcia, ville de l'Hiſpanie, qui avoit le titre de colonie romaine. (C'eſt aujourd'hui *Marchena.*)

Colonia Senensis, ville de l'Italie, dans l'Etrurie. Elle étoit colonie romaine. (Aujourd'hui *Sienne.*)

Colonia Septimanorum Juniorum, ville de la Gaule, avec le titre de colonie. (Aujourd'hui *Béziers.*)

Colonia Trajania, nom d'une ville, avec le titre de colonie romaine, dans la Germanie inférieure. La table de Peutinger & l'itinéraire d'Antonin en font mention. Elle étoit ſituée aux confins du peuple *Gugerni*, à l'endroit où ſe fait la ſéparation du Rhin. On croit qu'elle occupoit le même lieu où eſt aujourd'hui le village de *Kellen.*

Colonia Trajana (*Koln* ou *Keln.*) L'itinéraire d'Antonin & la table Théodoſienne, ſont les ſeuls monumens qui faſſent mention de ce lieu. Il étoit à une petite diſtance du Rhin, & à un mille environ de Clèves. M. de Valois penſe que ce lieu eſt le même que le *Triceſimæ* dont parle Ammien Marcellin : mais M. d'Anville prétend que l'avis de cet habile homme ne peut ſe ſoutenir contre les preuves qui établiſſent le poſte de la légion appelée *Triceſima Ulpia* auprès de *Vetera.*

COLONIÆ. On entend par *Colonies*, des émigrations envoyées pour occuper des villes nouvellement conquiſes ou nouvellement bâties, & plus ou moins éloignées de la ville qui les envoyoit : cette ville étoit appelée par les Grecs *métropole*, ou *ville mère* : en effet, dans une infinité de circonſtances les colonies ſe regardoient comme les enfans de leurs métropoles. Les rapports qui les uniſſoient entre elles, les cérémonies qui s'obſervoient aux départs & lors de l'établiſſement des colonies, ſe trouveront probablement dans le dictionnaire d'antiquités, & ne ſont pas de mon objet. J'obſerverai cependant qu'il me paroît que les Orientaux & les Grecs regardoient plus réellement leurs colonies comme leurs enfans ; au lieu que les Romains les traitoient plus généralement comme des ſujets. Il eſt vrai qu'il faut faire quelque diſtinction dans l'eſpèce de *droit* dont ils les laiſſoient jouir : mais je dois me reſtreindre dans ce qui appartient ſeulement à la géographie.

Colonies orientales. On n'a pas de détails très-poſitifs ſur les premières colonies envoyées par les Orientaux. Ce que l'on ſait des colonies tyriennes & égyptiennes eſt très-vague. Et quant aux premières peuplades qui ont précédé ces temps & peuplé l'Europe & l'Afrique, ce ne ſont pas là des colonies, ce ſont des diſperſions, des refoulemens de peuples qui s'avancent inſenſiblement, ſoit parce qu'ils eſpèrent être mieux, ſoit parce que d'autres peuplades qui les ſuivent leur en impoſent la néceſſité.

Colonies occidentales. Les colonies égyptiennes ſe portèrent probablement d'abord dans les îles de l'Archipel ; on ne les retrouve très-poſitivement que ſur le continent de la Grèce, & dans le Péloponnèſe, qui y étoit joint par un iſthme. Il ſeroit impoſſible, je crois, de fixer le nombre des villes qui leur durent leur origine : de ce nombre furent Athènes & Argos.

Les colonies phéniciennes s'établirent auſſi dans les îles & dans le continent de la Grèce : on peut citer, entre autres villes, Thèbes, fondée par Cadmus. Cependant tout cela eſt ſi obſcur, que l'on peut très-bien avoir attribué à un peuple les fondations d'un autre.

On a plus de certitude ſur les colonies qui s'établirent le long de la côte ſeptentrionale de l'Afrique, & les côtes méridionales de l'Eſpagne. Du moins les attribue-t-on plus unanimement aux Phéniciens, & particuliérement aux Tyriens. Encore reſte-t-il à décider ſi l'on ne doit pas comprendre dans ce nom de *Phéniciens* les peuples de Canaan, chaſſés par Joſué. Il eſt probable qu'à l'aide des vaiſſeaux des Tyriens ou des autres villes maritimes, ils ſe portèrent au loin pour échapper à la colère d'un vainqueur qui les traitoit avec beaucoup d'inhumanité. Les villes d'Utique, de Carthage, de Gades, ſont les plus célèbres de ces colonies orientales.

Colonies grecques. Je ne comprendrai pas ſous ce nom les premières peuplades qui entrèrent en Grèce par le nord. On ne peut guère parler des colonies grecques avant le temps d'Hellen, fils de Deucalion. Encore expoſé-je ici plutôt ce qu'ont écrit les auteurs que ce que je crois moi-même d'après un examen très-réfléchi (1).

Hellen eut trois fils : Eolus, dont les deſcendans ſe répandirent dans la Locride & la Béotie ; Dorus, qui donna ſon nom à la contrée voiſine du Parnaſſe & à ſes habitans ; & Xuthus, qui, s'étant retiré dans l'Attique, fut père d'Acheus & d'Ion, père des Ioniens.

Ces trois branches de la poſtérité d'Hellen peuplèrent de leurs colonies l'intérieur de la Grèce. Les Achéens, iſſus d'Achéüs, donnèrent le nom d'*Achaïe* à une partie du Péloponnèſe. Les Ioniens, ſe trouvant trop reſſerrés dans l'Attique, une partie ſe porta auſſi dans le Péloponnèſe, & y fonda douze villes : les Doriens y fondèrent Lacédé-

(1) Dans un expoſé ſi rapide, je ne puis établir les différentes cauſes qui donnèrent lieu à l'établiſſement de ces colonies grecques. Je dirai ſeulement que quand les Grecs envoyoient au loin une colonie pour le peupler, elle s'appeloit Ἀποικία, éloignement de domicile, au lieu que quand des colonies alloient habiter une ville déjà peuplée, & partager avec eux les terres de ſa dépendance, elles ſe nommoient κληροῦχοι, parce que κληρος ſignifiant le *ſort*, & ces portions de bien ſe partageant par le ſort, on les nommoit, ſi l'on peut s'exprimer ainſi, les *ſortables.* C'eſt ainſi que les Athéniens en uſèrent à Samos, à Lesbos, *&c.*

mone : mais, selon Thucidyde, aucune colonie ne sortit de la Grèce avant la guerre de Troyes.

Environ quatre-vingts ans après cette époque, les Héraclides, secondés par les Doriens, chassèrent du Péloponnèse les descendans de Pélops, qui, aidés par les Eoliens, s'en étoient emparés après la mort d'Eurysthée. Ce fut ce retour des Héraclides qui causa principalement les émigrations des Grecs dans d'autres pays hors de la Grèce.

Les principales contrées dans lesquelles ils s'établirent, sont les îles de la mer Egée, les côtes occidentales & septentrionales de l'Asie mineure, la Sicile & l'Italie : il y en eut dans la suite sur la côte orientale de l'Hispanie, & sur la côte méridionale de la Gaule.

Les Eoliens ouvrirent la route aux autres Grecs. Oreste avoit été l'auteur de cette colonie : mais ce prince étant mort dans l'Arcadie, laissa l'exécution de son projet à ses descendans, qui, peu après sa mort, furent chassés du Péloponnèse par les Doriens. Ils se répandirent le long de la côte de l'Asie, depuis Cyzique jusqu'au Caïque, & fondèrent douze villes, dont Smyrne étoit la plus considérable. On compte quatre émigrations des Eoliens : la première fut conduite par Oreste; la seconde, par Penthilus, son fils; la troisième, par Echelatus, fils de Penthilus; & la quatrième, par Graïs, fils d'Echelatus. M. Larcher fixe à l'an 1210 le départ d'Oreste, c'est-à-dire, soixante ans après la guerre de Troyes : il avoit ainsi précédé le retour des Héraclides.

Environ quatre générations après, la plupart des Doriens que Codrus avoit établis à Mégare, passèrent en Asie, où ils bâtirent les villes de Cnide, d'Halicarnasse, auxquelles on doit ajouter celles qu'ils fondèrent dans les îles de Rhodes & de Cos, mais celle de Rhodes avoit précédé le retour des Héraclides. Ces villes Doriennes formèrent une société de six villes, qui fut depuis réduite à cinq, par l'expulsion d'Halicarnasse.

Vers le même temps, les Ioniens, forcés d'abandonner leurs demeures dans le Péloponnèse, formèrent une multitude nombreuse, à laquelle se joignirent les descendans de Nestor, & un grand nombre d'autres peuples (1). Réunis sous la conduite d'Androclus, fils de Codrus, ils traversèrent la mer, & s'établirent dans les plus belles parties de l'Asie mineure, où ils fondèrent douze villes, qui, par leur étroite union, composèrent le corps ionique.

Toute la partie méridionale de l'Italie fut peuplée de colonies grecques, ainsi que la Sicile. De son étendue, & de l'éclat des écoles qui y furent établies, cette partie prit le nom de *Grande-Grèce*. (*Voyez* GRÆCIA MAGNA.) Encore M. l'abbé Chaupy pense-t-il que ce nom s'étendit à tout ce qu'il y avoit de colonies grecques sur les côtes de l'Hispanie & de la Gaule.

Les premières colonies grecques en Italie, & les plus anciennes des leurs, venues à notre connoissance, sont celles que Peucetius & Œnotrus y conduisirent. On ignore quel sujet leur avoit fait quitter l'Arcadie : cet événement est fixé à dix-sept générations avant la prise de Troyes, & fixé, par M. Larcher, à l'an 1837 avant notre ère.

Evandre, aussi Arcadien, chef d'une autre émigration, passa de même en Italie quatre-vingts ans avant la guerre de Troyes, c'est-à-dire, mille trois cens trente avant notre ère.

Dans des temps postérieurs, d'autres Grecs passèrent enfin en Italie. On remarque que ce furent principalement les Péloponnésiens qui se tournèrent vers l'occident. Crotone & Tarente furent des colonies Lacédémoniennes. Archias de Corinthe fonda Syracuse, qui, ayant elle-même peuplé la Sicile de plusieurs villes issues de son sein, rendit dorienne une partie considérable de cette île.

Les Grecs d'Asie, de la ville de *Phocæa*, fondèrent dans les Gaules Marseille, qui devint métropole d'Antibe & de Nice; des Lacédémoniens fondèrent en Afrique la ville de Cyrène. Bysance, Perinthe, Sinope, Héraclée, & plusieurs autres villes sur les bords du Pont, furent des colonies grecques.

Colonies romaines. Peu de temps après la fondation de Rome, Romulus, devenu par ses armes maître de quelques villes des environs de son territoire, y établit des colonies. La suite de ses conquêtes, & de celles de ses successeurs, ainsi que les victoires de la république, donnèrent lieu à une infinité d'établissemens de même genre. Lorsque les Romains eurent porté leurs armes hors de l'Italie, ils y transportèrent aussi leurs colonies. Il résultoit de grands avantages de l'établissement de ces colonies : 1°. celui de débarrasser la capitale d'une multitude excessive qui l'auroit appauvrie ou troublée; 2°. celui de reculer les bornes de l'empire romain, & de fortifier ses possessions, en récompensant les soldats : car ce fut insensiblement des troupes que l'on établit ainsi dans les colonies; 3°. celui de civiliser les Romains par une communication plus directe avec les étrangers qui apprenoient leur langue, & dont ils apprenoient les arts.

Je n'entreprendrai point de déterminer le nombre des colonies romaines : elles furent très-multipliées : on en trouve dans la seule Italie environ cent cinquante; dans l'Asie, six cens; dans l'Hispanie, trente; un peu moins dans les Gaules, & toujours en même proportion dans le reste du monde connu des Romains.

J'observerai, en finissant cet article des Romains, que les colonies qui étoient composées de citoyens

(1) Pour avoir une idée plus nette des commencemens de la colonie ionienne, peut-être est-il bon d'avoir une idée des commencemens des Grecs; en conséquence, *voyez* les mots GRÆCI, HELLENES.

romains, & qui jouissoient du *jus Romanum*, étoient les plus avantagées ; celles qui étoient réputées latines, & qui jouissoient du *jus latinum*, alloient après : car les Latins avoient le pas sur les autres peuples de l'Italie : enfin, celles qui n'étoient qu'italiques jouissoient du *jus latinum*. Au reste, la forme du gouvernement étoit à peu près la même pour toutes, & l'on y retrouvoit un sénat & les mêmes grandes places que dans la capitale.

COLONIDES, appelée COLONE par Ptolemée, ville de la Messenie, sur une hauteur, en remontant au nord, le long de la côte qui borne à l'ouest le golfe de *Messenie*.

Ses habitans disoient avoir été amenés de l'Attique par un certain Colenus, qui, sur la foi d'un oracle, avoit passé en ce pays. Avec le temps, ils avoient pris la langue & les mœurs des Doriens.

Le mont *Temathea*, que Pausanias nomme *Temathia*, commençoit vers *Colonis*, & gagnant le nord-ouest, s'étendoit jusqu'au mont *Egaleus*.

COLONIS. Ce nom se trouve sur la carte de la Grèce de M. d'Anville. *Voyez* COLONIDES, que l'on a conclu du passage de Pausanias, *ἐν Κολωνίδων ὁδὸς*.

COLONIS, île de Grèce, dans le golfe Argolique, selon Pline, *L. IV, c. 12*.

COLONOS-AGOAIOS, bourg de l'Attique, dont on ignore la tribu.

COLONOS HIPPIOS, bourgade de l'Attique, du nombre de celles dont on ignore la tribu.

COLONOSSIS, nom d'un lieu de l'Asie, dans la Lycaonie, selon Métaphraste, cité par Ortélius.

COLONUM, lieu de la Grèce, dans l'Attique, selon Apollodore. On y voyoit un bois qui étoit consacré aux Euménides. Suidas rapporte que Sophocle y étoit né.

COLOPENA REGIO, contrée de l'Asie, dans la Cappadoce. Les villes de Sébastopole & de Sébaste étoient de cette contrée, selon Pline.

COLOPHON, ville de l'Asie mineure, dans l'Ionie. Elle étoit située près de la mer, sur la petite rivière Halesus, au nord-ouest d'Ephèse, & au sud-sud-est de Smyrne. Elle avoit été fondée par Mopsus, fils de Manto & de Rhacius, & par conséquent petit-fils de Tirésias. Dans la suite, Damasichthon & Promethor, fils de Codrus, y conduisirent une colonie.

Cette ville étoit célèbre par le temple d'Apollon *Clarien*, dont l'oracle étoit le plus ancien de toutes ces contrées, & dont les succès avoient fait, disoit-on, mourir Calchas de jalousie.

Cette ville étoit une de celles qui prétendoient être la patrie d'Homère.

Pline remarque que l'on recueilloit, dans le voisinage de *Colophon*, une résine d'un jaune roux, qui, étant broyée, avoit une odeur forte. C'est de cette gomme, inconnue je crois à présent, que s'est formé le nom de *colophone* ou *colophane*, donné à la térébenthine cuite dont on se sert pour donner aux archets plus de prise sur les cordes des violons, des violoncelles, *&c.* Son siège épiscopal étoit sous la métropole d'Ephèse.

COLOPHON. Dicéarque nomme ainsi une ville de Grèce, dans l'Epire.

COLOPS, c'est ainsi que Dion nomme un fleuve de la Pannonie appelé *Colapis* par Strabon. (*Voyez* ce mot.)

COLORINA, *ou* CALARINA, selon les divers exemplaires de Ptolemée, ville de l'Arabie heureuse.

COLOSSÆ MONTES, les monts Colosses. Ils étoient dans la Sicyonie au sud, commençoient auprès de Célée, & alloient rejoindre ceux qui bornoient le pays de Stymphale de ce côté.

COLOSSÆ, Colosses, ville de la Phrygie, au sud-ouest, dans la partie appelée *Pacatienne*. Elle étoit sur une hauteur, & avoit au nord le Méandre. Le gouvernement de cette ville étoit démocratique, & son premier magistrat portoit le titre d'archonte & de préteur.

Colosses ayant été enlevée aux Perses par les Macédoniens, passa ensuite aux Séleucides. Après la défaite d'Anthiocus III à la bataille de Magnésie, elle fut soumise à Eumènes, roi de Pergame. Lorsqu'Attale, le dernier de ses successeurs, légua ses états aux Romains, cette ville, avec toute la Phrygie, fit partie de la province proconsulaire d'Asie, division qui subsista jusqu'au temps de Constantin. On sait qu'elle avoit embrassé le christianisme dès le temps de S. Paul. *Voyez* ses épîtres. Après le règne de ce prince, la Phrygie fut partagée en Pacatiane ou Pacatiène & en Salutaire. Colosses fut la sixième ville de la première. Lorsque, sous Héraclius, la Phrygie eut été divisée en thèmes ou départemens militaires, Colophon fut la douzième ville du thème des Thracésiens. Elle prit ensuite le nom de *Chones* ; & c'est sous cette dénomination que l'évêque Dosithée souscrivit au septième concile général. Elle se nomme actuellement *Konos*.

COLPE, ville de l'Asie mineure. Pline dit qu'elle avoit été bâtie à la place d'*Archæopolis*, mais qu'elle étoit détruite de son temps. Probablement même le nom d'*Archæopolis*, qui signifie *vieille ville*, ne fut donné à celle qui existoit alors que parce qu'on lui en substitua une nouvelle.

COLPEDI, & COLPIDICI, peuple de Thrace, selon Etienne de Bysance. Ils habitoient aux environs d'*Ænos*, à ce que croit Ortélius.

COLPIDA REGIO, contrée de la Thrace. C'étoit le pays qu'habitoit le peuple *Colpedi*, selon Etienne de Bysance.

COLPUSA, c'est, selon Pline, un des anciens noms de la ville de Chalcédoine.

COLSA, ville de l'Asie, que Ptolemée place dans l'Arménie.

COLTA, lieu de l'Asie, dans la Gédrosie. Arrien le place sur le bord de la mer Erythrée.

COLTHENA, contrée de l'Asie. Ptolemée la met près de l'Araxe, & au nord de la Soducène.

COLUBÆ,

COLUBÆ, peuple de l'Inde. Pline le place dans le voisinage, mais au-delà du Gange.

COLUBRARIA INSULA, île de la mer Méditerranée, auprès des Baléares. Pline dit que la terre de cette île engendre les serpens. On croit que c'est aujourd'hui l'île de Formentera, & par conséquent aussi la même que les Grecs appeloient *Ophiusa* du mot *Ophis*, un serpent. Elle est au sud d'*Ivica*, & étoit inhabitée.

COLUMBARIA, île de la Méditerranée, sur la côte de l'Etrurie, selon Pline.

COLUMBARIA, autre île de la Méditerranée, près de *Drepanum* en Sicile. Les Grecs la nommoient *Pelias*. L'un & l'autre mot rappellant l'idée des colombes, il est probable que les îles qui portoient ce nom, avoient, au moins dans les commencemens, paru nourrir beaucoup de cette sorte d'oiseau.

COLUMBARIUM, promontoire de l'île de Sardaigne, au nord de *Portus Olbianus*, sur la côte orientale : le même que *Colymbarium*.

COLUMENA, nom d'un lieu de l'Italie, selon Tite-Live. Ortélius croit qu'il étoit dans le *Latium*, vers le mont Algide.

COLUMNA REGIA, nom d'un lieu de l'Italie, vis-à-vis de la Sicile, sur le bord du détroit, & auprès de *Regium Julium*. Les grandes routes romaines, pour aller en Sicile, aboutissoient à ce lieu. Il en est fait mention dans l'itinéraire d'Antonin.

COLUMNÆ. Ephorus, cité par Pline, nomme ainsi de petites îles sur la route de la mer Rouge à l'île de *Cerne*. Le P. Hardouin croit que ce sont les îles de *Mascarenhas*.

COLUMNÆ ALBÆ, les colonnes blanches. C'est ainsi qu'il faut rendre, en latin & en françois, le nom du lieu qu'Hérodote (*L. v, c. 118*) nomme λευκαι ςήλαι. Ce lieu étoit dans l'Asie mineure, au sud & tout près du fleuve Marsias.

COLUMNÆ HERCULIS, les colonnes d'Hercule, le détroit de Gibraltar : on le nommoit aussi *Fretum Gaditanum*, & *Fretum Herculæum*. Quant aux colonnes d'Hercules, c'étoit proprement les deux montagnes de *Calpe* en Europe, & d'*Abyla* en Afrique. On prétendoit qu'Hercule leur avoit imposé son nom : mais les bons esprits en fait d'érudition conviennent qu'Hercule n'est qu'un héros imaginaire, dont le nom s'est formé du phénicien *Harokel*, signifiant négociant ou voyageur. Il n'est pas étonnant que l'on nomme ce détroit *le détroit des voyageurs*, & que le nom qui exprimoit ce sens fût de la langue phénicienne, puisque c'étoit des navigateurs phéniciens qui l'avoient fait connoître, & qui y voyageoient continuellement. Il y a beaucoup d'exemples de ce genre dans la géographie moderne.

COLUMNIA POMPEI, lieu de la Thrace, à l'entrée du Bosphore de Thrace, sur la côte du Pont-Euxin.

COLUMPNATENSIS, siège épiscopal d'Afrique, dans la Mauritanie césarienne, selon la conférence de Carthage.

COLURA, ville, selon Etienne de Bysance. Ortélius croit qu'elle étoit de l'Ibérie asiatique.

COLUSITANUS, siège épiscopal d'Afrique, dans la proconsulaire, selon la conférence de Carthage. On croit que c'est le même que *Culcitanenses*.

COLUSSA, ville grecque de la Paphlagonie, selon Scylax.

COLYBRASSENSIS, siège épiscopal de l'Asie, dans la Pamphylie, selon les actes du concile de Constantinople, tenu en l'an 381.

COLYCANTII, ancien peuple de l'Asie proprement dite. Pline en parle comme d'un peuple qui ne subsistoit plus de son temps.

COLYMBARIUM PROMONTORIUM, selon Ptolemée. *Voyez* COLUMBARIUM.

COLYPES, bourg de Grèce, dans l'Attique. Il étoit de la tribu Egéide, selon Suidas.

COLYTTUS, *ou* COLLYTUS, nom d'un quartier de la ville d'Athènes. Il étoit de la tribu Egéide, & voisin de celui nommé *Melitos*. Platon & Timon y étoient nés. Strabon, Diogène, Laërce, Æschines, &c. nomment ce quartier.

COMACENUS LACUS, *autrefois* LARIUS LACUS (lac de Come.) Ce nom, que nous tenons de Paul Diacre, avoit succédé, pour ce lac, à celui de *Larius*. *Voyez* ce nom.

COMACINA. C'étoit le nom d'une île du lac *Larius* ou *Comacenus*. Il en est parlé dans l'histoire des Lombards, à propos d'Ausprande qui s'y retira.

COMACLUM, ville de la Vénétie, selon Cluvier.

COMAGENA (*Kamash*), contrée de l'Asie, dans la Syrie. Elle étoit bornée d'un côté par l'Euphrate, & de l'autre par le mont Amman-Parus derrière, elle avoit le mont Taurus, & en avant la Séleucide & la Cyrrhestique. Strabon, Ptolemée, Pline & Ammien Marcellin en font mention ; mais ils lui donnent des étendues différentes. Ce fut un royaume particulier : mais lorsque Pompée eut vaincu Tygranes & Mithridate, il adjugea au peuple Romain ce que ces deux princes avoient conquis de la Syrie, & en fit une province. Joseph parle d'Antiochus, roi de Comagène, qui fut vaincu par M. Antoine, & d'un autre roi du même pays, qui amena du secours à Vespasien. Domitien s'empara de ce royaume, en fit une province de l'empire, & il la nomma *Euphratésie*. Strabon, Joseph & Procope en font mention. Samosate en étoit la capitale.

COMAGENÆ, nom d'un lieu de la Norique, que l'itinéraire d'Antonin place à vingt-quatre mille pas du mont *Cetius*.

COMANA, ville du Pont, située sur le fleuve Iris, vers le mont Paryadrès, au sud. Elle étoit célèbre par un temple de Bellone. La ville & le territoire dépendoient du pontife, qui, aux jours de solemnité, portoit le diadême, & jouissoit d'une espéce de souveraineté.

Vénus étoit aussi adorée dans cette ville : sa fête s'y célébroit avec beaucoup de magnificence. On y voyoit un grand nombre de courtisannes.

COMANA, ville de l'Asie, dans la grande Cappadoce, & située sur le fleuve *Sarus*, dans la Cataonie. Pline en parle comme d'une ville qui subsistoit de son temps. On l'appeloit aussi *Chryse*, & elle étoit surnommée *Cappadocienne*. Elle avoit été fondée par Oreste, ainsi que la première, & toutes les deux se vantoient de conserver son épée, selon Dion Cassius.

COMANA, *ou* BOCANA, selon les divers exemplaires de Ptolemée, ville de l'île de Taprobane.

COMANA, *ou* COMMACUS, ancienne ville de l'Asie, dans la Pisidie, selon Ptolemée.

COMANA, *ou* COMANÆ. Le même géographe met une ville de ce nom dans la Phrygie.

COMANI, peuple de l'Asie, selon Pline. Il habitoit vraisemblablement la contrée *Comania* dont parle Pline. Ce doit être aussi le même peuple que les *Comi* de Ptolemée, & les *Comari* & *Coamani*, que Pomponius Méla met dans le voisinage des Paropanisiens. Dans ce cas, c'étoit un peuple Scythe.

COMANIA, contrée de l'Asie, selon Xénophon. C'est vraisemblablement le pays du peuple *Comani*, dont Pline fait mention.

COMARIA PROMONTORIUM (*Cap Comoriot*), lieu maritime de l'Inde, à l'extrémité de la presqu'île de l'Inde, en-deçà du Gange, selon Ptolemée.

Le périple de la mer Erythrée nomme ce lieu *Comar*, & l'accompagne d'un château.

COMARUS PORTUS. Dion Cassius nomme ainsi un port de l'Epire, qu'il place dans le golfe d'Ambracie. Strabon le nomme *Comarus Sinus*, & en fait un petit golfe particulier de l'Epire.

COMASTUS, village de l'Asie. Polyænus le place dans la Perse propre.

COMBA, ville de l'Asie mineure, dans l'intérieur de la Lycie, & au voisinage du mont *Cragus*, selon Ptolemée.

COMBA, étang de Grèce, dans la Macédoine, & auprès du mont Athos. Il en est fait mention par Athénée.

COMBANA, *ou* NOMMANA, selon les divers exemplaires de Ptolemée, ville de l'Asie, dans la Carmanie. Elle étoit située près de la mer.

COMBARISTUM, lieu de la Gaule, connu par la table de Peutinger, entre *Condate* (*Rennes*) & *Julio Magus*. M. d'Anville croit en retrouver la position dans un lieu nommé *Combrée*.

COMBERANE, ruisseau de l'Italie, dans la Ligurie, selon une ancienne inscription sur cuivre, conservée à Gênes, & citée par Ortélius.

COMBREA, ville de Grèce, située au nord de Pallène, à l'est, sur le golfe Thermaïque. Hérodote nomme *Crossæa* la région où cette ville étoit située, entre *Lipaxos* & *Lisæ*.

COMBRETONIUM, lieu de l'île d'Albion, sur la route de *Venta Icenorum* à *Londinium*, entre *Ad Ansam* & *Sitomagnus*, selon l'itinéraire d'Antonin.

COMBULTERA, lieu de l'Italie, chez les Samnites, selon Cluvier.

COMBUSTA, ville de la Gaule narbonnoise. L'itinéraire d'Antonin la marque sur la voie qui conduit de Narbonne au passage des Pyrénées.

COMBUSTA INSULA. Cluvier donne ce nom à une île près de l'Arabie. Il cite le périple d'Arian : j'avoue que je ne l'y ai pas trouvée sous le nom qu'il indique.

COMEA, lieu de la Mysie européenne, selon l'histoire mêlée, citée par Ortélius. C'étoit un siège épiscopal que le concile de Nicée nomme *Comeensis*.

COMEDÆ, peuple de la Scythie. Ptolemée le met au nombre de ceux qui étoient compris sous le nom général de *Sacæ*.

COMEDIÆ. Pline le jeune nomme ainsi une maison de campagne qu'il avoit en Italie, auprès du *Larius Lacus*, (*le lac de Come.*)

COMENII, peuple de l'Illyrie, selon Ptolemée. Il étoit voisin des Daursiens & des Vardéens.

COMENSES, peuple de l'Asie mineure, vers la Galatie, selon Pline. Le P. Hardouin croit qu'il faut lire *Chomenses*, de la ville de *Choma*, située dans l'intérieur de la Lycie.

COMFLOENTA, ville de l'Hispanie, dans la Tarragonnoise. Ptolemée la place dans le pays des Arévaques.

COMI, peuple de l'Asie, dans la Bactriane. Ptolemée dit qu'ils habitoient dans le voisinage du peuple *Chomari*.

COMIDAVA, ville de la Dacie, selon Ptolemée, *L. VI, c. II*.

COMILLOMAGUS. *Voyez* CAMELIOMAGUS.

COMINI, peuple de l'Italie. Pline dit qu'ils faisoient partie des Æquicoles : mais il en parle comme d'un peuple qui ne subsistoit plus.

COMINIUM, ville d'Italie, dans le *Samnium*. Elle fut attaquée par Carvilius. Tite-Live & Pline font mention de cette ville. Le dernier en parle comme d'une ville qui ne subsistoit plus de son temps.

COMINSINE. Selon Ptolemée, c'étoit ainsi que se nommoit une division de la Parthie. Strabon écrit *Camisene*.

COMISENA. Cellarius donne ce nom à une division de la haute Arménie.

COMITIANÆ, *ou* COMICIANÆ, lieu de la Sicile, sur la route d'*Agrigentum*, au promontoire Lilybée, selon l'itinéraire d'Antonin. Il y est marqué entre *Picinianæ* & *Petrinæ*.

COMIUM, place forte, de laquelle il est fait mention par Cédrène & Curopalate. Ortélius croit qu'elle étoit dans l'Ibérie.

COMMARODES, lieu de la Thrace, dans le

voisinage de Constantinople, selon Denys de Bysance.

COMMENASA, fleuve de l'Asie, selon Arrien. Il ajoute qu'il va se perdre dans l'Indus.

COMMI, lieu de Syrie, entre *Cressus* & *Mares*, selon Guillaume de Tyr, *L. XVIII*, *c. 28*.

COMMI SIMBELA, château de l'Asie, dans la Mésopotamie, sur le cours du fleuve *Billicha*, selon Isidore de Gharax. Ce lieu étoit situé presque au sud d'*Edessa*.

COMMONE, nom d'une île de la mer Méditerranée. Pline la place sur la côte de l'Ionie, contrée de l'Asie mineure.

COMMONI. Ptolemée nomme ainsi un peuple de la Gaule narbonnoise. La ville *Tauroentium*, le promontoire *Citharistes*, la ville d'*Olbia*, celle de *Forum Julii*, &c. étoient dans leur pays. M. d'Anville les regarde comme faisant partie de la nation des *Salyes*.

COMMORIS, château de la Cilicie. Il étoit situé sur le mont Amanus, & Cicéron dit qu'il s'en rendit le maître.

COMOARA, ville de l'Asie, dans la Phénicie du Liban.

Les actes du concile de Chalcédoine font mention de *Comoarenus*, siège épiscopal de ce pays.

COMOPOLIS, ville de l'Asie, dans l'Assyrie, selon Ptolemée.

COMOPOLIS, surnommée *Modrena*, ville de l'Asie mineure, selon Porphyrogénète, cité par Ortélius.

COMOPOLIS, ville de l'Asie mineure, dans la Phrygie salutaire, selon Constantin Porphyrogénète, cité par Ortélius. Elle étoit surnommée *Meros*, la même que *Myre*.

COMOSOGANA, lieu peu connu de la Galilée inférieure.

COMPASUM, lieu de l'Egypte, sur la route de Coptos à Bérénice, à vingt-deux mille pas d'Aphrodites, selon l'itinéraire d'Antonin.

COMPITUM ANAGNINUM. Les anciens nommoient ainsi un lieu de l'Italie, qui se trouvoit dans le *Latium*, sur la voie latine, au sud d'*Anagnia*. Il paroît qu'il avoit pris son nom de ce que plusieurs voies s'y rendoient : car *Compitum*, en latin, signifie *carrefour*.

L'itinéraire d'Antonin marque ce lieu dans l'Æmilie. On croit que c'est aujourd'hui Savignano.

COMPLUTENSES, peuple de l'Hispanie, dans la Tarragonnoise, selon Pline. C'est le peuple de la ville de *Complutum*, dans la Carpétanie.

COMPLUTICA, ville de l'Hispanie dans la Tarragonnoise. Ptolemée la met dans le pays du peuple *Callaïci*. On croit que c'est aujourd'hui le village de *Compludo*, dans la Galice.

Sur la carte de M. d'Anville, ce lieu est marqué sur la droite du *Durius*, au sud-ouest de *Pallantia*.

COMPLUTUM (*Alcala de Henarez*), ville de l'Hispanie, dans la Tarragonnoise, au pays du peuple *Carpetani*, selon Ptolemée.

Sur la carte de M. d'Anville, ce lieu est marqué dans l'Espagne citérieure, au nord-est de *Mantua*. Cette ville n'est connue par aucun trait d'histoire avant le martyre de S. Juste, & de quelques autres saints dont parle Prudence.

COMPSA (*Conza*), ville d'Italie, dans le *Samnium* propre, vers le sud-est, & sur l'*Aufidus*. Ce fut au siège de cette ville que fut tué ce Milon, si connu par le meurtre de Claudius, & par le beau discours de Cicéron. Il avoit pris parti contre le sénat, dans le temps des troubles : aussi Velléius Paterculus, qui rapporte sa mort, dit-il qu'il porta la double peine du meurtre de Clodius & des maux qu'il vouloit faire à sa patrie.

COMPSATUS. Hérodote nomme ainsi une rivière de la Thrace. Elle couloit du nord au sud, & se jetoit dans le lac Bistonis, qui étoit tout près d'Abdère.

COMPULTERIA, ville de l'Italie, dans la Campanie. Elle abandonna le parti des Romains pour se donner à Annibal : mais Fabius la prit l'épée à la main.

COMPUSA. C'est, selon Pline, un des anciens noms de la ville de Chalcédoine.

COMPZA, ville de l'Italie, dans le territoire des Hirpins, vers les frontières de la Lucanie. Annibal, après la bataille de Cannes, fut appelé dans le pays des Hirpins par Statius, qui lui promit de lui livrer la ville de *Compza*. Jules César fait mention de cette ville. Le nom moderne est *Consa* ou *Conza*.

COMSINUS AGER. Le livre des limites nomme ainsi un territoire de la ville de *Compza*, en Italie, dans le territoire des Hirpins, vers les frontières de la Lucanie.

COMUM (*Come*), ville de la Gaule transpadane, au nord; mais sur la rive méridionale du lac *Larius*. Quelques auteurs la donnent aux Orobiens. Quoi qu'il en soit, il paroît certain qu'elle fut fondée par des Gaulois. Pompée & Strabon l'ayant embellie, elle devint colonie romaine. Cn. Scipion l'augmenta encore. Jules César y ayant établi des Grecs, on la nomma la nouvelle *Comum* : mais elle perdit cette épithète au départ des Grecs, qui se retirèrent. Elle fut municipale. Pline le jeune étoit de cette ville ; il y fonda, au moins en partie, des écoles & une bibliothèque publiques. Il parle de *Comum* comme d'une ville délicieuse. Il parle aussi d'une fontaine qui tomboit dans le lac : elle avoit la singulière propriété de hausser & de baisser trois fois le jour.

Les champs Raudiens étoient vers le sud de cette ville.

CONADIPSAS, *ou* CANODIPSAS, selon les divers exemplaires de Ptolemée, ancienne ville de la Scythie, au-delà de l'Imaüs.

CONAFADOS, ville épiscopale d'Arabie, sous la métropole de Bostra, selon une ancienne notice.

CONANA ville épiscopale de l'Asie, dans la

Pamphylie, selon les actes du sixième concile de Constantinople.

CONAPSENI, peuple de la Sarmatie asiatique. Ptolemée le place au-delà des monts Coraxiens.

CONBARISTUM, nom d'un lieu de la Gaule aquitanique, à seize mille pas de Juliomagus, selon la table de Peutinger.

CONCANA, ville de l'Hispanie, vers le nord-est de *Lucus Asturum*, & au sud de *Salia*, près la mer.

Horace dit que les habitans de cette ville se plaisoient à boire du sang de cheval. C'étoient les mœurs des Scythes. Quoique le genre de vie ait dû changer en Hispanie, sous la domination des Romains, cependant Silius Italicus, qui écrivoit sous Trajan, en parle comme Horace. Il faut observer que son poëme a rapport à des temps éloignés à ceux dans lesquels il écrit.

CONCANI, peuple habitant de *Concana*. (*Voyez* ce mot.)

CONCHARUM PROMONTORIUM, promontoire de l'Asie mineure, sur le bosphore de Thrace, dans la partie méridionale du golfe Casfacius.

CONCOBAR, ville de l'Asie, dans la Médie supérieure, vers le sud-ouest d'Ecbatane.

CONCORDIA, ville de l'Italie, avec le titre de colonie. Ptolemée la met dans le pays des Carnes : mais Pline la place dans celui des Vénètes, entre *Pons Liquentiæ* & le *Tilavemptus*. Eutrope & l'itinéraire d'Antonin la mettent aussi dans la Vénétie. Elle prit le surnom de *Julia*, parce que la colonie y avoit été envoyée par Jules César.

Sur la carte de M. d'Anville, elle est marquée dans la Vénétie.

CONCORDIA, ville de l'Hispanie, que Ptolemée place dans la Lusitanie. On croit que c'est aujourd'hui *Tomar*.

CONCORDIA, ville & forteresse romaine de la Gaule, dans la Germanie première, entre *Brocomagum* & *Noviomagum*, selon l'itinéraire d'Antonin. Cette ville étoit située aux confins des *Triboci* & des *Nemetes*, & paroît avoir appartenu à ces derniers.

CONCORDIENSES. Pline nomme ainsi les habitans de la ville de *Concordia*, dans la Lusitanie, contrée de l'Hispanie.

CONCUBIENSES, selon Pline, c'étoit le surnom du peuple *Forojulienses*, ancien peuple de l'Italie, dans l'Umbrie.

CONDABORA, ville de l'Hispanie. Ptolemée la place dans la Celtibérie.

CONDATE. Ce nom, donné à plusieurs villes, vient probablement du celtique. On ignore ce qu'il signifie; mais il paroît avoir rapport à l'idée de *confluent*.

Les villes connues de ce nom, sont :

CONDATE, *ou* REDONES (*Rennes*), ville de l'Armorique, selon Ptolemée, qui dit que c'étoit la capitale des *Redones*.

CONDATE (*Montreau*), ville de la Gaule, entre *Melodunum* & *Agedinium*. Ce lieu prit ensuite le nom de *Monasteriolum*, d'où s'est formé son nom moderne.

CONDATE (*Combé*), autre lieu de la Gaule, entre *Noviomagus* & *Durocasses*.

CONDATE (*Cône*), ville de la Gaule, entre *Nevirnum* & *Brivodurum*.

CONDATE (*Coignac*). La table de Peutinger indique ce lieu dans la Gaule, entre *Mediolanum Santonum* & *Vesunna*.

CONDATE : ce lieu, dont il est question dans Ausone & dans S. Paulin, étoit vers le confluent de l'Ille, dans la Dordogne. M. d'Anville ne croit pas qu'il ait répondu à la situation précise de Libourne, mais à celle du vieux château de Condat, qui n'offre plus que des masures.

CONDATE, dans la Gaule. C'est la table théodosienne qui indique ce lieu entre *Revessio* & *Auderitum*. M. d'Anville croit que sa position peut répondre à Monistrul d'Allier.

CONDATE : ce lieu devoit se trouver, selon M. d'Anville, à la jonction de la rivière de Sier avec le Rhône. La table de Peutinger l'indique entre *Etanna* & *Cenevа*, au sud-ouest de cette dernière.

CONDATE. L'itinéraire d'Antonin nomme ainsi un lieu de l'île d'Albion. Il y est marqué à dix-huit mille pas de *Manucium*. *Condate* est aujourd'hui Congleton.

CONDATOMAGUS : ce lieu est indiqué par la table de Peutinger dans la Gaule, entre *Segodunum* & *Luteva*.

CONDERCUM, lieu de l'île d'Albion. La notice de l'empire en fait mention.

CONDICA, ville de l'Asie mineure, dans la Lycie, & dans la contrée nommée *Mylas*, selon Ptolemée.

CONDIGRAMMA, petite ville de l'Asie, endeçà de l'embouchure de l'Indus, sur la côte de la Gédrosie, selon Pline.

CONDIVICNUM (*Nantes*), ville de la Gaule lyonnoise, selon Ptolemée, & capitale des *Namnetes*, dont elle prit ensuite le nom.

CONDOCHATES, fleuve de l'Inde, au-delà du Gange, selon Pline & Arrien. Il se perdoit dans le Gange, vers le 26e deg. de latit.

CONDRUSI, peuple originaire de la Germanie, selon César, mais sous la dépendance d'une ville de la Belgique : *Treverorum Clientes*. On croit que leur pays répond à l'archidiaconé de Condros, dans l'évêché de Liège. Ils furent par la suite attribués à la basse-Germanie.

CONDYLÆ, *ou* CONDYLÉE, ville de l'Arcadie, près de *Caphia*, & au nord-ouest d'Orchomène.

On y voyoit un temple de Diane & un bois.

On faisoit une petite historiette relativement à cette déesse. Des enfans, disoit-on, avoient un jour attaché une corde au col de sa statue, & l'avoient traînée après eux, disant que Diane étoit étranglée. Quelques Caphyates, indignés d'une étourderie qu'ils traitoient de sacrilège, assommèrent des enfans à coups de pierres. Cependant, le pays fut affligé d'un fléau que l'on attribua à la colère de la déesse : presqu'aucune femme n'accouchoit à terme. On consulta l'oracle; sa réponse tendoit à la tolérance, contre la coutume de ces temps-là, soit que la déesse compâtît à la foiblesse de l'âge de ces enfans, soit qu'elle ne voulût pas que l'on se servît pour punir les crimes d'irréligion, d'autres armes que de celles dont la religion peut elle-même se servir; il fut répondu que la mort des enfans assommés par un zèle indiscret, avoit été injuste & atroce, & qu'il falloit leur faire tous les ans des funérailles publiques. On obéit à la déesse en lui donnant en ce lieu le surnom d'*Apanchomène*. *Pausanias*.

CONDYLON, forteresse de Grèce, entre *Connus* & *Tempé*, vers la Thessalie. Tite-Live en parle comme d'une place imprenable.

CONFLUENTA, ville de l'Hispanie, chez les Vaccéens, au sud-est de *Pallentia*.

CONFLUENTES (*Coblentz*), lieu de la Gaule, dans le lieu, selon Ammien Marcellin, où la Moselle se rend dans le Rhin.

CONGA, *ou* CONTA. Selon les divers exemplaires de Ptolemée, *L. VII*, *c. I*, ville de l'Inde, en-deçà du Gange.

CONGAVATA, lieu de l'île d'Albion, selon le livre des notices de l'empire. Cambden croit que c'est le village de *Rose-Cascle*.

CONGIUM, ville de l'Hispanie, selon Ptolemée. Il la place dans la Tarragonnoise, au pays des Vaccéens. On croit que c'est aujourd'hui Cabeçon.

CONGUSTUS, ville d'Asie, dans la Galatie, selon Ptolemée, *L. V*, *c. 4*.

CONIACI, peuple de l'Hispanie. Strabon le place près des sources de l'*Ebrus*, dans le voisinage du peuple *Cantabri*.

CONIACI. Quelques exemplaires de Strabon mettent un peuple de ce nom à l'extrémité des Indes. On croit qu'il faut lire *Coliaci*.

CONICA, ville d'Asie, dans la Paphlagonie, selon Ptolemée.

CONIENSIS, siège épiscopal d'Afrique, dans la Mauritanie sitifensis, selon Ortélius. La notice d'Afrique porte *Coviensis*.

CONIMBRICA. *Voyez* CONIMBRIGA.

CONIMBRIGA, *ou* CONIMBRICA (*Coïmbre*), ville de l'Hispanie, dans la Lusitanie, sur la *Munda*.

La Martinière dit que la ville de Coïmbre est à deux lieues de la position de l'ancienne *Conimbriga*; mais M. d'Anville, qui n'ignoroit pas cette assertion, la met au même emplacement.

CONISCI, peuple de l'Hispanie. Ils faisoient partie des Cantabres, & s'habilloient comme les Gaulois, selon Strabon.

CONISTORSIS, ville de l'Hispanie, dans la Celtibérie. Strabon en parle comme d'une ville très-fameuse.

CONISIUM, ville de l'Asie, dans la Mysie, selon Pline. La notice de Hiéroclès la nomme *Ciniosine*, & en fait une ville épiscopale sous la province de l'Hellespont.

CONIUM, ville de l'Asie mineure, dans la Phrygie pacatienne. Il paroît que Cinéas, roi de Thessalie, en étoit originaire. Elle a été épiscopale, selon la notice de Hiéroclès.

CONNA, ville de l'Asie mineure, dans la Grande-Phrygie, selon Ptolemée. Le sixième concile de Constantinople la met dans la Pamphylie.

CONONIS ARÆ, lieu de l'Ethiopie, sur le golfe Arabique, selon Strabon. Il étoit dans le voisinage du port Mélin.

CONONIUM, lieu de l'île *Britania*, chez les *Trinobantes*.

CONOPA, *ou* CONOPE, lac de la Grèce, dans l'Etolie. Il fut ensuite nommé *Cygnæa*.

CONOPA, ville de Grèce, dans l'Acarnanie, selon Etienne de Bysance & Polybe. Strabon dit que la ville d'Arsinoé, qu'il place dans l'Etolie, avoit auparavant été nommée *Conopa*.

CONOPEIUM, marais d'Asie, vers l'embouchure du fleuve Halys, selon Arrien. *Peripl. Pont-Euxin*.

CONOPEIUM, lieu particulier du Palus-Méotide, selon Etienne de Bysance.

CONOPONDIABASSIS. Pline nomme ainsi un lieu d'une île à l'embouchure du Danube, que les anciens nommoient *Pseudostoma*.

CONOTHATON, siège épiscopal d'Asie, sous la métropole de Bostra, selon les notices ecclésiastiques.

CONOVIUM, ville de l'île d'Albion, sur la route de *Segontium* à *Deva*, selon l'itinéraire d'Antonin. Elle est nommée *Canubium*, dans l'Anonyme de Ravenne.

CONSABRUM. L'itinéraire d'Antonin nomme ainsi une ville de l'Hispanie. La même que *Consaburus*.

CONSARBURENSES. Pline nomme ainsi un peuple de l'Hispanie. C'étoient les habitans de *Consaburus*.

CONSABURUS, ville de l'Hispanie, vers le sud-ouest d'*Althæa Olcadum*.

CONSEDIA, lieu de la Gaule lyonnoise, selon la table de Peutinger. L'itinéraire d'Antonin le met entre *Condate* & *Fanum Martis*.

CONSENTIA (*Consenza*), ville d'Italie & capitale du pays des Brutiens. Elle étoit située sur le petit fleuve *Crathis*. Elle fut prise par Alexandre, roi d'Epire, lors de son expédition en Italie. Elle n'avoit pas été bâtie par les Grecs ni par les Lucaniens, mais par les Brutiens eux-mêmes.

Pline, Tite-Live, Strabon, Ptolemée & l'itinéraire d'Antonin font mention de cette ville.

CONSILINUM, ville de l'Italie, dans un golfe, entre les promontoires *Brutium* & *Zephirium*, selon Pomponius Méla. Pline & Frontin en font aussi mention; mais le dernier dit que c'étoit une colonie romaine, & la met dans la Lucanie.

CONSORANNI. *Voyez* CONSUAZANI.

CONSTANTIA, ville de la Valérie, dans le voisinage du Danube, selon le livre des notices de l'empire.

CONSTANTIA, ville de la Thrace, dans le territoire du mont Rhodope, selon Nicétas, cité par Ortélius.

CONSTANTIA, ville de l'Asie, dans la Mésopotamie. Ammien Marcellin dit que c'est la ville d'*Amide*, qui prit le nom de l'empereur Constantin, qui l'avoit fait augmenter.

CONSTANTIA. Ce nom fut donné à *Majumas*, port de Gaza, après que Constantin en eut fait une ville, & lui eut donné le nom de son fils.

CONSTANTIA, nom qu'avoit eu la ville de Salamine, selon Etienne de Bysance.

CONSTANTIA, nom que l'empereur Constantin donna à la ville d'*Arelate* (Arles), selon Ausone, cité par Scaliger.

CONSTANTIA CASTRA, ville de la Gaule, dans la seconde lyonnoise, selon la notice de l'empire. Aujourd'hui Coutances.

CONSTANTINA, ville d'Afrique, & la capitale de la Numidie. Elle quitta le nom de *Cirta*, pour prendre celui de *Constantina*. *Voyez* CIRTA.

CONSTANTINA, ville de la Phénicie, selon Eusèbe & Calliste.

CONSTANTINA, ville de l'Asie, dans la Mésopotamie, selon le livre des notices de l'empire.

CONSTANTINA (*Constantine*), dans la Gaule narbonnoise. C'étoit un lieu de retraite défendu par sa situation avantageuse, & fortifié par des murailles flanquées de bonnes tours. Les habitans des villes & villages voisins s'y refugioient, lorsque le pays étoit menacé (1).

CONSTANTINOPOLIS (*Constantinople*). *Voyez* BYSANTIUM, premier nom de cette ville.

CONSTANTINORUM CIVITAS, ville de l'Asie, dans l'Osrhoène. Il en est fait mention dans les actes du cinquième concile de Constantinople.

CONSTANTIOLA, nom d'un lieu particulier, que l'histoire mêlée place aux environs du bas Danube.

CONSTITUTA, lieu particulier de la Palestine. Il y avoit garnison romaine, au rapport de la notice de l'empire, *sect. 21*.

CONSUANETES, peuple de la Vindelicie, selon Pline, *L. III, c. 20*. Ptolemée, *L. II, c. 13*, qui l'y met aussi, le nomme *Consuantæ*.

CONSUARANI, peuple de la Gaule narbonnoise, selon Pline, *L. III, c. 4*, qui dit qu'ils étoient plus éloignés de la mer que les Sardons. Ce sont les peuples du Conserans.

(1) Je préviens que, voulant vérifier cet article, je n'ai pu retrouver quelle source me l'avoit fourni.

CONTADESDUS. Hérodote nomme ainsi une rivière de Thrace, qui va se perdre dans l'*Agrianes*, & qui se jetoit dans l'*Hebrus*, du côté de l'est.

CONTENEBRA, ville de l'Italie, dans l'Etrurie. Il en est parlé dans Tite-Live.

CONTESTANI, les Contestans, peuples de l'Hispanie citérieure, au sud des Edétans. Leur territoire s'étendoit au sud jusqu'à la Bétique, ou du moins jusqu'à l'extrémité de la Tarragonnoise, où l'on trouvoit quelques lieux dépendans des Bastitans, qui habitoient en partie dans la Bétique orientale.

CONTESTANIA, pays de l'Hispanie, dans la Tarragonnoise. Pline & Ptolemée en font mention. Le premier dit que ce pays fut premiérement nommé *Mavitania*, ensuite *Deitania*, puis *Contestania*. Ils y mettent le fleuve *Tader*, la colonie *Illici*, *Lucentum*, *Dianium*, le fleuve *Sucro*, *&c.*

CONTHILA, bourg de Grèce, dans l'Attique. Quelques auteurs le mettent dans la tribu Ptolémaïde, & d'autres dans la Pandionide.

CONTHYLI, bourgade de l'Attique, dans la tribu Ptolémaïde.

CONTINUSA. Selon quelques historiens, c'étoit le premier nom de la ville de *Gades*. (*Voyez* ce mot).

CONTIUM, *ou* COTTIUM. Selon les divers exemplaires de Strabon, ancien nom d'un lieu de la Gaule narbonnoise.

CONTOSOLIA, lieu de l'Hispanie. Il en est fait mention dans l'itinéraire d'Antonin.

CONTRA AGINNUM, *ou* ACINCUM, lieu de la Gaule, indiqué par l'itinéraire d'Antonin entre *Augusta Veromandurum* & *Augusta Suessionum*. On croit qu'il répondoit au lieu appelé actuellement *Condran*.

CONTRA-OMBOS, lieu d'Egypte dans la Thébaïde.

CONTRAGENSES & CONTRAGI, peuple d'entre les Bulgares. Il en est parlé dans l'histoire mêlée, *L. XIX*.

CONTREBIA (*Santaveri*), ville de l'Hispanie, dans le pays des Carpétans, à l'est de *Complutum*.

Cette ville, en 571 ou 572, étoit assiégée par les Romains, sous la conduite de Q. Fulvius Flaccus, & sollicitoit vivement des secours de la part des Celtibériens; mais le mauvais temps les ayant empêchés d'arriver, la ville se rendit. Lorsque les troupes celtibériennes arrivèrent, ne voyant point d'ennemis en campagne, elles crurent qu'ils s'étoient retirés, & s'avancèrent vers la ville avec une sécurité qui leur devint funeste. Les Romains tombèrent inopinément sur eux, & les défirent entiérement.

Valère Maxime rapporte que Q. Métellus faisoit la guerre en Hispanie, & assiégeoit *Contrebia* : il avoit dans un poste cinq cohortes qui s'en laissèrent chasser. Il leur ordonna sur le champ d'y retourner & de le reprendre, en commandant aux troupes de son camp de traiter comme ennemis ceux de ses cohortes qui seroient assez lâches pour ne point obéir. Les cinq cohortes retournèrent en effet, & firent de si grands efforts de courage, qu'elles reprirent le poste dont elles avoient été repoussées.

CONTRIBUTA (*Medina de las Torres*), ville de l'Hispanie, dans la Bétique, à l'est. Elle étoit aussi appelée *Julia Contributa*.

CONTRUBII, peuple de la Gaule, selon Ortélius.

CONVAGATA, CONGAVATA & CONCAVATA. Selon les divers exemplaires du livre des notices de l'empire, ancienne place de l'île d'Albion, dans laquelle il y avoit garnison romaine.

CONVALLIS INSULA, l'une des îles Fortunées. Je ne sais sur quel fondement on a cru que c'étoit l'île de Ténérif.

CONVENÆ, peuple de la Gaule, qui avoit pris ce nom du latin *convenire*; on sous-entendoit *gentes*. C'étoit une troupe de gens rassemblés que Pompée, à son retour de la guerre d'Espagne contre Sertorius, établit au pied des Pyrénées. C'est le pays de Cominge.

COPAAR, village de la Palestine, aux environs de la ville d'Eleutheropolis, selon Sozomène, qui ajoute que c'étoit la patrie du prophète Zacharie.

COPÆ, ville de Grèce, dans la Béotie, & située sur le bord du lac *Capaïs*, à qui elle donnoit le nom. Il en est fait mention par Strabon, Ptolemée, Dicéarque & Pline. Ce dernier dit que c'est dans cette ville que l'on inventa l'usage des rames. Cette ville étoit vers le nord du lac. Cérès, Bacchus & Sérapis y avoient leur temple.

COPAIS, lac de Grèce, dans la Béotie. Strabon dit qu'il n'avoit pas de nom particulier; mais qu'il prenoit celui des différentes villes qui étoient situées sur ses bords. Il étoit nommé *Copaïs* de la ville de *Copæ*; *Haliartios*, de la ville d'Haliarte. Etienne de Bysance écrit *Leuconis*, & Pausanias le nomme *Cephissis*. C'est aujourd'hui *Lagordi Topoglia*. Ce lac étoit renommé pour ses coquilles.

COPAR, village de l'Arabie heureuse, selon Ptolemée, *L. VI, c. 7*.

COPAR, lieu de la Palestine, aux environs de Césarée de Philippe, selon Guillaume de Tyr, cité par Ortélius.

COPARIA. Le livre des Authentiques, cité par Ortélius, nomme ainsi un fauxbourg de la ville de Constantinople.

COPAS, rivière de l'Asie mineure, dans la Carie. Il en est fait mention dans la vie de saint Théodore, abbé.

COPHANTA, port de la Carmanie.

COPHANTUS, nom d'une montagne de l'Asie, que Pline place dans la Bactriane.

COPHES & COPHUS. Strabon & Pline nomment ainsi une rivière de l'Asie. Le dernier dit que, selon quelques auteurs, cette rivière étoit la borne occidentale de l'Inde. Il ajoute qu'elle étoit à deux cens vingt-sept mille pas du mont Caucase. Le Cophes alloit se perdre dans l'Indus. Le P. Hardouin croit que c'est le *Suastus* de Ptolemée. Ce Père distingue deux rivières du nom de *Cophes*, dont l'une donnoit le nom à la Cophène, contrée de l'Inde; & l'autre, qui couloit dans l'Arie. Arrien fait aussi mention de cette rivière.

Selon la carte de M. d'Anville, ce fleuve prenoit sa source dans la partie nord-ouest du mont *Paropamisus*, près de la ville d'*Alexandria*, & couloit à l'est se joindre au *Choes*, vers la ville de *Nagara*: ils alloient se perdre dans l'*Indus*, au sud-ouest de *Taxila*, vers le 32ᵉ deg. de latit.

COPHOS, lieu de Grèce, dans l'Attique, selon Xénophon. Il étoit auprès du Pirée.

COPHRANTA, *ou* COPHANTA. Selon les divers exemplaires de Ptolemée, ancienne ville de l'Asie, dans la Carmanie.

COPIA CLAUDIA AUGUSTA COLONIA, nom qui fut donné à la ville de Lyon. (*Voyez* LUGDUNUM).

COPIÆ, ville d'Italie, dans le golfe de Tarente. *Ortel. Thesaur.* C'est la ville de *Sybaris* qui, sous les Romains, porta ce nom. *Voyez* SYBARIS.

COPLANIUM. Selon Appien, c'est l'ancien nom d'un lieu de l'Hispanie.

COPRATAS, rivière de l'Asie, dans la Perside, selon Strabon & Diodore de Sicile. Ce dernier dit qu'elle va se perdre dans le Tigre.

COPRIA, nom que Strabon donne au rivage de la Sicile, auprès de *Tauromenium*, parce que les débris des vaisseaux qui se perdoient dans le gouffre de Charybde, se rassembloient en cet endroit.

COPRITHIS. Les actes du troisième concile d'Ephèse, nomment ainsi une ville d'Egypte.

COPTITES NOMOS, nom d'un nôme de l'Egypte, qui s'étendoit sur le bord du Nil, & qui prenoit son nom de la ville de *Coptos*, sa capitale. Il en est fait mention par Ptolemée.

COPTOS, ville de l'Egypte, située près du Nil, & la capitale du nôme *Coptites*. Elle étoit marchande, peuplée d'Egyptiens & d'Arabes, & l'on y faisoit le plus grand commerce des marchandises de l'Arabie, selon Pline. Il ajoute qu'elle étoit située à trois cens mille pas au-dessus de Juliopolis.

CORA, ville & colonie latine de l'Italie, dans le pays des Volsques, selon Virgile, Silius Italicus & Tite-Live. Ce dernier dit qu'elle passa dans le parti des Aruncès. C'est aujourd'hui Cori.

CORA. Selon quelques exemplaires de Tacite, ville de l'Italie, située sur un promontoire de l'Etrurie. Juste-Lipse dit qu'il faut lire *Cosa*; ce qui est très-vraisemblable.

CORA (*Cori*), ville d'Italie, dans le Latium, sur la gauche de la voie Appienne, au sud-est de Velitres. On doit croire qu'elle a été une ville importante, à en juger par ses ruines; tels sont un temple de Castor & Pollux, un édifice sacré, où l'on voit encore une inscription: sur un troisième monument, il est parlé d'un aqueduc qui conduisoit une eau appelée *céleste*. Comme dans cette inscription on trouve les lettres S. C. on conjecture que cette ville étoit gouvernée directement par le sénat romain; au lieu que beaucoup d'autres l'étoient par des décurions. Ce qu'il y a de singulier, quoiqu'assurément on n'ait pas cherché à imiter le gouvernement de l'ancienne Rome, c'est que le bourg de Cori est un des trois qui ont pour seigneurs le sénat & le peuple romains actuels. Les anciennes murailles subsistent encore actuellement.

Elle est marquée sur la carte de M. d'Anville.

CORACA, *ou* CORACE, ville de l'Arabie pétrée, selon Ptolemée, *L. V, c. 17.*

CORACESIUM, place forte de l'Asie, dans la Cilicie, selon Pline & Strabon. Ce dernier dit que c'étoit une forteresse située sur une roche escarpée & à l'extrémité de la Cilicie. Ptolemée la nomme *Coracensium*, & dit que c'étoit la première place de la Cilicie montagneuse, en venant de la Pamphylie. La notice de Léon-le-Sage la met entre les villes épiscopales de la Pamphylie, & la nomme *Coracissium.*

CORACII. Strabon nomme ainsi une contrée de l'Ethiopie, sous l'Egypte. Il ajoute que c'est où se trouvoit en plus grande quantité, les roseaux des Indes.

CORACINSII, peuple qui habitoit vers la partie septentrionale de l'île de Sardaigne.

CORACIS PETRA, lieu particulier de l'île d'Ithaque, selon Etienne de Bysance & Hésychius.

CORACIUS MONS, montagne de l'Asie mineure, dans l'Ionie. Elle étoit auprès de la ville de Colophon, selon Strabon.

CORACODES, port situé sur la côte occidentale de l'île de Sardaigne, selon Ptolemée.

CORACONESUS, île de la mer Méditerranée, vers les côtes de la Libye, selon Etienne de Bysance.

CORACONESUS, nom d'un lieu particulier du Péloponnèse, dans l'Arcadie. Pausanias le place à l'endroit où le Ladon se jette dans l'Alphée.

CORADA, ville épiscopale de l'Asie, dans la seconde Phénicie, selon la lettre des évêques de cette province, adressée à l'empereur Léon.

CORALIS. Strabon nomme ainsi un marais de l'Asie, dans la Lycaonie. Il le place aux environs de la Galatie.

CORALIUS, rivière de Grèce, dans la Béotie, selon Alcée, cité par Ortélius. Strabon écrit *Cuarium.*

CORALLA, lieu d'Asie, dans la Cappadoce, sur le Pont-Euxin, selon Arrien, dans son périple.

CORALLI, peuple de la Sarmatie européenne. Il habitoit sur le bord du Pont-Euxin, vers le Danube, selon Strabon, qui ajoute qu'il étoit très-enclin au brigandage. Ovide fait aussi mention de ce peuple.

CORAMBIS, ville de l'Ethiopie, sous l'Egypte, selon Pline. Il ajoute qu'il y avoit une source de bitume auprès de cette ville.

CORANCALI, peuple de l'Inde, en-deçà du Gange, selon Ptolemée, *L. VII, c. 2.*

CORANI, peuple de l'Italie, dans le pays des Volsques. Pline nomme ainsi les habitans de la ville de *Cora.* Cet auteur dit que ce peuple prétendoit tirer son origine de Dardanus le Troyen.

CORANITÆ, peuple de l'Arabie heureuse, selon Pline.

CORAS, ville de l'Asie, dans la Cappadoce, selon Porphyrogénète, cité par Ortélius.

CORAS, montagne de l'Italie, que Vibius Sequester place auprès de Tibur.

CORASAN, ville de la Judée, selon le texte samaritain. *Voyez* ASAN.

CORASENI TERRA, nom d'un pays de l'orient, d'où, selon Sérapion, on apportoit du sel ammoniac & du bezoar.

CORASIÆ INSULÆ. Pline nomme ainsi des îles de la mer Ægée. Strabon en fait aussi mention. *Voyez* CORASSIÆ INSULÆ.

CORASIUS MONS, montagne d'Asie, dans la Syrie, près d'Antioche, selon Xiphilin, *in Trajano.*

CORASPHI, *ou* CORAXI. Selon les divers exemplaires de Ptolemée, peuple de la Scythie, qui habitoit en-deçà de l'*Imaüs.*

CORASSIÆ INSULÆ. Strabon parle de ces îles, qu'il place près de celle de Pathmos. Cluvier les traite de rochers.

Je soupçonne que ce sont ces mêmes îles que M. d'Anville nomme *Corseæ*, d'après d'autres auteurs, apparemment.

CORAX, montagne de Grèce, dans l'Etolie, entre Naupacte & Callipolis, selon Tite-Live, Ptolemée & Strabon. C'est aujourd'hui une montagne auprès de Lépante.

CORAX. Suidas nomme ainsi un lieu de Grèce, dans la Béotie.

CORAX, rivière de la Sarmatie asiatique, selon Ptolemée.

CORAX, montagnes de l'Asie, entre la Sarmatie & la Colchide, selon Ptolemée. La borne de ces pays étoit le haut de ces montagnes.

CORAX. Ptolemée nomme ainsi un promontoire de la Chersonnèse taurique. Il étoit à l'est-nord-est du Criu-Metopon.

CORAX (*Carvasiday*), fleuve de l'Asie. Il prenoit sa source dans les montagnes, couloit du nord au sud, traversoit le pays des Abares, & alloit se perdre dans le Pont-Euxin, à l'est de *Pytium.*

C'étoit le dernier fleuve de la Colchide du côté du nord.

CORAXI, peuple de l'Asie, dans la Colchide, selon Pomponius Méla, Etienne de Bysance & Pline. Ce dernier leur donne la ville de Dioscurias. La laine des Coraxes avoit de la réputation.

CORAXI. Ptolemée nomme ainsi un peuple de la Scythie, en-deçà de l'Imaüs.

CORAXII MONTES : ce sont les mêmes que l'on

l'on a aussi appelés *Heniochii.* Ces montagnes étoient dans l'Arménie.

CORAZI, peuple qui faisoit de bonnes étoffes de laine, selon Tretzès. Il est vraisemblable que ce sont les *Coraxi* de la Colchide, dont Strabon vante la laine.

CORBASA, ville de l'Asie, dans la Carbalie, contrée de la Pamphylie, selon Ptolemée.

CORBEUNTOS, ville de l'Asie, dans la Galatie. Ptolemée la donne aux Tectosages. On a dit aussi *Corbeus.*

CORBIA, ville de l'île de Sardaigne, située à vingt-cinq mille pas de Bos, selon l'itinéraire d'Antonin.

CORBIANA, *ou* CORBIENA, province de l'Asie, entre l'Hyrcanie & la Bactriane, selon Strabon, qui ajoute qu'elle étoit dans le pays des Elyméens.

CORBIENA (*Khorrem-Abad*), lieu de l'Asie, sur le bord du fleuve *Gyndes*, au sud-sud-ouest d'*Ecbatana*, au nord-nord-ouest de *Susa*, vers le 33e deg. 40 min. de latit.

CORBILO (*Coëton*), port de la Gaule, sur la Loire. Pithéas mettoit cette ville au rang des plus opulentes de cette région. M. d'Anville ne croit pas, avec Samson, que ce soit la même que *Condivicnum* (Nantes). Il la place à peu de distance de cette ville à l'ouest.

CORBIO, ville de l'Hispanie, chez le peuple *Suessitani*, selon Tite-Live.

CORBIO, ville ou bourg du *Latium*, & dont il est parlé dans Tite-Live, à l'occasion des guerres des Eques contre les Romains. On en ignore la juste position.

CORBRENÆ, peuple de l'Asie, selon Polybe. Cet auteur les place dans les vallées de la Médie, avec les Cosséens & d'autres nations barbares.

CORBULÆ CAMPUS, nom d'une plaine de l'Afrique, que Procope place près de la Numidie, & à quatre journées de Carthage.

CORBULONIS MUNIMENTUM, forteresse de la Germanie, dans le voisinage du pays du peuple *Cauchi*. Tacite rapporte que Corbulon, après avoir défait les Frisons, leur fit donner des otages, & les établit dans des terres qu'il leur marqua. Il leur donna des magistrats & des loix, & y établit une garnison qui s'y fortifia. On croit que c'est aujourd'hui Groningue.

CORCE, *ou* CORNE. Selon les divers exemplaires de Ptolemée, ville de l'Asie, dans la petite Arménie, & près de l'Euphrate.

CORCOBA, *ou* CORCOBARA. Selon les divers exemplaires de Ptolemée, ville qui étoit située sur la côte méridionale de l'île de Taprobane.

CORCOMA, ville d'Afrique, dans la Mauritanie césarienne, entre *Carepula* & *Lagnutum*, selon Ptolemée.

CORCONIANA MANSIO, lieu de la Sicile, sur la route de *Catana* à *Agrigentum*, selon l'itinéraire d'Antonin.

CORCONTI, peuple de la Germanie, selon Ptolemée, *L. II, c. II.*

CORCORAS, rivière de la Pannonie. Strabon dit qu'elle passoit auprès de *Naupontus*, & qu'elle alloit se perdre dans le *Savus*.

CORCURA, ville de l'Asie, dans l'Assyrie, selon Ptolemée.

CORCUTULANI. Denys d'Halycarnasse nomme ainsi un ancien peuple de l'Italie.

CORCYRA (*Corfou*), île de la mer Ionienne, en face de la Thesprotie : les Grecs la nommoient Κερκυρα, *Kercyra*; les Latins ont dit *Corcyra*; le nom moderne est Corfou. Elle avoit d'abord porté les noms de *Drepane*, de *Scheria* & de *Phæacia*.

Les parties méridionales de cette île sont sablonneuses, stériles & mal pourvues d'eau; mais la côte septentrionale abonde en excellens fruits, produit des vins, des oliviers, des grains, *&c.* Aussi Homère lui donne-t-il l'épithète de fertile, en la désignant par un de ses anciens noms.

Cette île eut deux villes considérables, *Corcyra* & *Cassiope*, toutes les deux à l'est; mais la seconde au nord de la première.

Les premiers habitans que l'on connoisse dans l'île de Corcyre, sont les Phéaciens; c'étoit donc alors qu'elle se nommoit *Phæacia.* On sait ce que dit Homère des richesses de leur roi Alcinoüs, & de l'accueil qu'il fit à Ulysse, rencontré après son naufrage par sa fille Nasica.

Je ne sais comment des Liburniens étoient parvenus à s'établir à Corcyre à la place des Phéaciens, lorsque Chersicrates, de la race d'Hercule, y établit une colonie de gens bannis de Corinthe. Cet événement est fixé par M. Larcher, à l'an 756 avant notre ère.

Ces colons étoient des gens accoutumés à la mer. Selon Thucydide, ils en furent pendant quelque temps les souverains. De son côté, Hérodote assure qu'excepté les Athéniens, aucun peuple n'avoit une marine plus considérable. Cependant ils n'en firent pas l'usage qu'ils auroient dû. Car, ayant équipé une flotte de soixante voiles, lorsque les Perses attaquoient la Grèce, au temps de Xerxès, ils attendirent le succès de la bataille de Salamine pour joindre la flotte des Grecs; prétextant que des vents contraires les avoient retenus au cap Malée.

Les Corcyréens, dont les ancêtres étoient des bannis de Corinthe, héritèrent de leur haine, de leur ressentiment contre cette ville. Ce fut l'inimitié de ces deux peuples qui donna lieu à la guerre du Péloponnèse. Les Corcyréens, dans la suite, se soumirent à Alexandre, & restèrent soumis aux rois de Macédoine jusqu'au règne de Persée. Les Romains leur rendirent alors leur liberté. Au temps de Vespasien, ils furent rangés au nombre des peuples soumis à l'empire romain.

CORYCA MELÆNA, île de la mer Adriatique, sur la côte de l'Illyrie, selon Pline. Les Cnidiens avoient bâti une ville dans cette île. *Corcyra Melæna* est aujourd'hui nommée *Cursola.*

CORCYRIS, ville d'Egypte, selon Etienne le géographe.

CORDA, ville de l'île d'Albion. Elle étoit dans le pays des *Selgovæ*, selon Ptolemée.

CORDE, Ammien Marcellin dit que c'est le nom d'un petit bien de campagne, en Mésopotamie; qu'il est traversé par une petite rivière, à qui il donna son nom.

CORDES, rivière de l'Asie, dans la Mésopotamie, selon Procope. Elle prenoit sa source dans des montagnes, couroit au sud, environnoit la ville de *Dara*, près de laquelle elle se perdoit dans un gouffre.

CORDUBA (*Cordoue*), ville de l'Hispanie, au sud-est de *Mellaria*, sur le *Bœtis*. C'est dans cette ville, selon Strabon, que les Romains habitèrent dès qu'ils commencèrent (ἐξ ἀρχῆς) à entrer en Hispanie. Mais, comme il dit plus haut que *Corduba* fut fondée par Marcellus, il faut croire que depuis le temps où les Romains commencèrent à y habiter, jusqu'à l'époque où Marcellus y conduisit une colonie, elle avoit été peu considérable (1), puisqu'il n'en est fait mention nulle part. Cependant, Silius Italicus dit qu'elle subsistoit du temps de la seconde guerre punique. Quoi qu'il en soit, elle portoit depuis cette époque de Marcellus, le titre de colonie patricienne, parce qu'en effet on y avoit établi des familles de cet ordre. Ce fut la première que les Romains eurent en Hispanie avec le titre de *Conventus* & le pouvoir de battre monnoie. Elle devint si considérable, que Strabon la compare à *Gades* pour le commerce (2). Il vante aussi (*L. II. p. 141*) l'étendue & la fertilité de ses campagnes.

Corduba n'étoit pas moins célèbre par son amour pour les lettres que par les grands hommes qu'elle a produits en ce genre. On cite entre autres, les deux Sénèques & le poëte Lucien.

Sur quelques médailles portant le nom de *Corduba*, on voit, d'un côté, une tête de femme bien coëffée, &, de l'autre, une figure ailée, tenant une corne d'abondance; mais le plus grand nombre des médailles de cette ville porte *Colonia Patricia*. Il est donc probable que le premier nom est celui qu'elle portoit avant l'établissement de la colonie. Le second lui fut donné à cette occasion. Cependant les médailles ne furent pas frappées du temps de la république, car on y voit la tête d'Auguste, & l'on y lit : *Permissu Cæsaris Augusti*.

CORDUENE. *Voyez* GORDUENE, contrée de l'Arménie.

CORDUENI & GORDUENI, peuple de l'Asie, dans l'Arménie. Il en est fait mention par Pline.

(1) Comme Strabon ne dit pas quel fut ce Marcellus, on est réduit à former des conjectures. On présume que ce fut celui qui fut engagé dans les guerres civiles de César & de Pompée.

(2) Il parle de ces deux villes, & ajoute Τὰ μέγιστα τῶν ἐμπορίων.

CORDULA, ou CORDYLA PORTUS, port de mer de l'Asie, dans le Pont, sur le Pont-Euxin, selon Arrien. Cet auteur le place entre le mont *Sacer* & *Hermonassa*, au sud-est de *Trapezus*.

CORDUS, ou SORDUS. Selon les différentes éditions de Festus Avienus, ancien peuple de la Gaule tarragonnoise, qui habitoit auprès des Pyrénées, sur le bord de la mer Méditerranée.

CORDYLUS, ville de l'Asie, qu'Etienne de Bysance place dans la Pamphylie.

COREA, ou COREÆ, nom d'un lieu où commençoit la Palestine du côté du nord, selon Joseph. Il ajoute que ce lieu étoit auprès de Scythopolis, & de la forteresse nommée *Alexandrium*.

COREATIS, lieu de l'Inde, aux environs des embouchures de l'*Indus*, selon Arrien.

CORESIUM, lac ou étang de l'île de Crète, selon Etienne de Bysance.

CORESSUS, l'une des quatre villes de l'île de Céos, selon Suidas. Ptolemée la nomme *Caressus*, & Strabon, ainsi qu'Etienne de Bysance, *Corissia*. Ces auteurs en parlent comme d'une ville détruite. Pline dit la même chose.

CORESSUS, ou CORESUS. Xénophon, Diodore de Sicile, &c. nomment de ce nom une haute montagne de l'Asie mineure, dans l'Ionie, & à quarante stades de la ville d'Ephèse. Il y avoit au pied de cette montagne une ville de même nom.

CORESSUS, ville de l'Asie mineure, au pied de la montagne de ce nom. (*Voyez* ci-dessus). M. d'Anville ne l'a pas placée sur sa carte. Etienne de Bysance dit *Corissos*, en latin *Corissus*, qu'il appelle πόλις τῆς Ἐφεσίας, ville d'Ephèse, parce qu'elle étoit sans doute alors dans sa dépendance. Il ajoute que cette ville prit son nom à l'occasion suivante. Diane étant accouchée de Latone, & l'ayant apportée là, demanda aux gens du pays à qui appartenoit ce lieu, τίνος ἐστιν ὁ τόπος, *cujusnam iste locus esset?* Ils lui répondirent κόρη, σός, *virgo*, *tuus*. Vierge, il est à vous. Par ce petit conte, on donnoit l'étymologie du nom.

CORETUM, golfe du Palus-Méotide, selon Pline. Il ajoute qu'une montagne de roches séparoit ce golfe du lac de Buges, où se perdoit le fleuve Hypanis.

COREVA & COREBA, lieu de l'Afrique propre. Antonin le met sur la route de Turburbe à Tacape, entre Valli & Musti.

COREUR, ville de l'Inde, en-deçà du Gange, selon Ptolemée. On croit que c'est la même que *Cereura*.

CORFINIENSES PELIGNORUM. Pline nomme ainsi le peuple de la ville de *Corfinium*, en Italie, dans le pays du peuple *Peligni*.

CORFINIENSIS AGER. Frontin nomme ainsi le territoire de la ville de *Corfinium*, en Italie, dans le pays du peuple *Peligni*.

CORFINIUM (*S. Pelino*), ville d'Italie, étoit la principale des *Peligni*, située à une petite distance de l'*Aternus*, sur la droite & peu éloignée d'un pont dont il eſt parlé dans Céſar. Elle étoit dans une belle plaine entourée de montagnes. Au temps de la guerre ſociale, l'an de Rome 662, les alliés la fortifièrent & en firent une place d'armes. Comme ils ſe qualifioient d'*alliés latins*, *Corfinium* eut quelquefois l'épithète d'*italique*. Lors des guerres civiles, Céſar força Domitien à s'y retirer, l'y aſſiégea & prit la ville. Il en eſt fort peu parlé depuis.

L'ancienne ville de *Corfinium* eſt maintenant réduite à l'égliſe de San Pelius, appelée dans les faſtes eccléſiaſtiques, *Valvarum*, d'après les portes de la ville ancienne, près deſquelles elle fut élevée. Les ruines de l'ancien château ſe retrouve au bourg de Peutima, à un petit mille de l'égliſe.

CORGATHIA, ville de l'Inde, ſelon Ptolemée.

CORIA, ville de l'Italie, dans le voiſinage de celle de Rome. Baudran prétend qu'elle a été bâtie par les Troyens, avant la fondation de Rome. C'eſt aujourd'hui *Cori*.

CORIA, lieu de l'île d'Albion. Ptolemée le place chez le peuple *Damnii*.

CORIA, lieu de Grèce, dans le Péloponnèſe. Il étoit auprès de la ville d'Hélice, ſelon Ælien.

CORIALLUM, lieu de la Gaule, dans la Lyonnoiſe ſeconde. M. d'Anville le place tout près du cap de la Hogue.

CORIBRASSUS, ville épiſcopale de l'Aſie, dans la Pamphylie, ſelon les actes du concile d'Ephèſe, cités par Ortélius.

CORICÆ INSULÆ, petites îles, ſituées entre l'île de Crète & le Péloponnèſe, ſelon Pline.

CORICEON PROMONTORIUM, promontoire au ſud de la preſqu'île d'Ionie, qui s'avance vers l'île de *Chio*, où ſe trouvoit *Erythræ*.

CORIDORGIS, ville de la Germanie, ſituée le long du Danube, entre *Medoſtanium* & *Phurgiſatis*, ſelon Ptolemée.

CORINÆUM, *ou* CORYNÆUM. Selon les divers exemplaires de Pline, promontoire de l'Aſie mineure, dans l'Ionie. C'étoit une partie du mont *Mimas*.

CORINDIUR, ville de l'Inde, en-deçà du Gange, ſelon Ptolemée, *L. VII, c. 1*.

CORINEA, contrée de l'Aſie, dans l'Arménie majeure. Ptolemée la place entre les ſources du Tigre & de l'Euphrate, & au midi de la Thoſpitide.

CORINENSES, peuple de l'Italie. Pline le place dans la ſeconde région.

CORINEUM, ville ſituée ſur la côte méridionale de l'île de Cypre, entre *Citium* & *Salamis*, ſelon Pline. Elle étoit épiſcopale, ſelon la notice de Hiéroclès, qui la nomme *Coren*.

CORINIUM, ville de l'île d'Albion, dans le pays du peuple *Dobuni*, ſelon Ptolemée. Elle eſt nommée *Corinium Dobunorum* par l'Anonyme de Ravenne. C'eſt aujourd'hui *Cirenceſter*.

CORINIUM. Pline & Ptolemée nomment ainſi une ancienne ville de l'Illyrie, ſur le golfe Adriatique. On croit que c'eſt aujourd'hui *Cori*.

CORINTHIA, la Corinthie. Ce pays, ſitué dans le Péloponnèſe, occupoit une partie de l'iſthme de Corinthe, & n'avoit guère que cinq lieues du nord au ſud, & autant de l'oueſt à l'eſt.

C'étoit un pays montueux, & cependant aſſez fertile en bled (1), & la ville principale étoit ſituée avantageuſement pour le commerce, puiſqu'elle avoit deux ports, l'un ſur un golfe de ſon nom, & l'autre ſur le golfe Saronique : ce qui la rendit une des plus riches & des plus puiſſantes de la Grèce. M. Pellerin penſe que c'eſt à cette ſituation que l'on avoit voulu faire alluſion, en frappant une médaille qu'il rapporte, & ſur laquelle eſt une figure qui ſoutient de chaque main un gouvernail de navire. (*Tome 1, pl. 17, n°. 18.*)

Les lieux les plus remarquables, après la capitale, étoient les deux ports de cette ville; ſavoir, *Lechæum*, au nord, ſur le golfe de Corinthe, & *Cenchreæ*, au ſud, ſur le golfe Saronique. Le premier étoit fréquenté par ceux qui faiſoient le commerce en Europe; le ſecond, par ceux qui le faiſoient en Afrique & en Aſie. Corinthe communiquoit auſſi avec la mer Ionienne & avec la mer Egée. De-là vint l'épithète d'Αʼμφιϑαλασιος, que les Grecs donnèrent à Corinthe. Αʼμφιβολάσιος.

Horace, en la traduiſant en latin, a dit :

Laudabunt alii claram Rhodum, aut Mitylenen,
Aut Epheſum, bimariſque Corinthi mœnia.
L. 1, Od. 7.

Et Ovide :

Adriaticumque patens late, bimaremque Corinthum.

CORINTHIACUS ISTHMUS (2), l'iſthme de Corinthe. Cet iſthme, qui joint le Péloponnèſe (*la Morée*) à la terre-ferme de la Grèce, avoit pris ſon nom de la ville de Corinthe, ou, ſi l'on veut, de la Corinthie, dont il faiſoit une partie conſidérable. Cet iſthme pourroit être, à la rigueur, déſigné par deux noms; car il eſt traverſé, du nord-oueſt au ſud-eſt, par une petite chaîne de montagnes, qui, en s'avançant ſur-tout par le nord-oueſt, forme une preſqu'île un peu conſidérable. La partie du golfe de Corinthe, qui eſt à l'eſt de cette preſqu'île, & baigne les côtes de la Béotie, ſe nommoit *Alcyonium Mare*. Depuis cette mer juſqu'au golfe Argolique, la portion de l'iſthme appartenoit à la Mégaride. C'étoit ſur la petite chaîne de montagnes dont je viens de parler, que les Pélopon-

(1) On voit, dans le recueil de M. Pellerin, une médaille de Corinthe, ayant, d'un côté, la tête de Cérès, & de l'autre, un épi de bled.

(2) Le mot *iſthme* vient du grec Ισϑμος, *le col* : on le donne à un paſſage de terre reſſerré entre deux mers, & joignant enſemble deux terres plus conſidérables. Que l'on me pardonne ces définitions, qui doivent ſe trouver dans le dictionnaire de géographie, ſoit ancienne, ſoit moderne.

nésiens avoient placé une inscription qui indiquoit la ligne de démarcation convenue entre eux & les Ioniens. On lisoit, du côté des Athéniens : τα δε ουχὶ Πελοποννησος αλλ' Ιωνία. De ce côté, ce n'est pas le Péloponnèse, mais l'Ionie : de l'autre, c'est-à-dire, du côté de Corinthe, on lisoit : τα δὲ εστιν η Πελοπόννησος, ουκ Ιωνία. De ce côté est le Péloponnèse, & non pas l'Ionie. C'est que depuis les Héraclides, le Péloponnèse ne renfermoit presque que des Doriens.

Cet isthme, qui n'a guère que six milles (1) dans sa moindre largeur, étant un obstacle à la navigation entre le golfe de Corinthe & l'Archipel, il étoit naturel que l'on ait imaginé de le percer. Aussi cet ouvrage fut-il tenté à différentes reprises successivement. Démétrius de Phalère, Jules César, Caligula, Nero & Hérode Atticus s'en occupèrent, & toujours sans que l'ouvrage ait été porté à sa fin. Pausanias dit que de son temps on voyoit encore quelques-unes des excavations. Malgré l'estime profonde que j'ai vouée à l'antiquité, je crois que ç'a été par défaut de moyens méchaniques & hydrauliques, que l'on a négligé ce projet utile & raisonnable ; & je crois que Strabon se trompe, quand il en donne pour raison la différence d'élévation entre les eaux du golfe de Corinthe & celles du golfe Argolique. Pausanias, en disant que l'on n'avoit pas seulement commencé le travail du côté le plus pierreux, semble insinuer que le roc étoit trop dur pour être percé. Je croirois volontiers que ce fut cet obstacle qui arrêta les anciens, & qui n'arrêteroit pas les modernes.

On célébroit sur cet isthme des jeux, qui furent long-temps célèbres chez les Grecs. Ils furent d'abord institués en l'honneur de Mélicerte, le même que Palémon, dieu marin ; & Sisyphe, roi de Corynthe, en fut le créateur. Comme ils se célébroient la nuit, cela donna lieu à des brigandages : ces jeux furent interrompus. Thésée les rétablit, & obtint que les Athéniens, spectateurs, seroient assis au premier rang. On les célébroit tous les trois ans.

Les Corinthiens furent pendant long-temps les juges de ces jeux : après la prise de Corinthe Lucius Mummius transféra ce droit aux Sicyoniens ; mais lorsque la ville de Corinthe eut été rétablie, elle rentra dans ses droits. Ces jeux sont sur-tout mémorables, parce que ce fut pendant une de leurs célébrations que le consul T. Q. Flamininus rendit authentiquement la liberté à toute la Grèce. Néron, à ces mêmes jeux, harangua lui-même les spectateurs, donna la liberté à tous les Grecs, & aux juges des jeux le droit de bourgeoisie romaine.

CORINTHIACUS SINUS, le golfe de Corinthe (*golfe de Lépante.*) Les anciens ont été partagés d'opinions sur les points où devoit commencer le golfe de Corinthe. Strabon en rapporte plusieurs. Quoique plusieurs auteurs fassent commencer ce golfe aux îles *Oxiæ*, ayant au nord l'embouchure de l'Achélous & les Echinades, & au sud l'*Araxum Promontorium*, il me semble qu'il est plus exact de ne nommer golfe de Corinthe, que la portion d'eaux depuis le détroit formé au sud par la pointe appelée *Rhium*, & au nord, par celle appelée *Anti-Rhium* : ce golfe s'étend à l'est jusqu'à la Béotie.

Il faut observer que ce golfe, dans son intérieur, en formoit deux autres petits.

L'un, s'avançant au nord, entre une portion de la Locride & une portion de la Phocide, se nommoit, d'après la ville de *Crissa* au nord-est, *Crissæus Sinus.*

L'autre, dont j'ai parlé plus haut, étoit formé par la partie la plus orientale du golfe, & se nommoit *Alcyonum Mare.*

CORINTHUS, ville de la Grèce, dans le Péloponnèse, sur le golfe de son nom. Elle devoit, disoit-on, sa fondation à Sisyphe, son premier roi, en 1376 avant J. C. (2). Après avoir été successivement gouvernée par des rois, des magistrats, des tyrans, elle eut de nouveau des magistrats ; & depuis l'an 582, elle se soutint avec le gouvernement républicain, jusqu'à l'an 146 avant J. C. Ce fut alors que, prise par le consul Mummius, elle fut pillée & livrée aux flammes. Jules César rétablit, & elle subsista, mais avec moins d'éclat qu'auparavant, jusques sous les empereurs du bas empire. C'est à la géographie moderne à traiter de sa chûte entière, dans les temps malheureux qui suivirent.

Malheureusement pour l'avantage de la géographie ancienne, les auteurs qui nous ont laissé quelques descriptions ne l'avoient pas vue dans ses plus beaux jours. Cependant, au temps de Strabon elle étoit encore fort belle & fort ornée, & surtout lorsqu'elle fut décrite par Pausanias (3).

(1) C'est d'où lui vient son nom moderne d'*Examili*.

(2) J'ai suivi pour cet article, ainsi que presque pour tous les autres, la chronologie la plus universellement reçue, & qui a reçu une sanction générale par l'usage que l'on fait des tables de M. l'abbé Langlet. Mais voici ce que dit M. Larcher sur l'origine de Corinthe. (*Trad. d'Hérodote, vol. VI, p. 502*).

L'origine de Corinthe est mêlée de fables. Eumelus raconte... qu'Ephyre, fille de l'Océan, s'étoit la première établie dans ce pays ; qu'elle donna son nom à la ville ; qu'après elle Marathon... & Corinthus régnèrent à Ephyre ; que celui-ci changea son nom en celui de Corinthe, qu'elle conserva depuis... que Jason & Médée y régnèrent depuis.... qu'ils laissèrent la couronne à Sisyphe, fils d'Eolus, & petit-fils d'Hellen.

Ce prince fut le fondateur de la dynastie des Sisyphides, que l'on regarde comme la première, parce qu'elle donna au royaume de Corinthe une consistance qu'il n'avoit pas jusqu'alors. Le commencement du règne de Sisyphe est fixé par M. Larcher, dans le texte de sa chronologie, à l'an 1334 avant notre ère ; & dans le canon chronologique, à l'an 1328. Ce qui ne fait pas une grande différence. Mais entre cette époque & celle que j'ai adoptée, il y a 42 ans dans la première hypothèse, & 48 dans la seconde.

(3) Les dépenses que l'on faisoit en tous genres de plaisirs, avoient donné lieu à cet adage si connu ; *non licet omnibus adire Corinthum.*

Entre les monumens que l'on y voyoit alors, les uns étoient des antiques, restes précieux de son ancienne splendeur; les autres étoient nouveaux, & faits depuis son rétablissement.

On y admiroit sur-tout le théâtre, qui étoit d'une grande beauté. Le stade ou lieu d'exercice pour la course, étoit en marbre blanc. Le temple de Neptune n'étoit pas grand : mais son intérieur étoit orné de diverses offrandes qui y avoient été consacrées par Hérode Atticus, parmi lesquelles on distinguoit quatre chevaux, qui étoient tout dorés, à l'exception de leurs pieds, qui étoient d'ivoire. On y voyoit aussi plusieurs tritons de bronze. On descendoit du temple dans une chapelle basse, où l'on disoit que Palémon se tenoit caché pour punir ceux qui feroient de faux sermens. Deux statues de Neptune, une d'Amphitrite, & une grande mer d'airain, étoient dans le parvis. Dans l'enceinte, à main gauche, il y avoit une chapelle dédiée à Palémon, où l'on voyoit trois statues, l'une de Neptune, la seconde de Leucothoé, & la troisième de Palémon. On avoit aussi la coutume de faire des sacrifices aux Cyclopes, à un vieux autel qui leur étoit dédié. L'un des côtés du chemin qui conduisoit à ce temple étoit bordé de statues d'athlètes qui avoient remporté le prix aux jeux isthmiques, & l'autre côté étoit bordé de pins tirés au cordeau.

C'est dans cette ville que se tinrent les états-généraux de l'Achaïe, lorsqu'il fut résolu de faire la guerre aux Romains; &, quoique dans cette guerre elle eût été détruite, les jeux isthmiques y furent célébrés : car on donna ordre aux Sicyoniens d'y venir, malgré leur désolation. Ces jeux se célébroient à quelque distance de la ville, & ils avoient, disoit-on, été institués par Sisyphe, en l'honneur de Mélicerte, qui étoit une divinité des eaux. Thésée consacra ensuite ces jeux à Neptune, & ils se renouvelloient tous les cinq ans.

Entre les temples, on doit citer, pour la honte des Grecs, celui qu'ils avoient élevé en l'honneur d'Octavie, sœur d'Auguste.

La Diane d'Ephèse étoit dans la place publique, ainsi que deux statues de bois représentant Bacchus : elles étoient dorées, à l'exception du visage qui étoit peint en vermillon. La Fortune avoit son temple dans cet endroit : sa statue étoit debout, & faite en marbre de Paros. Le temple qui étoit dédié à la mère de tous les dieux, touchoit presque à celui de la Fortune.

La fontaine Pyrène, précieuse dès qu'elle fut connue, parce que Corinthe n'avoit eu d'abord que de l'eau de citerne, fut ensuite en vénération, lorsque l'on eut fait le petit conte du cheval Pégase, qui avoit été pris, disoit-on, sur ses bords par Bellerophon. Elle étoit fort ornée d'ouvrages en marbre blanc.

Il y en avoit une fort belle qui étoit auprès du temple de la mère de tous les dieux : elle étoit surmontée d'un Neptune en bronze, qui avoit à ses pieds un dauphin qui jetoit de l'eau. Elle étoit ornée de plusieurs autres statues, entre autres un Apollon, surnommé *Clarius*, en bronze; une Vénus, faite par Hermogène de Cythère; deux Mercures qui étoient debout, mais l'un étoit en bronze & dans une niche; trois statues de Jupiter, l'une sans titre, l'autre à Jupiter le *terrestre*, & la troisième à Jupiter le *très-haut*.

Sur le milieu de la place publique étoit une Minerve en bronze, montée sur un piédestal, dont les bas-reliefs représentoient les Muses.

En sortant de la place, & en allant vers *Lechæum*, on voyoit une espèce de portique, sur lequel il y avoit deux chars dorés, dont l'un étoit conduit par le Soleil, & l'autre par Phaéton son fils. A main droite de ce portique, on voyoit un Hercule en bronze, & un Mercure, aussi en bronze & assis, ayant un bélier à côté de lui. Après ces statues, on en trouvoit une de Neptune, une de Leucothoé, & une troisième représentant Polémon, porté par un dauphin.

La ville de Corinthe avoit fait construire quantité de bains publics : l'empereur Adrien en fit de beaucoup augmenter le nombre : mais ceux que l'on nommoit *de Neptune* étoient les plus renommés; ils avoient été construits par Euryclès de Sparte; il y avoit employé plusieurs espèces de pierres, entre autres de celles que l'on tiroit des carrières de Crocée, qui étoient près de Sparte. A l'entrée de ces bains, à main gauche, on voyoit un Neptune, & auprès une Diane *chasseresse*. La statue de Bellerophon étoit auprès de celle-ci : il sortoit une source d'eau du pied du cheval Pégase.

Comme ce pays abondoit en sources, on avoit distribué des fontaines dans tous les quartiers de la ville : mais la plus considérable venoit de Stymphale en Arcadie, par le moyen d'un aqueduc qu'avoit fait construire l'empereur Adrien.

En sortant de la place par le chemin qui menoit à Sicyone, on trouvoit un temple d'Apollon, avec une statue du dieu, en bronze. La fontaine de Glaucé étoit un peu plus loin.

Le temple de Minerve *Chalinitis* touchoit presque au théâtre, & auprès on voyoit le tombeau des fils de Médée. Près de-là on voyoit un Hercule, qui étoit nud : la statue étoit de bois, & avoit été faite par Dédale.

Le temple de Jupiter Coryphée étoit au-dessus du théâtre, & à une grande distance on trouvoit un ancien gymnase ou lieu d'exercice, auprès duquel on trouvoit la fontaine Lerna : elle étoit entourée d'une colonnade avec des sièges. Il y avoit un temple à chaque côté de ce lieu d'exercice; l'un étoit dédié à Jupiter, & la statue du dieu étoit en bronze; l'autre étoit dédié à Esculape, & sa statue, ainsi qu'une Hygéia qui y étoit, étoient en marbre blanc.

En sortant de Corinthe par le sud, on parvenoit à la citadelle, qui étoit bâtie sur une montagne, & nommée, à cause de son élévation, *Acro-Corinthus*.

C'étoit une des plus fortes de la Grèce : & lorsqu'Aratus s'en empara sur les Macédoniens, cette entreprise fut regardée comme des plus hardies, & le succès comme un des plus inattendus. On voyoit aussi quelques monumens dans cette forteresse. En y entrant étoit un temple de Vénus, où la déesse étoit représentée armée ; on y voyoit une statue du Soleil, & une de l'Amour, qui tenoit un arc. La fontaine qui donnoit de l'eau à la citadelle étoit derrière ce temple.

Sur le chemin par lequel on alloit à la citadelle, on voyoit une chapelle dédiée à Isis l'*Egyptienne*, & une à Isis la Pélagienne. Deux autres s'y voyoient aussi, dont une étoit dédiée à Sérapis de Canope, & l'autre aussi à Sérapis, mais sans aucun surnom. Le Soleil en avoit plusieurs sur ce même chemin. On y avoit aussi élevé un temple à la Force & à la Nécessité, où l'on disoit, du temps de Pausanias, qu'il n'étoit pas permis d'entrer. La mère de tous les dieux avoit un temple dans cet endroit, dans lequel il y avoit une colonne & un trône de marbre blanc. Plus près de la citadelle, il y en avoit un qui étoit dédié aux Parques, à Cérès & à Proserpine. Il y avoit, dans ce temple, des statues que l'on tenoit toujours cachées. Après ce temple-ci, étoit celui de Junon *Bunea*.

La porte de Ténée étoit en sortant de la citadelle, du côté de la montagne, & auprès un temple de Lucine. De-là, en prenant le long du rivage sur le chemin qui alloit à Sicyone, on voyoit un temple, qui avoit sans doute été brûlé pendant les guerres qui avoient désolé ce pays : on croyoit qu'il avoit été dédié à Apollon.

Le fauxbourg de Corinthe renfermoit un bois de Cyprès, nommé *le Cranée*, dont une partie étoit consacrée à Bellerophon, & dans l'autre il y avoit un temple dédié à Vénus *Mélanis*. Le tombeau de Diogène (1), & celui de Laïs, personnages fameux, le premier, par sa philosophie cinique, la seconde, par l'éclat qu'elle sut donner à ses dissolutions.

Cette ville, qui devint par ses richesses & l'étendue de son commerce, l'une des plus considérables de la Grèce, étoit située dans l'isthme de son nom, & au bas d'une montagne, sur laquelle sa citadelle étoit bâtie, avoit deux ports de mer, dont l'un étoit sur le golfe de Corinthe, & étoit nommé *Léchée*, l'autre étoit sur le golfe Saronique, & se nommoit *Cenchrée*.

Strabon rapporte que le temple de Vénus, à Corinthe, étoit si riche, qu'il possédoit plus de mille courtisannes, que la dévotion des particuliers y avoit attachées au culte de la déesse. Elles attiroient dans cette ville beaucoup de richesses & d'étrangers.

CORINTHUS, ville de Grèce, dans la Thessalie, selon Apollodore.

(1) C'est où se tenoit Diogène, & Plutarque rapporte qu'Alexandre alla l'y voir.

CORINTHUS, ville de Grèce, dans l'Epire, selon le même Apollodore.

CORINTHUS. Le même met une ville de ce nom en Elide, contrée du Péloponnèse.

CORIOLLA, CORIOLI, ville de l'Italie, située dans le pays & la métropole des Volsques, selon Etienne de Bysance. Elle est nommée *Coriola* par Denys d'Halicarnasse ; *Corioli* par Tite-Live, Eutrope & Florus. C'étoit la meilleure ville des Volsques : mais Pline en parle comme d'une ville qui ne subsistoit plus. C'est de cette ville que Marcius prit le surnom de *Coriolanus*.

CORIOS, rivière de l'Asie, vers la Carmanie, selon Pomponius Mela.

CORIOVALLUM, lieu de la Gaule Belgique, sur la route de *Colonia Trajana*, entre *Teudurum* & *Juliacum*, selon l'itinéraire d'Antonin.

CORISOPITI. Quelques auteurs ont confondu ce peuple avec les *Curiosites*, dans la Gaule; mais au nord de l'Armorique. Il est vrai qu'ils ne sont pas nommés par les auteurs de l'antiquité antérieurs à la notice des provinces de l'empire. M. d'Anville les place dans la troisième Lyonnoise, mais au sud, ou plutôt au sud-ouest, à l'ouest des *Veneti*. Il croit que pendant long-temps ils ne furent pas distingués des *Osismii*, dont ils faisoient alors partie.

CORITANI, *ou* CORITAVI, peuples de l'île d'Albion, selon Ptolemée, *L. II, c. 3*.

CORITHUS, *ou* CORYTHUS, ville & montagne de l'Italie, dans l'Etrurie, selon Servius sur Virgile: mais Cluvier pense que c'est une méprise de cet auteur. Si elle a existé, elle a dû être dans l'emplacement de la ville appelée depuis *Cortona*.

CORITIUM, ville de l'Asie, vers la Syrie. Elle est placée dans le voisinage de l'Euphrate, selon Guillaume de Tyr, cité par Ortélius.

CORITUS, nom d'une montagne de l'Italie, dans l'Umbrie, selon Denys d'Halicarnasse. C'est aujourd'hui *Monte Corvo*.

CORIUM, lieu de l'île de Crète, auprès du lac ou étang nommé *Coresium*, selon Etienne de Bysance. Ce nom venoit, dit cet auteur, d'une vierge. Il eût mieux valu convenir qu'il le supposoit, à cause du rapport de nom entre *Corium* & *Kopn*, une vierge.

CORIUNDI, peuple de l'Hibernie, selon Ptolemée, *L. II, c. 3*.

CORIUS FLUMEN, fleuve de la Carmanie.

CORIZENSIS, siège archiépiscopal d'Asie, au patriarchat d'Antioche.

CORMA, fleuve de l'Asie, dans la Chalonitide. Il alloit se perdre dans le fleuve Delas ou Silla, vers les 34 deg. 30 min. de latitude.

Tacite en fait mention, & Ortélius dit qu'il étoit vers l'Assyrie & l'Arménie.

CORMALOS, rivière de l'Asie mineure, dans la Troade, selon Pline, cité par Ortélius.

CORMASA, ville de l'Asie, dans la Pamphylie. Quelques exemplaires de Ptolemée la comptent au nombre des villes ajoutées à la Phrygie, & d'autres à la Pisidie. Polybe la nomme *Curmasa*.

CORMION, *ou* LICONIUM, ville de l'Asie mineure, située sur le bosphore de Thrace, & près de la rive occidentale du fleuve Aneretus. Cette petite ville étoit à l'est du promontoire Hermeum.

CORMION SINUS, golfe de l'Asie mineure, dans le Bosphore de Thrace, vis-à-vis du promontoire *Hermæum*.

CORMOS, *ou* CORMON, ville de l'Arcadie, sur les frontières de la Laconie, près de la source du fleuve Carrion, au sud-est de *Megalopolis*.

Elle avoit contribué à la fondation de *Megalopolis*, & probablement même on l'avoit entiérement détruite, comme étant trop près du pays ennemi. Du temps de Pausanias on n'en voyoit que des vestiges.

CORNA, ville épiscopale de l'Asie, dans la Lycaonie. Il en est fait mention dans les actes du concile de Chalcédoine, tenu en l'an 451.

CORNABII, *ou* KORNAVII, selon les divers exemplaires de Ptolemée, peuple de l'île d'Albion.

CORNACUM, ville de la basse Pannonie, selon Ptolemée & l'itinéraire d'Antonin.

CORNE, *ou* CORNA, ville de la Cappadoce, vers l'Euphrate, au sud de *Melitene*.

CORNEATES, *ou* CORNACATES, selon les diverses éditions de Pline, peuple de la basse Pannonie. C'étoit les habitans de la ville de *Cornacum*.

CORNELIA CASTRA, lieu d'Afrique, près de l'embouchure du Bagradas. On nommoit ainsi l'endroit où Scipion plaça son premier camp en arrivant en Afrique, à la fin de la seconde guerre punique. On a dit aussi *Corneliana Castra*.

CORNELII, lieu d'Italie, dans la voie Flaminienne, à vingt-six mille pas d'Aretium, selon l'itinéraire d'Antonin.

CORNENSII, peuple que Ptolemée place vers le milieu de l'île de Sardaigne. Cet auteur ajoute qu'ils étoient aussi nommés *Æchilensii*.

CORNETANI, *ou* CERNETANI, selon les divers exemplaires de Denys d'Halicarnasse, peuple de l'Italie.

CORNETUS CAMPUS, campagne d'Italie, dans le territoire Falisque, selon Vitruve, *L. VIII; c. 3*.

CORNI, peuple d'Italie, dans le Latium, selon Denys d'Halicarnasse, *L. V*.

CORNI, ville de l'île de Sardaigne, selon l'itinéraire, qui la place à dix-huit mille pas de *Bosa*.

CORNIASPA, lieu d'Asie, dans la Galatie. Antonin le met sur la route de Tavia à Sebaste.

CORNICLI. Denys d'Halicarnasse nomme ainsi des montagnes de l'Italie, près de Rome. Ortelius croit qu'il faut lire *Corniculi*.

CORNICLO, ville épiscopale d'Afrique, dans la Mauritanie césarienne, selon l'Anonyme de Ravenne & la table de Peutinger.

CORNICULANENSIS, siège épiscopal d'Afrique, dans la Mauritanie césarienne, selon la notice épiscopale d'Afrique. C'est la ville de *Cornicio* de la table de Peutinger.

CORNICULANI, lieu de l'Italie, que la table de Peutinger indique entre *Fossa Clodia*, *Ravenna* & *Patavium*.

CORNICULI MONTES. *Voyez* CORNICLI.

CORNICULUM, ville de l'Italie, dans le *Latium*, selon Denys d'Halicarnasse, Tite-Live & Pline. Ce dernier dit qu'elle ne subsistoit plus de son temps.

CORNISCARUM DIVARUM LOCUS, lieu de l'Italie, au voisinage de Rome, & au-delà du Tibre. Il étoit dédié aux corneilles, & Festus croit qu'il étoit sous la protection de Jupiter.

CORNU. Philostrate nomme ainsi un lieu de l'île de Lemnos. Pomponius Méla & Pline nomment ainsi deux promontoires de l'Italie, l'un au pays des Brutiens, & l'autre au pays des Salentins.

CORNUS. Ptolemée nomme ainsi une ville de l'île de Sardaigne. Elle est appelée *Cornos* dans l'itinéraire d'Antonin, où elle est marquée sur la route de *Tibuli* à *Sulci*, entre *Bosa* & *Tharri*.

CORNUTENSIS SCUTARIA, lieu de l'Illyrie, selon la notice de l'empire. Les Romains appeloient ainsi les lieux où étoient les fabriques pour les boucliers, les armes & les munitions de guerre.

CORNUTIUS. Grégoire de Tours, cité par Ortélius, nomme ainsi un village de la Gaule.

COROBILIUM (*Corbeille*), lieu de la Gaule, indiqué sur la table de Peutinger, entre *Durocortorum* & *Andomatunum*.

COROCONDAMA, ville d'Asie, située à l'entrée du bosphore Cimmérien, dans le Pont-Euxin, selon Ptolemée. Ce n'étoit qu'un village, selon Strabon.

Il y avoit aussi une île de ce nom.

COROCONDAMETIS LACUS, grande lagune formée par les eaux du Pont-Euxin, près la ville de *Coroçondama*.

CORODAMUM, promontoire de l'Arabie heureuse, sur la côte la plus orientale du golfe Persique, selon Ptolemée, *L. VI, c. 7*. C'est aujourd'hui le *cap de Rasalgate*.

COROLIA, ville de l'Arabie heureuse, que Pline place sur le bord de la mer Rouge.

COROMANA, *ou* COROMANE, ville de l'Asie. Elle étoit située sur le golfe Persique, selon Etienne de Bysance. C'est vraisemblablement la même ville que d'autres géographes nomment *Coromanis*, & placent sur la côte orientale de l'Arabie heureuse.

COROMANIS, selon Ptolemée. *Voyez* COROMANA.

CORONÆA, ville de Grèce, dans la Phthiotide, contrée de la Thessalie, selon Strabon & Ptolemée.

CORONÆA, nom d'un lieu de la Grèce, dans le Péloponnèse. Il étoit entre les villes de Sicyone & de Corinthe, selon Etienne de Bysance.

CORONÆA, ville qui étoit située dans la partie septentrionale de l'île de Cypre, selon Etienne de Bysance. Elle a été épiscopale, & nommée *Cyrenia* dans la notice ecclésiastique. Elle est nommée *Cerunia* par Scylax.

CORONÆA, nom d'une presqu'île de la Grèce, qu'Etienne de Bysance met près de l'Attique.

CORONE (*Coron*), ville du Péloponnèse, sur le golfe de Messenie.

Selon Pausanias, elle avoit autrefois porté le nom d'*Æpeia* : mais après que les Messeniens se furent rétablis, Epimélide, chef d'une colonie que l'on y menoit, la nomma *Coronée*, du nom de sa ville natale en Béotie.

Cette ville avoit plusieurs temples, entre autres celui de Diane *nourrice*, de Bacchus & d'Esculape. La statue de chaque dieu étoit en marbre. La place publique étoit ornée d'une statue, en bronze, de Jupiter *sauveur*. On voyoit dans la citadelle une Minerve, tenant en main une corneille. Le port de cette ville étoit appelé *le port des Achéens*.

Le territoire de Coronée s'étendoit jusqu'à Colonis; & sur la route de cette ville, à quatre-vingt stades de Coronée, sur le bord de la mer, étoit un temple d'Apollon. Il étoit très-célèbre, & passoit pour le plus ancien du pays.

Pline dit qu'à cause de cette ville, le golfe où elle étoit située fut nommé *Sinus Coronæus*.

CORONEA. Cette ville se nommoit, en grec, *Κορωνεια*, en latin, *Coronea*. Il paroît que cette ville a subsisté long-temps dans la Béotie, puisqu'il en est parlé dans Plutarque & dans Cornelius Népos (vie d'Agésilas), dans Diodore, dans Strabon, & sur-tout dans Pausanias. Elle étoit sur un lieu élevé, près du mont Hélicon, à quelque distance au sud de Chéronée, & peu éloignée au sud-ouest du temple de Minerve *Itonia*, dans lequel s'assembloient les états de la Béotie. On voyoit, dans la place publique de cette ville, un autel de Mercure *Epimelius*; un autre autel consacré aux Vents; & un peu plus bas un temple de Junon, où il y avoit une statue fort ancienne, faite par Pythlodore de Thèbes. Elle a été épiscopale, selon la notice d'Hiéroclès. Ce n'est plus aujourd'hui qu'un village.

CORONOS, *ou* CORONUS MONS. Ptolemée nomme ainsi une montagne de l'Asie, qui faisoit partie du mont *Taurus*. La partie occidentale de cette montagne étoit dans la Médie.

CORONTA, ville de l'Acarnanie, selon Thucydide, cité par Etienne de Bysance.

COROPA, *ou* COROPE, ville de Grèce, dans la Thessalie, selon Etienne de Bysance : mais la preuve qu'en apporte cet auteur, en citant des vers de Nicandre, n'est pas trop concluante.

COROPASSUS, village de l'Asie mineure, dans la Lycaonie, selon Strabon, *L. XII*, *p. 568*, & *L. XIV*, *p. 663*. Il étoit aux confins de la Cappadoce.

COROSAIM, ville de la Décapole, située sur le bord de la mer de Galilée, au nord de cette mer, & assez près de Betzaïde. Elle est mise à deux milles de *Capharnaum* par Eusèbe. Cette ville ne subsiste plus.

CORPICENSII, peuple de l'île de Sardaigne, selon Ptolemée, *L. III*, *c. 3*.

CORPILIACA, contrée & gouvernement particulier de la Thrace, du côté de la Macédoine, selon Ptolemée.

CORPILLI, peuple de Thrace, selon Pline. Le P. Hardouin leur donne les villes de Périnthe, de Ganos & de Sapros.

CORRHA, ville de l'Asie, dans la grande Arménie, selon Ptolemée.

CORRHA, lieu de l'Asie, que le même géographe place dans la Perse propre.

CORRHAGUM, ville forte de la Macédoine, selon Tite-Live, cité par Ortélius.

CORSA, *ou* CORSÆ, ville de la Béotie, qui étoit située au haut de la montagne, au-dessus de Cyrtones. A demi-stade au-dessous de cette ville étoit un bois sacré, au milieu duquel on voyoit une petite statue de Mercure. Pausanias, *L. IX*, *Beotic. c. 24*.

CORSEÆ, île de la mer Méditerranée, sur la côte de l'Ionie, contrée de l'Asie mineure, & auprès de l'île de Samos, selon Etienne de Bysance, Pline & Strabon. Elle est nommée *Corsiæ* par Strabon, & *Corseæ* par Pline.

CORSI. Ptolemée nomme ainsi les habitans de l'île de Corse.

CORSI, peuple qui habitoit vers la partie septentrionale de l'île de Sardaigne. Pausanias & Ptolemée disent que c'étoit une colonie venue de l'île de Corse.

CORSIA. *Voyez* CORSEA.

CORSICA INSULA (*l'île de Corse*.) Cette île, appelée par les Grecs *Κυρνος*, *Cyrnos* (1), est dans la Méditerranée, au nord de l'île appelée par les anciens *Sardinia*. Son premier nom, si l'on en croit Servius, fut celui de *Therapne*. Elle porta depuis ceux de *Cyrnos*, de *Corsis*, de *Corsica*, de *Cerneatis* & de *Tyros* (2).

Les premiers habitans connus de cette île furent les Phocéens d'Asie. Quelques auteurs pensent que ce furent des Hygniens, & veulent qu'une femme de cette nation, nommée *Corsica*, ait donné son nom à l'île. Sénèque trace ainsi, en quelques lignes, l'histoire des anciennes révolutions de Corse. « Les Grecs qui, venus de *Phocea* en Asie, fondèrent Marseille dans la Gaule, s'étoient d'abord établis dans l'île de Corse. On ignore quelle cause les en fit sortir. Après eux il y vint des Ligures & des Hispaniens. Enfin, au temps des Romains on y conduisit deux colonies; l'une le fut par Marius, l'autre par Sylla. Les habitans se nommoient *Corsi* ».

(1) C'est sous le nom de *Cyrne* que M. Larcher a placé cette île dans le texte de sa traduction d'Hérodote & dans les notes géographiques.

(2) M. Larcher croit que ce dernier nom, qui ne se trouve que dans le scholiaste de Callimaque sur le vers 19 de l'hymne sur Délos, est corrompu.

Le

Le milieu de cette île est occupé par des montagnes. Les anciens nous ont fait entre autres connoître le *mons Aureus.*

Les principaux promontoires étoient, au nord, le *Sacrum Promontorium;* à l'est, le *Vagum Promontorium*, & le *Granianum Promontorium;* au sud, le *Marianum Promontorium;* à l'ouest, le *Rhium Promontorium*, le *Viriballum Promontorium*, & l'*Actium Promontorium.*

Les principaux ports étoient le *Favonii Portus*, le *Syracusanus Portus*, à l'est; le *Titianus Portus*, à l'ouest.

Les principales villes : sur la côte orientale, *Mantinorum Oppidum*, *Mariana*, *Aleria* : sur la côte occidentale, *Mariana*, *Urcinium;* au nord, *Cenelata.*

On voit que ce nombre n'égale point celui de Pline, qui donne trente-trois villes à l'île de Corse : mais il faut croire qu'il parle de tous les lieux habités. Les colonies romaines étoient *Mariana* & *Aleria.*

L'île de Corse étoit une de celles dans lesquelles les empereurs envoyoient en exil. Senèque le philosophe, accusé d'adultère sous le règne de Claude, y fut envoyé par ce prince. Comme cette île appartient actuellement à la France, & qu'à ce titre elle a pour nous un degré d'intérêt de plus, peut-être ne sera-t-on pas fâché de trouver ici la courte description qu'en fait cet auteur, dans son livre de la consolation :

Barbara præruptis inclusa est Corsica saxis
Horrida, desertis undique vasta locis
Non poma autumnus, segetes non educat ætas
Canaque Palladio munere bruma caret
Umbrarum nullo ver est lætabile fœtu
Nullaque infausto nascitur herba solo :
Non panis, non haustus aquæ, non ultimus ignis
Hic sola hæc duo sunt, exul & exilium.

On doit pardonner à la douleur cette peinture exagérée. Il est pourtant vrai que ce que dit Strabon n'est guère plus favorable à cette île. Quant aux habitans, c'est autre chose. Il les traite d'hommes plus féroces que les animaux des forêts, & semble en donner pour preuve qu'ils étoient de mauvais esclaves. Cela prouve tout au plus qu'ils connoissoient mieux les droits de l'homme que les Romains, & qu'ils préféroient la mort à l'esclavage.

CORSOTE (*Sura*), ville ou forteresse de l'Asie, dans la Mésopotamie, sur le bord du Masca, selon Xénophon. M. d'Anville la place sur la gauche de l'Euphrate, au confluent du *Masca.* Cyrus s'y arrêta trois jours pour munir son armée de vivres.

CORSTORPITUM, ville de l'île d'Albion, chez les *Ottadini.* M. Cambden soupçonne que c'est Morpit.

CORSULA, *ou* CURSOLA, lieu que Cluvier indique chez les Sabins.

CORSURA, île de l'Afrique, que Strabon place au milieu du golfe de Carthage.

CORTACHA, *ou* CORGATHA, selon les divers exemplaires de Ptolemée, ville de l'Inde, au-delà du Gange.

CORTE. *Voyez* CORTIA.

CORTERATE, nom d'un lieu de la Gaule aquitanique, selon la table de Peutinger. C'est aujourd'hui Coutras.

CORTERIACENSES, *ou* CORTORIACENSES, selon les divers exemplaires du livre des notices de l'empire, peuple de la Gaule Belgique. Leur ville se nomme à présent *Courtrai.*

CORTIA. Agatharchide nomme ainsi un lieu de l'Afrique, à l'entrée de l'Ethiopie, en venant d'Elephantine. Ortélius croit que c'est la ville *Corte* que l'itinéraire d'Antonin marque entre *Pselcis* & *Hiera Sycaminos.*

CORTICATA, île de l'Océan, sur la côte de l'Hispanie, selon Pline. Le P. Hardouin croit que c'est aujourd'hui l'île de *Salicora.* Sur la carte de M. d'Anville elle est marquée près de la côte, & à l'ouest du *Magnus Portus.*

CORTICATA, ville de l'Hispanie, dans la Bétique. Ptolemée la place dans le pays des Turdétains.

CORTONA (*Cortone*), au sud d'*Arrentium*, & peu éloignée au nord-ouest du lac *Trasimenus.* Plusieurs auteurs pensent qu'elle fut bâtie sur les ruines d'une ancienne ville appelée *Corythus*, dont il est parlé dans l'antiquité. Virgile, qui en fait mention (*En. L. III, v. 170*), a donné lieu à Servius de s'étendre sur l'auteur de sa fondation, qui est, selon lui, Corythus, fils de Danaüs. Il rapporte aussi quelques autres sentimens. Elle avoit eu des rois avant les Romains. Quant à Cortone, elle est connue dans la marche d'Annibal, par son passage entre les défilés près de cette ville.

Il en est peu fait mention dans la suite. Sous le bas empire elle eut beaucoup à souffrir de la part des Arrétins & des Florentins, comme on le voit dans Paul Jove (*L. XVII.*)

CORTONA, nom d'une ville de l'Hispanie, selon Pline.

CORTONENSES. Pline nomme ainsi les habitans de la ville de *Cortona*, dans l'Hispanie.

CORTONENSES, peuple d'Italie, dans l'Etrurie, selon Pline. C'étoit les habitans de la ville de *Cortona.*

CORTORIACUM (*Courtrai*), ville de la Gaule, dans la seconde Belgique, au nord de *Turniacum.*

CORTUOSA, ville d'Italie, dans l'Etrurie. Tite-Live rapporte qu'elle étoit dans le territoire des Tarquins.

CORTYTA, contrée du Péloponnèse, dans la Laconie, selon Thucydide, cité par Etienne de Bysance. La Martinière dit que l'on croit qu'il faut lire *Cotyta :* ce n'est pas cela que l'on croit; car Thucydide parle aussi de *Cortyta :* mais on voit que cette ville n'est pas précisément à sa place dans le dictionnaire d'Etienne de Bysance; car elle est après *Cotylæum*.

CORUDA. Ælien nomme ainsi un lieu qu'il place au-delà des montagnes des Indes. Il ajoute qu'on y trouvoit des animaux qui ressembloient à des satyres.

CORULA, *ou* CURULA, selon les divers exemplaires de Ptolemée, ancienne ville de l'Inde, en-deçà du Gange.

CORUNCALA, ville de l'Inde, en-deçà du Gange, selon Ptolemée.

CORVORUM ANTRUM, montagne d'Asie, dans la Cilicie, selon Nicétas, cité par Ortélius.

CORVORUM DUORUM LACUS. Artémidore, cité par Strabon, nomme ainsi un lac de la Gaule, sur la côte de l'Océan.

CORUS, *ou* CORYS, grande rivière d'Arabie, d'où elle coule dans la mer Rouge, selon Hérodote, *L. III*, *n. 9*.

CORUSIA, ville de la Sarmatie asiatique. Elle étoit située auprès du fleuve *Vardanus*, selon Ptolemée.

CORY, selon Ptolemée, nom d'une île de la mer Orientale, dans le golfe Argarique, & au nord de l'île de Taprobane.

CORY, promontoire de la presqu'île en-deçà du Gange, & à l'opposite de la pointe septentrionale de l'île de Taprobane, selon Ptolémée.

CORYBANTES, sorte de prêtres, qui célébroient certains mystères du paganisme, qui étoient en grande vénération à *Samos*, ville de l'île de Samothrace. Aussi cette ville est-elle appelée, par Denys le Périégète, *Corybantium Oppidum*. Ce qui regarde ces Corybantes, appartient au dictionnaire d'antiquités.

CORYBANTIUM OPPIDUM. Denys le Périégète nomme ainsi la ville de *Samos*, dans l'île de Samothrace.

CORYBISSA, lieu de l'Asie, dans la Sepsie, contrée de la petite Mysie, sur la rivière d'Euryéis, selon Strabon.

CORYCE, promontoire de l'île de Crète, selon Strabon.

CORYCE, port de l'Ethiopie, selon Etienne de Bysance.

CORYCE. On appeloit de ce nom une partie du rivage de Lycie, à l'occident de Phasélis, selon Strabon.

CORYCE, ville de la Pamphylie, située dans le voisinage d'Attalée, selon Strabon.

CORYCE MONS, montagne de l'Ionie, sur le bord de la mer, vis-à-vis de l'île de Chio, selon Strabon.

Il y avoit sur cette montagne un antre, renommé par la naissance d'Hérophile, Sibylle d'Erythrée.

CORYCIUM ANTRUM, en Cilicie. *Voyez* CORYCUS.

CORYCIUM ANTRUM, l'antre de Corycie. Cet antre étoit dans le mont Parnasse. Voici ce qu'en dit Pausanias : « en allant de Delphes au sommet du Parnasse, à soixante stades environ de cette ville, est une statue de bronze. Là le chemin qui conduit à l'antre de Corycie devient plus facile pour les gens de pied, les mulets & les chevaux. Ce nom lui vient de la nymphe Corycie. C'est le plus remarquable de tous les antres que j'aie jamais vus.... Il les surpasse de beaucoup en grandeur, & l'on peut y marcher très-avant sans le secours d'un flambeau. La voûte en est suffisamment élevée. Les fontaines que l'on y trouve donnent de l'eau : mais il s'en filtre de la voûte en plus grande quantité, ainsi qu'on peut le voir par toute l'eau qui se trouve à terre. Les habitans du Parnasse pensent que cet antre est consacré aux nymphes Corycienne & au dieu Pan ».

Pausanias laisse croire qu'un préjugé superstitieux rendoit seul cet antre recommandable. Il ne paroît pas qu'il y eût des stalactites, comme on en trouve à Anti-Paros & ailleurs. MM. Pon & Wheler se trouvant sur les lieux, recherchèrent cet antre. Voici ce qu'ils en disent.

« La fontaine Castalienne sort de l'enfoncement qui est entre les deux croupes du Parnasse. Au fond de cet entre-deux du rocher, nous apperçûmes, trente pieds au-dessus de notre tête, une ouverture dans le roc, par où nous jetâmes des pierres. C'étoit une grotte où il y avoit de l'eau. Nous crûmes que ce devoit être l'antre des nymphes que les poëtes appeloient *Antrum Corycium* : du moins n'en trouvâmes-nous pas d'autre qui pût avoir été en ce lieu-là ». (*T. XI*, *p. 37*.)

CORYCIUS SPECUS. *Voyez* CORYCE MONS.

CORYCUM, petite ville de l'Asie mineure, dans l'Ionie, selon Strabon. Il ajoute qu'Attale Philadelphe y mena une colonie. On croit que c'est la même que Denys le Périégète nomme *Corycus*.

CORYCUS. La ville de Coryce étoit en Asie, dans la Cilicie. Elle a été célèbre sous les empereurs Romains. Ils entretenoient toujours une flotte dans son port, qui étoit considérable. Les habitans de cette ville se gouvernoient par leurs propres loix, & elle étoit un lieu d'asyle pour ceux qui s'y retiroient. Les médailles de *Corycus*, frappées sous les règnes de Vallérien & de Gallien, en font mention. Elle a été épiscopale, selon les actes du concile de Constantinople, tenu en l'an 381.

CORYCUS PROMONTORIUM, promontoire de la Cilicie, situé à l'orient du fleuve *Calycadnus*, & du promontoire *Anemurium*, selon Strabon.

Cet auteur ajoute que le *Corycium Antrum*, qui porte le même nom, est à vingt stades de la mer. Le sol en est raboteux, pierreux, couvert de broussailles & d'arbrisseaux toujours verds, & pareils à ceux des jardins cultivés. Dans cette cavité il y a un antre dans lequel une source très-abondante forme tout à coup un large ruisseau d'une eau très-pure & très-claire, qui presque aussi-tôt se replonge sous terre, & ne reparoît plus jusqu'à la mer. Pomponius Méla, *L. I*, *ch. 13*, en donne une idée plus détaillée.

Pline dit, *L. XIII*, *ch. 2*, que le mont Coryce produit des ormes & des genièvres, d'où découle une gomme. Cet auteur cite encore les pétrifications que les gouttes d'eau forment dans l'antre de Coryce, ainsi que le ruisseau qui sort de terre & s'y replonge.

CORYCUS, montagne de l'Asie mineure, dans l'Ionie. Strabon dit qu'elle est très-haute, & qu'au-dessous est le port de *Casystes* & celui de *Erythræ*.

CORYCUS PORTUS, port de l'Asie mineure, dans l'Ionie. Il est au-dessous du mont *Corycus*, selon Tite-Live.

CORYCUS, ville de l'Asie mineure, dans la Lycie, entre Olympe & Phasélis, selon Denys le Périégète & Eutrope. Ce dernier dit qu'elle fut prise par Servilius.

CORYCUS, nom d'une montagne de l'île de Crète, selon Pline.

CORYCUS. Etienne de Bysance nomme ainsi un port de l'Ethiopie.

CORYDALLA, ville de l'Asie mineure, dans la Lycie, selon Pline. Ptolemée la nomme *Corydallus*, & il la met dans l'intérieur des terres.

CORYDALLUS. Ptolemée nomme ainsi la ville de la Lycie, que Pline appelle *Corydalla*.

CORYDALLUS, bourg de Grèce, dans l'Attique, & auprès d'Athènes. Il étoit dans la tribu Hippothootide.

CORYDALLUS, montagne de l'Attique, indiquée seulement par Strabon (*L. IX*, *p. 613*).

CORYDELAO, nom de l'une des deux îles *Celldoniæ*, selon Phavorin, cité par Etienne de Bysance.

CORYLEUM, village de l'Asie mineure, dans la Paphlagonie, selon Etienne de Bysance. Il est nommé *Coryla* par Xénophon.

CORYMBIA, l'un des noms qu'a portés l'île de Rhodes.

CORYNA, ville de l'Asie mineure, dans la presqu'île de l'Ionie, au bord de la mer, & au midi de Clazomènes & du mont *Corycus*, selon Pomponius Méla.

CORYNA, ville du Péloponnèse, dans l'Elide, selon Ptolemée. Il ajoute qu'elle étoit éloignée de la mer.

CORYNETES, lieu de la Grèce, dans l'Attique & auprès d'Athènes, selon Plutarque.

CORYNEUM PROMONTORIUM, promontoire de l'Asie mineure, dans l'Ionie. C'étoit une partie du mont Mimas, qui s'étendoit jusques-là, selon Pline.

CORYPHA, montagne de l'Inde, près du Gange, selon Plutarque le géographe. Il ajoute qu'il y avoit un temple de Diane *Orthia*.

CORYPHA, montagne de l'Asie, dans la Syrie, entre Antioche & Berrhoée, selon Théodoret. C'est le *Coryphæus* de Polybe, selon Ortélius.

CORYPHA. Pausanias nomme ainsi une montagne de l'Asie mineure, dans le voisinage de la ville de *Smyrna*.

CORYPHA. C'étoit un des anciens noms de la Libye, province d'Afrique, selon Etienne de Bysance.

CORYPHÆUM. Etienne de Bysance nomme ainsi une montagne du Péloponnèse, dans l'Argolide. Il ajoute que Diane y avoit un culte particulier sous le nom de *Coryphæa*, & que cette montagne étoit au voisinage de la ville d'Epidaure.

CORYPHANTA, ville de l'Asie mineure, dans la Bithynie. Pline en fait mention comme d'une ville détruite.

CORYPHANTIS. Strabon nomme ainsi un village de l'Asie, & le place sur le rivage du golfe d'Adramytte. Pline dit *Coryphas*, & en fait une ville.

CORYPHASIUM, promontoire, sur la côte occidentale du Péloponnèse, dans la Messenie & près de l'île *Proté*, selon Pausanias. Ptolemée en fait aussi mention. C'est aujourd'hui le *cap Zonchio*.

CORYPHASIUM, ville de la Messenie, à l'ouest, sur un promontoire de son nom, au sud-est de l'île *Asina*.

Les habitans de Pyle s'y retirèrent après la destruction de leur ville. C'est pourquoi sans doute Thucydide (*L. IV*), dit que Pyle étoit appelée *Coryphasium* par les Lacédémoniens.

CORYPHASIUM, ville du Péloponnèse, dans l'Argolide, selon Pline. Elle étoit située le long de la côte, entre l'isthme de Corinthe & le promontoire *Scyllæum*.

CORYS, fleuve d'Arabie, qui se jetoit dans la mer Erythrée. Il couloit à douze journées des déserts par où l'armée de Cambyse devoit passer pour se rendre en Egypte. On ignore quel est ce fleuve.

CORYTHENSES, peuple du Péloponnèse, dans l'Arcadie. Pausanias dit que c'étoit le nom d'une tribu particulière des Tégéates.

COS. Cette île, célèbre à plus d'un titre, étoit tout près des côtes de l'Asie, remarquable entre les Sporades. Elle avoit à l'est la ville de Cnide, sur le continent, au sud-est l'île de Nisyros, & au nord-est celle de Calymna. Son nom actuel est *Stanco* & *Stanchio*. Cette variété a eu aussi lieu dans l'antiquité. Elle avoit porté les noms de *Ménèpe*, de *Cex*, de *Nymphæa* & de *Caris*. Pline & Strabon s'accordent à ne lui donner que quinze milles de circuit. Sa capitale, qui avoit d'abord porté le nom d'*Astipalea* (1), avoit pris ensuite

(1) Quoique la remarque que je vais faire puisse paroître peu importante, cependant comme elle est une suite de ma défiance à suivre trop servilement les auteurs qui croient nous transmettre les opinions des anciens, je la place ici dans l'espérance qu'elle pourra inspirer le même sentiment à ceux qui travailleront après moi. Le nom d'*Astipalæa* signifie évidemment en grec l'ancienne ville : or, quand on la bâtissoit, & même pendant plus d'un demi-siècle, ce nom ne lui a guère convenu. Je pense donc qu'il faut entendre & traduire ainsi le texte de

celui de *Cos*. Suivant l'opinion générale, ce seroit à la célébrité de son temple d'Esculape, que l'humanité devoit le célèbre Hippocrate. Il étoit de cette île, & s'étoit singuliérement occupé d'étudier les maladies & les procédés qui avoient rendu la santé à ceux que la dévotion avoit amenés dans ce temple; car c'étoit un usage ancien & respectable par son utilité, en même temps que l'on reconnoissoit la protection du dieu, d'indiquer quels moyens on avoit employés pour se guérir.

Cos fut aussi la patrie du célèbre Apelle, du philosophe Ariston, & de plusieurs autres hommes d'un mérite très-distingué.

Le gouvernement y fut d'abord monarchique. Eurypile, dont parle Homère, y régnoit au temps d'Hercule: on y trouve depuis Chalcon, Antiphe & Phidippe. Ces deux derniers, comme on le voit par Homère & par Théocrite, portèrent les armes au siége de Troye. Après les rois, le gouvernement fut entre les mains du peuple; mais, ce qui arrive presque toujours, l'aristocratie prévalut. Et comme le mal va toujours en augmentant, de petits tyrans succédèrent aux aristocrates. Selon Hippocrate, les habitans de *Cos* refusèrent de se joindre aux troupes de Xerxès lorsqu'il attaqua la Grèce; peut-être ce refus eut-il lieu d'abord; mais l'effet n'en subsista pas, puisque, selon Hérodote, les troupes de *Cos* étoient avec celles des Perses dans cette expédition.

Dans la vingtième année de la guerre du Péloponnèse, la ville de *Cos* fut détruite par un tremblement de terre, & presque aussi-tôt ravagée par Astiachus, qui commandoit pour les Lacédémoniens. Mais ensuite Alcibiade en rebâtit les murailles & y rétablit les magistrats.

Lorsque Mithridate fit égorger tous les Romains dans une aussi grande partie de l'Asie qu'il lui fut possible, il ordonna que l'île de *Cos* seroit respectée. Il y vint cependant ensuite, ravagea le pays & prit la ville. Cette conduite avoit tellement irrité les habitans, que lorsque les Romains parurent à la hauteur de leur île, sous la conduite de Lucullus, questeur de Sylla, ils prirent les armes & égorgèrent la garnison de Mithridate. Dès-lors, ils acquirent une grande considération auprès des Romains; ce qui cependant ne les empêcha pas, on ne sait en quel temps, d'être assujettis à un tribut. L'empereur Claude les en exempta, à la prière de son médecin Xénophon. Mais Vespasien les réduisit en province romaine, & exigea d'eux le tribut que payoient les autres îles asiatiques.

Cos n'étoit pas moins vantée par ses excellens fruits que pour la beauté de la teinture de ses étoffes de laines, qui étoient d'une grande finesse, à en juger par l'épithète de *tenues* que leur donnent les poëtes, Horace, Properce & Tibule, qui en font des habits de femme très-légers.

Strabon, avant que cette ville eut pris le nom de *Cos*, qui est celui de l'île, on la nommoit *Astipalea*, ou la vieille ville. Peut-être que le nom qu'elle eut d'abord étoit un de ceux que l'on croit avoir été donnés à l'île.

Cos, ville & capitale de l'île de même nom. Elle étoit située dans la partie septentrionale de l'île, dans le fond d'un golfe & vis-à-vis une pointe de la côte de l'Asie mineure, vers le 36e degré 50 minutes de latitude. Strabon rapporte que d'abord elle s'appeloit *Astypalæa*, & étoit située au bord de la mer; mais on l'abandonna pour en construire une nouvelle près du promontoire *Scandaria*, & on lui donna le nom de l'île. Alcibiade l'entoura de murailles, selon Thucydide. Elle aussi nommée *Cos* par Scylax; mais Homère dit la ville d'Eurypile. Elle a été épiscopale & nommée *Coensis Civitas*.

Cos, ville de l'Egypte, selon Etienne de Bysance.

Cos. Pausanias, cité par Ortélius, nomme ainsi un fossé de Corinthe.

Cos, île d'Egypte, vis-à-vis de la ville de *Cynopolis*, selon Ptolemée.

COSA, lieu de la Gaule aquitanique, auprès de *Bibona*, selon la table de Peutinger.

COSA, *ou* COSSA, sur un petit isthme qui joint l'ancien mont *Argentorius* (mont Argentaro). Les anciens disent assez peu de chose de cette ville: on y adoroit Jupiter. Rutilius, dans son itinéraire, dit qu'elle fut désolée par une si grande quantité de rats, que ses habitans furent obligés de l'abandonner: son port, situé au sud, portoit le nom de *Portus Herculis* (Porto Ercole). Il est bon de faire observer qu'Etienne de Bysance la place dans l'Œnotria & au milieu des terres, afin que l'on se défie de quelques endroits de cet auteur: elle fut municipale & colonie romaine; on la livra par trahison à Annibal. Pendant les troubles du temps de Sylla, elle fut assiégée & prise par ce général.

COSAMBA. Ptolemée nomme ainsi une ville de l'Inde. Il la place en-deçà des embouchures du Gange.

COSCINIA, village de l'Asie mineure, situé au-delà du Méandre, selon Strabon. Il est nommé *Coscinus* par Pline, qui le met dans la Carie (1).

COSCYNTHUS. Ortélius dit que Lycophron nomme ainsi une rivière de l'Italie.

COSEDIA, ville de la Gaule, dans la seconde Lyonnoise. M. d'Anville la place sur le bord de la mer, au nord de *Constantia*.

COSETANI, *ou* COSETANS, peuple de l'Hispanie, au sud-est des *Lacetani*. On ne sait rien d'eux en particulier.

Leur principale ville étoit *Tarraco*.

(1) On trouve sur la carte de M. d'Anville, à la gauche du Méandre, en Carie, *Corsinia*. Il me semble que c'est ce même lieu dont le nom est défiguré par le graveur. On trouve aussi *Corsinus*, mais c'est un fleuve.

COSIANA, nom d'un château ou d'une forteresse de la Palestine, sur le bord de la mer, selon Etienne de Bysance.

COSILAUS, village de l'Asie mineure, qui étoit peu éloigné de la ville de Chalcédoine, selon Cédrène & Nicéphore Calliste. Il est nommé *Colaüs* par Sozomène.

COSILINUM, lieu de l'Italie, dans la Lucanie, faisant partie de la Grande-Grèce. Elle étoit au nord-ouest, séparée de *Campsa* par des montagnes.

COSINTUM, ville de la Thrace, entre *Topiris* & *Pyrsoalis*, selon l'itinéraire d'Antonin.

Elle est marquée sur la carte de M. d'Anville.

COSMEDIUM LITTUS. Zonare & Nicétas nomment ainsi un rivage de la Thrace, près de Constantinople.

COSMOS, ville de la Palestine, située à l'orient du Jourdain, selon Ptolemée.

COSOAGUS. Pline nomme ainsi une des dix-sept rivières de l'Inde, qui alloient se perdre dans le Gange. Elle est nommée *Cossoans* par Arrien.

COSSA, ancienne ville de l'Italie, dans l'Œnotrie, selon Etienne de Bysance.

COSSA. *Voyez* COSA.

COSSEA, contrée de l'Asie. Elle faisoit partie de la Perside ou Perse propre, selon Etienne de Bysance.

COSSÆI. Les Cosséens, selon Polybe, étoient un peuple de l'Asie qui habitoit dans les montagnes de la Médie, surmontées par le mont Zagrus. Diodore de Sicile dit de même qu'ils habitoient dans les montagnes de la Médie; mais il ajoute que c'étoit une nation très-brave, qui se fioit sur la difficulté des passages, & qu'en conséquence ils refusèrent de se soumettre à Alexandre; mais que ce prince mena un camp volant contre eux & ravagea leur pays. Quinte-Curse dit aussi qu'ils habitoient un pays de montagnes. Ils sont nommés Cusséens par Plutarque; mais Arrien, Ptolemée & Pline disent Cosséens. Le dernier les place au levant de la Susiane; Ptolemée les met dans la Susiane, vers l'Assyrie; & Arrien dit que leur pays étoit contigu à la Médie, & que d'un côté il touchoit à celui des Elyméens.

COSSETANI, COSETANI & COSITANI. Selon les divers exemplaires de Pline, peuple de l'Hispanie, dans la contrée *Cossetania*.

COSSETANIA, nom d'une contrée de l'Hispanie, selon Pline & Ptolemée. Le premier y met la rivière *Subi* & la ville de Tarragone.

COSSINITES, rivière de Thrace, qui couloit dans le territoire d'Abdère, & se jetoit dans le lac Bistonique, selon Ælien.

COSSIUM, *ou* COSSIO, ville de la Gaule aquitanique, dans le pays & la capitale du peuple *Vasates*, selon Ptolemée. Cette ville est aujourd'hui *Bazaz*.

COSSOANUS, rivière de l'Inde. Arrien dit qu'elle se perd dans le Gange. Elle est nommée *Cossoagus* par Pline.

COSSUS. Etienne de Bysance nomme ainsi une montagne de l'Asie mineure, dans la Bithynie.

COSSYRA, île de l'Afrique, & l'une de celles nommées *Pélasgies*, selon Ptolemée, qui la donne à l'Afrique, & la place entre ce pays & la Sicile. Strabon la met à moitié chemin entre le promontoire Lilybée & la côte d'Afrique. Elle est nommée *Cosura* par Pomponius Méla & Pline. Etienne de Bysance dit *Cosyrus*. On s'accorde à croire que c'est aujourd'hui l'île de *Pantalarie*.

COSTA BALÆNÆ, ancien nom d'un lieu de l'Italie, sur la côte de la Ligurie, selon l'itinéraire d'Antonin, qui le marque entre *Lucus Bormanni* & *Albintimilium*.

Il est marqué sur la carte de M. d'Anville.

COSTOBOCI, peuple de la Sarmatie européenne, selon Capitolin. Ils sont nommés *Costobocæ* par Ammien Marcellin, & *Cœstoboci* par Ptolemée.

COSYRI, peuple des Indes, que Pline place vers les monts Emodes.

COSYRUS, île de la mer Méditerranée, sur la côte de la Sicile, & au voisinage de la ville du même nom, selon Etienne de Bysance. *Voyez* COSSYRA.

COSYTE, ville de l'Italie, dans l'Umbrie, selon Ctésias, cité par Etienne de Bysance.

COTACE. Ptolemée nomme ainsi une ancienne ville de l'Asie, dans l'Arie.

COTACENA, *ou* CATARZENA. Selon les divers exemplaires de Ptolemée, contrée de l'Asie, dans la Grande-Arménie, & au voisinage des monts Moschiques.

COTÆA, *ou* CORTÆA. Selon les divers exemplaires de Ptolemée, province qui se trouvoit dans la petite Arménie.

COTÆNA, ville de l'Asie, dans la petite Arménie. Ptolemée la met dans la préfecture *Muriana*.

COTAISIS, *ou* COATAISIS, ville des Perses, dans l'Ibérie asiatique, & près du Phase, selon Agathias.

COTAMBA, ville de l'Asie, dans la Perside ou Perse propre, selon Ptolemée.

COTANA, ville épiscopale d'Asie, dans la seconde Pamphylie, selon la notice de Hiéroclès.

COTEA, contrée de l'Asie, dans la Grande-Arménie, selon Ptolemée. Cet ancien la met à l'orient des sources du Tigre.

COTENOPOLIS, ville épiscopale de l'Egypte, selon la lettre adressée à l'empereur Léon par les évêques de cette province.

COTENORUM, siège épiscopal de l'Asie, dans la seconde Pamphylie, selon les actes du concile d'Ephèse, tenu en l'an 431.

COTENSII, peuple de la Dacie, selon Ptolemée, *L. III, c. 8*.

COTES. *Voyez* COTTES.

COTHOCIDÆ, nom d'un lieu dont fait mention Hésychius. Plutarque & Ælien disent que l'orateur Eschine en étoit originaire.

COTHON. Strabon nomme ainsi une petite île ronde, devant la ville de Carthage, en Afrique. Il ajoute qu'elle étoit entourée de la mer, & que les vaisseaux pouvoient aborder & mouiller de chaque côté. Appien dit que c'étoit le nom du port; qu'il étoit quarré d'un côté, rond de l'autre & entouré d'une muraille; on appeloit *Cothons*, selon Festus, des ports de mer faits par les hommes.

COTHON, nom d'une île de la Grèce, sur la côte méridionale du Péloponnèse, dans le golfe de Laconie, selon Etienne de Bysance.

COTHON. Hirtius nomme ainsi le port de mer de la ville d'Adrumette, en Afrique.

COTHON, port de Carthage. *Voyez* CARTHAGO.

COTIARIS, fleuve de l'Inde, au pays des Sines. Ptolemée dit que le *Cotiaris* avoit une liaison avec le *Senus*, à une grande distance de leurs embouchures.

M. d'Anville pense que ce géographe a voulu parler de différentes branches de la rivière de Camboja, qu'il ne connoissoit pas. Cette rivière se divise en plusieurs branches à cent lieues de la mer.

COTIERI, l'un des peuples que Pline nomme comme faisant partie de la nation des Scythes.

COTOMANA, ville de l'Asie, que Ptolemée place dans la Grande-Arménie.

COTONIS INSULA, île de la mer Méditerranée, & l'une des Echinades. Elle étoit sur la côte de l'Etolie, selon Pline.

COTRADES, ville épiscopale de l'Asie, dans l'Isaurie, selon le synode de Trulli. Il en est parlé dans Etienne de Bysance.

COTRIGURI, nom d'une nation qui faisoit partie des Huns, selon Agathias, cité par Ortélius.

COTTA. Pline attribue cette ville à la Mauritanie tingitane, & la place au-delà des colonnes d'Hercule. Il en parle ailleurs, comme d'un lieu peu éloigné du fleuve *Lixus*.

Il paroît par Pomponius Méla, qu'il y avoit une montagne aussi appelée *Cotta*, dans laquelle étoit une caverne consacrée à Hercule.

COTTÆOBRIGA, ville de l'Hispanie, dans la Lusitanie. Ptolemée la place dans le pays des Vettons.

COTTES, promontoire de l'Afrique, près du détroit d'Hercule, mais sur l'Océan, selon Ptolemée. Il est nommé *Ampelusia* par Pomponius Méla. Pline dit qu'il étoit nommé *Ampelusia* par les Grecs. C'est aujourd'hui le cap *Spartel*.

COTTIÆ, lieu de la Gaule cisalpine, entre *Laumellum* & *Carbantia*, selon l'itinéraire d'Antonin. C'est aujourd'hui un village du Milanez, nommé *Cozzo*.

Ce lieu est marqué sur la carte de M. d'Anville.

COTTIÆ ALPES. *Voyez* ALPES.

COTTIARA, ville de l'Inde, sur le bord de la mer, à l'est-sud-est d'*Elancon*. Ptolemée la qualifie du titre de métropole de la nation *Aii*.

COTTIS, ville de l'Inde, en-deçà du Gange, selon Ptolemée, *L. VII*, *c.* 1.

COTTIUM, lieu de la Gaule narbonnoise, selon Strabon. Ce lieu devoit être vers le Piémont.

COTTOBARA, ville de l'Asie, dans la Gédrosie, selon Ptolemée.

COTTOBARA. Le même géographe nomme ainsi une ville de l'Inde, en-deçà du Gange.

COTTON. Tite-Live nomme ainsi une ville de l'Asie mineure.

COTTONARA (*le Canara*), grande contrée de la presqu'île de l'Inde, en-deçà du Gange. Pline dit qu'on en apportoit le poivre dans des canots à Barace, port de mer situé à l'embouchure du fleuve Baris, qui étoit à la suite de la Limyrique: elle produisoit le poivre le plus estimé, que l'on appeloit *Cottonaricum*.

Cette contrée maritime étoit resserrée entre des montagnes & la mer, & n'avoit que quatre ou cinq lieues de largeur.

COTUANTII, peuple de la Rhétie, selon Strabon, *L. IV*, *p.* 206.

COTUZA (*Al-Aleah*), ville d'Afrique, qui étoit située sur le penchant d'une colline, entre Hippo-Zaritus & Ruscinona.

C'étoit la ville la plus septentrionale de la Zeugitanie.

COTYÆUM, ville de l'Asie mineure, dans la Grande-Phrygie, selon Strabon, Ptolemée & Pline. Ce dernier dit dans la Phrygie ajoutée à la Troade.

COTYALIUM, ville de l'Asie, vers la Pamphylie, selon Nicétas, cité par Ortélius.

COTYLÆUM. Etienne de Bysance nomme ainsi une montagne de la Grèce. Il la place dans l'île d'Eubée.

COTYLIUM, place forte de l'Asie mineure, dans la Phrygie, selon Polyænus. Elle est nommée *Cotilium* par Sozomène & Calliste.

COTYLIUS, montagne du Péloponnèse, dans l'Arcadie. Pausanias dit qu'elle étoit située à quarante stades de la ville de *Phigalia*.

COTYLON, lieu du Péloponnèse, dans l'Arcadie, sur le mont Cotylius & au-dessus du temple d'Apollon. On y voyoit, selon Pausanias, un temple de Vénus avec sa statue. Il ajoute que de son temps ce temple n'étoit pas encore couvert.

COTYLUS, colline de l'Asie mineure, dans la Phrygie, selon Strabon. Il ajoute qu'elle faisoit partie du mont Ida, & que le Scamandre, le Granique & l'Æsepus y avoient leur source.

COTYNES, ville de l'Italie. Elle étoit possédée

par les Aborigènes, & elle fut prise par les Sabins, selon Denys d'Halycarnasse.

COTYORA, ville grecque & colonie de Sinope. Elle étoit située sur le bord du Pont-Euxin, dans le pays des Tibaréniens. On voit dans Xénophon, que les Grecs restèrent huit mois à faire la route depuis le camp devant Babylone jusqu'à Cotyore. Ils séjournèrent quarante-cinq jours près de cette ville, pendant lesquels on offrit des sacrifices aux dieux, & l'on célébra des jeux gymniques. On dit qu'elle avoit été fondée par les habitans de Sinope, & qu'elle étoit leur place de commerce (*emporium*).

COTYRGA, ville située dans l'intérieur de la Sicile, selon Ptolemée.

COTZIANUM, ville de l'Asie mineure, dans la Phrygie, selon Jornandès.

COVELIACÆ, ville de la Vindelicie; elle n'est connue que par la table de Peutinger.

COVIENSIS, siège épiscopal d'Afrique, dans la Mauritanie sitifensis, selon la conférence de Carthage.

COUMADENI, peuple qui habitoit dans la partie méridionale de l'île de Corse, selon Ptolemée.

COUTHA. Ælien nomme ainsi un lieu dans les Indes.

COYDALLA, ville de l'Asie mineure, que Ptolemée place dans l'intérieur de la Lycie.

COZOLA, ville de l'Asie, dans la Grande-Arménie, selon Ptolemée.

COZISTRA, *ou* CYSISTRA. Selon les divers exemplaires de Ptolemée, ancienne ville de la Cappadoce, dans la préfecture ou gouvernement de Cilicie, selon Ptolemée.

C R

CRABASIA, ville de l'Ibérie ou Hispanie, selon Etienne de Bysance.

CRABASIA, *ou* CAPRASIA, selon les diverses éditions de Festus Avienus, montagne de l'Hispanie, dans la Tarragonnoise.

CRABRA AQUA. *Voyez* AQUA CRABRA.

CRACINA, île de l'Océan, près la côte de la Gaule aquitanique, selon Grégoire de Tours.

CRADA, ville de l'Asie mineure, dans la Carie, selon Hécatée, cité par Etienne de Bysance.

CRADEMNA. Suidas dit que c'étoit un des noms de la ville d'Amphipolis en Macédoine.

CRAGUS, montagne de l'Asie mineure, dans la Lycie. Strabon dit qu'elle est grande, couverte de forêts; qu'elle avoit huit sommets & une ville du même nom. Pline ne donne que le nom de promontoire à cette montagne. Scylax dit la même chose. C'est à cette montagne que l'on attribuoit la fable de la chimère. Ce promontoire est aujourd'hui nommé *Capo Serdeni*, ou *Sette Capi*.

CRAGUS, ville de l'Asie mineure, dans la Lycie. Elle étoit située sur le mont Cragus, selon Strabon.

CRAGUS, nom d'une montagne ou roche escarpée de l'Asie, dans la Cilicie, & sur le bord de la mer. Il en est parlé par Ptolemée.

CRAGUS. Scylax dit que c'est un promontoire de l'Asie mineure, à l'extrémité de la Carie, vers la Lycie. Il y a apparence que c'est le même promontoire que les autres auteurs mettent dans la Carie.

CRAMBA, ville de l'Asie, selon Suidas, cité par Ortélius. Elle étoit dans le voisinage d'un marais, & il semble la placer vers la Lydie.

CRAMBUSA, île de l'Asie mineure, sur la côte de la Cilicie, auprès du fleuve *Calycadnus*, & du promontoire *Corycum*, selon Strabon, Ptolemée & Etienne de Bysance: mais ce dernier la met auprès de la Séleusie d'Isaurie; Ptolemée la donne à la Pamphylie. Pline la place sur la côte de la Lycie, vis-à-vis de la Chimère, & la nomme *Crambussa*.

CRAMBUSA, ville de l'Asie mineure, dans la Lycie. Strabon la met entre Olbia & le promontoire Sacré.

CRAMBUTIS. Etienne de Bysance nomme ainsi une ancienne ville de l'Egypte.

CRANA, ville du Péloponnèse, dans l'Arcadie, selon Théophraste, qui ajoute qu'il y avoit beaucoup de sapins dans les environs de cette ville.

CRANAE, île fort petite, dans le golfe Laconique, en face de *Gythium*.

On prétendoit que c'étoit dans cette île qu'Hélène avoit accordé à Pâris, pour la première fois, les preuves les plus tendres de son amour. On attribuoit à ce ravisseur, la fondation d'un temple qui étoit sur ce continent, tout en face de l'île. Il étoit consacré à Vénus *Migoniiis*, ou qui unit les êtres.

Cette plaine avoit reçu de ce temple le nom de *Migonium* (μιγώνιον.)

Le mont *Larisius*, consacré à Bacchus, la dominoit à l'ouest. Au printemps, on y célébroit la fête de ce dieu; & entre autres merveilles attribuées à sa puissance, on prétendoit qu'il se trouvoit toujours des raisins mûrs au temps de sa fête.

Strabon dit que cette île prit dans la suite le nom d'*Hélène*.

CRANAI. Ortélius prétend que c'est l'ancien nom des habitans de la ville d'Athènes.

CRANAOS, ville de l'Asie mineure, dans la Carie. Pline en parle comme d'une ville qui ne subsistoit plus.

CRANDA. Pline nomme ainsi une ville de l'Ethiopie, sous l'Egypte.

CRANEUM LUCUS, ou *le Crané*, bois de Cyprès, au sud de *Corinthe*, & près de la ville. C'étoit où se tenoit Diogène. Plutarque rapporte qu'Alexandre alla l'y voir. Le mot du philosophe en cette occasion est connu.

CRANIA, montagne de Grèce, dans l'Ætolie, aux environs de la ville d'*Ambracia*, selon Pline.

Cette montagne donnoit son nom à une contrée, selon Etienne de Bysance.

CRANII, ville de l'île de Cephallenie. Elle étoit à l'ouest, sur un petit golfe. C'étoit une des quatre villes les plus distinguées de l'île.

CRANITÆ. Zonare dit que l'on nommoit ainsi des montagnes de l'Italie, dans le pays des Samnites.

CRANIUM. *Voyez* CRANEUM.

CRANON, ville de la Thessalie, dans la Pélasgiotide, qui comprenoit une grande partie de la vallée de Tempé, où se trouvoit *Cranon*. Elle étoit à l'est de Pharsale, & à l'ouest du lac Bœbéis, à cent stades sud-ouest de Gyrtone. Diactorides, dont Hérodote dit qu'il étoit de la famille des Scopades, & qui se rendit, avec tant d'autres concurrens, dans la ville de Sicyone, auprès de Clisthène, pour y épouser Agariste sa fille, étoit de *Cranon*. Cette famille étoit si opulente, que ses richesses avoient passé en proverbe.

CRANON, ville de Grèce, dans l'Athamanie, vers la source de l'Acheloüs. M. d'Anville ne l'a pas placée sur sa carte de la Grèce.

CRANTIA, ville maritime de l'Hispanie. Dion Cassius rapporte que Didius y battit la flotte de Varrus. Ambroise Moralès croit qu'il faut lire *Carteia*.

CRAPATHUS. *Voyez* CARPATHUS.

CRASERIUM, contrée de la Sicile, selon Etienne de Bysance.

CRASPEDITES SINUS, golfe de l'Asie mineure, dans la Bithynie, selon Pline. Il est nommé golfe d'*Olbia* par Pomponius Méla.

CRASSOPOLIS. Gallien nomme ainsi une ville. Ortélius croit que c'est celle de *Craso*, que l'histoire mêlée place dans la Phrygie.

CRASTIS. On trouve ce nom ainsi écrit. *Voyez* CRATHIS.

CRASTUS, ville de la Sicile, selon Etienne de Bysance & Suidas.

CRASTUS MONS, montagne de la même île.

CRASUS, ville de la grande Phrygie, selon la notice d'Hiéroclès.

CRATAIS, petit fleuve, à l'extrémité de l'Italie. Il couloit entre *Colunna* & *Cænys*, & se jetoit à l'ouest dans le détroit de Sicile.

CRATEÆ, *ou* CRATEIÆ (Κραταιαι) INSULÆ, îles du golfe Adriatique, près de celles de *Pharus* & d'*Issa*.

CRATER. Les anciens donnoient ce nom au golfe appelé aujourd'hui *golfe de Naples*. Ce nom lui venoit de sa forme ceintrée, qui lui donnoit à-peu-près la figure d'une coupe.

CRATERAS. Ammien Marcellin dit que c'est le nom d'une maison de l'Asie, dans la Syrie, à vingt-quatre mille pas d'Antioche. Il ajoute qu'Apollinaire, gouverneur de la Mésopotamie, fut tué dans cette maison.

CRATERII PORTUS, nom d'un port de l'Asie mineure, dans l'Æolide. Thucydide le place dans le territoire de la ville de Phocée.

CRATERUS. Frontin nomme ainsi une forteresse qui faisoit partie de la ville de Trœzène, dans le Péloponnèse.

CRATHIS (*Crati*), petit fleuve de l'Italie, dans le *Brutium*. Il commençoit au sud-est de *Consentia*, remontoit au nord jusqu'à *Caprasiæ*, d'où il alloit par nord-est se jeter dans le golfe de Tarente, tout près de Sybaris. Strabon dit que les eaux de ce fleuve blanchissoient les cheveux de ceux qui en buvoient : elles étoient, de plus, utile en médecine. Hérodote & Pausanias disent qu'il avoit pris son nom du Crathis de l'Achaïe. En le nommant *le sec*, Hérodote veut probablement indiquer qu'en été il avoit peu d'eau. Peu loin de l'embouchure du *Crathis*, il y avoit un temple de Minerve surnommée *Crathienne*. Il avoit été bâti par Doriée, après que, conjointement avec les Crotoniates, il eut pris la ville de Sybaris.

CRATHIS (le), fleuve de l'Achaïe, à l'est de *Bura*.

Il avoit sa source dans l'Arcadie, & couloit du sud-ouest au nord-est, où il alloit se jeter dans le golfe de Corynthe : il recevoit l'Alysson & le Styx. Pausanias en parle ainsi :

« Dans le pays même des Phénéates, après le temple d'Apollon Pythius, en avançant un peu, vous vous trouverez dans le chemin qui conduit au mont *Crathis*. Le fleuve *Crathis* prend sa source dans cette montagne. Il se jette dans la mer auprès d'Æges, bourgade déserte aujourd'hui, mais qui autrefois étoit une ville des Achéens. Le *Crathis*, fleuve d'Italie dans le pays des Brutiens, a pris son nom du *Crathis* d'Achaïe (1) ». Ce fleuve n'est jamais à sec.

CRATHIS, montagne du Péloponnèse, dans l'Arcadie, dans laquelle un fleuve de son nom prend sa source. Cette montagne étoit près de Cyllène, selon Pausanias, *L. VIII*, Arcad. *ch. 15*.

CRATHIS. Eustathe, sur la Périégèse de Denys, nomme ainsi un fleuve de l'Asie, dans la Cilicie.

CRATIA, ville de l'Asie, dans l'Honoriade. Elle étoit épiscopale, selon la notice de Hiéroclès. Elle est nommée *Cratea* dans la notice de Léon-le-Sage.

CRATINOPOLIS, ville épiscopale d'Afrique, dans la Mauritanie césarienne, selon Victor d'Utique, cité par Ortélius.

CRAVALIDÆ, *ou* CRAUGALIDÆ, petite contrée de la Grèce, dans la Phocide. Elle étoit auprès de la ville de Cyrrha, selon Suidas.

CRAUGIÆ, petites îles sur la côte du Péloponnèse, près du cap Spirée, selon Pline, *L. IV*, *c. 12*.

CREDILIUM, lieu de la Gaule, actuellement Creil, selon Cellarius, chez les *Bellovaci*. M. d'Anville n'en fait pas mention dans sa notice.

(1) M. Larcher observe qu'Hérodote le dit de même.

CREFENNÆ,

CREFENNÆ. Jornandès dit que c'est le nom d'un ancien peuple du nord. On croit que ce sont les *Scritifenni* dont parle Procope.

CREIOPOLUS, montagne du Péloponnèse, dans l'Argolide. Elle étoit située sur la route de Tégée à Argos, selon Strabon.

CREIUS MONS, nom d'une montagne du Péloponnèse, dans l'Argolide, selon Strabon.

CREMÆ, ville de l'Asie, dans le Pont, selon Etienne de Bysance.

CREMASEA, ville attribuée à l'île de Cypre, mais sur laquelle on n'a aucune autre connoissance.

CREMASTA, nom d'un lieu de l'Asie, que Xénophon place près de la ville d'Antandre.

CREMERA, rivière de l'Italie, dans l'Etrurie. Elle se jette dans le Tibre, cinq milles au-dessus de Rome, selon Tite-Live & Ovide. On rapporte que c'est sur le bord de cette rivière que trois cens Fabiens tombèrent dans une embuscade & furent tous tués. Cette rivière est aujourd'hui nommée *Bagano*, ou *la Volca*.

Auprès étoit un lieu de défense que l'on nommoit *Cremeræ Castellum*.

CREMMYON. C'est ainsi que Pline & Scylax écrivent le nom du lieu appelé, par le plus grand nombre d'auteurs, *Crommyon. Voyez* ce mot.

CREMNA, ville de l'Asie, dans la Pisidie, selon Ptolemée & Strabon. Ce dernier cite Artémidore.

CREMNA, ville épiscopale de l'Asie, dans la seconde Pamphylie, selon des notices grecques.

CREMNI, ville de la Sarmatie européenne, près du Palus-Méotide & du Tanaïs, selon Hérodote & Ptolemée. Le premier dit que c'étoit une ville de commerce.

CREMNISCOS, ville de la Sarmatie européenne. Pline la place au-delà de l'Ister.

CREMONA (*Crémone*), ville de la Gaule transpadane, vers le sud-ouest, près du Pô. Lorsque le pays eut passé au pouvoir des Romains, ils envoyèrent une colonie dans cette ville l'an de Rome 535 : une seconde y passa en 562. Cette ville devint de plus en plus considérable. Dans la guerre d'Antoine & d'Auguste, elle avoit pris parti contre ce dernier : il en abandonna, ainsi que du territoire, le pillage à ses soldats. Elle avoit recouvré son état florissant, lorsqu'au commencement de l'empire de Vespasien, les soldats de cet empereur la brûlèrent.

Elle fut encore dévastée par les Goths, en l'an 630 de J. C.

CREMONA, nom d'un lieu de la Dalmatie. Procope le met auprès de la ville de Salone.

CREMONIS JUGUM, nom d'une montagne dans les Alpes, selon Appien. Une ancienne tradition prétendoit qu'Annibal avoit passé par-là.

CRENI, nom d'un lieu de l'Asie mineure, dans la Phrygie. C'est là que la Fable prétend que Marsyas fut vaincu par Apollon.

CRENIDES, lieu maritime de l'Asie mineure, dans la Bithynie. Arrien & Marcien d'Héraclée le placent sur le bord du Pont-Euxin, entre le port de *Sandaraca*, & la ville de *Psylla*.

CREON, nom d'une montagne de l'île de Lesbos, selon Pline & Aristophane.

CREONES, peuple qui habitoit dans la partie septentrionale de l'île d'Albion, selon Ptolemée. Ce peuple étoit voisin des Cérons.

CREONIUM, nom d'une ancienne ville de la Macédoine, dans la Dassarétide, & près du lac Lychnide, selon Polybe.

CREOPHAGI, peuple de l'Ethiopie, sous l'Egypte. Strabon les place au-dessus du port d'Antiphile. Il ajoute que hommes & femmes avoient une espèce de circoncision.

CREOPOLUS. *Voyez* CREIOPOLUS. On croit que c'est le *Creius Mons* de l'Argolide.

CREPEDULENSIS, siège épiscopal d'Afrique, dans la Byzacène, selon la notice épiscopale d'Afrique.

CREPERULENSIS. La conférence de Carthage nomme ainsi une ville épiscopale d'Afrique.

CREPSA, île de la mer Adriatique, selon Ptolemée. Elle est nommée *Crexa* par Pline. C'est aujourd'hui *Cherzo*, selon Ortélius.

CREPSTINI, peuple qui habitoit vers les embouchures du Rhin, selon un fragment de la table de Peutinger.

CRESA, *ou* CRESSA, selon les divers exemplaires de Ptolemée, ville de l'Asie mineure, dans la Doride.

CRESIMENSIS, siège épiscopal de l'Afrique. Il en est fait mention dans les actes de la conférence de Carthage.

CRESIUM. Théopompe, cité par Etienne de Bysance, nomme ainsi une ville de l'île de Cypre.

CRESIUS MONS, montagne de l'Arcadie, au nord-est de *Megalopolis*, & près de Tégée, sur laquelle il y avoit un temple de Mars *Aphnées*. Il en est fait mention par Pausanias.

CRESSA, port de l'Asie mineure, dans la Doride, selon Ptolemée & Pline. Ce dernier le met à onze mille pas de l'île de Rhodes.

CRESSA, ville de l'Asie mineure, dans la Paphlagonie, selon Etienne de Bysance.

CRESSUM, place forte d'Asie, vers la Mésopotamie, selon Guillaume de Tyr, cité par Ortélius.

CRESTON, *ou* CRESTONE, ville de Thrace, & probablement la capitale de la Crestonie, province de ce pays. Denys d'Halicarnasse, & la plupart des traducteurs & des commentateurs d'Hérodote, confondent cette ville avec Cortone, ville de l'Ombrie : mais il paroît qu'ils n'ont point entendu ce dernier historien. Cette ville, située au-dessous des Tyrrhéniens, autres peuples de la Thrace (1), étoit occupée par des Pélasges, qui, du temps d'Hérodote, parloient encore la même

(1) Il ne faut pas les confondre avec ceux de l'Italie.

langue que les anciens Pélasges : du moins cet auteur le conjecture, parce qu'à Placie & à Scylacé, qui étoient des colonies de Pélasges, on parloit la même langue qu'à Crestone, autre colonie de ce même peuple.

CRESTONIA (1), province de la Thrace, au-dessus de l'*Amphaxitis*, & du golfe Thémaïque. (*Voyez* CRESTON, & CRESTONICA REGIO.)

CRESTONIATES & CRESTONII, étoient le même peuple. Il y a grande apparence que l'un de ces noms étoit affecté aux habitans de la ville, & l'autre à ceux de son territoire. Ils habitoient, dans la Thrace, le *Crestonia*.

CRESTONICA REGIO. Hérodote, qui emploie ce mot, sous-entend le mot γη, qui signifie *terre*. Ce pays étoit une contrée de la Thrace. L'*Echidorus*, petite rivière, y prenoit sa source. (*Table géogr. à la fin de l'Hérod. t. VII, p. 113.*)

CRETA (*Candie*). L'île de Crète est la plus considérable de toutes celles de la Grèce : elle est beaucoup plus longue que large, & un peu inclinée du nord-ouest au sud-est. Une longue chaîne de montagnes la traverse dans sa longueur, comprise entre les 41e & les 44e degrés de longitude : elle est en partie située sous le 35e degré de latitude, au-dessus duquel elle s'élève de 40 minutes dans la partie du nord-ouest.

Les montagnes les plus considérables étoient le mont *Ida*, sur lequel on prétendoit que Jupiter avoit été élevé : elle étoit à peu près au milieu de l'île : le mont *Dicte*, appelé aussi *Montes Leuci*, ou monts blancs, parce qu'ils étoient continuellement couverts de neige à l'ouest. Il n'y a point de fleuves navigables dans l'île ; mais elle offre sur ses côtes plusieurs bons ports & quantité de baies.

Les principales villes étoient..... sur la côte septentrionale, *Cydonia*, & *Cnossus*.... dans la partie méridionale, mais non pas sur la mer *Gortyne*, au sud-ouest de la précédente.

Cette île étoit célèbre dans l'antiquité par plusieurs traits, dont les uns fabuleux, tels que le fameux labyrinte, l'existence du Minautore, né des amours de Pasiphaé & d'un taureau ; le combat de Thésée contre ce Minautore, &c. les autres historiques, tels que le règne de Minos, si connu par ses loix sages & ses conquêtes dans toute la mer de Grèce ; les mœurs simples de ses premiers habitans, la perfidie & la mauvaise foi de leurs descendans. Les anciens ont placé d'abord dans l'île de Crète des *Idæi*, des *Dactyli*, & des *Curètes* : ce sont autant de points d'antiquité dont la discussion seroit ici hors de place.

Les anciens ont dit que l'île de Crète avoit eu jusqu'à cent villes, dont quatre-vingt-dix avoient précédé la guerre de Troyes, & dix autres y avoient été fondées depuis par les Doriens. Ptolemée n'en compte que quarante : les autres avoient disparu.

Le gouvernement y fut long-temps monarchique ; le gouvernement républicain succéda. Un conseil général, dont parle Aristote, décidoit les affaires de la nation. Le peuple avoit aussi son influence dans les affaires : mais les villes les plus puissantes, voulant s'élever au-dessus les unes des autres, il en résulta des guerres presque continuelles. Au temps de Philippe, père de Persée, les Gnossiens & les Gortyniens avoient presque réduit toute l'île, & l'avoient partagée entre eux : mais cette puissance, car ils jouèrent pendant quelque temps un rôle considérable, fut écrasée par la puissance des Romains. Le consul Métellus y conduisit une armée & la soumit.

Géographie de l'île de Crète, selon Ptolemée.

Côte occidentale.

Corycus, prom. & ville.	*Rhamnus*, port.
Phalasarna.	*Inachorium*.
Chersonesus.	*Criu-Metopon*, prom.

Côte méridionale.

Lissus.	*Lebena*.
Tarba.	*Cataractus*, fleuve.
Pœcilasium.	*Letiæus*, fleuve.
Hermæa, prom.	*Inatus*, ville.
Phœnicis Portus.	*Hièron Oros*, *ou* le Mont sacré.
Pœnix, ville.	*Hièra Petra*.
Massalias, fleuve.	*Erythræum*, prom.
Psychium.	*Ampelus*, prom.
Helectrus, fleuve.	*Itanus*, ville.
Matalia.	
Leon, prom.	

Côte orientale.

Samonium, prom.	*Olulis*.
Minoa, port.	*Chersonnesus*.
Camara, ville.	*Zephyrium*, prom.

Côte septentrionale.

Heracleum.	*Drepanum*, prom.
Panormus.	*Minoa*.
Apollonia (2).	*Pycnus*, fleuve.
Cytæum.	*Cydonis*.
Dion, prom.	*Cyamon*, prom.
Pantomatrion.	*Dictamnum*.
Rhithymna.	*Psacum*, prom.
Amphimalis, golfe.	*Cisamus*, ville (3).

(1) Il me paroît que c'est par méprise que le graveur a mis *Grestonia* sur la carte de M. d'Anville.

(2) Cette ville est omise dans la traduction que j'ai sous les yeux. Edit. d'*Amstelodami* de la bibliothèque du roi.

(3) J'ai nommé les montagnes précédemment.

Dans l'intérieur de l'île.

Polyrrhenia.	*Eleutheræ.*
Apterea.	*Gorthyna.*
Artacina.	*Pannona.*
Lappa.	*Cnossus.*
Subrita.	*Lyctus.*

Iles qui avoisinent la Crète.

Claudus, dans laquelle étoit une ville de même nom.	*Cimolis*, avec une ville de même nom.
Letoa.	*Melos*, avec une ville de même nom.
Dia.	

On voit que Ptolemée nomme ici quelques îles qui sont assez éloignées de l'île de Crète, & qu'il en omet quelques-unes qui en sont assez proches.

CRETEA, contrée du Péloponnèse, dans l'Arcadie, selon Pausanias. Il ajoute que Jupiter y fut élevé, & non dans l'île de Crète.

CRETENIA. Etienne de Bysance nomme ainsi un lieu de l'île de Rhodes. Cet auteur ajoute que ce fut en ce lieu que demeuroit un certain Althemenes, qui, averti par un oracle qu'il tueroit son père, s'étoit enfui de la maison paternelle, avoit eu le malheur d'accomplir l'oracle : mais il paroît qu'il y a ici une double méprise : Diodore, qui raconte le même fait, dit que c'étoit Althæmenes, fils d'un roi de Crète, & qu'il s'étoit retiré dans l'île de Rhodes.

CRETENSES, les Crétois. *Voyez* CRETA.

CRETHOTE, ville de la Chersonnèse de Thrace, située sur le bord de la Propontide, selon Scylax. Elle est nommée *Crithote* par Pline.

CRETOPOLIS, ville de l'Asie, dans la Carbalie, contrée de la Pamphylie. Il en en est fait mention par Diodore de Sicile, Polybe & Ptolemée. Quelques exemplaires de ce dernier portent *Cressopolis.*

CREUSIA. (*Voyez* CREUSIS.)

CREUSIS, ville maritime de la Béotie, située sur le golfe de Corinthe. C'étoit là qu'étoit l'arsenal des Thespiens, selon Pausanias, *L. IX*, Béotic. *ch. 32.*

Strabon & Tite-Live la nomment *Creusa.*

CREXA, île de la mer Adriatique, sur la côte de l'Illyrie, selon Pline. C'est la même que Ptolemée nomme *Crepsa*, aujourd'hui *Cherzo.*

CRIALON, ville d'Egypte, selon Pline. Le P. Hardouin doute s'il ne faudroit pas lire *Crocodilon.*

CRIBITÆNI, peuple qui faisoit partie des Slavons septentrionaux, selon Constantin Porphyrogénète. Ils étoient tributaires des Russes.

CRIBITZÆ, peuple qui faisoit partie des Sclavons septentrionaux, selon Constantin Porphyrogénète. Ils étoient tributaires des Russes.

CRIMISA, *ou* CRIMISSA, promontoire de l'Italie, dans le pays des Brutiens, selon Strabon & Lycophron, qui en fait mention à l'occasion de Philoctète, qui fut reçu dans le pays de *Crimisa*, à son retour du siège de Troyes.

CRIMISA, *ou* CRIMISSA, ville de l'Italie, dans le pays des Brutiens. Elle étoit située sur le promontoire du même nom, auprès de Crotone & de *Thurium*, selon Strabon & Etienne de Bysance. Philoctète passoit pour être le fondateur de cette ville. Strabon dit que cette ville est nommée *Chone* par Apollodore.

C'est aujourd'hui *Ciro.*

CRIMISUS, *ou* CRIMISSUS, rivière de l'Italie, dans le pays des Salentins. Elle avoit son embouchure dans le golfe de Crotone, selon Etienne de Bysance.

CRIMISUS, CRIMISSUS, *ou* CRINISUS, rivière de la Sicile. Elle va se perdre dans celle d'Hypsas, selon Cellarius. On croit qu'elle se nomme aujourd'hui *Belice Destro.*

CRINISUS, fleuve. Virgile parle de ce fleuve, que l'on soupçonne être le même que le *Crimisus*, fleuve de la Sicile.

CRIOA, bourg de Grèce, dans l'Attique. Etienne de Bysance & Suidas le placent dans la tribu Antiochéide.

CRISPIANA, nom d'un lieu de la Pannonie, sur la route de *Sirmium* à *Carnuntum*, entre *Ulmi* & *Mursa*, selon l'itinéraire d'Antonin.

CRISPICIA. La notice de l'empire nomme ainsi un lieu de la Dacie ripensis. Il étoit situé sur le bord du Danube.

CRISSA, *ou* CRISA, ville des Locriens Ozoles, près du golfe *Crisæus*, formé par une portion du golfe de Corinthe; il y a eu, même parmi les anciens, quelques erreurs concernant cette ville. 1°. Un ancien scholiaste de Pindare prétend que, par le nom *Crissa*, on a voulu désigner la ville de Delphes : c'est une bévue trop forte, même pour un scholiaste, quoique cette classe d'hommes soit en possession d'en faire d'assez grossières; 2°. plusieurs auteurs, tels que Pausanias, l'auteur du grand étymologique, *&c.* ont pensé que *Crissa* étoit la même ville que Cirrha. Cette opinion semble être démontrée fausse par Ptolemée & Pline.

3°. De tout ce qui a été écrit sur cet objet par les anciens & par les modernes, Paulmier de Grantménil, Casaubon, MM. de Valois, Fréret, l'abbé Gédoyn, *&c. Mém. de litt. T. III & V*, on peut conclure, ce me semble, & c'est le sentiment adopté par M. d'Anville, que *Cirrha* étoit le port, & que *Crissa* étoit la ville. Elle avoit donné son nom à un territoire assez étendu. Je dois seulement remarquer que Strabon la plaçant à l'extrémité méridionale du mont *Cirphis*, M. d'Anville s'est écarté du sentiment de cet auteur, en nommant *Cirphis* la petite chaîne de montagnes qui forme un promontoire entre le golfe de *Crissa*, au nord-ouest, & celui d'Anticyre, au sud-est.

On voit par cette double possession d'une ville, dont le territoire est nommé par Strabon ευδαιμον, ou l'*heureux*, & d'un port sur le golfe de Corinthe, que les Crisséens étoient un peuple considérable pour ce temps-là. M. de Valois pense qu'Anticyre faisoit partie des états des Crisséens. Ce peuple se livra au commerce, & devint riche; mais les richesses les rendirent insolens, puis injustes. Ils avoient d'abord exigé des droits sur les marchandises qui entroient dans leur port; rien de si simple, on n'y venoit que pour s'enrichir, ils devoient en tirer parti. Mais ils allèrent jusqu'à en mettre sur ceux que la dévotion ou la curiosité conduisoient au temple de Delphes par leur territoire. Cette conduite étoit absolument contraire à une ordonnance des Amphictions, qui vouloit que tout homme, soit Grec, soit étranger, pût aborder librement à ce temple. Encouragés par le succès, & entraînés par une avidité insatiable, ils se jettèrent par intervalle sur les terres de leurs voisins, & enfin pillèrent le temple de Delphes, & volèrent dans le bois sacré, qui étoit tout près, tous ceux que la religion y avoit amenés. Ils commirent encore d'autres horreurs. Les Amphictions ne tardèrent pas à consulter l'oracle sur la conduite qu'il convenoit de tenir à l'égard des Crisséens : on se doute bien que la réponse ne fut pas favorable à ceux-ci. L'oracle ordonna de les attaquer, de les réduire à l'esclavage, & de consacrer leurs terres, délaissées sans culture, à Apollon, à Diane, à Latone & à Minerve. Après un siège long & très-meurtrier, la ville fut prise & absolument détruite : car on renversa ce que le feu avoit épargné; & ceux des Crisséens qui n'avoient pas péri par les armes de leurs vainqueurs, furent vendus comme esclaves. Cette guerre avoit duré dix ans.

En cherchant pourquoi Pline parle de cette ville & pourquoi Strabon n'en dit rien, M. Larcher pense que l'on la rebâtit peu de temps après que le dernier de ces auteurs eut écrit.

CRISSÆUS CAMPUS, plaine où se trouvoit la ville de *Crissa*. (*Voyez* ce mot).

CRISSÆUS SINUS, nom d'un golfe de Grèce, dans la Phocide. Il faisoit partie de celui de Corinthe & prenoit son nom de la ville de *Crissa*, selon Strabon. C'est aujourd'hui *Golfo di Salona*.

CRISTENSI, peuple d'Ethiopie, sous l'Egypte, selon Pline, *L. VI, c. 30*.

CRISTONÆI, nom d'un peuple que Stobée place dans le voisinage de la Scythie. Il ajoute que les femmes s'y brûloient vives sur le corps de leurs maris morts.

CRITALÆ, *ou* CRITALI, ville d'Asie, dans la Cappadoce, selon Hérodote, *L. VII, c. 26*. Je la nomme ainsi au nombre plurier; car dans l'auteur cité, le seul qui en parle, ce nom a un cas oblique. (ἐκ Κριτάλων). La Martinière a écrit *Cristala*, c'est une double faute.

CRITH, torrent de la Palestine, qui commençoit dans l'Acrabaterre, près de *Silo*, couloit par le nord-ouest, passoit au sud-est de *Phasælis*, & se jetoit dans le Jourdain. On a écrit aussi *Corath*.

CRITHOTE, ville de la Chersonnèse de Thrace, selon Pline. Elle étoit située sur le bord de la Propontide. Elle est nommée *Crethote* par Scylax.

CRIUMETOPON (*Aïa*), ou *le Front du Bélier*, promontoire de la Chersonnèse taurique, & la pointe la plus méridionale de cette presqu'île.

CRIUMETOPON, promontoire de l'île de Crète.

CRIUS. Selon Suidas, c'est le nom d'un bourg municipal de Grèce, dans l'Attique.

CRIUS, rivière du Péloponnèse, dans l'Achaïe. Elle avoit sa source dans des montagnes au-dessus de Pallène, & alloit se perdre dans la mer auprès de la ville d'Egyres, selon Pausanias.

CRIXIA, ville de l'Italie, dans la Ligurie. Elle étoit située entre *Aquæ* & *Canalicum*, selon l'itinéraire d'Antonin.

Sur la carte de M. d'Anville, elle est placée au sud-ouest d'*Aquæ Statiellæ*.

CROBIALUS, *ou* CROBIALUM, petite ville de l'Asie, située près du Pont-Euxin, vers la Paphlagonie, selon Valerius Flaccus & Apollonius.

CROBYSI, peuple qui habitoit au-delà du fleuve Axius, selon Pline, & sur le bord de l'Ister, selon Etienne de Bysance. C'étoit un peuple de Thrace, selon Athénée. Ptolemée le compte parmi ceux de la basse Mœsie.

CROCALA. Pline & Arrien nomment ainsi une île sablonneuse, qu'ils placent près de l'embouchure du fleuve Indus.

CROCEÆ, *ou* CROCEA (*Crocée*), petit bourg de la Laconie, au sud-est d'*Helos*.

On y trouvoit une carrière de pierres fort dures, & propres à être employées dans les lieux où la pierre a le plus à craindre des injures de l'air ou du frottement des eaux. Pausanias vit auprès de ces carrières, des statues des Dioscures, en airain; & un peu au-delà, un temple de Jupiter *Crocéates*.

CROCIATONUM PORTUS, ville capitale des peuples *Unelli*. Elle étoit située dans la partie maritime de la Gaule lyonnoise, selon la table de Peutinger. Ptolemée en fait mention.

Le plus grand nombre des géographes disent que c'est aujourd'hui *Carentan*.

CROCIUS. Strabon nomme ainsi une campagne de Grèce, dans la Thessalie. Il ajoute qu'elle étoit traversée par le fleuve *Ambrissus*.

CROCO-CALANA, ville de l'île d'Albion, sur la route de *Londinium* à *Lindum*, entre *Lindum* & le lieu *ad Pontem*, selon l'itinéraire d'Antonin.

CROCODILOPOLIS (*Feïum*), ville d'Egypte, au sud-est du lac *Mœris*; elle est connue aussi sous le nom d'*Arsinoé*, & fut capitale du nôme *Arsinoïtes*. On y adoroit les crocodiles d'une manière particulière. Strabon dit que l'on en nourrissoit dans des étangs où ils étoient apprivoisés, & venoient prendre, de la main de ceux qui les nourrissoient, de la viande & du pain : ils se laissoient même ouvrir la gueule pour que l'on y versât un breuvage préparé.

CROCODILOPOLIS, autre ville d'Egypte dans le nôme *Aphroditopolites*, sur la gauche du Nil, dans la Thébaïde.

CROCODILOPOLIS, ville d'Asie, dans la Phénicie. Elle étoit située au midi, mais au voisinage de la ville de *Dora* (ils auroient pu dire même au sud de *Cæsarea*), selon Strabon & Pline, qui en parlent comme d'une ville qui ne subsistoit plus. Le dernier la nomme *Crocodilon*.

CROCODILORUM LACUS. Ce lac étoit dans la Palestine, ou plutôt sur la côte de la Phénicie, au sud de *Cæsarea*, & probablement c'étoit près de ce lac qu'avoit existé la ville de même nom.

Ce lac recevoit le fleuve *Cana*, qui sortoit du mont *Garizim*.

CROCODILUS, montagne d'Asie, dans la Cilicie. Pline la met auprès du passage du mont Aman.

CROCOLANUM, ville de l'île d'Albion, chez les *Contani*.

CROCOTUS CAMPUS, campagne de Grèce, dans la Thessalie.

CROCYLEA, *ou* CROCYLÉE. On n'est pas d'accord sur l'orthographe du nom de cette ville, non plus que sur l'objet qu'il désigne. Homère écrit Κροκύλεια, & Thucydide Κροκυλιον. Mais ce dernier auteur dit qu'il entend parler d'une ville de l'Etolie. Le passage d'Homère n'est pas, à beaucoup près, si précis. Comme en parlant des peuples de l'île d'Ithaque que conduisoit Ulysse, il paroît confondre avec eux les habitans de Crocylée; on a cru que cette Crocylée appartenoit à la même île. On voit par Etienne de Bysance, qu'Héracléon, fils de Glaucus, croyoit Ithaque divisée en quatre parties, dont Crocylée fait nombre. Mais on peut conjecturer qu'il supposoit cette division pour expliquer le vers d'Homère, quand on voit que Strabon, ce géographe si exact, entend Homère différemment, & assure qu'il joint aux habitans de l'île d'Ithaque ceux de Crocylée, qui étoit aux Acarnaniens. Et il ajoute un exemple tiré du même poëte, par lequel il fortifie ce sentiment. Quant à ce que j'ai dit que Crocylée appartenoit à l'Etolie, nulle difficulté; on sait que les limites entre ces deux états n'ont pas toujours été les mêmes.

CROCYLIUM, *ou* CROCYLION, ville de Grèce, dans l'Etolie, selon Thucydide : M. d'Anville la place à quelque distance dans les terres. *Voyez* CROCYLEA.

CRODUNUM, lieu de la Gaule. Il en est fait mention par Cicéron. Ce lieu étoit aux environs de Toulouse.

CROINOS. Constantin Porphyrogénète, cité par Ortélius, nomme ainsi un lieu de l'Asie mineure.

CROIS, ville des Arabes, selon Hécatée, cité par Etienne de Bysance.

CROITES NOMOS. Selon Etienne de Bysance, on nommoit ainsi le territoire de la ville de *Cros*, située en Egypte.

CROMITIS, contrée de la Grèce, dans le Péloponnèse. Elle étoit le long de l'Alphée, selon Pausanias. C'étoit le territoire du bourg *Cromum*, dans l'Arcadie.

CROMMYON, *ou* CROMMYN ACRIS, promontoire de l'île de Cypre, à l'extrémité de la presqu'île la plus avancée, vers le nord, entre *Soloe*, au sud-ouest, & *Lapethas*, au sud-est.

Il en est fait mention par Dion Cassius & par Strabon. C'est aujourd'hui *Capo Cormachiti*.

CROMMYON, *ou* CROMYON, village de Grèce, dans le territoire de Corinthe; mais auparavant il avoit été de la Mégaride, selon Strabon.

Quant à ce qui concerne le brigand Pityocamptès, *voyez* l'article CROMYON.

CROMMYONNESUS. Pline nomme ainsi une petite île de l'Asie mineure. Il la place dans le voisinage de la ville de *Smirna*.

CROMNA, ville située sur la côte de la Paphlagonie, près du fleuve Parthenius.

Etienne de Bysance prend cette ville pour l'ancienne Amastris; mais il se trompe, puisque, selon Arrien, il y avoit cent vingt stades de distance entre ces deux villes. Cette ville de *Cromna* étant détruite, contribua, ainsi que plusieurs autres lieux, à l'agrandissement d'Amastris.

CROMNUM, ville de Grèce, dans le Péloponnèse. Elle étoit située près de Mégalopolis, selon Xénophon & Athénée.

CROMONUM, forteresse de la partie la plus septentrionale de l'Italie, dans la Vénétie, selon Sigonius.

CROMUM, bourg du Péloponnèse, dans l'Arcadie. Pausanias dit qu'on n'en voyoit plus que les ruines. Cet ancien ajoute que le territoire de ce bourg étoit nommé *Cromitis*.

CROMYON, bourg de la Corinthie, sur le golfe à l'est de *Schœnus*.

On prétendoit qu'il avoit pris son nom de Cromus, fils de Neptune. Ce lieu étoit encore célèbre au temps de Pausanias pour avoir donné le jour, dans les premiers temps de la Grèce, au fameux scélérat nommé *Sinis*, & surnommé *Pityocamptès*, ou le courbeur de pins.

Ce brigand, dit-on, arrêtoit en ce lieu les voyageurs, leur attachoit les jambes & les bras à des pins qu'il courboit jusqu'à terre : rendant aux arbres la liberté de se redresser, la force de leur ressort écarteloit ces infortunés. Thésée le fit périr de la même manière. Pausanias dit avoir vu sur le rivage un pin qui rappeloit le souvenir de cet événement : c'étoit vers la pointe de l'isthme qu'il exerçoit ces cruautés.

Là se voyoit aussi un autel de Mélicerte. Lorsqu'Ino se fut précipitée dans la mer, la fable ajoute qu'un dauphin l'apporta sur le rivage. Sisyphe l'y ayant trouvée, la fit inhumer en ce lieu, & institua en son honneur des jeux *isthmiques*.

CRONII TUMULUS. Polybe nomme ainsi une hauteur de l'Hispanie, auprès du port de la ville de Carthagène.

CRONIUM, *ou* CORNIOS. Selon les différentes éditions de Ptolemée, montagne du Péloponnèse, dans le territoire de Corinthe. Ce doit être *Cromyon*.

CRONIUM MARE, nom de la mer septentrionale, qui est à une journée de navigation au-delà de Thulé, selon Pline. Elle est nommée *Mare Pigrum* par Tacite. C'est aujourd'hui la mer Glaciale.

CRONIUS MONS, montagne de Grèce, dans le Péloponnèse. Denys d'Halycarnasse la place auprès de l'Alphée, dans le territoire de la ville de Pyle.

CROPHI, montagne d'Egypte, entre Elephantine & Syène. Les sources du Nil, selon Hérodote, étoient entre cette montagne & celle de Mophi. Il cite pour garant de cette assertion, le garde des trésors sacrés de Minerve à Saïs.

CROPIA, village de Grèce, dans l'Attique. Suidas le met dans la tribu Léontide.

CROS, ville d'Egypte, selon Etienne de Bysance.

CROSSA. Etienne de Bysance dit que c'est le nom d'une ville qui étoit située sur le bord du Pont-Euxin.

CROSSÆA, contrée d'Europe, qui faisoit partie de la Thrace avant que les rois de Macédoine l'eussent réunie à leur royaume. Elle étoit dans la presqu'île qui se trouve entre le golfe Thermaïque, à l'ouest, & le golfe de Strymon, à l'est. On y trouvoit les villes de *Lipaxos*, *Combrea*, *Lisæ*, *Gigonos*, *Campsa*, *Smila* & d'*Ænia*. Etienne de Bysance & Thucydide la nomment *Cronsis*; le premier dit qu'elle faisoit partie de la Mygdonie.

N. B. Cet article est très-fautif dans la Martinière.

CROTALUS, rivière de l'Italie, dans la Locride, selon Pline. Cette rivière est aujourd'hui nommée *le Corace*.

Dans la carte de l'Italie de M. d'Anville, cette rivière est placée dans le *Brutium*.

CROTON, *ou* COTRONA (*Cotrone*), ville d'Italie, sur les terres les plus orientales du Brutium, dans un petit golfe, au nord-ouest du promontoire *Lacinium*. Cette ville étoit regardée comme étant de fondation grecque; selon les historiens, ils y étoient venus sous la conduite de Mycellès, qui avoit été secondé dans son projet par Architas, fondateur de Syracuse. Mais au lieu d'une première fondation, ne peut-on pas croire que ce ne fut alors qu'une révification? car le mot *Corto* se retrouvant aisément dans *Karta*, mot oriental qui signifie *ville*, & les Phéniciens ayant couru toute cette côte, il paroît assez naturel d'attribuer à des orientaux la vraie fondation de Cortone. Que des Grecs s'y soient établis ensuite, c'est une suite naturelle de leur émigration & de leur conduite à l'égard de toute cette partie méridionale de l'Italie.

La ville de Crotone eut un double titre à la célébrité. Elle fut également recommandable par ses exercices militaires & athlétiques, & par ses écoles de philosophie. Il arriva même un jour que les sept vainqueurs des jeux olympiques étoient sept Crotoniates. C'est peut-être autant cet événement que la réputation de ses philosophes, qui avoient fait passer en proverbe, « que le dernier des Crotoniates étoit le premier des Grecs ». Il suffit de connoître le nom de Milon pour savoir qu'il étoit de Crotone. Sans doute la beauté de la ville répondoit à la célébrité de ses citoyens, puisque l'on disoit en proverbe: « en comparaison de Crotone, les autres villes sont bien peu de chose ». Il falloit qu'elle fût déjà bien déchue de ce haut degré de gloire, lorsque cent trente mille Crotoniates furent défaits par les Locriens à la bataille de la Sagra. Elle ne put se relever de cette perte. Pyrrhus ayant ravagé Crotone, & la ville étant déjà trop grande pour ses habitans, elle fut réduite à-peu-près à moitié; ensorte que le petit fleuve *Æsarus* qui la traversoit auparavant, ne fit plus qu'en arroser les murs. Les Romains ayant suivi Annibal de ce côté, mirent Crotone sous leur domination. Et sous le consulat de P. Cornélius Scipion & de T. Sempronius Longus, en 559, elle devint colonie romaine.

CROTONA, ville d'Italie, dans la Tyrrhénie, selon Etienne de Bysance. Elle est nommée *Cortona* & mise dans l'intérieur de l'Etrurie par Ptolemée. *Voyez* ce nom.

CROTONA, ville de l'Italie, dans l'Etrurie, selon Denys d'Halycarnasse. *Voyez* CORTONA.

CRUMERUM & CRUMERI, ville de la Pannonie inférieure.

CRUNI, ville de Grèce, dans le Péloponnèse. Strabon la place entre Chalcis & Pyle.

N. B. Ce nom, selon Etienne de Bysance, se donna à un lieu où il y avoit des fontaines, des sources, du grec κρουνοί. Probablement ce fut la même raison en différens endroits.

CRUNI, rivière du Péloponnèse. Elle couloit près de la ville du même nom.

CRUNI, appelée ensuite *Dyonisopolis*, ville de la basse Mœsie, sur le Pont-Euxin, au fond d'une anse au nord-est d'*Odessus*, & à l'ouest du cap *Tetrisias*.

CRUPTORICIS VILLA, nom d'un lieu du pays nommé *Frisia*, selon Tacite. Ortélius croit que c'est aujourd'hui *Crupswolde*, à une lieue de Groningue.

CRUSA, île de l'Asie mineure, sur la côte de la Doride, dans le golfe Céramique, selon Pline.

CRUSÆI. Les Cruséens, selon Denys d'Halycarnasse, étoient un peuple de la Macédoine, qui habitoit la contrée *Crusis*, qui faisoit partie de la Mygdonie.

CRUSINIE, lieu de la Gaule, selon la table de

Peutinger, entre *Cabillion* & *Pons Dubis*. M. d'Anville pense que ce lieu existoit où est actuellement Crissée, près de Dole.

CRUSIS, contrée de la Macédoine, dans la Mygdonie, selon Etienne de Bysance & Thucydide.

CRUSTUMERIUM, ville d'Italie, dans le pays des Sabins, mais réputée ville latine. Aussi la partie du pays où elle se trouvoit est-elle appelée *ancien Latium* (*Voyez Latium*). Il me paroît que M. d'Anville a porté la position de cette ville trop au nord; je crois voir en même temps ce qui peut l'avoir induit en erreur, si pourtant cet habile homme en a commis une. Le texte de Pline, *L. III, c. 5*, dit bien que vers le treizième mille, le Tibre séparoit le territoire de Véies de celui de *Crustumerium*; mais de même que Véies, située à l'ouest, n'étoit pas près du Tibre, on n'est pas, ce me semble, en droit de conclure que *Crustumerium* n'en étoit point non plus à quelque distance. Au contraire même, dès qu'il compare les territoires, ce ne sont pas les villes. De plus, puisque Varron appelle la retraite sur le mont sacré, *successio Crustumerina*, il s'ensuit que le mont étoit aussi sur le territoire de *Crustumerium*; il en résulte seulement l'étendue de ce territoire du mont sacré au treizième mille. Il est probable que la ville existoit entre cet espace.

M. l'abbé Chauppy se trouvant sur les lieux, a découvert, 1°. une voie qui se détachoit de la voie Nomentane, dès le pont de son nom; 2°. des ruines à une certaine distance, dans un lieu à-peu-près désert, & après le bois appelé actuellement *Bois de saint Jean*, du nom d'une tour qui s'y voit encore actuellement.

Dès l'an 4 de Rome, les Romains avoient fait la guerre aux Crustumériens, avoient ruiné leur ville, & en avoient amené les habitans à Rome.

CRUSTUMINUS AGER. Pline nomme ainsi un territoire de l'Italie, qu'il place dans l'Etrurie.

CRUSTUMIUM, *ou* CRUSTUMIUS, nom d'une rivière de l'Italie, selon Pline. Ce fleuve étoit dans l'Ombrie, chez les *Senones*, entre l'*Ariminus* & le *Pisaurus*.

CRYA, cap de l'Asie mineure, vers le milieu & dans la partie nord-ouest du golfe de Glaucus, vers le 37e deg. 30 min. de latit.

Pomponius Méla, *L. I, c. 16*, en fait mention.

Ce promontoire étoit à l'ouest-nord-ouest de celui de Telmissus.

CRYA, fontaine de l'Asie, dans la Cappadoce, près de Césarée, selon Curopalate, cité par Ortélius.

CRYA FUGITIVORUM, ville de l'Asie mineure, dans la Carie, selon Pline. Etienne de Bysance la met dans la Lycie. *Crya* étoit le nom d'un promontoire, selon Pomponius Méla.

CRYASSA, ville de l'Asie mineure, dans la Carie, selon Plutarque. C'est vraisemblablement la même qu'Etienne de Bysance nomme *Cryassus*.

CRYASSUS, ancienne ville de l'Asie mineure située dans la partie septentrionale du golfe de Glaucus, au nord du cap Crya, & au nord-ouest de la ville de Telmissus. Plutarque & Etienne de Bysance la nomment *Cryassus*; mais Ptolemée l'appelle *Carya*, & Pline, *Oppidum Fugitivorum*.

Des Ioniens & des habitans de Délos échouèrent sur la côte de la Carie, & reçurent l'hospitalité des habitans de *Cryassus*, qui firent le complot de les massacrer; ils furent avertis par les femmes, ils prévinrent les habitans, les massacrèrent & s'emparèrent de la ville. Cette ville faisoit partie d'une province connue sous le nom de *Peræa*, & qui fut long-temps soumise aux Rhodiens.

CRYEON INSULÆ. C'étoient trois petites îles, situées presque au fond & dans la partie septentrionale du golfe de Glaucus. Elles étoient au nord-nord-est du promontoire Crya, vers le 36e deg. 55 min. de latit. L'une de ces trois îles n'étoit qu'un rocher, & Etienne de Bysance nomme les deux autres *Carysis* & *Alina*. Il ajoute que ces îles appartenoient aux habitans de la ville de *Crya*.

CRYMNA, ville de l'Asie mineure, dans la Lycie, selon Zosime. C'étoit vraisemblablement la même que la *Cremna* de Strabon.

CRYNIS, rivière de l'Asie mineure, dans la Bithynie, selon Pline.

CRYON. Pline nomme ainsi une rivière de l'Asie mineure. Il ajoute qu'elle va se perdre dans l'*Hermus*.

CRYPTA. Ce nom, formé du mot grec *obscurité*, s'est donné particuliérement à des grottes profondes & obscures.

CRYPTA NAPOLITANA. C'est ainsi que les anciens nomment la grotte de Pausilipe, entre Naples & Pouzolles. Strabon dit διώρυξ κρυπτὴ, une fosse obscure. On voit bien que cela désigne le même local.

CRYPTUS, port de l'Arabie heureuse. Ptolemée le place dans le détroit du golfe Persique.

C T

CTEMENÆ, ville de Grèce, dans la partie de la Thessalie appelée *Æstiotide*.

CTENES. Ptolemée nomme ainsi un port de la Chersonnèse taurique. Il ajoute qu'il étoit auprès du fleuve Carcinite.

CTESIPHON (*Soliman-Pak*), ville de l'Asie, sur la rive gauche du Tigre, & la seconde des deux villes dont la grandeur a fait l'anéantissement de Babylone. Elle étoit située vis-à-vis de *Seleucia*.

On y voit encore les restes d'un vieil édifice voûté, qui est décoré du nom de *trône de Khosroès*.

CTISIANA, ville de la Mauritanie tingitane, selon Ptolemée.

CTISTÆ. Strabon nomme ainsi les *Abii*, peuple de la Scythie.

CTYLINDRINA, lieu de l'Inde, en-deçà du Gange, selon Ptolemée.

CTYPANSA, ville du Péloponnèse, dans la Triphylie, selon Strabon. Elle est nommée *Tympanæa* par Polybe, & *Tympaneia* par Ptolemée.

CU

CUARIUS, rivière de Grèce, dans la Béotie, selon Strabon.

CUBA, ville de l'Inde, que Ptolemée place en-deçà du Gange.

CUBALLUM, place forte d'Asie, dans la Galatie. Tite-Live, *L. XXXVIII, ch. 18*, en fait mention.

CUBDENSIS, siège épiscopal d'Afrique, dans la province proconsulaire, selon la conférence de Carthage.

CUBENA, ville d'Asie, dans l'Arménie, selon Ptolemée, *L. V, c. 13*.

CUBII. Les Cubiens sont placés par Ptolemée aux environs du lac Maréotide.

CUBULTERINI, peuple de l'Italie. Pline le place vers la Campanie.

CUCADMA, *ou* CUCUNDA. Selon les divers exemplaires de Ptolemée, ville de la Sarmatie asiatique. Cet auteur dit qu'elle étoit située auprès de la rivière de Burcus.

CUCASBIRI, nom de l'une des forteresses de la Thrace, que Justinien fit construire dans la province de Rhodope.

CUCCI, *ou* CUCCIUM, lieu de la Pannonie, près du *Savus*, selon le livre des notices de l'empire. Elle est placée entre *Bononia* & *Cornacum* par l'itinéraire d'Antonin. On croit que c'est aujourd'hui *Cérosicka*, ou *Curusca*.

CUCIOS, nom d'une fontaine de l'Ethiopie, près de la mer Rouge. Pline la place sur un promontoire, près du port d'Isis.

CUCULLÆ, CUCULLI, *ou* CUCULLE. Selon la table de Peutinger, c'étoit un lieu de la Norique, qu'Eugippius, dans la vie de S. Severin, traite de château. M. d'Anville l'a placé au sud-est de *Juvavum*.

CUCULLUM. Ce lieu, que Strabon indique dans le pays des Marses en Italie, n'est nommé nulle part ailleurs. M. l'abbé Chauppy pense que c'est une altération de quelque copiste, qui aura dénaturé ainsi le mot *Lucus* ou *Lucullum*. Car on sait qu'il y en avoit un, c'est-à-dire, un lieu sacré, en cet endroit.

Strabon place ce lieu sur la voie Valérienne & près d'Albe.

CUCUNDA, ville que Ptolemée indique dans l'intérieur des terres du royaume de Bosphore.

CUCUSSUS, *ou* CUCUSUS, ville épiscopale de l'Asie, qui avoit été autrefois de la Cappadoce, mais que l'on annexa à la petite Arménie, selon Théodoret. Elle étoit située sur le *Cannutus*. Elle est nommée *Cocusum* dans l'itinéraire d'Antonin.

CUDA FLUVIUS, fleuve de l'Hispanie, chez les Lusitaniens. Ce petit fleuve se rendoit dans le *Durius* à sa gauche, & couloit à-peu-près du sud au nord.

CUDETUS FLUVIUS. Ce fleuve n'est connu que par le périple de Scylax. Il décrit la côte de Thrace en allant de l'ouest à l'est, & nomme d'abord le *Nestus*, puis *Abdera*, le *Credetus*, *&c.* Cluvier pense que c'est peut-être le *Cossinites*.

CUFRUTENSIS, ville épiscopale de l'Asie, dans la Bysacène, selon les actes de la conférence de Carthage.

CUGERNI, nom qui paroît être une altération de *Gugerni*, peuple de la Germanie.

CUICULUM, *ou* CUICULI, ville épiscopale de l'Afrique, selon les actes du concile de Carthage, tenu sous S. Cyprien. Elle est marquée à vingt-cinq mille pas de *Sitifi* dans l'itinéraire d'Antonin.

CUINDA, *ou* CYINDA. Suidas dit que c'étoit un des anciens nom de la ville d'Anazarbe.

CULARO, ville de la Gaule narbonnoise, qui séparoit les Allobroges des Vocontiens.

Cette ville fut rebâtie par Gratien & en prit le nom de *Gratianopolis*. C'est aujourd'hui Grenoble.

CULCITANENSIS. Le P. Hardouin trouve un siège épiscopal de ce nom dans l'Afrique proconsulaire.

CULCITANUS, siège épiscopal de l'Afrique proconsulaire, selon la notice épiscopale d'Afrique.

CULCITANUS. La même notice met un siège épiscopal de ce nom en Afrique, dans la Bysacène.

CULCUA. Ptolemée fait mention d'une colonie romaine de ce nom. Il la place en Afrique, dans la nouvelle Numidie.

CULICI, peuple qui habitoit vers le fond de la mer Adriatique, selon Pline. C'étoit une portion d'un peuple que cet ancien distingue en *Flamonienses Vanienses* & en *Flamonienses Culici*.

CULLU, ville de l'Afrique, dans la Numidie, & près de *Rusicade*, selon Pline. Elle est nommée *Collops Magnus* par Ptolemée; *Chulli Municipium* dans l'itinéraire d'Antonin. La table de Peutinger dit *Chullu*, & elle y est marquée à cinquante mille pas de *Rusicade*. C'est aujourd'hui *Col*. Elle a été épiscopale, selon la conférence de Carthage.

CULULITANUS, siège épiscopal d'Afrique, dans la Bysacène. La notice d'Afrique en fait mention.

CULUSITANUS, siège épiscopal d'Afrique, dans la province proconsulaire, selon les actes de la conférence de Carthage.

CUMÆ, *ou* CYME, en françois *Cumes*, lieu de l'Italie, dans la Campanie, à l'ouest de Naples, & au nord de Bayes, sur le bord de la mer. Il est sur-tout connu pour avoir été supposé le séjour d'une Sybille qui avoit l'art de prédire l'avenir : mais ceci n'est qu'une fable; au lieu que l'histoire apporte un autre degré d'intérêt en faveur de cette ville & de ses campagnes, qui furent appelées *champs Cuméens*. C'étoient les mêmes que les champs Phlégréens,

Phlégréens, considérés relativement à leur état physique.

Cumes dut sa fondation à des Grecs, qui y passèrent dans des temps fort reculés de nous. Il y avoit déjà, sur les côtes de l'Eolide en Asie, une ville de ce nom. Une colonie sortie de cette ville, & une autre de Chalcis, en Eubée, peuples également occupés de marine, vinrent faire des découvertes dans cette partie de la Méditerranée, & s'établir sur les côtes de l'Italie. Elle étoit alors peu peuplée. Les Grecs s'arrêtèrent d'abord dans les îles *Ænaria* & *Pythecusa*, d'où il leur fut aisé de passer en face dans le continent. Ce fut là qu'ils eurent à combattre les habitans du pays, peuple sauvage, que l'on a quelquefois désigné par le nom d'Αυτοχθονες ou d'*Autochthones*, les mêmes probablement que Denys d'Halicarnasse appelle *Sicules*, & dont il dit qu'ils furent chassés de leur pays. Ce fut aussi là qu'ils découvrirent tant de lieux où le feu faisoit sentir une action continuelle. De-là l'idée des combats de géans, des foudres de Jupiter, &c.

Les deux peuples Grecs, en arrivant à cette côte, convinrent qu'ils rendroient cette entreprise également honorable entre eux, en se partageant par le sort la gloire qui devoit en résulter. Ils tirèrent au sort. Les Cuméens eurent le droit de donner leur nom à la ville; les Chalcidiens, de donner le leur aux habitans. Ainsi, l'on dit dès-lors que la ville de Cumes étoit habitée par des Chalcidiens. Cette colonie devint très-puissante, & s'étendit, sur-tout du côté de Naples. Le premier établissement des Cyméens (car je les nommerai du nom de leur ville : rien n'oblige actuellement d'observer les conventions des fondateurs) fut un lieu qu'ils nommèrent *Dicéarchie*, Δικαιαρχία, ou *Juste puissance.* Ce lieu étoit destiné à contenir leurs vaisseaux. Ce lieu prit ensuite le nom de *Puteoli* (actuellement Pouzzoles.)

Ils ne furent pas long-temps sans s'appercevoir qu'en s'établissant à Cumes, ils n'avoient pas choisi la plus belle situation du pays : la vue du golfe de Naples leur offroit sur terre un emplacement infiniment plus commode : mais les dieux ayant déjà reçu la consécration de leur capitale, & les dieux Lares étant en possession des maisons, c'eût été une impiété que de s'en éloigner. Ils n'osèrent donc pas abandonner Cumes : mais ils en bâtirent une seconde au fond du golfe, & l'appellèrent *la nouvelle Cumes*, ou *la nouvelle ville des Cyméens*, Νεαπολις Κυμαίων. En ne répétant pas sans cesse le nom de *Cumes*, on s'en tint à celui de *Neapolis.* Telle fut l'origine du nom & de la ville que nous appellons *Naples.* (*Voyez* d'ailleurs chaque article séparément). J'expliquerai, à l'article de *Neapolis*, comment on doit entendre le passage de Tite-Live; qui lui donne pour ancien nom *Palæpolis.* On ne voit pas que les Cuméens eussent fait dans ces temps aucun établissement à Baïes. L'idée des Cuméens se perdit ensuite; & chaque ville, devenue indépendante, fut connue par ses propres habitans. Au temps des Romains, Cumes étoit très-peu de chose, parce que l'effet des feux souterrains rend cette partie peu habitable. Mais la vue de quelque antre avoit fait naître l'idée qu'il y avoit demeuré une Sybille. Et Virgile leur apprit qu'Enée l'avoit été consulter. Les Cuméens furent dans la suite soumis par les Campaniens, & passèrent avec ceux-ci au pouvoir des Romains.

N. B. J'ai parlé, en commençant cet article, de la Sybille comme d'un être fabuleux, & je le crois encore, du moins si on prend le nom de Sybille dans le sens d'une personne douée de dons surnaturels : mais ce qu'il y a de réel, c'est l'opinion qu'en avoient les anciens, & l'existence d'une caverne à Cumes, dans laquelle on croyoit qu'elle se retiroit. Je reviens sur cet objet, parce que c'est à ceux qui s'occupent de la géographie ancienne, à éclaircir les points qui peuvent offrir obscurité ou erreur à ceux qui en sont moins instruits. Tous les voyageurs qui ont visité l'Italie, & se sont trouvés près de l'ancien Averne, y ont vu une grande caverne, que l'on appelle *la grotte de la Sybille de Cumes.* M. l'abbé Chauppy a très-bien démontré que c'étoit une erreur. Le raisonnement seul fait d'abord révoquer en doute cette assertion : car, puisqu'on l'appeloit *Sybille de Cumes*, pourquoi son antre seroit-il à la montagne du lac Averne? Mais de plus, Virgile parle de cette grotte comme située à Cumes; dessus, selon ce poëte, étoit un des plus grands temples d'Apollon. On trouve le sentiment de Virgile confirmé par le récit des historiens. S. Justin rapporte que ce fut à Cumes même qu'on lui montra le lieu antique où l'on croyoit que la Sybille avoit rendu ses oracles : il la peint comme une grande & superbe basilique (Βασιλικην μεγιστην), creusée dans le rocher. Agathias dit aussi que lorsque l'on voulut attaquer les Goths, qui s'étoient fortifiés dans le château de Cumes, il n'y eut pas de meilleur moyen que d'en miner la muraille par la grotte où la Sybille avoit jadis habité & rendu ses oracles. On voit encore de vastes souterreins sous le lieu où étoit la citadelle.

CUMÆ, ville de l'Asie, dans l'Eolie. Elle étoit la plus grande & la plus belle de cette province, selon Strabon. Il ajoute qu'Ephorus étoit de cette ville, & que l'on croyoit qu'Homère en étoit aussi. Elle a été épiscopale, selon les actes du concile d'Ephèse, tenu en l'an 431.

CUMANÆ AQUÆ. Ces eaux, qui se trouvoient vers Cumes, en Italie, étoient propres au soulagement de certaines maladies.

CUMANIA, *ou* COMANIA (*Kizlar-Kalessi*), forteresse, qui étoit située sur une roche élevée, auprès des portes Caucasiennes, selon Pline. Il rapporte qu'elle étoit munie d'une bonne garnison, pour défendre le passage à une infinité de Barbares qui habitoient au-delà du Caucase.

CUMANUM CICERONIS, ou maison de campagne de Cicéron, située près de Cumes. M. l'abbé

Chauppy croit qu'elle exiſtoit dans le lieu où s'eſt formé en 1538, le jour de la ſaint Michel, le Monte-Nuovo. Elle étoit ſur le lac Lucrin, du côté qui regardoit *Puteoli.* C'eſt cette maiſon que Cicéron appeloit ſon académie, & c'eſt parce qu'il y compoſa la partie de ſes ouvrages qui portent ce nom, qu'il les nomma *queſtions académiques.* Après ſa mort, ce *Cumanum* paſſa à Antiſtes Vetus. Celui-ci y ayant fait exécuter pluſieurs travaux, on y découvrit une ſource, qui forme encore aujourd'hui un bain, à la pointe du Monte-Nuovo. On crut lui trouver une vertu ſalutaire pour les yeux. Tullius Laurea, affranchi de Cicéron, fit à ce ſujet une épigramme dont je dirois preſque que la penſée eſt d'un mauvais goût, mais Pline (*L. XXXI, c. II*) dit qu'elle eſt faite pour être lue, non-ſeulement dans ce lieu, mais par-tout. Il faut croire que ſon éloge tombe principalement ſur le commencement, qui eſt très-beau : car il finit par dire, *que les ouvrages de Cicéron fatigueront plus d'yeux par la lecture, que la vertu de ces eaux n'en pourra guérir.* Mais plus les ouvrages intéreſſent l'eſprit, plus ils ſont propres à faire penſer, & moins on les lit de manière à ſe fatiguer la vue. Au reſte il y avoit, ſelon Pline, un très-beau bois, & un ſuperbe portique.

CUMERIUM PROMONTORIUM, promontoire de l'Italie, s'avançant dans la mer Adriatique, au nord & tout près d'*Aniona.*

CUMI, ville de l'Ethiopie, ſous l'Egypte. Pline dit qu'elle étoit ſituée ſur le bord du Nil.

CUMILLUM MAGNUM, lieu de l'Italie. L'itinéraire d'Antonin le marque ſur la route de Rimini à Dertona. C'eſt aujourd'hui *Cigomol*, ſelon Simler.

CUNARUS MONS, montagne d'Italie, ſelon Servius, cité par Cluvier. Il conjecture qu'elle n'étoit pas loin de l'*Aternus.*

CUNAXA, lieu de l'Aſie, dans l'Aſſyrie, à cinq ſtades de Babylone. C'eſt où ſe donna le combat entre Cyrus & Artaxerxe.

Cunaxa étoit ſituée ſur la rive gauche de l'Euphrate, vers le 33e degré 20 min. de latitude.

CUNCULIANA, ville épiſcopale d'Afrique, dans la Byzacène, ſelon la notice épiſcopale d'Afrique.

CUNEI, peuple de l'Hiſpanie, ſelon Appien. Au lieu d'une nation, ne pourroit-on pas croire que l'on déſigna par ce nom les habitans de la partie appelée *Cuneus*, qui répond au royaume d'Algarve?

CUNETIO, ville de l'île d'Albion, entre *Verlucio* & *Spinæ*, ſelon l'itinéraire d'Antonin. Une médaille de Conſtantin, que l'on a trouvée près de la colline de *Martinfallhill*, & un ancien boulevard quarré que l'on y voit, prouvent que cette ville étoit ſituée en ce lieu.

CUNEUS, ou *le Coin* (*l'Algarve*), contrée de l'Hiſpanie, dans la Luſitanie. On y trouvoit les villes de *Balſa*, *Oſſonoba*, *Portus Hannibalis*, & *Lacobriga.*

N. B. Cette partie, ſéparée du reſte du pays au nord par des montagnes, fit, ſous les Arabes, un petit état nommé *royaume d'Algarve* ou *du Couchant.*

CUNEUS AGER, nom d'un canton de l'Hiſpanie, dans la Luſitanie, ſelon Pomponius Méla.

CUNEUS PROMONTORIUM, promontoire de l'Hiſpanie, dans la Luſitanie, ſelon Pline. C'eſt aujourd'hui *Cabo di Santa Maria.*

CUNI. Ptolemée nomme ainſi un lieu de l'Aſie, dans la Gédroſie.

CUNICI, ville de la grande île Baléare, ſelon Pline. Il ajoute qu'elle jouiſſoit des mêmes droits que celles du *Latium.*

Cette ville eſt placée ſur la carte de M. d'Anville.

CUNICULARIÆ INSULÆ. Pline nomme ainſi des îles de la mer Méditerranée, qu'il place entre les îles de Corſe & de Sardaigne. Ce ne ſont que des écueils.

CUNION CHARION, promontoire que Ptolemée place dans la partie ſud-eſt de l'île de Sardaigne.

CUNISTORGIS, grande ville de l'Hiſpanie, dans la Luſitanie. Elle étoit ſituée dans le pays occupé par le peuple *Cunei*, ſelon Appien. Ce peut être la même ville que Strabon nomme *Coniſtorſis*, & qu'il attribue aux Celtes. Il n'y a de difficulté pour admettre l'identité de ces deux villes, que la différence de l'emplacement : car on connoiſſoit auſſi des Celtes en Luſitanie; mais ils étoient au nord du *Cuneus.*

CUNUSITANI, peuple qui habitoit ſur la côte orientale de l'île de Sardaigne, ſelon Ptolemée.

CUPERIUM, lieu de la Thrace, au voiſinage de Zurule. L'an 1198, le jour de la fête de S. Georges, les Scythes & les Walaques paſſèrent le Danube, dans l'intention de piller ce lieu, où il y avoit ce jour là un prodigieux concours de monde pour célébrer la fête du ſaint; mais un brouillard les fit changer de route; ils ſe répandirent en d'autres endroits, & s'avancèrent juſqu'à *Radæſtus*, ville maritime. (*Deſcript. de la Crimée, par M. de Peyſſonel.*)

CUPHA, rivière de la Sarmatie européenne, ſelon Cédrène, cité par Ortélius.

CUPHA, ou CUPHE, ville de l'Afrique, dans l'intérieur de la Libye, ſelon Ptolemée. Il la place auprès du Niger.

CUPHITES, nation de l'Inde, qui fut ſoumiſe par Alexandre, ſelon Quinte-Curſe, *L. VIII, n. 9.*

CUPIDINIS FONS, fontaine de l'Aſie mineure, dans la Myſie. Pline la place dans la ville de Cyzique.

CUPPÆ. L'itinéraire d'Antonin nomme ainſi un ancien lieu de la Mœſie. Il y eſt marqué ſur la route de Nicomédie à *Viminacum.*

CUPRÆ, ou CUPRA, ville maritime de l'Italie, dans le *Picenum.* Ptolemée la place entre le *Tronto* & *Matrinum.* On croit que c'eſt aujourd'hui *S. Benedetto.*

M. d'Anville la marque au ſud de *Firmum.*

CUPRÆ. Ptolemée indique auſſi dans l'intérieur du

Picenum, sur des montagnes au-delà du *Trento*, une ville nommée ainsi. On croit que c'est aujourd'hui *Lorette*. (*La Martinière.*)

CUPRESSETUM, lieu de l'Asie, dans l'Assyrie. Il étoit auprès du fleuve *Caper*, selon Strabon.

CUQUENI, *ou* CUCUENI, peuple de la Gaule aquitanique, selon Ptolemée, *L. II, c. 7.*

CURA, montagne de Thrace, selon Curopalate, cité par Ortélius.

CURAPORINA, ville de l'Inde, en-deçà du Gange, selon Ptolemée, *L. VII, c. 1.*

CURCUM, ville que Ptolemée place dans l'intérieur de la Liburnie.

CURENA, *ou* CURNA, selon les divers exemplaires de Ptolemée, ville de l'Asie, dans la Médie.

CURENSE, *ou* CORENSE LITTUS, lieu de la côte de l'Hispanie, avec un golfe vis-à-vis de la ville de Gades, selon Pline. Le P. Hardouin croit que c'est le rivage qui est entre le Guadalquivir & la Guadalete.

CURENSES. Pline nomme ainsi les habitans de la ville de *Cures*, en Italie, dans le pays des Sabins.

CURES, ville de l'Italie, capitale des Sabins. Tous les auteurs conviennent que le nom ou surnom de *Quirites*, que prirent les Romains, leur venoit de leur association avec les Sabins, à cause de *Cures*, leur capitale. Plusieurs auteurs ont cru que ce nom de *Cures* venoit du mot sabin *curis*, une *lance*; il est peu de villes qui aient pris leur nom d'une arme. On doit, ce me semble, le rapporter au mot oriental & même celte de *ker*, *keir*, une ville en général. On sent que des peuples qui abandonnent leurs montagnes ont pu d'abord nommer *Cures*, ou ville par excellence, leur première habitation dans la plaine, celle dans laquelle ils se fixèrent avec un gouvernement, une administration municipale. C'est ainsi que chez les Grecs le mot de πολις, *polis*, & chez les Latins celui d'*urbs*, signifiant *ville*, indiquoient leur capitale, la plus distinguée de leurs habitations. Si l'on me demande actuellement comment il se fait que les Romains prirent le nom de *Quirites*, je répondrai que d'après cette opinion, cette hypothèse si l'on veut, ce nom signifie les *habitans de la ville*, les *citoyens par excellence*, pour se distinguer des autres peuples, qu'ils croient leur être inférieurs. C'est ainsi qu'en usoient les Grecs, qui traitoient de barbares tout ce qui n'étoit pas eux, même les Asiatiques, chez lesquels les arts, les lettres, le luxe étoient portés à un très-haut degré de perfection. Le sentiment & la croyance des Romains à cet égard ne prouvent pas que l'opinion que j'avance soit fausse, mais seulement qu'ils ne l'ont pas connue, à cause de l'obscurité des premiers siècles de leur histoire. Leurs fondateurs se battoient bien, mais ils n'écrivoient pas.

Au reste, on sait peu de chose de la ville de *Cures*. Depuis que les Sabins s'y étoient établis, ils y tenoient les assemblées générales de leur nation. Je ne répéterai point ici le conte que fait Denys d'Halicarnasse (*L. XI*) sur le temple d'Euriale, situé dans le territoire de cette ville, non plus que sur la naissance du prétendu dieu *Medius Fidius*. J'ajouterai seulement que lors de l'enlèvement des Sabins, Tatius régnoit à *Cures*; qu'il vint à la tête de la nation, pour la venger de cette perfidie, & que par un accord fait entre les deux peuples, il passa ensuite à Rome avec les siens. Le sage Numa étoit de *Cures*.

On a recherché, dans les temps modernes, où avoit pu être cette ville : les sentimens ont été partagés. Cluvier lui-même parut à Holstenius s'y être trompé, en disant que *Cures* avoit existé où est aujourd'hui le lieu appelé *Il vescovio*, & indique *Coreze*. Ce dernier sentiment fut adopté par M. d'Anville. Cependant on peut lui opposer une très-forte objection; c'est qu'il n'y a rien en ce lieu qui retrace le souvenir d'une ancienne ville, & que cette position ne seroit pas conforme à ce qui est dit par deux autorités respectables. 1°. Que selon S. Grégoire, l'église de S. Anthime étoit sur le territoire de *Cures*; 2°. que selon le Martyrologe, cette église fut sur la voie Salaire. Ce fut d'après ces indices que M. l'abbé Chauppy, après avoir découvert les véritables traces de la voie Salaire, les restes de l'église de S. Anthime, découvrit enfin, dans le milieu des bois, les ruines très-considérables de *Cures*. Il en rapporte, entre autres preuves, une pierre, où se lit en latin l'inscription que je mets ici en françois : elle est sur un piédestal : « à l'empereur César Caïus Fabius Constantius le pieux, » l'heureux, l'auguste, par *l'ordre des Cures Sabins*, » dévot à sa divinité & à sa majesté (1) ». Le lieu où fut trouvée cette inscription, & les nombreuses ruines qui l'accompagnent, sont dans le territoire de la Fare, au lieu appelé l'*Arci*, sur la rive gauche de la Coreze. (*Voyez Découv. de la maison de campagne d'Horace, tome III, p. 76.*)

Comment en effet n'auroit-on pas vu de ruines à Coreze, si *Cures* y avoit existé, puisque cette ville subsista jusqu'au temps des Goths? On voit, par une lettre de S. Grégoire, que ce pontife parle des ravages faits en ce lieu par Fotile, & nomme *Cures* comme un lieu connu. Strabon n'avoit parlé de cette ville que comme un bourg : mais ses ruines annoncent qu'il fut un temps où elle eut l'étendue & la magnificence d'une ville.

CURETES, *ou* COURETES. Homère désigne ainsi un ancien peuple de Grèce, dans le voisinage de Calydon. Archémachus dit que l'on donnoit ce nom aux Acarnaniens qui habitoient à l'occident du fleuve Acheloüs, parce qu'ils portoient leurs cheveux courts.

Selon Strabon, quelques auteurs disoient que les *Curètes*, les *Cabyres*, les *Dactyles*, les *Telchines*, &

(1) Ce Constance dut être le père de Valentinien III. Car les autres Constances n'ont pas ces prénoms & ce nom; & l'histoire ne nous apprend pas quels étoient ceux de celui-ci.

les *Corybantes* étoient le même peuple. Il ajoute qu'Homère, par *Curètes*, entend les jeunes gens à la fleur de l'âge. Denys d'Halicarnasse dit que de son temps les *Curètes* & les Léléges étoient nommés Locres & Ætoliens.

Les ministres des mystères de Jupiter, dans l'île de Crète, & ceux de Rhéa, dans la Phrygie, sont le plus souvent nommés *Curètes*.

Strabon dit que les *Curètes* étoient les inventeurs de la danse armée, & qu'on les nommoit ainsi, parce que c'étoit les plus jeunes d'entre les prêtres qu'on chargeoit de cette fonction, dans les pompes & les marches religieuses des fêtes de Jupiter & de Rhéa.

On les croyoit issus des Dactyles de Phrygie, ou de Crète, ou de Rhodes, selon Diodore de Sicile & Strabon : le premier suppose que ce sont les *Curètes* qui apprirent aux Crétois à rassembler en troupeaux les brebis & les chèvres errantes dans les campagnes, & à élever des abeilles domestiques. Il leur attribue aussi l'art de fondre & de travailler les métaux.

CURGIA, ville de l'Hispanie, dans la Bétique, selon Ptolemée.

CURGONII. Florus nomme ainsi un peuple de l'Hispanie.

CURIA (*Coire*), ville considérable de la Rhétie.

CURIANUM, promontoire de la Gaule aquitanique, selon Ptolemée. Baudrand dit que quelques auteurs croient que c'est la *pointe d'Arcachon*. M. d'Anville croit que c'est le cap Ferret, entre l'Adour & la Garonne.

CURIAS (*cap Cavati*, ou *Delle Gatte*), promontoire de l'île de Cypre, à l'extrémité de la péninsule la plus avancée au sud de cette île.

Ptolemée, Pline & Etienne de Bysance, font mention de ce promontoire.

CURIAS, ville située dans la partie méridionale de l'île de Cypre, & auprès du promontoire de même nom, selon Pline. Elle est nommée *Curium* par Etienne de Bysance.

CURIATES, peuple de l'Italie, vers l'Umbrie. Pline en parle comme d'un peuple qui ne subsistoit plus.

CURICTA, île de la mer Adriatique, sur la côte de l'Illyrie, selon Pline & Ptolemée. Elle est nommée *Cyractica* par Strabon. C'est aujourd'hui l'île de *Vegia*.

CURICUM, ville que Ptolemée place dans l'île de *Curicta*. C'est aujourd'hui *Vegia*, dans l'île du même nom.

CURICUM. Joseph nomme ainsi une campagne du pays des Amonites.

CURICUM, ville de l'Asie, dans l'Isaurie, selon Procope.

CURIDIUM, nom d'un lieu où il étoit un grand bois consacré à Apollon, & dans lequel il y avoit quantité de cerfs, selon Ælien. Ortélius dit que c'est peut-être *Curium*, dans l'île de Cypre.

CURIONES, peuple de la Germanie, selon Ptolemée.

CURIOSOLITES. César parle d'un ancien peuple de la Gaule, ainsi nommé. Il étoit dans l'Armorique. M. d'Anville les place au nord-ouest des *Redones*.

CURIOSOPITES. *Voyez* CURIOSOLITES.

CURIUM AGER, territoire de l'Italie, dans le pays des Sabins, selon Frontin, cité par Ortélius. C'étoit vraisemblablement le territoire de la ville de *Cures*.

CURIUM, ville de Grèce, dans l'Ætolie, selon Hérodote, cité par Ortélius.

CURIUM, montagne de Grèce, dans l'Etolie selon Eustathe, cité par Ortélius.

CURIUM. Dans la description que Strabon donne du rivage de l'île de Cypre, la ville de *Curium* suit le promontoire *Curias*, au nord-est : mais, selon Ptolemée, cette ville étoit séparée du promontoire par le fleuve *Lycus*. *Curium* étoit le nom d'un des petits royaumes qui partageoient l'île de Cypre. Strabon parle d'un autel qu'Apollon avoit dans ce canton, & auquel on ne touchoit point sans courir le risque d'être précipité dans la mer. C'étoit une colonie d'Argiens.

N. B. On appelle aujourd'hui cette ville *Piscopia* & le cap *Cavati*, ou *Capo delle Gatte*.

CURMILIACA, *ou* CARMILIACA, selon les divers exemplaires de l'itinéraire d'Antonin, lieu de la Gaule Belgique, entre *Samacobriva* & *Cæsaromagus*. M. d'Anville croit qu'il répondoit au Cormeille actuel.

CURNONIUM, ville de l'Hispanie. Ptolemée la met dans la Tarragonnoise, au pays des Vascons.

CUROBIS, *ou* CURABIS, ville d'Afrique, dans la Mauritanie Tingitane.

CUROBUS, nom d'une ancienne ville de l'Afrique propre, selon Ptolemée. Il la place sur le bord de la mer, près du promontoire *Mercurii*, entre les villes de *Clypea* & de *Neapolis*, & vis-à-vis de la Sicile. S. Cyprien fut relégué dans ce lieu par le proconsul Paterne. Elle a été épiscopale, selon la notice épiscopale d'Afrique.

Lorsque le temps est calme, on voit les restes du port. On y voit aussi les ruines d'un grand aqueduc & de quelques citernes.

Ptolemée, Pline, & l'itinéraire d'Antonin, en font mention.

CUROPOLIS, ville de l'Asie mineure, dans la Carie, selon Etienne de Bysance.

CURRITANA, *ou* CURMITANA, île dont fait mention Cassiodore. Ortélius croit que c'est l'île *Curicta* de Pline & de Ptolemée.

CURSAZURA, *ou* CURTUXURA, selon les différens exemplaires de Procope, l'un des forts de la Thrace, que Justinien fit élever dans la province de Rhodope.

CURSELLUM, ville de l'Italie, dans le pays du peuple *Peligni*, selon Caton, cité par Ortélius.

CURSIANUM. L'histoire mêlée, citée par Ortélius, nomme ainsi une forteresse de l'Asie mineure, dans la Paphlagonie.

CURSULA, ville de l'Italie, dans le *Latium.* Elle étoit située à quatre-vingts stades de *Rieti*, auprès du mont *Coreto*, selon Denys d'Halicarnasse. Elle est appelée *Corsulæ* par Tacite. On croit que c'est aujourd'hui la ville de *Cassia*, dans l'Umbrie.

CURSULA, ville d'Italie. Denys d'Halicarnasse l'attribue aux Aborigènes. Il la place dans la dépendance de *Reate*; mais au-delà des monts Corètes, à quatre-vingts stades de cette ville.

CURSUS, ville de l'Hispanie, dans la Bœtique. Ptolemée la met dans le pays du peuple *Turdetani.*

CURSUS AGHILLIS (*Kilbouroun.*) On nommoit ainsi la pointe de terre qui étoit à la gauche du Borysthène, à son embouchure. Pomponius Méla rapporte qu'Achille étant entré dans la mer Pontique, célébra dans cet endroit-là des jeux, & s'y exerça à la course avec ses compagnons. Il ajoute que ce terrein s'avance dans la mer en pointe fort aiguë, & s'élargissant insensiblement, présente la figure d'une épée.

CURTA, ville de la basse Pannonie. Elle étoit située sur le bord du Danube, selon Ptolemée. L'itinéraire d'Antonin la marque entre *Arrabona* & *Alicanum.* On croit que c'est aujourd'hui *Bude.*

CURTI. Cédrène, cité par Ortélius, nomme ainsi un peuple de l'Asie. Il est compté au nombre des Sarrasins par Curopalate.

CURTIADÆ, bourg d'Athènes, de la tribu Achanéentide.

CURTIANA. C'est ainsi que Lazius lit le nom de *Gurtiana*, ville de la Pannonie. *Voyez* ce mot.

CUSA, rivière de l'Afrique, dans la Mauritanie tingitane, selon Ptolemée. On croit que c'est aujourd'hui l'*Ommirabi.*

CUSCULIS, nom d'un fort de la Thrace. Procope rapporte qu'il fut élevé par les ordres de Justinien, dans la province de Rhodope.

CUSI, ville de la basse Pannonie, à seize mille pas de *Bononia*, selon l'itinéraire d'Antonin. On croit que c'est aujourd'hui *Cudelaf.*

CUSI, lieu de l'Egypte, selon S. Athanase, cité par Ortélius.

CUSSÆI. *Voyez* COSSÆI.

CUSTENSIS, siège épiscopal d'Afrique, dans la province proconsulaire, selon les actes de la conférence de Carthage.

CUSUETANI, peuple de l'Italie, dans le *Latium*, selon Pline, *L. III, c. 5.*

CUSUM, ville de la Pannonie, selon le livre des notices de l'empire. Elle étoit située sur le *Savus.*

CUSUS, rivière de la Dacie, selon Tacite, cité par Ortélius. Lazius dit que c'est le *Chrysius* de Jornandès, & que c'est l'*Auran* d'Hérodote, & le *Rhabo* de Ptolemée.

CUTACIUM, ville de l'Asie, dans l'Arménie, selon Cédrène & Curopalate, cités par Ortélius. On croit que c'est aujourd'hui *Cutaye*, ou *Chiutaye.*

CUTELETOS, *ou* EUTELETOS, selon les divers exemplaires de Pomponius Méla, île de la mer Méditerranée, sur la côte d'Afrique, auprès de la grande Syrthe.

CUTHA, pays de l'Asie, dans l'Assyrie. Il en est parlé dans le livre des rois. Salmanazar transporta le peuple de ce pays dans la Samarie.

CUTHÆI, peuple de l'Asie, dans l'Assyrie. Salmanazar le transporta dans la Samarie. Il en est fait mention dans le livre des rois.

CUTIÆ. La table de Peutinger nomme ainsi un lieu de l'Italie. Il y est marqué entre Verceil & Lomello.

CUTICIATENSE PRÆDIUM, *ou* CUTICIATUM, ferme ou maison de campagne de la Gaule, auprès de la ville d'*Arverna.* Sidonius en fait mention.

CUTILIÆ, CUTILA, *ou* CUTILIES, ville d'Italie, dans le pays des Sabins, à l'est de *Reate.* Les anciens en ont parlé comme d'une ville considérable. Elle étoit renommée par ses soufrières & ses eaux, que le dégagement d'un gaz intérieur fait quelquefois élever en jet-d'eau. Ce pays, & celui de Réate, étoient, selon Varron, la partie la plus élevée de l'Italie, & il l'appelle l'*Umbilicum*, ou le nombril de l'Italie. Ce doit être vers ce lieu qu'étoit l'entrée aux enfers, dont parle Virgile.

Il n'y reste plus que des vestiges.

CUTILIÆ AQUÆ. *Voyez* CUTILIÆ & AQUÆ CUTILIÆ.

CUTILIENSIS LACUS, lac de l'Italie, sur le bord duquel étoit située la ville de *Cutiliæ.* Varron dit qu'il y avoit des îles flottantes dans ce lac, & Pline rapporte qu'on y voyoit une forêt qui n'étoit jamais à la même place. Les eaux de ce lac étoient bonnes pour fortifier l'estomac & les nerfs : aussi Suétone dit que l'empereur Vespasien y alloit tous les étés. Il y mourut, selon Xiphilin.

CUTILIUM. Tite-Live nomme ainsi une ville de l'Italie, dans l'Umbrie. On croit que c'est la même que *Cutiliæ.*

CUTILLA, lieu de la Palestine, aux environs du lac Asphaltide, selon Siméon Métaphraste, cité par Ortélius.

CUTINA, ville de l'Italie, dans le pays des Vestins. Tite-Live rapporte qu'elle fut prise par le consul Brutus.

CUTRIGURI, peuple qui habitoit auprès du Palus-Méotide. Il faisoit partie des Huns, selon Procope & Agathias, cités par Ortélius.

CUZENA, *ou* CUZINA, nom d'une montagne de la Thrace, selon Glycas.

C Y

CYALOS, ville de l'Asie mineure, dans la Lydie, selon Etienne de Bysance. Ses habitans prétendoient avoir eu Jupiter pour fondateur.

CYAMITIS. Plutarque dit que c'étoit le nom d'un lieu de la Grèce, dans l'Attique.

CYAMON, promontoire de l'île de Crète, selon Ptolemée, *L. IV*. On croit que c'est aujourd'hui *Capo Spada*.

CYAMOSORUS, rivière de Sicile, aux environs de la ville de Centuripe, selon Polybe, *L. I*. On croit que c'est aujourd'hui la *Traina*.

CYANA, ou CYANE. Pline, Ovide & Silius Italicus, nomment ainsi une fontaine de la Sicile, dans le territoire de Syracuse. Vibius Sequester dit que c'étoit un lac, traversé par la rivière d'Anape.

CYANA, *ou* CYANEÆ, ville de l'Asie mineure, dans la Lycie, selon Pline. Elle a été épiscopale, selon la notice d'Hiéroclès.

CYANÆ, *ou* CYANEÆ INSULÆ, les îles Cyanées. Ce sont plutôt des écueils, qui se trouvent dans le Pont-Euxin, au débouquement du Bosphore de Thrace; l'un étoit du côté de l'Europe, l'autre du côté de l'Asie, à vingt stades l'un de l'autre.

On les appelloit aussi *Symplegades*, parce que ces îles paroissoient de loin jointes ensemble.

Les anciens s'imaginoient que c'étoient plusieurs écueils qui flottoient sur l'eau, se promenoient le long des côtes, & se heurtoient les uns contre les autres. Tout cela étoit fondé sur ce que leurs pointes paroissoient ou disparoissoient, à mesure que la mer les couvroit dans le gros temps, ou les laissoit voir: c'est pour cela qu'on les nommoit, selon Pline, *Planetæ*, ou errantes. On ne fut certain, & l'on ne publia que ces îles s'étoient fixées, qu'après le voyage de Jason pour la conquête de la Toison d'or. Selon Denys le Périégète, les Romains élevèrent un autel à Apollon, sur celle de ces îles qui étoit du côté de la Thrace.

CYANEUS, rivière de l'Asie, dans la Colchide, selon Pline & Ptolemée. Elle se nomme aujourd'hui *Cianis*.

CYARDA, ville de l'Asie mineure, dans la Carie, selon Etienne de Bysance.

CYATHUS, rivière de Grèce, dans l'Ætolie. Elle étoit auprès de la ville d'Arsinoé, selon Athénée, cité par Ortélius.

CYATIS. Tite-Live dit que c'est le nom d'une citadelle de l'île de Céphalénie.

CYBASSUS, ville de l'Asie mineure, dans la Carie, selon Etienne de Bysance. C'est la même que *Cabassus*.

CYBATE (*Wasith*), ville de l'Asie, sur la rive droite du Tigre, au sud-est de *Seleucia*, au nord-ouest d'*Apamia*, vers le 32e degré 25 minutes de latitude.

CYBELE MONS, montagne de la Phrygie, à laquelle on avoit donné le nom de la mère des dieux. On voit que cette montagne n'étoit pas loin de *Celænæ*, vers la source du Méandre, par ce vers d'Ovide:

. . . . . *Viridem Cybelen altasque Celænas.*

CYBELEIA, *ou* CYBELLEA, ville de l'Asie mineure, dans l'Ionie, selon Etienne de Bysance. C'est vraisemblablement la même chose que le village *Cybellia*, dont fait mention Strabon.

CYBELLA. *Voyez* CYBELE MONS.

CYBELLA. *Voyez* CYBELEIA, ville de l'Asie mineure, dans la Phrygie, selon Etienne de Bysance.

CYBELLIA, ancien village de l'Asie mineure, dans l'Ionie. Strabon le place dans le voisinage du mont Mimas. Ce doit être la ville de *Cybeleia* d'Etienne de Bysance.

CYBISTRA, ville de l'Asie, dans la petite Arménie, selon Ptolemée. La notice de Hiéroclès la met au nombre des villes épiscopales de la seconde Cappadoce.

Elle étoit située près & au sud du mont *Argæus*, vers le 38e deg. 10 min. de latit.

CYBOTUS, nom d'une très-haute montagne, qui fut engloutie par un tremblement de terre, selon Pline; mais il ne dit pas en quel pays étoit cette montagne.

CYBRASA, ville de l'Asie mineure, dans la Carie, selon Etienne de Bysance.

CYBUS, ville de la Libye phénicienne, selon Etienne de Bysance. Il ajoute qu'elle appartenoit aux Ioniens.

CYCAIA, peuple de Grèce, dans l'Attique, dans la tribu Æantide, selon Hésychius.

CYCESIUM, ville de Grèce, dans le Péloponnèse. Strabon la place près de la fontaine *Bisa*. Elle étoit dans la Pisatide, au nord d'Epina.

CYCHRI, peuple de la Thrace. Il en est fait mention par Vitruve & par Pline.

CYCHRIARUPES, nom d'une roche de Grèce. Elle étoit près de l'île de Salamine, selon Strabon & Etienne de Bysance.

CYCLADES INSULÆ, îles de la mer Egée, arrangées en cercle autour de celle de Délos, selon Pline & Strabon. Elles sont nommées *Minoïdes* par Apollonius.

Leur nom de *Cyclades* vient du grec κύκλος, ou Cyclos, un cercle, soit parce qu'elles sont arrangées autour de l'île de Délos, soit parce qu'elles sont ramassées entre elles.

Les principales de ces îles, en commençant par le nord, sont *Andros*, *Tenos*, *Myconus*, *Rhenea*, *Délos*, à-peu-près au centre; à l'ouest, *Syros*, *Ceos*, *Cythnus*, *Seryphus*, *Siphnus*, *Melos*, au sud de Délos; *Naxos*, *Paros*, *Amorgos*, *Astipalæa*, *&c.*

CYCLAMINUS SINUS, golfe de l'Asie mineure, dans le bosphore de Thrace, au nord du golfe *Castacius*.

CYCLENSIS, siège épiscopal de la Thrace, dans le voisinage de Constantinople. Il en est fait mention dans la lettre des évêques de ces cantons à l'empereur Léon.

CYCLOBIUM, nom de l'un des fauxbourgs de la ville de Constantinople, selon Cédrène.

CYCLOBORUS, torrent de Grèce, dans l'Attique, selon Suidas & Hésychius.

CYCLOPES, ancien peuple des Indes, selon Isidore, cité par Ortélius.

CYCLOPES, ancien peuple de Thrace, selon Aristote.

CYCLOPES, nom que les poëtes ont donné à d'anciens habitans de la Sicile (1).

CYCLOPIA, cavernes du Péloponnèse, dans l'Argolide. Strabon les place auprès de *Nauplia*, & ajoute qu'il y avoit des labyrinthes dans leur intérieur.

CYCLOPIS INSULA, île de la mer Méditerranée, sur la côte de l'Asie mineure, & auprès de l'île de Rhodes, selon Pline.

CYCLOPUM SCOPULI. Pline place des écueils de ce nom sur la côte de la Sicile. Ce sont aujourd'hui *Li Farîglioni*.

CYCONII. C'étoit un peuple de Thrace qui habitoit au sud, sur la côte, près des bouches de l'Hèbre.

C'étoit chez ce peuple féroce que se voyoit le tombeau de Polydore, immolé à l'avarice de Polymestor, roi de cette contrée.

CYDAMUM, *ou* CIDAMUM. Selon les divers exemplaires de Pline, ville de l'Afrique propre, vis-à-vis de *Sabrata*.

CYDANTIDÆ, bourg de Grèce, dans l'Attique. Il étoit dans la tribu Egéide, selon Harpocration & Etienne de Bysance, & dans la Ptolémaïde, selon Hésychius.

CYDARA, rivière que Pline place vers la partie septentrionale de l'île de Taprobane.

CYDARUS, ruisseau de Thrace, aux environs de Constantinople. On prétend que le nom moderne est *Machlesna*.

CYDATHENÆUM, nom d'un bourg de la Grèce, dans l'Attique & dans la tribu Pandionide. Plutarque dit que c'étoit la patrie de l'orateur Androcidès.

CYDDESES, peuple de l'Asie, que Ptolemée place aux confins de la Bithynie.

CYDESSA, grand bourg de la Palestine, dans la tribu d'Aser, aux confins de celle de Nephtali. Joseph dit que ce bourg appartenoit aux Tyriens.

CYDIDA, nom d'un lieu de la Palestine, selon Joseph.

CYDISES MONS, montagne de l'Asie, vers l'Arménie, selon Strabon.

CYDISSUS. *Voyez* CYDISSES.

CYDNA, ville de la Macédoine, selon Etienne de Bysance. C'est le même que *Pydna*, dont le nom est corrompu dans cet auteur.

CYDNUS, rivière de l'Asie, dans la Cilicie. Elle arrosoit la ville de Tarse, & elle est fameuse par le péril que courut Alexandre pour s'y être baigné. Il en est fait mention par Quinte-Curse, Plutarque, *&c.*

N. B. L'histoire moderne nous présente un fait pareil, causé par les mêmes eaux : l'empereur Frédéric Barberousse fut sur le point de périr de la même manière qu'Alexandre, à cause de l'extrême fraîcheur de cette rivière.

CYDNUS, rivière de l'Asie mineure, dans la Bithynie, selon Etienne de Bysance.

CYDOESSA, village fortifié, dans la Phénicie. Il appartenoit aux Tyriens, & étoit un peu éloigné de la mer, selon Joseph.

CYDONEA, île de la mer Méditerranée, vis-à-vis celle de Lesbos, selon Pline. C'étoit une des cinq îles que les anciens comprenoient sous le nom de *Leucæ*.

CYDONIA, *ou* CYDONIS (*la Canée*), ville de l'île de Crète, bâtie par Minos, & augmentée depuis par les Samiens. Elle étoit située sur la côte septentrionale : on la nommoit aussi *Cydon* & *Cydonea*. Etienne de Bysance dit qu'elle porta aussi le nom d'*Apollonia*. Elle avoit un port.

CYDONIS, *ou* ACYDONIS, rivière de Grèce, dans le Péloponnèse, selon Strabon.

CYDRANA, ville de l'Asie mineure. Elle étoit située aux confins de la Phrygie & de la Lydie, selon Hérodote. Elle étoit à l'ouest de *Colossæ*, près & au sud du Méandre, puisque en allant de cette ville à Sarde, il falloit passer ce fleuve. M. d'Anville ne l'a pas placée sur sa carte de l'Asie mineure.

CYDRIÆ, ville que Strabon place aux frontières de l'Epire & de la Macédoine. Il ajoute qu'elle appartenoit au peuple *Byrsi*.

CYDRUS, *ou* CYDRINA, ville de l'Asie, dans l'Arménie, selon Etienne de Bysance.

CYENIUM, nom d'un lieu de l'Ethiopie. Arrien le met entre le Nil & la ville d'Adule.

CYGNEA-SPECULA, *ou* CHINEA SPECULA, selon les diverses éditions de Catulle. Ce poëte désigne une montagne d'Italie.

CYGNUS, *ou* CYGNUM, ville que les Grecs avoient bâtie au fond du Pont-Euxin, selon Pomponius Méla. Elle étoit située sur le bord du Phase, selon Pline, qui ajoute qu'elle ne subsistoit plus.

CYGNUS. Pline place une autre ville de ce nom dans le même pays; mais dans un très-grand éloignement du Phase.

CYIZA PORTUS, port de mer qui se trouvoit sur la côte de la Carmanie, entre les promontoires *Bagia* & *Alabater*.

CYLANDUS, ancienne ville de l'Asie mineure, dans la Carie, selon Etienne de Bysance.

CYLARABIS, nom d'un lieu particulier du Péloponnèse, dans la Laconie, à trois cens pas de la ville de Sparte, selon Tite-Live, Pausanias & Plutarque. Ce lieu étoit destiné aux exercices de la jeunesse.

CYLICES, peuple de l'Illyrie, selon Athénée. Il ajoute que l'on voyoit chez eux un monument de Cadmus & d'Hermione. Pline & Etienne de Bysance les nomment *Encheleæ*.

CYLICRANI, peuple de Grèce, dans la Phthiotide, entre le Sperchius & l'Asopus. Ortélius dit

---

(1) Tout ce qui concerne ce peuple appartient à la mythologie, & n'est pas de mon objet.

que c'étoient les habitans de la ville d'Héraclée, située au pied du mont *Œta*.

CYLIPENUS, *ou* CYLIPENNUS SINUS. Ce golfe se trouvoit dans la mer Baltique. Cellarius croit que c'est le golfe de Livonie.

CYLISTANOS, ville de l'Italie. Elle étoit auparavant nommée *Parthax*. Il en est fait mention dans l'étymologique. Ortélius croit qu'il faut lire *Cylistarnus*.

CYLISTARNUS, rivière d'Italie, selon Lycophron, cité par Ortélius.

CYLLA, ville de la Chersonnèse de Thrace. Elle étoit située sur l'Hellespont, selon Ptolemée. Elle a été épiscopale. Cette ville est nommée *Cœlos* par Pomponius Méla.

CYLLA, ville de l'Asie mineure, dans la Troade, selon Hérodote. Ce doit être la *Cilla* de Pline, cité par Ortélius.

CYLLANTICUS TRACTUS, nom d'une contrée particulière de l'Asie, dans la Pisidie, selon Pline. Quelques manuscrits portent *Cyllanicus Tractus*.

CYLLENA, *ou* CYLLENE, ville qui étoit située sur le rivage occidental du Péloponnèse, près de la ville d'Elée, dont elle étoit le port de mer, selon Strabon, Ptolemée, Thucydide & Tite-Live. On croit que c'est aujourd'hui *Chiarenza*. Il y avoit deux temples à Cyllène; l'un d'Esculape, où ce dieu avoit une très-belle statue en ivoire; l'autre de Vénus, où étoit une statue de Mercure dans une nudité indécente, telle que l'on représentoit les Priapes.

CYLLENA, ville de l'Asie mineure, dans l'Æolide. Xénophon dit qu'elle étoit surnommée *Egyptienne*.

CYLLENE. Comme dans le texte d'Homère il y a Κυλλήνης ὄρος; que Pausanias dit Κυλλήνη, il faut écrire Cyllène & Cylène, comme l'ont fait quelques auteurs. C'étoit une montagne du Péloponnèse, dans l'Arcadie, dont Pausanias dit ὄρος τε ὑψηλότατον ὀρῶν τῶν ἐν Ἀρκαδίᾳ Κυλλήνη; *de toutes les montagnes de l'Arcadie, c'étoit la plus élevée*: sa position est très-bien décrite dans cet auteur. C'est d'après ces indices que M. d'Anville l'a placée au nord-est de l'Arcadie, entre le territoire de Pellène en Sicyonie, & celui de Phénéos en Arcadie: sur la cime de la montagne, il y avoit un temple de Mercure Cyllénien: il étoit en ruines du temps de Pausanias; on y voyoit cependant encore une statue de ce dieu, faite de bois. Ce que Pausanias admira le plus sur cette montagne, ce fut d'y voir de tous côtés des merles blancs. (κόσσυφοι γάρ οἱ ὄρνιθες ὁλόλευκοι). Il craint si fort de n'en être pas cru, qu'il cite pour exemple les ours blancs qui se voient en Thrace, les lièvres blancs que quelques personnes nourrissent en Libye, & enfin les chèvres blanches qu'il avoit vues à Rome; mais les merles blancs sont pour nous bien plus rares, que les chèvres & les lièvres de cette couleur.

Homère indique que près de ce mont étoit le tombeau d'Epytus. Pausanias dit que, comme Homère en parle, il considéra ce tombeau: c'est, ajoute-t-il, un petit tertre (γῆς χῶμα), environné d'une balustrade de pierres tout à l'entour. Epytus étoit mort en ce lieu de la piquure d'un serpent: il étoit fils d'Elatus; ce qui sert à le distinguer de quelques autres Epytus.

CYLLOPERA, nom d'un lieu de Grèce, dans l'Attique, & près du mont Hymette. Suidas rapporte qu'on y voyoit un temple consacré à Vénus.

CYMA, île de la mer Méditerranée, auprès de la Sicile, selon Etienne de Bysance. Elle est placée près de l'Italie par Lycophron, cité par Ortélius.

CYMA, lieu du Péloponnèse, dans l'Achaïe, selon Eustathe, cité par Ortélius.

CYMA, nom d'une très-haute montagne de l'Italie, selon Métrodore, cité par le commentateur de Lycophron.

CYME, appelée aussi, mais incorrectement, *Cuma*, ville de l'Asie mineure, dans l'Eolie, dont elle étoit la plus belle ville: elle étoit au fond d'un petit golfe de son nom, au nord-est de *Phocæa*.

On la nommoit aussi *Phririconitis* (1): ce nom lui venoit du mont *Phricius*, situé dans la Locride, au-dessus des Thermopyles, où Cleuas & Malaüs, tous deux de la race d'Agamemnon, avoient fait un long séjour avant de se rendre à Cyme.

Dius, père d'Hésiode, quitta cette ville pour venir s'établir à Ascra, bourg près de l'Hélicon.

N. B. On a trouvé des vestiges de cette ville dans un lieu appelé *Némourt*.

CYMÆUS SINUS, golfe de Cyme. Ce golfe, formé par la mer de l'Archipel, s'étend à l'est sur la côte de l'Etolie, entre une presqu'île, s'avançant au nord-ouest, vers l'île de Lesbos, & une autre, qui s'avance au sud-ouest, vers l'entrée du golfe de Smyrne.

CYMÆI. C'est ainsi que l'on nommoit les habitans de *Cyme* en Eolie.

CYMINA. Tite-Live nomme ainsi une place de Grèce, dans la Thessalie. Il ajoute qu'elle fut prise par les Ætoliens.

CYMOTHÆ, fontaine du Péloponnèse, dans l'Arcadie. Pline la place près de la montagne de *Scioessa*.

CYNA, ville de l'Asie mineure, dans la Lydie, selon Lycophron & Etienne de Bysance, cités par Ortélius.

CYNADRA, fontaine du Péloponnèse, dans l'Argolide. Les auteurs anciens disent qu'on en faisoit boire à ceux à qui on donnoit la liberté.

CYNÆTHA, *ou* CYNETHE, ville de la Thrace.

(1) Etienne de Bysance, au mot Κύμη, dit que ce fut une autre Cyme qui portoit ce nom; mais les témoignages d'Hérodote & de Strabon prouvent qu'il se trompe. Selon Ptolemée, Cyme étoit entre *Myrina* & *Phocæa*. Je me hâte de prévenir que le graveur de M. d'Anville a mis mal-à-propos *Morina*.

Elle étoit située au pied du mont Nérise, selon Etienne de Bysance.

CYNÆTHA, ou CYNÆTHE, ville du Péloponnèse, dans l'Arcadie, sur le fleuve *Crathis*.

Etienne de Bysance dit qu'elle tiroit son nom d'un des fils de Lycaon.

Au temps de Pausanias, on voyoit encore sur la place de cette ville, plusieurs autels consacrés à différentes divinités, & une statue de l'empereur Adrien.

Bacchus y avoit un temple, dans lequel, en hiver, on célébroit la fête de ce dieu. La manière de lui sacrifier consistoit en une simple offrande. Selon Pausanias, des hommes frottés de graisse, alloient prendre dans leurs troupeaux, le taureau qu'ils croyoient devoir être le plus agréable à leur divinité, & le conduisoient vers le temple. Il n'est pas dit dans l'auteur grec ce que devenoit l'animal; mais ce que nous savons de l'usage des victimes dans les autres sacrifices, suffit pour nous faire croire que, de même en cette occasion, les prêtres se regardant comme les représentans du dieu, étoient dans l'usage d'en faire leur profit. En décrivant l'Altis à Olympie, Pausanias parle d'une statue de Jupiter, qui avoit été donnée par les *Cynéthéens*. Il est aussi fait mention de cette ville par Strabon, Pline & Athénée. Ce dernier dit qu'elle étoit située en un lieu très-raboteux.

CYNÆTHOS, ou CYNETHUS INSULA. C'est un des noms que portoit la ville de Délos.

CYNAMOLGI, nom que les Grecs donnoient à un peuple de l'Ethiopie.

CYNARA. Ortélius dit que Pline donne ce nom à une île de la mer Egée.

CYNDONIS, nom d'une rivière de l'Hellespont, selon Hésychius, cité par Ortélius.

CYNDONIS. Ortélius nomme ainsi une rivière de Grèce, dans le Péloponnèse.

CYNETÆ, peuple de la Lusitanie, habitant la partie la plus méridionale, les mêmes que les *Cynei*. *Voyez* ce mot & CYNESII.

CYNEGETICA. Ortélius dit que les Grecs nommoient ainsi une montagne d'Afrique, sur le détroit d'Hercule. C'étoit celle qui étoit opposée à celle de l'Europe, & qui étoient nommées ensemble les *Colonnes d'Hercule*.

CYNEGICA REGIO, contrée de l'Asie, dans la Syrie. Elle est placée près de la ville d'Antioche par Evagre & Calliste, cités par Ortélius.

CYNEGIUM. Cédrène donne ce nom à un lieu particulier de l'Italie. Il ajoute qu'Absimare & Léonce, envoyés par l'empereur Justinien, y furent décapités. Ortélius croit que c'étoit le nom d'une place publique de la ville de Constantinople.

CYNEGYRIS. Il semble que Lucien donne ce nom à un lieu de Grèce, dans l'Attique.

CYNESII (1), les Cynésiens, peuple de l'Ibérie (ou Hispanie). On les a aussi nommés *Cynetes*. Hérodote, non plus que beaucoup d'autres auteurs anciens, n'ayant pas des idées bien nettes de la position de ces peuples, disent seulement qu'ils sont les plus reculés dans l'occident. En voyant que les Latins ont donné le nom de *Cuneus* à la partie méridionale de la Lusitanie, ne pourroit-on pas croire qu'ils l'ont pris de ce nom de *Cynesii* qu'ils ont supposé y avoir habité; ou bien des *Cynesii* n'ont-ils pas donné leur nom au *Cuneus*?

N. B. C'est à présent l'Algarve, c'est-à-dire, en arabe, le couchant, province méridionale du Portugal.

CYNETHUS. C'étoit l'un des anciens noms de l'île de Délos.

CYNETIA, ville du Péloponnèse, dans l'Argolide, selon Etienne de Bysance.

CYNETICUM JUGUM, nom d'une montagne de l'Hispanie, sur le bord de la mer Méditerranée, & auprès de la rivière *Ana*. Il en est fait mention par Etienne de Bysance & par Festus Avienus.

CYNETICUM LITTUS. Dans Festus Avienus, *in ora maritima*.

. . . . Post Pyrenæum Jugum
Jacent arenæ littoris Cynetici.

Comme le pied des Pyrénées est à Colfionre, on ne peut mieux appliquer cette grève de *littus Cyneticum*, qu'à la plage qui s'étend depuis l'embouchure du Tech jusqu'à la Tet, près de laquelle est le bourg de Canet, à environ un mille & demi du rivage de la mer. Le vers qui suit,

Easque (arenas) sulcat amnis Roschinus,

concourt à cette détermination, parce que le nom de la Tet, *Telis*, dans Méla, est *Ruscino* dans Strabon & dans Ptolemée, c'est-à-dire, le même que le *Roschinus* de Festus Avienus. (*Notice de la Gaule*).

CYNIA, lac de l'Epire, dans l'Acarnanie, selon Strabon.

CYNNA, ville de l'Asie, dans le voisinage de celle d'Héraclée, selon Etienne de Bysance. Ce doit être la même chose que la ville épiscopale de *Cinna*, que la notice de Hiéroclès place dans la Galatie.

CYNO, lieu de l'Egypte, dans le Delta, entre Tmuis & Tava, selon l'itinéraire d'Antonin. Il en est aussi fait mention par Pline.

CYNOCEPHALÆ. Strabon nomme ainsi des hauteurs de Grèce, dans la Thessalie, auprès de Scotussa. Il ajoute que les Romains, commandés par T. Quintus Flaminius, y remportèrent une victoire.

CYNOCEPHALÆ, nom du promontoire le plus occidental de l'île de Corcyre (Corfou), selon Procope.

CYNOCEPHALI, peuple des Indes, selon Pline, cité par Aulugelle. Les Indiens les nommoient *Calistrii*, selon Ctésias.

(1) M. Larcher, en citant Etienne de Bysance, indique le mont Ἰβηρία. Mais ce mot n'est pas dans l'auteur; c'est Κυνητικόν qu'il faut lire. (*Trad. d'Hérod. T. VII, p. 119*).

Ce nom signifie *ayant des têtes de chien*. On peut donc regarder ce peuple comme un de ces êtres imaginaires que Ctésias a supposés dans les Indes.

CYNONNESOS. Etienne de Bysance dit que c'est le nom d'une île qui dépendoit de la Libye.

CYNOPOLIS, ville de l'Asie, dans l'Isaurie, selon Ortélius. Il en est aussi fait mention dans les actes du cinquième concile de Constantinople.

CYNOPOLIS, ville d'Egypte. *Voyez* ci-après.

CYNOPOLITES NOMOS, nom d'un nôme de l'Egypte. Il s'étendoit des deux côtés du Nil, selon Ptolemée & Strabon. Ce dernier dit que sa ville capitale se nommoit *Cynospolis*.

CYNOPROSOPI, nom d'un peuple de l'Afrique. Ælien dit qu'il n'avoit pas l'usage de la parole, & qu'il habitoit au-delà d'Oasis, en tirant vers l'Ethiopie.

CYNORTION, montagne de Grèce, dans le Péloponnèse. On y voyoit un temple d'Apollon *Maléate*, selon Pausanias.

CYNOS-CEPHALÆ. Procope parle d'un promontoire de l'île de Corcyre, situé au levant, & qu'il nomme à l'accusatif *Cynos-Cephalas*: les têtes de chien.

Il y avoit un promontoire de même nom, appartenant aux côtes de la Thessalie.

CYNOSARGES, lieu de Grèce, dans l'Attique, près d'Athènes. C'étoit-là qu'étoit le gymnase & un temple consacrés à Hercule. Les philosophes cyniques y avoient établi leur école (1). Antisthènes en fut le chef. Hérodote, Tite-Live, Plutarque, Solon, & quantité d'autres auteurs en ont parlé.

Cette bourgade se nommoit ainsi, parce que Diomus, sacrifiant à Hercule, un chien enleva les cuisses de la victime, & ne fut atteint qu'en ce lieu. Soit à cause de sa blancheur, soit à cause de sa vitesse, car *argos* signifie également *albus* & *velox*, on nomma ce lieu *Cynosarge*.

CYNOSPOLIS, *ou* CYNOPOLIS, ville d'Egypte & capitale du nôme Cynopolités. Elle étoit située dans une petite île du Nil, selon Strabon & Ptolemée. Elle a été épiscopale, selon les actes du concile de Nicée, tenu en l'an 325.

CYNOSSEMA, promontoire de la Chersonnèse de Thrace, selon Pomponius Méla & Pline.

CYNOSSEMA, lieu particulier de l'île de Salamine. Plutarque dit que le chien de Xantippe y mourut & y fut enterré.

CYNOSSEMA, nom d'un promontoire de la Doride. Strabon le place entre les villes de Lorime & de Cnide.

CYNOSSEMA, nom d'un lieu maritime de l'Egypte, dans le voisinage de Taposiris, selon Strabon.

CYNOSSEMA, lieu de l'Afrique, dans la Libye, selon Etienne de Bysance.

(1) Il y eut dans l'Attique trois gymnases considérables, le Cynosarge, le Lycée & l'Académie.

CYNOSSEMA, nom d'un lieu de la Grèce, dans la Calydonie, selon Etienne de Bysance.

CYNOSSEMA. Suidas dit que c'est le nom d'un lieu de la Thrace, aux environs de Maronée.

CYNOSURA, promontoire de Grèce, dans l'Attique, selon Ptolemée. Hésychius le place vers l'île d'Eubée. Il étoit formé par une petite chaîne de montagnes, prolongement du mont Hymette vers l'est.

CYNOSURA. Etienne de Bysance nomme ainsi un lieu du Péloponnèse, dans l'Arcadie.

CYNOSURA, nom d'un lieu du Péloponnèse, dans la Laconie, selon le scholiaste de Callimaque. C'étoit une tribu du même pays, selon Hésychius.

CYNTHIUS, *ou* CYNTHUS MONS, montagne située près de la mer, vers le milieu de la côte orientale de l'île de Délos. Elle étoit de granit, & la forteresse étoit bâtie dessus. On y arrivoit par un chemin taillé dans le granit, & des degrés de marbre aidoient à arriver au sommet.

La ville de Délos étoit au pied de cette montagne, entre laquelle & la mer, vis-à-vis l'île de *Rhenia*, étoit un théâtre en marbre.

C'est de cette montagne qu'Apollon étoit surnommé *Cynthien*. Elle lui étoit consacrée comme le reste de l'île.

CYNURA, ville de Grèce, dans le Péloponnèse. Etienne de Bysance la place dans un territoire qui fut toujours un sujet de dispute entre les rois de Lacédémone & ceux d'Argos. *Voyez* CYNURIA.

CYNURIA, ville de l'Argolide, dans la partie qui confinoit à la Laconie. Cette ville n'est pas nommée par Hérodote, non plus que par Pausanias; mais ils nomment les *Cynorii* (Κυνόριοι); ce qui porte à croire que la ville se nommoit *Cynuria*, & non pas *Cynura*, comme on le lit dans Etienne de Bysance.

CYNURII, peuple du Péloponnèse. Ils habitoient la ville de *Cynura* ou *Cynuria*. Hérodote rapporte que les Cynuriens & les Arcadiens étoient les seuls peuples du Péloponnèse qui fussent originaires du lieu qu'ils avoient toujours occupé, c'est-à-dire, Antochthones. Il ajoute: ils paroissent Ioniens à quelques-uns. Avec le temps, ils sont devenus Doriens.

Au lieu de Cynuriens, M. Larcher, dans sa traduction d'Hérodote, a dit, comme le grec, Cynouriens.

CYNUS: ce lieu étoit en Grèce, au bord de la mer, au nord-est d'Opunce. C'étoit le port de cette ville, & où se conservoient les forces maritimes des Locriens Opuntiens.

CYON, ville de l'Asie mineure, dans la Carie, selon Etienne de Bysance.

CYPA, place forte de la Sicile, selon Etienne de Bysance.

CYPÆRA, ville de Grèce, dans la Thessalie, selon Ptolemée & Tite-Live. Ce dernier dit qu'elle fut prise par Antiochus.

CYPÆTA, ville de l'Afrique, dans la Libye, selon Etienne de Bysance.

CYPARISSA. On trouve le nom de cette ville écrit de manières assez différentes dans les auteurs. Dans Pline, on lit *Cyparissa*; dans Ptolemée, Κυπάρισσαι, *Cyparissæ*; dans Strabon, Κυπαρισσία, *Cyparissia*; dans Pausanias, Κυπαρισσιαι, *Cyparissiæa*; dans Etienne de Bysance, Κυπαρισσαια, *Cyparissæa* : enfin, dans Tite-Live, *Cyparissiæ*. J'en préviens, pour que ces divers noms ne paroissent pas être ceux d'autant de villes différentes. Cette ville étoit dans la partie de la Messénie qui, s'avançant au nord-ouest, forme avec l'Elide, plus reculée à l'est, un golfe que même d'après la ville on appelloit *Cyparrissien*, ou golfe de Cyparisse. Au temps de Pausanias, on n'y voyoit que deux temples, l'un d'Apollon, & l'autre de Diane *Cyparissia*. On conjecture que cette ville avoit pris son nom de la grande quantité de cyprès (Κυπαρίσσος) qui croissoient dans ses environs.

CYPARISSA. Les anciens paroissent d'accord sur un point à l'égard de cette ville : c'est qu'elle fut connue dans la suite sous un nom différent de celui qu'Homère emploie. Il y avoit des gens qui, au rapport de Strabon, croyoient que la *Cyparisse* d'Homère étoit le bourg de *Lycorea*, situé sur une montagne tout près du Parnasse. Selon Pausanias, *Cyparisse* etoit la même ville qu'Anticyre. Il observe même qu'Homère devoit connoître ce nom, puisqu'il avoit été donné à la ville par Anticyreus, contemporain d'Hercule. Or, la ville d'Anticyre étoit sur un petit isthme, qui joint au continent une petite péninsule, s'avançant dans le golfe de Corinthe. Anticyre a été célèbre dans l'antiquité, par l'ellébore qui croissoit dans ses environs. Ce lieu se nomme actuellement *Asprospitia*.

CYPARISSEIS, nom d'une rivière du Péloponnèse, dans la Messenie, & auprès de la ville de *Cyparissa*, selon Strabon. La rivière, comme la ville, se nomme *Arcadia*.

CYPARISSIA, ville sur l'isthme d'une presqu'île dans la Laconie, au nord-ouest d'*Hypertebatum*, selon Strabon. Elle avoit un port au fond d'une petite baie.

Elle étoit détruite au temps de Pausanias. Cet auteur dit seulement que l'on voyoit en ce lieu les ruines d'une ville appelée la ville des Achéens *Paracyparissiens*.

Assez près de ces ruines étoit un temple de Minerve *Cyparissienne*.

CYPARISSIA, l'un des noms que porta l'île de Samos.

CYPARISSIUM PROMONTORIUM, promontoire du Péloponnèse, dans la Messenie. Il prenoit ce nom de la ville de *Cyparissiæ*, selon Strabon.

CYPARISSIUS (le), petit fleuve de la Messenie, au sud d'*Aulon*, à l'ouest d'*Electra*. Il reçoit le *Cocus*.

Le canton qu'il arrosoit en Messenie, portoit, selon Strabon, le nom de *Macistie* : mais, selon Théophyle, ce canton faisoit partie de la *Triphylie*, possédée presque toute entière par les Eléens. Le Cyparissius se jetoit dans un petit golfe, nommé d'après lui, ou d'après la ville suivante, golfe de *Cyparissus*, ou de *Cyparisse*.

CYPARISSUS SINUS, golfe du Péloponnèse, dans la Messenie. Il prenoit ce nom de la ville de *Cyparissiæ*, selon Strabon. Ce golfe se nomme aujourd'hui golfe de *Ronchio*.

CYPARISSUS, nom d'une ancienne ville de Grèce, dans la Phocide. Etienne de Bysance & Eustathe la placent près du mont Parnasse & de la ville de Delphes.

CYPASIS, ville située vers l'Hellespont, selon Hécatée, cité par Etienne de Bysance.

CYPHANTA, ville du Péloponnèse, dans l'intérieur de la Laconie, selon Ptolemée. Elle étoit à dix stades de la mer, selon Pausanias.

CYPHANTA, *ou* CYPHANTE, port de la Laconie, sur le golfe Argolique, au sud de *Prusiæ*.

Cette ville étoit détruite au temps de Pausanias. Il n'y restoit qu'un temple d'Esculape, avec la statue de ce dieu en marbre.

Assez près étoit une source d'eau fraîche, qui sortoit d'un rocher. Et comme l'imagination brillante des Grecs savoit tout embellir, les gens du pays prétendoient que ce rocher n'avoit jamais donné d'eau, jusqu'au moment qu'Atalande, revenant de la chasse, épuisée de fatigue & de chaleur, en avoit fait jaillir une source.

CYPHARA, nom d'une forte place de la Grèce, dans la Thessalie. Il en est fait mention par Tite-Live.

CYPHOS. Homère, dans son catalogue, *vers* 255, dit que cette ville fournit vingt-deux vaisseaux pour le siège de Troyes. Cependant à peine Strabon indique-t-il un village de ce nom chez les Perrhébiens. Etienne de Bysance se sert du mot de ville, & en reconnoît deux, l'une en Thessalie, & l'autre en Perrhébie. Il ajoute même un fleuve de ce nom. M. d'Anville, qui n'a pu reconnoître la position de ces villes, que je soupçonne n'en avoir fait qu'une, ne leur donne aucune place sur sa carte.

CYPHUS, montagne de la Grèce, dans la Perrhébie, selon Strabon & Etienne de Bysance.

CYPHUS, nom d'un village de Grèce, dans la Perrhébie, selon Strabon.

CYPRESSETA, lieu de la Gaule, entre *Avenio* & *Arausio*, selon l'itinéraire d'Antonin. M. d'Anville croit le retrouver vers le pont de Sorgue.

CYPRIÆ INSULÆ. Pline nomme ainsi trois îles, situées dans le voisinage de celle de Cypre. Il ajoute qu'elles étoient stériles.

CYPRON, château de la Judée, dans la tribu de Benjamin. Hérode le fit bâtir en l'honneur de sa mère. Il étoit situé dans la plaine de Jéricho, & auprès de cette ville, selon Joseph, *antiq. L. XVI, ch.* 9.

Ce lieu est marqué sur la carte de M. d'Anville.

CYPRUS (en turc *Kibris*, & en arabe *Kubrons*, vulg. *Chypre*), île de la Méditerranée, située sous le 35e deg. de latitude, & séparée en deux parties par le 3 e deg. de longitude du méridien de Paris.

Selon Ptolemée, cette île avoit la mer de Pamphylie au couchant, la mer d'Egypte & de Syrie au midi, cette dernière au levant, & le petit détroit de Cilicie au nord.

L'île de Cypre, célèbre dans l'antiquité, étoit consacrée à Vénus, & les poëtes disoient que cette déesse y étoit née.

Cette île a porté les noms de *Cerastis*, *Drosa*, *Acamantide*, *Aspélie*, *Cryptos*, *Amathusie*, *Macarie*, *Colonia*, *Sphécée*, *Citica*, *Satrachus*, & *Justiniana secunda*.

Des tyrans particuliers en furent les premiers souverains; les rois d'Egypte y établirent ensuite leur autorité; à ceux-ci succédèrent les Romains, & enfin elle passa aux Grecs. Ammien Marcellin dit que les villes de Salamis & de Paphos rendoient cette île illustre. Elles étoient fameuses, la première par un temple consacré à Jupiter, & la seconde par un temple dédié à Vénus. Il ajoute que cette île étoit fertile en toutes sortes de productions, & que les vins en étoient excellens.

Géographie de l'île de Cypre, selon Ptolemée.

A l'ouest.

Acamas, prom.	*Paphos Vetus.*
Paphos Nova.	*Drepanum*, prom.
Zephyrium, prom.	

Au sud.

Prusium, prom.	*Tetius*, fleuve.
Curium.	*Citium.*
Lycus, fleuve.	*Dades*, prom.
Curias, prom.	*Throni*, ville & prom.
Amathus.	

A l'est.

Ammochostus, prom.	*Elæa*, prom.
Pedæus, fleuve.	*Ura Boos* (Cauda Bovis).
Salamis.	

Au nord.

Carpasia.	*Lapithus.*
Achæorum Littus.	*Crommyorum*, prom.
Aphrodisium.	*Soli.*
Macaria.	*Callimusa*, prom.
Ceronia.	*Arsinoe.*
Lapithus, fleuve.	

Le territoire de Salamine étoit à l'est, celui de Paphos à l'ouest : entre les deux étoit celui d'Amathus, & le mont Olympe dans la partie du sud; celui de Lapithos dans la partie du nord.

Dans l'intérieur des terres, on trouvoit :

Cytrus.	*Tamassus.*
Trimethus.	

Près de l'île de Cypre, Ptolemée indique les îles de *Clides* & de *Carpasiæ*.

CYPRUS, nom d'une forteresse de la Palestine, que Joseph place dans le voisinage de Jéricho.

CYPSELA, ville de Thrace, dans la province de Rhodope, selon Thucydide, Appien, Tite-Live, Pomponius Méla & Etienne de Bysance. Ce dernier la place près du fleuve *Hebrus*. Ptolemée & Pline écrivent *Cypsella*. Dans l'itinéraire d'Antonin, on lit *Cypsella* & *Cypsela*, selon les divers exemplaires. Elle y est marquée entre *Trajanopolis* & *Syracella*. Elle a été épiscopale. Elle est marquée sur la carte de M. d'Anville.

CYPSELA, place du Péloponnèse, dans l'Arcadie, selon Thucydide & Etienne de Bysance.

CYPSELA, ville de l'Hispanie, près de la mer Méditerranée, & d'une montagne nommée *Celebanticum jugum*. Festus Avienus, qui en fait mention, dit qu'il n'en restoit plus aucuns vestiges.

CYPTASIA, ville de l'Asie mineure, dans la Galatie, selon Ptolemée.

CYRA, île du golfe Persique, selon Hécatée, cité par Etienne de Bysance.

CYRA, montagne d'Afrique, dans la Cyrénaïque. Justin en parle comme d'un lieu agréable, où il y avoit une source abondante; ce qui, en partie, engagea les Grecs à y bâtir la ville de Cyrène.

CYRACTICA. C'est le nom par lequel Strabon désigne l'île du golfe Adriatique, que Ptolemée, Pline, *&c.* nomment *Curicta*.

CYRASSENSIS, nom d'un siège épiscopal de l'Asie mineure, dans la Lydie. Il en est fait mention dans le concile de Chalcédoine.

CYRAUNIS. On lit dans Hérodote (*L. IV, c. 195*), qu'au rapport des Carthaginois, c'est le nom d'une île située sur la côte de la Libye, près du pays des Gyzantes, & que l'on y passe fort aisément du continent; qu'elle est fort étroite, & qu'elle a deux cens stades de long; qu'elle est toute couverte d'oliviers & de vignes, & que dans cette île est un lac, de la vase duquel les filles du pays tirent des paillettes d'or, avec des plumes d'oiseaux frottées de poix : mais il ignore si le fait est vrai.

CYRBA, ville de l'Asie, dans la Pamphylie, selon Etienne de Bysance. Les actes du concile de Nicée, selon Ortélius, font mention d'un siège épiscopal nommé *Cyrba*.

CYRE, fontaine consacrée à Apollon, selon Callimaque, en Afrique, dans le lieu où fut bâtie la ville de Cyrène, à laquelle elle communiqua son nom.

CYRENA. On lit dans le livre des rois, que Téglaphalassar transporta les habitans de Damas à Cyrène. Ce devoit être une contrée vers l'Ibérie ou l'Albanie, où le fleuve Cyrus va se perdre dans la mer Caspienne : car Joseph dit que ces peuples furent transportés dans la Médie supérieure.

CYRENA, ville de l'île de Cypre, selon Métaphraste. Constantin Porphyrogénète met une ville

Cyrénée dans cette île. C'est vraisemblablement la même.

CYRENA, ville de l'Afrique, & la capitale de la Cyrénaique. Elle étoit située à quatre-vingts stades d'Apollonie, qui lui servoit de port, selon Strabon. Pline la place à onze mille pas de la mer. Le premier dit qu'elle étoit bâtie dans une plaine, & qu'elle avoit la forme d'une table. La ville de Cyrène fut fondée, à ce que l'on croit, par des Grecs, habitans de l'île de *Thera*, qui passèrent en Afrique, sous la conduite de Battus, fils de Polymnestus, qui descendoit d'un des héros qui accompagnèrent Jason dans son voyage de la Colchide. L'argonaute de qui Battus descendoit à la dix-septième génération se nommoit *Euphème*. La famille de Battus posséda la ville de Cyrène sous huit rois, pendant deux cens ans. Cette ville fut soumise à Alexandre-le-grand, puis aux Ptolomée : un prince de ce nom, surnommé *Apion*, fit le peuple Romain son héritier. Le sénat ordonna que les villes de ce petit état seroient libres; mais celle de Cyrène s'étant révoltée, elle fut ruinée par les Romains, qui la rétablirent après. Le peuple de cette ville cultivoit la philosophie. Aristippe fut le chef d'une secte particulière de philosophes, dont Cicéron parle souvent dans ses ouvrages.

CYRENAICA. Les auteurs anciens ne sont pas d'accord sur l'étendue de cette contrée de l'Afrique. Ptolemée dit qu'elle s'étendoit depuis le promontoire *Chersonnesus Magnus*, jusqu'au golfe de la grande Syrte : mais elle avoit une étendue plus considérable, selon Pline; car il la borne par le mont *Catabathmos*, & à l'occident par la petite Syrte; il lui donne huit cens milles de largeur. Strabon dit à peu près comme Pline. Cette contrée a aussi été nommée Pentapole : cependant ce canton ne faisoit qu'une partie de la Cyrénaïque. On distinguoit aussi sous ce nom le territoire de la ville de Cyrène. Il y avoit beaucoup de Juifs dans la Cyrénaïque. Après la ruine de Jérusalem par Titus, ils crurent être assez nombreux pour se révolter contre les Romains : mais ils furent prévenus, & on détruisit leur faction. Quelques anciens comprenoient la Marmarique dans la Cyrénaïque; ils l'étendoient même jusqu'à l'Egypte.

La Cyrénaïque, selon Ptolemée.

Selon Ptolemée, la Cyrénaïque s'étendoit depuis *Darnis* (qui se trouvoit à l'est, sur les confins de la Marmarique), jusqu'à la grande Syrte, & aux autels des Philènes, à l'ouest.

On y trouvoit :

Automalax, forteresse.	*Herculis Turris.*
Drepanum, prom.	*Diachærsis*, forteresse.
Maritimæ, station.	*Boreum*, prom.
Dirrhœa, port.	*Bryorum Littus.*

La Pentapole comprenoit,

Berenice, appelée aussi *Hesperides*.	*Arsinoe*, appelée aussi *Teuchira*.
Latho, fleuve.	*Naustathmos*, port.
Ptolemaïs.	*Erythron.*
Ausigda.	*Chersis.*
Aptuchi Fanum.	*Zephyrium*, prom.
Phycus, prom. & fort.	*Dardanis.*
Apollonia.	

(1) Villes dans l'intérieur des terres.

Cyrene.	*Thintis.*
Cerchile.	*Cænopolis.*
Chærecla.	*Phalacra.*
Neapolis.	*Marabina.*
Artamis.	*Auritina.*
Xymethus.	*Acabis.*
Barce.	*Maranthis.*
Eraga (2).	*Agava.*
Celida.	*Echinus.*
Hydra.	*Philon.*
Alibaca.	*Arimanthis.*

Iles.

Myrmex.
Lœa, appelée aussi *Veneris Insula.*

CYRESCHATA, nom que Ptolemée donne aux deux villes de Cyropolis, en Médie, & dans la Sogdiane.

CYRESTENSIS SOLITUDO, désert de l'Asie, dans la Cyrrestique, contrée de la Syrie. Il en est fait mention par Théodoret.

CYRETIÆ. Tite-Live nomme ainsi une ville de la Macédoine, dans la Perrhæbie. Elle est nommée *Chyretiæ* par Ptolemée.

CYRI CAMPUS, nom d'une campagne de l'Asie mineure, dans la Lydie, selon Strabon.

CYRIA, ville épiscopale de l'Asie, dans la Syrie, selon Gennade.

CYRILLI, nom d'un château de la Scythie européenne, auprès de la ville d'Ibeda, selon Procope.

CYRINI CASTRA. Strabon donne ce nom à un lieu de la Cappadoce.

CYRIUS, ville de la Macédoine, dans l'Emathie, selon Ptolemée.

CYRMIANÆ, peuple de la Thrace. Il en est fait mention par Hérodote.

CYRNABA, nom d'un golfe de l'Asie, que Pline place dans la Sérique.

CYRNI, peuple des Indes, selon Pline. Il ajoute qu'Isigone dit que ce peuple vivoit extrêmement vieux.

CYRNUS. *Voyez* CORSIA.

CYRNUS, nom d'une île de la Grèce. Pline la place dans le voisinage de l'Etolie.

CYRNUS, lieu de l'Eubée, dans la Carystie, où se donna une bataille entre les Carystiens & les Eubéens.

(1) Je supprime les indications des montagnes & des marais.

(2) La traduction porte Rhaga.

CYROPOLIS, ville de l'Asie, dans la Médie. Ptolemée la donne aux Caduciens.

CYROPOLIS. Ælien nomme ainsi une ville de l'Inde. Il ajoute qu'elle fut bâtie par Alexandre.

CYROPOLIS, ancienne ville de l'Asie, dans la Sogdiane. Arrien dit qu'elle fut bâtie par Cyrus, sur le bord du Jaxarte, & qu'elle fut prise par Alexandre. Il ajoute qu'elle étoit fort grande, que ses murailles étoient très-hautes; mais qu'elle fut saccagée & détruite jusqu'aux fondemens. Quinte-Curse dit la même chose. Elle est nommée *Cyra* par Strabon, & *Cyreschata* par Ptolemée.

CYRRHA. Quelques auteurs ont confondu ce lieu avec *Crissa*, ville des Locriens, près le golfe de son nom. Les savans sont convenus que *Cyrrha* étoit le port, & *Crissa* la ville.

CYRRHADÆ, peuple de l'Asie, dans la Sogdiane. Il habitoit sur le bord de l'*Oxus*, selon Ptolemée.

CYRRHÆUS, peuple de l'Ethiopie. Claudien le place sur le bord du Nil.

CYRRHESTÆ, peuple de Grèce, dans la Macédoine, selon Pline. C'étoit les habitans de la ville de *Cyrius*, dans l'Emathie, selon Ptolemée.

CYRRHESTÆ. Polybe nomme ainsi les habitans de la contrée *Cyrrhestica*. Elle étoit en Asie, dans la Syrie, le long de l'Euphrate.

CYRRHESTICA, petite contrée de l'Asie, dans la Syrie. Elle étoit le long de l'Euphrate, & prenoit son nom de la ville de *Cyrrhus*. Elle avoit vingt villes, selon Ptolemée.

CYRRHUS. *Voyez* CYRUS.

CYRRHUS, ville de l'Asie, dans la Syrie. Elle donnoit son nom à la Cyrrhestique, & en étoit la capitale. Etienne de Bysance dit que cette capitale étoit nommée *Syndaros*. Il en est aussi fait mention dans l'itinéraire d'Antonin. On la nomme aussi *Cyrus*.

CYRRHUS, ville de Grèce, dans la Macédoine, aux environs de celle de *Pella*. Il en est fait mention par Thucydide.

CYRTA, rivière de la Gaule narbonnoise, dans le territoire des Massiliens, selon Vibius Sequester.

CYRTÆA, *ou* CYRTÆ, ville qui étoit située sur le bord de la mer Rouge. Ctésias, cité par Etienne de Bysance, dit qu'Artaxerxe y relégua Mégabaze.

CYRTESII. Ptolemée nomme ainsi un peuple de l'Afrique propre; vraisemblablement les habitans de la ville de *Cyrta*.

CYRTIADÆ. Hésychius nomme ainsi une nation de la tribu Acamantide.

CYRTII, peuple de l'Asie, dans la Médie, selon Strabon & Tite-Live. Ctésias les nomme *Cyrtæ*. Strabon en parle comme d'un peuple venu d'ailleurs, & qui étoient grands larrons.

CYRTONES, ville de Grèce, dans la Béotie, selon Pausanias & Etienne de Bysance. Le premier dit qu'elle étoit bâtie sur une montagne, & qu'il y avoit dans le même lieu un temple d'Apollon, & un bois consacré à ce dieu, qui y avoit une statue, ainsi que Diane.

CYRTONIUS, ville de l'Italie, selon Polybe, cité par Etienne de Bysance. Comme Polybe en dit à peu près les mêmes choses que Tite-Live rapporte à l'égard de Cortone, en parlant de la marche d'Annibal, on est en droit de conclure que c'est la même ville nommée un peu différemment par les Grecs & par les Latins.

CYRTONS, ancien nom de *Cyrtone*. *Voyez* ce mot.

CYRTUS, ville située dans l'intérieur de l'Egypte, selon Etienne de Bysance. Il ajoute qu'elle étoit la patrie d'un médecin célèbre, nommé Denys.

CYRUBS, *ou* CINIBS, selon les divers exemplaires de Vibius Sequester, rivière de l'Arabie, dans laquelle on trouvoit diverses sortes de perles que l'on portoit à la ville de Tybreste.

CYRUS, nom de l'une des plus grandes rivières de l'Asie. Strabon dit qu'elle avoit sa source dans l'Arménie, qu'elle couloit entre cette contrée, l'Ibérie & l'Albanie, & qu'elle se jettoit par douze embouchures dans la mer Caspienne, après avoir reçu les eaux de l'Araxe, & de divers autres fleuves. Ptolemée la nomme *Cyrrhus*, & Plutarque *Cyrnus*. Le premier dit qu'il n'y a qu'une branche de l'Araxe qui tombe dans ce fleuve, que l'autre va se perdre dans la mer d'Hyrcanie. Strabon, Plutarque & Appien ne donnent que douze embouchures au *Cyrus*; mais Hérodote lui en donne quarante.

CYRUS, nom d'une rivière de l'Asie, dans la Médie. Ptolemée en place l'embouchure entre celle du Cambyses & de l'Amardus. Ammien Marcellin rapporte que Cyrus lui ôta son ancien nom pour lui donner le sien, dans le temps qu'il préparoit une invasion contre les Scythes.

CYRUS, rivière de l'Asie, dans la Perside. Elle couloit dans les vallées de la Perside, auprès des Passagardes, selon Strabon. Il ajoute que le roi lui donna le nom de *Cyrus*: mais qu'auparavant elle étoit nommée *Agradate*. Elle alloit se perdre dans le golfe Persique. Denys le Périégete la nomme *Coros*.

CYRUS, ancienne ville de l'Asie, dans la Syrie. Procope rapporte que cette ville fut fondée par les Juifs, qui la nommèrent ainsi en l'honneur de Cyrus, qui les avoit délivrés de leur captivité en Assyrie. Il ajoute que Justinien la rétablit & l'orna. Il y fit conduire de l'eau en abondance. C'est la ville *Cyrrhus* de Ptolemée, dont il fait la capitale de la Cyrrhestique. Elle étoit à deux journées d'Antioche, selon Théodoret. On la nomme aussi *Cyrrhus*.

CYRUS, ville de Grèce, dans l'île d'Eubée. Polyen dit qu'elle étoit dans le département des Chalcidiens.

CYSA, village de l'Asie, dans la Carmanie. Il étoit situé sur le rivage nommé *Carbis*, selon Arrien.

CYSSEUM. L'histoire mêlée nomme ainsi un lieu de l'Asie mineure.

CYSSUS, ville & port de l'Asie, en face & à l'est de la ville de Chios, dans l'île de même nom, vers le 38e deg. 25 à 30 min. de latitude.

Ce port est connu par la victoire qu'y remportèrent les Romains sur la flotte d'Antiochus, l'an 561 de Rome, selon Tite-Live, *L. XXXVI*, *ch.* 44.

CYTA (*Cutatis*), ville de l'Asie, dans la Colchide, sur la gauche & presque sur le bord d'une rivière. Cette ville étoit au nord-est de *Tynderis*.

Il en est fait mention par Pline & Etienne de Bysance. Ce dernier prétend qu'elle étoit la patrie de Médée: mais il la nomme *Citæa*.

CYTA, *ou* CYTÆA, nom d'une ancienne ville de la Scythie, selon Etienne de Bysance.

CYTÆA TERRA, nom par lequel on a quelquefois désigné la Colchide.

CYTÆUM (*Soudag*), ville de la Chersonnèse Taurique, près de la mer, au nord-est du promontoire *Corax*.

M. de Peyssonnel, dans ses observations historiques & géographiques, dit que c'est aujourd'hui le bourg de Soudag, & que Ptolemée l'a placée trop en avant dans les terres. M. de Peyssonnel ajoute que cette ville étoit située sur une élévation assez éloignée de son port, qu'elle avoit été de quelque considération, & que l'on y voit les débris d'une ancienne forteresse, & une tour encore existante, que l'on a contenue avec des cercles de fer pour en empêcher l'écroulement.

CYTÆUM, ville située sur la côte septentrionale de l'île de Crète, selon Ptolemée. C'est aujourd'hui *Settia*. Elle a été épiscopale.

CYTÆUM. Le même géographe nomme ainsi une ancienne ville de la Chersonnèse Taurique. Elle est nommée *Cyttæ* par Pline, *Cidæa* par Scylax, & *Cytæ* par l'auteur du périple du Pont-Euxin.

CYTAIS, contrée de l'Asie, dans la Carmanie, à ce qu'il semble dans Arrien.

CYTHEORUM, ville de l'Asie, dans le Pont-Polémoniaque, selon Ptolemée. C'est la *Cotyorum* de Pline, & la *Cotyora* que Xénophon dit être une colonie fondée par les habitans de Synope.

CYTHERA, *ou* CYTHÈRE (*Cerigo*), île de la Laconie, dans le golfe Laconique, au sud de *Bœa*.

Cette île, plus fameuse dans la mythologie que dans l'histoire, passoit pour avoir reçu Vénus au sortir des eaux: de-là cette déesse avoit pris le surnom de *Cythérée*, selon Hérodote (*L. I*). Le culte de Vénus y avoit été apporté par des Phéniciens. On se rend d'autant plus volontiers au sentiment de cet auteur, qu'il est prouvé que ce culte avoit commencé dans l'orient, & que l'on sait que les Phéniciens naviguèrent les premiers sur les côtes de la Grèce.

Cette île avoit au sud une ville de même nom, où étoit un temple de Vénus Uranie, regardé comme le plus ancien & le plus respectable de toute la Grèce. Une statue de la déesse la représentoit toute armée. On a remarqué dans l'antiquité que les Lacédémoniens la représentoient ainsi.

On estimoit le port de cette île, lieu où se rangeoient & se construisoient les vaisseaux; ce que les Grecs appeloient (*Epinéion*), & les Latins *Navale*, étoit appelé ici du nom particulier de *Scandea* ou Scandée. Thucydide, *L. IV*, se sert, en le désignant, du mot πόλις, qui signifie une ville: mais il paroît que ce n'étoit qu'un grand arsenal.

Les poëtes de l'antiquité, & d'après eux nos poëtes modernes, en parlant de Vénus & de son culte, ont peint Cythère comme un séjour enchanté. Héraclide de Pont dit qu'elle étoit fertile en miel & en vin. Cependant, selon lui, les habitans ne s'y nourrissoient que de fromage & de figues, ce qui n'annonce ni une grande opulence, ni un grand luxe. Il ajoute qu'ils étoient *avares* & industrieux, peut-être parce qu'ils possédoient peu & même au-dessous de leurs besoins. Ce lieu n'est à présent qu'une espèce de rocher, d'un sol ingrat & aride.

CYTHERA, ville capitale de l'île de même nom. Elle étoit située sur la côte méridionale, & avoit un temple de Vénus *Uranie*, regardé comme le plus ancien & le plus respecté de toute la Grèce. Sa statue la représentoit armée.

CYTHERA, ville de l'île de Cypre. On croit que c'est aujourd'hui le village de *Conucha*.

CYTHERA, ville de Grèce, dans la Thessalie, selon Hésyche.

CYTHERIUM, ville de l'Italie, située dans l'intérieur de l'Œnotrie, selon Etienne de Bysance. On croit que c'est aujourd'hui *Cyrisano*.

CYTHERIUS, fleuve. *Voyez* CYTHERUS.

CYTHERON, nom d'une montagne de la Grèce, dans la Béotie. Elle étoit consacrée à Jupiter *Cytheronius*. Pausanias, *L. IX*, *Beotic.* C'étoit dans un défilé de cette montagne qu'Œdipe avoit tué son père Laïus.

CYTHERUS, rivière du Péloponnèse, dans l'Elide, où elle arrosoit la ville d'Héraclée. Pausanias dit qu'à la source du *Cytherus* il y avoit un temple consacré aux nymphes nommées Ionides. Cette rivière est nommée *Cytherius* par Strabon.

CYTHIUM, ville de l'île de Cypre, selon Plutarque. Il ajoute que c'est où mourut Cymon.

CYTHNUS, *ou* CYTHNOS (*Thermia*), île de Grèce, près de l'Attique, selon Ptolemée & Pline. Elle a aussi été nommée *Ophiussa* & *Dryopis*, selon Etienne de Bysance. Son fromage étoit estimé.

CYTINA, ville de Grèce, dans la Thessalie, selon Etienne de Bysance.

CYTINIUM, ville de Grèce, dans la Doride, selon Strabon. Il ajoute que c'est une des trois villes qui firent nommer *Tétrapole* le pays où elles étoient situées. Cette ville est nommée *Citynum* par Pline.

CYTIS. Pline nomme ainsi une île, qu'il place à l'entrée de la mer Rouge.

CYTNI, peuple que Ptolemée place dans la partie orientale de la haute Pannonie.

CYTONIUM, ville de l'Asie mineure. Elle étoit

située aux confins de la Lydie & de la Mysie, selon Théopompe, cité par Etienne de Bysance.

CYTORUS, *ou* CYTORUM, ville située sur la partie de la côte de la Paphlagonie, qui est inclinée du sud-ouest au nord-est, entre le promontoire *Carambis* & *Amastris*. On croit que cette ville avoit été fondée par une colonie de Miléfiens. Selon Strabon, ç'avoit été un port des habitans de Sinope.

Il y avoit, dans le voisinage de cette ville, une montagne qui produisoit le buis le mieux veiné. La fondation de Cytore est attribuée à Cytor, fils de Phryxus, selon Ephore l'historien. C'étoit une des quatre villes qui composoient l'état d'Amastris, sœur de Darius, & femme de Denys, tyran d'Héraclée, lors de la destruction de l'empire des Perses. Pline, Virgile, Suidas & Xénophon font mention de cette ville. Ce dernier dit que c'étoit un port de mer où les Grecs s'embarquèrent, & qu'après avoir navigué un jour & une nuit, on arriva à Sinope. Etienne de Bysance, Hésychius & Ptolemée la nomment *Cytorum*.

CYTORUS, montagne de l'Asie, dans la Galatie. Catulle lui donne l'épithète de *Buxifer*. Cette montagne étoit dans le voisinage de la ville d'Amastris.

CYTRIA. Métaphraste dit que c'est le nom d'un lieu de l'île de Cypre, à cinq milles de Salamine.

CYTTIUM, ville, qui étoit située dans la partie méridionale de l'île de Cypre, selon Suidas. C'est la même que Pline & Ptolemée nomment *Citium*.

CYZICUS, ville de l'Asie mineure, dans la presqu'île de même nom. Elle étoit bâtie auprès des ponts qui joignoient l'île au continent. Elle avoit deux ports, qui pouvoient se fermer : l'un de ces ports se nommoit *Panorme* : c'étoit l'ouvrage de la nature. L'autre, creusé de main d'homme, étoit appelé *Chytus* (1). Une partie de la ville étoit dans la plaine, une autre vers le mont *Arctos*, qui lui-même étoit dominé par le mont Dindymus. C'étoit, selon Pline, une colonie de Miléfiens.

Cette ville, dit M. Larcher, pouvoit aller de pair avec les premières villes de l'Asie, tant par sa grandeur & la beauté de ses édifices, que par l'excellence de son gouvernement, où tout étoit parfaitement réglé, soit pendant la paix, soit pendant la guerre. Elle est célèbre aussi par le siège qu'elle soutint contre Mithridate, & que fit lever Lucullus. Pecennius Niger, concurrent de Sévère à l'empire, reçut près de Cyzique un échec assez considérable, l'an de J. C. 193. Elle fut métropolitaine sous le patriarchat de Constantinople.

N. B. On en voit encore des ruines intéressantes.

(1) Du mot Κυτος, *qui fodiendio eruitur*. Ce mot a bien du rapport avec l'oriental *Cothon*. *Voyez* CARTHAGO.

DAC

DAÆ. *Voyez* DAHÆ. Les Grecs écrivoient Δάαι, *Daæ;* mais les Latins ont écrit *Dahæ*, & je me conforme à leur orthographe.

DABARITA, *ou* DARABITA, village de la Palestine, selon Joseph. Il étoit situé dans le grand champ, à l'extrémité de la Galilée & de la Samarie.

DABASÆ, peuple de l'Inde, au-delà du Gange.

DABASCHET, ville de la Palestine, frontière de la tribu de Zabulon. Le texte hébreu porte *Dabbaschet*, & la Vulgate *Dabbaseth*.

DABBERETH, ville de la Judée, qui fut comprise dans le partage de la tribu d'Issachar, selon le livre de Josué.

Elle fut donnée aux Lévites de la famille de Gerson.

Ce doit être la même ville que S. Jérôme nomme *Dabira*, & qu'il place vers le mont Thabor, dans le canton de Diocésarée.

DABIA, ville d'Afrique, dans la Mauritanie tingitane, près du mont *Cirna*.

DABIR. Il est fait mention d'une ville de ce nom, au livre de Josué. Elle étoit de la Judée, dans la tribu de Gad.

DABIR, *ou* CARIATH-SEPHER, ville de la Palestine, dans la tribu de Juda, dans le voisinage d'Ebron. Elle fut donnée aux Lévites. Les premiers habitans de cette ville étoient de la race d'Enac. Elle fut prise par Josué, qui en fit mourir le roi.

DABLIS, ville de l'Asie mineure, dans la Bithynie, à vingt-quatre milles de *Cænos Gallicanos*, selon l'itinéraire d'Antonin.

DACHARENI, peuple de l'Arabie heureuse, selon Ptolemée.

DACHINABADES. Arrian, dans le périple de la mer Erythrée, dit que c'étoit le nom du pays de l'Inde, qui étoit au midi de *Barygaza*. Il ajoute que ce pays renfermè beaucoup de nations très-nombreuses.

DACI. Les Daces, peuple de la Dacie. Ils habitoient au nord du Danube, depuis les plaines qu'occupoient les Sarmates Jazyges jusqu'aux embouchures de ce fleuve & aux rivages du Pont-Euxin. Ils avoient le même langage que les Gètes. Strabon dit qu'ils habitoient la partie supérieure de ce pays, par rapport au cours du fleuve, depuis le pays des Suèves, jusqu'à celui des Tyrigètes; & quant aux Gètes, il leur assigne la partie inférieure. Pline, Etienne de Bysance & Dion Cassius, disent que ce peuple étoit appelé *Gètes* par les Grecs, & *Daces* par les Romains. Ils sont nommés *Scythes* par Hérodote, qui leur donne l'épithète d'immortels, parce qu'ils pensoient qu'après leur mort, ils alloient auprès de leur Zamolxis, qui étoit un disciple de Pythagore. Il leur avoit laissé quelques instructions, qui leur servoient de religion. Les Daces étoient braves; Alexandre leur fit la guerre & brûla leur ville. Les successeurs de ce prince voulurent les subjuguer; mais un de leurs chefs ayant pris Lysimachus, il lui fit voir qu'on avoit tort d'attaquer un peuple aussi pauvre que brave. Leur roi Bérébiste étoit redouté de ses voisins & des Romains même; mais après sa mort la discorde s'étant mise parmi eux, ils n'opposèrent que vingt mille hommes à Auguste, qui les subjugua sans peine. Ils remuèrent sous Domitien; mais Trajan les assujettit, & réduisit leur pays en province romaine.

Florus dit que les Daces, en traversant le Danube, faisoient des courses jusques dans la Thrace, la Macédoine & l'Illyrie. Suétone rapporte que César avoit eu dessein de réprimer ces courses; mais que cela fut exécuté par Auguste. L'empereur Aurélien, selon Vopiscus, désespérant de conserver la Dacie au-delà du fleuve, en retira les garnisons romaines, emmena ce qu'il put de peuple qu'il plaça dans la Mœsie, & forma une nouvelle province de Dacie, entre les deux Mœsies.

On voit, dans les observations historiques de M. de Peyssonnel, que les Daces habitoient toute l'étendue qui est entre le Pruth, le Danube, le Tibiscus & les monts Carpates. C'étoit ce que l'on appeloit la *Dacia Vera*, ou *Provincia Trajani*.

Strabon rapporte que les Athéniens avoient tiré des Gètes & des Daces, appelés anciennement *Davi*, les noms de *Geta* & de *Davus*, si communs parmi leurs esclaves.

M. de Peyssonnel ajoute que les Daces étoient connus sous différens noms: les plus voisins des Gètes étoient les *Jascii*, qui, au rapport de Cellarius, ont donné leur nom à la ville de Jassi. A l'occident des *Jascii* étoient les *Teuriscy*, & après eux les *Anartes*, dont le pays étoit borné au couchant par le Tibiscus.

On sait que Décébale, roi des Daces, s'étant révolté sous le règne de l'empereur Trajan, ce prince, l'an 106 de Jésus-Christ, porta la guerre en Dacie, défit deux fois ces peuples, & forma de leur pays une province romaine, qui fut long-temps appelée *Provincia Trajani*.

DACIA. On a donné ce nom à deux contrées de l'Europe; l'une en-deçà du Danube, l'autre au-delà: toutes deux l'avoient reçu d'après les *Daci* ou Daces qui y avoient habité.

L'une des Dacies est celle que l'on nomma *Dacia Aureliani*, en-deçà du Danube; l'autre est la *Dacia Trajani*, au-delà du même fleuve. Comme la Dacie aurélienne se trouve comprise dans la Mœsie, & ne fit point une province à part, je n'en parlerai point ici : la Dacie trajane fit une province particulière.

Dacia Aureliani, étendue de pays situé au sud du Danube, auquel l'empereur Aurélien donna le nom de *Dacie*, lorsque les Barbares septentrionaux lui eurent enlevé la Dacie trajane.

Dacia Trajani : cette province, d'une très-grande étendue, étoit située au nord du Danube, ayant au nord-est & au nord les monts nommés *Alpes Bastarnicæ*, que l'on nomme actuellement *Karpak*... Le *Tyras* ou *Danaster*, coulant du nord-ouest au sud-est, de ce côté, y servoit de bornes : à l'est étoit le Pont-Euxin. Le côté occidental étoit défendu par un retranchement. M. d'Anville estime que cette province devoit avoir treize cens milles de circuit, & Eutrope n'en comptoit que mille.

Au centre du pays étoit le mont *Concajon*, regardé comme sacré par les Gètes.

Les principaux fleuves étoient :

Le Danube, qui le bornoit au sud, allant de l'ouest à l'est.

Le *Tibiscus* (la Tèmes) (1), qui, commençant dans l'intérieur du pays, arrosoit les villes d'*Acmonia*, de *Tibiscus*, & se rendoit dans l'autre *Tibiscus*, assez près de son embouchure dans le Danube.

L'*Aluta* qui, coulant du nord au sud se jetoit dans le Danube, en face de *Nicopolis*, située sur la droite du fleuve.

L'*Ordessus*, ou *Ardeiscus*, qui couloit dans le même sens, mais un peu plus à l'est.

L'*Ararus*, comme plus à l'est.

Le *Porata* ou *Pretus*, qui doit être le *Hierassus* de Ptolemée, qui couloit assez droit du nord au sud, & dont l'embouchure étoit peu loin à l'est de celle de l'*Ararus*.

Le *Tyras* ou *Danaster*, qui formoit au nord-est les bornes de cette province.

Les principales villes de la Dacie étoient, en commençant par le nord-ouest : *Napoca*, *Prætoria Augusta*, *Apulum*, au sud de *Napoca*.... *Tibiscus*, à l'ouest. *Zarmigethusa*, qui prit ensuite le nom d'*Ulpia Trajana*.

Le long du Danube, de l'ouest à l'est : *Lederata*, en face de *Vominacium*, qui appartenoit à la Mœsie ; *Ternes*, tout près de l'endroit où fut le Pont de Trajan. Il y avoit peu de lieux sur la gauche du Danube : ils étoient sur la droite dans les deux Mœsies.

Dacie, selon Ptolemée.

Les bornes sont à-peu-près celles que j'ai indiquées.

Il y place les peuples suivans, en commençant par les parties septentrionales, les *Anarti*, les *Teurisci*, les *Cistoboci*; les *Prendavesii*, les *Rhatacensii*, & les *Cacoensii* (2); les *Biephi*, les *Buridecnsii* & les *Cotensii*; les *Albocensii*, les *Potulatensii* & les *Sensii*; enfin, tout-à-fait au sud, les *Saldensii*, les *Ciagisi* & les *Piephigi*. Il est probable que ces peuples différens n'étoient que des hordes, comme sont encore les Tartares.

Les principales villes étoient :

Rhucconium.	*Rhamidava.*
Docirava.	*Pirum.*
Porolissum (3).	*Zusidava.*
Arcobara (4).	*Paloda.*
Tiphulum.	*Zurobata.*
Patridava.	*Lizisis.*
Carsidava.	*Argidava.*
Petrodava.	*Tiriscum.*
Ulpianum.	*Zarmigethusa.*
Napuca.	*Hydata.*
Patruissa.	*Nentidava.*
Salinæ.	*Tiasum.*
Prætoria Augusta.	*Zeugma.*
Sandava.	*Tibiscum.*
Augustia.	*Dierna.*
Utidava.	*Acmonia.*
Marcodava.	*Druphegis.*
Ziridava.	*Phrateria.*
Singidava.	*Arcina.*
Apulum.	*Pinum.*
Zermizirga.	*Amutrium.*
Comidava.	*Sornum.*

Quant aux mœurs & à la religion des *Daci* ou Daces, comme ils sont souvent confondus avec les Gètes, je n'en ferai point deux articles ; *voyez* Getæ. Mais je vais donner une idée de l'historique du pays.

Les historiens ne parlent guère de la contrée traitée ici sous le nom de Dacie, avant le temps où Darius entreprit de porter ses armes contre eux, l'an 508 avant l'ère vulgaire. Après avoir traversé le bosphore de Thrace, il s'engagea dans le pays des Gètes, entre l'Ister & l'*Aluta*, & son armée fut sur le point d'y périr.

Lysimaque, qui, à la mort d'Alexandre, avoit eu la Thrace en partage, attaqua les Daces, mais n'eut pas contre eux plus de succès. Il s'engagea trop avant dans le pays & fut fait prisonnier par les Gètes, que commandoit alors Domicaïtes.

On les vit au temps de César & d'Auguste prendre les armes contre les Romains. On en fit un certain nombre prisonniers : ils parurent dans les jeux que donna Auguste lors de la dédicace du temple de Minerve, l'an de Rome 722.

Les Daces & les Gètes furent à-peu-près toujours contenus par Auguste & ses premiers successeurs, dans les pays au-delà du Danube. Cepen-

(1) Ce n'est pas la Teisse, grosse rivière qui, coulant du nord au sud pour se rendre dans le Danube, portoit alors le nom de *Tibiscus*, mais une autre rivière qui s'y rendoit après avoir arrosé la ville de *Tibiscus*. (Temesvar).

(2) La traduction latine porte *Caucoensii*.

(3) Selon la traduction, *Parolissum*.

(4) Qui manque dans le texte de cette édition.

dant, dès que le fleuve étoit gelé, ils se jetoient sur les terres de l'empire pour y exercer le pillage. Auguste, pour les contenir, joignit la politique à la force : car il fit avec eux plusieurs traités, & montra à leur égard beaucoup de modération.

Sous les empereurs suivans, les Daces se montrèrent plus souvent en armes; & véritablement les Romains eurent beaucoup à souffrir de leur part. Sous le règne de Domitien, Décébale, roi des Daces, entra dans la Mœsie & défit Oppius Sabinus. La suite, malgré quelques succès, ne fut pas moins funeste aux armes romaines : & Domitien conclut une paix honteuse. Ce qu'il y eut de bien extravagant & de bien digne d'un tyran comme Domitien, c'est qu'il trompa le sénat par des lettres supposées, & qu'il entra dans Rome en triomphe.

Trajan obtint les succès que méritoient son courage & ses vertus militaires. En vain les Daces lui envoyèrent demander la paix (1). L'empereur la refusa, combattit & remporta une victoire complète. En continuant de s'avancer dans le pays, Trajan, toujours vainqueur par lui-même & par ses généraux, força Décébale à demander la paix avec les démonstrations les plus humiliantes. Ce prince l'obtint & y fut peu fidèle.

Il alla même jusqu'à tenter de faire assassiner Trajan, mais ses émissaires furent découverts & mis à la torture. Je ne puis omettre ici un trait qui rappelle les vertus des beaux jours de Rome. Décébale avoit fait prisonnier Longin, l'un des lieutenans de Trajan : il envoya menacer d'ôter la vie à cet officier, si l'on refusoit les conditions qu'il proposoit. Pendant que Trajan traînoit cette négociation en longueur, Longin, craignant que l'amitié de son prince ne fût retenue par le desir de lui conserver la vie, trouva le moyen de s'empoisonner. L'empereur en conçut une vive douleur, il construisit un pont sur le Danube. (*Voyez* PONS TRAJANI). Il pénétra dans le pays avec toutes ses forces; & Décébale, sans espérances de résister aux Romains, se donna la mort.

Trajan réduisit ce pays en province romaine. *Sarmigethusa*, capitale, conserva cet avantage, & prit, d'après le vainqueur, le nom d'*Ulpia Trajana*.

Adrien, successeur de Trajan, se conduisit d'une manière tout-à-fait différente. Car d'abord il vouloit abandonner la Dacie; mais s'étant rendu aux sollicitations du sénat, qui la demandoit comme une barrière importante à la sûreté de l'empire, il fit rompre le beau pont par lequel passoient les troupes romaines.

Les Daces furent tranquilles sous son règne, & sur-tout sous celui du vertueux Antonin. Les choses changèrent sous les empereurs vicieux qui succédèrent. Ni eux, ni les Barbares ne tinrent les conventions réciproques qui devoient être le lien de la paix. Sous le règne de Philippe, ils se jettèrent dans la Mœsie. Les détails de ces incursions ne sont pas de mon objet.

Aurélien, assez bon guerrier pour délivrer l'empire des incursions des Barbares, ne se sentit pas assez bien secondé par les forces de l'empire pour conserver les provinces trop exposées. Il ravagea l'Illyrie & la Mœsie le long du Danube, afin d'ôter aux Daces les objets de leur cupidité. Ensuite il transféra au centre de la Mœsie, les colonies romaines établies dans la Dacie, & abandonna cette province. Ce fut depuis ce temps (an de J. C. 273), que les Romains nommèrent *Dacie* une partie de la Mœsie. D'où la dénomination de *Dacia Aureliani*.

L'ancienne Dacie fut depuis exposée aux ravages de tous les peuples qui vinrent du nord ou de l'Asie se jeter sur les terres de l'empire. On y vit successivement des Taïfules, des Goths, des Huns, des Alains; puis des Patzinacites, des Gépides, des Saxons, des Zekels, qui paroissent être des Huns ou Hongrois, & enfin de véritables Hongrois. Une partie de cette ancienne Dacie répond à la Transilvanie, le reste à la Valachie & à la Moldavie.

DACIRA, ville de la Mésopotamie. Elle est nommée par quelques auteurs *Diacira*.

DACORA, village de l'Asie mineure, dans la Cappadoce, situé près du mont *Argæus*. Il appartenoit au territoire de *Cæsarea ad Argæum*. M. d'Anville ne l'a pas marqué sur sa carte.

DACTONIUM LEMAVORUM, vers le pays des Callaïques, presque au sud de *Aquæ Quintianæ*. C'est Ptolemée qui l'a fait connoître.

DADARA : c'est ainsi que Paulmier croit devoir lire le nom d'un lieu nommé, dans le texte de Ptolemée, *Eddara*. C'étoit un lieu de l'Arabie déserte.

DADASTANA, ville de l'Asie mineure, dans la Bithynie, selon Ptolemée, l'itinéraire d'Antonin & Zosime. Ce dernier la nomme *Dadasthana*, & ajoute que l'empereur Jovien y mourut. Cette ville séparoit la Bithynie de la Galatie, selon Ammien Marcellin.

DADDALA, lieu de l'Asie mineure, dans la Lycie. Ptolemée le marque à 35 degrés 55 minutes de latitude.

DADES PROMONTORIUM, promontoire de la partie méridionale de l'île de Cypre, entre le promontoire Curias, à l'ouest, & celui de Pedalium, à l'est. Ptolemée fait mention de ce promontoire.

DADICÆ, peuples qu'Hérodote (*L. VII, 66*), donne pour être voisins de la Sogdiane. Ils étoient armés comme les Bactriens.

DADOCERTA, grand château de l'Arménie, selon Etienne de Bysance. On ne connoît pas ce

(1) Je remarquerai ici, d'après M. de Kéralio, que le mot grec μύκη que l'on trouve dans Dion, ne doit pas être rendu par champignon, comme si les Daces avoient envoyé à Trajan un champignon, sur lequel ils avoient écrit le conseil de ne pas leur faire la guerre; mais qu'il faut traduire : une garde d'épée; ce qui indique qu'il doit se contenter d'être sur la défensive.

lieu, dont le nom est évidemment formé de l'oriental *cartha*, ville : mais d'où vient le commencement du mot? que signifie ce qu'ajoute l'auteur, μεταξὺ Μηδίας? Il étoit donc sur les frontières de l'Arménie, près de la Médie : cela est bien vague.

DADUBRA, DADIBRA, *ou* DADYBRUS, ville épiscopale de l'Asie mineure, dans la Paphlagonie, selon les notices grecques.

DÆARA, lieu de l'Asie, dans le voisinage d'*Apamea*, selon Isidore de Charax. Ce lieu étoit presque à l'est de la ville d'*Apamea*, & au sud-ouest d'*Anthemusias*, vers le 36e deg. 35 min. de latit.

DÆDALA, nom d'une ville de l'île de Crète, selon Etienne de Bysance.

DÆDALA, nom d'une montagne de la Lycie.

DÆDALA, ville de l'Inde, en-deçà du Gange, dans le pays des Caspiréens. Ptolemée la place au trentième degré trente minutes de latitude.

DÆDALA, château de l'Asie mineure, dans la Carie. Il étoit situé dans la partie septentrionale du golfe de *Glaucus*, au nord du cap Crya, vers le 36e deg. 50 ou 55 min. de latit.

Strabon n'en fait qu'une région (χωριον).

Tite-Live & Pomponius Méla disent que c'étoit un château ; mais Pline en fait une ville. Etienne de Bysance dit que Dédale ayant été piqué par un reptile, en mourut, & que la ville, bâtie dans le lieu de sa sépulture, prit son nom.

DÆDALEON INSULÆ. Deux îles de l'Asie, au fond septentrional du golfe de Glaucus. Elles étoient sur la côte de la Carie, & prenoient vraisemblablement leur nom du château de *Dædala*, au sud-est duquel elles étoient situées, vers le 36e deg. 55 min. de latit. Pline fait mention de ces îles.

DÆDALIA. Orose nomme ainsi des montagnes de l'Inde. Elles sont aujourd'hui nommées *Amy*.

DÆDALIA, nom d'une ville de l'Italie. Elle fut fondée par Dédale, selon Etienne de Bysance, qui dit qu'elle s'appeloit de son temps (νῦν) *Julia*. Mais plusieurs villes ont porté ce nom, ou plutôt ce surnom de *Julia* : de laquelle veut-il parler?

DÆDALIDÆ, village de Grèce, dans l'Attique. Elle étoit dans la tribu Cécropide, selon Etienne de Bysance. Si l'on en croit Diodore, cette bourgade avoit pris son nom d'un certain Dedale, Athénien, qui s'y étoit retiré après avoir été condamné par l'aréopage pour avoir assassiné son neveu, dont le mérite lui portoit ombrage.

DÆDALIUM, lieu de la Sicile, sur la côte méridionale, au sud-est d'Agrigente, & tout près du mont *Ecnomus*.

DÆMONUM INSULA. Ptolemée nomme ainsi une île du golfe Arabique.

DÆSITIATÆ (1), peuple que Strabon compte entre ceux de la Pannonie. Il leur donne pour chef Baton ou Bato. On présume que c'est de ce même chef, que Dion parle en parlant d'un certain Baton, qu'il appelle *Batonem Dysidiatum*. Cela seroit croire que ce peuple a été aussi nommé *Dysidiatæ*; & c'est aussi très-probablement le même que Pline appelle *Disitiatæ*. Ce n'est en tout qu'un même nom prononcé différemment.

Il faut observer cependant que Pline place ce peuple dans la Dalmatie, & qu'une inscription rapportée par Spon parle d'un chemin qui alloit de Salone au fort nommé *Castellum Dæsitiatium*.

DAGANA (*Thana-war*), ville maritime, dans la partie méridionale de l'île de Taprobane. On voit dans Ptolemée, que cette ville étoit consacrée à la lune.

DAGOLASSOS, ville de la petite Arménie.

DAGUSSA, ville de l'Asie. Ptolemée la place dans la contrée nommée *Melitena*.

DAHÆ, peuples qui habitoient à l'orient du Pont-Euxin & des Palus-Méotides, selon Strabon. Cet auteur les compte entre les Scythes nomades. On conclut leur position de ce qu'il dit que ceux qui voyageroient sur la mer Caspienne les auroient à leur gauche. Ils avoient à l'est les Massagètes. Cette nation étoit nomade; c'est, sans doute, ce qui a fait dire à Virgile :

Indomitique Dacæ.

Sur quoi Servius dit qu'ils touchoient à la partie septentrionale de la Perse. Je crois que le peuple dont parle Hérodote sous le nom de Δάοι, ou *Daæ*, n'est pas le même; ou, si c'est le même, on a tort d'en faire un peuple des terres septentrionales.

DAI, *ou* DAŒ. Le grec d'Hérodote porte Δάοι. M. Larcher rend ce nom par Daens ou Daes. C'étoit un peuple nomade de la Perse. (Hérod. *L. 1, 125*).

DAIX, fleuve de la Scythie, en-deçà de l'Imaüs. Il prenoit sa source au mont *Norussus*, & se rendoit dans l'Iaxarte.

DALATIS. Ptolemée fait mention d'une contrée de ce nom. Il la place en Asie, dans la Cilicie.

DALISANDUS, ville de l'Asie, dans la Cappadoce, selon Ptolemée. Les notices épiscopales font mention d'un siège de ce nom dans l'Isaurie. Les notices grecques marquent la ville de *Dalisandus*, comme un siège épiscopal de la Pamphylie.

DALDÆ, ville épiscopale de l'Asie mineure, dans la Lydie, selon les notices grecques.

DALISANDUS, ville de la Cappadoce, dans la Cataonie.

DALMANUTHA, lieu de la Palestine, au-delà du Jourdain, sur le bord de la mer de Galilée.

DALMATÆ, peuple que Strabon compte entre

(1) Ce nom se trouve mal écrit dans Cellarius, où l'on lit *Dæsiatæ* (*T. 1, p. 550*).

lès nations illyriennes, & qui donnèrent leur nom à la partie de l'Illyrie, où enfin ils s'étoient fixés. *Voyez* DALMATIÆ.

DALMATIA, contrée assez étendue de l'Europe, inclinée sur la mer Adriatique, & ayant primitivement fait partie de l'Illyrie. Quoique ce nom ait prévalu, on voit que les anciens ont souvent dit *Delmatia* au lieu de *Dalmatia*.

La Dalmatie étoit séparée au nord de la Liburnie par le fleuve *Titius* : elle avoit au sud-est le *Naro*.

Si l'on s'en rapporte au témoignage des anciens, la Dalmatie donnoit de l'or en abondance. Pline indique qu'il se trouvoit à fleur de terre, & rapporte qu'en un jour, sous le règne de Néron, on en enleva cinquante livres pesant. Martial, dans une de ses épigrammes, appelle la Dalmatie *la terre qui porte l'or*. C'étoit sur-tout aux environs de Salone, à en juger par ces vers à Macrin :

Ibis litoreas, Macer, Salonas;
Felix auriferæ colone terræ.

Stace dit aussi :

Robora Dalmatico lucent satiata metallo.

Florus dit qu'Auguste ayant chargé Vibius de dompter les Dalmates, ce général les obligea de creuser des mines & de purifier l'or que l'on en retiroit. Les anciens ne parlent pas des autres productions de ce pays.

N. B. On ne trouve point actuellement d'or en Dalmatie.

Les principaux fleuves étoient, le *Titius*, qui arrosoit les villes de *Burnum* & de *Sardona*; le *Tilurus*, qui passoit près d'une colline où étoit la ville d'*Equum*; & le *Naro*, peu considérable. Ces trois rivières se rendoient à la mer.

Les principales villes étoient *Scardona*, *Arbuda*, *Burnum*, sur la rive droite du Titius (1), *Promona*, *Tragurium*, sur le bord de la mer; *Sicum*, *Salones*, *Aspalathos*, *Andetrium*, *Equum* ou *Æquum*, *Epetium*, *Onæum*, *Peguntium*, *Rataneum*, *Narona* & *Delminium*.

N. B. Il est inutile d'observer que les Awares s'étant emparés de la Dalmatie, ce pays reçut alors, des nations chrétiennes, le nom de *Pagania*, parce que les Awares étoient idolâtres : les Illyriens dirent *Poganin*. La Poganie fut divisée en trois districts ou Zupanies. Mocros, appelée auparavant *Rataneum*, étoit la ville la plus considérable.

DALMINIUM. Cette ville est aussi nommée, dans les auteurs, *Delminium*, *Delmium* & *Dalmium*. C'est de son nom que s'est formé celui de la Dalmatie (2). On ignore sa juste position. On sait seulement qu'elle étoit une ville considérable, & que Scipion Nasica, consul l'an de Rome 598 ou 599, l'ayant prise, la réduisit à un état très-médiocre, μικρὰν ποιῆσαι.

DAMANIA, ville de l'Hispanie, entre *Lobetum*, à l'ouest, & *Edeta*, qui étoit à peu près au sud-est. Cette ville est située sur la gauche du fleuve *Turia*.

DAMASCENA, contrée de l'Asie, dans la Célésyrie. Elle prenoit son nom de la ville de *Damascus*, qui y étoit située.

DAMASCUS, célèbre ville de l'Asie, dans la Syrie. Elle étoit située à cinquante milles de la mer, dont elle étoit séparée par une chaîne de montagnes. Elle étoit située sur deux fleuves : l'*Amanah* la traversoit, & le *Papar*, appelé par les Grecs *Chrysorrhoa*, couloit au dehors des murailles. Cette ville subsistoit dès le temps d'Abraham, & quelques auteurs anciens ont dit que ce patriarche y avoit régné immédiatement après son fondateur *Damascus* (3). Adad, roi de cette ville, fut vaincu par David, qui assujettit son pays. Cet Adad fut le premier qui prit le titre de roi de cette ville, selon le rapport de Joseph, qui cite Nicolas de Damas, vivant du temps d'Hérode-le-grand. La ville de Damas fut prise & ruinée par Teglathalasser, roi d'Assyrie, qui en emmena les habitans au-delà de l'Euphrate. Elle fut aussi prise par Sennachérib, ainsi que par les généraux d'Alexandre-le-grand. Metellus & Lælius s'en saisirent pendant que Pompée faisoit la guerre à Tygranes. Elle resta sous la domination des Romains jusqu'à ce que les Arabes s'en emparèrent. Joseph parle beaucoup de cette ville. Elle étoit un des cinq arsenaux que l'empire avoit en Orient.

C'est du territoire de cette ville que les prunes appelées *prunes de Damas*, ont pris leur nom. Elles étoient connues des Romains sous le nom de *pruna Damascena*.

DAMASI MONTES, *ou* DOBASSI MONTES, selon les divers exemplaires de Ptolemée, montagnes de l'Inde, que ce géographe étend du 23e au 33e degré de latitude. On croit que ce sont les montagnes qui bornent les états du grand Mogol, & ceux du roi d'Ava au nord.

DAMASIA, nom d'un lieu de la Vindélicie. Ce lieu servoit comme de forteresse aux Licatiens, selon Strabon.

DAMATCORENSIS, ville épiscopale, dans l'Afrique proconsulaire, selon la notice épiscopale d'Afrique.

DAMENSII, peuple d'Afrique, placé dans l'intérieur des terres de la région que l'on nommoit *Syrtique*.

(1) Mais que le graveur de M. d'Anville a mis sur la gauche.

(2) Strabon dit expressément Δάλμιον μεγάλη πόλις, ἧς ἐπώνυμον τὸ ἔθνος; Dalmium, grande ville, du nom de laquelle s'est formé celui de la nation.

(3) Je ne rapporte point ici les étymologies du mot *Damascus*, toutes me paroissent fausses.

DAMIANA, *ou* DAMINA, selon les divers exemplaires de Ptolemée, ville de l'Hispanie, dans le pays des Edétains.

DAMIUPOLIS, ville située aux environs de Sébastopolis, selon l'Anonyme de Ravenne.

DAMMA, ville de la Sérique, selon Ptolemée. Il la place au-dessus de *Piada*.

DAMMANA, ville ou bourgade de l'Asie, dans l'Arachosie, selon Ptolemée.

DAMMIM, *ou* DOMMIM, ville de la Palestine, dans la tribu de Juda, entre Socho & Azeca. Il en est fait mention dans le livre des rois.

DAMNA (*Manas*), ville de la Scythie, au-delà de l'*Imaüs*, selon Ptolemée.

DAMNA, ville de la Palestine, dans la tribu de Zabulon, selon le livre de Josué. Elle fut donnée aux lévites de cette tribu, qui étoient de la famille de Mérari. Il en est fait mention par Eusèbe & par S. Jérôme.

DAMNABA, *ou* DENABA, ville ou village de la Palestine, du côté d'Arnon, selon S. Jérôme.

DAMNÆ, peuple que Ptolemée place en Asie, dans la Sérique.

DAMNII, nom d'un peuple qui habitoit dans la partie septentrionale ou barbare de l'île d'Albion. Ptolemée le met au nombre des Véturions.

DAMNONII, dont le nom se trouve écrit aussi *Dumnonii*, peuples de la Grande-Bretagne. Ils habitoient la partie du sud-ouest, dans le pays de Cornouaille.

DAN (tribu de). Cette tribu s'étendoit dans un pays de plaine, qui avoit environ trente milles du midi au septentrion, & environ vingt-un milles d'occident en orient, selon le livre de Josué, *ch. 19, v. 40*.

Cette tribu avoit une petite portion de celle de Juda & de celle de Benjamin à l'orient, & le pays des Philistins à l'occident. Comme le peuple de cette tribu se trouvoit trop resserré dans le pays qu'on leur avoit assigné, ils s'avancèrent jusqu'aux sources du Jourdain, où ils s'emparèrent de la ville de *Laïs*, à qui ils donnèrent le nom de *Dan*.

DAN, ville de la partie septentrionale du pays d'Israël, dans la tribu de Nephtali. Elle étoit située au pied du mont Liban, sur le bord du Jourdain, à quatre milles de Panéas, du côté de Tyr. Il en est fait mention dans le livre des rois. Eusèbe & S. Jérôme en parlent aussi. M. d'Anville la place au nord d'Asor. *Dan* avoit d'abord porté le nom de *Laïs*.

DAN (le camp de), dans la Palestine, entre les villes de *Saara* & *Estahol*, dans la tribu, selon le livre des Juges. C'est dans ce camp que Samson fut enterré.

Il y avoit un autre camp de ce nom auprès de Cariathiarim, dans la tribu de Juda.

DANA, *ou* DAGANA, ville maritime de l'Asie, dans l'île de Taprobane, selon Ptolemée. Il ajoute qu'elle étoit dédiée à la Lune.

DANA, ville grande, riche & bien peuplée de l'Asie, dans la Cappadoce. Cyrus y séjourna trois jours.

DANABA, nom d'une ville de l'Asie, dans la Syrie. Ptolemée la place dans la Palmyrène, au sud-ouest de la ville de Palmyre.

DANÆ, *ou* DANATI, ville de l'Asie, dans le Pont-Polémoniaque. Elle étoit située près des sources du fleuve Iris. Ptolemée la place au 41e degré de latitude.

DANAI. Pausanias dit que c'est le nom qu'on donnoit particuliérement aux habitans de l'Argolide, contrée du Péloponnèse. Cet ancien ajoute qu'ils furent ainsi nommés de Danaüs, qui, étant chassé de l'Egypte par son frère, vint à Argos, & s'en rendit le maître.

DANALA, bourg de l'Asie, dans la Galatie. C'est où se virent Lucullus & Pompée, lorsque le premier remit à l'autre le commandement de la province & de l'armée, selon Strabon, qui compte cette place entre les trois forteresses construites chez les *Trocmi*.

DANAPRIS, fleuve de la Sarmatie, le même que le Borysthène.

DANASTER. Jornandès donne ce nom à une rivière de la Sarmatie. C'est le *Tyra* ou *Tyras* des anciens, & le *Niester* ou *Dniester* d'aujourd'hui. Elle est nommée *Danastus* par Ammien Marcellin.

DANATA, nom que Ptolemée donne à une ville de la Sérique. Il la place entre *Abragana* & *Orosana*.

DANCORITON, ville de l'Illyrie, dans la Liburnie, selon l'Anonyme de Ravenne. On croit que c'est la même ville que Pline & Ptolemée nomment *Corinium*.

DANDACA (*Eski-Foros*), ville de la Chersonnèse Taurique, sur la pointe la plus occidentale de la presqu'île, au ouest-nord-ouest de *Chersonesus*.

Ptolemée dit que cette ville étoit située à l'entrée du golfe Carcinite, & à l'opposite du promontoire *Misaris*.

DANDAGULA, ville de l'Inde, en-deçà du Gange, dans le voisinage du promontoire *Calingon*.

DANDARICA, nom d'un royaume qui étoit situé au sud-est des Palus-Méotides. Le fleuve Hypanis traversoit la Dandarique. Il est fait mention de ce royaume par Tacite.

DANDARII. Les Dandariens étoient un peuple de l'Asie, qui habitoit proche du mont *Caucasus*, selon Etienne de Bysance. Il en est aussi fait mention par Strabon, qui les place au midi des Palus-Méotides. Ce peuple habitoit sur le bord septentrional du Pont-Euxin, à l'angle de la partie orientale. Il en est aussi fait mention par Ammien Marcellin.

DANDARIUM, & DANDARION, ville que l'Anonyme de Ravenne place dans la Dandarique.

DANDAXENA, ville de la Cappadoce, dans la Mélitène, vers le nord-ouest d'*Arca*.

DANDUTI, peuple de la Germanie. Ptolemée place les Dandutes dans le voisinage des *Tarani*, & à l'occident des Nertéranes.

DANNA, ville de la Palestine, qui étoit située dans les montagnes de la tribu de Juda, selon le livre de Josué.

DANTHELETÆ, peuple que Ptolemée compte entre ceux qui habitoient la Thrace. Cet auteur leur donne la ville de *Pantalia*.

DANUBIUM. On trouve ce nom dans Etienne de Bysance, qui ajoute *urbs circa Romam*, ou ville près de Rome. Berkelius pense, avec bien de la vraisemblance, qu'il est question de *Lanuvium*, & que c'est une faute des premiers copistes.

DANUBIUS FLUMEN (*le Danube.*) Ce fleuve est trop connu pour que je m'y arrête ici. Je remarquerai seulement que les Grecs, qui n'en connurent pendant long-temps que la portion qui se rend dans le Pont-Euxin, le nommoient *Ister*. Ce ne fut que par la suite que l'on parvint à savoir que l'*Ister* & le *Danubius* n'étoient qu'un même fleuve.

Les anciens donnoient sept embouchures au Danube: cependant ils ne les ont pas nommées toutes sept.

La plus septentrionale, estimée la moins considérable, se nommoit, par cette raison, *Psilon Ostium*. En effet, elle se détachoit d'une autre très-près au sud.

Au-dessous étoit celle que l'on nommoit *Boreum Ostium*.

Après étoit le *Calon Ostium*, ou la belle embouchure.

Au sud étoit l'embouchure nommée *Naracion Ostium*.

Enfin, celle qui est appelée indifféremment *Sacrum Ostium*, & *Peuce Ostium*.

Il se peut que quelques-unes de ces embouchures se soient perdues, obstruées par les sables; il se peut aussi que les anciens aient supposé sept embouchures au Danube.

C'étoit entre la branche qui formoit le *Boreum Ostium*, & celle qui formoit le *Calon Ostium*, qu'étoit l'espèce d'île appelée *Peuce*.

DANUM, ville de l'île d'Albion, chez les *Brigantes*, entre *Lagecium* & *Agelocum*.

DAONA. Ptolemée nomme ainsi une rivière de l'Inde, au-delà du Gange.

DAONA, *ou* DASANA, selon les divers exemplaires de Ptolemée, ville de l'Inde, au-delà du Gange. Elle étoit vraisemblablement située sur la rivière du même nom.

DAONÆ, peuple de l'Inde, qui habitoit autour de la rivière & de la ville *Daona*, dont fait mention Ptolemée.

Ce sont probablement les mêmes qu'Etienne de Bysance appelle *Daones*.

DAONES. *Voyez* DAONÆ.

DAPHA, lieu de l'Arabie déserte, vers le golfe Persique, selon Ptolemée.

DAPHCA, lieu de la neuvième station des Israélites. Il étoit sur le bord oriental de la mer Rouge, au sud du désert de Sin.

DAPHNÆ PELUSIÆ. Daphnes de Péluse, ville d'Egypte, à seize milles de Péluse, sur la route de Memphis, du canal Pélusien formé par le Nil.

DAPHNE, fleuve de la Palestine, qui se rend dans le fleuve *Jordanus Minor*, à quelque distance du lac *Samochonites*.

DAPHNE, village peu considérable de l'Asie, dans la Syrie. Il étoit situé sur le fleuve Orontes, au-dessous & au sud-ouest d'Antiochia, au nord-est & près de l'embouchure de l'Orontes, dans la mer Méditerranée, vers le 36e deg. 10 min. de latitude.

Strabon dit que c'étoit un lieu peu considérable, *κατοικία μετρία*; mais qu'il y avoit un bois sacré très-considérable & très-couvert, bien arrosé. Au milieu étoit un asyle, & un temple d'Apollon & de Diane. Les habitans d'Antioche & les peuples des environs s'y rendoient en grand concours.

Au temps de Julien l'Apostat, il y avoit en ce lieu un oracle, qui fut détruit par les empereurs chrétiens.

Théon le philosophe, auteur d'une apologie de Socrate, étoit de ce fauxbourg de *Daphne*. Ce fut en ce lieu que Germanicus mourut, selon Tacite.

DAPHNE (*la fontaine de*), fontaine de la Judée, dans la tribu de Nephtali. Elle étoit dans un bois, au midi de la ville de Reblata, & à l'occident du lac de Mérom.

Selon Etienne de Bysance, il y avoit une ville de *Daphne* en Lycie; un port de mer sur le Pont-Euxin portoit aussi ce nom.

DAPHNINE INSULA. Pline nomme ainsi une île du golfe Arabique.

DAPHNON MAGNUS, port de l'Ethiopie.

DAPHNUS, bois ou fauxbourg de l'Asie, près la ville d'Antioche de Syrie. Sextus Rufus le nomme *Daphnensis Lucus*. Sozomène dit que c'étoit un fauxbourg de la ville d'Antioche. C'est le même lieu que *Daphne*. *Voyez* ce nom.

DAPHNUS, *ou* DAPHNES PORTUS, port du canal de Constantinople, à quatre-vingts stades de cette ville, & à quarante stades du Pont-Euxin, selon Arrien. Ce port étoit à la droite de ceux qui entroient dans le Pont-Euxin, selon Etienne de Bysance.

DAPHNUS, château de l'Asie mineure, dans la Lycie. Pline nomme une ville de *Daphnus*, qu'il place vers l'Ionie; mais il en parle comme d'une ville détruite.

DAPHNUS, nom d'une ville de la basse-Egypte. Elle étoit située sur une branche du Nil, sur la route de Péluse à Memphis, à seize milles de la première, selon l'itinéraire d'Antonin.

DAPHNUS. Procope nomme ainsi un fort, qui étoit situé sur le Danube. L'empereur Constantin l'avoit fait bâtir; mais les Barbares l'ayant démoli, il fut réparé par l'empereur Justinien.

DAPHNUS. Cédrène, cité par Ortélius, fait mention des bains de Daphné, en Sicile, près la ville de Syracuse.

DAPHNUS, nom d'un port de mer de l'Ethiopie, sur le golfe Arabique, selon Etienne de Bysance & Strabon,

DAPHNUS, ville des Locriens Opuntiens. Cette ville étoit sur le bord de la mer, tout près des frontières qui séparoient les Opuntiens des Locriens Epicnémidiens. Elle avoit autrefois appartenu aux Phocéens.

DAPHNUS, rivière de l'Asie mineure, dans la Carie. Plutarque en fait mention. Le grand étymologicon dit qu'elle fut ensuite nommée *Harpasis*.

DAPHNUS. Ortélius fait mention d'un peuple de ce nom. Il le place au voisinage de l'île de *Cos*.

DAPHNUSA. Pline nomme ainsi une île de la mer Egée. Il la place auprès de celles de *Samos* & de *Lesbos*.

DAPHNUSIÆ, nom d'un port, que Grégoras, cité par Ortélius, place à mille stades de Constantinople.

DAPHNUSIS, lac de l'Asie mineure, dans la Bithynie. Etienne de Bysance le place dans le voisinage du mont Olympe.

DAPHNUSUM, *ou* DAPHNUDIUM. Etienne de Bysance dit que c'est le nom d'un lieu au voisinage de la Thrace, à l'opposite de *Regium*.

DAPHNUSIUM. Le même géographe met un village de ce nom en Egypte.

DAPHTHITÆ, peuple de l'Afrique. Ptolemée le place dans la Libye intérieure, au pied du mont Atlas.

DARA, rivière de l'Asie, dans la Carmanie. Elle tombe dans le golfe Persique, selon Ptolemée & Pline. Ce dernier la nomme *Daras*.

DARA, rivière de l'Afrique, qui va se perdre dans l'Océan atlantique, selon Pline & Ptolemée. Ce dernier la nomme *Daratis*. On croit que c'est aujourd'hui le fleuve *Senegal*.

DARA, *ou* ANASTASIOPOLIS (*Dara Kardin*). Le premier nom de ce lieu étoit *Dara*; mais l'empereur Anastase y ayant fait construire une place très-forte, elle prit le nom d'*Anastasiopolis*. Elle étoit traversée par le fleuve *Cordès*, selon Procope. Il ajoute que depuis la construction de cette place, une éruption d'eau, dans un terrein rude & fort inégal, avoit formé un fleuve, qui, en arrivant à la ville & après l'avoir environnée, se précipitoit dans un gouffre, & cessoit de paroître.

Cette ville étoit située à l'ouest-sud-ouest de *Nisibis*.

DARABA, ville de l'Ethiopie, sous l'Egypte. Elle est placée par Strabon au-delà du bois Euménis & dans le voisinage du pays des peuples Eléphantophages.

DARABITTA, village de la Palestine, dans le grand champ, à l'extrémité de la Galilée. Il en est fait mention par Joseph. Jonathas y passa en allant de Tibériade à Jérusalem.

DARADÆ, peuple de l'Afrique, dans l'intérieur de la Libye. Ptolemée le place sur le bord de l'Océan occidental, aux environs du fleuve *Daratus*. Ce peuple est nommé *Daratitæ* par Pline.

DARADAX, fleuve de l'Asie, dans la Syrie. Il couloit au nord-est, arrosoit la ville de Barbatissus, & se perdoit dans l'Euphrate, vers le 35e deg. 40 min. de lat.

DARADAX, rivière de l'Asie, dans la Syrie. Xénophon rapporte que Bélésis, gouverneur de la Syrie, avoit un très-beau & très-grand parc avec un palais, à la source de cette rivière. Cyrus fit couper les arbres de ce parc, & mettre le feu au palais.

DARADI, peuple de l'Afrique, dans l'intérieur de l'Ethiopie. Ce peuple habitoit au sud des Tralites, & au nord des Orypéens, chasseurs.

DARADUS, fleuve de la Libye intérieure.

DARÆ. Pline nomme ainsi un peuple d'Afrique, dans la Libye. Il faisoit partie des Gétuliens, & habitoit dans un assez grand éloignement de la mer.

DARANISSA, ville de l'Asie, dans l'Arménie majeure. Ptolemée dit qu'elle étoit située au pied du mont Paryades, & à la source la plus méridionale de l'Euphrate.

DARANTASIA, ville de la Gaule, dans la province appelée *Alpis Graïa*, chez les *Centrones*, au sud-ouest de *Forum Claudii*, avec laquelle quelques auteurs l'ont confondue. C'est de cette ville que s'est formé le nom moderne de Tarentaise, province de la Savoie.

DARAPSA, nom d'une ville de l'Asie, dans la Bactriane, selon Strabon & Etienne de Bysance, qui le cite.

DARATITÆ, peuple de l'Afrique. Il habitoit aux environs de la mer, près de la rivière Dara, selon Pline. C'est le même peuple que Ptolemée nomme *Daradæ*.

DARDÆ, peuple de l'Inde, selon Etienne de Bysance. Ce doit être le même peuple que Strabon nomme *Derdæ*.

DARDANEI. Ce nom se trouve écrit ainsi dans les exemples d'Hérodote (*L. 1*, *189*); mais plusieurs savans, entre lesquels on compte M. Larcher, lisent *Darnei* (1). (*Voyez* Trad. d'Hérod. *L. 1*, *p. 142 & 479*). *Voyez* aussi DARNEI.

DARDANII & DARDANIDÆ, habitans de la Dardanie, c'est-à-dire, de cette partie de l'Asie mineure, qui est absolument au nord-ouest, ayant la

(1) D'après ces corrections, on est étonné de retrouver dans la table géographique (*T. VII, p. 124*), Dardanéens; ce qui suppose dans le texte *Dardanei*.

la Myſie à l'eſt, l'Helleſpont au nord-oueſt, & la mer de l'Archipel à l'oueſt. Ses autres bornes ne ſont pas bien déterminées. Le pays appelé *Troade* n'en étoit qu'une ſubdiviſion, & formoit le territoire de Troye.

DARDANI, peuple de l'Illyrie, dans la Dalmatie. C'étoit les habitans de la contrée *Dardania*.

DARDANIA, nom d'une ville de l'Eſpagne tarragonnoiſe, auprès du mont *Dardanus*. On croit que cette ville eſt nommée aujourd'hui *Orduna*.

DARDANIA. Pline dit que c'eſt l'ancien nom de l'île, qui, depuis, fut nommée *Samothrace*. Elle étoit de la mer Egée, & eſt aujourd'hui appelée *Samandrachi*.

DARDANIA, pays de l'Aſie mineure, dans la partie ſeptentrionale de la Troade, lors du royaume de Troye; mais lorſque ce pays fut autrement diviſé, il fit partie de la Myſie mineure. Ce pays étoit entre l'Helleſpont & les ſources du Granique. Elle prenoit ſon nom de *Dardana*, *Dardania*, ou *Dardanus*, ſa capitale.

DARDANIA, nom d'une contrée de l'Illyrie, dans la Dalmatie.

DARDANIA, ville & la capitale de la Dardanie, en Illyrie, dans la Dalmatie.

DARDANIA, nom de la Mœſie ſupérieure, du côté des montagnes qui ſéparent cette province de la Macédoine ſalutaire. Les montagnes qui ſéparoient ces deux provinces, avoient beaucoup de mines & des eaux minérales.

Cette contrée avoit la Pœonie à l'orient, la Pélagonie au midi, la Dalmatie à l'occident, & la Dacie ripenſe au ſeptentrion. Dans la ſuite, on donna à cette contrée le nom de *Dacie Méditerranée*.

DARDANIA, DARDANA, *ou* DARDANUS, ville de l'Aſie mineure, dans la Troade. Elle étoit la capitale & donnoit ſon nom à la Dardanie. Cette ville étoit ſituée ſur le bord de la mer, près de l'Helleſpont, à ſeize milles de la ville de Troye, à huit milles au nord d'*Abydos*, & à huit milles vers le ſud de *Rhetœum*. On prétend qu'elle devoit ſa fondation à *Dardanus*, qui avoit épouſé la fille de Teucer, roi de ce pays; auſſi Etienne de Byſance dit qu'elle avoit été nommée *Teucris*. C'eſt dans cette ville, ſelon Plutarque, que fut conclue la paix entre Mithridate & Sylla, général des Romains.

DARDANIS, ville de l'Afrique, dans la Pentapole. Ptolemée la place ſur les frontières de la Marmarique, près du promontoire *Zephirium*.

DARDANIUM PROMONTORIUM, promontoire de la Troade.

DARDANUS, ville de l'Aſie mineure, dans la Troade, près du promontoire *Træpeza*, qui s'avançoit dans l'Helleſpont. Cette ville n'exiſte plus depuis long-temps; mais c'eſt d'elle que le nom avoit paſſé à la Dardanie, & qu'il eſt reſté aux Dardanelles. *Voyez* DARDANIA.

DARDANUS, ville de l'Italie, dans la Pouille. Lycophron dit qu'elle étoit entourée des eaux du marais de Salpé.

DARDANUS. Il y avoit une ville de ce nom au-deſſus de la Macédoine, ſelon le commentateur de Lycophron. C'étoit vraiſemblablement la même que la ville de *Dardania* en Illyrie.

DARDI, peuple de l'Italie, dans la Daunie. Pline rapporte que ce peuple fut détruit par Diomède.

DARDANUS, nom d'une montagne de l'Hiſpanie, dans la Tarragonnoiſe. On croit que c'eſt la montagne nommée aujourd'hui *la Penna de Orduna*.

DAREIUM, nom d'un lieu de l'Aſie, dans l'Apavortène, contrée de la Parthie. Pline en fait mention & en vante la fertilité.

DAREMMA, ville de l'Aſie. Ptolemée la place dans l'intérieur de la Méſopotamie.

DARENTIACA, lieu de la Gaule, indiqué par l'itinéraire de Jéruſalem entre *Auguſta* & *Dea Vocontiorum*. Ce lieu étoit dans la province viennoiſe.

DARGIDUS, rivière de l'Aſie, dans la Bactriane. Elle avoit ſa ſource dans le mont Paropamiſus, & couloit au nord ſe perdre dans l'*Oxus*.

DARGOMANES, fleuve de l'Aſie, dans la Bactriane. Il alloit ſe perdre dans l'*Oxus*. On croit qu'il ſe nomme aujourd'hui *Morga* ou *Marou*.

DARIAUSA, ville de l'Aſie, dans l'intérieur de la Médie, ſelon Ptolemée.

DARIDNA, ville de la Paphlagonie, ſelon Etienne de Byſance.

DARION, ville de la Phrygie, ſelon Etienne de Byſance.

DARIORIGUM, appelée enſuite VENETI, ville de la Gaule, dans l'Armorique, au ſud. Selon Céſar, cette ville étoit ſituée ſur une pointe de terre, que la mer environnoit deux fois le jour. Il ajoute qu'elle étoit riche, puiſſante, maîtreſſe de la mer & de tout le commerce de l'Armorique. Céſar la prit avec beaucoup de peines; auſſi il la détruiſit & en fit vendre les habitans à l'encan. On trouve au fond du Morbihen un emplacement nommé *Duronec*, qui paroît avoir rapport avec le nom de *Dariovigum*. Cette ville étoit la capitale du peuple *Veneti*.

DARISTANE, ville de la Perſe, ſelon Etienne de Byſance, qui en nomme les habitans *Daritæ*.

DARITÆ, les Darites. Il paroît par Hérodote, que ces peuples qui payoient un tribut aux Perſes, étoient ſitués auprès des Caſpiens. Ptolemée, qui dit que leur pays s'appeloit *Daritis*, la met au nombre des contrées de la Médie.

DARITIS REGIO, contrée de la Médie.

DARMA, ville que l'on attribue aux *Darmei*.

DARMEI. C'eſt ainſi que quelques ſavans croient devoir corriger le mot *Dardanci*, qui ſe liſoit dans le texte d'Hérodote.

C'étoit un peuple de l'Aſie, ſitué des deux côtés du *Gyndes*, au-deſſous, mais peu loin de ſa ſource.

DARNENSIS, ville épiſcopale de l'Afrique, dans la Libye, ſelon les notices grecques.

DARNI, peuple que Ptolemée place sur la côte orientale de l'Hibernie, au nord des *Voluntii.*

DARNIS, ville de la Cyrénaïque, un peu au sud du promontoire *Drepanum.*

DAROACANA, ville de l'Asie, dans la contrée Parapanisus. Elle étoit située entre les chaînes du Caucase.

DAROMA. Eusèbe & S. Jérôme désignent, par ce nom, un canton de la Palestine, qui s'étendoit du nord au midi, depuis la ville d'Eleuthéropolis, jusqu'à vingt milles, en allant du côté de l'Arabie pétrée, & du levant au couchant, depuis le lac Asphaltide jusqu'à Bersabée.

DARRÆ, nom d'un peuple de l'Arabie heureuse, selon Ptolemée.

DARSA, ville de la Pisidie. Tite-Live dit qu'elle étoit près de *Cormasa.* Elle étoit vers le nord-ouest, près des montagnes qu'habitoient les Solymes.

DARSANIA, ville de l'Inde, dans laquelle, selon Etienne de Bysance, les femmes étoient si habiles à travailler, qu'elles faisoient un vêtement en un jour. Un auteur qui fait le même éloge de certaines femmes, les place dans la ville d'*Arsania*, & non dans celle de *Darsania.*

DARSI. *Voyez* DARSII.

DARSII, les Darses. Etienne de Bysance, d'après Hécatée, met ce peuple entre les Thraces, & Appian, entre les nations illyriques. Il est vrai qu'il écrit *Darsi*; mais c'est le même, comme *Syri* & *Syrii* sont un même peuple.

DARVENUM, ville de l'île d'Albion. Ptolemée la donne aux Cantiens, & la place vers le sud-est de *Londinium.* Cette ville est la même que *Durovernum* de l'itinéraire d'Antonin. On croit que c'est aujourd'hui *Cantorbéry.*

DASÆ, ville ancienne de l'Arcadie, au sud-ouest de *Megalopolis.*

Elle étoit devenue déserte, parce qu'elle avoit contribué à l'agrandissement de Megalopolis. On n'en voyoit que les ruines au temps de Pausanias.

DASCILITIDIS. Le lac Dascilitide étoit dans l'Asie mineure, dans la Mysie. Plutarque dit qu'il étoit près de la ville de Cyzique, & qu'il portoit de grands bateaux. Ce lac appartenoit en partie aux Bysantins, & en partie aux Cyzicéniens, selon Strabon. Cet ancien, ainsi qu'Etienne de Bysance, disent que ce lac étoit aussi nommé *Aphnitis.*

DASCON SINUS. Diodore nomme ainsi un golfe de la côte orientale de la Sicile, lequel se trouvoit très-près de Syracuse. Il y avoit auprès, un lieu de même nom, qu'Etienne de Bysance indique par le nom de *χωρίον.*

DASCUSA, ville de l'Asie, située sur le bord occidental de l'Euphrate, vers le 38e deg. 15 min. de latitude.

DASCYLIUM, DASCILIUM (*Diaskillo*), ville de l'Asie mineure, dans la Bithynie. Elle étoit située sur le bord de la Propontide, & près du lac Dascilitide, selon Strabon & Pline. Ce dernier la nomme *Dascylos.*

Etienne de Bysance nomme encore quatre autres villes de ce nom. L'une fut fondée peu de temps après la ville de Troye; une autre étoit en Ionie; elle l'emportoit sur les autres, on l'appeloit la grande (*το μεγα*). Il indique ensuite celle de la Bithynie, dont on vient de parler; car son article commence par une ville de Carie; enfin la cinquième étoit sur les confins de l'Eolide & de la Phrygie.

DASMENDA, appelée aussi *Tzamandus*, forteresse élevée sur les montagnes qui se joignent au mont *Amanus*, à l'est de la *Lycanitis*, contrée de la Cappadoce.

DASSARETÆ. Plutarque fait mention des Dassarètes. Il les place vers les confins de la Macédoine & de l'Illyrie, près du fleuve *Lycus.* Etienne de Bysance écrit *Dassaritæ*; la différence est légère.

DASTARCUS, château de la Cappadoce, sur les montagnes qui séparent au nord-est la *Lycanitis* de la Cataonie. Elle étoit au nord du *Cucussus.*

DASTARGEDA, ou ARTEMITA (*el-Melik*), ville de l'Asie, sur la rive gauche de la rivière *Delas*, au nord de son embouchure dans le Tigre, & vers le sud-ouest d'*Apollonia.*

Chosroès, roi de Perse, y avoit un palais, dont ce monarque préféroit le séjour à celui de Ctésiphon. Héraclius détruisit ce palais & tout ce qui en pouvoit faire les délices, pour user de représailles des dévastations que les provinces de l'empire grec avoient souffertes de la part de Chosroès.

Cette ville est nommée *Artemita* par Strabon.

DASTIRA, ville de la Grande-Arménie, selon Strabon.

DATHEMAN, forteresse de la Judée, dans la tribu de Gad.

C'est-là que les Israélites se retirèrent, pour éviter les violences des Gentils, qui s'étoient assemblés en Galaad.

Il en est fait mention au premier livre des Macchabées.

DATHTHA, ville de l'Asie, dans l'intérieur de la Médie, selon Ptolemée.

DATOS, ou DATON, ville d'Europe, qui après avoir appartenu à la Thrace, passa au roi de Macédoine, lorsqu'ils eurent étendu de ce côté leur empire : elle étoit assez près du mont Pangée, sur une colline escarpée, ayant des bois au nord, & au sud un lac ou marais, peu éloigné de la mer. A l'est étoient des défilés; à l'ouest, une plaine qui s'étendoit jusqu'au Strymon. Cette plaine est fertile & très-agréable. On prétendoit que Proserpine y cueilloit des fleurs lorsqu'elle fut enlevée par Pluton.

C'étoit une ville si riche & si abondante en toutes sortes de biens, à cause des mines d'or qui étoient dans son territoire, que l'on disoit en proverbe, *une Datos de biens*, pour signifier *une abondance de biens*.

Le premier nom de *Datos* étoit *Cremides*, parce qu'il y avoit beaucoup de fontaines autour de la colline sur laquelle elle étoit bâtie. On la nomma ensuite *Datos*. Il y a apparence, dit M. Larcher (1), que ce fut Callistrate l'Athénien qui lui donna ce nom.

Philippe, roi de Macédoine, s'étant emparé de *Datos*, & voyant que cette place étoit très-propre à en imposer aux Thraces, la fortifia & l'appela *Philippi*, ou Philippes. Elle devint célèbre par la bataille qui se donna sous ses murs entre les troupes de Brutus & de Cassius, & celles d'Octave. On a une épître de saint Paul, adressée à ses habitans, après leur avoir prêché l'évangile.

N. B. Le territoire où l'on voit les ruines de Philippes, est appelé aujourd'hui par les Grecs, *Philippi-ghi* (Φιλίππων γῆ); c'est-à-dire, terre de Philippes.

DATUM. *Voyez* DATOS.

DATYLEPTI, peuple d'entre les Thraces.

DAUE, ou plutôt DAYE, ville de l'Arabie, selon Etienne de Bysance.

DAVANA, ville de l'Asie, dans la Mésopotamie. Elle étoit dans une plaine, à quelque distance au nord-est du fleuve Billicha, vers le 36e deg. 20 min. de latit.

DAVARA, nom d'une colline de l'Asie mineure, vers le mont Taurus, selon Tacite.

DAUCHITÆ, peuple de la Libye intérieure.

DAVIANUM, (*Veine*), ville de la Gaule, dans la province appelée *seconde Narbonnoise*. Cette ville étoit entre *Seleucus*, au sud-ouest, & *Vapincum*, vers le nord-est.

DAUCIONES, peuple de la Germanie d'Outremer, c'est-à-dire, de la Scandinavie.

DAULIA, nom d'une ville de la Macédoine, dans le canton des Eordètes, & près des Scampis, selon Ptolemée.

DAULIA, petit pays de la Phocide, lequel en renfermoit lui-même un autre nommé *Tronis*.

DAULIS. Cette ville étoit dans la Phocide, à quelque distance au sud-est de Delphes. Homère, Pausanias, Etienne de Bysance écrivent Δαυλίς; mais Polybe écrit Δαυλίον, *Daulium*. Selon Pausanias, cette ville étoit très-peuplée, & ses habitans étoient les plus grands & les plus robustes de toute la Phocide. Quant à l'étymologie du nom, j'abandonne très-volontiers celle qui la fait venir de la nymphe Daulis, prétendue fille du Céphissus, pour adopter celle qui rapporte que l'ancien mot grec Δαυλον, ou *Daulon*, signifiant ce qui est *inculte & sauvage*, l'avoit donné à ce lieu lorsqu'il étoit encore tout couvert d'arbres. Ce fut à *Daulis*, selon une ancienne tradition, que l'on servit à Térée dans un repas, les membres de son fils. Il y avoit à *Daulis* un temple de Minerve avec deux statues de cette déesse.

(1) Géographie d'Hérodote, *T. VII*, *p.* 125 de la traduction.

Cette ville s'appeloit anciennement *Anaoris*. Il y avoit à *Daulis* un temple de Minerve avec deux statues très-anciennes. L'une en bois avoit été, disoit-on, apportée d'Athènes par Progné.

N. B. On ne voit plus sur ses ruines qu'un village de quarante ou cinquante maisons. Et dans le village même il sort d'entre les roches du Parnasse, une rivière que les gens du pays appellent *Mauroneri*, c'est-à-dire, eau noire : on croit que c'est celle que les Grecs appeloient *Melas*.

DAUNIA, contrée de l'Italie, dans l'*Apulia*. Pline dit que la Daunie étoit au nord-ouest de la Peucétie; qu'elle étoit bornée à l'orient & au nord par la mer Adriatique; au couchant par le Biferno, le pays des Samnites & celui des Hirpins; & au midi par le mont *Cervaro*, qui la séparoit de la Peucétie.

Les principales villes étoient *Sipuntum*, *Arpi*, *Luceria*, *&c.* Au reste, Strabon dit que les Grecs appeloient *Dauniens*, ceux que les Latins nommoient *Apuliens*.

DAUNIUM. Etienne de Bysance, en donnant une ville de ce nom à l'Italie, paroît n'y être amené que parce qu'il connoît une nation appelée *Daunii*; mais c'étoient les habitans de la *Daunia*.

DAUNUS (*Caravelle*), torrent de l'Italie, qui donnoit son nom au pays de ses environs. Horace parle souvent de la chaleur ardente de ce pays.

DAUSARA, *ou* DAYSARA (*Dausar*), ville de l'Asie, dans la Mésopotamie, sur le bord de l'Euphrate, selon Etienne de Bysance. Elle étoit située presque au sud d'*Edessa*, & au sud-est de *Nicephorium*, vers le 35e deg. 35 min. de latit.

DAUTONA, nom d'une ville de la haute Pannonie, à vingt-quatre milles de *Siscia*, selon l'itinéraire d'Antonin.

DAXATA, ville de la Sérique.

DAXIMONILIS, région du Pont, située à l'ouest & arrosée par le fleuve Scylax. Cluvier dit qu'elle étoit arrosée par l'*Iris*; mais il se trompe, ce fleuve étoit plus à l'est.

D E

DEA VOCONTIORUM (*Die*), ville de la Gaule viennoise, qui dépendoit des Vocontiens, selon la table de Peutinger & l'itinéraire d'Antonin.

DEBA, rivière de l'Asie, qui prend sa source au nord dans les montagnes, vers le 39 deg. de latit. & coulant au sud-ouest, va se perdre dans l'Euphrate, vers le 37e deg. 45 min.

DEBA, ville de l'Asie, dans la Syrie. Elle étoit dans la Comagène, sur un ruisseau, au sud-ouest de Doliche, vers l'occident de Zeugma, & à-peu-près au 36e deg. 25 min. de latit.

DEBA, ville d'Asie, dans la Mésopotamie. Elle étoit située le long du Tigre, selon Ptolemée.

DEBIS, ville sacerdotale de la Judée. On voit

par deux passages de l'écriture sainte, qu'elle étoit peu éloignée d'Hébron.

DEBLATAIM, nom d'une ville qui appartenoit aux Moabites. Jérémie en prédit la ruine, *ch. 48, v. 2.*

DEBORUS, ville de la Macédoine, dans la Pæonie. Thucydide la nomme *Doberus;* on voit qu'il n'y a qu'une transposition de voyelle.

DEBRIS, bourg de l'Afrique, dans la Libye. Pline le place auprès des villes de *Matelgæ* & de *Garama.*

DECAPOLIS, contrée de la Palestine. Elle étoit au-delà & en-deçà du Jourdain. Pline nomme les dix villes qui la composoient, & d'où elle prenoit le nom de Décapole.

DECASTADIUM, ville de l'Italie, dans le *Brutium*, à l'extrémité méridionale, assez loin au sud de *Rhegium*, & sur la même côte.

DECATARA, ville de l'Illyrie, dans la Dalmatie, selon Ortélius.

DECEATES, nom d'un peuple qui habitoit sur la côte orientale de la Gaule narbonnoise, près de la mer Méditerranée, selon Strabon & Pline. Ce dernier les nomme *Deceites.*

DECEATUM. Cette ville étoit celle des *Deceates;* cela n'est pas mis en question. Mais ne lui donnoit-on ce nom qu'en la désignant par celui du peuple, & portoit-elle particuliérement le nom d'*Antipolis*, comme le dit Ptolemée? C'est ce qui n'est pas décidé. Il semble cependant, en examinant les auteurs, que ce furent deux villes différentes. Quoi qu'il en soit, Etienne de Bysance a tort de dire *Deceatum*, ville d'Italie; elle étoit dans la Gaule, & appartenoit aux Ligures.

DECELEA, *ou* DECELIA (*Décélée*), ville de Grèce, dans l'Attique. Elle étoit, selon Strabon, une des douze fondées par Cécrops, & dont on forma la ville d'Athènes. *Decelia*, selon le rapport de Thucydide, fut prise & fortifiée par les Lacédémoniens, la dix-neuvième année de la guerre du Péloponnèse. Plutarque & Etienne de Bysance font aussi mention de *Decelea;* mais le dernier en fait un bourg de la tribu Hippothoontide.

Ce lieu étoit vers le nord-est d'Athènes, près de la source du *Céphissus* (1).

DECEMSEPTIMA, ville de l'Hispanie, chez les Cosétans, au nord-est de *Tarraco.*

DECEM-PAGI (*Dieuze*), lieu de la Gaule, dans la Belgique première, chez les *Mediomatrici*, au nord-ouest de *Pons Saravi.*

DECETIA (*Décise*), ville de la Gaule, dans la première Lyonnoise. Cette ville appartenant aux Eduens, étoit sur le *Liger*, au sud-est de *Noviodurum.* César y assembla le sénat des Eduens. *Decetia* est aussi nommée *Decidæ* & *Degena.*

DECHLANA, ville d'Asie, dans l'Albanie.

DECIATES, peuple des Alpes maritimes, le long des côtes, à l'ouest des *Velauni.* Il en est fait mention par Etienne de Bysance & par Pomponius Méla.

DECLANA, ville de l'Hispanie, dans la Tarragonnoise & dans le territoire des Endigètes, selon Ptolemée & la table de Peutinger. Le premier écrit *Deciana.*

DECONUS, *ou* DOCONUS, fleuve de l'Asie. Il avoit sa source dans le mont Caucase, & alloit se perdre dans le Phase, au rapport d'Agathias.

DECORIANA, ville épiscopale d'Afrique, dans la Bysacène, selon une ancienne notice d'Afrique.

DECTUNINES, peuple de l'Italie, dans la Ligurie, selon Ortélius.

DECUARIA, ville de l'île d'Albion, selon l'Anonyme de Ravenne. Cambden croit que c'est aujourd'hui Béverley.

DECULANI, *ou* ÆCULANI. Selon les différentes éditions de Pline, peuple d'Italie, dans le voisinage de la Pouille.

DECUMA, bourg de l'Hispanie, dans la dépendance de la communauté de *Colonia Patricia* (Cordoue, selon Pline). Ce bourg étoit situé près de la ville de *Sacilis* (Alcorrucen), & avant le confluent des rivières *Bætis* & *Singulis.*

DECUMANI, peuple de la Gaule narbonnoise. Ortélius dit que ce peuple étoit ainsi nommé, parce que c'étoit une colonie tirée de la dixième légion.

DECUNI, *ou* DECUMI. Selon les divers exemplaires de Pline, peuple de l'Illyrie, dans la Dalmatie.

DEDACANA, *ou* DIDAUCANA. Selon les divers exemplaires de Ptolemée, ville de l'Asie mineure, dans la Bithynie. On croit que c'est aujourd'hui *Candria.*

DEDAN, lieu de l'Idumée, dans le pays de Cédar, selon Eusèbe & S. Jérôme.

DEDMASA, ville de la Carie, selon Etienne de Bysance.

DECENSIUM CIVITAS. *Voyez* DEA VOCONTIORUM.

DEGIA, ville d'Assyrie, dans l'intérieur des terres.

DEI FACIES PROMONTORIUM. Ce promontoire est plus connu sous son nom grec *Theoprosopon*, adopté sur les cartes. Il étoit sur la côte de la Phénicie, entre *Tripolis*, au nord, & *Botrus* ou *Botrys* au sud.

DEIRADES, bourgade de l'Attique, appartenant à la tribu Léontide.

DELAS, *ou* SILLA (*Diala*), rivière de l'Asie, dans la Perse, à la gauche du Tigre, où elle alloit se perdre vers le 33ᵉ deg. 12 min. de lat. Elle

(1) Je trouve dans la géographie d'Hérodote, que ce lieu étoit près des sources de l'*Ilissus.* Cette assertion d'un très-habile homme m'a fait rechercher si en effet je me serois mépris sur ce fleuve. Mais Strabon dit expressément que le *Céphissus* passoit à *Gephyra*, traversoit les longs murs & se jetoit dans le port de Phalère; que l'*Ilissus* étoit de l'autre côté d'Athènes. C'est donc, à ce qu'il me semble, une faute d'impression, & il faut lire *Céphissus* au lieu d'*Ilissus.* (*T. VII, p. 126*).

prenoit sa source dans le mont *Zagrus* ou *Zagros*, vers le 36e deg. 30 min. arrosoit les villes d'*Apollonia*, d'*Astargeda*, &c.

DELEAN, ville de la Palestine, dans la tribu de Juda, selon le livre de Josué, *c. 15.*

S. Jérôme met Déléan dans la même tribu. On croit que c'est le même lieu.

DELGOVITIA, ville de l'île d'Albion, chez les *Brigantes*.

DELIUM, *ou* DELION, ville de Grèce, dans la Béotie. Elle étoit située du côté de la mer, sur les frontières du territoire de *Tanagra* & de l'Attique, au nord de l'embouchure de l'Asopus. Elle est placée à trente stades du port d'Aulide par Strabon. On y voyoit un temple dédié à Apollon. Il est aussi fait mention de *Delium* par Plutarque, Ptolemée & Tite-Live. Au temps de Pausanias, on y voyoit deux statues; l'une de Diane & l'autre de Latone.

DELIUM. Selon Strabon, appelée aussi *Epidelium*. *Voyez* ce mot.

DELOS, île de la mer Egée, située au centre des Cyclades, dont elle étoit, en quelque sorte, la première. Strabon dit qu'elle est de peu d'étendue, &, selon Pline, elle n'a pas plus de cinq mille pas de tour; mais M. de Tournefort lui donne sept ou huit milles de circuit.

Pline & Etienne de Bysance disent qu'elle a porté anciennement les noms de *Lagia* (1), *Cynthia*, *Ortigia* (2), *Asteria*, *Delus*, *Chlamydia*, *Cynæthus* & *Pyrpyle* (3).

Les voyageurs modernes n'en parlent qu'en la comprenant avec une autre que l'on nommoit anciennement l'*île de Rhéné*: c'est la grande & la petite Délos. L'ancienne est la petite d'aujourd'hui, & la grande étoit l'île de Rhéné.

L'un des canaux entre lesquels l'île de Délos est située, se nommoit *le canal de Rhéné*, où sont deux fameux écueils & le canal de Miconé.

Les anciens prétendoient que cette île avoit été flottante & errante au gré des vents, & que Jupiter la fixa en faveur de Latone, qui y accoucha de Diane & d'Apollon.

On prétendoit aussi que les oracles de ce dieu y étoient plus clairs que dans ses autres temples, où l'ambiguité & le mystère les rendoient inintelligibles.

Apollon étoit en si grande vénération chez les Hyperboréens, que, de leurs régions glacées, ils envoyoient tous les ans des offrandes à Délos pour lui être consacrées. Il est fait mention de cela par Hérodote & par Callimaque.

L'autel d'Apollon dans l'île de Délos étoit nommé l'*autel pur*, l'*autel non sanglant*, l'*autel des personnes religieuses*, parce que l'on n'y sacrifioit rien d'animé.

L'inscription du temple étoit, selon le rapport d'Aristote, *Ethic. L. 1, ch. 9*: « De toutes les choses, » la plus belle, c'est la justice: la plus utile, c'est » la santé: & la plus agréable, c'est la possession » de ce qu'on aime ».

On proposoit des prix de musique & de poésie, dans les jeux que l'on célébroit à Délos en l'honneur d'Apollon, dès le temps d'Homère, & les Athéniens les y rétablirent, après avoir purifié cette île, dans la sixième année de la guerre du Péloponnèse, au rapport de Thucydide, *L. III, p. 117, édit. Steph. græc. lat.*

Cette île a eu dans l'antiquité des poëtes & des historiens qui l'ont célébrée. Callimaque dit que les poëtes devoient à cette île le premier tribut de leur génie: la faveur d'Apollon, qui y étoit né, étoit un prix que l'on n'obtenoit pas autrement.

Oléon de Lycée, poëte aussi ancien que le culte d'Apollon, & qui venoit des bords du Xanthe, est le premier que l'on dise avoir chanté les louanges de cette île: les Grecs le reconnoissoient pour avoir le premier fait des hymnes à la louange des dieux. Il fut le premier prêtre d'Apollon, dans le temple que les peuples septentrionaux élevèrent à ce dieu dans l'île de Délos, selon Pausanias.

Homère, selon la commune opinion, est le second poëte qui ait chanté Apollon & Délos: l'hymne qui est parvenue jusqu'à nous, lui est attribuée par Thucydide.

Le premier possesseur de l'île de Délos, que nous connoissions, est Erysichton, fils de Cécrops, premier roi d'Athènes, 1558 ans avant J. C. Cet Erysichton, après s'être emparé de Délos, en emporta une statue de Diane, qui étoit la plus ancienne du temple de cette déesse à Athènes, selon le rapport de Pausanias.

Josué, quelque temps après, ayant chassé les Phéniciens de la terre de Chanaan, ils se retirèrent vers le bord de la mer, où se trouvant trop resserrés, ils passèrent dans les îles de la mer Egée, & en dépossédèrent ceux qu'ils y trouvèrent établis: c'est-là l'époque de la domination de ces peuples & des Cariens dans la mer Egée, & dans l'île de Délos par conséquent. Thucydide dit que ces peuples exerçoient la piraterie: c'étoient des Phéniciens & des Cariens; & cet auteur en donne pour preuve, dans les guerres dont il décrit l'histoire, que les Athéniens ayant ordonné la purification de l'île de Délos, lorsque les sépulcres furent enlevés, plus de la moitié étoient des Cariens, & le reste des Phéniciens, & qu'on les reconnut à la manière dont ils étoient inhumés, & à la figure des armes que l'on trouva avec eux.

Les Phéniciens ayant chassé les Athéniens de l'île de Délos, eux-mêmes le furent après par un parti plus puissant.

Ces peuples devenant très-incommodes par le brigandage qu'ils exerçoient, & les revenus des îles qu'ils occupoient ayant tenté l'ambition de Minos,

---

(1) Formé du grec Λαγώς, un lièvre, parce qu'il y en avoit beaucoup dans cette île.

(2) Parce qu'on y avoit vu les premières cailles.

(3) Parce qu'on y trouva d'abord le feu.

second du nom, roi de Crète, il résolut de les chasser des Cyclades & de s'y établir. Ce Minos II régnoit en Crète dans le même temps qu'Egée, père de Thésée, régnoit à Athènes, environ 1229 ans avant J. C. C'est le roi le plus ancien qui ait eu une flotte, & qui se soit attribué l'empire de la mer: il soumit les Cyclades, il nettoya la mer de pirates, le plus qu'il put: & pour s'assurer les revenus de ces îles, il y envoya des colonies, & y fit passer quelques-uns de ses sujets de Crète. Thucydide, Diodore de Sicile, Eusèbe & l'ancien historien qu'il a suivi, font mention de la puissance de ce roi sur la mer.

L'île de Délos étoit devenue comme l'entrepôt des trésors des nations; la situation de l'île, les franchises dont elle jouissoit, l'attention vigilante des Athéniens, & la célébrité des fêtes en l'honneur d'Apollon, y attiroient une foule de marchands étrangers qui y venoient échanger leurs denrées contre le cuivre que l'on tiroit des mines de Délos, & contre le produit du sol & des manufactures des îles voisines.

Philippe, roi de Macédoine, avoit fait élever près de la mer de vastes portiques. Le fameux temple d'Apollon étoit un peu sur la gauche; il étoit d'ordre dorique, selon Pausanias & Vitruve. La statue d'Apollon étoit un colosse d'un seul bloc de marbre de vingt-quatre pieds de hauteur. L'ancienne ville de Délos étoit bâtie derrière ce temple: un bassin ovale d'environ 48 toises de diamètre, qui étoit près du gymnase, servoit vraisemblablement à apprendre aux jeunes gens l'art de nager, dans lequel on excelloit à Délos. Hérodote & Callimaque font mention d'un petit marais rond qui se trouvoit à Délos. Neptune avoit un temple dans cette île: il étoit au nord de la ville, & Hercule en avoit un au nord de celui de Neptune. Le théâtre étoit au sud-est du temple d'Apollon; il étoit de marbre blanc & avoit 250 pieds de diamètre. La citadelle étoit à l'est du théâtre.

Delos, ville de l'île de même nom. Elle étoit située un peu plus au nord que le milieu de l'île. Le temple d'Apollon étoit au centre de la ville, le temple de Neptune étoit au nord, le gymnase & la naumachie au nord-ouest, le théâtre au sud-est, & la citadelle à l'est-sud-est.

DELPHI, Delphes (*Castri*), ville de la Phocide, située dans une vallée vers le sud-ouest du pied d'une des croupes du Parnasse. Cette ville, la plus renommée de la Grèce par la célébrité de son oracle, mérite que l'on entre à son égard, dans quelque détail.

On convient généralement qu'elle a aussi porté le nom de *Pytho*; mais les sentimens diffèrent lorsqu'il s'agit de décider lequel des deux a précédé l'autre: cela est fort indifférent en soi. Je remarquerai seulement que ce sont les poëtes qui emploient presque toujours le nom de *Pytho*, & que les historiens & les Grecs emploient celui de *Delphi*. (Δελφόι).

Le nom de *Pytho*, selon les mythologues, venoit de ce qu'Apollon ayant tué en ce lieu le serpent que l'on appeloit *Python*, il y avoit pourri sur la place (1). Pausanias ne fait pas remonter si haut l'origine du nom de *Pytho*; il dit qu'il fut donné à la ville de Delphes par Pythis, fils de Delphus, petit-fils de Lycorus.

Quant au mot de *Delphi*, on en donne plusieurs étymologies; la plus probable, c'est que ce nom vient de l'ancien mot grec Δελφός, *seul*, *solitaire*. Or, ce nom convenoit très-bien à une ville, en quelque sorte, retirée entre des montagnes.

La ville de Delphes n'avoit que sept stades de circuit; les rochers qui l'environnoient, s'opposoient à ce qu'elle devînt plus grande. Il n'est pas étonnant qu'elle ait été remplie de maisons.

Cette ville devoit toutes ses fortifications à la nature. Un des sommets du Parnasse, dont la pointe suspendue avoit la forme d'un dais, la couvroit du côté du nord; une autre roche escarpée appelée *Cirphis*, en défendoit l'approche du côté du midi. On n'y pouvoit arriver que par des sentiers étroits. Aussi Justin dit-il que l'on ne savoit ce qui étoit le plus digne d'admiration, des fortifications du lieu, ou de la majesté du dieu qui y rendoit ses oracles. *Incertum, utrum loci, an majestas dei plus hîc admirationis habeat.*

Les rochers qui environnoient la ville de Delphes s'abaissoient doucement & comme par degrés: c'est ce qui a fait dire à Strabon qu'elle avoit la figure d'un théâtre (τεατροειδὲς).

Cette ville, bâtie, comme nous le disons, en amphithéâtre, étoit divisée en trois parties. Celle du haut se nommoit la ville haute (ὑπάτη), celle qui étoit au-dessous se nommoit la ville du milieu, ou simplement le milieu (μέση): c'étoit-là qu'étoit l'antre prophétique & le temple d'Apollon; enfin, la partie qui étoit au fond du vallon, & que l'on peut appeller la ville basse, se nommoit le bocage (νάπη), sans doute parce qu'il y avoit eu des arbres en ce lieu avant d'y avoir des bâtimens.

Le temple d'Apollon occupoit, selon Pausanias, un fort grand espace, & plusieurs rues y venoient aboutir. C'étoit, par rapport aux Grecs, ce que, sans comparaison, Notre-Dame de Lorette fut long-temps en Italie. Une sainte vénération y amenoit de tous côtés, des ames curieuses & timides qui payoient des plus riches présens, l'espérance d'un meilleur sort, ou du moins celle d'arracher à l'avenir le secret de leur destinée. La reconnoissance y apportoit aussi ses offrandes. On est étonné, en lisant la description de ce temple dans Pausanias, de la quantité de statues & de

(1) Si en effet ce nom vient de l'ancien verbe πυθεσθαι, pourrir, le nom même du serpent s'en étoit formé. Il se peut que les exhalaisons du lieu avant qu'il fut habité eussent donné lieu à cette petite fable. Il est très-probable qu'après le déluge de Deucalion, il y a eu beaucoup de limon & de pourriture en ce lieu.

richesses de toutes sortes, rassemblées dans ce temple. On sait avec quelles monnoies les prêtres & les prêtresses de Delphes payoient tant de richesses. Une réponse courte, ambiguë, & en si mauvais vers, qu'on finit par les tourner en ridicule, étoient les seuls frais que les Delphiens eussent à faire pour obtenir tant de biens. Ainsi, pour des richesses bien réelles, on venoit chercher des avantages que l'on regardoit sans prix, & l'on n'obtenoit que l'erreur, & la dérision secrète des fourbes dont chacun étoit la dupe. Car on ne peut pas regarder comme une juste compensation de tant de dépenses & de la fatigue de voyages quelquefois fort longs, le bien que l'on pouvoit recueillir de la lecture des sentences qui se lisoient avant d'entrer dans le temple. Dans le pronaon, c'est-à-dire, dans le vestibule du temple, on lisoit des sentences utiles aux hommes pour la conduite de la vie. *Eν δὲ τῷ προνάῳ τῷ ἐν Δελφοῖς γεγραμμένα ἐστιν ὠφελήματα ἀνθρώποις ἐς βιον.* Ces maximes avoient été données par les sept sages, dont les noms sont étrangers à mon sujet. Encore si le nombre de ces sentences se borne aux deux que rapporte Pausanias, on peut croire qu'elles étoient déjà connues, & que ce sentiment d'une morale universelle que chaque homme porte avec lui, les avoit déjà fait connoître ailleurs (1).

Près du temple étoit un théâtre magnifique; & dans l'endroit le plus élevé, il y avoit une statue.

On sent bien que, quoique la ville de Delphes fût entre des rochers, dans un des lieux les plus stériles de la terre, ses habitans devoient se trouver dans une grande opulence. Car, dit M. Hardion (dissertation sur l'oracle de Delphes, mém. de Litt. *T. III, m. p. 272*), « tout ce qu'il y avoit d'habitans à Delphes, hommes & femmes, jeunes & » vieux, tous, sans exception, travailloient à mériter les faveurs de leur dieu par le soin qu'ils » prenoient d'attirer les étrangers à son temple, » & de leur vendre ses oracles aux dépens des » plus somptueux sacrifices & des plus magnifiques offrandes. Tous étoient occupés, ou de » ce qui concernoit ces sacrifices, ou de l'entretien du dedans & du dehors du temple, ou » des cérémonies qui précédoient & qui suivoient » l'installation de la Pythie sur le trépied prophétique. Tous enfin briguoient avec empressement » l'honneur d'être les ministres d'un dieu si reconnoissant, qui les combloit tous les jours de » nouveaux bienfaits ».

Le temple d'Apollon n'avoit pas toujours été de la même magnificence, ni de la même étendue. Il y en avoit eu successivement plusieurs. Le premier n'avoit été construit que de branches de laurier, apportées de la vallée de Tempé. Cela n'est peut-être pas trop vrai. Ce qui l'est encore moins, c'est que, selon Pausanias, ce premier temple ayant été détruit, des abeilles en construisirent un autre avec leur cire & des plumes d'oiseaux. Le troisième temple fut d'airain; on en débitoit des merveilles que Pausanias même se refuse à croire; car, selon les Delphiens, il avoit été construit par Vulcain; & au dôme il y avoit un grouppe de figures qui charmoient les oreilles par des concerts magnifiques.

Le quatrième temple fut bâti de pierres par Trophonius & Agamedès, excellens architectes, tous deux fils d'Ergine, roi d'Orchomène. Ce temple s'embrasa la première année de la cinquante-huitième olympiade, c'est-à-dire, 548 ans avant l'ère vulgaire. Les Amphyctions se chargèrent du soin d'en faire rebâtir un autre. Mais les Alcméonides, famille puissante d'Athènes, étant venus à Delphes, obtinrent l'honneur de conduire l'exécution de ce bâtiment, & le firent plus magnifique qu'on ne se l'étoit d'abord proposé (2).

Les richesses de ce temple les exposèrent à des pillages qui eurent lieu en différens temps. D'abord, le fils de Crius, homme puissant de l'île d'Eubée, vint à main armée piller le temple & les maisons des plus riches particuliers. Les Orchoméniens Phlégyens, & ensuite Pyrrhus, fils d'Achille, commirent le même sacrilège. Les Phocéens s'emparèrent à leur tour des trésors du temple. Ils en furent punis par les Amphyctions, puisqu'ils perdirent le droit d'entrer à cette assemblée. Les Gaulois, sous la conduite de Brennus, 278 ans avant J. C. y vinrent avec le même projet; mais ils furent repoussés. Enfin, Néron en enleva cinq cens statues, des plus belles sans doute.

N. B. Les détails concernant l'oracle & les jeux se trouveront sans doute dans le dictionnaire d'antiquité, où c'est leur place.

DELPHICUM TEMPLUM, nom d'un lieu maritime de la Gaule narbonnoise, selon Strabon, cité par Baudran. C'est à présent un village de la Provence, à l'orient du Gras d'Orgon, & nommé les *trois Maries*. (*La Martinière.*)

DELPHINION, *ou* DELPHINIUM, nom d'un quartier de la ville d'Athènes, où étoit la maison d'Ægée. Ce lieu étoit ainsi nommé à cause du temple d'Apollon *Delphinius*. Il en est fait mention par Plutarque.

DELPHINIUM, ville maritime de l'île de Chios. Elle étoit située à l'est & vers le milieu de l'île, au 38e deg. 35 min. de latit. Cette ville fut prise par Callicratidas, commandant des Lacédémoniens, vers la seconde année de la quatre-vingt-treizième olympiade, selon Diodore de Sicile, *L. XIII*; ce qui revient à l'an 407 avant J. C.

(1) Connois-toi toi-même : rien de trop.

(2) Ces Alcméonides avoient été chassés d'Athènes par les Pisistratides. En consacrant leurs richesses & leurs soins au dieu, ils en espéroient quelque reconnoissance. On peut croire qu'ils gagnèrent particuliérement la Pythie; car l'oracle n'annonçoit jamais de succès aux Lacédémoniens, qu'autant qu'ils auroient fait la guerre aux Pisistratides.

DELTA, portion considérable de la basse-Egypte. Elle avoit reçu ce nom de sa figure triangulaire, qui est aussi celle de la lettre grecque Δ appelée *delta*. Le triangle que formoit le *Delta* étoit compris entre deux bras du Nil & la mer. A quelque distance au nord de *Memphis*, à l'endroit où se trouvoit la ville de *Cercesura*, le Nil se partageant en deux bras principaux, embrassoit cette étendue de terrein, qui, d'ailleurs, n'étoit que son ouvrage. Je reviendrai tout-à-l'heure à ce sentiment.

Le bras du Nil qui couloit vers le nord-est, se nommoit *Athribiticus Fluvius*, parce qu'il arrosoit la ville d'*Athribis*; il alloit se perdre dans une espèce de lac près de la mer & de la ville de *Pelusium* (1).

Le bras du Nil qui remontoit vers le nord, puis vers le nord-ouest, portoit le nom d'*Agathosdæmon Flumen*, ou le fleuve de bon génie, & alloit se terminer à l'est de *Canopus*, après avoir arrosé *Schedia*, qui se trouvoit à l'embouchure appelée *Canopicum Ostium*.

Il est vrai que cette étendue fut ensuite divisée en deux autres *Delta*. On nomme *Delta* les terres comprises entre l'*Agathosdæmon* & la continuation de l'*Athribiticus*, remontant par *Xoïs*, *Busiris*, &c. jusqu'à *Thamiathis*, où se trouvoit l'embouchure appelée *Phatmeticum Ostium*. La partie comprise entre cette branche & celle qui, tournant à l'est depuis le nord d'*Athribis* jusqu'à Péluse, fut nommée *Delta Parvus*.

Le premier de ces *Delta* renfermoit les villes de *Prosopitis*, de *Taula*, de *Saïs*, de *Busiris*, de *Xoïs*, de *Sebenythus*, d'*Onuphis*, de *Pachnamunis*, de *Butus* & de *Metelis*, qui donnoient leur nom à autant de nômes différens (*voyez* ÆGYPTUS), sans compter d'autres villes considérables.

Le *Parvus Delta* renfermoit les villes de *Leontopolis*, de *Mendes*, de *Panephysis*, de *Tanis*, de *Sethrum*, avec quelques autres qui n'étoient pas capitales de nômes.

Les anciens Egyptiens, ainsi qu'on le voit par ce que dit Hérodote, *L. II*, regardoient la plus grande partie des terres qu'ils habitoient, comme un présent du fleuve. Au temps même de Mœris, lequel, selon le canon dressé par M. Larcher, pour se conformer à la chronologie d'Hérodote, remonte à l'an 12356 avant J. C. toute l'Egypte, à l'exception du nôme Thébaïque, n'étoit qu'un marais; il ne paroissoit rien de toutes les terres que l'on voyoit de son temps au-dessous du lac Mœris, quoiqu'il y eût sept jours de navigation depuis la mer jusqu'à ce lac. Dans un autre endroit (§. 15), il dit que le *Delta* étoit autrefois couvert d'eau.... Les preuves qu'en donne cet historien, après avoir été tourné en ridicule par plusieurs écrivains, ont enfin paru très-concluantes à des naturalistes philosophes, & même ont ramené à cette idée de bons esprits qui s'étoient d'abord refusés à leur évidence.

(1) Le débouquement de ce lac dans la mer, tout près de Péluse, se nommoit *Pelusiacum Ostium*.

M. Larcher, qui avoit d'abord attaqué cette opinion, & qui, heureusement n'a donné son grand travail sur Hérodote, qu'après de très-mûres réflexions, s'exprime ainsi en finissant la note commencée, *p. 158* (*T. II*).

« Il est incontestable que le Nil entraîne dans » ses débordemens une quantité prodigieuse de » limon. Ce limon a dû élever nécessairement » l'Egypte inférieure, qui, dans l'origine, n'étoit » qu'un golfe. Si depuis Hérodote jusqu'à nos » jours le sol de cette partie de l'Egypte ne s'est » pas beaucoup accru, on n'en peut rien conclure » pour les temps précédens. Il peut se faire que » le Nil charrie actuellement moins de limon qu'il » ne le faisoit dans les siècles les plus reculés. Les » terres qu'il détache peuvent n'être plus si abon» dantes qu'elles l'étoient autrefois. D'ailleurs, de» puis Hérodote, jusqu'à cette année 1784, il ne » s'est écoulé que deux mille deux cens soixante» huit ans. Du voyage d'Hérodote en Egypte jus» qu'à la mort de Mœris, le dernier des trois cens » trente rois d'Egypte, il y avoit environ huit cens » quatre-vingt-seize ans. Ces trois cens trente rois, » à trois générations par siècle, suivant la manière » de compter d'Hérodote, doivent donner onze » mille, qui, ajoutés à huit cens quatre-vingt» seize, font onze mille huit cens quatre-vingt» seize ans avant le voyage d'Hérodote, & douze » mille trois cens cinquante-six ans avant notre ère, » Que l'on joigne maintenant à ce nombre les » temps fabuleux & héroïques, & l'on aura plu» sieurs autres milliers d'années.

» Si l'on fait attention à la prodigieuse quantité » de limon qu'a dû déposer le Nil dans ce laps im» mense de temps, on n'aura pas de peine à croire » que le golfe d'Egypte ait pu se combler & former » ce que l'on appelle le *Delta* ».

A ce raisonnement de M. Larcher, j'ajouterai, 1°. que plus les terres s'élèvent vers l'embouchure d'un fleuve, & moins sa pente doit être inclinée; son cours par conséquent est moins rapide. Insensiblement il s'élève, & son embouchure se rapproché de l'élévation où se trouve sa source. 2°. Plus ce niveau s'établit & plus son cours est lent. Alors la quantité de limon qu'il eût apporté jusqu'à son embouchure, se dépose dans la totalité de son cours. Le *Delta* doit donc moins s'accroître à mesure que les siècles s'écoulent. Au reste, la nouvelle ville d'Alexandrie est déjà à quelque distance au nord des ruines de l'ancienne, & la mer s'est retirée.

DELTA, nom d'une ville de l'Egypte, dans le grand *Delta*, selon Ptolemée, cité par Ortélius.

DELTA. Il semble que Joseph donne ce nom à un quartier de la ville d'Alexandrie.

DELTA, nom d'un bourg de Thrace. Xénophon le place à une journée de chemin de la ville de Bysance.

DELTA, nom d'une île qu'Arrien place à l'embouchure du fleuve Indus. Ptolemée & Pline disent que

que les habitans la nommoient *Patala*. C'est aujourd'hui l'île de *Diu*.

DELTA, ville de l'Asie, dans la Syrie, selon Etienne de Bysance, cité par Ortélius.

DELTA, nom d'un village de Grèce, dans le territoire de Corinthe, selon Pausanias.

DELTHANII, nom d'une ville du Péloponnèse. Etienne de Bysance la place entre la Laconie & la Messenie.

DELUS, *ou* DELOS, ville de l'Asie mineure, vers la Cilicie, selon Strabon.

DELUS, lieu ou montagne de Grèce, dans la Béotie. Plutarque dit qu'une tradition populaire vouloit qu'Apollon y fût né. (*Voyez* DELOS).

DEMEROSESA. L'Anonyme de Ravenne nomme ainsi une ville de l'île d'Albion. Gale croit que c'est aujourd'hui *Dumfries*.

DEMETÆ, *ou* DIMETÆ, peuple de l'île d'Albion. Ils habitoient le long de la mer d'Hibernie, & ils avoient les Silures au levant, & les Ordovices au nord.

DEMETRIAS, ville de Grèce, dans la Thessalie. Strabon dit que Démétrius *Poliorcetès* la bâtit sur la côte de la mer, entre *Nelia* & *Pegases*. Il ajoute que la ville de Démétriade étoit une des trois qui servoient de fers aux rois de Macédoine, pour tenir la Grèce en esclavage. Etienne de Bysance met cette ville sur le golfe Pégasétique ou Pélasgique, aujourd'hui golfe de *Volo*.

DEMETRIAS. Plutarque donne le nom de Démétriade à une tribu de Grèce, dans l'Attique. Il ajoute qu'elle fut jointe aux dix autres en faveur de Démétrius.

DEMETRIAS. Démétrius Poliorcetès donna ce nom à la ville de Sicyonie lorsqu'il eut engagé les Sicyoniens à la rebâtir dans un lieu plus commode, selon Plutarque.

DEMETRIAS (*Akkar*), ville de l'Asie, dans la Syrie. Elle étoit située près & à l'est de la mer Méditerranée, vers le 34e deg. 35 min. de latit.

DEMETRIAS, *ou* CORCURA (*Kerkouk*), ville de l'Asie, près des montagnes, & près des sources du *Zabus minor*, au sud-sud-est d'*Arbela* (1).

Strabon place des sources de Naphte aux environs de *Demetrias*. Elle est nommée *Corcura* par Ptolemée.

N. B. Etienne de Bysance place une autre ville de *Demetrias* en Macédoine; mais il est probable qu'il avoit pris cette indication dans quelques auteurs qui confondoient la Macédoine avec la Thessalie, & qu'il est question de la ville de *Demetrias* ci-dessus.

DEMETRIUM, lieu de la Thessalie, qui ne devoit pas être éloigné du golfe Pélasgiaque. Il y avoit un bois consacré à Cérès, nommée en grec Δημητερ, d'où lui venoit son nom. Il faut distinguer, je crois, ce lieu de la ville de *Pyrasus*, quoique l'on ait quelquefois donné le nom de *Demetrium* à la ville.

DEMETRIUM, *ou* DEMETRIUS, nom d'un port, dans la partie septentrionale de l'île de Samothrace, près du promontoire *Demetrium*, selon Plutarque.

DEMONNESOS. L'île de Démonnèse étoit dans la Propontide, à l'opposite de Nicomédie, selon Pline. Il en est aussi fait mention par Etienne de Bysance, qui dit qu'elle prit ce nom d'un certain *Demonesus*, & qu'elle étoit située dans les environs de Chalcédoine.

DENAROS, nom d'une île qui est située à l'extrémité orientale de l'île de Cypre, près du promontoire Dinaretum.

DENSELETÆ (2), peuple de Thrace, selon Pline, qui les place à la droite du Strymon. Ils habitoient vers le nord du peuple *Mædi*, dont ils étoient séparés par le mont Pangée. Les sources du fleuve *Hebrus* & la ville de *Pantalia* étoient dans le pays de ce peuple.

DEOBRIGA, ville municipale de l'Hispanie, dans le pays des Autrigons, selon Ptolemée & l'itinéraire d'Antonin.

DEOBRIGA, ville de l'Hispanie, dans la Lusitanie. Ptolemée la place dans le pays des Wettons.

DEOBRIGULA, ville de l'Hispanie, dans la Tarragonnoise. Ptolemée la donne aux Murbogiens.

DEORUM CURRUS, montagne de l'Afrique, dans la Libye intérieure. Ptolemée & Pline en font mention. On croit que c'est la montagne de *Sierra Liona*.

DEORUM INSULÆ. Ptolemée nomme ainsi deux îles, qu'il place dans l'Océan, sur la côte de l'Hispanie. On croit que ce sont les îles de Bayonne.

DEORUM PORTUS, ville de l'Afrique, dans la Mauritanie césarienne.

DEORUM SALUTARIS PORTUS, port du pays des Troglotydes.

DERA, contrée de l'Ibérie, selon Etienne de Bysance. Elle étoit arrosée par le fleuve *Sicanus*.

DERA, ville d'Asie, dans la Susiane, dans l'intérieur du pays.

DERÆI, habitans de la contrée appelée *Dera*, selon Etienne de Bysance.

DERANOBILA, ville de la Carmanie.

DERBE, château de l'Asie mineure, que Strabon & Etienne de Bysance placent dans l'Isaurie. M. d'Anville l'a placé près d'une petite chaîne de montagnes détachée du *Taurus*, dans la contrée de l'Isaurie appelée *Antiochiana*.

---

(1) Etienne de Bysance dit, γ' Περσίδος, la troisième appartient à la Perse. C'est que le géographe étend la Perse jusqu'à l'Assyrie, car il convient qu'elle étoit près d'Arbelle.

(2) En voyant que les Latins nomment ce peuple *Denseletæ* & les Grecs *Danthelètæ*, on est porté à croire que le *theta* se prononçoit adouci à peu-près comme le *th* anglois; & que pour le rendre les Latins mettoient l'*s*.

DERBICES, *ou* DERBICÆ, peuple de l'Asie, qui habitoit sur le bord de l'Oxus. Quinte-Curse dit que ce peuple envoya deux mille hommes de cavalerie à Darius contre Alexandre.

DERBICES, peuple de l'Afrique, dans la Libye intérieure, selon Ptolemée.

DERBICES, peuple voisin des Indes, selon Ctésias, qui dit que ce fut le dernier peuple conquis par Cyrus; mais il fut blessé dans cette expédition, & mourut au bout de trois jours. Je les crois les mêmes que les *Derbices* ci-dessus.

DERBICI, peuple de la Libye intérieure.

DERE, *ou* DIRE, ville maritime de l'Ethiopie, dans la Troglodítique. Elle étoit située sur le promontoire du même nom, à l'entrée du golfe Arabique.

DERE, *ou* DIRE, promontoire de l'Ethiopie, à l'entrée du golfe Arabique, dans la Troglodítique. C'est aujourd'hui le cap *Bab-al-Mandeb.*

DERE. *Voyez* DIRE.

DEREA, nom d'une ville du Péloponnèse, dans l'Arcadie, selon Etienne de Bysance.

DEREMISTÆ, nom d'un peuple qui habitoit dans l'intérieur de l'Illyrie.

DEREMMA, *ou* DAREMMA. Selon les divers exemplaires de Ptolemée, ville de l'Asie, dans la Mésopotamie.

DEREON, petit lieu de la Thrace, sur le Pont-Euxin, à l'extrémité du *Macron-Tychos.*

DERETINI. Pline nomme ainsi un peuple de l'Illyrie. Il le place dans la Dalmatie.

DERIBIA, ville de l'Asie mineure, dans la Lycaonie, selon Etienne de Bysance. Elle a été épiscopale sous la métropole d'*Iconium.*

DERIMUM, nom d'un lieu de l'Italie, à dix milles de Rome, selon l'itinéraire d'Antonin. On croit qu'il faut lire *Decimum.*

DERMONES, peuple de la Libye intérieure.

DERRHA, nom d'un lieu particulier du Péloponnèse, dans la Laconie, selon Etienne de Bysance. Il ajoute que ce lieu donnoit le nom au temple de Diane *Derrhéatide.*

DERRHA, ville de la Macédoine, sur le bord du golfe Therméen, selon Pline.

DERRHÆ, nom d'un peuple de l'Arabie heureuse, selon Ptolemée.

DERRHIMA, ville de l'Asie, dans la Syrie. Elle étoit dans la contrée Chalybonitide, selon Ptolemée.

DERRHIS, nom d'un promontoire d'Afrique, dans la Marmarique, selon Ptolemée & Strabon. Ce dernier écrit *Derhis.*

DERRHIUM, lieu du Péloponnèse, dans la Laconie. Il étoit sur le mont Taygète, & au voisinage de la ville de Lapithée, selon Pausanias. Il ajoute que l'on y voyoit une statue exposée à l'air, qui représentoit Diane, surnommée *Derrhiatis.*

DERRIS, promontoire de la Macédoine, dans la Paraxie. Ptolemée le place aux environs du fleuve *Axius*, au fond du golfe Therméen. Il en est aussi fait mention par Pomponius Méla.

DERRIS, *ou* DERIS, port d'Afrique appartenant à la Marmarique. Je remarquerai cependant que Strabon appelle *Deris*, un port. M. d'Anville l'a placé, comme promontoire, au nord-ouest du *Leucaspis Portus.*

DERRIMA, ville de l'Asie, dans la Syrie. Elle étoit située au pied & à l'orient d'une chaîne de montagnes, au sud-est d'un lac de sel, vers le 36e deg. 25 min. de latit.

DERSÆI, les Derséens, peuple de Thrace, qui habitoient au nord d'Abdère, entre le lac *Bistonis* & le *Nestus.* Il y en avoit aussi au-delà du Strymon.

DERTONA (*Tortone*), ville d'Italie, dans la Ligurie, vers le nord-est. On la trouve quelquefois nommée *Julia Dertona;* elle fut colonie romaine; mais on ne sait pas à quelle époque. Il paroît qu'elle tenoit un rang considérable dans la Ligurie.

Pendant qu'Alboin, roi des Lombards, faisoit le siège de Pavie, il laissa ses troupes devant cette place, & vint s'emparer de *Dertona* & de quelques autres villes, l'an 370.

DERTOSA (*Tortose*), ville de l'Hispanie citérieure. Elle étoit située dans les terres, à une petite distance de l'embouchure de l'*Iberus.* Elle fut municipale & colonie. Selon Pline, elle étoit la plus considérable des quarante-trois villes soumises au *Conventus* de *Tarraco.* Ce fut Scipion qui en fit une ville municipale. On en a des médailles représentant Auguste, & d'autres Tibère. Elle étoit sous la protection de Pan, ainsi qu'on le voit encore par quelques restes d'antiquité qui s'y trouvent.

DERVENTIO (*Derwent*), ville de l'île d'Albion, chez les *Brigantes.* Selon la notice de l'empire, c'étoit un lieu fortifié.

DERUSIÆI, *ou* DIRUSÆI, peuple de l'Asie, dans la Perside, selon Hérodote. On ne sait pas précisément où ils étoient situés. Quelques géographes les mettent au nord du golfe Persique, entre le Tigre à l'ouest, & le Choaspes à l'est.

DERXENA, *ou* DERXENE, contrée de l'Asie, dans l'Arménie, vers les sources de l'Euphrate, selon Pline. Elle est nommée *Xerxena* par Strabon & Etienne de Bysance. Ce dernier dit qu'elle confinoit avec l'Arménie mineure.

DESARENA, contrée de l'Inde, en-deçà du Gange, selon Arrien, cité par Ortélius.

DESERTA BOIORUM, déserts que Strabon étend depuis la Vindelicie jusqu'à la Pannonie. Pline dit qu'ils étoient contigus à la Norique. On croit que c'est aujourd'hui le *Wienerwalot.*

DESILI, peuple de la Thrace, selon Etienne de Bysance.

DESITIATES, *ou* DÆSITIATES. Pline semble mettre un peuple ainsi nommé dans la Dalmatie. Il en est aussi fait mention par Strabon & Dion Cassius.

DESUDABA, ville de Thrace, dans le pays des *Mædi*, selon Tite-Live.

DESUVIATII, *ou* DESUVIATES, peuple de la Gaule narbonnoise. Ils habitoient dans le voisinage des Anatiliens & des Cavares, selon Pline. Le P. Hardouin observe que les *Desuviates* occupoient le territoire de Tarascon. Pline les place sur le bord du *Rhodanus*. Et M. d'Anville, en suivant cet auteur, les met au nord d'*Arelate*.

DETUNDA, ville de l'Hispanie, dans la Bétique. Elle appartenoit aux Turdules, selon Ptolemée.

DEVA, ville de l'Arabie heureuse, selon Ptolemée.

DEVA. Ptolemée nomme ainsi une rivière de l'île d'Albion.

DEVA LEGIO, lieu de l'île d'Albion. Il en est parlé par Ptolemée, l'Anonyme de Ravenne & l'itinéraire d'Antonin.

DEVANA (*Vieux Aberdéen*). Ce lieu, que Ptolemée place à 19 deg. de longit. & à 57 deg. 50 min. de latit. étoit dans la région des Taxaliens, ou *Tesaliens*, dans l'île d'Albion.

DEVANA, autre ville de la même île. Elle étoit dans le territoire du peuple *Cornavii*.

DEUCALEDONII, *ou* CALEDONII, peuple qui habitoit dans la partie septentrionale de l'île d'Albion. Ils sont nommés *Dicaledones* par Ammien Marcellin.

DEUCALION. Strabon nomme ainsi une île, qu'il place vis-à-vis un promontoire de Thessalie, aux environs du golfe Maliaque.

DEVELTUS (1), ville de l'intérieur de la Thrace, vers le Pont-Euxin, & peu éloigné à l'ouest d'*Apollonia*, sur le bord d'un étang. Elle devint colonie romaine sous Vespasien, qui y fixa des vétérans : de ce prince elle prit le nom de *Flavia*, qui se trouve sur les médailles.

DEUNA. Ce nom, qui se lit dans Ptolemée Δηούνα, est le même que *Deva* de l'itinéraire d'Antonin. *Voyez* ce mot.

DEVONA, ville de la Germanie, selon Ptolemée, cité par Ortélius.

DEURIOPUS, contrée de la Macédoine, faisant partie de la Pæonie ; elle étoit entre l'*Axius* & l'*Erigon*. Ses principales villes étoient *Bryanium*, *Alalcomenæ* & *Stymbara*, que l'on soupçonne être la même que *Stubera*. *Stobi*, ville nouvelle, fondée par Philippe, s'y trouvoit aussi.

D I

DIA, ville de la Scythie, auprès du Phase, selon Etienne de Bysance. Elle étoit située près du Bosphore Cimmérien, selon Pline.

(1) Les Latins ont aussi écrit *Deuelton* d'après le grec Δεβελτος.

DIA, île de la mer Méditerranée, auprès de celle de Crète. Elle est aujourd'hui nommée *Standia*.

DIA, ville de Thessalie, selon Etienne de Bysance, qui la dit fondée par Eacus.

DIA, ville de Thrace, près le mont Athos, selon le même auteur.

DIA, ville de l'Eubée, selon le même.

DIA, ville du Péloponnèse, près du promontoire *Scylleon*, selon le même.

DIA, ville de la Lusitanie, près de l'Océan, selon le même.

DIA, ville de l'Italie, près des Alpes, selon le même.

DIA. Plusieurs îles ont aussi porté ce nom, selon le même géographe.

DIABATA, DIABETA, *ou* DIABETE, île de la mer Méditerranée, près celle de Sardaigne.

DIABETÆ, îles de la mer Méditerranée, dans le voisinage de celle de Rhodes, selon Pline. Etienne de Bysance les place autour de l'île de Sime. Pline dit qu'il y avoit quatre îles sous ce nom (2).

DIABLINDI, DIABLINTES, peuple de la Gaule. La plus commune opinion est que ce peuple habitoit une partie du Maine. Ils avoient à l'ouest les *Redones*, & à l'est les *Aulerci*.

La capitale étoit *Næodunum*. Pline a écrit leur nom *Diablindi* ; Ptolemée, *Dianlitæ*.

DIABOLIS, DEABOLIS, *ou* DEABOLA, place forte de la Macédoine, selon Caliste, Grégoras & Cédrène.

DIACŒLE. Je ne place ici ce mot que pour faire observer qu'il se trouvoit à tort dans les anciennes éditions d'Hérodote, aussi-bien que dans la Martinière. MM. Valcnaer & Wasseling ont rétabli dans le texte διὰ Κοίλης, qui traverse Cœlé. C'est à Cœle que fut enterré Cimon, après qu'il eut été tué par les enfans de Pisistrate. (Hérodote, *L. VII*, *103*). *Voyez* CŒLE.

DIACHERSIS, ville d'Afrique, dans la Cyrénaïque. Les Romains y avoient garnison.

DIACIRA (*Zizaeri*), ville de l'Asie, près de la rive droite de l'Euphrate, près & à l'est d'un petit lac de bitume.

Ammien Marcellin dit que Julien trouva cette ville abandonnée ; mais bien pourvue de grains, & dans laquelle un temple très-exhaussé faisoit le comble de la citadelle.

Elle étoit vers le 33e deg. 25 min. de latit.

DIACIRA, bourg de l'Asie, selon Ammien Marcellin. Zosime écrit *Dacira*. Ce bourg étoit situé sur le bord de l'Euphrate.

DIACOPA, lieu de la Palestine, selon Joseph. Il en est aussi fait mention dans le livre des Rois.

DIACOPENA, contrée que Strabon place dans

(2) On voit sur la carte de l'Asie mineure de M. d'Anville, quatre îles dans le *Doridis Sinus*. Peut-être sont-ce les *Diabetæ* que ce géographe si exact a voulu indiquer.

l'Asie mineure, entre les fleuves Halys & Iris, auprès du pays qu'il nomme *Pimolisena.*

DIACRIA, tribu de l'Attique, selon Etienne de Bysance. Elle est nommée *Diacris* par Pollux.

DIACRII. Plutarque fait mention des Diacriens dans la vie de Solon. C'étoit le peuple de la tribu *Diacria.*

DIACUISTA. On lisoit ce nom dans Strabon comme celui d'une fameuse ville d'Italie, dans la Ligurie; mais Casaubon dit qu'il faut lire *Aquæ Staticllæ.* Strabon ajoute que c'étoit une ville très-fameuse. (*La Martinière.*)

DIACUM, ville de la basse-Mœsie, auprès du Danube, selon Ptolemée.

DIADES ATHENÆ. *Voyez* DIUM.

DIADOCOPOLIS, ville de l'Asie, dans la Perside, selon Ctésiphon & Etienne de Bysance.

DIAGEBRES, peuple de l'île de Sardaigne, selon Strabon.

DIAMIUM (*Gianutti*), île de l'Italie, dans le voisinage de celle d'*Igillium.*

DIAMUNA. Ptolemée nomme ainsi un fleuve des Indes, qui va se perdre dans le Gange.

DIANA (*Zainah*), ville d'Afrique, qui étoit située dans les montagnes de la Mauritanie sitifensis, selon l'itinéraire d'Antonin. On y trouve les restes d'un arc de triomphe, soutenu par deux colonnes d'ordre corinthien.

DIANÆ FANUM, promontoire de l'Asie mineure, dans la Bithynie, à l'entrée du Pont-Euxin, selon Ptolemée. Jupiter *Urien* avoit aussi un temple sur ce promontoire, selon Cicéron & Arrien.

DIANÆ FANUM, lieu de l'Italie, dans la Campanie, à trente stades de Capoue, selon Ortélius.

DIANÆ FANUM. Ptolemée nomme ainsi un lieu de Grèce, dans l'Attique.

DIANÆ FONS. Les anciens ont ainsi nommé une source de la Sicile, que l'on nomme aujourd'hui *Favara.*

DIANÆ ÆTOLICÆ LUCUS, bois de l'Italie, dans le territoire des Vénètes, selon Strabon.

DIANÆ LUCUS. Tite-Live donne ce nom à un bois de l'Italie.

DIANÆ LYMNETIDIS TEMPLUM, temple de Diane Lymnétide, dans la Grèce, au Péloponnèse. Tacite & Pausanias disent que les Lacédémoniens & les Messéniens se le disputoient.

DIANÆ ORACULUM, nom d'un lieu de l'Arabie heureuse, selon Ptolemée.

DIANÆ PHASIANÆ FANUM, nom d'un temple que l'on avoit dédié à Diane. Il étoit en Asie, vers l'embouchure du Phase, selon Zosime, cité par Ortélius.

DIANÆ PORTUS, nom d'un port de l'île de Corse, selon Ptolemée. C'est un lac qui communique à la mer par un canal étroit, sur la côte orientale de cette île.

DIANÆ TEMPLUM, temple de Diane, dans l'île de Crète, selon Elien.

DIANÆ FACELINÆ TEMPLUM, temple de la Sicile, auprès de la ville de *Mylæ* & de l'embouchure de la rivière Mélas.

DIANENSIS, siège épiscopal d'Afrique, dans la Numidie, selon la conférence de Carthage. Ce siège étoit dans la ville de *Diana*, dont Antonin fait mention.

DIANES, *ou* DIANEI, peuple de l'Asie, dans la Galatie, selon Etienne de Bysance.

DIANEUTERIUM, lieu maritime, à cent stades de Constance, selon Métaphraste. Ortélius croit que c'étoit un lieu de l'île de Cypre.

DIANIUM (*Denia*), ville de l'Hispanie citérieure. Elle étoit située sur un lieu élevé, d'où, selon Strabon, elle étoit apperçue de loin par les navigateurs. C'est une des trois villes de cette côte, dont cet auteur attribue la fondation aux Marseillois. Ils la nommèrent *Artemisium*, nom grec de Diane. Il y avoit sur le promontoire de ce nom, un temple de Diane d'Ephèse, très-révéré. Je crois que c'est à la position de ce temple, & non de la ville, que Strabon donne l'épithète de *lieu célèbre d'observation* (1).

Quoique les auteurs, tels que Tite-Live, Plutarque, *&c.* ne fassent pas mention de *Dianium* dans ce qu'ils rapportent de la guerre de Sertorius, on voit cependant, par quelques passages de Cicéron, que cette ville avoit été dans son parti & occupée par ses troupes. Elle fut entiérement ruinée lors des incursions des Barbares en Espagne; cependant, on l'a rétablie depuis ce temps.

DIANIUM. Pline nomme ainsi une île de la Méditerranée, dans le voisinage de celle de Corse. Il ajoute qu'elle étoit aussi nommée *Artemisia.*

DIANIUM PROMONTORIUM, promontoire de l'Hispanie, sur la Méditerranée, en face des îles *Pityusæ.*

DIAPHANES, fleuve de l'Asie, dans la Cilicie. Pline le place sur les frontières de la Syrie.

DIAREUSA, *ou* DIARRHEUSA. Selon les divers exemplaires de Pline, nom de l'une des îles Pisistrates. (*La Martinière*).

DIARMATOS, lieu de la Grèce, dans l'Attique. Hésychius, cité par Ortélius, le place sur la montagne de Parnès.

DIARPA, ville de l'Asie, dans l'Arménie, selon l'Anonyme de Ravenne.

DIARRHŒA, port de l'Afrique, dans la Cyrénaïque, selon Ptolemée.

DIARRHYTO, ville de l'Afrique propre, selon Corneille. Il ajoute que c'est aujourd'hui un bourg nommé *Biserta-Vecchia.* (*La Martinière*).

---

(1) Τοῦτων δὲ ἐστὶ γνωριμώτατον, τὸ Ἡμεροσκοπεῖον. Ce dernier mot étant composé du mot *jour*, on sent bien que je n'ai pas dû le rendre par celui d'observatoire. Je pense que c'étoit une espèce de vedète, d'où l'on examinoit ce qui se passoit à la mer. Il y en a encore de semblables sur les côtes d'Espagne.

DIAS, ville de l'Asie mineure, dans la Lycie, selon Etienne de Bysance.

DIAS, nom d'une tribu de Grèce, dans l'Attique, selon Pollux, cité par Ortélius.

DIASIONES, *ou* DASNONES. Selon les diverses éditions de Strabon, peuple de la Pannonie.

DIAZIMUM, partie de la Cappadoce, dans laquelle étoit la ville d'Amasie, selon Curopalate, Cédrène & Porphyrogénète, cités par Ortélius. Cédrène écrit *Dazymena*, & Porphyrogénète *Dazymon*.

DIBIO (*Dijon*), lieu de la Gaule, qui n'est pas connu par les auteurs des premiers siècles de l'empire. On voit par deux inscriptions, que l'on y avoit établi des ouvriers en fer; &, par Grégoire de Tours, que l'empereur Aurélien en avoit fait une forteresse considérable. On a écrit dans la suite *Divio*.

DIBITACH, bourg de l'Asie, dans la Parapotamie, contrée près du Tigre. Ce bourg étoit près la ville de Ctésiphonte, selon Pline.

DIBOMA, *ou* DEBOMA, ville de la Macédoine, dans le pays des Eordètes, selon Ptolemée.

DIBON, ville de la Judée, dans la tribu de Gad. Les Israélites la demandèrent à Moïse, à cause de la bonté de ses pâturages, selon le livre des Nombres.

DIBON, ville de la terre promise, qui étoit située dans la tribu de Ruben, selon le livre de Josué.

Le territoire de cette ville abondoit en pâturages. Elle avoit d'abord appartenu aux Moabites.

DIBONGAD, lieu près le torrent de Zared, vers l'orient du pays de Moab. Ce fut-là que les Israélites firent leur trente-neuvième station.

DICÆA, *ou* DICÆÆ, ville de Thrace, dans le territoire des Bistoniens, & près de l'étang Bistonide, selon Pline. Il est aussi fait mention de ce lieu par Etienne de Bysance. Il paroît par Harpocration, que cette ville se nommoit aussi *Dicæopolis*.

DICÆA, ville de Grèce, sur le golfe Thermaïque, selon Pline.

DICÆA, ville épiscopale d'Afrique, dans la Bysacène.

DICÆA PETRA, lieu de l'Europe, sur le Bosphore de Thrace, selon Denys de Bysance, cité par Ortélius.

DICÆARCHIA, nom que les Grecs donnoient au lieu de l'Italie que les Latins nommoient *Puteoli*. *Voyez* ce mot. On prétend que ce furent les Cuméens qui nommèrent ainsi leur port. Ce mot de Δικαιαρχία, signifie *puissance juste*, ou légitime.

DICALIDONES, les mêmes que les *Caledones*. *Voyez* ce mot.

DICDICA, ville de l'Afrique propre, selon l'itinéraire d'Antonin.

DICTA, montagne que Ptolemée place à l'extrémité orientale de l'île de Crète. Il ajoute que la ville d'*Itanus* étoit située entre cette montagne & la mer Carpathienne.

DICTAMNUM PROMONTORIUM. Ce promontoire, qui appartenoit à l'île de Crète, étoit sur la côte septentrionale, vers le nord-ouest. Il est nommé par Méla *Dictynna*; par M. d'Anville, *Dictynnæum*. C'est qu'il a pris ce nom dans Strabon, qui, parlant d'un temple situé en ce lieu, dit, ἱερὸν ἐςὶν ἐ Δικταῖον ἀλλὰ Δικτυνναῖον. Ce promontoire étoit à l'extrémité d'une montagne, & l'on voit par la longitude que lui donne Ptolemée, ainsi que par le vers suivant de Dicéarque, qu'elle étoit à l'ouest :

Ὄρος τε Δικτύνναιον ἐπὶ δυσμὰς φέρον.

Il y avoit-là un temple de Diane que l'on surnommoit *Dictinna*.

DICTE MONS, montagne de l'île de Crète, que même dans l'antiquité, quelques auteurs, entre autres Callimaque, avoient confondu avec la montagne qui forme le promontoire *Dictamnum*. Le mont appelé *Dicte*, ou *Mons Dictæus*, étoit à l'est, au lieu que l'autre étoit à l'ouest.

Il y avoit au mont *Dicte*, un antre consacré à Jupiter.

DICTIDIUM, ville de Grèce. Elle étoit située auprès du mont Athos, selon Thucydide.

DICTIS, ville de l'Asie, dans la Galatie. Elle étoit dans le pays des *Tectosages*, selon Ptolemée.

DICTUM, nom d'une ville ou bourgade de l'île d'Albion, selon le livre des notices de l'empire. C'est aujourd'hui *Diganwei*, selon Cambden.

DICTYNNÆUS. Tite-Live, cité par Ortélius, dit que c'étoit le nom d'un lieu, ou d'un quartier de la ville de Sparte.

DICTYNNÆUS MONS. *Voyez* DICTAMNUM PROMONTORIUM & DICTE MONS.

DIDASCI. Les Didasces étoient un peuple de l'Ethiopie, sous l'Egypte, selon Ptolemée.

DIDATTIUM, ville de la Gaule belgique, dans le pays des *Sequani*, selon Ptolemée. On croit que c'est aujourd'hui *Dole*, sur le Doux.

DIDAUCANA, ville de l'Asie mineure, dans la Bithynie, selon Ptolemée. Leunclavius croit que c'est aujourd'hui *Candria*.

DIDDA, lieu dont S. Cyprien fait mention. Ortélius croit qu'il étoit en Afrique, dans le voisinage de Carthage.

DIDUGUA, ville de l'Asie, dans la Babylonie, selon Ptolemée.

DIDUNI. Les Didunes étoient un peuple de la Germanie.

DIDURI, nom d'un peuple de l'Ibérie asiatique, selon Pline. Ptolemée les place dans la Sarmatie, en Asie, & au voisinage de la mer Caspienne.

DIDYMA, lieu près de Milet. *Voyez* DIDYMI.

DIDYMA, fontaine de Grèce, dans la Thessalie, selon Etienne de Bysance.

Didyma. Le même géographe place deux petites îles de ce nom près celle de Scyros : c'étoit une des Cyclades (1).

Didyma, lieu de l'Egypte, dans la Thébaïde, selon l'itinéraire d'Antonin.

Didyma, nom de l'une des îles æoliennes, près de la Sicile, selon l'itinéraire d'Antonin & Etienne de Bysance. *Voyez* Didyme.

Didyma, *ou* Didyme, ville de l'Afrique, dans la Libye, selon Etienne de Bysance.

Didyma, *ou* Didyme. Le même géographe place un village de ce nom en Asie, dans la Cilicie.

DIDYMÆ, îles de l'Asie mineure, sur la côte de la Troade, selon Pline.

Didymæ. Le même géographe place des îles de ce nom dans le voisinage de celle de Crète.

Didymæ, îles de la mer d'Egypte, selon Ptolemée.

DIDYME, *ou* l'*île Gemelle*, car c'est le sens du mot grec. Les anciens avoient nommé ainsi l'une des îles æoliennes, située au nord-est de *Liparis*, & nommée actuellement *île des Salines*. Strabon nous apprend qu'elle avoit reçu son nom de sa forme ἀπὸ τῦ σχήματός ; idée qui se trouve très-bien développée dans le voyage de M. le commandeur de Dolemieu à cette île. « Elle contient, » dit-il, trois montagnes placées de manière à » former entre elles un triangle. Deux sont réunies » par leurs bases, & divisées par leurs sommets : » la troisième est absolument distincte & isolée : » elle est séparée des autres par une vallée qui » traverse l'île ; de manière que lorsque l'on est » en mer dans la partie du sud, & que l'on voit » de loin cette île, la courbure des eaux fait dis- » paroître le sol de la vallée ; *il semble qu'il y ait* » *deux îles très-voisines l'une de l'autre* ».

DIDYMI, village du Péloponnèse, dans l'Argolide, au nord-ouest de *Bolei*.

Didymi, montagnes de Grèce, dans la Thessalie. Elles étoient habitées par les Magnètes, selon Strabon.

Didymi Sinus. Diodore de Sicile nomme ainsi un golfe de l'île de Crète.

Didymi. Je ne sais où la Martinière a trouvé dans Pausanias, *L. v*, que les *Didymi* étoient un peuple qui donna l'origine aux Branchides. Il y avoit un temple d'Apollon dans le territoire de Milet, plus ancien, selon Pausanias, que l'établissement des Ioniens en Asie. Ce temple étoit consacré à Apollon & à Diane. Comme ils sont jumeaux, le lieu où ils rendoient leurs oracles fut nommé Διδύμοι (Jumeaux) dans la suite. Macrobe en donne une autre étymologie ; mais les antiquités ne sont pas de mon objet. Ce lieu se nommoit d'abord l'*oracle des Branchides*, parce qu'une famille descendue de Branchus porte ce nom. Ce temple étoit le plus célèbre après celui de Delphes. Il fut brûlé par les Perses à cause de la révolte des Milésiens.

DIDYMOTICHOS, petite ville de la Thrace. Elle étoit presque entourée par le fleuve Hébrus, selon Ortélius.

Didymotichos, lieu de l'Asie mineure, dans la Carie, selon Suidas & Etienne de Bysance. Polybe met ce nom au plurier, en séparant les deux noms qui entrent dans sa composition. Δίδυμα, τείχη.

DIDYMUS, montagne de l'Asie mineure, selon l'interprète latin de Ptolemée. Elle est nommée *Dindyma* par Etienne de Bysance. Il en est aussi fait mention par Arrien & Hérodote. Le dernier y met la source du fleuve Hermus. *Voyez* Didymi.

Didymus, *ou* Didymi, montagnes de l'Arabie heureuse, dans le pays des Sachalites, selon Ptolemée.

DIENSES, peuple de la Gaule narbonnoise. Paul Diacre, cité par Ortélius, le place dans le voisinage du Rhône.

DIENSIS COLONIA, colonie romaine, dans la Piérie, contrée de la Macédoine. Il en est fait mention par Pline & Ptolemée. Ce dernier la nomme *Dion*.

DIERNA, ville de la Dacie, selon Ptolemée, cité par Ortélius.

DIETHUSA, île de la mer Egée, selon Pline. Il en parle comme d'une île déserte.

DIGBA, ville de l'Asie. Elle étoit située sur le bord du Tigre, selon Ptolemée & Pline. Ce dernier la place dans la Babylonie, le premier la met dans la Mésopotamie.

DIGENA. Ptolemée nomme ainsi une ville de l'Arabie heureuse.

DIGENTIA, rivière d'Italie, qui étoit tout près de la maison de campagne d'Horace, & que M. l'abbé Chauppy prouve très-bien dans son ouvrage sur cette maison, être la rivière nommée aujourd'hui *Lincenza*. Elle se jetoit dans l'*Anio* par sa droite. Quant à la maison de cet illustre poëte, je dirai, d'après l'auteur que je cite, que « la » maison de campagne d'Horace fut dans la vallée » de Licence ; qu'elle y occupa le lieu précis » appelé *les vignes de S. Pierre* ; & que c'est d'elle » que sont tous les vestiges d'antiquité qui s'y » trouvent ». On peut voir les preuves de ce sentiment répandues dans tout son ouvrage, en trois vol. in-8°. & rempli de la plus profonde érudition.

DIGERI, nom d'un peuple de Thrace, selon Pline & Polybe, cités par Etienne de Bysance.

DIGLATH. *Voyez* Diglito.

Diglito & Diglath, ruisseau de l'Asie, dont la source venoit de la fontaine Tigris, dans la partie orientale des monts Niphates, & coulant du nord-est au sud-ouest, il alloit se perdre dans le lac Aréthusa. Le premier de ces deux noms est de Joseph.

(1) Cette correction est d'Ortélius, car le texte grec porte *Syros*.

DII, nom d'un peuple de la Thrace, selon Thucydide, qui les place dans la province de Rhodope.

DIIPETES. Selon Eusthathe, c'étoit un des surnoms du Nil.

DILIMNITÆ. Agathias dit que c'étoit une des nations les plus considérables de celles qui habitoient dans la Perse, en-deçà du Tigre.

DILIS (*Lauron*), port sur la côte de la Gaule narbonnoise, à huit milles à l'ouest d'*Incarus*, selon l'itinéraire d'Antonin.

M. d'Anville dit que *Dilis* est le port de Ponthéou, qui n'est qu'à huit milles de *Carri*, suivant une carte fort exacte; cependant, dit le P. Papon, il y en a onze. Les huit milles énoncés dans l'itinéraire d'Antonin, mènent à Lauron, qui est un bon port, où on aborde facilement; au lieu que celui de Ponthéou est mauvais, & d'un accès très-difficile, à cause des rochers qui l'environnent.

DILURO, rivière de l'Hispanie, selon Ptolemée; Pline dit *Iluro* & Méla *Eluro*.

DIMA, *ou* DYMA, ville de la Thrace, selon Ptolemée & l'itinéraire d'Antonin.

DIMALUM, ville de l'Illyrie, selon Polybe. Il ajoute qu'elle fut prise par le consul Emile. Cette ville est nommée *Dimallum* par Tite-Live.

DIMASTOS & DIMASTUS, nom de la plus haute montagne de l'île de Micone, selon Pline.

DIMIRICA INDIA EVILATH. L'Anonyme de Ravenne donne ce nom à la partie la plus orientale de l'Asie connue de son temps.

DIMITREO, nom d'un lieu entre *Dusepro* & *Lateas*, sur le chemin de Nicomédie, selon l'Anonyme de Ravenne. Ce lieu est nommé *Demetriu* dans la table de Peutinger.

DIMIZA, ville de l'Asie, dans la Médie mineure, selon l'Anonyme de Ravenne.

DIMON, nom d'une ville que l'Anonyme de Ravenne place sur le bord du Danube. Elle est aussi nommée *Dimon* dans quelques éditions de l'itinéraire d'Antonin, & dans d'autres on lit *Dimo*. C'étoit une ville de la basse-Mœsie. Ortélius la nomme *Dimum*.

DIMONA, ville de la Judée, dans la tribu de Juda, selon le livre de Josué.

DIMURI, peuple de l'Asie. Pline le place auprès du fleuve Indus.

DINA, lac du Péloponnèse, dans l'Arcadie, selon Pausanias.

DINARETUM, nom d'un promontoire de l'île de Cypre, selon Pline. C'est aujourd'hui *Capo S. Andrea*. M. d'Anville le place à la pointe la plus orientale de l'île, près des îles *Clides*. Ptolémée fait aussi mention de ce promontoire.

DINDARI, nom d'un peuple de l'Illyrie, dans la Dalmatie, selon Pline.

DINDRIME, ville de Macédoine. Aucun auteur n'en parle; mais Goltzius en rapporte une médaille de C. Cæs. Aug.

DINDYMIS, l'un des noms de la ville de Cyzique, située dans l'Asie mineure, au pied du mont *Dindymos*, sur le bord de la Propontide.

DINDYMOS (1), nom d'une montagne de l'Asie mineure, dans la presqu'île dont Cyzique occupoit l'isthme. Il en est fait mention par Strabon. La mère des dieux avoit un temple sur cette montagne. On croyoit qu'il avoit été consacré par les Argonautes. La ville de Cyzique étoit située au pied de cette montagne.

DINIA (*Digne*), ville de la Gaule narbonnoise, & la capitale des *Bodiontici*, qui paroissent avoir eu des habitations près de l'endroit où elle est bâtie, selon le P. Papon, qui ajoute qu'ils lui donnèrent un nom celtique tiré du local même; car *din* signifie eau, & *ia* chaude; & qu'elle fut ainsi nommée à cause des eaux thermales qui sont à un quart de lieue. On n'y voit aucun reste d'antiquité qui donne lieu de croire que les Romains y aient bâti des édifices publics.

DINIÆ, lieu de l'Asie mineure, dans la Phrygie, selon Tite-Live. Ortélius croit qu'il étoit de la Grande-Phrygie.

DINOGETIA, ville de la basse-Mœsie, selon Ptolemée. Elle est nommée *Dirigothia* dans les notices de l'empire; dans l'itinéraire d'Antonin, *Dimigutia*, & *Dinogessia* par l'Anonyme de Ravenne.

DINUMMA, lieu de la Rhétie, où fut donnée la loi VIII du code théodosien: on n'en sait rien de plus.

DINUS, port de l'Asie mineure, dans la Lycie, selon Polycharmes, cité par Athénée.

DIOBESSI, peuple de Thrace, selon Pline.

DIOBULIUM. Etienne de Bysance nomme ainsi une bourgade, qu'il place dans le voisinage du Pont.

DIOCÆSAREA, ville de l'Asie, selon Pline & Ptolemée. Ils la placent dans la Garsauritide, contrée de la Cappadoce.

DIOCÆSAREA, ville de l'Asie mineure, qui étoit située sur le fleuve *Calycadnus*. Cette ville étoit dans la Kétide, contrée de la Trachiotide, qui elle-même étoit dans la partie occidentale de la Cilicie: elle fut comprise dans l'Isaurie.

Sous les Philippes, cette ville fut décorée du titre de métropole.

Les peuples de Diocésarée sont nommés Kennatoi dans d'anciennes médailles.

DIOCHITES, village de l'Egypte, selon Etienne de Bysance.

DIOCLEA, ville de l'Illyrie, dans la Dalmatie, selon Aurélius Victor & Ptolemée. Ce dernier la nomme *Doclea*. Cette ville étoit le chef-lieu du peuple que Ptolemée nomme *Docleatæ*. Elle étoit

(1) Sur la carte de M. d'Anvill, on lit *Didymds*; c'est une faute de graveur. Etienne de Bysance met ce nom au plurier, *Dindima*.

la patrie de l'empereur Dioclétien, qui en avoit pris le nom.

DIOCLETIANOPOLIS, ville épiscopale de Thrace, selon les actes du concile de Chalcédoine.

DIOCLETIANOPOLIS, ville épiscopale de l'Asie, dans la Phrygie pacatienne, selon les actes du concile d'Ephèse, tenu en l'an 431.

DIOCLIA, ville épiscopale de l'Asie, dans la Phrygie pacatienne, selon la notice de Hiéroclès & les actes du concile de Chalcédoine.

DIODORI INSULA, île de l'Ethiopie, dans le golfe Arabique, vers l'Egypte, selon Pline & Ptolemée.

DIODORIDA, ville de l'Asie, dans la Mésopotamie, selon Ortélius.

DIODURUM, lieu de la Gaule, placé par l'itinéraire d'Antonin entre *Durocasses* (Dreux) & *Lutetia*. M. d'Anville croit que c'est Jouare, près de Pontchartrain.

DIOGENIS PROMONTORIUM, promontoire de l'Ethiopie, sur le golfe Arabique, selon Ptolemée.

DIOLCOS. Ptolemée, cité par Ortélius, nomme ainsi une des fausses embouchures du Nil. Il y avoit un lieu de ce nom vers les défilés de l'Egypte, selon Nicéphore Caliste.

DIOLINDUM, lieu de la Gaule nommé par la table théodosienne. M. d'Anville croit que c'est Linde sur la Dordogne.

DIOMEA, bourgade de l'Attique, de la tribu Egéide.

DIOMEDÆ INSULÆ, îles de la mer Adriatique, selon Strabon, Ptolemée & Pline. Etienne de Bysance ne parle que d'une qu'il nomme *Diomedeia*. Festus dit que Diomède y fut enterré. Ce sont aujourd'hui les îles de *Tremiti*.

De ces deux îles, l'une se nommoit *Teutria*, l'autre *Diomedea* & *Trimetus*. Elles avoient au sud la partie de l'Italie où se trouvoit le mont *Garganus*. Ce fut dans l'île de Diomedea qu'Auguste (1) relégua Julie, sa petite-fille, femme de Paulus : elle y mourut après un long exil.

DIOMEDIA, ville de l'Italie, dans la Pouille daunienne, selon Etienne de Bysance. Il en est aussi fait mention par Virgile.

DIOMEDIS CAMPI. Selon le rapport de Tite-Live, c'est la portion de la Pouille qu'eut Diomède dans le partage avec Daunus. Le village de Cannes étoit dans les champs de Diomède.

DIOMEDIS INSULA, île de l'Italie, au fond du golfe qui est à l'orient d'Aquilée. Il y avoit un temple, & les anciens disoient indifféremment l'île ou le temple de Diomède. Théophraste fait mention de cette île. Elle s'appelle aujourd'hui *Belforte*, selon le P. Coronelli.

(1) Une méprise de graveur fait lire le nom de Tibère, au lieu de celui d'Auguste sur la belle carte d'Italie ancienne, publiée par M. de la Borde.

DIOMEDIS LIMES. Pline nomme ainsi une contrée de la Thrace. Il la place près la ville d'Abdère, vers le lieu nommé *la borne de Diomède*.

DIOMEDIS STABULUM, nom d'une ville de Thrace. Elle appartenoit au roi Diomède, selon l'itinéraire d'Antonin & Pomponius Méla. Ce dernier la nomme *Diomedis Turris*.

DION, *ou* DIUM, promontoire que Ptolemée place dans la partie septentrionale de l'île de Crète.

DION, *ou* DIUM, ville de Grèce, dans l'Eubée, selon Etienne de Bysance. On seroit tenté de croire que c'est la même ville qu'*Athensediades*. Cependant Strabon les distingue & les place près du promontoire *Cenæum*.

DION, *ou* DIUM, ville de la Décapole, entre *Pella* & *Gadara*, selon Ptolemée.

DION, *ou* DIUM, ville que Strabon & Hérodote placent dans l'Epire.

DION, *ou* DIUM, ville de Grèce, dans la Macédoine, selon Etienne de Bysance. Elle étoit au nord & près du mont Olympe, où l'on célébroit des jeux, selon le même auteur. Pausanias dit que ce fut près de-là que furent déposés les restes d'Orphée.

Je crois que c'est la même que cet auteur, d'après Thucydide, indique en Thessalie. C'est alors que les Thessaliens étendirent jusques-là leurs possessions.

DION, *ou* DIUM, ville de l'Italie, selon le même géographe.

DION, *ou* DIUM, ville de l'Asie, dans la Pisidie, selon Etienne de Bysance.

DION, *ou* DIUM. Le même géographe nomme ainsi une ville de Thrace. Il la place auprès du mont Athos.

DION, *ou* DIUM, ville de l'Asie, dans la Célésyrie, selon Etienne de Bysance. Il ajoute qu'elle fut aussi nommée *Pella*, & qu'elle avoit été bâtie par Alexandre. Ptolemée distingue, dans la Célésyrie, *Pella* & *Dium*.

DIONIA, ville de l'île de Cypre, selon Théopompe, cité par Etienne de Bysance.

DIONYSI PROMONTORIUM, *ou* CIVITAS. Selon les divers exemplaires de Ptolemée, promontoire ou ville, dans la partie méridionale de l'île de Taprobane.

DIONYSIA, nom d'une île de la mer Méditerranée, vis-à-vis la côte de l'Etolie, selon Pline.

DIONYSIA, île de la mer Méditerranée, près la côte de la Lycie, province de l'Asie mineure. Il est fait mention de cette île par Scylax & par Pline. Ce dernier dit qu'elle étoit autrefois nommée *Caretha*.

DIONYSIA, ville épiscopale de l'Asie, sous la métropole de Bostra, selon une notice publiée par Schelstrate.

DIONYSIA, ville de Grèce, dans la Béotie. Elle avoit

avoit été bâtie par Bacchus, selon Diodore de Sicile.

DIONYSIA, *ou* DIONYSIAS, ville de l'Italie, selon Etienne de Bysance.

DIONYSIADES INSULÆ. Diodore de Sicile nomme ainsi des îles qu'il place dans le voisinage de celle de Candie, dans le golfe *Didymes*.

DIONYSIANA, ville de l'Afrique, selon saint Augustin, cité par Ortélius. Elle étoit de la Bysacène.

DIONYSIAS, nom d'une ville d'Egypte, selon Ptolemée & le livre des notices de l'empire. Elle étoit située dans le voisinage du lac *Mœris*.

DIONYSII COLUMNÆ, lieu de l'Asie, selon Denys le Périégète. Eustathe les place dans l'Inde, auprès du mont *Emodus*.

DIONYSII PROMONTORIUM, montagne de l'Espagne, sur la mer d'Ibérie, selon les argonautiques d'Orphée.

DIONYSOPOLIS, *ou* DIONYSIOPOLIS, ville de l'Inde citérieure, selon Ptolemée, qui ajoute qu'elle étoit aussi nommée *Nagara*. Il en est aussi fait mention par Pline & Arrien. Ce dernier la place entre l'Inde & le fleuve Cophène.

DIONYSOPOLIS, ville de la basse-Mœsie, dans le voisinage du Pont-Euxin, selon Ptolemée, Etienne de Bysance & Pline. Ce dernier dit qu'elle étoit aussi nommée *Crunos*; mais Pomponius Méla dit que *Crunos* étoit le nom du port de la ville de *Dionysopolis*, & qu'un espace de terrein les séparoit. Ovide parle de cette ville. Elle avoit ce nom, selon Etienne de Bysance, de ce qu'une statue de Bacchus avoit été portée en ce lieu par la mer. Son premier nom de *Crunes* venoit des sources qui étoient aux environs.

DIONYSOPOLIS, ville épiscopale de l'Asie, dans la Phrygie pacatienne seconde, selon les actes du concile de Chalcédoine. Etienne de Bysance rapporte que cette ville avoit été fondée par Eumène & Attale, qui trouvèrent en ce lieu une statue de Bacchus.

DIONYSOPOLIS, ville de Thrace, selon Etienne de Bysance. Le P. Hardouin croit que c'est celle de la Mœsie, ce qui est très-probable.

DIONYSOPOLITES, peuple de l'Asie, dans la Phrygie, selon Pline.

DIOPA, *ou* DIONE, ville du Péloponnèse, dans l'Arcadie, selon Etienne de Bysance, qui cite Phérécyde.

DIOPOLIS, ville de l'Asie, dans l'Arménie mineure, selon Strabon. Cet auteur dit que cette ville étoit auparavant nommée *Cabira*; mais que Pompée lui donna celui de *Diopolis*, & ensuite celui de *Sebaste*.

DIORDULI, peuple que Ptolemée place dans la partie orientale de l'île de Taprobane.

DIORPHUS, montagne de l'Asie, dans l'Arménie. Plutarque la place dans le voisinage de l'Araxe.

DIORYCHOS, *ou* DIORYCHTOS. Selon les divers exemplaires de Pline, les Grecs nommoient de même le canal qui séparoit l'île *Leucade* de l'Epire.

DIORYX, canton de l'Asie, dans l'Assyrie, près du Tigre, selon Polybe, cité par Ortélius.

DIOS HIERON, *ou temple de Jupiter*, ville de l'Asie mineure, dans l'Ionie. Elle étoit située peu loin de la mer, entre *Lebedus* & Colophone, selon Etienne de Bysance. Cette ville étoit consacrée à Jupiter.

DIOS OROS, *ou* JOVIS MONS, montagne de l'Afrique propre, selon Ptolemée.

DIOS PAGE, ville de l'Asie, dans la Mésopotamie, selon Pline.

DIOS SACRA, lieu de l'Asie mineure, sur le Bosphore de Thrace, près & dans la partie septentrionale du promontoire Caracion.

DIOS SOTEROS PORTUS, port de mer de la Laconie, à l'est. C'étoit au fond de ce port que se trouvoit *Epidaurus Limera*.

DIOSCORON, *ou* DIOSCURUM, nom d'une île que Pline place sur la côte de la Grande-Grèce, vis-à-vis du promontoire *Pacinium*.

DIOSCORUM, *ou* DIOSCURUM, village de la Libye, selon Etienne de Bysance.

DIOSCURIAS, ville d'Asie, située sur la côte nord-est du Pont-Euxin, c'est-à-dire, en Colchide. Elle avoit porté primitivement le nom d'*Æa*, & eut, dans la suite, celui de *Sebastopolis*. Il me semble que c'est à l'époque où elle prit le nom de *Dioscurias*, que l'on doit rapporter sa fondation, ou du moins sa restauration par une colonie de Milésiens : car, selon Arrian, c'étoit une colonie de cette ville qui s'y étoit établie, ἄποικος Μιλησιων. En disant qu'elle avoit porté d'abord le nom d'*Æa*, c'étoit indiquer qu'on la regardoit comme la ville où avoit régné Æetes, & dans laquelle s'étoit passée la fable de la toison d'or..... Pline rapporte que quelques auteurs lui donnoient pour fondateurs Amphitus & Telchius, dont on disoit que descendoit la nation des *Heniochi*. Pomponius Méla dit que ce fut par Castor & Pollux, qui avoient fait le voyage de la Colchide avec Jason. Je n'ai pas trouvé l'époque où elle prit le nom de *Sebastopolis*; mais comme ce nom signifie *ville d'Auguste*, ce fut certainement sous les empereurs. C'étoit dans cette ville que se faisoit une grande partie du commerce du Pont-Euxin.

N. B. Dioscurias est actuellement en ruine sous le nom de *Sevastopoli*.

DIOSCURIAS, village de la Libye, selon Etienne de Bysance.

DIOSCURIUM, ville du Péloponnèse, dans la Phlasie, selon Polybe.

DIOSCURIUM. Le même auteur nomme ainsi un lieu qu'il dit être joignant la ville de Séleucie.

DIOSPOLIS (1), ville de l'Asie, dans la Syrie.

(1) Ce nom signifie *ville de Jupiter*.

Pline la place près de la ville de Laodicée, sur la la mer. Strabon la met dans la Phrygie. C'est la même ville que Laodicée sur le Lycus. Selon Pline, elle porta les noms de *Diospolis*, de *Rhoas* & de *Laodicée*.

DIOSPOLIS, ville de la haute Egypte, la même que Thèbes. J'en parlerai sous ce nom, qui est plus connu. *Voyez* THEBÆ.

DIOSPOLIS, surnommée *la petite*, ville épiscopale d'Egypte, dans la seconde Thébaïde. Saint Athanase en fait mention.

DIOSPOLIS, ville de l'Egypte, dans le Delta, & près de Mendes, selon Strabon. Elle est mise dans le nôme Busiritide par Suidas.

DIOSPOLIS, ville de l'Asie mineure, dans la Bithynie, sur le bord du Pont-Euxin, selon Ptolemée.

DIOSPOLIS, nom d'une ville de l'Arabie, selon Etienne de Bysance. Il ajoute qu'elle fut ensuite nommée *Berytos*.

DIOSPOLIS, ville épiscopale de Thrace, selon Cédrène & d'anciennes notices.

DIOSPOLIS, *ou* LYDDA, ville de la Palestine, située dans une vaste plaine, qui s'étend du levant au couchant, depuis la Méditerranée jusqu'aux montagnes de Judée, dans un espace de sept à huit lieues, & beaucoup plus du midi au septentrion. Elle étoit à trois milles de la ville de Ramlé. L'itinéraire d'Antonin la met à trente-deux milles de Jérusalem, & à trente-six milles de Césarée.

Dans les premiers temps, cette ville se nommoit *Lydda*, & il en est fait mention sous ce nom dans l'écriture sainte, au premier livre d'Esdras, *ch.* 2, *v.* 33. Elle faisoit anciennement partie du royaume d'Israël ou de Samarie, selon le premier livre des Macchabées, *ch.* 11, *v.* 34.

Il est fait mention de cette ville dans l'histoire de l'expédition de Pompée en Judée : elle souffrit beaucoup pendant les guerres civiles du second triumvirat; Cassius, qui étoit en Orient, fit vendre les habitans de Lydda à l'encan; mais Marc-Antoine, par un décret, leur rendit la liberté & les rétablit dans leur patrie. Joseph, *antiq. L.* XIV, *ch.* 18.

La ville de Lydda fut brûlée par Cestius Gallus, l'an 66 de J. C. lorsqu'il alloit à la tête d'une puissante armée au secours du roi Agrippa.

Pline, *L.* V, *ch.* 14, la compte parmi les préfectures de la Judée, & Ptolemée la met au nombre des villes de cette contrée. Les itinéraires la nomment quelquefois *Lydda* & quelquefois *Diospolis*.

Quoique la Palestine eût été divisée en trois provinces sous le règne d'Arcadius, la ville de Diospolis resta toujours sous la métropole de Césarée.

DIOSPONTUM, lieu de l'Asie, dans la seconde Arménie. Il étoit à l'occident de l'Euphrate & au midi du Mélas.

DIPÆA, *ou* DIPÆEIS, dans le texte de Pausanias Διπαιεῖς, & dans Etienne de Bysance *Dipæa* : c'étoit une petite ville de l'Arcadie, dans la partie que l'on nommoit *Mænalia*. L'auteur que j'ai cité dit que les Lacédémoniens y remportèrent une grande victoire. M. d'Anville l'a placée sur l'Hélisson.

DIPHRI, nom d'une ville de Phénicie, selon Etienne de Bysance.

DIPLOCONION, lieu du Bosphore de Thrace, vers le sud-ouest de *Rhodiorum Portus*.

DIPNIAS, *ou* DEIPNIAS, village de Grèce, dans la Thessalie. Etienne de Bysance le place auprès de la ville de Larisse.

DIPŒNA, bourg du Péloponnèse, dans l'Arcadie, selon Pausanias.

DIPOTAMUM. Curopalate, cité par Ortélius, semble mettre ce lieu en Asie, dans la Phrygie.

DIPPO, ville de l'Hispanie, selon l'itinéraire d'Antonin. Elle y est marquée entre Cordoue & Mérida.

DIPSIUM, bourg du Péloponnèse, dans l'Argolide. Il étoit auprès de la ville d'Argos.

DIRADES, *ou* DEIRADES, village de la Grèce. Etienne de Bysance le place dans la tribu Léontide.

DIRAS, lieu du Péloponnèse, dans l'Argie. Pausanias rapporte qu'on y adoroit Apollon *Diradiotis*. Ce lieu est nommé *Deras* par Xénophon, & *Dirades* par Suidas.

DIRCE, nom d'un ruisseau ou d'une fontaine de Grèce, dans la Béotie. Plutarque le place près de la ville de Thèbes. Pausanias dit que ce ruisseau alloit se perdre dans l'*Ismenus*. Cet ancien ajoute que la maison de Pindare étoit située près du fleuve Dircé. Strabon n'en fait qu'une fontaine.

DIREA, *ou* DEIRA, ville de Grèce, dans l'Attique, selon Etienne de Bysance.

DIREA, *ou* DEIRA, ville & promontoire, de l'Egypte, selon le même géographe.

DIREA, nom d'une ville de l'Ethiopie, sous l'Egypte. Pline la place sur le bord du Nil.

DIRIDOTIS, *ou* TEREDON, lieu où la flotte d'Alexandre aborda, à l'embouchure de l'Euphrate. Il paroît vraisemblable que c'est le même lieu qu'Arrien nomme *Diridotis*, & Ptolemée *Teredon*.

Ortélius conjecture que c'est aujourd'hui la ville de *Balsora*.

DIRIGOTHIA, ville de la basse-Mœsie, selon le livre des notices de l'empire. C'est la même que *Dirogetia*, aujourd'hui *Drimago*.

DIRINI, peuple de l'Italie. Il habitoit dans la Pouille, selon Pline.

DIRPHYS, montagne de l'île d'Eubée, selon Etienne de Bysance.

DIRPHOSSUM, nom d'un lieu dont fait mention Lycophron. Son commentateur dit que c'est le nom d'une montagne de Grèce, dans l'île d'Eubée & qu'elle est nommée *Dirphis* par Euphorion.

DISAURUM, montagne de la Thrace.

DISCARTA, ville de l'Asie, dans la Perse propre, selon Métaphraste, cité par Ortélius.

DISCERI, peuple de l'intérieur de l'Afrique. Pline rapporte qu'il fut subjugué par Cornélius Balbus.

DISCHERI, peuple que Pomponius Méla place vers le Pont-Euxin.

Ortélius soupçonne qu'il habitoit dans le voisinage de Trébisonde.

DISORÆ, peuple de la Thrace, selon Etienne de Bysance, qui cite Hécatée.

DISPONTIUM, ville de la Triphylie, sur le chemin d'*Elis*, au nord d'Héraclon.

Au temps de Strabon, elle étoit déserte : la plupart de ses habitans avoient passé à Epidamne & à Apollinie, ville de l'Illyrie.

DISTA, ville de l'Asie, dans l'Arie, selon Ptolemée.

DITIONES. Pline nomme ainsi un peuple de l'Illyrie, dans la Dalmatie.

DITTANI, les Dittans, peuple de l'Hispanie, dans la Tarragonnoise, selon Strabon, qui les place sur le mont *Orospeda.* C'étoit une colonie de Celtes.

DIVITENSE MONIMENTUM, nom d'un village de la Germanie inférieure, selon Ammien Marcellin. C'est aujourd'hui *Duyts*, qui est comme un des fauxbourgs de la ville de Cologne.

DIUM, nom d'une ville de la Macédoine. Elle étoit située au pied du mont Olympe, à environ sept stades du golfe de Thessalonique, selon Strabon. C'est aujourd'hui Standia.

DIUM, ville de la péninsule du mont Athos, sur le golfe Strymonien.

DIUM. Pline nomme ainsi une ville de l'île de Crète.

DIUM, ville de l'île d'Eubée. Elle est la même que celle que Strabon nomme *Athenæ Diades*, & que M. d'Anville place sur la côte septentrionale de l'Eubée, au sud-ouest d'Oreus, ayant en face, de l'autre côté de la mer, le golfe Pélasgique & le passage des Thermopyles. Il est probable qu'après avoir reçu son nom de Dias, Athénien, qui l'avoit fondée & l'avoit appelée *Athenæ Diades*; on supprima le nom d'*Athenæ*, & l'on abrégea l'autre, d'où l'on fit ensuite *Dia*, *Dium*, *Dios*, &c. Ce seroit une erreur que de croire, d'après Ptolemée, que *Dia* n'étoit qu'un promontoire. Strabon dit positivement qu'il en sortit une colonie qui peupla Canes en Eolie. Etienne de Bysance dit également que c'étoit une ville, en observant qu'il y en avoit une autre de même nom, qui étoit, selon lui, dans la Thrace, &, selon l'opinion la plus générale, dans la Macédoine.

DIUM, ville de l'Asie, dans la Célésyrie. Ptolemée la place entre *Pella* & *Gadora.*

DIVO, ville de l'Hispanie, sur la côte du pays des Caristes, près de *Tritium*, à l'est.

DIVODURUM, lieu de la Gaule, appelé ensuite *Medimatrici*, actuellement Metz. On trouve aussi le nom de *Metis* dans la notice de l'empire : il devint ensuite le seul en usage.

DIVONA (*Cahors*), appelée ensuite *Carduci*, chez le peuple de ce nom. Elle étoit dans la première Aquitaine.

DIUR, rivière de l'Afrique, dans la Mauritanie tingitane, selon Ptolemée. Elle est nommée *Viar* par Pline.

DIZACA, *ou* ÆZALA. Selon les divers exemplaires de Ptolemée, ville de l'Asie, dans la Sacapène, contrée de la Grande-Arménie.

DIZERUS. Etienne de Bysance nomme ainsi une ville de l'Illyrie.

DIZOATRA, *ou* ZIZOATRA. Selon les divers manuscrits de Ptolemée, ville de l'Asie, dans la petite Arménie.

D O

DOANÆ, peuple de l'Inde, au-delà du Gange. Ptolemée en fait mention, & le place sur le bord de la rivière *Doanas.*

DOANAS, fleuve de l'Inde, au-delà du Gange, selon Ptolemée. Sur la carte de M. d'Anville, l'embouchure de ce fleuve est placée dans la baie où étoit située la ville de *Berobe.*

DOANAS (*Tana-Serim*), ville de l'Inde, au-delà du Gange, selon Ptolemée.

Elle étoit située un peu dans les terres, sur la rivière du même nom, au sud-est de *Berobe.*

DOARA, siège épiscopal de l'Asie, dans la Cappadoce, selon la lettre que les évêques de ce pays adressèrent à l'empereur Léon.

DOBERI, peuple de la Macédoine, dans la Pæonie, selon Pline. Il est nommé *Doberes* par Hérodote. Il est probable que ce peuple étoit les habitans de la ville nommée *Doberos* par Thucydide.

DOBEROS, ville de la Macédoine, dans la Pæonie, selon Thucydide & Etienne de Bysance.

DOBORBICA, ville forte de l'Illyrie, selon Laonic, cité par Ortélius.

DOBUNI, peuple de l'île d'Albion, selon Ptolemée. Ortélius dit qu'il est nommé *Bodunni* par Dion Cassius.

DOCE, lieu, selon les fragmens de Polybe. Ortélius pense qu'il étoit en Asie, vers la Phrygie.

DOCEA, château de l'Asie, dans la petite Arménie, selon Nicétas & Zonare, cités par Ortélius.

DOCELA, ville de l'Asie, dans la Grande-Phrygie, selon Ptolemée.

DOCH, petit fort de la Judée, dans la tribu d'Ephraïm.

C'est dans ce lieu que Simon, l'un des Macchabées, & ses fils, furent tués en trahison, après y avoir été reçus & traités honorablement par Ptolemée, gouverneur de la plaine de Jérico. Premier livre des Macchabées, *c. 16*, *v. 16.*

C'est au pied de la montagne sur laquelle ce fort étoit bâti, que couloit le torrent des Rozeaux.

DOCHI. Pline nomme ainsi un peuple de l'Ethiopie, sous l'Egypte.

DOCIMÆUM, *ou* DOCIMIA. Selon Strabon, ville ou village de l'Asie, dans la Phrygie, selon Etienne de Bysance. Strabon n'en fait qu'un village. Ce lieu a eu un siège épiscopal sous le patriarchat de Constantinople.

DOCLEA, ville de l'Illyrie, dans la Dalmatie, selon Ptolemée. C'est la même que *Dioclea*.

DOCLEATÆ, peuple de l'Illyrie, dans la Dalmatie, selon Ptolemée & Pline. Ce dernier dit *Docleates*. La ville de *Dioclea* étoit leur chef-lieu.

DOCUSINI, peuple de l'Asie, vers l'Arménie, selon Strabon. Casaubon croit qu'il faut lire *Cadusii*.

DODANIM. On lit dans la Genèse : « les enfans » de Javan furent Elisa & Thersis, Cettim & Do» danim ». Brochard croyoit qu'il falloit lire Rhodanim. Mais les savans ne sont pas de son avis. On pense que *Dodanim* hébreu, est le nom des premiers habitans de l'Epire; & que même le nom de *Dodone*, le plus ancien des oracles, étoit une des traces de cet ancien nom. Or, comme les historiens y indiquent un ancien peuple que l'on nomme *Pélasges*, & qui étoit une nation errante, *Dodamin* paroît s'être formé de l'oriental *did* ou *dod* (vagatio). Ce sont les Pélasges désignés par leur vie errante.

DODECANESOS, ville que Cédrène semble placer vers la Propontide. Ce lieu est nommé *les douze îles*, dans l'histoire mêlée.

DODECAPOLIS, lieu de l'Asie mineure, dans la Carie, selon Xénophon & Etienne de Bysance, cités par Ortélius. Ce lieu étoit aussi nommé *Sciritis*.

DODECASCHŒNOS, nom d'un lieu de l'Egypte, selon Ptolemée & Hérodote.

DODON, fontaine de Grèce, dans l'Epire. Elle étoit près du temple de Jupiter Dodonien, à qui elle étoit consacrée. Etienne de Bysance croit que cette fontaine étoit la source de la rivière Dodon. Il est aussi fait mention de cette fontaine par Pline & Pomponius Méla.

DODON, rivière de l'Epire. Etienne de Bysance dit qu'elle donnoit le nom à la ville de *Dodone*.

DODONÆI. Lucain, Pline & Etienne de Bysance font mention des Dodonéens. C'étoit un peuple de Grèce, dans l'Epire.

DODONE & DODONA. Le lieu de ce nom étoit dans l'Epire; mais on n'a que des idées vagues sur sa position. Ce lieu renfermoit une forêt, ou plutôt la forêt elle-même portoit le nom de *Dodone*. Là se trouvoit un oracle consacré à Jupiter : cet oracle étoit le plus ancien de la Grèce. On admettra d'autant plus volontiers cette proposition, que l'on sera convaincu que les premiers habitans de la Grèce furent tous compris sous le nom générique de *Pélasges*. Les vers d'Homère & d'Hésiode, cités par Strabon, prouvent que Jupiter Dodonien, ou adoré à Dodone, étoit regardé comme une divinité pélasgique, ou appartenant aux Pélasges. Il y a plus même, Strabon, qui cite un passage d'un écrivain nommé *Suidas*, dit que l'oracle de Jupiter avoit été transporté de Thessalie à Dodone; & que delà étoit venu le nom de *Jupiter Pélasgien*.

Hérodote, en convenant que l'oracle de Dodone est le plus ancien de la Grèce, dit qu'il avoit appris des prêtres de Thèbes, que les oracles de Dodone & d'Ammon étoient de la même époque; qu'ils avoient été établis par deux femmes, prêtresses d'un même temple, enlevées par des Phéniciens, & vendues, l'une en Libye & l'autre en Epire. Cette diversité d'opinions prouve seulement que les anciens n'étoient pas d'accord sur l'origine de cet oracle.

On n'étoit pas d'accord non plus sur la manière dont s'y rendoient les oracles. Servius, sur le vers 466 de l'Enéïde, dit qu'il y avoit une fontaine qui couloit du pied d'un chêne, & qui faisoit un peu de bruit; qu'une vieille femme nommée *Pélias*, interprétoit ce bruit, & que par ses différentes interprétations, elle annonçoit l'avenir à ceux qui la consultoient. On trouve dans un supplément au livre VII de Strabon, qu'il y avoit dans le temple de Dodone, un vase d'airain, au-dessus duquel étoit une statue d'homme tenant en main un fouet d'airain, offrande de ceux de Corcyre. Lorsque ce fouet étoit agité par le vent, il faisoit résonner l'airain. C'étoit aussi en admettant que l'oracle étoit rendu par le bruit d'un chaudron d'airain, que Paulmier de Grantménil avoit trouvé l'étymologie de Dodone dans le son δω, δω, que rendoit le métal. D'autres ont dit que c'étoit les arbres qui rendoient l'oracle, & d'autres enfin que c'étoient des colombes. Bochard avoit cru devoir recourir à l'arabe & à l'hébreu pour concilier les opinions de ceux qui faisoient rendre les oracles par de vieilles femmes, de celles des auteurs qui prétendent que c'étoient des colombes. Il trouvoit que de deux mots qui se ressembloient, l'un signifioit colombe & l'autre prêtresse.

M. l'abbé Sallier a montré d'une manière très-simple la cause de cette erreur : le même mot qui, en grec, veut dire des colombes, en épire signifioit de vieilles femmes. De-là l'équivoque : les uns voulant que ce fussent des colombes & les autres des vieilles femmes qui rendissent les oracles. Au reste, le bruit de l'airain & le murmure de l'eau peuvent avoir été employés successivement.

Dodone étant devenu célèbre & très-habité, obtint le titre de ville, & fut le siège d'un évêque suffragant de Nicopolis. Mais cette ville est actuellement si complétement détruite, que l'on ignore quelle a été sa juste position.

DODONIA, l'un des noms que porta d'abord l'Epire.

DŒANTES, campagne de l'Asie, dans la Phrygie, selon Etienne de Bysance. Elle étoit dans la partie qui avoit appartenu aux Amazones.

DOII, peuple de l'Arabie heureuse. Ils habitoient dans l'île Panchée, d'où ils furent chassés par Ammon, selon le rapport de Diodore de Sicile.

DOLBA, ville de l'Asie, dans l'Adiabène, selon Arrien, cité par Ortélius.

DOLICÆ, îles de l'Asie, dans le golfe Persique. Pline en fait mention & les place sur la côte de l'Arabie heureuse.

DOLICHA, ville de la Macédoine, dans la Pélasgiotide, selon Ptolemée.

DOLICHA, DOLICA & DOLICHENA, ville de l'Asie, dans la partie septentrionale de la Syrie. Elle a été épiscopale sous le patriarchat d'Antioche. Il en est fait mention dans le premier concile de Constantinople.

DOLICHE, ville de l'Asie, dans la Syrie. Elle étoit située dans les montagnes de la Comagène, à l'occident & près de l'Euphrate, au nord-ouest de Zeugma, vers le 36e deg. 30 min. de latit.

DOLIONES, peuple de l'Asie mineure, dans la Mysie. Pline le place près la ville de Cyzique, depuis la rivière *Æsepus*, jusqu'au *Rhyndacus* & au pays des Dascyliens.

DOLIONIA, *ou* DOLIONIS, contrée de l'Asie mineure, dans la Mysie. Elle s'étendoit autour de la ville de Cyzique, depuis la rivière *Æsepus*, jusqu'au *Rhyndacus*, & au pays des Dascyliens. C'étoit le pays qu'habitoient les *Doliones*, dont fait mention Pline.

DOLONCÆ, *ou* DOLONCI, peuple de Thrace, selon Hérodote, Etienne de Bysance & Solin. Ce dernier dit qu'ils habitoient auprès du fleuve *Hebrus*. Ils avoient été maîtres de la Chersonnèse, & l'avoient habitée.

DOLOPES. On fait peu de détail concernant ce peuple, qui habitoit en partie dans la Thessalie, en partie dans l'Epire, ou du moins très-près, entre les montagnes qui portoient le nom de Pinde. Thucydide dit que l'Achéloüs, qui commençoit dans cette montagne, traversoit leur pays. Il faut qu'ils aient de bonne heure fait partie du corps hellénique, puisque Harpocration les compte entre les peuples qui députoient à l'assemblée des Amphyctions. Il est vrai que leur nom ne se trouve pas entre ceux dont Eschine fait l'énumération; mais comme il annonce que douze peuples forment cette assemblée, & qu'il n'en nomme que onze, on peut conclure que ce sont les Dolopes qui sont omis par la faute de quelque copiste.

Ce peuple possédoit l'île de Scyros; & c'est sur eux qu'elle fut prise par Cimon. C'étoient des corsaires qui infestoient la mer Egée, & qui pilloient les marchands qui relâchoient chez eux; mais lorsque Cimon se fut emparé de l'île, il les en chassa.

DOLOPIA, pays de Grèce, dans la Thessalie. Polybe & Tite-Live nomment ainsi le pays qu'habitoient les Dolopes.

DOMA, île de l'Asie, dans la mer des Indes, vers l'embouchure du fleuve Indus, selon Arrien.

DOMITIANA STATIO, port de mer de l'Italie, dans l'Etrurie. L'itinéraire d'Antonin le marque auprès du fleuve *Almiana*.

DOMITIOPOLIS, ville de l'Asie, dans la Cilicie, selon Ptolemée. Elle a été épiscopale. Les notices grecques la marquent dans l'Isaurie.

DONACESA, montagne de Grèce, dans la Phthiotide, selon Pline.

DONATIANA, ville épiscopale de Grèce, dans l'Epire, selon Ortélius. Caliste dit qu'auparavant elle avoit été nommée *Evoria*.

DONETTINI, peuple de Grèce, dans l'Epire. Etienne de Bysance dit qu'ils faisoient partie des Molosses.

DONI, fleuve de Grèce, dans la Molossie, contrée de l'Epire. Il en est fait mention par Etienne de Bysance.

DONUCA, montagne de Thrace, selon Tite-Live. Il ajoute qu'elle étoit très-haute. Cette montagne est nommée *Dunax* par Strabon.

DONUSA, île de la mer Icarienne, selon Pline & Tacite. C'étoit une des Sporades. Elle étoit au sud-ouest d'Icarie, à l'occident de Pathmos, & à l'orient de Micone (1). Le marbre qu'on retiroit de cette île étoit verd. Elle est nommée *Donysa* par Virgile & Pomponius Méla. On y reléguoit les criminels. Cette île est aujourd'hui nommée *Donussa*.

DONUSIA, île de la mer Méditerranée, sur la côte de la Lycie, contrée de l'Asie mineure. Etienne de Bysance dit qu'elle appartenoit aux Rhodiens. On croit que c'est la même que Virgile nomme *Donysa*. (*Æn. L. III, v. 125*).

DONUSSA, château du Péloponnèse, dans l'Achaïe. Il étoit situé entre Egyre & Pellène, selon Ortélius.

DOR. *Voyez* DORA.

DORA, *ou* DOR (2), ville de la Phénicie, qui étoit située dans une espèce de péninsule, à l'endroit où commence le mont Carmel, selon Artémidore, cité par Etienne de Bysance, qui ajoute qu'elle avoit été habitée dans les commencemens par des Phéniciens, qui s'y étoient établis à cause du poisson servant à la teinture en pourpre. Cette ville étoit à onze milles au midi de Sycaminos, selon S. Jérôme, qui dit qu'elle étoit entièrement déserte, & qu'on ne pouvoit juger que par ses ruines de son ancienne magnificence. Josué dit qu'elle existoit sous le nom de *Dor* avant que les Israélites entrassent dans le pays de Canaan. Jabin, roi d'Asor, convoquant contre les Israélites tous les peuples de la contrée, envoya particuliérement à Dor. La tribu de Manassé l'eut en partage; mais

(1) M. d'Anville, qui paroît l'avoir placée sur sa carte de l'empire romain, ne l'y a pas nommée : il ne l'a pas même indiquée sur sa carte de l'Asie mineure.

(2) *Dor* étoit le nom oriental; il fut altéré par les Grecs.

elle ne put se mettre en possession de tout le territoire.

Dora fut soumise aux rois d'Egypte, successeurs d'Alexandre, après avoir été sous la domination des Perses. Antiochus-le-Grand ne put la prendre faute de vaisseaux; mais Antiochus-Epiphanès la prit après avoir remporté une victoire sur les troupes de Ptolemée Philométor, roi d'Egypte, selon Polybe, *L. v, pag. 409.* Elle se trouva comprise parmi les villes que les Juifs possédoient lorsque Pompée entra en Syrie : toute cette contrée ayant été réduite en province romaine, Pompée lui donna le privilège de l'autonomie, l'an de Rome 690.

Dora fut du nombre des villes que le proconsul Gabinius fit réparer, selon Joseph, *Antiq.*

DORA, île du golfe Persique, selon Strabon, cité par Etienne de Bysance.

DORA. Pline donne ce nom à une fontaine qu'il place dans l'Arabie heureuse.

DORA, *ou* DURA, lieu de l'Asie, vers l'Euphrate, & près du sépulcre de Gordien. Ammien Marcellin en parle comme d'un bourg abandonné.

DORAC, *ou* DURAC, ville de l'Afrique. Il en est fait mention par Ptolemée, qui la place au 31e deg. 15 min. de latit. On en voit encore des ruines sur le haut de la montagne de Dédez.

DORACTA. Strabon nomme ainsi une île du golfe Persique. Elle est appelée *Hoaracta* par Arrien.

DORANA, *ou* DARANO, ville de l'Asie, dans la Galatie, selon l'itinéraire d'Antonin.

DORATH, ville de l'Afrique, dans la Mauritanie tingitane, selon Ptolemée.

DORBETA, *ou* DURBETA, ville de l'Asie, dans la Mésopotamie. Ptolemée dit qu'elle étoit située sur le bord du Tigre.

DORDOMANA, ville de l'Asie, dans la Parthie, selon Ptolemée.

DORENI, *ou* DOSARENI. Selon les divers exemplaires de Ptolemée, peuple de l'Arabie heureuse.

DORGAMANES, fleuve de la Paropamise, selon Ptolemée.

DORIA, *ou* DURIA, rivière de l'Hispanie, dans la Lusitanie. C'est aujourd'hui le *Douro.*

DORIAS, *ou* DORIUS, fleuve de l'Inde, audelà du Gange, selon Ptolemée. C'est aujourd'hui le Lançan, dont l'embouchure est dans le royaume de Tonquin.

DORIENSES, les Doriens. Pour ne pas me répéter en discutant ici l'origine des Doriens, je suis obligé de renvoyer à l'article GRÆCI, dans lequel je traite particuliérement de l'origine & de la division des peuples compris sous le nom générique de *Grecs.*

Je pars donc ici de ce point, établi ailleurs, que les Doriens faisoient partie de la nation comprise sous le nom d'*Hellènes.* Sous le roi Deucalion, ces Hellènes habitoient la Phthiotide : sous Dorus, fils d'Hellen, ils habitèrent l'Histiæotide, située vers les monts Ossa & Olympe. Ils en furent chassés par les Cadméens, & vinrent habiter la ville de *Pindus*, ou Pinde, & son territoire. Ils y prirent le nom de *Macednes.* Il paroît cependant que le mot Dorien prévalut constamment.

Le pays dans lequel leurs voisins les forçoient de se retirer se trouvant trop étroit pour leur population, ils envoyèrent au loin des colonies. Dès l'an 396 avant la prise de Troye, c'est-à-dire, l'an 1580 avant notre ère, Phorbas, fils de Lapithès, cherchoit à s'établir en Thessalie, avec un certain nombre d'aventuriers qu'il avoit avec lui, lorsque les Rhodiens vinrent le prier de purger leur île des serpens qui l'infestoient. Il détruisit les serpens, partagea le pays entre les habitans & ses Doriens. On lui rendit après sa mort les mêmes honneurs qu'aux héros.

Son fils Triopas vint aussi dans l'île de Rhodes avec des Doriens. Il passa ensuite dans le continent, & s'empara du promontoire appelé depuis, d'après lui, *Triopium.* M. Larcher croit pouvoir placer ce fait (Chronol. d'Hérod. p. 446) à l'an 1430 avant notre ère.

Hyllus, fils d'Hercule, selon les Grecs, ayant été tué dans un combat particulier par Echémus, roi des Tégéates, Tlépoleme, autre fils d'Hercule, avec les autres fils & petits-fils de ce héros, se retira, selon Diodore, à Tricorynte. De-là il se rendit avec Licymnius à Argos, où on lui permit de demeurer. Mais ayant tué Licymnius, il passa dans l'île de Rhodes, où il fonda trois villes, *Lindus, Ialissos,* & *Camiros* ou *Camirus.* Peu après, la gloire de son père lui fit déférer la royauté par tous les Rhodiens, & il aida de ses troupes Agamemnon au siège de Troyes (1). La mort d'Hyllus est fixée, par M. Larcher, à l'an 1290 avant notre ère, & l'établissement de Tlépoleme à Rhodes, à l'an 1282.

A ce peu que l'on sait des Doriens avant le siège de Troye, j'ajouterai ce qui suit pour les temps postérieurs à ce siège.

Des Doriens fondèrent Mégare sur les confins de l'Attique, quelque temps après la mort de Codrus, vers l'an 1131 avant notre ère. Pendant qu'une partie d'entre eux s'y fixoit, d'autres se rendirent, avec Althæmènes d'Argos, dans l'île de Crète, où ils établirent une colonie. Quelques-uns se dispersèrent dans l'île de Rhodes, à Halicarnasse, à Cos & à Cnide. Dans la suite d'autres colonies de Doriens passèrent en Sicile.

Mais le pays qui peut être regardé comme le siège principal de leur puissance, fut le Péloponnèse, depuis qu'ils s'en furent emparés sous la conduite des Héraclides, quatre-vingts ans après la prise de Troye (2). Les Héraclides partagèrent

(1) On peut voir ce qu'en dit Homère, *Iliad. L. II, vers 653 & suiv.*

(2) M. Larcher a prouvé, dans sa chronologie d'Hérodote, que cet événement étoit de l'an 1270 avant notre ère; donc l'entrée des Héraclides dans le Péloponnèse, est de l'an 1190.

entre eux les états du Péloponnèse, & il resta bien peu de villes au pouvoir des Ioniens, sur les côtes de l'Achaïe. Quant à l'Arcadie, elle demeura au pouvoir de ses habitans, presque tous pasteurs, & regardés comme autochthones.

Ces peuples se virent presque toujours avec une espèce de rivalité. Les Doriens du Péloponnèse se jettèrent à différentes fois sur les terres de l'Attique. Il est vrai qu'ils y étoient aussi venus pour les intérêts du peuple. Hérodote compte quatre de ces expéditions. La première eut lieu lorsqu'ils conduisirent une colonie à Mégare; la seconde & la troisième, lorsqu'ils chassèrent les Pisistratides; la quatrième enfin, lorsque Cléomènes conduisit les Péloponésiens contre Eleusis.

Le langage que parloit ce peuple étoit un peu moins doux que celui des Ioniens: mais il avoit de la force. Selon Strabon & d'autres écrivains, il différoit peu de l'Eolien.

DORION, ville dont parle Homère dans l'énumération des vaisseaux. La position en est tout-à-fait inconnue. Pausanias parle bien d'un *Dorion*, mais il appartenoit à l'Asie. Je suis étonné que Pausanias, à cause de la circonstance rapportée par Homère, que les Muses y ôtèrent à Thamyris la faculté de chanter, n'ait pas recherché la position de cette ville; d'autant mieux qu'il parle de la rivière *Balyra*, dans laquelle ce poëte étant devenu aveugle, laissa tomber sa lyre. Homère l'appelle *chantre de la Thrace*. Pausanias en donne la raison: c'est qu'Argiope étant enceinte de Philammon, qui, comme elle, habitoit le mont Parnasse, & cette nymphe, voyant que Philammon ne vouloit pas l'épouser, se retira à Odrysès en Thrace, où elle accoucha de Thamyris.

DORIS, la Doride, appelée autrefois Dryopide, étoit une contrée de la Grèce. Cette petite province, de forme assez irrégulière, avoit au nord-ouest une partie de la chaîne de montagnes appelée *Œta*; au nord-est quelques petites montagnes, & la partie septentrionale de la Phocide; au sud, les Locriens-Ozoles, & une portion de l'Etolie Epictète: enfin, à l'ouest, une petite portion de l'Etolie. Ces bornes sont celles que M. d'Anville a adoptées dans sa carte: il n'est pas douteux qu'elles ont varié. Voici ce que dit M. Larcher, d'après les auteurs Grecs.

La Doride avoit à l'ouest les Perrhæbes (1); au sud, l'Etolie (2), & les Locriens Ozoles; à l'est, la Phocide, & les Locriens Epicnémidiens (3); au nord-est, le mont Œta, & au nord-ouest, le Pinde (4). Ces deux montagnes, dit le même auteur, la séparent de la Thessalie (5).

Le Céphise, ou plutôt Céphisse, y avoit sa source (6). Quelques auteurs prétendent qu'elle prit son nom de Dorus, fils d'Hellen, ou, selon d'autres, fils de Deucalion, lequel vint habiter le mont Parnasse. La Doride est un pays tout hérissé de montagnes: mais les Doriens n'avoient rien de la rudesse ordinaire aux montagnards. Ils parloient très-élégamment. C'étoit un peuple belliqueux.

La Doride fut nommée *Tetrapole*, parce qu'elle avoit quatre villes principales; *Pindus*, que quelques auteurs nomment *Cyphantus*, *Erinea*, *Cytinium*, & *Boium* ou *Bœum*. Tzetzes y ajoute *Lileum* & *Scarphia*: aussi l'appelle-t-il *Hexapole*.

Ægimius, roi de ce petit pays, ayant été chassé de ses états par les Lapithes, fut rétabli par Hercule. Ceci remonte aux siècles de la mythologie, & n'obtiendra de croyance qu'autant que l'on voudra bien se prêter aux récits des écrivains Grecs. Ils nous disent que ce prince, par reconnoissance, adopta Hyllus, fils aîné de son bienfaiteur, & lui laissa son petit état après sa mort. Hyllus & ses enfans y régnèrent. Ce fut de ce pays qu'ils partirent ensuite pour entrer à main armée dans le Péloponnèse (7).

Selon Ptolemée.

Ce géographe ne nomme de la Doride que les lieux suivans:

Erineus, *Cyteinium*, *Bœo* ou *Bion*, & *Lilæa*.

DORIS, contrée de l'Asie mineure, dans la partie occidentale, dont elle occupoit une petite partie des côtes au sud-ouest. Elle avoit été formée aux dépens de la Carie, c'est-à-dire, que les Doriens y établissant des colonies, s'y étoient placés sur les terres des Cariens. Elle comprenoit d'abord six

(1) Ces peuples ont ensuite changé de demeure, puisqu'on les trouve vers le mont Olympe, dans la partie septentrionale de la Thessalie.

(2) Ce n'en étoit qu'une petite partie.

(3) Dans la suite, il y eut la Phocide entre la Doride & ces Locriens, qui étoient tout-à-fait sur le bord de la mer.

(4) M. d'Anville donne le nom de *Pinde* à la chaîne qui est plus au nord-ouest au-delà d'une ville où étoit le *Sperchius* & la ville de *Sperchium*.

(5) Je saisirai cette occasion de la différence que l'on peut trouver entre certaines descriptions des anciens & le sentiment adopté par l'habile M. d'Anville & d'autres géographes modernes; c'est que les anciens en général connoissoient moins le physique des lieux. On ne s'étoit pas encore assez occupé de la nécessité de se rendre compte de toutes les distributions des montagnes & des eaux; on ne s'orientoit pas avec la même exactitude; enfin, on ignoroit l'art de faire des cartes exactes, & l'on ne faisoit les descriptions qu'à-peu-près.

(6) Voici encore un exemple de ce que je viens de dire. Homère, en parlant de *Lilæa*, dit qu'il étoit près des sources du *Céphissus*; or, cette ville étoit dans la Phocide: cela est exact sur la carte de M. d'Anville. Aussi est-ce le *Pindus* qu'il fait couler dans la Doride pour aller joindre à l'est le Céphisse.

(7) On voit ainsi quels étoient ces Héraclides qui parvinrent à s'établir dans le Péloponnèse. Les personnes qui doutent de l'existence du héros Hercule, n'en croient pas moins l'usurpation des Héraclides l'an 1129, ou, selon M. Larcher, 1190 avant J. C. Mais ils présument que des chefs ambitieux abusoient en cette occasion de la crédulité populaire.

villes, selon Hérodote (*L. I, 144*), d'où lui venoit l'épithète d'*Hexapole* : on la surnomma dans la suite *Pentapole*, parce qu'elle n'en comprit plus que cinq.

Il faut observer que cette Doride d'Asie n'étoit pas renfermée dans le continent : c'étoit moins une province particulière qu'une association de villes occupées par un même peuple. Aussi des six villes Doriennes, trois étoient-elles dans l'île de Rhodes; savoir : *Ialyssos*, *Camyrus*, à l'ouest; & *Lyndus*, à l'est. *Cos* étoit une île, à l'entrée du golfe Céramique : enfin *Cnidus* & *Halicarnassus* étoient sur le continent. Lorsque cette dernière ville eut été exclue de l'association, le nombre en fut réduit à cinq. Au reste, on voit par Hérodote, qu'il y avoit des Doriens dans ces mêmes parages, qui n'étoient pas compris dans l'association. (*L. v.*)

DORISCI, les Dorisques, selon Pline, étoient un peuple de l'Asie, qui habitoit sur les confins de l'Arie, de la Carmanie, & de la Drangiane, vers l'occident de la Parthie.

DORISCUS, nom d'une plaine de la Thrace, selon Pline. Elle étoit près de la mer Egée, & des embouchures du fleuve *Hebrus*. Hérodote parle d'une forteresse royale qui étoit située dans cette plaine. Hérodote & Pomponius Méla disent que Xerxès passa son armée en revue dans cette plaine, par corps de dix mille hommes, parce qu'elle n'en pouvoit contenir un plus grand nombre. Elle s'étendoit jusqu'au promontoire *Serrhium*.

DORISCUS, château dans la plaine du même nom, tout près à l'ouest de l'embouchure de l'*Hebrus*.

DORISCUS, promontoire de Grèce, dans l'Attique. Il étoit près du promontoire *Sunium*, selon Pline.

DORIUM, ville du Péloponnese, dans la Messénie, selon Pausanias, cité par Ortélius.

DORIUM, ville de Grèce, dans l'île d'Eubée, selon Strabon, cité par Ortélius.

DORIUM. Le même Strabon, cité par Ortélius, met une ville de ce nom dans la Thrace.

DOROBELLUM, ville de l'île d'Albion. Ortélius croit qu'il faudroit lire *Durovernum*.

DOROBITZA, nom d'une ville de l'Illyrie, selon Laonic, cité par Ortélius.

DOROBITZA, nom d'une rivière de l'Illyrie, selon le même géographe.

DORON, ville de l'Asie, dans la Cilicie, selon Pline.

DORON, *ou* DORUM, selon les différentes éditions de Pline, ville de la Phénicie. Elle est nommée *Dora* par Ptolemée, qui la place sur la côte de la Phénicie. Scylax dit *Doros*, ville des Sidoniens. C'est la même que *Dor*.

DORORUM, siége épiscopal de la première Palestine, selon une notice grecque.

DOROSTO, ville de la Bulgarie. Elle fut prise par Jean Zimiscès, l'an 973.

DORTICUM, ville de la haute Mysie, selon Ptolemée & l'itinéraire d'Antonin.

DORUM, village de l'Egypte. Il étoit situé dans l'île de Méroé, selon Ptolemée.

DORY, ville du Pont, selon Priscien, cité par Ortélius.

DORYCLEI, les Dorycléés, troupe de bannis, lesquels, au rapport des Mégariens, s'étant joints à une nouvelle colonie établie à Salamine, livrèrent la ville aux Athéniens, qui cherchèrent à la reprendre sur les Mégariens. (Pausanias, *in Attica*, *c. 40.*)

DORYCTELA, contrée de l'Asie, sur le bord de la mer Egée, selon Diodore de Sicile. Cette contrée est nommée *Æolie*, & *Æolide* par d'autres auteurs.

DORYLÆIUM, DORYLÆUM, & DORYLAIUM, DORYLEE, ville de l'Asie, qui étoit située dans la partie septentrionale de la Phrygie salutaire. La plaine de cette ville étoit arrosée par plusieurs rivières, qui alloient se perdre dans la Sangare. Il est fait mention de cette ville par Etienne de Bysance, Ptolemée & Pline.

DOSA, ville de l'Asie, dans l'Assyrie. Ptolemée la place près la ville de *Gaugamela*.

DOSARA, ville de l'Inde, en-deçà du Gange, selon Ptolemée.

DOSARENI, *ou* DORENI, peuple de l'Arabie heureuse, selon Ptolemée.

DOSARON, fleuve de l'Inde, dans la partie orientale de la presqu'île en-deçà du Gange, selon Ptolemée. Il se rendoit dans la mer, au nord-est du fleuve *Tyndis*.

DOSCI, peuple de l'Asie, dans la Sarmatie. Strabon dit qu'il habitoit sur le bord du Pont-Euxin.

DOTHAIM, *ou* DOTHAIN, lieu de la Judée, dans la tribu de Zabulon, au sud-est du mont *Itabyrium*, ou *Tabor*.

C'est le lieu où Joseph trouva ses frères, & où ils le vendirent à des marchands Ismaélites, après l'avoir retiré de la citerne où ils l'avoient jetté.

C'est aussi dans ce même lieu qu'Elisée fut environné par des troupes que Bénadab, roi de Syrie, avoit envoyées pour le prendre. Rois, *L. IV*, *ch. VI*.

DOTIUM, *ou* DOTION, ville de Grèce, dans la Thessalie, selon Pline & Etienne de Bysance. Cette ville est placée près du lac *Bœbeis* par Strabon.

D R

DRABESCUS, ville de Thrace, selon Diodore de Sicile, Appien, & l'épitome de Strabon. Ce n'est qu'un village, selon Etienne de Bysance. Il faut observer qu'elle appartint à la Macédoine, lorsque ce royaume se fut étendu à l'est. Elle étoit à l'occident de *Philippi*, vers le *Strymon*. La province se nommoit *Edonis* : de-là l'expression de Thucydide, ἐν Δραβήσκῳ τῇ Ἠδωνικῇ.

DRACÆ, nom d'un peuple de l'Asie. Il habitoit vers le mont Caucase, selon Justin.

DRACANIUM, montagne de l'Asie mineure, dans la Carie, selon Hésyche & Phavorin. Il faut lire *Draconon*, à ce que croit Ortélius.

DRACHONTIUS, île de la mer Méditerranée, près de l'Afrique. Ptolemée la place au nord du promontoire d'Apollon, & au sud-est de l'île de Sardaigne, par les 34 deg. 15 min. de latitude.

DRACMÆ, peuple de l'Asie, dans l'Arie, selon Ptolemée.

DRACO, montagne de l'Asie mineure, selon Pline. Il ajoute qu'elle aboutissoit au mont *Tmolus*, d'un côté, & de l'autre au mont Olympe.

DRACON, rivière de l'Italie, selon Procope, qui la fait couler près du Vésuve. Elle est aujourd'hui nommée *Dragone*.

DRACONIS LOCUS. Lutatius nomme ainsi un lieu de la ville de Rome, dans l'île du Tibre.

DRACONIS SACELLUM, lieu de l'Italie, dans la Lucanie. Strabon le place dans le voisinage du fleuve *Laus*.

DRACONON, promontoire de l'île *Icaria*, selon Strabon. Théocrite & Etienne de Bysance mettent une montagne de ce nom dans la même île. C'est vraisemblablement la même chose que le promontoire. Strabon dit *Dracanon*.

DRACONON, ville de l'île *Icaria*, selon Strabon, Théocrite & Etienne de Bysance.

DRACONTIA (*Cani*), deux petites îles sur la côte d'Afrique, vis-à-vis le golfe d'Hippone. Ptolemée en fait mention. Elles étoient au nord-nord-ouest du promontoire d'Apollon, & à l'est du promontoire *Candidum*.

DRAGONTUS, île d'Afrique, sur la côte de la Libye, selon Etienne de Bysance.

DRACONTUS, *ou* AD DRACONTES, lieu de l'Asie, dans la petite Arménie, selon l'itinéraire d'Antonin.

DRACUINA, bourg de la Rhætie, dans le voisinage du Danube, selon Ptolemée.

DRACUS, rivière de la Gaule, qui se rendoit dans l'*Isara*, près de *Cularo*, (Grenoble.)

N. B. M. d'Anville n'en parle pas dans sa notice de la Gaule.

DRAGA, *ou* ARAGA, ville de l'Arabie heureuse, selon Ptolemée.

DRAGINA, plaine de la Sicile, selon Cédrène, cité par Ortélius.

DRAGMUS, ville de l'île de Crète, selon Etienne de Bysance.

DRAGOGI, peuple de l'Asie. Arrien le place avec les *Dranges*.

DRAGONVINTIA, préfecture de la Thrace, selon Curopalate, cité par Ortélius.

DRAHONUS FLUV. Ce nom se trouve dans le poëme d'Ausone sur la Moselle. C'est aujourd'hui le Traun que reçoit la Moselle près de Numagen.

DRAMA, bourgade de la Macédoine, dans le voisinage de la Thrace. Il en est fait mention par Grégoras & Nicétas, cités par Ortélius. On y voit encore des restes d'antiquités. Sur la place sont d'anciens amphithéatres. Il y a aussi des bassins, dont deux sont tout revêtus de marbre.

DRANGÆ, peuple de l'Asie, dans la Perside, selon Quinte-Curse, Etienne de Bysance, &c. Pline parle de ce peuple, & le place vers la source du fleuve Indus.

DRANGIANA, province de l'Asie, dans la Perside. C'étoit une des provinces d'Alexandre-le-Grand, en Asie. Elle étoit bornée, au couchant, par la Carmanie; au nord, par l'Arie; au levant, par l'Arachosie; & au midi, par la Gédrosie. Elle est nommée *Drangiana* par Strabon, & *Drangina* par Diodore de Sicile.

DRANSES, peuple de la Thrace. On dit qu'ils pleuroient à la naissance des enfans. Il est nommé *Trauses* par Hérodote. *Voyez* ce mot.

DRAPSACA, ville dans ou au voisinage de la Bactriane, selon Arrien. Ortélius croit que c'est la même ville que *Drepsa*, que Ptolemée dit être la métropole de la Sogdiane.

DRASDEA, lieu particulier de la Thrace, selon le livre des notices de l'empire.

DRASON, ville de l'Asie, dans la Phrygie. Il en est fait mention par Ptolemée.

DRASTOGA, *ou* DRASTOCA, ville de l'Asie, vers les sources du fleuve *Dargomanes*, dans la contrée *Paropanisus*. Elle étoit enfermée par la montagne de ce nom au nord & à l'occident, selon Ptolemée.

DRASTOGA, ville de l'Asie, dans l'Inde, en-deçà du Gange. Ptolemée la place dans la contrée qu'il nomme *Goriæa*.

N. B. Les textes de Ptolemée varient : celui que j'ai sous les yeux porte *Drastoca*.

DRATÆ, *ou* DAGRÆ, selon les divers exemplaires de Ptolemée, ville de l'Asie, dans la Tyanitide, contrée de la Cappadoce.

DRATIGENA. Polybe nomme ainsi une contrée de l'Asie. Il ajoute qu'Antiochus s'en rendit le maître, & qu'il y prit ses quartiers d'hiver. On croit qu'il faudroit lire *Drangiana*.

DRAUCA, ville de l'île de Crète, selon Isace sur Lycophron, cité par Ortélius.

DRAUDACUM, château de Grèce, dans la Péneste, contrée de la Thessalie. Il en est fait mention par Tite-Live.

DRAVUS, nom d'une rivière considérable de la Germanie, selon Solin. Elle va se perdre dans le Danube. Cette rivière est nommée *Draus* par Pline, & *Dravis* par l'Anonyme de Ravenne. Ptolemée dit que de son temps les Barbares la nommoient *Daris*. C'est aujourd'hui la Drave.

Elle commençoit au nord des Alpes Carniques, couloit à l'est, arrosoit les villes de *Virunum*, *Pætovio*, *Jovia*, *Mursa*, & se rendoit dans le Danube, à l'est de *Cornacum*.

DRAXUM, nom d'un lieu de la Sicile. Héfychius, cité par Ortélius, dit que les laboureurs y portoient leurs offrandes.

DRECANUM, lieu fitué dans la partie occidentale de l'île de Cos, felon Strabon. Il ajoute qu'il y avoit au même endroit un village que l'on nommoit *Os Portûs*.

DREPANA, *ou* DREPANE (1), ville de l'Afie mineure, dans la Lycie, felon Etienne de Byfance.

DREPANA. Le même géographe place une ville de ce nom dans la Sicile.

DREPANA, ville de l'Afrique, dans la Libye, felon Etienne de Byfance.

DREPANA. Le même géographe nomme ainfi deux îles de la mer Egée. Il les place dans le voifinage de l'île de *Lebinthus*.

R. La ville qu'Etienne de Byfance nomme Δρεπανη ἡ Φεακια, ou *des Phéaciens*, eft la même que Corcyre ou Corfou.

DREPANA, nom d'une montagne de l'Ethiopie. Il en eft fait mention par Etienne de Byfance.

DREPANUM, ville de l'Afie mineure, dans la Bithynie. Elle étoit fituée fur le golfe de Nicomédie, felon Nicéphore Califte. Il ajoute que Conftantin-le-Grand lui donna le nom d'*Hellenopolis*. Ortélius croit que cette ville eft nommée *Detalbes* par Etienne de Byfance.

DREPANUM PROMONTORIUM, promontoire du Péloponnèfe, dans l'Achaïe propre. Paufanias le place dans le golfe de Corinthe, aux environs du fleuve *Bolineus*, & des ruines de la ville de Rhypes. Ce promontoire étoit auffi nommé *Rhium*, felon Ptolemée.

DREPANUM PROMONTORIUM, nom d'un promontoire de la Cyrénaïque, contrée de l'Afrique. Il en eft fait mention par Ptolemée.

DREPANUM PROMONTORIUM, promontoire d'Egypte, dans le golfe Arabique, au 27e deg. 50 min. de latitude, felon Ptolemée. Cet ancien diftingue le promontoire *Lepte* de celui-ci, quoique Pline dife que c'eft le même.

DREPANUM PROMONTORIUM, promontoire, dans la partie fud-oueft de l'île de Cypre, au midi de l'ancienne ville de Paphos, felon Ptolemée. Sur la carte de M. d'Anville, il eft placé au nord-oueft de *Paphos*.

DREPANUM (*Trapani*), ville de la Sicile, à l'oueft. Ce fut dans ce lieu que, felon Virgile, Enée perdit fon père Anchyfe. Près de *Drepanum* étoit le temple de Vénus du mont Eryx.

Lorfque les Carthaginois fe furent établis en Sicile, ils fe rendirent maîtres de *Drepanum*, & firent tous leurs efforts pour la conferver. Cette ville eft fur-tout fameufe par la bataille navale de fon nom, dans laquelle Adherbal défit le conful Claudius, en 504. Après le gain de la bataille des îles *Ægades*, *Drepanum* paffa au pouvoir des Romains.

DREPANUM PROMONTORIUM, nom d'un promontoire de l'île de Crète, aujourd'hui *La Punta di Drapono*, dans l'île de *Candie*.

DREPANUM PROMONTORIUM. Strabon nomme ainfi un promontoire de l'île *Icaria*.

DREPANUM PROMONTORIUM. Ce promontoire étoit dans la partie occidentale de la Sicile, à l'oppofite des Ægades, fous le mont Erix, dont il faifoit partie, felon Ptolemée. C'eft aujourd'hui le cap *Trapani*.

DREPANUM PROMONTORIUM, autre promontoire de la Sicile ; mais à l'orient de l'île, & prefque vis-à-vis de l'ancienne ville de *Rhegium*, felon Pline. Il eft nommé *Argennon* par Ptolemée. C'eft aujourd'hui *Capo di S. Aleffio*.

DREPANUM, nom d'une petite anfe de l'Achaïe, qui étoit fituée à l'eft de Panorme. Strabon a confondu cette anfe avec Panorme. Il ajoute qu'il y avoit un temple de Neptune.

DRESIA, ville de l'Afie, dans la Phrygie, felon Etienne de Byfance. Ortélius croit que ce peut être la *Drifia* de Cédrène.

DRILLÆ, peuple de l'Afie, dans la Cappadoce, felon Xénophon. Il habitoit fur le bord du Pont-Euxin, entre la ville de Trébifonde & la Colchide. Arrien dit que ce peuple étoit voifin des *Murons*. C'eft une faute dans Etienne de Byfance que le nom συνοικια, *Cohabitatio*. Ce n'étoit ni une ville, ni un village, mais un peuple, apparemment une efpèce de horde.

DRILO, fleuve de l'Illyrie, appelée auffi *Drinus*. Après être remonté du fud-eft vers le nord-oueft d'*Epicaria*, il redefcendoit au fud fe jetter dans la mer, près de *Liffus*. Là fes eaux fe mêloient avec celles du *Mathis*.

DRILONIUS, ville que Théopompe, cité par Etienne de Byfance, dit être une grande ville, & la dernière des Celtes. Cela eft bien vague.

DRILOPHYLITÆ, peuple de l'Inde, en-deçà du Gange, felon Ptolemée.

DRIMATI. Selon Pline, c'eft le nom d'un peuple de l'Arabie heureufe.

DRIMILLUS, montagne de l'Afie. Plutarque le géographe la place dans le voifinage de l'Euphrate.

DRIMYSSA, île de l'Afie mineure, dans le voifinage de la ville de Clazomène, felon Thucydide, Tite-Live & Pline. Ces deux derniers la nomment *Drymufa*. Ortélius foupçonne que c'eft l'île *Dromifcos*, que Pline dit avoir été autrefois une île qui fut jointe à Milet : mais Pline parle de *Drymufa* comme d'une île qui fubfiftoit.

DRINOPOLEOS, nom d'une ville épifcopale de la Mœfie, felon Cédrène.

DRINUS, fleuve d'Europe, qui fervoit de bornes entre la Méfie fupérieure à l'eft, & l'Illyrie à l'oueft. Il commençoit au mont *Scardus*, remontoit décrivant une courbe vers l'oueft jufqu'à *Sirmium*,

---

(1) Δρέπανη & Δρέπανον fignifiant une faulx, il paroît que les anciens avoient donné ce nom aux lieux dont les ports avoient à-peu-près la forme de cet outil intéreffant des moiffonneurs.

d'où il alloit à l'est se jeter dans le Danube *Singidunum* (Belgrade.)

DRIOS, montagne du Péloponnèse, dans l'Arcadie, selon Diodore de Sicile.

DRIPPA, ville de Thrace, à l'est de l'*Hebrus* & de *Cypsela*, au nord-est d'*Ænos*.

DRISIN. Cédrène nomme ainsi une ville de la Thrace.

DRISON, ville de Grèce, dans l'Epire, selon Ortélius.

DRISON, ville de Thrace, selon Suidas, cité par Ortélius.

DRIUM, temple situé dans l'Apulie, au pied du mont *Garganus*.

DRIZIBIUM, château de l'Asie mineure, à l'entrée de la Cilicie, selon Zonare. Ortélius dit que Curopalate & Cédrène le nomment *Drizium*.

DROBETA, ville de la Dacie ripense. Il en est fait mention dans le livre des notices de l'empire.

DROI. Thucydide fait mention d'un peuple de ce nom. Ortélius croit que c'étoit un peuple de Thrace.

DROMISCOS, *ou* DROMISCUS, lieu de l'Asie mineure, dans le voisinage de la ville de Milet. Pline en parle comme d'une île qui avoit été jointe au continent.

DROMOS, campagne du Péloponnèse, dans la Laconie. Tite-Live rapporte que c'est où le tyran Nabis assembla & harangua ses troupes.

DROMOS ACHILLEOS. *Voyez* ACHILLEOS DROMOS.

DRONONIA, rivière de la Gaule aquitanique, selon l'Anonyme de Ravenne. C'est aujourd'hui *la Dordogne*.

DROPICI, peuple de l'Asie, dans la Perside. Hérodote dit que ce peuple nourrissoit des troupeaux.

DROSACHA, *ou* DROSICHA, ville de l'Asie, dans le pays des Serres, selon Ptolemée.

DROSICA. Ptolemée donne ce nom à la préfecture de la Thrace. On prétend que c'est le *Doriscus* de Pline.

DROXILIANA, ville de l'Afrique, selon l'Anonyme de Ravenne. On croit que c'est la même qu'il nomme *Drusiliana*.

DRUBETIS. L'Anonyme de Ravenne nomme ainsi une ville de la Dacie. On croit qu'elle est la même que *Drobeta*.

DRUENSIS, nom d'un siège épiscopal d'Afrique, selon les actes de la conférence de Carthage.

DRUENTIA FLUV. (la Durence), rivière de la Gaule, qui se jetoit dans le Rhône par sa gauche.

DRUGERI, nom d'un peuple de Thrace, selon Pline.

DRUIDES. On nommoit ainsi les prêtres & les juges des anciens Gaulois. Leur demeure principale étoit dans le pays des Carnutes. Ils tenoient leurs assemblées & faisoient leurs sacrifices sous des chênes sacrés. Jules-César & Cicéron en font mention. Un détail plus étendu sur cet objet n'appartient pas à la géographie.

DRUNA FLUV. rivière de la Gaule, nommée par Ausone, dans son poëme sur la Moselle. C'est, selon M. d'Anville, la Drome qui se jette dans le Rhône, au-dessous de Valence.

DRUNGUTITÆ, nom d'un peuple qui faisoit partie des Sclavons septentrionaux. Ils étoient tributaires des Russes, selon Constantin Porphyrogénète.

DRUSIAS, nom d'une ville de la Palestine. Ptolemée la place à l'occident du Jourdain.

DRUSILLIANA, ville épiscopale de l'Afrique proconsulaire, selon les actes de la conférence de Carthage.

DRUSOMAGUS, ville de la Vindélicie, selon Ptolemée. C'est aujourd'hui *Memmingen*.

DRUSUS, TOUR DE STRATON, *ou* CÉSARÉE, port de la Judée, sur la grande mer. Il étoit dans la demi-tribu de Manassé, en-deçà du Jourdain.

Cette tour fut nommée *Drusus* en l'honneur du fils de la femme de César. Hérode-le-Grand l'augmenta considérablement, & en fit une ville fameuse, au milieu de laquelle il fit bâtir un temple en l'honneur d'Auguste, & donna à la ville le nom de *Césarée*. Il orna le temple de deux statues, l'une d'Auguste, & l'autre de la ville de Rome. Il la décora d'un théâtre & d'un amphithéâtre : mais il fit aussi construire une forte citadelle pour contenir les Juifs.

DRUZIPARA, ville de Thrace, près le fleuve *Agrianes*, vers le nord-ouest, & à quelque distance de *Perinthus*.

DRYÆNA, *ou* CHRYSOPOLIS, ville de l'Asie, dans la Cilicie, selon Etienne de Bysance.

DRYAS, ruisseau de Grèce, dans la Thessalie, à vingt stades au midi du fleuve *Sperchius*, à-peu-près à la même distance, & au nord de l'Asopus.

DRYBACTÆ, *ou* TRYBACTRÆ, peuple de l'Asie, dans la Sogdiane, selon Ptolemée.

DRYITÆ, peuple d'Afrique, dans la Mauritanie césarienne, selon Ptolemée. Cet ancien les place sur les monts *Durdus*.

DRYITÆ, peuple de l'île de Crète, selon Théophraste, cité par Ortélius.

DRYMA, *ou* DRYME, ville de l'Afrique, dans la Libye, selon Etienne de Bysance. On croit qu'il faut lire *Adryma*, comme dans Strabon : ce seroit la même ville que celle d'*Adrumète*.

DRYMÆA, DRYMOS, & DRYMUS, ville de Grèce, dans la Phocide, sur les bords du *Cephissus*, au nord-est du mont Parnasse, & à vingt stades de *Tithronium*. On y voyoit un vieux temple dédié à Cérès Thesmophore ou Législatrice, dont la fête se célébroit tous les ans. La statue de la déesse étoit en marbre & debout. Pausanias dit que les habitans de cette ville étoient anciennement nommés *Nauboléens*. Elle est appelée *Drymia* par Etienne de Byſance, & Pline en nomme le territoire *Drymæa* & *Daulis*.

DRYMODES. Pline dit qu'anciennement on nommoit ainſi l'Arcadie, contrée du Péloponnèſe.

DRYNEMÆTUM, lieu de l'Aſie mineure, dans la Galatie, ſelon Strabon.

DRYOPA, ville du Péloponnèſe, dans l'Argolide, près la ville d'Hermione, ſelon Etienne de Byſance.

DRYOPES, les Dryopes. Quoique aucune diviſion de la Grèce n'ait porté le nom de ce peuple, il n'en eſt pas moins vrai qu'il occupa un rang diſtingué entre les Grecs, & qu'il en fut parlé pendant long-temps. On dit qu'ils avoient pris ce nom de Dryopus leur chef. On convient qu'ils habitoient d'abord auprès du mont Œta: mais Euſthate dit que c'étoit aux environs du *Sperchius* (en Theſſalie); & c'eſt le ſentiment adopté par M. Larcher. Pauſanias dit que c'étoit près du Parnaſſe, περὶ τὸν Παρνασσον (en Phocide); & c'eſt le ſentiment qu'a ſuivi M. d'Anville ſur ſa carte. Ils repaſſèrent dans le Péloponnèſe, après trois générations, ſous le règne de Phylas (apparemment leur chef ou leur roi, comme le dit Pauſanias); ils furent vaincus par Hercule, & amenés par lui à Delphes, où il les offrit à Apollon.

Mais ce dieu s'expliqua favorablement à leur égard. Hercule, par ſon ordre, les ramena dans le Péloponnèſe, où ils eurent la ville d'Aſine, près d'Hermione. Quelque temps après ayant été chaſſés de cette ville par les Argiens, ils furent bien reçus par les Lacédémoniens leurs alliés, & bâtirent une nouvelle ville d'Aſine ſur les terres des Meſſéniens, chaſſés de chez eux par les Lacédémoniens. A leur retour, les Meſſéniens ne cherchèrent point à les inquiéter.

Pauſanias fait obſerver que les Dryopes ne convenoient pas qu'Hercule les eût menés captifs à Delphes. Ils diſoient que pendant qu'ils habitoient auprès du Parnaſſe, ils avoient été aſſiégés par ce héros; que lorſqu'il ſe fut emparé de leur ville, ils s'étoient retirés ſur les ſommets du Parnaſſe; qu'enſuite ils avoient paſſé, à l'aide de quelques vaiſſeaux (ναυσίν), dans le Péloponnèſe, où Euryſthée, ce prince qui haïſſoit Hercule, leur donna la ville d'Aſine. Cette ville étoit en effet très-ancienne, puiſque Homère en parle. Cependant les Aſinéens n'avoient pas perdu le ſouvenir de leur origine: mais ils étoient les ſeuls deſcendus des anciens Dryopes, qui s'en fiſſent honneur. On voit, par cette expreſſion de Pauſanias, Μόνοι δε τοῦ γένοος του Δρυοπων..... que les Dryopes d'Aſine n'étoient pas les ſeuls qui avoient cette origine. Auſſi ajoute-t-il que les habitans de Styra étoient Dryopes. Comme ils avoient originairement leurs habitations autour de la ville que vint aſſiéger Hercule, ils ne purent entreprendre de lui réſiſter, & ſe retirèrent. Les Delphiens même étoient Dryopes, mais ils le diſſimuloient, dit Pauſanias, autant qu'il étoit en leur pouvoir.

M. Larcher ajoute, en finiſſant le peu qu'il dit de ce peuple: « il y a grande apparence que les » Dryopes, qui ſe joignirent aux Ioniens lorſqu'ils » allèrent s'établir dans l'Aſie mineure, étoient de » l'Argolide ».

DRYOPES, peuple de l'Aſie mineure. Ils avoient fait partie des peuples établis ſur les côtes occidentales, & compris ſous le nom d'*Ioniens*. (*Voyez* Hérodote, *L. I, c. 146.*) Strabon (*p. 586*) en parle auſſi, & les place aux environs de la ville d'Abydos. On croiroit qu'il les regarde comme originaires de la Thrace. Quant à ceux du Péloponnèſe, on croiroit qu'il les fit venir d'Aſie: mais tout cela n'eſt pas exprimé d'une manière poſitive.

DRYOPIS, la Dryopide. Pline la met ſur les confins de l'Epire, entre les Moloſſes, les Selles & les Caſſiopéens. Les Hellenes, chaſſés de l'Hiſtiæotide par les Cadméens, l'occupèrent quelque temps; ils paſſèrent de-là dans le Péloponnèſe, où ils prirent le nom de *Doriens*. On place ordinairement le pays appelé *Dryopis* en Theſſalie, & faiſant partie de la Phtiotide.

DRYOPIS, *ou* DRIOPIS, ville de Grèce, dans la contrée Oéta, vers la Trachinie, ſelon Etienne de Byſance.

DRYS, ville de Thrace, ſelon Etienne de Byſance.

N. B. Ce nom en grec ſignifie un chêne.

DRYS, ville d'Italie, dans l'Œnotrie, ſelon le même géographe.

DRYS, village de l'Aſie mineure, dans la Lycie. Il étoit ſitué ſur le fleuve *Aros*.

DRYS. Suidas nomme ainſi une ville de Grèce, dans l'Epire.

DRYS, ville marchande & port de mer de l'Aſie mineure, dans la Bithynie, & vis-à-vis de Nicomédie, ſelon Socrate. C'étoit un des fauxbourgs de la ville de Chalcédoine, ſelon Cédrène. Il ajoute que de ſon temps ce lieu étoit nommé *Rufiniana*.

DRYSI. Lucien nomme ainſi un peuple. Ortélius penſe que c'eſt le peuple d'une des villes nommées *Drys*.

D U

DUÆ COLUMNÆ, nom d'un bourg de l'Italie, dans l'Inſubrie, ſelon Ammien Marcellin.

DUÆ COLUMNÆ, lieu de la Thrace, dans le voiſinage de Conſtantinople, ſelon Nicétas, cité par Ortélius.

DUÆ SENEPSALITINÆ, ſiège épiſcopal d'Afrique, dans la province proconſulaire. On croit que c'eſt le même ſiège que la conférence de Carthage nomme *Duaſſenemſal*.

DUATUS SINUS, nom d'une baie de l'Arabie heureuſe, ſelon Pline.

DUBIS FLUVIUS, fleuve de la Gaule; le même que le *Doux*.

DUCÆ. Ptolemée nomme ainſi un peuple de l'Afrique, dans la Mauritanie céſarienne. Ptolemée ajoute que les Duces, ainsi que les *Coedamusii*, habitoient aux environs de la ville de *Sitifi*. Alors ils devroient être de la Mauritanie sitifense.

DUDINI, nom d'un peuple de l'Illyrie, selon quelques éditions de Pline. Le P. Hardouin dit que tous les manuscrits portent *Buni*.

DUDUA, *ou* DUDUSA, ville de l'Asie, dans la Galatie, selon Ptolemée.

DUDUM, ville de l'Afrique, dans la Libye intérieure, & au midi du fleuve Niger, selon Ptolemée.

DUGA, ville de l'Afrique, dans la Mauritanie tingitane, selon le livre des notices de l'empire.

DUGARIA, lieu de l'Asie, vers la Galatie, selon Métaphraste.

DULGIBINI. Tacite nomme ainsi un peuple de la Germanie. On croit que c'étoit une colonie des Chérusques, & que leur principale demeure étoit la ville d'*Ascalingium*, aujourd'hui *Lingen*, sur l'*Ems*. Ce peuple est nommé *Dulgumini* par Ptolemée.

DULICHIUM. Cette île étoit une des Echinades, selon Etienne de Bysance, Strabon, *&c.* C'est indiquer assez qu'elle se trouvoit à l'ouest de la Grèce, dans la mer d'Ionie : il faut observer cependant que les Echinades proprement dites, étoient les petites îles qui se trouvoient vers l'embouchure de l'Achéloüs : Etienne de Bysance dit qu'elle a aussi été appelée Δολιχα, *Dolicha*. M. d'Anville l'a distinguée sous ce nom sur sa carte; mais il pense que l'île qui se trouve plus près de Céphallénie, & qu'il nomme *Ithaque*, pourroit bien avoir aussi porté le nom de *Dulichium*. Son nom actuel est *Theaki*, ou la petite Céfalonie.

DULOPOLIS, forteresse de l'Egypte, selon Etienne de Bysance.

DULOPOLIS, ville d'Afrique, dans la Libye. Hécatée, cité par Etienne de Bysance, dit qu'un esclave qui portoit une pierre en cette ville, sortoit d'esclavage, fût-il étranger. Ce nom signifie ville des esclaves.

DUMA, grand village de la Palestine, dans la partie méridionale de la tribu de Juda, sur les confins du territoire de la ville d'Eleuthéropolis, selon Eusèbe & S. Jérôme.

DUMANA, nom d'une ville de l'Ethiopie, sous l'Egypte, selon Pline.

DUMATHA, ville de l'Arabie, selon Etienne de Bysance. Ptolemée l'appelle *Dumætha*, & la place dans l'Arabie pétrée.

DUMATHENII. Etienne de Bysance fait mention des Dumathéniens, peuple de l'Arabie pétrée.

DUMATHYR, nom que le périple d'Hannon donne à une plaine unie & spacieuse, située au midi du cap Hermeum. C'est où il établit sa première peuplade.

DUMNA, île que Ptolemée & Pline placent dans l'Océan septentrional. Le premier la met au 61e deg. de latit. Ortélius conjecture que c'est aujourd'hui l'île de *Hoy*, ou celle de *Ways*.

DUMISSUS, canton inculte & aride de la Gaule; Ausone en parle dans son poëme sur la Moselle. Il le décrit comme un endroit couvert de bois désert & privé d'eau. M. d'Anville croit retrouver le *Doumissus* ancien dans l'emplacement qu'occupe une grande forêt, entre Bingen & Simmeren.

DUMNITONUS, nom d'un lieu de la Gaule aquitanique, selon Ausone. On croit que c'est aujourd'hui le village de Domnissan, ou Donissent, en Médoc.

DUMNONII. Les Dumnoniens étoient un peuple de l'île d'Albion. Il habitoit ce qu'on appelle aujourd'hui *le pays de Cornouailles*.

DUNAX, montagne de la Thrace, selon Strabon. Elle est nommée *Donuca* par Tite-Live. C'est la partie la plus élevée du mont Rhodope.

DUNGA, nom d'une ville de l'Inde, selon Ptolemée. Il la donne aux *Ariaces Sadinorum*.

DUNRODUNUM, ville située dans la partie septentrionale de l'île d'Albion. Elle appartenoit aux *Carnovaces*.

DUO FLUMINA, lieu de l'Afrique, dans la Numidie, selon l'Anonyme de Ravenne & la table de Peutinger, où il est placé entre *Cimmachi* & *Calceus Herculis*.

DUODECIMUM (*ad*). Tacite parle de ce lieu en indiquant que ce douzième mille se trouvoit en partant d'Autun pour aller vers Châlons.

N. B. On trouve beaucoup d'autres positions sous le nom de *Duodecimum* (*ad*). Mais il seroit inutile de les rapporter ici : cette dénomination est toujours relative à un autre lieu dont on compte les milles.

DUODIENSE CASTELLUM, château de l'Afrique, dans la Mauritanie, selon Ammien Marcellin.

DUPLAVILIS. Cluvier attribue un lieu de ce nom à la Vénétie. On a dit aussi *Duplavelis*. Ce lieu étoit situé sur le *Plavis*.

DURA, *ou* DURIS, rivière de l'Hibernie, selon Ptolemée.

DURA, ville de l'Asie, dans la Mésopotamie, selon Etienne de Bysance & Polybe.

DURA, campagne de l'Asie, dans la Babylonie. C'est-là que Nabuchodonosor plaça la statue d'or qu'il avoit fait faire.

DURA, rivière de Grèce, dans la Trachinie, canton de la Thessalie. Lycophron, cité par Ortélius, en fait mention.

DURA, ville épiscopale d'Afrique, dans la Bysacène, selon la notice épiscopale d'Afrique.

DURA, ville de l'Asie, dans la Célésyrie, selon Polybe. Il ajoute que cette ville étoit très-fortifiée, & qu'elle fut assiégée par Antiochus, roi de Syrie; mais qu'il ne put la prendre. On croit que c'est la même ville que l'écriture sainte nomme *Dor*, entre Ptolémaïs & Césarée.

DURA (*Imam-Mohammed Dour*), ville de l'Asie, sur la rive gauche du Tigre, à l'est-sud-est de

Birtha. Il en est fait mention dans la marche de Jovien.

Cette ville de l'Assyrie étoit située vers le 34e deg. 50 min. de latit.

DURA, *ou* NICANORIS, ville de l'Asie, dans la Mésopotamie, sur le bord de l'Euphrate, selon Ammien Marcellin & Isidore de Charax. Ce dernier dit *Nicanoris.*

Cette ville étoit située au sud-est de *Circesium*, vers le 34e deg. 55 min. de latit.

DURANIUS FLUVIUS, rivière de la Gaule, que l'on a dans la suite nommée *Duranius*, & que l'on appelle actuellement la Dordogne.

DURAS, fleuve de la Vindélicie. Il va se perdre dans l'Ister, selon Strabon. Ortélius soupçonne que c'est aujourd'hui le *Draum.*

DURBETA, *ou* DORBETA. Selon les divers exemplaires de Ptolemée, ville de l'Asie, dans la Mésopotamie. Il la place près du Tigre.

DURDUS MONS, chaîne de montagnes de l'intérieur de l'Afrique, dans la Mauritanie césarienne. Elles s'étendoient du sud-ouest au nord-est. Ptolemée en fait mention.

DURERIE, lieu de la Gaule, dans la troisième Lyonnoise. Il se trouvoit au nord-ouest de *Condivicnum* sur l'*Herius* (la Vilaine), d'où il paroît que s'étoit formé son nom du celtique *dor-erie* (passage de l'Erié).

DURIA MAJOR (*la Doria Baltea*), rivière de la Gaule transpadane. Elle commençoit entre les Alpes Grées & les Alpes Pennines, passoit à *Eporedia*, & se rendoit dans le Pô, à l'est de la *Duria Minor.*

DURIA MINOR (*la Doria Riparia*), rivière de la Gaule transpadane. Elle commençoit à l'ouest, passoit à *Segusio*, & venoit se rendre dans le Pô à *Augusta Taurinorum.*

DURIÆ, *ou* DURII, lieu de l'Italie, selon l'itinéraire de Jérusalem. On croit que c'est aujourd'hui *Dorno.*

DURII, lieu de l'Italie, dans la Gaule transpadane, chez les *Lævi*, au nord-est de *Laumellum.*

DURIUS (*Douero*, ou *Douro*), rivière de l'Hispanie citérieure.

DURNIUM, petite ville de l'Illyrie. Il en est fait mention par Tite-Live.

DURNIUM. Ce nom, qui est donné par quelques auteurs à la ville des *Durotriges* dans l'île d'Albion, paroît devoir être la *Durnovaria.*

DURNOMAGUS, lieu de la Gaule, dans la seconde Germanie, à la gauche du Rhin, à quelque distance au nord de *Colonia Agrippina.*

DUROBRABIS, ville de l'île d'Albion, selon l'Anonyme de Ravenne. Elle est nommée *Durobrivis* dans l'itinéraire d'Antonin, où elle est marquée à vingt-sept milles de *Londinium.* On croit que c'est aujourd'hui *Rochester.*

DUROBRISIS, nom d'un lieu de l'île d'Albion, dans le voisinage de *Venta Icenorum*, selon l'Anonyme de Ravenne. On croit que c'est aujourd'hui *Dornford.*

DUROCASSES, DUROCASIS, DUROCASES, *&c.* d'où l'on a fait *Drocæ*, & enfin *Dreux*, ville de la Gaule, dans la quatrième Lyonnoise, au nord-ouest d'*Autricum.*

DURO-CATALAUNUM, ville de la Gaule, la même que *Catalauni.*

DUROCORNAVIS, nom d'un lieu de l'île d'Albion, selon l'Anonyme de Ravenne. On croit que c'est aujourd'hui *Cirenchester.* Ce lieu est nommé *Durocornovium* dans l'itinéraire d'Antonin.

DURO-CORTORUM, ensuite *Remi* (Reims). César écrit ce nom *Duricartora.* Cette ville étoit dans la Gaule, chez les *Remi*, dans la seconde Belgique. On ne voit pas de villes en Gaule où il se rendît plus de voies militaires. Ses habitans se montrèrent attachés aux Romains dès le temps de César. Elle devint si célèbre par ses écoles, que Cornélius Fronto, rhéteur fameux au temps d'Adrien, la compare à la ville d'Athènes.

DUROICOREGUM, nom d'un lieu de la Gaule belgique, selon l'itinéraire d'Antonin. On croit que c'est aujourd'hui Douriers, au passage de l'Autie.

DUROLEVUM, nom d'un lieu de l'île d'Albion, selon l'itinéraire d'Antonin. On croit que c'est aujourd'hui *Lenham.*

DUROLIPONS, lieu de l'île d'Albion, selon l'itinéraire d'Antonin.

DUROLITUM, nom d'un lieu de l'île d'Albion, à cinq milles de *Londinium.* Il en est fait mention dans l'itinéraire d'Antonin. On croit que c'est aujourd'hui *Leigton Stone.*

DURONIA, ville de l'Italie. Tite-Live la place dans le pays des Samnites.

DURONUM, ville de la Gaule belgique, selon l'itinéraire d'Antonin. On croit qu'elle est remplacée par le lieu appelé actuellement Estrancanchie.

DUROSTOLON, ville de la basse-Mysie, selon Ptolemée. Elle est nommée *Dorostoron* par Ammien Marcellin, & *Dorostena* par Jornandès.

DUROTINCUM, lieu de la Gaule, chez les Allobroges, tout près de l'*Alpis Graïa*, sur la route de *Cularo* à *Brigantio.*

DUROTRIGES, peuple de l'île d'Albion, selon Baudrand. Ce peuple avoit la mer au midi, les Domniens au couchant, les Belges au levant & au nord.

DUROVERNUM, ville de l'île d'Albion, dans le pays des Cantiens. C'est aujourd'hui *Cantorbéry.*

DURVUS MONS, montagne de la Gaule, dans la province appelée *Maxima Sequanorum.* Il y avoit un passage par cette montagne, ainsi que l'a fait connoître une inscription gravée sur le rocher. Elle étoit entre le pays des *Rauraci*, au nord, & celui des *Helvetii*, au sud.

N. B. On connoît aujourd'hui ce passage sous le nom de *Pierre-Pertuse*, ou de *Pierre-Porte.*

DUSENSUS, DUSITANUS, siège épiscopal de l'Afrique, selon les actes de la conférence de Carthage.

D Y

DYMA, ville du Péloponnèse, dans l'Achaïe. *Voyez* Dyme.

Dyma, ville de la Thrace, sur la rive orientale du fleuve *Hebrus*, au-dessus de Trajanopolis, & au-dessous de Plotinopolis. Il en est fait mention par Ptolemée & par l'itinéraire d'Antonin, où elle est nommée *Dimé*.

DYME, appelée aussi *Dyma*, ville de l'Achaïe, à l'ouest d'*Olène*, & au fond d'un petit golfe, ayant au nord-ouest le promontoire *Araxum*.

Elle avoit d'abord porté le nom de *Palea*, selon Pausanias, & selon Strabon (*pag. 387*), on la nommoit *Stratos*. Ces deux auteurs ne s'accordent pas davantage sur l'origine du nom de *Dyme*. Celui qu'elle a toujours eu depuis, dit Pausanias, lui venoit, selon les uns, d'une femme du pays, selon les autres, de Dymes, fils d'Egimius. Strabon dit que ce nom, relatif à sa position, signifioit l'occidentale; *Δῦμη.... πασῶν (τῶν Αχαϊκων) δυσμικωτάτη ἀφ' ὅυ καὶ τ. ὄνομα* (1).

Polybe, en parlant de l'influence que les Lacédémoniens & les rois de Macédoine, sur-tout depuis la mort d'Alexandre, eurent sur toutes les affaires de la Grèce, ajoute qu'en la cent vingt-quatrième olympiade (284 avant J. C.) Dyme & Patras furent du nombre des premières villes qui se réunirent pour secouer le joug de l'étranger. Cependant il paroît qu'elle changea de parti, puisque Pausanias dit que de toutes les villes des Achéens, elle fut la seule qui suivit le parti de Philippe, fils de Démétrius, lorsque les Romains se déclarèrent contre lui. Mais ceci fait honneur au gouvernement de Dyme, puisque leur conduite étoit réglée par leur reconnoissance envers ce roi : c'étoit lui qui avoit fait racheter & rétablir dans leur ville ceux des citoyens que les Romains avoient fait précédemment prisonniers. Aussi, ajoute Tite-Live (*L. XXXII, c. 22*), personne n'en fut surpris & ne les désapprouva. Mais Sulpicius, qui commandoit l'armée romaine, l'abandonna au pillage après l'avoir prise.

Au temps de la guerre des pirates, Pompée y plaça une certaine quantité des restes de ces pirates de la côte de Cilicie, dont il avoit purgé la mer.

Dyme fut mise par Auguste dans la dépendance de Patras.

Les terres de Dyme étoient illustrées par plusieurs combats fameux, entre autres par la défaite entière des Achéens par les Lacédémoniens, sous la conduite de Cléomène, l'an 227 avant J. C.

Dyme, ville de la Thrace, sur l'*Hebrus*, à sa droite, à quelque distance de la mer.

DYRAS, fleuve qui prenoit sa source au mont Œta, & se jetoit dans le golfe Maliaque, entre Anticyre & Anthèle. Selon Hérodote, ce fleuve étoit sorti de terre pour secourir Hercule, lorsqu'il se brûloit.

DYRRACHIUM, ville de l'Illyrie, avec un port sur la mer Adriatique, à l'opposite de *Brundusium*. Elle avoit autrefois été nommée *Epidamnus*; mais les Romains y établirent une colonie, & la nommèrent *Dyrrachium*. Selon Strabon, cette ville dut sa fondation à une colonie de Corcyréens. Cicéron, Pausanias, Pline, Pomponius Méla, *&c.* font mention de cette ville. C'étoit un port très-fréquenté au temps des Romains par tous ceux qui passoient de *Brundrisium* en Grèce. C'est aujourd'hui la ville de *Durazzo*.

DYRZELA, ville de l'Asie, dans la Pisidie, selon Ptolemée.

DYSORUM MONS. Cette montagne, au temps d'Hérodote, séparoit (vers le bord de la mer), la Thrace de la Macédoine : elle étoit peu éloignée du lac *Prasias* (2), & d'une mine d'argent, qui avoit quelquefois rapporté un talent par jour. Hérodote, *L. V, 17*.

(1) Cette étymologie paroît assez naturelle. Il n'y a qu'une lettre qui peut faire naître un peu d'incertitude. *Δυσμὴ* signifie en effet le coucher du soleil. L'usage auroit donc supprimé le sigma.

(2) Dans la géographie d'Hérodote (*T. VII, p. 133*), on lit *Prusias*. C'est une faute d'impression. *Voyez* le texte, *T. IV, p. 10*.

EARES, ancien peuple de l'Inde, selon Etienne de Bysance, qui, joint à Dériades, combattit contre Bacchus. Aucun autre auteur ne parle de cette nation.

EASIS, ville de l'Asie, dans la Gédrosie. Elle étoit la métropole de cette contrée, selon Ptolemée.

EASIUM, ville du Péloponnèse, dans l'Achaïe, selon les anciennes éditions de Pausanias; mais à présent on lit *Ægium*.

E B

EBELLANO, ancienne ville de l'Hispanie, selon l'itinéraire d'Antonin, où elle est placée à vingt-deux mille pas de *Forum Gallorum*.

EBELLINUM, sur les terres des Iaccétans, vers le sud-ouest de Iacca.

EBEZINTHIA, *ou* EBEZIUTHIA, ville de la Palestine, dans la tribu de Juda, selon Eusèbe & S. Jérôme. On croit que c'est la même qui est nommée *Baziothia*, dans le livre de Josué.

EBIRNUM, nom d'une ville de la Gaule, selon une feuille de la table de Peutinger, citée par Ortélius.

EBISMA, ville de l'Arabie heureuse, dans le pays des Adramites, selon Ptolemée.

EBLANA, nom d'une ville de l'Hibernie, selon Ptolemée. C'est aujourd'hui *Dublin*.

EBLANII. Les Eblaniens étoient un peuple de l'Hibernie. Il occupoit le pays nommé aujourd'hui *Comté de Dublin*.

EBLITEI MONTES, nom d'une contrée de l'Arabie heureuse, selon Pline.

EBOB, ville de la Palestine. Elle appartenoit aux Moabites. Il en est fait mention par Hésychius, cité par Ortélius.

EBODA, ville de l'Arabie pétrée, selon Ptolemée. Elle est placée dans l'Arabie heureuse par Pline, qui la donne aux Helmodènes.

EBORA (*Evora*), ville de l'Hispanie, dans la Lusitanie, au sud-ouest. Au rapport de Pline, elle fut appelée par César *Liberalitas Julia*; & une inscription porte qu'elle eut ce nom par la permission de César, grand-pontife.

Selon Bochard, le nom de cette ville signifie, en oriental, *abondance*. Cette étymologie répond bien à l'épithète de *Cerealis* que lui donne Pline; car par *Cerealis*, il faut entendre, qui est doué des présens de Cérès. Il paroît que par l'épithète de *Julia*, jointe au mot *Liberalitas*, les habitans vouloient indiquer leur reconnoissance pour les bienfaits dont les avoit comblés Auguste.

EBOROLACUM (*Ebreul*). C'étoit une des quatre maisons royales de l'Aquitaine. Ce même lieu est nommé *Evrogilum* par l'auteur de la vie de Louis-le-Débonnaire.

EBREDUNUM (*Iverdun*), lieu de la Gaule, à l'extrémité de la Grande-Séquanoise.

EBRODUNUM (*Embrun*), ville de la Gaule, chez les *Caturiges*. Ce nom est écrit *Eborudono* dans l'itinéraire d'Antonin; *Hebriduno* dans celui de Jérusalem; *Eburono* dans la table de Peutinger. Ce lieu étoit au pied des Alpes; c'est pourquoi Ptolemée le comprend dans l'Italie, ainsi que plusieurs lieux qui appartiennent à la Gaule.

EBROMAGUS, *ou* EBROMANUS PAGUS, lieu de la Gaule aquitanique, selon l'itinéraire d'Antonin.

EBRUS, nom d'une rivière de l'Illyrie, selon Diodore de Sicile.

EBRUS, rivière de Grèce, dans la Thessalie, selon Théophraste. Elle passoit près la ville de *Larisse*.

EBURA, *ou* EBORA, ancienne ville de l'Hispanie, selon Pline. C'est aujourd'hui *Alcala-Real*, entre Grenade & Cordoue.

EBURAICI, nom d'un ancien peuple de la Gaule. Il habitoit dans le diocèse d'*Evreux*.

EBURINI, peuple de l'Italie, dans la Lucanie, selon Pline.

EBUROBRICA, ancien nom d'un lieu de la Gaule, selon l'itinéraire d'Antonin. Ce lieu est nommé *Eburobriga* dans la table de Peutinger. Il étoit entre Auxerre & Troie, & c'est aujourd'hui Saint-Florentin, selon la notice de la Gaule de M. d'Anville.

EBUROBRITIUM, nom d'un lieu de l'Hispanie, dans la Lusitanie, selon Pline. C'est aujourd'hui *Ebora-de-Alcobaça*.

EBURONES, ou les Eburons. Ils sont donnés comme un des peuples les plus anciens de la Belgique. Leur pays répondoit à une partie des duchés de Clèves, de Juliers & de Gueldre. Leur principale ville étoit *Atuatuca*. Ils habitoient donc le pays de Tongre, c'est-à-dire, les duchés de Clèves, de Juliers & de Gueldre. César avoit mis chez eux, en quartier d'hiver, une légion qui y fut défaite par Ambiorix, qui commandoit alors les Eburons. César, pour venger sa légion, vouloit exterminer la nation entière. Il les traita au moins si mal, qu'il n'en est plus question dans les auteurs depuis cette époque. On y voit que les *Tungri* leur avoient succédé.

EBURONIA, ville de la Gaule belgique. Ortélius croit que c'est aujourd'hui *Boury*, dans le pays de Liège; mais Baudrand prétend que par ce nom, on désignoit tout le pays des Eburons.

EBURUM,

EBURUM, nom d'une ancienne ville de la Germanie, dans le pays des Quades, selon Ptolemée. On pense que c'est aujourd'hui *Olmutz*, ville de la Bohême.

EBUSUS (*Iviça*), île de la Méditerranée, près des côtes de l'Hispanie.

Cette île, assez fertile en différentes productions, ne portoit pas de bled ; mais dans un petit canton, il y avoit de la vigne : & par-tout elle produisoit des olives & des figues fort grosses. Ces figues bouillies & séchées étoient portées à Rome & ailleurs sous le nom de *Caunæ*, parce que c'étoit de la ville de *Caunus* en Carie, qu'étoient venues les premières figues de cette espèce.

Pomponius Méla dit qu'il n'y avoit point de reptiles dangereux à *Ebusus*.

EBUTIANA, ville d'Italie, dans le Samnium propre, au nord-ouest d'*Alifæ*.

E C

ECBATANA (1) (Amadan), ville célèbre d'Asie, la capitale de la Médie, depuis Déjocès, qui la fit bâtir. Diodore la place à douze stades du mont Oronte, dans une plaine. Comme cette ville est aujourd'hui remplacée par Hamadan ou Amadon, on peut reconnoître très-bien sa position. Il y a en effet au nord des montagnes appelées aujourd'hui *Monts Caragans*; au midi, le pays est uni & découvert. Ecbatane, selon Diodore, avoit deux cens cinquante stades de tour. Lorsque l'empire des Perses se fut élevé sur les ruines de celui des Mèdes, les rois faisoient en été leur séjour à Ecbatane, parce qu'étant située plus au nord, ils y trouvoient plus de fraîcheur que dans les parties méridionales. Voici comment Hérodote (*L. 1, 98*) parle des commencemens de cette ville.

« Déjocès ne se vit pas plutôt sur le trône, qu'il » obligea ses sujets à se bâtir une ville, à l'orner » & à la fortifier..... Les Mèdes, dociles à cet » ordre, élevèrent cette ville forte & immense (2) » connue aujourd'hui sous le nom d'*Ecbatane*, dont » les murs concentriques sont renfermés l'un dans » l'autre, & construits de manière que chaque en- » ceinte ne surpasse l'enceinte voisine que de la » hauteur des crénaux. L'assiette du lieu, qui s'é- » lève en collines, en facilite les moyens. On fit » encore quelque chose de plus. Il y avoit en tout » sept enceintes, & dans la dernière étoient le palais » & le trésor du roi ».

Ce palais, selon Diodore de Sicile (*L. XI, 13*) étoit au-dessous de la citadelle, & avoit sept stades de tour. La charpente en étoit de cèdre ou de cyprès. Les poutres, les plafonds, les colonnes des portiques, & les péristyles, étoient revêtus de lames d'or & d'argent : les toits étoient couverts de tuiles d'argent. Le tout fut pillé vers le temps de l'arrivée d'Alexandre.

« Le plus grand circuit de la ville, ajoute Hé» rodote, égaloit à-peu-près celui d'Athènes (3). » Les crénaux de la première enceinte sont peints » en blanc, ceux de la seconde en noir, ceux de » la troisième en pourpre, ceux de la quatrième en » bleu ; ceux de la cinquième sont d'un rouge- » orange : c'est ainsi que les crénaux de toutes les » enceintes sont ornés de différentes couleurs : » quant aux deux dernières, les crénaux de l'une » sont argentés, & ceux de l'autre sont dorés ».

Je remarquerai cependant que le texte d'Hérodote ne me paroît pas dire ensuite ce qu'il veut faire entendre ; ou bien qu'il dit une chose qui ne paroît pas raisonnablement avoir été vraie. Du moins c'est la première idée qui frappera tout homme réfléchi, en lisant dans la nouvelle traduction : « tels furent le palais que se fit cons- » truire Déjocès, & les fortifications dont il l'en- » toura. Le reste du peuple eut ordre de se loger » autour de la muraille ». Si par les fortifications on entend, comme cela est raisonnable, les sept enceintes, il s'ensuit que le peuple étoit hors de la dernière : mais qu'est-ce qu'une ville dont le peuple loge hors de son enceinte ? Et comment Déjocès auroit-il pu faire défendre ces enceintes, dont la dernière devoit avoir plus de neuf lieues ? Voici comment je pense que l'on peut entendre l'historien grec, qui dit : *ταῦτα μεν δὴ ὁ Δηϊοκης ἑώυτῳ τε ἐτεῖχε καὶ περὶ τα ἑώυτου οἰκία*, « telles furent » les fortifications dont Déjocès s'entoura, ainsi que » tous ceux qui formoient le corps de ses troupes ». C'est ce sens, que je crois trouver dans l'intention de l'auteur, autant que dans le sens de *τα οἰκία*, qui semble vouloir dire les hommes de sa maison, ceux qui lui sont particuliérement attachés : en résulte-t-il qu'ils fussent en grand nombre ? Mais tout le reste des Mèdes, *αλλον δημος* fut placé dans les environs.

On trouve, dans le livre de Judith, que la fondation d'Ecbatane est attribuée à Arphaxad. Il se peut, comme le pense D. Calmet, que cet Arphaxad soit le même que Phraortès, successeur de Déjocès, ou que, quel que soit ce prince, il ait fait

(1) Il y a des textes d'Hérodote où l'on trouve ce nom écrit *Agbatana*, comme dans Etienne de Bysance. Il semble même que M. Larcher croie que cette orthographe est la même dans toutes les éditions ; car il assure que c'est celle d'Hérodote : apparemment qu'elle se trouve dans les meilleurs manuscrits. Au reste, ce nom paroît s'être formé de l'oriental *bethan*, un palais ; nom qui convenoit très-bien à l'établissement d'un souverain comme Déjocès.

(2) Le texte dit des murailles très-étendues, *τείχεα μεγάλα τε καὶ καρτερὰ, ταῦτα νῦν Ecβάτανα κέκληται.*

(3) Diodore dit positivement qu'Ecbatane avoit 250 stades de tour. La comparaison qu'en fait Hérodote avec Athènes, donne à-peu-près la même étendue, puisque Dion Chrysostôme donne à Athènes 200 stades d'étendue, qu'Aristide suppose que son enceinte étoit d'un jour de chemin, &c. &c.

des réparations à la ville qui l'en aient fait regarder comme le fondateur : car d'ailleurs le témoignage d'Hérodote est si formel, que l'on ne peut guère s'en écarter. Cette ville subsista long-temps, sans doute, avec la même forme. Les rois de Perse y alloient tous les ans ; & l'on voit, dans le second livre des Machabées, qu'Antiochus Epiphanes étoit à Ecbatane, lorsqu'il apprit la défaite de ses armées dans la Palestine.

ECBATANA, ville de Syrie, au pied du mont Carmel, du côté de Ptolémaïs. Ce fut en cette ville que mourut Caculyse, en s'en retournant de l'Egypte pour aller à Suse.

N. B. Je remarque que M. d'Anville n'a pas mis cette Ecbatane sur sa carte de la Syrie. On y trouve, il est vrai, *Batania* : mais comme Pline dit qu'Ecbatane étoit au pied du Carmel, du côté de Ptolémaïs, les positions ne s'accorderoient pas. C'est un point à discuter ailleurs.

ECBATANA, ancienne ville de l'Asie, dans la Perside. Elle étoit surnommée *des Mages*, pour la distinguer de celles de Médie & de Syrie. Elle appartenoit aux Mages. Darius transporta cette ville vers les montagnes. Il est fait mention de cette ville par Pline.

ECBENÆ. Hésychius, cité par Ortélius, nomme ainsi une montagne ; mais il ne dit pas de quel pays. Il ajoute qu'il en sortoit une rivière du même nom.

ECDAMUA, nom d'une ancienne ville de l'Asie, dans la Galatie, selon Ptolemée.

ECETRA, ville de l'Italie, chez les Volsques, selon Cluvier.

ECHEDAMIA, ancienne ville de Grèce, dans la Phocide, selon Pausanias.

ECHEDORUS, rivière de la Macédoine, dans l'Amphaxitide, selon Ptolemée. Elle est nommée *Chidoros* par Hérodote, qui en met la source dans la Crestonie. Il ajoute qu'elle traverse la Mygdonie, & qu'elle coule le long du marais qui est au-dessus de l'Axius, & qu'elle alloit se perdre dans ce fleuve.

ECHELIDES, lieu de la Grèce, dans l'Attique. Ce lieu étoit fameux par ses jeux gymniques. Il étoit près du Pyrée, & avoit pris ce nom d'un héros nommé *Echelus*.

ECHELLE DES TYRIENS (*l'*), très-haute montagne de la Phénicie, que Joseph place à cent stades au nord de Ptolémaïs. Les habitans du pays l'appellent *percée*, parce qu'ils prétendent qu'Alexandre l'a fait ouvrir pour s'y pratiquer un passage.

ECHETIA, nom d'une ancienne ville de l'Italie, dans le pays des Volsques, selon Etienne de Bysance. On croit que c'est la même qu'*Echetra*.

ECHETLA, ancienne ville de la Sicile, vers les sources du fleuve *Achates*. Elle a été très-forte, selon Polybe, Diodore de Sicile & Etienne de Bysance. Ce dernier dit que Xénodocus, chef des Agrigentins, prit cette ville ; mais qu'il rendit aux citoyens le gouvernement démocratique. Elle étoit située sur les frontières des Carthaginois & des Syracusains, lors de la première guerre punique. C'est aujourd'hui *Ochula*, ou *Aquila*.

ECHETRA, ancienne ville de l'Italie, & la capitale des Volsques, selon Denys d'Halicarnasse. Il ajoute qu'elle étoit située en un lieu très-avantageux pour la défense. Elle est nommée *Ecetra* par Tite-Live. De l'Isle la place sur les frontières des Æques & des Herniciens.

ECHIDORUS, *ou* ECHEDORUS, fleuve d'Europe, dans la Macédoine. Il avoit sa source dans le pays des Crestonéens, couloit par la Mygdonie, & alloit porter ses eaux vers le golfe. Il s'offre une petite difficulté géographique, par rapport à ce fleuve, difficulté qu'une connoissance exacte du local actuel ne feroit pas disparoître : car il est très-probable qu'il a dû éprouver du changement. Il en est de même de tous les pays où l'on trouve les eaux rassemblées en marais aux embouchures des fleuves. Hérodote dit que l'Echidore se décharge près du marais qui est au-dessus de l'*Axius*. Il est probable qu'il indique que ce fleuve se jetoit dans le golfe : d'une autre part, Ptolemée distingue très-bien, dans l'Amaxitide, l'embouchure de l'Echidore de celle de l'Axius. C'est en réunissant ces deux témoignages que M. Larcher, (1) s'étonne, avec raison, de ce que M. d'Anville a fait tomber l'Echidore dans l'*Axius*, au-dessus de *Gephira*, & ne leur donne ensuite qu'une embouchure commune. Je pense que l'exact M. d'Anville aura été trompé par l'état actuel du local. Ces fleuves se réunissent ainsi actuellement : mais il se peut très-bien qu'au temps d'Hérodote, & même de Ptolemée, les terres qui embarrassent l'embouchure de l'Axius eussent moins d'étendue, & qu'alors chacun des deux fleuves ait eu son embouchure séparée. Je pourrois citer plusieurs exemples de changemens de ce genre. Je m'en tiens au suivant. Au temps de Strabon, l'*Ausar* se rendoit dans l'*Arnus*. Les terres se sont tellement accrues à leur embouchure, que les deux fleuves se sont séparés. Le Serchio (*Ausar*) a son embouchure à six milles au nord-ouest de celle de l'Arno.

ECHINOS, îles de la mer Ionienne. Les Grecs les appelloient Ἐχῖναι & Ἐχινάδες, *Echinæ* & *Echinades*, vis-à-vis de l'Etolie, & de l'embouchure du fleuve Acheloüs, à l'orient de Leucade. Les îles Taphiennes ou Téléboïdes étoient comprises sous ce nom : mais Pline semble les distinguer. Tacite, Ovide, Etienne de Bysance, Strabon, Ptolemée, &c. font mention de ces îles. Il y en a eu plusieurs de jointes à la Terre-ferme, par les sables & le limon que le fleuve Acheloüs amasse à son embouchure. Scylax dit qu'elles étoient désertes. Elles sont aujourd'hui nommées *Curzolari*.

Pausanias croit que si les Echinades ne sont pas jointes au continent, que cela vient de ce que l'A-

(1) Géographie d'Hérodote, *p.* 334.

cheloüs n'a pas continué à charier la même quantité de limon : ce qui eût rempli l'intervalle qui en sépare ces îles. Les mythologues, & d'après eux Ovide, qui a transmis leurs brillantes rêveries, ont dit que ç'avoit été autrefois des Nayades étoliennes, qui, voulant faire un sacrifice de dix taureaux, y invitèrent tous les dieux champêtres : mais elles n'invitèrent pas le fleuve Acheloüs, qui s'en vengea, en les métamorphosant en îles. (*Métamor. L. VIII.*)

ECHINUS, ville de Grèce, dans l'Acarnanie, selon Pline & Etienne de Bysance.

ECHINUS, ville de Grèce, dans la Phthiotide, selon Scymnus de Chio & Pline. Ce dernier dit que cette ville étoit située à l'embouchure du fleuve Sperchius : mais l'autre la place au fond du golfe Maliaque.

ECLANUM, ville d'Italie, selon l'itinéraire d'Antonin. Elle est nommée *Æculanum* par Ptolemée.

C'étoit une ville de la Campanie, & est aujourd'hui connue sous le nom de *la colonie.*

ECNOMUS, colline de la Sicile, selon Diodore de Sicile. Il ajoute que Phalaris y avoit eu un château où étoit le taureau d'airain, dont ce tyran se servoit pour faire mourir les citoyens. Cluvier dit que le château de Phalaris est le même que celui de Dédale : mais de l'Isle les distingue, quoique tous les deux sur cette montagne. Cluvier dit que le mont *Ecnomus* est aujourd'hui nommé *Monte d'Alicata*, ou *di Licata.*

ECOBROGIS, *ou* EUBROGIS, ville de l'Asie, dans la Galatie, selon l'itinéraire d'Antonin.

ECONIA, bourg maritime de la Grèce, dans la Thessalie. Pline le place sur le bord du golfe Maliaque.

ECRECTICA, pays de l'Asie. Il en est fait mention par Pline, Ptolemée & Pomponius Méla.

ECREGMA, lieu de l'Egypte, dans le voisinage de la ville de Péluse, selon Diodore de Sicile.

ECTENÆ, les Ectènes. Selon Pausanias, ce furent les premiers peuples qui, en Béotie, ont habité le territoire de Thèbes. Ils eurent pour roi Ogygus, Autochtone, ou originaire du pays : de-là vient que les poëtes ont quelquefois donné à la ville de Thèbes le surnom d'Ogygies. Ce peuple étant mort de la peste, les Hyautes lui succédèrent. *Pauf. in Beot. c. 5.*

ECTINI, peuple des Alpes maritimes, au nord des *Beritini.* Ils sont nommés dans le trophée des Alpes, & furent vaincus par Auguste.

Le P. Papon dit qu'il est vraisemblable que ce peuple tiroit son nom de la Tinée, & qu'il occupoit une assez grande étendue de pays entre cette rivière & le Var, depuis la source de la première jusqu'au village du Thoët.

ECTODURUM, HECTODURUM, *ou* ECTODURUS, ville de la Rhétie, dans la Vindélicie, selon Ptolemée.

ECUR, *ou* ICUR, selon les différentes éditions de Ptolemée, ancienne ville de l'Inde, en-deçà du Gange. Cet ancien la place au 16ᵉ deg. 40 min. de latitude.

E D

EDA. Suidas nomme ainsi une rivière du Péloponnèse, dans la Messenie.

EDDANA, ville de l'Asie, située sur le bord de l'Euphrate, selon Etienne de Bysance. Elle fut bâtie par les Phéniciens, qui y établirent une colonie. Cette ville prit son nom d'Eddanos, chef de la colonie.

EDDARA, ville de l'Arabie déserte, selon Ptolemée.

EDEATES, peuple de l'Illyrie. Il faisoit partie des Japodes, selon Appien, cité par Ortélius.

EDEBESSUS, ville de l'Asie mineure, dans la Lycie, selon Capiton, cité par Etienne de Bysance.

EDEMA, ville de la Judée, dans la tribu de Nephtali, selon le livre de Josué.

EDEN. Ce nom oriental a présenté deux sens aux traducteurs de la Bible : les uns l'ont conservé comme étant celui d'une contrée ; d'autres l'ont rendu par le mot *délices.* Les uns & les autres y ont placé la formation du premier homme & le paradis terrestre, où il habita d'abord. Ceci n'est pas proprement du ressort de la géographie. *Voyez*, dans la Bible d'Avignon, une dissertation sur le paradis terrestre, *T. I, p. 331.*

EDEN, ville de l'Asie, dans la Syrie. Elle étoit située sur le mont Liban, près le fleuve Adonis, & vers le nord des cèdres du Liban.

D. Calmet croit que le prophète Amos parle de cette ville, lorsqu'il dit : je détruirai celui qui tient le sceptre de la maison d'Eden, ou de volupté.

EDENATES, peuple des Alpes maritimes, au sud des *Esubiani.* Il en est fait mention dans le trophée des Alpes, qui a été conservé par Pline.

Ce peuple occupoit le territoire de Seyne (*Sedena*), au diocèse d'Embrun.

EDENEIDA, *ou* EDENEDIA, selon les diverses éditions de l'itinéraire maritime d'Antonin, île de la mer Egée, entre l'île de *Dionisa* & celle de Scyros.

EDENNA. Ortélius dit que le livre de Josué nomme ainsi un lieu de la Palestine. On croit que c'est la même que *Damna*, de la tribu de Zabulon. (*La Martinière.*)

EDEPSUS. Athénée dit que c'étoit le nom propre d'un lieu : mais il ne dit pas en quel pays.

EDER-JAGUR, HERED, *ou* HARAD, ville royale de la Judée, dans la tribu de Juda, selon le livre de Josué.

Cette ville étoit située dans le désert de Juda, & vraisemblablement la capitale de ce roi Cananéen, qui attaqua les Israélites avant qu'ils n'entrassent dans la terre promise.

EDESSA, ville de Grèce, dans la Macédoine. Les rois de ce pays y avoient anciennement leur sépulture. Plus anciennement elle étoit nommée *Ægeas*. C'est aujourd'hui *Vodena*.

EDESSA (*Roha*, ou *Orsa*), ville de l'Asie, dans la Mésopotamie, & la capitale du royaume de Mygdonie, formé d'une partie de l'Osroène, environ cent vingt ans avant l'ère chrétienne. Cette ville étoit située sur le bord de la petite rivière *Scirtus*, au nord-est de *Zeugma*, & à l'est-sud-est de *Samosata*.

Edessa, fondée, a-t-on dit, par Nimbrod, a aussi porté le nom de *Justinopolis*, parce que Justin I en fit rétablir les murailles. Elle devint colonie romaine, & fut un des boulevards de l'empire, opposé aux Parthes, & ensuite aux Perses.

Un endroit de Polybe donne lieu de juger que, sous les Séleucides, la ville d'Edesse prit le nom d'*Antioche*.

On voit, dans les notices, cette ville comme métropole de l'Osroène, avoir quatre sièges suffragans : *Charræ*, *Batnæ*, *Callinicum*, & *Birtha*. Elle fut brûlée, en 117 de notre ère, par un corps de troupes qu'y envoya Trajan.

Elle étoit située vers le 36e deg. 40 min. de latitude.

EDESSA, ancienne ville de l'Asie, dans la Célésyrie, selon Etienne de Bysance. Berkelius prétend que cette ville est la même que celle ci-dessus.

EDESSENA REGIO, pays de l'Asie, dans la Mésopotamie. La ville d'Edesse en étoit la capitale. C'étoit une Toparchie, dont les seigneurs prenoient la qualité de rois.

EDETA (*Liria*), ville de l'Hispanie citérieure, au sud, à quelque distance à gauche du fleuve *Turia*, au nord-ouest de *Valentia*. C'étoit une ville très-ancienne, & bâtie par les premiers habitans de l'Espagne. Elle avoit donné son nom aux *Edetani*, qui avoient ensuite possédé des villes plus considérables. On y a trouvé, dans ces temps modernes, des monumens romains.

EDETANI (les Edétans), peuple de l'Hispanie citérieure. Ils s'avançoient dans les terres, & paroissoient avoir fait un peuple puissant. Ils possédoient les villes suivantes : *Cæsar Augusta*, *Celsa*, *Turbula*, *Segobriga*, *Edeta*, *Saguntus* & *Valentia*.

EDETANIA, pays de l'Hispanie, qui étoit habité par le peuple *Edetani*. Selon le P. Briet, ce pays comprenoit les villes de *Cæsar-Augusta* (Sarragoce); *Saguntus* ou *Saguntum* (Morviedro); *Edeta* ou *Leria* (Liria); *Belia* (Belchite); *Ebora Edetanorum* (Ixar); *Leonica*, *Segobriga* & *Osicerda*.

EDI. Etienne de Bysance nomme ainsi un peuple de la Scythie.

EDISTIANENSIS, siège épiscopal d'Afrique, dans la Numidie. Il en est fait mention dans la conférence de Carthage.

EDOIA, ville de l'Arabie heureuse. Diodore de Sicile la place dans l'île de *Panchæa*.

EDOM, le pays d'Edom. L'écriture donne ce nom à l'Idumée. Ce nom venoit d'Esaü, qui étoit surnommé *Edom*, ou *le Roux*.

EDOMIA, EDUMIA, *ou* EDUMA, village de la Palestine, dans la tribu de Benjamin, à douze milles à l'orient de Sichem, selon Eusèbe & S. Jérôme. Le premier dit que de son temps c'étoit un village de l'Acrabatène.

EDON. Servius dit que c'est le nom d'une montagne de Thrace. Plutarque le géographe parle d'une ville Edonide, qui étoit près du fleuve Strymon. Maussac dit qu'Etienne de Bysance, sur l'autorité d'Aristote, donne le nom d'Edonide à la ville d'*Antandros*, qui étoit située au pied du mont Ida.

EDONI. Pline nomme ainsi un peuple qui faisoit partie des Scythes. Il les place dans le fond de l'Asie.

EDONI, *ou* EDONII, les Edones, peuple de Thrace, qui eut ce nom d'*Edonus*, frère de Mygdon, selon Etienne de Bysance. Ce peuple habitoit le long du fleuve Strymon, selon Apollodore. Hérodote rapporte que Xercès trouva des ponts tout faits sur le fleuve Strymon, dans le pays des Edones. Strabon fait aussi mention de ce peuple. Si l'on en croit Horace, ils étoient fort adonnés au vin : *non ego sanius bacchabor Edonis* (*L. xi, od. 7.*)

EDONIS, nom d'une contrée, qui étoit sur les frontières de la Thrace & de la Macédoine, séparée de l'Odomantice par le Strymon. Ce pays fut d'abord de la Thrace ; mais les Macédoniens s'en rendirent maîtres. Elle est mise entièrement dans la Macédoine par Ptolemée. Cette contrée étoit, pour la plus grande partie, à l'orient du fleuve Strymon.

EDONUS, nom d'une montagne de la Thrace. Pline nomme ainsi la partie du mont *Hemus*, qui étoit la plus près de la contrée *Edonis*.

EDOSA, ville de l'Ethiopie, sous l'Egypte. Elle étoit située à l'occident du Nil, selon Pline.

EDRA, village de la Palestine, près du mont Thabor, selon Métaphraste.

EDRAI-EN-ASOR, ville de la Judée, dans la tribu de Nephtali, selon le livre de Josué. Eusèbe & S. Jérôme en font aussi mention.

EDRAI, ville de la Palestine, dans la tribu de Juda, selon le livre de Josué. Eusèbe en fait aussi mention.

EDRAI, ville de la Palestine, dans la Galaaditide. Elle devoit être située près du torrent de Jaboc.

Ce fut près de cette ville que les Israélites taillèrent en pièces l'armée d'Og, roi de Basan, selon le livre des Nombres & le Deutéronome. Elle est nommée *Esdraei* par Eusèbe & par S. Jérôme. Ils ajoutent que cette ville est la même que celle d'*Adara* en Arabie, à vingt-quatre milles de Bostra. Elle étoit de la demi-tribu de Manassé, au-delà du Jourdain.

EDRON, port de l'Italie, dans la Vénétie. Ce port étoit formé par les deux rivières *Medoacus*, selon Pline. Le P. Hardouin dit que c'est aujourd'hui *Chioza*.

EDROS, *ou* HEDRUS, île déserte, que Ptolemée place sur la côte occidentale de l'Hibernie. Elle est nommée *Andros* par Pline. Cambden croit que c'est aujourd'hui l'île de *Bardesey* ou *Bardsey*.

EDRUM, au nord-ouest du lac *Benacus*, sur un petit lac formé par le *Cleusis*. (*Voyez* EDRON.)

EDULÆ. Pline nomme ainsi un lieu de la Gaule Aquitanique. Il vante les huîtres que l'on y pêchoit. Le P. Hardouin a corrigé ce nom par celui de *Meduli*, le pays de Médoc.

EDULIUS, nom d'une montagne de l'Hispanie, dans la Tarragonnoise, selon Ptolemée. On croit que c'est aujourd'hui *Montserrat*, dans la Catalogne.

EDUMÆI, peuple de l'Arabie, selon Etienne de Bysance. Ce doit être les *Iduméens*. (*Voyez* IDUMÆI.)

EDURES, peuple des Gaules. Orose dit qu'il y en avoit dans l'armée d'Arioviste: mais Ortélius prétend qu'Orose a voulu parler des Sédusiens de César.

EDUS, nom d'une petite rivière de l'Italie, dans la Ligurie. On prétend que c'est aujourd'hui la *Sadodela*.

EDYLIUM, montagne de Grèce, dans la Béotie, selon Plutarque. Cette montagne est nommée *Hadylius* par Pline, qui la met aussi dans la Béotie.

EDYMA, ville de l'Asie, dans la Carie, selon Etienne de Bysance.

E E

EENSIS AGER, nom d'un territoire de l'Afrique tripolitaine, selon quelques éditions d'Ammien Marcellin, Ortélius lit *Oeensis*.

EETIONIA. Etienne de Bysance dit que l'on nommoit ainsi le second promontoire du Pyrée.

E F

EFFLUI, peuple qui habitoit dans la partie septentrionale de la Germanie, selon Tacite. On croit que ce sont les Livoniens.

E G

EGABRA, AGABRA, *ou* EGABRUM, ville de l'Hispanie, dans la Bétique. C'est à présent le bourg de *Cabra* en Andalousie.

EGELESTA, ville de l'Hispanie, au sud-ouest de *Lobetum*.

EGERIÆ LUCUS, bois de l'Italie, auprès d'*Aricia*, selon Servius: mais Ortélius pense qu'il étoit plus près de Rome, hors la porte Capenne. Il croit aussi que c'étoit le même que le bois des Muses, dont fait mention Tite-Live.

EGGYNA, ville de la Sicile. Il en est fait mention par Cicéron.

EGINE (1). Ce nom se trouve écrit dans les auteurs Grecs Αἴγινα & Αἴγιναι, & dans les auteurs Latins *Ægina*. L'île est située dans le golfe appelé autrefois *Saronique*, à l'ouest, presque en face d'Epidaure. On l'appelle actuellement *Engia*, & le golfe en a pris son nom. On ne voit pas pourquoi Etienne de Bysance dit μία των κυκλοδων. *Egine* est fort loin des Cyclades.

Cette île fut d'abord nommée *Œnopia*; il paroit qu'ensuite on l'appella *Myrmidonie*, parce que ses peuples avoient habité sous terre (*Voyez* le mot MYRMIDONES.) Enfin Eacus étant devenu roi de cette île, il la nomma *Egine*, du nom de sa mère, fille d'Asope. Cette mutation de nom est exposée très-rapidement dans les vers suivans:

> *Œnopiam Minos petit Æacidalia regna*
> *Œnopiam veteres appellavere*
> *Æacus Æginam genetricis nomine dixit.*

La fable, qui s'est plue à embellir l'histoire d'Eacus, *Métam. L. VII*, *vers 472*, dit, 1°. que son île ayant été dépeuplée par une sécheresse, les dieux, à sa prière, animèrent les fourmis pour en faire de nouveaux habitans; 2°. qu'à cause de sa justice il avoit été nommé, après sa mort, l'un des juges des enfers. On attribua encore une autre merveille à ce prince: ce fut d'avoir placé sous l'eau les rochers qui rendent l'abord de cette île difficile, afin de la préserver plus aisément de l'attaque des ennemis. Cette ville avoit au sud-ouest une ville de son nom, qui, ayant été détruite par un tremblement de terre, Tibère eut égard à la situation de ses malheureux habitans, & les exempta, pendant quelque temps de toute espèce de tribut. Pline parle avec éloge du cuivre de cette île; ce fut peut-être l'excellente qualité de ce métal, préférable même à celui de Délos, selon ce naturaliste, qui fit imaginer de faire des pièces de monnoie. Ephore, cité par Strabon, dit que les premières furent faites à Egine, par Pidon. Au reste cette île, dont le territoire étoit naturellement sec & pierreux, devint très-fertile par l'industrie & le courage de ses habitans. Il est probable que le métal se trouvoit dans le mont Pallenus. Pausanias dit seulement qu'elle étoit remarquable par un temple de Jupiter, consacré par Eacus. Cet auteur fait connoître quelques-uns des monumens qui décoroient la ville d'Egine. Vers le port étoit un temple de Vénus: dans le quartier le plus apparent de la ville étoit l'endroit qu'ils appelloient l'*Eacéon*: c'étoit un carré entouré de marbre blanc. On y voyoit les statues d'un certain nombre de Grecs, qui étoient venus, par ordre de la Pythie, implorer l'assistance d'Eacus dans un temps de sécheresse. On ajoute qu'il avoit obtenu

(1) Je préviens que c'est par erreur que cette île se trouve ici avec son nom françois; le latin est *Ægina*, & cet article devoit être fondu avec celui qui se lit au mot *Ægina*, p. 53.

en leur faveur une pluie abondante. Probablement ce n'étoit pas de la pluie que l'on étoit venu demander aux Eginètes, mais des secours d'argent, dans un temps où leur grand commerce leur permettoit d'en donner. Près de l'Eacéon, on voyoit le tombeau de Phocus, tué malheureusement par son frère Pélée. Il y avoit, à quelque distance du port, un théâtre, qui ne le cédoit pas en beauté à celui d'Epidaure : on admiroit la construction du stade qui étoit derrière ce théâtre.

Dans la ville d'Egine étoient trois temples, peu éloignés entre eux : c'étoient ceux d'Apollon, de Diane & de Bacchus. Apollon étoit le seul qui y fût représenté nud. Le temple d'Esculape étoit plus loin, & ce dieu y étoit représenté assis.

Les Eginètes, après avoir été gouvernés par des rois, dont deux ou trois seulement sont connus, s'érigèrent en une espèce de république, dirigée par les loix & les conseils d'Epidaure, contre laquelle ils se révoltèrent cependant, lorsque le commerce les eut rendus riches & puissans. Dans la guerre des Perses, ce furent les Eginètes, après les Athéniens, qui fournirent un plus grand nombre de vaisseaux; cependant jaloux de la puissance d'Athènes, & engagés par les Béotiens, ils se jettèrent sur l'Attique. Tel fut le commencement de la haine qui divisa toujours les Athéniens & les Eginètes; ceux-ci furent à la fin chassés de leur île, & obligés d'aller chercher fortune ailleurs. Ils se retirèrent dans l'île de Thyrée, située dans le golfe Argolique, près des confins de la Laconie & de l'Argolide : &, après le renversement de la puissance des Athéniens, ils rentrèrent dans leur île, mais sans avoir jamais recouvré leur premier état de puissance. Sous le règne de Vespasien, Egine fit partie des provinces romaines, ainsi que les autres états de la Grèce.

EGION, *ou plutôt* ÆGIUM. (*Voyez* ce mot.)

EGLON, ville royale de la Palestine, dans la tribu de Juda, selon le livre de Josué, *ch.* 15.

Le roi d'*Eglon* fut l'un des cinq qui vinrent attaquer Gabaon, & qui furent vaincus par Josué.

Eusèbe dit que ce n'étoit plus qu'un village de son temps, à l'orient d'Eleuthéropolis. On croit que c'est la même que Joseph nomme *Agalla*.

Les Septante l'appellent *Aglon*; & elle est nommée *Odolla*, dans l'édition de la Vulgate de Sixte V.

EGNATIA, ville d'Italie, dans la partie nommée *Peucetie*. Elle étoit sur le bord de la mer, à l'est de *Bœium*. Il reste encore l'enceinte de ses murailles, dans un lieu où l'on a construit une tour pour garder la côte : cette tour retrace l'ancien nom : elle s'appelle *Agnazzo*.

EGNATIA, ville épiscopale d'Afrique, dans la Byzacène, selon la notice épiscopale d'Afrique.

EGNATIOLUM (*Monopoli*), nom d'une petite station de l'Italie.

EGONA, rivière de la Gaule. C'est ainsi que l'Anonyme de Ravenne nomme la rivière d'Ionne.

EGONUM VICUS. Polybe, cité par Baudrand, nomme ainsi un lieu de l'Italie, dans l'Emilie.

On croit que c'est *Vicovenza*, à seize milles de Ferrare.

EGORIGIUM, village de la Germanie. L'itinéraire d'Antonin le marque entre Trèves & Cologne. La table de Peutinger dit *Igorigium*. Cluvier croit que c'est aujourd'hui le village de *Ruit*, dans le pays de Trèves : mais M. d'Anville le fixe à Jonkerad, château sur la rivière de Kill, qui se rend dans la Mozelle.

EGOSA, ville de l'Hispanie, dans la Tarragonoise, au territoire des Castellans.

EGRA, ville de l'Arabie, près le golfe d'*Aila*, selon Etienne de Bysance.

Elle est placée plus avant dans les terres par Ptolemée & par Pline.

EGUILGUILITENSIS PLEBS. La conférence de Carthage nomme ainsi une église de l'Afrique. Ortélius pense que c'est le même lieu qu'*Igilgilis*, sur le golfe de Numidie.

EGUITURI, peuple des Alpes. Il étoit un de ceux vaincus par Auguste, & dont il est fait mention dans l'inscription du trophée qui lui fut érigé à cette occasion. *Pline*.

EGUIZENSIS, siège épiscopal d'Afrique, dans la province proconsulaire, selon les actes de la conférence de Carthage. C'est le même qu'*Egugensis*.

EGURRI, peuple de l'Hispanie, dans la Tarragonnoise. Ptolemée nomme leur chef-lieu *Forum Egurrorum*.

E I

EIDETES, peuple de l'Ibérie, selon Etienne de Bysance.

EIDOMENE, *ou* IDOMENE. Thucydide, cité par Etienne de Bysance, nomme ainsi une ancienne ville de la Macédoine. Ptolemée dit *Idomenæ*, & la place dans l'Emathie. Il en est fait mention par Thucydide.

EIDUMANIA, IDUMANIA, *ou* IDUMANIUS, selon les divers exemplaires de Ptolemée, rivière de l'île d'Albion. Selon Cambden, c'est aujourd'hui la *Blackwater*.

EILEI, village de Grèce, dans le Péloponnèse. Pausanias le place sur le chemin de Troezène à Hermione. Il dit qu'il y avoit deux chapelles, l'une dédiée à Cérès, & l'autre à Proserpine.

EILENIA, nom d'une ville & surnom de Minerve, selon Phavorin, cité par Ortélius : mais il ne dit pas de quel pays étoit cette ville.

EILESIUM, lieu de la Grèce, vers la Béotie, vraisemblablement. Homère en fait mention.

EILOTÆ. Polybe nomme ainsi un peuple de l'Hispanie.

Athénée rapporte que l'on donnoit ce nom à Lacédémone, à une sorte d'esclaves; & Ortélius dit, sur l'autorité de Pausanias, qu'ils étoient nommés ainsi de la ville d'*Helos*. (*Voyez* ce nom.)

EIMINATIUM, ville de l'Illyrie, dans la Dalmatie, selon Ptolemée, qui la place 25 min. plus méridionale que *Termidava*.

EINATUS. Etienne de Bysance nomme ainsi une ville de l'île de Crète. Il ajoute que quelques auteurs prenoient ce nom pour celui d'un fleuve ou d'une montagne. Hésychius dit qu'il y avoit un lieu de ce nom dans l'île de Crète, & un autre en Asie mineure, dans la Lycie.

EION, ville de Thrace, sur la gauche & près de l'embouchure du fleuve Strymon, selon Plutarque. Elle étoit située à quatre milles d'Amphipolis, à qui elle servoit de port. Elle avoit été fondée par une colonie de Mendéens. C'est de cette ville que le Strymon a quelquefois porté le nom d'*Eeionien*. On la nomme aujourd'hui *Rendina*.

EIONES, ville de la Grèce, dont parle Homère, dans l'énumération des vaisseaux, & qu'il donne aux Argiens : j'en ignore la position. Eustathe, en parlant des villes nommées *Eïon*, prétend que ce nom signifie rivage ; & Strabon, en parlant d'Eïones, dit que c'étoit le port de Mycènes.

EIRESIDÆ, peuple de Grèce, dans l'Attique. Il étoit de la tribu Acamentide. Spon en fait mention.

EISADICI, village de la Sarmatie asiatique, sur le mont *Caucasus*.

EISCADIA, ville de l'Hispanie, dans la Lusitanie. Appien dit qu'elle fut prise par Servillien.

EIZELOS, nom qu'Etienne de Bysance donne à un ancien château de la Sicile.

E K

EKRON (*Akron*), ville de la Palestine.

E L

ELA, lieu de l'Asie, sous la dépendance du roi Attale. Polybe, cité par Etienne de Bysance, dit qu'il s'y faisoit un bon commerce.

ELABACARA, lieu maritime de l'Inde, endeçà du Gange. Il en est fait mention par Arrien.

ELACATÆUM, montagne de Grèce, dans la Thessalie, selon Etienne de Bysance & Apollonius, cités par Ortélius.

ELÆA, ville maritime de l'Asie mineure, dans l'Eolide, à l'embouchure du *Caïcus*, en face de la partie sud-est de l'île de Lesbos. Elle fut bâtie par Mnesthée & les Athéniens qui allèrent au siège de Troye, selon le rapport de Strabon.

Les habitans de Pergame y tenoient leurs vaisseaux, selon Etienne de Bysance, qui ajoute qu'elle se nommoit anciennement *Cidænis*. Pomponius Méla & Frontin font aussi mention de cette ville. Le dernier dit *Ælia*.

ELÆA. Etienne de Bysance nomme ainsi une ville de la Phénicie, entre Tyr & Sydon. C'est vraisemblablement la même qui est nommée *Elais* par Denys le Périégète.

ELÆA. Ptolemée place un promontoire de ce nom dans la partie orientale de l'île de Cypre. (*Voyez* ELÆA ACRA).

ELÆA. Les anciennes éditions de Pline nomment ainsi une ancienne ville de l'île de Crète ; mais le P. Hardouin écrit ETEA.

ELÆA, nom d'une île de la Propontide, selon Pline. Elle étoit ainsi nommée à cause de ses oliviers.

ELÆA, montagne de la Palestine, à six stades & à l'orient de Jérusalem, selon Joseph, cité par Ortélius.

ELÆA, ville & port de mer de l'Asie mineure, dans la Bithynie, près de la Mysie, selon Etienne de Bysance.

ELÆA. Le même géographe nomme ainsi un port de l'Ethiopie.

ELÆA ACRA. Ce mot d'*Acra*, comme je l'ai dit ailleurs, signifie *pointe*. On avoit donné le nom d'*Elæa Acra* à un petit promontoire de l'île de Cypre, situé au sud-est de *Salamis*.

ELÆÆ, ville de la Thrace. Procope dit que c'est le nom d'une des forteresses que l'empereur Justinien fit bâtir en Europe.

ELÆAS, port de Grèce, dans l'Epire. Ptolemée le place dans la contrée des Almines.

ELÆON, montagne de la Palestine, à une stade de la ville de Jérusalem, selon Joseph. On voit, dans les actes des apôtres, que c'est sur cette montagne que les Juifs prirent J. C. après sa dernière cène, & d'où il monta au ciel après sa résurrection.

ELÆON, ville maritime de Grèce, sur la côte de la Béotie, dans la partie nord de la Tanagride, vers l'Euripe. L'édition du P. Hardouin porte *Héléon* à cause de l'aspiration grecque. Le sentiment le plus raisonnable sur l'origine de son nom, c'est qu'elle le tiroit des marais qui étoient aux environs, ἀπὸ τῶν ἑλῶν.

ELÆEUS. Etienne de Bysance nomme ainsi un peuple de la tribu Hippothoontide.

ELÆUS MURUS, *ou* ELÆOS TICHOS. Le même géographe donne ce nom à une ville de l'Asie mineure, dans la Lycie.

ELÆUS, ville de la Chersonnèse de Thrace, selon Ptolemée, Harpocration, Strabon, Scylax & Tite-Live. Etienne de Bysance dit simplement : « ville de l'Hellespont ». C'est qu'en effet elle étoit sur le bord du détroit de ce nom, à l'entrée à gauche en venant de l'Archipel. C'est aujourd'hui le nouveau château d'Europe, à l'entrée du détroit des Dardanelles.

Il y avoit à *Elæus* ou Eléonte, une chapelle de Protésilas avec le tombeau de ce héros. Ce fut lui qui, le premier des Grecs, descendit à terre, & fut tué par Hector, lors du passage en Asie pour le siège de Troye.

N. B. C'est à tort que l'abbé Gédoyn nomme

cette ville *Eleuse*; & à tort aussi qu'il la place dans la Troade.

ELÆUS. Strabon & Pline nomment ainsi une ville qu'ils placent dans le golfe de la Doride.

ELÆUS, ville du Péloponnèse, dans l'Argolide, selon Etienne de Bysance.

ELÆUS, ville de Grèce, dans l'Epire, selon Ptolemée. On croit que c'est un village de l'Albanie, nommé *Docna*. C'est probablement la même que la suivante.

ELÆUS, ville de Grèce, selon Polybe. Il la place dans la Calydonie, contrée au voisinage de l'Epire.

ELÆUSSA, île située sur la côte de la Cilicie, près de *Corycos*, selon Etienne de Bysance.

Strabon dit que cette île étoit petite, & qu'Archélaüs y fit bâtir & y fit presque toujours sa résidence.

ELÆUSSA, île de l'Asie mineure, auprès de Smyrne, selon Pline & Tite-Live. Ce dernier la nomme ELÆA.

ELAIS, ville de la Phénicie, entre Joppé, Gaza & Tyr, selon Denys le Périégète.

ELAITICUS SINUS, golfe de la mer Méditerranée, selon Strabon. Ce golfe faisoit partie de celui d'Adramytte. Il étoit ainsi nommé à cause d'*Elæa* & de la contrée *Elaïtis*, à l'embouchure du Caïque.

ELAITIS, petite contrée de l'Asie mineure, dans l'Eolide, selon Strabon. Elle étoit au nord du mont Cane, touchoit au territoire de Pergame, & étoit arrosée par le Caïque.

Cette contrée prenoit son nom de la ville d'*Elæa*.

ELAIUS, mont de l'Arcadie, un peu au sud-ouest de *Megalopolis* & au nord de *Phigalie*.

Une des plus grandes curiosités du pays & la première de celles qui se rencontroient dans ce lieu, étoit une grotte de Cérès *la noire*. On prétendoit que cette déesse, surprise par Neptune, en avoit eu tant de douleur, qu'elle s'étoit retirée dans ce lieu pour n'être pas distraite de l'excès de son affliction. Le récit de Pausanias sur cet événement fabuleux & peu décent, est fort étendu. Je rapporte une chose plus intéressante, puisqu'elle est plus vraie. C'est que l'on faisoit habituellement des sacrifices à Cérès dans cette grotte, & que lui-même y avoit offert quelques fruits, des rayons de miel & de la laine crue. C'étoit une femme qui présidoit à ces sacrifices, & elle avoit pour assistant, le plus jeune des prêtres appelés Hiérothytes. La grotte étoit au milieu d'un bois sacré, où se trouvoit une source.

ELAMITÆ, peuple de l'Arabie heureuse, selon Pline, qui leur donne une ville du même nom.

Le P. Hardouin conjecture que Pline a voulu parler des *Elaïtes* ou des *Léanites*.

ELAMITÆ, peuple de l'Asie. Il prenoit son nom d'*Ælam*, fils de Sem. Ce peuple habitoit à l'orient de l'Assyrie & du Tigre, au nord & à l'orient des Mèdes. Leur capitale étoit Elymaïde. L'arc & les flèches étoient les armes principales des Elamites. Codor Lahomor, roi de ce peuple du temps d'Abraham, étoit dans l'armée des rois ligués contre Sodome & les villes voisines. Cyrus étoit perse ou élamyte. Joseph croit que les Perses étoient les mêmes que les anciens Elamites, ou au moins une branche.

Pline dit que l'*Eulæus* séparoit la Susiane de l'Elymaïde.

ELANCON (*Deli*, ou *Eli*), lieu de l'Inde, selon Ptolemée. Il étoit dans la contrée *Cottonara*, vers le 12ᵉ deg. 5 min. de latit.

ELANCORIUM EMPORIUM, ville maritime de l'Inde. Ptolemée la place en-deçà du Gange.

ELAPHITES, îles sur la côte de l'Illyrie. Elles étoient ainsi nommées à cause de la grande quantité de cerfs que l'on y voyoit. Pline en compte trois & les place à quinze mille pas de *Melita*.

ELAPHITIS, île de la mer Ionienne, dans le voisinage de la ville d'Ephèse, selon Pline.

ELAPHONNESUS, île de la Propontide, vis-à-vis de la ville de Cyzique. C'est, selon Pline, de cette île dont on tiroit le marbre que l'on trafiquoit à Cyzique.

Scylax distingue cette île de celle nommée *Proconnesus*; Strabon dit qu'elles étoient autrefois séparées; mais que le canal s'étant comblé, on l'appeloit indifféremment *Elaphonnesus* & *Proconnesus*.

ELAPHUS, montagne de l'Asie, dans l'île d'*Arginussa*. Aristote rapporte que ce fut dans cette île que mourut Alcibiade; mais Plutarque dit que ce fut dans un bourg de la Phrygie. Pline fait aussi mention de la montagne *Elaphus*.

ELAPHUS, *ou* ELAPHUM, rivière du Péloponnèse, dans l'Arcadie, selon Pausanias. Elle est nommée *Elatum* par Pline.

ELAPHUS, petit ruisseau de l'Arcadie, au nord-est de *Mégalopolis*.

Il avoit pris son nom de la rapidité de son cours.

ELAPHUSA, nom d'une île de la mer Ionienne, près celle de Corcyre, selon Pline.

ELAS, ville de la troisième Palestine, selon les anciennes notices.

ELATAS, rivière de l'Asie mineure, dans la Bithynie, selon Quintus Calaber, cité par Ortélius. Elle avoit son embouchure dans le Pont-Euxin, auprès de *Parthenium*.

On croit que c'est l'*Elatas* de Ptolemée.

ELASUS, rivière de l'Asie mineure, dans la Bithynie. Ptolemée en place l'embouchure entre celle de l'*Hypius* & la ville de *Diospolis*.

Ortélius croit que cette rivière est la même que le *Lycus*, qu'Arrien place auprès d'Héraclée.

ELATEA, ville de la Grèce, & la plus grande de la Phocide après Delphes. Cette ville étoit située dans une plaine où passoit le Céphisse, près d'Amphiclée.

On prétendoit qu'elle avoit été fondée par Elatus, qui

qui vint de l'Arcadie pour secourir la ville de Delphes contre les Phlégiens, qui vouloient en piller le temple.

Elatée étoit du nombre des villes qui furent brûlées par les Perses, & repoussa ensuite les entreprises des Macédoniens, dont enfin elle subit le joug sous Démétrius. Elle demeura fidelle aux Macédoniens, lorsque Titus Flaminius fut envoyé de Rome pour délivrer les Grecs de l'esclavage où ils étoient, & elle soutint un siège. En ayant soutenu un autre contre les Barbares de Pont, cela les raccommoda avec les Romains, & les habitans recouvrèrent leur liberté.

La place publique d'Elatée étoit fort belle : il y avoit un cippe dans le milieu, avec une statue d'Elatus au-dessus.

Le temple d'Esculape étoit auprès de la place : le dieu avoit une statue, qui le représentoit avec une grande barbe.

Cette ville avoit un théâtre & une statue de Minerve en bronze, qui paroissoit très-ancienne.

Minerve *Carnea* avoit un temple, situé sur un rocher escarpé, à vingt stades d'Elatée : il étoit accompagné de portiques & d'appartemens pour le prêtre de la déesse & pour les ministres du temple. La déesse étoit représentée comme si elle alloit au combat. Son bouclier étoit copié de celui de la Minerve d'Athènes. C'étoient les fils de Polyclès qui avoient fait cette statue. Pausanias, *L. 10, Pho. c. 35*.

ELATEA, bourg de Grèce, dans la Thessalie. Tite-Live le place près de Gonnus, dans le défilé qui conduisoit dans la vallée de Tempé. Il en est aussi fait mention par Etienne de Bysance.

ELATEA. *Voyez* ELATRIA.

ELATIDES, colline de l'Asie mineure, dans la Bithynie. Orphée, cité par Ortélius, la place près du fleuve *Rhindacus*.

ELATIUM, ville de la Décapole, entre le Jourdain à l'occident, & Philadelphie à l'orient, vers les confins de l'Arabie déserte, à quatre-vingt-dix milles de Damas, & à autant de Petra.

Pline fait mention de cette ville.

ELATOS, *ou* CLATOS. Selon les différentes éditions de Pline, ville qui étoit située dans l'intérieur de l'île de Crète.

ELATRIA, ville de Grèce, dans la Thesprotie, contrée de l'Epire. Elle étoit située à l'embouchure de l'Aphas, dans le lac d'Ambracie.

Strabon la place dans l'intérieur des terres.

On croit que le nom moderne est *Arta*.

ELATUM, rivière de Grèce, dans l'Arcadie, selon Pline. C'est l'*Elaphus* de Pausanias.

ELATUS, montagne de l'île de Céphalénie selon Pline. Elle prenoit ce nom des sapins dont elle étoit couverte.

ELAVER FLUVIUS, fleuve de la Gaule. On le nomme actuellement l'*Allier*.

ELAVIA. Etienne de Bysance nomme ainsi un château de la Sicile.

ELBA, lieu de la Palestine, dans le partage de la tribu d'Aser, selon Eusèbe & S. Jérôme. Il est dit dans le livre des Juges, que cette tribu n'en put chasser les anciens habitans.

ELBESTII, peuple de l'Afrique, dans la Libye, selon Philiste, cité par Etienne de Bysance. Ils habitoient dans le voisinage des *Mastiani*, près des colonnes d'Hercule.

ELBII LACUS, lac de l'Italie, dans l'Etrurie, selon l'itinéraire d'Antonin. Ce lac est nommé *Ciminius* dans la table de Peutinger. C'est aujourd'hui *Lago di Vicco*.

ELBII VICUS, bourg de l'Italie, dans l'Etrurie, selon les éditions latines de Ptolemée.

Léandre croit que c'est la bourgade *Vico*.

ELBO, île de dix stades de longueur & autant de largeur, selon Hérodote & Etienne de Bysance. On conjecture qu'elle étoit au voisinage de l'Ethiopie ou de l'Egypte.

ELBOCORIS, *ou* ELCOBORIS, ville de l'Hispanie, dans l'intérieur de la Lusitanie, selon Pline.

ELBONTIS, ville de l'Afrique, entre l'Egypte & Cyrène, selon Etienne de Bysance.

ELCALE, ville de la Palestine, dans la *Peræa*, au nord-ouest de *Medaba*, & au sud-ouest d'*Esbus*.

ELCATH, *ou* ALCATH, hameau de l'île de Cypre, selon Pollux, cité par Ortélius.

ELCEBUS, ville de la Gaule belgique, chez le peuple *Tribocci*, selon Ptolemée.

Dans l'itinéraire d'Antonin, elle est marquée entre *Argentovaria* & *Argentoratum*.

ELCESI, nom d'un bourg de la Galilée, selon S. Jérôme.

Il est nommé *Helkesai* dans les Septante.

Ce bourg est illustré pour avoir vu naître le prophète Nahum. Il étoit presque ruiné au temps de S. Jérôme.

ELCETIUM, nom d'une ville de la Sicile, selon Ptolemée.

ELDAMARII, peuple arabe, qui habitoit dans le voisinage de la Mésopotamie, selon Ortélius.

ELDANA, ville de l'Inde, au-delà du Gange, selon Ptolemée.

ELDANA, ville de l'Hispanie, dans la Tarragonnoise, au pays des Vaccéens, selon Ptolemée.

ELDIMÆI, les Eldimeens, peuple maritime de l'Asie, dans la Susiane, selon Ptolemée.

Ortélius croit qu'il faut lire *Elymæi*, les Elyméens, habitans de l'Elymaïde.

ELEA. Etienne de Bysance nomme ainsi une ville de l'Italie.

ELEA, ELÆE, *ou* ELEES, rivière de l'Italie, dans la Lucanie, en-deçà de l'Apennin. Elle donnoit son nom au golfe que les anciens nommoient *Eleates Portus* & *Eleates Sinus*. C'est à présent la *Pisciota*.

ELEA, lieu de l'Asie, dans le voisinage de Lesbos. Suidas dit que c'étoit la patrie d'Alcidamas.

ELEALCIS, fontaine de la Grèce, selon Hypocrate, cité par Ortélius.

ELEALE, ville de la Terre promise, qui échut à la tribu de Ruben. Elle étoit entourée de bons pâturages.

Il en est fait mention dans le livre des Nombres.

ELEASA, village de la Palestine, selon le livre des Macchabées. La Vulgate & S. Jérôme disent *Laysa.*

ELEATES AGRI, territoire de l'Hispanie, dans le voisinage du fleuve *Bætis*. Il en est fait mention par Festus Avienus, cité par Ortélius.

ELECTRA, petite ville, ou bourg du Péloponnèse, dans la Messenie, sur la route d'*Andania* à *Cyparissiæ*, selon Pausanias. Ce lieu étoit baigné par une rivière du même nom, & par le fleuve *Cœus.*

En allant de cette ville vers la fontaine *Achaïa*, on voyoit les ruines de la ville de *Dorium*, de laquelle parle Homère. Il dit que ce fut-là que Thamyris devint aveugle, pour s'être vanté de mieux chanter que les Muses.

ELECTRA, rivière du Péloponnèse, dans la Messenie. Elle arrosoit le bourg ou la ville du même nom, selon Pausanias.

ELECTRÆ ATLANTIDIS INSULA. Apollonius nomme ainsi l'île de Samos.

ELECTRAS, *ou* HELECTRAS, rivière que Ptolemée place dans la partie méridionale de l'île de Crète.

ELECTRIA. C'étoit un des surnoms de l'île de Samos.

ELECTRIDES, *ou* CHŒRADES (*Pietre Sizzose*), écueils à l'entrée du golfe de Tarentum. A en juger par les ruines qu'on voit au bord de la mer, ils étoient habités autrefois.

ELECTRIDES, île de la mer Adriatique, sur la côte de l'Illyrie, près des Absyrtides, selon Scymnus & Pline. Strabon doute de l'existence de ces iles.

ELECTRIDES, *ou* GLESSARIÆ INSULÆ, îles que Pline place entre celle d'Albion & la Germanie. On y trouvoit de l'ambre sur le bord de la mer.

ELECTRIS, île de l'Italie, sur la côte de la Grande-Grèce, & à la vue de la ville de *Tarentum.*

Servius dit qu'elle étoit peuplée de Hérons.

Elle étoit sur la côte de la Lucanie. (*Voyez* ELECTRIDES, *ou* CHÆREDE).

ELECTRUM. Pline dit que de son temps, les Maures appeloient ainsi le lac *Cephisias*, dans la Mauritanie, auprès de la mer Atlantique.

ELEGARDA, ville de l'Asie, dans la Grande-Arménie, selon Ptolemée.

ELEGIA (*Ilija*), lieu de l'Asie, dans la Mélitène. Elle étoit sur la rive gauche de l'Euphrate, au-dessus, mais à l'entrée de ce fleuve, dans le mont *Taurus.*

Trajan vint occuper le territoire de cette ville, ainsi que celui de Satala, lorsqu'il fut s'emparer de l'Arménie & la déclarer province de l'empire romain, sur Parthasiris, qui en avoit été mis en possession par Chosroès, son oncle, roi de Perse.

Pline dit que cette ville étoit en Arménie, au lieu où l'Euphrate rencontre le mont Taurus.

ELEGOSINE. Pline nomme ainsi le lieu où le Tigre a sa source. Ce lieu étoit en Asie, dans la Grande-Arménie.

ELENITÆ, nom d'un peuple, sur une médaille dans le recueil de Goltzius.

ELENIUS, lieu situé dans le voisinage de Canobe, selon Etienne de Bysance. Il ajoute qu'Hécatée en fait mention dans sa description de la Libye.

L'auteur du grand étymologique dit que Ménélas menant sa femme Hélène en Egypte, y pleura Canobus, maître de vaisseau, qui étoit mort des hémorrhoïdes.

ELEON. Cette ville n'est connue que par Homère, qui, dans l'énumération des vaisseaux, l'indique en Béotie. (*Voyez* ELÆON).

ELEON, champ de la Grèce, entre la Macédoine & l'Epire, selon le rapport de Tite-Live.

ELEPH, ville de la Judée, dans la tribu de Benjamin, selon le livre de Josué, *c. 18*, *v. 20.*

ELEPHANTARIA, ville de l'île de Sardaigne, selon l'itinéraire d'Antonin.

ELEPHANTARIA, *ou* ELEFANTARIA, ville épiscopale d'Afrique, dans la Mauritanie, selon la notice épiscopale d'Afrique.

ELEPHANTINE, ville & île d'Egypte, dans le Nil, à une demi-stade de Syène. C'est aujourd'hui *Dgezira-el-Sag*, ou l'île fleurie.

ELEPHANTIS, promontoire de l'Asie mineure, sur le Bosphore de Thrace, vers la partie septentrionale du promontoire Caracion.

ELEPHANTOPHAGI, peuple de l'Ethiopie, sous l'Egypte, selon Ptolemée & Diodore de Sicile. Ce dernier rapporte la manière dangereuse dont ce peuple s'y prenoit pour prendre les éléphans.

ELEPHAS, montagne de l'Ethiopie, sous l'Egypte, & près du golfe Avalite, selon Ptolemée.

Arrien la nomme un promontoire.

ELEPORUS, fleuve de l'Italie, dans le Brutium, selon Cluvier.

ELERA, ville de l'Asie, dans la Batanée, contrée de la Syrie. Il est fait mention de cette ville par Ptolemée.

ELES, HELES, *ou* HALES, rivière de l'Italie, dans la Lucanie, au sud & près de la ville d'*Helea*, selon Strabon.

Cluvier dit que c'est aujourd'hui le *Halente.*

ELESMA, ville d'Egypte. Il en est fait mention dans la lettre des évêques de ce pays-là à l'empereur Léon.

ELESYCES, nation particulière de la Gaule. Festus Avienus dit qu'elle avoit autrefois habité aux environs de Narbonne, qui étoit leur capitale.

ELETHI, peuple de Thrace, selon Pline.

ELEUS, île de l'Asie mineure, sur la côte de l'Ionie. Thucydide la place dans le voisinage de la ville de Milet.

ELEUSA, nom d'une île de la Cilicie, selon Pline. Elle est nommée *Sébaste* par Ptolemée. Joseph dit *Eleusa*, à présent surnommée *Sébaste*. Elle étoit au nord de Rhodes.

ELEUSA, île de la Grèce, sur le rivage de l'Attique, dans le golfe Saronique, au midi du mont Hymette, & à l'opposite d'un petit promontoire, (*Pline*).

ELEUSENA CIVITAS, ville de l'Asie, dans la Phrygie pacatienne. Il en est fait mention dans le sixième concile de Constantinople.

ELEUSIN, nom d'une ville de Grèce. Elle étoit située dans l'île de Théra, selon Ptolemée.

ELEUSINE, village de l'Egypte. Il étoit situé près d'Alexandrie & de Nicopolis, dans le canal de Canope, selon Strabon. Il ajoute qu'il y avoit des lieux où les hommes & les femmes se faisoient initier aux capyries, sorte de festins, qui étoient une préparation & comme un avant-goût des usages & des débauches des Canopiens.

ELEUSINIUM, nom d'un lieu du Péloponnèse, dans la Laconie, à quinze stades de Lapithée, selon Pausanias. Il ajoute que les Hilotes, à certains jours, y portoient en procession, la statue de Proserpine.

ELEUSINUS SINUS. C'est ainsi que les anciens nommoient le golfe Saronique.

ELEUSIS, ville de l'Attique, sur le bord du golfe Saronique, au nord-ouest d'Athènes. Elle avoit pris son nom d'un ancien héros que l'on disoit fils de Mercure & de Diane: d'autres le faisoient fils d'Ogygès, ce qui est plus probable. Cette ville étoit sur-tout célèbre par ses mystères, dont nous allons rapporter la prétendue origine, après avoir indiqué les principaux monumens d'*Eleusis*. Elle étoit de la tribu Hippothoontide.

Quelques ruisseaux, que Pausanias traite de canaux, & dont il prétend que les eaux venoient du détroit de Chalcis (ce qui est physiquement impossible, à cause des montagnes), avoient autrefois borné le territoire des Eleusiniens, lorsqu'ils étoient trop puissans pour n'être pas des voisins dangereux. Ils entreprirent bientôt sur la liberté des Eleusiniens. Le roi Erecthée régnoit alors. Eumolpe, natif de Thrace, que l'on disoit être descendu de Neptune & de Borée, avoit été un des premiers ministres des mystères de Cérès. Son fils Immaradus & le roi d'Athènes, furent tués dans le combat. La paix se fit à condition que la ville d'*Eleusis* dépendroit d'Athènes, mais qu'ils demeureroient en possession des mystères de Cérès, & que le sacerdoce continueroit d'être attaché à la famille d'Eumolpe. C'est de Céryx, fils de cet Eumolpe, que les hérauts grecs prétendoient descendre, & que par cette raison ils étoient appelés *Ceryces* (en franç. *héraut*, en latin *Præco.*)

On voyoit à *Eleusis* plusieurs temples dédiés à Triptolème, à Diane *Propylea*, à Neptune; le puits de la belle danse, ou le *Callichoros*, autour duquel les femmes de cette ville exécutoient des danses & des chœurs de musique en l'honneur de Cérès, &c. Pausanias, *in Attica*, c. 38.

Voici en abrégé ce qui a donné lieu aux mystères de Cérès.

Lorsque cette déesse eut appris l'enlèvement de sa fille Proserpine, elle s'en plaignit à Jupiter, qui ne s'embarrassa guère de punir Pluton son frère du rapt de cette princesse. Dès-lors renonçant au séjour des dieux, Cérès résolut de demeurer parmi les hommes sous la figure d'une simple mortelle (1). Elle étoit arrivée sous ce déguisement aux portes d'*Eleusis* (en 1409, selon les marb. de Paros); & toujours accablée de sa douleur, elle s'étoit reposée sur une pierre (2) (Pausanias dit auprès d'un puits, *Attica*, *c. 39*), lorsque le roi Céléüs, rentrant dans la ville avec sa famille, l'aborda, &, touché de son air majestueux, il l'invita à venir chez lui. Cérès en effet l'y accompagna; &, trouvant le fils de Céléüs fort malade, elle lui rendit la santé, en lui donnant un simple baiser. Pour ne pas s'en tenir à ce premier acte de reconnoissance, la déesse voulut se charger de l'éducation physique & morale de ce fils, qui a depuis été si connu sous le nom de *Triptolème*. Pendant le jour, elle l'allaitoit, & la nuit le mettoit sous la braise pour le dépouiller de ce qu'il avoit de mortel. Métanire, femme de Céléüs, ayant un jour apperçu la déesse dans cette opération, fit un cri qui la troubla: dès-lors Cérès renonça au projet d'en faire un dieu, se contentant de rendre Triptolème le premier des mortels. Elle lui apprit l'usage du bled, &, sur un char traîné par des dragons, l'envoya répandre ce nouveau bienfait par toute la terre. Les Eleusiniens, touchés de reconnoissance, voulurent instituer des fêtes en l'honneur de la déesse: elle-même en régla les cérémonies, & choisit quatre personnes pour y présider; savoir, Triptolème, Diocles, Eumolpe & Céléüs. Ovide, *trist. L. IV*. Quant aux cérémonies des mystères, *voyez* le dictionnaire d'antiquités.

Sur le chemin qui conduisoit d'*Eleusis* à Athènes, on trouvoit le tombeau d'Anthémocrite, massacré par les Mégaréens, lorsqu'en qualité de héraut il étoit envoyé vers eux pour leur annoncer qu'ils eussent à ne point labourer la terre de ce canton, consacré à Cérès & à Proserpine. Près de-là étoit aussi le tombeau de Molossus, commandant d'une des troupes envoyées par les Athéniens en Eubée, pour y secourir Phocion, qui avoit précédé Molossus dans cette guerre, avoit conduit les affaires

(1) C'est de cette arrivée de Cérès, διὰ την Ἔλευσιν, que la ville prit son nom.

(2) Et, selon lui, les Mégariens prétendoient avoir chez eux cette pierre, & les femmes du pays pratiquoient tous les ans entre elles certaines cérémonies religieuses. Cette pierre étoit nommée *Anaclotra*. Pausanias, *in Attic*, *c. 43*.

avec beaucoup d'habileté & de succès. Molossus, moins habile, fut aussi moins heureux.

Sur un autre chemin qui conduisoit à Mégare, on trouvoit le puits auprès duquel s'étoit reposée Cérès, & les tombeaux des Athéniens qui, sous Thésée, périrent en combattant contre les Thébains. Assez près avoit été la demeure de Cercyon, vaincu à la lutte par Thésée.

N. B. La ville d'*Eleusis* est extrêmement déchue de son ancien éclat : on n'y voit presque plus que des ruines. Elle est nommée actuellement *Elefsina.*

ELEUTHERA (1) CILICIA. Etienne de Bysance donne ce nom à une partie de la Cilicie. C'étoit la partie de cette contrée qui étoit à l'angle formé par le mont Taurus & le mont Amanus, dans le voisinage de la Cappadoce & de la Syrie.

Les habitans de cette contrée se nommoient *Eleutherocilices*, & depuis (νῦν, dit notre auteur), *Eleutheritæ.*

ELEUTHERA, ville que Ptolemée place dans l'intérieur de l'île de Crète. Elle prenoit ce nom d'Eleuther, l'un des Curètes.

Etienne de Bysance dit que cette ville étoit aussi nommée *Saorus* ou *Aorus*, de la nymphe *Saora* ou *Aora.*

ELEUTHERÆ, *ou* ELEUTHERES, ville ancienne de la Béotie, qui avoit ensuite passé aux Athéniens, parce que la force de leur gouvernement leur plaisoit, & qu'ils étoient opprimés par les Thébains. Elle avoit été fort considérable.

Ces peuples avoient un temple dédié à Bacchus, dont ensuite on transporta la statue à Athènes, en y laissant seulement une copie de l'ancienne.

Au-delà du temple de Bacchus, c'étoit une caverne & une fontaine, où l'on rapportoit qu'Antiope ayant mis au monde deux gémeaux, les exposa dans cette caverne, & qu'un berger qui les trouva les lava dans la fontaine & en prit soin. *Pauf. in Attica, c. 38.*

ELEUTHERÆ, fleuve de la Phénicie, qui prend sa source dans le mont Liban, & va se perdre dans la mer, vis-à-vis l'île d'Arad. Pline, *L. IX, ch. 10*, dit que les tortues se prennent en grand nombre dans la mer de Phénicie, & qu'à certains temps de l'année elles viennent dans le fleuve Eleuthère.

ELEUTHERÆ. Etienne de Bysance place une ville de ce nom sur le fleuve Ister. Elle fut ainsi appelée, parce que Jason, fuyant la colère d'Aete, y fut délivré de la crainte qu'il avoit d'en être pris & puni.

ELEUTHERIA AQUA, ruisseau qui couloit près d'un temple de Junon, à quinze milles de Mycènes, selon Pausanias. Il ajoute que les prêtresses du temple employoient l'eau de ce ruisseau pour les expiations secrètes. Ce temple étoit situé sur une plate-forme du mont Eubée.

ELEUTHERII, peuple de la Gaule aquitanique. D'Audifret dit qu'ils étoient établis dans l'Albigeois.

ELEUTHERII INSULA, *ou* LIBERII INSULA, île de la Propontide.

ELEUTHERIS, ville de Grèce, dans la Béotie, près d'Oropus, selon Etienne de Bysance. Ce doit être la même qu'Eleutheræ.

ELEUTHERISCUS, ville de la Macédoine, selon Etienne de Bysance.

ELEUTHERIUM, bourgade de la Mysie, selon Etienne de Bysance.

ELEUTHERNA, ville qui étoit située dans l'intérieur de l'île de Crète, selon Etienne de Bysance, Pline & Scylax. Les deux derniers disent *Eleutherna.*

Elle a été épiscopale, selon les actes du concile de Chalcédoine, tenu en l'an 451.

ELEUTHEROCILICES. Cicéron & Diodore de Sicile font mention des Eleutherociliciens. Ils habitoient la partie de la Cilicie qui étoit dans l'angle formé par le mont Taurus & le mont Amanus. Ils furent vaincus par Cicéron.

ELEUTHEROLACONES, peuple maritime du Péloponnèse, dans la Laconie. Pausanias dit qu'ils étoient ainsi nommés, parce que l'empereur Auguste les délivra du joug des Lacédémoniens. Pausanias nomme dix-huit villes de ce peuple, comme étant le reste de vingt-quatre qu'ils avoient eues.

ELEUTHEROPOLIS, ville de la Palestine, située à six milles au midi de Diospolis, à vingt milles de Jérusalem, & à vingt-quatre milles d'Ascalon, selon l'itinéraire d'Antonin. Elle avoit une plaine au couchant & au septentrion, & au levant les montagnes de Judée.

La ville d'*Eleutheropolis* étoit siège épiscopal sous la métropole de Césarée, &, après la division de la Palestine en trois provinces, elle resta comprise dans la première Palestine.

ELEUTHERUS, *ou* ELEUTHEROS, fleuve de l'Asie, dans la Syrie. Il a sa source dans les montagnes de l'Antiliban, & va se perdre dans la mer au nord des villes de Tyr & de Sydon. Pline, Ptolemée & Joseph font mention de ce fleuve. Le dernier, parlant du don que Marc Antoine fit à Cléopâtre, dit que cet amant lui donna toutes les villes situées entre l'Egypte & l'*Eleutherus*, à la réserve de Tyr & de Sydon.

ELEUTHERUS, *ou* ELEUTHEROS, rivière de la Sicile, selon Ptolemée.

De l'Isle, dans sa carte de l'ancienne Sicile, met la source de l'*Eleutherus* au mont *Cratas*, & son embouchure à l'orient de l'*Orethus*. Il lui donne pour nom moderne *Fiume di Misilmeli.*

ELEUTII, peuple d'Italie, dans la Japygie, selon Hécatée, cité par Etienne de Bysance.

ELGOVÆ, *ou* SELGOVÆ, peuple de l'île d'Albion, selon Ptolemée.

(1) Le mot grec Ἐλευθέρια signifiant la liberté, on attache l'idée de ce nom à des noms de provinces ou de peuples qui en sont formés, comme les *Eleuthero-Lacons*, &c.

Cambden croit que le pays qu'occupoient les *Elgovæ* répond aux provinces d'*Annandale*, d'*Eskdale* & de *Nithsdale*.

ELGUS, *ou* ELGOS, petite ville de l'Asie mineure, dans la Lycie, selon Etienne de Bysance.

ELIA, nom d'un lieu de Grèce, dans le Péloponnèse. Polybe dit que c'étoit là plus belle partie de la Laconie.

Tite-Live dit que ce lieu étoit au-dessus de *Leucæ* & d'*Acriæ*, à l'orient de l'embouchure de l'*Eurotas*.

Ce nom ne s'est-il pas formé d'*Helos*? En ce cas, ce seroit ou cette ville ou son territoire.

ELIA, ville de la Palestine, entre Naplouse & Ascalon, selon l'itinéraire d'Antonin. On prétend que c'est la même ville que Jérusalem, que les Romains nommoient *Ælia*.

ELIBERIS, ILLIBERRIS, ELYBERRI, ILLIBERIS, ILYBYRRIS, *ou* ELIBERE, grande & riche ville de la Gaule narbonnoise. Pomponius Méla dit que ce n'étoit plus qu'un village de son temps. Elle étoit située au midi de *Ruscino*, & Pline dit qu'elle n'étoit pas rétablie de son temps.

Tite-Live rapporte qu'Annibal, ayant fait passer les Pyrénées à ses troupes, campa à *Illiberis*.

Constantin-le-grand rétablit cette ville; il y bâtit un château, & il leur donna le nom de sa mère Hélène.

Eutrope, parlant de Constant, dit qu'il fut tué par la faction de Magnence, & mourut près de l'Espagne, dans le château nommé *Hélène*.

On croit que c'est aujourd'hui *Elna*.

ELIBERIS, nom d'une rivière de la Gaule narbonnoise. Elle arrosoit la ville de même nom. On croit que c'est aujourd'hui *le Tec*.

ELIBERIS, ville de l'Hispanie, dans la Bétique. Cette ville paroît avoir été assez considérable: mais on ne sait aucun trait historique qui la distingue. Pline la nomme à peine, en disant qu'elle se nommoit aussi *Eliberini*.

Le P. Hardouin dit que cette ville étoit située sur une montagne, qui en a pris le nom de *Sierra d'Elvira*.

ELIBIA, ville épiscopale de l'Afrique, dans la province proconsulaire, selon une épître synodale de cette province.

ELICA, EILICA, *ou* ILICA, selon les divers exemplaires de Ptolemée, ville de l'Afrique propre.

ELICOCI, peuple de la Gaule narbonnoise, selon Ptolemée. Leur capitale étoit *Alba Augusta*.

ELICRANUM, ville de laquelle fait mention Polybe. Ortélius pense qu'elle étoit vers l'Epire.

ELIDION PROMONTORIUM, promontoire de la Thrace, dans la partie méridionale du promontoire Esties, & dans la partie orientale du *Rhodiorum Portus*, sur le Bosphore de Thrace.

ELIENSIS, ville épiscopale d'Afrique, dans la Bysacène, selon la conférence de Carthage & la notice d'Afrique.

ELIM, lieu sur le côté oriental de la mer Rouge, & l'endroit de la sixième station des Israélites. Moïse dit qu'il y avoit là douze fontaines, & soixante-dix palmiers.

ELINI, peuple de Grèce, dans la Thesprotie, selon Etienne de Bysance. Il ajoute que le pays que ce peuple habitoit étoit nommé *Elynia*.

ELIOCROCA, ville de l'Hispanie, à quarante-quatre milles de Carthagène, du côté de *Castulo*, selon l'itinéraire d'Antonin.

ELIONES, *ou* ELEIONES, selon les divers exemplaires de Ptolemée, peuple de l'Afrique propre.

ELIS. Cette contrée de la Grèce étoit située à l'ouest du Péloponnèse. Elle avoit au nord une partie de l'Achaïe; à l'est, l'Arcadie; au sud, la Messenie; & à l'ouest, la mer Ionienne.

Sa longueur, du sud au nord, étoit d'environ vingt lieues, & sa largeur, de l'ouest à l'est, de six à sept. Cependant sa partie septentrionale, que quelques auteurs ont nommée *Cœle* ou *Creuse*, avoit plus de dix lieues de large.

Arrosée d'un grand nombre de petits fleuves, elle devoit être très-fertile: on dit même qu'elle l'est encore. Les anciens auteurs ne nous parlent guère cependant que de ses bois d'oliviers: mais on doit supposer que ce pays étoit très-abondant; autrement, comment auroient vécu ce grand nombre de Grecs qui se rendoient habituellement à Olympie pour en voir les beautés; & ce peuple immense qui y accouroit de toutes les parties de la Grèce, lors de la célébration des jeux? Les champs de la Triphylie & de Samicum, étoient sur-tout très-fertiles. Strabon en parle avec éloge. On y recueilloit du lin, du chanvre, & de cette soie du Levant qui vient dans des gousses, & que l'on file comme du coton.

Elle se divisoit en trois parties; la Triphylie, au sud; la Pisatide, au milieu; & l'Elide propre, au nord.

Ce pays avoit d'abord porté le nom d'*Epea*, d'après Epeus, soi-disant petit-fils d'Endimion. Il succéda à son père dans la possession de ce royaume. Eleus, qui régna depuis, & fut père d'Augée, si riche en troupeaux, donna aux peuples le nom d'*Eléens*, & au pays celui d'Elide.

L'Elide, selon Ptolemée.

Ce géographe écrit l'Elide avec une aspiration, ce qui nous conduiroit à mettre une H en françois au commencement de ce mot.

Il traite d'abord des lieux maritimes de l'Elide, qu'il nomme Ἠλείας.

Lieux maritimes.

Cyllène, *navale.*	Chelonites *sin.*
Penei, fl. *ostia.*	Ichthys *extrema.*
Chelonites, *prom.*	Alphei, fl. *ostia.*

Dans les terres.

Helis, *ou* Elis.	Hypania.
Olympia Pisæ.	Leprium.
Corine.	Tympania.

Elis (1) (Gastouni, à ce que l'on croit), ville de Grèce, que l'on peut regarder comme la capitale de la province de son nom. Elle étoit dans la partie septentrionale, sur le fleuve *Peneus*.

Cette ville avoit donné son nom à tout le pays, &, selon Strabon, avoit été bâtie peu après le siège de Troyes. Elle étoit située dans une belle plaine, & devoit sa fondation à Oxilus, qui l'avoit agrandie de plusieurs lieux voisins. Cette ville étoit fort ornée de temples, de portiques & de gymnases, où l'on formoit des athlètes dans tous les genres de combats. Il pourroit être agréable d'en avoir une description : je suis obligé de renvoyer à Pausanias : je remarquerai seulement,

1°. Que Pluton y avoit un temple, & que l'auteur grec dit que de tous les peuples connus, les Eléens sont les seuls qui honoroient le dieu des enfers d'un culte si religieux : c'est qu'ils croyoient qu'il les avoit protégés contre les attaques d'Hercule, venant assiéger Pyles.

2°. Qu'il y avoit un temple de Bacchus, dans lequel, le jour de la fête du dieu, les prêtres déposoient trois bouteilles vuides, puis ils fermoient les portes, permettoient à chacun d'y apposer leur cachet, & prétendoient que le lendemain les bouteilles se trouvoient miraculeusement remplies d'un excellent vin. Ce petit tour de friponnerie sacerdotale peut être comparé à celui des prêtres de Babylone, & à quelques autres de même genre.

Dans un temps de trouble, les Eléens avoient demandé du secours aux Lacédémoniens, qui se disposoient à leur en envoyer. Les Messeniens, instruits de ces mouvemens, se hâtèrent d'y faire passer des troupes armées à la manière lacédémonienne, & s'emparèrent d'*Elis* par surprise. Cette conquête ne fut pas de longue durée. La ville revint au pouvoir de ses maîtres légitimes. Elle étoit fort opulente au temps d'Alexandre, & se maintint encore après sa mort.

Près de la place publique, & derrière le portique bâti des dépouilles des Corcyréens, on voyoit un temple de Vénus. La statue de la déesse portoit le nom de *Céleste* ; elle étoit d'or & d'ivoire, & avoit été faite par Phidias. La déesse avoit un pied sur une tortue. Pausanias rapporte qu'à *Elis* Vénus *Pandemos*, ou la Vulgaire, étoit représentée assise sur un bouc, sur la balustrade de la pièce de terre qui étoit près de la place publique.

(1) Le nom grec étant Ἦλις, je crois que l'on pourroit dire, en françois, pour le pays, Elide ; pour la ville, Elis.

ELISARI, peuple de l'Arabie heureuse, selon Ptolemée.

ELISARNE, ALISARNE, *ou* HALISARNE, ville de l'Asie, dans la Teuthranie, canton de la Mysie.

ELISII CAMPI (Alichamps.) Peutinger nomme ce lieu *Alvea*. M. d'Anville prétend qu'*Alvea* est Ardentes ; mais il fait cette erreur après le P. Labbe ; car on a trouvé à Alichamps une colonne milliaire, sur laquelle sont marquées les distances de ce point à trois lieux différens ; avantage au reste si rare, que l'on ne cite qu'un autre exemple, où plusieurs routes soient ainsi sur la même colonne (2). Ces distances sont celles de *Avaricum* (Bourges) ; de *Mediolanum* (Château-Meillant), de *Neris* (Neris), ou *Aquis Neri*. Ces distances étoient, à partir de la colonne, à *Avaricum*, quatorze lieues ; à *Mediolanum*, douze ; à *Neri*, vingt-cinq.

La lieue gauloise, de quinze cens pas, étoit à peu près égale à une demi-lieue commune de France de onze cens quarante toises. Or, il se trouve, de six à sept lieues d'Alichamps à Bourges, six à Château-Meillant, douze à treize de Neris.

ELISPHASII, peuple de Grèce, dans le Péloponnèse, selon Polybe. Ortélius croit qu'il faut lire *Elidis Phliasii*, peuple de l'Elide.

ELISSON, petit fleuve de la Sicyonie, à l'est de l'Achaïe.

ELISSUS, *ou* ELISSUNS, ville du Péloponnèse, dans l'Arcadie. Elle fut détruite par les Lacédémoniens, selon Diodore de Sicile.

ELISSUS, rivière du Péloponnèse, dans la Sicyonie, selon Pausanias, la même que l'*Elisson*.

ELISSUS, ELISSA, *ou* ILISSUS, rivière de Grèce, dans le Péloponnèse. Elle est nommée *Helisson* par Pausanias, qui la compte pour une des rivières considérables qui vont se perdre dans l'Alphée. Ce fut sur cette rivière que fut bâtie *Megalopolis*.

ELISYCI, peuple de l'Italie, dans la Ligurie, selon Hérodote & Hécatée, cités par Etienne de Bysance.

ELIXOIA, île des peuples Hyperborées, à l'embouchure du fleuve *Carambyca* (la Dwina), selon Etienne de Bysance, qui cite Hécatée l'Abdéritain.

Diodore de Sicile cite aussi cet auteur. Il ajoute que c'est là que naquit Latone, d'où Apollon y est adoré de préférence aux autres dieux. Tous les

(2) J'ai vu cette colonne en 1784, dans le jardin de M... curé d'Alichamp. C'étoit un homme fort instruit, recevant chez lui de l'accueil le plus obligeant, & communiquant avec la bienveillance la plus honnête, toutes les antiquités trouvées dans sa paroisse. La colonne dont il est question dans cet article, après avoir servi aux Romains pour indiquer les distances, fut creusée par des Gaulois pour servir de tombeau. Lorsque je la vis la première fois, elle étoit couchée à terre, & l'on n'en voyoit que l'intérieur. A ma prière, M. le curé eut la complaisance de travailler avec nous à la relever ; elle est actuellement appuyée contre une muraille, & l'on y lit l'écriture taillée aux temps des Romains. J'avois fait sur le lieu un petit article plus circonstancié ; malheureusement il s'est perdu.

Insulaires sont prêtres d'Apollon, à qui on a dédié un bois & un temple rond, fort orné.

Cette île est aujourd'hui la *Podesemska*, à l'embouchure de la *Dwina*.

ELIXUS. Strabon nomme ainsi une rivière de l'île de *Cea* ou *Ceos*, auprès de *Caressus*.

ELLA, fontaine ou ruisseau de l'Italie, dans la Lucanie. Il en est fait mention par Strabon & Etienne de Bysance. Ce dernier dit *Elea*.

ELLASAR, ELLESAR, *ou* ELASAR, lieu de l'Asie, dans le royaume d'Arioch. Il en est parlé dans la Genèse.

ELLOMENUS, lieu dans le voisinage des îles Leucades.

Ce devoit être une place de guerre, car Thucydide parle de la garnison qui y étoit.

ELLOPIA, contrée de la Grèce, dans l'île d'Eubée, selon Strabon. Il ajoute que toute l'île a porté ce nom, à cause d'Ellops, fils d'Ion.

ELLOPIA, nom d'un lieu particulier de l'île d'Eubée, fondé par Ellops.

Strabon dit que les habitans de ce lieu passèrent à Histiée, & agrandirent cette ville. La tyrannie de Philistide, après la bataille de Leuctres, les força à cette retraite.

ELLOPIA, pays de la Grèce, aux environs de Dodone, selon Strabon, qui cite Hésiode.

Les habitans en étoient nommés *Helli*, & *Selli*, selon Etienne de Bysance.

ELLOPIA, ville de Grèce, vers la Dolopie, selon Etienne de Bysance.

ELLOPIA. Le même géographe nomme ainsi un pays qu'il place autour de la ville de Thespies.

ELLOPIÆ AQUÆ, eaux chaudes & minérales de la Grèce, dans l'île d'Eubée. Pline en parle comme d'une des choses remarquables de cette île.

ELLOPIUM, ville de Grèce, dans l'Etolie, selon Polybe, cité par Etienne de Bysance.

ELLUS, rivière de l'Asie mineure, dans la Lydie, selon Hérodote. Quelques exemplaires de cet ancien portent *Hyllus*. C'est de cette dernière façon qu'écrit Strabon. (*Voyez* HYLLUS).

ELMACHANI, ville épiscopale de l'Asie mineure, dans la Troade. Elle étoit suffragante de Cyzique.

ELMELECH, ville de la Judée, dans la tribu d'Aser.

Il en est fait mention dans le livre de Josué & dans celui des Juges.

ELMETE, forêt de l'île d'Albion, selon Bède, cité par Ortélius.

ELOM. Joseph nomme ainsi une ville de la Palestine, dans la tribu de Juda. Dans les Paralipomènes, elle est appelée *Ajalon*.

ELON, ville de la Palestine, dans la tribu de Dan, selon le livre de Josué, *ch. 19*, *v. 40*.

ELONE, ville, dans la partie de la Thessalie appelée *Perrhébie*, selon Strabon, qui la place au pied du mont Olympe, sur le petit fleuve Eurotas, que l'on ne confondra pas, sans doute, avec le fleuve de ce nom dans le Péloponnèse. Cette ville qui, depuis Homère, avoit pris le nom de *Leimone*, étoit détruite au temps de Strabon.

ELONGOSINE, lieu élevé, en Asie, dans la Grande-Arménie, vers les sources du Tigre, selon Pline, cité par Ortélius; mais le P. Hardouin écrit *Elegosine*.

ELORUS (*Atellari*), rivière de Sicile, sur la côte orientale de l'île, dans la partie sud de cette côte. Elle avoit sa source près du lieu où étoit *Acræ*, de-là elle côtoyoit au sud, comme si elle eût dû passer à Casmène; mais elle se recourboit vers l'est-sud-ouest, & se jetoit dans la mer de Sicile, ayant près & au nord de son embouchure, une ville appelée aussi *Elorus*.

Le chemin qui alloit du promontoire Pachys à l'embouchure de l'Elorus, s'appeloit, selon Thucydide, *la voie Elorine*.

ELOS. Il est probable que, d'après Homère, Pline a placé en Messenie, une ville d'Hélos. Strabon semble admettre un Hélos; mais, en le désignant par le nom de χωρα, un *lieu*, près des bords de l'Alphée: ce qui suppose, comme l'indique cet auteur, que cet Hélos étoit dans l'Elide. Il cite au même endroit, l'Hélos de la Laconie, dont j'ai parlé précédemment. Je remarquerai en passant, qu'Etienne de Bysance, en nommant Hélos une ville des Lacédémoniens, πολις λακονικη, cite, à la suite de ces deux mots, le vers d'Homère, *Ptéléon*, *Elos* & *Dorion*. Or, certainement il n'est pas, dans ce vers, mention d'un Hélos dans la Laconie, puisqu'il en a été parlé ailleurs.

ELOTES, peuple du Péloponnèse, dans la Laconie. Il prenoit ce nom de la ville d'*Hélos*.

On écrit diversement le nom de ce peuple, *Elotes*, *Ilotes* ou *Hilotes*. Le second est le plus usité.

Les Spartiates ayant détruit cette ville d'*Hélos*, en réduisirent les habitans en esclavage. On doit observer cependant qu'ils les placèrent sur leurs biens de campagne, & qu'il y eut toujours entre les Hélotes ou Ilotes & les esclaves de la ville destinés au service de l'intérieur des maisons, une différence très-marquée à l'avantage des premiers.

ELOTH, ville de l'Idumée, qui s'étoit révoltée sous le roi Joram; mais Azarias en ayant repris possession, il la fit fortifier. Eusèbe & S. Jérôme en font mention.

ELPIA, ville de l'Italie, dans la Pouille daunienne. Strabon & Etienne de Bysance disent qu'elle fut bâtie par les Rhodiens.

ELPIDIS HIERON, temple de l'Italie, à huit stades de la ville de Rome. Il en est fait mention par Tite-Live & par Denys d'Halicarnasse.

ELPIUS, rivière de Grèce, auprès de la vallée de Tempé, selon Zonare.

Ortélius conjecture qu'il faut lire *Peneius*.

ELTHECE, *ou* ELTHECO, nom d'une ville de la Palestine, qui entra dans le partage de la tribu de Dan, selon le livre de Josué, *ch. 19*, *v. 40*. Elle fut donnée aux Lévites de cette tribu, qui étoient de la famille de Caath.

ELTHECON, ville de la Palestine, dans la tribu de Juda, selon le livre de Josué, *ch. 15, v. 58.*

Elle étoit située aux confins de la tribu de Benjamin.

ELTHOLAD, *ou* THOLAD, ville de la Palestine, dans la tribu de Juda, selon le livre de Josué. Elle fut détachée de cette tribu pour être comprise dans celle de Siméon.

ELVIA, ville de l'Asie mineure, dans la Galatie, contrée de la Paphlagonie. Il est fait mention de cette ville par Ptolemée.

ELULII, peuple d'Afrique, dans la Mauritanie césarienne, selon Ptolemée.

ELURII. Cédrène nomme ainsi un peuple. Ortélius croit qu'il ne diffère pas des Erules ou Hérules, ou des Ælures de Zonare.

ELUSA, ville de la Palestine, dans l'Idumée, à l'occident du Jourdain, selon Ptolemée. Il en est aussi fait mention par S. Jérôme.

Cette ville a eu un siège épiscopal, dont il est fait mention dans les actes du concile d'Ephèse.

Le P. Hardouin prouve, par les notices grecques, que cette ville étoit dans la troisième Palestine.

ELUSA, appelée aussi *Elusæ*, ville de la Gaule: elle tenoit le rang de métropole dans la Novempopulanie; & elle conserva ce rang jusqu'au huitième siècle. Mais ayant été détruite par les Normands, l'évêque d'Auch monta à la dignité de métropolitain. La ville actuelle d'Eeuse, ou Eause, n'est pas dans le même emplacement; les vestiges, à quelque distance, conservent le nom de *Ciutat.*

ELUSATES, peuple de la Gaule, dans la Novempopulanie, ou troisième partie de l'Aquitaine. César en fait mention & les place entre les *Tarusates* & les *Garites.*

La capitale de ce peuple étoit *Elusa*; & comme elle avoit rang de métropolitaine, on doit croire que ce peuple occupoit un rang distingué.

ELUSIO, lieu de la Gaule, entre Toulouse & Carcassonne. M. d'Anville trouve, d'après les itinéraires, que cette position répond à celle de Naurouze, que l'on sait être le point de partage des eaux du canal de Languedoc.

ELYDNA, *ou* CELYDNA. Selon les divers exemplaires de Ptolemée, ville de l'Inde, au-delà du Gange.

ELYMA, ville que Ptolemée place dans l'intérieur de la Macédoine. Elle est nommée *Elymea* par Etienne de Bysance, & *Elymæa* par Tite-Live.

ELYMA, nom d'une ville de la Sicile, selon Thucydide & Denys d'Halicarnasse. Ils ajoutent qu'elle fut bâtie par Enée.

Cluvier prétend que c'est une ville imaginaire, & que ce n'est autre chose que la montagne Erix, où Enée éleva un temple à Vénus.

ELYMÆI, les Elyméens, peuple de l'Asie, entre l'Hyrcanie & la Bactriane, selon Julius Pollux.

Tacite les place vers l'Arménie, & Strabon vers la Susiane.

ELYMAIDE, contrée où Vénus avoit un temple, qui fut pillé par Antiochus, selon le rapport d'Appien.

ELYMI, *ou* HELYMI, peuple qui habitoit dans la partie nord-ouest de la Sicile.

Hellanicus, cité par Denys d'Halicarnasse, dit que ce peuple avoit demeuré en Italie, d'où ils furent chassés par les Œnotriens, l'an 86 avant la guerre de Troye.

Ce peuple habitoit en Sicile, autour du fleuve Crimise, dans l'endroit où étoient situées les villes d'*Ægesta*, ou *Acesta*, *Erice* & *Entella.*

ELYMIA, ville de Grèce, dans le Péloponnèse. Xénophon la place vers les villes de Mantinée & d'Orchomène.

ELYMIOTÆ, les Elymiotes, peuple de la Macédoine, dans une plaine presque entourée de montagnes, vers la source du fleuve Aliacmon, selon Ptolemée. Ils avoient le pays des Lyncestes au nord-ouest; l'Emathie au nord-est; la Pélasgiotide au sud-est; & la Pélagonie au sud-ouest.

ELYMNIUM, l'un des noms de l'île d'Eubée, selon Hésychius. Etienne de Bysance dit *Elymnia.*

ELYMNIUM, ville de la Macédoine, au mont Athos. Héraclide, cité par Ortélius, dit que les habitans en furent chassés par les rats.

ELYRA. Tzetzès nomme ainsi une île de la mer des Indes. Il dit que l'on y trouvoit des perles.

ELYRUS, ville de l'île de Crète, selon Etienne de Bysance & Pausanias. Ce dernier dit qu'elle étoit située dans les montagnes, & que ses habitans envoyèrent au temple d'Apollon, une chèvre d'airain, qui sembloit donner la mammelle à deux enfans, Phylacide & Phylandre. Il ajoute que les Eluriens prétendoient que c'étoient deux fils d'Apollon & de la nymphe Acacallide.

ELYSII, les Elysiens, peuple qui habitoit vers la partie orientale de la Germanie.

E M

EMA, ville de la Palestine, selon Guillaume de Tyr, cité par Ortélius.

EMATE, ville de la Pannonie, entre Sirmich & Salone, selon l'itinéraire d'Antonin.

EMATH, ville de la Judée, dans la tribu de Nephtali, selon le livre de Josué.

Joseph, dans son livre des guerres, nomme cette ville *Amath*, ou *Amathonte.*

Elle fut assiégée par Alexandre, roi de Judée. Hérode-le-Grand bâtit, à l'orient d'Emath, un très-beau temple de marbre blanc, à l'honneur d'Auguste, près du lieu nommé *Panium.*

EMATHIE, nom d'un pays de la Macédoine, qui

qui étoit borné au nord-est par le fleuve Axius, & au midi par l'Astræus & l'Aliacmon.

Tite-Live dit que cette contrée avoit auparavant été nommée *Pæonie*.

EMBOLIMA, ville de l'Inde, en-deçà du Gange. On lit dans Arrien que cette ville étoit peu éloignée de *Petra Aornos*. Elle étoit située au sud-ouest de *Petra Aornos*, sur la droite de l'*Indus*, & au nord de *Taxila*, vers le 33e deg. de latit.

Ptolemée fait aussi mention d'*Embolima*.

EMEA. Suidas nomme ainsi un lieu de la Grèce. Il le place près de la ville de Mycènes.

EMERITA AUGUSTA (*Merida*), ville de l'Hispanie, dans la Lusitanie, à l'ouest de *Metallinum*, sur l'*Anas*. Elle fut colonie romaine, & eut le titre de *Conventus*. Auguste, au rapport de Dion Cassius, voulant récompenser les soldats qui l'avoient servi dans la guerre contre les Cantabres & quelques autres peuples de l'Hispanie, leur abandonna cette ville, dont le nom qu'elle portoit alors disparut, pour faire place à celui d'*Augusta Emerita*, qui signifie *ville bâtie par Auguste pour ses soldats émérites ou vétérans*. D. A. de Ponz cite une médaille qui prouve que ces soldats étoient de la cinquième & de la dixième légion. On y trouve encore beaucoup de restes d'anciens monumens.

Cette ville avoit d'abord appartenu aux Turdules, comme on le voit dans Strabon ; mais les Vettons s'étant ensuite rendus plus puissans, ils s'en emparèrent. Auguste lui accorda le droit de battre monnoie, l'orna de beaux édifices, & fit continuer un chemin commencé sous les consuls, pour aller de cette ville à *Gades*. Vespasien fit depuis achever un autre chemin entrepris pour conduire d'*Emerita* à *Capara*, au nord. On y voyoit un aqueduc, un théâtre, un cirque & une naumachie, dont il reste encore des ruines.

Emerita étoit la métropole civile & ecclésiastique sous les Visigoths.

EMESA (*Hems*), ville de l'Asie, dans la Syrie. Elle étoit située à une petite distance sur la rive droite de l'Oronte, au sud-est d'*Epiphania* & d'*Arethusa*, vers le 34e deg. 20 min. de latit.

Cette ville est nommée différemment par les auteurs grecs : on trouve *Emisa*, *Emissa*, *Emessa*.

On croit que c'est l'ancienne Emath de l'écriture sainte. On sait que cette ville étoit considérable sous les rois Seleucides. Mais pendant les troubles qui agitèrent alors la Syrie, un chef d'Arabes, que les Latins nomment *Sampsiceranius*, s'empara de cette ville, & y prit le titre de roi. Les princes grecs, occupés de leurs guerres avec les Romains, ne purent s'y opposer. A sa mort, le prince arabe laissa deux fils, Jamblique & Alexandre. Ce fut le premier qui succéda à son père. Il entra dans le parti des Romains. Ils lui durent les premières nouvelles des préparatifs des Parthes, qui se disposoient à envahir la Syrie. Dans la guerre entre César & Pompée, il se déclara pour César ; mais il prit parti pour Antoine, dans la guerre entre lui & Auguste. La conduite de ce Romain envers Jamblique est une note infamante pour sa mémoire. Soupçonnant que le roi d'Emesse alloit abandonner son parti, ainsi qu'avoient fait plusieurs petits princes de l'Orient ; & n'ayant d'autres preuves que les craintes & la probabilité, il lui fit souffrir une mort cruelle.

Le royaume fut donné par ce barbare au prince Alexandre, frère de Jamblique. Il resta fidèle à son bienfaiteur. Mais celui-ci ayant succombé, Alexandre se trouva dans le parti vaincu. Auguste, à la vérité, fut moins cruel qu'Antoine, puisqu'il punit moins une faute réelle, au moins selon lui, que son antagoniste n'avoit puni un soupçon. Mais au lieu de respecter dans la fidélité d'Alexandre, l'exercice du plus sacré des devoirs, de la reconnoissance, il le fit son prisonnier, & l'emmena à Rome orner son triomphe.

Jamblique II, fils d'Alexandre, après avoir vécu quelque temps en exil, parvint à gagner sur Auguste d'être rétabli sur le trône de son père. Il eut quelques successeurs, soutenant l'éclat de ce petit royaume.

Azize est le dernier roi de ce petit royaume dont l'histoire fasse mention. On présume qu'il fut conquis par les Arabes.

L'empereur Héliogabal étoit d'Edesse. Ce fut auprès de cette ville que la célèbre Zénobie perdit la bataille qui lui coûta aussi la perte de son royaume & de sa liberté.

La ville d'Emesse fut une des villes dans lesquelles les Romains, maîtres de la Syrie, avoient établi des colonies.

EMETHSAN, bourg ou petite ville de l'Asie, dans la Syrie, selon l'histoire mêlée, citée par Ortélius.

EMEUM, ville de l'Ethiopie, sous l'Egypte, selon Pline.

EMICASUS, *ou* EMISACUS, rivière de la Grèce, dans la Thessalie, selon Vibius Séquester.

EMICYNES, *ou* HEMICYNES. Etienne de Bysance dit que c'étoit un peuple voisin des Massagètes & des Hyperboréens.

EMIM, *ou* EMIN, peuples du pays de Chanaan, au-delà du Jourdain. Josué dit qu'ils étoient belliqueux & d'une taille gigantesque. Ils furent cependant défaits par Codorlahomor & ses alliés. Moïse dit que ce fut à *Save-Cariathaim* qu'ils furent battus.

EMINENTIANA, ville d'Afrique, dans la Mauritanie sitifensis, selon un fragment de Victor d'Utique & la notice épiscopale d'Afrique.

EMISCHABALES, fontaine qui étoit dans la ville des Agactures. Ce peuple habitoit dans les montagnes de l'Ethiopie, sous l'Egypte.

Pline dit *Camelorum Oppidum*.

EMMAUS, bourgade de la Palestine. Elle étoit située à soixante stades au nord de Jérusalem.

Il y avoit dans ce bourg des eaux chaudes qui étoient très-salutaires.

Joseph dit que Vespasien laissa huit cens de ses soldats en Judée, & qu'il leur donna le bourg d'Emmaüs pour leur demeure.

Il en est aussi fait mention dans les actes des Apôtres.

EMNI. Ptolemée nomme ainsi un peuple de l'Inde, dans l'île de Taprobane.

EMODI MONTES, *ou* EMODI MONS, partie d'une chaîne de montagnes de l'Asie. Pline dit que les monts Emodes, l'Imaüs, le Paropamise & le Caucase, sont joints ensemble. Il ajoute que les Serres habitoient au-delà de ces montagnes.

Denys le Périégète met les sources de l'Oxus dans les monts Emodes. Ce géographe étend cette chaîne de montagnes jusqu'à l'Océan oriental; car il dit que Bacchus ayant défait les nations basannées des Indiens, alla aux monts Emodes, au pied desquels l'Océan oriental roule ses eaux, & que Bacchus y dressa deux colonnes. Il ajoute que l'Hypanis & le Mégarse ont leurs sources dans ces montagnes.

Pomponius Méla fait aussi mention de cette montagne.

EMODUS. *Voyez* EMODI MONTES.

EMON. L'Anonyme de Ravenne nomme ainsi une ville de la Mysie. Il la place au-delà du Danube.

EMPELATHRA, ville de l'Inde, en-deçà du Gange; selon Ptolemée.

EMPERESIUM, montagne de Grèce, dans la Béotie. Dicéarque la place sur le bord de la mer, entre la ville d'Aulis & l'Euripe.

EMPORIA, contrée d'Afrique, sur la côte de la Tripolitaine, sur la côte de la petite Syrte, selon Tite-Live, qui ajoute que le terroir en étoit fertile; qu'elle étoit sous la domination des Carthaginois, & que Massinissa la mit à contribution. Leptis, qui en étoit la seule ville, payoit un talent par jour aux Carthaginois.

Polybe rapporte que l'origine du mot *Emporia*, venoit de sa grande fertilité & du grand commerce que l'on y faisoit (1).

Lorsque Scipion partit du port de Lilybée pour l'Afrique, selon Tite-Live, il ordonna aux capitaines des vaisseaux de faire route vers *Emporia*, espérant qu'un peuple énervé par l'abondance, seroit facilement subjugué avant que les Carthaginois fussent en état de venir le secourir.

EMPORIÆ (*Ampurias*), ville de l'Hispanie citérieure, au sud. C'étoit, comme son nom l'indique, un port où se faisoit le commerce (2). On conjecture que cette ville avoit d'abord porté le nom d'*Indica*; & Etienne de Bysance dit expressément qu'une ville ainsi nommée, avoit donné son nom aux Indigètes. Ainsi, le nom d'*Emporiæ* ou *Emporium*, comme disent quelques auteurs, n'aura été qu'une épithète, ou du moins un nouveau nom donné par les Grecs. Car Strabon dit que les Marseillois s'y étoient établis. Pline & Silius Italicus disent que ce furent des *Phocœenses*. Tout cela n'est pas trop contradictoire, puisque les Marseillois reconnoissent ces premiers pour leurs auteurs.

Tite-Live, en parlant de l'arrivée de Caton en Hispanie, dit qu'en quittant *Rhodes*, il se rendit à *Emporiæ*. Cette place, ajoute-t-il, formoit deux villes séparées entre elles par un mur. Celle qui étoit sur le bord de la mer, entourée d'un mur de quatre cens pas, étoit habitée par des Grecs, colonie des Marseillois, qui tiroient leur origine de Phocée; l'autre partie, qui ne communiquoit pas avec la mer, étoit enceinte d'un mur de trois mille pas. Il s'y joignit ensuite une troisième nation: car César, après avoir défait le parti de Pompée, y établit des Romains. On ne voit pas dans laquelle des deux villes ils furent établis; mais Tite-Live ajoute: à présent ils ne font plus qu'un corps de citoyens.

C'étoit à cause de ces deux villes que Strabon donne à *Emporium*, l'épithète de *double ville*; il ajoute aussi que, de son temps, les Barbares étoient confondus avec les Grecs & les Romains; ce qui étoit arrivé dans beaucoup d'autres villes (3). Les Grecs établis en ce lieu, avoient d'abord habité une petite île qui étoit en face, puis ils avoient passé dans le continent. Ils adoroient Diane l'Ephésienne (4).

EMPORICUS SINUS, golfe de l'Afrique, dans la Mauritanie. Ptolemée le place dans la mer Atlantique, au 34e deg. 20 min. de latit.

Strabon le nomme comme Ptolemée. Il ajoute que ce golfe étoit plein de marchés, où les Phéniciens alloient trafiquer.

EMPORIUM, forteresse de l'Italie, dans l'Emilie, selon Tite-Live, qui ajoute qu'elle étoit si voisine de Plaisance, que l'on entendoit dans cette ville le bruit de l'assaut qu'Annibal donna à *Emporium*. Ce fort étoit à cinq milles du Pô.

EMPORIUM. Etienne de Bysance place un lieu de ce nom dans la Macédoine.

---

(1) Les Grecs nommant Ἐμπορία les objets de commerce en marchandises, nommèrent Ἐμπόριον, un lieu où l'on trafique de ces marchandises.

(2) Le mot *emporium* présente l'idée de marché, de lieu où l'on vend des marchandises; il faudroit peut-être le traduire par *comptoir*.

(3) Ce que dit ici Strabon est confirmé par les médailles d'*Emporiæ*, sur lesquelles on voit un mélange de caractères grecs & barbares, tout-à-fait inconnus. D'ailleurs, pour la forme & la fabrique, elles ressemblent parfaitement à celles dont les légendes sont purement grecques.

(4) Strabon ajoute qu'il en dira la raison en parlant de la ville de Marseille. Dans la citadelle de cette dernière ville, il y avoit un temple de Diane d'Ephèse & d'Apollon de Delphes; & que, cette colonie s'étant établie en Gaule sous leurs auspices, ils en étoient regardés comme les protecteurs. Les habitans d'*Emporiæ* ayant même origine, avoient un culte semblable.

Emporium, lieu de la Sicile, selon le même géographe.

Emporium, lieu d'Italie, dans la Campanie, selon Etienne de Bysance.

Emporium. Le même géographe met un lieu ainsi nommé dans la Celtique.

EMPULIUM, *ou* Empulum, lieu de l'Italie, dans le territoire des Tiburtes, selon Tite-Live.

Baudrand croit que c'est aujourd'hui *Ampiglione*, à trois milles à l'est de Tivoli.

E N

EN-HAZOR, ville de la Palestine, dans la tribu de Nephtali.

Il en est fait mention dans le livre de Josué.

ENA, ou plutôt Œna, bourg de l'Argolide, au sud-ouest de *Genesium*.

On y voyoit un temple consacré à Polémocrate, fils de Machaon, & possédant, ainsi que son père, l'art de guérir les malades : on prétendoit, pour ajouter à la gloire de tous deux, que c'étoit d'une manière surnaturelle.

ENABRIS, bourg de la Judée, dans la tribu de Zabulon. C'est où campa Vespasien pour assiéger Tibériade, selon Joseph, *de bell. Jud. L. III, chap. 31.*

Enabris, lieu de la Palestine, entre Scythopolis & Tibériade, selon Joseph.

ENACIM, les Enaciens, ou les enfans d'Enac, peuple du pays de Canaan, avant l'arrivée des Israélites. Les espions que Moïse avoit envoyés pour examiner ce pays, en parlant de ce peuple, le traitoient de géant. Ces Enaciens, selon l'écriture, descendoient d'Enac, descendant lui-même d'Arbé, avoit fondé Cariath-Arbé, c'est-à-dire, une ville de son nom.

Il faut croire que ces hommes étoient d'une forte stature, ou que les espions envoyés par Moïse eurent le jugement altéré par la crainte, puisqu'ils lui rapportèrent qu'ils avoient vu : « là des géans, » les enfans d'Enac, qui sont de la race des géans. » Nous étions devant eux comme des sauterelles ».

Dans beaucoup d'autres endroits de l'écriture, ils sont comparés à des géans.

Il paroît qu'ils habitoient dans la partie méridionale du pays de Canaan. Car on voit dans Josué, qu'il les extermina « d'*Hébron*, de *Dabis*, d'*Anat* & » de toutes les montagnes de Juda & d'Israël ; & ne » laissa aucun de la race des Enacim dans la terre » des enfans d'Israël, hors les villes de *Gaza*, » *Geth* & *Azot*, dans lesquelles seules il en laissa ».

ENACOMIA, siège épiscopal de l'Asie. Quelques notices le mettent en Arabie, & d'autres dans la Syrie.

ENADA, lieu de la Palestine, entre Eleuthéropolis & Jérusalem, à dix milles de la première, selon Eusèbe.

Enada, ville de la Palestine, dans la tribu d'Issachar, selon le livre de Josué.

ENAGARA, île de l'Asie mineure, dans la mer Méditerranée. Pline la place vis-à-vis de la Lycie, & près de l'île de Crète.

ENAIM, ville de la Judée, dans la tribu de Juda, selon le livre de Josué.

Eusèbe dit que, de son temps, ce n'étoit plus qu'un village nommé *Beth-Enim*, & situé près du Térébinthe.

ENAN, *ou* Enon, ville de la Palestine, selon le livre de Josué.

Ezéchiel parle d'*Enan* comme d'une ville connue, qui faisoit la limite septentrionale de la Terre promise.

ENARGINUM, *ou* Ernaginum. Selon les différentes éditions de l'itinéraire d'Antonin, lieu de la Gaule narbonnoise.

ENCHELEÆ, nom d'un peuple de l'Illyrie, selon Pline & Etienne de Bysance.

Scylax le place entre les rivières de *Naro* & le *Drilus*. Ce fut chez eux que se retira Laodamas, tyran de Thèbes, après avoir été défait par les Argiens. Laodamas étoit fils d'Etéocles. Ce prince étoit accompagné d'un certain nombre de Thébains.

ENCLEUS, ville de Grèce, dans la Béotie, selon Etienne de Bysance.

ENDERA. Strabon, cité par Ortélius, nomme ainsi l'habitation des Gymnètes. Elle étoit en Ethiopie, sous l'Egypte.

ENDIDEIUM, ville de la Rhétie, selon l'itinéraire d'Antonin.

ENDIGETI. Ptolemée donne ce nom à un peuple de l'Espagne tarragonnoise.

Le P. Briet les place dans la partie du Roussillon où coule le Ter.

ENDOR, nom d'une ville de la Judée, qui étoit située dans la demi-tribu de Manassé, en-deçà du Jourdain, selon le livre de Josué.

C'est dans cette ville que demeuroit la Pithonisse, que Saül alla trouver pour obtenir d'elle de lui faire paroître Samuël, qui étoit mort, pour qu'il pût le consulter. *Premier livre des Rois, ch. 28, v. 7.*

Eusèbe dit qu'il y avoit un grand village de ce nom, à quatre milles & au midi du mont Tabor.

EUDRAPA, ville de l'Asie, dans la Mésopotamie. Elle étoit située sur la rive gauche de l'Euphrate, vers le 34e deg. de latit.

ENDRIUS, nom d'un lac de la Sicile, selon Vibius Sequester. Ce lac est nommé *Herbesus* par Solin.

ENEA, village de l'Asie mineure, aux environs de la Troade, selon Scepsius, cité par Strabon.

ENERENSIS, siège épiscopal d'Afrique, dans la Numidie, selon les actes de la conférence de Carthage.

ENGADDI, *ou* Asason-Thamar, ville de la Palestine, dans la tribu de Juda, selon le livre de Josué, *ch. 15, v. 61.*

Cette ville étoit située dans le désert, de même

nom, & elle a été une des demeures de David, lorsqu'il étoit poursuivi par Saül.

Engaddi étoit près du lac de Sodome, à trois cens stades de Jérusalem, peu loin de Jéricho & de l'embouchure du Jourdain, dans la mer Morte.

ENGALLIM, ville de la Judée, dans la tribu de Benjamin. Elle étoit située sur le bord de la mer Morte, & Ezéchiel dit qu'il y avoit beaucoup de pêcheurs dans les environs.

Selon S. Jérôme, la ville d'Engallim étoit située au commencement de la mer Morte, à l'endroit où le Jourdain entre dans cette mer.

ENGANNA. S. Jérôme dit qu'il y avoit une ville de ce nom dans la Palestine, vers Gérasa, au-delà du Jourdain.

ENGANNIM, ville de la Judée, dans la tribu de Juda, selon le livre de Josué. Elle étoit située dans la plaine de cette tribu.

ENGANNIM, ville de la Palestine, dans la tribu d'Issachar, selon le livre de Josué. Elle fut donnée aux Lévites de cette tribu. Ils étoient de la famille de Gerson.

ENGYUM, ville de la Sicile, selon Ptolemée & Diodore de Sicile.

Plutarque dit que c'étoit une petite ville; mais très-ancienne, & ennoblie par la présence des déesses que l'on nommoit mères. Il ajoute que l'on y voyoit un temple bâti par les Crétois, & qu'on y montroit des javelines & des casques d'airain, avec des inscriptions de Mérion & d'Ulysse, qui les avoient consacrées aux déesses.

Cicéron parle des offrandes que Scipion l'Africain y avoit dédiées.

Elle étoit dans l'intérieur des terres, à l'ouest d'*Herbita*.

ENHADDAD, ville de la Judée, qui fut comprise dans le partage de la tribu d'Issachar, selon le livre de Josué.

Eusèbe met une ville d'Enada sur le chemin d'Eleuthéropolis à Jérusalem.

ENHYDRIA, ville de la Phénicie, qui étoit située entre Caranus & Marathus, selon Strabon.

ENIADES, peuple de Grèce, dans l'Acarnanie, selon Thucydide.

ENICONIÆ. Strabon nomme ainsi une ville de l'île de *Cyrnus* (Corse).

ENIENES, *ou* ENIENS, peuples dont Homère fait mention, *catal. vers 256*. Peut-être sont-ce les *Enienses*, dont Hérodote parle *L. VII*; ce qui est assez vraisemblable. Selon l'historien grec, ils demeuroient vers la source du fleuve *Sperchius*, c'est-à-dire, dans un angle que forment, par leur réunion, la chaîne de l'Œta au sud, & celle du Pinde à l'ouest. Cependant, il paroît qu'Homère les place vers Dodone, en Epire.

N. B. Je les ai placés au mot *Ænianes*. Si on les retrouve ici, c'est que les Grecs ont aussi écrit ce nom par un E simple.

ENIENSES. *Voyez* ENIENES, aussi-bien qu'ÆNIANES.

ENINGIA, pays ou île au nord de l'Europe, dans le *Codanus Sinus* (mer Baltique), selon Pline.

Des interprètes de cet ancien pensent que c'est la Finlande.

ENIPEUS, *ou* ENIPE, fleuve de la Grèce, dans la Triphylie; il couloit à l'ouest d'*Heraclea*.

Pausanias n'en parle pas; mais Strabon dit que, de son temps, il se nommoit *Barnichius*. On prétendoit que ce fleuve avoit été un dieu dont Tyre avoit été amoureuse. Cette Tyre étoit fille de Salmonès. Quelques mythologues prétendoient que le fleuve qu'elle avoit aimé n'appartenoit pas au Péloponnèse, mais à la Thessalie.

La ville de Salmone étoit près de la source de cette rivière.

ENIPEUS, petite rivière, ou ruisseau de Grèce, dans la Thessalie.

Strabon dit qu'il descend du mont Othrys, & qu'il se mêle à l'Apidanos. Il couloit du sud au nord, passoit à quelque distance à l'ouest & au nord de Pharsale.

ENIPI. Pline donne ce nom à un peuple de l'intérieur de l'Afrique. Il ajoute que ce fut un de ceux dont triompha Cornélius Balbus.

ENIPPA, *ou* AGANIPPA, montagne de Grèce, dans la Béotie, selon Vibius Séquester, qui dit que le premier de ces noms étoit l'ancien.

ENISIPIA, île de la mer Méditerranée, audevant de l'Egypte. Elle est nommée *Ænesyppa* par Ptolemée, & *Enesipasta* par Strabon.

ENISPA, ville du Péloponnèse, dans l'Arcadie, selon Pline.

Ce lieu est nommé *Enispæ* par Sénèque le tragique. Homère en fait aussi mention.

ENISTRATUS, village de l'Asie, vers la Galatie, selon Métaphraste, cité par Ortélius.

ENNA (*Castro Giovanne*), ville de la Sicile, dans l'intérieur des terres. Cette place étoit importante par sa position sur des montagnes, avantage qui la rendoit, en quelque sorte, imprenable. Elle étoit de plus célèbre par un beau temple de Cérès, & sur-tout par l'opinion qu'elle avoit été la capitale des états de cette déesse. On y montroit même la grotte par où Pluton étoit rentré dans les enfers, emmenant avec lui dans son char la belle Proserpine. Ce qui avoit pu donner lieu à ces fables, c'est que l'île est très-fertile en bled, qu'aux environs d'Enna il y avoit une caverne profonde, & qu'il croissoit dans les prairies des environs les fleurs les plus suaves & les plus odorantes.

Lors de la révolte des esclaves en Sicile, Eunus, leur chef, se retira à Enna: il y fut assiégé, & la ville fut prise par le consul Rupilius, l'an de Rome 621.

ENNEACRUNOS, *ou* ENNEACROUNOS, les neuf fontaines, fontaine de Grèce, dans l'Attique, au pied du mont Hymette. On en fit passer les eaux dans la ville par neuf tuyaux que Pisistrate y fit faire. Elle eut même jusqu'à douze tuyaux: on la nommoit alors *Dodecacrounos*.

Dans le temps que l'on voyoit ses eaux sortir de terre, avant que l'on y eût construit des tuyaux, elle se nommoit *Callirhoé*, c'est-à-dire, fontaine qui coule agréablement. Il paroît que, du temps des Pélasges, cette fontaine étoit hors de la ville, puisque ces peuples, qui habitoient au pied du mont Hymette, firent violence aux filles des Athéniens qui alloient chercher de l'eau à cette fontaine; ce qu'ils n'auroient pas fait, si la fontaine eût été dans l'enceinte des murailles de la ville. Et cela est tout simple, car alors elle étoit, ce me semble, réduite à l'étendue de la *Cécropie*, appelée depuis l'*Acropolis*, ou la citadelle.

N. B. Cette fontaine est bien déçue de ce qu'elle étoit autrefois : au lieu de neuf tuyaux, elle n'a pour tout bassin que le gazon de la prairie : elle a dû ainsi reprendre son premier nom.

ENNEAPYRGÆ, ville de Grèce, dans l'Attique, à sept ou huit lieues du promontoire de *Sunium*.

Les ruines de cette ville subsistent encore près d'une baie du golfe.

ENNENSES, *ou* HENNENSES, peuple de l'intérieur de la Sicile. C'étoit les habitans de la ville d'*Enna*, selon Pline.

ENNON, bourg de la Judée, qui étoit situé près du Jourdain, dans la demi-tribu de Manassé, endeçà de ce fleuve, selon le livre de Josué. Ce bourg étoit un de ceux que S. Jean avoit choisis pour y baptiser, à cause de l'abondance des eaux.

Ce lieu étoit entre Salim & le Jourdain, à huit milles au midi de Scythopolis.

ENOCH, *ou* ENOCHIE. Ortélius dit que c'est la ville la plus ancienne dont on ait connoissance. Elle fut ainsi nommée, dit-on, par Caïn, à cause de son fils Enoch ou Hénoch.

Elle est nommée *Enosa* par Joseph; *Enos* par le faux Bérose, qui la met aux environs du mont Liban; mais Isidore la recule plus loin vers les Indes. Dans le vrai, c'est que personne ne sait où elle fut bâtie.

ENOPA, ville du Péloponnèse, dans la Messenie, selon Homère, cité par Etienne de Bysance. Elle étoit située sur une hauteur, à peu de distance au nord de Cardamyle.

ENOPHITÆ, lieu de la Grèce, selon Platon, cité par Ortélius.

ENOSIS. Pline nomme ainsi une île au voisinage de celle de Sardaigne.

Le P. Hardouin dit que c'est aujourd'hui S. *Antioco*.

ENOTOCŒTES, peuple des Indes, selon Strabon. Il ajoute que les anciens disoient que ce peuple étoit d'une force extraordinaire, & que leurs oreilles pendoient jusqu'aux talons.

Il faut mettre ce conte au rang de ceux qui se trouvent dans Diodore. Je n'en rapporte quelques-uns que pour faire sentir le progrès de nos lumières.

ENSEMES, *ou* EN-SCHEMESCH, ville ou fontaine de la Palestine, sur les frontières des tribus de Juda & de Benjamin.

Il en est fait mention dans le livre de Josué.

ENTELIA, *ou* ANTELIA. Selon les divers exemplaires de Ptolemée, ville de l'Asie, dans l'Arménie majeure.

ENTELLA, ville dans la partie occidentale de la Sicile. Il paroît que ses habitans étoient laborieux, & qu'ils s'étoient fait une réputation méritée par leur intelligence dans les arts dont ils s'occupoient.

N. B. Ce ne sont plus que des ruines, que l'on voit dans la vallée de Mazara, à une lieue audessous de *Calabrisi*.

Diodore de Sicile, Ptolemée, Etienne de Bysance & Silius Italicus font mention de cette ville. Le premier dit qu'elle étoit du nombre des cinq qui demeurèrent fidelles au parti des Carthaginois.

ENTELLA, petit fleuve de l'Italie, dans la Ligurie. Il se jetoit dans le *Portus Delphini*, au sud-est de *Monilia*.

ENTELLINI, peuple de la Sicile. C'étoient les habitans de la ville d'*Entella*. Cicéron les loue d'être laborieux & industrieux.

ENYDRA, ville de l'Asie, dans la Séleucide. Strabon la place près de Marathus, & à une petite distance du fleuve Eleuthère.

E O

EOA, ville de l'Afrique propre, selon Ptolemée. Elle est nommée *Oea* par Pomponius Méla. Pline dit *Oeensis Civitas*.

EOALITTORA. Pline donne ce nom aux rivages de l'Océan oriental.

EODANDA, île située à l'orient de l'Arabie heureuse, selon Pline. Il ajoute qu'elle étoit déserte.

EOE. Phavorin, cité par Ornélius, nomme ainsi une ville; mais il ne dit pas de quel pays elle étoit.

EON, ville de Thrace, selon le scholiaste de Lycophron. Ortélius croit qu'il faut lire *Eion*.

EONES, peuple qu'Arrien place sur le bord du Pont-Euxin, à cent cinquante stades au-delà & vers l'orient du Borysthène.

EORDÆA, contrée de la Macédoine, dans la Mygdonie, selon Etienne de Bysance. Ce géographe met une contrée du même nom dans la Thrace; mais ce doit être la même chose; une autre dans l'Italie.

M. d'Anville paroît avoir donné aux *Lyncestæ* la place qu'il convenoit de conserver aux *Eordæi*. Car Strabon, décrivant la route de Pylon à Thessalonique, dit : on passe par Héraclée, par le pays des Lyncestes, celui des Eordes, par Edesse & Pella, *&c.* Donc, les Eordes étoient plus près d'Héraclée.

EORITES, peuple de l'Asie, dans l'Arachosie, selon Ptolemée.

EORTA, ville de l'Inde, en-deçà du Gange, selon Ptolemée. Ses interprètes disent *Heorta*.

E P

EPACRIA, ville de Grèce, dans l'Attique. Etienne de Bysance dit que c'est une des douze villes que Cécrops bâtit, parce que les habitans de la Carie venoient faire leurs ravages jusques dans l'Attique (1).

EPAGERITÆ, peuple de la Sarmatie. Pline dit qu'il habitoit dans des villages, sur le mont Caucase.

EPAGRENSIS, siège épiscopal de l'Hispanie. On voit, dans le recueil des conciles du P. Hardouin, qu'en 313, Sanagius, évêque de ce lieu, assista au concile d'Elvire.

EPAGRIS, l'un des noms de l'île d'*Andros*, l'une des Cyclades.

EPAMANDUODURUM (*Mandeure*), place de la Gaule belgique, selon l'itinéraire d'Antonin, sur le *Dubris*, à quelque distance au nord-est de *Vesontio*.

EPANTERII, peuple de l'Italie, selon Tite-Live, qui dit qu'ils furent en guerre contre les Ingaunes. On présume que ce peuple habitoit vers Vintimille.

EPARDUS, rivière de l'Asie, dans le pays des Mardes, selon Arrien. Ortélius croit qu'elle étoit vers l'Hyrcanie.

EPARITÆ, peuple du Péloponnèse, dans l'Arcadie, selon Etienne de Bysance. Mais cet auteur se trompe : il n'y a point eu en Arcadie de peuple appelé *Eparitæ* (lequel eût été, selon le nom qui se trouve dans Xénophon, appelé *Eparitæ*). Mais il y avoit un corps de troupes à la tête des Arcadiens appelé *Eparoetæ*. *Voyez* Hésychius, au mot Ἐπαρόητοι, & la dissertation de M. Bejot sur cet objet, *Mém. de litt. T. XXXII*. Ainsi ce nom, qu'il convient de corriger, ne doit plus se trouver dans les dictionnaires de geographie ancienne, mais dans celui des antiquités.

EPEI, les Epéens. Voici la première origine de ce mot, selon Pausanias : Endymion eut trois fils, Péon, Epéeus & Etobas, & une fille nommée Eurycyde : Endymion proposa dans Olympie, un prix pour la course aux trois princes ses fils : ce prix étoit le royaume. Epéus remporta la victoire, régna après son père, & ses sujets furent appelés *Epéens*. Dans la suite, Eléus, prétendu fils de Neptune & d'Eurycyde, régna sur ce peuple, & lui donna son nom : donc, les Epéens & les Eléens sont le même peuple.

(1) Je crains de n'avoir pas placé ailleurs les noms des douze villes bâties par Cécrops, & réunies en une seule par Thésée ; les voici : *Cecropia*, *Tetrapolis*, *Epacria*, *Decelia*, *Eleusis*, *Aphidna*, *Thoricos*, *Brauro*, *Cotheros*, *Sphettos*, *Cephissia*, *Phaleros*.

EPEI. On a quelquefois donné ce nom aux habitans de l'Elide, au lieu d'*Elei*.

EPEI. Ortélius dit que l'on nommoit ainsi les habitans des îles Echinades.

EPENIUM, port de mer de l'Asie, dans la Pamphylie. C'étoit le port de la ville de Perges, selon Procope.

EPETINI. Pline nomme ainsi les habitans d'*Epetium*, ville de l'Illyrie, sur la côte de la Dalmatie.

EPETIUM, ville de l'Illyrie, sur la côte de la Dalmatie, entre Salone & *Pegentium*, près de l'embouchure d'une rivière qui n'est pas nommée dans les anciens, mais que l'on nomme aujourd'hui *Xarnouvriza*, formé de l'illyrien *Xnar*, un moulin. Quant au lieu qui a succédé à *Epetium*, c'est, selon M. l'abbé Fortis, celui que l'on nomme *Strobez*.

EPHALIGA (*Elpisara*), ville de l'Asie, dans la Mésopotamie, sur le bord de l'Euphrate, à l'ouest-nord-ouest de *Circesium*, vers le 35e deg. 20 min. de latit.

EPHESIORUM PORTUS, port de l'Asie mineure, sur le Bosphore de Thrace, selon Pierre Gilles, sur l'autorité de Denys. Il ajoute que le nom moderne est *Aphosiati*.

EPHESUS, ville de l'Asie mineure, dans l'Ionie. Elle étoit située près de la mer, dans une plaine qui étoit arrosée par le Caïstre. Cette ville étoit au nord & près du mont Corissus, & au sud du mont Gallesius, sur la rive gauche du Caïstre.

Il paroît qu'Ephèse existoit déjà avant l'arrivée des Grecs en Asie, mais elle n'étoit qu'un petit village, voisin du temple, déjà révéré dans la contrée ; les nouveaux colons fondèrent leur ville à sept stades de cet édifice ; mais lorsque Crésus l'eut détruite (2), elle fut rebâtie plus près du temple de Diane, jusqu'à Lysimaque, qui la transporta dans un lieu plus sain & plus étendu, près du mont dont une partie fut comprise dans ses murs, selon Strabon. La citadelle d'Ephèse étoit sur cette montagne. Un aqueduc superbe, construit en marbre blanc, portoit des eaux dans la ville. Le théâtre étoit très-beau ; il se trouvoit entre la ville & le temple de Diane. L'architecte Ctésiphon présida à sa construction, &, malgré les secours de la déesse, il ne fut achevé qu'après 220 ans de travail, & par les bienfaits de cent vingt-sept rois. Ce temple, l'une des merveilles du monde, fut brûlé par Erostrate, la même nuit que naquit Alexandre. Les Ephésiens s'empressèrent à le rétablir, & refusèrent la proposition que leur fit Alexandre d'en payer les frais, à condition d'y placer son nom. Vitruve dit positivement que le

(2) Hérodote dit que ce fut la première ville que ce prince attaqua. Les habitans se voyant assiégés, consacrèrent leur ville à Diane & joignirent avec une corde leurs murailles au temple de cette déesse.

temple d'Ephèse est le plus ancien de ceux où l'art ait été porté à sa perfection, & le premier où l'ordre ionique ait été employé.

C'étoit une des douze villes ioniennes.

Ephèse fut la patrie du philosophe Héraclite & du célèbre peintre Parrhasius.

On voyoit à Ephèse un temple de Vénus courtisanne. Un autre temple de cette déesse étoit hors de la ville, mais dans le territoire. Ce fut près de ce temple que les Rhodiens battirent la flotte de Ptolemée.

Ephèse occupoit un rang considérable entre les autres villes grecques de l'Asie. Elle eut la politique adroite de se maintenir, autant qu'elle put, dans le parti du plus fort, lors des guerres entre les Athéniens & les Lacédémoniens. Après la bataille du Granique, Alexandre vint à Ephèse, &, pour récompenser le peuple de la confiance qu'il lui montroit depuis long-temps, se flattant toujours que ce prince les délivreroit du joug des Perses, il rétablit la démocratie. Après sa mort, cette ville fût en proie aux fureurs de ses successeurs, qui se l'enlevèrent successivement. Lysimaque la prit; ensuite Antigone s'en rendit maître & s'empara des trésors de Polysperchon.

Ephèse étoit un peu rendue à son ancienne splendeur, mais toujours au pouvoir des rois de Syrie, lorsqu'Annibal s'y rendit pour convenir avec Antiochus des moyens de faire une guerre heureuse contre les Romains. On sait le peu d'effet de ces mesures. Les Romains furent vainqueurs. Manilius, après avoir vaincu les Galates, y passa l'hiver. Cette ville étoit alors au pouvoir des Romains, ils y étoient en grand nombre, lorsqu'ils y furent massacrés par ordre de Mithridate.

Quelque temps après cet événement, Lucullus y passa & y donna de grandes fêtes.

Les premiers personnages de la république voulurent voir cette ville célèbre; Pompée, Cicéron, Auguste y allèrent pour l'admirer. Scipion, beau-père de Pompée, n'écoutant que sa cupidité, pilla les trésors du temple. Tibère y fit réparer une grande partie des édifices qui avoient souffert dans les guerres des dernières années de la république.

Dans les premiers siècles de notre ère, Ephèse fut prise & pillée par les Perses: on croit que le fameux temple de Diane fut détruit en vertu de l'édit de Constantin, qui ordonnoit la démolition de tous les temples des païens.

Ce fut sous le règne de l'empereur Alexis, père d'Anne de Comnène, que les mahométans se rendirent maîtres d'Ephèse. Les Grecs la reprirent en 1206, mais elle leur fût enlevée de nouveau en 1283.

Depuis cette époque, Ephèse fut toujours un objet d'envie pour les princes mahométans qui portèrent leurs armes dans la Natolie. A force de se l'arracher, ils parvinrent à la détruire.

Si l'on considère cette ville relativement à l'histoire ecclésiastique, on voit que S. Paul fut le fondateur de son église. Timothée en fut le premier évêque. S. Jean l'Evangéliste y résidoit dans le même temps & avoit inspection sur les fidèles de la province. Cet apôtre y mourut, aussi-bien que la sainte Vierge, selon les Pères du concile d'Ephèse, tenu en 431: ils assurent que l'on y voyoit encore son tombeau.

On voit encore dans l'emplacement de cette ville superbe, à laquelle l'Asie entière donnoit le premier rang, des fragmens d'édifices, qui donnent une idée de ce qu'elle fut autrefois. Ils sont à peu de distance du village d'Aja-Soluk.

EPHIALTEUM, promontoire le plus septentrional de l'île de Rhodes, selon Ptolemée.

EPHRA, ville de la Judée, dans la demi-tribu de Manassé, en-deçà du Jourdain.

Elle étoit la patrie de Gédéon. C'est aussi dans cette ville que l'ange vint lui ordonner de combattre les Israélites. Abimelech y égorgea soixante-dix de ses frères, pour ne point avoir de concurrent à la royauté que lui accordoient les Sichimites, selon le livre des Juges.

Cette ville étoit située sur les frontières de la tribu d'Ephraïm.

Il en est fait mention dans le livre de Josué.

EPHRAIM (*la tribu d'*). Cette tribu étoit placée au midi de la demi-tribu de Manassé, en-deçà du Jourdain. Elle s'étendoit d'orient en occident, depuis ce fleuve jusqu'à la grande mer, & elle avoit environ sept lieues de large du septentrion au midi. Toute cette tribu étoit remplie de montagnes.

Cette tribu prenoit ce nom d'Ephraïm, second fils du patriarche Joseph. Josué, qui étoit de cette tribu, lui donna son partage entre la mer Méditerranée au couchant, & le Jourdain à l'orient, la demi-tribu de Manassé au nord, & celles de Dan & de Benjamin au midi. Depuis le partage des dix tribus, le siège du royaume d'Israël fut toujours dans la tribu d'Ephraïm, Elle fut menée en captivité au-delà de l'Euphrate, avec les autres tribus d'Israël, par Salmanazar, roi d'Assyrie.

Dans une dissertation, D. Calmet a essayé de prouver que les dix tribus revinrent dans la Palestine, vers le règne d'Alexandre-le-Grand.

EPHRAIM, *ou* EPHRAEM, ville de la Palestine, dans la tribu du même nom, vers le Jourdain.

EPHRAIM, ville de la Palestine, dans la tribu de Benjamin, à huit milles de Jérusalem, selon Eusèbe.

Elle étoit située aux environs de Béthel, selon D. Calmet.

EPHRAIM (*montagne*), montagne considérable de la Judée, dans la tribu d'Ephraïm, & sur laquelle un grand nombre de villes étoient bâties. Elle s'étendoit aussi dans la tribu de Benjamin.

EPHRAIM, nom de la forêt la plus considérable de la Judée. Elle étoit située dans la tribu de Gad. C'est dans cette forêt que l'armée d'Absalon fut défaite, & qui, en s'enfuyant, demeura suspendu à un chêne, & fut percé de plusieurs coups par Joab, général de l'armée de David.

Il est fait mention de cette forêt dans le livre des rois.

EPHRATA, ville ou bourgade de la Palestine, dans la tribu de Juda, vers les limites de celle de Benjamin. C'est dans le territoire de ce lieu que Rachel, femme du patriarche Jacob, mourut en accouchant de Benjamin. Elle fut enterrée sur le chemin, & le monument de son tombeau y a subsisté plusieurs siècles.

Ce lieu fut, dans la suite des temps, appelé *Bethleem*; cependant, au temps des juges & des rois de Juda, on le nommoit *Ephrata*.

EPHRON, lieu de la Palestine, dans la tribu de Juda, à environ quinze milles de Jérusalem, selon Eusèbe & S. Jérôme. Ils ajoutent que, de leur temps, c'étoit un gros village.

EPHRON, montagne de la Palestine, aux confins des tribus de Juda & de Benjamin, selon le livre de Josué.

EPHRON, ville de la Judée, dans la tribu d'Ephraïm.

Il est dit au premier livre des Paralipomènes, qu'elle fut prise par Juda, après qu'il eut mis Jéroboam en fuite.

On croit que c'est le même lieu qu'Eusèbe met dans la tribu de Juda.

EPHRON, grande & forte ville de la Judée, dans la demi-tribu de Manassé, au-delà du Jourdain.

Elle étoit située près du torrent de Jaboc, & étoit habitée par une multitude de divers peuples. Judas Macchabée la prit & la détruisit jusqu'aux fondemens, & fit passer tous les mâles au fil de l'épée.

Cette ville étoit au-delà du Jourdain, vis-à-vis de Scythopolis.

Judas Macchabée fut obligé d'y passer en voulant repasser de la Galaatide dans la Judée.

EPHTALITÆ, les Ephtalites. Nicéphore Caliste, cité par Ortélius, dit que c'est le nom d'un ancien peuple, qui faisoit partie des Scythes.

EPHYRA, ville de l'Elide, près du fleuve Selléis, près du promontoire Chélonites, & au sud-ouest d'*Elis*.

Elle est peu connue, & plusieurs villes ont porté ce nom. Strabon dit qu'Astyachès, mère de Tlépolème, & l'une des épouses d'Hercule, étoit de cette ville. Mais Apollodore prétend qu'Homère parle d'une autre Ephyra; je ne suis pas de son sentiment. *Voyez* EPHYRE.

EPHYRA. Pline dit que c'étoit l'ancien nom de la ville de Corinthe, à l'entrée du Péloponnèse.

EPHYRA, ville de Grèce, dans la Thesprotie, province de l'Epire. Il en est fait mention par Velléius Paterculus & par Strabon. Ce dernier dit que, par la suite, elle fut nommée *Cichyrus*. Pausanias met *Cichyrus* près du marais Achérusia; &, selon Thucydide, ce marais se rendoit à la mer près la ville d'*Ephyra*.

EPHYRA, village du Péloponnèse, dans la Sicyonie. Strabon le place près la ville de Sicyone & du fleuve Selléis.

EPHYRA, village de la Grèce, dans l'Agrée, territoire de l'Etolie selon Strabon.

EPHYRA, ville de Grèce, dans la Pélasgiotide, contrée de la Thessalie, aux lieux que l'on nommoit *Tempé*. Etienne de Bysance dit que cette ville avoit aussi été nommée *Cranon*.

Strabon fait aussi mention de cette ville.

EPHYRA, *ou* EPHYRE, île près celle de Mélos, selon Etienne de Bysance. Le P. Hardouin dit que Pline donne le nom d'*Ephyre* à une île du golfe Argolique.

EPHYRA, ville du Péloponnèse, dans l'Arcadie, selon Etienne de Bysance.

EPHYRA, ville de l'Italie, dans la Campanie, selon le même géographe.

EPHYRE, ville du Péloponnèse, dans l'Elide, qui étoit sur le fleuve Selléis. C'est d'après Homère, que Strabon dit qu'Astioché, mère de Tlépolème, & l'une des épouses d'Hercule, étoit de cette ville.

Comme cette ville, dont on sait d'ailleurs peu de chose, est désignée par Homère par le nom du fleuve qui l'arrosoit, je ne vois pas de raison d'adopter le sentiment d'Apollodore, qui prétend que ce poëte parle d'une autre Ephyre.

Ce lieu étoit fameux par les poisons mortels qu'il produisoit. Homère dit qu'Ulysse y en alla chercher, & les amans de Pénélope doutent si Télémaque n'est point homme à en aller chercher dans ce lieu, afin de leur donner la mort.

EPHYRI. Strabon donne ce nom aux habitans du village d'*Ephyra*, situé dans l'Agrée, territoire de l'Etolie.

EPIACUM, *ou* APIACUM. Selon les divers exemplaires de Ptolemée, ville de l'île d'Albion, dans le pays des Brigantes. Cambden croit que c'est aujourd'hui *Pap-Castle*.

EPICAIROS, ville de la Palestine, à l'orient du Jourdain, selon Ptolemée.

EPICARIA, ville de l'Illyrie, dans la Dalmatie, selon Ptolemée.

EPICEPHESIA, peuple de l'Attique, appartenant à la tribu Enéïde, selon Etienne de Bysance.

EPICHUS, *ou* TACAPE (*Gabs*), ville d'Afrique, qui étoit bâtie sur le bord de la mer Méditerranée.

Scylax, Ptolemée, Strabon & Pline en font mention. Cette ville étoit au sud de Taphrura.

EPICRANE, fontaine de Grèce, dans la Béotie, selon Pline.

EPICRENE, EPIGRANEA & EPIGINRAA, ville de Grèce, dans la Béotie, selon Martianus Capella, cité par Ortélius.

EPICTETI, EPICTETUS. Strabon dit que c'est le nom d'un peuple qui bornoit la Bithynie du côté de l'orient. De-là étoit venu à la partie la plus

plus occidentale de la Phrygie, le nom de *Phrygia Epictetus*. Le fleuve *Hermus* y avoit sa source. Et la ville d'Ancyre s'y trouvoit sur les frontières de la Mysie.

EPIDARUM, ville de l'île de Cypre, selon Pline.

EPIDAMNUS, ville de l'Illyrie, sur un petit promontoire entre *Nimphæum* & *Petra*. Cette ville avoit été bâtie par des Corcyréens. Les Romains regardant son nom comme étant de mauvais augure, *quia velut*, dit Pomponius Méla, *in damnum ituris omen visum est*, le changèrent en celui de *Dyrrhachium* (Durazzo). *Voyez* ce nom.

EPIDAURUS, ville de la Grèce, dans l'Argolide, de laquelle parle Homère dans l'énumération de ses vaisseaux, & il la qualifie de riche en vignes. Elle étoit située sur la côte orientale de la presqu'île de l'Argolide, baignée par le golfe Saronique, & presque vis-à-vis de l'île d'Egine.

Cette ville fut si long-temps célèbre dans l'antiquité par le temple d'Esculape, & par les merveilles qu'on en publioit, qu'il est étonnant qu'Homère la désigne plutôt par des vignes que par la divinité qui y opéroit tant de prodiges. On prétendoit qu'Esculape y avoit pris naissance. Sa mère, disoit-on, l'avoit d'abord exposé sur une montagne; il y avoit été allaité par une chèvre & gardé par un chien, d'une manière miraculeuse.

C'étoit à un mille d'Epidaure, sur la route d'Argos, qu'étoit le bois sacré & le temple célèbre où l'on venoit implorer la puissance d'Esculape en faveur des malades. Il étoit expressément défendu de laisser mourir personne dans l'étendue de son territoire, ni d'y laisser accoucher aucune femme.

Tout ce que l'on sacrifioit au dieu devoit être consommé dans cette enceinte : les étrangers comme les Epidauriens étoient sujets à cette loi.

La statue du dieu étoit d'or & d'ivoire; elle tenoit d'une main un bâton, & elle avoit l'autre appuyée sur la tête d'un serpent; un chien paroissoit couché à ses pieds. Cette statue étoit sur un trône où étoient gravés les exploits de quelques héros Argiens, comme de Bellerophon, qui abat la Chimère à ses pieds, & de Persée, qui coupoit la tête à Méduse.

Antonin-le-Pieux, avant d'être adopté par Adrien, avoit fait construire dans ce même lieu, un temple dédié aux dieux que l'on nommoit *Epidotes*, & un autre qui étoit dédié à la déesse de la santé, à Esculape & à Apollon, surnommé l'*Egyptien*. Il fit de plus construire une maison, où les personnes qui habitoient dans l'enceinte consacrée à Esculape, pouvoient aller mourir, & les femmes faire leurs couches. Il fit aussi rétablir le portique de Cotys, dont le toit étoit tombé. Le bois d'Esculape étoit fermé par deux montagnes, dont l'une étoit nommée le mont *Titthion*, & l'autre le mont *Cynortion* : sur celle-ci on avoit construit un temple dédié à Apollon Maléate, &, sur le sommet, un autre dédié à Diane Coryphée.

Géographie ancienne.

On voyoit une rotonde près de la ville, dans laquelle il y avoit de beaux morceaux de peintures : ouvrage de Pausias, fameux peintre de Sicyone, & contemporain d'Apelle.

En entrant dans la ville on voyoit un temple d'Esculape, dans lequel il y avoit deux belles statues de marbre de Paros : l'une repésentoit le dieu; & l'autre Epioné, que l'on disoit avoir été sa femme; elles étoient toutes deux en un lieu découvert. Les Epidauriens avoient un théâtre dans ce temple même, qui étoit d'une grande beauté : il avoit été fait par Polyclète, ainsi que la rotonde qui étoit avant d'entrer dans la ville.

Bacchus avoit un temple dans cette ville, ainsi que Vénus.

La ville d'Epidaure renfermoit un temple de Diane Chasseresse, & un bois qui lui étoit consacré, dans lequel Epioné avoit une statue. Le stade qui étoit dans ce bois n'étoit fait que de terres rapportées; mais on y voyoit une fontaine superbe, tant par la beauté de sa voûte, que pour les autres ornemens qui la décoroient.

On conservoit dans la citadelle de cette ville, une très-belle statue de bois, qui représentoit la Minerve que les Epidauriens surnommoient *Cissea*.

Le temple qui étoit dédié à Junon, étoit du côté du port, sur un promontoire qui regarde la mer.

Les Doriens ayant été chassés de cette ville par Déiphon & par les Argiens, ils s'unirent aux Ioniens & allèrent habiter avec eux les îles de *Samos* & de *Chio*.

Epidaure est actuellement un petit lieu nommé *Pidavra*.

EPIDAURUS LIMERA, *ou* EPIDAURE MALVASIA VECCHIA, c'est-à-dire, *Malvoisie l'ancienne*, port de la Laconie, sur le golfe Argolique, au sud-est de *Zarex*.

On prétend qu'elle dut sa fondation à une colonie d'Epidauriens de l'Argolide. Ils s'étoient embarqués pour aller en députation à l'île de Cos, mais les vents contraires les jettèrent sur cette côte de la Laconie. Ils furent avertis en songe de s'y établir; &, ajoutoit-on, un serpent qu'ils amenoient avec eux avoit quitté de lui-même le vaisseau pour se rendre à terre. Cette fable étoit fort accréditée dans le pays, & le culte d'Esculape étoit établi sur toute cette côte. On seroit tenté de croire qu'elle avoit été imaginée à dessein d'attirer dans cette ville une partie des riches présens que la superstition des peuples prodiguoit à l'Epidaure de l'Argolide : & c'étoit un moyen assez adroit, que de faire entendre que le dieu lui-même avoit, en quelque sorte, quitté cette ancienne ville pour s'en choisir une nouvelle. Les Epidauriens, éclairés par leur intérêt, auroient pu soupçonner quelque chose de la vérité, & donner à cette nouvelle Epidaure une épithète qui lui est restée. Car le surnom de *Limera* peut signifier l'*affamée*, & conviendroit très-bien à une ville qui avoit eu l'adresse de vivre aux dépens d'une autre.

Cette ville étoit bâtie sur une hauteur, au fond d'un petit golfe. Les objets les plus remarquables au temps de Pausanias étoient deux temples; l'un de Vénus, l'autre d'Esculape, avec une statue de ce dieu.

Son port étoit honoré d'une dénomination bien flatteuse; on l'appeloit *port de Jupiter Conservateur*.

EPIDAURUS, ville de l'Illyrie, dans la Dalmatie, selon Ptolemée & Pline. Ce dernier lui donne le titre de colonie. C'est aujourd'hui *Ragusi-Vecchio*.

C'est vraisemblablement de ce lieu que parle Pline, lorsqu'il dit que c'avoit été autrefois une île; mais que, de son temps, elle étoit jointe au continent.

EPIDELIUM, ville de la Laconie, sur le golfe Argolique, au sud-est d'*Epidaurus*.

Pausanias raconte que Ménophane, l'un des généraux de Mithridate, parcourant l'Archipel avec une flotte considérable, s'étoit jeté sur l'île de Délos, dont il s'étoit emparé. Il en fit, ajoute l'historien, les habitans esclaves, en pilla les richesses & détruisit la ville. Un de ses soldats ayant eu l'impiété de jeter à la mer une statue d'Apollon, elle fut apportée par les flots à l'entrée du golfe Argolique. Les habitans de Boré, sur le territoire desquels elle se trouvoit, l'enlevèrent avec vénération, & bâtirent une ville en son honneur.

A l'extrémité de cette côte étoit un promontoire fameux dans l'antiquité par la difficulté de la navigation, lorsque l'on étoit obligé de le doubler, c'est-à-dire, de tourner autour. Ceci cependant ne doit s'entendre que du temps où l'on ne naviguoit que le long des côtes. Ce lieu étoit consacré à Apollon.

EPIDII, les Epidiens, peuple de l'île d'Albion, entre les Gadins & les Créons, selon Ptolemée. Cambden les place en Ecosse, au lieu où est aujourd'hui *Cantyr*.

EPIDIRES, surnom de la ville de Bérénice, en Ethiopie, sur le bord de la mer Rouge. Ce surnom lui venoit parce qu'elle étoit voisine du cap de *Dire*.

EPIDIUM PROMONTORIUM, promontoire de l'île d'Albion. C'est la pointe de la presqu'île de Cantyr, en Ecosse.

EPIECIA, ville ou bourg de Grèce, vers la mer, & peu loin de Corinthe, selon un passage de l'histoire grecque de Xénophon.

Ce lieu étoit au nord de *Tenea*.

EPIEIDÆ, lieu de Grèce, dans l'Attique, & dans la tribu Cécropide. Etienne de Bysance en fait mention.

EPII, peuple de la Grèce, dans l'Etolie, selon Pline & Valère Maxime.

EPII, peuple du Péloponnèse, dans l'Elide, selon Denys d'Halicarnasse.

EPIICIDÆ, peuple de l'Attique, appartenant à la tribu Cécropide, selon Etienne de Bysance.

EPILEUCADII, ville de la Grèce, dans l'Acarnanie, selon Etienne de Bysance.

EPIMARANITÆ, peuple de l'Arabie heureuse, selon Pline.

Strabon joint les Maranites & les Gerræens, & le P. Hardouin croit que ces derniers étoient une colonie des premiers, d'où leur vint le nom d'*Epimaranites*.

EPIMASTUS, ville de la Thrace, selon Suidas, cité par Ortélius.

EPINA, *ou* HARPINA, ville de Triphylie, sur le fleuve de *Parthenia*, & au nord de *Phryxa*.

En supposant que cette ville soit celle dont il est parlé dans Etienne de Bysance, dans Philostrate, & sur-tout dans Pausanias, elle avoit eu pour fondateur Anomaüs, qui lui donna le nom de sa mère Harpina: cette ville étoit en ruine au temps de Pausanias. Mais assez près du lieu qu'elle avoit occupé, on voyoit le tombeau des amans d'Hippodamie. Il avoit été élevé en leur honneur par Pélops, plus heureux que ses rivaux. Car Anomaüs, après les avoir vaincus & tués, les faisoit seulement mettre en terre.

EPIPHANEENSES, peuple de l'Asie, dans la Syrie, selon Pline, qui dit qu'ils prenoient ce nom de leur ville, qui étoit vraisemblablement Epiphanie-sur-l'Oronte.

EPIPHANIA, ville de l'Asie mineure, dans la Cilicie, près de la Méditerranée, entre les branches du mont *Amanus*, sur la rivière *Carsus*, & vers le 36e deg. 50 min. de latit.

Pline dit que cette ville étoit anciennement nommée *Œniandos*, & vraisemblablement elle fut appelée *Epiphanée* en l'honneur d'Antiochus Epiphane, roi de Syrie, qui possédoit la Cilicie.

La ville d'Epiphanée étoit située dans la plaine de Cilicie, à moitié chemin d'Anazarbe à Alexandrie d'Issus, à trente milles de chacune de ces villes.

Tacite rapporte que la partie de la Cilicie où étoit la ville d'Epiphanée, fut soumise à la domination romaine par Lucullus, vers l'an de Rome 683. Son gouvernement éprouva divers changemens; mais enfin elle forma seule une province, dans laquelle fut toujours comprise la ville d'Epiphanée, selon Pline, Ptolemée, Ammien Marcellin, *&c.* Elle fut ensuite épiscopale sous la métropole d'Anazarbe.

EPIPHANIA, surnommée *sur l'Euphrate*, ville de l'Asie, située sur ce fleuve.

EPIPHANIA, ville de la Syrie, sur l'Oronte. Cette ville se soumit aux Romains vers l'an 690, pendant l'expédition que fit Pompée dans le territoire d'Apamée & dans la Célésyrie.

Cette ville étoit entre Larisse & Aréthuse, à seize milles de chacune. Les Orientaux regardoient Epiphanée comme une des plus anciennes villes du monde, & croyoient qu'elle avoit été fondée par Hémath, un des enfans de Chanaan, d'où elle fut appelée *Hémath*, ou *Hamath*, selon Joseph, *antiq. L. 1, c. 7*.

Les Macédoniens changèrent le nom ancien de

cette ville, & l'appellèrent *Epiphanée*, du nom d'Antiochus Epiphane.

Cette ville est comprise dans la Syrie proprement dite par Pline, *L. V, c. 23;* & Ptolemée, *L. V, c. 15*, la place dans la Syrie.

Evagre étoit de cette ville, qui a été épiscopale sous la métropole d'Apamée, selon la *Geographia sacra* du P. Ch. de S. Paul.

EPIPHANIA, ville de l'Asie mineure, dans la Bithynie, selon Etienne de Bysance.

EPIPHANIA, ville de l'Asie, sur le bord du Tigre, selon Etienne de Bysance, qui la nomme aussi *Arcesicerta*.

EPIPOLÆ, nom du quartier le plus occidental de la ville de Syracuse. Les dehors en étoient escarpés & inaccessibles, & Denys l'entoura d'un mur & le joignit à la ville.

Etienne de Bysance dit qu'*Eurelius* étoit le nom d'une citadelle d'*Epipolæ*. (*Voyez* SYRACUSÆ).

EPIRUS. L'Epire, contrée de la Grèce, commence par le sud au golfe d'Ambracie, & ayant à l'est la Thessalie. Ses bornes n'étoient pas aussi distinctes au nord : elle s'étendoit le long de la mer Ionienne, & se confondoit avec l'Illyrie. Comme le nom Ἤπειρος, ou *Epirus*, signifie en grec *continent*, on pourroit croire qu'il fut d'abord donné à une grande étendue de terre de ce côté, par opposition aux îles, & qu'ensuite il fut restreint à une étendue limitée. Ce côté de la Grèce dut être habité de bonne heure, puisque c'est-là que se trouvoit Dodone, cet oracle si ancien, qu'il passoit pour avoir été le premier connu & consulté.

L'Epire, pays montueux, offroit d'excellens pâturages, & nourrissoit des nombreux troupeaux de bœufs & de chevaux. Ces derniers acquirent une grande réputation par leurs triomphes aux jeux olympiques.

Et patriam Epirum referat, fortesque Mycenas
Neptunique ipsa deducat origine gentum.
Georg. *L. III, v. 121.*

Ce pays, coupé de montagnes, & partagé ainsi naturellement par la nature, renfermoit plusieurs peuples qui conservèrent long-temps leurs noms particuliers. Strabon, d'après Théopompe, dit que les Epirotes se divisoient en quatorze nations. En s'en tenant à ceux qui y étoient établis avant la guerre de Troye, on trouve (*Mém. de litt. T. VII, m. p. 152*), les Chaoniens, les Thesprotes, les Ethiciens, les Athamanes, les Perrhèbes, auxquels il faut joindre les Selles & les Hellèpes, les Ambraciens; on y trouvoit aussi les Molosses, *&c.*

On ne peut douter qu'ils n'eussent beaucoup de villes, en voyant que Paul Emile leur en détruisit soixante-dix.

Les divisions principales de l'Epire étoient la Thesprotie, s'étendant le long de la mer, à partir du golfe d'Ambracie; la Molosside, plus reculée dans les terres; la Chaonie, au nord-ouest de la Thesprotie, le long de la mer; c'étoit-là que se trouvoient les monts *Acroceraunii*, ou Acrocéroniens, *&c.*

Origine. Quelques auteurs prétendent que l'Epire fut d'abord habitée & peuplée par Dodanim, fils de Javan. Ces Orientaux y étoient venus par mer. L'histoire ne nous donne aucune lumière positive sur ces temps reculés. On voit dans Strabon que les Chaones, & ensuite les Molosses, furent maîtres de l'Epire. Homère parle de plusieurs petits rois de ce pays : les Molosses furent assujettis de bonne heure à Pyrrhus, prince étranger de la famille d'Eacus : de-là vint le nom d'*Eacides*, donné quelquefois aux descendans de ce même Pyrrhus.

Molossus, fils de Pyrrhus & d'Andromaque, succéda à son père. Je passe plusieurs règnes obscurs pour parler d'Admète, qui régnoit en Epire lorsque Xerxès envahit la Grèce. Ce prince ne s'étant pas déclaré en faveur des Grecs, ne fut pas admis à l'alliance des Athéniens, qu'il sollicita lorsque le danger fut passé. Cet événement peut être de l'an 479 ou 478 avant J. C. Ce fut Thémistocle qui en avoit donné le conseil. Cependant ce même Athénien, fuyant loin de sa patrie, fut bien reçu de ce prince, y trouva, dans sa générosité, un asyle sûr contre les sollicitations de ses ennemis, qui le redemandoient, & en reçut des secours lorsqu'il voulut passer ailleurs.

Tharymbas, son fils, se trouvant fort jeune à la mort de son père, fut envoyé, par un décret du peuple, à Athènes pour y étudier les lettres & la philosophie. Les historiens assurent qu'à son retour il introduisit ces connoissances en Epire & fit d'excellentes loix. Thucydide, dont nous apprenons ces détails, nous apprend que beaucoup de peuples de l'Epire se gouvernoient eux-mêmes, & que les Molosses & les Antitaniens étoient les seuls qui reconnoissoient pour roi Tharymbas.

Son fils Alceste lui succéda. A sa mort, le royaume fut partagé entre ses deux fils, Néoptolème & Arybas : ce dernier, demeuré seul, gouverna avec beaucoup de sagesse & protégea les sciences (1). Il donna Olympias sa nièce en mariage à Philippe, roi de Macédoine, &, dans la suite, père d'Alexandre. Un des neveux d'Arybas, nommé Alexandre, lui succéda, & épousa Cléopâtre, fille de sa sœur Olympias & de Philippe (2).

Les succès de Philippe contre les états de la Grèce, ceux d'Alexandre en Asie, avoient enivré les têtes de l'esprit des conquêtes. Un roi de Lacédémone venoit de périr en Italie, où il étoit allé combattre les Lucaniens & les Brutiens, en faveur des Tarentins. Ces derniers appelèrent Alexandre.

(1) Laerce nous apprend que ce fut à ce prince que Xénocrate, philosophe de Chalcédoine, dédia un ouvrage en quatre livres sur l'art de régner.

(2) Ce fut pendant ces noces, qui se célébroient avec la plus grande magnificence, que ce même Philippe fut assassiné.

Le beau-frère d'Alexandre-le-Grand ne devoit pas se refuser à une si belle occasion d'acquérir aussi de la gloire. Cependant, quoi que l'on dise de sa valeur, & quoi que l'on ait dit depuis :

Un esprit curieux marque une ame timide,
Et j'apprendrai mon sort en combattant.
(La Bruère, *opéra de Dardanus*).

Alexandre alla consulter l'oracle de Dodone : il lui fut répondu de se défier du fleuve Achéron. En effet, il périt dans le Brutium, sur les bords d'un petit fleuve de ce nom. (*Voyez* ACHÉRON).

Son fils Eacide & Alcète II, qui régna ensuite (1), eurent guerre contre ceux des successeurs d'Alexandre qui usurpoient le royaume de Macédoine.

Pyrrhus, si célèbre dans l'histoire de la Grèce & dans celle des Romains, étoit fils d'Eacide, & succéda, après beaucoup d'événemens, à son oncle Alcète. Il prétendoit descendre d'Achille par son père, & d'Hercule par sa mère ; car elle étoit fille de Thénon le Thessalien, qui se disoit être un des Héraclides. Il passa aussi en Italie (l'an 280 avant J. C.), y eut de grands succès contre les Romains; mais convaincu des ressources qu'ils trouveroient pour lui résister, il entra en négociation avec eux. On lui refusa de faire la paix, à moins qu'il ne quittât l'Italie. Il hasarda une seconde bataille, fut blessé ; & enfin après un voyage en Sicile, une nouvelle défaite, & quelques négociations infructueuses, il repassa en Grèce, où il se rendit maître de la Macédoine. Une expédition dans le Péloponnèse lui devint fatale : en entrant avec ses troupes dans la ville d'Argos, il périt, tué par une tuile qu'une femme lui jeta du haut d'un toit (l'an 271 avant J. C.).

Après quelques règnes forts courts & peu intéressans, dont le dernier est celui d'une princesse nommée *Déidamie*, les Epirotes changèrent la forme de leur gouvernement. La nation s'assembloit, élisoit ses préteurs. Mais leurs voisins, les Illyriens & les Macédoniens, profitèrent souvent des divisions intestines de cet état pour agrandir les leurs. Enfin, les Romains réduisirent l'Epire comme le reste de la Grèce, & elle devint une province romaine.

Géographie de l'Epire, selon Ptolemée.

CHAONIÆ. — Le long des côtes.

Oricum.
Jugum Acroceraunionum Montium.
Panormus, port.
Onchesnus, port.
Casiope, port.

THESPROTORUM. — Le long des côtes.

Posidium, prom.
Buthrotorum Sinus.
Polodes, port.
Thyamis, prom.

ALMINES.

Tramis, fleuve.
Sybota, port.
Torona, port.
Acheron, fleuve.
Elææ, port.
Nicopolis.

ARCANUM.

Arachthus, fleuve.
Ambracia.
Actium.
Leucas, prom.
Azylia.
Achelous, fleuve.

CHAONUM. — Dans les terres.

Antigonia.
Pœnica.
Hecatonpedum.
Omphalium.
Eleus.

CASSIOPÆORUM.

Cassiope.

AMPHILOCHORUM.

Argos.
Arcamanon.
Astachus.

Ptolemée joint à l'Epire les îles suivantes :

Corcyra.	*Echinades* (les).
Cephallenia.	*Ithaca.*
Ericusa.	*Lotoa.*
Scopulus.	*Zacynthus.*

EPIS, petite ville de l'Ethiopie, sous l'Egypte. Pline en parle comme d'une ville qui ne subsistoit déjà plus dans le temps que Dion écrivoit.

EPISCOPIA (2), lieu de la Thrace, près de la ville d'Atyre. Procope rapporte que ce lieu n'avoit

(1) Cet Alcète II étoit également fils d'Alexandre ; mais il avoit été exilé de la cour par son père, à cause de la violence de son caractère.

(2) Le nom de cette ville, dont l'étymologie est la même que celle du nom évêque, paroît indiquer qu'elle étoit sur une élévation, & que l'on s'en servoit comme d'une place d'où l'on pouvoit surveiller les autres.

aucune fortification; mais que l'empereur Justinien lui en fit faire d'une manière toute nouvelle.

EPISIBRIUM, EPISIMBRIUM, *ou* CISIMBRIUM. Selon les divers manuscrits de Pline, ville de l'Hispanie, dans la Bétique.

EPISPARIS, village de l'Arménie, selon Cédrène, cité par Ortélius.

EPISY NANGIS, *ou* ÆPISINANGIS, champ de l'Asie, selon Théophraste.

EPITALIUM, ville de Triphylie, à l'est d'Olympie.

Cette ville, omise par Pausanias, étoit, selon Strabon, située près d'un endroit de l'Alphée, où ce fleuve étoit guéable. Selon lui, elle se trouve désignée dans Homère par les noms de *Thryos*, de *Thryessa*, parce qu'elle étoit dans un lieu abondant en *thryon*, c'est-à-dire, en algue & en joncs. Etienne de Bysance met ce lieu dans la Triphylie, & Hésychius dans l'Arcadie.

EPITAUSA, ville de l'Inde, en-deçà du Gange, selon Ptolemée.

EPITERPUM, bourg de l'Italie, dans la Gaule cisalpine, selon Strabon.

Ortélius dit qu'il faut lire *Opitergium*.

EPITUS, montagne de la Macédoine, sur la côte du golfe, selon Pline. Il ajoute que cette montagne étoit au voisinage de la ville de Pallène, autrement *Phlegra*.

EPITYCHE, promontoire voisin de Prochita, dans la mer Thyrrhénienne, selon Denys d'Halicarnasse. Ortélius croit qu'il faut lire *Pithecusæ*.

EPIUM, *ou* ÆPIUM, ville du Péloponnèse, dans la Triphylie, au sud-est de *Lypanæa*. Hérodote la place entre *Macistus* & *Heræa*. Pline la donne à l'Arcadie. Etienne de Bysance & Xénophon la mettent dans la Triphylie. Elle avoit été bâtie par les Myniens.

EPOISUS, *ou* EPOISSUS, village de la Gaule belgique, selon l'itinéraire d'Antonin. Le livre des notices de l'empire l'appelle *Epusum*. On sait que c'est Yvoi-Carignan, lieu principal de la partie françoise du comté de Chini.

EPORA, ville de l'Hispanie, à vingt-huit mille pas de Castulon, selon l'itinéraire d'Antonin. Pline écrit *Ripepora*. On croit que c'est *Montoro*, au diocèse de Cordoue.

M. d'Anville la place sur le fleuve *Bœtis*, dans la Bétique, & vers le nord-est de *Corduba*.

EPOREDIA (*Ivrée*), ville de la Gaule transpadane, à l'ouest, sur la *Doria Major*.

Elle fut bâtie quarante-deux ans environ depuis la conquête de ce pays. Pline dit que ce fut en conséquence de quelque passage des livres sybillins. Ailleurs il parle d'une plante qui croissoit dans les environs de cette ville, & dont le parfum étoit très-agréable : elle étoit recherchée comme l'or.

EPOTIUM, lieu de la Gaule, près la *Durentia*, au nord de *Segustero*. M. d'Anville croit qu'il répondoit à Upoix, ou Upais en Dauphiné, sur les frontières de la Provence.

EPPHA, *ou* EPHA, contrée de l'Arabie, dans le voisinage de la Madianitide. Cette contrée étoit ainsi nommée d'un petit-fils d'Abraham & de Cetura. Il en est parlé dans les Paralipomènes.

EPUSUM, lieu de la Gaule, dans le territoire des *Treveri*, à très-peu de distance vers l'est de la *Mosa* (la Meuse). C'est aujourd'hui Yvois, ou Ipsich, comme disent les Allemands; on dit aujourd'hui Yvoi-Carignan. *Voyez* EPOISUS.

EPYTUM, montagne de la Thrace, selon Phavorin, cité par Ortélius. Ce dernier doute si ce ne seroit pas le mont *Epitus*, que Pline place dans la Macédoine.

E Q

EQUABONA, ville de l'Hispanie, dans la Lusitanie, selon l'itinéraire d'Antonin. Elle étoit située sur la gauche & à l'embouchure du *Tagus*, & peu loin de la mer.

EQUESTRIS COLONIA, ville de la Gaule, dans le pays des Séquaniens.

EQUI, petite ville de l'Afrique propre, dans le voisinage d'Utique, & près d'un lac. Diodore de Sicile dit qu'elle fut prise par Agathocle.

EQUIZETENSIS, *ou* EQUISOTENSIS, siège épiscopal d'Afrique, dans la Mauritanie sitifensis, selon la notice des évêchés d'Afrique, & selon la conférence de Carthage.

Ce lieu est nommé *Equeheto* dans la table de Peutinger.

EQUOTUTICUM, *ou* EQUUS TUTICUS, petite ville de l'Italie, dans le pays des Hirpins, selon l'itinéraire d'Antonin & la table de Peutinger. Elle étoit au nord-est de *Beneventum*.

E R

ERACONIUM FLAVIUM, lieu de l'Hispanie, selon l'itinéraire d'Antonin.

ERACTUM, ville de la Sarmatie européenne, dans le pays des Bastarnes, selon Ptolemée. On croit que c'est aujourd'hui *Row*, petite ville de la Podolie.

ERÆ, petite ville maritime & fortifiée de l'Asie mineure, dans l'Ionie, selon Strabon. Elle reconnoissoit les Téiens pour ses fondateurs ou pour ses maîtres.

ERÆADÆ, bourg de Grèce, dans l'Attique. Il étoit de la tribu Acamantide, selon Suidas.

ERAGE, ville de l'Afrique, dans la Pentapole, selon Ptolemée.

ERAGISA (*Rajik*), ville de la Syrie, dans la Cyrrhestique, sur le bord de l'Euphrate, selon Ptolemée. Elle étoit située au sud-sud-est d'*Hierapolis*.

ERANA, bourgade de l'Asie, dans la Cilicie. C'étoit le chef-lieu du mont Amanus, sur lequel elle étoit située, du même côté où étoient les autels d'Alexandre.

Cicéron, qui la prit, dit qu'elle ressembloit plus à une ville qu'à un village. Il ajoute qu'en descendant de-là, il fit camper ses troupes au même lieu où Alexandre étoit campé, près de la ville d'Issus, lorsqu'il alloit livrer bataille à Darius.

ERANIA, *ou* URANIA. Selon les divers exemplaires de Diodore de Sicile, ville de l'île de Cypre.

ERANNA, ville du Péloponnèse, dans la Triphylie, province de l'Elide. Il en est fait mention par Etienne de Bysance & Strabon. Ce dernier écrit *Erana*, & la place entre *Cyparissia* & *Pylus*.

ERANNOBOA, nom d'un fleuve des Indes, au rapport d'Arrien. Il ajoute qu'il étoit en-deçà du Gange, dans lequel il alloit se perdre, près de la ville de *Palibrotha*.

ERANUSA, petite ville de l'Italie. Pline la place près du promontoire *Lavinium*.

Le P. Hardouin dit qu'elle est à présent sous l'eau.

ERAS, ville de l'Asie mineure, dans l'Ionie, au voisinage d'Ephèse, selon Thucydide.

ERASINUS, fleuve du Péloponnèse, dans l'Arcadie, selon Strabon, qui ajoute que ce fleuve avoit son embouchure auprès de *Bura*, dans le golfe de Corinthe.

ERASINUS, fleuve de Grèce, dans l'Erétrie, selon Strabon.

ERASINUS, rivière de Grèce, dans l'Attique près de *Brauron*, selon Strabon.

ERASINUS, rivière de l'Asie mineure, dans la Lycie, selon Vibius Sequester.

ERASINUS, fleuve de l'Argolide, vers le sud-est de Cenchrée, & le Phryxus joignoient leurs eaux. Strabon rapporte, sur la foi des gens du pays, que ce fleuve couloit aussi en Arcadie; ce qui paroît difficile à croire à cause des montagnes qui séparent de ce côté les terres de l'Arcadie de celles de l'Argolide: au reste, il le donne pour le second fleuve de cette dernière contrée. Selon Pausanias, ce n'étoit pas l'Erasinus qui portoit ses eaux à la mer, mais le Phryxus. Hérodote (*L. VI, 76*), parle de l'Erasinus comme Strabon (*L. VI, p. 275*, & *L. VIII, p. 371*), en disant qu'il a sa source au lac Stymphale. Mais, encore une fois, quand il y a des montagnes près de l'endroit où un fleuve sort de terre, doit-on, en bonne physique, en aller chercher la source à deux cens stades.

ERATINI, peuple voisin de l'Arabie, selon Hésychius, cité par Ortélius.

ERATONOS, îles du golfe Arabique, selon Pline. Il désigne leur aridité par l'épithète de *Sitientes*.

ERATYRA. Strabon donne ce nom à un lieu qu'il place dans le voisinage de l'Epire, du pays des Eordes & de l'Elymie.

ERBÆA, montagne de la Macédoine, vers l'Illyrie, sur les confins du pays des Taulanciens, selon Polyen, cité par Ortélius, qui ajoute que dans le grec on lit *Erebæa*.

ERBITA, ville de la Sicile, selon Ptolemée, Etienne de Bysance & Cicéron. Ce dernier écrit *Herbita*.

On croit que c'est aujourd'hui *Nicosia*.

ERCABUM, ville de la Sarmatie européenne, selon Ptolemée.

ERCHIA, lieu municipal de Grèce, dans l'Attique, selon Démosthène & Suidas, cités par Ortélius.

ERCHOAS, village de l'Ethiopie. Ptolemée le place près du Nil.

ERCTA, montagne de la Sicile, près du mont Erix. Il en est fait mention par Diodore de Sicile & par Polybe. Ce dernier dit qu'il y avoit une forteresse.

ERCUNIATES, peuple de la Pannonie inférieure, selon Ptolemée & Pline. Ce dernier dit *Hercuniates*.

ERCYNA, rivière de Grèce, dans la Béotie, auprès de Lébadie, & peu loin de l'antre de Trophonius. Plutarque en fait une fontaine.

ERDINI, *ou* ERPEDIANI. Selon les divers exemplaires de Ptolemée, peuple de l'Hibernie.

On croit que ce peuple habitoit où est aujourd'hui *Fermanach*.

ERDONIA, *Voyez* HERDONÆA.

EREB, lieu de la Palestine, dans la tribu de Juda, selon S. Jérôme & Eusèbe. Ce dernier dit *Eremintha*.

Il en est fait mention dans le livre de Josué.

EREBANTIUM, *ou* ERREBANTIUM, promontoire de l'île de Sardaigne.

EREBENTHODES, *ou* EREBINTHUS, île de la Propontide, selon Pline.

EREBINTHON-OICOS, nom d'un village auprès de Jérusalem, selon Joseph.

EREBITÆ, nom d'un peuple de l'Afrique propre, selon Ptolemée.

EREC, ville de l'Asie, que la Genèse nomme entre les lieux qu'elle appelle *le commencement du règne de Nemrod*.

Elle étoit située le long du lit commun du Tigre & de l'Euphrate.

Cette ville a donné son nom à une province.

EREC, province de l'Asie. Elle s'étendoit des deux côtés du lit commun du Tigre & de l'Euphrate, depuis leur jonction jusqu'à la mer.

ERECCON, lieu de la Palestine, selon Eusèbe & S. Jérôme. Ce lieu servoit de bornes à la tribu de Dan, auprès de Joppé.

Il est fait mention de ce lieu dans le livre de Josué.

ERECTHIA, lieu municipal de la Grèce, dans l'Attique. Il étoit de la tribu Egéide, & tenoit ce nom du roi Erechthéus, selon Etienne de Bysance. C'étoit la patrie de l'orateur Isocrate.

EREMBI, nom que les Grecs donnoient aux Arabes Troglodytes, selon Strabon.

EREMMON, lieu de la Palestine, dans la partie méridionale, à l'ouest de *Kiriath-Sepher*.

ERENEA, bourg de la Mégaride, où se trouvoit la sépulture d'Antonoé, fille de Cadmus, & mère d'Actéon. Inconsolable de la mort de ce prince & des malheurs de sa famille, elle s'étoit retirée de Thèbes, & étoit venue en ce lieu, où elle étoit morte. *Pauf. in Attica.*

ERENIA. *Voyez* ERENEA.

ERESII. Ortélius, qui cite Pline, nomme ainsi un peuple de l'Asie mineure.

ERESOS, *ou* ERESSOS, ville de l'île de Lesbos, selon Pline, Strabon & Etienne de Bysance.

Elle étoit la patrie de Théophraste.

ERESSA, CHRYSA, *ou* CRESSA. Selon les divers exemplaires de Pomponius Méla, ville de l'Asie mineure, dans l'Eolide.

ERESUS, *ou* EBUSUS, ville de l'île d'*Ebusus*. Elle devoit son origine à une colonie de Carthaginois. Son port étoit commode; les murs assez grands, les maisons bien bâties. Cette colonie y fut conduite au temps de Romulus, ou de Numa, tout au plus tard.

ERETENUS, rivière de l'Italie, dans la Vénétie. Elien dit que c'est où se pêchoient les plus excellentes anguilles.

On croit que c'est à présent le Rétone.

ERETRIA, *ou* ERETRIÆ, ville de Grèce, dans la Phthiotide, contrée de la Thessalie.

ERETRIA. Cette ville, la seconde de l'île d'Eubée, étoit sur le bord de la mer, à quelque distance au sud-est de Chalcis, en face de l'embouchure de l'Asopus, qui, sur le continent, séparoit en cet endroit les limites de la Béotie de celles de l'Attique. On peut raisonnablement croire que cette ville fut bâtie par des Athéniens, d'après les témoignages de Strabon & d'Hérodote; avec cette différence cependant, que le premier dit que ce fut avant la guerre de Troye, au lieu que ce fut depuis, selon le second. Le récit d'Homère est plus conforme à celui de Strabon. Quoi qu'il en soit, il est sûr qu'elle porta d'abord les noms de *Melaneis* & d'*Arobia*; que ce fut long-temps une ville considérable, & qu'elle étoit dans un état très-florissant sous le règne de Darius, fils d'Hystaspes. Lorsque les Perses portèrent la guerre dans la Grèce, ayant attaqué & pris Erétrie, ils la détruisirent; mais, on rebâtit bientôt une ville nouvelle, qui devint très-riche, & qui subsistoit encore du temps de Strabon. Les Chalcidiens furent pendant long-temps maîtres des îles d'Andros, de Ténos & de Cos; ils firent la guerre aux Chalcidiens. Tite-Live parle des richesses d'Erétrie, soit en ornemens, soit en tableaux. Ménédème y avoit établi une école de philosophes surnommés *Erétriens*. Il n'en reste aujourd'hui que le souvenir, & la persuasion qu'elle existoit dans un lieu nommé par les Grecs modernes *Gravalinais*.

ERETRII, peuple de l'Asie, dans la Babylonie. Ce peuple étoit originaire de l'île d'Eubée, & Philostrate dit que ce fut Darius qui y mena cette colonie.

Ortélius croit que ce peuple habitoit aux environs d'Ecbatane.

ERETUM, ville d'Italie, dans le pays des Sabins, vers le nord-est de Rome, & le sud-ouest de Cures. Strabon indique la position de cette ville d'une manière très-précise, en disant qu'elle étoit sur la voie Salaire, & que la voie Nomentane y finissoit. M. d'Anville l'a exactement indiquée de cette manière sur sa carte de l'Italie ancienne. Mais ce savant géographe, trompé par l'opinion de plusieurs auteurs qui avoient pris cette erreur des gens du pays, avoit cru pouvoir avancer qu'elle répondoit à-peu-près au bourg de Monterotondo. En conséquence, il a fait passer la voie Salaire sur l'emplacement de ce bourg, & s'est ainsi conformé à l'autorité de Strabon; mais ce n'est plus alors qu'une exactitude relative. Je me permettrai donc de dire que la voie Salaire, une fois bien reconnue ailleurs, il faut aussi déplacer *Eretum*.

Comme cette ville devoit être peu éloignée des bords du Tibre (1), & vers le dix-huitième mille, selon l'itinéraire d'Antonin & la table de Peutinger; que d'ailleurs elle se trouvoit à la réunion des deux voies Salaire & Nomentane, M. l'abbé Chauppi se trouvant sur les lieux, chercha l'emplacement qui réunissoit ces différens caractères, & y trouva en effet des ruines de deux espèces. Les unes portant le caractère d'une haute antiquité; les autres présentant des constructions plus modernes : comme si cette ville eût essayé de se relever d'un premier désordre, ou de se fortifier de murailles & de tours qu'elle n'auroit pas eu pendant long-temps. Ce lieu est appelé par les Italiens *Rimane*, c'est-à-dire, les restes. Il est peu éloigné du Tibre, qui, en cet endroit, forme un coude pour s'en rapprocher. On peut croire que cette ville fut renversée au temps de l'arrivée des Goths en Italie; car ce fut de ce côté qu'ils attaquèrent Rome.

EREUATIS, ville de l'Asie mineure, dans la Lycie, selon Etienne de Bysance.

EREUM. C'étoit le nom d'une ville de l'île de Sardaigne.

EREZII, *ou* ERIXII, peuple de l'Asie mineure, peu loin du *Rhindacus*, fleuve de la Mysie. Il en est fait mention par Pline.

ERGA, bourg de l'Hispanie citérieure, dans le pays des Ilergètes, selon Ptolemée. Il étoit peu éloigné & vers l'ouest d'*Ilerda*.

ERGASTERIA, village de l'Asie mineure, dans la Troade, entre Cyzique & Pergame, à quatre cens stades de cette dernière, selon Galien, cité par Ortélius.

ERGAVIA, ville de l'Hispanie, dans la Tarragonnoise, selon Ptolemée.

---

(1) Il est étonnant que M. d'Anville ait pu se déterminer à la mettre si loin du Tibre, ayant sous les yeux le texte de Strabon, qui dit formellement ὑπὲρ τοῦ Τυβερέως ἱδρυμένη, *L. V.*

ERGAVICA, ville de l'Hispanie citérieure, assez loin au sud de *Bilbilis*. Elle paroît avoir été une ville considérable. Tite-Live, en parlant de la campagne de Gracchus, dit qu'*Ergavica*, ville illustre & puissante, tomba en son pouvoir. Strabon la nomme comme une de celles dont les territoires furent le théâtre de la guerre, entre Sertorius & Marcellus. On lit sur plusieurs médailles *Erravica*. Il y a de ces médailles qui représentent Auguste, & d'autres Tibère, avec un bœuf au revers.

ERGETIUM, ville de la Sicile, selon Etienne de Bysance & Ptolemée. Ce dernier écrit *Sergentium*, & la place dans l'intérieur des terres.

Polyen parle d'une ville maritime de la Sicile, nommée *Ergetium*. Il ajoute qu'elle fut prise par stratagême.

ERGINUS, fleuve de la Thrace, dans le voisinage de l'*Athyras*, selon Pline & Pomponius Méla.

Ce fleuve couloit auprès de Sarpédon, selon Suidas & Apollonius.

ERGISCUM, lieu de la Thrace, selon Eschine. Harpocration & Suidas disent que c'étoit une place près de la montagne sacrée, & qu'elle avoit été fondée par *Egiscus*, que l'on croyoit fils de Neptune & de la nymphe Aba.

ERGITIUM, ville de l'Italie, dans la partie de la Grande-Grèce appelée *Apulie*. Elle étoit sur la voie Appienne, entre *Teanum* au nord-ouest, & *Sipontum* au sud-est.

ERIBANUM, ville de l'Italie, dans la Campanie, sur le Vulturne. Il en est fait mention par Polybe.

ERIBŒA, ville de la Macédoine, dans le pays des Parthéens, selon Ptolemée.

ERIBŒA, montagne de la Macédoine, dans le pays des Parthéens, selon Polyen.

ERIBŒA, ville de l'Asie, dans la Bithynie, selon Ptolemée.

ERIBOLUM, port ou rade de l'Asie, selon Xiphilin & Zonare, qui disent qu'*Eribole* étoit le havre de Nicomédie, ville de Bithynie.

ERICIA, village de Grèce, dans l'Attique & dans la tribu Egéïde.

ERICINUM, bourg ou petite ville de l'île de Sardaigne, selon Ptolemée.

ERICIUM, ville de la Macédoine, dans l'Æstiæotide, selon Tite-Live. Elle étoit située au midi d'*Eginium*, aux confins de la Pélagonie tripolitide.

ERICUSA, île de la mer Ionienne, auprès de celle de Corcyre, selon Ptolemée.

Son nom venoit des bruyères dont elle étoit couverte, & le P. Hardouin remarque qu'aujourd'hui elle n'a pas de nom particulier.

ERICUSA, *ou* ERYCODES, l'une des sept îles Eoliennes, selon les anciens, actuellement *Alicuda*. C'étoit la plus occidentale de toutes : elle avoit pris son nom, dit Strabon, ἀπὸ τῶν φυτῶν, de ses productions : & comme il y croissoit beaucoup de l'espèce de bruyère appelée en latin *Erice*, elle en avoit reçu le nom d'*Ericusa*.

ERIDANUS (*le Pô*), fleuve de l'Italie, dans la Gaule cisalpine. Ce nom lui venoit, disoit-on, de ce que Eridan ou Phaëton, fils du Soleil, ayant voulu conduire le char de son père, fut précipité dans ce fleuve. Pausanias en fait mention, en parlant d'une rivière du même nom, dans l'Attique. Comme c'étoit le plus grand fleuve de l'Italie, Virgile l'appelle le roi des fleuves :

Fluviorum rex Eridanus.

Voyez PADUS. Hérodote (*L. III*, *115*), après avoir parlé des extrémités de l'Asie & de la Libye, s'exprime ainsi : « quant à celles de l'Europe à l'occident, » je n'en puis rien dire de certain ; car je ne convien» drai pas que les Barbares nomment *Eridan* (Eri» danos), un fleuve qui se jette dans la mer du » Nord, & dont on dit que nous vient l'ambre ».

On avoit si bien cru que cet historien vouloit indiquer l'Eridan de l'Italie, que Pline parle avec surprise de l'ignorance où se disoit être Hérodote à l'égard de ce fleuve, lui qui avoit passé la plus grande partie de sa vie à Thurium. Cluvier croyoit aussi qu'il étoit question, dans ce passage, de l'Eridan de l'Italie ; en conséquence, sachant que l'on n'y pêchoit pas d'ambre, il cherche à expliquer comment on pouvoit en faire commerce sur ses bords. Le savant M. Larcher présume, avec beaucoup de sagacité, qu'Hérodote vouloit parler du Rhodaune, qui se jette dans la Vistule, & près de laquelle, dans la mer Baltique, on pêche en effet de l'ambre.

ERIDANUS, petite rivière de Grèce, dans l'Attique. Elle couloit au couchant d'Athènes, & se mêloit avec l'Ilissus, au-dessous de cette ville.

ERIDANUS, nom d'un fleuve de la Celtique, vers les Pyrénées. Tretzès dit que ce fut de-là que Hercule partit pour aller en Libye.

ERIGONUS, rivière de la Macédoine, selon Tite-Live, qui la fait couler de l'Illyrie par la Péonie, dans l'Axius. Elle est nommée *Erigon* par Strabon & Ptolemée. Ce dernier dit qu'elle a sa source dans les montagnes qui sont sous la Dalmatie. Strabon ajoute que cette rivière a quelquefois été donnée à la Thrace.

ERIMUM, *ou* ERINUM, ville de l'Italie, dans l'Œnotrie, selon Etienne de Bysance.

ERINÆI, *ou* ORINÆI, peuple de la Sarmatie asiatique, selon Ptolemée.

ERINDES, rivière de l'Asie, vers l'Hyrcanie ou la Parthie, selon Tacite.

ERINESES, rivière de l'Inde, où elle alloit se perdre dans le Gange, selon Arrien.

ERINEUS, ville de Grèce, dans la Phocide. Il en est fait mention par Strabon. Elle étoit vers le nord, sur le fleuve *Pindus*.

ERINEUS. Strabon (*L. XIII*), donne ce nom à un lieu inculte & couvert de figuiers sauvages, au-dessous au-dessous de l'ancienne *Ilium*, & assez loin de la nouvelle.

ERINEUS, *ou* ERINEOS, port de mer du Péloponnèse, dans l'Achaïe, entre *Ægium* & le promontoire *Rhium*. Pline en fait mention.

ERINEUS, nom d'une rivière de la Sicile, selon Thucydide. Elle est nommée *Orinos* par Ptolemée.

ERINIATES, village de Grèce, dans la Mégaride, selon Etienne de Bysance.

Ortélius conjecture que c'est *Erenia*, dans l'Attique.

ERIONIA, contrée près de Sardes, selon Etienne de Bysance, qui dit qu'on l'appeloit aussi *Asie*.

ERISANA, ville de l'Hispanie, dans la Lusitanie. Au rapport d'Appien, c'étoit une des villes où commandoit Viriate.

ERISII, *ou* CYDONIA, ville épiscopale de l'île de Lesbos. (*Baudrand*).

ERIX MONS, montagne de la Sicile, à l'ouest, près de la mer. (*Voyez* ERYX).

ERIX, petit lieu à l'est de la petite baie qui formoit le *Portus Lunensis*.

ERMÆA, île que Ptolemée place au voisinage de celle de Sardaigne.

Ortélius dit que Pline la nomme *Talara* & *Molara*.

ERMANDICA, ERMANTICA, HELMANTICA, *ou* HERMANDICA. Selon les différens exemplaires ou traductions de Polybe & de Tite-Live, ville de l'Hispanie.

ERMENIA, ville épiscopale de l'Asie, vers l'Euphratense.

Elle étoit sous la métropole de Sergiopolis, selon Guillaume de Tyr, cité par Ortélius.

ERNAGINA, *ou* ERNAGINUM (*Saint-Gabriel*), ville de la Gaule narbonnoise, au nord-nord-ouest d'*Arelate*. Ptolemée en parle comme d'une ville des Salyes; mais le P. Papon pense qu'elle étoit chez les *Anatilii*.

ERNODURUM, ville de la Gaule celtique, sur la route de *Burdigala* (Bordeaux), à *Augustodunum* (Autun), selon l'itinéraire d'Antonin. Elle étoit au sud-ouest d'*Avaricum* (Bourges).

On croit que c'est aujourd'hui *Saint-Ambroise-sur-l'Arnon*.

ERNOLATIA, ville de la Norique, selon l'itinéraire d'Antonin.

Cluvier croit que c'est aujourd'hui *Halle*, village de la haute-Autriche.

EROCHUS, *ou* EROCHOS, ville de Grèce, dans la Phocide, selon Pausanias.

Hérodote dit qu'elle étoit située vers le fleuve Céphise.

Elle étoit située entre *Chasadra* & *Tethronium*. Elle fut brûlée par les Perses à leur invasion en Grèce sous Xerxès.

EROEADÆ. Etienne de Bysance nomme ainsi une partie de la tribu Hippothoontide, dans l'Attique.

EROGE, lieu de la Palestine, à quatre stades de la ville de Jérusalem. Joseph rapporte que sous le règne d'Ozias, roi de Juda, il arriva un si grand tremblement de terre à Jérusalem, qu'une partie du mont des Oliviers s'en détacha, & roula jusqu'au lieu nommé *Erogé*. Ortélius croit que c'est la même chose que la fontaine Rogel.

EROPÆI. Ptolemée nomme ainsi un peuple de l'Afrique propre.

ERPIS, *ou* HERPIS, ville de l'Afrique, dans la Mauritanie tingitane, selon Ptolemée.

ERRAVI, les Erraves. Orphée, cité par Ortélius, nomme ainsi un peuple de l'Asie, sur le bord du Pont-Euxin.

ERRUCA, ville de l'Italie, selon Diodore de Sicile, qui la donne aux Volsques.

ERTA, ville de l'Asie, dans la Parthie, selon Etienne de Bysance.

ERTZICA, ville de l'Asie, & la capitale des Arniens, selon Laonic, cité par Ortélius.

Baudrand, qui cite le même auteur, dit que c'est une ville de l'Asie mineure, dans la Cappadoce, & que communément elle est appelée *Arzingam*.

ERUBRUS FLUVIUS, fleuve de la Gaule. M. d'Anville pense que c'est le Rouver, qui se jette dans la Moselle un peu au-dessous de Trèves.

ERUPA, ville de l'Arabie déserte, selon Ptolemée.

ERYANNOS, *ou* CRYANNOS. Selon les divers exemplaires de Pline, rivière de l'Asie mineure, dans la Troade. Elle avoit sa source dans le mont *Ida*.

ERYBIUM, ville de Grèce, dans la Doride. Diodore de Sicile dit qu'elle étoit située au pied du mont Parnasse.

ERYCE, ville & rivière de la Sicile, selon Etienne de Bysance.

ERYGROS, fleuve de la Germanie, selon Dion l'historien. Ortélius soupçonne ce mot corrompu de *Visurgis*.

ERYMANTHUS, l'Erymanthe, montagne du Péloponnèse, dans l'Arcadie, à l'est du fleuve de même nom, selon Pausanias.

Cette montagne avoit au moins autant de réputation que le mont Taygète pour l'abondance de sa chasse, & avoit, de plus, l'avantage d'être citée dans l'histoire d'Hercule; car on disoit que ce héros y avoit tué un sanglier d'une énorme grosseur.

ERYMANTHUS, l'Erymanthe, rivière du Péloponnèse, dans l'Arcadie, selon Pausanias. Elle prenoit sa source au nord, sur les confins de l'Elide & de l'Arcadie, au mont Lampie.

ERYMANTHUS, Erymanthe, ville du Péloponnèse, dans l'Arcadie. Pausanias dit qu'elle avoit porté les noms de *Phegia* & de *Psophis*.

ERYMI, peuple de la Scythie. Il habitoit en-deçà de l'Imaüs, selon Ptolemée.

ERYMNÆ, ville de l'Asie mineure, dans la Lycie, selon Etienne de Bysance.

ERYMNÆ, ville de Grèce, dans la Thessalie,

selon Strabon & Scylax. Pline la place dans la Magnésie.

ERYSIBE. Le grand étymologique nomme ainsi une ville de la Sicile.

ERYSIMA, ville de l'Asie, dans la Cappadoce, selon Constantin Porphyrogénète, cité par Ortélius.

ERYSTHIA, ville de l'île de Cypre, selon Etienne de Bysance.

ERYTHEIA, île de l'Ibérie, dans l'Océan. Elle étoit, selon Strabon, séparée du continent par un détroit large d'un stade; &, selon Pline, de cent pas. Cette île étoit près de *Gades*. Son nom lui vint de ce que des Phéniciens, habitant autrefois les bords de la mer Erythrée, étoient venus s'y établir. Cette île fut aussi nommée *Aphrodisias*, ou île de Vénus, & aussi île de Junon. Salazar, historien espagnol, croit que c'est l'île de Léon; mais, dans ce cas, elle tiendroit de si près à Cadix, qu'elle ne pourroit, en quelque sorte, en être séparée. Je crois plutôt, avec Mariana, que le physique de cette partie de l'Espagne a souffert quelque grand changement, qui en a dérangé le local. (*Voyez* GADES).

ERYTHINES, ville qui étoit située sur la côte de la Paphlagonie, près du fleuve Parthénius. Cette ville n'est guère connue que par son nom.

ERYTHRÆ, ville de Grèce, dans la Béotie, selon Pline. Elle étoit située près du mont Cithéron, selon Euripide. Strabon dit que quelques auteurs la plaçoient dans le territoire de Platée, à l'est de cette ville. On n'en voyoit plus que les ruines au temps de Pausanias.

ERYTHRÆ, ou ERYTHRA, ville de Grèce, dans la Thessalie. Elle étoit située sur le fleuve Enypée, selon Strabon.

ERYTHRÆ, ville de Grèce, dans l'Etolie, près d'*Eupalium*, selon Tite-Live. Elle est nommée *Erythra* par Etienne de Bysance, qui met une autre ville de ce nom dans l'île de Cypre, & dit que, de son temps, elle étoit nommée *Paphos*.

ERYTHRÆ, l'une des douze villes de l'Asie mineure, dans l'Ionie, selon Pline. Cet auteur rapporte qu'Alexandre ordonna que l'on coupât un canal de sept mille cinq cens pas de longueur, pour isoler le mont Mimas & Erythrée. Strabon dit que ce lieu donnoit le nom à la Sybille *Erythrée*. Il ajoute qu'il y avoit un port, devant lequel étoient quatre îles nommées *Hippi*. Cette ville avoit été bâtie par Nélée, fils de Codrus. Pausanias prétend qu'elle eut pour fondateur *Erythris*, fils de Rhadamante, qui y fit conduire une colonie; mais Cnopus étant survenu avec quantité d'Ioniens, l'agrandit & la peupla plus qu'elle n'étoit auparavant.

Cette ville avoit un temple d'Hercule, selon Pline. Etienne de Bysance dit qu'elle avoit porté le nom de *Chopupolis*.

Ce n'est plus aujourd'hui qu'un village qui se nomme *Erethri*.

ERYTHRÆ, ville de l'Afrique, dans la Libye, selon Etienne de Bysance.

ERYTHRÆUM MARE, mer Erythrée, mot-à-mot, mer Rouge. Les anciens donnoient ce nom à toute l'étendue d'eau qui s'étendoit depuis les côtes de l'Ethiopie jusqu'à l'île de Taprobane.

On a donné plusieurs étymologies de ce nom Erythrée, qui, en grec, signifie *rouge*. Si l'on en croit Pline & les Grecs eux-mêmes, ce nom venoit d'un certain roi Erythre, qui avoit régné de ce côté; d'autres, il est vrai, disoient aussi que ce nom venoit de la couleur que prenoient les eaux de cette mer, quand elle étoit frappée des rayons du soleil..... *Quod Rubrum dixere nostri, Græci Erythræum, à rege Erythra, aut, ut alii, solis repercussu talem reddi colorem existimantes.*

Tout cela me paroît des contes à la manière des Grecs. Si cette mer a pu paroître rouge aux anciens, elle doit le paroître de même aux modernes. Et en effet, ce phénomène peut avoir lieu quelquefois au lever du soleil; ainsi que cela se voit ailleurs: mais il n'y a pas de quoi donner un surnom particulier à toute une mer. D'autres conjectures attribuent l'origine de ce nom à la couleur du sable; effet que les modernes n'ont pas remarqué. Et même je vois dans l'écriture que la mer appelée ordinairement *Rouge*, est appelée mer de *Saph*, ou du Jonc; & Diodore de Sicile dit qu'elle paroît verte en quelques endroits, à cause de la quantité d'herbes qui y croît. De plus, je ne pense pas que les premiers noms de tout pays, de toute mer quelconque, aient été imposés par des physiciens, ni par des observateurs naturalistes.

Mais Edom, qui est Esaü, & dont on convient que les descendans portèrent le nom d'Iduméens, habita la partie septentrionale de l'Arabie. Les Iduméens naviguèrent sur la mer Rouge & sur le golfe Persique; & par suite sur la mer des Indes. Je crois bien que peut-être on les appeloit Arabes sur mer, pendant que, dans le pays de Chanaan, on les nommoit encore Iduméens, ou *Idumæi*. Mais ce nom oriental signifie *rouge*; en falloit-il davantage pour que les Grecs, frappés de la signification de ce nom, l'aient traduit par le même sens dans leur langage? Ainsi, au lieu de dire la mer des Iduméens, ils ont dit la mer des Rouges, des Erythréens; &, pour abréger, la mer Rouge, ou mer Erythrée.

Cette mer Erythrée, comme je l'ai dit d'abord, formoit deux golfes. *Sed in duos dividitur sinus*, dit encore Pline (*L. VI, c. 23*), *is qui ab oriente est, Persicus appellatur.... ex adverso est Arabia.... Rursus altero ambitur sinu Arabico nominato.*

ERYTHYNI, ville & pays de l'Asie, dans la Paphlagonie, selon Hésychius, cité par Ortélius.

ERYX, nom d'une haute montagne, sur la côte occidentale de la Sicile, selon Solin, qui dit qu'elle étoit consacrée à Vénus.

Polybe la place entre *Drepana* & Palerme.

Apollodore dit qu'un fils de Vénus, nommé *Erix*, donna son nom à cette montagne. Il régnoit dans cette partie de la Siconie, & fut vaincu par Hercule.

Cette montagne est aujourd'hui nommée *Monte S. Juliano*, ou *Monte di Trapani*.

ERYX (*Trapani del Monte*), nom d'une ville de la Sicile. Elle étoit située sur le sommet du mont *Eryx*. On y abordoit difficilement, & elle étoit fameuse par un temple de Vénus, surnommée *Erycine*.

Polybe & Strabon font mention de cette ville. Le dernier dit que, de son temps, elle étoit bien déchue, ainsi que son temple.

ES

ESAAN, ville de la Palestine, dans la tribu de Juda, selon le livre de Josué, *ch. 15*.

ESAR, ville des Egyptiens, en Ethiopie, selon Pline.

ESBONITÆ, peuple de l'Arabie pétrée, selon Pline. Il prenoit ce nom de sa capitale, qui étoit située dans les montagnes, vis-à-vis de Jéricho.

ESBUS, ESESON, ESSEBON, HESEBON, CHESBON, CHESCHBON, CHASPHON, *ou* CHASCOR, célèbre ville de la Palestine, à vingt milles à l'orient du Jourdain, selon Eusèbe. Elle fut donnée à la tribu de Ruben; mais elle fut vraisemblablement cédée à celle de Gad; car dans le livre de Josué, on voit qu'elle fut donnée pour demeure aux Lévites de cette tribu.

Le roi Séhon la conquit sur les Moabites, à qui elle appartenoit; les Israélites la reprirent peu de temps avant la mort de Moïse. Enfin, après le transport des dix tribus au-delà du Jourdain, les Moabites s'en ressaisirent.

Ptolemée met cette ville dans l'Arabie pétrée.

Il en est aussi fait mention par Pline.

ESCAMUS, nom d'un fleuve de la Mœsie, selon Pline, qui en met la source dans le mont *Hæmus*.

ESCHATIOTIS, marais de la Grèce, dans le voisinage de la ville de Corinthe.

Il étoit aussi nommé *Gorgopis*.

ESCO, petite ville de la Vindélicie, selon l'itinéraire d'Antonin.

On croit que c'est aujourd'hui *Schonga*.

ESCOL, vallée ou torrent de la Palestine, dans la partie méridionale de la tribu de Juda. Il en est parlé dans le livre des Nombres.

ESCUA, ville de l'Hispanie, selon Pline.

ESDRELON, *ou* ESDRAELA, bourg de la Palestine, dans la tribu d'Issachar, selon le livre de Josué. On le nommoit aussi *Jezraël*, à dix milles de Scythopolis, selon l'ancien itinéraire.

Ce bourg donnoit son nom à la campagne d'Esdrelon.

ESDRELON, campagne de la Palestine, dans la tribu d'Issachar. Elle s'étendoit d'orient en occident, presque depuis Scythopolis jusqu'au mont Carmel.

Elle étoit aussi appelée *le grand champ*, *la vallée de Jezraël*, & la campagne d'*Esdraela*.

ESEM, ville de la Palestine, dans la tribu de Juda, selon le livre de Josué. On croit que ce pourroit être la même qu'*Esmona* ou *Asemona*.

ESEPUS. Ce fleuve, sur l'excellente carte de l'Asie mineure de M. d'Anville, coule depuis le mont Ida vers le nord-est, pour se rendre dans la Propontide. Il étoit entre le Granique, à l'ouest, & le *Tarsius*, à l'est; ces trois fleuves coulent à-peu-près parallèlement pour se rendre à la mer.

ESIA, rivière de la Gaule, selon Vibius Sequester. Il ajoute qu'elle tombe dans la Seine, & on croit que c'est l'Oise.

ESIGUS, SIGUS, *ou* ISINUS. Selon les divers exemplaires de l'itinéraire d'Antonin, lieu de l'Afrique, dans la Numidie.

ESMONA, HESMONA, *ou* AZEMONA, ville de l'Arabie pétrée. Les Israélites y firent une station dans le désert. Le livre de Josué la donne à la tribu de Juda; ce qui fait croire que c'est la même qu'*Esem*.

ESNA, ville de la Palestine, dans la tribu de Juda, selon le livre de Josué, *c. 15*.

ESNENDA, ville de la Gaule aquitanique, aujourd'hui dans l'Aunis.

ESQUILIÆ, EXQUILIÆ, *ou* ESQUILINUS MONS, l'une des sept montagnes de la ville de Rome, où étoit anciennement une des portes de cette ville.

Cette montagne est aujourd'hui nommée *il Monte di Santa Maria Maggiore*.

ESSA, ville de la Palestine, au-delà du Jourdain, selon Joseph, qui rapporte qu'elle fut prise par Alexandre, roi des Juifs.

ESSEDONES, les Essédons. Pline nomme ainsi un peuple de la Scythie. Il les joint aux habitans de la Colchide.

ESSEMOTH, lieu de la Palestine, selon le livre de Josué.

ESSII. Appien nomme ainsi les habitans de l'île d'*Essios*, dans la mer Ionienne. Il ajoute qu'ils abandonnèrent le parti du roi Agron, pour se donner aux Romains.

ESSINA, port de mer de l'Ethiopie. Ptolemée le met au midi de l'Equateur, entre la Ligne & le fleuve *Raptus*, aujourd'hui *Zébée*.

ESSIOS, nom d'une île de la mer Ionienne, selon Appien.

Ortélius soupçonne que c'est la même qui est nommée *Issa* par Ptolemée.

ESSOS, ville de Grèce, dans la Locride, selon Etienne de Bysance qui cite Thucydide. Mais il faut observer que dans ce dernier auteur, 1°. on ne lit pas le nom de la ville, mais celui du peuple; 2°. qu'il le nomme *Hessii* & non pas *Essi*.

ESSUI. Jules-César nomme ainsi un peuple de la Gaule belgique.

ESSUPE, ville que Constantin Porphyrogénète place sur la droite du *Danapris* (Dniéper), près de la première cataracte de ce fleuve.

ESTHAMA, *ou* ESTHEMA, ville de la Palestine,

dans la tribu de Juda. On voit au livre de Josué qu'elle fut donnée aux Lévites de cette tribu.

Eusèbe dit que c'étoit un gros bourg dans le canton & au nord de la ville d'*Eleutheropolis*.

ESTHAOL, ville de la Judée, dans la tribu de Juda, selon le livre de Josué. Elle fut comprise dans la tribu de Dan.

Cette ville est nommée *Estaoul* par Eusèbe, qui la place à dix milles d'Eleuthéropolis, en allant vers Nicopolis.

ESTIÆ, lieu de l'Asie, dans la Bithynie, sur la Propontide. Pline rapporte qu'il y avoit un temple de Neptune.

Le P. Hardouin dit que ce lieu se nomme présentement *Algiro ;* que Timosthène y plaçoit un temple consacré à Neptune ; que, selon tous les autres écrivains, ce temple étoit consacré aux douze divinités ; &, qu'au rapport de Méla, il étoit dédié à Jupiter.

ESTIÆA, ville de Grèce, dans l'île d'Eubée. (*Voyez* HISTIÆA).

ESTIÆOTIS, contrée de la Thessalie. (*Voyez* HISTIÆOTIS) (1).

ESTIES PROMONTORIUM, promontoire de la Thrace, dans la partie méridionale du golfe *Celasinus*, & dans la partie septentrionale du promontoire Elidion, sur le Bosphore de Thrace.

ESTIONES. (*Voyez* HESTIONES).

ESTIOTÆ, peuple de Grèce, dans la Thessalie, selon Ptolemée & Strabon. Ce dernier les nomme *Estiæotæ*. (*Voyez* HESTIÆOTÆ).

ESTOMAZON, nom d'un siège épiscopal, que Guillaume de Tyr, cité par Ortélius, met sous la métropole de Césarée de Strabon.

Une ancienne notice publiée par Schelstrate, met ce siège dans la Palestine, & le nomme *Estomazan*.

ESTORIUM, STECTORIUM, *ou* ISTORIUM. Selon les divers exemplaires de Ptolemée, petite ville de l'Asie, dans la Grande-Phrygie.

ESUBIANI, peuple des Alpes maritimes, au nord des *Edenates*. Ce peuple est nommé dans le trophée des Alpes.

Le P. Papon croit devoir le placer aux environs d'Ubaye.

ESULA, ÆSULÆ, ÆSULUM, *ou* ÆSOLA, ville de l'Italie. Elle étoit située sur la pente de la montagne, près de Tibur.

Horace & Velléius Paterculus font mention du territoire de cette ville. Le dernier dit *Æsulum*, & ajoute qu'il fut donné à une colonie, vingt-trois ans avant le commencement de la première guerre punique.

ESUOS, *ou* ESMOS, siège épiscopal de l'Arabie pétrée, sous la métropole de Beryra, selon une ancienne notice insérée dans le recueil de Schelstrate.

ESURIS, ville de l'Hispanie, selon l'itinéraire d'Antonin. On croit que c'est *Xérès* en Andalousie.

ESUS, nom d'une fontaine de l'île de Rhodes, selon Vibius Sequester.

E T

ETAIS, ville de la Laconie, selon Etienne de Bysance.

ETANNA (*Ienne*), lieu de la Gaule, sur la route de *Vienna* à *Geneva*. Ce lieu se trouvoit sur le Rhône, vers le nord-est d'*Augustum*.

ETAXALOS, nom d'une île que Pline place sur la côte orientale de l'Arabie heureuse.

ETEA, ETEIA, *ou* ETIA, petite ville de l'île de Crète, selon Diogène Laërce, Etienne de Bysance & Pline.

ETENNENSES, peuple de l'Asie, dans la Pisidie. Ils habitoient dans les montagnes de Sida, selon Polybe.

ETEOCRETÆ, nom d'un très-ancien peuple de l'île de Crète, selon Homère, Diodore de Sicile & Strabon. Ce dernier le place dans la partie méridionale de l'île, & leur donne la ville de Prasos, où étoit un temple de Jupiter.

ETEON, nom d'une ville de Grèce, dans la Béotie, selon Hésychius.

ETEONOS, ville de Grèce, dans l'île d'Eubée, selon Etienne de Bysance ; mais il est presque démontré qu'il faut lire Béotie & non pas Eubée, parce que ce géographe ajoute que, de son temps, elle se nommoit *Scarphé*, & que Strabon met *Eteonos* ou *Scarphe* dans la Béotie. Il est vraisemblable que c'est la même qu'*Eteon* d'Hésychius. Et même il cite une hémistiche d'Homère, qui prouve que c'est de la même ville qu'il entend parler. Or, par l'épithète de πολύκνημος, donnée par Homère à Etéone, du mot κνημος, *colline ;* cela signifieroit que la ville étoit entourée de collines ou de monticules.

ETETA, ville de la haute Mysie, selon Ptolemée. Elle est nommée *Ægeta* dans l'itinéraire d'Antonin, & *Ageta* dans le livre des notices de l'empire.

ETFANTARIENSIS, siège épiscopal d'Afrique, dans la Mauritanie césarienne, selon un exemplaire de Victor d'Utique, cité par Ortélius. On croit qu'il faut lire *Elfantariensis*, ou *Elephantariensis*.

ETHAGURI, *ou* ETAGURI. Selon les divers exemplaires de Ptolemée, peuple de l'Asie, dans la Sérique. Il ajoute que ce peuple habitoit audessus des Issédons, à l'orient d'une montagne du même nom.

Ils sont nommés *Athagoræ* par Ammien Marcellin, qui les place à l'occident des Issédons.

ETHAM, ville d'Egypte, qui étoit située dans le désert, à qui elle donnoit son nom, au fond de la mer Rouge, au nord-est de Magdalum.

(1) Cette différence dans l'orthographe de ce nom, vient de ce que Strabon l'écrit sans accent rude, au lieu qu'Hérodote l'emploie : je me suis conformé à ce dernier auteur.

C'est où les Israélites firent leur troisième station à leur sortie de l'Egypte.

ETHAM, nom du rocher où Samson se retira après avoir brûlé les moissons des Philistins.

ETHAM, ou ETHAN, lieu de la Palestine, à six lieues vers le midi de Jérusalem. Salomon y alloit souvent à cause de ses belles eaux & de ses jardins. Joseph en fait mention.

ETHELEUM, rivière de l'Asie, selon Pline. Elle servoit de bornes entre la Troade & la Mysie. Strabon écrit *Æthaloeis*, & dit que c'étoit un torrent.

ETHER, ville de la Palestine, dans la tribu de Juda, selon le livre de Josué. Dans la suite, on la donna à la tribu de Siméon.

Elle étoit située près de Malatha, à vingt milles d'Eleuthéropolis, dans la partie la plus méridionale de la tribu de Juda.

ETHEROM, nom d'une ville de l'île de Taprobane, selon Jornandès, cité par Ortélius.

ETHESPAMARÆ, nom d'un peuple qui faisoit partie des Gètes, selon Jornandès, cité par Ortélius.

ETHICES, ou plutôt ÆTHICES (1), peuples qui habitoient dans les montagnes de l'Epire, auprès de la Macédoine & de la Thessalie, vers les sources du fleuve Pénée, où ils subsistoient déjà dans le temps de la guerre des Lapithes & des Centaures, selon Strabon, *L. VII*.

Homère, Strabon & Plutarque disent que ce fut chez les Ethiciens que se retirèrent les Centaures & quelques autres peuples de la Thessalie, vaincus par Ixion & Pirithoüs, chefs des Lapithes.

Strabon, *L. IX*, dit que les Ethiciens ne subsistoient plus, ou n'étoient plus reconnus pour un peuple particulier au temps de la guerre des Romains dans la Grèce.

Le même auteur dit que les Macédoniens & les Thessaliens avoient absorbé leurs voisins, mais surtout les peuples de l'Epire; & qu'ils les obligèrent à ne plus faire qu'une nation avec les vainqueurs: c'est ainsi, ajoute le même, que les Ethiciens étoient devenus partie des Thessaliens.

ETHINI, nom d'un peuple de l'Afrique, selon Pline. Ortélius soupçonne que ce sont les *Kinithii* de Tacite.

ETHIOPE, *ou* ÆTHIOPE. Pline dit que l'île de Lesbos avoit été nommée ainsi.

ETHIOPIA. *Voyez* ÆTHIOPIA.

ETHLEC, ville de la haute Mœsie, selon l'itinéraire d'Antonin.

ETHNESTÆ, nation de Grèce, dans la Thessalie, selon Etienne de Bysance.

ETHOPIA, ville de l'Epire, dans l'Athamanie, au-dessus d'Argithie, selon Tite-Live.

ETHREPHÆA, nom d'un marais de l'Hispanie. Au rapport de Festus Avienus, il y avoit auprès une ville nommée *Herbus* ou *Herbum*.

ETINI, peuple que Pline place dans la Sicile.

ETOBESA, *ou* ETOBEMA. Selon les divers exemplaires de Ptolemée, ville de l'Hispanie, dans l'Edétanie. Tite-Live fait mention de cette ville & la nomme *Etovissa*.

Elle étoit située à quelque distance à l'ouest de *Valentia*.

ETOCETUM, nom d'une ville de l'île d'Albion, selon l'itinéraire d'Antonin.

Gale croit que c'est aujourd'hui *Wall* ou *Litchfield*.

ETOLIA. *Voyez* ÆTOLIA.

ETOVISSA. *Voyez* ETOBESA.

ETRURIA, contrée de l'Italie. L'Etrurie proprement dite étoit séparée de la Ligurie par la *Macra*; du *Latium* & de l'Umbrie, par le *Tiberis*; au nord-est une portion de l'Apennin la séparoit du pays des peuples *Boii* & *Senones*; & au sud-ouest elle étoit baignée par la portion de la mer Méditerranée appelée *Mare Tuscum*, ou *Tyrrhenum*. Elle étoit plus étendue que la Toscane actuelle, puisqu'elle alloit jusqu'au Tibre. On peut même assurer que les *Tusci* ou Etrusques ont possédé pendant assez long-temps une bien plus grande portion de l'Italie que celle qui porta leur nom au temps des Romains, & dont je viens de donner les bornes.

Les principaux fleuves de l'Etrurie étoient l'*Arnus*, l'*Umbro*, le *Clanis*, le *Tiberis*.

Les lacs principaux étoient le *Lacus Trasimenus*, & le lac *Vulsiniensis*.

On comptoit pour les villes les plus considérables de l'Etrurie, *Luna*, *Pisæ*, *Luca*, *Pistoria*, *Florentia*, *Fesulæ*, *Portus Herculis Labronis*, *Volaterræ*, *Sena Julia*, *Arretium*, *Cortona*, *Perusia*, *Clusium*, *Vetulonii*, *&c. &c.*

Selon Ptolemée.

Ptolemée, dans sa description de l'Italie, fait observer que les Latins nommoient *Tusci* ceux que les Grecs nommoient *Tyrrheni*. Je ne placerai pas ici les villes qu'il leur attribue, parce qu'on les trouvera sur le tableau général de la géographie de l'Italie d'après cet auteur.

ETRUSCI, peuples de l'Italie, qui habitoient ce qu'on nomme la *Toscane* aujourd'hui; mais qui étoit beaucoup plus étendue sous le nom d'*Etrurie*. Les Etrusques étoient nommés par les Grecs *Tyrrhènes*, ou *Tyrsènes* & *Pélasges*, quoiqu'ils fussent d'une nation très-différente. Les Romains les appeloient *Tusci* ou *Etrusci*, & leur pays *Etruria*; mais les Etrusques eux-mêmes ignoroient l'usage de ces différens noms. Chaque canton de l'Etrurie étoit distingué par une dénomination particulière, & le nom général de la nation étoit *Rasena*.

Origine & étendue de leur puissance. Les *Rasenæ* étoient originairement le même peuple que les *Rhæti*, anciens habitans de la partie des Alpes où

(1) Cet article peut servir de supplément à l'article ÆTHICES, *pag. 81*.

couloit l'Athésis, selon Pline, *L. III, c. 24*, & Tite-Live, *L. V, c. 33*.

Au temps de la plus grande puissance des Etrusques ou Rasênes, ils avoient été les maîtres de l'Etrurie, de toute l'Ombrie & de tout ce qu'envahirent depuis les Gaulois : ils touchoient aux Alpes, dont ils étoient originaires, & s'étendoient jusqu'à la mer.

D'autres peuples ayant dans la suite conquis les pays qui séparoient la Rhétie & l'Etrurie, les Etrusques perdirent de vue leur première origine.

Dès que ces peuples entrèrent en Italie, ils s'arrêtèrent au nord du Pô, & ils y bâtirent deux villes; Adria, l'une des deux, construite à quelque distance de la mer, fut assez célèbre dans le temps des colonies helléniques, pour donner son nom au golfe.

Peu après, les Etrusques s'emparèrent des cantons qui étoient situés entre l'Apennin & le Pô. Leur ville principale étoit *Felsina*. Lorsque les Etrusques firent cette invasion, ce pays étoit habité par les *Ombri*, peuple puissant qui occupoit la plus grande partie de l'Italie au midi du Pô, & l'Etrurie en particulier. Les Etrusques, en les chassant, détruisirent trois cens de leurs villes.

La puissance des Etrusques ou *Rasenæ* fut bien affoiblie par les Gaulois, lorsqu'ils pénétrèrent en Italie. Ces peuples, qui formoient une ligue composée de plusieurs cités différentes, furent vraisemblablement appelés par les Liguriens ou les *Isumbri*, comme eux, Celtes d'origine; ils vinrent, sous la conduite de Bellovèse. Les Etrusques d'au-delà du Pô vinrent à leur rencontre; mais ils furent défaits, & les Gaulois s'établirent dans l'Insubrie. Les *Cenomani*, les *Boii*, les *Lingones* & les *Senones*, autres Gaulois de la Celtique, vinrent successivement joindre les premiers : de sorte que les Etrusques ou *Rasenæ* furent contraints de se retirer en Ombrie, & de-là dans le *Picenum*, où plusieurs s'étant arrêtés, ils fondèrent les villes de *Cupra* & d'*Atria*. Les autres traversèrent l'Apennin, & se jettèrent dans la Campanie, qu'ils enlevèrent aux Opiques; ils s'y établirent, se divisèrent en douze cantons, dont *Vulturnum* étoit la capitale. Les Samnites s'emparèrent de cette ville par surprise, l'an 420 avant J. C. selon Tite-Live, *L. IV, c. 37*.

Les Etrusques perdirent la Campanie, qu'ils possédoient depuis quatre cens ans, & ne possédèrent plus hors de l'Etrurie, que la ville de Mantoue, & celles de Cupra & d'Atria dans le Picenum.

L'Etrurie étoit divisée en douze cités, gouvernées par des chefs électifs, à qui les Romains donnoient le titre de roi.

Les Etrusques ou *Rasenæ*, faisoient trois corps différens : ceux de l'Etrurie, ceux de la Campanie, & ceux d'au-delà du Pô : ils ne dépendoient point les uns des autres.

Les Pélasges avoient des cités dans le pays possédé par les Etrusques, où ces peuples avoient conservé les mœurs & la religion des anciens habitans de la Grèce. Les Falisques, qui habitoient la ville de Falérie, enclavée dans l'Etrurie, étoient des Pélasges, selon Strabon, *L. V*; & Denys d'Halicarnasse assure qu'ils avoient un temple dédié à la Junon des Argiens.

Tarquinium est mise au nombre des cités des Pélasges par Strabon, ainsi que celle de *Cosa* ou *Cossa*, qui étoit située près du cap de même nom; mais la plus importante des cités pélasgiques étoit celle d'Agylla, dont les peuples mettoient des flottes considérables à la mer. Pline en fait mention, *L. IV*, & Strabon, *L. V, p. 226*. Les habitans d'Agylla avoient un trésor à Delphes, où ils envoyoient la dîme des pirateries continuelles, qu'ils exerçoient sur les côtes de l'Italie, & le long des îles de la mer Egée.

Hérodote, *L. I*, rapporte que les Agylliens fournirent soixante vaisseaux aux Carthaginois, pour aller combattre les Phocéens établis en Sardaigne. Les Carthaginois, quoique battus, firent un grand nombre de prisonniers qu'ils égorgèrent.

Religion. Varron rapporte les noms des divinités que les Etrusques adoroient; en général cependant, leur religion étoit, pour le fond, la même que celle des anciens Grecs, mais exempte des fictions bizarres, selon Denys d'Halicarnasse.

Langue. La langue des Etrusques a fort exercé les savans modernes. Ce qui doit étonner, c'est que le savant Bochard, qui trouvoit de l'hébreu partout, a prétendu que l'ancien toscan venoit du grec. Cependant, on a prouvé que plusieurs mots qu'il cite dans son phaleg, sont orientaux. Mais ce point de critique n'est pas de mon objet. On voit de leur écriture sur plusieurs monumens antiques, & particuliérement sur les tables appelées *eugubiennes*, trouvées en Italie sous le théâtre de l'ancienne ville d'*Iguvium*. Deux de ces tables se voient à Venise.

Gouvernement. On peut croire que les *Etrusci*, lors de leurs émigrations, étoient soumis à plusieurs chefs. Ils conservèrent le même usage lorsqu'ils furent restreints dans les bornes de la seule Etrurie.

Ce pays, rempli d'un grand nombre de villes, étoit divisé en douze cités principales, ayant, à ce qu'il paroît, chacune pour chef, un commandant du peuple appelé *lucumon* (1).

En recueillant ce que l'on sait de leurs loix, on

---

(1) On a quelquefois dit que ce mot venoit de l'oriental *Lachem*, homme de guerre; mais n'est-ce pas plutôt de *Luc* & de *Hum*, c'est-à-dire, le chef du peuple? C'est du premier de ces mots que les Orientaux ont fait *mu-luc*, *moloc*, *malec*, roi; on peut croire que *lucum* n'est que l'inverse de *mu-luc*. Ces inversions sont assez dans le goût des Orientaux. Le salut des Turcs s'exprime ainsi : le premier qui porte la parole dit, en abordant celui auquel il s'adresse, *salamale-coum*; & l'autre répond : *lé-coum-sélam*, c'est-à-dire, le salut soit avec vous; avec vous soit le salut.

voit qu'une lucumonie ne pouvoit faire ni la paix, ni la guerre que du consentement général de la nation; qu'ils envoyoient toujours faire une déclaration de guerre par un héraut. Il y a plusieurs de leurs usages rapportés par Athénée & par Héraclide de Pont, que les auteurs semblent avoir confondus avec leurs loix; tels que la pratique de manger deux fois le jour, d'admettre leurs femmes sur le même lit pour manger, de permettre aux petits enfans de poursuivre dans les rues, une bourse à la main, les débiteurs insolvables. La discipline militaire y étoit bonne & bien observée.

Sciences & arts. Toute l'antiquité & les monumens qui nous restent, déposent également en faveur du goût des Etrusques pour les sciences & les arts. Diodore les appelle φιλότεχνοι, amateurs des arts. Nous savons en effet qu'ils réussissoient très-bien dans l'architecture, qui leur doit un des ordres mis encore en usage dans la peinture & dans la sculpture, *&c.* Cependant, les Grecs l'emportèrent de beaucoup sur eux pour la correction du dessin. Ils s'étoient aussi occupés de la connoissance du ciel, qui leur étoit indispensable pour la navigation. Dempster va plus loin, car il leur fait honneur de la philosophie de Pythagore; & parce qu'il descendoit de parens étrangers, il en fait un Etrusque lui-même.

Commerce. On ne peut douter qu'ils n'eussent un commerce fort étendu; non pas parce que quelques anciens ont dit que Jason, en revenant de la Colchide, avoit combattu contre des vaisseaux étrusques, mais parce que tout montre qu'ils communiquoient avec les Carthaginois, les Phéniciens, les Egyptiens; parce que les villes d'*Agylla*, de *Luna*, *&c.* avoient des ports, & l'intelligence de la marine; & parce que l'on voit que le luxe étoit porté chez eux fort haut, & qu'ils employoient dans leurs ornemens une infinité de choses qu'ils ne pouvoient s'être procurées que par un commerce fort considérable.

Usages. Les Etrusques paroissoient avoir connu, avant le temps des Romains, une infinité de choses tenant à l'utilité & à l'agrément. Ils avoient des jeux publics ou fêtes générales, des jeux céniques, *&c.* Les Romains prirent d'eux la science des augures, inventée sans doute pour conduire plus aisément les esprits de la multitude. Plutarque, dans la vie de Sylla, dit que les devins étrusques que l'on consulta à l'occasion de plusieurs prodiges arrivés la première année du consulat de Sylla, répondirent que ces prodiges annonçoient la fin d'une révolution du monde & le commencement d'un nouvel âge. Suidas dit à-peu-près la même chose, & cite Tite-Live & Diodore de Sicile. Les anciens leur attribuent l'invention des meules pour moudre le bled; ils les faisoient tourner par un cheval ou par un esclave. Au reste, une grande partie de leurs usages passa aux Romains, sur-tout ceux qu'ils adoptèrent pour les cérémonies religieuses.

Révolutions historiques. On peut consulter pour l'histoire des Etrusques l'*Etruria Regalis* de Dempster, *T. I, L. II, c. 1, 2, 3, &c.*: on y verra ce qu'il dit de la suite des rois de ce pays. Selon lui, ils auroient régné 2500 ans. Ces princes sont divisés en quatre suites.

La première est celle des descendans de Janus, appelés *Januans;* encore peut-on les regarder comme des dieux; la seconde est celle des Corytiens; leurs règnes sont très-obscurs; la troisième est celle des Larthes: elle est plus illustre & plus rapprochée des Romains (*lar* signifioit *roi*). La quatrième est celle des Lucumons. Tout cela d'ailleurs est fort obscur. On ne connoît guère l'histoire des Etrusques que depuis leurs guerres avec les Romains. Encore ceux-ci se sont-ils bien plus empressés de parler de leurs conquêtes que de faire connoître un peuple qui les leur disputoit si vaillemment. Cela fut cependant: ils furent obligés de plier sous le joug que leur imposoient leurs vainqueurs. On remplit leurs pays de troupes & de colonies, & la nation étrusque disparut insensiblement.

E V

EVA, nom d'une ville du Péloponnèse, dans l'Arcadie, selon Etienne de Bysance.

EVA, gros village du Péloponnèse, dans l'Argolide, selon Pausanias.

EVA, colline du Péloponnèse, dans la Laconie, près de Sellasie, selon Polybe.

EVACOMIAS, siége épiscopal de l'Arabie, sous Bécerta, métropole, selon Guillaume de Tyr, cité par Ortélius.

EVÆMON, ville de Grèce, selon Etienne de Bysance, qui la place dans le territoire des Orchoméniens.

EVAGIONUM CIVITAS (*Worms*), siége épiscopal de la première Germanie.

EVALENI, nom d'un peuple, selon Etienne de Bysance, qui cite le second livre des Arabiques de Glaucus. Ortélius soupçonne que c'étoit un peuple de l'Arabie.

EVANDRIA, petite ville de l'Hispanie, dans la Lusitanie, selon Ptolemée. On croit que c'est aujourd'hui *Talavera la Veja*, bourg de la vieille Castille.

EVANDRIANA, au sud de l'*Anas*, & vers le sud-ouest d'*Emerita Augusta*.

EVANDRIUS MONS, nom de l'une des sept montagnes de la ville de Rome, selon Claudien, qui nomme ainsi le mont Palatin.

EVANGELORUM PORTUS. Ptolemée nomme ainsi un port de l'Ethiopie, dans le golfe Arabique. Ce nom signifioit en grec, le port de ceux qui apportent de bonnes nouvelles.

EVARCHUS, rivière de l'Asie, selon Etienne de Bysance, qui dit qu'elle servoit de bornes entre la Paphlagonie & la Cappadoce.

Valérius Flaccus la donne à la Scythie. Il ajoute qu'il y avoit beaucoup de cygnes.

EVARIA, ville de la Phénicie du Liban, selon Ortélius. Il en est fait mention dans les actes du concile de Chalcédoine.

EUASPLA, fleuve de l'Inde, dans la partie septentrionale du mont *Paropamisus*. Il couloit au sud-est se jeter dans l'*Indus*, vers le 38e deg. de lat.

EVAZA, siège épiscopal de l'Asie proprement dite, sous la métropole d'Ephèse, selon les actes du concile d'Ephèse.

EUBŒA. Cette île, la plus considérable de la Grèce, après celle de Crète, s'étendoit du sud-est au nord-ouest, depuis le trente-huitième degré de latitude, jusqu'au trente-neuvième degré seize minutes; touchant, dans sa partie septentrionale, au vingt-unième degré de longitude, & dans sa partie méridionale au vingt-deuxième & demi. Il est très-probable qu'il a été un temps où, même dans toute sa longueur, elle faisoit partie du continent de la Grèce, dont elle est encore très-proche. Elle n'y communique actuellement que par un pont, construit dans le lieu où étoit autrefois *Chalcis*, au promontoire qui s'avançoit au sud-est d'*Aulis*. C'est-là que la mer, resserrée entre les terres, rend plus sensible qu'en tout autre endroit de la Méditerranée, le mouvement périodique connu sous le nom de *flux* & *reflux*, & qui a pour cause l'action du soleil & de la lune sur les eaux terrestres assemblées en grandes masses. Des détails un peu étendus sur l'île d'Eubée, m'entraîneroient plus loin que ne le comporte la nature de cet ouvrage. Je m'en tiendrai donc aux connoissances qui me paroissent indispensables.

Cette île se nomme actuellement *Negrepont*. On peut conjecturer que ce changement se sera introduit ainsi du mot Εὔριπος, l'Euripe, qui est tout près de l'Eubée, par une prononciation altérée; on aura fait *Euripo*, puis admettant un son guttural, *Egripo*. Je parle des Grecs dans un temps devenu barbare. Les matelots occidentaux, non moins grossiers, & de plus ignorans la langue grecque, entendant les matelots grecs dire εἰς τὸν Ἔγριπον (*eis ton Egripon*) pour indiquer *aller vers*, ou *à Egripo*, c'est-à-dire, à l'île à laquelle ils donnoient le nom de l'*Euripe*, qui n'est qu'un canal; ces matelots, dis-je, auront encore altéré ces mots, &, en les réunissant, ils auront dit *Negrepont*. C'est à tort que quelques auteurs ont cherché cette étymologie dans *negro pont*; le pont n'est pas de pierres noires, & il n'y a rien de cette couleur aux environs. L'autre étymologie est d'autant plus naturelle, que beaucoup de mots grecs ont été dénaturés de cette manière: particulièrement le nom de Constantinople, que les Turs ont amené à être prononcé *Stamboul*, formé de εἰς τὴν πόλιν, (*eis tèn polin*).

Vers le milieu de la côte occidentale, cette île forme une langue de terre ou promontoire, qui, serrant le continent de fort près, forme le détroit que l'on appelle l'*Euripe*. La configuration de la côte, soit au nord de ce promontoire, soit au sud, présentoit plusieurs enfoncemens que les anciens appeloient τὰ κοῖλα τῆς Εὐβοίας, les creux de l'Eubée.

Cette île, assez montagneuse dans sa longueur, étoit fertile, & produisoit abondamment du bled, de l'huile, du vin, & toutes sortes de fruits délicieux: ses pâturages étoient sur-tout fort estimés.

Les villes principales étoient, en commençant par le nord; *Istiæa*, ou *Histiæa*, appelée aussi *Oreus* & *Metropolis*; *Ædepsus*, *Chalcis*, *Eretria* & *Carystus*, tout-à-fait au sud. La côte orientale n'avoit pas de lieu considérable, excepté un temple de Minerve, au nord de *Corinthus*.

Selon Ptolemée.

Cet auteur fait connoître un assez grand nombre de lieux dans l'île d'Eubée.

Cenæum, prom.	*Geræstus.*
Atlantes Nesium.	*Caphereus*, prom.
Ædipsus.	*Curva Eubœæ* (1).
Chalcis.	*Chersonesus*, prom.
Eretria.	*Budori*, fl. ostia.
Amarynthus.	*Cerinthus.*
Leonum Promontorium.	*Artemidis Fanum.*
Cale Acte, ce que l'on peut rendre en latin par *Pulchrum Littus.*	*Horeus.*
Carystus.	*Phalaria*, prom.
	Dion, prom.

L'île d'Eubée a été désignée dans l'antiquité par différens noms: les plus connus sont ceux de *Chalcis* (2), d'*Ellopie* (3), d'*Aonie* (4), d'*Abantis* (5), de *Macris* (6), d'*Oche* (7), de *Borno* (8). Quant au nom d'*Eubée*, on croit qu'il s'étoit formé par corruption, des mots grec αὐλη βόος, *bovis stabulum*, étable à bœuf, étymologie prise dans la nature, puisque

(1) Il semble que Ptolemée indique ici ces κοῖλα Εὐβοίας du côté oriental, puisqu'il les place entre le promontoire *Caphareus* & le promontoire appelé *Chersonesus* ou presqu'île; au lieu que Strabon les indique depuis *Geræstus*, à l'ouest, jusqu'à la hauteur de la ville d'Aulis en Béotie.

(2) On a fait dériver ce nom de Chalcé, prétendue fille d'Asope, roi de Béotie. J'adopte l'opinion de Pline, qui le fait venir de χαλκος, du cuivre, parce que l'on en trouvoit dans cette ville.

(3) D'après Ellops, fils d'Ion, lequel étoit venu s'y établir.

(4) D'après les Anones (*Voyez* ANONÆ), qui y avoient eu des possessions.

(5) D'après les Abantes (*Voyez* ABANTES), ou, d'après un ancien héros nommé Abas.

(6) Du mot Μακρα, longue, parce qu'en effet cette île est bien plus longue que large. On faisoit aussi remonter ce nom à une nymphe, qui, disoit-on, avoit nourri Bacchus dans une des cavernes de l'île.

(7) D'après le nom de sa plus haute montagne.

(8) D'après les troupeaux que l'on y nourrissoit. Selon Hésychius, *borno* est un âne: mot qui signifioit troupeau.

puisque cette île étoit renommée pour ses excellens pâturages.

L'Eubée fut probablement une des îles dans lesquelles s'établirent les premiers Orientaux qui passerent du continent de l'Asie vers les côtes de la Grèce. Elle forma de bonne-heure un état puissant, puisqu'Eléphénor, roi des Eubéens, conduisit quarante vaisseaux à la guerre de Troye. Solin place au commencement de cette monarchie, les Titans; c'est ne rien dire. Les poëtes y placent pour premier roi Abas, fils de Neptune & de la nymphe Aréthuse. Un fils de Neptune devoit être un navigateur un peu plus habile que les autres; du moins, c'est l'espèce de vérité que laisse entrevoir ce récit des poëtes. Les détails des règnes de ces souverains de l'Eubée sont peu connus.

Au temps de Darius, fils d'Hystaspe, les principales villes de l'île formoient autant de petits états séparés, gouvernés par des nobles que l'on appeloit *hippobates*, ou cavaliers, & qui n'étoient admis au gouvernement qu'autant qu'ils pouvoient nourrir un certain nombre de chevaux. Mais cette forme de gouvernement ne subsista pas. La démocratie lui succéda. Ensuite des ambitieux s'emparèrent de l'autorité.

Ces tyrans eurent guerre avec les Athéniens, puis avec les Thébains. Sous le règne de Philippe, les Macédoniens influèrent beaucoup sur le sort de l'île d'Eubée. Ils furent également soumis à son fils Alexandre. A la mort de ce prince, ils essayèrent de s'affranchir de toute espèce de joug étranger. Mais Antigone le leur imposa de nouveau. En arrivant dans cette île, les Romains, déjà maîtres d'une partie de la Grèce, la trouvèrent soumise aux Macédoniens. Le sénat les déclara libres. Cependant, comme elle manquoit de forces pour soutenir cette liberté, elle tomba au pouvoir d'Antiochus & de Mithridate. Les Romains les affranchirent de ce nouveau joug. Ce ne fut pas pour long-temps; car Marc-Antoine soumit l'Eubée aux Athéniens. Peu après, Auguste voulant se venger des partisans de son rival, enleva l'Eubée aux Athéniens, & lui rendit la liberté. Elle en jouit jusqu'au règne de Vespasien, qu'elle eut le triste sort de toute la Grèce, & fit partie des provinces romaines.

EUBŒA. Strabon fait mention d'une ville de ce nom. Il la place dans l'île d'*Eubœa*, & ajoute qu'elle fut engloutie par un tremblement de terre.

EUBŒA, nom d'une ville de la Sicile, selon Strabon. Cet ancien en parle comme d'une ville détruite. Elle avoit été au milieu des terres, près & au nord de l'Achates, à l'ouest de la petite Hybla, & au sud de la source de l'Eryces.

N. B. Fazel croit qu'elle a été remplacée par une forteresse nommée *Castellazio*.

EUBŒA, ville de la Macédoine, selon Etienne de Bysance. Il ajoute que les Insulaires qui y allèrent, furent nommés *Abantes*.

Strabon fait aussi mention de ce lieu.

EUBŒA, nom d'un lieu du Péloponnèse, dans l'Argolide, selon Etienne de Bysance. Il paroît par Strabon, que c'étoit une colline. La montagne que Pausanias met dans le même pays, étoit vraisemblablement la même chose.

EUBŒA. Strabon donne ce nom à un lieu de l'île de Corcyre, & à un autre dans l'île de Lemnos.

EUBURIATES, nom d'un peuple de l'Italie, selon Pline & Florus. Il habitoit sur la côte de la Ligurie.

EUCARPENI. Pline nomme ainsi les habitans de la ville d'*Eucarpia*, que Ptolemée & Strabon placent dans la Grande-Phrygie.

EUCARPIA, ville de l'Asie, dans la Grande-Phrygie, selon Ptolemée & Strabon. On voit, dans les notices ecclésiastiques, que c'étoit une ville épiscopale de la Phrygie salutaire. Etienne de Bysance, en parlant de l'*Eucarpia* de la Phrygie, se sert du mot δῆμος (peuple), & le place dans la petite Phrygie. Je crois qu'il se trompe quant à la Phrygie; & que, quant au peuple, il veut dire une certaine étendue de pays. Car il parle de sa terre par rapport à la vigne, & dit que les étrangers (οἱ Βάρβαροι), disoient que Jupiter avoit donné cette terre en présent à Cérès & à Bacchus. Ce que l'on peut croire de plus vraisemblable, relativement à ce territoire, c'est que ce fut à sa fertilité qu'il dut son nom, formé évidemment de καρπός, *fructus*.

EUCARPIA, nom d'un château de la Sicile, selon Etienne de Bysance. Ce fut en ce lieu, selon le même auteur, que naquit Laïs, si célèbre par sa beauté. Mais plusieurs autres lieux s'attribuoient le même honneur.

EUCRATIDA, ville de l'Asie, dans la Bactriane, selon Etienne de Bysance. Elle est nommée *Euchratidia* par Ptolemée & par Strabon.

EUCRATIDIA. *Voyez* EUCRATIDA.

EUDALA, siège épiscopal de l'Afrique proconsulaire, selon Victor d'Utique, & la notice épiscopale d'Afrique. On croit que c'est la même place nommée *Theudale* par Ptolemée.

EUDEMIA, nom d'une petite île de la mer Egée, selon Pline, qui la place dans le golfe Therméen.

EUDIPNE, île de la Libye phénicienne, selon Etienne de Bysance.

EUDOCIAS, ville épiscopale de l'Asie, dans la Pamphylie, attribuée à la Lycie, selon la lettre des évêques de cette province, adressée à l'empereur Léon.

EUDOCIAS, *ou* EUDOXIAS, ville épiscopale de l'Asie, dans la seconde Galatie, selon les actes du concile de Chalcédoine, tenu en l'an 451.

EUDOLI, les Eudoles, peuple de la Germanie. C'étoit un de ceux qui composoient la nation des Vandales.

EUDON, nom d'une rivière de l'Asie, dans la Carie, selon Pline.

EUDOSES, peuple de la Germanie. On les comprenoit sous les Suèves septentrionaux. Le temple de *Herta* étoit dans leur pays. Il étoit situé dans une île de la mer Baltique, & *Bunitium* (que l'on croit être Stralsund), étoit leur principale retraite.

EUDOXIANA. Dans l'ancienne version latine de Ptolemée, il est fait mention d'*Eudoxiana*, ville du Pont, dans la Galatie.

EUDOXIOPOLIS, ville épiscopale de l'Asie, dans la Pisidie, selon la notice de Hiéroclès.

EUDRACINUM, ville que l'itinéraire d'Antonin place dans les Alpes, entre le *Summus Penninus* & *Augusta Prætoria*.

EUDRAPA (*Eder* ou *Edir*), ville de l'Asie, sur la rive gauche de l'Euphrate, selon Ptolemée.

Elle étoit située dans la Mésopotamie, à l'ouest ½ sud-ouest de la ville de *Carmanda*.

EVEA, *ou* EVE, ancien nom de *Bydlos*, ville de la Phénicie.

EVELGIA, ville dont fait mention Hécatée, selon Etienne de Bysance. La position n'en est pas indiquée.

EVENITÆ, peuple de l'Egypte, selon saint Clément d'Alexandrie. Ortélius conjecture qu'*Evenitæ* est une faute, & qu'il faudroit lire *Syenitæ*.

EVENUS, nom d'une rivière de l'Asie mineure, selon Pline, qui dit que les villes de Lyrnesse & de Milet avoient été bâties sur ses bords.

Les habitans de la ville d'Adramytte faisoient venir de l'eau de cette rivière par des canaux, selon Strabon.

EVENUS (*Fidari*), rivière de Grèce, dans l'Etolie. Elle séparoit l'Etolie proprement dite, ou *Ætolia Vetus*, d'avec l'Etolie ajoutée, ou *Epictetus*. Ce fleuve commençoit au nord-est dans le mont Pindus, sur les frontières de la Thessalie, passoit chez les *Bomiæi*, chez les *Ophienses*, chez les *Apodoti*; & après avoir arrosé *Calydon*, se jetoit dans la mer, à l'ouest d'une ville appelée *Chalcis*.

C'étoit sur les bords de l'*Evenus*, que, selon la fable, Hercule avoit tué le Centaure Nessus.

EVERENSIS, *ou* ENERENSIS. La conférence de Carthage nomme ainsi un siège épiscopal d'Afrique.

EVERGETÆ, les Evergètes, peuple de l'Asie, que Strabon place dans le voisinage de la Drangiane; car il dit qu'Alexandre-le-Grand alla chez ce peuple en sortant de la Drangiane.

Diodore de Sicile rapporte que Cyrus, celui qui transporta aux Perses l'empire des Mèdes, s'étant engagé dans un désert, où les vivres venant à manquer, la famine fut si affreuse dans son armée, que ses soldats étoient réduits à manger la chair de leurs camarades; les *Arimaspes* lui amenèrent trente mille chariots de vivres. Ce secours ayant sauvé l'armée, Cyrus, par reconnoissance, exempta ce peuple de toutes sortes de tributs, leur donna de grandes marques de sa libéralité, & leur changea le nom d'*Arimaspes* pour celui d'*Evergètes*, qui signifie *bienfaisans*. Alexandre éprouva aussi l'honnêteté de ce peuple, & leur en marqua sa gratitude.

EVESPERIDES, peuple d'Afrique, dans la partie maritime de la Libye, à l'occident des *Auschises*.

Hérodote rapporte que le pays qu'occupoit ce peuple étoit excellent; que dans les années d'une grande fécondité, les terres y rendoient le centuple. C'est-là ce qui avoit fait supposer que c'étoit dans leur territoire que se trouvoit le fameux jardin des Hespérides. Dans son acception grammaticale, ce nom signifie les Occidentaux.

EVESPERIS, ville de la côte d'Afrique, laquelle prit dans la suite le nom de *Bérénice*. (*Voyez* EVESPERIDES).

EUGANEI, peuple de l'Italie, vers les Alpes.

EUGENIUM, ville de l'Illyrie, selon Tite-Live.

EUGIA, petite contrée du Péloponnèse, dans l'Arcadie, selon Etienne de Bysance.

EUGOA, *ou* AGUGO. Selon les différentes éditions de Pline, ville de l'Ethiopie, sous l'Egypte.

EUHYDRIUM, ville de Grèce, dans la Thessalie, selon Tite-Live.

EVIA, ville de la Macédoine, selon Ptolemée, qui la donne aux Dessarètes.

EVII, nom d'un peuple d'Italie, dans la Ligurie, selon Etienne de Bysance.

EVIPPE, village de l'Asie mineure, dans la Carie, selon Etienne de Bysance.

EULÆUS, *ou* CHOASPES (*rivière de Carun*), rivière de l'Asie, dans la Perside. Elle prenoit sa source vers le 32e deg. 30 min. de latit. couloit au sud-ouest jusqu'à la ville de *Susa*, qu'elle arrosoit; de-là au sud-sud-est jusqu'au 31e deg. qu'elle alloit au sud-ouest jusqu'au-dessous de *Spasini-Charax*; ensuite elle prenoit au sud-est, se divisoit en deux bras, qui se jetoient dans le golfe Persique, vers le 30e deg. 10 min. de latit.

L'*Eulæus* avoit une communication avec le Tigre, au-dessous de *Spasini-Charax*.

EULEPA, EULEPAR, *ou* EULAPA, ville de la Cappadoce, selon l'itinéraire d'Antonin.

EULISIA, pays de la Scythie, vers le Palus-Méotide, selon Procope, cité par Ortélius.

EUMENIA, ville de l'Asie, dans la Grande-Phrygie, sur le *Cludrus*, selon Pline. Il en est aussi fait mention par Ptolemée & Etienne de Bysance. Ce dernier dit *Eumeneia*.

Eutrope dit qu'elle portoit le nom d'Eumène, son fondateur.

Elle a été épiscopale, & les notices la mettent dans la Phrygie capatienne.

EUMENIA, ville de l'Asie mineure, dans la Carie, selon Etienne de Bysance. Cet auteur met une autre ville du même nom, près de l'Hyrcanie.

EUMENIA, ville de la Thrace, sur les confins de la basse-Mœsie, selon Pline.

EUMINACUM, ville de la Mœsie, selon l'itinéraire d'Antonin, où elle est marquée à vingt-quatre mille pas de *Viminiacum*.

EUMOLPIDÆ. Selon Ortélius, nom d'un peuple de l'une des tribus de l'Attique.

EUNÆ, ville du Péloponnèse, dans l'Argolide, selon Etienne de Bysance.

EUNÆ. Le même géographe met une ville de ce nom dans la Carie, province de l'Asie mineure.

EUNÆUS, rivière de l'Asie mineure, dans la Carie, selon Etienne de Bysance.

EUNOSTI, port de l'Egypte, auprès de Pharos, selon Strabon, cité par Ortélius.

EUNOSTUS & CIBOTUS PORTUS, nom de l'un des ports de la ville d'Alexandrie. Il avoit communication avec le lac Maréotis.

EVŒNUS, ancien nom d'une île de la mer Egée, selon Pline, qui ajoute qu'elle fut ensuite nommée *Peparethus*. Ovide en parle sous ce dernier nom, & la vante à cause de la quantité d'olives que l'on y recueilloit.

Le P. Hardouin dit que son nom moderne est *Pierri*.

EVONYMIA, ville de l'Asie mineure, dans la Carie, selon Etienne de Bysance. (*La Martinière*).

EVONYMIA, village de Grèce, dans l'Attique, selon Etienne de Bysance & Hésychius. Ce dernier dit qu'il étoit de la tribu Hérechthéïde. (*La Martinière*).

EVONYMITÆ, peuple de l'Egypte, au voisinage de l'Ethiopie, selon Etienne de Bysance. Ce peuple est placé dans l'Ethiopie même par Ptolemée.

EVONYMITON, nom de la première contrée de l'Ethiopie, sous l'Egypte, selon Pline.

EVONYMOS, *ou* EVENYMUS, ou l'*île du nom heureux*. On appeloit ainsi l'une des îles Eoliennes ou de Lipari. Les anciens, selon Strabon, lui avoient donné ce nom, parce qu'en faisant route de ces îles pour la Sicile, on l'avoit à la gauche. Or, on sait que c'étoit, dans l'antiquité, le côté favorable pour les augures. On a été embarrassé pour retrouver cette île entre les îles modernes de cette partie de la Méditerranée. M. le commandeur de Dolomieux pense que l'île qui portoit autrefois ce nom, a depuis été bouleversée au point qu'il s'en est formé l'île d'*Hicesia* (act. Panaria) & quelques autres; & il prouve, par des raisonnemens fort précis, la justesse de cette opinion.

EVORAS, bois du Péloponnèse, dans la Laconie. Pausanias dit qu'il étoit près du mont Taigète, dont il n'étoit séparé que par un espace que l'on nommoit *Theræ*.

EVORIA, lieu de la Grèce, dans l'Epire, selon Sozomène.

EUPAGIUM, ville de Grèce, dans le Péloponnèse, selon Diodore de Sicile.

EUPALIA, ville de Grèce, dans la Locride, selon Etienne de Bysance. Elle est placée dans le pays des Locres Ozoles par Pline.

EUPATORIA, *ou* POMPEIOPOLIS (*Akmeschid*), ville dans la partie nord-ouest de la Chersonnèse taurique.

Strabon dit que cette ville fut bâtie par Diophantus, général des troupes de Mithridate. Dans la suite, elle fut appelée *Pompeïopolis*.

EUPATORIA (*Amid*), ville du royaume de Pont. Elle étoit située sur le bord du golfe d'Amise, & si près de la ville de ce nom, qu'elles se touchoient presque, selon Pline. Mithridate *Eupator* la fit bâtir & lui donna son nom. Il y fit construire un palais, où il faisoit sa résidence une partie de l'année. Pline rapporte que, lorsque Mithridate eut été vaincu, elle fut nommée *Pompeïopolis*.

EUPHORBENI, peuple de l'Asie, dans la Phrygie, selon Pline.

EUPHRATENSE, province de l'Asie, dans la Syrie, le long de l'Euphrate. Elle avoit ce fleuve à l'orient; au couchant, la première Syrie; & au nord, le mont Taurus & l'Euphrate, selon la *Geographia sacra* du P. Ch. de S. Paul. Cette province étoit du patriarchat d'Antioche, & avoit auparavant été nommée *Comagène*.

EUPHRATES FLUMEN, l'un des fleuves de l'Asie le plus connu dans l'antiquité, & l'un des plus considérables. M. d'Anville a publié une carte & un ouvrage imprimé sur le cours de ce fleuve & sur celui du Tigre. Je me bornerai aux notions suivantes.

Sur sa carte de l'Asie mineure, cet habile géographe indique deux sources différentes de l'Euphrate, ou plutôt il nomme *Euphrate de Xénophon & de Corbulon*, selon Pline, un fleuve qui, ayant sa source au pied du mont *Abus* (de Strabon) alloit passer par le sud de *Mauro-Castrum*, au sud-est, puis tournoit brusquement à l'ouest pour se joindre à un autre fleuve qui venoit de plus haut dans le nord. Il paroit que ce fleuve dont je viens de parler, lequel contribue à grossir le suivant, n'est pas proprement l'Euphrate, mais que c'est celui auquel il se joint. Au reste, l'un & l'autre avoient leur source en Arménie.

L'Euphrate donc avoit sa source dans des montagnes au nord de l'*Abus*; il arrosoit dans cette partie de l'Arménie, *Arze*, *Elegia*, *Gymnias* & *Brepus*, & recevoit autant de ruisseaux différens à chacune de ces trois dernières villes.

De-là, coulant par le sud-ouest, il séparoit la Grande-Arménie à l'est, de l'Arménie mineure à l'ouest. Laissant à quelque distance de sa droite, *Satala* & *Arabrace*, il venoit arroser *Analibla*, puis *Zimasa*. Plus au sud il trouvoit *Pastona*, & se rendoit dans une gorge (1) que forme le *Taurus*, dont la chaîne sépare, sur la droite de ce fleuve, la Militène qui est au nord, de la Comagène qui est au sud. C'est à cette gorge que commençoit, à la gauche de l'Euphrate, le pays appelé *pays entre les fleuves*, ou *Mésopotamie*.

De cette gorge du *Taurus*, l'Euphrate tournant

(1) C'est ce que l'on nomme aujourd'hui *le pas de Nushar*.

à l'ouest, alloit arroser *Samosata*. Il revenoit ensuite par le sud-est jusqu'à *Zeugma*, jusqu'à la hauteur d'*Hieropolis*, plus connue que la ville d'*Eunupus*, qui étoit sur le fleuve même.

Après quelques sinuosités, il prenoit un circuit assez grand par le sud pour remonter au nord-est jusqu'à *Nicephorium*. Il redescendoit par le sud-est à *Thapsacus*, tournoit droit à l'est pour aller à *Circesium*. De cette dernière ville, il redescendoit assez droit au sud jusqu'à *Agamana*. Tournant de nouveau à l'est, il arrosoit *Caramanda*, *Anatho* & *Olabus*. De cette ville, il redescendoit encore au sud jusqu'à *Izannesopolis*; prenant ici la forme d'une S, il remontoit au nord jusqu'à *Pombeditha*, puis redescendoit au sud un peu au-dessous d'*Æiopolis*.

Il remontoit encore vers le nord-est jusqu'à *Maceprata*. C'étoit à cette ville que commençoit une muraille, qui, allant joindre le Tigre, séparoit la Mésopotamie de la plaine appelée *Messène*. L'Euphrate, en coulant vers le sud-est, se rapprochoit insensiblement du Tigre, & il y communiquoit par différens canaux.

Les plus considérables étoient ceux qui commençoient à *Sippara*, à *Perisaboras*, à *Neapolis* & à *Massice*. Ce dernier, en remontant vers le nord-est, communiquoit à *Seleucia*, sur la droite du Tigre.

A quelque distance de *Massice*, l'Euphrate arrosoit la célèbre ville de Babylone. Au-delà il couloit encore pendant quelque temps vers le sud, puis formoit un lac ou marais vers le nord-est. La disposition du terrein, à partir de *Borispa*, le forçoit d'aller par le sud jusqu'au-delà de *Sura*. Il tournoit ensuite à l'est, puis au sud, pour s'aller rendre à la mer près de *Teredon* ou *Diridotis*. Il laissoit entre lui & le Tigre encore une plaine appelée *Messène*.

Mais actuellement, à partir de Nahrmehagen, au lieu d'aller à la mer, il coule à l'est, & va se jeter dans le Tigre en face de l'endroit où étoit l'ancienne *Apamea*.

EUPILIS (*Pussiano*), lac de l'Italie, dans la Gaule cisalpine. Pline dit que la rivière *Lambrus* sortoit de ce lac. Le P. Hardouin dit que le nom moderne est *Lago di Pusiano*.

EUPLÆA, nom d'une île de la mer Thyrrène. Stace en fait mention dans ses Sylves.

EUPLÆA, *ou* EUPLŒA, écueil de la mer Thyrrène. Il se nomme aujourd'hui *Gaiola*.

EUPORIA, ville de la Macédoine, selon Etienne de Bysance. Elle est placée dans la Bisaltie, par Ptolemée.

EUPYRIDÆ, lieu municipal de Grèce, dans l'Attique. Il étoit vers Athènes, & de la tribu Léontide. Etienne de Bysance en fait mention.

EURANIUM, ville de l'Asie mineure, dans la Carie, selon Pline.

EURIA, ville de Grèce, dans l'Epire. Il en est souvent fait mention dans le concile de Chalcédoine.

EURIANASSE, *ou* EURYANASSE. Selon les différentes éditions de Pline, île de l'Archipel, dans le voisinage de celle de *Chio*.

EURICOME, ville de Grèce, selon Eustathe, cité par Ortélius.

EURIPOS, *ou* EURIPUS, petit bras de mer de la Grèce. Il séparoit l'île d'Eubée de la Béotie. Il est si étroit vis-à-vis de Chalcis, qu'une galère avoit peine à y passer. Les Grecs qui ne connoissoient guère d'autre mer que la Méditerranée, étoient bien étonnés du flux & reflux qui se fait ressentir en cet endroit. Antiphile de Bysance assure qu'il arrive six fois en vingt-quatre heures. Mais Strabon, Pline, Pomponius Méla, Sénèque le tragique & Suidas, assurent que ce flux & reflux a lieu sept fois par jour. Tite-Live, il est vrai, ne lui donne pas tant de régularité. Quant à ce qu'en ont pensé les modernes, on peut consulter le voyage de Spon, *T. II, p. 193 & suiv.* aussi-bien que le P. Babin, savant jésuite, cité par les auteurs anglois de l'histoire universelle in-4°. *T. V, p. 547.* Spon dit que ce flux & reflux est réglé pendant dix-huit ou dix-neuf jours de chaque mois, & que les autres jours il est très-déréglé. Le P. Babin dit que l'Euripe monte & descend régulièrement les huit premiers jours de la lune; il assure avoir remarqué la même régularité depuis le quatorzième jour jusqu'au vingtième inclusivement, & pendant les trois derniers jours. Mais que pendant les autres jours du mois lunaire, le flux & le reflux alloient depuis onze jusqu'à quatorze fois en vingt-quatre heures. Ce phénomène, qui tient à la cause générale du flux & reflux (1), & à des dispositions locales, a fort inquiété les anciens; & l'on a dit qu'Aristote s'étoit jeté dans l'Euripe, de douleur de n'avoir pas pu expliquer la cause de ses mouvemens.

EUROBOREUS OCEANUS. C'est ainsi que Jornandès nomme la mer que Pline appelle *Scythique*, & Tite-Live *Mare Pigrum*.

EURŒA. Procope dit que c'est le nom d'une ville située sur le bord du Danube, auprès d'un étang, avec une île au milieu, dans laquelle il y avoit une petite colline où l'empereur Justinien transféra la ville & les habitans.

EURŒA, ville épiscopale de l'Epire, selon Nicéphore Caliste. Ortélius croit qu'il faut lire *Evoria*.

EUROMA, ville de l'Asie, dans la Phénicie, selon les actes du concile de Chalcédoine.

Ortélius doute s'il ne faudroit pas lire *Europe*.

EUROMUS, ville de l'Asie mineure, dans la Carie. Elle étoit située à l'est du mont Grius, au nord du mont Latmus, & au nord-ouest de la ville de Mylasa, vers le 37e deg. 20 min. de lat.

La ville d'Euromus n'a jamais été considérable; cependant il en est parlé par Tite-Live, Polybe & Pline.

Euromus avoit un théâtre & un temple magnifique. Les ruines du temple se voient encore.

---

(1) *Voyez* la première partie de ma Cosmographie.

EUROPA. Les auteurs qui ont fait venir ce nom de la princesse Europe, fille d'Agénor, & enlevée à la Phénicie par Jupiter, ont appuyé une conjecture sur une fable. L'explication de M. de Gébelin me paroît plus concluante. Il fait venir le nom d'Europe de *Wrab*, ou l'occidental; ce qui présente un double caractère de vérité, soit dans le rapport des mots, soit dans la position de l'Europe, relativement à l'Asie.

Les bornes de l'Europe étoient les mêmes qu'actuellement. Cela doit être: mais les anciens qui parvinrent à connoître celles du midi & celles de l'ouest, ne connurent jamais bien celles du nord; ils n'en avoient que des idées confuses. Quant à l'est, ils adoptèrent assez généralement l'opinion que le Tanaïs séparoit l'Europe de l'Asie: c'est ce qu'expriment très-bien les vers suivans de Denys le Périégète.

Εὐρώπην δ' Ἀσίης Τάναϊς διὰ μέσσον ὁρίζει
Πρὸς βορέην.....

Je pourrois citer beaucoup d'autres passages qui présentent le même sens. Je supprime aussi tout ce que je trouve dans Strabon sur l'étendue que l'on attribuoit à l'Europe, sur ses promontoires, *&c.* Ce géographe-philosophe (*p. 127*), parle avec le plus grand éloge des richesses naturelles de l'Europe, de ses habitans, dont les uns sont propres à la guerre, tels que les Grecs, les Romains, les Macédoniens, tandis que d'autres, plus utiles au maintien de la paix, s'occupent des travaux de la campagne. Il parle ensuite des richesses naturelles de l'Europe, qui renferme dans son sein toutes sortes de métaux, produit à sa surface des végétaux de tout genre, & nourrit une très-grande variété d'animaux.

Division de l'Europe, selon Ptolemée.

Ptolemée divise l'Europe en parties occidentales & en orientales. Les premières font l'objet de son second livre; les secondes sont décrites dans le troisième.

Les provinces occidentales sont:

L'*Hybernia*. } Iles Britanniques.
Albion. }
L'*Hispania*, Bétique.
L'*Hispania*, Lusitanie.
L'*Hispania*, Tarraconnoise.
La *Celto-Gallia*, Aquitanique.
La *Celto-Gallia*, Lugdunensis.
La *Celto-Gallia*, Belgique.
La *Celto-Gallia*, Narbonnoise.
La *Germania Magna*.
La *Rhetia* & la *Vindelicia*.
La *Noricum* (la Norique).
La *Pannonia* supérieure.
La *Pannonia* inférieure.
L'*Illyria* & la *Liburnia*.
La *Dalmatia*.

Les provinces orientales sont:

L'*Italia*.	La *Mysia inferior*.
L'île *Cyrnum* (*Corsica*).	La *Tracia*.
L'île *Sardinia*.	La *Chersonesus* (*Traciæ*).
L'île *Sicilia*.	La *Macedonia*.
La *Sarmatia* d'Europe.	L'*Epirus*.
La *Chersonesus Taurica*.	L'*Achaïa*.
La *Dacia*.	Le *Peloponesus*.
Le pays des *Iazyges Metanastæ*.	L'île *Creta*.
La *Mysia superior*.	L'île *Eubœa*.

On voit par cet exposé, & par les cartes qui accompagnent le texte de Ptolemée, que les anciens ne connoissoient pas de parties de l'Europe au-delà du 60e deg. de latit. si l'on en excepte l'île Thule, au nord des îles Britanniques.

EUROPIA, *ou* EUROPE, lieu de l'Asie, dans la Phénicie, selon Etienne de Bysance.

EUROPUS, ville de l'Asie, dans la Parthie, selon Pline. Selon Strabon, il y avoit dans la Médie une ville nommée *Rageia*. Il ajoute que Nicator en étoit le fondateur, & qu'il l'avoit appelé *Europus*; mais que les Parthes la nommoient *Arsacia*.

Isidore de Charax dit que la ville de *Dura*, bâtie par les Lacédémoniens, étoit nommée *Europus* par les Grecs.

EUROPUS (*Nesjm*), ville de l'Asie, dans la Syrie, selon Ptolemée. Cette ville étoit située sur le bord de l'Euphrate, à l'est d'*Hieropolis*, & au sud de *Zeugma*.

Etienne de Bysance dit qu'*Europus* est une ville de Syrie. Les notices en font mention comme d'un siège épiscopal de l'Euphratense, sous la métropole d'*Hierapolis*. On voit dans la *geographia sacra* du P. Ch. de S. Paul, que cette ville a aussi été nommée *Amphipolis* & *Thapsacum*; mais Etienne de Bysance distingue *Europus* de *Thapsacum*.

EUROPUS, ville de l'Asie, dans la Carie, selon Etienne de Bysance, qui dit qu'elle avoit été nommée *Idriade*, du nom d'Idris, fils de Chrysaor. M. Larcher croit que c'est la même ville que ce géographe nomme *Euromus* quelques lignes auparavant.

EUROPUS, ville de la Macédoine, selon Etienne de Bysance. Il ajoute qu'elle tenoit ce nom d'*Eropus*, fils de Macédon & d'Orithyie, fille de Cécrops.

Pline met deux villes de ce nom dans la Macédoine. Il en place une sur l'*Axius*, & l'autre sur la rivière *Rhœdias*. Ptolemée en met aussi deux dans le même pays. Selon lui, il y en avoit une qui étoit située dans la province qu'il nomme *Mathia*, ou *Macetia*, & l'autre dans le pays des Albotes ou Almopes. Le P. Hardouin dit que les villes *Europus* de Pline & de Ptolemée sont les mêmes; mais Ortélius en fait quatre différentes.

EUROPUS, rivière de Grèce, dans la Thessalie. Elle avoit sa source au mont *Citarius*, & se jetoit dans le Pénée.

L'abréviateur de Strabon dit qu'Homere la nomme *Titaresion*.

EUROTAS (le *Vasili-Potasno*, ou *Fleuve royal*), fleuve de la Laconie, qui commençoit sur les frontières de l'Arcadie, arrosoit la ville de Sparte, & venoit au sud se jeter dans le golfe Laconique.

Il étoit, dans une grande partie de son cours, bordé d'oliviers, & l'on trouvoit de fort beau marbre dans les montagnes qui l'accompagnoient.

En remontant le long de ce fleuve, on arrivoit à l'embouchure d'un ruisseau dont les anciens nous ont laissé ignorer le nom. Il paroît qu'il étoit formé de l'écoulement des eaux qui humectoient toute cette partie. En arrivant au bord du fleuve, sur la route qui alloit de Sparte à Pellane, on voyoit le tombeau de Ladas, l'homme le plus agile de son temps; il fut couronné aux jeux olympiques pour avoir doublé le stade.

EUROTAS, rivière de Grèce, dans la Thessalie, auprès du mont Olympe, selon Strabon, qui dit qu'elle est nommée *Titaresium* par Homère.

Elle est nommée *Titaresus* par Lucain, & *Europus* par l'abréviateur de Strabon.

EUROTAS, rivière de l'Italie, auprès de *Tarentum*. C'est la même que le fleuve *Galesus*, selon Polybe.

EURYAMPUS, ville de la Macédoine, dans la Magnésie, selon Etienne de Bysance.

EURYEIS, rivière & village, selon Strabon, qui les place dans le pays nommé *Scepsia*, auprès de la contrée de Troye.

EURYELUS. Il y a ici une faute dans le texte d'Etienne de Bysance, qui dit Ἐυρύηλος, ὅτως ἡ Μακρόπολις των επιπολῶν. Berkélius remarque très-bien, en s'appuyant du témoignage de Tite-Live (*L. II*, *c. 25*), que ce lieu, nommé *Eurielus*, ou, selon Tite-Live, *Euryalus* étoit un lieu élevé à l'extrémité de la ville de Syracuse; cet habile commentateur en conclut qu'il faut lire dans le texte grec, Ἀκρόπολις, *Arx*, citadelle, & non *Macropolis*, qui n'a pas de sens. Quant aux mots τῶν Ἐπιπολῶν, on verra à l'article SYRACUSE, qu'il y avoit une partie de cette ville appelée *Epipole*.

EURYMEDON (*Zacuth*), rivière de l'Asie, dans l'ancienne Pamphylie. Elle avoit sa source dans le mont Taurus, passoit à la ville d'*Aspenus*, & alloit se perdre dans la mer de Pamphylie. Plutarque rapporte que Cimon, général de la flotte des Athéniens, poursuivit le roi Xerxès jusqu'à l'embouchure de cette rivière.

EURYMEDON, lieu de l'Asie, dans la Cilicie, selon Etienne de Bysance, qui le place auprès de Tarse.

EURYMENÆ, ville de Grèce, dans la Thessalie, selon Tite-Live & Etienne de Bysance. Scylax l'indique dans la province de Thessalie appelée *Magnésie*.

EURYSICHEÆ, nom d'un peuple de l'Acarnanie, selon Strabon.

EURYTANES. Etienne de Bysance met ce peuple dans l'Italie, & s'appuie de Lycophron. Non pas, il est vrai, selon cet auteur, mais selon ses commentateurs, cette nation étoit étolique. Ce commentateur s'appuie de l'autorité d'Aristote, & dit que la nation eurystane avoit pris son nom d'Eurytos, où il y avoit un oracle d'Ulysse.

Selon Thucydide, les *Eurytanes* formoient une partie considérable des Etoliens, peu connus par leur langage & se nourrissant de chair crue; il ajoute ὡς λέγονται, c'est-à-dire, qu'il ne garantit pas ce fait.

EURYTUS. Euripide, dans sa tragédie d'Iphigénie en Aulide, nomme ainsi une fontaine de la Grèce.

EUSENE, ville de l'Asie, dans la Paphlagonie, contrée du Pont. Il en est parlé par Ptolemée.

EUSIMARA, ville de l'Asie, dans la Mélitène, contrée de la Cappadoce, & sur le bord de l'Euphrate, selon Ptolemée.

EUTÆA, ville du Péloponnèse, dans l'Arcadie, selon Etienne de Bysance & Xénophon.

EUTASUM, ville du Péloponnèse, dans l'Arcadie, selon Pausanias.

EUTHANÆ, EUTANÆ, *ou* EUTHENÆ, ville de l'Asie mineure, dans la Carie, selon Etienne de Bysance.

EUTRESII, les Eutrésiens, peuple du Péloponnèse, dans l'Arcadie, selon Pausanias.

EUTROPIUM, nom d'un lieu de l'Asie, dans la Bithynie, auprès d'Hérée, selon Procope, qui rapporte que c'est où fut tué l'empereur Maurice.

EUTYCHIA, nom d'une île de la mer Egée, devant le golfe Pagasique, selon Pline.

EUXINUS PONTUS. *Voyez* PONTUS EUXINUS.

E X

EXACOMIA, siège épiscopal & petite contrée de l'Arabie pétrée.

EXAGYIUS, ville de la Sicile, selon Etienne de Bysance.

FABARIS FLUV. (*Farfa*). Ce fleuve, pour parler comme les anciens, est nommé dans Ovide *Farfarus*. Il avoit sa source à peu de distance à l'est de *Carperia*. (Ce lieu s'appelle encore *Capo Farfa*). Il se jetoit à l'ouest dans le Tibre.

FABIA, ville de la Gaule celtique. Apollodore, cité par Etienne de Bysance, dit qu'elle fut bâtie par Fabius Maximus. Mais, comme il n'est pas vraisemblable que les Latins n'aient pas parlé de cette ville, Berkélius pense qu'elle étoit : *urbem factam ex Græcorum farinâ*.

FABIANUS PAGUS, petit canton de l'Italie, dans le territoire de Sulmone.

FABIENSES, bourgade de l'Italie, sur le mont *Albano*, & près d'Albe la longue. Elle appartenoit à la famille des Fabiens.

FABIRANUM, *ou* FABIRADUM, nom d'un lieu de la Germanie, selon Ptolemée. On croit que c'est aujourd'hui la ville de *Breme*.

FABOSIS, lieu de l'Afrique, dans la Mauritanie, au pied du mont Aurase, selon Procope.

FABRATERIA (l'*Isola*), ville d'Italie, dans le Latium, au sud-est d'Amignia, & au confluent du Liris, avec une rivière dont Strabon parle, & qui s'y retrouve encore.

FABRATERNI, peuple de l'Italie, dont fait mention Pline, qui les distingue en vieux & en nouveaux.

C'étoit vraisemblablement les habitans de *Fabrateria*.

FABRICIUS PONS (*Il ponte di quatro Capi*), pont de la ville de Rome, par où l'île communiquoit à la ville.

FABRIS, île de la Grèce, vis-à-vis de l'Attique, selon Phavorin, cité par Ortélius.

FABULA, Athénée rapporte que l'on avoit donné ce nom à un jardin de la ville de Syracuse, en Sicile.

FACELINUS, fleuve de la Sicile, le même que le *Melas*.

FACIDIA, village de l'Egypte, sur les confins de la Palestine, dans le territoire de *Rhinocosura*, selon S. Jérôme.

FÆSULÆ (*Fiezoli*). Cette ville, au nord-est de *Florentia*, étoit dans l'Etrurie. On prétend que ce fut de *Fæsulæ* que les Augures passèrent à Rome. Catilina, lors de sa conjuration, s'en étoit fait une place d'armes. Les Goths, entrés en Italie sous le consulat de Stilicon & d'Aurélian, c'est-à-dire, l'an de J. C. 400, furent défaits près de cette ville.

FAGIFULANI, peuple de l'Italie, dans le voisinage ou dans le pays des Samnites, selon Pline.

FAGITANA, lieu de l'Italie, dans le Trentin, selon Paul Diacre.

FAGIUS. Selon le rapport de Lycophron, c'est le nom d'une montagne aux environs de l'île de Cerné.

FALACRINUS, *ou* PHALACRINUS, lieu qui se trouvoit en Italie, chez les Sabins, selon Cluvier.

FALACRIUM, promontoire de la Sicile, selon Ptolemée. On croit que c'est aujourd'hui *Raro Calmo*.

FALARIENSES, peuple de l'Italie, dans le Picentin, selon Pline.

FALCIANA, lieu de la Norique, selon le livre des notices de l'empire.

On croit que c'est aujourd'hui *Wals*, sur le Danube, entre Lintz & Vienne.

FALERIA. *Voyez* FALERII.

FALERII (*Falari*), ville d'Italie, dans l'Etrurie, à l'est de *Tarquinii*, & fort près du Tibre. Elle paroît avoir aussi porté le nom de *Falesii* (1), & ses habitans sont appelés *Falisci* ou Falisques. Les anciens en parlent comme d'une ville très-fortifiée. Elle fut souvent en armes contre les Romains. Ses habitans passoient pour être descendus d'une colonie d'Argiens ; Ovide en attribue la fondation à un nommé *Alæsus*. On doit se rappeler ici que Camille fit reconduire, les mains liées, l'instituteur des enfans de cette ville, qui étoit venu les lui livrer en trahison pendant le siège. Ces enfans reconduisirent leur maître en le fouettant. Lorsque les Romains se furent emparés de Falères, ils y établirent une colonie.

FALERNUS AGER. Cette campagne de Falerne, dépendante d'un petit bourg de même nom, étoit renommée par son excellent vin. Il étoit d'abord de la dépendance de Cumes, & avoit passé au pouvoir des Campaniens. Mais, dans le temps de la guerre latine, il fut joint au Latium, & attribué au peuple romain. Il étoit tout près du mont *Massicus*.

Le vin de Falerne étoit fort estimé lorsqu'il avoit été gardé douze ou quinze ans. Cependant, on voit par Pline que, de son temps, il commençoit à perdre de sa qualité, parce que l'on négligeoit la manière de le faire bien. Celui du vignoble de Faustinus étoit plus estimé.

FALESIA, au sud-est de *Populonium* en Italie, dans l'Etrurie.

FALISCENSIS, siège épiscopal d'Afrique, selon Victor d'Utique, cité par Ortélius.

---

(1) Selon un passage de Pomponius Méla (*de origine juris*), cité par Dempster, les Romains ne connoissoient pas la lettre R avant le temps d'Appius Claudius Crassus, consul avec Camille, l'an de Rome 405 : telle est la cause de la différence dans les différens noms de cette ville.

FALISCI, les Falisques, peuples de l'Italie, dans l'Etrurie : ils habitoient la ville de *Falerii*. C'étoient d'anciens Pélasges qui s'étoient maintenus en Italie. Malgré leur mélange avec les Etrusques, ils avoient conservé, sans beaucoup d'altération, les mœurs & la religion des anciens habitans de la Grèce. Un de leurs temples étoit dédié à la Junon des Argiens, selon Denys d'Halicarnasse.

Pline, *L. III, c. 5*, donne, d'après Caton, une origine grecque aux Falisques.

FALISCORUM MONS, le mont des Falisques, montagne d'Italie, près du Tibre.

FALLABENSIS, siège épiscopal d'Afrique, dans la Mauritanie césarienne, selon la notice des évêchés d'Afrique.

FALLIENATES, peuple de l'Italie, dans l'Ombrie. Pline en parle comme d'une nation qui ne subsistoit plus.

FAMA JULIA. Pline dit que c'étoit un surnom que l'on avoit donné à la ville de *Seria* en Hispanie.

FANUEL, ville de la Palestine, au sud du lac Tiberias.

FANUM DIANÆ. Ptolemée parle de ce temple de Diane, bâti, selon lui, sur les bords du Rhin. Les auteurs de l'histoire des Provinces-Unies disent que le château de Batenstein, aujourd'hui Vianen, est construit sur les fondemens de cet ancien temple.

FANUM FORTUNÆ (*Fano*), ville d'Italie, dans l'Ombrie. Il en est dit fort peu de chose dans les auteurs anciens. Strabon & Tacite, en parlant des guerres entre les partisans de Vitellius & de Vespasien, nous apprennent à peine son existence.

FANUM JOVIS, temple de Jupiter, situé dans l'Asie mineure, près du Bosphore de Thrace & du promontoire Syrneum.

FANUM MARTIS. Il y eut dans la Gaule plusieurs lieux de ce nom. Celui dont la notice de l'empire fait mention, devoit être considérable, puisqu'il avoit donné à la plus grande partie du Hainaut, le nom de *Pagus Fanomartensis*. C'est peut-être le lieu appelé aujourd'hui *Fammars*.

FANUM MARTIS, autre lieu de la Gaule, indiqué par l'itinéraire d'Antonin, sur la route d'*Alauna* à *Condate Redonum*, entre *Cosedia* & *Fines*; aux limites des *Abrincatui*. M. d'Anville le place un peu au sud de *Constantia*, sur le bord de la mer, au lieu nommé actuellement le *mont Martin*.

FANUM MARTIS, autre lieu de la Gaule, indiqué par la table de Peutinger, entre *Condate Redonum*, au sud-est, & *Reginea*, au nord-ouest, sur le bord de la mer. Elle étoit la principale des *Curiosolites*.

FANUM MARTIS, lieu de l'Italie, dans l'Etrurie, selon Cluvier.

FANUM MINERVÆ, ville de la Gaule, indiquée par l'itinéraire d'Antonin. M. d'Anville le place au sud-est de *Durocortorum* (Reims). Il croit d'après, ou après *Merula*, que c'est le lieu indiqué sur la table de Peutinger, par le nom de *Tenomia*.

FANUM VENERIS. *Voyez* PORTUS VENERIS.

FANUM VOLTUMNÆ, petit lieu de l'Italie, dans l'Etrurie, au nord ouest de *Falerii*.

FARFARUS, fleuve de l'Italie. *Voyez* FABARIS.

FATENSIS, siège épiscopal d'Afrique, dans la Numidie, selon la notice d'Afrique.

FAVENTIA (*Faenza*), ville de la Gaule cispadane, au sud-est. Elle n'est guère connue dans l'histoire : & c'est un foible titre à l'attention de la postérité, que d'avoir donné naissance à la mère de l'empereur Commode.

Tite-Live & Velléius Paterculus font mention de cette ville. Le dernier en parle à l'occasion d'une victoire que Métellus Pius remporta dans les environs.

Pline parle de la beauté des lins du territoire de *Faventia*.

FAVENTINI, nom d'un peuple d'Italie, dans la Flaminie. Pline nomme ainsi les habitans de *Faventia* (Faenza).

FAUSTIANUS AGER, champ situé dans la Campanie.

F E

FEBIANA, place de la Vindélicie, selon la notice de l'empire, citée par Ortélius.

FEBIANA, siège épiscopal d'Afrique, dans la Bisacène, selon la notice épiscopale d'Afrique.

FECYUS MONS, montagne de la Gaule narbonnoise, située sur le bord d'un étang, près de la mer & de l'embouchure du Rhône, dans le pays des Volces Arécomiques. Pomponius Méla, *L. II, c. 5*.

FELICIS LACUS, lieu de la Norique, selon l'itinéraire d'Antonin.

FELICIS LACUS, *ou* LOCUS. Selon l'itinéraire d'Antonin, lieu de la Hongrie.

FELICIANATENSIS. Selon Ortélius, qui cite la conférence de Carthage, siège épiscopal d'Afrique.

FELIGINATES, peuple de l'Italie, dans l'Ombrie, selon Pline, qui en parle comme d'un peuple qui ne subsistoit plus.

FELIX JULIA. Pline dit que l'on surnomma ainsi la ville de Béryte, en Phénicie.

FELSINA (*Bologne*), ville de l'Italie, & la principale de l'Etrurie, selon Pline. Elle portoit ce nom avant que les Romains lui donnassent celui de *Bononia*. *Voyez* ce mot.

FELTIA, ville de la Rhétie, au nord-ouest de *Cepasiæ*, & à peu de distance sur la droite du fleuve *Plavis*.

FENECTANI CAMPI. Selon Tite-Live, les Romains remportèrent une victoire sur les Latins *in Fenectanis Campis*, ou *Senectanis*.

FENNI. Tacite se sert de ce nom pour désigner des nations septentrionales de l'Europe, qu'il veut distinguer des nations germaniques & sarmatiques. Il comprenoit sous ce nom, non-seulement les peuples de la Finlande, de l'Estionie, de la Livonie, &

& de la Lithuanie, mais aussi qui sont placés plus au nord & au nord-est.

FENUCLETENSIS, siège épiscopal d'Afrique, dans la Mauritanie césarienne, selon la notice d'Afrique.

FERADIMAIENSIS, siège épiscopal d'Afrique, dans la Bisacène, selon la notice épiscopale d'Afrique.

FERADITANA, nom de deux sièges épiscopaux de l'Afrique, dans la Bisacène, selon les actes de la conférence de Carthage, où ils sont distingués par les noms de grande & de petite.

FERENTA, *ou* FERENTINUM, ville de l'Italie, dans la Pouille peucétienne, selon Diodore de Sicile.

FERENTANI, *ou* FERENTINI, peuple de l'Italie, dans la Pouille peucétienne. C'étoit les habitans de la ville de *Ferenta*, que Tite-Live nomme *Ferentani*.

FERENTINATES, nom que Pline donne aux habitans de *Ferentinum*, dans le *Latium*.

FERENTINUM, *ou* FERENTIUM, bourg de l'Italie, dans le *Latium*. La table de Peutinger le marque à sept milles d'*Anagnia*, & à quatre de *Fabrateria*.

Cette place étoit d'abord aux *Hernici*; & comme elle ne se mêla point de la guerre que ce peuple fit aux Romains, lorsqu'ils s'en rendirent maîtres, ils laissèrent aux habitans la liberté de se gouverner par leurs propres loix. Les triumvirs y envoyèrent une colonie sous le consulat de L. Cornélius Merula & de Q. Minucius Thermus. C'est aujourd'hui *Ferentino*.

FERENTINUM, bourg de l'Italie, dans l'Etrurie, selon Pline & Suétone. Ce dernier dit que la famille d'Othon étoit originaire de ce lieu. Ptolemée le nomme *Municipium Ferentii*; & Frontin dit *Colonia Ferentinensis*. Il en reste quelques ruines auprès de *Monte Fiascone*.

FERESNE, lieu de la Gaule, indiqué par la table de Peutinger. M. d'Anville l'a placé au nord-est de *Tungri*. Il croit qu'il doit avoir existé où est actuellement Reckem.

FERINUS SINUS, golfe de l'Inde, sur la côte occidentale du *Magnus Sinus*, selon Ptolemée. Il étoit au nord du *Satirorum Promontorium*.

FERITOR, rivière de l'Italie, dans la Ligurie, selon Pline. Le P. Hardouin croit que c'est la rivière de *Lavagna*.

FERONIÆ LUCUS, au sud-ouest de *Forum Clodii*, & à quelque distance au sud-est de *Luna*.

FERONIÆ FANUM, *ou* LUCUS, bois & temple de Féronie, en Italie, dans le territoire de Capène, entre les Véiens & le Tibre, selon Tite-Live. Il raconte que les habitans de Capène & ceux des environs y alloient porter les prémices de leurs fruits, & y consacrer des offrandes à proportion de leurs biens; ce qui l'avoit enrichi de beaucoup de dons en or & en argent. Annibal le ravagea & en emporta toutes les richesses.

FERONIÆ LUCUS, lieu d'Italie, dans le Latium, sur la voie appienne, à trois milles en-deçà de la ville de *Tenarima*, entre cette ville & *Fundi*. Il y avoit en ce lieu un temple de la déesse appelée *Feronia*, lequel avoit été bâti, selon Denys d'Halicarnasse, par des Lacédémoniens. Il y avoit aussi de l'eau que l'on regardoit apparemment comme très-pure.

FERRARIA, bourg situé le long de la côte orientale de l'île de Sardaigne, selon l'itinéraire d'Antonin.

FERRARIA, promontoire de l'Hispanie, dans le golfe *Sucronensis* (de Valence), vis-à-vis de l'île d'Ebuse, selon Pomponius Méla.

FERRATUS MONS (*Jurjura*), montagne de la partie orientale de la Mauritanie césarienne, de laquelle il est fait mention dans la table de Peutinger. Il la met entre Ruscurium & Saldis.

FERREA PORTA. Hégésippe, cité par Ortélius, dit qu'Alexandre mit une porte de fer à un endroit escarpé du mont Taurus. Ortélius pense que c'est Derbent.

FESCENNIA, ville de l'Italie, dans l'Etrurie, au-dessus de Falère, selon Pline.

FESSEITANUS, siège épiscopal d'Afrique, dans la Numidie, selon la notice d'Afrique.

FESTA & FALACRON, nom de deux îles, selon l'itinéraire d'Antonin, où elles sont marquées entre la Sicile & l'Afrique.

FESULÆ, *ou* FESULES (*Fiezoli*), ville de l'Etrurie, au nord-est de *Florentia*. C'étoit une des plus anciennes villes de l'Etrurie. On prétend que ce fut de cette ville que les Augures passèrent à Rome. Catilina, lors de sa conjuration, s'en étoit fait une place d'armes.

Les Goths, entrés en Italie, sous le consulat de Stilicon & d'Aurélian, l'an de J. C. 400, furent défaits près de cette ville. Elle tomba cependant en leur pouvoir; mais Bélisaire la reprit pour l'empereur Justinien, l'an 539.

Silius Italicus rapporte que la science de connoître les présages donnés par le tonnerre, étoit exercée par les Etrusques, & principalement par les habitans de *Fesulæ*.

F I

FIARASUM, ville de l'Asie, dans la Cappadoce, selon l'itinéraire d'Antonin.

FIBRENUS, fleuve de l'Italie, dans le Latium, selon Cluvier. Il se rendoit dans le *Liris* par la gauche.

FIBULARENSES. Pline dit que c'étoit le surnom du peuple *Calaguritani* en Hispanie.

FICANA, ville de l'Italie, dans le *Latium*. Tite-Live dit qu'elle fut prise sous le règne d'Ancus, &

Pline la compte au nombre des villes du *Latium*, qui ne subsistoient plus de son temps.

FICARIA, île que Ptolemée & Pline placent sur la côte de celle de Sardaigne. Cluvier croit qu'elle est nommée aujourd'hui *Coltelazo*.

FICHOLA, PHICHOLA, *ou* PICHOLA, village de la Palestine, selon Joseph.

FICULEA, ville d'Italie, dans l'ancien Latium, c'est-à-dire, qu'elle faisoit partie des villes latines, bâties sur le territoire des Sabins. On voit, par un passage de Tite-Live, qu'elle avoit donné son nom à la voie qui y conduisoit de Rome, & qui prit ensuite le nom de *voie nomentane*. Sur cette même voie, au douzième mille, M. Chauppy a retrouvé des ruines, non d'un amphithéâtre, comme le présume Cluvier, mais d'une ville, puisque l'on voit encore les vestiges des tours qui la flanquoient. Cette position met Ficulea peu loin de *Nomentum*, & l'on voit en effet, par une épigramme de Martial, qu'à *Ficulea* il se dit voisin d'un habitant du territoire de *Nomentum*.

FICULNEATES, nom des habitans de *Ficulnea*, ville du *Latium*. Ils sont nommés *Ficolenses* par Pline.

FICUNDA, village de l'Italie, aux environs de Ravenne. On dit que c'est où le tyran Maurice fut pris & tué.

FICUS, *ou* AD FICUM, lieu de l'Afrique, dans la Mauritanie sitifensis, sur la route de *Sitifi* à *Saldæ*. Ce lieu est marqué à quinze mille pas de *Basilica*, & à trente-trois mille pas d'*Igilgili*, dans l'itinéraire d'Antonin. Il devint siège épiscopal.

FIDENÆ & FIDENA, ville d'Italie, sur le Tibre, au nord de Rome, & au sud de Véïes. Cette ville étoit fondée sur le territoire des Sabins, mais par une colonie d'Albe. Elle doit donc être regardée comme une ville latine; aussi les anciens désignoient-ils son territoire & celui de quelques autres villes de ce même côté, sous le nom d'*ancien Latium*. Fidènes se trouvoit au sixième mille sur la voie Salaire. Comme cet ancien sixième mille répond au cinquième actuel, c'est-là que l'on trouve encore des vestiges de Fidènes, consistant entre autres dans un amphithéâtre taillé dans le roc.

Il est probable que cette ville étoit déjà puissante lors de la fondation de Rome, puisqu'elle soutint la guerre assez long-temps contre elle. Dès l'an 17 de Rome, les Fidenates furent en armes contre les Romains, & ils combattirent à-peu-près l'espace de 312 ans, c'est-à-dire, jusqu'à l'an 327, qu'ils furent soumis par le dictateur Emilius Mamercus.

Le nom de Fidènes est encore célèbre par l'accident affreux qui y arriva sous le règne de Tibère. Selon Tacite, dans ses annales, un certain Atilius, affranchi, voulant donner à son profit un combat de gladiateurs, fit construire à Fidènes un amphithéâtre très-vaste; il devoit contenir plus de cinquante mille spectateurs: mais, construit avec une économie sordide, il ne put soutenir leur poids, & s'écroula tout-à-coup. Tacite peint de la manière la plus énergique le malheur de cette multitude. Il ajoute que le nombre des morts & des blessés fut de cinquante mille.

FIDENTIA (*Borgo di San Donnino*), ville de la Gaule cispadane, au sud-est. Ce fut près de cette ville, qui étoit considérable, que les troupes de Carbon furent taillées en pièces par celles de Sylla.

FIDOLOMENSIS, siège épiscopal d'Afrique, dans la Mauritanie césarienne, selon la notice des évêchés d'Afrique.

FIGLINÆ, ville de la Gaule narbonnoise, selon l'itinéraire d'Antonin, où elle est marquée entre Valence & Vienne.

FIGLINÆ, ville de la Gaule, dans la province viennoise, chez les *Allobroges*, sur la gauche du Rhône.

FIGULNENSIS PORTA, nom de l'une des portes de la ville de Rome, selon Ortélius. Elle étoit aussi nommée *Viminalis*. C'est aujourd'hui la *porte de sainte Agnès*.

FILACENSIS, siège épiscopal d'Afrique, dans la Bisacène, selon la conférence de Carthage.

FILÆ, lieu de l'Egypte, dans la Thébaïde, selon l'itinéraire d'Antonin.

FILOMUSIACUM, lieu de la Gaule, dans la Grande-Séquanoise, entre *Vesontio*, au nord-ouest, & *Ariolica*, au sud-est. M. d'Anville croit qu'il existoit dans le lieu appelé actuellement *Mailloc*.

FINES (1) (*Oppède*), ville de la Gaule narbonnoise, à six milles à l'ouest-sud-ouest d'*Apta Julia*.

FINES, chez les Turdétans, au sud-est de *Pax Julia*.

FINES, sur la côte des Laletans, au sud-ouest de *Bareino*.

FINES, au sud-est de *Vicentia*, en Italie.

FINES, sur la *Duria Minor*, à l'ouest d'*Augusta Taurinorum*.

FINES, au sud de *Spoletium*, en Italie, dans l'Ombrie.

N. B. J'ai indiqué les *Fines* ci-dessus, seulement comme des exemples de ce que j'ai dit dans la note sur le premier article de ce nom.

FIRMA, *ou* AUGUSTA FIRMA. C'étoit un des surnoms d'*Astygis*, ville de l'Hispanie.

FINNINGIA, contrée septentrionale de l'Europe, au-delà de la mer Baltique. C'est actuellement la Finlande.

FIRMANUM CASTELLUM, château sur le bord de la mer, dans le *Picenum*. Il dépendoit de la ville de *Firmum*, & c'étoit où l'on retiroit les vaisseaux, puisque Strabon le nomme ἐπίνειον.

(1) Les Romains nommoient ainsi un lieu, &, je crois, souvent un seul point où l'on plaçoit une colonne milliaire, sur les limites d'une province ou d'un peuple. Il s'en trouvoit en Gaule, en Italie, &c.

FIRMUM (*Fermo*), ville d'Italie, dans le *Picenium*, presque au sud de *Potentia*. Elle étoit située à quelque distance de la mer. On voit qu'au commencement de la guerre punique, les Romains s'assurèrent de cette place en y envoyant une colonie; & dans le cours de cette guerre elle envoya du secours aux Romains contre Annibal. De nouvelles colonies y furent envoyées dans la suite par les empereurs.

Cette ville fut prise par Totila, en 544.

Firmum étoit la patrie de Lactance, qui en avoit pris le surnom de *Firmianus*.

Cette ville est nommée par Pline *Firmanorum Castellum*.

FISCELLUS MONS (*Monte Fiscello*), montagne de l'Italie, entre le pays des Sabins & le *Picenum*. Le Nar y a sa source, selon Pline.

FISERA (*Figeri*, ou *Ficari*), ville de Corse, selon Ptolemée.

FISSANENSIS, siège épiscopal d'Afrique, dans la Numidie, selon les actes de la conférence de Carthage.

FISSENIA, ville de l'Asie, dans la Mésopotamie, sur le fleuve Basile ou Royal, vers la Babylonie, selon Zozime, cité par Ortélius.

F L

FLAMINII FORUM, ville de l'Italie, dans l'Ombrie. Elle étoit à quelque distance au sud de *Nuceria*, & très-près au nord de *Fulginium*.

FLAMMONA, FLANONA, *ou* FLAVONA. Selon les divers exemplaires de Ptolemée, ville de l'Illyrie, sur la mer Adriatique. Pline dit *Flanona*.

FLAMONENSES VANIENSES, peuple de l'Italie, selon Pline, qui le place vers le fond du golfe Adriatique.

FLAMONIA, ville de l'Italie, dans la Vénétie, au nord-est de *Vedinum*.

FLANATES, peuple de l'Illyrie, selon Pline, qui dit qu'il donnoit son nom à un golfe voisin. Ce peuple étoit ainsi nommé de sa ville, qui étoit *Flanona*, ou *Flammona*.

FLANATICUS SINUS (*golfe de Carnero*), golfe de l'Illyrie, selon Pline. Il prenoit ce nom du peuple *Flanates*.

FLAVIA (*Fraga*), ville de l'Hispanie, dans la Tarragonnoise, au pays des Ilergètes, selon Ptolemée.

FLAVIA, nom d'une ville de la Palestine, dans la Samarie. S. Justin, dans ses épîtres, nomme ainsi la ville où il étoit né.

On croit que c'est aujourd'hui Naplouse.

FLAVIA ÆDUORUM, ville des Séquaniens. Ortélius dit que quelques auteurs croient que c'est aujourd'hui *Flavigni*, & d'autres *Autun*.

FLAVIA AUGUSTA. Ortélius rapporte que la ville de *Pouzole*, au royaume de Naples, a autrefois porté ce nom.

FLAVIA CÆSAREA AUGUSTA FELIX (*Caisar*) Ortélius dit que ce fut l'empereur Vespasien qui fit prendre le nom de *Flavia Colonia* à la ville de *Césarée* de Palestine.

FLAVIA CÆSARIENSIS, nom d'une contrée de l'île d'Albion.

FLAVIA CONSTANTIA (*Coutances*), ville de la Gaule, ainsi nommée dans le livre des notices de l'empire.

FLAVIA FIRMA SURA. Le livre des notices de l'empire nomme ainsi *Sura*, ville de l'Asie, dans la Syrie, sur le bord de l'Euphrate.

FLAVIA LAMBRIS, nom d'une ville de l'Hispanie, dans la Tarragonnoise, selon Ptolemée, qui la met comme l'unique place du territoire des Bædiens. Elle est nommée *Lambriaca* par Pomponius Méla.

FLAVIANA. Le livre des notices de l'empire nomme ainsi une ville de la Scythie.

FLAVIANA, ville de la première Mœsie, selon le livre des notices de l'empire.

FLAVINIUM, FLAVINIA ARVA, lieu de l'Italie, selon Virgile. On croit que c'est le même lieu que Silius Italicus nomme *Flavina*, & qu'il place dans l'Etrurie.

FLAVIOBRIGA (*Vermeo*, ou *Bermeo*), ville & colonie de l'Hispanie, dans la Tarragonnoise, selon Ptolemée. Elle étoit située sur la côte, au fond d'un petit golfe, dans le pays des Autrigons. Pline dit que cette ville avoit aussi été nommée *Amanum Portus*.

FLAVIONAVIA (*Avilès*), ville de l'Hispanie citérieure, & la principale du peuple *Pæsici*. On n'en connoît que le nom.

FLAVIONAVIA, FLAVION-AVIA, *ou* FLAVIUM, ville de l'Hispanie, dans la Tarragonnoise, au territoire des Pæsiques, selon Ptolemée. Elle étoit située sur le bord de la mer, dans le pays des Cantabres. On croit que c'est aujourd'hui *Santander*.

FLAVIOPOLIS, ville & colonie de la Thrace, dans la Cænique, selon Pline, qui dit qu'elle avoit succédé à l'ancienne *Zela*, & qu'elle n'étoit pas éloignée de *Bizya*. Son nouveau nom lui venoit de Vespasien & de Titus, qui étoient de la famille flavienne.

FLAVIOPOLIS, ville de l'Asie, dans la Bithynie. Il en est parlé par Ptolemée. Cette ville a aussi porté les noms de *Cratea* & de *Cratia*. Dans les notices ecclésiastiques, elle est placée dans l'Honoriade, sous le patriarchat de Constantinople.

FLAVIOPOLIS, ville de l'Asie, dans la Cilicie. Elle étoit située au pied du mont Taurus, & assez près des sources du *Calycadnus*. Elle est nommée *Flavias* dans la notice de Hiéroclès, & c'est vraifemblablement la même qui eft appelée *Flaviada* dans l'itinéraire d'Antonin, où elle eft marquée fur la route de Céfarée de Cappadoce à Anazarbe.

FLAVIUM ARVENSE, nom d'un lieu de l'Hifpanie, felon Ortélius, qui dit que le nom moderne eft *Alcolea*.

Flavium Brigantium, la même que *Brigantium*. *Voyez* ce mot.

Flavium Ebusum, ville confidérable de la Gaule narbonnoife, qui étoit fituée à deux milles de Rufcino, felon une infcription publiée par M. de Marca, dans laquelle cette ville a le titre de municipe.

Flavium Interamnum, lieu de l'Hifpanie, que l'on croit être à préfent nommé *Ponsferrada*.

Flavium Laminitanum, nom d'un lieu municipal de l'Hifpanie. On croit que c'eft aujourd'hui *Alhambra* dans la nouvelle Caftille.

Flavium Salpesanum, ville de l'Hifpanie, dans la Bétique.

Flavium Solvense, ville de la Norique, felon Pline. Le P. Hardouin croit que c'eft *Soltfeldt*, près de Clagenfurt.

Flavium Vivitanum, petite ville de l'Hifpanie, dans la Bétique.

On croit que le village nommé *Ermita de los Palacios* occupe fa place, au pied de la Sierra Morena, à fept lieues de Baeça.

FLENIUM, lieu de la Gaule, chez les Bataves, fur la route qui conduifoit de *Lugdunum Batavorum* à *Noviomagus*. Il étoit fur la *Mofa*, précifément au fud de la première de ces deux villes.

FLETIO, lieu de la Gaule, chez les Bataves, à peu de diftance à l'oueft de *Trajectum*. C'eft actuellement, felon M. d'Anville, le lieu appelé *Vleuten*, ou *Fleuten*.

FLEVO, île que Pomponius Méla met dans le canal droit du Rhin, vers le lieu où cette rivière forme un grand lac. On foupçonne, avec beaucoup de vraifemblance, que cette île étoit au milieu du lac de même nom. *Voyez* ci-après.

Flevo Lacus (*le Zuiderzée*). On trouve un lac indiqué au nord de l'île des Bataves, & dans la partie du pays que l'on appeloit *Germanie*, où habitoient les *Frifii*. Ce lac, que quelques auteurs croient s'être formé au temps où Drufus conftruifit le canal qui établiffoit la communication entre le Rhin & l'Océan en remontant vers le nord, avoit probablement pour caufe première des terreins bas & des marais. On fait que, depuis que la mer s'étant jetée fur les terres qui étoient au nord de ce lac, il en eft réfulté une fort grande étendue d'eau que les Hollandois appellent *mer du Sud* ou *Zuiderzée*, par oppofition à la portion de mer que l'on nomme *mer du Nord*.

FLEVUM OSTIUM. Les anciens nommoient ainfi le débouquement par lequel le Rhin fortant du lac *Flevo*, alloit fe perdre dans l'Océan. *Pline*.

FLEVUS FLUVIUS, nom que prenoit le Rhin depuis le lac *Flevo* jufqu'à la mer.

FLEXUM, ville de la haute Pannonie. Ptolemée écrit *Phlexum*.

FLORENTIA, au fud-eft de *Placentia* (*Florence*, Italie, *Fiorenza*). Cette ville, fituée fur l'Arno, à l'eft de Pifæ, ne paroît pas avoir appartenu aux anciens *Etrufci*. Gaudentius Merula (*L. III*, *ant. Gal. cis. c. 14*), & plufieurs autres après lui, en font remonter la fondation au temps de la profcription de Sylla. Cependant il paroît par Pline, qu'elle étoit déjà célèbre (*L. XXXV*, *c. 3*). Laurentius Vella prétend qu'elle fut fondée par les habitans de la petite ville de Fæfulæ. Lorfqu'elle devint colonie romaine, felon Frontin, elle jouit de tous les avantages accordés par la loi Julia.

Dans les guerres qui occafionnèrent & fuivirent la chûte de l'empire, les Florentins vainquirent les Goths & repouffèrent Totila en 454. Plus de fix ans après, ils détruifirent Fæfulæ par jaloufie, & traitèrent de même fucceffivement Arretium & Pife en 1170 & 1406. Enfin, les Médicis y ayant acquis une grande puiffance, Cofme I s'honora, en 1570, du titre de grand-duc de Tofcane.

FLORENTIA (*Fiorenzuola*), ville de la Gaule cifpadane, au fud-eft. Elle eft affez peu connue, quant à fon origine & au rang qu'elle occupoit. Elle appartenoit aux *Amuni*, & étoit fituée au fud-eft de *Placentia*.

FLORENTIOLA, ville de l'Italie, dans l'Emilie, felon l'itinéraire d'Antonin.

Florentiola, ville de l'Italie, dans la Gaule cifalpine, & en-deçà du Pô par rapport aux Romains.

FLORIANA, ville de la baffe-Pannonie, felon l'itinéraire d'Antonin.

FLORIANENSIS, fiège épifcopal d'Afrique, dans la Mauritanie céfarienne, felon la notice épifcopale d'Afrique.

FLORIUS (*Rio Lazero*), rivière de l'Hifpanie, felon Pline.

FLUCTUS PASSERIS, lieu de l'Italie, dans la Campanie. Martial en fait mention dans fes épigrammes.

FLUMEN-PISCENSIS, fiège épifcopal d'Afrique, dans la Mauritanie fitifenfis, felon la notice des évêchés de cette province.

Flumen Salsum. Ce fleuve eft nommé dans Pline. Mais on ne doit pas en faire, comme le P. Hardouin, le Gehon du paradis terreftre. Ce devoit être une des branches de l'Euphrate à fon embouchure. M. d'Anville crut qu'il répondoit au canal que l'on peut appeler de Bahrain, & qui forme l'efpèce d'île appelée *Gezirat-Khader*.

Flumen-Zeritanus, fiège épifcopal d'Afrique, dans la Mauritanie céfarienne, felon la notice des évêchés de cette province.

FLUMENTANA-PORTA (*Porta del Popolo*), nom d'une porte de la ville de Rome, selon Festus, qui dit qu'elle fut ainsi appelée, parce qu'un bras du Tibre passoit autrefois, dit-on, en cet endroit.

FLUSOR, fleuve de l'Italie, dans le *Picenum*.

F O

FOCE, *ou* PHOCÆ. Selon les divers exemplaires de l'itinéraire maritime d'Antonin, île de la mer Egée.

FOCUNATES, nom d'un peuple des Alpes, selon Pline.

FONS ÆTHIOPIS, fontaine de la Palestine, au pied de la montagne sur laquelle étoit située la ville de Bethsur, selon Eusèbe. On voit dans les Actes des Apôtres, que c'est où l'Ethiopien, eunuque de la reine de Candace, fut baptisé par le diacre Philippe.

FONS ELISEI, nom d'une fontaine qui coule dans la campagne de Jéricho & va tomber dans le Jourdain. C'est celle dont les eaux furent adoucies par Elisée. Joseph en fait mention.

FONS AGAR, fontaine de la Palestine, au midi de Bersabée. C'est celle que l'ange découvrit à Agar, lorsqu'elle erroit dans la solitude.

FONS DRACONIS, fontaine de la Palestine, vraisemblablement à l'orient de Jérusalem. Il en est parlé au second livre d'Esdras.

FONS JOVIS, ou *la fontaine de Jupiter*, fontaine de l'Epire, auprès de Dodone. Pline lui attribue la propriété d'allumer les flambeaux éteints, & d'éteindre les flambeaux allumés.

FONS SIGNATUS, lieu de la Palestine.

FONS SOLIS, Κρήνη Ἡλίου. Cette fontaine n'est connue que par Hérodote (*L. IV, c. 81*). Selon cet historien, l'eau en étoit tiède au point du jour, fraîche à l'heure du marché, & très-froide à midi. A mesure que le jour baissoit, elle devenoit moins froide jusqu'au coucher du soleil, qu'elle étoit tiède. Elle s'échauffoit ensuite de plus en plus, & bouilloit enfin à gros bouillons au milieu de la nuit. On sent que cet exposé auroit besoin d'être rectifié d'après des connoissances exactes d'histoire naturelle.

FONS SAMSON, fontaine de la Palestine, dans la tribu de Dan, près du lieu nommé *Lechi*. Glycas en fait mention.

FONS TUNGRORUM. Pline, en parlant de la cité des *Tungri*, dit : *fontem habet insignem plurimis bullis stillantem, fervidi saporis, &c.* On croit que cette description désigne les eaux de Spa.

FONTES JUNONIS, lieu de l'Italie, dans la Vénétie, à l'est de *Verona*.

FORANUM. Dans le moyen âge, selon Ortélius, c'étoit une ville de l'Italie, dans l'Etrurie. Il en est fait mention dans l'édit du roi Didier.

FORATH, ville de la Susiane, sur le bord du *Pasitigris*, & dans la dépendance du roi de Charax, selon Pline.

Cette ville étoit située vers le 30e deg. 15 min. de latitude.

FORATIANENSIS, nom d'un siège épiscopal d'Afrique, dans la Bysacène, selon la notice épiscopale d'Afrique.

FORENTUM, petit lieu de l'Italie, dans l'Apulie, près du mont *Vultur*, au nord d'*Acherontia*.

FORMIÆ, ville de l'Italie, dans le Latium, au nord de *Cajeta*, & à l'ouest de *Minturna*. Une opinion accréditée, mais dénuée de toute critique, lui donnoit pour fondateurs les Lestrigons, peuples féroces & sauvages, qui ne songeoient guère à construire des villes. Ce que l'on en sait de plus certain, c'est qu'au temps des Romains, elle étoit assez considérable. C'est cette ville qu'Horace, dans son voyage de *Brundusium*, appelle *Mamurrarum Urbs*, c'est-à-dire, ville de la famille de Mamurra, qui étoit fort considérée de son temps.

Cicéron avoit près de cette ville une maison de campagne qu'il appeloit son *Formianum*. Il paroît, par ses écrits, qu'il y étoit visité, non-seulement par les habitans de Formies, mais de plus par deux voisins incommodes qui l'assiégeoient, en quelque sorte, par leurs longues & fréquentes visites. Il paroît aussi qu'il regrettoit bien le temps que ces importuns lui faisoient perdre. Ce fut près de cette maison, & cherchant à gagner la mer, que ce grand homme fut indignement assassiné par les émissaires d'Antoine. Popilius lui coupa la tête, qu'il avoit avancée de lui-même hors de la litière.

On voit encore des restes de cette maison, qui devoit être fort étendue. M. l'abbé Chauppy a retrouvé, sur une petite voie qui conduisoit à la mer, un monument qui ne lui laisse aucun lieu de douter que ce fut en ce lieu que Cicéron fût si lâchement assassiné.

FORNULUS, ville de l'Italie, dans la Vénétie, au nord-est d'*Aquileïa*.

FORNUO, fleuve de l'Italie.

FOROBRENTANI, peuple de l'Italie, selon Pline, qui le place dans l'Ombrie.

FORONTONIANENSIS, siège épiscopal d'Afrique, dans la Bysacène, selon la notice d'Afrique.

FORTIANENSIS, siège épiscopal d'Afrique, dans la Bysacène, selon la notice épiscopale d'Afrique.

FORULI, ville des Sabins, dont il est parlé dans Virgile. Selon Strabon, cette ville étoit bâtie sur le rocher, & bien plus propre à servir de retraite dans une révolte, que d'un séjour habituel pour des citadins. On a cherché où pouvoit avoir existé cette ville. Cluvier nioit que ce pût être où est aujourd'hui Civita Thomussa : cependant M. l'abbé Chauppy croit qu'elle a dû être en ce lieu, & trouve les raisons de Cluvier très-insuffisantes. Seulement il pense que la ville ancienne étoit sur la montagne, au lieu que la ville moderne est dans la plaine.

FORUM ADRIANI (*Voorbourg*). Ce lieu se trouvoit dans l'île des Bataves, vers le sud-ouest de *Lugdunum Batavorum*. On sait que par le terme de *Forum* il faut bien plutôt entendre un marché qu'un château. Il n'est donc pas étonnant que l'empereur Adrien, qui cherchoit à rendre le commerce florissant dans la Grande-Bretagne, songeât à établir vers la mer des marchés pour y attirer les négocians. Marc-Aurèle & Lucius Vérus, ses successeurs, firent des chemins pour faciliter le transport des marchandises. On a trouvé dans ce lieu beaucoup de vestiges du séjour qu'y firent les Romains.

FORUM ALIENI (*Ferrare*), ville de la Gaule cispadane, habitée par les Lingons. Elle paroît avoir porté d'abord le nom de *Trigaboli*. Elle prit celui de *Forum Alieni* du romain Aliènus ou Alliénus, qui la fit réparer. Au temps des exarques de Ravenne, elle étoit peu considérable, lorsque Smaragdus (deuxième exarque en 584), la fit ntourer de murailles. Elle paroît avoir été la capitale de Lingons; cependant, le P. Briet leur donne pour capitale *Forum Cornelii*, qui étoit plus au sud.

De cette ville, on alloit se rendre à la mer sous le nom de *Volana*.

FORUM APPII, ville d'Italie, dans le Latium, sur la voie Appienne, au quarante-troisième mille de Rome. L'itinéraire de Jérusalem indique qu'il y avoit sept milles de ce lieu à un autre que l'on trouvoit auparavant sous le nom d'*Ad Sponsas*; & l'itinéraire d'Antonin le place à dix-huit du lieu nommé *Ad Tabernas*.

Il y avoit une voie qui se détachoit sur la gauche pour aller à *Setia*. Cette ville avoit été bâtie par le célèbre Appius, auteur de la voie : il n'en reste plus que des vestiges, déjà fort avancés dans les marais Pomptins.

FORUM ARCHIMONII, nom d'un lieu de la ville de Rome, selon Publius Victor.

FORUM AUGUSTI, lieu dans le voisinage de la ville de Rome, selon Publius Victor.

FORUM AUGUSTUM, ou FORUM AUGUSTI, nom d'un lieu dans la ville de Rome, selon Ovide.

FORUM AURELII, ville de l'Italie, dans l'Étrurie, entre *Centumcellæ* & *Cosa*, sur la côte près de Gravisca, selon l'itinéraire d'Antonin. Elle est entièrement détruite.

FORUM BIBALORUM, ville de l'Hispanie, dans la Tarragonnoise. On croit que c'est aujourd'hui *Fomillan*.

FORUM BOARIUM, lieu de la ville de Rôme, entre la place & le Tibre, selon Publius Victor.

FORUM CÆSARIS, lieu où est le portique de Faustine, près la place de Rome. Ovide en fait mention.

FORUM CERAMORUM, ville considérable de l'Asie, & la dernière de la Mysie, à douze parasanges de Peltes. Cyrus fut, de cette dernière, en deux jours au *Forum*; c'est la même que *Ceramorum Forum*.

FORUM CALVISII (*Calvisano*), ville de l'Italie, dans la Gaule cisalpine, au canton des *Cenomanes*.

FORUM CASSII (*S. Maria Forcassi*), ville de l'Italie, dans l'Etrurie, entre *Tarquinii*, à l'ouest, & *Falerii*, à l'est.

FORUM CLAUDII, ville de l'Italie, dans la Campanie.

FORUM CLAUDII (*Oriolo*), ville maritime de l'Italie, dans l'Etrurie, au sud-est de *Carara*.

FORUM CLAUDII, ville de la Gaule, dans la province des Alpes, au pays des Centrons. C'étoit la capitale des *Centrones*; & un petit lieu porte encore le nom de *Centron*.

FORUM CORNELII (*Imola*), ville de la Gaule cispadane, à l'ouest de Ravenne, & au sud-est de Bologne. Elle dut son nom & son origine à Cornélius Sylla. Il ne paroît pas qu'elle ait été bien considérable. On rapporte qu'elle fut détruite par Antiochus, l'un des commandans de l'armée de Narsès.

FORUM DECII, ville d'Italie, dans le pays des Sabins, & dont Pline fait mention. Il paroît que ce fut à cause de son ancienneté que l'on bâtit le *Forum Novum*, dont le nom indique quelque rapport avec un nom plus ancien. M. l'abbé Chauppy pense que ce bourg étoit vers le bourg actuel de Furano.

FORUM DIUGUNTORUM, ou JUTUNTORUM (*Crema*), ville de l'Insubrie, selon Ptolemée. Elle étoit de la Gaule transpadane, au sud de *Bergomum*.

FORUM DOMITII, ville de la Gaule narbonnoise.

FORUM EGURRORUM, ville de l'Hispanie, dans la Tarragonnoise. Elle étoit située sur le *Silus*, au pays des *Astures*, à l'ouest d'*Asturica*. On croit que c'est aujourd'hui *Medina de Rio Seco*.

FORUM FLAMINII, ville d'Italie, vers le sud-ouest de *Nuceria*, la même que *Flaminii Forum*.

FORUM FULVII, ou VALENTINUM, ville de l'Italie, dans l'intérieur de la Ligurie. Elle étoit située sur le *Padus*, au nord-ouest de *Dertona*.

On croit que c'est Valence, dans le duché de Milan.

FORUM GALLORUM (*Castel Franco*), petite ville de la Gaule cisalpine, dans l'Emilie, au sud-est de *Mutina*.

FORUM GALLORUM, ville de l'Hispanie, dans la Tarragonnoise, au pays des *Vascones*, au nord-ouest d'*Osca*.

FORUM HADRIANI, lieu de la Gaule, indiqué sur la table de Peutinger. Il est au sud-ouest de *Lugdunum Batavorum*. La distance, à la vérité, n'est pas marquée dans la table; mais M. d'Anville croit retrouver cette position dans celle du lieu nommé aujourd'hui *Voor-Burg*.

FORUM JULII (*Ciudad di Friuli*), ville de la Cardie, au sud-est. Cette ville prit son nom de Jules-César, qui y envoya une colonie : elle est d'ailleurs peu connue.

Lorsque les Avares, ou Abares, s'avancèrent vers cette portion de l'Italie, sous le règne d'Héraclius, l'an 611, Romilde, veuve du comte de Gisulf, qui venoit de périr en combattant contre eux, séduite par la bonne mine du kan, lui ouvrit la porte de la ville : elle en fut cruellement punie. Le barbare lui avoit promis de l'épouser; il tint parole; mais le lendemain il la fit empaler d'une manière bien affreuse, en lui disant : *voilà l'époux qui convient aux femmes comme toi.* Cette invasion des Avares fut rapide & de peu de durée.

FORUM JULII (*Fréjus*), ville située sur la côte de la Gaule narbonnoise, à l'ouest de l'île de *Lero*. Le territoire de cette ville devoit être compris dans celui des *Suelteri*; & il y a apparence que *Forum Julii* subsistoit avant la conquête de la province. César, vraisemblablement, n'en fut que le restaurateur. Il y fit bâtir des maisons, & commença le port, qui ne fut achevé que sous Auguste, quand cet empereur y eût envoyé une colonie de soldats de la huitième légion; car il vouloit faire de cet endroit une ville considérable. De-là vient que Pline appelle Fréjus *Octavanorum Colonia.*

On peut regarder Auguste comme le véritable fondateur de la ville de Fréjus. Après le port, le monument le plus considérable de sa magnificence étoit l'aqueduc, dont on voit encore des vestiges superbes. Il avoit sept lieues de long; & en certains endroits, les pilastres qui subsistent encore, sont éloignés de quarante-trois pieds l'un de l'autre. Les bains avoient trente-une toises de long & quinze de large. Entre ces bains & un mur bâti au nord, on avoit ménagé un espace où la jeunesse s'exerçoit à différens jeux. À cinq cens pas de la ville, du côté de la mer, on voit les restes d'un palais antique nommé le *panthéon.* Il y avoit aussi un théâtre & un amphithéâtre. Parmi les débris de tous ces anciens édifices, on trouve une grande quantité de pierres volcanisées, dont plusieurs ressemblent parfaitement aux laves du Vésuve. Ce qui fait dire à l'auteur de l'histoire générale de la Provence, qu'il faut donc qu'il y ait eu quelque ancien volcan au voisinage de Fréjus, & vraisemblablement du côté de la montagne.

Auguste entretenoit une flotte dans le port de cette ville, pour protéger le commerce & les côtes de Provence (1). Quelques-uns de ses successeurs imitèrent son exemple; mais les troubles qui survinrent occupèrent leurs forces ailleurs. Insensiblement ce port cessa d'être considérable.

(1) On a trouvé à Fréjus une inscription, où il est parlé d'un affranchi de l'impératrice Livie nommé Anthucs, qui étoit commandant d'un trirème ou d'une galère à trois rangs de rames.

FORUM LEBUORUM, *ou* LIBICORUM, ville de l'Italie, dans la Gaule cisalpine, dans le pays des Insubres. On croit que c'est aujourd'hui *Borgo Lavizaro*, dans le duché de Milan.

FORUM LEPIDI (*Regio*), ville de l'Italie, dans la Gaule cisalpine.

FORUM LICINII (*Pieve d'Incino*), ville de l'Italie, dans la Gaule transpadane, dans le canton qu'occupoient les *Orobii.*

FORUM LIGNEUM, lieu de la Gaule, dans l'Aquitaine. Ce lieu étoit dans les Pyrénées, sur la route qui conduisoit de *Cæsar Augusta* à *Beneharnum.* M. d'Anville croit en retrouver la position dans celle du lieu nommé actuellement *Urdos.*

FORUM LIMICORUM (*Ponte de Lima*), ville de l'Hispanie, dans la Tarragonnoise, au pays des *Callaïci Braccarii.* Elle étoit située sur le *Limia.*

FORUM LIVII (*Forli*), ville de la Gaule cispadane, au sud-est. Elle devoit sa fondation à Livius Salinator, peu après la défaite d'Asdrubal, qui fut battu dans un lieu très-près de celui où fut bâtie la ville.

Ce fut dans cette ville, selon Jordanès, nommé vulgairement Jornandès, que le roi des Goths Athaulfe épousa Placidie, sœur de l'empereur Honorius.

FORUM NARBASORUM, ville de l'Hispanie, dans la Tarragonnoise, au pays des *Callaïci*, vers les confins de la Lusitanie, & vers le sud-est d'*Aquæ Flaviæ.*

FORUM NERONIS (*Forcalquier*), ville de la Gaule narbonnoise, au nord-est de *Catuiaca.*

Le P. Papon dit que ce *Forum*, ou marché, a été établi par l'empereur Néron, ou par Claude-Tibère-Néron, que Jules-César envoya dans la Narbonnoise pour y fonder des colonies.

FORUM NERVÆ, lieu de la ville de Rome, au pied du mont Quirinal. On croit que c'est le même lieu que *Forum Palladium* dont fait mention Martial.

FORUM NOVUM (*Fornove*), ville de la Gaule cispadane, vers le sud, près du *Tarus.* Elle tenoit un rang peu considérable.

FORUM NOVUM, ville d'Italie, dans le Samnium, au nord-est & peu éloignée de *Beneventum.* On en voit les ruines près de Paduli.

FORUM NOVUM, ville d'Italie, dans le pays des Sabins. Il paroît que M. d'Anville a placé cette ville trop au nord dans sa carte des environs de Rome, dressée pour l'histoire romaine de M. Rollin; car il la met à quelque distance à la droite de l'*Hymelus*; & M. l'abbé Chauppy, qui en a vu les ruines, l'indique sur la gauche de ce fleuve, à huit ou neuf milles au-dessous de *Casperia*, dans un lieu appelé *Vescovio.* Il paroît que par le nom de *Forum Novum*, on vouloit indiquer une fondation nouvelle par rapport à une autre plus ancienne, qui étoit, selon le même abbé Chauppy, *Forum Decii.*

FORUM OLITORIUM, aujourd'hui *la Piazza Mon-*

tanara, lieu de la ville de Rome, près le théâtre de Marcellus, entre le Capitole & le Tibre.

FORUM PISCARIUM, le marché au poisson, aujourd'hui la *Piscaria*, lieu de la ville de Rome, près du Tibre & du théâtre de Marcellus, entre le marché aux bœufs & le marché aux herbes.

FORUM POPILII, ville de la Gaule cisalpine, dans l'Emilie, au sud-est de *Forum Livii.* Elle a été épiscopale sous la métropole de Ravenne.

FORUM POPILII, ville de l'Italie, dans la Lucanie, au sud-est de *Vulci.*

FORUM ROMANUM, lieu de la ville de Rome, auprès du portique de Faustine, entre le Capitole & le mont Palatin, selon Publius Victor. L'usage de cette place appartient au dictionnaire des antiquités.

FORUM SALLUSTIANUM, lieu de la ville de Rome, auprès des jardins de Salluste, selon Publius Victor.

FORUM SEGUSIANORUM, nom d'une ville de la Gaule celtique. C'est aujourd'hui Feuris en Forez.

FORUM SEMPRONII (*Fossombrone*), ville d'Italie, dans l'Ombrie, sur le *Metaurus*, & au sud-est d'*Urbinum Metaurense.*

FORUM STATIELLORUM (*Villa de Fo*), ville de l'Italie, dans l'intérieur de la Ligurie.

FORUM SUARIUM, lieu de la ville de Rome, au pied du mont Quirinal, selon Publius Victor.

FORUM TIBERII (*Keyserstulh*) (1), ville de la Gaule celtique, chez les Helvétiens, selon Ptolemée. Il étoit sur le Rhin, peu loin de la frontière des *Rhætii* & des *Vindelici.*

FORUM TRUENTINORUM, nom d'une ville de la Gaule cisalpine, dans l'Emilie.

FORUM VIBII, nom d'une ville de la Gaule subalpine, dans le pays du peuple *Taurini.*

FORUM VOCONII (*le Canet*), ville de la Gaule narbonnoise, à vingt-deux milles à l'ouest de *Forum Julii.* Lorsque le sénat de Rome fut délivré de la crainte & de l'horreur des proscriptions, il fit ériger à la Clémence un temple, où il plaça la statue de cette vertu avec celle de César, à qui elle donnoit la main.

Plancus écrivant à Cicéron, lui marquoit que Lépidus étoit à *Forum Voconii*, à vingt-quatre milles de *Forum Julii.* L'indication des distances & l'analogie que l'on croit trouver entre *Forum Voconii* & Gonfaron, ont fait croire à MM. d'Anville & Ménard, que ces deux endroits étoient les mêmes; mais le P. Papon, dans son histoire générale de Provence, prétend qu'ils se sont trompés; parce que quand on connoît le pays, on voit qu'il est hors de toute vraisemblance qu'une grande armée ait été camper à Gonfaron, parce qu'elle auroit été éloignée du fleuve d'Argens, & n'auroit pu s'opposer au passage d'Antoine, qui étoit campé de l'autre côté. Toutes ces considérations, ajoute le P. Papon, déterminent à fixer la position de *Forum Voconii* au Canet.

FORUM VULCANI (*Solfatara*), lieu de l'Italie, dans la Campanie, auprès de Pouzols. Pline le nomme *Campi Phlegræi.*

FOSATISII. Jornandès nomme ainsi un peuple de l'Italie, dans la Romagne. C'étoit un reste des Huns qui s'étoient jetés là.

FOSSA AUGUSTA, canal qui communiquoit d'une des branches du Pô à la mer par le sud de *Spina.* Son embouchure étoit nommée *Caprasiæ Ostium.*

FOSSA CLODIA, *ou* CLAUDIA (*Chiozza*), ville de l'Italie, dans la Vénétie, selon Pline.

FOSSA CORBULONIS, ou *canal de Corbulon*, chez les Bataves, entre la Meuse & le Rhin. On sait que cette partie de la Gaule, contiguë à la Germanie, avoit commencé à être soumise aux Romains par César. Les empereurs y maintinrent leur domination sous le règne de Claude. Les Cauches s'étant révoltés, l'empereur envoya contre eux Cn. Domitius Corbulon. Ce général, peu délicat sur les moyens de réussir, attira les Barbares dans une embuscade, les tailla en pièces, puis il fit assassiner leur chef dans une entrevue qu'il avoit demandée. Cette perfidie mit les peuples en fureur. Mais l'empereur, qui craignoit que les Germains ne se liguassent avec eux, aima mieux paroître désapprouver ce qui avoit été fait. Il ordonna à Corbulon de se tenir en-deçà du Rhin. Ce général, prévoyant que bientôt ses troupes auroient besoin de toutes leurs forces, & craignant que le repos ne les leur fissent perdre, entreprit de joindre la Meuse au Rhin par un canal de vingt-trois milles. Dion Cassius dit cent soixante-dix stades; ce qui donne à-peu-près la même étendue.

On a été fort partagé dans les temps modernes, pour retrouver l'ancien lit creusé par ordre de Corbulon. M. d'Anville est de l'avis de ceux qui pensent que ce canal répond à celui qui vient de Leyde, passe à Delfot, & se rend dans la Meuse à l'endroit que l'on nomme *Maesland-Sluys*, ou l'Ecluse de Meuse. Il me paroît que c'est le même que les auteurs de l'histoire générale des Provinces-Unies nomment le *Vliet.* La longueur du canal, telle qu'elle est indiquée par les anciens, se trouve être précisément celle du Vliet, en le suivant en droite ligne.

FOSSA DRUSIANA (l'*Issel*). Ce canal, creusé par Drusus, fils de Livie & frère de Tibère, établissoit la communication entre le Rhin, un peu au-dessous de la formation du Vahal, jusqu'à l'Océan, en passant par le lac *Flevo* & le petit fleuve de même nom.

Ce prince, qui avoit été chargé par Auguste de la guerre contre les Romains, voulant s'assurer un passage où ses vaisseaux fussent à l'abri des tempêtes, si fréquentes

(1) Ce nom allemand signifie *trône de César*; il paroît ainsi que l'on a voulu conserver le sens de l'ancien nom.

fréquentes sur la mer du Nord, & remédier en même temps aux débordemens du Rhin, ouvrit une communication avec une petite rivière, dont le nom n'est pas exprimé dans les anciens. On l'a depuis appelé *Hisla* & *Isala*. On peut croire que c'est la même qui est nommée par Tacite *Nabalia*.

M. d'Anville paroît croire que ce furent les eaux réunies du *Nabalia* & du *Rhenus* qui formèrent le lac *Flevo*. Il est probable qu'il y avoit dès-lors de grands marais au moins. Un écoulement de ce lac, faisant la suite du canal, alloit du lac à la mer.

Drusus avoit fait aussi élever une digue, qui commençoit à *Batavodurum*, afin de défendre la rive gauche du Rhin, qui se trouvoit plus basse que la droite ; ce qui occasionnoit des débordemens dans les Gaules.

FOSSA MARIANA, canal creusé par ordre de Marius, à l'embouchure du Rhône, par sa gauche. Il paroît qu'il venoit aboutir de ce fleuve à l'entrée de l'étang de Martigues, appelée alors *Stoma Limna*.

FOSSA MEROVEI (*la Merwe*). Ortélius dit que l'on nommoit ainsi une rivière de la Hollande méridionale.

FOSSA MESSANICIA (*le canal di Sant-Alberto*), lieu de l'Italie, par lequel on faisoit passer les bateaux du Pô dans la mer jusqu'à Ravenne.

FOSSA NERONIS (*Licola*), canal que Néron avoit entrepris de faire creuser en Italie, dans la Campanie.

FOSSA PARMENSIS, canal qui commençoit à *Parma* (ville de la Gaule cispadane), chez les *Amani*, s'élevoit un peu au nord, puis tournoit à l'est ; il établissoit ainsi la communication entre le *Parma* à l'ouest, & le *Gabellus* à l'est.

FOSSA REGIA, nom d'un canal, près du mont Athos, selon Thucydide.

FOSSÆ MARIANÆ, canal creusé par ordre de Marius, dans la Vénétie.

FOSSÆ PAPYRIANÆ, petite ville de l'Italie, dans l'Etrurie. Elle étoit située sur le bord de la mer, vers le nord-est de *Pisæ*. On croit que c'est à présent *Via-Reggio*, sur la côte de la mer de Toscane.

FOSSÆ, *ou* FOSSIONES PHILISTINÆ (*Il Po grande*), nom de l'un des bras du Pô, au-dessus de son embouchure.

FOSSALENSIS, siège épiscopal d'Afrique, dans la Numidie, selon la notice des évêchés d'Afrique.

FOSSIS MARIANIS (*fosses de Marius*). *Voyez* FOSSÆ MARIANÆ.

F R

FRACARA, ville de la Sarmatie européenne, selon Ptolemée, qui la place dans l'intérieur des terres, entre *Hercabum* & *Naubarum*.

FRATERIA, *ou* PHRATERIA, ville de la Dacie, sur le bord de la Mariza, selon Ptolemée.

FRATUERTIUM, ville de l'Italie, dans la Grande-Grèce, selon Pline, qui la met dans le voisinage d'Otrante.

FRATUOLUM, ville de l'Italie, dans le territoire des Hirpins, selon Ptolemée.

FRAXINETUM (*la garde Frainet*), fort de la Gaule narbonnoise, à deux lieues au nord & vis-à-vis de Saint-Tropez. Il étoit situé sur une montagne de difficile accès.

FRAXINUS, lieu de l'Hispanie, près de la rive gauche du *Tagus*, entre Scalabis à l'ouest, & *Norba Cæsarea* à l'est.

FREGELLANUM, *ou* FREGELLA (*Opio*), ville d'Italie, dans le Latium, au sud-est d'*Anagnia*, sur la voie Latine. M. d'Anville, d'après le sentiment de plusieurs auteurs, la place à droite du *Liris* ; mais M. l'abbé Chauppy, qui a été sur les lieux, en a trouvé l'emplacement dans un lieu nommé *Opio*, qu'il conjecture être une corruption du nom d'Opimius, consul romain, qui détruisit Frégelles. Le nom de *Fregellanum*, que l'on trouve dans Antonin, paroît avoir été donné à un lieu qui fut bâti sur les ruines de l'ancienne *Fregellæ*. Le territoire de *Fragellæ* avoit appartenu aux Sidicins avant d'être aux Volsques, selon Tite-Live.

FREGELLÆ, nom d'un lieu particulier de la ville de Rome.

FREGENA, ville & colonie de l'Italie, dans l'Etrurie, selon Tite-Live, qui dit que cette colonie fut une de celles qui voulurent se dispenser de contribuer à la flotte que le préteur C. Livius avoit ordre de préparer. Il ajoute qu'elle étoit située sur le bord de la mer. Strabon dit la même chose. Elle est nommée *Fregenæ* par Pline.

FREGINATES, peuple de l'Italie, dans la Campanie. Pline le met au nombre des colonies.

FRENTANA REGIO (*Abruzze citérieure*), pays de l'Italie. Pline dit que le *Tifernus* le bornoit d'un côté, & l'*Aternus* de l'autre.

FRENTANI, peuple de l'Italie, au nord-est du Samnium, le long du golfe Adriatique. On les croyoit Samnites, mais ils étoient réellement Sabins d'origine. M. Gibelin pense que leur nom venoit de *Ren*, couler, parce que ce pays donnoit passage à plusieurs rivières qui de l'Apennin alloient se jeter à la mer. Les principales villes des Frentaniens étoient *Auxanum* & *Larinum*.

FRESILIA, ville d'Italie, dans le territoire des Marses, selon Tite-Live.

FRETUM. Les anciens se sont servis de ce mot pour signifier ce que nous appelons un *détroit*.

FRETUM GADITANUM (*le détroit de Gibraltar*), détroit entre l'Hispanie & l'Afrique, & qui joint la mer Méditerranée à l'Océan. On le nommoit aussi *Fretum Herculeum*.

FRETUM GALLICUM. C'est ainsi, selon Solin, que l'on nommoit le pas de Calais. Tacite & Ammien Marcellin disent *Fretum Oceani* ; le poëte Gratius *Freta Morinum*.

FRIGENTUM (*Frigento*), ville d'Italie, à l'est d'*Eclana* ou *Æculanum*, à laquelle elle succéda en puissance. On y voit encore des monumens anciens & des inscriptions, entre lesquelles on en trouve dont les caractères sont palmyréniens & de bronze.

FRIGIDÆ, lieu de l'Afrique, dans la Mauritanie tingitane, entre *Banasa* & *Lixus*, selon l'itinéraire d'Antonin.

FRIGIDUS, fleuve de l'Italie, dans la Vénétie. Il prenoit sa source dans les *Alpes Carnicæ*, couloit vers l'ouest, arrosoit le lieu appelé *Castra*, & se rendoit dans le *Sontius*, près du *Pons Sontii*.

FRIGLÆ, lieu de l'Afrique, dans la Mauritanie tingitane, selon la notice de l'empire.

FRINIATES, nom d'un peuple d'Italie, dans la Ligurie. Tite-Live dit que le consul C. Flaminius les ayant battus plusieurs fois, les reçut à composition & les désarma.

FRISIABONES. Ce nom pourroit être rendu par celui-ci : *les Frisons bonaces*. « Pline est le seul » des anciens qui parle des *Frisiabones*. Janicus ima» gine que ce petit peuple grossier & même stupide » étoit voisin des Frisons, & s'efforçoit de les » imiter ; ce qui lui fit donner ce surnom par ridi» cule. Les meilleurs critiques prétendent que ce » mot s'est glissé par une erreur de copiste, & que » les *Frisiabones* n'ont jamais existé ». (*Hist. gén. des Provinces-Unies*).

Cependant M. d'Anville, admettant l'existence de ce peuple, le place le long de la mer, sur les terres qui se trouvoient entre elle & le *lacus Flevo*, à l'ouest ; ce qui répond à une partie de la Hollande, depuis Rotterdam jusqu'à vers le Texel.

FRISII, les Frisons. C'est avec assez de fondement que quelques auteurs pensent que ce peuple, inconnu à César, étoit formé de la réunion de quelques autres peuples septentrionaux, & que ce ne fut que depuis le temps des conquêtes de ce général, qu'il vint s'établir entre l'Ems & le Rhin. Ils avoient d'abord à l'est les Chamaves & les Angrivariens ; à l'ouest, le Rhin ; au sud, les Cauques ou Cauches ; au nord, l'Océan. Mais, dans la décadence de l'empire, le nom de Frisons s'étendit depuis la Chersonnèse cimbrique jusqu'à l'Escaut. Ces limites varièrent encore dans la suite, & furent, en différens temps, plus ou moins reculées, selon les forces de ce peuple & l'ambition de ses voisins. Pour se rendre raison cependant de l'étendue de cette puissance, il faut jeter un coup-d'œil rapide sur ce qui se passoit alors.

Lors de l'affoiblissement des armes romaines dans les Gaules, les Barbares ayant forcé de tous côtés les limites de l'empire, les peuples maritimes de la seconde Germanie, que leur fidélité pour les Romains rendoit odieux aux autres nations demeurant au-delà du Rhin, se réunirent pour leur défense. Ils élurent un général, auquel ils donnèrent le commandement de leurs troupes combinées ; mais ils conservèrent leurs loix, leurs usages & la forme particulière de leur gouvernement. Les Frisons étant les plus puissans, donnèrent leur nom à cette ligue. Les Saxons s'y étant réunis, partagèrent cet honneur, & les deux noms ont quelquefois été pris pour synonymes. Ainsi, on a compris sous le nom de Frisons, plusieurs petits peuples, qui, d'ailleurs avoient chacun leur nom particulier. On sait qu'il existe encore un pays, qui, après leur avoir servi d'habitation, porte, d'après eux, le nom de *Frise*.

Les Frisons étoient simples, ingénus ; mais courageux, aimant leur liberté, & prompts à courir aux armes pour la défendre. Ils en étoient si jaloux, que tout étranger leur étoit suspect dès qu'il cherchoit à se fixer dans leur pays : ils ne l'y souffroient pas. On rapporte même que, pour reconnoître plus sûrement les nationaux, ils faisoient prononcer certains mots d'une articulation qui leur étoit absolument propre, à ceux qu'ils soupçonnoient d'être étrangers. Celui qui ne pouvoit prononcer les mots consacrés à cette expérience, étoit noyé dans un marais.

Ils furent long-temps gouvernés par des rois, si l'on en peut croire les chroniques. Drusus, ayant passé le Rhin, conquit la Frise. Mais à sa mort ils secouèrent le joug des Romains, & se donnèrent des ducs, qui subsistèrent long-temps. On sait que Charlemagne réduisit leur pays en province de son empire ; qu'il rédigea leurs loix, leur en donna de nouvelles, & leur donna un podestat pour les gouverner. La suite de leurs révolutions n'est pas de mon objet.

FROBULET, nom d'un lieu de la Palestine, selon Guillaume de Tyr, cité par Ortélius.

FRONTENSIS, siége épiscopal d'Afrique, dans la Mauritanie césarienne, selon la notice d'Afrique.

FRONTONIANA, ville épiscopale d'Afrique, dans la Bysacène, selon la notice d'Afrique.

FRUDIS, *ou* PRUDIS OSTIUM. Comme Ptolemée place l'embouchure de cette rivière entre celle de la Seine & le promontoire *Itium*, & qu'il n'y a pas sur cette côte de rivière plus considérable que la Somme, M. d'Anville croit que c'est elle dont le nom dans les autres auteurs est *Samara*.

FRUSINATES, nom que l'on donnoit aux habitans de *Frusino*, en Italie, au pays des Volsques. Les *Frusinates* passoient pour belliqueux.

FRUSINUM, ville de l'Italie, dans le pays des Volsques, aux confins de celui des Herniques, sur la voie Latine, à sept milles de *Ferentinum*, & à quatorze de *Fregellanum*, & au cinquante-quatrième mille de Rome sur la voie Latine, auprès de la petite rivière Cosa, selon Strabon. Tite-Live rapporte que les *Frusinates* furent privés d'un tiers de leur territoire pour avoir excité les Herniques à la révolte.

L'an de Rome 450, sous le consulat de L. Génicius & de L. Cornélius Lentullus, les Romains prirent *Frusinum*, & en vendirent les terres ; mais dans la suite ils y refirent des murailles; y menèrent une colonie, & en distribuèrent les champs aux vétérans. Diodore de Sicile, Frontin, *&c.* font mention de cette ville. C'est aujourd'hui Frasinone.

FRUSTEMÆ, lieu de l'Italie, chez les *Sabini*, selon Cluvier.

F U

FUCENTES. Les Romains nommoient ainsi les habitans des environs du lac Fucin.

FUCINUS LACUS, ou *le lac Fucin* (*lac de Celano*), lac d'Italie, dans les montagnes de l'Apennin, & appartenant au pays des Marses. Il peut avoir environ quarante milles de circuit, & quinze brasses de profondeur.

Strabon (*L. v*), donne de ce lac une description confirmée par les récits des voyageurs modernes. Resserré entre des montagnes, il reçoit une très-grande quantité de sources, sans avoir aucune issue pour donner cours à ses eaux. Comme la crue est quelquefois considérable, la simple évaporation ne suffit pas. Il en résulte alors des débordemens considérables. Pline (*L. III*, *c. 5*), parle d'une ville d'Archippe, bâtie, selon lui, par Marsias, roi des Lydiens, laquelle fut ruinée par une de ces inondations violentes.

Pour déterminer l'écoulement des eaux de ce lac, qui avoient quelquefois causé de grands ravages, les Romains projetèrent en différens temps des travaux considérables. César (*Suet. in Cæs.*) avoit eu le dessein de faire travailler à un canal qui eût porté les eaux jusqu'à l'*Iris*. Sa mort précipitée en empêcha l'exécution. Claude voulut s'en occuper. On y occupa jusqu'à trente mille hommes. L'an de J. C. 52, il y avoit déjà onze ans que l'on y travailloit. On avoit creusé un canal que les auteurs latins appellent *Emissaire*, qui devoit conduire les eaux dans un réservoir immense, destiné à ses écoulemens. Prévoyant aussi que les eaux de l'intérieur de la montagne contribuoient à la trop grande élévation du lac, on avoit, en différens endroits, creusé des puits très-profonds, d'où l'on puisoit l'eau avec des machines. « Les travaux, dit-il, » faits pour ces puits, soit pour percer la mon- » tagne dans les endroits où elle se présente, & » où l'on se trouvoit dans les ténèbres, ne se peu- » vent concevoir que par ceux qui les ont vus eux- » mêmes; car aucun récit ne peut rendre la gran- » deur de ces ouvrages (1) ».

Flatté de l'espérance d'avoir porté cet ouvrage à sa perfection, l'empereur crut devoir célébrer son succès par une fête publique, digne de lui & du peuple qu'elle devoit amuser. Le croiroit-on, si des historiens dignes de foi ne l'attestoient, pendant qu'aucun ne les désavoue? On prépara un combat naval, dans lequel dix-neuf mille hommes, prétendus criminels, furent destinés à périr en s'égorgeant les uns les autres à la vue d'une foule immense de Romains qui venoient froidement juger de leur adresse & du danger des coups. Les malheureux, placés sur les bâtimens qui les conduisoient au combat, passèrent devant l'empereur & le saluèrent. L'imbécille Claude, assez barbare pour voir de sang-froid des milliers d'hommes s'égorger, ne crut pas devoir être indifférent à leur *salut*, pour le recevoir sans le leur rendre : il les salua donc à son tour. Son geste & l'air de satisfaction qu'il y mit, firent croire à ces malheureux, que, content de leur zèle, il leur faisoit grace du combat. En conséquence, ils demeurèrent dans l'inaction. Claude, surpris & affligé de cette méprise, leur dit qu'ils étoient dans l'erreur; ils persistoient; il les menaça de les faire périr par le fer & par la flamme. Quelle ame, je ne dis pas sensible, mais seulement humaine, ne se révolteroit pas en voyant ce prince employer jusques aux prières pour les engager à ne pas le priver du dernier plaisir qu'il attendoit d'eux! Ils combattirent en effet, & périrent tous percés de coups ou noyés dans les eaux du lac. Cependant, les travaux ne se trouvèrent pas avoir la perfection nécessaire; ils restèrent sans effet.

On trouve encore de très-grands vestiges de ces travaux, & sur-tout une fort grande quantité de médailles, restes précieux de la monnoie de tant de gens qui avoient habité ce lieu pendant les travaux, ou qui s'y étoient rendus dans le temps des fêtes.

FULFINIUM, nom d'une ville de l'Illyrie, dans l'île de *Curicta*, selon Ptolemée.

FULFULÆ, ville de l'Italie, dans le pays des Samnites, selon Tite-Live, qui dit qu'elle fut prise par Fabius, lorsqu'il s'avança dans le *Samnium* pour réduire les villes qui avoient quitté le parti des Romains.

FULGINATES, peuple de l'Italie, dans l'Ombrie. Pline nomme ainsi les habitans de *Fulginia* ou *Fulginium.*

FULGINIA, ou FULGINIUM (*Foligni*, ou *Foligno*), ville de l'Italie, dans l'Ombrie, selon Silius Italicus & Appien.

FUNDANUS LACUS, lac ou petit golfe d'Italie, où est située la ville de *Fundi* (Fondi). Les montagnes au nord-ouest de cette ville étoient nommées *Fundani Montes.*

FUNDI (*Fondi*), ville de l'Italie, sur la voie Appienne, entre Terracines & Formies, selon l'itinéraire d'Antonin. *Fundi* étoit comptée entre les préfectures qui recevoient tous les ans les magistrats que le préteur de Rome leur envoyoit. Elle étoit dans le pays des Sabins.

FURCONIUM, ville de l'Italie, dans le *Samnium*, chez les *Vestini.* Elle étoit à quelque distance

(1) On voit dans la maison Rondanino à Rome, le bas-relief superbe d'un de ces ouvriers qui perce la montagne dans les ténèbres. Il est nud : son dos touche quasi ses talons, & il porte des deux mains son outil de fer contre la voûte qu'il ouvre ainsi dans le souterrein.

au sud d'*Amiternum.* On a dit aussi *Furconia.* Cette ville n'est pas de la haute antiquité.

FURCULÆ CAUDINÆ, les fourches Caudines. *Voyez* CAUDIUM.

FURIARUM LUCUS, nom d'un lieu de la ville de Rome, selon Plutarque, qui dit que c'est où Caïus Gracchus fut tué par son esclave. Ce lieu est nommé *Furinæ Lucus* par Cicéron. Publius Victor met dans le quartier au-delà du Tibre *Furinarum Lucus.*

FURNÆ, ville d'Afrique, au rapport d'Ortélius, qui cite S. Augustin, S. Cyprien & le concile de Carthage.

FURNITANUS, ou FURNITENSIS, siège épiscopal d'Afrique, dans la Proconsulaire, & au voisinage de Carthage. Il en est fait mention dans les actes du concile de Carthage, tenu sous S. Cyprien.

FURTINENSIS, siège épiscopal d'Italie, dans la Campanie, selon une notice ecclésiastique publiée par Schelstrate.

FUT, nom d'une rivière d'Afrique, dans la Mauritanie tingitane, selon Pline.

GAANA, ville d'Asie, dans la Célésyrie, selon Ptolemée, *L. V, c. 15.*

GAAS, montagne de la Palestine, dans le lot d'Ephraïm, au nord de laquelle étoit Thamnat-Saré, lieu célèbre par le tombeau de Josué. Eusèbe dit que, de son temps, on montroit encore ce tombeau près de Thamnas. Josué, *c. 24, v. 30.*

GAAS (*torrent* ou *vallée*). Il en est fait mention au second livre des Rois, *c. 23, v. 30.*

GABA, ville de la Palestine, dans la tribu de Benjamin, selon Josué, *c. 18, v. 24.*

GABA, ville de la Judée, dans la tribu de Zabulon, selon le livre de Josué.

Elle étoit surnommée la ville des *Cavaliers*, parce que Hérode-le-Grand l'avoit donnée pour retraite à ses cavaliers vétérans. Cette ville étoit située au pied du mont Carmel, entre Ptolémaïde & Césarée, selon Joseph.

GABAA, *ou* GABAE, ville de la Judée, dans la tribu de Benjamin, selon le livre de Josué, *c. 18, v. 20.*

Elle fut donnée aux Lévites de cette tribu, qui étoient de la famille d'Aaron.

Cette ville étoit située sur une partie de la montagne d'Ephraïm.

Gabaa fut le lieu où la femme d'un Lévite mourut pour avoir été insultée ; ce qui occasionna une guerre, dans laquelle toutes les villes & tous les villages de cette tribu furent consumés par le feu, selon le livre des Juges, *c. 19, v. 20.*

Abinabad demeuroit à Gabaa. Et, long-temps après, Saül y prit naissance ; son fils Jonathas y défit une garnison de Philistins : enfin, on voit au troisième livre des Rois que cette ville fut rebâtie par Asa.

Joseph la place à trente stades de Jérusalem.

GABAA, ville de la Palestine, dans la tribu de Juda, selon le livre de Josué, *c. 15.*

GABAATH, ville de la Judée, dans la tribu de Benjamin, selon le livre de Josué, *c. 18, v. 20.*

Cette ville étoit située sur la montagne d'Ephraïm, & c'est où fut enterré Eléasar, fils aîné d'Aaron.

GABADANIA, contrée d'Asie, dans la Cappadoce. Strabon, *L. XII, p. 540*, dit : ce pays, quoique plat & méridional, au pied du mont Taurus, ne produit presque point d'arbres fruitiers, & n'est bon que pour les pâturages.

GABAE, ville d'Asie, dans la Persique, selon Ptolemée, *L. VI, c. 4.*

GABAE, contrée d'Asie, située entre les Massagètes & la Sogdiane, selon Arrien, *L. IV*, dans l'histoire d'Alexandre.

GABALA, ville de la Phénicie, située à dix-huit mille pas de Laodicée. Cette ville étoit bâtie sur le bord de la mer au pied du mont Casius. Gabala avoit adopté l'ère commune à toutes les villes de l'empire des Séleucides ; mais sous la domination romaine, elle en prit une nouvelle, parce que Jules-César revenant de l'Egypte & passant par la Syrie, quarante-six ans avant l'ère chrétienne, lui accorda beaucoup de privilèges. Elle étoit vers le 35e deg. 20 min. de latit.

GABALA, contrée de l'Arabie, selon Etienne le géographe. Par l'Arabie, il entend le pays que l'on a aussi appelé la *troisième Palestine.*

GABALA, ville épiscopale d'Asie, dans la Lydie.

GABALAECA, ville de l'Espagne tarragonnoise, à quelque distance de la mer, au pays des Vardules, selon Ptolemée, *L. II, c. 6.*

GABALE, ville méditerranée de la Médie, selon Ptolemée, *L. VI, c. 2.*

GABALENI, nom des habitans de Gabala.

GABALES, *ou* GABALI, peuple des Gaules. Strabon, *L. IV, p. 191*, & Pline, *L. IV, c. 20*, les nomment ainsi. Jules-César, dans ses commentaires, *L. VII, c. 64 & 75*, dit *Gabali.* Ptolemée, *L. II, c. 7*, dit *Gaballi.*

Ils appartenoient à la première Aquitaine. *Voyez* GALLIA.

GABAON, ville de la Judée, dans la tribu de Benjamin, selon le livre de Josué, *c. 18, v. 20.*

Elle fut donnée aux Lévites de cette tribu, qui étoit de la famille d'Aaron.

Les Gabaonites firent alliance avec Josué ; mais, dans la suite, il les obligea de porter l'eau & le bois pour le service du temple.

Il paroît que le tabernacle que Bézéléel avoit construit dans le désert y fut transporté ; car il y étoit lorsque Salomon vint à Gabaon pour demander à Dieu la sagesse.

Enfin, c'est près de ce lieu que Joab tua par trahison Amasa, neveu de David.

GABAONITÆ, peuples de la terre promise, qui habitoient la ville de Gabaon.

On voit dans le livre de Josué, que les Gabaonites vinrent le surprendre & faire alliance avec lui ; mais, par la suite, il les obligea de porter l'eau & le bois pour le service du temple.

Les Gabaonites étoient de la race des Hévéens, anciens habitans du pays ; ils possédoient quatre villes.

Ces peuples restèrent fidèles aux Israélites ; cependant Saül en fit périr un très-grand nombre. David leur offrit satisfaction ; ils demandèrent sept fils de Saül & ils les crucifièrent.

Depuis ce temps, il n'est plus fait mention de ces peuples dans l'écriture, que sous le nom de *Nathinéens. Premier livre des Paralipomènes & premier d'Esdras.*

GABAOPOLIS, *ou* GABAONPOLIS, ville de la Galilée, selon Etienne le géographe, qui cite Joseph. Ce doit être la même que *Gabaon.*

GABAOTH, lieu de la Palestine, à vingt stades de Jérusalem.

GABARA, une des trois principales villes de la Galilée : les deux autres étoient *Séphoris* & *Tibérias.*

GABAROTH, village de la Palestine, dans la Galilée.

GABATHA, *ou* GABAATH, lieu de la Palestine, dans la partie méridionale de Juda, à douze milles d'Eleuthéropolis. On y montroit autrefois le sépulcre du prophète Habacuc. Eusèbe & S. Jérôme écrivent ce nom *Gabaas.* Ce nom signifie *colline.*

GABATHA. Eusèbe met un village de ce nom aux confins de Diocésarée.

GABAZA. Quinte-Curse, *L. VIII*, *c.* 14, nomme ainsi le lieu qu'Arrien appelle *Gabae.* Arrien en fait une place forte, & Quinte-Curse en fait une contrée.

GABBATHA : il est parlé dans l'évangile d'un lieu de ce nom dans le palais de Pilate, d'où ce président prononça la sentence de mort contre Jesus-Christ.

GABBULA, ville de l'Asie, dans la Syrie. Cette ville étoit située au nord-est d'un lac salé ; à l'est de Chalcis, & au sud-est de Chalybon, vers le 35e deg. 30 min. de latit.

GABE, ville de Syrie. Pline ayant parlé des villes de la Décapole, dit qu'elle est environnée & entre-coupée de tétrarchies, dont chacune est une contrée & une espèce de royaume ; il met de ce nombre *Gabe.* C'est la même que Joseph, *de bello*, *L. II*, *c.* 17, appelle *Gaba.* Pline, *L. XII*, *c.* 17, la nomme *Gabba.* Etienne le Bysantin dit aussi *Gabba*, ville de Syrie.

GABE : c'étoit une petite ville de la Palestine, à seize milles de Césarée, auprès du grand champ de Légion, selon Eusèbe. C'est peut-être la même que la précédente.

GABELLUS FLUV. (*la Secchia*). Ce fleuve commençoit sur les confins des *Apuani*, dans la *Liguria*; remontant par l'ouest de *Mutina*, il se jette peu après dans le *Padus.* Son nom moderne qui, en italien, signifie un seau, paroît s'être formé du latin *secia*, qui a aussi été le nom de cette rivière, comme on le voit par l'itinéraire de Jérusalem.

GABENA, ville d'Asie, dans la Médie, selon Ptolemée, *L. VI*, *c.* 2.

GABENE, *ou* GABIENE, car les exemplaires varient : Diodore de Sicile, *L. XIX*, nomme ainsi une contrée de la Perse.

GABENI, peuple de Syrie, dans la Cyrrhestique, selon Pline, *L. V*, *c.* 23. Selon Plutarque, dans la vie d'Eumène, ce peuple habitoit une province peu éloignée du *Pasitigris.*

GABENI, siège épiscopal de la seconde Palestine, selon les notices grecques.

GABER, colline de la Palestine, près de Jablaam ; elle n'étoit pas éloignée de Mageddo ; car Ochosias, blessé par l'ordre de Jéhu, s'enfuit & alla mourir dans cette ville. 4. *reg. c.* 8, *v.* 27.

GABIANA, province d'Asie, près de la Susiane ; elle appartenoit aux Elyméens, selon Strabon, *L. XVI*, *p.* 745.

GABIEI, ville d'Italie, dans le *Latium.* Elle étoit tout près à l'est de Rome.

GABIM, lieu de la Palestine. Il en est parlé dans le prophète Isaïe, *c.* 10, *v.* 31.

GABITHA, ville de la Palestine, dans le voisinage de Bostra, vers l'Arabie, selon Cédrène, cité par Ortélius, *Thesaur.*

GABIUSA AQUA, eau de la ville de Rome.

GABRA, ville d'Asie, dans la Perside, dans les terres, selon Ptolemée, *L. VI*, *c.* 4.

GABRANTONICORUM, *ou* GABRANTUICORUM PORTUS SALUTARIS. Selon Ptolemée, *L. II*, *c.* 3, ancien port de l'île d'Albion.

GABRI, peuple de la Sarmatie, près des Palus-Méotides, selon Pline, *L. VI*, *c.* 7.

GABRIS, ville de la Médie, selon Ptolemée, *L. VI*, *c.* 2, qui la met à 83 deg. de long. & à 41 deg. 15 min. de latit. : elle étoit au milieu des terres.

GABRIS, autre ville de la Médie, selon Ptolemée, qui lui donne 87 deg. 40 min. de long. & 40 deg. 20 min. de latit. Elle étoit aussi méditerranée.

GABRIS, lieu de la Gaule, indiqué par la table de Peutinger sur la route qui conduit de *Cæsarodunum* à *Avienum.* M. d'Anville a cru le retrouver dans le lieu appelé actuellement *Chabris*, au nord-ouest de Bourges.

GABRITA SYLVA, *ou* GABRETA. Ptolemée, *L. II*, *c.* 11, est pour la première orthographe, & Strabon pour la seconde. Le premier dit : au pied des monts Sudètes est la forêt *Gabrita*, entre laquelle & les montagnes des Sarmates est la forêt Hercynie. Il dit plus loin : après les Varistes est la forêt *Gabrita*, & au-dessous de cette forêt sont les Marcomans. Strabon, *L. VII*, *p.* 292, dit : il y a encore une grande forêt nommée *Gabreta* ; ensuite le pays où les Suèves sont établis, puis la forêt Hercynie, que les Suèves occupent aussi.

GABROSENTUM, ville de la Grande-Bretagne, selon le livre des notices de l'empire, *sect.* 63.

GABRUMAGUM, ville de la Norique. Antonin en fait mention dans son itinéraire, & la met sur la route d'Aquilée à Lorch, entre *Sabatinca* & *Tutatio*, à trente mille pas de la première, & à vingt-un mille pas de la seconde.

GAD (*la tribu de*). Elle fut placée au septentrion de la tribu de Ruben. Elle s'étendoit depuis Hésébon jusqu'au torrent de Jaboc. Elle étoit bornée à l'occident par le Jourdain, & à l'orient par les montagnes de Galaad.

C'est dans cette tribu qu'étoit la forêt d'Ephraïm, la plus considérable de la Judée.

La plus grande partie du pays de Galaad, qui

s'étendoit jusques dans celle de Manassé, étoit renfermée dans la tribu de Gad.

GADABITANI, peuple barbare, en Afrique, près de Tripoli. Procope en fait mention au sixième livre de ses édifices.

GADAGALE, ville de l'Ethiopie, sous l'Egypte, selon Pline, *L. VI, c. 29.*

GADANOPYDRES, peuple de la Carmanie déserte, selon Ptolemée, *L. VI, c. 6.* Quelques exemplaires portent *Ganandanopydnæ.*

GADAMALIS, lieu de la Médie, selon Diodore de Sicile, *L. XIX.*

GADAR, ville d'Asie, dans la Parthyène, à cinq schènes de la ville de Nisée, & à pareille distance de Siroc.

GADARA, ville de la Judée, dans la demi-tribu de Manassé, au-delà du Jourdain.

Cette ville étoit célèbre, selon Joseph dans ses guerres & dans sa vie. Elle étoit située près du torrent d'Hiéromacès, à soixante stades du lac de Tibériade.

Elle étoit capitale de la Pérée, & donnoit son nom à un canton des environs. Elle fut rétablie par Pompée en considération de Démétrius, son affranchi, qui en étoit natif. Gabinius y rétablit un des cinq tribunaux, où l'on rendoit la justice dans la Judée. Antiochus-le-Grand en fit le siège, & il la reçut à composition. Gadara étoit regardée comme la plus forte ville du pays, selon Polybe.

Il est fait mention des bains d'eaux chaudes de Gadara par S. Epiphane.

GADARA, village de la Grèce, dans la Macédoine, selon Etienne le géographe. Ortélius en fait une ville. (*La Martinière.*)

GADARENUS LACUS, lac de la Palestine, selon Strabon, *L. XVI.*

GADARONITÆ, îles de l'Océan septentrional, selon Ortélius, qui cite un ouvrage non imprimé d'Etichus le sophiste. (*La Martinière*).

GADDA, contrée de l'Arabie, selon Etienne le géographe. Il est fait mention de Gadda dans Josué, *c. 15, v. 27.* Eusèbe dit Gadda dans la tribu de Juda. S. Jérôme ajoute vers l'orient, au-dessus de la mer Morte. Les notices de l'empire mettent aussi Gadda dans le département du commandant de l'Arabie. Ce doit être le mot Gad altéré. M. d'Anville a placé une ville de ce nom dans la partie méridionale de la *Batanæa.*

GADDI, *ou* GADI, ville de la Judée, dans la tribu de Gad. Les habitans de Gaddi vinrent au secours de David, lorsqu'il étoit caché dans le désert.

Il en est fait mention dans le premier livre des Paralipomènes.

GADDIR. Les Phéniciens donnèrent ce nom à la ville de *Gades*, en Hispanie. Ce nom signifie *lieu entouré.* De ce nom se forma, pour les Grecs & les Romains, celui de *Gades*; &, par un autre changement, le nom actuel de *Cadix.* (*Voyez* GADES).

GADELONITIS, contrée d'Asie, au-delà de l'embouchure du fleuve Halys, selon Strabon, *L. XII, p. 546.* Elle tiroit son nom de *Gadilon*, qui est peut-être le même lieu que Ptolemée, *L. V, c. 4*, appelle *Galoron.* Mais le lieu dont parle Ptolemée doit être en-deçà de l'Halys, au lieu que le Gadilon de Strabon devoit être au-delà.

GADENI, peuple de l'île d'Albion, selon Ptolemée.

GADER, lieu de la Palestine. Le roi de Gader fut pris & mis à mort par Josué, *c. 12, v. 13.*

GADES (*Cadix*), ville de l'Hispanie, à l'embouchure d'un des bras du *Bætis.* Cette ville paroît avoir existé même avant les établissemens des Phéniciens, qui l'augmentèrent & en firent une ville de commerce, devenue ensuite très-florissante. Son premier nom, selon quelques historiens, fut *Cotinusa* (1). C'étoit celui que lui donnoient les Celtes, habitans naturels de l'Hispanie, avant l'arrivée des colonies étrangères. Lorsque les Phéniciens, à une époque qu'il est difficile d'assigner au juste, mais qui doit avoir précédé l'ère vulgaire de plus de 1500 ans, se furent établis dans cette ville, ils la nommèrent *Gaddir*, c'est-à-dire, lieu entouré (2). La côte d'Espagne a éprouvé d'assez grands changemens depuis le temps de l'établissement des Phéniciens en ce pays. On n'en avoit même pas des idées bien nettes au temps où Pline & Strabon écrivoient : selon le premier de ces auteurs, il y avoit en cet endroit deux îles de différentes grandeurs. L'une renfermoit la ville de *Gades* & en portoit le nom; & l'autre se nommoit *Erithia* & *Aphrodisias* : il ajoute qu'on l'appeloit aussi l'*île de Junon.* Quelques auteurs ont cru que cette même ville de *Gades* avoit eu le nom de *Tartesse*, où avoit régné un ancien roi, dont on ne conservoit qu'un foible souvenir, & qui se nommoit *Arganthon.* Il a paru à de bons critiques, que *Tartessus* ou Tartesse étoit le nom du pays, ou du moins celui d'une île que formoit le Guadalquivir avant d'arriver à son embouchure. C'est aussi le sentiment de M. d'Anville.

La ville de *Gades* fut depuis nommée *Augusta urbs Julia* (3) *Gaditana*; non pas qu'elle fût colonie romaine, comme quelques auteurs l'ont cru, mais seulement municipale. *Gades* étoit fort peuplée vers la fin de la république. Dans le dénombrement que fit Auguste de tout l'empire, on trouva

(1) Pline rapporte ce nom d'après Timée.

(2) Soit qu'ils l'aient entouré d'un mur; ce qui est très-probable, pour se mettre à couvert des insultes des naturels, & conserver en sûreté leurs marchandises, soit parce qu'elle étoit entourée d'eau.

(3) Le titre de *Julia* étoit fondé sur ce que Jules-César, comme nous l'apprend Dion, avoit accordé aux Gaditains le titre de citoyens romains; & celui d'*Augusta*, qu'elle joignit dans la suite à celui de *Julia*, vient de ce qu'Auguste rangea les Gaditains dans la tribu *Galeria*, & leur donna ensuite droit de suffrage & place dans les élections.

dans cette ville jusqu'à cinq cens chevaliers romains; ce qui n'avoit lieu nulle part, excepté à Rome, où ils étoient en plus grand nombre encore.

Dans l'Océan, dit Strabon, tout près de l'embouchure du *Bætis* est la fameuse Gadir. Ses habitans, qui envoient tant de flottes dans l'Océan & la Méditerranée, ne possèdent qu'une petite île, & n'ont presque point de terres dans le continent. Peu restent chez eux; ils courent les mers ou se tiennent à Rome (pour leur commerce). Cette ville, au commencement, étoit fort petite: ce fut Balbus le jeune (1) qui l'agrandit & y ajouta ce qu'on appelle la *ville nouvelle*. Ces deux villes prirent ensemble le nom de *Didyme*, ou double ville (2). Elle étoit très-peuplée, & il n'y avoit point de ville, excepté Rome, qui renfermât autant d'habitans. Balbus avoit fait construire pour cette ville un arsenal sur le continent.

Lorsque les Carthaginois se furent rendus maîtres d'une grande partie de l'Hispanie, la ville de *Gades* étoit sous leur domination. Tite-Live le dit expressément au commencement du livre vingt-huitième; & l'on voit qu'Asdrubal, l'an de Rome 545 ou 546, s'y retira pour n'en pas venir aux mains avec Scipion.

Strabon ajoute que c'est à *Gades* que quelques auteurs placent l'enlèvement des bœufs de Gérion par Hercule. D'autres veulent que ce soit dans la petite île près de *Gades*. Les pâturages, ajoute-t-il, y sont si excellens, que le lait des brebis qui y paissent, ne fournit point de sérosité; il est si gras, qu'il faut y ajouter de l'eau pour en faire du fromage. Dans l'espace de cinquante jours, le bétail que l'on met dans ses pâturages y est suffoqué d'embonpoint, si l'on n'y remédie par une saignée: l'herbe cependant n'y a pas beaucoup de suc; mais elle engraisse extraordinairement.

Voici, selon le même auteur, ce que les Gaditaniens disoient de la fondation de leur ville: « les » Tyriens furent avertis par un oracle d'envoyer » une colonie vers les colonnes d'Hercule; les navi» gateurs, chargés de reconnoître les lieux, vinrent » jusqu'à Calpé sur le détroit, & crurent d'abord » avoir reconnu les colonnes d'Hercule; mais les » sacrifices n'annonçant rien d'heureux, ils retour» nèrent dans leur patrie. Une seconde tentative » fut aussi inutile. Enfin, ceux qui firent le voyage » pour la troisième fois, poussèrent leur navigation » plus loin, & fondèrent Gadir ». C'est de-là que vient l'incertitude sur la véritable position des colonnes d'Hercule: car les uns les placent à Gadir; les autres, à l'entrée du détroit de Calpé, aux petites îles voisines de ce mont. Dicéarque, Eratosthène, Polybe, & presque tous les Grecs les placent sur ce détroit.

Après la mort des deux Scipions, L. Marcius Septimius, chevalier romain, ayant été fait général par le choix des soldats, battit les ennemis, & conclut, de son chef, un traité d'alliance avec la cité de Gades, dont il avoit tiré de grands secours. Ce traité n'eut qu'une acceptation tacite. Dans la suite, les Gaditains demandèrent une ratification positive. Alors les difficultés s'élevèrent en foule; mais comme il y avoit d'excellens moyens en faveur de la ville de Gades, on regarda le premier traité comme non avenu, & l'on en fit un nouveau qui portoit ce qui suit:

1°. Il y aura une amitié solide & inaltérable, une confédération sacrée & une paix éternelle entre la république romaine & celle de Gades.

2°. Les alliés de l'une seront les alliés de l'autre; & de même les ennemis de l'une, les ennemis de l'autre.

3°. Elles se prêteront un mutuel secours, tant en attaquant qu'en défendant.

4°. Rome fera jouir les habitans de Gades des prérogatives attachées au titre de ses alliés.

5°. Les Gaditains observeront avec bienséance, les égards dus à la majesté de la république romaine & de son gouvernement.

C'est ainsi, dit Saluste, que cette ville se trouve jointe à la nôtre par les nœuds d'une confédération perpétuelle.

On a un nombre assez considérable de médailles de Gades. Plusieurs représentent les attributs qui annoncent une ville maritime; d'autres la tête d'Auguste, d'Agrippa, &c.

GADGAD, *ou* CADGADA (*le mont*), lieu de la vingt-neuvième station des Israélites, où ils vinrent camper en sortant de Béroth-Béné-Jaacan.

Cette montagne devoit être au midi de Moseroth, sur le chemin qui conduisoit de ce dernier lieu à Asiongaber.

GADI, lieu d'où étoit natif Bonni, un des braves de David, *reg. L. II, c. 23, v. 36*; Josué, *c. 15, v. 27*.

GADIANA, ville de la Cappadoce, dans la Chamane, qui en étoit un canton, selon Ptolemée, *L. V, c. 6*. Quelques exemplaires portent *Gadasena*.

GADIRA, lieu de la Palestine. Josué, *c. 15*.

GADIRI. Joseph, *Antiq. L. I, c. 7*, nomme ainsi un peuple de l'Europe; c'est celui des îles de Gades & des environs.

GADIRICUS. Platon appelle ainsi une partie de l'île Atlantide, auprès des colonnes d'Hercule.

GADIRTHA (*Rahabeh*), ville de l'Asie, dans la Syrie, sur le bord de l'Euphrate, selon Ptolemée. Elle étoit située au 35° deg. 10 min. de lat. au sud-est de *Circesium*.

GADITANA PROVINCIA, province d'Espagne, dont *Gades* étoit la capitale, selon Tite-Live, *L. XXVIII*.

GADITANI,

(1) L. Cornélius Balbus étoit de *Gades*. On le surnomma le jeune pour le distinguer de son oncle, qui avoit été consul.

(2) Selon Appian, c'étoit un usage commun chez les Celtibères que de réunir deux villes pour n'en faire qu'une, & la rendre ainsi plus forte.

GADITANI, les Gaditains, ou habitans de *Gades.* L'histoire de ce peuple est peu connue. On sait seulement qu'il étoit phénicien d'origine, & qu'il s'adonna fort au commerce. Ses liaisons & le rapport d'origine eût dû le lier avec les Carthaginois contre les Romains; peut-être quelque motif de jalousie les brouilla-t-il. Il est sûr au moins que, dans les guerres de ces deux peuples en Hispanie, ils prirent parti pour les Romains. Saluste rapporte la ratification d'un traité, ou plutôt un traité nouveau qui succédoit à un plus ancien, fait par un chef de troupes qui n'en avoit pas eu le droit. Plusieurs des articles prouvent dans quelle estime étoient à Rome les Gaditains. (*Voyez* la fin de l'article GADES).

GADITANUM FRETUM, détroit de Gibraltar.

GADITANUS PORTUS, port de Cadix.

GADITANUS SINUS, l'espèce de golfe que forme le port de Cadix.

GADORA, village de la Palestine, dans le canton d'Ælia, c'est-à-dire, de Jérusalem, près du Térébinte. Eusèbe nomme ce lieu *Gadeira.*

GADORA, ville de la Célésyrie, selon Ptolemée, *L. V, c. 15.* Il la place entre *Dium* & *Philadelphia.*

GADROSII, peuple des Indes, aux confins duquel étoit la ville de Palimbrota, selon Arrien, *in Indicis.* Ce sont les Gédrosiens de Ptolemée.

GÆA, ville de l'Arabie heureuse, selon Ptolemée, *L. VI, c. 7.* Elle étoit dans les terres. Ammien Marcellin la nomme *Geapolis.*

GÆA, PONTIA & MISYNOS. Ce sont les noms de trois îles que Ptolemée, *L. IV, c. 3,* décrit dans la Grande-Syrte.

GÆBA, lieu de la Palestine, peu loin de Scythopolis & de Dothaïm. Il est dit dans le livre de Judith, *c. 3, v. 11,* qu'Holopherne campa entre Gæba & Scythopolis, assez près de Dothaïm.

GÆSA, ville de l'Arabie heureuse, dans les terres, selon Ptolemée, *L. VI, c. 7.*

GÆSATES (les), en latin *Gæsati.* Polybe dit que l'on appeloit ainsi, entre les Gaulois, ceux qui ne faisoient la guerre que pour de l'argent.

GÆSUM, GÆSON & GÆSUS, rivière de l'Asie mineure, auprès de Priène, où elle se jette dans un étang, selon Ephorus. Hérodote, *L. IX, c. 96,* parle d'un lieu nommé *Gæson,* qui ne devoit pas être fort loin de Milet.

Cette rivière, voisine de Mycale, se rendoit dans un étang, & de-là dans la mer; elle couloit entre Milet & Priène. M. d'Anville ne la nomme pas; mais on peut croire que c'est elle qu'il a figurée dans ce lieu, & qu'il fait passer à Priène même. Actuellement, que le golfe, qui étoit à cet endroit de la côte, a été comblé par les terres que charrie le Méandre, le *Gæsus* se rend dans le Méandre par sa rive droite.

GÆTULI, peuple de la Libye intérieure, habitans de la Gætulie.

GAGASMIRA, ville de l'Inde, en-deçà du Gange, selon Ptolemée. Il paroît qu'elle étoit située entre des montagnes, vers les sources de la rivière qui se perdoit dans le golfe *Anthi-Colpus.*

GAGANDES, île sur le Nil, selon Pline. Ortélius croit que cette île étoit dans l'Ethiopie, sous l'Egypte. (*La Martinière*).

GAGÆ. Selon Pline, *L. V, c. 27,* ville d'Asie, dans la Lycie.

GAGÆ, rivière d'Asie, dans la Lycie, selon Pline, *L. XXXVI, c. 19,* qui dit qu'on y trouvoit une pierre qui en prenoit le nom de *Gagates.* Dioscoride, *L. V, c. 49,* dit la même chose.

GAGUARITENSIS, *ou* GAGUARITANUS, siège épiscopal d'Afrique, selon la notice d'Afrique, qui fait mention de *Rogatus,* qui en étoit évêque.

GALAAD, montagnes de la Palestine, à l'orient du Jourdain; elles séparoient les pays des Ammonites & des Moabites, des tribus de Ruben, de Gad & de Manassé, & de l'Arabie déserte. Souvent Galaad est mis pour tout le pays de de-là le Jourdain; Eusèbe dit que le mont de Galaad s'étend depuis le Liban au nord, jusqu'au pays que possédoit Séhon, roi des Amorrhéens, & qui fut cédé à la tribu de Ruben.

GALAAD, ville de la Judée, dans le pays de Galaad.

C'est où Jephté avoit pris naissance, & où il fut enseveli, selon le livre des Juges; mais Joseph dit que Jephté mourut dans sa patrie & fut enseveli à Séméï, dans la Galaatide.

GALABA, petite ville de l'Asie, qui étoit située dans des montagnes où la petite rivière Calabus prenoit sa source, vers le 37ᵉ degré 5 minutes de latitude.

GALABRII, nation de la Dardanie, voisine de la Thrace, selon Strabon, *L. VII.*

GALACTOPHAGES, peuple de l'Europe, vers la Mysie, selon Ortélius, qui cite Homère, *Iliad. L. XIII, init.*

GALADA, contrée de l'Arabie. Etienne le géographe la nomme *Galadene.* Il est parlé dans Joseph (*Antiq. L. XIII, c. 21*), d'une reine des Galadéniens, qui fit la guerre aux Parthes.

Il paroît que Moïse parle de cette même contrée, lorsqu'il dit que Jacob & Laban firent un traité; & que dans le lieu on éleva un monument qui fut nommé *Acervum testominii,* en hébreu, *Galhed.*

GALADRÆ, ville de la Macédoine, dans la Piérie, selon Etienne le géographe. Il s'appuie d'un vers de Lycophron. Mais dans cet auteur on lit *Charadres,* & même dans cet auteur ce nom se prend pour celui de toute la Macédoine.

GALAICA REGIO. On appeloit ainsi une contrée de la Thrace où étoient situées les villes de *Sala,* de *Zona,* de *Mesambria* & de *Stryma.* Selon Hérodote (*L. VII, 108*), cette région se nommoit *Regio Britannica.*

On ne trouve pas cette région indiquée sur la carte de l'empire romain de M. d'Anville, mais la ville de *Stryma* y est placée. Au reste, comme cet endroit de la carte laiſſe pluſieurs choſes à deſirer, je vais tranſcrire ici le paſſage entier dans lequel Hérodote décrit cette partie de la côte de Thrace. « Au ſortir de Doriſque (Doriſcus), il » paſſa (Xerxès), près des places des Samothraces, » dont la dernière du côté de l'occident, s'ap- » pelle Méſambrie (*Meſambria*). Elle eſt fort près » de Stryma, qui appartient aux Thaſiens. Le Liſſus » paſſe entre ces deux villes....... Ce pays s'ap- » peloit autrefois *Galaïque;* on le nomme aujour- » d'hui *Britannique*, mais il appartient à juſte droit » aux Ciconiens ».

GALANIS, ville de la Phénicie. Pline, *L. II, c. 91*, qui en parle & dit qu'elle fut abîmée, ainſi que la ville de Gamalé. La terre engloutit ces villes & leurs champs.

GALAPHA, ville de la Mauritanie tingitane, ſelon Ptolemée, *L. IV, c. 1*. Elle étoit dans le milieu des terres.

GALAPIE, contrée de la Syrie. Elle a eu ſon roi particulier. *Ortélius.*

GALARIA, ville de l'île de Sicile. On en attribuoit la fondation à un ancien roi nommé *Morgus*, qui avoit auſſi, dit-on, donné ſon nom aux *Morgètes*, peuples habitant en Italie.

GALASA, ville de la Céléſyrie, ſelon Pline, *L. V, c. 18.*

GALASSUS, DEGALASSUS, DAGOLASSON, lieu de la petite Arménie, ſur la route d'Arabiſſus à Satala, entre Zara & Nicopolis, à vingt mille pas de la première, & à vingt-quatre mille pas de la ſeconde. Ce nom varie, ſelon les divers exemplaires de l'itinéraire d'Antonin.

GALATA, *ou* CALATHE (*Jalta*), île élevée & remplie de rochers, ſituée ſur la côte d'Afrique, à dix lieues au nord-eſt de l'embouchure du fleuve Tuſca. Pline & Ptolemée en font mention.

GALATA, montagne de Grèce, dans la Phocide. Plutarque dit, dans la vie de Phocion: les deux partis arrivèrent en même temps auprès de Polypercon, comme il traverſoit avec le roi un bourg de la Phocide, nommé *Pharuges*, qui eſt au pied du mont Acrorion, qu'on appelle aujourd'hui *Galate.* Vie des hommes illuſtres.

GALATÆ, les Galates (1).

Etymologie. Le témoignage unanime des hiſtoriens prouve que les Galates & les Gaulois étoient un même peuple. Mais le peuple que les Romains nommèrent *Gallus*, ou au plurier *Galli*, fut long-temps nommé *Celtæ.* S'il eſt vrai, comme le penſe M. le Brigant, que ce nom ait été corrompu du mot *Keletis*, on peut raiſonnablement auſſi croire que le nom de *Galatæ* ou Galates, n'en eſt auſſi qu'une autre corruption. On leur a quelquefois auſſi donné le nom de *Gallo-Grecs*, parce qu'en Aſie ils adoptèrent, avec le temps, les mœurs des Grecs; mais cette dénomination n'a pas été générale ni permanente: & les noms de Galates & de Galatie, ſont les ſeuls qui ſoient reſtés.

Origine. Il n'eſt pas poſſible, ce me ſemble, d'aſſigner une époque fixe à l'établiſſement des Galates. On voit les Gaulois en Italie, on en voit en Illyrie, & ce furent ceux-ci qui envoyèrent complimenter Alexandre, & dont les députés lui répondirent qu'ils ne craignoient que la chûte du ciel; on en voit enſuite ravager les côtes de l'Ionie, puis d'autres aller juſqu'à Babylone, féliciter Alexandre ſur ſa rapidité & l'éclat de ſes victoires.

A la mort de ce prince (324 avant J. C.), toute la Grèce étoit diſpoſée à ſe liguer contre la Macédoine. Les Gaulois établis dans la Thrace & dans l'Illyrie, voulurent entrer dans cette confédération. Cléonyme, roi de Sparte, s'y oppoſa pour des raiſons que l'on ignore. Outragés de ce refus, les Gaulois ſe prêtèrent aux propoſitions d'Antigone, qui dut à leur valeur la victoire qu'il remporta ſur Antipater (321). Ils eurent à s'en repentir, car le prince macédonien ſe conduiſit à leur égard avec beaucoup de mauvaiſe foi.

Cependant, ces mêmes Gaulois ayant été attaqués par Caſſandre, fils d'Antipater, & obligés de ſe retirer ſur le mont *Hemus* (316), Antigone, voulant ſe les attacher de nouveau, leur offrit de prendre un tiers des leurs à ſon ſervice, & de leur donner des terres pour eux, leurs femmes, leurs vieillards & leurs enfans. On ſait qu'Antigone battit Eumène, & que même il le fit priſonnier.

Le grand nombre de Gaulois paſſés en Aſie à la ſuite d'Antigone, ſe répandit dans l'Aſie mineure, & y devint un peuple conſidérable. On en trouve auſſi à Babylone & dans la haute Aſie; mais ils n'y formèrent jamais de vaſtes établiſſemens.

Cependant, cette première invaſion des Gaulois ſous Antigone, fut ſuivie d'une ſeconde quelque temps après.

Les Gaulois, après avoir formé de grands établiſſemens en Italie & mis Rome très-près de ſa perte, avoient fait paſſer une armée en Macédoine, dans la Grèce. Brennus la commandoit. Léonorix & Lutarix s'étoient ſéparés de lui dès le commencement de la campagne avec un corps de vingt mille hommes. Ils entrèrent en Thrace, ſe rendirent maîtres des côtes de la Propontide, envahirent la Cherſonnèſe, & ſe répandirent dans l'Helleſpont.

Après avoir ſurmonté quelques obſtacles, Lutarix parvint à faire paſſer ſes troupes en Aſie. Léonorix s'étoit ſéparé de lui. Ce dernier eut bientôt l'occaſion & la facilité d'y paſſer auſſi avec ſes troupes. Nicomède, roi de Bithynie, fit alliance avec lui, lui fournit des vaiſſeaux pour le tranſport, & lui

(1) Comme je ne puis donner qu'une étendue médiocre à cet article, je renvoie pour les détails & les objets ſuſceptibles de diſcuſſions, 1°. aux anciens, tels que Strabon, Tite-Live, Pauſanias, *&c.* 2°. aux modernes, entre leſquels je diſtingue dom Martin & Gottlieb Wernſdorf, auteur de l'ouvrage intitulé: *de Republica Galatarum.*

offrit un établissement considérable (279 avant J. C.) Les articles du traité portoient :

Que les Gaulois seroient inviolablement attachés aux intérêts de Nicomède & de sa postérité ;

Qu'ils ne pourroient jamais, contre le gré & le consentement de Nicomède, se liguer avec qui que ce soit, quelques avantages qu'on pût leur offrir ; mais qu'ils auroient les mêmes amis & les mêmes ennemis que lui ;

Qu'ils iroient au secours des Bysantins dès que l'occasion le requerroit ;

Qu'ils se porteroient aussi pour bons & fidèles alliés des villes de Thios, d'Héraclée, de Chalcédoine, *&c.* & de quelques autres métropoles.

Ces articles ne furent pas plutôt signés par les officiers de l'armée de Léonorix, que Nicomède les fit communiquer à Lutarix, qui étoit alors dans la Troade. Il s'y étoit rendu maître de la nouvelle ville de ce nom, qui étoit à trente stades de l'ancienne. Il projettoit d'en faire la capitale d'un état à lui & indépendant; mais cette ville étoit sans défense : il préféra d'accéder au traité fait avec Nicomède, & alla se joindre à Léonorix.

Non-seulement les Gaulois ou Galates secondèrent les intentions de Nicomède, mais ils firent aussi des conquêtes pour leur compte. D'une autre part, Attale I, roi de Pergame, donna une partie considérable de terrein aux Gaulois, qui l'avoient servi contre Antiochus ; & c'est à cette époque surtout (l'an 278 avant J. C.), qu'il faut rapporter leur établissement fixe dans l'Asie mineure.

D'après l'exposé très-succinct que je viens de faire, on voit qu'il faut distinguer plusieurs époques du passage des Gaulois en Asie. On en remarque trois principales ; ce qui lève toutes les difficultés que présentent les différens passages des auteurs, relativement à l'étendue de la Galatie.

La première époque sera celle où le pays occupé par les Galates ne comprenoit que cette partie de l'Hellespont qui fut cédée à Léonorix & à Lutarix (1).

La seconde est celle où Attale (l'an 220 avant J. C.), leur donna des terres aussi dans l'Asie mineure.

Enfin, la troisième est celle où la Galatie, séparée de l'Hellespont par l'Epictète, s'étendoit d'occident en orient depuis la Grande-Phrygie jusqu'au Pont Polémaïque. C'est de ce pays dont je donne la description à l'article GALATIA.

DIVISION POLITIQUE. Les Galates formoient une seule nation, divisée en trois peuples, dont chacun étoit chef de plusieurs autres : ces trois peuples étoient les Tectosages, les Trocmes & les Tolistoboges ou *Tolistoboii*. Il me paroît que l'on avoit différentes opinions sur leurs positions respectives, d'après les auteurs anciens. Je m'en tiendrai à l'emplacement que leur assigne M. d'Anville. Ce savant met les Tolistoboges à l'ouest ; les Tectosages au milieu & un peu vers le nord, & les Trocmes vers l'est.

Si l'on s'en rapportoit au témoignage de Pline, on croiroit que les Galates étoient divisés en 195 tétrarchies. Mais ce n'est pas cela. Il paroît, par l'exposé que fait Strabon du régime politique des Gaulois, que chacun des trois peuples, ou plutôt l'étendue de pays que chaque peuple habitoit, étoit partagée en quatre cantons, dans chacun desquels il y avoit un tétrarque. Outre ces douze tétrarques il y avoit un conseil-général de la nation, composé de trois cens sénateurs (2). Je crois, avec d'habiles auteurs, que ce conseil étoit celui de la nation ; autrement les tétrarques eussent été des souverains.

Comme dans toutes les guerres que les Galates ont soutenues, dit dom Martin (*T. II, p. 15*), soit en attaquant, soit en se défendant, on ne trouve qu'un tétrarque à la tête des troupes ; quoiqu'il y eût plusieurs tétrarques dans l'armée, on peut présumer que ce commandant avoit été choisi par le conseil-général. Car quel autre pouvoir eût fait consentir onze tétrarques à obéir à un seul, ou du moins à trois ? car on voit que chaque peuple étoit conduit par son tétrarque. Ainsi, dans la guerre que les Galates eurent à soutenir contre le consul Manlius, les Tectosages, les Tolistoboges & les Trocmes avoient chacun leur tétrarque, & formoient autant de corps d'armées séparés. Donc les autres tétrarques recevoient les ordres de ceux qui commandoient (3).

Il me semble que l'on ne peut trouver dans l'histoire s'ils avoient ou non besoin du conseil-général pour porter des secours à différens princes. Je crois qu'au moins chaque grande division étoit fort libre à cet égard. Quant aux guerres qui intéressoient toute la nation, elles se régloient, il est vrai, dans le conseil-général ; mais ces décisions, aussi-bien que les traités, n'avoient de force qu'autant qu'elles avoient été ratifiées par les tétrarques.

Les villes moins considérables, quoique régies par la municipalité, par leurs magistrats, étoient dans la dépendance des capitales. Il y avoit même de petits peuples qui faisoient partie des forces de la nation, & qui ne comptoient pas entre ceux qui avoient droit au gouvernement.

(1) Ces noms, restitués au celte par dom Martin, se trouvent rendus par ceux de Léonorius & Lutarius dans les auteurs grecs.

(2) Strabon, *p. 567*, dit : Ἡ δὲ τῶν δώδεκα τετραρχῶν βουλή, ἄνδρες ἦσαν τριακόσιοι. Le conseil des douze tétrarques étoit de trois cens hommes. Le lieu où se tenoit ce conseil se nommoit *Drynæmetus*. Wernsdorf croit expliquer ce mot en disant *quasi trium domus*. Dom Martin le forme des mots celtique *drus*, chêne, & *nemetes*, un temple.

(3) Une preuve qu'ils étoient d'ailleurs assez libres, c'est que dans la guerre dont je parle, il y eut un tétrarque, Eposlognatus, qui ne voulut pas prendre les armes. Apparemment qu'ils n'y pouvoient être forcés par le conseil général.

Les tétrarchies étoient d'abord héréditaires, selon dom Martin ; mais Wernsdorf pense qu'elles étoient électives. Au reste, le temps, l'ambition des grands & la politique des Romains, y apportèrent de grands changemens.

Ils furent même assez rapides. Strabon assure que de son temps, les tétrarchies furent réduites d'abord à trois, puis à deux, enfin à une, qui comprenoit toutes les autres, & qui fut possédée par Déjotarus. Il est vrai que ce fut de sa part une usurpation. Les tétrarques portèrent leurs plaintes à César. C'étoit s'adresser assez mal, puisque lui-même eût voulut soumettre le sénat & le peuple romain ; mais enfin il étoit dictateur, & dans cette place, il étoit à la tête de la république. Il ne fit pas grande attention au fond de la plainte ; car il ne diminua en rien l'autorité que s'étoit arrogée Déjotarus. Mais il démembra une tétrarchie pour la donner à Mithridate de Pergame, auquel elle appartenoit par le droit de ses ancêtres. Encore faut-il ajouter, 1°. que César dédommagea Déjotarus en lui donnant une partie de l'Arménie ; 2°. que ce prince, après la mort de César, rentra dans les biens que le dictateur lui avoit ôtés.

L'élévation de Déjotarus doit avoir suivi le massacre que fit Mithridate des tétrarques de la Galatie. Il les avoit rassemblé tous les douze ; trois seulement échappèrent à sa cruauté. Ils furent, il est vrai, rétablis par Pompée. Mais ce fut-là l'époque de la fin de cette espèce de gouvernement.

Le dernier tétrarque & roi de la Galatie fut Amyntas. Il avoit d'abord été secrétaire de Déjotarus I, & fut fait roi de la Pisidie l'an de Rome 714. Ce fut Marc-Antoine qui, en 718, lui donna la Galatie.

Comme les tétrarques étoient à la tête des affaires générales de la nation, ils ne pouvoient s'occuper de tous les détails. Aussi avoient-ils sous eux un juge (δικαστης), un chef de la guerre (στρατοφυλαξ), & deux lieutenans (ὑποστρατοφυλακης).

Religion. On n'a pas de grands détails sur la religion des Galates. Ils eurent d'abord des sacrifices humains. Ils immoloient les prisonniers faits à la guerre. On cite plusieurs traits comme une preuve de leur penchant à la superstition. Au reste, le trait que cite Cicéron prouveroit qu'il n'en étoit pas lui-même exempt, puisqu'il dit que la vue d'un aigle empêcha le roi Déjotarus de loger dans une maison ; & qu'il ajoute que cette maison tomba la nuit suivante. Il faudroit donc en conclure que la superstition a ses avantages ; ce qui est ridicule. Ils adoroient la mère des dieux sous le nom d'*Agdistis*.

Caractère, mœurs, usages. Les Galates, pourvus par la nature d'une haute stature, avoient une grande réputation de valeur. Leurs armes n'étoient guère qu'une épée & un bouclier, quoique cependant ils combattissent ordinairement nus. Mais l'impétuosité de leur attaque étoit presque insoutenable, & leur procuroit presque toujours la victoire.

Quoique les Galates aient été quelquefois traités d'ineptes, cependant on voit, par différens passages d'auteurs, qu'ils s'appliquoient à l'éloquence, qu'ils aimoient la musique. Ils avoient un instrument particulier qui se nommoit *Carnyx*. Ils faisoient usage du bain. On cite plusieurs exemples de leur chasteté & de leur fidélité au lien conjugal.

Les repas des Galates étoient splendides & bien ordonnés. On couvroit la table de pain & de viande ; personne n'y touchoit que la première personne de la compagnie n'y eût porté la main. Ces repas étoient fréquens. Athénée & les inscriptions d'Ancyre font foi que les Galates s'en donnoient réciproquement & les faisoient durer plusieurs jours. Les plus riches terminoient ces sortes de fêtes par une distribution de bled.

Fin de l'état des Galates. A la mort d'Amyntas (l'an 26 avant J. C.), Auguste réduisit en provinces romaines la Galatie, la Pisidie & la Lycaonie. Il rendit la liberté aux villes de la Pamphylie, qui avoient été au pouvoir d'Amyntas. Lollius fut mis à la tête de ces provinces, avec le titre de propréteur. Ce changement dans la forme générale du gouvernement n'en occasionna pas un total dans les détails de l'administration. Ainsi Dytentus continua d'exercer la grande sacrificature de la couronne avec la souveraineté qui y étoit attachée (1).

Passé ce temps, on ne trouve plus rien d'intéressant concernant les Galates.

Ils furent gouvernés par des propréteurs jusqu'au règne de Théodose-le-Grand ou de Valens, qui divisa la Galatie en deux. La première avoit pour métropole Ancyre, & contenoit sept villes, selon la notice d'Hiéroclès ; la seconde, appelée *Salutaris*, avoit pour métropole Pessinonte, & renfermoit neuf villes.

GALATANI, peuple de la Sicile, selon Pline, *L. III, c. 8.* Ce peuple est le même que les *Calatini* de Cicéron.

GALATEA, nom allégorique que Virgile, *éclog. 1, v. 37,* donne à la ville de Mantoue.

GALATHEA, ville éloignée de cent cinquante mille pas de la ville de Constantinople. Grégoire de Tours, *de glor. martir.* dit que l'on y conservoit la tunique de Notre-Seigneur.

(1) Ce prince étoit fils aîné d'Adiatorix, & il avoit été condamné par Auguste à perdre la tête, ainsi que son père, pour avoir pris le parti d'Antoine. Le bourreau alloit exécuter cette horrible sentence, lorsqu'un frère cadet de Dytentus prétendit qu'il étoit son aîné, & qu'en conséquence c'étoit à lui à perdre la vie. Dytentus ne voulant pas lui céder en générosité, soutenoit le contraire, & défendoit son droit d'aînesse comme s'il eût dû lui procurer un trône. Enfin, les parens l'engagèrent à céder aux instances de son frère l'honneur d'une si belle mort, parce que étant réellement plus âgé, il pouvoit être plus utile à sa famille. Le cruel Auguste fut pourtant sensible à ce trait de dévouement, & ne pouvant rendre la vie au prince mort, il donna à celui qui vivoit la dignité de grand-pontife de Comane, qui le rendoit souverain dans le Pont.

GALATIA, province de l'Asie, qui prit son nom des peuples gaulois, appelés *Celtes* ou *Galates* par les Grecs. Mais comme ces peuples avoient possédé dans l'Asie mineure une bien plus grande étendue de pays que celui auquel la Galatie proprement dite, fut ensuite réduite, les auteurs ont attribué à la Galatie des bornes très-reculées, des montagnes, des fleuves & des villes, qu'ils n'ont jamais possédés tout à la fois.

On voit, à l'article GALATÆ, comment ces peuples eurent occasion de passer en Asie. Leurs premiers établissemens furent vers la mer Egée, & insensiblement ils s'étendirent jusqu'au mont *Taurus*. Ensuite ils prirent un établissement plus stable, & l'on donna le nom de *Galatie* à tout le pays qui s'étendoit depuis le *Sangarius* jusqu'à l'*Halys*.

De la confusion qui régnoit entre les peuples vainqueurs & les peuples vaincus, il résultoit que, du temps de Strabon, on ne pouvoit pas assigner des bornes très-précises entre les Bithyniens, les Mysiens, les Phrygiens, les Doliones, les Mygdoniens, les Troyens ou Dardaniens; de-là aussi les différentes bornes que les auteurs assignent à la Galatie. Ptolemée sur-tout lui donne une étendue qui n'est pas admissible (1). Il la borne au sud par la Pamphylie: c'est y comprendre presque toute la Phrygie, la Pisidie & la Lycaonie; au nord, il porte la Galatie jusqu'au Pont-Euxin: c'est y comprendre toute la Paphlagonie.

Avant d'indiquer les bornes précises de la Galatie, je vais nommer les montagnes, les fleuves & les villes que l'on attribue à la Galatie, ou plutôt aux Galates.

Montagnes... Le mont *Agdistis*, selon Pausanias; mais on a très-bien remarqué que ce nom étoit, chez les Galates, celui de la mère des dieux, & non celui d'une montagne: on disoit que son image étoit tombée du ciel.... Le mont *Adoreus*, connu seulement par Tite-Live, qui dit que le *Sangarius* y avoit sa source..... Le mont *Ancyrium*, que Denys d'Halicarnasse traite de promontoire. Mais comme cette montagne devoit, selon lui, avoir pris son nom d'Ancyre, on ne voit pas comment cette ville, située dans l'intérieur des terres, peut avoir donné son nom à un promontoire..... Le mont *Ballenæus*, qui n'est nommé que dans Plutarque: il le place près du Sangarius, & dit que son nom signifie en phrygien, fleuve royal. Selon cet auteur, on y trouvoit une pierre phosphorique, dont l'effet, d'après son récit, devoit être à-peu-près le même que celui de la pierre de Bologne.... Le mont *Berecynthus*, près du fleuve Marsyas. On y trouvoit une pierre appelée *machæra*, parce qu'elle étoit de la couleur du fer des épées..... Le mont *Celænus*, qui étoit en Phrygie, & sur lequel Hyagnis avoit inventé la flûte..... Le mont *Didymus*, tout près de Pessinonte: Wernsdorf pense que c'est le mont *Agdistis*..... Le mont *Gigas*, selon Ptolemée. L'auteur que je viens de citer croit qu'il faut lire *Olgassys*, montagne placée, ainsi qu'il est dit du Gigas, entre les *Trocmi* & les *Paphlagonæ*.... Le mont *Magaba*, appelé aussi *Modiacus*; il étoit situé au-delà d'Ancyre, chez les Tectosages. Il est célèbre par la défaite des Tectosages & des Trocmes, qui s'y retirèrent après leur défaite par Cn. Manlius... Le mont *Olgassys*, le même, à ce que l'on croit, que le *Gigas* de Ptolemée: cette montagne étoit très-élevée & sa cime inaccessible: son nom étoit paphlagonien. (*Voyez* Strabon)... Le mont *Olympus*, qu'il ne faut pas confondre avec une autre montagne de même nom, située sur les confins de la Bithynie, de la Phrygie & de la Mysie: le mont Olympe de la Galatie n'étoit pas moins élevé, mais il se trouvoit entre le *Sangarius* & Ancyre. Les Tolistoboges s'y étoient retirés pour s'y mettre à l'abri des armes romaines (2).

Fleuves. Les principaux fleuves étoient... L'*Anlander*, petit fleuve que Tite-Live seul nous fait connoître: sur l'excellente carte de M. d'Anville, il coule du sud-ouest au nord-est pour se rendre dans le *Sangarius*, à peu de distance au-dessus d'*Amorium* (3)..... L'*Amnias*, qui couloit dans la Paphlagonie, près du mont *Olygassis*..... Le *Calletes* ou *Cales*, petit fleuve près d'Héraclée..... Le *Cappadox*, qui séparoit au sud-est la Galatie de la Cappadoce, & se jetoit dans l'Halys par sa droite... L'*Elatas* (4), indiqué par Ptolemée entre l'*Hypius* & le *Parthenius*... Le *Gallus*, qui, selon les auteurs, appartenoit à la Bithynie, mais que Wernsdorf nous offre comme si Strabon avoit dit qu'il arrosoit Pessinonte (*Strabo luculenter testatur Gallum Pessinontem alluere: De rep. gall. p. 243*). Mais Strabon ne dit pas cela; il dit seulement qu'il passe par

(1) On pourroit soupçonner que le chapitre V, dans lequel ce savant géographe traite de ce pays, a été un peu altéré pour l'ordre des divisions; car dans ce que nous appelons l'argument & qui porte pour titre Ἐϰθησις τῶν μερῶν της μεγάλης Ἀσίας, on voit qu'il appelle Grande-Asie, ce que nous appelons Asie mineure. De plus, il annonce la Galatie comme devant être traitée séparément, & cependant cette province est confondue avec la Paphlagonie dans l'un des chapitres de ce livre. Aussi attribue-t-il à la Galatie un bien plus grand nombre de villes qu'elle n'en renferme comme province particulière.

(2) M. de Tournefort a confondu cette montagne avec celle du même nom en Bithynie. Il étoit sur cette dernière, & non pas sur celle où les Tolistobroges se retirèrent.

(3) Le savant Wernsdorf me paroît s'être mépris en parlant de ce fleuve, qui, selon lui, se jetoit dans le *Thymbris*. Il cite cependant Tite-Live (*T. XXXVIII, 15 & 18*). Mais il a lu ce passage trop vîte, ou l'avoit perdu de vue; c'est du Sangarius, que Tite-Live dit, « qu'il commence » au mont *Adoreus*, & mêle ses eaux à celles du fleuve » *Thymbris* ». Sa carte est conforme à son texte; mais pas du tout au texte de Tite-Live.

(4) Je le crois le même que l'*Elæus*, fleuve de la Paphlagonie, ayant son embouchure au nord dans le Pont-Euxin.

la Galatie & la Paphlagonie. Pline l'attribue à la Galatie; il est probable qu'il avoit pris ce nom des Gaulois, & que dans la suite on y chercha une autre origine. (*Voyez* GALLUS).... L'*Hiecas*, qui selon Pline, servoit de bornes entre la Bithynie & la Galatie : Wernsdorf soupçonne que ce paroît être le même que le *Siberis* (1).... L'*Hypius*, près duquel étoit située *Prusa ad Hypium*, mais il ne put appartenir aux Galates que dans les commencemens; car il étoit en Bithynie, chez les *Maryandini*.... L'*Halys*, qui, coulant dans la partie orientale, arrosoit le pays des *Trocmi*. Sur la carte de Wernsdorf, ce sont les Tectosages qui sont à l'est; & l'Halys coule seulement sur les bornes du pays; au lieu que M. d'Anville met les *Trocmi* à l'est de ce fleuve.... Le *Lycus*, arrosoit la Paphlagonie, & se jetoit dans le Pont-Euxin, près d'Héraclée..... Le *Parthenius*, ou le fleuve vierge, nommé ainsi à cause de la beauté de ses eaux. Il n'appartient à la Galatie qu'autant que celle-ci comprenoit la Paphlagonie. Car à une certaine époque il servit de bornes entre la Paphlagonie & la Bithynie: il se jetoit dans le Pont-Euxin... Le *Psillis*, que l'on ne peut attribuer à la Galatie que pour des temps où cette province n'avoit pas les bornes qu'elle eut dans la suite : il couloit en Bithynie, chez les *Thyni*, entre *Calpe Portus* & *Artane*.... Le *Sangarius*, qui commençoit en Galatie au mont *Adoreus*, couloit par le nord-ouest, & alloit se jeter dans la mer. (*Voyez* SANGARIUS)... Le *Siberis*, dont il est parlé dans la vie de S. Théodore de Sycéon. Selon la carte de M. d'Anville, ce fleuve commençoit au mont Olympe, & se rendoit dans le *Sangarius*, à sa droite, assez près de *Syceon*..... Le *Thymbris*, que Pline appelle *Thymbrogius*. Selon quelques auteurs, il bornoit la Galatie à l'ouest. Comme il arrosoit du sud au nord la Phrygie épictète, on ne peut douter que les bornes de la Galatie n'eussent été plus étendues de ce côté.... C'est aussi en étendant la Galatie au sud, que l'on y comprend le lac *Talta*, qui étoit plus ordinairement compris dans la Phrygie, dans la partie appelée *Lycaonie*.

Villes. Les villes attribuées par les anciens à la Galatie, sont en bien plus grand nombre que celles renfermées dans les bornes de la Galatie, indiquées par M. d'Anville. On en a vu les raisons en parlant des fleuves. Voici les villes que fait connoître l'ouvrage de Wernsdorf..... *Abassus* ou *Abassum*, qui étoit le premier lieu où campa le consul Cn. Manlius en entrant chez les Tectosages par le sud (2)....

..... *Abrostola*, entre Pessinonte & Amorium..... *Acitorihiaco*; ce nom se trouve dans la table de Peutinger, mais on le croit altéré.... *Ad Apera*, chez les *Trocmi*, selon l'itinéraire d'Antonin.... *Æorium*, dans la Galatie seconde; on croit que c'est une fausse leçon pour *Amorium*... *Aganna*, ville de la première Galatie, mais que l'on croit la même que *Laganea* ou *Lutenea*, selon quelques textes de Ptolemée... *Agapeti*, traité d'évêché dans l'Indice de Fabricius.... *Alcetoria*, ville..... *Alyatti*, lieu qui appartenoit aux Tolistoboges : il est placé par M. d'Anville dans la *Galatia Salutaris*... *Aliassum*, nommé dans l'itinéraire de Jérusalem... *Ambrena*... *Amorium*, dans la Galatie seconde; elle devint le siège d'un évêché. Cette ville étoit sur la droite du *Sangarius*, chez les Tolistoboges..... *Anastasiopolis* : cette ville avoit d'abord porté le nom de *Laganea* : on remarque qu'il n'est pas mention d'elle sous son second nom avant le sixième concile de Constantinople... ANCYRA, ville des Tectosages, & capitale de toute la Galatie, puis de la Galatie première.... *Andrus*, ville que Ptolemée attribue aux Tolistoboges : on la croit la même qu'*Andera*, ville de Phrygie, selon Etienne de Bysance; & *Andria*, selon Pline.... *Andrapa*, sur les confins de la Cappadoce, selon l'itinéraire de Jérusalem.... *Androsia*, chez les Trocmes, selon Ptolemée..... *Araunia*, ville du Bas-Empire, siège d'un archiprêtré.... *Arcelajo*, entre *Donylæum* & *Gernana*, selon l'itinéraire d'Antonin.... *Ardistania*.... *Argizala*, chez les Tectosages, selon Ptolemée..... *Arpasi*, entre Ancyre & Aspona, selon la table de Peutinger..... *Aspona*, dans la première Galatie.... *Attabia*, traitée de ville épiscopale par l'indice de Fabricius, mais que l'on croit la même que *Taviæ*.

Bagrum, peu éloignée d'*Amorium*, selon la table théodosienne..... *Berimopolis*, ville de la première Galatie, évêché : on croit qu'elle avoit pris son nom de l'impératrice *Verina*, épouse de Léon V... *Blucium*, ville des Tolistoboges & le siège du roi Déjotare : Cicéron, dans son plaidoyer (*pro Dejotaro*), la nomme *Luccjum*.... *Bolelasgus*, peu éloignée d'Ancyre, selon l'itinéraire d'Antonin...

Calumena, ville épiscopale de la première Galatie, selon l'Indice de Fabricius.... *Carus Vicus*, selon le même auteur.... *Carima*, lieu chez les Tectosages, selon Ptolemée : Pline dit *Carina*.... *Carissa*, chez les *Trocmi*, selon Ptolemée... *Cenaxepolidem*, selon l'itinéraire de Jérusalem, entre *Mnizum* & *Ancyra*... *Cina*, ville de la Galatie première. On croit que c'est la *Cinœa* de Ptolemée, & la *Linna* d'Hiéroclès.... *Cinara*, que l'on croit être la même que *Cina*.... *Clanei*, évêché, dans la seconde Galatie.... *Claudiopolis*, chez les *Trocmi*, selon Ptolemée....

(1) Je crois que c'est celui que M. d'Anville a placé sous le nom de *Hyceron*, & qu'il y a faute de gravure.

(2) La marche du consul est fort bien décrite dans Tite-Live. Je ne sais à quel propos Wernsdorf parle à l'occasion d'*Abassus* de la contrée appelée *Abassitidis Tractus*; elle étoit fort loin à l'ouest, & c'étoit-là qu'étoit Ancyre de Phrygie. Car bien que l'*Abassus* de Tite-Live devoit être au nord de *Bendi* (il y a dans le texte *ad Bendos*; ce nom me semble l'accusatif de *Bendi* : cependant M. d'Anville a écrit *Bendos*), il va ensuite à *Anorbura*, aux sources de l'*Alander*, puis à *Abassus*, omis par M. d'Anville.

Clanæ, ville de la seconde Galatie.... *Conchas*, petite ville.... *Congustus*, appelée *Congusso* dans la table de Peutinger.... *Corniaspa*, vers *Tavia*, selon l'itinéraire d'Antonin.... *Cratia*, appelée aussi *Flaviopolis*; elle devint évêché.... *Crentius*.... *Cuballum*, château où les Tolistoboges attaquèrent pour la première fois les Romains.

Danala, ville que Strabon place chez les *Trocmi*... *Daranon*, lieu près de *Tavia*, sur les frontières de la Cappadoce..... *Delemna*, lieu près d'Ancyre..... *Diccana*, dont il est parlé dans la vie de Théodose.... *Dictis*, placée par Ptolemée chez les Tectosages.... *Docimium*, évêché de la seconde Galatie; mais presque tous les auteurs l'attribuent à la Phrygie : elle a été près de *Synnada*.... *Drynæmetus*, lieu où se tenoient les assemblées provinciales..... *Dudna*, chez les *Trocmi*, selon Ptolemée : on croit que c'est la *Didyenses* de Pline.

Ecdamua, placée par Ptolemée chez les *Bezeni*; & nommée *Egdava* par la table de Peutinger...... *Ecobrogis*, entre Ancyre & *Tavia*..... *Evagina*, selon la table de Peutinger; la même peut-être que *Phuibagina* des *Trocmi*, selon Ptolemée........ *Evarzia*, nommée dans la vie de Théodose....... *Enchraes*..... *Udoxies*, évêché de la seconde Galatie; Ptolemée, ou plutôt son interprète latin, dit *Eudoxiana*.... *Everaensium*....

Fluviopolis, la même que *Cratia* : elle peut avoir pris ce nom de Vespasien.

Galea, près d'Ancyre.... *Garmias* ou *Garimas*, entre *Aspoma* & les frontières de la Cappadoce.... *Germanopolis*.... *Germia*, ville de la seconde Galatie. On la nommoit aussi *Germarolonia*, entre Pessinonte & Ancyre.... *Gorbeus*, éloignée d'Ancyre de vingt-deux milles : elle est nommée dans Ptolemée *Corbeuntus*; & dans l'itinéraire de Jérusalem, *Curveunta*... *Gordiocome*, la même que *Juliopolis* (1).. *Gordium*, ville célèbre par le nœud qui porte son nom, & qui, comme on sait, fut coupé par Alexandre : elle avoit été la capitale de la Phrygie...

Heliopolis, siège épiscopal de la première Galatie, selon une ancienne notice & selon Hiéroclès; mais les savans croient que c'est la même ville que Juliopolis.... *Hieronpotamon*, lieu situé, selon l'itinéraire de Jérusalem, entre *Juliopolis* & *Laganea*.

Jopolis, ville dont il est parlé dans la vie de Théodose... *Ipetobrigen*, selon l'itinéraire de Jérusalem, près de *Mnizus*.... *Juliopolis* ou *Gordium*, ainsi que je l'ai déjà dit : elle prit ce nom lorsqu'elle eut été réparée par Auguste. On croit qu'elle n'appartint à la Galatie que vers le troisième siècle. Il ne faut pas la confondre avec une autre *Juliopolis* qui étoit dans la Bithynie, à l'ouest, près de la Mysie, & qui étoit, selon Pline, une petite ville (2), au lieu que celle de la Phrygie fut colonie romaine.... *Justinianopolis*, qui est la même que Pessinonte, à laquelle Justinien avoit donné ce nom; remarque que n'ont pas faite les itinéraires : ce qui supposeroit deux villes différentes.

Landosia, chez les Tectosages, selon Ptolemée... *Landicea Combusta*, placée par Ptolemée chez les Bezenis, & vers le sud d'*Amorium*, selon la table de Peutinger; mais sa juste position étoit bien plus au sud, dans la Lycaonie.... *Luganea* ou *Laganeas*, évêché de la première Galatie; on pense que c'est la même que la ville de *Laginia* d'Étienne de Bysance... *Lasconia*, ville des *Trocmi*, selon Ptolemée; on la croit la même que *Lassoro* de la table théodosienne, près de *Tavia*.... *Legna*, dans l'itinéraire d'Antonin : on peut croire que c'est la même que *Laganea*... *Lotinia*, ville épiscopale de la seconde Galatie, selon Fabricius..... *Lucejum*. J'ai déjà remarqué que c'est Cicéron qui la nomme ainsi, tandis que les autres auteurs la nomment *Blucium*. Cette dernière, selon Strabon, étoit le séjour du roi Déjotare; & Cicéron dit de même que *Lucejum* étoit le siège du tétrarque des Tolistoboges, c'est-à-dire, de Déjotare; donc c'étoit la même ville.... *Lystreni*. On remarque que Pline place un peuple de ce nom dans la Galatie : on croit qu'il parle des habitans de *Lystra*, ville de l'Isaurie.

Mallus, vers Ancyre.... *Manegordium*, entre *Mnizus* & *Ancyra*.... *Mazamea*.... *Mazania*. Ces deux villes ne sont connues que de Théodose... *Medosaga*, village près d'Ancyre... *Mideum*, chez les Tolistoboges : c'est la *Midaion* de Pline. Mais on l'attribuoit à la Phrygie.... *Milia*, selon l'itinéraire de Jérusalem, près de *Juliopolis*.... *Mita*, près d'Ancyre..... *Mithridatium* appartenoit aux *Trocmi*, & fut donnée par Pompée à Bogodiatorus (3).... *Mnezi*, ville de la première Galatie,

(1) M. d'Anville semble ne pas admettre l'existence de cette *Gordiocôme*, qu'il regarde sans doute comme étant la même que *Gordium*, car c'est à celle-ci qu'il donne le nom de *Juliopolis*.

(2) J'examinerai en son lieu si c'est la même que M. d'Anville a cru devoir appartenir à la Phrygie, dans la région *Kecaucamene*, & qu'il a placée vers le nord-est d'*Antiochia ad Pisidiam*.

(3) On trouve dans l'Asie mineure trois villes fondées ou rétablies par Mithridate, & à chacune desquelles il avoit donné son nom. On trouve aussi que ces mêmes villes prennent ensuite le nom de Pompée. Cette double conformité avoit fait soupçonner qu'il étoit question d'une seule & même ville; mais on ne peut admettre cette opinion d'après leurs situations différentes. Je crois plutôt que Pompée mit de l'affectation à substituer par-tout son nom à celui de Mithridate. La plus considérable de ces villes étoit *Eupatoria*, près l'Iris, nommée *Magnopolis* par Pompée; elle étoit dans le Pont..... La seconde étoit *Pompeiopolis*, située en Paphlagonie, entre Gangra & Sinope, mais fort loin au sud de cette dernière; la troisième, selon Wernsdorf, se trouvoit entre *Amisus* & l'*Halys*. Mais cet auteur cite Strabon, & je ne vois pas cette dernière indiquée par cet auteur. Et il se peut très-bien que la précédente eût appartenu aux *Trocmi*. Il y avoit aussi *Mithridatium* dans la Cappadoce, assez loin au sud-est de *Tavia*.

& siège épiscopal. Dans l'itinéraire d'Antonin, elle est nommée *Minizus*, & dans celui de Jérusalem *Mnizus*.... *Mnozenia*; il en est parlé dans la vie de Théodose : on soupçonne que c'est la même que *Mnezi*, ou que *Mezania*..... *Mogaron*, vers la Cappadoce, près de *Tavia*.... *Myracium*, ville de la Galatie seconde; elle est aussi nommée *Myrcium* & *Mericium*.

Neapolis, ville située dans la Pisidie, assez loin au sud de la Galatie proprement dite : mais Pline compte entre les peuples galates, les *Napolitani*.

Oceandenses. Pline compte ces peuples entre ceux qui appartenoient à la nation des Galates : on peut croire que ce sont les mêmes que Tite-Live (*L. XXVIII, c. 18*), nomme *Oroandenses*...... *Olenus*, ville chez les Tectosages, selon Ptolemée... *Oreistus*, appelée aussi *Orcaoryci* par Strabon : elle étoit dans la seconde Galatie, près de Pessinonte : cette ville devint évêché.

Palia, ville & évêché de la seconde Galatie.... *Paninotum Oppidum*, ville qui n'est connue que par la vie de Théodose.... *Papyra*, éloignée de vingt-sept milles d'Ancyre, selon l'itinéraire d'Antonin.... *Pardosena*, placée, selon le même itinéraire, sur les frontières des *Trocmi*, près de *Tavia*.... *Pazus*, village situé près des sources du *Sangarius*.... *Pegella*, lieu peu éloigné d'*Amorium*, selon la table de Peutinger.... *Pejus*, château chez les Tolistoboges, où l'on gardoit les trésors du roi Déjotare.... *Perta*, ville des *Bezeni*, selon Ptolemée.... *Permetania*, connue seulement par la vie de Théodose.... *Pessinus*, métropole de la Galatie salutaire, ou seconde Galatie. Cette ville étoit très-considérable. (*Voyez* PESSINUS)..... *Petenisus*, évêché de la seconde Galatie : on croit que c'est la *Pitnissa* d'Etienne de Bysance, & la *Petnissus* de Ptolemée, appelée *Pignisus* par Strabon.... *Philomelium*, évêché de la seconde Galatie...... *Pidri* (1)..... *Pignisus*, vers les frontières de la Cappadoce, selon Strabon.... *Pissius*, évêché de la seconde Galatie.... *Placia* ou *Plata*, évêché... *Polybotum*, évêché de la seconde Galatie...... *Prasmon*, placée par l'itinéraire de Jérusalem entre Maizus & Ancyre...

Rastia, ville des *Trocmi*, selon Ptolemée..... *Reganagalia* & *Regemnezus*, dans la première Galatie..... *Regemaurecium* & *Regelmecata*, dans la seconde Galatie. Quelques auteurs ont cru que ces mêmes lieux n'étoient que *Galia*, *Manezus*, *&c.* avec l'addition d'une syllabe grecque signifiant un lieu, un village... *Regomori*, près de *Tavia*, selon la table de Peutinger.... *Rosologiacum*, à douze milles de Gorbeus. On la nommoit aussi *Orsologiaco*. On croit que c'est ce lieu indiqué par Ptolemée chez les Tectosages sous le nom de *Rosologæ*....

Salmania, village près de Siceon... *Saddi*, peu connu.... *Sangarium*, appelé par Strabon & par Eusthate. *Sangia*, près des sources du *Sangarius*.... *Saniana*, château sur les confins de la Cappadoce... *Sarmalius* ou *Sarmalia*, chez les Tectosages..... *Saralum* ou *Saralio*, chez les *Trocmi*.... *Sendris*.... *Sebasteni* : mais si l'on entend les habitans de *Sebastopolis*, elle étoit assez loin de la Galatie... *Seleucia*. On ne connoît pas de ville de ce nom en Galatie; mais Pline compte les *Seleucenses* entre les petits peuples de la Galatie.... *Siceon*, ville considérable, éloignée d'Ancyre de douze milles.... *Sivara*, placée par Ptolemée chez les *Bezeni*.... *Soanda*, peu éloignée de *Tavia*.... *Sozopolis*, évêché, entre *Armorium* & *Germia*.... *Spariva*, ou *Spalea*, appelée aussi *Justiniopolis*..... *Stabium*, lieu placé par la table de Peutinger près de *Tavia*.... *Synnada*, placée par quelques auteurs en Galatie, mais qui, au temps de Tite-Live, étoit encore à la Phrygie, comme on le voit dans sa description de la mort du consul Manlius..... *Synodia*, ville épiscopale de la première Galatie.

Tabia, appelée aussi *Tabium* & *Tavium*, ville des *Trocmi* (2), Strabon la traite d'*Emporium*. Il y avoit un beau colosse de Jupiter & un asyle : elle devint évêché.... *Thesbisa* ou *Thebasa* : cette ville étoit dans la Lycaonie; mais Pline place les *Thebiseni* entre les Galates.... *Therma*, à dix-neuf milles de *Tavia*... *Thermæ* ou *Thermæ Imperiales*, dans la seconde Galatie.... *Timoniacenses*, peuple que l'on voit ailleurs appartenir à la Paphlagonie, mais que Pline compte entre les Galates..... *Trapeza*, à dix milles de Syceon.... *Tolasta*, village des Tolistoboges.... *Tolosocorio*, lieu près d'*Amurium*, selon la table de Peutinger.... *Tomba*, selon la même table, près de *Tavia*..... *Trocnada*, dans la seconde Galatie, qu'avoient occupée les Tolistoboges..... *Tetrarium*, placée par Ptolemée chez les Bezeni.... *Tyscon*, près de l'*Alander*, chez les Tolistoboges.

Valcaton, entre *Juliopolis* & *Laganea*.... *Vasata*, chez les *Bezeni*, appelée aussi *Vasada*, évêché.... *Ucena*, chez les *Trocmi*.... *Vegistum* ou *Velestum*, ville des Tolistoboges, selon Ptolemée... *Velisse*, peu loin d'*Amarium*.... *Vincela*, chez les Tectosages.... *Vindia*, chez les Tolistoboges.

C'est ici que Wernsdorf termine sa description des lieux appartenans aux Galates, en convenant cependant que des recherches ultérieures pourront peut-être en faire découvrir encore d'autres.

On peut voir à l'article GALATÆ, que ce pays eut pour dernier souverain Amyntas. Après sa mort,

(1) La Martinière ayant trouvé que cette ville relevoit de l'évêché d'Héliopolis, l'a attribuée à l'Egypte; mais il ne travailloit donc pas d'après les sources. Autrement, il auroit bien vu que dans la vie de Théodose, il n'est pas question des villes d'Egypte, mais de celles de la Galatie. Il faut qu'il eût été trompé par le nom d'Héliopolis.

(2) Toute l'antiquité s'accorde à donner *Tavia* aux *Trocmi*. C'est donc une erreur à relever que celle qui se trouve dans les extraits de Photius. Selon Memnon, *Tabia* étoit aux *Tolistoboges*, Ancyre aux *Trocmi*, & Pessinonte aux *Tectosages*.

mort, Auguste rangea la Galatie entre les provinces romaines. La Galatie, avec une partie de la Phrygie, la Pisidie, &c. obéissoit à un propréteur. Les trois peuples principaux conservoient cependant leurs dénominations particulières & le régime de leur administration.

Sous les empereurs chrétiens, la Galatie fut divisée en deux provinces. La Galatie première obéissoit à un consul; la Galatie seconde ou salutaire, à un président. La première étoit à l'est, & avoit Ancyre pour capitale; la seconde à l'ouest, avoit pour capitale Pessinonte.

On va voir quels lieux Ptolemée attribuoit à chacun des trois peuples de la Galatie.

Géographie de Ptolemée.

Cet auteur commence l'énumération des villes sur la côte de la Paphlagonie, à un petit promontoire que forme l'extrémité du mont *Cotyrus*.

Climax, forteresse.	*Stephane.*
Teuthrana.	*Sinope.*
Carambis, prom.	*Cyptasia.*
Zephyrium.	*Zaliscus*, fleuve.
Calistratia.	*Galorum.*
Aboniticlios.	*Alys* (1).
Cimolis.	*Amisus* (2).
Armene.	

Montagnes.

Le mont *Gigas.*	*Zolca.*
Les parties orientales du mont *Didyme.*	*Dacasta.*
	Moson.
Le *Cælenus.*	*Sacorsa.*
Zagira.	*Pompeïopolis.*
Plegra.	*Conica.*
Sacora.	*Andrapa*, appelée aussi *Nova Claudiopolis.*
Elvia.	
Tobata.	*Sabanis.*
Germanopolis.	*Zitua.*
Selca.	*Eusene.*

Chez les Tolistoboges.

Gemia Colonia.	*Andros.*
Pessenus.	*Tolastachora.*
Vindia.	*Vegistum.*

Chez les Tectosages.

ANCYRA, *metropolis.*	*Corbeuntus.*
Olenus.	*Argizala.*
Vinzela.	*Dictis.*
Rhosologia.	*Carima.*
Sarmalia.	*Landosia.*

Chez les Trocmi.

Tavium, ou *Taovium.*	*Phuibagina.*
Lascoria.	*Dudua.*
Androsia.	*Saralos.*
Claudiopolis.	*Vœna.*
Carissa.	*Rhastia.*

Chez les *Proselemmenitæ*, les *Bezeni* & dans une partie de la Lycaonie.

Petenissus.	*Congustus.*
Ecdamna.	*Tetarium.*
Siovata.	*Laodicia Combusta.*
Ardistama.	*Vasata.*
Ciæna.	*Perta.*

N. B. Le reste du chapitre appartient à la Pisidie, à l'Isaurie, &c.

GALATIA, colonie de Sylla, sur le grand chemin de l'Appienne.

GALATIA, ville de la Phrygie, selon Zosime, *L. IV*, cité par Ortélius, *thesaur.*

GALATIS, ville de la Célésyrie, selon Ortélius, qui cite Polybe, *L. V.*

GALAVA, *ou* GALLAVA, ville de la Grande-Bretagne, selon l'itinéraire d'Antonin, sur la route de Glanoventa à Mediolanum.

GALAULES (les), peuple d'Afrique. (*La Martinière*).

GALAXIA, lieu particulier de la Grèce, dans la Béotie. Plutarque en parle dans le traité de la Pythie.

GALAXIA, lieu de la Mauritanie césarienne, selon la carte de Peutinger, *segm. 1.*

GALBÆ CASTRUM, ou *la forteresse de Galba*, ville d'Afrique, dans la Numidie.

GALEAGRA, tour de Sicile, près du port des Trogiles, selon Tite-Live.

GALENERIUS, lieu de la haute Potamie, dans l'Asie mineure. Il en est parlé dans la vie de saint Théodore abbé. C'étoit un canton de la Galatie, du côté de la Bithynie.

GALEOTÆ. Etienne de Bysance dit: ἔθνος ἐν Σικελίᾳ ἢ ἐν τῇ Ἀττικῇ. Voilà donc ce peuple galéote placé dans l'Attique ou dans la Sicile; ce qui est assez différent. Tout ce qu'il débite ensuite sur leur origine paroît un conte à la grecque. Mais comme on voit dans Thucydide que la ville d'Hybla eut aussi le nom de *Galeotis*, il s'ensuit que c'est en Sicile qu'il faut admettre les Galeotes & non dans l'Attique. On a cru même que c'étoit moins un peuple qu'une tribu de prêtres anciens. On dit qu'ils se vantoient d'être fort experts dans l'art de

(1) C'est à l'embouchure de ce fleuve que M. d'Anville fixe les limites de la Paphlagonie.

(2) Quelques commentateurs paroissent vouloir faire entendre que cette *Amisus* est une ville de Henètes, & la même que *Pompeïopolis*; mais je crois que Ptolemée nomme ici l'*Amisus* du Pont, puisqu'il n'en parle plus ailleurs.

prédire l'avenir ; qu'ils donnèrent à Denys-le-Tyran des preuves de leur savoir, en l'avertissant qu'un essain d'abeilles, qui s'étoit posé sur sa main, lui promettoit la dignité royale. Ces *Galeotes* se disoient descendus de *Galeus*, fils d'Apollon & de *Themista*, fille de *Zabus*, roi des Hyperboréens.

GALEPSUS, ville grecque que les auteurs ont attribuée à la Thrace ou à la Macédoine, selon les différentes époques auxquelles ils remontoient. Elle étoit située sur la côte occidentale de la presqu'île qui suit immédiatement, à l'ouest, celle où est le mont *Athos* : cette presqu'île se nommoit, ou du moins la contrée qu'elle renfermoit, *Sithonia*. *Galepsus* étoit à-peu-près au milieu de la longueur de la côte, ayant au nord-ouest les *Myla*, & au sud-est *Torone*, qui avoit donné son nom au golfe Toronaïque. Galepsus étoit une colonie de Thasiens, selon Thucydide.

N. B. On trouve ce nom écrit aussi *Gapselus* ; mais c'est un renversement de lettres.

GALEPSUS, lieu maritime de l'Eubée, selon Plutarque, dans ses propos de table, où il en donne une agréable description.

GALERIA, *ou* GALARIA, ville de Sicile, selon Diodore de Sicile. Phavorin la nomme *Galerina*. Etienne le géographe dit *Galarina Urbs* pour signifier la ville, & *Galaria* pour le pays.

GALES, lieu particulier d'Afrique, dans l'Ammonie. Victor d'Utique en parle dans son premier livre de la persécution des Vandales.

GALESUS (*Cervaro*), rivière de l'Italie, dans le voisinage de Tarente.

Virgile & Martial en font mention. Ce n'est guère qu'un ruisseau.

GALGAL, ville royale de la Judée, qui étoit située dans la demi-tribu de Manassé, en-deçà du Jourdain, selon le livre de Josué, *c. 12, v. 23*.

Josué s'en empara après en avoir tué le roi.

GALGALA, GALGAL, *ou* GILGAL, lieu de la Judée, dans la tribu de Benjamin. Ce lieu étoit vis-à-vis des plaines de Jéricho, où habitoient les Chananéens.

On voit dans le livre de Josué que les Israélites demeurèrent en ce lieu lorsqu'ils eurent passé le Jourdain. Il y fit circoncire tous ceux qui étoient nés pendant les quarante ans du voyage dans le désert. Les Israélites y restèrent pendant les six ans que Josué employa à prendre possession de la Terre promise.

C'est aussi en ce lieu qu'Aod, second des juges d'Israël, vainquit Eglon, roi des Moabites.

C'est à Galgala que Saül fut confirmé dans sa dignité de roi, selon le premier livre des Rois.

Enfin, ce lieu est célèbre par divers autres événemens qui sont rapportés dans l'écriture.

GALGULIS, ville de la Judée, dans le pays de Samarie, vers la mer, à l'est d'*Apollonias*.

GALIBI, peuple de l'île de Taprobane, selon Ptolemée, *L. VII, c. 4*. Il le met dans la partie orientale, vers le nord.

GALIBI, montagne de l'île de Taprobane, selon Ptolemée, *L. VII, c. 4*. Il la met dans la partie orientale, vers le nord.

GALILÆA. La Galilée étoit une province d'Asie, faisant partie de la Palestine : elle étoit au nord du pays de Samarie. On la divisoit en deux parties, la basse Galilée & la haute Galilée.

La basse Galilée comprenoit les territoires d'Isachar & de Zabulon : c'étoit une des plus fertiles contrées de la Palestine.

La haute Galilée avoit les anciens partages d'Aser & de Nephtali. On l'appeloit aussi *la Galilée des Gentils*, parce qu'elle renfermoit un grand nombre de payens parmi les Israélites.

Les Galiléens avoient une dialecte différente de celle des Juifs ; saint Pierre fut reconnu à son langage chez Caïphe.

La basse Galilée s'étendoit, selon Joseph (*de bell. Jud. L. III, c. 4*), depuis Tibériade jusqu'à Zabulon, dont Ptolémaïde étoit proche, du côté de la mer ; & sa largeur étoit depuis le bourg de Galoth dans le grand champ, jusqu'à Bersabé. Là commençoit aussi la largeur de la haute Galilée, jusqu'au village de Baca, qui la séparoit d'avec les terres des Syriens ; & sa longueur s'étendoit depuis Tella, village proche du Jourdain, jusqu'à Méroth.

Les territoires d'Isachar & de Zabulon composoient donc la basse Galilée. Il y eut, dans le premier, deux villes épiscopales ; savoir, Héraclée & Porphiria ; & dans le second, on compta aussi deux villes du même rang, Sicaminon & Zabulon. Ces quatre villes étoient au couchant. Tibériade, située au levant, dans la tribu de Zabulon, étoit encore le siège d'un évêque de la province ecclésiastique de Scythopolis.

Héraclée, assise aux confins de la Phénicie, avoit un évêque, suffragant de Tyr. On trouve parmi les souscriptions d'un concile de Jérusalem, Procope, évêque d'Héraclée. Porphiria étoit au nord méridional de Cison, près de son embouchure dans la mer, au pied du Carmel : elle a été remplacée par Caïpha, suivant Andrichomius.

Sicaminon étoit presque vis-à-vis Porphiria, de l'autre côté du Cison. Zabulon étoit au levant de Sicaminon, & à peu de distance. Héliodore, évêque de Zabulon, signa les actes du premier concile de Nicée. Il étoit, ainsi que ceux de Sicaminon & de Porphiria, de la dépendance du métropolitain de Césarée.

Tibériade a donné son nom au lac de Génésareth : Hérode, tétrarque de Galilée, en fut le fondateur, & lui donna le nom de l'empereur Tibère. Je n'entrerai pas dans le détail de ce qui concerne chacune des villes de la Galilée : je dirai seulement que les lieux principaux étoient, après ceux que je viens de nommer, Naïm, dans la tribu d'Isachar : elle n'étoit qu'à une lieue du Tabor.... Nazareth, dans la tribu de Zabulon, aussi-bien que Cana.

La haute Galilée n'avoit qu'une ville épiscopale ; c'étoit Capharnaum, dont l'évêque étoit suffragant de Scythopolis. Bethsaïde & Corozaïm n'étoient pas éloignées de Capharnaüm.

L'historien Joseph dit que les Galiléens étoient bons guerriers, hardis, intrépides; qu'ils avoient toujours résisté aux nations étrangères qui les environnoient. Ils n'étoient pas moins actifs & laborieux : &, comme cette partie de la Judée étoit très-fertile, la population y étoit nombreuse.

On a vu plus haut que la ville de Nazareth étoit située dans la Galilée : de-là l'épithète de Galiléen, donnée à J. C. dans l'évangile. On a aussi nommé de même les apôtres & les premiers chrétiens.

GALILÆÆ MARE, ou *lac de Génésareth*, ou *de Tibériade*, lac de la Terre promise, qui est formé par le Jourdain. Au sortir de ce lac, le canal de ce fleuve est large & ses eaux tranquilles.

Ce lac est nommé *mer de Génésareth* par Moyse & par Josué. (*Voyez* GENESARETH).

GALILÆI, habitans de la Galilée. (*Voyez* GALILÆA).

GALINDÆ, peuple de la Sarmatie européenne, selon Ptolemée, *L. III*, *c. 5*.

GALLA, ville de l'Afrique intérieure, & l'une de celles que Cornélius Balbus soumit à la domination romaine, selon Pline, *L. V*, *c. 5*.

GALLA, ville de la Médie, dans les terres, selon Ptolemée, *L. VI*, *c. 2*.

GALLABA, ville d'Asie, dans l'Osrhoëne, selon les Notices de l'empire, *sect. 25*.

GALLANIS, siege épiscopal d'Asie, dans la Palestine, selon Guillaume de Tyr, cité par Ortélius.

GALLERI VILLA, métairie d'Italie, dans le territoire de Rimini, selon Pline, *L. X*, *c. 21*.

GALLESIUM, ville des Ephésiens, selon Etienne de Bysance, qui nomme aussi de même une montagne. Phavorin en fait aussi mention.

GALLESIUS MONS, montagne dont parle Grégoras, cité par Ortélius. Ce dernier soupçonne qu'elle devoit être aux environs de Constantinople.

GALLI, les Gaulois.

Origine. Ces peuples descendoient vraisemblablement des Celtes, surnommés *Gomérites*, ou sont le même peuple sous un nom différent & plus moderne, qui leur fut donné, selon les apparences, par quelques-uns de leurs voisins, lorsqu'ils continuoient à se désigner eux-mêmes par leur nom primitif de *Gomeraï*, ou de descendans de *Gomer*. Ces peuples furent autrefois mieux connus sous le nom de *Celtes*, & leur pays sous celui de *Celto-Gallia*, d'où ont été formés les noms de *Galates* & de *Celto-Galates*.

Les Gaulois ont été, à ce qu'il paroît, maîtres de la plus grande partie de l'Europe. Ils ont laissé des monumens de leur séjour dans presque toutes les provinces. Par-tout où les Phéniciens, les Carthaginois & les Romains pénétrèrent, ils y trouvèrent des Celtes ou Gaulois déjà établis.

Il est vraisemblable que les Celtes ou Gaulois sont les premiers peuples qui se soient établis en Espagne & en Portugal. Ils portoient dans ces pays les noms d'*Ibériens* ou de *Celtibériens*.

L'Italie aura de bonne heure attiré les Gaulois, qui, peut-être, en ont été les premiers habitans. Cette contrée étoit trop belle pour ne pas attirer un peuple aussi nombreux; & quand l'Italie auroit été peuplée auparavant, il est probable que les Gaulois y arrivèrent avant tout autre peuple.

Les Germains & autres peuples du Nord, ainsi que des îles Britanniques, étoient tous gaulois ou celtes. Les Germains ressembloient si fort aux Celtes pour le langage, la religion & les coutumes, qu'ils sembloient n'être qu'une seule & même nation, excepté, comme le remarque Strabon, qu'ils avoient conservé toute leur ancienne férocité, qui étoit occasionnée par leur proximité avec les Scythes & les Sarmates. Les *Helvetii*, les *Rhætii*, les *Norici*, & les Pannoniens, étoient quelquefois appellés *Celtes*, & quelquefois *Gaulois*; encore du temps d'Aurélien, leurs troupes avoient le nom de *légion celtique* ou *gauloise*.

Les anciens Gaulois ou Celtes possédoient donc la plus grande partie de l'Europe; les bornes de leurs possessions étoient au midi, la mer Méditerranée à l'occident, l'océan Atlantique, la Manche, & la mer du nord, au nord-ouest; & ils s'étendoient, du côté du nord, jusqu'à la Scandinavie, la Pologne & la Moscovie. Telle étoit à-peu-près l'étendue du pays possédé par les Gaulois, lorsque Jules-César y arriva pour la première fois. Il est bon d'observer qu'à l'exception de l'Espagne, de l'Italie, & des parties méridionales de la France, le reste du pays qui étoit habité par les Gaulois, étoit très-convenable pour une nation qui ne se plaisoit qu'à la guerre, à la chasse, & à d'autres exercices pareils; dans un temps où l'agriculture étoit encore au berceau.

Ammien Marcellin dit : « les Gaulois sont presque tous de taille haute; ils sont blancs, ils ont » les cheveux blonds, le regard farouche, aiment » les querelles, & sont démesurément vains. Plusieurs étrangers réunis ne pourroient soutenir » l'effort d'un seul d'entre eux, avec qui ils prendroient querelle, s'il appelloit à son secours sa » femme, qui l'emporte encore sur lui par sa vigueur & par ses yeux hagards : elle seroit redoutable sur-tout, si, enflant son gosier & grinçant des dents, elle s'apprêtoit de ses bras forts » & aussi blancs que la neige, à jouer des poings, » pour en donner des coups aussi vigoureux que » s'ils partoient d'une catapulte. Ils ont, pour la » plupart, la voix effrayante & menaçante, lors » même qu'ils ne sont pas en colère. Ils font généralement cas de la propreté. Ils sont propres » à la guerre à tout âge; le vieillard y va avec » autant de courage que la jeunesse. Endurcis par » le froid & le travail, ils méprisent tous les dangers ».

Langage. Ces peuples parloient le celtique : mais il éprouva des changemens, & fut divisé en presque autant de dialectes que la nation forma d'états différens. Lorsque la Gaule fut subjuguée par les Romains, les peuples, partie par complaisance & partie par nécessité, adoptèrent un grand nombre de mots & d'idiômes de leurs vainqueurs.

Quelques auteurs ont prétendu que les Gaulois parloient le grec : mais on voit, dans les commentaires de César, que ce général, étant obligé d'écrire à *Quintus Cicero*, qui étoit assiégé dans son camp, il fit usage de la langue grecque, de crainte que sa lettre ne tombât au pouvoir des Gaulois. Strabon dit cependant que les Massiliens s'appliquoient avec succès aux belles-lettres, & particulièrement au grec, & que les autres Gaulois devinrent admirateurs de cette langue, & commencèrent à s'en servir dans leurs contrats.

Les auteurs Grecs & Romains ont parlé de la dureté du langage des Gaulois; selon eux, pour juger de la férocité naturelle de ces peuples, il suffisoit de les entendre parler; car la plus grande partie de leurs mots, & particulièrement leurs noms propres d'hommes, de femmes, de villes, de rivières, &c. étoient si rudes, qu'un étranger ne pouvoit les prononcer, ni les écrire dans une autre langue. Les Gaulois avoient aussi la coutume de mettre en vers leurs loix, leurs exploits militaires, leur histoire, ce qui rendoit leur style plus élevé & plus emphatique que celui des autres nations. Leur caractère intrépide & guerrier devoit leur faire préférer leur langage mâle à celui des Grecs & des Romains. Diodore de Sicile dit que le style des Gaulois étoit élevé, concis & laconique. Ces peuples n'avoient originairement aucun des caractères de l'écriture qui leur fussent propres; mais avec le temps ils adoptèrent ceux des Grecs. Leurs druides, intéressés à les tenir dans l'ignorance, empêchoient que le peuple n'apprît à lire & à écrire; & lorsque les Gaulois commencèrent à faire usage des lettres, les druides ne leur permirent pas de mettre rien par écrit qui concernât leur religion, leurs loix & leur histoire.

Dans le vrai, les Latins & les Grecs n'ont pas connu la langue des Gaulois sous son rapport physique avec leurs propres langues. Il est reconnu depuis long-temps que la langue conservée en basse-Bretagne, & dans la principauté de Galles, est la langue des Gaulois, & même des Celtes; & il paroît démontré, par les travaux de M. le Bringant, que cette langue avoit servi à en former beaucoup d'autres. Avec un esprit d'analyse, les Grecs & les Romains y auroient retrouvé les élémens de leurs langues : mais ce travail n'étoit pas selon le génie des anciens. Voyez combien Varron & Servius étoient de foibles étymologistes.

Religion. Comme ces peuples descendoient des Celtes, on peut présumer qu'ils conservèrent leur religion, telle qu'elle leur avoit été transmise, jusqu'à ce que leur commerce avec d'autres nations, ou le malheur qu'ils eurent d'être subjugués, donna occasion aux changemens que cette religion éprouva.

Les noms des divinités des Gaulois étoient celtiques, & exprimoient une partie de leur caractère, non comme dieux ou déesses, mais comme héros & héroïnes, déifiés par leurs compatriotes, pour des services signalés rendus à la nation. Ils adoroient un Être suprême sous le nom d'*Esus*, ce que les druides conservèrent religieusement dans toute sa pureté : mais le peuple, toujours enclin à la superstition, se forgea dans la suite des images, dont il fit les objets de son culte. Les druides honorèrent simplement le chêne comme un symbole de la divinité. La religion des Gaulois doit être regardée comme ayant été la mère de celle des anciens Germains, & autres peuples septentrionaux, ainsi que de celle des anciens Bretons, qui descendoient d'eux, & en avoient emprunté la religion, les loix & les coutumes.

Les Gaulois avoient un grand attachement pour la religion de leurs ancêtres; leurs druides menoient une vie solitaire & retirée; ils étoient les docteurs par excellence de ces peuples, & avoient la coutume constante de ne pratiquer les rites de leur religion qu'au pied d'un chêne, comme consacré au Dieu souverain, à l'Être suprême. Quoique ces peuples fussent par la suite infectés de beaucoup de superstitions, ils n'érigèrent néanmoins ni temples, ni idoles à cet *Esus* ou Dieu suprême. Chez les Gaulois, le chêne étoit un emblême sacré, & comme le séjour particulier de la Divinité. Ils regardoient le gui du chêne comme un remède universel, qui étoit propre pour la guérison de tous les maux, tant internes, qu'externes, & qui produisoit les effets les plus salutaires, même quand il étoit donné à des animaux destitués de raison.

Pline dit « que les druides n'ont rien de si sacré » que le gui, & l'arbre qui le porte, pourvu que » ce soit un chêne. Aussi ont-ils de cet arbre une » si haute idée, qu'ils ne font pas la moindre cé» rémonie sans porter une couronne de feuilles de » chêne. Au reste, ces philosophes tiennent que » tout ce qui naît sur cet arbre vient des cieux, » & que c'est une marque évidente que Dieu » même l'a choisi.

» Le gui est fort difficile à trouver; mais quand » on l'a découvert, les druides vont le chercher » avec respect, & en tout temps le sixième jour » de la lune; jour si célèbre parmi eux, qu'ils l'ont » marqué pour être le commencement de leurs » mois, de leurs années, & de leurs siècles même, » qui ne sont que de trente ans. Le choix qu'ils » font de ce jour, vient de ce que la lune a alors » assez de force, quoiqu'elle ne soit pas encore » arrivée au milieu de son accroissement. Enfin, » ils sont si fort prévenus en faveur de ce jour, » qu'ils lui donnent un nom en leur langue, qui » signifie qu'il guérit de tous maux.

» Lorsque les druides ont préparé sous l'arbre » tout l'appareil du sacrifice & du festin qu'ils doi» vent y faire, ils font approcher deux taureaux » blancs, qu'ils attachent alors par les cornes pour

» la première fois : ensuite un prêtre, revêtu d'une » robe blanche, monté sur l'arbre, coupe le gui » avec une faulx d'or, & on le reçoit dans un » *sagum* blanc. Cela est suivi de sacrifices que les » druides offrent, en conjurant Dieu de faire que » son présent porte bonheur à ceux qui en seront » honorés.

Au surplus, ils tiennent que l'eau du gui rend » féconds les animaux stériles qui en boivent, & » qu'elle est un remède spécifique contre toutes » sortes de poisons. Ce qui prouve que la reli- » gion des hommes n'a souvent pour objet que » des choses frivoles ».

Toutes les fois que les druides pratiquoient quelques cérémonies religieuses, on voyoit, entre les mains des laïques, des feuilles ou quelques petites branches de chêne.

Les bosquets de ces arbres étoient de différentes formes & de différentes grandeurs, selon que le canton auquel il appartenoit étoit plus étendu ou plus peuplé. Au centre du bois il y avoit de petits espaces circulaires, entourés d'arbres plantés fort près les uns des autres. Au milieu de ces espaces étoit une grande pierre, sur laquelle on immoloit les victimes. Cette espèce d'autel étoit entouré d'une rangée de pierres, qui étoient vraisemblement destinées à tenir le peuple à une distance convenable de celui qui officioit.

Les Gaulois avoient un souverain pontife de l'ordre des druides. Le peuple & les druides inférieurs lui témoignoient le plus profond respect. Les druides, réunis avec leur chef, étoient si puissans, que ceux qui refusoient de se soumettre à leurs décisions pour les matières de religion, & même dans les affaires civiles, subissoient la peine de l'excommunication, qui étoit la plus grande que l'on pût faire à un Gaulois. Les druides s'assembloient tous les ans au pays chartrain. Ils étoient habillés de blanc, & faisoient leur séjour dans des bois de chênes. Les Gaulois avoient leurs druidesses, leurs prophéteresses & leurs aruspices. Quelques-unes de ces femmes étoient fort considérées, & avoient part au gouvernement. Les Gaulois vouoient à Mars une partie du butin qu'ils faisoient sur leurs ennemis; & c'étoit un sacrilège digne de mort que d'en soustraire la moindre partie. Le reste étoit partagé entre eux, selon certaines règles qu'ils avoient établies. Ces peuples adoroient un taureau d'airain, &, dans les calamités publiques, ils dévouoient un homme, qu'ils chargeoient d'imprécations, & de tous les malheurs qui les menaçoient. Les Gaulois croyoient l'immortalité de l'ame, & aucun peuple n'a jamais témoigné un mépris plus déclaré pour la mort. Quand leur vie étoit en péril, ils faisoient vœu de la racheter par celle d'un ou de plusieurs esclaves. Les druides observoient, comme une maxime constante, de n'écrire ni les loix, ni l'histoire de la nation : mais ils faisoient des poëmes & des cantiques, dont le nombre étoit si considérable du temps de Jules-César, que les druides, qui étoient obligés de tout savoir par cœur, employoient près de vingt ans pour les apprendre. Les Gaulois personnifioient & déifioient les fleuves, les lacs, les bois, &c. César & Plutarque rapportent que dans les grands dangers, soit de guerre ou de maladie, les Gaulois sacrifioient des hommes, ou faisoient vœu d'en sacrifier, parce qu'ils croyoient que Dieu ne pouvoit être appaisé autrement. Ces peuples avoient en quelques endroits des idoles d'osier d'une grandeur extraordinaire; on les remplissoit d'hommes, & souvent de criminels, puis on y mettoit le feu. César ajoute que, pour le pays, leurs funérailles étoient magnifiques. On brûloit, avec le corps du défunt, ce qu'il avoit eu de plus cher, jusqu'aux animaux, & autrefois les esclaves même, & les affranchis. Les druides de Marseille, en temps de peste, faisoient choix de quelque personne, dans l'indigence, qui s'offroit volontairement. Cette victime étoit nourrie des mets les plus exquis pendant un an, & après ce temps on la mettoit à mort, couronnée de fleurs, & chargée de malédictions. Cependant, dans les temps de calamité, les Gaulois ne négligeoient rien pour engager quelque victime plus notable à s'offrir d'elle-même; ils prodiguoient pour cela les bienfaits & les louanges. Ces dernières victimes étoient lapidées hors de la ville, au lieu que celles de la lie du peuple étoient précipitées de quelque hauteur. On croyoit généralement chez ces peuples, qu'une semblable mort volontaire pour le bien de la patrie, procuroit un rang parmi les dieux. Il y avoit des occasions où ces victimes étoient clouées à quelque arbre, & tuées à coups de flèches. Ils avoient aussi l'usage de garder leurs criminels cinq ans, & d'en faire un sacrifice, qu'ils brûloient avec les prémices de leurs fruits. Diodore de Sicile dit qu'ils jetoient dans le feu une grande quantité d'or, & d'autres choses précieuses, qu'il n'étoit plus permis d'y toucher, sous peine de mort. Le choix des animaux qu'on offroit en sacrifice, étoit laissé à celui qui faisoit sacrifier; ou aux druides, qui immoloient les victimes, toujours revêtus d'habits blancs. Quelques-uns des chevaux qui tomboient entre leurs mains, après une victoire, étoient brûlés avec les corps des ennemis tués. Les Gaulois étant adonnés à toutes sortes de superstitions, ils observoient avec soin le chant & le vol des oiseaux, ainsi que d'autres présages pareils. Les affaires importantes n'étoient entreprises que sur l'avis de leurs aruspices. Les fonctions de ces devins consistoient à examiner les entrailles, &c. de leurs victimes; & quand ils en offroient une humaine, ils la perçoient d'une dague par-derrière, & prenoient garde de la manière dont elle tomboit, & comment le sang sortoit de la blessure. Leurs décisions étoient si respectées, qu'il ne tenoit qu'à eux d'empêcher les rois & leurs généraux de livrer bataille, sur le point d'en venir aux mains avec l'ennemi.

Les pierres qui étoient dans les bosquets sacrés

des Gaulois, & que l'on croit avoir été des autels où l'on sacrifioit les victimes, étoient de différentes formes, & l'on y gravoit ordinairement des figures ou des inscriptions. Quelques-uns de ces autels étoient creux, en forme de bassin, pour recevoir le sang des victimes. Ces peuples assistoient aux sacrifices, armés de pied en cap, & se retiroient en tenant dans leur bouche ou dans leurs mains quelque chose appartenant à la victime, après qu'elle avoit été offerte, ou menée à l'autel.

Les Gaulois n'eurent des temples que long-temps après qu'ils eurent été subjugués par César. Un auteur, postérieur à César, dit qu'ils n'avoient d'autres statues de Jupiter qu'un grand chêne. Lorsque Mars fut reçu au nombre de leurs dieux inférieurs, ils l'adoroient sous la figure d'une épée nue, déposée sur un autel : mais comme ils avoient la coutume de vouer à ce dieu les dépouilles de leurs ennemis, ils rassembloient, selon le rapport de César, toutes ces dépouilles en monceaux, en plein air; & quoiqu'il s'y trouvât beaucoup d'or, tout étoit regardé si sacré par le peuple, qu'il n'osoit pas y toucher. César dit que de pareils monceaux consacrés se trouvoient dans la plupart des villes de la Gaule.

Quoique les Romains possédassent une partie des Gaules avant que Jules-César entrât dans ce pays, ils n'avoient cependant pas pu engager les habitans à bâtir des temples à quelque divinité. On a dit que Mars étoit adoré dans les Gaules, sous l'emblême d'une épée nue; ces peuples avoient Mercure en grande vénération, vraisemblablement à cause du bien que ce dieu avoit fait à leurs arts, à leurs sciences & à leur commerce. César ne parle ni de temples, ni d'autels, mais seulement de statues érigées en son honneur. Ce culte n'étoit peut-être au commencement que civil, quoique dans la suite il ait dégénéré en grossière idolâtrie. Ces deux divinités, ainsi qu'*Uranus*, *Saturne*, *Jupiter*, &c. étant d'origine celtique, il étoit naturel aux Gaulois de les déifier, comme ayant régné sur leur nation. Cette considération sert en grande partie à rendre raison du grand changement qu'éprouva leur ancienne religion, des temples qu'ils bâtirent, & des sacrifices qu'ils offrirent à tous ces monarques déifiés, jusqu'à ce qu'ils furent à la fin plongés dans les mêmes erreurs que le reste du monde idolâtre. Alors le Dieu suprême *Esus* fut remplacé par Jupiter, c'est-à-dire, par le peuple grossier, car les druides, & les autres sages parmi les Gaulois, conservèrent la notion de l'Être suprême, & se moquèrent vraisemblablement en secret de la théologie payenne.

Lorsque les Romains eurent fait la conquête de la Gaule, ils voulurent, selon leur coutume, introduire de gré ou de force leur religion & leurs loix : mais les druides, extrêmement zélés pour leurs propres rites, qui devoient avoir en horreur de pareils changemens, durent se servir de toute leur autorité, pour s'opposer à ces innovations, & pour engager le peuple à la révolte. Aussi les Romains furent obligés de les dépouiller d'une partie de leur puissance, & de les réduire à une soumission aveugle. Plusieurs empereurs, pour diminuer la crainte qu'inspiroient les druides, publièrent des édits sévères contre la coutume d'offrir des victimes humaines. Auguste fut le premier qui donna un pareil décret, & l'habileté de Drusus, que cet empereur avoit laissé dans les Gaules, fit consentir ces peuples à assister à la dédicace du temple de Jules-César, & à bâtir un autel à Auguste. Il paroît que l'édit d'Auguste ne fut point exécuté, puisque Claude le renouvella, & que les sacrifices furent pratiqués & en vogue quelques siècles après; mais aussi autorisés par les empereurs Sévère, Aurélien & Dioclétien.

Le culte des dieux du paganisme fut introduit dans les Gaules, sous le règne d'Auguste. Les Gaulois *Lugdunenses*, érigèrent un magnifique temple à Jules-César, & une autel à Auguste, qui avoit une haine déclarée contre les druides & leur religion. Ce fut sous le règne de Tibère qu'*Esus* fit place à Jupiter : mais pendant quelque temps les Gaulois partagèrent leurs hommages entre ces deux divinités. Elles furent adorées dans des bocages & sous des chênes : à la fin *Esus* fut oublié, & l'on n'érigea plus d'autels & de statues qu'au seul Jupiter, dans toutes les parties des Gaules conquises par les Romains. Sous les règnes de Caligula & de Claude, tout le pays fut rempli de temples, où les Gaulois adoroient les dieux de leurs vainqueurs, & il ne resta de leur ancienne religion que le rite barbare d'offrir des victimes humaines à ces nouvelles divinités. Malgré ce nombre excessif de temples, les Gaulois conservèrent une grande vénération pour leurs chênes, &, selon quelques auteurs, ils ne revinrent de cela que vers les deuxième & troisième siècles. Un de ces chênes étoit consacré à cent dieux. Les Gaulois, après avoir secoué le joug de leurs druides, déifièrent jusqu'aux lacs, aux rivières, aux marais & aux fontaines, attribuant à chacune de ces choses une divinité particulière, & des qualités surnaturelles. Les druides furent obligés de souscrire à tous ces changemens, pour ne pas encourir les peines portées par les édits. Et pour que leur nom n'excitât plus d'idées odieuses, ils le changèrent en celui de *senani*, qui signifioit, dans leur langage, *ancien* ou *vénérable*. Les Romains les ayant dépouillés de leur autorité, ne leur permirent plus de la reprendre. Il leur resta la ressource de se faire valoir par un redoublement de zèle pour le culte des nouveaux dieux introduits par les Romains.

Les lacs & les marais consacrés aux dieux, n'empêchèrent pas les Gaulois de leur bâtir des temples, & de leur ériger des autels & des statues, à la manière des Romains; mais ils n'y offroient ordinairement que des sacrifices d'animaux brutes. Les victimes humaines étoient immolées sous des chênes. Les statues de quelques divinités étoient placées quelquefois sur un piédestal qui servoit d'autel, & quelquefois sur une colonne d'une prodigieuse hauteur. Quelquefois la colonne & la statue étoient à couvert des injures du temps, par un ouvrage qui s'élevoit en dôme, & formoit un cône. Leurs temples étoient riches & magnifiques, & plusieurs de ces édifices ont été convertis en églises, quoique la plupart aient été démolis.

Lorsque les Gaulois furent plongés dans les superstitions romaines, ils changèrent, comme je l'ai dit, *Esus* en Jupiter; ils lui érigèrent des statues & des autels, & le représentèrent à la manière des Romains. On le voit, dans quelques bas-reliefs, tenant une lance d'une main, & la foudre de l'autre.

Mars étoit en rang la seconde de leurs divinités, & ils le regardoient comme le grand protecteur de leur nation. Les Gaulois avoient une si grande confiance en lui, que lorsqu'ils alloient à la guerre ils l'instituoient leur héritier. Si ces peuples remportoient la victoire, ils sacrifioient ordinairement à ce dieu leurs prisonniers & tout leur bétail, & pendoient au cou de leurs chevaux les têtes des ennemis tués, comme un témoignage de leur valeur. Ils enchâssoient, dans du bois de cèdre, les têtes des personnes distinguées, pour les montrer aux étrangers.

Apollon, autre dieu des Gaulois, étoit aussi révéré comme dieu de la médecine, que Mars l'étoit comme dieu de la guerre. Les druides le célébroient comme auteur de l'efficacité de leurs remèdes, qui consistoient principalement en végétaux, qu'ils préparoient avec des cérémonies mystérieuses.

Mercure étoit le dieu que les Gaulois révéroient le plus. D'autres divinités avoient des villes & des provinces qui leur étoient particuliérement affectées : mais Mercure, après avoir été adopté comme dieu du commerce, étoit aussi regardé comme le grand protecteur des arts, des sciences, des grands-chemins, des voyageurs, des femmes enceintes, & même des voleurs : on lui érigea des statues, des autels & des temples dans toute l'étendue des Gaules.

Les druides étoient seuls chargés de tout ce qui concernoit la religion. Ils étendirent habilement ce pouvoir à toutes les affaires, tant publiques que particulières. Ils choisissoient les magistrats annuels de chaque canton. Ces magistrats avoient l'autorité souveraine; mais ils ne pouvoient pas convoquer un conseil sans la permission & l'avis des druides. Ils menoient une vie retirée, qu'ils passoient dans les bois, & ils observoient constamment le célibat. Les trois points fondamentaux de leur religion consistoient, 1°. dans le culte qu'ils rendoient aux dieux; 2°. à s'abstenir de tout mal; & 3°. à marquer de l'intrépidité dans toutes les occasions. Ils enseignoient l'immortalité de l'ame & une vie à venir. Les druides aimoient à cacher leur doctrine sous des figures emblématiques. La grande considération que les Gaulois avoient pour leurs druidesses étoit principalement fondée sur le don de prophétie qu'on leur attribuoit. Quelques-unes d'elles étoient de la lie du peuple. Il y en avoit de trois sortes; de vierges, de mariées, qui étoient obligées à la continence, & à rester dans les temples, à l'exception d'une fois par année, qu'elles alloient voir leurs époux; enfin, la dernière classe, qui étoit proprement destinée à servir les deux autres.

Les bardes étoient un autre ordre chez les Gaulois; Strabon dit qu'ils s'appelloient ainsi à cause de leurs fonctions, qui étoient de chanter les louanges de leurs héros, & d'accompagner leurs hymnes avec quelques instrumens de musique.

Druides. Ces prêtres des anciens Gaulois, sous des dehors d'austérité & de gravité, leur imposèrent un joug très-dur, en cachant leur ambition par un extérieur hypocrite, & par des principes d'une sage morale. César, en les délivrant de ces terribles maîtres, doit être regardé comme leur bienfaiteur.

Les druides se prenoient dans les familles les plus distinguées; ils avoient l'administration de la justice, & le soin de l'éducation des nobles; ils avoient le droit d'élire avec eux le souverain magistrat : la noblesse de leur extraction, & la dignité de leur état, leur attiroient la vénération des peuples. Le chef des druides, qu'on pouvoit regarder comme la personne la plus considérée des Gaules, portoit une couronne de larges feuilles de chêne, & son assistant tenoit un croissant.

La principale demeure des druides étoit le pays Chartrain, où résidoit leur chef, & où se tenoit tous les ans une assemblée générale. Ils habitoient aussi une montagne peu éloignée d'Autun, & que l'on appelloit *Mons druidarum.* (Montdru.)

Les druides étoient divisés en différens ordres; les uns étoient poëtes, & célébroient les actions des grands hommes : tels étoient les bardes. Ceux qui étoient nommés eubardes ou eubages professoient la médecine & la philosophie. Les saronides dictoient les loix, enseignoient la jeune noblesse, & décidoient les affaires; les vacies étoient les sacrificateurs. Les druides en corps étoient tout. Ils portoient une robe longue, & un long manteau pardessus, avec un capuchon tombant : leur visage étoit triste & sombre, avec une barbe longue & touffue. Leur tête étoit entourée d'un bandeau & d'une couronne de chêne.

Dans les commencemens leur morale étoit sublime, & ne tendoit qu'à la pureté des mœurs. Ils enseignoient un être souverain au-dessus des sens, & une ame immortelle, animant de nouveaux corps, au sortir de ceux qu'elle abandonnoit.

Pour parvenir au pouvoir souverain, ils employèrent la fourberie, l'avarice, & la politique cruelle. Ils eurent le talent de déguiser aux yeux du peuple les passions dont il devint la victime. Les druides se transmettoient leur savoir pendant un noviciat de vingt ans : les sciences étoient exclusives à tout autre qu'à eux.

Les druides ne supportoient aucunes charges publiques, ni ne payoient d'impôts ; ils ne devoient pas s'exposer à la guerre : mais ce dernier principe n'étoit observé que lorsqu'il s'agissoit de l'intérêt de l'état ; car il étoit violé dès qu'il s'agissoit du leur. Leurs principaux dogmes étoient l'obligation d'assister à leurs instructions, & aux sacrifices qu'ils faisoient dans les bocages sacrés ; de ne point disputer sur leur religion, ni d'en révéler les mystères. Ils punissoient le larcin, l'oisiveté & le meurtre ; ils prescrivoient les devoirs envers les morts, la puissance absolue des pères de famille, & le droit de vie & de mort sur leurs enfans ; le meurtre des prisonniers de guerre sur leurs autels, & les sacrifices de victimes humaines, lorsque l'état étoit en péril ou menacé. A ces principes ils joignoient la maxime que l'état ne pouvoit prospérer si leur corps n'étoit riche & puissant. Les druides exerçoient un pouvoir très-étendu sur les personnes ; ils avoient le droit de punir de mort & d'éloigner de leurs mystères ceux qui s'opposoient à leurs avis. Ils admirent des dieux étrangers, à qui ils firent partager les autels du Dieu universel. Ce nouveau culte les mena à faire des sacrifices humains.

Ils admirent des femmes à leurs mystères : elles étoient divisées en trois classes. On croit que le mystérieux attaché à la divination à laquelle elles se livroient, a donné naissance à la féerie.

Lorsque les Gaules furent conquises par les Romains, ils défendirent les sacrifices humains : mais les druides y eurent peu d'égards. Les sacrifices furent cependant moins communs ; mais toujours aussi cruels. Tibère les condamna aux peines qu'ils faisoient souffrir à leurs victimes. Néron fit brûler leurs retraites & leurs bois sacrés. Lorsque les Gaulois furent accoutumés au joug des Romains & à leur culte, ils abandonnèrent les druides, qui, forcés de ne plus faire de sacrifices humains, s'adonnèrent à la divination, emploi qu'ils conservèrent jusqu'à Charlemagne.

Funérailles. Ces peuples mettoient du faste & de la somptuosité dans leurs funérailles. On brûloit les corps des principaux avec leurs armes, leurs chevaux & leurs meubles les plus précieux. La piété envers les morts étoit une partie essentielle du culte des Gaulois. Les chefs & les rois de cette nation, pour donner une idée de leur grandeur, étoient enterrés sur des éminences, & leur tombeau étoit encore surmonté d'une pyramide. Les gens du commun faisoient mettre une pierre sculptée sur leur tombeau.

Gouvernement sous les Gaulois. Ces peuples, descendus des Celtes, vers le temps qu'ils furent attaqués par les Romains, portoient toujours le même nom, parloient la même langue, observoient les mêmes coutumes, & étoient gouvernés par les mêmes loix générales : mais ils se trouvoient soumis à différentes sortes de gouvernemens, dont les uns étoient monarchiques, d'autres aristocratiques, & d'autres en partie tels, & en partie démocratiques ; ces derniers s'appelloient *libres*. Ces républiques étoient principalement soumises à l'autorité des nobles : mais autrefois ils choisissoient annuellement un magistrat pour les affaires civiles, & un général pour celles de la guerre. Cependant ces états, ainsi que les monarchiques, observoient, comme une loi, de convoquer chaque année un conseil général de toute la nation, où l'on discutoit & régloit tout ce qui avoit rapport à l'intérêt commun. Les républiques libres avoient en outre une loi commune, qui obligeoit chaque particulier, qui apprenoit quelque chose concernant l'intérêt public, d'en informer les magistrats, sans en parler au peuple, qui ne devoit en savoir que ce que les magistrats jugeoient à propos de lui en communiquer ; car ce qui concernoit l'intérêt public, ne devoit être discuté que dans l'assemblée générale. Cette assemblée décidoit en dernier ressort, tout ce qui avoit rapport à la paix, à la guerre, à la propriété des biens, aux limites des terres, au partage du butin, *&c.* Ces petites républiques avoient une grande aversion pour le gouvernement monarchique, & elles étoient si jalouses l'une de l'autre, qu'elles prenoient continuellement des précautions pour maintenir leur indépendance. Ces précautions consistoient à se mettre sous la protection de quelque autre plus grande. Aussi César les appelle-t-il tributaires & dépendantes des autres, quoique souvent il les désigne aussi par le titre d'alliées.

Malgré ces républiques, les Gaules renfermoient un grand nombre de petits royaumes ou de districts gouvernés par des rois. Ces princes différoient des magistrats des républiques, en ce que leur dignité étoit à vie ; & d'avec les monarques ordinaires en ce qu'elle n'étoit point héréditaire ; mais souvent donnée par le peuple à ceux qui se distinguoient par leur sagesse ou par leur valeur. Quelquefois un peuple en forçoit un autre à recevoir un roi de sa main. Les Romains recherchoient également l'amitié des républiques & des rois, afin de diminuer la puissance qui auroit pu s'opposer à leurs conquêtes. Ils fomentoient des jalousies entre les républiques pour les désunir, & prodiguoient les récompenses les plus magnifiques à celles qui épousoient les intérêts de Rome. Jules-César, dans ses commentaires, *L. VI*, *c. II*, dit : « les Gaulois sont » divisés en factions, non-seulement dans leurs » villes & dans leurs districts, mais aussi dans toute » leur famille. Leurs brouilleries sont presque tou» jours fomentées par leurs princes & par leurs » démagogues, qui exercent une puissance arbi» traire sur leurs inférieurs. De sorte que ces » peuples, malgré toute leur valeur, devoient suc» comber dès qu'ils furent attaqués par des enne» mis aussi rusés & aussi puissans que les Romains».

Gouvernement sous les Romains. Lorsque César eut fait la conquête des Gaules, il suivit, pour les faire gouverner, 1°. le système général de la politique romaine ;

romaine : il conserva aux villes leurs loix, leurs magistrats, leur administration. Il favorisa sur-tout le gouvernement populaire, qui faisoit de toutes les cités autant de petites républiques dont l'ambition étoit d'imiter la capitale de l'empire.

Lorsqu'Auguste vint dans les Gaules, il s'occupa du soin de perfectionner cet ouvrage ; il y fit le dénombrement des habitans ; & non-seulement il assura aux cités la municipalité dont elles jouissoient, il voulut encore qu'elles eussent entre elles une libre correspondance, qui, les mettant à portée de se réunir pour l'intérêt général, donnât une patrie commune à tous les habitans. Il tint même à Narbonne une assemblée générale, où vraisemblablement assistèrent des députés d'un grand nombre de villes. (*Epit. Liv. ad libr. 34*).

Depuis cette époque jusqu'à l'établissement des monarchies, qui se partagèrent cette vaste contrée, toutes les cités se gouvernèrent comme autant de petits états soumis, mais libres; elles élisoient leurs magistrats, se choisissoient les chefs de leurs petites troupes; délibéroient non-seulement sur leur administration intérieure, mais sur leurs liaisons au dehors; s'envoyoient mutuellement des députés, s'écrivoient des lettres, & enfin s'assembloient dans des métropoles indiquées pour y traiter, par des représentans, les grands intérêts de la patrie. Tel est le tableau du gouvernement des Gaules, qui nous est tracé par Tacite lui-même.

Il n'est donc pas étonnant que les Gaulois aient élevé des autels à Auguste, ainsi que le rapporte Suétone. Toutes les provinces avoient la plus haute idée de cette puissance protectrice dont elles éprouvoient les bienfaits. Le vœu général des Gaulois fut de devenir Romains, & ils le furent tous en moins d'un siècle.

Chaque province avoit sa métropole, mais renfermoit dans son territoire plusieurs peuples différens, qui avoient chacun leur cité, & quelquefois même deux. Dans les douze provinces de la Gaule chevelue, on comptoit soixante-quatorze peuples & quatre-vingt-quatre cités; dans la Gaule narbonnoise, vingt-trois peuples & quarante-trois cités. La beauté & la richesse du pays attiroient dans ces contrées une foule de Romains. Auguste & ses successeurs y fondèrent même plusieurs colonies, où les anciens habitans venoient admirer les arts de leurs nouveaux maîtres, apprendre leur langue, étudier leurs usages. Au droit de bourgeoisie, que plusieurs villes avoient obtenu, l'empereur Claude joignit celui qu'il accorda à leurs principales familles, de posséder les grandes dignités de l'empire ; & dès le temps de Vespasien, tout fut égal entre les Gaulois & les citoyens nés au sein de la capitale du monde.

Sous Caracalla, le droit romain étoit universellement suivi dans les Gaules : on s'y conformoit dans tous les tribunaux de la justice; on l'étudioit dans plusieurs villes; l'ancien celte étoit oublié; le latin étoit devenu la langue commune, & les Gaules étoient une des parties les plus florissantes de l'empire.

Depuis Auguste jusqu'à Constantin, il y eut à la tête de l'empire beaucoup de tyrans. Mais comme les loix étoient bonnes, le bonheur des provinces où ces tyrans n'allèrent pas en personne, ne fut pas troublé par leur oppression.

Par les changemens que Constantin avoit faits dans l'administration de l'empire, il y eut dans les Gaules deux hiérarchies de magistrats : car les officiers qui commandoient aux troupes, comme ceux qui étoient à la tête du tribunal, portoient tous également le titre de magistrats.

Le préfet du prétoire (1) des Gaules dont l'administration s'étendoit aussi sur l'Espagne & sur la Grande-Bretagne (2), fit long-temps sa résidence à Trèves : ce ne fut qu'environ cinquante ans avant la chûte totale de l'empire, que son siège fut transporté à Arles. Il avoit sous lui deux vicaires. Le premier est nommé dans la notice de l'empire, *le vicaire des dix-sept provinces* ; mais chacune n'en avoit pas moins son recteur particulier; & de ces dix-sept provinces, six seulement étoient gouvernées par des proconsuls, & onze par des présidens, tous magistrats, tous dépositaires de la puissance publique, tous représentant l'empereur & ayant, en son nom, l'administration de la police & des finances.

A l'ombre de ces magistratures suprêmes, les villes jouissoient de leur liberté & conservoient leur tranquillité par l'exercice légal de l'autorité qui leur appartenoit, & qu'elles confioient à leurs magistrats. Leurs droits & leur possession se perpétuèrent jusqu'au moment où nos premiers rois vinrent dans les Gaules se substituer aux droits des Césars. Deux mots de détail rendront ceci plus intelligible.

Il en étoit de la Gaule comme du reste de l'empire; on y divisoit les habitans en hommes libres & ingénus, & en esclaves, que l'on pouvoit affranchir. Les hommes libres se partageoient en trois classes.

Le premier ordre des citoyens étoit celui des sénateurs : ils étoient les conseils des villes : leurs familles tenoient le premier rang; elles avoient le droit d'aspirer aux plus hautes dignités. Par-tout Grégoire de Tours fait la plus honorable mention de ces familles sénatoriales.

Au-dessous des sénateurs étoient les curiaux, *curiales*. Ce mot seul annonce que Rome avoit servi de modèle aux provinces. Le peuple y étoit aussi divisé par curies. Les curies étoient composées de tous ceux qui avoient un état honnête & une

(1) Je crois pouvoir indiquer que l'on trouvera quelques détails concernant cette magistrature & les suivantes dans le dictionnaire d'Antiquités.

(2) On trouvera un tableau des divisions de l'empire, à l'article ROMANUM IMPERIUM.

origine honorable ; leurs noms, inſcrits ſur un rôle, préſentoient un état de tous ceux qui avoient droit de ſuffrage dans les aſſemblées ; ils étoient les aſſeſſeurs des magiſtrats ; & , appelés par lui au tribunal, ils devenoient juges de leurs concitoyens. Chargés des affaires de la cité, obligés de délibérer ſur tout ce qui l'intéreſſoit, ils étoient nommés par les loix elles-mêmes, *civitatis minor ſenatus.* Auſſi choiſiſſoit-on parmi eux, tous les officiers municipaux. L'adminiſtration de la cité étoit leur propre affaire, & ils en répondoient, pour ainſi dire, aux magiſtrats de l'empire & à l'empereur lui-même.

Enfin, après les curiaux venoient les ſimples poſſeſſeurs, *poſſeſſores.* C'étoient, outre les habitans des bourgs & des campagnes, ceux qui, dans les cités même, ne paroiſſoient pas d'un état aſſez honnête pour être inſcrits ſur le tableau de la curie. Les poſſeſſeurs étoient auſſi quelquefois appelés ſimplement *ingénus.*

Telles étoient les différentes claſſes d'habitans que l'on diſtinguoit dans les dix-ſept provinces des Gaules. Ces provinces contenoient dans le quatrième ſiècle & au commencement du cinquième, cent quinze cités, toutes jouiſſantes des droits de bourgeoiſie romaine ; toutes gouvernées ſous les loix de la municipalité & par les magiſtrats qu'elles ſe choiſiſſoient ; toutes ayant leurs petites troupes, leurs revenus, leurs officiers ; toutes cependant devant obéiſſance & fidélité à l'empereur ; & ſoumiſes aux magiſtrats qu'ils inſtituoient.

Chacune d'elles étoit le chef-lieu d'un territoire plus ou moins étendu, que l'on nommoit *pagus*, & qui étoit lui-même peuplé de bourgs & de villages ; mais c'étoit dans la cité que ſe tenoit & l'aſſemblée qui délibéroit ſur les affaires, & le tribunal qui jugeoit les conteſtations ſurvenues dans le canton.

Pluſieurs de ces villes étoient des métropoles célèbres & les réſidences des premiers officiers de l'empire. Du Cange nous apprend que quatorze d'entre elles avoient un champ de mars, vaſte eſplanade, ſervant également aux exercices militaires, aux revues des troupes & aux élections des magiſtrats municipaux. On voyoit dans pluſieurs de ces cités, des écoles publiques, des cirques, des amphithéâtres, des temples magnifiques, une foule d'édifices ſomptueux qui atteſtoient ou la faveur des princes, ou le ſéjour qu'ils y avoient fait, ou le zèle & l'opulence des habitans.

C'étoit dans la place publique, nommée *forum*, que ſe tenoit ordinairement le tribunal ; & les villes qui n'avoient pas de champ de mars, y tenoient auſſi les aſſemblées pour les élections ; mais lors même que les délibérations ſe faiſoient dans un lieu à l'abri des injures de l'air, toutes les affaires s'y traitoient publiquement. Le peuple même aſſiſtoit aux jugemens, & l'inſtruction des affaires contentieuſes ſe faiſoit, comme à Rome, en préſence de la multitude. On ſent l'avantage de cette forme de gouvernement. On étoit d'abord jugé par ſes propres concitoyens ; & ce n'étoit qu'en cas d'appel, que l'on recouroit aux tribunaux de l'empire. Les officiers du prince faiſoient exécuter les plaids de la cité, & avoient ſeuls le pouvoir d'envoyer au ſupplice les coupables qui y avoient été condamnés.

Le tribunal du recteur de la province, ſoit qu'il eût le titre de proconſul ou celui de préſident, réformoit, ſur l'appel, les ſentences des premiers juges ; & ſes propres déciſions pouvoient être encore portées, par appel, au tribunal du préfet du prétoire. Et pour dernière attention du gouvernement, il envoyoit dans les provinces des officiers qui, ſous le titre de *legati*, étoient chargés de rechercher les abus & d'en inſtruire le magiſtrat ſupérieur.

Quant aux finances, & ce point n'eſt pas un des moins importans, voici comment elles étoient adminiſtrées. Il y avoit dans chacune des villes de Lyon, d'Arles, de Nîmes & de Trèves, un tréſorier provincial ſous le titre de *præpoſitus theſaurorum.* Le tréſorier-général, auquel ils étoient chargés d'envoyer leur recette, étoit nommé *comes ſacrarum largitionum.* Cette charge étoit un des premiers offices de l'empire. Ainſi, les cités payoient aux tréſoriers particuliers, & ceux-ci remettoient les fonds au comte des largeſſes.

Les ſources d'où provenoient ces revenus étoient de quatre ſortes.

1°. Les fonds de terres qui appartenoient en propre à l'empire, ſoit que l'état ſe les fût appropriés lors de la conquête, ſoit qu'ils ſe les fût attribués par forme de confiſcations & de déshérences.

2°. Les ſubſides qui ſe percevoient par forme d'impoſitions. Elle étoit de deux ſortes : l'une étoit réelle & ſe payoit à raiſon des fonds ; c'étoit le *jugeratio* : l'autre étoit perſonnelle ; c'étoit une capitation qui s'impoſoit à raiſon du nombre des habitans dont une cité étoit compoſée (1). Il arrivoit quelquefois que cette ſomme étoit trop forte pour les facultés actuelles de la cité : elle recouroit au prince, qui accordoit une diminution, que l'on répartiſſoit ſelon les facultés des contribuables (2).

(1) Lorſque l'on vouloit ſoulager ces peuples, comme le firent les empereurs Théodoſe & Valentinien en voulant repeupler la Thrace, on ſupprimoit ou l'on adouciſſoit la taxe perſonnelle ; mais l'impoſition réelle étoit toujours également répartie, & n'étoit conſidérable pour chacun qu'en proportion de ce qu'il avoit en revenus de terres.

(2) On voit en effet que la cité d'Autun, qui, au temps de Conſtantin, étoit compoſée de 25,000 citoyens, s'étant adreſſée à l'empereur pour en obtenir du ſoulagement, ce prince lui remit, non une ſomme fixée, mais ſept mille quote parts, qui furent réparties entre les 25,000 habitans. On voit encore que, ſous les empereurs Valens & Valentinien, la remiſe faite à pluſieurs cités de l'empire

3°. La troisième branche des revenus publics dans les Gaules comprenoit les gabelles & les droits de douane. On voit ainsi que le droit exclusif de vendre le sel est ancien dans notre royaume. On saisissoit la marchandise des contrevenans (1). Les droits de douane se percevoient sur les marchandises qui entroient sur les terres de l'empire, & quelquefois sur celles qui en sortoient. On voit que, du temps de Gratien, ce droit étoit du huitième du prix des marchandises (2).

4°. Enfin, les empereurs avoient une autre sorte de revenus que l'on peut appeler le casuel du fisc; il consistoit dans les droits de confiscation & de déshérence, & dans les dons gratuits que faisoient les villes en certaines occasions.

Les cités, on le sent bien, devoient avoir pour leurs propres dépenses des revenus en propres. C'est ce que l'on appelle aujourd'hui des octrois, dont une partie étoit destinée à la défense, à l'entretien, à la décoration des villes: ils étoient levés sur les denrées. C'étoit sur ces revenus que se prenoient, outre les sommes destinées aux ouvrages publics, les dépenses des jeux & des fêtes, & les dons gratuits que l'on faisoit aux empereurs; enfin, le paiement des troupes que les cités entretenoient, & les frais qu'elles étoient obligées de faire pour loger, nourrir & voiturer les officiers de l'empereur lorsqu'ils voyageoient par ses ordres. Telle étoit à-peu-près l'administration des Gaules sous les Romains, & qui ne fut troublée que par les incursions, & enfin par les conquêtes des peuples barbares, connus sous les noms de Saliens, de Cattes, de Sycambres, de Chérusques, de Chamaves, de Bructères & d'Ampsivariens. Il est probable que ce fut de leur indépendance qu'ils prirent ou reçurent le nom de Francs, ou *Franci*.

Loix. Tacite, dans ses annales, dit que les Celtes furent civilisés par Mercure, & reçurent de lui un corps de loix. Les druides & les bardes, dont la fonction étoit de les interpréter, n'avoient garde de les divulguer à des étrangers, & n'en communiquoient au peuple que ce qu'ils jugeoient nécessaire. Quel que puisse avoir été ce système primitif de loix, il avoit essuyé un changement total vers le temps de l'abolition de la monarchie, qui fut divisée en un grand nombre de petits royaumes & de républiques. Tous les Gaulois n'étoient point unis entre eux par un même corps de loix, excepté celle de la tenue d'une assemblée générale chaque année, & une autre qui permettoit que toutes les querelles particulières se vuidassent par un combat singulier. Les Gaulois paroissoient avoir pour maxime incontestable, que le droit du plus fort étoit toujours le meilleur.

Dans le temps que toute la nation gauloise étoit soumise à un gouvernement monarchique, les druides & les bardes qui étoient les interprètes des loix, & les présidens de toutes les cours de justice, terminoient tous les différends par leur seule autorité; mais après que la monarchie eut été divisée en quantité de petits gouvernemens, les Gaulois regardèrent de pareilles sentences comme injurieuses à leur liberté, & y substituèrent le combat singulier, comme la voie qui convenoit le mieux parmi eux, à cause de cette maxime qu'ils avoient, que la providence se déclaroit toujours pour le parti le plus juste.

Les Gaulois avoient un si grand attachement pour leurs loix, leur liberté & leur patrie; ils joignoient tant de valeur à ces vertus, qu'aucun peuple ne se distingua davantage que celui-ci, & ne se fit plus redouter des Romains: témoin cette loi que ces derniers firent; que tous ceux qui, en qualité de prêtres, de vieillards & d'invalides, étoient dispensés de porter les armes, ne jouiroient pas de cette dispense au cas que l'on eût quelque attaque à craindre de la part des Gaulois.

De la justice. Elle ne fut pas négligée par ces peuples; les oracles chez eux, sortoient d'un organe grossier, mais équitable & incorruptible. Le barreau romain, avec sa pompe & ses formalités, succéda au magistrat annuel. La justice alors devint lente, hérissée de formes, & coûtoit beaucoup à obtenir. Cela la rendoit une injustice, puisque le pauvre ne pouvoit se la procurer.

Mariages. Dès qu'une fille étoit en âge d'être mariée, les parens réunissoient dans un festin, tous les prétendans; la fille présentoit à laver, & le premier qui recevoit cet honneur, étoit l'objet de son choix; une lance, un cheval, des bœufs, étoient le premier hommage de cet amant, sous le pouvoir duquel elle passoit aussi-tôt. Marculfe rapporte la formule suivante, qui avoit lieu dans la cérémonie du mariage: vous êtes mon maître & mon époux; & moi je suis votre humble servante. Les femmes avoient le soin de leurs maisons, & celui d'allaiter leurs enfans. L'adultère étoit sévèrement puni & le divorce autorisé. La polygamie étoit prohibée; les princes seuls faisoient quelquefois exception à la règle. Par décence, les femmes ne mangeoient point avec leurs maris en présence des étrangers.

Discipline militaire. Elle devoit être très-imparfaite chez ces peuples, qui comptoient beaucoup sur leur nombre & sur leur valeur, & abandonnoient tous les autres avantages à leurs ennemis;

fut telle que deux ou trois cens hommes ne payoient ensemble qu'une quote-part, & que l'on associoit quatre femmes pour cette contribution.

(1) *Si quis, sine personâ mancipum, id est salinarum conductorum sales emerit vendereve tentaverit, sive propriâ audaciâ, sive nostro munitus oraculo* (permission, surprise apparemment), *sales ipsi unà cum eorum pretio mancipibus addicantur.* (Cod. L. 11, C. de vectigal).

(2) Ces droits s'affermoient ordinairement pour trois ans au plus offrant & dernier enchérisseur. Combien les peuples ne devoient-ils pas être foulés par ces fermiers & leurs préposés? On voit que le bureau de Marseille étoit un de ceux dont on tiroit le plus.

ce qui fut une des causes principales de la conquête que les Romains firent de leur pays. Le métier de la guerre étant la passion favorite des Gaulois, & formant une partie de leur éducation, ils auroient dû y devenir plus habiles, après avoir soutenu tant de guerres, & avoir porté si souvent les armes en qualité d'auxiliaires; mais, soit un attachement opiniâtre à leurs anciens usages, soit mépris pour ceux des autres nations, ils ne se piquèrent jamais d'imiter ce qu'il y avoit de bon dans la discipline militaire des peuples étrangers. Ils aimoient mieux faire des incursions & répandre la terreur, que se défendre d'une façon régulière. Ils supportoient les fatigues, attaquoient les ennemis avec valeur, & maintenoient le combat avec intrépidité; mais malgré tous ces avantages, s'ils avoient le malheur d'être vaincus, leur dernière ressource étoit de se donner la mort. Une grande partie de leurs succès étoient dus à leur cavalerie & à leurs chariots armés en guerre. Quand leur pays fut divisé en petits royaumes & en républiques, en cas d'action, ils disposoient leur armée pour que chaque corps eût l'occasion de se distinguer. Ces peuples avoient la superstition de ne point venir aux mains avec leurs ennemis, avant que la lune fût dans son plein.

Quand les augures étoient favorables, les druides & les aruspices marchoient au-devant de l'armée, jusqu'à ce qu'on en vînt aux mains.

Les Gaulois conservèrent long-temps l'armure des Celtes, leurs ancêtres; mais il paroît que dans leurs guerres contre les Romains, ils ne se servirent que de l'arc, de l'épée & du bouclier, armes qui les rendirent long-temps la terreur de leurs ennemis. Dans les sièges, toute leur science étoit de miner; ils aimoient cependant mieux faire une attaque brusque.

Jules-César & Agathias, parlant du caractère des Gaulois, disent qu'ils étoient prompts dans leurs résolutions, impétueux dans l'attaque, & se rebutant facilement.

Armes des Gaulois. La massue fut la première arme de ces peuples; ensuite ils eurent l'arc, le javelot, le dard, la pique, & une épée longue & tranchante. Strabon dit qu'outre les traits du carquois ils en lançoient sans le secours de l'arc, d'une main si sûre, qu'ils perçoient les oiseaux. L'adresse, la force & le courage que ces peuples avoient en partage, auroient dû les rendre invincibles; mais ils se présentoient à l'ennemi la tête nue, & le corps sans défense. Ils poussoient la témérité jusqu'à combattre nuds. En 528 de Rome, les Gaulois combattirent nuds contre les consuls Emilius & Attilius, ainsi qu'à la bataille de Cannes & dans le combat que les Romains leur livrèrent sur le mont Olympe en Phrygie. Leur indiscipline étonnoit leurs ennemis même: aussi éprouvèrent-ils des défaites qu'ils auroient pu changer en victoires.

Les Gaulois n'abandonnoient jamais leurs armes; ils les portoient avec eux dans les assemblées, dans leurs festins, dans leurs négociations, & jusques dans le tombeau.

Le grand courage de ces peuples provenoit de leur véhémence & de leur force extraordinaire. La chaleur de leurs combats avec les Romains en est la preuve; mais ils succomboient faute de discipline & de cuirasses. Lorsque leur courage fut subordonné à l'ordre, & que leurs corps furent revêtus de l'armure romaine, ils formèrent les meilleures troupes de l'empire.

Commerce. Toute la Gaule semble avoir été partagée en trois états; les druides, la noblesse & la classe des marchands, qui étoit la plus nombreuse. Les deux premiers ordres tiroient leurs revenus en partie du dernier, & en partie du revenu de leurs terres. Il paroît par plusieurs anciennes inscriptions, & particuliérement par une, que les marchands de Paris ont consacrée à Jupiter *très-bon*, que leur commerce étoit d'une grande étendue. Diodore de Sicile dit que les marchands étrangers avoient soin de faire passer d'Italie & de Grèce, une grande quantité de vin dans les Gaules. Ils faisoient quelques échanges sur les côtes de l'Océan, par Bordeaux, Nantes, Vannes, & le port *Iccius*, qu'on croit être Boulogne. Sur les côtes de la Méditerranée par Marseille, ils trafiquoient avec des marchands Grecs & Phéniciens. Les Romains, quoique peu partisans du commerce, étendirent celui des Gaules. L'approvisionnement de ce pays étoit fait par cinq compagnies de négocians, sous la direction d'un chef des nautonniers. Il se faisoit par les cinq grandes rivières qui l'arrosoient. Chacune de ces grandes rivières avoit ses ports particuliers. Les grandes voies romaines qui établirent la correspondance entre toutes les parties de l'empire, augmenta le commerce & en assura le succès.

Monnoies. Ce que les anciens Gaulois nous ont laissé concernant les monnoies, paroît être une grossière imitation des Phéniciens & des Grecs; mais la forme & la matière montre l'état d'ignorance & de pauvreté du peuple imitateur.

Beaux-arts. Des rochers creux & des cabanes couvertes de feuilles ou de joncs, furent la première demeure de ces peuples.

Les Phéniciens, en élevant les murs de Marseille, leur firent naître l'envie d'imiter des usages aussi commodes: alors leurs cabanes furent changées en maisons. Ces peuples cependant ne connurent l'usage des constructions solides qu'avec les Romains. Vitruve & Strabon nous apprennent que les Gaulois ne bâtissoient leurs maisons qu'avec de la terre grasse, & que les toits n'étoient couverts que de chaume ou de joncs.

Les murailles de leurs principales villes étoient fortes par leur épaisseur & la grandeur des pierres qu'ils y employoient. Les collèges de leurs druides, qui furent les premiers comme les plus grands bâtimens, étoient, par la dureté des matériaux, à l'épreuve des temps. Les Gaulois n'eurent qu'une connoiſſance imparfaite des arts avant les Romains; & leurs habitations, ainſi que celles des druides, étoient preſque toutes ſituées ſur des éminences.

Sous les Romains, l'architecture ſe déploya dans les Gaules avec une nobleſſe qui enchante encore aujourd'hui, malgré la vétuſté des monumens.

Après que les Romains ſe furent établis dans les Gaules, cette nation ſe trouva un compoſé d'anciens Celtes, de Grecs, d'Italiens, de Germains, qui y avoient pénétré, & de Francs, qui étoient les derniers venus; mais le fond de la nation étoit de familles gauloiſes; de ſorte que ſon caractère prit le deſſus & devint le dominant. L'eſprit des habitans eſt encore le même que du temps de Céſar, impétueux, prompts à ſe rendre & ſe rebutant aiſément.

Caractère. Selon Jules-Céſar & Agathias, ces peuples étoient emportés, téméraires & querelleurs: leur curioſité étoit exceſſive; & pour la ſatisfaire, ils interrogeoient les paſſans & les étrangers, qui pouvoient leur apprendre des nouvelles. Malgré leur extrême vivacité, ces peuples étoient les plus civils des barbares; ils étoient remarquables par leur propreté, & ils avoient déjà le germe de la politeſſe & du bon goût, qui les font diſtinguer des autres peuples de l'Europe. Ils étoient généreux, même envers leurs ennemis. Les voyageurs ne payoient nulle part. Le caractère primitif des Gaulois s'eſt conſervé juſqu'à nous.

Mœurs & uſages, habillemens. Leur habillement a ſouvent varié; mais il fut toujours conforme à leur état. Pendant une longue ſuite de ſiècles, tant qu'ils furent nomades, ils ſe couvrirent de la peau des bêtes fauves dont ils ſe nourriſſoient. Ils alloient à la guerre dans cet équipage.

Ce furent les Phocéens, qui, les premiers, jetèrent chez ces peuples, les germes du luxe & de l'émulation. Ils portèrent alors une eſpèce de manteau court, de larges culottes & des tuniques. Sous le joug des Romains, les Gaulois adoptèrent l'habit de leurs vainqueurs, & ils devinrent preſque Romains par la robe comme par les mœurs.

Ammien Marcellin dit, en parlant des Gaulois: « vous ne trouverez dans ces contrées, ni hommes » ni femmes, fuſſent-ils des plus pauvres, qui aient » des habits ſales ou déchirés ».

Exercices & feſtins. Ces peuples ſe plaiſoient extrêmement à la chaſſe. La quantité de bêtes féroces dont leurs bois étoient remplis, leur rendoit cet exercice néceſſaire. Les chaſſeurs de profeſſion célébroient tous les ans une fête en l'honneur de Diane; &, entre autres préſens, chacun d'eux offroit à la déeſſe une bourſe, où il y avoit une pièce de monnoie pour chaque animal qu'ils avoient tué dans le cours de l'année. Cette fête étoit terminée par un grand feſtin. Ils excelloient dans tous les exercices mâles, étoient bons cavaliers & menoient bien les chariots. Auſſi ils avoient des hippodromes, des courſes de chevaux & des tournois. Leurs exercices, en général, tendoient à les rendre plus légers, plus forts & plus hardis. Ils apprenoient tous à nager, & ils regardoient comme un jeu, de paſſer les rivières les plus grandes & les plus rapides. Les bardes les animoient à ſe ſignaler, & l'on eſtimoit heureux ceux qui obtenoient une place honorable dans leurs poëmes.

Les feſtins des Gaulois étoient preſque toujours marqués par la profuſion, & même le déſordre. Ils célébroient leurs aſſemblées publiques, leurs mariages, les jours de leur naiſſance, *&c.* par de ſomptueux repas, dont la bonne chère étoit accompagnée de muſique. Les nobles ſe diſtinguoient dans ces ſortes de dépenſes, qui ſervoient à leur attacher & à augmenter le nombre de leurs cliens & de leurs vaſſaux. Tacite rapporte qu'un roi des *Arverniens*, fit faire un enclos de douze ſtades en quarré, où il régala tous les allans & venans, de tout ce qu'on peut donner de plus exquis en mets & en liqueurs. Les perſonnages les plus diſtingués par leur valeur ou par leur ſageſſe, occupoient toujours les places d'honneur dans ces ſortes de feſtins. Selon Poſidonius, leurs tables étoient très-baſſes; ils mangeoient peu de pain & beaucoup de viande, qu'ils dévoroient avec avidité. Derrière les convives étoient les ſerviteurs, qui tenoient leurs boucliers. Les gardes avoient leurs tables vis-à-vis d'eux, & après que les maîtres avoient fini de manger, les ſerviteurs ſe régaloient à leur tour. Diodore de Sicile dit que les Gaulois mangeoient aſſis à terre ſur des peaux de loups & de chiens, & que les plats étoient portés par des enfans de la maiſon. C'étoit toujours le coryphée qui buvoit le premier; quand il avoit bu, il donnoit à ſon plus proche voiſin la coupe, qui faiſoit ainſi la ronde. Comme les Gaulois paſſoient ordinairement la nuit à table, ils s'échauffoient de liqueurs fortes, & la ſcène en étoit preſque toujours enſanglantée. Quand le feſtin étoit terminé paiſiblement, on y joignoit le plaiſir de la muſique & de la danſe. Comme ceux qui danſoient étoient armés de pied en cap, ils battoient la meſure avec leurs épées ſur leurs boucliers. Leurs principales liqueurs étoient la bière & le vin. L'ivrognerie étoit un des vices dominans de ces peuples. On prétend que la raiſon qui leur faiſoit aimer le vin, étoit la propriété qu'il a de redoubler le courage, & de faire mépriſer les dangers.

Ces peuples, ſi cruels envers leurs ennemis, s'étoient rendus fameux par leur caractère hoſpitalier. Les auteurs grecs & romains leur rendent également ce témoignage. Il paroît qu'ils avoient la coutume conſtante d'inviter à leurs fêtes les étrangers qui ſe trouvoient dans leur pays, & de leur demander enſuite en quoi ils pouvoient leur être utiles. Celui qui étoit convaincu d'avoir manqué aux devoirs de l'hoſpitalité envers un étranger, s'attiroit un mépris général, & étoit mis à l'amende par le magiſtrat. Céſar dit que la perſonne des étrangers étoit sacrée parmi les Gaulois; qu'ils avoient le droit d'entrer dans toutes les maisons, & de prendre place à toutes les tables. Ils les conduisoient d'un territoire à un autre, & châtioient, sur le champ, ceux qui leur avoient causé quelque dommage.

Occupations des Gaulois. La garde des troupeaux & la chasse faisoient toute l'occupation de ces peuples lorsqu'ils étoient nomades. Pendant que les uns veilloient à leur conservation, d'autres poursuivoient les bêtes fauves dans les forêts, & l'exercice de la chasse fortifioit encore leurs corps naturellement robustes. Les Gaulois commencèrent à être cultivateurs & à se servir des arts vers l'époque de la fondation de Marseille, 600 ans avant l'ère chrétienne. Ils furent plus occupés; ils n'abandonnèrent cependant pas les armes. La jeunesse y fut toujours formée avec soin. Sous les Romains, les Gaulois connurent le prix du temps & des sciences; ils en firent un usage honorable & utile.

Ces peuples désœuvrés étoient naturellement fainéans & enclins au vin & aux liqueurs spiritueuses.

Histoire. J'ai dit, en parlant de l'origine des Gaulois, qu'ils avoient habité de bonne heure, non-seulement en Gaule, mais en Espagne, en Italie, en Germanie, *&c.* Je vais reprendre ici cette assertion avec un peu plus de développement.

Dom Martin, qui a fait de profondes recherches sur l'histoire des Gaulois, prétend qu'ils peuploient depuis long-temps la Gaule sous le nom d'*Aborigènes*, lorsque vers l'an 1580 avant l'ère vulgaire, ils envoyèrent une colonie en Espagne sous la conduite d'un chef habile, nommé Ogmius (1). Je ne tiens pas, comme on doit bien le croire, au nom de ce chef; mais je crois pouvoir assurer qu'il passa successivement plusieurs colonies de Gaulois en Espagne. *Voyez* HISPANIA.

A peine Ogmius, que j'abandonne volontiers comme un personnage imaginaire, fut-il de retour de l'Hispanie, que la gloire de cette expédition, si l'on en croit dom Martin, lui fit naître la pensée d'en entreprendre une semblable à travers les Alpes. Probablement l'Italie avoit déjà des habitans qui pouvoient y être venus par terre en sortant de la Thrace & de l'Illyrie; & par mer en navigant le long des côtes.

En traversant les Alpes, Ogmius y laissa quelques ordres de ceux qui l'accompagnoient: de-là vinrent les Gaulois inalpins & les Liguriens (2).

Descendu dans les belles plaines qu'arrose le Pô, Ogmius y établit d'autres Gaulois, connus sous le nom d'*Insubriens.* En s'avançant vers l'est, il alla établir les Venètes sur les bords du golfe Adriatique. Ce fut encore lui, si l'on en croit dom Martin, qui établit les Ombraniciens au sud du Pô. Ce peuple fut connu des Romains par le nom d'*Umbri* ou d'Ombriens; du moins ceux-ci descendoient des précédens. Ce fut alors, selon le savant Bénédictin, que les Aborigènes, qui étoient aussi sous la conduite d'Ogmius, s'établirent, pour la première fois, en Italie. Il rapporte ces faits vers l'an 1579 avant J. C.

Après le départ d'Ogmius, les Aborigènes s'emparèrent du canton de Rieti, *Ager Reatinus*, qui abondoit en pâturages: ils l'enlevèrent aux Ombriens, & s'étendirent vers la campagne arrosée par tout le cours du Tibre.

Mais pendant qu'Ogmius étoit encore sur les lieux, il avoit établi les Sicules au milieu du territoire où Romulus, depuis, fonda la ville de Rome. Selon Solin, ils y eurent des établissemens considérables. Les Volces, ou Volsques, eurent en partage les terres sur la droite du Liris. Dom Martin entre dans un assez grand détail sur ces différens peuples de la Gaule établis en Italie: je ne puis le suivre. (*Voyez hist. des Gaules, T. 1, p. 184 & suiv.* On pourra voir aussi l'article ITALIA dans cet ouvrage). Le savant Bénédictin que je viens de citer finit en disant: « voilà en gros & en détail, tous les peuples » qui embrassoient & remplissoient l'Italie. Il n'en » est pas un seul, ou qui ne s'y soit transplanté » immédiatement des Gaules, ou qui ne descendit » en ligne directe de quelque peuple gaulois qui » y étoit allé la peupler ». Je retourne aux Gaulois restés dans la Gaule.

Quoique la Gaule, & particuliérement la partie *celtique*, fût très-fertile; cependant, vu la grande

(1) C'est de cet Ogmius, appelé plus ordinairement l'Hercule gaulois, que Lucien a fait le portrait suivant: « c'étoit un vieillard vénérable qui avoit un grand front » chauve, des yeux vifs & perçans avec une taille haute » & majestueuse. Il étoit halé & ridé, comme un nau» tonier avancé en âge; ainsi, de ce côté, on l'eût » pris plutôt pour Charon que pour Hercule. Il ne laissoit » pas d'être revêtu de la dépouille du lion, & de tenir » une massue dans sa main droite, & dans sa gauche un » arc & un carquois. Ce qu'il y a de plus merveilleux, » c'est que ce grand personnage tenoit attaché par l'o» reille un nombre innombrable de personnes de tout » âge & de toute condition. Les chaînes étoient d'or & » d'ambre, mais si fines & si déliées, qu'il falloit très-peu » de chose pour les rompre. Cependant, loin qu'aucun » de la troupe fît la moindre résistance, généralement » tous gais, dispos & pleins de joie, suivoient Ogmius à » l'envi; & leur empressement étoit si grand, que les » chaînes étoient lâches. Le peintre, continue Lucien, » ne sachant où placer la naissance des chaînes, parce » que les mains d'Ogmius étoient occupées, a représenté » le bout de sa langue, comme le terme où viennent » aboutir les chaînes de ces captifs, vers lesquels Ogmius » se tourne avec un sourire qui les attire davantage ». Ce n'étoit pas, je crois, parce qu'il ne pouvoit pas placer ailleurs l'extrémité de la chaîne, que le peintre l'avoit placée à la bouche d'Ogmius; mais pour faire entendre qu'il avoit maîtrisé toute cette troupe par le talent de la parole.

(2) Aussi les Liguriens dirent-ils aux Ambrons de l'armée de Marius « qu'ils étoient Ambrons aussi bien » que ceux qui se donnoient pour tels; & que le nom » propre de leur nation étoit celui d'Ambron ».

quantité de bois dont elles étoient couvertes, le peu d'industrie de leurs habitans, elles ne pouvoient suffire à l'entretien de leurs nombreux habitans. Vers l'an 600 avant J. C. Ambigat, roi des Biturigés, avoit été mis à la tête de tous les peuples de la Celtique. (*Voyez* GALLIA *& ses divisions*).

Ambigat étoit sans enfans, & ses deux neveux aspiroient l'un & l'autre à lui succéder. Pour délivrer donc son pays d'une trop grande quantité d'habitans qui l'affamoient, & de l'ambition de deux chefs qui auroient pu déchirer son sein, il résolut d'envoyer au dehors des colonies. Si l'on en croit Justin, 300,000 hommes, sans compter les femmes & les enfans, sortirent alors de la Gaule. Bellovèse, l'un des neveux d'Ambigat, se prépara à passer les Alpes; & l'autre prince, nommé *Sigovèse*, à passer le Rhin.

Sigovèse suivit assez promptement sa destination; il passa le Rhin près du lieu où est Bâle, passa près le lac de Constance & s'enfonça dans la forêt Hercinie, après quoi il trouva des prairies & des plaines propres à la culture.

Bellovèse, dont le projet étoit d'entrer en Italie, s'avança jusqu'au pied des Alpes, dont la hauteur l'arrêta d'abord. Il longea ces montagnes, les laissant à l'est, & s'avança jusques vers la mer. Il paroît qu'il eut alors guerre avec les Saliens. Suivant quelques historiens & les recherches de dom Martin, il paroît que Bellovèse contribua beaucoup à l'établissement des Phocéens d'Asie, dans le lieu où ils bâtirent & fortifièrent la ville de Marseille.

Sous les dernières années du règne de Tarquin, & la vingt-troisième, selon dom Martin, depuis le départ de Bellovèse, Aruns, l'un des plus riches personnages de Clusium, en Italie (1), vint trouver Bellovèse pour l'engager à passer dans cette contrée.

On rapporte qu'aux motifs qu'il présenta à Bellovèse, dont j'ai dit que ç'avoit d'abord été le dessein, il joignit l'assurance d'y trouver abondamment la liqueur dont il alloit lui faire goûter; & qu'en même temps il lui présenta du vin dans une coupe (2). Bellovèse consentit donc à partir avec tout son monde. On croit qu'il entra en Italie par les Alpes Cottiennes.

Il paroît que les premiers Gaulois établis en Italie, avoient perdu les traces de leur première origine; ou du moins ils étoient si mélangés avec d'autres peuples établis depuis, que ce fut la nation qui portoit le nom de *Tyrrhéniens*, que les Gaulois trouvèrent après s'être avancés dans les plaines du Pô. Ces Tyrrhéniens possédoient alors bien plus que le pays qui porta depuis le nom d'Etrurie, & auquel ils furent restreints dans la suite. Il se donna une bataille très-sanglante entre le Tesin & l'Adda. Les Gaulois furent vainqueurs. Rhetus, l'un des chefs des Tyrrhéniens, peut-être le premier de tous, se retira dans la partie des Alpes, qui est vers le lac de Bergame. Bellovèse l'y suivit, le força d'aller au-delà, où il s'établit dans le pays qui prit d'après lui le nom de Rhétie. Le chef gaulois établit une colonie pour la défense de ce passage; ce fut le commencement de la ville de Trent. On attribue aussi à Bellovèse l'établissement des Carnutes, l'une des nations de sa suite, dans le pays appelé depuis *Carnie*.

Il présida aussi à l'établissement de plusieurs autres peuples gaulois, & particuliérement à celui des Cénomans, arrivé l'an 576 avant J. C. sous la conduite d'Elitorius. D'autres Gaulois entrèrent par les Alpes Pennines; on peut distinguer entre eux les Boïens, les Lingons & le Sénonois.

J'ai déjà dit que des Gaulois étoient entrés en Germanie sous la conduite de Selgovèse. On parle d'autres expéditions de ce genre. Une des principales, est celle dont parle César; elle étoit composée de Volces-Tectosages, qui s'établirent aux environs de la forêt Hercinie. Mais on n'a la date d'aucune. Quant aux différens peuples réputés Germains, & qui tiroient leur origine des Gaules, on peut voir ce qu'en dit dom Martin & M. de Saint-Aubin, dans ses antiquités de la monarchie françoise.

Vers l'an 429 avant J. C. une peste affreuse qui avoit commencé en Egypte, passa de proche en proche jusques dans les Gaules, & y causa les plus cruels ravages.

J'ai déjà dit que les Gaulois s'étoient établis dans presque toute la longueur de l'Italie: c'est le sentiment de dom Martin, qui le prouve par de très-bons raisonnemens, appuyés sur les plus fortes autorités.

Il fait observer une chose à laquelle on doit donner la plus grande attention, puisqu'elle servira à détruire une erreur historique, qui paroît s'être fort accréditée depuis la publication de l'excellente histoire romaine de M. Rollin, & de quelques autres faites depuis, &, à-peu-près, d'après elle. Cet estimable écrivain, qui n'eut d'autre défaut que de négliger un peu la critique, n'avoit pas assez étudié en particulier l'histoire des Gaulois. Il en résulta, 1°. qu'il n'avoit pas apperçu qu'ils s'étoient étendus jusqu'aux parties méridionales de l'Italie; 2°. qu'il crut que les Gaulois qui vinrent assiéger Rome étoient les mêmes qu'avoit appelés Aruns. Dom Martin prouve très-bien le con-

(1) On prétend qu'Aruns avoit pour objet de venger un outrage fait à son honneur dans la personne de sa femme, débauchée par le Lucumons de sa ville.

(2) Pline rapporte aussi qu'un Helvétien qui avoit demeuré quelques temps à Rome & qui s'en retournoit dans son pays sur un des petits bâtimens qui avoient amené Aruns & sa suite, distribuoit dans le camp des Gaulois des figues sèches, des raisins, du vin, de l'huile, &c. toutes productions excellentes & inconnues aux Gaulois. On sent quel effet tout cela devoit produire sur une multitude, qui d'ailleurs ne demandoit qu'à s'expatrier.

traire (1). Il croit que les Gaulois qui assiégèrent Rome venoient de la Daunie dans la Grande-Grèce. On peut voir les preuves de ce sentiment dans son ouvrage, *T. 1, p. 340 dans les notes.* Il est vrai qu'il ne dit pas quel sujet engagea cette fois les Gaulois à venir faire le siège de Clusium. L'histoire du siège de cette ville, non plus que les détails de la prise de Rome, ne sont pas de mon objet. On sait à quel prix les Romains obtinrent la paix, & par quel acte de violence & d'injustice ils se l'assurèrent.

Un fait que nous transmet l'histoire vient encore à l'appui du sentiment de dom Martin sur les établissemens des Gaulois en Italie : c'est que peu après que les Sénonois eurent levé le siège du Capitole, ils firent alliance avec Denys l'ancien, tyran de Syracuse. Il en prit à sa solde, & en envoya en Grèce au secours des Spartiates, où leur valeur & leur manière de combattre, inconnue aux Grecs, leur obtinrent des victoires réitérées.

Cependant les Gaulois, établis en Italie, continuoient d'avoir la guerre contre les Romains, qu'ils battirent plusieurs fois, même de l'aveu des historiens latins. Rien ne prouve mieux les succès des Gaulois que le traité de paix que firent avec eux les Romains, l'an 339 avant l'ère vulgaire. Si les Romains s'étoient sentis en état de détruire entièrement les Gaulois, ils auroient abusé de cet avantage : au contraire, ils firent un traité de paix pour trente ans.

Vers l'an 306 avant l'ère vulgaire, les Gaulois envoyèrent encore une nouvelle colonie en Italie. Ne pouvant s'établir dans les plaines du Pô, déjà occupées par les Gaulois qui les avoient précédés, ils s'avancèrent jusqu'à l'Etrurie. Les Etrusques les accueillirent bien, parce qu'ils espéroient se servir avantageusement de leurs forces contre les Romains. Ils se jetèrent tous ensemble sur les terres des Romains. Ils les battirent en effet ; mais les Gaulois s'étant reposés, furent ensuite surpris & défaits.

L'an 302 avant J. C. les Gaulois établis dans la Grande-Grèce, firent alliance avec les Samnites, & marchèrent aussi contre les Romains. Ils battirent les Romains, qui, peu après, prirent bien leur revanche. Quinze mois après, ces mêmes Gaulois se jetèrent sur l'Etrurie. Ils s'accommodèrent pour faire ensemble la guerre aux Romains. Ceux-ci venoient de chasser une partie des Samnites de leur pays. Les Gaulois & les Etrusques entreprirent de le leur faire rendre. On transporta le fort de la guerre en Ombrie. L'opiniâtreté des Romains, qui ne cédoient jamais après une défaite, & surtout le dévouement du consul Décius, qui, se dévouant avec des cérémonies singulières pour le salut de la patrie, exaltoit le courage de chacun des soldats, causèrent la perte des Gaulois.

Depuis cette défaite, les Romains continuèrent d'avoir l'avantage sur les Gaulois, qu'ils soumirent, avec le temps, de proche en proche. Vers l'an 126 avant J. C. les Romains passèrent les Alpes pour venir au secours des Eduens, ou plutôt, ce me semble, pour avoir occasion d'entrer dans leur pays, dont ils projetoient déjà sans doute la conquête.

Vers l'an 120 ou 121, les Romains réduisirent en province romaine la partie de la Gaule qui s'étendoit depuis les Alpes & les sources du Rhône, jusqu'au Rhône & à la Méditerranée. Et ce fut le commencement des malheurs qui ne cessèrent presque depuis d'accabler la Gaule.

On sait que les habitans de ces provinces conquises étoient, pour leur état civil, compris sous le nom de *Deditii*, lorsque réduits par les armes, ils s'abandonnoient à la discrétion des vainqueurs. Par cette soumission forcée, ils mettoient au pouvoir des Romains leurs corps, leur vie, leurs biens, leurs femmes, leurs enfans, leurs esclaves, enfin jusqu'à leur volonté. Ces peuples ne pouvoient plus rien sans l'autorité & la sanction des Romains, ou du moins sans leur participation. Cela étoit au point, que même ils ne pouvoient pas faire le commerce en leur nom : il falloit s'associer un Romain, dont le nom paroissoit dans les actes, & qui, ordinairement, vendoit fort cher l'avantage de cette association. En justice, leurs créances & leurs registres ne faisoient foi qu'autant que les titres, les registres, *&c.* étoient visés & paraphés par un citoyen romain (2). Ainsi, les hommes du premier rang dans les pays conquis, étoient, dans l'ordre civil, au-dessous des gens de la lie du peuple de Rome.

Non-seulement les Gaulois de la partie qui porta d'abord le titre de *Provincia*, furent traités de cette sorte, mais aussi tout le reste de la Gaule après la conquête de César, qui la soumit vers l'an 55 avant J. C. Les détails de cette guerre ne sont pas de mon objet. L'an avant la même ère, les Gaulois répandus dans les Alpes furent subjugués par les Romains.

Depuis les conquêtes de Jules-César, les Gaulois n'eurent presque pas d'existence à eux. Auguste partagea leur province pour avoir la facilité de les contenir plus aisément. Cependant, il restoit dans tous leurs cœurs un germe de liberté, qui s'annonça quelquefois par des efforts, que presque toujours les forces de leurs oppresseurs rendirent infructueux. Suétone dit, dans la vie de Néron, que le monde ayant gémi treize ans sous sa tyrannie,

(1) Plutarque même avoit dit, dans la vie de Camille : « les Gaulois qui vinrent au secours d'Aruns, s'établirent » au-delà des Alpes plusieurs années avant ceux qui for- » mèrent le siège de Clusium ».

(2) Je m'arrête un instant sur cet objet, parce que cette connoissance peut s'étendre à tous les peuples vaincus & soumis par les Romains, & parce que l'on voit aussi d'où vient que le droit de citoyen romain étoit si fort recherché dans la province : on finit par le vendre.

secoua

secoua le joug ; & que les Gaulois en donnèrent l'exemple. Quelque temps après, les Gaules furent partagées en seize provinces.

Les Gaulois firent de grands efforts sous le règne de Vespasien ; & ce prince aima mieux faire avec eux un traité, que de les obliger à tourner leurs armes contre lui. Malgré la vigueur qu'ils montrèrent en différentes occasions, les Gaulois ne continuèrent pas moins d'être écrasés par les Romains, assez forts pour contenir des peuples soumis, auxquels on avoit tout ôté ; mais trop foibles pour empêcher de nouveaux vainqueurs de leur enlever cette belle conquête. Aussi les Visigoths s'y établirent-ils dans les provinces méridionales ; les Bourguignons, dans les provinces orientales, & les Francs dans les provinces occidentales. Les rois de ces derniers, à commencer du règne de Clovis, s'étendirent dans toute la Gaule, distribuèrent les terres à leurs troupes ; & le nom de Gaulois disparut pour laisser la place à celui de Francs ou François.

GALLIA. Le nom de Gaule, qui étoit propre au pays que l'on comprend aujourd'hui sous les noms de France & de Pays-Bas, *&c.* s'étoit aussi étendu à la partie septentrionale de l'Italie où s'étoient établis des Gaulois. De-là la division de la Gaule, en Gaule *Transalpine* & en Gaule *Cisalpine*. Je les suivrai l'une & l'autre dans leurs subdivisions. On sent bien que cette distinction entre les Gaules d'au-delà & d'en-deçà des Alpes ayant été faite par les Romains, la Gaule Transalpine est la France, & la Gaule Cis-Alpine le Piémont & la Lombardie.

GALLIA TRANSALPINA. Ce vaste pays avoit pour bornes, au nord, l'Océan Britannique & Germanique ; à l'est, le Rhin & les Alpes ; au sud, la Méditerranée & les Pyrénées ; à l'ouest, l'Océan Occidental. Il comprenoit, outre la France actuelle, la Suisse, une petite portion de l'Allemagne, au nord-est, ainsi que les Pays-Bas, auxquels il faut joindre une partie des Provinces-Unies.

Ses principaux fleuves étoient, en commençant par le nord, la *Mosa* (la Meuse), la *Sequana* (la Seine), le *Liger* (la Loire), le *Rhodanus* (le Rhône), & la *Garumna* (la Garonne). Le *Rhenus* (le Rhin) la séparoit à l'est de la Germanie. Je parlerai des autres fleuves moins considérables, en traitant des peuples auxquels ils appartenoient.

On ne connoît pas l'intérieur de la Gaule avant le temps où César y pénétra ; & c'est par lui que l'on commença à la connoître. Non pas que les Romains ne possédassent déjà une petite portion de la Gaule, qu'ils appeloient *Provincia*, ou *Romana Provincia* (1), d'où nous avons fait Provence ; mais on n'avoit pas décrit le pays. C'est donc César qu'il faut consulter d'abord : mais comme les divisions politiques de la Gaule éprouvèrent différens changemens ; que l'on pourroit avoir besoin de se les rendre très-présens par un tableau précis ou par des cartes, c'est sur-tout dans un ouvrage consacré à la géographie ancienne, que ces différentes révolutions doivent se trouver. Je vais les exposer le plus clairement qu'il me sera possible, d'après les anciens & d'après ceux des modernes qui me paroissent s'en être occupés le plus heureusement, tels que M. d'Anville, dom Martin, *&c.*

I. En arrivant dans la Gaule, César la trouva partagée entre trois nations principales, les Celtes, les Belges, les Aquitains (*Celti*, *Belgæ*, *Aquitani*). Il nomme les premiers Gaulois (*Galli*), en observant qu'ils se servoient de la langue celte. C'est qu'en effet ils différoient des autres nations par les mœurs & le langage. Les Belges, situés au nord de la Gaule, paroissoient tenir beaucoup des Germains, dont la plupart étoient sortis ; & les Aquitains avoient une grande affinité avec les nations Ibériennes qui habitoient en Espagne, auxquelles, selon Strabon, elles ressembloient beaucoup, & dont elles n'étoient séparées que par les Pyrénées. Quant aux Celtes ou Gaulois proprement dits, il paroît qu'ils étoient les plus anciens possesseurs du pays. Ils avoient la Marne (*Matrona*), au nord, & la Garonne (*Garumna*), au sud. Ils s'étoient même étendus jusqu'à la Méditerranée ; car ce fut sur eux que les Romains firent la conquête du pays qu'ils nommèrent *Provincia*, & que l'on nomma aussi *Gallia Braccata*, à cause de la partie de leur vêtement, espèce de culottes dont ils s'enveloppoient les cuisses, & que l'on appeloit *bracca*. Cette partie s'étendoit depuis Narbonne jusqu'au Var.

Je vais présenter ici les noms des peuples renfermés dans chacune de ces grandes divisions, en renvoyant pour ce qui les concerne, à leur article particulier.

Peuples de la Belgique.

Ambiani.	Catalauni.
Ambivareti, *ou* Ambiliates.	Centrones.
	Cimbri.
Atrebates.	Condrusi.
Atuatici.	Eburones.
Batavi.	Frisiabones.
Bellocassi.	Gorduni.
Bellovaci.	Grudii.
Betasi.	Gugerni.
Britannii.	Lavaci.
Caresi.	Leuci.
Calates.	Mediomatrices.

(1) Les noms de *Gallia Braccata* & *Gallia Togata*, n'ont rapport qu'à la manière de s'habiller des habitans de certaines parties de la Gaule. Dans la Gaule Cisalpine, ils avoient pris la toge romaine : de-là le nom de *Gallia Togata*. Dans la partie de la Gaule Transalpine, appelée *Provincia Romana*, l'usage d'un vêtement qui enveloppoit les cuisses, espèce de culottes, nommée *bracca*, avoit donné lieu à l'expression *Gallia Braccata*. La *Gallia Comata* étoit celle où l'on portoit de longs cheveux : c'étoit la Gaule proprement dite.

Mœnapii.
Morini.
Nemetes.
Nervii.
Oromansaci.
Pœmani.
Pleumosii.
Remi.
Ripani.
Segui.
Silvanectæ.
Suessiones.
Sunuci.
Supeni.
Treviri.
Triboces.
Tungri.
Vangiones.
Ubii.
Viromandui.

Peuples de la Celtique.

Abrincatui, *ou* Ambibari.
Adunicates.
Ædui.
Agesinates.
Albigi.
Allobroges.
Ambarri.
Ambilatri.
Ambrones.
Anagnutes.
Anatilli.
Andecavi.
Arverni.
Arvii.
Atacini.
Avatici.
Aulerci Brannovices.
Aulerci Cœnomani.
Aulerci Diablintes.
Aulerci Eburovices.
Bajocasses.
Babryces.
Bituriges Cubi.
Boii.
Cadurci.
Camatulici.
Carnutæ.
Cavares.
Cenisenses.
Chabilci.
Commoni.
Consorani.
Consuarani.
Curiosolitæ.
Deceates.
Desuviates.
Durocasses.
Essui.
Gabales.
Helvetii.
Insubres.
Lemovices.
Lemovices Armoricani.
Lexobii.
Ligauni.
Lutevani.
Mandubii.
Meldi.
Memini.
Namnetes.
Nitiobriges.
Osismii.
Oxubii.
Parisii.
Patragorici.
Phocences.
Pictones.
Rauraci.
Relenses.
Rhedones.
Ruteni.
Sallies.
Sanagenses.
Santones.
Sardones.
Segalauni.
Segusiani.
Senones.
Sequani.
Suelteri.
Tigurini.
Tolosates.
Toygeni.
Tricasses.
Tricastini.
Tricolli.
Tricorii.
Triullati.
Tulingi.
Turones.
Tylangii.
Vadicasses.
Vanciani.
Uceni.
Vediancii.
Velauni.
Veneti.
Verrucini.
Vertacomacori.
Viducasses.
Umbranici.
Unelli.
Volcæ Arecomici.
Vocontii.
Urbigenus Pagus.
Vulgienses.

Peuples de l'Aquitanique.

Ambilatri.
Auscii.
Basabocates.
Belendi.
Benarnenses.
Bigerriones.
Bituriges Vivisci.
Boates.
Boii.
Camponi.
Cocosates.
Convenæ.
Elusates.
Garites.
Garumni.
Helvii.
Meduli.
Monesi.
Oscidates Campestri.
Oscidates Montani.
Preciani.
Sibillates.
Sibutzates.
Sociates.
Succasses.
Tanesates.
Tarbelli.
Tarusates.
Tornates.

Peuples de la Province romaine que l'on appela d'abord Gallia Braccata, *puis* Gallia Narbonensis, *ou Gaule Narbonnoise.*

Adunicates.
Albigi.
Allobroges.
Anatilii.
Atacini.
Avatici.
Bebryces.
Camatulici.
Cavares.
Cenicenses.
Chabilci.
Commoni.
Consorani.
Consuarani.
Deceates.
Desuviates.
Ligauni.
Luterani.
Memini.
Oxubii.
Phocenses.
Reienses.
Ruteni Provinciales.
Sallues, *on* Sallyes.
Sanagenses.
Sardones.
Segalauni.
Suelteri.
Tolosates.
Tricastini.
Tricolli.
Triullati.
Vanciani.
Uceni.
Vediantii.
Velauni.
Verrucini.
Vertacomacori.
Umbracini.
Vocontii.
Volcæ Arecomici.
Volcæ Tectosages.
Vulgienses.

N. B. En comparant cette liste avec la précédente, on voit que ces peuples étoient compris dans ceux qui étoient réputés celtes.

Gaulois qui peuploient les Alpes.

Adanates.
Agones.
Ardyes.
Avantici.
Belicenses.
Brigiani.
Caturiges.
Centrones.
Ectini.
Esubiani.
Gallitæ.
Garoceli.
Juberi.
Lapontii.
Medulli.
Nantuates.

Nemaloni.	Siconii.
Nerusii.	Tebarii.
Oratelli.	Tricorii.
Salassi.	Vallenses.
Savincates.	Veamini.
Seduni.	Velauni.
Segusiani.	Veragri.
Sentici, *ou* Bodiontici.	Vergunni.

II. Auguste, passé en Gaule pour y étudier dans le pays même le gouvernement & les mœurs des nations qui l'habitoïent, y tint des états l'an 27 avant l'ère chrétienne. Il y fit faire un dénombrement de tous les peuples, & apporta du changement dans la division donnée par César. Sans toucher à la province romaine, que l'on ne nommoit plus Gaule, il partagea le reste du pays en trois divisions plus égales entre elles que n'étoient les premières. On comprit dans l'Aquitanique & dans la Belgique, plusieurs des peuples compris d'abord dans la Celtique. Je vais en donner les noms.

Peuples ajoutés par Auguste au département de l'Aquitanique.

Agesinates.	Lemovices Armoricani.
Ambilatri.	Nitiobriges.
Anagnutes.	Petragorii.
Arverni.	Pictones.
Bituriges Cubi.	Ruteni.
Cadurci.	Santones.
Gabales.	Velauni.
Lemovices.	

Peuples ajoutés à la Belgique par le même Prince.

Ambrones.	Tigurini.
Bellocassi.	Toygeni.
Helvetii.	Tulingi.
Lincassii.	Tylangii.
Rauraci.	Urbigenus Pagus.
Sequani.	

Je comprendrai ici la division des Alpes, parce qu'elles furent divisées alors en trois provinces, en observant seulement que ce ne fut qu'au temps de Dioclétien qu'elles furent du département des Gaulois. Jusqu'à cet empereur, elles étoient du département de l'Italie.

Les Alpes furent divisées par Auguste en *Alpes Pennines*, *Alpes Grayes*, *Alpes Maritimes* & *Alpes Cottiennes* ou de Cottus. Il en est parlé à l'article de l'ITALIE.

Peuples des Alpes Pennines.

Agones.	Seduni.
Ardies.	Vallenses.
Juberi.	Veragri.
Nantuates.	

Peuples des Alpes Grayes.

Belicenses.	Lepontii.
Centrones, *ou* Acitavones.	Salassi.
Garoceli.	Tricorii.

Peuples des Alpes Maritimes.

Avantici.	Oratelli.
Gallitæ.	Sentii, *ou* Bondiontici.
Nemaloni.	Velauni.
Nerusii.	Vergunni.

Peuples des Alpes Cottiennes.

Adanates.	Savincates.
Brigiani.	Segusiani.
Caturiges.	Siconii.
Ectini.	Tebavii.
Esubiani.	Veamini.
Medulli.	

La *Province*, ou *Gallia Togata*, prit alors le nom de *Narbonnoise*, parce qu'elle avoit Narbonne pour métropole.

Il arriva ensuite plusieurs changemens dont il est difficile de fixer les époques. Je vais suivre ici dom Martin, qui paroît avoir pris un parti sage entre les différens auteurs qui nous font connoître les divisions de la Gaule.

DIVISION SOUS PROBUS.

Vers l'an de notre ère 278, sous l'empire de Probus, on forma la *Viennoise* d'une partie de la Narbonnoise; en subdivisant aussi la Belgique, on eut *sept* provinces; savoir :

La *Narbonnoise*, la *Viennoise*, la *Lyonnoise*, l'*Aquitanique*, la *Belgique*, la *première Germanie*, la *seconde Germanie*. Ces deux dernières avoient été tirées de la Belgique.

La *Viennoise* comprenoit alors les peuples suivans :

Allobroges.	Tricastini.
Cavares.	Tricolli.
Chabilci.	Uceni.
Deceates.	Verrucini.
Oxubii.	Vertacomacori.
Reienses.	Vocontii.
Segalauni.	Vulgienses.

La *première Germanie* comprenoit les

Nemetes.	Vangiones.
Triboci.	

La *seconde Germanie*, les

Atuatici.	Caresi.
Ambivareti.	Condrusi.

Eburones.
Frisiabones.
Gugerni.
Mænapii.
Pæmani.
Segni.
Sunuci.
Superi.
Tungri.
Ubri.

Division sous Dioclétien.

Cette division de la Gaule en sept provinces ne subsista pas long-temps. Vers l'an 392, Dioclétien ayant partagé l'empire entre deux Augustes & deux Césars, sépara les Helvétiens & les Séquanois de la Belgique, & en forma une province nouvelle sous le nom de *Grande-Séquanoise* (Maxima Sequanorum). La Belgique fut divisée en *première* & en *seconde*, ainsi que la Lyonnoise. Les quatre provinces des Alpes furent réduites à deux, & placées dans le département des Gaules. La cité de Bourges fut tirée de l'Aquitanie; & celle de Langres, de la Belgique: elles furent réunies à la première Lyonnoise. Ainsi les Gaules, sous le règne de cet empereur, furent divisées en *douze* provinces; savoir:

La *Narbonnoise*, la *Viennoise*, l'*Aquitaine*, la *première Lyonnoise*, la *seconde Lyonnoise*, la *première Belgique*, la *seconde Belgique*, la *première Germanie*, la *seconde Germanie*, la *Grande-Séquanoise*, les *Alpes Maritimes* & les *Alpes Grayes*.

Elles renfermoient les peuples suivans.

Première Lyonnoise.

Ædui.
Ambarri.
Aulerci Brannovices.
Bituriges Cubi.
Boii.
Carnutæ.
Durocasses.
Insubres.
Lincastii.
Mandubii.
Meldi.
Parisii.
Segusiani.
Senones.
Tricasses.

Seconde Lyonnoise.

Abrincatui.
Andecavi.
Arvii.
Aulerci Cenomani.
Aulerci Diablintes.
Aulerci Eburovices.
Bajocasses.
Bellocassi.
Caletes.
Curiosolitæ.
Essui.
Lexobii.
Namnetes.
Osismii.
Rhedones.
Turones.
Veneti.
Viducasses.
Unelli.

Première Belgique.

Betasi.
Leuci.
Mediomatrices.
Ripani.
Treviri.
Viroduni.

Seconde Belgique.

Ambiani.
Atrebates.
Bellovaci.
Britannii.
Catalauni.
Centrones.
Gorduni.
Grudii.
Levaci.
Morini.
Nervii.
Oromansaci.
Plemosii.
Remi.
Silvanectæ.
Suessiones.
Veromandui.

Les deux Germanies restèrent dans l'état où elles étoient sous l'empire de Probus.

La Grande-Séquanoise (Maxima Sequanorum).

Ambrones.
Helvetii.
Rauraci.
Sequani.
Tigurini.
Toygeni.
Tullingi.
Tylangii.
Urbigenus Pagus.

Les Alpes Maritimes.

Adamates.
Adunicates.
Avantici.
Caturiges.
Ectini.
Esubiani.
Gallitæ.
Medulli.
Nemaloni.
Nerusii.
Oratelli.
Sanagenses.
Savincates.
Segusiani.
Sentii, *ou* Bondiontici.
Siconii.
Tabavii.
Triullati.
Veamini.
Vediantii.
Velauni.
Vergunni.

Les Alpes Grayes.

Agones.
Ardyes.
Belicenses.
Brigiani.
Centrones.
Garoceli.
Juberi.
Lepontii.
Nantuates.
Salassi.
Seduni.
Tricorii.
Vallenses.
Veragri.

Division sous Valentinien.

Sous l'empire de Valentinien, les Gaules furent divisées en *quatre* provinces par un démembrement de l'Aquitaine, dont on composa la *première* & la *seconde* Aquitaines, & la *Novempopulanie*. Les autres provinces furent les mêmes que sous Dioclétien. Les nouvelles provinces renfermoient; savoir:

Première Aquitaine.

Albigi.
Arverni.
Bituriges Cubi.
Cadurci.
Gabales.
Lemovices.
Ruteni.
Velauni.

Seconde Aquitaine.

Agesinates.
Ambilatri.
Anagnutes.
Belendi.

Bituriges Vivisci.	Petragorii.
Boii.	Pictones.
Lemovices Armoricani.	Santones.
Meduli.	Sucasses.
Nitiobriges.	

Novempopulanie.

Auscii.	Monesi.
Basobocates.	Oscidates Campestri.
Benarnenses.	Oscidates Montani.
Bigerriones.	Preciani.
Boates.	Sibillates.
Camponi.	Sibutzates.
Cocasates.	Sociates.
Convenæ.	Tarbelli.
Flusates.	Tarusates.
Garites.	Tornates.
Garumni.	

Bourges fut tirée de la première Lyonnoise, où elle avoit été mise par Dioclétien, & devint la métropole de la première Aquitaine.

Division sous Gratien.

Cette division est la dernière dont il sera parlé : on la croit du temps de Gratien. Ce qui arriva ensuite dans les Gaules ne peut être regardé que comme des démembremens. Le nombre des provinces fut porté à *dix-sept* ; ce qui se fit en séparant les deux Lyonnoises en *quatre*, & la Narbonnoise en deux. En comparant les peuples compris dans chacune d'elles avec ce qui a été présenté ci-dessus, on se rendra compte du transport des peuples d'une province à l'autre.

Les tableaux suivans montreront l'ordre dans lequel on présente ces *dix-sept* provinces.

Grande-Séquanoise.

Ambrones.	Toygeni.
Helvetii.	Tulingi.
Rauraci.	Tylangii.
Sequani.	Urbigenus Pagus.
Tigurini.	

Alpes Grayes.

Agones.	Lepontii.
Ardyes.	Nantuates.
Belicences.	Salassi.
Brigiani.	Seduni.
Centrones.	Tricorii.
Garoceli.	Vallenses.
Juberi.	Veragri.

Viennoise.

Allobroges.	Oxubii.
Cavares.	Reienses.
Chabilci.	Segalauni.
Deceates.	Tricastini.
Tricolli.	Vertacomacori.
Uceni.	Vocontii.
Verruceni.	Vulgienses.

Première Aquitaine.

Albigi.	Gabales.
Arverni.	Lemovices.
Bituriges Cubi.	Ruteni.
Cadurci.	Velauni.

Seconde Aquitaine.

Agesinates.	Meduli.
Ambilatri.	Nitiobriges.
Anagnutes.	Petragorii.
Belendi.	Pictones.
Bituriges Vivisci.	Santones.
Boii.	Sucasses.
Lemovices Armoricani.	

Novempopulanie.

Auscii.	Monesi.
Basobocates.	Oscidates Campestri.
Benarnenses.	Oscidates Montani.
Bigerriones.	Preciani.
Boates.	Sibillates.
Camponi.	Sibutzates.
Cocasates.	Sotiates.
Convenæ.	Tarbelli.
Elusates.	Tarusates.
Garites.	Tornates.
Garumni.	

Première Narbonnoise.

Atacini.	Sardones.
Bebryces.	Tolosates.
Consorani.	Umbranici.
Consuarani.	Volcæ Arecomici.
Lutevani.	Volcæ Tectosages.

Seconde Narbonnoise.

Tricorii.	Salyes.
Vulgientes.	Suelteri.
Memini.	Commoni.
Albini.	Oxybii.

Alpes Maritimes.

Adanates.	Nerusii.
Adunicates.	Oratelli.
Avantici.	Sanagenses.
Caturiges.	Savincates.
Ectini.	Segusiani.
Esubiæni.	Sentii, *ou* Bodiontici.
Gallitæ.	Siconii.
Medulli.	Tebavii.
Nemaloni.	Triullati.

Veamini. Velauni.
Vediantii. Vergunni.

Géographie de la Gaule, selon Ptolemée.

La Gaule, que ce géographe nomme CELTO-GALIATIA, étoit divisée, selon lui, en quatre provinces, l'*Aquitania*, la *Lugdunensis*, la *Belgica* & la *Narbonensis*.

AQUITANIA.

Pyrenes Promontorium.
Ationii, fl. Ostia.
Curianum, prom.
Sigmani, fl. Ostia.
Garumnæ, fl. Ostia.
Santonum, prom.
Santonum, port.
Canentelii, fl. Ostia.
Pictonium, prom.
Sicor, port.
Ligiris, port.
Augustoritum. } Chez les *Pictones*.
Limonum.
Mediolanum. Chez les *Santones*.
Noviomagus. } Chez les *Bituriges Vibisci*.
Burdigala.
Aquæ Augustæ. Chez les *Tarbeli*.
Ratiastum. Chez les *Limnici*.
Dueona. Chez les *Cadurci*.
Vessuna. Chez les *Petrocorii*.
Avaricum. Chez les *Bituriges Cubi*.
Aginnum. Chez les *Nitiobriges*.
Cossium. Chez les *Vassarii*.
Anderidum. Chez les *Tabali*.
Tasta. Chez les *Datii*.
Augusta. Chez les *Ausciii*.
Augustonemetum. Chez les *Arverni*.
Ruessium. Chez les *Velauni*.
Segodunum. Chez les *Rhutani*.
Lugdunum Colonia. Chez les *Cucueni*.

LUGDUNENSIS.

Brivates Portus, au-delà de l'embouchure de la Loire.
Erii, fl. Ostia.
Vidiana Portus.
Gobæum, prom.
Staliocanus Portus.
Teti, fl. Ostia.
Argenis, fl. Ostia. Chez les *Viducasses*.
Olinæ, fl. Ostia.
Nœomagus. Chez les *Lexubii*.
Sequanæ, fl. Ostia. } Chez les *Calletæ*.
Juliobona.
Vorganium. Chez les *Osismii*.
Dariorigum, Chez les *Veneti*.
Nœodunum. Chez les *Aulerci Diabolitæ*.
Vagoritum. Chez les *Arubii* ou *Arovii*.
Rothomagus. Chez les *Veneliocassii*.
Juliomagus. Chez les *Andicavenses*.
Vindunum. Chez les *Aulerci Cenomani*.
Condivincum. Chez les *Namnetæ*.
Ingena. Chez les *Abrigatui*.
Mediolanum. Chez les *Aulerci Eburæci*.
Condate. Chez les *Rhedones*.
Agedicum. Chez les *Senones*.
Autricum. } Chez les *Carnutæ*.
Cenabum.
Parisium Lucotesia. Chez les *Parisii*.
Augustomana. Chez les *Tricasii*.
Cæsarodunum. Chez les *Turupii*.
Rhodumna. } Chez les *Segusiani*.
Forum Segusianorum.
Iatinum. Chez les *Meldæ*.
Nœomagus. Chez les *Vadicassii*.
Augustodunum. } Chez les *Ædui*.
Caballinum.
Lugdunum, metropolis.
Carilocus.

GALLIA BELGICA.

Phrudis, fl. Ostia.
Itium, prom.
Gesoriacum. } Chez les *Morini*.
Tabudæ, fl. Ostia.
Mosæ, fl. Ostia.
Lugodinum. . . . . } *Batavi.*
Rheni, fl. { *Occid. Ostium.* / *Orien. Ostium.*
Rigiacum. Chez les *Atrebatii*.
Cæsaromagus. Chez les *Bellovaci*.
Samarobriga. Chez les *Ambiani*.
Taruanna. Chez les *Morini*.
Atuacutum. Chez les *Tongri*.
Castellum. Chez les *Menapii*.
Baganum. Chez les *Nervii*.
Rhatomagus. Chez les *Subanecti*.
Augusta Rhomanduorum. Chez les *Rhomandues*.
Augusta Vessonum. Chez les *Vessones* (ou *Suessones*).
Durocottorum. Chez les *Rhemi*.
Augusta Triverorum. Chez les *Triveri*.
Divodurum, Chez les *Mediomatrices*.
Tullum. } Chez les *Leuci*.
Nasium.
Batavodurum. } Chez les *Batavi*.
Vetera (*Castra*).
Legio Trigesima Ulpia, appelée depuis
Agrippinensis.
Bonna.
Trajania Legio.
Mocontiacurum.

En commençant au fleuve *Obrincus*, dans la partie appellée *Germania Superior*.

Nœomagus. } Chez les *Nemetes*.
Rufiana.

Borbetomagus.
Argentoratum.
Legio Oct. Augusta.
} Chez les *Vangiones.*

Breucomagus.
Elcebus.
} Chez les *Triboci.*

Augusta Rauricorum.
Argentuaria.
} Chez les *Raurici.*

Andomatunum. Chez les *Longones.*

Ganodurum.
Forum Tiberii.
} Chez le *Helvetii.*

Didattion.
Visontium.
Equestris.
Avanticum.
} Chez les *Sequani.*

Provincia Narbonensis.

En commençant du côté de l'Hispanie.

Illeris, fl. Ostia.
Ruscionis, fl. Ostia.
Atagis, fl. Ostia.
Orobii, fl. Ostia.
Agathapolis.
Setius Mons.
Fossæ Marianæ.
Rhodani, occid. Ostium.
Rhodani, orient. Ostium.
} Sur la côte méridionale.

Flexio, fleuve des Alpes.

Arar, fleuve.
Dubis, fleuve.
Isara, fleuve.
Druentia.
} Dont les eaux se rendent dans le Rhône.

Maritima Colonia. Chez les *Anatili.*
Massilia Civitas.
Taurocutium.
Citharistos, prom.
Olbia Civitas.
Argentii, fl. Ostia.
Forum Julium Colonia.
Deciatiorum Antipolis.
Vari Ostia.

Iliberis.
Rhuscinum.
Tolosa Colonia.
Cessero.
Carcaso.
Betiræ.
Narbon Colonia.
} Chez les *Volcæ Tectosages.*

Vindomagus.
Nemausum Colonia.
} Chez les *Volcæ Aricomici.*

Vienna. Chez les *Allobryges.*
Valentia Colonia. Chez les *Segalauni.*
Nœomagus. Chez les *Ticasteni.*

Accusiorum Colonia.
Aveniorum Colonia.
Arausiorum.
Cabelliorum Colonia.
} Chez les *Cavari.*

Taruscum.
Glanum.
Arelatum Colonia.
Aquæ Sextiæ Colonia.
Ernaginum.
} Chez les *Salices.*

Forum Neronis. Chez les *Mimini.*
Vasiorum. Chez les *Vocontii.*
Albangusta. Chez les *Elycoci.*
Dinia. Chez les *Sentii.*

Les îles dépendantes de cette province étoient :

Agatha, avec une ville de même nom.
Blascon, insula.
Stœchades, insulæ, au nombre de cinq.
Lerone, insula.

TABLEAU Géographique de la Gaule, en dix-sept provinces.

GALLIA ou la Gaule, divisée en dix-sept provinces, renfermoit les peuples suivans; savoir :	Provinces	Peuples
	NARBONENSIS PRIMA, les	*Volcæ.* . . . . . *Arecomici.* *Tectosages.* — *Umbranici*, *Atacini*, *Sardones*, *Tolosates.*
	VIENNENSIS, les	Sapaudia, *Allobroges Segalauni*, *Tricastini*, *Vocontii*, *Cavares*, *Anatilii*, *Helvii.*
	NARBONENSIS SECUNDA, les	*Tricorii*, *Vulgientes*, *Memini*, *Albiæci*, *Salyes*, *Suelteri*, *Commoni*, *Oxybii.*
	ALPES MARITIMÆ, les	*Caturiges*, *Vediantii*, *Nerusi*, *Suetri*, *Sentii.*
	ALPES GRAIÆ & PENNINÆ, les	*Viberi*, *Seduni*, *Nantuantes*, *Veragri*, *Centrones*, *Medulli.*
	AQUITANIA PRIMA, les . . .	*Bituriges Cubi*, *Lemovices*, *Arverni*, *Vellavi*, *Gabali*, *Ruteni*, *Cadurci*, *Ruteni* Provinciales.
	AQUITANIA SECUNDA, les	*Pictones*, *Agesinates*, *Santones*, *Meduli*, *Bituriges* Vivisci, *Petrocorii*, *Nitiobriges.*
	NOVEMPOPULANA, les . . .	*Boii*, *Tarbelli* & *Cocosates*, *Vasates*, *Osquidates* & *Tarusates*, *Sotiates*, *Elusates* & *Ausci*, *Lactorates*, *Aquitani*, *Bigerrones*, *Convenæ*, *Consorani.*
	LUGDUNENSIS PRIMA, les	*Lingones*, *Ædui*, *Boii*, *Ambarri*, *Segusiani.*
	LUGDUNENSIS SECUNDA, les	*Caleti*, *Veliocasses*, *Lexovii*, *Aulerci* Eburovices, *Saï*, *Viducasses*, *Bajocasses*, *Unelli*, *Abrincatui.*
	LUGDUNENSIS TERTIA, les	*Osismii*, *Corisopiti*, *Veneti*, *Curiosolites*, *Redones*, *Namnetes*, *Andes*, *Arvii*, *Diablintes*, *Aulerci* Lenomani, *Turones.*
	LUGDUNENSIS QUARTA, les	*Parisii*, *Meldi*, *Tricasses*, *Senones*, *Aureliani*, *Carnutes.*
	BELGIA PRIMA, les	*Treveri* & *Cæresi*, *Mediomatrici*, *Verudonenses*, *Leuci.*
	BELGIA SECUNDA, les	*Morini*, *Nervii*, *Atrebates*, *Ambiani*, *Bellovaci*, *Silvanectes*, *Vadicasses* (1), *Suessiones*, *Remi*, *Catalauni.*
	GERMANIA PRIMA, les	*Cavacates*, *Vangiones*, *Nemetes*, *Triboci.*
	GERMANIA SECUNDA, les	*Batavi*, *Menapii*, *Toxandri*, *Betasii*, *Gugerni*, *Ubii*, *Eburones*, *Tungri*, *Aduatici*, *Condrusi*, *Pæmani.*
	MAXIMUM SEQUANORUM, les	*Rauraci*, *Sequani*, *Helvitii.*

(1) J'ai suivi ici, & généralement dans ces tableaux, le sentiment de M. d'Anville, sans prétendre infirmer celui de M. l'abbé Beley, qui (*Mém. de litt. T.* XXXI, *p.* 259), prétend prouver que les *Viducasses* de Ptolemée sont les mêmes que les *Vadiocasses* ou *Viducasses* de Bayeux, & que cette ville étoit *Næomagus.* M. d'Anville s'autorise de ce que Ptolemée les place près des *Meldi*; M. l'abbé Beley objecte que Ptolemée, qui connoissoit bien les noms, s'est mépris sur leur situation; il objecte de plus que les *Viducasses* n'étoient point un peuple belgique, au lieu qu'il paroit l'être par la carte de M. d'Anville. Au reste, on trouvera à chacun des articles, des éclaircissemens sur plusieurs points de critique qui ne peuvent avoir lieu ici.

TABLEAU des Peuples & des Villes de la Province appelée NARBONENSIS PRIMA. I.

			Noms Anciens.	Noms Modernes.	Provinces.
La province NARBONENSIS PRIMA renfermoit les	VOLCÆ.	Orientaux, ou ARECOMICI.	*Andusia.*	Anduse.	Languedoc.
			Trevidon.	Trêve (petit lieu).	
			Vindomagus.	Vigen (petit lieu).	
			Nemausus.	Nismes.	
			Ucetia.	Uzès.	
			Ugenum.	Beaucaire.	
			Pons Ærarius.	Bellegarde.	
			Ambrussum.	(Restes du Pont Ambruis).	
			Sextantio.	(Ruines).	
			Forum Domitii.	(Inconnu).	
		Occidentaux, ou TECTOSAGES.	*Luteva*, appelée aussi *Forum Neronis.*	Lodève.	Languedoc.
			Piscenæ.	Pezenas.	
			Cessero.	Saint-Tiberi.	
			Agatha.	Agde.	
			Blascon.	Brescon.	
			Bæterræ.	Beziers.	
			Narbo Martius.	Narbonne.	
			Usuerva.	Louvre.	
			Ad Tricesimum. *Liviana.* *Ad Vigesimum.*	(Inconnu).	
			Leucata.	Cap de la Frangui.	
			Carcaso.	Carcassone.	
			Ad Cedros.	(Inconnu).	
			Hebromagus.	Bram (lieu).	
			Sostomagus.	(Inconnu).	
			Fines.	(Inconnu).	
		TOLOSATES.	*Tasconi.*	(Inconnu).	Languedoc.
			Hugunuerro.	Giscaro.	
			Bucconis.	(Inconnu).	
			Casinomagus.	Chassenom.	
			Ad Jovem.	Guevin (lieu).	
			Tolosa.	Toulouse.	
			Ad Nonum.	(Inconnu).	
			Aquæ Sicæ.	Seiches.	
			Vernosol.	Vernose.	
			Calogorris.	Cazères.	
			Badera.	Bariège.	
			Ad Vigesimum.	Cabanes de la Palue.	
			Elusia.	(Près de Naurouse).	
	CONSORANNI. (en partie).		*Consoranni.*	Saint-Liziers.	Conserans.
			Taruscomenses.	Tarascon.	Comté de Foix.
	SARDONES.		*Salsulæ.*	Salses.	Roussillon.
			Combusta.	(Inconnu).	
			Ruscino.	(Près de Perpignan).	
			Illiberitis.	Elne.	
			Stabulum.	Boulon.	
			Portus Veneris.	Port Vendres.	
			Cervaria.	Cervera.	
			Ad Centuriones.	(Vestiges sur le Tech).	

TABLEAU des Peuples & des Villes de la Province appelée VIENNENSIS. II.

		NOMS		PROVINCES.
		Anciens.	*Modernes.*	
La province VIENNENSIS renfermoit les	La *Sapaudia* & les *Allobroges.*	*Geneva.*	Genève.	Savoie.
		Condate.	(A la jonction) De la Sier & du Rhône.	
		Bautæ	Vieux Annecy.	
		Casuaria.	Césérieux.	
		Ad Publicanos.	Pont sur l'Arli.	
		Mantala.	Gressi.	
		Etanna.	Yenne.	
		Augustum.	Aoste.	Dauphiné.
		Lavisco.	Novalèse.	
		Lemincum.	Lemens.	
		VIENNA.	VIENNE.	
		Bergusium.	Bourgoin.	
		Turecionicum.	Ornacien.	
		Figlinæ.	(A l'embouchure de l'Ore dans le Rhône).	
		Ursoli.	Saint-Valier.	
		Tegna.	Tein.	
		Ventia.	Vinai.	
		Cularo.	Grenoble.	
		Catorissium.	Bourg d'Oisans.	
		Uceni.	(Ignoré).	
		Mellosed.	Mizonin.	
		Durotincum.	Villars d'Arènes.	
	SEGALAUNI.	*VALENTIA.*	Valence.	
		Cerebelliaca.	Chabeuil.	
		Acunum.	Ancône.	
	HELVII.	*Umbennum.*	(Inconnu).	Languedoc.
		Batiana.	Baix.	
		Alba Augusta.	Baix.	
	TRICASTINI.	*Augusta*, ou *Næomagus.*	Saint-Paul-trois-châteaux.	Dauphiné.
	VOCONTII.	*Geminæ.*	Mens.	
		DEA.	Die.	
		Augustæ.	(Ruinée).	
		Lucus Augusti.	(Détruite).	
		Vologatis.	Lesches.	
		Vasio.	Vaison.	Comtat Venaissin.
	CAVARES.	*Arausio.*	Orange.	Principauté d'Orange.
		Carpentoracta.	Mont Ventouse.	Comtat Venaissin.
		Acria.	Carpentras.	
		Avenio.	Avignon.	
		Bellintum.	Barbentane.	Provence.
		Tarasco.	Tarascon.	
		Ernaginum.	(Ignoré).	
		Glanum.	Saint-Remi.	
		Cabellio.	Cavaillon.	
	ANATILII.	*ARELATE.*	Arles.	
		Tiriciæ.	(Détruite).	
		Maritima.	Martigue.	
		Calcaria.	(Inconnue).	
		Incarsis.	Gayri.	
	AVATICI.	*MASSILIA.*	Marseille.	
		Carcici.	Cassis.	
		Citharista, port.		
		Tauroentum.	Taurenti.	

TABLEAU des Peuples & des Villes de la Province appelée NARBONENSIS SECUNDA. III.

		Noms Anciens.	Noms Modernes.	Provinces.
La Province Narbonensis Secunda renfermoit les		*Gerainæ.*	Jarain.	Provence.
		Vapincum.	Gap.	
		Fines.		
	Tricorii.	*Davianum.*	Veine.	Provence.
		Seleucus Mons.		
		Cambaunum.	Beaume-des-Arnauds.	
		Alamons.	Moneſtier d'Alamont.	
		SEGUSTERO.	Siſteron.	
	Vulgientes.	*Alaunium*		
		Forum Neronis.	Forcalquier.	
		APTA JULIA.	Apt.	
		Fines.		
		REII.	Riez.	
		AQUÆ SEXTIÆ.	Aix.	
	Memini.	*Piſava.*	Pelliſſane.	
		Tegulata.	La Grande-Peigière.	
	Albiœci.	*Ad Turrim.*	Tourves.	
		Matavonium.	Vins.	
	Salyes.	*Forum Voconii.*	Gonfaron.	
		FORUM JULII.	Fréjus.	
	Sueltri.	ANTIPOLIS.	Antibes.	
		Ad Horrea.	Cannes.	
	Oxybii.	*Heraclea Caccabaria.*	Saint-Tropez.	
		Camatullici.	Ramatuelle.	
		Olbia.	Port de l'Eoube.	
	Commoni.	*Telo Martius.*	Toulon.	

TABLEAU des Peuples & des Villes de la Province appelée ALPES MARITIMÆ. IV.

La Province Alpes Maritimæ renfermoit les		*Alpis Cottia M.*	Mont Genèvre.	Dauphiné.
		Brigantio.	Briançon.	
		Rama.	Rame.	
		EBRODUNUM.	Embrun.	
	Caturiges.	*Caturiges.*	Charges.	
	Avantici.	*Ictodurum.*	Avançon.	
	Bodiotici.	*Edenates.*	Seyn.	
	Sentii.	*Didina.*	Digne.	
	Suetri.	*Sanitium.*	Senez.	Provence.
	Nerusi.	*Salina.*	Seillans.	
	Vediantii.	*Glannativa.*	Glandèves.	
		Cemenelium.		
		Nicæa.	Nice.	Piémont.
		Ventium.	Vence.	Provence.
		Portus Herculis Monœci.	Monaco.	Italie.

TABLEAU des Peuples & des Villes de la Province appelée ALPIS PENNINA & GRAYA. V

La Province Alpis Pennina & Graya renfermoit les		*Alpis Pennina.*	Grand Saint-Bernard.	Savoie.
	Viberi.	*Penni Lucus.*		
	Seduni.	*Tarnadæ.*	Près l'abbaye de S. Maurice.	
	Veragri.	*Octodurus.*	Martigni.	
		Vatuſium.	Paſſi.	
	Nantuantes.	*Obilinum.*	Au nord & près de Conflans.	
	Centrones.	*Alpis Graia. M.*	Petit Saint-Bernard.	
		Bergintrum.	Saint-Maurice.	
	Medulli.	*Axima.*	Aiſme.	
		DARANTASIA.	Monſtiers.	

TABLEAU des Peuples & des Villes de la Province appelée AQUITANIA PRIMA. VI.

		NOMS.		PROVINCES.
		Anciens.	*Modernes.*	
La Province AQUITANIA PRIMA renfermoit les	BITURIGES Cubi.	*AVARICUM*, ou *Bituriges.*	Bourges.	Berri.
		Gabris.	Chabris.	
		Noviodunum.	Nonan.	
		Ernodurum.	S. Ambroix-sur-Arnon.	
		Tinconcium.	Sancoins.	
		Aquæ Bormonis.	Bourbon l'Archambaut.	
		Alerea.	Ardantes.	
		Argentomagus.	Argenton.	
		Mediolanum.	Château Meillan.	
		Aquæ Neræ.	Néris.	
		Cantilia.	Chantelle-la-Ville.	
	LEMOVICES.	*Andecamulum.*	(Près de Romçon).	La Marche.
		Prætorium.	Arènes.	
		Acitodunum.	Ahun.	
		AUGUSTORITUM, ou *Lemovices.*	Limoges.	Limosin.
		Casinomagus.	Chassenon.	Poitou.
	ARVERNI.	*Vorogium.*	Vouroux.	Bourbonois.
		Aquæ Calidæ.	Vichi.	
		Eborolacum.	Ebreul.	Auvergne.
		AUGUSTONEMETUM ou *Arverni.*	Clermont.	
		Martialis.	Volvie.	
		Ulbium.	Olbie.	
		Gergovia.		
		Brivas.	Vieux Brioude.	
		Calentes Aquæ.	Chaudes-Aigues.	
	VELLAVI.	*REVESSIO*, ou *Vellavi.*	Saint-Paulien.	Le Velai.
		Icidmagus.	Issinhaux.	
	GABALI.	*ANDERITUM*, ou *Gabali.*	Juvols (lieu).	Gévaudan.
		Ad Silanum.	Estables (lieu).	
	RUTENI.	*SEGODUNUM*, ou *Ruteni.*	Rhodes.	Rouergue.
		Carentomagus.		
		Condatomagus.		
	RUTENI Provinciales.	*ALBIGA.*	Albi.	Languedoc.
	CADURCI.	*Uxellodunum.*	Puech d'Issola.	Quercy.
		DIVONA, ou *Cadurci.*	Cahors.	
		Varadetum.	Varaic.	
		Cosa.	Cos (lieu).	

TABLEAU des Peuples & des Villes de la Province appelée AQUITANIA SECUNDA. VII.

		NOMS Anciens.	NOMS Modernes.	PROVINCES.
La Province AQUITANIA SECUNDA renfermoit les	PICTONES....	*Ratiatum.*		Poitou.
		Segora.	Bressuire.	Poitou.
		LIMONUM & Pictavi.	Poitiers.	Poitou.
		Fines,		Poitou.
		Rauranum.	Rom.	Poitou.
		Brigiosum.	Briou.	Poitou.
		Aunedomacum.	Aunai.	Angoumois.
		Sermanicomagus. ..	Chermes.	Angoumois.
	AGESINATES.	(Sur le bord de la mer, sans lieu considérable).		
	SANTONES....	*MEDIOLANUM*, ou *Santones.*	Saintes.	Saintonge.
		Condate.	Coignac.	Angoumois.
		Iculisna.	Angoulême.	Angoumois.
		Novioregum.	Royan.	Saintonge.
		Tamnum.	Talmon.	Saintonge.
		Sarrum.	Charmans.	Angoumois.
	MEDULI. BITURIGES VIVISCI...	*Blavia.*	Blaye.	Bourdelois.
		Burgus.	Bourg.	Bourdelois.
		Corterate.	Coutras.	Bourdelois.
		Condate.	Condat.	Bourdelois.
		BURDIGALA.	Bordeaux.	Bourdelois.
		Noviomagus.	Médoc (à-peu-près).	Bourdelois.
		Stomata.	L'île Saint-Georges.	Bourdelois.
		Sirio.	Le pont de Siron.	Bourdelois.
	PETROCORII.	*VESUNNA*, ou *Petrocorii.*	Périgueux.	Périgord.
		Ca.....o.	Counazat.	Périgord.
		Diolindum.	La Linde.	Périgord.
		Trajectus.	Pontous.	Périgord.
	NITIOBRIGES.	*Fines.*		Agenois.
		Excisum.	Villeneuve d'Agenois.	Agenois.
		AGINNUM.	Agen.	Agenois.

TABLEAU des Peuples & des Villes de la Province appelée NOVEMPOPULANIA. VIII.

		Noms — Anciens.	Noms — Modernes.	Provinces.
La Province NOVEMPOPULANIA renfermoit les	BOII.	*Boii*, ou *Boates*.	Tête de Buch.	Les Landes.
		Salomacum.	Sales.	
		Bercorates.	Biſcaroſſe.	
		Loſa.	Lèche.	
		Tellonum.	Luc.	
	VASSATES.	*Alingo*.	Langon.	Bazadois.
		Uſſubium.	Urs.	
		Cossio, ou *Vaſſaus*.	Bazas.	
		Fines.		
		Tres Arbores.		
		Oſcineium.	Eſquies.	Condomois.
	SOTIATES.	*Oppidum Sotiatum*.	Sos.	Condomois.
	ELUSATES. AUSCI.	*Eluſa*.	Ciutat.	Armagnac.
		Vaneſia.	Saint-Jean Poünget.	
		Climberris, ou *Auſci*.	Auch.	
		Ad Sextum.		
		Belſinum.	Bernet (lieu).	Val de Magnoac.
	LACTORATES.	*Lactora*.	Lectoure.	Lomagne.
		Sartali.	Sarraut.	
	TORNATES.	*Tornates*.	Tournai.	Diocèſe de Tarbes.
	CONVENÆ.	*Onobuſates*.	Cioutat.	Le Nelonzan.
		Aquæ Covenarum.		
		Lugdunum, ou *Convenæ*.	Saint-Bertrand.	Le Cominge.
	CONSORANI.	*Consoranni*.	Saint-Liſier.	Le Conſeran.
	BIGERRONES.	*Turba*.	Tarbe.	Le Bigorre.
		Aquenſis Vicus.	Bagnières.	
		Camponi.	Campan.	
	Partie des *Aquitani*.	*Beneharnum*.	(Ruinée).	Béarn.
		Moneſi.	Monein.	
		Iluro.	Oloron.	
		Oppidum Novum.	Naye.	Bigorre.
		Aſpaluca.	Aſcons.	Béarn.
		Forum Ligneum.	Undos (lieu).	
	COCOSATES.	*Segoſa*.	Eſcourſé.	Landes.
		Cocosa.		
	TARBELLI.	*Moſconnum*.		
		Aquæ Augustæ Tarbellicæ.	Ags, *ou* Dax.	Gaſcogne.
		Sibuzates.	Sobuſſe.	Landes.
		Lapurdum.	Bayonne.	Labour.
		Iturïſſa.		
		Caraſſa.	Garis.	Baſſe-Navarre.
		Imus Pyræneus.	Saint-Jean-Pied-de-Port.	
	TARUSATES.	*Vicus Julii*, ou *Atures*.	Aire.	Gaſcogne.

TABLEAU des Peuples & des Villes de la Province appelée LUGDUNENSIS PRIMA. IX.

		NOMS		PROVINCES.
		Anciens.	*Modernes.*	
La Province LUGDUNENSIS PRIMA renfermoit les	LINGONES.	*Segessera.*	Bar-sur-Aube (peut-être).	Champagne.
		Mosa.	Neuvi.	Champagne.
		ANDOMATURUM & *Lingones.*	Langres.	Champagne.
		Varcia.	Larrets.	Franche-Comté.
		Tile.		
		Dibio.		Bourgogne.
	Mandibii.	*Alesia.*	Alise (nom).	Bourgogne.
		Aballo.	Avalon.	Bourgogne.
		Sidolocum.	Saulieu.	Bourgogne.
	Boii.	*Bibracte & Augustodunum.*	Autun.	Bourgogne.
		Vidubiæ.	Saint-Bernard (lieu).	Bourgogne.
		Cabillonum.	Châlons.	Bourgogne.
		Ad Duodecim.		Bourgogne.
		Telonnum.	Toulon-sur-Aron.	Bourgogne.
		Boxum.	Buffière.	Bourgogne.
	ÆDUI.	*Alisincum.*	Anisi.	Nivernois.
		Noviodunum.	Nevers.	Nivernois.
		Decetia.	Décise.	Nivernois.
		Aquæ Nisineæ.	Bourbon-Lancy.	Bourgogne.
		Sitillia.	Tiel.	Bourbonnois.
		Pocrinium.	Perrigni.	Bourgogne.
		Ariolica.	Avrilli.	Bourgogne.
	Aulerci Brannovices.	*Carilocus.*	Charlieu.	Beaujolois.
		Tinurtium.	Tournus.	Beaujolois.
		Matisco.	Mâcon.	Beaujolois.
	SEGUSIANI.	RODUMNA.	Rouanne.	Forez.
		FORUM SEGUSIANORUM.	Feurs.	Forez.
		Mediolanum.	Meys (lieu).	Forez.
		Aquæ Segesta.	Aissumin.	Forez.
		Lunna.	Belleville.	Beaujolois.
	AMBARRI.	*Assa Paulini.*	Anse.	Lyonnois.
		LUGDUNUM.	Lyon.	Lyonnois.

TABLEAU des Peuples & des Villes de la Province appelée LUGDUNENSIS SECUNDA. X.

		Noms — Anciens.	Noms — Modernes.	Provinces.
La Province LUGDUNENSIS SECUNDA renfermoit les	CALETI.	*Gravinum.*	Grainville.	Normandie.
		Carocotium.	(Près de Harfleur).	Normandie.
		JULIOBONA.	Lillebonne.	Normandie.
		Lotum.	Caudebec.	Normandie.
	VELIOCASSES.	*ROTOMAGUS.*	Rouen.	Normandie.
		Ritumagus.	Radepont.	Normandie.
		Petromantalum.	Bantelle (près de Magny).	Vexin François.
		Briva Isara.	Pontoise.	Vexin François.
	AULERCI-EBUROVICES.	*Uggade.*	Pont de l'Arche.	Normandie.
		MEDIOLANUM, ou *Eburovices.*	Evreux.	Normandie.
		Condate.	Condé-sur-Iton.	Normandie.
	LEXOVII.	*Breviodurum.*	Pont-Audemer.	Normandie.
		NOVIOMAGUS, ou *Lexovii.*	Lisieux.	Normandie.
	SAII.	*SAII.*	Séez.	Normandie.
	VIDUCASSES.	*VIDUCASSES* (1).	Caen.	Normandie.
	BAJOCASSES.	*Grannona.*	Port en Bessin.	Normandie.
		ARÆGENUS, ou *Bajocasses.*	Bayeux.	Normandie.
		Augustodurus.		Normandie.
	UNELLI, *ou* VENELLI.	*CROTIATONUM.*	Valogne.	Normandie.
		Alauna.	Moutiers d'Alaune.	Normandie.
		Cossedia.	(Près de Montgardon).	Normandie.
		Constantia.	Coutance.	Normandie.
		Fanum Martis.	Montmartin.	Normandie.
		Legedia.	Le Havre de Lingreville.	Normandie.
		Grannonum.	Granville.	Normandie.
	ABRINCATUI.	*INGENA*, ou *Abrincatui.*	Avranches.	Normandie.
		Fines.		Normandie.

(1) *Voyez* la note qui accompagne le premier tableau, *p.* 704.

TABLEAU

TABLEAU des Peuples & des Villes de la Province appelée LUGDUNENSIS TERTIA. XI.

La Province LUGDUNENSIS TERTIA renfermoit les

	NOMS *Modernes.*	NOMS *Anciens.*	PROVINCES.
REDONES	*Aletum*	Guich-Alet (lieu).	Bretagne.
	CONDATE, puis *Redones*	Rennes.	
	Sipia	Vi-Sèche.	
CURIOSOLITES.	*Reginea*	Ergines.	
	Fanum Martis	Dinan.	
OSISMII	*Statio canus Portus*	Port Stiocari.	
	Brivates Portus, ou *Gesobrivate*	Breſt.	
	VORAGINIUM, ou *Osſiſmii*	Karhez.	
CORISOPITI	Lieux ignorés.		
VENETI	*Sudis*	Seut.	
	Blavia	Blavet.	
	DARIORIGUM, ou *Veneti*	Vannes.	
	Durerie	Dur-Erie.	
	Vindana Portus	A l'entrée du Morbihem.	
NAMNETES	*CONDIVICNUM*, ou *Namnetes*	Nantes.	
	Corbilo	Coëron.	
ANDES, *ou* ANDECAVI.	*Combariſtum*	Courtrée.	Anjou.
	JULIOMAGUS, puis *Andecavi*	Angers.	
	Robrica	Les ponts de Longué.	
ARVII	*VAGORITUM*	La Cité (lieu).	Bretagne.
DIABLINTES	*NÆODUNUM*, puis *Diablintes*	Jublins (lieu).	
AULERCI-CENOMANI.	*SUINDINUM*, puis *Cenomani*	Le Mans.	Le Maine.
TURONES	*CÆSARODUNUM*, puis *Turones*	Tours.	Touraine.
	Ambacia	Amboiſe.	

TABLEAU des Peuples & des Villes de la Province appelée LUGDUNENSIS QUARTA. XII.

		NOMS Anciens.	NOMS Modernes.	PROVINCES.
La province LUGDUNENSIS QUARTA renfermoit les	CARNUTES.	*Durocasses.*	Dreux.	Le Mantois.
		Divodurus.		Pays Chartrain.
		AUTRICUM, puis *Carduces.*	Chartres.	
	PARISII.	*LUTECIA*, puis *Parisii.*	PARIS.	Isle de France propre
	MELDI.	*IATINUM*, puis *Meldi.*	Meaux.	Brie.
		Calagum.	Chailli.	
		Riobe.	Orbi.	
	TRICASSES.	*Artiaca.*	Arci-sur-Aube.	Champagne.
		Corobilium.	Corbeille en Champagne.	
		AUGUSTOBONA, puis *Tricasses.*	Troyes.	
	SENONES.	*Meludunum*, appelée aussi *Metiosedum.*	Melun.	Brie Françoise.
		Condate.	Montreau.	
		AGEDINCUM, puis *Senones.*	Sens.	Champagne.
		CLANUM.	Vulaine.	
		Eburobriga.	Saint-Florentin.	Bourgogne.
		Bandritum.	Basson (peut-être).	Champagne.
		Aquæ Segestæ.	Ferrières.	Gâtinois Orléanois.
		Vellaunodunum.	Beaune en Gâtinois.	
		Salioclita.	Saclas.	
	SENONES.	*AUTISSIODURUM.*	Auxerre.	Bourgogne.
		Chora.	Cure (métairie).	Gâtinois Orléanois.
		Brivodunum.	Briare.	
		Condate.	Cosne.	
		Massava.	Mesve.	Nivernois.
	AURELIANI.	*GENABUM*, puis *Aureliani.*	Orléans.	Orléanois.
		Belca.	Bouzi.	
		Fines.		

TABLEAU des Peuples & des Villes de la Province appelée BELGICA PRIMA. XIII.

		NOMS *Anciens.*	NOMS *Modernes.*	PROVINCES.
La Province BELGICA PRIMA renfermoit les		*Ausava.*	Schonek.	Election de Trèves.
		Beda.	Bidbourg.	
		Andethanna.	Epternach.	
		AUGUSTA TREVORUM. puis *Treveri.*	Trèves.	
	TREVERI.	*Orolaunum.*	Arlon.	Le Luxembourg.
		Epusum.	Ivois.	Duché de Carignan.
		Meduantum.	Moyen.	Luxembourg.
		Riccianum.	Armich.	
		Palatium.	Pfaltz.	Election de Trèves.
	CÆRESI.	*Rigodunum.*	Reol.	
		Noviomagus.	Nimègue.	Duché de Gueldres.
		Tabernæ.	Bern Castel.	Election de Trèves.
		Baudobrica.	Bopart.	
		Belginum.	Baldenau.	Duché de Gueldres.
	MEDIOMATRICI.	*Caranusca.*	Garch.	Luxembourg.
		Ibliodurum.	Iron.	Pays Messin.
		DIVODURUM, puis *MEDIOMATRICI.*	Metz.	
		Ad Duodecimum.		
		Decem Pagi.	Dieuze.	Lorraine.
		Pons Saravi.	Saarbourg.	Pays Messin.
	VERODUNENSES.	*VERODUNUM.*	Verdun.	Toulois.
		Fines.		
	LEUCI.	*Fines.*		
		Caturigis.	(Inconnu) (1).	Barrois.
		Nasium.	Nas, *ou* Naïs.	
		Novimagus.	Neufchâteau.	Lorraine.
		Solimariaca.	Souloffe.	
		TULLUM.	Toul.	Toulois.
		Scarpona.	Charpagne.	Barrois.

(1) Quelques auteurs croient que c'est Bar-le-Duc; mais cette opinion offre des difficultés. *Voyez* la notice de la Gaule de M. d'Anville.

TABLEAU des Peuples & des Villes de la Province appelée BELGICA SECUNDA. XIV.

	Peuples	Noms — Anciens.	Noms — Modernes.	Provinces.
La Province BELGICA SECUNDA renfermoit les	NERVII.	*Dea.*	(Inconnu).	Côtes de la Flandre Autrichienne.
		Grudii.	(Inconnu).	
		Portus Æpatiaci.	(Inconnu).	
		Meldi.	Meld-Felt.	Flandre.
		Cortoriacum.	Courtrai.	
		Viroviacum.	Vervik.	
		Turnacum.	Tournai.	
		Pons Scaldis.	Escaule-Pont.	Hainaut.
		Vodgoriacum.	Voudrei.	
		Fanum Martis.	Montmartin.	
		BAGACUM.	Bavai.	
		Hermonacum.	Bermerain.	
		Camaracum.	Cambrai.	Cambraisis.
		Quartensis Locus.	Quarte.	Hainaut.
		Duronum.	Estrun-Canchie.	
	MORINI.	*Ulterior Portus.*	Calais (peut-être).	Picardie.
		Marci.	Mark.	
		Itius Portus.	Wit-Sand.	
		GESORIACUM, puis *Bononia.*	Boulogne.	
		Gesoriacus Pagus.		
		Luttomagus.	Laere.	
		Adlullia.	(Près le passage de la Canche).	
		Taruenna	(En ruines).	Artois.
		Minariacum.	Esterre.	Flandre.
		Castellum Morinorum.	Castel.	
	ATREBATES.	*NEMETACUM*, puis *Atrebates.*	Arras.	Artois.
		Origiacum.	Orchie.	
	AMBIANI.	*Duroicoregum.*	Douriers.	
		Pontes	Ponches.	Flandre.
		Teucera.	Tièvre.	Picardie.
		SAMAROBRIVA, puis *Ambiani.*	Amiens.	
		Setuci	Cayeux.	
		Curmiliaca	Cormeilles.	
	BELLOVACI.	*Bratuspantium.*	Bratuspante.	Beauvaisis.
		CÆSAROMAGUS, puis *Bellovaci.*	Beauvais.	
		Litanobriga.	Au pont de Creil.	
	SILVANECTES.	*AUGUSTOMAGUS*, puis *Silvanectes.*	Senlis.	Valois.
	VADICASSES (1).	*NŒOMAGUS.*	Nez (2).	
	SUESSIONES.	*AUGUSTA SUESSIONUM*, puis *Suessiones.*	Soissons.	Champagne.
		Contra Agimum.	Condran.	Noyonnois.
		Bibe.	Ablois.	Champagne.
	VERMANDUI.	*AUGUSTA VEROMANDUORUM.*	Saint-Quentin.	Picardie.
		Noviomagus.	Noyon.	Isle de France.
		Isara.	Passage de l'Oise.	Picardie.
		Verbinum.	Vervins.	
	REMI.	*Catusiacum.*	Chaours.	
		Minaticum.	Nizi-le-Comte.	Laonois.
		Axuenna	Brimont.	Champagne.
		Bibrax.	Bièvre.	
		DUROCORTORUM, puis *Remi.*	Reims.	
		Fines.		
		Noviomagus.	La Neuville (lieu).	
		Vungus.	Vonc.	
		Mosomagus.	Mouson.	Pays Messin.
		Basilia.	Bacone.	
	CATALAUNI.	*Axuenna.*	Neuville-au-Pont.	Champagne.
		Fanum Minervæ.	(Près la Cheppe).	
		DUROCATALAUNUM, puis *Catalauni.*	Châlons.	
		Ariola.	Vroil.	

(1) *Voyez* la note du premier tableau, c'est-à-dire, du tableau général de la division de la Gaule.

(2) *Voyez* la note ci-dessus citée.

TABLEAU des Peuples & des Villes de la Province appelée GERMANIA PRIMA. XV.

		Noms — *Anciens.*	Noms — *Modernes.*	Provinces.
La Province GERMANIA PRIMA renfermoit les	Partie des TREVERI.	*Antannacum.*	Andernach.	Electorat de Cologne.
		Confluentes.	Coblentz.	
		Ambiatinus Vicus.	Marquar Freher.	Electorat de Trèves.
		Baudobrica.	Bopart.	
		Vosalia.	Ober-Wesel.	
	CARACATES.	MOGONTIACUM.	Mayence.	Electorat de Mayence.
		Bonconica.	Berik.	Palatinat du Rhin.
		Bingium.	Bingen.	Electorat de Mayence.
		Dumnissus.	Sonnerwald.	Palatinat du Rhin.
		Salisso.	Sultz-Bach.	
	VAUGIONES.	BORBETOMAGUS, puis *Vaurigiones.*	Worms.	Evêché de Worms.
	NEMETES.	*Alta Ripa.*	Altrip.	Palatinat du Rhin.
		NOVIOMAGUS, puis *Nemetes.*	Spire.	Evêché de Spire.
		Vicus Julius.	Germers-Hein.	Palatinat du Rhin.
		Tabernæ.	Rhin-Zabern.	
		Tribunci.	Bergen.	
		Concordia.	Aislat.	Alsace.
		Saletio.	Seltz.	
	TRIBOCI.	*Brocomagus.*	Brunet.	
		Tabernæ.	Saverne.	
		ARGENTORATUM.	Strasbourg.	
		Helcebus.	Ell.	
	RAURACI.	*Argentovaria.*	Artzen-Heim.	
		Rufiana.	Rufach.	
		Mons Brisiacus.	Brisach.	
		Stabula.	(Ruines).	Suntgau.
		Cambes.	Kembs.	
		Urunci.	Rucsen.	
		Larga.	Largitzen.	
		Arialbinnum.	Binning.	Suisse.
		Olino.	Holle.	
		Basilia.	Basle.	
		Robur. (Fort).	Emplacement de la cathèdrale de Basle.	
		AUGUSTA RAURACORUM.	Augt.	
		Sanctio.	Sekinhen.	Souabe.

TABLEAU des Peuples & des Villes de la Province appelée GERMANIA SECUNDA. XVI.

	Peuples	Noms Anciens.	Noms Modernes.	Provinces.
La Province GERMANIA SECUNDA renfermoit les	BATAVI. (Dans leur île).	*LUGDUNUM Batav.*	Leyde.	
		Forum Adriani.	Voozburg.	Hollande.
		Albiniana.	Alfen.	
		Fletio.	Vleuten.	
		Trajectum.	Utrecht.	Principauté d'Utrecht.
		Batavodurum.	Wick-le-Durstede.	Hollande.
		Vada.		
		Castra Herculis.	Malbourg.	
		Arenatium.	Aert.	Clèves.
		NOVIOMAGUS.	Nimègue.	
		Grinnes.	(Près Tiel).	
		Gaspingium.	Aiperen.	
		Tablæ.	Alblas.	Hollande.
		Flenium	Vlarding.	
	GUGERNI.	*Burginatium*, ou *Quadriburgium.*	Water-Burg.	Gueldres.
		Vetera.	Santen.	Clèves.
		Tricesimæ.	(Inconnu).	
		Calone.	Bornhem (peut-être).	Comté de Mœurs.
		Sablones.	Ent-Sand (lieu).	Gueldres.
		Mediolanum.	Moyland.	Clèves.
	MENAPII & TOXANDRI.	*Batavorum Oppidum.*	Batenbourg.	Hollande.
		Cevelum.	Cuick.	
		Blariacum.	Bléric.	Gueldres.
		Castellum Menapiorum.	Kessel.	
		Catualium.	(Incertain).	Haël.
		Feresne.	Recken.	Pays de Liège.
		Toxiandria Locus.	Tessender-Loo.	Brabant.
	BETASII. EBURONES, puis les TUNGRI. ADUATICI. CONDRUSI. SIGNI.	*ATUATUCA*, puis *Tungri.*	Tongres.	Liège.
		Perniciacum.	Brenschon.	Brabant.
		Geminiacum	Gemblou.	
		Hornensis Locus.	Marchienne (peut-être).	Liège.
		Fons Tungrorum.	Spa. (peut-être).	
		Coriovallum.	Cortenbach.	Juliers.
		Pons Mosæ, ou *Trajectum.*	Mastreicht.	Pays de Liège.
		Tendurum.	Tudder.	Juliers.
		Mederiacum.	Bruggen.	
	PÆMANI.	(Dans les Ardennes).	*Ardenna Silva.*	
	UBII.	*Asciburgium.*	Asberg (lieu).	Comté de Mœurs.
		Gelduba.	Geldub.	
		Novesium.	Nuiss.	
		Gesonia.	Zons.	
		Durnomagus.	Dormagen.	Cologne.
		Baruncus.	Rhin-Castel.	
		COLONIA AGRIPPINA.	Cologne.	
		Divitense Munimentum.	Dentz.	Duché de Berg.
		Bonna.	Bonn.	
		Ara Ubiorum.	Gots-Berg.	Cologne.
		Rigomagus.	Rimagen.	
		Egorigium.	Jonkerad.	Cté. de Manderscheid.
		Marcomagus.	Marmagen.	Cologne.
		Belgica.	Blusberg	Juliers.
		Tolbiacum.	Zulpick.	Cologne.
		Marcodurum.	Duren.	
		Tiberiacum.	Berghem.	Juliers.
		Juliacum.	Julien.	

TABLEAU des Peuples & des Villes de la Province appelée MAXIMA SEQUANORUM. XVII.

		Noms Anciens.	Noms Modernes.	Provinces.
La Province MAXIMA SEQUANORUM renfermoit les	SEQUANI.	*Aquæ Borvonis.*	Bourbonne-les-Bains.	Baſſigny.
		Didatium.	Cité (lieu).	Franche-Comté.
		Luxovium.	Luxeuil.	
		Portus Abucini.	Port-ſur-Saône.	
		Segobodium.	Séveux.	
		Amagetobriga	Broie.	
		Timurtium.	Tournus.	Bourgogne.
		Pons Dubis.	Pontoux.	Franche-Comté.
		Cruſinie.	Criſſei.	
		VESONTIO.	Beſançon.	
		Loposagium.	Beaume-les-Nones.	
		Velatodurum.		
		Epamanduodurum.	Mandeure.	
		Gramatum.	Granvillars.	
		Filomuſiacum.	Mailloc.	
		Ariolica.	Pont-Arlier.	
	HELVETII.	*Forum Tiberii.*	Kaiſer Stubl.	Suiſſe.
		Ganodurum.	Burg.	
		Fines.		
		Vitodurum.	Wintertur.	
		Turicum.	Zurich.	
		Aquæ Helveticæ.	Baden.	
		Vindoniſſa.	Windich.	
		Salodurum.	Soleure.	
		Petineſca.	Bienne.	
		AVENTICUM.	Avenche.	
		Ebredunum.	Iverdun.	
		Urba.	Orbe.	
		Lucus Lauſonius.	Lauſaune.	
		COLONIA EQUESTRIS-Noïodunum.	Nyon.	
		Geneva.	Genève.	
		Viviſcus.	Vevai.	
		Bromagus.	Promazen.	
		Minnodunum.	Moudon.	

GALLIANI SALTES. Avant le P. Hardouin, les éditeurs avoient lu dans Pline (*L. III, c. 15*), *Galliani Saltus ;* ce qui auroit ſignifié un bois. Mais ce ſont les habitans d'un lieu qui portoient ce nom de *Galliani Saltes ;* & ce lieu étoit dans la huitième région de l'Italie. On ſoupçonne qu'il étoit voiſin de l'emplacement où eſt aujourd'hui Forli.

GALLICA FLAVIA, ville de l'Hiſpanie tarragonnoiſe, au pays des Ilergètes, ſelon Ptolemée, *L. II, c. 6.*

GALLICA VIA, grand chemin public en Italie. Frontin, *Stratag. L. II, c. 6*, en fait mention. Il étoit dans la Campanie, & traverſoit les marais Pontins.

GALLICÆ PALUDES. Vitruve, ſelon Marius Niger, nomme ainſi le fond du golfe Adriatique, où Veniſe eſt ſituée.

GALLICANO STATIO, lieu particulier de la Bithynie. Métaphraſte dit, dans la vie de ſaint Artémius, que Conſtance, femme de l'empereur Gallus, mourut en cet endroit. Ortélius, *theſaur.*

GALLICANUS, MASSICUS & GAURUS, ſont trois noms ſynonymes d'une montagne d'Italie, dans la Campanie heureuſe. Les noms de *Maſſicus* & de *Gaurus* ſe trouvent employés par Cicéron, *Agrar. 2, c. 25 ;* Tite-Live, *L. XXII, c. 14 ;* Stace & Vibius Séqueſter. Plutarque, dans la vie d'Annibal, fait mention de *Mons Gallicanus ;* & Cicéron, *pro Quinctio*, dit *Gallicanus Saltus ;* mais Tite-Live place une montagne nommée *Callicula* dans ces cantons, auprès de *Baſilinum.*

GALLICUS (le grec porte *Galaticus Sinus*), golfe de la Méditerranée, le long des côtes de la

Gaule. Les anciens appeloient *Gallicus sinus major*, ce golfe pris dans toute son étendue; & *Gallicus sinus minor*, la partie de ce golfe qui est voisine des Pyrénées. Strabon, *L. II, p. 122*.

GALLICUS, rivière de la Macédoine, qui arrosoit la plaine qui étoit au couchant de la ville de Thessalonique, & alloit se perdre dans le golfe Thermaïque.

GALLIENI SEPULCHRUM : le tombeau de l'empereur Gallien étoit en Italie, sur la voie Appienne, à neuf milles de Rome, selon l'histoire mêlée, citée par Ortélius.

GALLIM, ÆGALLIM, AGALLA, *ou* ÆGALLA, ville de la Palestine, au-delà du Jourdain, à l'orient de la mer Morte, dans la terre de Moab. Eusèbe, *Onomast.* la met à huit milles d'Ar, ou d'Aréopolis, vers le midi, & la nomme *Agallim*, Isaïe, *c. 5, v. 8, reg. L. I, c. 25, v. 44.* Joseph, *Antiq. L. XIV, c. 2.*

GALLIM, village de la Palestine, au voisinage d'Accaron.

GALLINARIA SILVA, forêt d'Italie, en Campanie, dans le golfe de Cumes. Strabon, *L. V, p. 243*, dit qu'elle étoit sans eau & sablonneuse; & il en parle comme d'un repaire de voleurs. Cicéron en parle dans une de ses lettres, *L. IX, epist. 23.* C'est par rapport à cette forêt que Juvénal, *satir. 3, v. 307*, dit *Gallinaria Pinus.*

GALLINARIA INSULA, petite île près de l'Italie, à l'embouchure du *Merula*, sur la côte de la Ligurie, au sud-est d'*Albium Ingaunum.*

GALLIS, municipe d'Italie, selon Frontin, de l'exemplaire de Nansius.

GALLITÆ, peuple des Alpes maritimes, à l'est des *Edenates*. Il en est fait mention dans le trophée des Alpes.

Bouche leur attribue la position de Colmar; mais le P. Papon dit qu'ils occupoient le pays où est Alloz.

M. d'Anville ne parle pas de ce peuple.

GALLITALUTÆ, peuple de l'Inde, au voisinage de l'Indus, selon Pline, *L. VI, c. 20.*

GALLO-LIGURES & LYGYÆ. Selon Strabon, *L. IV, p. 203*, peuple de la Gaule narbonnoise. Aristote, *in admirandis*, les nomme *Celtoligyi.*

GALLUS, rivière de l'Asie mineure.

GALMODROESI, peuple de l'Inde, au-delà du Gange, selon Pline, *L. VI, c. 19.*

GALONATIS FUNDUS, *ou* GAIONATIS, château d'Afrique, vers la Mauritanie tingitane; Ammien Marcellin en fait mention, *L. XXIX.*

GALOPES, peuple de l'Arabie heureuse, selon Pline, *L. VI, c. 28.*

GALORUM, ville de l'Asie mineure, dans la Galatie, près de l'embouchure du fleuve *Zaliscus*, selon Ptolemée, *L. V, c. 4.*

GALTERA. M. l'abbé le Bœuf pense que la rivière nommée ainsi dans une ancienne chronique, est la Tère qui passe à Abh. (*Voyez Mém. de littér. T. XXIV, p. 723.*

GALYBE, ville de l'Afrique propre, selon Ptolemée, *L. IV, c. 3.* Elle étoit entre les deux Syrtes, selon cet auteur.

GAMALA, *ou* GAMAL, ville de la Palestine, au-delà du Jourdain, dans la Gaulanite. Elle étoit nommée *Gamala*, parce qu'étant située sur le haut d'une montagne, elle avoit la forme d'un chameau: elle étoit dans le royaume d'Agrippa; mais n'ayant pas voulu se soumettre à ce prince, elle fut assiégée, premiérement par Agrippa, ensuite par l'armée romaine, qui, après un long siège, la prit & la saccagea. Joseph, *de bello, L. IV, c. 1.* C'est dans le château de cette ville qu'Alexandre, fils d'Hircan, prit Démétrius. Joseph l'ayant fortifiée, Vespasien la prit & en fit mettre à mort les habitans, dont une partie s'étoit précipitée du haut de la citadelle. Il n'en réchappa, selon Joseph, que deux sœurs, qui parvinrent à se dérober aux recherches & à la cruauté des Romains. Hérode, qui avoit restauré cette ville, l'avoit, selon Eusèbe, nommée *Herodium;* mais on voit que cette volonté du prince avoit été, comme beaucoup d'autres de même genre, sans effet; l'ancien nom avoit prévalu.

GAMALE, ville de la Phénicie, dont fait mention Pline, *L. II, c. 91*, où il dit qu'elle fut abîmée & engloutie avec tout son territoire.

GAMALIBA, ville de l'Inde, en-deçà du Gange, selon Ptolemée.

GAMALITICA, territoire de la ville de Gamala, au sud du lac Tibérias.

GAMANODURUM, ville de la Norique, selon Ptolemée, *L. VII, c. 1.*

GAMARCA, petite contrée de la Médie, selon Diodore de Sicile, *L. XIX.*

GAMBREIUM, *ou* GAMBRIUM. Etienne de Bysance nomme *Gambreium* une ville d'Ionie; & Xénophon, *hist. græc. L. III, p. 481*, parlant de deux frères, Gorgion & Gongyle, dit que l'un possédoit *Gambrium & Palægambrium*, & l'autre *Myrina & Grynium.*

GAMBREVES, ville de l'Ethiopie, sous l'Egypte, selon Pline, *L. VI, c. 29.*

GAMBRIVII, peuple de la Germanie.

GAMBUA, ville d'Asie, dans la Grande-Phrygie, selon Ptolemée, *L. V, c. 2.*

GAMMACE, ville d'Arachosie, selon Ptolemée, *L. VI, c. 20.*

GAMPHASANTES, peuple de la Libye. Pomponius Méla, *L. I, c. 4, n. 25*, en parle comme d'un peuple très-sauvage, sans toit ni maison, qui alloit tout nu, qui n'avoit point d'armes; & par cette raison fuyoit les autres hommes. Pline, *L. V, c. 8*, dit la même chose.

GAMPSELI, ville de la Macédoine, selon Hésychius.

GANADIS. Métaphraste nomme ainsi la patrie de sainte Samone; ce lieu devoit être vers la Mésopotamie, peu loin d'Edesse, selon la conjecture d'Ortélius. (*La Martinière*).

GANDAMUS, ville de l'Arabie heureuse, sur la mer Rouge, selon Pomponius Méla, *L. III, c. 8, n. 42.*

GANDARA, ville des Indes, selon Etienne de Bysance, qui nomme le pays *Gandarica*. Strabon, *L. XV*, *p. 697*, dit que le Choaspe traverse la Gandarite. Cela fait voir que ce pays étoit différent des Gandarides de Pline & de Ptolemée, qui étoient vers les bouches du Gange.

GANDARICI, peuple des Indes, habitant la ville de *Gandara*, selon Etienne de Bysance, qui nomme le pays où étoit située cette ville *Gandarica Regio.*

GANDARII, peuple de Perse, selon Hérodote, *L. III, c. 91*. Il dit, *L. VII, c. 66*, que les Parthes, les Chorasmiens, les Sogdiens, les Gandariens & les Dadigues, étoient armés de la même façon que les Bactriens.

GANDRI, peuple des Indes, selon Etienne le géographe, qui le nomme aussi *Gandarici*; il habitoit la ville de Gandara.

GANDRIDÆ. Plutarque, dans son livre de la fortune d'Alexandre, nomme ainsi le même peuple.

GANEORUM, siège épiscopal d'Egypte, selon les notices grecques.

GANGA, *ou* GANGITES, nom d'une petite rivière de Thrace. Appien, *de bell. civil. p. 651*, la fait couler dans la plaine où étoient campés Brutus & Cassius, peu loin du Strymon.

GANGAMA. Strabon, *L. VII*, en parle au sujet d'une pêche que l'on faisoit sous la glace vers les Palus-Méotides, près du Bosphore Cimmérien.

GANGANI, peuple d'Irlande, selon Ptolemée, *L. II, c. 2*. Il y avoit aussi un peuple *Gangani* ou *Cancani* dans l'île d'Albion.

GANGARA, ville d'Asie, dans l'Albanie, selon Ortélius, *thesaur.* qui cite Ptolemée, *L. V, c. 12*. (*La Martinière*).

GANGARIDÆ, peuple de l'Inde, auprès de l'embouchure du Gange, selon Ptolemée, *L. VII, c. 1*, qui leur donne pour capitale une ville nommée *Gange*. Quinte-Curce les met au-delà du Gange. Il y avoit les *Gangarides Calinges*, dont la capitale étoit *Parthalis*, selon Pline, *L. VI, c. 19.*

GANGE REGIA, ville de l'Inde, sur le bord & au-delà du Gange, selon Ptolemée. M. d'Anville la place vers le 24e deg. 50 min. de lat.

GANGES (*le Gange*), grand fleuve de l'Inde. Pline dit que l'antiquité étoit aussi peu informée de l'origine de ce fleuve que de celle du Nil, & il ajoute que les montagnes de la Scythie en renfermoient les sources.

Une des villes les plus considérables qu'il arrosoit étoit *Palibothna* (Hellahabad), puis *Gange Regia*. Avant de se rendre dans le *Gangeticus Sinus*, il se divisoit en deux branches, & arrosoit le pays des Gangarides.

GANGES (*Mowil-Ganga*), nom de la rivière la plus considérable de l'île de Taprobane, selon Ptolemée.

Elle descendoit des hautes montagnes du centre de l'île pour se perdre dans une grande baie située vers le milieu de la côte orientale.

GANGETICA TELLUS. Lucain, *pharsal. L. IV, v. 64*, nomme ainsi le pays qu'arrose le Gange.

GANGINES peuple de l'Ethiopie, selon Orose, *L. I.*

GANGRA, ville de la Paphlagonie, qui avoit été la résidence de Mopsus, roi de ce pays, lequel envoya des secours aux Galates contre les Romains du temps d'Antiochus-le-Grand: M. d'Anville l'a comprise dans les bornes de la Galatie. Déjotarus Philadelphe, dernier roi de la Paphlagonie, la posséda ensuite: ce n'étoit alors qu'une petite ville & un château fortifié. Strabon, *L. XII, p. 562*, dit que, sous la domination romaine, elle reçut des accroissemens, vraisemblablement par les ordres de l'empereur Claude, qui lui donna le surnom de Germanicus qu'il portoit, *Germanicopolis*. La ville de Gangra eut alors deux noms: celui de *Germanicopolis*, donné par le gouvernement romain, fut employé sur les monnoies & par Ptolemée; celui de *Gangra* ou *Gangres* a été conservé par Pline.

L'empereur Constantin ayant détaché de la province de Bithynie le département de Pont, il en forma les provinces de Paphlagonie & d'Hellénopont. La ville de Gangres fut établie métropole de la première.

GANGRA, ville de l'Arabie heureuse, selon Etienne de Bysance.

GANI MONTES, montagnes de Thrace, selon Grégoras: Nicétas les place vers la Macédoine. Suidas parle aussi d'une montagne qu'il nomme *Ganos*, de *Ganiada*, lieu de Thrace. Pline, *L. IV, c. 11*, parle d'une ville nommée *Ganos*, qui ne subsistoit déjà plus de son temps.

GANNARIA EXTREMA, cap de l'Afrique, sur l'Océan, selon Ptolemée, *L. IV, c. 6*. Quelques exemplaires portent *Chaunaria.*

GANNODURUM, *ou* GANODURUM, ville des Helvétiens, sur le Rhin, selon Ptolemée, *L. II, c. 8.*

GANOS, ville de Thrace, sur la Propontide, vers le couchant de *Perinthus.*

GANZO, *ou* GAMZO, ville de la Palestine, dans la tribu de Juda. Les Philistins la prirent sous le règne d'Achaz. *Paralip. L. II, c. 28, v. 18.*

GAPACHI, peuple de l'Ethiopie, sous l'Egypte, selon Ptolemée, *L. IV, c. 7.*

GAPHARA, village d'Afrique, dans la Marmarique, selon Ptolemée, *L. IV, c. 5*. Il étoit dans les terres, à quelque distance de la mer.

GARADA, lieu de la Syrie. Varron, *de Re rust. c. 48*, parle avantageusement de sa fertilité.

GARÆ, lieu par où passe le Méandre avant que de traverser l'Ionie, où il se jette dans la mer. Tite-Live, *L. XXXVIII.*

GARÆTIUM, château d'Afrique, au pays des

Messoles. Il fut attaqué par Calpurnius Crassus, au rapport de Plutarque. *Parall. hist. rom. & græc.*

GARAMA, métropole d'une grande nation d'Afrique, appelée des Garamantes. Selon Ptolemée, elle étoit au levant de *Thabudis.* M. d'Anville croit que c'est la même qui se trouve nommée *Gherma* par Edrisi. Ce savant, sur une petite carte qui se trouve dans le volume XXVI des Mémoires de littérature, la place fort avant dans les terres, au sud de la Grande-Syrte.

GARAMÆI, peuple de l'Assyrie, selon Ptolemée, *L. VI*, *c. 1*. Ils étoient vers le milieu, entre l'Arrapachitide & la Sitacène.

GARAMANTES, les Garamantes, peuple de l'Afrique, dans la Libye, vers le midi, & audessus des Psylles, selon Hérodote, qui rapporte qu'ils habitoient dans un pays rempli de bêtes féroces; qu'ils fuyoient le commerce & la société de tous les hommes, & qu'ils ne savoient même pas se défendre. Il dit dans un autre passage, qu'il y a, dans le pays de ce peuple, une colline de sel avec de l'eau, & une grande quantité de palmiers portant du fruit. Il ajoute que les Garamantes répandent de la terre sur le sel & sèment ensuite. Le même dit que les Garamantes font la chasse aux Troglodites éthiopiens; qu'ils se servent pour cela de chars à quatre chevaux.

GARAMAS, montagne d'Asie. Vibius Sequester y met la source du Phase.

GARAPHAS, ville maritime de l'Afrique propre, selon Ptolemée, *L. IV*, *c. 3*.

GARAPHI MONS (*Gdibbel-Zickar*), montagnes de la Mauritanie césarienne, près & au nord du fleuve Chinalaph. Il en est fait mention par Ptolemée. Elle étoit au sud de *Julia Cæsarea*, & au sudouest de *Tipasa*.

GARAS, montagne de la Mauritanie césarienne, selon Ptolemée.

GARATES, ruisseau du Péloponnèse, dans l'Arcadie, selon Pausanias, *L. VIII*, *c. 54*.

GARBATA, montagne de l'Ethiopie, sous l'Egypte, selon Ptolemée. Elle étoit à l'orient du Nil.

GARBENSIS, siège épiscopal d'Afrique, dans la Numidie, selon la notice d'Afrique.

GARCUS, *ou* CARCUS. Selon les divers exemplaires de Ptolemée, île de la mer des Indes, avant d'arriver à l'île de Taprobane.

GARDAMANIS, DARGAMANIS, DORGAMANES, DARCOMANES, rivière de la Bactriane. Ces noms sont diversement écrits dans les différens exemplaires de Ptolemée.

GARDAUCRETÆ, *ou* GARDAUVETÆ, PRÆFECTURA, contrée de la Cappadoce, selon Ptolemée, *L. V*, *c. 6*. Quelques exemplaires portent *Garsauria*.

GARDEI, peuple de la Sarmatie, en Asie, selon Pline, *L. VI*, *c. 7*.

GARDICIUM, ville épiscopale, sous le patriarchat de Constantinople. Elle est sous Larisse, qu'elle reconnoît pour métropole.

GAREATÆ, peuple du Péloponnèse, dans l'Arcadie, selon Pausanias, *L. VIII*, *c. 45*. C'étoit une tribu des Tégéates.

GAREATES, ruisseau du Péloponnèse, dans l'Arcadie, selon Pausanias, *L. VIII*, *c. 54*. C'est le même que *Garates*.

GAREATHYRA, petite ville ou bourg de l'Asie, dans la Cappadoce, selon Strabon, *L. XII*, *c. 568*. Elle étoit aux confins de cette province & de la Lycaonie.

GAREB, colline de la Palestine, auprès de Jérusalem.

GARELA, *ou* GARELLA. Les notices qui font mention de cet archevêché, disent qu'il n'avoit aucun évêché sous lui, & n'en apprennent pas la position. Il étoit dans le patriarchat de Constantinople. Ortélius soupçonne que ce siège étoit vers l'Asie mineure.

GARENÆI, peuple de la Sérique, selon Ptolemée, *L. VI*, *c. 16*. Ils étoient à l'orient des Annibiens.

GARESCI, habitans de Gariscus, ville de Grèce, en Macédoine, dans l'Orbélie, selon Pline, *L. IV*, *c. 10*.

GARGALIS. Dorothée, cité par Ortélius (*thesaur.*), nomme ainsi le lieu où naquit le prophète Elisée.

GARGANUS MONS (*mont Sant Angelo*), montagne d'Italie, dans l'Apulie, au nord. Il formoit une chaîne de montagnes dans la petite presqu'île qui figureroit l'éperon de l'Italie, en la supposant comparée à une botte.

GARGANUM PROMONTORIUM, promontoire de l'Italie, s'avançant dans la mer Ionienne. Il y a apparence que son nom lui venoit de ce qu'on le regardoit comme formé par l'extrémité d'une des racines du mont *Garganus*.

GARGANUM, ville de l'Asie mineure, sur le fleuve Halys, selon Jornandès, *de reb. Getic. c. 7*.

GARGAPHIA, fontaine située dans la Béotie, près de Platée. Lorsque Mardonius étoit dans ce pays avec les Perses, il avoit empoisonné les eaux de cette fontaine pour faire périr les Grecs campés assez près de-là, & qui devoient s'en servir. Les Platéens, dans la suite, la nettoyèrent & lui rendirent sa première salubrité. *Paus. in Beot. c. 4*.

GARGAPHIA VALLIS, vallée de Grèce, en Béotie. Ovide, *métam. L. III*, dit qu'Actéon y fut dévoré par ses chiens. On trouve aussi *Gargaphie* dans la Thébaïde de Stace, *L. VII*, *v. 274*; il en parle comme d'une fontaine. Hérodote, *L. IX*, nomme une fontaine de Garaphie dans la Béotie, au voisinage de Platée.

GARGARA, ville de la Troade, au mont Ida: c'étoit une colonie des Eoliens, selon Pomponius Méla, *L. I*, *c. 18*. Strabon, *L. XIII*, *p. 583*, la met dans une des parties supérieures du mont Ida: il dit, *p. 606*, que le promontoire où Gargara étoit située, étoit un de ceux qui forment le golfe d'Adramitte. Plus loin il dit : après Scepsis il y a Andéïra, Pionia & Gargaris.

Gargara, promontoire du mont Ida, dans la Troade, & l'un des quatre qui, partant de cette montagne, s'avancent dans la mer, selon le scholiaste de Lycophron, cité par Ortélius.

GARGARENSES, peuples d'Asie, dans la Scythie, au voisinage des Amazones, & au pied du mont Caucase, du côté du nord, selon Strabon, *L. II, p. 504.*

GARGARIDÆ. Denys le Périégète, *v. 1144*, dit que c'étoit un peuple des Indes attaché au culte de Bacchus, & qui habitoit auprès de l'Hypanis, & d'une autre rivière nommée *Megarsus*.

GARGARIUS LOCUS (*Saint Jean de Garguier*), lieu de la Gaule narbonnoise, près du *Lucretus Pagus*.

GARGARUM, bourg au territoire de Lampsaque, ville de l'Asie mineure, selon Etienne de Bysance.

Gargarum, bourg de l'Epire, selon Etienne le géographe.

Gargarum, autre bourg, en Italie, selon le même.

GARGAZA, ville que Diodore de Sicile place près des Palus-Méotides, *L. XX.* Ortélius doute si ce ne seroit point la ville de Gerusa, que Prolemée, *L. V. c. 9*, place au levant de cette mer, dans la Sarmatie asiatique.

GARGE, ville de la Libye, selon Etienne de Bysance. Il paroît qu'Ortélius avoit lu *nation* (ἔθνος), au lieu de *ville* (πόλις). Au reste, aucun autre auteur n'en parle.

GARGETTUS, bourg de Grèce, dans l'Attique, de la tribu Ægéïde; il prenoit son nom d'un héros nommé *Gargettus*, dont parle Pausanias. Eurysthée y avoit son tombeau. C'étoit la patrie d'Epicure, selon Cicéron, Diogène-Laerce, Stobée, Elien & Suidas.

GARGILIANÆ THERMÆ, bains en Afrique, à Carthage. Saint Augustin en fait mention.

GARIANNONUM, ville de la Grande-Bretagne. Il en est parlé dans la notice de l'empire; son nom marque qu'elle étoit située sur la rivière Garien.

GARIGA, ville d'Asie, dans l'Arie selon Ptolemée, *L. VI, c. 17.* Quelques exemplaires portent *Sariga*.

GARINDÆI, peuples de l'Arabie heureuse, vers le fond du golfe Arabique. Ils habitoient le pays des Maranites, qu'ils avoient égorgés par une tromperie, selon Strabon, *L. XVI.*

GARIS, lieu bâti par l'empereur Justinien, dans le territoire d'Eupolis, selon Ortélius, *thesaur.* qui cite l'histoire mêlée. On doute si ce lieu n'étoit pas dans la Mésopotamie.

Garis, ville de la Palestine, dans la Galilée, selon Joseph, *de bello.*

GARISÆI, peuple dont parle Corippus dans l'éloge de Justin le jeune, cité par Ortélius, *thesaur.* Ce peuple n'est connu que par son bon vin.

GARISCUS, ville de Grèce, en Macédoine, dans l'Orbélie, selon Ptolemée, *L. III, c. 13.*

GARISIMA, bourg de la Judée, dans la tribu de Zabulon, selon le livre de Josué.

Ce bourg étoit situé dans la plaine de Galilée, & Joseph y campa lorsqu'il fut assiéger Séphoris, qui en étoit à vingt stades.

GARITES. Ce nom se trouve dans le troisième livre des commentaires de César, qui les indique entre les *Elusates* & les *Ausci*, & au nombre de ceux qui se soumirent à Crassus. M. d'Anville, sur sa carte de Gaule, les place près des *Lactorates*, mais dans le territoire des *Ausci*, au nord.

GARIZIM (*le mont*), montagne de la Judée, dans la tribu d'Ephraïm. Elle étoit au sud de la ville de Samarie, & étoit très-fertile. Il est fait mention de cette montagne dans le livre de Josué.

Joseph, dans ses antiquités, dit que les Samaritains bâtirent un temple sur cette montagne, avec la permission d'Alexandre-le-Grand, à qui ils s'étoient rendus.

Ce temple fut renversé de fond en comble, deux cens ans après, par Hyrcan, fils de Simon Macchabée; mais Hérode le fit rétablir.

C'est sur cette montagne que Dieu ordonna que l'on exposeroit les récompenses de ceux qui observeroient la loi. Josué, *c. 8, v. 30.*

GARMAA. Ortélius dit : il semble que ce soit un bourg de Thrace, & cite Procope au quatrième livre des édifices. (*La Martinière*).

GARNACA, ville de la petite Arménie, au département de la Muriane, selon Ptolemée, *L. V, c. 7.*

GARNÆ, port de mer d'Italie, dans la mer Adriatique, auprès du mont Gargan, selon Pline, *L. III, c. 11.*

GAROCELI, au sud de *Segusio*. Ces peuples sont nommés dans le livre I des commentaires de César, entre les Centrones & les Caturiges, comme ayant voulu, de concert, fermer le passage des Alpes à César. Le rapport qu'il y a entre le nom d'*Occelum* & celui de *Garoceli*, fait croire à M. d'Anville qu'ils habitoient dans la vallée de Pragelas & de Cluson. Ils habitoient donc entre les Alpes.

GARODE, île de l'Ethiopie, sous l'Egypte, dans le Nil, selon Pline, *L. VI, c. 30.* Il y avoit une petite ville de même nom.

GAROEAS, rivière de l'Inde, où elle se jette dans le Cophène, selon Arrien, *in Indicis.*

GARRA (*Lona*, ou *Neratte*), ville de la Mauritanie césarienne, de laquelle fait mention Ptolemée. Elle étoit située vers le nord-est de *Victoria*. Elle a été épiscopale, selon la notice d'Afrique.

GARRIA, ville épiscopale d'Afrique, dans la Bysacène, selon la notice d'Afrique.

GARRYENUS, rivière de la Grande-Bretagne, selon Ptolemée, *L. II, c. 3.*

GARSABORA, lieu de la Lycaonie, vers la Galatie, selon Strabon, *L. XII, p. 568*. Ce lieu étoit voisin de Soatris, village aussi grand qu'une petite ville, dans un terroir où l'on manquoit d'eau, & où l'on n'en pouvoit avoir que par des puits très-profonds.

GARSAURIA, contrée d'Asie, dans la Cappadoce, selon Ptolemée, *L. V, c. 6*.

GARSIDÆ, peuple de la Gédrosie. Quelques exemplaires de Ptolemée portent *Parsiræ*. Il confinoit à la Carmanie.

GARTANENSIS, siège épiscopal d'Afrique, selon Ortélius, qui cite la conférence de Carthage.

GARTHEÆ. Athénodore nomme ainsi les Gétules, au rapport de Villeneuve.

GARUMNA FLUV. La Garonne, fleuve de la Gaule. On lit dans le livre I des commentaires de César : *Gallos ab Aquitanis Garumna flumen (dividit)*. Voilà donc, selon César, les Gaulois divisés des Aquitains par la Garonne. Dans la suite, l'Aquitaine s'étendit jusqu'à la Loire. Voici ce qu'en dit Méla, qui paroît avoir eu sur ce fleuve des idées aussi justes que celles que nous avons actuellement : *Garumna ex Pyrenæ monte delapsus, nisi cum hiberno imbre aut solutis nivibus intumuit diù vadosus & vix navigabilis fertur. Alibi obvius Oceani exæstuantis accessibus adauctus est, iisdem retrò remeantibus suas illiusque aquas agit, aliquantum plenior, & quantò magis procedit, eò latior fit, ad postremum magni freti similis; nec majora tantum navigia tolerat, verùm etiam more pelagi sævientis exurgent, jactat navigantes atrociter, utique si alio ventus, aliò unda præcipitur.*

GARUMNI, peuple de la Gaule, nommé entre ceux qui se soumirent à Crassus. M. d'Anville, suivant en cela l'opinion de M. de Valois, les place dans le pays que l'on appelle *Rivieri*, le long de la Garonne, au dessous de Saint-Bertrand de Cominges, en s'étendant jusqu'aux limites de Rieux.

GASMARA, ville de la Mauritanie césarienne, selon Ptolemée. Elle étoit différente de *Casmare*, autre ville de la même province.

GASORUS, ville de Grèce, dans la Macédoine, dans l'Odomantique, selon Ptolemée & Etienne de Bysance, qui écrit *Gazorus*. Il y avoit aussi une ville de ce nom dans la Judée.

GASSANDI, peuple de l'Arabie heureuse, selon Diodore de Sicile, *L. III*. Pline, *L. VI, c. 28*, les nomme *Gassani*.

GASTRONIA contrée de Grèce, dans la Macédoine, selon Théopompe, cité par Etienne de Bysance. On croit que c'est le même pays qu'il nomme ailleurs *Grestonia*, & qui appartenoit à la Thrace. (*Voyez* GRESTONIA).

GATH, *ou* GETH, ville de la Syrie, qui étoit située près du mont Casius & du lac Sirbonide, selon Hérodote.

GATH-RIMMON. Il y a eu trois villes de ce nom : la première appartenoit aux Lévites de la famille de Keath, & étoit ville de refuge dans la tribu de Dan. Josué, *v. 19, 45, 21, 24*.

La seconde étoit à l'occident de la tribu de Manassé, en-deçà du Jourdain. Elle étoit aussi ville de refuge donnée aux mêmes Lévites. On l'appeloit aussi *Baleax*, ou *Jéblaan*. Josué, *21, 25*.

GATHEÆ, ville du Péloponnèse, dans l'Arcadie, selon Pausanias. Cet auteur, parlant du ruisseau *Gathéatas*, *L. VIII, c. 34*, dit qu'il prend sa source à Gathées, & se jette dans l'Alphée. Elle étoit dans la partie méridionale, au sud de l'Hélisson.

GATHEATES, petit fleuve de l'Arcadie, dans la partie méridionale qui couloit du sud au nord, & recevoit le Carnion, autre petit fleuve ou ruisseau, & se jettoit dans l'Alphée, en face de Mégalopolis.

GATHYNIA, ville bâtie près de la mer, par le roi Lacon, comme le remarque Cedrenus. (*La Martinière*).

GATIACUM, lieu de la Gaule, situé sur la Marne. L'armée des Danois, entrée en Gaule sous le règne de Charles-le-Gros, & conduite par Aschrich, y campa, quoiqu'ils eussent reçu le tribut que ce roi s'étoit engagé de leur donner.

GATTIANENSIS, siège épiscopal d'Afrique, dans la Bysacène. La conférence de Carthage en fait mention.

GAVANODURUM, ville de la Norique, selon Ptolemée, *L. II, c. 14*.

GAVANTIS TUMULUS. Lycophron appelle ainsi un lieu où l'on suppose qu'Adonis fut enterré, que les Cypriots nommoient *Gavante*, selon Isaac Tzetzès, commentateur de ce poëte grec. Ortélius, *thesaur.*

GAVARA, *ou* GABARA. Selon les divers exemplaires de Ptolemée, *L. V, c. 19*, ancienne ville de l'Arabie déserte.

GAUDIABENSIS, siège épiscopal d'Afrique, dans la Numidie, selon la notice d'Afrique.

GAVEORUM, siège épiscopal d'Egypte. Il en est fait mention dans une lettre des évêques d'Egypte à l'empereur Léon, insérée dans le recueil des conciles.

GAVER, lieu de la Palestine, près de Jérusalem. C'étoit un défilé où Ochosias, roi de Juda, fut blessé à mort par Jéhu. *Reg. L. IV, c. 9, v. 27*.

GAUGAENA, *ou* GAURÆNA, ville de la Cappadoce, dans la préfecture de Sargarausène, selon Ptolemée, *L. V, c. 6*.

GAUGALIUS MONS, montagne de la Syrie, dans le territoire d'Edesse. Sozomène & Caliste, *L. IX, c. 15*, en font mention. Ortélius, *thesaur.*

GAUGAMELA, petit lieu de l'Asie, dans une plaine entre les rivières *Zabus* & *Bumadus*, au nord de l'endroit où cette dernière se jette dans le *Zabus*.

Ce lieu est célèbre pour avoir été la place où se donna la bataille qui porte le nom d'Arbelles.

Strabon ajoute, sur ce sujet, que Darius, fils d'Hystaspe, avoit destiné ce lieu à l'entretien d'un chameau qui avoit porté le bagage propre à sa personne, dans son expédition contre les Scythes.

Gaugamela étoit à l'ouest-nord-ouest d'Arbellès.

GAUGDÆ, peuple de Thrace, vers l'Ister, selon quelques éditions de Pline.

GAVIS, colonie d'Italie. Frontin en parle, mais sans dire dans quel lieu. Quelques auteurs ont cru qu'elle étoit dans la Sabine, à treize mille pas de Rome.

GAULATES, *ou* GALAULES, peuple d'Afrique, les mêmes que les Auloles, selon Orose, cité par Ortélius, *thesaur.*

GAULAN, GAULON, *ou* GOLAN, ville de la Palestine, au-delà du Jourdain. Elle étoit célèbre, & donnoit le nom de *Gaulanite*, ou *Gaulanitide*, à une petite province. Elle fut donnée à la demi-tribu de Manassé de de-là le Jourdain, & fut cédée aux Lévites de la famille de Gerson pour leur demeure, & devint une ville de refuge. *Deuteron. c. 4, v. 43*; Josué, *c. 21, v. 27.*

GAULANITE, GAUTANITIDE, *ou* GAULONITIDE, contrée de la Palestine.

GAULON, ville de la Terre promise, dans le pays de Basan. Elle étoit de la demi-tribu de Manassé, & appartenoit à la famille de Gerson, la seconde des Lévites. C'étoit l'une des six villes de refuge.

Gaulon étoit une des trois villes de refuge que Josué plaça au-delà du Jourdain.

GAULONITIS, *ou* GAULANITIS REGIO, très-petite province de la Palestine, qui prenoit son nom de la ville de Gaulon, qui y étoit située.

La Gaulonite faisoit partie de la demi-tribu de Manassé, à l'est du Jourdain, & se trouvoit dans la partie septentrionale de la Palestine. M. d'Anville n'a pas écrit ce nom sur sa carte.

Joseph fait mention de cette province.

GAULOS. Selon Méla, *L. II, c. 7; n. 21*, & Pline, *L. III, c. 8*, *Gaudos*; selon Strabon, *L. VI, p. 277*, île de la mer Méditerranée.

GAUNA, ville d'Asie, dans la Médie, selon Ptolemée, *L. VI, c. 2.*

GAUNARITANUS, siège épiscopal d'Afrique, selon la notice d'Afrique.

GAVRA MONS, montagne nommée dans l'itinéraire de Jérusalem; elle étoit entre *Mons Seleucus* & *Lucus*. M. d'Anville croit la retrouver en Dauphiné. Une montagne vers Die y offre un passage qui porte le nom de *col de Cabre*; ce col donne entrée dans une vallée qui conduit à la Bâtie Mont Saléon, que l'on fait représenter *Mons Seleucus.*

GAURA, montagne d'Assyrie, selon Plutarque le géographe, *de montib.*

GAURANUM PROMONTORIUM, promontoire d'Assyrie, près de l'embouchure du Tigre, selon Plutarque le géographe.

GAURIANENSIS, siège épiscopal d'Afrique. La notice d'Afrique, *n. 99*, met entre les évêques de cette province, Janvier, qu'elle nomme *Januarius Gaurianensis.*

GAURIUM, lieu particulier de l'île d'Andros Xénophon, *hist. græc. L. I, p. 440*, dit: Alcibiade débarqua ses troupes à Gaurie, qui est dans l'île d'Andros. Ce doit être le même que le port nommé par Tite-Live, *L. XXXI, c. 45, Gaureleos.*

GAURUS, montagne d'Italie dans la Campanie. (*La Martinière*).

GAUSAPHNA, ville de l'Afrique propre, selon Ptolemée, *L. IV, c. 3.* C'étoit le même lieu que *Gazauphala.*

GAUSENNIS, *ou* CAUCENNIS. Quelques exemplaires de l'itinéraire d'Antonin, portent *Gosennis*, ou *Gauvennis.* Ce lieu étoit dans la Grande-Bretagne, sur la route de Londres à *Luguvallium*, entre *Durorivis* & *Lindum*, à trente-cinq mille pas de l'une, & à vingt-six mille pas de l'autre.

GAUTIGOTH, peuple barbare, que Jornandès place, avec quelques autres, dans la Scandinavie, dont il fait une île.

GAUTUNNI, peuple que Vopiscus met entre ceux que l'empereur Probus défit. Ortélius, *thesaur.* soupçonne que c'étoit le même peuple que les *Gothunni* de Claudien, & que ce nom est composé de celui des Goths, & de celui des Huns.

GAUVARITANUS, siège épiscopal d'Afrique, selon la notice d'Afrique.

GAUZANIA, ville de la Médie, selon Ptolemée, *L. VI, c. 2.*

GAUZANITIS, contrée de la Mésopotamie, selon Ptolemée, *L. V, c. 18.*

GAZA, ville de la Palestine, située à seize milles au midi d'Ascalon. Etienne de Bysance dit que c'étoit une ville de la Phénicie, qui, depuis, avoit été comprise dans la Palestine. Il ajoute qu'elle étoit nommée *Aza* par les Syriens, & qu'elle avoit reçu ce nom d'Azon, son fondateur, qui étoit fils d'Hercule. Pomponius Méla dit que cette ville avoit eu ce nom, qui, dans la langue des Perses, signifie un trésor, parce que Cambyse allant faire la guerre en Egypte, y déposa la caisse militaire de son armée. Strabon dit que si les Perses donnoient ce nom aux lieux où ils déposoient leurs trésors, c'est qu'ils choisissoient des lieux forts pour que leur argent fût moins exposé. *Gaza*, en langue phénicienne, signifioit une place forte.

Cette ville, qui se nommoit aussi *Ioné*, selon Etienne de Bysance, est placée à vingt stades de la mer par Arrien, & seulement à sept stades par Strabon.

De toutes les villes de la Syrie, Gaza fut la seule qui ne fût pas effrayée de la rapidité des conquêtes de Cyrus: elle soutint un siège, mais elle fut obligée de se rendre; elle s'attacha tellement à ses nouveaux maîtres, qu'elle leur en donna des preuves, même après l'extinction de leur monarchie. Arrien, *de exped. Alex.* rapporte que les Gazéens refusèrent le passage à Alexandre après la prise de Tyr; qu'il fut arrêté deux mois devant cette ville, qui fut enfin forcée de se rendre. Alexandre fut blessé deux fois pendant ce siège,

& il fut si irrité de la résistance qu'il y éprouva, qu'il fit tuer un grand nombre d'habitans & vendre le reste. Bétis, gouverneur de la ville, l'ayant regardé avec fierté, il lui fit percer les talons, attacher à un char & traîner autour de la ville jusqu'à ce qu'il mourut. Quinte-Curce rapporte cela. Ce conquérant la repeupla d'une nouvelle colonie, & en fit une place de sûreté pour la guerre, selon Arrien, *de exped. Alex.*

Cette ville fut prise & reprise par les rois d'Egypte & de Syrie; elle demeura à ces derniers depuis le règne d'Antiochus-le-Grand, qui s'en empara 219 ans avant J. C. jusqu'au règne d'Antiochus-Epiphane, qui persécuta les Juifs parce qu'il ne vouloit qu'une religion dans ses états. Les Juifs se révoltèrent, prirent plusieurs places, dans le nombre desquelles étoit Gaza; mais elle ne leur resta pas. Elle éprouva encore un grand nombre d'événemens jusqu'à 98 ans avant l'ère chrétienne, qu'elle fut prise par Alexandre-Jannée, roi des Juifs, qui la détruisit entiérement, selon Joseph, *Antiq.* Gaza resta ensevelie sous ses ruines jusqu'à l'arrivée de Pompée en Syrie, que ce général rendit la liberté à plusieurs villes de ce pays. Comme Gaza fut rebâtie l'an 693 de Rome, elle jouit de cet avantage sous la protection des Romains. Saint Jérôme dit qu'elle fut reconstruite à quelque distance de son premier emplacement.

Auguste donna Gaza à Hérode, roi des Juifs; mais après sa mort il la réunit à la Syrie. *Joseph, Antiq.* La Palestine ayant été séparée de la Syrie pour en faire une province particulière, par l'empereur Adrien, ce prince décora Gaza de nouveaux privilèges.

Au temps des juges d'Israël, le temple de Dagon qui étoit dans l'ancienne ville de Gaza, fut renversé par Samson. Les Gazéens ajoutèrent le culte des dieux de la Grèce à celui des divinités adorées par leurs ancêtres. Ils conservèrent, sous les Romains, le culte de ces dieux de la Grèce, qu'ils avoient adopté pendant qu'ils avoient été sous la domination des successeurs d'Alexandre.

Les malheurs que la ville de Gaza avoit éprouvés en différens temps, avoient fait peupler les environs de son port, & en avoient formé un bourg considérable. Quoique ses habitans fussent très-attachés aux superstitions du paganisme, ils y renoncèrent pour embrasser le christianisme: Constantin fut si satisfait de cela, qu'il érigea ce bourg en ville, & lui donna le nom de *Constancie*, & lui accorda beaucoup de privilèges; mais les Gazéens, encore attachés à l'idolâtrie, obtinrent de Julien l'Apostat, lorsqu'il fut monté sur le trône, qu'elle n'auroit plus le nom & les privilèges dont elle avoit été décorée, & qu'elle ne seroit plus appelée que le port de Gaza; mais les empereurs qui lui succédèrent, lui rendirent son nom & ses privilèges.

Gaza étoit à l'entrée du désert en allant de la Phénicie en Egypte, selon Arrien, *de exped. Alex.*

GAZA, *ou* GANZACA (*Tebriz*, ou *Tauris*). Cette ville de l'Asie tenoit le premier rang dans la Médie Atropatène. Elle renfermoit des richesses qui étoient comparées à celles de l'ancien roi de Lydie. Le palais qui les renfermoit étoit accompagné d'un pyrée. Elle est nommée *Gaza* par Strabon, & les rois de l'Atropatène y résidoient pendant l'été.

Cette ville étoit située au nord-est & à quelque distance du lac *Spauta*, vers le 38e deg. 15 min. de latitude.

Héraclius campa devant cette ville en poursuivant Chosroès.

GAZABIANENSIS, siège épiscopal d'Afrique, on ne sait dans quelle province. La conférence de Carthage fait mention de *Saturnius Gazabianensis.*

GAZACA, ville d'Asie, dans la Médie, selon Ptolemée, *L. VI, c.* 2, & Etienne le géographe. Ce dernier semble dire que c'étoit la plus grande ville de la Médie. Ammien Marcellin, *L. XXIII, c. 23*, la compte entre les trois plus considérables villes de ce canton. Les deux autres étoient *Zombis* & *Patigran.*

GAZACA, ville d'Asie, dans la Paropamise, selon Ptolemée; mais il n'est pas sûr que ce fût une ville, car Ptolemée la met dans une liste qui contient indistinctement des villes & des villages: quelques exemplaires portent *Gauzaca.*

GAZACENA, petit canton de la Cappadoce, du côté de la Paphlagonie, selon Strabon, *L. XII, p. 553.*

GAZACUM, ville de la Perside. Elle fut prise par Héraclius, selon Cédrène. Il y avoit un temple du Soleil, & les trésors de Crésus, roi de Lydie. Ortélius croit que c'est la même que la *Gazaca* de Ptolemée, celle de la Médie. L'histoire mêlée rapporte, *L. XVIII*, que *Gazensium* & *Gazacroen* furent prises par Héraclius.

GAZÆ, ville de l'Arménie, dans la contrée nommée *Otene*, selon Pline, *L. VI, c. 13.*

GAZALINA, ville de la Cappadoce, dans le Pont Polémoniaque, selon Ptolemée, *L. V, c. 6.*

GAZANENSIS, siège épiscopal d'Afrique, dans la Bysacène, selon Victor d'Utique, cité par Ortélius.

GAZARENI, nation entre les Babyloniens, selon saint Epiphane, cité par Ortélius, *thesaur.*

GAZARI, peuple de la première Sarmatie, selon l'histoire mêlée.

GAZATÆ, peuple de Syrie, dans la Cyrrhestique, selon Pline, *L. V, c. 23.*

GAZAUFALA, siège épiscopal d'Afrique, dans la Numidie.

GAZELUM, ville de la Cappadoce, selon Pline, *L. VI, c. 2.*

GAZELOTUS, lieu ou canton de la Galatie, selon Strabon, *L. XII, p. 560.* Ortélius & Casaubon soupçonnoient que ce peut être la *Gazalina*, dont parle Ptolemée, qui la met dans les terres, & à peu de distance de la mer.

GAZENA, ville de la Grande-Phrygie, selon Ptolemée, *L. V, c. 2.*

GAZER, GAZERA, *ou* GAZARA, ville royale de la Judée; dans la tribu d'Ephraïm, selon le livre de Josué. Cette ville étoit située sur le torrent de Gaas, au sud-ouest de Bethel. Il est dit dans l'écriture que Josué défit le roi de Gazer & tout son peuple.

Cette ville fut donnée aux Lévites de la famille de Caath.

Au temps de Salomon, un Pharaon, roi d'Egypte, la prit, la brûla & défit les Cananéens, qui y étoient demeurés après que Josué en eut fait la conquête. Elle fut rebâtie par Salomon.

Long-temps après, elle fut prise par Judas Macchabée, & fortifiée par son frère Jonathas. Simon, leur frère, la reprit de nouveau & la fortifia.

Il en est souvent fait mention dans les Macchabées & dans Joseph, *Antiq. L. XIII, c. 11.*

GAZIURSA, ville d'Asie, vers la Cappadoce, selon Dion Cassius, *L. XXXV, p. 5.* Pline, *L. VI, c. 2*, écrit *Gaziura*; Strabon, *L. XII, p. 447* & *547*, écrit de même, & dit que c'étoit anciennement une ville royale; elle étoit sur le fleuve Iris.

GAZORUS, ville de la Palestine; selon Ptolemée, *L. V, c. 16.* Elle étoit à l'orient du Jourdain. Il paroîtroit d'abord que c'est la même que *Gazer*; mais il y a cette différence de position, que cette dernière étoit à l'ouest du Jourdain, au lieu que *Gazorus* étoit à l'est.

GAZULENA, ville épiscopale d'Egypte, comme il paroît par une lettre des évêques d'Egypte à l'empereur Léon, insérée dans le recueil des conciles, & souscrite par *Maximus Gazulenus.*

G E

GEA, ville de l'Arabie, près de Pétra, selon Etienne de Bysance, qui cite les antiquités arabiques, écrites par Glaucus.

GEBA, petit lieu de la Judée, à peu de distance au nord de *Gosna.*

GEBADÆI, peuple de l'Arabie, mais au couchant de la mer Rouge, selon Pline, *L. VI, c. 29.*

GEBAL, ville de la Phénicie, selon Ptolemée, *L. V, c. 15.* C'est la même que *Byblos* & *Gabala.*

GEBALA, ville de l'Espagne tarragonnoise, dans les terres, au pays des Vardules, selon Ptolemée, *L. II, c. 6.*

GEBALA. Etienne le géographe dit que l'on nommoit ainsi la troisième partie de la Palestine, & cite Joseph. Mais comme il n'est pas question dans Joseph de *Gebala*, mais seulement de *Gabala*; & que *Gabala* est une ville & non une province, ou portion de province, Berkélius pense que cet auteur s'est mépris.

GEBALITÆ, peuple de l'Arabie heureuse. Pline, *L. VI, c. 28*, le distingue des *Catabani*, comme deux peuples différens; mais quoique différens, il est vraisemblable qu'ils étoient subordonnés l'un à l'autre; car *Tamna* ou *Thomna*, qui, selon Pline, étoit la capitale des Gébanites, est nommée la capitale des Catabaniens par Eratosthène, cité par Strabon, *L. XVI, p. 768.* Ce peuple étoit voisin de l'entrée du golfe Arabique, selon Strabon, quoique Ptolemée l'ait mis à l'embouchure du golfe Persique.

GEBBETHON, ville de la Palestine, dans la tribu de Dan. Basa, usurpateur du royaume d'Israël, tua Nabab, fils de Jéroboam, dans la ville de Gebbethon, qui étoit alors aux Philistins. Josué, *c. 19, v. 44. Reg. L. III, c. 15, v. 27.*

GEBENNA & GEBENNICI MONTES. César, *de bell. gall. L. VII, c. 8*, nomme Gebenna, une montagne qui séparoit les *Arverni* des *Helvii.* On a dit aussi *Cebenna*. *Voyez* ce mot.

GEBES, rivière d'Asie, dans la petite Phrygie, selon Pline, *L. V, c. 32.*

GEBONITIS, lieu de la Syrie, selon Joseph, *de bello judaïc. L. II, c. 14*, cité par Ortélius, *thesaur.*

GEDERA, *ou* GADERA, ville de la Judée, dans la tribu de Juda, selon le livre de Josué.

GEDERO-THAIM, ville de la Judée, dans la tribu de Juda, selon le livre de Josué.

GEDEROTH, ville de la Palestine, dans la tribu de Juda, selon le livre de Josué, *c. 15.*

GEDNE, ville de l'Afrique proprement dite, selon Ptolemée, *L. IV, c. 3.*

GEDOO, ville de la Palestine, dans la tribu de Juda, selon le livre de Josué, *c. 15, v. 58.*

GEDRANITÆ, peuple de l'Arabie heureuse, selon Pline, *L. VI, c. 28.*

GEDROSIA, grande province d'Asie, ayant à l'ouest la Carmanie; au nord, la Drangiane & l'Arachosie; & à l'est, une partie de l'Inde jusqu'au fleuve: elle étoit baignée au sud par la mer.

Le principal fleuve de ce pays étoit l'*Arbis.*

Arrien nous apprend que ce pays étoit divisé entre différens peuples, les *Arbies*, les *Orites*, les *Ichthyophages.*

Selon Marcian d'Héraclée, la Gédrosie avoit 6600 stades dans un sens, & 250 dans l'autre. Il y en avoit 3800 de côtes.

Elle étoit divisée en huit provinces ou satrapies, renfermant douze villes ou villages considérables: c'étoit bien peu pour un si grand pays.

Le même auteur y indique une montagne considérable, un grand fleuve, un beau port, celui qu'il nomme ailleurs γυναικῶν λιμην, *Mulierum Portus.*

Deux îles dépendoient de cette province.

La Gédrosie, selon Ptolemée.

Rhapaua, ville. *Mulierum Portus.* *Boïamba.* *Rhizana.*	} Sur la côte.

Les côtes étoient occupées par les *Arberites*. Les *Garsidæ* étoient vers la Carmanie ; les *Musarinæi*, vers l'Arachosie. L'intérieur du pays étoit nommé *Pardene* ; au-delà étoit la *Parisiene* ; & vers l'Inde, les *Rhamnæ*.

On peut croire que ces *Arberites* sont ceux que d'autres auteurs appeloient *Ichthyophages*, ou *Mangeurs de poissons* ; nom que l'on sent bien n'avoir pu être qu'une épithète.

Les villes & villages étoient :

Cune.	*Oscana.*
Badara.	*Easis*, métropole.
Musama.	*Omiza.*
Cottobara.	*Arbis*, ville.
Sosxetra.	

Les îles étoient :

Asthana.	*Cadane.*

GEDUR, lieu de la Palestine, à quelque distance à l'est de *Jamnia*.

GEGITANUS, siège épiscopal d'Afrique, dans la Mauritanie sitifensis, selon la notice des évêchés d'Afrique, & selon la conférence de Carthage.

GEHENNON (*la vallée de*), vallée de la Judée, au midi de la ville de Jérusalem.

C'est dans cette vallée que les pères consacroient leurs enfans par le feu, à Moloch, dieu des Ammonites.

GEHON (*le*), fleuve. Nous ne connoissons ce fleuve que de nom & par le texte de l'écriture sainte. En parlant de la situation du Paradis terrestre, Moyse (*Gen. c. 2, v. 10*), dit : *& fluvius egrediebatur de loco voluptatis ad irrigandum paradisum : qui indè dividitur in quatuor capita. Nomen uni Phason & nomen fluvii secundi Gehon : ipse est qui circumit omnem terram Æthiopiæ.*

Des savans, des pères de l'église ont entrepris de déterminer quel pouvoit être actuellement le fleuve que Moyse appelle *Gehon* : mais il falloit auparavant déterminer la position du jardin d'Eden ou Paradis terrestre. Mais ne voit-on pas que c'est abuser d'un temps qui nous est donné pour un usage plus sûr & plus utile ? Il est plus raisonnable de croire que Moyse attachoit un sens particulier à ces paroles, que de chercher comment un fleuve peut se diviser en quatre têtes ; à la bonne heure en quatre bras, en quatre branches : mais la tête est où est la source. Je ne rapporterai pas les opinions de ceux qui veulent que le Géhon soit le Nil, pendant que le Phison est le Phase en Colchide ; car assurément ils ne sortent pas d'un même lieu. On peut croire, ce me semble, qu'ici la géographie de l'écriture a rapport à quelque autre objet, ou qu'il y a défaut de connoissance dans l'écrivain. Tous les anciens fourmillent de fautes de ce genre.

GELA, ville de la Sicile, située sur la côte méridionale, un peu plus vers l'est que vers l'ouest, non pas précisément sur le bord de la mer, mais un peu dans les terres, près du fleuve *Gelas* (1).

Cette ville fut bâtie par Antiphémus de Rhodes & Entimus de Crète, la quatrième année de la seizième olympiade, 713 ans avant notre ère. Diodore de Sicile (*L. XXI*), raconte que Phintias, tyran d'Agrigente, en fit passer les habitans à Phintiade, ville qu'il avoit bâtie, & à laquelle il avoit donné son nom ; & qu'ayant détruit les murs & les maisons de Gela, il en fit transporter les pierres à la nouvelle ville, qui servirent à la construction de ses murs, de la place & des temples des dieux.

Chiaraude, cité par M. Larcher (*géog. d'Hérod. p. 156*), prétend qu'à la mort du tyran, un grand nombre d'habitans de Phintiade retournèrent à Gela, & que l'une & l'autre ville prit ces deux noms. Mais cela ne paroît pas fondé sur aucun témoignage ancien. Strabon, qui vivoit sous Auguste, dit positivement (*L. VI*), que Gela n'étoit point habitée. Pline n'en fait pas mention parmi les villes qui payoient un certain tribut, quoiqu'il parle d'Himera, de Callipolis, de Selinunte & d'Eubœa, qui étoient presque abandonnées du temps de Strabon. Pline a vécu sous Trajan. On prétend cependant que cette ville existoit au temps de Cicéron, & l'on en apporte en preuve deux passages. Dans le premier (*Verr. 3, 43*), Cicéron dit qu'il fera connoître ce qu'ont eu à souffrir de Verrès les habitans de Gela ; dans le second (*Verr. 4, 33*), il raconte les obligations qu'eurent les habitans de Gela, *Gelenses*, à P. Scipion. Ces passages n'ont pas paru concluans à M. Larcher.

1°. Il est difficile de supposer, dit-il, que, depuis le temps de Cicéron jusqu'à celui de Strabon, cette ville ait pu être détruite, sans qu'il s'en soit trouvé la plus légère indication dans les auteurs & sur les monumens anciens.

2°. Il y a apparence qu'il s'agit, dans ces deux endroits de Cicéron, de Phintiade, *Phitia*, ville située à l'ouest de Gela, sur le fleuve Himera. Cette ville, dans laquelle Phintias avoit transporté les habitans de Gela, se faisoit honneur de ce nom, & le mettoit souvent sur ses médailles & sur ses autres monumens. Les Grecs disoient toujours Γελῶοὶ, aussi-bien que Virgile, *Campique Geloï* (*Æn. L. III, v. 701*), en parlant des anciens habitans de Gela & des plaines de Gela. Ainsi, il paroît que *Geloï* ne signifie autre chose que ses anciens habitans, & *Gelenses* les habitans de *Gela*, qui passèrent à Phintias, nom qui demeura à leur postérité.

GELA, fleuve de Sicile, qui arrosoit la ville de même nom & se jettoit peu après dans la mer. Il se nomme aujourd'hui *Fiume di Terre Nuova*.

(1) Ptolemée la place à dix milles dans les terres ; mais il est reconnu que c'est une erreur.

GELÆ, peuple d'Asie. Pline, *L. VI, c. 16*, dit que les Grecs les appeloient *Cadusiens*. Ptolemée, *L. VI, c. 2*, met un peuple nommé *Geloï* & des *Cadusiens* dans la Médie : il paroît que ce sont les mêmes que les *Gelæ* de Pline. Denys le Périégète, *v. 1019, c. 942*, met aussi dans la partie septentrionale de la Médie, les Gètes & les Mardes.

GELÆI. Cédrène nomme ainsi une nation chez laquelle les femmes commandoient à leurs maris. Glycas la nomme *Agilæi*. Ortélius, *thesaur.*

GELANDRI, ville située sur le bord & à la droite du *Danapris* (Dniéper), au-dessous d'*Ulborsi*, près de la quatrième cataracte de ce fleuve. C'étoit une des sept villes que Constantin Porphyrogénète place en ce lieu.

GELANIUM STAGNUM, étang de Sicile. Son odeur étoit si mauvaise, qu'elle chassoit ceux qui en vouloient approcher. C'est ce que dit Solin, *c. 5, ed. Salmas.* Il devoit être près de *Gela*.

GELANUS, ville de la Libye intérieure, selon Ptolemée, *L. IV, c. 6*, qui la place vers la source du Cinyphe.

GELASIUM PHILOSOPHIANÆ. Quelques exemplaires d'Antonin nomment ainsi un lieu de la Sicile. D'autres portent *Gela sive Philosophianis*. Ce lieu étoit entre *Capitoniana* & *Petilianæ*, à vingt-un mille pas de la première, & à vingt-huit mille pas de la seconde.

GELBIS FLUV. Ausone fait mention de ce fleuve dans son poëme sur la Moselle. C'est la Kill qui se jette dans la Moselle, au-dessous de Trèves, sur la rive gauche.

GELBŒ, prononcé souvent en françois Gelboé, montagne de la Palestine, dans la tribu d'Issachar, à six milles de Bethsan ou *Scythopolis*, selon Eusèbe & saint Jérôme.

Saül y vint camper avec ses troupes, pendant que les Philistins étoient vers le Carmel. Elle est célèbre par la défaite & la mort de ce roi, & de son fils Jonathas.

GELBUS, bourg de la Palestine, au pied du mont Gelboé, à six milles de Scythopolis. Eusèbe & saint Jérôme en font mention.

GELDA, ville d'Asie, dans l'Albanie, entre l'embouchure du fleuve Gherrus & du fleuve Casius, dans la mer Caspienne, selon Ptolemée, *L. V, c. 12.*

GELDUBA, forteresse de la Belgique, sur le Rhin, à l'extrémité du pays des Ubiens. Tacite en parle au quatrième livre de ses histoires, *c. 26.* On connoît les vestiges de *Gelduba* sous le nom de *Gell* ou *Geldub*, sur le bord du Rhin, à quelque distance de Neuss.

GELEENSES, habitans de *Gella*, ou *Gellæ*, ville de l'Espagne tarragonnoise.

GELENSES. On peut voir la différence admissible entre les *Gelenses* & les *Geloï* à l'article GELA.

GELES, peuple que Strabon place auprès de l'Albanie & du pays des Amazones.

GELES (*les*) & *les Leges*, peuples de l'Asie. (*La Martinière*).

Géographie ancienne.

GELESITANA, siège épiscopal de l'Afrique, selon Ortélius. Saint Augustin en fait mention dans sa cent soixante-deuxième lettre.

GELLA, ville de l'Espagne tarragonnoise, au pays des Vaccéens. Surita croit que c'est la même que *Tela* de l'itinéraire d'Antonin.

GELLÆ, peuple d'Asie, dans l'Albanie, selon Zonare, *L. II.*

GELMON, GELON, *ou* GILON, ville de la tribu de Juda, lieu de la naissance d'Architopel. Joseph, *antiq. L. V. Reg. L. II, c. 33, v. 34.*

GELOI, peuple de Sicile, habitans de *Gela*, selon Thucydide, *L. VI, itin.* Cicéron, *frument. c. 43*, les nomme *Gelenses*. *Voyez*, sur la distinction qu'il convient de faire entre les uns & les autres, le mot GELA.

GELON, fontaine de l'Asie mineure, assez près de la ville des Célènes, selon Pline, *L. XXXI, c. 2.*

GELONI, les Gélons, peuple de la Sarmatie, vers le Borysthène, selon Pline.

Hérodote rapporte que les Scythes demandèrent du secours aux Gélons pour les aider à s'opposer à l'armée de Darius, & que leur roi fut un de ceux qui s'assemblèrent pour délibérer de cette affaire. Le même historien dit que les Gélons étoient Grecs d'origine, & qu'ayant été chassés des villes de commerce, ils s'établirent dans le pays des Budins. Il ajoute que leur langue étoit un mêlange de grec & de scythe; qu'ils avoient des temples de bois, bâtis à la façon des Grecs, & ornés de statues, d'autels & de chapelles de bois; que de trois en trois ans, ils célébroient des fêtes en l'honneur de Bacchus. Selon le même historien, les Gélons cultivoient la terre, vivoient de bled, avoient des jardins, & ne ressembloient aux Budins, ni par l'air du visage, ni par la couleur.

GELONUM, ville de la Sarmatie, en Europe, selon Etienne le géographe. Ortélius la croit différente de *Gelonus*, ville des Budins, laquelle étoit bâtie de bois, au rapport d'Hérodote.

GELONUS, ville de la Sarmatie, dans le pays des Budins.

Selon Hérodote, cette ville étoit entièrement bâtie en bois; les murailles étoient aussi toutes en bois : elles étoient hautes & avoient à chaque face trente stades de longueur. Il ajoute que les temples, ainsi que les maisons, étoient en bois.

GELOS, port de mer de l'Asie, dans la Carie, selon Pline, cité par Ortélius, *thesaur.*

GELUS, fleuve d'Italie, dans l'Apulie.

GELYS, peuple dont parle Asinius Quadratus, au rapport d'Etienne de Bysance.

GEMAN, village de la Palestine, dans le grand champ de Samarie, selon Joseph, *de bello judaic. L. II, c. 11.*

GEMELLÆ (*Jimmeelah*), ville d'Afrique, située à quatre lieues au nord-est de Satafi. Elle étoit dans la partie orientale de la Mauritanie césarienne, selon l'itinéraire d'Antonin. Elle fut épiscopale.

On y trouve de beaux restes d'antiquités, particuliérement partie d'une porte de la ville, & partie d'un amphithéâtre.

GEMESTARIUM, nom d'un lieu d'Espagne. Antonin le place sur la route de Braccara à Storga.

GEMINÆ, ville de la Gaule, sur la route qui conduisoit de *Lucus Augusti* à l'*Alpis Cottia*, en passant par *Brigantio*. M. d'Anville croit que c'est aujourd'hui Mens.

GEMINIACUM, lieu de la Gaule, dans la basse Germanie, sur la route de Bavai à Tongres. M. d'Anville croit que c'est aujourd'hui Gemblou.

GEMMARURIS, ville de l'Idumée, selon Ptolemée, *L. v, c. 16*.

GENABUM (*Orléans*). Quelques auteurs se sont cru fondés à croire que la ville de *Genabum* dont parle César, & qu'il place dans le pays des Carnutes, étoit la ville de Gien. M. Lancelot, qui a publié un mémoire sur ce sujet (*Mém. de litt. T. VIII, p. 450*), ne cherche pas à affoiblir leurs raisons, qu'il expose ainsi.

1°. Si le *Genabum* des Carnutes étoit Orléans, comment auroit-il pu se faire que la révolte de cette ville, qui arriva au lever du soleil, eût pu être sue en Auvergne avant la première veille de la nuit?

2°. César part de Sens & arrive à Genabum en quatre jours. Il y a vingt-cinq lieues; c'est une marche trop forte pour une armée.

3°. César, pour aller faire le siége de *Gergovia*, perdoit du temps à passer par Genabum.

4°. Non-seulement il y a de l'analogie entre le nom de *Gien* & celui de *Genabum*; mais de plus, il y a un fauxbourg à Gien qui porte le nom de *Genabie*.

M. Lancelot répond à ces objections:

1°. Que le moyen dont se servoient les Gaulois pour se communiquer entre eux les nouvelles importantes, moyen dont César lui-même fait l'observation, fait disparoître l'obstacle de la distance.

2°. Quoique la route qu'ait fait César ait été de vingt-quatre lieues, cependant, comme il avoue lui-même qu'il prit avec lui deux légions & laissa tout ce qui pouvoit retarder sa marche, on ne peut pas regarder cette course comme impossible, puisque l'armée y mit quatre jours.

3°. Pour que César pût passer par Gien, il auroit fallu que Gien existât, & qu'il y eût un pont, au lieu qu'il en trouvoit un à *Genabum*, & que sa présence en reprenant cette ville que les Carnutes venoient de piller & d'enlever aux Romains, l'engageoient également à faire cette route, quand même il eût pu en choisir une plus courte.

4°. Quant au nom de *Genabie* donné au fauxbourg de Gien, c'est un nom nouveau.

M. Lancelot donne ensuite les preuves que *Genabum* est Orléans; ces preuves sont prises de différens auteurs, & essentiellement des itinéraires. M. d'Anville a repris ces preuves & leur a donné une nouvelle force. Cette ville prit dans la suite le nom de *Civitas Aurelianorum*.

Strabon, qui nomme *Genabum* l'*emporium* des Carnutes (*το των Καρνυτων έμπορεῖον*), ou principal marché des Carnutes, dit qu'elle est située sur la Loire, vers le milieu de son cours. La communication étoit si établie & si nécessaire entre cette ville & Chartres, qu'il y avoit un chemin public qui s'est à-peu-près conservé & qu'on appelle le *chemin de César*.

GENABUS, ville épiscopale d'Asie, dans la Phrygie. Il en est fait mention dans les réponses des patriarches d'Orient, selon Ortélius, *thesaur.*

GENDOS, rivière d'Asie, dans la Bithynie: on la nommoit aussi *Chrysorhoas*, au rapport de Pline, *L. v, c. ult.*

GENEA. Etienne de Bysance nomme ainsi un village, situé près de Corinthe. Mais l'adage qu'il cite, & qui se trouve aussi dans Strabon, *εὐδαίμων ὁ Κόρινθος, ἐγὼ δ' εἴην Τενεάτης*, s'y trouve écrit par *Teneates*; or, on connoît la ville de *Tenea*; & personne, excepté Etienne de Bysance, ne parle de Genea. Il est donc probable qu'il y a eu faute de copiste.

GENESA, *ou* GENESE, ville de la Laconie, selon Etienne de Bysance.

GENESIUM, ou *les Gémeaux*, bourg de l'Argolide, qui étoit situé à vingt stades du lieu nommé *Bolée*, & par lequel passoit le chemin qui conduisoit à Lerna. On y voyoit trois chapelles qui étoient dédiées à Apollon, à Neptune & à Cérès: les statues des divinités étoient de marbre blanc. La ville d'Asiné avoit été bâtie dans ce canton-là; mais les Lacédémoniens l'ayant détruite au temps de Pausanias, il n'en restoit plus qu'un monceau de ruines: ils avoient seulement épargné le temple d'Apollon Pythaéüs, qui subsistoit encore, selon Pausanias, *L. II, Corint. c. 36*.

GENESUS, *ou* GENUSUS, rivière de la Palestine, selon Vibius Séquester.

GENETÆ & GENETÆUM PROMONTORIUM. Apollonius, *L. II*, nomme ainsi un cap de la Cappadoce, sur la mer Noire, entre les villes de *Jasonium* & *Cotyorum*. Valerius Flaccus, *L. V, v. 147*, place après les Chalybes, une roche consacrée à Jupiter Génétéen. Arrien, *peripl.* & Etienne le géographe, y mettent un port & une rivière de même nom.

GENETES, peuple de la Cappadoce, selon Pline, *L. VI, c. II*, qui les joint aux Tibaréniens.

GENEVA (*Genève*), ville des Allobroges, située sur les frontières des Helvétiens. Elle étoit bâtie sur les bords du Rhodanus, à l'extrémité du lac Léman. Cette ville devint colonie romaine. *Cæs. de bell. gall. L. I, c. I.*

GENITE. Dictys de Crète, *de bell. trojan. L. II*, nomme ainsi une ville amie des Troyens.

GENNABAR, village d'Asie, vers l'Arabie pétrée. Egésippe, *L. IV, c. 16*, & Joseph, *de bell. jud.* en font mention.

GENNESAR, ville de la Palestine, sur le lac *Genezaritis*, au nord-ouest.

GENOA, selon Etienne de Bysance. (*Voyez* GENUA).

GENOÆI, peuple de Grèce, entre les Molosses & aux confins de l'Epire & de la Thessalie, selon Etienne de Bysance, qui cite le quatrième livre de Rhianus de l'histoire de Thessalonique.

GENSORA, ville de l'Ethiopie, sous l'Egypte, selon Pline, *L. VI, c. 29.*

GENTA, ville de l'Inde, au-delà du Gange, selon Etienne le géographe.

GENTERIA, ville d'Egypte, selon Métaphraste, dans la vie de saint Paphnuce. (Ortélius, *thesaur.*)

GENTIADA. Dioscoride parlant d'une plante nommée *teucrion*, dit qu'elle croît dans les cantons de Gentiade & de Cissade, qui sont de la Cilicie. Ortélius, *thesaur.*

GENTICI, peuple de la Gaule narbonnoise, selon Festus Avienus. Ortélius, *thesaur.*

GENTINUS, ville d'Asie, dans la Troade, selon Etienne de Bysance.

GENUA (*Gênes*), ville de la Ligurie, à-peu-près au milieu de la côte, entre l'est & l'ouest. Cette ville servit de bonne heure de port aux Liguriens; &, avant le temps de Strabon, elle étoit la plus belle & la plus commerçante de toute la Ligurie. Ce fut à *Genua* que Magon, l'an de Rome 548, aborda en venant d'Espagne avec une flotte de trente vaisseaux de guerre & d'un grand nombre de bâtimens de transport. Il demeura maître de cette place; mais après sa défaite chez les Insubriens, il reçut ordre de retourner à Carthage; alors *Genua* revint aux Romains.

Rothard, roi Lombard, s'en empara sur les Grecs, l'an 641. Quelques auteurs, après Procope, lui ont donné le nom de *Janua*, comme si on eût dû rapporter son nom à *Janus*; mais c'est une erreur.

Les Romains lui accordèrent le titre de municipale.

GENUCLA, ville des Gètes, sur l'Ister, selon Dion Cassius, *L. LI.*

GENUNII, peuple de Bretagne. Ils étoient alliés du peuple romain, selon Pausanias, *in arcadicis, c. 43, p. 689.* Ils conquirent une partie du pays des Brigantes, qui les attaquèrent.

GENUSINI, ancien peuple d'Italie, dans la Pouille, selon Pline, *L. III, c. 11.*

GENUSINUS AGER. Frontin, *p. 127, ed. Goesi*, dans son livre des colonies, le met dans la province de Calabre. Il prenoit son nom de *Genusium.*

GENUSIUM, ville d'Italie, dans la partie de la Grande-Grèce appelée *Messapie*. Elle étoit un peu au sud de la voie qui conduisoit à Tarente.

GENUSUS, rivière de l'Illyrie, entre Apsus & Apollonie.

GEOARIS, nom d'une des îles Eschinades, selon Pline, *L. IV, c. 12.*

GEOGRAPHIA, Géographie. Ce nom, qui doit au moins trouver sa définition dans un dictionnaire qui l'a pour objet, est composé des deux mots grecs γῆ, terre, & γράφη, description, peinture: ainsi la géographie est la science qui s'occupe de la description de la terre. On trouve, au commencement du discours sur la géographie, placé en tête du premier volume de la géographie moderne, les divisions dont cette science est susceptible, & les noms qu'elle prend de *géographie physique*, *mathématique*, *ancienne* & *moderne*, *&c.* selon la manière dont elle considère le globe.

La Géographie dont on s'occupe exclusivement dans ce volume & dans celui qui va le suivre, est celle qui nous fait connoître l'état politique de la surface de la terre depuis à-peu-près la chûte de l'empire romain, en remontant jusques à-peu-près aux temps les plus reculés. Peu d'auteurs, & encore assez tard, ayant traité de la géographie, c'est par l'étude de l'histoire que ceux qui s'occupent aujourd'hui de cette science, parviennent à faire connoître le monde ancien. Si nous avions des matériaux plus riches, plus abondans, la géographie jetteroit un grand jour sur l'histoire, en assignant les époques où tels peuples, tels royaumes, telles villes, *&c.* florissoient, & les époques où d'autres peuples, d'autres royaumes, d'autres villes leur succédèrent. Mais cela n'est praticable que pour un très-petit nombre de lieux & pour des révolutions bien peu anciennes. Les écrivains qui nous instruisent de l'état du globe dans l'antiquité, sont trop voisins de nos temps modernes pour que l'on puisse espérer, quant aux premiers âges du monde, autre chose que des systêmes. Or, la géographie est une science positive: elle n'admet que des faits dont elle peut rendre compte. Ainsi, elle s'en tient à nous offrir ce qu'elle-même apprend des écrivains de l'antiquité, & doit toujours être prête à citer ses garans.

Le plus ancien, comme le plus respectable de ces écrivains, est Moyse. Mais malgré tout le savoir qu'il avoit puisé dans les écoles des Egyptiens, on peut présumer, & même assurer, ce me semble, qu'il n'avoit que des connoissances très-vagues en géographie. Certainement l'esprit saint qui lui dictoit les premières scènes du monde, s'étoit abstenu de l'éclairer sur ces détails, par cette raison peut-être qu'ils n'étoient pas essentiels à la grandeur de sa mission, ni au bonheur du peuple qu'il avoit à diriger. Aussi sa division des premiers habitans de la terre est-elle vague; sa dispersion des premiers hommes très-vague aussi; il n'en suit pas la filiation jusqu'aux empires connus de son temps; il donne au Paradis terrestre une position non admissible en géographie, & qui probablement est allégorique; il ne dit rien de l'état du monde au moment où il écrit. Et quand même il eût su toute la géographie du monde alors connu, il est sûr qu'il ne l'enseigne pas, &, qu'excepté quelques vues générales sur les habitations des premières peuplades connues par cet écrivain, les géographes actuels ne peuvent emprunter de ses écrits que des idées bien incomplètes.

Homère, quoique de beaucoup postérieur à Moyse (1), est encore le plus ancien des écrivains où nous puissions prendre des connoissances sur l'état de la Grèce & d'une partie de l'Asie mineure. Quoique sa géographie soit infiniment plus détaillée que celle de Moyse, elle ne nous fait cependant connoître que la Grèce. Ce qu'il dit de l'Asie mineure, quoique utile, est moins circonstancié. Il parle peu de la haute Asie; & ce qu'il dit de l'Afrique est peu de chose. Mais, en détaillant ainsi la Grèce, il semble que ce chantre divin, inspiré par les muses, devinât dès-lors que ses écrits passeroient à la postérité la plus reculée, & seroient le plus précieux monument de la puissance des Grecs de son temps & de l'âge qui l'avoit précédé.

Mais si de l'examen de son Iliade nous passons à celui de son Odyssée, nous resterons convaincus qu'excepté la Grèce & les îles de l'Archipel, quelques côtes de l'Italie, Homère ne connoît qu'imparfaitement, même les autres parties baignées par la Méditerranée, & qu'il n'a que des idées bien incomplètes du reste de la terre. *Voyez* ce qu'il dit des pays septentrionaux & des côtes situées au-delà des colonnes d'Hercule. Cependant cet écrivain immortel, l'objet de notre admiration comme poëte, est d'une étude précieuse & indispensable pour la connoissance de la géographie ancienne.

Hérodote (2), le plus instructif des écrivains qui nous restent de l'antiquité, nous donne de grands détails sur la géographie : il avoit beaucoup voyagé, & il s'étoit instruit sur les lieux même. Il nous fait connoître plusieurs grandes parties de l'Asie, & ce qu'il en dit se trouve confirmé par les écrivains qui, depuis lui, ont parlé des mêmes pays. Cependant ce qu'il nous dit ne s'étend guère au-delà des pays avec lesquels les Grecs avoient quelque rapport. On ne peut lui en faire un reproche, puisque son sujet ne comportoit pas qu'il en parlât. Mais enfin, tel que nous le lisons aujourd'hui, nous n'y trouvons rien sur les parties septentrionales & occidentales de l'Europe; sur la plus grande partie de l'Asie, & sur l'Afrique, excepté l'Egypte & la Libye. Ici, les Garamantes, ailleurs les Sarmates & les Scythes sont le *nec plus ultra* de ses connoissances.

Cependant, outre une foule d'instructions géographiques que l'on trouve dans son ouvrage, il y brille un trait de la lumière qui eût dû percer plutôt les ténèbres qui couvrirent si long-temps la véritable configuration de l'Afrique. Hérodote nous apprend que des Tyriens en avoient fait le tour. Avec plus d'attention à ce récit, on eût tenté plutôt le même voyage, & l'on n'eût pas nié si long-temps la possibilité de revoir revenir à Tyr par le détroit de Gades, des navigateurs partis d'un des ports de la mer-Rouge. La forme de l'Afrique, dit-on actuellement, étoit donc connue des anciens. Sans doute, & certainement de proche en proche, il se trouvoit des hommes qui auroient pu la faire connoître en totalité. Mais ils n'avoient pas été interrogés, le voyage des navigateurs Tyriens n'avoit pas été renouvelé, & les écrivains grecs ne connoissoient pas l'Afrique jusqu'à l'Equateur. C'est donc à tort que quelques personnes se sont cru fondées à trouver la Mappemonde ancienne de M. d'Anville (3) imparfaite, parce qu'elle ne présentoit pas l'Afrique dans sa totalité. Etoit-ce faire connoître cette partie que de dire que l'on en avoit fait le tour, sans presque y croire, & sans donner aucune idée de sa forme?

Les historiens d'Alexandre, les auteurs de quelques périples, Diodore de Sicile, *&c.* nous sont d'un grand secours pour les différentes parties de la géographie ancienne. Ce sont eux qui, avant Pline, nous ont fait connoître l'Inde & plusieurs côtes baignées par cette mer.

Mais Strabon les efface tous. C'est dans ce géographe-philosophe qu'il faut étudier la description des pays anciens, s'instruire sur les peuples, sur les monumens (4). Non-seulement il ne laisse pas ignorer les principaux objets de l'histoire; mais, de plus, pour la Grèce au moins, il offre le double avantage de rapprocher l'état ancien du pays, de l'état actuel du moment où il écrit : cette espèce de géographie comparée, est d'autant plus utile que beaucoup de lieux avoient changé de noms depuis Homère. Il suit donc, en quelque sorte, ce poëte dans sa description, & recherche quels peuvent être les lieux dont il a parlé, & rapporte jusqu'à deux & trois sentimens sur les noms qu'ils paroissent avoir portés depuis. Ainsi, après qu'Homère a jeté le plus grand jour sur la géographie de la Grèce, il vient lui-même éclairer la géographie de ce poëte. Il nous offre de plus l'avantage de nous faire connoître une partie de l'Asie & des parties considérables de l'Europe. Il vivoit sous Auguste. On sait qu'à cette époque l'empire romain embrassoit presque toute la terre connue; & c'est cet empire qu'il décrit. La politique avoit fait sentir à ces maîtres qu'il leur étoit indispensable de connoître leurs vastes états; & l'amour des connoissances, ainsi que le desir d'être utile, appelèrent des écrivains philosophes à ces descriptions intéressantes : c'est à ces vertus que nous devons les ouvrages de Strabon & de Pline.

Les deux auteurs qui suivent immédiatement Strabon, tant pour l'importance de leurs travaux

(1) Moyse écrivoit environ 1595 ans avant notre ère, la sortie d'Egypte étant de l'an 1596; & Homère environ 907 ans, selon les marbres de Paros.

(2) Vers l'an 450 avant notre ère.

(3) On a fait le même reproche à ma carte du monde connu des anciens; mais c'est avec aussi peu de fondement.

(4) Encore cet auteur n'a-t-il pas une méthode bien rigoureuse; n'a-t-il pas assez de ces vues qui donnent tant de prix à quelques ouvrages, en offrant des détails positifs sur les productions, la population, le commerce, les finances, *&c.* des états que l'on y décrit.

que pour l'utilité que nous en retirons, sont Pausanias & Ptolemée, tous deux Grecs, & tous deux vivans vers le milieu du second siècle de notre ère. A la vérité, il existe entre eux une très-grande différence par la manière dont ils ont traité leur matière. Mais quel perte on eût fait si l'on eût été privé de l'un des deux!

Ptolemée, astronome habile, géographe laborieux, après avoir rassemblé les noms de tous les peuples & de tous les lieux connus, entreprit de les présenter dans un ordre géographique, & de donner une description de toute la terre, en assignant à chaque lieu, à chaque montagne, à chaque source & à chaque embouchure de fleuve, sa latitude & sa longitude. Travail immense, & même encore impossible dans son exécution, puisque toutes les longitudes d'un très-grand nombre de lieux ne sont pas encore connues d'une manière astronomique. Mais, malgré ses imperfections, la géographie de Ptolemée est la base de toute espèce de travail sur la géographie ancienne.

Quant à Pausanias, il n'est pas géographe, mais il présente les plus riches matériaux à la géographie. C'est un curieux qui voyage en Grèce avec attention, qui décrit bien les lieux, qui nous fait remarquer la beauté & les agrémens des routes, les richesses des temples, l'histoire des villes, l'origine des peuples, *&c.* Quel dommage qu'il n'ait parlé que d'une grande partie de la Grèce; ou plutôt, quel dommage que l'on ait perdu ce qu'il avoit écrit sur quelques parties de l'Asie (1)! C'est un ouvrage dont je ne puis trop conseiller la lecture aux amateurs de l'ancienne géographie (2).

On pourra prendre une idée de l'avantage que l'on retireroit d'étudier ainsi successivement les principaux auteurs que je viens de nommer; savoir, Homère, Strabon, Pausanias & Ptolemée, si l'on veut prendre la peine de lire, dans le volume II de ce dictionnaire, l'article GRÆCIA. Je l'ai rédigé d'après ce plan. Après un exposé général des différens états de la Grèce, renfermé dans un tableau, je présente la Grèce d'Homère, la Grèce de Strabon, celle de Pausanias, & enfin celle de Ptolemée. J'aurois pu fondre ces auteurs ensemble, comme l'ont fait Paulmier de Grantemenil, Cellarius, *&c.* Mais pourquoi refaire ce qui est déjà fait? De plus, toutes les villes, tous les fleuves de la Grèce, quoique ce soit des anciens qui nous les fassent connoître, ne se trouvent-ils pas dans le dictionnaire? Mais, de cette manière, on a, en quelque sorte, l'histoire géographique de la Grèce; du moins on voit quels progrès avoient faits les connoissances: enfin, les avantages que l'on peut retirer de l'étude de chacun de ces écrivains.

Autant j'aurois craint le reproche d'être tombé dans une prolixité déplacée, si j'avois suivi ce même ordre pour tous les pays; autant j'ai cru le devoir adopter pour le peuple le plus intéressant de toute l'antiquité. Encore dois-je convenir que j'ai moins considéré ici ce qui convenoit à la classe la plus nombreuse de lecteurs, que ce qui pouvoit servir à ceux qui, novices encore en littérature, voudroient se livrer à l'étude de l'antiquité. Je crois pouvoir assurer que cette méthode doit être adoptée par ceux qui veulent étudier à fond la géographie ancienne: car je ne cherche pas à dissimuler qu'il doit y avoir une mesure différente dans l'étude, selon le but que l'on se propose. D'après cela, je dirois à un maître qui se chargeroit de l'enseignement: « vous proposez-vous d'instruire des écoliers? Voulez-vous former des élèves?

» Si ce sont des écoliers que vous instruisez, mettez-leur d'abord sous les yeux un tableau général de l'ancien monde, faites-leur en connoître les principales parties, les principales villes; parlez-leur des nations, des empires; aidez-vous d'un peu de chronologie & d'histoire; que vos leçons soient un résumé clair, une courte analyse de tout ce que vous ont appris les anciens. Vous les mettrez ainsi en état de suivre Sémiramis, Cyrus, Alexandre, les Romains, dans leurs vastes conquêtes; Annibal, César, dans leurs marches; enfin, ils seront en état d'entendre & de mieux goûter les récits des historiens latins & grecs. Un grand ensemble doit suffire à leurs connoissances; laissez les détails aux dictionnaires que l'on consulte & aux gens de l'art qui travaillent.

» Si, au contraire, vous voulez diriger un jeune littérateur dans l'étude de l'antiquité; si vous voulez, quel que soit d'ailleurs son objet, qu'il connoisse bien la géographie ancienne; faites-le commencer par la lecture de Moyse, qu'il y puise une idée des premières peuplades connues de cet écrivain; mais qu'il s'en tienne au texte; préservez-le, pour son bien, du danger des commentateurs. Qu'il n'aille pas rechercher si Javan (3) n'est pas l'*Ion* des Grecs; si l'Elide vient d'*Elissa*, la Macédoine de *Kettim*, Dodone de *Donaïm* (4). Quand il aura plus étudié, il reviendra sur ces objets, & assurera ses premières conjectures.

» Qu'il passe ensuite à la lecture des autres grands historiens & des géographes. Aidé de vos conseils, il les comparera, parviendra à les éclaircir les uns par les autres, & enfin connoîtra exactement l'état des lieux anciens.

» Lorsqu'il se sera formé, d'après chacun, une

(1) On a plusieurs éditions de cet écrivain, grecque & latine. La seule traduction françoise que l'on ait actuellement, c'est celle de l'abbé Gédoyn. Elle fourmille de fautes: les amateurs de l'antiquité en gémissoient. Heureusement que M. B... avocat au parlement de Rouen, vient d'en faire une traduction nouvelle, dont il se propose de donner une superbe édition.

(2) Quant aux autres auteurs que l'on peut consulter pour l'étude de la géographie ancienne, on peut voir le discours que j'ai placé à la tête de cette partie.

(3) Quatrième fils de Japhet.

(4) Trois fils d'Ion.

idée de la forme des pays, de la situation des lieux, qu'il passe aux ressources que lui présente la géographie moderne pour retrouver ces situations, ces formes, qu'il n'avoit fait d'abord que supposer. Car quelqu'exact que soit un ancien, on peut & on doit toujours être en garde contre les erreurs qu'a pu lui faire adopter l'état d'imperfection où se trouvoit de son temps la géographie : il faut voir si ce qu'il semble dire, si ce qu'il dit, peut se concilier avec ce que nous montre l'état actuel des lieux. Mais comme ces sortes de comparaisons doivent se faire avec une sage circonspection; il faut, sur-tout pour les détails, se défier de la différence qui se trouve entre l'état physique d'un lieu, du temps de Strabon ou de Pausanias, & l'état actuel. Combien de terreins ont changé de formes! que de fleuves ont varié leurs cours! C'est donc dans ces détails qu'il faut s'aider de toutes les ressources d'une critique éclairée. Les Bataves connoissoient, au nord de leur pays, un grand lac avec une île; actuellement, le lac s'est prodigieusement étendu, il a pris le nom de mer, & l'île a disparu. Un petit lac occupoit une portion de terrein en Italie, vers le nord de Bayes; on y trouve actuellement une montagne dont le nom de *Monte Nuovo* rappellera long-temps peut-être qu'elle est de nouvelle formation; les embouchures du Méandre sont actuellement différentes de ce qu'elles étoient au temps de Strabon, *&c.* Ainsi, ne condamnons pas les anciens lorsque nous ne trouvons pas les lieux exactement conformes à leurs récits : voyons d'abord si cette différence n'est pas l'ouvrage de la nature ».

Quant aux positions des villes dont l'existence n'est plus attestée que par les écrivains & qui n'ont plus laissé d'elles qu'un grand souvenir & quelques ruines, c'est au géographe à recourir aux monumens qui en restent, aux inductions que l'on peut tirer des ruines encore subsistantes dans le pays, ou des traces de l'ancien nom conservées dans le nom moderne (1).

Lorsqu'un homme qui se propose de s'occuper de la géographie ancienne, aura suivi la route dont je viens de tracer une esquisse, il pourra, je crois, se livrer avec fruit à la lecture des auteurs modernes qui ont traité de cette partie intéressante. Alors, s'il trouve les trois volumes de M. d'Anville trop secs, trop décharnés, peu dignes même de la réputation de ce grand homme, il en sera bien dédommagé par l'étude de ses cartes. Aucun auteur géographe avant lui n'avoit porté aussi loin l'étude de l'antiquité & la finesse du tact pour en saisir le sens relativement à la position d'un très-grand nombre de lieux. Des savans profonds ont pu le trouver en défaut.

Je ne le dissimule pas; mais peut-on assurer d'aucun d'eux, qu'à la place de M. d'Anville, ils n'auroient pas commis d'autres fautes? Sa Grèce ancienne & son Asie mineure suffiroient seules pour lui assurer une réputation immortelle.

Cependant, comme on l'a pu voir par ce que j'ai dit précédemment, si je conseille l'usage de ses cartes aux écoliers en géographie, je recule pour les élèves, pour les littérateurs occupés de l'étude de la géographie ancienne, l'époque où il leur conviendra de s'en servir. Au reste, il seroit difficile de donner des préceptes invariables sur un objet de cette nature. La route que chacun suit dans ses études, tient quelquefois aux circonstances, souvent aussi à une certaine manière de voir. J'ai indiqué ce que je pensois; puisse ce léger apperçu être quelquefois utile! S'il ne remplit pas cet objet, j'en gémirai, mais je n'en rougirai pas; car j'ai parlé d'après ma conscience & les lumières que m'ont procurées une assez longue expérience & de sérieuses réflexions.

GEONENSIS, siège épiscopal de la Pamphylie. Troïlus, son évêque, assista l'an 381, au concile de Constantinople.

GEPHES, peuple de l'Arabie propre, selon Ptolemée, *L. IV, c. 3.*

GEPHRUS, ville de la Syrie, selon Polybe, *L. V, c. 70, p. 577.* Elle se rendit à Antiochus.

GEPHYRA, ville de la Syrie, dans la Séleucide, selon Ptolemée (*L. V, c. 15*), à vingt-deux milles d'Antioche.

GEPHYRA. Ortélius, *thesaur.* cite le cinquième livre de Polybe, où il trouve une Gephyra, ville d'Afrique, voisine de Carthage, & située au bord du fleuve Macros.

GEPHYRÆI. Il est parlé de ce peuple dans Hérodote (*L. V, 57*). Ils étoient probablement originaires de Géphyra de Syrie. Ils étoient passés avec Cadmus en Béotie, où ils occupèrent le territoire de Tanagre; mais en ayant été chassés par les Béotiens, ils se refugièrent dans l'Attique.

GEPIDES, les Gépides. Quelques auteurs font venir ce nom du mot *Gepanta*, lequel, selon eux, signifioit, dans les langues du nord, *paresseux*. D'autres le font venir du grec Γετιπαῖδες, c'est-à-dire, enfans des Gètes.

Quelle que soit au reste l'étymologie de leur nom, ce peuple ne peut être compté entre les peuples anciens; mais seulement entre ceux du moyen âge. Ils ne sont connus que lors de la décadence de l'empire. Quelques auteurs avoient cru que les Gépides étoient un même peuple avec les Lombards. Peut-être avoient-ils une origine commune. Dans la suite, ils en furent tellement séparés, qu'ils se firent la guerre. On sait qu'Alboin, roi des Lombards, ayant défait presqu'entièrement les Gépides, tua leur roi Cunimond, lui enleva

(1) C'est en ne s'en tenant pas aux prétentions des habitans de plusieurs lieux de l'Italie, en comparant les itinéraires, les historiens, & s'enfonçant dans les bois pour y suivre des routes, y découvrir des décombres, que le très-savant abbé Chauppy est parvenu à découvrir les positions de plusieurs villes anciennes, positions méconnues jusqu'à lui, & que l'on supposoit gratuitement avoir existé ailleurs.

le crâne; &, dans un jour de débauche, força Rosimonde, fille de ce roi & devenue sa femme, à boire dans cette exécrable coupe. Cette cruauté inspira tant d'horreur à Rosimonde, qu'elle fit assassiner son mari. Ceux des Gépides qui avoient échappé aux armes des Lombards, furent soumis par les Huns.

GERA, *ou* GERRA, ville d'Arabie, selon Ptolemée.

GERÆ. Casaubon croit qu'il faut lire ainsi ce nom, au lieu d'*Eræ*, que l'on trouve dans Strabon pour une ville d'Ionie.

GERÆA, ville de la Lusitanie, selon Ptolemée, *L. II, c. 5.*

GERÆI, peuple de l'Arabie heureuse, selon Ptolemée. Quelques exemplaires portent *Gerræi.*

GERÆSTIUM, contrée du Péloponnèse, dans l'Arcadie, selon Phavorin, *lexic.*

GERÆSTUS, ville & port de l'ile d'Eubée, sur la côte du sud-ouest (1), à environ quinze milles de Carystus. C'est aujourd'hui Géresto.

GERAFITANUS, siège épiscopal d'Afrique, dans la Mauritanie sitifensis, selon la notice d'Afrique & la conférence de Carthage.

GERAINÆ, lieu de la Gaule, qui se trouvoit sur la route de *Lucus Augusti* à l'*Alpis Cottia.* M. d'Anville le retrouve dans un lieu nommé *Jarain.*

GERANDRUM, ville de l'ile de Cypre, où se trouve la pierre nommée *Caristius*, selon Appollonius, *in mirabil.*

GERANDRYUM. Clément d'Alexandrie, *ad gentes*; & Eusèbe, *de præpar. evangel.* nomment ainsi un lieu situé dans un désert sablonneux, où étoit un oracle & un chêne. L'oracle finit lorsque le chêne sécha.

GERANI. Je ne donne pas ce nom pour celui d'un peuple, mais pour le plurier de Geranos, γέρανος, une grue. Je ne le place ici que parce qu'un savant d'Allemagne, nommé Wonderart (*Germani Wonderart. delecta mythologia græcorum, &c. Lipsiæ 1714.*), ayant entrepris d'expliquer le combat des pygmées & des grues, suppose dans la Mégaride un peuple appelé *Gerani.* Mais rien dans les historiens ne fournit de preuves à ce sentiment.

GERANIA, ville de Thrace. Solin, *c. 10, ed.* Salmas, dit qu'elle étoit nommée *Cathison* par les Barbares.

GERANIA, ville de Phrygie, selon Etienne de Bysance. On ne la connoît pas d'ailleurs; mais il l'attribue à la Thrace : c'étoit là, selon lui, qu'étoient les pygmées.

GERANIA, *ou* GERENIA, ancienne ville du Péloponnèse, dans la Laconie, aux confins de la Messenie. Ptolemée, *L. III, c. 16,* écrit *Gerenia*; & Pausanias, *L. III, c. 21,* la met entre les villes des Laconiens libres ou Eleutherolacons. Pline, *L. IV, c. 5,* écrit *Gerania.* Pausanias, *lacon.* dit que les limites réglées entre les Messéniens & les Laconiens passoient auprès de *Gerania.* De-là vient que quelques auteurs mettent cette ville dans la Messenie.

GERANIA, *ou* GERANEA, montagne de Grèce, dans la Mégaride, vers l'isthme du Péloponnèse. Pline nomme simplement *Geranea*, sans dire ce que c'étoit : & Etienne de Bysance dit que c'étoit une montagne entre Mégare & Corinthe. Thucydide, *L. I, p. 70,* fait entendre que c'étoit un passage fortifié par les Athéniens.

Ce mont *Gerania*, écrit en grec Γεράνια, étoit situé dans la partie occidentale de la Mégaride. Il avoit, disoit-on, pris ce nom depuis que, du temps du déluge de Deucalion, Mégarus, fils de Jupiter & d'une des nymphes Sithnides, s'y étoit refugié pour échapper à la submersion universelle. Comme il avoit été guidé vers ce lieu par une bande de grues, dont le grec est γέρανος (géranos), de-là le nom de montagne Gérania ou mont Géranien. (*Voyez* GERANI).

GERANIDÆ, peuple de Grèce, dans la Phocide, selon Hésychius.

GERANTHÆ. Etienne le géographe dit que c'étoit une ville de la Laconie, & cite Pausanias, dans le livre duquel il est écrit *Gerondræ.* (*Voyez* ce mot).

GERANUS, lieu du Péloponnèse, dans l'Elide, selon Strabon, *L. VIII.*

GERARA, ville qui étoit une des limites de la terre promise, & dont les rois étoient Philistins. Cette ville a été célèbre par le séjour qu'y ont fait les patriarches Abraham & Isaac : ce dernier y étoit né.

Zara, roi d'Ethiopie, fut poursuivi jusqu'à cette ville par Asa, roi de Juda.

GERAS, lieu d'Egypte, selon Théophile d'Alexandrie, cité par Ortélius, *thesaur.* Sozomène, dans son histoire ecclésiastique, *L. VIII, c. 19,* en fait une ville maritime.

GERASA, ville de la Palestine, dans le pays des Géraséniens. Elle étoit située près de Gadara; & il en est fait mention par Joseph & par Ptolemée.

Cette ville a été épiscopale, selon les notices de Leon-le-Sage & d'Hiéroclès.

GERBEDISSUS, lieu d'Asie, dans la Comagène, selon l'itinéraire d'Antonin, sur la route de Nicopolis à Edesse, entre Aliaria & Doliche, à quinze mille pas de la première, & à vingt mille pas de la seconde.

GERBO, village de l'Ethiopie, sous l'Egypte, près du Nil, à l'orient, selon Ptolemée, *L. IV, c. 7.*

GEREATIS, lieu d'Afrique, dans la Mauritanie, selon l'itinéraire d'Antonin. Il le met entre *Jucundia*

(1) Il y a une faute d'impression dans la géographie d'Hérodote, *p. 158* : on lit sud-est.

& le mont Catabathmos, à trente-deux mille pas du premier, & à trente-cinq mille pas de l'autre.

GEREN, ville & village de l'île de Lesbos, selon Etienne de Bysance.

GERENIA, ville d'Italie, selon Etienne de Bysance, qui écrit *Gerunium*.

GERENIA, ville du Péloponnèse, dans la Laconie, selon Ptolemée, *L. III, c. 16*. Pline, *L. IV, c. 5*, écrit *Gerania*. Il est clair que c'est la même qui appartint aussi à la Messenie, mais dans des temps antérieurs.

GERENIA, ville de la Messenie, sur une hauteur, au sud-ouest d'*Alagonia*.

Pausanias dit que c'est la même qui, dans Homère, porte le nom d'*Enope*, & qui fut offerte sous ce nom à Achille. Les sentimens s'accordoient assez généralement sur le séjour de Nestor dans cette ville; avec cette différence seulement que les uns prétendoient qu'il y avoit demeuré pendant sa jeunesse, au lieu que, selon d'autres, ce n'avoit été que depuis la prise de *Pyles* par Hercule.

On y voyoit un temple de Machaon. Cet habile médecin ayant été tué par Eryphile, ses os furent recueillis par Nestor, & déposés à Rhodon, petit emplacement près de la ville. Ce lieu étoit aussi consacré à Machaon, qui y étoit représenté debout ayant sur la tête une couronne.

Près de-là, & sans doute vers l'est, étoit la montagne appelée *Calathéon*, où se trouvoit un temple dédié à Calathée avec une grotte, dont l'entrée étoit étroite, mais son intérieur renfermoit plusieurs curiosités.

Tout le pays étoit aussi attribué aux Eleuthero-Lacons.

GERENIUS, rivière du Péloponnèse, dans l'Elide, selon Strabon, *L. VIII*.

GERES, nom d'un peuple pauvre & chauve, dans la Chaonie, selon Suidas.

GERESPA, ville d'Asie, dans la Médie & dans l'intérieur du pays, selon Ptolemée, *L. VI, c. 2*. Quelques exemplaires portent *Gerepa*, & d'autres *Gersa*.

GERETÆ, peuple de l'Inde, selon Pline.

GERGESEENS, peuple qui habitoit dans la terre promise, avant que les Israëlites ne vinssent s'y établir.

Ils occupoient le milieu de la demi-tribu de Manassé, au-delà du Jourdain.

GERGETHA, ou GERGITHA, ville située dans la Troade, à l'est de *Rhœtium*, d'*Ophrynium* & de *Dardanus*, dans le voisinage du lieu où avoit été autrefois la ville de Troye ou d'Ilium, près du mont Ida. Il paroît que cette ville, qui n'est pas marquée sur la carte de M. d'Anville, étoit dans les terres, à quelque distance de la mer, puisque Xerxès se rendant du Scamandre & des ruines d'Ilium à Abydos, avoit, à sa gauche, *Rhœtium, &c.* & à sa droite, les Gergithes *Ténériens*; c'est-à-dire, restes des anciens Téneriens.

Strabon place aussi des Gergithes dans le territoire de Lampsaque, qui ne pouvoient être, comme le pense la Martinière, ceux que rencontra Xerxès. Il y en avoit aussi dans le territoire de Cume en Ionie. C'est d'après ces derniers, que la Sibylle de Cume a été quelquefois nommée *Sibylla Gergithia*, ou *Gergethia*.

GERGINA, ville d'Asie, dans la Phrygie, au pied du mont Ida, selon Athénée, qui dit qu'on l'appeloit aussi *Gergitha*. Ortélius, *thesaur*.

GERGIS, ville d'Asie, dans la Troade, selon Etienne de Bysance. Il paroît que c'est la même ville que Strabon nomme *Gergetha*. (*Voyez* ce mot).

GERGOVIA, place forte de la Gaule, chez les *Arverni*. César (*L. VII, 36*), indique la situation de cette place de manière à laisser croire d'abord que l'inspection du local peut suffire pour en faire retrouver l'emplacement. Elle étoit, selon cet auteur, *posita in altissimo monte; & omnes aditus difficiles habebat, &c.* On sait qu'elle est célèbre pour avoir été assiégée inutilement par César. Dans la suite, elle fut soumise comme le reste de la Gaule: il n'en reste actuellement aucune trace.

Plusieurs savans se sont exercés sur ce point de géographie. On a abandonné au peuple de Clermont l'opinion que Gergovia avoit occupé l'emplacement de leur ville: mais on croit, & M. Pasumot le démontre presque, que cette ville étoit sur une des montagnes voisines de la ville: on la nomme *Gergoviat*. Je trouve dans l'excellent ouvrage de M. le Grand, qu'en 1783, il vint à Clermont un Anglois, officier général, qui, après avoir examiné les lieux, adopta presque entiérement le sentiment de M. Pasumot. M. l'abbé Cortigier, chanoine de Clermont, pense que ce lieu n'étoit qu'une forteresse, & que la capitale des *Arverni* étoit au même lieu où est actuellement Clermont: mais puisque César dit qu'il assiégea une ville, on ne peut lui donner un autre nom.

GERIA, ville des Indes, selon Etienne de Bysance.

GERINE, lieu d'Asie, entre Pergame & Thyatire, selon Antonin.

GERISA, ville de l'Afrique proprement dite, selon Ptolemée, *L. IV, c. 3*; elle étoit entre les deux Syrtes.

GERMA, ou GERME, ville d'Asie, sur l'Hellespont, auprès de Cyzique, selon Etienne de Bysance, & Socrate le scholiaste. Selon Ptolemée, c'étoit une colonie que les Gaulois nommés Tolistoboïens avoient fondée dans la Galatie.

GERMALUM, quartier de Rome. Festus Pompeïus nomme *Cermalus*, un des quartiers de la ville. Plutarque, dans la vie de Romulus, traduction de Dacier, *T. I, p. 115*, nomme *Germacum*, un lieu qu'on appeloit autrefois *Germanum*, à cause des deux frères Romulus & Remus: il dit que c'étoit un lieu bas, au bord du Tibre & au pied du mont Palatin.

GERMANES : c'étoit moins un peuple qu'une secte de philosophes, dans la Carmanie. On les nommoit aussi *Hylobiens*, selon Strabon, *L. XV*.

GERMANI ou les *Germains*. Je comprens ici sous ce nom générique, les peuples qui habitoient la Germanie, & je donne à l'article de ce pays l'étymologie que j'adopte pour ce nom de Germains.

Tacite qui nous a parlé de ces peuples dans un grand détail, dit qu'ils étoient indigènes, c'est-à-dire nés de la terre. On l'a dit de beaucoup d'autres, dont on ne connoissoit pas mieux l'origine que Tacite ne connoissoit celle des Germains. Eux-mêmes sans doute n'avoient pas des idées bien nettes de leur première origine. On peut croire qu'ils y étoient venus successivement de la Sarmatie, de la Scandinavie, *&c.*

Lorsqu'une inondation considérable força les Cimbres & les Teutons de quitter leur pays pour aller chercher ailleurs des demeures plus sûres, ils passèrent d'abord en Germanie & y causèrent un mouvement général. Quelques peuples se joignirent à eux, & partagèrent leur triste sort. On sait qu'ils furent défaits en deux batailles par Marius. Ceux qui échappèrent à ces terribles défaites, revinrent en Germanie, y disputer des terres que les possesseurs défendirent. Ayant une fois fait l'essai de leurs forces, ils entreprirent de passer le Rhin & de se jetter sur la Gaule. En effet, César, en y arrivant, trouva plusieurs nations germaniques établies sur la gauche du Rhin.

On voit que c'étoit un usage chez ces peuples de s'associer ainsi pour leurs expéditions ; & probablement c'est ce qui les fit nommer par les Romains les *Frères* ou les associés comme frères. La première ligue connue des Romains avoit été celle des Cimbres & des Teutons ; elle fut détruite par Marius ; la seconde fut celle que défit César. Arioviste avoit réuni les Germains des deux rives du Rhin. Enfin la troisième ligue fut défaite par Drusus. Il paroît que ce fut vers cette dernière époque que l'on commença à se servir du terme de Germains : du moins Tacite, qui écrivoit peu après, dit qu'il étoit nouveau lorsqu'il passa dans la Germanie inférieure. Je vais donner actuellement une idée un peu détaillée du gouvernement, de la religion, *&c.* de ces peuples.

Religion. Je ne crois pas que l'on puisse dire que les premiers Germains eussent une religion dans le sens où l'on le diroit d'un peuple éclairé qui auroit un culte & des dogmes raisonnés ; ils étoient encore trop barbares : mais ils étoient religieux par ce sentiment qui nous porte à révérer un être plus puissant que nous, & auteur des phénomènes que nous présente sans cesse l'action continuelle de la nature. Ils n'avoient de cet être puissant que des idées vagues & indéterminées ; aussi n'avoient-ils ni temple pour le servir, ni statue pour le représenter. Ce ne fut que par la suite qu'ils eurent un culte & des images. Mais des forêts entières, imposantes par leur obscurité, étoient consacrées à l'être suprême ; l'endroit le plus épais en étoit le sanctuaire ; & c'étoit le rendez-vous général de la nation, aussi bien qu'un asyle inviolable pour le suppliant qui s'y retiroit. Lorsque dans la suite ils bâtirent en l'honneur de leurs dieux, ce ne furent guère que des cabanes, & leurs idoles, que des pierres ou des arbres assez informes. Ils eurent enfin des autels & des sacrifices. Malheureusement leurs prêtres qui avoient pris un grand ascendant sur la nation & dont la personne étoit inviolable, ne leur avoient pas inspiré de l'horreur pour les sacrifices humains, en supposant même que ce ne fussent pas eux qui leur en eussent inspiré le goût. Le plus ordinairement ils sacrifioient aussi les prisonniers faits à la guerre.

César ne leur attribue que trois dieux ; mais César n'avoit pas pénétré en Germanie, & n'avoit vu que rapidement ceux qu'il avoit trouvés établis dans la Gaule. Selon lui, ils adoroient le Soleil, la Lune & Vulcain. Peut-être avoient-ils commencé par ces trois divinités en prenant ici Vulcain pour le feu. C'étoit en effet une divinité souvent bienfaisante dans un pays aussi froid que la Germanie devoit l'être alors.

En étudiant les auteurs qui ont parlé d'eux avec plus de détails & de connoissance, on voit, 1°. que chaque jour de la semaine avoit son dieu, dont il portoit le nom. C'étoit le *Soleil*, la *Lune*, *Mars*, *Wodan*, pris par les savans pour Mercure ; *Soranus*, ou Jupiter ; *Frica* ou Vénus ; & *Codron*, ou Saturne. Ce qu'il y a de singulier, c'est que plusieurs de ces noms, avec le mot *dag*, entre encore dans la composition des noms actuels des jours de la semaine dont on se sert encore en Allemagne ; ils ont même, avec quelque légère différence, passé en Angleterre. A ces divinités qui paroissent avoir été révérées de la masse générale de la nation, on pourroit joindre celles que l'on croit avoir été révérées dans les différentes parties de ce vaste pays. Ainsi *Busterie*, sous la figure d'un enfant hideux, étoit adorée par les Thuringiens ; ainsi que *Jecha* ou Diane, & *Codron* ou Saturne ; *Irmensul*, dont le nom, le culte & les attributs ont été un grand sujet de dispute entre les érudits d'Allemagne, & dont Charlemagne détruisit l'idole (1), &c. On trouve en-

(1) Charlemagne, pour subjuguer plus promptement les Saxons, crut devoir leur enlever leurs statues ; il les fit enterrer dans un endroit écarté. Louis-le-Débonnaire les trouva, en creusant la fondation du monastère de Corvey, & les fit transporter au-delà du Weser. Les Saxons attaquèrent l'escorte, mais ils furent repoussés. Ils se portèrent en foule au lieu où ces idoles avoient été cachées, en firent un lieu de pélerinage & de dévotion, & l'affluence des pélerins donna naissance au bourg d'Armensul. On croit que ce dieu Irmensul est l'ancien Arminius, le plus grand héros de la Germanie.

core chez les différens peuples de la Germanie un fort grand nombre de divinités.

Leur ignorance & l'esprit de superstition étoient entretenus en Germanie par des prêtres & par quelques femmes qui prétendoient leur annoncer l'avenir. On cite entre ces derniers, Velleda, Grana, & Jethra. La première vivoit au temps de la guerre de Civilis, demeuroit dans une tour appelée *Gelbuda*, & servit d'ornement au triomphe de Vespasien. La seconde vivoit sous Dioclétien; enfin la troisième fut déifiée par le Boïens, qui, de son vivant, lui bâtirent un temple sur les bords du Neckre & lui consacrèrent la montagne d'Heidelberg. On a cru que le temple de Tausane, si fameux au temps de Charlemagne, avoit été consacré à quelques-unes de ces femmes; mais d'habiles critiques le regardent comme un édifice consacré à tous les dieux.

Le sacerdoce étoit divisé en *grand* & en *petit*. Aventin prétend même qu'après que les Druides eurent été chassés de *Carnutes* par César, ils se retirèrent en Germanie, où ils furent divisés en Druides & en Bardes. (*Voyez* l'art. GAULOIS.) Pour consulter le destin, ils employoient différens moyens, par le chant des oiseaux, par la *Rhahdomancie*, ou l'art de prédire en jettant au hasard, sur une étoffe blanche, de petites parcelles de branches d'un arbre à fruit. On sent que tout cela n'étoit qu'une pure charlatanerie. Mais peut-être entroit-il quelque lueur de connoissance naturelle dans la manière de consulter la stérilité ou l'abondance des récoltes. Ils examinoient quelle espèce d'insecte se trouvoit renfermée dans la noix de galles attachée en automne sous les feuilles du chêne. L'araignée annonçoit la stérilité; le moucheron, un été sec; le vers, la pluie.

Gouvernement. Les Germains formoient, comme à présent, un corps composé de différentes parties; mais l'ensemble n'en étoit pas régulier. Le pays étoit divisé par cités, espèces de petits états, qui chacun comprenoit plusieurs villages & qui avoit un chef-lieu. De ces cités, les unes élisoient un chef, les autres étoient gouvernés par la noblesse, d'autres enfin par l'assemblée générale de la nation. Elles étoient plus ou moins considérables, selon le nombre des villages qui les composoient; mais il falloit cent familles pour un village. Il ne faut pas entendre cependant par ce mot un assemblage de maisons rapprochées comme chez nous & ayant leur possessions plus ou moins loin des habitations. Au contraire, comme le terrein étoit vaste, chaque maison étoit fort isolée, & placée au goût de celui qui en avoit d'abord été le chef: la famille étoit soumise au plus ancien ou *senieur*. Les anciens, en se réunissant, formoient une petite assemblée présidée par le plus vieux que l'on nommoit centenier: c'étoit l'assemblée de ces centeniers qui formoit l'assemblée générale, & constituoit principalement la cité, dont toutes les familles étoient ainsi gouvernées par les mêmes loix & les mêmes usages.

Mais toutes ces cités étoient soumises, comme je l'ai dit, à un gouvernement. Chez les Marcomans & les Quades, il y avoit un roi; chez les Usipètes, les Teuctires, les Frisons, c'étoit un conseil composé de la noblesse; chez les Ubiens, le peuple étoit admis dans le sénat. Cependant cette autorité suprême, sur-tout celle des rois, étoit balancée par le pouvoir général de la nation.

C'étoit dans les petites assemblées que l'on jugeoit les affaires des particuliers; les princes avoient le droit d'y présider. Dans les assemblées générales on prononçoit sur les crimes & sur tout ce qui intéressoit le corps de l'état. Les chefs ou ducs commandoient pendant la guerre. Le général élu dans l'assemblée de la nation, étoit élevé par les soldats sur un bouclier: on le montroit ainsi aux cités liguées pour le faire reconnoître. Comme c'étoit sur-tout la valeur qui décidoit de ce choix, on a dit que chez eux la naissance faisoit les rois, mais que la vertu faisoit les capitaines. Ces capitaines, despotes à la guerre, rentroient à la paix dans la classe des simples citoyens.

Mais ces citoyens, ou plutôt la masse totale de la nation, étoient divisés en quatre classes, les *nobles*, les *libres*, les *affranchis* & les *esclaves*.

La classe des nobles, bornée aux familles des chefs, étoit fort respectée.

Les libres, qui ne formoient chez plusieurs nations qu'une classe avec les affranchis, composoient sur-tout la milice, car tout citoyen étoit guerrier. Lorsqu'un jeune homme étoit en droit de porter les armes, ses parens le présentoient à l'assemblée générale, & le duc lui donnoit la lance & le bouclier. Dès ce moment, sa voix étoit comptée dans les assemblées; il étoit compté pour un chef de famille dans la cité.

Quant aux esclaves que l'on nommoit *Lazzi* ou Lazzes, ils étoient de deux sortes, les uns qui avoient volontairement vendu leur liberté, les autres qui avoient été pris à la guerre; mais comme les Germains se servoient fort bien eux-mêmes, puisque les hommes avoient soin des armes, & les femmes de l'intérieur de la maison, les esclaves étoient dispersés sur les terres, les cultivoient, en rendoient le produit, & ne les pouvoient quitter sans la permission de leurs maîtres. Tel fut le commencement du gouvernement féodal.

Quant aux loix, il est probable qu'au milieu d'un peuple qui ne savoit pas écrire, elles durent être long-temps fort simples; les mœurs, les usages en tenoient lieu. Souvent aussi leur férocité se permettoit les vengeances particulières; les crimes qui intéressoient la nation ou les familles, étoient jugés dans les assemblées publiques. En général on pendoit les traîtres, on noyoit les lâches; les autres crimes se rachetoient par des amendes payables en chevaux, en bœufs, &c. Le produit se partageoit entre le *senieur* & la famille de l'offensé.

J'ai parlé de leur férocité, elle tenoit à leur première vertu qui étoit le courage; mais n'étant réglée que par des notions fausses de justice, ils regardoient comme bien acquis tout ce qu'ils pouvoient se procurer par la violence & la force; se faisoient honneur de l'effroi qu'ils causoient à leurs voisins, & croyoient n'avoir rien de mieux à faire que les harceler sans cesse pour maintenir leur force & leur activité.

On sait qu'ils avoient pour armes la lance & l'épée, le casque & la cuirasse. Ils lançoient des flèches & des javelots. Leurs troupes étoient divisées en cavalerie & en infanterie. Et derrière le corps d'armée étoient, sur des charriots, les femmes & les enfans, qui ne cessoient de les exciter au combat par des cris redoublés.

Cette espèce d'arrière-garde, embarrassante à quelques égards, étoit aussi fort utile. C'étoit là que l'on transportoit les blessés; les femmes en prenoient soin; donnoient des rafraîchissemens à ceux qui n'étoient qu'épuisés, & suçoient les plaies de ceux qui avoient reçu des blessures.

Dans le commencement, ils alloient à l'ennemi par petites troupes & sans ordre. Ils apprirent ensuite des Romains à suivre des enseignes, à se rallier, à soutenir des attaques par des détachemens renouvellés. On introduisit aussi une plus grande discipline. Celui qui perdoit son bouclier, étoit exclu de l'assemblée. Celui qui avoit eu la lâcheté de fuir, rarement survivoit à sa honte, il se donnoit lui-même la mort. On voyoit souvent toute la jeunesse d'une cité, qui étoit en paix avec ses voisins, aller au loin, sous la conduite d'un chef, chercher des occasions de signaler son courage.

Usages domestiques. Les Germains ne connoissoient pas, du moins pendant long-temps, la propriété des terres. Tous les ans le prince leur distribuoit celles qui devoient servir à la subsistance de chaque famille. Ils les faisoient cultiver par leurs esclaves ou les cultivoient eux-mêmes. En temps de guerre, il en restoit une partie sur les habitations, l'autre se mettoit en campagne. L'année suivante ces derniers restoient à la garde des biens, & les autres marchoient pour leur défense.

Leurs fortunes consistoient sur-tout en ânes, en chevaux & en bestiaux. Ils n'avoient pas l'usage de la monnoie, leur commerce ne se faisoit que par échange.

Les fils succédoient aux pères & les neveux à leurs oncles, lorsqu'ils n'avoient pas de fils. La stérilité étoit regardée comme le plus grand des malheurs, & le grand nombre des enfans étoit l'honneur d'un père de famille.

Les enfans étoient nus jusqu'à l'âge d'environ douze ans; les mères allaitoient leurs enfans, & les fils du maître & de l'esclave étoient élevés ensemble. D'ailleurs toute la famille couchoit sur la terre avec les bestiaux.

Ils avoient un grand respect pour le mariage, & n'avoient en général qu'une seule femme. Le consentement des parens étoit nécessaire pour valider le mariage. L'époux donnoit pour dot à sa femme une paire de bœufs, un cheval bridé & des armes. Les bœufs sous le joug avertissoient la femme de la soumission qu'elle devoit à son mari; le cheval, de l'obligation qu'elle contractoit de partager ses peines & ses fatigues; & les armes, qu'elle devoit le suivre à la guerre. Si la femme devenoit infidelle, le châtiment appartenoit à son mari. Il assembloit les parens de sa femme, lui reprochoit son crime, la dépouilloit en leur présence, lui coupoit les cheveux & la chassoit de leur habitation à coup de fouet. En général les Germains n'épousoient que des filles, & point de veuves.

Quant à leur vie privée, elle étoit assez agitée, même en temps de paix. Ils profitoient de ce loisir, pour s'occuper de la chasse, s'exercer à la course, au saut, à nager; & passé cela, ils ne songeoient guère qu'à manger, boire & dormir. Les femmes, les enfans & les vieillards étoient chargés des soins domestiques. Ils étoient nus dans leurs habitations. Lorsqu'ils sortoient, ils se couvroient d'une saie qu'ils arrêtoient sur le devant avec une épine. Les plus riches avoient une espèce d'habit qui leur emboîtoit chaque membre. Ceux qui demeuroient dans le voisinage du Rhin, portoient sur une épaule une peau de bête sauvage. Les femmes s'habilloient comme les hommes, à la réserve de la gorge & des bras qui restoient découverts. Elles portoient un voile sur la tête sur, lequel elles attachoient un morceau de quelque étoffe de couleur brillante.

Femmes & hommes, ils se baignoient pêle-mêle dans les rivières en été, & dans des eaux chaudes en hiver: ils s'exerçoient tous à nager.

Leurs alimens étoient simples. De la viande presque crue, du poisson qui ne l'étoit guère davantage, des fruits & du lait caillé: tel étoit le fonds de tous les repas, qui se faisoient cependant toujours entre un certain nombre de convives, quoique chacun eût à part sa table, son plat & sa boisson. Ils s'asseyoient à terre autour de la chambre; les femmes apportoient la nourriture au milieu, en faisoient la distribution, & les enfans portoient les plats aux convives. Ceux qui habitoient dans l'intérieur du pays ne connoissoient pas le vin; mais ceux des bords du Rhin en buvoient, & ordinairement beaucoup. Ils y passoient volontiers les jours & les nuits. Tacite dit qu'ils délibéroient quand ils étoient ivres, & ne prenoient de résolution que quand ils avoient recouvré leur bon sens. Cela doit s'entendre qu'ils délibéroient étant à table, & qu'insensiblement ils s'y enivroient.

Ils avoient encore un autre défaut; c'est la passion du jeu. Cette fureur, qui doit moins étonner chez des barbares, que les excès où le jeu a quelquefois porté parmi les nations policées, les égaroit quelquefois au point qu'après avoir joué leurs biens, ils jouoient aussi leurs personnes. Et ces Germains si fiers, si jaloux de leur liberté, qui la défendoient au péril de leur vie, la perdoient ainsi volontiers par un simple coup du sort.

D'ailleurs ils étoient bons, francs, hospitaliers. Ils accueilloient généreusement l'étranger qui se présentoit chez eux, lui offroient les choses qui pouvoient lui être agréables; mais ils en recevoient aussi des présens avec la même liberté & sans plus de cérémonie.

Les jours de fêtes, la jeunesse s'assembloit & dansoit nue au son d'une espèce de fifre. Elle sautoit avec une adresse & une agilité surprenantes au milieu des lances & des épées qu'ils se présentoient tour à tour. Les Suisses conservent encore quelque image de ces jeux.

Les cérémonies funéraires présentoient le spectacle singulier des larmes données à la perte du mort par les femmes, & des chants de victoire, par lesquels le célébroient les hommes. Ceux-ci auroient cru se dégrader en montrant de l'affliction. Mais on invitoit les jeunes gens à imiter les vertus guerrières du Germain que l'on venoit de perdre. On brûloit son cheval & ses armes avec son corps, on élevoit au-dessus du lieu où reposoit sa cendre, une butte de terre que l'on couvroit de gazons. Le choix du bois du bûcher distinguoit les rangs; car la vanité a trouvé par-tout & dans tous les temps à introduire de ces distinctions flatteuses pour l'opulence, indifférentes pour le sage, & quelquefois outrageantes pour le pauvre qui a la foiblesse de les regarder comme un avantage.

Germanie inférieure. Ces usages, ces mœurs dont je viens de parler, se conservèrent assez long-temps dans l'intérieur du pays; la Germanie inférieure, celle qui étoit en deça du Rhin, fut la première à les abandonner. Ils furent conduits à ce changement par le besoin & par l'imitation. Le Rhin, la Meuse, l'Escaut perdirent par la violence des tempêtes leurs anciennes embouchures, tandis que les ruisseaux devinrent des fleuves considérables. Les vents renversèrent des forêts, *&c.* Ces différentes secousses, jointes à l'impossibilité de se transporter ailleurs à cause des peuples qui les entouroient, excitèrent leur industrie; ils élevèrent des digues, creusèrent des canaux & bâtirent des moulins propres aux desséchemens. De plus, ils se firent des maisons & des villages à l'imitation de ceux qu'ils connurent dans la Gaule.

Lorsque César pénétra dans la partie septentrionale de la Gaule, les bords de la mer étoient si couverts de bois, si remplis de marais, que l'on ne pouvoit en approcher. Insensiblement on les défricha. La forêt Hercynienne qui commençoit aux Ardennes & continuoit jusqu'à la mer Baltique, étoit de soixante jours de marche en longueur, & de neuf en largeur. Il y avoit peu de villes sur ses bords au temps de César. Lorsque Ptolemée écrivoit, il y en avoit au moins cinquante, puisqu'il les nomme. On présume cependant que c'étoient plutôt des bourgades que des villes entourées de murailles, ce qui n'étoit guère dans le genre de vie des Germains.

Lors qu'Agrippa eut bâti Cologne, il fut obligé d'en abattre les portes pour engager les Ubiens à venir habiter les maisons qu'il y avoit fait construire. Cependant ils s'attachèrent insensiblement à l'art de la construction dont les légions disposées le long du Rhin leur donnoient l'exemple. On sait que le seul Drusus avoit bâti cinquante châteaux pour se rendre maître des grandes rivières. Il faut même que les villes se soient multipliées en assez peu de temps, puisque, sous Constantin, les Francs ayant passé le Rhin, en pillèrent plus de quarante.

Il en sera parlé ailleurs.

Insensiblement les Germains se divisèrent en plusieurs peuples qui se portèrent en différens endroits de l'Empire, & par leurs conquêtes en causèrent la chûte.

On trouve, à l'article *Germania*, les noms d'un très-grand nombre de peuples connus par Ptolemée, mais dont l'histoire ne dit rien. Il est probable que ce n'étoient que des hordes qui tiroient leur nom, au moins pour la plupart, de quelque circonstance physique du canton qu'ils habitoient. Les plus puissans d'entre eux se firent connoître par leurs incursions sur les terres de l'empire; les peuples du nord refluant sur ceux du midi.

Les Lombards, resserrés d'abord aux environs de l'Elbe, s'avancèrent jusques dans l'Italie. On sait qu'ils y formèrent un royaume. (*Voyez* LUNGOBARDI).

Les Suèves se jetèrent sur les Gaules & de-là dans l'Hispanie.

Partie des Goths, connue sous le nom de Wisigoths, ou Goths occidentaux, entrèrent aussi dans les Gaules & dans l'Hispanie.

Les *Burgundiones* fondèrent aussi un royaume dans la Gaule.

Les Saxons s'avancèrent jusques dans la Westphalie. Les Vandales firent des courses en Italie, en Hispanie & passèrent en Afrique. Ces émigrations qui coûtèrent tant de sang à l'humanité, & causèrent la ruine de l'empire romain, firent aussi disparoître ce nom de *Germani*: on n'eut pas même connoissance d'aucune nation qui l'eût porté.

GERMANI, peuple, sur les Palus-Méotides, selon Denys le Périégète.

GERMANIA, vaste contrée de l'Europe, à laquelle répond en partie l'Allemagne actuelle. Elle fut connue des Romains plus tard que la Gaule; delà vient que leurs auteurs du premier siècle de l'empire, en parlent d'une manière très-imparfaite. Une courte analyse de ce qu'en ont dit successivement Strabon, Mela & Pline, justifieront cette assertion. Je comprends sous le nom d'auteur romain, le géographe Strabon, parce qu'il en parloit d'après les connoissances qu'il tenoit des Romains.

Mais auparavant, disons un mot du nom de *Germanie*.

Etymologie. Ceux qui font dériver le nom de *Germanie* de deux mots tudesques, dont l'un signifie *guerre* & l'autre *homme*, annoncent le goût & l'esprit des étymologies; ceux qui s'en tiennent à regarder ce nom comme purement latin, & signifiant les *frères* ou les *associés*, me paroissent se rapprocher davantage de la vérité, qui est toujours si simple. Ces peuples formèrent une ligue entre eux qui se secouroient mutuellement; on les désigna par les associations. D'ailleurs, les Romains ne se donnoient guère la peine d'emprunter des noms & sur-tout d'en faire dans les langues étrangères. On a dit de nos jours, les *Etats-Unis*, les *Provinces-Unies*, *&c.* La langue latine, plus hardie, a dit *Germani*, & a rendu par ce mot l'idée d'une association fraternelle.

Strabon ne connoissoit la Germanie que par les guerres faites jusqu'alors en ce pays. Auguste, Drusus, Germanicus, Tibère, avoient tourné leurs armes vers la Germanie; mais ils n'avoient guère combattu que les peuples qui se trouvoient le long du Rhin, depuis son embouchure jusqu'à sa source. Il ignoroit l'étendue & les bornes de cette vaste contrée, & ne parle que confusément des différentes nations qui l'habitoient.

Pomponius Mela n'entre guère dans de plus longs détails. Il étend à l'est la Germanie jusqu'à la Sarmatie, & au nord, jusqu'à l'Océan. Il en peint les habitans comme des sauvages féroces, & parle fort peu de leurs habitations. Au reste, cela n'est pas étonnant : à peine avoit-on encore mis le pied dans ce pays : on ne pouvoit connoître un peu passablement que ce que l'on avoit vu. Il falloit pour le reste s'en tenir aux récits des gens du pays, dont le très-grand nombre manquoit certainement de lumières, & tous de bienveillance pour des vainqueurs qui devoient leur être odieux. Ces descriptions de la Germanie, du temps d'Auguste & de Tibère, ne doivent pas être meilleures que ne l'eussent été celles qu'auroit donneés, il y a cinquante ans, un habitant de Québec ou de Montréal, de l'intérieur de l'Amérique, au-delà des lacs & des Apalaches.

Pline, venu un peu plus tard, avoit écrit, en vingt livres, les guerres des Romains en Germanie. Mais il lui étoit plus aisé d'apprendre les événemens qui venoient de se passer en quelque sorte sous ses yeux, que de connoître la juste étendue de tout le pays, & les divisions reçues dans son intérieur. Cependant comme Pline étoit un homme laborieux, & qui sentoit ce qu'il convenoit de présenter à la curiosité ainsi qu'à l'instruction de ses lecteurs, il traite la géographie de la Germanie avec plus de méthode. Mais il fait mieux connoître les peuples que les pays. Cela n'est pas étonnant. Je suis très-persuadé que ces Germains eux-mêmes n'avoient de connoissances locales que sur les parties qu'ils habitoient. Et leur férocité & leurs langues barbares étoient un grand obstacle à toute espèce de communication entre eux & les Romains.

Pline divise les habitans de la Germanie en cinq grandes nations, savoir :

1°. Les *Vindili*, renfermant les *Burgundiones*, les *Varini*, les *Carini*, les *Guttones*.

2°. Les *Ingævones*, comprenant les *Cimbri*, les *Teutoni*, les nations comprises sous le nom de *Cauchi*.

3°. Les *Inyævones*, dont les Sicambres faisoient partie.

4°. Les *Hermirones Mediterranei*, ou de l'intérieur des terres, comprenoient les *Suevi*, les *Germundri*, les *Chatti* & les *Cherusi*.

5°. Enfin les *Peucini*, qui se divisoient, ce me semble, en *Peucini* & en *Basternæ*, qui s'étendoient jusqu'à la Dacie.

Mais ces notions sont très-vagues; & Pline ne nous apprend pas dans quelle partie de la Germanie habitoit chacun de ces peuples.

Tacite, contemporain de Pline, mais plus jeune, fut employé dans la Belgique, sous Vespasien. Il profita des avantages de sa place pour se procurer des connoissances sur l'intérieur de la Germanie & sur les mœurs des Germains. Comme on ne connoissoit pas encore dans le pays d'états circonscrits par des divisions bien convenues, cet auteur suit dans sa description celles que nous offre la nature; les montagnes & les fleuves : je crois même que les Germains entre eux n'en connoissoient guère d'autres. Au reste, il en fait un tableau assez désavantageux quant au physique du pays.

Ptolemée, venu plus tard que les auteurs précédens, traita de la Germanie d'une manière bien plus détaillée. Je vais mettre cette partie de son ouvrage presque en entier, parce que c'est le plus important sur la géographie de ce pays.

La Germanie, selon Ptolémée.

Le Rhin borne la Germanie à l'occident; l'océan germanique, au nord : c'est tout ce qu'il dit des bornes du pays; puis il entre en matière, en décrivant les côtes du pays par le nord.

Rheni, fl. Ostia.	*Cymbrica Chersonesus.*
Manarmanis Portus.	*Chalusi, fl. Ostia.*
Vidri, fl. Ostia.	*Suevi, fl. Ostia.*
Amasii, fl. Ostia.	*Viadi, fl. Ostia.*
Visurgis, fl. Ostia.	*Vistulæ, fl. Ostia.*
Albis, fl. Ostia.	

La partie du midi est bornée par le Danube.

Les montagnes principales sont : *montes Sarmatici*, les *montes Arnobæ* & le *mont Melibocus.* Au-dessous de ces montagnes étoient les forêts nommées *Lemana* & *Asciburgium.* Au-delà étoient les *montes Sudetæ*, au-dessous desquels étoit la forêt *Gabreta*, entre laquelle & les *montes Sarmatici* étoit la forêt *Hercynia* ou Hercynie.

Les principaux peuples étoient, à commencer du Rhin :

Les *Busacteri parvi* & les *Syggambri* ou *Syccambri* ;

Les *Suevi Laggobardi* ou *Longobardi.*

Les *Tiggri*, ou *Tingri* & les *Iggriones* ou *Ingriones.*

Les *Intuesgi*, les *Vargiones* & les *Caritni.*

Les *Vispi* & le désert des *Helvetii.*

Tous ces peuples s'étendoient à-peu-près depuis l'embouchure du Rhin, jusqu'aux Alpes.

La partie baignée par l'océan, étoit habitée par les peuples suivans, à partir des *Busacteri.*

Les *Phrissii*, ou *Frissii*, qui s'étendoient jusqu'au fleuve *Amasus* (l'Ems).

Les *Cauchi parvi*, jusqu'au fleuve *Visurgis* (le Weser).

Les *Cauchi Majores*, jusqu'au fleuve *Albis* (l'Elbe).

Les *Saxones* de la Chersonèse Combrique, qui n'étoient qu'à l'entrée, puisqu'au nord étoient les *Sigulones*, les *Sabalingii*, les *Coiband*, les *Chali* ; les *Phundissii*, à l'ouest ; les *Charudes*, à l'est ; & enfin tout-à-fait au nord, les *Cimbri.*

Les *Pharodeni* ou *Pharodini*, qui s'étendoient depuis le *Chalusus* jusqu'au *Suevus.*

Les *Sideni*, qui alloient jusqu'au *Viadus.*

Dans l'intérieur des terres on trouvoit :

Les *Suevi-Angili*, qui étoient plus orientaux que les Lombards.

Les *Suevi-Semnones*, au-delà de l'Elbe.

Les *Buguntæ*, qui s'étendoient au-delà jusqu'à la Wistule.

Les *Busactori* étoient entre les *Cauchi* & les *Suevi.*

Les *Chæmæ* étoient au-dessous.

Les *Angrivarii* (*majores*) entre les *Cauchi minores* & les *Suevi.*

Les *Lancobardi.*

Les *Dulgumnii.*

Les *Teutonari.* } Entre les *Suevi* & les
Les *Viruni.* } *Saxones.*

Les *Teutones.* } Entre les *Pharadini* &
Les *Avarpi.* } les *Suevi.*

Les *Ælvæones* entre les *Ruiclei* & les *Buguntæ.*

Les *Lincæ*, au-dessous des *Semnones.*

Les *Luti Omanni*, sous les *Buguntii.*

Les *Lugi Diduni*, au-dessous des précédens, jusqu'au mont *Asciburgium.*

Les *Calucones*, au-dessous des *Lincæ*, de chaque côté de l'Elbe.

Les *Chærusici* ou *Cherusci* & les *Camavi*, sous les précédens, jusqu'au mont *Melibocum.*

Les *Bonochemæ*, près de l'Elbe.

Les *Bateni*, au-dessous des précédens.

Les *Corconti.* } Sur le mont *Asciburgium*
Les *Luti-Buri.* } jusqu'à la *Wistula.*

Les *Sidones.* } Successivement au-des-
Les *Cogni.* } sus de la forêt Her-
Les *Visbugii.* } cynie.

Les *Casuarii*, au-dessus des Sueves, en partant vers l'est des monts *Abnobi.*

Les *Nerteranes*, puis les *Dantuti.*

Les *Turoni.* } Au-dessous des précé-
Les *Marvingi.* } dens.

Les *Chattæ.* } Au-dessus des *Chamanti.*
Les *Tubanti.* }

Les *Teuriochæmæ*, sur les monts *Sudeti.*

Les *Varisti*, au pied des mêmes montagnes.

Là étoit la forêt *Gabreta.*

Les *Curiones*, au-dessous des *Marvingi.*

Les *Chætuori.*

De là jusqu'au Danube, les *Campi Pa'mæ.*

Les *Marcomani*, au-dessous de la forêt *Gabreta.*

Les *Sudeni*, au-dessous des précédens.

De-là jusqu'au Danube, les *Adrabæ Campi.*

Les *Covadi* ou *Quadi*, au-dessous de la forêt Hercynie, chez lesquels on trouve des mines de fer, & la *Sylva Luna.*

Les *Bæmi* étoient au-dessous & s'étendoient jusqu'au Danube.

Les *Teracatriæ.* } Près du même fleuve.
Les *Rhacatæ.* }

Villes, & villages sans doute, attribués par Ptolemée à la Germanie.

Phleum.
Siatutanda.
Tecelia.
Phabiranum.
Treva.
Lephana.
Lirimiris.
Marionis.
Marionis, altera.
Cœnæmum.
Astuia.
Alesus.
Laciburgium.
Bunitium.
Virunum.
Viritium.
Rhugium.
Scurgum.
Ascaucalis.
} Dans le climat septentrional.

Asciburgium.
Navalia.
Mediolanum.
Teuderium.
Bogadium.
Stereontium.
Amasia.
Munitium.
Tuliphurdum.
Ascalingium.
Tulisurgium.
} Dans le climat au-dessous du précédent.

Pheugarum.	Dans le même climat que ci-dessus.
Canduum.	
Trophæa Drusi.	
Lupia.	
Mesium.	
Argelia.	
Calægia.	
Lamphurdum.	
Susudata.	
Colancorum.	
Lugidunum.	
Stragona.	
Limiosaleum.	
Budorigum.	
Leucaristus.	
Arsonium.	
Calisia.	
Setidava.	

Alisum.	Dans le climat au-dessous du précédent.
Budoris.	
Mattiacum.	
Artaunum.	
Nuæsium.	
Melocabus.	
Gravionarium.	
Locoritum.	
Segodunum.	
Devona.	
Bergium.	
Menogada.	
Bicurgium.	
Marobudum.	
Rhedintuinum.	
Nomisterium.	
Meliodunum.	
Casurgis.	
Strevinta.	
Hegetmatia.	
Budorgis.	
Eburum.	
Arsicua.	
Parienna.	
Setvin.	
Carrhodunum.	
Asanca.	

Tarodunum.	Dans le reste de la Germanie & vers le Danube.
Aræ Flaviæ.	
Riusiava.	
Alcimoennis.	
Cantiæbis.	
Bibacum.	
Brodentia.	
Setuacatum.	
Usbium.	
Abilunum.	
Phurgisatis.	
Coridorgis.	
Medoslanium.	
Philecia.	
Rhobodunum.	
Anduætium.	
Celemantia.	
Singone.	
Anabum.	

Isles attribuées à la Germanie par Ptolemée.

Les îles qui se trouvent vers l'embouchure du fleuve *Albis*, étoient nommées *Insulæ Saxonum.*

Les îles *Insulæ Alociæ* étoient près de la Chersonnèse cimbrique.

Il y en avoit trois petites près de la Scandinavie & une plus grande vers la Wistule : elle se nomme *Scandia*. Sur la côte occidentale étoient les *Chædini* ; sur la côte orientale, les *Pavonæ* & les *Phiræsi* ; au sud, les *Gutæ* & les *Dauciones*. Enfin, dans l'intérieur, les *Leuoni*.

N. B. Ptolemée prend ici la Scandinavie pour une île.

GERMANIA PRIMA, *ou* SUPERIOR. GERMANIA SECUNDA, *ou* INFERIOR. Ces deux provinces étoient des divisions de la Gaule. (*Voyez* l'article GALLIA).

GERMANICIA, ville d'Asie, située dans une plaine, entre le mont *Taurus* & le mont *Amanus*, sur le bord d'une petite rivière qui se perdoit dans le *Pyramus*, à l'ouest de cette ville. Antonin, dans son itinéraire, décrit deux routes qui partoient de cette ville pour se rendre à Edesse ; l'une par Doliche & Zeugma, & l'autre par Samosate. Cette ville est devenue fameuse dans l'histoire ecclésiastique, parce que Eudoxe, hérétique, en étoit évêque, & qu'elle étoit la patrie de Nestorius, autre hérétique célèbre. Elle a porté le nom de *Césarée*, qui ne se donnoit qu'à des villes d'un rang peu commun.

GERMANICIANA, ville de l'Afrique propre, sur la route de Théveste à Tusorum, entre *Aquæ-Regiæ* & *Elices*, à vingt-quatre milles du premier lieu, & à seize du second. Saint Cyprien fait mention de *Begermaniciana*, dans le concile de Carthage.

GERMANICOPOLIS. Les anciens ont connu plusieurs villes de ce nom.

GERMANICOPOLIS, ville de Bithynie, selon Pline, qui, en l'indiquant près de la Propontide, la nomme aussi *Helgas* & *Boos-Cœte*, ou l'étable du bœuf.

GERMANICOPOLIS. Justinien, *novell.* 29, *c.* 1, la met dans la Paphlagonie. Ptolemée, *L.* v, *c.* 4, écrit *Germanopolis* & la place aussi dans la Paphlagonie, près du mont *Olgassys*, entre les villes de *Tobata* & de *Xoana*. M. d'Anville l'a placée sur sa carte près de l'*Amnias*.

GERMANICOPOLIS, ville de l'Asie mineure, située dans l'Isaurie. Il en est parlé dans Ammien Marcellin & dans les actes des conciles, aussi-bien que dans les notices & dans Constantin Porphyrogénète.

Germanicopolis. Cette ville, la plus célèbre de celles qui ont porté ce nom, fut d'abord appelée *Gangra*, ou du moins elle fut bâtie au pied de la montagne où étoit une forteresse appelée *Gangra*; mais ces deux noms ont été communs à la même ville. J'en ai parlé à l'article Gangra.

Quoique comprise à une certaine époque dans les limites de la Galatie, & se trouvant dans les limites de cette province sur la carte de M. d'Anville, il est sûr qu'elle est presque chez tous les anciens, traitée de ville de la Paphlagonie. C'est que les limites changèrent. Cette ville, qui, sous le roi Déjotarus, étoit peu considérable, reçut des accroissemens sous les Romains, & l'empereur Claude lui donna le nom de *Germanicus* qu'il portoit. On a quelques médailles de cette ville, frappées sous le règne de Septime Sévère, dont les époques de 200 & 215 ans, remontent, selon M. l'abbé Bellay, à l'an de Rome 747, époque à laquelle le département du Pont fut uni par Auguste à la province de Bithynie.

On voit, par le témoignage de plusieurs auteurs du Bas-Empire, que le nom de *Gangra*, non-seulement s'étoit conservé, mais même qu'il avoit prévalu.

Sous les empereurs de Constantinople, *Gangra* étoit la capitale du Thème de Paphlagonie : elle tomba sous la domination des Turcs Seldjoucides d'Iconium, à la fin du onzième siècle. Elle subsiste encore, & est assez considérable, sous le nom de *Kiankari*.

GERMANICUM MARE. Les anciens appelloient ainsi la partie de l'Océan que nous appelons *mer du Nord*, depuis la Vistule jusqu'au Texel.

GERMANIENSIS, siège épiscopal d'Afrique, dans la Numidie, selon la notice d'Afrique.

GERMANII, nation d'Asie, dans la Perse, selon Hérodote, qui dit (*L. I, c. 125*), qu'ils étoient tous laboureurs. M. Larcher pense que ces peuples sont les mêmes que les Caramaniens. C'est bien à tort qu'à cause du rapport du nom, on a pensé que de ces *Germanii* de la Perse descendoient les *Germani* d'Europe.

GERMANOPOLIS, ville d'Asie, dans la Paphlagonie, selon Ptolemée, *L. V, c. 4*. C'est la même que *Germanicopolis*.

GERMANORUM CASTRA, lieu maritime d'Afrique, dans la Mauritanie césarienne, selon Ptolemée, *L. IV, c. 2*.

GERME, ou Germæ, ville d'Asie, dans l'Hellespont. Antonin, *itinér.* la met entre Pergame & Thyatire, à vingt-cinq mille pas de la première, & à trente-trois de la seconde.

GERMIANA, ville de la Mauritanie césarienne, selon Ptolemée, *L. IV, c. 2*.

GERMIIA, ville d'Asie, dans la Galatie salutaire, selon la notice de Hiéroclès. Elle est nommée dans la notice de Léon-le-Sage *Germo-Colonia*, & marquée entre les évêchés qui étoient indépendans, selon une autre notice.

GERNIUM, *ou* Gernus, lieu de la Gaule narbonnoise, en allant de la Vénus-Pyrénée à Tarascon. Strabon, *L. IV, c. 179*.

GERNUHERA : ce nom se trouve dans la table de Peutinger, comme étant celui d'une ville de la Dacie. M. d'Anville (*Mém. de litt. T. XXVIII, p. 452*), conjecture qu'il faudroit lire comme dans Ptolemée, *Zermizirga*.

GERODA, lieu d'Asie, dans la Célésyrie : Antonin, *itinér.* la met sur la route de Beaumaris à Naplouse, entre la première & Damas, à quarante mille pas de l'une & de l'autre.

GERON, rivière du Péloponnèse; elle couloit près de Pylos, selon Strabon, *L. VIII, p. 340*.

GERONIUM, petite ville d'Italie, dans le *Samnium* : elle se trouvoit à-peu-près au sud de *Teanum-Apulum*.

GERONTEUS MONS, montagne de l'Arcadie, au nord d'*Orchomenus* & à l'est de *Pheneos*.

Il servoit de bornes aux terres des Phénéates & à celles de Stymphale.

GERONTHA, île entre les Sporades, selon Pline, *L. IV, c. 12*.

GERONTHRÆ, *ou* Geronthrées, ville de la Laconie, un peu au nord-est de *Crocea*.

Elle étoit fort peuplée avant l'arrivée des Héraclides, qui la dévastèrent, & la repeuplèrent ensuite par une colonie qu'ils y établirent. Au temps de Pausanias, elle appartenoit aux Eleuthéro-Lacons.

On y voyoit entre autres monumens, un temple de Mars & un bois sacré, dans lequel il étoit défendu aux femmes d'entrer pendant que l'on y sacrifioit à ce dieu. Dans la place étoit une fontaine d'eau douce, & dans la citadelle un temple d'Apollon.

CERONTIS, siège épiscopal d'Egypte, selon des notices grecques. On trouve dans le concile de Chalcédoine, tenu l'an 451, *Stephanus Gerontis*.

GERONTIUS MONS. (*Voyez* G.ronteus Mons).

GERRA, ville de l'île de Lotophagite, sur la côte d'Afrique, selon Ptolemée, *L. IV, c. 3*.

Gerra, lieu de l'Arabie, au fond d'un golfe, à deux mille quatre cens stades de l'embouchure de l'Euphrate, selon Strabon, qui cite Androsthène, qui avoit accompagné Néarque. Les habitans de cette ville s'enrichissoient par le commerce, selon Aristobule, cité par Strabon.

Diodore de Sicile dit que l'encens étoit porté de l'Arabie heureuse à Gerra, & que de cette ville on le portoit à Pétra, dans l'Arabie pétrée.

Gerra, ville de Syrie : Ptolemée, *L. V, c. 15*, y en met deux; l'une qu'il nomme *Gerrhe*, & qu'il donne à la Cyrrhestique, vers l'Euphrate, & l'autre, près du mont Alhadamus, chez les Arabes trachonites.

GERRHÆ, habitans de *Gerra*, ville de l'Arabie heureuse, sur la mer, selon Strabon, *L. XVI*. Il ajoute qu'ils s'étoient enrichis par le commerce. Diodore de Sicile, *L. III, c. 42*, dit qu'eux & les

Minéens portoient de l'encens & d'autres parfums de la haute Arabie.

GERRHÆ, *ou* GERRHI, peuple de la Scythie, en Europe, au midi du Danube, selon Denys le Périégète. Chez eux étoient les tombeaux des rois scythes, vers l'endroit jusqu'où l'on pouvoit remonter en bâteau le Borysthènes.

Il y avoit un canton de même nom que le peuple. (*Voyez* Hérodote, *L. IV*, *c.* 7).

GERRHI, peuple de la Sarmatie asiatique, selon Ptolemée, *L. V*, *c.* 9. Selon cet auteur, ils n'étoient pas loin de la mer Caspienne.

GERRHUNIUM, *ou* GERRUNIUM, château ou place forte de Grèce, dans la Macédoine, à l'extrémité du côté d'Antipatrie, selon Tite-Live, *L. XXXI*, *c.* 27.

GERRHUS, rivière de la Sarmatie, en Europe, selon Ptolemée, *L. III*, *c.* 5, qui met son embouchure dans les Palus-Méotides, entre les villes d'Acra & de Cremni ou Crême. Hérodote, *L. IIII*, *c.* 56, dit qu'elle prend son nom d'un lieu appelé *Gerrhus*; qu'elle sépare les Scythes nomades ou vagabonds d'avec les Scythes royaux, & qu'elle tombe dans l'Hypacaris.

GERRHUS, fleuve d'Asie, dans l'Albanie, selon Ptolemée, *L. V*, *c.* 12, qui met son embouchure entre les villes de Téléba & de Gelda.

GERTICOS, ville d'Espagne, dans la Lusitanie, ainsi appelée du temps des Goths.

GERTUNS, ville de Grèce, dans la Darétide, contrée de la Macédoine, selon Polybe, *L. V*.

GERUA, *ou* TERUA, ville de la Grande-Arménie, près de l'Euphrate, selon Ptolemée, *L. V*, *c.* 13.

GERULATA, lieu de la Pannonie. Il en est fait mention dans la notice de l'empire, *sect.* 58, & elle y est nommée *Gerolata*. Antonin, *itinér.* la met à quatorze mille pas de *Carnuntum*.

GERUNDA (*Girone*), ville de l'Hispanie citérieure, au sud-est d'*Emporiæ*, mais moins considérable que cette dernière. On en attribue la fondation aux *Ausetani*.

Un vers de Prudence lui donne l'épithète de riche.

GERUNIUM, ville d'Italie, selon Etienne le géographe, qui la nomme *Gerenia*. Polybe dit qu'elle est dans la Pouille, à dix stades de l'Aufide, & à deux cens de Lucérie. C'est la même que *Geranium*.

GERUSA, ville de la Sarmatie asiatique, selon Ptolemée, *L. V*, *c.* 9.

GESDAO, lieu de l'Italie, dans les Alpes, au sud-est de *Segusio*. M. d'Anville n'en parle dans sa Gaule que parce que cette partie de l'Italie en étoit très-près, & que c'étoit la première position que l'on trouvoit après *Brigantio*.

GESÆMA. Cédrène nomme ainsi l'Arabie voisine de l'Egypte. Ortélius, *thesaur.*

GESOCRIBATE, lieu de la Gaule lyonnoise, peu loin de la mer, selon la table de Peutinger, *segment.* 1.

GESODUNUM, ville de la Norique, selon Ptolemée, *L. II*, *c.* 14.

GESONIA, lieu de la Gaule. Quelques critiques ont cru que ce nom étoit une faute dans le texte de Florus, dans lequel on lit, en parlant d'Auguste, qui avoit fortifié la rive du Rhin de plus de cinquante châteaux, *Bonnam & Gesoniam pontibus junxit, classibusque firmavit.* M. d'Anville, qui place *Gesonia* sur le Rhin, à quelque distance au nord de *Colonia Agrippina*, croit en retrouver la position dans celle de Zons.

GESORIACUM (*Boulogne*), ville de la Gaule, chez les *Morini*. On ne peut douter que ce fût de ce port que partoient les flottes romaines pour se rendre dans les ports de la Grande-Bretagne. On y voit encore des restes d'une tour qui paroît être celle que fit construire Caligula, que Charlemagne avoit fait rétablir. Cette ville, qui vers le temps de Constantin, prit le nom de *Bononia*, n'occupoit certainement alors que la partie appelée *ville haute*. Toute la ville basse doit être un bienfait de la mer (1).

N. B. Bononia a été oublié à sa place : il se trouvera avec d'autres articles qui ont eu le même sort, & que je mettrai à la fin de ce dictionnaire en forme de supplément.

GESORIAGUS PAGUS : c'étoit le nom que l'on donnoit au territoire de *Gesoriacum*. Ce qui paroîtra peut-être se rapprocher de l'antiquité, c'est que le Boulonnois forme encore un gouvernement particulier, qui a ses privilèges particuliers.

GESSABONE. L'Anonyme de Ravenne, *L. IV*, *c.* 30, nomme ainsi une ville d'Italie auprès des Alpes.

GESSATES. C'est ainsi que Polybe & Plutarque appellent quelquefois les Allobroges, parce que ce peuple se servoit d'un dard nommé *Gessa*.

GESSEN, GESSEM, *ou* GOSEM, canton d'Egypte que Joseph fit donner à son père & à ses frères, lorsqu'ils vinrent demeurer en Egypte. On croit que ce canton avoit pris son nom de la ville de Geth, nommée autrement *Abarin*, ou la ville de Typhon.

GESSONÆ, peuple de l'Inde, vaincu par Alexandre-le-Grand, selon Orose & Justin, *L. XII*, *c.* 8, cités par Ortélius, *thesaur.*

GESSORIENSES, peuple de l'Espagne tarragonnoise, auprès de Gironne, selon Ptolemée, *L. II*, *c.* 6.

GESSUR, peuple au-delà du Jourdain, dans la demi-tribu de Manassé. Ces Gessuriens sont joints à ceux de Machatie, & il est dit qu'ils demeurèrent

(1) Entre autres preuves de ce sentiment, je puis citer qu'auprès du séminaire, dans la partie de la ville par où l'on monte à la ville haute, on a trouvé dans les caves d'une maison, un anneau attaché à la roche, & duquel il est probable que l'on se servoit pour amarrer les bâtimens. Le terrein s'est bien étendu depuis.

dans leur pays, & n'en furent pas chassés par les Israëlites. Isboseth, fils de Saül, fut reconnu roi par ces Gessuriens & par les Israëlites de Galaad. *Reg. L. II, c. 2, v. 8.*

GESSUR, ville de la Judée, dans la demi-tribu de Manassé, qui étoit au-delà du Jourdain.

Tholmaï, père de Maacha, femme de David & mère d'Absalon, étoit roi de Gessur. C'est dans cette ville qu'Absalon demeura trois ans pour éviter la colère de David, son père.

Gessur fut prise par Jaïr.

GESSUS, rivière d'Asie, dans l'Ionie, près du promontoire Trogylien, selon Pline, *L. V, c. 29.* C'est le *Gæsum* d'Hérodote.

GETA, ville de la Libye intérieure, selon Ptolemée, *L. IV, c. 6.*

GETES, peuples scythes, qui habitoient dans la Thrace avant que d'arriver à l'Ister, selon Hérodote.

Les Gètes, selon Strabon, *L. VII*, ont un même langage que les Thraces, & cet auteur appelle la solitude des Gètes, les plaines arides & incultes qui s'étendent le long de la mer, entre les bouches de l'Ister & l'embouchure du Tyras, dans lesquelles l'armée de Darius marchant contre les Scythes, fut en danger de périr faute d'eau. Il parle aussi d'un roi gète, nommé *Bœrébiste*, qui, dans ses expéditions, détruisit les Boïens & les Taurisques, nations établies dans la Mœsie.

Pline, *L. IV, c. 11*, dit que les Gètes habitoient le penchant du mont Hémus, tourné vers le Danube.

Sous l'empire de Trajan, le pays des Gètes fut mis sous la domination romaine.

Hérodote a parlé de Zamolxis comme du législateur des Gètes, & c'est à lui que l'on attribue l'établissement du dogme de l'immortalité de l'ame chez ces peuples : croyance qui étoit fondée sur la métempsychose; & Trajan attribuoit à cette persuasion, l'intrépidité avec laquelle les Gètes affrontoient la mort dans les périls de la guerre.

La principale divinité des Gètes étoit le feu; ce Zamolxis faisoit recevoir sa doctrine comme la recevant lui-même de cette principale divinité. La vénération des Gètes pour leur législateur lui valut les honneurs divins, & il fut regardé comme le temps ou Saturne. Le sacerdoce dont Zamolxis étoit réputé l'instituteur, s'étoit perpétué chez ces peuples, & Strabon en parle comme d'une dignité existante de son temps avec la prérogative d'être appelé dieu par les Gètes. Strabon dit que la montagne où étoit l'antre qui servoit de retraite à Zamolxis, étoit regardée comme sacrée par les Gètes.

Les Gètes occupoient peu d'espace le long de la côte; mais ils s'étendoient considérablement dans l'intérieur des terres. Ceux de la partie occidentale en remontant le Danube, étoient nommés *Daces*; ceux que l'on appeloit proprement *Gètes*, étoient à l'orient, près du Pont-Euxin, & l'on nommoit *Tyrigètes*, ceux qui habitoient le long du fleuve Tyras; ils avoient tous le même langage. Ces peuples, selon Strabon, se méloient continuellement avec les Scythes, les Sarmates, les Bastarnes, les Mœsiens & les Thraces, & tous n'avoient de propriété qu'autant qu'ils conservoient la supériorité.

GETH, ville de la Palestine, située sur le sommet d'une montagne, au nord de Beth-Sémès.

Le superbe Goliath, vaincu & tué par David, étoit de cette ville.

David se refugia à Geth au sortir de Nobé.

C'est près de cette ville que David donna la quatrième bataille contre les Philistins. Geth fut fortifiée par Roboam, roi de Juda. Elle fut néanmoins prise par Hazaël, roi de Syrie, au temps de Joas, roi de Juda.

GETH-EPHER, ville de la Judée, dans la tribu de Zabulon, selon le livre de Josué.

Cette ville fut long-temps après nommée *Jotapata.* Elle fut la patrie du prophète Jonas.

Joseph la défendit très-vaillamment contre les Romains, qui la prirent, la brûlèrent, firent Joseph prisonnier de guerre & l'envoyèrent à Rome. Joseph, *de bell. Jud.*

GETH-REMMON, ville de la Judée, dans la demi-tribu de Manassé, en-deçà du Jourdain. Elle fut donnée aux Lévites de cette tribu, qui étoient de la famille de Caath, selon le livre de Josué, *c. 21, v. 25.*

GETH-REMMON, ville de la Palestine, dans la tribu d'Ephraïm. Elle fut donnée aux Lévites de la tribu de Caath. *Paral. L. I, c. 6, v. 69.*

GETH-REMMON, ville de la Palestine, dans la tribu de Dan, selon le livre de Josué. Elle fut donnée aux Lévites de cette tribu. S. Jérôme la place à dix milles de Diospolis, sur le chemin d'Eleuthéropolis.

GETH-SEMMANI, village de la Palestine.

GETHUSA, village de la Libye, selon Etienne de Bysance.

GETIA, nom du pays des Gètes, selon Etienne de Bysance.

GETIA, ville de l'Albanie, dans l'Illyrie, selon Chalcondyle, *L. VII.*

GETINI, nom qu'Arrien donne aux Gètes.

GETONE, île d'Asie, sur la côte de la Troade, selon Pline, *L. V, c. 31.*

GETTA, ville de la Palestine, selon Pline, *L. V, c. 19.*

GEVINI, *ou* GYVINI, peuple de la Sarmatie, en Europe, selon Ptolemée, *L. III, c. 5.*

GEVIRE SINUS, golfe de la Propontide, dans le sud-est de Bysance, dans l'Asie mineure, & à l'entrée du Bosphore de Thrace.

GEZATORIGUS, contrée d'Asie, dans la Galatie, vers la Bithynie, selon Ortélius, *thesaur.* Strabon, *L. XII, p. 562*, parlant de ce pays, dit : la partie qui confine à la Bithynie est appelée *Timonite de Gezatorix.*

G H

GHION, montagne de la Judée, auprès de la ville de Jérusalem.

Joseph dit que la fontaine Siloé prend sa source sur cette montagne.

G I

GIBBENSIS, siège épiscopal d'Afrique, dans la Numidie, selon la conférence de Carthage.

GICHTHIS, ville de l'Afrique propre, selon Ptolemée, *L. IV, c. 3*. C'est la Gita d'Antonin.

GIDDAN, lieu de l'Asie, dans la Mésopotamie, sur le bord de l'Euphrate, selon Isidore de Charax. Ce lieu étoit au sud-sud-est de *Circesium*.

GIGAMÆ, peuple de l'Afrique : il confinoit avec les Adyrmachides, & habitoit vers l'Océan, où il avoit pour voisins les Asbytes jusqu'à l'île d'Aphrodisiade, selon Hérodote.

GIGANDUM, lieu de la Syrie, entre Cyrrhus & Edesse, selon l'itinéraire d'Antonin.

GIGANEUM, ville de la Colchide, selon Ptolemée, *L. V, c. 10*. Quelques exemplaires portent *Siganeum*.

GIGARTA, ville d'Asie, au pied du Liban, selon Pline, *L. V, c. 20*. Strabon, *L. XVI, p. 755*, la nomme *Gigarton*.

GIGARTHO, fontaine de l'île de Samos, selon Pline, *L. V, c. 31*.

GIGAS, promontoire de l'Asie, dans l'Hellespont, entre *Dardanus* & *Abidos*.

GIGEMORUS, montagne de Thrace, selon Pline, *L. IV, c. 11*. Il la distingue de l'Hæmus, du Rhodope & des autres montagnes.

GIGIA, ville de l'Espagne tarragonnoise, selon Ptolemée, *L. VI, c. 6*. Il la met entre les places du peuple *Lanciati*.

GIGITANUS, *ou* CEGITANUS, siège épiscopal d'Afrique, dans la Mauritanie sitifensis, selon Victor d'Utique, cité par Ortélius.

GIGIUS, montagne de l'Afrique propre, selon Ptolemée, *L. IV, c. 3*, qui lui donne 40 deg. 30 min. de long. & 26 deg. 30 min. de lat.

GIGONUS, ville de la Crossæa, contrée de la Thrace, dans le voisinage de Pallenne, selon Etienne de Bysance. Le promontoire qui est entre la Macédoine & la Thrace, auprès de Pallénne, étoit appelé *Gigonide* ; & Artémidore y met une ville de même nom. Etienne le géographe dit qu'elle tenoit son nom de Gigon, roi d'Ethiopie, vaincu par Bacchus. Le scholiaste de Thucydide, *Ad. L. I*, fait connoître que c'étoit plutôt un château qu'une ville. On l'attribue aussi à la Macédoine ; c'est que la région où étoit Gigonos, fit, dans la suite, partie de ce royaume.

GIHON, *ou* GION, fontaine de la Palestine, à l'occident de Jérusalem. Salomon y fut sacré roi par le grand-prêtre Sadoc & le prophète Nathan. *Reg. L. III, c. 1, v. 33*.

GILBA : il y avoit deux villes épiscopales de ce nom en Afrique, dans la Numidie, selon la notice d'Afrique.

GILDA, ville de la Libye, selon Etienne de Bysance, qui cite le troisième livre de l'histoire de Libye par Alexandre.

GILIGAMBÆ, peuple de la Libye, selon Etienne de Bysance, qui cite le quatrième livre d'Hérodote. Mais dans les bonnes éditions de cet historien, on lit *Giligammæ*. (*Voyez* ce mot).

GILIGAMMÆ, peuple d'Afrique, dans la Libye. On voit dans Hérodote, qu'ils habitoient dans la partie occidentale de ce pays, à l'ouest des Adymachides, & s'étendoient jusqu'à l'île Aphrodisius. Ce peuple avoit presque les mêmes usages que les Egyptiens, & s'habilloient comme le reste des Libyens.

GILO, ville de la Palestine, qui étoit située dans les montagnes de la tribu de Juda, selon le livre de Josué.

C'étoit la patrie d'Achitophel, qui donna des conseils à Absalon contre David.

GILSATENUS, siège épiscopal, dans la Pamphylie : Néon, son évêque, souscrivit à la lettre adressée à l'empereur Léon.

GILVA : c'étoit une colonie romaine, établie en Afrique, sur la pointe qui est au nord-est du grand promontoire.

Dans l'itinéraire d'Antonin, ce lieu est marqué dans la Mauritanie césarienne, entre *Crispæ* & *Castra Puerorum*.

GINÆA, village de la Palestine, dans une plaine, vers les confins de Samarie, selon Joseph, *de bell. L. III, c. 2*.

GINDANES, peuple d'Afrique, dans la Libye, au voisinage des Maces, vers la mer. Hérodote rapporte que l'on dit que les femmes des Gindanes portent à la cheville du pied, autant de bandes de peaux qu'elles ont vu d'hommes : celle qui en a le plus, est la plus estimée, comme ayant été aimée d'un plus grand nombre d'hommes.

GINDARENI, ville de la Syrie, selon Pline, *L. XXV, c. 23*. Strabon, *L. XVI, p. 751*, dit *Gindarus*, forteresse de la Cyrrhestique, & Etienne le géographe *Gindara*, village près d'Antioche. Ptolemée nomme ce lieu *Gindarus*, & le met dans la Séleucide ; dans le premier concile de Nicée, cette ville est mise parmi les évêchés de la Célésyrie.

GINDARUS, ville de l'Asie, dans la Syrie. Elle étoit située sur une montagne, à l'est du golfe Issicus, vers le 36e deg. 25 min. de latit.

GINDES, *ou* GYNDES, rivière d'Asie, selon Tacite, *Ann. L. XII*. Elle servoit de bornes entre le peuple *Dahæ* & les Ariens.

GINGLA. Selon quelques exemplaires de Pline, *L. V, c. 24*, ville d'Asie, à l'extrémité de la Comagène.

GINGLYMOTE, *ou* GINGLYMOTA, ville de la Phénicie, selon Etienne de Bysance, qui cite Hécatée. Ce nom signifie *la mort d'Adonis* en langage oriental.

GINGUNUM, montagne d'Italie, dans l'Ombrie, selon Strabon.

GINNABRIS, village de la Palestine, dans le territoire de Samarie. Joseph, *de bell. L. V*, *c. 4*, en fait mention.

GINÆA, ville de la Palestine, dans le pays de Samarie, au nord de la capitale de même nom, appelée aussi *Sébaste*.

GIPLONSII, peuple de l'Afrique propre, selon Ptolemée, *L. IV*, *c. 3*. Il leur donne pour voisins les Cinithiens & les Achemènes.

GIPPIDANAPLEBS, église d'Afrique. Saint Augustin en fait mention dans une de ses lettres, *epist. 236*.

GIR, *ou* GEIR (*Wed-Adjedec*), grande rivière d'Afrique, selon Ptolemée. Elle ramasse tous les ruisseaux qui coulent au sud-est du mont Atlas, & va se perdre dans un grand marécage salé. Ptolemée dit qu'elle s'étend depuis la vallée des Garamantes jusqu'au mont *Usurgala*.

GIRA, ville métropolitaine de la Libye intérieure, sur le fleuve Gir, selon Ptolemée, *L. IV*, *c. 6*.

GIRA, lieu de Grèce, dans la Macédoine, dans la Chalcidique, selon Diodore.

GIRBA, ville épiscopale d'Afrique, dans la province Tripolitaine, selon la conférence de Carthage.

GIRENSIS, siège épiscopal d'Afrique, dans la Numidie, selon la notice d'Afrique.

GIRGIRIS, montagne de la Libye intérieure, selon Ptolemée, *L. IV*, *c. 6*. C'est la même que le mont de Gyr de Pline.

GIRGIS, ville d'Afrique, auprès de la petite Syrte. Procope, *de Ædific. L. VI*, *c. 4*, en fait mention.

GIRPA, ville d'Afrique. Ce nom se trouve dans le concile de Carthage, tenu sous saint Cyprien.

GIRU-MARCELLI, ville épiscopale d'Afrique, dans la Numidie, selon la notice d'Afrique.

GIRU-MONTENSIS, siège épiscopal d'Afrique, dans la Mauritanie césarienne, selon la notice ecclésiastique, *n. 9*.

GIRU-TARASI, ville épiscopale d'Afrique, dans la Numidie, selon la notice épiscopale d'Afrique.

GISARDI-MONS, montagne d'Egypte, près du lac Sirbon, selon Guillaume de Tyr, cité par Ortélius.

GISCALA, *ou* GISCHALA, ville de la Palestine, dans la Galilée. Joseph en parle souvent dans ses livres de la guerre des Juifs. Elle étoit au sud-est d'*Iotapa*.

GISIPENSIS, siège épiscopal d'Afrique, dans la province proconsulaire, selon la conférence de Carthage.

GISIRA, ville de l'Afrique propre, selon Ptolemée, *L. IV*, *c. 3*. Elle étoit voisine d'Adrumète.

GISSA, île de la mer Adriatique, selon Pline, *L. III*, *c. 21*.

GITANÆ, bourg de l'Epire, à dix milles de la mer, selon Tite-Live, *L. XLII*.

GITLUI, *ou* APFAR (*El Callah*), ville romaine, située en Afrique, dans la Mauritanie césarienne, au milieu des montagnes, au sud-est d'Arsinaria. Il en est fait mention par Ptolemée.

Elle a été épiscopale.

GITTA, ville de la Palestine, selon Etienne le géographe. Polybe, *in excerpt.* fait mention de cette *Gitta* de Palestine.

GITTA, *ou* GITTI, municipe d'Afrique, dans la province Tripolitaine. Antonin la met entre *Agma*, ou *Fulgurita Villa* & *Pontezinta*, à vingt-cinq mille pas de la première, & à trente-cinq mille pas de la seconde.

GIUF (*Mesherga*), ville d'Afrique, qui étoit située dans une plaine, à six lieues au sud de Tunis, & à trois lieues à l'est de Turra.

GIUIRTENSIS, siège épiscopal d'Afrique, selon Ortélius.

GIUTRAMBACARIENSIS, siège épiscopal d'Afrique, dans la province Proconsulaire.

GIUTSITENSIS, siège épiscopal d'Afrique: dans la conférence de Carthage on trouve Procule, évêque, *plebis Giutsitensis Salariæ*.

GIZAMA, ville de la Mésopotamie, selon Ptolemée, *L. V*, *c. 18*.

G L

GLACANICÆ. Arrien, *exped. Alex. L. V*, *c. 20*, *p. 221*, ayant dit qu'Alexandre entra dans le pays d'un peuple voisin du royaume de Porus, ajoute: ce peuple étoit nommé par Aristobule *Glaucanicæ*, & *Glausæ*, selon Ptolemée.

GLANDOMIRUM, ville de l'Espagne tarragonnoise, au pays des *Callaici Lucenses*, selon Ptolemée, *L. II*, *c. 6*. Elle est nommée dans l'itinéraire d'Antonin *Grandimirum*, sur la route de Brague à Astorga.

N. B. On croit que le mot *Glan* avoit rapport à quelque lieu élevé.

GLANIS, rivière de l'Ibérie, selon Isace sur Lycophron, cité par Ortélius.

GLANNATIVA (*Glandèves*). Cette ville n'est pas nommée dans les anciens; c'est seulement dans les notices de l'empire qu'il est fait mention de *Glannativa* comme tenant un rang distingué dans la province des Alpes maritimes.

GLANNIBATA, ville de l'île de la Grande-Bretagne, selon la notice de l'empire, *sect. 63*.

GLANOVENTA, lieu de la Grande-Bretagne. Antonin, *itinér.* le met à dix-huit milles de *Galava* en allant vers *Mediolanum*.

GLANUM, ville de la Gaule, dans la province Viennoise, au pays des *Salyes*, ou Salyens,

M. d'Anville croyoit que cette ville avoit existé au lieu où est actuellement Saint-Remi. Mais M. Menard (*Mém. de litt. T. XXXII, p. 650*), n'est pas de ce sentiment : il la place à mille toises de cette ville, en tirant vers le sud-sud-est. Ce lieu avoit été bâti par les Romains en partie sur le penchant du côteau, en partie dans la plaine qui est au bas : on y trouve un grand nombre d'antiquités.

Le nom de *Glanum* paroît avoir indiqué une bourgade. Pline la nomme *Glanum-Livii*. M. Menard pense que ce Livius peut être celui qui fut consul avec L. Calpurnius, l'an de Rome 739 : il croit que ce M. Livius Drusus fonda cette ville après son consulat, étant proconsul de la province romaine.

La ville de *Glanum* fut détruite vraisemblablement vers l'an 408, lorsque les Vandales ravagèrent la Provence.

Le P. Papon pense que ce fut en l'honneur de Néro-Claudius Drusus que l'arc de triomphe de *Glanum* fut élevé.

GLAPHYRÆ. J'ignore absolument la position de cette ville. Il est probable qu'elle se trouvoit dans la partie de la Thessalie appelée *Phthiotide*, ou dans la Magnésie; car Homère (vers 219 du catalogue), la nomme après le lac *Bœbe* & avant *Iolcos;* ce qui peut faire présumer qu'elle est entre ces deux objets.

GLARI, lieu de l'Arabie heureuse, selon Pline, *L. VI, c. 28*.

GLAUCE, lieu maritime, avec un havre, dans l'Ionie, au territoire de Mycale, selon Thucydide, *L. VIII, p. 607*.

GLAUCHUS, fleuve de l'Achaïe, au nord-ouest & à l'est d'*Olène*.

Ce nom, qui signifie en grec *eau bleuâtre*, &, en général, la couleur des belles eaux, lui avoit été donné comme une épithète due à la couleur des siennes.

GLAUCI INSULA, l'île de Glaucus. Pline, *L. IV, c. 12*, la nomme *Glauconesus*, île de l'Archipel. Pausanias, *L. VI, c. 10*, dit que Glaucus, athlète célèbre, y étoit enterré.

GLAUCI SALTUS, le bois de Glaucus, lieu de Grèce, dans la Béotie, près de la mer, dans le voisinage d'Anthédon, selon Pausanias, *L. IX, c. 22*.

GLAUCI TRIBUS, la tribu de Glaucus, peuple d'Asie, dans la Lycie, selon Etienne de Bysance.

GLAUCIA, petite ville ou bourg de l'Ionie, selon Etienne de Bysance.

GLAUCIA, rivière de Grèce, dans la Béotie, au voisinage du fleuve Inachus, selon Plutarque, *quæst. græc.*

GLAUCONIS CIVITAS & GLAUCONIS INSULA. Les exemplaires latins de Ptolemée nomment ainsi une ville & une île, voisine de celle de Malthe, sur la côte d'Afrique.

GLAUCOPIUM, montagne de l'Attique, selon Strabon. Eustathe, sur le troisième livre de l'Odyssée, dit que l'on appeloit ainsi la citadelle d'Athènes.

GLAUCUM, promontoire du nôme de la Libye, aux confins de la Marmarique & de l'Egypte, selon Ptolemée, *L. IV, c. 5*. Au midi de ce promontoire, plus avant dans les terres, il y avoit une ville de même nom.

GLAUCUS, rivière du Péloponnèse, dans l'Achaïe, au voisinage de la ville de Patras, selon Pausanias, *L. VII, c. 18*.

GLAUCUS, fleuve de l'Asie mineure, dans la Lycie. Il avoit son embouchure au nord-est de la ville de Telmissus, dans le fond du golfe de Glaucus, dans la partie orientale de ce golfe, vers le 36ᵉ deg. 55 min. de latit.

GLAUCUS PORTUS. Selon Strabon, port de mer, dans une petite baie à l'embouchure du Glaucus, dans le territoire des Rhodiens, en terre ferme.

GLAUCUS, rivière d'Asie, dans la Colchide, où elle se jette dans le Phase, selon Pline, *L. VI, c. 4*, & Strabon, *L. XI, p. 498*.

GLAUCUS-SINUS, golfe de l'Asie mineure, dont l'entrée & le fond sont nord-ouest au sud-ouest, vers le 36ᵉ deg. 40 min. de latit. jusqu'au 37ᵉ deg. La ville de Telmissus étoit située au fond de la partie orientale de ce golfe. Dans l'antiquité, ce golfe avoit porté le nom de *Telmissus*, ou *Telmissidus Sinus*, du nom de la ville de *Telmissus*.

GLECO, lieu de Grèce, dans la Phocide, selon Hésiode, qui lui donne le surnom de *Turrigera*. Cela se trouve dans deux vers que cite Strabon, *L. VIII, p. 424*.

GLERENUM, petite ville d'Italie, dans la Pouille, selon Plutarque; mais on observe que c'est une faute, & qu'il faut lire *Geranium*.

GLESSARIA. Pline, *L. IV, c. 13*, dit : il y a vingt-trois îles qui sont connues à cause des guerres des Romains : les plus remarquables sont *Burchania* & *Glessaria*.

GLETES, nation de l'Ibérie, en Europe, selon Etienne de Bysance; elle étoit voisine des Cynètes. Des savans pensent que c'est le peuple appelé par Strabon *Igletæ*, ou *Igletes*.

GLINDITIONES, peuple de la Dalmatie, selon Pline. Appien les nomme *Clintidiones;* ce sont les Iglètes de Strabon. Ortélius, *thésaur.*

GLISAS, bourg de la Béotie, à l'est de Thèbes & très-près de *Telmessus*, au nord-est. Près de ce lieu étoit une petite éminence, où croissoient des arbres sauvages & des arbres fruitiers : on prétendoit que c'étoit la sépulture de ceux qui avoient accompagné Egialée, fils d'Adraste, dans son expédition contre Thèbes. Sur le chemin de Thèbes à Glisas étoit le lieu appelé *la tête du serpent*. (*Voyez serpentis caput. Pauf. in Beot. c. 19*).

Cet auteur ajoute qu'au-dessus de *Glisas* est une montagne nommée *Hypatos*, sur laquelle il y avoit un temple de Jupiter & une statue de Jupiter Hypatos, c'est-à-dire, suprême. Elle étoit sur un petit ruisseau nommé *Thermodon*, qui se jetoit dans l'Asopus. On peut croire que cette ville avoit été considérable, puisque l'on voit dans Homère qu'elle avoit envoyé des vaisseaux à la guerre de Troyes.

GLOCIACENSES, peuple de la France, selon Ortélius, qui dit qu'il en est parlé dans la vingt-cinquième épitre d'Yve. (*La Martinière*).

GLYCERIUM, petite île de la Propontide : il en est fait mention dans les constitutions de l'empereur Emmanuel Comnène & dans la vie de saint Nicétas. Ortélius, *thesaur.*

GLYCUS, village d'Asie, dans la Troade, selon Suidas, *in voce Polemon.*

GLYMPES, *ou* GLYPPIA, ville du Péloponnèse, dans la Laconie, au nord de *Marios*. Pausanias écrit *Glyppia* & en fait un village.

GLYPHIUM. Hésychius nomme ainsi une montagne & une caverne.

G N

GNA, colonie & rivière de la Mauritanie tingitane, selon quelques exemplaires de Pomponius Méla, *in fine.*

GNATIA, ville de l'Italie, & l'avant-dernière station du voyage d'Horace à Brundusium.

Il reste peu de vestiges de son antiquité.

GNEBADEI, peuple arabe, entre les Troglodytes, dans l'Ethiopie, selon Pline, *L. VI.*

GNES, peuple des Rhodiens, selon Etienne; il les nomme aussi *Gnetes* & *Ignetes*, dit Ortélius, *thesaur.*

GNIDEUS. *Voyez* CNIDE, qui devroit être écrit CNIDUS : c'est une faute, la nomenclature de cet ouvrage étant exprimée en latin.

GNOSSUS, *ou* GNOSUS, ville de l'île de Crète. Strabon dit qu'on la nommoit autrefois *Cæratus*, du nom de la rivière qui l'arrose. Pausanias, *in Attic. c. 27*, dit qu'il y avoit à Gnosse un labyrinthe. Polybe, *L. IV, c. 54*, parle des ravages que cette ville souffrit pendant la guerre qu'il décrit. Elle avoit un port nommé *Heracleum*, dont elle étoit assez éloignée, étant dans l'intérieur du pays.

G O

GOARENE & GOARIA. Etienne de Bysance nomme ainsi un canton voisin de Damas. Ptolemée, *L. V, c. 15*, met en Syrie, dans le Palmyrène, une ville nommée *Goaria.*

GOARIA, ville de l'Asie, dans la Syrie, au nord-est de Carræ, à l'ouest de Danaba, vers le 44e deg. de latit.

GOARIS, rivière de l'Inde, en-deçà du Gange, selon Ptolemée, *L. VII, c. 1.* Quelques exemplaires portent *Gaoris.*

GOB, plaine d'Asie, dans la Palestine, dans laquelle se donnèrent deux combats entre les Hébreux & les Philistins. Dans les paralipomènes, *L. 1, c. 20, v. 4*, on lit *Gazer*. Les Septante, dans quelques exemplaires, portent *Nob*; & dans d'autres, *Geth.*

GOBÆUM PROMONTORIUM. Selon l'indication de Ptolemée, c'est l'endroit du continent de la Gaule le plus avancé vers la mer du Couchant. On y reconnoît, dit M. d'Anville, la pointe de la Bretagne qui a pris le nom de *S. Mahe.*

GOBANIUM, *ou* GOBANNIUM, nom d'une place de la Grande-Bretagne. Antonin, dans son itinéraire, la met entre *Burium* & *Magnis*, à douze mille pas de la première, & à vingt-deux mille pas de la seconde.

GOBOEA, port de l'Arabie heureuse, vers l'orient, selon Pline, *L. VI, c. 28.*

GOBOLITIS REGIO. C'étoit, selon Joseph, le pays qu'avoient habité les Amalécites.

GOBRYA, rivière d'Asie, au pays des Paropanisades, selon Ptolemée, qui dit qu'elle se mêle avec le Dorganes, qui vient de la Bactriane.

GODANA, ville d'Asie, dans l'Arie, selon Ptolemée, *L. VI, c. 17.*

GODASA, ville d'Asie, au septentrion de la Mélitène, sur une petite rivière qui alloit se perdre dans l'Euphrate, au sud-est de cette ville. Elle étoit située vers le 38e deg. 30 min. de latit.

GODOSALABA, *ou* GODOZALABA, *ou* CODOSALABA, *ou* CODUZALABA. Selon les divers exemplaires de l'itinéraire d'Antonin, lieu de la petite Arménie, sur la route de Césarée à Anazarbe, entre Artaxate & Comane, à vingt-quatre mille pas de la première, & à vingt-six mille pas de la seconde.

GOELEATOS, château dont parle Cédrène; Ortélius conjecture qu'il étoit dans le voisinage de Constantinople.

GOERATHA, ville de l'Arabie heureuse, selon Ptolemée, *L. VI, c. 7.* Quelques interprètes latins écrivent *Giratha*. Elle étoit dans l'intérieur du pays.

GOFNA, ville de la Palestine, au nord-ouest de Bethel; elle avoit donné son nom à la petite région nommée *Gofnitica.*

GOGANA, lieu de la Perside, sur le golfe Persique, à six cens stades d'Apostamos. Néarque mouilla sous Gogana, à l'entrée d'un torrent nommé *Aréon.*

GOGARENA, contrée d'Asie, dans l'Arménie, selon Strabon, *L. XI, p. 528.* Elle étoit contiguë à la Sacassène, contrée qui s'étendoit jusqu'à l'Albanie & jusqu'au fleuve Cyrus. Elle étoit au-delà du Cyrus, & avoit appartenu aux Ibères, à qui les Arméniens l'enlevèrent, selon cet auteur.

GOLAN, *ou* GAUBON, lieu de la Palestine, au sud du lac Tibérias.

GOLGOS, *ou* GOLGI, ville de Cypre. Vénus en tiroit le surnom de *Golgia*. Golgos étoit renommée par le culte qu'on y rendoit à cette déesse.

GOLOE, lieu dont parlent Cédrène & Curopalate. Ortélius croit qu'il étoit de la Thrace.

GOMOHA, ville d'Arabie, selon la notice de l'empire, *sect.* 22.

GOMOLITÆ, peuple de l'Idumée, selon Etienne de Bysance. Mais il paroît qu'il a mal écrit ce nom, ou qu'il a été altéré par quelque copiste. Aucun auteur ne parle des *Gomolitæ*; &, au contraire, Joseph, bien plus instruit qu'Etienne de Bysance sur la Palestine, parle d'une région qu'il nomme *Gobolitis.*

GOMORA, ville d'Assyrie, selon Ptolemée, *L. VI, c. 1.* Quelques exemplaires portent *Gomara.*

GOMORRHA, ville de la Palestine, & l'une des principales de la Pentapole. (*Genes. c. 10, v. 19*), qui périrent par le feu du ciel.

GOMPHI, ville de Grèce, dans la Thessalie. César, *bell. civil. L. III, c. 80*, dit qu'il arriva à Gomphi, qui est la première ville de Thessalie, quand on vient d'Epire. Ptolemée, *L. III, c. 13*, la met dans l'Estiotide, qui, selon la remarque de Strabon, étoit la partie la plus occidentale de la Thessalie. Tite-Live, *L. XXXI, c. 41*, parle aussi de cette ville. Elle a été épiscopale.

GONDRÆ, peuple de Thrace, selon Etienne le géographe, qui dit qu'Hérodote les appelle *Cindra* & *Ronda.*

GONGALÆ, peuple de la Libye intérieure, selon Ptolemée, *L. IV, c. 6.*

GONIMI. C'est, selon Etienne de Bysance, le nom d'une île.

GONIUM, montagne, dans le territoire des Carthaginois, selon le livre des merveilles, attribué à Aristote.

GONNI, ville de Grèce, dans la Perrhébie, selon Etienne de Bysance, qui en nomme le territoire *Gonnia Regia.* (*Voyez* GONNOS).

GONNIS. Eusthathe écrit ainsi le nom de la ville de Thrace, qu'Etienne le géographe appelle *Goneis.*

GONNUS, *ou* GONNOS, *ou* GONNI, ville de Grèce, dans la Perrhébie. Ptolemée, *L. III, c. 13*, & Strabon, *L. IX*, en parlent. Le premier la donne aux Pélasgiotes; le second dit: Oloosson & Olone sont des villes de la Perrhébie, de même que *Gonnus.* Lycophron écrit simplement *Gonos*, & lui donne l'épithète de Perrhæbica.

Elle étoit près du Pénée, au nord, vers l'endroit où l'Olympe & l'Ossa s'approchant l'un de l'autre, ne laissent au Pénée que l'étroit vallon de Tempé pour aller se jeter dans la mer près de l'endroit où le *Titaresius* se jette dans le Pénée, au nord de la pointe ouest du lac Bœbéis & de la pointe ouest du golfe Pélasgique (qui en étoient assez loin au sud), à l'entrée du délicieux vallon de Tempé, à vingt milles à l'est de Larissa. Eusthathe dit que ce fut la même ville qui fut appelée *Gononsa.*

GONNOCONDYLUM, ville de Grèce, en Macédoine, dans la Perrhébie. Tite-Live, *L. XXXIX, c. 25*, dit: après que les Thessaliens eurent parlé, les Perrhébiens prétendirent que Gonnocondylum, que Philippe avoit nommé *Olympiade*, avoit été de la Perrhébie, & qu'on la leur devoit rendre.

GONOESSA, ville de la Grèce, dans le Péloponnèse. Il est reconnu actuellement que c'est *Gonoessa* qu'il faut lire dans le cinq cent soixante-quatorzième vers du second livre de l'Iliade. Pausanias avertit que les livres d'Homère ayant été dispersés, & Pisistrate les ayant rassemblés, on écrivit, par ignorance, dans le texte, *Δονόεσσαν*, *Donoessa.* On a supprimé, depuis, cette leçon vicieuse. On trouve cette ville sous le nom de *Gonussa.* Au temps de Pausanias, elle appartenoit aux Sicyoniens.

GONTIANA, ville de la Mauritanie tingitane, selon Ptolemée.

GONUSA, GONUSSA, ville de la Perrhébie, selon Eusthathe & Etienne le géographe. Le scholiaste de Lycophron dit *Gonus*, qui est aussi nommée *Gonusa*, ville de la Perrhébie. C'est la même que *Gonnus.*

GONUSSA, *ou* GONUSSE, petit bourg de l'Achaïe, à l'est de *Phelloe.* Pausanias dit seulement que de son temps elle appartenoit aux Sicyoniens.

GOPHNA, GOPHNITH, *ou* GUPHNA, ville de la Palestine, & chef-lieu d'une des dix toparchies de la Judée. Joseph, *de bell. L. III, c. 4*, en compte onze, en y comprenant Jérusalem. Eusèbe, *in locis ad vocem*, met la ville de Gophna à quinze milles de Jérusalem, en allant à Sichem. Pline, *L. V, c. 14*, qui ne compte que dix toparchies dans la Judée, met *Toparchia Gophnitica* pour la sixième. Ptolemée, *L. V, c. 16*, nomme cette ville *Gaphna*, & la nomme *Emmaüs* & *Archelaïs.*

GOPHA, ville de l'Ethiopie, sous l'Egypte, selon Pline, *L. VI, c. 29.*

GOR, ville d'Afrique, de laquelle il est parlé dans les ouvrages de saint Augustin & de saint Cyprien. Le concile de Carthage en fait aussi mention.

GORA, ville de l'Ethiopie, sous l'Egypte, selon Pline, *L. VI, c. 29.* Il dit qu'elle étoit dans une île.

GORA, rivière de l'Asie mineure, selon Métaphraste, dans la vie de saint Joanice. Ortélius, *thesaur.*

GORALUS, fontaine de l'Arabie heureuse, selon Pline, *L. VI, c. 28.*

GORAMA, contrée d'Arabie, selon Etienne de Bysance.

GORAMENI, peuple d'Arabie, habitans du pays de Gorama, selon Etienne de Bysance. Ils vivoient sous des tentes.

GORBEUS, lieu de la Galatie, sur la route d'Ancyre à Césarée par Nysse, à vingt mille pas de la première, selon Antonin, *itinér.*

GORDA, ville de l'Arabie heureuse, à 76 deg. 10 min. de long. & à 16 deg. de latit. selon Ptolemée, *L. VI, c. 7.*

GORDA, autre ville de l'Arabie heureuse, selon

le même, à 82 deg. de long. & 24 deg. 30 min. de latit.

GORDATUS LOCUS, lieu ainsi nommé par Constantin, ou, si l'on aime mieux, par Denys d'Utique, au livre second de l'agriculture, *c. 21.* Ortélius, *thesaur.* soupçonne que ce lieu étoit en Arabie. (*La Martinière*).

GORDENE, contrée de la Grande-Arménie, selon Ptolemée, *L. V, c. 13.* Le même pays est appelé *Gordyene* par Strabon & par Plutarque dans la vie de Lucullus.

GORDIÆUS MONS, montagne de la Grande-Arménie, selon Ptolemée, *L. V, c. 13.*

GORDIANA REGIO, contrée d'Asie, auprès de la Galatie: la ville de Gratianopolis en étoit, selon Métaphraste dans la vie de saint Théodore, abbé. Ortélius, *thesaur.*

GORDIANI, peuple habitant la Gordène, contrée de la Grande-Arménie, selon Quinte-Curce, *L. V.*

GORDIANI-MONUMENTUM (*Zoxo-Sultan*). Les soldats romains élevèrent une colline pour servir de sépulture à Gordien, qui leur étoit cher. Ce lieu étoit en Asie, dans la Mésopotamie, au-dessous & au sud-est de *Zaïtha* & de *Circesium*, près de l'Euphrate, vers le 35e deg. de latit.

GORDIANORUM VILLA, la maison de campagne des Gordiens, en Italie, sur le chemin de Rome à Preneste, selon Julius Capitolinus. Ortélius, *thesaur.*

GORDITANUM PROMONTORIUM, cap de l'île de Sardaigne, selon Pline, *L. III, c. 7*, & Ptolemée, *L. III, c. 3.* Ils le placent sur la côte occidentale de l'île.

GORDIUM, ville d'Asie, dans la Phrygie. Arrien, Xénophon & les historiens d'Alexandre-le-Grand, font mention de *Gordium*, sur le fleuve Sangar, dans la Phrygie; & ce fut-là que ce roi parvint à défaire le nœud gordien en le coupant. Elle avoit été la capitale des états de Midas. Elle eut dans la suite le nom de *Juliopolis.*

GORDO-SERVORUM, ville épiscopale de la seconde Bithynie.

GORDUM, ville d'Asie. Elle étoit épiscopale. Socrate, *L. XIV*, la met dans la Lydie, & Caliste dans la Lycie.

GORDIÆA, contrée & ville de l'Asie, près de la source du Tigre, selon Etienne le géographe. Cet auteur en attribue l'origine à Gordye, fils de Triptolême.

GORDUNI, ancien peuple de la Gaule belgique, dans la dépendance des Nerviens. Jules-César, *L. V, c. 38*, est le seul qu'il l'ait nommé.

GORDYNESIA, ville de la Grande-Arménie, selon Ptolemée, *L. V, c. 13.*

GORDYNIA, ville de Grèce, dans la Macédoine, selon Etienne de Bysance. Ptolemée, *L. III, c. 13*, la nomme *Gordenia* & la met dans l'Emathie. Pline dit *Gordiniæ.*

GOREIRO, île du golfe de Venise, entre l'Istrie & la Dalmatie, selon l'itinéraire d'Antonin.

GORGA, ville des Eutalites, aux frontières de Perse, vers le nord, selon Procope, cité par Ortélius, *thesaur.*

GORGADES, *ou* GORGATES, île de l'Océan Atlantique, selon Pline.

GORGIPPIA, ville de l'Inde, selon Etienne de Bysance.

GORGIUM, lieu de la Sicile, selon Diodore de Sicile, *L. 20.*

GORGODYLENA, lieu de l'Arménie, près du mont Niphate, selon Strabon, *L. XI, p. 527.*

GORGONES, peuple de la côte d'Afrique, sur l'Océan Atlantique. Myrina, reine des Amazones, leur fit la guerre, selon Diodore de Sicile, *L. III.*

GORGONES, GORGADES, *ou* GORGONUM INSULÆ. (*Voyez* GORGADES).

GORGOPIS, marais auprès de Corinthe. On le nommoit aussi *Eschatiotis.*

GORGOS, rivière d'Assyrie. Elle se décharge dans le Tigre, selon Ptolemée, *L. VI, c. 1.*

GORGYIA, lieu de l'île de Samos, dans l'Archipel, selon Etienne de Bysance.

GORGYLUS, petit fleuve de la Laconie, qui couloit à l'ouest de *Cariæ.*

GORIDORGIS, ville de la Germanie, selon Ptolemée, qui la place sur le Danube.

GORILLARUM INSULA. Cette île est connue par le voyage d'Hannon; elle se trouvoit dans un grand lac: on y trouva beaucoup plus de femmes que d'hommes. On en prit quelques-unes, que l'on ne put conserver vivantes à cause de leur férocité.

M. de Bougainville croit avoir retrouvé la situation de cette île. (*Mém. de litt. T. XXVI, p. 21*).

GORMANUM, ville des Jazyges Métanasses, selon Ptolemée, *L. III, c. 7*; il la nomme, *L. VIII, Eur. tab. 9*, *Bormanum.* Il dit, en ce dernier endroit, que le plus long jour y est de seize heures.

GORNEAS CASTELLUM, forteresse d'Asie, aux confins de l'Arménie & de l'Ibérie, selon Tacite, *annal. L. XII, c. 45.*

GORTHYS, ville de l'Arcadie, à l'est du fleuve d'*Alphée* & sur le fleuve *Lusius.*

Elle avoit autrefois été une ville, mais elle s'étoit fort affoiblie en contribuant à l'agrandissement de *Megalopolis.* On n'y voyoit plus, au temps de Pausanias, qu'un temple d'Esculape, fait du marbre du mont Penthélique, ainsi que la statue du dieu représenté sans barbe. Hyégia ou la Santé y avoit aussi le sien. On prétendoit qu'une cuirasse, placée au bout d'une lance, étoit un présent d'Alexandre, offert par lui en ce lieu à Esculape. Le village de Gorthis étoit traversé par un fleuve que l'on nommoit à sa source le *Lusius*; il prenoit à ce village le nom de *Gortynius.*

GORTINII, peuple d'Asie, vers l'Arménie, selon Strabon, *L. 11, p. 80.*

GORTUÆ, peuple de l'Eubée, qui se trouvoit

en Asie, à la suite de l'armée de Darius, selon Quinte-Curce, *L. IV*.

GORTYNA, ville de l'île de Crète, au sud-ouest de Cnossus & de l'autre côté des montagnes : on a aussi écrit *Gortyn*. Homère lui donne l'épithète de τειχιόεσσα, entourée de *hautes* ou de *fortes* murailles. Cette ville étoit, selon Strabon, à quatre-vingt-dix stades de la mer d'Afrique, c'est-à-dire, de la partie de la Méditerranée qui baignoit la partie méridionale de l'île. Elle étoit arrosée par le petit fleuve *Lethanis*. Une ancienne tradition, répétée par Solin, portoit que Jupiter changé en taureau, & emportant sur son dos la belle Europe, entra ainsi triomphant dans ce fleuve. C'est peut-être pour donner un sens historique, qu'Eustathe avoit dit que Gortyne avoit été fondée par Taurus, roi de Crète, & ravisseur d'Europe. Quoi qu'il en soit de cette haute origine, ce ne fut qu'après la conquête de l'île par les Romains, que cette ville devint la première de l'île. Je ne dois pas omettre de faire remarquer comme un fait intéressant en histoire naturelle, que Pline parle d'un platane qui étoit près de Gortyne, dont les feuilles ne tomboient que quand il en venoit de nouvelles.

Les premiers cultivateurs n'ayant pu expliquer la cause de ce phénomène, qui se répète journellement dans nos îles d'Amérique à l'égard de toutes sortes d'arbres, les mythologues s'en chargèrent, & prétendirent que c'étoit sous ce platane que s'étoit passée la première conversation un peu tendre entre Jupiter & Europe, & que par une suite de cette préférence, le dieu lui avoit accordé une verdure continuelle. On voit encore des restes considérables de l'ancienne Gortyne.

GORTYNIA, ville de Grèce, dans la Macédoine, selon Thucydide, *L. II, p. 169*. Elle étoit dans la partie septentrionale.

GORTYNIUS AMNIS, petite rivière du Péloponnèse ; Pausanias, *L. V, c. 7*, dit qu'elle couloit auprès de Gortyne, ville de l'Arcadie, & qu'elle tomboit dans l'Alphée.

GORTYS, ville du Péloponnèse, dans l'Arcadie, auprès de Mégalopolis. Elle dégénéra par la suite en village. Pausanias, *L. VIII*.

GORYA, ville de l'Inde, en-deçà du Gange, selon Ptolemée, *L. VII, c. 1*. Elle donnoit son nom à un pays où ce géographe place cinq villes. Ce pays s'appeloit *Goryæa*.

GORZA, bourg de l'Afrique propre, aux frontières du territoire de Carthage, selon Polybe, *L. I, c. 74*.

GOSEN, pays ou terre de la Palestine, dans les montagnes de la tribu de Juda. Il est dit au livre de Josué, *c. 10*, qu'il s'en empara & qu'il en tua les habitans.

GOSHEN (*la terre de*), pays situé sur la rive droite du Nil, au-dessous de Babylone.

Lorsque Joseph invita son père & ses frères à venir en Egypte, il leur dit qu'ils habiteroient dans la contrée de Goshen, & qu'ils seroient près de lui. La terre de Goshen étoit du district d'Héliopolis.

GOTHENI, peuple de l'Asie mineure, vers la Propontide, selon Constantin Porphyrogénète.

GOTHI, les Goths. Ce peuple, qui se répandit en assez peu de temps dans les parties méridionales de l'Europe, paroît, dans son origine, être le même que celui nommé par Tacite *Gothones*, & *Guttones* par Pline, & par Ptolemée *Gutæ*. S'il prit son origine dans l'île appelée actuellement *Gothland*, comme son nom semble l'indiquer, c'est ce que je n'oserois assurer. Je ne le crois pas même. Je pense qu'il habitoit d'abord la Scandinavie. J'entends par Scandinavie la Suède actuelle. En étendant leurs domaines, les Goths se seront emparés de l'île qui prit leur nom ; & de-là ils auront passé en Sarmatie & dans la Dacie. Ce dernier pays avoit été autrefois habité par les Gètes : de-là il est arrivé qu'on leur en a donné le nom. Les Romains, qui ne commencèrent à les connoître que lorsqu'ils s'avancèrent de ce côté sur les bords du Danube, les nommèrent aussi Gètes.

Les Goths bataillèrent long-temps contre les Romains dans toute la partie du sud-est de l'Europe. Malgré les pertes qu'ils y essuyèrent, puisque l'empereur Claude, qui en prit le nom de *Gothique*, leur tua en Mœsie cinquante mille hommes, ils trouvèrent moyen de se relever de leurs pertes. Unis avec d'autres Barbares, ils passèrent même en Asie, & infestèrent pendant long-temps les bords du Pont-Euxin. Leurs vaisseaux couvrirent aussi la mer de l'Archipel. Le mont Hæmus leur servit pendant quelque temps de retraite, pour se remettre des défaites qu'ils éprouvoient. Il faut convenir, ce me semble, que l'on comprend ici sous le nom de *Goths* tous les Barbares que les Romains avoient à combattre de ce côté. Car, comment une seule nation sauvage, c'est-à-dire, manquant de culture & d'une grande partie des commodités de la vie, auroit-elle pu fournir à une population aussi nombreuse ? Lorsqu'après les dernières victoires de l'empereur Claude, ils furent forcés de demander quartier & consentirent à s'établir sur les terres qu'il leur abandonna, les Romains se vantoient d'avoir détruit une armée de trois cens vingt mille Goths, & fait périr deux mille de leurs vaisseaux. Et cependant il en restoit encore d'établis dans la Mœsie, tandis que quelques-uns pilloient encore la Thrace : ceux-ci furent dissipés par les gens du pays.

Sous l'empire d'Aurélien, les Goths se jettèrent sur la Pannonie. On marcha contre eux, ils furent battus, repassèrent le Danube, & demandèrent la paix. Les empereurs qui lui succédèrent ne les continrent non plus que par la force. On voit que sous Constantin ils étoient encore en armes, & que ce prince leur livra plusieurs combats.

La religion chrétienne avoit fait alors de grands progrès dans l'empire : elle pénétra jusques chez les Goths. Mais elle leur fut enseignée par des prêtres

Ariens. De-là la haine qu'ils montrèrent si vivement contre les catholiques.

Mon objet n'est pas de présenter ici l'histoire des Goths. Mais il est important de ne pas laisser ignorer que ce fut cette nation qui, divisée par leurs positions en Europe, à l'orient & à l'occident, en reçurent la dénomination de *Goths orientaux* ou d'*Ostrogoths*, & de *Goths occidentaux* ou *Wisigoths* (1). Ce fut sous l'empire de Valens, vers l'an 370, que cette division fut connue des Romains.

Cette division donna lieu à deux nations très-distinctes, qui eurent chacune leurs rois. Selon Jornandès, la famille royale des Ostrogoths se nommoit les *Amales*, d'après Amale, ancien roi de la nation : la famille royale des Wisigoths portoit le nom de *Balthes*, dérivé de *Balth*, hardiesse.

Des Ostrogoths.

Les Ostrogoths étoient répandus dans les parties orientales de l'Europe, lorsqu'au milieu du quatrième siècle, les Huns, venus au travers de l'Asie, des frontières de la Chine, tombèrent sur eux & les repoussèrent vers l'occident. Ils demandèrent à à Valens la permission de s'établir sur les terres de l'empire : ce prince la leur accorda en leur cédant une partie de la Thrace, l'an 377 de notre ère. La mauvaise conduite des officiers de l'empire à leur égard, les indigna. Ils prirent les armes pour s'en venger. Cette démarche fut traitée d'ingratitude & de trahison. Valens marcha contre eux ; il y périt. Les Goths essayèrent inutilement de profiter de cet avantage ; car ayant assiégé successivement plusieurs places de la Thrace, & entre autres Constantinople, ils échouèrent dans toutes ces entreprises.

Ils s'en dédommagèrent par des courses, à la faveur desquelles ils se répandirent en pillant jusqu'aux Alpes Juliennes.

Théodose, envoyé contre eux par l'empereur Gratien, eut des succès si étonnans, qu'il mérita d'être associé à l'empire. Il eut encore occasion d'exercer contre eux sa valeur. Enfin, il les força de mettre bas les armes, & de se soumettre à vivre en paix. Usant de ses victoires en grand homme, il leur fit donner des vivres & leur assigna des terres dans quelques provinces de l'empire.

Ce peuple, long-temps féroce, mais toujours fier & prêt à prendre les armes, eut honte, après la mort de leur respectable vainqueur, d'obéir à ses fils Arcadius & Honorius, qui se livroient à la mollesse. Ils élurent pour roi Alaric ; un autre parti, que l'on soupçonne être les Wandales, eut pour roi Radagaise ; ils s'avancèrent en armes sur les terres de l'empire. Radagaise, entré le premier en Italie, y fut battu, pris & mis à mort par Stilicon, général des troupes d'Honorius. Alaric accourut pour venger Radagaise. Il soumit l'Italie, prit, pilla, saccagea Rome, & emmena avec lui Placidie, sœur d'Honorius. Il mourut peu après à *Cosenza*.

Ataulphe gouverna les Goths, épousa Placidie, fit alliance avec les Romains, & passa en Italie. Les Goths qu'il conduisoit portèrent essentiellement le nom de *Wisigoths*. Ce fut alors que le Languedoc, la Provence, le Roussillon & la Catalogne commencèrent à porter le nom de *Gothie*, & les habitans, ou plutôt leurs conquérans, celui de *Wisigoths*.

Cependant, les Ostrogoths qui étoient restés en Thrace prirent les armes contre l'empereur Zénon. Celui-ci les amena, par des insinuations adroites, à passer en Italie. Théodoric les gouvernoit alors ; & Odoacre, roi des Hérules, maître de l'Italie, soutint contre lui dans Ravenne, un siège de trois ans. A la fin, il se rendit au roi Goth, qui le fit mourir peu après. C'est à cette époque que commence le royaume des Goths en Italie.

On en fixe le commencement à l'an 493 : & la fin à l'an 553.

Théodoric régna avec autant d'éclat que plusieurs des empereurs romains. Son empire s'étendoit jusques sur la Rhétie & sur la partie méridionale de la France. Ce prince laissa pour successeur un jeune enfant, fils de sa sœur Amalasunthe. Cette princesse, après avoir gouverné sagement du vivant de son fils, qui mourut au bout de huit ans, partagea le trône avec Théodat. C'étoit un monstre d'ingratitude : il la fit mourir. Justinien, jaloux de recouvrer l'Italie, prétexta la mort de cette princesse, dont il parut vouloir tirer vengeance. Il envoya Bélisaire contre les Goths. Malgré les succès de ce général, il fut rappelé. Narsès lui succéda. Celui-ci vainquit Téias, & mit fin au royaume des Goths, l'an 553.

Des Wisigoths.

Les Wisigoths, ainsi que je l'ai dit, s'étoient formé un état puissant dans la Gaule & dans l'Hispanie. Ce n'est guère que d'Euric que l'on commence à compter les règnes des rois Wisigoths en ce pays. Ce prince, après de grandes conquêtes sur les Romains, en 472, mourut en 484.

Alaric, qui lui succéda, fut tué en France, à la bataille de Vouglé, en 507. Gésalic, qui fut proclamé par un parti goth, fut chassé en Afrique en 509. Théodoric, roi des Ostrogoths, régna sur les Wisigoths, à commencer de 511, & mourut en 526. On place après lui le règne d'Amalaric.

Theudis est le premier qui ait établi le siège de son empire en Espagne : ce fut probablement à Barcelone : il fut assassiné l'an 548. On sait que pour se venger de l'outrage fait à sa fille par le roi Rodrigue, le comte Julien appela les Maures d'Afrique en Espagne. Ces Arabes y vinrent en effet avec une

---

(1) On retrouve ici les noms *Est* & *Ouest*, écrit dans quelques langues *West*, dont nous nous servons pour désigner les points de l'orient & de l'occident.

flotte considérable. Rodrigue fut défait en bataille rangée le 27 juillet de l'année 712.

Telles furent à-peu-près les grandes révolutions qu'éprouvèrent les Goths, tant sous leur premier nom de *Gothi*, que sous celui d'*Ostrogothi* & de *Wisigothi*.

GOTHIA. On trouve quelquefois ce mot dans les auteurs du moyen âge, pour désigner le pays habité par les Goths. Mais comme ces peuples ont passé dans plusieurs contrées successivement, ce nom de *Gothia* est toujours relatif à leur demeure, lors de l'époque dont il est question.

GOTHIA, ville & siège épiscopal, dans la Chersonnèse de Thrace, selon la notice de Léon-le-Sage. L'Anonyme de Ravenne la nomme *Gothis*, *L. V, c. 12*.

GOTHINI. Ces peuples sont nommés *Getones* par Tacite & par Justin, & *Guttones* par Pline.

On lit dans les observations historiques par M. de Peyssonnel, que ces peuples habitoient originairement une partie de ces terres qui sont entre l'Océan septentrional & la mer Baltique; qu'ils quittèrent cette première demeure & descendirent jusques sur les bords de la Vistule, plus de trois cens ans avant J. C. & qu'alors ils se trouvèrent mêlés avec les Vandales. Il ajoute que ces peuples ayant ensuite étendu leur domination par les conquêtes qu'ils firent sur les Hérules, les Cassubiens, *&c.* & quelques autres Vandales, ils ne firent plus, avec toutes ces différentes nations, qu'un seul peuple sous le nom de *Goths*, nom qui comprenoit généralement tous les Vandales orientaux. M. de Peyssonnel ajoute que les Vandales, qui, sous Marc-Aurèle, joints avec les Quades & les Marcomans, faisoient la guerre aux Romains, & les Goths, qui, l'an 215, commencèrent sous Caracalla d'inonder les terres de l'empire, étoient le même peuple connu sous les noms différens de *Vandales* & de *Goths*, & divisé en un nombre infini de tribus.

Les *Gothini* firent des courses jusques aux Palus-Méotides & au Tanaïs, où ils furent arrêtés par des peuples scythes, qu'ils ne purent soumettre. M. de Peyssonnel dit qu'il y a lieu de croire qu'ils se les associèrent par la suite; & qu'ayant pris le parti de rétrograder vers l'occident & de retourner du côté du Danube, ils menèrent avec eux plusieurs de ces nations scythes.

Lorsque Odoacre, roi de nation, & chef des Hérules, mêlés avec les débris des Huns, eut pris le chemin de l'Italie, & par le seul bruit de sa marche eut porté Augustule, le dernier des empereurs d'Occident, à abandonner l'empire; Zénon, empereur d'Orient, employa utilement les Goths contre cette nouvelle troupe de Barbares.

GOTHUNI. On trouve ce nom dans des vers de Claudien, comme celui d'un peuple qui portoit avec lui le ravage. On pense qu'il n'est pas ici question des *Gothones* de Tacite, mais des Barbares, qui, formés par la réunion des *Gothi* & des *Huni*, ravageoient l'empire romain aux temps dont parle ce poëte, & dont le nom étoit formé de ceux des peuples qui le composoient. (*Voyez* d'ailleurs les articles GOTHI & GOTHINI, car ce sont les mêmes peuples considérés à différentes époques).

GOTTA, ville ou bourg de la Mauritanie, sur l'Océan, assez près du fleuve Lixus, selon Pline. Elle ne subsistoit déjà plus de son temps, non plus que Lixa; mais la place en gardoit toujours le nom.

GOW, GOU, *ou* GAU (1). C'est le nom que les Celtes donnoient à un canton distingué de tous autres par ses bornes : on voit que cela répond au mot latin *pagus*. Chaque peuple comprenoit une certaine quantité de *Gow*. On sait que le peuple entier, & non la ville, portoit le nom de *Civitas*, ou cité; & chaque cité étoit composée d'un nombre plus ou moins grand de *Gaw* ou *Pagi*.

Ce mot de *Gow* est entré dans la terminaison de plusieurs noms géographiques. On le retrouve encore dans la terminaison des monts *Ostergo*, *Westergo*, *Rheingau*, *Brisgau*, *&c.*

Chaque *Gaw* avoit son chef, & tous les chefs de ces différens *Gaw* choisissoient entre eux celui qui devoit commander à la nation, au corps politique que les Romains nommoient *Civitas*.

Ce furent ces *Gaw*, qui, après les conquêtes des Francs ou des Allemands, reçurent différens noms selon la dignité de ceux auxquels le chef principal les attribuoit. S'il étoit *Comes* ou *Graff*, le *Gaw* en prenoit le titre de comté; s'il étoit commis à la défense des frontières, de-là même il portoit le titre de *Margraff* ou marquis : son *Gaw* avoit celui de marquisat.

Enfin, de-là est venu que chaque division eut son petit souverain particulier, si je puis m'exprimer ainsi, lequel cependant étoit souvent dans la dépendance d'un autre petit souverain plus puissant, en raison des liens du sang ou des charges qui l'attachoient à la couronne. Et ces seigneurs si puissans, furent regardés eux-mêmes comme vassaux du monarque que l'on appela *le grand fiéfeux de tout le royaume*.

GOZAN, fleuve d'Asie, duquel il est parlé dans un passage du quatrième livre des rois, *c. 17, v. 6*, & dans un d'Isaïe, *c. 37, v. 11*. *Gozan* marquoit aussi le nom d'une province, où, sans doute, le fleuve de ce nom couloit. Ptolemée place la *Gauzanite* dans la Mésopotamie. Pline dit que la province *Elogonzine* s'étend vers les sources du Tigre. Il y avoit un canton nommé *Gauzan* dans la Médie, entre le fleuve Cyrus & le Cambyse. Ptolemée met dans le même pays la ville de *Gauzanie*.

GOZARTA, *ou* BEZADDE, ville de la Zabdicena. Elle étoit située à l'occident & sur le bord du Tigre, par les 37 deg. 15 min. de latit.

---

(1) Les Bretons actuels prononcent *Caw* & *Gaw*. C'est d'où s'est formé *cave*, *caverne*. Ce n'étoit au commencement que des lieux de retraite.

GOZEN, ville de la Palestine, qui étoit située dans les montagnes de la tribu de Judá, selon le livre de Josué.

G R

GRAAEI, peuple de Thrace, vers les sources du Strymon, selon Thucydide, *L. II.*

GRAAN, ville de la Susiane, selon Ptolemée, *L. VI, c. 3.*

GRABAEI, peuple de la Dalmatie, selon Pline, *L. III, c. 22.*

GRACCURIS, ville de l'Hispanie citérieure, à l'est. Elle porta d'abord, selon Tite-Live, le nom d'*Ilurcis*; mais Gracchus, l'an de Rome 574, en s'occupant de l'agrandissement de cette ville, lui donna celui de *Graccuris*. La conformité du nom me feroit croire que c'est aujourd'hui *Corella*.

GRADUS, nom d'une ville & d'une île du golfe Adriatique, vers Aquilée. Le patriarche de cette ville y fit transporter ses trésors & s'y retira lui-même à l'approche des Longbands. On bâtit une ville dans l'île vers l'an 452 de notre ère. Ce lieu devint assez considérable : on le nomme actuellement *Porto Grado*. (*Cluvier*).

GRÆA, *ou* GREA; ce nom qui, en grec, signifie la vieille, fut donné pendant quelque temps à la ville de *Tanagra*. *Voyez* ce mot. (Pausanias, *in Beot. c. 20*). Mais cette ville étoit sur le continent de la Grèce. C'est donc à tort qu'Etienne de Bysance la donne pour une ville de l'Erétrie ou l'île d'Eubée.

GRAEAS GONU, port de la mer d'Egypte, au nôme de Libye, au levant de *Paretonium*, selon Ptolemée, *L. IV, c. 5.*

FIN DU TOME PREMIER.

De l'Imprimerie de STOUPE, rue de la Harpe 1788.

www.ingramcontent.com/pod-product-compliance
Lightning Source LLC
Chambersburg PA
CBHW060540280326
41932CB00011B/1352

* 9 7 8 2 0 1 2 5 4 2 2 3 5 *